JN427378

헌법학(II)

기본권론

김백유

도서출판 조은

개정3판

머리말

저자는 지난 개정판부터는 종전의 기본권 분야를 헌법학 (II)라는 표제를 사용하기로 하였다. 이는 종전교재의 헌법학 (상)과 헌법학(하)를 합쳐서 헌법학 (I)이라는 표제를 사용하고자 한데에 따른 것으로서 헌법학 I 의 후속편이라는 의미의 헌법학 II 인 것이었던 것이다. 특히 이번 개정판이 종전의 교재와 다른 점은 저서의 목차부분에 나오는 한자를 완전히 한글화 하였다는 점이다. 한글세대들의 간절한 요구에 의하여 종전의 책의 목차에 나오던 한자를 법률개념의 특성상 반드시 한자가 필요한 경우를 제외하고는 전부 한글로 표기하였다. 본서를 출판하는데 있어서 편집 수고를 해주신 조은 출판사의 김화인 사장 및 편집부 여러분들에게 감사드린다.

2012년 9월

낙산 기슭 연구실에서

2010년도판

■■■ 머리말 ■■■

저자는 이번 개정판에서는 종전의 기본권 분야를 헌법학 (II)라는 표제를 사용하기로 하였다. 이는 종전교재의 헌법학 (상)과 헌법학(하)를 합쳐서 헌법학 (I)이라는 표제를 사용하고자 한데에 따른 것으로서 헌법학 I 의 후속편이라는 의미의 헌법학 II 인 것이다. 본 기본권관련 저서의 전반적인 부분에 있어서 약간씩의 수정 가필을 하였다. 특히 종전의 교재와 다른 점은 저서의 앞부분에 참고문헌을 새로이 둠으로써 각주부분에 있어서 타저서의 각주표기를 간략화 하였고, 이에 따라 출판사 및 출판년도는 생략하였다. 따라서 각주에서 나타나는 타저서의 출판사 및 출판연도는 참고문헌을 살피면 될 것이다. 본서를 출판하는데 있어서 편집 수고를 해주신 조은 출판사의 김화인 사장 및 편집부 여러분들에게 감사드리며, 마지막으로 색인작업에 힘쓴 한성대학교 정창화 조교에게 감사한다.

2010년 여름

낙산 기슭 연구실에서

2009년도판

머리말

저자가 이번 개정판에서 가장 역점을 둔 부분은 국가보상청구권 및 국가배상청구권에 있어서 저자의 행정법 저서인 행정법치론(I)과 그 내용을 가능한한 일치하도록 노력하였다는 점이다. 그 이유는 과거에는 행정법은 헌법의 구체화법이므로 저자의 헌법학 책을 읽는 독자들로 하여금, 위의 청구권 등과 관련한 보다 치밀하고 구체적 내용은 저자의 행정법저서를 참조하기를 바라는 마음이었으나, 어차피 헌법과 행정법은 하나의 통일된 법으로서의 일관된 체계와 내용을 갖추어야 한다는 점과, 저자의 개정판 작업시 헌법과 행정법을 일일이 그리고 하나하나 작업해야 하는데서 나오는 이중적인 불편함 때문이었다.

따라서 헌법을 공부하는 독자들도 위의 청구권에 관한 부분에서는, 본서를 탐독함으로써 우리나라의 행정법학자들의 견해도 동시에 심도있게 연구할 수 있으리라고 본다. 다만 본서는 저자의 강의를 듣는 학생들뿐만 아니라, 국가공무원 시험을 준비하는 수험생, 기타 실무에 종사하는 실무자 및 박사과정 연구원 그리고 Law School 등에서 헌법학을 연구하는 독자들을 대상으로 하여, 특히 기본권 관련사항에 대하여 가능한 한 길잡이 역할을 하기 위하여 집필한 것이므로 그 내용이 단순한 수험서의 차원이 아닌 연구서로서의 성격을 지니고 있다는 점에서 그 내용이 어려울 수 있다. 따라서 대학교 학부생들이 이해하기 쉽도록 하기위하여 각 문단의 마지막 부분에 작은활자(8.5 포인트) 크기의 간단한 요약설명을 해두고있다.

그리고 이번 개정판 부터는 종래의 원로교수님들의 학설 이외에 신진교수 및 중견교수님들의 학설도 가능한한 많이 수록하여, 헌법학의 새로운 이론이나 최신경향, 그리고 이들 학자들의 학문적인 연구성과를 널리 알리고자 하였다. 저자 역시 이들로부터 새로운 헌법이론에 대한 습득과 함께 많은 깨우침을 얻었다. 이분들에게도 감사드리며, 이러한 작업은 앞으로도 계속될 것이다.

이 저서는 헌법학의 일부인 기본권분야에 대해서 집필하고 있음에도 불구하고, 그 분량에 있어서 방대함을 부인할 수 없다. 이는 저자의 행정법저서에 수록된 내용도 상당수 포함되고 있기 때문이기도 하지만, 이는 헌법학이 단순한 수험서로서의 역할을 하는 것이 아닌, 연구서 내지는 법률실무자에 대한 지침서로서의 역할을 해야 한다는 저자의 평소의 지론 때문이다. 그리고 우리나라의 학계는 헌법학 전공자와 행정법학 전공자가 엄격하게 분리되어 있으나, 독일의 경우처럼 헌법학과 행정법학을 총괄하는 공법학자의 탄생과 공법학 분야의 발달이 시급함을 새삼 느끼곤 한다. 이러한 점에서 김철수교수님께서 그의 정년퇴임 강연(공법학회)에서, 우리나라도 독일과 같이 헌법과 행정법을 함께 연구하는 공법학자가 탄생하기를 바란다는 교수님의 말씀을 잊을 수 없다.

마지막으로 이책의 개정판을 내는데 도움을 준 한성대출판부의 이순항 연구원, 임연지 조교 및 이책의 교정작업에 힘써주신 제이앤씨 편집부 여러분에게도 감사드린다.

2009년 여름

낙산 기슭 연구실에서

2008년도판

머리말

대학에서 헌법 및 행정법을 중심으로 한 공법학 강의를 시작한지 많은 세월이 흘렀다. 본 저서는 그동안 학생들에게 강의교재로 사용했던 내용을 중심으로 출판한 것인데, 그 이유는 세월이 흐름에 따라 강의교재의 분량이 방대해져 이제는 하나의 책(저서)으로 출판하지 않으면 안될 지경에 이르렀기 때문이다. 이와 같이 본 저서는 학생들에게 수업시간에 강의하던 내용을 정리한 것이므로 저자의 독특한 사상과 철학이 결집된 내용이라기보다는 은사 및 선배교수님들 그리고 동료교수들의 학설 및 교재내용 등을 정리하여 소개하고 있는 體系書의 수준에 머무르고 말았다는 데서 부끄러움이 앞선다.

현대 복리국가에 있어서의 국가작용은 그 기능이 고도로 다양화 · 기술화 · 전문화되어 가고 있으며, 현실적으로도 무수한 실정법이 제정되고 있고 이와 관련한 판례 등도 무수하게 나타나고 있다. 이에 따라 헌법이론도 양적으로나 질적으로 커다란 변화를 겪고 있고, 헌법의 기본권이론에 관련한 사항도 헌법재판소의 기본권 수호역할에 따른 이론제공과 함께 역시 정교해지고, 점차 방대해가고 있는 실정이다.

이러한 추세를 감안하여 본 교재는 저자의 강의를 듣는 학생들뿐만 아니라, 국가공무원 시험을 준비하는 수험생, 기타 실무에 종사하는 실무자 및 박사과정 연구원 그리고 Law School 등에서 헌법학을 연구하는 독자들을 대상으로 하여, 특히 기본권 관련사항에 대하여 길잡이 역할을 하기 위하여 집필한 것이다.

특히 독자들에게 헌법학의 기본권에 관련한 내용이 단순한 교과서적 내용으로서 관념적 · 형식적으로 이해되기 보다는 이들 이론을 종합적 · 체계적으로 이해할 수 있는, 소위 '살아있는 헌법학'의 내용을 전달하고자하여, 실생활에서 생하는 문제점의 해결 및 헌법이론을 실무에 적용할 수 있도록 하였고, 旣刊의 다른 교재에서 설명이 불충분하거나 다루지 않는 부분, 특히 추상적 · 관념적으로 설명하고 있는 부분은 좀더 구체적 · 실용적으로 이해하기 쉽게 설명하고자 노력하였다.

이를 위하여 저자는 인터넷법률신문(lawtimes.co.kr) 및 대한법률구조공단 등에서 제공한 소송실무자료 및 법원의 판례를 비롯하여, 여러 가지 기본권 관련 사례들을 적절히 소개하고 이를 분석하여 독자들의 헌법상 기본권이론에 대한 체계적인 이해를 돕고자 하였다. 이는 헌법학에 대한 이해뿐만 아니라, 현실사회에서 발생하고 있는 기본권과 관련한 헌법문제의 해결에도 일조를 기하리라고 생각한다.

그러나 淺學非才한 저자로서는 본서의 이러한 의도와 기대가 얼마나 실현되었는지 의문이다. 앞으로 先輩諸賢의 가르침과 독자여러분의 조언과 비판을 받아 부족한 부분과 새로운 기본권이론을 계속하여 수정 · 보완해 나갈 예정이다.

이 책을 출간함에 있어서 몇 달전 타계하신 저자의 은사이시며 헌법학계의 원로이신, 문홍주 교수님을 비롯하여, 한창규 교수님, 그리고 저자에게 학문에의 길을 밟도록 도와주신 김영수 교수님에게 감사를 드린다. 그리고 독일 유학시절의 지도교수님이시고 프라이부르크(Freiburg im Br.) 법과대학 교수였던 라이너 발(Rainer Wahl)교수님에게 감사를 드린다. 발(Wahl)교수님께서는 저자가 재직하는 한성대학교까지 몸소 오셔서 특강까지 해주셨다.

책을 쓴다는 것이 얼마나 힘든 일인가는 역시 직접 경험해보지 않고서는 알기 어려운 일이다. 이러한 점에서 이미 교재를 출간한 여러 교재들의 저자(특히 문홍주 · 권영성 · 김철수 · 허영 교수님)에게 경의를 표하는 바이며, 이 책이 이들로부터 많은 도움을 받았다는 점에 특히 감사를 드린다.

마지막으로 이 책의 출판에 있어서 교정작업에 참가해준 한성대학교 행정학과 노우영, 문지영 양 등에게 감사드린다. 특히 노우영, 문지영 양은 저자의 행정법치론(I)의 교정작업에도 참여해주었다. 동시에 출판부의 임연지 조교에게 심심한 사의를 표한다. "행정법은 헌법의 구체화"라는 말이 있다. 헌법분야에서 설명이 미흡한 부분은 저자의 행정법 저서인 행정법치론(한성대출판부)을 참고하길 바란다.

2008년 가을

낙산 기슭 연구실에서

■■■ 참고문헌 ■■■

본서의 참고문헌으로는 한국서적 이외에 독일 · 프랑스 · 일본문헌 등이 있으나, 이곳에서는 국내서적 만을 참고로 표시하였다. 기타 외국의 논문, 저서 등은 본문의 각주부분을 참고로 하면 될 것이다.

강경근, 헌법학, 법문사, 1998
강구철, 강의행정법(I), 형설출판사, 1998
계희열, 헌법학(중), 박영사, 2007
권영성, 헌법학원론, 법문사, 2010
권형준, 요해헌법, 법원사, 1998
구병삭, 신헌법원론, 박영사, 1995
김계환, 헌법학정해, 박영사, 1997
김기범, 한국헌법, 교원사, 1975
김남진, 행정법(I), 법문사, 2002
김남진, 행정법의 기본문제, 법문사, 1994
김남진 · 이강혁, 주제중심헌법, 화학사, 1982
김도창, 일반행정법론(상), 청운사, 1993
김동희, 행정법(I), 박영사, 2010
김동희, 행정법(II), 박영사, 2010
김민호, 행정법각론, 박영사, 2005
김백유, 헌정 및 행정법치연구, 한성대출판부, 2006
김백유, 행정법치론(I), 동방문화사, 2010
김성수, 일반행정법, 법문사, 2004
김윤조 · 이영화, 행정법총론, 박문각, 2008
김철수, 헌법학(상), 박영사, 2008
김철수, 헌법학개론, 박영사, 2008
김철용, 행정법 I, 박영사, 2010
김학성, 헌법학강의, 성민사, 2001
류지태 · 박종수, 행정법신론, 박영사, 2009
문홍주, 한국헌법, 해암사, 1983

박일경, 제5공화국헌법, 일명사 1983
변재옥, 행정법(I), 박영사, 1990
서원우, 현대행정법론(상), 박영사, 1983
석종현, 일반행정법(상), 삼영사, 2005
석종현, 손실보상법론, 삼영사, 2005
성낙인, 헌법학, 법문사, 2010
양건, 헌법강의, 법문사, 2009
윤명선 · 김병묵, 헌법체계론, 법지사, 1998
윤세창, 신헌법, 1980
이명구, 신행정법원론, 대명출판사, 1998
이상규, 신행정법론(상), 법문사, 1990
이준일, 헌법학강의, 홍문사, 2009
장영수, 헌법학, 홍문사, 2010
장태주, 행정법개론, 법문사, 2009
정하중, 행정법총론, 법문사, 2006
최대권, 헌법학, 박영사, 1989
한동섭, 헌법, 박영사, 1971
한태연, 헌법학, 법문사, 1983
허영, 한국헌법론, 박영사, 2010
허영, 헌법이론과 헌법, 2010
홍성방, 헌법학, 현암사, 2009
홍원식, 통합헌법요론, 정명사, 1996
홍준형, 행정구제법, 한울아카데미, 2001
홍준형, 판례행정법, 두성사, 1999

■■■ 차 례 ■■■

제 1 장 기본권 총론

제 2 장 기본권 각론(개별적 기본권)

제 1 장

基本權 總論

제 1 장 기본권 총론

제 1 절 기본권의 의의

제 1 항 기본권사

I. 개념

1. 의의

헌법상 일반적으로 사용되고 있는 기본권이라는 용어는 프랑스 대혁명을 계기로 성문화된 헌법상의 용어로서 인권을 상징하는 의미로 사용되는 개념이다. 프랑스에서는 인권(droits de l'homme)이라는 표현을 사용하고 있고, 독일에서는 기본권(Grundrecht)이라는 표현을 하고 있다. 우리나라에서 인간·국민으로서의 권리를 기본권이라 칭하는 것은 독일의 용어를 계수한 것이며,[1] 독일에서의 기본권이라는 용어는 독일의 프랑크푸르트 헌법초안(1849년),[2] 그리고 바이마르공화국 헌법(1919년)이래, 현행 독일의 Bonn 기본법(1949년 5월 23일 제정된 독일연방공화국헌법 제1조, 제19조)에서 사용하고 있다.[3][4]

(☜ 참고 : Bonn 기본법이나 독일연방헌법은 같은 의미이다. Bonn 기본법의 아버지들이 연방헌법(Bundesverfassung)이라는 용어를 사용하지 않고 기본법(Grundgesetz)이라는 용어를 사용한 이유는, 독일통일 이전까지는 연방헌법이라는 칭호를 사용하지 말고 기본법이라는 명칭을 사용하기로 한 약속에서 연유한 것이다. 따라서 독일 통일이 이루어진 현재는 기본법(Bonn 기본법)을 독일연방헌법이라고 불러도 무방하다.

---

1) 기본권이란 용어는 우리나라에서도 일반화된 용어이지만, 우리 헌법상으로는 기본권이라는 용어를 사용하고 있지는 아니하다. 헌법재판소법(제68조 제1항)과 같은 법률에서 기본권이라는 용어를 사용하고 있을 따름이다(성낙인, 헌법학, 303면).

2) 양건, 헌법강의, 207면.

3) 김철수, 헌법학(상), 364면; 성낙인, 헌법학, 303면.

4) 오늘날 독일에서는 인권(Menschenrecht)은 국가이전의 천부적 권리로서 누구에게나 보장되는 권리를 말하며, 독일인에게만 보장되는 권리는 시민권(Bürgerrecht)이라 하며, 이 양자를 합하여 기본권이라 한다(양건, 헌법강의, 207면)

특히 프랑스 대혁명(1789. 7. 14) 당시의 위대한 구호였던 자유(Freiheit; liberté) · 평등(Egalität; égqlité · 博愛(Brüderlichkeit; frqternité) 사상은 오늘날에 있어서 자유권(Freiheitsrecht) · 평등권(Gleichheitsrecht) · 사회적 기본권(soziales Grundrecht)이라는 명칭으로 널리 사용되고 있다.[1)]

『프랑스 대혁명(1789. 7. 14)』
자유(Freiheit; liberté) → 자유권(Freiheitsrecht)
평등(Egalität; égqlité → 평등권(Gleichheitsrecht)
博愛(Brüderlichkeit; frqternité) → 사회적 기본권(soziales Grundrecht)

2. 인권과 기본권(구별과 융합)

인권 또는 인간의 권리(Menschenrecht)라 함은 인간이 인간으로서 천부적(자연권)으로 나면서부터 당연히 가지는 권리를 말한다. 이러한 의미의 인권을 최초로 선언한 헌법전은 버지니아권리장전과 프랑스 인권선언이다. 인권 또는 인간의 권리를 독일에서는 상술한 바와 같이 기본권(Grundrecht)이라고 한다.

엄격한 의미에서 인권과 기본권은 동일한 개념이 아니다. 왜냐하면 인권은 인권사상을 바탕으로 하여 인간이기 때문에 당연히 누리는 인간의 생래적 · 천부적 권리(자연권)인 인간의 자연적 권리[2)]로서 '도덕적 정당성을 지닌 도덕적 권리'[3)]를 의미하지만, 기본권은 인간의 자연권 내지 천부인권사상에 기초하여 국가의 실정헌법체계에 편입된 것으로서 헌법상 보장되는 국민의 기본적 권리, 즉 '정당성(합법성)을 획득한 실정법적 권리'[4)]를 의미하기 때문이다.[5)] 즉 기본권에는 생래적인 권리도 있지만 국가내적인 사회적 기본권 · 청구권적 기본권 · 참정권 등이 있기 때문에 기본권과 인권은 반드시 일치하는 것은 아니기 때문이다.[6)] 그러나 각국의 헌법에서 보장하고 있는 기본권은 전통적 기본권인 자유권적 기본권(자유권)을 중심으로 하여 보장하고 있을 뿐 아니라 그 밖의 정치적 · 경제적 · 사회적 기본권 등도 인간으로서의 권리와 밀접한 관계를 가지므로 실제상으로는 인권과 기본권을 동일시하는 것이 일반적이다.[7)8)]

---

1) Reinhold Zippelius, Allgemeine Staatslehre, 12. Aufl., München 1994, § 34, S. 331.
2) 성낙인, 헌법학, 303면.
3) 이준일, 헌법학강의, 단락번호 [3.1.18a].
4) 이준일, 헌법학강의, 단락번호 [3.1.18a].
5) 성낙인, 헌법학, 303면.
6) 김철수, 헌법학(상), 364면.
7) 권영성, 헌법학원론, 287면; 김철수, 헌법학(상), 364면; 이러한 입장에 따라 성낙인 교수는 「기본권론은 자연권 사상에 바탕을 둔 천부인권론에 기초하여 헌법에서 보장하고 있는 일련의 자유

3. 기본권의 특성

기본권은 일반적으로 다음과 같은 특성을 가진다. (ㄱ) 인종·성별·종교·사회적 신분 등에 의한 차별을 받지 않고 모든 인간이 누리는 보편적 권리이다(보편성). (ㄴ) 기본권은 인간이 인간이기 때문에 그리고 인간으로서 누려야 하는 고유한 천부적·전국가적 권리이며 국가나 헌법에 의하여 비로소 창설된 권리가 아니다(전국가성·천부성). (ㄷ) 기본권은 일정한 기간 동안만 한시적으로 보장되는 권리가 아니라 영구히 보장되고 박탈당하지 아니하는 항구적 권리이다(항구성). (ㄹ) 국가권력은 기본권을 최대한으로 존중하고 보장(기본권의 최대보장의 원칙)할 의무를 진다(최대보장성).[1] (ㅁ) 개별적 기본권의 본질적 내용은 어떠한 경우에도 침해될 수 없는 불가침성을 지닌다(절대불가침성).[2]

보편성 : 기본권은 인종·성별·신앙·사회적 신분 등에 구애받지 아니하고 모든 인간이 보편적으로 누리는 권리

전국가성·천부성 : 기본권은 인간이 인간으로서 생존하기 위하여 당연히 누려야 할 인간에게 고유한 천부적·전국가적 권리이지 국가나 헌법에 의하여 창설된 권리가 아니다.

항구성 : 기본권은 일정기간에만 보장되는 권리가 아니라 영구히 박탈당하지 아니하는 항구적 권리

최대보장성 : 기본권은 인간이 향유하는 불가침의 권리이므로 국가권력은 기본적 인권을 최대한으로 존중하고 보장할 의무를 진다.

본질적 내용의 침해 불가침성(절대불가침성) : 기본권의 본질적 내용은 어떠한 경우에도 침해될 수 없다.

4. 기본권이론 및 헌법관

기본권이론이라 함은 기본권과 관련한 헌법상의 이론으로서 개별적 기본권이 가지는 규범적 성격 및 목적을 탐구하고, 그 내용과 적용범위 등에 관한 체계적 이해·분석을 통하여 기본권 보장을 더욱 돈독하게 하고 새로운 이론을 정립해나가고 추구해 나감으로써 기본권

와 권리에 관한 규범적 체계의 이해」라고 한다(성낙인, 헌법학, 304면).

8) 이에 반하여 홍성방 교수는 인권과 기본권 개념은 구별되어야 하며, 인권은 자연이나 신의 창조에 기원을 두고 있고, 신성불가침의 성격을 지니고 있는데, 기본권이란 법적 ·적으로 보장된 권리를 의미하며, 기본권의 효력은 시간적·장소적으로 제한되어 있고 주관적 효력과 객관적 효력을 모두 가지고 있다고 한다(홍성방, 헌법학, 240면),

1) [헌재결 1991. 7. 22, 89헌가106] : 기본권의 최대보장의 원칙과 최소제한의 원칙은 기본권보장의 2대원칙이며, 이 원칙은 헌법이 기본권제한의 방법으로 규정하고 있는 일반적 법률유보에 의한 제한방법(헌법 제37조 제2항)이나 헌법의 직접규정에 의한 제한방법의 해석에 있어서도 존중되어야 한다(재판관 김양균의 반대의견 참조).

2) 권영성, 헌법학원론, 287면.

의 보장영역을 더욱 확대해 나가고자 하는 학문으로서의 연구과정을 의미한다. 따라서 기본권규정은 해석권자의 국가관·헌법관에 따라 그 의미와 내용이 상이하게 해석될 수 있다.

II. 인권사상과 인권보장사

1. 인권사상의 형성 및 발전

인권사상의 역사는 인류의 역사와 함께 발전하여 온 것이지만, 기본권에 관한 신념이 확립되고 이것을 확보하기 위한 투쟁의 역사는 근세 유럽에서 비롯된다.[1] 특히 오늘날 의미하는 인권이라는 관념이 학문적으로 성립하고 체계화된 것은 유럽의 사회계약론자와 계몽주의적 자연법론자들에 의하여 천부적 인권론이 주장(18세기)된 이후부터 이다. 특히 영국의 존 로크(J. Locke)는 그의 저서 「市民政府二論 = 시민정부에 관한 두 논문」에서, 국가성립 이전의 자연상태에서 인간은 자연법의 지배를 받았으며 누구나 자연법상의 생명·자유·재산에 관한 생래적 권리인 자연권을 향유하였는데, 이러한 자연권의 보장을 위하여 사회구성원간에 계약을 체결하고(사회계약론), 이를 통하여 인간은 자유와 권리를 보장받게 되었다고 하였다. 이러한 그의 주장은 인권관념의 형성에 주요한 이론적 근거가 되었다.[2]

인권관념의 형성과 발전의 바탕이 된 18세기의 사상적 경향은 다음과 같다.[3] 첫째, 개인주의사상의 형성 및 발달이다. 개인주의사상은 모든 인간은 신과 타인 앞에서 고귀한 고유가치를 가지며, 개인을 위하여 국가가 존재하는 것이지 개인이 국가를 위하여 존재하는 것이 아니라는 사상이다. 이러한 개인주의 사상은 신으로부터의 지배(신본주의)가 아닌 인본주의의 발전을 통하여 그 사상적 근저를 이루게 되었고, 문예부흥기인 르네상스(Renaissance)를 통하여 서서히 등장하게 되었고, 국가권력의 탄생배경을 개개인에게서 구하는 사회계약론에서 그 절정을 맞이하였다. 둘째, 평등사상의 발전이다. 근대 자연법론과 결합된 인류 보편적 평등사상은 귀족계급에 대한 시민계급(부르조아계급)의 투쟁, 그리고 부르조아 계급에 대한 노동자계급의 투쟁의 구호로서 결정적 역할을 하였을 뿐 아니라 인권관념을 국제적 차원으로 확산하고 보편화하는 데 기여하였다. 셋째, 종래의 기독교적 획일적 사고관에 대한 회의론의 대두이다. 근세 이후 종교적 교리와 세계관의 분열 그리고

---

1) 김철수, 헌법학(상), 353면.

2) 권영성, 헌법학원론, 288면.

3) A. Bleckmann, Staatsrecht II - Die Grundrechte-, 3 Aufl., Carl Heymanns Verlag, Köln, 1989, S. 19 ff.

근대적 과학의 발전에 따른 회의론은 인간정신의 해방을 가능하게 하였고, 이는 종교 및 사상의 자유 · 학문의 자유 · 예술의 자유 및 기타 언론 · 출판 · 집회 · 결사와 같은 표현의 자유와 같은 정신적 자유권의 확보에 이바지 하였다. 넷째, 인간이성에 대한 믿음의 확산이다. 이성적 사고에 의해서만 진리를 발견할 수 있다는 신념에 따라 인간이성에 따른 국가정책과 국가구조의 합리적 편성이 요청되었으며, 인권은 바로 인간이성에 기초하여 국가와 사회의 재편성을 위한 강령의 구실을 하였다.[1)]

– 인권관념의 형성과 발전의 바탕이 된 18세기의 사상적 경향 –

- 개인주의사상의 형성(사회계약론)
- 평등사상의 발전
- 기독교적 획일적 사고관에 대한 회의론의 대두 : 종교 및 사상의 자유 · 학문의 자유 · 예술의 자유 및 기타 언론 · 출판 · 집회 · 결사의 자유와 같은 표현의 자유 등 정신적 자유권의 확보
- 인간이성에 대한 믿음의 확산 : 국가정책과 국가구조의 합리적 편성

2. 세계각국에서의 인권보장

2.1. 영국에서의 인권보장

영국에서는 1215년에 군주와 등족(신분대표)간의 약정서로서 마그나 카르타(Magna Carta 대헌장)가 제정되었다.[2)] 그러나 근대적 의미에 있어서의 인권보장의 기반은 17세기

1) 권영성, 헌법학원론, 287면.

2) **1215년 Magna Carta** : 대헌장(大憲章). 당시의 국왕인 존의 실정(失政)에 대하여 귀족들이 런던 시민의 지지를 얻어 왕과 대결, 템스 강변의 러니미드에서 왕에게 승인하도록 한 귀족조항을 기초로 작성되었다. 원문에는 개조번호(個條番號)가 없으나 18세기 이래 63개조로 정리되어 있다. 새로운 요구는 없고 구래(舊來)의 관습적인 모든 권리를 확인한 문서로서 교회의 자유, 봉건적 부담의 제한, 재판 및 법률, 도시특권의 확인, 지방관리의 직권남용 방지, 사냥, 당면한 애로사항의 처리 등의 규정을 포함하고 있다. 본래는 귀족의 권리를 재확인한 봉건적 문서였으나, 17세기에 이르러 왕권과 의회의 대립에서 왕의 전제(專制)에 대항하여 국민의 권리를 옹호하기 위한 최대의 전거(典據)로서 이용되었다. 특히 일반 평의회의 승인 없이 군역대납금(軍役代納金) · 공과금을 부과하지 못한다고 정한 제12조는 의회의 승인 없이 과세할 수 없다는 주장의 근거로서, 또 자유인은 같은 신분을 가진 사람에 의한 재판이나 국법에 의하지 않으면 체포 · 감금할 수 없다고 정한 제39조는 보통법재판소에서의 재판요구의 근거가 되었다. 이와 같이 Magna Carta는 국민의 자유와 권리를 지키는 투쟁의 역사 속에서 항상 인용되는 가장 중요하고 기본적인 문서로서 영국의 헌정뿐만 아니라, 국민의 자유를 옹호하는 근대 헌법의 토대가 되었다. <두산백과사전 EnCyber & EnCyber.com> 오늘날 마그나 카르타에 대한 학설은 크게 2가지로 나뉘고 있다. 1) **기본권 보장설** : 오늘날의 기본권 발달에 영향을 주었다는 점에서 모든 기본권의 모태를 형성

에 와서 비로소 확립되었다. 즉 1628년의 권리청원(Petition of Right)[1)]은 인신의 자유 등 일련의 인권을 보장하면서 의회의 승인이 없는 과세를 금지하였고, 1674년의 인민협정(Agreements of the People)은 종교 · 양심의 자유, 평등권, 신체 및 병역의 강제로부터의 자유, 재산권 등을 규정하였다. 1679년의 인신보호법(Habeas Corpus Act)[2)]은 인신의 자유

하는 문언이다(홍성방. 헌법학, 208면) 2) **봉건적 특권보장설** : 1215년의 Magna Carta는 근대적 의미의 인권선언이 아니고 귀족들의 요구를 받아들인 헌장에 지나지 않는다(김철수, 헌법학(상), 353면 참조). 전통적으로 누려온 신분적 특권과 신분적 자유의 보장이므로 일반적인 인권 보장과는 거리가 멀다(허영, 한국헌법론, 208면). 이 대헌장은 모든 국민을 의한 자유의 대헌장이 아니라 군주와 등족간의 약정서로서 등족의 자유와 권리를 보호하는 헌장이었다(계희열, 헌법학, 1998, 5면). 3) **사견** : 마그나 카르타는 절대군주로부터 다른 계층의 자유를 보장하는 것이므로 근대 헌법의 토대가 된것은 사실이다. 그러나 다른 계층이란 오늘날의 일반국민계층과 비교했을 때 매우 제한적이기 때문에 사실상 특수계층에 해당한다고 볼 수 있다. 따라서 마그나 카르타는 기본권 보장이라는 차원 보다는 귀족들의 특권보장적 성격에 더 가깝다고 하겠다.

1) **1628년 권리청원(權利請願,** Petition of Right) : 권리장전(權利章典)이 명예혁명의 결과로 이루어진 인권선언인 데 대해서, 1628년6월 7일 찰스 1세의 승인을 얻은 권리청원은 청교도혁명과 관련을 가지는 인권선언이다. 1625년에 즉위한 찰스 1세는 부왕인 제임스 1세의 절대군주제를 답습하여(17세기초 스튜어트왕조를 세운 제임스 1세와 그 뒤를 이은 찰스1세는 왕권신수설을 내세우며 의회의 승인 없이 과세하고 청교도를 박해하였다) 과중한 과세의 부과와 강제공채, 군대의 민가에의 강제숙박(强制宿泊), 軍法의 일반인에의 적용 등을 통하여 계속적인 전제정치를 행하였다. 1628년 스페인 등과의 대외전쟁 비용에 궁색해진 찰스 1세가 의회를 소집하자, 의회는 강제공채와 불법투옥 문제를 둘러싸고 왕과 대립을 하게 되었고, 하원의원이었던 E. 코크 등이 중심이 되어 국왕에게 청원이라는 형식으로 권리선언을 한 것이 곧 권리청원이다. 청원이라는 형식을 취한 것은 새로운 입법의 형식으로는 국왕의 동의를 얻을 수 없으리라 판단한 입안자(立案者)들이 이 문서가 영국인이 과거부터 가지고 있던 권리를 단순히 선언한 것에 불과하고 새로운 권리의 창설이 아니라는 것을 국왕에게 이해시키려고 하였기 때문이었다고 한다. 주요내용은 ① 의회의 동의 없이는 어떠한 과세나 공채도 강제되지 않는다. ② 법에 의하지 않고는 누구도 체포 · 구금되지 않는다. ③ 육군 및 해군은 인민의 의사에 반하여 민가에 숙박할 수 없다. ④ 민간인의 군법에 의한 재판의 금지. ⑤ 각종의 자유권을 보장한다는 것 등이었다. 이 청원은 많은 선례를 인용하여 영국인 고래의 자유와 권리를 확보하고 당면한 사태를 구제하려는 데서 나온 것이었지만, 역사적으로 보면 주권이 국왕으로부터 의회로 옮겨지는 제1보가 되었고 따라서 영국 헌법상 중대한 의의를 가지는 것이었다. 그래서 후에 W. 피트(Pitt)는 이 권리청원을 마그나카르트타 및 권리장전과 함께 영국 헌법의 성경(聖經)이라고 하였다. 그러나 1629년 국왕은 이 권리청원을 무시하고 의회를 해산함과 동시에 의회의 지도자를 투옥한 뒤 11년간 의회를 소집하지 않고 전제정치를 하였다. 이것이 청교도혁명의 직접적인 원인이 되었다. <두산백과사전 EnCyber & EnCyber.com>

2) **1679년 인신보호법**(Habeas Corpus Act) : 영국에서는 일찍이 이유 없는 구금이나 장기간의 구류를 막기 위하여 피구금자를 재판소에 출두시켜 신속하게 재판을 받게 하는 인신보호영장이 있

를 위한 절차적 보장을 강화하고 구속적부심사를 제도화하하여 한층 강한 인신보호를 제도적으로 보장하였다.[1] 명예혁명의 소산인 1689년의 권리장전(Bill of Rights)[2]은 청원권과 의회에 있어서의 언론의 자유 및 형사절차의 보장 등을 규정하였을 뿐 아니라, 국왕이 의회의 동의를 얻지 아니하고 법률의 효력을 정지하거나 상비군을 설치하거나 조세를 부과할 수 없게 하였다.[3]

영국에서는 인권이 자연권으로 인정되었다기 보다는 실정권으로 인정되었다. 이것이 록크(Locke)나 몽테스키외(Montesquieu)의 이론에 의하여 자연권으로 규정된 것은 미국의 인권선언에서 비롯되었다.[4]

었다. 그런데 17세기에는 국왕의 특권재판소가 이 영장의 효력이 미치지 못하는 지역에 구금하는 등 인권을 침해하였으므로, 그와 같은 폐단을 없애기 위하여 제정되었다. 이에 따라 이유를 명시하지 않은 체포는 위법으로 간주하고, 반드시 인신보호영장을 받는 동시에 피구금자는 늦어도 30일이내에 법관에게 구인되어(홍성방, 헌법학, 208면), 속히 재판을 받게 되었으며, 부당한 체포나 구금이 금지되어 인권의 보장에 큰 진전을 보게 되었다. <두산백과사전 EnCyber & EnCyber.com>

1) 김철수, 헌법학(상), 353면.

2) **1689년 권리장전(Bill of Rights)** : 권리청원이 영국의 청교도혁명과 관련된 인권선언인 데 대해서, 권리장전은 1688/89년의 무혈혁명(명예혁명)의 결과 이루어진 인권선언이다. 제임스 2세의 전제정치와 가톨릭 신앙에 반대하여 일어난 명예혁명은 1688년 12월 23일 국왕이 프랑스로 도망하고, 그 이듬해 2월 13일 국민협의회가 윌리엄 3세를 국왕으로 추대함으로써 무혈혁명으로 끝났다. 이때 의회는 새 왕을 추대하면서 왕관과 함께 권리선언을 제출하여 그 승인을 받았고, 이 선언을 토대로 1689년 12월 16일 '신민(臣民)의 권리와 자유를 선언하고 왕위계승을 정하는 법률'이라는 이름의 의회제정법이 공포되었는데, 이것이 곧 권리장전이다. 주요내용은 제임스 2세의 불법행위를 12개조로 열거하였고 의회의 동의 없이 왕권에 의하여 이루어진 법률이나 그 집행 및 과세의 위법, 의회의 동의 없이 평화시에 상비군의 징집 및 유지의 금지, 국민의 자유로운 청원권의 보장, 의원선거의 자유 보장, 의회에서의 언론 자유의 보장, 지나친 보석금이나 벌금 및 형벌의 금지 등이었다. 이러한 권리장전은 영국의 의회정치 확립의 기초가 되고, 영국의 절대주의를 종식시켰다는 점에 영국 헌정상 큰 의의가 있다. 또 영국의 권리장전은 영국 헌정상 뿐만 아니라 미국의 독립선언, 버지니아 권리장전, 매사추세츠 권리선언 등에도 영향을 주었고, 이들을 통하여 다시 프랑스 인권선언에도 영향을 끼쳤다. 오늘날 권리장전이라는 말은 일반화되어, 각국의 헌법전 속에 규정된 인권을 보장하는 조항을 가리키는 말로 사용되기도 한다. 한국 헌법 '제2장 국민의 권리와 의무'는 한국의 권리장전이라 할 수 있다. <두산백과사전 EnCyber & EnCyber.com>

3) 김철수, 헌법학(상), 353면.

4) 김철수, 헌법학(상), 353면.

2.2. 미국에서의 인권보장

2.2.1. 버지니아 권리장전 · 독립선언

전형적인 인권선언은 1776년 미국에서 성립되었다. 미국에서는 1776년 6월 12일에 채택된 버지니아권리장전(Virginia Bill of Rights)[1]에서 천부불가침의 자연권으로서 행복추구권, 생명 · 자유 · 재산의 소유권과 저항권(혁명권)을 들고, 전통적인 신체의 자유, 언론 · 출판의 자유, 종교 · 신앙의 자유, 참정권 등을 규정하였다.[2] 이 권리장전은 국민주권의 원리와 더불어 인권을 천부적 자연권으로 규정함으로써 근대적 인권목록을 제시하였다는 점에서 그 의미가 크다. 1776년 7월 4일의 독립선언(Declaration of Independence)은 개별적 인권의 목록을 제시하지는 않았고, 엄격한 의미에서는 인권선언의 성격을 가지지 아니하였지만,[3] 인권에 대하여 자연법적 기초를 부여하고 생명권 · 자유권 · 행복추구권 등을 천부적 권리로 선언하였다.[4] 이 독립선언문은 간단한 전문(前文)과 독립선언을 한 결문(結文)을 제외하면 대체로 2부로 나누어져 있다. 모두가 독립의 정당성을 주장한 것이지만 전반은 일반적인 자연권 사상을 전개한 것이고 후반은 구체적으로 영국국왕의 압정에 대한 사실을 열거한 것이다. 즉 전반은 생명 · 자유 및 행복의 추구라는 천부의 권리가 존재함을 지적하면서 그 권리의 확보를 위하여 정부가 조직되어야 하며 정부의 정당성은 피치자의 동의에 유래한 것이라고 말하여 저항권(혁명권)의 존재를 주장하였다.

---

1) 1776년 미국독립선언(Declaration of Independence) : 1775년 영국 본국군과 아메리카 식민지군 사이에 무력충돌이 발생하여 식민지의 反英항쟁은 무력항쟁 단계로 접어들었으나, 그때에도 식민지측은 본국으로부터 독립할 것은 생각하지 않고 英帝國의 일환으로서 머무를 생각이었다. 그러다가 외국원조를 받아야 할 필요, 더불어 내부적으로는 급진파 대두, T. 페인의 공화제 독립을 호소하는 정치 팜플렛 《커먼센스 common sense》 등의 영향으로 독립의 기운이 고조되었고, 제2차 대륙회의는 1776년 5월 각 식민지에 대하여 새정부의 수립을 권고하여, 각 식민지는 새로운 헌법을 제정하고, 사실상 독립 상태로 들어갔다. 한편 대륙회의에서 버지니아 대표 R. H. 리의 독립의 결의 제안에 따라 6월 7일에 5인 기초위원이 임명되었다. 원안은 위원의 한 사람인 T. 제퍼슨이 기초하였고, 역시 위원인 B. 프랭클린과 J. 애덤스가 약간 가필하여 대륙회의에 제출하여 7월 4일 전원일치로 가결, 공포되었다. 이것이 이른바 독립선언이다.

2) 김철수, 헌법학(상), 354면; 홍성방, 헌법학, 209면.

3) 홍성방, 헌법학, 210면.

4) 권영성, 헌법학원론, 290면; 홍성방, 헌법학, 210면.

구분	주요내용	참고
버지니아 권리장전 (1776.6.12)	근대입헌주의 헌법으로서 세계최초의 ① 성문헌법(경성헌법), ② 민정헌법, ③ 천부적·전국가적 인권보장, ④ 절대적·시민적 기본권보장 헌법 ⇒ 1) 생명권, 2) 행복추구권, 3) 저항권(혁명권), 4) 신앙의 자유, 5) 언론·출판의 자유 6) 재산권보장, 7) 배심재판권, 8) 신체의 자유(구속영장 절차 규정) 9) 참정권	- 헌법전문 + 16개조 - 근대적 인권선언의 효시 - 근대헌법의 모체
독립선언 (1776.7.4)	개별적 인권규정은 없었으나 1) 생명권, 2) 자유권, 3) 행복의 추구(행복추구권), 4) 저항권(혁명권) 등 천부적·전국가적 기본권의 존재 확인	

<홍원식, 통합헌법요론, 124면 참조>

2.2.2. 최초의 연방헌법(1787년)

1787년에 성립된 최초의 연방헌법에는 전문과 7개조로 구성되었으나 권리장전은 포함되어 있지 않았다.[1] 미국 헌법에서 명문으로 규정되어있지 않은 것으로는 (ㄱ) 의회의 국정조사, (ㄴ) 위헌법률심사제, (ㄷ) 국가긴급권, (ㄹ) 대통령 직선제, (ㅁ) 사회적 기본권과 사회국가원리, (ㅂ) 국가에 관한 것 등이었다.

구분	주요내용	참고
최초연방헌법 (1787)	- 1787. 5. 14(필라델피아에 각주 대표 회합) - 9. 17 (연방헌법초안작성) - 1788. 7. 2 효력발생(9개주동의) - 헌법전문 + 7개조문 : ① 제1조(입법부,) ② 제2조(행정부), ③ 제3조(사법부), ④ 제4조(각주 및 연방상호관계), ⑤ 제5조(헌법개정), ⑥ 제6조(경과규정 및 헌법의 최고성 선언), ⑦ 제7조(효력발생요건) - 기본적 인권관련 조항은 산재적으로 규정 : ① 인신보호영장(제1조 제9항2), ② 소급처벌법금지(제1조 제9항3), ③ 귀족호칭금지(제1조 제9항8), ④ 배심재판제도(제3조 제2항3), ⑤ 재산권의 기득권보장(제1조 제10항1), ⑥ 반역죄 제한(제3조 제3항1), ⑦ 신앙의 자유(제6조3)	- 헌법전문 + 7개조 - 버지니아, 뉴욕주 등 4개주 초기 불참 (1790. 5 전부비준) - 정부구조에 관한 성문헌법

<홍원식, 통합헌법요론, 124면 참조>

1) 권영성, 헌법학원론, 법문사, 290면; 김철수, 헌법학(상), 354면; 양건, 헌법강의, 209면.

2.2.3. 修正憲法(1791년)

미국은 1776년의 독립선언을 전후하여 버지니아 권리장전 등 다수의 근대적 인권선언을 가지고 있었지만, 1787년에 제정된 미국헌법에는 권리장전을 두지 않았었다.[1] 이러한 권리장전의 결여가 진보파에 대하여 헌법안에 대한 비준반대의 구실을 제공하게 되고, 각 주의 헌법비준회의에서도 연방헌법차원의 다양한 권리장전안이 제시되었다. 1789년에 권리장전에 대한 제안이 있었고, 마침내 1791년에는 10개조의 인권조항(권리장전)이 연방헌법에 추가되고(10개조의 수정헌법; 10 Amendments)[2] 그 후 새로운 조항들이 다시 증보되었다.[3]

1) 양건, 헌법강의, 209면.

2) 미국에서는 이것을 'Bill of Righets'라고 부른다(양건, 헌법강의, 209면).

3) 미연방헌법의 원문 7개조항은 입법부(제1조), 행정부(제2조), 사법부(제3조), 주에 관한 조항(제4조), 헌법개정절차(제5조), 경과규정 및 최고법조항(제6조), 헌법의 발효요건(제7조)에 관한 규정이다. 1991년의 증보 10개조항의 내용은 종교·언론·출판·집회의 자유 및 청원권(제1조), 무장의 권리(제2조), 군대의 私營제한(제3조), 부당한 수색·체포·압수의 금지(제4조), 적법절차 사유재산의 보장(제5조), 재판에 관한 권리(제6조), 배심재판권(제7조), 참혹하고 이상한 형벌의 금지(제8조), 헌법에 열거되지 아니한 권리의 존중(제9조), 합중국 또는 각주에 위임되지 않은 권리(인민유보 : 제10조)에 관한 규정이다. 1798년 1월 8일에는 제11조가 증보된 이래 1971년까지 제26조가 증보되었으며, 특기할 것은 노예제와 강제노역의 폐지(제13조), 제5조의 적법절차조항의 주에의 적용(제14조), 인종에 따른 참정권의 차별금지(제15조), 부인참정권의 인정(제19조) 등이다(권영성, 헌법학원론, 290면 각주 1) 참조).

구분	주요내용	참고
수정헌법 (1791)	1) 제1조 : ① 종교의 자유 ② 언론 · 출판의 자유 ③ 집회 · 결사의 자유 ④ 청원권 ⇒ 절대적 자유권 천명 2) 제2조 : 주의용군 무장권 3) 제3조 : 군대의 私營 제한(개인주택의 兵營化 금지) 4) 제4조 : 주거의 자유(부당한 수색 · 체포 · 압수금지) 5) 제5조 : ① 이중위험금지 ② 묵비권(불리진술거부권) ③ 생명 · 자유 · 재산권침해시 적법절차(due process of law)의 보장 ④ 공공필요에 의한 재산권 수용시 정당보상 6) 제6조 : ① 신속 · 공개재판청구권(재판에 관한 권리) ② 유리한 증언 강제권 ③ 변호인의 조력을 받을 권리 7) 제7조 : 민사배심재판권(배심재판제도) 8) 제8조 : 참혹하고 이상한 형벌의 금지 · 과다한 보석금의 금지 9) 제9조 : 헌법에 열거되지 아니한 권리의 존중 10) 제10조 : 합중국 또는 각주에 위임되지 않은 권리(인민유보)	* 합중국의회 통과 (1789.9) ⇒ 효력발생 (1791. 10) * 연방정부만 구속, 주정부 불구속 (후일변경)
수정13조 (1865)	1863(링컨 대통령의 노예해방선언 : 법적 효력무) ⇒ 1865년 12월 노예금지 규정(노예제도의 폐지)	노예제도의 폐지
수정14조 (1868)	기본적 인권 규정의 各州 구속(생명 · 자유 · 재산권 및 평등권)	기본권 효력의 각주 확인
수정15조	인종에 다른 참정권의 차별금지	유색인종차별금지
수정19조	부인에게 참정권 인정(보통선거권의 확립)	1920년

<홍원식, 통합헌법요론, 124면 참조>

2.3. 프랑스에서의 인권보장

2.3.1. 자유주의적 인권사상의 등장

프랑스의 인권사상은 몽테스키외(법의 정신)와 루소(사회계약론), 시에예스(제3신분이란 무엇인가?) 등과 같은 자유주의적 인권론자들의 계몽을 통하여 국민들의 인권사상이 고취되었고, 이를 통하여 프랑스혁명이 발발하였다. 1789년 7월 14일 프랑스혁명을 계기로 1789년 8월26일 선포한 「인간과 시민의 권리선언」(Declaration des droits de l'homme et du citoyen) 제1조는 「인간은 자유롭고 평등한 권리를 가지고 태어나며 생존한다. 사회적 차별은 공동의 이익을 위해서만 가능하다」라고 하였다. 이와 같이 인권선언에서는 인권을 자연권으로 규정하고 평등을 강조하였으며 재산권을 「신성불가침의 권리」로 인정하였다. 그 밖에 신체의 자유가 규정되고 정신적 자유권으로서 종교의 자유와 표현의 자유 등을 선언하였다.[1] 프랑스에서는 기본권의 전국가성 · 자연권성이 강조된 것이 특징이다.[2]

2.3.2. 1791년 헌법

1789년의 인권선언은 2년 후 1791년 헌법에 수용됨으로써, 그 뒤의 유럽헌법에 중대한 영향을 끼쳐 근대헌법전의 필수적 구성요소가 되었다.

제헌의회(국민의회)는 신헌법의 제정에 착수하여 2년 후인 1791년에 헌법초안을 가결하였고 1792년 9월 22일에는 공화국이 성립되었다. 이 1791년 헌법은 1793년 6월 24일의 「헌법 및 인간과 시민의 권리선언」(일명 몽따뉴헌법(Montagnard); 몽따뉴黨)[1]은 전문 35개조의 인권목록을 가졌고, 저항권은 신성한 권리이며, 의무로 보았다. 소유권은 공공의 필요와 사전보상하에서 제한될 수 있음을 인정하였으며, 공적 부조·교육·사회적 보장 등이 추상적인 선언의 형태로 인정되었다.[2] 그러나 이 헌법은 난국타개를 위하여 혁명정부의 독재의 필요성을 강조하였고, 과격주의자인 로베스피에를의 공포정치로 이어졌다. 단두대와 공포정치는 오히려 왕정시대보다 더 자유롭지 못했다.[3]

그 결과 이 인권선언도 1795년 8월 22일의 제1공화국 3년헌법의 인권선언으로 대체되어 기본권의 수는 감소하여 22개조항의 권리와 9개조항의 의무가 규정되었으며, 그 성격도 보수적으로 변모하였다.[4] 이 보수적 성격의 헌법마저 나폴레옹의 쿠테타 이후의 1799년 12월 13일의 헌법에서는 기본권규정 자체가 소멸되었다.[5] 1814년 왕정보고후의 헌장은 자유와 평등은 보장하였으나, 종교의 자유를 부정하고, 언론·출판의 자유도 법률의 범위내에서만 보장되도록 하였다.[6] 이와 같이 프랑스에서의 인권사상은 퇴조를 보였으나 1946년 10월13일의 의 제4공화국헌법과 1958년 9월28일의 제5공화국헌법에 이르러 다시 부활하게 되었다.[7][8]

---

1) 권영성, 헌법학원론, 291면; 홍성방, 헌법학, 212면.
2) 김철수, 헌법학(상), 354면.
1) 이들을 山嶽黨(山岳黨이 아님)이라고 부르는데 그 이유는 이들이 계단식으로된 의회당의 맨 윗자리 부분에 앉아 있었다고 해서, 마치 산위에 앉아 있는 것처럼 묘사한데서 부르게 되었다고 한다. 이와 반대파는 의회의 아랫부분의 좌석에 앉았기 때문에 平原黨 혹은 沼澤黨이라고 부르게 되었다고 한다.
2) 김철수, 헌법학(상), 354면.
3) 홍성방, 헌법학, 212면.
4) Pieroth/Schlink, Grundrechte. Staatsrecht II, 1985, S. 57 ff.; 홍성방, 헌법학, 213면.
5) 김철수, 헌법학(상), 354면; 홍성방, 헌법학, 213면.
6) 김철수, 헌법학(상), 354면.
7) 프랑스헌법의 기본권규정은 특이하다. 1946년의 제4공화국헌법에서는 전문에 인권선언의 정신을 재확인하면서 개별적 기본권목록까지 두었으나, 1958년의 제5공화국헌법은 전문에서 인권선언을 전체적으로 수용한다는 규정을 두고 있을 뿐, 따로 기본권목록을 두고 있지 아니하다.
8) 권영성, 헌법학원론, 291면; 홍성방, 헌법학, 213면.

프랑스의 기본권사	
1789년 인권선언	프랑스혁명(1789. 7. 14) - 인간과 시민의 권리선언 ① 인권의 자연권성 천부성, 불가양성 천명 ② 자유 · 재산 · 안전 및 불가침 선언 ③ 전통적 신분제도 · 특권질서의 개선 · 개혁보다는 구체제(앙시앙 레짐)의 폐지, 사회적 평등 실현의 새로운 사회질서확립이 기본사상(사회정책적 의미, 혁명성).
1791년 헌법	① 1789년 인권선언 수용, ② 침략전쟁부인(최초), ③ 납세(국민)의무, ④ 헌법상 재판청구권(최초), ⑤ 헌법보장제도, ⑥ 국민대표제
1793년 제1공화국(元年)헌법, 1795년 헌법	1791년 헌법은 1793년 6월 24일의 「헌법 및 인간과 시민의 권리선언」(일명 몽따뉴헌법)이라 불리며 전문 35개조로 구성[1)] 인권선언도 몽따뉴당(山嶽黨)의 실각으로 1795년 8월 22일의 제1공화국3년 헌법의 인권선언으로 대체[2)]
1799, 1804년 헌법	인권규정을 따로 두지 않았음
1814, 1830년 헌법	인권조항을 규정
1848년 헌법	인권의 초국가성 강조
1852년 헌법	1789년 인권선언을 일반원리로 수용
1875년 헌법	인권조항 배제
1946년 제4공화국헌법	개별적 기본권 규정(개별적 기본권 목록)
1958년 제5공화국헌법	개별규정(개별적 기본권 목록) 배제. 인권선언을 전문에서 전체적으로 수용

<홍원식, 통합헌법요론, 126면 참조>

2.4. 독일에서의 인권보장

2.4.1. 인권보장사

독일에서도 푸펜도르프(S. Pufendorf), 토마지우스(Ch. Tomasius), 볼프(Ch. Wolff) 등과 같은 자연법론자들이 존재하였으나,[3)] 독일의 기본권 보장은 기본적으로 실정법적인 것이었다. 국민의 권리 · 의무는 전국가적인 천부의 것으로는 인정되지 아니하였고, 국법에 의하여 부여되는 것으로 생각하였다.[4)] 독일에서는 1807년의 베스트팔렌 왕국헌법과 1808년의 바이에른헌법이 신체 · 재산 · 신앙 · 출판 등 전통적 자유권을 규정한 것이 인권보장의

1) 권영성, 헌법학원론, 291면.
2) 권영성, 헌법학원론, 291면.
3) 홍성방, 헌법학, 213면.
4) 김철수, 헌법학(상), 354면.

효시라 할 수 있다. 1816년의 독일동맹규약에서는 종교와 신문의 자유 및 거주·이전의 자유 등이 규정되었다. 1849년 3월28일의 프랑크푸르트 헌법초안(7장·197개조)인 독일제국헌법(Die Verfassung des Deutschen Reiches)은 비록 유산되고 말았지만,[1] 독일헌법사상 중요한 의미를 가지는 것이었다. 이 헌법초안은 60개조항(제6장 제130조 – 제189조)에 걸쳐 기본권을 규정하고 이것을 '독일국민의 기본권'이라는 표현을 처음으로 사용하였다.[2] 1850년 1월 30일의 프로이센(Preußen)헌법은 인권조항을 두고 있었으나, 이것은 보수세력의 재등장이후 제정된 흠정헌법이었기 때문에 형식적인 것이었으며, 공민의 국가내적인 권리로 규정되었다.[3][4] 비스마르크헌법으로 알려진 1871년의 독일제국헌법은 기본권에 관한 장(기본권목록)을 아예 두지 아니하였고[5] 제3조에서 입법사항과 관련하여 기본권보장을 포괄적으로 규정하였을 뿐이며, 헌법자체에는 기본권을 규정하지 않고 법률에 위임하였다. 그 이유는 통일에 방해가 될 소지가 있는 기본권 규정은 개별적 연방법률과 지방헌법에 위임한 것이었다.[6]

[비스마르크헌법과 법실증주의]

비스마르크 헌법의 제정을 전후하여 독일에서는 법실증주의적인 국법학이 번성하였다. 대표적인 국법학자 게르버(Gerber, 1823-1891)는 기본권의 권리성을 부정하고 공법의 반사적 이익에 불과한 것으로 보았고, 그를 이은 라반트(Laband, 1838-1918) 역시 기본권은 권리가 아니라 국가권력의 한계를 정한 것이라고 보았다. 철저한 법실증주의 이론은 독일 군주제의 정당화 이론이었다.[7]

제1차세계대전의 패전의 결과 탄생한 1919년 8월 11일의 바이마르 공화국헌법(Die Weimarer Reichsverfassung)[8]은 1849년의 프랑크푸르트 헌법의 영향을 받아 제2편 독일

1) 60개조항의 기본권 목록, 사회적 기본권을 구정하지 않음, 헌법소원규정, 실시되지 못하였다.
2) 이는 그뒤 1919년의 바이마르 헌법에 많은 영향을 끼쳤다(김철수, 헌법학(상), 354면); 홍성방, 헌법학, 215면.
3) 김철수, 헌법학(상), 354면; 홍성방, 헌법학, 215면.
4)프로이센 헌법은 흠정헌법이며, 여기에는 기본권 규정이 포함되었지만, 그 내용은 전적으로 법률에 맡겨진 것이었다(양건, 헌법강의, 210면).
5) 양건, 헌법강의, 210면; 홍성방, 헌법학, 215면.
6) 홍성방, 헌법학, 215면.
7) 양건, 헌법강의, 210면.
8) 1919년 Weimar 헌법(Weimarer Verfassung) : 제1차 세계대전 후의 독일혁명에 의해 독일 제정(帝政)이 붕괴된 후, 보통·평등·비례선거에 의하여 선출된 국민의회가 7월 31일에 의결하고, 8월 11일 공포한 헌법이다. 국민의회가 바이마르에서 열렸다 하여 이렇게 부른다. 이 헌법은 종래의 비스마르크 헌법과는 달리, 민주주의 원리의 바탕 위에서 독일국민의 통일을 지도이념으로

인의 기본적 권리 · 의무에서 고전적 자유권과 참정권이외에 사회적 기본권을 포괄적으로 세계 최초로 규정하였다.[1] 특히 바이마르 헌법은 모든 고전적 기본권을 규정하였고, 특히 사회적 기본권을 세계 최초로 규정하였다는 점에 역사적 의의가 크다.

그리고 1949년 5월 23일의 현행 본(Bonn) 기본법(Das Bonner Grundgesetz)은 히틀러의 나치독재시대에 자행되었던 인권유린에 대한 반성으로 인간의 존엄성존중을 규정하고 국민에 대한 기본권보장조항은 국가권력을 직접적으로 구속하는 것으로 규정하였다. 이 기본법은 1990년 동독과 서독의 재통일 이후에 부분적으로 개정되었을 뿐 오늘날까지 그대로 시행되고 있다.[2] 이 기본법(Grundgesetz)은 독일 연방헌법임을 의미한다.[3]

「프랑크푸르트 국민회의」

1848년의 자유주의 혁명 당시 오스트리아를 포함해 독일의 자유주의 지도자들의 제창으로 통일 독일을 건설하기 위하여 프랑크푸르트 암 마인(Frankfurt am Main)에 있는 파울교회(Paulskirche)에서 개최된 국민회의로서 프랑크푸르트헌법을 제정한 의회이다.

프랑크푸르트헌법(1849. 3. 28)

1848년 2월에 일어난 프랑스 2월혁명의 영향은 즉시 오스트리아의 비인(Wien)에 이어서 독일의 베를린(Berlin)에서도 폭동이 발생했다(소위<독일 3월혁명>). 혁명의 결과 프랑크푸르트의 파울교회에 모인 330인의 의원은 5월 18일에 <헌법제정국민회의>를 개최하였다. 이 회의는 독일 사상 최초의 전국적인 국민회의이고, 가게른(Heinrich von Gagern, 1799-1880)이 의장으로 선출되었다. 이 의회의 의원의 구성은 대학교수 49인을 포함하여 교사, 목사, 변호사, 의사, 작가 등이 277인이고, 그 중에는 저명한 시인도 포함되어 있다. 5월 24일에는 30인의 상임헌법위원회가 선출되어, 그 위원의 초안작성작업은 우선 기본권에 관한 규정에서 시작할 것을 결의하여, 그 초안이 국민의회에 제출되어(6월 19일), 12월 20일에 이 초안이 가결되어 28일에 모든 지역에 시행되게 되었다. 이것이 『독일국민의 기본권에 관한 법률』이다. 물론 헌법위원회는 그 사이, 이른바 통치기구에 관한 부분에 관해서도 초안작성을 매진하여 11월 27일에 제출된 초안이 총회에서 심의하여 어려움을 거쳐

하고, 다시 사회국가적 이념을 가미한 특색 있는 헌법이다. 즉 국민주권주의에 입각하여 보통·평등·직접·비밀·비례대표의 원리에 의거한 선거에 의한 의원내각제를 채택하면서 동시에 약간의 직접민주제도를 인정하였다. 한편, 19세기적인 자유민주주의를 기본으로 하면서 20세기적 사회국가의 이념을 취하여 근대 헌법상 처음으로 소유권의 의무성(사회성)과 재산권행사의 공공복리 적합성을 규정하고, 인간다운 생존(생존권)을 보장하면서 경제조항을 규정함으로써 20세기 현대 헌법의 전형(典型)이 되었다. 1933년의 히틀러 정권에 의한 授權法을 비롯한 일련의 입법에 의하여 사실상 폐지되었으나, 그 후 세계의 민주주의 여러 나라에 많은 영향을 끼쳤다.

1) 권영성, 헌법학원론, 291면; 김철수, 헌법학(상), 354면; 홍성방, 헌법학, 215면.

2) 권영성, 헌법학원론, 291면.

3) 권영성, 헌법학원론, 291면.

최종적으로 다음해 1849년 3월 28일, 근소한 차이로 가결되었다. 위에 언급한 『독일국민의 기본권에 관한 법률』도 몇개의 조항을 부가하여 이 헌법 제6장에 편입되었으며, 4월 28일에 공포된 것이, 이른바 『프랑크푸르트헌법』이다. 프랑크푸르트 헌법제정의회는 프로이센 국왕 프리드리히 빌헬름4세를 『독일인의 황제』로서 선출하였다. 그러나 왕권신수설을 신봉한 국왕은 국민으로부터 선출된 황제인 것을 부정하여, 프랑크푸르트헌법은 결국 유산되었으며, 이 헌법은 한편의 역사적 문서로 남아있다. 그러나 이 헌법이 목표로 한 이념은 부분적이지만, 뒤에 나오는 헌법, 특히, 1919년의 바이마르헌법을 실현하게 된다.

독일의 기본권사	
1807년베스트팔렌(Westfalen) 왕국/1808년 바이에른(Bayern)헌법	1) 인권보장헌법 처음 출현(신체 · 재산 · 신앙 · 출판 등 전통적 자유권)
1849년 3월 프랑크푸르트(Frankfurt) 헌법	2) 인권보장헌법의 본격적 출현, 2) 독일의 자유주의 · 이상주의의 표현이었으나 시행되지 못했음(실패)
1850년 프로이센(Preußen)헌법 /1871년 비스마르크(Bismarck) 헌법(독일제국헌법)	1) 인권보장에 소극적 태도를 취함(독일제국헌법은 기본권에 관한 장을 두지 아니하고 제3조에서 입법사항과 관련하여 기본권보장을 포괄적으로 규정)
1919년 바이마르(Weimar) 공화국 헌법 = 1차세계대전에서 패전한 결과 탄생 → 약한 생명력	1) 1849년 프랑크푸르트 헌법의 인권보장 전통계승, 2) 직업선택의 자유와 사회적 기본권조항을 세계최초로 규정(선언적 · 강령적 규정으로 인하여 실효성 상실), 3) 양심의 자유를 종교의 자유에서 분리, 4) 예술의 자유를 최초로 규정
1949년 Bonn 기본법(서독) = 현행 독일연방헌법(통일후에도 유효)	1) 인권보장의 구체화(국가권력을 기속) ☜ 2차 세계대전 패전의 결과 · 히틀러의 만행에 대한 반성

<홍원식, 통합헌법요론, 126면 참조>

2.4.2. 독일에서의 기본권이론의 유형

a) 자유주의적 기본권이론

자유주의적(시민적 · 법치국가적) 기본권이론(Liberale Grundrechtstheorie)은 기본권을 국가에 대한 개인의 주관적 방어권으로 이해하고, 일련의 자유권적 기본권을 국가에 의하여 창설된 권리가 아니라 초국가적 권리로 인식한다. 그러므로 이 이론은 국가권력에 의한 기본권의 침해와 제한은 한정적인 것이어야 하고 기본권의 행사는 개인의 자유에 맡겨져 있는 것으로 본다.[1)]

자유권 → 국가로부터의 자유(Freiheit vom Staat)

1) 권영성, 헌법학원론, 292면.

소극적 자유: 국가로부터의 자유 (from) : 신체의 자유, 재산권의 자유 ☜ Freiheit vom Staat
적극적 자유: 국가에로의 자유 (to) : 참정권 ☜ Freiheit zum Staat
국가에 의한 자유 (by) : 사회적 기본권 ☜ Freiheit im Staat

b) 제도적 기본권이론

제도적 기본권이론(institutionelle Grundrechtstheorie)은 기본권을 국가에 대한 개인의 방어권이 아니라 제도에 의하여 보호되고 제도가 존속하는 한도 내에서만 보장받게 되는 객관적 질서원리로 이해한다.1) 따라서 제도적 기본권이론은 개인의 자유를 전국가적 권리가 아니라 제도에 의하여 그 내용과 범위가 규정되는 것으로 본다.2)

c) 기본권가치이론

기본권가치이론(Werttheorie des Grundrechts)은 기본권을 가치 공동체로서의 국가를 통합하는 객관적 규범으로 이해한다.3) 기본권가치이론은 스멘트(R. Smend)의 통합주의적 헌법관에 기초한 것으로서 그의 통합주의적 헌법관이 그 사상적 배경을 이루고 있다.4)

이 이론에 의하면 국가는 사회적 사실로서 끊임없이 통합과정으로 나타나고 기본권도 통합과정의 중요한 구성요소로 나타나기 때문에, 기본권은 공동체(res publica)의 통합을 위한 기본적 요소인 동시에 그 수단으로 간주되고 있다. 그러므로 기본권가치이론에서는 공동체의 통합에 직접이고 종요한 영향을 끼치지 않는 기본권은 이를 상대적으로 경시하게 되는 결과를 가져오며, 이는 결국 기본권들을 그 가치에 따라 서열화하고 있다는 점에서 그 한계가 있다.5)

독일의 연방헌법재판소는 인간의 존엄이 본(Bonn)기본법의 일반적 가치체계의 핵심을 이루는 것으로 이해하면서 모든 기본권은 인간의 존엄과 관계를 가진다고 함으로써 기본권의 가치이론을 지지하고 있다.6)

---

1) P. Häberle, Die Wesengehaktsgarantie des Art. 19 GG, 3. Aufl., 1983, S. 98 f.
2) 권영성, 헌법학원론, 292면.
3) R. Smend, Verfassung und Verfassungsrecht, München/Leipzig, 1928; ders., Bürger und Bourgeois im Deutschen Staatsrecht, in: ders., Staatsrechtliche Abhandlung, 2 Aufl., 1968, S. 189 ff.
4) 권영성, 헌법학원론, 292면.
5) 권영성, 헌법학원론, 293면.
6) BVerfGE 4, 15, 7, 198, 45, 187.

d) 기능적 기본권이론

기능적 기본권이론(demokratisch-funktionale Grundrechtstheorie)은 기본권이 수행하는 민주정치적 기능을 중시하여 기본권을 민주주의의 구현을 위하여 존재하는 것으로 이해한다.[1] 자유는 민주주의를 구현하기 위하여 존재하며 자유의 내용은 자유가 봉사하는 민주적 기능에 의하여 규정되는 것으로 이해한다. 이와 같이 자유를 기능의 관점에서 평가하기 때문에 자유의 행사는 자유를 행사하는 주체의 자유의사에 맡겨지는 것이 아니라 하나의 권리인 동시에 의무로 이해되고 있다.[2]

e) 사회국가적 기본권이론

사회국가적 기본권이론(sozialstaatliche Theorie des Grundrechts)은 기본권을 소극적이고 제한적 성격의 것이 아니라 국가에 대한 적극적인 권리, 즉 급부청구권을 가지는 것으로 이해한다.[3] 오늘날 현대 헌법국가에서의 개인은 그에게 필요한 모든 것을 스스로 해결하는 자급자족적 존재일 수는 없으며, 부득이 국가로부터의 급부와 (생존)배려에 의존하여 생활할 수밖에 없다는 점에서, 국가적 급부에 대한 청구권 등의 보장이 기본권이론에서 주된 관심의 대상이 되어야 한다고 한다.[4]

III. 기본권보장의 20세기적 경향과 현대적 전개

1. 기본권보장의 20세기적 경향

1914년에 발발한 제1차 세계대전을 계기로 세계인권보장사는 20세기적 인권보장이라고도 할 수 있는 몇 가지 특색과 새로운 경향을 띠게 되었다. 첫째, 기본권영역에 있어서 자유권과 더불어 생존배려(Daseinsvorsorge)를 기초로 한 사회적 기본권이 중시되고 있다는 점이다. 둘째, 자연권사상의 부활과 기본권보장에 대한 자연법사상의 영향력의 증대, 셋째 인권보장의 국제화적 추세이다.

---

1) H. Ridder, Die Grundrechte, in: Neumann-Nipperdey-Scheuner(Hrsg.), 2. Bd. 2 Aufl, 1968, S. 249 ff. 1968, S. 249 ff.

2) 권영성, 헌법학원론, 293면.

3) P. Häberle, Grundrechte im Leistungsstaat, VVDStRL, Heft 30, 1972, S. 70 ff.

4) 권영성, 헌법학원론, 293면.

1.1. 기본권보장에 있어서의 사회화(기본권의 사회화)와 사회주의적 인권선언

1.1.1. 개관

자유권을 중심으로 형성되었던 근대적 기본권은 20세기 초에 와서는 실질적 평등의 강조와 함께 기본권보장의 중심이 경제적·사회적 약자를 보호하기 위한 사회적 기본권 내지는 사회주의적 인권선언까지 나타났다.

기본권의 사회화 경향이 등장하게 된 배경은 과거의 시민사회는 시민계급의 생명과 자유 및 재산권의 보장을 주된 목표로 하였으나, 시민사회의 형성은 산업혁명과 함께 새로운 산업사회로의 급속한 발전을 가져왔고, 새로운 산업사회는 수많은 근로자의 양산을 초래하였으며 이들의 법적 지위는 과거의 전통적 기본권 보장으로는 이들의 권리를 보장할 수 없었다. 이리하여 노동관계를 통한 근로자의 생존보장과 삶의질 확보라는 새로운 사회현상문제를 해결해야만 했었기 때문이다.[1]

이리하여 1917년의 소련혁명과 함께 사회주의적 기본권이 탄생되게 되었고, 독일의 1919년 바이마르 헌법에서는 (사회주의적 헌법과는 구별되는) 사회적 기본권이 보장된 후 제2차 세계대전 이후에는 이 경향이 더욱더 강해졌다.[2] 현대의 헌법에는 두 가지 유형이 탄생되게 되었다. 하나는 바이마르헌법과 그 경향을 따르는 수정자본주의적 사회국가 헌법모델이고, 다른 하나는 구소련헌법의 경향을 따르는 사회주의국가의 헌법모델이다.[3] 인권보장이라는 차원에서 본다면, 전자는 자유권적 기본권과 사회적 기본권의 조화적 보장을 특징으로 하고, 후자는 사회적 기본권(복지)의 현실화를 위하여 자유권적 기본권을 명목적인 것이 되게 하는 사회주의적 인권선언을 내용으로 하는 것이다.[4] 이러한 점에서 사회국가 헌법과 사회주의국가 헌법은 그 추구하는 목적은 유사하나 엄밀하게는 사회주의국가 헌법은 프롤레타리아 독재를 추구한다는 점에서 엄밀한 차이가 있다.

1.1.2. 사회국가(Sozialstaat) 헌법의 탄생

동구권 국가들과는 달리 서구의 국가들은 사회주의적 기본권 대신 사회국가적 기본권 모델을 채택하였다.[5] 근대 시민국가헌법 중에서 사회적 기본권에 관한내용을 최초로 규정한 것은 독일의 바이마르헌법(1919-1933)이다.[6] 동헌법은 제2편에서 일련의 자유권적 기본권 외에 사회적 기본권에 관한 규정들을 신설하였다.[7] 동헌법은 「소유권은 의무를 수반

---

1) 장영수, 헌법학, 453면.
2) 김철수, 헌법학(상), 355면.
3) 장영수, 헌법학, 453면.
4) 권영성, 헌법학원론, 294면.
5) 장영수, 헌법학, 454면.
6) 장영수, 헌법학, 454면.

한다. 그 행사는 동시에 공공복리에 이바지하여야 한다」(제153조 제4항)라고 선언하여 소유권(재산권)의 사회적 기속성을 명백히 함으로써 소유권(재산권)의 상대화를 관철 시켰고, 근로자들의 단결의 자유(제159조)를 보장하였으며, 「연방은 법률에 의하여 … 사회화에 적합한 사기업을 보상을 조건으로 공유로 이전할 수 있다」(제156조)라고 하여 사기업의 공유화를 규정하였다. 바이마르헌법의 경향은 그후 시민국가의 원리를 골간으로 하면서 이것을 보완하는 형태로 각국헌법에 계승되었다.

특히 사회국가적 헌법은 사회주의국가적 헌법과는 달리 자유권과 사회적 기본권의 양립을 전제로 하였기 때문에 세계 각국에 폭넓게 수용되었고, 오늘날에는 국제적 인권조약들도 사회적 기본권을 보편적 인권의 일부로 인정하고 있다.[1] 프랑스는 1946년 10월의 제4공화국 헌법전문에서 1789년의 인권선언을 재확인한 후 노동권, 건강 · 휴식 · 물질적 수급권, 교육을 받을 권리 등 다양한 사회적 기본권을 보장하였다.

「참고」

권영성 교수는 「사회적 기본권에 관한 규정은 1948년의 이탈리아헌법, 1949년의 독일기본법[2], 1976년의 포르투갈헌법, 1978년의 스페인헌법 등에서도 볼 수 있다」[3] 고 한다. 그러나 독일의 다수설은 사회적 기본권은 추상적 권리로서의 성격을 띠고 있다고 볼 수밖에 없으며, 따라서 헌법에 규정하기보다는 제20조(독일연방공화국은 민주적 사회적 법치국가이다) 및 제28조에서 사회국가원리만을 선언하고 있을 뿐 사회적 기본권은 따로이 규정하고 있지 않다고 한다.

1.1.3. 사회주의국가(sozialistischer Staat) 헌법의 탄생

1917년 러시아의 프롤레타리아 계급혁명으로 수립된 러시아 사회주의 소비에트연방공화국(USSR)에서는 1918년 1월에 「노동하고 착취당하는 인민의 권리선언」이 채택되었다. 이 권리선언은 혁명의 결과를 반영하여 전통적인 자유권 외에 노동에 관한 권리 등 일

---

7) 바이마르헌법의 제정과정과 그 내용에 관하여 상세한 것은 권영성, 바이마르공화국 前期의 헌법발전에 관한 고찰, 법학(서울대학교 법학연구소) 제18권 2호, 1978, 22면 이하 참조.

1) 장영수, 헌법학, 455면.

2) 1949년의 독일기본법의 사회화조항의 골자는 다음과 같다. 전통적 자유권과 더불어 혼인과가족의 보호(제6조) 자녀교육과 그 감독(제6조 제2, 3항), 모성과 사생아의 보호(제6조 제4, 5항), 노동자의 단결권과 단체행동권(제9조), 소유권의 의무화(제14조 제2항), 토지 · 천연자원 및 생산수단의 사회화(제15조)에 관한 규정 등이 그것이다. 이들 조항은 바이마르헌법의 계보를 따르는 것이라 할 수 있으나 바이마르현법에 비하여 사회적 기본권이라고 할 수 있는 조항이 대폭 감소된 점이 특징이다.

3) 특히 1970년대에 만들어진 포르투칼 · 스페인헌법은 상세한 생존권 규정을 두고 있다(김철수, 헌법학(상), 355면); 권영성, 헌법학원론, 294면.

련의 사회주의적 기본권이 규정되었다.[1] 이 권리선언은 1918년 7월 10일의 소련헌법(Lenin헌법) 제1편에 계수 되었다. 그후 1936년 12월 5일의 소비에트 사회주의공화국 연방헌법(Stalin헌법)은 적정임금이 보장되는 노동권, 노령·질병 등의 경우에 물질적 보장을 받을 권리, 교육을 받을 권리 등 보다 광범위한 내용의 사회주의적 기본권을 규정하였다. 1977년 10월의 헌법(Brezhnev : 브레즈네프헌법)도 소연방시민의 기본적 자유와 권리를 제2편 제7장에서 규정하였다.[2] 그러나 사회주의 이념에 치우쳐서 자유의 문제를 도외시 하였던 사회주의 헌법 및 그에 기초한 사회주의적 기본권은 인간의 본성을 무시한 이념적 헌법에 그치고 말아 그 한계를 지니게 되었고, 결국에는 1991년 12월 21일에 소비에트사회주의연방공화국의 탄생이후 69년만에 해체되고 말았다. 1992년에 대체하여 만들어진 독립국가연합(CIS)은 더 이상 사회주의 국가이념에 집착하고 있지 않다.[3]

1.2. 자연권사상의 복활과 자연법사상의 영향으로 인한 기본권의 자연권화

현대적 인권보장의 또 하나의 특색은 자연권사상의 부활과 기본권보장에 대한 자연법사상의 영향이다. 19세기 이래 지배적인 법사상이었던 법실증주의는 20세기 이후 새로운 법사상의 도전을 받게되었다. 독일의 경우 바이마르헌법시대에 들어와 칼 슈미트(Carl Schmitt), 결단주의적 헌법관 및 루돌프 스멘트(Rudolf Smend)의 통합주의적 헌법관 등 새로운 법사상이 등장하여 종래의 법실증주의에 대항하는 이론 들이 등장하였다. 그후 나치스의 '법에 의한 불법지배'를 경험한후, 이른바 자연법사상이 부활하게 되었다.[4][5]

1945년에는 국제적 차원에서의 인권보장의 기초를 마련하기 위하여 1945년 국제연합(UN)이 결성되었고, 이를 토대로 1948년 12월 10일의 「세계인권선언」(Universal Declaration of Human Rights)이 채택되었다. 전문과 30개 조항으로 구성된 세계인권선언 가운데는 「인간의 존엄과 평등 그리고 불가양의 권리」를 확인함으로써 전통적인 천부인권론의 이념을 부활시켰다.[6] 이러한 이념은 2차대전후에 제정된 각국헌법에도 계승되었다.

---

1) 장영수, 헌법학, 453면.
2) 권영성, 蘇聯邦의 헌법제도에 관한 연구, 한국방송통신대학논문집(제1집), 1983; 장명봉, 공산권 헌법에 관한 연구, 서울대학교 법학박사학위논문, 1984 참조.
3) 권영성, 헌법학원론, 295면.
4) 양건, 헌법강의, 211면.
5) 예컨대 법실증주의의 대표적 학자인 법철학자 라드부르흐(Gustav Radbruch, 1878-1949)는 戰後의 논문 "합법적 불법과 초법적 법"이라는 논문을 통하여 자연법론자로 선회하였다. 그는 법률을 초월하는 법, 즉 자연법에 비추어 보면 실정법이라 할 지라도 정의롭지 못할 수 있다(不正義)고 보았다(양건, 헌법강의, 211면).
6) 장영수, 헌법학, 455면.

독일기본법 제1조 제1항은 「인간의 존엄성은 불가침이다. 이를 존중하고 보호하는 것은 모든 국가권력의 의무이다」라고 규정하여 인권의 초실정법적 자연권성을 확인하고 있다.[1)]

1.3. 기본권보장법제의 국제화

1.3.1. 기본권보장의 국제화

a) 국제연합헌장과 세계인권선언

제2차대전 이후의 인권보장에서 볼 수 있는 또 하나의 특색은 개개인에 대한 인권보장이 국가적 보장의 수준에 머물지 아니하고 국제적 차원에서 널리 보편화되었다는 점이다.[2)] 이러한 현상을 뒷받침한 것은 국제조직의 발달이지만 인권법제의 국제화는 다음과 같이 이루어지고 있다. 1945년 6월 26일의 국제연합헌장의 서명으로부터 본격적으로 국제적인 인권보장이 확립되었다.[3)] 1948년 12월 10일의 세계인권선언(Universal Declaration of Human Rights)이 다양한 인권을 열거하고 있다.[4)] 세계인권선언은 제2차 세계대전 전야의 인권 무시, 인권의 존중과 평화확보 사이의 깊은 관계를 고려하여 기본적 인권 존중을 그 중요한 원칙으로 하는 국제연합헌장의 취지에 따라 보호해야할 인권을 구체적으로 규정할 것을 목적으로 하여 채택되었다.

세계인권선언은 전문(前文)과 본문 30개조로 되어 있는데, 그 중 제21조까지는 시민적 · 정치적 성질의 자유, 즉 자유권적 기본권에 관한 규정이다. 그리고 경제적 · 사회적 · 문화적 성질의 자유, 즉 생존권적 기본권에 관해서도 상당한 배려가 되어 있으며, 사회보장에 대한 권리(제22조), 노동권과 공정한 보수를 받을 권리 및 노동자의 단결권(제23조) 등에 관해서도 상세한 규정이 마련되어 있다.

세계인권선언	
1948년 세계인권선언(전문 및 30개조)	① 인간의 존엄성, 공포와 결핍으로부터의 자유 ② 평등권 · 자유권 · 생존권 · 청구권 · 참정권 · 국민의 의무선언 ③ 망명자보호청구권 · 국제적 평등보호청구권, 표현의 자유와 정보수집의 자유, 추방을 받지 않을 권리

<홍원식, 통합헌법요론, 126면 참조>

---

1) 양건, 헌법강의, 211면.
2) 양건, 헌법강의, 212면.
3) 김철수, 헌법학(상), 356면.
4) 세계인권선언은 법적 구속력이 없는 권고적인 것(헌재결 1991. 7. 22, 89헌가106), 혹은 법적 구속력을 가지거나 국제법적 효력을 갖는 것으로 보지는 않는다(헌재결 2005. 10. 27, 2003헌바50 · 62; 헌재결 2004헌바96; 헌재결 2005헌바49(병합). 김철수, 헌법학(상), 356면.

b) 국제연합인권규약

국제연합에서는 세계인권선언 중에 규정된 기본적 인권들의 실효성을 구체적으로 뒷받침하기 위하여 또 하나의 노력인 국제연합인권규약(International Covenant on Human Rights)을 제정하였다. 동 국제연합인권규약은 「경제적 · 사회적 · 문화적 권리에 관한 국제규약/A규약 (A규약), 「시민적 · 정치적 권리에 관한 국제규약」(B규약) 그리고 「시민적 · 정치적 권리에 관한 국제규약의 선택의정서」의 셋으로 구성되어 있다.[1)2)3)] 그밖에 특정한 영역의 인권침해를 다룬 국제인권조약과 선언들이 채택되었다.[4)5)]

세계인권선언에는 규정되어 있으나 국제인권규약에서 빠진 것으로는 국적에 관한 권리와 망명자보호권 등이 있다.[6)]

---

1) 이 규약들은 1966년 12월 16일의 제21차 유엔총회에서 채택되어, A규약은 1976년 1월 3일에 발효하고, B규약은 1976년 3월 23일에 발효하였다.

2) 세계 인권규약 : ① 경제적 · 사회적 · 문화적 권리에 관한 규약(A규약), ② 시민적 · 정치적 권리에 관한 규약(B규약), ③ B규약의 부속선택의정서(附屬選擇議定書)로 되어 있다. 그리고 ①은 1976년 1월에, ②와 ③은 1976년 3월에 각각 발효(發效)하였다. 세계인권선언이 개인과 국가가 달성해야 할 공통의 기준으로서 채택되어 도의적인 구속력은 지녔으나 법적 구속력이 없었던 것에 반해, 국제인권규약은 조약으로서, 체약국(締約國)을 법적으로 구속하는 것이 특징이다. 이 규약은 UN인권위원회가 原案을 작성하였으며, UN총회는 A · B 두 규약을 만장일치로, 의정서를 66 대 2와 기권 38로 가결하였다. A · B 두 규약은 모두 제1조에 민족자결권과 자연의 부(富) 및 자원에 대한 영구적 권리에 관해서 규정해 놓고 있는 점이 특징적이다. A규약은 이른바 생존권적 기본권을 대상으로 노동기본권 · 사회보장권 · 생활향상 · 교육권 등을 각 체약국이 그들의 입법조치로써 실현 달성할 것을 내용으로 하며, 이의 실시상황을 UN에 보고할 것을 의무화하였다. 우리나라는 A 규약에 관하여는 유보없이 가입하였다(장영수, 헌법학, 456면). B규약은 이른바 자유권적 기본권의 존재를 전제로 하여, 체약국이 이를 존중할 것을 의무화하였으며, 이것의 실시 확보를 위하여 인권심사위원회와 그리고 필요에 따라 특별조정위원회를 설치할 것과, 선택의정서 참가국에 대해서는 개인이 인권심사위원회에 직접 청원(請願)할 수 있는 길을 열어놓았다. B 규약에 관하여 우리나라는 비상계엄하에서의 단심제, 노무직을 제외한 공무원 및 사립학교교원의 집단행동 등은 유보한채 가입하였다(장영수, 헌법학, 456면 참조).

3) 선택의정서에는 개인의 청원권에 해당하는 개인통보(individual communications)제도 등 구체적인 실시를 위한 규정들이 포함되어 있다(양건, 헌법강의, 212면).

4) 그 대표적인 예로 1951년의 「대량학살범죄의 예방과 처벌에 관한 협약」, 1965년의 「모든 형태의 인종차별배제에 관한 선언」, 1967년의 「여성차별철폐에 관한 선언」, 1969년의 「인권에 관한 남미협약」, 1972년의 「인간환경선언」, 1973년의 「고문폐지를 위한 국제앰네스티선언」, 1987년의 「고문 등의 금지에 관한 협약」 등을 들 수 있다.

5) 권영성, 헌법학원론, 296면.

6) 김철수, 헌법학(상), 357면.

1.3.2. 세계인권선언의 법적 효력문제

헌법재판소는 세계인권선언의 법적 효력에 관하여 국제연합의 「인권에 관한 세계선언」은 그 전문에 나타나 있듯이 “인권 및 기본적 자유의 보편적인 존중과 준수의 촉진을 … 모든 국민과 모든 나라가 달성하여야 할 공통의 기준”으로 선언하는 의미는 있으나 그 선언내용인 각 조항이 곧바로 보편적인 법적 구속력을 가지거나 국내법적 효력을 가지는 것으로 볼 것은 아니라고 판시하고 있다.1)

2. 기본권보장의 현대적 상황

2.1. 정보화사회에 있어서의 기본권보장

정보화사회는 인권보장과 관련하여 순기능적 측면과 역기능적 측면을 함께 내포하고 있다. 특히 정보사회에 있어서의 역기능 문제는 개인의 사생활 침해 등과 같은 개인의 프라이버시와 관련하여 특히 많은 문제점을 지니고 있다. 이에 이러한 역기능을 극소화하기 위한 헌법이론적 · 헌법정책적 대응책의 모색이 새로운 과제로 부각되고 있다.2)

첫째, 정보화사회는 국가나 개인의 영역을 막론하고 여러 가지 정보 및 비밀의 보호를 침해할 위험성을 내포하고 있다. 정보화사회에 있어서도 국가안전보장(국가기밀), 개인의 자유로운 개성신장 및 인격발현(사생활의 비밀과 통신의 비밀), 개인과 기업의 경제적 비밀 및 이익(기업비밀 내지 영업비밀) 등을 위하여 일정한 영역에 있어서의 비밀은 헌법상 보호받아야 한다. 그러므로 정보화사회라는 새로운 상황에 적합하도록 비밀영역보호의 범위와 방법 등에 대한 새로운 이론구성이 요청되고 있다. 오늘날 국가기밀과 사생활의 비밀 등과 관련하여 논의되고 있는 국가기밀보호법과 자기정보관리통제권은 이를 위한 이론구성의 하나라 할 수 있다.3)

둘째, 정보화사회는 정보의 왜곡과 정보의 독점화에 다른 폐해 등을 초래할 위험을 내포하고 있다. 그러므로 정보처리의 정확성과 객관성을 담보할 수 있는 제도적 장치와 정보유통 · 정보분배의 합리성과 공정성을 도모하기 위한 적극적인 이론구성이 요청되고 있다. 오늘날 표현의 자유의 일환으로서 강조되고 있는 알 권리와 정보공개청구권이 이를 위한 이론구성의 하나라 할 수 있다.4)

---

1) 헌재결 1991. 7. 22, 89헌가106; 헌재결 2005. 10. 27, 2003헌바50 · 62; 헌재결 2004헌바96; 헌재결 2005헌바49(병합). 김철수, 헌법학(상), 356면.

2) 권영성, 헌법학원론, 297면.

3) 권영성, 헌법학원론, 298면.

4) 권영성, 헌법학원론, 298면.

> 알 권리의 내용은 정보를 받을 권리와 정보를 구할 권리로 분류되고, 정보를 구할 권리는 자유권적인 정보수집의 자유와 청구권적인 정보공개의 요구권으로 나뉘며, 정보공개청구권은 다시 일반적 공개청구권과 개별적 공개청구권으로 나뉜다.[1]

셋째, 정보화사회는 정보화사회의 긍정적 효과를 극대화할 수 있는 방안을 마련하여야 한다. 이를 위하여 정보의 처리능력을 활용함으로써 국민의 욕구를 각종 의사결정과정에 반영시키는 제도적 장치를 마련하고, 합리적이고 공정한 절차에 실질적으로 참여하도록 함으로써 정치적·경제적 민주주의를 구현하며, 개인의 기본권을 적극적으로 보장하고 실현할 수 있는 방안이 모색될 필요가 있다. 정치적 기본권과 소비자기본권의 활성화방안이 이를 위한 이론구성이라 할 수 있다.

넷째, 정보화사회는 실업문제나 정보화사회에의 적응의 실패 또는 인간소외와 같은 부작용을 수반할 가능성이 있으므로, 정보화사회의 부작용을 극소화하는 보완대책(직업교육·재교육제도 등)이 마련될 필요가 있다.[2]

2.2. 기본권의 제삼자적 효력(대사인적 효력)의 인정문제

기본권의 대사인적 효력이론은 기본권규정의 적용범위를 국가와 개인의 관계에 국한하지 아니하고 사인 상호간의 관계에까지 확장함으로써 기본권의 대국가적 효력만이 아니라 그 제3자적 효력까지 인정하려는 효력확장 이론이다.

18·9세기의 근대시민국가의 헌법체계에서 기본권은 개인이 국가에 대하여 가지는 주관적 공권으로 파악하여 국가로부터 개인의 자유를 보호하기 위한 국가권력의 자의적 행사를 억제하는 수단으로 인식되어 대국가적 효력만을 가지며, 사인 상호간의 법률관계는 원칙적으로 계약자유의 원칙·사적 자치의 원칙 등이 지배하여 국가는 국민생활에 직접적인 개입을 하지 않는 것을 원칙으로 삼았다. 특히 사적자치의 원칙은 자유와 평등이라는 근대시민국가의 헌법이념에도 부합하는 것이었으며 그 자체가 바로 기본권을 실현하는 수단으로 인식되었다. 이러한 소극국가적 경향은 결과적으로 사인 상호간의 사회적·경제적 생활에서의 불평등을 야기하였고, 자본주의의 발전 및 산업사회화 과정에서 나타난 거대한 사회권력의 출현으로 인하여 개인적 불평등은 더욱 심화되었고, 이들 사회적 권력에 의한 기본권침해가 국가권력에 의한 기본권침해와 더불어 또는 그 이상으로 중대한 국가적·사회적 문제로 등장하게 되었다.[3]

기본권의 대사인적 효력이론은 이러한 사회문제를 해결하기 위한 방안의 하나로서 모

---

1) 헌재결 1991. 5. 13, 90헌마133, 재판관 최광률의 반대의견 참조, 헌판집 3권 234(258)면.
2) 권영성, 헌법학원론, 298면.
3) 권영성, 헌법학원론, 299면.

색된 것이다. 오늘날에는 각국의 학설과 판례가 비록 이론구성면에서는 차이를 보이고 있으면서도 기본권의 제3자적 효력을 일반적으로 인정하고 있다.[1)]

제 2 항 한국에서의 기본권보장의 역사

I. 의의

우리나라에 인권사상이 도입된 것은 개화기 미국과 일본·중국을 거쳐 들어온 것이었다. 특히 유길준·서재필 등에 의하여 기본권사상이 강조되었고, 상해임시정부헌법에서도 인권보장의 발자취가 보이고 있다.[2)] 그러나 한국사회에서 헌법적 가치를 존중하고 현대적 의미의 기본권보장제도가 확립된 것은 제2차세계대전 이후의 일이다. 해방과 더불어 실시된 미군정하에서 1948년 3월 군정법령 제176호에 의하여 도입된 구속적부심사제도는 비록 부분적인 것이기는 하지만 한국사회에 있어서 최초의 서구적 인권보장제도이다.

II. 대한민국 헌법상의 기본권보장사

1. 1948년 제헌헌법(제1공화국)

1948년의 제헌헌법(제1공화국 헌법)은 평등권과 신체의 자유를 비롯한 고전적 기본권을 보장하는 한편, 법률유보에 의한 자유권적 기본권의 제한을 규정하였다. 그 밖에 근로삼권과 사기업에 있어서의 근로자의 이익분배균점권·생활무능력자의 보호·가족건강보호 등 일련의 사회적 기본권까지 규정하였다.[3)] 특히 기본권규정을 일본제국헌법과 독일 바이마르헌법의 영향을 받아 기본권을 천부적인 것으로 보지 않고, 실정법상의 권리로 보아 각 기본권에 개별적 법률유보조항을 두었다.[4)]

---

1) 권영성, 헌법학원론, 299면.
2) 김철수, 헌법학(상), 359면; 同人, 한국에서의 인권론의 도입과 전개, 한국법학쇼수회편, 법학교육과법조개혁, 1994 참조.
3) 장영수, 헌법학, 457면.
4) 성낙인, 헌법학, 305면; 김철수, 헌법학(상), 359면.

2. 1960년 제2공화국헌법

제헌헌법에서 규정하고 있던 여러 기본권들은 인권의식의 미흡 등으로 인하여 제대로 존중되지 않았다. 그러나 인권의식은 서서히 성장하였고, 4·19의거 이후의 1960년 헌법(제2공화국 헌법)은 자유권적 기본권의 자연권적·천부적 성격을 강조하였고, 이에 따라 개별적 법률유보조항을 삭제하고, 일반적 법률유보조항을 두었고, 기본권의 본질적 내용의 침해금지를 두었다.[1] 특히 언론·출판·집회·결사의 자유 등 정치적 기본권(표현의 자유)에 대해서는 사전허가나 검열제가 금지되었으며, 질서유지와 공공복리를 위하여 기본권을 제한하는 경우에도 자유와 권리의 본질적 내용은 훼손할 수 없게 하였다. 정당의 보호에 관하여 명문으로 규정하였고,[2] 기본권의 효과적인 보호를 위해 헌법재판소가 설치되었다.[3]

3. 1962년 제3공화국헌법

1961년 5·16 이후의 1962년 헌법(제3공화국 헌법)에서는 인권보장의 이념적 지표라고 할 수 있는 인간의 존엄과 가치, 인간다운 생활을 할 권리, 직업선택의 자유를 명문화하고, 인신의 자유와 관련하여 고문의 금지와 자백의 증거능력제한에 관한 조항이 신설되었고, 불법행위를 한 공무원파면청원권과 근로자의 이익분배균점권은 삭제되었다.[4]

4. 1972년 유신헌법(제4공화국헌법)

1972년의 유신헌법(제4공화국 헌법)은 위기정부(Krisenregierung) 및 한국적 민주주의라는 구호아래 권력의 인격화와 함께 권위주의체제를 강화하였고 이로 인하여 기본권보장이 약화되었다. 특히 거의 모든 기본권 들에 대하여 개별적 법률유보조항을 부활하여[5] 기본권을 실정권화 함으로서 기본권의 실정권설을 뒷받침하였다(제1공화국헌법의 기본권규정으로 복귀). 특히 구속적부심사제의 폐지, 자백의 증거능력 제한규정의 삭제, 국가배상청구권에 있어서 군인·군속·경찰공무원 등에 대한 특별한 제한(공법상 소위 특별권력관계이론과 이중배상금지의 원칙), 근로자의 단체행동권 등의 제한, 국가안전보장을 위하여 필요한 경우에도 법률로서 기본권을 제한할 수 있도록 하였고, 기본권의 본질적 내용(Wesensgehalt)의 침해금지조항을 삭제하였다. 전반적으로 기본권 보장은 퇴색하였다.

---

1) 김철수, 헌법학(상), 360면.; 성낙인, 헌법학, 305면; 장영수, 헌법학, 458면.
2) 김철수, 헌법학(상), 360면.
3) 장영수, 헌법학, 458면.
4) 김철수, 헌법학(상), 360면; 성낙인, 헌법학, 305면; 장영수, 헌법학, 458면.
5) 김철수, 헌법학(상), 361면; 장영수, 헌법학, 459면.

5. 1980년 제5공화국헌법

1980년 헌법(제5공화국 헌법)은 유신정권의 붕괴의 결과 기본권의 불가침성과 본질적 내용의 침해금지 등을 회복하여 기본적 인권의 천부적 권리와 자연권성으로서의 성격(기본권의 자연권화)을 명확하게 하였고, 특히 기본적 인권의 불가침성 및 행복추구권, 형사피고인은 유죄의 판결을 받기 이전에는 무죄추정의 원칙이 적용되도록 한점, 사생활의 비밀과 자유의 불가침, 평생교육에 관한 권리 환경권의 신설, 근로자의 적정임금의 보장 등 현대적 유형의 기본권규정들을 새로이 추가하였으며, 연좌제를 폐지함으로써 죄형법정주의 원칙을 보다 강화하였다. 개별적 법률유보조항이 대부분 삭제되었고, 일반적 법률유보조항을 두고있다.[1]

6. 1987년 제6공화국헌법

1987년 현행 헌법(제6공화국 헌법)은 특히 국민의 기본권 보장의 강화와 적법절차의 원리에 따른 기본권 보장을 확대하고, 대부분의 개별적 법률유보를 줄임으로서 기본권 보장을 강화하였다. 형사피의자의 형사보상청구권, 범죄피해자의 국가구조청구권, 변호인의 조력을 받을 권리의 고지, 체포·구속시 가족에게 그 일시·장소를 통지할 의무, 노인·여자·청소년의 복지권, 쾌적한 주거생활권 등과 같은 새로운 유형의 기본권을 신설한 것이 특색이다.[2] 뿐만 아니라 1991년 9월에는 유엔에 가입하고 이어 국제노동기구(ILO)의 정식 회원국이 됨으로써 유엔헌장과 세계인권선언을 비롯하여 국제인권법제를 적극 수용할 의무를 지게 되었다.[3]

---

1) 성낙인, 헌법학, 305면.

2) 성낙인, 헌법학, 306면; 장영수, 헌법학, 459면.

3) 권영성 교수는 한국에서의 기본권 보장의 역사를 1) 역대 헌법의 기본권 보장과, 2) 현행 헌법의 기본권 보장으로 나누어, 역대헌법에는 1948년의 건국헌법에서 1980년의 제5공화국 헌법까지를, 그리고 1987년의 제6공화국 헌법을 현행 헌법이라 하여, 역대(헌법)의 개념에는 현행(헌법)이 포함되지 않는 것으로 언급하고 있다(권영성, 헌법학원론, 300면). 여기서 문제되는 것은 역대의 의미가 현행 헌법도 포함되는가 포함되지 않는가 하는 것이 쟁점으로 대두될 위험이 있다(대법원판례 참조).

제 2 절 기본권 일반론

제 1 항 기본권의 법적 성격

I. 개관

기본권의 성격은 다음과 같은 사항이 문제된다. 첫째, 기본권은 개인을 위한 주관적 공권이기는 하지만 헌법에 규정되었다는 그 자체로서만 실효성을 가지는 구체적 권리인가 아니면, 헌법에 규정되었다는 것만으로는 부족하고, 한걸음 더나아가 기본권 보장을 위한 구체적인 법률이 있을 경우에만 현실적 권리가 될 수 있는 이른바 추상적 권리인가, 혹은 단순한 프로그램적 · 선언적 규정인가 기타 국가목표규정(Staatszielbestimmung)인가 하는 것이 문제된다. 둘째, 기본권은 실정법상의 권리인가 아니면 자연법상의 권리인가 하는 것이 문제된다. 셋째, 기본권은 오로지 개인을 위한 주관적 공권이라는 성격만을 가지는가 아니면 개인을 위한 주관적 공권성과 사회공동체의 가치질서를 존중하는 객관적 가치질서 (objektive Wertordnung)[1)]라는 성격도 가지고 있는 것인가가 문제된다(기본권의 이중적 성격). 넷째, 기본권보장(최대보장의 원칙)과 제도보장(최소보장의 원칙)은 어떠한 관계에 있는가가 문제된다.[2)]

II. 성격

1. 주관적 공권성(구체적 권리성)

기본권이 개인을 위한 주관적 공권인가 아닌가의 문제는 다음과 같은 의미를 가진다. 기본권을 개인을 위한 주관적 공권으로 보는 경우에는, 개인이 국가를 상대로 자신의 권리 · 이익을 위하여 국가에 대하여 작위 · 부작위를 요구할 수 있는 권리라는 의미이다.[3)] 기본권의 법적 성격에 관하여 (ㄱ) 기본권의 주관적 공권성을 인정하는 견해(주관적 공권설)와 (ㄴ) 기본권의 주관적 공권성을 부정하고 다만 국가권력의 자제로 인한 반사적 이익(반사

---

1) 권영성 교수는 「국가의 기본적 법질서의 구성요소」라 부른다(권영성, 헌법학원론, 301면).

2) 권영성, 헌법학원론, 301면.

3) 김철수, 헌법학(상), 366면; 성낙인, 헌법학, 315면.

적 이익설)에 불과한 것이라는 켈젠(H. Kelsen)적 견해와,[1] (ㄷ) 기본권보장을 단순한 선언적 · 입법방침규정(입법방침규정설)[2]에 불과하다고 보는 견해,[3] 그리고 (ㄹ) 기본권의 주관적 공권성을 부인하여, 기본권은 권리가 아니고 객관적 제도(제도설)라고 보면서, 헌법제도에서 나오는 객관적 규범이라고 보는 입장이 있다.[4]

「참고」

권영성 교수는 「현대적 해석론(통설)에 따르면, 기본권 중 사회적 기본권은 그에 관한 구체적 입법이 있는 경우에만 비로소 현실적 권리가 될 수 있는 추상적 권리이지만, 그 밖의 기본권은 개개인이 자신을 위하여 국가의 일정한 행위나 부작위를 요구할 수 있는 현실적 권리로서 모든 국가권력을 직접 구속하는 주관적 공권이라고 한다(기본권2분설)」.[5] 위와 같이 사회적 기본권의 법적 성격을 추상적 권리로 보는 것이 통설이라 하면서도, 기본권 각론 사회적 기본권 분야에서는 이를 불완전한 구체적 권리로 본다.[6]

2. 전국가적 자연권성(자연적 권리성)

2.1. 학설(자연권설 · 실정권설의 대립)

2.1.1. 개관

헌법에 규정된 기본권을 개인을 위한 주관적 공권으로 이해하는 경우에도 그것이 초국가적 · 전국가적 성격을 가지는 자연법상의 권리(자연권)냐 아니면 실정법을 떠나서는 존재할 수 없는 실정법상의 권리(실정권)냐에 관해서는 견해가 대립된다. 헌법에 규정된 기본권이 자연권이라면, 기본권은 헌법에 의하여 비로소 보장되는 권리가 아니라 인간의 생래적 · 천부적 권리를 의미하므로 헌법이 이를 규정하고 있는 경우에도 그것은 인간이 인간으로서 당연히 가지는 권리를 헌법은 단지 문서로써 재확인한 것에 불과한 것으로 보아야 한다. 그러나 기본권이 실정권이라면 기본권도 헌법에 규정되어야만 비로소 권리로서 보장되는 것이 된다. 이와 같이 기본권의 성격에 관해서는 실정권설과 자연권설이 대립하고 있지만, 그 대립은 결국 헌법이 먼저 존재하는가(헌법선존설)과 아니면 기본권의 먼저 존재

---

1) 켈젠에 의하면 기본권 특히 자유권은 '은혜적인 것' 혹은 '강제질서의 자제'에서 나오는 반사적 이익에 불과하다고 본다(허영, 헌법이론과 헌법, 단락번호 509).

2) 권영성 교수는 이를 프로그램적 규정 내지 국가목적규정이라고 한다(권영성, 헌법학원론, 301면). 국가목적과 국가목표를 같은 개념으로 파악하는 견해도 있으나, 국가목적 규정과 국가목표 규정은 구분해서 설명하는 것이 타당하다.

3) 권영성, 독일헌법론(상), 법문사, 1976, 84면 이하 참조.

4) 김철수, 헌법학(상), 367면.

5) 권영성, 헌법학원론, 302면.

6) 권영성, 헌법학원론, 302면.

하는가(기본권선존설)의 대립이라 할 수 있고, 또 자연법의 존재를 긍정하는가 부정하는가 하는 이데올로기의 문제에 귀착하게 된다.

자연법상의 권리(자연권) : 인간의 생래적 · 천부적 권리 → 헌법은 단지 문서로써 재확인한 것에 불과 → 기본권선존설
실정법상의 권리(실정권) : 기본권도 헌법에 규정되어야만 비로소 권리로서 보장 → 헌법선존설

2.1.2. 실정권설의 입장

기본권(특히 자유권)을 실정법상의 권리라고 주장하는 실정권설의 주장은 다음과 같다. (ㄱ) 기본권은 본래 자연법사상에서 연유하였고 헌법 중에는 기본권을 자연법상의 권리로 보장하려고 하는 것은 사실이지만 기본권도 권리임에 틀림없으며, 그렇다면 그 권리는 실정법을 떠나서는 존재할 수 없고, 이것이 실정헌법에 규정된 경우에는 실정법상의 권리로 보아야 한다.[1] (ㄴ) 과거 절대군주제 하에서는 자연권설이 국가권력에 대하여 항의적 · 방어적 의미를 지닌 것이었지만, 현대 민주국가에서는 이러한 역사적인 의미를 상실하였으며, (ㄷ) 권리는 사실상 실정법을 떠나서는 성립할 수 없다는 점, (ㄹ) 자유는 전국가적이라고 하더라도 자유권은 후국가적인 것이라고 한다.[2]

2.1.3. 자연권설의 입장

그러나 기본권을 천부적 · 초국가적 권리로서의 자연권이라고 주장하는 자연권설은 (ㄱ) 기본권은 실정헌법에 의하여 비로소 보장받는 것이 아니고, 기본권은 본질적으로 인간으로서 가지는 권리이기 때문에 자연권으로 보아야 하며, (ㄴ) 기본권의 국가권력에 대한 항의적 · 방어적 성격은 오늘날의 민주국가에서도 이를 부정할 수 없으며, (ㄷ) 기본적 인권은 전국가적 · 초국가적 의의를 가지며, 또한 생래적 권리로서의 성격을 가지기 때문에 국가권력, 즉 실정법에 의하여 침해될 수 없다는 점, (ㄹ) 사회적 기본권의 경우도 자연권적 성격을 부인할 수 없다는 점, (ㅁ) 모든 국가권력은 기본권존중이라는 시대정신(Zeitgeist)에는 당연히 구속되어야 한다고 한다.[3]

이들 자연권설에 의하면 기본권은 국가권력에 의하여 창설된 것이 아니라, 국가에 의하여 국가이전의 전국가적이고 초국가적인 자연권이 확인 · 선언된 것이라는 것이다.[4]

---

1) 김철수, 헌법학(상), 368면; 성낙인, 헌법학, 313면.
2) 실정권설을 취하는 견해는 박일경 교수가 있다.
3) 권영성, 헌법학원론, 303면 참조.
4) 김철수, 헌법학(상), 369면.

바이마르 헌법시대에도 종래의 법실증주의와는 다른 새로운 헌법이론이 등장하면서 기본권이론도 변화하였다. 칼 슈미트(Schmitt, 1888-1985)는 그의 저서 '헌법학(Verfassungslehre, 1928)'에서 시민적 법치국가에서의 기본권(자유권)은 전국가적, 초국가적 권리이며, 국가가 그 법률로 부여한 것이 아니라 국가이전에 존재하는 것으로 인정되고 보장되는 권리라 하였다.[1)]

2.2. 현행 헌법의 해석론과 저자의 입장

헌법선존설과 기본권선존설 그리고 실정권설과 자연권설의 대립을 헌법해석론의 차원에서 정리한다면, 현행 헌법은 기본권선존설과 자연권설을 따르고 있다.[2)]

현행 헌법 제10조에서 자연법상의 권리라 할 수 있는 인간으로서의 존엄과 가치 및 기본적 인권의 불가침성을 확인하고 있고(헌법 제10조는 포괄적인 자연권을 선언하고 있다[3)]), 또 "국가는 개인이 가지는 불가침의 기본적 인권을 확인하고 이를 보장할 의무를 진다"고 규정함으로써, 기본적 인권의 보장을 국가의 의무로 규정하고 있다. 또한 제37조 제1항에서는「국민의 자유와 권리는 헌법에 열거되지 아니한 이유로 경시되지 아니한다」라고 하여 실정헌법이 규정하고 있는 권리 이외의 자유와 권리까지도 기본권으로 보호할 것을 예상하고 있고, 동조 제2항 후단에서는「자유와 권리의 본질적인 내용을 침해할 수 없다」라고 하고 있는데 기본권의 '본질적 내용(Wesensgehalt)'침해금지규정에 있어서의 '기본권의 본질적 내용'은 자연권성에 기초하여서만 이해될 수 있는 것[4)]이기 때문이다. 결론적으로 이와 같은 규정들은 기본권의 초헌법성과 자연권성을 확인한 것[5)]으로 볼 수 있다.

[기본권의 초헌법성 · 자연권성]

헌법 제10조 → 자연법상의 권리라 할 수 있는 인간으로서의 존엄과 가치 및 기본적 인권의 불가침성

기본적 인권의 보장 → 국가의 의무로 규정

제37조 제1항 → 국민의 자유와 권리는 헌법에 열거되지 아니한 이유로 경시되지 아니한다」라고 하여 실정헌법이 규정하고 있는 권리 이외의 자유와 권리까지도 예상

제37조 제2항 후단 → 자유와 권리의 본질적인 내용을 침해할 수 없다

특히 자유민주적 기본질서를 토대로 하는 헌법국가(Verfassungsstaat)의 기반을 구축하는 데에는 무엇보다도 개인의 자유로운 인격발현을 보장하는 것이 그 전제조건이 되는

1) 양건, 헌법강의, 214면.
2) 권영성, 헌법학원론, 303면.
3) 김철수, 헌법학(상), 371면.
4) 김철수, 헌법학(상), 371면; 성낙인, 헌법학, 315면.
5) 권영성, 헌법학원론, 303면.

것이며, 이를 위하여 개개인에게는 생명·신체·사고·행동 등의 자유가 당연히 보장되어야 한다. 생명·신체·사고·행동 등의 자유가 실정법에 의하여 규정되어야만 비로소 창설되는 자유가 아니며, 이는 천부적인 권리로서 본질적으로 인간에게 존재하는 고유한 자유, 즉 자연법상의 자유임은 이론의 여지가 없는 것이다.[1)]

결국 기본권은 자연권으로서의 성격을 지니며, 이는 포괄적인 것으로서 모든 국민에게 유보되어있는 것으로서, 헌법제정권자인 국민이 국가계약인 헌법에서 재확인하고 있다고 보는 것이 타당하다.[2)]

> [헌재결 1991. 7. 22, 89헌가106]
> 국민의 기본권보장의 사상적 배경을 자연권이라고 이해할 때(헌법 제10조) 모든 국민의 기본권은 존중되면 될수록 그리고 제한은 억제되면 될수록 헌법의 기본권보장정신에 합치하는 것이라고 할 수 있기 때문에 최대보장의 원칙, 최소제한의 원칙은 기본권보장의 2대원칙으로 존중되어야 할 것이다.[3)]

III. 기본권의 이중적 성격(주관적 공권·객관적 가치질서)

1. 기본권의 이중적 성격(Doppelcharakter)의 의의

기본권은 주관적으로는 개인을 위한 공권을 의미하지만 객관적으로는 사회공동체의 가치질서(객관적 질서; 객관적 가치질서 : '국가의 기본적 법질서'[4)]를 구성하는 요소)를 구성하는 요소라고 할 수 있다. 이것을 기본권의 이중적 성격 내지 양면성이라 한다.[5)] 예컨대 법 앞의 평등의 헌법적 보장은 개개인이 국가권력에 대하여 평등하게 대우해 줄것을 요구할 수 있는 주관적 공권으로서의 평등권을 보장한 것이면서, 동시에 국가권력에 의한 자의적인 차별의 금지와 같은 민주국가적 법질서의 내용이 되는 평등의 원칙을 객관적으로 확인한 것이다.[6)] 또한 언론의 자유의 헌법적 보장은 개개인이 자유로이 의견을 발표할 수 있는 주관적 표현권을 보장한 것이면서, 동시에 자유로운 여론형성과 여론존중의 원칙을 객관적으로 확인한 민주국가적 법질서의 구성요소로서의 성격을 가지는 것이다.[7)]

---

1) 권영성, 헌법학원론, 303면.
2) 同旨 김철수, 헌법학(상), 371면.
3) 헌재결 1991. 7. 22, 89헌가106, 재판관 김양균의 반대의견 참조, 헌판집 3권, 387(458)면.
4) 김철수, 헌법학(상), 372면.
5) 양건, 헌법강의, 215면.
6) 권영성, 헌법학원론, 304면.
7) 권영성, 헌법학원론, 305면.

객관적 가치질서로서의 기본권은 입법 · 행정 · 사법의 모든 국가작용의 방향을 제시하는 지침이 된다.[1)]

주관적 : 개인을 위한 공권(권리) → 법 앞의 평등의 헌법적 보장은 개개인이 국가권력에 대하여 평등한 대우를 요구할 수 있는 개인을 위한 주관적 평등권을 보장
객관적 : 국가의 기본적 법질서를 구성하는 요소(원칙) → 국가권력에 의한 자의금지와 같은 민주국가적 법질서의 내용이 되는 원칙을 객관적으로 확인

2. 기본권의 이중적 성격론의 이론적 배경

기본권의 성격은 헌법관과 기본권이론에 따라 다양한 의미로 파악되고 있다. 켈젠(H. Kelsen)과 옐리네크(G. Jellinek)에 의하여 대표되는 규범주의적 헌법관에 의하면, 국민이 국가에 대하여 가지는 자유와 권리는 반사적 이익 혹은 실정법에 의해서만 보장되는 권리로서의 주관적 공권이라고 한다. 슈미트(C. Schmitt)의 결단주의적 헌법관에 의하면, 기본권은 초국가적 자연권으로서 그 주관적 공권성이 강조되고 제도적 보장[2)]과는 구별하고 있다. 그러나 스멘트(R. Smend) 등에 의하여 대표되는 통합주의적 헌법관에 따르면, 기본권이 보장된다는 것은 사회가 동화되고 통합되어가기 위한 불가결의 전제조건이다.[3)] 이에 따라 기본권은 사회적 통합을 위한 생활양식 내지는 법질서의 바탕이 되는 가치체계인 동시에 국가권력의 정당성의 원천으로서 객관적 질서라는 점이 강조된다. 이와 같은 통합주의적 헌법관에 의하면 기본권은 "국가를 위한 자유"로서 국가적 통합과정에 참여하기 위한 자유로 이해하면서 기본권의 국가창설적 기능을 강조한다. 이에 따라 기본권의 주관적 공권성 보다는 공동체의 객관적 법질서로서의 성격을 강조한다.[4)] 기본권의 이중적 성격은 특히 통합주의적 헌법관에서 강조되는 이론이다.[5)]

---

1) 헌재결 1995. 6. 29, 93헌바45【형사소송법 제312조 제1항 단서 위헌소원】
2) 제도적 보장은 인간과 직접 관련을 맺는 것이 아니라 제도자체만을 보호하지만, 제도보장은 그러한 제도가 보장됨으로써 기본권이 실현되며, 입법자의 자의가 금지된다. 제도보장의 예로는 언론 · 출판의 자유를 보장하는 헌법 제21조, 재산권을 보장하는 헌법 제23조, 대학의 자율성을 보장하는 헌법 제31조 제4항, 혼인과 가족생활에 대한 국가의 보호의무를 규정한 헌법 제36조의 규정이 그것이다(홍성방, 헌법학, 283면).
3) 성낙인, 헌법학, 313면.
4) 성낙인, 헌법학, 313면.
5) P. Häberle, Die Wesensgehaltsgarantie des Artikel 19. Abs. 2 Grundgesetz, 2. Aufl., Karlsruhe 1972, S. 70 ff.; K. Hesse, Grundzüge Verfassungsrechts der BRD, 19. Aufl., Heidelberg/Karlsruhe 1992, S. 112 f. 참조.

3. 인정여부

3.1. 긍정설

기본권의 법적 성격과 관련하여 그 주관적 공권성을 인정하는 데에는 다툼이 없으나, '객관적 가치질서(objektive Wertordnung)'로서의 성격까지 인정할 것인가에 관해서는 학설이 나누이고 있다. 긍정설에 의하면, 기본권은 주관적 공권인 동시에 국가권력을 제한하거나 국가권력을 기본권에 적합하도록 의무화시키는 것으로 객관적 가치질서로서의 성격도 동시에 갖는다고 한다.[1] 기본권은 객관적 의미의 법이며, 이는 전체 법질서(자연인과 법인의 공동생활을 규율하는)를 규율한다.[2]

헌재결 1991. 7. 22, 89헌가106 【사립학교법 제55조 등 에 관한 위헌심판】

오늘날 자유민주적 기본질서를 유지하기 위한 여론의 형성에서 언론이 차지하는 비중은 결코 과소평가할 수 없고, 민주주의를 지키고 발전시켜 나가기 위하여 표현의 자유의 우월적 지위는 반드시 보장되어야 한다. 반론권을 인정하는 근거는 공정한 여론형성에 참여할 자유나 객관적 질서로서의 언론제도를 보장하는 데 있다.[3]

헌재결 1995. 6. 29, 93헌바45 【형사소송법 제312조 제1항 단서 위헌소원】

국민의 기본권은 국가권력에 의하여 침해되어서는 아니된다는 의미에서 소극적 방어권으로서의 의미를 가지고 있을 뿐만 아니라, 헌법 제10조에서 국가는 개인이 가지는 불가침의 기본적 인권을 확 인하고 이를 보장할 의무를 진다고 선언함으로써, 국가는 나아가 적극적으로 국민의 기본권을 보호할 의무를 부담하고 있다는 의미에서 기본권은 국가권력에 대한 객관적 규범 내지 가치질서로서의 의미를 함께 갖는다. 객관적 가치질서로서의 기본권은 입법·사법·행정의 모든 국가기능의 방향을 제시하는 지침으로서 작용하므로, 국가기관에게 기본권의 객관적 내용을 실현할 의무를 부여한다.

3.2. 부정설

부정설에 따르면, 독일 Bonn 기본법(독일연방헌법)은 제1조 제2항에서 인권은 개인의 주관적 권리인 동시에 공동사회의 객관적 질서의 기초라는 것을 인정하고 있지만, 이러한 명문의 규정이 없는 우리나라에서는 "기본권 자체는 자연권이나 이것이 실정헌법에 규정

---

1) 독일의 스멘트(R. Smend), 헤벌레(P. Häberle), 헷세(K. Hesse) 등이 주장하는 이론이다. 서경석, 스멘트학파와 기본권이론, 인하대 박사학위논문, 1999 참조; 특히 헷세 교수는 기본권은 주관적 권리이자 객관적 가치질서라는 이중적 성격(Doppelcharakter)을 갖는다고 한다; 홍성방, 헌법학, 282면 참조,

2) 홍성방, 헌법학, 281면.

3) 헌재결 1991. 9. 16, 89헌마165 【정기간행물의등록등에관한법률 제19조" 제3항, 제16조 제3항" 의 위헌여부에 관한 헌법소원】

됨으로써 실정권이되고, 실정헌법규범이 객관적 규범으로서 국가권력을 구속하는 것이기 때문에 권리와 질서의 이분법에 따라 권리적 성격을 강조하는 부정설이 옳다"[1]라고 하면서, 주관적 공권으로서의 성격을 약화시키고 기본권과 제도보장의 구별을 불명확하게 할 염려[2]가 있기 때문에 이중적 성격을 부인하는 견해도 있다.

3.3. 사견

생각건대 헌법상 규정된 기본권에 대해서는 주관적 공권성과 더불어 객관적 가치질서(법질서, 법원리)로서의 성격을 긍정하는것이 바람직하다(통설 · 판례).[3]

[객관적 가치질서]
- 국가권력을 제한하거나 국가권력을 기본권에 적합하도록 의무화시키는 것
- 사회공동체의 가치질서

「참고」

'객관적 가치질서(허영)'는 '국가의 기본적 법질서 · 객관적 법질서(권영성)' · '헌법상의 가치질서 · 객관적 헌법질서(헌법재판소)'[4] · 헌법질서 · 사회공동체의 가치질서 등과 같이 다양한 용어로 불리우고 있다.

---

1) 김철수 교수는 독일연방헌법재판소는 기본권의 가치질서성을 인정하고 있으나, 오스트리아의 연방헌법재판소는 이를 인정하고 있지 않다고 한다(김철수, 헌법학(상), 373면 각주 3) 참조).

2) 김철수, 헌법학(상), 373면.

3) 헌법재판소; 권영성, 헌법학원론, 305면; 홍성방, 헌법학, 281면.

4) 1) 특히 헌법재판소는「헌법소원의 본질은 주관적 권리구제 뿐만 아니라 객관적인 헌법질서의 보장도 겸하고 있으므로 침해행위가 이미 종료하여서 이를 취소할 여지가 없기 때문에 헌법소원이 주관적 권리구제에는 별 도움이 안되는 경우라도 그러한 침해행위가 앞으로도 반복될 위험이 있거나 당해 분쟁의 해결이 헌법질서의 수호 · 유지를 위하여 긴요한 사항이어서 그 해명이 헌법적으로 중대한 의미를 지니고 있는 경우에는 헌법소원의 이익을 인정하여야 한다(헌재결 1992. 4. 14, 90헌마82)」고 한다(국가보안법 제19조에 대한 헌법소원). 2) 당해사건에 대한 헌법재판이 헌법질서의 수호 유지를 위하여 긴요한 사항이어서 헌법적으로 그 해명이 중요한 의미를 지니고 있는 경우에는「이미 종료된 기본권 침해행위가 위헌이었음을 선언적 의미에서 확인할 필요」가 있는 바, 이 사건에서도 권력적 사실행위가 이미 종료되어 나름대로 새 질서가 형성되었지만, 이 사건은 재산권보장과 사영기업의 자유를 골간으로 하는 시장경제질서하에서 제반 기업활동에 대한 공권력 개입의 헌법적 한계가 판시될 수 밖에 없는 중요한 事案이고, 여기에서 아직 미결인 헌법상 중요한 문제가 해명될 것이라는 의미에서 그 심판의 필요성이 충분하다(헌재결 1993. 7. 29, 89헌마31) : 공권력 행사로 인한 재산권침해에 대한 헌법소원). ☞ 헌법소원의 인정범위

[독일 기본법 제1조 제2항]

독일 국민은 침범할 수도 없고, 또한 박탈할 수도 없는 인권을 모든 인간공동사회의 기초로서, 세계에 있어서 평화와 정의의 기초로서 인정한다. ☜ 객관적 가치질서의 인정(기본권의 양면성) : 기본권의 대사인적 효력 → 기본권의 객관적 가치질서로부터 도출

IV. 기본권보장(최대보장의 원칙)과 제도(적)보장(최소보장의 원칙)의 관계

1. 개관

기본권 보장과 제도(적)보장(제도의 헌법적 보장)은 그 개념상 구별되는 것으로 보는 것이 일반적인 견해이다.[1] 제도(적)보장이란 객관적 제도를 헌법에 규정함으로써 당해제도의 본질을 보장하려는 것이다.[2] 제도보장은 제도의 본질·핵심을 객관적 법규범으로서 헌법에 규정함으로서 장래에 있어 일반적인 입법에 의하여 폐지되거나 본질이 훼손되는 것을 막기위한 것이다.[3]

기본권보장은 최대보장의 원칙이 적용되나, 제도보장은 최소보장의 원칙이 적용될 뿐이다.

헌재결 1997. 4. 24, 95헌바48 【舊지방공무원법 제2조 제3항 제2호 나목 등 위헌소원】

제도적 보장은 객관적 제도를 헌법에 규정하여 당해 제도의 본질을 유지하려는 것으로서 헌법제정권자가 특히 중요하고도 가치가 있다고 인정되고 헌법적으로도 보장할 필요가 있다고 생각하는 국가제도를 헌법에 규정함으로써 장래의 법발전, 법형성의 방침과 범주

---

1) 제도보장은 원래 바이마르헌법의 재산권 규정과 관련하여 볼프(M. Wolff)가 창안하고, 칼·슈미트(Carl Schmitt)에 의하여 체계화 된 이론이다. C. Schmitt는 기본권과 제도적 보장을 엄격하게 구별하여, 제도적 보장은 국가내적인 존재이며 헌법에 의하여 인정된 제도의 보장으로서 단순한 입법으로서는 그 배제가 불가능한 것이라고 하였다. 그는 특히 공법적인 것과 사법적인 것을 구분하여 공법적 제도의 헌법상 보장을 제도적 보장(instutionelle Garantie), 사법적 제도의 헌법상 보장을 제도보장(Institut-Garantie)으로 구분하였으나, 2차대전 이후에는 이를 구분하지 아니하고 제도보장(Einrichtungsgarantie)으로 부르고 있다. C. Schmitt의 제도적 보장론은 바이마르헌법의 지배적인 학설이 되었다(김철수, 헌법학(상), 374면 참조).

2) 김철수, 헌법학(상), 373면; 同人, 제도보장의 의의와 성격, 고시계(1965.5); 양건, 헌법강의, 217면.

3) 김철수, 헌법학(상), 373면.

를 미리 규율하려는데 있다. 이러한 제도적 보장은 주관적 권리가 아닌 객관적 범규범이라는 점에서 기본권과 구별되기는 하지만 헌법에 의하여 일정한 제도가 보장되면 입법자는 그 제도를 설정하고 유지할 입법의무를 지게될 뿐만 아니라 헌법에 규정되어 있기 때문에 법률로써 이를 폐지할 수 없고, 비록 내용을 제한하더라도 그 본질적 내용을 침해할 수 없다. 그러나 기본권 보장은 "최대한 보장의 원칙"이 적용됨에 반하여, 제도적 보장은 그 본질적 내용을 침해하지 아니하는 범위 안에서 입법자에게 제도의 구체적 내용과 형태의 형성권을 폭넓게 인정한다는 의미에서 "최소한 보장의 원칙"이 적용될 뿐이다.

2. 기본권보장과 제도보장과의 관계

제도적 보장에는 기본권보장과는 직접적인 관련 없이, 제도 그 자체만이 독자적으로 보장되는 경우(직업공무원제, 지방자치제 등)가 있고, 기본권보장과 일정한 관련을 가지는 경우가 있다.[1] 제도적 보장과 기본권 보장이 일정한 관련을 가지는 경우에도 관련형태에는 다음과 같은 세 유형이 있다. ① 정치적 기본권(정치과정에의 참여 등)의 실효성을 확보하기 위하여 민주적 선거제도의 보장이 필요한 것과 같이 특정한 기본권을 보장하기 위한 수단으로서 특정한 제도를 보장하는 경우(제도보장의 기본권수반형), ② 특정의 기본권보장이 동시에 특정한 제도의 보장을 의미하는 경우(兩者의 보장병존형; 예 : 재산권의 보장이 동시에 사유재산제도의 보장을 의미하는 것), ③ 칼 슈미트(Carl Schmitt)의 부진정한 기본권과 같이 특정의 제도가 보장됨으로써 부수적 내지 간접적으로 특정의 기본권이 보호받는 경우(기본권의 제도종속형; 예 : 복수정당제의 보장을 통하여 국민 개개인에게 정당설립 · 정당가입 · 정당탈퇴의 자유 등을 보장하는 것) 등이 있다.[2]

제도보장의 기본권수반형 : 정치적 기본권의 실효성을 확보하기 위하여 민주적 선거제도를 보장하는 경우
보장병존형 : 재산권의 보장이 동시에 사유재산제도의 보장을 의미하는 것
권리의 제도종속형 : 복수정당제가 보장됨으로써 그 결과 개인에게 정당의 설립 · 가입 · 탈퇴의 자유 등이 보장되는 것

제도보장은 기본권보장과는 개념상 구별되고 있다. 그러나 제도보장이 특정제도의 본질적 내용을 침해하지 아니하는 범위 안에서 그 제도의 구체적 내용과 형태를 형성할 수 있는 입법형성권을 입법자에게 인정하는 것을 의미한다면, 그러한 입법권의 행사로 말미암아 개인의 기본권이 간접적으로 제약을 받을 염려가 있다.[3] 그러나 통설적 견해를 따를

---

1) 권영성, 헌법학원론, 184면.
2) 권영성, 헌법학원론, 185면.
3) 그러나 기본권이 가지는 주관적 공권으로서의 측면보다 그 제도로서의 측면을 보다 더 중시하

때, 제도보장은 개인의 기본권을 보충하고 강화하는 기능을 하는 것이어야 하고,[1] 오히려 기본권을 제한하는 기능을 하는 것이어서는 아니 된다.[2]

한편 기본권의 객관적 질서(객관적 가치질서)를 강조하는 입장에서는 기본권보장과 제도보장의 구별을 부인하는 견해도 있다.[3]

3. 제도적 보장과 訴權

제도적 보장도 기본권 보장과 같이 사법권을 직접적으로 구속하여 적용되는 재판규범이다. 왜냐하면 제도적 보장은 단순한 프로그램(입법방침)이 아니고 객관적인 법규범이기 때문이다. 그러나 제도적 보장규정 그 자체를 직접적인 근거로 하여 개인이 자신의 권리보호를 위하여 헌법소원 등의 소송을 제기할 수 있느냐 하는점이 문제되나, 부정된다고 본다. 왜냐 하면 제도적 보장은 권리보장규범이 아니기 때문이다.[4]

독일연방헌법재판소 및 우리나라의 헌법재판소는 제도적 보장 그 자체만을 위하여 헌법소원을 제기할 수는 없고,[5] 주관적 권리의 침해를 헌법소원의 대상으로 인정하고 있을 따름이다.[6] 따라서 제도적 보장과 함께 다른 기본권보장규정이 헌법상 존재하는 경우에 한하여 헌법소원을 제기할 수 있다.

헌재결 1995. 3. 23, 94헌마175 【경기도남양주시등33개도농복합형태의시설치등에관한법률제8조위헌확인】

지방자치단체의 폐치 · 분합은 지방자치단체의 자치권의 침해문제와 더불어 그 주민의 헌법상 보장된 기본권의 침해문제도 발생시킬 수 있다.

4. 헌법재판소 판례

헌법재판소는 제도보장으로서 의무교육제도,[7] 직업공무원제,[8][9] 지방자치제도,[10] 복

여 제도에 대한 기본권의 구속성을 강조하는 헤벌레(P. Häberle)의 견해는 문제가 있다(권영성, 헌법학원론, 185면).

1) 양건, 헌법강의, 218면.
2) 권영성, 헌법학원론, 185면.
3) 양건, 헌법강의, 218면.
4) 김철수, 헌법학(상), 376면.
5) 김철수, 헌법학(상), 376면.
6) 김철수, 헌법학(상), 376면.
7) 헌재결 1991. 2. 11, 90헌가27 【교육법제8조의2에관한위헌심판】 의무교육제도는 교육의 자주성 · 전문성 · 정치적 중립성 등을 지도원리로하여 국민의 교육을 받을 권리를 뒷받침하기 위한, 헌

수정당제도, 혼인제도, 가족제도[1] 등을 제도보장으로 보고 있다.

- 가족제도를 보장하는 헌법 제36조 제1항의 헌법적 의미 -

우선 헌법 제36조 제1항은 전래된 가족제도를 입법자의 자유로운 처분으로부터 보호하기 위하여 가족제도에 대한 제도보장을 규정한 것이다.[2]

제도보장은 객관적 제도를 헌법에 규정하여 당해 제도의 본질을 유지하려는 것으로서 헌법제정권력자가 특히 중요하고도 가치가 있다고 인정되고 헌법적으로도 보장할 필요가 있다고 생각하는 제도를 헌법에 규정함으로써 장래의 법발전, 법형성의 방침과 범주를 미리 규율하려는 데 그 목적이 있다. 이러한 제도보장은 주관적 권리가 아닌 객관적 범규범이라는 점에서 기본권과 구별되기는 하지만 헌법에 의하여 일정한 제도가 보장되면 입법자는 그 제도를 설정하고 유지할 입법의무를 지게 될 뿐만 아니라 헌법에 규정되어 있기 때문에 법률로써 이를 폐지할 수 없고, 비록 내용을 제한하더라도 그 본질적 내용을 침해

법상의 교육기본권에 부수되는 제도보장이라 할 것이다.

8) 헌재결 1994. 4. 28, 91헌바15, 19【국가안전기획부직원법제22조등에대한헌법소원】직업공무원제도는 지방자치제도, 복수정당제도, 인제도 등과 함께 "제도보장"의 하나로서 이는 일반적인 법에 의한 폐지나 제도본질의 침해를 금지한다는 의미의 최소보장"의 원칙이 적용되는바, 이는 기본권의 경우 헌법 제37조 제2항의 과잉금지의 원칙에 따라 필요한 경우에 한하여 "최소한으로 제한"되는 것과 대조되는 것이다. 同旨 헌재결 1997. 4. 24, 95헌바48.

9) 헌재결 1997. 4. 24, 95헌바48【구 지방공무원법 제2조 제3항 제2호 나목 등 위헌소원】직업공무원제도는 헌법이 보장하는 제도적 보장중의 하나임이 분명하므로 입법자는 직업공무원제도에 관하여 '최소한 보장'의 원칙의 한계안에서 폭넓은 입법형성의 자유를 가진다. 따라서 입법자가 동장의 임용의 방법이나 직무의 특성 등을 고려하여 이 사건 법률조항에서 동장의 공직상의 신분을 지방공무원법상 신분보장의 적용을 받지 아니하는 별정직공무원의 범주에 넣었다 하여 바로 그 법률조항부분을 위헌이라고 할 수는 없다.

10) 헌재결 1995. 3. 23, 94헌마175【경기도남양주시등33개도농복합형태의시설치등에관한법률제8조위헌확인】법률조항의 규정이 별도의 집행행위를 거치지 않고 국민의 헌법상 보장된 기본권을 직접 침해하는 경우에는 그 법률조항도 헌법재판소법 제68조 제1항에 의한 헌법소원의 대상이 될 수 있다 함이 당재판소의 확립된 판례이다(헌재결 1990. 10. 15, 90헌마178 결정 등 참조). 헌법 제117조에는 "① 지방자치단체는 주민의 복리에 관한 사무를 처리하고, 재산을 관리하며 법령의 범위 안에서 자치에 관한 규정을 제정할 수 있다. ② 지방자치단체의 종류는 법률로 정한다."고 규정하였고, 헌법 제118조에는 "③ 지방자치단체에 의회를 둔다. ④ 지방자치단체의 조직·권한·의원선거와 지방자치단체의 장의 선임방법 기타 지방자치단체의 조직과 운영에 관한 사항은 법률로 규정한다."고 규정하여 지방자치단체의 자치권에 대한 제도적 보장을 하고 있다.

1) 헌재결 2002. 8. 29, 2001헌바82【소득세법제61조위헌소원】헌법 제36조 제1항은 "혼인과 가족생활은 개인의 존엄과 양성의 평등을 기초로 성립되고 유지되어야 하며, 국가는 이를 보장한다."라고 규정하고 있는데, 헌법 제36조 제1항은 혼인과 가족생활을 스스로 결정하고 형성할 수 있는 자유를 기본권으로서 보장하고, 혼인과 가족에 대한 제도를 보장한다.

2) 헌재결 2002. 8. 29, 2001헌바82 참조.

할 수 없다.[1)]

따라서 입법자는 헌법적으로 보호되는 가족제도를 법률로써 구체적으로 형성할 수 있지만, 이러한 입법적 형성은 가족제도 자체를 폐지할 수 없음은 물론이고 그 본질적 내용을 침해할 수 없다는 한계 내에서 이루어져야 한다. 그리고 제도보장의 대상인 가족제도는 그 존재 자체 또는 본질적 내용을 보장하기 위하여 필요한 범위 내에서는 일정 부분 국민의 기본권 제한을 정당화하는 사유가 될 수 있고, 그 범위 내에서 입법자는 가족제도 존치의 정당성에 대한 논증책임에서 해방될 수 있다고 보아야 한다.[2)]

---

1) 헌재결 1997. 4. 24, 95헌바48 참조.

2) 헌법재판소 2005. 2. 3. 선고 2001헌가9, 10, 11, 12, 13, 14, 15, 2004헌가5(병합) 전원재판부 【민법제781조제1항본문후단부분위헌제청등】

제 2 항 기본권의 분류·구조와 체계

우리나라에서는 1960년대까지 게오르그 옐리네크(G. Jellinek)의 기본권분류론의 영향을 받아,[1] 국민의 자유와 권리를 주권자인 국민 위주가 아니라 국가 중심의 자유권·수익권·참정권으로 분류하는 기본권 3분법이 지배적이었다. 그러나 오늘날에는 기본권분류론이 5분법·6분법·7분법 등으로 다양화되고 있다.[2]

I. 기본권의 분류

1. 주체를 기준으로 한 분류

1.1. 인간의 권리·국민의 권리

인간의 권리는 모든 인간에게 귀속되는 권리로서 초국가적 자연법상의 권리를 말한다. 인간의 권리는 내·외국인의 구별 없이 이를 향유할 수 있음을 원칙으로 한다. 이에 대하여 국민의 권리는 실정법에 의하여 비로소 보장되는 권리로서 국적보유자만이 누릴 수 있고 외국인에게는 원칙적으로 인정되지 아니하는 권리이다.[3]

1.2. 자연인의 권리·법인의 권리

기본권은 원칙적으로 자연인을 그 주체로 하지만 기본권에 따라서는 법인도 그 주체가 될 수 있는 것이 있다. 평등권, 재산권, 직업선택의 자유(영업의 자유), 거주·이전의 자유, 통신의 자유, 결사의 자유, 재판을 받을 권리 등은 법인도 그 주체가 될 수 있다.[4]

---

1) 게오르그 옐리네크는 「공권의 체계론(System der subjektiven öffentlichen Rechte, Tübingen 1919, S. 81 ff)」에서, 국민의 기본권을 국가에 대한 상태권(Statusrecht)으로 파악하여 국가에 대한 지위를 수동적 지위(passive Status)·소극적 지위(negative Status)·적극적 지위(positive Status)·능동적 지위(aktive Status)로 분류하고, 이와같은 상위개념으로부터 각각 그에 대응하는 국민의 공의무·자유권·수익권·참정권의 체제를 구성하였다(권영성, 헌법학원론, 305면 각주 1); 김철수, 헌법학(상), 378면).

2) 권영성, 헌법학원론, 305면.

3) 권영성, 헌법학원론, 306면.

4) 권영성, 헌법학원론, 306면.

2. 성질에 따른 분류

2.1. 초국가적 기본권(자연법상의 권리 : 자연권) · 국가내적인 실정법상의 기본권(실정권)

초국가적 기본권(자연권)은 자엽법사상을 토대로 한 것으로서 자연법상의 권리 또는 천부적 · 전국가적 인권(모든 인간의 권리)이라고도 한다. 초국가적 기본권은 국가(헌법)에 의하여 창설된 권리가 아니라 인간이 태어나면서부터 천부적 · 생래적으로 갖는 자연적 권리로서 국가권력에 의하여 제한되거나 박탈될 수 없는 것이다(이 경우 기본권의 내재적 한계는 별개문제이다). 인간으로서의 존엄과 가치, 행복추구권, 생명권, 인격권, 평등권, 사생활의 비밀과 자유, 표현의 자유, 수면권, 일조권, 휴식권, 저항권 등이 이에 속한다. 이에 대하여 국가내적인 실정법상의 기본권은 국가(헌법)에 의하여 비로소 창설된 권리(국가로부터의 권리)로서, 그 내용이 실정법에 의하여 확정되고 입법자에 의하여 제한될 수 있는 권리이다. 재산권, 참정권(국민표결권 · 선거권, 피선거권 · 공무담임권 등), 재판청구권,[1] 사회적 기본권 등이 이에 해당한다.[2]

2.2. 절대적 기본권과 상대적 기본권

절대적 기본권은 어떠한 경우이거나, 어떠한 이유로도 제한되거나 침해될 수 없는 기본권을 말한다.[3] 인간의 내심의 작용으로서의 신앙의 자유, 양심형성과 침묵의 자유, 학문연구의 자유(이 경우 기본권의 내재적 한계가 적용될 수 있다)와 창작의 자유 등이 이에 해당한다. 따라서 초국가적 자연법상의 권리와 절대적 기본권은 그 내용이 반드시 일치하지 아니한다.[4] 다만 학문연구의 자유와 관련해서는 기본권의 내재적 한계론에 의한 한계가 설정될 여지가 있다. 왜냐하면 학문연구의 자유가 절대적 기본권이라하여 핵물질 · 폭발물 · 생명체에 관한 인간복제 등의 연구는 항상 자유롭게 인정되는 절대적 기본권이라고 할 수는 없는 것이고, 윤리적 문제로 인한 제약을 받을 수도 있는 문제이고, 또한 연구시기 · 연구장소 · 연구방법 · 연구목적 등에 관하여 연구자의 자율적 통제에 의한 내재적 한계가 있을 수 있다는 점이다.[5] 그러나 이 경우에도 기본권의 제한과는 별개의 문제이다. 왜냐하

1) 장영수교수는 재판청구권을 청원권과 함께 절차적 권리라고 부르고 있다(장영수, 헌법학, 546면)

2) 권영성, 헌법학원론, 306면; 양건, 헌법강의, 221면; 장영수, 헌법학, 545면.

3) 일반적 법률유보를 채택하지 않고 개별적 법률유보로만 기본권을 제한하는 독일 기본법하에서는 개별적 법률유보가 없는 경우, 이는 절대적 기본권이라 하여 법률로써도 제한할 수 없다. 예컨대 인격권, 종교의 자유, 양심의 자유, 직업의 자유 등이 여기에 속한다(장영수, 헌법학, 546면).

4) 권영성, 헌법학원론, 307면.

5) 학문연구의 자유에 관한 내재적 한계에 관한 상세한 이론은 김백유, 학문의 자유, 한성대 동아

면 내재적 한계는 연구자 스스로의 자율적 통제를 의미하는 것이기 때문이다.

상대적 기본권은 국가질서나 국가목적을 위하여 제한이 가능한 기본권을 말한다. 인간의 내심적 의사를 내용으로 하지 아니하는 모든 자유와 권리가 이에 해당한다.[1] 일반적으로 상대적 기본권은 개별적 법률유보가 있어서 법률로써 제한 가능한 기본권을 말하며, 신체의 자유, 언론의 자유, 집회의 자유, 직업의 자유 등이 여기에 속한다.[2]

2.3. 진정한 기본권 · 부진정한 기본권

이는 칼 슈미트(Carl Schmitt)의 견해에 따른 분류로서,[3] 진정한 기본권이라 함은 그 기본권이 개인을 위한 구체적 · 실질적 권리로서 국가에 대하여 부작위나 특정한 국가적 급부(작위)의 청구할 수 있는 기본권으로서의 주관적 공권을 말한다. 독자적인 개인의 권리로서 인신의 자유, 신앙과 양심의 자유, 주거의 불가침이 있고, 타인과 결부된 기본권으로서 집회 · 결사의 자유, 표현의 자유, 출판의 자유, 노조결성의 자유 등이 있다.[4] 개인이 국가에 대하여 일정한 작위를 청구할 수 있는 권리로는 예컨대 공용수용의 경우 손실보상청구권, 사회적 기본권 등이 이에 속한다.

이에 대하여 부진정한 기본권이라 함은 헌법이 사회생활의 전체질서를 규율하는 문화질서 · 경제질서 · 사회질서 · 교육제도 등을 규정하고 있는 결과 반사적으로 누리게 되는 이익 · 권리를 말한다. 평생교육수혜권 · 문화시설이용권 · 자유경쟁권 · 독과점거부권 · 교육시설이용권 등이 이에 해당한다.[5]

진정한 기본권 : 주관적 공권 → 구체적 · 실질적 권리로서 국가의 부작위나 국가적 급부의 청구를 내용

부진정한 기본권 : 반사적 이익(권리) → 헌법이 일정한 문화질서 · 경제질서 · 교육제도 등을 규정하고 있는 결과 반사적으로 누리게 되는 권리(문화시설이용권 · 자유경쟁권 · 독과점거부권 · 교육시설이용권)

3. 내용에 따른 분류

기본권은 그 내용을 기준으로 할 때, 인간으로서의 존엄과 가치 · 행복추구권, 불합리

시아 연구소, 2002 참조; 김백유, 학문의 자유, 헌정 및 행정법치연구, 참조.

1) 권영성, 헌법학원론, 306면.
2) 장영수, 헌법학, 546면.
3) 장영수, 헌법학, 546면.
4) 김철수, 헌법학(상), 382면.
5) 권영성, 헌법학원론, 397면; 김철수, 헌법학(상), 382면.

한 차별적 처우를 받지 아니하는 것을 내용으로 하는 평등권, 국가의 부작위를 내용으로 하는 자유권적 기본권,[1] 경제적 이익의 확보를 내용으로 하는 경제적 기본권, 정치질서 형성에의 참여나 정치적 활동을 내용으로 하는 참정권(정치적 기본권), 기본권보장을 위한 일정한 국가적 행위의 청구를 내용으로 하는 청구권적 기본권, 인간다운 생활의 보장을 내용으로 하는 사회적 기본권 등으로 분류할 수 있다.[2]

4. 효역에 따른 분류

4.1. 구체적 · 실질적(현실적) 기본권과 추상적 기본권

구체적 · 실질적(현실적) 기본권이라 함은 모든 국가권력을 직접 구속하는 효력을 가지는 기본권(기본권의 대국가적 효력 및 국가에 대한 구속력을 가짐)을 말한다. 따라서 어떠한 기본권이 구체적 · 실질적 성격을 가진 권리 인 경우에는 입법권 · 행정권 · 사법권을 구속한다.

이에 반하여 추상적 기본권은 비록 기본권이 헌법에 규정은 되어 있다고 할 지라도, 이에 대하여 입법행위가 현실적으로 이루어 졌을 경우에 한하여 비로소 구체적 · 현실적 권리가 발생되는 기본권이다. 이와 같이 추상적 기본권은 입법자에 대하여 입법의 의무만을 부과하는 것일 따름이므로 입법자가 구체적으로 입법을 하지 않은 경우에는 국민의 입장에서는 입법권에 대한 구속은 가능하나, 행정권과 사법권에 대하여 직접적인 권리를 주장하거나 이를 통한 대국가적 구속력을 행사할 수 없게 된다.[3] 따라서 추상적 기본권의 경우 법원에 권리구제를 위한 소송을 제기할 수 없게된다. 다수설은 사회적 기본권을 현실적 권리를 직접 부여하는 것이 아닌 추상적 권리(추상적 권리설)로 인정한다고 하나 구체적 · 실질적(현실적) 권리이기는 하나 입법에 의하여 그 내용이 확정되는 불완전한 권리로 보는 것이 타당하다고 본다.[4]

사회적 기본권을 추상적 기본권으로 이해하는 경우 → 기본권 형성적 법률유보
사회적 기본권을 구체적 권리로 인정하는 경우 → 기본권 구체화적 법률유보

---

1) 자유권은 소극적 방어권의 성격을 지니고, 국가가 개인의 자유로운 생활영역에 대해 간섭하지 못하도록 하는 내용을 담고 있다. 이러한 자유권은 국가로부터의 자유를 의미한다(장영수, 헌법학, 홍문사, 2009, 552면).

2) 권영성, 헌법학원론, 307면; 김철수, 헌법학(상), 383면.

3) 권영성, 헌법학원론, 307면.

4) 김철수, 헌법학(상), 383면.

4.2. 대국가적 기본권 · 대사인적 기본권

대국가적 기본권은 국가에 대해서만 구속력(효력)을 가지는 기본권을 말하고, 대사인적 기본권은 대국가적 구속력은 물론 일반 제3자인 사인에 대해서도 구속력을 가지며, 이를 주장할 수 있는 기본권을 말한다. 구체적으로 어떠한 기본권이 대사인적 효력을 가지는가 관해서는 견해가 대립되고 있지만, 대체적으로 평등권 · 사생활의 비밀과 자유 · 표현의 자유 · 근로3권 · 환경권 등은 대사인적 효력을 갖는 기본권이다.[1] 그밖에 인간의 존엄과 가치 · 행복추구권도 대사인적 효력을 갖는다.[2]

---

1) 권영성, 헌법학원론, 308면.

2) 김철수, 헌법학(상), 383면.

제 3 항 헌법상 기본권의 類型

1) 인간의 존엄성존중, 행복추구권
2) 법앞의 평등(평등권)
3) 자유권적 기본권
  - 人身의 자유권
    ㉮ 생명권
    ㉯ 신체를 훼손 당하지 아니할 권리
    ㉰ 신체의 자유(실체적 보장 · 절차적 보장 · 형사피의자 · 형사피고인의 권리)
  - 사생활자유권
    ㉮ 사생활의 비밀과 자유
    ㉯ 주거의 자유
    ㉰ 거주 · 이전의 자유
    ㉱ 통신의 자유
  - 정신적 자유권
    ㉮ 양심의 자유
    ㉯ 종교의 자유
    ㉰ 언론 · 출판 · 집회 · 결사의 자유
    ㉱ 학문 · 예술의 자유
4) 경제적 기본권
  - 재산권
  - 직업선택의 자유
  - 소비자의 권리
5) 정치적 기본권
  - 참정권
6) 청구권적 기본권
  - 청원권
  - 재판청구권(구속적부심사청구권 포함)
  - 국가배상청구권(손해배상 청구권)
  - 국가보상청구권(손실보상 청구권)
  - 범죄피해자 구조청구권
7) 사회적 기본권(soziales Grundrecht)
  - 인간다운 생활권
  - 사회보장수급권
  - 교육을 받을 권리
  - 근로의 권리
  - 근로 3권
  - 환경권
  - 보건권과 母性보호권

제 4 항 기본권의 구조 및 체계

I. 헌법상 열거된 기본권

1. 주기본권(포괄적 기본권)

인간의 존엄과 가치 · 행복추구권을 규정한 헌법 제10조가 주기본권(포괄적 기본권)을 규정한 것인가가 문제된다. 우리나라에서는 인간의 존엄과 가치 · 행복추구권의 기본권성을 인정하는 견해와, 인정하지 않는 견해,[1] 그리고 인간의 존엄과 가치를 행복추구권과 구별하여 행복추구권만을 포괄적 기본권으로 보는 견해[2]가 있다. 헌법 제10조는 「모든 국민은 인간으로서의 존엄과 가치 · 행복을 추구할 권리를 가진다」라고 하고 있다. 헌법 제10조는 헌법 제11조에서 제36조에 걸쳐 규정된 기본권 및 그 밖에 인간으로서의 존엄과 가치를 유지하는 데 필요한, 헌법에 열거되지 아니한 자유와 권리까지 포함하는 주기본권(포괄적 기본권)이다. 헌법재판소는 인간의 존엄과 가치를 인격권이라고 부르면서 기본권성을 인정하고 있고,[3] 또한 행복추구권의 독자적 기본권성[4]도 인정한다.[5]

기본권보장에 있어서 어떠한 자유나 권리에 관하여 그 보장의 헌법적 근거가 문제될 경우, 제10조의 주기본권을 우선적으로 적용할 것이냐 아니면 당해 기본권조항을 우선적으로 적용할 것이냐 하는 문제가 발생할 수 있다. 여기에는 (ㄱ) 주기본권을 우선적으로 적용하여야 한다는 견해, (ㄴ) 두 조항을 동시에 적용해야 한다는 견해(헌법재판소), (ㄷ) 직접 적용할 기본권조항이 없는 경우에 한하여 제10조의 규정을 보충적으로 적용하여야 한다는 보충적 보장설이 대립하고 있다. 보충적 보장설이 타당하다.[6] 왜냐하면 개별적 기본권조항의 공동화를 방지하고 인간의 존엄과 가치 · 행복추구권조항에의 안일한 도피를 방지하기 위해서는 개별적 기본권조항이 최대한으로 적용되어야 하기 때문이다.

> **인간의 존엄과 가치 · 행복추구권** → 주기본권(포괄적 기본권) : 모든 기본권 속에 내포되어 있는 기본권

---

1) 구병삭; 김남진 · 이강혁.; 김철수, 헌법학(상), 388면.
2) 권영성, 헌법학원론, 310면.
3) 헌재결 1990. 9. 10, 89헌마82 【형법 제241조의 위헌여부에 관한 헌법소원】
4) 헌재결 1989. 10. 27, 89헌마56 【군검찰관의 공소권행사에 관한 헌법소원】
5) 김철수, 헌법학(상), 388면.
6) 권영성, 헌법학원론, 311면.

2. 헌법에 열거된 구체적 · 개별적 기본권(파생적 기본권)

헌법은 제11조에서 제36조에 걸쳐 인간으로서의 존엄과 가치를 구현하기 위하여 필요한 수단으로서의 개별적 기본권들을 규정하고 있다. 이는 현행 헌법상 명문으로 보장하고 있는 기본권 목록이다. 이들은 헌법 제10조(인간으로서의 존엄과 가치 · 행복추구권)에서 여러 개별적 기본권 들이 파생하는 것으로 보고 있다.[1] 이들 기본권은 평등권, 자유권적 기본권, 경제적 기본권, 정치적 기본권(참정권), 청구권적 기본권, 사회적 기본권 등으로 나눌 수 있다.[2]

II. 헌법에 열거되지 아니한 자유와 권리

1. 헌법에 열거되지 아니한 자유와 권리의 의의

헌법 제37조 제1항은 「국민의 자유와 권리는 헌법에 열거되지 아니한 이유로 경시되지 아니한다」라고 하고 있다. 헌법에 열거되지 아니한 자유와 권리가 구체적으로 무엇인가 하는 것은 그 당시의 시대정신을 반영하는 헌법이 추구하는 이념을 규범조화적인 해석을 통하여 이해될 수 있다.[3] 일반적으로 헌법학자들은 헌법에 열거되지 아니한 기본권으로서 인간의 존엄과 가치 · 행복추구권의 내용을 구성하는 일련의 자유와 권리를 제시하고 있다.[4]

헌법에 열거되지 아니한 자유와 권리는 헌법 제10조의 인간으로서의 존엄과 가치를 인격권으로 보는 입장에서는 말할 것도 없고, 인간으로서의 존엄과 가치를 독립된 기본권(인격권)으로 보지않는 견해(권영성 · 허영)에 의하더라도, 「기본권보장의 목적은 '인간으로서의 존엄과 가치'의 존중과 보호이고, 인간으로서의 존엄과 가치는 제1차적으로 제11조-제36조에 규정된 기본권을 통하여 실현된다. 그러나 인간으로서의 존엄과 가치는 제11조-제36조에 규정된 기본권만으로는 완전하게 실현되지 아니한다. 제11조 - 제36조에 규정되지 아니한 자유와 권리일지라도 인간으로서의 존엄과 가치를 존중하고 실현하는 데 불가결한 것이 있다면, 그러한 자유와 권리도 헌법의 규정 여부에 관계없이 헌법상 보장되는 것으로 보아야 한다. 그럴 때에만 제10조가 완벽하게 실현될 수 있기 때문」이라고 한다.[5]

---

1) 김철수, 헌법학(상), 389면.
2) 권영성, 헌법학원론, 308면 이하 참조.
3) 권영성, 헌법학원론, 311면.
4) 성낙인, 헌법학, 310면 참조.
5) 권영성, 헌법학원론, 311면; 허영, 한국헌법론, 330면 이하.

헌법은 제37조 제1항에서「국민의 자유와 권리는 헌법에 열거되지 아니한 이유로 경시되지 아니한다」라고 하여 자유와 권리의 전국가성과 포괄성을 확인하고 있으므로, 헌법 자체가 이러한 해석론을 뒷받침하여 주고 있다.[1)]

2. 구체적 내용

2.1. 학설

헌법에 열거되지는 않았지만, 경시되어서는 아니 될 자유와 권리는, 제10조와 제37조 제1항의 통합적 · 유기적 해석을 통하여 얻을 수 있다. 제10조 제1문 전단의「인간으로서의 존엄과 가치」를 누리기 위하여 필요한 것이면, 그 모두가 경시되어서는 아니 될 자유와 권리라고 할 수 있다. 그러므로 헌법에 열거되지는 아니하였으나 경시되어서는 아니 될 기본권으로는 (ㄱ) 자신의 문제를 자신의 자유로운 의사에 따라 스스로 결정할 수 있는 자기결정권(인격적 자율권),[2)] (ㄴ) 본인의 자유로운 의사에 따라 스스로 자유롭게 행동하거나 자신이 원하지 아니하는 행동은 하지 아니할 수 있는 일반적 행동자유권,[3)] (ㄷ) 평화롭게 생존할 권리로서의 평화적 생존권, (ㄹ) 육체적 · 정신적 휴식과 안정을 취할 수 있는 휴식권, (ㅁ) 햇볕을 향유할 수 있는 일조권,[4)] (ㅂ) 생명권 · 신체를 훼손 당하지 아니할 권리, (ㅅ)

---

1) 권영성, 헌법학원론, 311면.

2) 자기결정권의 구체적인 형태는 다양하다. 헌법재판소는「개인의 인격권 행복추구권에는 개인의 자기운명결정권이 전제되는 것이나 자기결정권도 국가적 사회적 공동생활의 테두리 안에서 타인의 권리 · 공중도덕 · 사회윤리 · 공공복리 등의 존중에 의한 내재적 한계가 있는 것이며, 따라서 절대적으로 보장되는 것은 아니다」라고 하고 있다(헌재결 1990. 9. 10, 89헌마82); 성낙인, 헌법학, 310면.

3) 일반적 행동자유권에는 적극적으로 자유롭게 행동하는 것은 물론 소극적으로 행동하지 않을 자유, 즉 부작위의 자유도 포함되는 것으로, 법률행위의 영역에 있어서는 계약을 체결할 것인가의 여부, 체결한다면 어떠한 내용의, 어떠한 상대방과의 관계에서, 어떤 방식으로 계약을 체결하느냐 하는 계약자유의 원칙도 여기의 일반적 행동자유권으로부터 파생되는 것이라 할것이다(헌재결 1991. 6. 3, 89헌마204).

4) <"이래야 일조권 침해"…법원의 판단기준> 기사입력 2008-07-10 : "이례적인 건물이거나 매우 근접해 있어야" : (서울=연합뉴스) 백나리 기자 = 재건축에 따른 일조권 분쟁이 빈번하게 발생하는 가운데 법원이 일조권 판단의 6가지 기준 : 서울중앙지법 민사합의14부(임채웅 부장판사)는 서울 강남지역의 재건축 아파트 A가 비슷한 시기에 지어진 인근의 재건축 아파트 B를 상대로 일조권을 침해당했다며 낸 손해배상 청구소송 판결을 통해 일조권 분쟁에 핵심적인 6가지 기준을 제시했다고 10일 밝혔다. 재판부에 따르면 먼저 일조권 침해를 주장하는 측에서 갖춰야 할 요건은 2가지로 ① 주거지역에서 주거용 건물에 거주하고 있어야 하고, ② 인근의 새 건물이 골조를 완성하기 이전부터 상당 기간 거주해 생활이익이 이미 형성돼 있었어야 한다. 반대로 새로 들어선 건물은 ① 주변에 비해 이례적인 건물이어야 하고, ② 일조권 침해를 주장하는 쪽에 직접적

수면권, (ㅇ) 스포츠권, (ㅈ) 소비자의 권리(소비자기본권), (ㅊ) 저항권(우리 헌법전문에 간접적으로 명시),[1] (ㅋ) 일반적 인격권(성명권[2] · 명예권[3] · 초상권[4])[5]등을 들 수 있다. 이

인 압박감을 줄 정도로 근접해 있거나 채광을 방해해야 한다. 새로 들어선 건물이 '이례적인 건물이거나 근접해 있다'는 두 가지를 충족시키지 못하면 건축과정에서 법규 위반이 없는 한 손해배상 책임이 인정될 수 없다고 재판부는 설명했다. 또 일조량 감소로 인한 피해가 상당한 정도여야 한다. 동짓날을 기준으로 오전 9시부터 오후 3시 사이에 연속 2시간 이상 햇빛을 받지 못하거나 오전 8시에서 오후 4시 사이를 통틀어 4시간 정도 일조권을 침해당하고 있다는 것이 입증돼야 한다. 여기에 규제 위반 여부 등이 6번째로 일조권 침해의 기준으로 고려될 수 있다. 재판부는 재건축 아파트 A와 B의 사건에 이 6가지 기준을 적용했을 때 비슷한 시점에 재건축이 시작돼 상당 기간 거주에 따른 생활이익이 형성되지 않았고 늦게 골조가 완성된 B측이 주변에 비해 이례적인 건물이 아닌데다 A와 아주 근접한 것은 아니라고 보고 손해배상 청구를 받아들이지 않았다. 서울중앙지법은 "빈번하게 발생하고 있는 일조권 관련 손해배상 인정 기준을 구체적으로 제시한 것"이라며 "향후 다양한 판결을 통해 6가지 기준의 세부 내용이 정리될 것으로 보인다"고 밝혔다. nari@yna.co.kr

1) 권영성, 헌법학원론, 312면.

2) **열거되지 않은 권리로서의 성명권**: TV, 라디오 등의 방송매체가 공적 이해에 관계된 개인의 부정과 비리를 폭로하고 편견과 독단을 비판하는 것이 언론의 자유로 허용되어야 하지만, 한편으로는 그 보도, 논평 등으로 인하여 개인이나 단체의 명예나 신용의 훼손, 성명권이나 초상권, 프라이버시 등의 인격권 침해와 같이 타인의 법익 내지 기본권을 침해하게 되는 것을 피할 수 없게 된다(헌재결 2001. 8. 30, 2000헌바36, 민사소송법 제714조 제2항 위헌소원); 무릇 헌법 제10조에서 도출되는 인격권에는 인격의 형성 · 유지 · 표현권 등이 포함되어 있고, 일반적 인격권으로 거론되는 것으로는 명예권, 초상권, 성명권, 음성권 등이 있다(헌재결 2008. 7. 31, 2004헌마1010, 2005헌바90(병합), 의료법 제19조의2 제2항 위헌확인, 재판관 이동흡의 반대의견 참조); 청구인들은 이 사건 조항이 무조건 성(姓)의 가나다순에 의하여 후보자 기호를 결정하도록 규정하는 것은 인격권의 일종인 성명권을 침해한다고 주장하나, 이 사건 조항은 후보자성명의 가나다순에 따라 기호배정을 하고 있는 것일 뿐 후보자의 성명을 간섭하거나 박탈하는 내용이 아니어서 성명권과는 직접 관련이 없다 할 것이므로, 성명권을 제한하는 것이라고 볼 수도 없다(헌재결 2007. 10. 4, 2006헌마364, 공직선거법 제150조 제4항 위헌확인 등).

3) **열거되지 않은 권리로서의 명예권**: 명예는 생명, 신체와 함께 매우 중대한 보호법익이고 인격권으로서의 명예권은 물권의 경우와 마찬가지로 배타성을 가지는 권리라고 할 것이므로 사람의 품성, 덕행, 명성, 신용 등의 인격적 가치에 관하여 사회로부터 받는 객관적인 평가인 명예를 위법하게 침해당한 자는 손해배상 또는 명예회복을 위한 처분을 구할 수 있는 이외에 인격권으로서 명예권에 기초하여 가해자에 대하여 현재 이루어지고 있는 침해행위를 배제하거나 장래에 생길 침해를 예방하기 위하여 침해행위의 금지를 구할 수도 있다(대판 2005. 1. 17, 2003마1477, 서적발행판매반포등금지가처분).

4) **열거되지 않은 권리로서의 초상권**: 사람은 누구나 자신의 얼굴 기타 사회통념상 특정인임을 식별할 수 있는 신체적 특징에 관하여 함부로 촬영 또는 그림묘사되거나 공표되지 아니하며 영리적으로 이용당하지 않을 권리를 가지는데, 이러한 초상권은 우리 헌법 제10조 제1문에 의하여 헌

러한 자유와 권리는 인간으로서의 존엄과 가치를 누리기 위하여 반드시 필요한 것이며, 따라서 헌법에 명문으로 열거되어 있지는 않지만 제37조 제1항에서 규정하고 있는 경시되어서는 아니 될 자유와 권리로서 헌법상 보장된다.[1)]

- 자기결정권
- 일반적 행동자유권
- 평화적 생존권,
- 휴식권
- 일조권
- 조망권
- 생명권·신체를 훼손 당하지 아니할 권리
- 수면권
- 스포츠권
- 일반적 인격권(성명권·명예권·초상권)
- 소비자의 권리(소비자기본권)
- 저항권

<사례> : 조망권

갑의 집은 해변에서 멀리 떨어져 있지 않아 바다와 시내를 한꺼번에 볼 수 있었다. 그런데 최근 얼마 떨어지지 않은 곳에 15층짜리 고층 호텔 공사가 시작되었다. 완공되고 나면 바다가 완전히 가려질 것 같다. 좋은 경치를 놓치는 것이 너무 안타까운데, 달리 방법이 없는가?

<해설>

조망의 이익에 대하여 법적인 보호가치를 부여한다면, 그에 대한 침해가 있다면 손해배상청구권, 정치(유지)청구권 등 환경권 침해에 대한 일반적인 피해구제제도가 당연히 인정된다. 그런데 조망권의 침해는 대기오염이나 수질오염 등에 비추어 그 보호할 만한 가치가 상대적으로 절박하지 않고 다수 국민의 법적 감정에도 완전히 부합하지 않는다는데 그 문제점이 있다. 특히 조망의 가치는 경제적, 사회적, 문화적 가치로서 또한 일상생활에서의 私的 가치로서 포착되고, 각자에 따라 다른 성질과 내용의 구체적 이익을 형성하게 되므로 그 이익에 대한 법적 보호를 주는 경우에도 그 정도 및 태양에 있어 보다 신중하지 않으면 안 되는 것이다.

조망을 방해하는 공사가 있다하여 그러한 공사를 중지시키거나 무조건의 손해배상청구권을 인정한다면 좁은 국토 안에서 많은 인구가 더불어 살아가야 하는 우리나라의 경우

법적으로 보장되는 권리이다(대판 2006. 10. 13, 2004다16280, 위자료).

5) 성낙인, 헌법학, 310면.

1) 권영성, 헌법학원론, 313면.

문제해결에 앞서 심각한 사회적 역기능을 초래할 염려도 있다. 결국 조망권 침해에 대한 구제는 행위자의 자유로운 행동으로서 일반적으로 허용할 수 있는 범위를 넘어 부당하게 이를 침해하는 경우에 한하여 제한적으로 인정될 수밖에 없다. 그 판단에 있어서는 당해 행위와 성질, 태양, 필요성, 타당성과 행위자의 의도, 목적, 회피가능성, 대체가능성 등의 요소, 그리고 피해이익의 가치와 중요성, 피해의 정도와 범위, 예측가능성 등의 사정 등의 요소를 비교교량해야 할 것인데, 조망이익이란 것은 대기오염, 수질오염 등에 비해서 생활에 절실한 것이 아님에 비추어 그 평가에 있어 특히 엄격해야 한다. <이나우스 법률과 판례>

2.2. 판례

헌법재판소는 인격권[1] · 자기결정권[2] · 일반적 행동자유권[3] · 개성의 자유로운 발현권[4] · 알 권리[5] · 생명권 등에 관해서 헌법에 열거되지 않은 기본권으로 보고 있다. 외국의 판례에서도 일반적 인격권의 내용으로서 명예권[6] · 성명권[7] 초상권[8] 등이 있다.[9]

1) 헌재결 1991. 9. 16, 89헌마165.
2) 性的 자기결정권 : 헌재결 1990. 9. 10, 89헌마82.
3) 헌재결 1991. 6. 3, 89헌마204; 헌재결 1992. 4. 14, 90헌바23; 헌재결 1993. 5. 13, 92헌마80.
4) 헌재결 1995. 12. 28, 91헌마80.
5) 헌재결 1989. 9. 4, 88헌마22; 헌재결 1992. 2. 25, 89헌가104; 헌재결 1996. 11. 28, 95헌바1.
6) BVerfGE 54, 208; BVerfGE 35, 202.
7) 일본 最高裁判 1988(昭和 63) 2. 16.
8) BVerfGE 43, 238; 일본 最高裁判 1969(昭和 44). 12. 24.
9) 성낙인, 헌법학, 311면.

III. 기본권체계의 재구성(현대적 기본권의 분류문제 : 새로운 기본권과 종합적 성격의 기본권)

기본권의 체계론에서 핵심적 쟁점은 종래의 전통적 입장인 기본권 분류방법을 따를 것인가 하는 점이 문제된다. 왜냐하면 오늘날에는 "새로운 기본권(제3세대 기본권)"[1]으로서의 평화적 생존권[2] · 일조권 · 휴식권 · 스포츠권 · 수면권 · 건강권 · 알권리 · access권 등이 새롭게 논의되고 있는데, 이러한 "새로운 기본권"들을 헌법상의 권리(기본권)로 수용하기 위하여 전통적인 기본권 분류체계에 따라 어느 특정한 기본권으로 분류하기에는 부적절한 경우가 발생하기 때문이다.[3]

현행 헌법에 규정되어 있지 않은 새로운 기본권인 휴식권의 경우, 어느 한 가지 성격만을 가지는 것이 아니라 두 가지 이상의 여러 가지 성질을 복합적으로 가지고 있다(종합적 기본권). 휴식권은 과로의 강요로부터의 자유로운 자유권적 기본권, 휴식의 기회를 가질 것을 청구할 수 있는 권리인 청구권적 기본권, 과로로 인한 건강의 침해로부터 건강을 보호받을 권리인 건강권(사회적 기본권), 과로의 강요는 인간의 존엄성을 해친다는 의미에서 휴식권의 제한은 인격권 및 행복추구권을 침해하는 것이라 할 수 있다. 이와 같이 휴식권은 기본권중 어느 한 가지 범주에 수용될 수 있는 것이 아니고, 자유권 · 청구권 · 사회권적 성질 · 인격권 · 행복추구권적 성질 등을 공유하는, 복합적 · 다면적 구조를 가진 종합적 기본권(Gesamtgrundrecht)으로서의 성격을 지니고 있다.[4]

현행 헌법에 이미 규정되어 있는 개별적 기본권의 경우도 예컨대 헌법 제17조의 사생활의 비밀과 자유는 「자신의 사적인 문제를 공개 당하지 아니할 권리」, 「평온한 사생활을

---

1) 제3세대 기본권은 1972년 바작(Karel Vasak)이 인권의 개념을 변화된 상황에 적용하기 위하여 고안한 것으로서 새로운 인권(les nouveaux droits de l'homme), 곧 제3세대 인권이란 개념을 고안하였다. 상세한 내용은 홍성방, 헌법학, 231면 이하 참조.

2) 헌법재판소의 판례는 평화적 생존권을 기본권으로 인정하고 있다(양건, 헌법강의, 220면 참조; **헌재결 2006. 2. 23, 2005헌마268 【대한민국과 미합중국간의 미합중국군대의 서울지역으로부터의 이전에 관한 협정 등 위헌확인】** 오늘날 전쟁과 테러 혹은 무력행위로부터 자유로워야 하는 것 은 인간의 존엄과 가치를 실현하고 행복을 추구하기 위한 기본 전제가 되는 것이므로 헌법 제10조와 제37조 제1항으로부터 평화적 생존권이라는 이름으로 이를 보호하는 것이 필요하며, 그 기본 내용은 침략전쟁에 강제되지 않고 평화적 생존을 할 수 있도록 국가에 요청할 수 있는 권리라고 볼 수 있다. 그런데 이 사건 조약들은 미군기지의 이전을 위한 것이고, 그 내용만으로는 장차 우리 나라가 침략적 전쟁에 휩싸이게 된다는 것을 인정하기 곤란하므로 이 사건에서 평화적 생존권의 침해가능성이 있다고 할 수 없다.

3) 권영성, 헌법학원론, 313면, 376면.

4) 권영성, 헌법학원론, 314면 참조.

방해받지 아니할 권리」라는 의미에서는 자유권적 기본권이며, 사생활의 비밀과 자유를 「개인에 관한 정보의 주체가 자신에 관한 정보를 적절히 통제·관리할 수 있는 권리」로 인식할 경우에 청구권적 기본권으로서의 성질도 동시에 가지고 있다.[1)]

그밖에 환경권의 경우도 마찬가지로 종합적 기본권으로서의 성격을 가지고 있다. 이와 같이 종래의 전통적 기본권 분류방법을 고수한다면 오늘날의 새로운 기본권들을 우리의 헌법체계 내에 정착시키는 데 어렵다는 문제점이 있으므로 종래의 기본권 분류방법을 재검토할 필요가 있다.[2)]

1) 권영성, 헌법학원론, 314면.
2) 권영성, 헌법학원론, 314면.

제 5 항 기본권의 주체

I. 자연인

1. 일반권력관계에 있는 국민(내국인)

기본권의 주체(Grundrechtsträger, Grundrechtssubjekt)는 헌법이 보장하는 자유와 권리(기본권)를 향유하는자를 말한다. 입헌주의적 헌법은 국민의 기본권을 보장하고 있으며, 우리 헌법도 모든 국민에 대하여 기본권을 보장하고 있다.[1] 이와 같이 현행 헌법에 의하면 기본권 향유의 주체는 自然人(natürliche Person)인 모든 국민을 의미한다.[2] 한국의 국적을 가진 대한민국 국민은 누구나 헌법이 보장하는 기본권 향유의 주체가 될 수 있다.[3]

<table>
<tr><th rowspan="2">권리 / 구분</th><th rowspan="2">성질</th><th rowspan="2">학설</th><th rowspan="2">외국인</th><th colspan="2">법인</th></tr>
<tr><th>사법인</th><th>공법인</th></tr>
<tr><td>인간의 권리</td><td>자연권성</td><td>결단주의적 헌법관: 슈미트(C. Schmitt)</td><td>인정(기본권은 자연권적 성격을 지닌것이라고 보아)</td><td>부정</td><td>부정</td></tr>
<tr><td rowspan="2">국민의 권리</td><td rowspan="2">실정권성</td><td>법실증주의적 헌법관: 안쉬츠(G. Anschütz)</td><td>부정(헌법은 국내법질서로서의 성격을 가지므로)</td><td>인정</td><td>부정</td></tr>
<tr><td>통합주의적 헌법관: 스멘트(R. Smend)[4]</td><td>부정(외국인의 권리는 내국인을 통합하는데 반드시 필요한 것은 아니므로)</td><td>인정</td><td>인정</td></tr>
</table>

1) 김철수, 헌법학(상), 391면.
2) 권영성, 헌법학원론, 315면.
3) 김철수, 헌법학(상), 391면.
4) 그러나 스멘트(R. Smend)의 제자인 헷세(K. Hesse)는 통합과정을 더 넓게 인식하여 정치작용에 해당하는 것과 그밖의 경우를 구분하여, 외국인에게도 인정되는 기본권이 존재한다고 한다(장영수, 헌법학, 469면)

· 자연인이란? → 자연을 사랑하는 사람?
· 정신이상자도 기본권의 주체?
· 기형아는?
· 胎兒의 경우는? ☜ 태아의 법률상의 지위 및 생명권[1]
· 受精卵의 경우는?
· 屍體(死者)는? ☜ 인격권[2] · 명예권

[참고]

헌법상의 기본권능력은 민법상의 권리능력보다도 광범위하여 死者와 태아에게도 인정되는 경우가 있다.[3]

태아는 신체활동이 불가능하고(신체의 자유주장 불가), 독자적인 정신활동이 불가능하며(종교의 자유, 양심의 자유주장 불가), 언론의 자유 집회 · 결사의 자유등을 주장할 수 없으나, 태아의 생명권이나 건강권 등은 인정된다.[4]

死者에 대하여도 인격권이나 명예권을 존중해야할 필요가 있다. 다만 死者자신의 기본권으로 인정할 것인가, 아니면 死者와 관련된 친족이나 후손들에게 이러한 기본권을 인정할 것인가에 따라 기본권실현의 방식과 절차상의 문제가 발생한다. 이 경우 공익의 대표자로서 검사에게 직접 이를 대리하거나 대리인을 지정할 수 있도록 하자는 견해가 있다.[5]

인간의 사체와 관련해서 문제되는 것은 인간으로서의 존엄과 가치의 주체성여부가 아니라, 인간의 존엄과 가치에 대한 국가의 보호의무 및 객관적 가치와 관련한 것이기 때문에, 이러한 보호의무는 특히 장기이식 등에서 문제되며, 인간의 존엄과 가치에 합당하게 이루어 져야 할 것이다.[6]

---

1) 독일연방헌법재판소는 태아의 생명권을 인정(BVerfGE 88, 203); 김철수, 헌법학(상), 392면 각주1) 참조.

2) 언론중재및피해구제등에관한법률 제5조 (인격권의 보장 등) ① 언론은 생명 · 자유 · 신체 · 건강 · 명예 · 사생활의 비밀과 자유 · 초상 · 성명 · 음성 · 대화 · 저작물 및 사적 문서 그 밖의 인격적 가치 등에 관한 권리(이하 "인격권"이라 한다)를 침해하여서는 아니된다. ② 인격권의 침해가 사회상규에 반하지 아니하는 한도 안에서 피해자의 동의에 의하여 이루어지거나 또는 공적인 관심사에 대하여 중대한 공익상 필요에 의하여 부득이하게 이루어진 때에는 위법성이 조각된다. ③ 사망한 자에 대한 인격권의 침해가 있거나 침해할 우려가 있는 경우에 이에 따른 구제절차는 유족이 대행한다. 다만, 다른 법률에서 특별히 정함이 없으면 사망 후 30년이 경과한 때에는 그러하지 아니하다.

3) 김철수, 헌법학(상), 392면 참조.

4) 독일연방헌법재판소는 낙태를 허용하는 독일형법 제218조a를 위헌으로 판시한바 있다(BVerfGE 39. 1 ff); 그러나 독일 통일후에 내려진 제2차 결정에서는 낙태에 대한 형사처벌이 실효성이 없다는 점에서 의사 등 전문가와 상담을 거친 경우 12주 이내의 태아에 대하여는 낙태가 가능하다고 판시한바 있다(BVerfGE 88, 203(263 ff.) 참조; 장영수, 헌법학, 467면 각주 10) 참조.

5) 장영수, 헌법학, 467면.

<사례연구>

1) 태아는 사람인가? 사람이라면 어떤의미에서 사람이고 사람이 아니라면 어떤 의미에서 사람이 아닌가?

2) 1981년의 호주의 한 부부는 아이를 낳을 수 있는 유일한 방법이 「시험관 아기」임을 알게 되었다. 의사는 그 아내로부터 난자를 여러 차례 채취하여 남편의 정자와 수태시켰다. 수태에 성공한 3개의 수정란 중 두개는 냉동 보관하고, 한개는 아내의 자궁에 이식하였으나, 그녀는 열흘 후 자연유산했다. 1983년 이 부부는 불의의 비행기 추락사고로 사망하면서 수백만 달러에 해당하는 재산을 유산으로 남겼다. 이 경우 냉동보관된 수정란은 재산상속을 받을 수 있는가? 인간의 생명은 언제부터 시작하는가? 수정란을 다른 여자에게 이식하여 키운다면 이 代理母는 아이를 대신하여 부분적으로나마 상속권리를 주장할 수 있는가?

3) 수정란은 자궁에 착상되기 이전에는 생물학적 특성상 생명체로 보기 어렵기 때문에 형법상의 범죄구성요건으로부터 배제되어 있고, 현행 형법상 수정란에 대한 조작 및 침해행위는 낙태죄나 상해죄로 처벌받지 아니한다. 그러나 헌법상으로는 생명체로 간주되어 인간의 존엄성보장의 주체가 된다. 그러므로 수정란을 조작하여 인간을 複製하는 것은 인간의 존엄성을 현저히 침해할 우려가 있기 때문에 이를 금지하는 특별법제정이 필요하다.

「인간배아 연구의 문제점」

1999년 미국 게론사 연구팀이 수개의 인간 배아를 복제하는 데 최초로 성공을 거두었으며, 그로부터 胚幹세포(embryonic stem cell)를 배양해 당뇨병, 파킨스씨병 치료를 위한 생체조직을 얻는 데 활용할 예정이라고 하였다. 수정란을 3-4일 동안 배양한 후 내부세포괴를 추출·배양하여 만들 수 있는 배간세포는 장기나 조직, 세포로 분화 시킬 수 있다. 만능세포라 불리는 배간세포의 연구가 허용될 경우 10년 후면 거부반응이 없을 뿐 아니라 노화되지 않는 고부가가치의 이식용 장기, 조직 및 세포가 대량 생산될 전망이다. 대다수의 선진국들은 배아의 생명권 시비를 우려하여 정부차원에서의 배간세포 연구는 금지해왔다.[1] 1984년 영국의 워낙위원회(Warnock Committee)가 14일 미만의 배아연구를 법적으로 허용할 것을 권고하였고, 그 단계의 배아는 몇 명의 인간 개체로 성장할지 결정이 되지 않는 상태에 있다는 것을 허용근거로 제시한 바 있다. 배아연구에 대한 결정적인 찬성 논거로 수용되고 있는 쿠세(Helga Kuhse)와 싱어(Peter Singer)의 주장이 있다. 국내에서도

6) 홍성방, 헌법학, 397면.

1) <u>배아 연구에 대한 선진국들의 입장은 14일 미만까지는 허용해야 한다는 쪽으로 모아지고 있다.</u> 이러한 추세를 반영하여 국내에서도 위의 입장을 수용해야 한다는 의견이 개진되고 있으며, 대한의사협회는 수정된 시점 혹은 난자에 체세포가 이식된 시점으로부터 14일이 경과한 인간배아 연구는 금지한다는 안을 제시한 바 있다. 이는 14일 미만의 배아가 그 대상인 연구는 허용해야 한다는 의미를 담고 있다.

의료계를 중심으로 14일 미만의 배아실험을 허용해야 한다는 견해가 있다. 특히 일부 의학자들은 14일 이후에야 비로서 인체의 근본이 되는 척추가 형성되며 각종 신체기관이 형성되므로, 14일 미만의 배아를 인간 개체로 볼 수 없다고 말한다. 다시 말해 그들에 따르면,

① 14일 미만까지는 척추나 내장 등 신체기관이 발생하지 않는다.
② 그러므로 14일 미만의 배아를 인간 개체로 볼 수 없다.

위의 주장에 대한 근본적인 의문은 과연 전제 ①로부터 ②가 도출되는가 하는 것이다. 단지 인간으로 성장할 잠재력만을 지닌 존재에 척추, 내장 등 신체기관이 발생하기 시작한다는 생물학적 사실이 그 존재가 인간 개체가 되었음을 보여주는가? 혹은 신체기관이 형성되지 않았다는 것이 14일 미만의 배아가 인간이 아니라는 것을 의미하는가?

위의 주장이 타당한 근거로 삼기 위하여는 ①로부터 ②를 도출 시켜야 하며, 이를 위해서는 다른 전제가 추가되어야 한다. 즉 14일 미만의 배아 세포들 사이에는 상호 작용이 이루어지지 않으며 따라서 그들 세포들은 부분으로서의 기능을 하지 못한다는 전제를 고려해 볼 수 있다. 만약 세포들이 부분으로서의 기능을 하지 못한 채 자율적으로 생존하고 있다면, 14일 미만의 배아는 단일 유기체가 아닌 세포더미로 보아야 할 것이다. 결국 위의 주장에 다음의 ②, ③, ④ 전제들이 추가된다면 배아연구에 대한 보다 설득력 있는 찬성 논거가 될 수 있을 것이다.

① 14일 미만까지는 척추나 내장 등 신체기관이 발생하지 않는다. ② 14일 미만까지는 세포들 사이에 상호작용이 이루어지지 않는다(①로부터). ③ 14일 까지는 세포들이 부분으로서의 기능을 하지 못한다(②로부터). ④ 14일 미만의 배아가 인간 개체라면, 세포들이 부분으로서의 기능을 수행해야 한다. ⑤ 그러므로 14일 미만의 배아는 인간 개체가 아닌 세포더미에 불과하다(③과 ④로부터).[1)]

헌재결 2010. 5. 27, 2005헌마346【생명윤리및안전에관한법률 제13조 제1항 등 위헌확인 (제16조,제17조,제18조,제19조,제20조,제22조,제23조 및 부칙 제2항,제3항)】

【사건개요】

○ 청구인 배아 일(1)('청구인 1'이라고 한다), 배아 이(2)('청구인 2'라고 한다)는 2004. 12. 9. ○○○의료재단 부산분원 내에서 임신의 목적으로 청구인 남○민('청구인 3'이라고 한다)으로부터 채취된 정자와 청구인 김○미('청구인 4'라고 한다)로부터 채취된 난자의 체외 인공수정으로 생성된 배아 중 청구인 4의 체내에 이식되지 않고 남아 위 의료재단에 보존되어 있는 배아들이다.

청구인들은 생명윤리 및 안전에 관한 법률 제16조 제1항, 제2항 등이 임신목적의 배아생성을 허용하면서 인공수정배아를 인간이 아닌 세포군으로 규정하여 이에 대한 연구목적

1) 임종식, 배아를 인간으로 볼 것인가? -14일론을 중심으로-, 법철학연구, 2000.

의 이용 가능성을 열어두고 있고, 잔여배아의 보존기간과 그 폐기 및 연구에 관해 불충분하게 규율하고 있으며, 생성배아의 수효에 관한 제한 및 인공수정을 할 수 있는 전제와 기준·방법 등에 대하여 규율하지 않고, 체세포핵이식행위를 통해 생성된 체세포복제배아의 연구·폐기를 허용함으로써 청구인들의 기본권을 침해한다고 주장하며 2005. 3. 31. 그 위헌확인을 구하는 이 사건 헌법소원심판을 청구하였다.

【결정요지】

청구인 1, 2(초기배아)의 청구가 적법요건을 갖추었는지에 대한 판단

출생 전 형성 중의 생명에 대해서 헌법적 보호의 필요성이 크고 일정한 경우 그 기본권 주체성이 긍정된다고 하더라도, 어느 시점부터 기본권 주체성이 인정되는지, 또 어떤 기본권에 대해 기본권 주체성이 인정되는지는 생명의 근원에 대한 생물학적 인식을 비롯한 자연과학·기술 발전의 성과와 그에 터 잡은 헌법의 해석으로부터 도출되는 규범적 요청을 고려하여 판단하여야 할 것이다.

청구인 1, 2는 생명윤리법상의 '배아'(생명윤리법 제2조 제2호 참조)에 해당하며, 그 중에서도 수정 후 14일이 경과하여 원시선이 나타나기 전의 수정란 상태인 초기배아들이다.

청구인 1, 2가 수정이 된 배아라는 점에서 형성 중인 생명의 첫걸음을 떼었다고 볼 여지가 있기는 하나 아직 모체에 착상되거나 원시선이 나타나지 않은 이상 현재의 자연과학적 인식 수준에서 독립된 인간과 배아 간의 개체적 연속성을 확정하기 어렵다고 봄이 일반적이라는 점, 배아의 경우 현재의 과학기술 수준에서 모태 속에서 수용될 때 비로소 독립적인 인간으로의 성장가능성을 기대할 수 있다는 점, 수정 후 착상 전의 배아가 인간으로 인식된다거나 그와 같이 취급하여야 할 필요성이 있다는 사회적 승인이 존재한다고 보기 어려운 점 등을 종합적으로 고려할 때, 초기배아에 대한 국가의 보호필요성이 있음은 별론으로 하고, 청구인 1, 2의 기본권 주체성을 인정하기 어렵다. 그렇다면 청구인 1, 2는 기본권의 주체가 될 수 없으므로 헌법소원을 제기할 수 있는 청구인적격이 없다.

【결정의 의의】

이 사건은 배아생성자 등뿐만 아니라 배아가 직접 헌법소원을 청구한 사건이라는 점에서 특색이 있음. 또한 이 사건은 생명공학의 발전과 더불어 제정된 생명윤리와 관련된 법에 대해 최초의 헌법적 평가를 내린 점에서 의의가 있다.

이 사건 결정에서 헌법재판소는 수정된 후 원시선이 나타나기 전의 수정란 상태의 초기배아에 대해서는 기본권 주체성을 부정하였는데, 이는 이 시기의 초기배아는 '인간'에 해당하지 않음을 밝힌 것으로 볼 수 있다.

다만, 이 사건 결정에서 헌법재판소는 배아생성자의 배아에 대한 결정권을 인정하였고, 배아관리 및 연구에서 배아에 대한 충실한 보호를 도모할 것을 언급하면서 배아관리 및 연구에 있어 헌법적 가치질서가 준수되어야 함을 확인하고 있다.

2. 특별권력관계에 있는 국민

군인 · 경찰관 · 군무원 · 국공립대학교학생 · 수형자 등과 같이 특수한 신분에 놓여 있는자는 그가 지니는 특수한 신분으로 인하여 일반권력관계에 놓여있는 일반국민과는 달리 기본권제한의 특례가 인정된다(헌법 제29조 참조). 그러나 기본권향유의 주체가 됨은 물론이며, 다만 신분관계의 특수성으로 인하여 헌법 · 법률에 의하여 기본권제한의 정도가 달라질 뿐이다.[1]

공무원의 정치적 활동권 · 근로 3권, 군인 · 군무원의 재판청구권 · 국가배상청구권 등이 헌법에 의하여 제한되고 있다.

3. 재외동포

3.1. 재외국민

재외국민은 대한민국의 국적을 가진 국민으로서 외국의 영주권을 취득한자 또는 영주할 목적으로 외국에 거주하고 있는자를 말한다(재외동포의출입국과법적지위에관한법률 제2조 제1호) 재외국민은 일반국민에 준한 혜택을 받는다.[2] 재외국민은 제외동포의출입국과법적지위에관한법률에 의하여 출입국에 있어서 국민에 준하여 입국하고, 국내금융기관의 이용, 부동산매각대금의 송금, 의료보험혜택, 연금 등을 받을 수 있다.[3][4] "외국의 영주권을 취득한 자" 함은 거주국으로부터 영주권 또는 이에 준하는 거주목적의 장기체류자격을 취득한 자를 말하고(재외동포의출입국과법적지위에관한법률시행령 제2조 제1항), "영주할 목적으로 외국에 거주하고 있는 자"라 함은 「해외이주법」 제2조의 규정에 의한 해외이주자로서 거주국으로부터 영주권을 취득하지 아니한 자를 말한다(재외동포의출입국과법적지위에관한법률시행령 제2조 제2항).

3.2. 외국국적동포

외국국적동포는 "대한민국의 국적을 보유하였던 자(대한민국정부수립 이전에 국외로 이주한 동포를 포함한다) 또는 그 직계비속으로서 외국국적을 취득한 자중 대통령령이 정하는 자"를 말한다(재외동포의출입국과법적지위에관한법률 제2조 제2호). 법 제2조 제2호에서 "대한민국의 국적을 보유하였던 자 또는 그 직계비속으로서 외국국적을 취득한 자중

1) 성낙인, 헌법학, 323면.
2) 성낙인, 헌법학, 323면.
3) 김철수, 헌법학(상), 396면.
4) 우리나라의 국적을 상실하지 않은 해외이민자는 대한민국국민으로서의 기본권을 향유한다(헌재결 1993. 12. 23, 89헌마189).

대통령령이 정하는 자"란 대한민국의 국적을 보유하였던 자로서 외국국적을 취득한 자(재외동포의출입국과법적지위에관한법률시행령 제3조 제1호), 혹은 부모의 일방 또는 조부모의 일방이 대한민국의 국적을 보유하였던 자로서 외국국적을 취득한 자(재외동포의출입국과법적지위에관한법률시행령 제3조 제2호)를 말한다.

<사례>

정부는 재외동포들의 출입국과 대한민국 내에서의 법적 지위를 보장하기 위하여 재외동포의출입국과법적지위에관한법률을 제정하였다. 위 법률은 1999. 8. 12. 제206회 임시국회 본회의를 통과하여 1999. 8. 19. 정부에 이송되고 1999. 9. 2. 법률 제6015호로 공포되어 1999. 12. 3. 시행되었다. 그런데 정부수립 이후 이주동포에게만 특혜를 주고 정부수립이전 동포에게는 제외하였다.

청구인들은 현재 중화인민공화국(이하 '중국'이라 한다)에 거주하고 있는 중국국적의 재외동포들인 바, 위 법률 제2조 제2호가 청구인들과 같이 1948년 대한민국 정부수립 이전에 해외로 이주한 자 및 그 직계비속을 재외동포의 범주에서 제외함에 따라, 자신들이 위 법률에서 규정하는 혜택을 받지 못하게 되어 인간으로서의 존엄과 가치 및 행복추구권(헌법 제10조), 평등권(헌법 제11조) 등을 침해당하였다고 주장하면서, 1999. 8. 23. 위 법률 제2조 제2호에 대한 위헌확인을 구하는 이 사건 헌법소원심판을 청구하였다.

<판례> : 정부수립 이전의 해외이주 동포를 제외한 것은 헌법에 불합치된다

재외동포법은 외국국적동포등에게 광범한 혜택을 부여하고 있는바, 이 사건 심판대상 규정은 대한민국 정부수립 이전에 국외로 이주한 동포와 그 이후 국외로 이주한 동포를 구분하여 후자에게는 위와 같은 혜택을 부여하고 있고, 전자는 그 적용대상에서 제외하고 있다.

그런데, 정부수립이후이주동포와 정부수립이전이주동포는 이미 대한민국을 떠나 그들이 거주하고 있는 외국의 국적을 취득한 우리의 동포라는 점에서 같고, 국외로 이주한 시기가 대한민국 정부수립 이전인가 이후인가는 결정적인 기준이 될 수 없는데도, 정부수립이후이주동포(주로 재미동포, 그 중에서도 시민권을 취득한 재미동포 1세)의 요망사항은 재외동포법에 의하여 거의 완전히 해결된 반면, 정부수립이전이주동포(주로 중국동포 및 구 소련동포)는 재외동포법의 적용대상에서 제외됨으로써 그들이 절실히 필요로 하는 출입국기회와 대한민국 내에서의 취업기회를 차단당하였고, 사회경제적 또는 안보적 이유로 거론하는 우려도, 당초 재외동포법의 적용범위에 정부수립이전이주동포도 포함시키려 하였다가 제외시킨 입법과정에 비추어 보면 엄밀한 검증을 거친 것이라고 볼 수 없으며, 또한 재외동포법상 외국국적동포에 대한 정의규정에는 일응 중립적인 과거국적주의를 표방하고, 시행령으로 일제시대 독립운동을 위하여 또는 일제의 강제징용이나 수탈을 피하기 위해 조국을 떠날 수밖에 없었던 중국동포나 구 소련동포가 대부분인 대한민국 정부수립 이전에 이주한 자들에게 외국국적 취득 이전에 대한민국의 국적을 명시적으로 확인받은 사실을 입증하도록 요구함으로써 이들을 재외동포법의 수혜대상에서 제외한 것은 정당성을 인정받기 어렵다.

요컨대, 이 사건 심판대상규정이 청구인들과 같은 정부수립이전이주동포를 재외동포법의 적용대상에서 제외한 것은 합리적 이유없이 정부수립이전이주동포를 차별하는 자의적인 입법이어서 헌법 제11조의 평등원칙에 위배된다.[1)]

[참고]
위 법은 헌법재판소의 헌법불합치결정에 따라 2004. 3. 5일에 대한민국정부수립 이전에 국외로 이주한 동포도 포함시키게 되었다.[2)]

외국국적동포도 일정한 조건하에서 부동산거래 · 금융거래 · 외국환거래 · 건강보험 · 국가유공자 · 독립유공자와 그 유족의 보훈급여금 등과 같은 혜택을 받을 수 있다(재외동포의출입국과법적지위에관한법률 제11조 이하 참조).

[외국국적동포]
- 대한민국의 국적을 보유하였던 자(대한민국정부수립 이전에 국외로 이주한 동포 포함)로서 외국국적을 취득한자
- 직계비속, 즉 부모의 일방 또는 조부모의 일방이 대한민국의 국적을 보유하였던 자로서 외국국적을 취득한 자

4. 북한주민

4.1. 현재 북한거주인

북한법에 따라 북한국적을 취득한 북한주민도, 우리 헌법 제3조에서는 대한민국의 영토는 한반도와 그 부속도서로 한다고 하였으므로, 조선인을 부친으로 하여 출생한 경우라면, 제헌헌법의 공포와 동시에 당연히 대한민국의 국민이 된다.[3)] 따라서 북한주민도 우리 헌법상 기본권 향유의 주체가 된다. 다만 북한지역으로의 우리 현행 헌법이 미치는 규범력이 제약을 받고 있다는 점에서, 기본권행사능력은 제한 받을 수 있다.[4)]

대판 1996. 11. 12, 96누1221 【강제퇴거명령처분무효확인등】
조선인을 부친으로 하여 출생한 자는 남조선과도정부법률 제11호 국적에관한임시조례의 규정에 따라 조선국적을 취득하였다가 제헌헌법의 공포와 동시에 대한민국 국적을 취득하였다 할 것이고, 설사 그가 북한법의 규정에 따라 북한국적을 취득하여 중국 주재 북한대사관으로부터 북한의 해외공민증을 발급받은 자라 하더라도 북한지역 역시 대한민국

1) 헌재결 2001. 11. 29, 99헌마494 【재외동포의출입국과법적지위에관한법률제2조제2호위헌확인】
2) 김철수, 헌법학(상), 396면.
3) 김철수, 헌법학(상), 393면; 성낙인, 헌법학, 324면.
4) 김철수, 헌법학(상), 393면; 성낙인, 헌법학, 324면.

의 영토에 속하는 한반도의 일부를 이루는 것이어서 대한민국의 주권이 미칠 뿐이고, 대한민국의 주권과 부딪치는 어떠한 국가단체나 주권을 법리상 인정할 수 없는 점에 비추어 볼 때, 그러한 사정은 그가 대한민국 국적을 취득하고 이를 유지함에 있어 아무런 영향을 끼칠 수 없다.

4.2. 새터민

북한을 탈출하여 국내에 거주하는 새터민은 법률(북한이탈주민의보호및정착지원에관한법률)이 정한 바에 의하여 특별한 보호를 받으며, 보호대상자는 관계법령이 정한 바에 따라 북한 또는 외국에서 얻은 자격 및 학력을 인정받을 수 있다.[1]

5. 외국인

5.1. 개관

외국인은 대한민국의 국적을 갖고 있지 않은자(외국국적 소유자, 무국적자, 이중국적자)를 말한다.[2] 외국인은 헌법에 명문규정이 있으면 그에 따르며, 명문규정이 없으면 헌법이론에 의한다. 현행 헌법 제6조 제2항에서는 "외국인은 국제법과 조약이 정하는 바에 따라 그 지위가 보장 된다"라고 규정하고 있어서, 외국의 국적을 가진 자와 無國籍者도 기본권의 주체가 될 수 있는가에 관해서는 학설이 대립되고 있다. 여기서 말하는 외국인은 국내거주 외국인을 말한다.

5.2. 학설

5.2.1. 부정설

헌법은 국민만이 주체성을 인정하고 있기 때문에 이러한 국민에는 외국인은 포함되지 않는다 하여 외국인의 기본권주체성을 부인하는 견해이다.[3][4] 부정설에도 다음과 같은 견해가 있다. 제1설은 법실증주의적 관점에서 기본권의 자연권성을 부인하고, 헌법상 국민이라는 표현을 하고 있고(기본권문언설), 특히 법실증주의적 헌법관 내지 기본권관에서는 기본권을 「법률 속의 자유」로 파악하여 기본권의 주체는 법적 생활공동체의 구성원인 국민

---

1) 헌재결 2006. 11. 30, 2006헌마679【북한 한의사 자격불인정 위헌확인】

2) 양건, 헌법강의, 법문사, 2009, 223면; 다국적자를 포함하는 견해(홍성방, 헌법학, 291면).

3) 박일경, 기본적 인권과 그 주체, 고시연구(1974.10), 12-17면.

4) [헌재결 2000. 8. 31, 97헌가12 : 국적법 제2조 제1항 제1호 위헌제청] : 외국인이므로 원칙적으로 대한민국의 공무원이 될 수 없고, 거주 · 이전의 자유, 직업선택의 자유, 재산권, 선거권 및 피선거권, 국가배상청구권 및 사회적 기본권 등을 누릴 수 없거나 제한적으로밖에 향유하지 못하게 된다.

에 한하고 외국인은 여기에서 제외된다고 한다.[1] 제2설은 스멘트의 통합주의적 헌법관에 기초하여 기본권을 사회공동체가 동화되고 통합되어 가기 위한 공감대적 가치질서요 한 민족의 문화질서로 파악하는 입장[2]에서는 외국인은 동화적 통합에 반드시 필요한 것은 아니므로 외국인의 기본권주체성을 - 원칙적으로 - 인정하지 아니한다.

동화적 통합이론(스멘트) : 스멘트는 기본권을 국가형성적 기능 내지는 정치적 통일체로서의 기능을 강조하여 외국인은 원칙적으로 기본권을 향유할 수 없다고 본다.[3] ☜ **스멘트적 입장**

5.2.2. 긍정설

헌법이 명문으로 외국인의 기본권주체성을 부인하고 있지 않으므로 특정한 기본권은 외국인에게도 인정된다고 보는 학설 및 판례[4]이다(통설). 긍정설도 이론구성면에서 두 가지 입장으로 나누어진다. 제1설은 칼 슈미트적 기본권관에 기초하여 기본권을 인간의 천부적·전국가적 인권으로 파악하기 때문에 외국인도 인간으로서 당연히 기본권의 주체가 된다고 한다. 다만 참정권과 사회적 기본권 등은 천부적 인권이 아니므로 외국인에게는 무제한으로 인정되지 아니한다고 한다. 제2설은 이른바 동화적 통합이론에 기초한 견해로서, 진정한 의미의 동화적 통합을 이룩하기 위해서는 외국인을 포함한 생활공동체 내의 모든 구성원의 동화가 요구되므로, 원칙적으로는 기본권이 인정되지 아니하나, 다만 외국인이라 할지라도 하나의 생활공동체에서 그들의 동화를 촉진시킬 수 있고, 자국민의 동화적 통합을 해치지 아니하는 범위내에서는 외국인의 기본권주체성이 인정될 수 있다고 본다.[5]

결단주의적(칼 슈미트적) 기본권관 : 기본권을 인간의 천부적·전국가적 인권으로 파악하기 때문에 외국인도 인간으로서 당연히 기본권의 주체가 된다(예외 : 참정권과 사회적 기본권).[6]

---

1) 박일경, 기본적 인권과 그 주체, 고시연구(1974.10), 12-17면.
2) 독일의 스멘트(R. Smend)가 바이마르공화국 헌법상의 기본권을 독일민족의 가치질서 내지 문화질서로 이해하는 이유도 그 때문이다(허영, 한국헌법론, 244면).
3) 장영수, 헌법학, 469면 참조.
4) 헌재결 2001. 11 .29, 99헌마494 【재외동포의출입국과법적지위에관한법률제2조 제2호 위헌확인】 외국인은 국민과 유사한 지위에 있으므로 원칙적으로 기본권 주체성이 인정된다.
5) 허영, 한국헌법론, 246면.
6) 우리나라의 대부분의 헌법학자는 외국인의 기본권주체성에 대하여는 대체적으로 결단주의적 자연권설에 바탕을 두고 있다(허영, 한국헌법론, 247면 각주 2) 참조).

동화적 통합이론(헷세) : 외국인이라 할지라도 하나의 생활공동체에서 그들의 동화를 촉진시킬 수 있고, 자국민의 동화적 통합을 해치지 아니하는 범위내에서는 외국인의 기본권 주체성이 인정될 수 있다. ☜ **헷세의 입장**

5.3. 사견

생각건대 기본권을 그 성질에 따라 인간의 권리와 국민의 권리로 분류하는 기본권 성질설의 입장에 선다면 외국인에게도 인간의 권리에 관해서는 그 기본권주체성을 인정해야 한다.[1] 더욱이 우리 헌법은 전문에서 「항구적인 세계평화와 인류공영에 이바지함으로써」, 그리고 헌법 제5조 제1항에서 국제평화주의 · 국제협조주의를 표방하고 있을 뿐 아니라, 제6조 제1항에서 국제법을 존중하고, 제6조 제2항에서는 「외국인은 국제법과 조약이 정하는 바에 의하여 그 지위가 보장된다」라고 하여 외국인의 법적 지위에 관한 상호주의의 원칙을 규정하고 있다. 그러므로 기본성질설에 따라 헌법에 명문의 규정이 있든 없든 성질상 인간의 권리로 볼 수 있는 전국가적 · 천부인권적인 자연권은 외국인에게도 보장되어야 하고,[2] 그 밖의 기본권은 상호주의에 따라야 한다고 본다.[3] 다른 무엇보다도 기본권이라는 관념도 인권에서 유래한 것이기 때문이다. 외국인이라 하여 무조건 부정할 이유가 없는 것이고, 어떤 기본권을 외국인이 향유할 수 있느냐 하는 것도 획일적으로 규율할 필요도 없다는 주장[4]은 경청할 만하다.

---

1) 헌재결 2007. 8. 30, 2004헌마670 【산업기술연수생 도입기준 완화결정 등 위헌확인】 우리재판소는, 헌법재판소법 제68조 제1항 소정의 헌법소원은 기본권의 주체이어야만 청구할 수 있다고 한 다음, '국민' 또는 국민과 유사한 지위에 있는 '외국인'은 기본권의 주체가 될 수 있다고 판시하여(헌재 1994. 12. 29. 93헌마120, 판례집 6-2, 477, 480) 일정한 경우 외국인의 기본권 주체성을 인정하였다. 즉 외국인에게 모든 기본권이 무한정 인정될 수 있는 것이 아니라 원칙적으로 '국민의 권리'가 아닌 '인간의 권리'의 범위 내에서만 인정될 것인바, 인간의 존엄과 가치 및 행복추구권은 '인간의 권리'로서 외국인도 그 주체가 될 수 있고, 평등권도 인간의 권리로서 참정권 등에 대한 성질상 제한 및 상호주의에 의한 제한이 있을 수 있을 뿐이다(헌재 2001. 11. 29. 99헌마494, 판례집 13-2, 714, 723-724 참조).

2) 장영수, 헌법학, 469면.

3) 일본판례 : ① 적어도 인간다운 것에 의하여 당연히 향유하여야 할 인권은 비록 불법입국자라 할지라도 이를 향유할 수 있다고 하여야 할 것이다(最大判 1950, 昭和 25, 12. 28). ② 헌법 제3장의 여러 규정에 의한 기본적 인권의 보장은 권리의 성질상 일본국민만을 대상으로 하는것을 제외하고, 일본에 체류하고 있는 외국인에 대해서도 똑같이 미친다고 해석하여야 한다(最大判 1978, 昭和 53, 10. 4); 미국판례 : Flemming v. Nestor, 363 U S 603(1960), Oyama v Calfornia, 332 U S 633(1948) 참조.

4) 홍성방, 헌법학, 292면.

외국인의 법적 지위: **상호주의** → 헌법 제6조 제2항(외국인은 국제법과 조약이 정하는 바에 의하여 그 지위가 보장된다)

5.4. 외국인이 주체가 될 수 있는 기본권

5.4.1. 인간으로서의 존엄과 가치 · 행복추구권

모든 인간은 인간으로서의 존엄과 가치를 가지며 이와 함께 행복추구권도 가지기 때문에 외국인의 경우도 당연히 행복추구권의 주체가 된다.

헌재결 2001. 11 .29, 99헌마494 【재외동포의출입국과법적지위에관한법률 제2조 제2호 위헌확인】

우리 재판소는, 헌법재판소법 제68조 제1항 소정의 헌법소원은 기본권을 침해받은 자만이 청구할 수 있고, 여기서 기본권을 침해받은 자만이 헌법소원을 청구할 수 있다는 것은 곧 기본권의 주체라야만 헌법소원을 청구할 수 있고 기본권의 주체가 아닌 자는 헌법소원을 청구할 수 없다고 한 다음, '국민' 또는 국민과 유사한 지위에 있는 '외국인'은 기본권의 주체가 될 수 있다 판시하여(헌재 1994. 12. 29. 93헌마120) 원칙적으로 외국인의 기본권 주체성을 인정하였다. 청구인들이 침해되었다고 주장하는 인간의 존엄과 가치, 행복추구권은 대체로 '인간의 권리'로서 외국인도 주체가 될 수 있다고 보아야 하고, 평등권도 인간의 권리로서 참정권 등에 대한 성질상의 제한 및 상호주의에 따른 제한이 있을 수 있을 뿐이다. 이 사건에서 청구인들이 주장하는 바는 대한민국 국민과의 관계가 아닌, 외국국적의 동포들 사이에 재외동포법의 수혜대상에서 차별하는 것이 평등권 침해라는 것으로서 성질상 위와 같은 제한을 받는 것이 아니고 상호주의가 문제되는 것도 아니므로, 청구인들에게 기본권주체성을 인정함에 아무런 문제가 없다.

5.4.2. 평등권

평등권을 개인의 인간으로서의 평등(allgemeine Menschengleichheit)으로 보는 이상 원칙적으로 외국인에게도 보장되나 상호주의(Prinzip der Gegenseitigkeit)에 따라 외국인에게도 보장되거나 제한되는 경우가 있다.[1)]

5.4.3. 자유권적 기본권

a) 전통적 자유권

전통적 자유권은 일반적으로 초국가적인 인간의 권리를 의미하기 때문에 외국인에게도 원칙적으로 보장된다. 다만 거주 · 이전의 자유(제14조), 언론 · 출판의 자유(제21조), 집회 · 결사의 자유(제21조) 등은 원칙적으로 자유롭게 보장되어야 할 것이지만, 국가안전보

1) 김철수, 헌법학(상), 399면.

장 등을 이유로 제한이 가능하다.[1] 특히 출·입국의 자유는 그에 관한 특별한 조약이 없는 한 입국을 허가할 의무가 없다. 외국인의 입국허가 여부는 당해 국가의 자유재량사항이기 때문이다. 따라서 입국의 자유는 인정되지 아니한다.[2] 외국인의 입국허용 여부는 국제법상 국가의 주권적 권리에 속하는 것이며, 특별한 국제조약이 없는 한 외국인을 자국내에 받아들일 것인가, 입국에 어떠한 조건을 붙일 것인가 하는 것은 당해 국가가 자유롭게 결정할 수 있다.[3] 그러나 일단 입국허가받은 외국인에게는 출국의 자유가 보장된다.

『예외』
- 거주·이전의 자유
- 언론·출판의 자유
- 집회·결사의 자유 등은 국가안전보장 등을 위해서 제한이 가능하다.

b) 망명권

외국인에 대하여 망명권(Asylrecht) 내지 정치적 비호청구권까지 보장되는 가에 관해서는 논란이 있다. 우리 헌법이나 법령에는 외국인에 대한 정치적 망명권을 규정하고 있지 않으나, 외국헌법 중에는 정치적 사유로 인한 망명권 또는 정치적 비호청구권 등을 명문으로 규정하고 있는 경우가 있고,[4] 「난민의지위에관한조약」을 위시하여 망명권을 보장한 국제조약들도 적지 아니하다.[5]

우리 정부도 1992년 12월 3일 「난민의지위에관한조약」과 「난민의지위에관한의정서」에 동시가입을 하였다. 그리고 1988년에 제정된 범죄인인도법(제8조)은 정치적 성격을 가진 범죄 등인 경우에 그 범죄인을 인도하여서는 아니된다고 규정하고 있으며, 범죄인 인도

---

1) 집회·결사의 자유도 정신적 자유권으로서 인간의 권리이기 때문에 외국인에게도 기본권 주체성이 인정된다고 한다(장영수, 헌법학, 469면).

2) 양건, 헌법강의, 224면.

3) 김철수, 헌법학(상), 400면; 양건, 헌법강의, 224면.

4) 독일기본법 제16조 제2항 제2문은 「정치적으로 박해를 받는 자는 亡命權을 누린다」라고 규정하고 있다. 그러나 최근에 와서는 정치적 난민이 아닌 경제적 어려움을 피하기 위한 難民들이 점차 늘어가자, 헌법을 개정하여 정치적 난민이 아닌 자의 망명은 불허하고 있으며, 독일은 헌법을 개정하여 EU시민에게는 망명권을 인정하고 있지 않다. 프랑스·벨기에 등도 망명권을 인정하고 있다(김철수, 헌법학(상), 401면).

5) 정치범불인도에 관한 국제조약과 국제선언으로는 세계인권선언(1948) 제14조, 망명자(난민)의 지위에 관한 조약(1951), 외교적 비호에 관한 카라카스조약(1954) 난민(망명자)의 대우에 관한 원칙(1966), 영토적 비호에 관한 선언(1967), 난민의 지위에 관한 1967년의 의정서, 비호권에 관한 조약안(1967) 등이 있다.

에 관하여 인도조약에 이 법과 다른 규정이 있는 경우에는 그 규정에 따른다 하여 조약을 국내법에 우선시 하고 있다. 그러나 판례[1]는 망명권 인정여부에 관하여는 소극적인 태도를 보이고 있다. 아무튼 외국인에 대하여 망명권이 보장되는가에 관해서는 견해가 나누이고 있지만, 인권의 보편성과 인권보장의 국제화·세계화추세에 비추어 긍정적으로 해석하여야 할 것이다.[2]

5.4.4. 경제적 기본권

외국인에게 직업의 자유 및 토지소유권 등과 같은 경제적 기본권을 인정하느냐, 혹은 제한하는가, 그리고 이를 부여하되 그 범위·한계는 어떠한가 하는 문제는 헌법(정책)학적인 문제라기보다는 오히려 정치적 차원에서 판단을 해야 되는 경우가 많이 있다. 결국 외국인 에게는 조약에 따라 상호주의 원칙하에 인정될 수 있다.[3] 다만 소비자 보호권 등과 같은 권리는 보호되지만 다음과 같은 권리는 일정한 제한을 가하고 있다.[4]

『제한』
- 직업선택의 자유(내국인의 보호를 목적)
- 재산권중 토지소유권(외국인토지법 제5조) 및 광업권(광업법 제6조)등은 일정한 범위내에서 내국인에 비하여 보다 많은 제한을 받는다.

5.4.5. 정치적 기본권

정치적 자유(정치활동의 자유)를 비롯한 선거권·피선거권·공무담임권·국민표결권 등은 국민주권의 원리에 의하여 「국민의 권리」를 의미하므로, 외국인에게는 이를 인정하지

1) 중공의 정치·사회현실에 불만을 품고 자유중국으로 탈출하고자, 민간항공기를 납치하여 입국한 피고인들의 경우, 정치적 박해를 받거나 정치적 신조를 달리함으로써 타국에 피난한 정치적 피난민이라고 할 수 있겠으나, 정치적 피난민에 대한 보호는 소수의 국가가 국내법상으로 보장하고 있을 뿐 우리나라는 이를 보장하는 국내법규가 없으며, 개개의 조약을 떠나서 일반국제법상 보장이 확립된 것도 아니며, 더구나 헤이그협약 제8조는 항공기납치범죄를 체약국간의 현행 또는 장래 체결될 범죄인인도조약상의 인도범죄로 보고 인도조약이 없는 경우에도 범죄인의 인도를 용이하게 할 수 있는 규정을 마련하고 있는 점 등에 비추어 볼 때, 민항기납치행위가 순수한 정치적 동기에서 일어난 정치적 망명을 위한 상당한 수단으로 행하여진 것으로 세계각국이 비호권을 인정하고 있다는 이유로 위법성이 조각된다고 볼 수 없다(대판 1984. 5. 22, 84도39); 일본의 경우는 日本 東京高裁1990 4 20(逃亡犯罪人引渡審判請求事件) 참조.
2) 정치적 망명권에 관하여 자세한 것은 권영성, 사례연습 헌법학연구, 140면 이하 참조.
3) 장영수, 헌법학, 470면.
4) 양건, 헌법강의, 224면 참조.

아니한다. 외국인은 정당의 간부나 노동조합의 간부가 될 수 없을 것이며, 독일에서도 외국인법(Ausländergesetz) 제6조에 의하여 상당한 제한을 가하고 있다.1)

> 허영 교수는 외국인에게 국정에 관한 참정권을 인정하는 것은 우리 사회가 추구하는 동화적 통합의 방향에 엉뚱하고 그릇된 영향을 미칠 수 있기 때문에 허용되지 않아야 하지만, 공직 선거법(제15조 제2항 제2호)이 우리나라 영주권을 취득한 후 3년이 경과한 19세 이상의 외국인에게 지방선거에서만 선거권을 부여한 것은 외국인의 동화적 통합을 촉진하기 위해 필요한 조치라고 한다.2)

생각건대 지방자치단체의 경우 정주외국인(예를 들면 화교)에 대하여 일정한 범위 내에서 주민자치권의 한 내용으로서 선거권을 일부나마 허용할 수 있을 것이다(예컨대 공직선거법 제15조 제2항 제3호 : 「출입국관리법」 제10조에 따른 영주의 체류자격 취득일 후 3년이 경과한 외국인으로서 같은 법 제34조에 따라 해당 지방자치단체의 외국인등록대장에 올라 있는 사람). 다만 이는 법률상의 권리로 인정하는 것이며, 헌법적 차원에서의 기본권으로 인정되는 것은 아니다.3)

> 「문제점」
> 재일동포 · 독일에 거주하는 약 500만에 해당하는 외국인들, 특히 독일에서 탄생한 외국인들에 대한 정치적 기본권의 인정문제. 그리고 우리나라에서 태어난 중국인(華僑)에 대한 정치적 기본권의 인정문제
>
> 「화교에게도 지방선거 참정권을 부여한다」: 조선일보 1999. 9. 10.
>
> 「日定住 외국인 선거권부여는 합헌」4)
> 오랫동안 일본에 거주해온 定住외국인에게 지방선거권을 부여하는 것이 헌법상가능하다는 판결이 일법원에 의해 또다시 내려졌다.
> 나고야(名古屋)고등법원 가나자와(金澤)支院은 1996년 6월 26일 定住外國人에게 지방선거권을 부여하지 않는 것은 위헌」이라며 후쿠이(복정)현 마루오카에 거주하는 李鎭哲(65) 등 재일동포 4명이 지방선거투표권을 부여하라고 제기한 소송의 항소심 공판에서 외국인에 대한 지방선거권의 부여 여부는 입법부의 재량사항이라는 입장을 제시했다. 재판부는 이날 이씨 등의 4백만엔의 보상급지급요구 등 항소자체는 기각했으나 「법률로 지방선거권을 부여하는 것은 헌법상 금지돼 있지 않으나 이같은 조치를 취할지의 여부는 국가

---

1) 김철수, 헌법학(상), 401면.
2) 허영, 한국헌법론, 247면 각주 3).
3) 양건, 헌법강의, 224면.
4) 동아일보 1996년 6월 27일자 7면; 조선일보 1996년 6월 27일자 2면 참조.

의 입법정책에 관한 사항」이라며 일본국회의 입법에 의해 선거권부여가 가능하다」고 판시했다. 이 판결은 1995년 2월 일본대법원이 내린 판결내용인 「일본에 거주하는 외국인이 투표권을 갖기 위해서는 국회가 특별법을 제정해야 한다」고 판시한 내용을 그대로 답습한 것으로 일본의 국회에서의 입법추진여부가 더욱 주목을 받게 됐다.[1)]

입법정책에 관한 사항 : 입법방침규정설 → 일본국회의 입법에 의해 선거권부여가능

5.4.6. 청구권적 기본권

청구권적 기본권은 기본권을 보장하기 위한 기본권이므로 다음과 같은 사항의 기본권과 결부된 청구권적 기본권은 비록 외국인이라 할지라도 이를 인정하여야 한다. 특히 청원권이나 재판청구권 등과 같은 절차적 청구권은 실체적 기본권을 보장하기 위한 것이므로, 외국인의 실체적 기본권을 보호하기 위하여 필요한 경우에는 국민과 평등하게 인정된다.[2)]

- 제10조(인간으로서의 존엄과 가치 · 행복추구권)
- 제11조(평등권)
- 제12조(신체의 자유)
- 제27조(재판청구권)

다만 재판청구권도 그 내용에 따라서는 특별한 제한을 가할 수 있다. 예컨대 국가배상청구권은 상호주의 원칙에 따라 인정된다(국가배상법 제7조).[3)]

국가배상법 제7조(외국인에 대한 책임) 이 법은 외국인이 피해자인 경우에는 해당 국가와 상호 보증이 있을 때에만 적용한다. [전문개정 2008.3.14]

5.4.7. 사회적 기본권

사회적 기본권은 원칙적으로 自國民의 인간다운 생활을 보호하기 위한 권리이므로 외국인에게는 (원칙적으로) 인정되지 아니한다. 다만 환경권(제35조) · 건강권(제36조) 등은 외국인에도 당연히 인정되는 권리이다. 사회적 기본권은 입법정책적으로 실정권으로서 인정할 수는 있을 것이다.[4)] 그러나 이는 법률적 차원에서 인정하는 것이며, 헌법상 보장되는

1) 입법방침규정설(Programm적 규정설)을 의미하는 것으로서 선거권의 구체적 · 현실적인 권리성을 부인하고 입법의 방침을 제시하는 강령이나 목표의 선언으로 보는 입장을 의미한다. 프로그램적 규정설에 의할 경우에 국가에 대하여 그 정치적 책임을 물을 수는 있어도 재판을 통하여 소구할 수 있는 국민의 직접적인 청구권의 근거가 될 수는 없다.
2) 장영수, 헌법학, 470면.
3) 양건, 헌법강의, 224면.

기본권은 아니다.[1)]

헌재결 2007. 8. 30, 2004헌마670 【산업기술연수생 도입기준 완화결정 등 위헌확인】

근로의 권리란 인간이 자신의 의사와 능력에 따라 근로관계를 형성하고, 타인의 방해를 받음이 없이 근로관계를 계속 유지하며, 근로의 기회를 얻지 못한 경우에는 국가에 대하여 근로의 기회를 제공하여 줄 것을 요구할 수 있는 권리를 말하며, 이러한 근로의 권리는 생활의 기본적인 수요를 충족시킬 수 있는 생활수단을 확보해 주고 나아가 인격의 자유로운 발현과 인간의 존엄성을 보장해 주는 것으로서 사회권적 기본권의 성격이 강하므로(헌재 1991. 7. 22. 89헌가106, 판례집 3, 387, 421; 헌재 2002. 11. 28. 2001헌바50, 판례집 14-2, 668, 678 참조) 이에 대한 외국인의 기본권주체성을 전면적으로 인정하기는 어렵다. 그러나 근로의 권리가 "일할 자리에 관한 권리"만이 아니라 "일할 환경에 관한 권리"도 함께 내포하고 있는바, 후자(後者)는 인간의 존엄성에 대한 침해를 방어하기 위한 자유권적 기본권의 성격도 갖고 있어 건강한 작업환경, 일에 대한 정당한 보수, 합리적인 근로조건의 보장 등을 요구할 수 있는 권리 등을 포함한다고 할 것이므로 외국인 근로자라고 하여 이 부분에까지 기본권 주체성을 부인할 수는 없다. 즉 근로의 권리의 구체적인 내용에 따라, 국가에 대하여 고용증진을 위한 사회적 · 경제적 정책을 요구할 수 있는 권리(헌재 2002. 11. 28. 2001헌바50, 판례집 14-2, 668, 678)는 사회권적 기본권으로서 국민에 대하여만 인정해야 하지만, 자본주의 경제질서하에서 근로자가 기본적 생활수단을 확보하고 인간의 존엄성을 보장받기 위하여 최소한의 근로조건을 요구할 수 있는 권리는 자유권적 기본권의 성격도 아울러 가지므로 이러한 경우 외국인 근로자에게도 그 기본권 주체성을 인정함이 타당하다.

II. 법인

1. 개관

헌법학의 영역에서 기본권에 관한 전통적인 논의는 국가와 자연인의 관계를 중심으로 하여 전개되어 왔다. 그러나 오늘날에는 다양한 형태의 조직 · 단체 · 법인 등의 실재성과 사회적 중요성이 증대됨에 따라 법인에 대한 기본권의 인정문제가 현실적으로 야기되고 있다. 그러나 독일연방헌법인 독일기본법(제19조 제3항 : 기본권이 그 성질상 내국법인에게 적용될 수 있는 때에는 그들에게도 적용된다)[2)]처럼, 법인의 기본권주체성을 명문으로 규

---

4) 김철수, 헌법학(상), 402면.

1) 양건, 헌법강의, 224면 참조.

2) 허영, 한국헌법론, 244면 각주 1) 참조.

정하고 있지 아니한 우리 헌법의 경우에는 법인도 기본권의 주체가 될 수 있는가가 문제되고 있다.[1]

2. 학세

2.1. 부정설

기본권은 인간의 권리로서 인정되는 것이지 법인은 당연히 기본권의 주체가 될 수 없다는 것이다. 이는 과거의 독일 바이마르 헌법하의 다수설이기도 하였다.[2] 법인의 기본권 주체성을 부인하는 부정설도 세 가지 견해로 나누이고 있다. 제1설은 역사적으로 인권은 자연인을 전제로 하여 논의가 된 것이므로 자연인이 아닌 법인은 당연히 기본권의 주체가 될 수 없다고 한다. 제2설은 법인의제설을 기초로 하여 법인의 활동은 결국 자연인의 활동에 귀속되는 것이므로 자연인의 기본권을 보장하는 것으로 충분하다고 한다. 제3설은 칼 슈미트(C. Schmitt)적 기본권관에 입각하여 기본권이란 천부적 · 초국가적 성격을 가지는 것이므로 국가적인 법질서인 실정법에 의하여 비로소 창설되는 법인은 기본권의 주체가 될 수 없다고 한다.[3] 다시말하면 슈미트(C. Schmitt)적인 기본권관에 의하면, 기본권은 천부적이고 선국가적인 자유와 권리로서 국가적인 법질서가 있기 전부터 존재하는 자연인이 누릴 수 있는 자유와 권리이지, 국가적인 법질서에 의하여 비로소 창설되는 법인에게 까지 인정할 수는 없다는 것이다.[4]

법인의 기본권주체성을 부인하는 견해가 과거 독일의 바이마르헌법 당시 법실증주의가 지배하던 시대의 통설이었으나, 현재 우리나라의 헌법학계에서는 부정설을 취하는 견해는 없다. 법인도 기본권의 성질에 따라 원칙적으로 기본권의 주체가 되며, 기본권 인정여부는 어떤 범위의 법인에게 기본권의 주체성을 인정할 것인가 하는 문제와 법인에게 기본권이 인정되는 경우 그 인정범위는 어떠한가 하는 문제로 귀착된다.[5]

---

1) 권영성, 헌법학원론, 319면; 법인의 기본권주체성에 관하여는 정종섭, 법인의 기본권에 관한 연구서설, 헌법논총 제2집(1991), 391-456면; 홍성방, 헌법학, 293면.
2) 김철수, 헌법학(상), 403면.
3) A. Bleckmann, Staatsrecht II - Die Grundrechte - , 3 Aufl., Köln 1989, S. 98; J. Isensee, Anwendung der Grundrechte auf juristische Personen, in: Isensee/Klrchhof, Handbuch des Staatsrechts(Bd. V), Heidelberg 1992, S. 564.
4) Carl Schmitt는 모든 형태의 공 · 사법인의 기본권주체성을 부인한다(허영, 한국헌법론, 249면).
5) 양건, 헌법강의, 225면.

2.2. 긍정설

2.2.1. 개관

기본권은 국가와 인간사이의 기본관계를 형성하는 것이므로 원칙적으로 기본권은 일차적으로 자연인에게 귀속되는 것이나, 오늘날에는 정치적·경제적·사회적·문화적 생활에서 정당, 노동조합, 경제인연합회, 시민단체 등과 같은 단체를 통하여 개인의 기본권이 실현되는 예가 많으므로 기본권주체성을 인정하는 것이 통설·판례의 입장이다.

헌재결 1991. 6. 3, 90헌마56 【영화법제12조등에대한헌법소원】

우리 헌법은 법인의 기본권향유능력을 인정하는 명문의 규정을 두고 있지 않지만, 본래 자연인에게 적용되는 기본권규정이라도 언론·출판의 자유, 재산권의 보장 등과 같이 성질상 법인이 누릴 수 있는 기본권을 당연히 법인에게도 적용하여야 한 것으로 본다. 따라서 법인도 사단법인·재단법인 또는 영리법인·비영리법인을 가리지 아니하고 위 한계내에서는 헌법상 보장된 기본권이 침해되었음을 이유로 헌법소원심판을 청구할 수 있다. 또한, 법인 아닌 사단·재단이라고 하더라도 대표자의 정함이 있고 독립된 사회적 조직체로서 활동하는 때에는 성질상 법인이 누릴 수 있는 기본권을 침해당하게 되면 그의 이름으로 헌법소원심판을 청구할 수 있다(민사소송법 제48조 참조).[1]

헌재결 2000. 6. 1, 99헌마553 【농업협동조합법 위헌확인】

법인 등 결사체도 그 조직과 의사형성에 있어서, 그리고 업무수행에 있어서 자기결정권을 가지고 있어 결사의 자유의 주체가 된다고 봄이 상당하므로, 축협중앙회는 그 회원조합들과 별도로 결사의 자유의 주체가 된다.

헌법상 기본권의 주체가 될 수 있는 법인은 원칙적으로 사법인에 한하는 것이고 공법인은 헌법의 수범자이지 기본권의 주체가 될 수 없다. 축협중앙회는 지역별·업종별 축협과 비교할 때, 회원의 임의탈퇴나 임의해산이 불가능한 점 등 그 공법인성이 상대적으로 크다고 할 것이지만, 이로써 공법인이라고 단정할 수는 없을 것이고, 이 역시 그 존립목적 및 설립형식에서의 자주적 성격에 비추어 사법인적 성격을 부인할 수 없으므로, 축협중앙회는 공법인성과 사법인성을 겸유한 특수한 법인으로서 이 사건에서 기본권의 주체가 될 수 있다.

2.2.2. 학설

법인의 기본권주체성을 인정하는 긍정설도 학설이 나누이고 있다.[2] 제1설은 법인실재설에 기초하여 법인은 자연인들로 구성되어 있으나 자연인과는 별개의 실체를 가지고 있는 현대사회의 중요한 구성요소이며, 자연인 못지않은 활동을 하고 있으므로 법인도 독

1) 동지의 판례 : 헌재결 1996. 3. 28, 94헌바42.

2) 권영성, 헌법학원론, 320면 참조.

자적인 기본권주체가 될 수 있다고 한다. 제2설은 법실증주의적 입장에서 자연인과 법인은 그 모두가 규범적 규율의 대상이 되는 것으로서 법질서에 의해 권리·의무의 주체로 인정되는 것이므로, 자연인과 마찬가지로 법에 의하기만 하면 법인에게도 기본권주체성을 인정할 수 있다고 한다. 제3설은 법인의 활동은 궁극적으로 자연인의 이익이나 권리의 실현을 목적으로 하는 것이고 그 효과도 자연인에게 귀속되는 것이므로 법인의 기본권주체성을 인정하는 것이 합목적적 이라고 주장한다. 결국 법인의 기본권 주체성이 인정되는 것은 법인이 구성원인 자연인의 기본권 행사를 용이하게 해주고 촉진시켜주기 때문이다.[1)2)] 제4설은 통합주의적 헌법관에 의하여 국가적 통합을 위하여 필요한 경우에는 법인에게도 기본권 주체성을 인정하려는 것이다. 기타 법인의 의사나 행동이 자연인에 의하여 행해지고 있다할 지라도, 개개 자연인과는 달리 법인을 '독립적인 초개인적 조직체'[3)]로 보아 이를 인정하는 견해도 있다.

3. 법인이 기본권의 향유의 주체가 될 경우에 누릴 수 있는 기본권의 유형과 범위에 관한 학설

3.1. 기본권기준설

기본권기준설은 개별적 기본권의 성질을 기준으로 하여 그것이 법인에게도 적용될 성질의 것인지의 여부를 결정하고 이에 따라 법인에게 인정되는 기본권을 구체적으로 열거하는 견해이다.[4)] 그 대표적인 견해로는 (ㄱ) 「평등권, 경제적·사회적 기본권·청구권적 기본권 등은 성질상 법인에게도 일반적으로 인정되지만, 인간의 존엄과 가치·행복추구권·혼인의 순결·보건권·인신의 자유·형사보상청구권·범죄피해자구조청구권·참정권 등과 종교의 자유 양심의 자유 등 내심의 자유 등은 법인에게는 원칙적으로 인정되지 않는다」는 견해,[5)] (ㄴ) 「자연인에 고유한 속성인 육체성과 정신적·심리적 속성을 불가결한 전제로 하지 아니하는 기본권은 법인에게도 적용된다」라고 하는 견해[6)] 등이 있다.

---

1) G. Dürig, Art 19 Abs III, in: Maunz/Dürig, Grundgesetz Kommentar(Bd II), München 1989, Rdnr 1 ff; 권영성, 헌법학원론, 322면; 홍성방, 헌법학, 295면.
2) 이에 대하여 허영 교수는 법실증주의적 관점에서 헌법이론을 전개하고 있는 국내의 일부학자가 '법인의 활동은 결국 그 효과가 자연인에게 귀속하는' 것이기 때문에 법인에게도 기본권주체성을 인정해야 된다고 설명하는 것(문홍주; 권영성; 김철수; 박일경)은 적어도 그 논증방법에 있어서 법실증주의적 순수성을 이탈한 것인데 그 이유는 자연법적 기본권 사상에서 유래하는 것이기 때문이라고 한다(허영, 한국헌법론, 248면 각주 1) 참조).
3) 성낙인, 헌법학, 326면.
4) 권영성, 헌법학원론, 320면.
5) 김철수, 헌법학(상), 406면.

기본권기준설 : 개별적 기본권의 성질을 기준으로 하여 그것이 법인에게도 적용될 성질의 것인지의 여부를 결정 → 이에 따라 법인에게 인정되는 기본권을 구체적으로 열거하는 견해

3.2. 법인기준설

법인기준설은 법인의 특성, 즉 법인의 기능 · 목적 · 활동유형에 따라 구체적으로 문제되는 기본권의 적용 여부를 결정하는 입장이다. 예를 들면 (ㄱ) 법인이 수행하는 다양한 사적 · 공적 기능과 설립목적에 따라 그 기본권주체성의 인정 여부를 개별적으로 판단하여야 한다는 견해,[1] (ㄴ) 「특정의 기본권이 법인에게 적용되느냐의 여부는 모든 기본권에 대하여 일률적으로 결정될 것이 아니라 당해 기본권과 관련이 있는 것으로 보이는 법인의 개별적 활동유형과의 관계에서 판단해야 한다」는 견해[2] 등이 있다.

- 법인이 수행하는 다양한 사적 · 공적 기능과 설립목적에 따라 그 기본권주체성의 인정 여부를 개별적으로 판단

- 특정의 기본권이 법인에게 적용되느냐의 여부는 모든 기본권에 대하여 일률적으로 결정될 것이 아니라 당해 기본권과 관련이 있는 것으로 보이는 법인의 개별적 활동유형과의 관계에서 판단

4. 정리

4.1. 기본권주체로서의 법인개념의 재정립의 필요성(사법영역과 공법영역의 구분)

법인의 기본권주체성에 관하여 학설대립이 나타나고 있는 것은 사법상의 「법인」 개념을 공법영역인 헌법학에 이를 원용하려는 데에 원인이 있다. 사법상의 「법인격」은 사인간에 발생하는 법적 문제를 처리하기 위하여 고안된 법이론인데, 이를 공법영역인 헌법적 차원에서 법인의 기본권주체성을 판단하는 기준으로 삼는데는 문제가 있다.[3] 따라서 사법상의 법인에 대한 개념을 수정 · 보완하여 헌법적 차원에서의 새로운 법인개념을 재정립할 필요가 있다. 권영성 교수는 법인이 헌법적 차원에서 기본권이 인정될 수 있기 위하여는 독

6) S. Maser, Die Geltung der Grundrechte für juristische Personen und telirechtsfähige Verbünde, 1964, S. 29 ff.

1) 허영, 한국헌법론, 250면 이하 참조.

2) A. Bleckmann, Staatsrecht II - Die Grundrechte - , 3 Aufl., Köln 1989, S. 104.

3) 권영성, 헌법학원론, 322면.

일의 이젠제(Josef Isensee)교수가 적절히 지적하고 있는바와 같이,[1] (ㄱ) 의사결정과 활동에 있어 통일성을 가지는 조직적 통일체이고, (ㄴ) 조직에 참여하는 자연인과의 관계에서 법적으로 상대적 독립성을 유지하는 것일 것, (ㄷ) 그 구성에 있어 사적 자율을 기초로 하는 조직인 경우에는 법인으로서의 기본권 주체성을 인정할 수 있다고 한다.[2]

4.2. 법인의 기본권주체성 인정의 이론적 근거

헌법이 기본권 향유의 주체로서 원칙적으로 개별적 자연인을 상정하고 있는 이상 법인이 기본권을 향유하느냐의 문제는 개별적인 자연인의 기본권보장이라는 차원에서 그 근거를 찾아야 할 것이다.[3] 따라서 헌법적 의미에서의 법인에 대하여 기본권주체성이 인정되는 것은 「법인이 그 구성원인 자연인의 기본권행사를 편리하게 하여 주거나 촉진시켜주기 때문」이라고 할 수 있다.[4][5]

4.3. 결론 : 법인에 대한 부분적 · 제한적 기본권주체성 인정(부분적 · 제한적 긍정설의 입장)

오늘날과 같이 고도로 산업화 · 조직화된 사회에서 법인에 대한 기본권주체성을 전면적 · 획일적으로 긍정하거나 부정하는 것은 타당하지 않다. 법인의 기본권주체성의 인정여부는 법인이 수행하는 역할과 활동에 비추어 볼 때 합리적이라고 인정되는 경우에는 기본권의 주체성을 인정하는 것이 타당하다. 공법인의 기본권주체성도 역시 제한된 범위내에서 부분적으로 인정되어야 한다고 본다(부분적 긍정설).[6]

[헌법재판소 결정례]

「사죄광고의 위헌여부에 관한 헌법소원사건」에서 법인에 대하여 인격권이 인정되는 것으로 판시하였고,[7] 「영화법 제12조 등에 대한 헌법소원사건」에서 단체 자체의 기본권주체성을 인정하고 있으며,[8] 나아가 법형식상으로는 법인격 없는 단체에 불과한 정당의 기

---

1) J. Isensee, Anwendung der Grundrechte auf juristische Personen, in: Isensee/Kirchhof, Handbuch des Staatsrechts(Bd. V), Heidelberg 1992, S. 581 ff.; 권영성, 헌법학원론, 322면.
2) 권영성, 헌법학원론, 321면.
3) 권영성, 헌법학원론, 321면.
4) J. Isensee, Anwendung der Grundrechte auf juristische Personen, in: Isensee/Kirchhof, Handbuch des Staatsrechts(Bd. V), Heidelberg 1992, S. 581.
5) 권영성, 헌법학원론, 322면.
6) 권영성, 헌법학원론, 323면.
7) 헌재결 1991. 4. 1, 89헌마160【민법 제764조의 위헌여부에 관한 헌법소원】
8) 헌재결 1991 6. 3, 90헌마56【영화법 제12조 등에 대한 헌법소원】

본권주체성(선거에서의 기회균등권)까지 인정하고 있다.[1]

독일기본법 제19조 제3항도 「기본권이 그 본질상 내국법인에게 적용될 수 있는 경우에는 그들에게도 적용된다」라고 하여 부분적 · 제한적 긍정설의 입장을 나타내고 있다.

법인에게 인정되는 기본권의 범위는 법인이 일반적으로 기본권의 주체가 될 수 있는 가능성을 의미하는 「일반적 · 추상적 기본권주체성」과 당해 법인에 대하여 개별적 기본권을 인정할 것인가의 「개별적 · 구체적 기본권주체성」을 구별할 필요가 있다.[2] 따라서 법인에게도 그 특성상 (일반적으로) 자연인에게만 인정될 수 있는 기본권(신체의 자유 · 신앙의 자유 · 양심의 자유 등)을 제외하고는, 당해 법인의 기능과 목적 그리고 그 활동의 유형에 비추어 개별적 · 구체적으로 판단하여 인정하는 것이 타당하다.[3][4]

> 예컨대 단순히 영리를 목적으로 하는 기업의 경우는 「경제적 기본권」을, 언론기관에 대해서는 「언론의 자유」를, 정당에 대해서는 「정치적 기본권」을 각각 인정할 수 있을 것이다. 따라서 단순한 영리기업에 대하여 「정치적 기본권」 주체성을 인정하는 것 등은 옳지 않다고 본다.[5]

결국, 법인은 기본권이 전면적 · 포괄적으로 인정되는 자연인과 비교하여 그 목적 · 기능 · 활동 등에 의하여 합리적인 범위내에서 제한을 받는 부분적 · 제한적인 범위 내에서 기본권을 향유한다.[6] 다만 법인의 경우 법인 자신의 기본권이 침해된 경우 헌법소원심판청구 등과 같은 기본권을 가지나(헌법재판소는 기본권을 누리는 법인의 범위를 폭넓게 인정하는 편이다[7]), 비교적, 법인의 구성원을 위하여 혹은 대신하여 헌법소원심판을 청구할 수는 없다.

> 헌재결 1995. 7. 21, 92헌마177 【대통령선거법 제65조 위헌확인】
> 단체는 원칙적으로 단체 자신의 기본권을 직접 침해당한 경우에만 그의 이름으로 헌법

1) 헌재결 1991. 3. 11, 91헌마 21 【지방의회의원선거법 제36조 제1항에 대한 헌법소원】
2) 권영성, 헌법학원론, 324면.
3) 권영성, 헌법학원론, 324면.
4) 생명권이나 신체의 자유 등은 성질상 인정되지 아니하나, 양심의 자유(헌재결 1991. 4. 1, 89헌마160은 양심의 자유의 인정을 전제로한 판례임), 종교의 자유, 학문의 자유의 주체가 될 수도 있다(양건, 헌법강의, 226면).
5) 권영성, 헌법학원론, 324면 각주 1) 참조.
6) 권영성, 헌법학원론, 324면; J. Isensee, Anwendung der Grundrechte auf juristische Personen, in: Isensee/Kirchhof, Handbuch des Staatsrechts(Bd. V), Heidelberg 1992, S. 586.
7) 김철수, 헌법학(상), 403면.

소원심판을 청구할 수 있을 뿐이고, 그 구성원을 위하여 또는 구성원을 대신하여 헌법소원 심판을 청구할 수 없다고 할 것이다.[1)]

이하 사법인 · 권리능력없는 사단 · 재단법인 · 공법인 등이 기본권향유의 주체가 되는가에 관하여 설명하기로 한다.

5. 개별적 고찰(기본권 주체로서의 법인의 범위)

5.1. 사법인(사법상의 법인) · 권리능력(법인격)없는 사단(단체)

기본권의 성질이 허용되는 한(법인이 누릴수 있는 기본권은 "성질상 법인이 누릴 수 있는 기본권"이다),[2)] '私法人(주식회사[3)] · 유한회사[4)] · 합명회사 · 합자회사 등 영리법인, 비영리법인을 막론하고)'이나 정당[5)]이나 한국신문편집인협회 등과 같은 '권리능력 없는 사단(법인격 없는 사단: Verein ohne Rechtsfägigkeit; 정당, 종친회, 노동조합 등)'[6)7)]도 역시 기본권의 주체가 된다.[8)9)] 따라서 법인격을 갖지 않는 경제적 결사나 이념적 · 종교적 · 정

1) 헌재결 1991. 6. 3, 90헌마56【영화법 제12조 등에 대한 헌법소원】

2) 양건, 헌법강의, 226면; 헌재결 1991. 6. 3, 90헌마56【영화법 제12조 등에 대한 헌법소원】

3) BVerfGE 25, 371 ff.; BBerfGE 50, 290(319); 홍성방, 헌법학, 295면.

4) BVerfGE 3, 360(363).

5) 우리 헌법재판소도 정당의 기본권 주체성을 인정한 바 있다(헌재결 1991. 3. 11, 91헌마21). 그리고 정당의 법적 지위는 적어도 그 소유재산의 귀속관계에 있어서는 법인격 없는 사단으로 보아야 한다고 하여 재산권을 정당이 향유할 수 있다고 보고 있다(헌재결 1993. 7. 29, 92헌마262).

6) 법인을 설립하는 경우에 있어서 자유설립주의를 택한다면 사단의 실체를 가지는 모든 단체는 사단법인이 될 수 있으나, 우리의 현행 민법과 같이 법인의 설립은 법률이 정하는 바에 의하도록 되어 있는 경우에는 (일정한 요건을 갖추고 있어야 한다), 사단의 실체를 가지고 있으면서도 그러한 요건을 갖추고 있지 못하면 법인격을 갖지 못하며 따라서, 이 경우「권리능력 없는 사단」으로 남게 된다.

7) 헌재결 1995. 7. 21, 92헌마177 등 병합【대통령선거법 제65조 위헌확인】청구인협회(한국신문편집인회)는 언론인들의 협동단체로서 법인격은 없으나, 대표자와 총회가 있고, 단체의 명칭, 대표의 방법, 총회 운영, 재산의 관리 기타 단체의 중요한 사항이 회칙으로 규정되어 있는 등 사단으로서의 실체를 가지고 있으므로 권리능력 없는 사단이라고 할 것이고 … 기본권의 주체가 될 수 있으며, 헌법상의 기본권을 향유하는 범위 내에서는 헌법소원심판청구능력도 있다고 할 것이다.

8) 권리능력 없는 사단(단체)에 대하여 기본권주체성을 인정하지 않는다는 주장은 민법상의「법인격」이론을 공법영역인 헌법에 도입한 결과이며, 헌법학의 영역에서 법인개념을 재구성하려는 견해에 따른다면, 법인의 기본권주체성을 결정하는 표준으로서 사법상의 권리능력 유무는 문제가 되지 않을 것으로 본다(권영성, 헌법학원론, 322면.).

9) 허영, 한국헌법론, 252면.

치적 결사도 이에 포함된다.[1] 그밖에 공법인성과 사법인성을 겸유한 축협중앙회 등도 기본권의 주체가 된다.[2]

– 단체의 기본권 주체성 –

헌재결 1991. 6. 3, 90헌마56【영화법 제12조 등에 대한 헌법소원】

우리 헌법은 법인의 기본권향유능력을 인정하는 명문의 규정을 두고 있지 않지만, 본래 자연인에게 적용되는 기본권규정이라도 언론·출판의 자유, 재산권의 보장 등과 같이 성질상 법인이 누릴 수 있는 기본권을 당연히 법인에게도 적용하여야 한 것으로 본다. 따라서 법인도 사단법인·재단법인 또는 영리법인·비영리법인을 가리지 아니하고 위 한계내에서는 헌법상 보장된 기본권이 침해되었음을 이유로 헌법소원심판을 청구할 수 있다. 또한, 법인아닌 사단·재단이라고 하더라도 대표자의 정함이 있고 독립된 사회적 조직체로서 활동하는 때에는 성질상 법인이 누릴 수 있는 기본권을 침해당하게 되면 그의 이름으로 헌법소원심판을 청구할 수 있다(민사소송법 제48조 참조).

청구인 사단법인 ○○협회(이하 영화인협회라고 줄여 쓴다)는 "영화예술인 상호간의 친목도모 및 자질향상, 민족영화예술의 창달발전을 기함을 목적으로, 그 목적을 달성하기 위하여" 설립된 민법상의 비영리사단법인으로서 성질상 법인이 누릴 수 있는 기본권에 관한 한 그 이름으로 헌법소원심판을 청구할 수 있다.

우리 헌법재판소는 법인이 약국을 개설할 수 없게 한 것은 법인의 영업의 자유의 제한이라 하였고, 독일연방헌법재판소도 합명회사는 물론 권리능력없는 사단 기타 인적 결사도 기본권의 주체가 될 수 있다고 한다.[3]

헌재결 1991. 4. 1, 89헌마160【민법 제764조 의 위헌여부에 관한 헌법소원】 법인에 대하여 인격권을 인정한 사례

민법 제764조가 사죄광고를 포함하는 취지라면 그에 의한 기본권제한에 있어서 그 선

---

1) 김철수, 헌법학(상), 404면.

2) 헌재결 2000. 6. 1, 99헌마553【농업협동조합법 위헌확인】법인 등 결사체도 그 조직과 의사형성에 있어서, 그리고 업무수행에 있어서 자기결정권을 가지고 있어 결사의 자유의 주체가 된다고 봄이 상당하므로, 축협중앙회는 그 회원조합들과 별도로 결사의 자유의 주체가 된다. 헌법상 기본권의 주체가 될 수 있는 법인은 원칙적으로 사법인에 한하는 것이고 공법인은 헌법의 수범자이지 기본권의 주체가 될 수 없다. 축협중앙회는 지역별·업종별 축협과 비교할 때, 회원의 임의탈퇴나 임의해산이 불가능한 점 등 그 공법인성이 상대적으로 크다고 할 것이지만, 이로써 공법인이라고 단정할 수는 없을 것이고, 이 역시 그 존립목적 및 설립형식에서의 자주적 성격에 비추어 사법인적 성격을 부인할 수 없으므로, 축협중앙회는 공법인성과 사법인성을 겸유한 특수한 법인으로서 이 사건에서 기본권의 주체가 될 수 있다.

3) BVerfGE 6, 273.

택된 수단이 목적에 적합하지 않을 뿐만 아니라 그 정도 또한 과잉하여「비례의 원칙」이 정한 한계를 벗어난 것으로 헌법 제37조 제2항에 의하여 정당화될 수 없는 것으로서 헌법 제19조에 위반되는 동시에 헌법상 보장되는 인격권의 침해에 이르게 된다.

– 권리능력(법인격)없는 사단(단체)에게 기본권을 인정한 사례 –

헌재결 1995. 7. 21, 92헌마177【대통령선거법 제65조 위헌확인】

한국신문편집인협회는 언론인들의 협동단체로서 법인격은 없으나, 대표자와 총회가 있고, 단체의 명칭, 대표의 방법, 총회 운영, 재산의 관리 기타 단체의 중요한 사항이 회칙으로 규정되어 있는 등 사단으로서의 실체를 가지고 있으므로 권리능력 없는 사단이라고 할 것이고, 따라서 기본권의 성질상 자연인에게만 인정될 수 있는 기본권이 아닌 한 기본권의 주체가 될 수 있으며, 헌법상의 기본권을 향유하는 범위 내에서는 헌법소원심판청구능력도 있다고 할 것이다.

이 사건의 경우 청구인협회가 침해받았다고 주장하는 언론·출판의 자유는 그 성질상 법인이나 권리능력 없는 사단도 누릴 수 있는 권리이므로 청구인협회가 언론·출판의 자유를 직접 구체적으로 침해받은 경우에는 헌법소원심판을 청구할 수 있다.

5.2. 재단법인

재단법인의 경우에도 당해 법인이 헌법적 법인개념의 징표를 갖추고 있으면,「목적재산에 대한 출연자의 의사의 영속성」을 보장함으로써 자연인의 기본권행사를 용이하게 하고 또 촉진시키는 의미를 가지는 것이라 할 수 있고,[1] 따라서 그 기본권 향유의 주체가 된다.[2] 법인아닌 재단의 경우도 마찬가지이다.[3]

5.3. 공법인

5.3.1. 원칙

공법인으로서의 국가나 지방자치단체 등은 공법상의 직무로서 일정한「관할」 내지「권한」을 가질 뿐 원칙적으로 기본권을 누리는 것은 아니므로 이들에게는 기본권이 인정되지 아니한다.[4] 국가(또는 국가기관,[5] 국가조직의 일부나 공법인)는 기본권의 객체로서의 '수범자

---

1) J. Isensee, Anwendung der Grundrechte auf juristische Personen, in: Isensee/Kirchhof, Handbuch des Staatsrechts(Bd. V), Heidelberg 1992, S. 581.

2) 권영성, 헌법학원론, 322면.

3) 김철수, 헌법학(상), 404면.

4) 권영성, 헌법학원론, 323면; 김철수, 헌법학(상), 404면; 독일의 이젠제(J. Isensee)도 기본권적으로 정당화되는「조직적 통일체」와 민주주의원칙에 입각하여 정당화되는「국가적 통일체」를 원칙적으로 구별하면서, 국가적 단체는 기본권의 受範者(Adressat)이지 기본권의 所持者(Träger)가 아니라고 한다(J. Isensee, Anwendung der Grundrechte auf juristische Personen, in:

(Adressat)'이지 기본권의 주체로서 그 '소지자(Träger)'가 아니고 오히려 국민의 기본권을 보호 내지 실현해야 할 책임과 의무를 지니고 있는 지위에 있을 뿐이다.1) 만약 공법인의 기본권 주체성을 제한 없이 긍정하는 경우에는 심지어는 공법인인 국가가 국민을 상대로 해서 기본권을 주장할 수 있는 결과가 되기 때문이다.2) 특히 대부분의 공법인은 「사적 자치」에 기초한 자발적 단체가 아니므로, 헌법적 측면에서의 법인개념을 충족하기가 곤란할 것이다.3)

독일연방헌법재판소도 공법인이 공적 과업을 수행하고 있는 한 기본권의 주체가 될 수 없다고 한다.4) 왜냐하면 국가는 기본권보장의 객체인 동시에 권리보유자라고는 할 수 없으며, 국가나 지방자치단체 및 국가기관인 공법인은 기본권을 주장할 수 없다.5)6) 우리 헌법재판소도 아래의 영조물법인 등에 대한 예외를 제외하고는 공법인의 기본권 주체성을 원칙적으로 부인한다.7)

Isensee/Klrchhof, Handbuch des Staatsrechts(Bd. V), Heidelberg 1992, S. 580).

5) **개인의 지위를 갖는 국가기관의 경우**: 개인의 지위를 겸하는 국가기관이 기본권의 주체로서 헌법소원의 청구적격을 가지는지 여부는, 심판대상조항이 규율하는 기본권의 성격, 국가기관으로서의 직무와 제한되는 기본권 간의 밀접성과 관련성, 직무상 행위와 사적인 행위 간의 구별가능성 등을 종합적으로 고려하여 결정되어야 할 것이다. 그러므로 대통령도 국민의 한사람으로서 제한적으로나마 기본권의 주체가 될 수 있는바, 대통령은 소속 정당을 위하여 정당활동을 할 수 있는 사인으로서의 지위와 국민 모두에 대한 봉사자로서 공익실현의 의무가 있는 헌법기관으로서의 지위를 동시에 갖는데 최소한 전자의 지위와 관련하여는 기본권 주체성을 갖는다고 할 수 있다(헌재결 2008. 1. 17, 2007헌마700, 대통령의 선거중립의무 준수요청 등 조치 취소).

1) 기본권의 보장에 관한 각 헌법규정의 해석상 국민(또는 국민과 유사한 지위에 있는 외국인과 사법인만이 기본권의 주체라 할 것이고, 국가나 국가기관 또는 국가조직의 일부나 공법인은 기본권의 '수범자(受範者)(Adressat)'이지 기본권의 주체로서 그 '소지자(Träger)'가 아니고 오히려 국민의 기본권을 보호 내지 실현해야 할 책임과 의무를 지니고 있는 지위(地位)에 있을 뿐이므로, 국가기관인 국회의 일부조직인 국회의 노동위원회는 기본권의 주체가 될 수 없고 따라서 헌법소원을 제기할 수 있는 적격이 없다(헌재결 1994. 12. 29, 93헌마120); 동지의 판례: 헌재결 1997. 12. 24, 96헌마365; 이준일, 헌법학강의, 단락번호 [3.3.18].

2) 허영, 한국헌법론, 250면 참조.

3) 권영성, 헌법학원론, 323면.

4) 김철수, 헌법학(상), 404면; BVerfGE 21, 362(370, 373); 독일연방헌법재판소도 공무를 수행하는 공법인은 기본권의 주체가 될 수 없다고 하나, 예외적으로 당해 공법인이 기본권에 의하여 보장된 생활영역에 직접 배치된 경우에는 기본권의 주체가 될 수 있다고 한다. 예를 들면 공법인으로 되어 있는 대학에 학문의 자유의 주체가 될 수 있고, 공법인인 국·공영방송이 언론의 자유의 주체가 될 수 있다(장영수, 헌법학, 474면).

5) BVerfGE 15, 256; BVerfGE 23, 353; BVerfGE 26, 228; BVerfGE 35, 263; BVerGE 39, 302; BVerfGE 45, 63.

6) 김철수, 헌법학(상), 404면.

헌재결 1994. 12. 29, 93헌마120 【국회노동위원회】

국가(또는 국가기관, 국가조직의 일부나 공법인)는 기본권의 '수범자'이지 기본권의 주체로서 그 '소지자'가 아니고 오히려 국민의 기본권을 보호 내지 실현해야 할 책임과 의무를 지니고 있는 지위에 있을 뿐인 바, 국회의 일부조직인 청구인(국회노동위원회)은 국가기관의 일부이므로 기본권의 주체로서 헌법소원심판청구를 할 수 있는 적격이 없다 할 것이다.

헌재결 1997. 12. 24, 96헌마365 【지방자치단체】

공권력의 행사자인 국가나 국가기관 또는 국가조직의 일부나 공법인이나 그 기관은 기본권의 '수범자'이지 기본권의 주체가 아니고 오히려 국민의 기본권을 보호 내지 실현해야 할 '책임'과 '의무'를 지니고 있을 뿐이다.[1)]

헌재결 2000. 11. 30, 99헌마190 【농지개량조합】

농지개량조합은 농지소유자의 조합가입이 강제되는 점, 조합원의 출자에 의하여 조합재산이 형성되는 것이 아니라 국가 등이 설치한 농업생산기반시설을 그대로 인수하는 점, 조합의 합병 · 분할 · 해산은 법정 사유로 제한되어 있는 점, 조합원은 그 자격을 상실하지 않는 한 조합에서 임의탈퇴할 수 없는 점, 탈퇴되는 경우에도 조합에 대한 지분반환청구는 허용되지 않는 점, 해산한 조합의 잔여재산은 조합원들에게 분배되지 아니하고 농지개량조합자립육성금고에 납입되는 점, 조합원들에게 조합비를 부과 · 징수하여 경비에 충당하나 그 징수절차가 지방세체납처분의 예에 의하고 이용료의 성격을 띠고 있는 점, 조합과 그 직원과의 관계는 공법상의 특별권력관계인 점, 주요사업인 농업생산기반시설의 정비 · 유지 · 관리사업은 농업생산성의 향상 등 그 조합원들의 권익을 위한 것만이 아니고 수해의 방지 및 수자원의 적정한 관리 등 일반국민들에게도 직접 그 영향을 미치는 고도의 공익성을 띠고 있는 점 등 농지개량조합의 조직, 재산의 형성 · 유지 및 그 목적과 활동전반에 나타나는 매우 짙은 공적인 성격을 고려하건대, 이를 공법인이라고 봄이 상당하므로 헌법소원의 청구인적격을 인정할 수 없다.

5.3.2. 영조물법인

공법인에 따라서는 국가가 일정한 기본권의 실현에 이바지하기 위하여 이를 설치하는 경우(영조물 법인)도 있다. 영조물 법인(rechtsfähige öffentliche Anstalt; Anstaltsperson)이라 함은 국가 · 공공단체에 의하여 특정한 국가목적에 제공된 '인적 · 물적 종합시설'(공사 · 공단 · 국책은행 등)에 공법상의 법인격이 부여된 것이다(영조물 + 법인격 = 영조물법인). 행정법상 영조물에 해당하는 것이 특별한 이유로 본래 그것이 소속하는 국가 또는 지방자

7) 홍성방, 헌법학, 297면.

1) 헌재결 1998. 3. 26, 96헌마345; 헌재결 2006. 2. 23, 2004헌바50 【구 농촌근대화촉진법 제16조 위헌소원】

치단체로부터 독립되어 법인격이 부여되었다는 점에서 영조물법인 이라는 표현을 사용한다. 이는 母團體(Muttergemeinschaft)인 국가 또는 지방자치단체가 달성해야 할 행정목적을 여러가지 사정으로 인해 직접 실현하기 어려운 경우에, 그에 대신하여 그 행정목적을 수행하기 위해서 설립되는 것이다. 이는 현대 생활에 필요불가결한 물자나 역무(에너지·교통·통신 등)를 제공하고, 기타 국가의 각종 경제·사회정책을 실시하며, 복리행정이 강조됨에 따라 현저히 발달되고 있다.

영조물의 개념은 일정하지 않으나, 단순한 物 또는 物의 집합인 公物과는 달리 일정한 행정목적에 바쳐진 인적·물적·시설의 종합체라 할 것이다. 그리하여 국가 등 행정주체는 자기가 소유하는 물적 시설에 사람을 배치하여 영조물을 설치한다. 이와 같은 영조물은 행정주체가 그 자신의 기관에 의하여 운영 하는 것이 통상의 형식이다(현재의 국립대학이나 국립도서관 등). 이 경우에는 영조물 그 자체는 행정주체는 아니다.[1] 그러나 국가의 인사·예산회계 등에 관한 법의 엄격한 제한을 완화하여 그 운영에 있어서 마치 사기업을 운영하는 것처럼 비슷한 재량성을 부여하여 합리적·능률적인 처리가 요망되는 경우에는 영조물에 대하여 법인격을 부여하여 행정주체인 영조물법인을 설치하게 된다(영조물 + 법인격 = 영조물법인).[2] 영조물법인은 국가에 의하여 설치된 것은 정부투자법인, 지방자치단체에 의하여 투자된 경우 지방공사·지방공단이라고 한다.[3]

『예』
- 철도
- 전신
- 한국방송공사, 한국조폐공사
- 공단(예 : 성북구도시관리공단)
- 우편
- 국·공립학교
- 국·공립도서관
- 국·공립박물관
- 서울대학병원(국립대학병원)
- 적십자병원
- 과학기술원
- 한국기술검정공단
- 한국은행

---

1) 영조물이라도 법인격을 취득하지 못한 국립대학·국립도서관 등(영조물 그 자체)은 행정주체가 되지 못한다. 박윤흔, 행정법강의(상), 119면.
2) 박윤흔, 행정법강의(상), 119면.
3) 박윤흔, 행정법강의(상), 120면.

이러한 공법인에 대해서는 그 범위안에서 제한적으로 기본권 주체성을 인정할 수 있다고 본다.[1] 그 대표적인 예로서 대학과 언론기관에 대하여 학문의 자유라든가 언론의 자유를 인정하는 경우를 들 수 있다.[2] 우리헌법재판소도 서울대학교가 공권력행사의 주체인 동시에 학문의 자유와 대학의 자율권이라는 기본권의 주체라고 판시한 바 있다.[3]

「국공립 대학의 경우」

특히 헌법재판소는 서울대학교가 공권력행사의 주체인 동시에 학문의 자유 및 대학의 자율권의 행사에 있어서는 기본권 향유의 주체임을 판시한 바 있다.

헌재결 1992. 10. 1 92헌마68병합 【1994년 신입생선발 입시안에 대한 헌법소원】

헌법 제31조 제4항이 규정하고 있는 교육의 자주성, 대학의 자율성 보장은 대학에 대한 공권력 등 외부세력의 간섭을 배제하고 대학인 자신이 대학을 자주적으로 운영할 수 있도록 함으로써 대학인으로 하여금 연구와 교육을 자유롭게 하여 진리탐구와 지도적 인격의 도야라는 대학의 기능을 충실히 발휘할 수 있도록 하기 위한 것으로서 이는 학문의 자유의 확실한 보장수단이자 대학에 부여된 헌법상의 기본권이다.

서울대학교 → · 공권력행사의 주체
· 기본권의 주체(학문의 자유, 대학의 자율권)

헌재결 2000. 6. 1, 99헌마553 【농업협동조합법 위헌확인】

법인 등 결사체도 그 조직과 의사형성에 있어서, 그리고 업무수행에 있어서 자기결정권을 가지고 있어 결사의 자유의 주체가 된다고 봄이 상당하므로, 축협중앙회는 그 회원조합들과 별도로 결사의 자유의 주체가 된다. 헌법상 기본권의 주체가 될 수 있는 법인은 원칙적으로 사법인에 한하는 것이고 공법인은 헌법의 수범자이지 기본권의 주체가 될 수 없다. 축협중앙회는 지역별 · 업종별 축협과 비교할 때, 회원의 임의탈퇴나 임의해산이 불가능한 점 등 그 공법인성이 상대적으로 크다고 할 것이지만, 이로써 공법인이라고 단정할 수는 없을 것이고, 이 역시 그 존립목적 및 설립형식에서의 자주적 성격에 비추어 사법인적 성격을 부인할 수 없으므로, 축협중앙회는 공법인성과 사법인성을 겸유한 특수한 법인으로서 이 사건에서 기본권의 주체가 될 수 있다.

---

1) 권영성, 헌법학원론, 323면; 허영, 한국헌법론, 252면.
2) 독일의 이젠제(Isense)교수에 의하면, 대학의 경우 한편으로는 연구와 강학의 자유라는 기본권의 장으로서 기능하고 또 다른 한편으로는 국가적 교육직무를 수행하는 기관으로서 기능하는 바, 이 경우 동일한 단체적 통일체에 헌법상의 기본권적 부분과 민주주의적 부분이 교차하는 것이라고 설명한다(J. Isensee, Anwendung der Grundrechte auf juristische Personen, in: Isensee/Klrchhof, Handbuch des Staatsrechts(Bd. V), Heidelberg 1992, S. 581)
3) 헌재결 1992. 10. 1, 92헌마68 · 76병합.

헌재결 2001. 2. 22. 99헌마613 【세무대학설치폐지법률위헌확인】

헌법 제31조 제4항이 보장하는 대학의 자율성이란 대학의 운영에 관한 모든 사항을 외부의 간섭 없이 자율적으로 결정할 수 있는 자유를 말한다. 국립대학인 세무대학은 공법인으로서 사립대학과 마찬가지로 대학의 자율권이라는 기본권의 보호를 받으므로, 세무대학은 국가의 간섭 없이 인사 · 학사 · 시설 · 재정 등 대학과 관련된 사항들을 자주적으로 결정하고 운영할 자유를 갖는다.[1)]

5.4. 외국법인

외국법인에 대하여 기본권 주체성을 인정할 것인가에 대하여는 그 성질상 인간의 권리인 경우는 제외하고(예컨대 내심의 자유 등) 이를 내국법인의 경우에 준하여 인정하는 것이 타당하다.[2)] 다만 외국법인의 경우에는 내국사법인과 같이 동일한 권리를 인정하기는 어렵다고 본다. 자연인과는 다른 법인의 경우에는 상호주의 원칙에 따라 인정하는 것이 합리적이다. 독일연방헌법재판소도 이러한 입장을 취하고 있다.[3)][4)] 그 성질상 외국인에게 인정되는 기본권으로는 재산권, 재판청구권, 영업활동의 자유 등이 있을 수 있다.[5)]

6. 정당

정당은 민법상의 법인격없는 사단(권리능력 없는 사단)으로 본는 것이 통설 · 헌법재판소의 판례이다.[6)] 정당의 경우에도 평등권, 언론 · 출판 · 집회 · 결사의 자유와 재판청구권, 재산권 등이 인정된다.[7)] 다만 정당은 권한쟁의심판은 청구할 수 없다. 왜냐하면 우리나라는 권한쟁의심판은 헌법 제111조 제1항 제4호와 헌법재판소법 제62조가 명문으로 국가기관과 지방자치단체에 한정하고 있기 때문이다.[8)] 그러나 헌법소원을 제기할 수 있다고 본

1) 헌재결 1992. 10. 1, 92헌마68 등, 판례집 4, 659, 670 참조.
2) 김철수, 헌법학(상), 407면.
3) 장영수, 헌법학, 472면.
4) 독일연방 헌법재판소는 기본권의 침해에 대하여는 헌법소원을 제기할 수 없다고 한다(홍성방, 헌법학, 298면 각주 422 참조).
5) 김철수, 헌법학(상), 407면.
6) 헌재결 1993. 7. 29, 92헌마262 【불기소처분취소】
7) 헌재결 1993. 7. 29, 92헌마262 【불기소처분취소】 【결정요지】 정당이나 그 지구당은 적어도 그 소유재산의 귀속관계에 있어서는 법인격 없는 사단으로 보아야 하므로, 청구인이 지구당의 당원일 뿐만 아니라 부위원장으로서 위원장의 명에 따라 지구당 소유의 플래카드를 설치 · 관리하는 책임자라면 청구인은 그 물건의 총유자(總有者) 중 1인일 뿐만 아니라 그 물건을 적법하게 설치 · 관리하던 사람으로서, 그 물건에 대한 재물손괴죄가 성립하는 경우에는 그 피해자에 해당한다고 볼 수 있어 이 사건 심판청구 중 재물손괴죄 부분에 관하여 청구인적격을 갖추었다. 김철수, 헌법학(상), 407면.

다.[1)2)] 그리고 등록이 취소된 정당은 기본권의 주체가 될 수 없다.[3)]

헌재결 1991. 3. 11, 91헌마21【지방의회의원선거법제36조제1항에대한헌법소원】

시 · 도의회의원선거에서 정당이 후보자의 추천과 후보자를 지원하는 선거운동을 통하여 소기의 목적을 추구하는 경우, 평등권 및 평등선거원칙으로부터 나오는 (선거에 있어서의) 기회균등의 원칙은 후보자는 물론 정당에 대해서도 보장되는 것이므로 정당추천의 후보자가 선거에서 차등대우를 받는 것은 정당이 선거에서 차등대우를 받는 것과 같은 결과가 된다.

헌재결 2006. 3. 30, 2004헌마246【정당법 제25조등 위헌확인】

청구인(사회당)은 등록이 취소된 이후에도, 취소 전 사회당의 명칭을 사용하면서 대외적인 정치활동을 계속하고 있고, 대내외 조직 구성과 선거에 참여할 것을 전제로 하는 당헌과 대내적 최고의사결정기구로서 당대회와, 대표단 및 중앙위원회, 지역조직으로 시 · 도위원회를 두는 등 계속적인 조직을 구비하고 있는 사실 등에 비추어 보면, 청구인은 등록이 취소된 이후에도 '등록정당'에 준하는 '권리능력 없는 사단'으로서의 실질을 유지하고 있다고 볼 수 있으므로 이 사건 헌법소원의 청구인능력을 인정할 수 있다. 또한, 정당설립의 자유는 그 성질상 등록된 정당에게만 인정되는 기본권이 아니라 청구인과 같이 등록정당은 아니지만 권리능력 없는 사단의 실체를 가지고 있는 정당에게도 인정되는 기본권이라고 할 수 있고, 청구인이 등록정당으로서의 지위를 갖추지 못한 것은 결국 이 사건 법률조항 및 같은 내용의 현행 정당법(제17조, 제18조)의 정당등록요건규정 때문이고, 장래에도 이 사건 법률조항과 같은 내용의 현행 정당법 규정에 따라 기본권제한이 반복될 위험이 있으므로, 심판청구의 이익을 인정할 수 있다.

---

8) 독일연방헌법재판소는 선거절차의 형성에 있어서는 권한쟁의를 제기할 수 있고, 그밖의 기본권 침해에 대해서는 헌법소원을 제기할 수 있다고 보았다(장영수, 헌법학, 475면).

1) 헌재결 1993. 7. 29, 92헌마262 【불기소처분취소】 【결정요지】 재정신청(裁定申請)과 검찰항고는 모두 검사의 불기소처분에 대한 불복제도로서 현행법상 병존적 · 선택적 제도라고 할 수 있으나, 두 제도를 모두 거치는 것은 시간적으로 불가능하게 되어 있고, 재정신청을 거친 경우에 헌법소원을 제기할 수 있는지 여부에 관하여는 재판소원금지(裁判訴願禁止)의 원칙과의 관계에서 의문이 있을 수 있으므로, 재정신청과 검찰항고가 모두 가능한 범죄에 관한 불기소처분에 대하여 헌법소원을 제기함에 있어서 그 구제절차로서 검찰항고를 선택하여 이를 모두 거친 경우에는 재정신청을 거치지 아니하였더라도 다른 법률에 의한 구제절차를 모두 거친 것으로 해석하여야 한다.

2) 장영수, 헌법학, 475면.

3) 헌재결 2006. 2. 23, 2004헌마208; 이준일, 헌법학강의, 홍문사, 2009, 단락번호 [3.3.18].

III. 도표 : 기본권의 주체 : 국민, 법인, 외국인

1. 국민 : 전체국민, 기본권의 향유자로서의 국민 = 개개인으로서 국민

2. 법인

법인에게 인정	법인에게 불인정
- 직업(직종)선택의 자유 (단, 행정지도 인정) - 재산권 보장의 주체 - 통신 · 주거의 자유 - 거주 · 이전의 자유 - 주거의 자유 - 법앞의 평등 - 청원권 - 재판청구권 - 통신의 자유 - 학문의 자유 - 평등권(남녀평등제외)	- 참정권(정치권) - 선거권, 공무담임권, 국민투표권 - 인간존중, 양심의 자유 - 신체의 자유 - 사회적 기본권(인간다운 생활을 할 권리)

3. 외국인 : 외국 국적을 소지한자, 무국적자

외국인에게 전면적으로 인정 (외국국적소유자 · 무국적자)	불인정	제한적 인정
- 재판청구권 - 영장제도(영장제시요구권) - 신체의 자유 - 통신의 자유 - 주거의 자유 - 사생활의 자유 - 종교의 자유 - 양심의 자유 - 인격권(인간존엄 · 가치), 행복추구권 - 법앞의 평등 (처벌적 법률-형법, 형소법) - 사회적 기본권(환경권 · 건강권) - **출국의 자유(입국의 자유 X)**	- 참정권 - 선박 소유권 - 항공기 소유권 - 도선사(導船使) - 변리사 - 사회적 기본권 (예외있음)	- 주거이전의 자유 - 재산권의 보장 - 직업(선택)의 자유 - **입국의 자유** (출국의 자유는 당연히 인정)

제 6 항 기본권보유능력·기본권행사능력(기본권 행위능력)

I. 기본권보유능력(기본권귀속능력; 기본권능력)

1. 기본권보유능력의 의의

기본권보유능력(Grundrechtsfähigkeit; Grundrechtsträgerschaft)[1]는 헌법상 보장된 기본권을 향유할 수 있는 능력을 말한다(기본권 향유능력이라고도 한다).[2] 이는 기본권주체능력이라고도 한다.[3] 헌법상 개인으로서의 국민은 모두 기본권보유능력을 갖는다.[4] 기본권보유능력은 국민이면 누구나 가지는 권리이며, 따라서 태아[5]·死者(명예권)·미성년자·심신미약(상실)자·수형자(교도소 복역중인자) 모두 이를 향유한다.

2. 민법상 권리능력과의 구별

헌법상의 기본권보유능력은 민법상의 권리능력과 유사하나 동일한 개념은 아니다. 민법상 으로는 권리능력을 인정하지만, 헌법상으로는 기본권보유능력을 인정하지 않는 경우가 있고(외국인의 경우 민법상 권리능력이 인정되나, 헌법상의 기본권보유능력, 예컨대 참정권등과 같은 국민의 권리로서 인정되는 것은 그 제한을 받는다), 민법상으로는 死者에 대한 권리능력이 인정되지 않으나(민법 제3조),[6] 헌법상으로는 死者에 대하여도 명예권[7]이나 인간존엄권 등을 인정하고 있다. 예를 들면 사망자의 사망전 승낙없는 장기이식을 금

---

1) 허영 교수는 기본권 능력(허영, 한국헌법론, 241면), 홍성방 교수는 기본권 주체능력(홍성방, 헌법학, 286면)이라고 한다.
2) 장영수, 헌법학, 462면.
3) 양건, 헌법강의, 222면.
4) 성낙인, 헌법학, 323면.
5) 헌재결 2008. 7. 31, 2004헌바81 【민법 제3조 등 위헌소원】 인간의 생명은 고귀하고, 이 세상에서 무엇과도 바꿀 수 없는 존엄한 인간 존재의 근원이다. 이러한 생명에 대한 권리, 즉 생명권은 비록 헌법에 명문의 규정이 없다 하더라도 인간의 생존본능과 존재목적에 바탕을 둔 선험적이고 자연법적인 권리로서 헌법에 규정된 모든 기본권의 전제로서 기능하는 기본권 중의 기본권이다. 모든 인간은 헌법상 생명권의 주체가 되며, 형성 중의 생명인 태아에게도 생명에 대한 권리가 인정되어야 한다. 따라서 태아도 헌법상 생명권의 주체가 되며, 국가는 헌법 제10조에 따라 태아의 생명을 보호할 의무가 있다.
6) 민법 제3조(권리능력의 존속기간) 사람은 생존한 동안 권리와 의무의 주체가 된다.
7) BVerfGE 30, 173(194), 메피스토결정(Mephisto-Beschluß); 상세한 내용은 계희열, 메피스토-클라우스 만 결정, 판례연구 제2집, 고려대학교 법학연구소 참조.

하고, 사망한자의 명예훼손사건 등이 그것이다. 태아의 경우도 민법상으로는 출생을 전제로 인정되는 예외를 제외하고는 그 권리능력이 원칙적으로 부인된다.[1] 기타 민법상 권리능력없는 사단에 대하여 헌법상의 기본권보유능력을 인정하는 경우가 있다.[2]

또한 헌법상의 기본권보유능력은 민법상의 권리능력과는 달리 각각의 개별적 기본권에 따라 인정범위가 달라진다. 예를 들면 권리능력없는 사단에 대하여 기본권보유능력을 인정하면서 법인에게는 일정한 범위내에서 기본권보유능력을 부정하는 경우가 있다.[3]

II. 기본권행사능력(기본권행위능력)

<문제>

甲은 A여중을 졸업한 후 불우한 가정환경을 비관하여 가출하였다. 甲은 길거리 구인광고를 보고 B음식점에 종업원으로 취직하여 생계를 꾸려가게 되었다. 한편 甲이 가출한 후 이를 찾아 헤매던 甲의 부모는 우연히 甲이 B음식점에 취직하였다는 것을 알게 되었다. 甲의 부모는 즉시 B음식점으로 가서 근무중이던 甲을 강제로 집으로 끌고가 다시는 가출하지 못하도록 하기 위하여 甲의 머리카락을 삭발하였다.

1) 미성년인 甲도 기본권향유의 주체인가?

2) 부모는 미성년인 자녀는 부모의 친권행사에 의해 기본권이 제한될수 있는 정당한 행동인가?

<참고>

아직 심신(心身)의 발육이 충분하지 않아 판단능력이 부족하므로 민법상 행위무능력자로 하여 법정대리인(친권자 또는 후견인)을 두어야 하며, 재산상의 거래행위는 원칙적으로 법정대리인이 대신하든지, 미성년자가 법정대리인의 동의를 얻어야 한다. 법정대리인의 동의를 얻지 않고 한 행위는 이를 취소할 수 있게 하고 있다(민법 제4조, 제5조). 미성년자라도 혼인한 때에는 성년자로 보기 때문에 법정대리인의 동의 없이도 법률행위를 단독으로 할 수 있다(민법 제826조의2). 불법행위에 대해서는 행위의 책임을 변식(辨識)할 지능이 없는 때에는 배상의 책임이 없고 소송행위는 법정대리인에 의해서만 할 수 있다.

기본권행사능력(Grundrechtsausübungsfähigkeit; Grundrechtsmündigkeit) 내지 기본권행위능력(Grundrechtsmündigkeit)이라 함은 기본권 보유능력을 가진 기본권주체가 기본

1) 홍성방, 헌법학, 286면.
2) 장영수, 헌법학, 462면.
3) 장영수, 헌법학, 462면.

권을 현실적·구체적·독립적으로 행사할 수 있는 능력을 의미한다.[1] 기본권 보유능력을 가진 사람은 모두 기본권의 주체가 되지만, 기본권의 주체가 모든 기본권의 행사능력을 가지는 것은 아니다.[2] 즉 여기에는 일정한 한계가 인정된다. 예를 들면 미성년자·심신상실자·행위무능력자 등의 기본권 행사능력을 제한하거나,[3] 특정한 기본권(예: 선거권·피선거권·투표권)등과 같은 특정한 기본권은 이를 현실적으로 행사하기 위하여 나이 등 일정한 요건을 구비하고(우리나라에서는 민법 제4조에서는 만20세를, 공직선거법 제15조 등에서는 만19세를 성년연령으로 하고 있다), 결격사유가 없을 것을 요구하는 등을 요구하는 경우도 있다. 그러나 인간으로서의 존엄과가치·행복추구권, 신체의 자유 등은 기본권보유능력과 행사능력이 동일하다.[4]

기본권행사능력은 헌법에서 이를 직접적으로 규정하고 있는 경우(헌법 직접적 규정)와 법률에서 이를 구체적으로 정하고 있는 경우(헌법의 위임을 받아 법률이 규정하는 경우)가 있다. 예컨대 우리헌법(제24조·제25조·제41조 제3항)과 공직선거법(제15조·제16조)에 의해서 국회의원과 지방자치단체의 의회의원 및 長의 선거권과 피선거권이 각각 19

---

1) 양건, 헌법강의, 222면; 홍성방, 헌법학, 286면.

2) 예컨대 영아가 집회의 자유를 행사할 능력이 없는 것처럼 기본권의 성격상 기본권 능력과 기본권행사능력을 구별할 필요성이 있는 경우가 있다(허영, 한국헌법론, 242면).

3) 헌재결 1993. 5. 13, 92헌마80【체육시설의설치이용에관한법률시행규칙 제5조에 대한 헌법소원】가. 명령·규칙 그 자체에 의하여 직접 기본권이 침해되었을 경우에는 그것을 대상으로 하여 헌법소원심판을 청구할 수 있고, 그 경우 제소요건으로서 당해 법령이 구체적 집행행위를 매개로 하지 아니하고 직접적으로 그리고 현재적으로 국민의 기본권을 침해하고 있어야 한다. 나. (1) 법령에 대한 헌법소원에 있어서 법령이 시행된 뒤에 비로소 그 법령에 해당되는 사유가 발생하여 기본권의 침해를 받게 된 자는 그 사유가 발생하였음을 안 날로부터 60일 이내에, 그 사유가 발생한 날로부터 180일 이내에 헌법소원을 청구하여야 한다. (2) 그 "사유가 발생한 날"이라는 것은 당해 법령이 청구인의 기본권을 명백히 구체적으로 현실 침해하였거나 그 침해가 확실히 예상되는 등 실체적 제요건이 성숙하여 헌법판단에 적합하게 된 때를 말한다. 다. (1) 당구장 경영자인 청구인에게 당구장 출입문에 18세 미만자에 대한 출입금지 표시를 하게 하는 이 사건 …, 그 표시에 의하여 18세 미만자에 대한 당구장 출입을 저지하는 사실상의 규제력을 가지게 되는 것이므로 … 따라서 청구인을 포함한 모든 당구장 경영자의 직업종사(직업수행)의 자유가 제한되어 헌법상 보장되고 있는 직업선택의 자유가 침해된다. (2) 체육시설의설치·이용에관한법률 및 동 시행령에서 당구장영업에만 유독 18세미만자 출입금지표시 규정을 두어 영업의 대상범위에 일정한 제한을 가하는 것은 … 평등의 원칙에 대한 적합한 예외사유로 판단되기 어렵다. (3) 당구장에 대한 출입규제 내지 봉쇄는 법률(또는 법률이 구체적으로 명확히 범위를 정하여 위임한 경우의 법규명령)에 의하여서만 비로소 가능하다고 할 것인 바, 이 사건 심판대상규정은 *母法*의 위임이 없는 사항을 규정하고 있어 결국 위임의 범위를 일탈한 것이다.

4) 성낙인, 헌법학, 323면.

세와 25세로 정해진 것, 국민의 공무담임권이 예컨대, 법관의 정년제를 규정하는 헌법(제15조 제4항)과 법원조직법(제45조 제4항)에 따라 대법원장의 경우 70세, 대법관의 경우 65세, 그리고 기타법관의 경우 63세까지로 제한하는 것 등이 그 예이다.[1] 그밖에 헌법상의 명문 규정은 없지만 법률에 의해서 기본권의 행사능력이 제한되는 경우가 있다.[2]

[기본권행사능력]
- 헌법에서 이를 직접적으로 규정하고 있는 경우
- 법률에서 이를 구체적으로 정하고 있는 경우

1) 허영, 한국헌법론, 242면.
2) 미성년자의 거주·이전의 자유(헌법 제14조)가 친권자의 거소지정권(민법 제914조)에 의하여 제한되는 경우(홍성방, 헌법학, 287면 각주 364) 참조.

제 7 항 기본권의 효력

제 1 목 대국가적 효력(기본권의 국가권력에 대한 기속력)

I. 국가작용(공권력)일반에 대한 효력

기본권은 원칙적으로 국가에 대하여 그 효력을 주장할 수 있는 주관적 공권이다. 헌법상 보장된 국민의 기본권은 직접적으로 모든 국가작용(입법작용 · 행정작용 · 사법작용)을 구속하므로,[1] 국가의 공권력 작용은 물론 국고행정(Fiskus)이나, 행정사법과 같은 비권력적 행정작용에도 그 효력을 미친다(후술참조).[2] 이렇게 기본권이 국가에 미치는 구속력을 '기본권의 對국가적 효력'이라 한다.[3] 독일 기본법 제1조 제3항에서 처럼 「… 기본권은 직접효력을 가진 권리로서 입법 · 행정 · 사법을 기속한다」라고 규정하여 국가권력을 기속하고 있음를 규정하는 경우도 있다. 이와같이 기본권이 대국가적 효력(국가권력에 대한 기속력 · 구속력)을 가진다고 할 때에 이는 다음과 같은 점이 문제된다.

[1] 국가권력중 특정한 국가기관에만 해당하는가 혹은 입법 · 행정(집행) · 사법 등 모든 국가기관(국가권력일반)을 구속하는가? 긍정설이 다수설이다.

허영 교수의 견해 : 기본권은 국가권력(입법권 · 행정권 · 사법권 · 헌법개정권력 · 지방자치권력)의 「창설적 기능」과 사회공동체의 「동화적 통합기능」을 가지므로 당연히 모든 국가권력을 기속한다.

권영성 교수의 견해 : 기본권은 원칙적으로 모든 국가작용을 직접 구속하는 효력을 가진다. 이것을 국가작용(공권력)의 기본권기속성이라고 하며 이것은 자유민주주의의 통치이념으로 인식되고 있다. 우리 헌법도 「국가는 개인이 가지는 불가침의 기본적 인권을 보장할 의무를 진다」(제10조 제2문)라고 규정하고 있다. 이와 같이 기본권은 원칙적으로 입법 · 집행 · 사법 등 모든 국가작용을 구속하기 때문에 입법부는 기본권을 침해하는 법률을 제정할 수 없고, 사법부는 재판을 통하여 기본권을 침해할 수 없다. 행정부도 법을 집행함

1) 양건, 헌법강의, 227면; 홍성방, 헌법학, 302면.
2) 양건, 헌법강의, 227면; 홍성방, 헌법학, 303면.
3) Hans-Ulrich Gallwas, Grundrechte, 2. Aufl., 1995, S. 18 ff.; 김일환, 헌법재판소의 사죄광고결정, 성균관법학(제12호), 성균관대학교 비교법연구소, 2000, 50면.

에 있어 기본권에 구속된다. 그러므로 국가기관에 의한 위헌적 기본권침해는 불법행위가 되어 무효이거나 손해배상 등의 책임을 낳는다.[1)]

김철수 교수의 견해 : 기본권은 국가권력 일반에 대하여 구속력이 있다. 입법권 · 집행권 · 사법권 · 통치권 · 헌법개정권 · 자치권 등을 구속하며, 특수신분영역에서도 준수되어야 할 것이다.[2)]

장영수 교수의 견해: 기본권이 대국가적 효력을 가지나 개별적 기본권의 성격에 따라 국가권력의 구속력에 대한 효력의 정도를 세분화하여 고찰할 필요가 있다.

헌법 제10조 제1문 전단에 규정되어 있는 인간의 존엄은 헌법의 최고이념, 최고가치로서 모든 국가권력을 구속한다. 헌법 제10조 제1문 후단의 행복추구권도 헌법재판소의 판례와 같이 인격의 자유로운 발현으로 본다면 모든 국가권력을 구속한다.

평등권의 경우, 법적용평등 및 입법구속설의 입장에서 국가권력을 구속한다. 자유권의 경우 개인의 자유로운 영역을 국가로부터 방어하는 성격의 자유권(전통적 자유권)은 대국가적 효력을 가지며, 다만 자유권이 단순히 국가의 간섭을 넘어서 자유를 실현하기 위한 조건까지를 의미하는 것으로 확대하는 경우에는[3)] 입법권에 대하여만 한정적 구속력을 가질뿐이고, 집행권과 사법권을 구속하지는 못한다. 참정권은 모든 국가권력(입법 · 사법 · 행정)을 구속하며, 사회적 기본권은 입법권만 구속할 뿐 사법권과 행정권을 구속할 수는 없다. 절차적 기본권으로서의 청원권은 모든 국가작용을 대상으로 하지만, 재판청구권은 성질상 사법권만을 구속할 뿐이다.[4)]

홍성방 교수의 견해: 기본권은 입법권, 행정권, 사법권을 기속하며, 더 나아가서 법원의 재판에 대한 헌법소원도 인정되어야 한다.[5)]

[2] 대통령의 방송출연에서의 발언은 공권력성을 지닌것으로서 공권력의 행사인가?

2004년 9월 5일 盧武鉉 대통령이 문화방송 '시사매거진 2580'에 출연, "국가보안법은 독재시대의 낡은 유물이다. 이 낡은 유물을 폐기하여 박물관으로 보내는 것이 좋겠다"고 한 발언에 대해 보수단체 인사들은 "이 발언은 청구인들의 행복추구권, 평등권, 사생활자유권, 등 국가보안법이 수호하는 자유민주주의 국민으로서의 기본권을 침해한 이상 취소되어야 한다"며 지난 2005년 1월 27일 헌법소원을 냈다.

---

1) 권영성, 헌법학원론, 325면.
2) 김철수, 헌법학(상), 414면.
3) 학문의 자유나 예술의 자유는 최근에는 국가에 대하여 학문활동이나 예술활동에 대한 국가의 지원을 요구하는 권리로 까지 포함하는 것으로 확대해가는 경향이있다(장영수, 헌법학, 483면 각주) 14 참조).
4) 장영수, 헌법학, 484면 참조.
5) 홍성방, 헌법학, 302-303면.

헌법재판소 제2지정재판부(주심 金榮一 재판관)는 이철승 자유민주민족회의 상임의장 등 보수단체 인사 28명이 "盧武鉉 대통령이 문화방송에 출연해 국가보안법폐지를 선언, 청구인들의 행복추구권, 평등권 등 국보법이 수호하는 자유민주주의 국민으로서의 기본권이 침해됐다"며 낸 헌법소원 사건(2005헌마109)을 2005년 3월 15일 각하했다. 재판부는 「盧 대통령의 이 사건 발언은 대통령으로서 발표한 대국민담화도 아니고 국회에서 이뤄진 국정연설도 아니어서 공권력성을 인정하기 어렵고 盧 대통령의 정치적 견해 또는 정치적인 구상이나 계획의 표명에 불과해 발언 자체만으로 국민의 법적 지위에 어떠한 영향을 미친다고 할 수 없다」며 「대통령이 수반으로 있는 정부가 헌법에 따라 법률안 제출권을 갖고 있다고 하더라도 盧 대통령의 발언만으로 국보법폐지를 위한 법률안 제출의 실행에 이른 것이라고도 볼 수 없다」고 밝혔다. 이어 「이 사건 발언이 방송된 지난해 9월 5일부터 90일이 넘은 이후 제기된 이 사건 헌법소원심판청구는 청구기간도 도과해 부적합하다」고 판시하였다.[1)]

다만 기본권의 대국가적 효력의 정도는 기본권의 종류, 성격에 따라 다르다. 자유권 등 현실적 기본권은 모든 국가권력에 대하여 직접 효력을 갖지만, 사회적 기본권은 직접적으로 행정권을 기속하지는 못한다.[2)]

II. 관리행위와 국고적 행위에 대한 효력

행정권의 경우 행정처분(공권력의 행사, 또는 그 거부 그밖에 이에 준하는 행정작용)만을 구속하는가 더 나아가서 관리행위와 국고행위까지도 구속하는가?

관리행위 : (행정법상) 관리행위라 함은 행정주체가 특정한 행정목적의 달성을 위하여 행하는 공물관리·사업경영 등의 「비권력적 행위」를 말한다.

국고행위 : 국고행위라 함은 국가의 국유재산불하·수표발행·물품매매계약·교량건설도급행위와 지방자치단체의 지방채 모집, 은행으로부터의 일시적 차입, 공원건설 도급계약 등과 같이 행정주체의 사경제적 행위를 말한다. 국고행위는 주로 경제적 활동에 관한 것이기 때문에, 국가의 경우보다도 경제단체적 성격이 농후한 공공단체에서 그 예를 많이 찾아 볼 수 있다. ☞ **사경제적 작용 → 국가배상책임에서 제외(따라서 국가배상법이 아닌 민법 혹은 상법에 의한 권리구제 가능**

국가작용은 공권력의 발동인 권력작용과 관리작용 국고작용과 같은 비권력작용으로

1) 홍성규 기자 cool@lawtimes.co.kr 2005-02-28
2) 양건, 헌법강의, 227면.

구분된다. 그 중 공권력의 발동인 권력작용은 그것이 국가기관에 의한 것이든 지방자치단체에 의한 것이든 공권력수탁자(공무수탁사인)에 의한 것이든 그 모두가 기본권에 기속된다. 그러나 영조물의 설치·관리, 예산재원의 조달, 공공수요의 충족 등 경제활동을 내용으로 하는 관리작용과 국고작용 등 사경제적 비권력작용까지도 기본권에 기속되는가에 관해서는 견해가 나누이고 있다.

부정설에 의하면 경제적 비권력작용은 공권력의 행사가 아닐 뿐더러 사법적 형식으로 행해지므로, 이 영역에는 헌법이나 행정법 등 공법이 적용되지 않는다고 한다.[1)]

그러나 최근에는 관리작용과 국고작용에도 기본권규정이 적용된다고 보는 긍정설이 지배적이다. 그 논거는 다음과 같다. (ㄱ) 오늘날에는 종래의 국고적 = 사법적이라는 국고이론 대신에 국고와 국가가 동일체로 간주되므로 국고작용도 기본권에 기속되어야 한다. (ㄴ) 오늘날에는 기본권의 대사인적 효력까지 인정되므로 국가의 관리행위와 국고행위에는 당연히 기본권규정이 적용되어야 한다. (ㄷ) 헌법은 불가침적 기본권의 보장을 국가의 의무로 규정하고 있으므로 공권력의 주체로서의 국가와 비권력적 경제적 주체로서의 국가를 구별할 이유가 없다고 한다.[2)] 독일연방법원의 판례와 포르스트호프(E. Forsthoff)·엠머리히(v. Emmerich) 등 독일의 공법학자들이 이러한 견해를 지지하고 있다.[3)] 오늘날의 헌법해석론으로서는 긍정설이 타당하다.[4)]

- 국고와 국가가 동일체로 간주
- 기본권의 대사인적 효력까지 인정
- 공권력의 주체로서의 국가와 비권력적 경제적 주체로서의 국가를 구별할 이유 없음

III. 특별권력관계에서의 기본권의 효력

공무원·군인·수형자(수용자) 등 국가 또는 공공단체와 특별한 법률관계를 맺고 있는 국민은 그 기본권이 무엇을 근거로 그리고 어느 정도로 제한될 수 있는가가 문제되고

---

1) H. J. Wolff, Verwaltungsrecht, Bd I, 7 Aufl., 1967, S. 18.
2) W. Mallmann/K. Zeidler, Schranken nichthoheitlicher Verwaltung, in: VVDStRL, Heft 19, 1960, SS. 197-217 참조.
3) E. Forsthoff, Der Staat als Auftraggeber, res publica, 12(1963), S 21 f; V. Emmerlch, Das Wirtschaftsrecht der öffentlichen Unternehmen, 1969, S. 21 f. 자세한 것은 권영성, 독일헌법론(상), 119면 이하 참조.
4) 김철수, 헌법학(상), 416면; 장영수, 헌법학, 485면.

있다. 이 문제는 본래 「기본권의 제한」에 관한 문제이지만 「기본권의 효력」에 관한 문제일 수도 있다.

IV. 기본권의 최대보장의 원칙, 최소침해의 원칙, 과소보호금지의 원칙

1. 기본원칙

국민의 기본권보장의 사상적 배경을 자연권이라고 이해할 때(헌법 제10조) 모든 국민의 기본권은 존중되면 될수록 그리고 제한은 억제되면 될수록 헌법의 기본권보장정신에 합치하는 것이라고 할 수 있다. 따라서 기본권의 최대보장의 원칙, 최소제한의 원칙은 기본권보장의 2대원칙으로 존중되어야 할 것이다.[1)]

즉 헌법 제10조 제2문은 "국가는 개인이 가지는 불가침의 기본적 인권을 확인하고 이를 보장할 의무를 진다"고 하여, 기본권을 침해하지 말것을 요구하는 부작위의무를 부과함과 동시에 기본권보호를 하라는 작위의무를 부과하고 있다.

이에 따라 국가는 기본권 보장은 최대보장의 원칙을,[2)] 기본권 제한은 최소침해의 원칙의 적용을 받게된다. 헌법재판소판례도 기본권 보장은 최대보장의 원칙이 적용된다고 다수의 판례에서 언급하고 있으며,[3)] 다만 이 경우 최대보장의 의무를 개별적 기본권에 따라 달리 적용되기 마련이다.[4)] 소극적 기본권에 해당되는 자유권에 대한 제한은 최소침해의 원칙이 적용되어야 하며, 국가의 적극적 작위를 요구하는 급부청구권의 경우(제3자의 침해로부터의 보호청구권, 청구권적 기본권 등과 같은 절차적 기본권, 사회적 기본권), 적절하고 효율적인 최소한의 조치 이상을 취해야한다(과소보호금지의 원칙).[5)]

헌재결 1997. 1.16, 90헌마110 【교통사고처리특례법 제4조 등에 대한 헌법소원 등】

헌법은 국민에게 모든 기본권의 전제로서 생명·신체의 안전에 대한 기본권을 보장하는 동시에 국가에게 국민의 생명과 신체를 사인의 침해로 부터 보호하여야 할 의무를 부과하고 있다. 국가는 이 기본권보호의무를 이행함에 있어서 국민의 생명·신체에 대한 보

---

1) 헌재결 1991. 7. 22, 89헌가106, 재판관 김양균의 반대의견 참조, 헌판집 3권, 387(458)면.
2) 제3공화국 헌법(제5차개헌헌법) 제8조에는 "모든 국민은 인간으로서의 존엄과 가치를 가지며, 이를 위하여 국가는 국민의 기본적 인권을 최대으로 보장한다"라는 명문규정이 있었다.
3) 헌재결 1991. 7. 22, 89헌가106; 헌재결 1997. 4. 24, 95헌바48; 헌재결 2003. 5. 15, 2000헌마192.
4) 양건, 헌법강의, 228면.
5) 양건, 헌법강의, 228면.

호의 정도가 헌법이 요구하는 최소한도의 보호수준에 미달해서는 아니된다는 의미에서 이른바 국가의 국민에 대한 과소보호금지라는 헌법상의 원칙을 준수하여야 한다.

국가의 기본권보장의무는 구체적으로 국가가 기본권보장을 위해 적극적으로 입법행위를 해야할 입법의무를 지며, 이를 해태하면 입법부작위책임을 지게된다. 이 경우에 있어서도 입법의무에는 과소보호금지의 원칙이 적용된다고 헌법재판소는 판시하고 있다.[1]

2. 헌법재판소판례

국가의 기본권보호의무의 이행은 입법자의 입법을 통하여 비로소 구체화되는 것이고, 국가가 그 보호의무를 어떻게 어느 정도로 이행할 것인지는 원칙적으로 한 나라의 정치·경제·사회·문화적인 제반여건과 재정사정 등을 감안하여 입법정책적으로 판단하여야 하는 입법재량의 범위에 속하는 것이다. 국가의 보호의무를 입법자가 어떻게 실현하여야 할 것인가 하는 문제는 입법자의 책임범위에 속하므로, 헌법재판소는 권력분립의 관점에서 소위 과소보호금지원칙을, 즉 국가가 국민의 법익보호를 위하여 적어도 적절하고 효율적인 최소한의 보호조치를 취했는가를 기준으로 심사하게 되어, 결국 헌법재판소로서는 국가가 특정조치를 취해야만 당해 법익을 효율적으로 보호할 수 있는 유일한 수단인 특정조치를 취하지 않은 때에 보호의무의 위반을 확인하게 된다.

국가가 소극적 방어권으로서의 기본권을 제한함으로써 기본권의 침해자로서의 지위에 서는 경우 국가는 원칙적으로 개인의 자유와 권리를 침해하여서는 아니되며, 예외적으로 기본권을 제한하는 때에도 국가안전보장·질서유지 또는 공공복리를 위하여 필요한 경우에 한하고, 자유와 권리의 본질적인 내용을 침해할 수는 없으며 그 형식은 법률에 의하여야 하고 그 침해범위도 필요최소한도에 그쳐야 한다(헌법 제37조 제2항). 이러한 요건을 갖추지 아니한 채 국민의 기본권을 제한한 경우에는 그 침해의 정도가 비록 작다 하더라도 이는 헌법에 위반되는 위헌적인 조치라고 판단하여야 한다.[2]

---

1) 양건, 헌법강의, 228면.
2) 헌재결 1997. 1. 16, 90헌마110, 판례집 제9권 1집, 90(교통사고처리특례법 제4조 등에 대한 헌법소원 등).

제 2 목 대사인적 효력(기본권의 제3자적 효력 : Drittwirkung) : 기본권의 효력확장론

<사례>

A은행은 취업규칙에 女行員은 결혼한 후에는 퇴직한다고 규정하고 있다. 갑은 그러한 사실을 알고 결혼하면 퇴직한다는 각서를 쓰고 은행에 채용되었다. 그런데 그 후 갑은 결혼을 하였음에도 불구하고 퇴직을 하지 않아 A은행은 각서 및 취업규칙을 근거로 갑을 해고하였다. 이에 대한 헌법상의 문제점을 논하고, 만약 A은행이 정부투자기관이라면 헌법상 어떻게 될 것인가를 논하라. (1993년 6월 29일 시행 제35회사법시험)

Ⅰ. 서론

1. 기본권의 대사인적 효력의 문제의 등장

헌법상 보장된 국민의 기본권은 직접적으로 모든 국가작용을 구속하므로 국가의 공권력 작용은 물론 국고행정(Fiskus)이나, 행정사법과 같은 비권력적 행정작용에도 그 효력을 미친다. 이렇게 기본권이 국가에 미치는 구속력을 '기본권의 對국가적 효력'이라 한다.[1] 이와 같이 기본권은 그 성립과 역사를 살펴 볼 때 전통적으로 국가권력에 대해 개인의 자유와 권리를 방어하기 위한 對국가적 방어권(Abwehrrechte gegen die Staatsgewalt), 즉 개인의 주관적 공권이었다. 근대의 헌법이론에 의하면 헌법에 의하여 보장되고 있는 기본권은 전적으로 국가권력(또는 국가기관)으로부터 개인의 자유·권리를 보장하기 위한 것이므로, 그 효력도 당연히 국가권력에만 미치고, 개인상호간에 있어서는 사적 자치의 원칙 또는 계약자유의 원칙이 원칙적으로 지배되어야 하기 때문에, 헌법의 기본권규정은 사인상호간에서는 적용될 수 없다고 하는 것이 전통적 헌법이론이었다.[2]

---

1) 김백유, 기본권의 대사인적 효력, 한성대 동아시아연구소, 2001; 同人, 헌정 및 행정법치연구, 한성대출판부, 2006, 195면 이하 참조; Hans-Ulrich Gallwas, Grundrechte, 2. Aufl., 1995, S. 18 ff.; 김일환, 헌법재판소의 사죄광고결정, 성균관법학(제12호), 성균관대학교 비교법연구소, 2000, 50면.

2) 전통적 헌법이론은 기본권을 국가권력에 의해서 부여된 실정법상의 권리(실정권설·법실증주의적 견해)라고 설명하거나 기본권을 선천적·천부적인권 또는 초국가성의 자유와 권리(자연권설·결단주의적 견해)라고 이해하여 기본권은 국민의 국가권력에 대한 방어적 권리 또는 「국가로부터의 자유(Freiheit vom Staat)」라고 보았다. 따라서 기본권은 국민(개인)의 국가에 대한 '주관적 공권(subjektive - öffentliches Recht)'이라고 말한다. 김철수, 헌법학(상), 421면 참조; 허영,

그러나 개인의 자유와 권리는 오늘날 국가에 의해서만 침해되는 것이 아니라 사회적 세력이나 단체 또는 개인에 의해서도 침해될 뿐만 아니라 그 수가 점차 증가하고 있다.[1] 따라서 이들에 대해서도 기본권을 보호해야 할 현실적 필요성, 즉 기본권의 대사인적 효력 또는 기본권의 제3자적 효력(Drittwirkung der Grundrechte)의 문제가 등장하게 되었다.[2] 그러나 우리 헌법을 비롯하여 각국의 헌법은 대체적으로 이에 대한 명시적 규정을 두고 있지 않다.[3]

기본권의 대사인적 효력문제는 첫째, 헌법의 기본권 규정이 사인간에도 적용된다고 헌법에 명시하거나[4] 둘째, 사인간의 기본권침해가 문제되는 영역에서 개별적인 법률로 규정하는 방법, 즉 우리 나라의 근로기준법 제6조(균등한 처우)의 "사용자는 근로자에 대하여 남녀의 성(性)을 이유로 차별적 대우를 하지 못하고, 국적 · 신앙 또는 사회적 신분을 이유로 근로조건에 대한 차별적 처우를 하지 못한다"는 규정을 들수 있다.[5] 셋째, 헌법해석

사인간의 기본권의 효력, 고시계(1983.3), 51면; 同人, 기본권보장의 의의와 성격에 관한 연구, 김도창박사화갑기념논문집(1982), 85면(87면 이하)이하 참조; 장영수, 헌법학, 487면 참조.

1) 여성이 결혼하면 퇴직해야 한다는 각서를 쓰도록 하는 기업체의 퇴직규정, 동일한 시간 동안 동일한 양의 작업을 수행했음에도 불구하고 여성의 임금에 대하여 차별을 가하는 것, 고용된 산부인과 의사에게 그의 양심과 종교적 신념에 반하여 낙태를 강요하는 것, 사용자가 그의 고용인에 대해 그의 의사에 반하는 내용의 특정한 정치적 의사형성(politische Willensbildung)을 강요하는 것 등. 이하 구체적 예에 관해서는 A. Bleckmann, Allgemeine Grundrechtslehren, 1979, S. 138 참조.

2) 허영, 한국헌법론, 258면 이하 참조; 同人, 사인간의 기본권의 효력, 고시계(1983. 3), 52면.

3) 「권리와 자유 및 그 보장에 관한 헌법규정은 공 · 사조직체에 직접 적용되며, 이들을 구속한다」라는 포르투갈헌법(1975년) 제18조 제1항이 기본권의 제3자적 효력을 명문화하고 있는 정도이다. 이밖에 스위스의 주헌법들 가운데는 기본권의 대사인적 효력을 명문화하고 있는 헌법들이 있다. K. Stern, Das Staatsrecht der Bundesrepublik Deutschland, Bd. III/1, 1998, S. 1534 참조. 스위스에서는 연방헌법의 전면개정을 위한 전문가위원회의 試案 제25조가 기본권의 대사인적 효력을 다음과 같이 규정하고 있다: 1. 입법과 사법은 기본권이 사인상호간에 있어서도 그 의미에 맞게 효력을 갖도록 배려한다. 2. 누구든지 기본권을 행사하는 사람은 타인의 기본권을 존중해야 한다. 특히 누구든지 자기권력의 지위를 남용하여 기본권을 침해할 수 없다. Bericht der Expertenkommission für die Vorbereitung einer Totalrevision der Bundesverfassung, 1997, S. 55 f. 그리고 사적 행위와의 관계를 헌법에 명기한 것으로는 독일 기본법 제9조 제3항, 일본헌법 제15조 제4항, 인도헌법 제15조 제2항 등에서 카스트제도에 따르른, 성에 따르른, 인종 · 출생지 · 종교에 다른 사적 차별까지 금지하고 있다. 상세한 내용은 김철수, 헌법학(상), 422면 참조.

4) 이 방식에는 특정한 일부 기본권(예컨대 노동3권규정)이 직접적용된다고 명시하거나 기본권규정 전부가 적용된다고 명시하는 법(1975년의 포르투칼헌법)이 있다(양건, 헌법강의, 231면).

5) 미국의 경우 민권법(Civil Rights Act)에서 사인간의 인종차별을 금지한것도 그 예이다(양건, 헌법강의, 231면).

에 의한 방식이며, 이는 헌법의 규정이 사인간에도 적용된다는 헌법해석을 통해 기본권을 사인간에도 적용하도록 하는 방법이다(미국 및 독일에서의 이론전개 참조).[1]

구분	학설(이론)	주장자	주요내용
ㅣ 원 칙 ㅣ 주관 적공 권	실정법적 주관적 공권 자연법적 주관적 공권 – 기본권의 대국가적 방어권 (Abwehrrechte)	옐리네크(G. Jellinek) 칼 슈미트(C. Schmitt)	* 실정법적 규범통제하에서 국가안에서의 자유 (Freiheit im Staat) * 자연법적 근거하에서 국가로부터 자유 (Freiheit vom Staat) * 권력작용(= 국가행정 · 자치행정 · 공권력 행정) : 당연히 인정 * 비권력적 작용(관리작용 · 사경제작용)상의 기본권의 효력 인정 여부? 1) 부인설(소수설) → 볼프(Wolff) 2) 긍정설(통설) → 독일의 통설 판례

<홍원식, 통합헌법요론, 134면 참조>

2. 기본권의 대사인적 효력주장의 배경

오늘날과 같은 다원적 산업사회에서의 국민생활은 국가 의존적인 관계에서 사회 의존적인 다원적 복합관계로 급속한 속도로 변모되고 있으며, 또한 사인 또는 사적 단체 중에 '정부와 같은(government-like)' 거대한 힘과 권력을 가지고 있는 여러 가지 형태의 압력단체 내지 사회적 권력집단(재벌 · 정당 · 노동조합 · 언론기관 등)이 출현하게 되어, 그 결과 기본권의 효력을 "대국가적인 것" 즉 국가기관의 공권력 행사에 대한 개인의 기본권 방어로만 한정시킬 성질의 것이 아니고 사회적 집단세력으로부터도 훨씬 열등한 지위에 놓여 있는 연약한 개인의 인권보장에 만전을 기해야 된다는 이른바 '기본권의 대사인적 효력' 이라는 문제가 헌법학에 새로이 등장하고, 동시에 사인 상호간에도 기본권의 효력을 미치게 하려는 기본권규정의 효력확장경향이 점차 보편화되어 가고 있다.[2][3]

---

1) 양건, 헌법강의, 231면.

2) J. Isensee, Subsidiaritätsprinzip und Verfassungsrecht, 1968, S. 149 ff, 179 ff. 허영, 한국헌법론, 258면; 권영성, 헌법학원론, 327면; 구병삭, 신헌법원론, 박영사, 1995, 330면.

3) 다만 어떠한 절차와 방법을 통해서 기본권이 사인간에 적용되는가 즉 그 기본권규정이 개인간에 직접적으로 적용되느냐, 아니면 민법 제103조와 같은 일반적 조항을 매개하여 간접적으로 적용되느냐에 따라서 직접적용설 내지 직접적 사인효력설 그리고 간접적용설 내지 간접적 사인효력설로 대립되고 있다. 특히 종래에는 그 양설 중에서 어느 학설이 타당한가라는 문제가 제기되었으나, 오늘날에 와서 그 문제는 간접적용설이냐 아니면 직접적용설이냐라는 양자택일적 방식으로 획일적으로 결정할 것이 아니라 구체적인 사법관계의 성질, 보장을 받을 인권과 제약되는 인권의 성질에 따라 유형화하여 개별적 · 구체적으로 결정하여야 한다는 주장이 유력하게 대두되

이와 같이 생활양상의 변화에 따른 현실적 필요성으로 인하여 기본권의 효력을 대국가적인것에 한정하지 않고, 대사인적인 것으로 까지 확대시키기 위하여는 법실증주의적·자유주의적 사상의 탈피가 선행되어야 한다.[1)]

3. 미국 및 독일에서의 이론구성의 차이점

기본권의 대사인적 효력과 관련한 미국에서의 이론전개와 독일에서의 이론전개는 그 구성에 있어서 차이가 있다. 미국연방대법원은 수정헌법 제14조(Sec. 1)를 그 근거로 하여 기본권이 사인간에는 적용되지 않는다는 것을 전제로 하되, 이 원칙을 지키기 위하여 국가작용의제이론을 전개하고 있지만, 독일에서는 학설과 판례가 헌법상의 근거유무를 떠나 그 기본권에 내포된 객관적 가치질서로서의 성질을 바탕으로 해서 기본권의 대사인적 효력을 논증하고 있다. 이와 같이 독일에서 학설과 판례를 통해 인정되고 있는 사인간의 기본권의 효력은 그 이론적 근거가 헌법조문에 바탕을 둔 실정법적인 것이 아니고 헌법이론적 이라는 점[2)]이 미국에서의 이론구성과 다르다는 특색을 지니고 있다.[3)]

II. 미국헌법상의 기본권규정과 사인간의 기본권효력

1. 미국에 있어서의 이론전개 : 국가행위擬制이론의 근거와 내용

미국에서도 초기에는 인권보장규정은 오로지 연방 혹은 州의 행위에 대한 제한이며, 사인의 행위는 제한하지 않는다는 것이 연방대법원의 판례였다.[4)] 즉 연방대법원은 처음에는 수정헌법 제14조(Sec. 1)에 「… nor shall any State deprive any person of life …」라고 규정된 점을 들어 그 규범의 수신인은 명백히 국가권력(State)이라고 강조하면서 기본권이 사인에게는 그 효력을 미칠 수 없다는 입장을 취했었다. 그러나 흑인에 대한 사적 차별문제가 대두되자 학설과 판례는 서서히 변천하기 시작하여 – 이 때에도 수정헌법 제14조(Sec. 1)가 그 이론구성의 출발점이 된다 – 미국연방대법원은 이른바 국가행위설(state action theory) 내지 국가(정부)同視說(國家類似說: theory of looks like government)이라

고 있다.

1) 허영, 한국헌법론, 258면.

2) Hesse, Grundzüge, Rn. 352; 허영, 사인간의 기본권효력에 관한 미국과 서독의 이론, 고시연구(1983.5), 75면.

3) 허영, 사인간의 기본권효력에 관한 미국과 서독의 이론, 고시연구(1983.5), 75면.

4) 김철수, 헌법학(상), 425면; 김학성, 헌법학강의, 성민사, 2001, 259면.

고도 불리워지는 일종의 국가행위 의제이론을 구성해서 기본권의 대사인적 효력을 인정하고 있다.[1] 이 이론은 사인에게도 기본권의 효력을 미치게 하려면 사인의 행위(private action)를 국가의 행위(State action)와 동일시하거나 적어도 국가작용인 것처럼 의제(國家作用擬制理論)하지 않으면 아니 된다고 한다.[2] 즉 사인의 행위가 정부와 일정한 연관성(nexus)을 지니거나(정부청사 안의 사설식당에서 흑인출입을 금지하는 경우에 그 식당이 정부청사를 사용하기 때문에 이는 순수한 사적 차별이 아니라 국가에 의한 차별이 된다) 또는 사인의 행위가 일정한 공적 기능을 수행하는 경우(사적인 회사가 운영하는 쇼핑몰에서 어떤 의견을 담은 문서의 배포를 금지하는 것은 표현의 자유를 침해하는 것)에는 이를 국가의 행위로 의제하여 헌법의 기본권규정을 확대적용한다는 것이다.[3]

미국식의 이론구성은 자연법적 기본권사상이 미국의 헌법이론을 지배하고 있다는 것을 알 수 있다.[4]

2. 국가행위擬制이론의 유형

2.1. 국가재산(국유재산)이론(state property theory)

국가재산이론은 국가적 시설, 즉 공공시설(public property)을 임차한 사인(leaser)이 당해 시설을 이용하여 개인의 기본권을 침해한 경우에 그 침해행위를 국가행위와 동일시하여 기본권규정을 적용하려는 이론이다.[5] 사인의 행위를 국가행위와 동일시하려면 (ㄱ) 그 시설의 운영에 공공기금이 투입된 경우, (ㄴ) 그 시설에 국가의 실질적인 통제가 미치고 있는 경우, (ㄷ) 국가가 간접적으로 위헌적 행위(인종차별 등)를 하려는 의도 · 동기를 가지고 시설을 임대한 경우로서, (ㄹ) 그 시설이 개방되어 공중의 이용을 목적으로 한 것이라야

---

1) 허영, 한국헌법론, 261면; 同人, 사인간의 기본권효력에 관한 미국과 서독의 이론, 고시연구(1983.5), 73면.

2) 그러나 사인의 행위가 언제 국가행위로 다루어지는가에 대하여는 대단히 어려운 문제이며, 법원의 판례 역시 혼란스럽다. Glenn Chatmas, We've got your Number (Is it constitutional to give it out?), UCLA Law Review Vol. 37, 1989, p. 153; 김일환, 헌법재판소의 사죄광고결정, 성균관법학(제12호), 성균관대학교 비교법연구소, 2000, 52면; 허영, 한국헌법론, 261면; 同人, 사인간의 기본권효력에 관한 미국과 서독의 이론, 고시연구(1983.5), 73면; State-action-doctrine에 대한 상세한 내용은 Vgl. L. H. Tribe, American Constitutional Law, 1978, pp. 1147; 김철수, 헌법학(상), 425면; 김학성, 헌법학강의, 259면.

3) 양건, 헌법강의, 231면.

4) 허영, 한국헌법론, 261면.

5) 1957년의 Pennsylvania v. Beard of Director of City Trust; Burton v. Wilmington parking Authority, 365 U.S. 715(1961); 1962년의 Turner v. City of Memphis, 369 U.S, 350(1962); 구병삭, 신헌법원론, 박영사, 1995, 331, 334면; 김학성, 헌법학강의, 260면; 장영수, 헌법학, 489면.

한다.[1]

2.2. 국가원조이론(state assistance theory)

국가원조이론은 국가로부터 특별한 재정적 원조 또는 조세감면 또는 그밖에 공적 원조의 혜택을 받거나, 혹은 토지수용권과 같은 특권을 부여받은 사인(예컨대 시영버스회사와 같은 주로 공익사업체)[2]이 행한 사적 인권침해행위를 국가행위와 동일시하여 거기에 헌법규정을 적용하려는 이론이다.[3] 이 경우 국가의 원조를 받는 사인을 모두 국가의 기구와 동일시하는 것은 아니고, 판례에서는 기타의 일정한 요건과 결합하여야만 비로소 국가의 원조를 받는 사인의 행위가 국가의 행위로 인정된다. 즉 시로부터 재정적 원조를 받는 사립학교가 흑인에 대하여 차별대우를 한 경우, 이를 국가가 차별한 것으로 보아 위헌이라고 하며,[4] 사립학교라도 그 설립이 市의 건물과 토지를 이용하는 것에 의하여 비로소 가능한 경우, 사립학교가 인종차별을 하는 것은 위헌이라고 한다.[5] 또 市가 어느 특권을 인정해준 전차·버스회사의 인권침해(인종차별)는 국가행위로 보아 위헌이라는 것이다.[6]

2.3. 통치기능이론(governmental function theory)

통치기능이론은 정당이나 사립대학등 실질적으로 통치적 기능이나 행정적 기능을 수행하는 사적 집단에 의한 인권침해 행위를 국가적 행위로 간주하여 헌법의 규제를 따르게 하려는 이론으로서, 국가적인 통치작용과 유사한 사실상의 지배가 행하여진 경우에 이를 국가적 행위로 본 것이다.[7] 지역구 입후보자를 정하기 위한 각정당의 예비선거(primary election)는 정식선거가 아니라는 구실아래 남부 각주는 州헌법으로 예비선거에서 흑인선

---

1) 1962년의 Turner v. City of Memphis, 1957년의 Pennsylvania v. Board of Director City Trust; 김철수, 헌법학(상), 426면.

2) 구병삭, 신헌법원론, 334면; 장영수, 헌법학, 489면.

3) Steele v. Louisville and Nashville R, R., 323 U.S. 192(1944); Jackson v. Metropolitan Edition Co., 419 U.S. 345(1974); 문홍주, 한국헌법, 196면 각주 2) 참조; 구병삭, 신헌법원론, 박영사, 1995, 331, 334면; 김학성, 헌법학강의, 성민사, 2001, 260면.

4) Noris v. Mayer and City Council of Baltimore, 78 F. Supp. 451(D. Md. 1948); Norwood v. Harrison, 413 U.S. 455(1973); 문홍주, 한국헌법, 196면 각주 3) 참조.

5) 김철수, 헌법학(상), 426면.

6) Public Utilities Commission v. Pollak, 343 U.S. 451(1952); 문홍주, 한국헌법, 196면 각주 4) 참조.

7) Laurence H. Tribe, American Constitutional Law, New York, The Foundation press, 1978, pp. 1163-1167; 문홍주, 한국헌법, 194면 각주 2) 참조; 김학성, 헌법학강의, 260면; 장영수, 헌법학, 489면.

거권을 부인하였다. 이것이 연방대법원에 의하여 "州헌법으로 예비선거에서 흑인의 선거권을 부인함은 위헌"[1]이라는 판결이 나오자 각 주는 헌법을 개정하여 예비선거는 각주의 내규로 정하게 하였는바, 이에 각 정당은 내규로 흑인을 예비선거에서 제외하였는데, 연방대법원은 예비선거도 공식선거의 일부이고(예비선거에 당선된 자만이 본선거에 입후보할 수 있다) 이는 州정부가 인정하고 있는 제도이므로, 따라서 정당이 행하는 예비선거는 수정헌법 제15조에 의한 주의 행위라 할 수 있다고 보아 그 인종차별행위는 위헌적인 국가적 행위가 된다고 본 것이다. 이는 그 정당의 후보자 추천행위를 국가가 정당에게 위임한 통치행위(governmental function)를 대행하는 것, 즉 정당이 州의 통치행위를 대행하는 것으로 보아 위헌시하는 경우이다.[2]

2.4. 사법(적)집행이론(judicial enforcement theory)

사법(적)집행이론은 사인에 의한 인권침해행위가 쟁송의 대상이 되어 법원이 개입하고 그것이 사법적으로 집행(judicial enforcement)될 경우, 그 집행행위를 위헌인 국가행위(state action)로 간주하는 이론이다.[3] 이와 같이 법원의 판결에 의하여 그것이 집행된 경우에는 그 집행이 위헌적인 이론이 된다는 것이다.[4] 이 이론은 인종차별을 내용으로 하는 私契約(흑인과의 부동산매매계약체결을 금지하는 사계약인 주민계약)을 법원이 합법적인 것으로 판결하고 또 그것을 집행하게 되면, 법원이 판결과 집행을 통하여 위헌행위를 한 것이 된다고 한 판결[5]에서 명백히 된 바 있다.[6]

---

1) Nixon v. Herndon, 273 U.S. 536(1927).

2) Smith v. Allwright, 321 U.S. 649(1944); Marsch v. State of Alabama, 326 U.S. 501(1946); Terry v. Adams 345 U.S. 461(1953); Gray v. Sanders. 372 U.S. 368(1963); Evans v. Newton, 382 U.S. 296, 299(1966); Jackson v. Metropolitan Edition Co., 419 U.S. 345, 352(1974); Hudgens v. NL. RB, 424 U.S. 507(1976); 문홍주, 한국헌법, 195면 각주 1) 참조; 김철수, 헌법학(상), 426면; 구병삭, 신헌법원론, 박영사, 1995, 331면 각주2) 참조.

3) 홍성방, 헌법학, 305면.

4) 문홍주, 한국헌법, 195면; 김학성, 헌법학강의, 성민사, 2001, 260면.

5) 이에 대한 판례는 Shelly v. Kraemer, 334 U.S. 1(1948)(시조례로 흑인에게 부동산매도를 금지하는 것이 위헌으로 되자, 주민계약으로 흑인에게 부동산 매도를 금지하였다. 이를 부당하게 생각한 백인이 흑인에게 주택을 매도하고 흑인이 이주해오자 주민들은 주민계약을 근거로 흑인의 부동산구입의 무효를 주장하였다. 이에 대하여 법원이 주민계약의 합법성을 인정하고 흑인의 구입계약을 무효로 판결한다면, 이는 사계약을 법원이 司法的으로 집행함으로써 여기에 공적 관계를 띠게 되고 따라서 위헌이 된다는 것이다). 이 판결은 1935년의 Hale 교수의 주장에 영향을 받아 이루어졌다고 한다. Hale, Force and the State, a Comparison of Political and Economic Compulsion, 35 Columbia Law Rev. 149 참조. Bell v. Maryland, 378 U.S. 226(1964); 문홍주, 한

2.5. 特權賦與의 理論(governmental regulation theory)

특권부여이론은 국가에서 특별한 권한이 부여되고 그 한도내에서 국가의 광범한 규제를 받고 국가와의 사이에 밀접한 관계가 있는 사적 단체의 행위를 국가행위와 동일시하는 이론이다. 市에서 특정한 특권을 인정받은 전차 · 버스회사의 인종차별을 국가행위로 보아 위헌이라고 한 판결[1] 등이 있다.[2]

국헌법, 195면 각주 3) 참조.

6) 김철수, 헌법학(상), 426면; 김학성, 헌법학강의, 260면.

1) Public Utilities Commission v. Pollak, 343 U.S. 451(1952).

2) 김철수, 헌법학(상), 426면; 장영수, 헌법학, 490면.

3. 整理(圖表)

<table>
<tr><th colspan="2">구분</th><th>학설
(이론)</th><th>주장자
(판례)</th><th>주요내용</th></tr>
<tr><td rowspan="6">기본권의제삼자적효력</td><td rowspan="6">미국</td><td>총설</td><td>수정헌법 제 14조</td><td>주정부에 의한 인종차별금지 규정 : 대사인적 효력에 관한 명문근거 규정은 헌법상 아직 없다. 따라서 제3자적(대사인적) 효력문제는 판례를 통해 해결</td></tr>
<tr><td>통치기능이론</td><td>Smith v. Allwright, 321 U.S. 649(1944)</td><td>① 각주헌법 : 흑인의 예비선거권 부인(남부 각주) → 미연방대법원 위헌 판결이 나오자
② 각주헌법을 개정하여: 예비선거권 요건 각정당 내규로 위임(각정당내규 : 흑인의 예비선거권 부인) → 미연방대법원 위헌판결 : i) 각 정당은 주의 통치행위 대행 ii) 통치기능을 대행하는 사인의 인권침해 → 위헌 !</td></tr>
<tr><td>사법적 집행 이론</td><td>Reitman v. Mulkey, 387 U.S. 369(1948)</td><td>① 흑인상대 부동산매도금지 내용을 시조례로 정한 것을 위헌 결정하자 백인 주민들이 주민계약체결(흑인상대 부동산매도금지 약관체결), ② 백인 중 위약자 발생으로 흑인이 이주해옴, ③ 주법원이 주민계약의 합법성을 인정하여 흑인 소유권 무효결정, ④ 연방대법원 : 사계약에 대한 법원의 판결에 의한 사법적 집행으로 인한 흑인의 기본권을 침해 → 위헌 !</td></tr>
<tr><td>국유재산이론</td><td>Newton et al., 382 U.S. 296(1965)</td><td>① 국유재산(지방정부재산) 사인에 임대
② 임차인인 사인에 의한 흑인 고객 차별대우
③ 토지가 국유지(사유지)임을 확대적용
④ 국유지를 임차한 사인의 흑인차별 영업 → 위헌 !</td></tr>
<tr><td>국가원조이론</td><td>Metropolitan Edition Co., 419 U.S. 345(1974)</td><td>시로부터 재정적 원조를 받고 있는 사립학교의 흑인차별대우는 곧 국가가 한 차별대우와 동일시(의제)</td></tr>
<tr><td>특권부여이론</td><td></td><td>국가(주)로 부터 재정적 원조 : 조세면제 등의 특권을 부여 받은 사인 (단체)의 행위는 국가행위로 간주 → 따라서 위반행위 → 위헌 !</td></tr>
</table>

<홍원식, 통합헌법요론, 136면 참조>

III. 독일에서의 기본권의 대사인적 효력이론

1. 개관

독일 기본법 제9조 제3항은「모든 근로자에게 근로조건과 경제조건의 유지와 개선을 위해서 단체를 조직할 권리는 누구에게나 그리고 모든 직업에 보장된다. 이 권리를 제한하거나 방해하는 협약은 무효이고, 이것을 목적으로 하는 조치는 위법이다」라는 규정을 둠으로써 근로자의 단결권이 사인인 고용주에게도 그 효력을 미칠 수 있는 헌법적 근거를 마련해 놓고 있다.[1] 그러나 독일에서 오늘날 학설과 판례를 통해서 인정되고 있는 사인간의 기본권효력은 그 이론적 근거가 이 헌법조문에 바탕을 둔 실정법 적인 것이 아니고, 오히려 헌법 이론적인 것이라는 점이 미국에서의 이론구성과 다르다.[2] 기본권은 객관적 가치질서로서의 성질을 가지기 때문에 공적 생활영역에서 뿐만 아니라 사생활영역에서도 마땅히 적용되어야 한다는 것이다.[3]

판례는 1958년 1월 15일의 연방헌법재판소의 뤼트판결(Lüth-Urteil)[4]을 토대로 하여 1969년 2월 29일의 블링크퓌어결정(Blinkfuer-Beschluß)[5] 및 1985년 4월 23일의 결정과 1993년 5월 26일의 결정에서 기본권의 대사인적 효력설을 인정하고 있다.[6]

[뤼트판결]

[사건개요]

헌법소원제기인인 뤼트(Erich Lüth)는 1950년 9월 20일 '독일영화주간'이 열릴 때에 나치시대에 유태인박해영화를 제작하였던 영화감독 파이트 할란(Veit Harlan)이 독일영화의 대표자로 선출된 것을 비난하였고, 1950년 10월 27일 뤼트는 신문지상에 이 영화(영원한 연인)를 관람하지 말 것을 호소하였다. 이에 대하여 함부르크법원은 1951년 11월 22일 피고 뤼트는 ① 영화관과 영화배급업자에 대하여 '영원한 연인'을 상영하지 말 것을 권고하지 말 것, ② 관객에 대하여 이 영화를 보지 않도록 선동하지 말 것을 명하고 만약 이를

---

1) 구병삭, 신헌법원론, 박영사, 1995, 335면; 허영, 한국헌법론, 262면.

2) 허영, 한국헌법론, 262면.

3) 허영, 한국헌법론, 262면.

4) 독일연방헌법재판소는 뒤리히(G. Dürig)의 견해에 따라 1958년 1월 15일의 뤼트판결(Lüth-Urteil)에서 간접효력설을 취한 이후 계속 이 입장에 있다. 간접효력설이란 사법상의 매개물을 통하여 기본권이 간접적으로 효력을 미친다는 입장이다. 그러나 경우에 따라서는 사법상의 매개물이 존재하지 않는 경우도 있을 수 있는데 이 경우에는 객관적 질서로서의 기본권에서 나오는 기속효과(Bindungswirkung)가 직접 미친다고 하는 것이 本판결의 입장이다. 뤼트판결(Urteil des Ersten Senats vom 15. Januar 1958 : 1958년 1월 15일 판결)-BVerfGE 7, 198; 권영성, 헌법학원론, 329면 참조. 상세한 내용은 김백유, 기본권의 대사인적 효력, 헌정 및 행정법치연구, 한성대출판부. 2006, 195면 이하 참조.

5) 1969년 2월 26일의 블링크퓌어(Blinkfuer)결정)-BVerfGE 25, 256. 이 결정(Beschluß)은 - 사법상의 매개물이 없는 경우에도 - 기본권의 파급효과(방사효과; 기속효과 : 기본권의 파급효과(방사효과; 기속효과)란 기본권의 객관적 가치질서로서의 성격에서 나오는 것이라 한다)를 사인에게도 직접 미친다고 보았다. 김백유, 기본권의 대사인적 효력, 헌정 및 행정법치연구, 한성대출판부, 2006, 195면 이하 참조.

6) 김철수, 헌법학(상), 424면 각주 3) 참조.

위반하면 벌금형 또는 금고형에 처할 것을 판결하였다. 뤼트는 함부르크 상소법원에 항소하는 동시에 이 판결은 본(Bonn) 기본법 제5조 제1항의 언론의 자유를 침해하는 공권력의 행사라는 이유로 연방헌법재판소법 제90조에 의하여 연방헌법재판소에 헌법소원을 제기하였다. 위 판결은 아래의 이유로써 파기되고 원심에 환송되었다.

이 판결에서 이른바 헌법가치체계설에 입각하여 기본권규정의 사법관계에의 적용을 다음과 같이 이론구성하고 있다.

[판결요지]

1958년 1월15일 : 연방헌법재판소가 원심을 파기환송한 이유는 대체로 다음과 같은 이유에 근거한다. 기본권은 제1차 적으로는 개인의 자유로운 영역을 공권력의 침해로부터 보호하기 위한 국가에 대한 방어권(Abwehrrecht)이다. 기본권규정에는 객관적 가치질서·가치체계가 구체화되어 있으며, 이는 헌법상의 근본적 결단으로서 모든 법영역, 따라서 사법적 영역에도 타당하다. 어떠한 민사법규정(사법관계)도 헌법의 가치체계와 모순될 수 없으며 이에 적합하여야 한다. 민사법관은 민사법규정을 적용·해석할 때, 그 규정이 기본권규정에 구속된다는 사실을 인식하여야 한다. 이것이 기본법 제1조 제3항에 따라 민사법관도 기본권에 구속된다는 의미이다. 만약 민사법관이 기본권규정을 무시하고 헌법이 민사법규정에 영향을 미친다는 것을 도외시하고 판결한다면, 그 판결은 헌법에 위반될 뿐아니라 그 법관은 그 판결에 의하여 기본권을 침해한 것이 된다.[1)]

[블링크퓌어결정]

[사건개요] 헌법소원 제기인(Beschwerdeführer)은 함부르크 지역에 판매하는 주간지(Wochenzeitung) 블링크퓌어(Blinkfuer)의 편집인이자 발행인자로서 공산권 지역의 TV와 라디오프로를 그의 주간지에 계속 게재하였다. 이에 대하여 슈프링어(Springer)社(피고)는 세계誌(Die Welt)를 비롯한 自社의 간행물을 통하여 그들의 신문 소매상들에게 주간지 블링크퓌어에 대한 판매거절을 호소하였다. 이에 대해 블링크퓌어社는 슈프링어社를 상대로 그의 영업에 대한 보이코트는 부당경쟁을 유발한 것이라는 것을 이유로 손해배상청구소송을 제기하였다.

[판결요지] 연방헌법재판소는 이 결정(Beschluß)에서 兩社의 언론의 자유를 형량(Güterabwägung)하여 열등한 지위에 있는 블링크퓌어社의 기본권을 우선시킴과 동시에, 블링크퓌어社의 언론의 자유가 슈프링어社의 침해로부터 보호받을 사법상의 매개물이 없다고 인정하면서도 연방헌법재판소는 기본권에 내재하고 있는 객관적 가치질서로부터 나오는 기본권의 기속효과를 경제적·사회적으로 우월한 지위에 있는 슈프링어社에게도 미치게 함으로써 기본권침해를 인정하였다.

그러나 본 결정에서도 판시하고 있는 바와 같이 '기본권규범이 사법에 영향을 미치는가 그리고 개별적 경우에 있어 이 효력은 어떻게 고려되어야 하는가' 하는 근본문제는 이

1) 홍성방, 헌법학, 310면 참조.

론이 있다. 아무튼 이러한 태도는 그 이후의 헌법재판소의 결정[1]에서도 같은 취지이다.

2. 학설

2.1. 효력부인설(적용부인설)

2.1.1. 내용

효력부인설의 입장은 과거 독일 바이마르 헌법시대(1919-1933)의 통설이었다. 바이마르 헌법은 기본권이 사법에서 적용되는 경우를 명시하고 있는데 동법 제118조 제1항(언론과 출판의 자유)의 노동자에 대한 언론출판의 자유의 私的 제한의 금지 및 제159조(노동자의 단결권)가 그것이다. 이렇게 헌법자체가 명문으로 인정하는 경우에는 사인상호간의 관계에 있어서도 그 효력이 미친다.[2] 그러나 바이마르시대에는 법실증주의를 대표하는 안쉬츠(G. Anschütz)[3]를 비롯한 기타의 학설은 기본권은 개인의 자유범위를 단순히 국가공권력의 행사로부터의 보호가 목적이고 사인간의 행위에 대하여 보호하려고 하는 것은 아니라고 보는 것이 지배적이었다.

효력부인설의 근거는 대체적으로 다음과 같다. (ㄱ) 기본권의 생성·발전에 관한 역사적 측면에서 볼 때 개개의 시민의 자유를 국가의 침해에서 보호하는 것이 기본권규정의 본래의 목적이다. 이와 같이 기본권은 대국가적 방어권이므로 국가권력만을 대상으로 한다. (ㄴ) 헌법에 속하는 규범은 국가질서 내지는 국민과 국가 상호간의 관계에 관한 질서를 규율하는 것이지 국민상호간의 질서를 규율하는 것은 아니다. (ㄷ) 공법과 사법은 원래 이원화(공·사법의 이원론)되어 있으며, 공법에 속하는 헌법은 국민의 국가적 규범질서(공법관계)를 규율하는데 반하여 사법질서는 시민상호간의 관계를 규율하는 私法上의 법률관계(사법관계)이므로 공법영역인 헌법상의 기본권질서와 사법영역인 사법상의 질서는 실질적으로 무관하다.[4] 따라서 사인간의 자유로운 합의에 따라 행해지는 각자의 기본권을 제한하는 것은 부당하다. (ㄹ) 사인에 의한 기본권 침해행위로부터 기본권을 보호하는 데에는

---

1) BVerfGE 66, 116이하; 73, 261 이하.

2) 구병삭, 신헌법원론, 박영사, 1995, 331면.

3) G. Anschütz, Die Verfassung des Deutschen Reiches vom 11. August 1919, 14 Aufl., 1933, Anm. 5 zu Art. 18, Anm. 1 zu Art. 159.

4) 근대입헌주의의 성립이후 공법과 사법의 분리 및 사법체계의 독자성은 헌법상의 구성요소로 자리잡게 되었다. 즉 사법은 인간의 자유와 평등에 근거하여 인간의 포괄적인 자기결정과 자율을 보장한다. 이처럼 사법이 시민의 행동의 자유와 의사결정자유를 보장함으로써 사인간 법률관계에서 예측가능성과 신뢰성이 보호되어야만 한다는 법치국가명령이 충족된다. Detlef Schmidt, Die Unterscheidung von Privaten und öffentlichen Recht, 1985, S. 168; 김일환, 헌법재판소의 사죄광고결정, 성균관법학(제12호), 성균관대학교 비교법연구소, 2000, 55면.

일반적 법률(사법)에 의해서 가능하므로 특별히 헌법상의 기본권규정을 직접 원용할 필요는 없다.[1)]

2.1.2. 비판

효력부인설에 대하여는 다음과 같은 비판이 있다. (ㄱ) 효력부인설은 사회적 諸세력(경제적 · 사회적 강자)이 개인의 기본권을 침해한다는 심각한 현대적 위협을 망각한 이론으로 시대에 부응하는 이론이라 볼 수 있다. (ㄴ) 기본권이 대국가적이라고 하는 것은 역사적인 이유에 근거하는 것이며 기본권의 개념구성에 있어서 반드시 필연적인 것은 아니며, 기본권 개념을 제한적으로 정의할 필요도 없다. (ㄷ) 헌법에는 전체적 법질서의 최고규범으로서 그 규범중에는 공법과 사법을 통한 원칙이 다같이 포함되어 있다. (ㄹ) 헌법이 최고규범으로서 공법과 사법의 정점에 위치하고 있으며, 국가는 직접 개인의 자유와 권리를 침해하지 않는데 그치지 않고 사인에 의한 기본권 침해에 대해서도 기본권을 보호할 의무가 있다.[2)]

생각건대 헌법은 일정한 국가이념이나 생활가치를 실현하기 위한 가치규범 · 행동규범이다. 헌법은 이러한 국가이념과 생활가치를 실현하기 위하여 국민에게 일정한 행동과 생활방식을 요구 · 강제한다. 따라서 국민은 헌법이 요구하는 행동과 생활방식을 존중하고 이를 통하여 생활가치를 실천해야 할 의무를 진다(생활가치규범 및 행동규범성)는 점에서 효력부인설은 타당하지 않다. 나아가 당사자의 자유로운 합의에 의한 결정이라도 그것이 개인의 기본권을 심각하게 제한한다면 결국 국가공동체의 근간을 해치는 것이 될 것이다.[3)]

2.2. 직접효력설(직접적용설 : unmittelbare Drittwirkungslehre)

2.2.1. 내용

기본권은 공권력에 대한 '주관적 공권(subjektive öffentliche Rechte)'뿐 아니라 사인에 대한 '주관적 사권(subjektive private Rechte)'도 함께 부여하기 때문에 구태여 사법상의 일반원칙과 같은 '매개물'을 통할 필요 없이(사법을 매개로하지 않고)[4)] 직접 사인 상호간의 법률관계에도 적용된다고 하는 것이 직접효력설(직접적 사인효력설)이다.[5)] 말하자면 헌법

1) 이에 관한 상세한 내용은 W. Leisner, Grundrechte und Privatrecht, 1960, S. 309 ff. 참조.

2) 구병삭, 신헌법원론, 박영사, 1995, 332면 참조.

3) 장영수, 헌법학, 491면.

4) 이준일, 헌법학강의, 단락번호 [3.4.11].

5) 허영, 한국헌법론, 263면; 同人, 사인간의 기본권효력에 관한 미국과 서독의 이론, 고시연구(1983.5), 77면; 이준일, 헌법학강의, 단락번호 [3.4.11]; 홍성방, 헌법학, 307면.

상의 기본권을 근거로 하여 사법상의 권리가 생길 수 있다고 보는 것이다. 즉 아무리 사인 상호간의 사법상의 계약이라 할지라도 그것이 헌법상 보장되는 기본권을 무시하고 체결된 것인 때에는 마치 민법상의 금지규범(예컨대 독일민법 제134조)[1]을 어긴 법률행위처럼 당연히 무효가 된다고 한다.[2]

니퍼다이(H. C. Nipperdy)와 그의 영향을 받은 독일의 연방노동법원을 비롯하여,[3] 라이스너(W. Leisner)에 의해 대표되는 직접효력설은 무엇보다 전체법질서의 통일성을 강조한다.[4] 즉 헌법의 최고성이 관철된 오늘날의 헌법국가에서는 모든 법은 오로지 헌법의 기초위에서, 헌법의 테두리 안에서만 그 정당성을 지니며, 오로지 헌법을 정점으로 하는 통일된 법질서를 구성하며,[5] 헌법은 국가적 공동체의 생활질서 전반에 관한 최고의 가치질서를 규정한 최고규범이므로 국가 대 국민의 공법관계만이 아니라 사인 대 사인의 사법관계도 헌법규정에 위반될 수 없고, 그 점에 있어서는 私法도 예외가 아니라고 주장한다.[6]

2.2.2. 비판

직접효력설에 따른다면 자신의 자유를 자신의 자유로운 의사에 따라 구속하는 계약(제복착용이나 기숙사입주계약 등)까지도 기본권의 침해로 보고 전부 금지하게되어 계약의 자유 내지 사적 자치(Privatautonomie)의 원칙을 부정하는 결과가 된다. 간접적용설을 주장하는 뒤리히(G. Dürig)교수는 사적 자치를 제한하는 결과를 가져오며, 헷세(K. Hesse)교수는 민법 자체를 폐지하는(das Privatrecht als solches aufheben) 결과를 가져올 것 이

---

1) § 134 BGB : Ein Rechtsgeschäft, das gegen ein gesetzliches Verbot verstößt, ist nichtig, wenn sich nicht aus dem Gesetz ein anderes ergibt.

2) 허영, 한국헌법론, 263면.

3) 독일연방노동법원장이었던 니퍼다이(Nipperdey) 교수가 남녀의 임금평등의 문제를 놓고 기본권의 직접적 효력을 주장한데서 이 학설이 시작되었다. H. C. Nipperdey, Das Arbeitsrecht im GG, RDA(1949), S. 218 ff.; ders., Gleicher Lohn der Frau für gleiche Leistung, RdA 1950, 121 ff.; 이 학설은 그의 영향하에 있었던 연방노동법원의 판례를 통해 확립되었다(연방노동법원의 판례로는 BAGE I, 185(193 f)); 24, 438(441). 연방최고법원(BGH)도 이 견해를 따르는 경우가 있었다; 허영, 사인간의 기본권효력에 관한 미국과 서독의 이론, 고시연구(1983.5), 77면 참조.

4) 장영수, 헌법학, 491면.

5) 장영수, 헌법학, 491면.

6) 특히 라이스너(W.Leisner)는 간접적용설이 민법상의 신의성실 · 공서양속 등의 백지규범(Balnkettnormen)을 기본권과 결부시킴으로써 이들 개념이 사생활영역에서 수행해야 되는 독자적인 생활규율적 기능마저도 위태롭게 하고 있다고 비판하면서 기본권은 이들 매개물을 통하지 않고 직접 사인 간에 적용되는 것이라고 한다(W. Leisner, Grundrechte und Privatrecht, 1960, 354 ff. (356)); 허영, 한국헌법론, 264면; 同人, 헌법이론과 헌법, 단락번호 609 참조; 同人, 사인간의 기본권효력에 관한 미국과 서독의 이론, 고시연구(1983.5), 78면.

라 한다.[1)]

허영교수는 사인 상호간의 법률관계는 원칙적으로 대등한 기본권 주체간의 법률관계이며, 따라서 국민과 국가간의 공권력관계에서처럼 어느 한쪽이 다른 쪽의 기본권까지를 완전히 기속할 정도 까지는 아니라는 점을 간과하고 있다고 한다.[2)] 결국 직접효력설에 대해서는 公·私法의 이원적 구별체계의 존속과 사인상호간의 법률관계에 있어서는 사적 자치의 원리가 존중되어야 한다는 관점에서 비판이 가해지고 있는 실정이다.[3)]

2.3. 간접효력설(간접적용설 : mittelbare Drittwirkungslehre)

2.3.1. 내용

간접효력설(간접적용설; 간접적 사인효력설)은 사인간의 사적인 법률관계를 규율하는 것은 우선 사법이기 때문에 기본권은 이 사법의 일반원칙(Generalklausel)이라는 매개물(Medium)을 통하여 간접적으로 사인상호간에도 적용될 수 있다고 하는 것이다.[4)5)]

즉 기본권은 우선 국가권력에 대한 방어권(Abwehrrecht), 즉 대국가적 효력을 가지는 주관적 공권이지만 또한 공동생활의 기초가 되고 국가존립에 정당성을 부여해 주는 객관적 가치질서로서의 성격도 동시에 지니고 있는 것이기 때문에 모든 법(생활)영역에 파급효과(방사효과[6)]; 기속효과)를 가지며, 따라서 비록 사인간의 사적인 법률관계라 할지라도 기본권의 파급효과가 미치게 된다.[7)] 이 때 기본권의 파급효과가 사적인 법률관계에 진입하

1) 홍성방, 헌법학, 309면.

2) 허영, 한국헌법론, 264면.

3) 구병삭, 신헌법원론, 박영사, 1995, 333면; 양건, 헌법강의, 232면.

4) 처음에 뒤리히가 주장한 이 학설은 독일의 연방헌법재판소가 그 판례에서 채택한 이후 독일의 통설이 되고 있다. Maunz-Dürig-Herzog, Grundgesetz, Kommentar, Art. I Rn. 127-133; 허영, 사인간의 기본권효력에 관한 미국과 서독의 이론, 고시연구(1983.5), 76면 각주 19) 참조; 김일환, 헌법재판소의 사죄광고결정, 성균관법학(제12호), 성균관대학교 비교법연구소, 2000, 52면; 장영수, 헌법학, 492면; 양건, 헌법강의, 232면; 이준일, 헌법학강의, 단락번호 [3.4.10].

5) 이 이론은 사적 자치와 계약의 자유를 기본원리로 하는 독자적인 사법체계를 유지하면서 기본권의 가치를 실현하기 위해 사법의 일반조항이나 불확정개념을 기본권의 가치내용을 가지고 세움으로써 기본권규정을 간접적으로 적용해야 한다고 한다. 예를 들어, 사인의 일정한 행동이 신의성실·公序良俗·공정성 등의 요청에 어긋나는지의 여부로 판단함에 있어서 기본권적 가치가 필수적인 해석의 기준이 되어야 한다는 것이다. 결국 이 학설에 의하면 사인간의 법률관계가 사법상의 일반원칙에 위반되고, 이때의 사법상의 일반원칙이 헌법질서의 일부를 구성하는 것이라면 이는 간접적으로 헌법에 위반된다는 것이다(공서양속설). 이 이론이 독일의 다수설이자 우리의 통설이라 하겠다(권영성, 헌법학원론, 329면 참조.).

6) 허영, 한국헌법론, 263면.

7) 허영, 한국헌법론, 263면.

는 창구(Einbruchsstelle)의 역할을 하는 것이 바로 사법상의 일반원칙(신의성실의 원칙·공서양속 규정 등)이라고 한다.[1] 이러한 사법상의 일반원칙이라는 창구를 통하여(따라서 간접적으로) 사인간에 기본권의 효력이 적용되는 것이다. 즉, 기본권의 파급효과 때문에 신의성실에 의한 의무의 이행(독일민법 제242조),[2] 공서양속(독일민법 제138조),[3] 고의·과실에 의한 불법행위책임(독일민법 제823조 제1항)[4] 내지는 고의적·반도덕적 불법행위책임[5]등 사법상의 일반원칙을 적용하는 경우에는 반드시 기본권적인 가치의 실현에 그 초점이 맞추어져야 한다.[6] 다시 말해서 헌법의 기본권효력을 사법의 일반조항(공서양속조항)을 통하여 간접적인 방법으로 사인상호간의 법률관계에 적용되어야 한다는 것이다.[7]

- 신의성실에 의한 의무의 이행
- 공서양속
- 고의·과실에 의한 불법행위책임
- 고의적·반도덕적 불법행위책임

2.3.2. 소결

뒤리히에 의해 대표되는[8] 간접적 효력설은 오늘날 독일의 다수설이라고 할 수 있으며 연방헌법재판소도 이에 동조하고 있다. 이 학설도 전체법질서의 통일성을 강조하면서 헌법에 규정된 기본권적 가치체계는 사법의 해석에 있어서 고려되지 않으면 안 된다는 것이다. 그러나 사인간의 법률관계를 규율하는 것은 우선 사법이기 때문에 헌법상의 기본권규정이 사법

---

1) 허영, 한국헌법론, 박영사, 2009, 256면; 同人, 사인간의 기본권효력에 관한 미국과 서독의 이론, 고시연구(1983.5), 77면.
2) 신의성실의 원칙에 입각한 의무이행(§ 242 BGB).
3) 반도덕적 행위의 무효(§ 138 BGB).
4) 고의·과실에 의한 자유침해의 경우의 손해배상의무(§ 823 BGB).
5) 고의의 반도덕적 행위로 손해를 야기한 경우의 배상의무(§ 826 BGB).
6) BVerfGE 7, 198(205 f); G. Dürig, in: Maunz-Dürig-Herzog-Scholz, GG, Rn. 127 ff zu Art. 1 Abs. 3; 허영, 한국헌법론, 263면; 同人, 사인간의 기본권효력에 관한 미국과 서독의 이론, 고시연구(1983.5), 77면 각주 23) 참조.
7) 구병삭, 신헌법원론, 박영사, 1995, 333면 참조.
8) 뒤리히 이외에 바호프(O. Bachof), 숄츠(R. Scholz) 등 많은 학자들이 간접효력설을 주장한다(김철수, 헌법학(상), 424면 각주 2) 참조). 헷세(K. Hesse)도 원칙적으로 간접효력설에 동의하지만 경우에 따라(예컨대 강력한 경제적 또는 사회적 힘에 대해서는) 직접효력을 주장한다. 자세한 것은 K. Stern, Das Staatsrecht der Bundesrepublik Deutschland, Bd. III/1, 1998, S. 1532 ff.; 간접효력설의 논거를 처음 제시한 사람은 크뤼거(H. Krüger)였으나 뒤리히가 이 이론을 확충하였다.

질서에서 직접적으로 적용될 수는 없고 기본권은 사법의 일반조항이라는 매개수단을 통하여 간접적으로 사인상호간에도 적용될 수 있다는 것이다. 즉 헌법을 기초로 하는 전체법질서의 통일성이 유지되는 것도 중요하지만 다른 한편으로는 사법질서의 독자성과 고유법칙성도 존중되어야 하기 때문에[1] 기본권이 사인상호간에 직접 적용되는 것으로 보는 것보다 사법의 일반조항을 통해 간접 적용되는 것으로 보는 것이 낫다는 것이다. 이러한 주장은 사적 자치를 존중하는데 근거하고 있는 것으로 타인과의 법적 생활관계를 자율적으로 형성 · 처분할 권리도 기본권적 보호의 대상에 속한다는 점에서 그 정당성을 찾는다.[2]

2.4. 새로운 시도

2.4.1. 개관

이상에서 고찰한 바를 종합하건대 우리는 기본권의 대사인적 효력은 기본권이라는 헌법적 가치가 사법질서 속에 어떻게 구체화되는가 라는 문제를 중심으로 발전되어 왔음을 엿볼 수 있다. 이에 관하여는 직접적용설과 간접적용설이 대립되고 있으나 실제로는 양설이 모두 적용되고 있다고 볼 수밖에 없으며, 오히려 상호접근의 경향을 띠고 있다. 다만 이론구성상 간접적용설이 사법질서의 독자성과 공법에 의한 사법의 침해방지에 대하여 보다 많은 배려를 하고 있고, 이를 통하여 공법과 사법의 구별의 2원체계를 견지하고 것으로 보인다. 다만 이러한 학설이 독일과 우리 나라에서의 지배적인 학설임에는 틀림없지만 기본권의 대사인적 효력의 문제를 완전히 해결하였다고 볼 수는 없다.[3] 이와 관련한 문제를 해결하기 위한 새로운 시도로는 슈바베(Schwabe)와 알렉시(Alexy)의 견해가 있다.

---

1) 직접적용설의 여러 가지 논거가 타당성을 가지고 있음에도 불구하고 이에 대해 소극적인 이유는 다음과 같은 점에 있다고 한다. 비록 똑같은 생활과정을 포섭한다 해도 개인 영역의 침해자가 국가냐 개인이냐에 따라 합법성과 위법성이 구별되어야 한다. 즉 국가에 의한 침해였다면 위헌이었을 것도 사인간에는 민법적으로 합법인 경우가 있는 것이다. 따라서 헌법과 민법은 적법과 불법에 있어서 독자적이다.

2) 이것은 법논리적으로 사인상호간의 관계에 있어서 기본권의 효력은 개인의 자율과 자기책임에 의해 상대화된다는 것을 의미하며, 이 경우 사인상호간의 관계에서 기본권이 침해되는 것에 대한 방어의 수단은 기본권적 가치에 의해 채워질 수 있고, 또 그것이 필요한 일반조항이라고 한다.

3) 자세한 것은 K. Stern, Das Staatsrecht der Bundesrepublik Deutschland, Bd. III/1, 1998, S. 1500 ff.

2.4.2. 슈바베(Schwabe)의 '소위(sogenannte)' 기본권의 제3자적 효력설(방어권설)

a) 내용

독일에서의 1950년대와 1960년대는 직접효력설과 간접효력설이 기본권의 대사인적 효력에 관한 헌법논쟁의 주종을 이루었다. 이에 대하여 기본권이 국민 對 국민관계(Bürger-Bürger Relation)에 대한 효력은 주관적 공권으로서 기본권에 국가가 기속되는 결과라고 보는 슈바베(J. Schwabe)의 견해가 있다. 슈바베는 1971년에 '소위' 기본권의 제3자적 효력(Die 'sogenannte' Drittwirkung der Grundrechte)라는 글을 발표하고,[1] 계속된 그의 논문에서[2] 그는 사법관계(Privatrechtsverkehr)에서의 기본권은 곧바로 기본법 제1조 제3항의 「이하의 기본권은 직접효력을 갖는 법으로서 입법 · 집행 및 사법을 구속한다」라는 규정으로부터 직접효력이 나온다고 본다. 즉 전통적 이론에 의하면 기본법 제1조 제3항은 기본권은 공법관계에서의 국가권력 만을 구속하는 조항이지 사법관계에서 국가권력을 구속하는 규정은 아니라고 보았던데 반하여, 슈바베는 공권력의 기본권기속에 의하여 수반되는 사법질서에서의 기본권의 효력이라고 보았다.[3]

그의 견해에 의하면 기본권은 원칙적으로 국가에 대한 방어권으로 보면서, 그는 이러한 기본권의 기능을 기초로 하여 기본권의 대사인적 효력을 인정한다. 즉 사인상호간의 법적 관계를 포함하는 전체법질서는 결국 국가에 의해 확정되고 관철된다. 즉 *私法*관계에서의 권리주장(privarechtliche Ansprüche)에서 기본권이 문제되는 경우, 국가는 사법상의 권리주체(Privat- rechtssubjekte)의 일방 혹은 타방당사자의 기본권에 대하여 일정한 작위명령(Gebote), 혹은 부작위명령(Unterlassung)을 발할 수 있으며, 이로 인하여 사법상의 권리주체가 가지는 기본권은 국가권력에 의하여 제한을 받게 된다고 한다.[4] 이 경우 사인간에 적용되는 사법은 입법자에 의해 제정된 것이고 분쟁이 발생하는 경우 이를 해결하는 법관도 결국은 공권의 담당자(Hoheitsträger)로서 사법상의 분쟁관계를 해결하는 것이기 때문에, 결국 기본권의 대사인적 효력이란 국가권력이 기본권에 구속됨으로 인하여 매개된 것에 지나지 않는다는 것이다.[5]

---

1) J. Schwabe, Die sogenannte Drittwirkung der Grundrechte, 1971, S. 56 ff.

2) J. Schwabe, Probleme der Grundrechtsdogmatik, 1977, S. 211 ff.

3) 김대환, 기본권의 대사인적 효력, 서울대학교, 석사학위논문, 1990, 48면.

4) 김대환, 기본권의 대사인적 효력, 서울대학교, 석사학위논문, 1990, 49면.

5) 법관이 개인간의 사법적 법률관계에 관하여 판결하더라도 법관은 결국 기본권에 구속되기 때문에 기본권은 국가와의 관련성을 갖고 적용된다는 것이다. 국가가 법률로써 사인간의 법적 관계를 규정하고 소송절차와 강제 집행을 통해 이를 실현하는 한(다시 말해 사인상호간의 법률관계도 결국은 국가법질서에, 즉 입법과 재판을 통한 국가법질서의 구성과 실현에 달려 있는 한)이는 제3자적 효력의 문제가 아니라 국가에 대한 기본권효력의 문제인 것이다. 왜냐 하면 법치국가에

결국 사적관계에서 사적으로 발생한 침해 역시 국가에 의한 침해(staatliche Beeinträchtigungen)라고 보아야 하는데,[1] 사인에 의한 침해가 국가에 의한 침해로 간주되는 이유는 국가가 그 침해자에게 그러한 기본권을 보장해주었기 때문에 국가는 책임을 져야 한다는 것이다.[2] 따라서 기본권의 제3자적 효력이론은 환상(Phantom)이나 속임수(Mystifikation)라는 것이다.[3] 이렇게 볼 때 공·사법의 이원론을 전제하여 공법적 영역에서는 기본권의 직접적용을, 사법적 영역에서는 간접적용을 주장하는 것은 잘못이라는 것이다.[4] 왜냐하면 사인상호간의 법적 관계를 포함하는 전체법질서는 국가적 법질서에 기초하고 있기 때문에 기본권은 모든 사법관계에서 당연히 적용된다는 것이다. 그러나 이것은 사적 자치의 부인은 아니며, 사인은 일정한 경우 사법관계에서 자신의 기본권을 포기할 수도 있으며, 다른 한편으로는 사적 자치를 원용하는 상대방에 대해 보다 큰 공적 이익을 주장할 수 있다는 것이다.[5]

b) 비판

그러나 사인상호간에 발생하는 복잡다양한 개별적 사건에 대한 사법상의 법률관계를 판결하는데 있어서 법관은 기본권을 도대체(wie) 그리고 어느 정도(Maß)[6] 고려할 수 있는지가 기본권의 대사인적 효력의 문제를 해결하는데 가장 중요한 핵심적인 요소이다.[7] 그러나 이 문제는 기본권의 국가관련성으로는 해결되지 않는다. 여기서는 갑의 행동의 자유가 을의 기본권보장사유에 의해 제한되는지, 또한 제한된다면 어느 정도 제한되는지가 문제된다. 따라서 슈바베가 기본권을 국가에 대한 방어권으로 보는 한, 그의 기본권이론은

서는 사법상 발생하는 침해문제도 결국에는 입법자가 만든 국가법질서에 의해서 이루어지고 있음을 인식하여야 하기 때문이다. 가령 가족법이 평등의 원칙에 반하여 남편에게 우월한 지위를 부여했다고 한다면 그것은 평등권이 사인간에 있어서의 제3자적 효력의 문제로서 등장하는 것이 아니라 - 이러한 불평등 조항을 제정한 국가권력에 대한 - 국가에 대한 방어권의 문제이다(J. Schwabe, Die sogenannte Drittwirkung der Grundrechte, 1971, S. 16 ff.).

1) 김대환, 기본권의 대사인적 효력, 서울대학교, 석사학위논문, 1990, 50면.

2) 이준일, 헌법학강의, 단락번호 [3.4.13].

3) 이러한 의미에서 슈바베는 Die 'sogenannte' Drittwirkung der Grundrechte('소위' 기본권의 제3자적 효력)이라는 명칭을 사용하였다.

4) J. Schwabe, AöR, Bd. 100(1975), S. 442(450); 장영수, 헌법학, 492면.

5) 김백유, 기본권의 대사인적 효력, 한성대 동아시아연구소, 2001; 同人, 헌정 및 행정법치연구, 195면 이하 참조; 장영수, 헌법학, 492면.

6) 김일환, 헌법재판소의 사죄광고결정, 성균관법학(제12호), 성균관대학교 비교법연구소, 2000, 55면.

7) Hans-Ulrich Gallwas, Grundrechte, 2. Aufl., 1995, S. 66 ff.; Horst Dreier, Subjektiv-rechtliche und objektrechtliche Grundrechtsgehalte, Jura 1994, S. 511.

이러한 대사인적 효력의 문제에 적용되기 어렵다.

슈바베가 사인상호간의 법적 관계에 기본권을 적용하는 경우 기본권으로부터 나오는 개인에 대한 국가적 의무를 관철하는 것이 항상 문제된다는 것을 지적한 것은 옳다. 그러나 이 경우에도 기본권의 방어적 기능이 중요하다는 것은 수긍하기 어렵고,[1] 국민상호간에 발생한 기본권 침해에 대하여 무엇 때문에 국가가 침해당사자와 동일한 책임을 져야하는지에 대함 명쾌한 해답을 못내리고 있다는 점이다.[2]

특히 슈바베의 이론은 명령과 금지가 언급될 때에만 적용될 수 있고, 기본권주체가 다른 기본권주체에 수신되는 명시적 혹은 묵시적 허용에 대항하는 경우에는 적용될 수가 없기 때문이다.[3] 오늘날 슈바베의 견해를 따르는 학자는 거의 없다.[4]

2.4.3. 알렉시(R. Alexy)의 견해(보호권설)

a) 내용

알렉시도 기본권 규범은 국민대 국민관계에 대한 효력(Drittwirkung; Horizontalwirkung)을 가진다고 본다.[5] 알렉시의 보호권설에 따르면 사인사이에 발생한 기본권 침해에 대해서 국가는 일정한 부분에 있어서 그 책임을 지는데, 그 이유는 국가는 개인에 대한 보호의무(Schutz)가 있고, 침해당하는 국민의 입장에서는 국가에 대하여 보호권(Schutzrecht)이 있다는 것이다.[6] 그의 이론은 국가에 대하서 보호를 요구할 수 있는 권리가 있고, 국가는 의무가 있다는 점,[7] 기본권의 대사인적 효력이 어떻게(wie), 어느 정도(in welchem Umfang) 미치는가하는 것이 문제되며, 전자를 이론구성문제(Konstruktionsproblem) 후자를 기본권의 충돌문제(Kollisionsproblem)로 인식하고 있는 점에서 직접효력설 · 간접효력설 및 슈바베의 이론 등과 차이가 있다.[8] 그는 기본권의 대사인적 효력문제, 즉 국민 대 국민관계에서 기본권의 효력의 정도(Maß)는 결국 비교형량(Abwägung), 즉 이익형량(Güterabwägung)의 문제라고 함으로써,[9] 기본권 충돌문제와 연관시키고 있는데, 특히 그는 기본권의 3면모델(Ein Drei-Ebenen-Modell

---

1) A. Bleckmann, BVBI 1988, S. 940.
2) 이준일, 헌법학강의, 단락번호 [3.4.13a].
3) 이는 Blinkerfüer-Beschluß에서 명백히 나타난다. R. Alexy, Theorie der Grundrechte, 1986, S. 487; 김대환, 기본권의 대사인적 효력, 서울대학교, 석사학위논문, 1990, 58면 참조.
4) 김대환, 기본권의 대사인적 효력, 서울대학교, 석사학위논문, 1990, 54면.
5) R. Alexy, Theorie der Grundrechte, 1986, S. 480.
6) 이준일, 헌법학강의, 단락번호 [3.4.14].
7) 이준일, 헌법학강의, 단락번호 [3.4.14].
8) R. Alexy, Theorie der Grundrechte, 1986, S. 480; 이준일, 헌법학강의, 단락번호 [3.4.14].
9) R. Alexy, Theorie der Grundrechte, 1986, S. 484; 김일환, 헌법재판소의 사죄광고결정, 성균관법학(제12호), 성균관대학교 비교법연구소, 2000, 59면.

der Drittwirkung)을 제시하는바, 「첫째, 국가의 의무의 면(die Ebene der Pflichten des Staates), 둘째, 국가에 대한 권리의 면(die Ebene der Rechte gegenüber dem Staat), 셋째, 사법상의 권리주체간의 법적 관계의 면(die Ebene der rechtlichen Relationen zwischen Privatrechtssubjekte) 등이 그것이다. 이상의 3면 사이에는 어떠한 단계구조(Stufenverhältnis)도 존재하지 않으며 오히려 내재적 관련관계(Implikationsverhältnis)가 있다」고 한다.[1]

국가의 의무 측면에 바탕을 두고 이론을 전개하는 것은 간접효력설의 입장이며, 이는 기본권 규범이 객관적 원리(객관적 가치질서)로서 모든 법영역에 타당하다는 것은 민사입법(Zivilge- setzgebung)과 민사재판(Zivilrechtsprehung)에 있어서 국가는 기본권 규범을 고려해야할 의무를 진다는 것을 의미한다. 이는 뤼트판결(Lüth-Urteil)에서 엿볼 수 있다. 법관은 법관 자신에 의하여 통용될 실질적 민법규정이 기본권의 영향을 받을 것인지의 여부를 헌법적 명령(Verfassungsgebote)에 의하여 검사하여야 한다. 그렇다면 법관은 민법규정의 해석과 적용에 있어서 나타나는 사법에 대한 수정(Modifikation)을 고려하여야 한다.[2]

b) 비판

이러한 알렉시의 주장은 그 이전의 견해를 종합적으로 정리·분석함으로써 기본권의 대사인적 효력이론을 체계화하였다는 점에서 그 의의가 크다. 그러나 그이전의 학설에 비하여 특별한 독창적 견해를 발견하기 어렵다는 비판이 있다. 기본권의 대사인적 효력 문제에 있어서 중요한 것은 사법(재판)작용이고, 특히 사인간의 분쟁을 해결하기 위하여 사법(私法)을 적용하는 사법(司法)작용이며, 양자의 차이를 무시한채 보호권의 문제를 제3자효와 등치시키거나 제3자효를 보호권설로만 구성하는 것은 바람직 하지 않다는 것이다.[3]

---

1) R. Alexy, Theorie der Grundrechte, 1986, S. 485.
2) BVerfGE 7, 198(206).
3) 이준일, 헌법학강의, 단락번호 [3.4.15a].

3. 정리(도표)

구분	학설(이론)	주장자 (판례)	주요내용
기본권의 제3자적 효력	적용부인설	안쉬츠(Anschütz) : 법실증주의	① 기본권은 대국가적 방어권 ② 사법에 의한 사적 관계 지배가 존중되어야 ③ 독일 바이마르(Weimar)시대(1919-1933) : 통설(법실증주의적 헌법관)
	직접적용설 (직접효력설) - 상대적 직접적용설	니퍼다이(H. C. Nipperdey) : 독일 연방노동법원장	① 독일연방노동법원판례 ② 독연방대법원(BGH) 판례 ③ 기본권의 주관적 사권성 인정 ④ 헌법의 최고의 생활규범성 →성질상 개인간에도 적용가능한 일부 기본권조항의 제3자적 효력 인정 : 제1조(인간존엄권), 제3조(평등권) 제5조 제1항(표현의자유) ⇒ 상대적 직접적용설 ⑤ 공 · 사법 2원체계와 사적 자치의 제한 = 자율적 책임주의 및 자유의 신장제한
	간접적용설(간접효력설 · 공서양속설)	뒤리히(G. Dürig) : 현재의 독일의 통설 · 판례	① 공 · 사법의 2원적 구별체계를 유지하면서 사인에 의한 기본권 침해 배제 ② 헌법상 기본권 규정의(사법상 일반원칙)을 통한 간접적용 → 헌법의 사법에의 진입(Einbruchstelle)을 전제
	직접적 명문 헌법규정	독일 기본법 제9조 제3항	① 단결권(노동3권; 근로자의 단결권)은 누구에게나, 어느 직업에서나 보장 ② 이 권리를 제한하거나 방해하는 협정은 무효이며, 이를 위한 조치는 위법이다. ☜ 허영 교수 : 직접적 사인효력규정.[1]

<홍원식, 통합헌법요론, 134면 참조>

Ⅳ. 한국헌법상 기본권의 대사인적 효력이론

1. 개관 : 우리나라 학설의 동향

한국에서도 사인상호간의 관계에 있어서 기본권이 적용되어야 할 현실적 필요성은 오늘날 외국에서와 마찬가지로 크다. 그러나 우리의 현행 헌법은 사인간의 기본권효력에 관하여 독일 기본법 제9조 제3항과 같은 헌법상의 명문규정이 없다.[2] 따라서 사인간의 기본

1) 허영, 한국헌법론, 264면.

2) 여기서 말하는 것은 헌법을 제정할 때부터 기본권의 대사인적 효력을 명시적으로 인정하는 규정을 의미하는 것이지 헌법의 해석을 통한 기본권의 대사인적 효력 인정여부에 관한 문제가 아

권효력을 인정할 것인가, 또한 인정한다면 어떤 방법과 절차를 통하여 기본권규정을 사인간에 적용할 것인가의 문제가 전적으로 학설과 판례에 일임되어 있는 설정이다. 독일학계의 영향을 받고 있는 우리나라 학계의 일반적인 경향은 독일의 학설과 방향을 같이하고 있다. 우리나라 학설의 경향은 독일의 이론적인 영향 밑에 원칙적으로 사인간의 기본권효력을 인정하지만, 학자에 따라 그 설명방법이 다소 다르다. 사인간의 기본권효력 적용문제에 관한 학자들의 견해를 요약·정리하면 다음과 같다. 즉 기본권은 그 성질상 사인간에 적용될 수 없는 것을 제외하고는(청구권적 기본권 등과 같은 절차적 기본권,[1][2] 사법상의 일반원칙(민법 제2조와 제103조 등)을 통해서 간접적으로 사인간에도 효력을 미치는 것이 원칙이지만,[3] 헌법의 명문상 사인간에 직접적인 효력을 미치는 기본권도 있는데, 예컨대 1) 인간의 존엄성과 이를 바탕으로 하는 행복추구권(제10조),[4] 2) 언론·출판의 자유(제21조),[5] 3) 근로자의 근로3권(제33조)[6]을 비롯한 합리적인 근로조건의 보장에 관한 규정(제32조 제3항, 제4항, 제5항),[7] 4) 혼인에 있어서의 남녀평등(제36조)[8] 5) 참정권(제24조, 제25조, 제72조, 제103조 제2항 등) 6) 노동3권(제33조)[9] 등이 여기에 속한다고 한다.[10]

독일 헌법학의 영향아래 현재 우리나라의 학설도 효력부인설, 직접적용설, 간접적용설로 대별할 수 있다. 그러나 아직도 정설이 확립되어 있는 것은 아니며 다만 간접적용설이 통설적 위치를 점하고 있을 뿐이다.[11] 사적 자치를 침해하지 않고 헌법의 기본권 내용을

니다. 김일환, 헌법재판소의 사죄광고결정, 성균관법학(제12호), 성균관대학교 비교법연구소, 2000, 56면 각주 33) 참조.

1) 사인간에 적용될 수 없는 기본권의 종류에 대해서도 학자간의 의견대립이 있다. 이점에 대해서는 예컨대 김철수, 헌법학(상), 424면 각주 1), 2) 참조; 권영성, 헌법학원론, 331면 이하 참조.

2) 양건, 헌법강의, 232면.

3) 간접적 사인효력설과 사인효력부인설을 내용상 동일시하면서 간접적 사인효력설은 따지고 보면 '헌법의 근본규범이 사인관계에 그 정신이 적용되는 것'에 지나지 않기 때문에 사인효력부인설과 내용상 실질적인 차이가 없다고 주장하는 견해도 있다(문홍주, 한국헌법, 211면). 이 주장에 대한 비판으로는 허영, 헌법이론과 헌법, 박영사, 1995, 단락번호 616 참조. 同人, 사인간의 기본권의 효력, 고시계(1983.3), 58면.

4) 구병삭, 신헌법원론, 335면.

5) 허영 교수는 현행 헌법이 직접적인 사인효력을 어렴풋하게나마 인정한 것은 언론·출판의 자유뿐이라고 한다(허영, 한국헌법론, 266면).

6) 구병삭, 신헌법원론, 335면; 권영성, 헌법학원론, 331면.

7) 구병삭, 신헌법원론, 335면.

8) 구병삭, 신헌법원론, 335면.

9) 양건, 헌법강의, 232면.

10) 허영, 헌법이론과 헌법, 단락번호 613 참조.

11) 양건, 헌법강의, 232면 참조.

충진(充塡)한 일반사법규정 등을 통하여 간접적으로 적용해야 한다는 간접적 적용설이 타당하다고 본다.[1] 이러한 통설 내지 다수설의 입장에 대한 허영 교수의 다른 견해도 있다.[2] 그리고 생성중인 기본권관의 입장에서 기본권의 대사인적 효력을 설명하려는 최대권 교수의 견해도 주목을 끌고 있다. 이하에서는 이상의 대체적 견해들을 소개하고 분석해 본다.

2. 학설

2.1. 효력부인설(적용부인설)

문홍주 교수는[3] 「간접적용설도 사법의 일반규정을 통해서 그 헌법의 기본권 보장의 '취지'가 민주국가의 구성원리로서 사법에도 간접적으로 적용된다고 말하는 것이고, 만일 사법에 이와 같은 일반규정이 없을 경우에도 헌법의 기본권규정이 사인간에 적용된다는 주장은 발견할 수 없다. 그러므로, 이것은 사법의 일반규정이 적용되는 것이고 다만 규정의 해석에 있어서 이와 같은 헌법원리가 하나의 기준이 된다는 것 이외에는 아무 것도 아니다. 결국, 기본적 인권은 그 유래로 보거나 정신사적 배경으로 보거나 본질상 국가에 대한 국민의 주관적 공권으로서, 이것은 어디까지나 국민의 국가에 대한 권리이고 개인이 개인에 대하여 가지는 권리는 아니다. 따라서, 기본적 인권의 규정은 사인관계에 대하여서는 적용되지 않는다는 것을 솔직히 일단 인정하고 넘어가야 한다」.[4][5] 라고 하면서 다만 「헌법

---

1) 김용균, 기본권의 제3자적 효력에 관한 연구, 연세대학교 석사학위논문, 1987, 116면.

2) 특히 허영 교수는 직접적용되는 기본권의 범위에는 언론·출판의 자유 이외에 다른 기본권 들즉, 인간의존엄과 가치 행복추구권(제10조), 근로자의 노동3권(제33조)과 참정권(제24조, 제25조, 제72조, 제130조 제2항 등) 등은 그 조문내용으로 보아 직접적 사인효력을 인정하기에는 많은 무리가 따른다고 생각한다고 한다(허영, 한국헌법론, 266면).

3) 문홍주, 한국헌법, 200-202면 이하 참조.

4) 문홍주, 한국헌법, 200면.

5) 이러한 논증방식은 허영 교수가 「… 기본권을 국민의 국가에 대한 주관적 공권만으로 이해한 나머지 '기본권의 수신인'을 국가권력으로 한정하고 기본권이 가지는 양면성에 대해서 부정적 내지는 회의적인 시선을 보내는 입장에서 어떻게 '현실적인 필요성'이 있다는 이유만으로 기본권의 '대사인적효력'을 선뜻 인정할 수 있는 것인지 의문이 생기지 않을 수 없다. … 기본권은 사회공동체의 가치적인 Konsens로서 동화적 통합의 실질적인 원동력을 의미하기 때문에 결국 국가창설의 원동력인 동시에 그 존립에 정당성을 부여해 주는 '질서의 원칙'를 뜻하게 되고, 사회구성원은 이 질서를 지키고 존중하여 동화적 통합을 실현시킬 책임과 의무를 지게 된다는 인식이 확산되면서부터 기본권에 내포된 '객관적 가치질서'로서의 성질이 주목의 대상이 되고 그와 함께 기본권의 효력이 사인상호간에도 미칠 수 있다는 논증이 나타나기 시작한 것이다.」라고 하여 기본권의 양면성을 기본권의 대사인적효력의 이념적 기초로서 인정하고 있는 것과 같은 맥락에서 파악될 수 있다. 허영, 헌법이론과 헌법, 단락번호 597 참조.

이 특별히 사인관계에 대하여도 보장 또는 금지하는 규정을 하고 있을 때, 즉 우리 헌법에 그 예를 찾아보면 근로자의 기업주에 대한 권리, 근로기준법에 의한 근로조건의 제한, 언론·출판기관에 대한 피해배상청구권 등의 경우에, 기업주가 근로자에 대하여 단결권·단체교섭권·단체행동권을 제한하는 근로계약을 체결하거나, 근로기준법에 위반하는 노동계약을 체결함은 이에 위반되므로 무효라 아니 할 수 없다.」고 한다. 그리고 「인간의 존엄과 가치의 존중이란 근본규범은 사법의 일반원칙인 신의성실 및 권리남용의 금지(민법 제2조)와 공서양속의 보장(동법 제103조)이란 사법의 대원칙에 나타나 있는 것이며, 이를 해석하는데 기준이 아니될 수 없다. 이런 의미에서는 헌법이 근본규범이 사인관계에 그 정신이 적용되는 것까지 부인하는 것은 아니다. 이렇게 보면 결국 간접적용설과 동일하다.[1] 다만, 그 표현을 달리할 뿐이다. 민법의 일반규정을 해석하는데 헌법의 기본권규정의 취지가 기준이 된다는 말과 헌법의 기본권규정이 민법의 일반규정을 통해서 간접적으로 적용된다는 말과는 결국 같다. 그러나, 일면에 있어서는 사법자치의 민주주의 원칙을 존중하는 의미에서 이것은 사법의 일반원칙 그 자체가 직접 적용되는 것이지 헌법의 어느 조항이 적용되는 것이 아니라 하여도 무방할 것이다. 그러므로, 우리는 헌법의 기본적 인권규정이 그대로 사인관계에 적용된다고 하여 또 하나의 민주주의 원칙인 사법자치의 원칙을 무조건 파괴하는 결과를 초래할 것이 아니라, 그것은 어디까지나 국가의 다른 합목적적 이유에서 나오는 법률에 의하여 조절된다고 해석하여 간접적용에 신중을 기해야 할 것이다.」라고 한다.[2)3)]

---

1) 그러나 형식상 사법의 일반조항이 적용되지만 실질적으로는 기본권의 내용이 적용되고 실현된다고 할 때 거기에는 분명히 실질적 차이가 있다. 즉 허영 교수의 견해에 의하면 '민법의 일반규정을 해석하는데 헌법의 기본권규정의 취지가 기준이 된다'는 말과, '헌법의 기본권규정이 민법의 일반규정을 통해서 간접적으로 사인간에 적용된다.'는 말은 결코 같지 않다고 한다(허영, 사인간의 기본권의 효력, 고시계(1983.3), 58면). 따라서 문홍주 교수의 견해는 기본권의 '객관적 가치질서'로서의 성질을 바탕으로 하는 '기본권의 대사인적효력'의 문제와 헌법의 '최고규범성'을 바탕으로 하는 '합헌적 법률해석'의 문제를 엄격히 구별하지 않고 있다는 비난을 면하기 어렵다고 한다. 이 비판적 견해에 따르면 헌법의 최고규범성은 어디까지나 그 수신인이 입법권을 비롯한 국가권력이지 국민은 아니다. 따라서 국가권력을 뜻하는 사법권이 사법상의 일반원칙을 헌법정신에 맞도록 해석해야 된다는 것은 헌법의 최고규범성을 존중해야되는 공권력의 헌법적 의무에 불과하지, 그로부터 사인간의 기본권효력에 관한 해답이 나오는 것은 아니라고 본다. 그에 반하여 간접적 사인효력설은 기본권에 내포된 '객관적 가치질서'로서의 성질 때문에 기본권이 사인간의 사적인 법률관계에도 마땅히 적용되지 않을 수 없다고 헌법이론적인 인식을 그 바탕으로 하는 논리형식이라고 한다. 즉 허영 교수는 '기본권의 대사인적 효력의 논리'와 '법률의 헌법합치적 해석의 논리'를 구별하면서 간접효력설과 효력부인설을 동일시하는 것은 잘못이라고 한다(허영, 헌법이론과 헌법, 단락번호 616). 간접효력설에 있어서는 헌법합치적 해석이 불가피하다(이에 관해서는 K. Stern, Das Staatsrecht der Bundesrepublik Deutschland, Bd. III/1, 1998, S. 1556 ff., 1583).

이러한 문홍주 교수의 견해를 기본권의 사인효력부인설에 분류할 것인지 간접적용설에 분류할 것인지는 명확하지 않다. 왜냐하면 위에서 보았듯이 이 견해는 사인효력부인설과 간접적용설은 사실상 같다고 취급하고 있으며,[1] 또한「사인관계 적용부인설이란 항목을 둠으로써 간접적용설과 실질적으로 같은 내용인데도 오해를 받았기 때문에 新著에서는 부인설이란 용어를 사용하지 아니하기로 하였다.」[2]라고 하고 있기 때문이다. 그러나 학계의 일반적 견해[3]는 문홍주 교수는 효력부인설을 취하는 것으로 해석하고 있다.

또 다른 효력부인설을 주장하는 학자로는 한웅길 교수가 있다. 즉「헌법의 인간의 존엄과 가치의 존중이 민법의 일반조항 제103조를 통하여 적용된다고 하지만, 이 때에는 바로 민법 제103조가 적용된다고 하면 구태여 헌법 제9조(제8차 개정헌법)의 간접적용을 들지 않아도 결과는 같다. 헌법은 국민의 기본법이기 때문에 헌법은 하위법의 해석에 있어서 가능한 한 근본기준이 아니 될 수 없다. 이런 경우에 사적자치를 존중하고 이와 조절되어야 함은 마땅하다」[4]라고 하고 있다.[5]

2.2. 직접효력설(직접적용설)

김기범 교수[6]는 직접효력설을 주장하였다고 생각되어 진다. 즉「사회의 기본질서도 응당 국가의 기본질서법인 헌법의 규율을 받아야 하며 헌법에서 가장 소중하게 보장되고 잇는 국민의 기본권은 단지 국민의 국가에 대한 관계에서만 보장받는 것으로는 부족하므로, 더욱 나아가서 사인 대 사인간의 관계에서도 보장을 받아야 하고 기본권의 제3자적 효

---

2) 문홍주, 한국헌법, 201-202면. 이에 대한 비판으로는 허영 교수의 견해 참조(허영, 헌법이론과 헌법, 단락번호 616).

3) 또한 간접적 사인효력설과 사인효력부인설이 내용상 동일하다는 주장(문홍주, 한국헌법, 200면)에 대하여 '법률의 합헌적 해석'과 '사인간의 기본권효력'은 그 헌법이론적 바탕이 다르기 때문에 '헌법의 기본권규정이 민법의 일반규정을 통해서 간접적으로 사인간에도 적용된다.'는 간접적 사인효력설의 논리와 '민법의 일반원칙을 해석하는데 헌법의 기본권규정의 취지가 기준이 되는 것은 당연하기 때문에 이것은 사법의 일반원칙 그 자체가 직접 적용되는 것이지 헌법의 어느 조항이 간접적으로 적용되는 것이 아니다'라는 논리는 현저한 내용상의 차이가 있으므로 '간접적 사인효력설과 사인효력부인설이 내용상 같다고 주장한 것은 옳지 못하다'라고 서술하고 있다(허영, 사인간의 기본권의 효력, 고시계(1983.3), 59면.)

1) 문홍주, 한국헌법, 201면.

2) 문홍주, 한국헌법, 202면, 각주2) 참조.

3) 허영, 헌법이론과 헌법, 단락번호 613.

4) 한웅길, 새헌법, 법정학회, 1983, 131-137면.

5) 그 밖에 윤세창 교수도 사인적 효력을 부인 한다(윤세창, 신헌법, 96면).

6) 김기범, 한국헌법, 129-132면.

력은 응당 인정되어야 할 것이다. 또 국민의 기본권은… 자연법상의 권리이며, 국민은 인간으로서의 존엄과 가치를 가진다. 국가도 국민의 인간으로서의 존엄과 가치를 존중 보호하기 위해 국민의 기본적 인권을 최대한으로 보장할 의무를 진다고 헌법 제8조(현행 헌법 제10조) 아래에 선언하고 있는데 사회도 그 의무를 완전히 면할 수 없음은 설명할 필요도 없을 것이다. … 오늘날에 있어서는 기본권침해의 위협은 국가권력에 못지 않게 그 이상으로 사회의 다원적 諸집단세력으로부터 위협을 받게 되었다. 따라서 기본권은 단지 국민의 국가와의 관계에서만 보장을 받고 사인 대 사인간에서는 보장받을 수 없다고 하여 기본권의 제3자적 효력을 부인하는 것은 시대적 요청에 역행하는 견해라고 하지 않을 수 없다」고 하여 효력부인설을 비판하면서 「간접적용설을 주장하는 학자들은 직접효력설을 따르면 사적자치의 원칙에 입각하는 사법체계의 혼란을 초래하고 사법의 사회화, 국가화를 초래할 우려가 있다고 한다. 그러나, 간접효력설을 취하면 헌법상의 기본권조항은 모두 사인 대 사인간의 관계에 있어서는 정책적 규정이 되게 되는데 이것은 논리상 타당치 못함은 말할 것도 없고 헌법에서 가장 중요시되고 있는 국민의 기본권을 손상시키는 동시에 국가의 기본질서법으로서의 성격에 관한 헌법규정도 단순한 정책적 규정이라고 보는 견해가 타당치 못함은 누누이 설명할 필요조차 없을 것이다」라고 하면서 간접효력설의 부당성을 지적하고 있다.[1)]

그리하여 「국민의 기본권이 국민의 국가와의 관계에 있어서 절대무제한의 권리가 아닌 것처럼, 사인 대 사인간의 관계에 있어서도 절대무제한의 권리일 수 없다」고 하면서「국민과 국가와의 관계에 있어서 국민의 기본권을 법률에 의해 제한하더라도 그 법률의 제정은 헌법 제32조 제2항(현행 헌법 제37조 제2항)의 제약을 받으며 또 법률로써 기본권을 제한하더라도 과도하게 제한하여 그 결과 국민의 인간으로서의 존엄과 가치가 손상되지 않도록 하여야 할 제약을 받는 것과 같이 사인 대 사인간의 관계에 있어서도 자유계약에 의하여 계약당사자의 기본권을 제한하더라도 기본권을 너무 제한해서 계약당사자의 인간의 존엄과 가치를 손상시키면 그 계약은 무효가 되지 않을 수 없다」고 함으로써 직접효력설을 주장하고 있다.

김기범 교수의 견해는 헌법의 기본권조항이 사인상호간에도 적용되어야 한다는 시대적 요청과 현실적 필요성을 역설하고, 헌법규범이 단순한 관념적 규범이 아니라 모든 국가생활을 직접 규율하는 직접효력규범이라는 것을 강조하고 있다는 점에서 이론적 타당성을 손상시키는 동시에 국가의 기본질서인 헌법의 성격에 위배되는 것이라고 하지만 오히려 직접적 사인효력설이 사적자치의 제약을 통하여 국민의 자유를 제한하는 것이며 기본권의 양면성을 인정하는 입장에서는 그것은 헌법의 성격에 위배되는 것이 아니라 오히려 합치

1) 김기범 교수와 같은 견해로는 한동섭, 헌법, 122-126면 참조.

한다는 사실을 간과한 것이라는 비판이 제기된다. 김기범 교수의 견해에 대하여는 기타 독일에서의 직접효력설에 대한 일반적 비판이 그대로 유효할 수 있다.

2.3. 간접효력설(간접적용설)

2.3.1. 개관

이 설이 우리나라의 통설적 견해[1]이다. 그러나 간접적용설을 취하면서도 학자에 따라서는 조금씩 그 견해를 달리하여 설명하고 있다. 통설에 따르면 개별적 기본권에 따라 직접적 효력이 미치거나 혹은 간접적 효력이 미치는 것으로 설명하되 일반적으로 간접효력설을 취하고 있다. 즉, 성질상 사법관계에 적용이 인정될 수 없는 기본권(학자에 따라 조금씩 다르게 설명)과 명문 및 해석상 직접적으로 적용되는 기본권(학자에 따라 조금씩 다르게 설명)을 제외한 기본권은 원칙적으로 간접으로 적용된다고 본다. 이러한 통설적 견해에 대하여는 그 한계와 책임을 명시하는 규정을 둠으로써 사인간에도 경우에 따라서는 기본권에 의한 권리침해가 생길 수 있다는 점을 암시하고 있는 언론출판의 자유(제21조)만이 직접적으로 적용(직접효력설)되고, 그리고 성질상 사인간에 적용하기에 부적합한 기본권을 제외한 모든 기본권은 원칙적으로 간접적용(간접효력설)되는 것이 타당하다는 견해도 있다.[2] 이하에서는 이상의 諸학설을 상세히 검토하고자 한다.

2.3.2. 학설

김철수 교수는 「… 모든 기본권에 대하여 일률적으로 적용을 부인하거나 일률적으로 직접적 적용을 주장하는 것은 논리적으로 일관성이 있을지는 모르나 실제 적용상에는 많은 모순이 나타난다. -그러므로 헤세(K. Hesse)의 의견에 따라 - 개별적인 기본권에 따라 그 적용여부를 검토하는 것이 오히려 바람직할 것이다. 왜냐하면 기본권 중에는 국가에 대해서만 효력을 갖는 것이 있으며, 또 사인에 대해서 직접적인 효력을 가진 것도 있기 때문이다.」[3]라고 하면서 「사인상호간에 있어서의 기본권의 보장은 일방당사자의 기본권과 타방당사자의 기본권과의 충돌이 문제」[4]되므로 「기본권의 사인간의 효력문제에 있어서는 기본권의 상호주의적 입장에서 당사자 상호간의 이해의 대립이 조정되어야만 할 것이다.」[5]

---

1) 갈봉근, 유신헌법론, 한국헌법학회, 1976, 141-144면. 한상범, 한국헌법, 예문관, 1979, 122-124면. 한동섭, 헌법, 1971, 121-124면. 이강혁, 사인간에 있어서의 기본권의 보장, 법정, 1978.4., 36-44면. 김남진, 사인간에 있어서의 기본권의 보장, 광장(1976.7), 28-31면; 허경, 사인간에 있어서의 기본권의 효력, 고시계(1984.2), 50-58면.

2) 허영, 한국헌법론, 266면.

3) 김철수, 헌법학(상), 428면.

4) 김철수, 헌법학(상), 429면.

라고 서술하고 있다. 그리고 적용이 부인되는 대국가적 기본권으로서 직업공무원제도의 보장, 지방자치제도의 보장, 형벌불소급의 원칙, 국가배상, 형사보상 등을 들고, 직접적용되는 대사인적 기본권으로서는 근로3권, 언론·출판의, 협의의 인간의 존엄과 가치·행복추구권, 참정권 등을 들며 그 이유로써 이들 권리는 사인간의 관계를 전제로 할 뿐만 아니라 계약자유에 대한 제한원리를 내포하는 사회적 법치국가의 이념하에서 보장되어 있는 것이기 때문이다.」[1]라고 하고 있다. 그리고 「이상의 두 종류 이외의 기본권은 원칙적으로 간접적용(간접효력설)된다고 본다. 이는 사인간에 있어서도 기본권이 침해될 수 있으며, 이 때에도 사인의 기본권을 보호할 필요성이 당연히 인정되기 때문이다. 기본적으로 간접적용설을 취하면 공법·사법의 이원적인 법체계의 분화를 혼란시키지 아니하고, 일면에서는 계약의 자유 및 사적 자치라는 사법의 기본원리를 유지하면서, 타면에 있어서는 기본권의 존중, 보장이라는 공법의 근본사상을 사법에 도입할 수 있으므로 법체계의 전체를 기본권존중사상에 의하여 통합할 수 있는 장점이 있다」[2]고 한다.

권영성 교수는 우리나라에 있어서도 「헌법에 명문이 없는 경우 간접적용설(공서양속설)에 따라 기본권 규정이 사법상의 일반원칙을 통해 사법관계에도 적용된다고 보는 것이 다수설의 입장이다.」[3]라고 하면서 이를 다시 직접적용되는 기본권규정과 간접적용되는 기본권규정으로 분리하여 설명한다. 「특정의 기본권규정이 사법관계에서도 적용된다는 명문의 규정이 있거나, 명문의 규정이 없을지라도 성질상 직접 적용될 수 있는 규정(제33조의 근로3권[4])이면, 그 기본권규정은 사인간의 법률관계에 직접 적용된다. 그 밖의 경우에는 간접적용설(공서양속설)의 입장에서 성질상 사법관계에도 적용될 수 있는 기본권조항(예시하면 제11조의 평등권, 제17조의 사생활의 비밀과 자유, 제18조의 통신의 자유, 제21조의 표현의 자유 등)만이 사법상의 일반원칙을 규정한 諸조항(민법 제2조, 제103조, 제750조, 제751조)을 통하여 간접적으로 적용된다고 본다.[5] (이러한)통설의 입장은 공·사법질서의

5) 김철수, 헌법학(상), 427면.
1) 김철수, 헌법학(상), 428면.
2) 김철수, 헌법학(상), 429면.
3) 권영성, 헌법학원론, 331면.
4) 예를 들면 헌법 제33조는 근로 3권이 사용자와 근로자의 근로관계에 직접 적용된다고 규정하고 있지는 않지만, 근로자의 단결권·단체교섭권·단체행동권은 본질적으로 근로관계를 전제로하는 것이므로 근로3권 조항은 사용자에게도 직접 적용된다고 본다(권영성, 헌법학원론, 331면). 특히 권영성 교수는 1994년판부터 제10조의 행복추구권, 제32조 제4항, 제5항의 여자와 연소자의 근로의 특별보호는 삭제하고 있다.
5) 권영성 교수는 「기본권의 제3자적효력의 문제와 관련하여 적용이 부인되는 대국가적 기본권으로서 직업공무원제도·지방자치제도·형벌불소급의 원칙·죄형법정주의 등을 들고 있는 견해가 있지만, 직업공무원제도·지방자치제도는 기본권이 아니라 공법상의 제도이고, 또 형벌불소급

이원적 개별체계(공서양속에 위반하는 것이 아닌 한 기본권의 자발적 제한을 사적 자치의 일환으로서 보장하는 등)에 혼란을 야기하지 아니하면서 헌법의 기본권보장의 정신을 구현할 수 있는 헌법해석론이므로 타당하다고 본다.」[1]라고 하고 있다.

박일경 교수는 「직접적 적용의 부인은 헌법과 사법은 하등의 관계도 없으며, 기본권에 관한 헌법의 규정이 전혀 사법관계에 적용되지 않는다고 주장하는 이른바 국법질서의 이원성을 의미하는 것은 아니다」[2]라고 주장하면서, 「기본권에 관한 헌법의 규정의 취지는 그것이 '인간으로서의 존엄과 가치의 존중을 보장·구현하고자 하는 범위 안에서 사법관계에서도 준수되어야 한다고 생각된다.」[3] 그리고 「기본권에 관한 헌법규정은 인간으로서의 존엄과 가치의 존중이라는 기본원리를 통하여 간접적으로 사법관계에 적용된다고 생각된다. 그러면 헌법의 규정과 사법관계의 중간에서 위에서 말한 바 기본원리[4]의 지배밑에 헌법의 기본권에 관한 규정을 사법관계에 매개하고 사법자치를 제한하는 것은 사법관계에서의 법률행위의 효력에 관한 일반적 규정, 우리나라의 예를 들면 '선량한 풍속 기타 사회질서에 위반한 사항을 내용으로 하는 법률행위는 무효'라고 규정하는 민법 제103조가 이에 해당한다고 생각한다. 즉, 헌법에 규정하는 기본권에 해당하는 사람의 자유와 권리를 제한하는 것을 내용으로 하는 사법관계는 그것이 그 법률관계당사자의 '인간으로서의 존엄과 가치'를 침해하는 때에는 '선량한 풍속 기타 사회질서에 위반'하는 것으로서 무효가 되는 것이다.」[5]라고 한다.

한태연 교수는 「직접적용설에 있어서와 같이 기본권은 직접으로 사법질서를 구속한다는 견해는 이미 보아온 바와 같은 여러 가지 이유에 의하여 그대로 인정될 수 없다. 따라서 기본권의 제3자에 대한 구속력은 사법자치와 양립될 수 있는 범위 안에서 공소양속, 신의성실과 같은 일반조항에 의하여 다만 간접적으로 그 구속력을 가진다고 보는 수밖에 없다」[6][7]고 한다.

구병삭 교수는 「사법관계에 기본권 규정을 적용하는 것은 이른바 그 문제에 국가가 간여할 것을 요구하게 된다. 그런데 이 경우의 난점은 일방의 인권침해를 구제할 때 타방

의 원칙·죄형법정주의도 기본권이 아니라 법원칙 또는 법원리일 뿐」이라고 한다(권영성, 헌법학원론, 331면 각주 3) 참조).

1) 권영성, 헌법학원론, 332면.

2) 박일경, 제5공화국헌법, 180면.

3) 박일경, 제5공화국헌법, 181면.

4) '인간으로서의 존엄과 가치의 존중'이라는 기본원리.

5) 박일경, 제5공화국헌법, 181면; v. Mangoldt-Klein, Das Bonner Grundgesetz, 1957, Bd. I, S. 69, 152.

6) 한태연, 헌법학, 210-211면.

7) 한태연, 헌법학, 270-271면.

의 인권이 제한되는 인권의 충돌현상을 낳게 된다는 것이다. 그래서 결국 개별적·구체적 법률관계와 침해내용과 정도를 종합적으로 검토하여 침해행위의 합리성의 결여여부에 의하여 판단할 수밖에 없다」[1]고 하면서, 「자유민주주의헌법이 기본권에 의하여 인간의 존엄과 가치를 실정법적으로 구현하는 것이라면 국가권력에 대한 관계에서 보장되는 인간의 존엄과 가치가 사인 그 집단에 의하여 침해될 때에도 국가권력에 의하여 보호를 받아야 한다. 이러한 입장에서 기본권에 관한 규정은 직접적으로 사법관계에 적용되지 않는다 할지라도 인간의 존엄과 가치의 보장이라는 민주적 법원리를 매개로 하여 간접적으로 사법관계에 적용된다고 할 수 있다. 결론적으로 공법과 사법의 이원적인 법논리체계를 혼란시키지 아니하고 사적자치의 원리를 기반으로 그 내용에 기본권존중정신을 도입하여 법질서의 全조직체계를 기본권존엄의 사상에 의하여 통합할 수 있다는 점에서 간접효력설이 타당하다」[2]고 하고 있다.

허영 교수는 「우리 현행 헌법에는 독일 기본법(제9조 제3항)처럼 근로자의 단결권(제33조)에 관해서 직접적 사인효력을 인정하는 명문규정을 두지도 않았고, 사인간의 기본권효력을 부인하는 명문의 규정도 없다. 다만 언론·출판의 자유에 관해서 그 한계와 책임을 명시하는 규정(제21조 제4항)을 둠으로써 사인간에도 경우에 따라서는 기본권에 의한 권리침해가 생길 수 있다는 점을 암시하고 있을 뿐이다. 따라서 사인간의 기본권을 인정할 것인지의 여부와 인정한다면 어떠한 방법과 절차를 통해서 기본권을 사인간에 적용할 것인지의 문제가 학설과 판례에 일임되고 있다고 볼 수 있다.」[3]고 하면서 「현행 헌법은 언론·출판의 자유가 현대사회에서 가지는 사회 통합적·민주적 기능을 감안해서 이 기본권에 대해서만 특별히 직접적인 사인효력을 인정하고 있고, 나머지 기본권들은 사법상의 일반원칙을 통해서 간접적으로만 사인간에 적용될 수 있다고 보는 것」이 해석상 무리가 없다고 보고, 이렇게 해석해야만 현행 헌법 제21조 제4항의 헌법상 의의가 명백해진다.」[4]라고 서술하고 있다.

현재까지의 독일식 이론전개를 지양하고 법사회적인 접근방법을 채택함으로써 기본권의 대사인적 효력을 설명하려는 입장(생성중인 기본권관의 입장)으로 최대권 교수는 제안하고 있다.[5] 그의 견해는 한마디로 헌법상의 기본권은 거대사조직에 대한 관계에 있어서 헌법 명문상 또는 기본권의 성질상 직접 적용되는 것을 포함하여, 결국 입법 및 司法과정을 통하여 그리고 예컨대 정당이나 노동조합과 같은 단체에서의 관행이나 실행의 발달

---

1) 구병삭, 신헌법원론, 334면.
2) 구병삭, 신헌법원론, 337면.
3) 허영, 한국헌법론, 265면.
4) 허영, 사인간의 기본권효력, 고시계(1983.3), 57-58면 참조; 同人, 한국헌법론, 266면.
5) 최대권, 헌법학, 박영사, 1989, 154-188면.

을 통하여 아직도 생성중인 권리이기 때문에 사정부의 '대표'와 '책임' 및 사정부에 대한 기본권보호라는 헌법적 요청의 실정화가 법분야마다 정도와 태양이 각기 다르다는 점-예컨대, 기본권의 성격이 구체적인 권리냐 입법방침이냐를 도외시한다면 제3자적 효력을 가지지 아니하는 기본권이란 거의 없다는 것으로 집약될 수 있다.

그러나 여기서 주의할 것은 생성과정에 있는 권리에 대한 실정화 내지 구체화의 가이드라인이라는 차원에서 제3자적 효력이 없는 기본권이란 없다는 의미이지, 실제로 실정화 내지 구체화되어 있어서 헌법에 대하여 주장할 수 있다는 의미에서의 권리를 상정하여 말하는 것은 아니라는 점이다.

최대권 교수의 견해에 따르면 법원을 직접 구속하는 효력이 있느냐 하는 차원에서 제3자적 효력을 논하여 다수설이 헌법의 명문 규정이나 권리의 성질상 직접 적용되는 경우가 아닌 한 원칙으로 사법상의 일반조항을 통하여 간접적으로 적용될 뿐이라고 하면서, 그리하여 입법을 구속하는 효력이 있느냐 하는 문제를 고려치 아니하면서 대국가적 효력을 논할 때에는 법원에 대한 관계뿐만 아니라 입법에 대한 관계까지 고려하여 문제를 논한다는 것은 일관성의 결여를 보여주는 것이라고 한다. 그리하여 해석론에 있어서 직접적용설이나 간접적용설에서 보는 것 같은 추상적 인식에 억매이지 아니하고 법관 또는 학자로 하여금 사물의 본질을 실증적으로 관찰하고 조명하여 생성중인 권리 또는 헌법적 요청을 발견하게 하여 이 발견에 따라 기본권규정은 사인간의 관계를 규율하는 사법원리로 혹은 공법원리로 또는(직접 적용되는)기본권으로 적용될 수 있을 것이라고 한다.

이러한 입장에서 보면 제3자적 효력의 문제는 거대한 사정부와 관련하여 다음과 같은 세 가지 측면에서 전개되는데 종래의 견해들은 이를 무시하고 너무 평면적으로 다루었다는 점을 지적한다. 그 세 가지 측면이란 첫째, 기본권의 제3자적 효력의 문제는 거대한 사설단체, 즉 사정부의 구성원이 됨으로써 일반시민으로서 누리는 기본권이 헌법적으로 정당하게 어느 정도까지 제약될 수 있느냐, 사정부의 구성원은 국가에 대하여 주장할 수 있는 기본권(예컨대 언론의 자유, 집회 · 결사의 자유, 종교의 자유 등)을 그 사정부에 대하여도 주장할 수 있느냐 하는 측면의 문제를 제기한다. 둘째, 사정부의 구성원도 소속 사정부(예컨대 정당, 노동조합 등)에 대한 관계에 있어서, 특히 그 목적이나 활동이나 조직에 있어서 어떠한 권리와 의무를 가지느냐하는 과제가 존재한다. 셋째, 구성원이 아닌 일반시민, 소비자 또는 지역주민은 사정부에 대하여 어떠한 발언권 또는 통제의 힘을 가지는가 하는 측면의 문제가 제기된다는 것들이다. 아무튼 기본권의 제3자적 효력의 문제를 생성중인 기본권의 입장에서 논하는 것은 몇 가지 장점을 가진다고 주장되는데, 첫째는 신생 법분야에 있어서 입장에 대한 가이드라인이 된다는 점, 둘째 법의 단순한 확인작용만이 아니고 법해석 및 적용을 통한 사정부의 법창조적 기능을 승인한다면 이러한 법창조적 기능과 관련하여 생성이라고 하는 '동태'에 대한 법원의 기여로서의 해석의 기준이 된다는 점, 셋째 기본권이란 궁극적으로는 민주주의의 성장 내지 발전의 정도에 따라 그 실정법의 태양과 정도를 달리한다는 속성과 일치하는 관찰태도인 점등이 그것이다.

2.3.3. 비판

이상과 같은 통설적인 견해에 대하여 허영 교수는 간접효력설을 취하면서도 비판을 제기하고 있다. 이 견해는 국내의 다수설을 「개별적인 기본권에 따라 직접적 사인효력 혹은 간접적 사인효력을 인정하려는 二元的인 접근방법을 취하면서도 간접적 사인효력을 보다 강조하는 입장」[1)]이라고 평가하면서, 「그러나 현행 헌법상 사인간의 기본권 효력이 이처럼 이원적인 방법으로 설명될 수 있을 것인지에 대해서는 특히 직접적 사인효력을 인정하는 기본권의 종류와 관련해서 의문의 여지가 없지 않다」[2)]고 한다. 이것은 「현행 헌법이 직접적 사인효력을 어렴풋이나마 명문으로 인정한 기본권은 언론·출판의 자유'(제21조 제4항)뿐이라고 느껴지기 때문」[3)]이라고 한다. 허영 교수는 「다수설이 직접적 사인효력을 인정하려는 기타의 기본권들, 즉, 인간의 존엄성과 행복추구권(제10조), 근로자의 노동3권(제33조)과 합리적인 근로조건의 보장(제32조 제3항, 제4항, 제5항), 참정권(제24조, 제25조, 제72조, 제130조 제2항 등) 등은 그 조문내용으로 보아 직접적 사인효력을 인정하기에는 많은 해석상의 무리가 따른다고 생각된다. 참정권의 사인효력을 인정할 정도로 기본권 조문을 확대해석한다면 환경권(제35조)을 비롯해서 통신의 자유(제18조), 여성근로자차별금지(제32조 제4항)등 직접적 사인효력을 인정해야 되는 기본권은 현행 헌법에 얼마든지 있다. 또 실제로 현행 헌법상 근로자의 단결권에 관한 규정내용도 이 점에 관해서 직접적 사인효력을 인정하는 독일기본법(제9조 제3항)의 규정내용과는 본질상 차이가 있다.」[4)] 라고 비판

---

1) 허영, 한국헌법론, 265면; 허영 교수는 과거에는 우리나라의 학자들이 외형상 간접적 사인효력설을 취하는 것처럼 보이지만, 내용상으로는 개별적 기준에 따라 직접적 효력 또는 간접적 효력을 인정하려는 것이기 때문에 말하자면 이원적 입장이라고 보아야 한다고 밝힌바 있다(허영, 사인간의 기본권의 효력, 고시계(1983.3), 57면).
2) 허영, 한국헌법론, 265면.
3) 허영, 한국헌법론, 266면.
4) 허영, 한국헌법론, 266면. 또한 허영 교수는 「따라서 권영성 교수가 아직도 노동3권을 직접적용되는 기본권으로 꼽고 있는 것은 문제가 있다고 느껴진다. 그렇지만 그가 노동3권 이외의 기본권(행복추구권, 여자와 연소근로자의 특별보호 등)을 이젠 직접적용되는 기본권에서 제외시킨 것은 이론상의 발전이라고 할 것이다.」라고 한다(허영, 한국헌법론, 266면 각주 1) 참조). 왜냐하면 「인간의 존엄성은 모든 기본권의 가치적인 핵으로서의 성격을 가지고 우리 헌법질서의 절대적이고 양보할 수 없는 최고의 가치적인 Konsens이기 때문에 모든 기본권의 핵인 인간의 존엄성만을 따로 떼어서 그 직접적 사인효력을 논하는 것은 인간의 존엄성과 他기본권과의 이 같은 이념적·가치적 연관성을 너무 소홀히 다루는 결과라 할 것이다. 인간의 존엄성은 우리나라 기본권질

하면서, 「… 따라서 현행 헌법은 언론·출판의 자유가 현대사회에서 가지는 사회통합적·민주적 기능의 중요성을 감안해서 이 기본권에 대해서만 특별히 직접적인 사인효력을 인정하고 있고, 나머지 기본권들은 사법상의 일반원칙을 통해서 간접적으로만 사인간에 적용될 수 있다고 보는 것이 해석상 무리가 없다고 생각한다」[1]고 한다.[2] 그밖에 한병호 교수는 우리나라의 간접효력설에 대한 이론적 타당성에 대한 의문을 제기하면서 기본권의 대사인적 효력이론에 관한 이론의 재구성을 시도하고 있다.[3]

3. 판례

우리의 현행 헌법은 국민의 기본권을 보장하기 위하여 위헌법률심판제도와 함께 헌법소원제도를 두고 있다. 헌법소원제도가 공권력의 행사 또는 불행사로 인하여 헌법상 보장받은 기본권을 침해받은 자가 헌법재판소에 그 공권력의 위헌여부를 심판청구함으로써 기본권을 보장받는 제도라면, 공권력의 행사 또는 불행사에 해당되는 경우가 헌법소원의 심판대상이어야 한다. 그러나 우리나라에서는 법원의 재판이 헌법소원의 대상에서 제외하고 있으므로(재판소원금지) 기본권 대사인적 효력에 관련된 문제를 현실적으로 심도있게 다

서의 이념적·정신적 출발점이고 기초를 의미하기 때문에 직접적이든 간접적이든 모든 국가생활(공생활과 사생활)의 가치지표가 된다고 볼 때 인간의 존엄성의 직접적 사인효력을 인정하는 것은 결과적으로 모든 기본권의 직접적 사인효력을 긍정하는 것이나 다름없다 할 것」이라고 한다(허영, 한국헌법론, 266면).

1) 허영, 한국헌법론, 266면.

2) 그리고 「현행 헌법 제21조 제4항(언론·출판의 자유)의 헌법상 의의에 대하여는 민법상의 불법행위에 관한 규정(제750조 이하)만으로도 충분히 해결될 수 있는 사항을 헌법에 특별히 규정함으로써 '언론·출판의 자유'가 현대사회에서 가지는 사회통합적·민주적 기능 때문에 이 기본권에 대해서 특별히 직접적 사인효력을 인정하여 언론의 사회적 책임을 강조하고 동화적 통합의 분위기 조성을 촉진시키고자 하는데 있다고 한다. 결론적으로, 죄형법정주의, 이중처벌금지 원칙, 사전영장주의, 연좌제금지, 자백의 증거능력제한, 무죄추정원칙, 고문을 받지 아니할 권리 및 불리한 진술거부권(제12조 제5항), 변호인의 도움을 받을 권리(제12조 제4항, 제5항), 구속적부심사청구권(제12조 제6항), 군사법원재판의 거부권(제27조 제2항) 신속한 공개재판을 받을 권리(제27조 제3항), 형사보상청구권(제28조) 등의 사법절차적 권리와 사법절차적 권리는 아니지만 그 수신인이 국가권력일 수밖에 없는 것으로는 소급입법에 의한 참정권제한과 재산권박탈금지(제13조 제2항), 청구권(제26조), 국가배상청구권(제29조), 범죄피해자의 구조청구권(제30조), 형사피해자의 공판진술권(제27조 제5항)등은 성질상 사법관계에 적용될 수 없고, 직접 私法관계에 적용되는 것으로는 언론·출판의 자유만이며, 그 이외의 기본권은 모두 원칙적으로 간접적용하게 된다.」고 보고 있다(허영, 한국헌법론, 267면 참조).

3) 한병호, 한국에서의 기본권의 대사인적효력이론에 관한 고찰 - 다수설에 대한 비판적 재검토를 중심으로 -, 권영성 교수정년기념논문집, 법문사, 1999, 931-978면 참조.

룰 수 없는 상황에 놓여 있다.[1)]

그런데 헌법재판소는 헌법소원의 대상에 법원의 재판을 제외한 것을 헌법합치적이라고 인정하면서도[2)] 법원이 "판결로서 사죄광고를 명하고 이를 강제집행하는 것이 양심의 자유를 침해하는지"에 관한 결정에서 법원의 판결을 헌법소원의 대상으로 드믈게 인정한 바 있다.[3)]

… 사죄광고제도란 … 국가가 재판이라는 권력작용을 통해 자기의 신념에 반하여 자기의 행위가 비행이며 죄가 된다는 윤리적 판단을 형성 강요하여 외부에 표시하기를 명하는 … 것이다. 따라서 사죄광고의 강제는 … 침묵의 자유의 파생인 양심에 반하는 행위의 강제금지에 저촉되는 것이며 따라서 우리 헌법이 보호하고자 하는 정신적 기본권의 하나인 양심의 자유의 제약(법인의 경우라면 그 대표자에게 양심표명의 강제를 요구하는 결과가 된다)이라고 보지 않을 수 없다. …. 따라서 사죄광고 과정에서는 자연인이든 법인이든 인격의 자유로운 발현을 위해 보호받아야 할 인격권이 무시되고 국가에 의한 인격의 외형적 변형이 초래되어 인격형성에 분열이 필연적으로 수반되게 된다. 이러한 의미에서 사죄광고제도는 헌법에서 보장된 인격의 존엄과 가치 및 그를 바탕으로 하는 인격권에 큰 위해도 된다고 볼 것이다. … 따라서 민법 제764조가 사죄광고제도를 포함하는 취지라면 그에 의한 기본권 제한에 있어서 그 선택된 수단이 목적에 적합하지 않을 뿐 아니라 그 정도 또한 과잉하여 비례의 원칙이 정한 한계를 벗어난 것으로 헌법 제37조 제2항에 의하여 정당화 될 수 없어 헌법 제19조에 위반되는 동시에 헌법상 보장되는 인격권의 침해에 이르게 된다고 할 것이다. … 민법 제764조는 동조 소정의 "명예회복에 적당한 처분"에 사죄광고가 포함되지 않는다고 하여야 헌법에 위반되지 않는다(질적 일부위헌 : 저자주). 이는 민법 제764조와 같이 불확정개념으로 되어 있거나 다의적인 해석 가능성이 있는 조문에 대하여 한정축소해석을 통하여 얻어진 일정한 합헌적 의미를 천명한 것이며, 그 의미를 넘어선 확대를 바로 헌법에 위반되어 채택할 수 없다는 뜻이다(당 재판소 1989.7.21. 선고, 89헌마38 결정 참조).」고 하여 기본권의 대사인적 효력과 관련한 판례를 형성한 바 있다.

4. 종합

4.1. 내용

기본권의 대사인적 효력에 관한 국내학설의 동향은 독일의 이론적 영향을 받아 기본적으로는 대사인적 효력을 인정 하는 것이 일반적 이지만, 특히 그 세부적 사항에 대해서는 학자들에 따라 달리 설명하고 있다. 첫째, 기본권 규정의 성질상 사인간의 관계에는 전혀 적용될 수 없는 기본권은 기본권의 대사인적 효력문제에 있어서는 완전히 배제하고 있

1) 김일환, 헌법재판소의 사죄광고결정, 성균관법학(제12호), 성균관대학교 비교법연구소, 2000, 59면.
2) 헌재결 1997. 12. 24, 96헌마172, 173(병합).
3) 김일환, 헌법재판소의 사죄광고결정, 성균관법학(제12호), 성균관대학교 비교법연구소, 2000, 60면.

고(예컨대 사법절차적 권리에 해당되는 것들), 둘째, 헌법이 명문으로 규정하고 있거나 또는 그 성질상 사인상호간의 관계에 직접적용될 수 있는 성질의 기본권은 직접적으로 적용된다고 주장하며(직접효력설), 끝으로 성질상 사인간의 관계에서도 적용될 수 있는 그 밖의 기본권은 간접적으로 적용된다(간접효력설)는 것으로 추상적·이론적으로 설명하고 있다. 결국 기본권의 대사인적 효력의 실질적 논의는 법원의 재판도 헌법소원의 대상이 된다는 전제하에서 현실적으로 구체화 될 수 있음을 알 수 있다.[1]

1) 김일환, 헌법재판소의 사죄광고결정, 성균관법학(제12호), 성균관대학교 비교법연구소, 2000, 61면.

4.2. 도표

구분		학설(이론)	주장자(판례)	주요내용
기본권의 제3자적 효력	한국	의의	국내논점	* 헌법상 기본권의 제3자(대사인)적 효력을 명문으로 인정하는 표현(언론 출판)의 자유(헌법 제21조 제4항)를 제외한 나머지 기본권 조항의 확대(장)적용 여부에 대해서는 논란이 있다.
		직접적용설	명문근거	* 헌법 제21조 제4항 -언론 출판의 자유의 사회적 책임
			성질상 인정	① 인간존엄 및 행복추구권(제10조) ② 합리적인 근로조건의 보장(제32조) ③ 노동3권(제33조) ④ 참정권(제24조, 제25조, 제72조, 제130조 제2항)
		간접적용설	(다수설)	① 평등권 ② Privacy ③ 양심의 자유 ④ 신앙의 자유 등
		직접적 효력 제한적 인정설	허영 (소수설)	① 현행 헌법상 제3자적 효력(대사인적 효력)을 직접적으로 인정할 수 있는 기본권은 언론·출판의 자유(제21조 제4항)뿐[1] ② 근로자의 단결권 역시 독일기본법(제9조 제3항)과는 성질상의 상이한 만큼 직접적 효력인정은 곤란 ④ 결론 : 헌법 제21조 제4항 이외의 기본권은 간접적적용설(공서양속설)에 의한 효력범위 확대(대사인간 적용)가 바람직[2]
		성질상 대사인적 효력인정 불가	청구권	* 청구권일반 - 행사객체(수신자)가 국가나 지방자치단체일 수밖에 없는 경우
			신체의 자유(제12조)	① 죄형법정주의(파생원칙) ② 연좌제금지 ③ 고문금지 ④ 구속적부심사청구권 ⑤ 무죄추정의 원칙
		헌법 제34조 인정여부	인간다운 생활권	① 인간다운 생활을 할 권리는 그 자체로서는 대사인적 효력 인정 곤란 ② 그러나 극도로 생활을 빈곤하게 만드는 것과 같은 계약(사인간)은 무효이며, 따라서 제3자적 효력을 부득이하게 인정하여야

<홍원식, 통합헌법요론, 138면 참조>

1) 허영, 한국헌법론, 266면.
2) 허영, 한국헌법론, 266면.

V. 결론

기본권을 국가에 대한 방어권, 즉 개인의 국가에 대한 주관적 공권으로(만) 이해하는 경우에는 기본권의 대사인적 효력의 문제는 부인될 수밖에 없다. 그러나 기본권을 객관적 가치질서(헌법 질서 내지는 전체법질서의 객관적 원리)로 이해하는 경우, 기본권의 내재적 한계[1)]가 인정되며, 이로 인하여 기본권의 대사인적 효력을 인정할 수 있는 근거가 마련되기는 하지만 사인상호간의 관계, 즉 사법질서에 의해 규율되고 있는 영역에 공법상의 기본권이 적용된다는 문제를 발생시킨다. 왜냐 하면 사인상호간의 관계는 쌍방이 모두 헌법상의 기본권 향유의 주체라는 특성을 갖고 있다. 따라서 기본권의 충돌이 야기되는 경우 한쪽의 기본권이 보호하기 위하여 다른 한쪽의 기본권을 침해하는 결과를 가져올 수 있다. 또한 사인상호간의 관계에 기본권이 적용되는 경우 사법질서의 기초를 이루는 사적 자치의 원칙을 침해할 위험이 크다. 사법질서의 영역에 헌법상의 기본권이 적용되는 경우 기본권은 권리가 아닌 의무로 변할 위험이 크며, 이는 결과적으로 헌법에 의한 또 다른 기본권 제약을 의미하는 것이기 때문이다.

따라서 어떻게 하면 사법상의 사적 자치의 원칙을 침해내지는 감소시키지 않으면서 사인상호간의 관계에 기본권 규정을 효과적으로 반영할 수 있느냐가 문제가 된다. 먼저, 기본권이 사법질서에 적용되는 경우 발생하는 문제점은 첫째, 법(사법)의 명확성의 원칙이 침해될 우려가 있다는 것이다.[2)] 국가의 최고규범인 헌법규정이 사법질서 내지는 사법적 개별사건에 직접적 혹은 간접적으로 적용되는 경우 그 규정의 의미를 확정하고 해석하는 것은 일반적으로 구체성과 명확성의 원칙을 충실히 지키고 있는 해당 사법규정의 의미를 확정하는 것보다 훨씬 어렵다. 즉 헌법규범의 특징은 헌법정책적 측면에서 추상성 · 불확실성 · 흠결성[3)] · 다의성 · 간결성 등을 그 특징으로 하기 때문에 헌법해석은 사법상의 일반법

---

1) 기본권의 내재적 한계에 관한 상세한 내용은 김백유, 기본권의 내재적 한계, 성균관법학, 2001, 성균관대학교 비교법연구소.

2) 김학성, 헌법학강의, 성민사, 2001, 262면.

3) 여기서의 흠결성은 드러한 흠결을 의미한다. 흠결에는 '드러난 헌법흠결(offene Lücke)'과 '은폐된 헌법흠결(verborgene Lücke)'이 있다. 드러난 흠결(offene Lücke)이 있다. 헌법제정권자가 입법하여야 할 사항을 의식적으로 입법하지 않은 경우이며, 이에 대한 해결책으로는 1) 실질적 헌법사항인 경우: 헌법의 제정 · 개정에 의해서 보충(예 : 1789년 미합중국헌법이 권리장전을 규정하지 않았기 때문에 1791년의 수정 제1조 내지 제10조를 증보한 것) 2) 헌법자체가 일반법률에 의하여 그 흠결을 보충할 것을 규정한 경우에는 일반법률에 의하여 보충한다. 이에 반하여 은폐된 흠결(verborgene Lücke) : 시간의 흐름에 따른 사정변경에 의해 어떤 문제에 관한 헌법규정이 흠결된 것으로 판명된 경우를 의미하며 이에 대한 해결책은 헌법전체의 구조로부터 해결(시대적

률의 해석과는 그 성격을 달리하며 동시에 그 의미를 확정하기가 매우 어렵다는 문제점을 스스로 안고 있다. 그런데 이러한 헌법상의 기본권규정이 사법상의 규정보다 우월적 지위를 차지하기 때문에 보다 큰 영향을 주게 되며, 이로 인하여 사법관계의 법적 명확성의 원칙이 침해될 우려가 적지 않게 존재한다는 것이다. 둘째, 이러한 불명확성은 기본권이 사인상호간에 적용되는 경우의 특수한 상황 때문에 더욱 증대된다. 개인과 국가의 관계에 있어서 개인이 국가에 대하여 주관적 공권의 측면을 가지고 있는 것과는 달리 사인상호간의 관계에 있어서 쌍방은 모두 기본권의 보호를 받는 기본권 향유의 주체가 된다. 따라서 한쪽의 기본권이 보호되는 경우 다른 한쪽의 기본권이 침해되는 결과를 야기할 수 도 있다(기본권의 충돌). 이 경우 사건의 실질적 해결를 담당하는 법관이 개별사건에 있어서 상호 충돌하는 기본권을 어떻게 규범조화적으로 형량[1]·조정하여 그 한계를 구체화 시키며 보호범위를 확정할 것인가라는 극히 어려운 과제에 봉착하게 된다.

이는 결국 개별적이고 구체적 사안에 따라 그때 그때 다른 형태로 나타나는 결과를 야기하게 되며 이는 사법에 대한 법치국가적 요청과 부합하기 어렵게 되고 더 나아가서는 사법의 독자성이 상실될 위험이 있다.[2] 사인상호간의 관계에서 기본권규정의 적용을 피할 수 없는 경우 사법의 기본원칙인 사적 차지의 원칙이 위태롭게 될 염려가 있다.[3] 셋째, 법원의 판결도 헌법소원의 대상이 되는 경우,[4] 만약 법관이 사법에 대한 기본권의 영향을 무

변천에 따른 해석의 결과가 변천될 수 있음을 의미)한다. 이에 관한 상세한 내용은 갈봉근, 유신헌법론, 한국헌법학회출판부, 1976, 37면 참조.

1) 이 경우 민사법원은 입법자의 판단과 개인의 사적 자치를 우선적으로 존중해야 하며, 법관의 주관적인 형량을 임의적으로 해서는 안된다. 우리의 헌법재판소도 「민법 제764조의 "명예회복에 적당한 처분"에 사죄광고를 포함시키는 것은 헌법에 위반된다는 것의 의미는, 동조 소정의 처분에 사죄광고가 포함되지 않는다고 하여야 헌법에 위반되지 아니한다는 것으로서, 이는 동조와 같이 불확정개념으로 되어 있거나 다의적인 해석가능성이 있는 조문에 대하여 한정축소해석을 통하여 얻어진 일정한 합헌적 의미를 천명한 것이며, 그 의미를 넘어선 확대는 바로 헌법에 위반되어 채택할 수 없다는 뜻이다(헌법재판소 1991. 4. 1, 89헌마160결정, 헌재판례집 3, 91, 149).」라고 판시하고 있는 것을 이를 반영하는 것이다.

2) 법관은 적용하는 법규정의 합헌성을 심사하는 것은 법관의 임무이다. 법관은 경우에 따라 적용하려는 법규정을 헌법합치적으로 해석해야 하며 법률제정시 불가피하게 수반되는 불확정개념 및 일반조항의 해석에 있어서도 객관적 원리로서의 기본권을 고려해야 한다. 김학성, 헌법학강의, 262면.

3) 물론 사인상호간의 법률관계에 있어서 쌍방은 모두 헌법상의 기본권 향유의 주체라는 특성 때문에 쌍방은 모두 제한적으로 그의 기본권을 보장받을 수밖에 없다. 이는 결국 개인과 국가간의 관계에서 국가가 개인에 대하여지는 통치권의 기본권 종속성 보다는 그 강도가 약하다. 그러나 이 경우에도 사적자치를 현저하게 제한하게 되며 이로써 사법의 독자성이 침해 된다. W. Leisner, Grundrechte und Privatrecht, 1960, S. 318 ff. 참조.

시 내지는 소홀히 하는 판결을 내린다면 그것은 곧 기본권의 침해를 의미하기 때문에 이 판결은 헌법소원의 대상이 되며,[1] 실제로 법원에 의하여 행해진 모든 사법적 판결은 헌법소원의 대상이 될 수 있다.[2] 이렇게 되면 법관은 그가 담당한 개별적 *私法*사건에 대하여 장래에 발생할 지도 모를 헌법소원을 피하기 위하여 사법상의 재판을 하면서 공법상의 헌법적 기본권 이론을 광범하게 적용하게 되고 심지어 기본권과 개별적·구체적 상관이 없는 사법영역에까지 헌법상의 기본권 내용이 광범위하게 침투하는 현상이 나타나게 될 것이다. 결국 헌법재판소는 민사재판에 있어서의 최고법원이 될 위험성이 존재한다.

이런 문제점들은 법관이 헌법상의 기본권을 그대로 사법관계의 개별적·구체적 사건에 곧바로 적용하는 경우에 발생하는 것이다. 그러나 사법질서에 헌법상의 기본권의 내용을 실현시킬 일차적 책임은 사실상 법관이 아니라 입법권자에게 있다.[3] 즉 입법자에게는 사법의 규정들에 대해서만이 아니라 기본권의 내용을 사법에서 전개(실현)할 수단에 대해서도 책임이 있다. 따라서 사법을 제정하는 입법자에게는 사법영역에 헌법상의 기본권의

---

4) 현재 우리나라에서는 법원의 확정판결은 헌법소원의 대상이 되지 않는다. 헌법재판소법 제68조 제1항 참조.

1) 독일의 경우에는 법원의 확정판결도 헌법소원의 심판대상에 포함되어 있음에 따라 헌법재판소의 법률해석의 취지를 준수하지 아니한 형사법원의 판결에 대해서는 헌법소원심판을 통해 파기하였던 적이 있다(BVerfGE 40, 88; 42, 258(260) : "연방헌법재판소에 의해 개별법의 특정한 해석을 위헌으로 성격지워진 것은 연방헌법재판소법 제31조 제1항에 따라 모든 법원을 기속한다 …"). 이에 관하여는 김백유, 헌법재판소의 변형결정에 관한 소고, 성균관대학교논문집, 성균관대학교 비교법연구소, 1997, 81면 참조. Vgl. BT-Drucksache VI/1471. S. 6("현행법 제79조 제1항에 따르면, 연방헌법재판소에 의해 무효로 선언된 규정에 근거한 확정된 형사판결에 대해서는 형사소송법의 규정에 따라 재심절차가 허용된다. 형사판결이 헌법재판소에 의해 위헌으로 선언된 법규범의 해석에 근거하였다면, 그때에도 재심절차가 가능한지의 여부에 관해 논란이 있다. 본 위원회는 이러한 경우는 재심에서 법규범의 무효선언과 동등하게 취급하여야 한다는 입장이다. 어떠한 형사판결이 위헌적인 법적용에 근거하였거나 위헌적인 법규범에 근거 하였는지의 여부는 본질적으로 아무런 차이점도 실제로는 존재하지 않는다. 법규범이 헌법재판소에 의해 무효선언된 것이 아니라 단지 기본법에 불합치하는 것으로 선언된 사례도 명확히 이에 포함됨은 분명하다. 예컨대 이것은 제67조에 따라 연방헌법재판소가 법규범의 무효를 선고하지 않고 단지 기본법 규정의 위반만을 선고한 기관쟁의에도 관련된다").

2) 김학성, 헌법학강의, 성민사, 2001, 262면.

3) 특히 입법권자의 역할의 중요성은 일반적으로 법원에서는 헌법재판소의 결정(예컨대 헌법재판소의 합헌적 법률해석)의 취지를 준수하여야 함에도 불구하고 준수하지 않으려는 태도가 강하기 때문에 입법권자가 개선입법을 통해서 그 한계를 명확히 설정하는 것이 대단히 중요한 역할을 담당한다. 김백유, 헌법재판소의 변형결정에 관한 소고, 성균관대학교논문집, 성균관대학교 비교법연구소, 1997, 81면.

내용을 구체적이고 상세한 법률을 제정할 의무를 진다. 그러나 입법자가 사법영역에 기본권의 내용을 구체화·형성시키는 법률을 제정(기본권 구체화적·형성적 법률유보)하는데 과정에 있어서도 개인이 가지는 사적 자치의 원칙을 위축시키지 않는 범위내에서 이루어져야 한다. 입법자는 사법질서에서도 기본권이 보호되어야 하는 경우 쌍방이 모두 기본권의 주체라는 점에 유의하여 쌍방의 기본권을 고려하여야 하며 쌍방의 기본권이 충돌하는 경우 상호 규범조화적·비례적·합리적인 입장에서 문제를 해결해야 한다.[1)2)] 이렇게 되면 결과적으로 법관이 공법상의 기본권 문제를 사법관계에 (그대로) 적용할 필요성이 감소하며, 이에 따른 어려운 헌법적 형량에 대한 부담도 경감시켜주게 된다.[3)] 이와 같이 입법자가 새로운 법률을 제정하면서 사법에 대한 기본권의 영향을 고려한다면 기존의 사법규정과 관련하여 발생하는 문제들도 궁극적으로는 그 해결이 가능하며, 헌법재판에 있어서도 민사법원의 판결을 통제하는 사건, 즉 판결하기 곤란한 헌법소원심판사건은 감소하고 헌법재판소의 고유과제라고 할 수 있는 규범통제사건이 활성화 될 것이다.

한편, 미국판례에서 인정되는 국가작용 의제이론은 기본권의 대사인적 효력을 부인하고 기본권의 전통적 개념인 대국가적 효력만을 인정하려는 (미국과 같은) 국가에서, 기본권의 전면적 보장과 확대라는 절실한 필요성이 낳은 이론이다. 그렇기 때문에 그와 다른 이념적 기초하에서, 기본권의 대사인적 효력을 인정하려는 독일의 학설에 절대적 영향을 받고 있는 우리나라의 이론과는 그 관련성이 적다. 그러나 그와 같은 독일의 이론적인 간접적 사인효력설을 우리나라에서 통설적 견해로 삼고 있다고 해서, 이것이 전통개념인 기본권의 대국가적 방어권으로서의 효력을 소홀히 하는 것이 아니라 오히려 그것은 아주 당연한 것으로 인정하는 신념에 차있는 것이므로, 미국의 국가작용의제이론과도 전혀 무관계하다고 할 수도 없다.[4)] 따라서 미국의 국가작용의제이론을 신중히 받아들여, 국가가 깊이 관여하는 정당이나 사적단체나 기업체 또는 국가의 강한 비호하에 있는 사회적 세력으로부터의 기본권침해에 대해서는 국가작용의제이론을 적용할 수 있도록 고려하는 것도 바람직하다.[5)] 따라서 기본권의 대사인적 효력론에 관하여는 간접적 사인효력을 통설로 삼으면

---

1) 입법자는 물론 사법에 대한 기본권의 영향을 구체화하는 입법을 하는데 있어서 불확정개념이나 일반조항을 포기할 수는 없다. 그러나 그러한 개념들을 사용하더라도 공법영역에 해당되는 헌법상의 기본권을 사법영역에 곧바로 적용하는 경우보다 훨씬 큰 명확성 및 예측가능성을 갖게 된다. 동시에 그만큼, 기본권이 사법질서에 적용되는 경우 발생하는(위에 열거한)문제점들을 피할 수 있다. 또한 사법의 독자성이 보다 잘 보전될 수 있게 된다.

2) 정연주, 기본권의 대사인적 효력, 고시계(1991.7) 80, 81면 참조.

3) 김학성, 헌법학강의, 성민사, 2001, 262면.

4) 김성도, 기본권의 대사인적 효력에 관한 연구, 연세대학교 석사학위논문, 1986, 124-125면.

5) 同旨 김성도, 기본권의 대사인적 효력에 관한 연구, 연세대학교 석사학위논문, 1986, 125면.

서, 여기다가 국가작용의제이론을 경우에 따라 인정하는 것도 바람직하다고 본다. 왜냐하면 기본권의 대사인적 효력과 관련하여 미국과 독일이 이론전개 방식을 달리하고 있는 것은 독일의 경우 사회국가사상(Sozialstaatsidee)을 토대로 하여 그 이론을 전개하고 있는 반면 미국의 경우 자유주의 사상(Liberalismus)의 범주를 가급적 벗어나지 않는 입장에서 그 이론을 전개하고 있기 때문에 양자가 추구하는 전개과정이나 구현방법 등에 있어 차이가 있지만, 결국 양자는 지향하는 이념 · 목표 등이 유사하다는 점에서 공통점이 있기 때문이다. 그리고 이론적 · 관념적 · 추상적으로만 설명되어지는 우리나라에서의 기본권의 대사인적 효력의 구체적 보장을 위해서는 상기한 바와 같이 법원의 재판을 헌법소원의 대상에 포함시키는 방안이 구체적으로 이루어져야 한다.

제 8 항 기본권의 갈등(Grundrechtskonflikt)

제 1 목 개관

기본권의 주체가 국가에 대하여 기본권을 주장하거나 사인 상호간에 기본권을 주장하는 경우에 흔히 제기되는 문제가 소위 말하는 '기본권의 갈등(Grundrechtskonflikt)'이다. 기본권의 갈등은 기본권의 경쟁과 기본권의 충돌(상충)을 포함하는 개념이다.

기본권의 경쟁문제는「동일한 기본권의 주체(A라고 하는 사람)」에 있어서 발생하는 개념, 즉 단일의 기본권의 주체가 동시에 여러 가지 기본권의 적용을 주장하는 경우이고, 기본권의 충돌(상충)문제는「서로 다른 기본권의 주체간(A · B사이에 있어서)」에 발생하는 경우, 즉 복수의 기본권의 주체가 서로 대립되는 기본권의 적용문제이다.

– 기본권의 갈등(경쟁 · 경합/충돌) –

구분	기본권의 경쟁 · 경합[1]	기본권의 충돌(상충)
기본권의 주체	동일주체(본인)	다른 주체(다른사람 사이)
권리의 방향	동일 방향(한사람의 여러가지 기본권이 동시에)	다른 방향(서로 대립되는)
효력	기본권의 대국가적 효력	기본권의 대사인적 효력
상호관계	기본권의 경쟁관계는 기본권의 충돌관계를 해결하기 위한 전제조건	

1) 권영성 교수는 기본권 경쟁은 경합이라고 표현(권영성, 헌법학원론, 333면 이하)하고 있는데, 이에 대하여 허영 교수는 경합이라는 개념은 형법에서 하나의 행위 또는 수개의 행위가 여러개의 죄명에 해당하는 것을 표현하는 뜻으로도 사용되고 있기 때문에 피하는 것이 바람직 하다고 한다(허영, 한국헌법론, 267면 각주 2).

제 2 목 갈등의 구체적 내용

I. 기본권의 경쟁(Grundrechtskonkurrenz) · 경합

1. 의의

기본권의 경쟁(경합)이라 함은 ① 기본권 주체(A라고 하는 사람)가 국가의 공권력 작용에 의하여 그가 가지는 여러 가지의 기본권 영역이 동시에 침해를 받았거나, ② 기본권의 주체(A라고 하는 사람)가 국가권력에 대하여 동시에 여러 기본권의 효력을 주장하는 경우, 헌법이 그들 기본권의 효력을 얼마만큼 인정할 것인가의 문제가 제기되는 경우에 발생하는 것이다(동일한 주체의 상이한 기본권).[1] 이러한 기본권의 경쟁(경합)관계는 일반적으로 對國家的 효력의 측면에서 강하게 나타난다.[2] 이점이 주로 서로 다른 기본권 주체 상호간(A라고 하는 사람과 B라고 하는 사람)에 누구의 기본권을 우선적으로 인정할 것인가의 문제를 다루는 기본권의 충돌(상충)과 다르다.[3] 기본권 경쟁 · 경합은 하나의 규제로 여러 기본권이 동시에 제한을 받는 것이다.[4]

2. 기본권경쟁 · 경합의 유형

기본권의 경쟁 · 경합에는 제한정도가 서로 다른 기본권들이 경쟁하는 경우, 일반적 기본권과 특별 기본권이 경쟁하는 경우, 규범영역이 서로 다른 기본권이 경쟁하는 경우 등이 있다. 특히 문제가 되는 것은 기본권의 제한정도가 다른 기본권들이 경쟁 · 경합하는 경우이다.[5] 국가공권력의 규제에 의해 여러 가지의 기본권이 동시에 제한 당하는 진정한 기본권 경쟁 · 경합의 사례로는 다음과 같은 것이 있다.[6]

- 집회나 시위에 참여하는 사람을 체포 · 구속했을 때 → 신체의 자유(제12조)와 집회의 자

---

1) 이준일, 헌법학강의, 단락번호 [3.3.21].
2) 홍성방, 헌법학, 318면.
3) 허영, 한국헌법론, 268면.
4) 양건, 헌법강의, 259면; 헌재결 1998. 4. 30, 95헌가16 【출판사및인쇄소의등록에관한법률 제5조의2 제5호 등 위헌제청】
5) Th. Schramm, Staatsrecht Bd. II. Grundrechte und ihre verfassungsrechtliche Absicherung, 3. Aufl., 1985, S. 46; W. Berg, Grundrechtskonkurrenzen, JuS 1969, S. 16 ff.; 홍성방, 헌법학, 327면.
6) 권영성, 헌법학원론, 334-335면 참조; 허영, 한국헌법론, 268면 각주 1) 참조.

유(제21조)를 동시에 주장하는 것
- 음란 또는 저속한 출판을 한 출판사의 등록을 취소하는 경우 → 언론·출판의 자유, 직업수행의 자유, 재산권 등을 동시에 주장하는 것
- 정치적 단체에 가입하였다는 이유로 교사가 파면당한 경우 → 결사의 자유(제21조)·직업수행의 자유(제15조)·수업권(제31조 제1항)를 동시에 주장하는 것
- 직업음악가의 연주회개최나 성직자의 설교를 제한하는 경우 → 예술의 자유(제22조) 또는 종교의 자유(제20조)와 직업(수행)의 자유(제15조)를 동시에 주장하는 것
- 벽화 등 재산적 가치가 있는 예술작품을 강제로 철거하는 경우 → 예술의 자유(제22조)와 재산권(제23조)을 동시에 주장하는 것
- 신문배달 자동차를 압수했을 때 → 언론의 자유(제21조)와 재산권(제23조)을 동시에 주장하는 것

기본권의 경쟁관계의 효과로서 보완적 경쟁의 경우, 국가권력이 기본권에 기속되는 정도가 심화되어 오히려 기본권의 효력이 강화되는 것이 원칙이다. 예컨대 국가가 직업선택의 기회균등을 제한하는 경우 직업선택의 자유와 평등권은 상호보완적 경쟁관계에 서게 된다.[1]

3. 해결방법

3.1. 제한정도가 서로 다른 기본권들이 경쟁하는 경우(배타적 경쟁)

3.1.1. 서설

제한정도가 서로 다른 기본권들이 경쟁하는 경우란 경쟁하는 기본권의 성질상 상호보완적 관계가 성립할 수 없는 경우(배타적 경쟁)를 말한다.[2] 예컨대 절대적 기본권과 상대적 기본권이 경합하는 경우와 같이 경합 관계에 있는 '기본권들의 제한 정도가 다른(Problem der schrankendivergenter Grundrechte)' 경우이다.[3] 특별법과 일반법의 경우(관념적 경쟁)에는 특별법적인 기본권이 우선적 효력을 가진다(종교의 자유가 집회의 자유에 우선해서 적용되는 것).[4]

배타적 경쟁의 경우 경쟁하는 기본권 중에 제한 가능성과 제한 정도가 가장 작은, 다시말하면 가장 강한 기본권을 우선적으로 적용하려는 최강 효력설과 제한의 가능성과 제한의 정도가 가장 큰, 다시말하면 가장 약한 기본권을 우선시하는 최약효력설이 있다. 최강효력설이 다수설이다. 독일헌법(기본법)은 우리나라와 같은 일반적 법률유보에 의한 기본

1) 허영, 한국헌법론, 268면.
2) 허영, 한국헌법론, 269면 참조.
3) 홍성방, 헌법학, 328면.
4) 허영, 한국헌법론, 269면.

권제한규정(헌법 제37조 제2항)이 없기때문에 법률유보 없는 기본권과 법률유보 있는 기본권으로 나눌 수 있다. 법률유보 없는 기본권은 제한 가능성과 제한 정도가 가장 작은, 즉 가장 강한 기본권이고 단순법률유보가 있는 기본권은 제한가능성이 가장 큰 최약기본권이다. 일반적 법률유보가 있는 우리나라 헌법 하에서는 최강효력설과 최약효력설은 기본권 경쟁해결이론으로서 그 가치가 반감된다.

3.1.2 학설

a) 최약효력설(소수설)

소수설인 최약효력설에 의하면 둘 이상의 기본권이 서로 경쟁하는 경우, 그 기본권의 효력은 제한의 가능성과 제한의 정도가 가장큰, 따라서 가장 약한 기본권의 효력만큼만 나타난다고 보는 견해로서,[1] 이는 기본권의 효력이 가장 약한 만큼만 인정된다는 학설이다. 이는 결과적으로 가장 약한 기본권을 중심으로 보장된다는 것이다. 그러나 이는 기본권은 최대한으로 보장되고(기본권 최대보장의 원칙) 존중되어야 한다는 원칙에 위반되는 학설로서 헌법정신에 반한다는 비판을 받는다.

b) 최강효력설(다수설)

다수설인 최강효력설에 의하면, 서로 경쟁하는 기본권 중에서 그 제한의 가능성과 제한의 정도가 제일 적은(작은), 따라서 기본권의 효력이 가장 강력한 기본권에 따라 자유와 권리가 보장되어야 한다는 학설이다(가장 강한 기본권을 중심으로 보장 받는다).[2] 이 주장은 기본권존중사상에 바탕을 둔 것이다. 이른바 최강효력설에 의하면 제한의 정도가 보다 적은(작은) 기본권이 우선적으로 적용되지만, 이 주장은 제한의 정도가 보다 적은(작은) 기본권이 항상 보다 강한 효력을 갖는 것은 아니라는 비판이 있고, 또한 현행 헌법처럼 기본권에 대한 제한 가능성과 제한정도를 기본권마다 다르게 정하지 않기 위해 이른바 개별적 법률유보조항을 두는 것을 가급적 억제하고 있는 경우에는 기본권 상호간의 획일적 우열관계를 정하기 어렵다는 문제가 있다.[3]

---

1) 허영, 한국헌법론, 269면; W. Berg, Grundrechtskonkurrenzen, JuS 1969.

2) 허영, 한국헌법론, 269면; 홍성방, 헌법학, 329면; M. Lepa, Grundrechtskonflikt, DVBl, 1972, S. 164; W. Rüfner, Grundrechtskonflikte, in: Ch. Starck(hrsg.), Bundesverfassungsgericht und Grundgesetz, J.C.B. Mohr(Paul Siebeck), Tübingen 1976, S. 477; A. Bleckmann, Staatsrecht II - Die Grundrechte, Carl Heymanns Verlag KG, Köln-Berlin-Bonn-München 1989, S. 393 ff.

3) 허영, 한국헌법론, 270면.

- 경찰이 갑이 집회에서 한 연설을 문제 삼아 집회도중에 갑을 체포하는 경우 갑의 신체의 자유, 언론의 자유, 집회의 자유가 문제될 수 있으나, 집회의 자유는 당연히 의사표현과 형성을 전제로 하기 때문에 언론의 자유는 집회의 자유에 흡수된다고 보아, 집회의 자유와 신체의 자유만이 경쟁관계에 있다.

c) 사견

기본권이 경쟁하는 경우에는 특정한 사안과 직접관계가 있는 기본권을 중심으로 하여 최강효력설에 따라 해결하는 것이 바람직하다.[1] 그러나 최강효력설을 취하는 경우에도 위에서 언급한 바와 같은 문제점이 존재하는 것은 사실이므로, 동일한 주체(A라고 하는 사람)에서 서로 경쟁하는 기본권간의 효력의 우열은 기본권을 주장하는 기본권주체의 의도와 기본권을 제한하는 공권력의 동기를 참작해서 개별적 사안에 따라 규범조화적으로 판단하도록 하는 것이 필요하다.[2]

특히 권영성 교수는 다음과 같은 원칙이 적용되어야 한다고 강조하고 있다.[3]

- **직접관련기본권 적용의 원칙** : 여러 기본권 중 문제의 사안과 직접관련이 있는 기본권이 우선
- **최강력기본권 적용의 원칙** : 사안과 관련성이 동일한 경우, 그 효력이 가장 강력한 기본권을 적용
- **관련 기본권 전부적용의 원칙** : 관련이 있는 모든 기본권의 효력이 동일한 경우, 모두에게 적용

3.2. 일반적 기본권과 특별 기본권이 경쟁하는 경우

일반적 기본권과 특별기본권이 경쟁하는 경우에는 특별법우선의 원칙(lex specialis derogat legi generali)[4]에 따라 특별기본권의 침해여부를 심사하면 된다.[5] 예를 들면, 헌

---

1) 同旨 권영성, 헌법학원론, 335면 참조. 허영, 한국헌법론, 269면 이하 참조.

2) 허영, 한국헌법론, 270면.

3) 권영성, 헌법학원론, 335면 이하 참조.

4) 특별법우선의 원칙: 일반법 또는 보통법이라 함은 같은 단계의 법이지만 특별법에 비하여 넓은 범위의 사람·장소 또는 사항에 적용되는 법을 말한다. 특별법은 일반법보다 좁은 범위의 사람·장소 또는 사항에 적용되는 법을 말한다. 예컨대, 민법은 일반의 시민 간의 법률관계를 다루고, 상법은 원칙적으로 상인간의 법률관계에 적용되므로 민법은 일반법, 상법은 특별법이라 할수 있다. 행정법에는 일반법이라 할수 있는 법이 없다. 한편, 일반법과 특별법이 충돌하는 경우에는 특별법이 우선적으로 적용되고, 일반법은 보충적으로 적용될 뿐이다. 이를 특별법우선의 원칙이라 한다. 형식적으로 동등한 효력을 갖는 법률 상호간에는 특별법우선의 원칙(lex-specialis-Regel), 신법우선의 원칙(lex-posterior-Regel)에 의해 그 적용상의 우월(Anwendungsvorrang)을 결정하

법재판소는 교육공무원의 정년위헌 확인사건[1]에서, 「공직의 경우 공무담임권은 직업선택의 자유에 대하여 특별기본권이어서 후자의 적용을 배제하므로 교육공무원 정년규정의 경우 직업선택의 자유는 문제시되지 않는다」고 판시한 바 있다.

- 종교단체가 발행하는 신문의 배포를 국가가 방해하는 경우에 언론의 자유와 종교의 자유가 문제되며, 양자를 개별적 특별관계로 파악하는 경우 그 심사기준은 개별적인 일반법적 지위를 가지는 언론의 자유보다는 특별법인 종교의 자유가 우선되어야 한다.

- 종교목적의 집회를 제한하는 경우, 종교의 자유를 특별법적인 지위로 보아 집회의 자유보다 우선한다고 보는 것.[2]

- 행복추구권 중 일반적 행동의 자유와 직업의 자유가 경쟁하는 경우 특별법인 직업의 자유가 기본권침해여부의 심사기준이 된다.

3.3. 규범영역이 서로 다른 기본권이 경쟁하는 경우 : 직접관련기본권 우선의 원칙

경쟁하는 기본권 사이에 상관관계가 존재하지 않고 서로가 독자적인 영역을 대상으로 하고 있을 때는 실질적 관계를 맺고 있는 직접 관련된 기본권을 우선적으로 적용해야 한다(직접관련기본권 우선의 원칙). 이렇게 동등하 제한 정도를 가진 기본권들 사이의 경합을 한계의 경합(Schrankenkonkurrenz)이라고 부르는 학자도 있다.[3]

3.4. 관련기본권 전부적용의 원칙

문제의 사인과 관련이 있는 모든 기본권의 효력이 동일한 경우에는 관련있는 기본권 모두가 적용될 수밖에 없다.[4] 이와 같이 관련된 기본권이라면 모든 기본권을 적용하는 관련기본권 전부적용의 원칙에 대한 학설[5] 및 헌법재판소 결정에 대해서는 기본권 보호영역

지만 그 효력상의 우월(Geltungsvorrang)에 관하여는 이렇다할 법원칙이 존재하지 않기 때문이다(홍준형, 환경법의 기본원리로서 지속가능한 개발의 원칙, 한국공법학회, 공법연구(1997.4), 148면.).

5) BVerfGE 13, 290(296 ff.); 홍성방, 헌법학, 327면.

1) 헌재결 2000. 12. 14, 99헌마112 【교육공무원법 제47조 제1항 위헌확인】

2) 허영, 한국헌법론, 269면 참조.

3) Th. Schramm, Staatsrecht Bd. II. Grundrechte und ihre verfassungsrechtliche Absicherung, 3. Aufl., 1985, S. 46.

4) 권영성, 헌법학원론, 336면.

5) 권영성, 헌법학원론, 336면.

의 확정과 헌법판단의 경제성이라는 관점에서 문제가 있다는 비판이 제기되고 있다.

3.5. 판례

헌법재판소의 초기판례는 경쟁관계에 있는 기본권을 전부 적용해 오다가, 최근 판례에서는 특별기본권 우선원칙, 직접 관련된 기본권 우선적용원칙, 최강효력설 등을 적용하여 경쟁문제를 해결하고 있다.

> **헌재결 1998. 4. 30, 95헌가16 【음란 또는 저속한 간행물을 출판한 출판사 등록취소】**
> 이 사건 법률조항은 언론·출판의 자유, 직업선택의 자유 및 재산권을 경쟁적으로 제약하고 있다. 이처럼 하나의 규제로 인해 여러 기본권이 동시에 제약을 받는 기본권경쟁의 경우에는 기본권 침해를 주장하는 제청신청인과 제청법원의 의도 및 기본권을 제한하는 입법자의 객관적 동기 등을 참작하여 사안과 가장 밀접한 관계에 있고 또 침해의 정도가 큰 주된 기본권을 중심으로 해서 그 제한의 한계를 따져보아야 할 것이다. 이 사건에서는 제청신청인과 제청법원이 언론·출판의 자유의 침해를 주장하고 있고, 입법의 일차적 의도도 출판내용을 규율하고자 하는데 있으며, 규제수단도 언론·출판의 자유를 더 제약하는 것으로 보이므로 언론·출판의 자유를 중심으로 해서 이 사건 법률조항이 그 헌법적 한계를 지키고 있는지를 판단하기로 한다.

4. 부진정경쟁(유사경쟁)

상업광고 또는 음란한 행위를 그림으로 하였을때 이에 대한 침해가 있는 경우 영업의 자유(제15조) 혹은 재산권(제23조)과 예술의 자유를 동시에 주장할 수 없고, 영업의 자유 혹은 재산권만 인정된다. 왜냐하면 상업 목적의 광고는 예술의 자유가 아니기 때문이다. 따라서 이 경우 기본권 경쟁이 발생하지 않는 부진정 경쟁(유사경쟁/Scheinkonkurrenz)이다.[1]

II. 기본권의 충돌(상충)

1. 의의

기본권의 충돌 내지 상충이라 함은 서로 다른 여러 사람이 동시에 각자의 기본권을 주장하는 것과 같이, 서로 다른(A라고 하는 사람, B라고 하는 사람) 기본권의 주체가 서로 다른 이해관계로 말미암아 개개의 기본권을 강조하여 주장하는 경우에 충돌하여 나타나는 현상이다(상이한 주체의 동일한 기본권 혹은 상이한 기본권).[2] 이는 일반적으로 對私人間

1) W. Rüffner, Grundrechtskonflike, S. 475; 권영성, 헌법학원론, 334면.

에 나타나는 현상이다. 예를 들면 흡연자는 흡연행위[1]로 인한 정신적 안정감 · 행복감 즉 행복추구권을 가지는 데에 반해서 비흡연자는 환경권(헌법 제35조) · 건강권(헌법 제36조) 등을 가지는데서 따라 혐연권이 인정되어서, 이와 같이 서로 다른 기본권이 충돌되는 경우가 있다.

[기본권의 충돌]

흡연자들의 흡연권이 인정되듯이, 비흡연자들에게도 흡연을 하지 아니할 권리 내지 흡연으로부터 자유로울 권리가 인정된다(이하 이를 '혐연권'이라고 한다). 혐연권은 흡연권과 마찬가지로 헌법 제17조, 헌법 제10조에서 그 헌법적 근거를 찾을 수 있다. 나아가 흡연이 흡연자는 물론 간접흡연에 노출되는 비흡연자들의 건강과 생명도 위협한다는 면에서 혐연권은 헌법이 보장하는 건강권과 생명권에 기하여서도 인정된다. 흡연자가 비흡연자에게 아무런 영향을 미치지 않는 방법으로 흡연을 하는 경우에는 기본권의 충돌이 일어나지 않는다.

그러나 흡연자와 비흡연자가 함께 생활하는 공간에서의 흡연행위는 필연적으로 흡연자의 기본권과 비흡연자의 기본권이 충돌하는 상황이 초래된다. 그런데 흡연권은 위와 같이 사생활의 자유를 실질적 핵으로 하는 것이고 혐연권은 사생활의 자유뿐만 아니라 생명권에까지 연결되는 것이므로 혐연권이 흡연권보다 상위의 기본권이라 할 수 있다. 이처럼 상하의 위계질서가 있는 기본권끼리 충돌하는 경우에는 상위기본권우선의 원칙에 따라 하위기본권이 제한될 수 있으므로, 결국 흡연권은 혐연권을 침해하지 않는 한에서 인정되어야 한다.[2]

기본권 충돌의 문제는 기본권의 객관적 가치질서를 근거로한 기본권의 대사인적 효력의 문제에서 나타난다. 즉 기본권을 주관적 공권으로만 한정하하는 경우에는 기본권의 충돌문제는 나타날 여지가 없고, 서로 대립하는 기본권의 당사자 사이, 즉 사인간에도 그 효

---

2) 허영, 한국헌법론, 270면; 이준일, 헌법학강의, 단락번호 [3.3.21].

1) 헌재결 2004. 8. 26, 2003헌마457 【국민건강증진법시행규칙제7조위헌확인】 흡연권의 헌법적 근거 : 흡연자들이 자유롭게 흡연할 권리를 흡연권이라고 한다면, 이러한 흡연권은 인간의 존엄과 행복추구권을 규정한 헌법 제10조와 사생활의 자유를 규정한 헌법 제17조에 의하여 뒷받침된다. 우선 헌법 제17조가 근거가 될 수 있다는 점에 관하여 보건대, 사생활의 자유란 사회공동체의 일반적인 생활규범의 범위 내에서 사생활을 자유롭게 형성해 나가고 그 설계 및 내용에 대해서 외부로부터의 간섭을 받지 아니할 권리를 말하는바(헌재결 2001. 8. 30, 99헌바92), 흡연을 하는 행위는 이와 같은 사생활의 영역에 포함된다고 할 것이므로, 흡연권은 헌법 제17조에서 그 헌법적 근거를 찾을 수 있다. 또 인간으로서의 존엄과 가치를 실현하고 행복을 추구하기 위하여서는 누구나 자유로이 의사를 결정하고 그에 기하여 자율적인 생활을 형성할 수 있어야 하므로, 자유로운 흡연에의 결정 및 흡연행위를 포함하는 흡연권은 헌법 제10조에서도 그 근거를 찾을 수 있다.

2) 헌재결 2004. 8. 26, 2003헌마457 【국민건강증진법시행규칙 제7조 위헌확인】

력이 발생하느냐 하는 문제를 다루는 기본권의 제3자적 효력(대사인적 효력)에서 나타난다.[1] 기본권의 대사인적 효력의 문제도 원칙적으로 국가에 대하여 기본권을 주장하는 것이며, 그 이유는 기본권의 충돌이란 국가공권력이 사인(갑)의 기본권을 보호하려는 의도를 가지고 다른 사인(을)의 기본권을 제한하는 경우를 의미하기 때문이라고 한다.[2]

「연구문제」
재산권과 환경권과의 관계는? → 대학생들이 가지는 교육환경권과 대학교 앞에 아파트를 지으려는 아파트업자의 재산권행사의 충돌문제 → 1995년의 부산대학교 교육환경권소송사건) ☜ 문화적 환경권도 환경권에 포함되는가?

대법원 판례에서는 환경권이 추상적이기 때문에 이를 기초로 구체적 권리를 도출해내지는 않지만 법률의 해석 · 적용과 관련하여 일정한 환경적 이익을 고려한 판례도 찾아 볼 수 있다.

[부산대학교사건]
환경권에 관한 헌법 제35조의 규정이 개개의 국민에게 직접으로 구체적인 사법상의 권리를 부여한 것이라고 보기는 어렵고, 사법상의 권리로서의 환경권이 인정되려면 그에 관한 명문의 법률규정이 있거나 관계법령의 규정취지 및 조리에 비추어 권리의 주체, 대상, 내용, 행사방법 등이 구체적으로 정립될 수 있어야 한다. 인접 대지 위에 건축중인 아파트가 24층까지 완공되는 경우, … 조용하고 쾌적한 교육환경이 저해되며 소음의 증가 등으로 교육 및 연구 활동이 방해받게 된다면, 그 부지 및 건물을 교육 및 연구시설로서 활용하는 것을 방해받게 되는 대학교측으로서는 그 방해가 사회통념상 일반적으로 수인할 정도를 넘어선다고 인정되는 한 그것이 민법 제217조 제1항 소정의 매연, 열기체, 액체, 음향, 진동 기타 이에 유사한 것에 해당하는지 여부를 떠나 그 소유권에 기하여 방해의 제거나 예방을 청구할 수 있다.[3]

[봉은사사건]
어느 토지나 건물의 소유자가 종전부터 향유하고 있던 경관이나 조망, 조용하고 쾌적한 종교적 환경 등이 그에게 하나의 생활이익으로서의 가치를 가지고 있다고 객관적으로 인정된다면 법적인 보호의 대상이 될 수 있는 것이라 할 것이므로, 인접 대지에 어떤 건물을 신축함으로써 그와 같은 생활이익이 침해되고 그 침해가 사회통념상 일반적으로 수인할 정도를 넘어선다고 인정되는 경우에는 위 토지 등의 소유자는 그 소유권에 기하여 그 방

1) 권영성, 헌법학원론, 336면; 장영수, 헌법학, 499면 이하 참조; 홍성방, 헌법학, 318면.
2) W. Rüffner, Grundrechtskonflike, in: Ch. Starck(hrsg.), Bundesverfassungsgericht und Grundgesetz, Tübingen 1976, S. 455; 권영성, 헌법학원론, 337면 참조.
3) 대판 1995. 9. 15, 95다23378 【공사중지가처분이의】

해의 제거나 예방을 위하여 필요한 청구를 할 수 있다"[1]고 한다.[2]

특히 '기본권의 갈등(Grundrechtskonflikt)'[3]문제는, 독일의 헷세(K. Hesse)가 지적하고 있는 바와 같이 헌법에 규정되어 있는 기본권조항(규정)은 완전한 하나의 완벽한 체계를 형성하고 있는 것이 아니기 때문에, 기본권조항(규정)을 전혀 '흠결이 없는(lückenlos)' 것으로 생각해서는 안되며,[4] 오히려 헌법상의 기본권규정은 역사적·경험적으로 중요하다고 인정하여 온 개인의 자유와 권리를 망라적으로 규정한 것이며 그러한 까닭에 기본권 상호간의 마찰과 충돌은 얼마든지 있을 수 있다.

2. 해결방법

2.1. '진정한 의미의 기본권의 충돌(echte Grundrechtskollision)'과 부진정한 의미의 '표현적(표현적) 충돌(유사충돌 : Scheinkollision)'의 구별

기본권의 상충문제를 해결함에 있어서는 먼저 '진정한 의미의 기본권의 충돌(echte Grundrechtskollision)'과 '표현적(表見的) 충돌(類似衝突 : Scheinkollision)'의 경우를 구분해야 한다. 그 이유는 헌법에서 보장하고 있는 개인의 기본권은 결코 무한정한 것이 아니며, 개인의 기본권은 개인의 주관적 권리에 한정되는 것이 아니라 공동체(res publica; Gemeinwesen)의 객관적 가치질서의 요소라는 점이 강조될 때, 그 기본권에도 일정한 한계가 있는 것이며 그 기본권은 다른 사람의 기본권과 조화적으로 향유·행사해야만 하는 것이기 때문이다.

표현적 충돌(유사충돌)은 얼핏보아서는(外見上) 기본권의 충돌처럼 보이나, 사실은 기본권의 적용을 주장하는 자의 행위가 당해 기본권 규정의 보호범위(Schutzbereich)를 벗어

---

1) 이 판례에 대해서 환경권이 명문의 규정이 없기 때문에 환경권에 의한 방해배제청구권을 행사할 수 없음에도 마치 종교적 환경권을 통해 유지청구권을 인정할 수 있는 듯이 한 표현은 불필요한 오해를 살 여지가 있다는 비판(윤철홍, 환경이익의 침해와 유지청구권 - 대법원 1997. 7. 22. 선고, 96다56153 판결에 대한 판례평석 -, 법률신문 1998. 7. 6.자(제2707호), 13면)이 있다.

2) 대판 1997. 7. 22, 96다56153【공사금지가처분】

3) 허영, 기본권상호간의 갈등, 고시연구(1983.9); W. Rüffner, Grundrechtskonflkte, in : Bundesverfassungsgericht und Grundgesetz, Bd. 2, 1976, S. 453 f.; M. Lepa, Grundrechtskonflikte, DVBI. 1972. S. 151 f.; H. Bethge, Zur Problematik von Grundrechtskollisionen 1977; H. Soell, Die Bedeutung der Sozialpflichtigkeit des Grundeigentums bei der Landschaftspflege und den Naturschutz, DVBI. 1983, S. 241 f.

4) K. Hesse, Das Grundgesetz in der Entwicklung der Bundesrepublik Deutschland: Aufgabe und Funktion der Verfassung, in: Handbuch des Verfassungsrechts(hrsg. von Ernst Benda), 1983, S. 128.

난 것을 말하는 것으로서, 기본권의 남용 또는 한계일탈행위가 다른 기본권 주체의 기본권을 침해하는 것을 말한다.[1] 표현적 충돌은 유사충돌·부진정 충돌이라고도 한다.[2] 따라서 이 경우에는 진정한 의미에서의 기본권의 충돌 문제는 아니다.[3]

2.2. 표현적 충돌(유사충돌)의 경우(부진정 충돌)

헌법에 언론·출판의 자유가 보장되어 있다고 하여 타인의 명예를 훼손하는 자유까지 그 언론의 자유에 포함되어 있다고 생각할 수는 없다. 출판업자가 출판을 하기 위하여 종이를 절취하고서 종이의 소유자에 대하여 출판의 자유를 주장한다든지, 무대위에서 살인을 하고서 피살자에 대하여 예술의 자유를 주장하는 것과 같은 것이 그것이다.[4] 현행 헌법은 「언론·출판은 타인의 명예나 권리 또는 궁중도덕이나 사회윤리를 침해하여서는 아니된다」(제21조 제4항)라고 규정하여 바로 그 점을 명시하고 있다. 왜냐하면 타인의 명예나 권리 등을 침해하는 것은 당초부터 언론의 자유에 포함되지 않는다고 보지 않을 수 없기 때문이다.[5] 따라서 기본권의 유사충돌은 본래적 의미의 기본권 충돌과는 상관이 없다.[6]

2.3. 기본권의 진정한 충돌

2.3.1. 개관

기본권의 진정한 충돌의 예로는, 언론의 자유를 통하여 타인의 사생활(privacy; Privatsleben)을 다소라도 침해하는 경우, 혹은 개인의 재산권이 타인의 휴식의 권리 등에 의해서 다소라도 제약을 받게 되는 경우 등이 그것이다. 그러한 의미에서 사인간의 기본권 상충의 문제는 바로 그러한 진정한 의미의 기본권충돌에 있어서만 문제된다. 따라서 진정한 의미의 기본권충돌이 발생된 경우에 그 해결기준은 어디에서 찾을 수 있는가가 문제된다고 하겠다.

어떤 기본권을 막론하고 기본권에는 '핵심적 부분'과 '변두리(Rand)부분', 즉 경계적 부분이 있다. 그런데 보통 기본권의 충돌은 그 변두리 부분간에서 자주 발생된다. 그것은 헌법제정권자가 핵심적 부분간에 서로 충돌하는 내용의 기본권을 같은 헌법에 동시에 규정하였다고 볼 수가 어렵기 때문이다. 어떤 기본권의 「핵심적 부분」과 다른 기본권의 「변두리 부분」간에 충돌이 발생하는 경우에는 기본권의 핵심적 부분을 차지하는 기본권을 우선

1) 홍성방, 헌법학, 318면.
2) 외견적 충돌이라고 하는 견해도 있다(홍성방, 헌법학, 318면).
3) 권영성, 헌법학원론, 337면.
4) 권영성, 헌법학원론, 337면.
5) 허영, 사인간의 기본권효력, 고시계(1983.3), 58면 참조.
6) 장영수, 헌법학, 500면.

시켜야 한다는 것은 당연하다. 그러나 기본권의 경계적 부분 상호간에 충돌이 발생하는 경우에는 어떻게 할 것인가가 문제된다.

2.3.2. 학설

a) 이익형량법(법익형량법) : 서열이론(기본권등급론)

aa) 개념

기본권 제한의 합헌성 심사기준으로 이익형량(balancing of interests)의 원칙을 사용하기도 한다.[1][2] 이는 '기본권내의 위계질서를 前提'로 「상위 기본권 우선의 원칙」, 「인격적 가치 우선의 원칙」, 혹은 「자유우선의 원칙」[3]에 의하여 결정하는 것이다. 이는 기본권에 序列(Rangordnung)을 정한 다음 그 기본권에 의해 보호되는 보호법익을 형량함으로서 그 문제를 해결하려는 방법이므로,[4] 이를 서열이론 이라고도 한다. 즉 헌법상의 기본권(규정)은 그 가치 또는 효력에 차이가 있다고 전제하고, 충돌하는 기본권의 법익을 비교하여 그 가치 또는 효력이 우월한 기본권을 우선시키는 방법에 의하여 그 문제를 해결하려는 방식이다.[5] 예를 들면 인간의 존엄과 가치를 보장한 헌법 제10조가 모든 기본권에 우선된다는 논리 또는 정신적 기본권이 경제적·재산적 기본권보다 우월적 지위가 인정되어야 한다는 논법이다.[6]

---

1) 양건, 헌법강의, 261면.
2) 이익형량법과 서열이론을 서로 분리하여 서명하는 견해도 있다(홍성방, 헌법학, 321-322면 참조).
3) 자유주의적 기본권관을 채택하는 경우 자유와 평등, 자유와 생존이 충돌하는 경우 의심스러운 경우에는 자유를 우선시켜야(in dubio pro liberta) 한다는 원칙이다. 이러한 원칙은 사회주의적 기본권론자의 경우에는 적용될 수 없을 것이다(김철수, 헌법학(상), 457면).
4) 권영성, 헌법학원론, 339면.
5) 홍성방, 헌법학, 321면.
6) G. Dürig, in: Maunz-Dürig-Herzog, Grundgesetz, Art. 1, Abs. 1, Rdnr 14; BVerfGE 30, 1973, 193.

이익형량법 : 기본권의 위계질서를 전제로 충돌하는 기본권의 법익을 비교하여 우월을 결정	
상위기본권 우선의 원칙(상하기본권 충돌시)	상·하 기본권이 충돌하는 경우: 상위기본권을 우선
생명권·인격적 가치 우선의 원칙(동위기본권간의 충돌시)	同位기본권이 충돌하는 경우 : 재산적 가치보다 생명권·인격적 가치에 우선; 생명과 인격적 가치를 보장하기 위한 기본권은 비생명적·비인격적 기본권(경제적·정치적·사회적 기본권)보다 우선
자유(권)우선의 원칙	자유권과 평등권이 충돌하는 경우: 평등권보다 자유권을 우위(자유주의적 기본권관)[1]

bb) 비판

기본권 서열이론은 기본권충돌문제를 해결하기 위하여 고안된 것이기는 하나, 이익형량법에 의한 문제해결방식은 본래 헌법규정은 어떤 최고의 규범으로부터 하위규범을 단계적으로 도출할 수 있도록 구성되어 있는 것이 아니라는 반론이 제기되고 있다.[2] 독일의 헷세(K. Hesse) 교수는 헌법상의 기본권은 어떤 완결된 체계를 형성하고 있다고 볼 수 없다고 주장한다. 즉 헌법은 국가적 생활에 관한 많은 문제를 규범화하고 있지만 결코 그 모든 문제를 빠짐없이 규율할 수 있는 것도 아니므로 어떤 문제는 대강만 규정하거나 어떤 문제는 전혀 언급조차 하지 않는 경우도 있기 때문이다. 기본권간의 우열을 가릴 수 있는 경우가 적고 유사한 종류의 기본권간의 충돌시 적용되는데 한계가 있고, 하나의 기본권만을 우선시 하여 다른 기본권의 효력을 완전히 무시하는데 문제가 있다.[3][4]

---

1) 자유와 평등의 상호관계에 대하여 평등은 그 자체에 의미가 있는 것이 아니고 자유를 실효성 있는 것으로 실현하는데 그 본래의 기능과 의미가 있기 때문에 자유우선의 원칙을 지키는 것이 합리적이라 할 것이다.

2) Vgl., U. Scheuner, Die Funktion der Grundrechte, S. 509; F. Bernhard, Wandlungen der Grundrechte, 1971, S. 20 ff.; F. Müller, Positivität der Grundrechte S. 55.

3) 계희열, 헌법학, 1998, 107면.

4) 헌재결 2001. 2. 22, 2000헌바38 【국가배상법 제2조 제1항 단서 등 위헌소원】 헌법 및 헌법재판소의 규정상 위헌심사의 대상이 되는 법률은 국회의 의결을 거친 이른바 형식적 의미의 법률을 의미하는 것이므로 헌법의 개별규정 자체는 헌법소원에 의한 위헌심사의 대상이 아니다. 한편, 이념적·논리적으로는 헌법규범 상호간의 우열을 인정할 수 있다 하더라도 그러한 규범 상호간의 우열이 헌법의 어느 특정규정이 다른 규정의 효력을 전면적으로 부인할 수 있을 정도의 개별적 헌법규정 상호간에 효력상의 차등을 의미하는 것이라고 볼 수 없으므로, 헌법의 개별규정에 대한 위헌심사는 허용될 수 없다. 국가배상법 제2조 제1항 단서는 헌법 제29조 제1항에 의하여 보장되는 국가배상청구권을 헌법 내재적으로 제한하는 헌법 제29조 제2항에 직접 근거하고, 실질적으로 그 내용을 같이하는 것이므로 헌법에 위반되지 아니한다.

대법원 판례와 헌법재판소 중에서도 법익형량에 따라 기본권의 충돌을 해결한 것이 있다.

대판 1988. 10. 11, 85다카29 【이익형량】

인격권으로서 개인의 명예의 보호와 표현의 자유 보장이라는 두 법익이 충돌 하였을 때 그 조정을 어떻게 할 것인지는 구체적인 경우에 사회적인 여러 가지 이익을 비교하여 표현의 자유로 얻어지는 이익, 가치와 인격권의 보호에 의하여 달성되어지는 가치를 형량하여 그 규제의 폭과 방법을 정해야 할 것이다.

헌재결 1996. 6. 13, 94헌마118, 95헌바39(병합) 【헌법 제29조 제2항 등 위헌확인】

헌법은 전문과 각 개별조항이 서로 밀접한 관련을 맺으면서 하나의 통일된 가치체계를 이루고 있는 것으로서, 헌법의 제규정 가운데는 헌법의 근본가치를 보다 추상적으로 선언한 것도 있으므로 이념적·논리적으로는 헌법규범상호간의 우열을 인정할 수 있는 것이 사실이다. 그러나 이때 인정되는 헌법규범상호간의 우열은 추상적 가치규범의 구체화에 따른 것으로서 헌법의 통일적 해석에 있어서는 유용할 것이지만, 그것이 헌법의 어느 특정규정이 다른 규정의 효력을 전면적으로 부인할 수 있을 정도의 개별적 헌법규정 상호간에 효력상의 차등을 의미하는 것이라고는 볼 수 없다.[1]

- 상위기본권 우선의 원칙을 적용한 판례 -

<사례>

갑은 애연가로 소문난 사람이다. 그런데 국민건강증진법시행규칙 제7조는 금연구역을 지정하고 있는바, 이러한 조치는 흡연권에 대한 심각한 침해라고 생각하고 있다. 갑은 드디어 "흡연은 건강에 해로운 점도 있지만 정신적 스트레스를 해소하여 주고 창의력 신장에 기여하며 국가와 지방자치단체의 재정수입의 중요한 세원이 되는 등 순기능이 많이 있고 오랜 역사와 전통을 지닌 인간생활에 없어서는 안 될 관습인바, 납세를 통하여 국가의 재정에 기여하고 있는 흡연자들을 위하여 흡연구역을 증설하고 편의시설을 제공하는 등 이들의 권익을 옹호하여야 한다.

그런데도 도리어 흡연장소를 제한하고 비흡연자들의 권익만을 위한 이 사건 조문은 헌법 제9조(전통문화의 계승·발전), 제10조(인간의 존엄과 가치 및 행복추구권), 제12조(신체의 자유), 제17조(사생활의 자유), 제34조 제1항(인간다운 생활권)에 위반된다"라고 생각하여 헌법재판소에 헌법소원을 제기하였다.

<해설>

흡연권은 사생활의 자유를 실질적 핵으로 하는 것이고 혐연권은 사생활의 자유뿐만 아니라 생명권에까지 연결되는 것이므로 혐연권이 흡연권보다 상위의 기본권이다. 상하의 위계질서가 있는 기본권끼리 충돌하는 경우에는 상위기본권우선의 원칙에 따라 하위기본

1) 동지의 판례: 헌재결 1996. 6. 13, 94헌바20.

권이 제한될 수 있으므로, 흡연권은 혐연권을 침해하지 않는 한에서 인정되어야 한다.

금연구역의 지정에 관하여 규정하고 있는 국민건강증진법시행규칙 제7조는 국민의 건강을 보호하기 위한 것으로서 목적의 정당성을 인정할 수 있고, 일정한 내용의 금연구역을 설정하는 방법의 적정성도 인정할 수 있으며, 달성하려는 공익이 제한되는 사익보다 커 법익균형성도 인정되고, 금연구역 지정의 대상과 요건을 고려할 때 최소침해성도 인정되므로, 과잉금지원칙에 위반되지 아니한다.

국민건강증진법시행규칙 제7조는 흡연자들의 권리를 보다 제한하고 있으나, 국민의 건강과 혐연권을 보장하기 위하여 흡연권을 제한하는 것으로서 차별에 합리적인 이유가 있으므로 평등원칙에 위반되지 아니한다.[1)]

b) 법률유보조항의 유무

개별적 법률유보조항의 유무에 의하여 그 문제를 해결하려는 방법이다[2)]. 즉 법률유보조항이 없는 기본권이 법률유보조항이 있는 기본권보다 우월하다고 하는 학설이다. 舊憲法시대에 있어서 양심의 자유 등에는 법률유보조항이 부가되어 있지 않음에 대하여, 재산권조항 등에는 법률유보조항이 있음을 이유로 하여, 양심의 자유는 재산권보다 우월하다고 하는, 기본권상호간에 우열을 인정하려는 해석론이 있었다. 그러나 그러한 방법도 절대적인 해석론은 아니다. 왜냐하면 舊憲法에 있어서 옥외집회는 법률이 정하는 바에 의하여 제한할 수 있다고 규정하고, 옥내집회에 관해서는 그러한 규정이 없었는데, 그렇다고 그 옥내집회의 자유는 옥외집회의 자유보다 우월한 것이라고 볼 수 있는가가 문제되기 때문이다. 다시 말하면 법률유보조항의 유무에 의하여 옥외집회의 자유보다 옥내집회의 자유가 우월한 가치를 가지고 있다고 단정할 수는 없기 때문이다. 기본권은 그 자체로서 독자적으로 보장되는 것이므로 원칙적으로 동등한 序列을 가지는 것이며, 법률유보조항은 기본권상호간의 가치의 우열의 기준으로 하여 부가되는 것이 아니라, 오히려 그 법률유보조항은 사회(타인)에 미칠 위해의 정도에 따라 부가되는 것일뿐, 상이한 법률유보가 곧 상이한 가치서열을 의미하는 것은 아니라고 보는 것이 타당하기 때문이다.[3)]

c) 공익 및 사익의 구분

공익에 관련되는 기본권이냐 아니면 사익을 위한 기본권이냐에 따라 그 문제를 해결하려는 견해도 있다. 그러나 그것은 모두 일면의 진리만 가지고 있을 뿐이고 신뢰할 수 있

---

1) 헌재결 2004. 8. 26, 2003헌마457 【국민건강증진법시행규칙제7조위헌확인】
2) 특별권력관계에 있어서의 기본권의 제한가능성과 관련하여 그와 같은 기준을 사용하는 사례가 많았다.
3) Rupert Scholz, Koalitionsfreiheit als Verfassungsproblem, 1971, S. 111; K. A. Bettermann, Grenzen der Grundrechte, 1968, S. 8; 권영성, 헌법학원론, 340면.

는 기준이라고 말할 수 없다. 특히 공익을 위하여 사익을 침해하는 것은 자칫하면 전체주의에 빠질 위험성이 크기 때문이다.

d) 규범조화적 해석에 의한 방법: 실제적 조화이론(형평성 중시론)

기본권의 충돌관계를 해결하기 위한 조회의 원칙 내지 규범조화적 해석은 기본권내의 '위계질서를 전제로 하지 않고' 서로 상충하는 기본권 모두가 최대한의 기능과 효력을 발휘하도록 조화의 방법을 모색하는 방법이다.[1] 즉 사적인 이해관계의 다툼에서 기본권의 충돌이 있는 경우에는 그 충돌을 어떤 하나의 추상적 기준에 의해서 해결할 수는 없고 상황에 따라서 여러가지 기준 또는 방법을 동원하여 모든 기본권이 서로 조화(Hamonisierung) 또는 합치(Konkordanz)될 수 있는 방향으로 조절되어야 한다는 것이다.[2] 헌법재판소는 기본권 충돌이라는 기본권 문제를 해결하기 위하여 기본권의 성격과 태양에 따라 그때 그때마다 적절한 해결방법을 선택, 조합하여 왔다고 한다.[3]

헌재결 2005. 11. 24, 2002헌바95 · 96(병합), 2003헌바9(병합) 【노동조합및노동관계조정법 제81조 제2호 단서 위헌소원】 : 기본권 충돌의 해결방법

기본권의 충돌이란 상이한 복수의 기본권주체가 서로의 권익을 실현하기 위해 하나의 동일한 사건에서 국가에 대하여 서로 대립되는 기본권의 적용을 주장하는 경우를 말하는데, 한 기본권주체의 기본권행사가 다른 기본권주체의 기본권행사를 제한 또는 희생시킨다는 데 그 특징이 있다. 이와 같이 두 기본권이 충돌하는 경우 그 해법으로는 기본권의 서열이론, 법익형량의 원리, 실제적 조화의 원리(=규범조화적 해석) 등을 들 수 있다. 헌법재판소는 기본권 충돌의 문제에 관하여 충돌하는 기본권의 성격과 태양에 따라 그때그때마다 적절한 해결방법을 선택, 종합하여 이를 해결하여 왔다. 예컨대, 국민건강증진법시행규칙 제7조 위헌확인 사건에서 흡연권과 혐연권의 관계처럼 상하의 위계질서가 있는 기본권끼리 충돌하는 경우에는 상위기본권우선의 원칙에 따라 하위기본권이 제한될 수 있다고 보아서 흡연권은 혐연권을 침해하지 않는 한에서 인정된다고 판단한 바 있다.[4] 또, 정기간행물의등록등에관한법률 제16조 제3항 등 위헌 여부에 관한 헌법소원 사건에서 동법 소정의 정정보도청구권(반론권)과 보도기관의 언론의 자유가 충돌하는 경우에는 헌법의 통일성을 유지하기 위하여 상충하는 기본권 모두가 최대한으로 그 기능과 효력을 발휘할 수 있도록 하는 조화로운 방법이 모색되어야 한다고 보고, 결국은 정정보도청구제도가 과잉금지의 원칙에 따라 그 목적이 정당한 것인가 그러한 목적을 달성하기 위하여 마련된 수단 또한 언론의 자유를 제한하는 정도가 인격권과의 사이에 적정한 비례를 유지하는 것

1) 허영, 한국헌법론, 273면.
2) 양건, 헌법강의, 258면.
3) 헌재결 2005. 11.24, 2002헌바 95 【노동조합및노동관계조정법 제81조 제2호 단서 위헌소원】
4) 헌재결 2004. 8. 26. 2003헌마457 【국민건강증진법시행규칙 제7조 위헌확인】

인가의 관점에서 심사를 한 바 있다.[1)]

실제적 조화이론은 대체적으로 다음과 같은 방법에 의하여 문제를 해결 하고자 한다.

규범조화적해석에 의한 해결의 원칙: 실제적 조화이론(형평성중시론)	
최후수단 억제의 원칙	- 대안식 해결방법에 의해서도 충돌하는 기본권을 조화 시킬 수 없는 경우의 해결책 - 유리한 위치에 있는 기본권의 보호를 위하여 불리한 위치에 있는 기본권을 버리는 것이 필요하다고 할지라도, 그 조치를 취하는 것을 최후의 순간까지 억제해야 한다는 원칙(종교상의 이유로 치료를 요청하지 않아 배우자를 사망케 한 사건에서 독일연방헌법재판소는 형법상의 형벌을 가하는 것은 종교의 자유의 파급효과를 인식하지 못한 위헌적 처사라고 판시)
과잉금지의 원칙	- 충돌하는 기본권 모두에 일정한 제약을 가하여 충돌하는 기본권의 효력을 모두 양립시키되 그 제약을 필요최소한에 그쳐야 한다는 원칙 - 독일 연방헌법재판소: 인간의 존엄성과 예술의 자유가 충돌한 메피스토(Mephisto)판결, 인격권과 보도의 자유가 충돌한 레바흐(Lebach)판결; 우리나라 헌법재판소(헌재결 1991. 9. 16, 89헌마165)[2)3)]
대안식해결의 원칙 (대안제시의 원칙)	- 충돌하는 기본권 모두를 다치지 아니하고 전부 보호할 수 있는 대안을 찾아내어 해결하는 방법 - 병역의무와 양심상의 집총거부권(독일 기본법 제4조 제3항)[4)]

---

1) 헌재결 1991. 9. 16. 89헌마165【정기간행물의등록등에관한법률제16조제3항, 제19조제3항의위헌여부에관한헌법소원】

2) 규범조화적 방법(과잉금지의 원칙)을 채택한 판례: 헌재결 1991. 9. 16, 89헌마165【정기간행물의등록등에관한법률제16조제3항, 제19조제3항의위헌여부에관한헌법소원】 ☞ 파스퇴르유업과 중앙일보사간의 정정보도청구소송: 반론권은 보도기관이 사실에 대한 보도과정에서 타인의 인격권 및 사생활의 비밀과 사유에 대한 중대한 침해가 될 직접적 위험을 초래하게 되는 경우 이러한 법익을 보호하기 위한 적극적 요청에 의하여 마련된 제도인 것이지 언론의 자유를 제한하기 위한 소극적 필요에서 마련된 것은 아니기 때문에 이에 따른 보도기관이 누리는 언론의 자유에 대한 제약의 문제는 결국 피해자의 반론권과 서로 충돌하는 관계에 있는 것으로 보아야 할 것이다. 이와 같이 두 기본권이 서로 충돌하는 경우에는 헌법의 통일성를 유지하기 위하여 상충하는 기본권 모두가 최대한으로 그 기능과 효력을 나타낼 수 있도록 하는 조화로운 방법이 모색되어야 할 것이고, 결국은 이 법에 규정한 정정보도청구제도가 과잉금지의 원칙에 따라 그 목적이 정당한 것인가 그러한 목적을 달성하기 위하여 마련된 수단 또한 언론의 자유를 제한하는 정도가 인격권과의 사이에 적정한 비례를 유지하는 것인가의 여부가 문제된다 할 것이다.

3) 허영, 한국헌법론, 274면 각주 1) 참조.

첫째, 최후수단 억제의 원칙이다. 즉 유리한 위치에 있는 기본권의 보호를 위하여 필요하다고 할지라도, 그 필요한 조치를 취하는 것을 최후의 순간까지 억제해야 한다는 것이다. 기본권의 충돌이 발생한 경우에 비록 어떤 기본권이 다른 기본권보다 가치면에서 우월하다고 인정되는 경우에도 그 기본권만을 존중하고 다른 기본권은 배제해서는 안된다.[1] 바로 모든 기본권이 조화 또는 합치될 수 있는 방향에서 그 해결책을 마련해야 할 것이다[2]. 현행 헌법에서 규정하고 있는 기본권의 본질적 내용의 침해금지규정(제37조 제 2항)의 참다운 헌법적 의의도 바로 그와 같은 점에 있다고 해석된다.

둘째, 과잉금지의 원칙이다. 충돌하는 기본권의 효력을 모두 양립시키되 그 제약을 필요최소한에 그쳐야 한다는 원칙이다. 이 경우에는 충돌하는 제이익을 '衡量(Güterabwägung)' 할 수 밖에 없는데, 그 때에는 과잉금지의 원칙(Übermaßvebot), 즉 광의의 비례원칙(Prinzip der Verhältnismäßigkeit)이 적용되어야 될 것이다. 이 경우의 과잉금지의 원칙은 적합성(Geeignetheitsprinzip), 필요성(Erforderlichkeitsprinzip), 협의의 비례원칙(상당성의 원칙) 등을 동원하여 그 사안이 그 원칙에 합치되는지 여부를 판단하는 것을 말한다.[3]

[과잉금지의 원칙(Übermaßvebot) : 광의의 비례원칙(Prinzip der Verhältnismäßigkeit)]
- 적합성의 원칙(Geeignetheitsprinzip)
- 필요성의 원칙(Erforderlichkeitsprinzip) : 최소침해의 원칙
- 협의의 비례원칙(상당성의 원칙) : 수인기대가능성

셋째, 대안식해결의 원칙이다. 이는 충돌하는 기본권 모두를 다치지 아니하고 전부 보

---

4) 종교적 이유로 수혈을 거부하는 경우, 후견법원이나, 친족회의 동의를 받는 방법도 대안식 해결이 된다(허영, 한국헌법론, 274면 각주3); 同人, 헌법이론과 헌법, 단락번호 635.

1) 헌재결 1995. 12. 28, 95헌바3 【국가배상법 제2조 제1항 등 위헌소원】 헌법은 전문과 각 개별조항이 서로 밀접한 관련을 맺으면서 하나의 통일된 가치체계를 이루고 있는 것으로서, 헌법의 제 규정 가운데는 헌법의 근본 가치를 보다 추상적으로 선언한 것도 있고, 이를 보다 구체적으로 표현한 것도 있으므로 이념적, 논리적으로는 규범 상호간의 우열을 인정할 수 있는 것이 사실이다. 그러나, 이 때 인정되는 규범 상호간의 우열은 추상적 가치 규범의 구체화 에 따른 것으로 헌법의 통일적 해석에 있어서는 유용할 것이지만, 그것이 헌법 의 어느 특정 규정이 다른 규정의 효력을 전면적으로 부인할 수 있을 정도의 개별적 헌법 규정 상호간에 효력상의 차등을 의미하는 것이라고는 볼 수 없다.

2) H. Ehmke, VVDStRL 20, S. 77 ff.; U. Scheuner, VVDStRL 20, S. 125; ders., Die Funktion der Grundrechte, S. 509; K. Hesse, Grundzüge des Verfassungsrechts der Bundesrepublik Deutschland, S. 28; Ossenbühl, Problem und Wege der Verfassung, DÖV, 1965, S. 657; 허영, 한국헌법론, 274면.

3) P. Lerche, Übermaß und Verfassung, S. 125 ff; K. Hesse, Grundzüge, S. 29 ff.

호할 수 있는 대안을 찾아내어 해결하는 방법이다. 즉 기본권의 충돌이 발생할 경우 '代案(Alternative)의 제시'라는 방법도 생각해 볼 수 있다. 예를 들면 종교·양심의 자유와 병역의 의무가 충돌하는 경우에 어느 한쪽의 기본권에 의해서 타방을 완전히 배척하는 것이 아니라, 그 병역의무자로 하여금 집총만은 피할 수 있는 방도를 마련해 주는 것을 말한다.[1)]

e) **규범영역의 분석이론: 핵심규범영역존중론**

기본권이 충돌하는 경우에 그 궁극적인 판단기준을 헌법자체에서 구할 뿐만 아니라 기본권의 해석을 통하여 기본권의 규범영역을 분석하여 비전형적인 기본권 행사방식을 당해 기본권의 내용으로부터 배제해 버림으로써 기본권의 충돌을 해결하려는 이론이다.[2)] 예를 들면 복잡한 도로에서 그림을 그리는 행위는 예술의 자유의 영역에 포함될 수 없으므로 이때 예술의 자유라는 기본권을 배제시킨다.[3)]

f) **受忍한도론**

수인한도론은 일방 당사자의 기본권의 행사로 인해 타방 당사자의 기본권이 피해를 받았을 경우 그 피해가 일반인이 통상적으로 받아들일 수 있는(수인할 수 있는) 한도 내라면 그 기본권의 피해를 수용해야만 한다는 이론이다. 그러나 기본권의 행사로 인한 피해가 한도 내를 벗어난 경우에는 기본권 행사는 위법하게 된다. 예컨대 다른 주민의 재산권 행사로 환경권이 제약받는다 하더라도 그 제약이 받아들일 수 있는 정도라면 사유재산권 행사를 막을 수도 없는 바, 주민들은 이에 따른 환경권의 제약을 받아들여야만 한다.

2.4. 사견

이익형량법은 기본권의 충돌관계를 해결하기 위한 지극히 기초적 수준에 지나지 않으므로 이 방법에 의한 해결사례는 극히 제한되어 있으며, 규범조화적 해결방법도 기본권의 모든 충돌문제를 무리없이 해결할 수 있다고 할 수도 없다.[4)] 결국은 양자를 모두 활용하여 다각적으로 문제점을 해결하는 수 밖에 없다. 결국 기본권 충돌의 문제해결은 첫째 우선 유사충돌과 기본권 충돌을 구별해야 한다. 유사충돌인 경우에는 기본권을 남용한 자의 기

---

1) Rüffner, Grundrechtskonflikte, S. 470.

2) K. Hesse, Grundzüge, Rn. 310 ff.; W. Leisner, Grundrechte und Privatrecht, München 1960, S. 394; 권영성, 헌법학원론, 341면 참조.

3) 권영성, 헌법학원론, 341면.

4) 예컨대 산모의 생명이 위독하여 낙태를 고려하는 경우, 산모의 생명권과 태아의 생명권이 충돌하게 되지만, 이와같이 양자택일이 불가피한 상황에 있어서는 실제적 조화의 원칙을 적용할 수 없게 된다(장영수, 헌법학, 501면).

본권은 인정될 수 없다. 기본권의 내재적 한계를 벗어난 경우 유사충돌로 볼 수 있다. 둘째, 진정한 충돌이라면 우선 기본권간에 조화롭게 양립할 가능성이 잇는 경우에는 조화로운 해석을 통해 모든 기본권이 실현될 수 있도록 하여야 한다. 다만 태아의 생명권과 산모의 개성신장의 자유와 같이 충돌하는 기본권 조정이 전혀 불가능한 경우 조화의 원칙을 적용할 수 없게 되고 구체적 상황하에서 구체적으로 법익을 형량하여 법익이 더 큰 기본권을 우선적으로 보장해야 한다. 이때는 추상적 이익형량으로 그쳐서는 안 되고 구체적으로 이익형량을 하여야 한다.

2.5. 헌법재판소판례

2.5.1. 정정보도청구권사건(중앙일보 대 파스퇴르 乳業) : 헌재결 1991. 9. 16, 89헌마165.

헌법재판소는「두 기본권이 서로 충돌하는 경우에는 헌법의 통일성을 유지하기 위하여 상충하는 기본권 모두가 최대한으로 그 기능과 효력을 발휘할 수 있도록 하는 조화로운 방법이 모색되어야 한다」고 판시하고 있다.[1] 언론의 자유와 인격권이 서로 충돌할 때 헌법의 통일성을 유지하기 위하여 기본권 모두가 최대한으로 그 기능과 효력을 발휘할 수 있도록 하는 조화로운 방법이 모색되어야 할 것이므로 정정보도청구제도가 과잉금지의 원칙에 따라 목적이 정당한가, 그러한 목적을 달성하기 위하여 수단 또는 언론의 자유를 제한하는 정도가 인격권의 사이에 적정한 비례를 유지하는 것인가의 여부가 문제가 된다. 현행의 정정보도 청구권은 여론의 자유를 일부 제약하는 성질을 가지면서도 반론의 범위를 필요 최소한으로 제한함으로써 양쪽이 법익사이의 균형을 도모하고 있다고 할 것이다.

> 특히 이 사건에서 소수의견을 제시한 이시윤 재판관은 “두개의 기본권이 상충하는 경우이면, 서로 양립·조화를 모색하여야 하는 것이지, 그 중 하나의 기본권이 ‘피교육자의 교육을 받을 권리’ 만을 우선시켜서 이를 최대한으로 보장하고 그 저해요인을 발본·제거하기 위하여「다른 기본권인 사립학교교원의 근로기본권」을 최대한 위축시켜 이를 완전히 형해화 시키는 입법은 결코 기본권의 상충에 맞는 법리라고 할 수 없다”고 하고 있다.[2]

2.5.2. 기타

- 교과서 검인정제도

---

1) 헌재결 1991. 9. 16, 89헌마165【정기간행물의등록등에관한법률제16조제3항, 제19조제3항의위헌여부에관한헌법소원】

2) 헌재결 1991. 9. 16, 89헌마165【정기간행물의등록등에관한법률제16조제3항, 제19조제3항의위헌여부에관한헌법소원】

교사의 수업권과 학생의 수학권이 충돌한 경우 수업권을 내세워 수학권을 침해할 수 없다.[1)]

- 전교조 사건

다수 재판관은 학생의 수학원과 교원의 노동3권이 충돌하는 경우 전자를 우선시한 반면 반대의견(이사윤 재판관)은 학생의 수학권과 교원의 노동3권이 충돌하는 경우 교원의 단결권, 단체교섭권만을 인정하면 양자는 조화를 이룰 수 있다고 하였다.[2)]

- 태아의 생명권과 임산부의 개성신장의 자유충돌

여성에게는 인격발현을 위해 출산여부를 결정할 자유를 가진다. 여성의 자기 결정권과 태아의 생명권이 충돌하는 경우 인간의 존엄과 가치에서 보면 임산부의 자기결정보다 태아의 생명권이 우선한다고 보아 임신 후 12주 이내 낙태를 처벌하지 않는다는 형벌조항은 생명권 침해로 보았다.[3)]

---

1) 헌재결 1992. 11. 12, 89헌마88.
2) 헌재결 1991. 7. 22, 89헌가106.
3) BVerfGE 39, 1.

제 9 항 기본권의 (내재적) 한계

I. 서론

1. 기본권의 내재적 한계의 개념 및 법적 작용

1.1. 개념

원래 헌법이 특정한 기본권을 법률유보하에 두지 않는 것은 이러한 기본권을 기타의 기본권과 명백히 구별하려는 헌법제정자의 의지이며,[1] 따라서 입법자는 법률유보없는 기본권에 대하여는 원칙적으로 어떠한 제한도 해서는 안된다.[2]

그런데 오늘날의 다원적 산업국가에서의 개개인은 타인과의 접촉을 그 전제로 삼고 있고, 이에 따라 개개인은 타인의 생활영역을 존중해야 하는 의무를 지니고 있다. 개인의 기본권이 주관적 공권으로서 불가침이라는 것도 타인의 기본권을 침해하지 않는 범위 내에서의 기본권 보장(객관적 가치질서 · 대사인적 효력 · 내재적 한계)이라는 것을 의미하는 것도 이를 반영하는 것이다.[3] 「나의 자유는 타인의 자유가 시작하는 곳에서 멈춘다」라는 법언이나, 1789년 8월 26일의 프랑스 인권선언 제4조에서 「자유란 타인의 자유를 해치지 않는 범위 내에서 모든 것을 행할 수 있는 자유이다」[4]라고 선언하는 것도 결국은 타인의 기본권 보장을 원인으로 하여 개인에게 보장되는 기본권향유에는 한계가 있음을 의미한다.[5]

법적인 자유와 이에 대한 보장은 결코 무제한적(schrankenlos) · 절대적인 것은 아니며, 제한 없는 자유는 남과 더불어 공동생활을 영위하는 인간공동사회(공동체; res publica)에서는 절대적인 힘(absolute Macht)을 의미하는 것에 불과하기 때문이다.[6] 이와 같은 관점에서 볼 때 개인이 보유하거나 향유할 수 있는 자유의 실제적 영역은 전국가적 이지만

---

1) Fr. Müller, Die Positivität der Grundrechte, 1969, S. 17 ff.; Schwartz, Der Begriff der allgemeinen Gesetze in Art. 5. Abs. 2 des Grundgesetzes, 1970.

2) 홍성방, 헌법학, 338면.

3) 김백유, 기본권의 내재적 한계, 헌정 및 행정법치연구, 한성대출판부, 2006, 310면 이하.

4) "Die Freiheit besteht darin, alles tun zu können, was einem anderen nicht schadet."

5) K. Hesse, Grundzüge, Rn. 308 ff.; 김철수, 헌법학(상), 431면 참조.

6) E.-W. Böckenförde, Das Grundrecht der Gewissensfreiheit, VVDStRL, Heft 28, 1970, S. 54 참조; 허영, 헌법이론과 헌법, 단락번호 646 참조. 허영 교수는 뵈켄푀르데(Böckeförde) 교수가 발표한 논문지 VVDStRL 28이 1969년에 출간된 것으로 표기하고 있으나(각주 406 참조) 이는 1970년의 誤記이다.

전사회적인 것은 아니며,[1] 인간의 순수한 정신영역에 머무르는 인간의 內心의 작용을 제외한 기타의 자유와 권리는 헌법유보(Verfassungsvorbehalt) 혹은 법률유보(Gesetzesvorbehalt)[2]에 의한 제한규정이 없는 경우에도 - 헌법이나 법률에 의한 제한 규

---

1) C. Schmitt, Grundrechte und Grundpflichten, in: Verfassungsrechtliche Aufsätze, 1958, S. 208; 권영성, 헌법학원론, 345면.

2) 법률유보(Gesetzesvorbehalt)와 법률의 유보(Vorbehalt des Gesetzes)는 구별해야 한다(同旨 김향기, 법률의 유보이론의 전개와 과제, 김영훈 박사 화갑기념, 공법학의 제문제, 법문사, 1995, 373면 이하; Arndt/Rudolf, Öffentliches Recht, 13 Aufl., München 2000, S. 105 f.). 법률유보는 기본권 제한(법률에 의하거나(durch Gesetz), 혹은 법률에 근거한(auf Grund eines Gesetzes))과 관련한 문제인데 반하여, 법률의 유보(Vorbehalt des Gesetzes)는 독일 기본법 제20조 제3항(입법은 헌법질서에 구속되고, 집행과 사법은 법률(Gesetz)과 법(Recht)에 구속된다)에 근거한 것으로서 국가권력의 행사는 실질적 의미의 법률(materielles Gesetz)에 근거해야 한다는 것을 의미한다(Arndt/Rudolf, Öffentliches Recht, 13 Aufl., München 2000, S. 105 f.). 김철수 교수는 「… 법률유보(Gesetzesvorbehalt)는 기본권의 내용과 한계를 개별적으로 확정하는 것을 헌법규정이 입법자에게 위임하여 기본권을 법률에 의하여 제한할 수 있게한 것이라 하고, 법률의 유보는 1) 인권의 내용이나 그 보장의 방법 등의 상세한 것은 법률로 정하지 않으면 안된다는 의미의 규율유보(Regelungsvorbehalt), 2) 인권을 제약하는 경우에는 반드시 법률에 의하지 않으면 안된다는 제한유보(Beschränkungsvorbehalt)가 있다」고 하여 법률유보와 법률의 유보를 동일한 개념으로 파악하고 있는 듯 하다(김철수, 헌법학(상), 박영사, 2008, 436면 참조). 그밖에 법규유보(Rechtssatzvorbehalt)와 의회유보(Parlamentsvorbehalt)를 구별하기도 한다. 특히 법률유보는 일반적인 유보의 원칙을 의미하며, 다른 유보들은 특수한 형태의 유보의 원칙으로 본다. 즉, 법률유보는 헌법에 규정된 특별한 유보(기본권제한 · 형성), 즉 헌법체계상의 의미로 사용한다. 또 법규유보는 실질적 의미의 법률의 유보를 의미하며, 의회유보는 형식적 의미의 법률(의회법률)의 유보를 의미한다. 법규유보는 의회법률(형식적 의미의 법률)에 의한 규율뿐만 아니라 행정입법(법규명령 · 자치법규)에 의한 규율도 허용하지만, 의회유보는 법률에 의한 규율을 요구한다. 다만 김철수 교수는 기본권을 제한하는 법률은 국민의 대표기관인 의회가 제정하여야 하며(의회유보 : Parlamentsvorbehalt), 이를 명령에 위임해서는 안된다(김철수, 헌법학(상), 437면; 헌재결 1999. 5. 27, 98헌바70)고 하면서, 동 444면에서는 위임명령에 의한 제한이 가능하다고 한다. 기본권 침해가 행정행위를 통해서 이루어 질 수 있다는 것은 행정권의 발동에 의한 공권력행사도 기본권의 본질적 내용 침해금지의 원칙을 준수해야 된다는 것을 의미하며, 이의 필요성은 특히 재량행정(Ermessensverwaltung)의 영역에서 두드러지게 나타난다. 여기에서는 행정의 법률적합성의 원칙(행정의 합법성의 원칙)만으로는 기본권 보장에 충분하다고 볼 수 없다. 행정의 법률적합성의 원칙은 법률유보(Gesetzesvorbehalt)의 원칙과 법률우위의 원칙(Vorrang des Gesetzes)을 의미한다. 특히 불확정 (법)개념의 사용과 행위재량의 인정은 행정의 법률적합성의 원칙에 (원칙적으로) 위반하지 않는 것이기 때문에 기본권의 본질적 내용 침해금지원칙이 여기에도 적용되어져야 한다. 김대환, 기본권의 본질적 내용 침해금지에 관한 연구, 서울대학교 박사학위논문, 1998, 128면 참조.

정이 없는 경우에도 - 제한될 수밖에 없다는 결론에 봉착하게 된다.[1] 이는 결국 개인이 누리는 자유와 권리는 그가 지니는 기본권의 내재적 한계[2] 내에서만 보장되고 행사될 수 있다는 것을 의미한다.[3] 이와 같은 관점에서 볼 때 기본권보장은 개인의 존엄과 가치, 행복추구를 존중할 것이 요구되지만 또한 사회연대성을 위반해서는 안 된다는 것을 의미하며, 바로 여기서 기본권은 절대적인 것이 아니고 그 스스로 「헌법내재적 한계(verfassungsimmanente Grundrechtsschranken)」[4]를 지니고 있고, 또는 명시적 제한을 받을 수밖에 없음을 내포하고 있다.

기본권의 내재적 한계이론은 독일에서 법률유보가 없는 절대적 기본권을 제한할 필요성 때문에 연방헌법재판소의 결정에서 인용되었고,[5] 지금은 널리 인정되고 있다.[6] 우리 헌법재판소는 「기본권도 국가적 · 사회적 공동생활의 테두리 안에서 타인의 권리 · 공중도덕 · 사회윤리 · 공공복리 등의 존중에 의한 내재적 한계가 있는 것이며, 따라서 절대적으로 보장되는 것은 아닐 뿐만 아니라 헌법 제37조 제2항이 명시하고 있듯이 질서유지(사회적 안녕질서), 공공복리(국민공동의 행복과 이익) 등 공동체 목적을 위하여 그 제한이 불가피한 경우」에는 기본권의 본질적 내용을 침해하지 않는 한도에서 법률로써 제한할 수 있는 것이라 하고 있다」라고 판시함으로써 3한계론에 입각한 기본권의 내재적 한계를 인정[7]하고 있다.

---

1) E.-W. Böckenförde, Das Grundrecht der Gewissensfreiheit, VVDStRL, Heft 28, 1970, S. 54 참조.

2) '내재적 한계'라는 용어는 기본권론에서 뿐만 아니라 통치구조론 등 그 용어의 사용범위는 광범위하게 이루어지고 있다. 대통령의 사면권 행사와 관련한 民辯의 기획소송(민변 이름으로 법무부장관에 대하여 2건의 사면관련 정보의 공개를 청구한 사건)에 대하여 서울행정법원은 2000. 11. 3. 민변이 공개를 청구한 사면실시건의서 및 사면실시에 관한 국무회의안건자료의 공개를 명하는 판결을 선고한바 있는데, 재판 과정에서 대통령의 사면권 행사 및 사면준비나 그 심의과정에서 작성된 정보는 통치행위에 해당되어 사법심사의 대상이 될 수 없다는 법무부장관의 주장에 대해 법원은 「국민주권주의를 취하는 우리 헌법 하에서 대통령의 사면권은 국가이익과 국민화합의 차원에서 행사되어야 하고, 정치적으로 남용되거나 당리당략적 차원에서 행사할 수 없는 헌법내재적 한계를 갖고 있다」고 밝혔다. 그 밖에 자유민주주의의 내재적 한계 · 헌법제정권력의 내재적 한계 등 시로 다양한 형태로 표현되고 있다.

3) 권영성, 헌법학원론, 345면; 김철수, 헌법학(상), 437면.

4) 김철수, 헌법학(상), 박영사, 2008, 437면; Arndt/Rudolf, Öffentliches Recht, 13. Aufl., München 2000, S. 106.

5) 기본권의 내재적 한계이론을 최초로 전개한 판례는 BVerfGE 2, 248(252 f.).

6) 홍성방, 헌법학, 338면.

7) 헌법재판소는 형법상 간통죄규정(제241조)의 합헌결정에서 "개인의 性的 자기결정권도 국가적 · 사회적 공동생활의 테두리 안에서 타인의 권리 · 공중도덕 · 사회윤리 · 공공복리 등의 존중해야 할 내재적 한계가 있는 것"이라고 하였다(헌재결 1990. 9. 10, 89헌마82 참조; 허영, 한국헌법론,

1.2. 법적 작용(문제점)

기본권의 내재적 한계가 지니는 법적 작용에 있어서 기본권의 구성요건이 내재적 한계를 통하여 제한된다면 그러한 내재적 한계에 속하는 행위의 경우, 해당 기본권에 대한 제한 가능성을 가지게 되며, 그 결과 일반적으로 기본권을 제한하는데 요구되는 법치국가적 보호수단이 요구되지 않게 된다. 곧 이러한 행위에 대한 제한은 법률유보의 구속을 받지 않고 제한되는 기본권은 해당 조항을 적시할 필요가 없으며, 객관적 헌법의 제한도 심사할 필요가 없으며, 비례의 원칙(Verhältniskeitsprinzip) 내지는 과잉금지의 원칙(Übermaßverbot)도 존중할 필요가 없다.[1] 따라서 기본권의 내재적 한계를 무한하게 확대·적용하는 경우, 이는 기본권의 본질적 내용(Wesensgehalt)의 보장(기본권의 본질적 내용의 침해금지)을 유명무실하게 할 위험성도 내포하고 있기 때문에 이 문제에 대해서는 헌법이론상 신중한 접근이 필요하다.[2]

2. 기본권의 내재적 한계와 기본권의 제한과의 구별(한계와 제한의 구별)

자유민주적 기본질서하에서의 민주주의 확립을 헌법이념으로 삼는 현대 헌법국가에서는 국민의 기본권보장을 헌법에 명문화하는 경우, 그 자유와 권리의 실효성을 보장하기 위해서 국가의 공권력행사를 제한하는 등 여러 가지 제도적인 장치를 마련하면서도, 또 한편 국가의 존립 내지 헌법적 가치질서의 보호를 위해서 (꼭) 필요한 경우에는 기본권을 제한할 수 있는 방법 및 근거를 동시에 마련해 두고 있다.

즉, 기본권을 제한할 수 있는 기준과 방법 및 한계를 헌법에 미리 명시하는 것이 일반적이지만, 경우에 따라서는 기본권의 일부에 대해서 기본권을 제한할 수 있는 사유 및 근거에 관하여 침묵을 지키고 있는 경우가 있다.[3] 헌법이 기본권의 제한에 관해서 명문의 규정을 두고 있는 경우, 기본권제한의 문제는 결국 그 헌법규정의 해석 및 적용의 문제로 귀착되지만 헌법에서 기본권의 제한에 관해서 - 부분적으로나마 - 침묵을 지키고 있는 경우, 이러한 헌법의 침묵에도 불구하고 그 기본권을 제한할 수 있는 것인지, 만약 제한할 수 있다고 한다면 그 이론적인 근거는 무엇이며, 그 제한의 한계 등은 어떠한 것인가 등이 문제된다.

기본권의 내재적 한계(immanente Schranken der Grundrechte) 문제가 야기되는 것

280면 참조.

1) 허영 교수는 이 경우 기본권을 제한하려는 입법권자의 입장에서는 여러 가지 번거로운 제약이 따르는 법률유보에 의한 기본권 제한보다는 기본권의 내재적 한계를 내세우는 방안을 취하고 싶은 유혹을 느낄 것이라고 한다. 상세한 내용은 허영, 한국헌법론, 280면 각주 1) 참조.

2) 허영, 한국헌법론, 276면.

3) 허영, 헌법이론과 헌법, 단락번호 638.

도 바로 여기에서 연유한다. 따라서 기본권의 내재적 한계는 그 성격상 처음부터 그 제한 가능성을 전제로 해서 그 제한의 기준과 방법 및 제한의 한계를 논하는 헌법해석적인 기본권제한(Begrenzung der Grundrechte)의 문제와는 본질적으로 다르다. 왜냐하면 기본권의 내재적 한계는 헌법이론적으로 기본권내에 (내부적으로) 존재하는 일종의 不文의 한계를 찾아냄으로써 기본권에 대한 불가피한 제한을 정당화시키려는 논리형식이지만, 기본권의 제한은 그 제한가능성을 전제로 해서 (외부적인 힘에 의한) 그 제한의 기준과 방법 및 한계를 논하는 것이기 때문에, 이는 결국 법률유보(Gesetzesvorbehalt)의 본질을 밝히는 것이 되며, 따라서 기본권의 내재적 한계의 문제와는 엄격히 구별된다.[1][2]

[장영수교수의 견해]

장영수교수는 기본권의 제약(한계와 제한)은 ① 기본권의 보호영역을 일정한 한계에 국한 시킨다는 것, ② 그 한계 자체를 축소시킨다는 것, 즉 이미 설정된 보호영역을 제한한다는 것의 두가지 의미를 내포한다고 하여, 기본권 제약이라는 명칭아래 기본권의 한계와 제한을 두고 있다.[3]

II. 내용

1. 기본권의 내재적 한계의 등장배경 및 본질

기본권의 내재적 한계론의 등장배경은 법률에 의해서도 제한할 수 없는 이른바 절대적 기본권[4][5]을 규정하고 있는 헌법질서 내에서(독일의 경우와 같이), 절대적 기본권에 해당되는 기본권에 대하여도 현실적으로 기본권 제한의 필요성이 발생한 경우, 이를 합리적

1) 허영, 한국헌법론, 박영사, 2009, 269면; 同人, 헌법이론과 헌법, 단락번호 638.

2) 기본권의 제한은 기본권 밖에서 일정한 이유로 기본권에 제한을 가한다는 의미이고, 기본권의 한계는 기본권안에 처음부터 일정한 한계가 내재되어 있다는 의미이다. 이것은 기본권의 내용과 범위의 확정을 어느 관점에서 보느냐의 차이이다(양건, 헌법강의, 234면).

3) 장영수, 헌법학, 506면.

4) 예컨대 독일 기본법상의 평등권(제3조 제1항), 신앙과 양심의 자유(제4조 제1항), 학문과 예술의 자유(제5조 제3항), 혼인의 자유(제6조 제1항), 평화로운 집회의 자유(제8조 제1항), 단체교섭권(제9조 제3항), 청원권(제17조) 등이 그예이다(허영, 한국헌법론, 276면 각주 1) 참조).

5) 기본권은 법률에 의한 제한가능성의 유무에 따라 상대적 기본권(relatives Grundrecht)과 절대적 기본권(absolutes Grundrecht)으로 나누어지는 것이 고전적인 분류방법의 하나였다. 그러나 오늘날에는 절대적 기본권의 개념이 성립되지 않는다는 견해가 있다. 허영, 한국헌법론, 박영사, 276면 각주 2); 同人, 헌법이론과 헌법, 단락번호 639, 각주 388) 참조.

으로 해결하기 위해서 등장한 헌법이론이 바로 기본권의 내재적 한계론이다.

그러나 우리나라의 경우 국민의 모든 자유와 권리를 일반적 법률유보에 의하여 인정하고 있는 나라에서는 절대적 기본권이 이론상으로는 존재할 수 없고(현실적으로는 신앙의 자유·양심의 자유 등과 같이 절대적 기본권으로 인정하여야만 하는 기본권은 실제로 존재한다),[1] 또한 일반적 법률유보에 의한 기본권제한의 한계를 규정하는 우리의 현행 헌법 제37조 제2항에서 보는바와 같은 기본권의 본질적 내용(Wesensgehalt)이 절대적으로 침해당할 수 없는 절대가치로 보장되고 있는 헌법질서 내에서는 기본권의 내재적 한계를 무제한 확대하는 경우, 이는 기본권의 본질적 내용의 절대적 보장을 유명무실하게 할 위험성이 항상 내재한다. 따라서 기본권의 내재적 한계 이론은 매우 신중한 방향으로 그 헌법이론이 정립되어야 한다.[2] 독일의 학설과 판례에서는 일반적으로 기본권의 내재적 한계를 인정하고 있으며, 다만 그것을 논증하는 방법에 있어서의 논증도구는 대체로 다음 네 가지 입장으로 나누어진다고 볼 수 있다.

2. 기본권의 내재적 한계의 논증형식

2.1. 3한계이론(Schrankentrias-Lehre) : 사회공동체유보이론(공동체유보설)

2.1.1. 개념

3한계이론은 독일 Bonn 기본법 제2조 제1항에서 규정하고 있는 바와 같이 개성신장의 자유의 한계로 설정하고 있는 (ㄱ) 타인의 권리침해금지, (ㄴ) 헌법질서 침해금지의무, (ㄷ) 도덕률 준수의무를 기본권의 내재적 한계이론의 타당성의 근거로 삼아 다른 모든 기본권의 내재적 한계로도 적용(직접적·간접적)되어야 한다고 한다는 이론이다.[3][4] 즉 독일 기본법은 인격의 자유로운 발현권, 즉 개성신장의 자유를 규정하면서,[5] 이 자유는 타인의

---

1) 김철수 교수는 학문연구와 예술창작의 자유도 절대적 기본권에 포함시키고 있다(김철수, 헌법학(상), 464면)

2) 허영, 한국헌법론, 276면.

3) 허영, 한국헌법론, 277면; 同人,, 헌법이론과 헌법, 단락번호 641 참조.

4) 독일기본법은 개성신장의 자유(인격의 자유로운 발현 : freie Entfaltung seiner Persönlichkeit) : 제2조 제1항)를 규정하면서, 이 자유는 <u>타인의 권리를 침해하지 않고(die Rechte snderer verletzt), '헌법질서(verfassungsmäßige Ordnung)'와 '도덕률(Sittengesetz)'에 반하지 않는 범위 내에서만 인정된다</u>고 말하고 있는데, 여기에서 개성신장의 자유의 한계로 제시되고 있는 ① 타인의 권리, ② 헌법질서, ③ 도덕률의 세 가지는 다른 모든 기본권의 내재적 한계로도 적용되어야 한다고 한다. 일종의 사회공동체유보이론이라고도 볼 수 있다(허영, 한국헌법론, 277면).

5) 독일기본법 제2조 제1항에서 규정하는 개성신장의 자유의 독자적인 기본권적 성질을 인정할 것인지의 여부와 기본권에서 규정하고 있는 세 가지 한계를 다른 기본권에 직접적으로 적용할 것인지 아니면 간접적으로만 적용할 것인지에 대해서는 학자간에 견해의 차이가 있다.

권리를 침해하지 않고, 헌법질서와 도덕률에 반하지 않는 범위 내에서만 인정된다는 것이다(개성신장의 자유의 한계).

이 3한계이론은 일종의 사회공동체유보이론이라고도 불리운다.[1] 독일연방헌법재판소는 초기판결[2]에서 이 견해에 따라 내재적 한계를 인정하였으며, 학설도 이 견해를 많이 따르고 있다. 국내에서도 이 견해를 따르는 입장[3]이 있다. 우리 헌법재판소도 이 입장에서 판결을 내린 바 있다.[4]

2.1.2. 비판

그러나 이 견해에 대해서는 이러한 제한은 해당 조항, 곧 Bonn 기본법 제2조 제1항에만 한정된 제한이지 다른 조항에 확장시킬 수 있는 근거가 없다는 비판이 있다.[5] 김철수 교수도「헌법 내재적 한계에 대하여 독일기본법 제2조 제1항의 타인의 권리 · 도덕률 · 헌법질서를 기본권의 내재적 한계로 보는 견해가 있으나, 이것은 기본법 제2조 제1항의 인격의 자유로운 발현권에 국한된 것이지 모든 기본권에 적용될 수는 없는 것이라고 한다.[6]

2.2. 개념내재적 한계이론(Begriffsimmanente Schranken-Theorie : 기본권의 개념축소)

2.2.1. 개념

개념내재적 한계이론은 기본권의 내재적 한계를 인정함에 있어서 개별적인 기본권의

---

1) 허영, 한국헌법론, 277면.

2) 독일연방 헌법재판소는 헌법내재적 한계라는 개념을 BVerfGE 3, 248(252 f.)에서최초로 언급하였다(홍성방, 헌법학, 338면 각주 578). 허영, 한국헌법론, 275면 각주 2) 참조.

3) 권영성, 헌법학원론, 345면; 기본법 제2조 제1항의 인격의 자유로운 발현권(개성신장의 자유)은 구체적으로 일반적 행동자유권과 일반적 인격권으로 구분되고 있는바, 그 중에서도 일반적 행동자유권이 1. 타인의 권리보장(Rechte Dritter) 2. 도덕률(Sittengesetz) 3. 헌법질서(verfassungsmäßige Ordnung)를 보장하기 위하여 제한될 수 있다고 보고 있고, 일반적 인격권은 영역이론(Sphärentheorie)에 따라 법률에 의한 제한만이 가능하며 비례의 원칙이 준수되어야 한다고 보는 것이 일반적 견해이다. 특히 김철수 교수는 독일기본법 제2조 제1항의 타인의 권리 · 도덕률 · 헌법질서를 기본권의 내재적 한계의 논증근거로 보고 있는 견해(권영성, 허영)를 비판하면서「이것은 기본법 제2조 제1항의 인격의 자유발현권에 국한된 것이지 모든 기본권에 적용할 수 없다」고 주장한다(김철수, 헌법학(상), 438면).

4) 허영, 한국헌법론, 280면 참조. 헌재결 1990. 9. 10, 89헌마82 **【형법 제241조의 위헌여부에 관한 헌법소원】**

5) 허영, 헌법이론과 헌법, 단락번호 641 이하 참조.

6) 김철수, 헌법학(상), 438면.

개념정의를 통해서 논증하려는 견해이다. 즉 문제가 되고 있는 개별적인 기본권의 개념을 되도록 좁게 해석함으로써, 결과적으로 그 기본권의 내재적 한계를 인정하려는 것이다.[1] 예컨대 독일기본법상 법률유보조항이 없는 예술의 자유(제5조 제3항)의 내재적 한계를 논증하기 위해서 예술의 개념에 논리적인 요소를 요구함으로써, 이른바 도덕적이고 윤리적인 예술활동만을 예술의 자유에 의해서 보호하려는 것이다.[2]

2.2.2. 비판

이 학설에 대해서는 그 논증내용이 지나치게 기교적이며,[3] 규범영역의 용어정의 및 그 내용이 분명하지 않다는 비판[4]이 있다. 그밖에도 이 이론에 대해서는 기본권의 보호영역이 확정된 기본권의 제한은 서로 밀접한 관계를 가지는 것이기는 하지만 그 개념 및 사고과정에 있어서 양자는 (엄밀하게) 구별하여야 함에도 불구하고 양자를 혼동하고 있다는 비판이 가해진다.[5] 더 나아가서 이 견해에서 내재적 한계의 한 유형으로 들고 있는 附加的 문구에 의한 개념내재적 한계는 오히려 개념내재적 한계라기 보다는 헌법에 의한 명시적 기본권제한에 속한다고 보아야 한다는 문제점이 있다.[6][7]

1) 허영, 한국헌법론, 277면.
2) 허영, 한국헌법론, 277면.
3) 허영, 헌법이론과 헌법, 단락번호 647 참조.
4) 예컨대 Pieroth/Schlink, Staatsrecht II, Rn. 229는 이 개념의 불명확성을 다음과 같이 지적 한다:「여기에서 논의되고 있는 것이 규범영역(Regelungsbereich)에 관한 것이라고 한다면, 규범영역 보호영역(Schutzbereich)이 아니라 기본권이 적용되고 그 속에서 보호영역이 비로소 확정되는 생활영역(Lebensbereich)을 의미한다. 예컨대 기본법 제8조 제1항의 규범영역은 모든 집회(Versammlung)에 미치나, 그 보호영역은 평온한 그리고 무기를 휴대하지 않은 집회만으로 한정된다」고 한다. 또한 Rn. 235는「… 기본권에는 보호영역이 있다. 기본권은 보호영역 내에서 주관적 권리(방어권, 절차권, 참여권, 또는 급부권), 제도 혹은 제도적 보장(Instituts- oder institutionelle Garantien), 일반적 법률의 기본권합치적 해석(Auslegung) 및 적용(Anwendung) 등을 보증(verbürgt), 보장(garantiert) 또는 허용(gewährleistet)한다. 중요한 것은 기본권보장이란 개념은 유사한 개념들과 함께 법적으로 형성된 기본권의 보호작용(Schutzwirkung)과 관련되어 있음에 반하여, 기본권이 가지는 보호영역은 그러한 보호가 효력을 발하는 현실적 단면(Wirklichkeitsausschnitt)을 나타낸다는 점이다」; 홍성방, 헌법학, 340면 각주 594) 참조.
5) 홍성방, 헌법학, 341면.
6) 홍성방, 헌법학, 341면.
7) 헌법에 의한 명시적 기본권 제한에 관한 상세한 내용은, 허영, 한국헌법론, 275면 이하 참조.

2.3. 국가공동체유보이론(Gemeinschaftsvorbehalt; 국가존립의 보장)

2.3.1. 개념

모든 기본권의 보장은 어디까지나 다원적 민주사회에서의 국가공동체의 존립을 그 전제로 삼고 있고(jedes Grundrecht setzt den Bestand der staatlichen Gemeinschaft voraus), 기본권 역시 국가공동체에 의해서 비로소 보장되는 것이라고 한다. 결국 국가공동체유보이론은 국가존립의 보장을 기본권의 내재적 한계로 보는 입장이다.[1] 국가공동체유보이론은 독일연방행정법원이 기본권의 내재적 한계를 인정하기 위하여 고안해낸 이론이다. 동 법원의 최초의 판결[2]에서 경찰은 공공의 안녕과 질서를 해친다는 이유로 예술의 자유를 제한할 수 있는가 라는 문제를 다루었는바, 동 법원은 어떤 기본권의 행사가 「다른 기본권을 침해하거나 국가공동체의 존립에 필요한 필수적인 법익(Rechtsgüter)을 위험에 빠뜨린다면 그 기본권을 주장할 수 없다」고 하였다.

2.3.2. 비판

국가공동체유보이론은 독일연방행정법원이 그 초기의 판례[3]에서 정립한 이론이지만, 이 이론은 악용의 위험성이 많다는 학자들의 비판[4]및 연방헌법재판소는 예술의 자유를 제한하는 데 공동체조항(Gemeinschaftsklausel)은 충분하지 않다고 하면서 「예술의 자유는 법률유보가 없는 권리이기 때문에, 일반적 법질서나 또는 헌법적 근거 없이 그리고 충분한 법치국가적 보장 없이 국가공동체의 존립에 필요한 필수적인 법익(Rechtsgüter)을 위험에 빠뜨린다고 해서 그것을 배제하는 불확정조항을 통하여 상대화되어서는 안된다」고 비판함에 따라,[5] 동재판소가 그 후에 여러 차례 이론적인 수정을 모색하다가,[6][7] 1975년부터[8]는 아주 포기하였다.[9]

---

1) Vgl. BVerwGE 1, 48(52) : "모든 종류의 기본권은 국가존립의 보장을 위해 필요한 필수적인 법익(Rechtsgüter)를 침해하지 않는 범위 내에서만 유효하다. 왜냐하면 모든 종류의 기본권은 국가존립의 보장을 그 전제로 하고 있고, 국가존립을 통하여 기본권이 보장되기 때문이다."
2) BVerwGE 1, 303(307) : 예술의 자유의 한계(죄많은 여자).
3) Vgl. BVerwGE 1, 48(52); BVerwGE 1, 92(94); BVerwGE 1, 303(307); BVerwGE 2, 345(346); BVerwGE 2, 295(300); BVerwGE 5, 153(159); BVerwGE 5, 283; BVerwGE 7, 125(139).
4) Vgl. O. Bachof. Die Rechtsprechung des Bundesverwaltungsgerichts, JZ 1957, S. 334 ff(337); G. Dürig, in; Maunz/Dürig/Herzog/Scholz, GG-Kommentar, Rn. 70 zu Art. 2 Abs. 1 GG.
5) BVerfGE 30, 173(193)-Mephisto 판결; 김철수, 헌법학개론, 박영사, 2008, 438면; 홍성방, 헌법학, 341면.
6) 예컨대 BVerwGE 7, 358(361); 16, 241(248); 23, 104(110).
7) BVerwE 49, 202(208) 참조.
8) Vgl. BVerwGE 49, 202.

2.4. 법규(범)조화적 한계이론(실제적 조화이론; 규범조화를 위한 한계이론)

2.4.1. 개념

법규(범)조화적 한계이론은 실제적 조화의 이론 내지는 규범조화를 위한 한계이론[1] 이라고도 한다. 즉 법규(범)조화를 위한 한계이론의 구체적 내용은 헌법의 통일성을 지키고 헌법내의 전체적인 가치질서를 실현시키기 위한 이른바 규범조화적 해석의 필요성에서 기본권의 내재적 한계를 이끌어 내는 견해이다.[2] 즉 아무리 법률유보가 없는 기본권이라 하더라도 그 기본권의 행사에 의해서 타인의 기본권 또는 헌법이 보호하고 있는 다른 헌법적 가치와 충돌이 생기는 경우에는 헌법의 통일성과 헌법이 추구하는 전체적인 가치질서의 보장이라는 측면에서 그 기본권에 대한 개별적인 제한이 불가피하다고 한다.[3] 이 이론은 헌법의 통일성을 유지하고 헌법이 추구하는 전체적인 가치질서를 실현시키는 위한 실제적 규범조화의 필요성으로부터 기본권의 내재적 한계를 도출해내려는 것이다. 이 견해는 독일연방헌법재판소의 입장으로,[4] 국내에서는 법규(범)조화적 한계이론이라고도 한다.

독일연방헌법재판소는 법률유보(Gesetzesvorbehalt) 없는 기본권은 해당 기본권의 한계가 "헌법 자체의 규정을 통해서만 이루어 질 수 있는 것"[5]이라고 한다.[6] 따라서 원칙적으로 개별적 기본권의 내재적 한계를 인정함에 있어서는 다른 헌법규정, 특히 기본법 제1조와 제20조 및 다른 기본권과의 관계, 곧 헌법의 전체적 통일성을 확립할 수 있어야 한다. 곧 "헌법의 본질은 국가공동체의 정치적 · 사회적 생활의 통일적 질서의 확보에 있기 때문에 가장 중요한 해석원칙은 논리적 · 목적적 의미로서의 헌법의 통일성이며,"[7] "제3자의 충돌하는 기본권과 헌법적 서열을 갖는 법적 가치들만이 예외적으로 헌법의 통일성과 헌법에 의하여 보호되는 전체 법질서를 고려하여 개별적인 관계에서 제한될 수 없는 기본권들을 제한할 수 있다."[8] 그에 따라 기본권은 다른 헌법규범과 충돌하거나 다른 기본권주체가

---

9) 허영, 한국헌법론, 277면 각주 2) 참조; 同人, 헌법이론과 헌법, 단락번호 643 참조; 홍성방, 헌법학, 341면.

1) 허영, 한국헌법론, 278면.; 同人, 헌법이론과 헌법, 단락번호 644; 장영수, 헌법학, 509면; 홍성방, 헌법학, 341면.

2) 허영, 한국헌법론, 278면.

3) 독일연방헌법재판소가 1971년에 정립한 이래 오늘날 독일의 학설 · 판례를 통해 지배적인 이론으로 평가되고 있다(허영, 한국헌법론, 278면 각주 1) 참조. 同人, 헌법이론과 헌법, 단락번호 644.

4) 허영, 한국헌법론, 278면.

5) BVerfGE 30, 173(193).

6) 홍성방, 헌법학, 342면 참조.

7) BVerfGE 19, 206(220); 30, 1(19f).

8) BVerfGE 12, 45(54 f.) - 병역의무거절사건(Kriegsdiensverigerungsfall). 이 판결에서 헌법적 서열이 주어진 법적 가치로 여겨진 것은 기본법 제12a조 제1항, 제73조 1호 및 제87a조 제1항 제

향유하는 기본권과 마찰을 일으키는 곳에서 일차적으로 내재적 한계를 가진다.[1][2]

2.4.2. 비판

법규(범)조화적 한계이론은 상기한 바와 같이 기본권의 내재적 한계를 헌법적 통일성 · 헌법적 가치 등을 표준으로 하여 헌법(규범)의 테두리 내에서 찾으려 함으로써 내재적 한계를 일반적 · 추상적 한계가 아닌 개별적 · 구체적인 것으로 파악할 수 있다는 장점이 있다. 그리고 사인간의 기본권에 갈등이 야기되었을 때, 이의 합리적인 해결방안이 되는바, 특히 기본권의 충돌시에 이의 해결책을 원활히 할 수 있어서 기본권의 대사인적 효력(Drittwirkung)의 인정근거로서 효율적으로 작용한다는 점에서 더욱 그러하다.[3]

1문을 근거로 한 연방군의 기능가능성이었다.

1) BVerfGE 28, 243(261) 참조.

2) 경우에 따라서 연방헌법재판소는 다른 논거를 통하여 기본권의 내재적 한계이론을 발전시키기도 했다. 예컨대 IPR-Urteil(BVerfGE 31, 58, 68 f)에서는 유보 없는 기본권의 한계를 제도적 보장으로부터 전개하기도 하였다.

3) 기본권 충돌의 해결책으로 등장하는 규범조화적 해석에 의한 방법은 기본권내의 '위계질서를 전제로 하지 않고' 서로 상충하는 기본권 모두가 최대한의 기능과 효력을 발휘하도록 조화의 방법을 모색하는 방법이다. 즉 사적인 이해관계의 다툼에서 기본권의 충돌이 있는 경우에는 그 충돌을 어떤 하나의 추상적 기준에 의해서 해결할 수는 없고 상황에 따라서 여러 가지 기준 또는 방법을 동원하여 모든 기본권이 서로 조화(Harmonisierung) 또는 합치(Konkordanz)될 수 있는 방향으로 조절되어야 한다는 것이다. 대체적으로 다음과 같은 방법에 의하여 문제를 해결한다. 첫째, 최후수단 억제의 원칙이다. 이는 보다 중요한 위치에 있는 기본권의 보호를 위하여 필요한 수단이라고 할지라도, 이를 최후의 순간까지 자제해야 한다는 것이다. 모름지기 기본권의 충돌이 발생한 경우에 비록 어떤 기본권이 다른 기본권보다 가치면에서 우월하다고 인정되는 경우에도 우월한 기본권만을 존중하고 열등한 기본권을 쉽사리 배제해서는 안되며, 모든 기본권이 조화 또는 합치될 수 있는 방향에서 그 해결책을 마련해야 한다(Ehmke, VVDtRL 20, S.77 ff.; Scheuner, VVDDStRL 20, S. 125; ders., Die Funktion der Grundrechte, S. 509; Hesse, Grundzüge, Rn. 318; Ossenbühl, Problem und Wege der Verfassung, DÖV, 1965, S. 657). 현행 헌법에서 규정하고 있는 기본권의 본질적 내용의 침해금지규정(제37조 제2항)의 헌법적 의의도 바로 그와 같은 점에 있다. 둘째, 과잉금지의 원칙이다. 충돌하는 기본권의 효력을 모두 양립시키되 그에 대한 제약은 필요최소한에 그쳐야 한다는 원칙이다. 이 경우에는 충돌하는 제이익을 비교형량(법익형량 : Güterabwägung) 할 수밖에 없지만, 이 경우 과잉금지의 원칙(Übermaßvebot), 즉 광의의 비례원칙(Prinzip der Verhältnismäßigkeit im weiteren Sinne)이 적용되어야 한다. 이 경우의 과잉금지의 원칙은 적합성(Geeignetheitsprinzip), 필요성(Erforderlichkeitsprinzip), 협의의 비례원칙(상당성의 원칙) 등과 같은 세부원칙을 동원하여 그 사안이 여기에 합치되고, 이러한 조건원칙을 만족하는지의 여부를 판단하는 것을 말한다. 셋째, 代案(Alternative)식 해결의 원칙이다. 이는 충돌하는 기본권 모두를 다치지 아니하고 전부 보호할 수 있는 대안을 찾아내어 해결

그러나 규범조화를 위한 한계이론은 어디까지나 헌법의 통일성을 그 주요한 논거로 삼고 있기 때문에 자동적으로 기본권과 통치기능의 연관성을 강조하게 되며, 또한 기본권과 통치기능의 상호 교차효과를 중요시하는 만큼 통치적 필요에 따라 생성되는 통치기능상의 여러 제도적 장치가 경우에 따라서는 기본권의 내재적 한계의 논거에 의하여 기본권 침해의 타당성의 근거로 악용될 위험성도 있다.[1] 따라서 독일에서도 절대적 기본권의 내재적 한계를 확정하는데 있어 기본권에 포함된 인간의 존엄성 존중과 비례의 원칙을 준수하여야 한다고 한다.[2]

III. 현행 헌법과 기본권의 내재적 한계

1. 일반적 법률유보조항(헌법 제37조 제2항)과 기본권의 내재적 한계

현행 헌법 제37조 제2항은 국가안전보장 · 질서유지 · 공 복리(목적상의 한계)를 위해서 (꼭) 필요한 경우에 최소침해적인 방법으로(방법상의 한계), 그리고 기본권의 본질적 내용(내용상의 한계)을 침해하지 않는 범위 내에서 (사실상) 모든 기본권을 법률(형식상의 한계)로써 제한할 수 있도록 규정하고 있기 때문에, 독일기본법에서와 같은 절대적 기본권을 우리 헌법에서도 인정하고 있다고 보기에는 문제가 있다.[3] 따라서 독일과 같이 절대적 기

하는 방법이다. 예를 들면 종교 · 양심의 자유와 병역의 의무가 충돌하는 경우에 어느 한쪽만을 위하고(병역의무) 다른 것(종교 · 양심의 자유)을 완전히 배척하는 것이 아니라, 그 병역의무자로 하여금 집총만은 피하되, 대체복무(Ersatzdienst) 등 이에 상응 하는 다른 의무를 부과하는 방도를 강구하는 것이다. 우리 헌법재판소는 「두 기본권이 서로 충돌하는 경우에는 헌법의 통일성을 유지하기 위하여 상충하는 기본권 모두가 최대한으로 그 기능과 효력을 발휘할 수 있도록 하는 조화로운 방법이 모색되어야 한다」고 판시하고 있다(헌재결 1991. 9. 16, 89헌마165, 헌재판례집 3,91,518, 사립학교법 제55조, 제58조 제1항 4호에 대한 위헌심판) : 특히 이 사건에서 소수의견을 제시한 이시윤 재판관은 "두개의 기본권이 상충하는 경우이면, 서로 양립 · 조화를 모색하여야 하는 것이지, 그 중 하나의 기본권인 '피교육자의 교육을 받을 권리' 만을 우선시켜서 이를 최대한으로 보장하고 그 저해요인을 발본 · 제거하기 위하여 「다른 기본권인 사립학교교원의 근로기본권」을 최대한 위축시켜 이를 완전히 형해화 시키는 입법은 결코 기본권의 상충에 맞는 법리라고 할 수 없다"고 한다.

1) 허영, 한국헌법론, 279면.

2) 허영; 홍성방, 헌법학, 342면.

3) 김철수, 헌법학(상), 439면; 계희열, 헌법학(상), 박영사, 1995, 22면; 허영, 한국헌법론, 279면은 절대적 기본권이라는 개념 자체를 부정하면서도 다음과 같이 언급하고 있다. 「다만 우리 헌법처럼 원칙적으로 모든 기본권을 법률에 의한 제한대상으로 삼는 경우에도 신앙과 양심의 자유처럼

본권을 규정하고 있는 헌법질서 내에서 그 기본권의 제한가능성을 둘러싸고 전개되는 기본권의 내재적 한계론에 입각한 헌법논쟁의 가능성은 우리나라에서는 별문제가 없어 보인다.[1] 다만 우리 헌법처럼 원칙적으로 모든 기본권을 일반적 법률유보에 의한 기본권 제한의 대상(헌법 제37조 제2항)으로 삼고 있다고 할지라도, 자유와 권리의 (본질적) 성질상 법률에 의한 제한이 사실상 어려운 기본권이 있을 수도 있다(예컨대 신앙과 양심의 자유). 따라서 하나의 기본권이 다른 기본권과 충돌을 일으켜 다른 기본권이 가지고 있는 '헌법적 가치'[2]의 손상을 가져오는 경우, 이 경우 독일에서와 같은 기본권의 내재적 한계이론을 통하여 그 한계를 인정할 수밖에 없다.[3]

2. 기본권의 본질적 내용의 침해금지와 기본권의 내재적 한계

2.1. 기본권의 본질적 내용(본질내용론)의 의미

2.1.1. 절대적 본질내용론(absolute Wesensgehalttheorie) : 절대설

a) 개관

독일연방행정재판소가 판시한 이론으로서,[4][5] 절대적 본질내용론(절대설)[6]은 기본권

법률에 의한 외부적인 제약을 가하는 것이 적당치 못한 기본권이 있다는 점도 부인하기 어렵다. 따라서 우리 헌법상 기본권의 내재적 한계가 문제될 수 있다면 이 같은 법률의 규제권 밖에 있는 기본권이 다른 기본권 또는 헌법에 의해서 보호되고 있는 다른 헌법적 가치와 충돌을 일으키는 경우, 그 구체적인 문제를 해결하기 위한 수단으로 원용되는 때에 국한된다고 보아야 한다」. 그러나 이 견해는 신앙과 양심의 자유에서 절대적으로 보장되는 것은 내심 작용에 한하는 것이라는 것을 간과했다는 생각이 든다. 곧 내부적인 신앙의 자유와 양심의 자유는 다른 기본권이나 다른 헌법적 가치와 충돌되지 않는다. 또한 양심의 자유와 신앙의 자유가 외부로 표출되어 다른 기본권이나 헌법적 가치와 충돌할 때에는 굳이 내재적 한계의 이론을 원용하지 않더라도 기본권의 충돌을 해결하는 방법에 따라 해결될 수 있다.

1) 김철수, 헌법학(상), 439면; 허영, 한국헌법론, 279면.

2) 허영, 한국헌법론, 280면.

3) 특히 기본권 중에는 신앙과 양심의 자유(Glaubens- u. Gewissensfreiheit)등과 같이 법률에 의한 외부적인 제약을 가하는 것이 적당치 못한 기본권이 현실적으로 존재하고 있다는 점도 부인하기 어렵다. 허영, 한국헌법론, 박영사, 2009, 273면 참조; K. A. Bettermann, Grenzen der Grundrechte, 1968, S. 14.

4) BVerwG; NJW 1977, S. 763.

5) 이에 반해서 독일연방행정법원은 절충설을 취했으며, 절충설은 기본권의 핵심을 절대적으로 보호하는 것을 긍정하지만, 공동체의 존립을 위해서 필요한 법익을 보호하기 위해서는 기본권의 침해를 허용하는 입장이라는 견해가 있다(홍성방, 헌법학, 361면). 절대설은 독일연방헌법재판소가 주장하였다고 한다(홍성방, 헌법학, 360면)

6) 절대설을 취하는 입장으로는 K. G. Wernicke, Bonner Kommentar zum Grundgesetz, Art. 19

의 본질적 내용을 절대적으로 확고부동(고정적·부동적: 절대설)한 것으로 이해한다.[1] 다시 말하면 기본권에는 어떠한 경우에도 제한될 수 없는 절대적 본질내용, 즉 핵심영역이 존재한다고 하는 견해로서,[2] 모든 기본권의 핵심적인 영역의 침해는 개별사안에 있어서 추구하는 입법이익과는 상관없이 절대적으로 금지된다는 것이다. 따라서 이 이론에 의하면 기본권의 본질적 내용을 구체적인 상황과 독립해서 절대적으로 존재하고 입법자에 의한 처분으로부터 유보없이 보호되는 기본권의 본질핵심(Wesenskern)이라고 이해한다.[3] 이 이론은 기본권이 가지는 특수한 성질, 즉 기본권의 실체를 중요시하며, 따라서 개별사안에 있어서 법익들의 충돌과 상관없이 규정되는 절대적인 한계를 세운다.

그러나 이 이론은 기본권의 본질적 내용보장을 개별적 사안과 관련지어서 신축성 있게 합리적으로 결정하는 것을 불가능하게 하는 단점이 있다. 즉 절대설에 따르게 되면 구체적 기본권 침해내지는 제한을 통해서 추구하고자 하는 공공이익(Gemeinwohl; salus publica)이 아무리 크더라도 기본권의 침해 내지는 제한이 절대적으로 인정될 수 없고 따라서 공공이익을 추구할 수 없다는 단점이 있다. 이러한 단점을 해결하기 위하여 공공의 이익이 중대한 경우에는 예외적으로 당해 기본권이 유명무실하게 되어 버릴지라도 개별적인 경우에 있어서의 기본권의 본질적 내용의 침해를 인정하고 있다.[4] 그러나 이러한 예외를 인정하는 경우, 이는 결과적으로 기본권의 절대적 본질내용의 상대화를 초래한다는 문제점이 야기되기 때문에 그 타당성의 한계를 지닌다는 비판이 따르게 된다.

II Erläuterungen 2; G. Dürig, AöR 81(1956), S. 117 ff.; H. Krüger, DÖV 1955, S. 598; H. Jäckel, Grundrechtsgeltung, S. 113-114; W. Leisner, Grundrechte, S. 152; K. Stern, Das Staatsrecht III/2, S. 864-876; 독일연방헌법재판소(상세한 내용은 김대환, 기본권의 본질적 내용 침해금지에 관한 연구, 서울대학교 박사학위논문, 1998, 110면 이하 참조); Ludwig Schneider, Der Schutz des Wesensgehalts von Grundrechten nach Art. 19 Abs.2 GG, SÖR(Schriften zum Öffentlichen Rechts), 288(1983), S. 193 f.; 김철수, 헌법학(상), 439면; 홍성방, 헌법학, 361면; 기타 상세한 내용은 정태호, 기본권의 본질적 내용보장에 관한 고찰, 헌법논총, 제8집(1997), 311면 이하 참조.

1) 김철수, 헌법학(상), 439, 464면.
2) 이준일, 헌법학강의, 단락번호 [3.3.62].
3) Ludwig Schneider, Der Schutz des Wesensgehalts von Grundrechten nach Art. 19 Abs.2 GG, SÖR(Schriften zum Öffentlichen Rechts), 288(1983), S. 189; G. Herbert, EuGRZ 1985, S. 323; S. Hendrichs, in: GG-Komm, Art. 19 Rn. 25.
4) 예컨대 경찰의 저격으로 인한 범인의 살해와 같은 정당방위(자기 또는 타인의 법익을 위한 현재의 급박하고도 부당한 침해를 방어하기 위한 상당한 이유가 있는 행위).

b) 개별적 학설

aa) 핵심영역설

핵심영역설은 기본권을 제한하는데 있어서는 절대적으로 침해해서는 안 되는 핵심적 내용내지 근본적 실체가 있다고 보는 학설이다. 즉 기본권의 핵이 되는 실체가 존재하며, 본질적 내용이라 하는 것은 그 침해로 말미암아 기본권이 유명무실해 지는 것을 의미한다는 것이다. 이 경우 어느 것이 본질적 내용을 침해한 것인가는 각 기본권의 내용 중 핵이 되는 실체가 어떤 것이냐 하는 문제로 귀결된다.

기본권의 핵심적 실체를 기본권의 각내용에 따라 판단하는 경우 모든 기본권에 기준이 되는 일반적 기준이 있다. 즉 개인의 자율성의 보호, 그 개성신장의 보호, 그 전제로서의 그 인격체 자체의 보호 및 인간의 존엄과 가치가 그것이다. 특히 인간의 존엄과 가치는 모든 기본권의 제한의 절대적인 한계이기 때문에 이는 본질적 요소에 해당되며 이를 침해해서는 안 된다. 그리고 실체법자체에서만 기본권의 본질적 내용을 다루어서는 안 되며 절차법적인 요소, 특히 사법절차가 기본권의 본질적 내용을 침해하지 않도록 제정 되어야 한다.

bb) 인간존엄성설

이 설은 모든 기본권의 가치적인 핵심을 뜻하는 인간의 존엄과 가치를 본질적 내용으로 보는 학설이다. 인간존엄설의 특징 중의 하나는 기본권의 본질적 내용보장을 실질적으로 정의하고 있다는 것이다. 그러나 이설은 기본권의 본질적 내용보장은 인간의 존엄성을 국가권력의 침해로부터 보호하는 것 이상을 보장하는 것이라는 점이 간과되고 있다.

2.1.2. 상대적 본질내용론(relative Wesensgehalttheorie) : 상대설

a) 개관

독일연방통상재판소(독일연방대법원)가 판시한 이론으로서,[1][2] 상대적 본질내용론(상대설)[3]을 주장하는 견해에 따라서 다소 상이한 내용이 주장되고 있으나, 일반적으로 기

1) BGH; DÖV, 1955, S. 729.

2) 홍성방, 헌법학, 359면.

3) 상대설을 취하는 학자는 P. Lerche, Übermaß und Verfassungsrecht, Zur Bindung des Gesetzgebers an die Grundsätze der Verhältnismäßigkeit und der Erforderlichkeit, 1961, S. 79; H. v. Hippel, Grenzen und Wesensgehalt der Grundrechte, SÖR Bd. 19(1965), S. 48; A. Kaufmann, ARSP Bd. LXX, 1984, S. 384 ff.; Maunz, Maunz/Dürig, Art. 19 II, Rdnr. 29 ff.; 등이 있다. 정태호, 기본권의 본질적 내용보장에 관한 고찰, 헌법논총, 제8집(1997), 298면 이하 참조; 계희열 교수는 상대설을 취하면서 절대설은 그 본질적 내용의 한계가 어디 있는지를 설명하지 못하고 또한 기본권에 따라서는 본질적 내용이 침해될 수밖에 없어서 침해되고 나면 아무 것도 남는 것이 없는 것들이 있는데(예를 들면 생명권과 관련된 사형 또는 낙태, 신체의 자유와 관

본권의 본질적 내용을 고정적·부동적(절대설)인 것이 아니라 가변적·유동적(상대설)인 것으로 본다.[1] 따라서 무엇이 기본권의 본질적 내용에 해당되느냐에 대한 판단기준 및 범위는 개별적이고 구체적인 사안에 따라서 달라지게 된다. 이 경우에 있어서 기본권의 본질적 내용의 침해여부는 개별적인 경우에 서로 충돌하는 공익과 사익을 비교형량함으로써 확정된다. 이와 같이 개별적인 경우에 있어서의 기본권 침해를 고려함으로써, 상대설에 의한 본질적 내용 침해금지원칙은 비례의 원칙과 밀접한 관련을 가진다(상대설을 취하면 기본권 제한을 정당화하려면 비례의 원칙 하나만 준수하면 된다).[2] 그럼에도 불구하고 기본권 보호의 내용이 항상 보호되는 법익들을 상호 비교형량해서 결정하기 때문에 이 이론은 타당하다고 여겨진다.[3]

헌재결 1996. 11. 28, 95헌바1 【형법 제250조등 위헌소원】 본질내용의 상대설을 취한 판례

생명권 역시 헌법 제37조 제2항에 의한 일반적 법률유보의 대상이 될 수밖에 없는 것이나, 생명권에 대한 제한은 곧 생명권의 완전한 박탈을 의미한다 할 것이므로, 사형이 비례의 원칙에 따라서 최소한 동등한 가치가 있는 다른 생명 또는 그에 못지 아니한 공공의 이익을 보호하기 위한 불가피성이 충족되는 예외적인 경우에만 적용되는 한, 그것이 비록 생명을 빼앗는 형벌이라 하더라도 헌법 제37조 제2항 단서(본질적 내용침해금지의 원칙)에 위반되는 것으로 볼 수는 없다.

모든 인간의 생명은 자연적 존재로서 동등한 가치를 갖는다고 할 것이나 그 동등한 가치가 서로 충돌하게 되거나 생명의 침해에 못지 아니한 중대한 공익을 침해하는 등의 경우에는 국민의 생명·재산 등을 보호할 책임이 있는 국가는 어떠한 생명 또는 법익이 보호되어야 할 것인지 그 규준을 제시할 수 있는 것이다. 인간의 생명을 부정하는 등의 범죄행위에 대한 불법적 효과로서 지극히 한정적인 경우에만 부과되는 사형은 죽음에 대한 인간의 본능적 공포심과 범죄에 대한 응보욕구가 서로 맞물려 고안된 "필요악"으로서 불가피하게 선택된 것이며 지금도 여전히 제 기능을 하고 있다는 점에서 정당화될 수 있다. 따라서 사형은 이러한 측면에서 헌법상의 비례의 원칙에 반하지 아니한다 할 것이고, 적어도 우리의 현행 헌법이 스스로 예상하고 있는 형벌의 한 종류이기도 하므로 아직은 우리의

련되는 종신형 혹은 장기형, 직업의 자유와 관련하여 특정직업에 취업하지 못하는 것) 절대설은 이 문제를 해결할 수 없다고 비판한다. 계희열, 기본권의 제한, 안암법학 제2집, 1994, 87면 이하; 김대환, 기본권의 본질적 내용 침해금지에 관한 연구, 서울대학교 박사학위논문, 1998, 60면, 192면 참조.

1) Ludwig Schneider, Der Schutz des Wesensgehalts von Grundrechten nach Art. 19 Abs. 2 GG, SÖR(Schriften zum Öffentlichen Rechts), 288(1983), S. 158; 김대환, 기본권의 본질적 내용 침해금지에 관한 연구, 서울대학교 박사학위논문, 1998, 60면.

2) 홍성방, 헌법학, 360면.

3) 김대환, 기본권의 본질적 내용 침해금지에 관한 연구, 서울대학교 박사학위논문, 1998, 참조.

헌법질서에 반하는 것으로 판단되지 아니한다.

형법 제250조 제1항이 규정하고 있는 살인의 죄는 인간생명을 부정하는 범죄행위의 전형이고, 이러한 범죄에는 그 행위의 태양이나 결과의 중대성으로 미루어 보아 반인륜적 범죄라고 규정지워질 수 있는 극악한 유형의 것들도 포함되어 있을 수 있는 것이다. 따라서 사형을 형벌의 한 종류로서 합헌이라고 보는 한 그와 같이 타인의 생명을 부정하는 범죄행위에 대하여 행위자의 생명을 부정하는 사형을 그 불법효과의 하나로서 규정한 것은 행위자의 생명과 그 가치가 동일한 하나의 혹은 다수의 생명을 보호하기 위한 불가피한 수단의 선택이라고 볼 수 밖에 없으므로 이를 가리켜 비례의 원칙에 반한다고 할 수 없어 헌법에 위반되는 것이 아니다.

b) 개별적 학설

aa) 최소침해원칙과 본질적 내용을 동일시하는 견해

이 견해는 본질적 내용의 침해금지규정을 과잉금지원칙의 한 요소인 필요성 내지 최소침해원칙과 동일한 것으로 보는 입장이다. 그러나 이는 "자유와 권리의 본질적 내용"이라는 헌법 제37조 제2항의 문구와 명시적으로 맞지 않아 비판받고 있다.

bb) 협의의 비례의 원칙(비례성의 원칙; 상당성의 원칙)으로 보는 견해

이 견해는 기본권의 본질적 내용보장규정을 협의의 비례의 원칙(비례성의 원칙; 상당성의 원칙)의 헌법적 근거로 보거나 그와 동일시하는 입장으로서 기본권 제한을 정당화하기 위하여는 비례성의 원칙이라는 하나의 원칙으로 충분하다고 본다. 따라서 기본권의 본질적 내용이 어느 경우에 침해되느냐의 문제는, 실체적인 요소로서의 본질적 내용은 존재하지 않기 때문에 항상 추상적으로 말할 수는 없고 구체적 상황이나 관련된 인적 주체와 관련하여서만 말할 수 있다는 것이다. 그러나 예외적인 상황에서 기본권을 그 원칙만 가지고 충실히 보호하는 것을 기대하기는 어렵다.

cc) 헤벌레(P. Häberle)의 법익형량설

법익형량의 원칙에 의거하여 기본권이 등위의 또는 상위의 법익들에 대하여, 즉 그 본질적 내용을 에워싸고 있는 내재적 한계를 통하여 확정되는 것은 기본권의 본질에 속한다고 한다는 이론이다. 그는 기본권에 대한 적법한 한계 내지 다른 등위의 또는 상위의 법익들이 기본권의 본질적 내용의 안에 있다고 보는 것이다. 그런데 이 법익형량설은 개별적 자유영역의 특성들을 간과하고 있다는 비판을 받을 수 있을 것이다.

dd) Alexy의 원리모델(원칙모델)에 의한 본질적 내용의 상대화

원리모델(원칙모델)은 기본권을 원칙으로 보는 견해이다.[1] 법규범중 확정적으로 어떤 것을 하도록 수권하는 규범을 규칙, 어떤 것을 사실적 및 법적으로 가능한 범위 안에서 가급적 높은 정도로 실현하도록 명령하는 규범을 원리로 나누고 원리적 성격을 갖는 규범들은 일견 타당한 근거들로서 다른 원리들과 상충하는 경우에는 후퇴할 수도 있다는 학설이다. 법익형량설과 같은 비판을 받고 있다.

2.2. 개별적 기본권의 본질적 내용

현행 헌법에서 규정하고 있는 개별적 기본권의 본질적 내용이 무엇인가를 파악하기 위하여는 기본권들의 체계 전체에서 각각의 개별적 기본권에게 부여하고 있는 각별한 의미는 무엇인가, 개개의 기본권은 어떠한 역사적 발전과정을 거쳐서 보장된 개념인가, 그리고 개별적 기본권에 대한 제한 가능성 및 제한범위 등은 어떠한가 등을 기준으로 하여 개별적 기본권이 내포하는 본질적 내용을 파악해야 한다.

언론, 출판, 집회, 결사의 자유(헌법 제21조)와 같은 표현의 자유의 본질적 내용은 개인의 의사형성에 있어서의 자유로운 의사소통을 보장하는가, 정신적 활동에 대한 국가적 영향력 행사의 배제 가능성 및 그 범위, 그리고 정치생활에의 자유로운 참여 등을 인정하느냐의 여부가 그 본질적 내용을 침해하는지의 판단기준이 될것이다.

[개별적 기본권의 본질적 내용의 판단기준 및 판단요소] : 개별적 기본권의 본질적 내용
예술의 자유(제22조)와 같은 정신적 자유권의 영역에 해당되는 기본권의 본질적 내용은 창작영역과 같은 대내적 작용영역과 이를 외부에 표현하고 전시하는 것 등과 같은 대외적 작용영역으로 구분하여 파악하여야 하며, 학문의 자유(제22조)도 학문연구, 교수활동, 연구결과발표, 연구를 위한 집회 · 결사 등을 포괄하는 넓은 의미의 정신적 활동영역을 포함하므로 예술의 자유와 같은 맥락하에서 학문의 자유의 본질적 내용을 파악하여야 한다. 종교의 자유(헌법 제21조)의 본질적 내용은 정신적 자유권의 특수한 영역에 해당되는 것이다. 따라서 내심적 단계에 머무르는 신앙 및 신앙실행에 관련된 개인의 정신적 활동에 대한 국가적 영향력 행사의 배제 및 종교활동에 대한 자유로운 참여의 보장여부가 판단기준이 될 것이다. 재산권의 본질적인 내용은 사유재산제도의 보장이, 직업의 자유(헌법 제15조)의 본질적 내용은 직업행사에 대한 제한, 직업선택에 대한 주관적 제한, 직업선택에 대한 객관적 제한 등을 기준으로 하여 파악할 수 있다. 사생활의 비밀과 자유(헌법 제17조), 주거의 자유(헌법 제16), 통신의 비밀(헌법 제18조) 등은 모두 개인의 영역을 보호하는 기본권들이다. 이 기본권들의 보호영역은 다른 기본권에 비하여 상대적으로 불가침적인 핵심영역을 인정할 수 있는 여지가 크다. 근로3권에서는 노조를 결성하여 단결하는 것과 단체로 교섭하며 행동하는 것등이 본질적 내용이라고 볼 수 있다.

그러나 개별적 기본권이 내포하고 있는 '본질적 내용'이란 과연 무엇인가 하는 것을

---

1) 이준일, 헌법학강의, 단락번호 [3.3.64].

발견하기에는 개별적 기본권이 주관적 · 객관적 요인에 따라 각각 다르게 인식되거나 나타날 수 있으므로 이를 발견하기는 어렵다. 따라서 독일 및 우리나라의 헌법재판소는 이에 대한 대안으로서 비례의 원칙 내지는 과잉금지의 원칙의 위반 여부가 개별적 기본권의 본질적 내용을 침해했는지의 여부를 판단하는 요소로 파악하고 있다.

2.3. 기본권의 '내재적 한계의 한계'

기본권의 본질적 내용은 모든 침해조치에 있어서 관련자들의 구체적이고 개별적인 관계를 고려하여 결정되어야 할 것이며,[1] 이와 같은 관점에서 기본권의 내재적 한계를 인정하는 경우에도 기본권의 본질적 내용을 침해하는 정도의 (내재적) 한계는 부정된다.

3. 기본권제한의 보완적 이론으로서의 내재적 한계론(보충성의 원리)

기본권제한에 있어서 비례의 원칙(Verhältniskeitsprinzip)이 충실히 지켜지는 경우, - 특별한 경우가 아닌 한 - 일반적으로 기본권의 본질적 내용침해문제는 발생하지 아니한다. 그러나 기본권에 대한 제한이 비례의 원칙에 위배되는 경우, 이와 관련한 공권력행사는 위헌문제를 야기할 할 수도 있다. 그러나 이 경우에도 기본권의 본질적 내용에 대한 침해여부에 대한 실질적인 검토를 거쳐서 그 침해여부를 확인하는 것이 중요하다. 왜냐하면 비례의 원칙에 위배된 공권력행사도 기본권의 본질적 내용 침해금지원칙에는 위배되지 않을 수 있기 때문이다.[2] 그러나 허영 교수의 설명처럼 기본권이 내재적 한계를 일반화시켜서 이를 모든 기본권에 확대 · 적용시키는 경우, 결과적으로 헌법 제37조 제2항의 일반적 법률유보에 의한 기본권 제한의 한계규정과도 조화되기 어렵고, 자칫하면 법률에 의한 기본권 제한의 최후적 한계로 명시되고있는 기본권의 본질적 내용(Wesensgehalt)의 침해금지를 공허한 것으로 만들어 버릴 위험성마저 갖게 된다.[3] 기본권을 제한하려는 입장에서 볼 때도 여러 가지 번거로운 제약이 따르는 법률유보에 의한 제한보다도, 기본권이 가지는 내재적 한계를 이유로 하여, 예컨대 그것은 기본권의 제한이 아니고, 그 기본권에는 이러한 한

---

1) 개별적 기본권 중에서 인간의 존엄과 가치는 기본권의 본질적 내용의 구성요소가 되며, 따라서 인간의 존엄과 가치의 내용이 침해되면 기본권침해라는 위법성을 초래하게 된다.

2) 우리 헌법재판소는 절대적 본질내용론과 상대적 본질내용론을 일관성 없이 필요에 따라서 다르게 채택하고 있으며, 빈번하게 본질적 내용보장규정을 심사기준으로 삼고 있으나, 그 조항을 해석 · 적용함에 있어서는 그 사안의 성격상 필요한 주의를 기울이지 않고, 구체적인 논증도 없이 그 침해를 단정적으로 긍정하거나 부정하는 경우가 많다. 기본권의 본질적 내용보장에 관한 헌법재판소판례와 그 경향에 관한 상세한 내용은 정태호, 기본권의 본질적 내용보장에 관한 고찰, 헌법논총, 제8집(1997), 329-361면 참조.

3) 허영, 한국헌법론, 280면 참조.

계가 있다는 것을 선언적으로. 확인한 것에 지나지 않는 것이라고 주장하는 방법에 의하여 기본권을 제한하는 것이 훨씬 간편하고도 손쉬운 방법이겠기 때문이다.[1] 우리 현행 헌법의 해석상 기본권의 내재적 한계는 매우 제한적으로 다루어야 하는 이유도 여기에 있다.[2]

법률유보에 의한 기본권 제한의 원칙, 즉 법률에 의하여 기본권을 제한하는 경우에는 이미 언급한 바와 같이 기본권의 내재적 한계를 - 어느 정도 - 그 이념적인 기초로 하고 있는 것은 사실이지만, 모든 기본권의 제한이 반드시 기본권의 내재적 한계이론에 의해서 뒷받침되거나 정당화되는 것은 아니다. 특히 현행 헌법은 기본권 제한과 관련하여 구태여 기본권의 내재적 한계론을 적용하거나 빌리지 않더라도 헌법 제37조 제2항의 규정에 의한 일반적 법률유보 혹은 헌법조문에서 개별적으로 정하는 개별적 법률유보[3]에 의해서 기본권 제한이 실질적으로 가능하도록 구성되어 있기 때문에(물론 이 경우에도 제한의 한계는 있다), 기본권의 내재적 한계론은 다만 예외적인 경우에 적용되는, 특히 기본권의 대사인적 효력(Drittwirkung)과 관련하여 - 보충성의 원리에 입각한 - 보완적인 이론으로 보는 것이 바람직하다.[4]

---

1) 허영, 한국헌법론, 280면 각주 1).

2) 이러한 관점에서 본다면 우리 헌법재판소가 형법상 간통죄규정(제241조)의 합헌결정에서 "개인의 性的 자기결정권도 국가적 · 사회적 공동생활의 테두리 안에서 타인의 권리 · 공중도덕 · 사회윤리 · 공공복리 등의 존중해야할 내재적 한계가 있는 것(헌재결 1990. 9. 10, 89헌마82」이라든지, 「노동기본권은 … 질서유지나 공공복리라는 관점에서 당연히 그 내재적인 제약이 있으며 …」라고 판시(헌재결 1996. 12. 26, 90헌바19 등 병합) 한 것은 문제가 있다. 김철수, 헌법학(상), 439면 각주 1) 참조.

3) 장영수, 헌법학, 512면.

4) 왜냐하면 이미 언급한 바와 같이 기본권의 내재적 한계이론은 어디까지나 법률에 의해서도 제한할 수 없는 기본권이 존재한다는 것을 전제로 한 이론, 즉 독일에서와 같은 절대적 기본권이 존재한다는 것을 전제로 한 경우에, 이러한 절대적 기본권에 해당되는 경우에도 (절대적) 기본권의 (그) 내재적 한계에 의해서 제한 받을 수 있도록 한다는 측면에서 성립된 이론이기 때문이다. 특히 허영 교수는 「우리 헌법은 국가안전보장 · 질서유지 · 공공복리를 위해서 필요한 경우에 한해서 그리고 기본권의 본질적 내용을 다치지 않는 범위 내에서 모든 기본권을 법률로써 제한할 수 있도록 규정하고 있기 때문에, 독일에서와 같이 절대적 기본권을 우리 헌법에서 인정하고 있다고 보기는 어렵고, 따라서 절대적 기본권을 규정하고 있는 헌법질서 내에서 그 기본권의 제한 가능성을 둘러싸고 전개되는 기본권의 내재적 한계에 관한 논쟁은 우리나라에서는 현실적으로 제기될 수 있는 이론상의 소지가 희박하다」고 한다. 허영, 한국헌법론, 279면 참조. 허영 교수의 이러한 견해는 필자가 이미 언급한바와 같이 허영 교수는 절대적 기본권에 대한 개념정의를 다른 학자(예컨대 권영성)들과 달리하는 데서부터 연유한다고 볼 수 있다. Jarass/ Pieroth, GG, Art. 2 Rn. 15.

<table>
<tr><td rowspan="2">헌법규정(헌법질서·헌법원리)에 의한 제한(헌법유보): 헌법에 의한 직접적 제한</td><td>일반적 헌법유보: 우리 헌법에는 명문규정이 없다. 독일기본법 제2조 제1항을 헌법유보로 보는 견해(권영성)[1]와 인격의 자유권발현에 대한 제한으로 보는 견해(김철수, 허영)이 있다</td></tr>
<tr><td>개별적 헌법유보: 헌법자체에서 개별적 기본권조항을 제한: 헌법 제8조 제2항, 제4항, 제21조 제4항, 제23조 제2항, 제29조 제2항, 제33조 제2항[2]</td></tr>
<tr><td rowspan="2">법률규정에 의한 제한(법률유보): 헌법간접적 기본권제약</td><td>일반적 법률유보: 헌법 제37조 제2항</td></tr>
<tr><td>개별적 법률유보: 제12조 제1항, 제22조 제2항, 제23조 제1항(권영성)</td></tr>
<tr><td>내재적 한계인정여부</td><td>긍정설: 권영성, 안용교, 김백유; 부정설 : 허영, 김철수, 양건
헌법재판소는 형법 제241조(간통죄)의 위헌여부에 관한 헌법소원에서 개별적으로 기본권의 내재적 한계를 인정(헌재결 1990. 9. 10, 89헌마82)</td></tr>
</table>

<table>
<tr><th colspan="2">헌법유보</th><th colspan="2">법률유보</th></tr>
<tr><th>일반적 헌법유보</th><th>개별적 · 구체적</th><th>일반적 법률유보</th><th>개별적 · 구체적</th></tr>
<tr><td>* 불인정(한국)
* 인정(독일기본법 제2조 제1항)</td><td>* 공무원의 노동3권 제한
* 언론 출판의 자유제한
* 이중배상 제한
* 국민의 재산권 제한
* 정당해산</td><td>* 헌법 37조 제2항에 의한 제한
* 법률에 의한 제한</td><td>* 재산권의 보장
* 신체의 자유</td></tr>
</table>

<table>
<tr><th colspan="3">기본권의 내재적 한계 인정여부</th><th>참고</th></tr>
<tr><td rowspan="2">내재적·묵시적 한계</td><td rowspan="2">◦ 프랑스 인권선언(제4조)
→ 타인을 해치지 않는 범위의 자유
◦ 칼 슈미트(C. Schmitt)
→ 자유: 전국가성을 지니며, 전사회성은 가지지 않음
◦ 독일 기본법(제2조 제1항): 기본권은 ① 헌법질서, ② 도덕률, ③ 타인의 권리를 침해하지 않는 범위내에서 보장</td><td>◦ 긍정설 : 권영성, 헌재결(1990. 9. 10; 1992. 2. 25, 89헌가104)[3]</td><td rowspan="2">① 본질적 내용 침해금지조항 -> 무효

② 일반적 법률유보조항과 부조화</td></tr>
<tr><td>◦ 부정설적 입장 : 허영(극히 제한적으로 인정)</td></tr>
</table>

---

1) 권영성, 헌법학원론, 346면.

2) 권영성, 헌법학원론, 347면.

3) 헌법재판소 전원재판부 1992. 2. 25, 89헌가104 [합헌] 【군사기밀보호법제6조등에대한위헌심판】: 우리나라는 헌법 제21조에 언론·출판의 자유 즉, 표현의 자유를 규정하고 있는데 이 자유는 전통적으로는 사상 또는 의견의 자유로운 표명(발표의 자유)과 그것을 전파할 자유(전달의 자유)를 의미하는 것으로서 개인이 인간으로서의 존엄과 가치를 유지하고 행복을 추구하며 국민주

제 10 항 기본권의 제한

제 1 목 일반권력관계에서의 국민의 기본권 제한(Begrenzung der Grundrechte)

I. 서론

18 · 19세기의 근대입헌주의 헌법은 인간의 尊嚴과 기본적 인권의 不可侵性을 선언하였고, 국가로부터의 자유(Freiheit von dem Staat)는 개인주의와 자유주의사상에 근거하여 무제한의 가능성과 최대한의 존중이 인정되었다.[1] 경제적으로는 중상주의 사상, 정치적으

권을 실현하는데 필수불가결한 것으로 오늘날 민주국가에서 국민이 갖는 가장 중요한 기본권의 하나로 인식되고 있는 것이다. 그런데 사상 또는 의견의 자유로운 표명은 자유로운 의사의 형성을 전제로 하는데, 자유로운 의사의 형성은 충분한 정보에의 접근이 보장됨으로써 비로소 가능한 것이며/다른 한편으로 자유로운 표명은 (정보의) 자유로운 수용 또는 접수와 불가분의 관계에 있다고 할 것이니 그러한 의미에서 헌법재판소는 일찍이 정보에의 접근 · 수집 · 처리의 자유 즉, "알 권리"는 표현의 자유에 당연히 포함되는 것으로 보아야 하는 것이라고 판시하여 헌법해석상 직접적인 권리로서의 "알 권리"를 판시하였다(헌재결 1989. 9. 4, 88헌마22 참조).

(나) 그러나 이러한 표현의 자유나 국민의 "알 권리"는 매우 비중이 큰 귀중한 국민의 기본권이긴 하지만 그렇다고 해서 어떠한 경우에도 제한할 수 없는 기본권이라고 할 수는 없으며 다른 법익을 침해하지 않는 범위내에서 존중되어야 할 것이기 때문에 "알 권리"라 할지라도 다른 기본권이나 국가 · 사회적 법익과 상충 또는 마찰을 일으키는 경우, 즉 타인의 명예나 권리(개인적 법익), 공중도덕이나 사회윤리(사회적 법익), 국가의 안전보장이나 치안질서(국가적 법익)를 침해하는 경우에는 보호될 수 없는 것이며 이는 헌법의 명문규정(제21조 제4항, 제37조 제2항)상 의문의 여지가 없는 것이다. 다만, "알 권리"(내지 표현의 자유)라고 하는 국민의 기본권이 법률로써 제한 가능하다고 하더라도 그 본질적인 내용을 침해할 수 없음은 물론, 과잉금지의 원칙에도 위배되어서는 아니되는데(제37조 제2항), 과잉금지의 원칙이라 함은 국가작용의 한계를 명시한 것으로서 목적의 정당성 · 방법의 적정성 · 피해의 최소성 · 법익의 균형성을 의미하며 그 어느 하나에라도 저촉이 되면 위헌이 된다는 헌법상의 원칙(헌법재판소 1989. 12. 22, 88헌가13 참조)이며, 이 사건의 경우에 있어서는 피해의 최소성과 법익의 균형성이 문제될 수 있는 소지가 있는 것이다.

1) 김백유, 일반권력관계에서의 국민의 기본권 제한, 헌정 및 행정법치연구, 한성대출판부, 2006, 236면 이하 참조.

로는 자유방임주의 사상을 토대로 하여 국민의 국가로부터의 자유의 확보를 最高善으로 삼아, 국가는 치안유지와 외적의 침입으로부터 방어를 국가목적(Staatszweck)으로 삼는 야경국가 내지는 소극국가적 형태를 지니게 되었는바, 이는 개별의 생활영역에 대하여 국가나 공공단체의 공권력이 구제 할 수 없다는 사고에서 유래되었다고 볼 수 있다.

그러나 20세기에 이르러 현대국가헌법은 사회국가사상의 대두와 함께, 기본권에는 그 스스로 '내재적 한계(immanente Schranken der Grundrechte)'가 있음을 인정하고 있고, 동시에 '기본권의 제한(Begrenzung der Grundrechte)'과 제한하는 경우에 있어서도 그 한계에 관하여 明示的으로 규정하고 있다. 이는 기본권이 주관적 공권(subjektiv- öffentliches Recht)이외에도 개인의 권리 · 자유는 타인의 권리 · 자유나 사회공공의 이익 등을 무시하면서까지 무제한적으로 인정 · 제한될 수는 없다는 객관적 가치질서(objektive Wertordnung) 이론으로부터 도출되는 개념이다(기본권의 권리성과 질서성).[1] 따라서 개인의 기본권은 사회전체와 상호 유기적 입장에서 향유되어야 하며, 개인상호간에는 갈등과 대립을 최소화하는 규범조화적 입장에서 기본권보장이 이루어 져야 한다. 그리하여 헌법 제37조 제2항은 「국민의 자유와 권리는 국가안전보장 · 질서유지 또는 공공복리를 위하여 필요한 경우에 한하여 법률로써 제정할 수 있으며, 제한하는 경우에도 자유와 권리의 본질적 내용을 침해할 수 없다」고 하여 국가의 기본권보장의 일반적 한계를 설정하고 있다.[2]

일반권력관계 : 일반권력관계(일반통치관계)는 私人이 일반국민의 지위에서 행정주체(국가 또는 공공단체)의 일반공권력(일반통치권 · 일반지배권)에 복종하는 법률관계로서, 일반통치권이 미치는 범위에 있는 모든 국민은 '당연히' 일반권력관계에 서게 된다. 이러한 점에서 일반권력관계는 본래적 의미의 행정법관계이며, 이 관계에 있어서는 당연히 국민의 기본권이 보장되고, 법률에 의한 행정(법치행정)의 원리와 행정에 대한 사법적 통제를 내용으로 하는 법치주의원리가 적용된다.

일반권력관계 → 일반국민의 지위에서 행정주체의 일반공권력에 복종하는 법률관계

---

1) 허영, 헌법이론과 헌법, 단락번호 593 참조; Hesse, Grundzüge des Verfassungsrechts der Bundesrepublik Deutschland, Rn. 290 ff; 계희열譯, 서독헌법원론, 삼영사, 1987, 단락번호 290 이하.

2) 학자들에 따라 제37조 제2항을 '규정형식은 일반적 법률유보로 보이나 실제로는 기본권제한입법의 최후적 한계규정(허영),' 기본권보장의 한계규정 혹은 일반적 법률유보(권영성, 헌법학원론, 350면)로 설명하나 필자는 모두 동일한 개념으로 사용하고자 한다. 왜냐 하면 비록 그 표현방법은 비록 다르지만 그 내용은 동일하기 때문이다. 즉 제37조 제2항은 기본권제한의 가능성을 강조하기 위한 규정이 아니라 기본권의 보장적 측면을 강조하기 위한 규정임은 결과적으로 어느 학설을 취하던 결국 동일하다.

· 모든 국민은 '당연히' 일반권력관계에 선다
→ 본래적 의미의 행정법관계
→ 국민의 기본권보장(통치권의 기본권예속성)
→ 법률에 의한 행정(법치행정 · 행정의 법률적합성)
→ 행정에 대한 사법적 통제(행정소송)

그밖에 대통령의 긴급처분 · 명령권(헌법 제76조) 및 계엄선포권(헌법 제77조)의 발동에 의한 기본권 제한, 헌법 제29조 제2항에서 보는 바와 같은 군인 · 군무원 · 경찰공무원 등에 대한 국가배상청구권의 제한, 헌법 제33조 제2항의 공무원인 근로자는 법률로 인정된 자를 제외하고는 근로삼권을 가질 수 없다는 규정 등과 같이 특별권력관계에 의한 제한을 두고 있다.[1)]

<table>
<tr><td rowspan="3">제한의 예외</td><td>긴급명령권
(제76조)</td><td>◦ 법률과 동일한 효력
◦ 기존 법률 개 · 폐권</td></tr>
<tr><td>비상계엄
(제77조)</td><td>◦ 헌법상(영장 · 언론 · 출판, 집회 · 결사) + 법률(영장 · 언론 · 출판, 집회 · 결사 + 거주이전 · 단체행동)
* 예시규정(다수설) 김철수(소수설)</td></tr>
<tr><td>특별권력관계</td><td>인정(다수설), 부인(김철용) : 법률에 의한 기본권제한원칙의 한 유형</td></tr>
</table>

1) 일반권력관계와는 다른 특별권력관계 인정여부에 있어서 논쟁이 있지만 오늘날 특별한 공법상의 목적(국방목적 · 행정목적 · 교육목적 · 行刑目的 등)을 달성하기 위하여 특수한 법률관계 인정의 필요성은 현실적으로 필요하기 때문에, 일부 공법상의 특별원인에 의하여 성립하는 특별권력관계의 존재자체를 부인하는 것은 비현실적 이다(同旨, 권영성, 헌법학원론, 358면). 물론 고전적 특별권력관계이론의 논거로 제시된 당사자의 동의가 국가와 수형자의 관계 또는 병역관계에서 볼 수 있는 바와 같이 인정될 수 없는 영역이 있고 기본권의 포기이론도 현실적으로 인정될 수 없어서 고전적 특별권력관계이론은 동요와 변질을 경험하지 않을 수 없게 되었다. 그리하여 2차 세계대전 이후 독일의 울레(Ule)에 의하여 특별권력관계를 기본관계와 내부관계로 나누어서 적어도 '특별권력관계'의 설정 · 변경 · 존속에 직접적인 영향을 미치는 '기본관계'에서는 기본권의 효력을 완전히 인정하고 그 침해에 대한 사법적 권리구제도 허용하려는 이론이 등장하였다. 1972년 독일헌법재판소도 수형자의 기본권을 제한하기 위해서는 반드시 법률의 근거가 있어야 한다는 점을 판례로써 명백히 밝힘으로써 법률에 의한 기본권제한의 원칙이 이른바 특별권력관계에도 적용되어야 한다는 점을 최초로 확인한 바 있다.

II. 기본권 제한의 유형

1. 헌법에 의한 직접적 제한(헌법유보에 의한 기본권 제한)

1.1. 의의

헌법이 명시적으로 일부의 개별적 기본권에 대하여 제한을 규정하고 있는 경우, 이를 기본제한에 관한 헌법유보(Vorbehalt der Verfassung; 헌법유보에 의한 기본권 제한) 또는 헌법에 의한 기본권의 직접적 제한(헌법직접적 제한[1] : verfassungsunmittelbare Schranken)이라 한다.[2] 이는 기본권의 헌법적 한계(Verfassungsangerordnete Schranken der Grundrechte)를 의미하는 것으로서 헌법 자체가 기본권 제한 규정을 두는 것이다. 헌법유보에는 일반적 헌법유보와 개별적 헌법유보로 구분된다.

1.2. 내용

1.2.1. 일반적 헌법유보

이는 헌법이 직접 「기본권 일반」에 대하여 그 제한을 규정하는 것이다. 예를 들면 독일 기본법 제2조 제1항에서 「누구든지 타인의 권리를 침해하지 않고 합헌적 헌법질서(verfassungsmäßige Ordnung)나 도덕률(Sittengesetz)에 반하지 않는 한, 자신의 인격을 자유로이 발현할 권리(개성신장의 자유)를 가진다」라고 규정한 것이 그것이다.[3]

1.2.2. 개별적 헌법유보

개별적 헌법유보[4]는 헌법이 직접적으로 기본권이 헌법적 질서(헌법의 기본원리)에 의하여 제약된다는 것을 규정하는 것으로서 특정의 기본권에 한하여 헌법질서(또는 질서의 헌법원리)에 위반될 수 없다는 것을 규정하는 것이다. 현행 헌법에 개별적 헌법유보에 해당하는 조문의 존재여부에 관해서는 긍정설과 부정설의 입장이 있다. 긍정설은 정당의 목적과 활동에 관한 제한(헌법 제8조 제4항), 언론·출판의 사회적 책임의 강조(헌법 제21조 제4항)의 민주적 기본질서는 대한민국의 기본적 정치질서이며, 타인의 명예나 권리·공중도덕·사회윤리의 존중은 국가적 공동생활의 준칙을 의미하기 때문에 독일 기본법상의 두 조문(제18조, 제21조 제2항)과 같이 개별적 헌법유보가 있다고 주장한다.[5]

---

1) 김철수, 헌법학(상), 435면 참조; 양건, 헌법강의, 236면.
2) 학자들에 따라 헌법직접적 제한(김철수), 헌법유보(권영성), 헌법적 한계(허영), 헌법에 의한 기본권 제한(홍성방) 등의 용어를 사용한다.
3) 권영성, 헌법학원론, 347면.
4) 한국 헌법 제8조 제3항, 제4항, 제30조 20항, 독일 기본법 제18조, 제21조 제2항.

「긍정설」

우리나라의 경우 다음과 같은 개별적 헌법유보 조항을 두고 있다. 정당의 목적이나 활동이 민주적 기본질서에 위배될 때에는 정부는 헌법재판소에 그 해산을 제소할 수 있고, 정당은 헌법재판소의 심판에 의하여 해산된다(헌법 제8조 제4항). 언론·출판은 타인의 명예나 권리 또는 공중도덕이나 사회윤리를 침해하여서는 아니된다. 언론·출판이 타인의 명예나 권리를 침해한 때에는 피해자는 이에 대한 피해의 배상을 청구할 수 있다(제21조 제4항). 재산권의 행사는 공공복리에 적합하도록 하여야 한다(제23조 제2항). 군인·군무원·경찰공무원 기타 법률이 정하는 자가 전투·훈련 등 직무집행과 관련하여 받은 손해에 대하여는 법률이 정하는 보상외에 국가 또는 공공단체에 공무원의 직무상 불법행위로 인한 배상은 청구할 수 없다(제29조 제2항). 공무원인 근로자는 법률이 정하는 자에 한하여 단결권·단체교섭권 및 단체행동권을 가진다(제33조 제2항).

이에 반하여 부정설은 개별적 헌법유보로 볼 것이냐 일반적 법률유보로 볼 것이냐는 중요하지 않으며, 헌법의 간접적 유보는 법률에 의한 기본권 제한의 수권(授權)인 것이요 이것을 구태여 법률유보라고 할 필요가 없기 때문이고, 다만 편의상 헌법간접적 유보를 법률유보라고 할 수 있을 뿐이라고 한다.[1] 허영 교수는「국내 학자 중에는 기본권의 헌법적 한계를 헌법유보라는 개념으로 표현하면서 이를 법률유보(Gesetzesvorbehalt)와 연결시켜서 일종의 유보조항(留保條項)으로 보면서도 이를 내적 한계의 측면에서 설명하는 등 논리상의 혼선을 빚고 있으며 … 기본권의 헌법적 한계는 헌법제정권자가 스스로 헌법에 명시하고 있는 경우이기 때문에 유보조항과는 성질이 다를 뿐만 아니라 독일의 학계에서도 헌법유보라는 개념을 거의 사용하지 않고 있다는 점을 감안하여 이 용어의 사용을 피하는 것이 문제의 본질을 이해하는데 도움이 되리라 생각한다」고 주장한다.[2]

2. 헌법에 의한 간접적 제한(법률유보에 의한 기본권의 제한)

2.1. 법률유보의 의의

2.1.1. 개관

법률유보에 의한 기본권 제한은 기본권의 법률유보라고도 하며, 이는 기본권제한을 법률에 맡긴다는 의미이다.[3] 자유민주주의헌법이 추구하는 최고의 가치는 국민의 기본권을 최대한 보장하는 것이다. 따라서 헌법에 규정된 국민의 기본권은 침해될 수 없는 성질의 것이며 절대적으로 보호받는다. 이와 함께 다원적인 현대산업사회의 분화속에서 공동체

5) 권영성, 헌법학원론, 347면.

1) 김철수, 헌법학(상), 435면에서는 헌법직접적 제한이라는 표현도 사용한다.

2) 허영, 헌법이론과 헌법, 단락번호 654.

3) 양건, 헌법강의, 236면.

(res publica) 구성원간의 공통된 가치를 통합하기 위해서는 필요한 경우, 서로 대립되는 기본권간의 충돌을 조절하고 규범조화적 해석방법에 의한 국민적 통합의 길을 모색하는 과정이 반드시 필요하다. 기본권보장이 주관적 공권으로서의 성격을 지님과 동시에 객관적 가치질서(objective Wertordnung)로서의 양면적 성격을 지니고 있음도 결국은 국민 각자의 기본권을 최대한으로 보장하기 위한 노력의 산물로 등장한 이론이다. 이러한 과정에서 기본권을 형성[1)2)]하거나 제한하는 경우가 발생하게 되며,[3)] 이 같은 경우에도 이에 대

---

1) 기본권형성적 법률유보: 기본권이 일상적 생활에서 기본권으로서의 효력을 발휘하려면 그 내용을 법률적으로 구체적으로 구체화 · 형성화하는 작업이 이루어져야 한다. 이를 기본권형성적 법률유보라 한다. 제12조 제4항(국선변호인의 조력을 받을 권리); 제22조 제2항(저작자 · 발명가 · 과학기술자와 예술가의 권리); 제23조 제1항 후단(재산권내용); 제23조 제3항(손실보상의 방법과 내용); 제24조(선거권); 제25조(공무담임권); 제26조(청원권); 제27조 제1항(정당한 재판을 받을 권리); 제27조 제5항(공판진술권); 제28조(형사보상청구권); 제29조 제1항(국가배상청구권); 제30조(범죄피해자의 구조청구권); 제31조 제4항(교육의 자주성 · 전문성 · 정치적 중립성 및 대학의 자율성); 제32조 제6항(국가 유공자 등의 우선적 근로권).

2) 기본권구체화적 법률유보(권영성 교수의 견해), 기본권형성적 법률유보(허영 교수의 견해); 권영성 교수는 기본권조항 중에는 「… 자유 또는 권리는 법률에 의하지 아니하고는 제한되지 아니한다」라든가 「… 권리는 법률의 정하는 바에 의하여 … 한다」라는 조항이 있는데, 이는 법률유보를 규정한 조항이다. 전자의 법률유보는 기본권제한적 법률유보라 하고, 후자의 법률유보는 기본권구체화적 법률유보라 한다(권영성, 헌법학원론, 348면). 행복추구권, 평등권, 자유권적 기본권 등은 그에 관한 입법을 기다릴 필요 없이 직접 실현할 수 있는 직접적 효력을 가진 기본권을 의미하므로 그에 관한 법률유보는 기본권제한적 법률유보를 의미하지만, 청구권적 기본권 · 정치적 기본권 · 사회적 기본권 등은 법률에 의하여 비로소 그 행사절차나 내용이 구체화되기 때문에 그에 관한 법률유보는 기본권구체화적 법률유보를 의미한다. 사회적 기본권을 법률에 의하여 비로소 그 내용이 구체적으로 힝성된다고 보는 견해(추상적 권리설)를 따르면, 사회적 기본권은 그 내용이 법률에 의하여 비로소 형성되기 때문에 사회적 기본권에 관한 법률유보는 기본권형성적 법률유보라고 한다. 그러나 사회적 기본권을 구체적 권리로 파악할 경우, 기본권형성적 법률유보의 개념은 지양되어야 한다. 사회적 기본권을 추상적 권리로 보는 경우에는 기본권형성적 법률유보에 해당되며, 사회적 기본권을 구체적 권리로 보는 경우에는 기본권구체화적 법률유보이다. 이에 대하여 허영 교수는 우리 헌법상 기본권조문에 나타나는 법률은 기본권제한적 의미보다는 기본권실현적 이고 기본권보장적인 의미를 내포하고 있는 경우가 더 많다. 이와 같이 대부분의 기본권이 실효적인 것이 되기 위하여는 그들이 보장해야 되는 생활관계와 생활영역에 있어서 구체적인 법적 형성을 필요로 하는데, 이러한 형성은 1차적으로는 입법의 과제이다. 기본권의 형성(Ausgestaltung von Grundrechten)은 기본권 보장의 구체화와 곧바로 일치하는 것은 아니지만(nicht ohne weiteres identisch), 기본권의 형성은 정도의 차이는 있을 지라도, 어느 정도의 「구체화」를 항상 포함하고 있다고 한다.

3) 기본권 제한적 법률유보 : 기본권제한적 법률유보는 본래적 의미의 법률유보(Gesetzesvorbehalt)를 의미한다. 이에는 개별적 법률유보와 일반적 법률유보로 구분할 수 있다(권영성, 헌법학원론,

한 헌법적 혹은 법률적 근거는 필수적인 것이며 그것이 바로 '기본권의 법률유보'이다.

국민의 기본권 제한에 관한 가장 일반적인 방법은 공공의 이익을 보호하기 위해서 필요 불가피한 경우에 한해서 입법권자가 제정하는 법률로써 기본권을 제한하도록 하되, 이 경우에도 입법권자가 법률로써[1] 제한할 수 있는 근거 및 그 한계를 헌법에서 마련해 놓음으로서 입법권자의 입법재량의 남용을 방지하는 것이 자유민주적 기본질서의 확립을 추구하는 현대 헌법국가의 기본원리이다. 법률유보는 법률에 의하기만 하면 기본권을 얼마든지 무제한적으로 제한할 수 있다는 의미가 아니고, 기본권을 제한하려면 적어도 입법권자가 제정한 법률에 의하거나(durch Gesetz), 법률의 근거가 있어야(auf Grund eines Gesetzes) 한다는 의미를 내포하는 것이기 때문에 법률유보는 그 자체가 일종의 기본권제한의 한계를 의미한다.[2]

2.1.2. 법률유보의 유형

a) 개관

헌법은 입법자에게 기본권의 범위와 한계(Umfang und Grenze)를 확정할 수 있도록 수권(법률유보)하고 있다.[3] 헌법에 '기본권의 법률유보'를 규정하는 방법에는 크게 두 가지가 있다. 첫째, 기본권의 제한 가능성에 따른 분류이다. 이는 (ㄱ) 개별기본권조항에 법률유보조항을 두고 있는가, (ㄴ) 모든 기본권에 적용될 수 있는 법률유보가 일반적으로 규정되어 있는

348면 참조).

1) 이를 '기본권의 법률유보(Gesetzesvorbehalt der Grundrechte)' 혹은 '법률유보(Gesetzesvorbehalt)'라 한다(허영, 헌법이론과 헌법, 단락번호 656). 다만 법률유보(Gesetzesvorbehalt)와 법률의 유보(Vorbehalt des Gesetzes)는 정확한 의미에서 같은 개념은 아니다(김향기, 법률의 유보이론의 전개와 과제, 김영훈박사 화갑기념, 공법학의 제문제, 법문사, 1995, 373면 이하 참조). 즉 Gesetzesvorbehalt(법률유보)와 Vorbehalt des Gesetzes(법률의 유보)를 구별하기도 하며 법규유보(Rechtssatzvorbehalt)와 의회유보(Parlamentsvorbehalt)를 구별하기도 한다. 이때 법률의 유보는 일반적인 유보의 원칙을 의미하며, 다른 유보들은 특수한 형태의 유보의 원칙으로 본다. 즉, 법률유보는 헌법에 규정된 특별한 유보(기본권제한 · 형성), 즉 헌법체계상의 의미로 사용한다. 또 법규유보는 실질적 의미의 법률의 유보를 의미하며, 의회유보는 형식적 의미의 법률(의회법률)의 유보를 의미한다. 법규유보는 의회법률(형식적 의미의 법률)에 의한 규율 뿐만 아니라 행정입법(법규명령 · 자치법규)에 의한 규율도 허용한다. 따라서 의회유보는 일정한 사유가 있는 경우에 법률로서만 기본권을 제한할 수 있는데, 이 때 기본권을 제한하는 법률은 국민의 대표기관인 국회가 제정하여야 하며(의회유보 : Parlamentsvorbehalt), 이를 명령에 위임해서는 안된다(김철수, 헌법학(상), 437면).

2) 허영, 헌법이론과 헌법, 단락번호 656.

3) 홍성방, 헌법학, 344면.

가에 따라 개별적 법률유보와 일반적 법률유보로 나눈다. 둘째, 헌법제정권자가 기도하는 목적에 따른 분류이다. 이에 따른 법률유보는 기본권제한적 법률유보(Eingriffsvorbehalt), 기본권형성적 법률유보(Ausgestaltungsvorbehalt), 기본권구체화적 법률유보(Regelungsvorbehalt)로 나누어 진다.[1)]

b) 기본권의 제한 가능성에 따른 분류

aa) 개관

기본권을 제한 가능한 것과 제한 불가능한 것으로 나누어서, 제한 가능한 기본권에만 개별적으로 법률유보조항을 두는 방법(<u>개별적 법률유보</u> : einzelner Gesetzesvorbehalt)[2)]과, 개별적인 기본조항에서는 원칙적으로 법률유보를 규정하지 않고, 모든 기본권에 모두 적용될 수 있도록 법률유보를 일반적으로 규정하는 방법(<u>일반적 법률유보</u> : allgemeiner Gesetzesvorbehalt)이 있다.[3)4)] 즉 기본권제한의 목적과 방법을 일괄적으로 규정하고 있는 경우이다. 따라서 일반적 혹은 종합적·포괄적 법률유보라고도 한다.[5)] 예컨대 독일기본법은 개별적 법률유보의 방법을, 그리고 우리나라 헌법(제37조 제2항)은 원칙적으로 일반적 법률유보의 방법을 택하고 있다.[6)] 우리 헌법은 개별적 법률유보에 의한 제한의 경우 제한

---

1) 홍성방, 헌법학, 346-347면.

2) 우리나라의 제1공화국 헌법이 이 방법을 택하여 "모든 국민은 법률에 의하지 아니하고는 주거와 이전의 자유를 제한 받지 아니하며 주거의 침입 또는 수색을 받지 아니한다(헌법 제10조)", "모든 국민은 법률에 의하지 아니하고는 통신의 비밀을 침해받지 아니한다(헌법 제11조)"라는 형식을 택하고 있었다. 김백유, 제2공화국헌정사, 한성대 사회과학논집(제14집 제1호 : 2000년 8월), 129면 참조.

3) 허영, 헌법이론과 헌법, 단락번호 657; 권영성, 헌법학원론, 350면; 양건, 헌법강의, 236면.

4) 법률유보를 다시 단순법률유보(einfacher Gesetzesvorbehalt)와 가중법률유보(qualifizierter Gesetzesvorbehalt)로 나누인다(이에 대한 상세한 내용은 홍성방, 헌법학, 346면 참조 할것).

5) 한태연, 한국헌법사(하), 한국정신문화연구원, 1991, 71면.

6) 독일처럼 개별적 법률유보를 원칙으로 하는 나라에서 만일 법률유보조항이 없는 기본권을 그 헌법에서 보장했다고 한다면, 그것은 법률에 의해서도 제한할 수 없는 이른바 '절대적 기본권'을 규정한 것이라고 볼 수도 있기 때문에, 그같은 기본권의 제한가능성과 관련해서 '기본권의 내재적 한계'가 논의된다(허영, 한국헌법론, 285면 각주 1); 同人, 헌법이론과 헌법, 단락번호 657). 우리나라의 제1공화국하에서의 개별적 법률유보방식은 제한이 가능한 기본권과 제한이 불가능한 기본권을 구별한다는 것 자체도 어려울 뿐더러 통제되지 않은 강력한 권력을 지닌 통치조직의 자의에 따라 '법률에 의한다면' 어떠한 내용의 기본권이라도 제한될 수 있다(법률유보의 역기능)는 오해를 불러일으킬 소지가 있었다(법률유보의 순기능과 역기능에 관한 상세한 이론은 허영, 한국헌법론, 285면 이하 참조). 따라서 제2공화국 헌법에서는 법률유보의 방식을 새로이 수정하여 제10조와 제11조의 '법률에 의하지 아니하고는'이라는 구절을 삭제하고 대신 제28조 제2항을

의 목적 등이 구체적으로 규정되지 않아, 실제로는 일괄적·일반적 규정인 헌법 제37조 제2항에 의존할 수밖에 없다. 이러한 일반적 법률유보조항은 기본권제한에 관한 헌법상의 근거와 그 제한의 기준 및 한계를 헌법제정권자가 스스로 명시한 것이라고 보기 때문이다.

bb) 내용

aaa) 개별적 법률유보

이는 헌법이 특정의 기본권에 대하여 그 기본권이 법률로서 제한 될 수 있다는 것을 규정한 것이 개별적 법률유보이다.[1] 다시 말하면 개별적 법률유보조항이 있는 기본권은 「법률이 정하는 바에 의하여」 제한이 가능하다. 법률에 의하지 아니하고는 제한되지 아니한다는 말은 「법률에 의하면 제한된다」는 것이기 때문이다.[2] 개별적 법률유보조항은 일반적 법률유보 조항에 의하여도 기본권을 제한할 수 있기 때문에 특별한 의미는 없고, 다만 이를 강조하거나 주의하는 의미를 지닐 뿐이다.[3]

- 제12조 제1항(신체의 자유) : 통설

신설하여 "국민의 모든 자유와 권리는 질서유지와 공공복리를 위하여 필요한 경우에 한하여 법률로써 제한할 수 있다"라고 규정함으로써, 일반적 법률유보의 방식으로 기본권을 강화하였다(허영 교수는 한국헌법론, 286면에서 법률유보의 역기능(逆機能)을 방지하기 위하여 … 일반적 법률유보를 피하고 기본권의 성질에 따라 법률유보를 개별적인 차등유보로 다원화 시키고 …」라는 표현을 한다. 그러나 상기한 바와 같이 제한이 가능한 기본권과 제한이 불가능한 기본권을 구별한다는 자체가 어려운 문제가 있고, 이 경우 절대적 기본권과 상대적 기본권으로 분류하는 것을 필요로 하게 된다). 이리하여 기본권제한의 헌법상의 근거와 그 제한의 기준 및 정도·한계(목적상·형식상·방법상의 한계)를 헌법적 차원에서 명시하였다(권영성, 헌법학원론, 351면 이하 참조; 한태연, 한국헌법사(하), 한국정신문화연구원, 1991, 71면). 그러나 공공복리를 위여 필요한 경우란 어떤 뚜렷한 기준에 의하여 명백히 밝혀질 수 있는 성질의 것이 아니므로 기본권을 제한하는 법률의 제정은 입법권자의 정책의지에 달려있다고 해도 과언이 아니다. 즉, 입법권자가 법률의 형식에 의한다면 헌법이 보장하고 있는 기본권이라도 제한할 수 있는 것이라고 법률유보를 이해한다면 법률유보의 원칙은 단지 위법하거나 법률의 근거가 없는 행정권이나 사법권의 기본권 침해로부터 보호해준다는 "기본권제한의 수권적" 의미를 갖는 역기능을 가질 수 있다(허영, 한국헌법론, 285면 참조). 따라서 제2공화국 헌법에서는 법률로써 기본권을 제한하는 경우에도 그 제한은 자유와 권리의 본질적인 내용을 침해할 수 없도록 규정하고 있다. 이것은 제2공화국 헌법의 기본권에 대한 성격을 알 수 있는 것으로서 여기에 있어서의 기본권은 국가권력에 선행되는 일종의 전국가적·초국가적 권리를 뜻한다고 볼 수 있으며 통치권의 행사는 기본권보장에 종속된다.

1) 양건, 헌법강의, 236면.
2) 권영성, 헌법학원론, 350면.
3) 양건, 헌법강의, 236면.

- 제23조 제3항(재산권)[1]
- 제33조 제3항(방위산업체 종사자)

제23조 제1항 : 제한적 유보설(다수설) > 형성적 유보설(허영, 권영성)

bbb) *一般的 法律留保*

일반적 법률유보라 함은 기본권제한의 목적과 방법을 「일괄적으로」[2] 규정하고 있는 경우이다.[3]

- 헌법 제37조 제2항 전단(국가안전보장 · 질서유지 · 공공복리)

c) 헌법제정권자가 기도하는 목적에 따른 분류

aa) 개관

헌법제정권자가 기도하는 목적에 따른 법률유보는 위에서 언급한 바와 같이 기본권제한적 법률유보(Eingriffsvorbehalt), 기본권형성적 법률유보(Ausgestaltungsvorbehalt), 기본권구체화적 법률유보(Regelungsvorbehalt)[4]로 나누어 진다.

bb) 내용

aaa) 기본권 제한적 법률유보

기본권 제한적 법률유보는 입법자에게 기본권을 제한하는 기능을 부여한 경우로서,[5] 본래적 의미의 법률유보(Gesetzesvorbehalt)를 의미한다. 법률유보는 일반적으로 기본권제한적 법률유보를 의미하는 개념으로 이해되어왔었다. 이에는 개별적 법률유보와 일반적 법률유보로 구분할 수 있다.[6] 주로 자유권의 경우에 문제된다. 입법권자가 공공의 이익을 보호하기 위한 불가피한 사정의 발생으로 인하여 – 헌법적 수권에 의하여 – 기본권을 제한하는 법률을 제정하는 경우에도 입법권자는 자유로운 입법재량권을 갖는 것이 아니라 절대로 넘어서는 안되는 일정한 한계, 즉 법률유보의 규범적 한계,[7] 혹은 입법재량의 기속성,

---

1) 권영성 교수는 개별적 법률유보로 보며(권영성, 헌법학원론, 349면), 허영 교수는 제23조 제1항은 기본권형성적 법률유보, 제23조 제2항은 재산권행사의 헌법적 한계, 제23조 제3항은 재산권보장적 법률유보와 재산권행사절차적 법률유보로 본다(허영, 한국헌법론, 493면).
2) 권영성, 헌법학원론, 350면.
3) 양건, 헌법강의, 236면.
4) 홍성방, 헌법학, 347면.
5) 홍성방, 헌법학, 347면.
6) 권영성, 헌법학원론, 348면 참조.
7) 허영, 한국헌법론, 287면.

입법재량남용금지의 원칙을 준수하여야 한다.[1] 법률유보의 '규범적 한계'는 다시 목적 · 형식 · 내용 · 방법상의 한계로 나눌 수 있다.[2]

bbb) 기본권 형성적 법률유보

기본권 형성적 법률유보의 개념은 독일 기본법 제14조 제1항 제1문에서 볼 수 있는 바와 같이, 이는 입법자에게 기본권의 내용을 구체화 하는 권한이 부여되어 있는 경우를 말한다.[3] 기본권 형성적 법률유보는 그 내용과 한계가 법률에 의하여 구체적으로 형성되는 것이다.[4] 기본권 형성적 법률유보는 그 내용을 법률적으로 구체화하는 이른바 형성작업이 선행되어야 하며, 여기에는 기본권 실현적 · 행사절차적 법률유보와 기본권 강화 내지 보장적 법률유보가 있다.[5]

ccc) 기본권 구체화적 법률유보

기본권 구체화적 법률유보는 입법자에게 기본권의 내용을 상세하게 규정하거나, 기본권의 행사를 규제하는 권한을 유보(기본권 규제적 법률유보)하는 두가지 경우가 있고, 기본권규제적 법률유보는 직업행사는 "법률에 의하여(durch Gesetz) 혹은 법률을 근거(auf Grund eines Gesetzes)로 규제될 수 있다"는 독일기본법 제12조 제1항 제2문에서 볼 수 있다.[6]

> 독일 기본법 제12조 제1항 Alle Deutschen haben das Recht, Beruf, Arbeitsplatz und Ausbildungsstätte frei zu wählen. Die Berufausübung kann durch Gesetz oder auf Grund eines Gesetzes geregelt werden.

3. 기본권의 법률유보에 관한 헌법상의 열거적 규정

우리 헌법은 기본권의 법률유보를 규정하면서 '개별적인 법률유보'를 원칙적으로 피하고[7] '일반적인 법률유보'의 형식으로 제37조 제2항에서 기본권제한입법의 한계를 명백

---

1) 권영성, 헌법학원론, 808면.
2) 상세한 내용은 허영, 한국헌법론, 287면 이하 참조.
3) 홍성방, 헌법학, 347면.
4) 헌재결 1993. 7. 29, 92헌바20【민법 제245조 제1항에 대한 헌법소원】
5) 허영, 한국헌법론, 295-296면.
6) 홍성방, 헌법학, 348면.
7) 우리 헌법에서 '개별적인 법률유보조항'을 찾을 수 있느냐에 대해서 권영성 교수는 신체의 자유(제12조 제1항 제2문)와 재산권(제23조 제1항 제2문)에 관한 규정이 개별적 법률유보조항이라고 한다(권영성, 헌법학원론, 349면 참조). 이에 반하여 허영 교수는「신체의 자유에 관해서는 개별적인 법률유보를 논하는 것은 그런 대로 이해할 수 있지만, 재산권에 관해서 '개별적인 법률유보'를 논하는 것은 납득하기가 어렵고 하면서, 재산권에 관해서 규정된 법률유보는 재산권제한적

히 밝히고 있다. 즉 국민의 모든 자유와 권리는 '국가안전보장 · 질서유지 · 공공복리를 위하여' '필요한 경우에 한하여' '법률로써' 제한할 수 있지만, 제한하는 경우에도 자유와 권리의 '본질적인 내용'을 침해할 수 없다고 규정하고 있다. 다만 현행 헌법 제37조 제2항은 형식적 측면에서의 규정은 '일반적 법률유보'의 형식을 빌리고 있으나, 내용적 측면에서는 '기본권의 법률유보'에 내포되고 있는 순기능적 측면을 강조하는 형식의 문구를 채택하고 있기 때문에, '기본권제한입법의 한계'를 네 가지 차원에서만 제한할 수 있다는 열거적 규정으로 해석해야 한다. 즉 국민의 기본권을 제한하는 법률은 목적상의 한계(국가안전보장 · 질서유지 · 공공복리), 형식상의 한계(법률로써 제한), 내용상의 한계(본질적 내용의 침해금지), 그리고 방법상의 한계(필요한 경우)를 지켜야 하며,[1] 다른 어떠한 형태에 의한 기본권 제한은 허용되지 아니한다.[2]

III. 기본권 제한의 원칙

1. 일반원칙

기본권의 제한은 기본권 보장과 함께 현대헌법국가에서 헌법적 가치질서의 실현을 위

의미보다는 재산권형성적 의미가 더 강하게 내포되어 있다고 보아야 하기 때문에 이를 '개별적인 법률유보조항'으로 유형화하는 데는 문제점이 있으며, 모든 국민의 재산권은 보장하지만 '그 내용과 한계를 법률로 정한다'는 의미는 이미 존재하는 재산권을 법률로 제한하겠다는 뜻이 아니고, 보장될 수 있는 재산권의 내용과 한계를 법률로 정하겠다는 뜻이기 때문에, 이는 오히려 기본권의 실현에 주안점이 있는 기본권형성적 법률유보라고 평가해야 하리라고 생각한다. 물론 재산권의 내용과 한계를 정하는 법률을 제정하면 그것이 재산권을 형성하는 의미뿐 아니라 재산권을 제한하는 의미도 함께 가지게 되겠지만, 그 중점은 역시 기본권형성에 있다고 보아야 하기 때문에 재산권형성적 법률유보로 성격화하는 것이 옳다고 생각한다」고 주장한다(허영, 한국헌법론, 박영사, 2009, 286-287면).

1) 허영 교수는 이에 대하여 「우리 헌법 제37조 제2항은 그것이 비록 규정형식으로는 '일반적인 법률유보'조항처럼 보이지만 그 내용면에서는 '기본권제한입법의 한계조항'이라고 보는 것이 옳다고 생각된다. 우리 헌법 제37조 제2항이 '일반적인 법률유보'의 형식으로 규정되고 있다는 점만을 지나치게 의식하고, 그 내용과 '기본권의 법률유보'의 순기능적인 의미를 도외시한 채, "국민의 모든 자유와 권리는 필요하다면 법률로써 제한할 수 있다"는 식의 이른바 법률유보의 역기능적인 해석을 국내문헌에서 접할 때마다 헌법이론적인 저항감을 느끼게 된다」고 한다(허영, 한국헌법론, 박영사, 2009, 285면).

2) 법률유보의 의미와 기능을 순기능적으로 이해하는 한 법률유보의 원칙은 기본권제한의 한계를 내포하고 있다고 할 수 있다(同旨 허영, 한국헌법론, 박영사, 2009, 278면 참조).

해서는 불가피한 것이다. 따라서 공공의 이익을 위해서 필요 불가피한 경우에는 그 제한을 가할 수 있다. 그러나 이 경우에도 기본권 제한의 기준과 방법 및 한계를 헌법에 명문화하고 국가공권력에 의해 함부로 침해되는 일이 없도록 제한의 한계를 헌법의 기본권 조항에 명시함으로서 입법권자의 기본권 침해의 재량을 줄이고 법률에 의해서만 기본권을 제한할 수 있도록 하고 있다. 현행 헌법 제37조 제2항도 「국민의 모든 자유와 권리는 국가안전보장·질서유지 또는 공공복리를 위하여 필요한 경우에 한하여 법률로써 제한할 수 있으며, 제한하는 경우에도 자유와 권리의 본질적인 내용은 침해 할 수 없다」고 규정하여 법률에 관한 기본권 제한의 일반원칙 및 제한의 한계를 명문화하고 있다. 따라서 기본권은 국가안전보장 등 제한의 사유가 존재하는 경우에도 제한할 사유보다 기본권 존중의 필요성이 보다 더 크다고 판단될 경우에는 기본권제한을 위한 입법을 자제해야 한다(제한불가피성의 원칙).[1)]

[정리]

기본권 제한은 법률유보(Gesetzesvorbehalt)와 의회유보(Parlamentsvorbehalt)에 의한 제한과 법규유보(Vorbehalt des Gesetzes)에 의한 제한이 가능하다. 반드시 국회에서 제정한 법률에만 의한 경우는 특별히 의회유보라 한다. 법규유보는 법률의 위임을 받은 경우, 행정입법에 의한 제한을 의미한다.[2)] 즉 법률에서 기본권을 제한할 때(법률유보에 의한 기본권 제한) 그 내용의 일부를 하위법령에 위임할 수 있으나(법규유보로서 기본권 제한 가능), 제한의 핵심적 내용은 반드시 법률 그 자체에서 규정하여야한다.[3)]

그리고 헌법재판소는 「… 이 때의 위임은 대통령령이나 부령이 아닌 고시와 같은 행정규칙을 통해서도 위임이 가능하나, 이 경우의 행정규칙은 법규적 성격을 가지고 있어야 하고, 위임되는 내용은 행정규제기본법 제4조 제2항 단서에서 정한 바와 같이 전문적·기술적 사항이거나 경미한 사항이어야 한다」고 판시한바 있다.[4)]

그리고 일반적 법률유보에 의한 기본권제한(헌법 제37조 제2항)과 헌법 직접적 제한과의 관계는 일반법과 특별법의 관계에 있다.[5)]

<연구문제>

법률유보(Gesetzesvorbehalt)와 의회유보(Parlamentsvorbehalt)

기본권제한문제는 자유민주적 기본질서(freiheitliche demokratische Grundordnung)

1) 권영성, 헌법학원론, 351면.
2) 양건, 헌법강의, 241면 참조.
3) 양건, 헌법강의, 241면 참조.
4) 헌재결 2008. 7. 31, 2007헌가4【영화진흥법 제21조 제3항 제5호 등 위헌제청】
5) 양건, 헌법강의, 260면.

를 토대로 하는 헌법국가에서 헌법질서(Verfassungsordnung)의 확립 및 실질적 정의관에 입각한 실질적 법치국가적 내용의 실현을 위한 것이므로 기본권의 보장이 원칙이고 제한은 예외적 상황이다. 따라서 이 한계를 초월하는 법규는 위헌임을 면치 못한다. 법률에 의한 기본권 제한을 인정하는 경우에도 그 법률은 일반성[1]·추상성·명확성(Bestimmtheit)을 갖추어야 하며, 제한하는 경우에도 명백하고 현존하는 위험의 원칙과, 최소침해의 원칙이 준수되어져야 함은 물론이다.

2. 이중기준의 원칙

이중기준(double standard)의 원칙은 United States v. Carolene Products Co. 사건에서 Stone 판사가 주장한 이론으로서[2] 이원칙은 1930년대 뉴딜시대 이래 미국판례에서 형성된 것이다.[3] 기본적 인권의 제한은 모든 인권에 획일적으로 적용하는 것이 아니라 기본권의 내용·성질에 따라 그 제한의 정도뿐만 아니라 제한의 기준도 달라져야 한다. 이중기준의 이론은 기본적 인권 중에서 정신적 자유와 경제적 자유를 구별하여 전자는 후자에 우월하는 것이므로 양자에 대한 제한 방법 내지 제한기준도 달라져야 한다는 이론으로 정신적인 자유는 원칙적으로 제한되지 아니하며 예외적으로는 그 제한이 인정되는 경우에는 그와 같은 제한(규제)입법의 合憲性에 있어서 경제적 자유에 대한 그것보다 더 엄격하지 않으면 안된다는 것이 이중기준설(원칙)이다.[4]

예컨대, 양심, 신앙, 학문의 자유 등 정신적 자유는 타인에 대하여 영향을 주는 것이 아니므로 법률상 규제할 필요가 없으나 사회적 기본권은 그의 필요에 의해서 개인적인 재산권의 행사의 자유에 대한 제한을 수반하게 된다. 물론 정신적인 자유 가운데 신앙의 자유와 양심의 자유등 의 내심의 자유는 절대적으로 제한할 수 없는 성질의 것이기는 하나 정신적인 자유 가운데 외향적인 자유는 마땅히 제한의 대상이 되지만 정신적인 자유보다 더 많이 보호를 받는다는 것이다. 따라서 표현의 자유의 제한의 경우 엄격한 심사(strict scrutiny)를 거쳐 제한의 목적이 단순한 정당성을 넘어 긴절(compelling)해야 하며, 그 수단, 정도가 단순한 합리적인 관련성을 넘어 반드시 필요한(necessary)것이어야 한다.[5] 따

---

1) 독일기본법 제19조 제1항 前文은「이 기본법에 따라 기본권이 법률에 의하여(durch Gesetz) 또는 법률에 근거하여(auf Grund eines Gesetzes) 제한 될 수 있는 경우, 그 법률은 일반적으로 적용되어야 하고(muß das Gesetz allgemein) 개별적인 경우에만(nicht nur für den Einzelfall) 적용되어서는 안된다」고 규정하고 있다.

2) 김철수, 헌법학(상), 457면.

3) 양건, 헌법강의, 252면.

4) 김철수, 헌법학(상), 457면.

5) 양건, 헌법강의, 252면.

라서 ① 사전억제의 금지, ② 제한사유에 관한 명확성, ③ 합리성의 요구, ④ 상황판단으로서의 명백하고 현존하는 위험 등과 같은 엄격한 요건이 충족될 필요가 있다.

이와는 달리 경제적 자유를 제한할 경우에는 합리적인 사유가 인정되면, 그것으로 충분한 것이 된다.[1] 즉 경제적 자유에 대한 제한에 있어서는 단순한 합리성의 심사(rationality test)기준을 적용한다. 즉 제한의 목적이 정당하고 그 수단과 정도가 그 목적과 합리적인 관련성을 가지면 합헌이라는 것이다.

결국 기본권 제한에 있어서 비례의 원칙은 기본권 전반에 적용되는 포괄적 원칙인데 반하여, 이중기준의 원칙은 기본권의 내용, 성격의 차이에 따라 그 차이를 인정하려는 제도이다.

– 경제적 활동을 규제하는 경제사회적 입법사항에 대한 위헌심사기준 –

전기간선시설의 설치비용을 누구에게, 어느 정도로 부담시킬 것인지의 문제는 개인의 본질적이고 핵심적 자유영역에 속하는 사항이라기보다는 사회적 연관관계에 놓여지는 경제적 활동을 규제하는 경제사회적인 입법사항에 해당하므로 비례의 원칙을 적용함에 있어서도 보다 완화된 심사기준이 적용된다고 할 것이다.[2]

<사례>

제청신청인은 서울에서 ○○안과를 운영하는 의사로서 2001. 7. 30.경부터 2002. 2.경까지 위 안과 인터넷 홈페이지에 자신의 진료모습이 담긴 사진과 함께 외국에서 연수한 약력(경력), 라식수술에 대한 진료방법을 게재하는 등 특정의료인의 기능, 진료방법에 관하여 광고를 하였다는 이유로 기소되어 서울중앙지방법원에서 재판을 받던 중 의료광고를 제한한 의료법 제46조 제3항 및 이에 대한 처벌을 규정한 동법 제69조가 헌법에 위반된다고 주장하면서 위헌여부심판의 제청신청(2002초기1479)을 하였고, 위 법원은 이를 받아들여 2003. 2. 19. 헌법재판소에 제청하였다.

<해설>

상업광고에 대한 규제에 의한 표현의 자유 내지 직업수행의 자유의 제한은 헌법 제37조 제2항에서 도출되는 비례의 원칙(과잉금지원칙)을 준수하여야 하지만, 상업광고는 사상이나 지식에 관한 정치적, 시민적 표현행위와는 차이가 있고, 인격발현과 개성신장에 미치는 효과가 중대한 것은 아니므로, 비례의 원칙 심사에 있어서 '피해의 최소성' 원칙은 '입법목적을 달성하기 위하여 필요한 범위 내의 것인지'를 심사하는 정도로 완화되는 것이 상당하다.

… 상업광고는 표현의 자유의 보호영역에 속하지만 사상이나 지식에 관한 정치적, 시민적 표현행위와는 차이가 있고, 한편 직업수행의 자유의 보호영역에 속하지만 인격발현

1) 권영성, 헌법학원론, 357면.

2) 헌재결 2005. 2. 24, 2001헌바71 【주택건설촉진법 제3조 제8호 등 위헌소원】

> 과 개성신장에 미치는 효과가 중대한 것은 아니다. 그러므로 상업광고 규제에 관한 비례의 원칙 심사에 있어서 '피해의 최소성' 원칙은 같은 목적을 달성하기 위하여 달리 덜 제약적인 수단이 없을 것인지 혹은 입법목적을 달성하기 위하여 필요한 최소한의 제한인지를 심사하기 보다는 '입법목적을 달성하기 위하여 필요한 범위 내의 것인지'를 심사하는 정도로 완화되는 것이 상당하다.
>
> … 특정의료기관이나 특정의료인의 기능 · 진료방법"에 관한 광고를 금지하는 의료법(2002. 3. 30. 법률 제6686호로 개정되기 전의 것) 제46조 제3항 및 그 위반시 300만 원 이하의 벌금에 처하도록 하는 동법 제69조가 표현의 자유 내지 직업수행의 자유를 침해한다.[1)]

미국판례상 이중기준의 원칙에 따르면 경제적 자유에 대하여는 단순한 합리성 심사가 적용되는데, 단순한 합리성 심사에서는 방법의 적정성만 요구되며, 피해의 최소성 까지는 요구하지 않는다. 이는 경제적 자유의 제한에는 광범한 재량이 인정되며, 우리헌법재판소도 상업광고의 규제와 같은 경우 피해의 최소성' 원칙은 같은 목적을 달성하기 위하여 달리 덜 제약적인 수단이 없을 것인지 혹은 입법목적을 달성하기 위하여 필요한 최소한의 제한인지를 심사하기 보다는 '입법목적을 달성하기 위하여 필요한 범위 내의 것인지'를 심사하는 정도로 완화되는 것이 상당하다고 하여 이중기준의 원칙을 채택하고 있다.[2)]

IV. 기본권제한의 형식

1. 법률(법률유보; 형식적 의미의 법률) 및 법률에 근거(법규유보; 실질적 의미의 법률 : 행정입법, 자치법규)한 제한

1.1. 개관

기본권 제한은 직접 법률에 의하거나(durch Gesetz : 법률유보) 법률에 근거를 둔(auf Grund eines Gesetzes : 법규유보)[3)] 법규명령내지 행정처분에 의해서만 가능하고, 법률에 근거를 두지 않은 명령이나 조례 · 관습법으로는 일체 불가능하다. 만일 이에 위반한 때에

1) 헌재결 2005. 10. 27, 2003헌가3, 판례집 제17권 제2집, 189(의료법 제69조 등 위헌제청); 【참조판례】 헌재결 1998. 2. 27, 96헌바2; 헌재결 2002. 12. 18, 2000헌마764; 헌재결 2000. 3. 30. 99헌마143; 헌재결 1990. 9. 3, 89헌가95; 헌재결 1993. 12. 23, 93헌가2.

2) 양건, 헌법강의, 253면.

3) 독일연방헌법(Bonn 기본법) 제19조 제1항 참조.

는 위헌심판의 대상이 된다(헌법 제111조 참조). 이는 법률의 형식에 의하지 않고는 恣意的으로 기본권을 제한 할 수 없게 한 현대 헌법국가의 기본원리를 의미하는 실질적 법치국가 사상의 구체적 반영이다. 아울러 기본권제한은 형식적 법률에 근거를 둔 법규명령이나 행정처분도 가능하나, 법률에 의한 개별적이고 구체적인 근거나 위임이 없는 명령 등에 의해서는 포괄적 위임입법금지의 원칙에 의하여 당연히 제한할 수 없다.

현행 헌법은 기본권 제한은 법률로서만 기본권을 제한 할 수 있다고 규정하고 있는바, 이는 형식적 법률에 의해서만 기본권제한이 가능한가 아니면 실질적 의미의 법률로도 기본권 제한이 가능한가가 문제된다. 여기에서 형식적 의미의 법률(Gesetz im formellen Sinne)과 실질적 의미의 법률(Gestz im materiellen Sinne)의 二重槪念[1]을 발생하게 하는 동시에, 다른 한편으로는 의회의 결정을 요건으로 하는 법률(Gesetz)과 행정부에 의하여 정립되는 명령(Verordnung)에 있어서의 형식적 구분을 초래하게 된다. 이와 같은 법률에 대한 두 개념은 법 이론상 모순·대립되는 개념은 아니지만 기본권이 법률에 의하지 않고는 제한되지 않는다고 할 때, 그 법률을 실질적 의미의 법률로 해석할 것인가 아니면 국회가 제정한 형식적 의미의 법률로만 해석[2]하느냐에 따라, 기본권 제한의 한계에 있어서 협의의 차이가 발생한다.

1.2. 내용

1.2.1. 법률의 일반성(일반적 법률)

법률에 의해서 기본권제한을 인정하는 경우, 그 법률은 일반적으로 적용되는 일반성(일반적 법률: Allgemeines Gesetz)을 가져야 한다.[3] 일반적 내지 일반성의 개념은 개인적인 경우나 개별적인 사항·사건을 법률의 내용으로 제정할 수 없다는 것으로서, 법률(입법)의 형식에 의한 행정행위(처분),[4] 즉 처분적 법률(Maßnahmegestez)이나 실질적 재판(재판적 법률)을 의미하는 권리박탈법의 제정을 원칙적으로 금지 한다는 의미이다.[5] 왜냐하

---

1) 법률의 이중개념은 프랑스에서는 1791년의 헌법에서 확립되고, 한편 독일에서는 1850년의 프로이센(Preußen) 헌법에서 확립되었다. 일본의 舊憲法(명치헌법)도 프로이센헌법의 영향을 받아 이중개념을 인정하였다. 김호길, 기본권의 제한과 그 한계에 대한 법리, 고려대학교 교육대학원, 1987, 33면.

2) 김철수 교수는 기본권을 제한하는 법률은 국민의 대표기관인 국회가 제정하여야 하며(Parlamentsvorbehalt), 이를 명령에 위임해서는 안된다고 한다(김철수, 헌법학(상), 박영사, 2008, 437면); 권영성, 기본권의 한계와 제한(2), 월간고시(1979.2), 20면.

3) 김철수, 헌법학(상), 441면.

4) 권영성, 기본권의 한계와 제한(2), 월간고시(1979.2), 20면.

5) 권영성, 헌법학원론, 353면 참조.

면 일반적(일반성)이라 함은 법적 구성요건이 충족되면 법률이 모든 국민에게 동일한 형태로 작용(집행 · 적용)되어야 한다는 것을 의미하는 것이기 때문이다.[1]

기본권의 제한은 직접 법률에 의하거나 법률의 근거에 의한 법규명령이나 행정처분에 의해서만 가능하다.[2] 이는 일정한 범위의 少數의 사람만을 그 적용대상으로 하는 개인적 법률(Einzelpersonalgesetz), 개별적이고 구체적 상황이나 사건을 적용대상으로 하는 개별사건법률(Einzelfallgesetz) 및 적용기간이 한정되어 있는 한시적 법률(Zeitgesetz : 한시법) 등과 같은 처분적 법률(Maßnahmegesetz)[3]의 원칙적 부정을 의미한다(독일 기본법 제19조 제1항 참조). 왜냐 하면 처분적 법률은「일정한 범위의 사람」혹은「일정한 범위의 사항」만을 적용대상으로 삼는 일종의 특별법(Sondergesetz)이기 때문에, 그 내용에 있어서 고도의 정당성 및 합리성이 인정되지 않는 한 평등원칙 및 권력분립의 원칙에 위반된다고 볼 수밖에 없기 때문이다.[4] 권력분립의 원칙에 위반되는 이유는 처분적 법률은 법률의 형식을 빌려 실질적인 재판과 같은 기능을 하여 입법에 의한 사법권의 침해를 초래하기 때문이다.[5]

독일 Bonn 기본법 제19조 제1항에「법률 또는 법률의 근거에 의하여 기본권을 제한하는 경우에는 그 법률은 일반적으로 적용되어야 하며 개개의 경우에만 적용되는 것이어서는 아니된다」라고 개별사건법률을 구체적으로 금지하고 있는 이유는 처분적 법률을 가급적 제한하려는 취지이다. 따라서 이와 같은 법규로 인하여 기본권 침해가 이루어 졌을 경우에는 헌법소원의 대상이 된다.[6]

---

1) 권영성, 기본권의 한계와 제한(2), 월간고시(1979.2), 21면 참조.
2) 김철수, 기본권의 존중과 한계, 서울대 법학연구소, 법학 제7권 제1호(통권 제13호), 1965, 66면.
3) 처분적 법률은 구체적 · 개별적인 사항을, 특정한 국민을 대상으로 하여, 사법 또는 행정을 매개로 하지 않고, 직접적으로 권리 · 의무를 발생시키도록 하는 법률을 의미하기 때문에 원칙적으로 법치국가원리에 반하는 개념이다. 그러나 오늘날의 '사회적 법치국가(sozialer Rechtsstaat)'를 추구하는 현대의「(新)多元主義 국가」에서는 국가의 과제와 국가기능이 급속하게 확대되어 과거의「시민적 법치국가」에서 요구되던 '일반적 법률(allgemeines Gesetz)' 만으로는 국민의 생존배려(Daseinsvorsorge), 국민복지 혹은 비상적 · 위기적 상황에 능동적이고 효율적으로 대처 할 수 없다는 문제점을 지니고 있으므로 부득이하게 '처분적 법률(Maßnahmegesetz)'이 부득이하게 인정될 수 밖에 없다(다수설). 이는 결국 사회국가원리로부터 그 필요성이 인정되는 개념이라 할 수 있다.
4) 김철수, 헌법학(상), 442면.
5) 김철수, 헌법학(상), 442면.
6) 헌법재판소도 지방의회의원선거법 제28조 등에 대한 헌법소원에서「법규 때문에 기본권의 침해를 받았다하여 헌법소원의 형태로 그 위헌여부의 심판을 구하는 법규에 대한 헌법소원은 구체적인 소송사건에서 전제된 경우도 아니고 단순히 어느 법규가 위헌인가의 여부에 대한 의문이 있어 제기하는 추상적 규범통제제도와는 근본적으로 다른 것으로서 자기관련성, 현재성, 그리고 직

[처분적 법률]

이러한 점에서 과거 우리나라의 헌정사에 존재하였던 부정선거관련자처벌법, 정치활동정화법, 부정축재처리법과 정치풍토쇄신에관한법률 등은 일종의 권리박탈법(bill of attainder)이었다.[1] 이는 비록 헌법 부칙에 예외를 인정하여 위헌성은 면하였지만,[2] 이는 진정소급입법금지의 원칙에 위반에 따른 실질적 법치국가원리의 위반이다.

그러나 처분적 법률도 헌법재판소는 경제규제입법등에서 처분적 법률을 예외적으로 인정하고 있으며, 개별적이고 구체적 사안에 따라 평등의 원칙 권력분립의 원칙 등을 위반하였는가의 여부에 따라야 한다고 보고있다.[3]

이와 함께 입법자는 기본권을 제한하는 권한이 완전히 행정재량(Verwaltungsermessen)이나 사법적 재량(richtliches Ermessen)에 의하여 자의적으로 집행 내지는 적용되지 않도록 그 범위 및 내용을 구체적으로 명확히 확정하여야 한다(명확성의 원칙).[4] 이와 같은 관점에서 볼 때 행정권 혹은 사법권이 독자적으로 기본권을 제한하는 것은 허용되지 아니한다.[5] 특히 기본권의 제한은 헌법침해(Verfassungsdurchberchung)에 의한 기본권 제한이 문제된다. 헌법존중적(verfassungachtende) 헌법침해에 의해서만 제한적으로 가능하며,[6] 헌법경시적(verfassungmißachtende) 헌법침해는 인정되지 아니한다.[7] 헌법경시적 헌법침해는 헌법전

접성의 요건을 갖추게 되면 그것만으로 적법한 소원심판청구로 되어 허용이 된다」고 하였다(헌재결 1991. 3. 11, 90헌마28).

1) 김철수, 헌법학(상), 442면.

2) 김철수, 헌법학(상), 442면.

3) 양건, 헌법강의, 243면.

4) Hesse, Grundzüge des Verfassungsrechts der Bundesrepublik Deutschland, Rn. 314; BVerfGE 20, 150(157 ff) m.w.N.; BVerfGE 21, 73(79 f); BVerfGE 34, 165(192 f); BVerfGE 41, 251(262 f); BVerfGE 45, 393(399). 특히 기본권영역에 있어서의 허가유보(Genehmigungsvorbehalten)에 대하여는 BVerfGE 49, 89(145); 52, 1(41) m.w. Nachw.; BVerfGE 62, 169(182 f.). 자율적 규칙에 의한 기본권 제한(autonome Satzungen)에 관하여는 : BVerfGE 33, 125(157 ff); BVerfGE 38, 373(381) 이하 참조.

5) Hesse, Grundzüge des Verfassungsrechts der Bundesrepublik Deutschland, Rn. 314.

6) 이는 헌법에서 헌법침해를 스스로 인정하고 있는 경우이다. 예를 들면 바이마르공화국헌법 제48조 제2항에 의한 대통령비상조치와, 현행 한국 헌법 제77조 제3항의 비상계엄이 선포된 경우와 같이 헌법의 개별적 특정 조항을 침해하도록 규정하고 있는 것이 그 예이다. 헌법 제77조 제3항 : 비상계엄이 선포된 때에는 법률이 정하는 바에 의하여 영장제도, 언론·출판·집회·결사의 자유, 정부나 법원의 권한에 관하여 특별한 조치를 할 수 있다.

7) 예를 들면 1851년 12월 2일 Louis Napoleon이 행한 쿠테타와 국회해산(1848년 11월 4일의 프랑스 헌법 제68조에는 국회해산을 명문으로 금하고 있었음) 및 유신헌법(1972. 12. 27 공포)을 탄생시키기 위해 1972년 10월 17일 19시를 기해 국회를 해산한 것것과 같이 제3공화국헌법에는 없던 박정희 대통령의 국회해산권의 행사 등이 그것이다.

을 명시적으로 고치지 않은 채 헌법개정에 필요한 정족수의 의결절차만을 거쳐 헌법의 어떤 규범내용과 다른 조치를 취하는 것을 뜻하기 때문이다. 따라서 이는 잠복식(潛伏式) 헌법개정이라 부를 수 있으며, 특히 독일 바이마르공화국 헌법의 운영과정에서 이와 같은 사례가 빈번했다. 이러한 파행적 헌법운영을 방지하기 위하여 현행 Bonn 기본법 제79조 제1항에서는 헌법전의 명시적인 수정 · 삭제 · 증보에 의한 헌법개정방법만을 인정하고 있다.[1)]

1.2.2. 법률의 명확성과 구체성

기본권제한의 법률은 그 개념이 불명확하거나 모호해서 다의적 · 자의적으로 해석될 여지가 발생하는 것을 최대한으로 방지하기 위하여 명확성과 구체성을 가져야 한다. 이것은 미국헌법상 적법절차조항(수정헌법 제5조)의 해석상 확립된 원칙이다. 명확성의 원칙(Prinzip der Bestimmtheit)은 자유민주적 기본질서(freiheitliche demokratische Grundordnung)하에서의 기본권 보장을 추구하는 현대 헌법국가의 구조적 원리인 법치국가원리로부터 도출되는 개념이며, 이로 인하여 통치권(입법권 · 행정권 · 사법권)행사의 기본권종속성 · 절차적 정당성 및 통치권 창설의 민주적 정당성이 요구된다. 따라서 기본권제한도 예외적 상황에 해당되는 것이며, 예외는 엄격하게 해석 · 적용되어야 한다는 것이다. 또한 법률의 내용이 불명확한 경우에는 「불명확하기 때문에 무효(void for vagueness)」이다.[2)] 이는 언론 · 출판을 제한하는 법률은 그 내용이 불명확한 경우에는 위헌이고 무효라는 미국헌법에 의해 확립된 원칙이다. 조약과 개별적 · 구체적 위임명령도 포함되며,[3)] 긴급재정경제명령 · 긴급명령 의 경우도 당연히 포함된다(헌법 제76조 제1 · 제2항).

명확성의 정도는 구체적으로 기본권의 종류, 성격 등을 고려하여 종합적으로 판단하여야 한다.[4)]

<사례>

김XX(충남경찰청) 경감 변호인단은 2006년 8월1일 "헌법재판소에 인권옹호직무방해죄를 규정한 형법 제139조에 대한 헌법소원 심판을 청구키로 했다"고 밝혔다. 형법 제139조는 "경찰의 직무를 행하는 자 또는 이를 보조하는 자가 인권옹호에 관한 검사의 직무집행을 방해하거나 그 명령을 준수하지 아니한 때에는 5년 이하 징역 또는 10년 이하 자격정지에 처한다"고 규정하고 있어 검찰과 경찰의 수사권 갈등을 야기한 핵심규정이다. 김 경감 변호인은 "형법 제139조는 인권옹호에 관한 검사의 명령이 지나치게

---

1) 허영, 한국헌법론, 박영사, 2009, 49면 참조.
2) 따라서 기본권 일반을 제한한다는 것은 위헌무효이다. 권영성, 기본권의 한계와 제한(2), 월간고시(1979. 2), 21면.
3) 권영성, 헌법학원론, 353면.
4) 양건, 헌법강의, 245면.

포괄적으로 규정돼 있고 경미한 사유에 대해서도 일률적으로 처벌하고 있는 문제점을 지니고 있다"며 "법이 정하고 있는 명확성 원칙과 과잉금지의 원칙에 위배된다"고 헌법소원심판 청구사유를 밝혔다.

이에 대해 검찰은 "형법 139조가 경찰에 대한 인사권은 경찰에 두고 직무상 지휘권한은 검사에게 있도록 규정해 양자간 이해충돌을 조정하고자 만들어진 법률"이라며 "피의자의 인권과 관련, 수사상 필요하다고 판단해 지휘권을 행사했으나 이를 거부한 경찰에 대한 기소처분은 정당하다"고 반박했다.

대전지검은 지난해 12월 충남경찰청이 수사한 사기혐의 피의자에 대해 면담을 요청했으나 김 경감이 거부하자 인권옹호직무명령 불준수 혐의로 불구속 기소했다. 이에 김 경감은 대전지법에 '위헌법률심판 제청신청'을 제기했고 지난달 5일 대전지법이 이를 기각하자 헌재에 헌법소원심판을 청구하기로 했다.[1]

<사례>

(1) 청구인은 제주시에서 직업소개소를 운영하는 자인바, 젊은 여성들을 룸싸롱 및 단란주점 등에 남자손님들과 동석작배나 윤락을 하는 접대부로 소개하여 공중도덕상 유해한 업무에 취직하게 할 목적으로, 2002. 8. 초순경 제주시 연동 소재 ○○단란주점에서, 청구외 이○원을 그 곳 접대부로 소개하는 등 그 때부터 같은 해 12. 22.경까지 7회에 걸쳐 합계 금 800만 원을 교부받고 위 이○원을 룸살롱이나 윤락업소에 소개하였다는 이유로 기소되었다.

(2) 청구인은 2003. 10. 15. 서울지방법원 동부지원에서 위 범죄사실로 징역 1년을 선고받고(2003고단3745), 항소하여 2003. 12. 23. 서울지방법원에서 징역 8월을 선고받아(2003노9422), 상고한 후 직업안정법 제46조 제1항 제2호에 대하여 위헌심판제청을 신청하였으나, 2004. 3. 26. 상고기각판결을 받았고(2004도186), 같은 날 위 신청도 기각되었다(2004초기32).

(3) 이에 청구인은 2004. 4. 8. 직업안정법 제46조 제1항 제2호가 죄형법정주의에서 파생된 명확성의 원칙에 위배된다고 주장하면서 이 사건 헌법소원심판을 청구하였다.

【심판대상조문】

직업안정법(1994. 1. 7. 법률 제4733호로 전문개정된 것) 제46조(벌칙) ① 다음 각 호의 1에 해당하는 자는 7년 이하의 징역 또는 3천만 원 이하의 벌금에 처한다.

1. 생략

2. 공중위생 또는 공중도덕상 유해한 업무에 취직하게 할 목적으로 직업소개·근로자 모집 또는 근로자공급을 한 자

【결정요지】

이 사건의 쟁점은 "공중도덕상 유해한 업무" 부분이 죄형법정주의의 원칙상 요구되는 명확성의 요건을 충족하였는지 여부이다. 법률은 명확한 용어로 규정함으로써 적

1) 국민일보 2006-08-01 21 : 49, 허윤 기자 yoon@kmib.co.kr

용대상자에게 그 규제내용을 미리 알 수 있도록 공정한 고지를 하여 장래의 행동지침을 제공하고, 동시에 법집행자에게 객관적 판단지침을 주어 차별적이거나 자의적인 법해석을 예방할 수 있다(헌재 1992. 4. 28, 90헌바27등, 판례집 4, 255, 268-269 참조)는 명확성의 원칙은 민주주의·법치주의 원리의 표현으로서 모든 기본권제한입법에 요구되는 것이다(헌재 2002. 6. 27, 99헌마480, 판례집 14-1, 616, 627 참조).

그 중 죄형법정주의로부터 도출되는 명확성의 원칙은 그 구성요건과 법적 결과를 법률로 명확하게 규정하여야 한다는 원칙으로서 법률에 범죄와 형벌을 가능한 한 명확하게 규정하여야 법관의 자의를 방지할 수 있고, 국민들에게 어떠한 행위가 금지되어 있고 그 행위에 대하여 어떠한 형벌이 과하여질지를 예측할 수 있도록 한다. 따라서 형사처벌의 대상이 되는 범죄의 구성요건은 형식적 의미의 법률로 명확하게 규정되어야 하며, 만약 범죄의 구성요건에 관한 규정이 지나치게 추상적이거나 모호하여 그 내용과 적용범위가 과도하게 광범위하고 포괄적이어서 불명확한 경우에는 국가형벌권의 자의적인 행사가 가능하게 되어 개인의 자유와 권리를 보장할 수 없으므로 죄형법정주의 원칙에 위배된다(헌재 1997. 9. 25. 96헌가16, 판례집 9-2, 297, 307 참조).[1]

… 일반적으로 공중도덕이라 함은 '공중의 복리를 위하여 서로 지켜야 할 덕의(德義)'를 말하는 것인데, 이는 개인이 처한 구체적인 상황에 따라서 다르거나 혹은 시간적·공간적인 배경에 따라 변할 수 있으며 실제로도 변해왔다.

직업안정법(1994. 1. 7. 법률 제4733호로 전문개정된 것) 제46조 제1항 제2호 중 "공중도덕상 유해한 업무"(이하 '이 사건 법률조항'이라 한다)에서 말하는 공중도덕은 공중의 복리를 위하여 준수해야 할 모든 행동규범을 의미하는 것이 아니라 사람이 사회생활상의 지위에 기하여 계속하여 행하는 업무와 관련하여 그 업무의 내용이 직업의 대상으로서 허용되는지 여부를 결정하는 준칙으로서의 공중도덕을 말한다고 한정하여 해석한다고 하더라도, 결국 이 사건 법률조항에 위반되는지 여부를 판단하기 위해서는 가변적이고 가치판단을 요하는 개념인 공중도덕을 금지기준으로 삼아야 할 뿐만 아니라 언뜻 공중도덕에 반한다고 여겨짐에도 불구하고 다른 법률에서 허용하고 있다면 이러한 업무를 모두 파악하여 이를 제외하여야만 한다. 그런데 수범자의 입장에서 가변적이고 광범위한 위반기준을 행위준칙으로 삼고 다시 허용되는 일정한 영역을 제외하여 나머지만을 도출하여 위법한 행위내용으로 파악하거나 이를 예측하여 준수하기란 매우 어렵다. 결국 건전한 상식과 통상적인 법감정을 가진 사람으로서는 금지되는 직업소개의 대상을 위와 같은 "공중도덕상 유해"라는 기준에 맞추어 특정하거나 예측한다는 것은 매우 어렵다고 할 것이므로 이 사건 법률조항은 죄형법정주의에서 파생된 명확성의 원칙을 충족시키고 있다고 할 수 없다.

---

1) 헌재결 2005. 3. 31, 2004헌바29; 기타 명확성의 원칙에 위반된다는 헌법재판소판례는 헌재결 2005. 4. 28, 2003헌바40; 헌재결 2005. 5. 26, 2003헌가17; 헌재결 2005. 5. 26, 2003헌가17; 헌재결 2005. 11. 24, 2004헌가28; 헌재결 2006. 11. 30, 2006헌바53.

1.2.3. 규범상호간의 체계정당성의 원리

a) 체계정당성의 원리의 내용

체계정당성(Systemgerechtigkeit)의 원리는 동일한 규범내에서 또는 상이한 규범간에(수평적 관계이건 수직적 관계이건) 그 규범의 구조나 내용 또는 규범의 근거가 되는 원칙면에서 상호 배치되거나 모순되어서는 안된다는 하나의 헌법적 요청(Verfassungspostulat)이다. 즉 이는 규범 상호간의 구조와 내용 등이 서로 모순됨이 없이 체계와 균형을 유지하도록 입법자를 기속하는 헌법적 원리라고 볼 수 있다.

규범 상호간의 체계정당성을 요구하는 이유는 입법자의 자의를 금지하여 규범의 명확성, 예측가능성 및 규범에 대한 신뢰와 법적 안정성을 확보하기 위한 것이고 이는 국가공권력에 대한 통제와 이를 통한 국민의 자유와 권리의 보장을 이념으로 하는 법치주의원리로부터 도출되는 것이다.[1] 헌법재판소는 체계정당성위반 그 자체를 위헌으로 보지는 않으며, 체계정당성으로 위헌이 되기 위해서는 체계정당성의 위반이 결과적으로 비례의 원칙이나 평등의 원칙을 위반하였을 경우에 위헌이 된다고 본다.[2]

<사례>: 명의신탁재산의 '증여의제'규정

중부지방국세청장은 정리회사 ○○화학공업 주식회사의 주식이동상황을 조사하여 위 회사의 전 대표이사 권○안의 며느리인 조○애가 청구인 유○식 명의로 위 회사의 주식 상당수를 취득한 사실을 확인하였다. 양천세무서장은 조사결과에 따라 구 상속세 및 증여세법(1998. 12. 28. 법률 제5582호로 개정된 후 2002. 12. 18. 법률 제6780호로 개정되기 전의 것) 제41조의2 제1항에 의거하여 위 취득주식가액을 증여가액으로 하여 2003. 1. 5. 위 청구인에게 증여세를 부과하였다.

위 청구인은 증여세부과처분의 취소를 구하는 행정소송을 서울행정법원에 제기하고(2003구합26737) 위 법률조항에 대하여 위헌법률심판제청신청을 하였으나(2003아2218) 2004. 5. 4. 모두 기각되자 구 상속세및증여세법(1998. 12. 28. 법률 제5582호로 개정된 후 2002. 12. 18. 법률 제6780호로 개정되기 전의 것) 제41조의2 제1항 본문에 대하여 헌법소원을 제기하였다.

【심판대상조문】

구 상속세및증여세법(1998. 12. 28. 법률 제5582호로 개정되고 2002. 12. 18. 법률 제6780호로 개정되기 전의 것) 제41조의2(명의신탁재산의 증여의제) ① 권리의 이전이나 그 행사에 등기 등을 요하는 재산(토지와 건물을 제외한다. 이하 이 조에서 같다)에 있어서 실제소유자와 명의자가 다른 경우에는 국세기본법 제14조의 규정에 불구하고 그 명의자로 등기 등을 한 날에 그 재산의 가액을 명의자가 실제소유자로부터 증여받은 것으로 본다.

---

1) 헌재결 2005. 6. 30, 2004헌바40: 구 상속세및증여세법 제41조의2 제1항 위헌소원
2) 헌재결 2005. 6. 30, 2004헌바40: 구 상속세및증여세법 제41조의2 제1항 위헌소원; 양건, 헌법강의, 246면.

다만, 다음 각 호의 1에 해당하는 경우에는 그러하지 아니하다.

【참조조문】

국세기본법 제14조(실질과세) ① 과세의 대상이 되는 소득 · 수익 · 재산 · 행위 또는 거래의 귀속이 명의일 뿐이고 사실상 귀속되는 자가 따로 있는 때에는 사실상 귀속되는 자를 납세의무자로 하여 세법을 적용한다.

② 생략

구 상속세및증여세법(1996. 12. 30. 법률 제5193호로 전문개정되고 1998. 12. 28. 법률 제5582호로 개정되기 전의 것) 제43조(명의신탁재산의 증여추정) ① 권리의 이전이나 그 행사에 등기 등을 요하는 재산(토지와 건물을 제외한다)에 있어서 실질소유자와 명의자가 다른 경우에는 국세기본법 제14조의 규정에 불구하고 그 명의자로 등기 등을 한 날에 실질소유자가 그 명의자에게 증여한 것으로 추정한다. 다만, 다음 각 호의 1에 해당하는 경우에는 그러하지 아니하다.

위의 사건에서 헌법재판소는 「… 그러나 일반적으로 일정한 공권력작용이 체계정당성에 위반한다고 해서 곧 위헌이 되는 것은 아니다. 즉 체계정당성 위반(Systemwidrigkeit) 자체가 바로 위헌이 되는 것은 아니고 이는 비례의 원칙이나 평등원칙위반 내지 입법의 자의금지위반 등의 위헌성을 시사하는 하나의 징후일 뿐이다. 그러므로 체계정당성위반은 비례의 원칙이나 평등원칙위반 내지 입법자의 자의금지위반 등 일정한 위헌성을 시사하기는 하지만 아직 위헌은 아니고, 그것이 위헌이 되기 위해서는 결과적으로 비례의 원칙이나 평등의 원칙 등 일정한 헌법의 규정이나 원칙을 위반하여야 한다.

또한 입법의 체계정당성위반과 관련하여 그러한 위반을 허용할 공익적인 사유가 존재한다면 그 위반은 정당화될 수 있고 따라서 입법상의 자의금지원칙을 위반한 것이라고 볼 수 없다. 나아가 체계정당성의 위반을 정당화할 합리적인 사유의 존재에 대하여는 입법의 재량이 인정되어야 한다. 다양한 입법의 수단 가운데서 어느 것을 선택할 것인가 하는 것은 원래 입법의 재량에 속하기 때문이다. 그러므로 이러한 점에 관한 입법의 재량이 현저히 한계를 일탈한 것이 아닌 한 위헌의 문제는 생기지 않는다고 할 것이다.

이 사건에서 보면 증여세 이외의 조세를 회피할 목적이 인정되는 경우에 명의신탁을 증여로 추정하여 증여세를 부과하는 입법수단을 입법자가 선택한 것은 이미 앞에서 본 바와 같이 조세회피를 방지하고 이를 제재하기 위한 것으로서 그 입법목적이 정당하고 그 수단이 조세회피행위의 방지라는 입법목적을 달성하는데 적합하고 나아가 증여세 이외의 조세를 회피하고자 하는 명의신탁에 대한 제재방법으로 증여세를 부과하는 것이 형벌이나 과징금을 과하는 등의 다른 대체수단에 비하여 납세의무자에게 더 많은 피해를 준다고 볼 수도 없고 명의수탁자가 입게 되는 재산상의 불이익보다 이로써 달성되는 공익이 현저히 크다고 판단된다.

그렇다면 조세법위확장조항을 통하여 증여세가 아닌 다른 조세를 회피하려는 목적이 명의신탁에 인정되는 경우에도 명의신탁을 증여로 의제하여 증여세를 부과하도록 한 입법의 선택에는 합리적인 이유가 존재하고 여기에 입법재량의 한계를 현저히 일탈한 잘못이 있다고 볼 수 없고 따라서 체계부정합으로 인한 위헌의 문제는 발생하지 않는다」고 판시

한바 있다.[1)]

b) 법률조항의 상충과 체계정당성

헌법재판소는 지방공무원법 제58조 제1항 등 위헌소원에서 법률조항의 상충과 체계정당성 문제에 대하여 다음과 같이 판시하였다.

헌재결 2005. 10. 27, 2003헌바50【지방공무원법 제58조 제1항 등 위헌소원(제2항, 제82조)】

「… 청구인들은 이 사건 법률 제58조 제1항은 현행 헌법이 공포되기 이전부터 있었던 구래의 규정으로서 신법우선의 원칙상 노동조합및노동관계조정법 제5조에 의하여 그 효력이 정지되거나 배제되어야 한다고 주장한다. 그러나 어떤 법률조항의 내용이 다른 법률조항의 내용과 서로 충돌된다 하여 원칙적으로 이들 법률조항이 헌법에 위반된다는 등 헌법문제가 발생되는 것은 아니고, 이들 법률조항들을 어떻게 조화롭게 해석할 것인가의 법률해석 문제가 생길 뿐이다. 따라서, 설령 위 법률조항이 노동조합및노동관계조정법 제5조와의 관계에서 서로 충돌된다고 하더라도 이는 어느 법률조항을 우선하여 적용하느냐의 문제만이 생길 뿐이므로, 위 법률조항이 노동조합및노동관계조정법 제5조와 서로 충돌된다는 이유만으로 헌법에 위반되는 것은 아니라 할 것이다」.[2)]

c) 형법체계상의 균형과 체계정당성문제

<사례>

갑은 전투경찰로근무하다, 근무지 이탈로인하여 형사처벌을 받은 자이다. 그는 전투경찰대설치법 제9조 제1항 본문은 근무를 기피할 목적으로 근무지를 이탈하거나 상당한 기간 내에 복귀하지 않은 자를 3년 이상 10년 이하의 징역에 처하도록되어있는데 반하여, 이와 유사한 성격을 지닌 군형법 제30조(군무이탈) ① 군무를 기피할 목적으로 부대 또는 직무를 이탈한 자는 다음의 구별에 의하여 처벌한다고 하면서, 2년 이상 10년 이하의 징역에 처한다고 규정하고 있어서 위헌신청을 하였고, 법원은 이를 받아들여 서울고등법원은 2006노750호 사건이 계속 중인 2006. 7. 7. 전투경찰대설치법 제9조 제1항 본문이 헌법에 위반된다는 이유로 직권으로 위헌제청결정을 하였다.

<해설 : 헌재결>

[전경법상의 처벌조항 및 군형법상의 처벌조항의 비교]

전경법 제9조와 제10조에서 규정하고 있는 근무이탈 유형의 범죄에 대한 처벌조항은 그에 대비되는 군형법상 군무이탈을 규정한 제30조 각 항의 구성요건과 법정형을

1) 헌재결 1998. 4. 30. 96헌바87; 대판 1996. 4. 12, 95누13555; 대판 1996. 5. 10, 95누11573; 대판 1996. 5. 10, 95누10068; 대판 1999. 7. 23, 99두2192; 대판 1999. 12. 24, 98두13133 참조.

2) 참조판례 : 헌재결 1998. 11. 26, 96헌마54; 헌재결 1998. 11. 26, 96헌마74 등.

대체로 그대로 차용하고 있다. 이것은 전경의 근무 상황과 태양이 현역병과 거의 같은 점을 고려했기 때문이다. 그러나 군형법상 평시 군무이탈에 관해서는, "기타의 경우" 2년 이상 10년 이하로 규정된데 대하여 같은 경우 전경의 근무이탈에 관해서는 3년 이상 10년 이하로 규정돼 오히려 군인에 비해 전경에 대한 법정형이 더 중하게 규정되어 있다.

[판단]

법정형의 하한에 대한 입법재량이 그 한계를 일탈하였는지 여부를 판단함에 있어, 죄질이 서로 다른 둘 또는 그 이상의 범죄를 동일선상에 놓고 그 중 어느 한 범죄의 법정형을 기준으로 하여 단순한 평면적인 비교로써 다른 범죄의 법정형의 과중 여부를 판정해서는 아니되고, 어느 범죄에 대한 법정형의 하한은 여러 가지 기준의 종합적 고려에 의하여 정해지는 것으로서 죄질의 경중과 법정형의 하한의 높고 낮음이 반드시 정비례하는 것은 아니다.[1)]

따라서 비록 전경과 군인의 지위가 상당히 유사하고, 근무이탈과 군무이탈이 같은 유형의 범죄에 해당하기는 하나, 전경법상 처벌조항에서는 적전이라는 구성요건적 가중규정을 두지 않는 차이점이 있고, 더군다나 군인과 비교하여 사회에서의 대민접촉이 잦은 전경의 경우에는 그 직무의 특수성에 비추어 근무이탈방지라는 일반예방적 목적이 강조될 수도 있다. 그렇다면 보호법익과 죄질을 달리하고, 일반예방이라는 형사정책적 필요성을 달리할 수도 있는 군형법 제30조 제1항과 전경법 제9조 제1항을 비교하여 볼 때에 단순히 군형법상 군무이탈죄의 기타의 경우의 법정형 하한에 맞추어 이 사건 법률조항의 법정형 하한을 개정하지 아니하였다고 하여, 법정형 하한의 차이가 불과 1년에 지나지 아니한 이 건의 경우, 그 법정형이 지나치게 가혹하여 형벌체계의 정당성을 위배하였다고는 볼 수 없고, … 비례의 원칙이나 평등의 원칙에 위반된다고 할 수 없다.[2)]

2. 조약과 국제법규에 의한 기본권제한

기본권은 양국가간의 조약이나 다변적인 국제조약에 의해서도 제한 될 수 있다. 현존의 국제연합인권조약과 같은 다변조약은 기본권을 보장하기 위하여 조약도 체결 할 수 있음을 나타내고 있다.[3)] 국회는 국가나 국민에게 중대한 재정적 부담을 지우는 조약 또는 입법조항에 관한 조약의 체결·비준에 대한 동의권을 가지고 있으며(헌법 제60조 제1항), 국회의 동의를 얻은 조약은 국내법과 같은 효력을 가지므로 당연히 기본권을 제한할 수 있다. 뿐만 아니라 일반적으로 승인된 국제법규도 국내법과 같은 효력을 가지게 되므로 국제법규에 의해서도 기본권을 제한할 수 있다(헌법 제6조 제1항).[4)] 그러나 조약 및 일반적으

1) 헌재결 1997. 8. 21, 93헌바60.
2) 헌재결 2006. 12. 28, 2006헌가12(전투경찰대설치법 제9조 제1항 본문 위헌제청).
3) 김철수, 헌법학(상), 470면.
4) 김철수, 헌법학(상), 470면; 장영수, 헌법학, 513면.

로 승인된 국제법규로 인한 국민의 기본권 제한은 국가안전보장·공공복리를 위하여 필요한 경우에 국한된다고 보아야 한다.[1)]

일반적으로 승인된 국제법규가 무엇을 의미하는가에 대하여 이는 국제관습법을 의미한다고 보는 견해와 국제관습법과 대한민국이 체결당사국은 아니지만 국제사회에서 그 규범성이 인정된 국제규범을 인정한다는 견해가 있다.[2)] 이에 대한 구체적 판단은 헌법재판소에서 담당한다. 국제연합인권선언·포츠담선언·국제연합의 인권에 관한 세계선언[3)]·「시민적 및 정치적 권리에 관한 국제조약」[4)]중 가입당시에 유보한 부분·국제연합교육과학문화기구와 국제노동기구가 채택한 「교원지위에관한권고」[5)]·우리나라가 회원이 아닌 국제노동기구의 조약[6)]·우리나라가 비준하지 아니한 강제노동의 폐지에 대한 국제노동기구의 조약[7)]은 국내법적으로 효력을 갖지 못한다.[8)]

3. 헌법개정에 의한 기본권제한

기본권의 개별적인 규정은 적법한 헌법개정에 의해서도 제한될 수 있다. 헌법에서 기본권을 보장하는 것은 인류보편의 원칙이며 자연법적인 것이기 때문에 이를 제한하는 헌법개정은 신중을 기할 것이 필요하며,[9)] 특히 기본권의 폐지는 문제가 될 수 있다(헌법개정의 한계)된다.[10)] 자연법 사상에 의하면 기본권은 초국가적·자연법적 권리로 볼 수 있으므로 헌법개정절차에 의하여 기본권보장 규정을 폐지할 수 없다고 한다.[11)] 특히 인간의 존엄과 가치를 침해하고 기본권의 본질적인 내용을 침해하는 헌법개정은 헌법제정권자의 의사를 무시하는 것이므로 불가능하다. 따라서 헌법개정권자도 불가침의 기본권 존중을 규정한 헌법 제10조와 기본권제한의 한계규정인 헌법 제37조 등은 개정할 수 없다.

절대적 기본권 또는 초국가적·자연법적 권리를 전반적으로 부정하는 헌법개정은 인정되지 안된다. 또한 기본권의 본질적인 내용이나 인간의 존엄과 가치·행복추구권의 본질적 내용을 침해해서는 아니되며, 헌법개정의 형식을 통하여 제한할 수 없다. 이에 반하여

---

1) 권영성, 기본권의 한계와 제한(2), 월간고시(1979.2), 21면; 김철수, 헌법학(상), 470면.
2) 권영성, 헌법학원론, 353면; 김철수, 정종섭, 헌법학원론, 단락번호 [114]
3) 헌재결 1991. 7. 22, 89헌가106 【사립학교법 제55조 등에 관한 위헌심판】
4) 헌재결 1991. 7. 22, 89헌가106; 헌재결 1998. 7. 16, 97헌바23 【구 형법 제314조 위헌소원】
5) 헌재결 1991. 7. 22, 89헌가106 【사립학교법 제55조 등에 관한 위헌심판】
6) 헌재결 1991. 7. 22, 89헌가106 【사립학교법 제55조 등에 관한 위헌심판】
7) 헌재결 1998. 7. 16, 97헌바23 【구 형법 제314조 위헌소원】
8) 정종섭, 헌법학원론, 단락번호 [114]
9) 김철수, 헌법학(상), 470면.
10) 김철수, 헌법학(상), 470면.
11) 김철수, 헌법학(상), 470면.

법실증주의적 입장의 실정법론자들은 기본권에 관한 개개의 헌법조항의 수정, 변경은 가능하며, 개정의 절차만 가능하면 내용상의 한계를 인정할 수 없기 때문에 얼마든지 개정할 수 있다고 본다(사실의 규범적 효력; 완성된 사실이론 : fait accompli).

V. 기본권제한의 대상

1. 기본권의 내용에 따른 제한

헌법 제37조 제2항에 「국민의 모든 자유와 권리」라고 규정하고 있어 제한 대상은 모든 기본권에 해당한다. 여기에서 말하는 자유와 권리는 헌법 제2장에서 말하는 모든 기본권, 즉 자유권은 물론이고 사회적 기본권, 정치권 및 기본권을 보장하기 위한 기본권을 모두 포함한다는 주장과,[1] 자유권에 한하여 인정된다는 학설이 있다.

기본권 전반에 걸쳐 기본권제한의 대상이 된다는 설은 자유와 권리의 제한이 기본권 전반에 대한 제한원칙(일반적 법률유보)으로 보면서 제37조 제2항은 기본권 전반을 제한할 수 있는 규정으로 이해한다고 할지라도 자유와 권리의 본질적 내용은 침해할 수 없으므로(제37조 제2항 후단), 기본권제한이 남용의 우려는 없다고 한다. 이에 반하여 자유권에 한정한다는 학설은 다른 기본권, 특히 사회적 기본권에 대한 법률유보는 그 권리의 형성을 의미하는 절차유보를 의미하는 것이기 때문이라고 한다.[2] 그러나 자유권 이외의 권리는 법률이 아닌 명령으로 제한이 가능하며 국가안전보장·질서유지 또는 공공복리를 위하여 필요한 경우에도 법률로 제한할 수 없는 경우가 예상된다. 또한 헌법의 (자유) 민주적 기본질서 위배되는 경우 기본권의 본질적 내용의 침해가 가능하다고 보는 견해도 있었으나,[3] 이것은 기본권의 본질적인 내용의 해석을 일탈한 견해이다.

사회적 기본권이 기본권의 실질적 실현으로서의 기본권의 實效化(Effektivierung der Grundrechte)는[4] 일단 법률에 의하여 구체화(구체적 권리설을 취하는 경우)되거나 형성

1) 기본권의 전반을 기본권제한의 대상으로 삼는다면, 첫째 자유권 가운데는 제한이 가능한 상대적 자유권에 국한된다고 하겠다. 자유권에는 절대적 자유권과 상대적 자유권이 있는바, 內的인 자유인 절대적 자유권은 여하한의 경우에도 제한이 불가능한 까닭에 기본권제한은 상대적 자유권에 국한된다. 내심의 자유인 양심과 신앙의 자유 등은 자연권이고 불가침의 초국가적인 권리이기 때문에 자유민주적 기본질서를 이유로 제한할 수 없다고 하겠다. 따라서 신체의 자유(제12조), 재산권보장과 행사 및 수용·사용·제한(제23조) 등은 법률에 의하여 제한할 수 있다.

2) 한태연, 헌법학, 법문사, 1983, 296면.

3) 제4공화국 유신헌법 시절 민주적 기본질서를 파괴하거나 국가의 존립을 위태롭게 할 경우에는 그 기본권의 본질적 내용까지도 침해할 수 있다는 견해도 있었다.

(추상적 권리설을 취하는 경우)된 후에 그것을 다시 제한하는 경우에만 제37조 제2항에 의해 제한의 대상이 된다. 특히 사회적 기본권은 성질상 법률로 구체화되지 않고는 제한이 어렵다. 사회적 기본권은 경제적 · 재정적 뒷받침되어 구체적으로 이의 실현이 형성된 후에 제한의 대상이 되며, 따라서 헌법 제37조 제2항에 의한 기본권제한의 대상이 된다.

2. 기본권의 성격에 따른 제한

개인적 기본권의 보장 내용 및 범위는 결국 타인에게 피해를 끼치지 않는 범위내에서의 생활범위를 의미하기 때문에, 공동체(res publica)내에서의 생활관계에서는 타인에 대하여 자기의 권리 · 이익만을 강조할 수 없으므로 공익목적을 위하여 부득이하게 필요한 규제가 따르게 된다. 다만 그 제한이 가능한 기본권은 상대적 기본권에 해당되는 기본권에 한정하며, 이 경우에도 그 기본권이 가지고 있는 본질적 내용은 기본권의 핵심적 내용이자, 동시에 초국가적 자연법상의 권리이기 때문에 국가안전보장 · 질서유지 · 공공복리 등의 목적뿐만 아니라 특별권력관계이론에 의해서도 제한할 수 없다.

현행 헌법은 기본권제한에 대하여 일부 개별적 법률유보조항(제12조 제1항, 제23조 제3항 등)을 두면서, 동시에 일반적 법률유보조항(제37조 제2항)을 두었기 때문에 절대적 기본권은 현행 헌법상으로는 존재할 수 없는 것처럼 보인다. 그러나 기본권은 원칙적으로 '법률로 제한 할 수 있다(법률에 의하지 아니하고는 제한 받지 아니한다)'고 법률유보조항을 두는 경우에는 기본권은 절대적 기본권과 상대적 기본권으로 구분할 수 있다.[1] 일반적으로 「법률에 의하지 아니하면」 또는 「법률에 규정한 것은 제외하고」 침해받지 아니 한다고 규정한 것은 절대적 자유권(absolute Grundrechte)에 해당하고, 「법률의 범위 내에서」 혹은 「법률이 정하는 바에 따라」 자유를 인정하는 것이 상대적 기본권이다. 따라서 절대적 기본권은 개인 그 자체의 자유에 중점을 둔 것이며 상대적 기본권은 개인의 사회적 관련성에 중점을 두고 있다.

내심의 작용(의사)으로서의 신앙의 자유, 양심형성과 침묵의 자유, 학문연구와 예술창작의 자유 등은 절대적 기본권으로서 법률로도 제한할 수 없다. 왜냐하면 예컨대 내심의 자유는 그것이 본질적 내용만으로 구성되기 때문에 제37조 제2항의 단서에 따라 어떠한 경우에도 제한할 수 없다. 왜냐하면 초국가적 · 자연법상의 권리는 내재적 한계(immanente

---

4) 정극원, 독일에서의 사회국가적 기본권이론의 성립과 내용, 한국공법학회, 공법연구(2000. 11), 187면.

1) 반대설: 허영, 한국헌법론, 276면; 同人, 헌법이론과 헌법, 단락번호 639, 각주 381) 참조(기본권은 상대적 기본권과 절대적 기본권으로 나누는 것이 고전적 분류방법의 하나였지만, 오늘날에는 절대적 기본권의 개념이 성립하지 않는다)..

Schranken der Grundrechte)가 따르지만 절대적 기본권은 내재적 한계에 의한 제약이 인정되지 않기 때문이다. 이에 대하여 상대적 기본권은 국가적 질서나 국가목적을 위해 제한이 가능한 기본권이다. 언론·출판·집회·결사의 자유, 계약의 자유, 영업의 자유, 노동권 등이 이에 해당한다. 그러나 이는 어디까지나 기본권을 예외적으로 제한하는 것이 아니고 그 자유를 전체로서 법률의 범위 내에서 보장하려는 것이다. 따라서 헌법상 규정된 기본권이 절대적 기본권인지 상대적 기본권에 속하는 것인가는 명확히 예정된 것은 아니고, 이는 헌법정책적 문제로서 입법방침에 따라 다소의 변화가 있을 수 있다.[1]

VI. 기본권 제한의 목적(기본권 제한의 목적상의 한계)

1. 일반적 고찰(헌법 제37조 제2항)

기본권제한은 헌법 제37조 제2항 따라 국가안전보장·질서유지 또는 공공복리라는 세 가지 목적에 따라 필요한 이유가 있는 경우에 한해서 법률로써 제한 할 수 있다고 규정하여 국민의 기본권보장의 일반적인 한계를 설정하고 있다. 그것은 ① 국가안전보장, 질서유지 또는 공공복리를 위하여 필요한 경우에 한하며, ② 국가가 제정한 법률로서만 제한할 수 있으며, ③ 그 제한은 자유와 권리의 본질적 내용을 침해할 수 없다. 외국의 입법례는 이들은 구분하지 않고 국가안전보장과 질서유지를 공공복리의 개념 속에 포함시키고 있다. 예를 들면 바이마르 헌법의 공공복리, 동독헌법의 공공복리, 일본헌법의 공공복리 등이 그것이다.[2]

우리 헌법은 국가안전보장·질서유지·공공복리를 구분하고 있으며, 독일 Bonn 기본법(제2조 제1항)은 타인의 권리, 헌법질서, 도덕률로 열거하고 있다. 한편 국내학자들 중에도 헌법상 국가안전보장 질서유지·공공복리를 통합하여 「공공복지」로 호칭하려고 하는 경우도 있으며 실질적으로는 공공복리·질서유지도 궁극적으로는 공공복지에 포함된다고 할 수 있다.[3] 결국 기본권제한의 한계문제는 국가안전보장·질서유지·공공복리의 개념을 어떻게 보느냐 그리고 제한의 구체적인 기준이나 한계를 어디서 구할 것인가의 문제가 된다.

---

1) 이러한 의미에서 기본권을 헨첼(K. Häntzschel)처럼 절대적 기본권과 상대적 기본권으로 구분하는 것은(K. Häntzschel, ZöffR, V, 1926, S. 18 f.) 사실상 의미가 없다는 견해가 있다(허영, 헌법이론과 헌법, 단락번호 522).

2) Weimar 헌법(제15조, 제17조)과 일본헌법(제12조, 제13조, 제22조, 제29조)이 이에 해당한다. 김호길, 기본권의 한계와 그 제한에 대한 법리, 고려대학교 교육대학원, 1987, 41면.

3) 김철수, 비교헌법론(상), 박영사, 1980, 475면.

2. 개별적 고찰

2.1. 국가안전보장

국가안전보장이라 함은 국가의 독립과 영토의 보전, 헌법과 헌법의 기능, 헌법과 법률의 규범력과 헌법에 의하여 설치된 국가기관의 유지 등과 같은 국가적 안전의 확보 및 유지를 말하는 것으로서,[1] 우리 헌법에 규정한 것은 1972년 제4공화국 헌법에서 평화통일의 과정에서의 국가안전보장의 중요성을 고려하여 이를 특별히 규정한 것이다.[2]

> 헌법재판소는 「헌법 제37조 제2항에서 기본권제한의 근거로 제시하고 있는 국가안전보장의 개념은 국가의 존립 · 헌법의 기본질서의 유지 등을 포함하는 개념으로서 결국 국가의 독립 · 영토의 보전 · 헌법과 법률의 기능 · 헌법에 의하여 설치된 국가기관의 유지 등의 의미로 이해될 수 있을 것이다」라고 한다.[3]

그러나 국가안전보장을 위하여 기본권을 제한하는 경우에도 그 제한은 필요최소한의 제한에 그쳐야 한다.

> [국가안전보장을 위하여 기본권을 제한하는 법률]
> 형법상의 내란죄 · 외환죄 · 국교에 관한 죄 등을 비롯하여 국가보안법, 군사기밀보호법[4] 등이 있다. 따라서 헌법 제37조 제2항은 이들 법률의 헌법적 근거가 된다.[5] 그러나

---

1) 권영성, 헌법학원론, 351면.

2) 김철수, 헌법학(상), 447면.

3) 헌재결 1992. 2. 25, 89헌가104 [합헌] 【군사기밀보호법제6조등에대한위헌심판】 헌법 제37조 제2항은 "국민의 모든 자유와 권리는 국가안전보장 · 질서유지 또는 공공복리를 위하여 필요한 경우에 한하여 법률로써 제한할 수 있으며, 제한하는 경우에도 자유와 권리의 본질적인 내용을 침해할 수 없다."고 하는 이른바 일반적 법률유보조항을 두고 있는바, 국가의 안전보장은 헌법상 중요한 국가적 법익의 하나로서 위의 규정외에도 헌법 제5조 제2항, 제39조 제1항, 제66조 제2항, 제69조 등이 국가의 안전보장과 관련이 있는 것이다. 헌법 제37조 제2항에서 기본권 제한의 근거로 제시하고 있는 국가의 안전보장의 개념은 국가의 존립·헌법의 기본질서의 유지 등을 포함하는 개념으로서 결국 국가의 독립, 영토의 보전, 헌법과 법률의 기능, 헌법에 의하여 설치된 국가기관의 유지 등의 의미로 이해될 수 있을 것이다.

4) 군사비밀보호법 제2조의 「이 법에서 군사상의 기밀이라 함은 그 내용이 누설될 경우 국가안전보장상 해로운 결과를 초래할 우려가 있는 … 사항」에서의 국가안전보장이라는 개념은 헌법 제37조 제2항이 규정하고 있는 것과 똑같은 의미로 해석될 수 있을 것이다(헌재결 1992. 2. 25, 89헌가104).

5) 헌법에 의하여 보장된 기본권을 제한하는 경우, 여기에는 어떠한 형식에 의하든 헌법에 근거를 두어야 한다. 따라서 공공복리를 위한 기본권의 제한의 경우에도 헌법상의 근거를 두어야 한다. 여기서 공공이익은 선험적(apriorisch)으로는 국가와는 무관(無關) · 무연(無緣)한 것이며, 그것을

국가안전보장을 위하여 기본권을 제한하는 경우에도 소극적인 목적을 위해서만 제한 할 수 있고, 또 필요한 최소한의 제한에 머물러야 한다.[1] 그 밖에 무기의 제조·판매의 금지를 그 일례로서 들 수 있는바, 예컨대 화약류의 제조·판매허가제(총포·도검·화약류등단속법 제4조 내지 제7조) 등이 그것이다.

2.2. 질서유지

헌법 제37조 제2항의 질서라 함은 자유민주적 기본질서를 포함하는 헌법적 질서는 물론 그 밖의 사회적 안녕질서를 말한다.[2][3] 여기에는 경찰법상의 안녕질서도 포함된다.[4]

국가에 결부시키는 수단이 법인 것이다(A. Merkl, Staatszweck und öffentliches Interesse, Verw. Arch. Bd. 27, 1919, S. 276). 독일의 경우 기본권에 관하여 명문으로 공공복리 혹은 공공이익에 관하여 규정하고 있는 것은 제14조 뿐이기 때문에, 기본법은 제14조를 제외하고는 공공의 이익을 위하여 기본권을 제한하는 경우는 인정하지 않는 것처럼 보이나, 연방헌법재판소의 판례에서는 여러 가지 내용을 가진 공공이익 혹은 공공복리가 기본권을 제한하는 기능을 수행하고 있다. 그 대표적인 예가 약국판결(Apotheken-Urteil)이다.

1) 김철수, 헌법학(상), 447면.

2) 권영성, 헌법학원론, 351면.

3) 여기에 대하여 기본권의 제한은 질서 외의 무엇을 의미하느냐에 따라 다음과 같이 학설이 나누어지고 있다. 1) 질서유지란 공공의 안녕질서와 함께 경찰법상의 안녕질서의 의미로 이해해야 한다는 설(한태연, 헌법학, 법문사, 1985, 296면), 2) 국가라는 단체생활을 원활히 하기 위하여 최소한도로 필요한 질서를 유지함이라고 하는 설(문홍주, 한국헌법, 334면), 3) 질서유지에는 국가의 질서도 사회질서와 함께 포함되는 것이지만 헌법이 질서유지 이외에 국가안전보장을 추가한 것은 안전의식을 강조하고자 하는 뜻에서, 다만 주의적으로 예시한 규정이라고 하는 설(한상범, 한국헌법, 예문사, 1973, 123면), 4) 개인의 생명·신체·헌법 및 사회질서에 대한 위험의 예방과 방해의 제거라고 보는 설(김남진·이강혁, 주제중심헌법, 230면), 5) 헌법 제37조 제2항의 질서라 함은 자유민주적 기본질서를 포함하는 헌법적 질서는 물론이고 그 밖의 사회적 안녕질서를 의미한다는 설(권영성, 헌법학원론, 351면), 6) 국가 사회의 안녕과 평온의 유지를 말하는 것인데, 多衆인 국민이 자유와 권리를 서로 침해함이 없이 원만히 누릴 수 있는 상태의 유지를 위하여 최소한 요구되는 질서라고 보는 설(서주실, 기본적 인권에 대한 입법권의 한계(상), 법정(1964. 12), 8면), 7) 광의로 해석하는 경우에는 국가질서와 민주적 기본질서가 포함될 것이며, 협의로 해석하여 국가질서나 민주적 기본질서는 국가의 안전보장과 질서유지를 넓은 의미의 질서유지로 보고 이것을 엄밀하게 구별할 실익은 별반 없다고 보는 설(김철수, 헌법학(상), 449면), 8) 공공질서·사회질서는 말할 것도 없고 국가질서·헌법의 민주적 기본질서가 이에 포함된다고 보는 설(김기범, 한국헌법, 교문사, 1973, 139면) 9)질서유지의 개념을 넓은 의미로 이해할 때 국가안전보장의 개념도 포함되지만, 국가안전보장의 개념을 질서유지의 개념에서 분리시켜 외부로부터의 국가의 존립과 안전보장으로 보는 경우에는 질서유지란 내부에 있어서의 국가의 존립과 안전의 보장을 의미하며, 더 나아가 경찰법적 의미의 공공질서를 포함한다. 경찰법적 의미의 공공질서란 「이를 준수하는 것이 그때 그때의 지배적인 사회적 인식 및 윤리의식에 비추어 공동생활을 하는데 불

헌재결 1995. 7. 21, 92헌마144 【서신검열 등 위헌확인】

증거인멸이나 도망을 예방하고 교도소 내의 질서를 유지하여 미결구금제도를 실효성 있게 운영하고 일반사회의 불안을 방지하기 위하여 미결수용자의 서신에 대한 검열은 그 필요성이 인정된다고 할 것이고, 이로 인하여 미결수용자의 통신의 비밀이 일부 제한되는 것은 질서유지 또는 공공복리라는 정당한 목적을 위하여 불가피할 뿐만 아니라 유효적절한 방법에 의한 최소한의 제한으로서 헌법에 위반된다고 할 수 없다.

이 질서 속에는 타인의 권리유지(공권 및 공권유지) · 사회의 공공질서유지(선거의 공정 · 재판기능의 능률화 · 국민생활의 안정과 발전유지 · 사회경제의 안정과 발전유지 · 사회위험의 방지 등). 도덕질서의 유지 등이 포함된다고 보아야 한다. 따라서 질서유지는 각 개인의 기본권 향유(공유)의 유지라고 하는 소극적 목적을 위한(소극목적의 원칙) 현존질서의 유지를 위한 것이어야 하고 적극적인 복리증진을 위한 것이어서는 아니된다.[1)]

헌재결 1996. 2. 29, 93헌마186 【긴급재정명령 등 위헌확인】

긴급재정경제명령은 정상적인 재정운용 · 경제운용이 불가능한 중대한 재정 · 경제상의 위기가 현실적으로 발생하여(그러므로 위기가 발생할 우려가 있다는 이유로 사전적 · 예방적으로 발할 수는 없다) 긴급한 조치가 필요함에도 국회의 폐회 등으로 국회가 현실적으로 집회될 수 없고 국회의 집회를 기다려서는 그 목적을 달할 수 없는 경우에 이를 사후적으로 수습함으로써 기존질서를 유지 · 회복하기 위하여(그러므로 공공복지의 증진과 같은 적극적 목적을 위하여는 발할 수 없다) 위기의 직접적 원인의 제거에 필수불가결한 최소의 한도내에서 헌법이 정한 절차에 따라 행사되어야 한다. ☜ **소극목적과 적극목적의 구별**

질서유지를 위하여 기본권을 제한하는 경우에도 소극적인 목적을 위하여 행하되, 기본권 제한의 필요성이 인정되는 경우(필요성의 원칙),[2)] 즉 반드시 불요불급한 불가피성의 원칙과, 이 경우에 있어서도 (필요한) 최소한에 그쳐야하는 최소침해의 원칙에 의하여 제한되어져야 할 것이다(필요성의 원칙 = 불가피성의 원칙 · 최소침해의 원칙).[3)]

가결한 전제로서 인식되는 규율들의 총체」를 말한다((장영수, 헌법학, 514면) 등이다.

4) 홍성방, 헌법학, 349면.

1) 질서유지와 공공복리를 구태어 구분하자면 질서유지는 소극적 목적인 반면 공공복리는 적극적 목적이라 할 수 있다(양건, 헌법강의, 239면 참조)

2) 필요성의 원칙은 목적을 달성 또는 촉진하기 위해 필요한 수단을 사용하라는 원칙이다. 여기서 필요한 수단이란 목적의 달성 또는 촉진으로 인해 동시에 발생할 수 있는 피해를 '가능하면 적게' 만드는 수단, 즉 피해발생을 최소화하는 수단, 즉 최소화명령(Gebot der Minimierung)을 의미하는 것이다(이준일, 기본권의 기능과 제한 및 정당화의 세 가지 유형, 한국공법학회, 공법연구(2000. 11), 112면 참조); 이준일, 헌법학강의, 단락번호 [3.3.54b].

[질서유지를 위하여 기본권을 제한하는 법률]

형법을 비롯하여 집회및시위에관한법률, 소방기본법, 민방위기본법, 경범죄처벌법, 성매매알선등행위의처벌에관한법률, 경찰관직무집행법, 전당포영업법, 총포화약류단속법, 풍속영업의규제에관한법률, 광고물등관리법, 도로교통법 등이 있다.[1]

2.3. 공공복리

2.3.1. 역사적 전개

공공복리(salus publica)는 사회생활을 하는 만인공통의 共存共榮의 이익[2]을 의미하며 현대 복지국가의 이념을 구현하는 적극적 의미로써 기본권의 제한은 가능하다. 그러나 공공복리란 무엇을 의미하는 가에 대한 정의는 공공복리의 개념자체가 역사적·이데올로기적 개념으로부터 출발한 개념이기 때문에 다의적이고 불확정 개념이며,[3] 따라서 정확한 정의를 내리기 어려우나 역사적 측면에서 이를 고찰하면 경찰국가(Polizeistaat)적 복리국가 개념을 들 수 있다. 이 시기에는 공공복리라는 미명아래 개인의 사적 생활의 영역까지 침투하여 권력을 행사했던 것이다. 이때는 개인의 사적 생활의 영역인 윤리·풍속의 문제로부터 경제 전반까지도 국가권력의 규제대상이 되었다.

현대헌법이 기본권제한과 관련시켜 공공복리를 규정한 것은 어디까지나 경제적 기본권의 제한을 통해 정의사회의 구현을 위하는데 목적이 있다. 문제는 공공복리가 현대에도 일부 전체주의국가에서 공익이라는 미명하에 이권을 탄압한 사례를 묵과해서는 안된다는데 있다.[4] 과거 독일의 나치(Nazi)의 불법지배 시대(1933-1945) 독일민족 전체의 복리를 위한다는 미명하에서 독재적인 지배체제를 정당화하였고, 일본의 경우도 이른바 멸사봉공(滅私奉公)이란 구호 밑에 국가공공의 필요를 주장하여 각인에 부담과 의무와 희생을 강요하였고,[5] 과거 우리나라의 경우도 이러한 멸사봉공이라는 구호가 한 때 유행한 적도 있었다. 오늘날의 공공복리는 경찰국가나 전체주의국가의 소유가 아닌 자유민주적 기본질서를 토대로하는 헌법국가에서의 실질적 정의를 구현하기 위하여 존재하는 것이어야 한다. 또한

---

3) 현대 행정국가에서는 공공복리의 증진을 위하여 경찰권의 발동은 인정되지 아니하며, 경찰권의 발동은 보호법익의 가치가 감소되는 경우에 한하여 인정된다(류지태, 행정법신론, 신영사, 1997, 722면 참조). 류지태·박종수, 행정법신론, 942면.

1) 장영수, 헌법학, 514면.

2) 사회국가적 관점에서의 공공복리는 기본적으로 개인의 이익을 인정하지만 공동체 전체의 입장에서 이를 사회정의에 맞게 조정한 국민공동의 이익, 즉 공동체 구성원 전체를 위한 공종공영의 이익이다(장영수, 헌법학, 515면)

3) 장영수, 헌법학, 515면; 홍성방, 헌법학, 348면.

4) 小林直樹, 憲法 構成原理, 東京大學校出版會, 1971, 359면 참조.

5) 구병삭, 신헌법원론, 박영사, 1995, 350면.

공공복리라는 미명하에 독재의 한 수단으로 악용되었던 역사적 사실로 미루어 보아 공공복리는 다의적 · 불확정개념으로서 의혹을 받을 수 있는 것으로, 기본권제한의 근거로 삼는데도 비판이 없지 않으며, 따라서 이에 대한 명확한 개념정의가 시급한 실정이다.

공공복리의 개념은 극히 개괄적이고 백지규정적(Blankettbegriff)인 성격을 지니고 있을 뿐만 아니라 구체적 내용 역시 때와 장소에 따라 상대적으로 정의되기 마련이다.[1] 결국 공공복리의 개념은 헌법이 기본권을 보장하는 취지와 개개의 기본권에 개별적인 내용을 구체화 할 도리밖에 없다. 공공복리라고 하는 타의적이 불확정 개념의 불명확성 때문에, 그 본래의 뜻이 제대로 이해되지 아니하고, 오히려 의혹을 갖거나 위험시 되어온 것이 과거의 경향이다. 이러한 점에서 공공복리의 개념을 좀더 명확히 해석하기 위하여 다음과 같이 세 가지로 나누어 보기로 한다.

2.3.2. 공공복리개념의 종류(구체화)

a) 국가주도적 공공복리

국가주도적 공공복리 이론에 입각하면 개인적 · 私的 생활이익은 제한 내지는 부정된다. 왜냐 하면 국가주도적 공공복리는 개인의 이익을 초월한 국가전체의 입장에서 결정되는 이익을 의미하는 것이기 때문이다. 과거의 전체주의적 복지국가 또는 경찰국가하에서 행해진 공공복리의 개념이 이에 해당된다. 즉 각 개인과는 아무런 관계없이 초개인적인 입장에서 정부의 지도자에 의하여 공공복리의 내용이 일방적으로 결정되고, 또 공익우선의 주장에 의하여 각인의 이익이 부정되는 것을 말한다.[2]

b) 국민공동의 공공복리(이익)

국민공동의 공공복리는 개인과는 무관계한 이익이 아니라 개개인에게 공통되면서 국

---

1) 따라서 국가는 사회적 권리의 구현자로써 공공생활을 하는 사회구성원 전체의 행복과 이익을 파악하여야 하며, 단순한 행정편의주의 내지는 국가재정상의 이유를 들어 공공복리의 규정해석을 恣意로 행하지 않아야할 의무를 진다.

2) 일본판례는 국가기능을 저해한다고 사료되는 경우를 「공공과 복지에 반하는 것」으로 하고 입법정책상의 문제를 모두 공공의 복지의 문제로 파악하고 있다. 예를 들면 선거의 공정한 시행(最判, 31. 9. 25. 刑集 10. 9. 14. 16) 재판기능의 능률화(最判, 23. 7. 29. 刑集 2. 9. 1007), 등을 공공의 이익이라고 보며 심지어는 국가의 이익의 이름아래 당시의 정부의 이익을 곧 공공의 복지로 보는 판례(仙室高判, 27. 2. 13. 刑集 5. 2. 208), 까지도 나오고 있으나, 국가적 이익은 반드시 공공복지와 모순되는 것은 아니더라고 정부의 사익과 공공복지를 동일시하는 것은 부당하다(김철수, 비교헌법론(상), 박영사, 1980, 482면 참조). 현대 헌법이 모든 사람에게 인간고유의 기본적 인권의 향유를 인정하고, 그것을 선언한 것은 이와 같은 국가주도적 공공복리의 개념을 배제한 것이다.

민개개인(各人)의 '私的 이익에 우월하는 이익'을 의미하는 국민공동의 공공복리를 말하는 것이다. 따라서 이는 各人과는 무관계한 이익이 아니라, 결국에는 각인에게 공통되고 다시 그 이익이 환원될 수 있는 총체적인 이익을 말한다. 그러나 각인의 이익이라 하더라도 개인적인 이익 그 자체의 총화가 공공의 복리가 되는 것은 아니다. 오히려 각인의 이익은 공공복리를 기준으로 하여 공공복리에 적합한가 아니한가를 판단하여야 한다. 따라서 공공복리는 각인의 이익을 포괄하는 것이기는 하나 각인 저마다의 개별적 이익주장을 모두 수용하는 것은 아니고, 오히려 각인의 주장이 공동체(res publica)내의 공동생활과의 관계에 있어서 과연 바람직한 것으로 인정할 수 있느냐가 판단기준이 되는 이념인 것이다. 이러한 공공복리는 각인의 이익 · 권리를 기초로 하여 성립함과 동시에, 인권향유의 주체인 각인에 공통되는 복리의 일체로써 통일된 관념이다. 따라서 공공복리를 근거로 한 개인의 행동에 대한 규제는 각인의 사적 이익주장보다는 우선되기 때문에 정당성을 가진다 할 것이다.

c) 사회국가의 실현을 위한 공공복리

자유권적 기본권은 공공복리를 이유로 하여 그 제한사유가 될 수 있지만, 사회적 기본권에 있어서의 공공복리 개념은 사회국가원리의 실현목표가 된다. 국가는 자유국가적(자유민주적 기본질서) 공공복리를 토대로 하면서 사회국가적 공공복리의 요청에 따라 여러 가지 사회국가원리에 합당한 정책을 고려하여 사회국가적 기본권을 구체화(기본권 구체화적 법률유보 : 사회적 기본권을 불완전한 구체적 권리[1] · 구체적 권리로 보는 경우) 내지는 형성(기본권 형성적 법률유보 : 사회적 기본권을 추상적 권리로 보는 경우)하게 된다.

사회국가적 기본권에 속하는 인권은 공공복리에 의한 제한과는 직접적인 관련이 없고, 다만 그 기본권이 법률에 의하여 구체화된 후에 그것을 다시 제한하는 공공복리는 사회국가적 실현목표를 위한 기본권의 제한 원리로 기능하게 된다. 공동체내에서의 실질적 평등의 구현을 위하여 국가권력의 적극적 개입을 인정하는 것은 현대국가가 사회국가 · 적극국가 · 경제국가 · 서비스국가로서의 성격을 지니는데 연유하는 개념이다. 이러한 의미에서 헌법은 경제적 기본권에 해당되는 사항에 대하여 내재적 한계(immanente Schranken der Grundrechte)와 함께 예측 가능한 범위내에서의 제약을 받을 수 있음을 예정하고 있다.[2)]

---

1) 불완전한 구체적 권리설은 권영성 교수가 주장하는 학설이며 이는 저자가 주장하는 양면적 권리설과 일맥상통하는 점이 있다.

2) 기본권의 내재적 한계로서의 공공복리는, 복지사회적인 공공복리와 명확하게 구분된다. 현대는 사회국가적 복지만을 공공복리로 한정하고 있다. 일본판례에 의하면, 사회경제의 안정발전(最版, 昭, 25. 1. 2. 刑集 4. 2. 88)등을 공공복리로 보며, 농업생산력의 발전과 농촌의 민주화경향의 촉진을 목적으로 하는 농지매수 및 매도처분도 널리 공공의 목적으로 보는 판례도 있다(甲府地判, 昭 25. 5. 16. 行政例集 1. 4. 552).

결론적으로 공공복리의 개념은 사회학적 개념이 아니고 법적 개념인 까닭에 구체적 내용을 파악하기란 어려움이 있다. 다시 말하면 공공복리의 개념은 불확정의 법개념으로 그 구체적 구성요원의 문제가 항상 제기된다. 따라서 이 문제에 대한 궁극적인 해답은 최종적인 법해석자, 즉 법원 혹은 헌법재판소의 해석을 통해 해결하여야만 한다는 문제점을 지니고 있다.[1] 그러나 공공복리를 위한 기본권 제한은 예외인 이상 적극적 복지향상을 위한 것이지만 이는 가능한 한 제한적으로 해석해야 되고, 또 기본권 인권의 내재적 제약의 객관적 기준으로서의 공공복리의 개념은 반드시 엄격하게 해석해야만 기본권존중주의의 실현에 접근할 수 있게 된다.

[공공복리에 의한 기본권 제한의 법률]

국토의계획및이용에관한법률(舊도시계획법), 산림기본법, 하천법, 건축법, 보험업법, 식품위생법, 도로법, 전염병방지법, 자연재해대책법, 소방사업법, 공익사업을위한토지등의취득및보상에관한법률(舊토지수용법), 항공법, 국토이용관리법, 도시공원법, 전기통신사업법, 砂防사업법, 의료법 등이 있다.[2]

[정리]

기본권제한의 목적이 되는 공공복리는 그 개념이 다의적이고 불확정개념이기 때문에 이것을 기본권제한의 사유로 하는 데에는 비판이 있다. 기본적 인권과 공공복리의 관계에 관해서는 (ㄱ) 양자의 비중을 동일시하는 입장, (ㄴ) 공공복리가 선(상위)개념이라는 입장, (ㄷ) 기본권보장이 절대개념이라는 입장이 있다. 어느 것에 중점을 두는가는 개인주의적 가치관과 단체주의적 가치관 중 그 어느 쪽에 서는가에 따라 결정된다.

공공복리(공공의 행복과 이익)의 개념은 개개인의 사적 이익에 대한 반대개념이지만 오늘날 그 개념은 다음과 같이 분류된다. 하나는 개인적 이익을 초월하여 국가적 차원에서 결정되는 전체적 이익인 국가절대주의적 공공복리개념이고, 또 하나는 개개인의 사적 이익에 우월하면서 개개인에게 공통된 이익을 의미하는 국민공동의 공공복리개념이다. 후자의 공공복리개념을 사회국가적 공공복리개념이라 한다. 다만 국민공동의 공공복리개념은 자유권에 대해서는 제한의 사유가 되지만 사회적 기본권에 대해서는 실천목표가 된다.

국가절대주의적 공공복리개념 : 개인적 이익을 초월
국민공동의 공공복리개념 : 개개인의 사적 이익에 우월하면서 개개인에게 공통된 이익

현대사회국가에서 기본권제한의 목적이 되는 사회국가적 공공복리의 관념은 국가적 생활이익을 절대시하는 국가절대주의적 복리라든가 개인적 생활이익을 절대시하는 근대시민국가적 복리와는 구별되어야 한다. 그것은 공동으로 사회생활을 영위하는 사회구성원

---

1) K. Löewenstein, Verfassungslehre, 1969, S. 340.
2) 김철수, 헌법학(상), 451면 참조; 홍성방, 헌법학, 348면.

전체를 위한 공공적 이익(국민일반의 생활안전과 건강증진 또는 사회 · 경제영역의 안정 · 발전 · 편의 등), 즉 「국민공동의 이익」으로 이해해야 한다. 이러한 공공복리는 우리나라와 같은 사회국가에서는 사회공동생활의 지표인 동시에 국가적 이념이라고 할 수 있다.[1)]

「판례」

도로교통법 제50조 제2항, 제111조 제3호는 교통질서유지 및 사회공동체의 상호이익을 보호하는 公共福利를 위한 필요에서 합리적으로 제정된 것이라 할 것이다.[2)]

VII. 기본권제한의 요건을 충족하지 아니한 법률에 대한 구제절차

기본권을 제한하는 법률이 기본권제한의 요건을 충족하지 아니한 경우, 이는 위헌법률의 문제가 야기된다. 이 경우에 있어서의 구제절차로서 헌법은 청원권(제26조), 위헌법률심판제도(제107조 제1항), 헌법소원심판제도(제111조 제1항) 등과 같은 헌법재판제도를 두고 있다. 법원은 구체적인 사건을 재판함에 있어(재판의 전제가 된 경우에 …) 당해 사건에 적용될 법률의 위헌성 여부를 판단하기 위하여 헌법재판소에 그 법률의 위헌 여부를 심판하여 주도록 제청하고, 법원은 헌법재판소의 심판에 따라 재판한다. 국민도 위헌법률로 말미암아 헌법상 보장된 기본권이 침해된 경우에는 헌법재판소에 헌법소원을 제기하고 위헌법률심판을 청구할 수 있다.[3)]

---

1) 권영성, 헌법학원론, 352면.
2) 헌재결 1990. 8. 27, 89헌가118 【도로교통법 제50조 제2항 등에 관한 위헌심판】
3) 권영성, 헌법학원론, 357면.

<table>
<tr><th colspan="5">기본권의 제한/제한의 한계</th><th>참고</th></tr>
<tr><td rowspan="4">명시적 · 헌법적제한</td><td rowspan="2">헌법 직접적 한계</td><td>일반적 헌법유보</td><td>① 헌법의 기본질서 · 기본원리에
② 상반되는 기본권 일반을
③ 헌법이 명문규정으로 제한</td><td>한국헌법상 : 없음
독일기본법 : 있음 (제2조 제1항)</td><td>◦ 소수설 (한태연)
- 헌법 제8조 제4항</td></tr>
<tr><td>개별적 헌법유보</td><td>① 헌법이 명문의 규정으로
② 특정한 기본권을
③ 직접 제한하는 형식</td><td>① 정당설립의 자유 (제8조 제4항)
② 언론출판의 자유 (제21조 제1항)</td><td></td></tr>
<tr><td rowspan="2">헌법 간접적 한계</td><td>일반적 법률 유보</td><td colspan="2">① 헌법이
② 특정한 경우
◦ 국가안전보장 ┐ 소극적 ┐
◦ 질서유지 ┘ │ 제37조 제2항
◦ 공공복리 적극적 ┘
③ 기본권 일반을(모든 자유 · 권리 → 특정한 자유 · 권리가 아님) ☜ 절대적 기본권은 제외(양심의 자유)
④ 법률을 통해 제한(제37조 2항은 제한의 한계규정)</td><td>※ 국민의 모든 자유와 권리가 제한 가능(제37조 제2항) → 그러나 실제로는 제한할 수 없는 권리도 존재(절대적 기본권 : 양심의 자유, 신앙의 자유)</td></tr>
<tr><td>개별적 볍률 유보</td><td>① 헌법이
② 어느 특정한 기본권을
③ 법률을 통해 제한</td><td>① 신체의 자유 (제12조 제1항)
② 재산권 (제23조 제1항)</td><td>순기능 : ① 행정권의 기본권 제한 배제 ② 예측가능성

역기능 : ① 입법권의 남용, ② 법률만능주의에 빠질우려</td></tr>
<tr><td rowspan="6">기본권제한의한계</td><td rowspan="4">방법상 한계</td><td colspan="2">최소침해의 원칙</td><td>필요최소한 범위내의 제한 : 피해의 최소성</td><td rowspan="4">※ 과잉금지의 원칙(4가지 원칙 중 어느 하나라도 위반하면 → 위헌 !(헌재결 : 1989. 12. 22, 88헌가13; 1992. 2. 25, 89헌가104)</td></tr>
<tr><td colspan="2">법익형량의 원칙</td><td>제한법익과 보호법익 비교(법익비례성) : 법익의 균형성</td></tr>
<tr><td colspan="2">적정성의 원칙</td><td>제한방법의 최적성 : 방법의 적정성</td></tr>
<tr><td colspan="2">제한불가피성 원칙</td><td>제한 목적 정당성 원칙 : 목적의 정당성</td></tr>
<tr><td rowspan="2">내용상 한계</td><td colspan="2">기본권 본질적 내용침해금지 : 제37조 제2항 단서)</td><td>기본권의 유명무실한 제한(기본권 자체가 형해화 되어버리는 경우)</td><td>※ 기본권의 본질적 내용 : 인간의 존엄성 존중 + 개별적 기본권의 핵심</td></tr>
<tr><td colspan="2">위반법률의 효력</td><td>① 위헌법률심사제도 ② 헌법소원제</td><td></td></tr>
</table>

<홍원식, 통합헌법요론, 150면 참조>

제 2 목 공법상 '소위' 특별권력관계이론에 의한 기본권 제한

I. 서론

현행 헌법 제29조 제2항[1)2)]에서는 군인 · 군무원 · 경찰공무원 등에 대한 국가배상청구권의 제한, 헌법 제33조 제2항의 공무원인 근로자는 법률로 인정된 자를 제외하고는 근로삼권을 가질 수 없다는 규정 등과 같이 특별권력관계(besondere Gewaltverhältnisse) 규정을 두고 있다(특별권력관계에 의한 기본권 제한).[3)] 일반권력관계[4)]와는 다른 특별권력관계 인정여부에 있어서 학설상의 논쟁이 다기하며 이에 대한 확고한 정립도 미흡한 실정이지만 오늘날 특별한 공법상의 목적(국방목적 · 행정목적 · 교육목적 · 行刑目的 등)을 달성하기 위하여 특수한 법률관계 인정의 필요성은 현실적으로 필요하다. 따라서 공법상의 특별원인에 의하여 성립하는 특별권력관계의 존재자체를 부인하는 것은 비현실적이라고 할 수밖에 없다.[5)] 왜냐 하면 특별권력관계는 특별한 행정목적의 수행을 위하여 국가와 국민 사이에 일반적인 결합관계와는 별도의 보다 강력한 결합관계가 필요함을 부인할 수 없다는데 그 존재 의의가 있고, 또한 현행 실정법에도 이를 인정하고 있기 때문이다.[6)]

---

1) 특별권력관계에 대한 상세한 내용은 김백유, 공법상 소위 특별권력관계 이론, 헌정 및 행정법치연구, 한성대출판부, 2006, 287면 이하 참조.

2) 「헌법전문과 개별조항은 이념적 · 논리적으로는 규범상호간의 우열을 인정할 수 있지만 효력상의 차등은 없다」며 「헌법의 개별규정자체는 헌법소원에 의한 위헌심사의 대상이 아니다」고 판단, 헌법 제29조 제2항에 대한 위헌소원청구를 각하했다(2000헌바38, 동 95헌바3, 94헌마118, 95헌바39).

3) 공법상 특별권력관계의 본질에 관하여는 사법상 특별권력관계는 물론, 일반권력관계와 절대적으로 구별되는 특수성을 인정하여 법적 · 재판적 통제의 권외에 있는 「자유로운 행정영역」(행정유보영역)으로 보는 것이 과거의 행정제도국가적 통설이었다(포괄적 수권론 · 백지수권론, 동의가 법적 흠결을 보완한다는 법사상, 관습법에 의한 수권론). 그러나 오늘날은 특별권력관계와 일반권력관계의 구별을 상대적인 것으로 이해하여 「법치주의가 제한 · 수정 · 완화」될 뿐이라는 데서 그치지 않고, 한걸음 더 나아가 구별부인론까지 대두되고 있다.

4) 일반권력관계(일반통치관계)는 私人이 일반국민의 지위에서 행정주체의 일반공권력(일반통치권 · 일반지배권)에 복종하는 법률관계로서, 일반통치권이 미치는 범위에 있는 모든 국민은 '당연히' 일반권력관계에 서게 된다. 이러한 점에서 일반권력관계는 본래적 의미의 행정법관계이며, 이 관계에 있어서는 당연히 국민의 기본권이 보장(통치권의 기본권예속성)되고, 법률에 의한 행정(법치행정 · 행정의 법률적합성)의 원리와 행정에 대한 사법적 통제(행정소송)를 내용으로 하는 법치주의원리가 적용된다.

5) 권영성, 헌법학원론, 358면.

II. 공법상 '소위' 특별권력관계이론

1. 특별권력관계의 의의

공법상 특별권력관계라 함은 일반권력관계에 대응하는 개념으로서, 공법상의 특별한 원인에 기하여(법규정이나 당사자의 동의에 의한 특별한 법적 관계), 특별한 목적에 필요한 한도 안에서 특정한 자에게 포괄적 지배권이 부여되고 상대편인 특정한 신분에 있는 자가 이에 복종해야 할 지위에 서는 (특별한) 관계를 말한다(공법상의 특수한 법률관계).[1] 따라서 특별권력관계에 있는 국민은 국민으로서의 일반적인 권리 · 의무 외에 특수한 법적 관계에 상응하는 특별한 권리 · 의무를 가진다.

이는 19세기 후반에 있어서 독일의 입헌군주정 아래서 라반트(Paul Laband) · 마이어(Otto Mayer)에 의하여 체계화되고 바이마르공화국 시절의 플라이너(Fritz Fleiner) 등에 의하여 계승 발전한 이론이다.

특별권력관계의 일반적 유형으로는 국가와 공무원(또는 군인)의 관계, 국 · 공립학교와 재학생의 관계,[2] 교도소와 수형자의 관계, 국 · 공립병원과 전염병환자의 관계, 국 · 공립공원과 이용자의 관계 등을 들 수 있다. 이와 같이 특별권력관계에 의한 특수국민(공무원 · 국공립학교학생 · 군인 · 수형자 · 특허기업자 등)의 지위는 특별한 법률원인(법률의 규정 · 임명행위 · 공법상 계약)[3]에 의하여 성립되며, 특정한 행정목적(공무수행 · 국방 · 교육 · 행형 · 기업감독 등)을 위하여 필요한 범위 안에서 행정주체에게 포괄적 지배권이 부여되고 상대방인 특정한 신분에 있는 자가 이에 복종함을 내용으로 하는 법률관계가 성립되기 때문에 법치주의가 배제된다는 이론의 학문상 개념이며, 독일 · 일본 · 한국 행정법 특유의 관념이다.[4]

---

6) (예컨대 공무원의 근무관계 · 군복무관계). 이명구, 신행정법원론, 132면 참조; 허영, 한국헌법론, 296면 이하 참조; 김동희, 행정법(I), 108면 이하.

1) 선재성, 기본권의 제한과 한계, 고시계(1985.2), 202면 참조; 홍성방, 헌법학, 363면.

2) 헌재결 1992. 10. 1, 92헌마68 · 76 【1994학년도신입생선발입시안 에 대한 헌법소원】

3) 박균성, 행정법론(상), 157면.

4) 특별권력관계라는 관념이 존재하지 않는 프랑스에서 학설 · 판례가 이른바 내부조치(mesures d'ordre intérieur)에 대하여는 사법심사가 되지 않는 것으로 보는 점은 매우 시사적이다(김동희, 행정법(I), 113면).

- 행정법관계
  - 권력관계
    - 일반권력관계
    - 특별권력관계
  - 관리관계

<사례>

甲은 강도치사죄로 유죄판결을 받은 후 P교도소에 수감되었다. P교도소장 乙은 甲의 信書를 검열하고 교도소의 질서유지를 위한다는 목적으로 신문의 閱讀과 라디오의 청취를 금하였다. 갑이 P교도소장 을의 행위를 위헌이라고 주장할 때 그 주장의 헌법상의 근거를 논하라(제36회 사법시험 2차 기출문제)

2. 성립요건

2.1. 법률에 의하여 성립되는 경우

- 징병해당자의 입영
- 전염병환자의 강제입원
- 受刑者의 收監

2.2. 동의에 의하여 성립되는 경우

2.2.1. 법률에 의하여 동의의무가 있는 경우

이에는 취학 아동의 입학이 이에 해당한다.

2.2.2. 임의적 동의에 의하는 경우

공무원임명이나 국·공립학교에의 입학 등이 이에 해당한다.

3. 특별권력관계이론의 구성이유 · 이론적 근거 · 동향

특정한 행정목적을 신속히 수행하기 위하여는 일반적인 결합관계(일반권력관계)와는 다른 보다 더 강력한 지배관계·결합관계가 필요하다는데 연유하여 구성된 것이 특별권력관계이론이다. 특별권력관계이론을 정당화하기 위하여 앞에 내세운 이론적 근거들은 국가법인격의 불침투성 이론인바, 이는 국가를 외부에 대하여 폐쇄된 법주체라 하여, 국가의 내부관계에는 법이 침투하지 못한다는 것이었다(파울 라반트, Paul Laband적 법개념).[1] 관료주의적 행정법학파에서는 법치주의의 배제를 위하여 인정된 이론이었고, 오늘날은 법치

1) Maurer, Allgemeines Verwaltungsrecht, 13. Aufl., München 2000, § 8 Rn. 27.

주의의 제한에 그 목적을 두고 있다.

III. 특별권력관계에 의한 기본권제한의 허용여부

1. 개관

특히 공무원 · 군인 · 경찰관 · 수형자 등처럼 소위 특별권력관계에 놓여있는 사람들도 일반국민과 마찬가지로 기본권을 주장할 수 있는가, 아니면 이들의 기본권은 법률에 의하지 않고서도 얼마든지 제한할 수 있는가 하는 문제는 이미 20세기 초 독일 바이마르공화국시대 이전부터 현재까지 진지하게 논의되어왔다.[1] 과거에는 소위 특별권력관계에 의한 기본권 제한이 지배적 견해였지만 오늘날에 와서는 오히려 그 정반대의 주장이 적극적으로 주장되고 있다.[2] 즉 현대적 특별권력관계이론에 의하면 기본권은 원칙적으로 배제되는 것이 아니라, 다만 제한될 수 있을 뿐이며, 기본권은 포기 · 양도할 수 없으며, 기본권 중에는 특별권력관계에 의해서도 제한될 수 없는 기본권(인간으로서의 존엄과 가치 · 행복추구권)이 존재한다는 것이다. 오늘날에는 헷세(K. Hesse)의 주장에 따라 특수신분관계(Sonderstatusverhältnis)라고 부르기도 한다.[3]

2. 학설

2.1. 긍정설

2.1.1. 전통적인 특별권력관계 긍정설의 입장

독일의 경우 전통적인 특별권력관계 긍정설의 입장에 의하면 특별권력관계의 설정목적을 위하여 필요한 범위 안에서는 '개별적인 법적 근거없이도 기본권의 제한이 가능하다'고 보고, 이러한 기본권 제한의 정당화 근거로 법률의 규정이 없는 경우에도 '상대방의 동의', 즉 상대방에 의한 '기본권의 포기'[4]를 그 근거로 든다. 국가와의 사이에 그가 종속관

---

1) Maurer, Allgemeines Verwaltungsrecht, 13. Aufl., München 2000, § 6 Rn. 17.

2) 허영 교수는 「이른바 '특별권력관계'는 이제는 기본권의 주체의 문제가 아니고, 기본권의 효력의 문제가 될 수 있을 뿐이라고 한다(허영, 한국헌법론, 297면). 김학성 교수도 「… 특별권력관계는 기본권제한의 특수한 형태에 불과 한바, 기본권주체를 설명하면서 일반국민과 특별권력관계에 놓여 있는 국민을 구별하여 다루는 것은 타당하지 않다」고 한다(김학성, 헌법학강의, 성민사, 2001, 245면).

3) 양건, 헌법강의, 268면.

4) 기본권은 원래 포기할 수 없는 것이 원칙이나, 경우에 따라 포기가 가능한 경우가 있다. 예를 들면 장기이식을 위한 장기기증, 승려가되기 위하여 결혼의 자유를 포기하는 것 등이다. 기본권의

계에 들어간 것은 그가 원한 것이며 '그가 원한것이기 때문에 불법이 아니다(volenti non fit injuria)'라는 것이다. 따라서 그가 원하지 않으면 그러한 관계에서 나오면 그만이라는 것이다.

> 네가 국가에 대하여 종속적인 관계를 가지게 된 것은 그건 바로 너 자신의 잘못이야!
> 만약 네가 이러한 종속관계에 대하여 불만이 있다면, 그런 종속관계를 다시 끊어버리면 될거아냐!(Du bist selbst schuld daran, wenn du dich in eine solche Abhängigkeit zum Staate bleibst! Wenn du das jetzt bedauerst, dann löse dich doch wieder von dieser Abhängigkeit!)[1]

특별권력관계의 관념을 명백히 한 것은 라반트(P. Laband)이며, 이에 법적 이론구성을 한 것은 오토 마이어(O. Mayer)였으며, 특히 오토 마이어는 관료의 자유로운 행정을 합리화하기 위하여 특별권력관계를 이론적으로 구성하였다. 플라이너(F. Fleiner), 토마(R. Thoma) 등에 의하여 발전되었다. 이들 견해에 의하면 일반권력관계는 국가와 개인간, 즉 법주체상호간의 외부관계인데, 특별권력관계는 행정의 내부관계(Inneres Verhältnis)라는 것이다. 그것은 개인은 특별권력관계에 들어옴으로써 국가행정의 일부로 되며 국가에 대하여 독립의 존재가 아니고 행정에 병합되어 버리기 때문이라고 한다.[2]

그리하여 특별권력관계 내에서는 ① 행정이 개인의 자유와 재산권을 침해할 때에는 법률에 근거하여야 한다는 법률유보의 원칙이 적용되지 않으며, ② 당해 특별권력관계의 유지에 필요한 범위 안에서는 법률에 의하지 않고 기본권을 제한할 수 있고, ③ 특별권력관계에서는 특별권력에 의하여 일반적·추상적 명령이나 개별적·구체적 행위를 행할 수 있는데, 그것은 법규 또는 행정행위가 아니고 이와 구별되는 행정규칙(Verwaltungsvorschriften) 또는 지시(Anweisung)이며, ④ 특별권력관계에서의 행위는 독립된 법주체의 권리의무에 관한 행정행위가 아니므로 사법심사의 대상이 되지 않는다고 하였다.[3][4]

이와 같이 특별권력관계는 일반국민(일반권력관계)과 별개의 복종자의 지위에서 성립되고 따라서 거기에 타당 하는 독립한 법주체를 가진 관계(특별권력관계)이며, 특별권력계에는 일반권력관계에 있어서 확립된 법률에 의한 행정의 원칙과 재판적 통제의 원칙이 적용되지 않는다고 한다(법치주의의 적용부인 → 사법심사의 배제).

포기의 개념 및 내용에 관한 상세한 내용은 홍성방, 헌법학, 364면 각주 715) 참조할 것.

1) 홍성방, 헌법학, 365면.
2) 김백유, 행정법치론(1), 335면.
3) 서원우, 특별권력관계에 있어서의 기본권보장, 법정(1966.1).
4) 박윤흔, 행정법강의(상), 181면; 김백유, 행정법치론(1), 336면.

다만 포르스트호프(Ernst Forsthoff)의 이론에 의하면 법률에 의해서도 제한될 수 없는 절대적 기본권은 특별권력관계를 설정한 법률로써도 침해할 수 없고, 당사자의 동의가 있는 때에도 제한을 인정할 수 없으나, 법률유보에 의해 제한할 수 있는 상대적 기본권에 관하여는 법률이 특별권력의 주체에 대하여 기본권의 제한을 가할 수 있도록 '수권'하거나 법에서 직접 기본권을 제한하는 '명문규정'을 둘 수 있고 또 기본권의 제한을 수반할 특별권력관계의 성립에 '동의'함으로써 기본권의 제한을 감수할 수도 있다고 한다.

우리나라의 경우 전통적인 특별권력관계긍정설의 입장에서는 특별권력관계의 목적달성에 합리적이라고 인정되는 범위 안에서 반드시 개별적인 법률에 근거하지 아니하고도 제한할 수 있으나, 다만 종교의 자유 · 양심의 자유 · 학문과 예술의 자유 등은 특별권력관계에서도 제한당하지 않는다고 한다.

2.1.2. 제한적 긍정설의 입장

제한적 긍정설은 특별권력관계에 있어서도 기본권의 제한은 법률에 근거하여야 한다는 주장이다. 기본권의 무제약적인 제한을 정당화하는 헌법차원의 특별권력관계의 개념은 부정하면서도 특별한 행정목적을 위하여 행정법차원의 특별권력관계의 개념은 긍정한다. 그 논거로는 독일 기본법에서는 종래 특별권력관계로 보아왔던 공무원관계(제33조 제5항), 군복무관계(제17조 a 1, 2), 교도소수용관계(제104조), 학교교육관계(제17조 제1항)와 당해 관계에서의 기본권제한 등에 관한 규정을 두고 있는데, 이것은 기본법이 특별권력관계의 존재와 기능을 인정하고 있는 것으로 본다. 그리하여 이러한 기본법상의 특별권력관계가 제대로 기능을 발휘하기 위하여서는 제한된 범위 안에서 다음과 같이 법치주의가 완화되어 적용될 수 있음을 인정한다.[1] ① 특별권력관계에서도 기본권의 제한은 법률에 근거하여야 한다.[2] ② 특별권력관계에서도 법률유보의 원칙이 적용된다. 다만 본질적 사항(Wesensgehalt)에 관한 것을 제외하고는 법률(입법권자)은 개괄조항(Generalklausel)에 의하여 특별권력관계의 주체에게 상당한 자유영역을 부여할 수 있다. ③ 특별권력관계에서도 그 구성원의 권리침해가 있는 경우에는 사법심사가 허용되나, 당해 관계의 기능수행이라는 점에서 사법심사에 의한 통제강도의 축소(Reduzierung)가 필요하다.[3]

---

1) 박윤흔, 행정법강의(상), 187면.

2) 특별명령(Sonderordnung)의 개념은 독일에서 탄생한 이론으로서 특별권력관계를 규율하기 위하여 집행기관에 의하여 발령되는 명령을 말한다. 이러한 특별명령의 경우에는 특별권력주체가 법령의 범위내에서 그 구성원과의 관계를 규율하는 법규명령의 효력을 갖는 규칙(특별명령은 단순한 행정규칙은 아니며 법규명령의 성격을 갖는다)을 법률의 근거없이도 자율적으로 정할 수 있다는 견해도 있다(박균성, 행정법론(상), 158면). 다만 이러한 특별명령의 제정에 법률의 근거가 필요한지는 학설의 대립이 있다(박균성, 행정법론(상), 158면 각주 30) 참조.

독일의 연방헌법재판소도 「受刑者의 기본권도 법률 또는 법률에 의거하여서만 제한할 수 있다」고 하였다.[1] 또한 교육관계에 있어서도 「기본법상의 법치국원리와 민주주의 원리에 따라 입법기관은 학교관계의 법률에 관한 사항에서 그 본질적 결정(wesentliche Entscheidung)[2]만은 법률로 직접 규정하여야 하며 행정의 재량에 맡길 수 없다」고 하였다.[3]

우리나라의 경우 현행 실정법상으로도 특별관력관계에서의 기본권의 제한에 대하여는 거의가 법률에 근거를 두고 있다. 특별권력관계에서 제한되는 기본권을 예시하면 공무원의 근무관계에서의 거주의 제한(헌법 제14조), 정치운동의 제한(헌법 제7조, 국가공무원법 제65조 등), 근로3권의 제한(헌법 제33조, 국가공무원법 제33조 등) 등이고, 영조물이용관계에서의 수용자[4]의 서신수수및 전화통화의 검열(형의집행및수용자의처우에관한법률 제41조 내지 제44조), 국공립학교 학생에 대한 기숙사생활의 강제, 집회의 제한 등이다. 특별권력관계에서도 비록 법률에 근거를 둔다고 하더라도 그 목적달성을 위하여 사회통념상 필요하다고 인정되는 한도에서만 기본권의 제한이 허용된다고 할 것이다. 또한 종교의 자유, 양심의 자유, 학문과 예술의 자유의 내용 중 절대적 기본권에 해당되는 부분은 그 성질상 그 목적달성을 의하여 그러한 기본권까지를 제한하는 특별권력관계는 인정될 수 없다고 할 것이므로, 특별권력관계에서도 제한당하지 않는다고 할 것이다.[5] 다만 오늘날에도 특별권력관계의 목적달성에 합리적이라고 인정되는 범위 안에서는 반드시 개별적인 법률에 근거하지 아니하고도 제한할 수 있다고 보는 견해도 있고, 또한 현실적으로도 법률에 의한 明文의 근거 없이 제한되고 있는 경우(예 : 학칙에 의한 국공립학생의 기숙사생활강제, 정치활동의 금지 등)도 있다.

---

3) 박윤흔, 행정법강의(상), 187면.

1) BVerfGE 33, 1; Maurer, Allgemeines Verwaltungsrecht, 13. Aufl., München 2000, § 6 Rn. 18 f.

2) 여기서의 본질적 결정은 기본권의 실현(BVerfGE 46, 47, 79)을 의미하며, 입법권자는 이와 함께 학생의 기본권(기본법 제2조 제1항, 제12조 제1항) 및 그의 부모(기본법 제6조 제2항)와 관련한 사항을 정립해야 한다. 상세한 내용은 Maurer, Allgemeines Verwaltungsrecht, 13. Aufl., München 2000, § 6 Rn. 20.

3) 이는 이른바 중요사항유보설(Wesentlichkeitstheorie)을 취한 것으로 중요사항에는 기본권행사의 제한이 당연히 포함됨을 전제로 한다(v. Münch, in: Erichsen/Martens, S. 49); Maurer, Allgemeines Verwaltungsrecht, 13. Aufl., München 2000, § 6 Rn. 19 f.

4) 형의집행및수용자의처우에관한법률 제2조 제4호 : "수용자"란 수형자 · 미결수용자 · 사형확정자, 그 밖에 법률과 적법한 절차에 따라 교도소 · 구치소 및 그 지소(이하 "교정시설"이라 한다)에 수용된 사람을 말한다.

5) 박윤흔, 행정법강의(상), 189면; 권영성, 헌법학원론, 359면 참조.

2.2. 특별권력관계 부정설

2.2.1. 개관

특별권력관계부정설의 입장에서는 특별권력관계에 있어서의 필요성을 이유로 헌법상 보장된 기본권을 제한할 수는 없으며, 기본권제한을 위하여는 '헌법'에 직접 혹은 간접규정이나 헌법의 유보에 의한 법률의 규정이 있어야 한다고 한다. 왜냐하면 법치국가(법치주의) 원리는 "국가가 국민의 자유 · 권리를 제한하던가 국민에게 새로운 의무를 부과하려 할 때에는 국회가 제정한 법률에 의하거나(durch Gesetz) 법률에 근거가(auf Grund eines Gesetzes) 있어야 하며, 또 법률은 국민만이 아니고 국가권력의 담당자도 동등하게 규율하는 원리"를 의미하며 이때의 법률은 실질적 법치국가에 합당한 정의에 합치하는 법률을 의미하는바, 국민의 자유 · 권리를 제한하거나 의무를 부과한 경우에는 의회가 제정한 법률에 의해야 한다. 즉 기본권 제한은 법률에 의하거나[1] 법률에 근거를 두어야 하기 때문이라고 한다(법규유보 : Vorbehalt des Gesetzes).[2][3] 특수한 신분관계가 형성된다고 하여 기본권 제한에 관한 예외적 영역으로 분류될수는 없다는 것이다.[4]

2.2.2. 학설

a) 형식적(일반적 · 전면적) 부정설

제2차대전 후의 헌법체제의 전환을 중시하여 궁극적으로는 헌법의 의회중심주의 · 실질적 법치주의 및 기본권존중주의를 근거로 하여 모든 공권력의 행사는 법률에 의하거나 법률의 근거를 요하며, 따라서 특별권력관계에서의 공권력의 행사도 법률 및 법률의 근거를 요한다고 한다. 즉 거기에도 법치주의가 전면적으로 타당하다는 설이다. 그리고 예컨대 현재의 국가공무원법도 그와 같이 되어 있다고 한다. 이 견해는 특별권력관계에서의 특별권력(특별통치권)이 공권력이라는 그 자체는 부정하지 않고 특별권력관계에서의 특별권력도 일반공권력과 다르지 않다고 보는 것으로, 법치주의의 일반적 형식적 타당성을 주장하여 법률에 근거하지 않은 특별권력발동을 부정하려는 것이다.[5]

b) 실질적(개별적) 부정설

이는 특별권력관계의 본질을 비권력관계로 보고 명시적 규정이 없는 한 사법상 계약

---

1) 헌법에 규정된 특별한 유보(기본권 제한), 형식적 의미의 법률을 의미한다.
2) 실질적 의미의 법률을 의미(법규명령 · 자치법규 포함).
3) 김향기, 법률의 유보이론의 전개와 과제, 김영훈박사 화갑기념논문, 법문사, 1995, 373면 참조.
4) 이준일, 헌법학강의, 단락번호 [3.3.81].
5) 박윤흔, 행정법강의(상), 185면.

관계와 동일하게 보는 견해이다. 그리하여 ① 권력적 색채가 비교적 강하고 법률의 규율대상이 되고 있는 관계(예 : 공무원의 신분관계 근무관계, 군복무관계, 교도소 소년원 수용관계, 전염병원 강제입원관계 등)는 일반권력관계로 본다. 그리고 ② 권력적 색채가 약하고 상대방의 동의에 의하여 성립하는 관계(예 : 국공립학교 재학관계, 국공립병원 입원관계)는 이를 일종의 계약관계로 이해하려는 경향이 유력하다. 그러나 그 계약관계의 성질에 대하여는 사법상 계약관계로 보는 견해,[1] 공법상 계약으로 보는 견해,[2] 公私 공통의 특수계약으로 보는 견해[3] 등이 있다.[4]

c) 기능적 · 재구성적 부정설

종래의 특별권력관계라는 개념을 해체하고, 그에 대치하여 일반권력관계와 다른 법질서 내지 내부적 · 자율적 법관계를 포괄적 개념인 사회적 · 기능적 권력관계 또는 특수기능적 법률관계 라는 새로운 개념으로 재구성하려는 이론이다.

2.3. 특별권력관계수정설(내부 · 외부관계수정설)

특별권력관계수정설[5]은 주로 독일 학자들에 의하여 주장된 견해이다. 이는 전통적인 내부관계 · 외부관계의 2원론을 기본적으로 유지하면서도 법으로부터 자유로운 내부관계와 법치주의의 적용이 있는 외부관계의 개괄적 구별을 지양하고, 종래 내부관계로 인정한 특별권력관계내에서도 내부관계의 범위를 축소하고 외부관계의 존재를 인정함으로써 법치주의의 적용범위를 확대하려는 견해이다.[6] 이 논의는 주로 특별권력관계에서의 구성원의 권리구제 내지는 사법심사의 허용범위와 그 한계의 문제로서 전개되었다.

a) 바호프(O. Bachof)의 견해(내부관계와 외부관계)

바호프에 의하면 전통적 견해에서 국가의 내부, 즉 특별권력관계에 법규가 침투할 수 없다고 한 것은 자연인과 법인의 본질적 차이를 간과한 것이며, 법인에 있어서는 법이 침투할 수 있는 외부관계가 있다고 하였다.[7] 예컨대 영조물이용관계에 대하여 보면 영조물

---

1) 室井力, 特別權力關係論 1970, pp. 336, 426 참조.
2) 이상규, 신행정법론(상), 212-213면.
3) 兼子仁, 持殊法의 槪念과 行政法, 公法學硏究(杉村章三郎先生古稀紀念), 1974, 264面.
4) 박윤흔, 행정법강의(상), 186면.
5) 이 견해를 상대적 구별설로 다루지 않는 견해도 있으나(김도창), 양관계의 구별을 긍정하고 있는 점에서 볼 때 상대적 구별설로 보는 것이 타당하다.
6) 현재의 독일의 지배적인 견해이다. Otto Bachof, Ernst Forsthoff, Wolff 등
7) O. Bachof, Verwaltungsakt und innerdienstliche Weisung, S. 285 ff.

관리자(국가)와 영조물이용자간의 관계는 법주체 대 법주체간의 관계이며, 국가와 국민간의 관계와 마찬가지로 외부관계라고 한다. 또한 공법상의 근무관계에 있어서 근무주체와 공무원간의 관계도 동일하다. 다만 공법상의 근무관계는 영조물이용관계와는 달리 그 일부만이 외부관계이고 대부분은 내부관계라고 한다.[1] 그것은 공법상의 근무관계에서의 근무주체가 공무원에 대하여 발하는 명령은 그 일부만이 근무주체와 공무원간의 관계를 규율할 목적으로 발하여지며, 그 대부분은 국가조직의 구성원인 공무원의 제3자에 대한 행위를 규율하기 위한 것이기 때문이라고 한다. 그리하여 공무원의 임명 · 면직 · 전임 · 급여등급의 결정 등 근무주체와 공무원간의 권리의무에 관한 조치는 외부관계라고 한다.[2]

b) 울레(C. H. Ule)의 **見解**

울레(C. H. Ule)에 의하면 특별권력관계를 기본관계(Grundverhältnis)와 업무수행관계(Betriebsverhältnis)로 나누어 기본관계에서의 행위는 행정행위이며 사법심사가 가능하다고 보았다.[3] 그는 판례를 종합하여 기본관계와 업무수행관계에 속하는 행위를 예시하였다. 사법심사가 가능한 기본관계는 특별권력관계 자체의 성립 · 변경 · 종료 또는 당해 관계구성원의 법적 지위의 본질적 사항에 관련된 법률관계를 말한다. 예컨대 ① 공무원의 임면 · 전직, ② 군인의 입대 · 제대, ③ 국공립학교 학생의 입학허가 · 제적 · 정학, ④ 수형자의 형의 집행 등이다. 이에 대하여 업무수행관계(경영관계)[4]란 당해 관계구성원이 특별권력관계 내부에서 가지는 직무관계 또는 영조물관계에서 성립되는 업무수행적 질서에 관련된 법률관계를 말한다. 예컨대 ① 공무원에 대한 직무명령, ② 군인의 훈련 · 관리, ③ 학생에 대한 수업행위, ④ 수형자에 대한 行刑 등이다.[5]

---

1) 바호프(Bachof)는 공무원의 행정조직의 일원으로서 행정주체와 관계를 맺고 있는 경우에는 내부관계로 본 반면, 고유한 인격성을 가진 주체로서 행정주체와 관계를 맺고 있는 경우에는 외부관계로 보았다(정하중, 행정법총론, 115면).
2) 박윤흔, 행정법강의(상), 175면.
3) Ule, Das besondere Gewaltverhältnis, VVDStRL 15, 1957, S. 133 ff. 176.
4) 김남진 · 김연태, 행정법(I), 113면.
5) 박윤흔, 행정법강의(상), 175면; 정하중, 행정법총론, 116면 참조.

※ C. H. Ule의 특별권력관계수정설

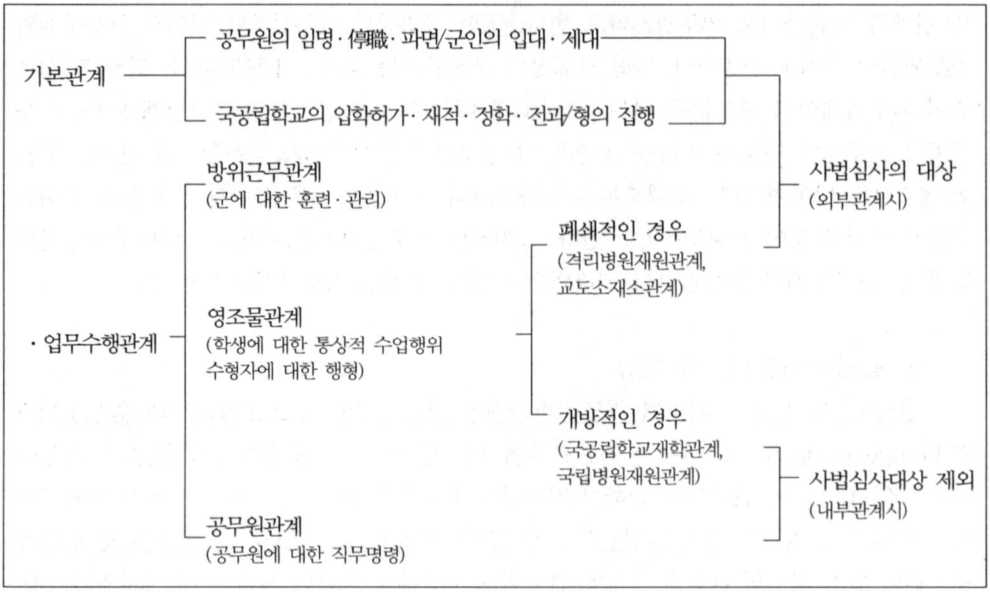

<김세웅, 최신행정법, 박문각, 1994, 194면 참조>

그러나 울레(Ule) 교수의 특별권력관계수정설은 기본관계와 업무수행관계의 구별에 관한 명확한 기준을 제시하지 못하고 있다는 비판이 있다.

3. 특별권력관계에 의한 기본권제한의 형식 및 한계

3.1. 개관

특별권력관계에서의 기본권제한은 헌법 혹은 법률의 규정에 의하여 제한된다. 다만 법률의 규정에 의하여 기본권을 제한하는 경우에도 인간으로서의 존엄과 가치를 훼손하거나 절대적 기본권은 제한할 수 없으며, 상대적 기본권도 그 본질적 내용을 침해할 수는 없다(다수설).[1] 현대민주국가에서는 특별권력관계에도 법치주의가 전면적으로 적용되기 때문에 상대방의 기본권제한을 위해서는 헌법 또는 법률 · 명령에 그 근거가 있어야 한다.[2]

1) BVerfGE 15, 288(293 ff.); 28, 56(63 ff.); 33, 1 ff.

2) 이명구, 신행정법원론, 138면.

3.2. 제한형식

3.2.1. 헌법에 의한 기본권제한

헌법은 일반직공무원이나 군인 · 군무원 · 경찰공무원 등 특별권력관계에 있는 자 또는 특수한 신분이나 지위를 가진 자에 대하여 기본권제한에 관한 특례를 규정하고 있는 경우가 적지 아니하다. i) 군인 · 군무원은 군사법원의 재판을 받는 것을 원칙으로 한다던가(제27조 제2항), 병역복무관계를 정상적으로 이끌어 나가기 위하여 헌법 스스로가 군인 · 군무원이 가지는 재판청구권을 일반법원이 아닌 군사법원에서 이를 담당하도록 하고 있고(제110조), ii) 군인 · 군무원 · 경찰공무원 등에 대해서는 국가배상청구권을 제한하며(제29조 제2항), iii) 공무원의 정상적인 근무관계를 위해서 공무원은 원칙적으로 근로3권을 가질 수 없다는 점을 기본권의 헌법적 한계로 명시하고 있고(제33조 제2항),[1] iv) 비상계엄하의 군사재판은 군인 · 군무원의 일정한 범죄에 대하여 사형선고의 경우를 제외하고는 단심으로 할 수 있다(제110조 제4항). 그밖에 v) 학생교육관계(제31조), vi) 수형자복역관계(제12조, 제13조, 제27조, 제28조) 등 역시 헌법에 의해서 직접 설정된 것이거나 적어도 그 설정이 예정된 것이다.

이러한 특별권력관계는 우리 대한민국이라는 사회공동체(res publica)가 국가적 기능을 수행하는 데 없어서는 아니되는 특수한 생활관계로서 공무원근무 · 병역복무 · 학생교육 · 수형자복역 등은 그 나름대로 각각 독특한 생활질서를 가지는 것이기 때문에, 각각의 생활질서가 요구하는 합리적 범위 내에서 법률로써 기본권을 필요하다고 인정되는 범위내에서 최소한으로 제한하는 것은 그와 같은 특수한 생활관계를 설정한 헌법정신에도 합당하다고 할 것이다.

3.2.2. 법률에 의한 기본권제한

공무원은 국민전체에 대한 봉사자이며, 그 특수한 신분 때문에 법률은 공무원에 대하여 기본권제한에 관한 특례를 규정하고 있는 경우가 적지 아니하다. 이를테면 i) 정당법(제6조)[2] · 국가공무원법(제2조) · 지방공무원법(제2조) 등은 공무원의 정당가입[3]이나 정치

---

1) 이 경우에도 공무원의 정상적 근무관계와 조화될 수 있는 범위 내에서 법률로써 예외를 인정할 수 있도록 하고 있다. 즉 공무원인 근로자는 법률이 정하는 자에 한하여 단결권 · 단체교섭권 및 단체행동권을 가진다(제33조 제2항)고 규정한 것이 그것이다.

2) 제6조 (發起人 및 당원의 자격) : 국회의원선거권이 있는 자는 공무원 기타 신분을 이유로 정당가입 기타 정치활동을 금지하는 다른 법령의 규정에도 불구하고 누구든지 정당의 발기인 및 당원이 될 수 있다. 그러나 다음 각호의 1에 해당하는 자는 그러하지 아니하다. <개정 97. 1. 13. 법5260 · 법5263> 1. 국가공무원법 제2조 및 지방공무원법 제2조에 규정된 공무원. 다만, 대통령, 국무총리, 국무위원, 국회의원, 지방의회의원, 선거에 의하여 취임하는 지방자치단체의 장, 국회의

적 활동의 자유[1])를 일정한 범위내에서 제한하거나 휴직을(교육공무원법 제44조)[2]) 하게하고 있고, ii) 군사관련법은 군인·군무원 등에 대하여 정치활동의 자유, 거주·이전의 자유의 제한, 표현의 자유의 제한, 제복의 착용 등을 규정하고 있으며, iii) 형의집행및수용자의처우에관한법률(구 행형법)은 수용자[3])에 대하여 교화·서신검열 등 신체의 자유와 통신의 자유를 제한하고 있고(동법 제41조 내지 제44조), iv) 공직선거법은 공무원에 대하여 대통

원의 보좌관·비서관·비서 및 국회 교섭단체의 정책연구위원과 고등교육법 제14조(교직원의 구분)제1항 및 제2항의 규정에 의한 총장·학장·교수·부교수·조교수·전임강사인 교원을 제외한다.<개정 00. 2. 16> 2. 총장·부총장·학장·부학장·교수·부교수·조교수·전임강사를 제외한 사립학교의 교원 3. 기타 법령의 규정에 의하여 공무원의 신분을 가진 자.

3) 정당법은 국·공립 및 사립대학교수(전임강사이상)의 정당가입은 허용하나, 그 이외의 교원에게는 이를 금지하고 있다(제22조). 헌법재판소는 초·중등학교 교원의 정당가입·선거운동의 금지를 합헌으로 보았다(헌재결 2004. 3. 25, 2001 헌마 710 : 「… 초·중등학교의 교원 즉 교사는 법령이 정하는 바에 따라 학생을 교육하는 자이고(교육기본법 제9조, 초·중등교육법 제20조 제3항), 반면에 대학의 교원 즉 교수·부교수·조교수와 전임강사는 학생을 교육·지도하고 학문을 연구하되, 학문연구만을 전담할 수 있다(고등교육법 제15조 제2항). 이와 같이 현행 교육법령은 양자의 직무를 달리 규정하고 있다. 물론 대학교수도 학생을 교육하기는 하나 그 주된 직무는 연구기능이므로, 이 점에서 매일 매일을 학생과 함께 호흡하며 수업을 하고 학생을 지도해야 하는 초·중등학교 교원에 비하여 상대적으로 많은 학문연구와 사회활동의 자유가 인정된다(헌재 1993. 7. 29. 91헌마69, 판례집 5-2, 145, 154). 뿐만 아니라 초·중등학교의 교육은 일반적으로 승인된 기초적인 지식의 전달에 중점이 있는데 비하여, 대학의 교육은 학문의 연구·활동과 교수기능을 유기적으로 결합하여 학문의 발전과 피교육자인 대학생들에 대한 교육의 질을 높일 필요성이 있기 때문에 대학교원의 자격기준도 이와 같은 기능을 수행할 수 있는 능력을 갖출 것이 요구된다(헌재 1998. 7. 16. 96헌바33등, 판례집 10-2, 116, 149-150). 그렇다면 초·중등학교 교원에 대해서는 정당가입과 선거운동의 자유를 금지하면서 대학교원에게는 이를 허용한다 하더라도, 이는 양자간 직무의 본질이나 내용 그리고 근무태양이 다른 점을 고려할 때 합리적인 차별이라고 할 것이므로 청구인이 주장하듯 헌법상의 평등권을 침해한 것이라고 할 수 없다」).

1) 공무원의 정치운동 금지는 일정한 경우의 예외(국가공무원법 제3조 제3항, 지방공무원법 제3조 제3항)가 있다. 이는 공무원에 대한 정치운동의 금지가 그의 신분 자체에서 연유된다기 보다는 직무의 성질에 비추어 정치운동이 허용되기도 하고, 금지되기도 한다는 의미이다. 현행법상 정치운동이 허용되는 정치적 공무원이 공무원법상의 정무직 공무원의 범위와 일치하는 것은 아니다(양건, 헌법강의, 268면).

2) 교육공무원법 제44조 (휴직) : ① … 11. 교원의노동조합설립및운영등에관한법률 제5조의 규정에 의하여 노동조합 전임자로 종사하게 된 때 ② 정당법 제6조의 규정에 의하여 정당의 당원이 될 수 있는 교원이 국회의원으로 당선된 때에는 국회법 제29조 제3항의 규정에 의하여 임기 중 그 교원의 직은 휴직된다. <개정 93. 12. 27, 95. 12. 29>

3) 受刑者의 기본권제한에 관하여 자세한 것은 권영성, 수형자에 대한 징계처분, 헌법학연습, 102면 이하 참조.

령이나 국회의원에 입후보하기 위해서는 일정한 기간 이전에 사임하여야 한다고 규정하고 있으며(동법 제53조), ⅴ) 전염병예방법은 제1종전염병으로 입원중인 전염병환자에 대하여 강제로 격리수용을 할 수 있다고 규정하고 있는 것(동법 제29조 참조) 등이 그것이다.[1]

3.2.3. 명령에 의한 기본권제한

법률의 구체적인 위임이 있는 경우에는 법규명령에 의하여 기본권이 제한될 수도 있다.[2]

> **헌재결 2003. 11. 27, 2002헌마193 【군사법원법제242조제1항등위헌확인】**
> 헌법 제37조 제2항에 의하면 기본권은 원칙적으로 법률로써만 이를 제한할 수 있다고 할 것이지만, 헌법 제75조에 의하여 법률의 위임이 있고 그 위임이 구체적으로 범위를 정하여 하는 것이라면 대통령령에 의한 기본권의 제한도 가능하다.
> 그런데 군행형법 제15조는 제2항에서 수용자의 면회는 교화 또는 처우상 특히 부적당하다고 인정되는 사유가 없는 한 이를 허가하여야 한다고 규정하여 면회의 횟수를 제한하지 않는 자유로운 면회를 전제로 하면서, 제6항에서 "면회에의 참여에 관하여 필요한 사항은 대통령령으로 정한다."라고 규정함으로써, 면회에의 참여에 관한 사항만을 대통령령으로 정하도록 위임하고 있고 면회의 횟수에 관하여는 전혀 위임한 바가 없다. 따라서 이 사건 시행령규정이 미결수용자의 면회횟수를 매주 2회로 제한하고 있는 것은 법률의 위임 없이 접견교통권을 제한하는 것으로서, 헌법 제37조 제2항 및 제75조에 위반된다.

또한 비상사태가 발생하면 법률에 의한 기본권제한의 원칙이 배제되고 헌법 제76조와 제77조에 의거한 긴급명령 · 긴급재정경제명령 · 처분 등에 의해서 제한이 가능하다.[3]

3.3. 기본권제한의 한계

특별권력관계는 특정한 행정목적을 위하여 설정된 것이므로 특별권력관계도 특별권력관계를 설정한 목적(목적의 정당성)에 (꼭) 필요한 한도내에서(피해의 최소성 · 방법의 적절성) 발동해야 한다. 따라서 특별권력은 특별권력관계가 법규의 규정에 의해서 성립된 경우에는 법규의 범위 내에서 발동하고, 법규의 규정이 없으면 조리상의 한계 내에서 발동하여야 하며, 상대방의 임의적 동의에 의하여 특별권력관계가 성립된 경우에는 특정한 행정목적에서 합리적으로 이용배제 · 이익박탈의 한 도내에서 발동하여야 한다. 여기에는 첫째 명령권의 한계로서 특별권력관계에서의 포괄적인 명령권은 특별권력관계의 목적달성을

---

1) 권영성, 헌법학원론, 360면.
2) 권영성, 헌법학원론, 353면.
3) 권영성, 헌법학원론, 353면.

위하여 필요한 범위 내에서 발동이 가능하며 법규에 위배되지 않고 비례원칙에 적합해야 한다. 둘째 징계권의 한계로서 징계권의 발동도 법령의 한계 내에서, 또 조리상의 한계 내에서만 행하여져야하며, 특별권력관계가 상대방의 임의적 동의에 의하여 성립된 경우의(예컨대, 국공립도서관이용·국공립대학 재학 등) 징계는 그 이용관계로부터의 배제에 그쳐야 한다. 만약 한계일탈의 경우, 즉 특별권력의 발동이 법규상의 한계 또는 조리상의 한계를 일탈하면 위법으로 사법심사·헌법소원의 대상이 된다.

다만 특별권력관계에 있어서 특별권력의 발동(주로 징계권의 발동)으로 말미암아 불이익을 받은 자에 대한 사법절차에 의한 권리구제의 문제에 관하여는 다음에서 보는 바와 같이 견해가 나누어지고 있다.

IV. 특별권력관계와 사법심사(행정소송; 사법적 구제)

1. (사법심사) 전면적 부정설(절대적 구별설·불침투의 입장)

독일의 경우 전통적 특별권력관계이론(절대적 구별설)에 의하면(R. Nebinger), 특별권력관계에는 법률유보원칙이 적용되지 않으므로 특별권력관계내에서는 당연히 법규정립행위나 그에 근거한 행정행위가 존재할 수 없고, 따라서 법규위반을 이유로 한 항고소송(Anfechtungsklage)이 인정될 수 없는 것이고, 또한 특별권력발동행위는 특별권력관계라는 특수한 내용의 질서유지를 위한 행위인 까닭에 일반권력관계에 놓여있는 국민들에게 적용되는 시민법질서의 유지를 목적으로 하는 사법권의 대상이 될 수 없다고 한다(불침투설).[1]

2. (사법심사) 제한적 긍정설(상대적 구별설·수정설의 립장)

사법심사를 제한적으로 긍정하는 제한적 긍정설의 입장은 특별권력관계에서의 행위를 내부행위(특별권력관계의 구성원이라는 지위에 대하여 하는 행위)와 외부행위(특별권력주체에 대립하는 권리주체로서의 지위에 대하여 행하는 행위)로 나누어, 외부행위만은 사법심사의 대상이 될 수 있다고 한다.[2] 내부행위의 예로서는 먼저 특별권력관계의 구성원의 지위를 들 수 있는 바, 공무원에 대한 직무명령·학원내 집회의 불허가·지방의회의원의 출석정지 등이 그것이다. 이 경우에는 사법심사가 배제된다. 외부행위의 예로서는 특

1) 이명구, 신행정법원론, 138면.

2) 박윤흔, 행정법강의(상), 190면.

별권력주체에 대립하는 권리주체로서 공무원파면 · 지방의회의원의 제명 · 학생제적 등이 있고 이 경우 사법심사가 가능하다.[1] 또한 특별권력관계를 기본관계와 업무수행관계로, 또는 인격 대 인격의 관계와 관직 또는 기관간의 관계로 구분하여, 원칙적으로 전자에 있어서의 행위에 대해서만 사법심사를 청구할 수 있다는 견해도 이 범주에 속한다고 하겠다.

3. (사법심사) 전면적 긍정설(특별권력관계부정설의 입장)

3.1. 학설

사법심사를 전면적으로 긍정하는 전면적 긍정설의 입장은 일반권력관계에 있어서와 같은 요건 아래 모든 특별권력관계상의 행위가 사법적 통제의 대상이 된다고 하는 견해이다. 즉, 원래 사법심사가 가능한가의 여부 문제는 구체적인 행위의 내용에 따라 결정해야 할 문제이며, 또한 그것이 「법률적 쟁송」에 해당하는가 혹은 법률적 쟁송에 해당되지 않는가는 '소송법상의 문제'로서 결정될 성질의 것이지, 그 행위가 내부행위인가 외부행위인가 하는 것은 문제가 되지 않는 것이다. 즉 내부행위와 외부행위의 구별은 법본질적인 것이 아니며, 구별의 기준도 명백하지 아니하며, 내부행위도 법률관계를 성립 · 변경 · 소멸시키는 것인 한 법적 행위임에 틀림없고, 내부행위에 대하여도 사법권에 의한 권리보호를 필요로 하는 경우(휴직 또는 정학처분)가 적지 않을 뿐만 아니라,[2] 헌법은 국민이 기본권으로서 재판청구권을 보장하고(헌법 제27조 제1항), 모든 공법상의 권리관계에 관한 분쟁을 개괄적으로 행정소송사항으로 인정하고(행정소송법 제1조) 있는 점 등에 비추어(개괄주의), 위법한 특별권력의 발동으로 인한 권리침해에 대하여는 일반적으로 사법심사가 인정된다고 보아야 한다는 것이다.[3] 특별권력관계에 의한 기본권 제한은 법률에 의한 기본권제한의 원칙에 대한 예외가 아닌, 법률에 의한 기본권제한의 원칙이 적용되는 하나의 유형에 해당한다고 보아야 한다. 따라서 기본권침해에 대한 사법적 권리구제 수단도 그대로 적용된다.

3.2. 판례

우리나라 대법원은 공무원의 징계처분을 모두 자유재량행위로 보고, 내부행위와 외부행위의 구별없이 위법한 특별권력행위를 포괄적으로 행정소송사항으로 인정한다(전면적 긍정설의 입장).[4] 특히 대법원은 지난 71년 군인 · 군속의 국가배상청구권을 제한하고 있던

1) 이명구, 신행정법원론, 138면.
2) 이명구, 신행정법원론, 138면.
3) 권영성, 헌법학원론, 359면.
4) 이명구, 신행정법원론, 139면.

구국가배상법 제2조 제1항은 위헌이라고 판결한 바 있다.[1] 당시 대법원은「군인연금법, 군인재해보상규정 등에 의해 받는 재해보상금, 유족연금 등은 사회보장적 목적이 있는것」이라며「이와 별도로 국가의 불법행위로 인한 손해배상을 한다고 해서 이중배상금지의 원칙에 반하지 않는데도 군인이라는 이유로 국가배상을 제한하는 것은 위헌」이고 판시했다. 대법원은 또「군인이 피해자가 된 불법행위사고가 많아 국고손실이 크므로 이를 최소한으로 줄이기 위해 군인들이 희생을 감수해야한다는 것은 이유가 되지 못한다」고 판시하였고,[2] 또한「동장과 구청장과의 관계는 이른바 행정상의 특별권력관계에 해당되며 이러한 특별권력관계에 있어서도 위법 부당한 특별권력의 발동으로 말미암아 권력을 침해당한 자는 행정소송법 제1조의 규정에 따라 그 위법 또는 부당한 처분의 취소를 구할 수 있다」고 한 바 있다.[3]

우리의 헌법재판소도 병역복무관계[4]와 공무원근무관계,[5] 그리고 수형자복역관계[6]가 결코 기본권의 사각지대가 될 수 없고, 기본권의 효력이 미치기 때문에 권리구제가 가능하다는 판시를 하고 있다.[7]

현대 민주국가에서는 헌법이 기본권을 보장하고 있으며, 법치주의를 통치의 기본원리로 하고 있으므로, 국가의 행위로 말미암아 개인의 기본권이 침해된 경우에 그 침해행위가 특별권력관계에서의 행위라는 이유로 구제방법을 부인해서는 안된다.[8]

---

1) 대판 1971. 6. 22, 70다1010【손해배상】

2) 대법원의 이러한 판결에 대하여 1972년 유신정권은 위헌시비를 없애기 위하여 국가배상을 제한할 수 있는 근거규정을 헌법에 규정함으로써 이를 합헌화 하였다. 비상조치에 따라 국회가 해산된 상태에서 개헌에 대한 찬반토론도 없이 제정된 유신헌법의 이 독소조항은 87년 여·야간에 개정안이 마련되기는 했으나 결국에는 오늘에 이르고 있다. 이에 관하여는 법률신문, 2001. 4. 12 일자 참조.

3) 대판 1982. 7. 27, 80누86(참조) 평석 : 부당한 처분의 취소쟁송과 청구인적격, 김남진, 판례연구, 고려대학교 법학연구소편, 서울 고려대학교 법학연구소, 6집(1994. 6).

4) 헌재결 1989. 10. 27, 89헌마56【사회보호법 제5조의 위헌심판제청】

5) 헌재결 1993. 12. 23, 92헌마247【인사명령취소】

6) 헌재결 1998. 8. 27, 96헌마398【통신의 자유침해 등 위헌확인】

7) 허영 교수는「… 따라서 오늘의 상황에서 특수한 신분관계에서의 기본권 제한과 관련해서 그 사법적 통제에 관해 부정설·제한적 긍정설·전면적 긍정설 등 논란을 벌이는 것은 전혀 무의미한 일이다.」라고 한다(허영, 한국헌법론, 300면 각주 4) 참조).

8) 대판 1982. 7. 27, 80누86 : 동장과 구청장과의 관계는 이른바 행정상의 특별권력관계에 해당되며 이러한 특별권력관계에 있어서도 위법 부당한 특별권력의 발동으로 말미암아 권력을 침해당한 자는 행정소송법 제1조의 규정에 따라 그 위법 또는 부당한 처분의 취소를 구할 수 있다.

제 3 목 국가긴급권에 의한 기본권의 제한

I. 국가긴급권에 의한 기본권제한의 의의와 성질

국가긴급권(Staatsnotstandsrecht; emergency power)[1]은 전쟁·내란·경제공황, 대규모의 자연재해 등의 발생으로 인하여 평상시의 입헌주의적 통치기구로써는 대처할 수 없는 긴급사태에 있어서, 국가의 존립을 보호하기 위하여 특정한 국가기관에 인정되는 예외적 비상권한이다.[2] 따라서 국가긴급권은 헌법이 확립해 놓은 헌정생활의 법적·정치적 기초가 중대한 위협에 직면하게 되는 국가비상사태(Ausnahmezustand) 내지는 국가긴급상태(Staatsnotstand)에 대비하여, 이에 효과적으로 대처하고 헌법질서의 안정을 유지하기 위한 헌법수호(보호)수단이다.[3] 헌법수호를 위해서 국가긴급권이 발동되어야 하는 국가비상사태의 경우는 일시적인 헌법장애(Verfassungsstörung)상태와는 다르다.[4] 따라서 헌법에서 국가긴급권의 발동기준과 내용 그리고 그 한계에 관해서 상세히 규정함으로써 그 남용·악용의 소지를 줄이고, 국가긴급권의 과잉행사 때는 저항권의 행사를 가능케 하는 등

---

1) 국가긴급권에 관한 논문은 Ballreich, Doering, u.a., Das Staatsnotrecht in Belgien, Frankreich, Großbritannien, Italien, die Niederlanden, der Schweiz und den Vereinigten Staaten vom Amerika, 1955; C. Schmitt, Diktatur, 1921; 김철수, 국가긴급권, 고시연구(1978.12); 김기범, 국가긴급권, 연세논총 5; 同人, 한국에 있어서의 국가긴급권, 연세논총 9; 同人, 대통령의 긴급조치권의 내용·성격 및 효력에 있어서의 몇 개 문제점, 월간고시(1974. 7); 同人, 국가긴급권의 비교법적 고찰, 사법행정(1975. 2); 이강혁, 국가의 비상사태와 비상조치에 관한 연구, 조선대학교 박사학위논문, 1974; 同人, 국가긴급권 – 특히 史的 비교법적 고찰을 중심으로, 고시연구(1974.4); 同人, 국가긴급권의 한계, 월간고시(1976.1); 조현준, 국가긴급권연구, 성균관대학교 석사학위논문, 1976; 이전구, 서독의 비상사태 헌법 상·중·하, 새법정(1972. 3. 4); 한태연, 한국헌법에 있어서의 국가긴급권 특히 국가보위에관한특별조치법에 관하여, 헌법연구, 제2집; 정희채, 위기정부론, 헌법연구, 제3집; 안용교, 긴급재정명령권과 소수자보호, 고시계(1972.10); 허영, 국가긴급권에 관한 법적 검토, 사법행정(1974.1); 이종상, 대통령의 국가긴급권, 공법의 제문제, 1978; 정해방, 국가긴급권에 관한 연구, 서울대학교 석사학위논문, 1976.

2) 김철수, 헌법학(상), 84면.

3) 허영, 한국헌법론, 301면. 김철수 교수는 국가긴급권을 기본권 제한의 예외적 수단으로 본다. 즉 「국가긴급권이라 함은 국가와 민족의 존립 또는 공공의 안녕과 질서에 대한 위험이 헌법에 정상적으로 예정되어 있는 방법으로는 제거될 수 없고, 다만 예외적 수단에 의해서만 방어·제거될 수 있는 경우에 그 위기를 극복하기위한 비상조치를 취하는 국가권력을 말한다」고 한다. 김철수, 국가긴급권, 고시연구(1978.12), 75면; 同人, 헌법학개론, 박영사, 2001, 1264면.

4) 허영, 한국헌법론, 301면.

필요하다고 생각되는 제어장치도 함께 마련해 두는 것이 현대의 민주헌법국가의 일반적인 경향이다.[1] 우리 헌법도 긴급조치를 필요하는 긴급상황과 계엄선포를 요하는 비상사태에 대해서 규정하면서(제76조 · 제77조) 국가긴급권의 내용과 효력 및 그 한계에 관해서 언급하고 있다.[2]

국가긴급권에 의한 기본권의 제한은, 국가긴급권 그 자체가 정당하게 발동된 경우에는, 헌법질서의 존립을 위한 일종의 긴급헌법(Notstandsverfassung)을 의미하는 것이기 때문에 정상적인 헌법질서하에서 행해지는 기본권의 일반적 제한과는 그 성질이 전혀 다르다.[3] 상기한 바와 같이 국가긴급권에 의한 기본권 제한은 만약 그것이 올바른 국가긴급권의 행사를 그 전제로 한다면, 거시적으로는 그 자체가 오히려 기본권보호의 수단이요 헌법수호(보호)를 위한 방어책이라 할 수 있는 역설적인 의미를 내포하고 있다(긍정적 의미의 국가긴급권). 바로 이점에 있어서 국가긴급권에 의한 기본권 제한은 '일반권력관계에서의 국민의 기본권제한'[4]의 일반적인 유형과는 본질적으로 다른 점이다.[5]

II. 현행 헌법상 국가긴급권에 의한 기본권제한

1. 긴급재정 · 경제명령에 의한 기본권제한

1.1. 발동요건

대통령은 긴급재정 · 경제처분을 할 때와 동일한 요건하에서, 필요한 경우 법률의 효력을 지닌 명령을 발할 수 있다(제76조 제1항). 긴급재정 · 경제처분이 법률의 제정 혹은 개폐를 필요로 할 경우에는 이를 위하여 법률의 효력을 가진 명령을 발할 수 있다. 긴급재정 · 경제명령은 긴급재정 · 경제처분의 효력을 법적으로 보장하려는 데 그 의의가 있다. 긴급재경처분을 발하게 되면 기존의 법령에 저촉되는 처분이 되기 쉽다. 따라서 헌법에 따른 처분이 위법한 처분 될 수 있는 모순성을 제거하기 위하여 법률의 효력을 지니는 명령을

---

1) 김철수, 헌법학개론, 박영사, 2001, 1272면; 허영, 한국헌법론, 302면.

2) 헌법재판소가 국가보위에관한특별조치법(제5조 제4항)의 위헌심판사건에서 이 법은 헌법에 규정된 국가긴급권 이상의 강력한 권한을 대통령에게 부여해서 대통령이 주관적 판단에 따라 특별조치를 할 수 있고 국회승인을 받지 않아도 되도록 규정했으므로 위헌(헌재결 1994. 6. 30, 92헌가189)이라고 판시 한것은 주목할 만하다(허영, 한국헌법론, 301면 각주 1) 참조).

3) 허영, 한국헌법론, 302면.

4) 이에 관한 상세한 내용은, 김백유, 일반권력관계에서의 국민의 기본권제한, 한성대학교, 사회과학연구소, 사회과학논집, 제14집 제2호(2001년 2월) 참조.

5) 허영, 한국헌법론, 302면.

발할 수 있게 한 것이다.

긴급재정 · 경제명령은 그 목적에 있어서 재정 · 경제상의 위기에 있어서 공공의 안녕질서를 유지하기 위하여 재정 · 경제상의 최소한도의 필요한 처분을 위한 명령으로써 행해지는 것이므로, 대통령이 긴급재정 · 경제명령을 발동해서 기본권을 제한하기 위해서는 반드시 다음 네 가지 요건을 충족시켜야 한다. 즉 i) 내우, 외환, 천재, 지변 또는 중대한 재정 · 경제상의 위기상황이 발생하고(상황요건), ii) 국가안전보장 또는 공공의 안녕질서를 유지하기 위하여 긴급조치가 필요할 것이 요구된다(목적요건). 여기서 긴급한 조치라 함은 국회의 집회를 기다려서는 그 목적을 달성할 수 없는 경우를 말한다.[1] iii) 국회의 집회를 기다릴 3일간의 여유(국회법 제5조)조차 없을 때에 한하여(긴급요건)인정된다. ⅳ) 최소한으로 필요한 재정 · 경제상의 처분을 내용으로 하는(과잉금지요건) 명령을 발할 수 있다(제76조 제1항).[2] 대통령의 긴급재정경제명령은 내우 · 외환 · 천재 · 지변 또는 중대한 재정 · 경제상의 위기에 있어 발하는 명령이라는 점에서 비상사태와 차이가 있고,[3] <u>재산권, 근로3권, 직업의 자유 등과 같은 경제적 기본권과 그에 관련되는 기본권만을 제한할 수 있다.</u>[4]

> 우리의 헌법재판소도 금융실명거래및비밀보장에관한긴급재정경제명령(대통령긴급재정경제명령 제16호)의 위헌심판에서 「대통령의 긴급재정경제명령은 국가긴급권의 일종으로서 고도의 정치적 결단에 의하여 발동되는 행위이고 그 결단을 존중하여야 할 필요성이 있는 행위라는 의미에서 이른바 통치행위에 속한다고 할 수 있으나, 통치행위를 포함하여 모든 국가작용은 국민의 기본권적 가치를 실현하기 위한 수단이라는 한계를 반드시 지켜야 하는 것이고, 헌법재판소는 헌법의 수호와 국민의 기본권 보장을 사명으로 하는 국가기관이므로 비록 고도의 정치적 결단에 의하여 행해지는 국가작용이라고 할지라도 그것이 국민의 기본권 침해와 직접 관련되는 경우에는 당연히 헌법재판소의 심판대상이 된다. 긴급재정경제명령은 정상적인 재정운용 · 경제운용이 불가능한 중대한 재정 · 경제상의 위기가 현실적으로 발생하여,[5] 긴급한 조치가 필요함에도 국회의 폐회 등으로 국회가 현실적

---

1) 김철수, 헌법학(상), 1744면.

2) 허영, 한국헌법론, 303면.

3) 이에 대하여 긴급명령은 국가의 안위에 관계되는 중대한 교전상태에 있어서 발하는 명령이라는 점에서 비상사태와 차이가 있다. 특히 긴급재정경제명령이 긴급명령과 다른 점은 긴급재정경제명령의 발동목적이 재정 · 경제상의 위기에 있어서 공공의 안녕질서를 유지하기 위한 명령인데 반하여, 긴급명령은 교전상태에 있어서 국가를 보위하기 위한 명령이라는 점에서 그 차이가 있다. 또한 긴급재정경제명령은 국회의 집회를 기다릴 여유가 없을 때 발하는 명령이며, 긴급명령은 국회의 집회가 불가능 한 때 발하는 명령이다. 그밖에 긴급재정경제명령은 재정 · 경제상의 최소한도의 필요한 처분을 위한 명령이지만, 긴급명령은 국가를 보위하기 위하여 전반적 조치를 취하기 위한 명령이라는 점에 그 차이가 있다.

4) 홍성방, 헌법학, 369면.

으로 집회될 수 없고 국회의 집회를 기다려서는 그 목적을 달할 수 없는 경우에 이를 사후적으로 수습함으로써 기존질서를 유지·회복하기 위하여[1] 위기의 직접적 원인의 제거에 필수불가결한 최소의 한도내에서 헌법이 정한 절차에 따라 행사되어야 한다」고 한다.[2]

1.2. 발동효과

상기한 네 가지 요건을 충족시킨 긴급재정·경제명령이 발동되면 그 명령은 법률의 효력을 가지기 때문에(제76조 제1항), 이 명령으로 기존의 법률을 개정 또는 폐지하는 것도 가능하며(제76조 제4항), 또 법률과 같이 국민의 재정·경제생활영역을 제한하는 조치를 할 수도 있다. 그러나 이 때에도 헌법 제37조 제2항의 일반적 법률유보에 의한 기본권제한의 규범적 한계인 목적상·형식상·내용상·방법상의 한계는 반드시 존중되어야만 한다.[3]

1.3. 통제

긴급재정·경제명령은 국회의 집회를 기다릴 여유가 없는 긴급한 상황 속에서 발동된 것이기 때문에 지체없이 국회의 소집을 요구하고 국회에 보고하여 그 사후승인을 받아야 한다(사후적 통제). 국회의 승인을 받지 못한 때에는 그 명령은 그때부터 효력을 상실할 뿐 아니라 그 명령에 의해서 개정·폐지된 법률은 당연히 그 효력을 회복한다(제76조 제3항·제4항). 이는 긴급재정·경제명령으로 개정 또는 폐지된 법률은 이미 완전히 개폐되었으므로, 개폐된 법률의 효력이 다시 회복된다는 것은 원칙적으로 있을 수 없으나, 국회에서 이미 개폐된 법률을 다시 원상태로 재개정 내지 제정하는 번거로운 형식적 절차를 생략하기 위함이다. 특히 긴급재정·경제명령권에 대한 통제로는 사후적으로 국회와 헌법재판소가 통제할 수 있으며, 국회는 불승인·사후법률개정·탄핵소추 등으로 통제할 수 있다. 헌법재판소는 구체적 규범통제, 즉 위헌법률심판이나 헌법소원에 의하여 통제할 수 있다.[4]

2. 긴급명령에 의한 기본권의 제한

2.1. 발동요건

대통령의 긴급명령으로 기본권을 제한하기 위해서는 ⅰ) 그 목적상 국가의 안위에 관

---

5) 장래에 있어서 위기가 발생할 우려가 있다는 이유로 사전적·예방적으로 발할 수는 없다.

1) 공공복지의 증진, 문화의 향상 등과 같은 적극적 목적을 위하여는 발할 수 없다.

2) 헌재결 1996. 2. 9, 93헌마186【긴급재정명령 등 위헌확인】

3) 헌법 제37조 제2항(일반적 법률유보)에 의한 기본권제한의 한계에 관한 상세한 내용은, 김백유, 일반적 법률유보(헌법 제37조 제2항)에 의한 기본권 제한의 규범적 한계, 한성대 동아시아 연구소, 2000 참조; 허영, 한국헌법론, 303면.

4) 김철수, 헌법학(상), 1746면; 헌재결 1996. 2. 29, 93헌마186; 대판 1997. 6. 27, 95도1964.

계되는 중대한 교전상태가 발생해서(상황요건) 국가를 보위할 필요성이 존재하고, ii) 그 규율범위는 국가를 보위하기 위하여 전반적인 조치가 필요하다고(목적요건), iii) 국회의 소집여부에 있어서도 국회의 집회가 불가능(국회집회불능요건)하여야만 한다(제76조 제2항).[1] 긴급명령은 국가의 안위에 관계되는 중대한 교전상태에 있어서 발하는 명령이라는 점에서 비상사태와 차이가 있고,[2] 긴급재정·경제명령은 재산권, 근로3권, 직업의 자유 등과 같은 경제적 기본권과 그에 관련되는 기본권만을 제한할 수 있는데 반하여 긴급명령은 기본권 전반에 대하여 제한 할 수 있다.[3]

2.2. 발동효과

긴급명령이 발동되면 그 명령은 법률과 같은 효력을 가지기 때문에 기존 법률의 개폐는 물론이고 국민의 기본권을 제한하는 조치를 취할 수 있다. 제한되는 기본권은 긴급재정·경제명령의 경우보다 포괄적이다. 긴급명령에 의하여 제한되는 기본권은 경제적 기본권과 그에 관련되는 기본권 뿐만이 아니라 모든 기본권이 그 대상이 될 수 있다.[4] 그러나 이 경우에도 기본권제한의 내용상의 한계와 방법상의 한계가 존중되어야 한다는 것은 당연하다.

2.3. 통제

긴급명령은 국회의 사후승인을 받아야 하며(제76조 제3항) 국회의 승인을 얻지 못한 경우에는 그 명령은 그때부터 효력을 상실한다. 이 경우 그 명령에 의하여 개정 또는 폐지되었던 법률은 그 명령의 승인을 얻지 못한 때부터 당연히 효력을 회복한다(제76조 제4항).

---

1) 허영, 한국헌법론, 303면.

2) 긴급명령(제76조)과 제5공화국 헌법상의 비상조치(제51조)와는 그 상황적 전제가 긴급명령의 경우는 국가의 안위에 관계되는 중대한 교전상태에 발하는데 반하여 긴급조치는 천재·지변 또는 중대한·재정·경제상의 위기에 처하거나 국가의 안전을 위협하는 교전상태나 그에 준하는 중대한 비상사태라는 점에 차이가 있다. 발동기간에 있어서도 긴급명령은 기간에 관하여 아무런 규정을 두고 있지 않은데 반하여 긴급조치는 목적을 달성할 수 있는 최단기간내로 한정하고 있다. 긴급명령은 국회의 집회가 불가능한 때에만 가능하나, 긴급조치는 국회의 휴·폐회와 관계없이 발동될 수 있다. 또한 긴급명령은 국회가 해제를 요구하거나 건의할 수 있으나 긴급조치는 국회가 그 해제를 대통령에게 요구할 수 있다. 그 효력면에 있어서도 긴급명령은 오로지 법률적 효력만을 가지는데 그치나 긴급조치는 법률적 효력뿐만 아니라 헌법적 효력도 가질 수 있다. 그리고 긴급명령은 그 대상을 명시하고 있지 않으나, 긴급조치는 국정전반을 대상으로 하고 국민의 자유와 권리의 잠정적인 정지는 물론, 정부나 법원의 권한에 관한 특별조치도 가능하다.

3) 홍성방, 헌법학, 369면.

4) 장영수, 헌법학, 522면.

3. 비상계엄선포에 의한 기본권의 제한

3.1. 선포요건

계엄이란 전시·사변 또는 이에 준하는 국가비상사태의 경우에 이를 극복하기 위하여 병력을 사용하는 긴급·비상의 조치를 의미한다. 계엄은 일시적이나마 軍에 의한 통치를 가능하게 한다는 점에서, 헌법규정의 일부조항을 배제할 수 있다는 점에서 가장 강력한 국가긴급권이라 할 수 있다. 비상계엄의 선포에 의해서 기본권을 제한하려면 i) 전시·사변 또는 이에 준하는 국가비상사태가 발생하고(상황요건), ii) 병력으로써 군사상의 필요에 응하거나 공공의 안녕질서를 유지할 필요가 있어(필요요건), iii) 법률(계엄법)이 정하는 절차와 방법에 따른 것이어야(준법요건)한다(헌법 제77조 제1항).[1] 계엄법 제2조는 「비상계

---

1) 허영, 한국헌법론, 304면; 대법원은 계엄선포요건을 통치행위라 하여 사법심사의 대상에서 제외하고 있다. 우리나라에서는 통치행위의 관념을 부정하는 입장과 긍정하는 입장으로 대립되고 있다. 부정하는 입장(부정설)에서는 헌법 제107조 제2항의 행정소송의 개괄주의와 기본권보호 문제를 근거로 하여 이를 부정한다. 즉 법치주의가 완전히 실시되고 행정소송에 있어서 개괄주의가 철저히 인정되는 이상 모든 행정작용은 사법심사의 대상이 된다는 견해이다(김철수, 헌법학(상), 1977-1978면) 그러나 개괄주의가 바로 통치행위를 부정하는 의미는 아니며, 또한 법정책학적 측면에서 문제가 있다고 부정설은 비판된다. 다수설과 판례는 이를 인정한다. 인정근거로는 법치주의는 모든 국가행위가 그 합법성(Legalität)에 관하여 법원의 심사를 따를 것을 요청하는 바이지만, 헌법체제는 법치주의 이외에도 국민주권·권력분립·의회주의·대통령책임제 등의 여러 복합원리 위에 존립하는 것이기 때문에, 어느 하나의 원리에만 치중함으로써 다른 원리를 무시하는 일이 없도록 하기 위하여는 통치행위를 사법심사의 대상에서 제외시키는 것이 타당하며(박윤흔, 행정법강의, 박영사), 결국 통치행위는 이들 원리와 관련시켜 판단할 때, 재판제도에는 그에 내재하는 한계가 있다는 것이다. 따라서 정치문제에 관한 최종적 판단은 정치기관인 행정부나 입법부의 권한으로 유보해 둠으로써 국민의 비판이나, 감시하에 해결하는 것이 바람직하다고 주장하며, 이는 정치적으로 책임을 지지 아니하는 법원이 심판하는 것은 바람직하지 않다는 데에 연유한다. 대통령의 계엄선포에 관한 서울고법 결정(1964. 7. 16, 64로159); 1964년의 6·3사태를 수습하기 위한 비상계엄선포에 관한 판례(서울고법 1964. 7. 21, 79초70); 1979년의 박정희 대통령 시해 사건을 계기로 선포된 10·27 비상계엄선포에 관한 판례(1979. 12. 7); 대통령의 긴급조치를 통치행위로 본 판례(대판 1978. 5. 23, 78도813); 군사시설 · 보호구역의 설정·변경·해제를 통치행위로 본 판례(대판 1983. 6. 14, 83누43 : 군사시설보호법에 의한 군사시설 보호구역의 설정·변경 또는 해제와 같은 행위는 행정청에 의한 공법행위라는 점에서는 광의의 행정행위라고 할 것이나, 이는 행정입법행위 또는 통치행위라는 점에서 협의의 행정행위와 구별되며 따라서 이와 같은 행위는 그 종류에 따라 관보에 게재하여 공포하거나 또는 대외적인 공고·고시 등에 의하여 유효하게 성립하고 개별적 통지를 요하지 않는다(대판 1983. 6. 14, 83누43); 국회에서의 법률통과 행위를 통치행위로 본 판례(대판 1972. 1. 18); 국회의 내부적 자율권에 해당하는 행위(의결정족수의 결정·회기의 연장·의원의 징계 및 자격심사·국회의사규칙의 제정); 정부와 국회와의 관계에 관한 행위(국무총리·국무위원의 해임건의, 임시회의의 소집요구, 법률안거부권

엄은 대통령이 전시·사변 또는 이에 준하는 국가비상사태에 있어서 적과 교전상태에 있거나 사회질서가 극도로 혼란되어 행정 및 사법기능의 수행이 현저히 곤란한 경우에 군사상의 필요에 응하거나 공공의 안녕질서를 유지하기 위하여 선포한다」고 규정하고 있다. 그러나 계엄의 본질이 일반 국민에게까지 군정이 확대되고, 민선정부의 의사를 군사령관의 의사로 대신하는 것이므로 계엄의 선포요건은 엄격하게 해석하여야 한다. 따라서 국가의 존립 그 자체에 영향을 미치는 정도의 위해가 아닌 단순한 반정부 활동을 비상사태로 규정하거나 경찰력만으로도 비상사태를 극복할 수 있다면 계엄을 선포할 수 없다.

3.2. 선포효과

비상계엄이 선포된 때에는 계엄법의 규정에 따라 기본권이 제한(특별조치)된다. 즉 계엄법 제9조는 계엄사령관의 특별조치권에 대하여 「① 비상계엄지역안에서 계엄사령관은 군사상 필요한 때에는 체포·구금·압수·수색·거주·이전·언론·출판·집회·결사 또는 단체행동에 대하여 특별한 조치를 할 수 있다.[1] 이 경우에 계엄사령관은 그 조치내용을 미리 공고하여야 한다. ② 비상계엄지역 안에서는 계엄사령관은 법률이 정하는 바에 의하여 동원 또는 징발할 수 있으며, 필요한 경우에는 군수에 供할 물품의 제조·등록과 반출 금지를 명할 수 있다. ③ 비상계엄지역 안에서는 계엄사령관은 작전상 부득이한 경우에는 국민의 재산을 파괴 또는 소훼할 수 있다」고 규정하고 있다. 그러나 그 제한은 어디까지나 계엄

의 행사); 국무총리·국무위원의 임면(헌법 제86·제87조)·고급장성의 퇴역결정 등 대통령의 정치적 판단이나 자유재량에 의한 행위; 외교행위(조약체결·비준, 국가나 정부의 교섭단체의 승인, 외교사절의 접수); 행정권의 수반으로서가 아니라 국가원수의 자격으로 행하는 대통령의 행위(긴급재정경제처분·긴급재정경제명령(헌법재판소는 긴급재정경제명령의 발령행위에도 국민의 기본권침해와 직접 관련되는 경우에는 헌법재판소의 심판대상이 된다고 한다); 긴급명령권의 행사(헌법 제76조), 선전포고, 사면권의 행사, 영전수여(헌법 제80조), 국민투표회부(헌법 제72조); 국군통수권의 행사, 국군의 해외파병 등이 있다.

1) 다만 헌법 제77조 제3항에는 영장제도의·언론·출판·집회·결사의 자유에 대하여 특별한 조치를 취할 수 있다고만 규정되어 있는데 반하여 계엄법에는 거주·이전의 자유와 단체행동에 대한 제한이 규정되어 있기 때문에 이의 위헌성 여부가 문제되고 있다. 계엄선포의 본질을 대통령의 비상대권으로 이해하는 입장에서는 헌법 제77조 제3항을 한정적(열거적·확정적)으로 이해하며(권영성, 헌법학원론, 990면), 헌법보호의 비상수단으로 이해하는 입장에서는 이를 예시적(비확정적)으로 이해한다(김철수, 헌법학개론, 박영사, 2001, 1079면 각주 1) 참조). 예시적으로 보는 입장(합헌설)이 다수설이다. 다만 김철수교수가 국가긴급권에 의한 기본권제한을 '기본권의 예외적 제한'으로 보는 것은 문제가 있다(김철수, 헌법학개론, 박영사, 2001, 335면). 왜냐하면 특별권력관계는 이제는 기본권의 주체의 문제가 아니고, 기본권의 효력의 문제가 될 수 있을 뿐이기 때문이다.

법에 따른 것이기 때문에 법률에 의한 제한일뿐이다. 이 점이 법률의 효력을 가진 명령에 의한 제한과 다른 점이다.

또 우리 헌법은 제27조 제2항의 경우와 비상계엄이 선포된 경우에는 민간인에 대해서도 사형선고의 경우를 제외하고 예외적으로 군사법원에 의한 군사재판을 허용하고 있다(제110조 제4항). 또한 계엄법 제10조는 비상계엄하의 군사법원재판권에 있어서 「① 비상계엄지역 안에 있어서는 제14조 또는 다음 각호의 1에 해당하는 죄를 범한 자는 군사법원에서 재판한다. 다만, 계엄사령관은 필요한 경우에는 당해 관련법원으로 하여금 이를 재판하게 할 수 있다.[1] ② 비상계엄지역 안에 법원이 없거나 당해 관련법원과의 교통이 단절된 경우에는 제1항의 규정에 불구하고 모든 형사사건에 대한 재판은 군사법원이 이를 행한다」고 규정하고 있다. 그러나 비상계엄의 선포에 의해서 기본권을 제한하는 경우에도 법률에 의한 기본권제한의 규범적 한계는 반드시 지켜져야 한다.[2]

3.3. 통제

비상계엄의 선포는 대통령이 국회에 지체없이 통고하여야 하며(제77조 제4항), 국회가 그 재적의원과반수의 찬성으로 계엄의 해제를 요구한 때에는 대통령은 이를 해제하여야 한다(제77조 제5항). 긴급재정·경제명령 또는 긴급명령의 경우, 그 유효성을 지속하기 위하여는 국회의 승인을 받도록 하되, 헌법 제49조의 규정에 의한 일반의결정족수를 적용하도록 하여 재적의원과반수의 출석과 출석의원과반수의 찬성을 얻도록 하고 있는데 반하여, 계엄해제요구에는 가중된 의결정족수인 재적의원과반수의 찬성을 필요로 하게 하여(제76조 제5항), 계엄의 해제를 어렵게 하고 있다. 이는 기본권제한의 한계문제와 더불어 비상계엄의 악용의 소지를 우려하지 않을 수 없다.[3]

---

1) 계엄사령관은 계엄지역 내의 모든 행정사무와 사법사무를 관장하며 행정기관과 사법기관을 지휘·감독한다. 다만 사법사무는 엄격한 의미에서의 재판작용을 제외한 사법행정사무(사법경찰, 검찰, 형의 집행 등) 등을 말한다고 본다(다수설). 대법원 판례에 의하면 비상계엄하의 군사법원은 계엄선포 이후의 범죄행위는 물론 계엄선포 전후를 통하여 비상계엄선포가 있는 지역 내의 범죄에 대해서도 재판권을 갖는다고 한다. 비상계엄하의 군사재판은 일정한 범죄에 한하여 單審으로 할 수 있다(헌법 제110조 제4항). 계엄법(제10조)이 정한 죄를 범한 사람은 민간인도 군사법원의 재판을 받는다. 계엄선포 중 국회의원은 현행범을 제외하고는 체포·구금되지 않는다(계엄법 제13조).

2) 허영, 한국헌법론, 304면.

3) 허영, 한국헌법론, 304면.

III. 국가긴급권에 의한 기본권 제한의 한계

1. 국가긴급권의 내재적 한계

국가긴급권은 첫째, 긴급권 발동의 목적에 의하여 제한된다. 국가긴급권의 발동은 국가의 존립과 헌법질서를 유지하며, 국민의 정치적·사회적 자유를 방어하기 위한 목적 하에서, 그리고 자유민주적 기본질서를 토대로 한 민주국가에서는 헌법질서를 확보하고 헌법을 수호하고자 하는 목적 하에서만 발동해야 하기 때문이다(목적의 정당성). 둘째, 국가긴급권은 시간적 한계를 지닌다. 비상사태에 따른 위기조치는 그것이 일시적이고 임시적으로 이루어져야 국민에 대한 기본권의 침해요소를 최소화 할 수 있기 때문이다. 셋째, 국가긴급권은 절차적 한계를 지닌다. 즉 국가긴급권은 발동의 조건은 정당한 적법절차를 향유하여야 한다. 이러한 의미에서 국가긴급권의 발동조건과 효력이 미치는 범위는 헌법 및 법률에 규정되어야 하고, 긴급권의 발동의 실질적 결정권은 의회가 보유해야 한다. 동시에 긴급권의 종기(終期)는 이미 긴급권의 발동시에 결정되어야 하고 그것이 영구적이어서는 안되며, 국가긴급권의 효력은 필요한 최소한에 그쳐야 한다. 그리고 긴급권행사에 대한 책임 추궁을 위한 제도적 장치도 마련되어 있어야 한다.[1] 이와 같이 국가긴급권은 그 스스로 내재하는 한계(내재적 한계)를 통하여 국가긴급권에 의한 기본권제한의 한계를 설정한다.

2. 국가긴급권의 통제

국가긴급권의 본질상, 기본권제한은 절대로 그 목적일 수 없고 하나의 수단 내지 방법에 그쳐야 한다. 따라서 국가긴급권에 대한 통제로는 입법적 통제·정치적 통제·사법적 통제·사회적 통제의 방법이 존재한다. 그러나 사실상 입법적·정치적·사법적 통제는 실제로 어느 정도 그 통제력을 발휘할 수 있을 것인가 의심스럽다.[2] 결국 기본권제한을 그 목적으로 하는 오용된 국가긴급권이 발동되는 경우에는,[3] 헌법상 명문의 규정유무에 관계없이 국민의 저항권의 행사가 불가피하다 할 것이다.[4] 국가권력이 행사할 수 있는 가장 강력한 무기가 국가긴급권이라면, 그와의 헌법이론적인 균형(Kompensation)을 위해서 국민

---

1) 大西芳雄, 緊急權 について, 公法研究, 第17號, 10面 以下; 김철수, 헌법학(상), 91면; 同人 국가긴급권, 고시연구(1978.12), 81면.

2) 김철수, 헌법학(상), 92면; 同人, 국가긴급권, 고시연구(1978.12), 82면.

3) 국가긴급권이 오용되는 경우로는, 구테타를 위한 도구로 사용되거나, 기존집권세력의 장기집권의 도구로 사용된다. 위기를 빙자하여 불필요한 권한확대와 권력남용을 가져오기 쉽다. 김철수, 국가긴급권, 고시연구(1978.12), 69면 각주 4) 참조.

4) 김철수, 헌법학(상), 92면; 허영, 한국헌법론, 302면.

이 갖는 방어무기는 저항권(Widerstandsrecht)이기 때문이다.[1] 우리는 지나온 역사를 통해 그간의 정치권이 정권유지의 목적과 민주발전의 탄압을 위해 국가권력과 결부시켜 이러한 기본권제한의 헌법적 장치를 악용하는 사례를 너무도 많이 보아왔다. 결국 국가긴급권의 본질은 허영 교수의 주장처럼 '양의 心性을 가진 사자'(긍정적 의미의 국가긴급권의 행사)이기 때문에 '사자의 心性을 가진 사자'(부정적 의미의 국가긴급권의 행사)의 행태는 부정되어야 한다고 보아야 한다.[2]

---

1) 허영, 한국헌법론, 302면.
2) 허영, 한국헌법론, 302면.

제 4 목 일반적 법률유보(헌법 제37조 제2항)에 의한 기본권제한의 규범적 한계

I. 일반적 법률유보에 의한 기본권 제한

1. 개관

1.1. 법률유보의 의의

자유민주주의헌법이 추구하는 최고의 가치는 국민의 기본권을 최대한 보장하는 것이다.1) 따라서 헌법에 규정된 국민의 기본권은 침해될 수 없는 성질의 것이며 절대적으로 보호받는다. 이와 함께 다원적인 현대산업사회의 분화속에서 공동체(res publica) 구성원간의 공통된 가치를 통합하기 위해서는 필요한 경우, 서로 대립되는 기본권간의 충돌을 조절하고 규범조화적 해석방법에 의한 국민적 통합의 길을 모색하는 과정이 반드시 필요하다. 기본권보장이 주관적 공권(subjektive- öffentliches Recht)으로서의 성격을 지님과 동시에 객관적 가치질서(objektive Wertordnung)로서의 양면적 성격을 지니고 있음도 결국은 국민 각자의 기본권을 최대한으로 보장하기 위한 노력의 산물로 등장한 이론이다. 이러한 과정에서 기본권을 형성하거나 제한하는 경우가 발생하게 되며, 이 같은 경우에도 이에 대한 헌법적 혹은 법률적 근거는 필수적인 것이며 그것이 바로 '기본권의 법률유보'이다.

국민의 기본권 제한에 관한 가장 일반적인 방법은 공공의 이익을 보호하기 위해서 필요 불가피한 경우에 한해서 입법권자가 제정하는 법률로써 기본권을 제한하도록 하되, 이 경우에도 입법권자가 법률로써2) 제한할 수 있는 근거 및 그 한계를 헌법에서 마련해 놓음

---

1) 김백유, 일반적 일반적 법률유보(헌법 제37조 제2항)에 의한 기본권 제한의 규범적 한계, 헌정 및 행정법치연구, 507면 이하 참조.

2) 이를 '기본권의 법률유보(Gesetzesvorbehalt der Grundrechte)' 혹은 '법률유보(Gesetzesvorbehalt)'라 한다(허영, 헌법이론과 헌법, 박영사, 1995, 424면; 김철수, 헌법학(상), 436면). 다만 법률유보(Gesetzesvorbehalt)와 법률의 유보(Vorbehalt des Gesetzes)는 정확한 의미에서 같은 개념은 아니다(김향기, 법률의 유보이론의 전개와 과제, 김영훈박사 화갑기념, 공법학의 제문제, 법문사, 1995, 373면 이하 참조). 즉 Gesetzesvorbehalt(법률유보)와 Vorbehalt des Gesetzes(법률의 유보)를 구별하기도 하며 법규유보(Rechtssatzvorbehalt)와 의회유보(Parlamentsvorbehalt)를 구별하기도 한다. 이때 법률의 유보는 일반적인 유보의 원칙을 의미하며, 다른 유보들은 특수한 형태의 유보의 원칙으로 본다. 즉, 법률유보는 헌법에 규정된 특별한 유보(기본권제한・형성),즉 헌법체계상의 의미로 사용한다. 또 법규유보는 실질적 의미의 법률의 유보를 의미하며, 의회유보는 형식적 의미의 법률(의회법률)의 유보를 의미한다. 법규유보는 의회법률(형식적 의미의 법률)에 의한 규

으로서 입법권자의 입법재량의 남용을 방지하는 것이 자유민주적 기본질서의 확립을 추구하는 현대 헌법국가의 기본원리이다. 법률유보는 법률에 의하기만 하면 기본권을 얼마든지 무제한적으로 제한할 수 있다는 의미가 아니고, 기본권을 제한하려면 적어도 입법권자가 제정한 '법률에 의하거나(durch Gesetz)', '법률의 근거가 있어야(auf Grund eines Gesetzes)' 한다는 의미를 내포하는 것이기 때문에 법률유보는 그 자체가 일종의 기본권제한의 한계를 의미한다.[1)]

1.2. 법률유보의 유형

헌법에 '기본권의 법률유보'를 규정하는 방법에는 제한 가능한 기본권에 개별적으로 법률유보조항을 두는 방법(개별적 법률유보: einzelner Gesetzesvorbehalt)과, 개별적인 기본조항에서는 원칙적으로 법률유보를 규정하지 않고, 모든 기본권에 모두 적용될 수 있도록 법률유보를 일반적으로 규정하는 방법(일반적 법률유보: allgemeiner Gesetzesvorbehalt)이 있다(기본권제한의 목적과 방법을 일괄적으로 규정하고 있는 경우). 따라서 이를 일반적 혹은 종합적 · 포괄적 법률유보라고도 한다. 예컨대 독일기본법은 개별적 법률유보의 방법을, 그리고 우리 나라 헌법(제37조 제2항)은 원칙적으로 일반적 법률유보의 방법을 택하고 있다.[2)]

1.3. 憲法 제37조 제2항

기본권제한에 관한 일반적 법률유보조항을 의미하는 헌법 제37조 제2항은 법률로써 기본권을 제한하는 경우에 준수되어야 할 일반준칙(一般準則) 및 기본권제한의 한계를 규정한 것이다. 헌법 제37조 제2항의 의미는 법률로서 기본권 제한을 할 수 있다는 의미이며(기본권제한 입법의 수권규정), 이 경우 기본권을 제한하려면 일정한 요건을 갖추어야 한다는 의미이다.[3)]

헌법 제37조 제2항[4)]은 「국민의 자유와 권리는 국가안전보장 · 질서유지 또는 공공복

율뿐만 아니라 행정입법(법규명령 · 자치법규)에 의한 규율도 허용한다. 따라서 의회유보가 법률에 의한(durch Gesetzes) 규율을 요구하는데 반하여 법규유보는 법률에 근거한(auf Grund eines Gesetzes)규율로 충분하다.

1) 허영, 헌법이론과 헌법, 단락번호 656.

2) '법률유보의 유형'에 관한 상세한 내용은 본서 '일반권력관계에서의 기본권의 제한'에서 상세하게 설명하였으니 이를 참고할 것.

3) 양건, 헌법강의, 237면; 헌재결 1989. 12. 22, 88헌가13 【국토이용관리법 제31조의2 제1호 및 제21조의3 의 위헌심판제청】

4) 제37조 제2항을 학자들에 따라서는 기본권제한의 한계규정(허영), 기본권보장의 한계규정 혹은

리를 위하여 필요한 경우에 한하여 법률로써 제한할 수 있으며, 제한하는 경우에도 자유와 권리의 '본질적 내용'[1]을 침해할 수 없다」고 하여 국가의 기본권제한의 한계를 설정하고 있다.[2] 그것은 ① 국가안전보장 질서유지 또는 공공복리를 위하여 필요한 경우에 한하며, ② 국가가 제정한 법률로서만 제한할 수 있으며, ③ 그 제한은 자유와 권리의 본질적 내용을 침해할 수 없다.

기본권을 제한할 수 있는 경우라고 할지라도 과연 어느 정도까지 이를 허용하는 가가 문제되며 기본권을 제한 할 필요보다 기본권을 보호할 필요가 있을 경우에는 기본권제한을 위한 입법을 자제할 것이 요청된다. 기본권의 제한은 필요한 경우에 한하여 최소한의 범위내에서 인정되어야 한다는 것이다(☜ **제한 불가피성의 원칙**).

[일반준칙]

「그 입법목적이 헌법 및 법률의 체제상 그 정당성이 인정되어야 하고(목적의 정당성) 그 목적의 달성을 위하여 그 방법이 효과적이고 적절하여야 하며(방법의 적절성) 입법권

일반적 법률유보(권영성)로 각각 그 표현을 달리하고 있으나, 필자는 이를 동일한 개념으로 사용하고자 한다. 왜냐 하면 비록 그 표현방법은 비록 다르지만 그 의미와 내용, 즉 제37조 제2항은 기본권제한의 가능성을 강조하기 위한 규정이 아니라 기본권의 보장적 측면을 강조하기 위한 규정임은 결과적으로 어느 학설을 취하던 결국 일치하기 때문이다.

1) 기본권의 본질적 내용침해의 금지에 관한 상세한 내용은 김대환, 기본권의 본질적 내용침해금지에 관한 연구, 서울대학교 박사학위논문(1998.8) 참조.

2) 그밖에 대통령의 긴급처분 · 명령권(헌법 제76조) 및 계엄선포권(헌법 제77조)의 발동에 의한 기본권 제한, 헌법 제29조 제2항에서 보는 바와 같은 군인 · 군무원 · 경찰공무원 등에 대한 국가배상청구권의 제한, 헌법 제33조 제2항의 공무원인 근로자는 법률로 인정된 자를 제외하고는 근로삼권을 가질 수 없다는 규정 등과 같이 특별권력관계에 의한 제한을 두고 있다. 일반권력관계와는 다른 특별권력관계 인정여부에 있어서 논쟁이 있지만 오늘날 특별한 공법상의 목적(국방목적 · 행정목적 · 교육목적 · 行刑目的 등)을 달성하기 위하여 특수한 법률관계 인정의 필요성은 현실적으로 필요하기 때문에, 일부 공법상의 특별원인에 의하여 성립하는 특별권력관계의 존재 자체를 부인하는 것은 비현실적이다(同旨, 권영성, 헌법학원론, 358면). 물론 고전적 특별권력관계이론의 논거로 제시된 당사자의 동의가 국가와 수형자의 관계 또는 병역관계에서 볼 수 있는 바와 같이 인정될 수 없는 영역이 있고 기본권의 포기이론도 현실적으로 인정될 수 없어서 고전적 특별권력관계이론은 동요와 변질을 경험하지 않을 수 없게 되었다. 그리하여 2차 세계대전 이후 독일의 Ule에 의하여 특별권력관계를 기본관계와 내부관계로 나누어서 적어도 '특별권력관계'의 설정 · 변경 · 존속에 직접적인 영향을 미치는 '기본관계'에서는 기본권의 효력을 완전히 인정하고 그 침해에 대한 사법적 권리구제도 허용하려는 이론이 등장하였다. 1972년 독일연방헌법재판소도 수형자의 기본권을 제한하기 위해서는 반드시 법률의 근거가 있어야 한다는 점을 판례로써 명백히 밝힘으로써 법률에 의한 기본권제한의 원칙이 이른바 특별권력관계에도 적용되어야 한다는 점을 최초로 확인한 바 있다.

자가 선택한 기본권제한의 조치가 입법목적달성을 위하여 설사 적절하다 할지라도 보다 완화된 형태나 방법을 모색함으로써 기본권의 제한은 필요한 최소한도에 그치도록 하여야 하며(피해의 최소성), 그 입법에 의하여 보호하려는 공익과 침해되는 사익을 비교형량할 때 보호되는 공익이 더 커야한다(법익의 균형성)」[1]는 원칙을 말한다.

헌법 제37조 제2항 : [기본권제한의 한계]
국민의 모든 자유와 권리는 국가안전보장·질서유지 또는 공공복리를 위하여 필요한 경우에 한하여 법률로써 제한할 수 있으며, 제한하는 경우에도 자유와 권리의 본질적인 내용을 침해할 수 없다.

목적상의 한계 : 국가안전보장 · 질서유지 · 공공복리를 위한 경우
형식상의 한계 : 일반적 법률의 형식(일반성 · 명확성(Bestimmtheit) · 추상성)
내용상의 한계 : 본질적 내용침해의 금지
방법상의 한계 : 과잉금지의 원칙(넓은 의미의 비례의 원칙)이 적용 : ① 적합성의 원칙, ② 필요성의 원칙, ③ 좁은 의미의 비례의 원칙(상당성의 원칙)이 적용되어야 한다.

2. 제한의 대상이 되는 기본권

법률에 의하여 제한할 수 있는 기본권은 국민의 「모든」 자유와 권리이다. 헌법은 제37조 제2항 전단에서 국민의 「모든」 자유와 권리를 법률에 의한 제한의 대상이 되는 것으로 규정하고 있기 때문이다. 그러나 실제로 제한의 대상이 되는 기본권은 그 성질상 제한이 가능한 기본권에 한한다. 내심의 작용을 내용으로 하는 절대적 기본권은 제37조 제2항 전단의 규정에도 불구하고 그 성질상 제한이 불가능하다.

「판례」
헌법 제37조 제2항에 의거하여 실제로 제한의 대상이 되는 기본권은 성질상 제한이 가능한 기본권에 한한다.[2]

그리고 기본권을 제한하는 법률은 제한의 대상이 되는 기본권을 구체적으로 적시하여야 하며 모든 기본권을 제한한다는 법률은 위헌무효이다.

---

1) 헌재결 1997. 8. 21, 93헌바51 【정기간행물의등록등에관한법률 제7조 제1항 등 위헌소원】
2) 헌재결 1990. 8. 27, 89헌가118, 재판관 변정수의 반대의견 참조 【도로교통법 제50조 제2항 등에 관한 위헌심판】

3. 기본권제한의 목적

기본권은 헌법 제37조 제2항 전단에 따라 국가안전보장 · 질서유지 또는 공공복리라는 목적을 위하여 필요한 경우에 한하여 제한이 가능하다. 그러나 기본권은 국가안전보장 등 제한의 사유가 존재하는 경우라고 하여 반드시 제한하여야 하는 것은 아니다. 제한의 사유가 존재하는 경우에도 제한할 사유보다 기본권존중의 필요성이 보다 더 크다고 판단될 경우에는 기본권제한을 위한 입법을 자제하여야 한다(제한불가피성의 원칙).

II. 일반적 법률유보에 의한 기본권제한의 형식

1. 법률

헌법 제37조 제2항 전단에 의거한 기본권의 제한은 원칙적으로 법률의 형식으로써만 가능하다. 이때의 법률이란 국회가 제정한 형식적 의미의 법률을 말한다. 기본권제한을 위한 법률은 일반적이어야 하고 명확하여야 한다.[1] 이것을 일반성과 명확성의 원칙이라 한다. 일반적이어야 한다는 것은 개별적인 경우나 개별적인 사항을 법률의 내용으로 할 수 없다는 뜻이다. 이것은 입법의 형식을 띤 행정처분(처분적 법률)[2]이나 실질적 재판에 해당하는 사권박탈법은 원칙적으로 금지된다는 의미이다. 또한 기본권을 제한하는 법률은 명확하여야 한다. 법률의 내용이 불명확한 경우에는 「막연하기 때문에 무효」라는 이론에 따라 무효가 된다.[3]

[헌재결 1990. 4. 2, 89헌가113]
법규의 적용범위가 과도하게 광범위해지면 … 법을 적용하여도 좋은 경우와 적용하여서는 안되는 경우가 법집행자에게도 불확실하고 애매한 사태가 온다. 이러한 의미에서 과도한 광범성은 잠재적인 명확성결여로 볼 수 있기 때문에 형벌법규에 관한 명확성의 원칙에 위배되는 한 가지 예에 해당될 수 있다.

2. 명령

명령도 법률의 위임이 있거나 긴급명령 · 긴급재정경제명령인 경우에는 예외적으로 기본권을 제한할 수 있다.

---

1) 권영성, 헌법학원론, 353면.
2) 권영성, 헌법학원론, 353면.
3) 권영성, 헌법학원론, 353면.

3. 조약과 국제법규

조약과 일반적으로 승인된 국제법규는 국내법체계상 법률과 동일한 효력을 가지므로 조약과 일반적으로 승인된 국제법규에 의한 기본권제한은 법률에 의한 기본권제한에 준한다. 헌법재판소는 법률과 동일한 효력을 가지는 조약은 위헌법률심판의 대상이 된다고 하였다.

헌재결 1995. 12. 28, 95헌바3 【국가배상법 제2조 제1항 등 위헌소원】

헌법 제111조 제1항 제1호 및 헌법재판소법 제41조 제1항은 위헌법률 심판의 대상에 관하여, 헌법 제111조 제1항 제5호 및 헌법재판소법 제68조 제2항, 제41조 제1항은 헌법소원심판의 대상에 관하여 그것이 법률임을 명문으로 규정하고 있으며, 여기서 위헌심사의 대상이 되는 법률이 국회의 의결을 거친 이른바 형식적 의미의 법률을 의미하는 것에는 아무런 의문이 있을 수 없다. 따라서 형식적 의미의 법률과 동일한 효력을 갖는 조약 등은 포함된다고 볼 것이지만 헌법의 개별규정 자체는 그 대상이 아님이 명백하다.

헌재결 1999. 4. 29, 97헌가14 【대한민국과아메리카합중국간의상호방위조약제4조에의한시설과구역및대한민국에서의합중국군대의지위에관한협정 제2조 제1의 (나)항 위헌제청】

이 사건 조약은 그 명칭이 "협정"[1]으로 되어 있어 국회의 관여없이 체결되는 행정협정처럼 보이기도 하나 우리나라의 입장에서 볼 때에는 외국군대의 지위에 관한 것이고, 국가에게 재정적 부담을 지우는 내용과 입법사항을 포함하고 있으므로 국회의 동의를 요하는 조약으로 취급되어야 한다. 이 사건 조약은 국회의 비준동의와 대통령의 비준 및 공포를 거친 것으로 인정되므로 이 사건 조약이 국내법적 효력을 가짐에 있어서 성립절차상의 하자로 인하여 헌법에 위반되는 점은 없다.

Ⅲ. 법률유보의 규범적 한계(입법재량의 기속성; 입법재량남용금지의 원칙)

법률유보의 의미와 기능을 올바로 이해하는 한 기본권의 법률유보는 상기한 바와 같이 그 자체가 이미 기본권제한의 한계를 내포하고 있다고 할 수 있다.[2] 입법권자가 공공의 이익을 보호하기 위한 불가피한 사정의 발생으로 인하여 - 헌법적 수권에 의하여 - 기본권을 제한하는 법률을 제정하는 경우에도 입법권자는 자유로운 입법재량권을 갖는 것이 아니라 절대로 넘어설 수 없는 일정한 한계, 즉 법률유보의 '규범적 한계'[3] 혹은 입법재량의

1) 대한민국과아메리카합중국간의상호방위조약제4조에의한시설과구역및대한민국에서의합중국군대의지위에관한협정(이 사건 조약)의 성격.

2) 同旨 허영, 한국헌법론, 284면.

기속성, 입법재량남용금지의 원칙의 준수의무를 진다.[1] 이는 곧 입법자가 소극적으로 공공의 이익을 유지 · 보호를 위하거나 적극적으로 공공의 이익을 증진하기 위하여 불가피한 사유의 발생으로 인하여 헌법의 수권에 의한 기본권제한의 법률을 제정하는데 있어서의 입법재량에는 일정한 한계가 있음을 의미한다.[2]

현행 헌법은 기본권의 법률유보를 규정하면서 '개별적인 법률유보'를 원칙적으로 피하고[3] '일반적 법률유보'의 형식으로 제37조 제2항에서 기본권제한입법의 한계를 명백히 밝히고 있다. 즉 국민의 모든 자유와 권리는 '국가안전보장 · 질서유지 · 공공복리를 위하여' '필요한 경우에 한하여' '법률로써' 제한할 수 있지만, 제한하는 경우에도 자유와 권리의 '본질적인 내용'을 침해할 수 없다고 규정하고 있다. 다만 현행 헌법 제37조 제2항은 형식적 측면에서의 규정은 '일반적 법률유보'의 형식을 빌리고 있으나, 내용적 측면에서는 '기본권의 법률유보'에 내포되고 있는 순기능적 측면을 강조하는 형식의 문구를 채택하고 있기 때문에, '기본권제한입법의 한계'를 네 가지 차원에서만 제한할 수 있다는 열거적 규정으로 해석해야 한다. 즉 국민의 기본권을 제한하는 법률은 목적상의 한계(국가안전보장 · 질서유지 · 공공복리), 형식상의 한계(법률로써 제한), 내용상의 한계(본질적 내용의 침해금지), 그리고 방법상의 한계(필요한 경우)를 지켜야 하며,[4] 다른 어떠한 형태에 의한 기본권 제한

3) 허영, 한국헌법론, 287면.

1) 권영성, 헌법학원론, 808면.

2) 이는 헌법상의 기본권보호의 목적은 기본권을 최대한으로 존중하면서 헌법에 의하여 보호되고 있는 기타의 기본원칙 · 제도 · 법익 등을 기본권적인 가치와 조화시킬 수 있는 방법을 입법자에게 주지시킴으로써 헌법적 가치를 전체적이며 통일적으로 실현시키는 것이라고 말할 수 있다.

3) 우리 헌법에서 '개별적인 법률유보조항'을 찾을 수 있느냐에 대해서 권영성 교수는 신체의 자유(제12조 제1항 제2문)와 재산권(제23조 제3항)에 관한 규정이 개별적 법률유보조항 이라고 한다(권영성, 헌법학원론, 349면 참조). 이에 반하여 허영 교수는 「신체의 자유에 관해서는 개별적인 법률유보를 논하는 것은 그런 대로 이해할 수 있지만, 재산권에 관해서 '개별적인 법률유보'를 논하는 것은 납득하기가 어렵고 하면서, 재산권에 관해서 규정된 법률유보는 재산권 제한적 의미보다는 재산권형성적 의미가 더 강하게 내포되어 있다고 보아야 하기 때문에 이를 '개별적인 법률유보조항'으로 유형화하는 데는 문제점이 있다. 모든 국민의 재산권은 보장하지만 '그 내용과 한계를 법률로 정한다'는 의미는 이미 존재하는 재산권을 법률로 제한하겠다는 뜻이 아니고, 보장될 수 있는 재산권의 내용과 한계를 법률로 정하겠다는 뜻이기 때문에, 이는 오히려 기본권의 실현에 주안점이 있는 기본권형성적 법률유보라고 평가해야 하리라고 생각한다. 물론 재산권의 내용과 한계를 정하는 법률을 제정하면 그것이 재산권을 형성하는 의미뿐 아니라 재산권을 제한하는 의미도 함께 가지게 되겠지만, 그 중점은 역시 기본권형성에 있다고 보아야 하기 때문」이라고 한다(허영, 한국헌법론, 294면 참조).

4) 허영 교수는 이에 대하여 「우리 헌법 제37조 제2항은 그것이 비록 규정형식으로는 '일반적인 법률유보'조항처럼 보이지만 그 내용 면에서는 '기본권제한입법의 한계조항'이라고 보는 것이 옳다

은 허용되지 아니한다.[1)]

IV. 법률유보의 규범적 한계의 유형

1. 목적상의 한계

법률유보에 의한 기본권제한은 법률유보가 지니고 있는 순기능적 측면에서 고찰하는 경우, 법률유보의 원칙은 궁극적으로는 기본권을 최대한으로 존중하면서도 헌법에 의해서 보호되고 있는 기타의 법익, 기본원칙, 제도 등을 기본권적인 가치와 전체적으로 그리고 통일적으로 실현시키려는 것이라고 말할 수 있다.[2)] 따라서 예컨대 국제평화주의를 하나의 헌법상의 기본원칙으로 채택하고 있는 우리 헌법질서 내에서, 국제평화를 파괴하거나, 침략전쟁을 준비하는 방향의 기본권 행사를 막기 위한 법률을 제정해서 기본권을 제한하는 것은 이 같은 목적적 한계의 관점에서 허용될 수 있는 일이라고 할 것이다. 이러한 점에서 국가안전보장 · 질서유지 · 공공복리 또는 헌법의 수호를 위하여 행해지는 기본권 제한도 목적상의 한계의 범주에 해당한다.[3)]

고 생각된다. 우리 헌법 제37조 제2항이 '일반적인 법률유보'의 형식으로 규정되고 있다는 점만을 지나치게 의식하고, 그 내용과 '기본권의 법률유보'의 순기능적인 의미를 도외시한 채, "국민의 모든 자유와 권리는 필요하다면 법률로써 제한할 수 있다"는 식의 이른바 법률유보의 역기능적인 해석을 국내문헌에서 접할 때마다 헌법이론적인 저항감을 느끼게 된다」고 한다(허영, 한국헌법론, 292면).

1) 법률유보의 의미와 기능을 올바로 이해하는 한 기본권의 법률유보는 상기한 바와 같이 그 자체가 이미 기본권제한의 한계를 내포하고 있다고 할 수 있다(同旨 허영, 한국헌법론, 287면). 입법권자가 공공의 이익을 보호하기 위한 불가피한 사정의 발생으로 인하여 – 헌법적 수권에 의하여 – 기본권을 제한하는 법률을 제정하는 경우에도 입법권자는 자유로운 입법재량권을 갖는 것이 아니라 절대로 넘어설 수 없는 일정한 한계, 즉 법률유보의 규범적 한계(허영, 한국헌법론, 287면) 혹은 입법재량의 기속성, 입법재량남용금지의 원칙이라고 한다(권영성, 헌법학원론, 808면) 법률유보의 '규범적 한계'는 다시 목적 · 형식 · 내용 · 방법상의 한계로 나눌 수 있다.

2) 허영, 한국헌법론, 287면.

3) 따라서 국가의 안전보장과 정권의 안전보장은 엄격히 구별할 필요가 있다. 그러나 막연히 '사회에 해악'을 끼친다는 이유로 기본권을 제한하는 법률을 제정하는 것은 우선 목적적 한계의 시각에서 기본권제한의 한계를 넘어서는 일이라고 말할 수 있다. 특히 허영 교수는 「국내 헌법학계에서는 우리 헌법(제37조 제2항)이 규정하고 있는 '국가안전보장' · '질서유지' · '공공복리'등의 개념에 관해서 각인각색의 해석을 하고 있다. 그러나 보다 중요한 것은 그 개념의 자구해석보다는 기본권제한의 목적상의 한계를 기능적이고 본질적인 측면에서 접근하는 것이 필요하다」고 한다.

국가안전보장 · 질서유지 · 공공복리를 위한 기본권 제한의 경우(목적상의 한계), 이 개념에 대하여 학설과 판례마다 다양한 정의를 내리고 있으나, 실제로는 기본권제한의 합헌성 심사에서 명확한 기준을 제시하고 있지 못하다. 헌법사적으로 보아도 국가안전보장이란 개념은 1972년의 유신헌법에서 처음 규정되었지만, 그 이전에도 학설은 국가의 존립과 안전 등은 질서유지의 개념에 속한다고 보아서 기본권제한의 목적으로 인정되었었고 질서유지와 공공복리가 헌법제정 당시부터 기본권제한의 요건으로 규정되어 있었지만 이에 대한 특별한 논의는 없었다.[1] 이들 개념들은 기본권을 제한하는데 필요한 요건인 헌법상의 법익 · 제도 · 가치 등을 포함하는 추상적 포괄성이 특징이기 때문에,[2] 이들에 대한 정확한 개념을 파악하려는 노력도 중요하지만 개별법률이 추구하는 구체적인 목적이 목적상의 한계에서 정당화될 수 있는지를 엄격하게 파악하고자 노력하는 헌법재판소의 역할이 특히 강조되는 이유도 여기에 있다. 헌법재판소는 과잉금지의 원칙에서 목적의 정당성을 거론하고 있으나,[3] 목적의 정당성은 기본권 제한입법의 규범적 한계에 해당되는 목적상의 한계에서 심사되므로 실제로는 과잉금지의 원칙에서 논할 실익이 적다고 본다.[4]

2. 형식상의 한계

기본권을 제한하기 위한 법률은 또 일반적 법률의 형식으로 제정되어야 한다. 일반적 법률이라 함은 불특정 다수인을 대상으로 하는 일반성과 불특정 다수의 경우를 의미하는 추상성의 요건을 충족시키는 법률을 말한다. 이는 결국 '規範受信人의 일반성'과 '규율대상의 일반성',[5] 즉 기본권 제한의 법률이 불특정 다수인을 상대로 하여 불특정 다수의 경우를 규율하는 일반적 법률의 형식으로 제정되어야 함을 의미한다.[6] 왜냐 하면 현대헌법국

허영, 한국헌법론, 288면 각주 1) 참조.

1) 헌법제정회의록, 헌법안 제2독회(1948.7.5. 제25차 회의), 536면 이하. 서순영 의원은 제27조 제1항, 제2항을 통합하는 수정안에 대한 설명에서 부수적으로 질서유지를 소극적인 경찰방면으로 공공복리를 적극적인 외교적 방면으로 설명하였다. 유진오, 헌법해의, 탐구당, 1953, 101면.

2) 강태수, 기본권의 보호영역, 제한 및 제한의 한계, 한국에서의 기본권이론의 형성과 발전(허영박사화갑기념논문집), 박영사, 1997, 134면.

3) 헌법재판소는 과잉금지의 원칙의 4가지 부분원칙으로서 목적의 정당성, 방법의 적정성, 피해의 최소성, 법익의 균형성을 꼽고 있다. 헌재결 1989. 12. 22, 88헌가13(헌재판례집 제1권 374면); 헌재결 1990.9.3, 89헌가95(헌재판례집 제2권 260면); 헌재결 1995. 4. 20, 92헌바29.

4) 강태수, 기본권의 보호영역, 제한 및 제한의 한계, 한국에서의 기본권이론의 형성과 발전(허영박사화갑기념논문집), 박영사, 1997, 134면.

5) 허영, 한국헌법론, 288면.

6) 따라서 특정인 혹은 특정사건을 규율대상으로 하는 '처분적 법률'의 위헌성논쟁이 야기되는 것도 이와 같은 이유에서 연유된다.

가의 기본원리의 범주에 속하는 민주주의와 법치국가(주의) 그리고 사회국가의 중요한 핵심적인 내용으로 간주되는 실질적 자유·평등·정의의 실현과 밀접한 관계가 있기 때문이다.[1] 일반적이어야 한다는 것은 개별적인 경우나 개별적인 사항을 법률의 내용으로 할 수 없다는 뜻이다. 이것은 입법의 형식을 띤 행정처분이나 처분적 법률, 그리고 실질적 재판에 해당하는 私權剝奪法은 원칙적으로 금지된다는 의미이다. 결국 헌법 제37조 제2항 전단에 의거한 기본권의 제한법률은 국회가 제정한 형식적 의미의 법률을 말한다. 기본권의 제한은 직접 법률에 의하거나 법률에 근거를 둔 법규명령 내지는 행정행위에 의해서만 가능하고 법률에 근거를 두지 아니한 명령·조례·관습법으로는 허용되지 아니한다.[2] 기본권제한을 위한 법률은 일반적인 것(일반성) 이외에도 명확하여야(명확성) 한다. 따라서 법률의 내용이 불명확한 경우에는 「막연하기 때문에 무효」라는 이론에 따라 무효가 된다.[3]

3. 내용상의 한계

기본권을 제한하는 법률은 제한의 내용적 측면에 있어서도 일정한 한계가 있다. 즉 기본권 제한의 현실적인 필요성이 존재한다 할지라도, 그 제한으로 인하여 그 기본권자체의 본질적인 내용(Wesensgehalt)이 形骸化될 정도의 제한은 금지된다(본질적 내용 침해금지의 원칙).[4] 헌법상의 기본권 보장도 결국은 인간으로서의 존엄과 가치를 모든 인간의 생활영역(정치적·경제적·사회적·문화적)에서 실현시키기 위한 것, 즉 주관적 공권(subjektive – öffentliches Recht) 및 객관적 가치질서(objektive Wertordnung)의 확립을 위한 기본요소 및 가치라고 볼 수 있기 때문에, 인간으로서의 존엄과 가치를 정면으로 침해하는 기본권의 제한은 비록 법률에 의한다 할지라도, 어떠한 경우를 막론하고 허용되지 않는다. 이와 같은 관점에서 한국 헌법 제37조 제2항에서는 「… 자유와 권리의 본질적 내용을 침해할 수 없다」고 규정하고 있고, 독일기본법 제19조 제2항에서도 「In keinem Falle darf ein Grundrecht in senem Wesensgehalt angetastet werden : 어떠한 경우에도 기본권의 본질적 내용이 침

---

1) 허영, 한국헌법론, 288면.
2) 이에 관한 예외는 대통령의 국가긴급권행사와 조약이 있지만 이는 (예외적인) 기본권제한으로서 본고에서는 다루지 아니한다.
3) 법규의 적용범위가 과도하게 광범위해지면 … 법을 적용하여도 좋은 경우와 적용하여서는 안되는 경우가 법집행사에게도 불확실하고 애매한 사태가 온다. 이러한 의미에서 과도한 광범성은 잠재적인 명확성결여로 볼 수 있기 때문에 형벌법규에 관한 명확성의 원칙에 위배되는 한 가지 예에 해당될 수 있다(헌재결 1990. 4. .2, 89헌가113, 헌판집 2권, 49(60)면.
4) 기본권의 본질적 내용 침해금지에 관한 내용은 김백유, 직업의 자유의 제한 및 제한의 한계, 한성대논문집(2000.12) 참조; 김대환, 기본권의 본질적 내용 침해금지에 관한 연구, 서울대학교 박사학위논문(1998.8) 참조.

해되어서는 아니 된다」고 규정하여 이러한 의미의 내용상의 한계를 명백히 밝히고 있다.[1)]

4. 방법상의 한계

기본권 제한의 방법상의 한계는 기본권 제한의 정도를 의미하는 것으로서 과잉금지의 원칙을 의미한다.[2)] 기본권 제한의 요건을 구비한 경우에도 기본권을 어느 정도까지 제한할 수 있느냐가 문제된다. 기본권은 국가안전보장 · 질서유지 · 공공복리를 이유로 제한이 가능하지만 그 제한의 사유가 존재한다고 하여 반드시 제한하여야 하는 것은 아니다. 왜냐하면 필요한 경우에 한하여(필요성의 원칙) 제한할 수 있다고 규정하고 있기 때문이다(제37조 제2항). 법률에 의한 기본권 제한은, 기본권의 제한을 불가피하게 하는 현재의[3)] 목적을 달성하기 위해서 필요한 최소한의 범위 내에서만 허용될 뿐 아니라, 보호되는 '법익'과 제한되는 기본권사이에는 합리적이라고 평가할 수 있는 일정한 비례관계(비례의 원칙)[4)]가 성립되어야 한다. 즉 기본권을 제한하기 위한 법률을 제정하려는 입법권자는 기본권제한을 통해서 추구하는 정당한 목적을 달성하는데 가정 적합한 방법을 선택해야 하며(적합성의

---

1) 내용상의 한계는 법률유보의 개념본질적 한계에서 마땅히 나오는 한계라고 볼 수 있기 때문에 헌법이론적으로는 '본질적 내용의 침해금지조항'은 다만 내용상의 한계에 대한 선언적 의미를 갖는 의미를 갖는 것이라는 견해도 있다(허영, 한국헌법론, 289면).

2) 방법상의 한계는 독일연방헌법재판소에서는 '넓은 의미의 비례의 원칙(Grundsatz der Verhältnismäßigkeit im weiteren Sinne)', 우리 나라의 헌법재판소는 '과잉금지의 원칙(Übermaßverbot)'이라고 칭하고 있다. 방법상의 한계는 실질적으로 법률에 의한 기본권제한의 가장 핵심적인 한계를 의미한다고 할 수 있다(허영, 한국헌법론, 박영사, 2009, 283면). 기본권침해에 대한 司法的 심사의 대상도 일반적으로 이 방법상의 한계가 지켜졌는지를 심사하는 것으로 집약될 정도로 우리 나라와 독일의 헌법판례에서도 매우 중요한 의미가 부여되고 있다. 우리 헌법재판소는 우리 헌법이 제37조 제2항에서 과잉금지의 원칙을 명문으로 인정하고 있다고 판시하면서(헌재결 1992. 12. 24, 92헌가8) 법률이 기본권제한의 한계를 일탈했는가를 판단하는 데는 언제나 과잉금지의 원칙을 그 기준으로 삼아야 한다고 한다(헌재결 1989. 9. 8, 88헌가6; 헌재결 1989. 12. 22. 88헌가13; 헌재결 1992.4.14. 90헌마82; 헌재결 1992. 4. 28, 90헌바24).

3) 따라서 장래에 발생가능한 미래적 개연성에 의한 기본권 제한은 인정되지 아니한다.

4) 비례의 원칙의 헌법적 근거는 일반적으로 법의 일반원칙(또는 조리)으로 파악되나, 헌법에 제도화되어 있는 경우에는 헌법원칙으로 볼 수 있다. 우리나라 헌법상 제37조 제2항(기본권의 본질적 내용의 침해금지), 제119조 제2항(경제에 관한 규제와 조정), 제122조(국토이용의 제한과 의무) 등에서 그 근거를 찾을 수 있다. 비례의 원칙의 법률적 근거는 예를 들면 경찰관직무집행법은 제1조 제2항에서, 「이 법에 규정된 경찰관의 직권은 그 직무수행에 필요한 최소한도 내에서 행사되어야 하며, 이를 남용하여서는 아니된다」고 규정하고 있는데 이는 질서권행사에 있어서의 비례원칙을 명문화한 대표적인 예이다. 비례의 원칙위반을 위헌으로 인정한 판례는 다음과 같다(헌재결 1989. 11. 20, 89헌가102, 헌재판례집 1, 89, 29)

원칙), 국민의 기본권이 국가안전보장 · 질서유지 · 공공복리를 위하여 반드시 필요한 정도를 넘어서 침해되는 일이 없도록 유의해야 한다(최소침해의 원칙; 필요성의 원칙).[1] 또 국민의 기본권을 제한하는 정도와 그 제한에 의해서 얻어지는 공익을 엄격하게 비교형량해서 더 큰 공익을 보호하기 위해서 기본권을 제한하는 것이 필요 불가피한 부득이한 경우(비례 내지 균형의 원칙; 상당성의 원칙; 비례성의 원칙)에만 기본권제한입법을 추진할 수 있고,[2] 동시에 상대방에게 수인의 기대가능성이 존재해야 한다. 이는 기본권제한의 방법도 제한되는 기본권과 그 제한에 의하여 보장하려는 공익을 서로 비교형량하여 양자 사이에 균형(협의의 비례의 원칙 · 비례성의 원칙 · 상당성의 원칙)[3]이 유지되어야 하고, 기본권이 성질에 따라 그 제한 기준도 달라져야 한다는 것을 의미한다. 따라서 국민의 기본권을 제한하지 않고서도 충분히 공익목적을 달성할 수 있거나, 보다 더 가벼운 기본권의 제한만으로도 충분히 공익목적을 달성할 수 있음에도 불구하고 단순히 행정편의주의(Oppotunitätsprinzip)에 따라, 무거운 기본권의 제한입법을 시도한다든지, 그리고 기본권의 제한을 정당화시킬 만한 공공의 이익이 인정될 수 없는데도 기본권을 제한하기 위한 법률을 제정하던가 행정처분을 행하는 것은 방법상의 한계를 일탈한 것으로서 위법 · 부당한 것이라고 볼 수 있다. 이와 같은 견지에서 설령 행정청에게 재량권이 부여되어 있는 경우라 할지라도, 당해 행정청은 재량권을 남용할 수 없다.[4] 이러한 의미에서 우리의 헌법재판소도 기본권을 제한하는 경우에 있어서는 과잉금지의 원칙(목적의 정당성 · 방법의 적절성 · 피해의 최소성 · 법익의 균형성)을 그 기준으로 삼아야 된다고 하였다.[5]

---

1) 이는 결국 국민의 기본권이 국가안전보장 · 질서유지 · 공공복리를 위하여 반드시 필요(필요성의 원칙)한 경우에도 기본권제한이 불가피하게 인정될 수 밖에 없다고 인정되는 경우에만 허용되며(불가피성의 원칙), 이 역시 그에 '필요한 최소한의 정도(최소침해의 원칙)'에 그쳐야 한다. 이러한 점에서 필요성의 원칙은 불가피성의 원칙과 최소침해의 원칙으로 구성된다 할 것이다. 이와 같이 방법상의 한계로서는 「적합성의 원칙」 · 「필요성의 원칙(불가피성의 원칙 · 최소침해의 원칙)」 · 「상당성의 원칙」이 준용되어야 함을 의미한다.

2) 허영, 한국헌법론, 290면.

3) 협의의 비례의 원칙(상당성의 원칙)은 제2차 세계대전 이후 발달한 개념이다. 즉 협의의 비례의 원칙은 침해되는 당사자의 私益과 달성하고자 하는 공익과는 적절한 비례관계가 성립되어야 한다는 원칙이다. 헌법재판소는 협의의 비례의 원칙을 '법익의 비례성' 또는 균형성이라는 표현을 사용하고 있다. 즉 공익목적과 그 제한으로 선택된 수단을 고려할 때, 그 제한으로 인하여 받는 私人의 불이익보다 그 수단으로 달성하려는 공익목적의 이익이 커야 한다고 하고 있다(헌재결 1992. 6. 26, 90헌바26).

4) 이러한 의미에서 현행 행정소송법 제27조에서도 「행정청의 재량에 속하는 처분이라도 재량권의 한계를 넘거나 그 남용이 있는 때에는 법원은 이를 취소할 수 있다」고 규정하고 있다.

5) 헌재결 1989. 9. 8, 88헌가6; 헌재결 1989. 12. 22, 88헌가13; 헌재결 1992. 4. 14, 90헌마82; 헌재결 1992. 4. 28, 90헌바24 참조.

V. 일반적 법률유보에 의한 기본권제한의 정도

1. 넓은 의미의 비례의 원칙(Grundsatz der Verhältnismäßigkeit im weiteren Sinne) : 과잉금지의 원칙

1.1. 개관

국민의 기본권을 제한하는 내용의 입법을 함에 있어서는 입법권의 한계를 의미하는 과잉(입법)금지의 원칙이 존중되어야 한다.[1)2)] 과잉금지의 원칙이라 함은 국민의 기본권을 제한함에 있어서 국가작용의 한계를 명시한 것으로서 목적의 정당성·방법의 적정성·피해의 최소성·법익의 균형성 등을 의미하며 그 어느 하나에라도 저촉이 되면 위헌이 된다는 헌법상의 원칙을 말한다. 따라서 과잉금지의 원칙은 다음의 4가지 부분원칙을 그 내용으로 한다.[3)]

비례의 원칙은 헌법상의 기본원칙(Grundsatz)이기 때문에 적용범위는 행정작용만을 구속하는 것이 아니고 모든 국가작용(staatliches Handeln)을 구속한다. 따라서 입법·사법·행정작용에서도 과잉금지의 원칙이 적용된다. 특히 과잉금지의 원칙은 적합성의 원칙·

---

1) 헌재결 1996. 2. 29, 94헌마13 【풍속영업의규제에관한법률 제3조 제5호 등 위헌확인】 풍속영업의규제에관한법률 제3조 제5호 및 동법시행령 제5조 제6호(1994. 7. 23, 대통령령 제14336호로 개정되기 전의 것)에서 노래연습장에 18세 미만자의 출입을 금지하는 것은 직업행사의 자유를 제한하고 있는 것이기는 하나, 목적의 정당성과 방법의 적정성이 인정될 뿐만 아니라 피해의 최소성 및 법익의 균형성의 원칙에도 위배되지 아니하므로 위 조항들이 과잉금지의 원칙에 위배하여 청구인의 직업행사의 자유를 침해한 것이라고 할 수 없다. 동지의 판례 : 헌재결 1992. 12. 24, 92헌가8; 헌재결 1989. 12. 22, 88헌가13.

2) 헌재결 1996. 12. 26, 93헌바17 【노동쟁의조정법 제4조 등 위헌소원】 우리 헌법재판소의 확립된 판례에 의하면 기본권제한입법이 우리 헌법 제37조 제2항에 근거를 두고 있는 과잉금지의 원칙에 위반하지 않으려면 먼저 정당한 목적을 추구하여야 하고(목적의 정당성), 그 목적을 달성하기에 수단이 적합하여야 하고(수단의 적합성), 피해를 최소화하여야 하며(피해의 최소성), 제한되는 기본권과 실현되는 공익 사이에는 상당한 비례관계가 있어야 할 것(법익의 균형성)을 요구하며 만일 기본권을 제한하는 법률이 이 중 어느 한 요건이라도 충족하지 못하면 그 입법은 위헌적인 입법이 된다는 것을 내용으로 하고 있다(同旨 헌재결 1997. 3. 27, 95헌가17).

3) 헌재결 1995. 4. 20, 92헌바29 【지방의회의원선거법 제181조 제2호 등 위헌소원】 舊지방의회의원선거법 제57조, 제67조 제1항은 … 선거에서 부당한 과당경쟁으로 인한 사회경제적 손실을 막고 후보자 사이의 실질적인 기회균등을 보장함과 동시에 탈법적인 선거운동으로 인한 선거의 공정과 평온이 침해되는 것을 방지하고자 하는 목적에서 특히 중대한 폐해를 초래할 우려가 크다고 인정되는 특정의 선거운동방법과 내용만을 제한하는 것이므로 그 목적의 정당성과 수단의 상당성, 침해의 최소성, 법익의 균형성을 갖추어 과잉금지의 원칙에 반하지 아니한다.

필요성의 원칙 · 상당성의 원칙이 개별적 · 독자적으로 작용한다는 의미가 아니고 서로 혼합적 · 축소적 단계구조를 이루면서 작용한다는 의미이다. 즉 여러 가지의 적합한 수단 중에서도 가장 피해를 적게주는 필요한 수단을 선택해야 하며, 필요한 수단중에서도, 가장 상당성(수인기대가능성)이 있는 수단 만이 동시에(융합적으로) 선택되어져야 한다'는 의미이다. 따라서 과잉금지의 원칙의 구성요소중 그 어느 하나라도 위반하면 헌법원칙에 위반되는 것이다.[1]

<사례>

경찰관 갑은 음주운전의 방지라는 공익목적의 실현을 위하여 음주단속을 하고 있었다. 단속중이던 갑은 운전자 을이 혈중 알코홀 농도 0.01%인 것을 측정하고 이를 적발하였다(행정권의 발동). 갑은 을에게 '음주운전을 하였으니 제재를 가하겠다(적합성의 원칙)'고 하였고, 이에 대하여 취할수 있는 조치를 생각하였다. 면허취소와 정치처분 중에서 갑은 운전자 을이 많이 취한 상태는 아니니 '단순한 경고조치를 하여 앞으로는 음주운전을 못하게 하자'라고 판단하여 면허취소가 아닌 면허정지처분을 하였으며(필요성의 원칙), 이때 을이 입게될 피해와 공익목적 실현으로 인한 이익을 서로 비교하여 30일 정치저분을 내렸다(비례성원칙; 상당성의 원칙; 수인기대가능성).

- 적합(량)성의 원칙
- 필요성의 원칙(최소침해의 원칙)
- 협의의 비례의 원칙(상당성의 원칙)

└ 넓은 의미의 비례의 원칙(과잉금지의 원칙)

[과잉금지의 원칙]

① **적합성의 원칙**(Grundsatz der Geeignetheit) : '행정권발동의 정도'가 '공익상 필요의 정도'와 상당한 균형을 유지해야 한다는 원칙(공익을 위하여 필요한 정도와 행정권의 발동 정도)이다. 즉 공공필요를 위하여 선택된 수단이 적합한가의 여부(기본권의 제한이 보호하려는 법익을 실현하는데 적합할 것)를 심사하는 것이다.

② **필요성의 원칙**(Grundsatz der Erforderlichkeit) : 공익목적의 실현을 위하여 '필요한 만큼만'[2] 행정권을 발동할 수 있다는 원칙이다. 다시 말하면 당해 행정목적 달성을 위하

---

1) 헌재결 1989. 12. 22, 88헌가13 【국토이용관리법 제31조의2 제1호 및 제21조의3의 위헌심판제청】 … 다만, "알 권리"(내지 표현의 자유)라고 하는 국민의 기본권이 법률로써 제한 가능하다고 하더라도 그 본질적인 내용을 침해할 수 없음은 물론, 과잉금지의 원칙에도 위배되어서는 아니되는데(제37조 제2항), 과잉금지의 원칙이라 함은 국가작용의 한계를 명시한 것으로서 목적의 정당성 · 방법의 적정성 · 피해의 최소성 · 법익의 균형성을 의미하며 **그 어느 하나에라도 저촉이 되면 위헌이 된다는 헌법상의 원칙이다.** 同旨의 판례 : 헌재결 1992. 2. 25, 89헌가104 [합헌] 【군사기밀보호법제6조등에대한위헌심판】

2) '필요한 경우에'라는 표현보다는 '필요한 만큼만'으로 표현하는 것이 바람직하다.

여 이론적으로 가능한 여러 가지 적합한 수단들 중에서 당사자의 권리나 자유를 가장 최소한으로 침해하는 수단을 선택해야한다.

③ **상당성의 원칙**(Grundsatz der Angemessenheit) : 공익목적을 위하여 침해받는 당사자의 私益과 달성하고자 하는 공익과는 적절한 비례관계가 성립(보호하려는 법익과 제한하는 기본권 사이에 적절한 비례관계가 있어야 한다 : Propotionailtät)[1]되어야 한다는 원칙이다. 이를 비례성(Verhältnismäßigkeit)의 원칙이라 한다. 공공필요를 위하여 제한 받는 私人의 불이익보다 그 수단으로 달성하려는 공익목적의 이익이 커야 한다.[2] ☜ **이익형량**

1.2. 내용

1.2.1. 목적의 정당성

목적의 정당성이라 함은 국민의 기본권을 제한하는 입법은 그 목적이 헌법과 법률의 체계 내에서 정당성을 인정받을 수 있어야 한다는 것을 말한다.

헌재결 1995. 3. 23, 92헌가14 【노동조합법 제46조 위헌제청】

노동조합법 제46조 중 "제42조의 규정에 의한 구제명령에 위반하거나" 부분은, 국민의 기본권 제한방법에 있어 형평을 심히 잃어 위 법률규정의 실체적 내용에 있어 그 합리성과 정당성을 더욱 결여하였다고 할 것이므로 헌법상의 적법절차의 원리에 반하고 과잉금지의 원칙에도 저촉된다고 할 것이다.

헌재결 1997. 7. 16, 95헌가6등 【민법 제809조 제1항 위헌제청】

이 사건 법률조항은 금혼규정으로서의 사회적 타당성 내지 합리성을 상실하고 있음과 아울러 "인간으로서의 존엄과 가치 및 행복추구권"을 규정한 헌법이념 및 규정과 "개인의 존엄과 양성의 평등"에 기초한 혼인과 가족생활의 성립·유지라는 헌법규정에 정면으로 배치된다 할 것이고, 또 그 금혼의 범위를 동성동본인 혈족, 즉 남계혈족에만 한정하여 성별에 의한 차별을 하고 있는데 이를 시인할만한 합리적인 이유를 찾아볼 수 없으므로 헌법상의 평등의 원칙에도 위반되는 것이다. 결국 이 사건 법률조항은 헌법 제10조, 제11조 제1항, 제36조 제1항에 위반될 뿐만 아니라 그 입법목적이 이제는 혼인에 관한 국민의 자유와 권리를 제한할 "사회질서"나 "공공복리"에 해당될 수 없다는 점에서 헌법 제37조 제2항에도 위반된다 할 것이다.

헌법재판소는 사교육의 영역에 관한 한, 우리 사회가 불행하게도 이미 자정능력이나 자기조절능력을 현저히 상실했고, 이로 말미암아 국가가 부득이 개입하지 않을 수 없는 실정이므로 위와 같이 사회가 자율성을 상실한 예외적인 상황에서는 법 제3조가 의도하는 입법목적도 입법자가 '잠정적으로' 추구할 수 있는 정당한 공익이라고 하겠다.[3]고 하여 과외

---

1) 장영수, 헌법학, 515면.

2) 헌재결 1992. 6. 26, 90헌바26 【정기간행물의등록등에관한법률 제10조 등에 대한 헌법소원】

금지사건에서 고액과외교습을 방지를 통한 사교육에서의 과열경쟁으로 인한 학부모의 경제적 부담을 감경하고 국민이 되도록 균등한 정도의 사교육을 받도록 하는 입법목적의 정당성을 인정하였다.

- 과잉금지의 원칙과 목적의 정당성 -

과잉금지의 원칙의 하부원칙으로서 목적의 정당성을 포함시킬 수 없다는 견해가 있다. 왜냐하면 비례의 원칙은 목적과 수단사이에 존재하는 일정한 관계를 전제로 하는 개념이므로 목적과 수단사이의 일정한 관계를 전제로 하지 않는 목적의 정당성은 이에 포함 시킬수 없다고 한다.

또한 목적의 정당성은 그 자체로서 절대적으로 평가되는 것이 아니라 그와 충돌하는 다른 원칙과의 관계에서 오로지 상대적으로만 평가될 수 있다는 점에서 목적의 정당성을 비례의 원칙의 부분원칙으로 포함 시킬 필요는 없다고 한다.[1)]

- 과잉제한금지의 원칙과 과잉급부금지의 원칙의 구별 -

다만 기본권 제한입법의 경우에는 과잉제한금지의 원칙, 기본권 보장 및 형성영역(급부행정영역)에서는 과잉급부금지의 원칙이라는 표현을 하여 서로 구분할 수 있다. 따라서 과잉금지의 원칙(과잉제한금지의 원칙)이라는 표현을 비례의 원칙이라고 표현하는 것은 타당하지 않다는 견해도 있다.[2)]

[과잉금지의 원칙과 목적의 정당성]

과잉금지의 원칙의 하부원칙으로서 목적의 정당성을 포함시킬 수 없다는 견해가 있다. 왜냐하면 비례의 원칙은 목적과 수단사이에 존재하는 일정한 관계를 전제로 하는 개념이므로 목적과 수단사이의 일정한 관계를 전제로 하지 않는 목적의 정당성은 이에 포함 시킬수 없다고 한다.

또한 목적의 정당성은 그 자체로서 절대적으로 평가되는 것이 아니라 그와 충돌하는

---

3) 헌재결 2000. 4. 27, 98헌가16【학원의설립 · 운영에관한법률 제22조 제1항 제1호 등 위헌제청】 학원의설립 · 운영에관한법률 제3조 등 위헌 확인.

1) 이준일, 헌법상 비례성원칙, 한국공법학회 · 대법원헌법연구회(2009.4.18), 비례원칙과 사법심사, 27면; 목적의 정당성을 비례의 원칙에 포함시키는 것을 반대하는 견해로는 황치연, 우리 헌법재판소에 있어서의 과잉금지의 원칙의 문제점, 고시연구(1997.3), 180면; 이기철, 헌법재판소는 비례의 원칙에 목적의 정당성을 포함시켜도 좋은가?, 공법연구(2006 : 제35집 제1호), 384면 이하; 한수웅, 헌법 제37조 제2항의 과잉금지의 원칙의 의미와 적용범위, 한국법학원, 저스티스, 통권 95호(2006), 9면; 목적의 정당성을 포함시키든 제외하든 실익이 없다는 견해는, 최갑선, 비례의 원칙에 따른 법률의 위헌심사, 한국공법학회, 공법연구(제25집 제4호, 1977, 658면; 정종섭; 김형성, 과잉금지의 원칙과 적용상의 문제점, 헌법연구실무, 제3권(2002), 65-66면.

2) 이준일, 헌법상 비례성원칙, 한국공법학회 · 대법원헌법연구회(2009.4.18), 비례원칙과 사법심사, 35면.

다른 원칙과의 관계에서 오로지 상대적으로만 평가될 수 있다는 점에서 목적의 정당성을 비례의 원칙의 부분원칙으로 포함 시킬 필요는 없다고 한다.[1)]

1.2.2. 방법의 적정성(수단상당성) : 적합성의 원칙(최대화 명령)

방법의 적정성(적합성의 원칙 : 수단이 그 목적에 대해 적합할 것[2)])이라 함은 국민의 기본권을 제한하는 입법을 하는 경우에 법률에 규정된 기본권제한의 방법은 입법목적을 달성하기 위한 방법으로서 효과적이고 적절한 것이어야 한다는 것을 말한다.

일정한 목적과 수단과의 관계에서 요구되는 적합성원칙은 일정한 목적의 실현을 가능한한 최대한 실현하도록 요구한다는 점에서 최대화명령(imperative of maximization)이라 할 수 있다.[3)]

헌재결 1995. 2. 23, 91헌마204 【교육법 시행령 제71조 등 에 대한 헌법소원】

거주지를 기준으로 중·고등학교의 입학을 제한하는 교육법시행령 제71조 및 제112조의 6 등의 규정은 과열된 입시경쟁으로 말미암아 발생하는 부작용을 방지한다고 하는 입법목적을 달성하기 위한 방안의 하나이고, 도시와 농어촌에 있는 중 고등학교의 교육여건의 차이가 심하지 않으며, 획일적인 제도의 운용에 따른 문제점을 해소하기 위한 여러 가지 보완책이 위 시행령에 상당히 마련되어 있어서 그 입법수단은 정당하므로, 위 규정은 학부모의 자녀를 교육시킬 학교선택권의 본질적 내용을 침해하였거나 과도하게 제한한 경우에 해당하지 아니한다.

1.2.3. 피해의 최소성 : 필요성의 원칙 · 피해의 최소성(최소화 명령)

피해의 최소성이라 함은 입법권자가 선택한 기본권의 제한조치가 입법목적달성을 위하여 적절한 것일지라도 보다 완화된 수단이나 방법을 모색함으로써 그 제한을 필요최소한의 것이 되게 하여야 한다는 것을 말한다(최소침해의 원칙).

---

1) 이준일, 헌법상 비례성원칙, 한국공법학회 · 대법원헌법연구회(2009.4.18), 비례원칙과 사법심사, 27면; 목적의 정당성을 비례의 원칙에 포함시키는 것을 반대하는 견해로는 황치연, 우리 헌법재판소에 있어서의 과잉금지의 원칙의 문제점, 고시연구(1997.3), 180면; 이기철, 헌법재판소는 비례의 원칙에 목적의 정당성을 포함시켜도 좋은가?, 공법연구(2006 : 제35집 제1호), 384면 이하; 한수웅, 헌법 제37조 제2항의 과잉금지의 원칙의 의미와 적용범위, 한국법학원, 저스티스, 통권 95호(2006), 9면; 목적의 정당성을 포함시키든 제외하든 실익이 없다는 견해는, 최갑선, 비례의 원칙에 따른 법률의 위헌심사, 한국공법학회, 공법연구(제25집 제4호), 1977, 658면; 정종섭; 김형성, 과잉금지의 원칙과 적용상의 문제점, 헌법연구실무, 제3권(2002), 65-66면.

2) 김철수, 헌법학(상), 453면.

3) 이준일, 헌법상 비례성원칙, 한국공법학회 · 대법원헌법연구회(2009. 4. 18), 비례원칙과 사법심사, 29면.

일정한 목적의 실현을 위해 피해를 입는 다른 목적과 수단의 관계에서 요구되는 필요성의 원칙은 그 목적에 대한 피해를 최소화하도록 요구한다는 점에서 최소화 명령(imperative of minimization)이라고 할 수 있다.[1)]

헌재결 1991. 7. 22, 89헌가106 【사립학교법 제55조 등에 관한 위헌심판】
기본권의 최대보장의 원칙과 최소제한의 원칙은 기본권보장의 2대원칙이며, 이 원칙은 헌법이 기본권제한의 방법으로 규정하고 있는 일반적 법률유보에 의한 제한방법(헌법 제37조 제2항)이나 헌법의 직접규정에 의한 제한방법의 해석에 있어서도 존중되어야 한다.[2)]

- 금치 수형자 집필금지는 위헌(최소한의 제한 벗어나 과잉금지원칙 위배) -
헌법재판소 전원재판부(주심 李相京 재판관)는 2005년 2월 24일 교도소에서 금치처분을 받아 징벌실에 수용됐던 유모씨가 "징벌실(소위 먹방)에 수용될 경우 일체의 집필활동을 금지하고 있는 행형법 시행령 제145조 제2항은 과도한 기본권 침해"라며 낸 헌법소원사건(2003헌마289)에서 '집필' 부분에 대해 재판관 6대3의 의견으로 위헌결정을 내렸다. 재판부는 결정문에서 "금치처분을 받은 수형자에 대한 집필금지는 당연히 예상되는 범위를 벗어나 표현의 자유 등 기본권의 제한을 초래하는데도 행형법 제46조 제2항 제5호는 금치를 규정하고 있을 뿐 금치의 구체적인 효과나 집행방법에 대해 명시적인 규정이나 위임규정도 두지 않아 법률유보원칙을 위반했다"고 밝혔다. 재판부는 또 "집필은 지극히 개인적인 행위로서 교도소의 질서와 안전의 유지에 어떤 위험을 줄 수 있는 행위가 아니며 수용자의 건전한 정신활동을 촉진해 교정 · 교화에 이바지하는 경우도 있는데 집필을 원천봉쇄하는 것은 필요최소한의 제한을 벗어나 과잉금지의 원칙에 위반된다"고 밝혔다.[3)]

헌재결 1989. 12. 22, 88헌가13 【토지거래허가제】
"따로 최소침해의 요구를 충족시켜 줄 수 있는 최선의 방법이 제시되어 있다거나 아니면 쉽게 찾을 수 있다거나 함과 같은 사정이 없는 상황에서는" 과잉금지원칙의 위반을 인정할 수 없다.

헌재결 1999. 4. 29, 94헌바37 【택지소유상한에관한법률】
"그러나 과거 우리의 경험에 비추어 위와 같은 제도들만으로는 입법목적을 달성하기 어려우리라는 예측이 가능하고, 법 제정 당시의 심각한 현상을 극복하기 위해서는 택지소유 상한이라는 강력한 처방이 필요하다는 입법자의 판단이 명백히 잘못되었다고 볼 수 없으므로, 택지소유 상한제도 그 자체는 입법목적을 달성하기 위하여 필요한 정도를

---

1) 이준일, 헌법상 비례성원칙, 한국공법학회 · 대법원헌법연구회(2009. 4. 18), 비례원칙과 사법심사, 30면.
2) 재판관 김양균의 반대의견 참조.
3) 홍성규 기자 cool@lawtimes.co.kr 2005-02-25

넘는 과도한 조치라고 말할 수 없다"

1.2.4. 법익의 균형성(법익비례성) : 최적화 명령

법익의 균형성이라 함은 기본권의 제한이 위의 원칙들에 적합한 경우에도 기본권의 제한이 의도하는 정치 · 경제 · 사회적 유용성과 그 제한에 의하여 야기되는 국민적 사회적 손실을 비교형량하여 양자간에 합리적인 균형관계가 성립하여야 함을 말한다. 이 원칙은 어떠한 행위를 규제함으로써 초래되는 사적 불이익과 그 행위를 방치함으로써 초래되는 공적 불이익을 비교하여, 규제함으로써 초래되는 공익이 보다 크거나 적어도 양자간에 균형이 유지되어야 한다는 원칙(보호하려는 법익과 제한하는 기본권 사이에 적절한 비례관계가 있어야 한다 : Propotionailtät)이다.

일정한 목적과 다른 목적의 관계에서 요구되는 좁은 의미의 비례의 원칙은 일정한 목적의 실현과 다른 목적의 실현을 가장 균형있고(balanced), 조화로운(harmonious) 최적의 상태를 만들도록 요구한다는 점에서 최적화명령(imperative of optimization)이라고 부를 수 있다.[1)]

우리나라의 헌법재판소 및 독일의 헌법재판소도 기본권을 규제함에는 기본적 인권의 존중과 공공복리의 필요를 비교형량하여 양자간에 적정한 균형이 유지되도록 하는 것을 목표로 하여야 한다고 판시한 바 있다.[2)]

헌재결 1998. 5. 28, 95헌바18 【일가구 이차량에 대한 중과】

"법률조항에 의하여 보호되는 공익과 제한되는 기본권 사이에 현저한 불균형이 있다고 볼 수 없으므로 법익균형성을 갖추었다고 볼 수 있다.

헌재결 1999. 4. 29, 94헌바37 【 택지소유상한제】

"재산권침해의 효과와 소유상한을 통하여 달성하려는 '적정한 택지공급'이라는 공익 사이의 합리적인 비례관계를 명백히 벗어났다"

헌재결 2000. 4. 27, 98헌가16 【과외금지】

"그 제한을 통하여 얻는 공익적 성과와 제한이 초래하는 효과가 합리적인 비례관계를 현저하게 일탈하고 있다"

---

1) 이준일, 헌법상 비례성원칙, 한국공법학회 · 대법원헌법연구회(2009.4.18), 비례원칙과 사법심사, 32면.

2) 헌재결 1989. 9. 8, 88헌가6; 독일연방헌법재판소의 결정(BVerfGE 7, 198(210 f); BVerfGE 4, 219(235 f); BVerfGE 15, 283(294 f); BVerfGE 25, 69(77); BVerfGE 27, 71(80); BVerfGE 28, 191(202).

기본권제한에 있어 법익형량의 이론은 실질적 평등의 원칙으로부터 유래한 것으로 이는 배분적 정의의 구체적 실현이라고도 할 수 있다.

2. 이중기준의 원칙

기본권제한의 이중기준론은 기본권 중에서 정신적 자유권과 재산적·경제적 기본권을 구별하여, 전자의 가치는 후자의 가치에 우월하는 것이므로 양자에 대한 제한방법 내지 제한기준도 달리하여야 한다는 이론이다. 다시 말하면 정신적 자유권은 원칙적으로 제한되지 아니하며, 예외적으로 제한되는 경우에도 그 제한(규제)입법의 합헌성 여부에 대한 판단은 경제적 기본권에 대한 그것보다 엄격하지 않으면 아니된다는 논리가 이중기준의 원칙이다.

- 이중기준의 원칙 -

신체 및 정신작용과 관련된 인신보호를 위한 기본권 등에 대한 제한의 합헌성 판단기준이 엄격하게 적용되는 것과는 달리, 재산적·경제적 권리의 제한에 관한 합헌성의 판단기준은 관대하게 적용됨으로써 국가의 재량의 범위를 비교적 넓게 인정하는 것이 현대민주국가의 추세이며, 이것이 이른바 기본권제한입법에 있어서 적용되어야 할 이중기준의 원칙이다.

헌재결 1991. 6. 3, 89헌마204 **【화재로인한재해보상과보험가입에관한법률 제5조 제1항 의 위헌여부에 관한 헌법소원】**

[변정수, 김양균의 반대의견] 재산적·경제적 권리(자유)에 관한 합헌성의 판단기준은, 신체 및 정신작용과 관련된 인신보호를 위한 기본권 등에 대한 제한의 합헌성 판단기준이 엄격하게 적용되는 것과는 달리 관대하게 적용됨으로써 국가의 재량의 범위를 비교적 넓게 인정하는 것이 현대국가의 추세이며, 이것이 이중기준의 원칙이다.

표현의 자유의 제한은 (ㄱ) 사전억제의 금지(사전억제금지의 원칙), (ㄴ) 제한의 사유와 제한의 정도에 관한 명확성(명확성의 원칙), (ㄷ) 명백하고 현존하는 위험의 원칙, (ㄹ) 합리적 사유 등과 같은 엄격한 요건이 충족될 필요가 있지만, 경제적 기본권을 제한하는 경우에는 합리적 사유가 있으면 충분하다고 한다.[1]

「표현의 자유의 제한」
- 사전억제의 금지의 원칙
- 제한의 사유와 제한의 정도에 관한 명확성(명확성의 원칙)

1) 권영성, 헌법학원론, 356면.

- 명백하고 현존하는 위험의 원칙
- 합리적 사유

「경제적 기본권의 제한」
- 합리적 사유

3. 본질적 내용침해금지의 원칙

헌법은 기본권을「제한하는 경우에도 자유와 권리의 본질적인 내용을 침해할 수 없다(제37조 제2항 후단)」라고 하고 있다. 기본권의 본질적인 내용이라 함은 당해 기본권의 핵이 되는 실체(Grundsubstanz)를 말하고, 본질적인 내용의 침해라 함은 그 침해로 말미암아 당해 자유나 권리가 유명무실한 것(형해화)이 되어 버리는 정도의 침해를 말한다. 어느 정도의 침해가 본질적 내용에 대한 침해인가는 각 기본권의 내용 중에서 그 핵이 되는 실체가 어떤 것인가에 따라 결정될 것이다. 그러나 기본권의 본질적 내용침해금지의 원칙이 적용되면서도 과연 무엇이 개별적 기본권의 본질적 내용인가 하는 것을 정의내리기는 어렵다. 여기에는 절대설, 상대설, 절충설 등 다양한 견해가 있다.[1] 따라서 독일연방헌법재판소는 기본권의 본질적 내용의 의미를 발견하는 것보다는 과잉금지의 원칙을 일반적인 판례의 기준으로 삼고 있다.

「판례」

(1) 헌법 제37조 제2항의 본질적 내용침해금지의 원칙은「헌법에서 부여한 기본권을 법률로 그 범위를 제한할 수는 있으되, 제한하여야 할 현실적인 필요성이 아무리 큰 것이고 또 강조될 것이라 하더라도 기본권을 근본적으로 잃게 하는 본질적 내용을 침해하는 기본권 제한입법은 허용되지 아니함」을 뜻한다.[2]

(2) 본질적 내용침해금지의 원칙에서 본질적인 내용은 헌법상의 각 기본권마다 가진 특유의 내용이므로, 근로3권의 본질적인 내용도 근로3권의 핵이 되는 실질적 요소 내지 근본요소를 뜻한다고 할 것이며, 따라서 근로3권의 본질적인 내용을 침해하는 경우라고 하는 것은 그 침해로 인하여 근로3권이 유명무실해지고 근로3권이 形骸化되어 헌법이 근로3권을 보장하는 궁극적인 목적을 달성할 수 없게 되는 지경에 이르는 경우라고 할 것이다.[3]

내심의 작용을 권리의 내용으로 하는 기본권인 경우에는 내심의 작용을 침해하는 것

---

1) 홍성방, 헌법학, 359면.

2) 헌재결 1991. 7. 22, 89헌가106, 재판관 이시윤의 반대의견 참조【사립학교법 제55조 등 에 관한 위헌심판】

3) 헌재결 1991. 7. 22, 89헌가106 : 재판관 김양균의 반대의견 참조; 헌재결 1990. 9. 3, 89헌가95; 헌재결 1989. 12. 22, 88헌가13【국토이용관리법 제31조의2 제1호 및 제21조의3 의 위헌심판제청】

도 본질적인 내용에 대한 침해라고 할 수 있을 것이고, 인간으로서의 존엄과 가치의 상실 여부도 본질적 내용의 침해금지의 중요한 판단 기준이 될 것이다.

– 일반적 법률유보(헌법 제37조 제2항)에 의한 기본권 제한의 규범적 한계 –

목적상의 한계 : 국가안전보장 · 질서유지 · 공공복리

형식상의 한계 : 법률로써

내용상의 한계 : 기본권의 본질적 내용의 침해금지(공통가치 + 고유가치)

방법상의 한계 : (꼭) 필요한 경우에 한하여

방법상의 한계 : 필요한 경우에 한하여
- 적합성
- 필요성
  - 불가피성의 원칙
  - 최소침해의 원칙
- 상당성(협의의 비례 · 비례성)
- 목적의 정당성(헌법재판소)
- 방법의 적절성
- 피해의 최소성
- 법익의 균형성

헌법 제37조 제2항이 적용되는 경우		
국가안전보장(국가안보)를 위해서 적용 되는 법률	질서유지를 위해서 적용되는 법률(데모와 관련)	공공복리를 위해서 적용되는 법률(땅(土)과 관련)
* 국가보안법 * 형법	* 집회및시위에관한법률 * 형법 * 도로교통법 * 소방기본법 * 총포화약류에관한법률 * 폭력행위등처벌에관한벌률 * 형사소송법 * 경찰관직무집행법	*공익사업을위한토지등의취득및보상에관한법률(舊토지수용법+舊공공용지의취득및손실보상에관한특례법) * 건축법 * 지적법 * 항공법 * 하천법 * 국토의계획및이용에관한법률(舊국토이용관리법+舊도시계획법)

제 2 장

基本權 各論

(個別的 基本權)

제 2 장
基本權 各論 (個別的 基本權)

제 2 장 기본권 각론(개별적 기본권)

제 1 절 인간의 존엄과 가치(인간의 존엄성과 기본인권보장) · 행복추구권 · 법앞의 평등

제 1 항 인간의 존엄과 가치 · 행복추구권

인간의 존엄성 내지 인간으로서의 존엄과 가치라함은 인격의 내용을 이루는 윤리적 가치이다. 이러한 인간으로서의 존엄과 가치는 양도 · 포기할 수 없으며 자연법사상에 근거한 초국가적 권리이다.

> 헌법 제10조(인간의 존엄성과 기본인권보장) 모든 국민은「인간으로서의 존엄과 가치」를 가지며, 행복을 추구할 권리를 가진다. 국가는 개인이 가지는 불가침의 기본적 인권을 확인하고 이를 보장할 의무를 진다.
>
> 제32조(근로의 권리 · 의무 등, 국가유공자의 기회우선) ③ 근로조건의 기준은 인간의 존엄성을 보장하도록 법률로 정한다.
>
> 제36조(혼인과 가족생활, 모성보호, 국민보건) ① 혼인과 가족생활은 개인의 존엄과 양성의 평등을 기초로 성립되고 유지되어야 하며, 국가는 이를 보장한다.
>
> 제37조(국민의 자유와 권리의 존중 · 제한) ① 국민의 자유와 권리는 헌법에 열거되지 아니한 이유로 경시되지 아니한다. 제2항 : 국민의 자유와 권리는 국가안전보장 · 질서유지 또는 공공복리를 위하여 필요한 경우에 한하여 법률로써 제한 할 수 있으며, 제한하는 경우에도 자유와 권리의 본질적인 내용을 침해할 수 없다.

I. 인간의 존엄과 가치

1. 특징

인간의 존엄성에 관한 헌법 제10조의 규정은 바로 헌법개정의 한계 및 기본권제한의 한계(자유와 권리의 기본권의 본질적 내용의 침해금지)를 규정한 것이다.

2. 연혁 및 입법례

2.1. 연혁

인간의 생명·자유 및 행복추구권은 영국의 록크(John Locke)의 영향을 받아 1776년의 미국 버지니아(Virginia)인권선언에서도 인정된 것이다. 인간의 존엄과 가치는 특히 제2차세계대전을 통하여 겪은 대량학살·강제노동·인간에 대한 생체실험등의 비인간적 만행등에 대하여 뒤늦게나마 인간성회복의 자각이 싹트게 된 것이다. 이리하여 여러 가지 형태의 국제조약(세계인권선언, 유럽 인권조약, 국제인권선언 등)에서 인간의 존엄성 등에 관한 내용을 이념적 가치로 규정하고 이의 실현을 지향하고 있다.

2.2. 입법례

인간의 존엄과 가치에 관하여는 일본·독일·그리이스·터키 등의 헌법에서 이를 규정하고 있다. 특히 인간의 존엄과 가치에 관하여는 우리 헌법 제5차 헌법개정 때 처음으로 채택되었고, 이는 독일의 Bonn 기본법에 영향을 받은 것이다. 다만 우리나라의 제8차 헌법개정 때 신설된 행복추구권에 관한 규정은 독일의 Bonn 기본법에서는 이에 관한 규정이 없고, 미국의 헌법에 영향을 받은 것이다.

3. 사례연구

3.1. 미국의 경우

최근 미국에서는 판사들이 징역형이나 벌금형외에 「대중앞에서 망신주기刑」을 선고하는 사례가 늘고 있다. 교도소시설부족과 수감비용이 많은 이유도 있지만, 흉악범이 아닌 경우 모욕감을 주는 것이 범죄심리억제에 효과적이라는 판단 때문이다. 이러한 판결들이 인간으로서의 존엄과 가치를 침해하는지의 여부를 판단하라.

「판결례」: 조선일보, 1996년 6월27일 8면 참조

1) 텍사스 지방법원 테드판사는 이례적 판결로 유명한 인물이다. 부인 상습폭행범에게 여성단체회원들에게 공식 사과하라는 판결을 내렸다. 여학생 2명을 성추행한 66세의 피아노 선생에게는 피아노 압류, 20년 집행유예기간 중 피아노연주 금지에다 집 현관문에 「18세이하 여성출입금지」 팻말을 부착토록 했다. 또 자녀학대를 이유로 하여 유죄선고를 받은 중년남자에게 내려진 형벌은 집행유예 10년 동안 일주일에 3-4회 씩 147km 떨어진 휴스턴경찰서 기마대의 말똥을 치우도록 판결했다.

2) 테네시州 멤피스의 조 브라운판사는 도둑을 당한 피해자가족들에게 범인의 집에 들어가서 아무것이나 원하는 물건을 가져가라는 판결을 내렸다.

3) 아칸소주의 한 판사는 상점내 물건을 슬쩍한 사람에게 「나는 도둑놈」이라는 팻말을 몸 앞뒤에 걸고 하루 종일 가게 앞을 오가게 했다.

4) 플로리다주의 한 법원에서는 음주운전자 차량 번호판에 「술주정뱅이 운전사」라는 스티커를 붙이도록 했다.

5) 뉴햄프셔주 멘체스터법원은 미성년자추행범에게 일간지에 자신의 사진과 공개사과문을 내도록 했다.

3.2. 한국의 경우

2000년 7월부터 미성년자에 대한 성범죄자의 신상이 공개된다고 한다. 원조교제 등 청소년 대상 성범죄자에 대해 구체적인 직장명과 생년월일, 주소 등 신상이 관보와 청소년보호위 인터넷 홈페이지 등에 공개된다는 것이다.[1)]

"류씨 성, 유씨 표기강제 부당"판결 : "국가, 한글표기 통일 위해 두음법적 적용 인격권 침해"

(대전=연합뉴스) 윤석이 기자 = 국가가 한자 성(姓)을 한글로 표기하면서 일방적으로 두음법칙을 적용토록 강제한 것은 부당하다는 법원의 판단이 나왔다. 대전지법 민사1부(재판장 손차준)는 12일 유(柳)모(81)씨가 호적 성의 한글 표기를 '유'씨에서 '류'씨로 정정해달라는 호적정정신청을 기각한 원심을 깨고 항고심에서 호적정정을 허가하는 결정을 내렸다. 재판부는 결정문에서 "국가가 개인의 구체적인 상황이나 의사를 전혀 고려하지 않고 일방적으로 성의 한글표기에 두음법칙 적용을 강제하는 것은 개인의 자기결정권을 핵심으로 하는 헌법상의 인격권을 침해하는 것"이라고 밝혔다. 이어 "사회 소수자의 소리에 귀를 기울이는 것이 기본적인 인권보장과 민주적 기본질서 확립에 중요한 요소임을 감안할 때 단순히 성씨의 한글 표기 통일을 위해 성에 두음법칙을 적용하는 것은 헌법적 이념에 반한다"고 강조했다.

재판부는 또 "성은 개인의 동일성을 식별하고 혈통의 상징하는 기호인데 성의 '柳'씨를 '유'로 표기하더라도 한글 표기만으로는 역시 유로 표기되는 '劉씨, 兪씨'와 구별되지 않고 성에 대해 두음법칙 적용을 강제할 만한 정당한 목적이나 구체적인 이익도 찾을 수 없다"고 덧붙였다. 더구나 "성에 대한 두음법칙 강제는 개인의 기본권 침해 내지는 제한하는 규정인데도 법률의 형식을 취하지 않고 행정규칙인 대법원 예규(제520호 제2항)로 규정한

1) 이같은 신상공개의 선례로는 1996년 미국에서 제정한 Megan's Law가 있다. 이는 1994년 미국 뉴저지주에서 당시 7세 소녀 Megan Kanka가 이웃의 성범죄 전과자의 집에 놀러갔다가 무참히 성폭행·살해당한 사건에서 유래한 것이다. 그러나 최근에는 현재 미국에서 Megan's Law에 의해 신상이 공개되는 핵심조항을 무효화하는 州최고법원의 판결이 잇따르고 있으며, 대부분의 주에서는 제한적인 범위의 사람에게 제한적인 방법으로 신상정보를 공개하고 있다. 신상을 공개해 범죄를 미연에 방지한다는 긍정적 측면보다는 우발적 범행으로 인해 인생을 망치는 등 부정적인 면이 더 많이 있다는 점을 인정한 때문이라고 한다. 아무리 범죄자라고 할지라도 부단한 인권 침해를 당해서는 안된다. 범죄자에 대한 신상공개는 어디까지나 범죄자의 불법과 범죄 및 그 책임의 정도에 상응하여야 하며 적법하고도 적정한 절차를 밟아야 한다. 범죄자의 인권도 보호할 가치가 있다. 池光準(강남대 법학과 교수), 조선일보, 2000. 4. 4. 7면 참조.

것은 헌법에 위배돼 무효"라고 판시했다. 이에 따라 유(劉, 兪)씨 등과는 달리 한글 이름 성을 '류'씨로 불러온 문화 유(柳)씨 후손들과 일부 '리(李)'씨, '라(羅)'씨 문중 등의 호적정정신청도 잇따를 것으로 예상된다. 앞서 유씨는 '문화 유(柳)'씨로 그 성의 올바른 한글표기가 '류'임에도 호적에는 두음법칙을 적용, '유'로 잘못 기재돼 있어 인권을 침해하고 있다며 법원에 호적정정신청을 냈으나 지난 3월 1심에서 기각됐었다.[1)]

II. 행복추구권

행복의 개념은 다의적이고 주관적이며 상대적 개념이므로 구체적으로 정의를 내리기 힘들다. 일반적으로는 행복추구권은 인간이 그 스스로가 추구하고 생각하는 대로의 행복하고 만족한 상태를 추구할 수 있는 권리이다. 행복은 공적 · 사적인 행복은 물론 물질적 · 정신적 행복도 포함한다.[2)]

헌재결 1989. 10. 27, 89헌마56 【군검찰관의 공권력행사에 관한 헌법소원】

1. 군검찰관의 기소유예처분은 공권력의 행사에 포함되는 것이 명백하므로 이로 인하여 기본권이 침해된 때에는 헌법소원심판청구의 대상이 된다.

2. 범죄혐의가 없음이 명백한 事案인데도 이에 대하여 검찰관이 恣意的이고 타협적으로 기소유예처분을 했다면 이는 헌법 제11조 제1항의 **평등권**, 헌법 제10조의 **행복추구권**을 침해한 것이다.

헌재결 1993. 3. 11, 92헌마191 【기소유예처분취소】

당연히 의심을 갖고 조사해야 할 중요한 사항에 대하여 조사를 현저히 소홀히 하고, 피의사실을 인정할 수 있는 증거가 될 수 없다는 사실을 인식하고도 자의적인 증거판단에 의하여 청구인에 대하여 기소유예처분을 한 것은 청구인에게 헌법상 보장된 평등권과 행복추구권을 침해한 것이다.[3)]

「문제」

현행 형법 제241조[간통] 제1항에서 "배우자 있는자가 간통한 때에는 2년 이하의 징역에 처한다. 그와 相姦한자도 같다고 규정하면서 제2항에서는 전항의 죄는 배우자의 고소가 있어야 論한다. 단, 배우자가 간통을 慫慂(종용) 또는 宥恕(유서)한 경우에는 고소할 수 없다"고 규정하고 있다.

---

1) [연합뉴스 2006-06-12 12:53] seokyee@yna.co.kr

2) 홍성방, 헌법학, 401면.

3) (참조) : 헌재결 89헌마56; 헌재결 92헌마7; 헌재결 91헌마169; 헌재결 91헌마146 【기소유예처분에 대한 헌법소원】

다음 물음에 답하라 : (헌법재판소 1990. 9. 10, 89헌마82결정 참조)

- 형법 제241조의 위헌여부에 관한 헌법소원 -

문제 1) 이는 행복추구권(헌법 제10조)을 침해하는 것이 아닐까?
문제 2) 평등권의 침해여부는?
문제 3) 간통에 대하여 징역형만을 부과하고 있는 것은 과잉금지의 원칙에 위반되지는 않는가? 하는 것도 생각할 수 있다. 이를 주장하는 헌법재판소 재판관의 견해를 밝히라.
문제 4) 헌법재판소결정의 주문형식은?

<문제1의 해설>

선량한 性道德과 일부일처주의 · 혼인제도의 유지 및 가족생활의 보장을 위하여서나 부부간의 性的 성실의무의 수호를 위하여, 그리고 간통으로 인하여 야기되는 사회적 해악의 사전예방을 위하여, 간통행위를 규제하고 처벌하는 것은 性的 자기결정권의 본질적 내용을 침해하여 「인간으로서의 존엄과 가치」 및 「행복추구권」을 부당하게 침해하거나 헌법 제36조 제1항의 규정에 반하는 것이 아니다.

재판관 조규광, 김문희의 보충의견

1. 一夫一妻制의 유지와 부부간의 性에 대한 성실의무는 우리사회의 도덕기준으로 정립되어 있어서 형법 제241조에 규정된 간통죄는 사회상황 · 국민의식변화에 따라 그 규범력이 약화되었음에도 불구하고 아직은 범죄적 반사회성을 띄고 있는 것으로 보고 있기 때문에 헌법에 위반되지 아니한다고 판단된다. 2. 간통이 헌법 제37조 제2항의 제한범위 안에서 법률에 의한 제한을 받을 수 있다고 보나 이에 대하여 형사적 제재를 할 것 인지의 여부는 입법정책의 문제로서 입법권자의 입법형성의 자유에 속한다.

<문제2의 해설>

간통죄의 규정은 남녀평등처벌주의를 취하고 있으니 「法앞의 평등」에도 반하지 아니한다.

<문제3의 해설>

소수설이다. 재판관 한병채, 이시윤의 견해 : 간통행위에 대해 형사처벌을 하는 것 자체가 合憲性이 없는 것이 아니라 징역형 이외 달리 선택의 여지를 없게 한 應報的 대응의 형벌제도에 문제가 있다. 따라서 현행 형법 제241조에서 간통죄에 대해 징역형만을 둔 것은 필요한 정도를 넘어선 과도한 처벌로서 「기본권 최소침해의 원칙」에 반하는 것이고, 간통죄를 통하여 보호하려는 공공의 이익과 제한되는 기본권 사이에 적절한 균형이 이루어졌다고 보기 어렵다.[1)]

---

1) 반대의 입장(재판관 김양균의 견해) : 간통죄는 사생활 은폐권이라는 국민의 기본권을 침해하고 있거나 과잉금지의 원칙에 위배되어 원칙적으로 위헌이며 일보를 후퇴하여 同罪의 존치의 합헌성 즉 범죄화는 일응 이를 인정한다고 하더라도 그에 대한 형벌로 징역 2년 이하의 자유형만을 규정하고 있는 벌칙의 규정은 「과잉금지의 원칙(침해의 최소성 및 법익의 균형성)」에 위배되어

<문제4의 해설>

이 헌법소원은 법률의 위헌여부를 묻는 헌법재판소법 제68조 제2항에 의한 것이므로 청구인의 주장이 이유 없는 경우, 그 심판청구를 기각하는 대신, 위 법률이 헌법에 위반되지 아니한다는 형식의 주문을 선언한다.

헌재결 2008. 10. 30, 2007헌가17 【형법 제241조 위헌제청 등】

간통죄에 관한 처벌규정은 우리 민족 최초의 법인 고조선의 8조법금(八條法禁)에서부터 존재했을 것으로 보는 견해가 통설이며, 그 후 현재까지 그 내용상 다소 변화는 있지만 처벌규정 자체는 계속 존재해 왔다. 1905. 4. 20. 대한제국 법률 제3호로 공포된 형법대전에서 유부녀가 간통한 경우 그와 상간자를 6월 이상 2년 이하의 유기징역에 처했고(같은 법 제265조), 일제시대인 1912. 4. 1. 시행된 제령 11호 조선형사령으로 의용한 일본의 구형법 제183조에서도 부인 및 그 상간자의 간통에 대하여 2년 이하의 징역형으로 처벌하였다. 대한민국 정부수립 후 최초의 형법 제정 시, 간통죄를 존치할 것인지에 대하여 많은 논란이 있었고, 국회의 표결에서 현재와 같이 남녀평등쌍벌주의와 친고죄로 하는 안이 국회의원 출석 의원수(110명)의 과반수를 가까스로 넘은 57표의 찬성으로 통과되었다.

간통죄를 비교법적으로 고찰해 보면 첫째 남녀불평등처벌주의가 있고, 둘째 남녀평등처벌주의가 있으며, 셋째 남녀평등불벌주의가 있다. 먼저 남녀불평등처벌주의에는 예컨대 개정 전 프랑스형법이나 이탈리아의 구형법과 같이 남편과 부인의 간통에 대하여 처벌을 달리하는 경우와, 1947년 폐지되기 전의 일본의 구형법이나 이를 의용한 우리나라 구 형법과 같이 부인의 간통만을 처벌한 예가 있다. 다음으로 남녀평등처벌주의는 우리나라의 현행 형법과 미국의 몇몇 주에서 이를 채택하고 있다. 마지막으로 남녀평등불벌주의는 간통에 대하여 형사적 제재를 하지 않는 입법례로서 덴마크는 1930년, 스웨덴은 1937년, 일본은 1947년, 독일은 1969년, 프랑스는 1975년, 스페인은 1978년, 스위스는 1990년, 아르헨티나는 1995년, 오스트리아는 1996년에 각 간통죄 규정을 폐지하였다.

III. 兩者의 법적 성격

1. 개관

인간의 존엄과 가치·행복추구권이 개인의 (ㄱ) 주관적 공권으로서의 기본권을 보장한 것인가 아니면, (ㄴ) 헌법상의 원리 내지는 기본권의 이념적 기초임을 객관적으로 선언한 것에 불과한 것이냐, 그리고 이에 대한 구체적 내용 및 규범적 의미는 무엇인가 하는 것에 학설이 대립되고 있다. 그리고 이들이 다른 기본권과의 관계에 있어서, 그 내용과 성격을 어떻게 평가할 것인가에 대해서도 학자마다 견해가 다르며, 법적 성질에 대해서도 학설이 대립된다.

위헌이다.

2. 學說

2.1. 기본권성 부정설(객관적 헌법원리성설)

헌법 제10조는 다른 기본권과 같은 독자적인 구체적 권리가 아니라 다른 모든 기본권의 전제가 되는 '기본원리를 선언'한 것에 불과한 것이라는 주장이다. 따라서 인간의 존엄과 가치 · 행복추구권은 기본권보장의 가치지표로서 헌법질서의 최고가치이자, 우리 사회의 공감대적 가치요, 모든 기본권의 이념적 · 정신적 출발점이며 그 구성원리에 해당한다고 한다.[1] 특히 행복추구권은 그것이 아무리 기본권적인 형식으로 규정되었다 하더라도 어떤 구체적 권리를 내용으로 한다기 보다는 '인간으로서의 존엄과 가치를 존중받으며 살아갈 수 있는 모든 국민의 당위적이고 이상적인 삶의 지표를 설정해 놓음으로써 '인간의 존엄과 가치'가 갖는 윤리규범적 성격과 실천규범적 성격을 강조하는 것이라고 이해하는 것이 마땅하다고 한다.[2]

「부정설」
- 헌법 제10조는 다른 기본권과 같은 독자적인 구체적 권리가 아니라 다른 모든 기본권의 전제가 되는 '기본원리를 선언'한 것에 불과
- 기본권보장의 가치지표로서 우리 사회의 공감대적 가치의 표현
- 모든 기본권의 이념적 · 정신적 출발점

독일의 만골트/클라인(v. Mangoldt/Klein)은 「기본권은 자유주의와 합리주의의 산물이기 때문에 인간의 존엄을 기본권으로서는 인정할 수 없다」고 하며, 마운쯔(Maunz)도 「인간의 존엄은 다른 대부분의 기본권처럼 특별한 권리를 부여한 것이 아니고 다른 기본권의 이념적 출발점으로 생각된 것 같다」고 한다. 독일의 뒤리히(Dürig), 되링(Doehring), 이젠제(Isensee), 노이만(Neumann), 엔더스(Enders) 등이 주장한다.[3] 한국에서는 허영교수 , 권영성 교수, 홍성방 교수[4] 등이 부정설을 취한다.

2.2. 기본권성 긍정설(주관적 공권설)

긍정설은 헌법 제10조는 인간의 존엄권이라는 主기본권을 헌법이 보장한 것으로서 '개별적 · 구체적 권리'를 인정한 것이라는 학설이다. 이 견해에 따르면 ① 헌법 제11조 이

---

1) 허영, 한국헌법론, 329면 이하 참조.
2) 허영, 한국헌법론, 337면.
3) 김철수, 헌법학(상), 504면 참조.
4) 홍성방 교수는 인간의 존엄과 가치는 모드 기본권의 이념이라고 할 수 있다고 한다(홍성방, 헌법학, 389면).

하의 기본권보장 규정들은 헌법 제10조의 주기본권으로부터 파생된 기본권이라고 보며, ② 헌법 제37조 제1항의 "… 국민의 자유와 권리는 헌법에 열거되지 아니하는 이유로 경시되지 아니한다"의 규정은 제 10조에서 규정한 주기본권을 전제로 한 것이며, ③ 제10조의 기본권은 주기본권인 동시에 협의의 존엄권을 함께 보장하는 규정이라고 주장하는 견해이다. 한국의 김철수, 양건,[1] 이준일[2] 교수 등과 독일의 니퍼다이(Nipperdey), 슈탁(Stark), 슈턴(Stern), 뮌히(v. Münch), 헤르더겐(Herdegen), 로버스(Robbers), 파델히(Padelch), 벤다(Benda), 피로트/슈링크(Pieroth/Schlink), 회플링(Höfling), 모델/뮐러(Model/Müller), 찌펠리우스/뷔르텐베르거(Zippelius/Würtenberger[3])가 주장한다.[4]

「긍정설」

- 헌법 제10조는 인간의 존엄권이라는 主기본권을 헌법이 보장한 것
- 개별적·구체적 권리
- 헌법 제11조 이하의 기본권보장 규정 들 → 헌법 제10조의 주기본권으로부터 파생된 기본권
- 헌법 제37조 제1항의 "… 국민의 자유와 권리는 헌법에 열거되지 아니하는 이유로 경시되지 아니한다"의 규정 → 헌법 제10조에서 규정한 주기본권을 전제로 한 것
- 헌법 제10조의 기본권 → 주기본권인 동시에 「협의의 존엄권」을 함께 보장

<사례-1>

甲은 2003년 결혼하여 혼인신고를 마쳤고, 그의 부인이 임신하여 초음파검사를 받음에 있어 의사에게 태아의 성별을 알려줄 것을 요청하였다. 그러나 담당의사는 '의료인은 태아 또는 임부에 대한 진찰이나 검사를 통하여 알게 된 태아의 성별을 임부 본인, 그 가족 기타 다른 사람이 알 수 있도록 하여서는 아니된다'는 의료법 제19조의2 제2항으로 인하여 태아의 성별을 알려줄 수 없다는 이유로 이를 거절하였다. 이에 甲은 위 의료법 규정이 자신의 기본권을 침해하였다고 주장하며, 출산을 한달 정도 앞둔 2004. 12. 28. 이 사건 헌법소원심판을 청구하였다.

---

1) 양건, 헌법강의, 285면.
2) 이준일, 헌법학강의, 단락번호 [4.1.9].
3) Zippelius/Würtenberger, Deutsches Staatsrecht, 31. Aufl., München 2005, § 21, II.
4) 김철수 교수의 견해 : 헌법 제10조의 기본권은 인간의 존엄과 가치·행복추구권을 합하여 포괄적 기본권으로 규정한 것이며, 또한 主기본권인 동시에 협의에 있어서 인간의 존엄과 행복추구권을 함께 보장하고 있다고 보아야 할 것이며, 헌법 제11조에서 제36조까지의 기본권은 주기본권의 세분화이며, 제37조 제1항의 국민의 자유와 권리는 헌법에 열거되지 아니한 이유로 경시되지 아니한다는 규정은 이 주기본권을 전제로 한 것이라고 보아야 할 것이다(김철수, 헌법학(상), 507면).

<사례-2>

乙은 산부인과 전문의로서 1999년경부터 서울 동작구에서 산부인과 병원을 운영하고 있다. 그런데 보건복지부장관(현 보건복지가족부장관, 이하 현행 명칭을 사용한다)은 2005. 5. 4. 乙이 2001. 7.부터 3차례에 걸쳐 산모인 최은경에게 태아의 성별을 확인하여 주어 의료법 제19조의2 제2항을 위반하였다는 이유로 乙에 대하여 의사면허자격정지 6월을 명하는 처분을 하였다. 이에 乙은 서울행정법원에 보건복지가족부장관을 상대로 하여 위 의사면허자격정지처분의 취소를 구하는 소송을 제기(2005구합16857)하고, 그 재판 계속중 의료법 제19조의2 제2항의 위헌 여부가 재판의 전제가 된다고 하여 위헌법률심판제청신청을 하였는바, 서울행정법원은 2005. 10. 5. 위 자격정지처분취소청구를 기각함과 동시에 위 위헌법률심판제청신청을 기각하였다. 그러자 乙은 2005. 11. 4. 의료법 제19조의2, 제52조 제1항, 제53조의3이 乙의 직업의 자유 등을 침해한다고 주장하며, 그 위헌확인을 구하는 이 사건 헌법소원심판을 청구하였다. 한편, 乙은 2005. 10. 18. 서울고등법원에 항소(2005누24386)하여 현재 소송 계속중에 있다.

<사례-1 및 사례-2의 해설>

태아의 성별에 관한 정보는 의료인이 산모와 태아의 건강을 위한 의료행위 수행 과정에서 알게 되는 정보로서, 의료인이 진료결과 전반에 관하여 산모나 그 가족에게 이를 고지하는 것은 의료인의 직업수행의 내용에 당연히 포함된다 할 것이므로, 이러한 정보 제공을 금지하는 것은 의료인의 자유로운 직업수행을 제한한다고 할 것이다. 한편, 헌법 제10조로부터 도출되는 일반적 인격권(헌재 1990. 9. 10. 89헌마82, 판례집 2, 306, 310; 헌재 2003. 6. 26. 2002헌가14, 판례집 15-1, 624, 642 등 참조)에는 각 개인이 그 삶을 사적으로 형성할 수 있는 자율영역에 대한 보장이 포함되어 있음을 감안할 때, 장래 가족의 구성원이 될 태아의 성별 정보에 대한 접근을 국가로부터 방해받지 않을 부모의 권리는 이와 같은 일반적 인격권에 의하여 보호된다고 보아야 할 것인바, 이 사건 규정은 일반적 인격권으로부터 나오는 부모의 태아 성별 정보에 대한 접근을 방해받지 않을 권리를 제한하고 있다고 할 것이다.[1)]

위의 판례에서 보듯이 헌법재판소는 부모의 태아의 성별정보에 관한 접근을 방해 받지 아니할 권리를 일반적 인격권으로 보면서, 인격권을 개별적 기본권으로 보고 있다. 다음의 판례에서도 인격권을 하나의 독립된 개별적 기본권으로 인정하고 있음을 알 수 있다.

헌재결 1991. 9. 16, 89헌마165 【정기간행물의등록등에관한법률 제16조 제3항, 제19조 제3항의 위헌여부에 관한 헌법소원】

우리 헌법 제10조는 "모든 국민은 인간으로서의 존엄과 가치를 가지며, 행복을 추구할 권리를 가진다."라고 규정하고 있고, 제17조는 "모든 국민은 사생활의 비밀과 자유를 침해받지 아니한다."고 규정하고 있으며, 한편 제21조의 제1항은 "모든 국민은 언론·출판의

1) 헌재결 2008. 7. 31, 2004헌마1010 【의료법 제19조의2 제2항 위헌확인】

자유...를 가진다."라고 규정하고, 제4항은 "언론·출판이 타인의 명예나 권리 또는 공중도덕이나 사회윤리를 침해하여서는 아니된다."고 규정함으로써 언론·출판의 자유를 보장하는 동시에 언론·출판의 자유가 민주사회에서 비록 중요한 기능을 수행한다고 하더라도 그것이 **인간의 존엄성에서 유래하는 개인의 일반적 인격권** 등의 희생을 강요할 수는 없음을 분명히 밝히고 있다. 헌법의 위 조항들을 종합해 볼 때 언론기관에 의하여 **일반적인 인격권**[1]이나 사생활의 비밀과 자유를 침해받은 피해자에게 인간의 존엄과 가치 및 사생활의 비밀과 자유권을 보호하기 위하여 신속하고도 적절한 방어의 수단이 주어져야 함이 형평의 원리에 부합한다고 할 것이다. 그러므로 이 법이 규정한 반론권으로서의 정정보도청구권은 바로 헌법상 보장된 인격권에 그 바탕을 둔 것으로서, 피해자에게 보도된 사실적 내용에 대하여 반박의 기회를 허용함으로써 피해자의 인격권을 보호함과 동시에 공정한 여론의 형성에 참여할 수 있도록 하여 언론보도의 객관성을 향상시켜 제도로서의 언론보장을 더욱 충실하게 할 수도 있을 것이라는 취지아래 헌법의 위에 든 각 조항들을 근거로 하여 제정된 것이다.

헌재결 1990.9.10. 89헌마82 【형법 제241조(간통죄)의 위헌여부 헌법소원】

「… 헌법 제10조는 모든 기본권 보장의 종국적 목적(기본이념)이라고 할 수 있는 인간의 본질이며, 고유한 가치인 인격권과 행복추구권을 보장하고 있다」라고 판시 하였는데, 기본권성을 부정하는 견해[2]는 헌법재판소가 인간존엄성의 구체적 기본권성을 부정하는 것으로 해석하고 있으나, 기본권성을 긍정하는 견해[3]는 헌법재판소가 인간으로서의 존엄과 가치를 '인격권'이라고 부르면서 그 기본권성을 인정하는 것으로 해석한다.

3. 절충설(헌법원리와 공권성설)

인간의 존엄과 가치의 기본권성은 부인하나, 행복추구권은 포괄적 기본권으로 인정하는 견해이다. 이 견해에 의하면 인간의 존엄과 가치는 다른 기본권을 보장하기 위한 '이념적 전제'가 되는 것이며 기타의 모든 기본권보장의 목적이 되는 '헌법적 기본원리'를 규범화 한 것이라고 하는 견해이다. 다만 이 경우에 있어서도 행복추구권은 기본권 전반의 총칙적 규정으로써 '포괄적 기본권'이라는 기본권성을 인정하고 있다. 이 때 행복추구권은 헌법에 규정된 개별적 기본권의 총화이며, 헌법에 열거되지 아니한 자유와 권리를 포함하는 기본권으로 보는 견해이다.

절충설(권영성)에 의하면 제10조 제1문 전단의 경우에는 기본권성을 부정하면서도,[4]

---

1) <주의> : 밑줄친 부분은 헌법재판소가 인간으로서의 존엄과 가치를 인격권으로 부르면서 그 기본권성을 인정하고 있다고 주장하는 설의 논거가 된다.

2) 권영성, 헌법학원론, 378면.

3) 김철수, 헌법학(상), 507면.

4) 이에 대하여 홍성방 교수는 권영성 교수가 구체적 기본권성을 부정하던 종전의 입장을 바꾸어

第10조 제1문 후단의 경우(행복추구권)는 주관적 공권성 · 자연권성 · 포괄적 권리성을 가지는 기본권이라 한다.[1)]

[권영성 교수의 견해]

헌법 제10조 제1문 전단은 「모든 국민은 인간으로서의 존엄과 가치를 가지며」라고 하고 있다 인간의 존엄성존중에 관한 이 조항은 이른바 주기본권 등 구체적 · 개별적 권리를 보장한 것이 아니라 모든 기본권의 이념적 전제인 동시에 기본권보장의 목적이 되는 헌법적 이념을 규범화한 것이다. 「모든 기본권의 이념적 전제가 된다」함은 인간으로서의 존엄과 가치가 모든 기본권의 근원(Wurzel aller Grundrechte) 내지 모든 기본권의 핵심(Grundrechtskern)이 된다는 의미이고, 「모든 기본권보장의 목적이 된다」함은 헌법 제10조 제1문 전단과 헌법 제11조-제37조 제1항은 목적과 수단이라는 유기적 관계에 있다는 의미이다.[2)] 기본권보장의 목적은 인간으로서의 존엄과 가치를 존중하고 보호하려는 것이고, 인간으로서의 존엄과 가치는 제11조-제37조 제1항의 기본권보장에 의하여 실현되기 때문이다.[3)]

또한 권영성 교수는 다음과 같은 헌법재판소의 판례를 들면서 「헌법재판소는 제10조 제1문 전단에 대한 기본권성을 부인한다」고 한다.[4)]

헌법 제10조는 모든 기본권 보장의 종국적 목적(기본이념)이라 할 수 있는 인간의 본질이며 고유한 가치인 개인의 인격권과 행복추구권을 보장하고 있다(헌재결 1990. 9. 10, 89헌마82, 헌판집 2권 306(310)면). ☜ 긍정설의 입장은 헌법재판소가 인간으로서의 존엄과 가치를 인격권이라고 부르면서 기본권성을 인정하고 있다고 주장(김철수)하는데 반하여 부정설(권영성)의 입장은 이를 부인한다.

"제10조 제1문 전단은 간접적(제2차적)으로는 대국가적 방어권에 대한 근거규정으로서의 성격을 가진다고하나(홍성방, 헌법학, 388면 각주 42 참조). 권영성 교수는 제10조 제1문 전단은 구체적 기본권을 보장한 것이 아니라 모든 기본권의 이념적 전제가 되고, 모든 기본권 보장의 목적이 되는 객관적 헌법원리를 규범화한 것으로 보아야 한다고 하고 있다(권영성, 헌법학원론, 378면)

1) 권영성, 헌법학원론, 378면.

2) 권영성, 헌법학원론, 378면.

3) 권영성, 헌법학원론, 378면.

4) 권영성, 헌법학원론, 378면 각주 5); 헌재결 1992. 4. 14, 90헌마82. [위헌] 【국가보안법제19조에 대한헌법소원】 신체의 자유는 정신적 자유와 더불어 헌법이념의 핵심인 인간의 존엄과 가치를 구현하기 위한 가장 기본적인 자유로서 모든 기본권 보장의 전제조건이다.

「절충설」

인간의 존엄과 가치 → · 기본권성 부인
· 다른 기본권을 보장하기 위한 '이념적 전제'
· 기타의 모든 기본권보장의 목적이 되는 '헌법적 기본원리'를 규범화 한 것

행복추구권 → · 포괄적 기본권으로 인정
· 기본권 전반의 총칙적 규정으로써 '포괄적 기본권'(기본권성 인정)
· 헌법에 규정된 개별적 기본권의 총화
· 헌법에 열거되지 아니한 자유와 권리를 포함하는 기본권

4. 사견

우리 헌법 제10조에서 규정하는 인간의 존엄과 가치·행복추구권은 '인간의 존엄권'을 主기본권으로써 인정한 것이라고 하겠으며,[1] 김철수 교수는 절충설의 경우와 같은 인간의 존엄과 가치를 행복추구권과 분리하여 생각하는 견해는 양자의 불가분성에 비추어 볼 때 타당하지 않다고 한다.[2] 기본권 긍정설이 타당하다. 기본권의 최대실현의 가능성은 주관적 권리로서 인정될 때 더욱 강화된다는 점이다.[3] 다만 여기에는 인간으로서의 존엄과 가치·행복추구권을 "제10조의 기본권은 인간의 존엄과 가치, 행복추구권을 합하여 포괄적 기본권으로 규정한 것"으로 보는 견해[4]와 인간으로서의 존엄과 가치·행복추구권을 별개의 독립된 기본권으로 보는 견해가 있다.[5] 또한 행복추구권은 기본적 전반에 관한 총칙적 규정으로서, 인간으로서의 존엄과 가치의 존중이라는 목적을 실현하기 위한 수단을 의미한다.

헌법재판소는 인간의 존엄과 가치는 일반적 인격권,[6] 그리고 행복추구권은 일반적 행동자유권[7]·개성의 자유로운 발현권(發顯權) 등이 포함되어 있다고 하면서 기본권성을 긍정한다.[8] 여기서 일반적 행동의 자유권이라 함은 하기 싫은 일을 강요당하지 아니할 권

---

1) 김철수, 헌법학(상), 507면; 계희열, 헌법학(중), 208면.
2) 김철수, 헌법학(상), 507면.
3) 이준일, 헌법학강의, 단락번호 [4.1.9].
4) 김철수, 헌법학(상), 507면; 양건, 헌법강의, 286면.
5) 계희열, 헌법학(중), 208면; 이준일, 헌법학강의, 단락번호 [4.2.3].
6) 헌법재판소가 인간으로서의 존엄과 가치를 인격권으로 부르면서 그 기본권성을 인정하는 근거라고 보는 설이라고 주장하는 논거로는(헌재결 1991. 9. 16, 89헌마165 참조).
7) 헌재결 1991. 6. 3, 89헌마204 【화재로인한재해보상과보험가입에관한법률제5조제1항의위헌여부에관한헌법소원】 이른바 계약자유의 원칙이란 계약을 체결할 것인가의 여부, 체결한다면 어떠한 내용의, 어떠한 상대방과의 관계에서, 어떠한 방식으로 계약을 체결하느냐 하는 것도 당사자 자신이 자기의사로 결정하는 자유뿐만 아니라, 원치 않으면 계약을 체결하지 않을 자유를 말하여, 이는 헌법상의 행복추구권속에 함축된 일반적 행동자유권으로부터 파생되는 것이라 할 것이다.

리를 말한다.[1)]

넓은 의미의 인격권은 개인의 인격에 본질적인 생명, 신체, 건강, 성명, 명예, 초상 및 생활에 관한 권리의 총체이며, 명예권, 성명권, 초상권 등은 인격권의 주요내용을 이룬다.[2)]

결국 인간으로서의 존엄과 가치 행복추구권은 포괄적 기본권으로서의 성격을 가지며, 포괄적 기본권은 헌법 제11조 이하의 기본권과는 구별되는바, 이는 헌법에 열거된 개별적 기본권 및 열거되지 않은 기본권에 대한 인정근거 및 판단기준이 되는 기본권이다. 따라서 포괄적 기본권과 개별적 기본권과의 관계에 있어서 전자는 일반법 후자는 특별법으로서의 관계를 가진다.[3)] 따라서 개별적 기본권과 행복추구권의 침해를 동시에 침해하는지의 여부에 있어서, 헌법재판소는 「행복추구권은 다른 기본권에 대한 보충적인 기본권으로서의 성격을 지니므로, 공무담임권이라는 우선적으로 적용되는 기본권이 존재하여 … 그 침해를 판단하는 이상, 행복추구권 침해여부를 독자적으로 판단할 필요는 없다」고 판시한 바 있다.[4)] 이는 개별적 기본권이 특별법으로서의 성격을 지니고, 인격권 및 행복추구권은 일반법으로서의 성격을 지닌것을 반영한다.

IV. 인간의 존엄성과 헌법 제37조와의 관계

1. 제37조 제1항과의 관계

이미 언급한바와 같이 헌법 제10조에서 규정하는 인간으로서의 존엄과 가치 · 행복추구권은 제37조 제1항에서 "국민의 자유와 권리는 헌법에 열거되지 아니한 이유로 輕視되지 아니한다"고 규정한 내용에 있어서의 판단기준이 되고, 모든 자유와 권리를 근거지워주는 '포괄적 창설규정'에 해당되는 기본권이다(포괄적 기본권).[5)6)] 따라서 인간으로서의 존엄과

8) 헌재결 1991. 9. 16, 89헌마165【정기간행물의등록등에관한법률 제19조" 제3항, 제16조 제3항"의 위헌여부에 관한 헌법소원】

1) 헌재결 1997. 3. 27, 96헌가11【도로교통법 제41조 제2항 등 위헌제청】

2) 양건, 헌법강의, 287면.

3) 양건, 헌법강의 286면 참조; 이준일, 헌법학강의, 단락번호 [4.1.7].

4) 헌재결 2000. 12, 14, 99헌마112【교육공무원법 제47조 제1항 위헌확인】

5) 헌재결 2004. 4. 29, 2003헌바64【임용결격공무원등에대한퇴직보상금지급 등에관한특례법 제7조 제5항 위헌소원】 헌법 제10조의 행복추구권은 국민이 행복을 추구하기 위하여 필요한 급부를 국가에게 적극적으로 요구할 수 있는 것을 내용으로 하는 것이 아니라, 국민이 행복을 추구하기 위한 활동을 국가권력의 간섭 없이 자유롭게 할 수 있다는 포괄적인 의미의 자유권으로서의 성격을 가진다(헌재 1995. 7. 21. 93헌가14, 판례집 7-2, 1, 32 ; 2002. 12. 18. 2001헌마546, 판례집

가치 · 행복추구권은 헌법에 열거되지 않은 자유와 권리가 존재하는 경우, 이것을 기본권으로 인정할 것인지의 여부를 판단하는 기준 및 인정근거가 된다.[1]

인간의 존엄과 가치에 관한 기본권과 제37조 제1항이 개별적 기본권을 형성하는 관계를 '쌍방적 (개별)기본권 창설관계'라고 부르는 학자도 있다(계희열).

<사례>

갑은 웨딩홀에서 혼인식을 거행할 예정이고, 을은 웨딩갤러리란 예식장을 경영하고, 병은 그 예식장 건물 4층에서 한길회관이란 음식점을 경영하고 있다. 가정의례에관한법률(1993. 12. 27. 법률 제4637호로 전문개정된 것) 제4조는 허례허식행위의 금지라는 제목으로 제1항에서 가정의례에 있어서 특정한 행위들을 대통령령이 정하는 행위를 제외하고는 금지하고 있는데, 그 중 제7호에서는 경조기간(慶弔期間)중의 주류 및 음식물 접대를 금지하고 있다. 갑, 을 병은 이 규정이 그들의 일반적 행동의 자유 내지 직업수행의 자유 등을 침해하는 것이라며 1998. 5. 29. 이 사건 헌법소원심판을 청구하였다.

<해설>

결혼식 등의 당사자가 자신을 축하하러 온 하객들에게 주류와 음식물을 접대하는 행위는 인류의 오래된 보편적인 사회생활의 한 모습으로서 개인의 일반적인 행동의 자유 영역에 속하는 행위이므로 이는 헌법 제37조 제1항에 의하여 경시되지 아니하는 기본권이며 헌법 제10조가 정하고 있는 행복추구권에 포함되는 일반적 행동자유권으로서 보호되어야 할 기본권이다.[2]

이와같이 헌법재판소의 견해에 의하면 결혼식 하객접대는 제10조의 행복추구권에 해당되므로, 기본권(일반적 행동자유권)에 해당된다는 것이다.[3] 행복추구권은 '일반적 행동자유권'과 '개성의 자유로운 발현권'의 형태로 나타난다.[4]

2. 제37조 제2항과의 관계

헌법 제10조는 제37조 제2항에 의한 기본권제한시(일반적 법률유보에 의한 기본권 제한) 1) 최후의 한계이자, 2) 마지막 보루로서의 기능을 지닌다. 따라서 국가안전보장 · 질서유지 · 공공복리를 위하여 기본권을 제한하는 경우에도 인간으로서의 존엄과 가치를 침해하지 않는 범위내에서만 이루어 질 수 있다. 따라서 인간으로서의 존엄과 가치를 침해하는 기본권제한은 그 자체로서 위헌이 되며, 이것은 결코 법률에 의해서도 이루어질 수 없다.[5]

14-2, 890, 902).

6) 이를 포괄적 기본권으로 보지 않는 견해도 있다(계희열, 헌법학(중), 209면).

1) 양건, 헌법강의, 287면; 이준일, 헌법학강의, 단락번호 [4.1.16].

2) 헌재결 1999. 10. 15, 98헌마168 【가정의례에관한법률 제4조 제1항 제7호 위헌확인】

3) 이준일, 헌법학강의, 단락번호 [4.1.14] 참조.

4) 양건, 헌법강의, 288면.

V. 인간의 존엄과 가치·행복추구권의 주체

1. 개관

인간의 존엄과 가치·행복추구권의 주체는 그것이 인간으로서의 권리이기 때문에 모든 국민 그리고 외국인도 당연히 포함된다(무국적자 포함).[1] 그러나 법인이나 권리능력없는 사단(인격없는 사단)이나 재단은 자연인(natürliche Person)이 아니고, 법에 의하여 인격이 부여된(juristische Person) 것이므로 그 주체가 될 수 없다.[2] 태아에게는 생명권이, 그리고 死者에게는 인간의 존엄권이 인정된다고 보는 것이 일반적 견해이다. 따라서 일반적 행동자유권(일반적 행동자유권은 행복추구권에 함축되어 있는 내용이다)[3]의 한 내용인 낙태행위는 태아에 대한 생명권의 침해이며, 또한 死者에 대하여는 그의 家族과 연계하여 인간의 존엄권이 제한적으로 인정된다.

『판례』

미국 : 낙태문제와 관련하여 미국의 연방대법원은 낙태를 금지(임신초기 3개월내에는 의사와 임산부가 자유롭게 낙태할 수 있다고 함으로써, 실질적으로 낙태를 금지함)한 택사스의 州法을 위헌이라고 하였다(Roe v. Wade).

독일 : 독일 연방헌법재판소는 임신후 12주 이내에 행한 의사의 同意낙태를 不可罰(위법하나 이에 대하여 벌하지 아니한다)로 규정한 형법 제218조a 를 위헌이라고 하였다.

그러나 독일 통일후에 내려진 제2차 결정에서는 낙태에 대한 형사처벌이 실효성이 없다는 점에서 의사 등 전문가와 상담을 거친 경우 12주 이내의 태아에 대하여는 낙태가 가능하다고 판시하였다(BVerfGE 88, 203(263 ff.)

---

5) 따라서 인간을 실험의 대상으로 삼는일, 수사과정에서의 가혹행위와 고문, 강제불임시술, 노예취급, 인체에 대한 문신등의 표시, 가혹한 강제노동 등은 금지된다(허영, 한국헌법론, 335면 각주 3) 참조).

1) 이준일, 헌법학강의, 단락번호 [4.1.13]; 홍성방, 헌법학, 401면.

2) 행복추구권의 내용을 일반적 인격권이라고 하고, 일반적인 인격권 속에는 일반적 행동의 자유가 포함되는 것으로 이해한다면, 그러한 한에서는 법인도 일반적 행동의 자유의 주체가 된다고 보는 견해도 있다(홍성방, 헌법학, 401면).

3) 헌재결 1991. 6. 3, 89헌마204 【화재로인한재해보상과보험가입에관한법률 제5조 제1항 의 위헌여부에 관한 헌법소원】

- 국가유공자에 대한 부가연금지급정지규정의 위헌여부 -

<사례>

甲은 6·25참전 상이군경인데 乙양로시설에 입소하였는데, 국가유공자등예우및지원에관한법률 제20조 제2항에 따라 甲이 乙양로시설에 입소한 날이 속하는 달의 다음 달부터 종전에 甲에게 지급되던 부가연금과 생활조정수당 등의 지급이 정지되었다. 이 경우 위 규정이 국가유공자인 甲의 재산권과 인간으로서의 존엄과 가치 및 행복추구권, 인간다운 생활을 할 권리 및 평등권을 침해하는 것이 아닌가?

<해설>

국가유공자등예우및지원에관한법률 제20조 제2항에 의하면 "연금 · 생활조정수당 또는 간호수당을 받을 자가 국가 또는 지방자치단체 등의 양로시설 또는 양육시설에서 국가의 부담으로 보호를 받고 있는 때에는 그 보호를 받게 된 날이 속하는 달의 다음달부터 그 보호를 받지 아니하게 된 날이 속하는 달까지 대통령령이 정하는 연금 및 생활조정수당은 이를 지급하지 아니하며, 간호수당은 대통령령이 정하는 바에 따라 그 지급을 정지할 수 있다."라고 규정하고 있으며, 국가유공자등예우및지원에관한법률시행령 제31조 제2항에 의하면 "법 제20조 제2항의 규정에 의하여 간호수당을 지급 받을 자가 국가 또는 지방자치단체 등의 양로시설 또는 양육시설에서 국가의 부담으로 보호를 받고 있는 때에는 그 보호를 받게 된 날이 속하는 달의 다음달부터 그 보호를 받지 아니하게 된 날이 속하는 달까지 간호수당은 그 지급을 정지한다."라고 규정하고 있다. 그리고 위 사안과 관련된 판례를 보면, 다음과 같다.

헌재결 2000. 6. 1, 98헌마216【국가유공자등예우및지원에관한법률 제20조 제2항 등 위헌확인 (국가유공자등예우및지원에관한법률시행령 제31조)】

국가유공자등예우및지원에관한법률 제20조 제2항 및 국가유공자등예우및지원에관한법률시행령 제31조 제2항은 보상금수급권의 종류 및 요건, 시설보호 규정과 함께 국가유공자의 공헌과 희생에 대하여 예우하고 보상할 구체적인 방법, 즉 국가유공자에게 보상금을 지급할지 아니면 양로시설 등에서 보호할지, 국가의 재정상 한정된 보상금을 어떻게 배분할지 등의 기본적 방법을 정하는 입법내용으로서, 전체적으로 볼 때 국가유공자에 대한 보상내용을 형성하는 성질을 갖는 것인데, 국가가 국가유공자에게 지급할 구체적인 보상의 내용 등에 관한 사항은 국가의 재정부담능력과 전체적인 사회보장의 수준, 국가유공자에 대한 평가기준 등에 따라 정하여질 수밖에 없으므로 입법자의 광범위한 입법형성의 자유 영역에 속하는 것으로 기본적으로는 국가의 입법정책에 달려 있는 것이다.

위 규정으로 인하여 청구인들이 보훈원에서 보호를 받고 있는 동안 종전에 지급 받던 부가연금이나 생활조정수당 등의 지급이 정지된다고 하더라도, 청구인들은 국가의 부담으로 시설보호를 받음으로써 거주비, 식비, 피복비의 대부분을 스스로 부담하지 않게 되어 사실상 종전에 지급받던 보상금 중 상당부분에 갈음하여 다른 형태의 보상을 받고 있다고 볼 수 있고, 또 위와 같은 시설보호를 받을 지의 여부는 청구인들의 선택에 달려 있다는 점 등을 고려하면, 이 사건 규정으로 인하여 청구인들의 재산권이 침해되었다고는 볼 수는 없으므로 위 규정이 입법재량의 범위를 일탈하여 헌법에 위배된다고 할 수 없다. 국가는 한정된 예산의 범위 내에서 부가연금이나 생활조정수당 등 직접적으로 국가유공자에게 지급하던 사회보장적, 보훈적 성격의 연금 및 수당 대신 양로시설의 주거비, 식비, 피복비 등을 지원하여 국가유공자의 기본적 생활을 보장하는 것이며, 그 혜택은 결국 다른 형태로 양로시설 등에 입소한 국가유공자들에게 돌아가는 것이고, 위와 같은 차별취급에 대한 선택권은 국가유공자에게 주어져 있으므로, 이 사건 규정에 따라 국가 등의 양로시설에 입소하는 국가유공자에게 부가연금, 생활조정수당 등을 지급하지 아니함으로써 양로시설에 입소하지 아니한 그 밖의 국가유공자와의 사이에 생기는 차별은 나름대로 합리성을 갖추고 있다고 할 것이다.

국가유공자 중 상대적으로 중상이라거나 생활이 곤궁하다는 사정은 국가유공자의 공헌이나 희생의 정도, 생활형편에 따른 사회보장의 긴급성이나 필요성의 정도를 구분할 수 있는 차이에 불과하고 그것이 본질적인 차이라고 볼 수 없을 뿐만 아니라, 국가유공자가 양로시설 등에 입소하게 되면 상이정도나 생활정도와는 관계없이 균질의 기본생활을 보장받을 수 있어 차등적인 연금 및 수당 등의 지급이 계속 필요하다고도 볼 수 없으므로, 위 규정에 의하여 결과적으로 양로시설 등에 입소한 국가유공자가 상이정도나 생활정도에 따른 차등없이 일률적으로 같은 금액의 기본연금만을 지급 받는다고 하여 평등의 원칙에 위반된다고는 할 수 없다.

위 규정에 의하여 일부 연금이나 수당이 지급정지된다고 하여도 청구인들에게 기본연금이 계속 지급되며, 더구나 양로시설에서 무상으로 생활할 수 있게 된다는 점, 그리고 인간다운 생활이라고 하는 개념이 사회의 경제적 수준 등에 따라 달라질 수 있는 상대적 개념이라는 점을 고려하면, 이 사건 규정으로 인하여 헌법 제34조 제1항의 인간의 존엄에 상응하는 최소한의 물질생활의 보장을 내용으로 하는 인간다운 생활을 할 권리를 침해하였다고 볼 수는 없다. 위 규정은 국가유공자에 대한 보상금지급과 관련하여 기본권을 형성하는 성질을 가지고 있으나 그 내용상 최소한의 기본적 보상이나 사회보장을 하지 않아 인간으로서의 인격이나 본질적 가치를 훼손할 정도에 이른다고는 볼 수 없으므로 헌법 제10조의 인간의 존엄과 가치를 침해한다고 할 수 없다. 헌법 제10조의 행복추구권은 국민이 행복을 추구하기 위하여 필요한 급부를 국가에게 적극적으로 요구할 수 있는 것을 내용으로 하는 것이 아니라, 국민이 행복을 추구하기 위한 활동을 국가권력의 간섭 없이 자유롭게 할 수 있다는 포괄적인 의미의 자유권으로서의 성격을 가지는데, 위 규정은 보상금수급권에 대한 일정요건하의 지급정지를 규정하고 있는 것으로 자유권이나 자유권의 제한영역에 관한 규정이 아니므로, 위 규정이 행복추구권을 침해한다고 할 수는 없다.

따라서 위 사안에서 甲이 국가유공자등예우및지원에관한법률 제20조 제2항 및 국가유공자등예우및지원에관한법률시행령 제31조 제2항을 헌법에 위배된다고 다투기는 어려울 것으로 보인다. <대한법률구조공단>

2. 내용

독일의 경우 기본법(연방헌법)에서 「인격의 자유로운 發現權」을 규정(제2조 제1항)하여 인격권을 인정하고 있으며 민법에서는 성명권 · 생명 · 신체 · 건강 등의 인격권(Persönlichkeitsrecht)을 규정하고 있다(기본법 제1조, 동일민법 제823조 제1항). 구체적으로는 생명권, 인격권, 일반적 행동자유권, 신체불훼손권, 평화적 생존권, 명예권, 초상권, 성명권, 휴식권, 睡眠權, 日照權, 스포츠권 등이 있다.

[인격권침해에 대한 판례]

서울지법 민사합의41부(재판장 羅鍾泰부장판사) 1998년 4월 9일 : 근로자에게 대기발령을 내면서 책상과 의자를 사람이 다니는 통로에 내다 놓은 것은 근로자의 인격권을 침해한 것으로서 위자료를 지급하여야 한다.[1)]

[일반적 행동의 자유권 침해에 관한 판례]

헌법재판소는 화재로 인한 재해보상과 보험가입에 관한 법률 제5조 제1항에 대한 헌법소원에서, 이른바 계약자유의 원칙이란 계약을 체결할 것인가의 여부, 체결한다면 어떠한 내용의, 어떠한 상대방과의 관계에서, 어떠한 방식으로 계약을 체결하느냐 하는 것도 당사자 자신이 자기의사로 결정하는 자유뿐만 아니라, 원치 않으면 계약을 체결하지 않을 자유를 말하며, 이는 헌법상의 행복추구권속에 함축된 일반적 행동자유권으로부터 파생되는 것이라 할 것이다. 화재로 인한 재해보상과 보험가입에 관한 법률 제5조의 … 보험가입을 강제하는 것은 개인의 경제상의 자유와 창의의 존중을 기본으로 하는 경제질서와 과잉금지의 원칙에 합치되지 아니하여 헌법에 위반된다고 하였다.[2)]

[일반적 행동자유권과 계약의 자유]

이른바 계약자유의 원칙이란 계약을 체결할 것인가의 여부, 체결한다면 어떠한 내용의, 어떠한 상대방과의 관계에서, 어떠한 방식으로 계약을 체결하느냐 하는 것도 당사자 자신

---

1) 박주만씨가 프랑스생명보험회사를 상대로 낸 무보직대기발령처분무효확인청구소송(97가합72690)에서 「피고회사는 원고에게 인격권침해에 대한 위자료로 1백만원을 지급하라」고 판시하였다. 재판부는 판결문에서 원고 박씨를 대기발령 내면서 대기장소를 사무실내가 아닌 통로부분에 책상과 의자를 배치한 것은 노무지휘권을 남용하여 원고의 인격을 침해하는 방법으로 대기장소를 지정한 것으로 이는 원고의 '인격적 법익'을 침해하는 것이 되어 원고가 대기장소에 출근하였는지의 여부에 관계없이 불법행위가 성립한다 할 것」이라고 판시했다.

2) 헌재결 1991. 6. 3, 89헌마204 【화재로인한재해보상과보험가입에관한법률 제5조 제1항 의 위헌여부에 관한 헌법소원】

이 자기의사로 결정하는 자유뿐만 아니라, 원치 않으면 계약을 체결하지 않을 자유를 말하여, 이는 헌법상의 행복추구권속에 함축된 일반적 행동자유권으로부터 파생되는 것이라 할 것이다. 화재보험계약체결의 강제가 체계부조화의 문제점이 있고 또 기본권 침해의 요소가 없지 않은 제도라면, 이는 어디까지나 예외적인 것이어야 하며 엄격한 요건 아래서만 인정되어야 할 것이다. 즉, 목적달성을 위하여 최소한의 범위로 국한시켜야 하며 다른 합법적인 대체수단이 없는 필요부득이한 제한이어야 한다.[1]

[일반적 행동자유권과 유언의 자유]

우리 헌법의 재산권 보장은 사유재산의 처분과 그 상속을 포함하는 것인바, 유언자가 생전에 최종적으로 자신의 재산권에 대하여 처분할 수 있는 법적 가능성을 의미하는 유언의 자유는 생전증여에 의한 처분과 마찬가지로 헌법상 재산권의 보호를 받는다(헌재 1989. 12. 22. 88헌가13, 판례집 1, 357, 368; 헌재 1997. 12. 24. 96헌가19등, 판례집 9-2, 762, 774 참조). 유언자가 자필증서에 의한 유언으로 유증을 하는 경우 그 방식을 모두 구비하지 않으면 설사 유언자의 의사가 진정한 것이라고 하더라도 유언의 효력이 부인되어 유언자의 진의를 관철할 수 없게 되는바, 이는 자신의 재산권을 자유롭게 처분할 수 있는 권능을 제한하는 것으로 헌법 제23조 제1항에서 보장되는 유언자의 재산권에 대한 제한이 된다.

한편 유언의 자유는 단순한 재산권 처분의 권능 이외에도 사적 자치의 실현이라는 의미를 지니는바, 유언을 할지의 여부, 그 구체적인 내용의 선택, 유언의 방식 등은 기본적으로 개인의 자유로운 의사결정에 맡겨져 있다. 그러므로 이 사건 법률조항 부분과 같이 자필증서에 의한 유언에 있어서 그 방식을 제한하는 것은 헌법 제10조의 행복추구권에서 파생된 유언자의 일반적 행동의 자유를 제한하는 것이 된다.

일본의 경우에는 환경권 및 프라이버시권(Privacy)을 그의 예로 들고 있으나 우리 헌법에서는 제17조에서 프라이버시권(Privacy) 및 제35조에서 환경권에 관하여 별도로 규정하고 있다.

3. 국가의 의무(제10조 후단)

국가는 개인이 가지는 불가침의 기본적 인권을 확인하고 이를 보장할 의무를 진다. 국가의 기본권보장의무는 단순한 윤리적·도의적 의무가 아닌 국가권력을 법적으로 구속하는 '직접적 효력규정'이다. 따라서 개인이 가지는 보호이익은 법률상 이익이며, 이의 침해를 받은자는 원고적격이 인정된다.

1) 헌재결 1991. 6. 3, 89헌마204 【화재로인한재해보상과보험가입에관한법률 제5조 제1항의 위헌여부에 관한 헌법소원】

<문제>

舊특정범죄가중처벌등에관한법률 제5조의 3(도주차량운전자의 가중처벌)에 의하면 "사고 운전자가 피해자를 사고장소로부터 옮겨 유기하고 도주한 때, 「피해자를 치사하고 도주하거나, 도주후에 피해자가 사망한 때에는 사형·무기 또는 10년이상의 징역에 처한다」" 고 가중처벌 규정을 두었다. 이의 위헌여부를 판단하라.

<해설>

특정범죄가중처벌등에관한법률 제5조의 3(도주차량운전자의 가중처벌)이 과실로 사람을 치상하게 한 자가 구호행위를 하지 아니하고 도주하거나 고의로 유기함으로써 치사의 결과에 이르게 한 경우에 「사형·무기 또는 10년이상의 징역에 처한다」고 규정하여 일반 살인죄가 「사람을 죽인자는 사형·무기 또는 5년 이상의 징역에 처한다」고 규정하고 있는 것과 비교하여 볼 때 그 법정형을 더 무겁게 하고 있으며, 이는 형벌체계상의 정당성과 균형을 상실한 것으로서 헌법 제10조 (후단)의 인간으로서의 존엄과 가치를 보장한 국가의 의무와 헌법 제11조의 평등의 원칙 및 헌법 제37조 제2항의 과잉입법금지의 원칙에 반한다.[1)]

VI. 행복추구권에 관한 헌법재판소결정례

헌재결 1993. 5. 13, 91헌마190 **【교수재임용거부 등에 대한 헌법소원】**

세무대학장의 재임용추천거부행위와 같은 총·학장의 임용제청이나 그 철회는 행정기관 상호간의 내부적인 의사결정 과정일 뿐 행정소송의 대상이 되는 행정처분이라고 볼 수 없다는 것이 대법원의 일관된 판례이므로 세무대학장이 청구인의 교수 재임용추천을 하지 아니한 공권력 불행사의 위헌여부를 다투는 청구인이 행정소송을 거치지 아니하고 바로 헌법소원심판을 청구하였다고 하더라도 소원심판청구의 적법요건인 보충성의 원칙에 반하지 아니한다. 다. 법령 자체에 대한 헌법소원심판청구의 경우에도 법령 자체에 의한 직접적인 기본권 침해여부가 문제되었을 경우 그 법령의 효력을 직접 다투는 것을 소송물로 하여 일반 법원에 구제를 구할 수 있는 절차는 존재하지 아니하므로 이 경우에는 다른 구제절차를 거칠 것 없이 바로 헌법소원심판을 청구할 수 있다. 라. 교육공무원법 제11조 제3항 및 교육공무원임용령 제5조의2(1991. 8. 8. 개정)에 의한 교수재임용제도는 교수의 연임이 보장되어 자동적으로 재임용되어 임기가 계속되도록 되어 있는 것이 아니며 임용권자가 당연히 재임용하여야만 하는 연임보장규정도 아니다. 바. 세무대학 인사위원회가 청구인에 대한 재임용추천을 동의하였는데 그 후 세무대학장이 인사위원회의 동의 없이 재임용추천을 철회한 것과 그 추천행위가 자유재량행위냐 기속재량행위냐 하는 공권력행사에 대한 적법절차에 관한 부분은 청구인이 원고가 된 교수지위확인사건의 판결에서 다투어 판시한 것이어서 청구인도 이 사건 청구의 기본주장으로 다투지 아니하고 있으므로 이에 대한 판단은 필요 없다.[2)]

1) 헌재결 1992. 4. 28, 90헌바24.

- 교수 재임용거부 신청 반려 대법원 "행정소송 대상된다" 판례변경 -

대법원은 그동안 처분성을 인정하지 않았던 '국 · 공립대 교수에 대한 (재임용거부 취지의) 임용기간만료 통지'와 '지목변경신청 반려행위'를 행정처분으로 인정, 행정소송 대상을 확대했다. 이에 따라 재임용거부나 지목변경과 관련해 불이익을 입은 사람들은 앞으로 재판을 통해 권리를 구제받을 수 있는 길이 열렸다. 대법원 전원합의체(주심 高鉉哲 대법관)는 재임용 심사에서 탈락한 전 서울대 미대 조교수 김민수씨(44)가 서울대총장을 상대로 낸 교수재임용거부처분취소소송 상고심(2000두7735)에서 22일 원고청구를 각하한 원심을 파기하고 사건을 서울고법으로 되돌려 보냈다. 재판부는 판결문에서 "임용기간이 만료된 국 · 공립대 조교수는 재임용 여부에 관해 합리적인 기준에 의한 공정한 심사를 요구할 법규상 또는 조리상 신청권을 가진다"며 "따라서 임용권자가 재임용을 거부하는 취지로 한 임용기간만료 통지는 대학교원의 법률관계에 영향을 주는 것으로서 행정소송의 대상이 되는 처분에 해당한다"고 밝혔다. 재판부는 이어 "임용권자가 인사위원회의 심의결정에 따라 교원을 재임용하지 않기로 결정하고 이를 통지 하더라도 이를 행정소송의 대상이 되는 행정처분이 아니라고 판시한 대법원 판결(96누4305)을 변경한다"고 밝혔다. 김민수씨는 지난 94년부터 서울대산업디자인과 조교수로 재직해 오다 98년 7월 '연구실적 미달'을 이유로 재임용에서 탈락되자 행정소송을 내 1심에서 승소했으나, 2심에서는 행정소송의 대상이 아니라는 이유로 각하판결을 받았었다. 이번 대법원판결 취지에 따라 김씨는 본안판단을 받을 수 있는 기회를 얻었으며, 본안사건을 심리한 1심에서 한 차례 승소한 경험이 있어 앞으로 열릴 소송에서 이겨 복직될 가능성이 높아졌다.[1]

---

2) **재판관 조규광, 김양균의 반대의견** : 바. (1) 헌법재판소는 청구인의 주장사실에만 얽매이어 판단을 한정할 것이 아니라 가능한 모든 범위에서 헌법상의 기본권 침해의 유무를 직권으로 심사하여야 하는데, 청구인의 주장사실과 이해관계인의 답변사실을 종합해 볼 때 이 사건에 있어서는 세무대학장이 청구인에 대한 교수재임용추천철회를 함에 있어서 인사위원회의 동의를 받지 않고 단독으로 처리한 점이 문제로 다루어져야 한다. (2) 세무대학장이 교수재임용추천을 철회하고자 할 때에는 인사위원회에 부의하여 그 동의절차를 밟는 것이 적법절차에 따른 합당한 수순인데도 불구하고 학장이 그러한 절차를 생략하고 단독으로 철회해 버린 것은 인사위원회에서 인사위원(또는 청구인)이 청구인에게 유리한 사실을 진술하거나 필요한 증거를 제출할 수 있는 청문의 기회를 보장해주지 아니한 것으로서 그러한 의미에서 적법절차에 위배한 자의적 처분이 되어 청구인의 평등권, 공무담임권 등 헌법상 보장된 기본권을 침해한 것이다. **재판관 변정수의 반대의견** : 라. 임용기간이 만료된 대학교원에 대한 재임용 여부는 기간재임용제도의 취지에 비추어서나 그것이 대학교원의 신분과 기득권에 관한 것임에 비추어 임용권자의 자유재량행위에 속하는 것이 아니라 능력이나 자질에 뚜렷한 瑕疵(하자)가 없는 한 재임용해야 할 의무가 있는 기속재량행위에 속한다. 바. 교원재임용추천을 철회해야 될 어떠한 새로운 공익적 사정이 생긴 것도 아닐 뿐더러 인사위원회의 동의절차도 밟지 않고 세무대학장이 任意로 청구인에 대한 교원재임용추천을 철회한 것은 교원재임용추천권을 남용한 것으로서 이는 법치국가적 계율이자 조리상의 원칙인 「신의성실의 원칙」과 「비례의 원칙」을 위반하고, 「행정행위철회절차」를 어긴 것으로서 이로 인하여 청구인의 평등권 · 행복추구권 · 직업선택의 자유 · 공무담임권등 기본권을 침해한 것이다.

1) 법률신문, 입력 날짜 : 2004-04-23, 정성윤 기자 jung@lawtimes.co.kr

제 2 항 법앞의 평등

헌법 제11조 제1항은「모든 국민은 법 앞에 평등하다. 누구든지 성별·종교 또는 사회적 신분에 의하여 정치적·경제적·사회적·문화적 생활의 모든 영역에 있어서 차별을 받지 아니한다」라고 하여 근대헌법의 기본원칙인 평등의 원칙과 주관적 공권으로서 평등권을 규정하고 있다. 뿐만 아니라 동조 제2항은 사회적 특수계급의 금지를 규정하고, 동조 제3항은 영전일대의 원칙을 규정하고 있다.[1)]

> 헌법 제11조 ① 모든 국민은 법 앞에 평등하다. 누구든지 성별·종교 또는 사회적 신분에 의하여 정치적·경제적·사회적·문화적 생활의 모든 영역에 있어서 차별을 받지 아니한다.
> ② 사회적 특수계급의 제도는 인정되지 아니하며, 어떠한 형태로도 이를 창설할 수 없다.
> ③ 훈장등의 영전은 이를 받은 자에게만 효력이 있고, 어떠한 특권도 이에 따르지 아니한다.

I. 평등사상의 전개

1. 근대적 평등사상

근대시민혁명 이후 인간의 정신세계와 생활을 지배하는 지도적인 이념은 자유와 평등의 구현이었다. 평등사상은 일찍이 고대 그리이스에서 정의의 관념과 결부되어 주장된 바 있지만, 평등의 이념이 국가권력과 개인의 관계를 규율하는 근본원리로 확립된 것은 기독교적 교리와 근대합리주의적 자연법사상의 영향을 받은 것이다. 칼빈(Calvin)파는 기독교 원리인 신앞에서의 평등이 정치적·경제적 영역에도 적용되어야 한다고 주장하였고, 로크(J. Locke)와 루소(J. J. Rousseau) 등과 같은 17·8세기의 자연법론자들은 신의 권위를 자연법이론으로 전환시켜 자연법에 바탕한 인간의 생래적 평등을 역설하였다.[2)3)] 1789년 프

1) 그 외에도 헌법에는 (ㄱ) 헌법전문의「모든 영역에 있어서 각인의 기회균등, (ㄴ) 제131조 제1항의 교육의 기회균등, (ㄷ) 제32조 제4항의 근로관계에서 여성의 차별금지, (ㄹ) 제136조 제1항의 혼인과 가족생활에서 양성의 평등, (ㅁ) 제41조 제1항, 제67조 제1항, 제116조 제1항의 선거와 선거운동에 있어서의 평등, (ㅂ) 제119조 제2항의 균형 있는 국민경제의 성장, (ㅅ) 제123조 제2항의 지역간의 균형 있는 발전 등이 규정되어 있다.

랑스 혁명의 결과 나타난 평등의 이념은, 모든 시민은 국가기관의 구성이나 통치과정에 평등하게 참여하여야 한다는 참정권행사에 있어서의 평등과, 국가는 신분이나 신앙 등에 따라 인간을 차별하지 아니하고 모든 영역에 있어서 평등하게 법을 적용하여야 한다는 법적용평등의 요구로 나타나게 되었다. 이러한 평등사상의 영향으로 18세기 후반부터 미국의 버지니아 권리장전, 미국독립선언, 프랑스 인권선언 제1조를 비롯한 각국헌법 및 세계인권선언(제7조)이 평등의 원칙을 규정하기에 이르렀다.[1)]

근대적 평등사상은 주로 만인의 평등과 신분적 · 계급적 인간해방을 위주로 하는 정치적 평등이 주된 목적이었다.[2)]

2. 현대적 평등사상

근대시민혁명 이후의 18 · 9세기의 평등은 위에서 언급한바와 같이 주로 정치적 영역에서의 평등을 강조하였고, 기회의 평등을 의미하는 형식적 · 추상적 평등을 의미하였다. 그러나 형식적 평등에 입각한 기회균등 · 자유경쟁은 새로운 사회계급을 형성하게 되었고, 이로 인한 경제적 강자와 약자의 대립은 종래의 형식적 평등관에 대한 근본적인 반성을 촉구하였다. 자본주의 사회에서의 형식적 평등과 자유는 실질적 불평등과 부자유를 의미하는 것이었다. 그 결과 오늘날에는 사회국가 내지는 복지국가의 이념아래 종래의 추상적 · 형식적 평등이 아닌 실질적 평등과 자유를 구현하여 사회적 · 경제적 원인에 의한 실업 · 빈곤 등을 제거하고, 모든 국민으로 하여금 인간다운 생활을 가능하게 하고자 하였다. 1919년의 독일 바이마르 공화국 헌법 이후 세계 각국의 헌법에 반영된 재산권 등에 대한 사회적 제약, 근로기본권 · 생존권 등과 같은 사회적 기본권의 등장은 종래의 추상적 · 형식적 평등의 단점을 제거하고 실질적 평등을 구현하기 위한 것이었다.[3)4)]

---

2) E. Kaufmann, Die Glelchheit vor dem Gesetz im Sinne des Art 109 der Reichsverfassung, in: VVDStRL, Heft 3, S 4; W. Apelt, Geschichte der Weimarer Verfassung, 2. Aufl, 1964, S 301.
3) 권영성, 헌법학원론, 388면.
1) 권영성, 헌법학원론, 388-389면.
2) 홍성방, 헌법학, 415면.
3) 김영환, 적극적 평등실현조치(Affirmative Action)에 관한 연구, 영남대학교 법학박사학위논문(1991) 참조.
4) 권영성, 헌법학원론, 388면; G. Leibholz, Verfassungsstaat-Verfassungsrecht, 1973, S. 19 f.(권영성역, 헌법국가와 헌법, 박영사, 1975, 32면 이하).

II. 평등권·평등의 원칙

1. 평등권·평등의 원칙의 의의

평등의 원칙은 법적용의 대상이 되는 모든 인간을 원칙적으로 평등하게 다루어야 한다는 법원칙으로서,[1] 「같은 것은 같게, 다른 것은 다르게」 취급함으로써 사회정의를 실현하려는 법원칙이다. 따라서 평등하게 다루어야 할 것을 불평등하게 다루거나 불평등하게 다루어야 할 것을 평등하게 다루는 것은 정의의 원칙 및 평등의 원칙에 위배된다.[2]

특히 평등권은 기회균등을 그 내용으로 하기 때문에 기회균등에 위반되는 자의적인 공권력적 조치는 허용되지 아니하며, 이러한 의미에서 평등권은 기회균등과 동시에 자의금지를 내포하고 있다.[3]

헌법상의 평등조항은 객관적 법질서(객관적 가치질서)로서의 성격과 주관적 공권으로서의 성격을 지니고 있다. 즉 평등조항은 객관적인 법질서가 평등의 원리에 따라야 한다는 평등의 원칙과 개인의 기본권(주관적 공권)으로서의 평등권을 의미한다.[4]

> 헌재결 1999. 5. 27, 98헌바26 [합헌] 【특정경제범죄가중처벌등에관한법률 제5조 제1항 위헌소원】
>
> 헌법 제11조 제1항은 "모든 국민은 법 앞에 평등하다. 누구든지 성별·종교 또는 사회적 신분에 의하여 정치적·경제적·사회적·문화적 생활의 모든 영역에 있어서 차별을 받지 아니한다"라고 규정하고 있다. 이러한 평등의 원칙은 일체의 차별적 대우를 부정하는 절대적 평등을 의미하는 것이 아니라 입법과 법의 적용에 있어서 합리적인 근거가 없는 차별을 하여서는 아니된다는 상대적 평등을 뜻하고 따라서 합리적인 근거가 있는 차별 또는 불평등은 평등의 원칙에 반하는 것이 아니다(동지의 판례 : 헌재 1998. 9. 30, 98헌가7 등; 헌재결 1998. 11. 26, 97헌바31).

그리고 헌법이 보장하는 평등의 원칙은 개인의 기본권신장이나 제도의 개혁에 있어 법적 가치의 상향적 실현을 보편화하기 위한 것이지 불균등의 제거만을 목적으로 한 나머지 하향적 균등까지 수용하고자 하는 것은 아니다.[5]

---

1) 그 중심내용은 기회균등과 恣意금지이다(권영성, 헌법학원론, 389면).
2) 권영성, 헌법학원론, 389면.
3) 허영, 한국헌법론, 340면.
4) 양건, 헌법강의, 304면.
5) 헌재결 1990. 6. 25, 89헌마107; 헌재결 1989. 5. 24, 89헌가37·96병합 【금융기관의연체대출금에 관한특별조치법 제5조의2의 위헌심판】

<사례>

A은행은 취업규칙에 女行員은 결혼한 후에는 퇴직한다고 규정하고 갑은 그 사실을 알고 결혼하면 퇴직한다는 각서를 쓰고 은행에 채용되었다. 그런데 그 후 갑은 결혼을 하였음에도 불구하고 퇴직을 하지 않아 A은행은 각서 및 취업규칙을 근거로 갑을 해고하였다. 이 경우 발생하는 헌법상의 문제점은? (1993년 6월 29일 시행 제35회사법시험)

<해설>

사안의 경우는 결혼퇴직제에 해당하며 이와 관련하여 헌법상 문제점은, 첫째 결혼퇴직제가 헌법 제11조 및 근로기준법 제5조 그리고 남녀고용평등법에 위반하지 않는가 하는 점과, 둘째 결혼의 자유와 결혼퇴직제의 관계를 헌법 제10조, 제36조, 제34조 등에 위반하지 않는가 하는 점과, 셋째 헌법의 규정이 사인간에 있어서는 어떤 효력을 가지는가로 분류할 수 있다. 헌법 제11조는 "누구든지 성별에 의하여 … 차별을 받지 아니한다"고 규정하고 있다. 그런데 결혼퇴직제는 여자의 경우에 한하여 결혼을 이유로 해고하는 것이므로 명백히 성별에 의한 차별이다. 헌법 제11조는 차별을 금지하는 것은 아니다. 따라서 이와 같은 차별이 과연 합리적인 차별인가를 검토한 후에 합리적인 근거가 없는 것이라면 결혼퇴직제는 위헌·무효가 될 것이다. 합리적 차별을 정당화하기 위하여 제시된 사유로, 첫째 결혼한 여성은 비능률적이고, 둘째 여성은 대부분 보조적 업무에 종사하는데도 불구하고 연령이 높아지면 부당하게 많은 임금을 지불해야 된다는 점을 들어 차별을 합리화하려 한다. 그러나 첫째의 이유는 사회적 편견일 뿐이고, 둘째의 이유는 임금제가 연공제를 취하는 데서 오는 결과이므로 결국 결혼퇴직제는 합리적 차별이 될 수 없다. 따라서 이는 헌법 제11조에 위배된다고 할 것이다.

평등의 원칙은 원래 미국의 독립선언과 프랑스의 인권선언(제1조)에서 최초로 명문화된 것이지만 오늘날에는 세계인권선언(제7조)과 대부분의 헌법이 이를 규정하고 있다

2. 평등의 원칙의 법적 성격

평등의 원칙은 국민의 기본권보장에 관한 우리 헌법의 최고원리로서 국가가 입법을 하거나 법의 해석 및 집행에 있어서 준수해야할 기준인 동시에, 국가에 대하여 합리적 이유 없이 불평등한 대우를 하지 말 것과 평등한 대우를 요구할 수 있는 모든 국민의 권리로서 국민의 기본권 중의 기본권이다.[1)]

- 기본권보장을 위한(기능) 그리고 기본권보장에 관한(방법) 최고의 헌법원리
- 공동체의 생활관계에서 모든 구성원을 차별하여서는 아니된다는 법원칙
- 법질서를 구성하는 요소
- 헌법해석의 지침인 동시에 입법·집행·사법 등 모든 공권력발동의 기준

---

1) 헌재결 1989. 1. 25, 88헌가7【사회보호법 제5조의 위헌심판제청】

- 평등의 원칙은 최고의 헌법원리이기 때문에 헌법개정에 의해서도 폐지할 수 없는 개정 금지사항이다(통설).[1)]

헌재결 1989. 1. 25, 88헌가7 【소송촉진등에관한특례법제6조의위헌심판】

헌법은 그 전문에 "정치, 경제, 사회, 문화의 모든 영역에 있어서 각인의 기회를 균등히 하고"라고 규정하고, 제11조 제1항에 "모든 국민은 법 앞에 평등하다"고 규정하여 기회균등 또는 평등의 원칙을 선언하고 있는바, 평등의 원칙은 국민의 기본권 보장에 관한 우리 헌법의 최고원리로서 국가가 입법을 하거나 법을 해석 및 집행함에 있어 따라야할 기준인 동시에, 국가에 대하여 합리적 이유 없이 불평등한 대우를 하지 말것과, 평등한 대우를 요구할 수 있는 모든 국민의 권리로서, 국민의 기본권중의 기본권인 것이다.

그리하여 이러한 평등의 원칙은 헌법 제23조에 의하여 보장된 "모든 국민의 재산권"과 헌법 제27조 제3항에 의하여 보장된 "모든 국민의 신속한 재판을 받을 권리"의 실현에도 당연히 적용되어야 할 것이므로 재산권 등 사권의 구제절차인 민사소송에서도 당사자가 누구인가에 따라 차별대우가 있어서는 아니되는 것이며, 국가가 민사소송의 당사자가 되었다고 해서 합리적 이유 없이 우대받아서는 아니되는 것이다. 왜냐하면 비록 국가라 할지라도 권력적 작용이 아닌, 민사소송의 대상이 되는 국고작용으로 인한 법률관계에 있어서는 사인(사인)과 동등하게 다루어져야 하기 때문이다. 나아가서 소송촉진등에관한특례법 제6조 제1항을 보건데, 가집행의 선고는 불필요한 상소권의 남용을 억제하고 신속한 권리실행을 하게 함으로써 국민의 재산권과 신속한 재판을 받을 권리를 보장하기 위한 제도인데, 위 특례법의 규정에 따르면, 법원은 국가가 원고가 되어 얻은 승소판결에는 상당한 이유가 없는 한 반드시 가집행의 선고를 하여야하나, 반면에 국민이 국가를 상대로 한 소송에서 얻어낸 승소판결에는 아무리 확신 있는 판결이라고 할지라도 가집행의 선고를 할 수 없게 되어있어 결국 재산권과 신속한 재판을 받을 권리의 보장에 있어 소송당사자를 차별하여 국가를 우대하고 있는 것이 명백하고 이처럼 민사소송의 당사자를 차별하여 국가를 우대할만한 합리적 이유도 찾기 어렵다. … 이상과 같은 이유로써 소송촉진등에관한 특례법 제6조 제1항 중 "다만, 국가를 상대로하는 재산권의 청구에 관하여는 가집행의 선고를 할 수 없다"라는 부분은 헌법 제11조 제1항에 위반됨이 명백하므로, 헌법재판소법 제45조에 의하여 주문과 같이 결정한다.

3. 평등의 원칙의 내용

3.1.「법」의 의미

법 앞에 평등이라 할 경우 법은 의회에 의하여 제정되는 형식적 의미의 법률뿐만 아니라 국가의 법체계를 형성하는 모든 법규범(실질적 의미의 법률)을 말한다.[2)] 따라서 성문

---

1) 권영성, 헌법학원론, 389면; 헌재결 1989. 1. 25, 88헌가7 【소송촉진등에관한특례법 제6조의위헌심판제청】

2) 홍성방, 헌법학, 420면.

법과 불문법을 막론하고 국내법과 국제법을 가리지 아니하며, 헌법 · 법률 · 명령 · 규칙 등 모든 법규범이 여기에 포함된다. 또한 자연법을 포함한다.[1)]

3.2. 「법 앞에」의 의미

3.2.1. 개관

법 앞에 라는 의미가 행정과 사법만을 의미하는가 아니면 입법까지를 포함하는가 하는 것이 문제가 된다. 「법 앞에」의 규범적 의미에 관하여는 법적용평등설(입법자비구속설)과 법내용평등설(입법자구속설)이 대립하고 있다.

3.2.2. 학설

a) 법적용 평등설(입법 비구속설)

법적용평등설은 「법 앞에 평등」을 법을 구체적으로 집행하고 적용하는 국가작용인 행정과 사법에 대한 규제원리로 이해하는 입장이다.[2)] 법적용평등설에 의하면, 평등이란 법률의 평등이 아닌 법률 앞에서의 평등을 의미하므로 법의 적용만을 구속하는 것이지, 입법을 구속할 수는 없다고 하는 것이다. 과거 독일의 바이마르 시대(1919-1933)에는 법적용의 평등 만을 의미한다고 보는 것이 통설이었다.[3)]

b) 법내용평등설(입법 구속설)

법내용평등설은 「법 앞에 평등」을 법의 집행(행정)과 적용(사법)뿐만 아니라 법의 제정(입법)까지도 포함하는 모든 국가작용에 대한 규제원리로 이해하는 입장이다(법제정 평등설이라고도 한다).[4)] 법내용평등설에서 의미하는 법 앞의 평등이란 결국 법내용의 평등, 즉 법률의 평등으로 이해하는 입장이다. 이리하여 평등의 영역은 입법자가 설정한 실정법의 테두리 내에서 인정되는 평등만이 아니라 평등과 관련한 실정법 자체가 헌법적 평등요청에 부합되는지 아닌지 까지도 검토되게 되었다.[5)]

c) 사견

생각건대 「법 앞에 평등」은 법에 있어서의 평등, 즉 법내용의 평등으로 이해하여야 한

---

1) 홍성방, 헌법학, 420면.
2) G. Anschütz, Die Verfassung des Deutschen Reichs, 14. Aufl., S 522 ff. 참조.
3) 양건, 헌법강의, 302면.
4) 이준일, 헌법학강의, 홍문사, 2009, 단락번호 [4.3.4]; G. Leibholz, Die Gleichheit vor dem Gesetz, 2 Aufl., 1959, S. 87 참조
5) 장영수, 헌법학, 578면.

다(통설). 법내용평등설이 타당하다. 왜냐 하면 법의 집행과 적용을 아무리 평등하게 하더라도, 법내용 자체가 불평등하면 그 법을 아무리 평등하게 적용할지라도 그 결과가 불평등하게 되기 때문에 법 앞의 평등이란 입법까지도 구속(법내용평등)한다고 보아야 한다. 법내용평등설에 의하면, 비로소 입법권에 의한 평등원리의 침해를 방지할 수 있으며, 이를 방지하기 위한 제도적 장치로 위헌법률심판제가 인정되고 있다. 그러므로 「법 앞에 평등」은 법내용의 평등을 의미하고 입법자까지도 구속하는 것으로 이해하지 않으면 아니된다.

[헌법재판소 판례] : 법내용평등설

헌법재판소도 헌법 제11조 제1항의 법 앞에 평등의 원칙은 「법을 적용함에 있어서 뿐만 아니라 입법을 함에 있어서도 불합리한 차별대우를 하여서는 아니된다는 것을 뜻한다. 즉 사리에 맞는 합리적인 근거없이 법을 차별하여 적용하여서는 아니됨은 물론 그러한 내용의 입법을 하여도 아니된다는 것」이라고 판시한 바 있고,[1] 또한 "우리 헌법이 선언하고 있는 '인간의 존엄성'과 '법앞에 평등'은 행정부나 사법부에 의한 법적용상의 평등만을 의미하는 것이 아니고, 입법권자에게 '정의와 형평의 원칙'에 합당하게 합헌적으로 법률을 제정하도록 하는 것을 명하는 '법내용상의 평등'을 의미하고 있기 때문에 그 입법내용이 정의와 형평에 반하거나 자의적으로 이루어진 경우에는 평등권 등의 기본권을 본질적으로 침해한 입법권의 행사로서 위헌성을 면하기 어렵기 때문"[2]이라고 하여, 법내용평등설을 지지한다.

3.3. 법적 평등과 사실적 평등

평등의 원칙은 법적 평등만을 의미하는 것은 아니고 사실적 평등도 의미한다. 예컨대 사회적 약자에 대한 적극적인 우대조치(적극적 평등실현조치; 소수자보호정책, affirmative action) 등이 여기에 해당한다. 여성이나 장애인에 대한 할당제 또는 채용목표제는 사실적 평등을 고려한 우대조치이다. 적극적 우대조치를 취하고 있는 법률로는 여성발전기본법(제6조), 남녀고용평등과 일·가정양립지원에관한법률(제17조의2), 교육공무원법(제11조의4), 여성과학기술인육성및지원에관한법률, 장애인고용촉진및직업재활법(제27조, 제28조)등이 있다.[3] 사실적 평등은 역차별의 문제점을 내포하고 있지만, 이는 사회적 기본권으로 주장할 수 있을 것이다.[4]

1) 헌재결 1989. 5. 24, 89헌가37·96(병합); 同旨 헌재결 1989. 1. 25, 88헌가7; 헌재결 1989. 9. 8, 88헌가6 【국회의원선거법 제33조 제34조의 위헌심판제청】

2) 헌재결 1992. 4. 28, 90헌마24 【농업협동조합법 부칙 제2조에 대한 헌법소원】

3) 이준일, 헌법학강의, 단락번호 [4.3.11b].

4) 이준일, 헌법학강의, 단락번호 [4.3.12a].

3.4. 「평등」의 의미

3.4.1. 절대적 평등설

이는 '평균적 정의'에 입각한 개념정의로서 모든 사람이 모든 경우에 모든 점에 있어서 절대적으로 균등하게 취급하여야 한다고 주장하는 학설이다. 절대적 평등설은 다시 모든 인간을 모든점에서 무차별 또는 균등하게 다루어야 한다는 무제한적 절대평등설과 평등의 적용범위를 신분적 사항에 국한시켜 신분을 이유로 한 차별만이 절대로 금지된다는 제한적 절대평등설로 나누인다.[1]

3.4.2. 상대적 평등설

이는 '배분적 정의'에 입각한 개념으로서 모든 인간을 평등하게 처우하되 정당한 이유가 있거나 합리적 근거가 있는 경우에는 합리적 차별 내지 합리적 불평등을 인정하는 입장이다. 헌법에서 의미하는 평등은 사실상의 차이를 고려하여, 그만큼 다르게 대우한다는 것으로서, 헌법의 '차별받지 아니한다'는 것은 일체의 차별을 금지한다는 의미는 아니고,[2] 불합리한 차별대우를 금한다는 말이다.[3]

상대적 평등설에 의하면 평등권의 보호법익에는 평등대우 뿐만 아니라 (합리적인) 차별대우도 포함한다.[4]

> 「상대적 평등설」
> 배분적 정의: 합리적 근거가 있는 경우 → 합리적 차별 · 합리적 불평등을 인정

3.4.3. 사견

평등의 개념에 관하여 산술적 · 평균적 정의에 입각한 절대적 평등(평균적 정의)을 의미하는 것이 아니고, 아리스토텔레스(Aristoteles)의 배분적 정의에 입각한 상대적 평등(배분적 정의)으로 보는 것이 판례 · 통설의 입장이다. 따라서 '<u>같은 것은 같게, 다른 것은 다르게</u>' 국가권력이 행사되어야 한다. 합리적 근거가 없는 차별은 恣意的 差別이고 자의적 차별은 평등의 이념인 사회정의에 반한다.[5]

---

1) 권영성, 헌법학원론, 391면..
2) 양건, 헌법강의, 303면.
3) 대판 1966. 3. 29, 65누69 【부동산각처분무효확인】
4) 이준일, 헌법학강의, 단락번호 [4.3.5].
5) 권영성, 헌법학원론, 391면.

정의 = 평등 : 같은 것은 같게, 다른 것은 다르게
- 같은 것은 같게 : 평균적 · 절대적 · 기본적인권, 산술적 · 형식적 · 결과의 평등
  예) 남녀평등, 범죄형벌
- 다른 것은 다르게 : 비율적 · 상대적 · 실질적 기회의 평등
  예) 남녀생물학적 차이, 병역, 누진세 등

[헌법재판소 판례] : 상대적 평등설

헌법재판소도 「헌법 제11조 제1항의 평등의 원칙은 결코 일체의 차별적 대우를 부정하는 절대적 평등을 의미하는 것이 아니라 법의 적용이나 입법에 있어서 불합리한 조건에 의한 차별을 하여서는 안된다는 상대적 평등을 뜻한다」라고 판시하였다.[1]

그러나 정치적 영역에서는 절대적 평등이 보다 중시되고, 사회적·경제적 영역에서는 상대적 평등이 보다 더 중시되어야 하는 것처럼 생활영역에 따라 평등의 의미가 달라질 수 있음은 당연하다.[2]

4. 합리적 차별·상대적 불평등의 판단기준

4.1. 인간존엄성설

평등을 상대적 평등으로 이해한다 하더라도 합리적 차별과 불합리한 차별의 판단기준에 관하여는 학설이 갈리고 있다. 인간존엄성설에 의하면, 차별이 인간의 존엄과 가치라는 인격주의의 이념에 반하는가 않는가를 합리적 차별여부의 판별기준으로 하여야 한다고 한다. 독일연방헌법재판소의 판례[3]와 헷세(K. Hesse)·아른트(A. Arndt) 등[4]이 취하는 입장이다.[5]

4.2. 입법목적설

입법목적설에 의하면, 차별이 정당한 입법목적을 달성하기 위하여 불가피하고 또 그것이 사회통념상 적정한 것인가 아닌가를 합리적 차별여부의 판단기준으로 하여야 한다고 한다.[6] 이 기준은 과거 미국과 일본의 판례에서 적용된 바 있고, 독일에서도 라이프홀쯔

---

1) 헌재결 1997. 10. 30, 96헌마109; 헌재결 1996. 11. 28, 96헌가13【관세법 제182조 제2항 위헌제청】

2) 권영성, 헌법학원론, 391면.

3) 예컨대 BVerfGE 2, 12.

4) K. Hesse, Der Glelchheitsgrundsatz im Staatsrecht, in: AöR, NF 38, Bd 77. S. 202 ff; A. Arndt, Umwelt und Recht, in: NJW, 1961, S 2154.

5) 권영성, 헌법학원론, 391면; 홍성방, 헌법학, 421면.

(G. Leibholz)교수에 의하여 강조된 이래,[1] 오늘날에 있어서 미국 및 일본의 판례 등 광범한 지지를 얻고 있다.

미국판례 : 미국에서는 차별이 정당화되려면 (ㄱ) 차별을 통하여 국가가 달성하고자 하는 목적이 합법·정당함에 그치지 아니하고 필요불가결(compelling) 하고, (ㄴ) 이러한 목적을 달성하기 위하여 국가가 선택한 수단으로서의 차별이 목적의 달성에 직접적으로 기여하여야 하며, (ㄷ) 목적달성에 필요한 최소한의 범위 내에서 기본권을 제한하는 수단을 선택하여야 한다고 한다.

「우선처우론」

미국의 연방대법원의 일련의 판례를 통하여 발전된 우선처우론(theory of preferential treatment)은 경제적 · 사회적 약자(생활무능력자 · 여성 · 노약자 · 미성년자 · 소수민족 등)에 대하여 인도주의적 입장에서 특별대우나 특별급여(생계비지급 · 심야작업금지와 생리휴가 · 복지보조금지급 · 중노동금지 등)를 함으로써 실질적 평등을 실현하려고 하는 현대적 평등보호원리라고 할 수 있다.[2]

4.3. 사견(절충설)

생각건대 합리적 차별 여부의 판단은 ① 인간의 존엄성존중이라는 헌법의 최고원리와, ② 정당한 입법목적(공공복리 등)의 달성, ③ 수단의 적정성이라는 세 가지 복합적 요소를 기준으로 하여 판단하여야 한다고 본다(절충설).[3] 결국 인간의 존엄성존중의 원리에 반하지 아니하면서 입법목적이 공공복리의 실현이라고 하는 정당성을 가지는 것이며 또한 입법목적달성을 위한 수단이 적정한 것이면 합리적 차별이고, 이러한 요건을 충족하지 아니한 차별은 자의적 차별이라고 하여야 할 것이다.

헌재결 1996. 11. 28, 96헌가13 【관세법 제182조 제2항 위헌제청】

합리적 근거가 있는 차별인지의 여부는 그 차별이 인간의 존엄성 존중이라는 헌법원리에 반하지 아니하면서 정당한 입법목적을 달성하기 위하여 필요하고도 적정한 것인가를 기준으로 판단하여야 할 것이다.

헌재결 1995. 2. 23, 93헌바43 【형법 제35조 등 위헌소원】

---

6) 홍성방, 헌법학, 421면.

1) G. Libholz, Gleichheit vor dem Gesetz, 1959, SS. 76, 196.

2) 그러나 이러한 판례에 대하여 역차별론(reverse discrimination)이 제기되기도 하였다. 우선처우론이 상대적으로 백인이나 남성에게 역차별을 가져와 불평등을 초래하였기 때문이다.

3) 同旨 헌재결 1997. 5. 29, 94헌바5 【주택건설촉진법 제3조 제9호 위헌소원】

형법 제35조가 누범에 대하여 형을 가중한다고 해서 그것이 인간의 존엄성 존중이라는 헌법의 이념에 반하는 것도 아니며, 누범을 가중하여 처벌하는 것은 사회방위, 범죄의 특별예방 및 일반예방, 더 나아가 사회의 질서유지의 목적을 달성하기 위한 하나의 수단이기도 하는 것이므로 이는 합리적 근거있는 차별이어서 헌법상의 평등의 원칙에 위배되지 아니한다.

III. 평등권

헌법 제11조 ① 모든 국민은 법 앞에 평등하다. 누구든지 성별 · 종교 또는 사회적 신분에 의하여 정치적 · 경제적 · 사회적 · 문화적 생활의 모든 영역에 있어서 차별을 받지 아니한다. ② 사회적 특수계급의 제도는 인정되지 아니하며, 어떠한 형태로도 이를 창설할 수 없다. ③ 훈장 등의 영전은 이를 받은자 에게만 효력이 있고, 어떠한 특권도 이에 따르지 아니한다.

헌법 제31조 ① 모든 국민은 능력에 따라 균등하게 교육받을 권리를 가진다.

헌법 제32조 ④ 여자의 근로는 특별한 보호를 받으며, 고용 · 임금 및 근로조건에 있어서 부당한 차별을 받지 아니한다.

헌법 제36조 ① 혼인과 가족생활은 개인의 존엄과 양성의 평등을 기초로 성립되고 유지되어야 하며, 국가는 이를 보장한다.

헌법 제41조 ① 국회는 국민의 보통 · 평등 · 직접 · 비밀선거에 의하여 선출된 국회의원으로 구성한다.

헌법 제123조 ② 국가는 지역간의 균형 있는 발전을 위하여 지역경제를 육성할 의무를 진다.

1. 의의

평등권이라 함은 국가로부터 차별적 대우를 받지 아니할 뿐만 아니라 국가에 대하여 평등한 처우를 요구할 수 있는 개인의 주관적 공권을 의미한다.

<사례>

갑은 전몰군경유족인 자로서, 2000. 12. 30. 법률 제6339호로 국가유공자등예우및지원에관한법률이 개정되면서 제16조의3이 신설되어 2001. 7. 1.부터 전몰군경 또는 순직군경의 자녀에 대하여 6 · 25전몰군경자녀수당이 지급됨에 따라 의정부보훈지청에 이 사건 수당의 지급을 요청하였다. 그러나, 국가유공자등예우및지원에관한법률 제16조의3 제1항 단서는 “1998. 1. 1. 이후 유족 중 1인이 연금을 받은 사실이 있는 전몰군경 또는 순직군경의 자녀에 대하여는 지급하지 아니한다”고 규정하고 있는바, 2001. 6. 19. 의정부보훈지청은 갑의 어머니가 1999. 12. 20.까지 연금을 받다가 사망하였다는 이유로 국가유공자등예우및

지원에관한법률 제16조의3 제1항 단서에 근거하여 갑은 이 사건 수당의 지급대상에서 제외된다고 회신하였다. 이에 갑은 2001. 8. 6. 국가유공자등예우및지원에관한법률 제16조의3 제1항 단서조항이 갑의 평등권과 행복추구권을 침해하는 것이라고 주장하면서 이 사건 헌법소원심판을 청구하였다.

<해설>

[적법요건에 관한 판단]

국민의 기본권을 제한하고 부담을 부과하는 소위 '침해적 법률'의 경우에는 규범의 수범자가 당사자로서 자신의 기본권 침해를 주장하게 되지만, '수혜적 법률'의 경우에는 반대로 수혜범위에서 제외된 자가 그 법률에 의하여 평등권이 침해되었다고 주장하는 당사자에 해당되고, 당해 법률에 대한 위헌 또는 헌법불합치 결정에 따라 수혜집단과의 관계에서 평등권 침해 상태가 회복될 가능성이 있다면 기본권 침해성이 인정된다(헌재 2001. 11. 29. 99헌마494, 판례집 13-2, 714, 723 참조).

그리고 법령에 대한 헌법소원이 적법성을 갖기 위하여는 그 대상이 되는 법령이 구체적 집행행위를 기다리지 아니하고 그 자체에 의하여 직접 국민의 기본권을 침해하는 경우이어야 한다. 여기에서 그 자체에 의하여 직접 국민의 기본권을 침해하는 경우란 법령에 의하여 직접 자유의 제한, 의무의 부과, 권리 또는 법적 지위의 박탈이 생기는 경우를 말한다(헌재 1998. 2. 27. 97헌마101, 판례집 10-1, 208, 209).

그런데, 이 사건 단서조항은 청구인과 같이 1998. 1. 1. 이후 유족 중 1인이 연금을 받은 사실이 있는 전몰군경의 자녀를 이 사건 수당의 지급대상에서 제외하는 것으로서 이와 같이 수혜대상에서 제외된 6·25전몰군경자녀의 기본권을 직접 침해한다고 볼 수 있으므로 이 사건 심판청구는 적법하다고 할 것이다.[1)]

[본안에 관한 판단]

국가유공자등예우및지원에관한법률 제16조의3 제1항 단서에서 1998. 1. 1. 이후 유족 중 연금을 지급받은 자가 있는 6·25전몰군경자녀를 이 사건 수당의 지급대상에서 제외하고 있는 것은 1997. 12. 31. 이전에 연금지급이 종결되어 직접적으로든 간접적으로든 어떠한 혜택도 받지 못하는 6·25전몰군경자녀에 대한 보상의 필요성이 우선한다고 입법자가 판단한 것으로 볼 수 있으므로, 1998. 1. 1. 이후 유족 중 1인이 연금을 지급받고 있는 6·25전몰군경자녀에게 이 사건 수당을 지급하지 아니함으로써 그렇지 아니한 6·25전몰군경자녀와의 사이에 생기는 차별은 나름대로 합리성을 갖추고 있다고 할 것이고 객관적으로 정의와 형평에 반한다거나 자의적인 것이라고 할 수 없다.[2)]

1) 헌재결 2002. 12. 18, 2001헌마546 【국가유공자등예우및지원에관한법률 제16조의3 제1항 단서 위헌확인】

2) 헌재결 2002. 12. 18, 2001헌마546 【국가유공자등예우및지원에관한법률 제16조의3 제1항 단서 위헌확인】

2. 주체

평등권의 향유주체는 개인뿐만 아니라 법인, 권리능력 없는 사단이나 재단도 포함된다. 외국인의 경우, 법실증주의적 헌법관에 의하면, 평등권은 천부적인 권리가 아니고 실정법상의 권리이며, 헌법규정상 분명히 국민이라는 명칭을 사용하고 있고, 참정권과 재산권 등에서 외국인을 차별하는 것은 당연하며, 결국 외국인에 대하여는 평등권이 부정된다고 보며(부정설), 결단주의적 헌법관에 의하면 기본권의 성질상 한국인이 아니면 누릴 수 없는 참정권 등만을 외국인에게는 인정하지 않거나, 혹은 국제법상의 일반원칙인 상호주의 원칙에 따라 외국인이게 제한적으로 인정하는 입장(제한적 긍정설)이 있다.

생각건대 원칙적으로 평등권이 인간의 권리이므로 평등권향유의 주체가 되나, 평등의 개념은 어디 까지나 상대적 평등을 의미하는 것이기 때문에,[1] 국제법상의 상호주의 원칙에 따라 일정한 제한이 인정된다고 본다. 결국 외국인에게 평등권주체성을 인정할 것인가의 문제는 개별적 상황에 따라 결정할 문제이며, 획일적으로 결정할 사항은 아니다.[2]

- 개인
- 법인
- 권리능력 없는 사단 · 재단
- 외국인(원칙적 인정, 예외적 제한 ☜ **상호주의**)

3. 차별금지의 유형

헌법 제11조는 "누구든지 성별 · 종교 또는 사회적 신분에 의하여 정치적 · 경제적 · 사회적 · 문화적 생활의 모든 영역에 있어서 차별을 받지 아니한다"고 규정하고 있다. 차별금지사유로 든 성별 · 종교 · 사회적 신분이 열거적인 것이냐 예시적인 것이냐가 문제되나 예시적 규정설이 통설이다. 즉 헌법에서 규정하고 있는 성별 · 종교 · 사회적 신분은 이것만의 경우에 한하여 차별대우를 금지한다는 열거적 규정의 의미가 아니고, 이는 다만 예를 들어서 규정한 것에 불과하다는 의미이다. 따라서 성별 · 종교 · 사회적 신분이외에도 학력 · 건강 · 정치관 · 연령 · 출신지역 등의 기타 사유로 불합리한 차별을 해서는 아니된다는 것을 의미한다(불합리한 차별의 금지, 합리적 차별은 가능).

---

1) 허영, 한국헌법론, 342면.
2) 허영, 한국헌법론, 342면.

– 선거권연령제한규정의 위헌여부 –

<사례>

공직선거법(구 공직선거및선거부정방지법) 제15조에서 선거권이 인정되는 연령을 19세 이상으로 제한하고 있는 것은 지식수준이 향상된 현재 18세의 정도의 미성년자들에 대하여 헌법상 보장된 평등권이 침해되고, 보통·평등선거의 원칙에 반하는 것은 아닌가?

선거권에 관하여 공직선거법 제15조에 의하면 "① 19세 이상의 국민은 대통령 및 국회의원의 선거권이 있다. ② 19세 이상의 국민으로서 제37조(명부작성) 제1항의 선거인명부 작성기준일 현재 당해 지방자치단체의 관할구역 안에 주민등록이 되어 있는 자는 그 구역에서 선거하는 지방의회의원 및 지방자치단체의 장의 선거권이 있다."라고 규정하고 있다. 그런데 선거권 연령을 19세 이상으로 제한하고 있는 공직선거법 제15조 제1항이 평등권이나 보통·평등선거의 원칙에 반하는지에 문제가 된다.

헌재결 2001. 6. 28, 2000헌마111 【공직선거및선거부정방지법 제15조 제1항 위헌확인】

"보통선거제도는 일정한 연령에 이르지 못한 국민에 대하여 선거권을 제한하는 것을 당연한 전제로 삼고 있고, 헌법은 제24조에서 모든 국민은 '법률이 정하는바'에 의하여 선거권을 가진다고 규정함으로써 선거권 연령의 구분을 입법자에게 위임하고 있으므로, 보통선거에서 선거권 연령을 몇 세로 정할 것인가의 문제는 입법자가 그 나라의 역사, 전통과 문화, 국민의 의식수준, 교육적 요소, 미성년자의 신체적·정신적 자율성, 정치적 사회적 영향 등 여러 가지 사항을 종합하여 결정하는 것으로서, 이는 입법자가 입법목적달성을 위한 선택의 문제이고 입법자가 선택한 수단이 현저하게 불합리하고 불공정한 것이 아닌 한 재량에 속하는 것인바, 공직선거및선거부정방지법 제15조 제1항이 선거권 연령을 20세 이상으로 제한하고 있는 것은, 입법자가 미성년자의 정신적·신체적 자율성의 불충분 외에도 교육적인 측면에서 예견되는 부작용과 일상생활 여건상 독자적으로 정치적인 판단을 할 수 있는 능력에 대한 의문 등 여러 가지 사정을 고려하여 규정한 것이어서 이를 입법부에게 주어진 합리적인 재량의 범위를 벗어난 것으로 볼 수 없으므로, 위 법 조항은 18~19세 미성년자들에게 보장된 헌법 제11조 제1항의 평등권이나 제41조 제1항의 보통·평등선거의 원칙에 위반하는 것이 아니다."라고 하였다. 결국 선거연령을 19세로 제한함이 헌법정신에 위반된다고 할 수는 없다. <대한법률구조공단 제공>

성별·종교 또는 사회적 신분 → 다만 하나의 예시규정에 불과(예시적 규정설)

열거적 규정: 그것에 한하여
예시적 규정: 그것 이외에도

『사례』: 부계혈통채택 舊국적법 서울고법서 위헌제청

서울고법 특별5부(재판장 김효종(金曉鐘)판사)는 1997년 8월 20일 중국을 통해 밀입국한 金光浩씨(41. 중국 흑룡강성 목단강시)가 부계혈통주의를 취하고 있는 국적법조항이 위헌의 소지가 있다며 낸 위헌심판제청을 받아들여 헌법재판소에 위헌심판을 제청했다. 재판부는 결정문에서 "국적취득에 있어 부계혈통주의를 원칙으로 하고 있는 국적법 제2조 제1항은 헌법이 보장하고 있는 兩性 평등의 원칙에 위배될 소지가 있다"고 밝혔다. 지난 56년 북한 함경북도에서 중국국적의 북한인 아버지와 북한국적의 어머니 사이에서 태어난 김씨는 95년 밀입국해 귀순요청을 했으나 아버지가 중국국적을 가지고 있다는 이유로 외국인으로 분류돼 퇴거명령이 내려지자 지난해 서울외국인보호소장을 상대로 강제퇴거명령무효확인소송과 함께 위헌심판제청을 신청했다.

위헌법률심판제청권은 '해당법원'이 가지며 '담당법관'에게는 위헌법률심판제청권이 없다(헌법 제107조 참조). 또한 법원 합의부의 결정을 거칠 것을 요하지도 않는다.

현행 국적법 제2조 제1호(구국적법 제2조 제1호는 1997.12.31. 全改法律 제5431호로 개정)

출생한 당시 父 또는 母가 대한민국의 국민인자는 출생과 동시에 대한민국의 국적을 취득한다.

4. 차별금지의 사유

4.1. 성별

성별에 의한 차별금지는 남녀평등을 의미한다. 따라서 남녀간의 임금차별이나 결혼퇴직제는 평등권의 위반이다. 그러나 남녀의 신체적 관계에 의한 차별이나 합리적 차별까지 금지하는 것은 아니다.[1)]

---

1) (서울=연합뉴스) 이한승 기자 = 남편 사망 때 아내에게 즉시 유족연금을 지급하는 것과 달리 아내 사망 때 남편이 유족연금을 받을 수 있는 자격을 60세나 장애등급 2급 이상으로 한정한 국민연금법은 '합헌'이라는 헌법재판소의 결정이 나왔다. 헌재 전원재판부는 27일 문모씨가 "국민연금법이 평등의 원칙에 어긋난다"며 제기한 헌법소원에서 재판관 5(합헌) 대 4(위헌) 의견으로 헌법에 위반되지 않는다고 결정했다. 문씨는 2004년 4월 부인이 국민연금법상 사업장인 모 생명보험 회사에 근무하다 사망하자 사망일시금으로 1천176만원을 지급받았다. 문씨는 다음해 8월 국민연금관리공단에 유족연금을 청구했으나 구 국민연금법이 규정한 유족의 범위에 포함되지 않는다는 이유로 연금 지급을 거부당했다. 문씨는 국민연금관리공단을 상대로 서울행정법원에 소송을 제기하는 한편 위헌법률심판제청 신청을 했고 법원이 이를 받아들였다. 구 국민연금법 제63조는 유족연금을 지급받을 수 있는 유족은 가입자와 가입자 사망 당시 생계를 유지하고 있던 배우자, 또 남편의 경우 60세 이상이거나 장애등급 2급 이상인 자로 제한한다고 규정하고 있다. 헌재는 "해당 조항은 기혼 남성과 여성의 사회경제적 지위와 소득활동 참가율, 소득수준 등의 현

[합리적 차별의 예]
- 강간죄의 객체를 여성에게만 인정하는 것
- 남자에게만 병역의무를 부과하는 것
- 여성에게만 생리휴가를 주는 것
- 여성에게 대한 근로상의 특별보호

헌재결 2005. 3. 31, 2003헌마87 【한중국제결혼절차 위헌확인】 기각
[판시사항]

한국인(청구인)과 결혼한 중국인 배우자(장○○)가 한국에 입국하기 위하여 결혼동거목적거주(F-2) 사증발급을 신청함에 있어 중국인 배우자와의 교제과정, 결혼하게 된 경위, 소개인과의 관계, 교제경비내역 등을 당해 한국인이 직접 기재한 서류를 제출할 것을 요구하는 주중국 대한민국대사(피청구인)의 조치(이하 '이 사건 결혼경위 등 기재요구행위'라 한다)가 법률유보원칙이나 과잉금지원칙, 또는 평등원칙에 위배되는 것으로서 청구인의 헌법상 보장된 기본권을 침해하는지 여부(**소극**)

1. 헌법 제37조 제2항은 기본권제한에 관한 일반적 법률유보조항이라고 할 수 있는데, 법률유보의 원칙은 '법률에 의한 규율'만을 요청하는 것이 아니라 '법률에 근거한 규율'을 요청하는 것이기 때문에 기본권의 제한에는 법률의 근거가 필요할 뿐이고 기본권제한의 형식이 반드시 법률의 형식일 필요는 없다. 그런데, 피청구인의 이 사건 결혼경위 등 기재요구행위는 합헌적인 법령인 출입국관리법 제8조 제2항, 동법시행령 제11조 제2항, 동법시행규칙 제9조 제4호, 제76조 제1항 등의 근거에 따라 이루어진 것이고 따라서 법률유보의 원칙에 위배되지 않는다. ☜ **법률에 의한 규율(법률유보의 원칙)·법률에 근거한 규율(법률의 유보의 원칙)**

2. 피청구인이 이 사건 결혼경위 등을 기재하도록 요구하는 것은, 첫째 국제결혼이 한국 입국 및 취업을 위한 편법으로 악용되고 있고 …, 둘째 위장 국제결혼을 방지하여 선의의 한국인들이 중국인 배우자와 국내에서 건전한 혼인관계를 유지할 수 있도록 보호하기 위한 것이다. 이것은 주권국가가 합리적인 출입국관리를 위하여 추구할 수 있는 정당한 목적이며, 이 사건 결혼경위 등 기재요구 조치를 통하여 위와 같은 목적을 달성하는데 이바지할 것임은 분

실적 차이를 반영한 것"이라며 "본래는 남성 배우자의 사망으로 생활이 곤란하게 된 여성 배우자를 보호하기 위한 것"이라고 밝혔다. 재판부는 "취업 현황이나 임금구조, 가족관계의 특성을 종합적으로 고려해 유족 급여 제공 여부를 결정하고 있어 남성 배우자에 대한 실질적 차별을 내용으로 하고 있다거나 입법 목적의 비중과 차별대우의 정도가 균형을 상실했다고 볼 수 없다"며 합헌 결정을 했다. 김희옥·김종대·민형기·송두환 재판관은 "입법 당시와 달리 시대 변화로 여성의 경제활동 인구가 증가하고 가족의 경제적 역할 분담의 양상이 다양해졌다"며 "남편의 유족연금 수급권을 아내에 비해 차별적으로 인정하는 것은 평등의 원칙에 반한다"며 위헌 의견을 냈다. jesus7864@yna.co.kr

명하므로 그 수단의 적정성도 인정할 수 있다. 또한 결혼동거목적거주 사증의 심사는 다른 목적의 사증심사와는 달리 위장 및 사기 결혼의 여부를 확인하는 것이 주 목적인데, 중국 관공서 명의로 발급되는 각종 공문서가 위조 또는 변조되는 경우가 많기 때문에 … 이 사건 결혼경위 등 요구행위는 사증심사의 목적을 달성하는데 필요한 최소한의 조치라고 보아야 할 것이다. ☜ **과잉금지의 원칙(비례의 원칙)**

3. 중국인 불법체류자의 비율이 다른 나라보다 압도적으로 많은 점, 그리고 중국의 관공서에서 위 사증신청을 위하여 발급하는 각종 공문서가 위조 또는 변조되는 사례가 많아 중국이 발행하는 공문서의 신뢰성이 높지 않아 …, 피청구인이 다른 나라의 경우와는 달리 중국인 배우자에 의한 위 사증신청시 이 사건 결혼경위 등의 기재를 요구하는 행위는 그 차별에 합리성을 인정할 수 있다. ☜ **합리적 차별 가능**

4.2. 종교

종교에 의한 차별도 금지된다. 종교는 아니나 양심·사상에 의한 차별도 부인되어야 한다. 특히 종교를 이유로 하는 차별은 사기업의 근무관계라든가 사립학교의 입학관계에서 많은 문제점을 가지고 있다.

4.3. 사회적 신분

4.3.1. 선천적 신분설

이는 출생과 함께 가지는 고정적 사회적 신분으로 본다. 귀화인의 자손, 전과자의 자손 등이 이에 해당한다.

4.3.2. 선천적·후천적 신분설

이는 선천적 신분은 물론이고, 인간이 후천적으로 사회에서 장기간 차지하는 지위로서 일정한 사회적 평가를 수반하는 후천적 신분까지 포함하는 것이라고 한다(다수설).

- 전과자
- 귀화인
- 학생
- 거지(貧者)

다만 존·비속의 친자관계에 관해서는 사회적 신분으로 보는 견해(일본의 경우)와 사회적 신분이 아니라 친족적·자연적 신분으로보는 견해(한국의 경우)로 나누인다. 즉 존속살인에 대한 형의 가중이 위헌인가 아닌가의 여부에 있어서 사회적 신분으로 보면 위헌이라는 결론에 도달하게 되고 친족적 · 자연적 신분이라고 보면 합헌이라고 보게 되는 결론에 도달하게 된다.

[일본판례]

尊屬殺罰規定에 관하여 한편으로는「존속에 대한 尊重報恩은 사회생활의 기본적 도의라고 할 것이고」「형법상 보호할 가치가 있다」고 하면서도, 또 한편으로는 刑罰「加重의 정도가 극단적이며」 입법목적달성의 수단으로서 심히 균형을 잃고 있어, 이것을 정당화할 근거를 찾을 수 없는 때에는, 그 차별은 현저히 불합리한 것이라 하지 않을 수 없으며, 그러한 규정은 헌법 제14조 제1항에 위반되어 무효라 하지 않으면 안된다」라고 한다. 그러면서 형법 제200조가 이 경우에 해당하기 때문에 위헌무효라고 하여, 이전의 판례(1950(昭和 25) 10. 11. 最大判)를 변경하였다.[1)]

– 직계존속에 대한 상해치사죄 가중처벌규정의 위헌여부 –

자기 또는 배우자의 직계존속을 상해하여 사망에 이르게 한 경우, 보통의 상해치사죄보다 가중처벌 하는 형법규정은 위헌이 아닌가?

형법 제259조 ① 사람의 신체를 상해하여 사망에 이르게 한 자는 3년 이상의 유기징역에 처한다. ② 자기 또는 배우자의 직계존속에 대하여 전항의 죄를 범한 때에는 무기 또는 5년 이상의 징역에 처한다.

보통의 상해치사죄의 법정형이 3년 이상의 유기징역임에 비하여 자기 또는 배우자의 직계존속에 대한 상해치사죄의 법정형은 5년 이상의 징역으로 가중처벌 하도록 규정되어 있으므로, 위 규정이 위헌이 아닌지 문제될 수 있다.

그런데 형법 제259조 제2항의 위헌여부에 관련된 판례를 보면, "비속(卑屬)의 직계존속에 대한 존경과 사랑은 봉건적 가족제도의 유산이라기보다는 우리 사회윤리의 본질적 구성부분을 이루고 있는 가치질서이고, 특히 유교적 사상을 기반으로 전통적 문화를 계승 · 발전시켜 온 우리나라의 경우는 더욱 그러한 것이 현실인 이상, 이 사건 법률조항의 입법목적의 정당성과 이를 달성하기 위한 수단의 적정성, 즉 '비속'이라는 지위에 의한 가중처별의 이유와 그 정도의 타당성 등에 비추어 그 차별적 취급에는 합리적 근거가 있으므로, 이 사건 법률조항은 헌법 제11조 제1항의 평등원칙에 반한다고 할 수 없다. 존속상해치사죄와 같은 범죄행위가 헌법상 보호되는 사생활의 영역에 속한다고 볼 수 없을 뿐만 아니라, 이 사건 법률조항의 입법목적이 정당하고 그 형의 가중에 합리적 이유가 있으며 직계존속이 아닌 통상인에 대한 상해치사죄도 형사상 처벌되고 있는 이상, 직계존속에 대한 상해치사죄를 가중처벌 한다 하여 가족관계상 비속의 사생활이 왜곡된다거나 존속에 대한 태도 및 행동 등에 있어서 효의 강요나 개인윤리문제에의 개입 등 외부로부터 부당한 간섭이 있는 것이라고는 말할 수 없으므로, 이 사건 법률조항은 헌법 제17조의 사생활의 자유를 침해하지 아니한다. 이 사건 법률조항에 의한 가중처벌에 의하여 가족 개개인의 존

1) 最大判(1973(昭和 48) 4. 4. 刑集 27卷 3號 265面.

엄성 및 양성의 평등이 훼손되거나 인간다운 생활을 보장받지 못하게 되리라는 사정은 찾아볼 수 없고, 오히려 패륜적 · 반도덕적 행위의 가중처벌을 통하여 친족 내지 가족에 있어서의 자연적 · 보편적 윤리를 형법상 보호함으로써 개인의 존엄과 가치를 더욱 보장하고 이를 통하여 올바른 사회질서가 형성될 수 있다고 보아야 할 것이므로, 이 사건 법률조항은 혼인제도와 가족제도에 관한 헌법 제36조 제1항에 위배되거나 인간으로서의 존엄과 가치 또는 행복추구권도 침해하지 아니한다."라고 하였다(헌법재판소 2002. 3. 28, 선고 2000헌바53 결정).

따라서 존속상해치사죄를 보통의 상해치사죄보다 중하게 처벌하도록 규정하고 있는 형법 제259조 제2항이 위헌이라고 할 수는 없을 것으로 보인다. <인터넷 법률신문>

4.3.3. 비신분적 성질을 가지는 것

- 공범자
- 누범자
- 상습범
- 수험생

- 형법 제337조 강도상해죄 규정의 위헌여부 -

<사례>

甲은 강도상해죄 등으로 징역 3년 6월을 선고받았고, 위 판결에 대하여 항소를 제기하여 항소심 계속 중이다. 그런데 형법 제337조의 강도상해죄를 범한 때에는 그 법정형이 무기 또는 7년 이상의 징역으로 규정되어 있으므로, 별도의 법률상 감경사유가 없는 한 작량감경을 하더라도 3년 6월 이상의 징역형을 선고할 수밖에 없고, 한편 형법 제62조 제1항에 의하면 3년 이하의 징역 또는 금고(禁錮)[1]의 형을 선고할 경우에만 정상을 참작하여 그 형의 집행을 유예할 수 있는 것이므로, 위와 같은 두 규정이 맞물려 강도상해죄의 구성요건에 해당하는 한 사안이 아무리 경미하고 정상에 참작할 만한 사유가 있더라도 별도의 법률상 감경사유가 없으면 집행유예의 선고가 법률상 불가능한 바, 이것은 인간의 생명을 박탈하는 살인죄의 경우에도 그 법정형의 하한이 5년 이상의 징역으로서 작량감경을 하면 집행유예의 선고가 가능한 것과 비교하면, 현저히 형벌체계상의 정당성과 균형을 잃은 것으로서 헌법상의 평등의 원칙에 반하고, 범행자의 생존권을 부정하는, 지나치게 과중하고 가혹한 형벌이어서 헌법 제10조의 인간으로서의 존엄과 가치를 보장할 국가의 의무와 과

---

1) 금고(禁錮) : 강제노동을 과하지 않고 수형자(受刑者)를 교도소에 구금하는 것으로서 징역과 같이 형법이 규정하는 자유형의 일종이다. 정역(定役)에 의무적으로 복무하지 않는 점에서 징역과 구별된다. 그러나 본인이 희망하면 작업을 과할 수 있다(형의집행및수용자의처우에관한법률(구 행형법) 제67 · 제68조). 금고형은 정치범 · 비파렴치범 · 과실범 등에 주로 규정되어 있는 형벌이다. 금고는 무기와 유기로 구별되며, 유기는 1월 이상 15년 이하이다. 다만, 유기금고에 대하여 형을 가중할 때에는 25년까지로 한다(형법 제42조). 무기금고를 감형할 때에는 7년 이상, 유기금고를 감형할 때에는 그 형기의 2분의 1까지로 할 수 있다(형법 제55조 제1항 제2호 · 제3호).

잉입법금지의 원칙에 반하며, 기본권의 본질을 침해할 수 없다는 헌법 제37조 제2항에 위반되는 것이 아닌가?

<해설>

강도상해, 치상에 관하여 형법 제337조에 의하면 "강도가 사람을 상해하거나 상해에 이르게 한 때에는 무기 또는 7년 이상의 징역에 처한다."라고 규정하고 있다. 그런데 형법 제337조의 위헌여부에 관하여 판례를 보면, "죄질이 서로 다른 둘 또는 그 이상의 범죄를 동일선상에 놓고 그 중 어느 한 범죄의 법정형을 기준으로 하여 단순한 평면적인 비교로써 다른 범죄의 법정형의 과중여부를 판정하여서는 안되고, 어느 범죄에 대한 법정형의 하한도 여러 가지 기준의 종합적 고려에 의해 정해지는 것으로서, 강도상해죄의 법정형의 하한을 살인죄의 그것보다 높였다고 해서 바로 헌법상의 합리성과 비례성의 원칙을 위배하였다고 볼 수는 없다. 법관이 형사재판의 양형에 있어 법률에 기속되는 것은 헌법 제103조의 규정에 따른 것으로서 헌법이 요구하는 법치국가원리의 당연한 귀결이며, 법관의 양형판단재량권 특히 집행유예 여부에 관한 재량권은 어떠한 경우에도 제한될 수 없다고 볼 성질의 것이 아니므로, 강도상해죄를 범한 자에 대하여는 법률상의 감경사유가 없는 한 집행유예의 선고가 불가능하도록 한 것이 사법권의 독립 및 법관의 양형판단재량권을 침해 내지 박탈하는 것으로서 헌법에 위반된다고는 볼 수 없다."라고 하였다(헌법재판소 2001. 4. 26, 선고 99헌바43 결정).

따라서 강도상해죄의 법정형의 하한이 살인죄의 법정형의 하한보다 높다고 하여 그것만으로 헌법위반이라고 할 수는 없을 것으로 보인다. <대한법률구조공단>

5. 차별금지영역

5.1. 정치적 영역

이는 투표와 선거에서 그리고 공직취임 등에서 합리적 차별이외의 차별은 받지 아니한다는 것이다. 참정권의 차별금지, 즉 선거권·공무담임권·피선거권·국민투표권 등에서의 평등을 의미한다.[1]

헌재결 1991. 3. 11, 90헌마28 【지방의회의원선거법 제28조 등 에 대한 헌법소원】

… 지방자치법 제33조 제1항 제6호 중 농업협동조합·수산업협동조합·축산업협동조합·산림조합·엽연초생산협동조합·인삼협동조합의 조합장에 대한 겸직금지 규정은 국민의 참정권을 제한함에 있어서 합리성 없는 차별대우의 입법이라 할 것이므로 헌법에 위반된다.

정치적 영역에 있어서의 차별문제는 인구편차에 따른 선거불평등 문제 등이 있다. 미국에서는 1962년의 대법원판결(Baker v. Carr, 396 U.S 186)에서 처음으로 Brenann대법

1) 홍성방, 헌법학, 427면.

관은 선거구획정문제가 통치행위(정치문제)가 아닌 사법심사의 대상이 된다고 본이래 많은 위헌판결이 나온바 있고, 독일에서는 1996년의 개정된 연방선거법에서 상하인구편차를 최대25%를 허용한도로 하였고, 일본은 1994년 최대선거구와 최소선거구의 인구편차를 2 : 1을 최대허용기준으로 하였다.[1)]

Baker v. Carr[2)]의 내용(평등선거침해)

1) 사건의 개요[3)]

Tennesse주의 일반의회는 상원의원 33명과 하원의원 99명으로 구성되어 있다. Tennesse주 헌법은 주 의회의 대표는 각 군에 거주하는 선거권자의 수에 기초하고 선거구획정은 연방인구센서스에 기초하여 10년마다 조정한다고 규정하고 있다. 1901년 Tennesse주 의회는 1900년 연방센서스에 기초하여 선거구를 다시 재획정하였으나 그 이후에는 이러한 재획정이 행해지지 않았다. 그 사이에 인구는 75% 증가하였고 많은 사람들이 시골에서 도시로 이주하였다. 이로인하여 선거구마다 선거인수의 심한 불균형 현상이 발생하였다. 예를 들면 2,340명의 선거인을 가진 Moore군은 한명의 하원의원을 선출하는 반면 312,245명의 선거인수를 가진 Shelby군은 불과 7명의 하원의원밖에는 선출할 수 없었다. 어떤 상원선거구에는 3만 명의 선거인 밖에 없는 반면 어떤 다른 선거구에는 선거인이 13만 명이나 되었다. 이러한 선거구 인구의 불평등을 시정하기 위한 노력들이 있기는 하였으나 모두 실패로 돌아갔다. 1959년 테네시(Tennesse)주의 선거권자인 Baker외 몇 명의 사람들이 현존의 Tennesse주의 선거구획정은 헌법상의 평등보호권을 침해하였다고 주장하면서 Tennesse주의 지사인 Carr를 상대로 소를 제기하였다. 이 소송에서 원고들은 현존의 선거구하에서의 선거실시를 금지시킬 것을 명하거나, 선거구 재획정을 인구수에 맞춰 시행할 것을 명하는 판결을 요구하였다.

2) 판결의 요지

이 사건의 판결은 Wittaker판사가 불참한 가운데 6 : 2로 이루어졌는데 다수의견은 Tennesse주의 선거법을 위헌이라고 판시하였다.

3) 판결의 의미

이 사건의 주요문제는 선거법의 위헌여부를 사법부가 판단할 수 있겠는가 하는 정치적 문제에 관한 것이었다. 물론 다수의견은 이사건의 문제는 정치적 문제가 아니라고 하였다. 소수의견을 제시한 것은 Frankfurter[4)]와 Harlan 판사였으며, 이들은 이 사건의 문제를 정치적 문제에 해당한다고 보았다.

---

1) 양건, 헌법강의, 323면.
2) 369 U.S. 186(1962).
3) 김광섭, 통치행위에 관한 연구(한양대학교, 석사학위논문), 1989, 38면.
4) 다수의견에 대해서 Frankfurter 판사는 주의 정치조직에 법원이 개입해서는 안되며, 평등보호조항과 보장조항 같은 성질의 것들은 둘 다 법원의 사법심사의 지침이 되지 못하는 것이므로 원고의 청구는 정치문제를 내포한 것이라는 소수의견을 발표하였다.

5.2. 경제적 영역

경제적 생활 영역에서도 고용(동일자격의 동일취업)이나 임금(동일노동의 동일임금) 등과 같은 국민의 경제적 활동에서 차별을 받지 아니하며, 조세부담에 있어서의 담세율(동일소득의 동일납세)[1] 등에서 차별대우를 받지 아니한다.

헌재결 1990. 10. 8, 89헌마89 **【고용에 있어서의 차별대우】**

舊교육공무원법 제11조(신규채용 등) 제1항의 "교사의 신규채용에 있어서는 국립 또는 교육대학 · 사범대학 기타 교원양성기관의 졸업자 또는 수료자를 우선하여 채용하여야 한다"는 규정은 「사립사범대학교졸업자와 일반대학의 교직과정이수자가 교육공무원으로 채용될 수 있는 기회를 제한 또는 박탈하게 되어 결국 교육공무원이 되고자 하는 자를 그 출신학교의 설립주체나 학과에 따라 차별하는 결과가 되는바, 이러한 차별은 이를 정당화할 합리적인 근거가 없으므로 헌법상 「평등의 원칙」에 어긋난다."

- 안경사의 콘택트렌즈독점 판매와 위헌성여부 -

<사례>

콘택트렌즈 판매를 안경사에게만 허용하고 안과의사에 금지시키는 것이 평등권과 직업선택의 자유를 침해하는 것인가?

<해설>

평등권과 직업선택의 자유를 침해하는 것이 아니다. 안경사의 독점적인 업무범위에 콘택트렌즈의 판매행위를 포함시키는 것은 안과의사에게 진료행위와 관련이 없는 콘택트렌즈만의 판매행위를 금지하고 있는 것이다. 따라서 안과의사는 그들의 진료행위에 병행 · 수반하여 당연히 환자에게 콘택트렌즈를 장착시킬 수 있는 것이며, 그러한 범위 내의 콘택트렌즈의 판매행위는 진료행위에 포함되는 것이다.

5.3. 사회적 영역

거주 · 이전, 주거 · 여행 · 공공시설의 이용 및 혼인과 가정생활 등의 영역에 있어서 차별대우를 받지 아니한다.[2]

5.4. 문화적 영역

문화적 영역에서의 차별금지는 학문 · 교육의 기회균등 · 문화적 자료이용 그리고 문화

---

1) 담세능력에 따른 과세의 원칙(응능부담의 원칙)은 동일한 소득은 원칙적으로 동일하게 과세되며(수평적 조세정의), 소득이 다른 사람들 간의 공평한 조세부담의 배분(수직적 조세정의)을 요청한다(헌재결 1999. 11. 25, 98헌마55).

2) 홍성방, 헌법학, 428면.

정보의 이용에 있어서 차별을 받지 아니한다. 다만 헌법 제31조 제1항의 규정에 따라 교육에 있어서 능력에 의한 차별은 인정된다.[1)]

6. 평등권의 구현형태

6.1. 사회적 특수계급제도의 금지

사회적 특수계급은 어떠한 형태로도 이를 창설하지 못한다. 왜냐하면 우리나라는 사회적 특수계급을 금하고 있음을 헌법 제11조 제2항에서 선언하고 있기 때문이다.

6.2. 영전일대의 원칙(특권제도의 금지)

우리 헌법(제11조 제3항)은 훈장 등의 영전은 이를 받은 자에게만 효력이 있고, 어떠한 특권도 이에 따르지 아니한다고 규정하여 영전의 세습제나 영전의 특권화를 배제하는 영전1대의 원칙을 채택하고 있다. 그러나 영전에 수반되는 연금 등과 같은 유족들에 대한 보훈제도는 특권이라고 볼 수는 없고,[2)] 전직 대통령에 대한 특별한 예우도 특권제도의 금지에 반하는 것은 아니다.[3)]

헌재결 1997. 6. 26, 94헌마52 【국가유공자예우등에관한법률시행령제23조위헌확인(정정된사건명, 독립유공자예우에관한법률】

독립유공자나 그 유족에게 국가보은적 견지에서 서훈의 등급에 따라 부가년금을 차등지급하는 것은 영전일대의 원칙을 천명한 헌법 제11조 제3항에 위배되지 아니한다.

독립유공자 본인에 대한 부가연금지급에 있어 그 공헌과 희생의 정도에 따라 차등을 두는 것은 독립유공자예우에관한법률이 내세우는 보상의 원칙에 부합하는 것일 뿐만 아니라 실질적 평등을 구현한 것으로서 합리적인 이유가 있는 이상, 그 유족에 대한 부가연금지급에 있어서도 독립유공자 본인의 서훈등급에 따라 차등을 두는 것은 합리적인 이유가 있으므로, 그 차등지급은 평등권을 침해한 것이 아니다.

6.3. 기타

- 평등선거의 원칙(제41조 제1항, 제67조 제1항)
- 교육의 기회균등(제31조 제1항)[4)]

---

1) 홍성방, 헌법학, 428면.
2) 헌재결 1997. 6. 26, 94헌마52 【국가유공자예우등에관한법률시행령 제23조 위헌확인】
3) 허영, 한국헌법론, 352면.
4) 헌재결 1991. 2. 11, 90헌가27 【교육법제8조의2에관한위헌심판】 중학교 의무교육을 일시에 전면실시하는 대신 단계적으로 확대실시하도록 한 것은 주로 전면실시에 따르는 국가의 재정적 부담을 고려한 것으로 실질적 평등의 원칙에 부합된다.

- 여성노동자의 차별대우금지(제32조 제4항)
- 혼인과 가족생활에서의 양성의 평등(제36조)
- 경제적 복지의 평등(제119조)

<사례>

갑외 5명은 1996학년도에 입학할 고등학교를 선택함에 있어서 5·31 교육개혁방안에 따라 1996학년도부터 절대평가가 행하여져서 그들이 대학에 입학하는 1999학년도에는 그 절대평가에 의한 학생부 성적이 대학입학전형 자료로 사용될 것으로 믿고 특수목적고등학교(이하 "특목고"라 한다)인 외국어고등학교에 입학하더라도 종래의 고등학교 내신제도하에서와 같은 상대평가에 의한 불이익을 입지 않을 것으로 판단하고 외국어고등학교에 입학하였다. 그런데 고등학교에 입학하여 1학년에 재학중인 1996. 8. 7. 피청구인이 '종합생활기록부제도개선보완시행지침'을 시행하여 그들이 대학에 입학하는 1999학년도까지는 대학입학의 전형자료로 절대평가와 상대평가를 병행하고 2000학년도부터 비로소 절대평가만을 하도록 함으로 말미암아 대학입학전형에 있어서 불이익을 입게 되었다는 이유로 1997. 1. 29. 이 사건 헌법소원심판을 청구하였다.

헌재결 1997. 7. 16, 97헌마38 【종합생활기록부제도개선보완시행지침위헌확인】

【판시사항】

종합생활기록부에 의하여 절대평가와 상대평가를 병행, 활용하도록 한 교육부장관 지침이 교육개혁위원회의 교육개혁방안에 따라 절대평가가 이루어 질 것으로 믿고 특수목적고등학교에 입학한 학생들의 신뢰이익을 침해하는 것인지 여부(소극)

【결정요지】

청구인들이 이른바 특수목적고등학교인 외국어고등학교에 입학하기 위하여 원서를 제출할 당시 시행되었던 종합생활기록부 제도는 처음부터 절대평가와 상대평가를 예정하고 있었고, 대학입학전형에 있어서 학생부를 절대평가방법으로 활용할 것인가 상대평가방법으로 활용할 것인가 등 그 반영방법도 대학의 자율에 일임되어 있었다. 따라서 그 이후 공표된 이 사건 제도개선보완시행지침은 1999학년도까지 대입전형자료로 절대평가와 상대평가를 병행하도록 하고 다만 종전 종합생활기록부제도의 문제점을 보완하기 위하여 과목별 석차의 기록방법 등 세부적인 사항을 개선, 변경한 데 불과하므로 이로 인하여 청구인들의 헌법상 보호할 가치가 있는 신뢰가 침해되었다고 볼 수 없다.

7. 평등권의 예외(합리적 차별)

7.1. 헌법규정에 의한 예외

헌법규정에 의한 평등권의 제한은 헌법제정권자가 내린 헌법정책적인 결정으로 평등권의 헌법적 한계에 해당한다. 현행 헌법이 직접 평등권의 예외(차별의 정당화)를 규정하는 것으로는 첫째, 특권을 예외적으로 인정하거나(정당특권), 둘째, 헌법기관의 통치기능과 관련하여, 국회원에 불체포특권을 부여하거나 현역군인의 국무위원 임용금지 규정을 두는 것, 셋째, 직업공무원제를 채택하여 공무원에 대하여 신분보장을 해주는 것, 넷째, 특별권력관계(특수신분관계)에 의하여 공무원의 기본권에 대하여 특별히 제한 규정을 두는 것, 다섯째, 군사법원에 의한 재판 등이 있다.

7.2. 내용

7.2.1. 정당국가

- 정당의 특권(제8조 제3항)

7.2.2. 헌법기관의 통치기능

- 국회의원의 불체포특권(제44조)
- 국회의원의 면책특권(제45조)
- 대통령의 형사상의 특권 및 면책특권(제84조)
- 현역군인의 문관(국무총리 · 국무위원)임용제한(제86조 제3항, 제87조 제4항)

7.2.3. 직업공무원제

- 공무원의 근로 3권제한(제32조 제2항)

7.2.4. 특수신분관계

- 군인 · 군무원의 국가배상청구권의 제한(제29조 제2항)

7.2.5. 기타 특수한 국가목적

- 주요방위산업체에 종사하는 근로자의 단체행동권에 대한 제한(제33조 제3항)

7.3. 법률의 규정에 의한 평등권의 불인정

- 공무원의 겸직금지 · 정당가입제한 · 거주지제한(공무원법)
- 교도소 등의 재소자에 대한 통신의 자유(서신검열 등) 및 신체의 자유의 제한(형의 집행 및 수용자의 처우에 관한 법률)
- 외국인의 체류 및 입국의 제한(출입국관리법)
- 전과자 등의 공무담임권의 제한(공직선거법)
- 공무원의 근로3권 제한
- 군인 · 군무원의 영내거주, 정치활동의 제한(군사관계법)
- 피교육자에 대한 평등권제한(교육법)

전과자 등의 공무담임권제한은 선거범으로서 형벌을 받은 자에 대하여 일정기간 피선거권을 정지하는 규정 자체는 이로써 선거의 공정을 확보함과 동시에 본인의 반성을 촉구하기 위한 법적 조치로서 국민의 기본권인 공무담임권과 평등권을 합리적 이유 없이 자의적으로 제한하는 위헌규정이라 할 수 없다.[1] 또한 이 경우에 구체적으로 어떤 종류의 형벌을 얼마만큼(형량) 선고받은 자에 대하여 어느 정도의 기간 동안 피선거권의 행사를 제한시킬 것인가의 문제는 기본적으로 입법형성권을 갖고 있는 입법권자가 결정할 그 입법재량에 속하는 사항으로서 그것이 합리적 재량의 한계를 벗어난 것이 아닌 한 위헌이라고 볼 수 없다.[2]

8. 평등권에 관한 헌법재판소결정례

「1997년 제39회 사법시험」
모든 국민은 법 앞에 평등하다는 헌법 제11조 제1항의 헌법적 의미와 헌법재판소관련 결정을 서술하시오

제대군인지원에관한법률 제8조 제1항 등 위헌확인[3]

가. 헌법 제39조 제1항에서 국방의 의무를 국민에게 부과하고 있는 이상 병역법에 따라 군복무를 하는 것은 국민이 마땅히 하여야 할 이른바 신성한 의무를 다 하는 것일 뿐, 그러한 의무를 이행하였다고 하여 이를 특별한 희생으로 보아 일일이 보상하여야 한다고 할 수는 없는 것이므로, 헌법 제39조 제2항은 병역의무를 이행한 사람에게 보상조치를 취하거나 특혜를 부여할 의무를 국가에게 지우는 것이 아니라, 법문 그대로 병역의무의 이행을 이

1) 헌재결 1993. 7. 29, 93헌마23【지방의회의원선거법 위헌소원】
2) 헌재결 1993. 7. 29, 93헌마23【지방의회의원선거법 위헌소원】국회의원선거법이 지방의회의원선거법보다 선거범에 관한 피선거권 정지사유로서의 벌금형의 금액을 높인 배경과 이유는, 각 그 법률 벌칙조항 소정의 벌금액(법정형)의 다과를 대비 고려하였기 때문이고, 또한 동일유형의 선거범에 대하여 국회의원선거법이 지방의회의원선거법보다 대체로 벌금형(법정형)의 형량을 높여 놓고 있다면 그에 따라 동일 유형의 선거범에 대한 선고형도 일반적, 원칙적으로는 국회의원선거법 쪽이 다액일 개연성이 높으므로 선고형을 기준으로 하는 피선거권 정지사유로서의 벌금형의 금액을 위 두 선거법의 법정형이나 처단형을 기준으로 하여 이를 정할 수밖에 없을 뿐만 아니라, 위 각 조항에서 정한 벌금형은 법정형이나 처단형이 아니라 선고형으로서 법원이 선거범에 대한 형사재판에 있어서 벌금형을 선고할 경우에는 특히 벌금형 하한에 의한 제약이 있는 경우 외에는 피선거권의 정지사유를 고려하여 그 벌금액을 결정할 수 있는 상당한 범위의 재량권이 있다는 점을 아울러 고려할 때 위 각 규정은 모두 입법자가 아무런 기준없이 자의적으로 정한 것이 아니고 합리적인 이유와 근거에 의하여 규정한 것으로서, 지방의회의원선거법상의 위 조항이 국회의원선거법 상의 위 조항과 대비하여 헌법상의 평등권이나 공무담임권을 침해하는 규정이라 고 볼 수 없다. (참조) 91헌마21, 92헌마37병합.
3) 헌재결 1999. 12. 23, 98헌마363【제대군인지원에관한법률 제8조 제1항 등 위헌확인(제대군인지원에관한법률 제8조 제3항, 제대군인지원에관한법률시행령 제9조】

유로 불이익한 처우를 하는 것을 금지하고 있을 뿐인데, 제대군인지원에관한법률 제8조 제1항 및 제3항, 동법시행령 제9조에 의한 가산점제도는 이러한 헌법 제39조 제2항의 범위를 넘어 제대군인에게 일종의 적극적 보상조치를 취하는 제도라고 할 것이므로 이를 헌법 제39조 제2항에 근거한 제도라고 할 수 없고, 제대군인은 헌법 제32조 제6항에 규정된 "국가유공자 상이군경 및 전몰군경의 유가족"에 해당하지 아니하므로 이 헌법조항도 가산점제도의 근거가 될 수 없으며, 달리 헌법상의 근거를 찾아볼 수 없다.

나. … 가산점제도는 실질적으로 성별에 의한 차별이고, 가산점을 받을 수 있는 현역복무를 하게 되는지 여부는 병역의무자의 의사와 관계없이 징병검사의 판정결과, 학력, 병력수급의 사정에 따라 정해지는 것이므로 가산점제도는 현역복무나 상근예비역 소집근무를 할 수 있는 신체 건장한 남자와 그렇지 못한 남자, 즉 병역면제자와 보충역복무를 하게 되는 자를 차별하는 제도이다.

다. … 가산점제도는 헌법 제32조 제4항이 특별히 남녀평등을 요구하고 있는 '근로' 내지 '고용'의 영역에서 남성과 여성을 달리 취급하는 제도이고, 또한 헌법 제25조에 의하여 보장된 공무담임권이라는 기본권의 행사에 중대한 제약을 초래하는 것이기 때문에 엄격한 심사척도[1]가 적용된다.

라. (1) 제대군인에 대하여 여러 가지 사회정책적 지원을 강구하는 것이 필요하다 할지라도, 그것이 사회공동체의 다른 집단에게 동등하게 보장되어야 할 균등한 기회 자체를 박탈하는 것이어서는 아니되는데, 가산점제도는 아무런 재정적 뒷받침 없이 제대군인을 지원하려 한 나머지 결과적으로 여성과 장애인 등 이른바 사회적 약자들의 희생을 초래하고 있으며, 각종 국제협약, 실질적 평등 및 사회적 법치국가를 표방하고 있는 우리 헌법과 이를 구체화하고 있는 전체 법체계 등에 비추어 우리 법체계내에 확고히 정립된 기본질서라고 할 '여성과 장애인에 대한 차별금지와 보호'에도 저촉되므로 정책수단으로서의 적합성과 합리성을 상실한 것이다. (2) 가산점제도는 차별취급의 비례성을 상실하고 있다.[2] (3) 그렇다면 가산점제도는 제대군인에 비하여, 여성 및 제대군인이 아닌 남성을 부당한 방법으로 지나치게 차별하는 것으로서 헌법 제11조에 위배되며, 이로 인하여 청구인들의 평등권이 침해된다.

---

1) 평등위반 여부를 심사함에 있어 엄격한 심사척도에 의할 것인지, 완화된 심사척도에 의할 것인지는 입법자에게 인정되는 입법형성권의 정도에 따라 달라지게 될 것이나, 헌법에서 특별히 평등을 요구하고 있는 경우와 차별적 취급으로 인하여 관련 기본권에 대한 중대한 제한을 초래하게 된다면 입법형성권은 축소되어 보다 엄격한 심사척도가 적용되어야 할 것이다.

2) 가산점제도는 수많은 여성들의 공직진출에의 희망에 걸림돌이 되고 있으며, 공무원채용시험의 경쟁률이 매우 치열하고 합격선도 평균 80점을 훨씬 상회하고 있으며 그 결과 불과 영점 몇 점 차이로 당락이 좌우되고 있는 현실에서 각 과목별 득점에 각 과목별 만점의 5퍼센트 또는 3퍼센트를 가산함으로써 당락에 결정적 영향을 미쳐 가산점을 받지 못하는 사람들을 6급이하의 공무원 채용에 있어서 실질적으로 거의 배제하는 것과 마찬가지의 결과를 초래하고 있고, 제대군인에 대한 이러한 혜택을 몇 번이고 아무런 제한없이 부여함으로써 한 사람의 제대군인을 위하여 몇 사람의 비(非)제대군인의 기회가 박탈당할 수 있게 하는 등 차별취급을 통하여 달성하려는 입법목적의 비중에 비하여 차별로 인한 불평등의 효과가 극심하기 때문이다.

마. 헌법 제25조의 공무담임권 조항은 모든 국민이 누구나 그 능력과 적성에 따라 공직에 취임할 수 있는 균등한 기회를 보장함을 내용으로 하므로, 공직자 선발에 관하여 능력주의에 바탕한 선발기준을 마련하지 아니하고 해당 공직이 요구하는 직무수행능력과 무관한 요소를 기준으로 삼는 것은 국민의 공직취임권을 침해하는 것이 되는바, 제대군인 지원이라는 입법목적은 예외적으로 능력주의를 제한할 수 있는 정당한 근거가 되지 못하는데도 불구하고 가산점제도는 능력주의에 기초하지 아니하고 성별, '현역복무를 감당할 수 있을 정도로 신체가 건강한가'와 같은 불합리한 기준으로 여성과 장애인 등의 공직취임권을 지나치게 제약하는 것으로서 헌법 제25조에 위배되고, 이로 인하여 청구인들의 공무담임권이 침해된다.

헌재결 1992. 10. 1, 92헌마68【1994년 신입생선발 입시안에 대한 헌법소원】

1. 국립대학인 서울대학교의 "94학년도 대학입학고사 주요요강"은 사실상의 준비행위 내지 사전안내로서 행정쟁송의 대상이 될 수 있는 「행정처분」이나 「공권력의 행사」는 될 수 없지만 그 내용이 국민의 기본권에 직접 영향을 끼치는 내용이고 앞으로 법령의 뒷받침에 의하여 그대로 실시될 것이 틀림없을 것으로 예상되어 그로 인하여 직접적으로 기본권 침해를 받게 되는 사람에게는 사실상의 규범작용으로 인한 위험성이 이미 현실적으로 발생하였다고 보아야 할 것이므로 이는 「헌법소원의 대상이 되는 헌법재판소법 제68조 제1항 소정의 공권력의 행사에 해당된다」고 할 것이며, 이 경우 헌법소원외에 달리 구제방법이 없다.

2. 헌법 제31조 제4항이 규정하고 있는 교육의 자주성, 대학의 자율성 보장은 대학에 대한 공권력 등 외부세력의 간섭을 배제하고 대학인 자신이 대학을 자주적으로 운영할 수 있도록 함으로써 대학인으로 하여금 연구와 교육을 자유롭게하여 진리탐구와 지도적 인격의 도야라는 대학의 기능을 충실히 발휘할 수 있도록 하기 위한 것으로서 이는 학문의 자유의 확실한 보장수단이자 대학에 부여된 헌법상의 기본권이다.

3. 가. 서울대학교가 1994학년도 대학입학고사 주요요강을 정함에 있어 인문계열의 대학별 고사과목에서 국어(논술), 영어, 수학I을 필수과목으로 하고 한문 및 불어, 독어, 중국어, 에스파냐어 등 5과목 중 1과목을 선택과목으로 정하여 일본어를 선택 과목에서 제외시킨 것은 교육법 제111조의2 및 앞으로 개정될 교육법시행령 제71조의 2의 제한범위(법률유보)내에서의 적법한 대학의 자율권 행사이다. 나. 고등학교에서 일본어를 선택하여 공부한 학생이 다른 제2외국어를 선택한 학생에 비하여 입시경쟁에서 불리한 입장에 놓이는 것은 사실이나 이러한 불이익은 서울대학교가 헌법 제22조 제1항 소정의 학문의 자유와 헌법 제31조 제4항 소정의 대학의 자율권이라고 하는 기본권의 주체로서 자신의 주체적인 학문적 가치판단에 따른, 법률이 허용하는 범위내에서의 적법한 자율권 행사의 결과 초래된 반사적 불이익이어서 부득이하다. 다. 서울대학교가 일본어를 선택과목에서 뺀 대신 고등학교 교육과정의 필수과목으로써 모든 고등학교에서 가르치고 있는 한문을 다른 외국어와 함께 선택과목으로 채택하였을 뿐더러, 위 입시요강을 적어도 2년간의 준비기간을 두고 발표함으로써 고등학교에서 일본어를 배우고 있는 1, 2학년 학생들로 하여금 그다지 지장이 없도록 배려까지 하고 있으므로, 그들이 갖는 교육의 기회균등이 침해되었다고 말할 수 없다.

헌재결 1991. 3. 11, 90헌마28 【지방의회의원선거법 제28조 등에 대한 헌법소원】

1. 법규때문에 기본권의 침해를 받았다하여 헌법소원의 형태로 그 위헌여부의 심판을 구하는 법규에 대한 헌법소원은 구체적인 소송사건에서 전제된 경우도 아니고 단순히 어느 법규가 위헌인가의 여부에 대한 의문이 있어 제기하는 추상적 규범통제제도와는 근본적으로 다른 것으로서 자기관련성, 현재성, 그리고 직접성의 요건을 갖추게 되면 그것만으로 적법한 소원심판청구로 되어 허용이 된다. ☜ **처분적 법률**

2. 지방의회의원선거법(1990. 12. 31, 법률 제4311호 전면개정) 제35조 제1항 제7호 및 지방자치법(1990. 12. 31, 법률 제4310호 개정) 제33조 제1항 제6호 중 농업협동조합 · 수산업협동조합 · 축산업협동조합 · 산림조합 · 엽연초생산협동조합 · 인삼협동조합의 조합장에 대한 부분은 국민의 참정권을 제한함에 있어서 합리성 없는 차별대우의 입법이라 할 것이므로 헌법에 위반된다.

3. 권력분립의 원리는 인적 측면에서도 입법과 행정의 분리를 요청하고, 만일 행정공무원이 지방입법기관에서라도 입법에 참여하면 권력분립의 원칙에 배치되게 되는 것으로 공무원의 경우는 지방의회의원의 입후보제한이나 겸직금지가 필요하다.

4. 민주주의는 피치자가 곧 치자가 되는 치자와 피치자의 자동성을 뜻하기 때문에 공무담임권을 통해 최대다수의 최대정치참여, 자치참여의 기회를 보장하여야 하는 것이며 그 제한은 어디까지나 예외적이고 필요부득이한 경우에 국한되어야 한다.

5. 농지개량조합의 조합장에 대한 겸직금지 규정 등은 다른 조합의 조합장과 달리 그에 대해 부과될 직무전념의 성실의무 그리고 공법인성 등과 상치된다고 단정할 수 없을 것이며 겸직금지에 의하여 참정권이 제한된다고 하여도 이때에 얻은 이익과 잃은 이익을 비교형량하여 어느 것이 큰지는 매우 판단하기 어려운 일로서, 이 경우에 겸직금지규정을 두느냐의 여부는 입법자의 결단사항이라고 봄이 무방할 것이다.[1)]

<참고>

처분적 조례는 행정소송의 대상이 된다는 견해와 조례가 집행행위를 기다리지 아니하고 국민의 자유를 제한하고 의무를 부과하는 경우(처분적 조례)에는 행정소송이 아닌 헌법소원심판의 대상이 되며, 다만 다같은 처분적 조례이면서도 두밀분교폐지조례는 예외적으로 대법원이 항고소송의 대상이된다고 판시한것이라는 견해가 있다.[2)]

---

1) 「재판관 한병채의 반대의견」: 농업협동조합 등의 조합장들에 대한 겸직금지 및 입후보금지 규정은 각 조합들의 법적 성격과 공익적 기능을 고려하고 각 조합의 직무의 성실성을 확보하여 농촌경제의 육성발전을 위하여 필요하다는 판단에서 제정된 것으로서, 이에 대하여는 헌법재판의 대상이 아닌 입법정책의 문제이고 또 기본권의 본질을 침해하는 것도 아니며 비례의 원칙이나 과잉금지의 원칙에 위배된 위헌입법이라 할 수 없다.

2) "두밀분교사건에 대한 일반적 학설의 경향은 조례가 직접 기본권을 침해(처분적 조례)하는 모든 경우에 대해 행정소송이 된다는 판례가 아니라 두밀분교폐지조례와 같은 예외적인 경우에 행정소송의 대상이 된다고 본 판례에 불과하다. 즉 조례가 집행행위를 기다리지 아니하고 국민의 자유를 제한하고 의무를 부과하는 경우(처분적 조례의 경우), 행정소송이 아닌 헌법소원심판의 대상이 되지만, 두밀분교폐지의 조례의 경우에는 대법원이 예외적으로 항고소송의 대상으로 인

- 처분적 조례에 대한 행정소송 -

<사례>

경기도 교육위원회는 인구감소로 인한 학생수의 감소 등을 이유로 하여 초등학교의 분교를 폐지하는 조례를 제정하였다(두밀분교사건). 조례는 경기도내의 교육위원회에서 제정하였고, 이를 도교육감이 공포하였다.[1)]

문제1) 이 조례에 대해서 행정소송을 제기할 수 있는가?

문제2) 누구를 피고로 제기해야 하는가?

문제3) 헌법재판소에 헌법소원을 제기할 수 있는가?

<문제1의 해설>

조례에 의해 취학아동의 초등학교를 이용할 이익이 직접 침해되는 경우에는 처분적 조례로서 예외적으로 행정소송을 제기할 수 있다. 행정소송은 원칙적으로 특정인에 대한 개별적·구체적인 규율인 행정처분을 대상으로 한다(행정소송법 제2조, 제19조). 그러나 자치입법인 조례는 일반성(불특정다수인을 대상)과 추상성(불특정 다수의 경우를 대상)을 특성으로 하며, 그에 따른 행정처분에 의해서 국민의 권리·의무에 직접적인 영향을 미치게 된다. 따라서, 조례 그 자체는 행정처분을 통하여 국민의 권리·이익을 침해하지 않는 한 행정소송의 대상이 되지 않는 것이 원칙이다(조례에 따른 행정처분이 행정소송의 대상이 된다. 왜냐하면 항고소송은 행정처분이 그 대상이 되기 때문이다). 조례가 행정처분을 매개로 하지 않고도 직접 국민의 구체적인 권리·의무나 법적 이익에 영향을 미치는 경우에는, 처분적 조례로서 행정소송법상의 처분에 해당한다고 볼 수 있어 행정소송을 제기할 수 있다.[2)] ☜ **처분적 조례는 행정소송의 대상이 된다는 견해와, 처분적 조례도 행정소송의 대상이 안되지만(헌법소원심판의 대상이 될 뿐), 두밀분교사건은 예외적으로 대법원이 행정소송의 대상이 되는 것으로 인정한 것이라는 견해가 있다.**

<문제2의 해설>

행정소송은 그 처분 등을 행한 행정청을 피고로 해야 한다(행정소송법 제13조). 위의 조례는 교육위원회가 제정한 것이지만 그 집행과 조례공포권은 도교육감에게 있다. 행정청은 행정주체를 위하여 행정에 관한 의사를 결정하고 이를 대외적으로 표시할 수 있는 권한을 가진 행정기관을 의미한다. 따라서 경기도라는 행정주체의 내부적인 의결기관에 불과한 교육위원회는 행정청이 될 수 없고, 집행기관인 교육감만이 행정청이다. 위 사안의

정한 것"이라는 견해(차강진, 헌법교실, http://cafe.naver.com/constitutional/3335 참조)가 있다. 두밀분교사건(대판 1996. 9. 20, 95누8003); 부천시, 강남구담배자판기설치금지조례(헌재결 1995. 4. 20, 92헌마264, 279병합). 담배자판기설치금지조례 헌법소원결정당시에는 대법원판례가 있기 전이었고, 따라서 헌법재판소는 보충성에 대한 언급없이 바로 헌법소원을 인정하였다고 보는 것이다.

1) 김백유, 행정법치론(1), 485면 참조.

2) 대판 1996. 9. 20, 95누8003 【조례무효확인】

경우, 조례에 대해 교육감을 피고로 법원에 조례무효확인소송을 제기할 수 있다.

<문제3의 해설>

대법원은 두밀분교폐지사건에서 처분적 조례의 경우에는 항고소송의 대상이 되는 행정처분이 된다고 판시하였기 때문에, 헌법소원이 인정되지 아니한다는 견해가 있으나,[1] 조례의 처분성을 인정한 판례는 처분적 조례에 해당되는 것으로서, 예외적이므로 조례에 대한 헌법소원을 배제할 이유가 없다.[2] 헌법재판소도 조례 자체로 인하여 직접 그리고 자기의 기본권을 침해받은 자는 그 권리구제의 수단으로서 조례에 대한 헌법소원을 제기 할 수 있다고 판시하였다.[3]

헌재결 1990. 10. 8, 89헌마89 【교육공무원법 제11조 제1항에 대한 헌법소원】

【판시사항】

1. 법률에 대한 헌법소원심판의 청구기간
2. 교육공무원법 제11조 제1항의 위헌여부

【결정요지】

1. 법률이 시행된 뒤에 비로소 그 법률에 해당되는 사유가 발생하여 기본권의 침해를 받게 된 자는 그 사유가 발생하였음을 안 날로부터 60일 이내에, 그 사유가 발생한 날로부터 180일 이내에 헌법소원심판을 청구하여야 한다.

2. 국 · 공립사범대학 등 출신자를 교육공무원인 국 · 공립학교 교사로 우선하여 채용하도록 규정한 교육공무원법 제11조 제1항은 사립사범대학교졸업자와 일반대학의 교직과정이수자가 교육공무원으로 채용될 수 있는 기회를 제한 또는 박탈하게 되어 결국 교육공무원이 되고자 하는 자를 그 출신학교의 설립주체나 학과에 따라 차별하는 결과가 되는 바, 이러한 차별은 이를 정당화 할 합리적인 근거가 없으므로 헌법상 평등의 원칙에 어긋난다.

---

1) 김중권, 명령(법률하위적 법규범)에 대한 사법적 통제에 관한 소고, 고시연구(2004.6), 166면.
2) 석종현, 일반행정법(상), 175면.
3) 헌재결 1995. 4. 20, 92헌마264 【부천시담배자동판매기설치금지조례 제4조 등 위헌확인】

제 2 절 자유권적 기본권

제 1 항 자유권적 기본권 총론

I. 의의

자유권적 기본권 혹은 자유권(Freiheitsrecht)이라 함은 자신의 자유에 속하는 영역에 대하여 국가권력으로부터 어떠한 형태·종류의 침해를 받지 아니할 권리를 말한다. 따라서 자유권은 개인이 국가에 대하여 가지는 소극적·방어적 권리(소극적·방어적 공권)에 해당하는 것[1]으로서 국가에 대하여 일정한 권리를 적극적으로 요구하는 적극적 권리는 아니다.

II. 연혁

자유권적 기본권은 이른바 근세의 자연법사상에 그 이론적 근거를 두고 있다. 이러한 자유권적 기본권에 해당하는 내용은 미국의 독립선언(생명·자유 및 행복추구)이나 프랑스의 인권선언(자유·재산·안전)에서 그것이 하나의 천부적인 권리임을 선언하였다. 특히 제2차 세계대전 이후에 있어서는 개인의 자유와 자연권사상이 부활하여 자유권의 자연권사상과 힘께 자유권의 천부인권적 성격을 다시 강조하게 되었고, 다만 자유권적 기본권에 대하여는 일정한 범위 내에서의 사회적 제한이 인정되게 되었다. 예를 들면 형식적 자유만의 보장이 사회적·경제적 불평등을 야기하게 되었고, 이에 따라 실질적 평등을 내실로 하는 사회정의의 실현을 위하여 자유와 함께 평등을 주장하게 된 것이 대표적인 예이다.

---

1) 권영성, 헌법학원론, 404면.

III. 자유권적 기본권의 법적 성격

1. 법적 성격

1.1. 실정권설

실정권설에 의하면 자유와 자유권의 개념을 구분하고 있다. 이에 의하면 자유는 전국가적 · 초국가적 권리에 해당하나 자유권은 실정법상의 권리, 즉 국가에 의하여 창설된 권리라고 한다.

1.2. 자연권설

자유권은 국가에 의하여 새로이 창설된 권리가 아니라, 천부적 · 전국가적 권리로서 인간이 인간으로서 당연히 누리는 권리라고 한다. 이는 자유권을 '국가로부터의 자유(Freiheit vom Staat)'로 파악하여 헌법상의 자유권의 보장은 국가에 의한 자유권의 창설을 의미하는 것이 아니라, '국가안에서의 자유권(Freiheit im Staat)'의 확인과 선언을 의미하는 것으로 본다.[1] 그리고 자연권으로서의 자유권도 무제한적인 것이 아니라 필요한 경우에 있어서는 법률에 의하여 제한 될 수 있다고 한다.[2] 다수설이다.

1.3. 사견

자유권적 기본권의 자연권적 성질을 가지는가 하는 것의 인정여부는 사실상 어떠한 헌법관에 입각하여 자유권적 기본권을 고찰하는가 하는 것이 문제된다.

법실증주의적 헌법관 → 자유권적 기본권은 실정권(법률속의 자유)에 해당한다.
☜ 국가로부터의 자유(Freiheit vom Staat)

결단주의적 헌법관 → 칼 슈미트 (C. Schmitt)가 제창한 결단주의적 헌법관은 자유권적 기본권을 천부의 前國家的 권리로 보고 있다.

통합주의적 헌법관 → 기본권은 정치적 일원체를 구성하는 본질적 요소가 되는 것이며, 사회공동체의 공감대적 가치의 표현이므로 슈미트(C. Schmitt)의 결단주의적 헌법관과는 달리 자유권적 기본권의 자연권성을 인정하지 아니한다. 그리고 국가에 의하여 보장되지 않는 권리는 진정한 의미에 있어서의 자유일 수가 없다고

---

1) Carl Schmitt, Verfassungslehre, Berlin 1928, S. 164.
2) 권영성, 헌법학원론, 406면.

한다.[1)]

생각건대 현행 헌법 제10조 제2문에서 "국가는 개인이 가지는 불가침의 기본적 인권을 확인하고 이를 보장할 의무를 진다"고 규정하고 있고, 헌법 제37조 제1항은 "국민의 자유와 권리는 헌법에 열거되지 아니한 이유로 경시되지 아니한다"하고, 동조 제2항 후단은 "자유와 권리의 본질적 내용을 침해할 수 없다"고 규정하여, 현행 우리 헌법은 자유권적 기본권은 국가가 인정함으로써 성립되는 권리 이전에 향유할 수 있는 전국가적 · 초국가적 권리로서 불가침 · 불가양의 권리로 인정함이 타당하다.[2)]

2. 소극적 · 방어적 공권(통설)

자유권적 기본권은 그것이 국가권력으로부터의 침해를 배제할 수 있는 소극적 권리이다.[3)] 이와 같이 자유권적 기본권이 가지는 '소극성'으로부터 이러한 자유권적 기본권이 '권리'인지가 문제되고 있다. 자유권의 권리성을 부인하는 켈젠((Hans Kelsen)의 견해에 의하면, 자유권이란 법률이 스스로 국가권력의 발동을 억제하는 규정을 두고 있기 때문에 자유권은 그 결과 얻게 되는 '반사적 이익'에 불과하다고 한다.[4)] 그러나 자유권이 비록 국가에 대하여 가지는 적극적 권리는 아니라 할지라도 국가권력으로부터의 일정한 한계를 넘는 침해가 있는 경우에는 이에 대한 배제를 청구할 수 있는 소극적 · 방어적 힘(Macht)이 있는 것이므로 이에 대한 권리성(공권성)을 인정하는 것이 타당하다.

3. 포괄적 권리성

자유권적 기본권이 개별적 권리인가 그것이 하나의 포괄적 권리인가 하는 것이 문제된다. 자유권적 기본권의 성격에 있어서 실정권설을 주장하는 견해에 의하면, 자유권적 기본권에 관한 개별적 헌법규정은 이를 개별적 · 제한적인 것으로 보기 때문에, 헌법에 구체적으로 규정(열거)하고 있는 개념에만 자유권을 인정할 뿐, 헌법에 열거되지 아니한 것에는 자유권으로 인정하지 않는다. 이와 같은 견지에서 헌법 제37조 제1항이 규정하고 있는 "국민의 자유와 권리는 헌법에 열거되지 아니한 이유로 경시되지 아니한다"라는 규정은 다만 주의적 규정에 불과한 것이라고 주장한다(박일경).

그러나 자유권적 기본권의 법적 성격을 자연권으로 보는 자연권설에 의하면 헌법에서

1) Konrad Hesse, Der Rechtsstaat im Verfassungssystem, in: FS für R. Smend, 1962, S. 87.
2) 同旨 권영성, 헌법학원론, 406-407면 참조.
3) 권영성, 헌법학원론, 407면.
4) Hans Kelsen, Hauptsprobleme der Staatsrechtslehre, 1911, S. 567 ff.

개별적으로 규정하고 있는 자유권 조항들은 다만 하나의 예시적인 것(예시적 규정)에 불과한 것이고, 따라서 자유권은 실정헌법에 규정되어 있든 규정되어 있지 않든 그 규정여부를 불문하고 자유권적 기본권을 인정하고 있다고 주장한다. 따라서 자연권설의 입장에 의하면 헌법 제37조 제1항은 바로 '자유권의 포괄성'을 재확인한 규정이라고 보아야 한다고 주장한다.[1] 다수설이며 타당하다.

4. 주체와 효력

자유권의 주체는 성질상 인간이 가지는 권리이므로 국민은 물론 외국인에게도 인정되는 것이 원칙이다. 다만 법인의 경우 그가 지니는 특성상 신체의 자유나 정신적 자유의 주체가 될 수는 없다. 그 효력에 있어서 자유권은 헌법규정 그 자체만으로 적용될 수 있는 구체적·현실적 권리이다.

IV. 자유권적 기본권의 구조와 분류

1. 구조

1.1. 주된 자유권(일반적·포괄적 자유권)과 파생적 자유권(개별적·구체적 자유권)

자유권적 기본권은 主自由權과 파생적 자유권으로 구분할 수 있다. 여기서 주된 자유권이라 함은 일반적·포괄적 자유권을 의미하는 것으로써 「일반적 행동자유권」을 의미하며,[2][3] 파생적 자유권은 개별적·구체적 자유권을 말한다. 개별적·구체적 자유권은 헌법에 규정된 개별적 자유권의 총체를 말한다.[4]

「주된 자유권 : 일반적·포괄적 자유권」
- 인신의 자유
- 정신적 활동의 자유
- 사생활의 자유

---

1) 권영성, 헌법학원론, 407면.
2) 권영성, 헌법학원론, 407면.
3) 헌법재판소의 견해(헌재결 1991. 6. 3, 89헌마204; 1993. 5. 13, 92헌마80); 헌법재판소는 일반적 행동자유권을 행복추구권의 한 내용으로 보고 있다(헌재결 1993. 5, 13, 92헌마80); 권영성 교수는 일반적 행동자유권을 헌법 제10조 및 제37조 제1항에서 구한다(권영성, 헌법학원론, 407면).
4) 권영성, 헌법학원론, 407면.

「파생적 자유권」
- 인신의 자유로부터 → 신체의 자유가 파생
- 정신적 활동의 자유로부터 → 양심의 자유 · 신앙의 자유가 파생

1.2. 개인적 자유권 · 공동적 자유권

- 개인적 자유권 : 신체의 자유 · 신앙의 자유 · 양심의 자유 · 주거와 통신의 불가침 · 사생활의 비밀
- 공동적 자유권 : 공동생활 전체를 전제로 한 자유권을 말하며, 언론 · 출판 · 집회 · 결사의 자유가 이에 해당한다.

2. 분류

자유권적 기본권은 학자들에 따라서 여러 가지의 형태로 분류하고 있다. 그 중 대표적인 견해로는 人身에 관한 자유권(생명권 · 신체의 자유), 사생활자유권, 정신적 자유권이 있다.[1)]

1) 권영성, 헌법학원론, 407면 이하 참조.

제 2 항 인신의 자유권

제 1 목 생명권

I. 개관

1. 생명권의 의의

생명(Leben)이라 함은 비생명적인 것 또는 죽음에 대칭되는 인간의 인격적 · 육신적 존재형태, 즉 생존(살아 있다는 것)을 말하며, 생명권은 생명을 유지하고 보호받을 권리를 말한다. 인간의 생명을 언제부터 언제까지를 생존으로 볼 것인가는 원칙적으로 생리학적 방법을 기초로 하는 것이어야 한다. 따라서 생명에 관한 사회적 · 법적 평가는 원칙적으로 허용되지 아니한다. 생존(생명)의 생리학적 제조건을 충족하고 있는 이상 모든 생명은 동일한 가치를 지니는 것으로 평가되어야 하기 때문에 어떤 생명은 이미 또는 아직 '사회적 기능을 다할 수 있다 · 없다'든가 라고 하는 사회적 평가 또는 '생존할 가치가 있는 생명인가 아닌가'를 법적 관점에서 평가함으로서 생명의 가치에 차등을 두어서는 아니된다. 다만 타인의 생명을 부정하거나 둘 이상의 생명이 양립할 수 없는 경우에만 예외적으로 사회적 · 법적 평가가 허용될 수 있다.[1)]

2. 생명권의 헌법적 근거

우리 헌법에는 독일기본법[2)]과 같은 생명권보장에 관한 명문의 규정이 없다(따라서 생명권은 헌법에 열거되지 아니한 권리이다). 통설과 판례는 생명권을 헌법상의 권리로 인정하고 있다. 왜냐하면 생명권은 신체의 자유를 보장하기 위한 전제가 되며, 인간의 존엄과 가치에 비추어 당연히 인정되는 권리라고 볼 수 있기 때문이다. 헌법재판소도 생명권을 자연법적 권리로 인정하고 있다.[3)]

---

1) 「생명은 한번 잃으면 영원히 회복할 수 없고, 이 세상 무엇과도 바꿀 수 없는 절대적 존재이며, 한 사람의 생명은 전 지구보다 무겁고 또 귀중하고 엄숙한 것이며, 존엄한 인간존재의 근원인 것이다」(대판 1967. 9. 19, 67도988; 대판 1963. 2. 28, 62도241).

2) 독일기본법 제2조 제2항은 「누구든지 생명과 신체를 훼손 당하지 아니할 권리를 가진다」라고 하고, 제102조는 「사형은 폐지한다」라고 규정하고 있다.

헌재결 1996. 11. 28, 95헌바1 【형법 제250조 등 위헌소원】

인간의 생명은 고귀하고, 이 세상에서 무엇과도 바꿀 수 없는 존엄한 인간존재의 근원이다. 이러한 생명에 대한 권리는 비록 헌법에 명문의 규정이 없다하더라도 인간의 생존본능과 존재목적에 바탕을 둔 선험적이고 자연법적인 권리로서 헌법에 규정된 모든 기본권의 전제로서 기능하는 기본권 중의 기본권이라 할 것이다.[1]

인격적 가치를 추구하는 존재로서의 인간이든 육체적 존재로서의 인간이든 인간의 생명권보장은 인간의 존엄성 존중을 규정한 헌법 제10조, 신체의 자유를 규정한 제12조 제1항, 그리고 헌법에 열거되지 아니한 권리까지도 경시되어서는 아니된다는 제37조 제1항 등에서 그 헌법적 근거를 구할 수 있다.[2]

3. 생명권의 법적 성격

생명에 관한 권리는 주로 국가적 침해(합법적인 살해행위)로부터 생명을 방어하려는 대국가적 방어권의 성격과 생명권을 제3자의 침해로부터 보호하여줄 것을 국가에 대하여 요구할 수 있는 보호청구권의 성격을 아울러 가지고 있다. 이러한 의미의 생명에 관한 권리가 헌법상 보장된다면 생명을 단절하는 국가적 행위나 생명을 침해하는 위협에 대한 법적 조치를 마련하지 않거나 방치하는 국가적 부작위는 용납되지 아니한다.[3] 따라서 우생학적 단종시술(斷種施術)이나 안락사 등은 물론이고 생명을 위협하는 전염병 또는 위급한 상황에 처한 개인이나 집단을 고의로 방치하는 것은 용납되지 아니한다. 사형제도도 다른 생명을 부정하는 불법행위에 대해서만 예외적으로 허용하고,[4] 정치적 이유에 의한 사형제도는 폐지되어야 한다.

다만 생명권도 헌법적 법익이나 다른 기본권과 충돌하는 경우에 반드시 우월한 것이라고 주장할 수 없는, 따라서 제한 될수 있는 기본권인 상대적 기본권으로 보기도 한다.[5]

국가적 침해(합법적인 살해행위)로부터 생명을 방어 : 대국가적 방어권
제3자의 침해로부터 보호 : 보호청구권

---

3) 양건, 헌법강의, 292면.
1) 동지의 판례 : 헌재결 2008. 7. 31, 2004헌바81 【민법 제3조 등 위헌소원 (제762조)】
2) 이준일, 헌법학강의, 단락번호 [4.4.5].
3) 이준일, 헌법학강의, 단락번호 [4.4.14].
4) BVerfGE 9, 78(88 f.) 참조.
5) 양건, 헌법강의, 292면; 이준일, 헌법학강의, 단락번호 [4.4.18].

「내용」
- 생명을 단절하는 국가적 행위
- 생명에 대한 위협을 방치하는 국가적 부작위
- 우생학적 단종시술
- 안락사
- 생명을 위협하는 전염병 · 위급한 상황에 처한 개인이나 집단
- 사형제도 다른 생명을 부정하는 불법행위에 대해서만 예외적으로 허용
- 정치적 이유에 의한 사형제도는 폐지

4. 생명권의 주체

생명권은 인간의 권리이므로 내외국인을 불문하고 그 주체가 된다. 태아의 생명까지도 보호하려는 것이 각국의 일반적 경향이다.[1)]

5. 생명권의 효력

생명권은 모든 국가권력을 직접 구속하는 효력을 가지므로 국가는 인간의 생명을 최대한으로 보장할 의무를 진다.

Ⅱ. 생명권의 한계와 제한

1. 생명권에 대한 법적 평가

생명권의 한계에 관한 문제는 주로 정당한 이유 없이 타인의 생명을 부정하거나 둘 이상의 생명이 충돌할 경우에 제기된다. 모든 생명은 원칙적으로 동등한 가치를 가지는 것이지만, 정당한 이유 없이 타인의 생명을 부정하거나 둘 이상의 생명이 서로 충돌할 경우에는 國法이 어떤 생명을 존중하고 어떤 생명을 부정할 것인가의 기준을 제시할 수 있다. 왜냐하면 생명권의 대상인 생명은 자연현상으로서의 생명을 바탕으로 해서 법적인 관점에서 그 내용이 정해지는 법적 개념이기 때문이다.[2)] 예컨대 생명에 대한 법적 평가(입법)가 예외적으로 허용되는 것은 다음과 같은 경우이다.

헌재결 1996. 11. 28, 95헌바1 【형법 제250조 등 위헌소원】
모든 인간의 생명은 자연적 존재로서 동등한 가치를 갖는다고 할 것이나 그 동등한 가

---

1) BVerfGE 39, 1 ff 참조.
2) 허영, 한국헌법론, 358면.

치가 서로 충돌하게 되거나 생명의 침해에 못치 아니한 중대한 공익을 침해하는 등의 경우에는 국민의 생명 · 재산 등을 보호할 책임이 있는 국가는 어떠한 생명 또는 법익이 보호되어야 할 것인지 그 규준을 제시할 수 있는 것이다.

2. 생명권의 박탈과 사형제도

2.1. 위헌설

사형제도와 관련하여 미연방대법원은 1972년의 Furman v. Georgia 판결에서 사형은 형벌로서 인간의 존엄성에 반하는 잔혹하고, 이상한 형벌로서 위헌이라고 하였고, 독일기본법은 제2조 제2항에서는 생명을 훼손당하지 아니할 권리를 규정하고 있고, 제102조에서 명문으로 사형제도를 폐지하고 있다.[1)]

- 생명권은 '절대적 기본권'이기 때문에 생명권의 제한을 의미하는 사형제도는 위헌
- 사형제도는 생명권의 본질적 내용을 침해하는 것이기 때문에 위헌

2.2. 합헌설

생명권은 상대적 기본권[2)]으로서 헌법 제37조 제2항에 의한 제한이 가능한 것이므로 사형제도도 합헌적인 것이지만, 그것은 타인의 생명을 부정하는 불법행위를 한 경우처럼 최소한의 경우에 한정되어야 한다고 한다.

2.3. 헌법규정 및 판례

현행 헌법은 사형제도를 긍정하거나 부정하는 명문규정을 두고 있지 아니하다. 그러나 비상계엄하의 군사재판의 단심제의 예외규정으로서 사형선고의 경우를 규정하고 있는 바(헌법 제110조 제4항 : 비상계엄하의 군사재판은 군인 · 군무원의 범죄나 군사에 관한 간첩죄의 경우와 초병 · 초소 · 유독음식물공급 · 포로에 관한 죄중 법률이 정한 경우에 한하여 단심으로 할 수 있다. 다만, 사형을 선고한 경우에는 그러하지 아니하다), 이 조항은 헌법이 그 명문규정을 통하여 사형제도를 간접적으로 인정하고 있는 규정이라 볼 수 있다.

헌법재판소는 우리나라의 실정과 국민의 도덕적 감정 등을 고려하여 국가의 형사정책으로서 질서유지와 공공복리를 위하여 형법 · 군형법 등에 사형이라는 처벌의 종류를 규정하더라도 비례의 원칙이나 헌법질서(Verfassungsordnung)에 반하는 것이 아니라고 하여 위헌이 아니라고 한다. ☜ **생명권의 본질적 내용침해금지의 원칙에 있어서 본질적 내용에 대한 상대설**

1) 홍성방, 헌법학, 395면.

2) 양건, 헌법강의, 292면; 이준일, 헌법학강의, 단락번호 [4.4.18].

을 취하게 되면 비례의 원칙에 따른 심사로서 생명권을 제한을 정당화한다.[1)]

헌재결 1996. 11. 28, 95헌바1 【형법 제250조 등 위헌소원】

인간의 생명을 부정하는 등의 범죄행위에 대한 불법적 효과로서 지극히 한정적인 경우에만 부과되는 사형은 죽음에 대한 인간의 본능적인 공포심과 범죄에 대한 응보욕구가 서로 맞물려 고안된 "필요악"으로서 불가피하게 선택된 것이며 지금도 여전히 기능하고 있다는 점에서 정당화될 수 있다. 따라서 사형은 이러한 측면에서 헌법상의 비례의 원칙에 반하지 아니한다 할 것이고, 적어도 우리의 현행 헌법이 스스로 예상하고 있는 형벌의 한 종류이기도 하므로 아직은 우리의 헌법질서에 반하는 것이라고는 판단되지 아니한다. ⇒ 대판 1992. 8. 14, 92도1086; 대판 1987. 10. 13, 87도1240 참조.

3. 태아의 생명권과 인공임신중절

인공임신중절(낙태)의 허용여부에 관해서는 태아의 생명권우월론과 임부의 출산권우월론이 대립하고 있다. 낙태의 허용여부에 관하여는 낙태를 원칙적으로 금지하고 예외적으로 허용하자는 예외적 허용설이 합리적이라고 판단되며, 여기에는 (ㄱ) 낙태를 허용하는 기한을 정하는 방법과, (ㄴ) 낙태를 정당화하는 사유를 정하는 방식으로 구분된다. 우리나라 모자보건법은 낙태를 허용하는 정당화 사유를 정하는 방식을 채택하고 있다.[2)] 즉 태아의 생명권과 임부의 생명·신체 인격권이 충돌할 경우, 이 문제의 해결방안으로 모자보건법(제14조)은 「낙태를 허용할 정당화사유」로서 다음과 같이 5가지 사유를 들고 있다.

[모자보건법 제14조 : 인공임신중절수술의 허용한계]
- 제1호 : 본인이나 배우자가 대통령령이 정하는 우생학적 또는 유전학적 정신장애나 신체질환이 있는 경우
- 제2호 : 본인이나 배우자가 대통령령이 정하는 전염성질환이 있는 경우
- 제3호 : 강간 또는 준강간에 의하여 임신된 경우
- 제4호 : 법률상 혼인할 수 없는 혈족 또는 인척간에 임신된 경우
- 제5호 : 임신의 지속이 보건의학적 이유로 모체의 건강을 심히 해하고 있거나 해할 우려가 있는 경우

[홍성방교수의 견해]

모자보건법 제14조에서 낙태를 허용하는 정당화사유로 열거하고 있는데, 변형된 형태의 우생학적 단종시술을 허용하고 있고(제1호, 제2호), 생명에 대한 사회적 평가를 하고 있다는 점(제3호, 제4호), 비교형량의 대상이 될 수 있는 권리(태아의 생명권과 임산부의

---

1) 이준일, 헌법학강의, 단락번호 [4.4.20].

2) 이준일, 헌법학강의, 단락번호 [4.4.24].

생명권)와 비교형량이 될 수 없는 권리(태아의 생명권과 임부의 신체 · 인격권)를 비교하고 있다(제5호)는 점에서 위헌의 소지가 있다.[1)]

1975년 2월 25일의 독일연방헌법재판소의 결정[2)]을 비롯하여, 일반적으로 태아의 생명권을 인정하고 있고, 국내의 학설과 판례도 일반적으로 태아의 생명권을 인정하고 있다.[3)] 생각건대 생명이 수태로써 시작되는 것이라면 태아도 생명권의 주체가 되는 것으로 보아야 하기 때문에, 낙태는 태아의 생명권을 침해하는 행위로서 원칙적으로 금지되는 것으로 보아야 한다. 그러나 태아의 생명권과 모성의 생명권이 충돌할 경우에는 미완성의 생명(태아)보다 완성된 생명(임부)쪽을 존중하여야 할 것이다.

대판 1999. 6.11, 98다22857 【손해배상(의)】

【판시사항】

[1] 다운증후군이 모자보건법상의 인공임신중절사유에 해당하는지 여부(소극) 및 의사가 기형아 판별확률이 높은 검사 방법에 관하여 설명하지 아니하여 다운증후군에 걸린 아이를 출산한 것이 부모의 낙태결정권을 침해한 것이라고 할 수 있는지 여부(소극)

[2] 장애를 갖고 출생한 것 자체를 법률적인 손해로 볼 수 있는지 여부(소극) 및 장애를 갖고 출생함으로 인하여 치료비 등 비용이 정상인에 비하여 더 소요되더라도 그 장애 자체가 의사를 포함한 어느 누구의 과실에 기인한 것이 아닐 경우, 추가 소요되는 비용을 장애아 자신이 청구할 수 있는 손해로 볼 수 있는지 여부(소극)

【판결요지】

[1] 의사가 기형아 판별확률이 높은 검사 방법에 관하여 설명하지 아니하여 임산부가 태아의 기형 여부에 대한 판별확률이 높은 검사를 받지 못한 채 다운증후군에 걸린 아이를 출산한 경우, 모자보건법 제14조 제1항 제1호는 인공임신중절수술을 할 수 있는 경우로 임산부 본인 또는 배우자가 대통령령이 정하는 우생학적 또는 유전학적 정신장애나 신체질환이 있는 경우를 규정하고 있고, 모자보건법시행령 제15조 제2항은 같은 법 제14조 제1항 제1호의 규정에 의하여 인공임신중절수술을 할 수 있는 우생학적 또는 유전학적 정신장애나 신체질환으로 혈우병과 각종 유전성 질환을 규정하고 있을 뿐이므로, 다운증후군은 위 조항 소정의 인공임신중절사유에 해당하지 않음이 명백하여 부모가 태아가 다운증후군에 걸려 있음을 알았다고 하더라도 태아를 적법하게 낙태할 결정권을 가지고 있었다고 보기 어렵다고 할 것이어서 부모의 적법한 낙태결정권이 침해되었다고 할 수 없다.

[2] 인간 생명의 존엄성과 그 가치의 무한함에 비추어 볼 때, 어떠한 인간 또는 인간이 되려고 하는 존재가 타인에 대하여 자신의 출생을 막아 줄 것을 요구할 권리를 가진다고 보기 어렵고, 장애를 갖고 출생한 것 자체를 인공임신중절로 출생하지 않은 것과 비교해서

---

1) 홍성방, 헌법학, 394면.

2) BVerfGE 39, 1 ff.

3) 장영수, 헌법학, 596면.

법률적으로 손해라고 단정할 수도 없으며, 그로 인하여 치료비 등 여러 가지 비용이 정상인에 비하여 더 소요된다고 하더라도 그 장애 자체가 의사나 다른 누구의 과실로 말미암은 것이 아닌 이상 이를 선천적으로 장애를 지닌 채 태어난 아이 자신이 청구할 수 있는 손해라고 할 수는 없다.

[미국판례]

인공임신중절은 전면적 금지로부터 점차 제한적 자유화의 방향으로 나아가고 있는 실정이다. 태아의 생명권(pro-life)과 여성의 자기결정권(pro-choice)의 대립이 가장 첨예한 미국의 경우, 연방대법원은 「임신초기 3개월간은 의사와 임신부가 자유롭게 낙태시킬 수 있다」라고 판시함으로써 낙태를 금지한 Texas주법을 위헌이라고 선언하였다(Roe v. Wede, 410 U.S. 113 1973).[1]

[독일판례]

독일의 연방헌법재판소는 임신후 12주 이내의 의사에 의한 동의낙태를 무조건 不可罰로 규정한 형법 제218조a를 위헌으로 판시한 바 있다(BVerfGE 39, 1 ff).

그러나 독일 통일후에 내려진 제2차 결정에서는 낙태에 대한 형사처벌이 실효성이 없다는 점에서 의사 등 전문가와 상담을 거친 경우 12주 이내의 태아에 대하여는 낙태가 가능하다고 판시하였다(BVerfGE 88, 203(263 ff.)

4. 안락사

4.1. 의의

안락사는 소극적 안락사, 도태적 안락사, 적극적 안락사 등으로 구분된다. 적극적 안락사는 회생가능성이 없는 환자의 생명을 의료인이 고통이 없는 방법으로 단절하거나 퇴원이나 치료중단을 할 수 있도록 법이 허용하는 것을 말한다.[2][3] 도태적 안락사는 사회적

---

1) 1969년 Norma McCorvey라는 Texas주의 여공이 낙태를 하고자 하였다. 그녀가 Jane Roe 라는 가명으로 제기한 Texas주의 낙태규제법의 위헌소송은 1973년 연방대법원의 Roe v. Wade 판결을 낳았다. Blackmann 판사가 집필한 다수의 의견은 낙태여부를 결정할 여성의 선택권은 Griswold 판결 등 선례가 인정한 프라이버시권의 하나로 본질적인 헌법적 권리로 인정했다(안경환, 미국헌법과 낙태, 김철수교수화갑기념논문집, 1993, 322-323면 이하 참조.

2) 권영성, 헌법학원론, 413면.

3) 성낙인 교수는 적극적 안락사는 지금까지의 판례에 의하면 촉탁승낙에 의한 살인죄 내지는 살인죄에 해당한다고 보나, 엄격한 조건하에서 이를 인정하는 것이 바람직하다고 하는데, 아마도 이는 소극적 안락사, 즉 존엄사를 의미하는 듯하다. 성낙인 교수가 정의하는 적극적 안락사는 권영교수가 의미하는 존엄사와 동일하기 때문이다. 현행형법의 해석론으로 안락사가 허용되는가에 관해서는 허용된다는 견해(적극설)와 허용되지 아니한다는 견해(소극설)가 대립되고 있다. 즉, 일정한 요건 아래 위법성이 조각되는 안락사는 환자의 치료를 중단하는 소극적 안락사와 생명단축이 고통

으로 생존가치 · 보호가치가 없다고 생각되는 생명체에 대하여 개인의 주관적 판단하에 행해지는 인위적인 생명단절행위로서, 독일의 나치정권이 유태인 · 집시 등을 대상으로 자행한 행위를 말하며, 이러한 도태적 안락사는 실제로는 살인행위에 해당한다. 그리고 소극적 안락사는 존엄사[1] 라고도 하며,[2] 이는 회생의 가망이 없는 불치의 질병으로 빈사상태에 빠진 환자에 대하여 환자본인의 의사에 따르거나 환자가 의식이 없고 인위적 생명연장행위가 실제로는 환자에게 오히려 고통을 주는 경우에는 보호자의 뜻에 따라 인간다운 죽음을 맞이할 수 있도록 약물투여 내지 호흡기 제거(생명연장장치의 제거) 등으로 인위적으로 생명을 단축시키는 소극적 행위를 말한다.[3] 물론 존엄사의 이름으로 안락사를 무조건 허용하는 것은 당연히 금지된다.

적극적 안락사 : 회생가능성이 없는 환자의 생명을 의료인이 고통이 없는 방법으로 단절하는 것(권영성) ☞ 성낙인 교수는 이를 **소극적 안락사**라고 부르고 있다.[4]

도태적 안락사 : 사회적으로 생존할 가치가 없다고 생각하는 주관적 판단하에 행해지는 인위적인 생명단절행위(독일 나치정권이 유태인 · 집시 등을 대상으로 자행한 살인행위)

소극적 안락사(존엄사) : 회생의 가망이 없는 불치의 질병으로 빈사상태에 빠진 환자에 대하여 환자자신의 의사에 따르거나 의식이 없는 경우에는 보호자의 뜻에 따라 인간다운 죽음을 맞이할 수 있도록 인위적으로 생명을 단축시키는 소극적 행위 (권영성) ☞ 성낙인 교수는 이를 **적극적 안락사**라고 부르고 있다.[5]

[존엄사와 안락사를 절대적으로 구분하는 견해]

존엄사 = 존엄사(death with dignity)는 말 그대로 품위 있는 죽음을 말한다. 인간적 삶을 살 수 있도록 최선의 의학적인 치료를 다했음에도 돌이킬 수 없는 죽음이 임박했을 때 의학적으로 무의미한 연명치료를 중단함으로써 질병에 의한 자연적인 죽음을 받아들이는 것이다. 이때는 의학적 치료가 더 이상 생명을 연장할 수 없기 때문에 무의미한 연명치료를 중단한다고 하더라도 그 치료의 중단으로 생명이 더 단축되는 것을 의미하지는 않는다.

제거의 부수적 결과로 발생하는 간접적 안락사에 제한되고 고통을 제거하기 위해 적극적으로 사람을 살해하는 직접적 · 적극적 안락사는 허용될 수 없다고 해야 한다(이재상, 형법총론).

1) 존엄사에 관하여는 이인영, 존엄사에 관한 고찰, 한림법학(2004.8), 제14권, 한림대학교 법학연구소, 2004, 151-184면 참조.

2) 소극적 안락사와 존엄사를 구분하는 견해도 있다(아래참조).

3) 권영성, 헌법학원론, 413면.

4) 성낙인, 헌법학, 442면.

5) 성낙인, 헌법학, 442면.

안락사 = 안락사(euthanasia)란 질병에 의한 자연적인 죽음보다 훨씬 이전에 생명을 마감시키며, 질병에 의한 죽음이아니라 인위적인 행위에 의한 죽음을 의미한다. 때문에 존엄사와는 의미가 전혀 다르다. 이 중에서도 '적극적 안락사'는 환자의 요청에 따라 고통을 받고 있는 환자에게 약제 등을 투입해서 인위적으로 죽음을 앞당기는 행위를 뜻한다. 또 '소극적 안락사'는 환자나 가족의 요청에 따라 생명 유지에 필수적인 영양공급, 약물 투여 등을 중단함으로써 환자를 죽음에 이르게 하는 행위를 의미한다. <메타 철학 연구소 참고>

4.2. 위헌여부에 관한 학설 및 판례

4.2.1. 학설

안락사의 위헌여부에 관해서는 (ㄱ) 생명권을 침해하는 것이라 하여 위헌설을 주장하는 입장, (ㄴ) 안락사는 회생불가능한 환자에 대하여 부득이하게 행하는 조치로서 환자를 위한 것이므로 헌법상 허용된다는 견해가 있다.[1] 안락사와 관련하여 특히 문제가 되는 것은 존엄사이다. 합헌설에 따르면 인간은 존엄성을 가지며 죽음에 임해서도 존엄성을 유지할 수 있어야 하므로 환자에게 그 생명연장조치를 거부할 권리를 인정하여야 한다고 한다. 생각건대 회생의 가망이 전혀 없는 환자가 생명에 대한 자기결정권을 본인 스스로 행사하여 생명유지조치를 원하지 아니함을 명백히 표시한 경우에는 살인죄를 구성하지 아니한다고 보는 것이 타당하다.[2] 그리고 환자가 의식불명의 상태인 경우에도 회생가능이 없는 환자에 대한 무의미한 치료를 계속할 것인가의 문제도 존재한다.

4.2.2. 판례

대판 2009. 5. 21, 2009다17417 【무의미한연명치료장치제거등】 소극적 안락사를 인정

생명권이 가장 중요한 기본권이라고 하더라도 인간의 생명 역시 인간으로서의 존엄성이라는 인간존재의 근원적 가치에 부합하는 방식으로 보호되어야 할 것이다. 따라서 , 이미 의식의 회복가능성을 상실하여 더 이상 인격체로서의 활동을 기대할 수 없고 자연적으로는 이미 죽음의 과정이 시작되었다고 볼 수 있는 회복불가능한 사망의 단계에 이른 후에는, 의학적으로 무의미한 신체침해 행위에 해당하는 연명치료를 환자에게 강요하는 것이 오히려 인간의 존엄과 가치를 해하게 되므로, 이와 같은 예외적인 상황에서 죽음을 맞이 하려는 환자의 의사결정을 존중하여 환자의 인간으로서의 존엄과 가치 및 행복추구권을 보호하는 것이 사회상규에 부합되고 헌법정신에도 어긋나지 아니한다고 할 것 이다.

---

1) 네델란드는 2001년 4월 말부터 안락사를 허용한 최초의 국가이다(권영성, 헌법학원론, 413면 각주 2) 참조; 벨기에도 안락사를 허용한다(장영수, 헌법학, 599면 각주 17) 참조; 허영, 한국헌법론, 358면 각주 1).

2) 권영성, 헌법학원론, 413면.

[일본판례 : 안락사로서의 행위가 위법성을 조각하기 위한 요건][1]
- 환자가 현대의학의 지식과 기술에 비추어 불치의 病에 걸려 있고 그 죽음이 목전에 임박하고 있을 것
- 환자의 고통이 극심하여 누구도 이것을 보고 참기 어려운 정도일 것
- 오로지 환자의 죽음의 고통을 완화할 목적으로 행하여질 것
- 환자의 의식이 명료하여 본인의 진지한 촉탁 또는 승락의 의사표명이 있을 것
- 의사에 의하여 행하여지는 것이 원칙이며, 그 외는 합당한 특별한 이유가 있을 것
- 그 방법이 윤리적으로 타당할 것

5. 전투 · 정당방위 등에 의한 살인과 생명권

군인 · 경찰관 · 소방관 · 의료업무종사자 등 일정한 직무에 종사하는 자는 그의 직무수행에 있어서 생명의 위협을 무릅쓰고 최선을 다해야 할 의무가 있다. 군인 · 경찰관등의 전투 · 정당방위 · 직무수행으로 인한 殺人(타인의 생명을 구하기 위하여 긴박하고 부득이한 경우에 행하는 인질범에 대한 살해 등)[2]과 군인 · 경찰관 의료업무종사자 등에 대하여 타인의 생명을 구출하기 위하여 생명의 희생을 감수하도록 강요하는 직무명령(군형법상의 敵前군무이탈자의 처벌 · 전염병환자의 치료 · 화재시의 인명구출명령 등)[3]은 생명권을 침해하는 위헌 · 위법행위가 되지 아니하고 면책된다.

– 직무명령위반시의 문제점 –

<사례>

9 · 11 항공기 테러처럼 인간생명에 대하여 무기로 이용되는 항공기에 대하여 수많은 생명을 구하기 위하여 부득이 하게 승무원과 탑승객의 생명을 희생하도록 하는 항공기 격추명령(직무명령)을 위반한 공군조종사를 처벌할 수 있는가?

<해설>

이 경우 항공기를 격추시킬 수 있는 권한을 공군에게 부여한 항공안전법규정은 위헌이다.[4]

경우에 따라서는 국가안전보장 등을 이유로, 그리고 외적과의 전쟁이나 전투시 국가와 민족에 대한 충성을 위하여 敵을 사살 하도록 하는 것은 오히려 직무수행행위로서 권장

---

1) 名古屋高判 1962(昭和 37), 12. 12.

2) 물론 이 경우에는 비례의 원칙 특히 최소침해의 원칙 등이 지켜져야 할 것이다(허영, 한국헌법론, 359면).

3) 다만 직무명령을 이행하는 경우 자기생명의 희생이 확실시 되는 경우, 그 직무명령을 위반한 공무원에 대하여 형벌권을 행사하는 것이 제한되는 경우도 있다(허영, 한국헌법론, 359면).

4) 독일연방헌법재판소 : BVerfGE 115, 118(139 ff.) 참조.

·강요되기도 한다. 이러한 권장과 강요는 국민의 생명권을 보호하기 위한 국가적 의무에서 유래한다.[1)]

6. 죽을 권리(자살권)

생명권은 그 주체가 비록 그 소유의 주체가 본인이라고 할지라도 이를 자유롭게 처분할 수 있는 권리는 아니다. 따라서 자신의 생명에 관한 처분권을 타인에게 위탁하는 것은 원칙적으로 허용되지 아니하며,[2)] 이 경우 상대방은 형법상 촉탁·승낙에 의한 살인과 자살방조의 처벌을 면할 수 없다. 또한 생명의 포기를 의미하는 자살할 권리도 원칙적으로 인정되지 아니하나, 자살행위에 대해서는 동반자살의 경우를 제외하고는 도덕적 비난은 가해질 수 있지만, 이에 대한 법적 제재는 가해지지 아니한다.[3)] 자살미수의 경우도 또한 같다.[4)]

7. 생명권과 생명복제

생명권과 관련하여 문제되는 것이 생명복제(인간배아복제, human embryonic cloning)의 문제이다. 생명복제는 생식목적 복제(개채복제)와 연구·치료목적복제로 구분된다. 생식목적 복제는 복제된 배아를 자궁에 착상시켜 완전한 개체로 탄생시키기 위한 것이며, 복제된 배아로 탄생한 인간의 존엄성이 문제되므로 생명권 보다는 인격권과 밀접한 관계를 가지며, 인격권이 보장된다면 생식목적 복제는 허용된다고 볼 수 있다. 연구·치료목적의 배아복제는 연구나 장기배양을 위하여 배아를 파괴해야 하기 때문에 배아를 생명체로 보는 경우 생명권 침해문제가 야기된다. 현행 생명윤리및안전에관한법률은 희귀병이나 난치병 치료를 위한 연구목적 이외에, 단순한 생식을 목적으로 하는 모든 생명복제는 절대적으로 금지하고 있다.[5)]

생명윤리 및 안전에 관한 법률 제11조 (인간복제의 금지) ① 누구든지 체세포복제배아를 자궁에 착상시켜서는 아니되며, 착상된 상태를 유지하거나 출산하여서는 아니된다.
② 누구든지 제1항의 규정에 의한 행위를 유인 또는 알선하여서는 아니된다.
생명윤리 및 안전에 관한 법률 제22조 (체세포핵이식행위) ① 누구든지 제17조 제2호의

1) 권영성, 헌법학원론, 414면.
2) 생명을 좌우하는 위험한 의료수술에 동의하는 경우와는 별개의 문제이다(권영성, 헌법학원론, 414면).
3) 권영성, 헌법학원론, 414면; 이준일, 헌법학강의, 단락번호 [4.4.28].
4) 이준일, 헌법학강의, 단락번호 [4.4.28].
5) 이준일, 헌법학강의, 단락번호 [4.4.30].

규정에 의한 희귀·난치병의 치료를 위한 연구목적외에는 체세포핵이식행위를 하여서는 아니된다.

② 제1항의 규정에 의한 연구목적에 따라 체세포핵이식행위를 할 수 있는 연구의 종류·대상 및 범위는 심의위원회의 심의를 거쳐 대통령령으로 정한다.

Ⅲ. 생명권의 침해에 대한 구제

생명권에 대한 침해행위로는 사형·낙태·안락사·살인 등이 있다. 이러한 생명권의 불법적 침해행위에 대하여는 그에 상응하는 구제방법이나 보상제도가 강구되어야 한다. 예컨대 법원의 誤判에 의한 사형집행의 경우에는 국가가 형사보상을 하고(형사보상청구권), 공무원이 생명권을 침해한 경우에는 공무원 자신에 대한 형사처벌과 국가가 손해배상 책임을 지며 하며, 사인이 생명권을 침해한 경우에는 형사상의 처벌을 받거나 형사상의 처벌과 함께 민사상의 손해배상책임을 진다.[1]

1) 권영성, 헌법학원론, 414면.

제 2 목 신체를 훼손 당하지 아니할 권리

I. 헌법상의 근거

신체를 훼손 당하지 아니할 권리는 신체의 자유와는 구별되는 독립된 기본권으로서 신체를 훼손 당하지 아니할 권리에 관하여 현행 헌법은 명문의 규정을 두고 있지 않지만, 이 권리도 생명권과 마찬가지로 인간의 존엄성존중을 규정한 헌법 제10조, 신체의 자유를 규정한 제12조 제1항, 그리고 헌법에 열거되지 아니한 자유와 권리도 경시되지 아니한다는 제37조 제1항의 통합적 해석에 의하여 헌법상 보장된다고 본다.[1][2]

> 헌재결 2004. 12. 16, 2002헌마478 【접견불허처분 등 위헌확인】
> 금치 처분을 받은 수형자에 대한 절대적인 운동의 금지는 징벌의 목적을 고려하더라도 그 수단과 방법에 있어서 필요한 최소한도의 범위를 벗어난 것으로서, 수형자의 헌법 제10조의 인간의 존엄과 가치 및 신체의 안전성이 훼손당하지 아니할 자유를 포함하는 제12조의 신체의 자유를 침해하는 정도에 이르렀다고 판단된다.

신체를 훼손 당하지 아니할 권리는 신체의 완전성을 훼손 당하지 아니할 권리(신체훼손의 금지)를 의미하기 때문에 「보건에 관하여 국가의 보호를 받을 권리(헌법 제36조 제3항)」보다 우선한다.

II. 권리주체

신체를 훼손당하지 않을 권리의 주체는 외국인을 포함한 모든 인간이다. 태아나 체외수정의 경우도 마찬가지이며, 예컨대 약물중독이나 감염사고가 발생하였을 경우, 모체와 함께 신체훼손을 당한 경우 이에 대한 법적 보호가 인정된다. 민법상의 불법행위 책임을 물을 수도 있다(민법 제762조).[3]

---

1) 권영성, 헌법학원론, 415면.
2) 신체의 불훼손성이 최협의의 행복추구권의 보장(김철수), 그리고 신체의 자유 안에서 신체적 완전성과 신체활동의 임의성이 보장된다는 학설(허영)이 있다.
3) 장영수, 헌법학, 602면 각주 27) 참조.

III. 내용

신체를 훼손 당하지 아니할 권리는 본인의 승낙없이 강제로 이루어지는 불법적인 신체훼손의 금지를 그 내용으로 한다. 그러므로 가혹한 가해행위와 육체적 학대행위는 일체 금지된다. 형벌로서의 태형(笞刑) · 화형(火刑)과 같은 신체형은 물론이고 거세나 일방적인 불임시술(본인의 희망에 의한 가족계획을 위한 정관수술은 예외), 수형자(受刑者)에 대한 의학적 실험, 모발의 절단, 본인의 동의를 얻지 아니한 전기쇼크시술, 거짓말탐지기의 사용, 약물, 최면을 이용한 기억의 강제확인, 기타 신체적 학대[1] 등도 신체를 훼손하는 행위가 된다.[2] 그리고 사회적 환경에 의한 침해 예컨대 비행기소음이나, 핵발전소, 화학공장 등에 의해서도 발생할 수 있다.[3]

그러나 신체를 훼손 당하지 아니할 권리는 정당한 이유가 있는 경우(외과적 수술 등)에는 법률로써 제한될 수 있다. 정당한 제한인 경우에도 그 제한은 필요한 최소한도에 그쳐야 한다.

---

1) 장영수, 헌법학, 603면.

2) 권영성, 헌법학원론, 415면.

3) 장영수, 헌법학, 603면.

제 3 목 신체의 자유(헌법 제12조)

I. 신체의 자유의 의의

신체의 자유란 신체의 보전 및 신체활동의 자유, 즉 법률과 적법절차에 의하지 아니하고는 신체의 안전성과 자율성을 제한 또는 침해받지 아니하는 권리를 말한다. 인신의 자유라고도 한다. 현행 우리 헌법은 신체의 완전성과 신체활동의 임의성을 보호하기 위하여 인신에 대한 기본권을 보장하고 있으며, 이는 헌법의 이념인 인간의 존엄과 가치를 구현하기 위한 기본권적인 자유로서 모든 기본권보장의 토대가 된다.[1]

신체의 자유는 생물학적 · 신체적 의미의 건강과 정신적 · 영혼적 의미의 건강이라는 의미에서 신체안전의 자유(신체를 훼손당하지 아니할 권리)를 포함하는 것으로 넓게 이해하면서, 신체안전의 자유는 '신체의 완전성(die köperliche Integrität)'을 훼손당하지 아니할 권리라는 견해도 있다.[2]

II. 연혁

신체의 자유는 인간이 가지는 정신적 자유와 함께 인간의 생존을 위한 가장 중요한 기본권이다. 특히 신체의 자유는 연혁적으로도 다른 기본권보다 신체의 자유가 가장먼저 기본권으로 보장되게 된 기본권이다.

- 영국의 마그나 카르타(Magna Carta) : 1215년
- 인신보호율(Habeas Corpus Act) : 1679년
- Virginia 권리장전
- 프랑스 인권선언
- 기타 세계 각국의 헌법

1) 헌재결 1992. 4. 14, 90헌마82 【국가보안법 제19조에 대한 헌법소원】
2) 예컨대 홍성방, 헌법학, 436면.

III. 신체의 자유의 내용

1. 불법한 체포 · 구속으로부터의 자유

人身의 자유가 보장되기 위하여 기본적으로 요청되는 것은 不法으로 체포(逮捕) 또는 구속(拘束)을 당하지 아니하는 것이다. 헌법 제12조 제1항은 법률에 의하지 아니하고는 체포나 구속을 하지 못하도록 하고 있다. 체포라 함은 수사기관이 피의자를 引致하여 일정기간 유치하는 강제처분을 말하고, 拘束이라 함은 수사기관이 피의자의 신체의 자유를 박탈하여 일정한 장소에 일시적 또는 계속적으로 유치하는 것(拘引과 拘禁)을 말한다.

체포(逮捕) : 수사기관이 피의자를 引致하여 일정기간 유치하는 강제처분

구속(拘束) : 수사기관이 피의자의 신체의 자유를 박탈하여 일정한 장소에 일시적 또는 계속적으로 유치하는 것(拘引과 拘禁)
☞ **구인 = 강제인치, 구금 = 강제유치**

인신의 자유는 수사단계에서 가장 위협을 받기 때문에 헌법은 인신의 자유를 보장하기 위하여 수사절차에 엄격한 제약을 가하고 있다. 헌법 제12조 제3항은 「체포 · 구속 … 을 할 때에는 적법한 절차에 따라 검사의 신청에 의하여 법관이 발부한 영장을 제시하여야 한다」라고 하여 영장주의를 규정하고 있을 뿐 아니라 부당한 체포 또는 구속을 방지하기 위하여 체포 · 구속이유 등 고지제도와 체포 · 구속적부심사제를 규정하고 있다.

2. 불법한 압수 · 수색으로부터의 자유

헌법 제12조 제1항은 법률에 의하지 아니하고는 압수와 수색을 하지 못하게 하고 있다. 압수라 함은 법원이 직권으로 또는 검찰이나 사법경찰관이 법원의 허가를 얻어 증거물 또는 몰수할 것으로 판단되는 물건의 점유를 취득하는 행위를 말한다. 수색이라 함은 물건이나 사람을 발견하기 위하여 사람의 신체나 물건 기타의 장소에 대하여 행해지는 검색을 말한다. 다만 가택의 수색은 제1차적으로는 주거의 불가침을 규정한 헌법 제16조의 규율대상이 된다. 헌법 제12조 제3항은 「압수 또는 수색을 할 때에는 적법한 절차에 따라 검사의 신청에 의하여 법관이 발부한 영장을 제시하여야 한다」라고 하여 적법절차와 영장제도를 규정하고 있다.

압수 : 법원이 직권으로 또는 검찰이나 사법경찰관이 법원의 허가를 얻어 증거물 또는 몰수할 것으로 판단되는 물건의 점유를 취득하는 행위

수색(검색) : 물건이나 사람을 발견하기 위하여 사람의 신체나 물건 기타의 장소에 대하여 행해지는 검색(가택의 수색은 제1차적으로는 주거의 불가침을 규정한 헌법 제16조의 규율대상)

3. 불법한 심문으로부터의 자유

헌법 제12조 제1항은 「법률에 의하지 아니하고는 … 심문을 받지 아니하며」라고 규정하고 있다. 심문은 답변의 강요를 말한다. 이에 따라 법률에 의하지 아니한 불법심문(답변의 강요)은 금지된다.

심문(審問) : 헌법 제12조 제1항
신문(訊問) : 피의자신문조서

4. 불법한 처벌로부터의 자유

헌법 제12조 제1항은 「법률과 적법한 절차에 의하지 아니하고는 처벌을 받지 아니한다」라고 하여 죄형법정주의와 적법절차의 보장을 통하여 불법적인 처벌로부터 국민의 신체의 자유를 보장하려 하고 있다. 여기서 처벌이라 함은 형사상의 처벌만을 의미하는 것이 아니고 본인에게 불이익 또는 고통이 되는 일체의 제재를 말한다.

5. 불법한 보안처분으로부터의 자유

5.1. 의의

보안처분이라 함은 죄를 범한 자 또는 사회적으로 위험한 행위를 할 우려가 있는 자들을 사회로부터 격리하여 그 위험성을 교정하는 것을 목적으로 하는 범죄예방처분을 말한다. 형벌만으로는 사회를 방위하기에 불충분하므로 형벌을 보충하고 또 그것을 대치하는 제도로서의 보안처분제도는 독일 · 프랑스 · 스위스 등 여러 나라에서 채택하고 있다.

헌법 제12조 제1항 제2문 후단은 「법률과 적법한 절차에 의하지 아니하고는 보안처분을 받지 아니한다」라고 하여 보안처분제도에 관한 헌법적 근거를 규정하고 있다. 이와 같이 보안처분은 형별만으로는 행위자의 장래의 재범에 대한 위험성을 제거하기에 충분하지 못한 경우에 사회방위와 행위자의 사회복귀의 목적을 달성하기 위하여 고안된 특별예방적 목적처분으로, 헌법은 1972. 12. 27. 개정헌법 이래 보안처분제도를 헌법상의 제도로 수용하여 왔으므로 헌법의 규정에 따라 어떠한 형태의 보안처분제도를 마련하느냐의 문제는 헌법에 위반되지 아니하는 한 오로지 입법권자의 형성의 자유에 속한다.[1)]

---

1) 헌재결 1997. 11. 27, 92헌바27 【상속세법 제7조의2 제1항 위헌소원】

5.2. 보안처분의 법적 성격

보안처분의 법적 성격에 관하여는 주로 형벌과의 구별문제가 논의되며, 그 이유는 보안처분이 형벌에 덧붙여 처벌되는 것으로서 이중처벌금지의 원칙에 위반되는 것이 아닌가 하는 점 때문이다. 헌법재판소는 형벌과는 구별되는 것으로 보고 있다.[1)]

> **헌재결 1989. 7. 14, 88헌가5 【사회보호법 제5조의 위헌심판】**
>
> 사회보호법 제5조에 정한 보호감호처분은 헌법 제12조 제1항에 근거한 보안처분으로서 형벌과는 그 본질과 추구하는 목적 및 기능이 다른 별개의 독자적 의의를 가진 형사적 제재로 볼 수밖에 없다.
>
> 그렇다면, 보호감호와 형벌은 비록 다같이 신체의 자유를 박탈하는 수용처분이라는 점에서 집행상 뚜렷한 구분이 되지 않는다고 하더라도 그 본질, 추구하는 목적과 기능이 전혀 다른 별개의 제도이므로 형벌과 보호감호를 서로 병과하여 선고한다 하여 헌법 제13조 제1항에 정한 이중처벌금지의 원칙에 위반되는 것은 아니라 할 것이다.

5.3. 적법절차에 따른 보안처분

보안처분제도가 적법절차의 원리를 준수하기 위해서는 판사에 의하여 보안처분결정이 이루어 져야 한다.[2)] 왜냐하면 행정기관에 의한 보안처분은 이를 남용할 염려가 있기 때문이다. 그런데 보안관찰법은 보안관찰처분에 관한 결정은 보안관찰심의위원회의 심의 · 의결을 거쳐 법무부장관이 행한다(보안관찰법 제14조 제1항)고 규정하고 있고, 법무부장관은 심의위원회의 의결에 기속되나, 위원회의 의결보다 유리한 결정을 하는 때에는 기속되지 아니한다(법 제14조 제2항)고 규정하고 있는데, 위원회에서 보안관찰처분을 결정하는데 대하여 헌법재판소는 모든 보안처분에 대하여 법관의 판단을 필요로 하는 것은 아니라고 하여 이를 합헌으로 보고 있다.

> **헌재결 1997. 11. 27, 92헌바28 【보안관찰법 제2조 등 위헌소원】**
>
> 적법절차의 원칙에 의하여 그 성질상 보안처분의 범주에 드는 모든 처분의 개시 내지 결정에 법관의 판단을 필요로 한다고 단정할 수 없고, 보안처분의 개시에 있어 그 결정기관 내지 절차와 당해 보안처분으로 인한 자유침해의 정도와의 사이에 비례의 원칙을 충족하면 적법절차의 원칙은 준수된다고 보아야 할 것이다. 그런데 이 법상 보안관찰처분의 심의 · 의결은 법무부내에 설치된 보호관찰처분심의위원회에서 하고, 그 위원장은 법무부차관이 되며, 위원은 학식과 덕망이 있는 자로 하되, 그 과반수는 변호사의 자격이 있는 자로 구성하도록 하고 있으므로(법 제12조 제1항 · 제3항), 위 위원회는 어느 정도 독립성이 보장된

---

1) 양건, 헌법강의, 356면.
2) 양건, 헌법강의, 357면.

준사법적기관이라고 할 수 있고, 앞에서 본 바와 같은 이 법상의 보안관찰처분의 자유제한의 정도를 고려하면 위 위원회에서 보안관찰처분을 심의 · 의결하는 것은 적법절차의 원칙 내지 법관에 의한 정당한 재판을 받을 권리를 침해하는 것은 아니라 할 것이다.

5.4. 보안처분 관련법률

보안처분과 관련된 법률로는 사회보호법을 비롯하여 보안관찰법 등 여러 법률이 있다. 이 중에서 사회보호법상의 보호처분[1]과 소년법상의 보안처분은 위법한 범죄행위를 전제로 하여 법원의 판결로써 결정된다. 그러나 보안관찰법상의 보안관찰처분과 · 마약류관리에관한법률(舊마약법) · 성매매알선등행위의처벌에관한법률(舊윤락행위등방지법) · 전염병예방법 등에서의 보안처분은 범죄행위를 요건으로 하지 아니하고 행정기관이 행정처분의 형식으로 결정한다는 점에서 전자와 상이하다.[2]

법원의 판결 : 위법한 범죄행위를 전제
- 사회보호법상의 보호처분(사회보호법은 2005. 8. 4. 폐지)[3]
- 소년법상의 보안처분

행정처분의 형식 : 범죄행위를 요건으로 하지 않음
- 보안관찰법상의 보안관찰처분
- 마약류관리에관한법률 · 성매매알선등행위의처벌에관한법률 · 전염병예방법 등에서의 보안처분

[보안관찰법]

제1조 (목적) 이 법은 특정범죄를 범한 자에 대하여 재범의 위험성을 예방하고 건전한 사회복귀를 촉진하기 위하여 보안관찰처분을 함으로써 국가의 안전과 사회의 안녕을 유지함을 목적으로 한다.

---

1) 사회보호법상의 보호처분에 관하여 헌법재판소는「보호감호와 형벌은 다같이 신체의 자유를 박탈하는 수용처분이라는 점에서 서로 유사한 점이 있기는 하지만, 보호감호처분은 재범의 위험성이 있고 특수한 교육 개선 및 치료가 필요하다고 인정되는 자에 대하여 사회복귀를 촉진하고 사회를 보호 위하여 헌법 제12조 제1항을 근거로 한 보안처분으로서, 그 본질과 추구하는 목적 및 기능에 있어 刑罰과는 다른 독자적 의의를 가진 사회보호적인 처분이므로, 형벌과 보호감호를 서로 병과하여 선고한다고 해서 그것이 헌법 제13조 제1항 후단 소정의 거듭처벌금지의 원칙에 위배되지 아니한다」고 판시하였다(헌재결 1991. 4. 1, 89헌마17 · 85 · 100 ·109 · 129 · 167병합); 헌재결 1989. 7. 14, 88헌가5 · 8, 89헌가44(병합); 헌재결 1997. 11. 27, 92헌바27).

2) 보안관찰법은 검사의 청구가 있으면 법무부장관이 법무부에 설치된 보안관찰처분심의위원회의 의결을 거쳐 2년기간의 보안관찰처분을 행할 수 있도록 규정하고 있다.

3) 사회보호법은 폐지되었으나, 사회보호법에의한군관계보호처분에관한규칙은 존재한다.

제2조 (보안관찰해당범죄) 이 법에서 "보안관찰해당범죄"라 함은 다음 각호의 1에 해당하는 죄를 말한다.

1. 형법 제88조 · 제89조(제87조의 미수범을 제외한다) · 제90조(제87조에 해당하는 죄를 제외한다) · 제92조 내지 제98조 · 제100조(제99조의 미수범을 제외한다) 및 제101조(제99조에 해당하는 죄를 제외한다)

2. 군형법 제5조 내지 제8조 · 제9조제2항 및 제11조 내지 제16조

3. 국가보안법 제4조, 제5조(제1항중 제4조제1항제6호에 해당하는 행위를 제외한다), 제6조, 제9조제1항 · 제3항(제2항의 미수범을 제외한다)·제4항

6. 불법한 강제노역의 금지

강제노역이라 함은 공권력이 본인의 의사에 반하여 노역을 강요하는 것을 말한다. 헌법 제12조 제1항 제2문 후단은 「법률과 적법한 절차에 의하지 아니하고는 … 강제노역을 받지 아니한다」라고 하여 불법한 강제노역을 금지하고 있다. 이 조항에 따라 범죄에 대한 처벌로서 그것을 정당하게 부과하는 경우(판결을 통한 징역형 · 노역장 유치 등)와 같이 법률과 적법한 절차에 의한 경우를 제외하고는 본인의 의사에 반하는 노역은 과할 수 없다.[1)]

7. 조문설명 → 제12조

o 적법절차주의와 죄형법정주의(헌법 제12조 제1항)

- 죄형법정주의의 파생원리로는 관습형법금지의 원칙, 형벌법규 불소급의 원칙, 유추해석 금지의 원칙, 절대적 不定期刑의 금지
- 「보안처분」: 죄를 범한 자 또는 사회적으로 위험한 행위를 할 우려가 있는 자들을 사회로부터 격리하여 그 위험성을 교정하는 것을 목적으로 하는 범죄예방처분. 보안처분에 관한 법률(사회보호법 · 소년법 · 보안관찰법 · 갱생보호법 등의 법률

o 고문금지 및 自己負罪拒否特權(헌법 제12조 제2항)

- 형법은 고문을 범죄로 규정하여 형법적 제재(형법 제125조)를 가하고 있으며, 형사소송법은 고문에 의한 자백의 증거능력을 절대적으로 부인
- 自己不罪拒否權은 미국연방헌법수정 제5조의 「누구든지 자기에게 불리한 증언을 강요받지 아니한다」는 규정에서 유래

o 영장제도(헌법 제12조 제3항)

- 영장을 「법관」만이 발부할 수 있도록 한 것은 범죄수사로 인한 부당한 인권침해와 신체의 자유의 보장
- 영장제도의 예외로는 본조 단서(현행범 등에 의한 사후영장제도)와 헌법 제77조 제3항에 따른 비상계엄하의 영장제도에 대한 특별조치

---

1) 권영성, 헌법학원론, 419면.

o 변호인의 조력을 받을 권리(헌법 제12조 제4항)
- 형사소송법상 법원이 직권으로 국선변호인을 선정하여야 할 경우는 구속적부심사에 있어 구속된 피의자에게 변호인이 없는 때, 피고인이 미성년자이거나, 70세 이상이거나, 농아자이거나, 심신장애의 의심이 있거나, 빈곤 기타 사유로 변호인을 선임할 수 없는 때, 사형 · 무기 또는 단기 3년 이상의 징역이나 금고에 해당하는 사건에서 변호인이 없는 때

o 고지제도(헌법 제12조 제5항)
- 형사소송법 제87조, 제209조는 피의자, 피고인을 구속할 때에는 변호인이 있는 경우에는 변호인에게, 변호인이 없는 경우에는 피의자 · 피고인의 법정대리인 · 배우자 · 직계친족, 형제자매와 호주 등 피의자 · 피고인이 지정한 자에게 피의 · 피고사건명, 구속일시 · 장소, 구속의 이유와 변호인을 선임할 수 있는 취지를 알리도록 하고, 위 통지는 지체없이 서면으로 하도록 규정(제87조 제2항)
- 형사소송법 제200조 제2항에 따르면 수사기관은 피의자로부터 진술을 듣는 경우에는 미리 피의자에게 진술거부권이 있음을 고지하여야 한다.

o 구속적부심사제도(헌법 제12조 제6항)
- 구속적부심사제도란 수사기관의 구속에 대한 사법적 심사제도로서 수사기관의 위법 · 부당한 구속으로부터 피의자를 구제하려는 인신보호제도
- 형사소송법 제214조의2 제1항에 따르면 구속적부심사를 피의자, 그 변호인, 법정대리인, 배우자, 직계친족, 형제자매, 호주, 가족이나 동거인 또는 고용주가 청구할 수 있다.

o 자백의 증거능력제한(헌법 제12조 제7항)
- 형사소송법 제309조는 "피고인의 자백이 고문, 폭행, 협박, 신체구속의 부당한 장기화 또는 기망 기타의 방법으로 임의로 진술한 것이 아니라고 의심할만한 이유가 있는 때에는 이를 유죄의 증거로 하지 못한다"고 규정
- 자백의 임의성과 관련 대법원은 피고인이 비록 검사 앞에서 조사받을 당시는 자백을 강요당한 바 없다고 하여도 검사이외의 수사기관에서 조사받을 당시에 고문에 의하여 임의성이 없는 허위자백을 하고 그 임의성 없는 심리상태가 검사의 조사단계에 까지 계속된 경우에는 검사 앞에서의 자백은 임의성이 없다.

IV. 신체의 자유의 실체적 보장

1. 죄형법정주의

1.1. 의의

신체의 자유의 실체적 보장은 신체의 자유를 보장하기 위한 내용을 헌법에 규정하고 있는 것을 말한다. 죄형법정주의라 함은 "법률이 없으면 범죄 없고, 형벌도 없다"는 근대형법의 기본원리를 말한다. 이는 ① 법률없이 형벌없다(nulla poena sine lege), ② 죄없으면 벌도없다(nulla poena sine culpa), ③ 사전에 제정된 법률에 의하지 아니하고는 처벌되지 아니한다(nulla poena sine lege praevia)는 원칙이다. 죄형법정주의는 법치주의, 국민주권 및 권력분립의 원리에 입각한 것으로서 일차적으로 무엇이 범죄이며 그에 대한 형벌이 어떠한가, 그리고 어떠한 행위가 처벌될 수 있는 행위인가를 국민이 사전에 예측할 수 있도록 국민의 대표로 구성된 입법부가 제정한 성문법으로서 정하여야 한다는 원칙이고, 헌법 제12조 제1항 후단에는 '법률과 적법한 절차에 의하지 아니하고는 처벌받지 아니한다'고 규정하여 죄형법정주의를 천명하고 있다. 여기서 말하는 법률이란 입법부에서 제정한 형식적 의미의 법률을 의미하는 것임은 물론이다.[1] 죄형법정주의는 범죄의 구성요건과 형벌의 양·종류를 법률로 미리 정하여 둠으로써 국민의 기본권을 국가권력의 專斷으로부터 보호하려는데 그 의의가 있다(법률주의).[2]

---

1) 헌재결 1998. 3. 26, 96헌가20 【노동조합법 제46조의3 위헌제청】

2) 헌재결 1991. 7. 8, 91헌가4 【복표발행, 현상기타사행행위단속법제9조및제5조에관한위헌심판】 "법률이 없으면 범죄도 없고 형벌도 없다"라는 말로 표현되는 죄형법정주의는 이미 제정된 정의로운 법률에 의하지 아니하고는 처벌되지 아니한다는 원칙으로서 이는 무엇이 처벌될 행위인가를 국민이 예측가능한 형식으로 정하도록하여 개인의 법적 안정성을 보호하고 성문의 형벌법규에 의한 실정법질서를 확립하여 국가형벌권의 자의적(자의적)행사로부터 개인의 자유와 권리를 보장하려는 법치국가 형법의 기본원칙이며, 우리 헌법도 제12조 제1항 후단에 "법률과 적법한 절차에 의하지 아니하고는 처벌·보안처분 또는 강제노역을 받지 아니한다."라고 규정하고, 제13조 제1항 전단에 "모든 국민은 행위시의 법률에 의하여 범죄를 구성하지 아니하는 행위로 소추되지 아니하며"라고 규정하여 죄형법정주의를 천명하였고, 이를 근거로 형법 제1조 제1항은 "범죄의 성립과 처벌은 행위시의 법률에 의한다."라고 규정하고 있다. 죄형법정주의는 자유주의, 권력분립, 법치주의 및 국민주권의 원리에 입각한 것으로서 무엇이 범죄이며 그에 대한 형벌이 어떠한 것인가는 반드시 국민의 대표로 구성된 입법부가 제정한 법률로써 정하여야 한다는 원칙이고, 죄형법정주의를 천명한 헌법 제12조 제1항 후단이나 제13조 제1항 전단에서 말하는 "법률"도 입법부에서 제정한 형식적 의미의 법률을 의미하는 것임은 물론이다. 그런데 아무리 권력분립이나 법치주의가 민주정치의 원리라 하더라도 현대국가의 사회적 기능증대와 사회현상의 복잡화에 따라 국민의 권리·의무에 관한 사항이라하여 모두 입법부에서 제정한 법률만으로 다 정할 수는

<사례>

가. 사건의 개요

청구인은 1988. 3.부터 1993. 6. 16.까지 사이에 포항종합제철주식회사(이하 "포항제철"이라 약칭한다)의 간부직원으로 재직하면서 포항제철의 설비계획업무를 총괄하던 자인바, 그 업무총괄기간 중 3차례에 걸쳐 포항제철의 거래업체에 종사하는 담당자 등으로부터 설비공급수주를 받도록 하여준데 대한 사례의 명목 등으로 합계 금 106,000,000원을 교부받아 정부관리기업체인 포항제철의 간부직원으로서 그 직무에 관하여 뇌물을 수수하였다는 범죄사실로 구속기소되어, 서울형사지방법원에서 공판을 받던 중(93고합1218호) 그 재판의 전제가 되는 특정범죄가중처벌등에관한법률 제4조 제1항 및 제2항에 대하여 위 법원에 위헌여부심판의 제청신청(서울형사지방법원 93초4073호)을 하였으나 1993. 10. 8. 그 신청이 기각되자,[1] 같은 달 22. 헌법재판소법 제68조 제2항에 따라 이 사건 헌법소원심판청구를

없는 것이기 때문에 예외적으로 행정부에서 제정한 명령에 위임하는 것을 허용하지 않을 수 없다. 그러나 법률의 위임은 반드시 구체적이고 개별적으로 한정된 사항에 대하여 행해져야 한다. 그렇지 아니하고 일반적이고 포괄적인 위임을 한다면 이는 사실상 입법권을 백지위임하는 것이나 다름없어 의회입법의 원칙이나 법치주의를 부인하는 것이 되고 행정권의 부당한 자의와 기본권 행사에 대한 무제한적 침해를 초래할 위험이 있기 때문이다. 우리 헌법 제75조도 "대통령은 법률에서 구체적으로 범위를 정하여 위임받은 사항에 관하여 대통령령을 발할 수 있다"라고 규정하여 위임입법의 근거와 아울러 그 범위와 한계를 제시하고 있는데 "법률에서 구체적으로 범위를 정하여 위임받은 사항"이라 함은 법률에 이미 대통령령으로 규정될 내용 및 범위의 기본사항이 구체적으로 규정되어 있어서 누구라도 당해 법률로부터 대통령령에 규정될 내용의 대강을 예측할 수 있어야 함을 의미한다. 그리고 위임입법에 관한 헌법 제75조는 처벌법규에도 적용되는 것이지만 법률에 의한 처벌법규의 위임은, 헌법이 특히 기본권을 최대한으로 보장하기 위하여 죄형법정주의와 적법절차를 규정하고, 법률(형식적 의미의)에 의한 처벌을 특별히 강조하고 있는 기본권보장 우위사상에 비추어, 그 요건과 범위가 보다 엄격하게 제한적으로 적용되어야 한다. 따라서 처벌법규의 위임은 특히 긴급한 필요가 있거나 미리 법률로써 자세히 정할 수 없는 부득이한 사정이 있는 경우에 한정되어야 하고 이러한 경우일지라도 법률에서 범죄의 구성요건은 처벌대상인 행위가 어떠한 것일 것이라고 이를 예측할 수 있을 정도로 구체적으로 정하고 형벌의 종류 및 그 상한과 폭을 명백히 규정하여야 한다.

1) 헌재결 1993. 5. 13, 92헌마80 **【체육시설의설치이용에관한법률시행규칙제5조에대한헌법소원】**

【법원의 위헌제청신청 기각이유】 죄형법정주의는, 형벌법규는 건전한 상식과 통상적인 법감정을 가진 사람이 구체적인 경우에 그 적용대상자가 누구이며 어떠한 행위들이 금지되어 있는가를 판단할 수 있을 정도로 명확하게 규정되어 있을 것을 요구한다. 그러나 복잡다기하고 변화가 많은 현대사회에서는 모든 사항을 법률로 제정하여 대응할 수 없기 때문에 "죄형법정주의"에서 표현하는 법률이라 함은 형식적 의미의 법률만을 뜻하는 것이 아니라 때에 따라서는 구체적이고 개별적으로 한정된 사항에 관하여 법률로부터 위임받아 제정된 대통령령도 포함되는 것이라고 할 것이다. 특가법 제4조 제1항에는 「형법 제129조 내지 제132조의 적용에 있어서는 정부관리기업체의 간부직원은 이를 공무원으로 본다」고 하고, 제2항에는 「제1항의 정부관리기업체 및 간부직원의 범위는 대통령령으로 정한다」고 각 규정되어 있고, 이로부터 위임받은 특가법시행령 제2

하였다.

나. 심판의 대상

그러므로 이 사건 심판의 대상은 특정범죄가중처벌등에관한법률(제정 1966. 2. 23. 법률 제1744호, 최종개정 1994. 6. 28. 법률 제4760호, 이하 "특가법"이라 약칭한다) 제4조 제1항 및 제2항(이 조항들은 특가법이 1966. 2 23. 법률 제1744호로 제정된 이래 한 번도 개정됨이 없이 현재까지 그대로 존치되어 있다)의 위헌 여부이고, 그 내용은 다음과 같다.

특정범죄가중처벌등에관한법률 제4조(뇌물죄 적용대상의 확대)

① 형법 제129조 내지 제132조의 적용에 있어서는 정부관리기업체의 간부직원은 이를 공무원으로 본다.

② 제1항의 정부관리기업체 및 간부직원의 범위는 대통령령으로 정한다.

<헌법재판소>

우리헌법 제12조 제1항 후문과 제13조 제1항 전단에서 규정하고 있는 죄형법정주의는 범죄의 구성요건과 그에 대한 형벌의 내용을 국민의 대표로 구성된 입법부가 성문의 법률로 정하도록 함으로써 국가형벌권의 자의적인 행사로부터 개인의 자유와 권리를 보장하려는 법치국가형법의 기본원칙으로서, 형벌법규의 "보장적 기능"을 수행하는 것이다. 따라서 형사처벌의 대상이 되는 범죄의 구성요건은 형식적 의미의 법률로 명확하게 규정되어야 하며(명확성의 원칙), 만약 범죄의 구성요건에 관한 규정이 지나치게 추상적이거나 모호하여 그 내용과 적용범위가 과도하게 광범위하거나 불명확한 경우에는 국가형벌권의 자의적인 행사가 가능하게 되어 개인의 자유와 권리를 보장할 수 없으므로 죄형법정주의의 원칙에 위배된다.

또한 우리헌법 제75조는 대통령은 법률에서 구체적으로 범위를 정하여 위임받은 사항에 관하여 대통령령을 발할 수 있다고 규정함으로써 위임입법의 근거와 아울러 그 범위 및 한계를 제시하고 있는바, 여기서 "법률에서 구체적으로 범위를 정하여 위임받은 사항에 관하여"라고 함은 법률 그 자체에 이미 대통령령으로 규정될 내용 및 범위의 기본적 사항이 구체적으로 규정되어 있어서 누구라도 당해 법률 그 자체에서 대통령령에 규정될 내용의 대강을 예측할 수 있어야 함을 의미하고(당재판소 1991. 7. 8. 선고, 91헌가4 결정 참조), 그렇게 하지 아니한 경우에는 위임입법의 한계를 일탈한 것이라 아니할 수 없다.[1]

조는 「법 제4조 제1항의 정부관리기업체의 범위는 다음과 같다」고 하면서 그 제22호에서 포항제철을 정부관리기업체의 하나로 규정하고 있는바, 위 법률 및 시행령의 규정에 의하면 포항제철의 간부직원은 형법 제129조 내지 제132조의 적용에 있어서는 공무원으로 의제되어 처벌받게 되어 있음이 뚜렷하여 구성요건의 전부가 명확하게 법정되어있다고 할 것이므로 위 조항이 죄형법정주의나 이에 파생된 형벌법규 명확성의 원칙에 위반된다고 할 수 없다.

1) 헌재결 1995. 9. 28, 93헌바50 〔위헌〕 **【특정범죄가중처벌등에관한법률제4조위헌소원】**

1.2. 죄형법정주의의 내용(파생원칙)

죄형법정주의는 위의 세 가지 기본적인 내용의 실효성을 확보하기 위하여 ㉠ 형벌법규의 성문법 주의와 관습형법의 금지, ㉡ 형벌불소급(ex post facto Law)의 원칙(事後法 금지의 원칙 : 輕한 新法 · 공소시효[1])의 소급적용은 허용), ㉢ 유추해석의 금지, ㉣ 절대적 부정기형의 금지,[2]) ㉤ 명확성의 원칙[3]) 등을 그 파생원칙으로 두고 있다. 따라서 이러한 파

---

1) 악플의 공소시효 : 현행법은 헌정질서파괴범죄의공소시효등에관한특례법에서 규정한 몇가지 범죄를 제외하고는 모든 범죄에 대하여 공소시효를 두고 있다. 악플 또한 헌정질서파괴범죄의공소시효등에관한특례법에서 규정한 범죄가 아니므로 공소시효는 존재한다. 악플은 일반적으로 명예훼손의 죄가 성립되므로 악플의 공소시효에 관한 법률은 형사소송법 제249조 제1항 제5호(공소시효의 기간)에서 규정하고 있고 이와 관련한 법으로는 정보통신망이용촉진및정보보호등에 관한법률 제61조 (벌칙) ① 사람을 비방할 목적으로 정보통신망을 통하여 공연히 사실을 적시하여 타인의 명예를 훼손한 자는 3년 이하의 징역이나 금고 또는 2천만원 이하의 벌금에 처한다(형사소송법 제249조 제1항 제5호에 해당하므로 공소시효는 3년). ② 사람을 비방할 목적으로 정보통신망을 통하여 공연히 허위의 사실을 적시하여 타인의 명예를 훼손한 자는 7년 이하의 징역, 10년 이하의 자격정지 또는 5천만원 이하의 벌금에 처한다(형사소송법 제249조 제 1항 제 4호에 해당하므로 공소시효는 5년); 형법 제308조 (사자의 명예훼손) 공연히 허위의 사실을 적시하여 사자의명예를 훼손한 자는 2년이하의 징역이나 금고 또는 500만원이하의 벌금에 처한다(형사소송법 제249조 제1항 제5호에 해당하므로 공소시효는 3년).

2) 부정기형은 징역, 금고 등의 자유형을 선고함에 있어서 형기를 재판에서 확정하기 않고 행형의 결과에 따라 결정하는 것으로서(양건, 헌법강의, 349면; 홍성방, 헌법학, 442면), 형벌과 관련하여 절대적 부정기형은 금지되나(예 : … 한 자는 징역에 처한다), 상대적 부정기형은 일반적으로 허용된다(예 : … 한 자는 단기 1년 장기 3년의 징역에 처한다). 현행 형법은 부정기형 자체를 채택하고 있지 않으나, 소년법은 상대적 부정기형을 채택하고 있다. **소년법 제60조(부정기형)** ① 소년이 법정형으로 장기 2년 이상의 유기형(有期刑)에 해당하는 죄를 범한 경우에는 그 형의 범위에서 장기와 단기를 정하여 선고한다. 다만, 장기는 10년, 단기는 5년을 초과하지 못한다. ② 소년의 특성에 비추어 상당하다고 인정되는 때에는 그 형을 감경할 수 있다. ③ 형의 집행유예나 선고유예를 선고할 때에는 제1항을 적용하지 아니한다. ④ 소년에 대한 부정기형을 집행하는 기관의 장은 형의 단기가 지난 소년범의 행형(行刑) 성적이 양호하고 교정의 목적을 달성하였다고 인정되는 경우에는 관찰 검찰청 검사의 지휘에 따라 그 형의 집행을 종료시킬 수 있다. [전문개정 2007.12.21]

3) **명확성의 원칙** : 형벌권의 자의적 행사로부터 국민의 자유와 권리를 보장하려면 범죄의 구성요건과 이에 대한 형벌을 명확하게 규정하여야 한다는 원칙이다. 이 때의 판단기준은 통상의 판단능력을 가진사람, 즉 사물의 변별능력을 가진 일반인(통상의 합리적인 사람)이 가지는 이해와 판단이지 법관이나 구체적인 행위자의 이해나 판단은 아니다. **명확성의 원칙에 반하지 않는다고 본 판례** : 형법상 뇌물죄의 적용에 있어서 지방공사; 공단의 직원을 공무원으로 본다는 규정. **명확성의 원칙에 반하여 죄형법정주의에 어긋난다고 보는 경우** : 화물자동차로 취급받는 자동차(화물자동차로 등록됨)이면서 벤형 자동차 처럼 승객을 운송하기에 적합한 차가 화물자동차이면서

생원칙을 위반하면 죄형법정주의를 위반한 것이 된다.

「죄형법정주의의 파생원칙」
- 형벌법규의 성문법주의와 관습형법의 금지
- 형벌불소급의 원칙 : 事後法 금지의 원칙(輕한 新法 · 공소시효의 소급적용은 허용)
- 유추해석의 금지
- 절대적 부정기형의 금지(· · · 한자는 징역에 처한다)
- 명확성의 원칙

우리 헌법재판소는 위의 5가지 파생원칙중 ㉠ 형벌법규의 성문법주의와, ㉡ 형벌불소급의 원칙을 죄형법정주의의 2대원칙이라고 하면서,[1] 범죄구성요건에 있어서의 명확성의 원칙도 준수되어야 할 것을 강조하고 있다.[2] 명확성의 원칙이란 처벌하고자 하는 행위가 무엇이며 그에 대한 형벌이 어떠한 것인지를 누구나 예견할 수 있고 그에 따라 자신의 행위를 결정할 수 있도록 범죄의 구성요건을 명확하게 규정할 것을 요구하는 것을 말하는 것으로서, 영미법상의 "막연하기 때문에 무효"라는 원칙과 상통한다.

헌재결 1990. 4. 2, 89헌가113 【국가보안법 제7조 에 관한 위헌심판】
위헌법률심판의 대상이 된 법률에 있어서「법문의 내용이 *多義的*이고 그 적용범위에

동시에 승용 또는 승합자동차 일 수 있다고 하는 해석.

1) 특히 형사법은 원칙적으로 형식적인 의미의 법률의 형태로 제정되어야 하고 다만 부득이 예외적으로 행정부에서 법규명령의 형태로 제정하는 경우라 하더라도 그 법규명령에는 반드시 구체적이고 명확한 법률상의 위임근거규정이 있어야 비로소 가능하다. 즉 형벌법규라고 하더라도 일정사항의 위임이 불가능하지는 않지만 죄형법정주의의 원칙에 비추어 볼 때 최소한도 범죄의 구성요건의 윤곽만큼은 수권규정 자체에서 예측될 수 있어야 한다는 것이다.

2) 헌재결 1989. 12. 22, 88헌가13 【국토이용관리법 제21조의3 제1항, 제31조의2의 위헌심판】 죄형법정주의는 범죄와 형벌이 법률로 정하여져야 함을 의미하는 것으로 이러한 죄형법정주의에서 파생되는 명확성의 원칙은 누구나 법률이 처벌하고자 하는 행위가 무엇이며 그에 대한 형벌이 어떠한 것인지를 예견할 수 있고 그에 따라 자신의 행위를 결정지울 수 있도록 구성요건이 명확할 것을 의미하는 것이다. 여기서 구성요건이 명확하여야 한다는 것은 그 법률을 적용하는 단계에서 가치판단을 전혀 배제한 무색투명한 서술적 개념으로 규정되어져야 한다는 것을 의미하는 것은 아니고 입법자의 입법의도가 건전한 일반상식을 가진 자에 의하여 일의적으로 파악될 수 있는 정도의 것을 의미하는 것이라고 할 것이다. 따라서 다소 광범위하고 어느 정도의 범위에서는 법관의 보충적인 해석을 필요로 하는 개념을 사용하여 규정하였다고 하더라도 그 적용단계에서 다의적으로 해석될 우려가 없는 이상 그 점만으로 헌법이 요구하는 명확성의 요구에 배치된다고는 보기 어렵다 할 것이다. 그렇지 않으면 처벌법규의 구성요건이 지나치게 구체적이고 복잡하게 정형화되어 다양하게 변화하는 생활관계를 제대로 규율할 수 없게 될 것이기 때문이다.

있어서 과도한 광범성이 인정된다면」 법치주의와 죄형법정주의에 위배되어 위헌의 소지가 있다.

<사례>

청구인 김모씨는 지난 2002년8월 생활정보지에 광고를 내고 여성들을 모집, 단란주점이나 윤락업소에 소개시켜주고 소개비조로 7차례에 걸쳐 8백만원을 받았다가 직업안정법 위반혐의로 기소돼 항소심에서 징역 8월형을 받자 상고후 (본인이) 위헌제청신청을 제기했지만 법원이 이를 받아들여지지 않자 헌법재판소에 헌법소원을 제기했다.

직업안정법 제46조 (벌칙) ① 다음 각호의 1에 해당하는 자는 7년 이하의 징역 또는 3천만원이하의 벌금에 처한다.

1. 폭행 · 협박 또는 감금 기타 정신 · 신체의 자유에 부당한 구속을 가하는 수단으로 직업소개 · 근로자모집 또는 근로자공급을 한 자

2. 공중위생 또는 공중도덕상 유해한 업무에 취직하게 할 목적으로 직업소개 · 근로자 모집 또는 근로자공급을 한 자

② 제1항의 미수범은 처벌한다.

'공중도덕상 유해한 업무' 는 명확성 원칙 위반된다

헌재, 직업안정법 제46조 제1항 제2호 일부 규정 위헌 결정

헌법재판소 전원재판부(주심 金京一 재판관)는 지난달 31일 '공중도덕상 유해한 업무'에 취직하게 할 목적으로 근로자 공급을 한 사람을 형사처벌하도록 규정한 직업안정법 제46조 제1항 제2호 중 '공중도덕상 유해한 업무' 부분은 "죄형법정주의에서 파생된 명확성의 원칙에 반한다"며 재판관 전원일치의견으로 위헌결정을 내렸다.[1] 재판부는 결정문에서 "이 사건 법률조항에서 사용하고 있는 '공중도덕'의 개념은 기본적으로 공중의 복리를 위해 서로 지켜야 할 행위준칙이라 할 것인데 매우 다양한 사회영역에 있어서 구체적 행위가 공중도덕상 유해한가를 확정짓는 것은 매우 어렵다"고 밝혔다. 이어 "이 사건 법률조항에 위반되는지 여부를 판단하기 위해서는 가변적이고 가치판단을 요하는 개념인 공중도덕을 금지기준으로 삼아야 할 뿐만 아니라 언뜻 공중도덕에 반한다고 여겨짐에도 불구하고 다른 법률에서 허용하고 있다면 이러한 업무를 모두 파악해 제외해야만 할 것인데 수범자 입장에서 이를 예측해 판단하기란 매우 어렵다"며 "이는 죄형법정주의에서 파생된 명확성의 원칙을 충족시키지 못해 위헌"이라고 밝혔다.

이로써 형벌법규에 대한 헌재 위헌결정의 소급효에 따라 관련법률 조항의 적용을 받고 기소된 피고인들은 모두 무죄를 선고받게 됐고 이미 형이 확정된 사람들도 재심을 청구할 수 있게 됐다.

---

1) 2004헌바29; http://www.lawtimes.co.kr 2005-04-01

– 헌법재판소법상 위헌결정효력규정의 위헌여부 –

<사례>

형벌법규에 대한 위헌결정을 제외하고는 위헌인 법률로 인하여 기본권의 침해를 받은 경우라 하여도 위헌결정의 소급효를 인정하지 않는 헌법재판소법 제47조 제2항 본문은 위헌이 아닌가?

<해설>

위헌결정의 효력에 관하여 헌법재판소법 제47조 제2항에 의하면 "위헌으로 결정된 법률 또는 법률의 조항은 그 결정이 있는 날로부터 효력을 상실한다. 다만, 형벌에 관한 법률 또는 법률의 조항은 소급하여 그 효력을 상실한다."라고 규정하고 있다.

그런데 형벌법규를 제외하고는 위헌인 법률로 인하여 기본권의 침해를 받은 경우라 하여도 위헌결정의 소급효를 인정하지 않는 헌법재판소법 제47조 제2항이 위헌인지에 관하여 판례를 보면, "헌법재판소에 의하여 위헌으로 선고된 법률 또는 법률의 조항이 제정 당시로 소급하여 효력을 상실하는가 아니면 장래에 향하여 효력을 상실하는가의 문제는 특단의 사정이 없는 한 헌법적합성의 문제라기보다는 입법자가 법적 안정성과 개인의 권리구제 등 제반이익을 비교형량하여 가면서 결정할 입법정책의 문제인 것으로 보인다. 우리의 입법자는 헌법재판소법 제47조 제2항 본문의 규정을 통하여 형벌법규를 제외하고는 법적 안정성을 더 높이 평가하는 방안을 선택하였는바, 이에 의하여 구체적 타당성이나 평등의 원칙이 완벽하게 실현되지 않는다고 하더라도 헌법상 법치주의의 원칙의 파생인 법적 안정성 내지 신뢰보호의 원칙에 의하여 정당화된다 할 것이고, 특단의 사정이 없는 한 이로써 헌법이 침해되는 것은 아니라 할 것이다."라고 하였다(헌법재판소 2000. 8. 31. 선고 2000헌바6 결정, 2001. 12. 20. 선고 2001헌바7 등 결정).

따라서 <u>형벌법규를 제외하고는 위헌인 법률로 인하여 기본권의 침해를 받은 경우라 하여도 위헌결정의 소급효를 인정하지 않는 헌법재판소법 제47조 제2항이 위헌이라고 할 수는 없을 것</u>으로 보인다. <대한법률구조공단>

그러나 처벌법규의 구성요건이 다소 광범위하여 경우에 따라서는 법관의 보충적인 해석을 필요로 하는 경우, 이는 처벌법규의 명확성의 원칙에 위배되는 것은 아니다.[1] 결국 처벌법규의 구성요건이 어느 정도 명확하여야 하는가는 일률적으로 정할 수는 없고, 각 구성요건의 특수성과 그러한 법적 규제의 원인이 된 여건이나 처벌의 정도 등을 고려하여 종합적으로 판단하여야 한다.[2]

1) 헌재결 1998. 3. 26, 96헌가20【노동조합법 제46조의3 위헌제청】
2) 헌재결 1991. 7. 8, 91헌가4; 헌재결 1994. 7. 29, 93헌가4·6(병합); 헌재결 1994. 7. 29, 93헌가12; 헌재결 1997. 3. 27, 95헌가17; 헌재결 1998. 3. 26, 96헌가20【노동조합법 제46조의3 위헌제청】

1.3. 포괄적 위임립법의 금지

현대국가의 사회적 기능증대와 사회현상의 복잡화에 따라 국민의 권리 · 의무에 관한 사항이라 하여 모두 입법부에서 제정한 법률이외에 예외적으로 하위법령에 위임하는 것을 허용하지 않을 수 없다고 하더라도 그러한 위임은 반드시 개별적이고 구체적(포괄적 위임입법의 금지)으로 한정된 사항에 대하여 행해져야 한다. 그렇지 않고 일반적으로 포괄적 위임을 한다면 이는 사실상 입법권을 백지위임하는 것이나 다름이 없어 의회입법의 원칙이나 법치주의를 부인하는 것이 되며, 특히 법률에 의한 처벌법규의 위임은, 헌법이 특별히 인권을 최대한으로 보장하기 위하여 죄형법정주의와 적법절차를 규정하고, 법률에 의한 처벌을 특별히 강조하고 있는 기본권우위사상에 비추어 바람직하지 못하다고 할 것이므로 그 범위와 한계가 보다 더 정확하고 제한적으로 인정되어야 한다.[1)]

1.4. 사례연구

舊노동조합법 제46조의 3는 '(노동조합법) 제34조 제1항의 규정에 의하여 체결된 단체협약의 규정에 의한 결정에 위반한자는 1,000만원 이하의 벌금에 처한다'라고 규정하고 있다. 단체협약에 의하여 벌금형(罰金刑)을 과하는 것은 죄형법정주의원칙에 위반하는가? 부산지방법원 울산지원은 위헌이라고 주장하고(아래 1. 참조)있으나, 검찰(아래 2. 참조)은 합헌이라고 주장하고 있다. 이들의 주장을 읽고 각자의 견해를 밝히라.[2)]

참고사항 : 노동조합및노동관계조정법 제92조(벌칙) 다음 각호의 1에 해당한자는 1천만원이하의 벌금에 처한다.

1. 제31조 제1항의 규정에 의하여 체결된 단체협약 또는 제36조 제1항의 규정에 의한 결정에 위반한자

1. 제청법원(부산지방법원 울산지원)의 위헌제청이유

1.1. 이 사건의 법률조항은 형벌구성요건의 실질적 내용을 명령이나 규칙도 아닌 노동조합과 사용자 내지 사용자단체 사이의 근로조건에 관한 계약에 지나지 않는 단체협약에 위임하고 있어 헌법에 천명된 죄형법정주의의 기본원칙인 법률주의에 위반된다.

1.2. 단체협약의 내용은 강행법규나 공서양속에 위반되지 아니하는 한 아무런 제한이 없는데, 이 사건 법률조항은 단순히 "단체협약에 위반한"이라고만 추상적 · 포괄적으로 정하고 있어 처벌대상행위의 범위가 지나치게 광범위하여 그 적용대상이 매우 모호하므로 범죄구성요건이 어떤 것인지 전혀 예측할 수 없으며, 나아가 각 단체협약의 당사자별로 범죄구성요건이 다른 처벌법규가 생기게 되어 죄형법정주의에 위반된다.

---

1) 헌재결 1998. 3. 26, 96헌가20 【노동조합법 제46조의3 위헌제청】

2) 참고자료 : 현암사, 오늘의 법률(통권 제111호), 1998. 4. 15일 발행, 3527-3529면 참조.

2. 부산지방검찰청울산지청장의 의견

2.1. 단체협약은 단순히 근로조건에 관한 계약에 불과한 것이 아니라 개별적 · 집단적 노사관계를 규율하는 최상위 자치규범으로서 법규범 내지 법규범에 준하는 법적 성질을 인정받고 있으므로 단체협약을 위반한 경우에 형벌의 구체적 종류와 범위를 명시하여 처벌한다고 하여 죄형법정주의에 위배되는 것은 아니다.

2.2. 단체협약의 내용은 정형화되어 있을 뿐만 아니라 그 피적용자인 노사양측은 각 단체협약체결의 당사자이므로 충분히 그 내용을 예측, 인식할 수 있는 지위에 있다. 또한 이 사건 법률조항의 구성요건이 다소 광범위하여 법관의 보충적 해석이 필요하다고 하더라도 단체협약의 내용 및 이 사건 법률조항의 입법취지와 기능 등을 종합적으로 고려할 때 통상적인 가치판단과 보충해석의 방법을 통하여 처벌법규의 보호법익, 금지된 행위 등을 파악할 수 있다. 따라서 이 사건 법률조항은 헌법이 요구하는 처벌법규의 명확성의 원칙에 위반되지 아니한다.

2. 일사부재리의 원칙(이중처벌금지의 원칙)

2.1. 의의

일사부재리(ne bis in indem) 내지 이중처벌금지의 원칙이라 함은 판결(유죄 · 무죄 · 면소 · 집행유예를 불문한다)이 확정되어 실체적 확정력(기판력 : 旣判力)이 발생하면, 그후 동일한 사건에 대하여는 거듭 심판할 수 없다는 원칙을 말한다(헌법 제13조 제1항 후단). 따라서 무죄판결이 있은 행위와 이미 처벌이 끝난 행위에 대하여는 다시 형사책임을 물을 수 없다. 여기서 의미하는 "이중처벌금지의 원칙"은 동일한 범죄행위에 대하여 국가가 형벌권을 거듭 행사할 수 없도록 함으로써 국민의 기본권 특히 신체의 자유를 보장하기 위한 것이므로, 그 '처벌'은 원칙으로 범죄에 대한 국가의 형벌권실행으로서의 科罰을 의미하는 것이고 국가가 행하는 일체의 제재나 불이익처분을 모두 그에 포함된다고 할 수는 없다.[1]

일사부재리의 원칙과 이중처벌금지의 원칙은 엄격한 의미에서는 완전한 동의어는 아니다. 왜냐하면 이중처벌금지의 원칙은 법적 안정성과 신뢰보호의 원칙을 토대로 한 일사부재리의 원칙의 형벌권적 내용이기 때문이다.[2]

	이중처벌금지원칙	일사부재리
법적효력근거	절차법적 원칙	실체판결의 기판력
효력발생시기	일정한 절차에 이르면 발생	확정판결에 대해서만 발생
적용대상	검사의 기소를 비롯한 모든 형사절차	확정판결

1) 헌재결 1994. 6. 30, 92헌바38【구 건축법 제56조의2 제1항 위헌소원】

2) 허영, 한국헌법론, 367면.

2.2. 일사부재리의 원칙의 예외

대판 1984. 1. 24, 82누163 【보안처분기간갱신결정무효】

사회안전법상의 보안처분은 처분대상자가 이미 실행한 행위에 대한 책임을 물어 과하는 제재조치가 아니라 장래에 그 법 소정의 특정범죄를 다시 범할 위험성을 미리 예방하여 국가의 안전과 사회의 안녕을 유지하는 한편 처분대상자를 교육개선시켜 사회에 복귀토록 하려는 것을 본질로 하는 예방조치이므로 보안처분의 성격상 보안감호처분에 필요한 같은법 제6조 제1항 제1호의 요건 중 죄를 다시 범할 현저한 위험이란 장래에 죄를 다시 범할 개연성이 될 수밖에 없고, 그 유무도 처분대상자의 전력이나 성격, 환경 등 제반사정을 종합하여 판단될 수밖에 없다.

헌법이 보장한 양심의 자유는 정신적인 자유로서 어떠한 사상, 감정을 가지고 있더라도 그것이 내심에 머무르는 한 절대적인 자유이므로 제한 할 수 없는 것이나 그와 같은 내심의 사상을 문제로 삼은 것이 아니라 보안처분대상자인 원고가 지니고 있는 공산주의사상은 원고의 경력, 전과내용, 출소 후의 제반행상 등에 비추어 그 내심의 영역을 벗어나 현저한 반사회성의 징표를 나타내고 있다고 보아 이를 사회안전법 소정의 특정범죄를 다시 범할 위험성 유무에 관한 판단의 자료로 삼은 것이므로 이는 양심의 자유를 보장한 헌법규정에 위반된다고 할 수 없다.

보안감호처분이 2중처벌금지와 죄형법정주의에 반한다거나 기본권보장에 관한 헌법상의 제규정과 원칙에 위배된다고 볼 수 없다.

[일사부재의 원칙의 예외]
- 형식판결 : 공소기각, 관할위반
- 포로심사위원회의 조치
- 외국에서 받은 형사확정판결[1)]
- 누범에 대한 가중처벌[2)]
- 상습범의 가중처벌[3)]
- 형벌(특히 행정형벌)과 징계벌(과태료)의 병과[4)5)]
- 직위를 해제하고 난 후의 감봉처분

---

1) 외국판결은 우리나라에서는 기판력이 없다(대판 1983. 10. 25, 83도2366).
2) 헌재결 1995. 2. 23, 93헌바43; 정재황, 판례헌법, 길안사, 1996, 276면 이하 참조.
3) 헌재결 1995. 3. 23, 93헌바59; 정재황, 판례헌법, 길안사, 1996, 278면 이하 참조.
4) 헌재결 1994. 6. 30, 92헌바38 : 행정질서벌로서의 과태료는 형벌(특히 행정형벌)과 목적 · 기능이 중복되는 면이 없지 않으므로, 동일행위를 대상으로 형벌을 부과하면서 아울러 행정질서벌로서의 과태료까지 부과한다면 2중처벌금지의 기본정신에 배치될 염려가 있으나 사실관계로서의 행위 · 보호법익 · 목적을 달리할 경우 형벌부과가 있음에도 과태료를 또 부과함은 이중처벌이 아니다. 정재황, 판례헌법, 길안사, 1996, 274면 이하 참조.
5) 국가의 형벌권과 징계권은 그 처벌의 목적과 방향이 전혀 다르기 때문에 이를 동시해 행해도 이중처벌금지의 원칙에 위반되지 아니한다(BVerfGE 21, 391(401); 허영, 한국헌법론, 박영사, 2009, 356면.

- 검사의 무혐의결정후의 再公訴
- 형벌과 보호감호의 병과(竝科)[1)]
- 보안관찰 처분[2)]
- 공무원 또는 공무원 이었던자의 범죄행위에 대하여 형벌을 과하는 외에 연금급여를 제한하는 것[3)]
- 미성년자의 성매수 행위로 처벌 받은자의 신상정보를 공개하는 것[4)]
- 공정거래위원회가 부당내부거래를 한 사업자에게 형벌과 과징금을 함께 부과하는 것[5)]

헌재결 1997. 11. 27, 92헌바28 【보안관찰법 제2조 등 위헌소원】

보안처분은 그 본질, 추구하는 목적 및 기능에 있어 형벌과는 다른 독자적 의의를 가진 사회보호적인 처분이므로 형벌과 보안처분은 서로 병과하여 선고한다고 해서 그것이 헌법 제13조 제1항 후단 소정의 거듭처벌금지의 원칙에 해당되지 아니한다고 할 것인데, 이 법상의 보안관찰처분 역시 그 본질이 헌법 제12조 제1항에 근거한 보안처분인 이상, 형의 집행종료후 별도로 이 법상의 보안관찰처분을 명할 수 있다고 하여 헌법 제13조 제1항이 규정한 일사부재리의 원칙에 위반하였다고 할 수 없다.

<문제>

大盜 X는 竊盜罪의 죄목으로 징역 15년형을 선고받고 동시에 10년의 보호감호처분을 받았다. 보호감호처분의 헌법상의 위헌여부를 판단하라 (보호감호처분 → 법원의 판결에

---

1) 헌재결 1989. 7. 14, 88헌가5, 8, 89헌가44(병합); 헌재결 1989. 9. 29, 89헌가86, 사회보호법 제5조 및 동법 부칙 제2조의 위헌심판; 헌재결 1991. 4. 1, 89헌마 17·85·100·109·129·167(병합)); 정재황, 판례헌법, 길안사, 1996, 275면 이하 참조.

2) 헌재결 1997. 11. 27, 92헌바28 【보안관찰법 제2조 등 위헌소원】

3) 헌재결 2002. 7. 18, 2000헌바57 【공무원연금법 제64조 제3항 위헌소원】

4) 헌재결 2003. 6. 26, 2002헌가14 【청소년의성보호에관한법률 제20조 제2항 제1호 등 위헌제청】

5) 헌재결 2003. 7. 24, 2001헌가25 【구 독점규제및공정거래에관한법률 제24조의2 위헌제청】 행정권에는 행정목적 실현을 위하여 행정법규 위반자에 대한 제재의 권한도 포함되어 있으므로, '제재를 통한 억지'는 행정규제의 본원적 기능이라 볼 수 있는 것이고, 따라서 어떤 행정제재의 기능이 오로지 제재(및 이에 결부된 억지)에 있다고 하여 이를 헌법 제13조 제1항에서 말하는 국가형벌권의 행사로서의 '처벌'에 해당한다고 할 수 없는바, 구 독점규제및공정거래에관한법률 제24조의2에 의한 부당내부거래에 대한 과징금은 그 취지와 기능, 부과의 주체와 절차 등을 종합할 때 부당내부거래 억지라는 행정목적을 실현하기 위하여 그 위반행위에 대하여 제재를 가하는 행정상의 제재금으로서의 기본적 성격에 부당이득환수적 요소도 부가되어 있는 것이라 할 것이고, 이를 두고 헌법 제13조 제1항에서 금지하는 국가형벌권 행사로서의 '처벌'에 해당한다고는 할 수 없으므로, 공정거래법에서 형사처벌과 아울러 과징금의 병과를 예정하고 있더라도 이중처벌금지원칙에 위반된다고 볼 수 없으며, 이 과징금 부과처분에 대하여 공정력과 집행력을 인정한다고 하여 이를 확정판결 전의 형벌집행과 같은 것으로 보아 무죄추정의 원칙에 위반된다고도 할 수 없다.

의해 이루어짐)

<해설>

사회보호법 제5조에 정한 보호감호처분은 헌법 제12조 제1항에 근거한 보안처분으로서, 보호감호와 형벌은 다같이 신체의 자유를 박탈하는 수용처분이라는 점에서 집행상 뚜렷이 구별되지 않는다고 하더라도 보안처분은 본질·목적·기능면에서 형벌과 구분되기 때문에 형벌과 보호감호를 서로 병과하여 선고한다 하여 헌법 제13조 제1항에 정한 이중처벌금지의 원칙에 위반되는 것이 아니다.[1)]

<문제>

A는 당국의 허가없이 건축물의 용도변경을 했다는 이유로 행정형벌 및 과태료부과처분을 받았다. 이중처벌금지의 원칙에 위반되는가?

<해설> **헌재결 1994. 6. 30, 92헌바38【舊 건축법 제56조의 위헌소원】**

구 건축법 제54조 제1항에 의한 형사처벌의 대상이 되는 범죄의 구성요건은 당국의 허가없이 건축행위 또는 건축물의 용도변경행위를 한 것이고, 동법 제56조의2 제1항에 의한 과태료는 건축법령에 위반되는 위법건축물에 대한 시정명령을 받고도 건축주 등이 이를 시정하지 아니할 때 과하는 것이므로, 양자는 처벌 내지 재판대상이 되는 기본적 사실관계로서의 행위를 달리하는 것이다. 그리고, 전자가 무허가건축행위를 한 건축주 등의 행위자체를 위법한 것으로 보아 처벌하는 것인데 대하여, 후자는 위법건축물의 방치를 막고자 행정청이 시정조치를 명하였음에도 건축주 등이 이를 이행하지 아니한 경우에 행정명령의 실효성을 확보하기 위하여 제재를 과하는 것이므로 양자는 그 보호법익과 목적에서도 차이가 있고, 또한 무허가건축행위에 대한 형사처벌시에 위법건축물에 대한 시정명령의 위반행위까지 평가된다고 할 수 없으므로 시정명령 위반행위가 무허가건축행위의 불가벌적 사후행위라고 할 수도 없다. 이러한 점에 비추어 구 건축법 제54조 제1항에 의한 무허가건축행위에 대한 형사처벌과 동법 제56조의2 제1항에 의한 과태료의 부과는 헌법 제13조 제1항이 금지하는 이중처벌에 해당한다고 할 수 없다.

<문제>

형을 받았거나 징계파면된 공무원의 퇴직급여를 감액지급하는 법규정은 합헌인가?

(1) 청구인은 1989. 12. 26. ○○시 지방행정서기보로 임용되어 ○○시청 보건소 지방행정주사보로 근무하던 중, 2002. 12. 3. 23 : 30경 혈중알콜농도 0.165%의 술에 취한 상태에서 승용차를 운전하다가 도로를 횡단하던 사람을 충격하여 사망에 이르게 하는 교통사고를 냈다. 이로 인하여 청구인은 2003. 4. 16. 대전지방법원 홍성지원에서 교통사고처리특례법위반 및 도로교통법위반(음주운전)으로 징역 10월에 집행유예 2년을 선고받았고, 그 후 항소, 상고를 하였으나 최종적으로 2003. 10. 24. 대법원에서 청구인의 상고가 기각됨으로

---

1) 헌재결 88헌가5, 8; 89헌마17【사회보호법의 위헌여부에 관한 헌법소원】

써 위 판결은 그대로 확정되었다.

(2) 청구인은 위와 같이 금고 이상의 형을 선고받아 판결이 확정되자 그 판결확정일인 2003. 10. 24.자로 지방공무원법 제61조, 제31조 제4호에 의해 당연퇴직하였다.

(3) 청구인은 2003. 12.경 공무원연금관리공단에 퇴직급여(퇴직연금일시금) 및 퇴직수당을 청구하였으나, 공무원연금관리공단은 2003. 12. 26. 공무원연금법 제64조 제1항 제1호 및 동법 시행령 제55조 제1항에 따라 청구인의 퇴직급여 및 퇴직수당을 합한 총 급여액 47,130,840원의 1/2에 해당하는 금액을 공제하고 남은 23,565,430원만을 지급하는 처분을 하였다.

(4) 이에 청구인은 위와 같이 퇴직급여 등이 감액된 것에 불복하여 서울행정법원에 공무원연금관리공단을 상대로 위 처분의 취소를 구하는 소송을 제기하면서(2004구합4819), 공무원연금법 제64조 제1항 제1호가 청구인의 재산권을 침해하고 평등원칙에 위배되어 위헌이라는 취지의 위헌법률심판제청신청을 하였으나(2004아304), 위 법원이 2005. 2. 17. 제청신청을 기각하자 2005. 4. 19. 이 사건 헌법소원심판을 청구하였다.

[헌법재판소] : 헌법불합치결정

공무원의 신분이나 직무상 의무와 관련이 없는 범죄의 경우에도 퇴직급여 등을 제한하는 것은, 공무원범죄를 예방하고 공무원이 재직중 성실히 근무하도록 유도하는 입법목적을 달성하는 데 적합한 수단이라고 볼 수 없다. 그리고 특히 과실범의 경우에는 공무원이기 때문에 더 강한 주의의무 내지 결과발생에 대한 가중된 비난가능성이 있다고 보기 어려우므로, 퇴직급여 등의 제한이 공무원으로서의 직무상 의무를 위반하지 않도록 유도 또는 강제하는 수단으로서 작용한다고 보기 어렵다. 입법자로서는 입법목적을 달성함에 반드시 필요한 범죄의 유형과 내용 등으로 그 범위를 한정하여 규정함이 최소침해성의 원칙에 따른 기본권 제한의 적절한 방식이다. 단지 금고 이상의 형을 받았다는 이유만으로 이미 공직에서 퇴출당할 공무원에게 더 나아가 일률적으로 그 생존의 기초가 될 퇴직급여 등까지 반드시 감액하도록 규정한다면 그 법률조항은 침해되는 사익에 비해 지나치게 공익만을 강조한 입법이라고 아니할 수 없다. 나아가 이 사건 법률조항은 퇴직급여에 있어서는 국민연금법상의 사업장 가입자에 비하여, 퇴직수당에 있어서는 근로기준법상의 근로자에 비하여 각각 차별대우를 하고 있는바, 이는 자의적인 차별에 해당한다.

이상과 같은 이유로 이 사건 법률조항은 헌법에 위반되나, 단순위헌선언으로 그 효력을 즉시 상실시킬 경우에는 여러 가지 혼란과 부작용이 발생할 우려가 있고, 또한 이미 급여를 감액당한 다른 퇴직공무원과의 형평성도 고려하여야 한다. 그러므로 입법자는 합헌적인 방향으로 법률을 개선하여야 하고 그때까지 일정 기간 동안은 위헌적인 법규정을 존속하게 하고 또한 잠정적으로 적용하게 할 필요가 있으므로 헌법불합치결정을 하는 것이다.[1] ☜ **헌법재판소는 1995. 7. 21, 94헌바27, 29 전원재판부 【공무원연금법제64조제1항위헌소원】 에서는 합헌결정을 내린바 있다.**

1) 헌재결 2007. 3. 29, 2005헌바33 【공무원연금법제64조제1항제1호위헌소원】

3. 소급입법의 금지

3.1. 의의

모든 국민은 소급입법에 의하여 참정권의 제한을 받거나 재산권을 박탈당하지 아니한다(헌법 제13조 제2항).[1] 소급입법의 금지는 소급입법 그 자체(새롭게 형벌을 과하는 것) 이외에 소급입법에 의하여 형벌을 강화하는 것 등도 포함한다.[2] 과거의 사실관계 또는 법률관계를 규율하기 위한 소급입법은 진정소급효와 부진정소급효가 있다. 독일 판례에 영향을 받은 우리 헌법재판소나 대법원의 판례도 소급효에 관하여 진정소급효와 부진정소급효의 입법을 구분하고 있다.

[소급입법]

일반적으로 과거의 사실 또는 법률관계를 규율하기 위한 소급입법의 태양에는 이미 과거에 완성된 사실 또는 법률관계를 규율의 대상으로 하는 이른바 진정소급효의 입법과 이미 과거에 시작하였으나 아직 완성되지 아니하고 진행과정에 있는 사실 또는 법률관계를 규율의 대상으로 하는 이른바 부진정소급효의 입법이 있으며, 소급입법에 의한 재산권의 박탈이 금지되는 것은 전자인 진정소급효의 입법이고 소위 부진정소급효의 입법은 원칙적으로 허용되는 것이라고 할 것이다(헌재결 1997. 6. 26, 96헌바96)

이와 같이 소급입법을 진정소급효와 부진정소급효로 나누는 척도는 개념상으로는 구분이 가능하나 이는 사실상 질적 구분이 아닌 양적 구분으로 단순히 법기술적 차원으로 이루어질 가능성이 있으며, 이의 구분에는 그 실제에 있어서는 그 척도상 문제가 많다고 할 수 있다.[3]

3.2. 진정소급효의 립법

진정소급효의 입법이란 이미 과거에 완성된 사실이나 이미 과거에 완성된 법률관계를 규율의 대상으로 하여 종전과는 다른 새로운 법률관계의 형성을 목적으로 하는 입법행위를 말한다. 진정소급효는 입법권자의 입법형성권보다도 당사자가 구법질서에 기대했던 신뢰보호의 견지에서(신뢰보호의 원칙 : 구법질서에 대하여 기대했던 당사자의 신뢰보호), 그

1) 우리 헌법은 소급입법에 의한 참정권의 제한 또는 재산권의 박탈 만을 규정하고 있으나, 죄형법정주의의 정신에 입각하여 소급입법에 의한 형벌의 강화도 인정되지 아니한다. 예컨대 음주운전 방지를 위한 처벌규정을 강화하고 현재 계류중인 사건에도 적용하는 것은 소급효력금지의 원칙에 위반된다(허영, 한국헌법론, 367면).

2) 허영, 한국헌법론, 367면; 홍성방, 헌법학, 443면.

3) 정재황, 판례헌법, 길안사, 1996, 284면 참조.

리고 법적 안정성을 도모하기 위해 특단의 사정이 없는 한 구법에 의하여 이미 얻은 자격 또는 권리를 새로운 입법을 하는 과정에서 그대로 존중할 의무가 있는 것을 의미한다.[1]

「진정소급효」: 이미 과거에 완성된 사실 · 이미 과거에 완성된 법률관계 대상

- 신뢰보호의 원칙
- 법적 안정성
→ 진정소급효는 금지

신뢰보호 : 구법질서에 대하여 기대했던 당사자의 신뢰보호

<사례>

서울 고법 특별 11부(재판장 송기홍 · 宋基弘)는 27일 12 · 12와 5 · 18 사건으로 유죄가 확정돼 퇴직금을 환수처부 받은 장세동(張世東) 전 안기부장과 주영복(周永福) 전 국방장관이 공무원연금관리공단을 상대로 낸 소송에서 원고 일부승소판결을 내렸다. 재판부는 "공무원연금법과 군인연금법상 내란죄 등에 대한 급여부지급 규정은 각각 83년과 94년 신설됐으므로 그 이전에 퇴직한 장씨와 주씨에게는 소급적용할 수 없다"며 "공단은 장씨에게 1억4000 여만원, 주씨에게 2억4000여만원을 지급하여야 한다"고 밝혔다.[2]

「판례」

1. 경찰공무원법 제21조, 제7조 제2항 제5호 소정의 당연퇴직 규정의 적용범위
2. 당연퇴직의 통보가 항고소송의 대상이 되는 행정처분인지 여부(소극)

[재판요지]

1. 구 경찰공무원법 제10조 제2항 제4호, 제45조에는 자격정지형의 선고유예를 받고 그 선고유예기간 중에 있는 자는 당연 퇴직된다는 규정이 없다가 83. 1. 1부터 시행된 신 경찰공무원법 제7조 제2항 제5호, 제21조에 위와 같은 규정이 신설되었는바, 구법시행중에 자격정지 이상의 형의 선고유예판결을 받고 그 선고유예기간이 신법시행 이후까지 계속된 자에 대하여서는 소급입법금지의 원칙상 위 신법을 적용할 수 없다.

2. 당연퇴직의 통보는 법률상 당연히 발생하는 퇴직사유를 공적으로 확인하여 알려주는 사실의 통보에 불과한 것이고 형성적 행위가 아니므로 이는 항고소송의 대상이 되는 독립한 행정처분이 될 수 없다(대판 1985. 7. 23, 84누374)

3.3. 부진정소급효의 입법

부진정소급효는 이미 과거에 시작하였으나 아직 완성되지 아니하고 진행관계에 있는 사실 또는 법률관계를 규율의 대상으로 하는 것이다. 부진정소급효는 구법질서에 대하여 기대했던 당사자의 신뢰보호보다는 광범위한 입법권자의 입법형성권을 존중한다는 의미에

1) 헌재결 1989. 3. 17, 88헌마1; 정재황, 판례헌법, 길안사, 1996, 283면 이하 참조.
2) 이명진, 조선일보, 2000. 4. 28. 33면.

서 특단의 사정이 없는 한, 새로운 입법을 하면서 舊법관계 내지 舊법상의 기대이익을 존중하여야 할 의무가 발생하지는 않는다.[1]

「부진정소급효」: 현재 진행중인 사실 · 법률관계를 대상
당사자의 신뢰이익 〈 입법권자의 입법형성권 중시

제목 '냉동배아 2만여개 대량폐기' 보도관련 법제처 입장[2]

첨부 언론보도 설명자료(생명윤리법 소급적용 관련)

지난 5월 26일자 조선, 한겨레, 국민 등의 주요신문에 게재된 '냉동배아 2만여개 대량 폐기'기사 관련 법제처 입장관련 보완설명 기사를 게재합니다. [주요신문] 보건복지부가 지난 3월 난치병 치료 등 제한적 연구목적 외에 5년이 넘은 배아를 폐기토록 한 생명윤리법이 법 시행 이전(2005년 1월1일)에 생성된 배아에 대해서도 이 법이 적용되는지 법제처에 유권해석을 의뢰한 결과, 법제처는 현행법을 소급적용해 5년 넘은 배아는 폐기하라는 유권해석을 보건복지부에 통보한 것으로 25일 밝혀졌다고 보도

◎ 법제처 입장[3]

법제처가 생명윤리법 시행이전에 생성된 배아에 대해서도 현행을 소급적용해 5년 넘은 배아를 폐기하라는 유권해석을 보건복지부에 통보하였다는 기사에 대해서 관련사실을 설명드립니다. 생명윤리법의 입법목적과 취지, 헌법재판소 결정례 등에 비추어 볼 때, 이 경우 소급적용은 법치주의 원칙에 반하지 아니하는 것으로 보아야 합니다. 즉, 배아에 대한 엄격한 관리를 통해 급격하게 발전하는 생명과학기술에 있어서 생명윤리 및 안전을 확보하여 인간의 존엄과 가치를 보장하고 신체의 위해를 방지할 공익상의 필요가 난자제공자 등 동의권자의 신뢰이익보다 우선한다고 할 것이므로 생명윤리법의 시행일 당시 현존하고 있는 모든 배아를 법적 규율 대상으로 하고자 하는 것이 동법의 취지라 할 것이고, 따라서 생명윤리법 시행전에 생성된 배아라 할지라도 동법 시행일 이후까지 현존한다면 배아의 보존기간의 기산일을 동법 시행일 이전으로 소급하여 적용하는 것이 타당한 것입니다. 한편, 생명윤리법 시행후 생성된 배아도 동법 제16조에서 규정한 보존기간 경과시에

---

1) 헌재결 1989. 3. 17, 88헌마1, 정재황, 판례헌법, 길안사, 1996, 283면 이하 참조.

2) 법제처 행정법령해석팀장 김수익, 정책홍보담당관실 작성일 2006-06-01 14 : 35.

3) 행정부에 의한 법령유권해석제도에 관한 내용은 이성환, 법제처 법령유권해석제도의 현황과 평가, 한국입법학회, 행정부에 의한 법령유권해석제도의 입법학적 검토, 2009. 4. 24(성균관대학교) 참조; 김웅규, 미국 OLC(Office of Legal Counsel : 법률자문국)의 법령유권해석, 한국입법학회, 행정부에 의한 법령유권해석제도의 입법학적 검토, 2009. 4. 24(성균관대학교) 참조; 변무웅, 독일과 유럽연합의 행정부에 의한 유권해석, 한국입법학회, 행정부에 의한 법령유권해석제도의 입법학적 검토, 2009. 4. 24(성균관대학교) 참조; 정준현, 법령해석요청주체 및 법령해석대상 확대가능성에 관한 검토, 한국입법학회, 행정부에 의한 법령유권해석제도의 입법학적 검토, 2009. 4. 24(성균관대학교) 참조.

는 폐기대상이며, 배아의 보존기간이 경과한 잔여배아는 발생학적으로 원시선이 나타나기 전까지는 연구목적에 이용할 수 있으므로(동법 제17조) 배아의 폐기가 곧 생명침해라는 것은 다소 논리비약이라고 할 것입니다.

– 택지소유상한에관한법률 제2조 제1호 나목 등 위헌소원[1] –

<사례>

이 사안은 택지의 소유상한 한도 660㎡ 이상에 대한 부담금부과처분취소소송에서 위헌심판제청청구를 하였으나 법원이 이를 기각하여 헌법소원심판을 청구한 사안이다. 66건이 되는 사건이 병합되어있는 사건이지만 사실관계는 대체로 같다. 94헌바37의 사실관계는 다음과 같다.

청구인은 부산 중구 남포동 24의 1 대 1,493.2㎡를 법 시행 이전부터 지상에 4층 극장 건물 1동을 소유하고 있었다. 이에 대해 부산 중구청장이 앞의 토지 중 건물의 부속토지를 제외한 나머지 토지를 대상으로 1992. 8. 25. 60,495,920원(1992. 3. 2.-1992. 6. 1.)을 부담금으로 부과하였다. 이에 청구인은 부산고등법원에 앞의 부과처분의 취소소송(93구1596)을 제기하고, 위헌심판제청신청(93부220)을 하였으나 1994. 8. 31. 기각되어, 같은 해 9. 18. 에 헌법소원심판청구를 하였다.

청구인들이 주장 중 소급입법과 관련된 부분은 다음과 같다. 부칙(1989. 12. 30. 법률 제4174호) 제2조, 제3조 제1항에 의하여 법 시행 이전부터 택지를 소유하고 있는 자에게도 부담금을 부과하도록 한 것은 소급입법에 의한 재산권의 박탈을 금지한 헌법 제13조 제2항을 위반하여 재산권의 본질적 내용을 침해한 것인 동시에 개인과 기업의 경제상의 자유와 창의의 존중을 규정한 헌법 제119조 제1항에 위반되고, 이미 소유하고 있던 택지의 처분 등을 강요하는 셈이 되어 거주이전의 자유 및 직업선택의 자유 내지는 영업활동의 자유마저 침해하는 것이라 주장한다.

<해설>

과거의 사실관계 또는 법률관계를 규율하기 위한 소급입법의 태양에는 이미 과거에 완성된 사실, 법률관계를 규율의 대상으로 하는 이른바 진정소급효의 입법과 이미 과거에 시작하였으나 아직 완성되지 아니하고 진행과정에 있는 사실, 법률관계를 규율의 대상으로 하는 이른바 부진정소급효의 입법이 있다. 헌법 제13조 제2항이 금하고 있는 소급입법은 전자, 즉 진정소급효를 가지는 법률만을 의미하는 것으로서, 이에 반하여 후자, 즉 부진정소급효의 입법은 원칙적으로 허용되는 것이다. 다만 이 경우에 있어서도 소급효를 요구하는 공익상의 사유와 신뢰보호의 요청 사이의 비교형량 과정에서, 신뢰보호의 관점이 입법자의 형성권에 제한을 가하게 된다.[2]

그런데 법은, 부칙(1989. 12. 30. 법률 제4174호) 제2조 제1항 및 제2항에서 법 시행 이

1) 헌재결 1999. 4. 29, 94헌바37외66건(병합) 【택지소유상한에관한법률 제2조 제1호 나목 등 위헌소원】

2) 헌재결 1989. 3. 17, 88헌마1; 1996. 2. 16, 96헌가2등 【5.18민주화운동등에관한특별법 제2조 제1항 등 위헌제청】

전부터 이미 소유하고 있는 택지에 대하여는 기존의 소유권을 인정하면서도, 장래에 있어서 처분 또는 이용, 개발의무를 부과하고 있다. 법의 위와 같은 규제는 법률이 이미 종결된 과거의 사실 또는 법률관계에 사후적으로 적용함으로써 과거를 법적으로 새로이 평가하는 진정소급효의 입법과는 다른 것으로서, 이는 아래에 보는 바와 같이 종래의 법적 상태의 존속을 신뢰한 기존의 택지소유자에 대한 신뢰보호의 문제일 뿐, 소급입법에 의한 재산권 침해의 문제는 아니다. 따라서 부칙 제2조가 그 자체로 소급입법에 의한 재산권 박탈금지의 원칙을 선언하고 있는 헌법 제13조 제2항에 위반된다고 하는 주장은 이유없다고 할 것이다.

일정한 법적 상태를 새로이 규율하는 규정이 장래에 발생하는 사실관계뿐만 아니라 이미 과거에 시작하였으나 아직 완성되지 아니한 채 진행과정에 있는 사실관계에도 적용되는 예는 법률개정의 경우 흔히 찾아 볼 수 있는 현상이며, 여기서 발생하는 문제는 소급효의 문제가 아니라 종래의 법적 상태에서 새로운 법적 상태로 이행하는 과정에서 불가피하게 발생하는 법치국가적 문제, 구체적으로 입법자에 대한 신뢰보호의 문제이다. 따라서 기존의 택지소유자에게도 처분 또는 이용, 개발의무를 부과하는 법규정들이 헌법적으로 허용되는가 하는 문제는 법치국가적 신뢰보호 원칙을 기준으로 판단하여야 한다. 토지투기와 지가상승을 억제하고 택지를 실수요자에게 공급하기 위하여 택지소유 상한제도의 도입이 불가피하였다고 하더라도, 택지소유의 경위나 그 목적에 관계 없이 법 시행 이전부터 택지를 소유하고 있는 개인에 대하여 일률적으로 소유상한을 적용하는 것은 입법목적을 달성하기 위하여 필요한 정도를 넘는 과도한 침해이자 신뢰보호의 원칙 및 평등원칙에 위반된다.[1)]

---

1) ① **부진정 소급효의 본질 문제**: 이 판례에서 헌법재판소는 진정소급입법과 부진정소급입법을 구별하고 있지만, 부진정소급입법의 문제를 소급효의 문제가 아니라 종래의 법적 상태에서 새로운 법적 상태로 이행하는 과정에서 불가피하게 발생하는 **신뢰보호의 문제**로 파악하고 있다. 따라서 부진정소급효는 소급효가 아니라고 한다. 헌법 제13조 제2항의 소급입법금지 원칙도 오로지 진정소급효에만 적용되는 것이고 부진정소급효에는 적용되지 않는다고 한다. 이에 따라 헌법재판소는 사안이 헌법 제13조 제2항의 소급입법금지에는 해당하지 않는다고 보고, 이 사건 조항이 신뢰보호의 원칙에 위반하는지를 판단하였다. 법률이 과거와 연관성을 갖는다는 것은 시행일로부터 즉시 미래를 향하여 효력을 갖는 모든 법률에서 나타나는 문제이다. 즉, 시행일로부터 효력을 갖는 법률이 그의 시행 당시 이미 존재하고 있는 법률관계에 작용한다는 의미에서 대부분의 경우 단지 소급효와 유사한 효과를 가질 뿐이다. 이러한 경우를 엄격한 의미에서의 소급효라 할 수는 없을 것이다. 이러한 관점에서 보면 엄격한 의미에서의 소급효는, 오직 이미 확정된 법률관계를 사후적으로 변경하려는 것을 그 '목적'으로 하는 과거를 향한 진정소급입법에서만 인정될 수 있다. 법률의 목적이 애초부터 과거를 향하고 있는 예외적인 경우를 제외하면, 어떠한 법적 문제를 미래를 향하여 새로이 규율하려는 경우, 거의 모든 법률은 이미 과거에 발생하였으나 아직도 계속되는 사실관계를 규율하는 문제와 부딪치게 된다. 따라서, 법률이 시행일로부터 즉시 미래를 향하여 효력을 발생함으로써 구법의 효력하에서 이미 발생한 사실관계에 대하여도 적용되게 되는 부진정소급효의 문제는 예외적 상황이라기보다는 오히려 일반적으로 나타는 현상이다. 이러한 관점에서 보면, 부진정소급효는 엄격한 의미에서의 소급효가 아니라 구법에서 신법으

3.4. 소급입법금지의 원칙의 예외(판례)

독일연방헌법재판소[1] 및 우리나라의 헌법재판소[2]는 공소시효에 관한규정은 소급효법금지의 원칙에 해당되지 않는다고 본다. 예컨대 사형에 해당하는 범죄의 공소시효를 현행법의 15년에서 25년으로 연장(형사소송법 제249조)하고, 이를 과거에 행해진 범죄에 소급적용하는 것은 죄형법정주의의 위반이 아니다.[3] 왜냐하면 공소시효를 연장하는 것은 새롭게 형벌을 과하거나 형벌을 과하는 것이 아니기 때문이다.[4]

로 전환하는 과정에서 나타나는 일반적 현상이며, 입법자에 대한 법치국가적 신뢰보호의 원칙 문제일 뿐 소급입법에 의한 권리침해는 아니다. 따라서 헌법재판소가 부진정소급효를 소급효의 문제가 아니라고 한 것은 타당하다. 다만, 소급입법의 종류에 진정소급입법과 부진정소급입법이 있다라고 하면서 부진정소급입법은 소급입법이 아니라고 하는 것은 논리적 모순이다. 이는 종래의 구분방법(진정소급입법과 부진정소급입법의 구분)을 억지로 유지하려고 하는 데서 초래되는 문제점이다. ② **장래입법과의 구별문제**: 舊 조세감면규제법 부칙 제5조 제1항 위헌소원 사건에서 헌법재판소는 법률을 진정소급입법, 부진정소급입법, 장래입법 세 가지로 나누고 있는데(헌재결 1995. 5. 23, 93헌바18, 31), 과연 이러한 구별이 실익이 있는 것인지 의문이다. 부진정소급효의 법률과 전적으로 미래에 발생하는 사실관계에만 적용되는 법률을 구분하는 것은 실질적으로 불가능할 뿐만 아니라, 전적으로 엄격한 의미의 장래입법은 상정하기도 힘들다. 또한, 장래입법에 있어서도 국민의 신뢰가 침해될 때에는 부진정소급입법의 경우와 동일하게, 신뢰이익과 법률개정 이익을 교량하여 신뢰보호 원칙의 위배 여부를 판단하여야 함은 당연하다. 이는 헌법재판소도 같은 입장을 취하고 있다. 따라서 부진정소급입법과 장래입법의 구분 또한 형식적인 구분으로서 큰 실익이 없다.

1) BVerfGE 25, 269.

2) 우리의 5·18특별법이나 헌정질서파괴특례법에서 공소시효의 정지 내지 적용배제를 규정하고 있는 것도 죄형법정주의에 위반되지 아니한다. 헌재결 1996. 2. 16, 96헌가2, 96헌바7, 96헌바13 【5·18민주화운동등에관한특별법제2조위헌제청등】 형벌불소급의 원칙은 "행위의 가벌성" 즉 형사소추가 "언제부터 어떠한 조건하에서" 가능한가의 문제에 관한 것이고, "얼마동안" 가능한가의 문제에 관한 것은 아니므로, 과거에 이미 행한 범죄에 대하여 공소시효를 정지시키는 법률이라 하더라도 그 사유만으로 헌법 제12조 제1항 및 제13조 제1항에 규정한 죄형법정주의의 파생원칙인 형벌불소급의 원칙에 언제나 위배되는 것으로 단정할 수는 없다.

3) 그러나 형사소송법 부칙 제3조(공소시효에 관한 경과조치)에서는 "이 법 시행 전에 범한 죄에 대하여는 종전의 규정을 적용한다"고 하여 연장한 공소시효를 법시행 이후의 범죄에만 적용하도록 하였다(허영, 한국헌법론, 367면 각주 2) 참조).

4) 헌재결 1996. 2. 16, 96헌가2 등 병합; 서주실, 죄형법정주의와 소급입법금지 - 5·18특별법과 관련하여, 고시계(1996.4), 15면 이하; 홍성방, 헌법학, 443면.

4. 불이익변경금지의 원칙

4.1. 의의

피고인이 상소한 사건이나 피고인을 위하여 상소한 사건에 대하여는 원심판결의 형보다 중한 형을 선고할 수 없다는 원칙을 말한다. 이는 중형변경금지의 원칙을 채택한 것이다. 주로 상소 및 재심에 관한 문제이다. 이 원칙을 인정하는 이유는, 만일 이와 같은 원칙을 인정하지 않으면 피고인이 불복신청을 한 결과로서, 전심재판의 판결보다 불이익한 재판을 받게 될 것을 두려워한 나머지 본의 아닌 불복신청을 포기하게 되는 폐해가 있기 때문이다. 현행 형사소송법은 항소에 있어서 피고인이 항소한 사건과 피고인의 이익을 위하여 항소한 사건에 대하여는 원심판결의 형보다 중한 형을 선고하지 못한다고 규정하고(형사소송법 제368조) 이 원칙을 상고심(형사소송법 제396조 제2항)과 재심(형사소송법 제439조)에도 인정하였다. 상고심이 파기환송 또는 이송하는 경우에도 파기자판의 경우와 같이 불이익변경의 금지원칙을 적용할 것인가에 관하여 판례는 이를 긍정하고 있다. 불이익변경금지의 원칙은 중한 형의 선고만을 금지하는 것이므로(중형금지의 원칙) 단순히 원판결보다 중한 사실을 인정하거나 또는 중한 법령을 적용하는 것은 무방하다. 또 재심의 경우와 달리 피고인이 상소하거나 또는 피고인을 위하여 상소한 사건(형사소송법 제340조 · 제341조)에 한하여 이 원칙을 적용하고, 검사만이 상소한 사건에는, 가령 피고인의 이익을 위한 경우에도 이를 적용하지 않고 보다 중한 형을 선고할 수 있다(그러나 이에 대해서는 반대설이 있다). 또 이 원칙과 관련하여 중한 형인가 아닌가에 관하여 문제가 되는 것이 적지 않다. 대체로 주형이 동일한 한 집행유예를 없애거나 유예기간을 연장하는 것은 불이익변경이다. 부정기형을 정기형으로 변경하는 경우에도 곤란한 문제가 있으나 통설은 정기형이 부정기형의 중간위(예를 들면 단기 1년, 장기 3년의 경우에는 2년)를 초과하지 아니하면 불이익변경으로 되지 아니한다는 중간위설을 채용하고 있다.

4.2. 판례

4.2.1. 법원의 판단

법원에서 벌금형을 받은 뺑소니 운전자가 “돈이 없으니 집행유예를 받게 해달라”고 호소하며 헌법재판소에 위헌 심판까지 청구했으나 끝내 뜻을 이루지 못했다.

업무용 차량을 운전하던 중 교통사고를 낸 회사원 조아무개씨는 상대방에게 상처를 입히고 달아난 혐의로 입건돼 벌금 1천만원의 약식명령을 받았다. 피해자와 합의를 보는 과정에서 아파트까지 처분해 생활고에 시달리던 조씨는, 벌금보다 죄값이 무겁지만 당장 돈을 내지 않아도 되는 집행유예가 낫다고 판단했다. 이에 조씨는 서울동부지법에 정식 재판을 청구해 집행유예를 선고해 달라고 법원에 요청했다. 법원도 이런 조씨의 뜻에 공감했으나, 형사소송법상 '정식 재판에서 약식 명령 때보다 무거운 형을 선고할 수 없다'는 불이익변경 금지원칙에 막혀 조씨의 요구를 들어줄 수 없었다. 마침내 법원[1]은 "이 조항이 피고인에게 불리하게 작용할 수 있고, 법관의 형량 결정권을 침해한다"며 헌법재판소에 위헌심판을 요청하기에 이르렀다.[2]

4.2.2. 헌법재판소의 판단

그러나 헌법재판소는 1일 "이 조항은 피고인에게 공정한 재판을 받을 권리를 실질적으로 보장하는 기능을 하는 것일 뿐, 권리를 제한하는 것으로 볼 수 없어 합헌"이라며 조씨의 요청을 받아들이지 않았다. 재판부는 이어 "집행유예는 언제든 실형이 집행될 가능성이 있어 벌금형에 비해 가벼운 처벌로 볼 수 없으며, 법관의 형량 결정권 역시 국회가 만든 법률 한도 안에서 이뤄져야 한다"며 법원의 판단도 받아들이지 않았다.

---

1) 홍성규 기자 cool@lawtimes.co.kr [2004-10-01] : 위헌제청사건 재심청구권자는 사건 당사자 아닌 제청법원 : 헌재, 각하된 위헌제청사건의 원 당사자가 제기한 재심 각하 : 「위헌법률심판제청 사건이 헌재에서 기각 또는 각하됐을 경우 재심을 청구할 수 있는 당사자는 위헌제청신청을 낸 원래 사건 당사자가 아닌 위헌제청을 한 법원이라는 헌재결정이 나왔다. 헌법재판소 전원재판부(주심 權誠 재판관)는 음주운전으로 선고유예 판결을 받아 초등학교 교감직에서 당연퇴직됐던 박모씨의 신청으로 국가공무원법 제69조 중 제33조 제1항 제5호에 대해 대전지법이 제기한 위헌제청 사건이 헌재에서 각하되자 박씨가 "헌재의 각하결정은 청구인의 재판받을 권리 등을 침해했다"며 낸 위헌제청 재심사건(2003헌아61)에서 지난달23일 재판관 전원일치 의견으로 각하했다. 재판부는 결정문에서 "위헌법률심판의 제청은 법원이 헌법재판소에 하는 것으로 당해사건에서 법원에 위헌제청을 신청한 사람 자신은 위헌법률심판사건의 당사자라고 할 수 없다"며 "청구인의 이 사건 심판청구는 청구인적격을 결한 사람이 제기한 것이어서 부적법하다"고 밝혔다」. 박씨는 지난 94년 음주운전으로 징역6월의 선고유예판결을 받아 교감직에서 당연퇴직됐다가 임용시험에 합격해 교사로 근무하던 중 충남교육감에게 국가공무원법의 위헌성을 들어 교감으로의 복직을 신청했지만 받아들여지지 않자 대전지법에 소송을 제기하며 위헌제청신청을 냈고 대전지법의 위헌제청에 대해 헌재가 각하결정을 내렸다. 이에 박씨는 헌재의 각하결정 당시 4명의 재판관이 본안판단의 필요성을 밝혔었고 각하의견을 낸 5명 중 한대현 재판관이 선고일 전 퇴직했는데도 심판에 관여한 것은 잘못이라며 헌재에 재심을 청구했었다.

2) 서울동부지법 형사1단독 文龍浩 부장판사는 특가법(특정범죄가중처벌법)상 뺑소니 등의 혐의로 벌금 1천만원의 약식명령을 받고 징역형의 집행유예를 바라며 정식재판을 청구한 조모씨(34)에 대한 사건을 심리하던 중 "형소법 제457조의2는 헌법이 보장하고 있는 피고인의 적절한 형을 받을 권리와 법관의 양형결정권 등을 침해한다"며 직권으로 위헌제청결정을 했었다(법률신문 2004년 9월 16일자 1면 보도). 현행 형사소송법 제457조의2는 '피고인이 정식재판을 청구한 사건에 대하여는 약식명령의 형보다 중한 형을 선고하지 못한다'고 규정하고 있으며, 형법 제41조는 사형 · 징역 · 금고 · 자격상실 · 자격정지 · 벌금 · 구류 · 과료 · 몰수의 순으로 형벌의 경중을 정하고 있다.

헌법재판소는 형소법 제457조의2(불이익변경의 금지)에 대하여 피고인의 권리제한으로 볼 수 없다는 합헌결정을 내렸다. 벌금을 납부할 경제적 여유가 없는 서민들이 벌금형의 약식명령에 불복, 정식재판을 청구하더라도 징역형의 집행유예를 선고할 수 없도록 규정한 형사소송법 제457조의2는 헌법에 위반되지 않는다는 헌재결정이 나왔다. 헌법재판소 전원재판부(주심 宋寅準 재판관)는 서울동부지법이 "형사소송법 제457조의2는 헌법이 보장하고 있는 피고인의 적절한 형을 받을 권리와 법관의 양형결정권 등을 침해한다"며 낸 위헌법률심판 제청사건에서 관여재판관 8인의 일치된 의견으로 합헌결정을 내렸다.[1)]

[합헌결정요지]

1) "약식명령에 대한 정식재판절차에서의 불이익변경금지원칙을 규정한 이 사건 법률조항은 오히려 피고인의 공정한 재판을 받을 권리를 실질적으로 보장하는 기능을 하며 그 입법목적이나 효과의 면에서 피고인의 권리를 제한하는 것으로 볼 수 없다."

2) "자유형의 집행이 유예된다 하더라도 형의 본질이 변하지 않고 집행유예기간 중 금고이상의 형의 선고를 받아 확정되면 언제든지 자유형의 집행이 이루어질 가능성이 있는 점 등을 보면 징역형에 대한 집행유예의 형이 벌금형에 비해 반드시 경한 처벌이라고 할 수 없다." "따라서 피고인이 벌금형의 약식명령에 불복해 자유형에 대한 집행유예를 희망하는 정식재판에서 법원이 피고인의 요청을 수용하는 판결을 선고하지 못한다고 해도 이는 형의 경중을 규정한 형법 제50조 제1항 본문 및 제41조에 의한 것으로 공정한 재판을 받을 권리가 침해된다고 볼 수 없다."

3) "형사법상 법관의 양형권한도 입법자가 만든 법률에 규정된 내용과 방법을 한계로 재판을 통해 형벌을 구체화하는 것이고 검사의 약식명령청구사안이 적당하지 않다고 판단될 경우 법원은 직권으로 통상의 재판절차로 사건을 넘겨 재판절차를 진행시킬 수 있고 이 재판절차에서 법관이 자유롭게 형량을 결정할 수 있으므로 이런 점들을 종합하면 이 사건 법률조항에 의해 법관의 양형결정권이 침해된다고 볼 수 없다."

4.2.3. 개정형사소송법

<문제>

[형사] 약식명령보다 과중한 정식재판의 가부

벌금 100만원의 약식명령을 받고 벌금이 과도하다고 생각되어 정식재판을 청구하였는데 담당판사가 죄질의 정도가 심각하다고 생각하는 듯하여 더 중한 형이 내려질까 걱정된다. 그런데 법적으로 이런 것이 가능한가?

현행 형사법은 피고인이 정식재판을 청구한 사건에 대하여는 약식명령의 형보다 중한

---

1) 법률신문 2005. 4. 4; 헌재결 2005. 3. 31, 2004헌가27, 2005헌바8 병합 【형사소송법 제457조의2 위헌제청 등】

형을 선고하지 못한다고 규정하고 있다. 우리 법상 소송에 있어서는 불이익변경금지원칙이라고 하여 하급심의 판결에 불만이 있어 상소한 당사자의 이익을 고려하고 자유로운 상소를 보장하기 위해 상급심에서는 하급심에서보다 불리한 판결을 하지 못하는 것이 원칙이다. 그러나 종래 판례는 약식명령에 대한 정식재판의 청구는 약식명령을 한 법원에 대하여 보통의 공판절차에 따른 심판을 구하는 것으로서 상소가 아니므로 정식재판의 청구가 적법한 때에는 법원은 약식명령에 구애되지 않고 공판절차에 의하여 심판하는 것이어서 상소에 관한 불이익변경금지의 원칙이 적용되지 않는다고 보았으나 개정 형사소송법은 피고인이 정식재판을 청구한 사건에 대하여는 약식명령의 형보다 중한 형을 선고하지 못한다고 규정하여 불이익변경금지원칙을 이 경우에도 명문으로 인정하고 있다.

5. 연좌제의 금지

연좌제란 자기의 행위가 아닌 타인의 행위(친족 기타 다른 특정한 관계에 있는 자 포함)로 인해 책임을 지는 것을 말한다(헌법 제13조 제3항). 이는 근대형법의 자기책임의 원칙에 위반되는 것이다. 우리나라는 1980년의 제8차개헌(제5공화국) 헌법이후 연좌제금지조항을 두고 있는바, 현행 헌법은 「누구든지 자기의 행위가 아닌 친족의 행위로 인하여 불이익한 처우를 받지 아니한다」고 하여, 우리사회의 오랜 병폐였던 연좌제를 금지하고 있다.

이와 관련하여 친일반민족행위자재산의국가귀속관한특별법도 헌법 제13조 제3항에 비추어 볼 때 아무리 가까운 친족의 행위라고 할지라도 그것이 형사법상의 불이익은 물론 행정법상 또는 정치상 불이익처분의 원인이 될 수는 없다는 점에 비추어 볼 때 문제점이 있고, 이에 대한 헌법재판소의 판례가 기대된다.

과거 우리 헌법재판소는 「… 반국가행위자의 재산이라함은 행위자가 실질적으로 소유하고 있는 동산·부동산·유가증권 기타 일체의 재산적 가치있는 물건 또는 권리를 말한다고 규정하고 있고 … 친족의 재산까지도 반국가행위자의 재산이라고 검사가 적시하기만 하면 반국가행위자특별조치법 제7조 제7항에 의하여 증거조사 없이 몰수형이 선고되게 되어 있으므로 특조법 제8조는 헌법 제13조 제3항에도 위반된다」고 판시하여 연좌제금지를 강조한바 있다.[1] 이와 같은 점에서 본 법률안은 연좌제금지와 관련하여 신중한 검토가 필요하다.

우리 헌법은 연좌제의 범위를 친족의 행위로 인한 불이익처분의 금지로 제한하고 있지만,[2] 제13조 제3항의 취지는 민법상의 친족인 배우자 혈족·姻戚(민법 제767조)의 행위

---

1) 헌재결 1996. 1. 25, 95헌가5 【반국가행위자의처벌에관한특별조치법 제2조 제1항 제2호 등 위헌제청】

2) 헌재결 2005. 7. 21, 2005헌마19 【공직선거및선거부정방지법제265조위헌확인】 모든 국민은 자

뿐만 아니라 타인의 행위로 인한 불이익처분의 금지도 당연히 포함된다(아래 판례 참조).

<사례>

가. 사건의 개요

(1) 당해 사건의 피고인 甲 및 乙은 2004. 12. 29. 서울서부지방법원에 2004고단3102 보건범죄단속에관한특별조치법위반(부정의료업자)으로 공소제기 되었는데 그 공소사실의 요지는, 피고인 乙에 대하여는 "상피고인 甲이 운영하는 치과기공소의 직원으로서 치과의사면허 없이 위 기공소에서 2004. 10. 15.경부터 같은 해 10. 17.경까지 7명에 대한 치과치료를 해주고 그 대가로 합계 320만 원을 교부받아 무면허 치과의료행위를 업으로 하였다"는 것이고, 피고인 갑에 대하여는 "위 치과기공소를 운영함에 있어서 그 사용인인 상피고인 을이 위 범죄사실과 같이 치과의료행위를 업으로 하였다"는 것이다.

(2) 당해 사건의 1심에서, 피고인 乙은 징역 1년 6월 및 벌금 100만 원에 집행유예 3년의 형을 선고받아 그 판결이 확정되었고 피고인 甲은 乙의 치과의료행위가 객관적 외형상 치과기공업무의 범주에 포함되지 않는다는 이유로 무죄판결을 받았다.

위 甲에 대한 무죄판결에 대하여 검사가 항소하여 당해 사건의 소송계속 중, 제청법원은 2005. 6. 16. 직권으로 '보건범죄단속에 관한 특별조치법' 제6조의 양벌규정 중 개인인 업주에 관하여 벌금형 외에 무기 또는 2년 이상의 징역형까지 부과하도록 한 규정이 형벌과 책임 간의 비례성의 원칙에 위반된다며 그 위헌 여부의 심판을 제청하였다.

나. 심판의 대상

이 사건 심판의 대상은 '보건범죄단속에 관한 특별조치법'(1990. 12. 31. 법률 제4293호로 개정된 것) 제6조 중 "개인의 대리인 · 사용인 기타 종업원이 그 개인의 업무에 관하여 제5조의 위반행위를 한 때에는 행위자를 처벌하는 외에 개인에 대하여도 본조의 예에 따라 처벌한다"고 규정한 부분(밑줄 그은 부분, 이하 '이 사건 법률조항'이라 한다)이 헌법에 위반되는지 여부이고, 그 내용 및 관련조항은 다음과 같다.

[심판대상조항]

보건범죄단속에 관한 특별조치법(1990. 12. 31. 법률 제4293호로 개정된 것) 제6조(양벌규정) 법인의 대표자 또는 법인이나 개인의 대리인 · 사용인 기타 종업원이 그 법인 또는 개인의 업무에 관하여 제2조 내지 제5조의 위반행위를 한 때에는 행위자를 처벌하는 외에

기의 행위가 아닌 친족의 행위로 인하여 불이익한 처우를 받지 아니한다."고 규정하고 있는 헌법 제13조 제3항은 '친족의 행위와 본인 간에 실질적으로 의미 있는 아무런 관련성을 인정할 수 없음에도 불구하고 오로지 친족이라는 사유 그 자체만으로' 불이익한 처우를 가하는 경우에만 적용된다. 배우자는 후보자와 일상을 공유하는 자로서 선거에서는 후보자의 분신과도 같은 역할을 하게 되는바, 이 사건 법률조항은 배우자가 죄를 저질렀다는 이유만으로 후보자에게 불이익을 주는 것이 아니라, 후보자와 불가분의 선거운명공동체를 형성하여 활동하게 마련인 배우자의 실질적 지위와 역할을 근거로 후보자에게 연대책임을 부여한 것이므로 헌법 제13조 제3항에서 금지하고 있는 연좌제에 해당하지 아니한다.

법인 또는 개인에 대하여도 각 본조의 예에 따라 처벌한다.

<문제>

종업원의 위반행위에 대하여 양벌조항으로서 개인인 영업주에게도 동일하게 무기 또는 2년 이상의 징역형의 법정형으로 처벌하도록 규정하고 있는 '보건범죄단속에 관한 특별조치법' 제6조 중 제5조에 의한 처벌 부분(이하 '이 사건 법률조항'이라 한다)이 형사법상 책임원칙에 반하는가?

<해설>

이 사건 법률조항이 종업원의 업무 관련 무면허의료행위가 있으면 이에 대해 영업주가 비난받을 만한 행위가 있었는지 여부와는 관계없이 자동적으로 영업주도 처벌하도록 규정하고 있고, 그 문언상 명백한 의미와 달리 "종업원의 범죄행위에 대해 영업주의 선임감독상의 과실(기타 영업주의 귀책사유)이 인정되는 경우"라는 요건을 추가하여 해석하는 것은 문리해석의 범위를 넘어서는 것으로서 허용될 수 없으므로, 결국 위 법률조항은 다른 사람의 범죄에 대해 그 책임 유무를 묻지 않고 형벌을 부과함으로써, 법정형에 나아가 판단할 것 없이, 형사법의 기본원리인 '책임없는 자에게 형벌을 부과할 수 없다'는 책임주의에 반한다.[1)]

하급자를 지휘감독하는 상급감독청은 하급자의 잘못을 이유로 인사조치를 당하는 경우가 있는데, 이는 타인의 행위에 의한 불이익이 아니고 자기행위(감독태만)의 책임을 지는 것이므로 연좌제와는 상관이 없다.[2)]

---

1) 헌재결 2007. 11. 29, 2005헌가10【보건범죄단속에관한특별조치법제6조위헌제청】

2) 허영, 한국헌법론, 371면; 同人, 헌법이론과 헌법, 단락번호 741.

V. 신체의 자유의 (사법)절차적 보장

1. 개관

신체의 자유를 보장하기 위하여 헌법이 일정한 형사절차나 형사제도를 규정하고 있는 경우에, 이것을 신체의 자유를 위한 (사법)절차적 보장이라고 한다.

- 적법절차의 보장(제12조 제1항, 제3항)
- 영장주의(제도)의 확립(제12조 제3항)
- 구속이유와 변호인 의뢰권 고지제도(제12조 제5항 : 미란다 원칙 : Miranda 법칙)
- 구속적부심사제도(제12조 제6항)

헌재결 1997. 3. 27, 96헌가11 【도로교통법제41조제2항등위헌제청】
이 사건 법률조항은 위 여러 요소들을 고려한 것으로서 추구하는 목적의 중대성(음주운전 규제의 절실성), 음주측정의 불가피성(주취운전에 대한 증거확보의 유일한 방법), 국민에게 부과되는 부담의 정도(경미한 부담, 간편한 실시), 음주측정의 정확성문제에 대한 제도적 보완(혈액채취 등의 방법에 의한 재측정 보장), 처벌의 요건과 처벌의 정도(측정불응죄의 행위주체를 엄격히 제한) 등에 비추어 합리성과 정당성을 갖추고 있으므로 헌법 제12조 제1항의 적법절차원칙에 위배된다고 할 수 없다.

2. 적법절차의 보장(제12조 제1항, 제3항)

2.1. 의의

적법절차(適[due] · 法[law] · 節次[process])의 원리(due process of law)[1]라 함은 국가의 모든 공권력(입법 · 사법 · 행정)에 의한 국민의 생명 · 자유 · 재산의 침해는 합리적이고 정당한 법률에 의거해서 정당한 절차(적정한 법절차 : per due process de loi)를 밟은 경우에만 유효하다는 원리를 의미한다.[2] 이는 헌법원리이다.[3]

헌법재판소는 적법절차의 원리가 적용되는 범위에 대하여 헌법 제12조 제1항 및 제3

1) 적법절차(due process of law)라는 문언이 처음 등장한 것은 1335년, 영국 에드워드(Edward) 3세의 법령집에서 이다(양건, 헌법강의, 350면; (홍성방, 헌법학, 444면).

2) 권영성, 헌법학원론, 424면; 허영, 한국헌법론, 361면; 안경환, 마법의 상자 적법절차조항, 사법행정, 통권 제321호(1987. 9); 권영설, 미국헌법상 적법절차의 법리와 그 전개, 미국헌법연구, 미국헌법연구소, 1990(제1호), 147 – 190면; 이강혁, 헌법상의 적법절차보장의 확장 – 청문권 · 공문서열람권을 중심으로 –, 현대헌법학이론, 이명구박사 화갑기념논문집, 고시연구사, 1996, 358면 이하.

3) 권영성, 헌법학원론, 424면.

항에만 적용되는 것이 아니고, 형사소송절차 및 행정작용을 비롯하여 모든 국가작용에 적용되고, 기본권제한과 관련되는 관련되지 않든 모든 입법작용과 행정작용에 적용된다고 한다.[1)2)]

헌재결 1994. 4. 28, 93헌바26【형사소송법 제314조 위헌소원】

적법절차의 원칙은 영미법계의 국가에서 국민의 인권을 보호하기 위한 기본원리의 하나로 발달되어 온 원칙으로, 미국의 수정헌법에서 명문화하기 시작하였으며, 대륙법계 국가에서도 이에 상응하여 법치국가원리 또는 기본권제한의 법률유보원리로 정립되어 있다. 여기서 적법절차라 함은 인신의 구속이나 처벌 등 형사절차만이 아니라 국가작용으로서의 모든 입법작용과 행정작용에도 광범위하게 적용되는 독자적인 헌법원리의 하나로 절차가 형식적 법률로 정하여지고 그 법률에 합치하여야 할 뿐만 아니라 적용되는 법률의 내용에 있어서도 합리성과 정당성을 갖춘 적정한 것이어야 하며, 특히 형사소송절차와 관련시켜 적용함에 있어서는 형벌권의 실행절차인 형사소송의 전반을 규율하는 기본원리로 이해하여야 하는 것이다.

다만 국민과 국가간의 관계가 아닌 국가기간 상호간에는 적용되지 않는다고 보고 있다.[3)] 헌법재판소는 적법절차의 내용에 대하여도 절차의 적법성 뿐만 아니라, 그 법률의 절차에 관한 내용이 정의에 합치해야 한다는 절차의 적정성(내용적 정당성) 까지 보장해야하며,[4)] 더 나아가 절차만이 아니라 실체적으로도 법률내용이 합리성과 정당성을 갖추어야 한다고 보고있다.[5)] 결국 절차 및 실체에 있어서 모두 적법성과 정당성을 가져야 한다는 의미이다.[6)]

---

1) 헌재결 1992. 12. 24, 92헌가8【형사소송법 제331조 단서규정에 대한 위헌심판】

2) **반대설**: 헌법 제12조 제1항 제2문과 제3항에 규정된 적법절차의 원칙은 신체의 자유를 제한하는 형사소송절차(수사절차+재판절차)에 관련된 입법, 즉 형사소송 관련 법규범과 그 집행절차에 한하여 인정되는 것이 합리적 이며, 적법절차를 모든 법률의 합리성과 정당성에 대한 요청으로 해석하여 적법절차를 법치주의 안에 포함된 정의의 이념과 동일한 것으로 이해하는 헌법재판소의 입장에는 동의할 수 없고, 이는 적접절차 규정의 의미를 지나치게 확대해석하는 것이라는 견해도 있다(이준일 헌법학강의, 단락번호 [4.4.86]).

3) 헌재결 2004. 5. 14, 2004헌나1【대통령(노무현)탄핵】

4) 헌재결 1993. 7. 29, 90헌바35【반국가행위자의처벌에관한특별조치법 제5조 등 및 헌법재판소법 제41조 등에 대한 헌법소원】

5) 헌재결 1992. 12. 24, 92헌가8; 헌재결 1998. 5. 28, 96헌바4【관세법 제38조 제3항 제2호 위헌소원】

6) 양건, 헌법강의, 350면.

2.2. 연혁

적법절차의 원리는 영·미법상 발달한 인신보호를 위한 헌법상의 기속원리로서,[1] 현행 헌법(제9차개헌 : 1987. 10. 29)이 우리 헌정사상 처음으로 채택한 제도이다(헌법 제12조 제1항 후단). 이는 공권력에 의하여 국민의 권리가 부당하게 침해되는 것을 미연에 방지하고자 하는 제도이다.

영국의 마그나 카르타[2] 및 권리청원에서 발달한 고전적 내용은 그후 1971년 미국연방헌법수정 제5조에 수용되었다.

> **마그나 카르타(대헌장) 제39조**(同輩들에 의한 합법적 재판과 국법에 의한 보장) "자유인은 그 어느 누구도 자기와 같은 신분의 同輩들에 의한 합법적 재판에 의하거나 또는 국법에 의하지 아니하고는 체포·감금·자유침탈·법익박탈·추방 또는 그 외의 어떠한 방법에 의하여서라도 침해되지 아니하며 또 朕 스스로가 자유민들에게 개입하거나 또는 官憲을 파견하지 아니한다.
>
> - Magna Carta(대헌장[1215년 6월 19일])의 제39조
> - 권리청원(Petition of Rights; 1628년) 제4조

이러한 적법절차(due process of law)는 미국 연방헌법을 이해함에 있어 가장 핵심적인 요소를 이루는 것으로서, "질서화된 正義의 정신(the very essence of a scheme of ordered justice)"이라고 일컬어지고 있을 뿐만 아니라, 이는 미국헌법사에 있어서 그것이 갖는 시대적 變容性과 유연성의 결과 이른바 전지전능한 "魔法의 箱子"에 비유되기도 한다.[3]

미국헌법상의 적법절차보장은 절차적 측면뿐만이 아니라 실체적 측면, 즉 개인의 자유와 권리를 제한하는 연방 및 州의 입법의 실체적 적정까지도 요구하고 있다. 이를 실체적 적법절차(substantive due process)라고 한다. 미국헌법상의 적법절차조항은 처음에는 형사절차에서만 적용되어오다가 연방대법원(Supreme Court)의 무수한 판례를 통하여 행정절차에 까지 적용되기에 이르렀다. 그리하여 미국은 1946년 행정절차법(Administrative Process of Law)을 제정하게 되는 계기를 이루었다.

- **1791년 미국연방헌법 수정 제5조[4] 및 1868년 미국연방헌법 수정 제14조 제1항[5]**

---

1) 허영, 한국헌법론, 361면.
2) 적법절차의 원리는 1215년의 마그나 카르타(대헌장)에서 연유되는 것으로 알려져 있으나, due process of law 라는 명시적 표현은 1355년의 에드워드 3세의 제정법 제29조 였다(홍성방, 헌법학, 444면; 양건, 헌법강의, 350면).
3) 안경환, 마법의 상자 적법절차조항, 사법행정, 통권 제321호(1987.9) 98면.

· 제5조 → 연방헌법에만 규정
· 제14조 제1항 → 州法에 까지 확대적용
– 행정절차에 까지 적용 → 1946년 행정절차법(Administrative Process of Law)
– 일본헌법(1947년) 제31조

2.3. 헌법규정

"누구든지 법률에 의하지 아니하고는 체포 · 구속 · 압수 · 수색 또는 심문을 받지 아니하며, 법률과 적법한 절차에 의하지 아니하고는 처벌 · 보안처분 또는 강제노역을 받지 아니한다(제12조 제1항)". "체포 · 구속 · 압수 · 수색을 할 때에는 적법한 절차에 따라 검사의 신청에 의하여 법관이 발부한 영장을 제시하여야 한다(제12조 제3항 전단)"고 규정하여 적법절차의 원리를 규정하고 있다. 구속영장에는 피고인 또는 피의자의 성명 · 주거 · 죄명 · 공소사실의 요지 · 인치구금 할 장소 · 발부연월일 · 그 유효기간과 그 기간을 경과하면 집행에 착수하지 못하며 영장을 반환하여야 할 취지를 기재하고 재판장 또는 수명법관이 서명날인하여야 한다(형사소송법 제75조 제1항). 공소제기 전의 구속영장(피의자에 대한 것으로 검사가 청구한다)이나 공소제기후의 구속영장(피고인에 대한 것)은 모두 법원의 집행기관에 대한 명령장의 성질을 갖는 점에서 법관 이 수사기관에 구속을 허용하는 구속영장과 다르다.

2.4. 내용

2.4.1. 의의

체포라 함은 실력으로 신체의 자유를 구속하여 일정한 장소에 引致하는 것을 말하고, 구속이라 함은 체포하여 신체를 속박하는 것을 말한다. 따라서 구속은 구인(일정한 장소에 실력으로써 강제인치) + 구금(일정한 장소에 계속유치)[1]을 의미한다. 압수란 소지품을 강제적으로 취득하는 것, 즉 물건의 점유를 강제취득하는 것을 말하고, 수색이라 함은 신체 또는 휴대품에 대한 강제적 수색을 말한다.[2] 따라서 가택수색은 16조의 문제이다. 심문은 답변의 강요를 말하며, 처벌은 형사처벌뿐아니라, 본인에게 고통이 되는 일체의 제재를 말한다.

---

4) "… 누구든지 적법절차에 의하지 아니하고는 생명 · 자유 또는 재산을 박탈당하지 아니한다. 정당한 보상 없이는 그 사유재산은 공용을 위하여 수용당하지 아니한다."
5) "… 어떠한 州도 적법절차에 의하지 아니하고는 어느 개인의 생명 · 자유 또는 재산을 박탈할 수 없으며 그 관할내의 어느 개인에 대하여서도 법에 의한 평등보호를 거부하지 못한다."
1) 미결구금만을 의미하므로, 형의 일종인 구류와는 구별된다. ☜ 구류와 구금의 차이
2) 문홍주, 한국헌법, 222면 참조.

[審問과 訊問을 구별할 것]
- 심문
- 피의자신문

체포 : 실력으로 신체의 자유를 구속

구속 : 구인(일정한 장소에 실력으로써 강제인치) + 구금(일정한 장소에 계속유치 ⇒ 미결구금(유죄가 인정되기 전) 만을 의미하므로, 형의 일종인 구류와는 구별된다)
☜ 1980년 제5공화국 헌법상의 구금은 제6공화국 · 1987년 · 제9차 헌법개정에서 구속으로 개정하여 인권보호[1][2]

압수 : 물건의 점유를 강제취득

수색 : 실력으로 신체검색 (가택수색은 제16조의 문제)

심문 : 답변의 강요

처벌 : 형사처벌뿐아니라, 본인에게 고통이 되는 일체의 제재

보안처분 : 개정형법 참조 * 헌법재판소결정 : 구 사회보호법상의 필요적 보호감호처분은 감호기간을 정할 수 있는 법원의 재량을 박탈하므로 위헌

강제노역 : 강제노동

---

1) 구금은 강제처분의 일종으로 비교적 기간이 장기이므로 부당하게 남용하지 못하도록 하기 위하여 1) 보석제도를 두고 및 2) 구속기간을 제한하고 있다. 피고인에 대한 구속기간은 원칙적으로 2월로 하고 필요에 따라 심급마다 2차에 한하여 결정으로 경신할 수 있으나 경신한 기간도 2월로 한다(형사소송법 제92조). 피의자에 대한 구속기간은 원칙적으로 10일 이내이지만 1차에 한하여 검사는 10일 이내 연장할 수 있다(형사소송법 제202조 · 제203조 · 제205조).

2) 구속 및 구금은 서로 혼동하기 쉬운 용어이다. 구속은 형사소송법에 있어서는 피고인(죄를 범한 자로서 공소의 제기를 받은 자) 또는 피의자(범죄의 혐의를 받아 수사의 대상으로 되었으나 아직 공소가 제기되지 아니 한 자)의 신체의 자유를 체포에 비하여 장기간에 걸쳐 제한하는 강제처분이다. 구속은 죄를 범하였다고 의심할 만한 상당한 이유가 있는 경우로서 일정한 주거가 없을 때, 증거를 인멸할 염려가 있는 때, 도망 또는 도망할 염려가 있는 때에 재판장 또는 수명법관이 발부하는 영장(이것을 '구속영장'이라고 한다)에 의하여 행하여진다(형사소송법 제70조 제1항 · 제75조 제1항). 그리고 형사소송법에서 구속은 구인과 구금을 포함하는 개념이다(형사소송법 제69조). 구인은 법원이 신문할 목적으로 피의자 · 피고인이나 그 밖의 관계인이 소환에 응하지 아니할 때, 일 정한 장소(예컨대 법원)에 인치하는 강제처분 이다. 구인을 함에는 구속영장이 있어야 하며(형사소송법 제73조), 또 인치한 경우에 구금할 필요가 없다고 인정한 때에는 그 인치한 때 로부터 24시간 내에 석방하도록 되어 있다(형사소송법 제71조). 구금은 신체의 자유를 구속하여 피의자 · 피고인을 교도소 또는 구치소 등에 감금하는 강제처분을 말하는 데, 미결구금이라는 점에서 후술하는 형의 일종인 '구류'와 다르다. 또 피고인을 구속하려고 하는 경우에 피고인에 대하여 범죄사실의 요지와 변호인을 선임할 수 있음을 말하고 변명할 기회를 준 후가 아니면 구속할 수 없다(형사소송법 제72조).

- 절차의 적법뿐만 아니라 절차의 적정까지 의미
- 형식적 의미의 법률 뿐 아니라 일체의 법
- 처벌 · 보안처분 · 강제노역(제12조 제1항)
- 신체적 · 정신적 · 재산적으로 불이익이 되는 일체의 制裁
- 입법 · 행정절차[1] · 사법절차모두에 적용[2]
- 형사소추(기소편의주의의 한계) · 재판절차

2.4.2. 적법절차에 있어서의 법의 의미

適法에 있어서의 법은 법률보다 넓은 의미로 파악하여야 한다. 이는 헌법 제12조가 법률과 適法을 구별하여 규정하고 있는 점에서도 잘 나타나 있다. 적법절차에 있어서의 법은 형식적 의미의 법률 뿐 아니라 일체의 법을 의미한다. 법률의 경우는 형식적 의미의 법률만을 의미하며 명령이나 조례 · 규칙 등은 원칙적으로 포함하지 아니하나 법은 법의 실질 내지는 이념이라고 할 수 있는 정의 · 윤리 · 사회상규 까지도 포함하기 때문이다.[3] 그리고 적법절차에 있어서의 법은 정의 · 윤리 · 사회상규 이외에도 헌법 내지 헌법원리에 적합하여야 한다. 여기서 말하는 헌법원리는 적법절차와 관련하여 자유민주적 기본질서의 확립을 추구하는 헌법국가에서의 자유민주주의(자유민주주의국가)원리와 법치주의(법치국가)원리가 여기에 포함될 것이다.[4] 적법절차의 원리는 모든 국가작용(입법작용 · 행정작용 · 사법작용)을 지배하는 헌법원리[5]이며,[6] 따라서 법률의 정당성을 판단하는 위헌법률심판의 심

---

1) 행정절차에 있어서의 절차(process)란 권리의 실질적인 내용을 실현하기 위하여 채택하여야 할 수단적 · 기술적 순서나 방법으로서 고지 · 청문 · 변명 등 방어기회의 제공절차로서 행정절차를 포함한다.
2) 권영성, 헌법학원론, 424면.
3) 권영성, 헌법학원론, 425면.
4) 이강혁, 헌법상의 적법절차보장의 확장 – 청문권 · 공문서열람권을 중심으로 – 현대헌법학이론, 이명구 박사 화갑기념논문집, 고시연구사, 1996, 360면.
5) 헌법 제12조 제3항 본문은 동조 제1항과 함께 적법절차원리의 일반조항에 해당하는 것으로서, 형사절차상의 영역에 한정되지 않고 입법, 행정 등 국가의 모든 공권력의 작용에는 절차상의 적법성 뿐만 아니라 법률의 구체적 내용도 합리성과 정당성을 갖춘 실체적인 적법성이 있어야 한다는 적법절차의 원칙을 헌법의 기본원리로 명시하고 있는 것이므로 헌법 제12조 제3항에 규정된 영장주의는 구속의 개시시점(開始時點)에 한하지 않고 구속영장의 효력을 계속 유지할 것인지 아니면 취소또는 실효시킬 것인지의 여부도 사법권독립의 원칙에 의하여 신분이 보장되고 있는 법관의 판단에 의하여 결정되어야 한다는 것을 의미하고, 따라서 형사소송법 제331조 단서 규정과 같이 구속영장의 실효 여부를 검사의 의견에 좌우되도록 하는 것은 헌법상의 적법절차의 원칙에 위배된다(헌재결 1992. 12. 24, 92헌가8, 형사소송법 제331조 단서 규정에 대한 위헌심판).
6) 홍성방, 헌법학, 445면.

사기준이되고,[1] 적법절차위반을 이유로 헌법소원을 제기할 수 있다.[2]

2.4.3. 처벌의 의미

처벌이란 반드시 형사상의 처벌만을 의미하는 것은 아니다. 특히 오늘날의 행정국가화 현상에 따른 행정권의 국민의 자유와 권리에 대하여 침해하는 경우가 많이 발생할 수 있기 때문에 행정처분에 의한 자유와 권리의 침해에 대하여 자유가 제한되는 경우(예 : 전염병 예방법상의 강제수용 · 보안관찰법상의 보안관찰처분 등)는 바로 적법절차의 원리가 적용되어야 한다.

2.4.4. 판례

a) 청문의 기회를 보장하지 않은 경우

종래의 변호사법 제15조를 위헌으로 판시한 헌법재판소의 결정에 의하면「공소가 제기된 변호사에 대하여 형사상의 소추만으로 법무부장관의 일방적인 명령에 의하여 변호사업무를 정지시키는 것은 당해 변호사가 자기에게 유리한 사실을 진술하거나 필요한 증거를 제출할 수 있는 청문의 기회가 보장되지 아니하여 적법절차를 존중한 것이 아니한 것이 된다」라는 이유로써 변호사법 제15조를 위헌으로 판시한 바 있다.

> 헌재결 1990. 11. 19, 90헌가48【변호사법 제15조에 대한 위헌심판】
> 변호사에게 변명의 기회를 부여하지 아니한 채 법무부 장관이 변호사업무를 정지시키는 행위는 적법절차에 위반된다.

b) 국가의 모든 공권력의 작용(입법 · 행정 · 사법)

「적법절차원리」의 일반조항은 형사절차상의 영역에 한정되지 않고 입법, 행정 등 국가의 모든 공권력의 작용에는 절차상의 적법성뿐만 아니라 법률의 실체적 내용도 합리성과 정당성을 갖춘 실체적인 적법성이 있어야 한다.

> 헌재결 1992. 12. 24, 92헌가8【형사소송법 제331조 단서규정에 대한 위헌심판】
> 신체의 자유의 절차적 보장(적법절차의 원리의 보장 · 영장주의)
> 헌법 제12조 제3항 본문은 동조 제1항과 함께「적법절차원리」의 일반조항에 해당하는 것으로서, 형사절차상의 영역에 한정되지 않고 입법, 행정 등 국가의 모든 공권력의 작용에는 절차상의 적법성뿐만 아니라 법률의 실체적 내용도 합리성과 정당성을 갖춘 실체적

---

1) 홍성방, 헌법학, 445면.
2) 홍성방, 헌법학, 446면.

인 적법성이 있어야 한다는 적법절차의 원칙을 헌법의 기본원리로 명시하고 있는 것이다.

c) 기소편의주의의 한계(공소권의 남용금지)

검사가 일련의 범죄행위중 일부에 대해서만 이미 구속된 사실을 알면서도 정당한 사유없이 수사 및 소추권을 행사하지 않고 있다가 판결확정후 행한 검사의 추가기소는 헌법상의 적정절차(due process)의 보장이념(헌법 제12조 제1항)에 비추어 공소권의 남용으로서 공소제기의 절차가 무효이다.

대구지법 의성지원 1998. 11. 7, 98고단200 【총포, 도검, 화약류등단속법위반】

검사는 형사소송법 제246조, 제247조의 규정에 따라 범죄의 구성요건에 해당하여 형사적 제재를 가함이 상당하다고 판단되는 경우에는 공소를 제기하거나 또는 형법 제51조 소정의 제반사정을 참작하여 공소를 제기하지 아니할 수 있는 재량권이 있는 것이나, 이는 검사에게 무제한적인 소추권을 부여한 것이 아니라 검사의 소추권은 헌법과 형사소송법의 근본이념에 벗어나지 않게 적정하게 행사되어야 하며 공소권의 행사가 형식적으로는 적법하지만 실질적으로는 소추재량을 현저히 일탈하여 적정성을 결여한 경우에는 헌법상의 적정절차(due process)의 보장이념(헌법 제12조 제1항)에 비추어 공소권의 남용으로서 공소제기의 절차가 무효인 경우에 해당한다(법률신문 1998. 12. 7.).

3. (사전)영장주의(제도)의 확립(제12조 제3항)

3.1. 의의

(사전)영장주의(제도)라 함은 수사기관이 사람을 체포·구속하는 데에는 원칙적으로 법관이 발부한 영장을 제시하여야 한다는 원칙이다(헌법 제12조 제3항). 영장에는 구속대상·압수의 목적물·수색의 장소 등이 구체적으로 명시되어야 하며, 이에 대한 명시적 규정이 없는 이른바 일반영장은 부인된다. 영장제도를 채택함으로서 신체의 자유를 보장하기 위한 것은 법률유보의 원칙과 비교하여 법관유보라 칭하기도 한다.

헌재결 1992. 12. 24, 92헌가8 【형사소송법제331조단서규정에대한위헌심판】

「헌법 제12조 제3항 본문은 동조 제1항과 함께 적법절차원리의 일반조항에 해당하는 것으로서, 형사절차상의 영역에 한정되지 않고 입법, 행정 등 국가의 모든 공권력의 작용에는 절차상의 적법성뿐만 아니라 법률의 구체적 내용도 합리성과 정당성을 갖춘 실체적인 적법성이 있어야 한다는 적법절차의 원칙을 헌법의 기본원리로 명시하고 있는 것이므로 헌법 제12조 제3항에 규정된 영장주의는 구속의 개시시점에 한하지 않고 구속영장의 효력을 계속 유지할 것인지 아니면 취소 또는 실효시킬 것인지의 여부도 사법권독립의 원칙에 의하여 신분이 보장되고 있는 법관의 판단에 의하여 결정되어야 한다는 것을 의미하고, 따라서 형사소송법 제331조 단서 규정과 같이 구속영장의 실효 여부를 검사의 의견에 좌우되도록 하는 것은 헌법상의 적법절차의 원칙에 위배된다」고 판시하고 있다.

영장주의 원칙과 관련하여 현행 헌법은 '검사의 신청에 의하여 법관이 영장을 발부'하도록 규정하고 있는데, 여기서 검사의 신청 없이도 법관이 영장을 발부할 수 있는가가 문제된다. 헌법재판소는 수사단계와 공판단계를 구분하지 아니하고 모든 단계에서 검사의 영장신청을 필요로 하지는 않는다고 판시하여, 공판단계에서는 검사의 신청이 없어도 법관이 영장을 발부할 수 있다. 모든 단계에서 검사의 영장신청을 필요로 하는 경우 오히려 검사가 법관을 통제하는 결과를 가져오기 때문에 오히려 신체의 자유의 본질에 반할 수 있으므로 헌법재판소의 판단은 옳다고 본다.[1)]

헌재결 1997. 3. 27, 96헌바28 【형사소송법 제70조 제1항 등 위헌소원】

【결정요지】

1. 형사절차에 있어서의 영장주의란 체포 · 구속 · 압수 등의 강제처분을 함에 있어서는 사법권 독립에 의하여 그 신분이 보장되는 법관이 발부한 令狀에 의하지 않으면 아니된다는 원칙이고, 따라서 영장주의의 본질은 신체의 자유를 침해하는 강제처분을 함에 있어서는 중립적인 법관이 구체적 판단을 거쳐 발부한 영장에 의하여야만 한다는 데에 있다.

2. 헌법 제12조 제3항이 영장의 발부에 관하여 "검사의 신청"에 의할 것을 규정한 취지는 모든 영장의 발부에 검사의 신청이 필요하다는 데에 있는 것이 아니라 수사단계에서 영장의 발부를 신청할 수 있는 자를 검사로 한정함으로써 검사 아닌 다른 수사기관의 영장신청에서 오는 인권유린의 폐해를 방지하고자 함에 있으므로, 공판단계에서 법원이 직권에 의하여 구속영장을 발부할 수 있음을 규정한 형사소송법 제70조 제1항 및 제73조 중 "피고인을 …… 구인 또는 구금함에는 구속영장을 발부하여야 한다." 부분은 헌법 제12조 제3항에 위반되지 아니한다.

3.2. 연혁

사전영장제도는 1679년의 인신보호령(Habeas Corpus Act)에서 유래한다. Habeas Corpus는 '인신을 법관의 면전에 가져오라(bring the body before the court)'라는 의미의 라틴어이다.[2)] 이와 같이 사전영장제도는 영미법에서 발생 · 발달한 것으로서 범죄수사로 인한 부당한 인권침해를 방지하기 위한 헌법 정책적 목적에서 연유된 것이다.

군정법령 제176호에 의하여 처음으로 도입된 뒤 헌법에까지 규정되게 된 것으로, 범죄수사로 인한 부당한 인권침해와 신체의 자유의 침해를 막는 데 그 의의가 있다.

3.3. (사전)영장주의의 예외

영장제도의 예외로는 다음과 같은 경우가 있다. (ㄱ) 현행범인인 경우와, (ㄴ) 장기 3

---

1) 이준일, 헌법학강의, 단락번호 [4.4.60].

2) 홍성방, 헌법학, 446면 각주 270) 참조.

년 이상의 형에 해당하는 죄를 범하고 도피 또는 증거소멸의 염려가 있을 때에는 사후영장을 청구할 수 있으며(제12조 제3항 단서), (ㄷ) 비상계엄선포지역에서는 이 영장제도의 시행에 특별한 조치를 할 수 있다(제77조 제3항).[1] 형사소송법은 긴급구속의 요건을 규정하고 있다. 피의자가 사형 · 무기 또는 장기 3년 이상의 징역이나 금고에 해당하는 죄를 범하였다고 의심할 만한 상당한 이유가 있고, 도피 또는 증거소멸의 염려가 있을 때에는 긴급구속을 하고 사후영장을 청구할 수 있다(형사소송법 제200조의3).

입법권자는 영장주의에 대한 예외를 인정하는 입법을 임의로 정할 수 없고, 헌법이 예외로 인정하는 경우에 한한다.[2]

「헌법이 예외로 인정하는 경우」

헌법 제12조 제3항 단서: 현행범인인 경우와 장기 3년 이상의 형에 해당하는 죄를 범하고 도피 또는 증거인멸의 염려가 있을 때에는 사후에 영장을 청구할 수 있다.

헌법 제77조 제3항: 비상계엄이 선포된 때에는 법률이 정하는 바에 의하여 영장제도, 언론 · 출판 · 집회 · 결사의 자유, 정부나 법원의 권한에 관하여 특별한 조치를 할 수 있다.

현행범인이라고 할지라도 경미한 죄의 현행범인 경우에는 주거가 불명한 경우에만 체포영장 없이 체포가 가능하며(형소법 제214조), 긴급체포[3]의 경우에도 구속영장은 피의자를 체포한 때부터 48시간 이내에 청구하여야 하며, 제200조의3 제3항에 따른 긴급체포서를 첨부하여야 한다(형소법 제200조의4 제1항). 구속영장을 청구하지 아니하고 피의자를 석방한 경우에는 석방한 날부터 30일 이내에 서면으로 석방된자의 인적 사항, 석방사유 등을 법원에 통지하여야 한다(형소법 제200조의3과 4 참조).[4] 동법 제200조의4 제5항에서는 "긴

1) 비상계엄하의 특별한 조치가 무엇인가에 대하여 많은 논란이 있었는데, 제1공화국의 헌법위원회는 비상계엄하에 있어서도 영장제도를 배제하는 것은 아니라는 결정을 한바 있다.

2) 허영, 한국헌법론, 370면.

3) 제200조의3 (긴급체포) ① 검사 또는 사법경찰관은 피의자가 사형 · 무기 또는 장기 3년 이상의 징역이나 금고에 해당하는 죄를 범하였다고 의심할 만한 상당한 이유가 있고, 다음 각 호의 어느 하나에 해당하는 사유가 있는 경우에 긴급을 요하여 지방법원판사의 체포영장을 받을 수 없는 때에는 그 사유를 알리고 영장 없이 피의자를 체포할 수 있다. 이 경우 긴급을 요한다 함은 피의자를 우연히 발견한 경우 등과 같이 체포영장을 받을 시간적 여유가 없는 때를 말한다. 1. 피의자가 증거를 인멸할 염려가 있는 때 2. 피의자가 도망하거나 도망할 우려가 있는 때 ② 사법경찰관이 제1항의 규정에 의하여 피의자를 체포한 경우에는 즉시 검사의 승인을 얻어야 한다. ③ 검사 또는 사법경찰관은 제1항의 규정에 의하여 피의자를 체포한 경우에는 즉시 긴급체포서를 작성하여야 한다. ④ 제3항의 규정에 의한 긴급체포서에는 범죄사실의 요지, 긴급체포의 사유등을 기재하여야 한다.

4) 허영, 한국헌법론, 370면.

급체포 후 석방된 자 또는 그 변호인·법정대리인·배우자·직계친족·형제자매는 통지서 및 관련 서류를 열람하거나 등사할 수 있다"고 규정하고 있고, 동조 제6항에서는 "사법경찰관은 긴급체포한 피의자에 대하여 구속영장을 신청하지 아니하고 석방한 경우에는 즉시 검사에게 보고하여야 한다"고 하고 있다.

- 현행범(헌법 제12조 제3항 단서); 준현행범인
- 긴급체포·구속의 경우(형사소송법 제206조)
- 비상계엄(헌법 제77조 제3항): 국가긴급사태의 극복을 위함[1)]

『용어해설』

현행범: ① 범죄의 실행 중이거나, ② 범죄의 실행직후에 있는자

준현행범: ① 범인으로 호칭되어 追跡되고 있는자, ② 신체 또는 의복에 현저한 증적(證迹)이 있는자, ③ 누구냐고 물었을 때 도망가는자

헌재결 1997. 3. 27, 96헌가11 **【도로교통법제41조제2항등위헌제청】**

도로교통법 제41조 제2항에 규정된 음주측정은 성질상 강제될 수 있는 것이 아니며 궁극적으로 당사자의 자발적 협조가 필수적인 것이므로 이를 두고 법관의 영장을 필요로 하는 강제처분이라 할 수 없다. 따라서 이 사건 법률조항이 주취운전의 혐의자에게 영장없는 음주측정에 응할 의무를 지우고 이에 불응한 사람을 처벌한다고 하더라도 헌법 제12조 제3항에 규정된 영장주의에 위배되지 아니한다.

3.4. 영장제시요구권

체포·구속·압수 또는 수색을 할 때에는 적법한 절차에 따라 검사의 신청에 의하여 법관이 발부한 영장을 제시하여야 한다(제12조 제3항, 제16조). 따라서 누구든지 체포영장·구속영장·수색영장의 제시를 요구할 수 있다. 영장제시요구권은 사전영장주의와 밀접한 관련이 있기 때문에, 현행범인 경우와 긴급체포(이 경우에도 지체없이 48시간 이내에 구속영장을 청구하고, 석방시 석방사유를 법원에 통지하여야 한다)의 경우를 제외하고는 신체의 자유와 주거의 자유를 침해해서는 안된다. 따라서 형사피의자를 강제연행한 후 일반영장을 발부받은 경우에는 영장발부 때까지 인신을 붙잡아 둔 것은 불법체포구금으로 국가는 불법행위로 인한 손해배상의무가 있다.[2)]

---

1) 그러나 비상계엄하에서 영장주의를 제한하는 경우에도 법관에 의한 영장제도 그 자체를 전면적으로 배제할 수는 없다(헌법위원회 결정 1953. 10. 18)

2) 대판 1993. 11. 24, 93다35155 【손해배상(기)】 이른바 임의동행에 있어서의 임의성의 판단은 동행의 시간과 장소, 동행의 방법과 동행거부의사의 유무, 동행 이후의 조사 방법과 퇴거의사의 유

임의동행의 형식으로 이루어지는 강압적인 인신의 자유의 제약도 금지되며, 따라서 수사에 대한 소환불응 내지 출석요구에 불응하는 형사피의자를 강제구인 혹은 긴급구속하는 것도 금지된다.[1)]

3.5. 別件체포 · 구속의 위헌성

해결이 어려운 중대한 법죄사건을 수사하는 경우 흔히 이용하는 별건체포 · 구속이 있다. 이는 중대한 사건(살인사건 등) 체포 또는 구속영장을 청구할 정도의 증거를 수집할 수 없거나, 이미 증거가 수집된 별도의 경미한 사건(폭행사건)으로 체포 또는 구속영장을 발부받아 체포나 구속을 하는 것을 말한다.[2)] 그러나 법관의 사전심사가 회피되어 헌법 제12조 제3항에 위반되고, 체포 · 구속의 이유가 고지되지 아니하므로 헌법 제12조 제5항에 위반되며, 자백을 얻기 위한 부당한 수단으로 이용될 경우에는 헌법 제12조 제2항의 고문금지조항에 위반되고, 전체적으로 절차가 위법하므로 헌법 제12조 제1항 제2문의 적법절차의 원리에 위반된다.[3)]

4. 체포 · 구속시 그 이유와 변호인의뢰권 고지제도(제12조 제5항 : 미란다 원칙)

4.1. 의의

체포 · 구속이유와 변호인의뢰권 고지제도는 "누구든지 체포 또는 구속의 이유와 변호인의 조력을 받을 권리가 있음을 고지 받지 아니하고는 체포 또는 구속을 당하지 아니한다"는 것이다. 이를 미란다원칙 혹은 Miranda Rule이라고도 한다.[4)] 체포 또는 구속을 당한 자의 가족 등 법률이 정하는 자에게는 그 이유와 일시 · 장소가 지체없이 통지되어야 한다(헌법 제12조 제5항).

무 등 여러 사정을 종합하여 객관적인 상황을 기준으로 하여야 한다. 국가안전기획부 수사관들이 피의자를 연행한 1991. 7. 8. 04 : 40경부터 48시간 내에 사후 구속영장을 발부받지 아니하고 같은 해 7. 10. 01 : 35경 통상의 구속영장을 발부받아 집행하였다면 피의자를 불법체포 구금한 것에 해당하고 이와 같은 경우 통상의 구속영장을 발부받아 집행하였다고 하여 불법체포나 그 동안의 구금이 적법하게 된다고 할 수 없다.

1) 허영, 한국헌법론, 377면.
2) 권영성, 헌법학원론, 432면.
3) 권영성, 헌법학원론, 432면.
4) Miranda v. Arizona, 384 U.S. 436(1966).

[미란다원칙의 탄생배경][1)]

1. 사건의 개요

1963년 3월 아리조나주 피닉스시 경찰은 어네스토 미란다라는 멕시코계 미국인을 체포했다. 18세소녀를 납치해 강간했다는 혐의로 경찰에 연행된 미란다는 경찰서로 연행되어 변호사도 없는 상태에서 두 명의 경찰관에 의해 조사를 받았다. 미란다는 처음에는 결백을 주장했으나 후에는 자신의 범행을 인정하는 구두자백과 범행자백자술서를 썼다. 이 자술서 끝에는 미란다의 자백이 경찰의 협박이나 형량경감의 조건 없이 자발적으로 이루어졌고, 자신의 진술이 재판에서 불리하게 적용될 수 있다는 사실, 그리고 자신의 법적 권리에 대해서 미란다가 충분히 인지하고 있다는 문구가 타자로 쳐 있었다. 그 아래에는 중학교도 졸업하지 못한 미란다의 서투른 필기체 서명이 보였다.

2. 하급심 법원의 판단 및 연방대법원에의 상고

재판이 시작되자 미란다는 자신의 자백진술서를 증거로 인정하는데 반대했지만, 아리조나 주법원에서 미란다의 요구는 받아들여지지 않았다. 미란다의 자백진술서는 배심원이 유죄를 평결하는 결정적 증거가 되어 최저 20년, 최고 30년의 중형을 언도 받았다. 이에 미란다는 아리조나 주대법원에 상고했지만 역시 유죄가 인정되었고, 마지막수단으로 연방대법원에 상고했다.

상고서에서 미란다는 수정헌법 제5조에 보장된 불리한 증언을 하지 않아도 될 권리와 수정헌법 제6조에 보장된 변호인의 조력을 받을 권리가 침해되었다고 주장하였다. 미란다의 상고심이 열리기까지 미국 법원은 수사기관의 자백강요를 예방하기 위하여 보장한 권리, 즉 묵비권을 행사할 권리나 자신에게 불리한 진술을 거부할 권리는 경찰의 신문과정에서는 적용되지 않는 것으로 인정했다.

3. 연방대법원의 판결

1966년 6월 13일 연방대법원(워렌대법원장)은 대법원장을 포함한 5 : 4로 '자신에게 불리한 증언을 하지 않아도 될 권리와 변호사를 접견할 권리가 침해되었기 때문에 상고인의 유죄를 인정할 수 없다'고 결정하여, 재심의 기회를 부여하도록 하였다. 이는 경찰의 수사과정에서의 피의자의 권리를 보장한 판결로 유명하다. 검찰이 피의자의 인권을 보호하기 위하여 취해야 할 조치는 다음과 같다.

- 신문(訊問)을 시작하기 전 피의자는 묵비권을 행사할 수 있다는 것, 언급한 어떤 말도 자신에게 불리한 증거로 사용될 수 있다는 것,
- 변호사를 접견하고 도움을 받을 수 있다는 것을 고지 받아야 한다.
- 피고는 이러한 권리를 포기할 수 있으나 그것은 자발적이어야 하고, 주변상황을 분명히 인지한 후 포기했다는 것이 증명되어야 한다.
- 그러나 피의자가 수사 도중에 어떤 형태로든 변호사와 상의하고 싶다는 것을 표시한다면 신문은 중단되어야 한다.

---

1) 장호순, 미국헌법과 인권의 역사, 개마고원, 1998, 251면 이하 참조.

- 피의자가 변호인이 없는 상태에서도 어떤 형태로든 그가 심문을 받고싶지 않다고 표시하면 경찰은 訊問을 계속할 수 없다"

워렌 대법원장은 이러한 요건을 제시한 목적은 신문과정에서 피의자가 묵비권을 행사하든 자백을 하든 완전한 자유상태에서 행해지도록 보장하기 위한 것이라고 강조했다.

[정리] : 미란다경고의 내용은 다음과 같다.[1)]

1. 당신은 묵비권을 행사할 수 있다.
2. 당신이 행한 진술은 불리한 증거로 사용될 수 있다.
3. 당신은 수사기관이나 기타의 신문에서 당신이 지정한 변호인의 입회·조력을 받을 수 있다.
4. 당신에게 변호인 의뢰비용이 없으면 국선변호인 선임을 요구할 수 있다.

[미 연방대법원, 미란다원칙 재천명][2)]

미국 경찰 사이에는 피의자로부터 자백을 받거나 핵심적인 범죄의 증거를 수집하기 쉽도록 하기 위하여 피의자가 범행사실을 자백할 때까지 정식신문을 시작하지 아니한 채 이를 유도하는 비공식적인 사실상의 신문을 행하다가 피의자가 범행을 자백하거나 범행과 관련된 유력한 정황을 진술하기 시작하면 비로소 미란다원칙을 고지하고 정식 신문절차에 들어가는 이른 바 2단계의 신문(two step interrogation)관행이 널리 퍼져 있는데, 그와 같은 경찰의 수사관행이 미란다 원칙을 잠탈하는 부적법한 것인지가 쟁점이 되었다. 미 연방대법원은 2004. 1. 26. Fellers v. U.S. 사건에 관하여 판결하면서 만장일치로 경찰의 위와 같은 신문관행이 미란다 원칙에 반하는 것이어서 그에 따른 자백은 증거능력이 없다고 함으로써 수사에 있어서 미란다 원칙이 엄격히 적용되어야 함을 재천명하였다.

1. 사건의 개요

2000. 2. 24. Nebraska에 사는 Fellers라는 사람이 메스암페타민의 거래 공모 혐의로 자신의 집에서 체포되었다. 경찰은 체포 당시 자신들이 적법한 체포영장을 소지하고 있음을 밝히는 한편 Fellers가 공범의 메스암페타민 거래에 구체적으로 관여하였다는 정보를 입수하였으며 이점에 관하여 '이야기를 나누기 원한다(want to discuss)'고 자신들의 방문목적을 밝혔다. Fellers는 체포가 이루어지기 전 약 15분간 경찰과 대화를 나누면서 자신이 공범 중 한명에게 마약밀매에 필요한 자금을 제공하였다는 내용을 자백하였는데, 그 과정에서 경찰은 Fellers에게 변호인 선임권을 포함한 피의자로서의 권리를 전혀 고지하지 않았다. 구치소에 수감 된 후 Feller는 진술거부권을 행사하지 아니한다는 의사표시를 하고 경찰의 정식 신문에 응하여 다시 같은 내용의 자백을 하였으며 그에 따라 조서가 작성되었다. 그러나 그 뒤 Fellers는 재판절차에서 자신이 집에서 체포되면서 한 최초의 자백 당

---

1) 한상범, 헌법이야기, 현암사, 1997, 127면 참조.

2) 조영선 판사, [법률신문 : 입력 날짜 : 2004-04-14].

시 진술거부권 및 변호인의 조력을 받을 권리에 대하여 고지 받지 않은 상태였으므로 그 자백은 증거능력이 없을 뿐 아니라, 나아가 구치소에 수감된 이후의 자백 역시 앞서한 부당한 자백의 결과물(fruit)에 지나지 않으므로 역시 증거능력이 없다고 다투었다.[1)]

2. 연방 대법원 판결 이유의 요지

경찰은 Fellers의 집에서 자백을 받을 당시 의도적으로 그에게 피의자의 권리를 고지하지 아니하였고 이는 수정헌법 6조에 규정된 피의자의 권리를 침해한 부적법한 수사절차였음이 명백하다. 원심은 Fellers가 그 후 구치소에서 명시적으로 진술거부권 등을 포기하고 자발적으로 다시 자백을 하였다는 사실에만 주목하여 만연히 이 사안이 Oregon vs. Elstad 사건의 사실관계와 동일한 것으로 보는 한편 그와 같은 자백이 앞서 이루어진 부적법한 자백의 결과물(Fruit)라는 점을 간과하였으며 이는 수정헌법 5조의 취지에도 반하는 것이다. 따라서 원심은 파기를 면할 수 없으며 나아가 원심은 이 사건에서와 같이 피의자가 미란다원칙을 고지 받지 않은 상태에서 한 부적법한 자백이 선행하고, 그 후 피의자가 정식으로 미란다원칙을 고지 받은 뒤 자발적, 명시적으로 진술거부권 등을 포기하고 같은 자백을 되풀이 경우에까지도 동일하게 Oregon vs. Elstad 의 법리를 적용할 수 있는지 여부를 다시 검토하여야 한다고 하면서 이 사건을 원심법원에 환송하였다.

3. 판결의 의의

위 판결을 통하여 연방대법원은, 수사기관이 의도적으로 변호인선임권을 포함한 피의자의 권리에 관하여 적법한 고지를 하지 않은 채로 자백을 받아낸 이상, 비록 그 뒤 피의자가 정식으로 미란다 원칙을 고지 받은 뒤 같은 내용의 자백을 되풀이하였다고 하더라도 이는 앞서의 증거능력 없는 최초 자백의 결과물(tainted fruit)에 지나지 않는다고 함으로써 우리에게도 널리 알려진 이른 바 '독수(毒樹)의 독과(毒果)' 이론을 재확인, 형사소송에서 적법절차(Due process of law)의 원칙을 한층 강조하고 그 적용 외연을 넓히는 한편, 앞서 본바와 같은 경찰의 2단계신문이라는 수사관행을 탈법적인 것으로 규정하여 제동을 걸었다는 점에 큰 의미를 발견할 수 있다.

---

1) 치안판사(Magistrate judge)는 Fellers의 주장을 받아들여 구치소에서의 자백이 미란다 원칙에 위배된 것이라는 이유로 증거능력을 인정하지 아니하였으나, Nebraska 지방법원은 Fellers가 집에서 한 자백은 미란다원칙에 위배된 것으로 증거능력을 인정할 수 없지만 구치소에서의 자백은 1985. 연방대법원의 Oregon vs. Elstad 사건의 판시와 같이 피의자가 미란다원칙에 대한 고지를 받은 후에 자발적, 명시적으로 진술거부권을 포기한 상태에서 한 적법한 것이어서 증거능력이 있다고 전제하고, 유죄를 인정하여 징역 12년을 선고하였다. 항소심인 제8 연방 순회 항소법원(8th Circuit)은 1심의 견해를 지지하여 항소를 기각하였고, Fellers의 상고가 받아들여져 연방 대법원이 심리하게 되었다.

4.2. 내용

4.2.1. 피의자(현행범 · 긴급구속자 포함) · 피고인

구속이유를 고지받을 사람은 체포 혹은 구속을 당한 자와 체포 · 구속을 당한 자의 가족 중 법률이 정한 자이다.[1] 여기서 체포 혹은 구속이라 함은 구속영장을 발부받아 체포 · 구속하는 경우는 물론이고, 현행범 및 긴급구속자 및 현행범인을 인도받은 경우도 포함한다.[2] 고지는 피의자 · 피고인에게, 통지는 피의자 · 피고인의 가족이나 법률이 정한자(변호인 · 법정대리인 · 배우자 · 직계가족 · 형제자매 · 호주)에게 행해진다. 피의자의 가족이나 변호인 등도 피의자의 구속이유와 구속시기 및 장소를 알지 못한다면 피의자에 대한 변론 · 방어를 도울 수 없기 때문에 이들에게도 그 사실을 통지할 필요가 있다. 우리나라는 형사소송법에서 이를 규정하고 있었으나, 이것이 잘 지켜지지 않았고, 특히 임의동행 내지는 불법구속된 피의자들의 가족이 구금장소를 몰라 변호인의 접견교통권이 보장되지 않는 문제가 발생하였기 때문에 현행 헌법은 구속이유의 고지 · 통지제도를 특별히 명문화 한 것이다.[3] 미란다원칙을 무시한 체포에 대한 저항행위는 정당방위를 구성하여 위법성이 조각된다.

- **고지** : 피의자(피고인)
- **통지** : 피의자(피고인)의 가족이나 법률이 정한자(변호인 · 법정대리인 · 배우자 · 직계가족 · 형제자매 · 호주)

[미란다원칙 무시한 체포때 저항행위는 정당방위]

현행범 체포시 변호인의 도움을 받을 권리 등을 알리는 이른바 '미란다원칙'을 지키지 않았다면 체포에 맞서 저항한 행위는 정당방위에 해당한다는 대법원 판결이 나왔다.

대법원 형사3부(주심 : 송진훈 · 宋鎭勳)는 9일 공무집행방해와 특정범죄가중처벌법 위반 등 혐의로 구속기소된 한모씨(39)에 대한 상고심에서 검찰상고를 기각, 폭력혐의를 포함한 공무집행방해에 부분에 무죄를, 나머지 혐의에 대해 징역 8월을 선고한 원심을 확정했다. 재판부는 판결문에서 "현행범을 체포할 때는 범죄사실요지, 체포이유, 변호인을 선임할 기회 등을 지체없이 알리고 변명의 기회를 주어야 한다"며 이런 적법절차를 지키지 않은 체포를 거부하며 폭력을 행사한 것은 정당방위에 해당, 공무집행방해죄가 될 수 없다고 밝혔다. 한씨는 작년 2월 음주교통사고를 내고 달아나다 검문에 걸려 강제로 순찰차에 태워지는 과정에서 경찰관의 몸을 밀치고 넘어뜨리는 등 폭력을 휘두른 혐의 등으로 기소됐으며, 1, 2심에서 뺑소니와 도로교통법위반 부분에

---

1) 김철수, 헌법학(상), 735면.
2) 김철수, 헌법학(상), 735면; 대판 1994. 3. 11, 93도958 【폭력행위등처벌에관한법률위반, 공무집행방해】
3) 김철수, 헌법학(상), 734면; 김계환, 헌법학정해, 494면 참조.

대해서만 징역 8월을 선고받았다.[1]

4.2.2. 방법

통지할 시기에 관하여 형사소송법은 지체없이(unverzüglich)[2] · 문서로[3]하여야 한다고 규정하고 있다. 고지의 경우에는 헌법 또는 형사소송법에 명문의 규정이 없으나, 이 역시 기본권보장의 기본이념에 따라 지체없이 이루어 져야 할 것이다.[4]

5. 체포 · 구속적부심사제도(제12조 제6항)

5.1. 의의

누구든지 체포 또는 구속을 당한 때에는 적부의 심사를 법원에 청구할 권리를 가진다(제12조 제6항). 구속적부심사제도라 함은 피구속자 혹은 관계인이 제기한 구속의 적부여부를 법원이 심사하는 것을 말한다. 체포 · 구속을 받은 피의자 혹은 변호인 등이 그 적부심을 법원에 청구하면 법관이 즉시 피의자와 변호인이 출석한 공개법정에서 체포 또는 구속의 이유를 밝히도록 하고, 체포 · 구속의 이유가 부당하거나 적법하지 아니한 경우, 법관이 직권으로 피의자를 석방하는 제도이다.[5] 이는 영장발부에 대한 재심사의 기회를 부여함으로써 인신보호에 만전을 기하기 위한 제도적 성격을 강하게 지닌 절차적 기본권(청구권적 기본권)이다.

헌재결 2004. 3 .25, 2002헌바104 **【형사소송법 제214조의2 제1항 위헌소원】**

헌법 제12조 제6항의 규정은 위와 같이 '누구든지 … 권리를 가진다'라는 형식을 취하고 있는데, 이는 우리 헌법이 헌법적 차원에서 일정한 권리를 인정하는 것으로서 입법자가 법률로써 이러한 권리행사의 주체를 임의로 제한할 수는 없을 것이다. 한편, 헌법 제12조 소정의 '신체의 자유'는 대표적인 자유권적 기본권이지만, 위와 같은 신체의 자유를 보장하기 위한 방법의 하나로 같은 조 제6항에 규정된 '체포 · 구속적부심사청구권'의 경우 원칙적으로 국가기관 등에 대하여 특정한 행위를 요구하거나 국가의 보호를 요구하는 절차적 기본권(청구권적 기본권)이기 때문에, 본질적으로 제도적 보장의 성격을 강하게 띠고 있다.

5.2. 연혁

구속적부심사제도는 영국의 인신보호법(Habeas Corpus Act : 1679)에서 유래하였

1) 조선일보, 2000. 7. 10. 29면 참조.
2) 형소법 제87조 제2항.
3) 형사소송법 제72조, 제213조의2 참조.
4) 김계환, 헌법학정해, 495면 참조.
5) 홍성방, 헌법학, 449면.

다.[1] 이것은 미국을 비롯한 세계 각국의 헌법에서 채용되었으며, 우리나라도 1948년의 건국헌법이후 인정되던 이 구속적부심사제도가 국민의 기본권을 최대한으로 제한하던 우리 헌정사의 암흑기, 즉 1972년의 유신헌법(제4공화국)시대에 삭제되었다가 1980년 제8차 개헌인 제5공화국헌법에서 다시 부활 되었다. 자세한 내용은 형사소송법에서 규정하고 있다.

5.3. 내용

5.3.1. 청구인(신청인)

체포 또는 구속된 피의자 또는 그 변호인, 법정대리인, 배우자, 직계친족, 형제자매나 가족, 동거인 또는 고용주는 관할법원에 체포 또는 구속의 적부심사를 청구할 수 있다(형소법 제214조의2 제1항).

> 「문제점」
> (☞ 주의 : 피고인은 인정 안함)
> 피고인에게는 심사청구권을 부인하고 있으나, 이는 무죄추정의 원칙에 위반되며, 구속적부심사제도의 본질적 의미를 살릴 수 없다.

5.3.2. 청구사유

모든 범죄가 이에 해당한다.

5.3.3. 심사기관

체포영장 또는 구속영장을 발부한 법관은 제4항부터 제6항까지의 심문 · 조사 · 결정에 관여하지 못한다. 다만, 체포영장 또는 구속영장을 발부한 법관외에는 심문 · 조사 · 결정을 할 판사가 없는 경우에는 그러하지 아니하다(형소법 제214조의2 제12항). 왜냐하면 체포 · 구속적부심사청구권은 체포 · 구속영장발부에 대한 재심절차적 성격과 기능을 가지는 것이기 때문이다.[2]

5.3.4. 심사절차

구속적부심사청구를 받은 법원은 지체없이(unverzüglich) 구속된 피의자를 심문하고 수사관계서류와 증거물을 조사하여, 청구가 이유 없다고 인정되는 때에는 결정(Beschluß)으로서 기각하고, 청구가 이유 있다고 인정되는 경우에는 決定으로서 석방을 명해야 한다.

---

1) 홍성방, 헌법학, 449면.

2) 허영, 한국헌법론, 380면.

『문제』: 판결 · 결정 · 명령의 차이?

「해설」

재판(Entscheidung)이란 소송사건을 해결하기 위한 법원의 종국판결을 말하는 바 소송법상 넓은 의미의 재판에는 다음 도표에서 보는바와 같이 판결 · 결정 · 명령의 세 가지 형식이 있다.

구 분	판결(Urteil)	결정(Beschluβ)	명령(Befehl)
주체	법원	법원	재판장, 수탁판사, 수임판사
성립절차	필요적 변론	임의적	임의적
재판서작성	기명날인, 이유기재	기명날인, 이유생략	기명날인, 이유생략
방법	판결서 작성(선고)	상당한 방법(고지)	상당한 방법(고지)
불복방법	항소, 상고	항고, 재항고, 이의신청	·
대상	소송에 관한 종국적, 중간적 판단	·	소송지휘, 소송절차상 부수행위
법적 효력	확정력, 기판력	·	고지에 의해 즉시 효력발생, 기속력(구속력) 없음

5.3.5. 판단시기

체포 · 구속적부에 대한 판단시기에 관하여는 영장발부시설, 영장집행시설, 적부심사시설이 있다. 적부심사의 판단은 구속영장발부가 적법한가의 여부 및 영장발부가 비록 적법한 것이라 할지라도 적부심사당시에도 구속할 필요가 있는가의 여부도 판단하는 것이기 때문에 적부심사시설이 타당하다.

5.3.6. 불복제도

법원의 체포 · 구속적부심사의 결정에 대하여는 검사 · 피의자 모두 항고할 수 없다.

VI. 형사피의자·형사피고인의 권리

1. 무죄추정권(무죄추정의 원칙)

1.1. 내용

헌법 제27조 제4항은 "형사피고인은 유죄의 판결이 확정될 때 까지는 무죄로 추정된다"고 규정하고 있다. 헌법은 형사피고인만을 규정하고 있으나, 형사피의자·피고인은 유죄의 판결이 확정될 때까지(실형선고판결·형의 면제·집행유예판결)는 '무죄로 추정(Unschuldvermutung)'된다고 보며, 이는 무죄추정을 받을 권리로서 주관적 공권이다. 헌법재판소도 무죄추정을 받을 권리라고 하여 무죄추정의 원칙으로부터 주관적 권리가 도출됨을 인정하고 있다.[1)]

> 헌재결 1994. 4. 28, 93헌바26 【형사소송법 제314조 위헌소원】
>
> 무죄추정의 원칙은 비록 기소된 피고인이라고 할지라도 유죄로 확정되기 전에는 죄가 없는 자로 취급되어야 하며, 유죄인 것을 전제로 한 어떤 불이익도 입혀서는 안되며 불가피하게 불이익을 입히는 경우도 필요한 최소한도에 그쳐야 한다는 원칙이다.[2)] 프랑스인권선언이래 세계인권선언과 많은 국가의 헌법이 채택하고 있고, 이 원칙도 공정한 재판실현과 인간의 존엄성 존중에 바탕을 둔 것이다. 피고인이 유죄라는 선입감에서 피고인의 권리행사를 제한할 수 있는 입법을 한다면 이 원칙에 반하는 결과가 될 것이다.

이원칙은 1789년 프랑스 인권선언 제9조에 명시되어 있고, 우리 헌법에서는 1980년 제5공화국 헌법이래 규정되어 있고, 형사소송법 제275조의2도 무죄추정의 원칙에 대하여 규정하고 있다.[3)] 범죄에 대한 입증책임은 검사에게 있고, 의심스러운 경우에는 피고인의 이익으로 하여야 한다(in dubio pro leo). 유죄의 판결은 실형의 판결은 물론 형의 면제, 선고유예와 집행유예판결도 포함된다(형사소송법 제321조, 제322조).[4)] 면소판결(형사소송법 제326조)이나 공소기각(형사소송법 제327조, 제328조)은 유·무죄를 결정하는 실체적 판결이 아니라 형식적 재판이므로 무죄추정은 그대로 유지된다.[5)]

---

1) 이준일, 헌법학강의, 단락번호 [4.4.63].

2) 헌재결 1990. [illegible] 19, 90헌가48 【변호사법 제15조에 대한 위헌심판】

3) 양건, 헌법강의, 620면; 형사소송법 제275조의 2(피고인의 무죄추정): 피고인은 유죄의 판결이 확정될 때까지는 무죄로 추정된다.

4) 실체적인 문제에 대한 판단 없이 재판을 형식적으로 종결시키는 면소판결은 유죄의 판결과 상관없다. 따라서 면소판결을 받은자는 계속해서 무죄추정의 원칙을 적용받는다(허영, 한국헌법론, 374면).

5) 양건, 헌법강의, 620면.

헌재결 1999. 5. 27. 97헌마137 【재소자용수의착용처분 위헌확인】

– 미결수용자가 수감되어 있는 동안 구치소 등 수용시설 안에서 사복을 입지 못하게 하고 재소자용 의류를 입게 한 행위로 인하여 기본권침해가 있는지 여부(소극) –

구치소 등 수용시설 안에서는 재소자용 의류를 입더라도 일반인의 눈에 띄지 않고, 수사 또는 재판에서 변해(辯解) · 방어권을 행사하는데 지장을 주는 것도 아닌 반면에, 미결수용자에게 사복을 입도록 하면 의복의 수선이나 세탁 및 계절에 따라 의복을 바꾸는 과정에서 증거인멸 또는 도주를 기도하거나 흉기, 담배, 약품 등 소지금지품이 반입될 염려 등이 있으므로 미결수용자에게 시설 안에서 재소자용 의류를 입게 하는 것은 구금 목적의 달성, 시설의 규율과 안전유지를 위한 필요최소한의 제한으로서 정당성 · 합리성을 갖춘 재량의 범위 내의 조치이다.

– 미결수용자가 수감되어 있는 동안 수사 또는 재판을 받을 때에도 사복을 입지 못하게 하고 재소자용 의류를 입게 한 행위로 인하여 기본권침해가 있는지 여부(적극) –

수사 및 재판단계에서 유죄가 확정되지 아니한 미결수용자에게 재소자용 의류를 입게 하는 것은 미결수용자로 하여금 모욕감이나 수치심을 느끼게 하고, 심리적인 위축으로 방어권을 제대로 행사할 수 없게 하여 실체적 진실의 발견을 저해할 우려가 있으므로, 도주방지 등 어떠한 이유를 내세우더라도 그 제한은 정당화될 수 없어 헌법 제37조 제2항의 기본권 제한에서의 비례원칙에 위반되는 것으로서, 무죄추정의 원칙에 반하고 인간으로서의 존엄과 가치에서 유래하는 인격권과 행복추구권, 공정한 재판을 받을 권리를 침해하는 것이다.

1.2. 보석허가제도(피고인 · 피의자 모두에게 허용)

검사에 의하여 구속기소 된 경우에는 피고인은 재판을 담당하고 있는 법원에 보증금을 납부할 것을 조건으로 석방하여 줄 것을 청구할 수 있는데 법원은 구속된 피고인 등의 청구에 의하거나 또는 직권으로 일정한 보증금을 납부하게 하고 피고인의 석방을 허가할 수 있는데, 이를 보석이라 한다. 보석보증금은 현금으로 납부하지 않고 보석보증보험증권을 첨부한 보증서로써 갈음할 수 있다. 이와 같은 보석은 기소 후에 청구하는 점에서 기소 전에 청구하는 구속적부심과 다르나 보증금의 납부를 조건으로 석방하는 점에서 피의자보석제도와 유사하다.[1)]

보석은 피고인은 물론 변호인과 피고인의 법정대리인, 배우자, 직계친족, 형제자매, 호주도 청구할 수 있으며 법원은 보석을 결정함에 있어서 미리 검사의 의견을 물어야 하지만 그 의견에 구애받지 않고 자유로이 결정할 수 있다. 다만 피고인이 사형, 무기 또는 장기 10년 이상의 징역이나 금고에 해당하는 죄를 범하였거나, 피해자나 당해 사건의 재판에 필요한 사실을 알고 있다고 인정되는자 또는 그 친족의 생명 · 신체나 재산에 해를 가하거나

1) http://blog.daum.net/s0x0s/6936608

가할 염려가 있다고 믿을만한 충분한 이유가 있는 때에는 보석을 허가하지 아니한다. 법원은 피고인의 자력정도와 범죄의 성질, 증거 등을 고려하여 상당한 보증금을 납부할 것과 주거를 제한하는 등의 조건을 붙이는 것이 보통이다.

구속영장이 발부된 후 체포 구속의 적부를 심사하는 체포 구속적부심사의 청구시 구속이 적법하더라도 구속된 피의자에 대하여 피의자의 출석을 보증할만한 보증금의 납입을 조건으로 하는 보증금납입조건부로 하는 피의자석방을 인정하고 있다. 피의자, 피고인에 대한 구속 체포제도의 운용은 헌법과 형사소송법이 지향하는 법원리인 무죄추정의 법리에 의해서 엄격하게 제한되지 않으면 안된다.[1]

헌법 제27조 제4항과 형사소송법 제275조의2는 검사의 공소제기에 의하여 유죄판결의 가능성이 보다 구체화된 피고인만을 무죄추정의 주체로 명시하고 있으나, 공소제기된 피고인이 무죄로 추정되는 이상 피고인보다 전단계에서 단순히 범죄의 혐의를 받고 있음에 불과한 피의자에 대하여 무죄추정의 원칙이 적용되는 것은 당연하다. 무죄추정의 원리는 필연적으로 피의자에 대한 수사와 피고인에 대한 재판이 불구속상태에서 이루어질 것을 요구하게 되며, 일단 구속된 경우에도 가급적 석방되어 시민적 자유를 향유할 것을 요구한다. 보석제도는 국민의 신체의 자유를 최대한 보장하려는 헌법정신에 기한 불구속재판의 원칙과 헌법 제27조 제4항에 정한 무죄추정의 원칙을 구현하고, 피고인으로 하여금 자유로운 신체활동을 통한 가정적 사회적 기타 모든 면에 있어서의 헌법 제10조 소정의 행복추구권을 실현하면서 증거수집 등 충분한 재판준비를 함으로써 당사자 대등주의의 구현 아래 공정한 재판을 받을 권리를 보장하려는데 그 목적이 있다.[2]

헌재결 1993. 12. 23, 93헌가2【형사소송법 제97조 3항에 대한 위헌제청】

가. 보석허가결정에 대한 검사의 즉시항고권을 인정한 형사소송법 제97조 제3항의 위헌 여부는 보석허가결정을 한 원심법원이 같은 법 제407조, 제408조의 규정에 따라 즉시항고에 대하여 할 재판 등 조치의 주문이 달라지거나 그 재판 등의 기초적인 이유, 직접적인 내용과 효력의 법률적 의미 등에 차이가 있게 되므로 위 법률조항에 대하여 원심법원이 한 위헌심판제청은 그 심판제청 당시 재판의 前提性이 있다.

나. 위헌심판제청된 법률조항에 의하여 침해된다는 기본권이 중요하여 동 법률조항의 위헌 여부의 해명이 헌법적으로 중요성이 있는데도 그 해명이 없거나, 동 법률조항으로 인한 기본권의 침해가 반복될 가능성이 있는데도 좀처럼 그 법률조항에 대한 위헌심판의 기회를 갖기 어려운 경우에는 위헌제청 당시 재판의 전제성이 인정되는 한 당해 소송이 종료되었더라도 예외적으로 객관적인 헌법질서의 수호, 維持를 위하여 심판의 필요성을 인정하여 적극적으로 그 위헌 여부에 대한 판단을 하는 것이 헌법재판소의 존재이유에도 부

1) http://blog.daum.net/s0x0s/6936608
2) http://blog.daum.net/s0x0s/6936608

합하고 그 임무를 다하는 것이 된다.

다. 헌법 제107조 제1항, 헌법재판소법 제41조, 제43조 등의 규정취지는 법원은 문제되는 법률조항이 담당법관 스스로의 법적 견해에 의하여 「단순한 의심을 넘어선 합리적인 위헌의 의심이 있으면 위헌심판제청을 하라는 것」이다.

라. 보석허가결정에 대하여 검사의 즉시항고를 허용하여 그 보석허가결정의 집행이 정지되도록 한 형사소송법 제97조 제3항의 규정은 당해 피고인에 대한 보석허가결정이 부당하다는 검사의 불복을 그 피고인에 대한 구속집행을 계속할 필요가 없다는 법원의 판단보다 우선시킨 것이어서 구속의 여부와 구속을 계속시키는 여부에 대한 판단을 사법권의 독립이 보장된 법관의 결정에만 맡기려는 「영장주의」에 위반되고, 그 내용에 있어 合理性과 正當性이 없으면서 피고인의 신체의 자유를 제한하는 것이므로 적법절차의 원칙에 반하며, 기본권제한입법의 기본원칙인 방법의 적정성, 피해의 최소성, 법익의 균형성을 갖추지 못하여 과잉금지의 원칙에도 위반된다.

[재판관 변정수의 보충의견]

보석허가결정에 대한 검사의 즉시항고권을 규정한 형사소송법 제97조 제3항의 위헌논리가 설득력을 가지기 위하여는 그 전제로서 법원이 보석제도를 그 입법취지에 따라 공정하게 운용하여야 한다.

2. 고문을 받지 아니할 권리

모든 국민은 고문을 받지 아니한다(헌법 제 12조 제2항 전단). 그리고 형법은 고문을 범죄로 규정하고 있으며(형법 제125조), 형사소송법도 拷問에 의한 자백의 증거능력을 절대적으로 부인하고 있다.

3. 묵비권(불리진술거부권)의 행사

3.1. 의의

* 묵비권 = 불리진술거부권

침묵의 자유 ≠ 불리진술거부권

묵비권(불리진술거부권)이라 함은 피고인 또는 피의자가 자기에게 불리한 진술이나 증언을 거부할 수 있는 권리를 말한다(헌법 제12조 제2항 후단). 이는 16세기 후반 영국에서 보통법상의 권리로써 인정되었고, 그 후 묵비권은 미국의 '自己負罪禁止의 원칙(수정헌법 제5조 : privilege aganist self-incrimiination)'으로 도입되었다.

이러한 권리는 형사피의자, 및 형사피의자로 될 가능성이 있는 자 · 형사피고인 그리고 대리인 · 외국인 모두에게 인정되며, 묵비권이 있음을 사전에 고지하여야 한다(미란다원칙). 수사기관은 신문전에 진술거부권과 변호인의 조력을 받을 권리가 있음을 알려야 한다(형소법 제244조의3). 이것을 고지하지 아니한 상태에서 한 피의자의 진술은 헌법위반으로 무효이며, 그것을 유죄의 증거로 삼을 수 없다. 증인이나 감정인의 경우에도 유죄여부의 기초가 되는 사실 뿐만 아니라 양형의 기초가 되는 사실에 대하여도 자기에게 불리한 진술을 거부할 수 있다.[1]

우리의 대법원도 진술거부권을 사전에 고지하지 않은 경우에는 자백의 임의성이 인정되는 경우에도 증거능력을 인정할 수 없다고 판시한바 있다(아래 대법원판례 참조).

> 대판 1992. 6. 23, 92도682 **【폭력행위등처벌에관한법률위반】**
>
> 형사소송법 제200조 제2항은 검사 또는 사법경찰관이 출석한 피의자의 진술을 들을 때에는 미리 피의자에 대하여 진술을 거부할 수 있음을 알려야 한다고 규정하고 있는바, 이러한 피의자의 진술거부권은 헌법이 보장하는 형사상 자기에 불리한 진술을 강요당하지 않는 「자기부죄거부의 권리」에 터잡은 것이므로 수사기관이 피의자를 신문함에 있어서 피의자에게 미리 진술거부권을 고지하지 않은 때에는 그 피의자의 진술은 위법하게 수집된 증거로서 진술의 임의성이 인정되는 경우라도 증거능력이 부인되어야 한다.

헌법이 진술거부권을 기본적 권리로 보장하는 것은 형사피의자나 피고인의 인권을 형사소송의 목적인 실체적 진실발견이나 구체적 사회정의의 실현이라는 국가적 이익보다 우선적으로 보호함으로써 인간의 존엄성과 생존가치를 보장하고 나아가 비인간적인 자백의 강요와 고문을 근절 하려는데 있다. 또한 이러한 진술거부권은 형사절차에서만 보장되는 것은 아니고 행정절차이거나 국회에서의 질문 등 어디에서나 그 진술이 자기에게 형사상 불리한 경우에는 묵비권을 가지고 이를 강요받지 아니 할 국민의 기본권으로 보장된다. 따라서 현재 형사피의자나 피고인으로서 수사 및 공판절차에 계속중인 자 뿐만 아니라 교통사고를 일으킨 차량의 운전자 등과 같이 장차 형사피의자나 피고인이 될 가능성이 있는 자에게도 그 진술내용이 자기의 형사책임에 관련되는 것일 때에는 그 진술을 강요받지 않을 자기부죄거절의 권리가 보장되는 것이다. 또한 진술거부권은 형사상 자기에게 불리한 내용의 진술을 강요당하지 아니하는 것이므로 고문 등 폭행에 의한 강요는 물론 법률로서도 진술을 강제할 수 없음을 의미한다. 그러므로 만일 법률이 범법자에게 자기의 범죄사실을 반드시 신고하도록 명시하고 그 미신고를 이유로 처벌하는 벌칙을 규정하는 것은 헌법상 보장된 국민의 기본권인 진술거부권을 침해하는 것이 된다.[2]

묵비권은 구두진술 뿐만 아니라 서면진술의 경우에도 인정되며, 묵비권은 다만 형사상 자기에게 불리한 이익을 받는 경우에 인정되는 것이므로 민사상·행정상의 묵비권은 인정되지 아니하며, 친구·친척에게 불이익이 되는 경우까지를 포함하지는 않는다.

---

1) 허영, 한국헌법론, 376면.

2) 헌재결 1990. 8. 27, 89헌가118 〔한정합헌〕 **【도로교통법제50조제2항등에관한위헌심판】**

<사례>

가. 사건의 개요

제청신청인은 1989. 10. 11. 이 사건 제청법원인 광주지방법원에 도로교통법위반 등의 죄로 기소되었는 바(위 법원 89고단2012) 그 기소된 내용 중 도로교통법 위반의 요지는 제청신청인이 자동차를 운전하다가 교통사고를 일으키고도 그 사고내용을 경찰에 신고하지 아니하였다고 하여 도로교통법 제50조 제2항, 제111조 제3호의 죄에 해당한다는 것이다. 제청법원은 제청신청인의 신청에 따라 1989. 12. 1. 89초1121 위헌제청결정으로 헌법재판소에 위 89고단2012 사건의 재판의 전제가 되는 도로교통법 제50조 제2항 및 제111조 제3호에 대하여 헌법재판소법 제41조에 의한 위헌여부의 심판을 제청하였다.

나. 심판의 대상

이 사건 심판의 대상이 되는 법률은 도로교통법 제50조 제2항 및 제111조 제3호이다. 도로교통법 제50조 제2항은 "차량의 교통으로 인하여 사람을 사상하거나 물건을 손괴(이하"교통사고"라 한다)한 때에는 그 차의 운전자 등은 경찰공무원이 현장에 있는 때에는 그 경찰공무원에게, 경찰공무원이 현장에 없는 때에는 가장 가까운 경찰관서(경찰지서, 파출소, 출장소를 포함한다. 이하 같다)에 지체없이 사고가 난 곳, 사상자 수 및 부상정도, 손괴한 물건 및 손괴정도 그 밖의 조치상황 등을 신속히 신고하여야 한다."

동법 제111조 제3호는 "제50조 제2항의 규정에 의한 신고를 하지 않은 사람은 20만원 이하의 벌금이나 구류의 형으로 벌한다"고 각 규정하고 있다.

<헌법재판소결정요지>

교통사고를 일으킨 운전자에게 신고의무를 부담시키고 있는 도로교통법 제50조 제2항, 제111조 제3호는, 피해자의 구호 및 교통질서의 회복을 위한 조치가 필요한 범위내에서 교통사고의 객관적 내용만을 신고하도록 한 것으로 해석하고, 형사책임과 관련되는 사항에는 적용되지 아니하는 것으로 해석하는 한 헌법에 위반되지 아니한다.[1] ☜ **한정합헌 결정**

「문제점」

- 마취분석 : 이는 위헌적으로 진술을 강요하는 것이며, 인정되지 아니한다.
- 거짓말탐지기의 사용 : 본인의 명시적 동의가 있고 과학적으로 신빙성 있게 사용되는 경우에 한하여 인정된다.[2]

---

1) 헌재결 1990. 8. 27, 89헌가118 [한정합헌] 【도로교통법제50조제2항등에관한위헌심판】

2) BGHS 5, 332; 거짓말탐지기의 증거능력을 제한적으로 인정하는 것이 우리 대법원의 판례이다(대판 1979. 5. 22, 79도547 참조). 형사소송법상 거짓말탐지기 검사결과는 증거로서 허용될 수 있는 신뢰성을 결여하고 있으므로 증거능력을 절대적으로 비판하여야 한다는 주장이 있다(강구진, 허언탐지기시험결과의 증거능력, 현대형사법론, 297-317면); 양건, 헌법강의, 359면.

4. 자백의 증거능력 및 증명력의 제한

4.1. 의의

자백의 증거능력 및 증명력의 제한은 실체적 권리로서의 신체의 자유를 보장하기 위한 '헌법상의 기속원리'이다.[1] '자백은 증거의 여왕'이라는 사상에 의거하여 국가의 범죄수사권 · 소추권 · 재판권이 행사되는 경우에는 신체의 자유는 적절한 보장을 받지 못하게 되며, 나아가서 진실보장(허위배제)의 원칙에도 위반된다. 자백의 증거능력 및 증명력은 고문을 받지 아니할 권리 및 불리진술거부권(제12조 제2항)과 상호불가분적인 관계에 있기 때문에, 자백의 증거능력 및 증명력이 정당성을 갖지 못하면 결국 고문을 받지아니할 권리 및 불리진술거부권의 보장도 이루어질 수 없다는 것은 자명한 일이다.

4.2. 헌법규정

피고인의 자백이 고문 · 폭행 · 협박 · 구속의 부당한 장기화 또는 기망 기타의 방법에 의하여 자의로 진술된 것이 아니라고 인정된 때 또는 정식재판에 있어서 피고인의 자백이 그에게 불리한 유일한 증거인 때에는 이를 유죄의 증거로 삼거나 이를 이유로 처벌할 수 없다(제12조 제7항).

4.3. 내용

4.3.1. 자백의 증거능력 제한 : 불법 · 부당 · 임의성이 결여되는 경우

헌법 제12조 제7항은 피고인의 자백이 불법이나(고문 · 폭행 · 협박 · 구속의 부당한 장기화) 부당한 방법(기망)에 의하여 자의로 진술된 것이 아니라고 인정된 때 "이를 유죄의 증거로 삼을 수 없다"고 하여 그 자백은 증거로 인정되지 아니한다. 형사소송법 제309조도 동일하다. 또한 '자백의 임의성'이 인정되지 아니하는 경우에도 자백의 증거능력(증거로 사용될 수 있는 능력)[2]이 인정되지 아니한다. 이를 '자백배제의 원칙'이라 한다.[3]

「임의성 없는 자백의 증거능력을 부정하는 취지」

① 허위진술을 유발 또는 강요할 위험성이 있는 상태하에서 행하여진 자백은 그 자체로 실체적 진실에 부합하지 아니하여 誤判의 소지가 있다.

② 자백을 얻기 위해 피의자의 기본적 인권을 침해하는 위법부당한 압박이 가하여 지는 것을 사전에 막기 위함.

---

1) 허영, 한국헌법론, 372면 참조.
2) 이준일, 헌법학강의, 단락번호 [4.4.70].
3) 양건, 헌법강의, 361면.

또한 그 임의성에 다툼이 있을 때에는 그 임의성을 의심할 만한 합리적이고 구체적인 사실을 피고인이 입증할 것이 아니고 검사가 그 임의성의 의문점을 해소하는 입증을 하여야 한다.[1)]

<문제> **철야신문의 증거능력**

검사 X는 절도범 Y의 자백을 얻어 내기 위하여 밤샘조사를 하였다. 이 경우 검사의 피의자에 대한 철야신문 합헌인가?

<해설>

피의자에 대한 철야신문은 수면권(睡眠權)의 침해에 해당되므로 그 허용성을 부인해야 하며 철야신문에 의한 자백은 임의성이 의심되는 자백에 해당되므로 형사소송법 제309조에 의하여 증거능력을 부인하여야 한다. 대법원도 1997년 6월27일의 판결에서 「피고인의 검찰에서의 자백은 피고인이 연행된 때로부터 약 30시간 동안 잠을 재우지 아니한 채 검사 2명이 교대로 신문을 하면서 회유한 끝에 받아낸 것이므로 임의로 진술한 것이 아니라고 의심할 만한 이유가 있는 때에 해당되며, 그 피의자신문조서는 형사소송법 제309조에 의하여 증거능력이 없다」고 판시하였다.[2)]

뿐만 아니라 수사기관이 피의자를 신문함에 있어서 피의자에게 미리 진술거부권을 고지하지 않은 때에는 그 피의자의 진술은 위법하게 수집된 증거로서 진술의 임의성이 인정되는 경우라도 증거능력이 부인되어야 한다.[3)] 왜냐 하면 형사소송법 제200조 제2항은 검사 또는 사법경찰관이 출석한 피의자의 진술을 들을 때에는 미리 피의자에 대하여 진술을 거부할 수 있음을 알려야 한다고 규정하고 있고, 이러한 피의자의 진술거부권은 헌법이 보장하는 형사상 자기에 불리한 진술을 강요당하지 않는 「자기부죄거부의 권리」에 터잡은 것이기 때문이다.[4)]

「용어주의」: 심문(審問)과 신문(訊問)의 구별

被疑者訊問 · 피의자신문조서 · 증인신문

헌법 제12조: 「누구든지 법률에 의하지 아니하고는 … 審問을 받지 아니하며

---

1) 대법원 97도3234 뇌물수수(주심 박준서대법관); 법률신문, 1998. 4. 16(제2686호), 제9면.
2) 오늘의 법률, 현암사, 1998, 12, 통권 제119호.
3) 대법원 1992. 6. 23, 92도682판결
4) 대법원 1992. 6. 23, 92도682판결

4.3.2. 자백의 증명력 제한 : 자백만이 유일한 증거인 경우(법관의 자유심증주의 제한)

자백의 임의성은 인정되나 만약 이러한 「자백(만)이 그에게 불리한 유일한 증거인 경우」에는 이에 대한 증명력(증거로서 사실을 증명하는 능력)[1]을 제한하고 나아가서는 법관의 자유심증주의를 제한하고 있다. 임의성 있는 자백이 보강증거에 의하여 뒷받침 될 때에만 그 증명력을 인정해서 이를 유죄의 증거로 삼을 수 있다(형소법 제309조 · 제310조). 傳聞證據(hearsay evidence)는 보강증거로 볼 수 없으나, 원진술자가 사망 · 질병 · 외국거주 · 소재불명 등으로 인하여 진술할 수 없을 때에는 예외적으로 증거능력을 인정할 수 있다(형소법 제314조 · 제316조).

4.3.3. 예외

자백의 증거능력의 제한은 정식재판에 한하여 인정되며, 즉결심판과 같은 약식재판에서는 보강증거없는 유일한 자백만으로도 유죄의 선고를 할 수 있다. 이것은 정식재판의 길이 열려 있는 한 위헌이라고 볼 수는 없기 때문이다.[2] 검사가 작성한 피의자신문조서에 대하여 비록 피고인이 법정에서 그 내용을 부인하는 경우에도 증거능력을 인정할 수 있도록 규정한 형사소송법 제312조 제1항 단서에 대해서도 합헌결정을 내린 바 있다.[3]

5. 변호인의 조력을 받을 권리

5.1. 의의

변호인의 조력을 받을 권리는 무기평등의 원칙(법률전문가인 검사에 대항)에 입각하여 형사절차에 있어서도 국가형벌권의 일방적 행사에 의한 인신의 침해를 막기 위해서 인정되는 제도이다. 헌법 제12조 제4항이 보장하고 있는 신체구속을 당한 사람의 변호인의 조력을 받을 권리는 무죄추정을 받고 있는 피의자 · 피고인에 대하여 신체구속의 상황에서 생기는 여러 가지 폐해를 제거하고 구속이 그 목적의 한도를 초과하여 이용되거나 작용되지 않게끔 보장하기 위한 것으로 여기의 '변호인의 조력'은 '변호인의 충분한 조력'을 의미한다.[4]

---

1) 이준일, 헌법학강의, 단락번호 [4.4.70].
2) 허영, 한국헌법론, 373면.
3) 헌재결 1995. 6. 29, 93헌바45 【형사소송법 제312조 제1항 단서 위헌소원】
4) 헌재결 1992. 1. 28, 91헌마111 【변호인의 조력을 받을 권리에 대한 헌법소원】

5.2. 헌법규정

형사피의자 · 형사피고인은 체포 · 구속을 받은 경우에는 변호인의 助力을 받을 권리를 가진다(헌법 제12조 제4항).

5.3. 내용

5.3.1. 변호인접견교통권

a) 피의자 · 피고인에게 인정된 권리

피의자 · 피고인에게 인정된 권리이다(헌법 제12조 제4항 참조).[1] 변호인의 조력을 받을 권리의 필수적 내용은 신체구속을 당한 사람과 변호인과의 접견교통권이며 이러한 접견교통권의 충분한 보장은 구속된 자와 변호인의 대화내용에 대하여 비밀이 완전히 보장되고 어떠한 제한 · 영향 · 압력 또는 부당한 간섭없이 자유롭게 대화할 수 있는 접견을 통하여서만 가능하다고 할 수 있다.[2]

이러한 자유로운 접견은 구속된 자와 변호인의 접견에 교도관이나 수사관 등 관계공무원의 참여가 없어야 가능한 것이며, 또한 변호인과의 자유로운 접견은 신체구속을 당한 사람에게 보장된 변호인의 조력을 받을 권리의 가장 중요한 내용이어서 국가안전보장, 질서유지, 공공복리 등 어떠한 명분으로도 제한될 수 있는 성질의 것도 아니다.[3] 따라서 신체구속을 당한 미결수용자(피의자, 피고인)의 변호인 접견에 교도관이 참여할 수 없는 것은 당연하며, 이는 신체구속을 당한 미결수용자에게 보장된 변호인의 조력을 받을 권리를 보장하는 것이다.[4] 변호인의 조력할 권리도 변호인의 조력을 받을 권리와 표리의 관계에 있으므로 헌법상의 권리로 보호되며,[5] 또한 변호인이 소송기록을 자유로이 열람할 수 있

---

1) 헌재결 1992. 1. 28, 91헌마111【변호인의 조력을 받을 권리에 대한 헌법소원】

2) 헌재결 1992. 1. 28, 91헌마111【변호인의 조력을 받을 권리에 대한 헌법소원】

3) 헌재결 1992. 1. 28, 91헌마111【변호인의 조력을 받을 권리에 대한 헌법소원】변호인과의 자유로운 접견은 신체구속을 당한 사람에게 보장된 변호인의 조력을 받을 권리의 가장 중요한 내용이어서 국가안전보장 · 질서유지 · 공공복리 등 어떠한 명분으로도 제한될 수 있는 성질의 것이 아니다(헌재결 1992. 1. 28, 91헌마111). 이는 구속 피의자에 대한 변호인의 조력을 받을 권리에 관한 것이기는 하나 불구속 피의자 · 피고인의 경우도 마찬가지이다. 왜냐하면, 불구속 피의자 · 피고인의 경우 수사 및 재판과정에서 언제든지 퇴거하여 변호인의 조언과 상담을 얻을 수 있으므로 이를 별도로 허용하는 규정을 둘 필요가 없는 반면에 구속 피의자 · 피고인의 경우 임의퇴거가 불가능하므로 형사소송법이 변호인과의 자유로운 접견 · 교통권을 인정하는 규정을 명문화함으로써 이를 보장하고 있는 점에서 차이가 있을 뿐, 우리 헌법이 변호인의 조력을 받을 권리의 핵심적인 내용으로서 변호인과 상담하고 조언을 구할 권리는 구속 여부를 불문하고 보장하고 있기 때문이다.

4) 헌재결 1992. 1. 28, 91헌마111【변호인의 조력을 받을 권리에 대한 헌법소원】

는 것도 변호인의 충분한 조력을 받을 권리에 해당한다.[1] 그러나 변호인의 조력을 받을 권리는 피의자·피고인의 권리이지 변호인의 권리는 아니다.[2]

또한 대법원 및 헌법재판소 판례는 신체구속을 당하지 아니한 불구속 피의자에 대한 피의자신문시에도 변호인의 참여를 요구할 권리도 포함된다고 본다.

[대법원판례]

수사기관에 임의동행 형식으로 연행된 불구속피의자나 피내사자에 대해서도 조사과정에서부터 변호인 접견권을 보장해야 한다. 대법원 형사 2부(주심 朴駿緖 대법관)는 1996년 6월 4일 15대 총선후보에 대한 허위여론조사 보도혐의로 종로저널 편집국장 李丙起씨가 구속된 사건과 관련, 동대문경찰서장이 낸 사법경찰관의 처분취소결정에 대한 재항고사건에서 이 같이 판시, 경찰측의 신청을 기각했다. 재판부는 결정문에서 「이씨의 부인이 선임한 변호인의 이씨 접견요청을 調査中이라는 이유로 허용하지 않은 사실이 인정된다」며 「변호사접견권은 피의자나 피내사자의 인권보장과 방어 준비를 위해 필수적인 권리이므로 수사기관이 임의로 제한 할 수 없다」고 밝혔다.[3]

헌재결 2004. 9. 23, 2000헌마138 【변호인의조력을받을권리 등 침해 위헌확인】

헌법재판소도 「우리 헌법이 변호인의 조력을 받을 권리가 불구속 피의자·피고인 모두에게 포괄적으로 인정되는지 여부에 관하여 명시적으로 규율하고 있지는 않지만, 불구속 피의자의 경우에도 변호인의 조력을 받을 권리는 우리 헌법에 나타난 법치국가원리, 적법절차원칙에서 인정되는 당연한 내용이고, 헌법 제12조 제4항도 이를 전제로 특히 신체구속을 당한 사람에 대하여 변호인의 조력을 받을 권리의 중요성을 강조하기 위하여 별도로 명시하고 있다고 할 것이며, … 또한 불구속 피의자나 피고인의 경우 형사소송법상 특별한 명문의 규정이 없더라도 스스로 선임한 변호인의 조력을 받기 위하여 변호인을 옆에 두고 조언과 상담을 구하는 것은 수사절차의 개시에서부터 재판절차의 종료에 이르기까지 언제나 가능하다. 따라서 불구속 피의자가 피의자신문시 변호인을 대동하여 신문과정에서 조언과 상담을 구하는 것은 신문과정에서 필요할 때마다 퇴거하여 변호인으로부터 조언과 상담을 구하는 번거로움을 피하기 위한 것으로서 불구속 피의자가 피의자신문장소를 이탈하여 변호인의 조언과 상담을 구하는 것과 본질적으로 아무런 차이가 없다」고 한다.

---

5) 헌재결 2003. 3. 27, 2000헌마474 【정보비공개결정 위헌확인】

1) 헌재결 1997. 11. 27, 94헌마60 【등사신청거부처분취소】 변호인의 조력을 받을 권리는 변호인과의 자유로운 접견교통권에 그치지 아니하고 더 나아가 변호인을 통하여 수사서류를 포함한 소송관계 서류를 열람·등사하고 이에 대한 검토결과를 토대로 공격과 방어의 준비를 할 수 있는 권리도 포함된다고 보아야 할 것이므로 변호인의 수사기록 열람·등사에 대한 지나친 제한은 결국 피고인에게 보장된 변호인의 조력을 받을 권리를 침해하는 것이다.

2) 헌재결 1991. 7. 8, 89헌마181 【수사기관에 의한 기본권침해에 대한 헌법소원】

3) 동아일보, 1996년 6월 5일 38면 참조.

불구속 피의자가 피의자신문시 조언과 상담을 구하기 위하여 자신의 변호인을 대동하기를 원한다면, 수사기관은 특별한 사정이 없는 한 이를 거부할 수 없다고 할 것이다.[1)]

b) 례외 - 수형자의 경우

형집행중인 수형자에 대한 변호인 등의 접견교통권은 피고인이나 피의자에 대한 접견교통권과는 달리 제한될 수 있다.

현행 형사소송법상「변호인 또는 변호인이 되려는 자는 신체구속을 당한 피고인 또는 접견하고 서류 또는 물건을 수수할 수 있으며 의사로 하여금 진료하게 할 수 있다(형사소송법 제34조)」고 규정하고 있으나 이 규정은 형이 확정되어 집행중에 있는 수형자에 대한 再審開始의 여부를 결정하는 再審請求節次에는 그대로 적용될 수 없다.[2)] 왜냐 하면 수형

---

1) 재판관 권 성, 재판관 이상경의 별개의견 : 가. '변호인의 조력을 받을 권리'는 신체의 자유와 밀접한 관련이 있는 기본권으로 더 이상 국가의 시혜적인 절차형성에 달려있는 권리가 아니며, 불구속 피의자가 변호인의 조력을 받을 권리는 헌법 제10조, 헌법 제12조 제1항에서 규정하고 있는 '적법절차의 원칙', 헌법 제12조 제4항, 헌법 제27조에서 규정하고 있는 '공정한 재판을 받을 권리', 헌법 제37조 제1항, 법치국가원리의 한 요소인 '공정한 절차의 이념' 등으로부터 도출되는 헌법상의 기본권으로, 국가권력에 대한 관계에서 최대한 보장되어야 할 권리이다. 나. 불구속 피의자의 진술거부권 등의 행사를 실질적으로 보장하고, 피의자 신문과정의 기본권 침해 우려를 예방하고, 구속된 피의자 못지않게 궁박한 상황에 놓여 있는 불구속 피의자를 보호하며, 법률 전문가의 조력을 필요로 하는 피의자가 방어권을 실질적으로 행사할 수 있도록, 불구속 피의자에게도 '피의자신문에 변호인을 참여시킬 권리'를 보장하여야 하며, 이는 변호인의 조력을 받을 권리의 핵심적 내용이라 할 것이다. 다. 이러한 권리의 행사에도 일정한 제한을 할 수 있으나, 이러한 기본권의 제한은 헌법 제37조 제2항에 따라 국가안전보장 · 질서유지 · 공공복리를 위하여 필요한 경우에 한하여 법률로써 이루어져야 하며, 제한하는 경우에도 자유와 권리의 본질적인 내용을 침해할 수 없다. 또한, 구체적인 사정에 따라 불구속 피의자가 '피의자신문에 변호인을 참여시킬 권리'와 다른 공익과의 신중한 법익형량을 한 이후에 공익의 요청이 더 클 때에 한하여 필요한 최소한의 한도에서 불구속 피의자가 '피의자신문에 변호인을 참여시킬 권리'를 제한하는 경우에만 과잉금지원칙에 위반되지 않는다. 라. 이 사안에서 청구인들의 피의사실은 방어권 행사를 실질적으로 보장받기 위하여 변호인의 적절한 조력을 받을 필요성이 매우 큰 경우이며, 청구인들의 피의자신문에 변호인을 참여시킨다고 하더라도 실체적 진실발견을 방해하거나 증거를 인멸할 위험이 높지 않고, 피해자나 참고인의 생명 · 신체의 안전 등의 법익을 해칠 가능성이 거의 없는 등, 피청구인이 이 사건 피의자신문에 변호인참여를 제한하여 달성하고자 하는 공익이 청구인들이 제한받는 기본권에 비하여 더 크다고 하기 어려워, 기본권침해를 정당화하기에 부족하다. 따라서 피청구인이 정당한 사유를 제시하지 않고 청구인들이 피의자신문절차에 변호인을 참여시키려는 것을 원천적으로 막은 이 사건 행위는 청구인들의 변호인의 조력을 받을 권리와 공정한 재판을 받을 권리를 침해한다.

2) 대판 1998. 4. 28, 96다48831; 법률신문, 1998. 5. 4, 제1면 참조.

자는 자유형의 처벌을 받고 있는 자의 본질적 지위상 미결수용자에 비하여 접견 등의 빈도가 대폭제한 되어야 하고 그 제한의 정도는 '일반적 접견권의 본질적 내용을 침해하지 않는 범위 내'에서 교도소장 등 관계행정청의 재량에 속한다. 따라서 접견제한의 반사적 효과로 수형자를 접견하고자 하는 외부인의 권리도 역시 같은 정도로 제한 될 수밖에 없고 그 제한이 재량권의 일탈이나 남용에 해당하지 아니하는 이상 그 외부인에 대하여 인격권 등 법익침해가 있을 수 없는 것이기 때문이다.[1]

5.3.2. 국선변호인선임권

변호인 선임권은 피의자 · 피고인 모두에게 인정되는 권리이지만 국선변호인선임권은 피고인에게만 인정되며 피의자에게는 인정되지 않는다.[2] 피의자에게는 구속적부심사권만 인정된다. 그러나 인권보호의 만전을 기하는 의미에서 체포 또는 구속된 피의자에게도 공익법무관 등을 활용하여 국선변호인 선임권을 인정하는 것이 바람직하다고 할 것이다.[3] 특히 직권으로 변호인을 선임하여야 하는 경우는 다음과 같다.

- 미성년자
- 70세 이상인 자
- 농아자
- 심신장애의 의심이 있는 자
- 빈곤 기타의 사유로 변호인을 선임할 수 없는 자(피고인의 신청이 있어야)
- 사형 · 무기 · 단기 3년 이상의 징역 · 금고에 해당하는 사건에서 변호인이 없을 경우

- 변호사선임비용이 없는 경우 헌법소원심판청구 방법 -

<사례>

갑은 국가기관의 공권력행사로 기본권이 침해되었다는 이유로 헌법재판소에 헌법소원심판을 청구하려고 한다. 그런데 헌법소원심판의 청구와 수행에는 변호사강제주의가 적용되어 변호사를 대리인으로 선임하지 않고 헌법소원을 청구하는 것이 불가능하다. 갑과 같이 변호사를 선임할 만한 경제적 능력이 없는 사람은 결국 기본권의 침해에 대하여 구제받을 방법이 없는가?

1) 대판 1998. 4. 28, 96다48831; 법률신문, 1998. 5. 4, 제1면 참조.

2) 헌재결 2004. 9. 23, 2000헌마138; 헌재결 2008. 9. 25, 2007헌마1126 【체포처분취소】

3) 검찰제도 개혁위원회는 1998년 7월 13일 체포 또는 구속된 피의자에게도 국선변호인을 선임할 수 있도록 확정해 형사소송법이 개정되는 대로 시행에 들어가기로 했다. 법률신문, 1998. 7. 20, 2면 참조.

<해설>

헌법재판소법 제70조에 의하면 국선대리인제도를 두어 헌법소원심판청구에서 변호사를 대리인으로 선임할 자력이 없는 경우에는 당사자의 신청에 의하여 국고에서 그 보수를 지급하는 국선대리인을 선정해주도록 하고 있다.

따라서 갑이 국선대리인의 선임을 원한다면 헌법소원심판청구서와 함께 국선대리인선임신청서를 제출하여 국가에서 지정하는 변호사를 통하여 헌법소원심판을 청구할 수 있다. 이 때 변호사를 대리인으로 선임할 자력이 없음을 소명하는 자료를 첨부하여야 하며, 당사자의 무자력에 대한 소명이 부족한 경우이거나 헌법소원심판청구 자체가 청구기간의 도과 등으로 부적법한 경우에는 국선대리인선임신청이 기각될 수 있다.

헌법재판소는 종래 영세민증명서, 생활보호대상자증명서(2000. 10. 1.부터는 국민기초생활보장법상의 수급자증명서), 지방세미과세증명서 등 객관적인 무자력소명서만을 제출 받아 신청인의 무자력여부를 판단하여 왔으나, 최근에는 무자력소명요건을 완화하여 대리인을 선임할 자력이 없다는 신청인의 진술이나 채무증명서, 경매통지서 등의 서면만으로도 무자력이 소명될 수 있도록 하였다.

한편, 2002년 8월 29일자로 개정된 헌법재판소국선대리인의선임및보수에관한규칙(2002. 8. 29.부터 시행) 제4조 제1항에 의하면 헌법재판소법 제70조 제1항에서 규정한 변호사를 대리인으로 선임할 자력이 없는 자의 기준을 다음과 같이 예시하고 있다.

① 월 평균수입이 150만원 미만인 자

② 6급 이하 공무원

③ 국민기초생활보장법에 의한 수급자

④ 국가유공자등예우및지원에관한법률에 의한 국가유공자와 그 유족 또는 가족

⑤ 위의 각 호에는 해당하지 아니하나, 청구인이나 그 가족의 경제능력에 비추어 보아 변호사를 대리인으로 선임하는 것을 기대하기 어려운 경우 등이다.

따라서 갑의 경우에도 무자력 소명에 필요한 서류를 갖추어 헌법소원심판청구와 동시에 국선대리인 선임신청서를 제출하면 헌법소원심판절차를 거쳐 적절한 구제를 받을 수 있을 것이다. <대한법률구조공단>

6. 신속한 공개재판을 받을 권리

재판의 신속성은 공정한 재판을 수행하는데 있어서 가장 주요한 위치를 차지한다(헌법 제27조 제3항). 공개재판만이 재판의 공정성을 보장할 수 있다는 것은 자명한 일이며, 따라서 모든 형사피고인은 상당한 이유가 없는 한 신속·공개재판을 받을 권리가 있다.

7. 형사보상청구권

형사피의자 또는 형사피고인으로 구금되었던 자가 법률이 정하는 불기소처분을 받았거나 무죄판결을 받은 경우에는 국가에 대하여 정당한 보상을 청구할 수 있다(헌법 제28조). 형사보상청구권은 인신보호를 위한 사후적 권리구제 절차이다. 이때의 보상은 물질적·정신적 피해에 대한 정당한 보상이다.[1)]

VII. 신체의 자유의 한계와 제한

신체의 자유도 무제한적으로 보장되는 것은 아니다. 타인의 권리를 침해하거나 도덕률에 위반하거나 헌법질서에 위배할 수 없다는 불문율적 제약뿐만 아니라 헌법 제37조 제2항에 의하여 국가안전보장·질서유지 또는 공공복리를 위하여 필요한 경우에는 법률에 따라 제한될 수 있다.[1] 그러나 이 경우에도 신체의 자유의 본질적 내용을 침해할 수 없고, 또한 과잉금지의 원칙(헌법 제37조 제2항)을 침해해서는 아니된다.[2]

헌재결 2004. 12. 16, 2002헌마478 【접견불허처분 등 위헌확인】

금치수용자, 운동금지는 위헌 : 헌재, "비인도적 징벌로 기본권 침해"[3]

헌법재판소 전원재판부(주심 宋寅準 재판관)는 교도소에서 금치처분을 받아 징벌실에 수용됐던 김모씨가 "징벌실(소위 먹방)에 수용될 경우 접견, 서신수발, 운동 등을 금지하도록 규정한 행형법 시행령 제145조 제2항은 과도한 기본권 침해"라며 낸 헌법소원사건(2002헌마478)에서 16일 '운동' 부분에 대해 재판관 전원일치 의견으로 위헌결정을 내렸다. 재판부는 결정문에서 "금치 징벌의 목적 자체가 징벌실에 수용하고 엄격한 격리에 의해 개전을 촉구하는 것이므로 접견·서신수발의 제한은 불가피하고 교도소장의 재량으로 예외를 둘 수 있도록 하고 있어 정당한 목적을 위해 필요·최소한의 제한"이라면서도 "금치수형자에 대해 일체의 운동을 금지하는 것은 인간으로서의 기본적 건강을 유지할 수 없도록 하는 조치를 강요하는 것으로 문명국가에서는 이를 수용하기 어려운 비인도적인 징벌"이라고 밝혔다.

이어 "금치수용자에 대한 절대적인 운동금지는 징벌의 목적을 고려하더라도 그 수단과 방법에 있어 필요한 최소한도의 범위를 벗어난 것으로 인간의 존엄과 가치 및 신체의 자유를 침해한다"고 하였다.

VIII. 신체의 자유(Freiheit der Person)에 관한 헌법재판소결정

헌재결 1992. 4. 14, 90헌마82 【국가보안법 제19조에 대한 헌법소원】

1. 헌법소원심판의 대상이 될 수 있는 법률은 그 법률에 기한 다른 집행행위를 기다리지 않고 직접 국민의 기본권을 침해하는 법률이어야 하지만 구체적 집행행위가 존재한다고 하여 언제나 반드시 법률 자체에 대한 헌법소원심판청구의 적법성이 부정되는 것이 아

1) 허영, 한국헌법론, 388면.
1) 권영성, 헌법학원론, 448면.
2) 헌재결 1992 12. 24, 92헌가8 【형사소송법 제331조 단서규정에 대한 위헌심판】
3) 홍성규 기자 cool@lawtimes.co.kr 2004-12-17

니고, 예외적으로 執行行爲가 존재하는 경우에도 그 집행행위를 대상으로 하는 구제절차가 없거나 구제절차가 있다고 하더라도 권리구제의 기대가능성이 없고 다만 기본권 침해를 당한 자에게 불필요한 우회절차를 강요하는 것 밖에는 되지 않는 경우로서 당해 법률에 대한 전제관련성이 확실하다고 인정되는 때에는 당해 법률을 헌법소원의 직접대상으로 삼을 수 있다. ☜ **헌법소원의 요건(대상)**

2. 헌법소원의 본질은 주관적 권리구제 뿐만 아니라 객관적인 헌법질서의 보장도 겸하고 있으므로 침해행위가 이미 종료하여서 이를 취소할 여지가 없기 때문에 헌법소원이 주관적 권리구제에는 별 도움이 안되는 경우라도 그러한 침해행위가 앞으로도 반복될 위험이 있거나 당해 분쟁의 해결이 헌법질서의 수호·유지를 위하여 긴요한 사항이어서 그 해명이 헌법적으로 중대한 의미를 지니고 있는 경우에는 헌법소원의 이익을 인정하여야 한다. ☜ **헌법소원의 인정범위**

3.

가. 법률에 대한 헌법소원은 법률의 공포시행과 동시에 기본권의 침해를 받은 자는 법률의 공포시행을 안 날로부터 60일 이내에, 법률의 공포시행일로 부터 180일 이내에 청구하여야 하나, 법률의 공포시행 후 그 법률에 해당하는 사유가 발생하여 기본권침해를 받게 된 자는 「그 사유발생을 안 날로부터 60일 이내에, 그 사유가 발생한 날로부터 180일 이내에 청구」하여야 한다.

나. 事由가 발생한 날은 당해 법률이 청구인의 기본권을 구체적으로 현실 침해하였거나 그 침해가 확실히 예상되는 등 실체적 諸要件이 성숙하여 헌법판단에 적합하게 된 때를 말한다.

4. 형사소송법상의 구속기간은 헌법상의 「무죄추정의 원칙」에서 파생되는 불구속수사원칙에 대한 예외로서 설정된 기간으로 이 구속기간을 더 연장하는 것은 예외에 대하여 또다시 특례를 설정하는 것이 되므로 그 예외의 범위를 확장하는 데에는 국가안전보장과 질서유지라는 公益과 국민의 기본권보장이라는 상충되는 긴장관계의 비례성 형량에 있어서 더욱 엄격한 기준이 요구되며 따라서 그 예외의 확장은 극히 최소한에 그쳐야 한다.

5. 국가보안법 제7조(찬양·고무) 및 제10조(불고지)의 죄는 구성요건이 특별히 복잡한 것도 아니고 사건의 성질상 증거수집이 더욱 어려운 것도 아님에도 불구하고 국가보안법 제19조가 제7조 및 제10조의 범죄에 대하여서까지 형사소송법상의 수사기관에 의한 피의자구속기간 30일보다 20일이나 많은 50일을 인정한 것은 국가형벌권과 국민의 기본권과의 상충관계 형평을 잘못하여 불필요한 장기구속을 허용하는 것이어서 결국 헌법 제37조 제2항의 기본권 제한입법의 원리인 과잉금지의 원칙을 현저하게 위배하여 피의자의 신체의 자유, 무죄추정의 원칙 및 신속한 재판을 받을 권리를 침해한 것이다.

제 3 항 사생활자유권

제 1 목 사생활의 비밀과 자유

I. 사생활의 비밀과 자유

헌법 제17조는 「모든 국민은 사생활의 비밀과 자유를 침해받지 아니한다」라고 하여 사생활의 비밀과 자유의 불가침을 보장하고 있다.

<사례>

갑은 1990년 징병검사에서 한쪽 눈 실명으로 병역면제 처분을 받았다. 갑은 2005년 3월부터 국회 정책연구위원으로 근무하고 있는 공무원으로서, '공직자등의 병역사항 신고 및 공개에 관한 법률'에 따라 같은 해 8월 병역사항을 신고하였는데, 법 제3조에 따라 병역처분을 할 때의 질병명을 신고하여야 하였고, 이 신고사항은 법 제8조에 의하여 관보와 인터넷에 게재하는 방식으로 공개되었다. 이에 갑은 질병명까지 신고 · 공개토록 하고 있는 위 법률조항들 및 공직선거의 후보자가 되려는 사람으로 하여금 후보자등록을 하는 때에 그와 같은 병역사항을 신고토록 규정하고 있는 법 제9조, 공직선거 후보자의 병역정보 공개에 관한 공직선거법(2005. 8. 4. 법률 제7681호로 개정된 것) 제65조가 자신의 사생활의 비밀과 자유, 직업선택의 자유 등의 기본권을 침해한다고 주장하면서 2005. 11. 22. 그 위헌확인을 구하는 헌법소원심판을 청구하였다.

<해설>

이 사건 법률조항은 사생활 보호의 헌법적 요청을 거의 고려하지 않은 채 인격 또는 사생활의 핵심에 관련되는 질병명과 그렇지 않은 것을 가리지 않고 무차별적으로 공개토록 하고 있으며, 일정한 질병에 대한 비공개요구권도 인정하고 있지 않다. 그리하여 그 공개시 인격이나 사생활의 심각한 침해를 초래할 수 있는 질병이나 심신장애내용까지도 예외 없이 공개함으로써 신고의무자인 공무원의 사생활의 비밀을 심각하게 침해하고 있다.

이 사건 법률조항이 공적 관심의 정도가 약한 4급 이상의 공무원들까지 대상으로 삼아 모든 질병명을 아무런 예외 없이 공개토록 한 것은 입법목적 실현에 치중한 나머지 사생활 보호의 헌법적 요청을 현저히 무시한 것이고, 이로 인하여 청구인들을 비롯한 해당 공무원들의 헌법 제17조가 보장하는 기본권인 사생활의 비밀과 자유를 침해하는 것이다.[1)]

---

1) 헌재결 2007. 5. 31, 2005헌마1139 【공직자등의병역사항신고및공개에관한법률】

1. 사생활의 비밀과 자유의 의의

1.1. 연혁과 입법례

사생활의 비밀과 자유의 불가침은 19세기 말경부터 프라이버시에 관한 권리(The Right to Privacy)의 형태로 그 내용이 확충되어 왔다.[1] 1890년에 워렌(Warren)과 브란디스(Brandeis)는 프라이버시권을 인정할 것을 강조하면서 프라이버시권을 '혼자있게 내버려두라는 개인의 일반적 권리(the more general right of the individual to be let alone)'[2]로 정의 하였고, 1891년 뉴욕주 하급법원에서 프라이버시권을 처음 인정하였다.[3]

사생활의 비밀과 자유의 불가침은 프라이버시에 관한 권리(미국 · 일본) 또는 일반적 인격권(독일 기본법 제2조)의 일환으로 학설상 널리 인정되게 되었고, 또 일련의 판례를 통하여 보호를 받아 왔다. 미국에서는 낙태금지를 사생활의 권리의 침해로 본 연방대법원의 판결(Roe v. Wade, 1973)을 계기로 사생활의 비밀과 자유는 헌법상의 기본권으로 인정되었고, Privacy Act(1974)가 탄생되게 되었다.[4] 독일에서는 정보보호법(Datenschutzgesetz, 1979) 등과 같은 개별입법에 의해서도 개인정보 및 사생활의 비밀이 보호되고 있다.[5]

1976년 3월 23일에 발효된 시민적 · 정치적 권리에 관한 국제연합인권규약과 스페인헌법 · 터키헌법 · 포르투갈헌법 등에서도 이를 보장하고 있다.[6] 우리나라에서는 1980년 제5공화국 헌법(제8차개정헌법)에서 사생활의 비밀과 자유를 처음 규정하였는데, 그 이전부터 학설상 인간의 존엄에 근거한 헌법상의 권리로 인정되었다.[7] 1994년 1월 7일에 공공기관의개인정보보호에관한법률이 공포되어 1년이 경과한 날로부터 시행되고 있다.

1.2. 사생활의 비밀과 자유의 개념

1.2.1. 사생활의 비밀과 자유의 불가침

헌법 제17조의 사생활의 비밀과 자유의 불가침은 자기의 의사에 반하여 사생활의 내용을 공개당하지 아니할 권리, 사생활의 자유로운 형성과 전개를 방해받지 아니할 권리 그

---

1) 사생활에 대한 보호는 공적 영역과 사적 영역의 구별을 전제로 하는 것으로서, 이는 입헌군주제의 현실에서 비롯되었던 국가와 사회의 구별을 그 전제로 한다. 국가와 사회의 구별은 군주가 지배하는 영역과 군주의 힘이 미치지 않는 영역을 구별함으로써, 군주의 권한을 한정하고자 등장한 것이다(장영수, 헌법학, 614면 각주1) 참조).
2) Warren/Brandeis, The Right to Privacy, 4 Harvard Law Review 193, 1890, p. 193.
3) 홍성방, 헌법학, 474면.
4) 양건, 헌법강의, 381면.
5) 권영성, 헌법학원론, 452면.
6) 권영성, 헌법학원론, 452면.
7) 양건, 헌법강의, 381면.

리고 자신에 관한 정보를 스스로 관리 · 통제할 수 있는 권리, 자기의 정보가 타인에 의하여 취득 · 개시될 수 있는 정도를 결정할 수 있는 권리[1] 등을 내용으로 하는 복합적 성질의 권리이다.[2]

1.2.2. 인접개념과의 관계

a) 프라이버시권과의 關係

[프라이버시권에 관한 학설][3]

- **제1설(협의설)** : 사생활의 평온을 침해받지 아니하고 사생활의 비밀을 함부로 공개당하지 아니할 권리
- **제2설(광의설)** : 소극적으로는 사생활을 함부로 공개당하지 아니하고 사생활의 평온과 비밀을 요구할 수 있는 법적 보장으로 이해하고 적극적으로는 자신에 관한 정보를 관리 통제할 수 있는 법적 능력
- **제3설(최광의설)** : 사생활의 비밀과 자유뿐만 아니라 주거의 불가침 통신의 불가침 등도 포괄하는 개념[4]

프라이버시권을 제2설의 입장에서 이해할 경우에는 헌법 제17조의 사생활의 비밀과 자유는 프라이버시권을 의미한다고 할 수 있다.[5]

b) 인격권과의 관계

일반적으로 인격권이라 함은 권리주체와 분리될 수 없는 인격적 이익, 즉 생명 · 신체 건강 · 명예 · 정조 · 성명 · 초상 · 사생활의 비밀과 자유 등의 향유를 내용으로 하는 권리를 말한다. 현행 헌법상 인격권은 제10조의 인간의 존엄성 존중조항, 제17조의 사생활의 비밀과 자유조항, 제37조 제1항의 헌법에 열거되지 아니한 자유와 권리의 존중조항 등을 근거로 하여 보장된다고 할 수 있다. 따라서 사생활의 비밀과 자유는 인격권의 범주에 속하는 권리라고 할 수 있다.

헌법 제17조의 사생활의 비밀과 자유 ≤ 프라이버시권 〈 인격권

---

1) 홍성방, 헌법학, 475면.
2) 권영성, 헌법학원론, 451면.
3) 권영성, 헌법학원론, 451면.
4) 프라이버시권의 법적 성격에 관하여 자세한 것은 변재옥, 정보화사회에 있어서 프라이버시권, 서울대학교 박사학위논문(1979) 참조.
5) 권영성, 헌법학원론, 451면.

2. 사생활의 비밀과 자유의 법적 성격

2.1. 보호법익

사생활의 비밀과 자유의 보장은 인격적 존재로서의 인간이 소극적으로는 사생활의 내용·명예·신용 등을 침해받지 아니하고, 적극적으로는 자신이 원하는 자유로운 사생활과 사적 활동을 영위할 수 있도록 하려는 것이다. 따라서 사생활의 비밀과 자유의 불가침은 인간의 존엄성 존중의 구체적인 내용이 되는 인격의 자유로운 발현과 법적 안전성을 그 보호법익으로 한다. 헌법이 보호하고자 하는 개인의 사생활이란 개인의 가장 깊은 곳에 자리한 자아의 외부로부터의 불가침(Unantastbarkeit)을 전제로 한 것으로, 인격의 자유로운 발현과 인간으로서의 존엄성을 유지하게 하는 핵심영역이다.[1)]

2.2. 법적 성격

사생활의 비밀과 자유는 (ㄱ) 개인의 사적 사항이 공개되거나 인격적 징표를 손상 당하거나 자유로운 사생활을 방해받지 않는것이 그 보호법익이므로 인격권의 일종이다. (ㄴ) 사생활의 비밀과 자유는 개인의 사적 사항을 외부에 공개 당하거나 인격적 징표를 훼손 당하지 아니할 권리 및 개개인의 자율적인 사생활을 방해받지 아니할 권리를 의미하므로 국가권력과 제3자에 대한 소극적·방어적 성격을 가진 자유권의 성격을 지닌다(소극적 권리). (ㄷ) 사생활의 비밀과 자유는 개인의 사적 사항·인격적 징표·사생활의 자율 등과 같은 특정인에게 고유한 사항을 그 보호법익으로 하기 때문에 일신전속적 권리이다. (ㄹ) 사생활의 비밀과 자유는 자신에 관한 정보의 자율적 관리와 통제를 내용으로 하는 권리(자기정보관리통제권·개인정보자기결정권)[2)]를 내용으로 하며, 이를 보호하기 위한 적극적인 청구권적 성격도 가진다(적극적 권리).[3)]

- 인격권의 일종
- 자유권적 성격(소극적 권리)
- 일신전속적 권리
- 청구권적 성격(적극적 권리)

---

1) BVerfGE 34, 238.
2) 이를 자기정보관리권 혹은 개인정보 자기결정권이라고도 한다(양건, 헌법강의, 384면).
3) 권영성, 헌법학원론, 453면.

3. 사생활의 비밀과 자유의 주체

3.1. 자연인

사생활의 비밀과 자유는 감정을 소유하고 정신적 고통을 느낄 수 있는 인간의 권리를 의미하므로 내·외국인을 불문하고 모든 인간이 누릴 수 있다. 그것은 인간의 존엄성존중을 궁극의 목표로 하고 인격적 가치가 훼손됨으로써 정신적 고통을 받는 경우에 이를 구제하려는 것을 보호법익으로 하는 까닭에, 원칙적으로 생존하고 있는 자연인만이 누릴 수 있고 死者는 그 주체가 될 수 없다. 이미 사망한자 에게는 정신적 고통을 줄 수도 없고, 또한 사람은 살아있는 동안 권리와 의무의 주체가 된다는 민법(제3조)의 규정에 따라, 자연인의 권리는 그의 사망과 더불어 소멸한다고 보기 때문이다. 따라서 이 경우에는 사망한 자의 사생활비밀에 관한 권리의 침해가 동시에 생존자의 그에 관한 권리를 침해하는 경우라든가 사망한자와 생존자간에 일정한 관계가 존재할 때에는 생존자에 관해서 문제가 될 뿐이다.

공판정에서 진술을 하는 피고인·증인 등도 인간으로서의 존엄과 가치를 가지며(헌법 제10조), 사생활의 비밀과 자유를 침해받지 아니할 권리를 가지고 있으므로(헌법 제17조) 본인이 비밀로 하고자 하는 사적인 사항이 일반에 공개되지 아니하고 자신의 인격적 징표가 타인에 의하여 일방적으로 이용당하지 아니할 권리가 있다. 따라서 모든 진술인은 원칙적으로 자기의 말을 누가 녹음할 것인지와 녹음된 자기의 음성이 재생될 것인지 여부 및 누가 재생할 것인지 여부에 관하여 스스로 결정할 권리가 있다.[1]

3.2. 법인의 경우

사생활의 비밀과 자유는 인간의 존엄성존중과 인간의 인격적 가치를 보호하려는 것이므로, 법인 등은 원칙적으로 그 주체가 될 수 없다. 다만 법인 등도 명예의 주체가 될 수 있으므로 그 명예가 훼손되는 경우에는 명예훼손죄가 성립된다. 명칭·상호 등이 타인에 의하여 영리의 목적으로 이용당하는 경우에는 권리의 침해가 성립될 수 있다.[2]

4. 사생활의 비밀과 자유의 내용

4.1. 사생활의 비밀의 불가침

4.1.1. 개관

사생활의 비밀은 사생활을 공개당하지 아니할 권리로서 (ㄱ) 개인에 관한 私事(私的事項: 공개하고 싶지 않은 것)의 불가침, (ㄴ) 개인의 명예나 신용의 불가침, (ㄷ) 개인의 인

---

1) 헌재결 1995. 12. 28, 91헌마114 【형사소송규칙 제40조에 대한 헌법소원】
2) 권영성, 헌법학원론, 454면.

격적 징표(본인의 고유한 속성)가 도청, 비밀녹음, 비밀촬영, 초상도용 등의 방법으로 개인의 사생활이 본인의 의사에 반하여 파악되는 것과, 파악된 사생활의 내용이 본인의 의사에 반하여 공개되는것을 금지한다는 것을 그 내용으로 한다.[1]

헌재결 2003. 10. 30, 2002헌마518 【도로교통법 제118조 위헌확인】

사생활의 비밀은 국가가 사생활영역을 들여다보는 것에 대한 보호를 제공하는 기본권이며, 사생활의 자유는 국가가 사생활의 자유로운 형성을 방해하거나 금지하는 것에 대한 보호를 의미한다. 구체적으로 사생활의 비밀과 자유가 보호하는 것은 개인의 내밀한 내용의 비밀을 유지할 권리, 개인이 자신의 사생활의 불가침을 보장받을 수 있는 권리, 개인의 양심영역이나 성적 영역과 같은 내밀한 영역에 대한 보호, 인격적인 감정세계의 존중의 권리와 정신적인 내면생활이 침해받지 아니할 권리 등이다.

우리 재판소는 '사생활의 자유'란 사회공동체의 일반적인 생활규범의 범위 내에서 사생활을 자유롭게 형성해 나가고 그 설계 및 내용에 대해서 외부로 부터의 간섭을 받지 아니할 권리이며, 사생활과 관련된 사사로운 자신만의 영역이 본인의 의사에 반해서 타인에게 알려지지 않도록 할 수 있는 권리인 '사생활의 비밀'과 함께 헌법상 보장되고 있는 것이라고 판시한 바 있다.[2] 즉, 헌법 제17조가 보호하고자 하는 기본권은 '사생활영역'의 자유로운 형성과 비밀유지라고 할 것이며, 공적인 영역의 활동은 다른 기본권에 의한 보호는 별론으로 하고 사생활의 비밀과 자유가 보호하는 것은 아니라고 할 것이다.

사생활의 비밀과 자유에는 개인의 사생활과 관련된 일정한 상태를 보호법익으로 하고 특정한 행위 그 자체를 보호법익으로 하지는 않지만,[3] 개인에 관한 私事의 불가침에는 사적인 행위의 선택 및 결정과 관련된 사실을 포함하여 행위의 내용에 대한 비밀성(예컨대 성생활에 관한 정보), 그리고 개인의 행위와는 전혀 관계없는 개인의 사적 영역 즉 신상정보(성명, 연령, 생년월일, 키, 신체상의 특징, 몸무게, 주소, 전화번호, 주민등록번호, 가족관계, 건강상태 및 병력)에 관한 것 등이 포함된다.[4]

헌재결 2007. 5. 31, 2005헌마1139 【공직자등의병역사항신고및공개에관한법률】

사람의 육체적·정신적 상태나 건강에 대한 정보, 성생활에 대한 정보와 같은 것은 인간의 존엄성이나 인격의 내적 핵심을 이루는 요소이다. 따라서 외부세계의 어떤 이해관계에 따라 그에 대한 정보를 수집하고 공표하는 것이 쉽게 허용되어서는 개인의 내밀한 인

---

1) 권영성, 헌법학원론, 454면; 홍성방, 헌법학, 477면.
2) 헌재결 2001. 8. 30. 99헌바92 등, 판례집 13-2, 174, 203 참조.
3) 이준일, 헌법학강의, 단락번호 [4.6.29]; 행위와 관련한 선택과 결정의 자유는 일반적 행동자유권에서 보장한다(이준일, 헌법학강의, 단락번호 [4.6.28]).
4) 이준일, 헌법학강의, 단락번호 [4.6.28].

격과 자기정체성이 유지될 수 없다. '공직자등의 병역사항 신고 및 공개에 관한 법률' 제8조 제1항 본문 가운데 '4급 이상의 공무원 본인의 질병명에 관한 부분'(이하 '이 사건 법률조항'이라 한다)에 의하여 그 공개가 강제되는 질병명은 내밀한 사적 영역에 근접하는 민감한 개인정보로서, 특별한 사정이 없는 한 타인의 지득(知得), 외부에 대한 공개로부터 차단되어 개인의 내밀한 영역 내에 유보되어야 하는 정보이다. 이러한 성격의 개인정보를 공개함으로써 사생활의 비밀과 자유를 제한하는 국가적 조치는 엄격한 기준과 방법에 따라 섬세하게 행하여지지 않으면 아니된다.

… 질병명은 신체상의 특징이나 건강상태에 관한 사적 정보이므로 이를 개인의 의사와 무관하게 일방적으로 공개하는 것은 그 개인의 사생활의 비밀과 자유를 제한하는 것이다. 사생활의 비밀과 자유는 공공복리 등을 위하여 법률로써 제한할 수 있으나 그 경우에도 기본권제한의 한계원리인 비례성원칙의 한계를 벗어나서는 아니된다(헌법 제37조 제2항).

4.1.2. 내용

a) 개인에 관한 私事의 불가침

본인이 비밀로 하고자 하는 개인에 관한 사적 사항은 신문 · 잡지 · 영화 · TV 등 매스미디어가 사실을 사실대로 공개하는 것도 허용되지 아니한다. 사생활의 비밀의 공개가 불법행위가 되기 위한 조건으로는 다음과 같은 것이 입증되어야 한다.[1]

- 사생활의 공개가 (사적인) 사실을 공공연하게 폭로하는 것(공표)
- 폭로된 사실이 사적 사항일 것
- 공개된 사실이 평균적 감수성을 가진 합리적 인간의 감정을 침해할 것
- 공개된 사적 사항이 본인 자신에 관한 것이라는 증명, 즉 일체성(identification)이 입증될 것

b) 개인의 명예나 신용의 불가침

허위의 사실을 공표하거나 사실을 과장 또는 왜곡하여 공표함으로써 世人으로 하여금 특정인을 오해하도록 하여서는 아니 된다. 그 오해의 정도는 사회통념상 受忍할 수 없는 정도의 것이라야 한다. 명예훼손죄 및 모욕죄를 구성하게 된다.

[공직자의 공직 수행 등에 관한 의혹의 보도가 명예훼손이 되는 경우]

텔레비전 방송보도 중 사용된 '○○지방경찰청 기동수사대'라는 표시에 의하여, 방송보도의 대상인 수사 당시 위 기동수사대에 근무하였던 경찰관들이 명예훼손의 피해자로 특정되었다고 한 사례:

공직자의 생활이나 공직 수행과 관련한 중요한 사항에 관하여 어떤 의혹을 가질 만한

---

1) 권영성, 헌법학원론, 454면.

충분하고도 합리적인 이유가 있고 그 사항의 공개가 공공의 이익을 위하여 필요하다고 인정되는 경우에 있어서도 그 언론보도의 내용이나 표현방식, 의혹사항의 내용이나 공익성의 정도, 공직자 또는 공직 사회의 사회적 평가를 저하시키는 정도, 취재과정이나 취재로부터 보도에 이르기까지의 사실 확인을 위한 노력의 정도, 기타 주위의 여러 사정 등을 종합하여 판단할 때, 그 언론보도가 공직자 또는 공직 사회에 대한 감시·비판·견제라는 정당한 언론활동의 범위를 벗어나 악의적이거나 심히 경솔한 공격으로서 현저히 상당성을 잃은 것으로 평가되는 경우에는, 비록 공직자 또는 공직 사회에 대한 감시·비판·견제의 의도에서 비롯된 것이라고 하더라도 이러한 언론보도는 명예훼손이 된다.[1]

- 집단표시에 의한 명예훼손이 그 집단 내 구성원 개개인에 대한 명예훼손으로 인정되기 위한 기준
- 언론보도에 의한 명예훼손에 있어서 '사실의 적시'의 정도 및 텔레비전 방송보도의 내용이 특정인의 명예를 훼손하는 내용을 담고 있는지 여부의 판단 기준
- 언론·출판의 자유와 명예보호 사이의 한계를 설정함에 있어서 고려하여야 할 사항 및 공직자의 생활이나 공직 수행에 관한 언론보도가 명예훼손이 되는 경우

[모욕의 예]

주총서 질문방해는 주주권 침해

2004년 삼성전자 주주총회 때 소액주주들의 질문을 방해한 회사측에 대해 배상책임을 묻는 판결이 나왔다. 서울중앙지법 민사42단독 신인수 판사는 「주총 의장이었던 윤 부회장이 공개적인 자리에서 일부 소액주주들에게 "저 친구 저거 정신병 아냐, 저거", "뭐요, 정신나간 사람들이네"라고 지칭한 것은 모욕에 해당한다」고 덧붙였다. 김씨 등은 2004년 2월27일 열린 삼성전자 주총에서 "불법 정치 자금을 제공해 회사 명예가 실추되고 주가가 떨어졌다"는 등의 발언을 하고 회사는 질서유지권을 발동해 이들의 발언을 제지하는 과정에서 충돌이 빚어졌다.[2]

c) 개인의 인격적 징표의 불가침

성명·초상·경력·이미지 등 본인에게 고유한 속성인 인격적 징표는 도용되어서는 아니된다. 본인의 동의없이 초상을 촬영하거나 명의를 사용하는 행위와 개인의 고유한 이미지를 사용하는 행위는 개인의 인격적 징표를 침해하는 것이 된다. 인격적 징표의 침해로 인한 사생활의 비밀이 침해된 것이기 위해서는 다음과 같은 조건이 갖추어져야 한다.

- 사용된 사진·초상 등이 본인의 것과 일치할 것
- 그 사진·초상 등이 흔한 것이 아닐 것

---

1) 대판 2006. 5. 12, 2004다35199 【손해배상(기)등】
2) lawtimes, 인터넷판, 2006-8-21

- 그 사용목적이 영리목적에 있을 것

이것이 최근에는 퍼블리시티권(초상권)으로 주장되기도 한다.[1] 퍼블리시티권(the right of publicity)은 사회적으로 저명한 사람이 자신의 이름이나 사진 혹은 모습 등이 상업적으로 부당하게 이용되는 것을 방지하기 위하여 보호되는 개인적 권리이며 새로운 지적 재산권이다. 카다로그광고에만 사용하기로 한 사진을 월간잡지광고에 사용하였다면 이것은 초상권의 침해에 해당한다.[2]

대판 2006. 10. 13, 2004다16280 【위자료】

사람은 누구나 자신의 얼굴 기타 사회통념상 특정인임을 식별할 수 있는 신체적 특징에 관하여 함부로 촬영 또는 그림묘사되거나 공표되지 아니하며 영리적으로 이용당하지 않을 권리를 가지는데, 이러한 초상권은 우리 헌법 제10조 제1문에 의하여 헌법적으로 보장되는 권리이다. 초상권 및 사생활의 비밀과 자유에 대한 부당한 침해는 불법행위를 구성하는데, 위 침해는 그것이 공개된 장소에서 이루어졌다거나 민사소송의 증거를 수집할 목적으로 이루어졌다는 사유만으로 정당화되지 아니한다.

초상권이나 사생활의 비밀과 자유를 침해하는 행위를 둘러싸고 서로 다른 두 방향의 이익이 충돌하는 경우에는 구체적 사안에서의 사정을 종합적으로 고려한 이익형량을 통하여 침해행위의 최종적인 위법성이 가려진다.

퍼블리시티권은 재산적 가치가 있는 유명인의 성명 · 초상 등 프라이버시에 속하는 사항을 상업적으로 이용할 수 있는 권리로 일반적으로 인정되는 인격권에 기초한 권리지만 인격권과는 달리 양도가 가능하다. 특히 앞으로는 실존인물의 캐릭터[3]산업이 활발해질 것으로 예상되는 만큼 저작권법 · 상표법등 관련법규의 정비가 시급하다할 것이다.

인격권 → 양도불가능
퍼블리시티권 → 양도가능

1) 권영성, 헌법학원론, 455면.
2) 권영성, 헌법학원론, 455면 각주 1); 1988. 9. 9, 서울지판 가합6032.
3) '캐릭터'란 넓은 의미로는 가공 인물 · 동물과 실제인물을 모두 포괄하는 용어이다. 우리 대법원 판례도 캐릭터란 "만화, 텔레비전, 영화, 신문, 잡지 등 대중이 접하는 매체를 통하여 등장하는 가공적인 또는 실재하는 인물, 동물 등의 형상과 명칭을 뜻하는 것"이라고 판시한 바 있다(대판 1996. 9. 6, 96도139). 그러나 저작권법에 의한 보호대상으로 그 범위를 좁히면, 캐릭터란 실제 인물의 경우를 제외한 부분, 즉 만화, 애니메이션, 텔레비전 프로그램, 소설, 각본 등에 등장하는 인물이나 동물의 용모, 자태, 성격 또는 이름, 명칭 등을 지칭하는 것이 된다.

[판례]

서울지법 민사합의12부(재판장 이홍기부장판사)는 13일 유명헤어디자이너 '비달사순'의 성명 · 초상권을 넘겨받은 미국 P&G사가 국내 ㅂ미용학원을 상대로낸 퍼블리시티권 등 침해금지 청구소송에서 원고승소판결을 내렸다. 재판부는 판결문에서 "비달사순처럼 초상이나 성명 등에 독자적인 경제적 가치가 있다고 인정될 경우 제반권리를 양도하는 것도 인정되는 만큼 비달사순으로부터 권리를 넘겨받은 원고에게 승낙을 받지 않고 이를 사용할 경우 퍼블리시티권의 침해"라고 밝혔다.1)

유명 연예인으로부터 승낙을 받지 않고 캐릭터를 제작한 후 모바일서비스에 컨텐츠로 제공하여 연예인의 승낙 없이 초상과 성명을 상업적으로 사용한 것은 대중적 지명도 있는 연예인으로서 재산적 가치가 있는 원고의 초상에 대한 퍼블리시티권을 침해한 것으로 불법행위에 해당한다.

유명연예인은 대중적 지명도가 있는 연예인으로서 자신의 초상이나 성명 등을 상업적으로 이용할 수 있는 권리를 보유하는 바, 피고가 원고로부터 아무런 승낙을 받지 아니하고 원고의 얼굴을 형상화하여 일반인들이 원고임을 쉽게 알아 볼 수 있는 이 사건 캐릭터를 제작한 후, 이를 이동통신회사들이 운영하는 인터넷 모바일 서비스에 컨텐츠로 제공하여, 이동통신회사의 고객들이 돈을 지불하고 휴대전화로 캐릭터를 다운로드 받도록 하는 방법으로 영업을 하였는바, 이는 피고가 원고의 승낙 없이 원고의 초상과 성명을 상업적으로 사용함으로써 코미디언으로서 대중적 지명도가 있어 재산적 가치가 있는 원고의 초상 등을 상업적으로 이용할 권리인 퍼블리시티권을 침해한 것으로서 불법행위에 해당한다. 일반적으로 퍼블리시티권이란 사람이 자신의 성명이나 초상 등을 상업적으로 이용하고 통제할 수 있는 배타적 권리를 의미하는 것으로서, 이는 초상 등의 경제적 측면에 관한 권리라는 점에서, 인격권으로서의 성격을 가지는 전통적 의미의 초상권과 구별된다고 할 것인바, 유명 연예인이나 운동선수 등의 경우 자신의 승낙 없이 자신의 성명이나 초상 등이 상업적으로 사용되어 지는 경우 정당한 사용계약을 체결하였다면 얻을 수 있었던 경제적 이익의 박탈이라고 하는 재산상 손해를 입게 된다는 점에서 이러한 퍼블리시티권을 별도의 권리로서 인정할 필요가 있다.2)

웨이터 이름 어떻게 바뀌나.3)

국회 문광위 소속 박찬숙 의원은 지난 6월 23일 "개인의 창작의욕을 높이고 문화산업의 발전을 도모하기 위해 퍼블리시티권(초상재산권) 조항을 삽입한 저작권법 개정안을 이달 중 발의할 것"이라고 밝혔다. 퍼블리시티권 이란 개인의 초상, 성명, 음성 등의 재산적 가치를 인정하고 상업적 목적으로 침해당하지 않을 권리를 보장하는 것을 말한다. 외국에서

1) 한겨레신문, 1999. 7. 13.

2) 서울중앙지방법원 2004가단235324, 2005-09-27.

3) 초상권 확대 무엇이 달라지나 : [스포츠투데이] 2005-07-11 11 : 19.

는 이미 퍼블리시티권의 영역이 확대되는 추세. 국내에서도 한류 스타의 사진이나 음반 등이 중국 일본 동남아 등지에서 불법으로 유포되는 사례가 잦아지면서 관심이 높아지고 있다. 최근에는 김제동 어록을 허락 없이 출간한 출판사에 대한 서적판매금지가처분신청이 "성명권, 인격권, 퍼블리시티권을 침해했다"는 이유로 법원으로부터 받아들여지기도 했다. 이 법이 발효되면 유명인의 이름을 도용하는 것은 물론 성대모사를 이용한 광고도 '불법'이 된다.[1)]

「문제」
'간난이'·'영구' 등 드라마·코미디 주인공의 이름의 경우도 퍼브리시티권의 보호의 대상이 되는가?

4.2. 사생활의 자유의 불가침

4.2.1. 개관

사생활의 자유는 사생활의 자유로운 형성과 전개를 방해받지 아니할 권리로서 (ㄱ) 사생활평온의 불가침, (ㄴ) 자유로운 사생활의 형성과 유지의 불가침을 그 내용으로 한다.[2)]

4.2.2. 내용

a) 사생활 평온의 불가침

개인의 평온한 사생활을 적극적으로 방해 또는 침해하거나 소극적으로 감시·도청·몰래카메라 등에 의한 도촬(영) 등으로 교란함으로써 불안·불쾌감을 유발하여서는 아니된다. 그 방해 및 교란행위가 불법행위가 되기 위하여는 첫째, 통상의 합리적인 평균인(통상인)이 受忍한도를 넘을 정도로 감정을 해치는 것이어야 하고 둘째, 방해·교란의 대상이 사적 사항이거나 사적 권익으로 인정되는 것이어야 한다.[3)] 구체적인 예를 들면 다음과 같다.[4)]

- 호텔에 투숙한 여인이 혹시 매춘행위를 하고 있지 않는지 확인하기 위하여 관리인이 무단침입하는 행위
- 상점에서 상품절취의 혐의를 받은 여인의 쇼핑백을 상점주인이 불법으로 수색하는 행위

---

1) 대한민국 어느 나이트클럽을 가든 찾아볼 수 있었던 조용필과 이덕화. 그러나 국회에서 저작권법 개정안이 확정되면 이 같은 연예인 이름을 마음대로 쓸 수 없게 된다.
2) 권영성, 헌법학원론, 455면.
3) 권영성, 헌법학원론, 456면.
4) 권영성, 헌법학원론, 456면 각주 1) 참조.

- 방에다 마이크 장치를 하고 옆방에서 전화를 도청하는 행위
- 은행예금계좌를 부당하게 조사하는 행위

b) 자유로운 사생활의 형성과 유지의 불가침

개인은 자기가 원하는 바에 따라 자유로이 사생활을 형성하고 영위하는 것을 억제 또는 위협받지 않아야 한다.

- 주거지역에서 가옥형태를 일정한 규격으로 강제하는 행위
- 산책 · 등산 · 낚시 등 취미생활을 간섭 · 방해하는 행위
- 의복이나 모발의 형태를 일정한 것으로 강요하는 행위

인간은 타인의 권리를 침해하지 아니하고 사회윤리나 헌법질서에 위배되지 아니하는 한 자유로이 행동할 수 있을 뿐 아니라 사생활도 자신이 원하는 바에 따라 자유로이 형성하고 전개할 수 있다. 사생활의 자유는 법적 안전성과 일반적 행동의 자유를 보장하는 것이다.[1)]

4.3. 자기정보관이통제권(개인정보자기결정권)

4.3.1. 의의

a) 넓은 의미의 자기정보관리통제권

자기정보관리통제권(개인정보자기결정권)자신에 대한 정보가 언제, 누구에게, 어느범위까지 알려지고 이용되도록 할 것인가를 정보주체인 개인 스스로가 결정할 수 있는 권리이다.[2)]

> 헌재결 2005. 5. 26, 99헌마513【주민등록법 제17조의8 등 위헌확인】
>
> 개인정보자기결정권은 자신에 관한 정보가 언제 누구에게 어느 범위까지 알려지고 또 이용되도록 할 것인지를 그 정보주체가 스스로 결정할 수 있는 권리, 즉 정보주체가 개인정보의 공개와 이용에 관하여 스스로 결정할 권리를 말하는바, 개인의 고유성, 동일성을 나타내는 지문은 그 정보주체를 타인으로부터 식별가능하게 하는 개인정보이므로, 시장 · 군수 또는 구청장이 개인의 지문정보를 수집하고, 경찰청장이 이를 보관 · 전산화하여 범죄수사목적에 이용하는 것은 모두 개인정보자기결정권을 제한하는 것이다.

1) 권영성, 헌법학원론, 456면.

2) 양건, 헌법강의, 384면; 이준일, 헌법학강의, 단락번호 [4.6.34]; 홍성방, 헌법학, 477면; 헌재결 2005. 5. 26, 99헌마513【주민등록법 제17조의8 등 위헌확인 (주민등록법시행령 제33조 제2항)】

넓은 의미에서의 자기정보관리통제권(개인정보자기결정권)이라 함은 자신에 관한 정보를 보호받기 위하여 자신에 관한 정보를 자율적으로 결정하고 관리·통제할 수 있는 권리를 말한다.

[넓은 의미의 자기정보관리통제권]
- 자기에 관한 정보를 침해당하지 아니할 권리(자기정보자율결정권 또는 자기정보수집·분석·처리배제청구권)[1]
- 자기정보에 대한 자유로운 열람권(자기정보접근권·자기정보열람청구권)
- 자기정보의 정정·사용중지·삭제 등을 요구할 수 있는 권리(자기정보정정청구권, 자기정보사용중지·봉쇄청구권, 자기정보삭제청구권)
- 불복신청, 손해배상청구권(이의신청권, 손해배상청구권).[2]

b) 좁은 의미의 자기정보관리통제권

좁은 의미의 자기정보관리통제권은 자기정보의 열람·정정·사용중지·삭제 등을 요구할 수 있는 권리를 말한다.[3] 결국 엄밀한 의미에서 자기정보관리통제권이란 자기정보열람청구권(자기정보접근권)과 자기정보정정청구권·자기정보사용중지청구권·자기정보삭제청구권만을 그 내용으로 한다.[4]

4.3.2. 자기정보관이통제권의 헌법적 근거 및 승인필요성

a) 헌법에 명시되지 아니한 독자적 기본권

헌법재판소는 「개인정보자기결정권의 헌법상 근거로는 헌법 제17조의 사생활의 비밀과 자유, 헌법 제10조 제1문의 인간의 존엄과 가치 및 행복추구권에 근거를 둔 일반적 인격권 또는 위 조문들과 동시에 우리 헌법의 자유민주적 기본질서 규정 또는 국민주권원리와 민주주의원리 등을 고려할 수 있으나, 개인정보자기결정권으로 보호하려는 내용을 위 각

---

1) 타인이 자신에 관한 정보를 수집·분석·처리하는 행위의 배제를 청구할 수 있는 권리는 IT산업의 발달에 따른 정보화사회와 기록문화시대에 접어들면서 현저하게 축소되었다. 개인정보의 수집·분석·처리 그 자체는 정보주체(정보당사자)의 동의 여부에 불구하고 행정기관을 비롯한 공공단체·사기업들에 이르기까지 널리 행하여지고 있다(권영성, 헌법학원론, 457면 각주 1) 참조).

2) 불복신청권이나 손해배상청구권은 좁은 의미의 자기 정보관리통제권이 침해되거나 실현되지 아니한 경우의 권리구제를 위한 권리를 의미하기 때문에, 이들 권리는 자기정보관리통제권 그 자체가 아니라 자기정보관리통제권의 실효성을 담보하기 위한 수단적·보조적 권리에 지나지 아니한다(권영성, 헌법학원론, 457면 각주 1) 참조.

3) 권영성, 헌법학원론, 457면.

4) 권영성, 헌법학원론, 457면 각주 1) 참조.

기본권들 및 헌법원리들 중 일부에 완전히 포섭시키는 것은 불가능하다고 할 것이므로, 그 헌법적 근거를 굳이 어느 한 두개에 국한시키는 것은 바람직하지 않은 것으로 보이고, 오히려 개인정보자기결정권은 이들을 이념적 기초로 하는 독자적 기본권으로서 헌법에 명시되지 아니한 기본권」이라고 보아야 할 것이라고 한다.[1]

b) **승인필요성**

새로운 독자적 기본권으로서의 개인정보자기결정권을 헌법적으로 승인할 필요성이 대두된 것은 다음과 같은 사회적 상황의 변동을 그 배경으로 한다고 할 수 있다. 인류사회는 20세기 후반에 접어들면서 컴퓨터와 통신기술의 비약적인 발전에 힘입어 종전의 산업사회에서 정보사회로 진입하게 되었고, 이에 따른 정보환경의 급격한 변화로 인하여 개인정보의 수집 · 처리와 관련한 사생활보호라는 새로운 차원의 헌법문제가 초미의 관심사로 제기되었기 때문이다.[2]

4.3.3. 개인정보보호를 위한 입법례

a) **각국의 상황**

개인정보보호를 위한 법률로서 미국에는 1974년의 프라이버시법(Privacy Act)이 있고 영국에는 1984년의 약칭 정보보호법(Data Protection Act)이 있으며,[3] 프랑스에는 1978년의 「정보처리축적 · 자유에관한법률」이 있고, 독일에는 1977년의 「연방정보보호법(Bundesdatenschutzgesetz)」이 있다. 일본의 경우도 1988년 12월 「행정기관이보유하는전자계산기처리와관련된개인정보에관한법률(약칭 개인정보보호법)을 공포였다.[4] 그리고 유엔경제개발협력기구(OECD)는 1980년 10월 「개인정보의국제적유통과프라이버시보호에관한가이드라인」을 작성 · 공포한 바 있다. 이 가이드라인은 정보의 자유로운 유통을 원칙으로 하면서도 프라이버시의 보호라는 관점에서 가맹국이 개인정보처리시에 준수하여야 할 8개 원칙을 제시하고 있다.[5]

---

1) 헌재결 2005. 5. 26, 99헌마513 【주민등록법 제17조의8 등 위헌확인】
2) 헌재결 2005. 5. 26, 99헌마513 【주민등록법 제17조의8 등 위헌확인】
3) 개인정보보호를 위한 각국의 입법례에 관해서는 많은 문헌 중 특히 차맹진, 프라이버시보호와 자기정보통제권, 인하대학교 박사학위논문(1991), 80-151면; 최정환, 행정기관의 개인정보전산처이시스템의 구축과 프라이버시 보호, 서울대학교 석사학위 논문(1990), 41-56면; 법제처, 각국의 개인정보보호관계법, 법제자료 제150집(1989) 참조.
4) 권영성, 헌법학원론, 457면.
5) 권영성, 헌법학원론, 457면.

경제협력개발기구(OECD) 이사회의 가이드라인은 다음과 같다.[1] 국제기관에 의한 개인정보 보호의 지침적인 역할을 하고 있는 것이 경제협력개발기구(OECD)가 1980년 9월 23일에 채택한 '프라이버시 보호와 개인데이터의 국제유통에 관한 가이드라인에 대한 이사회권고(이하 'OECD 가이드라인'이라고 한다)'이다. OECD 가이드라인과 같은 국제적인 가이드라인이 정해진 이유는 컴퓨터에 의해 대량의 개인정보가 처리됨에 따라 이들의 자유로운 유통을 확보하면서도 이에 대한 적절한 보호 및 각국의 법제도의 통일성이 필요하게 되었기 때문이다. 그리하여 개인정보의 보호와 자유로운 상거래가 균형을 이루도록 OECD 각국이 만족할 만한 개인정보 보호의 수준을 이사회 권고로서 정리하였고, 각국은 이 권고에 따라 자국의 제도를 정비한다는 합의를 하였는데, 이것이 'OECD권고'이다. 이 OECD권고는 개인정보의 보호를 위하여 다음과 같은 8개의 원칙을 제시하였다.[2]

8개 원칙[3]은 ① 정보수집제한의 원칙 ② 양질정보의 원칙, ③ 목적특정의 원칙, ④ 이용제한의 원칙, ⑤ 안전성확보의 원칙, ⑥ 공개의 원칙, ⑦ 정보주체참가의 원칙, ⑧ 책임의 원칙 등이다.[4]

- **수집제한의 원칙**(Collection Limitation Principle) : 개인 데이터의 수집에는 제한을 두어야 하며, 어떠한 개인 정보도 적법하고 공정한 수단에 의해 수집되어야 한다.
- **정보정확성의 원칙**(Data Quality Principle) : 개인정보는 사용목적과 범위가 부합되어야 하며, 정확하고 완전하며 갱신되어야 한다.
- **목적명확성의 원칙**(Purpose Specification Principle) : 개인정보를 수집할 때에는 목적이 명확해야 하고, 이를 이용할 경우에도 최초의 목적과 모순되지 않아야 한다.
- **이용제한의 원칙**(Use Limitation Principle) : 개인정보는 정부주체의 동의가 있는 경우나 법률의 규정에 의한 경우를 제외하고는 명확화 된 목적 이외의 용도로 공개되거나 이용되어서는 안된다.
- **안전보호의 원칙**(Security Safeguards Principle) : 기업이 수집 · 보존하고 있는 개인정보가 분실, 불법적인 접근, 파괴, 정보수정 및 공개와 같은 위험에 대비하여 합리적인 안전보호장치를 마련해야 한다.
- **개인참가의 원칙**(Individual Participation Principle) : 개인정보를 제공한 개인은 자신과 관련된 정보의 존재확인, 열람요구, 이의제기 및 정정 · 삭제 · 보완 청구권을 가진다.
- **공개의 원칙**(Openness Principle) : 개인정보에 관한 개발, 운용 및 정책에 있어 일반적인 공개의 원칙이 적용되어야 한다.

---

1) 김백유, 인터넷과 기본권, 동국대비교법문화연구소, 2005년 참조.
2) 백윤철, 인터넷법학의 성립과 과제, 인터넷법연구, 한국인터넷법학회, 2003, 37면.
3) 법제처, 각국의 개인정보보호관계법, 법제자료 제150집(1989), 87-98면, 차맹진, 프라이버시보호와 자기정보통제권, 인하대학교 박사학위논문(1991), 135-138면 참조.
4) 권영성, 헌법학원론, 457면 각주 3) 참조.

- **책임의 원칙**(Accountability Principle) : 개인정보를 관리하는 자는 이에 대한 책임을 져야 한다.

우리나라에서도 1995년 1월부터 「공공기관의개인정보보호에관한법률」이 시행되고 있다. 이 법률은 국가주요업무에 관한 전산화의 확대추진과 전국적 행정전산망의 구축 등으로 개인정보의 무단사용 또는 무단유출로 인한 개인의 사생활침해 등 각종 부작용이 우려됨에 따라 (ㄱ) 공공기관이 컴퓨터에 의하여 개인정보를 취급함에 있어 준수할 사항들을 규정하고 있으며(공공기관의개인정보보호에관한법률 제7조의2 내지 제11조 참조), (ㄴ) 공공기관 외의 개인 또는 단체도 컴퓨터 등을 사용하여 개인정보를 처리함에 있어 공공기관의 예에 준하여 개인정보의 보호를 위한 조치를 강구하도록 하고있다(동법 제22조).[1)]

b) 2005년 **국제정보보호회의와 몽트뢰선언**(Erklärung von Montreux)

2005년 스위스의 몽트뢰(Montreux)에서 국제정보보호회의가 개최되었는바, 여기서 소위 몽트뢰 선언문을 채택하였다. 여기에는 다음과 같은 10가지의 ① 정확성의 원칙(Prinzip der Richtigkeit), ② 목적종속성의 원칙(Prinzip der Zweckgebundenheit), ③ 비례의 원칙(Verhältnismäßigkeit), ④ 투명성의 원칙(Prinzip der Tranparrenz), ⑤ 개인적 공동발언권의 원칙 개인에 대한 점유권의 보장(Prinzip der individuellen Mitsprache und namentlich der Garantie des Zugriffsrechts für der Betroffenen Personen), ⑥ 차별금지의 원칙(Prinzip der Nicht-Diskriminierung), ⑦ 안전의 원칙(Prinzip der Sicherheit), ⑧ 책임의 원칙(Prinzip der Haftung), ⑨ 비구속적 감시 및 법적 비준권의 원칙(Prinzip einer unanhängigen Überwachung und gesetzlicher Sanktionen), ⑩ 상호정보교환시 적절한 수준의 보호원칙(Prinzip des angemessenen Schutzniveaus bei gegenüberschtreienden Datenverkehr) 원칙이 국제적으로 인정된 정보보호원리(Datenschtuzprinzip)로 채택되었다.

4.3.4. 자기정보관리통제권의 법적 성격

자기정보관리통제권은 헌법 제17조의 사생활의 비밀과 자유의 일환으로서 보장되고 궁극적으로는 인간의 존엄성존중의 내용이 되는 인격의 자유로운 발현과 법적 안전성을 그 보호법익으로 한다. 그러므로 자기정보관리통제권은 인격권의 일종이라고 할 수 있다. 그러나 사생활의 비밀과 자유가 공권력 또는 제3자에 대한 소극적 · 방어적 성격의 권리라면, 자기정보관리통제권(적극적 프라이버시권)은 청구권적 성격이 강한 능동적 · 적극적 권리이다. 또한 자기정보관리통제권은 일신전속적인 권리이다. 그리고 자기정보관리통제권

---

1) 권영성, 헌법학원론, 458면.

중에서 자기정보열람청구권(접근권)은 알 권리로서의 성격도 가지고 있기 때문에 정보공개청구권과 중복되는 측면도 있다.[1)]

4.3.5. 자기정보관리통제권의 주체

자기정보관리통제권은 인간의 권리이므로 국민 · 외국인을 불문하고 모두 그 주체가 될 수 있다. 또한 자기정보관리통제권은 인간의 존엄성존중을 궁극적인 목적으로 하고 인격적 가치의 보호 · 유지를 그 보호법익으로 하기 때문에 원칙적으로 생존하고 있는 자연인(natürliche Person)만이 주체가 될 수 있다. 그러나 법인(juristische Person)의 경우도 사회통념상 受忍의 한도를 벗어나는 정도로 명예나 신용이 훼손될 때에는 예외적으로 그 권리의 주체가 될 수 있다.[2)]

4.3.6. 자기정보관리통제권의 내용

a) 자기정보열람청구권(자기정보접근권)

정보주체는 개인정보보유기관(시스템관리자)에 대하여 자신에 관한 정보의 열람을 청구할 수 있고, 정보보유기관은 정당한 이유가 없는 한 열람을 허용하여야 한다. 판례는 자기정보열람청구권은 알 권리의 일환으로서 정보공개청구권으로 보장한다.[3)]

헌재결 1991. 5. 13. 90헌마133 **【기록등사신청에 대한 헌법소원】**

피청구인은 의당 청구인이 복사를 원하는 구체적인 부분이 어떠한 것인가를 면밀히 확인 · 검토한 다음, 그 부분의 공개가 관계인의 기본권과 충돌되는 소지가 있거나 또는 국가안전보장 · 질서유지 · 공공복리를 침해하는 요소가 있는 경우가 아니라면 그 열람 · 복사를 허용하는 조치를 취하는 것이 헌법 제10조 후문에서 명시하고 있는 국가의 기본권보장의무를 성실히 수행하는 것이라고 할 수 있을 것임에도 불구하고, 현행 실정법상 청구인에게 형사확정소송기록을 열람 · 복사할 수 있는 권리를 인정한 명문규정이 없다는 것만을 이유로 하여, 무조건 청구인의 복사신청을 접수조차 거부하면서 복사를 해 줄 수 없다라고 한 행위는 헌법 제21조에 의하여 보장되고 있는 청구인의 알 권리를 침해한 것이므로 위헌이다.

공공기관의 개인정보보호에 관한 법률 제12조 (처리정보의 열람) ① 정보주체는 개인정보파일대장에 기재된 범위안에서 문서로 본인에 관한 처리정보의 열람(문서에 의한 사본의 수령을 포함한다. 이하 같다)을 보유기관의 장에게 청구할 수 있다. <개정 2007.5.17>

② 보유기관의 장은 제1항의 규정에 의한 열람청구를 받은 때에는 제13조 각 호의 어느

---

1) 권영성, 헌법학원론, 458면.
2) 권영성, 헌법학원론, 458면.
3) 권영성, 헌법학원론, 458면.

하나에 해당하는 경우를 제외하고는 청구서를 받은 날부터 10일 이내에 청구인으로 하여금 당해 처리정보를 열람할 수 있도록 하여야 한다. 이 경우 10일 이내에 열람하게 할 수 없는 정당한 사유가 있는 때에는 청구인에게 그 사유를 통지하고 열람을 연기할 수 있으며, 그 사유가 소멸한 때에는 지체없이 열람하게 하여야 한다. <개정 1999.1.29, 2007.5.17>

b) 자기정보정정 · 삭제청구권

공공기관의 개인정보보호에 관한 법률 제14조 (처리정보의 정정 및 삭제 등) ① 제12조에 따라 본인의 처리정보를 열람한 정보주체는 보유기관(다른 기관으로부터 처리정보를 제공받아 보유하는 기관을 제외한다. 이하 이 조에서 같다)의 장에게 문서로 당해 처리정보의 정정 또는 삭제를 청구할 수 있다. 다만, 다른 법률에 당해 처리정보가 수집대상으로 명시되어 있는 경우에는 그 삭제를 청구할 수 없다. <개정 2007.5.17>

② 보유기관의 장은 제1항의 규정에 의한 정정 또는 삭제청구를 받은 때에는 처리정보의 내용의 정정 또는 삭제에 관하여 다른 법률에 특별한 절차가 규정되어 있는 경우를 제외하고는 지체없이 이를 조사하여 필요한 조치를 한 후 그 결과를 당해 청구인에게 통지하여야 한다. <개정 2007.5.17>

③ 보유기관의 장은 제2항의 규정에 의한 조사를 함에 있어 필요한 때에는 당해 청구인으로 하여금 정정 또는 삭제청구사항의 확인에 필요한 증빙자료를 제출하게 할 수 있다. <개정 2007.5.17>

4.3.7. 자기정보관리통제권의 한계와 제한

자기정보관리통제권은 절대적 기본권이 아닌 상대적 기본권이며 따라서 무제한으로 보장 받지는 못하며, 국가안전보장 · 질서유지 · 공공복리 등을 위하여 불가피한 경우에는 제한을 받게 된다(헌법 제37조 제2항). 다만 그 제한은 법률에 의하되 그 조건 · 범위 · 제한의 내용 등이 명확하고 한정적으로 규정되어야 하며 과잉금지의 원칙이 지켜져야 한다.[1] 자기정보관리통제권의 제한은 구체적으로 열람청구권의 제한(공공기관의개인정보보호에 관한법률 제13조 참조)이나 사용중지 · 삭제청구권의 제한 등의 형태로 나타난다. 그리고 자기정보관리통제권의 한계문제는 미국의 경우 정보자유법과 정보공개법의 충돌문제로서, 그 밖의 국가에서는 개인정보보호법제 · 비밀준수관련법제 컴퓨터범죄예방법제와 정보화사회촉진법제의 조정문제로서 논의되고 있다.[2]

<사례>

서울특별시 교육감 등이 졸업생의 성명, 생년월일 및 졸업일자 정보를 교육정보시스템(NEIS)에 보유하는 행위가 그 정보주체의 개인정보자기결정권을 침해하는가?

---

1) 권영성, 헌법학원론, 459면.

2) 권영성, 헌법학원론, 459면.

헌재결 2005. 7. 21, 2003헌마282 【개인정보수집 등 위헌확인】

개인정보의 종류 및 성격, 수집목적, 이용형태, 정보처리방식 등에 따라 개인정보자기결정권의 제한이 인격권 또는 사생활의 자유에 미치는 영향이나 침해의 정도는 달라지므로 개인정보자기결정권의 제한이 정당한지 여부를 판단함에 있어서는 위와 같은 요소들과 추구하는 공익의 중요성을 헤아려야 하는바, 피청구인들이 졸업증명서 발급업무에 관한 민원인의 편의 도모, 행정효율성의 제고를 위하여 개인의 존엄과 인격권에 심대한 영향을 미칠 수 있는 민감한 정보라고 보기 어려운 성명, 생년월일, 졸업일자 정보만을 NEIS에 보유하고 있는 것은 목적의 달성에 필요한 최소한의 정보만을 보유하는 것이라 할 수 있고, 공공기관의개인정보보호에관한법률에 규정된 개인정보 보호를 위한 법규정들의 적용을 받을 뿐만 아니라 피청구인들이 보유목적을 벗어나 개인정보를 무단 사용하였다는 점을 인정할 만한 자료가 없는 한 NEIS라는 자동화된 전산시스템으로 그 정보를 보유하고 있다는 점만으로 피청구인들의 적법한 보유행위 자체의 정당성마저 부인하기는 어렵다.

5. 사생활의 비밀과 자유의 효력

사생활의 비밀과 자유는 주관적 공권으로서 모든 국가권력을 직접 구속하는 효력이 있다. 따라서 입법권은 헌법 제37조 제2항에 의하지 아니하고는 이를 제한하는 법률을 제정할 수 없고, 행정권과 사법권도 헌법 제17조에 위반하여 사생활의 비밀과 자유를 침해하는 행정행위 또는 재판행위를 할 수 없다. 사생활의 비밀과 자유는 사인간의 법률관계에서도 기본권의 제3자적 효력에 관한 간접적용설에 따라 구속력을 가진다.[1] 다만 가족 친지간에는 합리적인 범위 내에서 예외가 인정된다.[2]

6. 사생활의 비밀과 자유의 한계

6.1. 사생활의 비밀과 자유의 한계

사생활의 비밀과 자유도 무제한으로 보장되는 것이 아니라 타인의 권리를 침해하는 것이 아니어야 하고 사회윤리(도덕률)나 헌법질서에 위반되는 것이 아니어야 한다(독일 기본법 제2조 제1항 참조). 여기에 사생활의 비밀과 자유의 한계가 있다.[3] 특히 사생활의 비밀·자유와 언론의 자유와의 충돌이 문제되는데, 언론기관에 의하여 사생활의 내용이 공개 또는 폭로되거나 오해를 낳게 하는 표현이 있거나 인격적 징표가 영리적 목적으로 이용당할 때, 사생활의 비밀·자유와 언론의 자유 중 어느 것을 우선시킬 것인가가 문제된다.

---

1) 홍성방, 헌법학, 478면.
2) 권영성, 헌법학원론, 460면.
3) 권영성, 헌법학원론, 460면.

6.2. 양법익충돌의 조화이론

6.2.1. 권리포기이론

권리포기이론이라 함은 특정한 사정이 발생한 경우 사생활의 비밀과 자유를 스스로 포기한 것으로 간주한다는 이론을 말한다. 사생활의 비밀과 자유를 포기한 경우에는 그에 관한 권리가 소멸하게 되므로, 사생활을 공개하더라도 침해행위가 되지 아니한다는 것이다. 예컨대 자살자의 경우는 자살로써 자신과 친족의 사생활에 관한 비밀을 포기한 것으로 간주되지만,[1] 이 경우에도 그 공표의 내용에 있어서는 일정한 한계가 있다고 보아야 한다.

6.2.2. 공익이론

공익이론(public interest)이라 함은 국민의 알 권리의 대상이 되는 사항은 국민에게 알리는 것이 공공의 이익이 된다는 이론을 말한다. 따라서 보도적 · 교육적 · 계몽적 가치가 있는 사실을 국민에게 알리는 것은 개인의 사생활의 비밀과 자유에 우선하는 까닭에 그 공개는 침해행위가 될 수 없거나 면책사유가 된다는 이론이다.[2]

대판 1988. 10. 11, 85다카29【위자료 등】

형사상이나 민사상으로 타인의 명예를 훼손하는 행위를 한 경우에도 그것이 공공의 이해에 관한 사항으로서 그 목적이 오로지 공공의 이익을 위한 것일 때에는 진실한 사실이라는 증명이 있으면 위 행위에 위법성이 없으며 또한 그 증명이 없더라도 행위자가 그것을 진실이라고 믿을 상당한 이유가 있는 경우에는 위법성이 없다.

여기에는 공정한 해설, 범죄인의 체포 · 구금, 공중의 보건과 안전, 사이비종교, 범죄피해자의 공개 등이 포함된다.[3]

「판례」

신학대학교의 교수가 출판물 등을 통하여 종교단체인 구원파를 이단으로 비판하는 과정에서 특정인을 그 실질적 지도자로 지목하여 명예를 훼손하는 사실을 적시하였으나 비방의 목적에서라기 보다는 공공의 이익을 위하여 한 행위라고 판단한 사례가 있다.[4]

- 의심스러울 때는 피고인의 이익으로 판단하여야 함에도 불구하고 적시 사실의 허

1) 권영성, 헌법학원론, 461면; 홍성방, 헌법학, 478면.
2) L. Nizer, The Right of Privacy, 31 Mich. L. Rev. 537, 1941, p. 540.
3) 권영성, 헌법학원론, 461면.
4) 대판 1996. 4. 12, 94도3309【명예훼손 · 출판물에의한명예훼손】

위성이 추정된다고 단정하여 명예훼손죄를 인정한 원심판결을 채증법칙을 위배하였다고 본 사례
- 적시된 사실이 공공의 이익에 관한 것인지 여부의 판단
- 개인의 사적인 신상에 관하여 적시된 사실도 그 적시의 주요한 동기가 공공의 이익을 위한 것이라면 형법 제310조 소정의 공공의 이익에 관한 것으로 볼 수 있는지 여부
- 신학대학교의 교수가 특정인의 명예를 훼손하는 사실을 적시하였으나 공공의 이익을 위한 것으로 본 사례
- 고소할 목적으로 피고인의 발언을 유도하여 비밀녹음을 한 사람들을 상대로 한 발언은 전파가능성이 있다고 할 수 없어서 공연성이 없다고 본 사례

현행 형법 제310조에서도 「제307조(명예훼손) 제1항의 행위가 진실한 사실로서 오로지 공공의 이익에 관한 때에는 처벌하지 아니한다」고 규정하고 있다. 이 경우 적시된 사실이 공공의 이익에 관한 것인지 여부는 사실 자체의 내용과 성질에 비추어 객관적으로 판단하여야 하고, 행위자의 주요한 목적이 공공의 이익을 위한 것이면 부수적으로 다른 사익적 동기가 내포되어 있더라도 위법성은 조각된다고 할 것이다.[1] 다만 이 경우 적시된 사실이 공공의 이익에 관한 것인지 여부의 판단기준은 당해 적시 사실의 구체적 내용, 당해 사실의 공표가 이루어진 상대방의 범위의 광협, 그 표현의 방법 등 그 표현 자체에 관한 제반 사정을 감안함과 동시에 그 표현에 의하여 훼손되거나 훼손될 수 있는 타인의 명예의 침해의 정도도 비교·고려하여 결정하여야 할 것이다.[2]

대판 1996. 10. 25, 95도1473 【명예훼손】

형법 제310조에서 '오로지 공공의 이익에 관한 때'라 함은 적시된 사실이 객관적으로 볼 때 공공의 이익에 관한 것으로서 행위자도 공공의 이익을 위하여 그 사실을 적시한 것이어야 하고, 이 경우에 적시된 사실이 공공의 이익에 관한 것인지 여부는 당해 적시 사실의 구체적인 내용, 당해 사실의 공표가 이루어진 상대방의 범위, 그 표현의 방법 등 그 표현 자체에 관한 제반 사정을 감안함과 동시에 그 표현에 의하여 훼손되거나 훼손될 수 있는 명예의 침해 정도 등을 비교·고려하여 결정하여야 하며, 행위자의 주요한 목적이나 동기가 공공의 이익을 위한 것이라면 부수적으로 다른 사익적 목적이나 동기가 내포되어 있더라도 형법 제310조의 적용을 배제할 수 없다.

대판 1993. 6. 22, 92도3160 【명예훼손】

형법 제310조의 규정은 인격권으로서의 개인의 명예보호와 헌법 제21조에 의한 정당한 표현의 자유의 보장이라는 상충되는 두 법익의 조화를 꾀한 것이라고 보아야 할 것이므로,

1) 대판 1993. 6. 22, 92도3160 【명예훼손】
2) 대판 1996. 4. 12, 94도3309 【명예훼손·출판물에의한명예훼손】

두 법익간의 조화와 균형을 고려한다면 적시된 사실이 진실한 것이라는 증명이 없더라도 행위자가 진실한 것으로 믿었고 또 그렇게 믿을 만한 상당한 이유가 있는 경우에는 위법성이 없다.

다만 이 경우라 할 지라도, 출판물 등에 의한 명예훼손인 경우는 공공의 이익을 위한 행위였다 할 지라도 위법성이 조각되지 아니한다(형법 제309조 참조).

대판 1986. 10. 14, 86도1603【출판물에의한명예훼손】

[판시사항]

형법 제310조 규정의 적용범위

[재판요지]

형법 제307조 제1항의 명예훼손행위가 진실한 사실로서 오로지 공공의 이익에 관한 때에는 위법성은 조각되나 형법 제309조 소정의 출판물등에 의한 명예훼손 행위는 그것이 오로지 공공의 이익을 위한 행위였더라도 위법성이 조각되지 않음은 형법 제310조의 규정에 비추어 명백하다.[1]

6.2.3. 공적 인물이론(공인이론)

공적 인물이론(공인이론; public figure)이라 함은 사생활의 비밀과 자유가 침해되었다고 주장하는 자의 사회적 지위에 따라 사생활의 비밀과 자유의 한계가 결정되어야 한다는 이론을 말한다. 공적 인물은 그 사생활이 공개되더라도 일반인에 비하여 수인하여야 할 경우가 많다는 이론이다.[2] 공적 인물이란 그 재능 · 명성 · 직업 때문에 공적 인사가 된 자(명사)를 말한다. 여기에는 자의건 타의건 불문하며, 따라서 自意로 유명인이 된 자, 예컨대 정치인 · 운동선수 · 연예인 등이 여기에 해당하지만, 타의로 유명인이 된 자(범인과 그 가족 · 피의자 등)도 공적 인물에 포함된다.[3]

6.2.4. 사견

생각건대 권리포기의 이론은 본인의 진의와는 관계없이 권리를 포기한 것으로 의제하는 이론이고, 공익의 이론은 명예훼손과의 구별을 곤란하게 하는 이론이며, 공적 인물의 이론은 유명인도 공적 생활 이외에는 사생활의 비밀과 자유를 보장받아야 한다는 점을 간과한 이론이다. 결국 어느 기준에 따를 것인가는 이들 이론을 종합하여 당시의 구체적 사정에 따라 두 법익을 형량하여 결정할 수밖에 없다.

---

1) 대판 84도1547; 대판 85도785【출판물에의한명예훼손, 공무상표시무효】

2) 권영성, 헌법학원론, 461면.

3) 권영성, 헌법학원론, 461면.

대판 1988. 10. 11, 85다카29 【위자료 등】

표현의 자유는 민주정치에 있어 최대한의 보장을 받아야 하지만 그에 못지 않게 개인의 명예나 사생활의 자유와 비밀 등 사적 법익도 보호되어야 할 것이므로, 인격권으로서의 개인의 명예의 보호와 표현의 자유의 보장이라는 두 법익이 충돌하였을 때 그 조정을 어떻게 할 것인지는 구체적인 경우에 사회적인 여러가지 이익을 비교하여 표현의 자유로 얻어지는 이익, 가치와 인격권의 보호에 의하여 달성되는 가치를 형량하여 그 규제의 폭과 방법을 정하여야 한다. … 인격권으로서 개인의 명예의 보호와 표현의 자유의 보장이라는 두 법익이 충돌하였을 때, 그 조정을 어떻게 할 것인지는 구체적인 경우에 사회적인 여러 가지 이익을 비교하여 표현의 자유로 얻어지는 이익·가치와 인격권의 보호에 의하여 달성되는 가치를 형량하여 그 규제의 폭과 방법을 정해야 할 것이다.

6.3. 사생활의 비밀 · 자유와 국정감사 · 조사권

국회는 국정감사·조사권을 발동함에 있어 필요한 경우에는 법의 규정에 따라 개인의 사생활의 비밀과 자유를 침해할 수 있지만, 그것도 합리적인 범위내에서 필요최소한에 그쳐야 한다. 국정감사및조사에관한법률 제8조도 「감사 또는 조사는 개인의 사생활을 침해하여서는 아니된다」라고 하고 있다.

6.4. 사생활의 비밀 · 자유와 행정조사

현대국가에서 행정의 전산화 등을 통한 행정조사의 필요성은 아무리 강조하여도 지나치지 않으나, 그에 수반되는 개인의 사생활의 비밀과 자유의 침해라는 부작용에 대해서는 특별한 배려가 있어야 한다.[1] 이와 관련하여 주민등록증제도 및 주민등록법상 17세 이상의 모든 국민에게 주민등록 발급신청시 10 손가락의 지문날인 및 기타 개인에 관련한 상세한 정보를 요구하고 있는바, 이는 개인정보를 강제하고 사생활의 비밀과 자유를 침해할 우려가 크다.

헌법재판소는 주민등록증제도는 「치안유지나 국가안보를 위하여 탄생한 제도로서 이를 뒷받침하기 위한 신원확인을 직접적인 목적으로 하고 있고, 그 목적달성을 위하여 주민등록증에는 성명 · 사진 · 주민등록번호 · 주소 · 지문 등을 수록하도록 하고 있는바, 특히 주민등록표의 수록사항이 아닌 지문을 수록하도록 한 것은 국민의 자기식별성을 강화함으로써 보다 확실한 신원확인이 가능하도록 하기 위한 것」이라하여 합헌이라 하였다.[2] 그러

1) 주민등록법 : 주민등록법의 두 가지 문제점(주민등록증의 역사 · 주민등록번호체계 · 지문채취)으로는 ① 과다한 개인정보의 수집, ② 개인정보의 유출위험성 등이 있다. 이 두 가지 문제는 기본권을 침해하고 있다. 헌법상 보장된 국민의 기본권이 침해당하는 것은 직접적 · 현실적으로 나타나는 침해의 현상에만 문제가 있는 것이 아니라 국가 등의 작용에 의하여 침해의 위험이 현저한 가능성의 측면에서 더욱 큰 문제가 있다.

나 이러한 지문날인제도는 국민에 대한 감시수단이 될 수 있다는 점에서 문제가 있다.[1)]

독일연방헌법재판소는 이른바 「호구조사판결」에서 「통계목적을 위하여 조사되고 匿名化되지 아니한 개인정보는 법률의 수권이 있고, 인격권보호를 위하여 요청되는 예방조치가 확실하게 취하여진 경우에만 제공될 수 있다」고 하였고,[2)] 또한 「개인의 자기정보결정권은 무제한으로 보장되는 것이 아니며, 개인은 중대한 공익에 의한 자기정보결정권의 제한을 受忍해야 하지만, 그 제한은 합헌적인 법률에 근거하여야 하고, 그 법률은 명확성과 비례원칙의 요청을 충족하지 않으면 아니된다. 이러한 관점에서 볼 때 국세조사법 제9조 제1항 내지 제3항의 규정은 일반적 인격권을 침해하는 것이 된다」고 하였다.[3)]

자기정보결정권의 수인의무 : 합헌적인 법률에 근거 → 명확성과 비례원칙

6.5. 사생활의 비밀 · 자유와 수사권

경찰권의 행사는 국가안보 · 범죄수사의 경우를 제외하고는 원칙적으로 개인의 사생활영역에 침해할 수 없다.[4)] 범죄수사기관의 수사권의 남용은 개인의 사생활의 비밀과 자유에 대한 중대한 위협이 된다. 수사권의 발동으로 인하여 사생활의 비밀과 자유가 제한될 수밖에 없는 경우(범죄수사를 위한 사진촬영이나 도청 등)에도 헌법상의 요건에 따라야 하고 필요한 최소한에 그쳐야 한다.[5)]

[일본판례]

범죄수사를 위한 피의자의 사진촬영은 현재 죄를 범하였다고 의심할 상당한 이유가 있을 경우, 범죄가 막 행해지려고 하는 경우 및 긴급성이 인정되고 그 방법이 일반적으로 허용된 상당성을 갖추었을 경우에는 피의자의 의사에 반해서도 행할 수 있다고 해석하여야 한다. 이러한 경우에 행하여진 경찰관에 의한 사진촬영은 그 대상 가운데 범인의 얼굴 외에 범인의 신변 또는 근처의 제3자인 개인의 모습 등을 포함하고 있더라도 헌법 제13조, 제35조에 위반되지 아니한다.[6)]

---

2) 헌재결 2005. 5. 26, 99헌마513 【주민등록법 제17조의8 등 위헌확인 등】
1) 이준일, 헌법학강의, 단락번호 [4.6.43c].
2) BVerfGE 65, 1 ff.
3) BVerfGE 65, 1 ff.
4) 양건, 헌법강의, 388면.
5) 권영성, 헌법학원론, 462면.
6) 最大判 1969(昭和 44), 12. 24. 刑集 23卷 12號 1625面.

6.6. 사생활의 비밀 · 자유와 행정법상 의무위반자의 명단공표

명단공표라 함은 행정법상의 의무불이행이 있는 경우에 그 성명 위반사실 등을 일반에게 공개하는 것으로 간접적으로 의무이행을 확보하는 성질을 가진다. 현재 우리나라에는 명단공표를 규정한 법률은 없고, 국세청훈령인 국세징수사무처리규정이 고액체납자의 명단공표를 규정하고 있을 뿐이다. 아무튼 사생활의 비밀과 자유에도 일정한 한계가 있고 공익을 위해서는 이를 제한할 수 있지만, 이 경우에는 공표의 필요성과 개인의 프라이버시권 사이에 법익의 균형이 이루어져야 한다.

7. 사생활의 비밀과 자유의 제한

개인의 사생활의 비밀과 자유는 헌법 제37조 제2항에 따라 국가안전보장 · 질서유지 또는 공공복리를 위하여 불가피한 경우에는 법률로써 제한될 수 있다. 또한 대통령의 긴급명령에 의해서도 잠정적으로 그 효력이 정지될 수 있다. 그러나 어떠한 경우에도 사생활의 비밀과 자유의 본질적 내용은 침해할 수 없다.[1)]

8. 사생활의 비밀과 자유의 침해와 구제

8.1. 공권력에 의한 침해의 경우

8.1.1. 입법기관에 의한 침해와 구제

국회가 헌법 제37조 제2항 전단(국가안전보장 · 질서유지 · 공공복리)에 위반하는 법률을 제정하여 사생활의 비밀과 자유를 침해하는 경우에는 법원의 제청을 통하여 헌법재판소에 그 위헌법률심판을 받거나 헌법소원의 방법으로 구제받을 수 있다. 국회의 국정감사 · 조사와 관련하여 사생활의 비밀과 자유가 침해되는 경우에는 침해행위의 배제청구(침해배제청구권)와 그로 인한 손해배상을 청구할 수 있다(손해배상청구권).[2)]

8.1.2. 행정기관에 의한 침해와 구제

행정기관이 행정조사 또는 범죄수사와 관련하여 불법적인 가택침입(합법적인 행정상 즉시강제는 허용되며, 영장주의가 배제된다) · 도청[3)] · 감시 · 촬영 등으로 사생활의 비밀과 자유를 침해하는 경우에는 관계공무원의 파면을 요구할 수 있고, 권리행사방해 · 직권남용 · 주거침입 등을 이유로 형사처벌을 요구할 수 있으며, 기본권침해를 이유로 행정상 손해

---

1) 권영성, 헌법학원론, 463면.

2) 권영성, 헌법학원론, 463면.

3) 대판 1978. 10. 10, 75도2665, 1975년 신민당온양지구당대회장의 도청사건【주거침입 · 직권남용】

배상을 청구하거나 헌법재판소에 헌법소원을 제기할 수 있다. 행정입법에 의하여 이 권리가 침해된 경우에는 위헌명령심사 또는 헌법소원의 방법에 따라 구제를 구할 수 있다.[1)]

8.1.3. 사법기관에 의한 침해와 구제

사법기관에 의하여 사생활의 비밀과 자유가 침해되는 경우로는 법원판결에 의한 경우와 사법부소속 관계공무원에 의하여 행해지는 불법행위에 의하여 이루어지는 경우가 있다. 법원의 판결에 의하여 이 권리가 침해된 경우에는 상소·재심청구 등의 방법을 통하여, 그리고 관계공무원의 불법행위로 말미암아 침해된 경우에는 당해 공무원에 대하여 징계를 할 것을 청원하거나 손해배상청구와 헌법소원 등의 방법으로 구제를 받을 수 있다.[2)]

8.2. 사인에 의한 침해의 경우

오늘날에는 언론기관 이외에도 개인정보은행·사설탐정과 같은 사설조사기관 등의 증가로 말미암아 개인의 사생활의 비밀과 자유가 침해당하는 사례가 많이 일어나고 있다. 사생활의 비밀과 자유가 사인에 의하여 침해되는 경우에는 침해배제청구·민사상의 손해배상청구·위자료청구·정정보도청구 등의 방법으로 구제를 받을 수 있다. 언론기관에 의하여 사생활의 비밀과 자유가 침해된 경우에는 헌법 제17조와 제21조 제4항에 따라 손해배상과 침해배제를 청구할 수 있으며, 형법 제309조에서 규정하는 출판물에 의한 명예훼손 등을 이유로하여 형사처벌을 요구할 수도 있다.[3)] 그리고 인터넷을 통한 명예훼손인 경우 그것이 예컨대 대학교내 혹은 기업체내의 인트라넷을 통하여 명예훼손이 이루어진 경우에는 형법상의 명예훼손이, 그리고 인터넷을 통하여 명예훼손이 이루어진 경우에는 정보통신망이용촉진및정보보호등에관한법률에 의한 처벌을 받게된다.

인터넷을 이용해 허위사실을 유포한 20대에게 1년 6개월의 실형이 선고됐다. 윤모(28)씨는 지난해 8월 사귀자는 요구를 거절한 A씨에게 앙심을 품고 A씨의 사진 20여장을 수집한 후 편집하고 A씨의 신상을 공개하고 성적취향 등을 허위로 지어내 성매매를 원하는 문서를 제작해 인터넷 파일공유사이트에 올리는 등 자신에게 퇴짜 놓은 여성 36명에 대한 악의적인 허위사실을 인터넷에 유포한 혐의로 기소됐다.

서울남부지법 형사6단독 (박성규 판사)는 2일 정보통신망이용촉진 및 정보보호 등에 관한 법률위반으로 구속 기소된 윤씨에게 징역1년 6개월을 선고했다. 박 판사는 판결문에서 "윤씨가 인터넷에 적은 내용이 매우 악의적이고 불량해 피해자들에게 회복하기 힘든

1) 권영성, 헌법학원론, 464면.
2) 권영성, 헌법학원론, 464면.
3) 권영성, 헌법학원론, 464면.

손해를 입힐 수 있다"며 "해당 여성들에게 피해가 발생하리라는 것을 알면서도 윤씨가 특별한 동기 없이 이런 범행을 저지른 점을 감안했다"고 밝혔다. 또 박판사는 "정보화 사회에서 익명성을 이용해 이런 손해를 가하는 범죄에 대해 예방적 차원에서 엄벌할 필요성이 있는 점 등을 참작해 실형을 선고한다"고 설명했다.[1)]

정기간행물과 방송이 공표한 사실적 주장으로 말미암아 사생활의 비밀과 자유를 침해당한 자는 정기간행물의등록등에관한법률 제16조와 방송법 제91조에 따라 발행인이나 편집인 또는 방송국의 장이나 편집책임자에게 정정보도의 게재 또는 정정방송을 청구할 수 있음은 물론이다.

헌재결 1991. 9. 16, 89헌마165 【정기간행물의등록등에관한법률 제19조 제3항, 제16조 제3항 의 위헌여부에 관한 헌법소원】

정기간행물의등록등에관한법률상의 정정보도청구권은 정기간행물의 보도에 의하여 인격권 등의 침해를 받은 피해자가 반론의 게재를 요구할 수 있는 권리, 즉 이른바 반론권을 뜻하는 것으로서, 헌법상 보장된 인격권·사생활의 비밀과 자유에 그 바탕을 둔 것이며, 나아가 피해자에게 반박의 기회를 허용함으로써 언론보도의 공정성과 객관성을 향상시켜 제도로서의 언론보장을 더욱 충실하게 할 수 있다는 뜻도 함께 지닌다.

1) lawtimes, 2006. 8. 2.

제 2 목 주거의 자유

I. 주거의 자유의 의의 및 연혁

1. 의의

주거의 자유라 함은 자신의 주거를 공권력이나 제3자로부터 침해당하지 아니할 권리를 말한다. 주거의 자유는 개인이 거주하는 시설과 관련이 있지만 사생활의 비밀과 자유는 개인의 거주시설과는 깊은 관련을 가지는 것이 아니기 때문에 주거의 자유는 사생활의 비밀과 자유보다는 좁은 영역에 해당한다.[1] 그러나 주거의 자유는 인간의 사생활에 대한 공간영역을 보장하지 않고는 사생활의 내용에 대한 보호도 기대할 수 없기 때문에, 이는 사생활의 비밀과 자유를 보호하기 위한 전제가 된다.[2]

헌재결 2004. 6. 24, 2003헌바53 【성폭력범죄의 처벌 및 피해자보호 등에 관한법률 제5조 제1항 위헌소원】

주거침입죄는 주거의 평온과 안전을 침해하는 범죄인바, 주거는 사생활의 중심이 되는 장소이기 때문에 그 불가침이 보장되지 않고서는 개인의 생명, 신체, 재산의 안전은 물론, 나아가 인간 행복의 최소한의 조건인 개인의 사적 영역이 지켜질 수 없다.

2. 연혁 및 헌법규정

근대적 기본권으로서는 1776년 미국 버지니아 권리장전 제10조에서 사적 공간에 대한 기본권적 보호를 명문화 하였고, 1791년 미국 수정헌법 제4조에서 가택(house)에 대한 보호를 명시적으로 함으로써 근대적 주거의 자유가 확립되었다.[3] 독일에서는 1849년의 프랑크푸르트헌법(제140조)에 최초로 규정되었고,[4] 1850년의 프로이센헌법(제6조), 1919년의 바이마르헌법(제115조) 등으로 그 역사적 맥락이 계승되었고 오늘날에는 거의 모든 헌법에 규정되어있다.[5]

우리나라의 1948년 제헌헌법(제10조)에서는 "모든 국민은 법률에 의하지 아니하고는

---

1) 권영성, 헌법학원론, 465면.
2) 허영, 한국헌법론, 392면.
3) 계희열, 헌법학(중), 406면; 장영수, 헌법학, 622면.
4) E. Stein, Staatsrecht, 8. Aufl., 1982, S. 234, 235; 홍성방, 헌법학, 470면.
5) 계희열, 헌법학(중), 406면.

주거와 이전의 자유를 제한받지 아니하며 주거의 침입 또는 수색을 받지 아니한다"라고 하여, (개별적) 법률유보조항이 삽입되었지만(제10조), 1960년 제2공화국 3차개헌에서(제10조) 법률유보조항이 삭제되었다. 제4공화국인 1972년의 유신헌법에 다시 (개별적) 법률유보조항(제14조)으로 되었다가, 제5공화국인 1980년 제8차 개헌(제15조)에서 다시 삭제되어 오늘에 이르렀다. 헌법 제16조는 「모든 국민은 주거의 자유를 침해받지 아니한다. 주거에 대한 압수나 수색을 할 때에는 검사의 신청에 의하여 법관이 발부한 영장을 제시하여야 한다」라고 하여 주거의 자유와 영장주의를 규정하고 있다.

헌법 제16조 모든 국민은 주거의 자유를 침해받지 아니한다. 주거에 대한 압수나 수색을 할 때에는 검사의 신청에 의하여 법관이 발부한 영장을 제시하여야 한다.

II. 주거의 자유의 주체

주거의 자유는 인간의 권리이기 때문에 내·외국인 및 무국적자를 막론하고 일정한 주거(동산·부동산)에 거주함으로써 그 장소로부터 사생활상의 이익을 얻는 자이면 누구나 주거의 자유의 주체가 된다.[1] 법인과 권리능력없는 단체는 주거의 자유의 주체가 된다는 학설과 주거의 자유의 주체성이 인정되지 아니한다는 견해가 있다.[2] 이는 주거의 개념을 사업장까지 확장하는데서 나온 결과이며, 공법인인 공영방송국이나 국·공립대학도 이에 해당한다고 한다.[3] 공장이나 회사·학교에서의 주거의 자유의 주체는 원칙적으로 당해 생활공간의 長인 공장장이나 사장·교장이다(다수설).[4] 주택이나 호텔객실의 경우에도 주거의 자유의 주체는 그 소유자가 아니라 현실적인 거주자인 입주자나 투숙객이다.[5]

---

1) 계희열, 헌법학(중), 412면.

2) **인정하는 견해**: 계희열, 헌법학(중), 412면; 장영수, 헌법학, 624면; 이준일, 헌법학강의, 단락번호 [4.6.6.]; Th. Maunz in Maunz-Dürig, Komm. z. GG. Art. 13, Rdnr. 6; 독일연방헌법재판소도 법인도 주거의 자유의 주체가 된다고 판시한바 있다(BVerfGE 42, 212(219): 합자회사; BVerfGE 44, 353(371): 등록단체(e.V.); BvErfGE 76, 83(88): 유한책임회사); **부정하는 견해**: 이에 반하여 권영성 교수는 법인은 주거의 자유의 주체가 되지 못한다고 한다(권영성, 헌법학원론, 465면); 홍성방, 헌법학, 471면.

3) 계희열, 헌법학(중), 412면.

4) 허영, 한국헌법론, 392면; 홍성방, 헌법학, 471면.

5) 권영성, 헌법학원론, 465면; 허영, 한국헌법론, 392면.

III. 주거의 자유의 내용

1. 주거의 불가침

주거의 불가침이란 거주자의 동의 없는 침입을 금지한다는 의미이며, 주거는 사람이 거주하는 시설로서 개인의 사생활을 영위하는 장소이다. 주거는 외부와 구획된 사적인 생활공간으로서 현재의 거주 여부를 불문한다. 주거는 민법상의 주소(민법 제18조)와는 상이한 개념이다. 주거는 부동산인 경우가 대부분이지만, 오늘날에는 주거의 범위를 넓게 인정해서 특정인이 사생활을 영위할 수 있는 독립된 공간이면 폭넓게 주거로 인정하기 때문에,[1] 공간적으로 외부와 구획된 모든 사적인 생활공간이면 모두 주거의 범위에 포함된다. 따라서 주거에는 호텔의 객실 · 음식점 · 상점 · 공장 · 회사 · 학교 · 작업장[2] 및 동산인 경우도 있다(여행 및 기거용 이동차량, 천막, 보트).[3]

공공에게 출입이 개방되어 있는 장소(음식점 · 상점)는 주거에 해당하지는 않으나, 관리자의 명시적인 출입금지의사에 반하여 무리하게 입장하면 주거침입죄를 구성한다.[4] 대법원은 「대학강의실은 일반인에게 공개되어 누구나 자유롭게 출입할 수 있는 곳은 아니다」라고 판시하면서, 주거침입죄의 성립을 인정하고 있다.[5] 여기서 침해라 함은 거주자(주거권자, 또는 대리인)[6]의 동의 내지 승낙을 얻지 아니하고 또는 그 의사에 반하여 주거에 들어가는 것을 말한다. 거주자의 의사는 명시적인 것은 물론 묵시적(추정적)인 것도 포함된다.[7] 불법적인 목적으로 타인의 생활공간에 들어가는 것은 주거침입이 되는 것이기 때문에,[8] 주거 내에 설치된 도청기를 사용하여 회화를 도청하거나 녹음 · 녹화하는 것도 주거의 자유(사생활의 비밀 · 자유 및 통신의 자유와 더불어)의 침해가 된다.[9]

2. 가택수색에 대한 영장주의원칙

2.1. 영장주의의 원칙

주거의 자유의 침해는 사인 혹은 국가 공권력에 의해서 이루어지는 것이 대부분이다.

---

1) 장영수, 헌법학, 622면; 양건, 헌법강의, 395면.
2) 허영, 한국헌법론, 392면.
3) 권영성, 헌법학원론, 465면; 홍성방, 헌법학, 471면.
4) 양건, 헌법강의, 395면.
5) 대판 1992. 9. 25, 92도1520 【폭력행위등처벌에관한법률위반, 집회및시위에관한법률위반】
6) 장영수, 헌법학, 624면.
7) 허영, 한국헌법론, 392면.
8) 허영, 한국헌법론, 392면.
9) 권영성, 헌법학원론, 466면; 양건, 헌법강의, 395면.

사인의 주거침입에 대하여는 주거침입죄(형법 제319조 이하) 내지 민법상의 자력구제(제209조)를 두고 있으나, 특히 문제가 되는 것은 국가 공권력에 의한 주거침입(가택수색)이 문제 된다.

이에 따라 현행 헌법은 주거에 대한 압수나 수색에는 정당한 이유가 있고 검사의 신청에 따라 법관이 발부한 영장을 제시 하도록 하고 있다(영장주의). 정당한 이유란 일정한 범죄에 대한 혐의의 존재와 그것을 수사하기 위한 증거물건의 발견이나 보전의 필요성이 객관적으로 인정되는 경우를 말한다.[1] 따라서 은닉된 범인이나 범죄물품 등을 발견하기 위하여 필요한 경우에도 법관이 발부한 영장 없이는 국가기관이 주거에 대해 압수나 수색을 할 수 없다(법관유보).[2]

현행 헌법는「적법한 절차」가 명기되어 있지 않으나, 주거에 대한 압수·수색도 헌법 제12조(신체의 자유)와 마찬가지로 적법절차의 원리가 준수되어야 한다. 영장은 법관이 수사기관에 대하여 주거에의 출입과 물건의 압수·수색을 허가하는 뜻을 기재한 서면이다. 여기에는 압수할 물건과 수색할 장소가 명시되어야 한다(형소법 제114조 제1항). 압수나 수색의 대상은 소지품과 그 밖에 우편물·서류·회의록·경리장부 등 그 자의 점유에 속하는 물건이다.[3]

2.2. 영장주의의 례외

현행범인을 체포하거나 피의자를 긴급구속(긴급체포)을 할 때에는 행정상 즉시강제에 해당되며, 합리적인 범위 내에서 영장없이 주거에 대한 압수나 수색을 하는 것이 허용된다(통설). 기본적인 인신의 자유에 대한 침해가 합헌적으로 행해진다면, 주거에 대한 압수·수색 등에 의한 인권침해의 위험은 그다지 심각한 것이라 볼 수 없기 때문이다.[4]

미국판례 : 긴급한 경우에 영장없이 타인의 주거 등을 수색하는 것뿐만 아니라 피의자의 신체를 檢索하는 것까지도 정당시되는 이른바「긴급수색」에 관하여, 미국의 연방대법원은 일련의 판결에서,「영장을 발부받기 위하여 지체함으로써 경찰관을 위태롭게 하거나 증거인멸을 초래할 경우에는 영장없는 수색이 허용된다」고 하였다.[5]

일본판례 :「마약단속반이 피의자를 긴급체포하기 위하여 그 자택에 갔던 바, 피의자가

1) 권영성, 헌법학원론, 466면.
2) 장영수, 헌법학, 625면.
3) 권영성, 헌법학원론, 466면.
4) 권영성, 헌법학원론, 466면.
5) Coolidge v. New Hamphshire, 403 US 443(1971); Vale v. Louisiana, 399 U.S. 305(1970); Chimel v. California, 395 U.S. 752(1969); Schmerber v. Califonia, 384 U.S. 757(1966).

외출 중이므로 귀가하면 곧 체포할 태세로 동인 가택의 수색을 개시하여 마약을 압수하고, 수색이 끝날 즈음에 귀가한 피의자를 긴급체포한 경우, 위의 수색·압수는 체포에 선행된 것이기는 하나, 시간적으로 체포와 밀착하고 장소적으로 체포의 현장과 동일하기 때문에 위헌·위법이라고 할 수 없다.[1]

2.3. 영장주의와 행정상 즉시강제(경찰강제)

헌법의 영장주의는 형사절차에만 적용되는가 아니면 행정상 즉시강제에도 적용되는가가 문제된다. 행정상 즉시강제는, 목전의 급박한 행정상의 장해를 제거하기 위하여 의무를 명할 시간적 여유가 없는 경우 혹은 성질상 의무를 명하여서는 그 목적을 달성할 수 없는 경우에(경찰기관에 의한 의무부과를 전제로 하지 않고) 경찰기관이 당사자의 신체·재산·가택에 직접 실력을 행사하여 경찰상 필요한 상태를 실현하는 행위를 말한다. 이에 대해서는 일반법으로서의 경찰관직무집행법 이외에 개별법이 규정을 두고 있다.

행정상 즉시강제는 법적 안정성과 예측가능성을 침해하는 침익적 행정행위의 전형적인 예로써 이로 인한 인권침해가 실제로 많이 일어나기 때문에 행정상 강제집행 등에 의하여 행정목적을 달성할 수 없는 경우에 인정되어야 하며, 이러한 점에서 행정상 즉시강제는 이에 대한 영장제도의 적용문제가 제기되고 있다.

행정상 즉시 강제에 영장이 필요한가 하는데 있어서는 영장불요설·영장필요설 및 절충설이 대립하고 있다. 절충설의 입장은 하나의 조치가 경찰상의 목적과 형사상의 목적을 겸하는 경우에는 영장이 불필요하며, 개인의 생명·신체·재산에 대한 중대한 제한일 경우에는 영장이 필요하다는 견해이다(다수설). 생각건대 절충설은 인권의 보장과 행정목적달성의 조화를 이룰 수 있다는 점에서 타당하다고 본다. 따라서 행정상 즉시강제에 있어서도 순수한 행정목적을 위한 경우(전염병예방이나 화재진압을 위한 경우)나 특히 긴급을 요하는 경우[2]를 제외하고는 헌법상의 영장주의가 적용되어야 한다.

- 영장필요설
- 영장불요설
- 절충설: ㉠ 하나의 조치가 경찰상의 목적과 형사상의 목적을 겸하는 경우 → 불필요
  ㉡ 개인의 생명·신체·재산에 대한 중대한 제한일 경우 → 영장필요

그러나 행정상 즉시강제는 법규상(법규상의 한계) 및 조리상의 한계가 있다.

---

1) 最大判 1961(昭和 36). 6. 7. 刑集 15卷 6號 915면.

2) 예컨대 행정공무원이 경찰, 소방, 위생, 세무, 영업감독 등의 목적으로 주거에 들어가는 것은 행정목적 달성을 위하여 꼭필요하고, 합리적이라면 허용될 수 있다(허영, 한국헌법론, 393면; 홍성방, 헌법학, 473면).

[조리상의 한계]
- **급박성의 원칙**: 경찰장애가 목전에 급박할 것
- **필요성의 원칙**: 경찰목적 달성을 위하여 필요하여야 한다.
- **보충성의 원칙**: 다른 수단으로는 목적달성이 불가능해야 한다(마지막 수단).
- **비례의 원칙**: 경찰목적 달성에 필요한 최소한에 그쳐야 한다.

헌재결 2002. 10. 31, 2000헌가12 **【음반비디오물및게임물에관한법률 제24조 제3항 제4호 중 게임물에 관한 규정부분 위헌제청】**

행정상 즉시강제란 행정강제의 일종으로서 목전의 급박한 행정상 장해를 제거할 필요가 있는 경우에, 미리 의무를 명할 시간적 여유가 없을 때 또는 그 성질상 의무를 명하여 가지고는 목적달성이 곤란할 때에, 직접 국민의 신체 또는 재산에 실력을 가하여 행정상 필요한 상태를 실현하는 작용이며, 법령 또는 행정처분에 의한 선행의 구체적 의무의 존재와 그 불이행을 전제로 하는 행정상 강제집행과 구별된다.

행정강제는 행정상 강제집행을 원칙으로 하며, 법치국가적 요청인 예측가능성과 법적 안정성에 반하고, 기본권 침해의 소지가 큰 권력작용인 행정상 즉시강제는 어디까지나 예외적인 강제수단이라고 할 것이다. 이러한 행정상 즉시강제는 엄격한 실정법상의 근거를 필요로 할 뿐만 아니라, 그 발동에 있어서는 법규의 범위 안에서도 다시 행정상의 장해가 목전에 급박하고, 다른 수단으로는 행정목적을 달성할 수 없는 경우이어야 하며, 이러한 경우에도 그 행사는 필요 최소한도에 그쳐야 함을 내용으로 하는 조리상의 한계에 기속된다.

… 영장주의가 행정상 즉시강제에도 적용되는지에 관하여는 논란이 있으나, 행정상 즉시강제는 상대방의 임의이행을 기다릴 시간적 여유가 없을 때 하명 없이 바로 실력을 행사하는 것으로서, 그 본질상 급박성을 요건으로 하고 있어 법관의 영장을 기다려서는 그 목적을 달성할 수 없다고 할 것이므로, 원칙적으로 영장주의가 적용되지 않는다고 보아야 할 것이다.

IV. 주거의 자유의 제한과 한계

주거의 자유는 헌법 제37조 제2항에 따라 국가안전보장·질서유지 또는 공공복리를 위하여 필요한 경우에 한하여 법률로써 제한될 수 있다. 그러나 이는 어디까지나 기본권제한입법의 한계규정(일반적 법률유보에 의한 기본권제한의 한계)에 불과하며, 따라서 과잉금지의 원칙을 준수해야 한다.[1] 주거의 자유의 본질적 내용의 침해금지에 대하여 절대설을 취하는 경우, 주거의 자유의 본질적 내용이 무엇인가 하는 그 내용을 발견하는 것이 판단기준이되나, 상대설을 취하는 경우 비례의 원칙(과잉금지의 원칙)의 준수여부에 따라 정

1) 허영, 한국헌법론, 394면.

당성이 인정된다.[1)]

- 형사소송법상의 대물적 강제처분이나 대인적 강제처분을 위한 경우
- 풍수해가 발생하였거나 발생할 우려가 있는 경우(풍수해대책법 제25조)
- 전염병예방을 위한 경우(전염병예방법 제39조)
- 형사소송법상 현장검증의 경우(형사소송법 제119조).
- 인명 또는 신체에 위해를 미치거나 재산에 중대한 손해를 끼칠 우려가 있는 경우(경찰관직무집행법(제7조))[2)]
- 소방기본법 제26조에 의한 강제처분(피난명령)
- 현행범 체포
- 긴급체포
- 체포·구속영장을 집행하는 경우

	주거의 자유	거주 · 이전의 자유
성격	·인간의 권리 – 외국인, 무국적자(O) 법인(O) : 반대설(권영성) ·정적인 권리	·국민의 권리 – 법인은 인정 ·외국인은 입국의 자유는 제한되나, 입국한 외국인의 출국의 자유는 인정 ·동적인 권리
제한의 근거	헌법, 법률상의 제한근거 있음	헌법에 근거없는 계엄법에 의한 제한 → 위헌의 소지
연혁	1791년 미국 수정헌법(고전적 자유)	바이마르 공화국 (현대적 자유)

1) 이준일, 헌법학강의, 단락번호 [4.6.20].

2) 경찰관직무집행법 제7조 (위험방지를 위한 출입) ① 경찰관은 제5조 제1항·제2항 및 제6조 제1항에 규정한 위험한 사태가 발생하여 인명·신체 또는 재산에 대한 위해가 절박한 때에 그 위해를 방지하거나 피해자를 구조하기 위하여 부득이 하다고 인정할 때에는 합리적으로 판단하여 필요한 한도 내에서 타인의 토지·건물 또는 선차 내에 출입할 수 있다. ② 흥행장·여관·음식점·역 기타 다수인이 출입하는 장소의 관리자 또는 이에 준하는 관계인은 그 영업 또는 공개시간 내에 경찰관이 범죄의 예방 또는 인명·신체와 재산에 대한 위해예방을 목적으로 그 장소에 출입할 것을 요구한 때에는 정당한 이유없이 이를 거절할 수 없다. ③ 경찰관은 대간첩작전수행에 필요한 때에는 작전지역안에 있어서의 제2항에 규정된 장소안을 검색할 수 있다. ④ 제1항 내지 제3항의 규정에 의하여 경찰관이 필요한 장소에 출입할 때에는 그 신분을 표시하는 증표를 제시하여야 하며, 함부로 관계인의 정당한 업무를 방해하여서는 아니 된다.

제 3 목 거주·이전의 자유

I. 의의 및 헌법규정

현행 헌법 제14조는 「모든 국민은 거주·이전의 자유를 가진다」라고 규정하고 있다. 거주·이전의 자유라 함은 자기가 원하는 곳에 住所(생활의 근거지)나 居所(일시적으로 머무르는 곳)를 설정·이전하거나, 자기의 자유로운 의사에 반하여 주거지를 옮기지 않을 자유를 말한다. 따라서 개인은 본인이 원하는 곳에서 자유롭게 생활하며 자기의 개성을 자유롭게 신장할 수 있다.

II. 연혁

역사적으로 거주·이전의 자유는 근대 자본주의 성립에 중대한 영향을 미쳤다. 토지에서의 속박으로부터 벗어나 봉건적 생산관계로부터 자본주의적 생산관계가 형성된 계기가 되었기 때문이다.[1] 옐리네크(G. Jellinek)는 종교의 자유와 양심의 자유를 거주·이전의 자유의 근원으로 보고 있다. 과거 영주의 종교적 신앙에 따르지 않는 자에게 인정되었던 거주지 이탈의 자유가 근대적 거주·이전의 자유의 효시가 되었다고 하고, 농노해방을 거주·이전의 자유의 역사적 기초로 보는 견해도 있다.[2]

버지니아(Virginia) 권리장전, 프랑스 인권선언, 미국연방헌법의 권리장전 등 근대초기의 인권선언에서는 대개 거주·이전의 자유의 명문규정을 두지 않았는데, 이는 근데 시민사회의 성립과 자본주의경제의 발전에 따라 이미 자명한 것으로 되었기 때문이다. 거주·이전의 자유는 독일의 바이마르(Weimar) 공화국헌법(1919-1933)이 그 효시를 이루고 있다.

---

1) 양건, 헌법강의, 555면.
2) 장영수, 헌법학, 763면.

III. 주체

1. 국민

거주·이전의 자유의 향유주체는 국민(내국인)인 자연인이다. 북한 주민도 거주·이전의 자유를 가지는가 하는 점인데, 헌법의 효력범위는 한반도 전체이고 북한지역에도 대한민국의 주권이 미치므로 거주·이전의 자유는 모든 한국인에게 미친다고 할 것이다.

2. 외국인

외국인은 원칙적으로는 거주·이전의 자유의 주체가 될 수 없다(다수설).[1] 따라서 외국인은 예외적으로만 허용될 수 있다.[2] 외국인에 대하여 등록의무 등을 부과하는 것은 합리적 제한으로 가능하다. 그러나 헌법 제6조 제2항에서 국제법과 국제조약 존중을 규정하고 있는 점에서 외국인도 헌법 제10조상의 인격 주체이므로 거주·이전의 자유가 인정되어야 할 것이다. 특히 일단 입국이 허용된 외국인은 경제활동이나 교육·학술·예술활동을 위하여 필요한 경우, 이를 보장하는 것이 바람직하다.[3] 국내에 생활의 근거가 있는 외국인에 대해서는 입국의 자유(재입국의 자유)가 보장되어야 할 것이다.

병역기피를 목적으로 한국국적을 포기하고 외국국적을 취득한자는 원칙적으로 거주·이전의 자유를 제한하는 것은 정당하다.[4]

> 병역의무를 피하기 위해 한국 국적을 포기한 사람들의 재외동포 자격을 박탈해 각종 경제 의료 혜택을 못 받도록 하는 이른바 '홍준표 재외동포법'이 29일 국회에서 부결되었다. 법안은 29일 이날 오후 국회 본회의 표결에서 재석의원 232명 중 찬성 104표, 반대 60, 기권 68표로 부결됐다. 홍준표 의원은 "국수주의를 하자는 것도 아니고 해외동포의 권리를 제한하는 법도 아닌데 왜 부결됐는지 모르겠다"고 반발했다.[5]

망명권[6]의 경우 자국에서의 위험 및 박해를 피해 대한민국에 망명을 요청한 외국인에 대해 헌법상 명문규정으로 망명권이나 비호청구권을 인정하지 않고 있으나 국제법과 국제관습에 따라야 할 것이다.

---

1) 양건, 헌법강의, 556면.
2) 이준일, 헌법학강의, 단락번호 [4.7.6].
3) 장영수, 헌법학, 765면.
4) 이준일, 헌법학강의, 단락번호 [4.7.6].
5) 동아일보. 2005. 6. 30.
6) 김권회, 거주·이전의 자유, 월간고시(1989.5), 280면.

3. 법인

법인의 경우도 당연히 주소(법인등록지) 또는 거소(사무실소재지)의 변경이 필요할 것이므로 법인도 거주·이전의 자유의 주체가 된다.[1] 다만 공법인은 예외적으로만 기본권의 주체가 된다.[2] 법인은 국가 경제정책·환경정책·인구정책에 더욱 민감하여 제한의 가능성이 있다.

> **헌재결 2000. 12. 14. 98헌바104【지방세법 제112조 제3항 위헌소원】**
>
> 법인 등의 경제주체는 헌법 제14조에 의하여 보장되는 거주·이전의 자유의 주체로서 기업활동의 근거지인 본점이나 사무소를 어디에 둘 것인지, 어디로 이전할 것인지 자유로이 결정할 수 있고, 한편 본점이나 사무소의 설치·이전은 통상적인 영업활동에 필수적으로 수반되는 것이므로 그 설치·이전의 자유는 헌법 제15조에 의하여 보장되는 직업의 자유의 내용에 포함되기도 한다.
>
> 이 법률조항은 수도권내의 과밀억제권역안에서 본점이나 주된 사무소로 사용하기 위하여 취득하는 부동산에 대하여 중과세하는 것이므로 이로 인하여 거주·이전의 자유와 직업의 자유(기업의 자유, 영업의 자유)가 일정하게 제약을 받게 된다.

IV. 내용

1. 국내거주·이전의 자유(좁은 의미의 거주·이전의 자유)

국내에서의 거주·이전의 자유라 함은 대한민국의 영토내에서 체류지와 거주지를 자유롭게 설정하고 변경할 수 있는 자유를 말한다(체류지와 거주지의 자유선택권). 체류지는 일시적으로 머무는 곳을 말하며, 거주지는 생활의 근거를 말한다. 거주·이전의 자유는 대한민국의 영토안에서 그리고 대한민국의 통치권이 실질적으로 미치는 범위내에서 자유롭게 그의(자연인·법인)의 주소·거소를 설정·이전할 수 있는 자유이다.[3] 직업·영업상의 이유로 인한 거주·이전의 자유는 물론이거니와 휴양·관광의 목적을 위한 경우에도 이에 해당된다(관광의 자유).[4] 헌법은 대한민국의 영토는 한반도와 부속도서라고 하고 있지만,

---

1) 양건, 헌법강의, 556면; 이준일, 헌법학강의, 단락번호 [4.7.6].

2) 장영수, 헌법학, 765면.

3) 허영, 한국헌법론, 470면.

4) 직업상의 이유로 인한 거주·이전의 자유제한 문제와 관련하여 헌법재판소는「직업에 관한 규정이나 공직취임의 자격에 관한 제한규정이 그 직업 또는 공직을 선택하거나 행사하려는 자의 거주·이전의 자유를 간접적으로 어렵게 하거나 불가능하게 하거나 원하지 않는 지역으로 이주할 것을 강요하게 될 수 있다 하더라도, 그와 같은 조치가 특정한 직업 내지 공직의 선택 또는

현실적으로는 군사분계선 이남에만 대한민국의 주권이 미칠 뿐이므로 국내에서의 거주·이전의 자유가 북한지역에로의 이전까지를 그 내용으로 할 수는 없다(통치권의 실질적 효력이 미치는 지역).[1][2]

또한 고향의 권리가 인정되기 때문에 지역개발·인구정책·직장알선 등의 이유로 고향을 떠나 다른 곳으로 이사할 것을 강요당하지 아니한다.[3] 따라서 거주·이전의 자유에는 이전하지 아니할 자유도 포함한다.[4]

[거주·이전의 자유의 대사인적 효력]

회사에 입사함과 동시에 일정한 지역에 주소를 둘것을 요구하는 사법상의 계약을 체결했을 경우, 그 자체가 거주·이전의 자유를 침해하는지가 문제될 수 있다. 이 경우 회사의 요구가 합리적인 것이라면 그것은 존중될 필요가 있다.[5]

[거주·이전의 자유의 예외]

- 북한지역에의 이전: 이는 헌법이론상으로는 북한지역에도 대한민국의 주권이 미친다고 보나, 군사분계선 이남에만 실질적 통치권이 미치고 있기 때문에, 국내 거주·이전의 자유는 북한지역에로의 이주를 그 내용으로 하지 않는다. ☜ 이를 위반하면 국가보안법위반으로 처벌됨(다만 통일 장관의 승인을 얻은 경우에는 예외이다 ☜ **남북교류협력에 관한**

행사에 있어서의 필요와 관련되어 있는 것인 한, 그러한 조치에 의하여 직업의 자유 내지 공무담임권이 제한될 수는 있어도 거주·이전의 자유가 제한되었다고 볼 수는 없다. 그러므로 선거일 현재 계속하여 90일 이상 당해 지방자치단체의 관할구역 안에 주민등록이 되어 있을 것을 입후보의 요건으로 하는 이 사건 법률조항으로 인하여 청구인이 그 체류지와 거주지의 자유로운 결정과 선택에 사실상 제약을 받는다고 하더라도 청구인의 공무담임권에 대한 위와 같은 제한이 있는 것은 별론으로 하고 거주·이전의 자유가 침해되었다고 할 수는 없다」고 판시한 바 있다(헌재결 1996. 6. 26, 96헌마200).

1) 권영성, 헌법학원론, 469면.

2) 국가보안법 제6조(잠입·탈출)에서는 「① 국가의 존립·안전이나 자유민주적 기본질서를 위태롭게 한다는 정을 알면서 반국가단체의 지배하에 있는 지역으로부터 잠입하거나 그 지역으로 탈출한 자는 10년 이하의 징역에 처한다」고하여 반국가단체의 지배하에 있는 지역에로의 탈출로 보고 있다.

3) 허영, 한국헌법론, 470면; 이준일, 헌법학강의, 단락번호 [4.7.10].

4) 인구의 급증과 산업의 발전으로 인한 주거환경의 축소 및 오염으로 거주의 자유는 본질적으로 위협받고 있으며, 또 정부주도의 도시개발·국토개발사업으로 강제철거 및 강제이주 등이 비일비재한 상황이다. 국가경제의 발전 및 국토의 균형있는 발전을 위한 정부정책이 공공복리의 목적에 부합되나 그 자체가 국민의 인권신장을 근본이념으로 한다면 거주·이전의 자유를 소극적으로만 해석할 것이 아니라 국가의 주거대책, 이주의 보장 등을 향한 적극적 권리로 해석해야 할 것이다.

5) 장영수, 헌법학, 767면.

법률 제9조)

- 부모의 자녀에 대한 거소지정권(민법 제914조) ☜ **가출의 자유는 인정 안됨**[1)]
- 부부의 동거의무(민법 제826조 제1항)
- 파산자의 거주지제한
- 在所者(수감자)의 거주지 제한
- 군인 · 軍務員 등의 거주지제한
- 이재민 · 수재민 등의 집단수용 · 집단거주지 설정

2. 국외거주 · 이전의 자유

2.1. 개관

국외 거주 · 이전의 자유가 거주 · 이전의 자유에 해당되는가 하는데 문제점이 있으나 다수설은 이를 긍정한다.[2)] 여기에는 해외이주의 자유 · 해외여행의 자유 · 국적변경의 자유 등이 있다.

헌재결 2004. 10. 28, 2003헌가18 **【출입국관리법 제4조 제1항 제4호 위헌제청】**

거주 · 이전의 자유는 국가의 간섭없이 자유롭게 거주와 체류지를 정할 수 있는 자유로서 정치 · 경제 · 사회 · 문화 등 모든 생활영역에서 개성신장을 촉진함으로써 헌법상 보장되고 있는 다른 기본권들의 실효성을 증대시켜주는 기능을 한다. 구체적으로는 국내에서 체류지와 거주지를 자유롭게 정할 수 있는 자유영역뿐 아니라 나아가 국외에서 체류지와 거주지를 자유롭게 정할 수 있는 '해외여행 및 해외 이주의 자유'를 포함하고 덧붙여 대한민국의 국적을 이탈할 수 있는 '국적변경의 자유' 등도 그 내용에 포섭된다고 보아야 한다. 따라서 해외여행 및 해외이주의 자유는 필연적으로 외국에서 체류 또는 거주하기 위해서 대한민국을 떠날 수 있는 "출국의 자유"와 외국체류 또는 거주를 중단하고 다시 대한민국으로 돌아올 수 있는 '입국의 자유'를 포함한다.

2.2. 해외이주의 자유(넓은 의미의 거주 · 이전의 자유)

해외이주의 자유는 대한민국의 주권이나 통치권이 미치지 아니하는 외국에서의 영주 · 거주의 자유를 포함한다. 거주의 경우 장기 · 단기를 불문한다. 해외이주는 자발적인 의사에 의한 것이어야 하며(이민의 자유), 누구도 자기나라를 떠나도록 강요당하지 아니한다(타의에 의한 망명금지). 해외이주의 자유에는 해외로부터 귀국하는 자유도 포함된다. 모든 국민은 누구나 한국을 떠나도록 강요당하지 아니할 권리를 가지는 동시에 한국으로 돌아오는 것을 방해받지 아니할 권리를 가진다. 그러므로 이는 법률로써도 제한할 수 없다.

---

1) 허영, 한국헌법론, 470면.
2) 이준일, 헌법학강의, 단락번호 [4.7.9a].

세계인권선언(제13조 제2항)과 국제인권규약(제12조 제1항 b)은 自國을 포함한 모든 국가에서 퇴거할 자유를 규정하고 있다. 해외이주는 자발적 의사에 의한 것이어야 하고, 이에는 국외에 영주하는 것과 장기간의 해외거주까지 포함된다. 해외이주법은 국외이주를 신고사항으로 규정하고 있지만 이것은 거주·이전의 자유의 침해라고 할 수 없다. 국외이주의 자유도 헌법 제37조 제2항에 따라 제한될 수 있기 때문이다.[1)]

해외이주의 자유는 정치적 망명권을 행사하기 위한 실질적인 조건이기도 한다(정치적 망명객을 위한 제네바협정 : 1951년 7월 28일).[2)]

2.3. 해외여행(출국)의 자유(넓은 의미의 거주·이전의 자유)

출국의 자유는 외국에서 체류 또는 거주하기 위하여 우리나라를 떠날 수 있는 자유이다. 여기에는 입국·출국의 자유가 다함께 보장된다.[3)] 북한주민의 입국(귀순)도 입국의 자유에 의하여 허용된다.[4)][5)] 해외여행의 자유는 대한민국의 통치권이 미치지 아니하는 곳으로 여행할 수 있는 자유로서 출국의 자유와 입국의 자유를 그 내용으로 한다. 해외여행의 자유가 거주·이전의 자유 중에 포함되는가에 관하여는 적극적으로 해석하는 것이 타당하다(다수설).[6)]

> 출국의 자유와 관련하여 병역의무자의 출국을 제한하는 것은 거주·이전의 자유의 제한이라 볼 수 없다.[7)] 병역의무자도 원칙적으로 출국의 자유가 보장되지만, 국방의무가 존재하고(제39조), 일반적 법률유보조항(제37조 제2항)등을 고려하여 비례의 원칙을 침해하지 않는 범위내에서 국외여행허가제도(병역법 제70조)에 의한 출국제한은 허용된다.[8)]

입국이라 함은 대한민국의 영역 내에 들어오는 것을 말하지만, 대한민국의 영역에 속

---

1) 권영성, 헌법학원론, 469면.
2) 허영, 한국헌법론, 471면.
3) 허영, 한국헌법론, 471면.
4) 허영, 한국헌법론, 471면. 북한주민의 보호를 위해서 북한이탈주민의보호및정착지원에관한법률이 있다. 이에 대하여 북한주민이 우리 통치영역에 들어오는 것은 정치적 망명권의 행사나 경제적 난민의 입국으로 이해하는 것이 바람직하다는 견해가 있다(홍성방, 헌법학, 455면).
5) 북한주민을 헌법 제3조에 의해 북한을 반국가단체로 보는 경우, 입국의 자유에 의해 보장되지만, 헌법 제4조에 의해 북한을 평화통일을 위한 동반자로서 국가의 실체를 인정한다면 북한주민은 외국인이되어 입국의 자유를 갖지못한다(이준일, 헌법학강의, 단락번호 [4.7.7] 참조).
6) BVerfGE 2, 266(273); BVerfGE 6, 32 ff.; Wernicke, Bonner Grundgesetz Kommentar, Art. 1 Erl. II. 1. d. 참조.
7) 허영, 한국헌법론, 472면; 이준일, 헌법학강의, 단락번호 [4.7.10].
8) 이준일, 헌법학강의, 단락번호 [4.7.10].

하면서도 우리의 통치권이 미치지 아니하는 북한지역에서 우리 통치지역으로 들어오는 것도 포함된다. 따라서 북한주민과 귀순용사들은 입국의 자유에 의한 특별한 보호를 받는다.[1)]

해외여행의 자유에 대한 제한입법으로 여권법과 출입국관리법이 있다. 출입국관리법(제3조)은 누구든지 여권을 소지하지 아니하고는 출국할 수 없다라고 규정하고 있으므로, 여권(혹은 선원수첩)의 발급은 사실상 출국허가와 같다.[2)] 이러한 관점에서 볼 때 여권발급에 관한 제한은 간접적인 해외여행의 자유의 제한이 된다.

> 구 여권법 제8조 제1항 제5호(2008.3.28 개정전의 것)에는 「대한민국의 이익이나 공공의 안전을 현저히 해할 상당한 이유가 있다고 인정되는 자」에 대하여는 여권의 발급을 금지할 수 있다고 하고 있었다. ☜ **현행 여권법에서는 삭제됨**

여권제도가 단순히 출국신고의 성격을 지니는 경우에는 합헌이지만, 마치 출국허가제도의 형식으로 운영된다면 이는 거주·이전의 자유의 침해이다.[3)]

> 「예외」
> - 병역의무자 : 병역의무자의 출국제한은 출국의 자유의 침해가 아니다(국방의 의무와의 조화적 해석).

2.4. 국적(이탈)변경의 자유

국적이탈 내지 국적변경의 자유는 대한민국의 국적을 가진 사람이 한국국적을 포기하고 외국국적을 취득할 수 있는 자유를 말한다. 세계인권선언(제15조 제2항)은 국적이탈의 자유(국적변경의 자유)를 규정하고 있지만, 헌법 제14조의 거주·이전의 자유 중에 국적이탈 내지 국적변경의 자유가 포함되는가가 문제된다. 우리 헌법은 국제평화주의와 국제협조주의를 기본원리로 하고 있기 때문에 대한민국 국민은 언제든지 자유로운 의사에 의하여 대한민국 국적을 자유롭게 이탈할 자유가 보장된다(통설). 미성년자의 경우에는 법률로 정한 법정대리인이 행할 수 있다. 다만 탈세 및 병역기피를 목적으로 한 국적변경은 인정 안 되는 것이 원칙이나, 국적변경을 하고자 하는자가 과연 탈세를 목적으로 하는 것인지, 혹은 병역기피를 목적으로 하는지는 제3자가 구분하기는 어려운 점이 있을 것이다. 그리고 무국적자의 발생방지가 오늘날 국적법의 원칙임을 감안할 때, 한국의 국적을 이탈하여 무국적자가 되는 자유까지 보장된다고는 할 수 없다.[4)] 헌법재판소는 국적법에서 이중국적자에게

1) 허영, 한국헌법론, 471면.
2) 권영성, 헌법학원론, 470면.
3) 허영, 한국헌법론, 472면.
4) 계희열; 김철수; 홍성방; 권영성, 헌법학원론, 471면; 허영, 한국헌법론, 471면; 이준일, 헌법학강

국적 선택의 시기 또는 요건의 제한을 둠으로써, 이중국적자가 병역문제를 해소하지 않는한 한국국적을 이탈하지 못하게 하는 것이 국적이탈의 자유를 침해한 것이 아니라고 하였다.[1]

「예외 : 인정 안되는 경우」
– 무국적의 자유

V. 거주·이전의 자유의 제한 및 제한의 한계

1. 제한

거주·이전의 자유도 국가안전보장 질서유지 또는 공공복리를 위하여 필요한 경우에는 제한될 수 있다(제37조 제2항). 그러나 이는 '기본권제한입법의 한계조항'[2]이므로 과잉금지의 원칙에 위반해서는 아니된다.

국가안전보장을 위한 제한으로는 계엄사령관의 특별조치(계엄법 제9조), 군작전상의 필요에 의한 군사작전내에서의 거주·이전의 제한, 군사시설에의 출입제한·강제퇴거(군사시설보호법 제5조), 국가안보상의 이유에 의한 북한영역에의 여행제한(국가보안법 제6조) 등이 있다.[3]

질서유지를 위한 제한으로는 치안유지를 위한 제한(소년법·사회보호법), 수사상 불가피한 거주·이전의 제한, 형사피고인의 주거제한(형소법 제101조 제1항), 경찰관직무집행법(제4조)과 소년법(제32조)에 의거한 보호(관찰)처분, 보안관찰법(제4조)에 의한 보안관찰처분, 소방기본법(제25조)에 의한 소방상 강제처분 등이 있다.

공공복리를 위한 제한으로는 국민보건상의 이유로 인한 전염병예방법(제29조)에 의한 격리수용치료, 검역법(제12조)에 의한 격리와 감시, 결핵예방법(제25조)에 의거하여 결핵환자가 동거인 혹은 제3자에게 결핵을 전염시킬 우려가 있는 경우에 결핵병원에 강제입원하는 것 등이 있다. 이외에 자녀에 대한 부모의 거소지정권(민법 제914조)·부부의 동거의무(동법 제826조 제1항)와 군인·군무원 및 재소자 등의 거주지제한 등이 있지만 이것들은 거주 이전의 자유를 침해하는 것이 아닌 합리적 제한이다.[4]

<사건의 개요>

의, 단락번호 [4.7.9a].

1) 헌재결 2006. 11. 30, 2005헌마739 **【국적법 제12조 제1항 등 위헌확인】**

2) 허영, 한국헌법론, 473면.

3) 거주·이전의 자유의 제한에 관한 헌법재판소의 판례 들은 양건, 헌법강의, 558면 참조.

4) 권영성, 헌법학원론, 471면.

(1) 주식회사 우성건설은 1995. 3. 31. 서울 강남구 대치동 1008의3 대 1,900.7㎡ 및 그 지상건물 연면적 1,203.84㎡를 취득한 후 그 건물 중 1,029.36㎡를 주식회사 우성유통에게 임대하고 나머지 174.48㎡를 우성건설 견적팀의 사무실로 사용하였다.

(2) 강남구청장은 우성건설견적팀이 위 토지 및 건물부분(전체토지 및 건물의 14.5%)을 사용하게 되자, 우성건설이 수도권정비계획법 제6조의 규정에 의한 과밀억제권역안에서 본점 또는 주사무소의 사업용 부동산을 취득한 것으로 보아 1997. 8. 10. 구 지방세법 제112조 제3항에 의한 중과세율을 적용하여 산출한 세액에서 기납부세액을 공제하여 청구인에게 취득세 금 120,060,000원 및 농어촌특별세 금 11,005,500원을 부과·고지하였다.

(3) 청구인은 위 과세처분의 취소를 구하는 소송을 서울행정법원에 제기하여(동 법원 98구5032) 그 재판계속 중에 위 과세처분의 근거가 된 구 지방세법 제112조 제3항 중 후단부분이 조세법률주의 등에 반하여 위헌이라고 주장하면서 위헌여부심판제청신청을 하였으나, 동 법원은 1998. 11. 27. 그 신청을 기각하였다(동 법원 98아582).

이에 청구인은 헌법재판소법 제68조 제2항에 따라 1998. 12. 21. 이 사건 헌법소원심판을 청구하였다.

<대상법률>

이 사건 심판의 대상은 구 지방세법 제112조 제3항(1994. 12. 22, 법률 제4794호로 개정되고, 1998. 12. 31, 법률 제5615호로 개정되기 전의 것, 이하 같다.) 중 후단부분, 즉 "수도권정비계획법 제6조의 규정에 의한 과밀억제권역안에서 대통령령이 정하는 본점 또는 주사무소의 사업용 부동산을 취득할 경우의 취득세율은 제1항의 세율의 100분의 500으로 한다"라는 부분(이하 "이 법률조항"이라고 함)의 위헌여부였다.

<판례>

이미 과밀억제권역 내에 본점 또는 주사무소용 사무실을 가지고 있다가 같은 권역 내의 다른 곳으로 사무실을 이전하는 경우와 같이 '과밀억제권역내에 인구유입 또는 경제력 집중을 유발하는 효과가 없는' 경우에는 적용되지 않는 것으로 좁게 풀이하는 것이 상당하고(대판 2000. 5. 30, 99두6309; 대판 2000. 10. 10, 99두5269 참조), 이렇게 풀이할 경우 입법목적도 적절히 달성할 수 있고 과잉규제로 인한 헌법위반의 소지도 없어진다.

위 법률조항의 적용범위를 위와 같은 합헌적인 범위밖에까지 부당히 확장하지 않는 한, 위 법률규정은 기업 등의 거주·이전의 자유 및 직업의 자유를 헌법 제37조 제2항에 위반하여 침해하는 것이라고 볼 수 없다.[1]

2. 제한의 한계

거주·이전의 자유를 제한하는 경우에도 과잉금지의 원칙을 존중해야 하며, 본질적 내용은 침해할 수 없다.[2] 따라서 거주·이전에 대한 허가제를 규정하는 법률은 위헌이 된

1) 헌재결 2000. 12. 14, 98헌바104 【지방세법제112조제3항위헌소원】

다. 거주 · 이전의 자유가 헌법이 보호하는 다른 법익과 충돌이 되는 경우에는 합리적인 이익형량과 규범조화적 해석에 의하여 모든 법익이 함께 보호될 수 있는 적절할 조화가 이루어 져야한다.[1]

---

2) 권영성, 헌법학원론, 471면.

1) 허영, 한국헌법론, 473면.

제 4 목 통신의 자유(비밀·불가침)

I. 의의

국민의 사생활을 보호하기 위한 수단의 하나로써 헌법 제18조는 「모든 국민은 통신의 비밀을 침해받지 아니 한다」라고 하여 통신의 비밀의 불가침을 내용으로 하는 통신의 자유를 보장하고 있다. 통신이란 개인의 의사 또는 정보를 통신수단을 통하여 주고 받는 소통행위이며, 통신은 장소가 격리된 경우 만이 아니라 대면자간의 경우도 포함된다.[1] 통신의 자유(통신의 비밀의 불가침)라 함은 개인이 그 의사나 정보를 우편물이나 전기통신 등의 수단에 의하여 전달 또는 교환하는 경우에 그 내용 등이 본인의 의사에 반하여 공개되지 아니할 자유를 말한다.

현대생활에서 가지는 통신수단의 다양한 기능과 그 의를 생각할 때 이는 국민의 사생활보호를 위한 중요한 의미를 지님은 말할 나위없다.

<사례>

형사사건에 관련된 협의로 A는 교도소에 구속중이다. 그는 자기사건에 관하여 사회에서 어떻게 논의되고 있는가를 알기 위하여 X교도소장에게 자기의 트랜지스터 라디오의 차입을 허가해 줄 것을 청구하였다. X소장은 이에 대해 교도소의 질서를 문란케 할 우려가 있다고 하여 이를 불허하였다. 뿐만 아니라 X소장은 B신문사가 A에게 보낸 「사건내용에 대한 의견과 교도소 내의 생활」에 대한 원고청탁서를 행형법시행령 제63조에 의하여 A에게 교부하지 아니하고 B신문의 열람을 금지하였다. 이에 A는 X소장을 피고로 하여 이러한 처분이 위헌이라고 하여 그 무효확인을 구하는 소송을 제기하였다. A의 주장은 정당한가? 만약에 A가 판결이 확정된 기결수이면 어떠한가?

<<論點>>

◇ 알 권리와 읽을 권리의 헌법적 근거조항

◇ 통신의 자유와 행형법(형의집행및수용자의처우에관한법률)상 수형자에 대한 제한의 상충

◇ 특별권력관계의 현대적 의의

---

1) 양건, 헌법강의, 391면.

II. 통신의 자유의 법적 성격

통신의 자유의 법적 성격에 관하여는 통신자유설 · 사생활비밀불가침설 · 표현행위자유설 등이 대립하고 있으나, 헌법 제18조는 통신의 비밀의 불가침을 직접적인 목적으로 하고 있다는 점에서 통신의 비밀불가침을 보장하는 것이다. 그러나 오늘날과 같이 인터넷이나 전자우편 등이 활발하게 이루어지고 있는 시대에는 통신행위(통신자유설)와 표현행위(표현행위자유설)도 포괄하는 개념으로 볼 수 있으며, 그 보호법익은 인격권을 내실로 하는 사생활의 비밀과 표현행위의 자유이다.[1] 통신의 비밀과 사생활의 비밀의 관계에서 통신의 비밀의 보장은 사생활의 비밀을 통신의 측면에서 보장하려는 것이며, 따라서 통신의 비밀의 불가침은 사생활의 비밀의 불가침과 그 내용이 중복되는 면이 있다. 사생활의 비밀의 불가침은 통신의 불가침이나 주거의 불가침조항에 의해서는 보장되지 아니하는 영역까지도 보호대상으로 한다는 점에서 사생활의 비밀보장이 더 넓은 개념이다(사생활의 불가침 > 통신의 불가침).

통신의 비밀보장은 당사자 간의 통신행위에 의하여 자유로운 의사가 형성된다는 점에서 표현행위의 기초가 된다. 그러나 표현의 자유가 대외적으로 표현되는 대화 및 그 과정을 보호하고자 하려는 것이라면, 통신의 자유는 대내적으로 표현되는 대화 및 그 과정을 보호한다는 점에서 차이가 있다(통신의 자유 = 대내적 표현의 자유). 통신을 통한 대내적 표현행위는 의사형성과정과 관련이 있는 만큼 통신의 비밀을 보장한다는 것은 양심의 자유 · 사상의 자유와도 밀접한 관련이 있다.[2] 헌법 제18조는 통신제도라는 제도적 보장도 함께 있는 것으로 보는 견해도 있다.[3]

III. 通信의 自由의 主體

통신의 자유는 자연인뿐만 아니라 법인과 법인격 없는 단체에게도 보장되며, 自國民뿐만 아니라 외국인도 이를 향유할 수 있다.[4] 서신의 경우에는 송신인 · 수신인 모두가 주체가 되며,[5] 서신이외의 우편물이나 전기통신을 이용하는 경우에는 개인은 우편사업자 ·

---

1) 권영성, 헌법학원론, 472면.
2) 권영성, 헌법학원론, 472면.
3) 한동섭, 헌법, 127면.
4) 권영성, 헌법학원론, 472면.
5) M. Lepa, Der Inhalt der Grundrechte, 4. Aufl., 1981, S. 173; A. Katz, Staatsrecht, 12. Aufl.,

전기통신사업자에 대하여, 개인, 우편사업자 및 전기통신사업자는 국가에 대하여 이 자유를 주장할 수 있다.[1]

IV. 통신의 자유의 내용

1. 통신의 비밀(본인의 의사에 반한 통신의 공개금지)

통신이라 함은 협의로는 隔地者間의 의사의 전달을 말하고, 광의로는 편지 · 진신(전화 · 전보 · 텔렉스 · 팩스) · 소포 · 우편환 그 밖의 우편물 등 체신기관에 의하여 다루어지는 격지자간의 의사의 전달과 물품의 수수를 말한다. 헌법 제18조의 통신의 개념은 넓은 의미로 이해하여야 하므로, 통신의 비밀은 편지(封書나 葉書)를 비롯한 전화 · 전보 · 전자우편 · 인터넷 등 모든 방법에 의한 격지자간의 의사전달과 물품수수의 통신내용 · 통신형태 · 통신의 당사자 · 배달의 방법(사서함 · 인편 · 등기 · 우편 · 보통우편 등) 등의 비밀이 본인의 의사에 반하여 공개되는 일이 없어야 한다는 것을 말한다.[2] 통신의 비밀보장은 국가권력에만 미치는 것이 아니고 사인에게도 그 효력이 미친다.[3]

2. 통신의 비밀의 불가침(통신의 침해금지)

불가침(통신의 침해금지)이라 함은 밀봉한 서신에 관해서는 통신사무에 종사하는 공무원이 그것을 개봉하거나 발신자 및 수신자가 누구인지 그리고 그 내용 등을 인지함을 금지한다는 뜻이다(열람금지).[4] 봉함하지 아니한 통신에 관해서는 그 문면뿐만 아니라 발신인 · 수신인의 성명 · 거소 · 발신회수 등을 직무상 지득한 공무원이 제3자에게 누설하는 것을 금지한다는 뜻이다(우편법 제3조, 제51조). 이러한 의미에서 통신의 불가침은 열람금지(통신물을 개봉하거나 읽거나 도청하는 행위의 금지) · 누설금지(통신업무로 인하여 알게된 사실을 남에게 알리는 행위를 금지하는 것) · 정보의 금지(통신업무의 내용을 정보활동의 목적에 제공하거나 제공받으려는 행위를 금지하는 것) 등을 그 내용으로 한다.[5]

1994, S. 363; BVerwGE 6, 299; BVerfGE 67, 157(171 f); 홍성방, 헌법학, 480면.

1) M. Lepa, Der Inhalt der Grundrechte, 4. Aufl., 1981, S. 173, 174; 홍성방, 헌법학, 480면.
2) 권영성, 헌법학원론, 473면; 허영, 한국헌법론, 400면.
3) 허영, 한국헌법론, 401면.
4) 홍성방, 헌법학, 481면.
5) 허영, 한국헌법론, 401면; 홍성방, 헌법학, 481면.

V. 통신의 자유의 효력

1. 대국가적 효력

통신의 자유가 가지는 본래적 의의는 국민의 통신의 자유를 수사기관이나 정보기관 등 그것을 침해할 우려가 있는 국가기관(국가권력)으로부터 통신의 비밀을 보장하려는 데 있다. 불법검열에 의하여 취득한 우편물이나 그 내용 및 불법감청에 의하여 지득 또는 채록된 전기통신의 내용은 재판 또는 징계절차에서 증거로 사용할 수 없다(통신비밀보호법 제4조).

2. 대사인적 효력

통신의 자유는 국가공권력에 대한 자유인 동시에 사인이 통신의 비밀을 침해하는 경우(사인에 의한 통신의 자유·비밀침해금지)에도 본 조항이 적용된다(다수설).[1] 특히 부당하고 위법하게 타인의 통신의 비밀을 침해한 때에는 형법상의 비밀침해죄(형법 제316조)로 처벌받거나 통신비밀보호법(제16조)에 따른 처벌의 대상이 되며, 민법상 불법행위의 책임을 지게 된다.[2] 통신의 자유는 주로 사생활의 보호를 위한 것이지만, 동시에 표현의 자유를 보충하는 의미를 지닌다.[3]

VI. 통신의 자유의 한계와 제한

1. 통신의 자유의 한계

1.1. 개관

통신의 비밀을 보장하는 데는 일정한 한계가 있다. 다시 말하면 헌법상 보장되는 통신의 자유는 합법적이고 정당한 통신만을 그 보호대상으로 한다.[4] 헌법질서를 침해하거나 범죄를 모의하거나 타인의 권리행사를 방해하기 위한 행위까지 보호하는 것은 아니다.

---

1) 이준일, 헌법학강의, 단락번호 [4.6.62]; 홍성방, 헌법학, 482면.
2) 권영성, 헌법학원론, 473면.
3) 양건, 헌법강의, 391면.
4) 허영, 한국헌법론, 402면.

1.2. 수사기관에 의한 전화의 역탐지

전화의 逆탐지라 함은 통신의 발신장소 · 발신인 등을 탐지하는 것을 말한다. 전화의 역탐지는 협박행위 등의 현행범에 대하여 수사기관이 직권으로 하거나 피해자의 요청이 있는 경우에는 영장없이도 가능하다. 발신장소도 통신의 비밀에 속하는 것이지만 헌법 제12조 제3항 단서의 취지에 비추어 현행범인의 체포에 필요한 경우라면 이것이 부득이하기 때문이다.[1)]

1.3. 업무상 행위로 인한 감화과정에서 범죄에 관한 통화를 우연히 청취한 경우

전화교환원이 업무상 행위의 일환으로 감화(監話) 도중 전화에 의한 협박이나 도박행위 등을 청취한 경우에는 현행범에 관한 이론구성에 의하여 경찰에 통보하는 것이 허용된다. 전화에 의한 협박이 있는 경우에 피해자도 정당방위의 관점에서 경찰에 통보하는 것이 허용된다.[2)] 그러나 이 경우에도 통신물 그 자체를 수사기관에 제공하는 것은 허용되지 아니하며, 통신물의 압수 · 수색에는 법관이 발수한 압수 · 수색영장이 있어야 한다.[3)]

2. 통신의 자유의 제한

2.1. 일반적 법률유보(헌법 제37조 제2항)에 의한 제한과 과잉금지의 원칙

통신의 자유도 국가안전보장 · 질서유지 · 공공복리를 위하여 필요한 경우에는 법률로써 제한될 수 있다(헌법 제37조 제2항). 통신의 자유의 제한이라 함은 통신의 당사자의 동의를 받지 않은 채 통신의 내용을 지득 · 녹취 · 이용하는 행위이다.[4)] 이는 현행 헌법이 정하는 기본권제한의 한계를 범위를 넘지 않는 범위내에서 통신물에 대한 열람금지 · 누설금지 · 정보금지 등이 (합리적인 범위내에서) 해제 될 수 있다는 의미이다.[5)] 제한에 관한 대표적인 법률이 통신비밀보호법[6)]이다. 동 법률에 의하면 범죄수사를 위하여 불가피한 경우와 국가안전보장에 대한 이해를 방지할 필요가 있는 경우에는 법원의 허가를 얻어 우편물의 검열과 전기통신의 감청이 허용될 수 있다(통비법 제5조 및 제6조). 국가보안법도 반국가단체와의 통신을 금지하고 있으며(국가보안법 제8조) 형사소송법은 피고인에 관련된 우

---

1) 권영성, 헌법학원론, 474면.
2) 권영성, 헌법학원론, 475면.
3) 허영, 한국헌법론, 403면.
4) BVerfGE 85, 386(398); 이준일, 헌법학강의, 단락번호 [4.6.54].
5) 허영, 한국헌법론, 403면.
6) 1948년에 제정 · 공포된 「임시」우편단속법은 우편검열을 제도화한 악법으로 간주되어 폐지되고 그 대체입법인 통신비밀보호법(법률 제4650호)이 1993년 12월 27일에 공포되어 1994년 6월말부터 시행되고 있다.

편물의 검열 · 제출명령 · 압수처분 등을 규정하고 있고(형소법 제91조, 제107조), 형의집행및수용자의처우에관한법률은 교도관의 검열하에 서신을 수발하게 하고 있으며(법 제18조), 파산법은 파산관리인에게 파산자의 우편물의 개피를 허용하고(법 제43조), 전파관리법은 국가나 정부를 폭력수단으로 파괴할 것을 주장하는 통신을 규제하고 있다(법 제77조).

그러나 이 경우에도 과잉금지의 원칙이 준수되어야 하며, 법률에 의하여 통신의 비밀을 제한하는 경우에도 제한사유와는 무관한 제3자의 통신의 비밀을 침해하는 일은 금지된다.[1]

헌재결 2001. 11. 29, 99헌마713 【교도소수용자의 통신의 자유제한】

교도소 수용자로 하여금 제한 없이 서신을 발송할 수 있게 한다면, 서신교환의 방법으로 마약이나 범죄에 이용될 물건을 반입할 수 있고, 외부 범죄세력과 연결하여 탈주를 기도하거나 수용자끼리 연락하여 범죄행위를 준비하는 등 수용질서를 어지럽힐 우려가 많으므로 이들의 도주를 예방하고 교도소내의 규율과 질서를 유지하여 구금의 목적을 달성하기 위해서는 서신에 대한 검열이 불가피하며, 만약 국가기관과 사인에 대한 서신을 따로 분리하여 사인에 대한 서신의 경우에만 검열을 실시하고, 국가기관에 대한 서신의 경우에는 검열을 하지 않는다면 사인에게 보낼 서신을 국가기관의 명의를 빌려 검열 없이 보낼 수 있게 됨으로써 검열을 거치지 않고 사인에게 서신을 발송하는 탈법수단으로 이용될 수 있게 되므로 수용자의 서신에 대한 검열은 국가안전보장 · 질서유지 또는 공공복리라는 정당한 목적을 위하여 부득이 할 뿐만 아니라 유효적절한 방법에 의한 최소한의 제한이며, 통신비밀의 자유의 본질적 내용을 침해하는 것이 아니어서 헌법에 위반된다고 할 수 없다.

2.2. 통신의 자유와 영상주의

통신의 자유를 정당하게 제한하기 위하여 우편물의 검열 · 압수 또는 전기통신의 監聽에도 영장주의가 적용되는가가 문제된다. 헌법에는 이에 관한 명문의 규정이 없지만, 형사소추를 위하여 통신의 비밀을 침해하는 경우에는 압수 · 수색에 관한 영장주의가 적용되어야 한다고 본다. 전화선에 의한 도청장치이건 송수화기에 설치된 기타 전자도청장치에 의한 도청이건 마찬가지이다.[2] 통신비밀보호법은 「내란죄 · 외환죄 등 동법 제5조 제1항 각호에 규정된 범죄를 계획 또는 실행하고 있거나 실행하였다고 의심할 만한 충분한 이유가 있고 다른 방법으로는 그 범죄의 실행을 저지하거나 범인의 체포 또는 증거의 수집이 어려운 경우에 한하여 검사의 청구로 법원이 이를 허가한 경우에는 우편물의 검열과 전기통신의 감청이 가능하다」고 하고 있다(통신비밀보호법 제5조, 제6조).

1) 허영, 한국헌법론, 403면.
2) 허영, 한국헌법론, 403면.

2.3. 통신의 자유와 감청(도청)

정보기술이 발달한 오늘날에는 정교한 감청(도청)장치에 의하여 통신의 비밀이 私人이나 公權力에 의하여 침해됨으로써 감청 내지 도청문제가 중대한 사회문제가 되고 있다.

2.3.1. 감청(도청)의 의의

a) 감청(도청)의 개념

監聽(盜聽)이라 함은 전기통신에 대하여 당사자의 동의 없이 전자장치 · 기계장치 등을 사용하여 통신의 음향 문언 · 부호 영상을 청취하거나 共讀하여 그 내용을 지득 또는 해득하거나 전기통신의 送 · 受信을 방해하는 것을 말한다(통신비밀보호법 제2조 제7호).

<사례>

갑은 견인차 운전업무에 종사하면서, 견인차에 스탠다드 무전기를 설치하여 주파수를 원주경찰서 무선사용주파수에 맞춘 후 위 무전기를 이용하여 교통사고에 관한 경찰관의 무선내용을 청취하였다는 이유로 통신비밀보호법 제16조 제1호, 제3조 위반으로 춘천지방법원에 기소되어, 위 법원에서 징역 1년에 집행유예 3년을 선고받고(2000고단19) 항소하여 항소심에 계속중(춘천지방법원 2002노37), 위 법률조항들 및 같은 법 제2조 제7호에 대하여 위헌법률심판 제청신청을 하여 기각되자(춘천지방법원 2002초기62), 헌법재판소법 제68조 제2항에 따라 이 사건 헌법소원심판을 청구하였다.

갑은 법 제2조 제7호는 “감청이라 함은 전기통신에 대하여 당사자의 동의 없이 전자장치 · 기계장치 등을 사용하여 통신의 음향 · 문언 · 부호 · 영상을 청취 · 공독하여 그 내용을 지득 또는 채록하거나 전기통신의 송 · 수신을 방해하는 것을 말한다.”고 규정하여, 모든 종류의 전자적 정보의 흐름에 있어서 송 · 수신 당사자의 명시적 동의 없이 그 정보의 내용을 알게 되었을 경우 이를 감청으로 간주하여 그 알게 된 사람을 무차별적으로 처벌할 수 있게 하므로 헌법의 명확성원칙에 위배된다고 주장하고 있다.

<해설>

위 조항이 감청의 대상으로서의 전기통신의 범위를 다소 열거적이면서도 개괄적으로 표현하고 있지만, 통신비밀의 침해의 위험으로부터 통신의 자유를 보호하고자 제정된 법의 입법취지와 종래의 전통적 통신수단인 유선통신외에 과학기술의 발전에 따라 새로이 생겨난 현대적인 통신수단에 대해서도 통신의 자유와 비밀을 보호하여야 할 필요성이 있다는 점을 고려한다면, 이러한 표현은 전기통신의 개념을 확장하는 것이 아니라 더욱 구체화 시키는 것으로 이해되고, 그 범위 또한 일반인이 예견할 수 없을 정도로 광범하다고 할 수는 없다. … 통신의 자유를 규정하고 있는 헌법과 이를 구체화하고 있는 법의 입법취지 그리고 법의 체계적 해석을 통해 볼 때, 보통의 상식을 가진 일반인이라면 이 사건 법률조항들을 통해 금지하고자 하는 행위가 무엇이며 그에 대한 형벌이 어떠할지를 예견할 수 있다고 할 것이므로, 이 사건 법률조항들이 명확성원칙에 위배된다고 할 수 없다.[1)]

b) 입법례

외국에는 공권력에 의한 감청이나 사인 간에서의 도청을 규제하는 법률이 적지 아니하다. 미국에서는 감청(도청 : 盜聽)은 수정헌법 제4조를 침해하는 것으로 간주되어 허용되지 않으며, 감청(도청)을 규제하는 법률로는 1968년의 「종합범죄방지및街頭安全法」(Omnibus Crime Control and Safe Street Act)이 있다. 동 법률은 특정범죄에 관하여 법관의 영장을 발부받으면 일정한 조건하에 감청이 허용될 수 있다고 하고 있다. 영국에서도 1985년에 일정한 조건하에 감청을 허가할 수 있다는 내용의 감청법(Interception of Communicatlons Act)이 제정되었다.[1]

독일기본법 제10조는 통신의 자유는 '자유민주적 기본질서(freiheitliche demoktarische Grundordnung)'나 연방 또는 주의 존립이나 안전의 보장을 위하여 필요한 때에는 법률로써 제한할 수 있음을 규정하고 있다.[2] 이에 따라 1968년에 감청법(Abhörgesetz)이 제정되었고 이 감청법에 대하여 연방헌법재판소는 합헌결정을 내린 바 있다.[3] 우리나라는 통신비밀보호법 제3조가 「동법과 형사소송법 또는 군사법원의 규정에 의하지 아니하고는 전기통신의 감청을 하거나 공개되지 아니한 타인 간의 대화를 녹음 또는 청취하지 못하게」하고 있다(통신비밀보호법 제3조, 제14조).

2.3.2. 감청의 헌법적 평가와 허용요건

전기통신의 감청(도청)은 사생활의 비밀과 자유는 물론 통신의 불가침성을 침해하는 행위로써 종국적으로는 인간으로서의 존엄과 인격권 등을 침해하는 것이 되어 헌법 제10조·제17조 및 제18조에 위배된다. 그러나 범죄수사를 위하여 다음과 같은 요건이 구비되고 법원으로부터 허가서를 받은 경우에는 예외적으로 감청 등 통신제한조치가 허용된다(통신비밀보호법 제5조, 제6조).[4]

- 전기통신 등이 통신비밀보호법 제5조 제1항 각호(제1호-제11호)에 규정된 범죄목적에 이용되는 것이 확실한 경우
- 범죄를 계획 또는 실행하고 있거나 실행하였다고 의심할 만한 충분한 이유가 있고 다른 방법으로는 그 범죄의 실행을 저지하거나 범인의 체포 또는 증거의 수집이 어려운 경우
- 감청의 종류·목적·대상·범위·기간 및 청구이유 등을 기재한 서면으로 검사(검찰관 포함)는 법원(군사법원을 포함)에 각 피의자별 또는 각 피내사자별로 통신제한조치를

---

1) 헌재결 2004. 11. 25, 2002헌바85 【통신비밀보호법 제2조 제7호 등 위헌소원】

1) 권영성, 헌법학원론, 476면.

2) 박영도, 주요국가의 도청방지법제, 한국법제연구원(1993.7), 참조.

3) BVerfGE 30, 1 ff.

4) 권영성, 헌법학원론, 477면.

허가하여 줄 것을 법원에 청구
- 사법경찰관(군사법경찰관 포함)은 제5조 제1항의 요건이 구비되면 검사에 대하여 각 피의자별 또는 각 피내사자별로 통신제한조치에 대한 허가신청을 하고, 검사는 법원에 대하여 그 허가를 청구

이러한 감청의 허용요건을 구비하지 아니한 감청은 위법한 도청이 되고, 위법한 도청의 증거능력은 부정된다.[1)]

대판 2001. 10. 9, 2001도3106 【간통】 수사기관이 아닌 사인이 비밀녹음한 녹음테이프에 대한 검증조서의 증거능력

통신비밀보호법은 누구든지 이 법과 형사소송법 또는 군사법원법의 규정에 의하지 아니하고는 우편물의 검열 또는 전기통신의 감청을 하거나 공개되지 아니한 타인간의 대화를 녹음 또는 청취하지 못하고(제3조 본문), 이에 위반하여 불법검열에 의하여 취득한 우편물이나 그 내용 및 불법감청에 의하여 지득 또는 채록된 전기통신의 내용은 재판 또는 징계절차에서 증거로 사용할 수 없고(제4조), 누구든지 공개되지 아니한 타인 간의 대화를 녹음하거나 전자장치 또는 기계적 수단을 이용하여 청취할 수 없고(제14조 제1항), 이에 의한 녹음 또는 청취에 관하여 위 제4조의 규정을 적용한다(제14조 제2항)고 각 규정하고 있는바, 녹음테이프 검증조서의 기재 중 피고인과 공소외인 간의 대화를 녹음한 부분은 공개되지 아니한 타인 간의 대화를 녹음한 것이므로 위 법 제14조 제2항 및 제4조의 규정에 의하여 그 증거능력이 없고, 피고인들 간의 전화통화를 녹음한 부분은 피고인의 동의없이 불법감청한 것이므로 위 법 제4조에 의하여 그 증거능력이 없다.

3. 발신자전화번호통보(안내)제도

3.1. 의의

발신자전화번호통보(안내)제도라 함은 수신자의 요청에 따라 발신자의 전화번호를 알고자 할 때에는 보조장치를 통하여 발신자의 전화번호와 통화시간을 전화국컴퓨터에 기억하게 하고 통화 후에 이를 수신자에게 자동통보하게 하는 제도를 말한다. 이는 수신인의 기본권을 보장하기 위하여 송신인의 전화번호를 수신인에게 송신인의 동의 없이 알려주는 것이므로 이것도 통신의 자유에 대한 제한이다.[2)] 이것은 최근 장난전화·협박전화·음란전화 등 전화폭력 등을 방지하기 위한 방안의 하나로 고안된 제도이다. 그러나 이 제도에 관하여는 위헌설과 합헌설이 대립하고 있다.

---

1) 권영성, 헌법학원론, 477면.
2) 이준일, 헌법학강의, 단락번호 [4.6.58].

3.2. 학설

위헌설은 이 제도가 헌법 제18조의 통신의 비밀의 보장에 반하는 것이라고 주장한다. 합헌설은 (ㄱ) 통신의 자유는 폭력전화와 같은 범죄행위까지 보장하는 것은 아니고, (ㄴ) 국가는 폭력전화와 같은 범죄행위로 인한 피해로부터 선량한 국민을 보호할 의무가 있으며, (ㄷ) 폭력전화는 통신의 자유를 남용하고 악용하는 행위이므로 당연히 규제의 대상이 되어야 하며, (ㄹ) 수신자에 대해서만 발신자의 전화번호를 통보하고 공권력 등 제3자에 의한 도청가능성을 방지한다면 통신의 자유가 위협될 여지는 없다는 것 등을 이유로 합헌이라고 한다.[1)]

3.3. 사견

생각건대 발신자 전화번호통보(안내)제도는 폭력전화와 같은 범죄행위를 방지하고 선의의 피해자에 대하여 사생활의 평온을 보장하여 줄 필요가 있다는 점에서 합헌설이 타당하다.[2)] 통신비밀보호법도 전화에 의한 폭언·협박·희롱 등으로부터 수신인을 보호하기 위하여 전기통신사업법의 규정에 의한 전기통신사업자는 대통령령이 정하는 바에 의하여 수신인의 요구가 있을 때에는 송신인의 전화번호를 수신인에게 통보할 수 있다고 하고 있다(통신비밀보호법 제13조).

4. 형의 집행 및 수용자의 처우에 관한 법률(구행형법)

4.1. 미결수용자의 일반적 서신검열

질서유지 또는 공공복리를 위하여 구속제도가 헌법 및 법률상 이미 용인되어 있는 이상, 미결수용자는 구속제도 자체가 가지고 있는 일면의 작용인 사회적 격리의 점에 있어 외부와의 자유로운 교통과는 상반되는 성질을 가지고 있으므로, 증거인멸이나 도망을 예방하고 교도소 내의 질서를 유지하여 미결구금제도를 실효성 있게 운영하고 일반사회의 불안을 방지하기 위하여 미결수용자의 서신에 대한 검열은 그 필요성이 인정된다고 할 것이고, 이로 인하여 미결수용자의 통신의 비밀이 일부 제한되는 것은 질서유지 또는 공공복리라는 정당한 목적을 위하여 불가피할 뿐만 아니라 유효적절한 방법에 의한 최소한의 제한으로서 헌법에 위반된다고 할 수 없다.[3)]

---

1) 권영성, 헌법학원론, 474면.
2) 同旨 김철수; 권영성, 헌법학원론, 474면; 홍성방, 헌법학, 482면.
3) 헌재결 1995. 7. 21, 92헌마144【서신검열 등 위헌확인】

4.2. 미결수용자와 변호인의 조력을 받을 권리(변호인과의 서신)

헌법 제12조 제4항 본문은 신체구속을 당한 사람에 대하여 변호인의 조력을 받을 권리를 규정하고 있는바, 이를 위하여서는 신체구속을 당한 사람에게 변호인과 사이의 충분한 접견교통을 허용함은 물론 교통내용에 대하여 비밀이 보장되고 부당한 간섭이 없어야 하는 것이며, 이러한 취지는 접견의 경우뿐만 아니라 변호인과 미결수용자 사이의 서신에도 적용되어 그 비밀이 보장되어야 할 것이다. 다만 미결수용자와 변호인 사이의 서신으로서 그 비밀을 보장받기 위하여는, 첫째, 교도소측에서 상대방이 변호인이라는 사실을 확인할 수 있어야 하고, 둘째, 서신을 통하여 마약 등 소지금지품의 반입을 도모한다든가 그 내용에 도주·증거인멸·수용시설의 규율과 질서의 파괴·기타 형벌법령에 저촉되는 내용이 기재되어 있다고 의심할 만한 합리적인 이유가 있는 경우가 아니어야 한다.[1)]

4.3. 수용자의 서신검열

<사례>

갑은 강도강간죄 등으로 징역 5년형이 확정되어 홍성교도소 수용중, 그 동안 자신이 구상하여 온 교정행정을 내용으로 하는 인터넷 홈페이지 구상도를 작성하여 이를 (주) ○○ 대표 박○수에게 서신으로 발송하기 위하여 홍성교도소 당국에 제출하였다. 홍성교도소는 갑의 서신을 검열한 후 형의 집행 및 수용자의 처우에 관한 법률 제43조 제5항의 규정에 의하여 그 발송을 불허하는 처분을 하였다. 갑은 이에 홍성교도소의 위 서신검열 및 발송불허행위 및 서신의 검열행위가 통신의 자유인 기본권을 침해하였다고 주장하면서 헌법소원심판을 청구하였다.

<해설>

헌법재판소는 이미 1998. 8. 27. 96헌마398 결정에서 자유형을 집행하는 구금시설은 다수의 수형자를 집단으로 관리하는 시설로서 규율과 질서유지가 필요하며, 따라서 그 목적을 달성하기 위하여 수형자의 서신에 대한 검열은 불가피한 것으로서 통신의 자유를 침해하는 것이 아니라고 판시함으로써 수형자의 서신에 대한 검열행위의 위헌성 여부에 대하여 헌법적 해명을 한 바 있다.[2)]

---

1) 헌재결 1995. 7. 21, 92헌마144【서신검열 등 위헌확인】

2) 헌재결 2003. 12. 18, 2001헌마826【행형법시행령 제61조 등 위헌확인】

제 4 항 정신적 자유권

제 1 목 개관

I. 헌법규정

우리 헌법은 모든 국민에게 인간의 존엄성과 행복추구권을 실현하기 위한 실질적 조치로서 인간의 내면적 정신생활을 보호하고 있다. 현행 헌법은 제19조에서 제22조에 걸쳐 정신적 자유권을 규정하고 있다. 양심의 자유(제19조), 종교의 자유(제20조), 언론·출판과 집회·결사의 자유(제21조), 학문과 예술의 자유(제22조)가 그것이다.

「정신적 자유권」

- 양심의 자유(제19조)
- 종교의 자유(제20조)
- 언론·출판·집회·결사의 자유(제21조)
- 학문·예술의 자유(제22조)

「참고」

정신적 자유권에 대해서는 정신생활에 관한 기본권 혹은 정신적 기본권으로 표현하는 경우도 있다. 예컨대 대법원은 종교·양심·학문·예술의 자유 등을 인간의 「정신생활에 관한 기본권」으로 규정하고 있고(1982. 7. 13 대판 82 도 1219), 헌법재판소도 양심의 자유를 「정신적 기본권」의 하나라 하고 있다.[1)]

학교정화구역내 극장설립 금지는 위헌[2)] : 학교보건법 제6조 제1항 제2호(일률적 규제는 행복추구권 침해)

학교정화구역내에 극장 설립을 금지하고 있는 학교보건법 관련 규정은 헌법에 위반된다는 헌재 결정이 나왔다. 헌법재판소 전원재판부(주심 金榮一 재판관)는 학교정화구역에서 극장영업을 금지하고 있는 학교보건법 제6조제1항 제2호 중 '대학' 주변 극장 설립 금지와 관련해서는 위헌 결정을, "유치원·초·중·고교"에 관한 부분은 헌법불합치 결정을 2004년 4월 24일 내렸다(2003헌가1·2004헌가4)

---

1) 헌재결 1991. 4. 1, 89헌마160【민법 제764조의 위헌여부에 관한 헌법소원】

2) 홍성규 기자 cool@lawtimes.co.kr 2004-05-31

이번 결정으로 대학가에 극장 설립이 자유로워졌고 유치원·초·중·고교 부근에도 비영리 예술극장이나 청소년 전용극장 등의 설립이 가능해졌다. 하지만 영화진흥법에 의해 영업지역이 제한되는 제한상영관은 이번 결정에도 불구하고 계속 모든 학교 정화구역내에 설치가 금지된다.

재판부는 결정문에서 "자율성을 가장 큰 특징으로 하는 대학교육에서 대학생이 문화를 자유롭게 향수하는 것은 직업교육으로서의 의미도 가지는 이상 대학생의 자유로운 문화향유에 관한 권리 등 행복추구권을 침해 한다"며 "또 극장 영업을 하고자 하는 자의 직업의 자유, 극장운영자의 표현 및 예술의 자유 등도 침해 한다"고 밝혔다. 재판부는 이어 "유치원·초·중·고교에 관한 부분 역시 극장을 이용하고자 하는 학생들의 문화향유에 관한 행복추구권 등을 침해한다"며 "다만 이번 위헌 판단은 비영리단체가 운영하는 공연장 및 영화상영관, 아동·청소년 전용공연장 등에 대해서도 일률적으로 설치를 금지한 점에 관한 것으로 단순위헌을 한다면 새로운 입법을 하기 전까지는 상업영화관을 포함한 모든 극장이 자유로운 영업을 할 수 있게 돼 학교교육을 위해 바람직하지 않아 불합치 결정을 내린다"고 밝혔다.

서울중앙지법 등은 학교정화구역내에서 극장영업을 한 혐의로 기소된 극장 운영자들의 신청을 받아들여 헌재에 위헌심판제청을 했었다.

II. 정신적 자유의 형성과 전개

중세 카톨릭 교리에 의하여 지배되었던 유럽에서는 개인은 원칙적으로 정신적 자유권을 향유할 수 없었다. 정신적 자유가 비로소 보장된 것은 근대초에 와서 양심과 사상의 자유를 중심으로 하는 정신적 자유가 종교개혁의 형태로 추진된 이후부터였다. 그러나 근대시민국가에 와서 정신적 자유권을 확립하는데 결정적으로 기여한 이론과 사상은 국가중립론과 그것을 바탕으로 한 자유주의적 사상이었다. 그러나 20세기에 들어와서 국가중립론이나 정신적 활동에 대한 자유방임론은 수정되지 않을 수 없었다. 그 이유는 (ㄱ) 자유·평등·정의를 기본요소로 하는 가치관적 민주주의에 입각하여 민주주의의 가치인 이들 세가지 요소(자유·평등·정의)를 침해하는 헌법의 적(Verfassungsfeind)에게 까지 무제한한 관용을 베풀 필요가 없다는 것을 2차대전을 통하여 인식하게 되었고(예컨대 독일의 히틀러가 성공적으로 정권을 장악하게 된 배경도 바이마르시대의 가치중립론, 정치적 관용이 그 원인이 되었다), 이에 따라 종전의 가치중립적인 국가중립성을 포기하고 방어적·투쟁적 민주주의의 원리를 도입할 수밖에 없게 되었다는 점, (ㄴ) 언론기관의 대기업화와 독과점화 현상으로 인하여 정보의 편중과 조작·왜곡현상이 자주 나타나게 되었다는 점 등을 들 수 있다. (ㄷ) 그러나 이러한 문제점에도 불구하고 사상·표현의 자유는 인간의 존엄성존중과 진정한 민주주의 및 헌법질서의 확립을 위하여 필요불가결한 전제가 되는 것이므로, 내심의 자유에 대한 불가침 · 알 권리 · 자유로운 표현과 비판 등은 현대국가에서도 최대한으로 보장되어야 한다.1)

III. 정신적 자유권의 보장을 위한 이론과 원칙

정신적 자유권은 인간의 존엄과 가치를 유지하기 위한 기본조건이며 민주주의체제가 존립하기 위한 불가결의 전제가 된다. 이와 같이 정신적 자유는 도덕적 · 정신적 · 지적 창조물인 인간에게 고유한 자연적 권리이므로 다른 기본권에 비하여 고도로 보장될 필요가 있다(정신적 자유의 우월론). 따라서 현대 민주국가에서는 국가안전보장 · 질서유지 · 공공복리 등을 이유로 정신적 자유를 규제하는 경우에도, 다음과 같은 원칙이 준수되어야 한다.2)

- **정신적 자유의 우월론**: 인간에게 고유한 자연적 권리 → 타기본권에 비하여 보다 고도로 보장
- **합헌성판단의 이중기준론**: 정신적 기본권은 경제적 기본권 등을 규제하는 법령보다 엄격한 기준 · 우월적 지위
- **합헌성추정배제의 원칙**
- **막연하므로 무효의 이론**: 정신적 자유를 규제하는 입법이 막연하거나 불명확한 경우에는 무효
- **명백하고 현존하는 위험의 원칙**: 표현의 자유의 제한에 관한 입법은 위험발생의 확실성(명백하고 현존하는 위험)과 제한의 절대적 필요성이 인정되는 경우에 한함3)
- **사전제한금지의 원칙**: 허가제 · 검열제의 금지, 특정인이 특정한 표현을 하지 못하도록 금지시키는 법원의 유지명령 내지 중지명령의 금지

---

1) 권영성, 헌법학원론, 479면.
2) 권영성, 헌법학원론, 479면.
3) '명백하고 현존하는 위험의 원칙(Rule of clear and present danger)'이란 Schenck v. US (1919) 사건에서 미연방대법원의 홈즈 판사(Oliver W. Holmes)의 판결에서(Scheneck, United States, P249 U. S, 1919, p. 47) 비롯된 것으로 언론 및 집회의 자유의 한계를 판단하는 기준으로 확립된 이론이다. 명백은 표현과 위험과의 인과관계를, 현존은 해악발생의 시간적 근접성을, 위험은 발생개연성을 요구한다.

IV. 정신적 자유권의 구조와 체계

헌법 제19조에서 제22조에 걸쳐 규정되어 있는 정신적 자유권은 크게 두 가지 영역으로 나눌 수 있다. (ㄱ) 첫째는 인간의 내심의 영역에서 형성되는 내심의 자유이다. 양심의 자유, 종교의 자유, 학문·예술의 자유 등이 여기에 속한다. (ㄴ) 둘째는 인간의 내면에서 형성된 양심·신앙·사상 등을 외부로 표출하는 외면적 자유(표현의 자유)이다. 이는 다시 개별적 표현의 자유(언론·출판의 자유)와 집단적 표현의 자유(집회·결사의 자유)로 나눌 수 있다.

「정신적 자유권」

- 내심의 자유 : ① 양심의 자유, ② 종교의 자유, ③ 학문의 자유, ④ 예술의 자유
- 표현의 자유 :
  → 개별적 표현의 자유 → 언론·출판의 자유
  → 집단적 표현의 자유 → 집회·결사의 자유

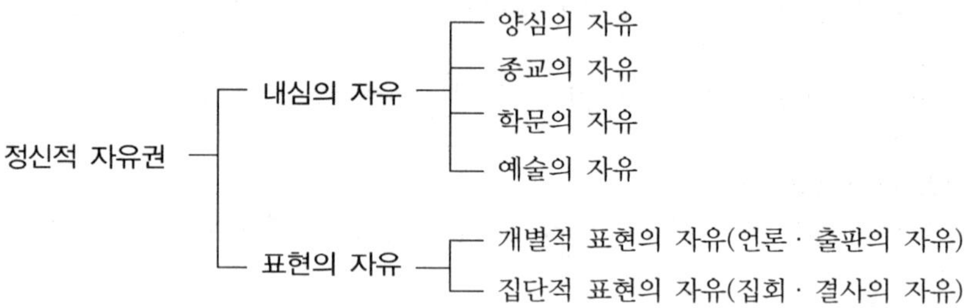

「참고」

정신적 자유권을 기본권체계상 어떻게 분류하고 서술하는가는 논자의 입장에 따라 한결같지 아니하다. 김철수 교수는 양심의 자유, 종교의 자유, 학문과 예술의 자유, 표현의 자유를 정신적 자유권으로 분류하고, 표현의 자유를 다시 언론 출판의 자유와 집회 결사의 자유로 분류하고 있다. 허영 교수는 양심의 자유, 종교의 자유, 학문과 예술의 자유, 교육을 받을 권리 등을 정신·문화생활영역의 보호로, 언론·출판 및 집회·결사의 자유를 정치·사회생활영역의 보호로 각각 분류하고 있다. 권영성 교수는 정신적 자유를 논술함에 있어서는 내심의 정신적 자유를 먼저 다루고, 그에 이어 외면적 표현의 자유를 다루는 것이 논리적이지만, 두 범주의 자유가 인간의 자유로운 정신활동의 확보를 궁극의 목표로 한다는 점에서 공통점이 있고, 내심의 자유와 외면적 표현의 자유는 표리의 관계에 있기 때문에 헌법조문상의 순서에 따라 서술하기로 한다고 한다.[1)]

1) 권영성, 헌법학원론, 480면 참조.

제 2 목 양심의 자유

우리 헌법은 자기 양심에 어긋나는 신념이나 행동을 외부로부터 강요당하지 않고, 또한 자기자신의 자유로운 양심에 따라 자유롭게 행동할 수 있는 양심의 자유를 보장하고 있다. 즉 헌법은 제19조에서 「모든 국민은 양심의 자유를 가진다」라고 하여 일반적인 양심의 자유를 규정하고 있을 뿐 아니라 국회의원의 양심에 따른 직무수행(헌법 제46조 제2항)과 법관의 양심에 따른 심판(헌법 제103조)을 규정함으로써 직업적 양심을 규정하고 있다.

독일 헌법사에서 신앙 및 양심의 자유라는 표현이 처음 등장한 것은 1848/49년의 프랑크푸르트헌법이었으나, 19세기에는 양심의 자유는 망각되었으나 1919년 독일 바이마르 공화국 헌법 제135조 제1항에서 다시 독립된 기본권(신앙의 자유와 양심의 자유: Glaubens- und Gewissensfreiheit)으로 규정되었다.[1)]

"초등학교 일기장 검사는 아동의 사생활과 양심의 자유를 침해할 소지가 크다"는 국가인권위원회의 결정이 있었다.

I. 양심의 자유의 의의

1. 양심과 그 유사개념

1.1. 양심의 개념

양심의 개념에 관해서는 (ㄱ) 종교적 확신과 동일한 개념으로 보는 종교적 신앙설, (ㄴ) 도덕적 의무의 자각 또는 도덕적 · 윤리적 판단으로 인식하는 도덕적 윤리설, (ㄷ) 세계관 · 인생관과 같은 일반적 신조로 이해하는 일반적 신조설 등이 있다.[2)]

「양심의 개념」
종교적 신앙설: 양심 = 신앙(신과 피안에 대한 내면적 확신)
도덕적 윤리설: 양심 = 도덕(도덕률의 존재와 그 구속력에 대한 인식)
일반적 신조설: 양심 = 신조(신앙과 양심에 따른 주변사에 대한 결단)

헌법재판소에 의하면 「헌법 제19조의 양심은 세계관 · 인생관 · 주의 · 신조 등은 물론

1) E. Stein, Staatsrecht, 8. Aufl., 1982, S. 229; 홍성방, 헌법학, 484면 참조.
2) 권영성, 헌법학원론, 480면.

널리 개인의 인격형성에 관계되는 내심에 있어서의 가치적 · 윤리적 판단까지도 포함」하는 것으로 보고 있다.[1)]

<사례>
음주측정을 강제하는 것은 양심의 자유의 침해인가?

<해설>
헌법 제19조는 모든 국민은 양심의 자유를 가진다고 하고 있다. 여기서 말하는 양심에 대하여 우리 재판소는 양심이란 세계관 · 인생관 · 주의 · 신조 등은 물론 이에 이르지 아니하여도 보다 널리 개인의 인격형성에 관계되는 내심에 있어서의 가치적 · 윤리적 판단도 포함된다고 하면서, 양심의 자유에는 널리 사물의 시시비비나 선악과 같은 윤리적 판단에 국가가 개입해서는 아니되는 내심적 자유는 물론 이와 같은 윤리적 판단을 국가권력에 의하여 외부에 표명하도록 강제받지 아니할 자유까지 포괄한다고 밝히고 있다(헌법재판소 1991. 4. 1. 선고, 89헌마160 결정 참조).

요컨대 양심이란 인간의 윤리적 · 도덕적 내심영역의 문제이고, 헌법이 보호하려는 양심은 어떤 일의 옳고 그름을 판단함에 있어서 그렇게 행동하지 아니하고는 자신의 인격적인 존재가치가 허물어지고 말 것이라는 강력하고 진지한 마음의 소리이지, 막연하고 추상적인 개념으로서의 양심이 아니다. 음주측정에 응해야 할 것인지, 거부해야 할 것인지 그 상황에서 고민에 빠질 수는 있겠으나 그러한 고민은 선(善)과 악(惡)의 범주에 관한 진지한 윤리적 결정을 위한 고민이라 할 수 없으므로 그 고민 끝에 어쩔 수 없이 음주측정에 응하였다 하여 내면적으로 구축된 인간양심이 왜곡 · 굴절된다고 할 수도 없다.

따라서 음주측정요구와 그 거부는 양심의 자유의 보호영역에 포괄되지 아니하므로 이 사건 법률조항을 두고 헌법 제19조에서 보장하는 양심의 자유를 침해하는 것이라고 할 수 없다.[2)]

헌재결 1997. 3. 27, 96헌가11 【도로교통법 제41조 제2항 등 위헌제청】

헌법 제19조는 모든 국민은 양심의 자유를 가진다고 하고 있다. 여기서 말하는 양심이란, 인간의 윤리적 · 도덕적 내심영역의 문제이다. 헌법이 보호하려는 양심은 어떤 일의 옳고 그름을 판단함에 있어서 그렇게 행동하지 아니하고는 자신의 인격적인 존재가치가 허물어지고 말 것이라는 강력하고 진지한 마음의 소리이지, 막연하고 추상적인 개념으로서의 양심이 아니다.

1.2. 양심과 신앙의 관계(신앙 〈 양심)

미국의 버지니아권리장전 제16조(양심이 명하는 바에 따라 자유로이 종교를 신앙하는

---

1) 헌재결 1991. 4. 1, 89헌마160 【민법 제764조의 위헌여부에 관한 헌법소원】
2) 헌재결 1997. 3. 27, 96헌가11 【도로교통법 제41조 제2항 등 위헌제청】

…) 처럼, 양심의 자유를 신앙의 자유와 동의어 또는 동일한 범주로 이해하는 입장도 있다. 또한 종교적인 양심은 신앙으로서 보호되어야 한다는 역사적인 필연성 때문에 독일 기본법(제4조)처럼 양심과 신앙을 구별하지 않는 나라도 있다.[1)]

[양심의 자유의 탄생 및 발전의 역사적 배경]

양심의 자유는 역사적으로 볼 때 국가에 의한 신앙의 강제에 대하여 개인의 자유를 보호하고자 하는 방어권으로서의 의미를 가지고 있다. 양심의 자유는 국가가 개인에 대하여 특정한 종교를 강요할 수 있다는 국교결정권을 가지고 있다는 것을 전제로 하여 국가로부터 개인이 특정한 종교를 강요받지 아니할 개인의 자유를 보장하려고 했던 것에 양심의 자유의 출발점이 있는 것이다. 따라서 양심의 자유는 초기에는 종교와 밀접하게 관련되어 보장되었으며, 양심의 자유의 범위도 특정한 종교를 받아들이거나 유지해야 하는 국가적 강제로부터의 자유 또는 신앙을 자유롭게 행사하기 위하여 외국으로 '이민을 갈 자유'에 제한되었다. 이와 같이 양심의 자유는 종교와 관련하여 보장된 것이었으며, 동시에 개인에게 인정된 최초의 기본권이었다.

그 후, 국가가 국교결정권을 포기함으로써 양심의 자유는 신앙과의 상호연관성에서 해방되어 고유한 보호영역을 가진 독자적인 기본권으로 발전하였고, 이와 함께 양심의 자유의 보호범위도 더 이상 종교적 양심뿐이 아니라 종교의 자유로부터 분리된 세속적 양심으로 확대되었다. 이에 따라 양심이란, 종교적 양심이 아니라 자주적·도덕적 인격의 최고 혹은 최종적 심급으로 이해되었고, 종교적 믿음에 근거한 양심뿐이 아니라 종교적 동기가 없는 모든 양심상의 결정이 양심의 자유에 의하여 보호를 받게 되었다.

상기한 바와 같이 양심의 자유의 탄생 및 발전의 역사적 배경을 살펴볼 때 양심은 종교적 확신을 의미하는 신앙보다 넓은 개념임을 알 수 있다(신앙 < 양심). 종교적 확신으로서의 신앙은 인간이 그 존재와 주변세계를 정신적 차원에서 파악하려는 형이상학적 사유체계임에 반하여, 윤리적 범주에 속하는 양심은 인간으로 하여금 일정한 상황에서 올바르게 판단하고 행동하도록 하는 인간의 내심의 요청이기 때문이다.[2)] 또한 신앙이 종교적 측면에서 파악되는 것이라면, 양심은 도덕적·윤리적 측면에서 파악되는 것이므로, 양자는 구별되어야 한다.

1.3. 양심과 사상의 관계(양심 〈 사상)

1.3.1. 개념

양심이 윤리적·도덕적 차원의 사고라면 사상은 논리적·철학적 차원의 사고라는 점에서 사상은 양심보다 넓은 개념이다(양심 < 사상). 그러나 양자는 내심에 있어서의 자유

1) 허영, 한국헌법론, 406면.
2) 권영성, 헌법학원론, 481면.

로운 정신작용을 보장하는 것을 목적으로 하고, 사상도 어떠한 가치관을 기초로 하는 체계적인 사고 내지 신념(주의 · 주장 · 세계관 · 인생관 등)을 지칭한다는 점에서 양심과 불가분의 관계에 있다. 생각건대 양심과 사상은 엄격한 의미에서는 동일한 개념이 아니지만 전혀 별개의 개념도 아니다.[1] 윤리적 · 도덕적 범주로서의 양심은 가치지향적이고 세계관적인 확신을 의미하는 사상과 밀접한 관계를 가지므로 양심의 자유는 특수한 형태의 사상의 자유라고도 할 수 있다.[2] 또한 양심의 자유는 주관적 · 논리적 · 신념적 판단의 자유로서 주관적 · 내면적 개념의 형태로 보고, 사상의 자유는 인간내심의 객관적 · 논리적 · 체계적 자유로서 객관적 · 외면적인 진리의 형태로 본다. 그러나 이러한 구별은 본질적인 차이가 있지는 않고 단지 뉘앙스의 차이에 불과한 것이다.

일본헌법 제19조[3]에서는 양심과 사상의 차이를 구별하여 규정되어 있지만 이 양자를 구별하지 않고 하나의 개념으로 해석하는 견해도 있다.

양심의 자유와 사상의 자유의 밀접성 · 상호관련성

1.3.2. 현행헌법과 사상의 자유

현행 헌법에 있어서 사상의 자유가 보장되는 것으로 해석하기 위해서는 제19조의 양심의 개념을 확대해석하여야 한다. 즉 양심에는 非形而上學的 思惟(도덕적 · 윤리적 판단 내지 도덕적 의무의 자각 등) 뿐만 아니라 형이상학적 思椎(일련의 가치관 내지 일반적 신조)까지 포함되는 것으로 해석할 필요가 있다. 우리나라 헌법 제19조에서 「모든 국민은 양심의 자유를 가진다」라고 하여 사상과 양심을 구별하지 않고 있지 않다는 점을 들어서, 사상과 양심을 구별함이 없이 양자를 동일 한 것으로 해석하는 견해(사상포함설)[4]와 양자를 구별하여 양심과 사상을 별개의 개념으로 보는 사상불포함설[5]로 나누이고 있고, 헌법재판소는 과거에는 사상을 포함하여 양심의 개념을 넓게 이해했으나, 현재는 양심의 개념에 사상이 포함되지 않는다는 견해를 따르는 것으로 보인다.[6]

---

1) 권영성, 헌법학원론, 481면.
2) H. Scholler, Die Freiheit des Gewissens, 1958, S. 130 ff; R. Zippelius, Allgemeine Staatslehre, Rn. 41 ff.; H. Kaufmann, AcP 161, S 300, Maunz-Dürig-Herzog-Scholz, Rdnr. 127 zu Art 3 참조.
3) 일본헌법 제19조 : 『사상과 양심의 자유는 이를 침해하여서는 아니된다』.
4) 계희열; 권영성; 성낙인; 김철수; 이준일, 헌법학강의, 단락번호 [4.5.9]; 홍성방, 헌법학, 487면.
5) 정종섭; 장영수, 헌법학, 655면.
6) 이준일, 헌법학강의, 단락번호 [4.5.8a].

2. 양심의 자유의 의의

양심의 자유라 함은 인간의 존엄과 가치의 내면적 기초가 되는 각자의 윤리의지와 사상을 외부에 표명하도록 강제당하지 아니할 자유와 그 윤리의식 또는 사상에 반하는 행위를 강요당하지 아니할 자유를 말한다. 양심의 자유는 양심을 가지지 아니할 자유나 양심에 따라 행동하지 아니할 자유와 같은 소위 '소극적 자유'[1]도 보장한다.

> **헌재결 1991. 4. 1, 89헌마160【민법 제764조 의 위헌여부에 관한 헌법소원】**
> 양심의 자유에는 널리 사물의 시시비비나 선악과 같은 윤리적 판단에 국가가 개입해서는 안되는 내심적 자유는 물론 이와 같은 윤리적 판단을 국가권력에 의하여 의부에 표명하도록 강제받지 않는 자유, 즉 윤리적 판단사항에 관한 침묵의 자유까지 포괄한다고 할 것이다.

이러한 양심의 자유는 (ㄱ) 개인이 가지고 있는 그만이 가지는 고유한 양심세계를 보장하고, (ㄴ) 사물의 옳고 그름을 판단 하는데 있어서 국가의 독점적 결정권을 배제함으로써 각자의 고유한 개성과 다양한 윤리적 가치관이 존중되도록 하며, (ㄷ) 개개인의 양심상의 결정을 존중하고 이에 대한 가치를 인정함으로써 사회공동체의 구성원의 자유로운 합의에 의하여 창설되고 유지되는 자유민주적 기본질서를 확립하고 이를 정당화 시키며, (ㄹ) 의제된 진리를 앞세워 참된 진리를 확신하는 사람을 국가가 자의적으로 억압하지 못하게 함으로써 합법을 가장한 불법이나 불법적인 통치권력의 출현을 방지하는 기능 등을 수행한다.[2]

II. 양심의 자유의 법적 성격

양심의 자유는 다음과 같은 법적 성격을 가진다.[3] (ㄱ) 양심의 자유가 보장되지 아니하면 종교·학문·예술의 자유는 물론 정치적 활동의 자유까지도 보장될 수 없기 때문에 양심의 자유는 최상급기본권(Supergrundrecht)이다(최상급기본권).[4] (ㄴ) 양심의 자유는 개인의 국가에 대한 소극적 방어권이요,[5] 국가가 양심의 형성 및 실현과정에 대하여 부당

---

1) 계희열, 양심의 자유, 고시연구(1997.6), 79면.
2) 권영성, 헌법학원론, 482면.
3) 권영성, 헌법학원론, 482면.
4) R. Herzog, in: Maunz-Dürig-Herzog-Scholz, Rdnr. 133 zu Art. 3 GG.
5) 양심의 자유는 정신적 자유권 중에서 가장 소극적인 공권이다.

한 간섭이나 강요를 '하지 말 것'을 요구하는, 소위 국가에 대한 '부작위 청구권'이다. 따라서 양심의 자유는 개인이 양심을 형성하고 그들 개개인의 양심에 따라 살 권리를 개인의 주관적 공권으로서 보장한다(소극적 방어권 · 부작위청구권 · 주관적 공권). (ㄷ) 양심의 자유는 양심의 실현(양심실현의 자유)에 의하여 구체화되는 성격을 지닌다. 그러나 양심실현의 자유는 경우에 따라 제한을 받을 수 있다(병역의무 거부에 대한 징계처벌). (ㄹ) 양심의 자유는, 국가가 특정 종교나 세계관과 일치시켜서는 안된다는 국가의 중립의무와 대다수의 사회구성원과 달리 생각하고 다른 윤리적 가치관을 가진 소수의 국민에 대하여 국가가 관용을 베풀어야 한다는 '관용의 원칙'[1]의 헌법적 표현이다(국가의 중립의무와 관용).[2] (ㅁ) 양심의 자유는 정신적 자유권의 근원을 이루는 기본권이다.[3] (ㅂ) 헌법 제19조의 양심은 인간으로서의 양심(인격상의 양심)을 의미하므로 국회의원(헌법 제46조 제2항) 또는 법관의 양심(헌법 제103조)과 같은 직업적 양심(직무상의 양심)과는 구별된다.[4] 직무상의 양심은 기본권적으로 보장되는 것이 아니라 국가기관에게 부여된 법적 지위로서, 직무상의 양심이 침해된 경우에는 헌법소원이 아니라 권한쟁의로 다투어야 한다는 점에서 제19조의 양심의 자유와 구별된다. (ㅅ) 양심의 자유는 공권력에 의하여 직접 · 간접적으로 양심강제를 당하지 아니한다는 점에서 주관적 공권으로서의 성격과 정의와 자율의 원리를 바탕으로 하는 사회공동체를 형성하고 지탱하는 사회공동체적 가치질서(객관적 가치질서)를 의미한다는 점에서 이중적 성격을 가진다(사회공동체적 가치질서 · 객관적 가치질서; 국가적 헌법질서의 기초를 이루는 기본적 요소로서의 객관적 법규범).[5] (ㅇ) 양심의 자유는 초국가적인 자연법상의 권리로서 그것이 단순한 내심의 작용(내심적 효과의사의 단계)으로 머무는 한 절대적으로 보장되는 기본권(자유권)이다(절대적 기본권).[6]

[양심의 자유의 법적 성격]

① 양심의 자유는 최상급기본권(Supergrundrecht)

② 양심의 자유는 정신적 자유권 중에서 가장 소극적인 방어권(소극적 공권 · 부작위청구권 · 주관적 공권)이다

③ 양심의 자유는 양심의 실현(양심실현의 자유)에 의하여 구체화된다(그러나 양심실현의 자유는 제한 가능성 존재).

---

1) BVerwGE 47, 330(355).

2) 허영, 한국헌법론, 414면.

3) 홍성방, 헌법학, 485면.

4) 최대권, 헌법학강의, 2001, 274면에서 헌법 제46조 제2항, 제103조의 "양심"을 제19조의 "양심"과 같은 것으로 보고 있다.

5) 홍성방, 헌법학, 485면.

6) 권영성, 헌법학원론, 482면.

④ 국가의 중립의무와 관용의 표현
⑤ 정신적 자유권의 근원을 이루는 기본권
⑥ 헌법 제19조의 양심은 인간으로서의 양심을 의미하므로 국회의원 또는 법관의 직업적 양심을 의미하는 헌법 제146조 제2항과 제103조의 양심과는 구별된다.
⑦ 양심의 자유의 이중적 성격 → 공권력에 의한 직접·간접의 양심강제를 배제(주관적 공권)·정의와 자율의 원리를 바탕으로 하는 사회공동체를 형성하고 지탱(객관적 가치질서)
⑧ 양심의 자유는 자연법상의 권리 → 내심의 작용(내심적 효과의사)으로 머무는 한 절대적 자유권

헌재결 2004. 8. 26, 2002헌가1 【병역법 제88조 제1항 제1호 위헌제청】
양심의 자유는 단지 국가에 대하여 가능하면 개인의 양심을 고려하고 보호할 것을 요구하는 권리일 뿐, 양심상의 이유로 법적 의무의 이행을 거부하거나 법적 의무를 대신하는 대체의무의 제공을 요구할 수 있는 권리가 아니다. 따라서 양심의 자유로부터 대체복무를 요구할 권리도 도출되지 않는다. 우리 헌법은 병역의무와 관련하여 양심의 자유의 일방적인 우위를 인정하는 어떠한 규범적 표현도 하고 있지 않다. 양심상의 이유로 병역의무의 이행을 거부할 권리는 단지 헌법 스스로 이에 관하여 명문으로 규정하는 경우에 한하여 인정될 수 있다. 양심의 자유의 경우 비례의 원칙을 통하여 양심의 자유를 공익과 교량하고 공익을 실현하기 위하여 양심을 상대화하는 것은 양심의 자유의 본질과 부합될 수 없다. 양심상의 결정이 법익교량과정에서 공익에 부합하는 상태로 축소되거나 그 내용에 있어서 왜곡·굴절된다면, 이는 이미 '양심'이 아니다. 따라서 양심의 자유의 경우에는 법익교량을 통하여 양심의 자유와 공익을 조화와 균형의 상태로 이루어 양 법익을 함께 실현하는 것이 아니라, 단지 '양심의 자유'와 '공익' 중 양자택일 즉, 양심에 반하는 작위나 부작위를 법질서에 의하여 '강요받는가 아니면 강요받지 않는가'의 문제가 있을 뿐이다.

III. 양심의 자유의 주체

양심의 자유는 그 특성상 자연인만이 그 주체가 될 수 있고 법인은 그 주체가 될 수 없다(통설). 헌법 제19조는 모든 국민이라고 규정하고 있지만 외국인도 양심의 자유를 향유할 수 있다. 양심의 자유는 인류에게 보편적으로 적용되는 인간으로서의 권리이기 때문이다.[1] 미성년자는 정신적 성숙도와 부모의 친권(교육권)을 함께 고려하여 결정된다.[2]

1) 이준일, 헌법학강의, 단락번호 [586면].
2) 홍성방, 헌법학, 485면.

IV. 양심의 자유의 내용

1. 개관

양심의 자유는 '양심상의 결정(양심의 형성)'의 자유와 '침묵의 자유'를 주된 내용으로 한다. 여기서 '양심상의 결정'이란, 선과 악의 기준에 따른 모든 진지한 윤리적 결정으로서, 구체적인 상황에서 개인이 이러한 결정을 자신을 구속하고 무조건적으로 따라야 하는 것으로 받아들이기 때문에, 양심상의 심각한 갈등이 없이는 그에 반하여 행동할 수 없는 것을 말한다.[1)]

양심의 자유는 양심상의 결정을 외부에 표명하거나 그것을 실현할 자유(양심실현의 자유)까지도 내포하는가가 문제되고 있다. 헌법재판소는 양심의 자유의 내용에 양심형성의 자유(절대적 기본권)와 양심실현의 자유(상대적 기본권)를 구분하여 설명하고 있으며,[2)] 헌법재판소는 「양심의 자유에는 널리 사물의 시시비비나 선악과 같은 윤리적 판단에 국가가 개입해서는 아니되는 내심적 자유는 물론 이와 같은 윤리적 판단을 국가권력에 의하여 외부에 표명하도록 강제받지 아니할 자유까지 포괄한다」[3)]고 하여 양심실현의 자유도 포함시키고 있다.

> 헌재결 2004. 8. 26, 2002헌가1 【병역법 제88조 제1항 제1호 위헌제청】
> 헌법 제19조의 양심의 자유는 크게 양심형성의 내부영역과 형성된 양심을 실현하는 외부영역으로 나누어 볼 수 있으므로, 그 구체적인 보장내용에 있어서도 내심의 자유인 '양심형성의 자유'와 양심적 결정을 외부로 표현하고 실현하는 '양심실현의 자유'로 구분된다. 양심형성의 자유란 외부로부터의 부당한 간섭이나 강제를 받지 않고 개인의 내심영역에서 양심을 형성하고 양심상의 결정을 내리는 자유를 말하고, 양심실현의 자유란 형성된 양심을 외부로 표명하고 양심에 따라 삶을 형성할 자유, 구체적으로는 양심을 표명하거나 또는 양심을 표명하도록 강요받지 아니할 자유(양심표명의 자유), 양심에 반하는 행동을 강요받지 아니할 자유(부작위에 의한 양심실현의 자유), 양심에 따른 행동을 할 자유(작위에 의한 양심실현의 자유)를 모두 포함한다.
> 양심의 자유 중 양심형성의 자유는 내심에 머무르는 한, 절대적으로 보호되는 기본권이라 할 수 있는 반면, 양심적 결정을 외부로 표현하고 실현할 수 있는 권리인 양심실현의 자유는 법질서에 위배되거나 타인의 권리를 침해할 수 있기 때문에 법률에 의하여 제한될 수 있는 상대적 자유라 할 것이다.[4)]

---

1) 허영, 한국헌법론, 406면.
2) 헌재결 2004. 8. 26, 2002헌가1 【병역법 제88조 제1항 제1호 위헌제청】
3) 헌재결 1997. 11. 27, 92헌바28; 헌재결 1991. 4. 1, 89헌마160; 헌재결 1997. 3. 27, 96헌가11.
4) 헌재결 1998. 7. 16. 96헌바35, 판례집 10-2, 159, 166 참조.

2. 양심결정(형성)의 자유

2.1. 절대적 기본권

양심결정 내지 양심형성의 자유라 함은 외부로부터의 어떠한 간섭이나 압력·강제를 받지 아니하고 양심을 형성하고 내적으로 양심상의 결정을 내리는 자유로서 '양심상의 문제에서의 사고의 자유'를 의미한다. 독일연방헌법재판소는 양심상의 결정은 자신의 도덕적·윤리적 판단에 따라 무엇이 「옳다·그르다」하는 확신에 도달하는 것[1]이라고 한다. 양심상 결정은 내심의 작용(의사)이므로 「누구든지 思索에 대하여는 처벌받지 아니한다」라는 法諺에서 알 수 있듯이 어떠한 경우에도 제한될 수 없는 절대적 자유(절대적 기본권)에 속하는 것이다. 양심결정(형성)의 자유는 교도소나 군대와 같은 특별권력관계에서 침해될 가능성이 크기 때문에, 양심결정의 자유가 실질적으로 보장되기 위해서는 양심결정과정에 국가권력이나 타인이 관여하거나 방해하거나 또는 일정한 양심결정을 하도록 강제하여서는 아니된다. 양심결정의 자유는 인간으로서의 존엄과 가치를 유지하기 위한 기본적인 전제가 되는 것이므로 현실적으로 양심의 자유가 보장되려면 불안·공포·빈곤 등이 제거되어야 한다.[2]

2.2. 민주적 기본질서와 양심과의 관계

민주적 기본질서를 부정하는 양심은 규제대상이 되는가? 민주적 기본질서를 부정하는 양심은 규제대상이 된다고 보는 견해가 있지만 타당하지 아니하다. 민주적 기본질서의 부정이 내심의 작용, 즉 양심결정의 단계에 머물러 있는 한 그것은 규제대상이 될 수 없을 뿐만 아니라(실체의 문제), 양심결정 자체는 외부에 노출되지 아니한 것이므로 그것이 과연 민주적 기본질서를 부정하는 것인지 입증할 수가 없기 때문이다(입증의 문제).

민주적 기본질서 → 자유민주적 기본질서 + 사회민주적 기본질서

헌법 제8조 제4항(민주적 기본질서) ┬ 자유민주적 기본질서만을 의미(권영성)
└ 자유민주적 기본질서 + 사회민주적 기본질서(김철수)

대법원 판례도 「일기에 반국가단체를 이롭게 하는 내용을 썼다고 하더라도 외부와의 관련사항이 수반되지 않는 경우에는 처벌할 수 없다」고 한다.[3]

1) BVerfGE 12, 45(55) ff.
2) 권영성, 헌법학원론, 483면.
3) 대판 1975. 12. 9, 73도3392 【반공법위반】

3. 침묵의 자유(소극적 양심실현의 자유)

3.1. 의의

침묵의 자유(소극적 양심실현의 자유)는 인간의 내면세계에서 형성되거나 결정된 양심을 언어로 외부에 표명하도록 강제 당하지 않을 자유와 자신의 양심에 반하는 행위를 강요당하지 않을 자유 즉 부작위의 자유를 말한다. 양심을 표명하도록 강제 받지 않을 자유에는 침묵의 자유와 양심 추지의 금지가 있다. 좁은 의미의 묵비의 자유라고도 할 수 있다.

헌법재판소는 양심 및 사상의 자유에 침묵의 자유가 포함되는 것으로 보고 있다.

> 헌재결 1997. 11. 27, 92헌바28【보안관찰법 제2조 등 위헌소원】
>
> 양심의 자유에는 널리 사물의 시시비비나 선악과 같은 윤리적 판단에 국가가 개입해서는 아니되는 내심적 자유는 물론 이와 같은 윤리적 판단을 국가권력에 의하여 외부에 표명하도록 강제받지 아니할 자유까지 포괄한다고 밝힌 바 있다.[1]
>
> 이러한 헌법이 보장한 양심의 자유는 정신적인 자유로서 어떠한 사상 · 감정을 가지고 있다고 하더라도 그것이 내심에 머무르는 한 절대적인 자유이므로 제한할 수 없는 것이나, 이 법상의 보안관찰처분은 보안관찰처분대상자의 내심의 작용을 문제삼는 것이 아니라, 보안관찰처분대상자가 보안관찰해당범죄를 다시 저지를 위험성이 내심의 영역을 벗어나 외부에 표출되는 경우에 재범의 방지를 위하여 내려지는 특별예방적 목적의 처분이므로, 이 법상의 보안관찰처분이 양심의 자유를 보장한 헌법규정에 위반된다고 할 수 없다.

침묵의 자유는 자신이 알고 있는 객관적 사실이나 기술적인 지식에 대한 진실을 거부하는 자유까지를 포함하는 것은 아니다. 따라서 범죄수사 또는 재판절차에 있어서의 불리진술거부권(형사소송법상의 묵비권)은 침묵의 자유에 포함되지 아니한다.[2] 즉 헌법 제12조 제2항의 불리한 진술거부권은 사법절차에 있어 고문 등을 방지하여 인신의 자유를 보장하려는 것이 목적이므로 양심의 자유를 보장하기 위한 침묵의 자유와는 구별된다(불리진술거부권 ≠ 침묵의 자유). 따라서 소송법상 증인 또는 감정인에게 증언 · 감정할 것을 강제하는 것은 침묵의 자유를 침해하는 것이 아니며, 신문기자의 取材源에 관한 진술거부도 알고 있는 사실에 대한 진술거부이기 때문에 양심의 자유의 한 내용인 침묵의 자유에 의하여 보장받지는 못한다(아래참조).[3] 침묵의 자유로부터 양심추지의 금지와 양심에 반하는 행위의 강제금지가 파생한다.

---

1) 헌재결 1991. 4. 1, 89헌마160; 헌재결 1997. 3. 27, 96헌가11【도로교통법 제41조 제2항 등 위헌제청】

2) 홍성방, 헌법학, 489면.

3) 홍성방, 헌법학, 489면.

침묵의 자유 → 인간의 내면세계에서 결정되거나 형성된 양심을 언어 등으로 외부에 표명하도록 강제 받지 아니하는 자유(좁은 의미의 묵비의 자유)
→ 良心推知의 금지
→ 양심에 반하는 행위의 강제금지

- 침묵의 자유와 헌법 제12조 제2항의 불리한 진술거부권과의 관계 -

헌법 제12조 제2항의 불리한 진술거부권과의 관계는 사법절차에 있어 고문 등을 방지하여 인신의 자유를 보장하려는 것이 목적이므로 양심의 자유를 보장하기 위한 침묵의 자유와는 구별

침묵의 자유 ≠ 묵비권(불리진술거부권) : 침묵의 자유는 양심의 자유를 보장하기 위함
침묵의 자유 < 묵비권(불리진술거부권)

「참고」
허영 교수는 양심을 언어에 의하여 표명하도록 강제 당하지 않는 자유를 「침묵의 자유」로, 일정한 행동에 의하여 간접적으로 표명하도록 강요되지 않는 자유를 「양심추지의 금지」로 이해하면서, 침묵의 자유 · 양심유지의 금지와 「양심에 반하는 작위의무로부터의 해방」을 그 내용으로 하는 포괄적인 개념을 「양심을 지키는 자유」라고 한다.[1)]

3.2. 내용

3.2.1. 양심추지의 금지

양심추지라 함은 물리적 압력을 가하여 內面의 양심을 일정한 행동으로써 간접적으로 표명하도록 강제하고 그 행동을 가지고 내면의 양심을 추정하는 것을 말한다. 제2차대전 당시 우리나라에서 신사참배를 부정하는 기독교인을 가리기 위하여 日帝가 강요한 「십자가밟기」등이 그 대표적인 예이다. 良心推知는 넓은 의미에서 양심의 내용을 표명하도록 강제하는 것이므로 당연히 침묵의 자유를 침해하는 것이 된다.

헌재결 1998. 7. 16, 96헌바35 [합헌] 【구 국가보안법 제10조 위헌소원】

헌법 제19조는 모든 국민은 양심의 자유를 가진다고 규정하여 양심의 자유를 기본권의 하나로 보장하고 있는바, 여기서 말하는 양심이란 세계관 인생관 주의 신조 등은 물론 이에 이르지 아니하여도 보다 널리 개인의 인격형성에 관계되는 내심에 있어서의 가치적 · 윤리적 판단도 포함된다. 그러므로 양심의 자유에는 널리 사물의 시시비비나 선악과 같은 윤리적 판단에 국가가 개입해서는 아니되는 내심적 자유는 물론, 이와 같은 윤리적 판단을 국가권력에 의하여 외부에 표명하도록 강제받지 아니할 자유까지 포괄한다.

---

1) 허영, 한국헌법론, 410면 이하 참조.

3.2.2. 충성선서

충성선서라 함은 공직자의 재직요건 또는 임용요건으로서 헌법이나 국가에 대한 충성을 선서하게 하거나 그들의 반국가성을 심사하여 공직을 박탈하거나 임용을 거부하는 것을 말한다.[1] 공직자의 헌법에 대한 충성선서와 국가에 대한 충성선서는 공직자가 국민전체에 대한 봉사자라는 점에 비추어 당연한 것이므로 헌법상 문제될 것이 없다. 그러나 공직자의 재직요건 또는 임용요건으로서 현정부나 여당에 대한 충성선서를 요구한다면 그것은 ① 양심의 자유와, ② 공무원의 정치적 중립성을 침해하는 것이므로 헌법에 위반된다.

> **공직자의 헌법에 대한 충성선서와 국가에 대한 충성선서** → 공직자가 국민전체에 대한 봉사자라는 점에 비추어 당연
>
> **공직자의 재직요건 또는 임용요건으로서 현정부나 여당에 대한 충성선서** → ① 양심의 자유와, ② 공무원의 정치적 중립성을 침해하는 것이므로 헌법위반

3.2.3. 양심에 반하는 행위의 강제금지

a) 증언의 거부

재판절차에서 증인 또는 감정인의 단순한 사실에 관한 증언·감정의 거부는 침묵의 자유에 포함되지 아니하므로 양심의 자유에 의한 보호대상이 되지 아니한다.[2] 그러나 형사절차에서도 증인이 피의자 또는 피고인인 경우에는 형사상 불리한 진술의 거부는 물론 증언거부권까지 인정하는 경우가 없지 아니하다(형소법 제147조, 증감법 제3조).

b) 취재원묵비권

기자 자신이 형사사건의 당사자가 되어 묵비권을 행사하는 경우는 허용되지만, 기자가 취재원에 관하여 증언을 거부하는 묵비권(진술거부)은 알고 있는 사실에 대한 진술거부인 점에서 양심의 자유에 포함되지 아니한다.[3] 외국의 판례도 언론사의 기자가 취재원에 관하여 묵비할 권리(증언거부)는 양심의 자유에 포함되지 아니한다고 한다.

> **미국판례** : 신문기자의 取材源에 관한 묵비는 당연히 언론의 자유에 포함되는 것이 아니다.[4]

---

1) 제2차대전후 미국에서 공무원의 임용 또는 재직의 요건으로서 문제가 되었던 충성선서(Loyalty Oaths)의 위헌 여부에 관해서는, Wieman v. Updegraff, 344 US 183(1952) 및 Keyishian v. Board of Regents of University of State of N.Y., 385 U. S. 598(1967) 참조.

2) 홍성방, 헌법학, 489면.

3) 권영성, 헌법학원론, 485면; 홍성방, 헌법학, 489면.

[독일연방헌법재판소의 Spiegel(주간잡지) 사건]

取材源黙秘權을 인정하면서도, 그것은 기본법이 보호하는 그 밖의 가치에 우선하는 것이 아니라 그들과 동일한 지위에 있는 것으로서 다른 법익을 존중하지 않으면 아니된다.[1)]

c) 사죄광고를 명하는 판결의 위헌성 여부

사죄광고를 명하는 판결의 위헌여부에 관해서는 학설이 나누이고 있다. 위헌설에 의하면, 단순한 사죄광고를 명하는 판결은 합헌이지만 양심상 승복할 수 없다고 하는 경우에 판결을 강제집행하는 것은 양심의 자유를 침해하는 것이라고 한다. 위헌설이 다수설이다.[2)] 헌법재판소에 의하면 사죄광고의 강제는 양심표명의 강제인 동시에 인간의 존엄과 가치 및 그를 바탕으로 하는 인격권을 침해하는 것이므로 민법 제764조의 명예회복에 적당한 처분에 사죄광고를 포함시키는 것은 위헌이라고 하였다.

헌재결 1991. 4. 1, 89헌마160【민법 제764조의 위헌여부에 관한 헌법소원】

민법 제764조에서 말하는 명예회복에 적당한 처분의 하나로서의 사죄광고의 강제는 양심도 아닌 것이 양심인 것처럼 표현할 것의 강제로 인간양심의 왜곡·굴절이고 겉과 속이 다른 이중인격형성의 강요인 것으로서 침묵의 자유의 파생인 양심에 반하는 행위의 강제금지에 저촉되는 것이며 따라서 우리 헌법이 보호하고자 하는 정신적 기본권의 하나인 양심의 자유의 제약이라고 보지 않을 수 없다.

민법 제764조(명예훼손의 경우의 특칙): 타인의 명예를 훼손한 자에 대하여는 법원은 피해자의 청구에 의하여 손해배상에 갈음하거나 손해배상과 함께 명예회복에 적당한 처분을 명할 수 있다.

d) 집총거부

양심상의 결정을 이유로 병역, 특히 집총을 거부할 수 있는가가 문제된다. 집총이나 전투에 종사하는 것을 자신의 양심에 반하는 절대악이라 확신한 나머지 이를 거부할 경우 양심적 집총거부자라 하여 헌법이나 법률로써 병역을 면제하여 주는 제도를 인정할 것인가가 문제된다. 이러한 제도를 인정하고자 하는 근거는 종교적·윤리적 확신에 따라 전쟁에 종사하는 것을 반대하는 자에게 굳이 병역을 강제한다면 종교와 양심의 자유를 침해하는 것이 된다는 데에 있다.[3)]

양심적 집총거부에 대하여는 긍정설과 부정설이 대립되며, 부정설의 입장은 실정법상

---

4) Branzburg v. Hayes, 408 US 665(1972).

1) BVerfGE 10, 118(121).

2) 홍성방, 헌법학, 489면.

3) 양심적 집총거부에 관하여 자세한 것은 권영성, 헌법학연습, 91-101면 참조.

의 명문규정이 없고, 헌법상 국방의 의무가 있다는 점에서 이를 부정한다.[1] 대법원 판례는 부정설과 견해를 같이한다.

> [대법원판례]
> 크리스트인의 "양심상의 결정"으로 군복무를 거부한 행위는 응당 병역법의 규정에 따른 처벌을 받아야 하며, 종교적 교리를 내세워 법률이 규정한 병역의무를 위반하는 것과 같은 이른바 "양심상의 결정"은 헌법 제19조에서 보장한 양심의 자유에 속하는 것이 아니다.[2]

독일 기본법 제4조 제3항은 "누구도 양심에 반하여 집총병역을 강제 받지 아니한다고 규정하고 있으나, 독일연방헌법재판소는 특정한 전쟁, 특정한 방식, 특정한 조건이나 무기로 하는 전쟁을 거부하는 상황조건부 병역거부는 이를 인정하지 아니하고,[3] 병역거부의 경우에는 대체복무를 부과하며, 이에 대한 거부는 허용하지 아니한다.[4]

3.2.4. 침묵의 자유의 한계

침묵의 자유에 의하여 보장되는 것은 도덕적·윤리적 판단인 양심, 정치적 신념이나 세계관과 같은 사상, 양심 또는 사상과 결부된 일정한 사실이다. 따라서 재판절차에서의 단순한 사실에 관한 증인의 증언거부, 신문기자에 의한 取材源에 관한 증언거부 등은 헌법 제19조의 양심의 자유에 의하여 보호되지 아니한다. 그것이 묵비권이나 보도의 자유와 같은 그 밖의 헌법상의 권리로서 보호받는 것은 별개의 문제이다.

- 헌법 제19조의 양심의 자유에 의하여 보호되지 아니하는 것 -

① 재판절차에서의 단순한 사실에 관한 증인의 證言拒否 → 묵비권에 의하여 보호

② 신문기자에 의한 取材源에 관한 증언거부 → 보도의 자유에 의하여 보호

4. 양심표명·양심실현의 자유(적극적 양심실현의 자유)의 긍부

4.1. 개관

양심표명의 자유는 신앙고백, 도덕적·윤리적 판단 또는 그 밖의 신조 등과 같은 내부

---

1) 홍성방, 헌법학, 490면.

2) 대판 1955. 12. 21, 65도894; 대판 1969. 7. 22, 69도934; 대판 1776. 4. 27, 75누249; 대판 1985. 7. 23, 85도1094; 대판 1992. 9. 14, 92도1534 참조).

3) BVerfGE 12, 45.

4) BVerfGE 19, 135(138); BVerfGE 27, 127(131 ff.); BVerfGE 27, 191(202 ff.)

적인 양심상의 결정을 외부에 표명하는 행위를 의미하고, (적극적) 양심실현의 자유란 내부적 양심의 결정에 따라 행동할 자유 등을 의미하지만, 이것이 헌법상 보장되는가가 문제되고 있다. 독일의 경우, 양심의 자유는 내면적 영역뿐만 아니라 외부영역도 포함하므로 형성 및 결정된 양심을 외부에 표명하고 그에 따라 행동할 자유도 양심의 자유에 포함된다고 한다. 양심의 자유를 이처럼 넓게 인정하는 것이 독일의 지배적인 견해이다. 우리나라에서는 문제에 관하여 부정설,[1] 긍정설[2] 및 절충설 등이 있다.

4.2. 학설

4.2.1. 긍정설

긍정설[3]의 입장에 의하면 양심의 자유는 '양심형성의 과정에서 국가의 간섭이나 강요를 받지 아니할 자유'뿐이 아니라 내적으로 자신을 구속하고 반드시 따라야 하는 양심상의 명령에 따라 행동하거나 행동하지 아니 할 자유, 즉 양심을 실현할 자유(양심실현의 자유 : forum externum)를 보호하는 것으로서, <u>양심은 소극적인 부작위 및 적극적인 작위에 의해서 실현될 수 있고</u>, 양심실현의 자유는, 양심에 반하는 행위를 강요받지 아니할 자유(부작위의 자유)와 양심에 따른 행동을 할 자유(작위의 자유)를 포함한다고 한다.

> 헌재결 2004. 8. 26, 2002헌가1 **【병역법 제88조 제1항 제1호 위헌제청】**
>
> 헌법 제19조의 양심의 자유는 크게 양심형성의 내부영역과 형성된 양심을 실현하는 외부영역으로 나누어 볼 수 있으므로, 그 구체적인 보장내용에 있어서도 <u>내심의 자유인 '양심형성의 자유'와 양심적 결정을 외부로 표현하고 실현하는 '양심실현의 자유'로 구분</u>된다. 양심형성의 자유란 외부로부터의 부당한 간섭이나 강제를 받지 않고 개인의 내심영역에서 양심을 형성하고 양심상의 결정을 내리는 자유를 말하고, 양심실현의 자유란 형성된 양심을 외부로 표명하고 양심에 따라 삶을 형성할 자유, 구체적으로는 양심을 표명하거나 또는 양심을 표명하도록 강요받지 아니할 자유(양심표명의 자유), 양심에 반하는 행동을 강요받지 아니할 자유(<u>부작위에 의한 양심실현의 자유</u>), 양심에 따른 행동을 할 자유(<u>작위에 의한 양심실현의 자유</u>)를 모두 포함한다.

이와 같이 양심의 자유는 양심실현의 자유를 포함한다는 논거는 대체로 다음과 같다. (ㄱ) 넓은 의미의 양심실현의 자유를 포함하며, 양심실현의 자유는 헌법이 개인의 양심과 관련하여 보장하고자 하는 핵심적 영역이다. 양심실현의 자유는 양심형성의 내부영역을 넘

---

1) Maunz-Dürig-Herzog-Scholz, Rdnr. 132 zu Art 4 참조.

2) E.-W. Böckenförde, Das Grundrecht der Gewissensfreiheit, VVDStRL, Heft 28, S. 15 f,; U. Scheuner, Recht · Staat · Wirtschaft IV, ZerKP 1970, S. 244 ff.

3) 허영, 한국헌법론, 411면; 계희열, 헌법학(중), 341면.

어서, 양심을 외부영역에서 실현하고 집행하기 위하여 필요한 모든 자유영역을 포함한다. (ㄴ) 양심실현의 자유는 형성된 양심을 외부로 표명하고 양심에 따라 삶을 형성할 자유, 구체적으로는 양심을 표명하거나 또는 양심을 표명하도록 강요받지 아니할 자유(양심표명의 자유), 양심에 반하는 행동을 강요받지 아니할 자유(부작위에 의한 양심실현의 자유), 양심에 따른 행동을 할 자유(작위에 의한 양심실현의 자유)를 모두 포함한다. (ㄷ) 양심의 자유는 양심실현의 자유를 포함된다고 보는 것이 옳다. 왜냐하면 양심결정과 양심형성과 같은 인간의 내심영역은 그 본질상 어차피 국가권력의 영향권 밖에 있는 것인데, 양심의 자유가 이같은 내심영역에 국한된 것으로 본다면 양심의 자유를 특별히 헌법상 규정하고 있는 의의가 없고,[1] 헌법상 보장하는 의의가 축소된다.[2]

(ㄹ) 양심실현의 자유가 일차적으로 보호하고자 하는 바는, 법적 의무의 면제를 통하여 기본권의 주체에게 양심에 반하는 행위를 강요하지 않으려는 데 있다. 따라서 양심실현의 자유는 우선적으로, '법질서에 의하여 양심에 반하는 행동을 강요당하지 아니 할 자유', '양심에 반하는 법적 의무를 이행하지 아니할 자유', 즉 부작위의 자유이다.[3] 구체적으로 양심실현의 자유란 양심에 반하는 병역의무, 고지의무, 선서의무 또는 계약이행의무 등의 이행을 거부할 권리이다. (ㅁ) 흠결없는 권리보장을 위해서는 양심실현의 자유도 보장된다(계희열). (ㅂ) 양심실현의 자유를 인정하지 않는 것은 결국 양심의 자유를 개별적 기본권으로 규정한 헌법목적에 반한다.[4]

4.2.2. 부정설

이에 반하여 부정설[5]의 입장은 (ㄱ) 양심실현의 자유를 인정하여 서로 다른 양심을 가진 사람들이 제각기 다른 양심상의 결정을 내려 이를 실행하는 경우, 다른 법익과 서로 충돌할 수 있고, 타인의 권리를 침해할 수 있다.[6] 개인에게 자신의 양심에 따라 옳다고 생각하는 모든 것을 행할 자유를 부여한다면 결국에는 주관주의 및 唯我主義(Solipsismus)나

---

1) 계희열; 다만 허영 교수는 양심실현의 자유를 인정하면서도 이는 내재적 한계에 의하여 제한될 수 있다고 한다(허영, 한국헌법론, 412면).

2) 허영, 한국헌법론, 412면.

3) 형성된 양심을 표명하지 않거나 그에 따라 행동하지 않을 자유, 즉 부작위의 자유는 원칙적으로 내심의 영역에 속하기 때문에 따로 분류할 필요가 없다는 견해가 있는 반면(계희열, 헌법학(중), 341면), 부작위의 자유를 절충설의 입장으로 보면서 이를 비판하는 견해도 있다(허영, 한국헌법론, 412면).

4) 이준일, 헌법학강의, 단락번호 [4.5.15a].

5) R. Zippelius, in: Bonner Kommentar, Art. 4, 1989, R. 17.

6) 홍성방, 헌법학, 491-492면.

부정부주의[1])가 팽배하여 초개인적인 객관적 가치질서 및 법질서 전체가 파괴되고 나아가서 국가공동체가 해체될 위험이 있다.[2]) (ㄴ) 양심표명과 양심실현의 자유는 양심의 자유의 내용에 포함되는 것이 아니라 표현의 자유(언론 · 출판 · 집회 · 결사의 자유) 또는 행동의 자유에 해당하므로 헌법유보와 법률유보에 의하여 제한될 수 있다. 따라서 양심표명의 자유 · 양심실현의 자유는 부정설이 타당하며, 따라서 양심상의 결정을 바탕으로 하는 집총거부라든가 납세거부를 하게되는 경우에는 처벌된다. (ㄷ) 헌법 제19조에서 보호하고 있는 양심의 자유는 양심형성의 자유와 양심적 결정의 자유를 포함하는 내심적 자유(forum internum) 만을 의미한다. 양심의 자유를 내심의 자유만으로 한정하더라도 양심상의 결정은 헌법상의 다른 기본권들에 의해서도 구체화 될 수 있기 때문에 기본권보장의 흠결을 초래하지 않는다. (ㄹ) 양심실현의 자유는 타인의 기본권이나 다른 헌법적 질서와 충돌하는 경우 헌법 제37조 제2항에 따라 국가안전보장 · 질서유지 · 공공복리를 위하여 법률에 의하여 제한될 수 있는 상대적 자유이다.[3]) (ㅁ) 양심상의 결정을 표명하거나 실현할 자유에 대해서는 종교의 자유의 보장이 신앙의 외부적 표현인 종교적 의식이나 포교의 자유까지 무제한으로 보장하지 아니하는 것처럼 양심의 자유의 보장도 양심에 따른 행동의 자유까지 보장하는 것으로 확대 해석할 수 없다.

[대법원 판례] : 부정설

「… 헌법이 보장한 양심의 자유는 정신적인 자유로서 어떠한 사상, 감정을 가지고 있더라도 그것이 내심에 머무르는 한 절대적인 자유이므로 제한 할 수 없는 것이나 그와 같은 내심의 사상을 문제로 삼은 것이 아니라 보안처분대상자인 원고가 지니고 있는 공산주의 사상은 원고의 경력, 전과내용, 출소 후의 제반행상 등에 비추어 그 내심의 영역을 벗어나 현저한 반사회성의 징표를 나타내고 있다고 보아 이를 사회안전법 소정의 특정범죄를 다시 범할 위험성 유무에 관한 판단의 자료로 삼은 것이므로 이는 양심의 자유를 보장한 헌법규정에 위반된다고 할 수 없다」[4])고 판시하여 양심실현의 자유를 인정하고 있지 않고, 국군보안사령부의 민간인에 대한 정치사찰을 폭로한다는 명목으로 군무를 이탈한 행위가 정당방위나 정당행위에 해당하지 아니한다고 하여 군무이탈죄로 처벌함으로써 부정설을 취하고 있다.[5])

1) R. Zippelius, Bonner Kommentar, 1989, Rn. 45.
2) 헌재결 2004. 8. 26, 2002헌가1 전원재판부【병역법제88조제1항제1호위헌제청】양심실현의 자유의 보장문제 : 헌법적 질서의 일부분으로서 양심실현의 자유
3) 헌재결 1998. 7. 16, 96헌바35 [합헌]【구 국가보안법 제10조 위헌소원】
4) 대판 1984. 1. 24, 82누163【보안처분기간갱신결정무효】
5) 대판 1993. 6. 8, 93도766【군무이탈】

[헌법재판소 판례] : 부정설

「… 헌법 제19조가 보호하고 있는 양심의 자유는 양심형성의 자유와 양심적 결정의 자유를 포함하는 내심적 자유(forum internum) 뿐만 아니라, 양심적 결정을 외부로 표현하고 실현할 수 있는 양심실현의 자유(forum externum)를 포함한다고 할 수 있다. 내심적 자유, 즉 양심형성의 자유와 양심적 결정의 자유는 내심에 머무르는 한 절대적 자유라고 할 수 있지만, 양심실현의 자유는 타인의 기본권이나 다른 헌법적 질서와 저촉되는 경우 헌법 제37조 제2항에 따라 국가안전보장 질서유지 또는 공공복리를 위하여 법률에 의하여 제한될 수 있는 상대적 자유라고 할 수 있다」라고 하여 부정설을 취하고 있다.[1][2]

4.2.3. 절충설

부작위에 의한 양심실현은 양심의 자유에 포함되나 작위에 의한 양심실현은 포함되지 않는 다는 견해이다. 즉 자신의 양심에 따라 국가에 반대하는 적극적 행위는 저항권의 문제이며 양심의 자유에 관한 헌법규정에 의해 인정될 수 있는 문제가 아니라고 보고, 부작위의 권리로서 양심의 자유는 인간의 존엄성의 실현일 뿐만 아니라 다른 사람과 다를 수 있는 권리를 보장하는 일반적 평등원칙을 실현한다고 주장한다.[3]

4.2.4. 사견

생각건대 종교의 자유의 보장이 신앙의 외부적 표현인 종교적 의식이나 포교의 자유까지 무제한으로 보장하지 아니하는 것처럼, 양심의 자유의 보장도 양심에 따른 행동의 자유까지 절대적으로 보장하는 것으로 확대해석할 수는 없다(부정설; 다수설).[4] 양심에 따른 행동의 자유(양심실현의 자유)까지 보장된다고 한다면, 자신의 양심상 결정과 충돌한다는 이유로 모든 법률적 의무를 거부하는 것까지 인정하는 결과가 되기 때문이다. 양심상의 결정을 바탕으로 하는 집총거부[5]라든가 납세거부 등이 실정법에 명문규정이 없으면 보장되

---

1) 헌재결 1998. 7. 16, 96헌바35 [합헌] 【구 국가보안법 제10조 위헌소원】

2) 이 판례에 대하여 허영 교수는 헌법재판소가 양심의 자유에는 양심실현의 자유를 포함하는 것으로 보고 있다고 한다(허영, 한국헌법론, 박영사, 2009, 396면). 그러나 헌법재판소의 견해는 양심의 자유에는 양심실현의 자유가 포함되어 있지만, 이를 행사할 때는 상대적 자유이므로 제한받는다는 취지로 생각 할 수 있다.

3) 허영, 한국헌법론, 411면에서 재인용(허영교수가 절충설을 취하다는 의미가 아님).

4) 물론 영국의 경우에서 볼 수 있다시피, 양심의 자유를 이유로 법률의 어떤 조항에 대한 준수를 거부하는 것을 인정하는 conscience clause가 없지 아니하고, 또한 헤어쪼크(R. Herzog)와 같이 「양심상 결정과 충돌하는 법률적 의무에 대하여는 복종거부권(Recht zur Gehorsamsverweigerung)이 인정된다」는 견해가 있다(Maunz-Dürig-Herzg-Scholz, Rdnr. 135 f. zu Art 4 참조).

5) '양심적 병역거부권(right to conscientious objection)'은 양심의 자유의 핵심적 내용이며, 양심적 병역거부논쟁은 1999년 7월 "복음과 상황"이란 기독교 잡지에서 김두식 변호사가 "여호와의

지 않는다고 보는 것도 그 때문이다.

양심실현의 자유를 인정하는 긍정설도 이에 대한 내재적 한계를 인정하거나,[1] 그것이 무제한으로 보장될 수 없고[2] 하여 국법질서를 무시하거나 타인의 권리를 침해할 수는 없다[3]고 함으로서 결국에는 부정설과 같은 입장을 취하고 있다.

5. 양심의 자유의 효력

양심의 자유는 입법권·행정권·사법권 등 모든 공권력을 구속한다(대국가적 효력) 양심의 자유는 기본적 인권의 중핵이 되는 것이므로 인간의 존엄성존중에 버금가는 비중을 가진다. 그러므로 헌법 제10조와 마찬가지로 양심의 자유도 간접적용설에 입각한 제3자적 효력을 가진다(다수설).

6. 양심의 자유의 제한과 한계(양심표명 · 양심실현의 자유의 문제)

양심의 자유가 어떠한 경우에 어느 정도로 보장되는가에 관해서는 학설이 대립된다.

① **내재적 한계설**: 양심이 외부에 표명되지 아니하고 내심의 작용으로 머물러 있는 경우에도 일정한 제한이 따른다.

② **절대적 보장설**: 양심이 내심의 작용으로 머물러 있는 경우는 물론 외부에 표명되는 경우에도 제한을 받지 않는다.

③ **내면적 무한계설**: 양심이 외부에 표명되는 경우에는 일정한 제한이 가해지나, 그것이 내심의 작용으로 머물러 있는 경우에는 제한을 받지 않는다(**다수설 · 판례**).

[대판 1984. 1. 24, 82누163 【보안처분기간갱신결정무효】

헌법이 보장한 양심의 자유는 정신적인 자유로서 어떠한 사상·감정을 가지고 있더라도 그것이 내심에 머무르는 한 절대적인 자유이므로 제한할 수 없는 것이나, 그와 같은 내심의 사상을 문제삼은 것이 아니라, 보안처분대상자가 그 동안 반국가단체에 관여한 경력과 그로 인한 전과내용 출소 후의 제반 행상 등에 비추어 그가 가지고 있는 공산주의사상은 내심의 영역을 벗어나 현저한 반사회성의 징표를 나타내고 있다고 보아, 이를 사회안전법 소정의 특정범죄를 다시 범할 위험성유무에 관한 판단의 자료로 삼은 것에 불과한 경우에는 그러한 판단이 양심의 자유를 보장한 헌법규정에 위반된다고 할 수 없다.

증인과 그 인권"을 기고한 것이 그 효시이다. 김두식, 여호와의 증인과 그 인권, 복음과 상황(1999년 7월호), 40-45.

1) 허영, 한국헌법론, 412면.

2) 계희열, 헌법학(중), 341면.

3) H. Bethge, Gewissensfreiheit, in: J. Isensee/P. Kirchhof(Hrsg.), Handbuch des Staatsrechts, Bd. VI, 1989, Rn. 22.

생각건대 양심결정의 자유와 양심에 관하여 침묵할 자유(인간내심의 자유)는 그 제한이 불필요할 뿐 아니라 실제로도 불가능하다. 왜냐하면 양심결정의 자유는 법률에 의한 제한이 사실상 불가능한 인간의 내심의 영역을 대상으로 하기 때문이다. 그러나 양심을 외부에 표현하거나 실현하고자 하는 경우에는 표현의 자유에 관한 제한이론이 여기에도 적용될 수 있다. 결론적으로 양심표명의 자유와 양심실현의 자유는 양심의 자유의 내용에 포함되는 것이 아니라 표현의 자유 또는 행동의 자유에 해당하므로 헌법유보 혹은 법률유보에 의하여 제한될 수 있다.[1)]

대판 1993. 9. 28, 93도1730 【국가보안법위반,집회및시위에관한법률위반】
양심의 자유, 언론·출판 등 표현의 자유, 집회·결사의 자유, 거주·이전의 자유, 통신의 자유, 사상의 자유 등은 헌법이 보장하는 기본적 권리이긴 하나 무제한한 것이 아니라 헌법 제37조 제2항에 의하여 국가안전보장, 질서유지 또는 공공복리를 위하여 필요한 경우에는 그 자유와 권리의 본질적 내용을 침해하지 않는 한도 내에서 제한할 수 있는 것이므로 국가보안법 규정의 입법목적과 적용한계를 자유와 권리의 본질적 내용을 침해하지 않는 한도 내에서 이를 제한하는 데 있는 것으로 해석하는 한 같은 법을 위헌이라고 볼 것은 아니다.

헌재결 2004. 8. 26, 2002헌가1 전원재판부 【병역법제88조제1항제1호위헌제청】 양심실현의 자유의 보장문제 : 헌법적 질서의 일부분으로서 양심실현의 자유
양심의 자유가 개인의 내면세계에서 이루어지는 양심형성의 자유뿐만 아니라 외부세계에서 양심을 실현할 자유를 함께 보장하므로, 양심의 자유는 법질서나 타인의 법익과 충돌할 수 있고 이로써 필연적으로 제한을 받는다. 양심의 자유를 의도적으로 제한하는 법률이 아니라 할지라도, 국민 모두에 대하여 적용되는 법률은 국민 누군가의 양심과 충돌할 가능성을 항상 내재하고 있다.

양심의 자유는 헌법상의 기본권에 의하여 보호되는 자유로서 실정법적 질서의 한 부분이다. 기본권적 자유는 법적 자유이며, 법적 자유는 절대적 또는 무제한적으로 보장될 수 없다. 국가의 존립과 법질서는 국가공동체의 모든 구성원이 자유를 행사하기 위한 기본적 전제조건이다. 기본권의 행사가 국가공동체 내에서의 타인과의 공동생활을 가능하게 하고 국가의 법질서를 위태롭게 하지 않는 범위 내에서 이루어져야 한다는 것은 모든 기본권의 원칙적인 한계이며, 양심의 자유도 헌법적 질서 내에 자리잡음으로써 모든 헌법적 법익을 구속하는 이러한 한계가 이미 설정되었다.

따라서 양심의 자유가 보장된다는 것은, 곧 개인이 양심상의 이유로 법질서에 대한 복종을 거부할 수 있는 권리를 부여받는다는 것을 의미하지는 않는다. 모든 개인이 양심의 자유를 주장하여 합헌적인 법률에 대한 복종을 거부할 가능성이 있으며, 개인의 양심이란 지극히 주관적인 현상으로서 비이성적·비윤리적·반사회적인 양심을 포함하여 모든 내용

1) 권영성, 헌법학원론, 489면.

의 양심이 양심의 자유에 의하여 보호된다는 점을 고려한다면, '국가의 법질서는 개인의 양심에 반하지 않는 한 유효하다.'는 사고는 법질서의 해체, 나아가 국가공동체의 해체를 의미한다. 그러나 어떠한 기본권적 자유도 국가와 법질서를 해체하는 근거가 될 수 없고, 그러한 의미로 해석될 수 없다.

따라서 이 사건의 경우 헌법 제19조의 양심의 자유는 개인에게 병역의무의 이행을 거부할 권리를 부여하지 않는다. 양심의 자유는 단지 국가에 대하여 가능하면 개인의 양심을 고려하고 보호할 것을 요구하는 권리일 뿐, 양심상의 이유로 법적 의무의 이행을 거부하거나 법적 의무를 대신하는 대체의무의 제공을 요구할 수 있는 권리가 아니다. 따라서 양심의 자유로부터 대체복무를 요구할 권리도 도출되지 않는다.

[양심수의 개념]

이른바 良心囚란 무엇을 의미하는가에 대하여 학문적·법률적으로 확정된 개념은 아니다. 국제인권단체인 국제사면위원회는 양심수를 「자신의 정치적·종교적 신념이나 피부색·인종·성별 등을 이유로 구속된 자로서, 폭력을 사용하거나 폭력행사를 옹호 또는 지지하지 아니하는 자」로 정의한다. 우리나라에서는 양심수에 대하여 時局事犯이라는 용어를 사용하면서 순수한 良心囚외에 시국과 관련하여 폭력을 행사한 자들까지도 널리 포함하여 양심수라고 정의한다.[1)]

1) 권영성, 헌법학원론, 488-489면 각주 3) 참조.

제 3 목 종교의 자유

<사례>

행정자치부장관은 2000. 1. 3. 행정자치부 공고 제2000-1호로 2000년도 공무원임용시험 시행계획을 공고하였으며 위 계획 제5항에는 제42회 사법시험 제1차 시험일자를 2000. 2. 20. 시행한다고 되어 있는데 위 날짜는 일요일이었다. 갑은 ○○대학교 법대 4학년 재학중인 자로서 제42회 사법시험 제1차 시험에 응시원서를 접수하였으나 청구인이 신봉하는 기독교의 교리상 일요일에는 교회에 출석하여 예배행사에 참석하는 것이 신앙적 의무이기 때문에 일요일에 시행하는 위 사법시험 제1차 시험에 응시할 수 없었다. 이에 갑은 위 시험일자를 일요일로 한 행정자치부(피청구인)의 위 공고가 갑(청구인)의 헌법상 보장된 종교의 자유, 공무담임권, 휴식권 등의 기본권을 침해하는 공권력의 행사에 해당한다는 이유로 2000. 3. 3. 이 사건 헌법소원심판을 청구하면서, 종교의 자유, 평등의 원칙, 공무담임권 및 휴식권을 침해하였다고 주장한다. 갑의 주장에 대한 다음의 물음에 답하라. 판례 : 헌재결 2001. 9. 27, 2000헌마159【제42회 사법시험 제1차시험 시행일자 위헌확인】

문제 1) 공무원시험 임용공고가 헌법소원의 대상이 되는 공권력행사인가?
문제 2) 이 경우 갑은 권리보호이익이 존재하는가?
문제 3) 위 공고가 기독교를 신봉하는 청구인의 종교의 자유를 침해하고 평등의 원칙에 위배되는가?
문제 4) 위 공고가 공무담임권을 침해하는가?
문제 5) 위 공고가 휴식권을 침해하는가?

<해설>

<문제 1의 해설>

이 사건 공고는 사법시험 등의 시험실시계획을 일반에게 알리는 것을 내용으로 하는 통지행위로서 일반적으로는 행정심판이나 행정쟁송의 대상이 될 수 있는 행정처분이나 공권력의 행사는 될 수 없지만 사전안내의 성격을 갖는 통지행위라도 그 내용이 국민의 기본권에 직접 영향을 끼치는 내용이고 앞으로 법령의 뒷받침에 의하여 그대로 실시될 것이 틀림없을 것으로 예상될 수 있는 것일 때에는 그로 인하여 직접적으로 기본권침해를 받게 되는 사람에게는 사실상의 규범작용으로 인한 위험성이 이미 발생하였다고 보아야 할 것이므로 이러한 것도 헌법소원의 대상이 될 수 있다. 사법시험 응시자격은 구 사법시험령 제4조에, 시험방법과 과목은 구 사법시험령 제5조와 제7조에 이미 규정되어 있으므로 그에 대한 공고는 이미 확정되어 있는 것을 단순히 알리는 데에 지나지 않는다 할 것이나 구체적인 시험일정과 장소는 위 공고에 따라 비로소 확정되는 것이다. 따라서 이 사건 공고는 헌법소원의 대상이 되는 공권력의 행사에 해당한다.

<문제 2의 해설>

제42회 사법시험은 2000. 12. 31.경 최종 합격자 발표를 마치고 그 시험일정이 모두 종료하였으므로 청구인이 이 사건 심판청구에서 인용결정을 받더라도 위 시험에 다시 응시하는 것은 불가능하여 권리보호의 이익이 없다고 보아야 할 것이나, 동종의 침해행위가 앞으로도 반복될 위험이 있거나 헌법질서의 수호·유지를 위하여 긴요한 사항이어서 그 해명이 중대한 의미를 지니고 있는 때에는 예외적으로 권리보호의 이익이 인정되는 것인바, 사법시험은 매년 반복하여 시행되고 피청구인의 의견서에 의하면 그 1차 시험은 응시자가 대폭 줄어드는 등의 특별한 사정이 없는 한 매년 일요일에 시행될 예정이므로 사법시험을 준비하고 있는 청구인으로서는 매년 사법시험 제1차 시험에 응시하기 위하여는 예배행사에 빠질 수밖에 없어 이 사건 역시 청구인의 기본권 침해가 반복될 위험이 있는 경우에 해당하여 권리보호의 이익을 인정하여야 할 것이다.

<문제 3의 해설>

이 사건에서 청구인은 자신의 신앙적 의무를 지키기 위하여 사법시험 응시를 포기하고 예배행사에 참여하였다는 것이므로 사법시험 시행일을 일요일로 정한 피청구인의 처분이 직접적으로 청구인의 종교의 자유를 침해하였다고 보기는 어렵다. 다만 매년 반복하여 시행되는 사법시험의 시행일을 일요일로 정하는 것이 청구인의 일요일에 예배행사에 참석할 종교적 행위의 자유를 제한하는 것으로 볼 수 있는지가 문제이나, 종교적 행위의 자유는 신앙의 자유와는 달리 절대적 자유가 아니라 질서유지, 공공복리 등을 위하여 제한할 수 있는 것으로서 사법시험 제1차시험과 같은 대규모 응시생들이 응시하는 시험의 경우 그 시험장소는 중·고등학교 건물을 임차하는 것 이외에 특별한 방법이 없고 또한 시험관리를 위한 2,000여 명의 공무원이 동원되어야 하며 일요일 아닌 평일에 시험이 있을 경우 직장인 또는 학생 신분인 사람들은 결근, 결석을 하여야 하고 그밖에 시험당일의 원활한 시험관리에도 상당한 지장이 있는 사정이 있는바, 이러한 사정을 참작한다면 피청구인이 사법시험 제1차 시험 시행일을 일요일로 정하여 공고한 것은 국가공무원법 제35조에 의하여 다수 국민의 편의를 위한 것이므로 이로 인하여 청구인의 종교의 자유가 어느 정도 제한된다 하더라도 이는 공공복리를 위한 부득이한 제한으로 보아야 할 것이고 그 정도를 보더라도 비례의 원칙에 벗어난 것으로 볼 수 없고 청구인의 종교의 자유의 본질적 내용을 침해한 것으로 볼 수도 없다.

또한 기독교 문화를 사회적 배경으로 하고 있는 구미 제국과 달리 우리나라에서는 일요일은 특별한 종교의 종교의식일이 아니라 일반적인 공휴일로 보아야 할 것이고 앞서 본 여러 사정을 참작한다면 사법시험 제1차 시험 시행일을 일요일로 정한 피청구인의 이 사건 공고가 청구인이 신봉하는 종교를 다른 종교에 비하여 불합리하게 차별대우하는 것으로 볼 수도 없다.

<문제 4의 해설>

사법시험은 원칙적으로 자격시험의 성격이 있고 그 시험에 합격하여 사법연수원의 소정 과정을 마친 사람 중에서 판사나 검사를 임용하고 있으므로 그 한도에서 공무원임용시험의 성격을 가지고 있는바, 피청구인이 사법시험 제1차 시험의 시행일을 일요일로 정하

였다고 하여 청구인의 공무담임권이 침해되었다고 볼 수는 없다. 즉 청구인이 자신이 신봉하는 종교의 특별한 교리를 이유로 일요일에는 예배행사 참여와 기도와 선행 이외의 다른 행위를 할 수 없다는 것일 뿐이므로 다수 국민의 편의를 위하여 시험 시행일을 일요일로 정한 피청구인의 이 사건 공고가 특별히 청구인의 사법시험 응시 기회를 차단한다고 볼 수 없다.

<문제 5의 해설>

휴식권은 헌법상 명문의 규정은 없으나 포괄적 기본권인 행복추구권의 한 내용으로 볼 수 있을 것이다. 사법시험 시행일을 일요일로 정한 피청구인의 이 사건 공고는 청구인 등에게 공무담임의 기회를 제공하는 것이어서 행복추구의 한 방편이 될지언정 반대로 이를 침해한다고 볼 수는 없다

헌법 제20조 제1항은 「모든 국민은 종교의 자유를 가진다」라고 하여 종교의 자유를 보장하고, 제2항은 「국교는 인정되지 아니하며, 종교와 정치는 분리된다」라고 하여 국교부인과 정교분리의 원칙을 규정하고 있다. 종교의 자유는 주관적 공권이고 국교부인 · 정교분리의 원칙은 객관적 제도이기 때문에 분리하여 고찰하기로 한다.[1)]

I. 종교의 자유

1. 종교의 자유의 의의

1.1. 종교의 개념(신과 피안에 대한 내적 확신으로서의 종교)

종교란 무엇인가 하는 것과 같이 그 실체를 규명하는데 있어서 확정된 정설을 내리기 어렵다. 인간의 상념 · 영적 세계에서만 존재할 수 있는 신이나 절대자 등 초월적 존재(supreme being)를 믿고 그것에 귀의하는 것이 종교라고 할 수 있다.[2)] 인간은 육체 · 심령 · 정신의 총 합체(Liebe-Seele-Geist-Einheit)로서의 영적 존재이기 때문에 영적 평안과 행복 없이는 인간은 자유로울 수 없고 행복하거나 인간으로서의 존엄과 가치를 누릴 수도 없다. 생로병사의 유한한 인생, 인간능력의 한계와 이에 따른 공포, 비애 등 때문에 전지전능한 신의 존재를 믿고 신에 의존하려는 것은 인간의 역사와 더불어 시작된 오랜 역사를 지닌 것이다. 이와 같이 종교란 인간의 형이상학적인 신앙을 내용으로 하며, 종교로 인정받기 위해서는 신과 피안(내세)에 대한 개인의 영적 구원에 대한 내적 확신을 필요로 한다.

---

1) 권영성, 헌법학원론, 489면.
2) 권영성, 헌법학원론, 489면.

따라서 어떠한 상황에 대한 단순한 주장은 그것이 아무리 내적 확신에서 나온 것일지라도 신과 피안(내세)에 대한 내적 확신과 관련이 없으면, 하나의 「사상」일 수는 있어도 종교일 수는 없다.[1] 물론 종교에도 그가 지니는 초과학적이고 비과학적인 측면이 없지 않으나 이는 종교가 초월적 가치를 지니는 데서 연유하는 것이며, 따라서 종교와 「미신」은 엄밀하게 구별된다.[2]

종교의 자유에 있어서 특히 종교의 개념이 무엇인가 하는 점이 문제되는 이유는 종교의 자유의 헌법적 문제점을 발견하고 이를 해결하는데 있어서, 종교의 자유의 보장 및 제한 범위, 정교분리의 원칙의 인정범위 및 위반여부의 판단기준을 정하는데 있어서 요소가 되기 때문이다. 어떤 행위가 위법성을 지닌 것이라 할 지라도 그것이 종교로부터 연유된 것이라면, 이익형량의 결과 등에 따라 위법성이 조각되거나 책임이 조각되는 경우도 발생할 수도 있는데, 이는 그 행위가 인간의 신앙심을 근거로 한 종교에 입각한 것이냐 아니냐에 따르게 되며, 이는 또한 종교개념이 어떠한가의 여부에 따라 각각 다르게 적용될 수 있기 때문이다.[3]

1.2. 종교의 자유

종교의 자유라 함은 자신이 선호하는 종교를 자신이 원하는 방법으로 신봉하는 자유를 말한다. 종교의 자유는 근대 자유주의 확립의 원동력이 된 자유권이다. 종교의 자유가 헌법상 최초로 명기된 것은 1791년의 미국 헌법 수정 제1조이었다.[4] 종교의 자유는 개인의 내심의 작용인 신앙의 자유를 핵심으로 하지만 신앙은 그 종교가 지니는 교리로 집약·형성되어 보급되기 마련이고, 동일한 교리를 신봉하는 자들은 공동으로 종교적 행사를 실행하고 종교적 단체를 결성하며, 종교교육과 함께 선교(포교)활동을 하기도 한다. 종교의 자유는 이와 같은 내적 신앙, 종교적 행사, 종교적 집회·결사, 종교교육 및 선교활동 등을 자유로이 행할 수 있는 적극적인 자유를 의미한다. 또한 종교의 자유는 무신앙의 자유, 종교적 행사, 종교적 집회·결사 또는 선교활동 등을 강제받지 아니할 소극적 자유까지 그 내용으로 한다.[5]

---

1) 홍성방, 헌법학, 495면.
2) 권영성, 헌법학원론, 490면.
3) 양건, 헌법강의, 413면.
4) 양건, 헌법강의, 412면.
5) 권영성, 헌법학원론, 490면.

종교의 자유
- 신앙, 종교적 행사, 종교적 집회 · 결사, 선교활동(적극적 자유)
- 무신앙의 자유, 종교적 행사, 종교적 집회 · 결사 또는 선교활동 등을 강제받지 아니할 자유(소극적 자유)

2. 종교의 자유의 법적 성격과 주체

종교의 자유의 법적 성격은 인간의 권리이다. 따라서 종교의 자유의 주체는 내국민만이 아니라 외국인에게도 그 주체성이 인정된다. 따라서 외국인 선교사도 종교의 자유를 향유할 수 있는 주체가 된다. 법인역시 종교의 자유의 주체가 되는바, 종교의 자유에 내포되어 있는 신앙의 자유는 자연인 만이 주체가 되지만 종교교육이나, 종교적 행사, 종교적 집회 · 결사의 자유는 법인도 주체가 될 수 있기 때문이다.[1)]

3. 종교의 자유의 내용

3.1. 개관

종교의 자유속에는 크게 다음과 같은 네 가지 유형이 내포되어 있다. (ㄱ) 신앙의 자유, (ㄴ) 종교적 행사의 자유, (ㄷ) 종교적 언론 · 출판 · 집회 · 결사의 자유(종교적 표현의 자유), (ㄹ) 선교(포교)의 자유 등이 그것이다. 신앙의 자유는 종교의 자유의 최소한을 의미하고, 그것은 자유로운 종교적 행사에 의하여 확대 · 강화되며, 종교적 집회 · 결사의 자유와 선교 · 종교교육의 확립 등으로 완전한 형태를 구비하게 된다.[2)] 종교적 표현의 자유와 일반적인 표현의 자유와의 관계에 있어서, 특별법적 지위를 가진다.[3)]

종교의 자유
- 신앙의 자유(절대적 자유)
- 종교적 행사의 자유
- 종교적 언론 · 출판 · 집회 · 결사의 자유(종교적 표현의 자유)
- 선교(포교)의 자유

3.2. 내용

3.2.1. 신앙의 자유

신앙이라 함은 독일의 마운쯔(Th. Maunz)에 의하면 "신과 피안에 대한 인간의 내적

---

1) 이준일, 헌법학강의, 단락번호 [4.5.37].
2) 권영성, 헌법학원론, 490면.
3) 양건, 헌법강의, 413면.

확신"을 의미한다. 신앙의 자유란 소극적으로는 신앙의 외부로부터 강제받지 아니할 자유를 의미하고, 적극적으로는 자신의 신앙을 자유로이 외부에 표현할 수 있는 자유를 의미한다. 신앙의 자유는 양심의 자유의 종교적 측면이며 특별법적 지위를 가진다. 종교의 자유 중 신앙의 자유는 인간의 내심의 작용이므로 어떠한 이유로도 제한될 수 없는 절대적 자유이다(통설 · 판례).[1]

[대판 1956. 3. 30, 1955行上21]

신앙의 자유권은 법률로서도 이를 제한 할 수 없는 절대적 권리로서 헌법상 보장되어 있으므로 헌법상 다른 기본적 규정에 위배되지 아니하는 한 선교의 자유와 예배의 자유, 종교선택변경의 자유, 무신앙의 자유, 종교 행사의 자유 등은 절대적으로 보장되어야 할 것이다.[2]

다만 신앙의 자유는 <u>내재적 한계에 의한 제한</u>이 가능하다는 견해도 있고,[3] 종교의 자유는 <u>내면적 자유인 신앙의 자유를 포함하여</u> 헌법 제37조 제2항(일반적 법률유보조항)에 근거하여(그 이유는 우리헌법이 종교의 자유의 제한은 개별적 법률유보에 의하여 제한하고 있지 않고 일반적 법률유보에 의하여 제한이 가능하도록 하고 있기 때문), 국가안전보장 · 질서유지 · 공공복리를 위해서는 법률에 의한(법률에 의해서만) 제한이 가능하다는 견해도 있다.[4]

신앙은 양심 · 신조 등과 더불어 인간의 내심의 작용이지만 이들의 개념은 서로 구별된다. 신앙은 신과 피안에 대한 내면적 확신인데 대하여 양심은 도덕률의 존재와 그 구속력에 대한 인식이고, 신조는 신앙과 양심에 따른 주변사에 대한 결단을 의미한다.[5]

– 신앙 · 양심 · 신조의 구별 –

신앙 : 신과 피안에 대한 내면적 확신
양심 : 도덕률의 존재와 그 구속력에 대한 인식
신조 : 신앙과 양심에 따른 주변사에 대한 결단

신앙의 자유에는 신앙선택 · 신앙변경(개종) · 신앙고백 · 신앙불표현(침묵) 및 무신앙

---

1) 권영성, 헌법학원론, 491면.
2) 그러나 선교의 자유, 예배의 자유, 신교결사의 자유는 법률에 의해 제한받는 상대적 권리라 하겠다.
3) 허영, 한국헌법론, 421면.
4) 이준일, 헌법학강의, 단락번호 [4.5.59].
5) Maunz-Zippelius, S. 190; 권영성, 헌법학원론, 491면.

의 자유가 포함된다. 따라서 공직취임시에 특정종교의 신앙을 취임조건으로 하거나 종교적 시험을 부과할 수 없으며(미연방헌법 제6조 제3항 단서), 국가나 공공단체가 행정상의 필요에서 국민의 종교실태를 조사할 경우에도 이를 강요하여서는 아니된다.[1)]

3.2.2. 종교적 행사의 자유(종교의식의 자유)

종교적 행사(종교의식)라 함은 기도·예배·독경·예불 등 신앙을 외부에 나타내는 모든 의식이나 축전을 말한다. 종교의 본질적 부분은 신앙이지만 신앙은 단지 내심의 작용으로 머무는 것이 아니고 외부행위로 나타나기 마련이다. 이러한 의미에서 외부행위를 수반하지 아니하는 종교는 존재할 수 없으며, 신앙에 수반되는 제반행위의 자유를 인정하지 아니한다면 실제에 있어서 종교의 자유는 보장될 수 없다. 그러므로 개인적 또는 집단적으로 행하는 종교적 행사를 방해하거나 금지할 수 없음은 물론 종교적 의식이나 집회에의 참가를 강제할 수도 없다.[2)]

종교의식을 넓은 뜻으로 해석하면 신앙고백은 신앙보급, 전달의 작용이므로 오히려 신앙의 자유에 포함시키는 것이 타당하다. 따라서 여기에서의 종교의식이란 특히 신앙에 수반되는 형식적인 외부행위로서 구체적으로는 예배, 기도, 기타 종교상의 축전, 의식 집회, 행사 등과 교회당, 사원 등의 설립을 말한다.[3)] 여기의 '의식'이라 함은 종교상의 의식은 물론 종교적 형식에 의한 혼인, 장례의 의식을 의미한다.

3.2.3. 종교적 집회·결사의 자유

종교적 집회라 함은 종교적인 목적으로, 같은 신앙을 가진 사람들이 서로 회합하는 것을 말하고, 종교적 결사라 함은 이들이 서로 결합하여 단체를 조직하는 것을 말한다. 종교적 집회·결사의 자유라 함은 종교를 위한 집회나 단체형성의 자유는 물론 그러한 집회 및 단체에 참가 또는 가입하거나 그로부터 자유로이 이탈할 수 있는 자유를 말한다. 또한 누구나 종교적 회합이나 단체에 참가를 강요당하지 아니한다. 이 자유는 일반적 집회·결사의 자유의 특별법적 지위에 있으므로 더 광범한 보장을 받는다. 이러한 자유가 보장되므로

---

1) 미국연방대법원은 공립학교의 일과개시전의 기도문 또는 성서낭독은 위헌이라 하였고(Engel v. Vitale, 370 U.S 421(1962), School District of Abington Township, Pennsylvania v. Schemp, 374 U.S 203(1963), Chamberlin et al. v. Dade County Board of Publlc Instruction et al, 377U.S 402(1964), 공직취임시에 신의 존재를 믿는다는 선서를 강요하는 것은 위헌이라 하였다(Torcaso v. Watkins Clerk, 367 U.S 488(1961).

2) 권영성, 헌법학원론, 491면.

3) 미국 인디언 원주민들의 종교의식에 마약을 사용하는 경우, 마약금지법 위반으로 처벌한 것을 합헌으로 본 예가 있다(Employment Devision v. Smith, 1990); 양건, 헌법강의, 416면 참조,

국가는 종교적 집회나 종교단체의 조직을 금지할 수 없고 그에 관하여 인가제를 규정할 수도 없다.[1]

대법원도 「… 종교단체는 사회단체등록에관한법률에 의한 등록을 요구하지 않고 있기 때문에 동명이질의 종교단체가 등록하여 일방의 등록취소를 청구하는 것은 행정 소송상 이익이 없다」고 하였다.[2] 종교결사의 자유는 단체내부사항에 관한 자치, 즉 자율권을 포함한다. 독일에서는 자율권의 대상을 '고유한 사무'라고 하는데 자율권의 한계는 '모두에게 타당한 법률'안에서 찾고 있다.

3.2.4. 선교(선교활동)의 자유

종교의 자유에는 자신이 신봉하는 종교를 선전할 수 있는 자유와 신자를 규합하기 위한 선교(선교활동)의 자유가 포함된다. 선교의 자유에는 다른 종교를 비판하거나 다른 종교의 신자에 대하여 개종을 권고할 수 있는 자유가 포함된다.

> 대판 1996. 9. 6, 96다19246 등 【손해배상(기)】
> [종교적 표현행위의 보호 정도]
> 종교의 자유에는 자기가 신봉하는 종교를 선전하고 새로운 신자를 규합하기 위한 선교의 자유가 포함되고 선교의 자유에는 다른 종교를 비판하거나 다른 종교의 신자에 대하여 개종을 권고하는 자유도 포함되는바, 종교적 선전, 타 종교에 대한 비판 등은 동시에 표현의 자유의 보호대상이 되는 것이나, 그 경우 종교의 자유에 관한 헌법 제20조 제1항은 표현의 자유에 관한 헌법 제21조 제1항에 대하여 특별 규정의 성격을 갖는다 할 것이므로 종교적 목적을 위한 언론·출판의 경우에는 그 밖의 일반적인 언론·출판에 비하여 보다 고도의 보장을 받게 된다.

다만 종교(선교활동)의 자유는 국민에게 그가 선택한 임의의 장소에서 자유롭게 행사할 수 있는 권리까지 보장한다고 할 수는 없다.[3]

---

1) 권영성, 헌법학원론, 491면.
2) 대판 1964. 7. 23, 64누42.
3) 종교(선교활동)의 자유는 국민에게 그가 선택한 임의의 장소에서 자유롭게 행사할 수 있는 권리까지 보장한다고 할 수 없으며, 그 임의의 장소가 대한민국의 주권이 미치지 아니하는 지역 나아가 국가에 의한 국민의 생명·신체 및 재산의 보호가 강력히 요구되는 해외 위난지역인 경우에는 더욱 그러하다. 또한 청구인들의 아프가니스탄에서의 선교행위가 제한된 것은, 이 사건 여권의 사용제한 등 조치를 통하여 국민의 국외 이전의 자유를 일시적으로 제한함으로써 부수적으로 나타난 결과일 뿐, 청구인들이 국내·국외를 포함한 다른 지역에서의 기독교를 전파할 자유를 일반적으로 제한하는 것은 아니라 할 것이므로 이 사건 고시가 직접적으로 청구인들의 선교의 자유를 침해하였다고 보기도 어렵다.

헌재결 2008. 6. 26, 2007헌마1366 【여권의 사용제한 등에 관한 고시위헌확인】

헌법재판소 전원재판부(주심 李恭炫 재판관)는 2008. 6. 26.(목) 특정 해외 위난지역으로 출국하고자 할 경우 여권의 사용제한 등 조치를 취한 외교통상부 고시에 대한 위헌확인 청구에 대하여 재판관 전원의 일치된 의견으로 기각의 결정을 선고하였다.

1. 사건의 개요

청구인들은 한의사 또는 성형외과 의사로서 2003년경부터 아프가니스탄 지역에서 의료봉사 및 교육활동을 하다가 잠시 귀국하였는데, 2007. 9.경 다시 아프가니스탄으로 출국하려 하였으나 외교통상부장관의 '여권의 사용제한 등에 관한 고시'에 의하여 그 뜻을 이루지 못하자, 위 고시는 거주·이전의 자유, 종교의 자유 및 평등권을 침해하는 것이라고 주장하면서 2007. 11. 30. 이 사건 헌법소원심판을 청구하였다.

2. 결정요지

종교(선교활동)의 자유는 국민에게 그가 선택한 임의의 장소에서 자유롭게 행사할 수 있는 권리까지 보장한다고 할 수 없으며, 그 임의의 장소가 대한민국의 주권이 미치지 아니하는 지역 나아가 국가에 의한 국민의 생명·신체 및 재산의 보호가 강력히 요구되는 해외 위난지역인 경우에는 더욱 그러하다.

또한 청구인들의 아프가니스탄에서의 선교행위가 제한된 것은, 이 사건 여권의 사용제한 등 조치를 통하여 국민의 국외 이전의 자유를 일시적으로 제한함으로써 부수적으로 나타난 결과일 뿐, 청구인들이 국내·국외를 포함한 다른 지역에서의 기독교를 전파할 자유를 일반적으로 제한하는 것은 아니라 할 것이므로 이 사건 고시가 직접적으로 청구인들의 선교의 자유를 침해하였다고 보기도 어렵다

3.2.5. 종교교육의 자유

종교의 자유에는 종교를 위한 교육을 실시할 수 있는 종교교육의 자유가 포함된다. 그러나 국가나 지방자치단체가 국·공립학교에서 특정종교를 위한 종교교육을 실시하는 것은 정교분리의 원칙에 따라 금지된다(교육법 제5조 제2항 참조). 그러므로 종교의 자유를 보장하고 있는 국가에서는 누구에게든지 국가가 종교교육을 강제하지 못한다.

또 취학의무가 인정된 초등학교에서는 특정 종교교육을 실시할 수 없으며 개개의 학생들의 종교에 의한 차별대우를 하여서는 안된다. 뿐만 아니라 취학의무는 없다 하더라도 사실상 다수의 국민이 교육을 받는 국·공립학교에서는 특정 종교교육을 실시 할 수 없다.[1)]

대판 1989. 9. 26, 87도519 【교육법위반】

종교교육 및 종교지도자양성은 구헌법(1980년 헌법) 제19조에 규정된 종교의 자유의

1) 이러한 취지를 규정한 입법례는 바이마르 헌법 제145조, 일본헌법 제20조 제3항, 일본교육기본법 제9조 제2항, 우리나라 교육법 제5조 등이다.

한 내용으로서 보장되지만, 그것이 학교라는 교육기관의 형태를 취할 때에는 교육기관 등을 정비하여 국민의 교육을 받을 권리를 실질적으로 보장하고자 하는 교육제도 등에 관한 법률주의에 관한 위 헌법 제29조 제1항 · 제6항의 규정 및 이에 기한 교육법상의 각 규정들에 의한 규제를 받게 된다.

그러나 사립학교에서의 종교교육은 학생들의 신앙을 가지지 않을 자유를 침해하지 않는 범위내에서 선교활동의 일환으로서 인정된다.

대판 1998. 11. 10, 96다37268 【학위수여이행】

사립학교는 국 · 공립학교와는 달리 종교의 자유의 내용으로서 종교교육 내지는 종교선전을 할 수 있고, 학교는 인적 · 물적 시설을 포함한 교육시설로써 학생들에게 교육을 실시하는 것을 본질로 하며, 특히 대학은 헌법상 자치권이 부여되어 있으므로 사립대학은 교육시설의 질서를 유지하고 재학관계를 명확히 하기 위하여 법률상 금지된 것이 아니면 학사관리, 입학 및 졸업에 관한 사항이나 학교시설의 이용에 관한 사항 등을 학칙 등으로 제정할 수 있으므로, 사립대학은 종교교육 내지는 종교선전을 위하여 학생들의 신앙을 가지지 않을 자유를 침해하지 않는 범위 내에서 학생들로 하여금 일정한 내용의 종교교육을 받을 것을 졸업요건으로 하는 학칙을 제정할 수 있다.[1)]

서울중앙지법, 2007. 10. 5, 2005가단305176 【손해배상(기)】

종교의 자유는 무엇보다도 종교를 믿고 안 믿을 자유, 신앙고백을 강요당하지 않을 자유, 신앙 · 불신앙으로 인하여 불이익을 받지 않을 자유 등을 포함하는 신앙의 자유를 본질적 요소로 하는데, 종교교육의 자유가 학교라는 교육기관의 형태를 취할 때에는 그 학교에서 수학하는 학생들의 기본권인 이러한 신앙의 자유 등과 충돌할 가능성이 많고, 특히 현재의 주요 대도시의 경우와 같이 고등학교 평준화 정책에 의하여 본인이 신앙하는 종교와는 무관하게 학교가 강제로 배정되는 제도 아래에서는 더욱 그러한바, 이러한 경우 원칙적으로 학생들의 신앙의 자유는 학교를 설립한 종교단체의 선교나 신앙실행의 자유보다 더 본질적이며 인격적 가치를 지닌 상위의 기본권에 해당하므로 이러한 학생들의 기본권이 보다 더 존중되지 않으면 안된다.

<사례>

(1) 청구인들은 ○○대학교 재학생들인바 ○○대학교학칙 제46조 및 학칙시행세칙 제71조, 채플이수에 관한 내규(이하 이들을 '채플규정'이라 한다)는 대학채플을 6학기 이상 의무적으로 이수하여야 졸업을 인정한다고 규정하고 있다. 청구인들은 ○○대학교가 일반 채플을 기도 및 찬송을 하도록 하는 등 교회의 예배형식으로 진행하고 있으며, 이는 청구인들의 종교의 자유 및 균등한 교육을 받을 권리 등을 침해하는 것이라고 주장한다.

(2) 한편 고등교육법 제60조는 "학교가 시설 · 설비 · 수업 및 학사 기타 사항에 관하여

1) 법률신문 1998. 12. 7일자 11면.

교육관계 법령 또는 이에 의한 명령이나 학칙을 위반한 경우" 피청구인이 시정 또는 변경명령을 발할 수 있다고 규정하고 있는바, 청구인들은 이 규정에 근거하여 피청구인에게 채플규정에 대하여 시정·변경명령을 해 줄 것을 요청하였다.

(3) 이에 대하여 피청구인은 2006. 11. 18. 청구인들에게 '기독교 재단이 설립한 사립대학인 ○○대학교가 학칙으로 대학예배의 6학기 참석을 졸업요건으로 정한 것은 위헌 무효가 아니다'는 대법원 판례(1998. 11. 10. 선고 96다37268 판결)를 근거로 하여, 채플규정이 법령에 위반된다고 보기 어려워 시정할 사항이 아니라고 회신하였다.

(4) 청구인들은 피청구인이 채플규정 내지 ○○대학교의 일반채플 운영방식에 대하여 시정·변경을 명하거나 취소 또는 정지시키지 아니하고, 또 학생정원의 감축, 학급, 학과의 감축이나 폐지 또는 학생모집의 정지 등의 제재를 하지 아니한 부작위는 청구인들의 기본권을 침해하는 것이라며 이 사건 헌법소원심판을 청구하였다.

<해설>

청구인들은 피청구인의 위와 같은 부작위가 기본권을 침해한다고 주장한다. 행정권력의 부작위에 대한 헌법소원은 공권력의 주체에게 헌법에서 유래하는 작위의무가 특별히 구체적으로 규정되어 이에 의거하여 기본권의 주체가 행정행위 내지 공권력의 행사를 청구할 수 있음에도 공권력의 주체가 그 의무를 해태하는 경우에 한하여 허용된다고 하는 것이 헌법재판소의 판례이다(헌재결 1991. 9. 16, 89헌마163; 헌재결 1994. 4. 28, 92헌마153).

여기서 말하는 "공권력의 주체에게 헌법에서 유래하는 작위의무가 특별히 구체적으로 규정되어"가 의미하는 바는 헌법상 명문으로 공권력 주체의 작위의무가 규정되어 있는 경우, 헌법의 해석상 공권력 주체의 작위의무가 도출되는 경우, 공권력 주체의 작위의무가 법령에 구체적으로 규정되어 있는 경우 등을 포괄하고 있는 것으로 볼 수 있다(헌재결 2004. 10. 28, 2003헌마898).

나. 이 사건에서 청구인들이 피청구인에게 시정명령 등을 발해줄 것을 요구할 권리(신청권)가 있는지, 있다면 피청구인은 그에 기속되어야 하는지, 없다면 헌법이나 법률상 피청구인이 위 사안에서 반드시 시정 또는 변경명령을 발해야 할 작위의무를 부담하고 있는지가 문제된다.

(1) 시정명령을 청구할 수 있는 신청권의 존재 여부

고등교육법 제60조는 시정 또는 변경명령을 규정하고 있으나 동법이나 동법시행령 어디에서도 청구인들과 같은 국민들에게 그 시정명령 등을 신청할 권리를 부여하고 있지는 않다. 그렇다면 청구인들이 피청구인에게 시정명령 등을 신청한 사실이 있다고 하더라도 그것은 법률상의 근거에 의한 권리행사가 아니라 피청구인의 직권발동을 촉구하는 것에 불과하다.

(2) 법률상 청구인들에게 신청권이 없다고 하더라도 피청구인이 이 사안에서 시정명령을 해야 할 작위의무가 존재하는가?

고등교육법 제60조 제1항은 "… 시정 또는 변경을 명할 수 있다"고 규정하고 있는데 이는 교육인적자원부장관에게 교육관계 법령 위반이라고 인정되는 학칙이나 학교에 대하여 시정을 요구할 것인지, 시정 또는 변경을 명할 것인지에 대하여 결정할 재량권을 주고 있는 것이다.

이 사건에서 피청구인은 위 대법원 판례를 근거로 하여 시정명령을 하지 않고 있는바, 이 사건에서 피청구인이 재량권을 남용하였다거나 달리 그러한 시정 또는 변경명령을 행해야 할 법적 의무가 존재한다고 볼만한 사정이 없다.

(3) 그렇다면 이 사건 헌법소원심판은 작위의무가 인정되지 않는 공권력의 불행사에 대하여 청구한 것이므로 부적법하다.[1)]

4. 종교의 자유의 효력(대국가적 · 대사인적 효력)

종교의 자유는 원칙적으로 국가의 권력으로부터 보호하고자 하는 대국가적 효력을 가지는 자유를 의미하지만, 국가이외의 모든 잠재적 침해자로부터의 보호를 대상으로 한다. 따라서 종교의 자유는 사인에 의한 침해까지도 부정하는 제3자적 효력(간접적용설)을 가진다. 그러므로 근로관계에 있어서의 사용자가 종교를 이유로 근로조건에 관하여 차별대우를 할 수 없다.

형법 제158조 (장례식등의 방해) 장례식, 제사, 예배 또는 설교를 방해한 자는 3년 이하의 징역 또는 500만원 이하의 벌금에 처한다.

본죄는 예배 또는 설교라고 하는 종교적 행사의 중추적 과정이나 이에 준하는 장례식, 제사를 방해하는 제3자의 행위를 처벌하여(대사인적 효력) 종교적 활동과 종교의 자유를 보장하려는 것이다.[2)] 대법원도 제158조에 규정된 예배방해죄는 공중의 종교생활의 평온과 종교감정을 그 보호법익으로 하는 것이라고 판시한바 있다.[3)]

그러나 종교의 자유는 종교단체 내부에서의 관용까지 요구하지는 아니한다. 교단이 신도와 교직자에 대하여 교단의 교율에 따르게 하거나 그에 위반한 경우에 징계권을 행사하는 것(합법적인 한계 내에서)은 무방하다.

[대법원판례]

종교단체의 勸懲決議는 교인으로서 비위가 있는 자에게 종교적인 방법으로 징계 · 제재하는 종교단체 내부의 규제에 지나지 아니하므로 이는 사법심사의 대상이 되지 아니한다.[4)]

---

1) 헌재결 2007. 3. 13, 2007헌마214 【시정명령 등 불행사 위헌확인】
2) 이준일, 헌법학강의, 단락번호 [4.5.63].
3) 대판 2008. 2. 1. 2007도5296 【재물손괴 · 예배방해 · 건조물침입】
4) 대판 1978. 12. 26, 78다1118; 대판 1981. 9. 22, 81다276; 대판 1983. 10. 11, 83다233; 대판 1984. 7. 24, 83다카2065.

5. 종교의 자유의 한계와 제한

종교의 자유중에서도 내면적 자유인 신앙의 자유와는 달리[1] 종교적 행사의 자유, 종교적 집회 · 결사의 자유, 선교의 자유 등은 외부에 나타나는 행위이기 때문에 헌법유보나 법률유보에 의하여 제한될 수 있는 상대적 자유권이다.[2] 종교의 자유를 제한하는 경우 명백하고 현존하는 위험의 원칙(clear and present danger rule)[3]이나 과잉금지의 원칙에 위반되지 않아야 한다.[4]

「대법원판결 : 절대적 자유권」

대법원은 舊헌법 제12조의 신앙의 자유권은 법률로써도 이를 제한할 수 없는 절대적 권리로서 헌법상 보장되어 있으므로, 헌법상 다른 기본권규정에 위배되지 아니하는 한 선교의 자유와 예배의 자유, 신교선택 · 변경의 자유, 무신앙의 자유, 신교결사의 자유 등은 절대적으로 보장되어야 한다고 판시하였다.[5]

그러나 이 판결은 종교의 자유의 한계를 오해한 것이다.

邪教에 해당하는 것은 물론이고 종교적 단체가 국가의 존립을 위태롭게 하거나 종교적 의식 · 축전 · 행사 등이 공서양속 또는 안녕질서를 침해할 경우에는 법률로써 금지 또는 제한할 수 있다.

「예」

- 비과학적인 질병치료(대판 1980. 9. 24, 79도1387).

  피고인이 믿는 여호와의 증인에 대한 종교적 신념 때문에 의사가 당시 권유한 국내최신의 치료방법인 수혈을 완강하게 거부하고 방해하였다면, 이는 결과적으로 要扶助者를 위험한 장소에 두고 떠나는 것(치거 : 置去)이나 다름없다고 할 것이므로, 이를 유기치사죄에 해당한다고 판시한 원심판결은 옳다

- 재물을 약취하는 사이비종교의 종교적 행위나 종교적 결사

  서울형사지법 : 피고인이 1992년 10월 28일 휴거에 대한 확신도 갖고 있지 않은 채 시한부종말론을 내세워 신도들로부터 전재산이나 재산의 상당부분에 달하는 극단적인 헌금을 개인적으로 거둬들인 행위는 헌법에 보장된 종교의 자유범위를 넘어선 사기행위에 해당한다

---

1) 그러나 신앙의 자유에도 내재적 한계를 인정하는 견해가 있다(허영, 한국헌법론, 421면)
2) 계희열; 김철수; 성낙인; 홍성방; 권영성, 헌법학원론, 493면.
3) BVerfGE 33, 71.
4) 허영, 한국헌법론, 박영사, 2009, 407면.
5) 대판 1956. 3. 30, 1955행상21.

- 종교의 자유를 이유로 국민의 병역의무를 회피금지(대판 1969. 7. 22, 69도934)

- 종교적 행위가 도로교통법이나 집회및시위에관한법률에 위배될 경우(대판 1976. 4. 27, 75누249)

- 여호와의 증인이 國旗에 대한 경례를 종교상의 우상숭배라 하여 거부한 학칙위반학생의 제적처분은 정당(대판 1976. 4. 27, 75누249)

II. 국가의 종교적 중립성의 원칙

1. 국교부인과 정교분리의 원칙

1.1. 의의

우리 헌법은 종교의 자유를 규정하면서 국가의 종교적 중립성의 원칙에 따라 국교는 인정되지 아니하며 정치와 종교는 분리된다(제20조 제2항)고 하여 국교부인과 정교분리를 명백히 하고 있다. 국교부인의 원칙이라 함은 국가가 특정종교를 국교로 지정하는 것을 금지한다는 것으로서 국가의 비종교화를 의미한다.[1] 정교분리의 원칙에는 국가와 종교의 분리는 물론이고 국가나 정치에 대한 종교의 중립과 국가에 의한 모든 종교의 동등한 처우(예컨대 특정종교에 대한 우대 또는 차별금지)를 포함한다. 따라서 종교평등의 원칙 · 종교중립의 원칙 등은 국교부인과 정교분리의 전제가 되고 있다.[2]

1.2. 종교의 자유(제20조 제1항)와 국교부인 · 정교분리의 원칙(제20조 제2항)과의 관계 : 인권설과 제도보장설

우리 헌법상 제20조 제1항의 종교의 자유와 제2항의 국교의 부인과 정교분리의 원칙을 당연히 포함하고 있는가, 아니면 제2항은 독자적 원칙인가 하는데 관하여 견해가 갈리고 있다. 즉 종교의 자유는 그 연혁상 국교제도를 중심으로 한 대립과 투쟁에서 성립하였고 정교의 분리없이 종교의 자유가 보장될 수 없다는 것은 분명하기 때문에 종교의 자유만을 규정하는 경우에도 종교의 자유에는 정교분리의 원칙이 당연히 포함된다는 견해와(인권설),[3] 국교부인과 정교분리의 원칙은 종교의 자유에서 파생된 원칙일 뿐 종교의 자유 중

---

1) 다만 종교의 자유는 반드시 국교를 부인해야만 보장받는 것은 아니다. 각 나라의 특유한 사정 때문에 국교를 두고 있는 경우(영국, 스페인, 포르투갈 등)에도 종교의 자유는 보장되고 있다(홍성방, 헌법학, 497면).

2) 권영성, 헌법학원론, 493면; 이준일, 헌법학강의, 단락번호 [4.5.37].

당연히 포함되는 것은 아니며, 그 이유는 종교의 자유는 성질상 개인을 위한 주관적 공권을 의미하는 데 대하여, 국교부인과 정교분리의 원칙은 국가와 종교단체의 상호관계에 관한 제도적 보장으로서 정교분리의 원칙은 국교제도에 의한 역사적 폐혜를 고려하여 완전한 종교의 자유를 보장하기 위해 정교의 분리가 필수적이기 때문에 이를 규정하여 종교의 자유를 간접적으로 보장한 것이라는 견해가 있다(제도보장설).[1]

제도보장설에 따르면 정교분리의 원칙을 위반하는 경우 직접 개인에 대한 종교의 자유의 침해가 아니기 때문에 이를 침해하는 경우 소송상 원고적격이 인정되지 아니한다고 한다.[2]

2. 국교부인과 정교분리의 원칙의 내용

2.1. 종교의 정치(국가)에 대한 불간섭

종교가 정치에 간섭하거나 종교단체가 정치활동을 하는 것은 금지된다.[3] 그러나 信徒가 소속종교단체의 통제나 지시를 받음이 없이 개인적 차원에서 정치활동을 하거나 소속종교단체와는 별도로 同信者들이 결사를 조직하여 정치활동을 하는 것은 무방하며,[4] 종교단체의 경우도 모든 이익단체나 사회단체와 마찬가지로 국민의 정치적 의사형성과정에 참여하는 것이라든지 종교적 이해관계에 관련되는 문제 혹은 국민적 관심사에 대해 정치적 의사의 형성과정에 참가하는 것은 금지되지 않는다.[5] 만약 이를 금지하면 종교인을 무종교인에 대해서 차별을 하는 것이 되기 때문이다.[6]

종교가 정치적 활동을 위하여 정당을 설립하거나 그러한 정당에서 대통령이나 국회의원후보를 공천하여 당선시키는 것도 가능하다는 견해도 있다.[7]

2.2. 국가에 의한 종교교육 · 종교활동금지

종교의 자유는 종교교육의 자유를 보장하지만, 국가는 특정의 종교적 교육이나 종교

---

3) 김기범, 한국헌법, 1973, 191면; 허영, 한국헌법론, 423-424면; 계희열, 헌법학(중), 359-360면.

1) 권영성, 헌법학원론, 493면; 김철수, 헌법학(상), 935면.

2) 계희열, 헌법학(중), 360면 각주 40) 참조.

3) 허영, 한국헌법론, 423면; 이준일, 헌법학강의, 단락번호 [4.5.51]; 독일의 헷센(Hessen)州헌법 제49조는 종교단체의 정치활동금지를 명문으로 규정하고 있다(권영성, 헌법학원론, 493면).

4) 권영성, 헌법학원론, 494면.

5) 계희열, 헌법학(중), 361면.

6) 이준일, 헌법학강의, 단락번호 [4.5.53].

7) 이준일, 헌법학강의, 단락번호 [4.5.53].

적 활동을 할 수 없다. 교육기본법(제6조 제2항)에는 국가나 지방자치단체가 국·공립학교에서 특정의 종교교육을 실시하는 것을 금지하고 있다.[1] 그러나 종교학(Religionswissenschaft)과 같은 일반적 성격을 지닌 종교교육은 인정된다.[2] 또한 국가나 지방자치단체는 그 소속공무원에 대하여 종교적 행위를 강제하거나 특정종교에의 가입이나 그로부터의 탈퇴를 강요할 수 없음은 물론이고 공직취임시에 특정종교의 양식에 따르는 선서를 요구할 수도 없고,[3] 국가나 지방자치단체가 행하는 모든 행사는 특정종교의 양식에 따를 수 없다.[4]

독일의 경우 국·공립학교 등 공공기관에 종교적 상징물을 설치하는 것(그리스도상)[5]이나 이슬람교를 믿는 여학생에게 남녀합반체육수업을 받도록 강제하여 이슬람율법인 코란에서 금지하고 있는 것들을 침해하는 것도 종교의 자유를 침해한 것[6]이라고 판시하였다.

<사례>

甲은 독실한 불교도이다. 미성년자인 그의 아들 乙은 공립학교인 A고등학교에 재학 중이다. 독실한 기독교도인 丙이 교장으로 재직 중인 A고등학교는 수업시간에 채플시간을 두고 전교생이 모두 참석 하도록 강제하고 있다.

문제 1. 이를 통하여 갑과 을의 기본권은 침해되는가?

문제 2. 만약 기독교 선교재단에서 설립·운영 중인 사립 B고등학교라든가 동 재단에서 설립·운영 중인 사립 C대학교에서 동일한 사건이 발생하였다면?

<문제 1의 해설>

국·공립학교에서의 채플시간과 같은 종교행위를 못하게 되어 있는데도 불구하고 교장 丙이 채플시간을 둔 것은 실정법에 대한 위반이며 종교의 자유에 대한 침해라고 볼 수 있다. 그러므로 교장 丙의 행위는 乙의 종교의 자유에 대한 침해이며 甲은 기본권 침해의 당사자가 아니므로 기본권의 침해를 당하였다고 볼 수 없다. 이에 乙은 사인에 의한 기본권 침해(종교의 자유는 대사인적 효력이 인정된다)로 보고 불법행위로 인한 경우에는 형사적 제재와 민사상 손해배상·위자료 등을 요구할 수 있다. 그러나 자력구제는 원칙적으로 금지한다(정당방위, 긴급피난의 경우에는 제외한다).

<문제 2의 해설>

만약 "기독교 선교재단에서 설립·운영중인 사립 B고등학교라든가 동재단에서 설립·

---

1) 이준일, 헌법학강의, 단락번호 [4.5.52].
2) 계희열, 헌법학(중), 361면.
3) 권영성, 헌법학원론, 494면.
4) 계희열, 헌법학(중), 361면.
5) BVerfGE 93, 1(19 f).
6) BVerfGE 94, 82(89 f).

운영 중인 사립 C대학교에서 동일한 사건이 발생한 경우, 사립학교는 국·공립학교와는 달리 종교의 자유의 내용으로서 종교교육 내지는 종교선전을 할 수 있고, 학교는 인적·물적 시설을 포함한 교육시설로써 학생들에게 교육을 실시하는 것을 본질로 하며, 특히 대학은 헌법상 자치권이 부여되어 있으므로 사립대학은 교육시설의 질서를 유지하고 재학관계를 명확히 하기 위하여 법률상 금지된 것이 아니면 학사관리, 입학 및 졸업에 관한 사항이나 학교시설의 이용에 관한 사항 등을 학칙 등으로 제정할 수 있으며, 또한 구 교육법시행령 제55조는 학칙을 학교의 설립인가신청에 필요한 서류의 하나로 규정하고, 제56조 제1항은 학칙에서 기재하여야 할 사항으로 '교과와 수업일수에 관한 사항', '고사(또는 시험)와 과정수료에 관한 사항', '입학·편입학·퇴학·전학·휴학·수료·졸업과 상벌에 관한 사항' 등을 규정하고 있으므로, 사립대학은 종교교육 내지 종교선전을 위하여 학생들의 신앙을 가지지 않을 자유를 침해하지 않는 범위 내에서 학생들로 하여금 일정한 내용의 종교교육을 받을 것을 졸업요건으로 하는 학칙을 제정할 수 있다(96다37268)에서 인정을 하고 있다.

2.3. 국가에 의한 특정종교의 우대 또는 차별의 금지

국가가 특정종교를 특별히 보호하거나 억압하기 위하여 재정적·경제적 특혜를 부여하거나 부당한 대우를 하는 것은 금지된다. 受刑者들의 教化를 위하여 교도소 내에 그리스도교회만을 설립하거나 불교사찰만을 설립한다면, 그것은 특정한 종교를 위하여 國有地를 제공하는 것이 되기 위헌의 여지가 있다. 그러나 크리스마스와 석가탄신일의 공휴일제는 추석이나 설날처럼 특별한 종교적 의미가 없는 하나의 習俗으로 일반사회에서 인식되고 있기 때문에 특정한 종교에 대하여 우대를 하고 있는 것은 아니다.[1]

헌재결 2001. 9. 27, 2000헌마159 **【제42회사법시험제1차시험시행일자위헌확인】**

기독교 문화를 사회적 배경으로 하고 있는 구미 제국과 달리 우리나라에서는 일요일은 특별한 종교의 종교의식일이 아니라 일반적인 공휴일로 보아야 할 것이고 앞서 본 여러 사정을 참작한다면 사법시험 제1차 시험 시행일을 일요일로 정한 피청구인의 이 사건 공고가 청구인이 신봉하는 종교를 다른 종교에 비하여 불합리하게 차별대우하는 것으로 볼 수도 없다.

모든 종교단체에 대하여 국가가 동등하게 우대하는 문제에 관하여는, 「모든 종교에 대한 평등한 보호는 무방하며 이것까지 無信者가 반대할 것은 못된다」는 견해가 있다. 그러나 이는 비록 그것이 평등보호일 지라도 오로지 종교단체에 국한된 특혜는 국가의 종교적 중립성과 모순된다.[2]

1) 권영성, 헌법학원론, 494면; 이준일, 헌법학강의, 단락번호 [4.5.53].

2) 권영성, 헌법학원론, 494면.

크리스마스의 공휴일제 ┐
석가탄신일의 공휴일제 ┘

모든 종교단체에 대하여 국가가 동등하게 우대하는 문제 → 종교단체에 국한된 특혜는 국가의 종교적 중립성과 모순된다.

제 4 목 언론·출판의 자유(개인적 표현의 자유)

헌법 제21조는 언론·출판의 자유를 비롯하여 언론·출판에 대한 허가·검열제의 금지, 통신·방송의 시설기준 등의 법정주의, 언론 출판의 자유의 내재적 한계를 규정하고 있다. 언론·출판의 자유와 집회·결사의 자유는 헌법상의 의의 및 기능적 측면에서 공통점이 많기 때문에 우리 헌법에서는 이를 동일한 조문에서 규정하고 있다.

> 헌법 제21조 ① 모든 국민은 언론·출판의 자유와 집회·결사의 자유를 가진다.
> ② 언론·출판에 대한 허가나 검열과 집회·결사에 대한 허가는 인정되지 아니한다.
> ③ 통신·방송의 시설기준과 신문의 기능을 보장하기 위하여 필요한 사항은 법률로 정한다.
> ④ 언론·출판은 타인의 명예나 권리 또는 공중도덕이나 사회윤리를 침해하여서는 아니된다. 언론·출판이 타인의 명예나 권리를 침해한 때에는 피해자는 이에 대한 피해의 배상을 청구 할 수 있다.

I. 의의

언론·출판의 자유라 함은 자기의 사상·양심 및 경험이나 지식을 언어나 문자 등으로 외부에 표현하는 자유를 말한다(표현의 자유).[1] 언론·출판의 자유는 인간의 존엄성을 위한 개성신장의 수단이자,[2] 사회통합을 위한 여론형성의 수단이며(동화적 통합), 민주적 통치질서의 전제조건이 된다는 점에서 중요한 의의와 기능을 가진다.[3] 고전적 의미에서의 언론·출판의 자유라 함은 사상 또는 의견을 언어·문자 등으로 불특정다수인에게 발표하는 자유를 말한다. 언론은 담화·토론·연설·방송 등 구두에 의한 사상 또는 의견의 발표를 뜻하고, 출판은 문서·도화·사진·조각 등 문자와 형상에 의한 사상 또는 의견의 발표를 뜻한다. 이에 대하여 현대적 의미에서의 언론 출판의 자유라 함은 사상이나 의견을 발

---

1) 홍성방, 헌법학, 499면.

2) 헌재결 1999. 6. 24, 97헌마265 [기각] 【불기소처분취소】 언론·출판의 자유는 개인이 언론 활동을 통하여 자기의 인격을 형성하는 개인적 가치인 자기실현의 수단임과 동시에 사회 구성원으로서 평등한 배려와 존중을 기본원리로 공생·공존관계를 유지하고 정치적 의사결정에 참여하는 사회적 가치인 자기통치를 실현하는 수단이다.

3) 허영, 한국헌법론, 563면.

표하는 자유 외에 알 권리 · 액세스권 · 반론권 · 언론기관설립권은 물론이고 언론기관의 취재의 자유와 편집 · 편성권 및 그 내부적 자유까지 포괄하는 의미로 사용된다.[1)]

[언론 · 출판의 자유와 표현의 자유와의 관계]

표현의 자유 : 사상이나 의견을 외부에 표현하는 자유로서 개인적 표현의 자유인 언론 · 출판의 자유와 집단적 표현의 자유인 집회 · 결사의 자유를 총칭하는 개념이다. 그러므로 표현의 자유는 언론 · 출판의 자유보다 넓은 개념이다.[2)]

[상징적 표현과 표현의 자유]

비언어적 매체나 행동 등에 의한 상징적 표현(흑색리본의 패용 · 연좌데모 · 피켓팅 등)도 표현의 자유 중에 포함되는가?

비언어적 행동이 사상이나 의견을 전달하기 위한 동기에서 나온 것이고, 제3자가 그것을 사상이나 의견의 전달이라고 인식하는 한 상징적 표현도 표현의 자유의 하나로서 법의 보호를 받는다.[3)]

[언론 · 출판의 자유가 가지는 의의]

- 사상 또는 의견의 자유로운 발표가 인정될 때 → 개개인은 인간으로서의 존엄과 가치를 유지하고 자유로운 인격발현이 가능

- 민주시민으로서의 국정참여 가능 : 민주정치체제는 사상의 자유로운 형성과 전달에 의하여 비로소 기능하기 때문에 민주적인 정치적 · 법적 질서를 형성하고 유지하기 위하여는 자유로운 사상전달의 수단과 기회가 보장되어야[4)]

- 인간다운 생활을 영위하기 위해서는 합리적이고 건설적인 사상 또는 의견의 형성이 필요 : 이것이 가능하려면 국가나 사회로부터 필요한 정보를 광범하게 수집할 수 있어야 하고, 일반적 정보원에 접근할 수 있는 기회가 마련되어야 ☞ 여기에 언론 · 출판의 자유가

---

1) 同旨 : v. Mangoldt-Klein, S. 235; H. Ridder, Meinungsfreiheit, in: GR II, S. 273 ; Maunz-Dürig-Herzog-Scholz, Rn. 69 ff. zu Art. 5. 다만 정기간행물의등록에관한법률과 방송법에서 말하는 언론은 신문 · 통신 · 잡지 · 기타간행물과 방송을 지칭한다.

2) 권영성, 헌법학원론, 495면.

3) 상징적 표현권은 1960년대 이후 미국에서 논의되었다. 미연방대법원은 1968년부터 1971년 사이에 월남전쟁에 반대하는 표현으로 병역등록카드를 법원계단에서 소각한 O'Brien사건, 흑색완장을 착용하고 단식함으로써 월남전쟁에 반대한 Tinker사건, 성조기를 노상에서 소각한 Street사건, '징집명령을 철회하라'는 문구가 새겨진 상의를 입고 법원복도를 시위한 Cohen사건 등을 다루면서 상징적 표현권에 관한 이론구성을 한 바 있다(권영성, 헌법학원론, 496면 각주 1 참조).

4) 언론 · 출판의 자유의 현대적 의의에 관하여는 김한성, 언론 · 출판의 자유의 현대적 기능과 법적 통제에 관한 연구, 연세대학교 박사학위논문(1987) 참조.

알 권리 · 액세스권 · 반론권과 더불어 언론기관의 취재의 자유까지 그 내용으로 하여야 할 이유가 있다.

II. 연혁

표현의 자유[1])로 불리우는 언론 · 출판의 자유는 정신적 자유와 정치적 자유를 내포하고 있는 자유라 할 수 있다. 언론 · 출판의 자유는 근대 시민혁명 과정에서 부단한 투쟁의 결과 쟁취된 권리로서 영국에서는 밀턴(Areopagitica, 1644) 등의 투쟁을 통하여 1649년의 인민협약(The Agreement of the People)에 의하여 선언되고, 1695년에 검열법(The Licensing Act)의 폐지로 확립되었다. 그 후 미국에서 1776년의 버지니아권리장전(제12조), 1791년의 미연방헌법(수정헌법 제1조)을 통하여, 그리고 프랑스 1789년의 프랑스인권선언(제11조) 등에서 표현의 자유가 규정된 이래 오늘날 각국헌법이 이를 규정하고 있다.

버지니아 권리장전 제12조는 「언론출판의 자유를 제한하는 정부는 전제정부에 해당한다」라고 규정하고 있다. 또 프랑스 인권선언 제11조는 표현의 자유를 인간의 가장 중요한 권리의 하나로 규정하고 있었다. 독일 기본법은 표현의 자유를 의사표명의 자유와 보도의 자유로 구별하여 규정하고 있다.

---

1) 언론의 자유와 표현의 자유의 관계에 관하여 권영성교수는 표현의 자유를 개인적 표현의 자유인 언론 · 출판의 자유와 집단적 표현의 자유인 집회 · 결사의 자유를 총칭하는 개념이며, 핵심내용은 언론 · 출판의 자유라고 보고 있다. 안용교 교수는 오늘날 고전적인 매체 이외에 다종다양한 표현매체가 있고, 이들이 정보의 표출 및 전달기능을 수행한다는 의미에서 언론 · 출판의 자유는 모두 표현의 자유로 본다(안용교, 한국헌법, 고시연구사, 1992, 406면) 그리고 권영설교수는 표현의 자유란 우리 헌법상 언론 · 출판이나 집회 · 결사의 자유는 물론 종교 · 양심 · 학문과 예술을 외부적으로 표현하는 자유도 포함하는 개념이며, 따라서 그때 그때의 상황에 따라 언론의 자유를 지칭하는 용어를 함축적으로 사용해야 하고, 다만 사상과 의견전달수단의 현대적 다양화에 따른 매스 미디어의 상황에 비추어 언론의 자유를 보다 적극적으로 해석하여 표현의 자유에 가깝게 사용하는 것이 바람직하다고 본다(권영설, 언론의 자유와 공익의 문제, 언론중재, 1984 가을호(통권 제12호), 19면.)

<table>
<tr><th colspan="2">논점</th><th>내용(언론 · 출판의 자유)</th><th>참고</th></tr>
<tr><td colspan="2">의의</td><td colspan="2">자신의 사상이나 의견을 타인에 표명 · 전달할 권리 및 이를 위한 부수적 기본권</td></tr>
<tr><td rowspan="2">연혁</td><td>외국</td><td>1) 최초 선언 : 영국 → 국(인)민협정 (1647년; 1649년)
2) 최초 확립 : 영국 → 검열법 폐지 (1695년)
3) 최초 헌법 : 미국 → Virginia 헌법(제19조 : 언론 출판의 자유를 제한하는 정부는 전제정부이다)</td><td rowspan="2">최초(1787) : 미국 연방헌법(無)
1789 프랑스인권선언(有)

1791년 : 미국수정 연방헌법 제1조에 최초규정(절대적 자유)

한국 : 상대적 자유
┌최상 : 2공
└최악 : 4공</td></tr>
<tr><td>한국</td><td>1) 제1공화국(1948년) : 개별적 법률유보에 의한 제한 가능 (실정법적 차원에서 보장)
2) 제2공화국(1960년) : ① 개별적 법률유보에 의한 제한 폐지(절대적 자유), ② 최초로 사전검열 · 허가 금지조항을 둠
3) 제3공화국(1962년) : ① 개별적 법률유보에 의한 제한 폐지, ② (예외) : 영화 등의 사전검열은 가능 ③ 최초의 헌법유보 (내재적 한계명시 - 타인의 권리를 침해하지 않는 범위내에서 인정)
4) 제4공화국(1972년) : ① 개별적 법률유보에 의한 제한 가능, ② 사전검열 · 허가 가능
5) 제5공화국(1980년) : ① 개별적 법률유보에 의한 제한 삭제, ② 사전검열 · 허가 가능 ③ 타인의 권리 등 침해시 손해배상책임 규정 (최초)
6) 제6공화국(1987년) : ① 사전검열 · 허가 금지, ② 언론기관의 자유로운 신설, ③ 통신 · 방송의 시설기준 등의 법정주의, ④ 언론 · 출판의 자유에 대한 내재적 한계인정(명예 · 권리 · 공중도덕 · 사회윤리)

[설명]
우리나라의 헌법에서 언론 · 출판의 자유를 최초로 규정한 것은 1948년의 건국헌법(제1공화국 : 이승만정권)이다. 1960년 헌법(제2공화국 : 장면정권)에서는 자유당정권하에서의 언론탄압에 대한 반동으로「언론 · 출판에 대한 허가나 검열을 규정할 수 없다」(제28조 제2항 단서)라고 하여 언론의 절대적 자유를 보장하였다. 그러나 1962년 헌법(제3공화국 : 박정희정권)에서는 언론의 자유를 보장하면서도 그 한계를 명시하였다. 1972년 유신헌법(제4공화국 : 박정희정권)에서는 허가제와 검열제금지에 관한 규정을 삭제하였고(제18조), 1980년 헌법(제5공화국 : 전두환정권)은 언론 · 출판의 자유와 그 내재적 한계 그리고 그 공적 책임과 사후책임 등을 규정하였다. 이 헌법규정에 의거하여 1980년 12월 31일에는 언론기본법이 제정되었다. 이 언론기본법은 반민주적 악법으로 지탄을 받아오다가 1987년 11월 28일에 폐지되고 말았다. 1987년 헌법(제6공 : 노태우정권 등; 현행 헌법)에서는 언론 · 출판의 자유를 비롯하여 언론 · 출판에 대한 허가 · 검열제의 금지, 통신 · 방송의 시설기준 등의 법정주의, 언론 · 출판의 자유의 내재적 한계를 규정하고 있다.</td></tr>
</table>

<홍원식, 통합헌법요론, 176면 참조>

III. 언론·출판의 자유의 성격

1. 법적 성격

1.1. 개관

정신적 활동에 관한 원초적 기본권(Urgrundrecht)을 의미하는 언론·출판의 자유의 법적 성격에 관해서는 자유권설[1]·청구권설[2]·제도적 보장설[3] 등이 대립하고 있으나, 언론·출판의 자유는 그 보장이 최대한이어야 한다는 점에서 방어권으로서의 자유권임과 동시에 언론·출판제도의 본질을 침해해서는 안된다는 제도적 보장의 결합[4]으로 보아 자유권설과 제도적 보장설을 통합하여 설명하는 것이 우리나라의 통설이다.[5]

이와 같이 언론·출판의 자유는 전통적 자유주의 헌법관에 의하면 국가에 대한 방어권으로서의 성격을 지니는 개인의 주관적 공권(자유권으로서의 방어권)임과 동시에 자유언론제도를 보장(제도적 보장)하고 있다고 할 수 있고, 언론·출판의 자유는 근대헌법의 불가결의 요소로서 자유민주주의국가에서 수행해야 하는 언론의 공적 임무에 비추어 객관적인 법질서(객관적 가치질서)로서의 성격을 지닌다고 볼 수 있다.[6] 다만 주관적 공권의 요소와 객관적 가치질서로서의 요소는 언론의 자유를 구성하는 개개의 자유에서 동일하게 나타나는 것은 아니고, 전통적 의미의 언론의 자유로서의 의사표현의 자유에 비해 출판의 자유와 방송 및 영화의 자유에서는 객관적 가치질서가 더욱 강조되어 이에 다른 사회적 책임이 더욱 커진다.[7]

1.2. 자유권으로서의 주관적 공권(소극적 방어권)으로서의 성격

언론·출판의 자유는 국가권력의 방해를 받지 아니하고 자유로이 사상·의견을 표현

---

1) 예컨대 K. Wernicke, Bonner Kommentar, Art. 5 Erl. II; v. Mangoldt-Klein, S. 60 ff. 등 참조.

2) 개인의 인격발현과 정치적 의사형성을 위해서는 널리 정보를 수집·청구할 수 있어야 한다는 의미에서 청구권의 성격을 가지고 있다(권영성, 헌법학원론, 497면).

3) H. Ridder, Meinungsfreiheit, in : GR II, S. 243 ff.

4) 김철수, 헌법학(상), 979면; 권영설, 언론의 자유와 공익의 문제, 언론중재, 1984 가을호(통권 제12호), 20면.

5) 권영성, 헌법학원론, 497면; 김철수, 헌법학(상), 979면; 박일경; 구병삭; 김기범; 안용교; 성낙인; 홍성방, 헌법학, 500면.

6) 홍성방, 헌법학, 500면; 이광진, 헌법상 언론의 내부적 자유에 관한 연구, 한양대학교 대학원 박사논문(1997.12), 34면; K. Hesse, Grundzüge des Verfassungsrechts der Bundesrepublik Deutschland, Rdnr. 389.

7) K. Hesse, Grundzüge des Verfassungsrechts der Bundesrepublik Deutschland, Rdnr. 389 f.

할 수 있어야 한다는 대국가적 방어권(자유권성)로서의 주관적 공권으로서의 성격을 가진다.[1] 언론의 자유는 다른 모든 자유권적 기본권이 그러하듯이 국가공권력을 통한 기본권 제한에 대항하는 주관적 방어권(subjektive Abwehrrechte)으로서의 성격을 가지고 있고(통설), 이는 고전적 · 자유주의적 기본권 이론의 개념에 있어서 국민의 소극적 방어권에 기초를 두고 있는 것이다.[2]

따라서 언론의 자유는 의사의 발표나 전달함에 있어 국가의 간섭 · 조종이나 방해를 받지 않을 자유와 사실상의 방해[3]로부터의 자유를 포함한다. 그리고 정보원으로부터의 알 권리를 방해 받지 아니할 자유를 의미한다.[4] 그리고 출판의 자유의 측면에서는 언론종사자와 언론기업의 국가적 강제로부터의 자유를 의미한다.

이와 같은 측면을 고려해볼 때 언론의 자유가 주관적 공권으로서의 성격을 가진다는 점에 대해서는 의문의 여지는 없다. 다만 방송의 자유에 관해서는 전파의 주파수가 한정되어 있다는 특수성 때문에 종래에는 제도적 보장, 즉 입법자에 의한 조직이나 절차적합성 규정에 따르는 범위 내에서 국가에서의 자유라고 보았으나 인쇄매체와 마찬가지로 방송보도에 의한 여론형성기능이라는 점을 중시하여 주관적 공권으로서의 방어적 권리가 강조되고 있다.[5][6]

헌재결 2003. 12. 18, 2002헌바49【방송법 제74조 위헌소원】

방송의 자유는 주관적 권리로서의 성격과 함께 자유로운 의견형성이나 여론형성을 위해 필수적인 기능을 행하는 객관적 규범질서로서 제도적 보장의 성격을 함께 가진다.

이러한 방송의 자유의 보호영역에는, 단지 국가의 간섭을 배제함으로써 성취될 수 있는 방송프로그램에 의한 의견 및 정보를 표현, 전파하는 주관적인 자유권 영역 외에 그 자체만으로 실현될 수 없고 그 실현과 행사를 위해 실체적, 조직적, 절차적 형성 및 구체화를 필요로 하는 객관적 규범질서의 영역이 존재하며, 더욱이 방송매체의 특수성을 고려하면

---

1) 권영성, 헌법학원론, 497면; 허영, 한국헌법론, 565면.
2) 김철수, 언론의 자유-외국의 이론을 중심으로, 법정 제24권 제3호(제223호), 1969, 39면; v. Mangold-Klein-Starck, Das Bonner Grundgesetz, Art. 5, 3. Aufl., München, 1985, Rdnr 12;
3) 개인적 또는 사회적 의사표현에 대한 국가적 간섭과 의사표현의 방식에 대한 법적 금지나 명령 · 요구에 의한 간섭도 제한된다. 더 나아가 고성방가(Übertonen)에 의하거나 글을 쓸 수 있는 가능성의 박탈과 같도 사실상의 방해에 해당한다.
4) 권영설, 언론의 자유와 공익의 문제, 20면.
5) 김철수, 헌법학(상), 988면(방송 · 방영의 자유는 자유권인 동시에 제도보장이다)..
6) 김명식, 방송의 자유의 법적 성격과 제한 구조 : 대상판례 : 헌재 2003. 12. 18, 2002헌바49 결정, 광주전남공법학회, 공법논총 제2호(2006), 151-177면 참조; 이은애, 협찬고지의 허용범위에 대한 규제와 방송의 자유 : 헌재 2003. 12. 18. 2002헌바49 방송법 제74조 위헌소원 결정에 관하여, 언론과 법, 제3권 제1호(2004.6), 137-174면 이하;

방송의 기능을 보장하기 위한 규율의 필요성은 신문 등 다른 언론매체보다 높다. 그러므로 입법자는 자유민주주의를 기본원리로 하는 헌법의 요청에 따라 국민의 다양한 의견을 반영하고 국가권력이나 사회세력으로부터 독립된 방송을 실현할 수 있도록 광범위한 입법형성재량을 갖고 방송체제의 선택을 비롯하여, 방송의 설립 및 운영에 관한 조직적, 절차적 규율과 방송운영주체의 지위에 관하여 실체적인 규율을 행할 수 있다.

입법자가 방송법제의 형성을 통하여 민영방송을 허용하는 경우 민영방송사업자는 그 방송법제에서 기대되는 방송의 기능을 보장받으며 형성된 법률에 의해 주어진 범위 내에서 주관적 권리를 가지고 헌법적 보호를 받는다.

1.3. 제도적 보장으로서의 성격

언론·출판의 자유는 민주적·법치국가적 질서를 형성하고 유지하기 위해서는 자유로운 여론형성과 여론존중이 보장되어야 한다는 의미에서 제도적 보장으로서의 성격도 가지고 있다.[1] 특히 언론의 자유는 민주정치의 실현을 위한 필수적인 요소로서 여론형성의 자유를 의미하고, 동시에 언론의 자유를 여론형성을 위한 제도로서 보장한다는 것이다.[2] 즉 언론의 자유에 대한 기본권보장의 측면이 언론을 통한 의사표명의 자유를 보장하는 것이라면 제도보장은 언론과 관련이 있는 정보수집 및 일반적인 보도나 심지어 경제적으로 자기의 존립을 위태롭게 할 경우에 이에 대한 반박의 의사표명을 할 수 있는 권리 등도 포함된다고 한다.[3]

독일연방헌법재판소도 뉴스의 선택이나 보도에 있어서 언론의 자유가 보장될 수 있으나 언론의 자유는 의사의 발표나 전달의 자유만이 아니라 그 이상으로 정보의 조달에서 뉴스와 의견의 전달에 이르기까지 보장받는 제도적 독자성을 가져야 함을 확인하였다.[4]

---

1) 언론의 제도적 보장의 의미는 견해가 나누인다. (ㄱ) 신문의 자유라는 견해(U. Scheuner, Recht · Staat · Wirtschaft IV, S. 160 ff, ders., VVDStRL, Heft 22, S. 12; P. Dagtoglou, Wesen und Grenzen der Pressfreiheit., S. 12 ff, ders, DÖV 63, S. 638 ff.: BVerfGE 10, 118(121), BVerfGE 20, 162(175)참조), (ㄷ) 집단적 기본권행사의 보장이라는 견해 등이 그것이다(권영성, 헌법학원론, 497면 각주 4) 참조.

2) 박일경; 구병삭; 권영성; 김기범; 안용교; 성낙인; M. Bullinger, Freiheit von Presse, Rundfunk, Film, Handbuch des Staatsrechts, VI, S. 672 ff.; 김철수, 헌법학(상), 979면.

3) 허영, 언론 · 출판의 자유, 월간고시(1986.7), 68-69면. 그러나 언론의 자유에 대한 기본권보장과 제도보장의 병행은 언론의 자유를 철저히 보장한다는 장점이 있으나, 이에 대한 법해석상 또는 입법정책상 혼란과 오류를 초래할 수 있고 제도보장의 측면을 강조하면 기본권보장이 소홀해질 위험이 내포되어 있다고 한다.

4) 이광진, 헌법상 언론의 내부적 자유에 관한 연구, 한양대학교 대학원 박사 논문(1997.12), 37면; BVerfGE 10, 121; 12, 260; 20, 176; 21, 279; 36,204; 50, 240.

우리 헌법재판소도 "정기간행물등록등에관한법률이 정한 정정보도청구권은 위에서 본 바와 같이 정기간행물의 보도에 의한 인격권 등의 침해를 받은 피해자에게 반론의 게재를 요구할 수 있는 권리, 즉 이른바 '반론권'을 뜻하는 것으로서 헌법상 보장된 인격권, 사생활의 비밀과 자유에 그 바탕을 둔 것이며, 나아가 피해자에게 반박의 기회를 허용함으로써 언론보도의 공정성과 객관성을 향상시켜 제도로서의 언론보장을 더욱 충실하게 할 수도 있다는 뜻도 함께 지닌 것이다. 따라서 그 제도의 목적은 정당하다 할 것이고, 제도의 존재 자체가 곧바로 보도의 자유를 포함한 언론의 자유의 본질적 내용을 침해하는 것으로도 볼 수 없다."고 판시한 것도 같은 취지라고 할 수 있다.[1]

1.4. 객관적 법질서원리로서의 성격

언론 · 출판의 자유는 민주주의를 실현하기 위하여 국가와 사회구성원이 존중하고 실천해야 할 객관적 가치질서로서의 성격을 가지게 된다.[2] 언론 · 출판의 자유가 오늘날 참정권과 함께 국가질서형성의 적극적 권리로서의 성격으로 변화되고 또한 매스 미디어의 발전에 따른 사인에 의한 인권침해의 문제가 중요한 과제로 되고 있는 점에 비추어 사회공동체의 객관적 가치질서로서의 성격과 함께 대사회적 관계에서도 그 효력을 가진다고 보는 긍정설이 타당하다.[3]

2. 언론 · 출판의 자유와 그 밖의 기본권의 관계

2.1. 직업의 자유와의 관계

헌법 제15조는 직업선택의 자유를 규정하고 있다. 그런데 이와는 별도로 언론 · 출판의 자유의 보호범위 내에서 모든 언론에 관한 직업의 자유를 보호한다고 본다. 그리고 그 보호범위는 출판인의 설립의 자유는 물론 출판인 · 발행인 · 편집인 · 저널리스트의 자유로운 언론직에의 근접, 장차 수행할 직무수행뿐만 아니라 언론직업의 선택을 모두 포함하는 것이라고 할 수 있다. 이것은 언론의 자유에 대한 다양한 제한가능성 때문에 특히 중요하다고 한다.

2.2. 집회 · 결사의 자유와의 관계

언론 · 출판의 자유와 집회 · 결사의 자유는 그 모두가 표현의 자유이지만, 전자는 개인적 표현의 자유이고, 후자는 집단적 표현의 자유이다(권영성). 다만 집회에 참가하여 발언

1) 헌재결 1991. 9. 16, 89헌마165 【정기간행물의등록등에관한법률제16조제3항, 제19조제3항의위헌여부에관한헌법소원】
2) 허영, 한국헌법론, 565면.
3) 정연우, 기본권의 대사인적 효력, 고시계(1991.7), 74-57면.

을 하는 경우에 그것은 집회의 자유로서 보장된다. 왜냐하면 집회 · 결사조항은 언론 · 출판조항에 대한 특별법적 규정이기 때문이다.[1] 이에 대하여 우리 헌법은 언론 · 출판의 자유와 집회 · 결사의 자유를 동일조문에서 규정하고 있기 때문에 이를 구별할 실익이 없다는 견해도 있다(김철수). 헌법재판소는 언론의 자유로서 보장된다고 한다.[2]

2.3. 양심의 자유와의 관계

양심 또는 신앙을 외부에 표현하는 양심의 자유(제19조) 및 종교의 자유(제20조)는 표현의 자유에 관한 제21조(언론 · 출판 · 집회 · 결사의 자유)에 대한 특별법적 규정이기 때문에, 양심 · 신앙의 외부적 표현에 관해서는 양심의자유(제19조) · 종교의 자유(제20조)가 우선적으로 적용된다.

2.4. 학문 · 예술의 자유와의 관계

언론 · 출판의 자유와 학문 및 예술의 자유의 관계도 언론 · 출판의 자유와 양심 및 신앙의 자유의 관계에 준한다. 따라서 따라서 학문 · 예술의 자유(제22조)는 제21조에 대하여 특별법적 관계에 있으므로 연극 · 음악 · 영화 등이 순수한 학문적인 것 또는 예술적인 것일 때에는 제22조가 우선 적용된다.

2.5. 사생활의 비밀 · 자유 및 통신의 자유와의 관계

언론 · 출판은 사상 또는 의견을 불특정다수인을 상대로 표현하는 행위이므로, 개인간의 일상적인 회화나 통신은 표현의 자유로서 보호받는 것이 아니라 통신의 자유 또는 사생활의 비밀과 자유로서 보호받게 된다.[3]

2.6. 재산권 보장과의 관계

언론 · 출판의 자유와 재산권보장의 관계에 있어서도 재산권보장은 헌법 제23조 제1항을 통해서 배제되는 것이 아니라 중첩되어 있다. 따라서 재산권의 내용과 제한을 정하는 법률은 언론 · 출판에서의 재산과 관련해서 일반적인 법률로 보아야 한다. 출판물이 재산권으로서 보호된다면, 공용수용의 경우에 있어서도 같은 조건이 적용된다.

---

1) 권영성; 허영; 홍성방; 계희열; Maunz-Dürig-Herzog-Scholz, Rdnrn. 37 f. 38 zu Art. 5.
2) 헌재결 1994. 4. 28, 91헌바14 【집회및시위에관한법률 제2조 등에 대한 헌법소원】
3) 권영성, 헌법학원론, 498면.

IV. 언론 · 출판의 자유의 주체

1. 사인

헌법 제21조 1항은 "모든 국민은 언론 · 출판의 자유와 집회 · 결사의 자유를 가진다."고 규정하고 있다. 여기서 모든 국민이라 함은 자연인을 가리킨다고 해석하는 것은 의문의 여지가 없다. 따라서 언론 · 출판의 자유는 모든 자연인에게 그 주체성이 인정되는 권리로 봐야 한다. 따라서 내국인 뿐 아니라 외국인에게도 보장된다고 해석함이 타당하다.[1]

2. 법인

법인(신문사 · 통신사)에 대해서도 그 적용이 가능한 경우에는 언론 · 출판의 자유가 보장된다고 할 수 있다.[2] 공법인에 속하는 국 · 공립대학교도 주체가 될 수 있다.[3] 특히 언론 · 출판의 자유의 내용 중 하나인 보도의 자유는 개인보다는 매체를 주체로서 인정하는 제도라고 할 수 있을 것이다.

V. 언론 · 출판의 자유의 내용

언론 · 출판의 자유는 의사표현 및 전달(보도)의 자유, 알 권리(정보의 자유), Access 권 등이 있다.[4]

---

1) 이준일, 헌법학강의, 단락번호 [4.5.115].
2) 홍성방, 헌법학, 500면.
3) 이준일, 헌법학강의, 단락번호 [4.5.115].
4) 홍성방, 헌법학, 501면.

<table>
<tr><th colspan="2">논점</th><th colspan="2">내용(언론 · 출판의 자유)</th><th>참고</th></tr>
<tr><td rowspan="3">주
요
내
용</td><td rowspan="2">자
연
인</td><td>고전적</td><td>1) 불특정 다수인에게 자기의 사상 · 의견의 표명 · 전파권</td><td></td></tr>
<tr><td>현대적</td><td>1) 의사표명 · 전달의 자유
2) 알권리(정보의 자유 : Informationsfreiheit) - 주관적 공권 ☜ 받는 쪽의 권리
가) 의의 - ① 적극적 : 일반적 정보수집권(사상, 의견 등 정신적 활동 포함), ② 소극적 : 정보취사선택권, 방해배재권
나) 입법례
① 세계인권선언(국경초월정보수집권)
② 독일기본법(제5조 제1항)
③ 미국, 정보자유권(1966년)
다) 한국
① 헌법상 명문(X), ② 통설(O), ③ 판례 : 헌재결(1989. 9. 4; 1991. 5. 31; 1992. 2. 25)
3) Access권 - 주관적 사권
가) 의의 - ① 협의 : 해명권, 반론권(정정보도청구권)
② 광의 : 언론매체이용권
나) 특성 - ① 대사인적 효력
② 기본권의 충돌 : 언론기관의 보도편집권</td><td>헌재결 : 자유권 · 청구권</td></tr>
<tr><td colspan="2">법
인</td><td>1) 언론기관설립권
가) 개별적 법률유보(설립요건 법률주의) : 한정위헌
나) 법인에 한한다.(다수설)
다) 일정한 제한 대상 - ① 외국인, 외국법인
② 대한민국에 주소가 없는 자
라) 언론기관 독과점 금지(2종 이상 불가)
마) 일정시설구비 전제 → 헌재결 1992. 6. 26(한정위원)
2) 보도의 자유
가) Mass Communication - 신문, 잡지, 방송(방영)
나) 취재의 자유에 취재원 묵비권 포함
① 긍정설 (소수설)
② 부정설 (다수설) : 통설 - 미국판례(Branzburg v. Hayes, 1972); 일본판례(1952)
3) 편집 · 편성의 자유, 4) 논평의 자유, 5) 기관내부의 자유, 6) 출판시기 결정권</td><td>* 언론기관 설립요건 법률주의 ⇒ 한정위헌</td></tr>
</table>

<홍원식, 통합헌법요론, 176면 참조>

1. 고전적 의미의 언론 · 출판의 자유의 내용

고전적 의미에서의 언론 · 출판의 자유는 불특정의 다수인을 상대로 자신의 의견이나 사상을 자유로이 표명하거나 전달할 수 있는 자유로 이해되고 있다.[1] 헌법 제1조가 이와

1) v. Mangoldt-Klein, S. 28 f.; H. Ridder, GR II, S. 264; U. Scheuner, VVDStRL, Heft 22, S. 63 참조.

같은 의견 또는 사상의 표명과 전달의 자유를 보장하고 있는 결과 공권력은 법적으로도 사실상으로도 의사표명 또는 사상전달을 방해하거나 금지할 수 없다. 따라서 의견이나 사상의 발표 또는 전달을 억제하기 위한 인신구속 · 사전검열 · 입법조치 · 도청 등은 할 수 없다.[1)]

2. 현대적 의미의 언론 · 출판의 자유의 내용

2.1. 개관

현대적 의미에서의 언론 · 출판의 자유는 고전적 의미의 언론 · 출판의 자유인 의사 또는 사상의 표명과 그 전달의 자유(말할 자유) 외에 알 권리 · 액세스권 · 반론권 · 언론기관설립권 · 언론기관의 자유까지도 그 내용으로 한다.[2)] 언론 출판의 자유의 보호대상이 되는 의사의 표현이나 전파의 매개체는 어떠한 형태의 것이라도 가능하다. 따라서 담화 · 연설 · 토론 · 연극 · 방송[3)] · 인터넷 · 영화 가요 등과 문서 · 소설 · 시가 · 도화 · 사진 · 조각 · 서화 · 광고[4)][5)] · 음반 · 비디오물[6)] 등 모든 형상의 의사표현 또는 의사전파의 매개체를 포함한다.[7)]

---

1) 권영성, 헌법학원론, 498면.
2) 권영성, 헌법학원론, 499면.
3) 헌재결 2003. 12. 18, 2002헌바49 【방송법제74조위헌소원】 방송의 자유는 주관적 권리로서의 성격과 함께 자유로운 의견형성이나 여론형성을 위해 필수적인 기능을 행하는 객관적 규범질서로서 제도적 보장의 성격을 함께 가진다. 이러한 방송의 자유의 보호영역에는, 단지 국가의 간섭을 배제함으로써 성취될 수 있는 방송프로그램에 의한 의견 및 정보를 표현, 전파하는 주관적인 자유권 영역 외에 그 자체만으로 실현될 수 없고 그 실현과 행사를 위해 실체적, 조직적, 절차적 형성 및 구체화를 필요로 하는 객관적 규범질서의 영역이 존재하며, 더욱이 방송매체의 특수성을 고려하면 방송의 기능을 보장하기 위한 규율의 필요성은 신문 등 다른 언론매체보다 높다. 그러므로 입법자는 자유민주주의를 기본원리로 하는 헌법의 요청에 따라 국민의 다양한 의견을 반영하고 국가권력이나 사회세력으로부터 독립된 방송을 실현할 수 있도록 광범위한 입법형성재량을 갖고 방송체제의 선택을 비롯하여, 방송의 설립 및 운영에 관한 조직적, 절차적 규율과 방송운영주체의 지위에 관하여 실체적인 규율을 행할 수 있다.
4) 헌재결 1998. 2. 27, 96헌바2 【옥외광고물등관리법제3조위헌소원】 【결정요지】 헌법 제21조 제2항에서 정하는 허가나 검열은 행정권이 주체가 되어 사상이나 의견 등이 발표되기 이전에 예방적 조치로서 그 내용을 심사 · 선별하여 발표를 사전에 억제하는, 즉 허가받지 아니한 것의 발표를 금지하는 제도를 뜻한다. 옥외광고물등관리법 제3조는 일정한 지역 · 장소 및 물건에 광고물 또는 게시시설을 표시하거나 설치하는 경우에 그 광고물 등의 종류 · 모양 · 크기 · 색깔, 표시 또는 설치의 방법 및 기간 등을 규제하고 있을 뿐, 광고물 등의 내용을 심사·선별하여 광고물을 사전에 통제하려는 제도가 아님은 명백하므로, 헌법 제21조 제2항이 정하는 사전허가·검열에 해당되지 아니한다. 옥외광고물등관리법 제3조에서 규제하는 옥외광고물이나 게시시설이 방임될 경우 각양각색의 광고물로 인하여 국민의 주거환경과 국토경관이 크게 침해당하게 될 것이고, 광고물 관리를 사후적인 지도 · 감독에만 의존하게 되면 효과적인 광고물 관리가 어려움으로 사전

허가제도를 도입할 필요성이 인정된다. 옥외광고물등관리법 제3조는 광고물 및 광고시설이 제한되는 지역을 특정하여 한정하고 있고, 허가나 신고의 기준에 관하여도 일정한 제한을 둠으로써 제한을 필요최소한으로 규정하고 있으므로, 헌법 제37조 제2항이 정하는 과잉금지원칙에 위반되어 언론·출판의 자유를 침해한다고 볼 수 없다.

5) 헌재결 2002. 12. 18, 2000헌마764【옥외광고물등관리법 제3조제1항제6호등위헌확인】【판시사항】가. 교통수단을 이용하여 타인의 광고를 할 수 없도록 하고 있는 옥외광고물등관리법시행령 규정이 표현의 자유를 침해하는지 여부(소극) 나. 위 규정이 직업의 자유를 침해하는지 여부(소극)【결정요지】가. 옥외광고물등관리법은 옥외광고물의 표시장소·표시방법과 게시시설의 설치·유지 등에 관하여 필요한 사항을 규정함으로써 미관풍치와 미풍양속을 유지하고 공중에 대한 위해를 방지함을 목적으로 하고 있는바, 자동차에 무제한적으로 광고를 허용하게 되면, 교통의 안전과 도시미관을 해칠 수가 있으며 운전자들의 운전과 보행자들에게 산란함을 야기하여 운전과 보행에 방해가 됨으로써 도로안전에 영향을 미칠 수 있다. 따라서 도로안전과 환경·미관을 위하여 자동차에 광고를 부착하는 것을 제한하는 것은 일반 국민들과 운전자들의 공공복리를 위한 것이라 할 수 있고, 이러한 이유로 제한이 가능하다 할 것이다. 또한 옥외광고물등관리법시행령은 모든 광고를 전면적으로 금지하는 것이 아니라, 자동차 소유자 자신에 관한 내용의 광고는 허용하면서 타인에 관한 내용의 광고를 금지하고 있다. 이 사건 시행령조항이 자동차소유자 자신에 관한 광고는 허용하면서 타인에 관한 광고를 금지하는 것은 일견하여 표현내용에 따른 규제로 볼 수도 있으나, 이 사건 시행령조항이 자신에 관한 광고와 타인에 관한 광고를 구분하여 규제의 기준으로 삼은 것은, 광고의 매체로 이용될 수 있는 차량을 제한함으로써 자동차를 이용한 광고행위의 양을 도로교통의 안전과 도시미관을 해치지 않는 적정한 수준으로 제한하려고 한 것이다. 따라서 표현의 자유를 침해한다고 볼 수 없다. 나. 옥외광고물등관리법시행령조항에 의한 제한이 청구인들의 인격발현과 개성신장에 미치는 비교적 경미한 효과를 고려할 때, '비영업용 차량을 광고매체로 이용하는 광고대행업'은 하나의 독립된 직업이 아니라 단지 '광고대행업'을 행사하는 방법의 하나라고 판단되므로, 시행령조항은 '광고대행업'이란 직업의 행사방법을 제한하는 규정으로 차량을 매체로 하는 광고를 제한함으로써 달성하고자 하는 공익인 도로교통의 안전성과 도시미관의 중대함에 비추어, 제한을 통하여 얻는 공익적 성과와 개인의 자유에 대한 제한의 정도가 합리적인 비례관계를 벗어났다고 볼 수 없다. 따라서 이 사건 시행령조항은 직업의 자유를 침해하지 않는다.

6) 헌재결 2006. 10. 26, 2005헌가14【음반·비디오물및게임물에관한법률제35조제1항등위헌제청】외국음반의 국내제작이 언론·출판의 자유의 보호범위에 속하는 것인지 여부(적극)【결정요지】음반 및 비디오물도 의사형성적 작용을 하는 한 의사의 표현·전파의 형식의 하나로 인정되며, 이러한 작용을 하는 음반 및 비디오물의 제작은 언론·출판의 자유에 의해서도 보호된다. 외국음반의 국내제작도 의사형성적 작용이라는 관점에서 당연히 의사의 표현·전파 형식의 하나에 해당한다고 할 수 있으므로 역시 언론·출판의 자유의 보호범위 내에 있다.

7) 권영성, 헌법학원론, 499면.

2.2. 내용

2.2.1. 의사표현및 전달(전파)의 자유

의사표현의 자유란 자기의 사상이나, 의견을 외부에 표명하거나 전달하는 자유를 말한다. 의사를 표명하고 전달하는 형식에는 아무런 제한이 없다.[1] 따라서 언어 · 문자 · 도형, 플래카드, 현수막, 제스추어, 심볼, 표지, 음반, 및 비디오물[2] 등을 이용한 의사표현이 모두 포함된다. 사상이나 의사표현이나 전달을 억제하기 위하여 인신구속 · 사전검열 · 입법조치 · 도청 등을 할 수 없다. 의사표현에는 자신의 의사를 표현하고 전달하는데 국가권력의 간섭이나 방해를 받지 아니하는 소극적 의사표현의 자유와 자신의 의견표명을 통해서 여론형성에 참여할 수 있는 권리는 적극적 의사표현의 자유에 해당한다.[3]

[상징적 표현의 문제]

상징적 표현은 통상적인 표현수단과 다른 형태로 어떤 주제에 관한 의견이나 사상을 표현하는 것을 말한다. 상징적 언론(symbolic speech)이라고도 한다.[4] 행동으로 의사의 표현이 이루어지는 '상징적 표현'의 경우 언론의 개념에 포함되는지가 문제된다. 그러한 예로는 월남전에 반대하는 표시로 병역등록카드나 성조기를 소각하거나 검은 완장을 착용하는 것과 같은 경우가 있다. 헌법재판소는 이에 대해 긍정적 입장을 취하고 있다(1998. 2. 27, 96헌바2). 생각건대 비언어적 행동이 의사를 전달하기 위한 동기에서 나온 것이고 제3자가 그것을 의사의 전달이라고 인식하는 한 상징적 표현권도 표현의 일종으로서 법의 보호를 받는다고 할 것이다.

[상징적 표현행위에 대한 규제가 합헌적이기 위한 요건]

- 규제가 정부권한 내에 있을 것.
- 정부의 중요한 이익을 보호하기 위한 것일 것.
- 표현의 자유를 억제하지 않는 범위내 일 것
- 행위의 언론적 요소와는 별개로 그 행위를 규제할 중대한 이익이 있을것(U.S. v. O'Brien. 391 U.S. 367. 1968).[5]

---

1) 헌재결 1996. 10. 31, 94헌가6 [위헌] 【음반및비디오물에관한법률제16조제1항등위헌제청】 헌법 제21조 제1항은 모든 국민은 언론 출판의 자유를 가진다고 규정하여 언론 출판의 자유를 보장하고 있다. 의사표현의 자유는 언론 · 출판의 자유에 속하고, 여기서 의사표현의 매개체는 어떠한 형태이건 그 제한이 없다고 할 것이다. 따라서 이 사건에서 문제되고 있는 음반은 학문적 연구결과를 발표하는 수단이 되기도 하고, 예술표현의 수단이 되기도 하므로 그 제작 및 판매 배포는 학문·예술의 자유를 규정하고 있는 헌법 제22조 제1항에 의하여 보장을 받음과 동시에 헌법 제21조 제1항에 의하여도 받는다.

2) 헌재결 1993. 5. 13, 91헌바17 【음반에관한법률 제3조 등에 대한 헌법소원】

3) 허영, 한국헌법론, 567면.

4) 양건, 헌법강의, 441면.

1) U.S. v. O'Brien (1968)

군대징집카드 소각행위를 처벌하는 것에 대해 합헌적이라고 하였다.

2) Tinker v. Des Moines School District(1969)

중 · 고등학생이 월남전에 반대한다는 의사표시를 위하여 검은 완장을 팔에 차고 다녔다는 이유로 정학처분을 한 것에 대해 엄격심사기준을 적용하여 위헌이라고 하였다.

3) Texas v. Johnson(1989)

주기(州旗) 또는 미국연방기 소각과 같은 국기소각행위를 처벌하는 Texas주법에 대해 위헌이라고 하였다. 국가정체성과 국민적 일체성을 유지하기 위한 것이라도 질서유지에 급박한 위험이 없는 한 정치적 반대 의사표시를 위한 행위를 처벌할 수 없다(Texas v. Johnson(1989))고 본 것이다.[1] 연방의회는 1989년 국기소각을 금지하는 연방국기보호법을 제정하였으나 다시 연방대법원에 의해 5 : 4로 위헌 선고되었다(U.S. v. Eichman 496 U.S. 310)

2.2.2. 알 권리(정보의 자유) : 주관적 공권

a) 의의

'알 권리(Right to Know)'란 모든 情報源(Informationsquelle)으로부터 '일반적 정보'[2]를 수집하고, 의사형성 및 결정에 필요한 정보를 접근 · 수집 및 처리할 수 있는 권리를 말한다.[3] 이는 받는 쪽의 권리(Rezipientenfreiheit)를 의미한다. 이는 정보의 자유(freedom of information)이라고도 한다. 여기서 정보라 함은 사상 · 의견 등 개인의 정신적 활동에 관한 일체의 자료를 의미한다. 정보를 수집하고 처리할 수 있는 권리를 말하는 알 권리는 언론 · 출판의 자유(표현의 자유)의 한 내용으로 마땅히 보장된다.[4][5]

「알 권리의 구체적 내용」

- 읽을 권리
- 들을 권리
- 볼권리

---

5) 양건, 헌법강의, 441면.

1) 양건, 헌법강의, 441면.

2) 권영성, 헌법학원론, 500면.

3) 이준일, 헌법학강의, 단락번호 [4.5.122]; 헌재결 1989. 9. 4, 88헌마22 【공권력에 의한 재산권침해에 대한 헌법소원】

4) 헌재결 1989. 9. 4, 88헌마22 【공권력에 의한 재산권침해에 대한 헌법소원】

5) 헌재결 1995. 7. 21, 92헌마177, 199 【대통령선거법제65조위헌확인】

<사례>

갑은 수차례에 걸쳐서 경기도 이천군 마장면 표교리 산 18내지 산 21, 산 23과 326의 1 및 129의 2 등지에 소재한 임야와 전에 대한 구임야대장, 민유임야이용구분조사서(임야조사서를 의미), 토지조사부, 지세명기장 등의 열람·복사 신청을 하였으나 행정청 을은 그 중 토지조사부와 임야조사서에 대하여서는 그 신청이 정당한 이해관계인에 의하여 제출된 것인지의 여부도 검토하지 아니한 채 아무런 조처도 하지 않는 방법으로 불응하였다. 갑은 헌법재판소에 이 사건 헌법소원심판을 청구하고자 한다. <판례 : 헌재결 1989. 9. 4, 88헌마22 참조>

문제 1) 헌법소원의 적격성? 청구인인 갑은 다른 구제절차를 밟지 않고 곧바로 본건 헌법소원심판청구를 하였기 때문에 헌법재판소법 제68조 제1항 소정의 전심절차요건 불비의 위법이 있어서 각하되어야 하는가?

문제 2) 알권리를 침해하였는가?

<문제 1의 해설>

청구인 갑의 토지조사부 등에 대한 열람·복사 신청에 대한 피청구인의 대응은 두 가지로 나누어 볼 수 있다. 하나는 본건 신청에 대하여 적극적으로 이를 거부한 거부처분의 경우이고, 둘은 거부의 의사표시도 하지 않고 방치해 버린 사실상의 부작위의 경우인데 본건의 경우는 사실상의 부작위의 경우에 해당하는 것으로 보여진다. 그리고 이상 어느 경우에도 행정심판 또는 행정소송의 대상이 될 수 있다고 본다면 청구인으로서는 의무이행심판을 구하거나(행정심판법 제4조 제3호) 항고소송을 제기하여(행정소송법 제3조 제1호) 거부처분취소 또는 부작위위법확인(동법 제4조 제1호, 제3호) 등을 구하는 것이 가능할 것이기 때문에 그 절차를 거치지 않은 것은 바로 전심절차 불이행의 흠결이 있는 것으로 지적될 수 있다. 그러나 행정소송법상 "부작위"라 함은 행정청이 당사자의 신청에 대하여 상당한 기간내에 일정한 처분을 하여야 할 법률상 의무가 있음에도 불구하고 이를 하지 않은 것을 의미하는 것으로서(동법 제2조 제1항 제2호), 피청구인이 청구인의 문서 열람·복사 신청에 불응한 것이 위 부작위로 되어 행정쟁송의 대상이 되려면 피청구인에게 법률상의 처분의무가 존재하여야 한다. 그런데 공문서의 개시의무에 관한 법률상 명문규정은 찾아볼 수 없고, 행정청의 부작위 또는 사실행위에 관한 대법원의 종래의 판례를 검토하면, 민원인으로부터 애국지사 유족확인신청서를 받고 이를 그대로 반송한 사실에 대하여 위 반송처분은 법률에 위반한 단순한 사실행위에 불과하여 항고소송의 대상이 되는 행정처분이라고 할 수 없다고 하고, 원호위원회가 위 민원서류를 접수하고도 아무런 조치를 취하지 않은 사실에 대하여 행정청의 단순한 부작위는 항고소송의 대상이 되지 않는다고 판시[1] 하고 있을 뿐만 아니라 지적공부 등에의 誤記등과 관련하여 지적공부에 일정사항을 등록하거나 말소하는 행위는 행정사무 집행의 편의와 사실증명의 자료로 삼기 위한 것이고, 그 등록이나 말소로 인하여 어떠한 권리가 부여되거나 변동 또는 상실되는 것이 아니며 또 지적공부의 등록사항에 오류가 발견되어 그것이 정정될 때까지 공부 소관청이 내부 사무

1) 대판 1985. 11. 26, 85누607 【유족확인신청부결처분취소】

처리지침에 따라 일정기간 동안 당해 지번을 봉쇄하고 증명발급을 중지하였다 하더라도 그로 인하여 관계인에게 직접 권리의무의 변동을 초래하게 하는 것도 아니므로 행정소송의 대상이 되는 행정처분이 있다고 볼 수 없다고 판시[1)]하고 임야대장, 토지대장, 가옥대장 등의 성격과 관련하여 시 · 군 · 구에 작성 비치하는 동 대장 등에의 등재행위는 행정청의 내부적 행위에 불과한 것으로 그 자체로서 개인의 권리관계에 변동을 가져오는 것이 아니라 오로지 당해 행정청에서의 행정 사무편의와 사실증명을 위한 자료로 쓰이는데 지나지 않아 행정청이 사실과 다르게 기재하였다고 하더라도 행정소송의 대상이 되지 않는다고 판시(대판 1976. 5. 1, 76누12)하고 부작위위법확인과 관련하여 부작위위법확인을 받을 법률상의 이익이 있는 경우에는 원고적격이 인정된다 하겠으나 여기서 말하는 법률상의 이익은 당해 처분 또는 부작위의 근거 법률에 의하여 보호되는 직접적이고 구체적인 이익이 있는 경우를 말하고 다만 간접적이거나 사실적 · 경제적 관계를 가지는데 불과한 경우는 여기에 포함되지 아니한다고 판시[2)]하고 있다.

이상 대법원의 판례를 종합해 보면 행정청 내부의 사실행위나 사실상의 부작위에 대하여 일관하여 그 행정처분성을 부인함으로써 이를 행정쟁송 대상에서 제외시켜 왔음을 알 수 있어 본건과 같은 경우도 행정쟁송에서 청구인의 주장이 받아들여질 가능성은 종래의 판례 태도를 변경하지 않는 한 매우 희박함을 짐작하기에 어렵지 않는 것이다.

그렇다면 사실상의 부작위에 대하여 행정소송을 할 수 있는지의 여부를 잠시 접어두고 그에 관한 대법원의 태도가 소극적이고 아울러 학설상으로도 그 가부가 확연하다고 할 수 없는 상황에서 법률의 전문가가 아닌 일반국민에 대하여 전심절차의 예외 없는 이행을 요구하는 것이 합당하겠는가의 의문이 생겨나는 것이다. 그러나 헌법소원심판 청구인이 그의 불이익으로 돌릴 수 없는 정당한 이유있는 착오로 전심절차를 밟지 않은 경우 또는 전심절차로 권리가 구제될 가능성이 거의 없거나 권리구제절차가 허용되는지의 여부가 객관적으로 불확실하여 전심절차 이행의 기대가능성이 없을 때에는 그 예외를 인정하는 것이 청구인에게 시간과 노력과 비용의 부담을 지우지 않고 헌법소원심판제도의 창설취지를 살리는 방법이라고 할 것이므로, 본건의 경우는 위의 예외의 경우에 해당하여 적법하다고 할 것이다.

<문제 2의 해설>

우리나라는 헌법 제21조에 언론출판의 자유 즉 표현의 자유를 규정하고 있는데, 이 자유는 전통적으로는 사상 또는 의견의 자유로운 표명(발표의 자유)과 그것을 전파할 자유(전달의 자유)를 의미하는 것으로서, 개인이 인간으로서의 존엄과 가치를 유지하고 행복을 추구하며 국민주권을 실현하는데 필수불가결한 것으로 오늘날 민주국가에서 국민이 갖는 가장 중요한 기본권의 하나로 인식되고 있는 것이다. 그런데 사상 또는 의견의 자유로운 표명은 자유로운 의사의 형성을 전제로 하는데, 자유로운 의사의 형성은 충분한 정보에의 접근이 보장됨으로써 비로소 가능한 것이며 다른 한편으로 자유로운 표명은 자유로운 수용 또는 접수와 불가분의 관계에 있다고 할 것이다. 그러한 의미에서 정보에의 접근 · 수집

1) 대판 1986. 1. 21, 85누228【지적봉쇄해제】
2) 대판 1989. 5. 23, 88누8135【가건물철거대집행계고처분청구】

· 처리의 자유 즉 "알 권리"는 표현의 자유에 당연히 포함되는 것으로 보아야 하는 것이다. 이와 관련하여 인권에 관한 세계선언 제19조는 "모든 사람은 모든 수단에 의하여 국경을 초월하여 정보와 사상을 탐구하거나 입수 또는 전달할 자유를 갖는다"라고 하여 소위 "알 권리"를 명시하고 있는 것이다.

"알 권리"는 민주국가에 있어서 국정의 공개와도 밀접한 관련이 있는데 우리 헌법에 보면 입법의 공개(제50조 제1항), 재판의 공개(제109조)에는 명문규정을 두고 행정의 공개에 관하여서는 명문규정을 두고 있지 않으나, "알 권리"의 생성기반을 살펴볼 때 이 권리의 핵심은 정부가 보유하고 있는 정보에 대한 국민의 알권리 즉, 국민의 정부에 대한 일반적 정보공개를 구할 권리(청구권적 기본권)라고 할 것이며, 또한 자유민주적 기본질서를 천명하고 있는 헌법 전문과 제1조 및 제4조의 해석상 당연한 것이라고 봐야 할 것이다. "알 권리"의 법적 성질을 위와 같이 해석한다고 하더라도 헌법 규정만으로 이를 실현할 수 있는가 구체적인 법률의 제정이 없이는 불가능한 것인가에 대하여서는 다시 견해가 갈릴 수 있지만, 본건 서류에 대한 열람·복사 민원의 처리는 법률의 제정이 없더라도 불가능한 것이 아니라 할 것이고, 또 비록 공문서 공개의 원칙보다는 공문서의 관리 · 통제에 중점을 두고 만들어진 규정이기는 하지만 "정부공문서규정" 제36조 제2항이 미흡하나마 공문서의 공개를 규정하고 있는 터이므로 이 규정을 근거로 해서 국민의 알권리를 곧바로 실현시키는 것이 가능하다고 보아야 할 것이다.

이러한 관점에서 청구인 갑의 자기에게 정당한 이해관계가 있는 정부 보유 정보의 개시요구에 대하여 행정청이 아무런 검토 없이 불응하였다면 이는 청구인이 갖는 헌법 제21조에 규정된 언론·출판의 자유 또는 표현의 자유의 한 내용인 "알 권리"를 침해한 것이라 할 수 있으며, 그 이외에도 자유민주주의 국가에서 국민주권을 실현하는 핵심이 되는 기본권이라는 점에서 국민주권주의(제1조), 각 개인의 지식의 연마, 인격의 도야에는 가급적 많은 정보에 접할 수 있어야 한다는 의미에서 인간으로서의 존엄과 가치(제10조) 및 인간다운 생활을 할 권리(제34조 제1항)와 관련이 있다 할 것이다.

「환경권과 알 권리」

오늘날 급증하는 환경오염문제와 관련하여 특히 주목을 받는 것이 환경오염지대에서 거주하고 있는 주민들이 환경오염을 야기하는 기업체로부터 일정한 보고를 하는 것을 강제함으로써 환경오염피해에 대한 구제책을 합리적으로 마련하도록 하는 것이 요구되고 있다. 특히 미국의 경우 연방의회는 1986년 10월 17일 '긴급대처계획 및 주민의 알 권리에 관한 법(Emergency Planning and Community Right to Know Act of 1986)'을 제정하였다. 이 법은 지역주민을 화학공장의 사고에 의한 피해로부터 보호하는 것을 목적으로 하고 있는데, 소정의 화학물질을 일정량 이상 취급하고 있는 기업은 유해화학물에 대한 정보를 주와 지방의 관할당국에 보고하는 것이 의무화 되어있다.[1] 연방법 이외의 州의 '주민

1) 보고의무는 다음과 같은 4가지로 나누인다. ① 긴급대처계획 수립을 위한 보고(emergency planning notification), ② 유해화학물질 방출사고의 긴급보고(emergency release notification), ③ 주민의 알권리(community right to know)를 위한 보고 I : 유해화학물질에 관한 보고, ④ 주민의 알권리를 위한 보고 II : 유해화학물질의 정기배출에 관한 보고.

의 알 권리법'의 대표적인 것으로서 뉴저지주의 '노동자 및 주민의 알 권리법(Worker and Community Right to Know Act, N.J.S.A. # 34:5A -1(1983) 과 켈리포니아주의' 유해물질 방출 대처계획 및 목록에 관한 법(Hazardous Material Release Response Plans and Inventory Law, Cal., Health and Safety Code Ch. 6. 95 # 25500(1989)등이 있다.[1]

정보의 자유(Informationsfreiheit) 내지 알권리는 일반적으로 접근할 수 있는 정보원으로부터 자기에게 필요한 사항을 알 수 있는 권리를 의미하기 때문에 일반적으로 접근할 수 있는 정보원을 어떻게 이해하느냐 하는 것이 중요한 의미를 가진다. 여기서 일반적이란 신문 · 잡지 · 방송 등 불특정 다수인에게 개방될 수 있는 것을 말하고,[2] 「일반적으로 접근할 수 있는」이란 정보원이 일반에게, 즉 불특정 다수인에게 정보를 공급해주기에 기술적으로 적합하고 또한 공급해 주도록 정해져 있는 경우, 그러한 정보원은 '일반적으로 접근할 수 있는' 것이다.[3] 「정보」란 양심 · 사상 · 의견 · 지식 등의 형성에 관련이 있는 일체의 자료를 말한다.[4] 따라서 신문 · 잡지 · 방송(라디오 · TV 방송) · 영화 · 전시물 · 팜플렛, 손으로 배부하는 전단, 광고탑에 게시된 것 서류, 자연재해, 법원의 심리 등 은 일반적으로 접근할 수 있는 정보원이다.[5]

알 권리는 개인에게는 공공기관과 사회집단 등에 대하여 '정보공개를 요구할 수 있는 권리'[6]를 의미하고, 언론기관에게는 공공기관과 사회집단 등에 대하여 정보공개를 청구할 수 있는 권리만이 아니라 그에 관한 취재의 자유를 의미한다. 헌법재판소는「알 권리를 언론 · 출판의 자유의 한 내용」으로 판단하고 있다.[7]

이러한 알 권리의 개념이 등장하게 된 사회적 배경은 다음과 같다. (ㄱ) 국민의 생활 전반에 걸쳐 필수불가결한 여러 가지의 정보가 정부나 특정의 기업 또는 언론기관에게 집중되거나 독점관리되고 있어서, 일반국민은 정보에 접근하여 그것을 자유로이 수집할 수 없게 되었다(객관적 조건). (ㄴ) 일반국민의 정보수집의 중요성에 대한 자각 및 정보수집욕

---

1) 권해수 · 서순복, 환경위기 상황하에서 주민의 알 권리 확보에 관한 연구, 북방연구, 한성대학교 북방문제연구소, 제6집(1996), 69면 이하 참조.

2) 권영성, 헌법학원론, 500면.

3) 계희열, 헌법학(중), 437면.

4) 권영성, 헌법학원론, 500면.

5) 계희열, 헌법학(중), 437면.

6) 대판 1999. 9. 21, 97누5114 【정보공개거부처분취소】 국민의 알 권리, 특히 국가정보에의 접근의 권리는 우리 헌법상 기본적으로 표현의 자유와 관련하여 인정되는 것으로 그 권리의 내용에는 일반 국민 누구나 국가에 대하여 보유 · 관리하고 있는 정보의 공개를 청구할 수 있는 이른바 일반적인 정보공개청구권이 포함된다.

7) 헌재결 1989. 9. 4, 88헌마22 【공권력에 의한 재산권침해에 대한 헌법소원】

구의 증대(주관적 조건), (ㄷ) 알 권리의 민주주의와의 불가분성 때문이다. 왜냐하면 민주국가는 자유로운 정보수집을 바탕으로 하는 여론 없이는 정상적인 기능이 발휘될 수 없으며, 풍부한 정보 없이는 책임있는 의사의 형성이 불가능하기 때문이다.[1]

b) 기능

- 의사표현을 위한 선행조건
- 인격의 자유로운 발현과 행복추구의 전제조건
- 여론형성에 기여(민주적 의사형성)

c) 알 권리의 헌법적 근거

독일기본법(제5조 제1항 : "누구든지 … 일반적으로 접근할 수 있는 情報源으로부터 방해를 받지 않고 정보를 얻을 권리를 가진다")과 세계인권선언(제17조)은 알 권리를 명문으로 규정하고 있다. 미국에서는 1966년에 정보자유법(The Freedom of Information Act)이 제정되어, 모든 정부기관의 정보는 국민에게 공급되어야 하고 국민이 자유로이 정보를 입수할 수 있도록 할 의무를 정부에 부과하고 있다.[2]

알권리가 헌법상의 권리인가 법률상의 권리인가 문제된다. 우리나라에서는 알 권리를 헌법상 명문으로 규정하고 있지 아니하고, 있지만,[3] 알 권리는 (ㄱ) 민주적인 국정참여를 위하여, (ㄴ) 인격의 자유로운 발현과 인간다운 생활을 확보하기 위하여 필요한 정보수집권을 의미하므로, 헌법 제21조 제1항(표현의 자유),[4] 제1조(국민주권의 원리), 제10조(인간의 존엄성존중과 행복추구권),[5] 제34조 제1항(인간다운 생활을 할 권리) 등에서 그 헌법적

---

1) 권영성, 헌법학원론, 501면.

2) 우리나라도 1995년 8월 4일 「정보화를 촉진하고 정보통신산업의 기반을 조성하며 정보통신기반의 고도화를 실현함으로써 국민생활의 길을 향상하고 국민경제의 발전에 이바지하도록 하기 위하여」 정보화촉진기본법을 제정 · 공포하였다.

3) 1996년 공공기관의정보공개에관한법률이 제정되어 국민의 알 권리를 법률의 차원에서 보호하고 있다(홍성방, 헌법학, 503면).

4) 홍성방, 헌법학, 503면; "… 접근 · 수집 · 처리의 자유, 즉 알권리는 표현의 자유에 당연히 포함되는 것으로 보아야 한다(헌재결 1989. 9. 4, 88헌마22; 헌재결 1991. 5. 13, 90헌마133; 헌재결 1992. 2. 25, 89헌마104)."

5) 국민의 알 권리가 인격의 형성, 그 자유로운 전개와 행복추구권의 중요한 내용으로 인정되고 있는 점을 고려할 때, 우리 헌법 제10조에서 정보에의 권리를 보장하고 있다고 하겠다. 한편 정보에의 권리의 근거를 헌법 제10조에서 구하더라도 헌법 제21조가 정보의 자유와 전혀 무관한 것은 아니고 정보의 자유의 한 내용인 정보매체로부터의 정보수령방해배제청구권은 헌법 제21조에서 인정된다고 보아야 할 것이다. 왜냐하면 정보수령방해배제청구권은 자유권의 성격을 띠므로, 언론 · 출판에 관한 자유권규정인 헌법 제21조에서 인정된다고 보아야 하기 때문이다(김철수,

근거를 찾을 수 있고,[1][2] 이는 헌법상의 권리이다.[3]

d) 알 권리의 법적 성격

알 권리는 복합적 성격의 권리이다. (ㄱ) 알 권리가 국민이 일반적으로 접근할 수 있는 정보원으로부터 정보를 수집하고 언론기관이 취재활동을 할 수 있는 권리를 의미할 경우에는, 헌법과 법률에 의하지 아니하고는 제한받지 아니하는 자유권의 성격을 가진다. (ㄴ) 알 권리가 공공기관에 대하여 정보공개청구권을 요구하는 것일 경우에는 청구권적 성격을 갖는다.[4][5]

헌법학(상), 982면).

1) 헌재결 1989. 9. 4, 88헌마22 【공권력에 의한 재산권침해에 대한 헌법소원】 우리나라는 헌법 제21조에 언론출판의 자유 즉 표현의 자유를 규정하고 있는데, 이 자유는 전통적으로는 사상 또는 의견의 자유로운 표명(발표의 자유)과 그것을 전파할 자유(전달의 자유)를 의미하는 것으로서, 개인이 인간으로서의 존엄과 가치를 유지하고 행복을 추구하며 국민주권을 실현하는데 필수불가결한 것으로 오늘날 민주국가에서 국민이 갖는 가장 중요한 기본권의 하나로 인식되고 있는 것이다. 그런데 사상 또는 의견의 자유로운 표명은 자유로운 의사의 형성을 전제로 하는데, 자유로운 의사의 형성은 충분한 정보에의 접근이 보장됨으로써 비로소 가능한 것이며, 다른 한편으로 자유로운 표명은 자유로운 수용 또는 접수와 불가분의 관계에 있다고 할 것이다. 그러한 의미에서 정보에의 접근·수집·처리의 자유 즉 "알 권리"는 표현의 자유에 당연히 포함되는 것으로 보아야 하는 것이다. 이와 관련하여 인권에 관한 세계선언 제19조는 "모든 사람은 모든 수단에 의하여 국경을 초월하여 정보와 사상을 탐구하거나 입수 또는 전달할 자유를 갖는다"라고 하여 소위 "알 권리"를 명시하고 있는 것이다. "알 권리"는 민주국가에 있어서 국정의 공개와도 밀접한 관련이 있는데 우리 헌법에 보면 입법의 공개(제50조 제1항), 재판의 공개(제109조)에는 명문규정을 두고 행정의 공개에 관하여서는 명문규정을 두고 있지 않으나, 알 권리의 생성기반을 살펴 볼 때 이 권리의 핵심은 정부가 보유하고 있는 정보에 대한 국민의 알 권리, 즉 국민의 정부에 대한 일반적 정보공개를 구할 권리라고 할 것이며, 또한 자유민주적 기본질서를 천명하고 있는 헌법 전문과 제1조 및 제4조의 해석상 당연한 것이라고 보아야 할 것이다.

2) 권영성, 헌법학원론, 501면.

3) 양건, 헌법강의, 491면.

4) 헌재결 1991. 5. 13, 90헌마133 【기록등사신청에 대한 헌법소원】 정보에의 접근·수집·처리의 자유, 즉 알 권리는 헌법 제21조 소정의 표현의 자유와 표리의 관계에 있으며, 자유권적 성질과 청구권적 성질을 공유하는 것인 바, 이러한 알 권리의 실현을 위한 법률이 제정되어 있지 않더라도 그 실현이 불가능한 것은 아니며 이러한 알 권리에 의하여 사건당사자의 형사확정소송기록에 대한 접근의 자유도 보장되는 것이므로 검사가 청구인에게 형사확정소송기록을 열람·복사할 수 있는 권리를 인정한 명문규정이 없다는 것만을 이유로 하여 무조건 청구인의 복사신청을 거부한 것은 청구인의 알 권리를 침해한 것이다.

5) 권영성, 헌법학원론, 502면.

e) 알 권리의 내용

언론 · 출판의 자유 중 의견 또는 사상의 표현과 그 전달의 자유가 내어 보내는 쪽(신문 · 통신 · 방송 등)의 자유를 의미한다면, 알 권리는 받아들이는 쪽(일반대중)의 자유를 의미한다. 알 권리는 타인에게 정보를 제공하는 자유가 아니라 자신이 정보를 수집할 수 있는 권리이다. 정보수집의 수단은 듣고, 보고, 읽는 것은 물론 그 밖의 모든 방법을 포함하는 최광의의 수단으로 해석하여야 한다. 결국 알 권리는 들을 권리 · 읽을 권리 · 볼 권리 등을 주된 내용으로 하는 것이다.[1)]

알 권리는 국민이 일반적으로 정보에 접근하고 수집 · 처리함에 있어서 국가권력의 방해를 받지 않음을 보장하고 의사형성이나 여론 형성에 필요한 정보를 적극적으로 수집하고 수집에 대한 방해의 제거를 청구할 수 있는 권리[2)]로서, 원칙적으로 국가에게 이해관계인의 공개청구 이전에 적극적으로 정보를 공개할 것을 요구하는 것까지 알 권리로 보장되는 것은 아니다. 따라서 일반적으로 국민의 권리의무에 영향을 미치거나 국민의 이해관계와 밀접한 관련이 있는 정책결정 등에 관하여 적극적으로 그 내용을 알 수 있도록 공개할 국가의 의무는 기본권인 알 권리에 의하여 바로 인정될 수는 없고 이에 대한 구체적인 입법이 있는 경우에야 비로소 가능하다.[3)]

국민의 알 권리를 보장하고 국정운영의 투명성을 확보하기 위한 법률로서 1996년에 제정된 「공공기관의정보공개에관한법률」이 있다.[4)]

f) 알 권리의 한계와 제한(알 권리와 국가기밀)

알 권리를 근거로 하여 모든 국가기관에게 정보를 요구할 수 없다. 정보의 공개를 막는 것이 공공이익에 도움이 된다면 공공이익을 위해서 알 권리를 제한 할 수 있다. 즉 알 권리도 헌법유보(제21조 제4항)와 일반적 법률유보(제37조 제2항)에 의하여 제한될 수 있음은 물론이다. 그러나 알 권리의 제한에는 비례의 원칙이나 이익형량의 원칙 등이 충분히 고려되어야 한다. 알 권리의 제한과 관련하여 특히 문제가 되는 것은 국가기밀에 관한 내용이다.[5)]

---

1) 헌재결 1994. 8. 31, 93헌마174 【지세명기장열람등거부 위헌확인】 국가 또는 지방자치단체의 기관이 보관하고 있는 문서 등에 관하여 이해관계 있는 국민이 공개를 요구함에도 정당한 이유없이 이에 응하지 아니하거나 거부하는 것은 당해 국민의 알권리를 침해하는 것이다.

2) 헌재결 1991. 5. 13, 90헌마133; 헌재결 2004. 12. 16, 2002헌마579 【대한민국정부와중화인민공화국정부간의마늘교역에관한합의서등위헌확인】

3) 헌재결 2004. 12. 16, 2002헌마579 【대한민국정부와중화인민공화국정부간의마늘교역에관한합의서등위헌확인】

4) 홍성방, 헌법학, 503면.

군사기밀이라 함은 비공지의 사실로서 관계기관에 의하여 적법절차에 따라 군사기밀로 분류표시 또는 고지된 군사관련 사항이어야 할 뿐만 아니라 아울러 그 내용이 누설될 경우 국가의 안전보장에 명백한 위험이 초래된다고 할 수 있을 정도로 그 내용자체가 실질적인 비밀가치를 지닌 비공지의 사실에 한하는 것이다.[1)]

각국의 실태를 보면 국가기밀의 영역이 확대일로에 있고, 그 누설에 대한 규제도 강화되고 있다. 따라서 알 권리가 국가이익 국가기밀과의 관계에서 어떤 경우에 어느 정도로 제한될 수 있는가가 심각한 문제로서 제기되고 있다. 원래 국가이익 또는 국가기밀이라는 개념은 추상적이고 불확정적 개념일 뿐 아니라 그에 관한 판단권이 정부의 재량사항으로 인식되고 있어, 알 권리에 대한 중대한 제약요인으로 작용할 여지가 없지 아니하다.[2)3)]

군사기밀의 범위는 국민의 표현의 자유 내지 "알 권리"의 대상영역을 최대한 넓혀줄 수 있도록 필요한 최소한도에 한정되어야 할 것이며, "군사상의 기밀"이 비공지의 사실로서 적법절차)에 따라 군사기밀로서의 표지를 갖추고 그 누설이 국가의 안전보장에 명백한 위험을 초래한다고 볼 만큼의 실질가치를 지닌 것으로 인정되는 경우에 한하여 적용된다.[4)]

우리나라에는 국가기밀을 보호하거나 그 누설을 방지하기 위한 일반법(예 : 국가기밀보호법)은 없지만, 국가기밀보호를 위한 개별법규정은 많다.[5)] 헌법 제37조 제2항은 국민의 모든 자유와 권리는 국가안전보장을 위하여 필요한 경우에는 법률로써 제한될 수 있도록 규정하고 있고, 형법 · 국가보안법[6)] · 군사기밀보호법[7)] · 군사시설보호법 · 국가안전기획부

---

5) 국가안보 및 국가비밀과 언론자유의 관계에 관하여는 박철언, 언론자유와 국가안보의 상충과 조화에 관한 연구, 한양대학교 박사학위논문(1989) 참조.

1) 헌재결 1992. 2. 25, 89헌가104【군사기밀보호법 제6조 등에 관한 위헌심판】

2) 헌재결 1992. 2. 25, 89헌가104【군사기밀보호법 제6조 등에 관한 위헌심판】

3) 미국 : 1953년 아이젠하워대통령 당시 대통령령 제10501호에서 국가기밀사항을 극비사항 · 기밀사항 · 비밀사항의 3단계 유형으로 분류한 바 있지만, 1971년에 뉴욕 타임즈지의 베트남비밀보고서공표사건이 파문을 일으킨 바 있다(뉴욕 타임즈지 사건에 관해서는 미연방대법원의 판결 : New York Times v. United States, 403 U.S. 713, 91 S. Ct. 2140(1971) 참조). 독일 : 국가기밀의 한계를 헌법의 수호와 자유민주적 기본질서의 유지에 두고, 그 한도내에서 국가기밀의 기준을 형법(제93조) 등에서 구체적으로 제시하고 있다. 일본 : 오끼나와(沖繩)반환협정에 관한 외무성기밀문서루설사건(매일신문사건)에서 문제된 바 있다. 당시 일본정부는 「국가기밀은 국가이익에 따라 판단되어야 하고 그 결정권은 정부에 있다」라고 하였다. 이에 대하여 일본 법학계에서는 「국가기밀은 그 제1차적 결정권이 정부에 있으나 정부가 정보공개의 원칙을 무시하여 일방적으로 정보를 독점하는 것은 민주주의의 원리에 위배된다」고 하였다(권영성, 헌법학원론, 503면 참조.).

4) 헌재결 1992. 2. 25, 89헌가104【군사기밀보호법 제6조 등에 관한 위헌심판】

5) 권영성, 헌법학원론, 503면.

법 등도 국가기밀보호에 관한 규정을 두고 있다. 언론이 국가기밀을 보도하였다하여 재판에 회부되거나 신문윤리위원회의 심의에 회부된 사건들도 많다.[1]

2.2.3. Access권(주관적 사권)

액세스권(right of access to mass media)이라 함은 일반국민이 자신의 사상이나 의견을 발표하기 위하여 언론매체(mass media)에 자유로이 접근하여 그것을 이용할 수 있는 권리를 말한다(보도매체접근이용권; 언론기관접근권).[2] 오늘날 언론기업은 집중화 내지 독과점화하여 언론기관이 자의적으로 그에의 접근과 이용을 거부할 경우, 일반대중은 그 사상과 의견을 발표하고 전달할 기회를 상실하게 된다. 따라서 언론기관에의 접근과 그 이용을 표현의 자유의 일환으로서 헌법상 보장할 필요성은 더욱 증대되고 있다. 다만 Access권은 그것이 국민과 국가와의 관계에서 발생하는 문제가 아니라 국민과 보도기관사이에서 발생하는 사법관계라는데 그 권리의 특성이 있다(주관적 사권).[3]

---

6) 간첩죄에 있어서 국가기밀이란 순전한 의미에서의 국가기밀에만 국한할 것이 아니고 정치·경제·사회·문화 등 각 방면에 걸쳐서 대한민국의 국방정책상 북한에 알리지 아니하거나 확인되지 아니함이 이익이 되는 모든 기밀사항을 포함하고, 지령에 의하여 민심동요를 파악·수집하는 것도 이에 해당되며, 그 탐지·수집의 대상이 우리 국민의 해외교포사회에 대한 정보여서 그 기밀사항이 국외에 존재한다고 하여도 위의 국가기밀에 포함된다(대판 1988. 11. 8, 88도1630); 「대법원의 판례는 일관하여, 신국가보안법 제4조 제1항 제2호 '나'목 소정의 '국가기밀'이라 함은, 반국가단체에 대하여 비밀로 하거나 확인되지 아니함이 대한민국의 이익을 위하여 필요한 모든 정보자료로서, 순전한 의미에서의 국가기밀에 한하지 않고 정치, 경제, 사회, 문화 등 각 방면에 관한 국가의 모든 기밀사항이 포함되며, 그것이 국내에서의 적법한 절차 등을 거쳐 널리 알려진 공지의 사항이라도 반국가단체인 북한에게는 유리한 자료가 되고 대한민국에는 불이익을 초래할 수도 있는 것이면 국가기밀에 속한다는 견해를 표명하고 있는바, 이는 '국가기밀'이라는 문언의 문의적(文意的) 한계를 훨씬 벗어나고 '기밀'의 실질적 요건을 헐어버린 것으로서 그 적용범위가 지나치게 광범하고 모호하여, 법 피적용자에게 무엇이 금지되고 처벌되는 행위인가에 관하여 명확한 예측가능성을 제공하는 기능을 하지 못할 뿐 아니라 법 적용당국의 자의적인 법해석·적용을 초래할 우려가 있어 결국 죄형법정주의에 위배되므로 이를 헌법에 합치되도록 축소·제한하여 해석할 필요가 있다고 할 것이다(헌재결 1997. 1. 16, 92헌바6, 26, 93헌바34, 35, 36(병합)).

7) 헌재결 1992. 2. 25, 89헌가104【군사기밀보호법 제6조 등에 관한 위헌심판】군사기밀의 범위는 국민의 표현의 자유 내지 알 권리의 대상영역을 최대한 넓혀줄 수 있도록 필요한 최소한도에 한정되어야 할 것이며, 따라서 군사기밀보호법 제6조, 제7조, 제10조는 동법 제2조 제1항의 군사상의 비밀이 비공지의 사실로서 적법절차에 따라 군사기밀로서의 표지를 갖추고 그 누설이 국가의 안전보장에 명백한 위험을 초래한다고 볼 만큼의 실질가치를 지닌 것으로 인정되는 경우에 한하여 적용된다 할 것이므로 그러한 해석하에 헌법에 위반되지 아니한다.

1) 권영성, 헌법학원론, 504면.

2) 홍성방, 헌법학, 506면; 허영, 한국헌법론, 577면.

고전적 의미의 표현의 자유가 국가권력의 부작위를 요구하는 소극적 자유권이라면 액세스권은 표현의 자유를 실현하기 위하여 보도기관에 대하여 요구하는 권리이며, 이같은 권리가 인정되는 헌법이론적 근거는 언론·출판의 자유의 객관적 가치질서로서의 성격[1]에서 온다는 견해와 알 권리와 마찬가지로 헌법 제21조 제1항을 비롯하여 제10조, 제34조 제1항 등을 근거로 하여 헌법상 보장된다고 보는 견해[2]가 있다.

Access권에는 광의의 Access권과 협의의 Access권이 있다.[3]

- **광의의 Access권** : 자신의 의사표현을 위하여 언론기관을 이용할 수 있는 권리(광고주와 기관)[4]
- **협의의 Access권** : 자기와 관련되는 보도(명예훼손)에 대한 반론·해명의 기회를 요구하는 것(반론권·해명권)

	알 권리(정보의 자유)	Access권
성격	주관적 공권 - 수직적, 국가지향적, 情報源(Informationsquelle)에의 접근권	주관적 사권 - 수평적, 제3자(언론기관) 지향적
기본권의 충돌	예외적인 경우에만 발생	반론권 ↔ 보도의 자유 규범조화적 해석이 요구된다
기본권의 경쟁	알 권리와 프라이버시(자기정보통제권)의 경쟁[5] - 정신적 자유 > 사회적 자유 (왜냐하면) 최강효력설(헌재)에 의해 가장 강한 기본권인 알 권리가 보장되면 족하다	발생하지 않는다

---

3) 허영, 한국헌법론, 578면.

1) 허영, 한국헌법론, 578면.

2) 권영성, 헌법학원론, 504면.

3) 홍성방, 헌법학, 507면.

4) 이러한 권리는 입법조치(언론중재및피해구제등에관한법률 제14조-제17조, 제70조-제74조), 법원의 판결(민법 제764조와 관련하여 '적당한 처분'으로서 사죄광고 등의 게재를 명하는 경우), 행정조치, 언론기관 자체의 조치 등에 의해 발생할 수 있다(계희열, 헌법학(중), 454면 각주 121) 참조.

5) 서울중앙지법 2007. 7. 6. 선고 2006가합22413 판결 : 항소【정보게시금지등】<로마켓(Law Market) 변호사 승소율 제공 사건> '알 권리' 및 이를 기초로 한 표현의 자유 역시 헌법 제21조 제4항의 규정에 따라 타인의 명예나 권리 또는 공중도덕이나 사회윤리를 침해하여서는 안 되는 한계를 갖고 있으므로, 결국 어떠한 개인에 대한 정보가 국민의 알 권리의 대상이 되어 그에 대한 개인의 자기정보통제권이 제한되는지 여부는 해당 개인이 공적인 존재인지 여부, 개인정보의 공공성 및 공익성, 개인정보 수집의 목적·절차·이용형태의 객관성 및 공정성, 개인정보 이용의 필요성, 개인정보 이용으로 인해 침해되는 이익의 성질 및 내용 등의 제반 사정을 종합적으로 고

2.2.4. 언론기관설립권

언론 · 출판의 자유는 언론기관(언론사 = 신문사 + 방송사)을 자유로이 설립할 수 있는 언론기관설립의 자유까지도 그 내용으로 한다.[1] 그러므로 헌법이나 법률이 신문 · 통신 · 방송 등의 시설기준을 지나칠 정도로 과중하게 규정할 경우에는 언론 출판의 자유를 제한하는 것이 된다.[2] 헌법은 제21조 제3항에서 「통신 · 방송의 시설기준은 법률로 정한다」라고 하여 언론기관의 시설기준법정주의를 규정하고 있다. 이 조항은 언론기관설립의 자유를 제한하는 의미와 언론기관의 난립의 폐해를 방지하는 의미를 지닌것이다.[3] 신문등의자유와기능보장에관한법률(약칭 : 신문법 ; 舊정기간행물의등록등에관한법률)[4] (ㄱ) 「법인이 아닌자는 일간신문이나 일반주간신문을 발행할 수 없다」라고 하고 있고(신문법 제13조 제3항), (ㄴ) 특정인(예 : 대한민국국민이 아닌자 등)에 대해서는 신문 및 인터넷 신문의 발행인 · 편집인이 될 수 없도록 하고 있다. 방송법은 (ㄱ) 국가 · 지방자치단체 또는 법인이 아닌자는 방송사업 또는 전송망사업을 할 수 없다(방송법 제13조 제1항)고 하고 있고, (ㄴ) 외국인 또는 외국의 정부나 단체는 중계유선방송사업 · 음악유선방송사업을 할 수 없도록 하고 있다(방송법 제13조 제2항 참조).

인터넷매체의 경우 이를 신문사로 볼것인가 방송사로 볼 것인가하는 문제는 존재하지만 이를 언론기관으로 인정하는데는 문제가 없고, 다만 인터넷 매체는 전통작인 언론매체인 신문이나 방송과는 매우 상이한 성격을 지니고 있기 때문에 독립적인 법률로써 규율되는 것이 바람직하다.[5]

려하여 두 기본권의 보호에 의하여 달성되는 가치를 비교형량하여 판단하여야 한다. 변호사는 공공성을 지닌 법률전문직으로서 기본적 인권을 옹호하고 사회정의를 실현함을 사명으로 하여 그 직업의 성격상 공익적 · 공공적 성격을 본질적으로 지니고 있고, 또한 용역을 선택함에 있어 필요한 지식 및 정보를 제공받을 권리는 소비자의 기본적 권리로 인정되는 바이기도 하므로, <u>일반 법률 수요자들은 자신에게 맞는 변호사를 선택하기 위하여 변호사들에 대한 최소한도의 개인적 및 직업적 정보에 대하여 알 권리가 있고, 변호사들은 알 권리의 대상이 되는 정보의 공개에 대하여 수인할 의무가 있다</u>.

1) 이준일, 헌법학강의, 단락번호 [4.5.123].

2) 권영성, 헌법학원론, 505면.

3) 권영성, 헌법학원론, 505면.

4) 국회는 2005. 1. 27. 법률 제7369호로 종전의 정기간행물의등록등에관한법률을 '신문등의자유와기능보장에관한법률'(이하 '신문법'이라 한다)로 바꾸면서 전문 개정 · 공포하였고, 같은 날 법률 제7370호로 '언론중재및피해구제등에관한법률'(이하 '언론중재법'이라 한다)도 제정 · 공포하였다. 이들 법률은 공포 후 6월이 경과한 2005. 7. 28.부터 시행되었으며, 다만 신문법 제16조 제3항 및 제38조 제3항의 개정규정은 2006. 7. 28.부터 시행된다(신문법 부칙 제1조, 언론중재법 부칙 제1조).

5) 이준일, 헌법학강의, 단락번호 [4.5.123].

또한 언론기관설립의 자유를 제한하는 것으로 언론기업의 독과점 규제문제가 있다. 자본주의국가에서는 매스미디어의 시설이 재벌기업이나 국가에 의하여 독점되거나 상품화되는 경향이 있기 때문에, 국민의 표현의 자유가 위협을 받게 되고, 국민의 의사가 매스컴 운영자들에 의하여 왜곡되거나 정형화될 위험성이 증대되고 있다. 따라서 국가는 일반기업과 마찬가지로 언론기업의 독과점(Kartel 등의 형태)도 규제할 수 있고 또 규제하여야 한다.[1)2)]

과거에도 (구)정기간행물의등록등에관한법률 제6조 제3항이 규정하고 있는 신문 또는 통신의 발행시설기준이 적정수준의 것인가 아니면 지나치게 과중한 것으로 신문사나 통신사설립의 자유를 사실상 침해하는 것이 아닌가하는 점이 문제되었었고, 과중하다고 보는 것이 지배적 견해였다.[3)]

현행 신문등의자유와기능보장에관한법률 제17조의 규정 중 1개 사업자의 시장점유율이 전년 12개월 평균 전국 발행부수의 100분의 30 이상 3개 이하 사업자의 시장점유율의 합계가 전년 12개월 평균 전국 발행부수의 100분의 60 이상은 독점규제및공정거래에관한법률상의 시장지배의 사업자로 추정한다는 규정은 위헌문제가 야기되고 있었고,[4)] 이에 대하여 헌법재판소는 1개 일간신문사의 시장점유율 30%, 3개 일간신문사의 시장점유율 60% 이상인 자를 시장지배적 사업자로 추정하는 신문법 제17조가 신문사업자인 청구인들의 신

---

1) 헌재결 2006. 6. 29, 2005헌마165, 314, 555, 807, 2006헌가3(병합) 전원재판부【신문등의자유와기능보장에관한법률제16조등위헌확인등】 재판관 윤영철, 재판관 김경일, 재판관 주선회, 재판관 전효숙의 헌법불합치의견 : 신문법 제15조 제3항에서 일간신문의 지배주주가 뉴스통신 법인의 주식 또는 지분의 2분의1 이상을 취득 또는 소유하지 못하도록 함으로써 이종 미디어 간의 결합을 규제하는 부분은 언론의 다양성을 보장하기 위한 필요한 한도 내의 제한이라고 할 것이어서 신문의 자유를 침해한다고 할 수 없다. 그런데 제15조 제3항은 나아가 일간신문의 지배주주에 의한 신문의 복수소유를 규제하고 있다. 신문의 다양성을 보장하기 위하여 신문의 복수소유를 제한하는 것 자체가 헌법에 위반된다고 할 수 없지만, 신문의 복수소유가 언론의 다양성을 저해하지 않거나 오히려 이에 기여하는 경우도 있을 수 있는데, 이 조항은 신문의 복수소유를 일률적으로 금지하고 있어서 필요 이상으로 신문의 자유를 제약하고 있다. 그러나 신문의 다양성 보장을 위한 복수소유 규제의 기준을 어떻게 설정할지의 여부는 입법자의 재량에 맡겨져 있으므로 이 조항에 대해서는 단순위헌이 아닌 헌법불합치결정을 선고하고, 다만 입법자의 개선입법이 있을 때까지 계속 적용을 허용함이 상당하다.

2) 권영성, 헌법학원론, 법문사, 2009, 501면.

3) 정기간행물의등록등에관한법률 제7조 제1항 제9호에서의 '해당시설'을 자기소유이어야 하는 것으로 해석하는 한 신문발항인의 자유를 제한하는 것으로서 허가제의 수단으로 남용 될 우려가 있으므로, 헌법 제12조의 죄형법정주의의 원리에 반하고 헌법상 금지되고 있는 과잉금지의 원칙이나 비례의 원칙에 반한다(헌재결 1992. 6. 26, 90헌가23).

4) 권영성, 헌법학원론, 법문사, 2009, 501면.

문의 자유와 평등권을 침해하는지 여부에 대하여 위헌결정을 내린바 있다.[1] 이에 따라 신문등의자유와기능보장에관한법률은 다음과 같이 개정되었다.

> **신문등의자유와기능보장에관한법률 제17조 (시장지배적 사업자)** 일반일간신문 및 특수일간신문(정보전달을 위하여 무료로 보급되는 일간신문을 제외한다. 이하 같다)을 경영하는 신문사업자 중 다음 각호의 1에 해당하는 사업자는 독점규제및공정거래에관한법률 제4조의 규정에 불구하고 같은 법 제2조제7호의 규정에 의한 시장지배적 사업자로 추정한다.
> 1. 1개 사업자의 시장점유율이 전년 12개월 평균 전국 발행부수의 100분의 30 이상
> 2. 3개 이하 사업자의 시장점유율의 합계가 전년 12개월 평균 전국 발행부수의 100분의 60 이상. 다만, 시장점유율이 100분의 10 미만인 자를 제외한다.

그러나「언론·출판기업에 대하여 일정한 시설을 갖추어 등록하게 하는 것은 언론·출판의 자유의 본질적 내용의 간섭과는 구분되며, 원칙적으로 언론·출판의 자유에 관한 본질적인 내용의 침해에 해당하는 것이라고 볼 수 없고,[2] 언론기업의 독점화를 방지하기 위하여 (구)신문법 제15조 제2항과 (구)방송법 제8조 제3항에서 언론기업의 뉴스통신겸영을 금지하고 있는 것은 타당하다.[3] 그러나 2009년 7월 31일 전부개정된 방송법 제8조 제3항 및 신문등의진흥에관한법률에 의하면 종전과는 달리 시장지배적 사업자 규정과 일간신문고 뉴스통신 또는 방송사업의 상호경영금지 에 관한 규정은 두고 있지 않다.[4]

---

1) 헌재결 2006. 6. 29, 2005헌마165, 314, 555, 807, 2006헌가3(병합)【신문등의자유와기능보장에관한법률제16조등위헌확인등】신문등의자유와기능보장에관한법률(2005. 1. 27. 법률 제7369호로 전문 개정된 것) 제17조 부분은 헌법에 위반된다.

2) 헌재결 1996. 8. 29, 94헌바15【영화법 제4조 제1항 등 위헌소원】

3) 헌재결 2006. 6. 29, 2005헌마165, 314, 555, 807, 2006헌가3(병합)【신문등의자유와기능보장에관한법률 제16조등위헌확인등】신문법 제15조 제2항은 일간신문이 뉴스통신이나 일정한 방송사업을 겸영하는 것을 금지하고 있다. 그런데 일간신문이 뉴스통신이나 방송사업과 같은 이종 미디어를 겸영하는 것을 어떻게 규율할 것인가 하는 것은 고도의 정책적 접근과 판단이 필요한 분야로서, 겸영금지의 규제정책을 지속할 것인지, 지속한다면 어느 정도로 규제할 것인지의 문제는 입법자의 미디어정책적 판단에 맡겨져 있다. 신문법 제15조 제2항은 신문의 다양성을 보장하기 위하여 필요한 한도 내에서 그 규제의 대상과 정도를 선별하여 제한적으로 규제하고 있다고 볼 수 있다. 규제 대상을 일간신문으로 한정하고 있고, 겸영에 해당하지 않는 행위, 즉 하나의 일간신문법인이 복수의 일간신문을 발행하는 것 등은 허용되며, 종합편성이나 보도전문편성이 아니어서 신문의 기능과 중복될 염려가 없는 방송채널사용사업이나 종합유선방송사업, 위성방송사업 등을 겸영하는 것도 가능하다. 그러므로 신문법 제15조 제2항은 헌법에 위반되지 아니한다. [뒤의 (10)(가)와 같은 재판관 3인의 반대의견(위헌) 있음]

4) 권영성, 헌법학원론, 506면.

2.2.5. 언론기관의 특권과 자유

a) 언론기관의 공공적 기능과 특권

현대민주국가에서는 민주정치를 구현하는 데 필요한 정보가 주로 언론기관에 의하여 수집되고 전달되는 것으로 인식되고 있다. 그렇다면 민주국가에서 언론기관이 수행하는 여론형성이라는 공공적 기능도 높이 평가하지 않을 수 없다. 이와 같은 언론의 공공적 기능을 뒷받침하기 위한 언론기관의 특권들로서 언론기관측이 주장하는 것에는 다음과 같은 것이 있다.[1]

- 국가기관에 대하여 정보를 청구할 수 있는 특권
- 허위보도의 경우에도 상당한 이유가 있는 때에는 형사상 처벌을 면제받는 특권
- 명예훼손의 보도도 보도내용이 진실이며 공공의 이익을 위한 것일 때에는 형사상 처벌을 면제받는 특권(형법 제310조)
- 언론기관종사자들(편집인 · 기자 · 기고가 등)의 증언거부(취재원묵비권)의 특권

생각건대 이러한 언론기관측의 주장에 대하여 다음과 같이 설명할 수 있다.

- **국가기관에 대한 정보청구권** : 언론기관의 특권으로 인정되는 것이 타당(통설).
- **허위보도의 경우** : 상당한 이유가 있는 경우에 형사상 처벌을 면제받으려는 특권은 인정될 수 없다(통설).[2] 왜냐 하면 허위보도는 언론의 자유를 남용한 경우에 해당되기 때문이다.[3]
- **명예훼손의 경우** : 보도내용이 진실이고 오로지 공공의 이익을 위한 것일 때에는 면책된다.
- **증언거부(취재원묵비권)**[4] : 언론기관의 공공적 기능에도 불구하고 특권으로 인정하지 않음(국내외의 통설)[5]

---

1) 권영성, 헌법학원론, 507면.
2) 권영성, 헌법학원론, 507면.
3) BVerfGE 12, 113 참조.
4) 일본판례 : 취재원의 비밀은 신문의 자유에 포함되지 않는다(最高裁 1952. 8. 6.) 미국판례 : 「공정하고 효과적인 법집행이라는 공공이익 때문에 기자에게 대배심에서의 증언을 강요하는 것이며, 이것은 취재원의 비밀의 보장에 비하여 보다 중요하다」(Branzburg v. Hayes, 408 U.S. 665 [1972])고 하여 같은 취지를 밝히고 있다. 그러나 최근에 와서는 일본과 미국에서 형사재판의 증거의 중요성과 취재원을 공개함으로써 미치는 보도의 자유의 침해를 비교 형량하여 결정하여야 한다고 한다(最高裁 1969. 11. 26, Estas v. Texas, 381 U.S. 532[1965], Sheppard v. Maxwell, 384 U.S. 333[1966]). 권영성, 헌법학원론, 법문사, 2009, 503면 각주 1 참조.
5) U. Scheuner, VVDStRL, Heft 22, S. 113 ff.; Rehbinder, Die öffentliche Aufgabe und rechtliche Verantwortlichkeit der Press, 1962, ders., NJW 63, S. 1387 f.; E. Forsthoff, DÖV 63,

b) 언론기관의 자유

언론기관의 자유로는 (ㄱ) 기획 및 편성의 자유, (ㄴ) 보도(방송) 및 논평의 자유, (ㄴ) 취재의 자유, (ㄷ) 보도·보급의 자유, (ㄹ) 출간시기의 결정·편집활동 등 보조활동의 자유 등을 들 수 있다. 언론기관은 국민의 알권리에 조직적이고 효과적으로 봉사하는 기관이며, 민주정치의 실현을 위하여 불가결한 여론형성기능(정치적 의사형성)을 담당하기 때문에 언론기관의 자유는 최대한으로 보장되어야 한다.

구분	표현의 자유	보도의 자유
주체	개인의 권리	언론기관의 권리
내용	주관적 가치판단 및 평가적 의사표현	단순한 사실전달도 포함
기능	개인의 의사를 존중	알권리의 충족, 여론형성에 기여
구별실익	보호의 정도가 다르다	

c) 언론기관의 내부적 자유

상술한 언론기관의 자유는 발행인 또는 언론기업의 국가권력에 대한 방어권으로서 기능을 갖는 것이다. 오늘날에는 비록 명문의 규정은 없지만, 언론기관의 내부적 자유로서 편집·편성의 자유가 문제되고 있다. 생각건대 언론기업 내부에서 사업주인 고용자와 종업원인 피고용자사이, 그리고 언론기관 내부에서의 상관과 부하간에 언론의 자유의 제3자적 효력(기본권의 제3자적 효력)이 인정되는가에 관해서는 간접적용설에 따라 인정되어야 한다고 본다.[1)]

3. 언론의 공적 책임과 의무

언론·출판은 타인의 명예나 권리 또는 공중도덕이나 사회윤리를 침해하여서는 아니된다(헌법 제21조 제4항). 따라서 언론·출판이 청소년 교육에 역행하거나 음란·외설적 이거나 공산주의를 찬양하는 것이어서는 아니된다. 방송법 제5조는「① 방송은 인간의 존엄과 가치 및 민주적 기본질서를 존중하여야 한다. ② 방송은 국민의 화합과 조화로운 국가

S. 633 ff.; A. Ridder, Die öffentliche Aufgabe der Press im System des mordern Verfassungserchts, 1962, Maunz-Dürig-Herzog-Scholz, Rdnr. 122 zu Art. 5. 권영성, 헌법학원론, 법문사, 2009, 503면 각주 2) 참조.

1) 신문기자가 고용계약상의 노무제공을 거부하며 근무규정상의 의무에 반하여 기업체내의 질서를 문란케 하는 행동은 기업의 운명을 좌우하는 중대한 고용계약 위반행위이다(대판 1980. 9. 9, 77다2030). 권영성, 헌법학원론, 508면 각주 1) 참조.

의 발전 및 민주적 여론형성에 이바지하여야 하며 지역간 · 세대간 · 계층간 · 성별간의 갈등을 조장하여서는 아니된다. ③ 방송은 타인의 명예를 훼손하거나 권리를 침해하여서는 아니된다. ④ 방송은 범죄 및 부도덕한 행위나 사행심을 조장하여서는 아니된다. ⑤ 방송은 건전한 가정생활과 아동 및 청소년의 선도에 나쁜 영향을 끼치는 음란 · 퇴폐 또는 폭력을 조장하여서는 아니된다」라고 하여 방송의 공공적 책임과 언론인의 공공적 윤리를 강조하고 있다.

특히 언론기관의 진실보도의무는 오래전부터 언론기관의 자유의 한계문제로서 논란의 대상이 되어 왔다. 언론기관의 자유에는 비진실(허위)을 보도할 자유까지 포함되는 것은 아니라고 보는 것이 국내외 학설과 판례의 입장이다. 이러한 경우는 언론의 자유를 남용한 경우에 해당하기 때문이다[1].

[비진실 보도의 유형]
- 고의로 허위보도를 한 경우
- 보도내용의 진실여부를 검토하는 과정에서 중대한 과실을 범한 경우,
- 보도내용의 진실 여부를 전혀 검토하지 아니한 경우

다만 허위보도가 경미한 과실에 기인한 것이라고 인정될 경우에는 형사상의 책임은 면제하되,허위(비진실)보도의 정정과 민법상 손해배상 책임[2]은 진다.

4. 언론 · 출판의 자유의 효력

언론 · 출판의 자유는 입법 · 집행 · 사법 등 모든 국가기관을 구속한다(대국가적 효력). 국가기관은 물론 영조물법인 · 공법상의 재단 등과 공권력의 행사를 위임받은 사인(공무수탁자)까지 구속한다. 또한 언론 · 출판의 자유는 사인간에서도 사법상의 일반조항을 통하여 간접적으로 적용된다(기본권의 대사인적 효력, 간접적용설).[3]

---

1) BVerfGE 12, 113 f. 참조.

2) 독일연방법원의 나이터(Herren Leiter) 판결도 일반적인 인격권을 침해한 경우에 신문의 손해배상의무를 지우고 있다. BGHE 31, 308(316) ff.; 36, 77 ff, 39, 124 ff.; BGHLM Art.7, 10 u. 16(BL.2) zu Art.5 GG usw. 그러나 책임의 문제가 제기될 경우에 구체적으로 발항인이냐 주필(편집책임자)이냐, 편집자냐 필자냐 아니면 그 모두가 공동으로 책임을 지느냐가 문제될 수 있다.

3) R. Herzog에 의하면, 표현의 자유의 침해가 인간의 존엄성을 침해한다고 생각될 경우에는 예외적으로 직접적용될 수 있다고 한다(Maunz-Dürig-Herzog-Scholz, Rdnr. 29 zu Art. 5).

VI. 언론 · 출판의 자유의 한계

1. 개관

언론 · 출판의 자유는 정신적 자유권의 핵심적 요소일 뿐 아니라 민주사회의 초석이므로 최대한으로 보장되어야 한다. 그러나 언론과 출판도 자유민주적 기본질서에 위배되어서는 아니되고, 국가의 존립을 위태롭게 하여서는 아니되며, 타인의 명예를 훼손하거나 도덕률에 위반할 수 없다. 여기에 언론 · 출판의 자유의 한계가 있다.

헌법 제21조 제4항은 「언론 · 출판은 타인의 명예나 권리 또는 공중도덕이나 사회윤리를 침해하여서는 아니된다」라고 하고 있다.[1] 이에 따라 언론 · 출판의 자유의 한계를 헌법적 한계로 보는 견해와(다수설; 헌법재판소),[2] 내재적 한계로 보는 견해,[3] 개별적 가중법률유보로 보는 견해[4]가 있다.

개별적 가중유보설의 입장을 취하는 견해는 이를 헌법유보로 보는 경우에 언론 · 출판의 자유는 심각하게 침해될 위험이 존재하게 되는 바 그 이유는 타인의 명예나 권리 또는 공중도덕이나 사회윤리라는 막연하고 추상적 개념을 가지고 직접적으로 언론의 자유를 제한하는 경우, 남용의 가능성이 있기 때문이라 한다.[5]

대판 1999. 1. 26, 97다10215, 10222 【손해배상(기)】

신문보도에 의한 표현의 자유가 헌법에 의하여 보장되는 권리라고 할지라도 그로 인하여 개인의 명예나 사생활의 자유와 비밀이라는 또다른 법익이 침해되는 결과를 초래하게 될 경우에는 표현의 자유로 얻어지는 이익과 인격권의 보호에 의하여 달성되는 가치를 비교형량하여 그 위법성의 조각 여부를 판단하지 아니하면 아니되고, 이러한 이익을 비교형량함에 있어서는 보도 목적의 공익성과 보도 내용의 공공성, 보도 매체의 성격과 보도 내용이 신속한 보도를 요하는 것인가의 여부, 보도의 근거가 된 정보원의 신빙성, 보도 내용

---

1) 독일기본법 제18조는 「의견발표의 자유, 특히 출판의 자유 … 등을 자유민주적 기본질서를 공격하기 위하여 남용하는 자는 그 기본권을 상실한다」라고 하고 있다. 미연방헌법은 그 수정 제1조에서 「연방의회는 … 언론 · 출판의 자유를 제한하는 법률을 제정할 수 없다」라고 규정하고 있음에도 불구하고, 연방대법원은 「미국의 언론 · 출판의 자유는 헌법제정 이전에 이미 common law에서 확립된 예외, 즉 명예훼손(libel, slander), 외설의 언사(obscene indecent language) 및 폭언(fighting words) 등의 경우에는 제한할 수 있다고 함으로써 언론 · 출판의 자유의 한계를 인정하고 있다(Robertson v. Baldwin, 165 U.S. 295[189]).

2) 허영, 한국헌법론, 579면.

3) 권영성, 헌법학원론, 509면.

4) 계희열, 헌법학(중), 470면.

5) 계희열, 헌법학(중), 470면.

의 진실성과 공정성 및 그 표현 방법, 보도로 인하여 피해자 등이 입게 될 피해의 정도 등 여러 사정을 종합하여 판단하여야 한다.

언론중재및피해구제등에관한법률 제4조(언론의 사회적 책임 등)
① 언론에 의한 보도는 공정하고 객관적이어야 하고, 국민의 알권리와 표현의 자유를 보호 · 신장하여야 한다.
② 언론은 인간의 존엄과 가치를 존중하여야 하고, 타인의 명예를 훼손하거나 권리 또는 공중도덕이나 사회윤리를 침해하여서는 아니된다.
③ 언론은 공적인 관심사에 대하여 공익을 대변하며 취재 · 보도 · 논평 그 밖의 방법으로 민주적 여론형성에 기여함으로써 그 공적 임무를 수행한다.

언론 · 출판이 그 한계를 일탈한 경우에는 그에 대한 법적 책임을 면할 수 없다.[1)]

- 타인에 대한 명예훼손(비방 · 개인적 모욕 포함) : 헌법상의 명예는 형법상의 명예 개념보다 포괄적
- 타인의 사생활의 비밀과 자유의 침해금지 : 민법상 손해배상, 형법상 명예훼손
- 공중도덕 또는 사회윤리의 위배(특히 외설) : 형법상 외설책임(제243조), 행정법상의 발행정지 · 등록취소 책임
- 선동(범죄나 공공질서의 교란 또는 국가질서파괴의 선동 : 민주적 기본질서) : 국가보안법상의 책임(제7조)

2. 명예훼손(타인의 명예나 권리)

공연히 사실을 적시하거나 고의로 명예를 훼손하는 언론 · 출판은 범죄가 되고, 피해자의 명시한 의사에 반하지 아니하는 한 피해자의 고소 여부에 관계없이 처벌을 받는다(형법 제309조, 제312조).[2)] 고의 또는 과실로 그러한 표현을 하는 경우, 민법상 불법행위 책임을 면할 수 없다(민법 제751조).

헌재결 1999. 6. 24, 97헌마265 [기각] 【불기소처분취소】
신문보도의 명예훼손적 표현의 피해자가 공적 인물인지 아니면 사인인지, 그 표현이 공적인 관심 사안에 관한 것인지 순수한 사적인 영역에 속하는 사안인지의 여부에 따라 헌법적 심사기준에는 차이가 있어야 한다. 객관적으로 국민이 알아야 할 공공성 · 사회성을

1) 권영성, 헌법학원론, 510면 이하 참조; 허영, 한국헌법론, 581면.
2) 계희열, 헌법학(중), 471면; 헌재결 2005. 10. 27, 2002헌마425 【민주화운동관련자명예회복및보상등에관한법률제2조제1호등위헌확인】 헌법 제10조로부터 도출되는 일반적 인격권에는 개인의 명예에 관한 권리도 포함될 수 있으나, '명예'는 사람이나 그 인격에 대한 '사회적 평가', 즉 객관적 · 외부적 가치평가를 말하는 것이지 단순히 주관적 · 내면적인 명예감정은 포함되지 않는다.

> 갖춘 사실은 민주제의 토대인 여론형성이나 공개토론에 기여하므로 형사제재로 인하여 이러한 사안의 게재를 주저하게 만들어서는 안된다. 신속한 보도를 생명으로 하는 신문의 속성상 허위를 진실한 것으로 믿고서 한 명예훼손적 표현에 정당성을 인정할 수 있거나, 중요한 내용이 아닌 사소한 부분에 대한 허위보도는 모두 형사제재의 위협으로부터 자유로워야 한다. 시간과 싸우는 신문보도에 오류를 수반하는 표현은, 사상과 의견에 대한 아무런 제한없는 자유로운 표현을 보장하는 데 따른 불가피한 결과이고 이러한 표현도 자유토론과 진실확인에 필요한 것이므로 함께 보호되어야 하기 때문이다. 그러나 허위라는 것을 알거나 진실이라고 믿을 수 있는 정당한 이유가 없는데도 진위를 알아보지 않고 게재한 허위보도에 대하여는 면책을 주장할 수 없다.

그러나 개인의 알 권리의 관점에서 볼 때 사인과 공인의 명예와 관련된 언론의 보도의 한계는 달리 평가되어야 하며,[1] 상반되는 두 권리를 유형적으로 형량한 비례관계를 따져 언론의 자유에 대한 한계 설정을 할 필요가 있는 것이다.[2]

> 대판 1996. 10. 25, 95도1473 **【명예훼손】**
> 형법 제310조에서 '오로지 공공의 이익에 관한 때'라 함은 적시된 사실이 객관적으로 볼 때 공공의 이익에 관한 것으로서 행위자도 공공의 이익을 위하여 그 사실을 적시한 것이어야 하고, 이 경우에 적시된 사실이 공공의 이익에 관한 것인지 여부는 당해 적시 사실의 구체적인 내용, 당해 사실의 공표가 이루어진 상대방의 범위, 그 표현의 방법 등 그 표현 자체에 관한 제반 사정을 감안함과 동시에 그 표현에 의하여 훼손되거나 훼손될 수 있는 명예의 침해 정도 등을 비교·고려하여 결정하여야 하며, 행위자의 주요한 목적이나 동기가 공공의 이익을 위한 것이라면 부수적으로 다른 사익적 목적이나 동기가 내포되어 있더라도 형법 제310조의 적용을 배제할 수 없다.

타인의 명예를 훼손한 경우라도 그것이 진실이고 오로지 공공의 이익을 위한 경우에는 면책이 된다(.형법 제310조).

---

1) 계희열, 헌법학(중), 471면.
2) 헌재결 1999. 6. 24, 97헌마265 〔기각〕 **【불기소처분취소】** 언론의 자유와 명예 보호라는 상반되는 헌법상의 두 권리의 조정 과정에 다음과 같은 사정을 고려하여야 한다. 즉, 당해 표현으로 인한 피해자가 공적 인물인지 아니면 사인 인지, 그 표현이 공적인 관심 사안에 관한 것인지 순수한 사적인 영역에 속하는 사안인지, 피해자가 당해 명예훼손적 표현의 위험을 자초한 것인지, 그 표현이 객관적으로 국민이 알아야 할 공공성·사회성을 갖춘 사실(알 권리)로서 여론형성이나 공개토론에 기여하는 것인지 등을 종합하여 구체적인 표현 내용과 방식에 따라 상반되는 두 권리를 유형적으로 형량한 비례관계를 따져 언론의 자유에 대한 한계 설정을 할 필요가 있는 것이다.

대판 1998. 10. 11, 85다카29 【위자료 등】

표현의 자유는 민주정치에 있어 최대한의 보장을 받아야 하지만 그에 못지 않게 개인의 명예나 사생활의 자유와 비밀 등 사적 법익도 보호되어야 할 것이므로, 인격권으로서의 개인의 명예의 보호와 표현의 자유의 보장이라는 두 법익이 충돌하였을 때 그 조정을 어떻게 할 것인지는 구체적인 경우에 사회적인 여러가지 이익을 비교하여 표현의 자유로 얻어지는 이익, 가치와 인격권의 보호에 의하여 달성되는 가치를 형량하여 그 규제의 폭과 방법을 정하여야 한다. … 형사상이나 민사상으로 타인의 명예를 훼손하는 행위를 한 경우에도 그것이 공공의 이해에 관한 사항으로서 그 목적이 오로지 공공의 이익을 위한 것일 때에는 진실한 사실이라는 증명이 있으면 위 행위에 위법성이 없으며 또한 그 증명이 없더라도 행위자가 그것을 진실이라고 믿을 상당한 이유가 있는 경우에는 위법성이 없다.

다만 이 경우라 할 지라도, 출판물 등에 의한 명예훼손[1]인 경우는 공공의 이익을 위한 행위였다 할 지라도 위법성이 조각되지 아니한다(형법 제309조 참조).[2]

[판시사항]

형법 제310조 규정의 적용범위

[재판요지]

형법 제307조 제1항의 명예훼손행위가 진실한 사실로서 오로지 공공의 이익에 관한 때에는 위법성은 조각되나 형법 제309조 소정의 출판물등에 의한 명예훼손 행위는 그것이 오로지 공공의 이익을 위한 행위였더라도 위법성이 조각되지 않음은 형법 제310조의 규정에 비추어 명백하다.[3]

이에 반하여 타인의 명예를 훼손한 언론·출판일지라도 그 언론·출판이 진실한 사실로서 오로지 공공의 이익에 관한 때에는 처벌하지 아니한다(형법 제310조).

3. 사생활의 비밀과 자유

사생활의 비밀을 침해하는 행위는 오늘날 주간지·월간지·TV프로 등에서 범람하고 있다. 자신의 뜻에 반하여 개인적인 문제가 외부에 공표되는 것을 막고자 하는 사람이 그 공표행위를 민법상의 불법행위(민법 제751조)라 하여 사법적 구제를 구할 수 있는가가 문

1) 독일에서는 표현의 자유와 명예권을 조화시키기 위한 일반원칙으로 상호교차이론(Wechselwirkungslehre)을 발전시키고 있으며, 이 이론을 그네이론(Schaukel-Theorie)이라고 부르는 학자(H. H. Klein; W. Schmitt-Glaeser)도 있다(이에 대한 설명은 홍성방, 헌법학, 509면 각주 515) 참조할 것).

2) 홍성방, 헌법학, 509면.

3) 대판 1986. 10. 14, 86도1603; 대판 84도1547; 대판 85도785 【출판물에의한명예훼손, 공무상표시무효】

제된다. 사생활의 비밀침해가 민법상 불법행위가 되려면 (ㄱ) 공개된 내용이 일반인에게 알려져 있지 아니한 사생활상의 사실이고, (ㄴ) 그 사람의 입장에서라면 공개를 원하지 않을 것으로 인정되는 것이면 불법행위가 성립한다.[1)]

4. 공중도덕과 사회윤리

4.1. 의의

언론·출판의 자유의 한계로서 공중도덕 내지 사회윤리가 구체적으로 무엇을 의미하는가에 대해서는 명확한 정의를 내리기 어렵다. 이는 시간과 장소, 또는 보는 관점에 따라 다를 수 있기 때문이다. 특히 문제가 되는 점은 반공중도덕·반사회윤리의 일례로서 음란의 경우가 문제된다.[2)] 형법 제243조가 (언론·출판의 자유의 한계로서) 음란한 문서·도화 등을 반포·판매·임대하거나 공연히 전시한 자를 처벌하고 있는데, 이것은 동시에 표현의 자유(예술의 자유; 예술표현의 자유)에 대한 제한이 된다.[3)] 이러한 제한은 「일반인의 정상

---

1) 권영성, 헌법학원론, 511면.

2) 우리나라에서는 고야(Goya)의 '나체의 마야'(대판 1970. 10. 30, 70도1879), 박승훈 교수의 '0년 구멍과 뱀과의 대화'(1969. 12. 15. 서울형사지법 69고27460)등이 외설을 이유로 유죄판결을 받은 적이 있다. 1970년의 마야판결에서 대법원은 "음란성의 유무는 그 그림자체로서 객관적으로 판단해야 할 것"이라고 판시하였다(대판 1979. 10. 30, 70도1879). 대법원은 1991년의 월간지 부부라이프 판결에서 "음란성의 존부는 작성자의 주관적 외도가 아니라 객관적으로 도서자체에 의하여 판단되어야 할 것이다"고 하였다(대판 1991. 9. 10, 91도1550). 염재만의 소설 '叛奴'(대판 1975. 12. 9, 74도976), 영화 '사방지'포스터사건(대판 1990. 10. 16, 90도1485) 등도 문제된 바 있었다(권영성, 헌법학원론, 511면 각주 1) 참조). 1975년 반노판결에서 대법원은, 소설 반노의 13장 내지 14장에 기재된 사실은 그 표현에 있어서 과도하게 성욕을 자극시키거나 정상적인 성적 정서를 크게 해칠 정도로 노골적이고 구체적인 묘사로 볼 수 없고, 더욱이 그 전체적인 내용의 흐름이 인간에 내재하는 향락적인 성욕에 반항함으로써 결국 그로부터 벗어나 새로운 자아를 발견하는 과정으로 이끌어 매듭된 경우에는 이 소설을 음란한 작품이라고 단정할 수 없다는 취지로 판결하였다. 마광수 교수의 '즐거운 사라' 사건에서 대법원은 음란성의 여부는 "그 시대의 건전한 사회통념에 비추어 그것이 공연히 성욕을 흥분 또는 자극시키고 또한 보통인의 정상적인 성적 수치심을 해하고 선량한 성적 도의관념에 반하는 것이라고 할 수 있는가의 여부에 따라 결정되어야 한다"고 판시한바 있다(대판 1995. 6. 16, 94도2413). 또한 1997년의 오렌지걸 판결에서도 대법원은 남녀간의 정교장면에 관한 사진이나 여자의 국부가 완전히 노출된 사진이 수록되어 있지 않더라도 선정적인 모습을 취하고 있는 사진첩인 '오렌지걸'에 대해서도 음란성을 인정하고 있다(대판 1997. 8. 22, 97도937). 나아가 1998년에 서울지방법원은 인터넷에 게시된 이승희의 누드사진이 체모까지 드러난다는 이유로 음란성을 인정하고 있다(서울지판, 1998. 9. 29, 98도단206).

3) 예술의 자유와 관련하여 또 한 가지 문제되는 것은 예술의 자유의 행사가 타인의 명예에 대한 침해가 되는 경우이다. 타인의 명예에 대한 훼손은 언론·출판의 형태로 이루어지나 예술의 자유

적인 性的인 정서와 선량한 사회풍속을 해칠 가능성이 있는 것」으로부터 법질서를 수호하고 최소한의 성도덕을 유지하기 위한 것이다.[1] 그러나 우리 사회가 유지하려는 性的 도덕관념 그 자체는 보는 관점 및 시대에 따라 항상 가변적인 것이며, 무엇을 기준으로하여 음란성 여부를 판단할 것인가 하는 판단기준에 관해서도 각각 견해를 달리할 수 있다. 일반적으로 우리나라에서는 「성욕의 흥분 또는 만족을 목적으로 하는 행위로서 선량한 풍속에 반하고 사람으로 하여금 수치나 혐오를 느끼게 하는 것」을 음란(외설)이라 보고 있다(통설).[2]

4.2. 판례

대법원은 음란의 기준을 「형법 제243조의 음화 등의 반포등 죄에 규정한 음란한 물건이라 함은 성욕을 자극하거나 흥분 또는 만족케하는 물품으로서 일반인의 정상적인 성적 수치심을 해치고 선량한 성적 도의관념에 반하는 것을 가리킨 다고할 것」이라고 판시하고,[3] 형법상의 처벌여부에 관하여는 「… 어느 문학작품이나 예술작품에 문학성 내지 예술성이 있다고 하여 그 작품의 음란성이 당연히 부정되는 것은 아니고, 다만 그 작품의 문학적 · 예술적 가치, 주제와 성적 표현의 관련성 정도 등에 따라서는 그 음란성이 완화되어 결국은 형법이 처벌대상으로 삼을 수 없게 되는 경우만 있을 뿐이다」고 판시한바 있다.[4]

헌법재판소는 「… '음란'이란 인간존엄 내지 인간성을 왜곡하는 노골적이고 적나라한 성표현으로서 오로지 성적 흥미에만 호소할 뿐 전체적으로 보아 하등의 문학적, 예술적, 과학적 또는 정치적 가치를 지니지 않은 것으로서, 사회의 건전한 성도덕을 크게 해칠 뿐만 아니라 사상의 경쟁메커니즘에 의해서도 그 해악이 해소되기 어려워 언론 · 출판의 자유에 의한 보장을 받지 않는 것」이라고 한다.[5] 반면, 「… '저속'은 이러한 정도에 이르지 않는 성표현 등을 의미하는 것으로서 헌법적인 보호영역안에 있다」고 한다.[6]

를 독자적 기본권으로 명문화한 현행 헌법상으로는 언론 · 출판의 자유와 타인에 대한 명예의 충돌 뿐만 아니라 예술의 자유와 타인에 대한 명예의 충돌문제를 검토할 실익이 있다.

1) 대판 1991. 9. 10, 91도1550.

2) 권영성, 헌법학원론, 511면; 음란성판단의 기준과 그에 관한 학설에 관하여는 권영성/신우철, 신고 헌법학연습, 266-268면 참조.

3) 대판 1987. 12. 22, 87도2331 【음란한물건판매】

4) 대판 2000. 10. 27, 98도679 【음란문서제조 · 음란문서판매】

5) 헌재결 1998. 4. 30, 95헌가16 [합헌] 【출판사및인쇄소의등록에관한법률 제5조의2 제5호 등 위헌제청】

6) 헌재결 1998. 4. 30, 95헌가16 [합헌] 【출판사및인쇄소의등록에관한법률 제5조의2 제5호 등 위헌제청】

[미연방대법원의 음란성 판단기준]

미국 연방대법원은 음란성의 판단기준에 대하여 ① 호색적인 흥미를 야기하는가, ② 성적인 행동을 묘사하는가, ③ 문학적 · 예술적 · 정치적 · 과학적 가치성의 여부 등을 판단기준으로 제시하였다.[1)]

5. 煽動

선동이라 함은 문서 · 도화 · 언동 등으로 타인에 대하여 실행의 결의를 하게 하거나 결의를 조장하는 것을 말한다. 선동된 행위가 실행되는가의 여부는 상관이 없다. 법은 선동을 독립적 범죄로 규정하고 처벌하는 경우가 적지 아니하다. 형법(제90조 제2항, 제101조 제2항, 제120조 제2항), 국가보안법(제4조 제1항 제6호, 제7조) 등에 선동을 처벌하는 규정을 두고 있다.[2)] 그러나 선동에는 구체적인 가벌성의 기준으로서 명백하고 현존하는 위험의 원칙이 적용되어야 할 것이다.

VII. 언론·출판의 자유의 제한 및 제한의 한계

1. 개관

1.1. 서론

언론 · 출판의 자유는 민주주의를 지탱하는 최후의 보루로서 고도의 공공적 가치를 가지므로 최대한으로 보장되어야 한다. 그러나 언론 · 출판의 자유도 국가안전보장 · 질서유지 · 공공복리 등을 위하여 필요한 경우에는 법률로써 제한될 수 있다(제37조 제2항). 다만 언론 · 출판의 자유를 제한함에는 그 제한이 사전통제냐 사후통제냐에 따라 엄격한 기준이 제

---

1) Miller v. California, 413 U.S. 15, 1973; 홍성찬, 법학원론, 박영사, 2009, 323면.

2) (ㄱ) 피고인이 … 적극적이고 투쟁을 고취하는 내용의 연설을 하였으며 이로써 농성분위기가 고조되었다면, 아무리 노조원들을 위문 · 위로하고자 하는 취지에서 방문하고 연설을 하였다 하여도 연설을 하게 된 경위와 방법, 연설의 내용, 연설 이후의 결과 등에 비추어 볼 때, 이는 노동쟁의조정법에서 규정한 선동 조종에 해당한다고 하겠다(대판 1993. 1. 29, 90도450). (ㄴ) 피고인들의 발언이나 글이 단지 우리나라의 현행교육제도에 관한 모순점을 지적한 데 불과한 것이 아니라, 나아가 계층간의 알력과 불화를 조장하며 우리의 사회 · 경제체제를 선진 자본주의 국가의 신식민지 내지 종속관계로 선전하면서 반미사상을 고취 · 선동하고 자본주의체제 자체를 비방하며 반공교육 등을 비난하는 등의 내용이 포함되어 있고, 피고인들의 지식정도에 비추어 피고인들은 그들의 행위가 북괴를 이롭게 한다는 점을 인식하고 있었다고 볼 것이라면, 피고인들의 판시 소위는 국가보안법 제7조 제1항에 해당한다(대판 1986. 9. 23, 86도1499).

시되어야 한다.[1]

1.2. 제한

언론·출판의 자유도 헌법 제37조 제2항에 의하여 제한된다. 그러나 다음과 같은 조건 하에서만 인정된다고 할 수 있다.

- **명백하고 현존하는 위험** : 언론·출판에 대한 제한 없이는 국가안전보장·질서유지·공 공복리가 명백하고 현존하는 위험에 처하게 될 것.
- **명확성의 이론** : 막연하고 불명확한 것이 아닌 '법률에 의해서'
- **과잉금지의 원칙** : 필요한 최소한의 범위내에서(Less Restrictive Alternative: LRA)

논제	내용(언론 · 출판의 자유)	참고
제한 법률 심사 기준	1) **명백하고 현존하는 위험의 원칙**(미국: 1919, Holmes대법관, Schenck v. U.S. 사건) 명백: 표현과 해악사이 -> 긴밀한 인과관계 현존: 해악의 발생이 시간적으로 근접할 것 위험: 공공의 이익에 대한 해악 2) **사전제한(previous restraint) 금지의 원칙**: 사전검열·허가의 금지(검열제·허가제금지) 3) **명확성의 원칙**: 불명확한 법률은 무효이다(void for vagueness doctrine). 불확정 개념의 문제점 -> 표현에 대한 위축효과[2] 4) **필요최소한의 원칙(LRA의 원칙)**: 가능한한 여러 가지 수단중 가장 약한 제한수단을 사용하여야(최소침해). 과잉금지원칙 5) **합헌성(합법성) 추정배제의 원칙**: 일단 의심할 것 6) **법익형량(이익형량)의 원칙**: 비교형량(저울질) 해볼 것(사익과 공익)[3] 7) **입증책임 전환의 원칙**: 원고의 입증책임이 아닌 피고의 반증, 간접반증책임을 중시. 8) **공인이론(public figure)** 9) **우월적 지위의 원칙(preferred position)**: 1938년 스톤(Stone) 판사에 의해 주장, 표현, 사상의 자유는 모든 자유권보다 우월	이중기준의 원칙 (theory of double standard): 정신적 자유권은 경제적 자유권보다 엄격한 제한 요건을 구비하여야(정신적 자유권 > 경제적 자유권)[4]

1) 권영성, 헌법학원론, 512면.

2) 박진애, 표현의 자유의 관점에서 바라본 인터넷에서의 허위사실유포, 한국언론법학회, 인터넷상의 허위사실유포와 표현의 자유(2009.4.3), 56면.

3) 이 이론은 1950년 Douds 판결(American Communications Association v. Douds, 339 U.S. 1382) 및 우리 헌법재판소의 국가보안법 제7조 제1항, 제5항에 대한 한정합헌결정에서 이를 적용한 바 있다(헌재결 1990. 4. 2, 89헌가113); 홍성방, 헌법학, 513면.

1.3. 제한의 한계

언론·출판의 자유를 제한하는 경우에도 그 본질적 내용을 침해할 수 없다.

[본질적 내용의 침해금지]
- 허가제·검열제의 금지
- 국영보도기관만을 허용하는 것은 금지
- 행정기관의 임의적 등록취소를 가능하게 하는 것은 금지

2. 사전통제

2.1. 의의

언론·출판의 자유를 제한하는데 있어서 행해지는 사전통제는 사후처벌보다 한층 더 폐해가 크다. 정보가 상대방에 미처 도달되기도 전에 사전통제행위를 하는 것은 알 권리까지도 침해하는 것이 될 뿐 아니라 국민이 무엇을 읽고 듣고 볼 것인가를 당국이 자의적으로 선별하고 결정하는 것이 되기 때문이다. 사전통제의 유형으로는 허가제와 검열제가 있다.[1]

2.2. 허가제의 금지

언론에 대한 허가제는 원래 자연적·일반적 자유에 속하는 언론의 자유를 일단 금지한 후, 특정한 경우에 그 금지를 해제(상대적 금지의 해제)하여 자연적 자유를 회복시켜주는 행정처분(허가)이다. 언론에 대한 허가제는 특정의 경우 예컨대 어용언론이나 관제언론 등에 한하여 당국이 선별적으로 금지를 해제하여 허가해주는 경우가 발생할 수 있으므로 인정되지 아니한다. 즉 언론에 대한 허가제는 언론의 자유의 본질적 내용(Wesensgehalt)을 침해하는 것이 된다. 헌법은 제21조 제2항에서 「언론·출판에 대한 허가는 인정되지 아니한다」라고 하여 허가제(에 의한 사전통제)의 금지를 규정하고 있다.[2]

2.3. 검열제의 금지

검열이라 함은 사상·의견 등이 발표되기 이전에 국가기관(행정기관)이 내용을 심사·선별하여 일정한 사상이나 의견의 표현을 사전에 억제하는 제도를 말한다. 검열의 대상은 출판물·영화 등 객체화된 표현물이다.[3] 헌법 제21조 제2항은 「언론·출판에 대한 … 검열

---

4) 헌재결 1990. 4. 2, 89헌가113 【국가보안법 제7조에 관한 위헌심판】

1) 권영성, 헌법학원론, 513면.

2) 권영성, 헌법학원론, 513면.

3) (ㄱ) 검열은 일반적으로 허가를 받기 위한 표현물의 제출의무, 행정권이 주체가 된 사전심사 절

… 는(은) 인정되지 아니한다」라고 하여 검열(에 의한 사전통제)의 금지를 규정하고 있다.[1] 정치집권자에게 불리한 내용의 표현을 사전에 억제하는 것은 이른바 관제의견이나 평론만이 허용되는 결과를 초래하여 민주정치에 반하는 결과를 가져올 수 있기 때문에 용납될 수 없다. 등록이나 신고는 사전검열이 아니므로 허용된다.[2]

위의 헌법재판소 판례는 행정권에 의한 사전심사 만을 금지하고, 사후에 사법적 심사는 가능하도록 하고 있으나, 이는 사법기관에 의한 사전심사는 가능한지 문제된다.[3] 검열과 허가는 엄밀하게는 구별되나 검열에는 허가의 요소가 포함되어 있기 때문에 이를 엄격하게 구별할 실익이 없다.[4]

헌재결 1997. 8. 21, 93헌바51 【정기간행물의등록등에관한법률 제7조 제1항 등 위헌소원】

헌법 제21조 제2항에서 정하는 허가나 <u>검열은 행정권이 주체가 되어</u> 사상이나 의견 등이 발표되기 이전에 예방적 조치로서 그 내용을 심사·선별하여 발표를 사전에 억제하는, 즉 허가받지 아니 한 것의 발표를 금지하는 제도를 뜻하는바 사전허가금지의 보장은 어디까지나 언론·출판 자유의 내재적 본질인 표현의 내용을 보장하는 것을 말한다.

차, 허가를 받지 아니한 의사표현의 금지 및 심사절차를 관철할 수 있는 강제수단 등의 요건을 갖춘 경우에만 이에 해당하는 것이다(헌재결 1996. 10. 4, 93헌가13, 91헌바10(병합); (ㄴ) 교과서의 검·인정도 사전검열의 일종이지만, 헌법재판소는 교과서검정을 국가의 교육정책에 관한 재량권의 행사로 해석하여 합헌결정을 한 바 있다(헌재결 1992. 11. 12, 89헌마88).

1) 헌재결 1996. 10. 31, 94헌가6 【음반및비디오물에관한법률 제16조 제1항 등 위헌제청】 검열금지의 원칙은 모든 형태의 사전적인 규제를 금지하는 것이 아니고, 의사표현의 발표 여부가 오로지 행정권의 허가에 달려있는 사전심사만을 금지하는 것이다. 그리고 검열은 일반적으로 허가를 받기 위한 표현물의 제출의무, 행정권이 주체가 된 사전심사절차, 허가를 받지 아니한 의사표현의 금지 및 심사절차를 관철할 수 있는 강제수단 등의 요건을 갖춘 경우에만 이에 해당하는 것이다.

2) 헌재결 1996. 8. 29, 94헌바15 【영화법 제4조 제1항 등 위헌소원】 영화법에서 영화의 제작을 업으로 하고자 하는 자에게 등록의무를 부과하는 것은 영화산업의 육성발전을 촉진하고 영화예술의 질적 향상을 도모하기 위하여 문화체육부장관이 영화제작업자의 실태를 파악하여 이를 건전하게 육성하고 그 기능이 공공의 이익과 질서유지에 합당하게 지속적으로 유지·발전하도록 하기 위한 것이므로, 영화법 제4조 제1항 및 제32조 제1호는 헌법상 보장된 표현의 자유의 내용을 간섭하기 위한 것이 아니라 단순히 주무행정관청의 기본업무인 행정상의 절차와 행정업무상 필요한 사항을 등록하게 하고 이를 규제하기 위하여 그 위반행위에 대한 벌칙 규정을 두고 있는데 불과한 것이다. 따라서 위 법률조항은 입법부가 그러한 규제를 함에 있어서 입법재량를 남용함으로써 과잉금지의 원칙에 위반하는 등 자의적인 입법을 하지 않는 이상 그 규제입법 자체를 위헌이라고 할 수 없다.

3) 양건, 헌법강의, 451면.

4) 양건, 헌법강의, 451면.

헌재결 1996. 10. 4, 93헌가13 【영화법 제12조 등에 대한 위헌제청】

헌법 제21조 제2항의 검열은 행정권이 주체가 되어 사상이나 의견 등이 발표되기 이전에 예방적 조치로서 그 내용을 심사, 선별하여 발표를 사전에 억제하는, 즉 허가받지 아니한 것의 발표를 금지하는 제도를 뜻한다. 그러므로 검열은 일반적으로 허가를 받기 위한 표현물의 제출의무, 행정권이 주체가 된 사전심사절차, 허가를 받지 아니한 의사표현의 금지 및 심사절차를 관철할 수 있는 강제수단 등의 요건을 갖춘 경우에만 이에 해당하는 것이다.… 헌법 제21조 제1항이 언론·출판에 대한 검열금지를 규정한 것은 비록 헌법 제37조 제2항이 국민의 자유와 권리를 국가안전보장·질서유지 또는 공공복리를 위하여 필요한 경우에 한하여 법률로써 제한할 수 있도록 규정하고 있다고 할지라도 언론·출판에 대하여는 검열을 수단으로 한 제한만은 법률로써도 허용되지 아니 한다는 것을 밝힌 것이다.

검열금지의 원칙은 모든 형태의 사전적인 규제를 금지하는 것이 아니고 단지 의사표현의 발표 여부가 오로지 행정권의 허가에 달려있는 사전심사만을 금지하는 것을 뜻하며, 또한 정신작품의 발표 이후에 비로소 취해지는 사후적인 사법적 규제를 금지하지 않는다.

2.4. 영화·연예에 대한 사전검열

현행 헌법은 영화와 연예에 관하여는 사전검열제 혹은 검열제금지에 관한 그 어느 것도 규정하고 있지 아니하다. 그러므로 이러한 헌법의 태도는 이 규정을 예시적 규정으로 보아 (ㄱ) 영화·연예에 대해서도 사전검열제 혹은 검열제가 금지된다고 보는 견해와, (ㄴ) 영화·연예에 대하여는 공중도덕과 사회윤리라는 차원에서 사전검열제가 가능하다고 보는 해석이 대립할 여지를 남겨 놓고 있다.[1)]

이 문제와 관련하여 우리 헌법재판소는 「영화법(2006. 10. 27 영화진흥법으로 대체) 제12조 제1항, 제2항 및 제13조 제1항이 규정하고 있는 영화에 대한 심의제의 내용은 심의기관인 공연윤리위원회가 영화의 상영에 앞서 그 내용을 심사하여 심의기준에 적합하지 아니한 영화에 대하여는 상영을 금지할 수 있고, 심의를 받지 아니하고 영화를 상영할 경우에는 형사처벌까지 가능하도록 한 것이 그 핵심이므로 이는 명백히 헌법 제21조 제1항이

1) 권영성, 헌법학원론, 514면; 헌재결 1998. 12. 24. 96헌가23 【음반및비디오물에관한법률 제17조 제1항 등 위헌제청】 영화나 음반은 의사표현의 한 수단이므로 영화의 제작·상영이나 음반의 제작·판매는 다른 의사표현수단과 마찬가지로 헌법 제21조 제1항에 의하여 보장을 받음은 물론, 영화나 음반은 학문적 연구결과를 발표하는 수단이 되기도 하고, 예술표현의 수단이 되기도 하므로 그 제작 및 상영·판매는 학문·예술의 자유를 규정하고 있는 헌법 제22조 제1항에 의하여도 보장을 받는다. 헌법 제21조 제1항과 제2항은 모든 국민은 언론·출판의 자유를 가지며, 언론·출판에 대한 허가나 검열은 인정되지 아니한다고 규정하고 있는데, 여기서의 검열은 행정권이 주체가 되어 사상이나 의견 등이 발표되기 이전에 예방적 조치로서 그 내용을 심사, 선별하여 발표를 사전에 억제하는, 즉 허가받지 아니한 것의 발표를 금지하는 제도를 뜻한다. 그러므로 언론·출판의 자유에 대하여는 검열을 수단으로 한 제한만은 법률로써도 허용되지 아니한다.

금지한 사전검열제도를 채택한 것이다」라고 판시하였다.[1]

생각건대 영화·연예(공연예술)에 대한 당국의 일방적·강제적·타율적 사전검열제는 예술활동의 독자성과 창의성을 침해하는 것이므로 금지되어야 한다.[2] 그러나 영화인과 연예인들 스스로 그들 자신에 의한 자율적·권고적·임의적 사전심의제를 채택한다면(내재적 한계), 예술분야의 독자성과 창의성을 존중하면서 동시에 건전한 사회윤리와 공중도덕이 함께 유지될 수 있을 것이다.[3]

2.5. 국가비상사태하에서의 사전통제

비상계엄이 선포된 경우에는 헌법 제77조 제3항에 따라 언론·출판의 자유도 특별조치로써 검열 등 사전통제를 받게 된다. 여기서 특별한 조치에 사전검열도 포함되는가 하는 것이 문제될 수 있는바, 이는 제21조 제2항에 의거하여 사전검열은 할 수 없다는 해석이 있을 수 있으나, 계엄법은 동등한 헌법규정 제77조 제3항에 의거하고 있기 때문에 사전검열도 포함된다고 보는 견해가 있다.[4]

3. 사후통제

3.1. 일반적 법률유보(제37조 제2항)에 의한 제한

언론과 출판의 자유도 헌법 제37조 제2항에 따라 법률에 의하여 제한될 수 있지만, 그 제한은 헌법 제37조 제2항의 기본권제한에 관한 일반원칙(기본권 제한의 한계)에 따라야 한다. 그러므로 제한의 방식은 형식적 의미의 법률로써 하여야 하고(형식상의 한계), 그 제한의 목적은 국가안전보장·질서유지 또는 공공복리를 위한 것(목적상의 한계)이라야 하며, 제한의 정도는 필요최소한에 그쳐야 할 뿐 아니라(방법상의 한계 : 최소침해의 원칙), 언론·출판의 자유의 본질적 내용을 침해하지 아니하는 것(내용상의 한계)이어야 한다.[5]

예컨대 방송법은 방송위원회·방송통신심의위원회 등의 설치와 그 운영에 관한 사항

---

1) 헌재결 1996. 10. 4, 93헌가13, 91헌바10(병합) 【영화법 제12조 등에 대한 위헌제청】 그러나 「영화의 상영으로 인한 실정법 위반의 가능성을 사전에 막고, 청소년 등에 대한 상영이 부적절할 경우 이를 유통단계에서 효과적으로 관리할 수 있도록 미리 등급을 심사하는 것은 사전검열이 아니다」라고 하였다.

2) 권영성, 헌법학원론, 515면.

3) 권영성, 영화와 연예에 대한 헌법상의 규제(제11회 서울연극제 심포지움, 표현의 자유, 이상과 현실), 한국연극(한국연극협회), 1987. 9. 참조.

4) 계희열, 헌법학(중), 474면.

5) 권영성, 헌법학원론, 516면.

을 규정하고 있는데, 방송통신심의위원회는 방송의 공정성 및 공공성을 심의하기 위하여 방송심의에 관한 규정을 제정·공표하여야 한다. 여기에는 가) 헌법의 민주적 기본질서의 유지와 인권존중에 관한 사항, 나) 건전한 가정생활 보호에 관한 사항, 다) 아동 및 청소년의 보호와 건전한 인격형성에 관한 사항, 라) 공중도덕과 사회윤리에 관한 사항(방송법 제33조 제1항, 제2항 참조) 등이 포함되도록 하고 있으며, 이에 위반한 방송프로그램에 대하여는 제재조치(방송법 제100조 제2항, 제3항) 및 과징금 등을 부과할 수 있다(동법 제109조).

신문등의자유와기능보장에관한법률(약칭 : 신문법)에도 정기간행물 등의 발행정지를 명하거나 법원에 정기간행물 등의 등록취소의 심판을 청구하거나(신문법 제21조), 등록취소를 할 수 있도록 하고 있다(동법 제22조, 제23조, 제25조 참조).

그 외에도 언론·출판의 자유를 제한하는 법률은 적지 아니하다. 예를 들면 형법(제243조, 제307조, 제101조 제2항 등), 옥외광고물등관리법(제3조, 제4조), 경범죄처벌법(제1조, 제13호), 국가보안법(제4조), 계엄법(제9조 제1항), 군사기밀보호법(제12조), 관세법(제234조 제1호) 등이 있다.[1]

3.2. 긴급명령과 비상계엄에 의한 제한

헌법 제76조에 의거하여 대통령이 긴급명령을 발한 때에는 언론·출판의 자유도 법률에 의하지 아니하고 긴급명령에 의하여 제한을 받게 된다. 또한 헌법 제77조 제3항에 따라 비상계엄이 선포되면, 법률이 정하는 바에 의하여 계엄사령관은 포고령으로써 언론·출판의 자유에 대하여 특별한 조치를 할 수 있다(계엄법 제9조 제1항).

4. 언론규제입법의 합헌성판단기준

4.1. 개관

언론·출판의 자유를 규제하는 입법이 헌법 제37조 제2항의 기본권제한에 관한 일반원칙(일반적 법률유보)에 위배되면 위헌입법이 된다. 특히 언론·출판의 자유 등 정신적 자유권은 경제적기본권에 비하여 우월성을 가지므로, 그 제한과 규제에 관해서는 경제적 기본권의 규제입법에 관한 합헌성판단의 기준인 「합리성」보다 엄격한 기준에 따르지 않으면 아니된다. 이것이 이른바 이중기준의 이론이다. 이중 기준의 이론 등에 따라 언론·출판의 자유를 규제하는 입법의 합헌성 판단의 기준을 살펴본다.

---

1) 권영성, 헌법학원론, 517면.

4.2. 명확성의 원칙

표현(언론 · 출판)의 자유를 규제하는 법령의 규정은 명확하여야 한다. 불확정개념이나 막연한 용어를 사용하여 그 의미를 추정할 수밖에 없는 경우에는 위헌 · 무효가 된다(막연하기 때문에 무효 : the void-for-vagueness doctrine).1) 명확성의 원칙은 언론 · 출판의 자유의 제한 에 있어서 특별히 중요한 의미를 지니지만, 이는 모든 기본권제한의 합헌성의 판단 기준으로 작용한다.2)

헌법재판소의 결정에 의하면, 법치주의에서 요구되는 명확성의 원칙은 입법자의 입법의도가 건전한 일반상식을 가진 자에 의하여 일의적으로 파악될 수 있는 정도의 것을 의미하며, 이로써 법률규정의 구성 요건적 내용에 따라 국민이 자신의 행위를 결정지을 수 있도록 명확할 것을 의미하는 것이라고 한다.3)

헌재결 2002. 6. 27, 99헌마480 【전기통신사업법 제53조 등 위헌확인】

표현의 자유를 규제하는 입법에 있어서 명확성의 원칙은 특별히 중요한 의미를 지닌다. 무엇이 금지되는 표현인지가 불명확한 경우에, 자신이 행하고자 하는 표현이 규제의 대상이 아니라는 확신이 없는 기본권주체는 대체로 규제를 받을 것을 우려해서 표현행위를 스스로 억제하게 될 가능성이 높기 때문에 표현의 자유를 규제하는 법률은 규제되는 표현의 개념을 세밀하고 명확하게 규정할 것이 헌법적으로 요구된다. 그런데, "공공의 안녕질서 또는 미풍양속을 해하는"이라는 불온통신의 개념은 너무나 불명확하고 애매하다. 여기서의 "공공의 안녕질서"는 위 헌법 제37조 제2항의 "국가의 안전보장 · 질서유지"와, "미풍양속"은 헌법 제21조 제4항의 "공중도덕이나사회윤리"와 비교하여 볼 때 동어반복이라 해도 좋을 정도로 전혀 구체화되어 있지 아니하다. 이처럼, "공공의 안녕질서", "미풍양속"은 매우 추상적인 개념이어서 어떠한 표현행위가 과연 "공공의 안녕질서"나 "미풍양속"을 해하는 것인지, 아닌지에 관한 판단은 사람마다의 가치관, 윤리관에 따라 크게 달라질 수밖에 없고, 법집행자의 통상적 해석을 통하여 그 의미내용을 객관적으로 확정하기도 어렵다.

전기통신사업법 제53조는 "공공의 안녕질서 또는 미풍양속을 해하는"이라는 불온통신의 개념을 전제로 하여 규제를 가하는 것으로서 불온통신 개념의 모호성, 추상성, 포괄성으로 말미암아 필연적으로 규제되지 않아야 할 표현까지 다함께 규제하게 되어 과잉금지원칙에 어긋난다. 즉, 헌법재판소가 명시적으로 보호받는 표현으로 분류한 바 있는 '저속

---

1) Superior Films Inc. v. Department of Education, 346 U. S . 587(1954)에서 연방대법원은 영화검열의 기준으로서 「유해하지 않아야」(harmless) 한다든가(Ohio주 영화검열법), 「불도덕」(immoral) 또는 ·도덕을 문란케 하는」(tending to corrupt morals)(New York주 영화허가법) 등의 용어는 그 개념이 애매하고 명확성과 구체성이 없기 때문에 부당하다고 판시하였다. 권영성, 헌법학원론, 법문사, 2009, 513면 각주 2) 참조.

2) 이준일, 헌법학강의, 단락번호 [4.5.146].

3) 명확성의 원칙에 관한 헌법재판소의 결정 : 헌재결 1989. 12. 22, 88헌가13; 헌재결 1990. 1. 15, 89헌가103 【노동쟁의조정법 제13조의2 제45조의2에 관한 위헌심판】

한' 표현이나, 이른바 '청소년유해매체물' 중 음란물에 이르지 아니하여 성인에 의한 표현과 접근까지 금지할 이유가 없는 선정적인 표현물도 '미풍양속'에 반한다 하여 규제될 수 있고, 성(性), 혼인, 가족제도에 관한 표현들이 "미풍양속"을 해하는 것으로 규제되고 예민한 정치적, 사회적 이슈에 관한 표현들이 "공공의 안녕질서"를 해하는 것으로 규제될 가능성이 있어 표현의 자유의 본질적 기능이 훼손된다.

이와함께 헌법재판소는 명확성의 원칙을 최대한이 아닌 최소한의 명확성을 요구하는 것이며, 법관의 보충적인 가치판단을 토대로 한 법문언의 해석을 통하여 그 의미·내용을 확인해낼수 있고, 그러한 보충적 해석이 해석자의 개인적 취향에 따라 좌우될 가능성이 없다면 명확성의 원칙에 반하지 아니한다고 한다.[1]

4.3. 과잉금지의 원칙

위법한 표현행위를 규제하기에 충분한, 보다 완곡한 제재방법이 따로 있음에도 불구하고 과중한 제재를 과하는 입법은 자유로운 표현을 질식시키는 사회적 효과를 가져오기 때문에 위헌이다. 이것은 자유의 제한은 필요최소한이어야 한다는 과잉금지의 원칙(덜 제한적인 대체조치 : Less Restrictive Alternative : LRA의 원칙)을 표현의 자유에 적용한 것이다.[2]

4.4. 법익형량(이익형량)이론

언론·출판의 자유의 제한은 헌법 제37조 제2항에 의거하여 국가안전보장질서유지 또는 공공복리 등 공익을 보호할 필요가 있는 경우라야 하지만, 언론·출판의 자유를 제한함에는 언론·출판의 자유라는 법익보다 더 큰 다른 사람의 기본권(예를 들면 명예나 사생활)이나 공익(예를 들면 국가안보)을 유지하기 위하여 필요한 경우라야 한다.[3] 법익형량이론에 대하여는 다음과 같은 비판이 있다.[4]

[법익형량이론에 관한 비판]
- **추상적 법익형량**: 추상적 법익을 위한 추상적 형량의 위험성
- **이해관계의 형량**: 법익의 형량이 아니라 실제로는 서로 대립하는 당사자간의 '이해관계의 형량'이 될 수 있다
- **객관적 기준의 미흡**: 사건마다 개별적으로 형량해야

---

1) 헌재결 1998. 4. 30, 95헌가16 【출판사및인쇄소의등록에관한법률 제5조의2 제5호 등 위헌확인】
2) 권영성, 헌법학원론, 518면.
3) 이준일, 헌법학강의, 단락번호 [4.5.150a].
4) Maunz-Dürig-Herzog-Scholz, Rn. 252 zu Art. 5 참조.

- **법적 안정성 및 예측가능성 파괴**: 법익형량은 법적 안정성과 판결의 예측가능성을 파괴할 위험이 있다.
- **규제의 틀의 불안정성**: 판단자의 주관에 좌우, 사회적 분위기의 압력
- **자의 금지의 원칙**: 법관에게 법(률)해석의 자의를 허용하게 된다.

4.5. 명백하고 현존하는 위험의 원칙

4.5.1. 의의

언론과 출판이 국가기밀을 누설하거나 타인의 명예 또는 사생활의 비밀을 침해하려고 하는 경우에 법원이나 관계기관이 정지명령 등의 발동으로 이를 억제할 수 있는가 하는 점이 문제되는데, 이 경우에 위험이 명백하고 현존하는 위험이 존재하는 경우에만 억제가 가능하다고 보는 견해가 명백하고 현존하는 위험의 원칙이다. 명백하고 현존하는 위험의 원칙(rule of clear and present danger)은 언론의 자유의 제한 및 한계를 판단하는 기준으로서 뿐만 아니라 언론규제입법에 대한 합헌성판단의 기준으로서 미국의 판례를 통하여 확립된 이론이다.1)

4.5.2. 명백 · 현존위험의 원칙의 성립

명백·현존위험의 원칙이 언론규제이론으로 등장한 것은 미연방대법원의 홈즈(Holmes)대법관이 1919년의 Schenck v. U.S. 사건에서 이를 주장하면서 부터 이다. 제1차 세계대전 중 징병제반대를 주장하는 문서를 반포한 자가 방첩법(Espionage Act)위반으로 기소된 위 사건에서 홈즈대법관은 다음과 같이 판시하였다.2)

[방첩법(Espionage Act)위반사건]

"본건 문서 중의 표현은 피고들이 평상시에 한 것이라면 헌법상의 권리로서 보장받을 것이다. 그러나 모든 행위는 그 행위가 어떠한 상황아래서 행하여졌는가에 따라 성격이 달라진다. 언론의 자유가 최대한으로 보장된다고 하여 극장 안에서 거짓으로 "불이야"라고 외쳐 혼란을 야기하는 사람까지 보호하지는 않을 것이다. 문제가 되는 것은 어떤 표현이 법률상 금지된 실질적인 해악을 초래할 명백하고 현존하는 위험을 야기시킬 상황에서 행하여졌는가 하는 점이다. 그것은 근접성과 정도의 문제라고 할 수 있다. 평상시에는 허용되는 표현도 국가가 전시에 처한 비상상황인 때에는 전쟁수행에 방해가 되는 경우 허용되지 아니하며, 법원도 그것을 헌법상의 권리로서 보호할 수 없다."3)

---

1) 권영성, 헌법학원론, 519면; 이준일, 헌법학강의, 단락번호 [4.5.150].
2) 권영성, 헌법학원론, 519면.
3) Schenck v. U.S., 249 U.S. 47(1919).

이 판례는 종래의 '해로운 경향의 원칙(the bad tendency doctrine)'의 파기를 의미하는 것으로서 장래에 해악을 가져올 염려가 있다는 것만으로는 부족하고 '중대한 해악을 가져올 명백하고 현존하는 위험이 있는 경우에만 제한할 수 있다는 것이다.[1)]

4.5.3. 명백 · 현존위험의 원칙의 내용

명백 · 현존위험의 원칙은 언론을 규제하기 위해서는 언론이 법률상 금지된 해악을 초래할 '명백하고 현존하는 위험(clear and present danger)'을 가지고 있는 경우에 한하여 언론에 대한 규제가 인정된다는 원칙이다.[2)] 여기서 명백이라 함은 언론표현과 사회에 미치는 해악의 발생 사이에 밀접한 정도의 상당인과관계가 존재함이 지극히 분명하고(명백성: clear), 현존이라 함은 공익에 대한 해악의 발생이 시간적으로 급박한 경우(현존성: present)를 말하며, 위험이라 함은 다른 사람의 기본권이나 공공의 이익에 대한 해악의 발생개연성을 말한다.[3)] 결국 명백하고 현존하는 위험의 원칙은, 자유로운 언론으로 말미암아 중대한 해악이 발생할 위험성이 명백하고, 언론과 해악의 발생 사이에 밀접한 상당인과관계가 존재하며, 또 해악의 발생이 목전에 급박한 경우에 다른 수단으로는 이를 방지할 수 없으면 언론을 제한하는 것이 정당화된다는 이론이다.[4)] 따라서 장래에 언젠가는 중대한 해악이 발생할 개연성이 단순히 존재한다는 사실만으로는 언론의 자유에 대한 제약을 가할 수는 없다고 본다.

4.5.4. 명백하고 현존하는 위험의 원칙의 역할

명백하고 현존하는 위험의 원칙은 언론에 대한 통제를 언론에 의하여 야기되는 위험이 명백하고 현존하는 경우에 국한시킨다는 것이므로 언론의 자유를 최대한 보장하는 원칙으로 작용하는 것이지만 동시에 언론의 자유를 제한하는 이론적 근거로서 작용하기도 한다. 명백하고 현존하는 위험의 원칙은 어떠한 언론적 표현이 단순히 공공이익에 위험한 경향이 있다는 이유만으로 규제하는 경우에 비한다면 보다 엄격한 기준을 적용한 것이라 할 수 있다. 그러나 그것은 위험의 근접성과 정도를 판단하는 것은 주관적 일 수 있다.[5)] 그러므로 이 원칙이 사법절차에서 합헌성판단의 기준으로 작용할 경우에는 상충하는 이익들의 비교형량(이익형량; 법익형량)이 필요하게 되는데, 현실적으로는 오히려 언론을 규제하려는 쪽의 이익만이 강조됨으로써 언론의 자유가 제한될 위험성도 있다는 비판이 있다.[6)]

---

1) 양건, 헌법강의, 457면.
2) 권영성, 헌법학원론, 519면.
3) 이준일, 헌법학강의, 단락번호 [4.5.150a]; 홍성방, 헌법학, 514면.
4) 권영성, 헌법학원론, 519면.
5) 홍성방, 헌법학, 515면.

[미국판례]

1940년대의 미국판례에서는 명백하고 현존하는 위험의 원칙이 언론의 자유의 우월론과 결부되어 커다란 역할을 하였다. 가장 대표적인 것이 Thornhill사건에 관한 판결[1]이었다. 이 판결 이후에는 표현에 의하여 야기되는 해악이 상당히 '중대'한 것이 아니면 그 표현을 법률로써 규제할 수 없다는 식으로 추상적인 이익형량의 요소가 도입되어 법률 자체의 합헌성판단의 기준이 되기도 하였다. 이시기의 미연방대법원은 '명백하고 현존하는 위험'이라는 공식을 원용하면서도 실제로는 표현의 자유를 절대시하는 경향을 보여 주었다.[2] 그러나 이 원칙은 시대에 따라 부침을 거듭하였다. 1951년의 Dennis사건에서는 추상적인 이익형량의 저울은 반전하여, '명백하고 현존하는 위험'은 정부를 폭력으로 전복하려는 경우처럼 해악이 중대한 것이면 위험이 절박한 것이 아니더라도 언론을 억제할 수 있다는 방향으로 수정되고 말았다.[3][4] 그러나 1969년의 Brandenburg v. Ohio 판결을 통해 재형성되었다.[5]

VIII. 언론·출판의 자유의 침해와 구제

1. 국가기관에 의한 침해와 구제

개인 또는 언론기관의 언론·출판의 자유가 국가기관에 의하여 침해되는 경우에는 헌법상의 기본권 일반의 경우와 같은 구제방법을 통하여 구제받을 수 있다.

2. 언론기관 또는 사인에 의한 침해와 권리구제(대사인적 효력문제)

2.1. 언론기관(법인) 또는 사인이 개인의 언론·출판의 자유를 침해한 경우

언론기관이나 사인에 의하여 개인의 언론·출판의 자유가 침해된 경우에 기본권의 제3자적 효력(대사인적 효력)에 관련하여 다수설인 간접적용설에 따라 구제받을 수 있다.

---

6) 권영성, 헌법학원론, 520면.

1) Thornhill v. Alabama, 310 U.S. 88(1940).

2) 권영성, 헌법학원론, 520면.

3) 권영성, 헌법학원론, 521면.

4) Dennis v. U.S., 341 U.S. 494. Dennis사건은 폭력에 의한 정부전복의 필요성을 주창하는 것 등을 금지한 Smith Act를 공산당간부에 대하여 적용할 것인가가 문제된 사건이다. 이 사건에서 Douglas판사의 반대의견은 명백하고 현존하는 위험의 원칙에 의거하여 무죄를 주장하였으나, 다수의견은 해악이 중대할 경우에는 위험이 절박하지 아니한 경우에도 처벌이 가능하다고 하였으며, Frankfurter판사의 소수의견은 '충돌하는 이익을 신중히 형량하는' 이익형량이론을 강조하였다(권영성, 헌법학원론, 521면 각주 1) 참조).

5) 양건, 헌법강의, 457면.

2.2. 언론기관(법인)이 개인의 명예 · 권리를 침해한 경우

2.2.1. 개관

헌법은 제21조 제4항 제2문에서 「언론 · 출판이 타인의 명예나 권리를 침해한 때에는 피해자는 이에 대한 피해의 배상을 청구할 수 있다」라고 하여 언론 · 출판의 사후책임을 명문화하고 있다. 언론중재및피해구제등에관한법률과 방송법은 언론에 의한 침해로 인한 피해에 대한 구제 제도로써 반론보도청구권과 추후보도청구권을 규정하고 있다.[1)]

2.2.2. 정정보도청구권

정정보도청구권의 요건으로는 사실적 주장에 관한 언론보도가 진실하지 아니함으로 인하여 피해를 입은 자(이하 "피해자"라 한다)는 당해 언론보도가 있음을 안 날부터 3월 이내에 그 보도내용에 관한 정정보도를 언론사에 청구할 수 있다. 다만, 당해 언론보도가 있은 후 6월이 경과한 때에는 그러하지 아니하다(언론중재및피해구제등에관한법률 제14조 제1항). 이러한 청구에는 언론사의 고의 · 과실이나 위법성을 요하지 아니한다(동법 제2항).

정정보도청구권과 반론보도청구권(반론권)간에는 표현상의 차이는 있으나 양자를 동일한 개념으로 사용하기도 한다. 양자를 구별하는 경우에도 정정보도청구권을 협의의 반론권으로 이해하고 있다. 현행 언론중재및피해구제등에관한법률(2005. 1. 27. 제정)에서는 양자를 별개의 조문으로 규정하고 있다. 즉 언론보도의 내용이 진실하지 않은 경우에는 정정보도청권을 행사하고(동법 제14조 제1항), 반론권은 언론보도의 내용이 진실한 내용이건 진실하지 않은 내용이건 불문한다(동법 제16조 제2항). 그러나 진실하지 않은 내용에 대하여도 반론권을 행사하도록 규정하고 있으므로 사실상 정정보도청구권과 반론권은 같은 개념으로 사용하거나 정정보도청구권을 협의의 반론권으로 이해하고 있다고 보아도 무방하다.

다만 동일한 개념으로 파악하는 판례는 현행 언론중재및피해구제등에관한법률(2005. 1. 27. 제정)이 제정되기 이전의 판례들이다. 정정보도청구권이란 이전의 법률들 예컨대 1980년 언론기본법, 1987년의 정기간행물의등록에관한법률에서 그대로 사용하다가, 1995년 법률개정에서 종전의 정정보도청구권에서 반론보도청구권으로 바꾸었다. 현행 언론중재및피해구제등에관한법률은 정정보도청구권과 반론보도청구권을 별도로 규정하고 있다.

- 동일한 개념으로 사용한 판례 -

헌재결 1991. 9. 16, 89헌마165 【정기간행물의등록등에관한법률제16조제3항, 제19조제3항의위헌여부에관한헌법소원】

「… 현행 정정보도청구권제도는 그 명칭에도 불구하고 피해자의 반론게재청구권으로 해석되고 … 정기간행물의등록에관한법률 제16조 및 방송법 제41조에 규정한 정정보도청

---

1) 권영성, 헌법학원론, 522면.

구권은 정기간행물이나 방송에 공표된 사실적 주장에 의하여 피해를 받은 사람(이하 피해자라고 한다)이 발행인이나 편집인 또는 방송국의 장이나 편성책임자에 대하여 그 피해자의 사실적 진술과 이를 명백히 전달하는데 필요한 설명을 게재 또는 방송하여 줄 것을 요구할 수 있는 권리 … 반론권으로서의 정정보도청구권이 인정되는 취지로는 다음의 2가지를 들 수 있다. (ㄱ) 언론기관이 특정인의 일반적 인격권을 침해한 경우, 피해를 받은 개인에게도 신속·적절하고 대등한 방어수단이 주어져야 함이 마땅하며, 특히 공격내용과 동일한 효과를 갖게끔 보도된 매체 자체를 통하여 방어주장의 기회를 보장하는 반론권제도가 형평의 원칙에도 부합한다. (ㄴ) 독자로서는 언론기관이 시간적 제약아래 일방적으로 수집공급하는 정보에만 의존하기보다는 상대방의 반대주장까지 들어야 비로소 올바른 판단을 내릴 수 있기 때문에, 이 제도는 진실발견과 올바른 여론형성에 중요한 기여를 할 수 있다」라고하여, 정정보도청구제도를 피해자의 반론게재청구권으로 해석하고 있다.

헌재결 1996. 4. 25, 95헌바25 【정기간행물의등록등에관한법률 제19조 제3항 위헌소원】

정기간행물의등록등에관한법률상의 '정정'보도청구권은 그 표현의 형식에도 불구하고 그 내용을 보면 언론기관의 사실적 보도에 의한 피해자가 그 보도내용에 대한 반박의 내용을 게재하여 줄 것을 청구할 수 있는 권리로서 이른바 '반론권'을 입법화한 것이다. 따라서 여기서 말하는 정정보도청구는 그 보도내용의 진실 여부를 따지거나 허위보도의 정정을 청구하기 위한 것이 아니다」.

– 다른 개념으로 파악한 판례 –

헌재결 2006. 6. 29, 2005헌마165 【신문등의자유와기능보장에관한법률 제16조 등 위헌확인(제17조, 제33조, 제34조 제2항,제37조 제5항)】

언론중재법 제14조에서 규정하고 있는 정정보도청구권은 반론보도청구권이나 민법상 불법행위에 기한 청구권과는 전혀 다른 새로운 성격의 청구권이다.

정정보도청구권은 언론사의 고의·과실이나 위법성을 요하지 않고(제14조 제2항), 정정보도청구의 소 제기로 인하여 민법 제764조의 규정에 의한 권리의 행사에 영향을 미치지 않으며(제26조 제4항), 민법상의 불법행위로 인한 손해배상청구권의 소멸시효에 비하여 현저히 짧은 제소기간을 두고 있다는 점(제14조 제1항)에서, 보도내용의 진실 여부와 관계없이 사실적 보도에 의하여 인격권을 침해당한 자가 언론사에 대하여 자신의 사실적 주장을 게재하여 줄 것을 청구하는 반론보도청구권이나 민법상 불법행위에 기한 청구권과는 전혀 다른 새로운 성격의 청구권이다.[1]

---

1) 헌재결 2006. 6. 29, 2005헌마165 【신문등의자유와기능보장에관한법률 제16조 등 위헌확인(제17조, 제33조, 제34조 제2항,제37조 제5항)】

2.2.3. 반론권(반론보도청구권)

a) 의의

반론권 · 반론보도청구권(right of reply)[1]이라 함은 정기간행물이나 방송 등에서 공표된 사실적 주장에 의한 언론보도로 인하여 피해를 입은 자가 언론사의 고의 · 고실이나 위법 그리고 보도내용의 진실여부와 무관하게 그 보도내용(원문보도)에 관한 반론보도를 언론사에 청구할 수 있는 권리를 말한다(언론중재및피해구제등에관한법률 제16조). 반론권은 보도내용(원문보도)가 허위일 것(위법)을 요하지 않으므로 진실한 원문보도내용에 대하여도 반론보도청구가 인정된다. 이점에서 민법상의 불법행위에 대한 원상회복청구권과 차이가 있다.[2] 그리고 언론사의 고의 · 과실이나 위법함을 요하지 않으며, 보도내용의 진실여부를 불문한다.[3] 언론중재및피해구제등에관한법률이 인정하는 반론보도청구권은 정기간행물의 보도에 의하여 인격권등의 침해를 받은 피해자가 반론의 게재를 요구할 수 있는 반론권을 의미하는 것이다.[4]

정정보도청구권이 언론의 자유와 관련하여 위헌성이 있는것이 아닌가 하는 논란이 있으나, 헌법재판소는 아래의 판례에서 보는 바와 같이 반론권은 인격권에 근거한 것이고, 언론의 자유와의 충돌을 합리적으로 조정한 제도라고 보아 합헌으로 보고 있다.[5][6]

헌재결 1991. 9. 16, 89헌마165【정기간행물의등록등에관한법률제16조제3항, 제19조제3항의위헌여부에관한헌법소원】

… 정정보도청구권은 정기간행물의 보도에 의하여 인격권 등의 침해를 받은 피해자가 반론의 게재를 요구할 수 있는 권리, 즉 이른바 "반론권"을 뜻하는 것으로서 헌법상 보장된 인격권, 사생활의 비밀과 자유에 그 바탕을 둔 것이며, 나아가 피해자에게 반박의 기회

---

1) 현행 언론중재및피해구제등에관한법률에서는 정정보도청구권과 반론보도청구권을 별개의 조문으로 규정하고 있다. 즉 동법 제14조(정정보도청구권) 제1항의 「정정보도는 사실적 주장에 관한 언론보도가 진실하지 아니함으로 인하여 피해를 입은 자(이하 "피해자"라 한다)」라고 규정하고 있고, 동법 제16조 (반론보도청구권) 「① 사실적 주장에 관한 언론보도로 인하여 피해를 입은 자는 그 보도내용에 관한 반론보도를 언론사에 청구할 수 있다. ② 제1항의 청구에는 언론사의 고의 · 과실이나 위법함을 요하지 아니하며, 보도내용의 진실 여부를 불문한다. ③ 반론보도청구에 관하여는 따로 규정된 것을 제외하고 이 법의 정정보도에 관한 규정을 준용한다」라고 하고 있다.

2) 양건, 헌법강의, 463면.

3) 권영성, 헌법학원론, 523면.

4) 권영성, 헌법학원론, 523면.

5) 양건, 헌법강의, 464면.

6) 미국에서는 방송에 대해서는 일정한 반론권을 합헌으로 인정하면서(Red Lion Broadcasting Co. v. FCC, 1969), 신문에 대한 반론권 제도는 언론기관의 표현의 자유에 대한 침해로서 위헌(Maiami Herald Publishing Co. v. Tornillo, 1974)으로 보았다(양건, 헌법강의, 465면).

를 허용함으로써 언론보도의 공정성과 객관성을 향상시켜 제도로서의 언론보장을 더욱 충실하게 할 수도 있다는 뜻도 함께 지닌다.

현행 정정보도청구권제도는 언론의 자유와는 비록 서로 충돌되는 면이 없지 아니하나 전체적으로 상충되는 기본권 사이에 합리적 조화를 이루고 있으므로 정기간행물의등록등에관한법률 제16조 제3항, 제19조 제3항은 결코 평등의 원칙에 반하지 아니하고, 언론의 자유의 본질적 내용을 침해하거나 언론기관의 재판청구권을 부당히 침해하는 것으로 볼 수 없어 헌법에 위반되지 아니한다.

이와 같이 반론권이 인정되는 취지는 첫째, 언론기관이 특정인의 일반적 인격권을 침해한 경우 피해를 받은 개인에게도 신속·적절하고 대등한 방어수단이 주어져야 함이 마땅하며, 특히 공격내용과 동일한 효과를 갖게끔 보도된 매체 자체를 통하여 방어 주장의 기회를 보장하는 반론권제도가 적절하고 형평의 원칙에도 잘 부합할 수 있다는 점, 둘째, 독자로서는 언론기관이 시간적 제약아래 일방적으로 수집공급하는 정보에만 의존하기 보다는 상대방의 반대주장까지 들어야 비로소 올바른 판단을 내릴 수 있기 때문에 이 제도는 진실발견과 올바른 여론형성을 위하여 중요한 기여를 할 수 있게 된다는 점이 있다.

반론권은 정정보도의 게재 또는 정정보도의 방송만을 내용으로 하는 권리가 아니고, 기사에 언급된 자가 기사와는 다른 내용을 게재 또는 방송하는 권리까지 포함하는 것이다.[1)]

b) 유래

언론의 자유는 바로 민주국가의 존립과 발전을 위한 기초가 되기 때문에 특히 우월적인 지위를 지니고 있는 것이 현대 헌법의 한 특징이다. 그러나 다른 한편 모든 권리의 출발점이 동시에 그 구심점을 이루는 인격권이 언론의 자유와 서로 충돌하게 되는 경우에는 헌법을 규범조화적으로 해석하여 이들을 합리적으로 조정하여 조화시키기 위한 노력이 따르지 아니할 수 없고, 이는 각 나라의 역사적 전통과 사회적 배경에 따라 조금씩 다른 모습을 보이고 있다.[2)]

언론의 자유와 인격권의 충돌에 관하여 영국이나 미국에서는 전통적으로 언론에 의한 인격권의 침해에 대하여 엄중한 손해배상책임을 지우는 방법에 의하여 그 해결책을 찾았다.

프랑스에서는 1789년의 시민혁명을 계기로 국가에 의한 검열제도가 폐지되자 언론의 자유의 남용에 따른 피해가 심각한 사회문제로도 대두되고 민·형사상의 일반구제절차만으로는 개인의 인격권의 보호가 불충분하다고 인식되게 되었다. 그리하여 프랑스는 1822년 3

1) 박운희(박선영), 반론권에 관한 비교헌법학적 고찰, 서울대학교 대학원 법학박사 학위논문, 1995 참조.

2) 헌재결 1991. 9. 16, 89헌마165【정기간행물의등록등에관한법률제16조제3항, 제19조제3항의위헌여부에관한헌법소원】

월 25일 출판법 제11조에서 모든 신문 또는 정기간행물의 소유자 또는 편집자는 피해자로부터 반론이 있을 때에는 반론의 수리일로부터 3일 이내에, 만일 3일 이내에 발행되지 않을 때에는 다음호에 무료로 반론을 게재할 것을 규정하여 이른바 반론권을 입법화하였다.[1)]

한편 독일에서는 프랑스의 반론권제도를 본받아 제정된 1874년의 제국언론법이 정기간행물에 관청 또는 개인에 관한 사실이 보도되었을 경우에 이해관계인은 책임편집자에게 사실적 주장에 대한 '정정'을 청구할 수 있게 하였는데, 그 성질은 언론기관의 고의, 과실 등 주관적 요건을 따지지 아니하며, 보도된 사실적 주장의 내용이 진실에 반하는지의 여부도 묻지 않는 점에서 위의 '정정'이라는 용어는 그후 '반박권'[2)] 또는 '반론권'으로 바뀌어 현재에 이르고 있다.[3)]

이와 같은 반론권제도를 받아들인 나라들의 법제는 오늘날 크게 프랑스형과 독일형의 두가지로 나뉘어진다. 프랑스형의 반론권은 사실상의 주장은 물론 논평 · 비판 등의 의견이나 가치판단에 대하여도 반론을 허용하여 반론권의 범위를 넓게 인정하는데 반하여 독일형의 경우는 사실적 주장에 대하여서만 반론을 허용하여 반론권의 범위를 좁게 해석하는 것이 다르다.[4)]

c) 헌법상의 근거

반론권의 헌법상 근거로는 헌법 제21조 제4항의 「언론 · 출판은 타인의 명예나 권리를 침해하여서는 아니된다. 언론 · 출판이 타인의 명예나 권리를 침해한 때에는 피해자는 이에 대한 피해의 배상을 청구할 수 있다」라는 규정을 들 수 있다.

헌법재판소도 우리 헌법 제10조는 "모든 국민은 인간으로서의 존엄과 가치를 가지며, 행복을 추구할 권리를 가진다."라고 규정하고 있고 제17조는 "모든 국민은 사생활의 비밀과 자유를 침해받지 아니한다."고 규정하고 있으며 한편 제21조의 제1항은 "모든 국민은 언론 · 출판의 자유를 가진다."라고 규정하고, 제4항은 "언론 · 출판이 타인의 명예나 권리 또는 공중도덕이나 사회윤리를 침해하여서는 아니된다."고 규정함으로써 언론 · 출판의 자유를 보장하는 동시에 언론 · 출판의 자유가 민주사회에서 비록 중요한 기능을 수행한다고 하더라도 그것이 인간의 존엄성에서 유래하는 개인의 일반적 인격권 등의 희생을 강요할

---

1) 헌재결 1991. 9. 16, 89헌마165【정기간행물의등록등에관한법률제16조제3항, 제19조제3항의위헌여부에관한헌법소원】
2) 양건교수는 반박권이라는 용어가 더 적절하다고 한다(양건, 헌법강의, 464면 참조)
3) 헌재결 1991. 9. 16, 89헌마165【정기간행물의등록등에관한법률제16조제3항, 제19조제3항의위헌여부에관한헌법소원】
4) 헌재결 1991. 9. 16, 89헌마165【정기간행물의등록등에관한법률제16조제3항, 제19조제3항의위헌여부에관한헌법소원】

수는 없음을 분명히 밝히고 있다.

헌법의 위 조항들을 종합해 볼 때 언론기관에 의하여 일반적인 인격권이나 사생활의 비밀과 자유를 침해받은 피해자에게 인간의 존엄과 가치 및 사생활의 비밀과 자유권을 보호하기 위하여 신속하고도 적절한 방어의 수단이 주어져야 함이 형평의 원리에 부합한다고 할 것이다. 그러므로 이 법이 규정한 반론권으로서의 정정보도청구권은 바로 헌법상 보장된 인격권에 그 바탕을 둔 것으로서, 피해자에게 보도된 사실적 내용에 대하여 반박의 기회를 허용함으로써 피해자의 인격권을 보호함과 동시에 공정한 여론의 형성에 참여할 수 있도록하여 언론보도의 객관성을 향상시켜 제도로서의 언론보장을 더욱 충실하게 할 수도 있을 것이라는 취지 아래 헌법의 위에 든 각 조항들을 근거로 하여 제정된 것이다.

<사례>

헌재결 1991. 9. 16, 89헌마165【정기간행물의등록등에관한법률제16조제3항, 제19조제3항의위헌여부에관한헌법소원】

파스퇴르유업주식회사는 이 사건 청구인이 발행하는 일반 일간신문인 중앙일보의 1988. 7. 23.자 제8면 취재수첩란의 기사가 자신과 관련된다고 주장하면서 정기간행물의등록등에관한법률(이하 법이라 한다) 제19조에 의하여 서울민사지방법원에 그 기사내용에 대한 정정보도게재청구의 심판을 제기하여 같은 법은 1989. 1. 13. 선고, 88카43429로 인용판결을 받았다.

위 사건의 피신청인인 이 사건 청구인이 서울고등법원 89나7209로써 항소를 제기함과 아울러 위 사건의 항소심 계속중 위 법원에 89카194로써 정정보도청구권을 규정한 이 법 제16조 제3항 및 그 절차를 규정한 이 법 제19조 제3항이 헌법상의 평등권 및 언론의 자유의 보장에 위반된다는 이유를 들어 제청을 신청하였으나, 위 법원은 1989. 7. 11. 이를 기각하였다. 청구인은 같은 달 13. 위 결정서의 송달을 받고 같은 달 27. 헌법재판소에 이 법 제16조 제3항 및 제19조 제3항에 대하여 헌법재판소법 제68조 제2항에 의한 헌법소원심판을 청구하였다.

2.2.4. 추후보도청구권(해명권)

추후보도청구권이란 언론에 의하여 범죄혐의가 있다거나 형사상 조치를 받았다고 보도 또는 방송된 자는 그에 대한 형사절차가 무죄판결 또는 이와 동등한 형태로 종결된 때에는 그 날로부터 3월 이내에 서면으로 발행인·편집인 또는 방송국의 장이나 편성책임자에게 이 사실에 관한 추후보도의 게재나 추후방송을 청구할 수 있다(언론중재및피해구제등에관한법률 제17조; 방송법 제91조 제8항). 그 청구 중재 및 법원의 심판절차에 관해서는 반론보도청구권에 관한 언론중재및피해구제등에관한법률의 규정이 준용된다.[1)]

1) 권영성, 헌법학원론, 524면.

2.2.5. 언론중재위원회

언론보도 또는 게재로 인한 분쟁조정 · 중재 및 침해사항을 심의하기 위하여 언론중재위원회를 둔다.

제 5 목 집회·결사의 자유(집단적 표현의 자유)

I. 의의

집회·결사의 자유는 다수인이 공동목적을 가지고 집합하고 결합하는 것을 내용으로 하는 자유를 말한다. 집회·결사의 자유는 집단적 표현의 자유를 보장한다는 점에서 개인적 표현인 언론·출판의 자유와 구별된다. 집회란 다수인(3인 이상)이 공동의 목적을 가지고 일정한 장소에서 일시적인 회합을 갖는 행위를 말하며,[1] 결사란 다수인이 공동의 목적을 위하여 계속적인 단체를 형성하는 것을 의미한다. 정치적 목적·종교적 목적·학문적 목적 등을 위하여 조직된 결사는 본조의 결사에 해당되지 아니한다. 집회의 경우는 일시적인 목표를 추구하고 결사의 경우는 계속적인 목표를 추구한다는 점에서 차이가 있으나, 양자는 상호 밀접한 관계를 가지고 있다.[2] 따라서 우리 헌법에서와 같이 동일조항에서 규정하고 있는 경우도 있지만(미국·일본), 집회의 자유와 결사의 자유를 별개의 조항으로 규정하는 입법례도 있다(독일 기본법 제8조, 제9조, 이태리 헌법 제17조, 제18조 등).[3]

> **헌법 제21조** ① 모든 국민은 언론·출판의 자유와 집회·결사의 자유를 가진다. ② 언론·출판에 대한 허가나 검열과 집회·결사에 대한 허가는 인정되지 아니한다. ③ 통신·방송의 시설기준과 신문의 기능을 보장하기 위하여 필요한 사항은 법률로 정한다. ④ 언론·출판은 타인의 명예나 권리 또는 공중도덕이나 사회윤리를 침해하여서는 아니된다. 언론·출판이 타인의 명예나 권리를 침해한 때에는 피해자는 이에 대한 피해의 배상을 청구할 수 있다.

II. 집단적 표현의 자유

집회와 결사의 자유는 다수인이 공동의 목적을 가지고 회합하거나 결합하는 자유를 말한다. 언론과 출판이 개인적으로 그의 의사를 표출하는 개인적 표현의 자유를 의미하며, 집회와 결사는 집단적으로 그들의 의사를 표출하는 집단적 표현의 자유이다. 집회와 결사

1) 홍성방, 헌법학, 517면.

2) R. W. Füßlein, Vereins- und Versammlungsfreiheit, in: Neumann-Nipperdey-Scheuner(Hrsg.), Die Grundrechte, Bd. II, 1954, S. 426; 계희열, 헌법학(중), 477면.

3) 계희열, 헌법학(중), 477면.

의 자유가 헌법상 보장되는 이유는 집회 · 결사의 자유가 언론의 자유의 보충적 기능 · 민주정치 발전의 요소 · 의사표현의 전달수단 확보 등의 기능을 가지기 때문이다. (ㄱ) 집회 · 결사의 자유는 정치적 자유권으로서의 성격을 가진다. 집회 · 결사는 정치문제에 대하여 다수인이 집단적으로 사상 또는 의견을 표현하며 이를 관철시키려 행동하기 때문에 언론의 자유를 보충하는 기능을 가진다. 정치적 의사형성은 의사소통을 그 전제로 하는데, 이는 대부분 집회를 통하여 이루어지고 이는 결국 민주정치의 발전을 위한 필수적 요소가 된다.[1] (ㄴ) 현대의 다원적 산업사회에서 신문 · 방송 등 언론기관(법인)에 의한 정보매체 독점화 현상이 이루어 지고 있고, 언론매체를 소유하지 못한 일반대중, 특히 소수자들이 그들의 의사를 사회에 효과적으로 전달하기 위하여 단체를 결성하거나 집회 또는 집단시위와 같은 집단적 행동을 함으로써 그들의 의견이나 요구를 표명하고 전달할 수단을 확보할 수 있다.[2]

III. 집회의 자유

1. 의의

집회의 자유는 집회를 통하여 형성된 의사를 집단적으로 표현하고 이를 통하여 불특정 다수인의 의사에 영향을 줄 자유를 포함하므로 이를 내용으로 하는 시위의 자유 또한 집회의 자유를 규정한 헌법 제21조 제1항에 의하여 보호되는 기본권이다.[3]

집회의 자유에 있어서 집회라 함은 다수인이 공동의 목적을 가지고 일정한 장소에서 일시적 · 자발적으로 회합하는 행위를 말한다.[4] 집회이기 위한 다수인은 최소한은 3인이상(다수설)을 의미하지만,[5] 그들간에는 공동의 목적이 있어야 하므로 노상이나 시장에서의 우연한 군집은 집회로 볼 수 없다.[6]

1) BVerfGE, 69, 315(342 ff).
2) 권영성, 헌법학원론, 535면.
3) 헌재결 2005. 11. 24, 2004헌가17 【집회및시위에관한법률제11조제1호위헌제청】
4) 계희열, 헌법학(중), 478면; 홍성방, 헌법학, 517면.
5) 권영성, 헌법학원론, 535면; 따라서 1인이 시위하는 것은 의사표현의 일종으로 볼 수는 있지만, 집회의 자유에 의하여 보호되는 집회라고 할 수는 없다(계희열, 헌법학(중), 481면). 집회이기 위한 최소한의 인원을 2인 이상이라고 보는 견해도 있다(양건, 헌법강의, 499면).
6) 권영성, 헌법학원론, 536면; 홍성방, 헌법학, 517면.

[집회의 개념적 요소]
- 다수인
- 공동의 목적
- 일시적 · 자발적으로 회합

2. 기능

집회의 자유는 (ㄱ) 개인의 인격실현과 개성신장을 촉진시키며 의사표현의 실효성을 증대시키고, (ㄴ) 대의기능이 약화된 경우에 직접민주주의의 수단이 될 수 있으며, (ㄷ) 의사표현의 통로가 봉쇄되거나 제한된 소수의 의견을 국정에 반영함으로써 소수를 보호하는 기능 등을 수행한다.[1]

3. 집회의 자유의 법적 성격

집회의 자유의 법적 성격은 주로 다음과 같다. (ㄱ) 집회의 자유는 그것이 집단적으로 이루어 진다는 점에서, 집단적 성격을 지니는 인간사회에 있어서 인간의 고립화를 방지하는 것이며, 따라서 이는 인간의 본성에 근거한 초실정법적 · 자연법적 권리이다. (ㄴ) 집회의 자유는 개인 스스로의 자기결정과 타인과의 교섭을 통하여 개인의 인격실현과 개성신장을 촉진시키며, 국가에 대한 방어권으로서 국가권력에 의한 방해나 간섭을 배제하기 위한 권리, 즉 주관적 공권으로서의 성격을 가진다.[2] (ㄷ) 집회의 자유는 집회를 통하여 국민들이 자신의 의견과 주장을 집단적으로 표명함으로써 정치적 의사형성에 영향을 미친다는 점에서 「정치적」 또는 「민주적」기본권이며,[3] 이의 실현을 위한 불가결의 요소(객관적 가치질서)이다. (ㄹ) 집회의 자유의 보장은 제도적 보장이 아니다.[4] 집회란 개인이 모여서 집단적으로 그들 개개인의 기본권을 행사하는 것이며, 집회는 제도가 아니기 때문이다.[5]

---

1) 헌재결 1992. 1. 28, 89헌가8; 홍성방, 헌법학, 518면.

2) R. Herzog, in: Maunz-Dürig Komm. z. Gg Art. 8. Rn. 13, 51; 계희열, 헌법학(중), 490면.

3) Mallmann, Art. 8, Vereinigungs- und Versammlungsfreiheit, in: Staatslexikon, 6 Aufl., Bd. 8, 1963, S. 107 f., 126; 헌재결 2003. 10. 30, 2000헌바67, 83(병합) 【집회및시위에관한법률제11조제1호중국내주재외국의외교기관부분위헌소원; 집회및시위에관한법률제11조위헌소원】 집회의 자유는 개인의 인격발현의 요소이자 민주주의를 구성하는 요소라는 이중적 헌법적 기능을 가지고 있다. 인간의 존엄성과 자유로운 인격발현을 최고의 가치로 삼는 우리 헌법질서 내에서 집회의 자유도 다른 모든 기본권과 마찬가지로 일차적으로는 개인의 자기결정과 인격발현에 기여하는 기본권이다. 뿐만 아니라, 집회를 통하여 국민들이 자신의 의견과 주장을 집단적으로 표명함으로써 여론의 형성에 영향을 미친다는 점에서, 집회의 자유는 표현의 자유와 더불어 민주적 공동체가 기능하기 위하여 불가결한 근본요소에 속한다.

4) 권영성, 헌법학원론, 537면; 계희열, 헌법학(중), 490면 각주 57) 참조); 홍성방, 헌법학, 519면.

(ㅁ) 집회의 자유는 집회가 건조물 · 공원 · 도로 등 일정한 공물의 사용을 전제로 하기 때문에 국가 또는 지방자치단체 등에 대하여 공공시설의 이용을 적극적으로 요구할 수 있는 공물사용권을 가진다.[1]

4. 집회의 자유의 주체

자연인 외에 법인(내국 사법인)도 제한된 범위 내에서 집회의 자유의 주체가 될 수 있다(통설). 다만 법인의 경우 주관자 또는 질서유지인은 자연인만이 할 수 있다.[2] 자연인 중에 외국인이 포함되는가에 관해서는 집회의 자유가 주로 정치적 자유로서 국가형성에 참여하는 권리이기 때문에 이를 부정하는 견해도 있지만,[3] 집회의 자유가 초실정법적 · 자연법상의 권리이므로 외국인도 포함된다고 본다.[4] 다만 외국인은 국민에 비하여 특별한 제한이 있을 수 있다.[5]

5. 집회의 자유의 구체적 내용

집회의 자유의 보장내용에는 적극적으로 (ㄱ) 집회를 개최하는 자유, (ㄴ) 집회를 사회 또는 진행하는 자유, (ㄷ) 집회에 참가하는 자유, (ㄹ) 장소선택의 자유[6] 등이 포함된다.[7] 또한 집회의 자유에는 소극적으로, (ㅁ) 집회를 개최하지 아니할 자유, (ㅂ) 집회에 참가하지 아니할 자유가 포함된다(통설).[8] 다만 법률상 집회의무가 있을 경우에는 집회를 개최하거나 집회에 참가하여야 한다.

---

5) 홍성방, 헌법학, 519면.

1) 권영성, 헌법학원론, 537면.

2) 계희열, 헌법학(중), 491면.

3) Hesse, Grundzüge, Rn. 404.

4) 이준일, 헌법학강의, 단락번호 [4.5.154]; 외국인의 경우 집회의 자유는 헌법적(기본권적) 차원이 아닌 법치국가적 테두리 내에서 법적 보호를 받는다는 견해도 있다(예컨대 계희열, 헌법학(중), 91면).

5) 권영성, 헌법학원론, 537면.

6) 헌재결 2005. 11. 24, 2004헌가17 【집회및시위에관한법률 제11조 제1호위헌제청】 집회 · 시위장소는 집회 · 시위의 목적을 달성하는데 있어서 매우 중요한 역할을 수행하는 경우가 많기 때문에 집회 · 시위장소를 자유롭게 선택할 수 있어야만 집회 · 시위의 자유가 비로소 효과적으로 보장되므로 장소선택의 자유는 집회 · 시위의 자유의 한 실질을 형성한다.

7) 이준일, 헌법학강의, 단락번호 [4.5.159].

8) 권영성, 헌법학원론, 537면.

[집회의 자유]
- 집회개최의 자유
- 집회진행의 자유
- 집회참가의 자유
- 집회장소선택의 자유

헌재결 2003. 10. 30, 2000헌바67【집회및시위에관한법률 제11조 제1호 중 국내주재 외국의 외교기관 부분 위헌소원, 집회및시위에관한법률 제11조 위헌소원】집회의 자유의 보장내용

집회의 자유는 집회의 시간, 장소, 방법과 목적을 스스로 결정할 권리를 보장한다. 집회의 자유에 의하여 구체적으로 보호되는 주요행위는 집회의 준비 및 조직, 지휘, 참가, 집회장소·시간의 선택이다. 그러나 집회를 방해할 의도로 집회에 참가하는 것은 보호되지 않는다. 주최자는 집회의 대상, 목적, 장소 및 시간에 관하여, 참가자는 참가의 형태와 정도, 복장을 자유로이 결정할 수 있다. 비록 헌법이 명시적으로 밝히고 있지는 않으나, 집회의 자유에 의하여 보호되는 것은 단지 '평화적' 또는 '비폭력적' 집회이다. 집회의 자유는 민주국가에서 정신적 대립과 논의의 수단으로서, 평화적 수단을 이용한 의견의 표명은 헌법적으로 보호되지만, 폭력을 사용한 의견의 강요는 헌법적으로 보호되지 않는다.

집회에서 연설이나 토론을 하는 것은 언론의 자유로서 보장되는 것이 아니라 집회의 자유의 일환으로서 보장된다. 왜냐하면 집회의 자유는 언론의 자유에 대한 특별법적 성격을 가지기 때문이다.[1] 집회 중에 집단적 시위가 포함되는가에 관해서는 견해가 갈리고 있다. 다수설은 집단적 시위나 시위행렬은 「움직이는 집회」로서 집단적 사상표현의 한 형태이기 때문에 집회의 개념에 포함된다고 한다.[2] 헌법재판소도 시위를 「이동하는 집회」로 보고 있다.[3] 집회및시위에관한법률 제2조 제2호에 의하면, 시위라 함은 다수인이 공동목적을 가지고 도로·광장·공원 등 공중이 자유로이 통행할 수 있는 장소를 진행하거나 위력 또는 기세를 보여 불특정다수인의 의견에 영향을 주거나 제압을 가하는 행위라고 한다.[4]

---

1) 권영성, 헌법학원론, 538면.
2) 권영성, 헌법학원론, 536면; 홍성방, 헌법학, 519면.
3) 헌재결 1992. 1. 28, 89헌가8; 헌재결 2005. 11. 24, 2004헌가17【집회및시위에관한법률제11조제1호위헌제청】집회의 자유는 집회를 통하여 형성된 의사를 집단적으로 표현하고 이를 통하여 불특정 다수인의 의사에 영향을 줄 자유를 포함하므로 이를 내용으로 하는 시위의 자유 또한 집회의 자유를 규정한 헌법 제21조 제1항에 의하여 보호되는 기본권이다.
4) 계희열 교수는 '시위'란 다수인이 공개된 장소에서 일반 대중의 이목을 끄는 방법으로 공동으로 의견을 표명하고 이로써 타인의 의사형성에 영향을 미치려는 옥외집회의 한 형태이며, '행진'이란 시위의 일종으로 집회참가자 들이 표명하고자 하는 의견을 제3자에게 효과적으로 전달하고자 하는 방법의 하나로 움직이는 집회·장소이동적 집회를 의미한다. 따라서 시위를 장소이동적 집

6. 집회의 자유의 효력 : 대국가적 · 대사인적 효력

6.1. 대국가적 효력

집회의 자유는 원래 대국가적 공권(방어권)이므로 공권력의 담당자인 모든 국가기관을 구속한다(주관적 공권). 즉 집회의 주최, 주관, 진행, 참가 등에 대한 국가권력의 간섭이나 방해를 받지 아니할 방어적 권리이다.

6.2. 대사인적 효력

사인에 의하여 집회의 자유가 침해되는 때에도 기본권의 제3자적 효력(Drittwirkung; 기본권의 대사인적 효력)에 관한 간접적용설에 따라 집회의 자유를 보호받는다(다수설). 왜냐 하면 집회의 자유는 민주주의 질서를 비롯한 공동체의 가치질서(객관적 가치질서)를 구성하는 불가결한 요소이기 때문이다.[1] 국가는 집회 · 결사의 자유를 제약하는 제3자의 행위를 규제해야 한다.[2] 집회및시위에관한법률 제3조 제1항이 「누구든지 폭행 · 협박 기타의 방법으로 평화적인 집회 또는 시위를 방해하거나 질서를 문란하게 하여서는 아니된다」라고 한 것은 집회의 자유가 사인으로부터 침해받을 경우에 이에 대항할 수 있는 대사인적(제3자적) 효력(주관적 사권)을 수용한 규정이다.[3]

7. 집회의 자유의 한계와 제한

7.1. 개관

집회의 자유는 표현의 자유로서의 성격을 가지는 것이지만 집회는 집단적 표현행위이고, 표현과정에 있어서 공공질서 내지 법적 평화와 충돌할 염려가 크므로 언론 · 출판의 자유에 비하여 더 많은 제한을 받는다. 도로 · 공원 등 공공장소에서 행하는 집회 및 시위는 일반인의 도로 · 공원이용의 자유와 충돌할 가능성이 있으며, 동일한 장소에서 여러 종류의 집회가 동시에 열리게 되면(예컨대 쇠고기 수입반대집회를 하는 장소에서 쇠고기 수입찬성을 지지하는 집회를 개최하는 것), 그들간의 충돌과 혼란이 야기될 가능성이 크다. 그러므로 집회 또는 시위의 자유는 공익이나 타인의 기본권과 조화를 이루는 범위내에서 이루어져야 한다.[4]

회, 움직이는 집회로 설명하는 것(예컨대 헌재결 1992. 1. 28, 89헌가8)은 잘못된 것이라고 한다(계희열, 헌법학(중), 481면)

1) 계희열, 헌법학(중), 491면.

2) 이준일, 헌법학강의, 단락번호 [4.5.162], [4.5.178].

3) 권영성, 헌법학원론, 538면.

4) 권영성, 헌법학원론, 538면.

7.2. 집회의 자유의 한계

집회 또는 시위는 평화적 · 비폭력적이라야 한다.[1] 평화적 집회와 폭력적 집회를 구별하는 기준에 관하여는 심리적 폭력설과 물리적 폭력설이 대립하고 있다. 물리적 폭력설이 다수설이며 집회의 자유의 중요성에 비추어 이 설이 타당하다. 또한 집회 및 시위는 헌법질서 · 타인의 권리 · 도덕률 등에 위배되지 않아야 한다. 집회및시위에관한법률(제5조 제1항)은 절대로 금지되는 집회 및 시위로서 ① 헌법재판소의 결정에 의하여 해산된 정당의 목적을 달성하기 위한 집회 또는 시위, ② 집단적인 폭행 · 협박 · 손괴 · 방화 등으로 공공의 안녕질서에 직접적인 위협을 가할 것이 명백한 집회 또는 시위를 규정하고 있다.[2] 화염병투척 등의 폭력시위를 근절하기 위한 특별법으로 화염병사용등의처벌에관한법률이 있다.[3]

7.3. 집회의 자유의 제한

7.3.1. 사전제한(허가제 · 신고제 및 금지통고제)

집회의 자유에 대한 제한법률로는 「집회및시위에관한법률」이 있다.

- 옥외집회 및 시위는 사전신고
- 일출전 · 일몰후의 (원칙적) 집회금지
- 옥외집회의 장소제한(국회의사당 · 법원 · 헌법재판소 · 외교기관 · 4부요인의 공관의

---

1) 헌재결 2003. 10. 30, 2000헌바67, 83(병합) 전원재판부 【집회및시위에관한법률제11조제1호중국내주재외국의외교기관부분위헌소원; 집회및시위에관한법률제11조위헌소원】 집회의 자유에 의하여 보호되는 것은 단지 '평화적' 또는 '비폭력적' 집회이다. 집회의 자유는 민주국가에서 정신적 대립과 논의의 수단으로서, 평화적 수단을 이용한 의견의 표명은 헌법적으로 보호되지만, 폭력을 사용한 의견의 강요는 헌법적으로 보호되지 않는다. 헌법은 집회의 자유를 국민의 기본권으로 보장함으로써, 평화적 집회 그 자체는 공공의 안녕질서에 대한 위험이나 침해로서 평가되어서는 아니 되며, 개인이 집회의 자유를 집단적으로 행사함으로써 불가피하게 발생하는 일반대중에 대한 불편함이나 법익에 대한 위험은 보호법익과 조화를 이루는 범위 내에서 국가와 제3자에 의하여 수인되어야 한다는 것을 헌법 스스로 규정하고 있는 것이다.

2) 피고인이 100여명의 학생들과 함께 화염병 · 쇠파이프 등을 들고 구호를 외치면서 시위를 하고 전경들을 체포하려고 하였다면 이는 집회및시위에관한법률 제5조 제1항 제2호 소정의 "집단적인 협박 등의 행위로 인하여 공공의 안녕질서에 직접적인 위협을 가한 것이 명백한 시위"에 해당한다(대판 1990. 7. 24, 90도470).

3) 화염병과 돌멩이들을 진압경찰관을 향하여 무차별 던지는 시위현장에 피고인도 이에 적극 참여하여 판시와 같이 돌멩이를 던지는 등의 행위로 다른 사람의 화염병투척을 용이하게 하고 이로 인하여 타인의 생명 · 신체에 대한 위험을 발생케 하였다면 비록 피고인 자신이 직접 화염병투척의 행위는 하지 아니하였다 하더라도 그 화염병투척(사용)의 공동정범으로서의 죄책을 면할 수 없다(대판 1992. 3. 31, 91도3279).

100m 이내 장소에서의 옥외집회 · 시위를 금지)

집회 또는 시위에 관하여 사전허가를 받게 하는 허가제는 헌법 제21조 제2항에 따라 금지된다.[1] 그러나 신고제는 행정상의 참고를 위하고 집회가 가지는 위험성을 예방하고 공동체내에서 상호충돌하고 갈등을 일으키는 법익과의 이해관계를 조절하기 위한 긍정적 측면을 지니는 것이며, 동시에 신고제는 사전제한이 아니므로 무방하다.[2]

허가제는 집회 · 시위의 일반적 금지를 전제로 당국의 재량적 허가처분에 따라 특정한 경우에 금지를 해제하여 자연적 자유(집회 · 시위의 자유는 초실정법적 · 자연법적 권리이기 때문이다)를 회복 시켜주는 것이지만, 신고제는 신고만 하면 당연히 집회 · 시위를 할 수 있는 자유를 전제로 하고 있다는 점에서 양자는 구별된다. 신고제는 집회 또는 시위의 중복(고의적 혹은 우연하게 발생하는 경우)에 의한 혼란과 충돌을 예방하고, 일반인의 도로 · 공원 등 공물사용권의 충돌을 조정하며 공물의 관리상 필요하기 때문이다.[3]

7.3.2. 시간적 제한

<u>시간적 제한</u>으로서 옥외집회 또는 시위를 주최하고자 하는 자는 목적, 일시, 장소, 주최자 · 연락책임자 · 질서유지인 · 연사의 주소 · 성명 · 직업 · 연락처 · 연제, 참가예정단체, 참가예정인원과 시위방법을 기재한 신고서를 72시간전부터 48시간 전에 관할 경찰서장 등에게 제출하여야 한다(집시법 제6조 제1항). 위 신고서를 접수한 관할경찰서장 등은 (ㄱ) 신고된 옥외집회 또는 시위가 법 제5조 제1항, 제10조 본문, 제11조의 규정에 위반된다고 인정될 때, 또는 (ㄴ) 신고서 기재사항의 보완통고에도 불구하고 기재사항을 보완하지 아니한 때, 또는 (ㄷ) 제12조 제1항의 규정에 의하여 금지할 집회 또는 시위라고 인정될 때에는 신고서를 접수한 때부터 48시간 이내에 집회 또는 시위의 금지를 주최자에게 통고할 수 있다(동법 제8조 제1항). 집회 또는 시위의 주최자는 금지통고를 받은 때로부터 10일이내에 해당해 경찰관서의 바로위의 상급경찰관서의 장에게 이의를 신청할 수 있다(동법 제9조 제1항).[4] 일출시간 전 또는 일몰시간 후에는 옥외집회 또는 시위가 제한되지만, 집회의 성격

---

1) 그러나 특정의 장소 또는 방법에 관하여 합리적이고 명확한 기준을 가지고 허가제를 채택하는 것은 헌법의 취지에 반하지 아니한다. 공공의 안전에 대하여 명백하고 긴박한 위험을 미칠 것이 예견될 때에는 이를 허가하지 않거나 금지한다는 규정을 둘 수 있다(最大判 1954[昭和 29] 11. 24. 刑集 8卷 1866면).

2) 권영성, 헌법학원론, 539면.

3) 권영성, 헌법학원론, 539면; 계희열, 헌법학(중), 493면.

4) 제1항에 따른 이의 신청을 받은 경찰관서의 장은 접수 일시를 적은 접수증을 이의 신청인에게 즉시 내주고 접수한 때부터 24시간 이내에 재결(재결)을 하여야 한다. 이 경우 접수한 때부터 24

상 부득이하여 주최자가 질서유지인을 두고 미리 신고한 경우에는 허용된다(동법 제10조).

헌재결 1994. 4. 28, 91헌바14 【집회및시위에관한법률 제2조 등에 대한 헌법소원】 : 야간옥외집회금지문제

국가안전보장, 질서유지, 공공복리 등 기본권 제한입법의 목적원리에 의한 제한의 필요성이 그만큼 더 요구되는 기본권으로서 특히 야간의 옥외집회 및 시위는 "야간"이라는 상황적 특수성과 "옥외집회 · 시위"의 속성상 주간의 옥외집회·시위의 경우보다 공공의 안녕질서를 침해할 수 있는 높은 개연성을 지니고 있다는 점에서 야간의 옥외집회 · 시위의 원칙적 금지에 대한 현실적 타당성을 수긍할 수 있다. 일반적으로 야간의 옥외집회 · 시위는 주간의 옥외집회·시위보다 질서유지가 어렵고 따라서 그만큼 공공의 안녕질서에 해를 끼칠 개연성이 높으며, 심리학적으로도 야간에는 주간보다 자극에 민감하고 흥분하기 쉬워서 집회 및 시위가 본래의 목적과 궤도를 이탈하여 난폭화할 우려가 있고, 또 불순세력의 개입이 용이하며 이를 단속하기가 어려운 점 등 여러 가지의 특성이 있다. 형법 및 폭력행위등처벌에관한법률등에 있어서 "야간"의 행위를 더욱 엄격히 규제하고 있는 것도 이와 맥락을 같이 하는 것이다.

이와 같이 야간의 옥외집회 · 시위라는 특수한 상황조건으로 인하여 기본권 제한입법의 목적원리가 강화될 수밖에 없는 논리적 측면에서, 현행 집시법 제10조가 과거처럼 어떠한 경우에도 야간의 옥외집회 · 시위를 일률적으로 금지하지 아니하고(구 집시법 제6조 참조) 집회의 성격상 부득이한 경우에는 일정한 조건을 붙여 일출시간 전, 일몰시간 후의 옥외집회를 허용할 수 있는 단서규정을 두고 있는 점, 이 단서규정에 따른 야간옥외집회의 허용여부는 헌법이념 및 조리상 관할 경찰관서장의 편의재량사항이 아니고 기속재량사항이라고 해석되는 점, 학문 · 예술 · 체육 · 종교 · 의식 · 친목 · 오락 등에 관한 집회에는 이러한 금지규정이 적용되지 않을 뿐만 아니라(집시법 제13조) 야간이라도 옥내집회는 일반적으로 허용되는 점 등을 고려할 때, 야간의 옥외집회 · 시위의 금지에 관한 집시법 제10조의 규정이 집회의 자유의 본질적 내용을 침해한 것이라고는 볼 수 없다.

헌재결 2009. 9. 24, 2008헌가25 【집회및시위에관한법률 제10조 등위헌제청】 헌법불합치결정 ☜ 종전의 판례변경

[사건의 개요 및 심판의 대상]

[사건의 개요]

○ 제청신청인은 2008. 5. 9. 19:35경부터 21:47경까지 야간에 옥외에서 미국산 쇠고기 수입반대 촛불집회를 주최하였다는 등의 이유로 집회및시위에관한법률위반 등 혐의로 기소되었고, 1심 계속중 제청신청인에게 적용된 '집회 및 시위에 관한 법률' 제10조, 제23조 제1호가 헌법상 금지되는 집회의 사전허가제를 규정한 것으로서 헌법에 위반된다고 주장하며 위헌법률심판 제청신청을 하였다.

시간 이내에 재결서를 발송하지 아니하면 관할경찰관서장의 금지 통고는 소급하여 그 효력을 잃는다(동법 제9조 제2항).

○ 당해사건 법원은 위 법률조항들이 당해사건 재판의 전제가 되고, 위헌이라고 인정할 만한 상당한 이유가 있다며 2008. 10. 13. 이 사건 위헌법률심판제청을 하였다.

집회및시위에관한법률 제10조(옥외집회와 시위의 금지 시간) 누구든지 해가 뜨기 전이나 해가 진 후에는 옥외집회 또는 시위를 하여서는 아니 된다. 다만, 집회의 성격상 부득이하여 주최자가 질서유지인을 두고 미리 신고한 경우에는 관할경찰관서장은 질서 유지를 위한 조건을 붙여 해가 뜨기 전이나 해가 진 후에도 옥외집회를 허용할 수 있다.

[결정요약문]

헌법재판소는 2009년 9월 24일 관여 재판관 5(위헌) : 2(헌법불합치) : 2(합헌)의 의견으로, 해가 뜨기 전이나 해가 진 후에는 옥외집회를 금지하고, 일정한 경우 관할경찰관서장이 허용할 수 있도록 한 '집회 및 시위에 관한 법률'(이하 '집시법') 제10조 중 '옥외집회'부분과 이에 위반한 경우 처벌하도록 한 집시법 제23조 제1호 중 '제10조 본문의 옥외집회' 부분은 헌법에 합치되지 아니하고, 위 조항들은 2010. 6. 30.을 시한으로 입법자가 개정할 때까지 계속 적용된다는 결정을 선고하였다.

재판관 5인(재판관 이강국, 재판관 이공현, 재판관 조대현, 재판관 김종대, 재판관 송두환)의 위헌의견은, 위 집시법 제10조부분은 헌법 제21조 제2항이 금지하는 집회의 사전허가제에 해당하여 헌법에 위반되고, 그에 따라 위 집시법 제23조 제1호 부분도 헌법에 위반된다는 것이다.

위헌의견을 낸 재판관 중 2인(재판관 조대현, 재판관 송두환)은, 위 집시법 제10조 부분 중 본문은 합리적 사유도 없이 집회의 자유의 상당 부분을 박탈하는 것으로서 헌법 제37조 제2항에 위반된다는 점을 함께 선언해야 한다고 위헌의견에 대한 보충의견을 추가하였다.

재판관 2인(재판관 민형기, 재판관 목영준)의 헌법불합치 의견은, 위 집시법 제10조 부분은 헌법이 금지하는 사전허가제에 해당하는 것은 아니나, 목적달성을 위하여 필요한 범위를 넘어 과도하게 야간옥외집회를 제한함으로써 과잉금지원칙에 위배하여 집회의 자유를 침해하는 것으로서 헌법에 합치되지 아니하고, 위 조항을 구성요건으로 하는 같은 법률 제23조 제1호 중 '제10조 본문의 옥외집회'부분 역시 마찬가지로 헌법에 합치되지 아니한다는 것이다.

이 사건의 경우 단순위헌 의견(5인)만으로는 헌법재판소법 제23조 제2항 제1호에 규정된 법률의 위헌결정을 함에 필요한 심판정족수(6인)에 이르지 못하지만 헌법불합치 의견(2인)을 합산하면 법률의 위헌결정을 함에 필요한 심판정족수를 충족하였다. 다만, 결정의 주문은 단순위헌이 아닌 헌법불합치 결정을 선고할 수 밖에 없었다.

이에 대하여 재판관 2인(재판관 김희옥, 재판관 이동흡)의 합헌의견은 위 집시법 제10조 부분은 집회의 자유에 대한 구체적이고 명확한 내용중립적인 시간적 기준에 의한 사전적 제한으로서 헌법 제21조 제2항에 위배되지 아니할 뿐 아니라 과잉금지 원칙에 위배되지도 아니하므로 헌법에 위반되지 않고, 따라서 위 집시법 제23조 제1호 부분도 헌법에 위반되지 않는다는 것이다.

한편 단순위헌의견을 낸 재판관 1인(재판관 조대현)은 헌법불합치결정을 하더라도 위

집시법 제10조와 제23조 제1호 부분의 계속적용을 해서는 안된다는 적용중지의견이 있었다.[1)]

7.3.3. 장소적 제한

장소적 제한으로서 ① 국회의사당 · 각급법원[2)] · 헌법재판소 · 국내주재 외국의 외교기

---

1) 재판관 조대현의 적용중지의견: 위헌법률심판의 본질적 효력은 위헌법률의 제거이고, 헌법재판소가 법률의 위헌을 선언할 때에는 실효되는 범위를 명확히 하여야 한다. 다만 법률조항 중 일부는 위헌이고 일부는 합헌인 경우, 위헌부분을 특정하여 가려낼 수 없거나, 권력분립의 원칙상 그 구분을 입법형성권에 맡기는 것이 타당한 때에는 헌법불합치 결정이 필요하고, 헌법불합치 결정이 있는 경우 국회는 헌법불합치 선언된 법률에서 위헌부분을 제거하는 개선입법을 하여야 할 의무를 부담한다. 국회의 개선입법에 존속하게 된 내용은 합헌부분으로서 종전 법률의 효력을 상실하지 아니하고, 개선입법이 시행되기 전의 사항에 대하여 계속 적용된다. 개선입법에 따라 위헌으로 구분된 부분은 헌법재판소법 제47조 제2항에 의하여 효력을 상실한다. 헌법불합치 선언된 법률이 형벌에 관한 법률이면, 종전의 법률 중 위헌으로 구분된 부분은 소급하여 효력을 상실하게 되며(헌법재판소법 제47조 제2항 단서), 그 위헌부분에 의하여 처벌받은 사람은 재심을 청구할 수 있다(헌법재판소법 제47조 제3항). 위헌부분이 포함된 이 사건 법률조항들을 헌법불합치 결정 선고 후 개선입법 이전에 계속 적용하게 하는 것은, 헌법재판소가 이 사건 법률조항들에 위헌부분이 포함되어 있음을 선언하였고, 그 위헌부분이 국회의 개선입법에 의하여 구분되면 소급적으로 효력을 상실하게 됨에도 불구하고, 그 위헌부분이 포함된 이 사건 법률조항들에 의하여 처벌받은 뒤, 나중에 위헌부분에 의하여 처벌받았음이 밝혀지면 재심을 청구하여 구제받으라고 하는 것이다. 이는 위헌법률에 기한 형사처벌을 허용하는 것이고 위헌법률심판제도의 사명을 저버리는 것이어서 우리 헌법상 허용될 수 없는 것이다. 헌법재판소가 어느 법률조항에 대하여 헌법불합치 결정을 하면서 그 법률조항을 계속 적용하도록 결정하려면 그 점에 대한 특별한 평의와 합의절차를 거쳐야 한다. 헌법불합치의견을 표시한 재판관 2인이 헌법에 합치되지 아니하는 이 사건 법률조항들의 계속 적용을 결정할 수는 없다. 이 사건 법률조항들은 개선입법이 이루어질 때까지 적용 중지되어야 한다.

2) 헌재결 2005. 11. 24, 2004헌가17 【집회및시위에관한법률 제11조제1호위헌제청】 각급법원 인근에서의 옥외집회나 시위를 금지한 이 사건 법률조항은 법원의 기능보호와 법원의 안녕보호를 그 입법목적으로 하는데, 다만 법원의 안녕보호는 법원의 기능보호에 기여하는 한도에서 입법목적으로 평가된다. 라. 법원의 기능은 사법작용의 공정성과 독립성이 확보될 때에만 제대로 유지될 수 있는데, 사법작용의 공정성과 독립성은 헌법적 요청이므로, 법원의 기능보호를 핵심으로 하는 이 사건 법률조항의 입법목적은 헌법이 적극적으로 요청하는 바로서 정당성이 인정되고, 이에 따라 법원에 대한 특별한 보호에 정당성을 부여한다. 마. 위와 같이 법원의 기능에 대한 보호는 헌법적으로 요청되는 특수성이 있기 때문에 각급법원 인근에서의 옥외집회나 시위를 예외 없이 절대적으로 금지하더라도 이는 추상적 위험의 발생을 근거로 금지하는 불가피한 수단이므로 침해의 최소성을 갖추었다. 바. 이 사건 법률조항에 의하여 집회 · 시위의 자유가 제한되더라도 집회 · 시위로 달성하려는 효과가 감소되는 것일 뿐 그 자유에 대한 중대한 제한이라고 하기 어렵

관,[1] ② 대통령관저 · 국회의장공관 · 대법원장공관 · 헌법재판소장공관(4부요인공관), ③ 국무총리공관 · 국내주재 외국의 외교사절의 숙소 등의 경계지점으로부터 100m 이내의 장소에서는 옥외집회 또는 시위가 제한되지만 단순행진의 경우는 예외로 한다(동법 제19조).

<참고>

국내주재 외국의 외교기관의 경우에도, 외교기관주변의 집회 · 시위의 전면적인 금지는 위헌이라는 헌법재판소의 결정[2]취지를 참고하여, (ㄱ) 해당 외교기관 또는 외교사절의 숙소를 대상으로 하지 아니하는 경우, (ㄴ) 대규모 집회 또는 시위로 확산될 우려가 없는 경우, (ㄷ) 외교기관의 업무가 없는 휴일에 개최하는 경우, 외교기관 또는 외교사절 숙소의 기능이나 안녕을 침해할 우려가 없다고 인정되는 때에는 집회 · 시위를 허용한다(집시법 제11조 제4호).

그러나 학문 · 예술 · 체육 · 종교 · 의식 · 친목 · 오락 · 관혼상제 및 국경행사에 관한 집회는 이를 금지하거나 제한할 수 없다(집시법 제10조-제13조).

7.3.4. 사후통제

집회의 자유는 국가안전보장 질서유지 또는 공공복리를 위하여 필요한 경우에는 법률로써 제한할 수 있다(제37조 제2항).[3] 이에 관한 법률로서 형법 · 국가보안법 · 집회및시위

고, 독립된 건물을 가지고 그 주변의 일반건물과 어느 정도 이격거리를 두고 있는 경우가 많은 우리나라 법원의 일반적 구조상 제한되는 집회·시위의 범위는 상대적으로 작은 반면 사법기능의 보호라는 이 사건 법률조항이 추구하는 공익은 매우 커서, 법익의 균형성도 갖추었다.

1) 외교기관 인근에서의 집회는 일반적으로 다른 장소와 비교할 때 중요한 보호법익과의 충돌상황을 야기할 수 있고, 이로써 법익에 대한 침해로 이어질 개연성이 높으므로, 이 사건 법률조항은 이와 같은 고도의 법익충돌상황을 사전에 효과적으로 방지하기 위하여 외교기관 인근에서의 집회를 전면적으로 금지한 것이다. 이 사건 법률조항의 보호법익으로는 국내주재 외교기관에의 자유로운 출입 및 원활한 업무의 보장, 외교관의 신체적 안전이 고려된다(헌재결 2003. 10. 30, 2000헌바67, 83(병합) 【집회및시위에관한법률제11조제1호중국내주재외국의외교기관부분위헌소원;집회및시위에관한법률제11조위헌소원】

2) 헌재결 2003. 10. 30, 2000헌바67, 83(병합) 전원재판부 【집회및시위에관한법률제11조제1호중국내주재외국의외교기관부분위헌소원; 집회및시위에관한법률제11조위헌소원】 입법자가 '외교기관 인근에서의 집회의 경우에는 일반적으로 고도의 법익충돌위험이 있다'는 예측판단을 전제로 하여 이 장소에서의 집회를 원칙적으로 금지할 수는 있으나, 일반 · 추상적인 법규정으로부터 발생하는 과도한 기본권제한의 가능성이 완화될 수 있도록 일반적 금지에 대한 예외조항을 두어야 할 것이다. 그럼에도 불구하고 이 사건 법률조항은 전제된 위험상황이 구체적으로 존재하지 않는 경우에도 이를 함께 예외 없이 금지하고 있는데, 이는 입법목적을 달성하기에 필요한 조치의 범위를 넘는 과도한 제한인 것이다. 그러므로 이 사건 법률조항은 최소침해의 원칙에 위반되어 집회의 자유를 과도하게 침해하는 위헌적인 규정이다.

에관한법률 · 화염병사용등의처벌에관한법률 등이 있다.

그밖에 비상계엄이 선포된 경우 법률이 정한 바에 의하여 특별한 조치를 할 수 있고 (헌법 제77조 제3항), 특별권력관계에 있는 자, 예컨대 군인, 공무원, 수감자 등은 일반국민에 비하여 집회의 자유가 제한된다.[1]

7.3.5. 제한의 한계

집회의 자유를 제한하는 경우에도 집회의 자유의 본질적 내용은 침해할 수 없으며,[2] 명백 · 현존하는 위험의 법리, 막연하기 때문에 무효의 이론, 규제입법의 합헌성추정의 배제이론, 과잉금지의 원칙 등이 준수되어야 한다.[3] 집회의 자유와 집회의 자유를 제한하는 법익은 실제적 조화의 원리(규범조화적 해석 : Prinzip praktischer Konkordanz)에 따라 양 법익이 최대한 보장되도록 해야한다.[4]

IV. 결사의 자유

1. 의의

결사의 자유에 있어서의 결사라 함은 다수의 자연인 또는 법인(공법상의 결사는 제외)[5]이 자유의사에 따라 공동의 목적을 위하여 계속적인 단체를 결성하는 것을 말한다. 여

---

3) 집회의 자유는 무제한의 자유가 아니라 공공의 질서 · 공공의 안전 및 공공의 복리 등에 반하지 아니하는 범위 내에서 허용된다(대판 1983. 3. 8, 82도3248).

1) 홍성방, 헌법학, 523면.

2) E. Benda, Bonner Kommentar, 1995, Art. 8 Rn. 67; M Klöpfer, Versammlungsfreiheit, in: Isensee/Kirchhof(Hrsg.), Handbuch des Staatsrechts, Bd. VI. 1989, § 143, Rn. 49; 계희열, 헌법학(중), 497면; 홍성방, 헌법학, 521면.

3) 민주체제전복을 시도하는 집회 · 시위나 공공의 질서에 관한 법익침해의 명백한 위험이 있는 집회 · 시위까지 집회의 자유라는 이름으로 보호하는 것은 아니며, 대중적 집회에는 뜻밖의 자극에 의하여 군중의 흥분을 야기시켜 불특정다수인의 생명 · 신체 · 재산 등에 위해를 줄 위험성이 내재되어 있는 것으로 이를 막자는 데도 위 조문의 취의가 있다고 할 것인즉, 위 조문의 합헌적이고 긍정적인 면도 간과해서는 안될 것이므로, 생각건대 헌법과의 조화, 다른 보호해야 할 법익과의 조정하에 해석상 긍정적인 면을 살리는 것이 마땅하다(헌재결 1992. 1. 28, 89헌가8).

4) 계희열, 헌법학(중), 497면.

5) 결사의 자유에서 말하는 결사란 자연인 또는 법인의 다수가 상당한 기간동안 공동목적을 위하여 자유의사에 기하여 결합하고 조직화된 의사형성이 가능한 단체를 말하는 것이므로 공법상의 결사는 이에 포함되지 아니한다(헌재결 1996. 4. 25, 92헌바47, 축산업협동조합법 제199조 제2항

기에는 단체결성과 존속의 자유, 단체활동의 자유, 단체에의 가입과 탈퇴의 자유가 포함된다.[1)]

> 대판 1982. 9. 28, 82도2016 【계엄법위반 · 국가보안법위반 · 반공법위반 · 집회및시위에관한법률위반】
>
> 첫째, 결사라 함은 공동의 목적을 가진 특정다수인의 임의적인 계속적 결합체라 할 것이며, (1) 결사에는 구성원인 2인 이상임을 필요로 하고, (2) 결사에는 공동목적이 있어야 하고 그 공동목적이 있는 이상 그것이 결사조직의 유일한 목적임을 요하지 않고 다른 목적이 있어도 결사임에도 무방하고, (3) 결사는 다수인의 임의적 결합이어야 하고, (4)결사는 계속성이 있어야 한다. 그러나 이 계속은 사실상 계속하여 존재함을 요하지 않고 계속시킬 의도하에서 결합된 이상 결사임에는 틀림없다. 이상의 4요건을 구비한 결합은 결사인 것으로 구성원이 회합을 한 사실이 없거나, 사칙이 정하여 있지 않거나, 간부가 없어도 결사의 성립에는 영향이 없고, 결단식 또는 결당식, 창립의 모임 같은 형식을 거치지 아니하였어도 결사의 성립에는 지장이 없으며, 또 결사의 명칭이나 대표자가 정하여 있지 아니하여도 무방한 것이라고 풀이된다.[2)]
>
> 둘째, 집단(집회, 군중 등 유사개념이 있음)은 위 결사와 같이 공동목적을 가진 특정다수인의 결합이지만 결사가 계속적인 집합체임에 대하여 집단은 일시적인 점에서 상이하다 할 것이고, 세째, 구성이란 개념은 결사나 집단을 창설하려고 하는 2인 이상의 자 간에 있어서 이를 창설하려는데 대하여 의사가 합치된 순간에 성립하는 것으로서 따라서 스스로 결사나 집단에 가입하는 의사를 가지고 단순히 외부에서 그 결성의 정신적, 물질적 지도를 맡는 것도 여기의 결사나 단체의 조직에 포함된다 할 것이다.

결사의 개념적 요소는 (ㄱ) 2인 이상의 다수인[3)]의 결합일 것, (ㄴ) 결합성(이는 외형상 결합을 의미하며 특정한 형태는 불필요하다), (ㄷ) 계속성(상당한 기간 계속할 것),[4)] (ㄹ) 단체의 결성은 자유의사에 기한 자발적이어야 한다(자발성), (ㅁ) 조직적 의사에의 복종(하나로 형성된 의사), (ㅂ) 공동의 목적(공동의 목적은 넓게 해석되어야 하고 여기에는 제한이 없다) 등이다.[5)] 결사의 자유는 집회의 자유와 함께 언론의 자유를 보충하는 역할을 하며, 여론의 형성, 정치적 의사형성, 기회균등의 보장의 전제가 된다.[6)] 결사의 자유는 일

위헌소원[위헌]); 양건, 헌법강의, 507면; 홍성방, 헌법학, 524면.

1) 양건, 헌법강의, 507면; 홍성방, 헌법학, 523면.

2) 대판 1966. 4. 22, 66도152 판결 참조.

3) 계희열, 헌법학(중), 500면; 대판 1982. 9. 28, 82도2016 【계엄법위반 · 국가보안법위반 · 반공법위반 · 집회및시위에관한법률위반】

4) 계속성은 결사의 자유의 범위를 지나치게 좁힐 우려가 있기 때문에 상대적 개념으로 이해하는 것이 적절하다(이준일, 헌법학강의, 단락번호 [4.5.158].

5) Maunz-Dürig-Herzog-Scholz, Rn. 36-43 zu Art. 8; 계희열, 헌법학(중), 500-501면 참조.

반적 결사(일반결사)의 자유와 특수한 결사(특수결사)의 자유로 구분된다. 헌법 제21조의 결사의 자유는 일반결사의 자유를 의미하기 때문에 정치적 목적의 결사인 정당, 종교적 목적의 결사인 교단, 학문 또는 예술적 목적의 결사인 학회나 예술단체, 근로조건의 향상을 위한 근로자들의 결사인 노동조합 등 특수한 결사는 각각 헌법 제8조(정당) · 제20조(종교의 자유) · 제22조(학문 · 예술의 자유) · 제33조(근로자의 단결권)의 적용을 받는다.[1)]

- 단체결성의 자유
- 단체존속(유지)의 자유
- 단체에의 가입 및 탈퇴의 자유

2. 결사의 자유의 법적 성격

일반적 결사의 자유는 개인 또는 집단의 자유권적 기본권과 정치적 기본권의 복합적 성격을 가는 복합적 기본권이다. 종래에는 결사의 자유를 전적으로 국가에 대한 개인 및 집단의 소극적 방어권(자유권)으로 이해하였지만, 이제는 소극적 방어권의 차원을 넘어 국민이 여론을 형성하고 정치적 과정에 참여하는 적극적인 권리로도 이해되고 있다. 따라서 결사의 자유는 타인과 자유로이 교통을 할 수 있는 권리로서의 성격과 객관적 가치질서(민주적 국법질서)를 구성하는 요소로서의 성격을 아울러 가지는 권리로 파악되고 있다.[2)] 즉 결사의 자유는 이중적 성격을 가진다(주관적 공권, 객관적 가치질서). 헌법 제21조의 결사의 자유는 개인적 또는 집단적자유권을 의미할 뿐 제도적 보장을 의미하는 것은 아니다.[3)]

3. 결사의 자유의 주체

결사의 자유는 '인간은 정치적 동물'이라는 말에서 보듯이, 인간존재의 원초적 조건이 되는 것이므로 인간이면 누구나 그 주체가 된다. 유럽인권협약 제11조도 결사의 자유는 모든 인간에게 보장된다고 하고 있다. 다만 외국인은 정치적인 것을 목적으로 하는 경우에는 내국인(국민)에 비하여 보다 더 많은 제한을 받는다(상호주의; 호혜주의).[4)] 법인 등 결사체도 그 조직과 의사형성에 있어 그리고 업무수행에 있어 자기결정권을 가지기 때문에 그 주체가 된다.[5)] 다만 상기한 바와 같이 공공적 책무의 수행을 목적으로 하는 공법상의 단체는

---

6) 계희열, 헌법학(중), 499면.

1) 권영성, 헌법학원론, 542면.

2) 권영성, 헌법학원론, 542면; 계희열, 헌법학(중), 505면.

3) Maunz-Dürig-Herzog-Scholz, Rn. 19 f. zu Art. 8; Abel, Die Bedeutung der Lehre von der Einrichtungsgarantien für die Auslegung des Bonner GG, 1964, S. 80.

4) 권영성, 헌법학원론, 543면; 홍성방, 헌법학, 524면.

결사의 자유의 주체가 될 수 없다.[1] 공무원의 경우에는 정치적 결사나 노동조합을 구성하는 것이 제한을 받는다.[2]

4. 결사의 자유의 구체적 내용

결사의 자유는 적극적 측면(적극적 결사의 자유)과 소극적 측면(소극적 결사의 자유)을 동시에 가지고 있다. 적극적 결사의 자유는 (ㄱ) 자유롭게 단체를 결성할 수 있는 단체결성의 자유(Vereinsautonomie),[3] (ㄴ) 단체존속의 자유, (ㄷ) 단체활동의 자유(단체내에서 구성원 개개인의 활동의 자유 뿐만 아니라 결사 자체의 활동도 보장된다),[4] (ㄹ) 결사에의 가입·잔류의 자유 등을 들 수 있다.[5] 소극적 자유로는 단체로부터 (ㄱ) 탈퇴의 자유, (ㄴ) 해산의 자유, (ㄷ) 결사에 가입하지 아니할 자유를 들 수 있다. 결사에 가입하지 아니할 소극적 자유에 관하여 판례와 다수설은 사법상의 결사에는 가입을 강제할 수 없으나(이 경우의 가입강제는 결사의 자유의 제한이 된다),[6] 공법상의 결사(의사회·변호사회·상공회의소 등)에는 가입의 강제가 인정된다고 한다.[7][8]

---

5) BVerfGE 50, 290(354)참조; 홍성방, 헌법학, 524면.

1) 헌재결 2000. 11. 30, 99헌마190【농업기반공사및농지관리기금법위헌확인】결사의 자유에서의 결사란 자연인 또는 법인이 공동목적을 위하여 자유의사에 기하여 결합한 단체를 말하는 것으로 공적 책무의 수행을 목적으로 하는 공법상의 결사는 이에 포함되지 아니한다. 따라서 농지개량조합을 공법인으로 보는 이상, 이는 결사의 자유가 뜻하는 헌법상 보호법익의 대상이 되는 단체로 볼 수 없어 조합이 해산됨으로써 조합원이 그 지위를 상실하였다고 하더라도 조합원의 '결사의 자유'가 침해되었다고 할 수 없다.

2) 홍성방, 헌법학, 524면; 대판 1992. 6. 26, 91누11308【해임처분취소】

3) 대판 1989. 12. 26, 87누308【사회단체등록신청반려취소등】사회단체등록신청에 형식상의 요건불비가 없는데 등록청이 이미 설립목적 및 사업내용을 같이 하는 선등록단체가 있다 하여 그 단체와 제휴하거나 또는 등록없이 자체적으로 설립목적을 달성하는 것이 바람직하다는 이유로 원고의 등록신청을 반려하였다면 그 반려처분은 사회단체등록에관한법률 제4조에 위반된 것이 명백하고, 국가기관이 공식으로 등록을 하여 준 단체와 등록을 받지 못한 단체 사이에는 유형, 무형의 차이가 있음을 부인할 수 없으며 특히 선등록한 단체와 경쟁관계에 서게 되는 경우 등록을 받지 못한 단체가 열세에 놓이게 되는 것은 피할 수 없으므로 이건 등록신청의 반려는 원고의 자유로운 단체활동을 저해한다는 점에서 헌법이 보장한 결사의 자유에 역행하는 것이며 선등록한 단체의 등록은 수리하고 원고의 등록신청을 반려했다는 점에서는 헌법이 규정한 평등의 원칙에도 위반된다.

4) 계희열, 헌법학(중), 500면.

5) K. Hesse, Grundzüge, Rn. 412; 권영성, 헌법학원론, 543면; 홍성방, 헌법학, 525면.

6) 이준일, 헌법학강의, 단락번호 [4.5.166].

7) 독일의 경우 BVerfGE 4, 26; v. Mangoldt-Klein, Art.8, Anm. III; K. Hesse, Grundzüge, S. 160; Maunz-Dürig-Herzog-Scholz, Rn. 49 zu Art. 8 참조.

5. 결사의 자유의 효력

결사의 자유는 주관적 공권으로서 대국가력 효력을 갖는다. 즉 단체를 결성하고 여기에 가입·잔류·탈퇴하며, 단체의 대내적·대외적 활동에 있어서 국가로부터의 간섭이나 영향력을 배제할 수 있다.[1] 결사의 자유가 공권력 외에 사인에 대하여도 구속력이 있는가가 문제되고 있지만, 결사의 자유가 객관적 가치질서로서의 성격도 동시에 지니고 있으므로, 모든 사람에 대하여도 효력을 갖는다. 사인에 대해서는 사법상의 일반조항을 통하여 간접적으로 적용(간접적용설)된다.[2] 결사의 자유가 직접적용(직접적용설)하느냐 간접적용(간접적용설)의 문제는 헌법질서내에서 파악할 문제이지 획일적으로 정할 수는 없다는 견해도 있다.[3]

6. 결사의 자유의 한계와 제한

6.1. 결사의 자유의 한계

결사의 자유는 국가의 존립을 위태롭게 하거나 헌법 적대적이거나 자유민주적 기본질서에 위반하는 것이어서는 아니된다.[4]

6.2. 결사의 자유의 제한

6.2.1. 법률에 의한 제한

결사의 자유는 헌법 제37조 제2항에 따라 법률로써 제한할 수 있지만, 그 제한에는 세 가지 방법이 있다. 첫째, 단체결성 자체를 전면적으로 금지하거나, 사법적 결사에 대해 가입강제를 허용하는 경우 및 단체결성에 대해 허가제를 취하는 경우가 있다. 그러나 이는 어떠한 이유로도 인정되지 아니한다(제21조 제2항). 이는 결사의 자유의 본질적 내용을 침

---

8) 권영성, 헌법학원론, 543면.

1) 계희열, 헌법학(중), 507면.

2) 어떤 결사가 가입자격을 구비한 가입지망자에 대하여 반도덕적 방법으로 가입을 거부함으로써 손해를 끼친 경우에는, 독일민법 제826조에 의한 배상책임을 진다(Maunz-Dürig-Herzog-Scholz, Rn. 52 zu Art. 8).

3) 예컨대 계희열, 헌법학(중), 507면.

4) 홍성방, 헌법학, 525면; 북한 및 조총련의 지령에 따라 구성된 종전의 한민통(한국민주회복통일촉진국민회의 일본본부)이 1989. 2. 12 명칭만을 한국민주통일연맹(한통연)으로 바꾸었을 뿐 실체에 아무런 변동이 없으므로 이는 반국가단체라 할 것인 바, 비록 한통연 주요간부들이 범민족대회참석을 위한 입국이 허가되었다고 해서 위 단체에 대해 국가보안법의 적용을 면제 내지 유보하겠다는 법집행의 관행이 생겨난 것이 아니니, 위 단체를 여전히 반국가단체로 볼 수밖에 없다(대판 1990. 10. 12, 90도1744).

해하는 것이기 때문이다.[1] 그러나 등록제나 신고제는 행정상의 참고와 타법익과의 충돌을 막기위한 것이므로(객관적 가치질서로서의 성격) 무방하다.[2] 둘째, 일반적 단체의 결성은 허용하고 특수한 단체에 대해서만 결성을 금지(불법단체의 금지)하는 경우가 있다. 일반적 단체의 결사는 원칙적으로 자유이지만, 헌법적대적 또는 그 밖의 불법적인 목적과 성격을 가진 단체, 예컨대 국가보안법 제2조, 형법 제114조에 규정된 결사)의 결성은 금지된다.[3] 셋째, 단체의 결성은 전면적으로 허용하되 일정한 활동만을 제한하는 특정행위의 금지이다. 합법적으로 결성된 단체일지라도 법령에 위반되는 활동을 할 경우에는 국가적 감독에 따라야 한다. 국가적 감독조치는 단체의 해산 또는 그 재산의 압류에 이르는 경우까지 있다. 이 때에도 과잉금지의 원칙 등은 존중되어야 한다.[4]

결사의 자유로 인하여 타법익과 충돌을 일으키는 경우 양 법익은 실제적 조화의 원리(규범조화적해석)에 따라 양 법익이 최대한 보장되도록 해야 한다.[5] 결사의 자유에 대한 제한 법률로는 舊사회단체신고에관한법률(폐지 : 1997. 3. 7 법률 5304호)을 들 수 있다.

- 모든 사회단체는 신고를 해야(신고제) ☜ 허가제는 아님
- 반국가단체 및 범죄단체의 조직(국가보안법 및 형법)

6.2.2. 비상계엄에 의한 제한

결사의 자유의 제한으로는 비상계엄이 선포된 경우 법률이 정하는 바에 의하여 결사의 자유에 대하여 특별한 조치를 할 수 있다(헌법 제77조 제3항).

6.2.3. 특별권력관계에 의한 제한

특별권력관계에 있는 자, 예컨대 군인, 공무원, 수감자 등은 일반권력관계에 놓여 있는 국민보다 결사의 자유에 더 많은 제한을 받는다.[6]

---

1) 계희열, 헌법학(중), 508면.
2) 홍성방, 헌법학, 526면.
3) 권영성, 헌법학원론, 543면; 홍성방, 헌법학, 526면.
4) 권영성, 헌법학원론, 543면.
5) 계희열, 헌법학(중), 508면.
6) 홍성방, 헌법학, 516면.

제 6 목 인터넷(Internet)과 기본권(표현의 자유 및 개인정보보호)

Ⅰ. 개 관

근래 우리나라는 정보통신기술(Information Technology; Information and Communication Technology) 분야가 비약적으로 발전하고 있다. 이는 정보통신환경에 커다란 변화를 가져왔고, 생활환경이나 문화, 산업구조로부터 사회경제체제의 구조적 변화에 이르기까지 사회전체의 전반적인 대변혁을 가져오게 되었다. 특히 인터넷(Internet : 사이버스페이스; 사이버공간)[1]의 비약적인 발달을 통하여 사인간의 의사표현 내지는 은행간 거래 · 전자상거래 행위 등과 같은 법률행위가 다양한 형태로 이루어지게 하고 있고, e-Book, 디지털도서관의 발달은 거리 및 시간과 공간을 뛰어 넘어 다양한 자료의 사용을 가능하게 하고 있다.

인터넷상의 표현행위도 다양한 형태로 나타나고 있으며, 이와 함께 인터넷상의 모욕 및 명예훼손행위 혹은 외설적 표현 등에 따른 규제문제, 저작권의 보호, 그리고 전자상거래를 둘러싼 여러 법률상의 문제점들에 관한 규제방안 및 분쟁의 해결책 등의 정립이 필요하게 되었다.

시간과 공간을 초월하는 인터넷의 발달과 활성화에 따라 미국 연방대법원판사 Louis Brandeis가 언급하였듯이 "가장 포괄적인 권리인 동시에 문명인(civilized Men)의 가장 중요한 권리"[2]라고 한 개인의 프라이버시의 보호문제가 시급하게 등장하고 있다.[3]

---

* 본 내용은 동국대학교 법과대학 김상겸 교수와 대구사이버대학교 백윤철 교수의 조언 및 자료제공을 받아 발표한 '정보통신법학의 성립과 과제'(정보통신법학과 미술치료의 성립과 과제, 한국예술치료정보통신법학회 창립총회, 2005)를 수정 · 보완한 것이다.

1) '사이버스페이스(cyberspace)'는 글로벌 정보인프라구조(Global Information Infrastructure: GII)를 의미한다. ACLU v. Reno(1996, 929 F. Supp. 824); 이 판결에 대한 상세한 내용은 황승흠 · 황승기, 인터넷은 자유공간인가?, 커뮤니케이션북스, 2003, 488면 이하 참조; 미국에서 통신품위법 제정과 그에 대한 위헌판결에 따른 사이버공간에 대한 법적 규제 및 논의는 Stuart Biegel, Beyond Control? Confronting the limits of our legal system in the age of cyberspace, MIT, 2001, pp. 123-156 참조; 성낙인, 인터넷과 표현의 자유, 한국 언론법학회, 인터넷상 허위사실의 유포와 표현의 자유(2009.4.3) 2면 각주 1) 참조; 김백유, 인터넷과 기본권 - 표현의 자유 및 개인정보보호를 중심으로, 동국대학교 비교법연구소(2005.12), 259면 이하.

2) Olmstead v. United States, 277 U.S. 438, 478(1928).

3) 백윤철, 법률정보학이란 무엇인가?, 로앤비즈, 2001, 3, 5면 참조; 사이버스페이스 상의 프라이버

인터넷세계에서의 법률문제는 첫째, 전자상거래나 전자화폐, 이를 위한 전자서명 · 전자인증, 그리고, 자동차나 부동산을 매매하거나 기타 상거래를 행하는 경우, 그 대금을 지급하기 위하여 은행에 입금하는 과정에 있어서(e-banking) 청약과 승낙의 법률관계 설정문제, 계약의 상대방이나 물건에 대한 착오가 발생했을 경우 이의 해결 등과 같은 것은 종전의 민상법상의 거래 행위에서 발생하는 법률문제와는 또 다른 형태의 '인터넷상의 법률문제'로 등장하게 된다. 왜냐 하면 인터넷상의 법률행위는 인터넷 이외의 세계에서의 거래와는 현저히 다르게 형성된다는 점에서, 종전의 일반적 법률관계의 형성 및 이에 따른 권리 · 의무관계를 그대로 적용할 수는 없기 때문이다. 그러나, 전자상거래나 전자화폐의 사용은 앞으로도 광범위하게 사용되게 될것이 분명하므로 이를 해결할 새로운 법률이 필요하게 된다.[1)]

인터넷상의 법률관계는 일반적으로 사인간에 있어서의 사법관계가 대부분을 차지할 것이지만, 인터넷 세계는 단순히 사인간의 법률관계나 생활관계를 포섭할 뿐만 아니라, 정부나 국가까지 포함하는 공법관계에도 광범위하게 적용된다.[2)] 국민에 의한 공적 정보의 이용, 또 반대로 국가나 지방자치단체에 의한 국민 개개인에 대한 정보도, 인터넷 이전의 세계와는 비교가 되지 않는다. 인터넷을 배경으로 한 시민(citizen) 대 정부, 더 나아가서 시민 대 국가 및 공공단체의 관계는 앞으로 더욱더 활발하게 이루어 질 것이다. 이 과정에서 특히 우리에게 요구되는 것은 국가나 정부에 의한 권력행사가 법률에 근거해서만 행하여

시에 관한 상세한 내용은 Jerry Kang/조규범 역, 사이버스페이스 프라이버시, 진한 M&B, 2004 참조.

1) 세계 각국은 이러한 필요성으로 인하여 미국에서는 1999년 7월에 NCCUSL이 전자계약을 위한 2개의 통일주법안(즉 Uniform Electronic Transactions Act(UETA)이며, UETA는 인터넷세계에서의 물건의 매매나 리스, 역무제공 등, 광범한 분야에서 법적 인프라가 되는 법이다. 그리고 Uniform Computer Information Transactions Act(UCITA)을 제정하였는데, UCITA는 정보의 이용계약(라이센스)에 관계되는 법안으로, 획기적인 성문법화의 시도이다)을 만들어 각주에 제안한 바 있고, 우리나라도 인터넷세계의 다양한 생활관계에 적절히 대응하고, 법률의 정비를 진행하고 있다. 유엔국제상거래위원회(UNCITRAL)가 1996년에 전자거래에 관계된 모범법(Model Law on Electronic Commerce)을 제정하였는데, 이 Model Law에 입각하여 우리나라는 1999년에 각각 법률을 제정하였다. 백윤철, 인터넷법학의 성립과 과제, 인터넷법연구, 한국인터넷법학회, 2003, 13면.

2) 예컨대 행정법관계에 있어서도 행정정보화에 따라 전자적 방식에 의한 행정을 효율적으로 규율하는 법의 제정의 필요하다. 이에 따라 종래의 행정법과 전자행정법의 관계의 정립이 필요하게 되는데, 전자행정을 규율하는 법을 정비함에 있어 기존의 법과의 관계를 어떻게 할 것인가하는 문제가 제기된다. 예컨대 현행 종이문서를 전제로 제정된 법의 해당부분에 전자문서행정에 관한 특별규정을 삽입하여 종이문서행정과 전자문서행정을 통합적으로 규율할 것인가 아니면 전자행정을 일반적으로 규율하는 특별법을 제정할 것인가 하는 문제 등이 그것이다(박균성, 전자정부법의 기본구조와 과제, 인터넷법연구, 한국인터넷법학회, 2003, 133면).

져야 한다는 법치주의의 요청이다. 사인의 공법행위도 보다 활발해 질 것이며, 동시에 공법·사법이라는 구별 내지는 양자간의 경계도 희미해질 것이다. 왜냐 하면 오프라인에서 논의되는 헌법·민법·형법 등의 문제는 인터넷세계에서는 그 경계가 모호하게 되거나, 서로 혼합된 형태로 나타나기도 하기 때문이다. 본서에서는 이러한 인터넷 세계에서 가장 흔히 문제되고 있는 국민 개개인의 기본권(특히 표현의 자유) 내지는 정보보호문제를 설명하고자 한다.

Ⅱ. 인터넷과 기본권

1. 인터넷 시대의 정보기본권(정보의 자유)

인터넷 시대에 있어서 정보의 전달체계는 근본적인 변화를 초래하고 있다. 과거에는 정보의 생산과 유통은 주로 언론매체를 통하여 이루어져 왔으나,[1] 21세기 인터넷시대에는 개인은 정보주권자(information sovereign, holder of (fundamental human) rights to information)로서의 지위를 가지며, 인터넷과 관련하여 헌법상 새롭게 논의되는 문제는 사이버공간이 영토·영해·영공에 이은 제4의 영역이 될 수 있느냐 하는 점이다. 인터넷은 국경이 없는 공간(die Entgrenzung des Raums)에서 다양한 형태로 이루어 지는 것이기 때문에 이러한 문제를 해결하는 것은 쉽지가 않다.[2] 그리고 인터넷과 기본권 문제로서 제기되는 것은 표현의 자유(표현의 자유 중에서도 정보기본권과 밀접한 관계를 가지는 알 권리),[3] 개인정보자기결정권 문제, 교육권, 소비자의 권리, 재판청구권, 그리고 전자민주주의(Computerdemokratie)라는 주제로 논의되는 정치적 표현과 선거운동의 자유, 그리고 인터넷투표가 실시되는 경우에는 선거권과 국민투표권, 인터넷정당 등의 문제가 있다.[4]

일반적으로 전자민주주의(teledemocracy; Computerdemokratie)란 전자매체나 인터넷을 통한 국민의 직접민주주의를 의미한다. 최근에 이러한 전자민주주의는 인터넷선거 내지

---

1) 성낙인, 헌법학, 518면 이하; 同人, 언론정보법, 나남, 1998, 참조; 同人, 인터넷과 표현의 자유, 한국 언론법학회, 인터넷상 허위사실의 유포와 표현의 자유(2009.4.3), 3면.

2) 松本博之, 情報社會における法の變遷, インターネシト·情報化社會と法, 信山社, 2002, 3面.

3) 인터넷 시대에 있어서는 정보의 생산자와 소비자의 개념이 불명확하게 되었다. 누구든지 정보를 인터넷의 가상공간에 띄울수 있고, 기존의 언론매체와 유사한 정보전달매체를 네티즌 각자가 생산·처리·유통시킬수 있게 되었기 때문에 전통적 의미에서의 표현의 자유도 새로운 변화와 해석이 필요하게 되었다(성낙인, 인터넷과 표현의 자유, 한국 언론법학회, 인터넷상 허위사실의 유포와 표현의 자유(2009.4.3), 4면.)

4) 윤명선, 헌법학, 대명출판사, 2002, 267-276면 참조.

사이버선거나 전자투표 · 여론조사 및 공직선거법상의 예비후보자 등의 선거운동[1]의 형태로 다양하게 나타나고 있다. 여기서 인터넷선거란 인터넷 통한 선거프로그램을 통하여 투 · 개표를 하는 등 일련의 선거절차를 말한다. 이러한 인터넷선거의 장점으로는 시간 · 장소의 한계 극복, 인적 · 물적 선거관리비용의 절감, 투표참여의 제고, 장애인 등 소외계층에 대한 투표편의 제공, 해외부재자(재외국민 포함) 투표가 용이하다는 점, 개표의 신속 · 정확 등이 있는 반면에, 단점으로는 보안성(해킹) · 사용자 확인 작업의 정확성 · 개인정보보호 · 초기 비용의 과다 등의 문제를 안고 있다. 이러한 문제점을 해결하기 위하여는 법 · 제도의 개혁을 시급하게 추진할 필요가 있다.[2] 그리고 인터넷과 통치권의 문제는 새로운 통치권 행사라는 소위 인터넷거버넌스(Internet-Governance; 전자정부 : E-Government)의 문제가 제기된다.[3] 과거의 헌법과 통치권의 문제는 현실국가를 대상으로 하여 이론을 전개하지만, 인터넷과 통치권의 문제는 가상공간(사이버스페이스)에서의 문제이므로 새로운 논의가 필요하다. 특히 인터넷과 관련한 헌법상의 문제점 중 가장 핵심적인 문제가 되는 것은 인터넷과 표현의 자유이다.[4]

2. 인터넷과 표현의 자유

2.1. 개관

인터넷으로 전개되는 자유와 권리의 중심이 되는 내용은 역시 표현의 자유이다.[5] 전통적 의미의 표현의 자유는 인간의 내심에 있어서 정신작용을 방법의 여하를 불문하고 외부에 공표할 정신활동의 자유를 의미하는 것으로 이해되어 왔다. 외부에 표현되는 것은 엄밀한 의미에서 개인의 세계관이나 사상에 한정되지 않고, 표현자의 의견 · 주장은 물론 '생각하고 있는 것'이나 '느끼고 있는 것' 모두를 포함한다. 고전적 의미의 표현의 자유는 구두의 표현인 언론과 인쇄에 의한 표현인 출판을 중심으로 전개되었었다. 그리고 실제로도 표현의 자유의 중심적인 문제는 신문, 잡지, 서적 등의 인쇄미디어를 둘러싸고 다루어져 왔다.[6]

---

1) 공직선거법 제60조의3 (예비후보자 등의 선거운동) ① 예비후보자는 다음 각호의 어느 하나에 해당하는 방법으로 선거운동을 할 수 있다. 3. 전자우편(컴퓨터 이용자끼리 네트워크를 통하여 문자·음성 · 화상 또는 동영상 등의 정보를 주고받는 통신시스템을 말한다. 이하 같다)을 이용하여 문자·음성 · 화상 또는 동영상 기타의 정보를 전송하는 행위

2) 박기수, 사이버헌법론, '사이버 선거에 관한 소고', 조세통람사, 2001, 183-223면 참조.

3) 백윤철, 인터넷법학의 성립과 과제, 인터넷법연구, 한국인터넷법학회, 2003, 22면.

4) 이해완, 사이버스페이스와 표현의 자유, - 판례를 중심으로 -, 한국헌법학회(2000.5.7) 발표논문집, 89-126면 참조.

5) 황성기, 최근 인터넷 관련 규제입법의 문제점, 한양대학교 법학연구소, 지적재산&정보법센터 학술세미나(2009. 5. 30), 1면 이하 참조.

인터넷상의 표현행위는 첫째, 신문 등과 같이 고전적인 미디어에 가까운 것인가, 둘째, 무선에 의한 방송에 가까운 것인가, 셋째, 인터넷은 신문도 방송도 아닌 독자의 미디어로서 위치하여야만 하는가 하는 문제가 대두된다.[1] 원래 케이블 텔레비전이나 위성방송의 보급과 디지털화에 의해 무선 즉 지상파의 주파수의 유한성 내지 희소성은 무의미하게 되어, 현재 신문과 지상파의 방송과 구별하는 논거가 있는가 하는 의문은 있으나, 적어도 인터넷에는 주파수의 유한성이 없는 이상 인터넷을 방송과 동일하게 취급하여야만 할 이유는 없다. 즉, 인터넷상의 표현행위에 관해서는 헌법 제21조의 표현의 자유의 고전적인 법리(고전적 표현의 자유)가 그대로 적용되어야 할 것이다.[2] 특히 정보통신기술을 토대로 하는 오늘날의 정보화사회에서는 종래와 같은 구두와 문자에 의한 사상이나 의견의 표명과 전달을 그 내용으로 하는 고전적인 표현의 자유만으로는 새로운 정보환경에서 나타나는 다양한 법적 문제를 해결할 수 없다는 점에서 고전적 표현의 자유 이외에 현대적 의미의 표현의 자유로 불리 우는 알 권리[3] · 엑세스권 · 반론권 · 언론기관의 자유 등도 표현의 자유에 포함되는 것으로 이해할 필요가 있다. 우리 헌법재판소도 언론 · 출판의 자유에 있어서 「… 의사표현의 매개체는 어떠한 형태이건 그 제한이 없다」고 판시한 바 있다.[4][5]

그리고 우리 헌법상의 표현의 자유에는 익명표현의 자유가 포함된다고 보는 견해가 있다.[6] 여기서 익명이란 단순히 실명의 반대어로만 국한해서 볼 것이 아니라 '신원을 확인

---

6) 백윤철, 사이버공간과 표현의 자유, 고시계(2002.9), 110-123면 참조.

1) 미연방대법원은 레니 대 미국자유인권협회사건판결에서 전통적인 신문과 방송의 구별은 유지하고 인터넷에는 주파수의 희소성은 타당하지 않아 방송으로서의 법리는 타당하지 않다고 판단하고 있다. 게다가 신문의 경우 다수의 국민은 단지 독자로서의 지위, 즉 표현의 수령자로서의 지위밖에 갖고 있지 않지만 인터넷의 경우 국민은 쉽게 엑세스하여, 표현활동을 행하는 것이 가능하다. 이 의미에서는 고전적인 표현의 자유의 법리가 전제된 사상의 자유시장이라고 생각이 보다 강하게 나타난다고 말할 수 있다. 미연방대법원은 이러한 인터넷의 특색을 고려하여, 인터넷상의 표현행위에 고전적인 표현의 자유의 법리를 그대로 적용하였다. 백윤철, 인터넷법학의 성립과 과제, 인터넷법연구, 한국인터넷법학회, 2003, 23면 각주 23) 참조.

2) 백윤철, 인터넷법학의 성립과 과제, 인터넷법연구, 한국인터넷법학회, 2003, 24면.

3) 현대적 의미의 표현의 자유에 포함되는 알 권리는 그 대상인 정보가 반드시 인간의 정신활동의 소산에 한정되는 것은 아니고, 불특정 다수에 대한 표현행위 뿐만 아니라 1 : 1의 통신에 있어서도 알 권리를 가지며, 구체적으로는 정보수령권 · 정보수집권 · 정보공개청구권을 그 내용으로 하는 것이며, 언론기관의 보도의 자유 · 반론권 · 액세스권 등은 표현의 자유에 포함되는 것으로 보더라도, 표현을 받는 지위에서 누리는 알 권리는 표현의 자유와는 별개의 기본권(정보기본권)으로 보는 것이 타당하다. 김배원, 인터넷과 표현의 자유, 인터넷법연구, 한국인터넷법학회, 2003, 89-90면.

4) 헌재결 1996. 10. 31, 94헌가6.

5) 조규범, 사이버스페이스에서의 표현의 자유에 관한 연구, 성균관대학교 대학원 박사학위 논문, 1998.

받지 아니한 상태' 또는 '신원을 드러내지 아니한 상태'까지 포함하는 개념으로 보아야 한다. 왜냐하면 익명표현의 자유가 추구하는 가치는 표현의 주체인 話者가 누구인지 드러내지 아니한 상태 또는 話者가 누구인지를 제3자가 알지 못하는 상태에서 진정한 자유로운 의사표현이 가능하기 때문이다.[1)]

2.2. 표현의 자유의 제한 및 표현의 자유를 제한하는 법률의 합헌성 판단기준

표현의 자유는 헌법 제21조 제4항 및 헌법 제37조 제2항에 의한 제한이 가능하다. 표현의 자유에 대한 국가적 개입이 제한적으로 허용되는 이유는 첫째, 표현의 자유가 지니는 헌법적 가치들(인격발현, 민주질서, 문화진보)은 입헌민주제에서 반드시 확보되어야할 주요한 가치이며, 자유민주주의 체제하에서는 어떠한 표현이 옳고 그른가 하는 것을 판단하기 곤란하다는 점 등이다.

그러나 표현의 자유의 규제는 이로 인한 사회적 해악을 방지하기 위한 것이기는 하지만 국가의 개입에 앞서 그 해악을 해소시키고 정화할 수 있는 메카니즘이 시민사회 내부에 존재한다는 점 때문에 국가의 개입은 극히 신중하게 이루어져야 한다.[2)]

표현의 자유에 대한 규제는 헌법 제21조 제4항 및 표현의 자유를 제한하는 법률의 합헌성을 판단하는 이중기준이론, 비례의 원칙 내지 과잉금지의 원칙, 법익형량이론 및 공인이론, 명확성의 원칙 및 사전억제 내지 사전제한 금지의 원칙, 명백하고 현존하는 위험의 원칙 등이 준수되어야 한다.[3)]

---

6) 황성기, 최근 인터넷 관련 규제입법의 문제점, 한양대학교 법학연구소, 지적재산&정보법센터 학술세미나(2009. 5. 30), 17면; 헌법재판소, 사이버공간상의 표현의 자유와 그 규제에 관한 연구, 헌법재판연구 제13권(2002.12), 131-136면, 미연방대법원은 '익명표현의 자유(익명표현의 권리: Right to anonymous speech)'를 광범위하게 인정하고 있다. Tally v. California(1960)사건; McIntyre v. Ohio Elections Comm'n, 사건(1995); Buckley v. American Constitutional Law Foundation, Inc. 사건(1999); Watchtower Bible and Tract Society of New York Inc. v. Village of Stratton사건(익명의 이익: anonymity interests).

1) 황성기, 최근 인터넷 관련 규제입법의 문제점, 한양대학교 법학연구소, 지적재산&정보법센터 학술세미나(2009. 5. 30), 17면.

2) 헌재결 1998. 4. 30, 95헌가16 참조.

3) 박진애, 표현의 자유의 관점에서 바라본 인터넷에서의 허위사실유포, 한국언론법학회, 인터넷상의 허위사실유포와 표현의 자유(2009.4.3), 52면.

2.3. 인터넷상의 표현행위의 규제

2.3.1. 전기통신기본법 및 전기통신사업법상의 불법통신의 규제

전기통신기본법 제47조 제1항은 인터넷에서의 허위사실 유포죄를 규정하고 있다. 소위 2009년초 세간을 떠들썩하게 했던 미네르바 사건에서 본바와 같이 제47조 제1항은 공익을 해할 목적으로 전기통신설비에 의하여 공연히 허위의 통신을 한자는 5년이하의 징역 또는 5천만원 이하의 벌금에 처하도록 하고 있다.[1)]

전통적인 통신방법인 전신·전화 등은 통신의 자유 및 통신비밀의 보장이라는 측면에서 전달되는 정보의 내용에 대해서 국가권력 등 외부의 개입행위는 원칙적으로 허용되지 아니하였다. 그러나 통신산업의 기술적 발전으로 전신·전화 등이 사적인 의사전달 기능을 갖는데 그치지 않고 불특정다수인에 대한 정보전달매체로서의 기능을 갖게 됨에 따라 그 영향력에 대한 법적 규제가 불가피하게 되었다.

전기통신사업법[2)] 제15조의2의 규정에 의한 불법통신에 대한 정보통신부장관의 취급거부·정지·제한명령제도는 전통적인 통신수단인 유선전화 내지 무선전화를 통해 유통되는 정보뿐만 아니라, 이른바 피씨(PC)통신이나 인터넷 등 '온라인매체'를 통해서 유통되는 정보 및 표현을 규제하는 주요한 수단으로 기능하고 있다.[3)] 다만 여기서 주의하여야 할 점

---

1) 박진애, 표현의 자유의 관점에서 바라본 인터넷에서의 허위사실유포, 한국언론법학회, 인터넷상의 허위사실유포와 표현의 자유(2009.4.3), 64면.

2) 1983년 공중전기통신사업법으로 제정된 뒤 1991년 현재의 명칭으로 전문개정되었다. 전기통신사업자는 정당한 사유 없이 전기통신역무의 제공을 거부해서는 안 된다. 전기통신사업은 전기통신회선설비를 설치하여 전기통신역무를 제공하는 기간통신사업, 별정통신사업 및 부가통신사업으로 구분한다. 기간통신사업자의 주식취득에 관한 공익성을 심사하기 위해 정보통신부에 공익성심사위원회를 둔다. 외국정부나 외국인은 모두 합하여 기간통신사업자의 발행주식 총수의 49%를 초과하여 소유하지 못한다. 기간통신사업자는 제공하는 전기통신역무별로 이용약관을 정해 정보통신부 장관에게 신고해야 한다. 정보통신부 장관은 공공이익의 증진에 지장이 있다고 인정되는 이용약관에 대해서는 변경을 명할 수 있다. 전기통신사업자는 이용자의 정당한 의견이나 불만을 즉시 처리하고, 손해를 입힌 경우에는 배상을 해야 한다. 또 본인이 동의하거나 적법한 절차에 의한 경우가 아니면 개별 이용자의 정보를 공개해서는 안 된다. 전기통신이용자는 음란한 부호나 영상 등을 배포·판매·임대하는 등의 불법통신 행위를 해서는 안 된다. 누구든지 전기통신사업자가 취급하는 통신의 비밀을 침해하거나 누설해서는 안 된다. 정보통신부 장관은 전기통신사업자에 대해 시정명령, 전기통신역무의 제공중지 또는 전기통신설비의 철거 등의 조치를 명할 수 있다. 이밖에 기간통신사업자의 다른 기간통신사업자에 대한 전기통신설비 제공 및 공동사용, 가입자 선로의 공동활용, 무선통신시설의 공동이용, 상호접속, 정보제공, 금지행위, 기간통신사업자 간의 주식 상호소유 제한, 이용자의 전기통신사업자 사전선택제, 번호이동성, 토지사용 및 원상회복의무, 정보통신윤리위원회, 전기통신설비를 손괴한 자 등에 대한 벌칙 규정 등이 있다. 7장으로 나누어진 전문 78조와 부칙으로 구성되어 있으며, 시행령과 시행규칙이 있다.

은 표현의 자유에 대한 제한은 사후적 통제가 원칙이며(사전억제금지의 원칙),[1] 제한을 하는 경우에도 비례의 원칙(과잉금지 원칙)에 따라 꼭 필요한 경우에 한하여 최소한의 제한만이 허용되고(여러가지 수단 중 가장 피해를 적게 수반하는 방법을 채택), 합헌성 추정배제의 원칙 · 이중기준의 원칙 · 사전억제 및 사전제한 금지의 원칙 · 명백하고 현존하는 위험의 원칙(Rule of clear and present danger) · 엄격한 심사기준의 적용 및 명확성의 원칙이 지켜져야 한다.[2]

[사전제한 금지의 원칙에 관련한 판례]

미국에서 인터넷상의 허위사실 유포와 관련하여 사전제한에 대한 사례는 Near v. Minnesota 판결에서 들 수 있다. The Saturday Press의 발행인 Near가 미네아폴리스의 법률집행관들이 유태인 폭력범들에게 의하여 통제되어 도박, 주류밀매, 암거래 등을 제대로 규제하지 못하고 있다고 비난하는 기사를 게재하려 하자, 미네아폴리스의 검사가 Near를 피고로 하여 '악의적이며, 중상적이며 명예훼손적인' 공공불법행위(public nuisance)라고 하여 신문발행금지를 청구하는 소송을 제기하였고, 미네소타법원이 이를 인용하자 피고 Near가 연방 대법원에 상고하였다.

미연방대법원은 미네소타주법에 따르면 중상적이고 명예훼손적인(malicious, scandalous and defamatory) 사항을 게재했다는 혐의로 당국이 그 소유자나 발행인을 법관앞에서, 게재된 사실이 진실하며 정당한 것이라는 것을 법관에게 납득시키지 못하는 경우에는 그 신문이나 정기간행물의 발행을 금지시킬 수 있고, 이를 위반하여 출판하는 경우 법원모욕으로 처벌할 수 있다고 판시하였다.[3]

표현의 자유를 제한하는데 법문상 불명확한 경우에는 원칙적으로 무효가 된다. 명확

---

3) 헌재결 2002. 6. 27, 99헌마480.

1) 사전억제금지의 원칙은 사상이나 의견의 발표이전에 국가기관이 그 내용을 심사하여 표현을 금지하지 못하도록 하여야 한다는 원칙이다. 헌법 제21조 제1항에서 보장하는 검열금지를 우리 헌법재판소는 「… 헌법 제21조 제1항이 보장하는 의사표현은 외부에 공개되기 전에 국가기관이 그 내용을 심사하여 특정한 의사표현의 공개를 허용하거나 금지시키는 이른바 사전검열의 금지를 말하며(헌재결 1992. 6. 26, 90헌바26)」, 나아가 언론 · 출판에 대하여 사전검열이 허용될 경우에는 「… 국민의 예술활동의 독창성과 창의성을 침해하여 정신생활에 미치는 위험이 클 뿐만 아니라 행정기관이 집권자에게 불리한 내용을 사전에 억제함으로써 관제의견이나 지배자에게 무해한 여론만이 허용되는 결과를 초래할 염려가 있기 때문에 헌법이 절대적으로 금지하고 있는 것이다」(헌재결 2001. 8. 30, 2000헌가9)라고 판시하고 있다.

2) 상세한 내용은 임종훈, 미국헌법에 있어서 언론자유에 대한 접근방법, 미국헌법연구 제10호, 1999, 153-188면 참조.

3) 박진애, 표현의 자유의 관점에서 바라본 인터넷에서의 허위사실유포, 한국언론법학괴, 인터넷상의 허위사실유포와 표현의 자유(2009.4.3), 58-59면 참조.

성의 이론은 형벌법규에 대해서만 적용되는 것이 아니고, 표현의 자유에 사전억제를 가하는 입법에 대해서도 중요한 의미를 가지고 있다.[1] 이러한 표현의 자유에 대한 규제원리에 비추어 보게 되면 불법통신의 금지 등을 규정하는 舊전기통신사업법 제53조, 동법시행령 제16조는 명확성의 원칙과 과잉금지의 원칙을 침해하는 것으로 볼 수 있다.

이러한 취지에서 헌법재판소도 「공공의 안녕질서 또는 미풍양속을 해하는 내용의 전기통신을 금하고 전기통신에 대하여 정보통신부장관이 전기통신사업자에게 그 취급을 거부, 정지 또는 제한할 수 있도록 한 전기통신사업법 제53조, 동법시행령 제16조는 명확성의 원칙, 과잉금지원칙, 포괄위임입법 금지원칙에 위배하여 표현의 자유를 침해함으로써 헌법에 위반된다」고 하였고, 또한 「… 공공의 안녕질서, 미풍양속이라는 것은 매우 추상적인 개념이어서 어떠한 표현행위가 과연 이를 해하는 것인지 여부가 명확하지 않고, 법집행자의 통상적 해석을 통하여 그 의미내용을 객관적으로 확정하기도 어려워 이러한 불온통신의 개념을 전제로 하여 규제를 가하는 것은 필연적으로 규제되지 않아야 할 표현까지 다 함께 규제하게 되어 과잉금지원칙에도 위배된다」고 한 바 있다.[2]

<사건의 개요>

청구인은 항공대학교 학생으로서, 1998. 9. 14.부터 주식회사 나우콤에서 운영하는 종합 컴퓨터 통신망인 '나우누리'에 '이의제기'라는 이용자명(ID)으로 가입하여 컴퓨터통신을 이용하여 왔다. 청구인은 1999. 6. 15. 위 '나우누리'에 개설되어 있는 '찬우물'이라는 동호회의 '속보란' 게시판에 "서해안 총격전, 어설프다 김대중!"이라는 제목의 글을 게시하였는데, '나우누리' 운영자가 같은 달 21. 정보통신부장관의 명령에 따라 위 게시물을 삭제하고 청구인에 대하여 '나우누리' 이용을 1개월 중지시켰다. 이에 청구인은 정보통신부장관의 위와 같은 명령의 근거조항인 전기통신사업법 제53조, 같은 법 제71조 제7호 중 제53조 제3항 부분 및 같은 법 시행령 제16조가 청구인의 헌법상 보장된 표현의 자유, 학문과 예술의 자유를 침해하고, 적법절차 및 과잉금지원칙에 어긋나는 위헌조항이라고 주장하면서, 1999. 8. 11. 이 사건 헌법소원심판을 청구하였다.[3]

---

1) 헌법재판소는 국가보안법 제7조에 대한 위헌심판(헌재결 1990. 4. 2. 89헌가113), 국가보안법 제9조 제2항에 대한 헌법소원(헌재결 1992. 4. 14. 89헌가113), 군사기밀보호법 제6조 등에 대한 위헌심판(헌재결 1992. 9. 25. 89헌가104) 등에서 이를 채택하고 있다.

2) 헌재결 2002. 6. 27, 99헌마480 【전기통신사업법 제53조 등 위헌확인】

3) 헌재결 2002. 6. 27, 99헌마480 【전기통신사업법 제53조 등 위헌확인】 【판시사항】 1. 공공의 안녕질서 또는 미풍양속을 해하는 내용의 통신을 금하는 전기통신사업법 제53조 제1항이 명확성의 원칙에 위배되는지 여부(적극) 2. 위 전기통신사업법 제53조 제1항이 과잉금지원칙에 위배되는지 여부(적극) 3. 공공의 안녕질서 또는 미풍양속을 해하는 것으로 인정되는 통신의 대상 등을 대통령령으로 정하도록 한 같은법 제53조 제2항이 포괄위임입법금지원칙에 위배되는지 여부(적극) 4. 공공의 안녕질서 또는 미풍양속을 해하는 통신에 대하여는 정보통신부장관은 전기통신사업자로 하여금 그 취급을 거부 정지 또는 제한하도록 명할 수 있도록 규정한 같은법 제53조 제3

2.3.2. 외설적 표현과 음란물

인터넷 시대에 있어서 외설적 표현과 음란물의 규제는 개인의 인격적 법익과 관련되는 명예훼손·사생활 침해과 함께 표현의 자유의 규제 내용의 핵심을 이루고 있다.[1)]

항 및 같은법 제53조의 제2항의 위임에 따라 공공의 안녕질서 또는 미풍양속을 해하는 것으로 인정되는 통신을 규정하는 같은법 시행령 제16조가 위헌인지 여부(적극). 우리 헌법재판소는「표현의 자유를 규제하는 입법에 있어서 명확성의 원칙은 특별히 중요한 의미를 지닌다. 무엇이 금지되는 표현인지가 불명확한 경우에, 자신이 행하고자 하는 표현이 규제의 대상이 아니라는 확신이 없는 기본권주체는 대체로 규제를 받을 것을 우려해서 표현행위를 스스로 억제하게 될 가능성이 높기 때문에 표현의 자유를 규제하는 법률은 규제되는 표현의 개념을 세밀하고 명확하게 규정할 것이 헌법적으로 요구된다. 그런데, "공공의 안녕질서 또는 미풍양속을 해하는"이라는 불온통신의 개념은 너무나 불명확하고 애매하다. 여기서의 "공공의 안녕질서"는 위 헌법 제37조 제2항의 "국가의 안전보장·질서유지"와, "미풍양속"은 헌법 제21조 제4항의 "공중도덕이나 사회윤리"와 비교하여 볼 때 동어반복이라 해도 좋을 정도로 전혀 구체화되어 있지 아니하다. 이처럼, "공공의 안녕질서", "미풍양속"은 매우 추상적인 개념이어서 어떠한 표현행위가 과연 "공공의 안녕질서"나 "미풍양속"을 해하는 것인지, 아닌지에 관한 판단은 사람마다의 가치관, 윤리관에 따라 크게 달라질 수밖에 없고, 법집행자의 통상적 해석을 통하여 그 의미내용을 객관적으로 확정하기도 어렵다. 전기통신사업법 제53조는 "공공의 안녕질서 또는 미풍양속을 해하는"이라는 불온통신의 개념을 전제로 하여 규제를 가하는 것으로서 불온통신 개념의 모호성, 추상성, 포괄성으로 말미암아 필연적으로 규제되지 않아야 할 표현까지 다함께 규제하게 되어 과잉금지원칙에 어긋난다. 즉, 헌법재판소가 명시적으로 보호받는 표현으로 분류한 바 있는 '저속한' 표현이나, 이른바 '청소년유해매체물' 중 음란물에 이르지 아니하여 성인에 의한 표현과 접근까지 금지할 이유가 없는 선정적인 표현물도 '미풍양속'에 반한다 하여 규제될 수 있고, 성(性), 혼인, 가족제도에 관한 표현들이 "미풍양속"을 해하는 것으로 규제되고 예민한 정치적, 사회적 이슈에 관한 표현들이 "공공의 안녕질서"를 해하는 것으로 규제될 가능성이 있어 표현의 자유의 본질적 기능이 훼손된다. 전기통신사업법 제53조 제2항은 "제1항의 규정에 의한 공공의 안녕질서 또는 미풍양속을 해하는 것으로 인정되는 통신의 대상 등은 대통령령으로 정한다"고 규정하고 있는바 이는 포괄위임입법금지원칙에 위배된다. 왜냐하면, 위에서 본 바와 같이 "공공의 안녕질서"나 "미풍양속"의 개념은 대단히 추상적이고 불명확하여, 수범자인 국민으로 하여금 어떤 내용들이 대통령령에 정하여질지 그 기준과 대강을 예측할 수도 없게 되어 있고, 행정입법자에게도 적정한 지침을 제공하지 못함으로써 그로 인한 행정입법을 제대로 통제하는 기능을 수행하지 못한다. 그리하여 행정입법자는 다분히 자신이 판단하는 또는 원하는 "안녕질서", "미풍양속"의 관념에 따라 헌법적으로 보호받아야 할 표현까지 얼마든지 규제대상으로 삼을 수 있게 되어 있다. 이는 위 조항의 위임에 의하여 제정된 전기통신사업법시행령 제16조 제2호와 제3호가 위 전기통신사업법 제53조 제1항에 못지않게 불명확하고 광범위하게 통신을 규제하고 있는 점에서 더욱 명백하게 드러난다. 불온통신의 취급거부, 정지, 제한에 관한 전기통신사업법 제53조 제3항 및 불온통신의 개념을 정하고 있는 같은법시행령 제16조는 위헌인 같은 조 제1항, 제2항을 전제로 하고 있어 더 나아가 살필 필요 없이 각 위헌이다.

음란의 개념[1]은 규범적 개념이므로 그 시대와 장소, 가치관에 따라 판단되어야 한다.[2] 음란이란 그 내용이 사람의 성욕을 자극, 흥분시켜 보통인의 정상적인 성적 수치심을 침해하고, 선량한 도의관념에 반하는 것으로서 포괄적이고 광범위한 내용이다.[3]

사이버음란물은 사이버공간에 올려진 음란물을 말하며,[4] 이는 통신기술의 발달로 실시간 동화상, 온라인게임, 영상물을 담은 CD 등을 PC 통신 대화방이나 인터넷홈페이지 게시판을 통하여 광고하거나 불특정 다수인에게 E-Mail을 보내 광고함으로써 유통목적을 달성하는 경우가 대부분이다.[5] 이메일을 이용하여 타인의 홈페이지에 음란한 내용의 글이나 메시지, 화상 등을 전달한 경우, 이것이 기업의 홈페이지라면 업무방해죄(형법 제314조)[6]의 성립 가능성이 있다.[7] 그리고 타인의 개인적 홈페이지에 이러한 행위를 한 경우에는 기업의 경우와 같이 업무방해죄로 묻는 것은 곤란하지만 음화전시죄로 물을 수 있고, 외설적인 표현을 한 사람에 대하여 불법행위로 인한(민법 제750조), 손해배상을 청구하는 것도 가능하다고 본다. 성폭력범죄의처벌및피해자보호등에관한법률 제14조(통신매체이용음란)가 「자기 또는 다른 사람의 성적 욕망을 유발하거나 만족시킬 목적으로 전화·우편·컴퓨터 기타 통신매체를 통하여 성적 수치심이나 혐오감을 일으키는 말이나 음향, 글이나 도화, 영상 또는 물건을 상대방에게 도달하게 한 자는 1년 이하의 징역 또는 300만원 이하의 벌금에 처한다」고하여 '통신매체이용음란죄'를 규정하고 있다.[8]

---

1) 인터넷과 명예훼손 음란물 규제에 관한 내용은 이해완, 사이버스페이스와 표현의 자유, - 판례를 중심으로 -, 한국헌법학회(2000.5.7) 발표논문집, 89-126면 참조; 성동규, 인터넷 음란물의 자율규제에 관한 연구, 연세대학교 언론연구소 학술세미나(2000.5.18); 어기준·정철영, 인터넷과 음란물 현황 및 인터넷 음란물 분류기준의 한계, 연세대학교 언론연구소 학술세미나(2000.5.18); 성낙인, 인터넷과 표현의 자유, 한국 언론법학회, 인터넷상 허위사실의 유포와 표현의 자유(2009.4.3), 5면 각주 10) 참조.

1) 음란의 개념에 관하여는 이경재, 性과 법, 자유와 규제 : 성표현을 둘러싼 문제점, 형사정책연구원, 1997년 11(1,2월호), 14-15면 참조.

2) 정완, 인터넷범죄의 형사법적 과제와 전망, 인터넷법연구, 인터넷법학회, 2003, 233면.

3) 정완, 인터넷범죄의 형사법적 과제와 전망, 인터넷법연구, 인터넷법학회, 2003, 233면.

4) 정보통신윤리위원회 심의세칙 제7조 음란성에 관한 기준 참조.

5) 정완, 인터넷범죄의 형사법적 과제와 전망, 인터넷법연구, 인터넷법학회, 2003, 233면.

6) 제314조 (업무방해) ① 제313조의 방법 또는 위력으로써 사람의 업무를 방해한 자는 5년 이하의 징역 또는 1천500만원 이하의 벌금에 처한다. ② 컴퓨터등 정보처리장치 또는 전자기록 등 특수매체기록을 손괴하거나 정보처리장치에 허위의 정보 또는 부정한 명령을 입력하거나 기타 방법으로 정보처리에 장애를 발생하게 하여 사람의 업무를 방해한 자도 제1항의 형과 같다.

7) 실제 일본의 조일방송의 날씨예보화상을 외설적 화상으로 바꾸어 놓아서 유죄로 된 사례가 있다. 백윤철, 인터넷법학의 성립과 과제, 인터넷법연구, 한국인터넷법학회, 2003, 25면.

8) 정완, 인터넷범죄의 형사법적 과제와 전망, 인터넷법연구, 인터넷법학회, 2003, 223면.

그리고 자신의 홈페이지에 외설적인 화상을 게재하여, 다른 사람으로부터 액세스를 인용한 경우, 이 행위는 형법 제243조[1]의 음화전시죄에 의하여 처벌될 가능성이 있다.[2] 또한 정보통신망이용촉진및정보보호에관한법률 제65조는 “정보통신망을 통하여” 음란한 부호 · 문언 · 음향 · 화상 또는 영상을 배포 · 판매 · 임대하거나 공연히 전시한 자를 처벌하고 있다. 현재 정보통신망이용촉진및정보보호에관한법률이 제정되었다 하더라도 정보통신망을 통한 경우라는 요건만 다를 뿐 나머지 요건은 같아 해석상의 문제가 제기된다. 실제 인터넷을 통하여, 국내에 있는 서버에 홈페이지용의 데이터와 음란한 영상을 축적하여 제3자로부터의 엑세스를 인용하고 있었던데 대하여 음화전시죄로 적발된 사례가 있다.[3]

또한 국내 서버에 음란한 영상을 축적하여 제3자로부터의 엑세스를 허용한 경우에는 그 음란한 영상과 함께 컴퓨터하드디스크자체를 음란물이라 하는 것이 가능하지만 그 행위가 공연히 전시하는 행위(형법 제243조 참조)에 해당하는지의 여부가 문제가 된다. 이 점에 관하여는 하급심의 경우, 형법상 음화전시죄의 성립을 인정하지 아니하는 판례가 보인다.[4]

일본의 경우에는 하급심의 경우에는 이를 인정하는 입장이 일반적이다.[5] 인터넷상의 외설적인 표현에 형법 제243조를 적용하여 이를 처벌하는 경우, 이는 헌법 제21조의 표현의 자유보장에 반하지 않는가의 문제가 생길 수 있다. 일본 최고재판소는 일본 형법 제175조의 음란한 표현의 금지는 최소한도의 성도덕을 유지한다는 공공복리를 위한 것으로서, 헌법에 반하는 것은 아니라고 하고 있다.[6] 이 일본판례의 입장을 토대로 해서 본다면 인터넷상의 음란한 표현에 관한 형법 제243조나 정보통신망이용촉진및정보보호등에관한법률 제65조를 적용하여도 전혀 헌법 제21조에 반하는 것은 아니한 것으로 된다. 인터넷상의 음

1) 형법 제243조 (음화반포 등) 음란한 문서, 도화, 필름 기타 물건을 반포, 판매 또는 임대하거나 공연히 전시 또는 상영한 자는 1년 이하의 징역 또는 500만원 이하의 벌금에 처한다. [전문개정 1995. 12. 29]

2) 이에 대하여 정보통신망이용촉진및정보보호등에관한법률 제65조 제1항 제2호에서, “정보통신망을 통하여 음란한 부호 · 문언 · 음향 · 화상 또는 영상을 배포 · 판매 · 임대하거나 공연히 전시한 자”를 처벌하는 규정을 둔 것이, 형법 제243조의 음화유포 등의 죄로는 인터넷상의 음란물을 규제할 수 없기 때문에 이를 보완하기 위하여 마련한 규정이라는 견해가 있다. 임석원, 컴퓨터범죄처벌법규의 재검토, 성균관법학, 제17권 제2호, 2005, 408면; 오영근, 인터넷범죄에 관한 연구, 320면.

3) 이승희누드사진을 게재한 사건으로 음화전시죄는 무죄판결을 받았고, 전기통신기본법에 의한 처벌을 받았다. 서울지법 1999. 7. 22, 98노10222.

4) 서울지법 1999. 7. 22. 98노10222.

5) 베크아메사건 東京地判 1996(平成8年) 4月 22日 判例タイムズ 929호 226面 등.

6) 챠타레부인사건 · 最高裁判所1957(昭和32)年 3月 13日 刑集 제11권 제3호 997面.

란한 표현이 유통되는 경우, ISP[1])에게도 이에 대한 책임을 물을 가능성이 있다. 음란한 표현에 엑세스할 수 있는 것을 영업상 적극적으로 이용하였던 것과 같은 경우에는 ISP 자신이 음화전시죄에 문제될 가능성이 있으며 음란한 표현이 있는 것을 알고도 방치한 경우에는 방조죄의 책임을 질 가능성도 있다.[2])

음란한 표현에 관해서는 형법 제243조의 범죄구성요건을 둘러싸고 문제가 있지만 헌법상 기본권 조항인 표현의 자유의 입장에서 본다면 원래 형법 제243조 및 정보통신망이용촉진및정보보호등에관한법률 제65조의 벌칙규정이 헌법 제21조의 표현의 자유에 위반되는가 하는 문제가 대두된다.[3]) 음란한 표현을 수령하고 싶지 않는 사람을 보호하는 것, 청소년을 음란한 표현으로부터 보호하는 범위에서 음란한 표현을 규제하는 것은 허용된다. 실제로 미국에서도 통신품위유지법의 18세 미만의 상대방에 대한 외설적 메시지의 송신금지 규정의 합헌성은 문제되지 않았다. 그러나 외설적인 표현이 성범죄를 일으킨다는 충분한 증거는 아니므로 음란한 표현 전부를 성범죄로 가져오는 것이라고는 할 수 없다. 즉, 성범죄의 조장을 이유로 외설적 표현 전부를 금지할 수는 없는 것이다. 일본최고재판소에서 판시한 바와 같이 최소한의 성도덕을 유지한다는 것은 표현의 자유의 제약을 의미하지는 않는 것으로 판단된다. 따라서 인터넷상의 외설적인 표현에 관해서도 수신을 희망하지 않는 이용자에 외설적인 화상을 보내는 행위 등이 있다면 금지하는 것이 가능하고, 외설적인 표현을 청소년에게 송신하는 것을 금지하는 것까지도 가능하다.[4]) 이러한 점에서 인터넷상의

---

1) ISP(Internet Service Provider-인터넷 서비스 제공사업자)란 개인이나 기업체에게 인터넷 접속 서비스, 웹사이트 구축 및 웹호스팅 서비스 등을 제공하는 회사를 말한다. 때로는 IAP(Internet Access Provider)라고 부르기도 한다. 일반적으로 인터넷 관련 서비스를 제공하는 사업자 내지 주체는 그 서비스의 유형에 따라 ① 인터넷콘텐츠제공자(Internet Content Provider : ICP) : 인터넷을 통해서 콘텐츠나 데이터베이스를 직접 제작·제공하는 자(일명 정보제공자)를 말한다. ② 인터넷콘텐츠호스트(Internet Content Host : ICH) : 타인의 정보(정보제공자가 제공하는 정보)를 매개하는자(일명 : 정보매개자 또는 정보매개서비스제공자)를 말한다(과거의 PC 통신, 혹은 인터넷상의 각종 포털(네이버, 다음, 야후, 네이트 등), 즉 이용자로 하여금 정보를 이용 내지 제공할 수 있도록 하기위하여 그 유통을 매개하는 자이다. ③ 인터넷서비스제공자(Internet Service Provider : ISP) : 정보제공자가 제공하는 정보에 접근 할 수 있도록, 즉 인터넷에 접속할 수 있도록 서비스(Internet carrige service)를 제공하는 자를 의미한다. 인터넷접속서비스제공자 또는 정보통신망접속서비스제공자(메가패스, 하나포스 등 광대역 초고속통신망서비스를 제공하는 사업자)라 할 수 있다. 이와 같은 구분은 미국, 독일, 일본, 호주 등 외국에서도 보편화 되어 있다(황성기, 최근 인터넷 관련 규제입법의 문제점, 한양대학교 법학연구소, 지적재산&정보법센터 학술세미나(2009. 5. 30), 11면.)

2) 백윤철, 인터넷법학의 성립과 과제, 인터넷법연구, 한국인터넷법학회, 2003, 27면.

3) 백윤철, 인터넷과 음란물의 규제, 현대공법학의 과제, 최송화교수화갑기념논문집, 2002, 358-381면 참조.

외설적인 표현에 대한 형법 제243조의 적용에는 문제가 있고 정보통신망이용촉진및정보보호등에관한법률 제65조도 동일한 문제점이 제기된다 할 것이다. 역시 아동포르노에 관해서는 미국에서도 이를 금지하는 규정을 두는 것을 합헌적으로 판단하고 있다.[1] 한국에서도 자녀 등을 보호하기 위해 필요불가결한 범위에서의 금지가 필요하다면, 이는 헌법상 당연히 허용되어야만 할 것이다. 이에 따라 우리나라에서는 청소년보호법, 풍속영업법 등의 법률을 통하여 청소년을 보호하고는 있으나 아동에 관한 특별보호는 없는 실정이다.

2.3.3. 청소년보호

미성년자도 표현의 자유를 향유하며, 헌법상 읽고 싶은 것을 읽고, 보고 싶은 것을 볼 권리 등 알권리를 가지고 있다. 그러나 성인과 비교하여 판단능력이 미숙한 청소년에 관하여는 표현에의 엑세스를 규제하는 것도 허용되어져야 한다고 생각된다. 특히 청소년 보호 차원에서의 음란물의 유통방지가 요구되고 있고,[2] 이 경우에는 일반적 법률유보에 의한 기본권제한(의 규범적 한계)조항인 헌법 제37조 제2항의 규정에 의한 규제가 허용된다.[3] 인터넷을 통한 음란물의 유통은 이를 효과적으로 규제할 수 있는 방법이 어려운 상태이며,[4] 특히 이러한 음란사이트가 외국에서 개설된 경우에는 사실상 규제가 어려울 뿐만 아니라 해당국가에서 이것이 불법이 아니고 허용된 경우에는 더욱더 규제가 어렵다.[5]

우리나라는 청소년보호법을 통하여 「청소년유해매체물」을 규제하고 있다. 동법은 인터넷상에 있어서의 청소년보호를 위하여 제정된 것이다. 이 경우 형법 제243조의 음란한 표현에 해당되지 아니하여도 규제가 인정된다. 일본의 경우 각 지방단체가 청소년보호조례를 제정하고 있고 일본최고재판소는 이러한 청소년보호조례에 의한 유해도서의 규제는 헌법상의 표현의 자유에 위반되는 것은 아니라고 판시하고 있다.[6] 인터넷상에 청소년의 건전한 육성을 저해하는 정보를 유통시킨 것을 원인으로 하여 이 청소년보호법에 의하여 처

4) 다만 이를 초월하여 외설적인 표현자체를 금지하는 것은 헌법 제21조의 표현의 자유에 반하는 것이라 할 것이다.

1) 1996년 미의회는 아동포르노예방법(Child Pornography Prevention Act of 1996)을 제정하여 아동의 성적 대상으로한 포르노물의 생산 · 판매 · 전송을 금하고 있다. 임석원, 컴퓨터범죄 처벌법규의 재검토, 성균관법학, 제17권 제2호, 2005, 406면 참조.

2) 음란물에 대한 판정기준 및 청소년 보호에 관하여는 방석호, 인터넷 내용물규제와 청소년보호법, 사이버커뮤니케이션학보 통권 제1호, 1997년 가을호, 57-87(61)면 참조.

3) 김대환, 인터넷상의 기본권 제한과 한계, 인터넷법연구, 인터넷법학회, 2003, 283면.

4) ACLU v. Reno의 Findings of Facts No. 90 이하 참조.

5) 성동규 · 김왕석, 인터넷포르노그라피, 그 표현의 자유와 한계, 한국언론학보, 제42-2호, 1997년 겨울호, 249-250면 참조.

6) 最高判 1989년 9월 19일 刑集 제43권 제8호, 785면.

벌된 사례가 있다.[1] 인터넷상의 표현에 관해서도 판단능력 및 법률행위 능력이 미숙한 청소년(미성년자)을 보호하기 위해서 일정한 규제를 하는 것은 헌법 제21조에 반하지 않는다. 다만 현재 제정되어 있는 청소년보호법에 의해 유해도서규제에는 여러 가지 문제점이 있어 이것을 그대로 인터넷상에 적용하는 것이 바람직한가는 매우 의문스럽다. 설사 청소년의 보호를 위하여 규제가 필요하여도, 그 때 기본으로 해야 할 것은 보호자에게 종국적인 결정권을 맡기는 형태의 규제를 행하여야만 한다.[2]

2.3.4. 표현행위와 명예훼손죄·모욕죄의 성립문제

a) 인터넷상 표현의 자유와 명예훼손·모욕죄

인터넷 게시판에 타인의 명예를 훼손한다든지, 자신과 견해를 달리하는 사람을 지나치게 모욕하는 일은 계속·증가하고 있다.[3] 서울경찰청 사이버수사대는 지난 2001년 7월 국제올림픽위원회(IOC)위원장 선거를 앞두고 김운용 IOC위원을 비방하는 내용의 영문이메일을 전세계 IOC 위원회에 보낸 혐의로 대구 M체육관을 운영하는 모씨를 구속한바 있고,[4] 모욕죄의 경우, 모욕죄에서 말하는 모욕이란 사실을 적시하지 아니하고 사람의 사회적 평가를 저하시킬 만한 추상적 판단이나 경멸적 감정을 표현하는 것으로서, 피고인이 방송국 시사프로그램을 시청한 후 방송국 홈페이지의 시청자 의견란에 작성·게시한 글 중 일부의 표현이 그 출연자인 피해자에 대한 사회적 평가를 훼손할 만한 모욕적 언사이기는 하나, 형법 제20조의 사회상규에 위배되지 아니하는 행위로서 위법성이 조각된다고 하였다.[5]

---

1) 서울지법 형사11단독은 인터넷 성인방송국을 개설, 음란동영상을 내보낸 혐의로 구속기소된 사건에 있어서 청소년보호법 위반죄 등을 적용, 징역 1년에 집행유예 3년을 선고하고 120시간의 사회봉사명령을 내렸다. 또한 일본에서도 여성이 옷을 벗을 게임소프트에 관하여 이 플로피를 유해도서로 지정한 것을 지지하는 하급심판결(융기지판 1994(평성6)년 1월 24일 판례시보 제1495호 57면)이 있고, 이러한 정보 그 자체에 관하여도 조례의 적용이 주장될 가능성이 있다(백윤철, 인터넷법학의 성립과 과제, 인터넷법연구, 한국인터넷법학회, 2003, 29면 참조).

2) 성인화상을 수신하는 것에 있어서 보호자가 그것을 막을 수 있는 시스템을 작성하는 것 이를 위하여 인터넷상에서 제공되는 정보에 대상연령설정이나 과격도의 순위를 붙일 것을 요구하는 것 등이 그 예이다.

3) 이에 대한 상세한 것은 백윤철, 사이버헌법론, '사이버공간과 법률에 관한 제문제', 조세통람사, 2001, 363-397면 참조.

4) 주간조선 2001년 8월 7일자.

5) 대판 2003. 11. 28, 2003도3972 【모욕】 [1] 모욕죄에서 말하는 모욕의 의미 [2] 피고인이 방송국 시사프로그램을 시청한 후 방송국 홈페이지의 시청자 의견란에 작성·게시한 글 중 일부의 표현이 그 출연자인 피해자에 대한 사회적 평가를 훼손할 만한 모욕적 언사라고 한 사례 [3] 피고인

특히 문제가 되는 점은 이 경우 ISP/ICH업체가 명예를 훼손하는 글에 대해 책임져야 한다면 큰 부담이 아닐 수 없고, 이를 우려한 ISP/ICH업체가 게시물 관리 차원에서 게시된 글을 삭제하여 그 권한을 남용하여, 결과적으로 표현의 자유가 위축될 수도 있다는 점이다.[1)2)]

이 방송국 홈페이지의 시청자 의견란에 작성·게시한 글 중 일부의 표현이 모욕적 언사이기는 하나, 형법 제20조의 사회상규에 위배되지 아니하는 행위로서 위법성이 조각된다고 한 사례 【판결요지】 피고인이 방송국 시사프로그램을 시청한 후 방송국 홈페이지의 시청자 의견란에 작성·게시한 글 중 특히, "그렇게 소중한 자식을 범법행위의 변명의 방패로 쓰시다니 정말 대단하십니다."는 등의 표현은 그 게시글 전체를 두고 보더라도, 그 출연자인 피해자에 대한 사회적 평가를 훼손할 만한 모욕적 언사이며, 피고인이 방송국 홈페이지의 시청자 의견란에 작성·게시한 글 중 일부의 표현은 이미 방송된 프로그램에 나타난 기본적인 사실을 전제로 한 뒤, 그 사실관계나 이를 둘러싼 문제에 관한 자신의 판단과 나아가 이러한 경우에 피해자가 취한 태도와 주장한 내용이 합당한가 하는 점에 대하여 자신의 의견을 개진하고, 피해자에게 자신의 의견에 대한 반박이나 반론을 구하면서, 자신의 판단과 의견의 타당함을 강조하는 과정에서 부분적으로 그와 같은 표현을 사용한 것으로서 사회상규에 위배되지 않는다고 봄이 상당하다고 하였다. 【참조조문】 [1] 형법 제311조/ [2] 형법 제311조/ [3] 형법 제20조, 제311조 【참조판례】 대법원 1989. 3. 14, 선고 88도1397 판결(공1989, 639).

1) 타인을 비방하고 중상 모략하거나 명예를 훼손하며 불법적인 노조활동을 선동하거나 교사하는 등 사회질서를 해하는 내용과 건전한 미풍양속을 해할 염려가 많은 상스럽고 저질스러운 표현을 담고 있는, 노조활동과 관련된 컴퓨터통신 게시물을 삭제하거나 그 전용게시판 서비스를 일시 중지시킨 컴퓨터통신 사업자의 행위가 채무불이행 또는 불법행위가 되지 않는다고 본다(대판 1998. 2. 13, 97다37210); 최근의 우리나라의 대법원판결(2008다53812)도 「… 인터넷 종합정보제공 사업자가 제공하는 인터넷 게시공간에 게시된 명예훼손적 게시물의 불법성이 명백하고, 위 사업자가 위와 같은 게시물로 인하여 명예를 훼손당한 피해자로부터 구체적·개별적인 게시물의 삭제 및 차단요구를 받은 경우는 물론, 피해자로부터 직접적인 요구를 받지 않은 경우라 하더라도 그 게시물이 게시된 사정을 구체적으로 인식하고 있었거나 그 게시물의 존재를 인식할 수 있었음이 외관상 명백히 드러나며, 또한 기술적·경제적으로 그 게시물에 대한 관리·통제가 가능한 경우에는 위 사업자에게 그 게시물을 삭제할 의무가 있다고 판시한 바 있다(황성기, 근 인터넷 관련 규제입법의 문제점, 한양대학교 법학연구소, 지적재산&정보법센터 학술세미나(2009. 5. 30), 12면). 사건의 경위 가. A의 자살과 이 사건 게시글의 게재 및 전파 원고(남)와 교제하던 A(여)가 2005. 4.경 자살하자 A의 어머니 A′는 2005. 5. 경 A의 미니홈페이지에 이 사건 게시글을 게시하였음. 이후 위 A의 미니홈페이지에 방문자 수가 급증하고, 위 방문자 중 많은 수가 이 사건 게시물을 자신의 미니홈페이지에 복사해 게시하는 방식으로 이를 전파하였음 나. 피고들 포털에 나타난 원고 관련기사 및 제3자 게시물 (1) 피고들의 지위 피고 NHN은 인터넷 포털사이트 "네이버"를, 피고 다음커뮤니케이션은 인터넷 포털사이트 "다음"을 운영하고 있음 (2) 관련기사 부분 피고 NHN에서 제공하는 네이버의 뉴스서비스에 2005. 5. 11.부터 같은 달 14.까지 원고와 A의 교제경위, 헤어지게 된 계기, 자살 경위가 언급된 이 사건 게시물의 내용과 네티즌들의 반응

<사례>

인터넷 검색서비스 제공자들이 피해자의 예명 등 특정 검색어로 타인의 인격권을 침해하는 인터넷 사이트가 검색되는 것을 차단하여야 할 주의의무를 부담하는지 여부의 판단방법

<해설>

인터넷 검색서비스 제공자들은 특별한 사정이 없는 한 인터넷 검색서비스를 통하여 타인의 인격권을 침해하는 인터넷 사이트가 검색된다는 사정 및 위 침해 사이트가 개인의 인격권을 침해한다는 것을 알았거나 알 수 있었다는 사정만으로 바로 침해 사이트에 대한 검색을 차단할 의무를 지게 된다고는 할 수 없고, 피해자의 피해신고나 차단요청의 유무, 침해 사이트의 인격권 침해 여부 판단의 용이성, 침해 사이트에 대한 검색정보나 사이트 내용에 대한 관리 · 통제권한의 유무 · 정도, 침해 사이트에 관한 검색서비스 제공으로부터 경제적 이익을 얻고 있는지 여부, 차단조치의 기술적 · 경제적 난이도 등을 종합하여 인터넷 검색서비스 제공자들이 피해자의 예명 등 특정 검색어로 위 침해 사이트들이 검색되는 것을 차단하여야 할 주의의무를 부담하고 있는지를 판단하여야 한다.[1]

<사례>

인기가수 모 연예인의 팬클럽 회원인 甲은 H사의 전자게시판에 모 연예인을 험담한 A를 상대로 지난 99년 1월 '더이상 이런 글을 올리면 고소하겠다 등' 자제를 요청하는 반박하는 글을 게시하였다. 그러나 A는 "甲은 저질 스토커 경향이 다분하다. 자기 영웅적 심리에 도취, 병적 열광상태에 있다." 등 인신공격성 글을 계속 올렸다. 그러나 H사는 A씨에게 경고메일을 보냈을 뿐 5개월동안 A의 글을 그대로 방치했다. 이에 甲은 A와 H사를 상대로 각각 소송을 냈다. 원심에서 甲은 A와 H사를 상대로 손해배상 소송을 내 A에 대해서는 200만원의 손해배상 확정판결을 받아냈고, H사에 대해서는 "ISP사의 책임까지 인정되지는 않는다."는 이유로 패소했다.[2] 이러한 원심판결에 대하여 2심 법원은[3] 판결문에서 「플라자에 게재된 소외 A의 글들은 위 정보서비스이용약관 제21조 소정의 '다른 이용자 또는 제3자를 비방하거나 중상모략으로 명예를 손상시키는 내용인 경우'에 해당하고, H사로

을 보도하는 4개의 기사가 검색되었음 피고 다음에서 제공하는 뉴스서비스에 2005. 5. 8.부터 같은 달 12.까지 위와 같은 내용으로 5개의 기사가 검색되었음 (3) <u>제3자 게시물 부분</u> (가) <u>피고 NHN</u> 검색된 기사 일부의 댓글과 '네이버지식검색' 및 위 피고의 검색서비스를 통하여 링크되는 각종 블로그, 카페, 커뮤니티에 이 사건 게시물의 내용을 옮기거나 원고의 신상정보를 노출하는 수많은 게시물이 게시되었음 (나) <u>피고 다음커뮤니케이션</u> 위 피고의 검색서비스를 통하여 링크되는 각종 카페, 커뮤니티에 위와 같은 내용의 게시글들이 게시되었음

2) 황성기, 최근 인터넷 관련 규제입법의 문제점, 한양대학교 법학연구소, 지적재산&정보법센터 학술세미나(2009. 5. 30), 13면.

1) 서울중앙지법 2007. 12. 26. 선고 2005가합112203 판결 : 확정 【손해배상(기)】 [각공2008상, 205])

2) 서울지방법원 동부지원 1999. 8. 18, 선고 99가소83281.

3) 서울지방법원 2001. 4. 27. 99나74113 【손해배상(기)】

서는 甲과 정보통신윤리위원회의 시정조치 요구에 따라 그러한 글들이 플라자에 게재된 것을 알았거나 충분히 알 수 있었다고 할 것인데, 그럼에도 불구하고 무려 5-6개월 가량이나 이를 삭제하는 등의 적절한 조치를 취하지 아니한 채 그대로 방치하여 둠으로써 甲으로 하여금 상당한 정신적 고통을 겪게 하였을 것임은 경험칙상 명백하므로, H사는 특별한 사정이 없는 한 甲에게 위와 같은 전자게시판 관리의무 위반행위로 인한 손해배상책임을 진다」고 밝혔다.[1]

- 인터넷 서비스업자에 따른 서비스의 유형 및 ISP/포털의 법적 책임의 구분문제 -

일반적으로 인터넷 관련 서비스를 제공하는 사업자 내지 주체는 그 서비스의 유형에 따라 ① ICP, ② ICH, ③ ISP로 구분되며,[2] 또한 정보통신망법은 '정보통신서비스제공자'라는 용어를 사용하는데, 정보매개서비스제공자(포털 : ICH), 인터넷접속서비스제공자(ISP)를 서로 구분하므로 ISP와 ICH의 법적 책임은 구분하는 것이 원칙이나, 우리나라의 학자들은 이를 혼용해서 사용하고 있다.

① 인터넷콘텐츠제공자(Internet Content Provider : ICP) : 인터넷을 통해서 콘텐츠나 데이터베이스를 직접 제작 · 제공하는 자(일명 정보제공자)

② 인터넷콘텐츠호스트(Internet Content Host : ICH) : 타인의 정보(정보제공자가 제공하는 정보)를 매개하는자(일명 : 정보매개자 또는 정보매개서비스제공자)를 말한다(과거의 PC 통신, 혹은 인터넷상의 각종 포털(네이버, 다음, 야후, 네이트 등).

③ 인터넷서비스제공자(Internet Service Provider : ISP) : 인터넷에 접속할 수 있도록 서비스(Internet carrige service)를 제공하는 자를 의미한다. 인터넷접속서비스제공자 또는 정보통신망접속서비스제공자(메가패스, 하나포스 등 광대역 초고속통신망서비스를 제공하는 사업자)

게시물 등 방치로 인한 불법행위에 있어서 관련 대법원 판례는 과거 지방자치단체 홈페이지 사건(아래판례 대판 2002다72194)에서 지방자치단체인 피고의 홈페이지 게시판에 올린 명예훼손적 게시물에 대하여 게시자와 피해자 사이의 공방이 계속되던 중 피해자가

---

1) 백윤철, 표현의 자유와 인터넷상 명예훼손과 ISP업체의 책임, 고시계(2001.8), 58면 이하 참조; 본 판결은 ISP업체에 첫 배상책임을 인정한 사례로, 비방성 글이 통신망에 오른 것을 알고도 삭제하지 않은 통신회사에 대해 법원이 처음으로 손해배상 책임을 인정한 판결이다. 이 판결에서 ISP에 책임을 묻기 위해서는 ISP업체가 얼마나 주의의무를 다했느냐를 보고 책임을 지우게 한다. 즉, 즉시 문제된 게시물을 삭제하거나 폐쇄하는 등 적절한 조치를 취한 경우에는 주의의무를 다했다고 볼 수 있을 것이다. 또한 대법원은 더 나아가 타인을 비방하고 중상 모략하거나 명예를 훼손하는 컴퓨터통신 게시물을 삭제하거나 전용게시판 서비스를 일시 중지시킨 ISP업자의 행위가 불법행위로 되지 않는다고 한다.

2) 황성기, 최근 인터넷 관련 규제입법의 문제점, 한양대학교 법학연구소, 지적재산&정보법센터 학술세미나(2009. 5. 30), 10면.

게시판에 삭제를 요구하는 글을 올린 사실이 있고, 그 후에도 공방이 계속되다가 피해자가 내용증명으로 삭제를 요구한 후에야 피고가 명예훼손적 게시물을 삭제한 사안에서, 특별한 사정이 없는 한, 피고가 명예훼손적 글이 게시된 사실을 알았거나 알 수 있었다는 사정만으로 삭제의무를 지게 된다고 볼 수 없고, 삭제의무가 생기는지 여부는 게시의 목적, 내용, 게시기간과 방법, 그로 인한 피해의 정도, 게시자와 피해자의 관계, 반론 또는 삭제 요구의 유무 등 게시에 관련한 쌍방의 대응태도, 당해 사이트의 성격 및 규모 · 영리 목적의 유무, 개방정도, 운영자가 게시물의 내용을 알았거나 알 수 있었던 시점, 삭제의 기술적 · 경제적 난이도 등을 종합하여 판단하여야 한다는 이유로 원고의 청구가 기각되었다.

> 대판 2003. 6. 27. 2002다72194【손해배상(기)】
>
> 【판시사항】
>
> 인터넷상의 전자게시판 관리자가 타인의 명예를 훼손하는 내용의 게시물을 방치함으로써 명예훼손에 대한 손해배상책임을 지기 위한 요건
>
> 【판결요지】
>
> 온라인 서비스 제공자인 인터넷상의 홈페이지 운영자가 자신이 관리하는 전자게시판에 타인의 명예를 훼손하는 내용이 게재된 것을 방치하였을 때 명예훼손으로 인한 손해배상 책임을 지게하기 위하여는 그 운영자에게 그 게시물을 삭제할 의무가 있음에도 정당한 사유 없이 이를 이행하지 아니한 경우여야 하고, 그의 삭제의무가 있는지는 게시의 목적, 내용, 게시기간과 방법, 그로 인한 피해의 정도, 게시자와 피해자의 관계, 반론 또는 삭제 요구의 유무 등 게시에 관련한 쌍방의 대응태도, 당해 사이트의 성격 및 규모 · 영리 목적의 유무, 개방정도, 운영자가 게시물의 내용을 알았거나 알 수 있었던 시점, 삭제의 기술적 · 경제적 난이도 등을 종합하여 판단하여야 할 것으로서, 특별한 사정이 없다면 단지 홈페이지 운영자가 제공하는 게시판에 다른 사람에 의하여 제3자의 명예를 훼손하는 글이 게시되고 그 운영자가 이를 알았거나 알 수 있었다는 사정만으로 항상 운영자가 그 글을 즉시 삭제할 의무를 지게 된다고 할 수는 없다.

최근의 대법원판결(2008다53812)은 「… 인터넷 종합정보제공 사업자에게 자신이 제공하는 인터넷 게시공간을 적절히 관리하여야 할 주의의무가 있다 하더라도 위 사업자가 위 게시공간의 위험으로 인하여 초래될 수 있는 명예훼손 등 법익침해와 그에 대한 손해배상을 우려한 나머지 그곳에 게시되는 표현물에 대한 지나친 간섭에 나서게 된다면 인터넷 이용자들이 가지는 표현의 자유는 위축될 수밖에 없으므로, 위 사업자의 관리책임은 불법성이 명백한 게시물로 인한 타인의 법익침해 가능성을 충분히 인지할 수 있고, 그의 관리가 미칠 수 있는 일정한 범위내에서 제한적으로 인정되어야 한다」고 판시한바 있다.[1)]

---

1) 황성기, 최근 인터넷 관련 규제입법의 문제점, 한양대학교 법학연구소, 지적재산&정보법센터 학

b) 각국의 상황

인터넷상의 이른바 유해한 표현 내지 명예훼손에 관하여 한국과 일본에서는 이것을 포괄적으로 규제하는 법률은 존재하지 않는다. 여러 외국에서도 마찬가지 문제를 안고 있으며, 독일에서는 1997년에 이른바 멀티미디어법(정보서비스 및 통신서비스를 위한 대체적인 조건의 규율을 위한 법률)이 성립되어 전자상거래와 함께 표현행위에 관하여도 규제가 이루어지게 되었다. 이에 대하여 미국에서는 품위를 잃은 표현이나 명백하게 불쾌한 표현을 청소년에게 송신하는 것을 금지하는 통신품위유지법(CDA)이 제정되었는데, 연방대법원에 의하여 표현의 자유를 보장한 수정 제1조에 반한다고 하여 무효가 되었고, 현재에는 자주규제에 의한 방향으로 향하고 있다.[1] 그리고 통신품위유지법은 ISP의 명예훼손 책임을 면제하는 근거조항을 마련했고 이에 따라 인터넷 사업자의 책임을 전면 부인한 '제란(Zeran)' 판결 등이 나왔다.[2] 그러나 1998년 제정된 '디지털 밀레니엄 저작권법'은 저작권 침해 행위를 통보할 경우 ISP는 적절한 조치를 취하도록 의무화 했다.[3] 일본에서도 우정성은 포괄적인 법규제를 구상하여 왔는데, 통산성은 민간주도의 발전을 주장하여 관청 간에 의견이 조율되지 않았고, 결국 자주규제 노선을 취하게 되었다. 그 때문에 현재에는 업계단체인 텔레콤서비스협회가 작성한 가이드 라인 등에 의한 자주규제에 크게 의존하고 있다.[4]

c) 인터넷서비스제공자(ISP)의 법적 책임 · 인터넷 포털(ICH)의 법적 책임문제

우리나라의 현행법제 아래에서 ISP(Internet Service Provider; Informationsdiensanbieter)[5]는 전기통신사업법의 적용을 받는 「전기통신사업자」로 되어 있다. 전기통신사업법은 주

술세미나(2009. 5. 30), 13면.

1) 1998년 10월에 어린이를 온라인(Online)상 보호하는 법률(COPA)이 제정되어 다시 법적 규제가 이루어지고 있다.

2) Kenneth M. Zeran v. America Online, Inc: 신원미상의 사람이 American Online 회사가 운영하는 게시판에 Naughty Oklahoma T-Shirts라는 광고를 하면서 관심있는 사람은 K. Zeran에게 문의하라하여 Zeran은 위의 회사 AOL에 대하여 항의하여 제기한 소송사건이다. 상세한 내용은 김대환, 인터넷상의 기본권 제한과 한계, 인터넷법연구, 인터넷법학회, 2003, 276면 참조.

3) ISP의 법적 책임에 관한 미국판례는 Cubby v. CompuServe; Stratton Oakmont Inc v. Prodigy Service Co; Kenneth M. Zeran v. America Online, Inc 등이 있다. 상세한 내용은 김대환, 인터넷상의 기본권 제한과 한계, 인터넷법연구, 인터넷법학회, 2003, 275-276면 참조.

4) 일본은 1998년에 개정된 풍속영업법은 성인 영상을 인터넷을 통하여 송신하는 것에 대하여 규제를 강화하고 있다.

5) 포털(야후, 네이버, 다음, 네이트 등)의 경우는 CP/ICH/ISP의 구분 중 ICH에 해당한다고 보는 견해가 있다(황성기, 최근 인터넷 관련 규제입법의 문제점, 한양대학교 법학연구소, 지적재산&정

로 전신 · 전화를 중심으로 하는 커먼 캐리어(common carrier)[1]를 염두에 두고 만들어진 법률이다. ISP도 이 법률의 적용을 받는 것으로서 커먼 캐리어의 성질을 갖는가 하는 점이 문제된다. ISP가 제공하는 이메일 서비스는 우편과 유사하며, 그 내용에 관계없이 어떠한 정보든 운반(전달)한다는 점에서 커먼 캐리어로서의 성질을 갖는다는 것은 분명하다.[2] 이와 마찬가지로, 인터넷에의 접속 서비스의 경우에도, 업자는 그곳을 흐르는 정보의 내용에는 전혀 관여하지 않으므로, 커먼 캐리어의 성질을 갖는다고 생각할 수 있을 것이다. 그러나, ISP가 제공하는 서비스는 이메일 또는 인터넷상의 접속에 한하지 않고, 그 밖에 게시판, 리얼 타임 컨퍼런스, 데이터베이스 이용, 홈페이지용 서버 등등 다양한 형태의 서비스가 존재하며, 그들 대부분은 커먼 캐리어와는 다른 성격을 갖고 있다는데 문제가 있다.

ISP가 게시판이나 홈페이지에 관하여 커먼 캐리어와는 달리 표현내용에 대하여 편집권을 갖는다고 이해하더라도, 인쇄미디어나 방송미디어의 경우와 같이 항상 표현자 본인과 동일한 책임을 진다고 이해하여서는 안 된다. 현실적인 문제로서, 다수의 이용자(회원)를 가지고 있는 ISP의 경우, 포럼에 기입된 양도 방대하고, 그 모두에 항상 주의를 기울여서 부적절한 내용을 검토하여야 한다고 하면, 많은 업자에 있어 비용이 증대되어 채산이 맞지 않을 것이다. 그리하여, 만약 다수의 업자가 공존하여 이용자의 수요에 따른 다양한 서비스를 제공한다면, ISP의 법적 책임을 어느 정도 경감할 필요도 있을 것이다. 다만 지나치게 책임이 경감되면, ISP로 하여금 위법한 내용을 보다 용이하게 조절할 수 있는 시스템이나 소프트웨어의 개발을 행하게 하는 인센티브를 잃게 하여, 통신제도 전체의 발전에 있어 득보다는 오히려 실이 된다는 지적도 있다.

따라서, 인터넷의 현상과 장래 목표의 방향을 고려하면서 적절한 밸런스를 유지하여 갈 것이 필요하다. 이에는 저작권법 · 형법 · 민법의 일반적인 법원칙의 테두리 안에서 해석에 따라 대응하여 나가면 될 것이다.

저작권법 제103조는 온라인서비스제공자의 복제 · 전송의 중단 등에 관하여 규정하고 있고, 제104조는 특수한 유형의 온라인 서비스제공자의 의무, 특히 저작물의 불법전송을 차단하는 '기술적 조치'[3] 등에 관하여 규정하고 있다.

보법센터 학술세미나(2009. 5. 30), 11면).

1) 커먼 캐리어(common carrier)란 운수 및 통신산업에서 불특정한 일반 공중에 대한 운송전송 서비스의 제공을 업으로 하고 합리적인 요금과 고객에 대한 차별적 취급을 인정받지 못하고 있는 사설 운송업을 의미한다. 이에 대치되는 개념은 컨트렉트 캐리어(contract carrier)로서 특정한 고객과의 개별 계약에 의하여 운송업무 등을 행하는 것이다.

2) 인터넷접속서비스만을 제공하는 ISP는 common carrier에 해당한다(황성기, 최근 인터넷 관련 규제입법의 문제점, 한양대학교 법학연구소, 지적재산&정보법센터 학술세미나(2009. 5. 30), 11면.).

저작권법 제103조 (복제 · 전송의 중단) ① 온라인서비스제공자의 서비스를 이용한 저작물등의 복제 · 전송에 따라 저작권 그 밖에 이 법에 따라 보호되는 자신의 권리가 침해됨을 주장하는 자(이하 이 조에서 "권리주장자"라 한다)는 그 사실을 소명하여 온라인서비스제공자에게 그 저작물등의 복제 · 전송을 중단시킬 것을 요구할 수 있다.

저작권법 제104조(특수한 유형의 온라인 서비스제공자의 의무 등) ① 다른 사람들 상호간에 컴퓨터등을 이용하여 저작물등을 전송하도록 하는 것을 주된 목적으로 하는 온라인서비스제공자(이하 "특수한 유형의 온라인서비스제공자"라 한다)는 권리자의 요청이 있는 경우 당해 저작물등의 불법적인 전송을 차단하는 기술적인 조치 등 필요한 조치를 하여야 한다. 이 경우 권리자의 요청 및 필요한 조치에 관한 사항은 대통령령으로 정한다.
② 문화체육관광부장관은 제1항의 규정에 따른 특수한 유형의 온라인서비스제공자의 범위를 정하여 고시할 수 있다.

저작권법상의 보호장치로는 작위에 의한 저작권 침해는 저작권법 제125조와 민법 제760조에 의한 공동불법행위 책임에 따라 그 책임을 묻고, 부작위에 의한 저작권 침해는 민법 제750조에 근거하여 그 책임 등을 물을 수 있다.

저작권법 제125조 (손해배상의 청구) ① 저작재산권 그 밖에 이 법에 따라 보호되는 권리(저작인격권 및 실연자의 인격권을 제외한다)를 가진 자(이하 "저작재산권자등"이라 한다)가 고의 또는 과실로 권리를 침해한 자에 대하여 그 침해행위에 의하여 자기가 받은 손해의 배상을 청구하는 경우에 그 권리를 침해한 자가 그 침해행위에 의하여 이익을 받은 때에는 그 이익의 액을 저작재산권자등이 받은 손해의 액으로 추정한다.
② 저작재산권자등이 고의 또는 과실로 그 권리를 침해한 자에 대하여 그 침해행위에 의하여 자기가 받은 손해의 배상을 청구하는 경우에 그 권리의 행사로 통상 받을 수 있는 금액에 상당하는 액을 저작재산권자등이 받은 손해의 액으로 하여 그 손해배상을 청구할 수 있다.
③ 제2항의 규정에 불구하고 저작재산권자등이 받은 손해의 액이 제2항의 규정에 따른 금액을 초과하는 경우에는 그 초과액에 대하여도 손해배상을 청구할 수 있다.
④ 등록되어 있는 저작권 · 출판권 · 저작인접권 또는 데이터베이스제작자의 권리를 침해한 자는 그 침해행위에 과실이 있는 것으로 추정한다.

인터넷상에서 명예훼손으로 침해를 받은 개인과 ISP/ICH사업자간의 재판은 사전에

3) 이에 관한 판례로는 서울고등법원 2007. 10. 10, 2006라1232 결정 등(소리바다 5 서비스와 관련된 가처분 결정은 모두 3건으로, 그밖에 동 법원 2007. 10. 10, 2006라1233; 동 법원 2007. 10. 10, 2006라1245결정이 있다; 박성호, 저작권법 제104조와 기술적 보호조치, 한양대학교 법학연구소, 지적재산&정보법센터 학술세미나(2009. 5. 30) 참조.

정보통신윤리위원회의 심의를 거치고, 이러한 과정에서 개인과 ISP/ICH사업자 간에 화해를 할 수 있도록 위 위원회는 유도하고, ISP/ICH사업자는 위 위원회의 심의결과를 반영할 수 있는 시간적 여유를 갖도록 한다든지 등, 이에 대한 조치를 할 수 있도록 제도화하는 방안이 필요하다.

포털의 제3자의 명예훼손적 게시글에 대한 책임과 관련하여 미국에서는 1996년 통신품위법(The Communications Decency Act) 제230조를 제정하였고, 독일에서는 1997년 전자적 정보통신서비스법(Gesetz über die Nutzung von Telediensten, Teledienstegesetz - TDG)을 제정하였으며, 영국에서는 1996년 기존의 명예훼손법을 개정하였고, 일본에서는 2001년 프로바이더책임제한법을 제정함으로써 포털의 책임에 관하여 일정한 경우 책임을 제한하거나 인정하고 있다.[1]

Ⅲ. 인터넷과 개인정보보호

1. 개인정보보호제도의 유형

최근에 이루어진 컴퓨터의 발달로 개인의 다양한 정보가 컴퓨터에 저장되게 되었다. 축적될 수 있는 데이터의 분량이나 그것을 인출하기 위한 속도도 비약적으로 향상되어 전국민에 대한 개인적 데이터를 수집·관리하는 것도 기술적으로 가능하게 되었다. 이와함께 개인의 프라이버시에 해당되는 개인정보보호문제가 시급한 양상으로 대두되게 되었다. 그러나 오늘날 개인의 프라이버시에 대한 위협은 종래 빅 브라더(Big Brother)라고 불리던 정부에 의한 침해에 한정되지 아니하며, 사인에 의한 개인감시, 소위 빅 브라우저(Big Browser)의 위협이 커다란 문제로 대두되고 있다.[2][3] 이와 같이 개인정보의 누설·악용을 방지하기 위하여 프라이버시권의 중요성이 더욱더 확대되고 있다. 이 권리는 자신과 관계된 정보의 흐름을 통제하는 권리(individual right to control the circulation of information relating to oneself)로 정의되고, 이것이 바로 개인정보자기통제관리권, 개인정보자기지배

---

1) 이헌숙, 대법원 변론관련 보도자료, 2008다53812【손해배상(기)】

2) 정준현, 전자네트워크사회의 개인정보보호, 인터넷법연구, 한국인터넷법학회, 2003, 169-171면 이하 참조.

3) 미국연방헌법은 사적 부문에 의한 침해로부터 개인의 정보를 보호하는 규정은 두고 있지 않다. 이는 첫째, 국가행위론(state action doctrine)에 의하여 헌법은 주(정부)에서 기인한 행위들에게만 적용된다. 둘째, 헌법의 보호범위가 어느 정도에 까지 미쳐야 하는지 불명확하기 때문이다. 이에관한 미연방 대법원의 판례는 Wahlen v. Roe 사건(429 U.S. 589(1977)이다. 상세한 내용은 Jerry Kang/조규범 역, 사이버스페이스 프라이버시, 진한 M&B, 2004, 69면 각주 157)참조.

권, 개인정보관리권, 또는 개인정보자기통제권, 개인정보자기결정권(이하에서는 이를 '개인정보자기결정권'이라 한다.)[1] 등으로 불리게 되었다.[2][3] 특히 컴퓨터를 이용한 대규모의 정보처리가 일상적으로 행하여짐으로써 네트워크를 통해 대량의 개인정보가 유통되고 있는 현실에서 보면, 개인정보 보호의 문제는 국내뿐만 아니라 국제적으로도 통일성 있게 다루는 것이 불가결하게 되었다.

개인정보 보호를 목적으로 하는 법령의 입법방식은 ① 통합방식(omnibus방식), ② 분할방식(segment방식)과 ③ 개별방식으로 나눌 수 있다. 통합방식은 공적부문 및 민간부문을 하나의 법률에 의해 포괄적인 규제의 대상으로 하는 방식이고, 분할방식은 공적부문과 민간부문을 각각 별개의 법률에 의해 규제의 대상으로 하는 방식이며, 개별방식은 규제의 대상을 한정해서 개별영역 별로 규제를 행하는 방식이다. 개인정보의 보호를 목적으로 하

1) 독일연방헌법재판소는 이는 하나의 기본권으로서 자기정보결정권(Recht auf informationale Selbst- bestimmung)이라고 부르고 있다.

2) 개인정보자기결정권의 헌법상 근거에 대하여 학설이 헌법 제10조설, 제17조설 등으로 분류되나, 헌법 제10조, 제16조, 제17조, 제18조를 통합적으로 해석하여 그 근거를 도출하는 것이 합리적이라고 생각한다(상세한 것은 백윤철, 헌법상 개인정보자기결정권에 관한 연구, 법조, 2002. 5. 참조). 정준현 교수는 헌법 제10조의 행복추구권에 근거를 두고 있는 것으로 보며(정준현, 전자네트워크사회의 개인정보보호, 인터넷법연구, 한국인터넷법학회, 2003, 189면), 그 밖에 헌법 제21조의 표현의 자유에서 찾는 입장도 있다(박종보, 정보공개제도와 알권리, 공법연구 제28집 제1호, 7-8면 참조.

3) 개인정보자기결정권은 방어권이 아닌 적극적 권리로서 여기에는 ① 열람청구권, ② 정정청구권, ③ 차단청구권(독일의 연방데이터보호법(Bundesdatenschutzgesetz) 제20조 제3항 내지 제5항 참조), ④ 정보삭제 청구권 등을 그 내용으로 한다. 이러한 권리의 행사는 네트워크 이용관계에 있어서 경제적·지적 약자인 정보주체에 대해 충분한 설명 내지는 위험에 대한 고지가 이루어 져야 하며(소위 Informde Consent), 이를 해태한 정보제공 동의 내지는 이용관계의 설정은 정보주체의 개인정보자기결정권에 대한 침해가 된다. 대법원 판례(대판 2002. 1. 11, 2001다27449)도 <u>의사 및 약사의 설명의무</u>에 관하여 「… 환자에 대한 수술은 물론, 치료를 위한 의약품의 투여도 신체에 대한 침습(侵襲)을 포함하는 것이므로, 의사는 긴급한 경우 기타의 특별한 사정이 없는 한, … 환자에 대하여 질환의 증상, 치료방법 및 내용, 그 필요성, 예후 및 예상되는 생명, 신체에 대한 위험성과 부작용 등, 환자의 의사결정을 위하여 중요한 사항에 관하여 사전에 설명함으로써 환자로 하여금 수술이나 투약에 응할 것인가의 여부를 스스로 결정할 기회를 가지도록 할 의무가 있고, 이러한 설명을 아니한 채 승낙 없이 침습한 경우에는, 설령 의사에게 치료상의 과실이 없는 경우에도 환자의 승낙권을 침해하는 위법한 행위가 된다고 할 것이고, 투약에 있어서 요구되는 의사의 이러한 설명의무는 약사가 의약품을 조제하여 판매함으로써 환자로 하여금 복용하도록 하는 경우에도 원칙적으로 적용된다고 봄이 상당하다고 할 것이다」라고 판시한바 있다. 이는 의사 및 약사의 설명의무가 개인정보자기결정권에도 적용되어져야 한다는 것을 의미한다(정준현, 전자네트워크사회의 개인정보보호, 인터넷법연구, 한국인터넷법학회, 2003, 191면 참조).

는 법률의 대부분은 '통합방식'을 취하고 있다. 한국과 일본을 포함하여, 이하에서 소개하는 다른 나라의 법령도 이 방식을 채택하는 것이 주류를 이루고 있다. 그 이유로는 ① 전자상거래의 촉진, ② EU의 개인데이터 보호지침에의 대응, ③ EU 가맹에 대한 대응의 일환, ④ 과거의 불법행위에 대한 구제 등의 사정이 있기 때문이다.[1]

2. 경제협력개발기구(OECD) 이사회의 가이드라인

국제기관에 의한 개인정보 보호의 지침적인 역할을 하고 있는 것이 경제협력개발기구(OECD)가 1980년 9월 23일에 채택한 '프라이버시 보호와 개인데이터의 국제유통에 관한 가이드라인에 대한 이사회권고(이하 'OECD 가이드라인'이라고 한다)'이다. OECD 가이드라인과 같은 국제적인 가이드라인은 컴퓨터에 의해 대량의 개인정보가 처리됨에 따라 이들의 자유로운 유통을 확보하면서도 이에 대한 적절한 보호 및 각국의 법제도의 통일성이 필요하게 되었기 때문이다. 그리하여 개인정보의 보호와 자유로운 상거래가 균형을 이루도록 OECD 각국이 만족할 만한 개인정보 보호의 수준을 이사회 권고로서 정리하였고, 각국은 이 권고에 따라 자국의 제도를 정비한다는 합의를 하였는데, 이것이 'OECD권고'이다. 이 OECD권고는 개인정보의 보호를 위하여 다음과 같은 8개의 원칙을 제시하였다.[2] 첫째, 개인 데이터의 수집에는 제한을 두어야 하며, 어떠한 개인 정보도 적법하고 공정한 수단에 의해 수집되어야 한다(수집제한의 원칙 : Collection Limitation Principle). 둘째, 개인정보는 사용목적과 범위가 부합되어야 하며, 정확하고 완전하며 갱신되어야 한다(정보정확성의 원칙 : Data Quality Principle). 셋째, 개인정보를 수집할 때에는 목적이 명확해야 하고, 이를 이용할 경우에도 최초의 목적과 모순되지 않아야 한다(목적명확성의 원칙 : Purpose Specification Principle). 넷째, 개인정보는 정부주체의 동의가 있는 경우나 법률의 규정에 의한 경우를 제외하고는 명확화 된 목적 이외의 용도로 공개되거나 이용되어서는 안된다(이용제한의 원칙 : Use Limitation Principle) 다섯째, 기업이 수집·보존하고 있는 개인정보가 분실, 불법적인 접근, 파괴, 정보수정 및 공개와 같은 위험에 대비하여 합리적인 안전보호장치를 마련해야 한다(안전보호의 원칙 : Security Safeguards Principle). 여섯째, 개인정보를 제공한 개인은 자신과 관련된 정보의 존재확인, 열람요구, 이의제기 및 정정·삭제·보완 청구권을 가진다(개인참가의 원칙 : Individual Participation Principle). 일곱째, 개인정보에 관한 개발, 운용 및 정책에 있어 일반적인 공개의 원칙이 적용되어야 한다(공개

---

1) David Banisar & Simon Davies, Global Trends in Privacy Protection : An international Survey of Privacy, Data Protection, and Surveillance Laws and Developments, 18J. MARSHALL J. COMPUTER & Info. L. 1,12(1999).

2) 백윤철, 인터넷법학의 성립과 과제, 인터넷법연구, 한국인터넷법학회, 2003, 37면.

의 원칙 : Openness Principle) 여덟째, 개인정보를 관리하는 자는 이에 대한 책임을 져야 한다(책임의 원칙 : Accountability Principle).

3. 2005년 국제정보보호회의와 몽트뢰 선언(Erklärung von Montreux)

2005년 스위스의 몽트뢰(Montreux)에서 국제정보보호회의가 개최되었는바, 여기서 소위 몽트뢰 선언문을 채택하였다. 여기에는 다음과 같은 10가지의 ① 정확성의 원칙(Prinzip der Richtigkeit), ② 목적종속성의 원칙(Prinzip der Zweckgebundenheit), ③ 비례의 원칙(Verhältnismäßigkeit), ④ 투명성의 원칙(Prinzip der Tranparrenz), ⑤ 개인적 공동발언권의 원칙 개인에 대한 점유권의 보장(Prinzip der individuellen Mitsprache und namentlich der Garantie des Zugriffsrechts für der Betroffenen Personen), ⑥ 차별금지의 원칙(Prinzip der Nicht-Diskriminierung), ⑦ 안전의 원칙(Prinzip der Sicherheit), ⑧ 책임의 원칙(Prinzip der Haftung), ⑨ 비구속적 감시 및 법적 비준권의 원칙(Prinzip einer unanhängigen Überwachung und gesetzlicher Sanktionen), ⑩ 상호정보교환시 적절한 수준의 보호원칙(Prinzip des angemessenen Schutzniveaus bei gegenüberschtreienden Datenverkehr)이 국제적으로 인정된 정보보호원칙(Datenschtuzprinzip)으로 채택 되었다.

4. 유럽

4.1. 유럽평의회의 개인데이터 보호조약

OECD 가이드라인은 개인정보의 보호를 위한 지침을 규정하고 있지만, 컴퓨터의 보급과 처리능력이 급속도로 발전함에 따라, 이에 대응하여 개인정보의 보호가 중요시되게 되었다. 이에따라 유럽에서 조약이 체결되었다. 이 조약은 OECD 가이드라인이 채택된 다음 해에 유럽평의회에서 인준되고 1985년에 발효 되었는바, 「개인데이터의자동처리에관한개인의보호에관한조약」[1]이라고 불린다. 이 조약은 기본적으로는 OECD 이사회 권고와 거의 같은 원칙에 기초한 것이지만, 단순한 권고가 아니라 조약이기 때문에, 유럽에서는 OECD 가이드라인보다도 가맹국에 대한 구속력이 강하다. 그러나 OECD 가이드라인과는 달리 유럽 이외의 지역에서는 적용되지 않는다. 유럽평의회의 개인데이터 보호조약은 ① 데이터의 취득 및 처리의 공정함, ② 합법적인 목적에서의 이용과 축적, ③ 개인정보의 처리목적이 적절할 것과 목적 이외로 정보처리하지 않을 것, ④ 정보의 정확성 및 경신, ⑤ 필요한 기간을 넘긴 데이터 축적의 금지 등에 대해서 규정하고 있으며, 가맹국에 대해서

---

1) Convention for the protection of Individuals with regard to automatic processing of personal data, ETS N1) 개인정보를 제공한 개인은 자신과 관련된 정보의 존재확인, 열람요구, 이의제기 및 정정 · 삭제 · 보완 청구권을 가진다. <http://www.coe.fr/eng/legalixt/108e.htm>.

이 조약에 적합한 법률의 제정을 요구하는 내용으로 되어 있다. 1997년까지는 EU가맹 15개국 전부와 스위스가 동 조약에 대응한 국내법의 정비를 완료하였다.[1)]

4.2. EU(Europäische Union)의 개인데이터 보호지침

1992년 2월에 조인되고 이듬해 11월에 발효된 유럽연합조약(마스트리히트조약)은 EU 안에 있는 인물, 자본, 서비스 등의 자유로운 이동을 주된 목적으로 하고 있지만, EU 안에 있는 개인정보의 원활한 유통과 그 보호도 과제가 되었다. 이리하여 '개인데이터 처리에 관한 개인의 보호 및 해당 데이터의 자유로운 이동에 관한 1995년 10월 24일의 유럽의회 및 이사회의 95/46/EC지침'[2)](이하 「EU 지침」이라고 함)이 채택되었다. EU 지침은 자동처리 및 수동처리된 '개인데이터'의 처리에 적용된다. 여기에서 개인데이터란 자연인을 직접 또는 간접적으로 식별 가능한 모든 개인데이터를 말한다. 자동으로 처리되지 않고 수동으로 처리된 개인데이터가 파일링시스템[3)]의 일부를 구성하는 경우에는 수동처리[4)]된 개인데이터에도 적용된다. 자동 또는 수동처리된 이들 데이터는 어떤 조직과 단체가 보유해서 이용하는 것이지만, EU 지침의 적용대상이 되는 조직은 전자 또는 인쇄매체에서 개인데이터를 보유하는 모든 조직 및 유럽연합과 유럽경제지역(EEA) 내의 모든 나라 사이에서 데이터의 이전을 행하는 기업이다.[5)]

---

1) 백윤철, 인터넷법학의 성립과 과제, 인터넷법연구, 한국인터넷법학회, 2003, 39면.

2) Directive 95/461EC of the European Parliament and of the Council of 24 October 1995 on the protection of individuals with regard to the processing of personal data and on the free movement of such data, 395 L0046, Official Journal L 281, 23/11/1995 p. 0031-0050 <http://europa.eu.int/eurlex/en/lif/dat/1995/en_3951J)046.html>. EU 지침의 번역은, EU 지침 「개인데이터처리에 관한 개인의 보호 및 해당데이터의 자유스런 이동에 관한 유럽의회 및 이사회의 지침」(EC0M 프라이버시 문제검토 WG 역) <http://www.isc.meiji.ac.jp/~sumwel_h/doc/intnl/Direct-1995-EU.htm>.

3) '파일링시스템'이란 일정한 기준에 따라 접속하는 것이 가능한 개인데이터의 집합을 구성하는 것이다.

4) '처리'란 수집 · 기록 · 축적 · 번안 · 검색 · 참조 · 이용 · 분포 · 삭제 또는 파기 등의 작업이 실행되는 것을 말한다.

5) EU 지침의 적용을 받는 지역은 유럽연합에 가맹하고 있는 15개국은 물론, 유럽경제지역(아이슬란드, 리히텐슈타인, 노르웨이)에 대해서도 적용되는 한편, 비적용 범위(헝가리, 폴란드, 체코, 슬로바키아, 불가리아, 루마니아, 에스토니아, 라토비아, 리투아니아, 슬로베니아)는 중앙 및 동유럽 각국이다. 따라서 EU 지침의 적용을 받지 않는 나라는 유럽연합에 가맹하지 않는 한 본 지침이 말하는 제3국이 된다. EU 지침 제32조 제1항은 "가맹국은 본 지침을 채택한 날부터 적어도 3년의 기간 종료 시에는 본 지침을 지키기 위하여 필요한 법률, 규칙 및 행정 규정을 시행해야만 한다"고 규정하고 있다. 즉, 국내법으로의 전환을 하는 기한은 1998년 10월 24일까지이다. 그러나

이상과 같이 EU 지침에 있어서는 개인정보 보호에 대해서 다양한 규정을 두고 있으나, 이것은 어디까지나 EU 가맹국에 대한 지침이다. 즉, 지침은 EU 가맹국에 대해서 내려진 제안을 국내법으로 전환하는 것을 의무로 하는 효력을 가지지만, 그 효력은 당연히 EU 이외의 나라에 대해서 직접 영향을 미치는 것은 아니다. 그러나 EU 지침 제25조는 "가맹국은 처리과정에 있는 개인 데이터 또는 이전 후 처리하는 것을 목적으로 하는 개인데이터의 제3국(Drittstaat)에의 이전은 이 지침 외의 규정에 따라서 채택된 그 나라의 규정의 준수를 위반하지 않고, 해당 제3국이 충분한 수준의 보호(angemessenes Schutzniveau)를 확보하고 있는 경우에 한하여 행하는 것이 가능하다고 하는 것을 규정해야만 한다"고 규정하고 있는데, 그 취지는 EU 가맹국에 대해서 EU 지침에 적합하도록 현행 국내법의 개정과 새로운 법률의 제정을 요구하고, 개인정보의 보호에 관하여 충분한 수준의 보호조치를 가지고 있지 않은 나라에 개인 데이터의 이전을 금지하는 것이 가능하다는 취지의 규정을 국내법으로 만들 것을 요구하는 것이다. 또한 개인데이터의 이전이 허용될지 여부에 대해서 검토가 이루어질 때에는 ① 데이터의 성질, ② 실행되는 데이터 처리의 목적 및 기간, ③ 데이터의 생성국 및 최종 이전국, ④ 제3국에 있어서 효력을 가지고 있는 법률(포괄법 및 개별 분야별법 등), ⑤ 제3국에 있어서 적용되는 직업규정 및 안전기준 등이 고려의 대상으로 되어 있다.[1] 이런 사항에 대해서 검토한 결과 개인정보의 보호에 대해서 '충분한 수준의 보호'를 확보하고 있지 않다고 생각되는 나라에 대해서는 데이터의 이전을 금할 수 있게 되었다.[2][3]

EU 지침의 특색은 공적 부문과 민간 부문의 구별을 하지 않고 있는 것이다. 또한 EU

이행 기한에 대해서는 예외를 두어 수동처리된 시스템 내의 데이터에 대해서는 2007년 10월 24일까지의 연장을 허용하고 있다. 이는 수동처리된 데이터는, 자동 처리된 데이터와 달리, 다시 자동처리해서 데이터화하는 등의 일을 필요로 하는 점에서 일정한 유예기간이 주어진 것이다(백윤철, 인터넷법학의 성립과 과제, 인터넷법연구, 한국인터넷법학회, 2003, 40-41면).

1) Cullen International Business Guide to Changes in European Data Protection Legiskation, 14(1999).

2) 또한 특정의 조건에 해당하는 경우에는 데이터의 이전을 허용하도록 법률로 정하는 것이 가능하도록 되어 있다. 그 조건으로는 ① 데이터 주체로부터 명시적인 동의를 얻은 경우, ② 데이터의 이전이 관리자와 데이터 주체 사이에 맺어진 계약에 기초하여 이전하거나 또는 정보주체가 요구하는 전 계약에 기초하고 있는 경우, ③ 데이터의 이전이 관리자와 데이터 주체의 이익의 범위 내에 있는 제3자 사이에서 맺어진 계약에 기초한 경우, ④ 데이터의 이전이 중요한 공공이익에 기초하는 경우 또는 법적인 요구에 관한 것인 경우, ⑤ 데이터의 이전이 데이터 주체의 생존에 불가결한 이익의 보호를 위한 경우, ⑥ 데이터의 이전이 정당한 이익을 가지는 인물이 참조하는 목적으로 개시된 경우 등이 정해져 있다(Id., at 15).

3) 백윤철, 인터넷법학의 성립과 과제, 인터넷법연구, 한국인터넷법학회, 2003, 42면.

지침은 EU 내부에서만 적용되는 성질을 가지고 있기 때문에 한국에 직접 영향은 없을 것이라고 이해하고, 유럽위원회가 교섭을 신청하였을 경우에 정부로서는 대응하는 것이 불가능하다는 우려가 있었다.[1] 이러한 이유에서 일본은 민간 부문을 포함하여 개인정보 보호를 위한 법률의 정비를 하기 위한 검토가 이루어졌다. 그 외에 EU에서는 특히 전기통신분야에 있어서 개인정보 보호를 위해서는 '전기통신분야에 있어서의 개인 데이터 처리 및 프라이버시 보호에 관한 1997년 12월 15일의 유럽의회 및 이사회의 97/66/EC지침'[2]이 제정되어 있다.[3]

5. 미국

미국에서는 공적부문과 민간부문 모두를 대상으로 한 포괄적인 개인정보보호법은 없지만, 공적부문 중에서 연방정부가 가지고 있는 개인정보에 대해서는 1974년의 프라이버시법이 제정되어 있다. 주 단위에 있어서도 연방처럼 개별 영역마다 프라이버시 보호를 위한 법률이 제정되어 있다. 민간부문에 대해서는 자주규제를 원칙으로 하고 있다.[4] 그리고 미

1) 堀部政男, 'EU個人保護指針과 日本', 쥬리스트 增刊, 變革期의 미디어, 1997, 363面.

2) Directive97/661EC of the European Parliament and of the Council of 15 December 1997 concerning the processing of personal data and the protection of privacy in the telecommunications sector, 397 L0066, Official Journal L024, 30/01/1998 p. 00011-0008.

3) EU 지침은 가맹국의 법정비를 촉구하는 동시에 그 방향성을 나타내는 역할을 하였지만, 그 자체로는 직접적인 법적 효과를 가지는 것은 아니다. 그러나 EU 지침 제32조 제1항은 "가맹국은 본 지침의 채택일로부터 적어도 3년 이내에 본 지침을 준수하기 위해 필요한 법률, 규칙 및 행정규칙을 발효하는 것으로 한다."고 규정하고 있다. 즉, EU 가맹국은 1998년 10월 24일까지 EU 지침에 기초하여 개인정보 보호를 목적으로 하는 국내법의 정비를 할 것을 요구받고 있다. EU 지침을 준수하기 위해 가맹국이 국내법의 정비를 실시함에 있어서, 유럽평의회의 "개인데이터의 자동처리에 관련된 개인의 보호에 관한 조약"을 둘러싼 각 가맹국의 법정비의 실상에서 보더라도, 국내법이 정비되기까지는 상당한 시간을 요함을 알 수 있다. 이 점에서 보더라도, 이행기한까지 국내법의 정비를 완료하는 것은 곤란한 점이 많다는 것을 알 수 있다. 현재 EU 지침의 이행기한을 준수하여 국내법의 정비를 완료한 나라는 이탈리아, 그리스, 스웨덴 및 영국의 4개국에 머물고 있다. 또한 이행기한을 초과하기는 하였으나, 1998년도 내에 법정비를 행한 나라를 추가한다고 하더라도 벨기에와 포르투갈 2개국이 더 포함될 뿐이다. 이행기한이 지난 후에도 2000년 11월 1일에는 EU와 미국 간에 교섭이 진행되어온 '세이프 하버 협정'이 발효되어 EU에 있어서 개인정보의 보호를 둘러싼 상황의 변화는 복잡하다(백윤철, 인터넷과 개인정보보호, 신영사, 2002. 참조).

4) 그러나 예외로써 특히 기밀성이 높은 정보를 다루는 분야에 있어서는 부문별로 프라이버시를 보호하는 개별법이 제정되어 있다. 백윤철, 인터넷법학의 성립과 과제, 인터넷법연구, 한국인터넷법학회, 2003, 44면.

국에 있어서 개인정보보호제도는 1966년의 정보자유법의 제정에 의하여 연방정부가 보유하는 정보를 원칙적으로 공개하되, 프라이버시법에 의하여 정부에 대한 규제를 하고, 민간부문에 대해서는 자유로운 정보유통의 확보를 전제로 하여 개별분야 별로 프라이버시 보호를 목적으로 하는 법률을 제정하는 '개별방식'에 의한 보호법제가 마련되어 있고, 이것이 미국의 개인정보보호법제의 특징이다. 이러한 개별법의 장점은 특히 보호가 필요한 개인정보를 다루고 있는 영역에 한정하여 규제를 행하는 것이 가능한 점에 있다. 그러나 개별영역별로 법률을 제정하기 때문에 관련업계와 이익단체 및 정치상황으로부터 영향을 받기 쉬운 단점도 있다.[1] 그 대표적인 예로서 1988년에 제정된 '비디오프라이버시보호법'은 대여 비디오의 대출기록의 비밀보호를 목적으로 한 법률이다. 그러나 의료분야에 있어서는 업계단체와 정치상황에 의해 개인정보의 보호 등 대응이 필요하다고 생각하고 있으면서도 대응을 하지 못하고 있다.[2]

6. 한국

6.1. 현황 및 문제점

우리나라는 1989년 12월 개인정보보호법시안을 마련하고 과도기적 조치로 1991년 5월 "전산처리되는개인정보보호를위한관리지침"(국무총리훈령 제250호)을 제정 · 시행하다가 예방적 차원의 개인정보보호대책을 법제도적으로 마련하고 행정에 대한 신뢰성을 확보한다는 취지에서 공적 부문에서는 공공기관의개인정보보호에관한법률 · 공공기관의정보공개에관한법률 및 행정정보의공동이용에관한규정 등을, 민간부문에서는 금융실명거래및비밀보장에관한긴급재정경제명령 · 신용정보의이용및보호에관한법률 · 통신비밀보호법 · 전기통신사업법 · 정보화촉진법 · 전자서명법 · 전파법 및 2000년 11월에 개정되어 정보통신서비스 이용관계에 있어서 개인정보의 기본법으로 기능하는 정보통신망이용촉진및정보보호등

1) 인터넷에 있어서는 용이하게 대량으로 개인정보를 수집하는 것이 가능하기 때문에 많은 기업들이 여기에 관심을 가지고 있다. 따라서 인터넷상에서 행해지고 있는 광범위한 개인정보의 수집과 이용에 대해서 일정한 규제를 가하는 법률을 제정해야 한다는 논의가 자주 거론되어 왔다. 금융, 마케팅 및 소매업 등의 주요한 업계 단체는 이에 대항하여 인터넷상에 있어서 개인정보의 수집과 이용을 규제하는 법률에 대해서 반대의사를 표명하고, 업계단체를 통해서 의회에 많은 압력을 넣고 있다(인터넷에 있어서 개인정보의 수집과 이용에 대한 규제에 대한 활동을 행하고 있는 단체의 일례로서 정보의 공정이용연합(Fair Information Practices Coalition)이 있다. 이 단체는 투자기업협회, 신용정보기관연합, 증권거래업협회, 다이렉트 마케팅 협회, 미국보험업협회의 지원을 받고 있다. Rachel Zimmerman, Lobbyists Swarn to Stop tough Privacy Bills in States, Wall. Street J. Apr. 21, 2000, A16).

2) 백윤철, 인터넷법학의 성립과 과제, 인터넷법연구, 한국인터넷법학회, 2003, 45면.

에관한법률 등을 각각 제정 · 시행하고 있다. 그 밖에 1995년 12월 29일 개정된 형법은 사이버스페이스의 범죄행위를 컴퓨터 범죄로 명명하고 컴퓨터 등 사용사기, 업무방해(동법 제347조의2, 제314조 제2항) 등을 처벌하는 규정을 두고 있다. 이러한 현행법을 기술한 OECD가이드라인과 OECD가이드라인을 좀더 구체화한 EU지침 그리고 선진제국의 개인정보보호법을 비교하여 검토하여 보면 다음과 같다.

민간부분에서의 정보통신망이용촉진및정보보호등에관한법률은 인터넷과 전자거래에 대응하여 개인정보보호장치를 마련함에 있어서 정보사회에서 인터넷과 전자상거래를 활성화시키기 위한 조건을 마련한 적절한 입법적 대응이기는 하나, 개인의 명예나 재산상의 피해를 최소화하기 위한 개인정보의 차단요구권이 보장되지 않고, 규율대상인 정보통신서비스제공자의 개념을 영리를 목적으로 하는 통신사업자에 한정시키고 있는 점, 사업자측의 위험설명의무 등이 규정되지 않은 점등이 문제된다.[1] 우리나라의 개인정보보호는 공공기관에 한정되는 공공기관의개인정보보호에관한법률[2]과 정보통신서비스제공자에 한정되는 정보통신망이용촉진및정보보호등에관한법률[3] 및 통신비밀보호법 등에 의하여 개인에 대한 정보보호가 이루어지고 있는 실정이다. 공공기관의개인정보보호에관한법률은 공공기관의 컴퓨터에 의하여 처리되는 개인정보의 보호에 관하여 일반적으로 규율하고 있다. 이는 공공기관의 컴퓨터에 의하여 처리되는 개인정보의 보호에 관한 일반법이며, 동법은 전자정보만을 규율하고 있으나 종이문서에 기록되어 파일로 관리되는 개인정보도 규율대상으로 하는 것이 타당하다.[4]

6.2. 개인정보보호법

개인정보보호와 관련하여 인터넷상의 대부분의 사이트들이 주민등록번호, 연락처, 학력, 성장과정 등 개인정보를 누구든 열람할 수 있게 되어 있어 범죄 등에 악용될 소지가 있

---

1) 백윤철, 헌법상 개인정보자기결정권에 관한 연구, 법조(2002.5), 173-208면 참조.

2) 이는 개인정보자기결정권을 실제적으로 체계화한 법률로서 의미를 지니고 있다. 즉, 인터넷시대에 각종 컴퓨터범죄와 사생활 침해 등 부작용을 수반하게 되었고, 이에 대한 대처로 1994년 1월 법률 제4734호로 동법을 공포하였다. '공공기관의개인정보보호에관한법률'에서의 프라이버시의 보호는 개인정보의 보호를 의미하고, 동법은 OECD의 가이드라인의 일반원칙을 그대로 수용하고 있다.

3) 「정보통신망이용촉진및정보보호등에관한법률」은 민간부문에서의 정보통신 이용자의 개인정보를 효과적으로 보호하기 위하여 시행되었다. 동법은 OECD의 개인정보보호원칙에 맞춰 인터넷 등 가상공간에서의 개인정보를 보호하기 위하여 이용자의 동의에 기초한 적절한 개인정보 수집 · 이용 · 처리 · 제공 및 이용자의 권리보장을 규정하고 있다.

4) 박균성, 전자정부법의 기본구조와 과제, 인터넷법학, 131면.

는 것으로 나타났고, 또한 개인정보보호의 필요성을 인식하지 못하는 것으로 나타났다. 또한 회원이 등록한 정보의 삭제나 회원탈퇴가 제대로 이뤄지지 않고 대형 포털사이트 및 동종 사이트간 컨텐츠 제휴로 이용자의 동의 없이 개인정보가 무단 공개되는 등 문제가 심각하다. 물론 신용정보의이용및보호에관한법률 · 정보통신기반보호법 및 정보통신망이용촉진및정보보호등에관한법률[1]을 제정하여 이에 대한 대비를 행하고 있으나, 개인정보보호에 만전을 기하기는 현실적으로 어렵다. 국가나 개인에 의한 개인정보 침해가 급증하는데, 이에 대한 법과 제도가 완비되어야 한다. 기술한 개인정보보호에 대한 국내외의 연구동향을 종합하여 보면 다음과 같다. 우선 개인정보와 관련한 개인정보보호의 기본원칙(특히 OECD에서 제시한 기본원칙)을 모든 부문에서 관철시킬 수 있는 일반법으로서 개인정보보호법이 우리나라에서는 제정되지 않고 있음은 물론, 인터넷과 기술의 발전에 따른 개인정보 유출가능성에 대한 개인의 정보를 보호할 만한 적극적인 규정이 없는 실정이다. 따라서 인터넷의 기술발전은 개인정보의 유출가능성을 기하급수적으로 증대시키고 있고, 이러한 개인정보유출은 범죄적 행위로 발전하여 개인의 피해는 매우 커질 것이다.

특히 현대사회와 같이 정보화사회가 되어 컴퓨터로 대량의 개인정보가 집적되고, 대량의 정보가 순식간에 송신되는 시대에 있어서는 이러한 개인정보 보호의 필요성은 더욱 절실하다. 미국이나 유럽에서 프라이버시 보호나 개인정보 보호의 조치를 적극적으로 취하고 있는 것은 그 때문이다. 한국도 물론 예외는 아니다. 그런 까닭에, 한국에서도 신속하게 개인정보 보호의 법제를 정비할 것이 필요하다.[2] 따라서 개인정보 유출에 따른 범죄행위에 대한 대처방법, 개인정보 침해시에 개인정보 보호를 위한 실효성 있는 소송구제수단, 개인정보 보호를 통합하는 법률규정 등을 제시하는 통합법으로서의 개인정보보호법이 필요하다.[3] 전자정부의 실현에 따른 공공분야의 전산화로 인한 개인정보에 대한 침해의 우려는 초고속망 자체의 원활한 활용을 저해할 수 있는 한편, 정보화에 따른 긍정적 혜택으로 개인이 향유하고 인간다운 삶을 누리기 위해서는 그 개인정보를 보호할 수 있는 법적 · 제도적 시스템을 갖추는 것이 필요하다. 미국에서는 개별방식으로 접근하여 분야별로 개별법을 제정하고, 자율규제를 원칙으로 하고 있는데 반해, 유럽에서는 포괄적으로 해결하기 위

---

1) '정보통신망이용촉진및정보보호등에관한법률'은 정보통신망의 이용에 관한 일반법이다. 그런데, 정보통신망법은 13조 내지 15조에서 전자문서에 관하여 규정하고 있다. 전자문서 등 전자행정에 관하여 정보통신망법과 전자정부법이 충돌하는 경우에 정보통신망을 이용한 전자행정에 관한 사항에 있어서는 전자정부법이 우선 적용되는 것으로 보아야 한다(박균성, 전자정부법의 기본구조와 과제, 인터넷법학, 133면).

2) 한국정보보호진흥원, '개인정보보호지침 개정을 위한 워크샵', 2001. 10. 17. 참조.

3) 정영화 · 송기춘 · 황성기 · 황성진, 개인정보보호 감독기구 도입을 위한 법제도 개선방안 연구, 한국정보보호센터, 개인정보연구 00-2, 2000. 11. 참조.

한 포괄방식을 채택하여 일반법을 제정하는 경향이 있다. 우리나라에서는 이들 양자의 장단점을 고려하여 우리 현실에 알맞는 새로운 법제를 강구하여야 할 것이다.

IV. 인터넷 실명제

인터넷상의 무분별한 명예훼손 · 사생활 침해 · 음란물 규제 등을 위하여 인터넷 실명제를 도입하자는 주장이 있다. 인터넷 실명제에 관하여 현행법 일부에서는 실명제를 도입하고 있는 예가 있다.

- 공직선거법 제82조의6(인터넷언론사 게시판 · 대화방 등의 실명확인)
- 신용정보의이용및보호에관한법률 제25조(신용정보의 열람 및정정청구 등) 및 동 시행령 제13조의3(본인확인방법)
- 정보통신망이용촉진및정보보호등에관한법률 제44조의5(게시판 이용자의 본인확인)
- 전자서명법 제1조 이하

제 7 목 학문과 예술의 자유

헌법 제22조 제1항은 「모든 국민은 학문과 예술의 자유를 가진다」라고 하여 학문과 예술의 자유를 보장하고 있다. 학문과 예술은 각각 진리와 아름다운 美를 탐구하는 행위로서 밀접한 관련을 가지기 때문에 헌법은 양자를 동일한 조항에서 규정하고 있다.[1)]

> 헌법 제22조 ① 모든 국민은 학문과 예술의 자유를 가진다. ② 저작자 · 발명가 · 과학기술자와 예술가의 권리는 법률로써 보호한다.

학문과 예술은 각각 진리와 美를 탐구하는 행위로서 밀접한 관련을 가지기 때문에 현행 헌법은 양자를 동일한 조항에서 규정하고 있으며, 양자는 문화헌법(Kulturverfassung)의 핵심적 요소를 차지하고 있다.[2)]

I. 학문의 자유

1. 학문의 자유의 의의

학문은 자연과 사회의 변화 발전에 관한 법칙 또는 진리를 탐구하고 인식하는 행위로서,[3)4)] 헌법상 학문의 자유(Freiheit der Wissenschaft; Wissenschaftsfreiheit)는 학문적 활

---

1) 학문의 자유에 관한 상세한 내용은 김백유, 학문의 자유(Freiheit der Wissenschaft), 헌정 및 행정법치연구, 한성대출판부, 2006, 378면 이하 참조.

2) Vgl. BVerfGE 35, 79(114); 36, 321(331), R. Scholz, in: Maunz-Dürig-Herzog-Scholz, GG-Komm. Rn. 7 f zu Art. 5 Abs. III; G. Reuhl, Wissenschaftsfreiheit und Kulturstaatsprinzipien, in: WissR 13(1983), S. 238 f.; P. Häberle(Hrsg.), Kulturstaatlichkeit und Kulturverfassungsrecht, 1982; H. Schulze- Fielitz, in: Benda/Maihofer/Vogel(Hrsg.), Handbuch des Verfassungsrechts, § 27, Rn. 1.

3) 박일경, 제5공화국 헌법, 1983, 일명사, 209면; BVerfGE 35, 79(113) = NJW 1973, 1176 f.; Vgl. BVerwGE 23, 112/120; BVerfGE 35, 79(113)에서는 학문의 개념에 대하여 「alles was nach Inhalt und Form als ernsthafter planmäßiger Versuch zur Ermittlung der Wahrheit anzusehen ist: 진리의 발견을 위한 진지하고 계획적인 탐구로서의 내용과 형태의 모든것」이라고 한다. R. Scholz는 학문에 대한 개념정의에 있어서 학문을 계획적 방법론에 따라(planmäßig-metodisch) 자기 스스로의 책임아래 사물관계적 · 객관적 진실을 인식하거나 그와 같은 진실을 탐구하고 추구하는 자율적 · 정신적 활동이라고 한다(R. Scholz, in: Maunz-Dürig-Herzog-Scholz, GG-Komm. Rn. 101 zu Art. 5 Abs. III).

동에 관하여 국가 공권력에 의한 간섭이나 방해를 받지 아니하는 자유를 말한다.

전통적 관점에서의 학문의 자유는 일반적으로 초 · 중 · 고등학교의 차원을 넘어서 대학이라는 교육기관에서 고등교육을 가르치고, 고등교육의 영역을 확장할 때 학자들이 향유하는 학문적 자율성을 말한다고 할 수 있다. 대학에서의 학문의 자유, 즉 학문을 연구하고 이를 가르치는 연구 · 교육기관으로서의 학문은, 외부 혹은 제3자로부터의 특정한 목적에 의한 제약이나 간섭을 받지 않고 오직 진리 탐구를 목적으로 하는 것이어야 하므로 학문의 자유는 대학의 교수, 연구자가 진리탐구를 위한 학문의 연구나 연구결과의 교수 및 발표에 있어서 일체의 국가권력이나 제3자로부터의 침해를 받지 아니할 자유를 말하는 것이라고 할 수 있다. 따라서 그 보호대상은 학문연구, 교수를 주된 임무로 하는 대학의 교수 기타 연구자가 중심이 된다. 그러나 현대의 다원적 산업정보사회에서는 모든 국민의 자유권적 기본권이 신장되고 그의 법적 보장범위가 확충됨에 따라 학문의 자유도 특정한 기관이나, 사람들 즉 대학이나 대학의 교수와 같은 일부로 그 보장이 한정되지 않고 각종 연구기관 및 모든 국민이 기본적으로 향유하는 개념, 즉 만인의 기본권(Jedermannsgrundrecht)[1]으로서의 학문의 자유로 그 의미가 확대되고 있다.[2]

2. 학문의 자유의 연혁과 입법례

2.1. 연혁

학문의 자유는 이론적 산물이 아닌 역사적 산물이다. 종교의 자유가 국가로부터의 종교의 자유를 획득하기 위한 종교적 투쟁의 산물을 의미하는 것과 같이, 학문의 자유도 종교적 투쟁과 함께 국가로부터의 자유를 위한 문화적 투쟁의 산물이며,[3] 이는 수 세기에 걸친 사상의 자유획득과 불가분의 관계를 가지고 이루어진 귀중한 창조적 인간정신의 소산이다.[4] 고전적 의미에서 학문의 자유의 개념은 17세기 영국의 베이컨(F. Bacon)이나 밀톤(J. Milton) 등에 의하여 주창되었고,[5] 독일에서는 특히 피히테(J. G. Fichte)나 쉘링(F. W.

---

4) 「헌법상 학문의 자유는 진리의 탐구를 순수한 목적으로 하는 경우에 한하여 보호를 받는 것이다」(대판 1986. 11. 11, 86 도 1786); 「학문의 연구는 기존의 사상 및 가치에 대하여 의문으로 제기하고 비판을 가함으로써 이를 개선하거나 새로운 것을 창출하는 노력이다(대판 1982. 2. 25, 82 도 716).

1) R. Scholz, in: Maunz-Dürig-Herzog-Scholz, GG-Komm. Rn. 119 zu Art. 5 Abs. III.

2) Seifert/Hömig(Hrsg.), Grundgesetz für die Bundesrepublik Deutschland, Rn. 28; 김철수, 헌법학(상), 938면 참조; 김학성, 헌법학강의, 성민사, 2001, 489면.

3) 한태연, 헌법학, 법문사, 1983, 320면.

4) 구병삭, 학문의 자유와 대학의 자치(1), 사법행정(1974), 8면 참조.

5) 박일경, 제5공화국 헌법, 1983, 일명사, 209면; 김철수, 헌법학(상), 938면; 계희열, 헌법상 학문

Schelling)에 의하여 주장되었다. 학문의 자유는 고대 그리스 시대에 까지 거슬러 올라갈 수 있으나 근대적 의미에서의 학문의 자유의 개념은 일반적으로 19세기의 독일의 여러 대학에서 발전한 대학의 자유와 함께 발전한 것을 의미한다. 특히 학문의 자유는 독일 괴팅엔(Göttingen) 대학의 7교수(Göttinger Sieben) 사건 등에서 볼 수 있는 바와 같이 독일의 대학이 성장 발전해 가면서 이룩해온 것으로서, 이를 헌법상의 권리로 만들었고 그것이 각국의 헌법에 영향을 주었다고 볼 수 있다.[1] 학문의 자유가 헌법의 차원에서 최초로 보장된 것은 1849년의 독일 프랑크푸르트헌법초안(Paulskirchenverfassung : 제152조)[2]과 1867년의 오스트리아헌법 등이었다. 제2차대전 이후에는 각국이 이것을 기본권의 하나로 보장하고 있다.[3]

괴팅어 지벤(Göttinger Sieben) : 괴팅엔 대학의 7교수사건

괴팅엔7교수 사건은 1837년 독일 괴팅엔대학의 7명의 교수가 헌법개정을 반대하였다가 파면당한 사건이다. 하노버(독일연방의 하나)는 비교적 자유주의(Liberalismus)가 왕성하여 1833년에 귀족과두제의 구헌법이 폐지되고 자유주의적 신헌법이 제정되어 있었다. 영국에서는 1837년 빅토리아여왕이 즉위하고 여성에게 왕위계승권이 없는 하노버왕위에 보수적인 에른스트 아우구스트(Ernst August)가 즉위하여, 영국과 하노버사이의 동군연합(同君聯合)이 종결되자 1837년 칙령을 선포하여 헌법을 무효로하고, 여기에 선서한 관리를 파면하였다. 이에 대한 1833년 신헌법제정에 중심적 역할을 한 역사법학자 달만을 비롯, 게르비누스, 알브레히트, 그림형제, 등 7교수가 강력히 반대, 항의서를 제출하여 1833년 헌법에 선서한 자가 이 칙령에 따라 새로운 선서를 한다는 것은 교육자의 불신행위라고 주장했다. 이로 인하여 달만 · 게르누비스는 국외로 추방되고, 다른 5명도 파면되었다. 이 사건으로 인해 전 독일인에 반향을 일으켜 이들의 구제활동이 전개되었고, 이들은 모두 다른

의 자유, 고시연구(1998.11), 14면; 김학성, 헌법학강의, 성민사, 2001, 488면; 홍성방, 헌법학, 527면.

1) 학문의 자유의 발전사적 배경에는 대학과 밀접한 관련을 가지면서 발전해 왔다고 할 수 있다. 각 나라마다 대학과 어떠한 관계를 형성하느냐에 따라 학문의 자유의 내용이 서로 다르게 형성되게 되었다고 볼 수 있다(이강혁, 학문의 자유, 고시연구(1977.2), 12-20면 참조).

2) Schulze-Fielitz, in: Benda/Maihofer/Vogel(Hrsg.), Handbuch des Verfassungsrechts, § 27, Rn. 1; W. A. E. Schmidt, Die Freiheit der Wissenschaft, 1929, S. 43 ff, 60 ff; J.-D. Kühne, Die Reichverfassung der Paulskirche, 1985, S. 509 ff.; H. Zwirner, Zum Grundrecht der Wissenschaftsfreiheit, in: AöR 98(1973), S. 314 ff, 322 ff.; 권영성, 헌법학원론, 법문사, 2009, 541면; 그후 1850년의 프로이센헌법 제20조에서 규정되었고, 1919년의 바이마르헌법 제142조로 이어졌다(계희열, 헌법상 학문의 자유, 고시연구(1998.11), 15면); 이에 반하여 김철수 교수는 1848년 프랑크푸르트헌법이라고 한다(김철수, 헌법학(상), 983면). 1848/49년 프랑크푸르트 헌법이라고도 한다.

3) 권영성, 헌법학원론, 법문사, 2009, 541면.

대학에 초빙되었다. 이 사건은 독일의 자유주의운동에 큰 영향을 끼친 사건으로 절대주의에 대항한 자유주의 운동사 및 학문의 자유를 위한 투쟁사에 큰 의의를 갖고 있다. <법률학사전>

2.2. 입법례

2.2.1. 세계 각국의 입법례

학문의 자유가 처음으로 헌법에 명문으로 규정된 것은 이미 언급한 바와 같이 1848/49년의 독일의 프랑크푸르트 헌법 초안에서였다.[1] 동헌법초안 제152조는 「학문 및 그 外 교수는 자유이다」라고 규정하였다. 그 후 1850년의 프로이센 헌법 제20조에 그대로 계승되었고 1919년의 바이마르 헌법도 제142조에서 「학문, 예술 및 그 교수는 자유이다. 국가는 이를 보장하며 그 발달을 조성한다」고 규정하였다. 바이마르 헌법의 영향으로 서구의 여러 국가는 제1차 세계대전 후 헌법에 학문의 자유를 기본권으로 규정하기 시작하였다.[2] 제2차 세계대전 후의 독일 기본법 제5조 제3항은 「예술과 학문, 연구와 교수는 자유이다」라고 하여 학문의 자유를 보장하고 있으며, 이제는 거의 모든 국가가 학문의 자유를 헌법에 규정하고 있다. 미국에서는 학문의 자유에 대한 헌법상의 직접적인 규정은 없었으나 수정헌법 제1조 및 제9조에서 이를 간접적으로 규정하고 있고, 학문의 자유에 대한 침해여부는 주로 수정헌법 제14조 제1항에 의해 보장되고 있다.[3] 일본 헌법 제25조에서도 「학문의 자유는 이를 보장 한다」고 규정하고 있다.

2.2.2. 우리나라 헌법에서의 입법례

우리나라 헌법은 1948년의 제1공화국 건국헌법 제14조에서 예술의 자주성과 더불어 학문의 자유를 인정하였다. 당시의 헌법은 다른 여러 자유와는 달리 학문의 자유, 신앙, 양심의 자유와 함께 법률로써도 제한할 수 없는 절대적 자유권으로 인정한다는 것이 통설이었다. 건국헌법 제14조에 규정된 학문의 자유는 제2공화국의 제3차개헌(1960년 6월)을 통하여 질서유지와 공공복리를 위하여 필요한 경우에는 법률로서 제한할 수 있는 자유권, 즉 법률유보가 되어 있는 자유권으로 개정하였다(제3차 개헌헌법 제25조 제2항). 현행 헌법(1987년 제9차개헌)에서는 제22조 제1항에서 「모든 국민은 학문과 예술의 자유를 가진다」라고 하여 학문과 예술의 자유를 함께 보장하고, 제31조 제4항에서 「교육의 자주성・전문

---

1) 계희열, 헌법상 학문의 자유, 고시연구(1998.11), 15면; 김학성, 헌법학강의, 성민사, 2001, 488면; 홍성방, 헌법학, 527면.

2) 계희열, 헌법상 학문의 자유, 고시연구(1998.11), 15면.

3) 各洲는 정당한 법절차에 의하지 아니하고는 생명, 자유, 재산을 박탈해서는 아니 되며 그 관할하에 있는 어떠한 사람에게도 법의 평등한 보호를 거부하여서는 아니 된다.

성·정치적 중립성 및 대학의 자율성은 법률이 정하는 바에 의하여 보장된다」라고 하여 우리나라 헌법 사상 최초로 헌법적 차원에서 대학의 자율성 내지 대학의 자치제를 보장한다고도 볼 수 있는 조항을 신설하였다.

3. 학문의 자유의 헌법적 보장의 의의

현대 헌법국가에서는 일반적으로 학문의 자유를 보장하고 있다. 학문의 자유는 양심·사상의 자유와 표현의 자유를 보장함으로써 이를 보장할 수도 있으나, 현대 헌법은 학문의 자유를 양심·사상의 자유 및 언론·출판의 자유 등과는 별도로 독립된 조항을 둠으로써 특별히 보호하고 있다. 이러한 학문의 자유도 과거에는 학문의 자유의 뿌리를 형성한 독일의 경우에서조차 학문의 자유가 시민혁명적 투쟁의 산물에 의하여 쟁취한 것이라기보다는 국가가 (국립인) 대학에 대하여 수여한 대학특권의 일환으로서의 성격을 지니고 있었다. 그러므로 19세기 중엽 이래 학문과 교수의 자유가 헌법상으로 또는 불문법·관습법으로서 확립되어 대학의 기본권으로 불리워지게 되었지만, 1919년의 바이마르 헌법의 탄생 이후에도 학문의 자유에 대한 가치평가에 있어서 이를 일종의 프로그램적 규정으로 보았기 때문에 학문의 자유의 실질적 보장에는 그 한계가 있었다.[1] 그 이후 학문의 자유를 대학의 자치로 이해하는 견해가 등장하였는데, 이는 일반국민에게는 헌법이 종교·양심·세계관의 자유, 언론·출판의 자유를 보장하고 있고(바이마르 헌법 제118조, 제135조, Bonn 기본법 제4조, 제5조 제1항), 이들 역시 학문적 사색과 그의 결과를 교수하며 공표하는 자유를 포함한다고 보았기 때문에 일반국민은 이를 통하여 학문의 자유를 보장받는다고 보았다. 독일헌법이 학문의 자유를 보장하는 의의는 국공립대학에서의 공무원의 신분을 가지는 대학교원에 대하여 학문의 자유의 보장영역을 확대하려는 점에 있는 것으로 본다.[2] 이

---

1) 예컨대 1921년의 행정재판소 잠정초안의 정부이유서에 의하면 헌법 제142조는 입법 및 행정에 대한 지침을 나타내는 프로그램 규정으로 보고 있었다. 이강혁, 학문의 자유, 고시연구(1977.2), 17면; 이는 안쉬츠(Anschütz)가 구 프로이센 헌법 제20조에 관하여 전개한 이론을 수용하여 헌법상 학문의 자유를 보장하는 것은 그것이 없더라도 이미 존재하며 보장되어있는 행정의 법률적 합성이라고 하는 법치국가의 원리를 의례적으로 선언하여 강조하고 있는 것에 지나지 않는다고 하는 데서도 드러난다(G. Anschütz, Die Verfassung des Deutschen Reichs Vom 11. August. 1919, SS. 659-660).

2) 또한 학문연구자는 일반적으로 타인이 설치한 연구기관에 고용된 위치에 있기 때문에, 연구·교육기관의 설치자 또는 외적 관리권자에 의하여 연구·교육의 수행상 발생가능한 간섭이나 구속을 받을 가능성으로부터 배제하여, 사상의 자유 혹은 사상의 표현·교환의 자유를 보다 조직적 효과적으로 행사할 수 있도록 하려는 데에 학문의 자유를 특별히 보장하는 의의가 있다고 한다. Vgl. E. Friesenhahn, Staatsrechtslehre und Verfassung, 1960, S. 10.

러한 형태의 학문의 자유에 대한 이해는 학문의 자유를 제도적 보장으로 이해하여 대학 내부에서의 교수 및 학생의 연구 및 발표를 통한 강의와 탐구에 있어서 국가의 간섭을 배제하는 데에는 커다란 기여를 하였다. 그러나 대학 밖에서는 그와 같은 자유가 인정될 수 없다는 한계를 지닌 것이었다.[1)]

또한 미국의 연방대법원은 「수정헌법 제1조에 의한 자유로운 언론의 진정한 가치란 공공적인 중요문제에 대한 자유롭고 간섭받지 않는 토론을 가질 수 있다는 것」[2)] 이며 그것이 「거의 다른 모든 형태의 자유의 불가결한 조건이며 기반」[3)] 이라고 판시하였다. 그리하여 미국에서 학문의 자유가 보장되는 것은 진리의 탐구영역에 종사하는 자들에 대한 일반적 표현의 자유 이상의 고도의 자유를 보장하기 위한 것으로 이해되어 진다.

우리나라에서도 학문의 자유와 표현의 자유와의 관계에 있어 헌법 제22조의 학문의 자유가 헌법 제21조의 표현의 자유에 대하여 특별법적 지위를 가진 것으로 보고 있다.[4)] 다시 말해서 학문이란 인간정신의 귀중한 성과이며 인류문화의 표현이기 때문에 여기에는 특별한 배려와 신중한 대응이 요청된다고 할 수 있다. 학문의 진보는 문화의 선구적 역할을 담당하는 것이기 때문에 모든 대응으로부터 해방되어야 하고, 또한 학문은 새로운 분야에 대한 지식의 개척이기 때문에 자유로운 검토와 연구에 맡겨야 하며, 학문상의 진보나 신발견을 일반의 상식적 견해에 입각하여 반대하거나 박해한 사실이 잘못되었음을 역사적 경험에 비추어 국가 사회도 그 독자성을 존중해야 한다.[5)] 그러므로 헌법상 표현의 자유를 보장하는 외에 학문의 자유를 인정하는 것은 학문을 탐구하는 자들에게 그들이 알고 있는 사상의 표현의 자유를 보다 효율적으로 행사할 수 있도록 보다 특별한 권리를 제공하기 위한 것이라 할 수 있다. 따라서 학문의 자유는 사상 · 표현의 자유와는 별도로 헌법상의 자유권으로 보장할 필요가 있다.[6)]

4. 학문의 자유의 법적 성격

4.1. 제도적 보장설

독일헌법이 전통적으로 인정하고 있는 학문의 자유인 대학의 자유를 의미하는 것으로, 독일에서는 학문의 자유는 시민적 자유 이상의 고도의 가치를 갖는 자유이며 내용적으로는 주로 대학에 있어서 대학의 자치를 보장하는 제도적 원리로 이해되었다.[7)] 이 견해에

---

1) 변종현, 미국에 있어서의 학문의 자유, 경기 10(1976. 1), 125-126면 참조.
2) Pickenlng. v, Board of Educavation, 391 U. S. 563, (1968), p. 573.
3) F. Canavan, Freedom of Expression, Carolina Academic Press, 1984, 1-4면 참고.
4) 김학성, 헌법학강의, 성민사, 2001, 490면.
5) 권영성, 헌법학원론, 545면.
6) 안용교, 헌법, 고시연구사, 445면.

따르면 학문의 자유는 대학 내에서의 학문의 자유를 의미하고 대학 내에서 교수의 知的 탐구에는 어떠한 제한도 인정되지 아니하며, 학문의 자유는 행정적인 강요가 있어서는 안 된다는 의미로, 다만 교수의 자유는 연구의 자유와 교육의 자유를 의미한다고 하며, 교수의 자유에는 대학 외에서의 표현의 자유는 포함되지 아니한다고 한다.[1]

우리나라에서도 「학문의 자유는 개인이 혼자 자기의 연구실에서 탐구하는 것에 그치는 것이 아니라 여러 연구자가 공동 협력하여 또는 교수와 학생사이에 정신적인 상호교섭을 통하여 이루어지는 연구 활동이기 때문에, 학문의 자유는 개인적인 자유에서 한 걸음 나아가서 특별히 제도적으로 보장할 필요가 있다」[2]고 하여 제도적 보장설에 가까운 태도를 취하는 학자도 있다. 이는 종래의 다수설이다.[3]

4.2. 개인적 기본권설(자유권설)

학문의 자유를 개인의 학문연구의 기본권으로 이해하는 것으로,[4] 즉 학문의 자유를 개인적 공권인 동시에 정신 · 문화생활에 관한 객관적 가치질서(objektive Wertordnung)로서의 성격을 가진다고 이해하는 견해이다. 미국에서는 학문의 자유의 법적 성질은 학문공동체의 구성원에게 연구와 교수의 기능을 효과적으로 수행하게 하기 위하여 인정되는 개인적 자유권이라고 한다. 특히 사회의 교육연구자는 일반적으로 개인이 설립한 연구교육기관에 고용된 위치에 있기 때문에 이들이 시민으로서 누리는 사상의 자유나 표현의 자유를 효과적으로 행사할 수 있도록 내외세력으로부터 해방시키려는 데에 학문의 자유를 특히 보장하는 의의가 있다고 한다. 일본의 경우도 학설과 판례에서 학문의 자유를 자유권으로 파악하고 있다.[5]

4.3. 주관적 공권과 제도적 보장의 결합설

학문의 자유는 학자들이 자유롭게 연구하거나, 연구활동을 자유롭게 발표 · 교수할 주관적 공권의 성격을 가지며, 오늘날 대학은 학문연구의 중심지로서 보다 깊은 진리를 탐구하는 기관인 점에서 대학자치의 보장이 학문의 자유의 중요한 내용이 된다는 점, 그리고 학문의 자유가 인정되게된 역사적 배경 등을 고려하여 보더라도 대학자치의 제도적 보장

---

7) 김철수, 헌법학(상), 939면 참조.

1) A. Köttgen, Die Freiheit der Wissenschaft und die Selbstevrwaltung der Universität, in: Neumann-Nipperdey-Scheuner, Die Grundrechte, Bd II, 1954, SS. 291-293.

2) 한상범, 대학의 자치와 학생의 지위, 사법행정, 1970, 14면.

3) 김철수, 헌법학(상), 939면.

4) 김영추, 신헌법강의, 형설출판사, 1984, 334면.

5) 김철수, 헌법학(상), 940면.

도 학문의 자유의 범주에 폭넓게 포함시켜야 한다는 견해(최광의)이다.[1] 이는 오늘날 독일에서의 통설이며 우리나라에서도 지배적인 견해이다. 우리나라의 경우 헌법 제22조 제1항에서는 학문의 자유를 모든 국민이 가지는 개인의 기본권(Jedermannsrecht)으로 보고 있고, 또 제31조 제4항에서의 대학의 자율성 보장규정을 통해 교육제도의 제도적 보장이 행해지고 있다고 볼 수 있다.[2] 그러므로 학문의 자유와 제도적 보장은 상호배타적인 것이 아니고 상호보완적인 것이라고 볼 수 있다.[3] 결국 학문의 자유의 법적 성격은 주관적으로는 개인의 소극적 방어권(individuales Abwehrrecht, 주관적 공권)을 의미하지만, 객관적으로는 객관적 가치판단(objektive Wertentscheidung)을 의미하는 것으로서 – 학문의 자유의 이중적 성격 – 학문활동을 자율적 생활영역으로서 보호하고 헌법이 지향하는 문화국가로서 학문을 보호하고 장려하여야 한다는 제도적 보장을 의미한다.[4]

헌재결 1992. 10. 1, 92헌마68 【1994학년도 신입생선발입시안에 대한 헌법소원】

헌법 제31조 제4항은 "교육의 자주성 · 전문성 · 정치적 중립성 및 대학의 자율성은 법률이 정하는 바에 의하여 보장된다."라고 규정하여 교육의 자주성 · 대학의 자율성을 보장하고 있는데 이는 대학에 대한 공권력 등 외부세력의 간섭을 배제하고 대학구성원 자신이 대학을 자주적으로 운영할 수 있도록 함으로써 대학인으로 하여금 연구와 교육을 자유롭게 하여 진리탐구와 지도적 인격의 도야(陶冶)라는 대학의 기능을 충분히 발휘할 수 있도록 하기 위한 것이며, 교육의 자주성이나 대학의 자율성은 헌법 제22조 제12항이 보장하고 있는 학문의 자유의 확실한 보장수단으로 꼭 필요한 것으로서 이는 대학에게 부여된 헌법상의 기본권이다. 따라서 국립대학인 서울대학교는 다른 국가기관 내지 행정기관과는 달리 공권력의 행사자의 지위와 함께 기본권의 주체라는 점도 중요하게 다루어져야 한다. 여기서 대학의 자율은 대학시설의 관리 · 운영만이 아니라 학사관리 등 전반적인 것이라야 하므로 연구와 교육의 내용, 그 방법과 그 대상, 교과과정의 편성, 학생의 선발, 학생의 전형도 자율의 범위에 속해야 하고 따라서 입학시험제도도 자주적으로 마련될 수 있어야 한다.

「학문의 자유」: 주관적 공권 · 객관적 가치질서

학문 · 예술의 자유가 정신 · 문화생활에 관한 객관적 가치질서를 가지는 우리 헌법질서 내에서 국가는 국민의 학문과 예술적 활동에 대한 간섭 내지 침해금지의 소극적인 차원을 넘어서 학문과 예술을 진흥시킬 수 있는 적극적인 문화 · 예술정책을 펴

1) 문홍주, 한국헌법, 274면; 안용교, 학문의 자유, 고시계(1970.5), 24면; 성낙인, 헌법학, 503면.
2) 문홍주, 한국헌법, 274면; 김학성, 헌법학강의, 성민사, 2001, 489면.
3) 김철수, 학문의 자유와 대학의 자치, 고시계(1980.3), 30면; 김철수, 헌법학(상), 940면.
4) BVerfGE 90, 1(11 ff.); 계희열, 헌법상 학문의 자유, 고시연구(1998.11), 24면; 문홍주, 한국헌법, 274면; 권영성, 헌법학원론, 545면; 김철수, 헌법학개론, 박영사, 2001, 592면; 홍성방, 헌법학, 528면.

나가야 할 헌법적 과제를 안고 있다.[1]

5. 학문의 자유의 주체와 효력

5.1. 학문의 자유의 주체

학문의 자유의 주체는 그 성질상 사인을 주체로 하는 자유권적 기본권이며, 이는 대학에 재직하는 교수나 연구소의 연구원뿐만 아니라 모든 국민에게 보장되는 기본적 인권이다.[2] 학문의 자유는 진리를 탐구하는 인간의 의식 또는 판단작용으로서 누구에게나 보장되는 것이므로, 이를 萬人의 기본권(Jedermannsgrundrecht)[3]이라 할 수 있으며, 학문을 연구할 능력이 있는 자라면 - 헌법상 모든 '국민'이라는 표현에도 불구하고 - 내 · 외국인을 막론하고 모든 자연인에게 학문의 자유가 보장된다고 보아야 한다.[4]

또한 학문의 자유는 집단적 권리성(kollektive Grundrechtsberechtigung)을 가지기 때문에 자연인 이외의 법인에게도 인정되는바, 대학이나 연구단체 등을 포함한,[5] 공법인 · 사법인, 그리고 내 · 외국법인도 학문의 자유의 주체가 될 수 있다.[6][7][8] 이와 같이 진리를 탐

---

1) 허영, 한국헌법론, 426면.

2) 김철수, 헌법학(상), 940면.

3) BVerfGE 15, 256(263 f); 35, 79(112), 47, 327(367); Ch. Starck, in: v. Mangoldt/Klein/Starck, GG, Art. 5 Rn. 255; Schulze-Fielitz, in: Benda/Maihofer/Vogel(Hrsg.), Handbuch des Verfassungsrechts, § 27, Rn. 5; R. Scholz, in: Maunz-Dürig-Herzog-Scholz, GG-Komm. Rn. 119 zu Art. 5 Abs. III; 권영성, 헌법학원론, 546면.

4) 김철수, 헌법학(상), 940면; 계희열, 헌법상 학문의 자유, 고시연구(1998.11), 25면; 김학성, 헌법학강의, 성민사, 2001, 489면; 성낙인, 헌법학, 503면.

5) R. Scholz, in: Maunz-Dürig-Herzog-Scholz, GG-Komm. Rn. 125 zu Art. 5 Abs. III; Ch. Starck Rn. 257; E.-J. Meusel, Möglichkeiten und Grenzen staatlicher Einflußnahme auf die außeruniversitäre Forschung, in: Chr. Fläming u.a.(Hrsg.), Handbuch des Wissenschaftsrechts, Band 2, 1982, S. 1289 f.; Schulze-Fielitz, in: Benda/Maihofer/Vogel(Hrsg.), Handbuch des Verfassungsrechts, § 27, Rn. 5; 권영성, 헌법학원론, 546면; 홍성방, 헌법학, 528면.

6) 芦部信喜, 憲法II, 有斐閣, 1982, 382면; 김학성, 헌법학강의, 성민사, 2001, 489면; 김철수, 헌법학(상), 940면.

7) 헌재결 2006. 4. 27, 2005헌마1047, 1048(병합) 【교육공무원법제24조제4항등위헌확인】 헌법재판소는 대학의 자율성은 헌법 제22조 제1항이 보장하고 있는 학문의 자유의 확실한 보장수단으로 꼭 필요한 것으로서 대학에게 부여된 헌법상의 기본권으로 보고 있다(1992. 10. 1, 92헌마68등, 판례집 4, 659, 670). 그러나 대학의 자치의 주체를 기본적으로 대학으로 본다고 하더라도 교수나 교수회의 주체성이 부정된다고 볼 수는 없고, 가령 학문의 자유를 침해하는 대학의 장에 대한 관계에서는 교수나 교수회가 주체가 될 수 있고, 또한 국가에 의한 침해에 있어서는 대학 자체 외에도 대학 전구성원이 자율성을 갖는 경우도 있을 것이므로 문제되는 경우에 따라서 대학, 교수,

구하거나 탐구하려는 사람은 대학이나 학문기관의 내·외에 상관없이 누구나 그 주체가 된다. 그러나 기술이나 교양의 전수를 위한 교육기관이나 중·고등학교의 학생과 교사는 그 주체가 되지 못한다.[1] 학문의 자유의 주체와 관련하여 문제되는 것은 학문연구의 주체자가 어떤 일정한 기관에 고용되어 있는 경우이다. 이 경우에도 학문의 자유는 보장된다고 하여야 한다. 예컨대 국공립기관의 연구자에 대하여는 공무원의 신분하에 국가 또는 지방자치단체와 고용관계에 놓여있으나, 학문의 연구활동에 있어서는 상사의 명령에 복종하지 않는다고 보아야 한다. 즉, 국공립대학의 교수는 자기의 연구활동에 대하여 임명권자나 상사의 지휘·감독을 일체 받지 않도록 보장되어야 한다. 사립연구기관의 연구자도 국공립의 경우와 마찬가지이며, 사립대학교의의 교수도 대학설립자 또는 이사회 등과 같은 관리기관에 대한 어떠한 간섭이나 지시를 받지 않는다고 본다.

5.2. 학문의 자유의 효력(대국가적 효력 및 대사인적 효력)

학문의 자유는 원칙적으로 대국가적 방어권이므로 국가에 대한 권리로서 주관적 공권이며 공권력에 대한 침해나 간섭을 받지 않는 자유이다, 사인(사립대학의 설립자나 이사회 및 관리자 등등)에 의한 공권력 이외의 자에게도 학문의 자유의 침해도 발생가능하기 때문에, 이에 대한 보호책으로서 기본권의 대사인적 효력(제3자적 효력)이 인정되어야 한다고 본다.[2] 다만 여기에는 간접적용설에 입각하여 제3자적 효력도 인정된다고 볼 수 있다는 견해와,[3] 구체적 상황에 따라 그때그때의 학문의 자유의 임무와 기능을 고려하여 헌법질서 내에서 파악할 수 있는 문제이지 획일적으로 직접적용설을 취할 것인가 간접적용설을 취할 것인가 정할 수 없는 문제라는 견해가 있다.[4]

교수회 모두가 단독, 혹은 중첩적으로 주체가 될 수 있다고 보아야 할 것이다.

8) 권영성, 헌법학원론, 546면.

1) 계희열, 헌법상 학문의 자유, 고시연구(1998.11), 25면; R. Wendt, in: Ingo von Münch/Ph. Kunig (hrsg.), GG-Kommentar, Bd. I, Art. 5 Rn. 103; E. Denninger, Frieheit der Wissenschaft, Forschung und Lehre, in: GG-AK, Art. 5 Abs. 3 Rn. 27; Th. Oppermann, Freiheit von Forschung und Lehre, in: Isensee/Kirchhof(hrsg.), Handbuch des Staatsrechts, Bd. VI. § 145 Rn. 34; H. Bethge, in: M. Sachs, Grundgesetz Kommentar, Art. 5 Rn. 208 ff.

2) 계희열, 헌법상 학문의 자유, 고시연구(1998.11), 26면.

3) Th. Oppermann, Freiheit von Forschung und Lehre, in: Isensee/Kirchhof(hrsg.), Handbuch des Staatsrechts, Bd. VI. § 145 Rn. 33; R. Scholz, in: Maunz-Dürig-Herzog-Scholz, GG-Komm. Rn. 129 zu Art. 5 Abs. III; 권영성, 헌법학원론, 548면; 성낙인, 헌법학, 503면; 김철수, 헌법학(상), 941면.

4) 계희열, 헌법상 학문의 자유, 고시연구(1998.11), 26면.

6. 학문의 자유의 내용

6.1. 최광의

학문의 자유는 협의로는 연구의 자유와 교수(강학)의 자유를 의미한다. 그러나 광의의 학문의 자유는 연구와 강학의 자유외에 연구결과발표의 자유, 학문을 공동으로 연구하고 발표하기 위한 집회 · 결사의 자유 등도 포함한다. 그리고 최광의 학문의 자유에는 대학의 자유(자치)까지 포함된다.[1] 헌법 제22조의 학문의 자유는 이미 언급한 바와 같이 최광의로 이해하는 것이 다수설이다.[2]

[학문의 자유]
- 협의의 학문의 자유 : ① 연구의 자유 ② 강학의 자유
- 광의의 학문의 자유 : ① + ② + ③ 연구결과발표의 자유 + ④ 학문을 공동으로 연구하고 발표하기 위한 집회 · 결사의 자유
- 최광의 학문의 자유 : ① + ② + ③ + ④ + ⑤ 대학의 자유(자치)

– 헌법 제22조의 학문의 자유는 최광의 –

헌재결 1992. 11. 12, 89헌마88 **【교육법 제157조에 관한 헌법소원】**

학문의 자유는 진리를 탐구하는 자유를 의미하는데, 그것은 단순한 진리탐구에 그치지 않고 탐구한 결과에 대한 발표의 자유 내지 가르치는 자유(편의상 대학의 교수의 자유와 구분하여 수업의 자유로 한다) 등을 포함하는 것이다.

[일본판례]

(일본)헌법 제23조의 학문의 자유란 직접으로는 교수 · 연구자의 연구, 그 결과의 발표, 연구결과의 교수 등의 자유와 이것들을 보장하기 위한 자치를 의미하는 것으로 해석된다(이른바 popolo座事件 상고심판결).[3]

6.2. 표현의 자유(헌법 제21조) 및 직업의 자유와의 관계

학문의 자유는 학문연구 및 그 성과의 발표에 대하여 공권력으로부터 간섭을 받지 않음을 의미하지만 대학의 본질이 연구 · 연구관계를 의미하고 있기 때문에 특히 대학에서 이러한 자유를 보장함을 그 내용으로 한다. 이러한 점에서 학문의 자유는 양심의 자유와 사상의 자유를 전제로하며, 학문연구의 자유 및 그 연구성과 발표의 자유는 표현의 자유의 한 내용인 언론 · 출판의 자유에 대하여 특별법적 성격을 가진다.[4] 그리고 직업의 자유와

---

1) 권영성, 헌법학원론, 546면; 홍성방, 헌법학, 529면.
2) 권영성, 헌법학원론, 546면 각주 2) 참조.
3) 最大判 1963(昭和 38) 5. 22. 刑集 7卷 4號
4) 허영, 한국헌법론, 426면; 김학성, 헌법학강의, 성민사, 2001, 490면; 홍성방, 헌법학, 528면.

는 서로 보완관계에 놓여있다. 예컨대 교수의 자유(Lehrfreiheit)를 제한시키면 이것과 경쟁관계를 가지는 직업행사의 자유(Berufsausübungsfreiheit)를 제한하는 결과를 가져오기 때문에 이에 대하여는 교수의 자유의 제한은 자유민주적 기본질서(freiheitliche demokratische Grundordnung)를 파괴 하는 등의 경우와 같이 제한적 범위와 엄격한 요건하에서만 가능하다고 보아야 한다.[1]

6.3. 학문연구의 자유

6.3.1. 의의

학문연구의 자유는 진리탐구의 자유를 의미하는 것으로서,[2] 연구란 '계획적 방법론에 따라(planmäßig-methodisch)'[3] 새로운 지식을 찾기 위한 진지한 노력이며,[4] 구체적으로는 사색 · 독서 · 조사 · 실험 등의 행위를 의미한다.[5] 학문연구의 자유는 학문의 자유의 본질적인 부분임을 반영한다.[6][7]

즉 학문의 연구는 대법원 판결에서 나타나 있는바와 같이 「기존의 전통적인 사상 및 가치체계에 대하여 의문을 제기하고, 이에 대한 비판을 가함으로써 기존의 것을 개선하거나 새로운 것을 창조하려는 노력이므로, 새롭게 시작하고자 하는 연구자료가 현재의 사회

1) 교수의 자유(Lehrfreiheit)와 직업행사의 자유(Berufsausübungsfreiheit) 와의 경쟁관계가 문제된다. 기본권 실효제도를 두고 있는 기본법 제18조에는 직업의 자유는 실효시킬수 있는 기본권으로 열거하고 있지 않기 때문에 교수의 자유와 직업의 자유가 경쟁관계에 서게 되는 경우, 교수의 자유를 실효시키면 결과적으로 실효시킬수 없는 직업의 자유까지 실효시키는 결과가 되기 때문에 이런 경우에는 엄격한 요건하에서만 교수의 자유를 실효시킬수 있다고 하는 것이 학설과 판례의 입장이다(허영, 한국헌법론, 426면 각주 1) 참조).

2) 성낙인, 헌법학, 503면.

3) 계희열, 헌법상 학문의 자유, 고시연구(1998.11), 17면.

4) BVerfGE 35, 79(113), 47, 327(367); W. Schmitt-Glaeser, Die Freiheit der Forschung, in: WissR 7(1974), S. 115 ff.; Schulze-Fielitz, in: Benda/Maihofer/Vogel(Hrsg.), Handbuch des Verfassungsrechts, § 27, Rn. 2.

5) 권영성, 헌법학원론, 546면.

6) 권영성, 헌법학원론, 546면.

7) 대판 1982. 5. 25, 82도716 【반공법위반】 학문의 연구는 기존의 사상 및 가치에 대하여 의문을 제기하고 비판을 가함으로써 이를 개선하거나 새로운 것을 창출하려는 노력이므로 그 연구의 자료가 사회에서 현재 받아들여지고 있는 기존의 사상 및 가치체계와 상반되거나 저촉된다고 하여도 용인되어야 할 것이고, 한편 구 반공법 제4조 제2항의 죄는 목적범으로 위와 같은 경우에 있어서의 그 불법목적의 인정은 엄격한 증명을 요하는 바이니, 대학생이 학문연구를 위하여 시내 일반서점과 대학 도서관에서 구입 또는 대출받아 보관한 연구자료가 반국가단체 또는 국외공산계열의 사상과 가치체계에 관한 것이라는 사실만으로써는 그 불법목적을 인정할 수 없는 것이다.

에서 통용되고 있는 기존의 가치체계 혹은 사상에 상반·저촉된다고 하여도 용인되어야 한다」[1]고 하고, 또한「연구의 자유는 사색·독서·조사·실험 등에 의하여 진리를 탐구하는 자유로서 연구과제의 선택·연구방법·연구시기·연구 장소·연구과정에서 국가권력의 간섭을 받지 아니할 자유를 말한다. 따라서 학문연구의 자유는 내면적·정신적 자유이기 때문에 법률로서도 제한할 수 없는 성질의 권리이다」[2] 라고 판시하고 있는 것도 학문 '연구'의 자유가 학문의 자유의 본질적 부분임을 반영하고 있는 것이다.

학문연구의 자유는 강학의 자유와 더불어 (원칙적으로) 제한유보없이[3] 보장되는 자유이기 때문에 연구대상의 선택·연구방법·연구과제 및 내용·연구시기 및 기간·연구장소 등에 대해서는 국가 공권력이나 그 밖의 사회적 세력이 간섭하거나 방해할 수 없다.[4] 즉 학문연구의 자유의 구체적 내용은 학문연구 과제를 자유로 선택하고 또 변경할 수 있는 연구과제의 자유, 연구방법(문헌적·실험적·경험적·답사적·실증적 방법 등)을 자유로 결정할 수 있는 연구방법의 자유, 연구기간의 장단, 그 구체적 시기 등을 정할 수 있는 연구기간의 자유, 연구 장소를 선택하고 또 이동할 수 있는 연구장소의 자유 등을 의미한다.[5]

6.3.2. 학문연구의 자유의 내재적 한계(학문내적인 자율통제)

학문연구의 자유도, 그의 연구방법·연구장소 등과 관련해서는 공공의 안녕질서 내지는 타인의 기본권과 충돌문제를 야기할 수 있다. 따라서 학문연구의 자유에 대한 제한문제가 야기되는데(인간으로서의 존엄과 가치를 위한 절대적 금지(Menschenwürde als

---

1) 대법원은「학문의 연구는 기존의 사상 및 가치에 대하여 의문을 제기하고 비판을 가함으로써 이를 개선하거나 새로운 것을 창출하려는 노력이므로 그 연구의 자료가 사회에서 현재 받아들여지고 있는 연구의 사상 및 가치체계와 상반되거나 저촉된다고 하여도 용인되어야 할 것이고, 한편 반공법(폐지) 제4조 제2항의 죄는 목적범으로 위와 같은 경우에 있어서의 그 불법목적의 인정은 엄격한 증명을 요하는 바이니, 대학생이 학문연구를 위하여 시내 일반서점과 대학 도서관에서 구입 또는 대출받아 보관한 연구자료가 반국가단체 또는 국외공산계열의 사상과 가치체계에 관한 것이라는 사실만으로써는 그 불법목적을 인정할 수 없는 것이다」라고 하여 학문연구자료로써 공산주의경제이론에 관한 서적을 취득·보관한 것이 헌법상의 학문의 자유에 해당한다고 보았다(대판 1982. 5. 25, 82도716)

2) 대법원 1982. 5. 25, 82도716【반공법위반】

3) R. Scholz, in: Maunz-Dürig-Herzog-Scholz, GG-Komm. Rn. 110 zu Art. 5 Abs. Ⅲ.

4) W. K. Geck, Die Stellung des Studenten in der Universität, VVDStRL 27, 1969, S. 162; 계희열, 헌법상 학문의 자유, 고시연구(1998.11), 17면; 김학성, 헌법학강의, 성민사, 2001, 489면; 김철수, 헌법학(상), 942면; 권영성, 헌법학원론, 법문사, 2009, 542면.

5) 허영, 한국헌법론, 428면.

absolute Schranke) · 환경보호문제 · 동물실험의 한계),[1] 그러나 그에 대한 제약은 어디까지나 학문의 자유의 내재적 한계인 학문내적인 자율통제 혹은 자기구속의 관점에서 이해해야 한다.[2] 즉 학문연구의 자유에 의해서 보호되는 영역은 어디까지나 학문적인 방법을 통한 학문연구이기 때문에 그 연구방법과 연구장소의 선택 · 시행 등은 그 타당성이 학문적으로 논증될 수 있어야 하고, 또한 연구자 스스로의 학문적인 자기통제과정을 거친 것이어야 한다. 따라서 연구의 자유에 대한 공권력의 간섭은 원칙적으로 이와 같은 학문내적인 자기통제과정을 감시하는 범위내로 한정(제한)되어야 한다.[3] 왜냐하면 진리의 탐구 및 발견을 위해서는 고도의 전문성을 요구하고 있는데, 학문외적인 일반인의 상식적인 인식차원에서 판단하고 간섭하는 것은 학문의 자유를 보장하고자 하는 헌법정신에도 위반하기 때문이다.[4] 결국 연구방법 내지 연구장소 등이 공공의 안녕질서에 위해를 야기할 수 있는 지의 개연성의 판단은 학문연구자의 자발적인 자기통제에 맡겨 두는 것이 바람직하다.[5]

그러나 이 같은 학문내적인 자율통제를 소홀히 하는 학문연구의 자유는 이미 그 스스로의 학문의 자유의 내재적 한계를 일탈한 경우에 해당하므로 공권력에 의한 제약을 받는 것이 불가피하다. 이는 허영 · 김철수 및 김학성 교수 등이 적절히 지적하고 있는바와 같이 예컨대 위해방지를 위한 조치도 없이 독극물 내지는 방사능물질을 이용한 실험을 하다가

1) Schulze-Fielitz, in: Benda/Maihofer/Vogel(Hrsg.), Handbuch des Verfassungsrechts, § 27, Rn. 42.

2) 계희열, 헌법상 학문의 자유, 고시연구(1998.11), 18면.

3) 허영, 한국헌법론, 428면.

4) 학문의 연구는 기존의 사상 및 가치에 대하여 의문을 제기하고 비판을 가함으로써 이를 개선하거나 새로운 것을 창출하려는 노력이므로 연구의 자료가 그 사회에서 현재 받아들여지고 있는 기존의 사상 및 가치체계와 상반되거나 저촉된 다고 하여도 용인되어야 할 것이니 피고인이 연구목적을 위하여 취득 보관한 연구자료가 반국가단체 등의 사상 가치체계에 관한 것이라고 하여도 이것만으로 구 반공법 제4조의 불법목적을 추정하여서는 안된다(대판 1982. 5. 25, 82도716); 국가보안법 제7조 제5항의 죄는 반국가단체나 그 구성원 또는 그 지령을 받은 자의 활동을 찬양 고무 또는 이에 동조하거나 기타의 방법으로 반국가단체를 이롭게 하는 행위를 할 목적으로 반국가단체를 이롭게 하는 내용의 문서, 도서 기타의 표현물을 제작, 수입, 복사, 소지, 운반, 반포, 판매 또는 취득함으로써 성립하는 목적범으로서 순수한 학문연구의 목적으로 이러한 행위를 하는 때에는 본죄가 성립되지 않음은 물론이다(대판 1983. 2. 28, 82도2894). 헌법상 학문의 자유는 진리의 탐구를 순수한 목적으로 하는 경우에 한 하여 보호를 받는 것이므로 반국가단체를 이롭게 할 목적으로 공산주의혁 명론 및 전술에 관한 내용을 담은 서적을 소지하고 있었다면 그것은 학문의 자유에 대한 한계를 넘은 것이라고 할 것이며 또 소지한 서적이 국내에서 번역소개 되었거나 대학에서 부교재로 사용되는 것이라 하여도 마찬 가지이다(대판 1986. 9. 9, 86도1187).

5) 이와 관련한 독일연방헌법재판소의 결정에 대한 상세한 내용은 계희열, 헌법상 학문의 자유, 고시연구(1998.11), 18면 각주 18) 참조.

타인의 생명 · 건강을 위태롭게 하는 경우(혹은 위태롭게 할 우려가 있는 경우)에는 이익형량에 의한 제한, 및 이에 대한 법적인 규제도 가능하며,1) 그리고 살인무기, 폭발물이나 핵물질 등 위험물질에 대하여는 사전신고를 하게 하여 대학당국의 사전승인을 요하도록 하여 위해를 예방하도록 하는 것도 학문연구의 자유에 대한 침해가 아니라고 보아야 한다.2) 그리고 사회윤리나 도덕성을 결한 단순한 영업목적을 위한 인간복제3) 혹은 유전자 조작을 통한 특수인간의 창조 등을 위한 연구 등도 제한되어야 한다.4)

6.4. 교수의 자유(강학의 자유)

6.4.1. 대학 · 고등연구(교육)기관

교수의 자유(Lehrfreiheit : 가르치는 자유) 내지 강학의 자유는 대학이나 한국과학원(KAIST)등과 같은 고등연구(교육)기관에 종사하는 자가 자신의 학문적 인식을 어떠한 방해나 영향을 받지 않고 자유로이 교수(교수의 내용이나 방법 또는 학문적 견해의 표명)5) 할 수 있는 자유를 말한다.6) 따라서 이 자유는 일반 국민에게는 인정되지 않는다. 특히 연구결과를 대학의 강의실에서 발표하는 것은 강학의 자유에 해당한다. 다만 여기서 의미하는 강학은 '학문적 강학(wissenschaftliche Lehre)'을 의미한다(Garantie nur der wissenschaftlichen Lehre).7) 대학에서의 강학은 학생자신의 인격형성에 기여할 뿐만 아니라 보다 높은 지식 · 교양을 갖춘 자가 사회발전에 공헌하거나 학문연구의 담당자를 양성한다는 의미를 가진다. 따라서 교수의 자유는 학문연구결과의 발표의 자유라는 요소와 함께 교육적 요소가 강하게 나타난다고 말할 수 있다.

자유로운 강학의 자유 없이는 학문연구는 결과적으로 침체될 수밖에 없고 교수의 자유는 강학의 내용이나 방법 또는 학술적 견해의 표명8)을 보장하는 것이기 때문에 교수의 자유는 강의 내용이나(<u>교수내용의 자유</u>), 수단과 방법(<u>교수방법의 자유</u>; 강의, 출판, 인터

---

1) 독일연방헌법재판소는 예술의 자유에 의해서 타인의 인격을 침해한 경우에 대해서 同旨의 결정을 내린바 있다. Vgl, BVerfGE 30, 173, 193 ff.; 허영, 한국헌법론, 429면 참조.
2) 김철수, 헌법학(상), 943면; 김학성, 헌법학강의, 490면.
3) 생명윤리및안전에관한법률 참조.
4) 김백유, 학문의 자유, 한성대 동아시아연구소, 2002 참조; 장영수, 헌법학, 706면.
5) 홍성방, 헌법학, 529면.
6) 김학성, 헌법학강의, 490면.
7) R. Scholz, in: Maunz-Dürig-Herzog-Scholz, GG-Komm. Rn. 85, 104 zu Art. 5 Abs. III; vgl. Knemeyer, Lehrfreiheit, S. 31 ff.; Köttgen, Grundrecht II, S. 299; Bettermann, in: Universitätstage 1963, S. 67 ff.; Denninger, Hochschukrahmengesetz, S. 63; Knemyer, Lehrfreiheit, S. 34.
8) BVerfGE35, 112 f.

넷)등에 관하여 누구의 지시나 간섭을 받지 아니하며,[1] 자기의 학문적 입장이나 견해를 교수할 수 있다(학설의 자유).[2] 이와 같이 학문의 자유에는 대학에서의 교수의 자유를 포함하기 때문에 국공립대학 및 사립대학의 연구 · 교육에 종사하는 자는 자기의 연구 · 교육활동에 대하여 임명권자의 지시 · 감독을 받지 않으며 자유로운 활동을 할 수 있는 여러 조치가 요청된다.

이러한 강학의 자유는 전통적 의미의 대학에 한정하는 것은 아니며 방송통신대학을 포함한 원격대학(Fernuniversität) 기타 사이버대학에서의 강학 등 여러 가지 방송매체를 통한 강학,[3] 그밖에 KAIST 등과 같은 고등연구기관에서의 강학의 자유도 여기에 해당한다.

학문연구대학이 아닌 전문대학(Fachhochschule) 혹은 교육대학(Pädagogische Hochschule)에서의 교육은 직업교육이기 때문에 강학의 자유가 보장되지 않는다는 독일에서의 견해도 있으나,[4] 우리나라의 대학교와 전문대학의 학과구성 및 강의 내용은 독일에서의 편제와는 다르게 구성되어있고, 또한 독일에서의 이론을 우리나라에 그대로 적용시키기에는 문제가 있다고 본다.

6.4.2. 초중등 교육기관(교수의 자유와의 구별)

교수의 자유는 교재 · 교육계획 등에 구속되는 초중등교육기관에는 타당하다고 볼 수는 없다.[5][6] 즉 교수의 자유와 교육의 자유는 구분된다.[7] 학문과 교육과의 불가분성 등을

---

1) '시간과 장소의 선택'도 인정된다는 견해도 있다(이준일, 헌법학강의, 단락번호 [4.5.71]).

2) R. Scholz, in: Maunz-Dürig-Herzog-Scholz, GG-Komm. Rn 108 zu Art. 5 Abs. III; 김학성, 헌법학강의, 성민사, 2001, 491면; 권영성, 헌법학원론, 547면; 홍성방, 헌법학, 529면.

3) Vgl. W. Thime, WissR 68, 129; Scholz-Pitschas, Kooperation und Intergration von Fernlehrsystemen. Problemstudie Rechts- und Organisationsformen des Verbundes von Einrichtungen, 1976, S. 17 ff.; R. Scholz, in: Maunz-Dürig-Herzog-Scholz, GG-Komm. Rn. 109 zu Art. 5 Abs. III.

4) Bettermann, in: Universitätstage 1963, S. 68 f.; R. Scholz, in: Maunz-Dürig-Herzog-Scholz, GG-Komm. Rn. 106 zu Art. 5 Abs. III; 김철수, 헌법학(상), 944면 각주 1) 참조.

5) Schulze-Fielitz, in: Benda/Maihofer/Vogel(Hrsg.), Handbuch des Verfassungsrechts, § 27, Rn. 5; R. Scholz, in: Maunz-Dürig-Herzog-Scholz, GG-Komm. Rn. 107 zu Art. 5 Abs. III.

6) 헌재결 1992. 11. 12, 89헌마88 【교육법제157조에관한헌법소원】 초 · 중 · 고등학교의 교사는 자신이 연구한 결과에 대하여 스스로 확신을 갖고 있다고 하더라도 그것을 학회에서 보고하거나 학술지에 기고하거나 스스로 저술하여 책자를 발행하는 것은 별론 수업의 자유를 내세워 함부로 학생들에게 여과없이 전파할 수는 없다고 할 것이고, 나아가 헌법과 법률이 지향하고 있는 자유민주적 기본질서를 침해할 수 없음은 물론 사회상규나 윤리도덕을 일탈할 수 없으며, 따라서 가치편향적이거나 반도덕적인 내용의 교육은 할 수 없는 것이라고 할 것이다. 교사의 수업권은 전술과 같이 교사의 지위에서 생겨나는 직권인데, 그것이 헌법상 보장되는 기본권이라고 할 수 있

이유로 교수의 자유는 하급교육기관에도 인정되어야 한다는 견해도 있으나,[1] 하급교육기관의 교육의 자유(Unterrichtsfreiheit)는 교육의 자주성을 규정한 헌법 제31조의 교육을 받을 권리에서 보장된다고 보는 것이 타당하다.

따라서 초·중 고교의 교사는 이에 포함되지 아니한다.[2] 초·중고교 교사의 교육의 자유와 대학교수 등 고등교육전문기관의 학문적인 강학의 자유와는 구별되어야 하며, 초·중고교사의 교육의 자유는 새로운 인식을 학문의 영역에 몰입하는 것이 아니라 기존의 일반화된 지식내용(교육내용)을 전달하는 것에 불과하기 때문이다.[3]

「교수의 자유」: 대학이나 고등교육기관(한국과학원 등)에 종사하는 교육자

초·중 고교의 교사는 자신이 연구한 결과에 대하여 스스로 확신을 갖고 있다고 하더라도 그것을 학회에서 보고하거나 학술지에 기고하거나 스스로 저술하여 책자를 발항하는

느냐에 대하여서는 이를 부정적으로 보는 견해가 많으며, 설사 헌법상 보장되고 있는 학문의 자유 또는 교육을 받을 권리의 규정에서 교사의 수업권이 파생되는 것으로 해석하여 기본권에 준하는 것으로 간주하더라도 수업권을 내세워 수학권을 침해할 수는 없으며 국민의 수학권의 보장을 위하여 교사의 수업권은 일정범위 내에서 제약을 받을 수밖에 없는 것이다. 만일 보통교육의 단계에서 개개인의 교사에 따라 어떠한 서적이든지 교과서로 선정될 수 있고 또 어떤 내용의 교육이라도 실시될 수 있다면 교육의 기회균등을 위한 전국적인 일정수준의 교육의 유지는 불가능하게 될 것이며 그 결과, 예컨대 국어교육에서 철자법 같은 것이 책자나 교사에 따라 전혀 다르게 가르쳐져 크나 큰 갈등과 혼란이 야기될 수 있는 것이다.

7) Th. Oppermann, Freiheit von Forschung und Lehre, in: Isensee/Kirchhof(hrsg.), Handbuch des Staatsrechts, Bd. VI. § 145 Rn. 30, 40; 김학성, 헌법학강의, 성민사, 2001, 491면; 계희열, 헌법상 학문의 자유, 고시연구(1998.11), 19면; 허영, 한국헌법론, 429면.

1) 독일에서는 인문계고등학교(Gymnasium)의 상급반 수업에 대하여는 교수의 자유가 허용되어야 되지 않겠느냐는 찬·반 견해가 대립되어있다고 한다(계희열, 헌법상 학문의 자유, 고시연구(1998.11), 19면); E. Denninger, Frieheit der Wissenschaft, Forschung und Lehre, in: GG-AK, Art. 5 Abs. 3 Rn. 1 ff.; Th. Oppermann, Freiheit von Forschung und Lehre, in: Isensee/Kirchhof(hrsg.), Handbuch des Staatsrechts, Bd. VI. § 145 Rn. 1 ff.; 아무튼 오늘날 학문과 교육과의 불가분성 등을 내세워 중등교육의 자유를 적극적으로 인정하려는 이론도 유력시되고 있다. 일본판례에서는 보통교육의 장에서도 「일정한 범위의 교육의 자유」가 보장되고 있다고 본다. 즉 「보통교육에 있어서도 일정범위의 교수의 자유가 보장되어야 할 것을 긍정하지 않을 바는 아니나, 아동생도의 능력, 전국적으로 일정한 교육의 수준의 확보의 요청 등을 생각하면 완전한 교수의 자유를 인정할 수 없으며, 국가는 필요하고도 상당하다고 인정되는 범위에서 교육내용을 결정할 기능을 갖는다(最高裁(大)判 昭51. 5. 21)」고 하였다(김철수, 헌법학(상), 각주 1) 참조); 교수의 자유가 초중등교육기관에도 인정되어야 한다는 견해로는 양건, 헌법강의, 425면.

2) 헌재결 1992. 11. 12, 89헌마88 【교육법 제157조에 관한 헌법소원】

3) 장영수, 헌법학, 707면.

> 것은 별론으로 하고, 수업의 자유를 내세워 함부로 학생들에게 여과없이 전파할 수는 없다고 할 것이다. 나아가 헌법과 법률이 지향하고 있는 자유민주적 기본질서를 침해할 수 없음은 물론 사회상규나 윤리도덕을 일탈할 수 없으며, 가치편향적이거나 반도덕적인 내용의 교육은 할 수 없다.[1)]

> 우리의 헌법재판소도 「… 넓게 보아 대학에서의 교수의 자유도 가르치는 자유의 하나지만, 그것은 초 · 중 · 고교에서의 수업의 자유와 구별된다. 초 · 중 · 고교에서의 수업의 자유는 대학에서의 교수의 자유에 비하여 보다 가중된 제한을 받는다. 따라서 초 · 중 · 고교의 교사는 자신이 연구한 결과에 대하여 스스로 확신을 갖고 있다고 하더라도 그것을 학회에서 보고하거나 학술지에 기고하거나 스스로 저술하여 책자를 발행하는 것은 별론으로 하고, 수업의 자유를 내세워 함부로 학생들에게 여과없이 전파할 수는 없다고 할 것이다. 나아가 헌법과 법률이 지향하고 있는 자유민주적 기본질서를 침해할 수 없음은 물론 사회상규나 윤리도덕을 일탈할 수 없으며, 가치편향적이거나 반도덕적인 내용의 교육은 할 수 없다」고 판시한바 있다.[2)]

이와같이 하급교육기관의 교육의 자유는 그 고유한 교육상의 특수성, 예컨대 아직 정신적으로 충분히 성숙하지 못한 미성년자를 교육대상으로 한다는 점 등으로 인하여, 합리적 필요에 따라 대학이나 고등교육기관보다 제약이 따르도록 하는 것은 합리적 차별이며, 이러한 교육의 자유는 학문연구의 자유와 구별되는 것으로서 교육내용 · 방법 · 교과목에 대하여 상당한 법적 통제를 받는다.[3)4)] 따라서 인격도야중인 초중고생에게 절대적 세계관

1) 헌재결 1992. 11. 12, 89헌마88【교육법 제157조에 관한 헌법소원】

2) 헌재결 1992. 11. 12, 89헌마88【교육법 제157조에 관한 헌법소원】

3) 계희열, 헌법상 학문의 자유, 고시연구(1998.11), 19면; 김철수, 헌법학(상), 944면; 김학성, 헌법학강의, 성민사, 2001, 491면.

4) 예컨대 교육법 제157조의 국정교과서제도는 교사의 교육에 관한 학문연구의 자유와 연구결과를 자유롭게 가르칠 자유를 침해하여 헌법 제22조 제1항의 학문의 자유에 위반된다는 주장에 대하여 헌법재판소는 합헌으로 선언하였다(1992. 11. 12. 89헌마88【교육법 제157조에 관한 헌법소원】 국정교과서제도는 교과서라는 형태의 도서에 대하여 국가가 이를 독점하는 것이지만, 국민의 수학권의 보호라는 차원에서 학년과 학과에 따라 어떤 교과용 도서에 대하여 이를 자유발행제로 하는 것이 온당하지 못한 경우가 있을 수 있고 그러한 경우 국가가 관여할 수밖에 없다는 것과 관여할 수 있는 헌법적 근거가 있다는 것을 인정한다면 그 인정의 범위내에서 국가가 이를 검 · 인정제로 할 것인가 또는 국정제로 할 것인가에 대하여 재량권을 갖는다고 할 것이므로 중학교의 국어교과서에 관한 한, 교과용 도서의 국정제는 학문의 자유나 언론 · 출판의 자유를 침해하는 제도가 아님은 물론 교육의 자주성 · 전문성 · 정치적 중립성과도 무조건 양립되지 않는 것이라 하기 어렵다(1992. 11. 12. 89헌마88)」. 이와 상반되는 서울고등법원 판례도 있다(서울고판 1986. 8. 12, 83구910): 「재판요지」: 1. 교과용 도서를 저작, 발행하는 것은 헌법상 표현의 자유에 해당되고 이의 검정은 사전허가적 성격을 띠므로 이의 합격 · 불합격에는 검정신청자의 이해

을 주입시키거나, 정치적 선동, 성교육을 빙자한 음란한 내용의 교육은 금지된다.[1]

6.5. 연구결과발표의 자유

6.5.1. 연구결과 발표의 자유와 일반적 표현의 자유(헌법 제21조)와의 관계

연구결과발표의 자유라 함은 학문의 연구결과를 발표하는 자유를 의미하는 것으로서 연구결과를 '교수이외의 형태로'[2] 외부에 공표하는 자유를 말한다.[3] 구체적으로는 연구결과의 발표는 대학의 강의실 이외의 집회에서 (교수이외의 형태로) 발표하거나 논문 또는 저서로써 발표하는 경우 및 사이버공간에 올리는 것을 의미한다.[4] 따라서 이는 표현의 자유의 한 형태라고도 말할 수 있으며, 대학의 강의실에서 발표하는 것은 제외된다.[5] 순수한 학문의 연구결과를 여러 학자들이 모인 학회에서나 교육기관에서 발표하는 경우에는 그 목적이 학술연구결과의 傳授에 있다면 일반적인 표현의 자유(언론 · 출판의 자유)보다 강력히 보호받는다고 보아야 한다. 즉 학문의 자유의 소산인 언론 · 출판은 학문의 자유에 의하여 보호되며, 따라서 일반적 언론 · 출판의 자유의 규제대상에서 제외된다.[6] 따라서 이러한 연구결과발표의 자유는 헌법 제21조의 언론 · 출판의 자유(표현의 자유)에 대하여 특별법적 지위를 가진다.[7]

에도 관련이 크므로 대통령령(교과용도서에관한규정)으로써 그 시정절차, 검정기준, 심사방법, 검정합격의 유효기간 등에 관한 엄격한 규정을 두고 있으므로 이는 사법심사의 대상이 되는 기속재량에 해당한다. 2. 헌법이 교육받을 권리, 교육의 자주성, 학문, 출판의 자유를 보장하고 있으며, 교육법은 교육의 자주성을 보장하기 위하여 부당한 간섭을 배제하고 있는바, 학문연구자는 교육을 위하여 교과용도서를 집필 출판할 자유가 있으며 이에 대한 검정에 있어서 심사는 오기, 오식등 명백한 객관적 오류, 제본등 기술적 사항에 그쳐야 하고, 저자의 교육적 견해의 당부는 국민, 교사들에 의하여 평가 되어야 하며 행정당국의 판단에 맡겨져서는 안되며 특히 교사용지도서에 있어서는 교과서보다 폭넓은 집필의 자유가 보장되어야 하며 이에대한 검정심사는 공적교육을 유지하는데 필요최소한에 그쳐야 한다.(상고)

1) 김철수, 헌법학(상), 944면.
2) 김학성, 헌법학강의, 성민사, 2001, 490면.
3) 이에 대하여 계희열 교수는 「… 우리 학계에서는 연구결과발표의 자유를 교수의 자유에서 분리시키고 있지만 전자는 원칙적으로 후자에 포함된다」고 한다(계희열, 헌법상 학문의 자유, 고시연구(1998.11), 19면); 이준일 교수는 교수의 자유는 연구결과발표의 자유의 특수한 형태라고 한다(이준일, 헌법학강의, 단락번호 [4.5.72]).
4) 권영성, 헌법학원론, 547면; 이준일, 헌법학강의, 단락번호 [4.5.72].
5) 이는 교수(강학)의 자유에 해당된다. 김학성, 헌법학강의, 성민사, 2001, 490면
6) 예컨대 순수한 학술적인 의사표시는 의사표시의 자유(인용자주: 표현의 자유)로서가 아니라 학문의 자유로서 보장받는다. 허영, 한국헌법론, 426면.
7) 계희열, 헌법상 학문의 자유, 고시연구(1998.11), 21면; 허영, 한국헌법론, 426면; 김철수, 헌법학

6.5.2. 제한(발표대상 · 발표장소 · 발표내용)

학문연구의 자유는 그 성과를 발표함으로써 학문의 발전에 공헌할 수도 있으므로 최대한의 보장이 요구되지만 학문연구결과의 발표는 그 사회적 전파성 때문에 최소한의 범위 내에서 제한이 따를 수 있다.[1] 연구결과 발표에 대한 제한정도는 발표내용에 따라 할 것인가,[2] 아니면 발표대상이나 발표장소(발표가 학회에서 이루어지는 것인가 혹은 일반청중을 대상으로 한 것인가)에 따라 할 것인가[3] 하는 것이 학설상 대립되고 있으나, 저자는 발표장소 및 발표내용이 (모두) 동시에 중요하다고 생각된다. 허영 교수는 「중요한 것은 발표내용의 학문성이지 발표대상이나 발표장소가 아니기 때문」이라고 하면서, 발표대상 · 장소에 따른 제한설(예컨대 김철수)에 대하여 비판을 하나,[4] 예를 들어 김철수교수의 주장처럼 순수한 학문적 연구결과를 동학자들이 모인 학회에서나 교육기관 등에서 발표하는 경우에는 그 목적이 순수한 학술연구결과의 전수에 있다면 일반적 표현의 자유보다 강한 보호를 받을 것이나, 만약 일반 청중이 모인 공개집회에서 발표하는 경우에는 표현의 자유에서와 같이 「명백하고 현존하는 위험의 원칙」에 따라 제한이 가능할수도 있으며, 대학내에서 행한 학외인사의 발언 · 강연이나 정치적 · 사회적 · 경제적 신조를 표현하는 경우 표현의 자유의 일반원칙이 적용될 수도 있을 것이기 때문에, 저자는 발표내용 뿐만 아니라 발표대상 · 발표장소도 중요한 위치를 차지한다고 볼 수 있다고 본다.[5]

연구결과의 발표 → 사회적 전파성 때문에 최소한의 범위 내에서 일정한 제한

[대판 1967. 12. 29, 67다591]

대학의 실험실에서 진리와 가치를 탐구하기 위하여 실험을 하고 그 결과를 발표하는 것이 학문의 자유에 속한다 할지라도, 그 실험결과가 잘못되었는데도 이를 사회에 알려서 선의의 제3자를 해친다면, 이는 학문의 범위를 넘어선 것으로 허용될 수 없다.

6.6. 학술활동을 위한 학문적 집회 · 결사의 자유

학술활동을 위한 집회 결사의 자유는 학문연구의 목적으로 집회를 개최하거나 단체를 결성할 수 있는 자유이다. 각종 학회 · 학술단체 · 학술세미나 · 학술강연회 등을 조직하고 계획 할 수 있는 자유가 그것 연구 결과 발표의 자유의 이론적인 전제가 된다고 볼 수 있

(상), 943면; 김학성, 헌법학강의, 성민사, 2001, 490면.

1) 권영성, 헌법학원론, 548면.
2) 허영, 한국헌법론, 430면.
3) 김철수, 헌법학(상), 943면. 성낙인, 헌법학, 504면.
4) 허영, 한국헌법론, 430면.
5) 김철수, 헌법학(상), 943면; 성낙인, 헌법학, 504면.

다.[1] 학문의 자유에 포함되는 집회결사의 자유 및 그 집회에서 행하는 연구결과의 발표는 최소한도의 국가적 제한이 따를 뿐 일반적인 언론 · 출판의 자유와 집회 · 결사의 자유보다 우선적으로 보호를 받는다고 볼 수 있다.[2] 집회및시위에관한법률에서는 학문에 관한 집회에 관해서는 동법상의 각종 제한을 배제하고 있다(동법 제13조).

7. 학문의 자유의 한계와 제한

7.1. 학문일반의 자유의 한계와 제한

학문의 자유도 법률에 의한 제한의 대상이 되는가에 관하여는 학문의 자유의 구체적 · 개별적 사안에 따라 각기 달리 해석할 수밖에 없다.[3] 학문의 자유 중에서 연구의 자유는 외부와의 연계성이 비교적 희박하므로 신앙이나 양심의 자유에 준할 정도로 고도의 헌법적 보장을 받는다.

> 대판 1983. 2. 8【82도2894국가보안법】
> 순수한 학문연구의 목적으로 반국가단체를 이롭게 하는 내용의 문서 · 도서 · 기타 표현물을 제작 · 수입 · 복사 · 소지 · 운반 · 반포 · 판매 또는 취득하는 행위는 국가보안법 제7조 제5항에 위반되지 않는다.

그러나 연구결과발표의 자유라든가 강학의 자유 및 학문을 위한 동학자의 집회 · 결사의 자유는 그 사회적 전파성 때문에 헌법 제37조 제2항에 의한 최소한의 제한을 면할 수 없다. 독일기본법에도 학문의 자유에 관해서는 제한유보가 없지만, 학문의 자유가 연방공화국의 존립과 자유민주적 기본질서에 위배되어서는 아니되며, 타인의 권리를 침해하거나 도덕률에 위반될 수 없다고 보고 있다.

또한 학문의 자유는 다원성 · 개방성 · 자율성을 특징으로 하기 때문에 학문적 활동이 헌법적 질서를 부정하는 현실참여일지라도 그것이 이론적 탐구의 단계에 머물러 있는 한 학문의 자유로서 보장된다.

그러나 정치적 선동이나 선전 또는 편협한 이데올로기적 주장은 학문의 자유로서 보장될 수 없다.

---

1) 계희열, 헌법상 학문의 자유, 고시연구(1998.11), 21면; 허영, 한국헌법론, 430면.
2) 계희열, 헌법상 학문의 자유, 고시연구(1998.11), 21면; 권영성, 헌법학원론, 548면; 이준일, 헌법학강의, 단락번호 [4.5.74]; 홍성방, 헌법학, 530면.
3) 권영성, 학문의 자유와 대학의 자치, 대학생활과 학문(서울대학교 학생생활연구소), 1992 참조.

대판 1986. 9. 9, 86도1187【미문화원점거농성사건)】

헌법상 학문의 자유는 진리의 탐구를 순수한 목적으로 하는 경우에 한하여 보호를 받는 것이므로, 반국가단체를 이롭게 할 목적으로 공산주의 혁명이론 및 전술에 관한 내용을 담은 서적을 소지하고 있었다면, 그것은 학문의 자유에 대한 한계를 넘은 것이라고 할 것이며, 또 소지한 서적이 국내에서 번역·소개되었다거나 대학에서 부교재로 사용되는 것이라 하여도 마찬가지이다.[1)]

그러나 학문의 자유를 제한함에는 표현의 자유에 관하여 확립된 '명백하고 현존하는 위험의 원칙'이 존중되어야 한다.[2)]

7.2. 강학의 자유의 한계와 제한

교수의 자유(강학의 자유)도 헌법에 대한 충성의 의무(Verfassungstreue)에는 구속된다.[3)][4)] 왜냐하면 첫째, 교수의 자유는 어디까지나 학문적 교수(wissenschaftliche Lehre)만을 보장하는 것이며,[5)] 둘째, 교수는 주로 대학에서 행해지는 것이지만 대학에서의 모든 지식의 전달이 교수의 자유에 해당되지는 않기 때문이다.[6)] 셋째, 교수의 자유는 헌법질서 내지는 자유민주적 기본질서(freiheitliche demokratische Grundordnung)를 파괴할 목적으로 남용되어서는 안되기 때문이다.[7)][8)]

독일기본법도「강학의 자유는 헌법에 대한 충성(Verfassungstreu)에서 이탈할 수 없다」라고 하여(제5조 제3항 제2문), 학문의 자유에 관하여 헌법에의 충성(Verfassungstreue)을 규정하고 있다. 이 충성유보(Treuklausel; Treuvorbehalt)[9)]가 무엇을 의미하는가에 관

---

1) 同旨 대판 1986. 6. 24, 86도403; 대판 1986. 10. 28, 86도1784.

2) 권영성, 헌법학원론, 549면.

3) 학문의 자유의 제한에 대한 상세한 내용은 김백유, 학문의 자유, 헌정 및 행정법치연구, 한성대출판부, 2006, 409면 이하 참조 할 것.

4) 양건, 헌법강의, 426면.

5) F.-L. Knemeyer, Lehrfreiheit, S. 34; 계희열, 헌법상 학문의 자유, 고시연구(1998.11), 19면.

6) E. Denninger, Frieheit der Wissenschaft, Forschung und Lehre, in: GG-AK, Art. 5 Abs. 3 Rn. 30: Oppermann, Freiheit von Forschung und Lehre, in: Isensee/Kirchhof(hrsg.), Handbuch des Staatsrechts, Bd. VI. § 145 Rn. 38; 계희열, 헌법상 학문의 자유, 고시연구(1998.11), 19면.

7) 계희열, 헌법상 학문의 자유, 고시연구(1998.11), 20면; 김철수, 헌법학(상), 944면; 김학성, 헌법학강의, 성민사, 2001, 491면.

8) 독일 기본법 제18조에서 교수의 자유도 자유민주적 기본질서를 파괴하는 경우, 교수의 자유를 상실하도록 규정하고 있다.

9) R. Thoma, Die Lehrfreiheit der Hochschullehrer, 1952; T. H. Wehrhahn, Lehrfreiheit und Verfassungstreue, 1955; E. Friesenhahn, Staatsrechtslehrer und Verfassung, 1950; W. Voigt,

하여는 자유민주적 기본질서를 부정하거나 파괴하는 것을 금지하는 뜻으로 이해하는 입장[1]과 방어적 민주주의와 관련시켜 이해하는 입장이 있다.[2] 요컨대 강학의 자유는 (ㄱ) 비학문적이고 공리공론에 흐르는 무책임한 강단의 자유(Kathederfreiheit)까지 인정하는 것이 아니고, (ㄴ) 교수의 자유는 학문적이고 합리적인 범위내에서의 이성적인 비판만을 허용하는 것이며,[3] (ㄷ) 교수가 강단 밖에서 그 지위를 이용하여 헌법적대적 의견(Verfassung - feindliche Meinungen)을 발표하여서는 아니된다(헌법에의 충성의무)는 뜻으로 해석되고 있다.[4]

그러나 v. Mangoldt/ Kiein은 충성조항을 헌법 직접적인 법률유보의 성격을 갖는 것이 아니라 교수의 개념에 이미 내재하는 실질적인 보장한계를 명백히 하는 성격을 가질 뿐이라고 하며,[5] Hesse는 제5조 제2항은 법률에 의한 제한은 금지되고, 다만 제5조 제3항의 자유는 헌법자체에 의하여만 제한된다는 것을 의미하며,[6] 제5조 제3항 제2문의 충성조항은 어떠한 부가적 한계(zusätzliche Schranke)를 규정한 것은 아니며, 다만 헌법생활을 위태롭게(gefährlich)하는 결과들을 학문적으로 전달하는 것을 단념해야 한다는 것을 의미한다고 한다.[7] 우리나라 헌법에는 이러한 규정은 없으나, 독일기본법에서와 같이 교수의 자유는 헌법질서 및 (자유)민주적 기본질서의 파괴의 목적으로 남용해서는 안 된다.[8]

독일 연방헌법(기본법) 제18조 : Verwirkung von Grundrechten(기본권의 상실)[9]

Wer die Freiheit der Meinungsäußerung, insbesondere die Pressefreiheit (Artikel 5 Abs. 1), die Lehrfreiheit (Artikel 5 Abs. 3), die Versammlungsfreiheit(Artikel 8), die

---

Jellinek-Gedächtnisschrift, 1955, S. 259 ff; Schmitt-Glaeser, DVBL., 1966, S. 6 ff. 참조.

1) R. Thoma, Die Lehrfreiheit der Hochschullehrer, 1952, S. 35.

2) Schmitt-Glaeser, DVBL. 1966, S. 8 ff.

3) R. Scholz, in: Maunz-Dürig-Herzog-Schholz, Rdnr. 199 zu Art. 5 III GG 참조; 同旨: OLG Berlin, JZ 73, S. 210; Opperman, Kulturverwaltungsrecht, S. 385 f., v. Mangolt-Klein, Art 5 Anm X 6 k; K. A. Bettermann, in: Universitätstage, 1963, S. 65.

4) 권영성, 헌법학원론, 549면; R. Scholz, in: Maunz-Dürig-Herzog-Schholz, Rdnr. 199 zu Art. 5 III GG.

5) v. Mangolt/Klein, Kommentar, S. 263.

6) BVerfGE 30, 173(191 ff); 47, 327(368 ff); U. Scheuner, Pressefreiheit, VVDStRL 22(1965), K. Hesse, Grundzüge des Verfassungsrechts der Bundesrepublik Deutschland, 14. Aufl., Rn. 403.

7) K. Hesse, Grundzüge des Verfassungsrechts der Bundesrepublik Deutschland, 14. Aufl., Rn. 403.

8) 문홍주, 한국헌법, 274면; 권영성, 헌법학원론, 549면.

9) 기본권의 상실은 실권(권리행사의 저지)의 의미이다. 실효 · 실권은 구별해서 사용해야 한다. 김백유, 행정법치론(I), 174면 참조.

Vereinigungsfreiheit (Artikel 9), das Brief-, Post- und Fernmeldegeheimnis (Artikel 10), das Eigentum (Artikel 14) oder das Asylrecht (Artikel 16 Abs. 2) zum Kampfe gegen die freiheitliche demokratische Grundordnung mißbraucht, verwirkt diese Grundrechte. Die Verwirkung und ihr Ausmaß werden durch das Bundesverfassungsgericht ausgesprochen.

의사표현의 자유 특히 신문의 자유(제5조 제1항), 교수의 자유(제5조 제3항), 집회의 자유(제8조), 결사의 자유(제9조), 書信, 우편 및 전신의 비밀(제10조), 재산권(제14조) 또는 망명자보호권(제16조 제2항)을 「자유민주적 기본질서」에 대한 공격의 도구로서 誤用(mißbraucht)하는 자는 기본권의 향유를 상실한다. 실권(Verwirkung)과 그 범위(Ausmaß)는 연방헌법재판소에 의하여 선고된다.

II. 대학의 자유(자치)

1. 대학의 자유의 의의

진리의 탐구를 목적으로 하는 학문활동이 보장되기 위하여는 사회로부터 야기되는 여러 가지의 제약과 압력으로부터 자유로워야 함은 두말할 나위가 없다.[1] 특히 학문연구 및 교육기관으로서의 중추적인 역할을 맡고 있는 대학은 본질적으로 학문의 자기법칙성에 입각하는 사물의 본성(a priori)에 의하여 규율되어야 하며,[2] 학교의 설립 · 운영자나 그 밖의 외부의 압력으로부터 자유로워야 한다.[3] 여기서 학문과 교육의 場인 대학이 자유롭고 창조적인 진리탐구를 추구하기 위하여 외부의 공권력이나 대학의 설립 · 운영권자 등에 의한 간섭을 배제하고 자주적으로 운영되는 대학의 자유(akademische Freiheit der Universität) 내지는 대학자치(Hochschulautonomie)가 필연적으로 요청되게 된다.

그러므로 대학의 자치는 대학의 학문연구 및 교육활동을 구체화 · 실효화하기 위한 대학의 자유의 실현수단인 것이며, 그 본질적 요소를 구성하는 것이다.[4] 학문의 연구는 유럽에서는 전통적으로 대학을 중심으로 행해졌기 때문에 학문연구기관의 자유는 본래 대학의 자유(akademische Freiheit)를 의미했었다.[5] 그러나 오늘날에는 학문연구의 양상도 달라지

---

1) 대학의 자유의 상세한 내용은 김백유, 대학의 자유, 헌정 및 행정법치연구, 한성대출판부, 2006, 414면 이하 참조.

2) 권형준, 대학의 자치와 그 한계, 월간고시(1988.5), 81면.

3) BVerfGE 35 114 ff; Seifert/Hömig(Hrsg.), Grundgesetz, Rn. 29.

4) 허영, 한국헌법론, 432면 참조; Seifert/Hömig(Hrsg.), Grundgesetz, Rn. 28; BVerfGE 15, 261 ff.

5) 계희열, 헌법상 학문의 자유, 고시연구(1998.11), 21면.

고, 특히 학문내용의 다원화 · 세분화 등의 사유로 인하여, 학문연구기관도 다원화 · 세분화되었기 때문에 대학의 자유는 기타 학술연구기관의 자유도 널리 포함하는 것으로 이해해야 함은 두말할 나위가 없다.[1)]

2. 대학의 자유의 연혁

대학의 자유의 발전사적 배경에는 학문의 자유와 밀접한 관련을 가지면서 발전해 왔다. 각 나라마다 대학의 자치가 어떻게 형성되느냐에 따라 학문의 자유의 내용도 서로 다르게 나타났다.[2)] 중세 15세기 이탈리아의 볼로냐대학은 그 주체가 학생조합이었고 당시 강좌의 운영이나 교원인사에 이르기까지 학생이 대학관리의 주도적 지위에 섰었다. 그러나 이러한 현상은 일시적이었고 그 후 대학의 발전은 교사조합이 주체가 되었다.[3)] 영국에서는 대학의 자치가 먼저 발전되고 후에 학문의 자유가 인정되었다. 오늘날에 있어서의 학문의 자유 및 대학의 자유의 모델이 되었다고 할 수 있는 것은 19세기의 독일의 대학이며 이는 교수회를 중심으로 발전되었다. 독일에서는 전통적으로 학문의 자유는 대학 내에서의 학문의 자유(akademische Freiheit in der Wissenschaftgellschaft)를 의미하였고,[4)] 대학 내에서 교수의 知的 연구에는 어떠한 제한도 인정되지 아니하였다.

교수의 자유는 연구의 자유(Forschungsfreihiet)와 교육의 자유(Lehrfreiheit)를 의미하며, 다만 교수의 자유에는 대학 외에서의 표현의 자유까지는 포함하지 않는 것으로 보았다.[5)] 그리고 대학의 자치란 교수회의 자치, 즉 총 · 학장의 선출, 교수후보의 추천, 학위수여 등과 같은 대학의 중요한 업무를 교수회(Professorenausschuß)가 관장하는 것을 의미하

---

1) 오늘날에는 학문연구에 있어서의 다원화 현상에 의하여 연구기관이 대학이외의 단체(예를 들면 Max- Planck-Gesellschaft, Frauenhofer-Gesellschaft, Großforschunngseinrichtungen, DFG, Stifterverband, Stiftungen u, a)에 의하여 이루어지는 경우도 많기 때문에 전통적 의미에 있어서의 학문의 자유에 있어서의 대학의 역할이 축소되는 경향이 있다고 보는 견해가 있다. 이에 관하여는 H. Schulze-Fielitz, in: Benda/Maihofer/Vogel(Hrsg.), Handbuch des Verfassungsrechts, § 27, Rn. 21; 戸波江二, 科學技術と憲法, 憲法學 4, 樋口陽一編, 日本評論社, 1994, 81頁; 계희열, 헌법상 학문의 자유, 고시연구(1998.11), 22면; 허영, 한국헌법론, 431면.

2) 이강혁, 학문의 자유, 고시연구(1977.2), 12-20면 참조.

3) 이창현, 대학의 자치, 고시계(1988.7), 249면.

4) A. Köttgen, Die Freiheit der Wissenschaft und die Selbstverwaltung der Universität, in: Neumann-Nipperdey-Scheuner(Hrsg.), Die Grundrechte, Bd. II, 1954, S. 291 ff.

5) 독일에서는 학문의 자유라는 개념이 헌법상 나타나기 이전부터 근대독일대학의 성립과 함께 대학의 자유가 독일대학의 기본권으로서 발전되었다. A. Köttgen, Die Freiheit der Wissenschaft und die Selbstverwaltung der Universität, Die Grundrechte, Bd. II, Neumann-Nipperdey-Scheuner, SS. 291-329.

는 것으로 이해하였다. 이러한 전통적 견해는 오늘날까지 계승되어서 대학의 자치는 일반적으로 교수회를 중심으로 학사행정이 이루어지는 것으로 이해한다.

3. 대학의 자유의 헌법적 근거

3.1. 개관

대학의 자유와 관련한 전통적 견해는 학문의 자유와 대학의 자치는 별개의 개념으로 이해 했다.[1] 연혁적 측면에서도 영국에서는 대학의 자치제가 먼저 확립된 이후에 학문의 자유가 인정되었으나, 독일에서는 대학의 학문의 자유가 우선 인정되었고, 이를 수호하기 위하여 대학의 자치제가 성립되었다. 그러나 학문의 자유를 실질적으로 보장하고 이를 수호하기 위하여는 역시 학문연구의 중추적 역할을 담당하는 대학에 대학의 자유 및 자치권을 인정해야 하며, 학문의 자유와 대학의 자치제는 상호보완적 성격을 지니는 관계에 있다.[2] 따라서 외국의 경우에도 이를 헌법상 명문화하고 있는 나라[3]도 있다. 대학의 자유(국·공립 사립대학을 막론하고)[4]는 학문연구기관으로서의 대학이 대학의 운영 및 기타 지침에 관한 모든 사항을 외부의 간섭을 배제하고 자율적(자치적)으로 결정할 수 있을 때만 그 실효성을 기대할 수 있기 때문에 대학의 자치를 그 본질적 요소로 한다고 볼 수 있다.[5] 현행 헌법이 헌법 제22조의 학문의 자유와 함께 대학의 자율성보장을 위한 대학자치에 관한 사항(제31조 제4항)도 동시에 규정하고 있는 이유도 바로 그 때문이다.[6]

헌재결 1992. 10. 1, 92헌마68, 76 【1994학년도신입생선발입시안에대한헌법소원】

헌법(제31조 제4항)이 교육의 자주성·전문성·정치적 중립성보장규정과 별도로 대학의 자율성을 명문으로 특히 보장하고 있는 이유는 교육진흥과 문화창달을 위하여서는 적

---

1) 橋本公亘, 大學の自治, 公法硏究, 第29號, 46頁; Mangoldt-Klein, Das Bonner Grundgesetz Bd. I, S. 253; 권형준, 대학의 자치와 그 한계, 월간고시(1988.5), 81면.

2) 권형준, 대학의 자치와 그 한계, 월간고시(1988.5), 82면.

3) 예컨대 이탈리아(Italy) 헌법 제33조 제6항은 「… 고등교육기관·대학 및 전문학원은 법률이 정하는 범위내에서 자치권을 갖는다」고 규정하고 있다.

4) R. Scholz, in: Maunz-Dürig-Herzog-Scholz, GG-Komm. Rn. 147 zu Art. 5 Abs. III.

5) Th. Oppermann, Freiheit von Forschung und Lehre, in: Isensee/Kirchhof(hrsg.), Handbuch des Staatsrechts, Bd. VI. § 145 Rn. 59 ff.; 계희열, 헌법상 학문의 자유, 고시연구(1998.11), 22면; 김철수, 헌법학(상), 940면; 허영, 한국헌법론, 431면; 헌재결 1992. 10. 1, 92헌마68.

6) 김학성, 헌법학강의, 492면; 헌법재판소도 서울대가 94학년도 입시요강에서 선택인 제 2외국어 과목 중 일본어를 제외한 조치는 학문의 자유와 대학의 자율권에 바탕을 두고 이루러진 적법한 자율권에 바탕을 두고 이루어진 적법한 자유권의 행사라고 판시함으로써 대학의 자율성을 강조하고 있다(헌재결 1992. 10. 1, 92헌마68, 76(병합)); 허영, 한국헌법론, 432면 참조.

어도 대학에서는 교육의 자치가 더욱 보장되어야 한다는데서 비롯된 것으로서 대학의 자치라 함은 대학이 인사문제를 비롯하여 대학의 관리 및 운영과 학사관리 등에 관하여 자주적 결정권을 갖는 것을 의미하는 것이다. 여기에서 학사관리에 관한 자주적 결정권에는 대학이 학생의 선발전형, 학위의 수여, 학생에 대한 포상과 징계문제에 대하여 외부의 부당한 간섭을 배제하고 독자적으로 처리할 수 있는 자주적 결정권이 포함되어 있음은 의문의 여지가 없는 것이다.

3.2. 학설

대학의 자치제의 근거에 관한 과거의 학설은 교육에 관한 기본권 규정에서 그 근거를 찾는 견해, 교육제도의 자주성에서 찾는 견해, 학문의 자유와 교육에 관한 기본권 규정의 통합적 해석에서 그 근거를 구하는 입장,[1] 그리고 학문의 자유보장이 개인적인 자유권의 보장과 대학의 자치제의 제도(적) 보장을 의미한다고 보아 헌법 제22조 제1항에서 그 근거를 구하는 학설(다수설),[2] 견해가 대립되고 있었으나,[3] 현행 헌법은 제31조 제4항에서 대

---

1) 김철수, 학문의 자유와 대학의 자치, 고시계(1980.3), 35면; 양건, 학문의 자유와 대학의 자치, 서울대학교 석사학위논문, 20면.

2) 橋本公亙, 大學の自治, 公法研究, 第29號, 45-46頁; 野上修市, 學問の自由と大學の自治, 法律時報(1969. 5), 65-66頁; 김기범, 학문의 자유, 고시계(1967.2), 41면; 한상범, 대학의 자치, 사법행정(1968.9), 18-19면; 학문의 자유는 학자들이 자유롭게 연구하거나, 연구활동을 자유롭게 발표·교수할 주관적 공권의 성격을 가지며, 오늘날 대학은 학문연구의 중심지로서 보다 깊은 진리를 탐구하는 기관인 점에서 대학자치의 보장이 학문의 자유의 중요한 내용이 되며, 학문의 자유가 인정되게 된 역사적 배경 등을 고려하여 보더라도 대학자치의 제도적 보장도 학문의 자유의 범주에 폭넓게 포함시켜야 한다는 견해(최광의)이다(문홍주, 한국헌법, 274면; 안용교, 학문의 자유, 고시계(1970.5), 24면; 성낙인, 헌법학, 506면). 이는 오늘날 독일에서의 통설이며(Mangoldt-Klein, Das Bonner Grundgesetz Bd. I, S. 253; Hamann, Grundgesetz, 1956, S. 107; R. Scholz, in: Maunz-Dürig-Herzog-Scholz, GG Kommentar, Art. 5 Abs. 3 Rn. 131 ff.; Th. Oppermann, Freiheit von Forschung und Lehre, HdbStR VI, S. 838 ff.; K. Hailbronner, in: Heilbronner(Hrsg.), Kommentar zum Hochschulrahmengesetz, § 58 Rn. 13 ff.; W. Thime, Deutsches Hochschulrecht, 2. Aufl., 1986, S. 112 ff.; D. Lorenz, Wissenschaft zwischen Hochschulautonomie und Statsintervention, JZ 1981, S. 113 ff.) 우리나라에서도 지배적인 견해이다. 우리나라의 경우 헌법 제22조 제1항에서는 학문의 자유를 모든 국민이 가지는 개인의 기본권(Jedermannsrecht)으로 보고 있고, 또 제31조 제4항에서의 대학의 자율성 보장규정을 통해 교육제도의 제도적 보장이 행해지고 있다고 볼 수 있다(문홍주, 한국헌법, 274면; 김학성, 헌법학강의, 489면).

3) 이러한 견해에 대하여 허영 교수는 「대학의 자유를 학문의 자유와는 별개로 교육에 관한 기본권에서만 이끌어 내려는 견해, 또 대학의 자유가 학문의 자유에 관한 규정과 교육에 관한 기본권 규정의 통합적 해석에 의해서 비로소 보장된다는 이른바 통합적 해석설(권영성)에 찬성할 수 없

학의 자율성보장(대학자치)에 관하여 명문의 규정을 둠으로써 학설상 대립을 입법적으로 해결하였다.[1][2] 이에 따라 대학의 자유를 헌법 제31조 제4항에서 구하기도 한다.[3]

다만 여기서 문제가 되는 점은 헌법 제31조 제4항이 대학의 자치제를 보장한 창설적 규정인가 하는 점이다.[4] 왜냐하면 대학의 자치는 어디까지나 학문연구기관인 대학의 학문활동을 실효적으로 보장하기 위한 수단으로서 의미를 갖기 때문이며, 학문연구기관의 자유 나아가 대학의 자유를 전제하지 않은 대학의 자치는 생각할 여지도 없는 것이기 때문이다.[5] 결국 우리의 헌법상 대학(여기에는 기타 학문연구기관의 자유를 포함한다)의 자유의 보장의 근거는 (다수설의 주장처럼) 학문의 자유에 관한 일반적 규정을 하고 있는 헌법 제22조 제1항(학문의 자유)에서 찾아야 할 것이다. 가장 대표적인 학문연구기관으로서 대학의 자유가 그 주요내용이 된다고 보아야 하며 이러한 대학의 자유는 대학의 자치를 본질적인 요소로 한다. 그리고 「대학의 자유가 보장된다」는 것은 대학의 자주적인 결정권이 제도적으로 보장된다는 것이기 때문에 대학의 자유에는 대학의 자치제도를 보장한다는 의미의 제도적 보장이 특히 중요시 된다.[6] 대학의 자유를 제도적으로 보장하는 이유는 대학의 자치제도가 대학에서의 학문연구와 학술활동을 실효성 있게 하기 위한 대학의 자유의 실현수단인 동시에 그 본질이기 때문이다. 따라서 대학의 자유에 내포되고 있는 제도적 보장은 객관적 가치질서로서의 성격을 지니고 있다.[7][8]

는 이유도 그 때문이다. 또한 대학의 자유를 단순히 제도적 보장으로만 보려는 입장(한상범, 한국헌법, 1973, 173면 이하)도 경계해야한다. 대학의 자유는 대학의 자유를 그 본질로 하지만 이 경우 대학의 자유는 결코 자기 목적적인 제도가 아니고 학문연구의 자유와 학술활동의 자유를 실효성 있게 보장하기 위한 (보완적) 수단으로서의 성질을 가진다고 보아야 하기 때문이다」라고 한다(보완규정)(허영, 한국헌법론, 433면 참조).

1) 김철수, 헌법학(상), 946면.

2) 우리 헌법재판소도 「서울대가 94년도 입시요강에서 선택인 제2외국어 과목중 일본어를 제외한 조치는 학문의 자유와 대학의 자율권에 바탕을 두고 이루어진 적법한 자율권의 행사라고 판시함으로써 대학의 자율성을 강조하고 있다(헌재결 1992. 10. 1, 92헌마68, 76(병합)). 그리고 사립대학교가 학교법인의 정관에 따라 교수의 기간임용제를 채택할 수 있도록 한 것은 대학의 자율권에 대한 침해가 아니라고 판시했다(헌재결 1998. 7. 16, 96헌바33); 허영, 한국헌법론, 432면.

3) 홍성방, 헌법학, 531면.

4) 권형준, 대학의 자치와 그 한계, 월간고시(1988.5), 82면.

5) 권형준, 대학의 자치와 그 한계, 월간고시(1988.5), 83면.

6) 허영, 한국헌법론, 432면.

7) 허영, 한국헌법론, 432면.

8) 대학의 자율성이 제도적 보장인가 혹은 기본권 보장인가 하는 점에 있어서 헌법재판소는 헌법 제31조 제4항이 보장하고 있는 교육의 자주성이나 대학의 자율성은 헌법 제22조 제1항이 보장하고 있는 학문의 자유의 확실한 보장수단으로 꼭 필요한 것으로서 이는 대학에게 부여된 헌법상

4. 대학의 자유의 주체

4.1. 교수

대학자치의 주체라 함은 대학의 자치에 관한 사항을 실질적으로 결정할 수 있는 자를 말한다. 대학에 있어서의 연구 · 교육에 관하여는 연구 · 교육의 담당자인 교수로 구성된 교수회의 자주성이 최대한 보장되어야 한다는 전통적 이론은 오늘날에도 이론이 없다. 다만 대학의 자유의 주체는 누가 향유하는 것인가 하는 점에 있어서 종래의 전통적인 견해는 교수회의 구성원인 대학교수에 한정하여 왔으나,[1] 오늘날에는 학생의 지위를 단순한 영조물 이용관계[2]의 대상에서 벗어나 대학의 자치에 학생의 자주적인 참가를 인정해야 한다는 견해가 광범위하게 인정되고 있다(다수설).

4.2. 학생

4.2.1. 학생참여부정설

부정설의 입장에 의하면 대학사회에 있어서의 학생은 피교육자로서 단순한 교육의 대상 및 객체로 보고 학문의 자유 및 대학의 자유의 주체는 오로지 고도의 학문적 연구자이자 연구결과에 대하여 법적 · 사회적 책임을 지는 교수 · 연구자의 직능적 특권으로 이해한다.[3] 따라서 학생은 영조물이용관계이론에 의하여 대학이 제공하는 역무의 단순한 이용자에 불과하며, 학생이 받는 이익은 대학의 주체인 교수 · 연구자가 갖는 학문의 자유 및 대학의 자유에 대한 반사적 이익(Reflexinteresse)을 향유하는 것에 불과하다고 본다.[4][5] 특히

의 기본권이라고 판시하였다. 헌재결, 1992. 10. 1, 92헌마68, 76(병합), 1994학년도 서울대학교신입생선발입시안에 대한 헌법소원, 헌재판례집 제4권, 659면 이하 참조 : "헌법 제31조 제4항이 규정하고 있는 교육의 자주성, 대학의 자율성 보장은 대학에 대한 공권력 등 외부세력의 간섭을 배제하고 대학인 자신이 대학을 자주적으로 운영할 수 있도록 함으로써 대학인으로 하여금 연구와 교육을 자유롭게 하여 진리탐구와 지도적 인격의 도야라는 대학의 기능을 충분히 발휘할 수 있도록 하기 위한 것으로서 이는 학문의 자유의 확실한 보장수단이자 대학에 부여된 헌법상의 기본권이다." 同旨의 판례 헌재결 1998. 7. 16, 96헌바33 등 병합, 사립학교법 제53조의2 제2항 위헌소원 등; 김철수, 헌법학(상), 946면 각주 1) 참조.

1) 日最高裁判所判例 1963. 5. 22.

2) 헌재결 1992. 10. 1, 92헌마68 : 국립대학인 서울대학교는 특정한 국가목적(대학교육)에 제공된 인적 · 물적 종합시설로서 공법상의 영조물이다. 그리고 서울대학교와 학생과의 관계는 공법상의 영조물이용관계로서 공법관계이다.

3) 권형준, 대학의 자치와 그 한계, 월간고시(1988.5), 83면.

4) 공법상의 영조물의 이용권은 일반적으로 국가의 입법재량에 맡겨져 있다. 헌법에 특별규정이 없는 한 일반적으로 행정의 합목적성 · 기술적 조건에 따라 입법의 위임을 받는 행정규칙으로 정한다. 이와 같이 대학을 영조물로 보는 경우 학생은 행정주체의 관리권에 영조물 규칙에 따라 복종하는 이

학생은 대학사회에서 연구활동의 비중이 낮을 뿐만 아니라, 학생의 연구는 일반적으로 개인적인 관심사와 흥미에 따라 이루어지며, 또한 사회 및 대학에 대하여 학문적으로 어떠한 법적 책임을 부담하는 것도 아니기 때문이라는 것이다.[1] 특히 대학의 자치에 학생의 참가를 인정하여 학사행정을 결정하는 중요한 자리에서 의사결정과정에서 다수결의 원리를 도입할 경우, 그 결정이 심각하게 왜곡될 소지가 있다는 점이다. 이상과 같은 문제점을 종합하여 보건대 학생의 학사행정에의 참여는 학문의 자유의 기본원리에도 적합치 못하고 학생의 참가를 인정해야할 헌법상의 근거도 없으며, 학문의 자유의 전통에도 반한다고 한다.[2]

4.2.2. 학생참여긍정설

대학의 자치에 학생의 참여를 인정하는 긍정설의 주장은 실로 다양하다. 헌법상의 학문의 자유로부터, 교수의 학문적 연구결과를 전수받는 자유, 공평한 비판 및 자기결정의 자유, 대학내의 모든 구성원은 평등하고 교수의 자유에 대한 「학습의 자유」의 독립성 · 동가치성(동위성)을 이유로 하여, 대학의 의사결정기관은 가르치는 자(교수)와 배우는 자(학생)

용자이며 관리기관의 의사형성에 참가할 수 없고, 행정상의 조직원칙에 따라야 한다. 독일의 과거 전통설에 의하면, 대학의 법적 성격을 영조물(Anstalt des Öffentlichen Rechts)이라 하고, 학생을 특별권력관계상의 영조물이용자로 보아 학생에 대한 기본권 제한을 합리화 시켜왔다. 현재는 대학기본법 제58조에서 대학을 공법상의 사단(Körperschaft des Öffentlichen Rechts)」이자 국가시설(staatliche Einrichtung)로 보고 학생을 그 구성원(Mitgleider)으로 보는 것이 일반적 경향이다. 따라서 공법상의 영조물과 공법상 사단의 가장 큰 차이점은 공법상의 영조물은 이용자(Benutzer)를 가지고 있는 것인데 반하여 공법상 사단은 구성원(Mitglieder)을 가지고 있다는 점에 있다(O. Kimminich, Die Rechtsgehalt der Hochschule, HdbWissR I, S. 144). 과거의 Veranstaltung이라는 용어 대신 Einrichtung이라는 표현을 사용한 것은 전통적 개념인 영조물(Anstalt)이라는 표현을 피하기 위한 것으로 보인다(신현직, 사립대학의 자율성과 공공성확보를 위한 국가감독, 공법연구(2000.6), 83면 참조). 대학 학칙에서 대학을 명문으로 공법상의 사단이라고(Berlin 대학규칙 제1조, Heidelberg 대학규칙 제5조 등) 규정하거나, 또 대학을 「교원과 학생의 공동체」라고 규정한 것도 있다(Bonn 대학규칙 제1조 제2항 등). 학생은 대학이라는 시설에 단순한 이용자가 아니고 대학의 한 구성원으로 보게되면 형식론상 대학행정에의 학생참여의 근거가 되며, 이로 인한 문제점을 막기 위하여 대학을 사단(교수와 학생의 연구교육기관)과 영조물(국가로부터 제공된 인적, 물적 배려)의 결합으로 보는 견해도 있다.

5) 권형준, 대학의 자치와 그 한계, 월간고시(1988.5), 83면.

1) W. K. Geck, Die Stellung der Studenten in der Universität, VVDStRL, Heft 27, S. 157, 170–171; H. Klein, Gedanken über neue Entwickelungen im Hochschulrecht, AöR, 90 Band, Heft 2, S. 37.

2) W. Thieme, Deutches Hochschulrecht, S. 241; 안용교, 대학자치와 학생참가, 고시연구(1981.10), 91-94면 참조.

에 의하여 평등하게 구성되어야 한다는 견해,[1] 그밖에 대학에서의 학문은 교수와 학생의 학문적 표현·협동의 성과이므로 학생도 학문적 공동연구자로서 대학자치에 참여하고 비판하며 반대할 권한을 갖는다는 견해도 있다.[2] 또한 학생참가긍정설의 입장에는 헌법상 보장되는 학문의 자유를 근거로 하여 학생은 학습의 자유를 가지며. 따라서 학생은 헌법상 대학자치에의 참여권을 가질수 있다는 견해, 그리고 학습의 자유의 효과를 개선하기 위하여 학습의 자유의 조직적 보장방법으로서 학생은 대학자치에 참여하는 고유한 권한을 갖는다는 견해도 있다.[3]

4.2.3. 소결

교수(Lehr)는 스스로 진리를 탐구하고 연구하여 얻은 지식을 대학의 구성원인 학생에게 가르치는 행위(강학)이다. 그러므로 대학 전임교원(교수)의 연구와 교수(강학)는 서로 불가분의 관계를 이룬다. 이 과정에 있어서 학생은 교수의 연구결과를 단순히 수동적으로 받아들이기만 하는 입장이 아니고 학생 스스로도 교수의 강학에 함께 참여하고 주체적으로 배우고 교수와 함께 연구하는 자이며, 또한 이 과정에서 교수의 연구에 조력자로서의 역할도 할 수 있다. 이는 학생 역시 교수의 교과과정의 구성 및 내용·방법에 따라 얼마든지 능동적으로 교수와 함께 지적 탐구과정에 참여할 수 있는 능력과 기회를 가지고 있음을 의미하는 것이기도 하다.[4] 결국 대학에 있어서의 학문은 교수와 학생의 학문적 연구 및 교환의 결과 내지는 협동의 성과인 것이고 따라서 학생은 학문상의 공동연구자로서 학문에 관한 한 당연히 참여할 수 있어야 한다.[5] 학생을 대학시설의 단순한 이용자인 영조물이용관계로만 보아 교수의 연구·교수의 자유의 효과만을 향유하는 교육의 객체로만 파악하는 부정설의 입장은 타당하지 않다.[6]

---

1) 권형준, 대학의 자치와 그 한계, 월간고시(1988. 5), 84면 참조.

2) W. K. Geck, Die Stellung der Studenten in der Universität, VVDStRL, Heft 27, S. 159; 吉川經夫, 大學の自治と學生の權利, 教育百選 2頁: 권형준, 대학의 자치와 그 한계, 월간고시(1988.5), 84면.

3) A. Rinken, Verfassungsrechtliche Aspekte zum Status des Studenten, JuS, 1968, S. 8.

4) 高柳信一, 學問の自由と大學の自治, 基本的人權(4), 東京大學 社會科學研究所, 44頁.

5) 안용교, 대학자치와 학생참가, 고시연구(1981.10), 99면; 권형준, 대학의 자치와 그 한계, 월간고시(1988. 5), 85면.

6) 日仙臺高判, 1971. 5. 2. 判例時報 645號; 日東京地判, 1971. 9. 29. 判例時報 633號; 권형준, 대학의 자치와 그 한계, 월간고시(1988. 5), 85면.

5. 대학의 자유의 내용

대학은 다양성·다원성·복합성을 그 생명으로 한다. 대학의 이러한 특성으로부터 대학의 자치의 구체적인 내용도 각 나라마다의 대학의 역사 및 법제도 그리고 정치적·경제적·사회적·문화적 여건 및 대학에 대한 사회의 신뢰도에 따라 대학자치의 내용은 상이하게 나타난다.[1] 미국에서는 대학의 자치의 중심이 사용자로서의 대학의 설립자 및 재단의 이사회로부터의 피용자로서의 교원의 자주성확보에 중점을 두고 있는 반면에,[2] 국립대학 위주의 독일에서는 국가공권력의 개입배제, 그리고 국·공립 및 사립이 혼재하는 일본 및 우리나라에서는 국가권력으로 부터의 간섭과 통제를 배제하는 데 그 초점을 두고 있는 것 이외에도 설립재단의 경영자로부터도 부당한 간섭을 배제하는 것을 그 내용으로 하기 때문이다.[3] 그러나 대학의 자치가 인정되는 근본적인 목적 및 취지에 비추어, 학문연구 및 교육이라는 대학의 본래 적 사명을 달성하기 위하여 필요하다면 대학운영에 관한 모든 분야에서 대학자체에서 스스로 자주적으로 결정할 수 있는 자주적 결정권이 존중되어야 한다는 측면을 강조할 수 있다.[4] 특히 교수의 자치(대학인사의 자치, 연구·교육(학사)행정의 자치) 그리고 대학의 재정적 자치는 대학의 자유의 핵심적인 내용이 된다.[5]

[권영성 교수]

대학의 자치는 다음을 주된 내용으로 한다. 첫째, 대학은 인사에 관한 자치 내지 자주결정권을 가진다. 대학은 교수의 임용과 보직 등을 자주적으로 결정할 수 있어야 한다. 현행 법제하에서는 교육공무원의 임용은 그 자격·재교육 성적 기타능력의 실증에 의하여 행함을 원칙으로 하고(교육공무원법 제10조), 임용절차는 교육공무원법 제4장이 규정하고 있다. 둘째, 대학은 관리와 운영에 관하여 자주결정권을 가진다. 여기에는 (ㄱ) 연구와 교육의 내용 및 그 방법과 대상, 교과과정의 편성 등에 관한 자주결정권, (ㄴ) 연구와 교육을 위한 시설의 관리에 관한 자주결정권, (ㄷ) 대학의 재정에 관한 자주결정권(財政高權) 등이 포함된다. 셋째, 대학은 학사에 관한 자주결정권을 가진다. 대학은 학생의 선발,[6] 학생의 전형[7]과 성적평가[8] 학점의 인정, 학위의 수여, 학생에 대한 포상과 징계 등을 자주적

---

1) 권형준, 대학의 자치와 그 한계, 월간고시(1988.5), 86면.
2) 김철수, 헌법학(상), 946면 참조.
3) 대학이 학사행정을 자주적으로 결정·운영할 수 있는 대학자치의 내용에 관하여 언급한 가장 대표적 판례는 일본 최고재판소의 포포로座 판례이다. 왜냐하면 이 판결에서는 대학인사의 자치, 대학의 시설관리의 자치, 학생관리의 자치를 구체적으로 열거하였기 때문이다.
4) 橋本公亘, 大學の自治, 公法研究, 第29號, 48頁.
5) 허영, 한국헌법론, 433면.
6) 대학입학지원자가 모집정원에 미달한 경우라도 대학이 정한 수학능력이 없는 자에 대하여 불합격처분을 한 것은 교육법 제111조 제1항에 위반되지 않는다(대판 1983. 6. 28, 83누193).
7) 해외근무자들의 자녀를 대상으로 한 교육법시행령 제71조의 2 제4항 소정의 특별전형에서 외

으로 결정할 수 있어야 한다. 그 밖에 대학교원의 신분보장을 대학자치의 내용으로 주장하는 견해도 있다. 교수는 국가공무원 혹은 피용자로서 국가나 학교법인과 고용관계에 있으므로, 연구 및 교육의 자유가 위협받을 염려가 있다는 이유로, 법관과 동일한 정도의 신분보장과 독립을 주장하기도 한다.[1]

6. 대학자치의 한계

6.1. 제도내재적 법률유보 및 헌법 제37조 제2항(일반적 법률유보)

오늘날 대학의 자치에는 국가의 간섭을 통한 제한과 통제가 이루어지고 있다. 학교교육에는 국가의 지도와 감독이 행해지며, 사립학교의 경우도 사립학교법에 의하여 제한되며,[2] 대학관리와 운영에 관련한 법률들이 대학의 자유를 제한하고 있다. 대학이 학문의 자유의 구체적 실현을 위한 중추적 역할을 담당하기 때문에 그 조직이나 편제는 대학자체의 자율성에 기초하여야 하나 그것이 고정적 · 불변적 定型을 갖는 것은 아니며 시대적 상황이나 환경에 따라 변하는 것이다. 따라서 대학의 자치의 구체적 내용은 – 대학자치의 제도적 보장이 헌법의 명문규정에 의하여 보장되고 있으므로[3][4] – 제도적 보장이론[5]에 의하여 입법자가 재량적 판단에 의하여 법률의 형식으로 그 제도의 내용을 구체적으로 형성하고 실현 할 수 있다(제도내재적 법률유보).[6] 또한 헌법 제37조 제2항의 규정에 의하여 국가안전보장 · 질서유지 · 공공복리를 위한 제한은 가능하나 여기에는 명백하고 현존하는 위험의 원칙 및 비례의 원칙 그리고 학문일반의 자유와 마찬가지로 대학자치의 본질적 내용(Wesensgehalt)을 침해해서는 안된다.[7] 이는 결국 독일연방헌법재판소에서 적절하게 판시

교관공무원의 자녀에 대하여만 획일적으로 과목별 실제 취득점수에 20%의 가산점을 부여하여 합격사정을 함으로써, 실제 취득점수에 의하면 충분히 합격할 수 있는 원고들에 대하여 불합격 처분을 하였다면 위법하다(대판 1990. 8. 28, 89누8255).

8) 채점기준은 답안채점위원의 전문적 지식과 학문적 양식에 따른 자유재량에 속하는 것이다(대판 1979. 6. 12, 79누13).

1) 권영성, 헌법학원론, 275면.
2) 헌재결 2001. 1. 18, 99헌바63 【사립학교법 제28조 제1항 본문 위헌소원】
3) 대학의 자유에 내포되어 있는 제도적 보장은 학문의 자유의 중대수단으로서의 제도적 보장이고 그 헌법이론적 근거는 학문의 자유에 내포되고 있는 객관적 가치질서로서의 성격에 있다(허영, 한국헌법론, 432면).
4) 김문현, 대학의 자치와 경찰권, 고시계(1986.8), 92면 참조.
5) 제도적 보장을 통하여 헌법상 보장하고자 하는 규범내용이 해결되었고, 그 개념요소인 제도 및 보장내용인 통일성 · 명확성의 결여를 이유로 우리 헌법체계에서 제도적 보장론이 필요없다는 주장이 있다(오동석, 제도적 보장론 비판 서설, 헌법학연구(제6권 제2호), 2000. 11, 50면 이하).
6) 김문현, 대학의 자치와 경찰권, 고시계(1986.8), 92면 참조.
7) 이창현, 대학의 자치, 고시계(1988.7), 250면.

한 것처럼 학문의 자유 및 이와 관련한 헌법상의 가치판단 및 가치표준이 입법재량의 한계영역으로 작용할 것이다.[1)]

6.2. 경찰권개입문제

대학의 자치 특히 학생의 자치와 관련하여 대학의 학내문제에 외부 경찰권이 어느 정도로 개입할 수 있는가 하는 것이 문제된다.[2)] 대학의 자치는 대학에 치외법적인 특권을 인정하자는 것은 아니나 경찰권의 개입은 신중을 기해야 할 것이다.[3)] 학내에서 문제가 발생한 경우, 원칙적으로 대학이 연구와 교육의 입장에서 그것에 대처하여야 하고 그것이 대학의 능력의 한계를 넘는 것이라고 판단될 경우에 비로소 경찰권이 개입할 수 있어야 한다.

경찰권 개입과 관련하여서는 대학이 그 스스로 문제를 해결할 능력의 한계를 넘는 것인지, 따라서 경찰권의 개입이 불가피하다고 인정되는 지의 여부는 대학측이 총장 및 총장이 임명한 행정보직교수들(만)의 자의적 · 임의적 판단에 의하여 경찰권의 개입을 요구하는 것은 지양되어야 하며, 반드시 중립성을 지키는 교수회의 자문 등과 같은 대학구성원의 의견수렴과정을 거쳐 결정해야 한다. 대학당국이 경찰권의 개입을 요청할 만한 객관적 상황이 존재하지 않음에도 불구하고 이를 요청한 경우 이는 결국 대학자치의 원칙을 스스로 포기(위배)하는 결과를 가져오기 때문이다.[4)]

대학당국이 경찰권의 개입을 요청하는 경우, 무엇보다도 대학스스로의 질서유지능력을 고려하되 – 그 능력을 초월한 문제의 발생인 경우에 한하여 – 이를 해결하기 위하여 부득이하다고 판단되는 경우, 문제가 되는 행동의 질서침해위험성의 輕重, 상황의 긴박성, 문제가 된 학생활동의 구체적 내용 및 성격 등을 고려하되 비례의 원칙 · 명백하고 현존하는 위험의 원칙 등이 준수되어야 할 것이다. 특히 이 경우 대학당국의 경찰개입요청은 자발적이어야 한다.[5)] 학생회의 자치에도 한계가 있는 것은 당연하며, 학교교사점거 · 기물파괴 등을 통한 (정치적) 활동은 학생회의 자치의 한계를 일탈한 것이다. 학생본분에 어긋나지 않고, 일반시민으로서의 규율에 따르는 범위내에서 학생의 자치는 인정된다고 본다.[6)] 특히 집회및시위에관한법률(제19조)에는 대학총장의 요청없이도 경찰권이 개입할 수 있도록 하고 있으나 그 개입은 신중하여야 한다.[7)]

---

1) BVerfGE 35, 120; 김문현, 대학의 자치와 경찰권, 고시계(1986.8), 92면.
2) 김철수, 헌법학(상), 950면.
3) 김철수, 헌법학(상), 950면; 성낙인, 헌법학, 509면.
4) 김문현, 대학의 자치와 경찰권, 고시계(1986.8), 99면 참조.
5) 김문현, 대학의 자치와 경찰권, 고시계(1986.8), 100면 참조.
6) 김철수, 헌법학(상), 949면.
7) 성낙인, 헌법학, 509면.

제 8 목 예술의 자유

I. 예술의 자유의 의의

예술(art)[1)]이란 인간이 사회생활을 함에 있어서 다른 사람들과 함께 느끼고 공유할 수 있는 심미적 대상, 환경, 경험을 창조하는 과정에서 기술과 상상력을 동원, 발휘하는 인간의 활동과 그 성과를 말한다. 이와 같이 예술은 예술가가 주관적으로 느끼는 창조적이며 개성적인 미를 일반인이 이해하여 정신적인 대화를 공유할 수 있도록 객관적으로 표현한 것이다. 예술의 개념에 대한 법적인 판단 주체는 법적용자나 법집행자에게로 귀착되겠지만 그 판단의 수용 가능성 여부는 예술의 일반적 개념 설정에 합치되어야 한다. 헌법상 예술의 개념은 기술적 · 형식적 측면에서가 아니라 실질적 측면에서 규정되어야 한다.

특히 예술의 자유의 개념과 그 보장범위 및 그 제한에 관하여 독일연방헌법재판소는 1972년 2월 24일 메피스토 - 클라우스 만(Mephisto-Klaus Mann)결정에서 「예술적 활동의 본질은 예술가의 인상 · 견문 · 체험 등을 일정한 형태언어를 매개로 하여 직접적인 표상으로 나타내는 자유로운 창조적 형성에 있다. 모든 예술적 활동은 논리적으로는 해명할 수 없는 의식적 · 무의식적 과정들의 혼합이다」라고 하였다.[2)3)]

[메피스토결정]

독일의 한 출판사가 Klaus Mann의 소설(Mephisto)을 출간하려고 하자, 위 소설이 자신의 양부인 연극배우를 주인공 모델로 하였다고 하여 출간을 금지하는 소송을 제기하자 문제가 된 사건이다. 이사건은 '예술의 자유'의 침해와 '인간의 존엄과 인격권' 침해를 다툰 사건이다. 이 사건에서 연방헌법재판소는 기본권의 대사인적 효력을 인정하였고, 예술의 자유의 개념을 다루었으며, 일반법원이 상충하는 기본권영역의 교량이 문제된다는 것을 인식하지 못하였거나, 기본권의 보장영역의 범위에 관하여 잘못된 견해에 기초하고 있는

---

1) "예술", 브리태니커 세계대백과사전, Vol. 16(서울 : 동아일보), 60면.

2) BVerfGE 30, 173(188) f. 메피스토 - 클라우스 만 결정(Mephisto-Klaus Mann : 1971. 2. 24. 독일연방헌법재판소 제1부 결정). 이 결정의 전문에 대한 번역은 계희열, 메피스토 - 클라우스 만 판결, 사례연구 제2집(고려대 법학연구소, 1983), 7-45면 참조.

3) 독일의 숄츠(R. Scholz)도 헌법상 예술은 「창작자의 개인적 체험이 객관화되어 표현된 것이며, 커뮤니케이션을 통한 외부로의 의미전달을 지향하는 것」이라고 규정한다(Maunz-Dürig-Herzog-Scholz, Rn. 29 zu Art 5 III). 아무튼 예술활동은 인간의 창조적 정신의 표현이며, 자유로운 예술활동의 보장은 헌법의 최고이념인 인간존엄성의 보장을 위하여 필수적이다(권영성, 헌법학원론, 549면); 장영수, 헌법학, 714면.

경우에는 불리한 당사자의 기본권이 침해되었는가를 헌법재판소가 확인할 수 있다고 판시하고 있다.

이 판결은 예술의 자유의 개념과 그 보장범위 및 그 제한에 관하여 독일연방헌법재판소가 1971년 2월 24일 그 입장을 명확히 밝힌 대표적인 판결로 유명하다.[1)]

독일의 경우 연방헌법재판소에 의한 1971년의 메피스토 결정 와서야 예술의 자유와 가치를 적극적으로 인정하기 시작했다고 할 수 있다. 이 결정에서 연방헌법재판소는 예술의 자유조항(기본법 제5조 제3항 제1문)을 개인에게 자유권을 인정해주는 가치 결단적인 근본규범이라고 규정하고, 예술의 본질을 창조적 형성(schöpferische Gestaltung)에서 찾으며 예술자유조항의 보호범위를 예술의 창작행위(창작영역 : Werkbereich) 뿐만 아니라 예술작품의 전시 · 보급 등과 같은 대중전달영역(영향영역 : Wirkbereich)의 전과정을 포함하는 것으로 이해하는 등 예술의 개방성을 적극적으로 인정하였다. 이후 연방헌법재판소는 1984년의 시대착오적 행렬사건[2)], 1990년의 연방국가 사건[3)] 무첸바흐 사건[4)] 등을 통해 적극적인 예술보호의 입장을 보여주고 있다.[5)]

II. 예술의 자유에 대한 헌법적 보장의 역사

예술은 인류역사와 더불어 시작되었으나, 창조적 활동으로서의 예술의 자유가 헌법상, 기본권의 하나로서 보장된 것은 20세기적 현상이라고 할 수 있다. 전통적으로 예술은 자연의 모사품으로 여겨졌었고, 르네상스시대부터 예술은 자연에 대항하는 예술가의 독창적인 창의력의 표현으로 이해되었다. 그러나 당시의 예술가는 군주나 고위귀족들에게 봉사하는 것이 본연의 임무였다.[6)] 시민사회의 형성과 더불어 상품으로서의 예술이 시장에 도입된 이후에 도 예술의 창의성을 헌법적 가치로 인정하려는 시도는 미약하였다. 이러한 시도는 독일의 경우 1919년의 바이마르헌법에서 처음으로 규정되었다.[7)] 동 헌법 제142조는 "예술과 학문 그리고 학문전달은 자유이다"고 선언하였다.[8)] 그리고 제2차 세계대전 이후

---

1) BVerfGE 30, 173(188 f); 권영성, 헌법학원론, 549면 각주 5) 참조.
2) BVerfGE 67, 213(1984. 7. 17).
3) BVerfGE 81, 278(1990. 3. 7).
4) BVerfGE 83, 130(1990. 11. 17).
5) 이들 결정에 대한 소개는 명재진, 예술의 자유에 대한 독일연방헌법재판소 판례의 변화, 판례월보, 제328호(1998. 1), 65-68면 참조.
6) 민경식, 예술의 자유, 중앙대 법학연구소(제3집 제1호), 1998, 34면.
7) 홍성방, 헌법학, 533면.

1948년의 독일의회는 특별한 토의과정 없이 바이마르헌법의 예에 따라 예술의 자유를 기본법에 수용하였다.[1] 이후 이탈리아헌법, 브라질헌법, 아르헨티나헌법 등 몇몇 국가에서 예술의 자유를 독자적 기본권으로 규정하였고, 최근의 중부유럽과 동유럽국가의 신헌법에서도 예술의 자유를 기본권목록에 삽입하고 있다.[2] 한편, 이처럼 명문의 규정을 두고 있지 않더라도 오늘날 많은 자유민주국가들은 헌법상의 언론자유조항을 통해 예술의 자유를 보장하고 있다. 우리 헌법은 1948년의 건국헌법(제14조) 이래 예술의 자유를 독립된 기본권으로 규정하여 왔다. 현행 헌법 제22조 제1항은 "모든 국민은 학문과 예술의 자유를 가진다."고 선언하고 있다.

III. 예술의 자유의 법적 성격

예술의 자유는 개인의 창조적이고 자유로운 인격발현을 특징으로 하는 것으로서 문화국가형성을 위한 중추적 권리이며, 아름다움 즉 미의 추구를 가능케 하는 주관적 공권이다. 또한 예술의 자유는 문화국가 형성에 기여하며, 문화헌법의 구성요소인 문화적 기본권이기도 하다. 또한 예술의 자유는 제도로서의 예술을 보장하고 보호하여야 한다는 객관적 가치질서를 의미하기도 한다.[3]

예술의 자유 → 주관적 공권 · 객관적 가치질서

IV. 예술의 자유의 주체

예술의 자유는 전문가로서의 기능과 능력을 가지는 예술가에게만 인정되는 자유가 아니라 모든 인간에게(내외국인을 막론하고) 보편적으로 보장되는 자유이다. 왜냐하면 예술

---

8) 그 밖에 동 헌법 제 150조는 예술품에 대한 국가의 보호의무를 선언하고(제1항), 예술품의 해외반출을 막는 것을 국가임무로 규정하였으며(제2항), 또한 경제생활에 관한 장에서는 예술가의 권리에 대한 국가보호 의무를 규정하였다(제158조).

1) 그러나 1919년의 바이마르 헌법에서 규정하였던 예술진흥조항과 예술가의 권리에 대한 국가보호의무규정은 서독의 본(Bonn) 기본법에는 수용되지 않았다.

2) 예술의 자유에 관한 국제적 보장에 관한 소개는, 민경식, 예술의 자유, 중앙대 법학연구소(제23집 제1호), 35-36면 참조.

3) 권영성, 헌법학원론, 550면; 이준일, 헌법학강의, 단락번호 [4.5.91]; 홍성방, 헌법학, 533면.

의 자유는 수준 높은 예술작품의 창작활동 뿐만 아니라 예술적 생활을 통한 인격의 창조적 발현도 동시에 보장하려는 것이기 때문이다.[1] 극장·박물관·미술관·예술학교 등 예술단체나 법인이 예술의 자유의 주체가 될 수 있는가에 관해서는 견해가 갈리고 있다. 허영 교수는 「… 극장·박물관·미술관·예술학교 등은 그 자체로서 예술의 자유의 주체라고 볼 수 없고, 교향악단이 경우도 그 자체로서는 예술의 자유의 주체가 아니며, 교향악단을 구성하는 음악가 개개인이 예술의 자유의 주체가 된다」고 한다.[2] 권영성 교수는 「… 법인인 예술단체는 예술의 자유의 주체가 되지만, 법인이 아닌 예술단체인 경우에는 단체를 구성하는 예술가 개개인이 그 주체가 되고 단체는 예술의 자유를 집단적으로 공동행사 하는 것이 될 뿐」이라고 한다.[3] 이준일 교수는 「… 대학이나 예술단체와 같은 법인도 예술의 자유의 주체가 될 수 있으며 공법인에 속하는 국·공립대학도 예술의 자유의 주체가 될 수 있다」고 한다.[4] 홍성방 교수는 「… 법인도 예술의 자유의 주체가 되며, 이때 법인 또는 단체는 예술의 자유를 집단적으로 행사하는 것」이라고 한다.[5]

V. 예술의 자유의 내용

1. 예술창작의 자유

예술창작의 자유는 예술창작활동을 할 수 있는 자유로서 창작의 소재에 관한 소재선택의 자유, 창작의 형태(조형예술·음향예술 등)와 관련한 작품형태선택의 자유. 창작과정 등의 자유로운 결정 및 진행권을 포함한다.[6] 즉 예술창작의 자유에는 예술작품의 창작에 이르는 전 과정, 즉 창작을 위한 준비·연습과정, 소재선택, 작품형태의 선택, 창작진행의 자유 등이 포함된다.[7] 따라서 음반 및 비디오물로써 예술창작활동을 하는 자유도 이 예술의 자유에 포함된다.[8]

예술의 자유 중 예술창작의 자유는 예술표현의 자유보다 더 보호되어야 한다는 것이

1) 장영수, 헌법학, 717면.
2) 허영, 한국헌법론, 440면.
3) 권영성, 헌법학원론, 550면.
4) 이준일, 헌법학강의, 단락번호 [4.5.93].
5) 홍성방, 헌법학, 533면.
6) 허영, 한국헌법론, 438면; 장영수, 예술의 자유에 대한 헌법적 보장과 그 한계, 고시연구(1993.5); 헌재결 1993. 5. 13, 91헌바17【음반에관한법률 제3조 등에 대한 헌법소원】
7) 권영성, 헌법학원론, 550면; 장영수, 헌법학, 717면.
8) 헌재결 1993. 5. 13, 91헌바17【음반에관한법률 제3조 등에 대한 헌법소원】

통설적 입장이다.[1] 예술창작의 자유는 예술의 자유의 핵심적 내용이 된다. 다만 예술창작의 자유도 절대적인 것은 아니고, 타인의 기본권 혹은 그 밖의 법익과 충돌되는 경우에는 제한될 수 있다.[2]

2. 예술표현의 자유

2.1. 보호범위

예술표현의 자유는 창작한 예술작품을 일반대중에게 표현하고 전파하는 자유이다. 그러므로 예술작품의 전시 · 연주 · 공연 · 보급 등도 헌법상의 보호를 받는다.[3] 예술은 예술가의 내면세계의 표출이며, 그것은 동시에 외부세계와의 커뮤니케이션을 지향하고 있다. 따라서 예술의 자유에 대한 헌법적 보장은 단순히 예술창작의 자유에 그치는 것이 아니라 다른 사람들에게 예술활동을 표현하고 전파하는 것까지 포함한다.

> 헌법재판소는 음반에관한법률 제3조 등에 관한 헌법소원 심판사건에서 「… 음반 및 비디오물로써 예술창작활동을 하는 자유도 예술의 자유에 포함된다. 예술표현의 자유는 창작한 예술품을 일반대중에게 전시, 공연, 보급할 수 있는 자유이다. 예술품 보급의 자유와 관련해서 예술품 보급을 목적으로 하는 출판자 등도 이러한 의미에서 예술의 자유의 보호를 받는다고 하겠다. 따라서 비디오물을 포함하는 음반제작자도 이러한 의미에서의 예술의 자유를 향유한다고 할 것이다」[4]라고 판시하여 예술표현의 자유의 범위를 확장하고 있다.

다만 예술적 비판은 예술의 자유에 포함되지 아니하고 일반적인 표현의 자유에 의하여 보장된다.[5]

---

1) 허영 교수는 독일연방헌법재판소의 결정을 소개하면서 BverfGE 30. 173), 예술창작의 자유는 특별히 보호받는 다고 보아야 한다. 따라서 "예술형태 · 예술경향 등에 대한 국가의 간섭주의는 예술의 자유의 본질적 내용의 침해가 된다."고 한다(허영, 한국헌법론, 441면). 김철수 교수는 "예술창작의 자유는 절대적 자유이나 예술작품의 전시는 상대적 자유이다."라고 한다(김철수, 헌법학신론, 박영사, 2001, 373면).

2) 장영수, 헌법학, 717면.

3) 헌재결 1993. 5. 13, 91헌바17【음반에관한법률 제3조 등에 대한 헌법소원】

4) 헌재결 1993. 5. 13, 91헌바17【음반에관한법률 제3조 등에 대한 헌법소원】

5) 권영성, 헌법학원론, 550면; H. T. Wehrhahn, Freiheit der Künste und Wissenschaften, S. 43 f., Maunz-Dürig-Herzog-Scholz, Rdnr 20 zu Art 5 III.

2.2. 예술표현의 자유과 일반적 표현의 자유와의 관계

예술적 표현이 일반적 표현의 자유와 비교하여 어느 정도 헌법적 보장을 받는 것인지의 문제는 학자들에 의해 특별히 언급되고 있지는 않다.

[권영성 교수의 견해]

예술의 자유가 다른 기본권에 비하여 특별한 헌법적 보장을 받는다 하더라도 결코 무제한적인 것은 아니고 영화·연극 등에 대해서는 그 대중성 오락성 직접성 때문에 질서유지를 위하여 보다 강력한 규제를 받는다[1]고 한다.

[장영수 교수의 견해]

예술표현의 자유는 예술의 특성상 일반적 표현의 자유와 다른 특별한 법적 취급 내지 보호가 필요하다고 인정되어 특별한 헌법적 보장을 받는 것이라고 한다.[2]

생각건대 예술이 창조성·혁신성·고도의 주관성을 갖는다는 점과 자유민주주의 문화국가에서 예술이 가지는 자유신장 및 진리발견의 기능과 역할을 고려할 때, 예술표현의 자유를 언론·출판의 자유와 같은 일반적인 표현의 자유보다 낮은 지위를 갖는 것으로 이해할 수는 없다. 헌법재판소가 제시한 헌법 제21조의 언론자유조항이 수행하는 기능 4가지[3]는 모두 예술의 자유보장에 의해서도 동시에 수행되며, 특히 인격발현과 사회발전의 기능은 예술의 자유에 의해서 더욱 신장되고 확고히 될 수 있기 때문이다. 그러므로 예술을 단순한 대중적인 오락이나 연예로 취급하거나 또는 그 대중성 내지 사회에 미치는 영향력을 이유로 예술표현의 자유를 일반적 표현의 자유보다 낮게 평가하는 것은 예술의 기능과 가치및 사회에 미치는 영향을 올바르게 평가하는 것이라고 볼 수 없다.

---

1) 권영성, 헌법학원론, 551면.

2) 장영수, 헌법학, 717면.

3) 헌법재판소는 음란물출판사등록취소결정(헌재결 1998. 4. 30, 95헌가16)에서 언론·출판의 자유가 지니는 가치와 기능을 첫째, 견해의 다양성과 공개토론을 가능하게 함으로써 민주체제에 있어서 자기통치의 기본적 수단이라는 것 둘째, 개인이 타인과의 커뮤니케이션을 통해 공동사회의 일원으로 가능하게 한다는 것 셋째, 개인이 자신의 인격을 발현하는 데 있어 가장 유효하고 직접적인 수단이라는 것 넷째, 진리의 확보를 통해 문화 및 사회의 진보를 가능하게 한다는 것의 4가지를 제시하였다. 특히 헌법재판소는 "문화의 진보를 한때 공식적인 진리로 생각되었던 오류가 새로운 믿음에 의해 대체되고 새로운 진리에 자리를 양보하는 과정 속에서 이루어진다. 진리를 추구할 권리는 우리사회가 정화되지 않고 민주적으로 성장해 가기 위한 원동력이며 불가결의 필요조건인 것이다."고 하였다.

2.3. 헌법재판소의 견해

헌법재판소는 예술표현의 자유를 일반적인 표현의 자유와 비교해서 달리 차별적으로 취급하지 않고 있는 것으로 분석된다. 오히려 표현의 자유에 관한 몇몇 선구적인 결정들은 예술표현과 관련된 것이었고, 이들 결정에서 예술표현의 자유와 언론·출판의 자유를 구별하지 않고 동일한 법리를 전개하고 있다. 예컨대 음반등록시설요건 사건,[1] 영화사전심의 사건,[2] 음반사전심의 사건,[3] 음반및비디오에관한법률 제17조 제1항등에 대한 위헌심판에서는 한국공연예술진흥협의회의 사전심의가 위헌임을 확인 했고,[4] 또한 외국비디오물을 수입할 경우에 반드시 영상물등급위원회로부터 수입추천을 받도록 한 구 음반 · 비디오물및게임물에관한법률 제16조 제1항 등이 사전검열에 해당한다고 판시한바 있다.[5]

위의 사건들에서 헌법재판소는, 언론자유조항이 보장하는 의사표현은 그 매개체가 어떠한 형태이건 제한이 없이 "담화·연설·토론·연극·방송·음악·영화·가요 등과 문서·소설·시가·도화·사진·조각·서화 등"이 모두 보호의 대상이며 이들 중 예술표현의 수단이 동시에 의사 형성적 작용을 하는 경우에는 언론자유조항과 예술자유조항에 의해 모두 보호받는다고 판시하고 있다. 나아가 영화나 음반의 예술표현에 대해서 헌법 제21조 제2항의 검열금지 원칙을 그대로 적용하고 있다.

이는 예술표현의 제한과 그 한계를 논함에 있어 특히 유의할 필요가 있다. 즉 예술표현을 제한하는 입법에 대해서는 헌법 제21조의 엄격한 법리가 그대로 적용된다고 할 것이다.

3. 예술적 집회 · 결사의 자유

예술적 집회·결사의 자유는 예술활동을 위하여 예술가들이 공동으로 창작하고 그 결과물을 발표하기 위하여 집회를 개최하거나 단체를 결성하는 자유를 말한다. 예술적 활동에는 고도의 자율성이 요청되기 때문에 예술적인 집회·결사의 자유는 일반적인 집회·결사의 자유에 비하여 보다 고도로 보장된다.[6] 집회및시위에관한법률 제13조에서도 학문, 예술의 자유에 관한 규제를 완화하고 있다.

---

1) 헌재결 1993. 5. 13, 91헌바17【음반에관한법률 제3조 등에 대한 헌법소원】
2) 헌재결 1996. 10. 4, 93헌바13【영화법 제12조 등에 대한 위헌제청】
3) 헌재결 1996. 10. 31, 94헌바6【음반및비디오물에관한법률 제16조 제1항 등 위헌제청】
4) 헌재결 1999. 9. 16, 99헌가1【음반및비디오물에관한법률 제17조 제1항 등 위헌제청】
5) 헌재결 2005. 5. 23, 2004헌가8【구 음반·비디오물및게임물에관한법률 제16조 제1항 등 위헌제청】
6) 장영수, 예술의 자유에 대한 헌법적 보장과 그 한계, 고시연구(1993.5), 35면 이하; 홍성방, 헌법학, 536면.

VI. 예술의 자유의 효역

1. 대국가적 효력

예술의 자유는 일차적으로 공권력에 의한 침해나 간섭을 받지 아니할 자유를 의미한다. 그러므로 예술의 영역에서는 국가의 중립성이 요구될 뿐만 아니라 예술의 진흥을 위한 세제상의 특혜 내지는 발전기금의 모금 등과 같은 국가의 적극적 지원이 요구된다.[1] 스스로를 문화국가라고 이해하는 현대 헌법국가에서 예술의 자유에 대한 헌법적 보장은 단순히 예술에 대한 국가의 간섭배제 및 예술활동의 자율성보장에 머무르는 것이 아니라 예술의 진흥을 위한 국가적 지원이 필요하다는 것이다.[2]

2. 대사인적 효력

예술의 자유는 사인간에도 공서양속 조항을 매개로 간접적용된다. 따라서 예술의 자유에 대하여 사인인 제3자가 이를 저지하거나 방해하는 경우, 국가가 이를 보호하는 법적 조치를 취하지 않거나 방치하는 경우 부작위 책임을 지게 된다.[3]

VII. 예술의 자유의 제한과 한계

1. 예술의 자유와 헌법적 한계

예술의 자유도 다른 기본권과 같이 무한정 인정되는 것이 아니라 일정한 제한이 따른다. 왜냐하면 다른 기본권과의 충돌이 발생할 수 있고, 다른 법익의 침해가 발생할 수 있기 때문이다. 행위예술, 상업적 광고행위, 음란한 연극과 관련되어 이러한 문제가 발생할 수 있고, 이는 예술의 자유의 제한과 한계에 관한 문제로서 다루어진다.

언론·출판 등을 통해 표현되는 예술활동의 제한은 그 전달의 직접성, 대중성으로 인해 커다란 법익의 침해를 야기할 수 있으므로, 그 제한에 있어서의 정당성이 있다. 아울러 예술의 자유는 정신적 기본권으로서 창조적 자율성을 무엇보다도 중요한 특징으로 하기 때문에 그 본질적 내용(Wesensgehalt)까지 침해될 염려가 크며, 따라서 예술의 자유의 제한에 있어서는 그 구체적 한계가 특히 중요하다.

---

1) 권영성, 헌법학원론, 551면; 장영수, 헌법학, 719면.
2) 장영수, 헌법학, 719면.
3) 이준일, 헌법학강의, 단락번호 [4.5.104].

현행 헌법은 예술의 자유도 절대적 기본권이 아니기 때문에 헌법 제37조 제2항의 규정(일반적 법률유보에 의한 기본권제한의 한계; '기본권제한입법의 한계규정'[1])에 의하여 제한할 수 있다.[2] 그러나 예술의 자유의 기능과 본질상, 이를 법률로써 제한하는 것은 바람직하지는 않다.[3] 예술에 대한 실질적 개념정의를 내리는 것이 불가능하다는 크니스(W. Knies)의 주장[4]처럼 예술의 개념에 대하여 다의적으로 해석할 가능성이 있고, 또한 명확하게 규정될 수 있는 성질의 것도 아니어서 국가의 자의적 해석에 근거한 예술의 자유에 대한 침해의 소지가 많기 때문이다. 법관의 개인적 판단에 의하여 재량권의 남용 및 죄형법정주의 원칙을 침해할 우려가 크다. 그 근본적 원인은 문화국가를 지향하고 예술의 대중화가 활발하게 전개되고 있는 시점에서 헌법의 최고규범성과 경성헌법의 특성에 의한 헌법의 경직성으로 인해 헌법규범 내지는 헌법질서와 현법현실과는 괴리현상이 발생하기 때문이다.

그러나 예술의 자유가 다른 기본권에 비하여 그 성격상 특별한 헌법적 보호를 받는다 하더라도 무제한적으로 보장되는 것은 아니다. 예술의 자유를 위하여 타인의 기본권을 침해하여서는 안되며, 예술의 자유의 제한과 그 한계는 학문의 자유에 준하여 적용되도록 하는 것이 바람직하다. 예술의 자유는 학문의 자유와 같이 법률에 의하여 제한하는 것이 부적당한 경우가 많으며, 따라서 학문의 자유와 같이 '기본권의 내재적 한계'[5]에 의한 제약이 바람직하다고 생각된다.[6] 다만 영화 · 연극 등에 대해서는 그 대중성 · 오락성 · 직접성 때문

---

1) 허영, 한국헌법론, 440면.

2) 헌재결 1993. 5. 13, 91헌바17 **【음반에관한법률 제3조 등에 대한 헌법소원】**

3) 허영, 한국헌법론, 440면.

4) 크니스(W. Knies)는 예술의 자유의 목적에서 볼 때 예술의 자유의 질적인 내용에 대하여 법적으로 정의를 내리는 것은 불가능하며 용납될 수 없고 다만 기술적이고 형식적인 유형의 예술 개념만이 허용된다고 한다(Wolfgang Knies, Schranken der Kustfreiheit als verfassunmsrechtlichtliches Problem, 1967, S. 214 ff).

5) 우리나라에서는 절대적 기본권을 규정하고 있는 독일 헌법학의 소산인 기본권의 내재적 한계론의 인정여부에 대해 견해가 대립되지만, 우리 헌법재판소도 내재적 한계론을 인정하고 있다. 예술의 자유도 헌법 내재적 한계로서 타인의 권리, 공중도덕, 사회윤리, 공공복리 등을 위한 제한이 인정된다고 본다(헌재결 1993. 5. 13, 91헌바17, 재판관 변정수의 반대의견 참조). 그리고 헌법재판소는 헌법 제37조 제2항에 의해서도 제한 할 수 있다고 한다. 「… 국가안전보장, 질서유지 또는 공공복리를 위하여 필요한 경우에는 헌법 제37조 제2항에 의하여 법률로써 제한할 수 있으나, 이러한 필요에서 하는 법률에 의한 제한도 그 목적이 헌법 및 법률의 체계상 그 정당성이 인정되어야 하고(**목적의 정당성**), 그 목적달성을 위하여 그 방법이 효과적이고 적절하여야 하며(**방법의 적절성**), 그로 인한 피해가 최소한도에 그쳐야 하며(**피해의 최소성**), 보호하려는 공익과 침해하는 사익을 비교형량할 때 보호되는 공익이 더 커야 한다는(**법익의 균형성**) 과잉금지의 원칙에 반하지 않는 한도 내에서 할 수 있는 것이다(헌재결 1993. 5. 13, 91헌바17)」.

에 사회에 미치는 영향력이 크며, 따라서 질서유지를 위하여 강력한 규제를 받는다.[1] 그러나 영화·연극인들 스스로에 의한 자발적·임의적·권고적 사전심의 등은 허용되지만 당국에 의한 일방적·강제적 사전심의는 금지된다고 할 것이다. 예술의 자유의 제한과 관련하여 특히 문제가 되는 것은 예술의 자유와 음란성·명예훼손·자유민주적 기본질서(freiheitliche demokratische Grundordnung)와의 관계라고 할 수 있다.

2. 예술의 자유와 명예훼손

예술의 자유와 관련하여 문제되는 것은 예술의 자유의 행사가 명예에 대한 침해가 되는 경우이다(형법 제307조-제310조). 예술작품에 의한 명예훼손은 주로 문학작품에 의하여 이루어 지기 때문에,[2] 명예훼손은 언론·출판의 형태로 행사되나(언론·출판의 자유 참조), 현행 헌법과 같이 예술의 자유를 독자적 기본권으로 명문화한 경우에는, 언론·출판의 자유뿐만 아니라 예술의 자유와 명예훼손의 충돌문제를 검토할 필요가 있다. 명예훼손을 당했을 경우 이를 보호하는 것도 예술의 자유와 함께 헌법상 기본권으로 보호되기 때문에, 결국 명예훼손의 금지는 예술의 자유에 대한 제한으로 작용할 수 있다.[3]

독일 연방 헌법재판소는 예술의 자유와 인격권(명예의 보호)의 충돌이 문제되는 사건에 있어서 인격권의 사소한 침해 또는 인격권의 심각한 침해의 단순한 가능성에 대하여 예술의 자유가 우위에 있다는 결론을 내린바 있다(메피스토결정).[4] 또한 "유명한 정치인을 교미 중인 돼지로 묘사한 풍자적 표현은 기본법 제1조 제1항의 인간의 존엄성에 의하여 보장되는 인적 명예의 핵심부문에 대한[5]침해이며, 일반적 인격권에 대한 중대한 침해이므로, 이는 더 이상 예술적 활동의 자유로서 보호될 수 없는 부분이다"라고 판시함으로써 인격권의 본질적 부분을 침해한 예술의 자유를 부정하고 있다.[6]

「명예훼손이 되는 경우」

유명한 정치인, 독일 바이에른(Bayern)州의 슈트라우스(Strauß) 수상을 교미중인 돼지로 묘사한 풍자는 인간의 존엄에 의하여 보장되는 명예의 핵심적 부분에 대한 침해이며, 일반적 인격권에 대한 중대한 침해이므로, 이러한 풍자는 예술활동의 자유로서 보호될 수

---

6) 허영, 한국헌법론, 440면.

1) 권영성, 헌법학원론, 551면.

2) 문학작품을 통한 타인의 비방 또는 풍자와 일정한 정치적 목적을 위한 참여 예술의 경우에도 명예훼손의 문제가 발생할 수 있다.

3) 장영수, 헌법학, 721면 참조.

4) 장영수, 헌법학, 721면 각주 53) 참조.

5) BVerfGE 75, S. 369(380) : 만화(Karikatur)결정.

6) 장영수, 헌법학, 721면 각주 53 참조).

없다.[1)]

다만 인간의 존엄성이란 인격권의 보호를 이유로 예술의 자유를 제한 할 수 있다 하더라도 성질상 공적 인물에 대한 정치풍자 및 희화의 목적으로 어느 정도의 공격성을 내포할 수밖에 없는 것는 사실이고, 이러한 예외적인 경우에는 제한의 방식을 완화할 필요도 있다고 본다.

3. 예술의 자유와 자유민주적 기본질서

자유민주적 기본질서의 보호라는 공동체의 법익도 예술의 자유를 제한하는 요소로서 인정될 수 있다. 국가의 존립이나 민주적 기본질서에 대한 직접적이고 현존하는 위협을 야기하게 될 경우 예술의 자유는 제한이 가능하다.[2)]

다만 제한을 함에 있어 우리 헌법재판소가 구국가보안법 제7조 위헌법률 심판사건에서 판시한 명백하고 현존하는 위험의 법리를 엄격하게 적용하여야 국가에 의한 예술탄압의 가능성을 제거할 수 있다.

「자유민주적 기본질서의 보호」

반국가단체인 북한공산집단의 활동에 동조하고 이를 이롭게 할 목적으로 계급투쟁론적 입장에서 폭력혁명을 강조하는 한편, 계급혁명의 합법칙성을 찬양하는 내용을 담은 작품인 "꽃파는 처녀" 상·하를 제작한 행위는 국가보안법 제7조 제5항에 정한 利敵表現物製作罪에 해당한다.[3)]

4. 예술의 자유와 음란성(외설)

음란성 문제는 예술의 자유가 공중도덕이나 사회윤리와 충돌할 수도 있고, 청소년보호라는 공익과도 충돌할 수 있다는 점에서 발생한다.[4)] 60년대에도 "소설 반노사건"[5)]이나

---

1) BVerfGE 75, 369(380) : 만화(Karikatur)결정.

2) 장영수, 헌법학, 722면; 홍성방, 헌법학, 538면.

3) 대판 1990. 12. 11, 90도2328 【국가보안법위반】

4) 이준일, 헌법학강의, 단락번호 [4.5.110].

5) 원심판결을 살펴보면 원심판시 내용은 본건 공소사실을 소설 "반노"속에 내포된 구체적 사항의 흐름이 음란하다는 것을 전제로 하여 판단한 것은 아니며, 공소사실은 어디까지나 그 공소사실에 적힌 위 소설 "반노"의 13장 내지 14장에 기재된 사실이 음란하다고 함에 있음을 전제로 하고 그 사실 자체를 지적하여 그것이 표현에 있어 과도하게 성욕을 자극시키거나 또는 정상적인 성적 정서를 크게 해칠 정도로 노골적이고 구체적인 묘사라고는 볼 수 없다고 판단하고 나아가 부수적으로 더욱이 그 전체적인 내용의 흐름이 인간에 내재하는 향락적인 성욕에 반항함으로써 결

"자유부인"이란 소설에서 예술이냐 외설이냐 하는 시비로 예술의 자유와 음란성의 한계문제가 첨예하게 대립되어 왔다.

대판, 1975. 12. 9, 74도976 【음란문서제조】 소설 반노사건

(1) 사건개요

이 사건은 작가 염재만의 문예작품으로 남녀간의 변태적인 성생활을 다룬 소설 '반노'가 음란물로 고발되어 기소된 사건이다. 이 소설은 우연히 알게 되어 서로 동거하게 된 남녀가 변태적인 성생활을 영위해가는 과정을 상세하게 묘사한 작품으로서 제1심에서는 음란물 제조로 유죄선고를 받았으나 항소심에서 무죄가 된 뒤 검찰이 다시 상고하여 기각되었다가 대법원의 최종재심에서 무죄가 확정된 사건이다.

(2) 판결요지

이 소설은 그 표현에 있어서 과도하게 성욕을 자극시키거나 또는 성적 정서를 크게 해칠 정도로 노골적이고 구체적인 묘사라고 볼 수 없으며, 그 작품 중에는 어느 일부분만을 따로 떼어 논할 수 없고 그 작품의 전체적인 내용의 흐름을 더듬어 종합적으로 살피건대, 그 전체적인 내용의 흐름이 인간에 내제하는 향락적인 성욕에 반항함으로써 새로운 자아를 발견하는 과정으로 이끌어 매듭 된 사실을 인정할 수 있으므로 음란한 작품이라 할 수 없다.

(3) 평가

이는 표현의 자유의 사회적 이익, 즉 이 경우 표현자와 그 표현 수혜자의 성을 매개로 하는 인간 정신의 계몽이란 이익이 있는 한(표현의 자유의 사회적 이익에 우월적 지위를 용인) 음란성이 있다고 판정할 수 없다는 취지로서 주목되는 판결이다.

음란성 문제가 예술의 자유의 한계로서 가장 활발하게 제기되는 이유는 다음과 같다. 먼저 고도의 자율적 창조적 활동인 예술개념정의의 어려움과 음란성의 구체적 명확한 기준제시가 미흡하다는 점이다. 음란성의 문제는 청소년에게 정서적 육체적으로 부정적인 악영향을 미치기 때문에 그 규제의 정당성이 충분하다 하더라도 무엇이 음란하다라는 명확한 개념정의가 없이 일방적인 규제의 목적 아래 예술의 자유의 본질적 내용을 침해 하는 것이 문제가 된다. 특히 국민의 성감정과 성 풍속도의 급변과 법질서와의 괴리가 문제의 큰 원인으로 여겨진다.

대판 1995. 6. 16, 94도1758 【음화판매】 미야자와 리에의 "산타페"의 음란성판단

이 사건 사진첩중 산타페(Santa Fe)에 관하여 살펴본다. 기록에 의하면 산타페는 일본

국 그로부터 벗어나 새로운 자아를 발견하는 과정으로 이끌어 매듭된 사실을 인정할 수 있으니 이에 비추어 이 건소설을 음란한 작품이라고 단정할 수 없다고 판단하고 있으므로 여기에 소론과 같은 위법이 없다고 할 것이다(대판, 1975. 12. 9, 74도976).

의 여배우 미야자와 리에(宮澤りえ)를 모델로 하여 사진작가 시노야마 기신(篠山紀信)이 찍은 사진 60여장을 모아 발간한 누드집을 국내에 들여와 인쇄·출판한 것인데 … 형법 제243조 및 제244조에 규정한 음란한 도서라 함은 일반보통인의 성욕을 자극하여 성적 수치심을 해하여 성적 도의관념에 반하는 것을 가리킨다 할 것이고, 도화의 음란성 판단에 있어서는 당해 도화의 성에 대한 노골적이거나 상세한 표현의 정도와 그 수법, 당해 도화의 구성 또는 예술성, 사상성 등에 의한 성적 자극의 완화의 정도, 이들의 관점으로부터 당해 도화를 전체로서 보았을 때 주로 독자의 호색적 흥미를 돋구는 것으로 인정하느냐의 여부 등을 검토하는 것이 필요하고, 이들의 사정을 종합하여 그 시대의 건전한 사회통념에 비추어 그것이 공연히 성욕을 흥분 또는 자극시키고 또한 보통인의 정상적인 성적 수치심을 해하고 선량한 성적 도의관념에 반하는 것이라고 할 수 있는가의 여부를 결정하여야 한다.

헌법재판소는 헌법상 보호되지 않는 성적 표현을 '인간존엄 내지 인간성을 왜곡하는 노골적이고 적나라한 성표현으로서 오로지 성적 흥미에만 호소할 뿐 전체적으로 보아 하등의 문학적, 예술적, 과학적 또는 정치적 가치를 지니지 않는 것'으로 의미한다고 판시하면서 형법상의 음란개념에 대한 대법원의 판단과 동일하게 보고 있다.[1] 구체적으로 우리 대법원이 문학작품[2], 영화포스터[3], 연극[4], 사진집[5] 등에서 표현된 내용의 음란성을 판단

1) 헌재결 1998. 4. 30, 95헌가16【출판사및인쇄소의등록에관한법률 제5조의2 제5호 등 위헌제청】

2) 대판 1995. 6. 16, 94도2413【음란한문서제조, 음란한문서판매】[즐거운 사라 판결] … 위 소설은 위와 같이 때와 장소, 상대방을 가리지 않는 다양한 성행위를 선정적 필치로 노골적이고 자극적으로 묘사하고 있는데다가 나아가 그러한 묘사부분이 양적, 질적으로 문서의 중추를 차지하고 있을 뿐만 아니라 그 구성이나 전개에 있어서도 문예성, 예술성, 사상성 등에 의한 성적 자극완화의 정도가 별로 크지 아니하여 주로 독자의 호색적 흥미를 돋구는 것으로밖에 인정되지 아니하는바, 위와 같은 여러 점을 종합하여 고찰하여 볼 때 이 사건 소설은 작가가 주장하는 '성 논의의 해방과 인간의 자아확립'이라는 전체적인 주제를 고려한다고 하더라도 음란한 문서에 해당되는 것으로 보지 않을 수 없다. 나아가 오늘날 각종 영상 및 활자매체 등을 통하여 성적 표현이 대담, 솔직하게 이루어지고 있고 다양한 성표현물이 방임되어 오고 있는 것이 일반적인 추세라고 하여도 정상적인 성적 정서와 선량한 사회풍속을 침해하고 타락시키는 정도의 음란물까지 허용될 수는 없는 것이어서 그 한계는 분명하게 그어져야 하고 오늘날 개방된 추세에 비추어 보아도 이 사건 소설은 그 한계를 벗어나는 것임이 분명하다. 동지의 판례: 대판 1996. 6. 11, 96도980; 대판 1995. 6. 29, 94누2558.

3) 대판 1990. 10. 16, 90도1485【공기호부정사용, 음화제조, 음화반포, 공연법위반】공연윤리위원회의 심의를 마친 영화작품이라고 하더라도 관람객의 범위가 제한된 영화관에서 상영하는 것이 아니고 관람객을 유치하기 위하여 영화장면의 일부를 포스터나 스틸사진 등으로 제작하였고 제작된 포스터 등 도화가 그 영화의 예술적 측면이 아닌 선정적 측면을 특히 강조해 그 표현이 과도하게 성욕을 자극시키고 일반인의 정상적인 성적 정서를 해치는 것이어서 건전한 성풍속이나 성도덕관념에 반하는 것이라면 그 포스터 등 광고물은 음화에 해당된다고 보아야 한다.

함에 있어서 건전한 성풍속의 보호범위 내에서 예술의 표현이 내재된 내용만을 예술의 자유에 수용할 수 있는 것으로 보고 이러한 한계를 일탈하고 성적, 수치심의 자극이나 건전한 성도덕을 해칠 우려가 있을 땐 예술의 자유로서 보호받지 못한다고 판시하고 있다.

대판 2000. 12. 22, 2000도4372 【공연음란】 음란의 개념
형법 제245조 소정의 '음란한 행위'라 함은 일반 보통인의 성욕을 자극하여 성적 흥분을 유발하고 정상적인 성적 수치심을 해하여 성적 도의관념에 반하는 것을 가리킨다고 할 것이고, 위 죄는 주관적으로 성욕의 흥분 또는 만족 등의 성적인 목적이 있어야 성립하는 것은 아니지만 그 행위의 음란성에 대한 의미의 인식이 있으면 족하다고 할 것인바, 원심이 인정한 바와 같이 피고인이 불특정 또는 다수인이 알 수 있는 상태에서 옷을 모두 벗고 알몸이 되어 성기를 노출하였다면, 그 행위는 일반적으로 보통인의 정상적인 성적 수치심을 해하여 성적 도의관념에 반하는 음란한 행위라고 할 것이다.

예술의 자유와 음란성의 판단 문제는 오히려 예술이냐 외설이냐의 양자택일의 문제가 아니라 구체적으로 어떠한 보호가치 있는 법익이 그 작품에 의해 침해될 수 있느냐의 문제로 접근해야 할 것이다. 오늘날 성적 문제에 대한 개방화의 경향에 따라 과거의 음란한 것으로 금기시되던 것들 중에 많은 것들이 적어도 성인에게는 더 이상 도덕적 법적 비난의 대상이 되지 못한다는 지적이 단적인 증거가 된다. 또한 예술작품의 제한은 최소한에 그쳐야 할 것이므로 무조건적인 금지보다 제한적인 규제의 방법, 즉 적정한 방법을 통한 규제가 예술의 자유의 실현과 다른 법익의 충돌을 조화롭게 해결할 수 있을 것이다.

---

4) 대판 1996. 6. 11, 96도980 【공연음란】 연극공연행위의 음란성의 유무는 그 공연행위 자체로서 객관적으로 판단해야 할 것이고, 그 행위자의 주관적인 의사에 따라 좌우되는 것은 아니라고 할 것인바(당원 1970. 10. 30. 선고 70도1879 판결 참조), 비록 피고인이 위 행위들의 음란성을 인식하지 못하였다고 하더라도 객관적으로 음란하다고 인정되는 위 행위들을 공연히 하고 있다는 것을 인식하고 있으면 되고 그 이상 더 나아가서 위 행위들이 음란한 것인가 아닌가를 인식할 필요는 없다고 할 것이다.

5) 대판 1995. 6. 16, 94도1758 【음화판매】 '이브의 초상'에서 여배우 유연실을 대중에게 홍보하기 위하여 발간된 것으로서 그 내용을 보면 옥내 외에서 유연실을 모델로 하여 찍은 사진 80여면으로 구성되어 있는데, 위 사진들은 여성의 아름다움을 표현하기보다는 여성의 신체의 특정부분만을 유난히 강조하여 촬영한 것이거나 선정적인 측면을 강조한 것이어서 예술적 가치가 거의 없다고 할 것이지만 그 전체로서 보아 오늘날의 사회통념에 비추어 볼 때 공연히 성욕을 흥분 또는 자극시키고 또한 보통인의 정상적인 성적 수치심을 해하고 선량한 성적 도의관념에 반하는 것이라고 인정하기 어렵다고 할 것이다.

5. 음란한 상업광고와 예술의 자유

예술작품에 대한 광고행위도 예술의 자유의 보호범위에 속한다고 한 독일 연방헌법재판소의 판례[1]와는 달리, 예술작품을 상업광고의 소재로 이용한 경우에 이를 예술의 자유의 기본권적 보호범위에 포함시킬 수 있는지가 문제된다. 상업광고를 예술의 자유에 포함시키지 않는 독일의 다수설과 같이 예술의 자유의 보호범위를 판단함에 있어서는 어디까지 그 예술성에 중점을 두어야 하므로, 단순히 상업성에 중점을 둔 제품판매 목적의 상업광고는 직업수행의 자유와 관련한 문제이며, 예술의 자유와 같은 정신적 기본권의 보호영역에서 벗어난다고 할 수 있다.

결국 상품의 광고라는 상업목적을 위해서 광고가 이루어 졌다면 이는 예술의 자유로 보호받지 못하는 것이며, 또한 음란성 판단에 있어서도 상업목적의 광고행위를 예술성 내지는 예술적 가치가 있는 것으로 인정하는 것은 불가능하다. 이 경우 상업광고의 음란성의 판단은 광고의 목적과 광고의 표현 방법의 연관성을 검토하여 판단하여야 할 것이다.[2]

대판 1970. 10. 30, 70도1879 【음화제조음화판매】 고야(Goya)의 나체의 마야

1970년의 마야판결에서 대법원은 "음란성의 유무는 그 그림자체로서 객관적으로 판단해야 할 것"이라고 판시한 바 있다(대판 1979. 10. 30, 70도1879). 마야판결은 고야의 명화 "나체의 마야"를 성냥갑에 그대로 인쇄하여 판매한 행위에 대해 음화제조 및 판매죄의 성립을 인정한 사건이다.

헌법 제21조에서 정신적 기본권에 대하여 고도의 보장을 인정한다 하더라도 공중도덕, 사회윤리 내지는 사회공동체의 가치질서와 같은 법 내재적 한계를 벗어날 수는 없는 것이며, 광고행위가 예술의 자유 내지 언론출판의 자유에 해당하더라도 위에서 언급한 척도에 따른 음란성을 지니고 있다면 헌법 내재적 한계를 일탈하여 보호받지 못한다고 할 수 있다.

---

1) BVerfGE 77, S, 251.

2) 권영성/신우철, 신고 헌법학연습, 260면.

제 9 목 지적 재산권의 보호

지적 재산권(Intellectual Property Right)이라 함은 문학 · 예술 · 과학 · 기술 등 인간의 정신적 창작활동의 결과 생산되는 무형의 산물에 대하여 지배할 수 있는 독점적 · 배타적 권리를 말한다. 헌법은 지적 재산권에 대하여는 이를 학문 및 예술의 자유와 관련하여 별도로 규정하고 있다. 헌법 제22조 제2항은「저작자 · 발명가 · 과학기술자와 예술가의 권리는 법률로써 보호한다」라고 하여 지적 재산권(지적 소유권)의 보호를 규정하고 있다. 저작자 · 발명가 · 과학기술자와 예술가의 권리를 보호하는 것은 학문과 예술을 발전 · 진흥시키고 문화국가를 실현하기 위한 불가결의 수단이며, 학자 · 발명가 · 과학기술자[1] · 예술가의 지적 재산권 내지는 무채재산권적 권리를 보호한다는 의미도 있다.[2]

이러한 지적 재산권은 저작권법 · 과학기술기본법(舊 과학기술진흥법) · 발명진흥법(舊 발명보호법) · 특허법 · 문화예술진흥법 · 기능장려법 등에 의하여 보호되고 있다.

지적재산권의 종류는 매우 다양하지만 크게는 저작권 · 산업소유권 · 제3의 권리[3]로 나눌 수 있다. 저작권은 예술적 · 인문과학적 창작의 산물인 저작물에 대하여 저작자가 가지는 일신전속적 권리이다(저작인격권과 저작재산권). 산업소유권은 특허권 · 실용신안권 · 의장권 · 상표권 등 산업적 무채재산권을 총칭하는 개념이다. 제3의 지적 재산권으로는 현대산업사회의 고도화에 따라 새로이 생성되는 컴퓨터소프트웨어 · 반도체칩 · 데이터베이스 · 영업비밀 등이 있다.[4]

[지적재산권의 종류]

저작권 : 예술적 · 인문과학적 창작의 산물인 저작물에 대하여 저작자가 가지는 일신전속적권리(저작인격권 · 저작재산권)

산업소유권 : 특허권 · 실용신안권 · 의장권 · 상표권 등 산업적 무채재산권

제3의 지적재산권 : 컴퓨터소프트웨어 · 반도체칩 데이터베이스 · 영업비밀 등

---

1) 과학기술자의 특별보호를 명시한 헌법 제22조 제2항은 과학 · 기술의 자유롭고 창조적인 연구개발을 촉진하여 이론과 실제 양면에 있어서 그 연구와 소산을 보호함으로써 문화창달을 제고하려는 데 그 목적이 있다(헌재결 1993. 11. 25, 92헌마87).

2) 허영, 한국헌법론, 442면.

3) 홍성방, 헌법학, 538면.

4) 권영성, 헌법학원론, 560면; 홍성방, 헌법학, 538면.

제 3 절 경제적 기본권

제 1 항 경제질서와 경제적 기본권

I. 경제적 자유와 경제적 기본권

근대시민계급(부르주아)의 등장 및 시민혁명의 결과, 소유권의 신성불가침 · 상속권의 보장 · 계약자유의 원칙 · 과실책임의 원칙 등 자본주의사회의 토대가 되는 갖가지 경제적 자유와 권리들이 보장받게 되었다. 특히 근대시민사회에서는 국가가 개인의 재산적 권리를 존중하고 정치적으로는 자유방임주의, 경제적으로는 중상주의 정책(Merkantilismus)을 표방하여 개인생활에 국가의 개입을 자제하였다. 그러나 19세기 중엽을 지나면서 경제적 자유주의에 대한 수정이 불가피하였다. 산업화가 진행됨에 따라 인구의 대부분이 근로대중화하여 자본주의사회가 구조적으로 빈부격차 · 빈곤 · 질병 · 실업 등의 위험에 부딪치게 되었기 때문이다.[1)]

이에 따라 입헌주의의 기반 위에 경제질서를 재편성한 것은 독일 바이마르헌법(1919-1933)이 그 시초였다. 바이마르 헌법은 「경제생활의 질서는 모든 국민에게 인간다운 생활을 보장하여 주기 위하여 정의의 원칙에 적합하지 않으면 아니된다. 개인의 경제적 자유는 이 한계내에서 보장된다」(바이마르 헌법 제151조 제1항)라고 하여 경제적 불평등을 초래하는 극단적인 경제적 자유를 지양하고, 「소유권은 의무를 수반한다. 그 행사는 동시에 공공복리에 이바지하여야 한다」(동법 제153조 제4항)라고 하여 재산권행사에도 사회적 책임을 수반하고, 일정한 한계가 있음을 강조함으로써 사회국가사상을 반영하였다.[2)]

바이마르헌법(1919-1933)
세계최초의 사회적 기본권 등장(사회국가사상의 반영)
재산권의 상대화

제2차 세계대전 이후 세계 각국의 헌법은 모든 국민이 인간다운 생활을 확보할 수 있도록 하기 위하여 재산권을 상대화시키고 다양한 형태의 사회적 기본권(생활권, 생존권)을

---

1) 권영성, 헌법학원론, 553면.
2) 권영성, 헌법학원론, 553면; 홍성방, 헌법학, 540면.

규정하고 있다. 1960년대부터는 경제적 약자 · 어린이 · 노약자 등에 대하여 국가적 생존배려(Daseinsvorsorge)를 한층 더 강화하여, 전면적인 사회보장체제를 확립하고, 최근에는 소비자기본권 등과 같은 새로운 유형의 경제적 기본권까지 강조되고 있다. 그 결과 경제생활과 관련한 여러 가지 종류의 다양한 형태의 자유와 권리들을 새로운 유형의 경제적 기본권으로 그 자리를 매듭짓게 되었고, 동시에 경제적 기본권에 대한 새로운 형태의 헌법해석론을 전개할 필요가 등장하게 되었다.1)

II. 현항 헌법과 경제적 기본권

현행 헌법상의 경제질서는 자본주의를 골격으로 한 자유시장경제를 채택하되, 경제적 약자 · 어린이 · 노약자 등의 특별한 보호를 통해 정의사회의 구현과 균형있는 국민경제의 발전을 위하여 필요한 범위 안에서 국가적 규제와 조정이 가능한 사회적 시장경제질서 내지 혼합경제질서를 혼합 하고 있다(통설).2) 또한 헌법은 개개인의 인간다운 생활을 보장하고 이를 실질적으로 구현하기 위하여 여러 가지 형태의 사회적 기본권을 보장하고 있다. 국가에 의한 사회보장 · 사회복지의 증진의무(제34조 제1, 제2항) 등이 그것이다. 이와 같이 현행 헌법은 자본주의 경제체제 이외에 사회적 시장경제질서를 채택하고 다양한 종류의 사회적 기본권을 헌법적 차원에서 보장하고 있기 때문에, 개인의 경제적 기본권도 사회정의를 위하여 합리적인 법위내에서는 제한이 가능하다.3)

현행 헌법에서는 경제적 기본권으로서 직업선택의 자유(제15조)와 재산권(제23조)만을 규정하고 있지만, 소비자의 권리도 경제적 기본권의 하나로서 헌법상 보장된다고 보아야 한다. 왜냐하면 소비자의 권리도 이 헌법에 의하여 열거되지 아니한 이유로 경시되지 아니하여야할 권리에 해당되기 때문이다(제37조 제1항). 전체적으로 볼 때 현행 헌법은 경제부문과 관련하여(경제헌법 부문), 자유시장경제와 사회시장경제를 그 골격으로 하되, 사유재산제의 보장을 기본으로 하고 있다. 그리고 이러한 전제하에서 그 제도적 · 물적 측면에서는 제23조의 재산권으로서 보장하고, 그 기능적 · 인적 측면은 제15조의 직업선택의 자유와 소비자의 권리로서 보장하고 있는 것이다.4)

---

1) 권영성, 헌법학원론, 554면.
2) 권영성, 헌법학원론, 554면.
3) 권영성, 헌법학원론, 554면.
4) 권영성, 헌법학원론, 554면.

「현행 헌법상의 경제적 기본권」

- 직업선택의 자유(제15조)
- 재산권(제23조)

「기타」

- 소비자의 권리

제 2 항 재산권

I. 재산권보장의 의의

현행 헌법에 있어서 재산권의 보장에 관한 기본조항인 제23조는 「① 모든 국민의 재산권은 보장된다. 그 내용과 한계는 법률로 정한다. ② 재산권의 행사는 공공복리에 적합하도록 하여야 한다. ③ 공공필요에 의한 재산권의 수용·사용 또는 제한 및 그에 대한 보상은 법률로써 하되, 정당한 보상을 지급하여야 한다」라고 하고 있다. 이 규정은 사유재산제도를 보장하되, 공공필요에 의한 재산권의 수용·사용·처분은 예외적으로 허용된다는 의미이다.[1)]

헌법 제23조 이외에도 소급입법에 의한 재산권의 박탈을 금지한 제13조 제2항, 지적재산권을 보장한 제22조 제2항, 제119조 제1항은 "대한민국의 경제질서는 개인과 기업의 경제상의 자유와 창의를 존중함을 기본으로 한다"고 규정하고 있다. 그리고 광업권 등의 특허에 관한 제120조, 국토·자원 등에 대한 제한을 규정한 제122조, 법률에 의한 사영기업

---

1) 헌재결 1998. 12. 24, 97헌마87·88(병합) 【국가보위에관한특별조치법제5조제4항에의한동원대상지역내의토지의수용, 사용에관한특별조치령에의하여수용, 사용된토지의정리에관한특별조치법제2조위헌확인등】 헌법 제23조는 "① 모든 국민의 재산권은 보장된다. 그 내용과 한계는 법률로 정한다. ② 재산권의 행사는 공공복리에 적합하도록 하여야 한다. ③ 공공필요에 의한 재산권의 수용·사용 또는 제한 및 그에 대한 보상은 법률로써 하되, 정당한 보상을 지급하여야 한다"라고 규정하고 있다. 이 규정의 근본취지는 우리 헌법이 사유재산제도의 보장이라는 기조 위에서 원칙적으로 모든 국민의 구체적 재산권의 자유로운 이용·수익·처분을 보장하면서 공공필요에 의한 재산권의 수용·사용 또는 제한은 헌법이 규정하는 요건을 갖춘 경우에만 예외적으로 허용한다는 것으로 해석된다. 이와 같은 우리 헌법의 재산권 보장에 관한 규정의 근본취지에 비추어 볼 때, 공공필요에 의한 재산권의 공권력적·강제적 박탈을 의미하는 공용수용은 헌법상의 재산권 보장의 요청상 불가피한 최소한에 그쳐야 한다. 즉 공용수용은 국민의 재산권을 그 의사에 반하여 강제적으로라도 취득해야 할 공익적 필요성이 있을 것, 법률에 의거할 것, 정당한 보상을 지급할 것의 요건을 모두 갖추어야 한다. 그리고 일단 공용수용의 요건을 갖추어 수용절차가 종료되었다고 하더라도 그 후에 수용의 목적인 공공사업이 수행되지 아니하거나 또는 수용된 재산권이 당해 공공사업에 필요없게 되었다고 한다면, 수용의 헌법상 정당성과 공공필요에 의한 재산권 취득의 근거가 장래를 향하여 소멸한다고 보아야 한다. 따라서 수용된 토지 등이 공공사업에 필요없게 되었을 경우에는 피수용자가 그 토지 등의 소유권을 회복할 수 있는 권리 즉 환매권이 헌법상의 재산권 보장으로부터 도출되고, 그 권리는 헌법이 보장하는 재산권의 내용에 포함되는 권리라고 보는 것이 상당하다(헌재 1994. 2. 24. 92헌가15등, 판례집 6-1, 38, 55-57 참조).

의 국 공유화와 그 경영의 통제·관리를 예외적으로 허용하고 있는 제126조 등도 재산권의 보장과 관련이 있는 조항들이다.[1)]

우리 헌법은 사유재산제도와 경제활동에 대한 사적 자치의 원칙을 기초로 하는 자본주의 시장경제질서를 기본으로 하고 있음을 선언하고 있다. 이는 국민 개개인에게 자유스러운 경제활동을 통하여 생활의 기본적 수요를 스스로 충족시킬 수 있도록 하고 사유재산과 그 처분 및 상속을 보장해주는 것이 인간의 자유와 창의를 보장하는 지름길이고 궁극에는 인간의 존엄과 가치를 증대시키는 최선의 방법이라는 이상을 배경으로 하고 있는 것이다.[2)]

헌법이 보장하고 있는 재산권은 경제적 가치가 있는 모든 공법상·사법상의 권리를 뜻하고, 그 재산가액의 다과를 불문한다. 또 재산권의 보장은 재산권의 자유로운 처분의 보장까지 포함한 것이다.[3)] 재산권의 보장은 사유재산에 대한 임의적 처분권과 그 침해에 대한 방어권이라는 주관적 공권과 객관적 가치질서로서 사유재산제를 제도로서 보장하는 것이다.

– 국가재정법(舊예산회계법)상 국가에 대한 금전채권소멸시효규정의 위헌여부 –

<사례>

甲은 그의 사유지를 국가가 권한 없이 도로부지로 15년간 점유·사용하고 있으므로 국가에 대한 부당이득금반환청구소송을 하려고 한다. 그런데 국가에 대한 금전채권의 소멸시효기간은 예산회계법상 5년으로 정하고 있다고 하는바, 예산회계법상의 이러한 규정은 甲의 재산권을 침해하여 헌법에 위반되는 것이 아닌가?

<해설>

금전채권과 채무의 소멸시효에 관하여 국가재정법(舊예산회계법) 제96조에 의하면 "① 금전의 급부를 목적으로 하는 국가의 권리로서 시효에 관하여 다른 법률에 규정이 없는 것은 5년간 행사하지 아니할 때에는 시효로 인하여 소멸한다. ② 국가에 대한 권리로서 금전의 급부를 목적으로 하는 것도 또한 제1항과 같다."라고 규정하고 있다.

그런데 국가에 대한 금전채권의 소멸시효기간을 5년으로 정하고 있는 국가재정법 제96조 제2항이 채권자의 재산권을 침해하여 헌법에 위반되는지에 관하여 판례를 보면, "국가채무에 대하여 단기소멸시효를 두는 것은 국가의 채권·채무관계를 조기에 확정하고 예산수립의 불안정성을 제거하여 국가재정을 합리적으로 운용하기 위한 것으로서 그 입법목적은 정당하며, 국가의 채무는 법률에 의하여 엄격하게 관리되므로 채무이행에 대한 신용도가 매우 높아 채무의 상환이 보장되고 채권자는 안정적인 지위에 있는데 반해, 채무자인

---

1) 권영성, 헌법학원론, 555면 각주 1) 참조.
2) 헌재결 1989. 12. 22, 88헌가13【국토이용관리법 제21조의3 제1항, 제31조의2의 위헌심판】
3) 헌재결 1992. 6. 26, 90헌바26【정기간행물의등록등에관한법률 제10조 등에 대한 헌법소원】

국가는 기한에 채권자의 청구가 있으리라는 예상을 하여 이를 예산에 반영하여야 하므로 법률상태가 조속히 확정되지 않음으로써 받는 불안정성이 상당하고 특히 불법행위로 인한 손해배상이나 구상금 채권과 같이 우연한 사고로 말미암아 발생하는 채권의 경우 그 발생을 예상하기 어려우므로 불안정성이 매우 크다. 게다가 국가에 대한 채권의 경우 민법상 단기시효기간이 적용되는 채권과 같이 일상적으로 빈번하게 발생하는 것이라 할 수 없고, 일반사항에 관한 예산·회계관련 기록물들의 보존기간이 5년으로 되어 있는 점에 비추어 이 사건 법률조항에서 정한 5년의 단기시효기간이 채권자의 재산권을 본질적으로 침해할 정도로 지나치게 짧고 불합리하다고 볼 수 없다."라고 하였다(헌재결 2001. 4. 26, 99헌바37).

따라서 국가에 대한 금전채권의 소멸시효기간을 5년으로 정하고 있는 예산회계법 제96조 제2항이 채권자의 재산권을 침해하여 헌법에 위반된다고 다투기는 어려울 것으로 보인다. <대한법률구조공단>

II. 재산권보장의 역사와 그 변형

1. 근대초기

봉건사회가 붕괴되고 난 후 성립한 근대시민사회는 근대초기의 계몽사상 및 자연법사상과 로마법의 영향으로 모든 사람을 평등한 인격자로 관념하고 그의 이윤추구 욕구를 바탕으로 한 자유스러운 사회활동(계약자유)과 여러가지 제약이나 부담이 따르지 않는 소유권 즉, 절대적인 소유권의 보장을 요구하였고, 그것을 배경으로 개인주의·자유주의 및 자본주의의 급속한 발달과 함께 생산과 부의 비약적인 증대와 경제번영을 이룩하였던 것이다. 그리하여 근대 초기자본주의하에서의 토지소유권의 개념은 개인적 재산권으로서 타의 제약을 받지 않는 절대적 사권으로서 존중되게 되었으며, 토지소유권의 불가침성, 자유성, 우월성을 의미하는 토지소유권의 절대성은 1789. 8. 27. 프랑스서 인권선언 제17조의 「소유권은 신성불가침」이라는 규정으로 표현되었다.[1)]

1776년 미국의 버지니아 권리장전도 제6조와 제11조에서 간접적으로 재산권 보장을 선언하였고,[2)] 1787년의 미연방헌법도 「적법절차에 의하지 아니하면 재산은 박탈되지 아니하며, 정당한 보상없이는 사유재산을 공용을 위하여 수용하지 못한다」라고 하고 있다(수정헌법 제5조, 제17조). 이와 같은 재산권의 절대성(불간섭주의·자유방임주의)은 근대시민사회를 지탱하는 법적 지주가 되었을 뿐만 아니라, 근대자본주의의 발달을 촉진한 원동력이 되었다.

1) 헌재결 1989. 12. 22, 88헌가13【국토이용관리법 제21조의3 제1항, 제31조의2의 위헌심판】
2) 계희열, 헌법학(중), 545면 각주 13) 참조.

2. 독일 Weimar 헌법

그러나 위와 같은 개인주의·자유주의에 바탕을 둔 자본주의도 초창기의 기대, 즉, 모든 사람을 평등한 인격자로 보고 그 자유로운 계약활동과 소유권의 절대성만 보장해주면 개인적으로나 사회적으로 무궁한 발전을 기약할 수 있다는 이상이 노동을 상품으로 팔 수밖에 없는 도시노동자나 소작민에게는 아무런 의미가 없고, 계약자유의 미명아래 "있는 자, 가진 자"로부터 착취당하여 결국에는 빈부의 격차가 현격해지고, 사회계층간의 분화와 대립갈등이 첨예화하는 사태에 이르게 됨에 따라 대폭 수정되기에 이르러,[1] 20세기가 되자 사회적 알력과 불안의 원인으로 간주된 재산권의 절대성은 수정되지 않을 수 없었다. 자본주의사회에서 재산권의 상대화를 최초로 선언한 것이 독일의 바이마르헌법이다.

> **바이마르헌법 제153조**「① 소유권은 헌법에 의하여 보장된다. 소유권의 내용과 한계는 법률로 정한다 ② 공용징수는 공공의 복리를 위하여 또 법률에 근거하여서만 이를 할 수 있다. 공용징수는 법률에 다른 규정이 있는 경우를 제외하고는 상당한 보상을 하여야 한다. 보상금액에 대하여 분쟁이 있는 경우에는 법률에 다른 규정이 있는 경우를 제외하고는 일반법원에 출소 할 수 있도록 하여야 한다. ③ 지방, 공공단체 및 공익상의 단체에 대하여 국가가 공용징수를 하는 경우에는 언제나 보상을 하여야 한다. ④ 소유권은 의무를 수반한다. 소유권의 행사는 동시에 공공복리에 이바지하여야 한다.

독일 바이마르헌법은 재산권의 자유권적 성격에 커다란 변용을 가한 것일 뿐 아니라 개인의 경제적 영역에 대한 국가적 태도에 일대 전환을 가져오게 한 것이다. 이러한 현상은 개인주의적·자유주의적 세계관에 단체주의적·사회주의적 세계관이 가미되어, (ㄱ) 재산권에 대해서는 다른 자유권과는 달리 전국가성 내지는 초국가성을 인정하지 아니하고, (ㄴ) 그 내용과 한계도 국법에 의하여 규정된다고 함으로써 재산권을 전국가적·초국가적 권리인 자연권에서 실정법상의 권리인 실정권으로 격하시켰으며, (ㄷ) 개인의 경제적 영역에 대한 국가적 태도도 종래의 불간섭주의 내지 자유방임주의로부터 적극적인 간섭주의 내지 규제·조정주의로 전환되었음을 말하여 주는 것이다.[2]

바이마르 헌법 이후 재산권은 사회적 구속성을 지니는 것으로 상대화 되었고, 대부분의 현대국가에서는 재산권의 내용과 한계를 법률로 정할 수 있도록 하고 있고, 의무를 수반하는 상대적 권리로 규정하고 있다.[3]

---

1) 헌재결 1989. 12. 22, 88헌가13【국토이용관리법 제21조의3 제1항, 제31조의2의 위헌심판】
2) 권영성, 헌법학원론, 법문사, 556면; 홍성방, 헌법학, 539면.
3) 헌재결 1989. 12. 22, 88헌가13【국토이용관리법 제21조의3 제1항, 제31조의2의 위헌심판】

독일 바이마르헌법 : 개인주의적 · 자유주의적 세계관 + 단체주의적 · 사회주의적 세계관
- 재산권에 대해서는 다른 자유권과는 달리 전국가성을 불인정
- 내용 · 한계도 국법에 의하여 규정된다 → 재산권을 자연권에서 실정권으로 격하
- 불간섭주의 · 자유방임주의 → 적극적인 간섭주의 내지 규제 · 조정주의로 전환

제2차대전 이후에 제정된 헌법들은 정도의 차이가 있기는 하지만, 대부분이 재산권의 사회적 구속성을 수용하고 있다. 독일 Bonn 기본법 제14조, 이탈리아헌법 제42조, 일본헌법 제29조, 우리의 현행 헌법도 제23조에서 재산권을 보장하면서도 20세기적 헌법의 경향에 따라 재산권에 대한 사회적 구속성을 규정하고 있다.[1)]

1) 헌재결 1989. 12. 22, 88헌가13【국토이용관리법 제21조의3 제1항, 제31조의2의 위헌심판】우리나라의 경우 일제의 식민지지배에서 해방되어 미군정기간을 거쳐 1948.7.12. 제헌헌법이 제정되었는바, 이 헌법 제15조에서 위와 같은 재산권 관념의 변천에 상응하여 재산권의 상대성, 재산권 행사의 공공복리 적합의무를 명시하고 있으며, 그 후 제정된 우리 민법(1958. 2. 22. 법률 제471호)에서도 소유권의 내용을 규정함에 있어서 "소유자는 법률의 범위내에서 그 소유물을 사용, 수익, 처분할 권리가 있다"(민법 제211조) "토지의 소유권은 정당한 이익있는 범위내에서 토지의 상하에 미친다"(민법 제212조)라고 규정하고 있으며 '절대 무제한으로 목적물을 이용하고 처분할 권리'라든가 '하고 싶은대로 이용하는 권리'라는 내용으로 규정하고 있지 않은 것이다.

3. 우리나라

논점	주요내용	참고
의의	사법상 · 공법상 경제적 가치가 있는 일체의 권리 ↔ 제외 : 단순한 기대이익 · 반사적 이익 · 법적 지위 헌법 제23조 ↔ 무체재산권 : 헌법 제22조 제2항 별도규정(특별)	헌재결 1990. 6. 25 : (구)토지수용법 제46조 제2항 → 단순합헌
연혁	1) 1215년 영국 마그나카르타(대헌장 : 신분적 · 추상적) → 2) 1776년 미국 Virginia 헌법(시민적 · 구체적 · 절대적 권리임을 간접적으로 표현) 3) 1789 프랑스 인권선언 제17조(재산권의 불가침 · 신성한 권리) → 법률에 근거한 공공필요 및 사전보상 조건하에 한함, 예외적 제한 4) 1791년 미국 수정헌법(정당절차, 정당보상 제한 가능) → 5) 1919년 독일 Weimar 공화국헌법 제153조(재산권의 사회적 책임, 상대적 권리) : 재산권의 사회적 구속성	미국 독립선언(X), 실정권성(O)
법적 성격	1) 자유권설(문홍주), 2) 제도보장설(E. R. Huber), 3) 절충설(권리 · 제도보장설 : 통설)	
기능	1) 생활의 물질적 기초확보, 2) 자본주의 경제질서의 기초 : 사유재산제도의 보장, 3) 사회국가 실현수단 = 인간다운 생활권(사회정의의 구현)	
제23조 제1항	1) 재산권 내용 법률주의 : 취득 · 사용 · 수용 · 처분의 법률주의 2) 재산권 한계 법률주의 3) 법률 : 형식적(성문) 법률원칙 4) 법적 성격 : ① 허영(재산권 형성적 법률유보) ② 권영성(사유재산제의 한계)	재산권의 자연권성(X), 실정권성(○)
제23조 제2항	재산권행사의 공공복리 적합의무(재산권의 사회적 구속성), ① 허영(재산권의 헌법적 한계), ② 권영성(개별적 헌법유보), ③ 김철수(법적 의무), ④ 윤리적 의무(다수설)	토지거래허가제 : 합헌 (1989. 12. 22) - 舊국토이용관리법 제21조의3 제1항 * 구국토이용관리법 제31의2 → 위헌불선언
재산권의 사회적 한계 근거이론	① 사회기속이론(공익목적 적극, 능동적 제한), ② 기대가능성이론 → 제한의 수인한계 초월시 보상, ③ 사적 유용성이론 → 사적 유용성이 유지되고 있으면 보상 없음, ④ 상황기속이론 → 현상유지시 보상 없음(그린벨트), ⑤ 특별희생이론(통설 · 판례 : 개별적 희생시 보상)	저작권법 제23조 제1항 → 공표된 저작물 교과서 일부게재 허용

<홍원식, 통합헌법요론, 186면 참조>

III. 재산권보장의 법적 성격

1. 학설

그 내용과 한계가 법률로 정하여지고 그 행사가 공공복리에 적합하여야하는 재산권을 헌법이 보장한다는 것은 어떠한 의미를 가지는 것인가 하는 점에 있어서, 재산권은 전국가적 권리인가 아니면 국가에 의하여 보장되는 법제도인가라는 재산권보장의 법적 성격이 문제된다.

1.1. 자유권설

자유권설에 의하면, 헌법상 재산권의 보장은 「개개인이 현재 누리고 있는 재산상의 권리는 불가침이다」라는 뜻의 자유권의 보장을 의미한다고 한다. 다만 그 내용과 한계가 법률로 정하여지고 그 행사도 공공복리에 적합하여야 하는 고도의 사회적 의무성을 수반한다는 점에서, 기타의 자유권과는 다른 점이라고 한다.

1.2. 제도적 보장설

제도보장설은 헌법상 재산권의 보장은 개인이 재산을 사유할 수 있다는 법제도, 즉 사유재산제의 보장을 의미한다고 한다.

1.3. 절충설(권리 · 제도동시보장설)

절충설인 권리 · 제도 동시보장설에 의하면, 헌법상 재산권의 보장은 국가에 의한 자의적 침해가 금지되는 대국가적 방어권으로서 개개인의 재산상 권리(주관적 권리)와 더불어 개개인이 재산을 사유할 수 있는 법제도로서의 사유재산제를 보장(제도보장)하는 것이라고 한다. 다수설이다.[1)]

2. 사견

헌법에서의 재산권보장은 전국가적 자연권으로서의 재산권만을 보장한다는 것도 아니고, 칼 슈미트적인 사유재산제의 제도적 보장만을 의미하는 것도 아니다. 헌법상 재산권보장의 법적 성격은 권리 · 제도동시보장설의 관점에서 이해되어야 한다. 즉 개인이 사유재산을 향유할 수 있는 법제도로서의 사유재산제도와, 이러한 법제도의 토대하에서 법률에 의하여 구체적으로 형성된 개인의 재산권을 보장한다는 의미이다(사유재산제도의 보장 및

---

1) 권영성, 헌법학원론, 557면; 양건, 헌법강의, 519면; 홍성방, 헌법학, 540면.

사유재산권의 보장).[1] 법제도로서의 사유재산제도가 보장되지 아니하는 곳에서 개인의 재산권이 보장될 수는 없는 것이며, 개인의 구체적 재산권이 전면적으로 부인되는 곳에 사유재산제도만이 법제도로서 존재할 수도 없기 때문이다. 이와 같이 이중적 의미를 지니는 절충설이 타당하다. 헌법재판소 판례 또한 같다.[2] 그리고 재산권은 국가에 대한 방어 및 보호권을 주장할 수 있는 주관적 공권으로서의 성격과 객관적 가치질서로서의 성격, 즉 이중적 성격을 가진다.[3]

IV. 재산권의 주체

재산권의 주체는 모든 국민이다. 자연인은 물론 법인도 재산권의 주체가 되며 국가와 지방자치단체도 그 주체가 된다.[4][5] 자연인 중에는 외국인이나 무국적자도 그 주체가 될 수 있느냐가 문제된다. 재산권은 인간의 권리이기 때문에[6] 외국인이나 무국적자도 그 주체가 된다. 다만 외국인의 재산권은 헌법 제23조에 따라 보장되지만, 토지재산권 등 물권은 국제법과 국제조약이 정하는 바에 따라 그 보장의 범위가 결정된다(통설).[7] 특히 외국인에게는 상호주의(호혜주의)원칙에 따라 국제법과 국제조약이 정한바에 따라 결정된다.[8] 미성년자의 경우도 그 주체가 되지만 그 행사능력은 민법상의 법률행위능력을 갖추게 될 때 갖는 것으로 보는 것이 적절하다.[9]

법인의 경우 내국 사법인(私法人)은 그 주체가 될 수 있지만,[10] 외국법인은 그 주체가

---

1) 同旨 양건, 헌법강의, 519면.

2) 재산권보장은 개인이 현재 누리고 있는 재산권을 개인의 기본권으로 보장한다는 의미와 개인이 재산권을 향유할 수 있는 법제도로서의 사유재산제도를 보장한다는 이중적 의미를 가지고 있다(헌재결 1993. 7. 29, 92헌바20).

3) K. Hesse, Grundzüge, Rn. 442; 계희열, 헌법학(중), 559면.

4) O. Kimminich, Rn. 112 ff.; 권영성, 헌법학원론, 557면.

5) 내국공법인은 재산권의 보유자는 될 수 있으나, 주체는 될 수 없다는 견해가 있다(H.-J. Papier, in Maunz-Dürig, Komm. z. GG. Art. 14, 204 ff. 계희열, 헌법학(중), 560면).

6) O. Kimminich, in: Bonner Kommentar zum Grundgesetz, Art. 14 1992, Rn. 110; H-J. Papier, in Maunz-Dürig, Komm. z. GG. Art. 14, Rn 204; W. Leisner, Eiegentum, in: Isensee/Kirchhof (Hrsg.), Handbuch des Staatsrechts, Bd. VI. 1989, Rn. 18 ff.; 계희열, 헌법학(중), 560면.

7) 권영성, 헌법학원론, 557면.

8) 홍성방, 헌법학, 541면.

9) 계희열, 헌법학(중), 560면.

10) O. Kimminich, in: Bonner Kommentar zum Grundgesetz, Art. 14 1992, Rn. 110.

될 수 없다.[1] 외국법인은 외국인과 마찬가지로 상호주의와 법치국가원리에 따라 보호를 받을 수 있다.[2] 권리능력 없는 내국 사단은 그 주체가 될 수 있다.[3]

「재산권의 주체」
국민 · 외국인(토지재산권 등 물권은 국제법 · 국제조약이 정하는 바에 따라)
자연인 · 사법인
공법인(국가 · 지방자치단체)

V. 재산권 보장의 내용 및 범위(객체)

헌법상 보장되는 재산권의 내용 및 범위는 항상 불변적인 것이 아니라 시대적 변화에 따른 가변적인 것이다. 다시말하면 재산권의 절대적 개념은 존재하지 않는다.[4] 오늘날에는 생활양식과 사회경제적 구조가 급속히 변화 · 발전하고 사회국가화 경향이 심화되어감에 따라 재산권의 범위도 점차 변모되고 있다. 헌법 제23조에서의 재산권이라 함은 경제적 가치가 있는 모든 사법상 및 공법상의 권리[5]를 말하는 것으로서, 일반적으로 「사회통념에 의하여 형성된 모든 재산가치적 법익」[6]을 말한다. 보장되는 재산권의 내용 및 구체적 범위는 다음과 같다.

1. 일반재산권

헌법이 보장하는 재산권은 사회통념에 의하여 형성된 모든 재산가치적 법익이다.[7]

---

1) O. Kimmnich, in: Bonner Kommentar zum Grundgesetz, Art. 14 1992, Rn. 111.
2) 계희열, 헌법학(중), 560면.
3) 계희열, 헌법학(중), 560면.
4) BVerfGE 20, 351(355); 홍성방, 헌법학, 541면.
5) 양건, 헌법강의, 520면; 홍성방, 헌법학, 541면.
6) 권영성, 헌법학원론, 557면.
7) 헌재결 1995. 10. 26, 95헌바22【징발재산정리에관한특별조치법제20조제1항위헌소원】공용수용된 토지 등에 대한 환매권은 헌법상의 재산권 보장으로부터 도출되는 것으로서 헌법이 보장하는 재산권의 내용에 포함되는 권리인데, 징발매매는 피징발자가 국방부장관의 매수통지에 응하지 않더라도 결국 국방부장관의 매수결정에 의하여 일방적으로 성립되는 것이어서 그 매매라는 법형식과는 관계없이 실질적으로 헌법 제23조 제3항에 의한 공용수용에 해당하는 것이므로 징특법 제20조 제1항에 의한 환매권도 헌법 제23조 제1항이 보장하는 재산권의 내용에 포함되는 권리라고 보아야 할 것이다. 동지 1995. 2. 23, 92헌바12; 1996. 4. 25, 95헌바9; 1997. 6. 26, 96헌바94;

그러므로 일반재산권에는 민법상의 모든 종류의 물권(소유권 · 점유권 · 저당권 · 지상권 · 지역권 · 전세권 · 용익물권 · 담보물권 등)과 모든 사법상(私法上)의 채권(급료청구권 · 이익배당청구권 · 회원권 · 주주권 · 임차권 · 손해배상청구권 · 손실보상청구권 등) 그리고 특별법상의 권리들(광업권 · 어업권 · 수렵권 등)이 포함된다.[1]

「헌법재판소 판례」

징발재산정리에관한특별조치법 제20조 제1항에 의한 환매권도 헌법 제23조 제1항이 보장하는 재산권의 내용이 되는 권리이다.[2]

환매권 : 매도한 재물이나 수용당한 재물을 구(舊) 소유자가 다시 매수할 수 있는 권리. 공익사업을 위한 토지수용과 관련해서도 환매권이 법률로 규정되어 있다. 곧 토지의 협의 취득일 또는 수용 개시일로부터 10년 안에 해당 사업이 폐지 · 변경 등의 사유로 토지의 전부 또는 일부가 필요없게 된 경우, 5년 안에 수용한 토지의 전부를 해당 사업에 이용하지 않은 경우, 수용한 잔여지(殘餘地)에 접한 토지가 필요없게 된 경우에는 환매권이 인정된다(공익사업을위한토지등의취득및보상에관한법률 제91조 제1항 · 제2항 · 제3항). 환매가격은 원칙적으로 토지 및 토지에 관한 소유권 이외의 권리에 대하여 지급한 보상금의 상당금액이지만 토지의 가격이 수용 당시에 비하여 현저히 변경되었을 때에는 사업시행자 또는 환매권자는 그 금액의 증감을 법원에 청구할 수 있다(제91조 제4항). 사업시행자는 환매할 토지가 생긴 때에는 지체없이 환매권자에게 통지해야 한다(제92조).

공익사업을위한토지등의취득및보상에관한법률(舊토지수용법)상의 환매권[3] · 공무원의 봉급청구권 · 연금청구권[4] · 국가유공자의 생활조정수당청구권[5] · 군사원호대상자의 원호보상급여청구권 · 의료보험법상의 보험급여[6] · 재산적 가치를 가진 공적 자격 등 공법상 및 사법상의 권리들도 자신의 노력과 업적에 대한 대가로서의 성질이 강하고 자신 또는 가족의 특별한 희생으로 얻어진 보상적 성질의 권리는 헌법상 재산권 중에 포함된다(통설).[7]

2001. 6. 28, 99헌바106; 2006. 11. 30, 2005헌가20.

1) 권영성, 헌법학원론, 558면; 홍성방, 헌법학, 541면.

2) 헌재결 1995. 10. 26, 95헌바 22; 헌재결 1995. 2. 23, 92헌바12; 헌재결 1966. 4. 25, 95헌바9; 헌재결 1996. 6. 26, 96헌바94.

3) 헌재결 1994. 2. 24, 92헌가15【공공용지의취득및손실보상에관한특례법 제9조 제1항 위헌제청】

4) 헌재결 1995. 7. 21, 94헌바27【공무원연금법 제64조 제1항 위헌소원】

5) 헌재결 1995. 7. 21, 93헌가14【국가유공자예우등에관한법률 제9조 본문 위헌제청】

6) 헌재결 2003. 12. 18, 2002헌바1【구 국민의료보험법 제41조 제1항 등 위헌소원】

7) 허영, 한국헌법론, 489면; 재산권의 객체에 관하여 자세한 것은 권영성, 독일헌법론(상), 236면 이하, 김영수, 재산권보장의 한계와 그 규제에 관한 소고, 사회과학논문집 제4권 제2호(충남대 사회과학연구소, 1977), 66-67면.

현행 헌법은 상속권에 관하여 언급이 없지만 이것도 재산권 중에 포함되며,[1] (정리회사의) 주식도 재산권의 객체이다.[2]

그러나 법적 지위나 단순한 경제적 기회·기대되는 이익·반사적 이익·우연히 생긴 법적 지위 등이 재산권 중에 포함되는가에 관해서는 부정설과 긍정설로 대립되고 있으나 부정설이 다수설·판례[3]의 태도이다.[4]

[예외]
법적 지위
단순한 경제적 기회·기대되는 이익
반사적 이익

부정설 판례 :

헌재결 1997. 11. 27, 97헌바10 【약사법 부칙 제4조 제2항 위헌소원】 약사의 한약조제권은 재산권의 범위에 속하지 않는다

「헌법조항들에 의하여 보호되는 재산권은 사적 유용성 및 그에 대한 원칙적 처분권을 내포하는 재산가치있는 구체적 권리이므로 구체적인 권리가 아닌 단순한 이익이나 재화의 획득에 관한 기회 등은 재산권보장의 대상이 아니라 할 것이다. 약사면허는 약국의 개설과 관련하여 약품의 판매, 조제 등으로 경제적 활동을 할 수 있다는 점에서 경제적 가치와 무관하다고 볼 수는 없으나, 약사의 한약조제권은 헌법조항들이 말하는 재산권의 범위에 속하지 아니한다.

헌재결 1998. 7. 16, 96헌마246 【전문의 자격시험 불실시 위헌확인 등】

우리 헌법이 보장하고 있는 재산권은 경제적 가치가 있는 모든 공법상·사법상의 권리를 뜻한다(헌재 1992. 6. 26, 90헌바26, 판례집 4, 362, 372). 이러한 재산권의 범위에는 동산·부동산에 대한 모든 종류의 물권은 물론, 재산가치 있는 모든 사법상의 채권과 특별법상의 권리 및 재산가치 있는 공법상의 권리 등이 포함되나, 단순한 기대이익·반사적 이익 또는 경제적인 기회 등은 재산권에 속하지 않는다고 보아야 한다.

---

1) 권영성, 헌법학원론, 법문사, 558면; 허영, 한국헌법론, 490면; 헌재결 1998. 8. 27, 96헌가22; 97헌가2·3·9; 96헌바81, 98헌바24·25(병합) 전원재판부 【민법제1026조제2호위헌제청, 민법제1026조제2호위헌소원】 상속인이 귀책사유 없이 상속채무가 적극재산을 초과하는 사실을 알지 못하여 상속개시 있음을 안 날로부터 3월내에 한정승인 또는 포기를 하지 못한 경우에도 단순승인을 한 것으로 보는 민법 제1026조 제2호는 기본권제한의 입법한계를 일탈한 것으로 재산권을 보장한 헌법 제23조 제1항, 사적자치권을 보장한 헌법 제10조 제1항에 위반된다.
2) 헌재결 2003. 12. 18, 2001헌바91 【회사정리법 제221조 제4항 등 위헌소원 (동법 제229조)】
3) 헌재결 1998. 7. 16, 96헌마246 【전문의자격시험불실시 위헌확인 등】
4) 권영성, 헌법학원론, 559면; 허영, 한국헌법론, 491면.

청구인들은 치과만 전문의가 없기 때문에 지방공사나 보건소 등에 취직할 경우 일반의 사로서의 급료밖에 받을 수 없어 그들의 재산권이 침해되었다고 주장한다. 그러나 급료청구권이나 급료는 재산권이므로 이들 자체를 박탈하는 것은 재산권의 침해라고 할 수 있지만, 전문의자격의 불비로 인하여 급료를 정함에 있어 불이익을 받는 것은 사실적·경제적 기회의 문제에 불과할 뿐 재산권의 침해라고 보기 어렵다.

헌재결 1999. 4. 29, 96헌바55 전원재판부 【구국유재산법제7조제1항위헌소원등】

【판시사항】

가. 관재담당공무원으로 하여금 국유재산을 취득할 수 없도록 한 구 국유재산법 제7조 제1항이 재산권보장에 관한 헌법 제23조 제1항에 위반되는지 여부(소극)

나. 위 국유재산법 조항이 평등원칙에 위반되는지 여부(소극)

다. 관재담당공무원의 국유재산취득행위를 무효로 하면서 선의의 제3자 보호규정을 두지 않은 구 국유재산법 제7조 제2항이 사유재산제도·사적 자치의 원칙에 위반되는지 여부(소극)

【결정요지】

가. 헌법 제23조 제1항에 의하여 보호되는 재산권은 사적(사적) 유용성 및 그에 대한 원칙적 처분권을 내포하는 재산가치 있는 구체적 권리라 할 것이고, 단순한 이익이나 재화의 획득에 관한 기회 등은 재산권보장의 대상이 되지 아니하는바, 구 국유재산법 제7조 제1항에 의하여 제한되는 것은 관재담당공무원이 국유재산을 취득할 수 있는 기회에 불과하므로 이는 위 헌법조항에 의하여 보호되는 재산권에 해당되지 않고, 따라서 국유재산법 조항은 헌법 제23조 제1항 위반되지 아니한다.

나. 관재담당공무원은 국유재산에 관한 정보를 취급하고 있으며 관계장부 등을 쉽게 열람할 수 있고 그 매각가격의 결정 등에 영향력을 행사할 가능성이 있기 때문에 관재담당공무원에게 국유재산을 취득하는 것이 허용된다면 관재담당공무원의 부정행위가 빈발하여 국유재산처분사무의 공정성이 저해될 우려가 크므로, 관재담당공무원에 대하여 국유재산의 취득을 제한하는 구 국유재산법 제7조 제1항은 평등의 원칙에 위배되지 아니한다.

다. 구 국유재산법 제7조 제2항이 국유재산의 보전과 국유재산처분사무의 공정성 확보라는 입법목적을 달성하기 위하여 관재담당공무원의 국유재산취득행위를 절대적으로 무효화하는 방법을 채택한 것은 정당하고, 거래의 안전보다 국유재산의 공정한 관리처분이라는 입법목적을 더 중요시하여 선의의 제3자 보호규정을 두지 않았다 하여 자의적인 입법조치라고 볼 수 없으므로 사유재산제도 및 사적 자치의 원칙에 위반되지 아니한다.

2. 지적 재산권

2.1. 내용

지적 재산권(지적 소유권)도 헌법상의 재산권에 속한다. 지적 재산권이라 함은 문학 예술·과학·기술 등 인간의 정신적 창작활동의 결과 얻어지는 무형의 산물에 대한 독점적·배타적으로 지배할 수 있는 권리를 말한다. 지적 재산권의 종류는 다양하지만 저작권·

산업소유권 · 제3의 지적 재산권(권리) 등으로 분류된다. 우리 헌법은 지적 재산권은 학문과 예술의 자유(제22조)와 관련시켜 따로 보장하고 있다. 지적재산권에 대한 보호규정을 둔것도 1919년의 바이마르 헌법 제158조이다.[1)]

「지적재산권의 종류」
저작권 : 예술적 · 인문과학적 창작의 산물인 저작물에 대하여 저작자가 가지는 일신전속적 권리(저작인격권 · 저작재산권)
산업소유권 : 특허권 · 실용신안권 · 의장권 · 상표권 등 산업적 무체재산권
제3의 재산권(권리) : 컴퓨터소프트웨어 · 반도체칩 · 데이터베이스 · 영업비밀 등

2.2. 게임 아이템과 지적 재산

2.2.1. 서론

정보통신기술이 발달하면서 인터넷은 거의 모든 생활영역에 있어서의 주요한 기반이 되고 있다. 인터넷의 발전과 함께 이를 활용하는 새로운 산업들이 출현하고 있으며(데이터 스토리지 산업이나 온라인 게임 산업 등), 이로 인한 새로운 법률적 문제가 야기되고 있다. 광대역 통신을 기반으로 한 스토리지 산업은 동영상이나 음악 파일 등과 같이 불법적으로 유통되기 쉬우며, 게임의 경우도 인터넷을 통하여 할 수 있게 되었다. 이와 함께 이를 다루는 법률 역시 기술적 · 내용적 · 산업적 측면 등에서 양산되고 있다. 예컨대 게임 아이템과 관련한 법률은 기술적 측면에 관한 법률로, 전기통신사업법, 정보통신망이용촉진및정보보호등에관한법률 등이 있고, 게임의 내용적 측면에 관한 법률로는, 저작권법, 컴퓨터프로그램보호법, 온라인디지털콘텐츠산업발전법 등이 있고, 게임의 산업적 측면에 관한 법률로 문화산업진흥기본법, 소프트웨어산업진흥법, 온라인디지털콘텐츠산업발전법, 정보통신망이용촉진및정보보호등에관한법률 등의 법률이 있다.[2)]

2.2.2. 아이템의 의의

a) 정의

'아이템(item)'은 사전적 의미로는 '파일을 구성하는 데이터의 구분에서 가장 작은 단위 또는 항목'을 의미하지만, 온라인 게임상에서 쓰이는 '게임 아이템'은 '온라인 게임 내에서 게임을 플레이하기 위하여 활용되는 여러 유형의 항목'을 의미한다. 이러한 게임 아이템은 게임의 플레이 진행 과정에서 일종의 생산재 혹은 면허권과 같은 기능을 수행하는 동시에 개인 對 개인(PVP : Person v. Person)에서의 우월성, 경험치나 고레벨의 상징으로서의

1) 홍성방, 헌법학, 527면.
2) 윤선희, 법률신문, 인터넷판, 2006년 1월 19일 제3428호 참조.

역할을 한다.[1)]

b) 인접 개념

aa) 캐릭터(character)

'캐릭터'란 넓은 의미로는 가공 인물·동물과 실제인물을 모두 포괄하는 용어이다. 우리 대법원 판례도 캐릭터란 "만화, 텔레비전, 영화, 신문, 잡지 등 대중이 접하는 매체를 통하여 등장하는 가공적인 또는 실재하는 인물, 동물 등의 형상과 명칭을 뜻하는 것"이라고 판시한 바 있다.[2)] 그러나 저작권법에 의한 보호대상으로는, 캐릭터란 실제 인물의 경우를 제외한 부분, 즉 만화, 애니메이션, 텔레비전 프로그램, 소설, 각본 등에 등장하는 인물이나 동물의 용모, 자태, 성격 또는 이름, 명칭 등을 지칭하는 것이 된다.[3)]

bb) 아바타(Avatar)

'아바타'란 사이버 공간(가상사회)에서 채팅이나 게임 그리고 이메일을 쓸 때 자신의 분신(ID) 내지는 化身을 의미하며, 사이버공간에서 사용자의 역할을 대신하는 애니메이션 캐릭터이다. 원래 아바타는 산스크리트 '아바따라(avataara)'에서 유래한 말이다.[4)] 이러한 아바타는 온라인 게임과 같은 가상공간에서 사람을 대신하는 사이버 캐릭터의 의미로 캐릭터와 혼용되기도 하지만, 온라인 게임의 경우에는 사람들이 아바타의 얼굴, 복장, 체형 등을 직접 선택하고 그 활동까지 실시간으로 통제할 수 있다. 비디오 게임에서 이용자는 캐릭터를 '나랑 비슷한 어떤 사람(someone like me)'이라고 느끼는데 반하여, 온라인 게임에서 이용자는 캐릭터를 '저게 바로 나다(That's me)'라고 느끼게 된다.[5)]

게임 아이템과의 관계에 있어서, 아바타는 플레이어를 대신하는 화신 내지 분신을 의미하는데 반하여, 게임 아이템은 그 아바타가 소지하는 여러 유형의 물품 항목을 의미한다. 개념상 양자는 구별되는 것이나, 아바타는 얼굴과 복장, 체형 등의 아이템을 선택하여 만들어지는 것이므로 아바타 또한 아이템의 세트로 구성되는 것이다.[6)][7)]

---

1) 윤선희, 법률신문, 인터넷판, 2006년 1월 19일 제3428호 참조.
2) 대판 1996. 9. 6, 96도139【부정경쟁방지법위반】
3) 윤선희, 법률신문, 인터넷판, 2006년 1월 19일 제3428호 참조.
4) 두산백과사전 EnCyber & EnCyber.com.
5) 윤선희, 법률신문, 인터넷판, 2006년 1월 19일 제3428호 참조.
6) 서울지법 2003. 11. 14, 2003카합2639결정.「한국저작권판례집(8)」, 저작권심의조정위원회, 2004, 350면. 아바타의 무단 복제 내지 변형이 문제된 사건에서, 법원은 아바타를 '가상공간(virtual community)에서 이용자의 분신을 의미하는 시각적 이미지'를 의미하며, 아이템은 '아바타의 치장 등에 필요한 것으로 아바타에 적용될 수 있는 각종 의상, 소품, 게임 도구 등의 이미지'를 말하면서, 이는 '아바타에 적용되어 아바타와 일체로 구현된다'고 하였다.

'아바타'서비스 특허권 인정 첫 판결 : 서울중앙지법 인터넷 사용자들이 온라인 공간에서 자신들을 표현하는데 사용하는 '아바타'(Avatar · 분신)서비스에 대한 특허권을 인정한 첫 판결이 나왔다. 아바타란 인터넷 사용자들이 자신의 취향에 맞게 눈·코·입 · 의상 등을 조합해 만들어 온라인 상에 자신을 표현하는 캐릭터를 말한다. 서울중앙지법 민사합의13부(재판장 조경란 부장판사)는 9일 아바타 서비스 방법 특허권자인 허모씨가 CJ인터넷을 상대로 낸 특허권침해금지 등 청구소송에서 "피고는 원고가 특허권을 가진 아바타 서비스를 중단하라"며 원고 승소 판결을 내렸다. 재판부는 판결문에서 "피고 측의 아바타 애니메이션 캐릭터 생성방법은 원고측의 권리 범위에 포함되므로 피고는 원고의 청구에 따라 아바타 서비스를 사용하거나 이를 실행하기 위한 프로그램이 기록된 매체를 생산 · 사용해서는 안된다"고 밝혔다. 재판부는 이어 "원고의 특허는 눈 · 코 · 입 등 캐릭터를 구성하는 각 요소들의 이미지를 하나씩 조합해 완성된 캐릭터를 생성하는 방법에 관련된 것인데 피고의 아바타 서비스 방법은 눈 · 코 · 입 등 각 구성 요소를 동시에 겹쳐 캐릭터를 생성하는 것으로서 원고의 특허범위에 포함된다"며 "피고측 아바타 서비스의 애니메이션 캐릭터 생성기술은 원고의 특허권을 침해한 사실이 인정된다"고 덧붙였다. 아바타를 만드는 특허권을 가진 허씨는 CJ인터넷이 운영하는 포털사이트 넷마블의 아바타 서비스가 자신이 가진 특허권을 침해했다며 소송을 냈었다.

cc) 사이버 머니(Money)

넓은 의미의 '사이버 머니'란 인터넷과 같은 전체 컴퓨터 네트워크에서 지불수단으로 인정된 화폐부호를 의미한다(예 : 싸이월드의 도토리나 포인트 등). 한편 온라인게임에서의 사이버 머니는 아이템의 한 형태로 게임상에서 무기나 방어수단 등 개별 아이템이 갖는 가치를 평가하고 교환을 가능케 하는 단위 내지 지불 수단을 의미한다. 예컨대 리니지의 아데나, 뮤의 축석, 라그나로크의 제니, 메이플 스토리의 메소 등이 온라인 게임의 대표적인 게임내 사이버 머니(Money)이자 화폐 단위라고 할 수 있다.[1]

c) 법적 성질

게임 아이템은 게임 상의 가상공간 내에 존재하는 것으로 실제로 일정공간을 차지하는 것이 아니기 때문에 유체물이라 할 수 없고 전기 또는 관리 가능한 자연력이 아니고 게임 프로그램의 일부로 존재하는 것으로 권리의 객체가 되기 위한 독립한 존재라고도 할 수 없다. 따라서 게임 아이템은 민법상 물건이라고 할 수 없다.[2] 다만 사회경제의 변화에 따라 종래 민법이 생각하지 못했던 새로운 거래대상이 출현하고 있으며, 이러한 현상은 기술

7) 법률신문, 인터넷판, 2006-02-11, 오이석 기자 hot@lawtimes.co.kr

1) 윤선희, 법률신문, 인터넷판, 2006년 1월 19일 제3428호 참조.

2) 형법상 '재물'의 개념도 기본적으로 민법상의 물건을 바탕으로 한 개념이므로 게임 아이템은 형법상 재물이라고 할 수도 없다.

의 발전과 함께 더욱 심화되고 있다. 이에 소수의 견해이기는 하지만 물건 개념의 확대 내지 재검토 필요성을 제기되고 있다.

2.2.3. 지적 재산권법에 의한 보호

게임 아이템의 보호는 미술저작물이나 영상저작물에서 등장하는 캐릭터의 법적 보호 문제와 상당한 유사점을 가지면서도, 온라인 게임이라는 특성으로 인하여 특유의 문제점을 갖는다. 이하는 개별 지적 재산권법에 의한 게임 아이템의 보호문제를 살펴보고자 한다.

a) 저작권법에 의한 보호

저작권법에 의한 게임 아이템의 보호 문제는 캐릭터의 보호 문제와 비슷하다. 즉 게임 아이템 그 자체를 하나의 독립적 저작물로 인정할 것인지가 문제된다. 학설은 긍정설과 부정설로 나뉘는데 이러한 논의의 귀결은 복제권(저작권법 제16조) 침해와 2차적 저작물 작성권(저작권법 제21조)의 침해라는 결론으로 나뉘게 된다. 판례[1] 역시 캐릭터 자체의 저작물성을 인정하는 것으로 이해되는 것도 있으나, 직접적인 판단이 아니라는 점에서 저작물성을 인정한 것인가에 대하여는 논란이 있다.[2]

긍정설은 선행 저작물들의 캐릭터들이 소설, 영화 및 TV에서의 연속과 같이 전적으로 새로운 저작물에 이용되는 경우가 늘고 있어 캐릭터가 등장하는 원래의 저작물과는 별도로 보호되어야 할 것이라고 한다. 그러나 "저작물을 원형 그대로 복제하지 아니하고 다소의 수정 증감이나 변경이 가하여진 것이라도 하더라도 원저작물의 재제 또는 동일성이 인식되거나 감지되는 정도이면 복제로 보아야 할 것"이라는 대법원 태도[3]에 의하면, 굳이 캐릭터 자체의 저작물성을 긍정할 실익은 없다.[4] 한편 게임 아이템을 포함하는 게임물은 컴퓨터프로그램이자 영상물이다. 이에 저작권법상의 컴퓨터프로그램저작물과 영상저작물에 각각 해당하는가 하는 문제점이 남는다. 특히 영상저작물에 해당하는가에 대하여는 학설이 나뉘는데, 긍정설이 일반적인 견해이다.[5]

---

1) 서울지법 1998. 4. 3, 96가합56868(본소), 80106(반소) 판결 확정, 서울고법 1999. 12. 21, 99나23521, 서울지법 남부지원 2003. 3. 27, 2002가합84.

2) 윤선희, 법률신문, 인터넷판, 2006년 1월 19일 제3428호 참조.

3) 대판 1989. 10. 24, 89다카12824 【위자료】

4) 예컨대 캐릭터 자체의 저작물성을 인정한 위 서울고법 판결의 경우, 이 사건에서 다루어진 캐릭터는 스토리가 수반되지 않은 채 디자이너들이 응용미술 분야에서 형상화하여 상품화에 이용하는 소위 '오리지널 캐릭터'로 위에서 전제된 캐릭터와는 그 범주를 달리하는 개념이라고 하여야 할 것이다.

5) 윤선희, 법률신문, 인터넷판, 2006년 1월 19일 제3428호 참조.

b) **컴퓨터프로그램보호법에 의한 보호**

게임 아이템은 컴퓨터 메모리에 저장된 데이터에 불과하므로 컴퓨터 프로그램에 해당하지 않는다는 견해도 있다. 그러나 게임 아이템 역시 서체 파일이 컴퓨터 프로그램에 해당한다는 법원의 판단[1]에 의한다면 프로그램 저작물로서 컴퓨터프로그램보호법상의 보호대상이 된다고 본다. 게임 아이템을 다룬 하급심에서 역시 컴퓨터 프로그램의 저작권등에 의해 보호될 수 있다고 판시한 바 있다.[2]

c) **상표법에 의한 보호**

상표등록적격이 인정된다면 게임 아이템 역시 상표법에 의한 보호를 받을 수 있다. 특히 캐릭터의 명칭에 대하여는 저작권법상의 보호를 인정하지 않는 대법원의 태도[3]에 의할 때 상표법에 의한 게임 아이템의 보호는 중요한 의미를 갖는다. 다만 게임물의 저작권자를 상표권자로 이해할 수 있는지, 게임 아이템을 자타상품을 식별하기 위하여 사용하는 표장으로 이해할 수 있는지, 또한 게임 아이템의 이용이 상표의 사용에 해당하는지에 대하여 반론이 있다. 그러나 '자기의 업무에 관련된 상품'에 사용하는 것인지의 여부는 탄력적으로 판단하여야 한다는 점에서 획일적으로 게임 아이템의 상표성 내지 상표등록적격성을 일률적으로 부정할 수는 없으며, 사용의 태양에 따라서는 상품의 출처표시로 기능하는 경우가 있다 할 것이다.[4] 그밖에 '인터넷상의 상표법상 문제점'으로서 인터넷상에서 기존의 상표 서비스표가 도메인 이름, 매타태그, 키워드 배너광고, 팝업광고 등의 형태로 사용되기 시작하면서 상표권 침해나 저명상표의 희석화의 여부가 주요 문제로 대두된다.

세계적인 투자은행 골드만삭스가 한 네덜란드 남성과 도메인 이름을 놓고 신경전을 벌이고 있다. 골드만삭스는 지난주 도메인 분쟁 조정기관인 미국 국가중재위원회(NAF)에 "불쾌한 성인사이트 링크를 담고 있는 개인 도메인 골드만섹스닷컴(www.goldmansex.com)

1) 대판 2001. 6. 26, 99다90562; 대판 2001. 5. 15, 98도732 【컴퓨터프로그램보호법위반(예비적 죄명 : 저작권법위반)】 【판시사항】 서체파일이 단순한 데이터파일이 아닌 구 컴퓨터프로그램보호법상의 컴퓨터프로그램에 해당하고 서체파일 제작에 제작자의 창의적 개성이 표현되어 있어 그 창작성도 인정된다 【판결요지】 서체파일이 지시 · 명령을 포함하고 있고 그 실행으로 인하여 특정한 결과를 가져오며 컴퓨터 등의 장치 내에서 직접 또는 간접으로 사용될 수 있으므로 단순한 데이터파일이 아닌 구 컴퓨터프로그램보호법상의 컴퓨터프로그램에 해당하고, 그 제작 과정에 있어 글자의 윤곽선을 수정하거나 제작하기 위한 제어점들의 좌표 값과 그 지시 · 명령어를 선택하는 것에 제작자의 창의적 개성이 표현되어 있으므로 그 창작성도 인정된다.

2) 윤선희, 법률신문, 인터넷판, 2006년 1월 19일 제3428호 참조.

3) 대판 1997. 7. 12, 77다90; 대판 1996. 8. 23, 96다273 【상표권사용금지가처분】

4) 윤선희, 법률신문, 인터넷판, 2006년 1월 19일 제3428호 참조.

이 골드만삭스 홈페이지(www.goldmansachs.com)와 비슷해 혼동을 주고 있다"며 소장을 제기했다. NAF는 지난 11일 골드만섹스닷컴에 이 사실을 통보했다.

골드만섹스닷컴은 네덜란드 남성 롭 뮬러(32)가 만든 사이트로 스트립 클럽 사이트 몇 곳을 링크해놨다. 뮬러는 지난 13일 CNN머니와의 인터뷰에서 "골드만은 내가 항상 운이 좋았기 때문에 친구들이 붙여준 별명"이라며 "골드만삭스라는 투자은행이 있다는 것을 최근에야 알았다"고 말했다. 그는 어떤 골드만삭스의 고객이 골드만섹스닷컴이 골드만삭스의 홈페이지 가운데 하나라고 혼동할 지 의문이라고 반문, 골드만삭스의 불만을 받아들일 생각이 없음을 내비쳤다. 한편 "www.goldman.com"은 이미 골드만삭스의 개인자산관리 사이트로 등록된 상태다.[1)]

서울중앙지법 2007. 12. 26. 선고 2005가합112203 판결 : 확정 〈'twistkim' 도메인 이름 사건〉

실제로 음란물을 제공하는지 여부와 관계없이 웹페이지의 사진, 문구 등의 내용으로부터 인터넷 이용자들에게 음란물을 제공하거나 안내하는 음란사이트로 인식되는 인터넷 사이트의 운영자들이 유명 연예인의 예명인 '트위스트 김'을 무단으로 도메인 이름 및 웹페이지의 광고문구로 이용하고 '트위스트 김'이란 검색어로 인터넷 검색이 되게 한 행위가 위 연예인이 음란사이트의 운영자이거나 음란물과 관련이 있는 것을 암시할 뿐만 아니라 위 예명으로부터 음란사이트를 연상하게 함으로써 위 연예인의 사회적 가치 내지 평가가 저해될 가능성이 있으므로, 위 연예인의 명예, 성명권 등의 인격권을 침해하는 불법행위이다.

d) 디자인보호법에 의한 보호

디자인으로 표현된 게임 아이템 도형은 디자인보호법상의 보호를 받을 수도 있다. 특히 부분디자인제도에 의하여 게임 아이템의 상품화를 일정한 정도로 보호할 수 있다. 나아가 화상디자인제도의 도입과 함께 게임 아이템이 화상 디자인으로서 컴퓨터 모니터나 휴대전화기 액정화면 등의 물품에 일시적으로 구현되는 경우 그 화상디자인이 당해 물품에 표시된 상태에서 디자인보호법에 의해 보호될 수 있다.[2)]

e) 부정경쟁방지및영업비밀보호에관한법률에 의한 보호

게임 아이템이 저작권법이나 상표법 등의 보호를 받지 못하는 경우에도 부정경쟁방지법상의 보호를 받을 수도 있을 것이다. 즉 널리 알려진 타인의 게임 아이템을 무단 사용함으로써 상품 주체 또는 영업주체에 관하여 소비자(이용자)의 혼동을 초래하는 경우는 부정경쟁방지법 위반에 해당될 수 있다. 다만 게임 아이템 자체의 주지성을 넘어 상품 표지로서의 주지성을 별도로 요구할 것인가에 대하여 논란이 있다. 예컨대 캐릭터와 관련하여 캐

---

1) 김국헌, 이데일리, 2006. 7. 14.

2) 윤선희, 법률신문, 인터넷판, 2006년 1월 19일 제3428호.

릭터로서의 주지성과 별도로 상품화할 수 있는 권리를 가진 자의 상품표지이거나 상품화 권자와 그로부터 사용허락을 받은 상품화 사업을 영위하는 집단의 상품표지로서 수요자에게 널리 인식되어 있을 것을 요한다는 대법원의 태도[1]에 비추어 본다면, 게임 아이템의 주지성만으로는 부정경쟁방지및영업비밀보호에관한법률의 보호를 받을 수 없다고 본다.[2]

2.3. 저작권

저작권은 예술적 · 인문과학적 창작의 산물인 저작물에 대하여 저작자가 가지는 일신전속적 권리로서, 이것은 저작인격권과 저작재산권을 주된 내용으로 한다.

2.4. 산업소유권

산업소유권은 특허권 · 실용신안권 · 의장권 · 상표권 등 산업적 무체재산권을 총칭하는 개념이다.

2.5. 제3의 지적 재산권

제3의 지적 재산권으로는 현대 산업사회의 고도화에 따라 새로이 생성되는 컴퓨터소프트웨어 · 반도체칩 · 데이터베이스 · 영업비밀 등을 들 수 있다. 헌법은 지적 재산권에 대하여는 이를 학문 및 예술의 자유와 관련하여 별도로 규정하고 있다(헌법 제22조 제2항).

3. 토지재산권

3.1. 개관

토지는 가장 중요한 재산권의 객체이며, 토지재산권은 토지의 지표 뿐만 아니라 일정한 범위의 지상과 지하에 미친다. 그러나 토지재산권은 그 밖의 재산권에 비하여 가중된 사회적 · 공공적 구속을 받게 된다. 토지의 공개념이라는 것도 토지재산권에 대한 가중된 사회적 · 공공적 구속성을 말한다.[3] 토지는 인간의 삶의 터전이요, 생활의 기반으로서 우리 재산권의 핵이다. 토지는 농경사회에선 유일한 생산요소였으나 현대사회에 이르러서는 산업발달에 따른 산업용지이며 사회간접자본에 소요되는 공용용지이고 생활환경의 보전을 위한 녹지이다. 이러한 토지는 인구도시집중 현상에 따른 택지로 주로 이용되었다. 근대사회까지는 사법적 측면에서 토지이용을 규율하였으나 이제는 사회경제적 기능의 특면에서 공법적 규율의 대상이 되고 있다.[4]

---

1) 대판 1996. 9. 6, 96도139【부정경쟁방지법위반】
2) 윤선희, 법률신문, 인터넷판, 2006년 1월 19일 제3428호.
3) 민경식, 토지공개념에의 헌법적 접근, 인권과 정의, 제155호(1989. 7), 20면 이하 참조.

3.2. 土지재산권에 대한 규제의 근거

토지재산권에 대한 가중된 규제에 대한 헌법적 근거로는 (ㄱ) 사회국가 원리, (ㄴ) 사회적 시장경제질서, (ㄷ) 재산권보장의 상대성 등에서 찾을 수 있다. 다시 말하면 헌법 제23조 제1항 제2문의 「재산권의 내용과 한계는 법률로 정한다」[1]와 동조 제2항의 「재산권의 행사는 공공복리에 적합하도록 하여야 한다」는 규정을 비롯하여 제34조 제1항 · 제119조 · 제120조 · 제122조 · 제123조 등이 그 헌법적 근거이다.[2]

즉 우리 헌법은 사유재산제를 기초로(헌법 제23조 제1항) 한 자유시장경제체제를 천명하고 있으나(헌법 제119조 제1항), 이러한 자유는 사회공동체의 경제질서와 조화를 이루는 범위 내에서 인정되는 것이며 사회공동체의 경제질서의 유지 · 회복을 위해서는 경제에 관한 규제와 조정을 할 수 있다(헌법 제119조 제2항).

특히 토지의 경우 그 특성상 공급이 제한되어 있으므로, 토지재산권은 다른 재산권보다 더 많은 사회적 제약을 받는다. 헌법은 국토의 이용, 개발, 보전을 위해서 필요한 제한과 의무를 과할 수 있도록 하고 있어서 이를 확인하고 있다(헌법 제122조). 이와 같이 토지에 대해서 사회적 · 공공적 구속이 한층 강화되어야 하는 이유는 토지가 가지는 특성에서 연유되는 당연한 결과이다. 즉 토지는 수요가 늘어난다고 해서 공급을 늘일 수 없기 때문에 시장경제의 원리를 그대로 적용할 수는 없고, 고정성 · 인접성 · 본원적 생산성 · 환경성 · 상린관계성 · 사회성 · 공공성 · 영토성등 여러 가지 특성을 지닌 것으로서 자손만대로 향유하고 함께 살아가야 할 생활터전이기 때문에 그 이용을 '자유로운 힘' 내지는 개인의 자의에 맡기는 것도 적당하지 않은 것이다.[3]

「참고」

토지재산권에 대하여 가중된 규제를 하고 있는 법률로는 소유권 일반의 공공성과 사회성을 권리남용금지의 원칙과 신의성실의 원칙을 통하여 선언하고 있는 민법 제2조가 있고, 토지재산권을 다각적으로 규제하는 일련의 토지공법으로는 농지법 · 국토의계획및이용에관한법률(폐지된 국토이용관리법 및 도시계획법 참조) · 택지개발촉진법 등이 있다. 그리고 토지공개념을 이념으로 하는 새로운 토지질서의 형성을 위한 실천입법으로서 (ㄱ) 개발이익환수에관한법률, (ㄴ) 국가균형발전특별법 등이 시행되고 있다.

---

4) 송원자, 토지공개념, 법과 토지, 삼영사, 1982, 12면.

1) 재산권의 내용과 한계를 정하는 법률에 대한 합헌성 여부 심사는 법치주의의 일반원칙으로부터 파생하는 법적 안정성(특히 규범의 명확성), 정의(입법목적의 정당성), 합목적성(비례성원칙)에 따라 심사해야 한다.

2) 권영성, 헌법학원론, 560면.

3) 헌재결 1989. 12. 22, 88헌가13 【국토이용관리법 제31조의2 제1호 및 제21조의3의 위헌심판제청】

「참고」 : 토지초과이득세법

헌법재판소는 토초세법 전부에 대하여 헌법불합치결정을 선고한 바 있으나(1994. 7. 29. 92헌바49, 52 결정), 위 결정에도 불구하고 토초세법은 그 형식적 존속이 유지되며, 이 사건 규정은 토초세법상의 유휴토지 등의 개념과 범위만을 차용한 것에 불과하므로 토초세법에 대한 헌법재판소의 헌법불합치결정이 있었다는 점만으로 위 규정(구 조세감면규제법 제66조의 3)이 헌법에 위반된다고 할 수는 없다.[1]

3.3. 토지재산권에 대한 규제의 요건

토지재산권에 규제를 가하려면 (ㄱ) 성숙요건으로서 소수 대지주들에 의한 토지의 독점화 또는 극심한 토지투기 등으로 지가가 급상승하여 규제의 필요성이 절실하고, (ㄴ) 절차적 요건으로서 토지재산권에 대한 규제는 입법을 통해서만 가능하고 무상몰수나 전면적 사회화는 허용되지 아니하며, (ㄷ) 보상요건으로서 토지재산권에 대한 가중된 규제로 재산권자가 입게 되는 손실에 대해서는 보상이 행해져야 한다.[2]

3.4. 토지재산권에 대한 규제의 유형

토지재산권에 대한 규제의 유형으로는 (ㄱ) 토지의 국·공유화, (ㄴ) 토지소유의 상한제한, (ㄷ) 토지재산권의 권능제한 등이 있다.

- 토지초과이득세와 헌법불합치결정 -

헌법재판소는 토지초과이득세법이 헌법에 보장된 개인의 재산권과 조세법률주의의 원칙에 위배된다며 헌법불합치결정을 내렸다. 헌법재판소는 「토지초과이득세법이 (ㄱ) 미실현이득에 대한 과세제도는 극히 예외적인데도 신중성이 결여되었으며, (ㄴ) 과표를 전적으로 대통령령에 맡긴 것은 잘못이고, (ㄷ) 지가의 등락에 관계없는 징세는 헌법상 사유재산권보장에 위반되고, (ㄹ) 임대토지를 유휴토지로 하고 대통령령으로 예외규정한 것은 위헌이며, (ㅁ) 고율의 단일비례세로 한 것은 고소득자와 저소득자간의 평등을 저해하며, (ㅂ) 유휴토지의 범위가 택지소유상한법률의 소유제한범위와 상충될 뿐만 아니라, (ㅅ) 토초세액 전액을 양도세에서 공제하지 아니하는 것은 실질과세원칙에 위배되므로 헌법에 합치되지 아니한다」고 판시하였다.[3] ☜ **토지초과이득세는 1998.12.28. 폐지됨**

이 중에서 특히 논란의 대상이 된 것은 토지거래허가제이다. 토지거래허가제라 함은 토지의 투기적인 거래로 인한 지가상승을 억제하기 위하여 건설부장관이 일정한 절차에 따라 5년 내의 기간을 정하여 지정한 규제지역 내의 토지 등의 거래계약에 관하여 도지사

1) 헌재결 1995. 2. 23, 93헌바48【구 조세감면규제법 제66조의3 위헌소원】
2) 권영성, 헌법학원론, 560면.
3) 헌재결 1994. 7. 29, 92 헌바49·52(병합)【토지초과이득세법 제10조 등 위헌소원】

의 허가를 받도록 하는 제도를 말한다.

[참고]
(구)국토이용관리법상의 토지거래허가제 및 그 벌칙조항에 대해서는 위헌논의가 전개된 바 있지만, 토지거래허가제는 헌법재판소의 다수의견에서 보는 바와 같이 헌법 제10조, 제23조 제1항, 제34조 제2항, 제35조 제1, 제3항, 경제에 관한 제9장 등에 비추어 토지거래허가제 자체는 헌법에 위반되지 아니한다고 보는 것이 타당하다.[1] 헌법재판소도 1989년 동조항을 合憲으로 결정한 바 있다.[2] 서울남부지원은 위헌결정을 한바 있다.[3] ☜ 다만 헌법재판소의 결정에서 국토이용관리법상의 토지거래허가제(제21의3조 제1항)는 5 : 4로 합헌결정 되었으나,[4] 동법 제31조의 2의 벌칙조항에 대하여는 오히려 5 : 4로 위헌론이 우세하였다.[5]

3.5. 토지재산권제한의 한계

토지재산권에 대한 제한은 사회국가 · 법치국가 · 민주국가의 원리 등과 같은 현대헌법국가의 기본원리 내지 구조적 원리를 침해하지 아니하는 한계 내에서 이루어져야 한다. 즉 (ㄱ) 사회국가적 한계로서 전국의 토지를 일시에 전면적으로 제한하는 규제입법은 금지되며, (ㄴ) 법치국가적 한계로서 토지재산권에 대한 규제조치는 법률에 의하여야 하며, (ㄷ) 민주국가적 한계로서 토지재산권에 대한 규제조치는 규제입법과정이나 규제행정과정에 주민이나 이해관계인의 참여를 보장하는 것이어야 한다.[6]

---

1) 권영성, 헌법학원론, 561면.

2) 헌재결 1989. 12. 22, 88헌가13【국토이용관리법 제31조의2 제1호 및 제21조의3의 위헌심판제청】국토이용관리법 제21조의3 제1항의 토지거래허가제는 사유재산제도의 부정이 아니라 그 제한의 한 형태이고 토지의 투기적 거래의 억제를 위하여 그 처분을 제한함은 부득이한 것이므로 재산권의 본질적인 침해가 아니며, 헌법상의 경제조항에도 위배되지 아니하고 현재의 상황에서 이러한 제한수단의 선택이 헌법상의 비례의 원칙이나 과잉금지의 원칙에 위배된다고 할 수도 없다"

3) 서울지법 남부지원: 토지거래허가제는 헌법 제23조 제1항 전문의 재산권 보호 규정에 위배되고 제37조 제2항의 정신에도 어긋난다.

4) 헌법재판소의 다수의견(5인의 합헌의견)은 토지거래 허가제의 입법목적은 정당하며 토지소유권의 상대성, 토지소유권 행사의 사회적 의무성, 토지의 거래실태, 투기적 거래의 정도 등을 종합해 볼 때, 이 제도가 목적에 적합하지 않거나, 따로 최소침해의 요구를 충족시켜 줄 수 있는 최선의 방법이 제시된 상황이 아니라면 이 제도가 비례원칙에 위배되지 않는다고 판시하였다(헌재결 1989. 12. 22, 88헌가13).

5) 위헌의견이 종국심리에 관여한 재판관의 과반수가 되지만 위헌결정의 정족수인 6인에 미달인 때에는 주문에 "헌법에 위반된다고 선언할 수 없다"라고 표시하였다(헌재결 1989. 12. 22, 88헌가13).

VI. 재산권보장의 내용

「모든 국민의 재산권은 보장된다」라고 하는 헌법 제23조 제1항은 개인을 위한 구체적인 재산권과 재산이 사유의 대상이 되는 법제도인 사유재산제를 보장하는 조항이다.

1. 사유재산제도의 보장

1.1. 생산수단사유의 보장

사유재산제도의 보장은 생산수단의 사유를 허용하는 법률제도의 보장을 그 내용으로 한다. 생산수단의 사유는 생산수단에 대한 사적인 이용·수익·처분권을 의미하지만, 생산수단에 대한 모든 가능한 종류의 이용·수익·처분권을 보장한다는 의미는 아니다.1) 따라서 사유재산제의 보장은 현존하는 사유재산제를 현상대로 보장한다는 것이 아니라 법률로써도 사유재산제의 본질적 내용은 부인할 수 없다는 의미이다.2) 그렇다면 현행 헌법에 있어서 사유재산제의 본질적 내용은 생산수단의 사유제인가 아니면 생존에 필요한 물적 수단의 사유제인가 하는 것이 문제된다. 자본주의국가에서의 사유재산제와 사회주의국가에서의 재산제의 근본적인 차이는 생산수단의 사유를 인정하느냐 않느냐에 있다. 자본주의경제를 기본으로 하고 있는 현행 헌법에서의 사유재산제는 생산수단의 사유를 그 핵심적 내용으로 하는 것이라 하지 않을 수 없다. 이렇게 볼 때, 헌법 제23조 제1항의 재산권의 보장은 사유재산제의 보장을 의미하며, 이는 원칙적인 자본주의경제질서의 보장을 의미한다.3)

1.2. 사유재산제제한(국·공유화정책 및 상속제도 제한)의 한계

헌법에 의하여 사유재산제가 보장되고 사회적 시장경제가 경제질서의 근간을 이루고 있는 현행 헌법질서 내에서는 모든 생산수단의 원칙적 국·공유화는 물론, 보상을 조건으로 한 사영기업의 국·공유화하는 조치도 위헌임을 면치 못한다.4) 모든 생산수단의 국·공유화를 통해서만 가능한 계획경제체제의 도입도 금지된다.5) 현행 헌법에서 국방상 또는 국민경제상 긴절한 필요로 인하여 법률이 정하는 경우를 제외하고는, 사영기업을 국유 또는 공유로 이전하거나 그 경영을 통제 또는 관리할 수 없다(헌법 제126조) 라고 규정하고

---

6) 권영성, 헌법학원론, 561면.

1) 허영, 한국헌법론, 496면.

2) 권영성, 헌법학원론, 562면.

3) 권영성, 헌법학원론, 562면.

4) 권영성, 헌법학원론, 562면; 허영, 한국헌법론, 496면.

5) 허영, 한국헌법론, 496면.

있는 것도 그 때문이다. 또한 상속제도 역시 사유재산제도와 그 이념적 기반을 같이 하는 것이므로 이를 근본적으로 부인하는 것은 위헌이 된다.

2. 사유재산권의 보장

2.1. 사유재산권보장의 내용

헌법이 개인을 위하여 구체적인 재산권을 보장한다는 것은 재산을 소유하고 상속할 수 있을 뿐 아니라 재산을 사용·수익·처분할 수 있는 주관적 공권을 보장한다는 뜻이다. 따라서 사유재산권은 사유재산제도를 그 이념적 전제조건으로 한다. 이와 같은 점에서 사유재산권은 사유재산제도를 바탕으로 하여 사유재산을 사용·수익·처분할 수 있는 주관적 공권이다.[1)]

헌재결 1997. 12. 24. 96헌가19 【구 상속세법 제9조 제1항 위헌제청】

헌법 제23조 제1항이 보장하고 있는 사유재산권은 사유재산에 관한 임의적인 이용, 수익, 처분권을 본질로 하기 때문에 사유재산의 처분금지를 내용으로 하는 입법조치는 원칙으로 재산권에 관한 입법형성권의 한계를 일탈하는 것이다.[2)]

그러나 재산권은 재산권의 사회적 기속성(헌법 제23조 제2항) 및 재산권형성적 법률유보(헌법 제23조 제1항 제2문)에 의한 제한을 받으며, 따라서 재산권의 행사는 공공복리에 적합하게 행사해야 하며, 재산권은 법률로 정하는 범위내에서만 사용·수익·처분권을 보장받는다.[3)] 그러므로 재산권은 국가에 대한 소극적 권리로서의 성격을 가지는 것이다. 개인을 위한 주관적 공권으로서의 재산권의 보장은 (ㄱ) 보장되는 재산권의 내용과 한계는 반드시 법률로 정하여야 하며(재산권형성적 법률유보), (ㄴ) 재산권을 제한할 경우에는 법률에 의하거나(법률유보 : 형식적 의미의 법률), 법률에 근거가 있어야(법규유보 : 시행령·시행규칙) 한다(위법한 재산권침해금지). (ㄷ) 법률로써 재산권을 제한하는 경우에도 그 법률은 헌법상의 제원칙(헌법 제10조, 제11조, 제34조 등)과 제약(헌법 제23조, 제126조)을 따라야 하며, (ㄹ) 소급입법에 의해서는 재산권을 침해할 수 없다(소급입법에 의한 재산권 침해금지).[4)] (ㅁ) 국가권력이외에 사인에 의하여 재산권이 침해되는 일이 없도록 국가의 보

---

1) 허영, 한국헌법론, 497면.

2) 헌재결 1997. 12. 24, 96헌가19, 96헌바 72(병합) 【구 상속세법 제9조 제1항 위헌제청】

3) 허영, 한국헌법론, 497면.

4) 헌재결 1999. 7. 22, 98헌마480·486(병합) 【학교보건법시행령제4조의2제5호등위헌확인】 학교환경위생정화구역 안에서의 노래연습장 시설을 금지하고 아무런 보상도 하지 아니한 채 기존 시설을 이전 또는 폐쇄하라고 규정한 것이 헌법 제13조 제2항에서 금지하고 있는 소급입법에 의하여

호를 요구할 수 있다는 것 등을 의미한다(국가외적인 침해에 대한 보호청구).[1]

2.2. 국가의 자의적 과세권행사의 금지

사유재산권과 관련하여 자주 논의되는 것이 국가의 재정권에 의한 세금징수문제이다. 세금징수는 원칙적으로 재산권 침해가 아니라고 본다(통설). 헌법재판소는 「헌법은 제23조 제1항에서 국민의 재산권보장에 관한 원칙을 선언함으로써 조세법률관계에 있어서도 국가가 과세권행사라는 이름아래 법률의 근거와 합리적 이유 없이 국민의 재산권을 함부로 침해할 수 없다」[2]고 하고, 「헌법 제23조 제1항이 보장하고 있는 사유재산권은 사유재산에 관한 임의적인 이용, 수익, 처분권을 본질로 하기 때문에 사유재산의 처분금지를 내용으로 하는 입법조치는 원칙으로 재산권에 관한 입법형성권의 한계를 일탈하는 것이고, 조세의 부과·징수는 국민의 납세의무에 기초하는 것으로서 원칙으로 재산권의 침해가 되지 않지만 그로 인하여 납세의무자의 사유재산에 관한 이용, 수익, 처분권이 중대한 제한을 받게 되는 경우에는 그것도 재산권의 침해가 될 수 있다」[3] 고 하여 세금징수도 예외적으로 재산권의 침해가 될 수도 있다고 하였다.[4] 또한 「조세법규의 해석에 있어 유추해석이나 확장해석은 허용되지 아니하고 엄격히 해석하여야 하는 것은 조세법률주의에 비추어 당연한 것」[5]이라 하였다. 따라서 과세요건법정주의·과세요건명확주의·소급과세금지의 원칙·실질과세의 원칙·납세자권리보호의 원칙 등을 그 내용으로 하는 조세법률주의를 무시한 국가의 자의적인 과세권행사는 헌법 제23조 제1항이 보장하는 국민의 재산권을 침해하는 것이 된다.[6]

다만 「조세법률주의는 조세평등주의와 함께 조세법의 기본원칙으로서, 과세요건법률

재산권을 박탈하거나 헌법 제23조 제3항에 위반하여 재산권을 침해하는지 여부(소극) : 이 사건 시행령조항은, 그 시행일 이후 위 각 학교의 학교환경위생정화구역 안에서 노래연습장 시설을 설치하여 영업하는 것을 금지하면서 시행당시의 기존시설은 이를 이전하거나 폐쇄하도록 경과조치를 한 것으로, 장래에 향하여 노래연습장의 시설 영업에 관하여 규제를 한 것이지 그 시행일 이전의 노래연습장의 시설·영업에 관하여 규율한 것이 아니므로, 헌법 제13조 제2항이 금지한 소급입법에 의한 재산권 박탈이라고 할 수 없고, 또한 이 사건 시행령조항의 위와 같은 규정내용이 헌법 제23조 제3항의 재산권의 수용·사용 또는 제한에 해당한다고 볼 수도 없다.

1) 권영성, 헌법학원론, 563면; 허영, 한국헌법론, 498면; 송희성, 재산권의 존속보장과 가치보장에 관한 연구, 경희대학교 박사학위논문(1991) 참조.
2) 헌재결 1992. 12. 24, 90헌바21【상속세법 제9조 제2항에 대한 헌법소원】
3) 헌재결 1997. 12. 24, 96헌가19, 96헌바72(병합)【구상속세법제9조제1항위헌제청, 구상속세법제9조제1항등위헌소원】
4) 허영, 한국헌법론, 498면.
5) 헌재결 1996. 8. 29, 95헌바41【구 조세감면규제법 제88조의2 등 위헌소원】
6) 권영성, 헌법학원론, 563면.

주의와 과세요건명확주의를 그 핵심내용으로 하고 있고, 과세요건명확주의는 과세요건과 절차 및 그 법률효과를 규정한 법률규정은 명확하여야 한다. 다만 법률은 일반성, 추상성을 가지는 것으로서 법률규정에는 항상 법관의 법보충작용으로서의 해석의 여지가 있으므로, 조세법규가 당해 조세법의 일반이론이나 그 체계 및 입법취지 등에 비추어 그 의미가 분명해질 수 있다면 명확성을 결여하였다고 하여 위헌이라고 할 수는 없다」.[1)]

- 국가의 恣意的인 과세권행사 -

조세의 부과·징수는 국민의 납세의무에 기초하는 것으로서 원칙으로 재산권의 침해가 되지 않는다고 하더라도 그로 인하여 납세의무자의 사유재산에 관한 이용, 수익, 처분권이 중대한 제한을 받게 되는 경우에는 그것도 재산권의 침해가 될 수 있는 것이다.[2)]

2.3. 특별부담금의 부과문제

세금과는 그 성질이 다른 특별부담금은 헌법적 한계가 있으므로 헌법 제11조와 헌법 제37조 제2항의 과잉금지의 원칙을 위반하지 않아야 하는 헌법적 한계를 지니며,[3)] 예외적인 경우에만 허용된다.[4)]

2.4. 소급입법에 의한 재산권박탈의 금지

헌법 제13조 제2항은「모든 국민은 소급입법에 의하여 … 재산권을 박탈당하지 아니한다」라고 하여 소급입법에 의한 재산권의 박탈을 금지하고 있다. 이 조항은 소급입법금지의 원칙상 당연한 것이지만, 4·19와 5·16 당시 소급입법에 의한 재산권박탈의 전례(부정축재처리법 등)가 있었기 때문에 특별히 규정한 것이다.[5)]

현재「이완용후손의 땅 찾기를 저지하기 위한 의원모임」을 중심으로 반민족행위자의 처벌을 위한 근거법의 제정이 국회에 제안되어 이에 대한 특별법(소급입법)이 통과되었다(친일반민족행위자재산의국가귀속에관한특별법).

광복이전의 반민족행위자들을 규제하기 위한 소급입법은 헌법 제13조 제2항에도 불구하고 허용되어야 한다는 견해(권영성)가 있다.

---

1) 헌재결 1995. 2. 23, 93헌바48【구 조세감면규제법 제66조의3 위헌소원】

2) 헌재결 1997. 12. 24, 96헌가19, 96헌바72(병합)【구 상속세법 제9조 제1항 위헌제청】

3) 허영, 한국헌법론, 500면; 헌재결 2003. 12. 18, 2002헌가2【구문화예술진흥법제19조제5항등위헌제청】

4) 권영성, 헌법학원론, 565면.

5) 권영성, 헌법학원론, 564면; 권영성, 사례연구 헌법학연습, 1998, 법문사, 소급입법에 의한 재산권의 제한 부분 참조.

> 그 근거로는 광복이전의 일제치하에서는 그들에 대한 규제가 불가능하여 어차피 소급입법으로 규제할 수밖에 없을 뿐 아니라 민족정기의 확립은 실정헌법보다 우선하는 것이며, 또한 반민족행위자에 대한 소급적 규제의 당위성에 관하여는 국민적 합의가 형성되어 있기 때문[1]이라고 한다.

헌법재판소의 결정에 의하면, 소급입법은 (ㄱ) 과거에 완성된 사실 또는 법률관계를 규율대상으로 하는 진정소급입법과, (ㄴ) 과거에 시작되었으나 아직 완성되지 아니하고 진행과정에 있는 사실 또는 법률관계를 규율대상으로 하는 부진정소급입법으로 구분된다.

진정소급입법은 입법권자의 입법형성권보다도 당사자가 구법질서에 기대하였던 신뢰보호와 법적 안정성을 위하여 특단의 사정이 없는 한 구법에 의하여 이미 얻은 자격 또는 권리를 새 입법을 하는 마당에 그대로 존중할 의무가 있다고 보기 때문에 원칙적으로 위헌이 된다.

> **헌재결 1995. 2. 23, 93헌바24병합 【구 조세감면규제법 제66조의3 위헌소원】**
> 입법정책의 변경에 따라 조세법규가 개정된 경우라도 그 법령에서 정한 과세요건이 개정전에 완성되었다면 법령에 특별한 규정이 없는 한 그에 대하여 개정 전의 법령을 적용하는 것이 당연하며, 법규가 개정된 결과 그 개정 전후의 납세의무자 사이에 불균형한 결과가 초래된다고 하더라도 이를 평등의 원칙에 어긋난다고 할 수 없다.

그러나 부진정소급입법의 경우는 구법질서에 대하여 기대하였던 당사자의 신뢰보호보다도 구법관계 내지 구법상의 기대이익을 존중하여야 할 입법의무가 없으므로 입법권자의 입법형성권을 존중하여야 할 것이므로 특단의 사정이 없는 한 원칙적으로 허용된다고 본다.[2] 판례도 부진정 소급입법의 경우에는 허용되는 것으로 본다.[3] 다만 진정소급의 경우는 원칙적으로 권리나 이익을 형성해주고 의무를 면제해주는 경우에만 원칙적으로 가능하나, 상대방에게 침해를 주는 경우에도 예외적으로 허용되는 경우도 있다.[4]

---

1) 권영성, 헌법학원론, 564면 각주 1).
2) 헌재결 2001. 4. 26, 99헌바55 전원재판부 【구농어촌특별세법부칙제3조제1항단서후단위헌소원】
3) 일반적으로 과거의 사실 또는 법률관계를 규율하기 위한 소급입법의 태양에는 이미 과거에 완성된 사실 또는 법률관계를 규율의 대상으로 하는 이른바 '진정소급효의 입법'과 이미 과거에 시작하였으나 아직 완성되지 아니하고 진행과정에 있는 사실 또는 법률관계를 규율의 대상으로 하는 이른바 '부진정소급효의 입법'이 있으며, 소급입법에 의한 재산권의 박탈이 금지되는 것은 전자인 진정소급효의 입법이고 소위 부진정소급효의 입법의 경우에는 원칙적으로 허용되는 것이다(헌재결 1997. 6. 26, 96헌바94); 홍성방, 헌법학, 544면.
4) 기존의 법에 의하여 형성되어 이미 굳어진 개인의 법적 지위를 사후입법을 통하여 박탈하는 것

진정소급입법 → 과거에 완성된 사실 또는 법률관계
→ 위헌 : 신뢰보호와 법적 안정성
부진정소급입법 → 과거에 시작되었으나 아직 완성되지 아니하고 진행과정에 있는 사실 또는 법률관계
→ 합헌 : 입법권자의 입법형성권 우선

헌재결 1989. 3. 17, 88헌마1 【사법서사법시행규칙에 관한 헌법소원】

입법행위의 소구청구권은 원칙적으로 인정될 수 없고 다만 헌법에서 기본권 보장을 위하여 법령에 명시적인 입법위임을 하였을 때, 그리고 헌법해석상 특정인에게 구체적인 기본권이 생겨 이를 보장하기 위한 국가의 행위의무 내지 보호의무가 발생하였을 때에는 입법부작위가 헌법소원의 대상이 되지만, 이른바 부진정소급효입법의 경우에는 특단의 사정이 없는 한 구법관계 내지 구법상의 기대이익을 존중하여야 할 입법의무가 없으므로 헌법소원심판청구는 부적법하다.

2.5. 재산권 보장과 신뢰보호의 원칙

2.5.1. 개관

신뢰보호의 원칙은 법치국가원리와 결부된 헌법원칙이다. 신뢰보호의 원칙은 헌법 제13조 제2항의 소급입법금지의 원칙으로부터 도출되는 개념이며, 이는 소급입법금지의 원칙보다 더욱 광범위하게 적용될 수 있다.[1] 따라서 소급입법 금지의 원칙에는 해당되지 않으나, 신뢰보호의 원칙에 위반되어 위헌이 될 수 있다.[2]

2.5.2. 신뢰보호의 원칙위반의 판단기준

헌법상 법치국가의 원칙으로부터 신뢰보호의 원리가 도출된다. 법률의 개정시 구법질서에 대한 당사자의 신뢰가 합리적이고도 정당하며 법률의 개정으로 야기되는 당사자의 손해가 극심하여 새로운 입법으로 달성하고자 하는 공익적 목적이 그러한 당사자의 신뢰의 파괴를 정당화할 수 없다면 그러한 새 입법은 신뢰보호의 원칙상 허용될 수 없다.

이러한 신뢰보호원칙의 위배여부를 판단하기 위하여는 한면으로는 침해받은 이익의

등을 내용으로 하는 진정소급입법은 개인의 신뢰보호와 법적안정성을 내용을 하는 법치국가원리에 의하여 특단의 사정이 없는 한 헌법적으로 허용되지 아니하는 것이 원칙이며, 진정소급입법이 허용되는 예외적인 경우로는 일반적으로 국민이 소급입법을 예상할 수 있었거나 법적상태가 불확실하고 혼란스러웠거나 하여 보호할만한 신뢰의 이익이 적은 경우와 소급입법에 의한 당사자의 손실이 없거나 아주 경미한 경우, 그리고 신뢰보호의 요청에 우선하는 심히 중대한 공익상의 사유가 소급입법을 정당화하는 경우 등을 들 수 있다(헌재결 1998. 9.30, 97헌바38).

1) 양건, 헌법강의, 549면.

2) 양건, 헌법강의, 549면.

보호가치, 침해의 중한 정도, 신뢰가 손상된 정도, 신뢰침해의 방법 등과 다른 한면으로는 새 입법을 통해 실현하고자 하는 공익적 목적을 종합적으로 비교 · 형량하여야 한다.[1)]

VII. 재산권의 한계

1. 사유재산제의 한계

헌법 제23조 제1항 제2문은 사유재산제의 한계에 관한 규정이고, 동조 제2항은 재산권의 헌법적 한계(사회적 기속성)에 관한 규정이다.[2)] 권영성 교수는 이를 내재적 한계에 관한 규정이라고 보면서,[3)4)] 재산권의 사회적 구속성을 명시한 개별적 헌법유보라고 한다.[5)]

> 권영성 교수는 「… 독일에서도 기본법 제14조의 해석론으로서 "소유권과 상속권은 보장된다. 그 내용과 한계는 법률로 정한다"라는 제1항은 사유재산제의 한계에 관한 규정으로 해석하고, "소유권은 의무를 수반한다. 그 행사는 동시에 공공복리에 이바지하여야 한다"라는 제2항을 개별적 재산권의 한계에 관한 규정으로 보고 있다」고 한다.[6)] ☜ **이에 대한 허영 교수의 견해(한국헌법론, 박영사)**

2. 사유재산의 내용 · 범위

2.1. 사유재산제의 한계에 관한 법정주의

헌법 제23조 제1항 제2문은 재산권의 「내용과 한계는 법률로 정한다」라고 하여 재산권과 사유재산제의 내용과 한계에 관한 법정주의(개별적 법률유보)[7)]를 규정하고 있다. 이에 따라 어떠한 경제적 가치에 관하여 어떠한 내용의 권리(사용권 · 수익권 · 처분권 등)를 인정할 것인가 그리고 재산권의 대상이 되는 사유재산의 범위를 어느 정도로 할 것인가는 법률로써 정하여진다. 그리고 헌법 제23조 제1항 제2문은 재산권의 제한적 법률유보 인가 아니면 재산권 형성적 법률유보인가 학설이 나누인다. 재산권구체화적 법률유보로 보는 견

---

1) 헌재결 1998. 9. 30, 97헌바38 【가등기담보등에관한법률 부칙 제2조 등 위헌소원】
2) 계희열, 헌법학(중), 561면; 허영, 한국헌법론, 500면.
3) 권영성, 헌법학원론, 565면.
4) 헌법재판소도 내재적 한계로 본다(헌재결 1998. 12. 24, 89헌마214; 헌재결 2003. 4. 24, 99헌바 110 등).
5) 권영성, 헌법학원론, 566면.
6) 권영성, 헌법학원론, 565면 각주 2) 참조; 同人, 독일헌법론(상), 249면 참조.
7) 권영성, 헌법학원론, 565면.

해도 있다.[1)]

2.2. 재산권 제한적 법률유보 · 형성적 법률유보 문제

2.2.1. 재산권 제한적 법률유보

제23조 제1항 제2문(그 내용과 한계는 법률로 정한다)을 재산권 제한적 법률유보로 보는 경우에는 다른 자유권과 마찬가지로 헌법 제37조 제2항이 적용되어 과잉금지의 원칙이 적용된다.

2.2.2. 재산권 형성적 법률유보

사유재산제도의 보장은 타인과 더불어 살아가야 하는 공동체생활과의 조화와 균형을 흐트러뜨리지 않는 범위 내에서의 보장을 의미한다.[2)] 이와 같이 현행 헌법에서의 사유재산의 내용과 범위는 그때 그때의 법률이 정하는 바에 따르도록 되어있어 유동적이고 가변적이므로 재산권의 구체적 모습은 재산권의 내용과 한계를 정하는 법률에 의하여 형성되고, 그 법률은 재산권을 제한한다는 의미가 아니라 재산권을 형성한다는 의미를 가진다(형성적 법률유보).[3)] 이것은 사유재산의 구체적 내용과 범위를 입법자가 규정하도록 헌법이 위임한 것이다.[4)5)] 헌법 제23조 제1항 제2문을 형성적 법률유보로 보는 경우, 이는 재산권의 존속보장(Bestandsgarantie) 혹은 법적 지위의 보장(Rechtstellungsgarantie)이 된다.[6)]

---

1) 예컨대 홍성방, 헌법학, 544면.

2) 헌재결 1989. 12. 22, 88헌가13【국토이용관리법 제31조의2 제1호 및 제21조의3의 위헌심판제청】

3) 헌재결 1993. 7. 29, 92헌바20【민법 제245조 제1항에 대한 헌법소원】우리 헌법상의 재산권에 관한 규정은 다른 기본권규정과는 달리 그 내용과 한계가 법률에 의해 구체적으로 형성되는 기본권 형성적 법률유보의 형태를 띠고 있으므로, 재산권의 구체적 모습은 재산권의 내용과 한계를 정하는 법률에 의하여 형성되고, 그 법률은 재산권을 제한한다는 의미가 아니라 재산권을 형성한다는 의미를 갖는다. 헌재결 2005. 5. 26, 2004헌바90【민법 제766조 제1항 위헌소원】 헌법 제23조 제1항에서 "모든 국민의 재산권은 보장된다. 그 내용과 한계는 법률로 정한다."라고 규정하여 다른 기본권 규정과는 달리 그 내용과 한계가 법률에 의해 구체적으로 형성되는 기본권 형성적 법률유보의 형태를 띠고 있다. 따라서 헌법이 보장하는 재산권의 내용과 한계는 국회에서 제정되는 형식적 의미의 법률에 의하여 정해지는 것이므로 헌법상의 재산권은 이를 통하여 실현되고 구체화하게 된다(헌재 1993. 7. 29. 92헌바20, 판례집 5-2, 36, 44 참조).

4) 권영성, 헌법학원론, 566면.

5) 권영성 교수도 형성적 법률유보(권영성, 헌법학원론, 566면)로 본다.

6) 계희열, 헌법학(중), 555면; 이준일, 헌법학강의, 단락번호 [4.7.69].

「허영 교수의 견해」: - 헌법 제23조 제1항 : 재산권형성적 법률유보 -

「헌법에 의해서 보장되는 재산권은 그 내용과 한계가 법률로 정해지기 때문에(제23조 제1항), 우리 헌법상의 재산권보장은 말하자면 기본권형성적 법률유보[1]에 의해서 실현되고 구체화될 수 있다는 규범구조상의 특징을 가지고 있다. 다시 말해서 재산권의 내용과 한계를 정하는 법률은 동시에 헌법에 의해서 보호받을 수 있는 재산권의 구체적인 모습을 형성하는 기능을 가지고 있다. 따라서 재산권의 내용과 한계를 정하는 법률은 재산권을 제한한다는 의미보다는 재산권을 형성한다는 의미를 더 많이 가지게 된다는 점을 주의할 필요가 있다. 우리 헌법재판소도 이 점을 강조한다」[2]고 한다.[3]

재산권 형성적 법률유보로 보는 경우에는 비례의 원칙이 적용되지 아니하고, 과소보호금지의 원칙이 적용된다. 헌법재판소는 재산권 형성적 법률유보이기 때문에 헌법 제37조 제2항의 비례의 원칙이 적용되지 않는 다는 판례[4]가 있고, 형성적 법률유보로 보면서도 비례의 원칙이 적용된다는 판례[5]도 있다. 제23조 제1항 제2문을 재산권 형성적 법률유보로 보면서도 제한적 법률유보의 성격을 지녔으며,[6] 재산권의 내용과 한계를 정하는 법률이

---

1) 기본권형성적 법률유보에 관한 내용은 허영, 한국헌법론, 294면 이하 참조.

2) 헌재결 1993. 7. 29, 92헌바20; 헌재결 2005. 5. 26, 2004헌바90 【민법제766조제1항위헌소원】 불법행위로 인한 손해배상청구권에 대하여 단기소멸시효기간을 정한 민법 제766조 제1항은 피해자나 그 법정대리인이 '피해 및 가해자'를 안 때에는 그 권리행사가 그만큼 용이하여 불법행위로 인한 손해배상청구권과 관련된 민사상의 법률관계를 조속히 확정함으로써 법적 안정성을 도모하기 위한 것으로서 합리적인 이유가 있고, 3년간의 단기시효기간도 입법자가 입법형성권을 현저히 자의적으로 행사하여 지나치게 짧게 정한 것으로 볼 수 없으므로, 위 법률조항이 불법행위로 인한 손해배상청구권이라는 피해자의 재산권을 합리적인 이유 없이 지나치게 제한함으로써 헌법 제37조 제2항의 기본권제한에 관한 입법적 한계를 일탈하였다고 볼 수 없다. 헌재결 2005. 7. 21, 2004헌바57 【공익사업을위한토지등의취득및보상에관한법률제72조위헌소원】 '적법한 공용사용'의 경우에 한정하여 수용청구권을 인정한 것은 공용제한에 대한 손실보상을 정하는 법의 취지에 따른 결과로서 입법목적을 달성하기 위한 합리적 수단이며, '불법적 사용'에 대해서는 법적인 구제수단이 따로 마련되어 있어 반드시 수용청구권을 부여할 필요는 없으므로, 이 사건 조항이 재산권의 내용과 한계에 관한 입법형성권을 벗어난 것이라 할 수 없다. 헌재결 2005. 7. 21, 2004헌바57 【공익사업을위한토지등의취득및보상에관한법률 제72조 위헌소원】

3) 허영, 한국헌법론, 492면.

4) 헌재결 1993. 7. 29, 92헌바20; 헌재결 2000. 2. 24, 97헌바41 【어음법 제76조 제1항 전문 등 위헌소원】

5) 헌재결 1998. 12. 24, 89헌마214 등; 헌재결 1999. 4. 29, 94헌바37 【택지소유상한에관한법률 제2조 제1호 나목 등 위헌소원】

6) 계희열 교수는 형성적 법률유보임과 동시에 제한적 법률유보로 본다(계희열, 헌법학(중), 561면); 이준일 교수도 계희열 교수와 같다. 그리고 제23조 제1항 제2문이 제한적 법률유보를 의미하는 경우에는 존속보장에서 가치보장으로 전환된다(Piroth/Schlink, Staatsrecht II

형성적 법률이라고 하는 것은 재산권이 자유권이면서도 다른 자유권과는 달리 법제도와 불가분의 연관성을 가지는 것이며, 재산권은 절대적 권리가 아니라 그 제한이 광범하게 인정될 수 있다는 점에서 비례의 원칙(과잉금지의 원칙)이 적용된다는 견해가 있다.[1)]

3. 구체적 재산권의 한계

3.1. 개관

헌법 제23조 제2항은「재산권의 행사는 공공복리에 적합하도록 하여야 한다」라고 하여 법률로써 내용과 한계가 이미 확정된 구체적 재산권의 행사도 공공복리에 적합한 것이어야 한다는 재산권행사의 공공복리적합성(재산권의 사회적 제약성; 사회적 구속성)을 규정하고 있다.[2)] 이것은 재산권의 사회적 구속성(기속성)[3)]을 명시한 개별적 헌법유보(헌법직접적 기본권제약)이다.[4)] 재산권의 사회적 기속성이 최초로 성문화 된 것은 1919년의 독일 바이마르헌법(제153조), 독일 기본법(제14조), 이탈리아헌법(제42조), 일본헌법(제29조) 등에서 규정하고 있다.

3.2. 재산권의 사회적 기속성의 의의

헌법 제23조 제2항은 "재산권의 행사는 공공복리에 적합하여야 한다"고 하여 재산권의 사회적 구속성(기속성)을 규정하고 있다. 재산권의 사회적 기속성이라 함은 공공복리를 위하여 재산권의 주체가 그 재산에 관하여 무보상으로 적절하고도 기대가능한 제한을 받게 되고 또 받게 될 수 있음을 말한다.[5)] 사회적 기속성의 구체적인 내용은 입법으로서 구체화 된다.[6)] 그러나 입법자의 입법재량은 무제한한 것이 아니며, 재산권의 사회적 제약은 비례의 원칙이 따라야 한다.[7)]

헌재결 2005. 9. 29, 2002헌바84【도시계획법 부칙 제10조 제3항 위헌소원 등】
재산권에 대한 제약이 비례원칙에 합치하는 것이라면 그 제약은 재산권자가 수인하여

Grundrechte, Rn. 934; 이준일, 헌법학강의, 단락번호 [4.7.72]).

1) 양건, 헌법강의, 525면.
2) 권영성, 헌법학원론, 567면; 이준일, 헌법학강의, 단락번호 [4.7.63].
3) 재산권의 사회적 구속성에 관해서는 김문현, 재산권의 사회구속성에 관한 연구 -사회국가의 경우를 중심으로-, 서울대학교 박사학위논문(1987) 참조.
4) 권영성, 헌법학원론, 566면.
5) 권영성, 헌법학원론, 566면.
6) 양건, 헌법강의, 526면.
7) 양건, 헌법강의, 527면.

야 하는 사회적 제약의 범위 내에 있는 것이고, 반대로 재산권에 대한 제약이 비례원칙에 반하여 과잉된 것이라면 그 제약은 재산권자가 수인하여야 하는 사회적 제약의 한계를 넘는 것이다.

사유재산제도의 보장은 타인과 더불어 살아가야 하는 공동체생활과의 조화와 균형을 흐트러트리지 않는 범위내에서의 보장이다. 대부분의 현대국가에서는 재산권의 내용과 한계를 법률로 정할 수 있도록 하고 있고, 의무를 수반하는 상대적 권리로 규정하고 있는 것이다. 재산권의 사회적제약 내지 사회기속성을 강조하는 것은 재산권의 절대적 보장에서 나타나는 사회적 폐단을 최소화함과 아울러 사유재산제도의 기본이념을 보호하려는 것으로서 사유재산제도의 유지존속을 위한 사유재산제도의 최소한의 자기희생 내지 양보인 것이다. 1919년에 제정된 독일의 바이마르(Weimar) 헌법 제153조가 「소유권은 헌법에 의해서 보장된다. 그 내용과 한계는 법률로 정한다」. 「소유권은 의무를 진다. 소유권의 행사는 동시에 공공의 복리에 대한 봉사이어야 한다」고 규정한 것은 위와 같은 소유권의 개념변화를 잘 표현하고 있는 것이다.[1]

이와 같이 재산권의 사회적 구속성 내지 의무성이 강조되는 것은 재산권의 악용 또는 남용 등 재산권의 무제약적 행사로 말미암아 초래되는 사회적 폐단을 최소화하고 사유재산제의 기본이념을 수호하려는 것이며 사유재산제의 유지·존속을 위한 최소한의 자기희생 내지 양보를 의미하는 것이다.[2]

3.3. 재산권의 사회적 구속성의 법적 성격

재산권행사의 공공복리 적합의무는 헌법상의 의무로서 입법에 의하여 현실적인 의무로서 구체화된다. 헌법 제23조 제2항의 해석에 관하여는 재산권의 한계를 명시한 조항으로 본다.[3] 그러나 이 조항의 법적 성격에 관하여는 학설의 대립이 있다.

① **윤리적 의무설**: 재산권행사의 공공복리적합성에 관하여는 그것을 재산권행사에 관한 윤리적 의무로 보는 견해[4]

② **(헌)법적 의무설**: 헌법적 의무로서 법률에 의해서 강제할 수 있는 의무[5]

---

1) 헌재결 1989. 12. 22, 88헌가13 【국토이용관리법 제31조의2 제1호 및 제21조의3의 위헌심판제청】

2) 헌재결 1989. 12. 22, 88헌가13 【국토이용관리법 제31조의2 제1호 및 제21조의3의 위헌심판제청】

3) 권영성, 헌법학원론, 567면; 허영, 한국헌법론, 박영사, 2009, 474면; 김철수, 헌법학(상), 877면 참조.

4) 한태연; 문홍주, 한국헌법, 361면; v. Mangolt-Klein, S. 434.

③ **내재적 한계설(헌법원리설)**: 20세기 헌법의 재산권에 당연히 수반되는 내재적 제약[1]
④ **재산권행사의 헌법적 한계설**: 우리 헌법상의 재산권은 강한 사회기속성이라는 제약을 받도록 규범화될 수밖에 없다.[2]

VIII. 재산권의 제한

1. 재산권제한의 목적

1.1. 공공필요

1.1.1. 비교형량 · 과잉금지의 원칙

재산권제한의 목적은 국가안전보장 · 질서유지 또는 공공복리를 위한 경우(헌법 제37조 제2항)와 공공필요를 위한 경우(헌법 제23조 제3항)이다. 특히 공공필요는 전형적인 불확정개념이지만 헌법 제23조 제3항에서 의미하는 공공필요라 함은 일정한 공익사업을 시행하거나 공공복리를 달성하기 위하여 재산권의 제한이 불가피한 경우를 말한다(상세한 내용은 국가보상청구권 참조할 것).[3]

[허영 교수의 견해]
공공필요란 공공이익을 위한 일정한 공익사업을 하거나 국가안전보장 · 질서유지 등의 공익목적을 달성하기 위하여 재산권의 제한(수용 · 사용 · 제한)이 불가피한 경우를 말한다.[4]

그러나 공공필요를 위한 적법한 공용침해의 경우에도 공익뿐만이 아니라 사익도 동등

---

5) 김철수, 헌법학(상), 877면; 허영, 한국헌법론, 박영사, 2009, 475면; 안용교; 헌법재판소 : 재산권의 사회기속성(공공복리적합의무)은 헌법상의 의무로써 입법형성권의 행사에 의해 현실적인 의무로 구체화된다고 한다(헌재결 1989. 12. 22, 88헌가13 참조); Maunz-Dürlg-Herzog-Scholz, Rd nr. 46 zu Art 14.

1) 권영성, 헌법학원론, 567면.

2) 허영 교수는 재산권행사의 헌법적 한계라고 본다. 「이처럼 재산권의 내용과 한계를 법률로 정하게 한 것은 재산권의 헌법적 한계를 구체화하기 위해서이다. 즉 재산권의 행사는 공공복리에 적합하도록 해야 할 의무를 수반하기 때문에(제23조 제2항), 우리 헌법상의 재산권은 강한 사회기속성이라는 제약을 받도록 규범화될 수밖에 없다. 따라서 재산권의 사회기속성은 단순한 윤리적 의무가 아니고 재산권행사의 헌법적 한계라고 보아야 한다」(허영, 한국헌법론, 493면).

3) 권영성, 헌법학원론, 568면.

4) 허영, 한국헌법론, 506면.

하게 보호되어야 한다. 결국 공익을 위하여 시행되는 공용침해는 이로 인하여 침해받는 사익은 대립관계에 있기 때문에 공공필요의 유무는 공익과 사익의 비교형량을 통하여 합리적으로 결정되어야 하며,[1] 공공필요에 의하여 재산권을 제한하는 경우에는 과잉금지의 원칙이 적용된다.[2]

1.1.2. 환매권

공용수용한 토지는 장기간 방치할 수 없으며, 장기간 방치되고 있는 경우, 토지의 원소유자는 재산권을 근거로 환매권을 행사할 수 있다. 왜냐하면 토지수용은 부동산취득이 목적이 아니고 공익사업을 위한 것이기 때문이다.[3] 대법원 판례도 「이와 같이 환매권을 인정하고 있는 입법 이유는, 토지 등의 원소유자가 사업시행자로부터 토지 등의 대가로 정당한 손실보상을 받았다고 하더라도 원래 자신의 자발적인 의사에 기하여 그 토지 등의 소유권을 상실하는 것이 아니어서, 그 토지 등을 더 이상 당해 공공사업에 이용할 필요가 없게 된 때, 즉 공익상의 필요가 소멸한 때에는 원소유자의 의사에 따라 그 토지 등의 소유권을 회복시켜 주는 것이 공평의 원칙에 부합한다는 데에 있다고 할 것이므로, 사업시행자가 특례법 소정의 절차에 따라 취득한 토지 등이 일정한 기간 내에 그 취득목적사업인 공공사업의 폐지 변경 등의 사유로 그 공공사업에 이용될 필요가 없어졌다고 볼 만한 객관적 사정이 발생하면, 사업시행자의 주관적인 의사와는 관계없이 환매권자가 토지 등을 환매할 수

---

1) 권영성, 헌법학원론, 568면; 헌재결 1998. 3. 26, 93헌바12 【하천법제2조제1항제2호다목위헌소원】 하천관리의 공익목적을 달성하기 위하여는 국가가 제외지를 유수형적토지와 일체화하여 일률적으로 관리할 필요성이 인정되고, 이러한 관리목적을 위하여 국가가 택할 수 있는 방법에는 제외지를 국유화하는 방안 또는 제외지를 일률적으로 국유화하지 아니하고 하천의 관리 등을 위하여 필요한 토지를 개별적으로 수용한다든가 하천관리상의 필요에 대응하여 사소유권의 이용·처분에 제한을 가하는 것에 그치는 방안이 있을 수 있는데, 이 두 가지 방안 중 어느 것을 택할 것인지는 입법자가 홍수피해방지와 하천의 적정한 이용 등 효율적인 하천관리라는 공익적 필요성의 정도와 이를 위해 국민의 재산권이 희생되고 제한되는 정도를 조화롭게 형량하여 결정할 문제이다.

2) 허영, 한국헌법론, 506면; 헌재결 1998. 3. 26, 93헌바12 【하천법제2조제1항제2호다목위헌소원】 근대적 수리법체계에서 국가의 하천관리의 중요성이 날로 커지고 있으며, 하천이라는 자연현상을 대상으로 하는 하천법은 합목적성과 기술성의 요청에 민감할 수밖에 없다는 점과 제외지가 가진 특성을 고려할 때, 국민의 재산권에 대한 제약의 정도가 큰 국유화의 방법을 채택하였다 하더라도 하천의 보다 효율적 관리 및 이용이라는 중대한 공익목적에 비추어 볼 때 적정한 보상이 수반되는 한 이를 두고 현저히 자의적이라거나 비례성을 벗어난 것으로서 위헌이라고 할 수 없다.

3) 허영, 한국헌법론, 506면.

있다고 보아야 할 것」이라고 하고 있다.[1]

공익사업을위한토지등의취득및보상에관한법률도 "토지의 협의취득일 또는 수용의 개시일(이하 이 조에서 "취득일"이라 한다)부터 10년 이내에 당해 사업의 폐지 · 변경 그 밖의 사유로 인하여 취득한 토지의 전부 또는 일부가 필요 없게 된 경우 취득일 당시의 토지소유자 또는 그 포괄승계인(이하 "환매권자"라 한다)은 당해 토지의 전부 또는 일부가 필요 없게 된 때부터 1년 또는 그 취득일부터 10년 이내에 당해 토지에 대하여 지급받은 보상금에 상당한 금액을 사업시행자에게 지급하고 그 토지를 환매할 수 있다"고 규정하고 있다(동법 제91조).

대판 1992. 4. 28, 91다29927【소유권이전등기】

공공용지의취득및손실보상에관한특례법 제9조 제1항이 환매권을 인정하고 있는 입법이유는, 토지 등의 원소유자가 사업시행자로부터 토지 등의 대가로 정당한 손실보상을 받았다고 하더라도 원래 자신의 자발적인 의사에 기하여 그 토지 등의 소유권을 상실하는 것이 아니어서, 그 토지 등을 더 이상 당해 공공사업에 이용할 필요가 없게 된 때, 즉 공익상의 필요가 소멸한 때에는 원소유자의 의사에 따라 그 토지 등의 소유권을 회복시켜 주는 것이 공평의 원칙에 부합한다는 데에 있다고 할 것이므로, 사업시행자가 위 특례법 소정의 절차에 따라 취득한 토지 등이 일정한 기간 내에 그 취득목적사업인 공공사업의 폐지 · 변경 등의 사유로 그 공공사업에 이용될 필요가 없어졌다고 볼 만한 객관적 사정이 발생하면, 사업시행자의 주관적인 의사와는 관계없이 환매권자가 토지 등을 환매할 수 있다고 보아야 한다.

[공공용지의취득및손실보상에관한특례법] → 현행 [공익사업을위한토지등의취득및보상에관한법률]

1.2. 헌법 제37조 제2항과의 관계

공공필요를 위한 재산권의 제한규정인 헌법 제23조 제3항과 기본권제한을 위한 일반적 법률유보조항인 제37조 제2항간에는 다음과 같은 문제가 제기된다. 첫째, 제23조 제3항의 공공필요와 제37조 제2항의 공공복리는 어떠한 관계에 있는가 하는 문제이다.[2] 생각건대 공공필요는 여러 가지의 국가적 목적을 실현하기 위한 정책적 고려는 물론 사회정의를 위하여 필요한 경우까지 포함하는 개념인데 대하여 공공복리는 국민공동의 이익을 의미하는 것이므로 공공필요는 공공복리보다 넓은 개념이라 할 수 있다.[3] 둘째, 재산권을 제한함

1) 대판 1992. 4. 28, 91다29927【소유권이전등기】
2) 공공복리의 개념내용에 관해서는 신기하, 공공복리에 관한 연구, 한양대학교 법학박사학위논문(1994) 참조.
3) 권영성, 헌법학원론, 568면.

에 있어서는 헌법 제23조 제3항만이 적용되는가 아니면 제37조 제2항과 제23조 제3항이 별도로 적용될 수 있는가가 문제된다. 생각건대 재산권제한의 경우에는 제23조 제3항만이 아니라 제37조 제2항에 규정된 기본권제한의 목적 · 기본권제한입법의 한계 등도 존중되어야 한다고 본다.[1)]

2. 재산권제한의 형식

2.1. 법률에 의한 제한(법률이외의 형식에 의한 제한금지)

재산권제한의 형식은 국회가 입법절차에 의하여 제정한 형식적 의미의 법률이어야 하며,[2)] 행정명령 또는 조례에 의한 재산권의 제한은 금지된다.

[형식적 의미의 법률]

군사상의 긴급한 필요에 의하여 국민의 재산권을 수용 또는 사용하게 되었던 것이라 할지라도 그 수용 또는 사용이 법률의 근거없이 이루어진 경우에는 재산권자에 대한 관계에 있어서는 불법행위가 된다(대판 1966. 10. 18, 66다1715).

헌재결 1998. 3. 26, 93헌바12 【하천법제2조제1항제2호다목위헌소원】

제3공화국 헌법하에서 제외지를 하천구역에 편입시키고, 이를 국유화하면서도 그에 대한 보상규정을 갖추지 못하였다가, 제5공화국 헌법하의 개정하천법에 의하여 보상규정이 추후 마련된 경우 헌법 제23조 제3항이 요구하는 "법률에 의한 보상"의 요건을 충족하는지 여부(적극)

【결정요지】

"입법적" 수용은 법률에 근거하여 일련의 절차를 거쳐 별도의 행정처분에 의하여 이루어지는 소위 "행정적" 수용과 달리 법률에 의하여 직접 수용이 이루어지는 것이므로 "법률"에 의하여 수용하라는 헌법적 요청을 충족한다.

관리청의 하천구역 지정처분없이 하천법 제3조, 제2조에 의하여 당연히 국유화된 제외지의 종전소유자들에 대하여 비록 종전의 하천법 자체에는 보상규정이 없었으나, 당시의 제3공화국 헌법 제20조 제3항은 현행헌법과는 달리 공용수용에 대한 보상까지 반드시 법률로써 할 것을 명시적으로 규정하고 있지 않았으며, 한편으로 당시 법원은 수용법률에서 손실보상에 관한 규정을 두고 있지 않더라도 헌법 제20조 제3항을 직접적인 근거로 하여 손실보상을 청구할 수 있다는 견해를 취하고 있었고, 1984년의 개정하천법 부칙 제2조 제1항 · 제4항에 의하여 뒤늦게나마 보상법률이 마련되었고 후속 시행령에 의하여 대다수의 제외지 소유자들이 이미 손실보상을 받기에 이르렀다면 헌법 제23조 제3항이 요구하는 "법률에 의한 보상"의 요건을 충족하였다고 보아야 한다.

---

1) 권영성, 헌법학원론, 569면.

2) 허영, 한국헌법론, 507면; 권영성, 헌법학원론, 569면.

특히 헌법 제23조 제3항은 수용·사용 또는 제한 등 재산권제한의 유형과 그 보상의 기준 및 방법 등을 법률로써 규정하도록 하고 있다. 따라서 헌법 제23조 제3항이 독일 Bonn 기본법 제14조 제3항 제2문과 유사한 규범내용을 규정하고 있음을 이유로 동조항이 이른바 결부조항(Junktim-Klausel; package deal clause)[1]인가 하는 것이 문제되고 있다.[2]

2.1.1. 결부조항의 의의

結付條項이라 함은 헌법이 입법위임을 하면서 동시에 그 법률이 일정한 요건을 충족하여야 한다거나 일정한 내용을 규정하여야 한다는 취지를 동시에 규정하고 있는 조항을 말하고, 여기서는 동일한 법률 중에 재산권의 제한과 보상의 방법 및 기준을 하나로 묶어서(결부시켜서) 규정하여야 한다는 조항을 말한다. 독일기본법 제14조 제3항 제2문은 「공용수용은 법률로써 하되 당해 법률은 보상의 방법과 보상의 정도를 규정하여야 한다」라고 규정하고 있다. 독일연방헌법재판소도 불가분조항에 위반되는 재산권 제한법률은 위헌이라고 한다.[3][4] 우리 헌법 제23조 제3항도 결부조항에 해당하는 것으로 본다면, 그것은 보상에 관한 규정을 공용수용 등을 규정하는 법률의 효력발생요건으로 한다는 의미를 가지게 된다.[5]

헌재결 1994. 12. 29, 89헌마2 【조선철도(주)주식의 보상금 청구 에 관한 헌법소원】

우리 헌법은 제헌헌법 이래 9차에 걸친 개정이 있었으나 일관하여 재산의 공공수용 등에 대한 보상을 규정하면서 이를 법률이 정하도록 위임하고 있다. 즉 국가에게 명시적으로 그 입법의무를 부과하여 왔다. 따라서 이 사건 수용이 있었으므로 대한민국은 이 사건 사설철도회사나 그로부터 보상청구권을 승계취득한 자에 대한 보상법률을 제정하여야 할 입법의무가 있다.

2.1.2. 결부조항의 기능

결부조항으로서의 헌법 제23조 제3항은 다음과 같은 헌법적 의미를 가진다. 첫째, 제23조 제1항 제1문에서 보장하고 있는 재산권을 침해하는 경우는 법치국가적 절차와 헌법에 적합한 보상을 지급한다는 것을 그 전제로 삼고 있다. 둘째, 입법자에게 재산권을 제한

1) 여기서 말하는 결부조항은 논자에 따라 부대조항, 결합조항, 불가분조항 등으로 표현되기도 한다. 자세한 것은 박상배, 재산권침해유형에 대한 구별이론의 새로운 필요성, 법제연구, 한국법제연구원, 1994, 통권 제5호, 193-214면; 同人, 공용침해의 요건에 관한 연구, 고려대학교 박사학위논문, 1993, 참조.
2) 권영성, 헌법학원론, 569면.
3) BVerfGE 4, 219(228 ff.); BVerfGE 24, 367(418); BVerfGE 46, 268(268 f).
4) Piroth/Schlink, Staatsrecht II, Grundrechte, Rn. 939; 이준일, 헌법학강의, 단락번호 [4.7.84a].
5) 권영성, 헌법학원론, 569면.

하는 법률을 제정함에 있어 당해 법률이 규정하는 재산권제한이 보상을 요하는 것인지의 여부를 판단하고, 보상을 요하는 것인 경우에는 보상의 종류 및 보상의 정도를 미리서 판단하라는 것이다. 결부조항으로서의 헌법 제23조 제3항은 졸속한 재산권침해행위에 대한 방어조치로서의 저지조항이며, 이를 통하여 개인의 재산권을 보장하기 위한 헌법적 배려이며,[1] 이는 동시에 입법권자 및 법률집행자에 대한 경고적 의미도 담고 있다.[2] 따라서 보상규정이 없거나 부분적으로 인정하지 않는 공적 제한은 위헌이다.[3]

헌재결 1994. 12. 29, 89헌마2 【조선철도(주) 주식의 보상금청구에 관한 헌법소원】

입법자가 입법의무를 지고 있다고 하여서 그 불이행의 모든 경우가 바로 헌법을 위반한 경우라고는 단정할 수 없다. 즉 입법자에게는 형성의 자유 또는 입법재량이 인정되므로 입법의 시기 역시 입법자가 자유로이 결정할 수 있음이 원칙이라 할 것이다. 그러나 입법자는 헌법에서 구체적으로 위임받은 입법을 거부하거나 자의적으로 입법을 지연시킬 수는 없는 것이므로, 가령 입법자가 입법을 하지 않기로 결의하거나 상당한 기간 내에 입법을 하지 않는 경우에는 입법재량의 한계를 넘는 것이 된다. 따라서 입법부작위는 이와 같이 입법재량의 한계를 넘는 경우에 한하여 위헌으로 인정되는 것이다. 이 사건의 경우 사설철도회사의 재산 수용에 대한 보상절차규정을 두고 있던 군정법령이 폐지됨으로써 그 재산 수용에 대한 보상절차에 관한 법률이 없게 되어 사설철도회사의 재산관계권리자 중 권리를 포기하지 않는 것으로 확정된 손실보상청구권을 가진 자와 그 청구권을 승계취득한 청구인이 국가로부터 보상을 받을 길이 없게 되었다. 그러함에도 불구하고 그 후 30여 년이 지나도록 그 보상을 위한 아무런 입법조치를 취하지 않고 있는 것은 입법자의 형성의 자유를 고려하더라도 그 한계를 벗어나는 것이라고 보아야 할 것이다. 따라서 이 사건 입법부작위는 입법자가 헌법에서 위임받은 손실보상에 관한 법률제정의무를 자의적으로 방치하고 있고 이로 인하여 사설철도회사 재산관계권리자 중 그의 손실보상청구권이 확정된 자의 재산권을 침해하기에 이르렀으므로 위헌이다.

2.2. 법율 이외의 형식에 의한 제한

2.2.1. 긴급재정경제처분 · 명령

예외적으로 법률 이외의 형식으로 재산권을 제한하는 것이 인정되는 경우로는 헌법 제76조 제1항에 의한 대통령의 긴급재정경제처분 · 명령을 들 수 있다. 이는 법률과 같은 효력을 가지고 있다고 헌법에서 명시하고 있기 때문이다.

---

1) 권영성, 헌법학원론, 570면.
2) 허영, 한국헌법론, 508면; 이준일, 헌법학강의, 단락번호 [4.7.84a]; 홍성방, 헌법학, 549면.
3) 홍성방, 헌법학, 549면.

2.2.2. 일반명령(행정명령)

법률의 위임이 있는 경우에는 일반명령(행정명령)의 형식으로도 재산권을 제한할 수 있느냐가 문제되고 있지만 부정설이 타당하다(다수설).[1]

2.2.3. 조례

공공필요를 위한 경우에는 법률의 위임이 없음에도 불구하고 지방자치단체가 조례로써 재산권행사를 제한할 수 있는가가 문제되고 있다. 다수설은 이를 부정한다.[2]

「소수설 : 권영성 교수의 견해」

조례는 법률의 하위규범이지만 주민의 대표에 의하여 의결의 형식으로 제정된 법률에 준하는 법규범(準法律)이므로, 공공필요로 말미암아 부득이한 경우에는 그 사용권만을 일정한 범위 내에서 일시적으로 제한하는 것은 허용된다고 본다.[3]

3. 재산권제한의 유형

헌법에 규정된 재산권제한의 유형 내지 형태는 헌법 제23조 제3항에 규정된 수용·사용(공용사용)·제한(공용제한)이라는 일반적인 형태(공용침해)[4]와 제122조 및 제126조에 규정된 특수한 형태가 있다.

3.1. 수용(공용수용·공용징수)

헌법 제23조 제3항의 수용은 공용수용 또는 공용징수를 말한다. 공용수용이라 함은 공공필요를 위하여 국가·공공단체 또는 사업시행자가 특정 개인의 비대체적인 특정의 재산권을 법률에 의하여 종국적·강제적으로 취득하는 것을 말한다. 공용수용은 (ㄱ) 공공필요를 위한 재산권의 영구적·적극적 강제취득이라는 점에서 예산상 목적을 위하여 강제취득하는 조세징수와 구별되고, 공공필요에 의한 것이기는 하지만 임의적 제한인 공용제한과도 구별된다.[5] (ㄴ) 반드시 정당한 보상을 필요로 하는 재산권침해라는 점에서 보상이 없는 몰수와 구별된다.

---

1) 허영, 한국헌법론, 507면.
2) 허영, 한국헌법론, 507면.
3) 권영성, 헌법학원론, 570면.
4) 미국의 경우 공용침해의 요건을 넓게 해석하여, 공중의 이용에만 한정하지 않고, 공익의 정도 등에 대하여도 엄격한 심사를 행하지 않는다. 사적 개발(private development) 등 사인을 위한 수용도 인정(Kelo v. New London, 2005)하고 있다(양건, 헌법강의, 538면).
5) 권영성, 헌법학원론, 571면.

공용수용: 공공필요를 위하여 국가·공공단체 또는 사업주체가 개인의 비대체적인 특정의 재산권을 법률에 의하여 종국적·강제적으로 취득하는 것
- 공공필요를 위한 재산권의 강제적 취득 → 조세징수·공용제한과 구별
- 보상을 요하는 재산권침해 → 몰수와 구별

3.2. 사용(공용사용)

헌법 제23조 제3항의 사용이라 함은 공용사용을 말한다. 공용사용이라 함은 공공필요를 위하여 국가·공공단체 또는 사업주체가 개인의 토지 기타의 재산권을 법률에 의하여 일시적·강제적으로 사용하는 것을 말한다.[1] 공용사용은 공용수용과 같이 강제적이기는 하지만 그것이 일시적이라는 점에서 영구적인 공용수용과 구분된다.

3.3. 제한(공용제한)

헌법 제23조 제3항의 제한이라 함은 공용제한을 말한다.[2] 공용제한이라 함은 공공필요를 위하여 국가·공공단체 또는 사업주체가 개인의 특정의 재산권에 대하여 과하는 공법상의 제한(계획제한·보전제한·사업제한·공물제한·사용제한 등)으로서 일시적·소극적 제한이며, 이는 물적 공용부담의 일종이다.[3]

---

1) 권영성, 헌법학원론, 571면.

2) 헌재결 1997. 11. 27, 96헌마279 【염관리법 제15조 제3항 제2호 등 위헌확인】 헌법 제23조 제3항에 의하여 반드시 보상을 해야 하는 공용제한은 국가나 지방자치단체가 공공필요에 따라 특정 재산권을 강제적으로 수용·사용·제한하는 것이다. 경제의 구조조정 등을 목적으로 사기업에게 지급되는 법이 정한 폐전지원금은 급부행정의 일종인 보조금의 성격을 가지는 것이지 공용수용에 따른 보상이 아니다. 공용수용에 따른 보상이 성립하기 위해서는 이에 선행하는 재산권에 대한 강제적 제한이 전제되어야 하는데, 폐전지원금의 지급에 있어서는 국가가 폐전을 강제한 것도 아니고 또 달리 염제조업자의 재산권을 제한한 것이 아니라, 폐전여부를 오로지 염전소유자의 스스로의 결정에 맡기고 폐전을 결정하는 경우에만 국가가 지원금을 지급하겠다는 것을 법률로 규정함으로써 염제조업자의 전업을 유도하려는 것이다. 따라서 이 사건에서는 재산권의 제한이나 그에 따른 손실보상의 문제는 전혀 고려의 대상이 되지 아니한다. 그러므로 이 사건 법률조항들에 의하여 청구인들의 헌법상 보장된 재산권이 침해되었는가 하는 것은 전혀 문제가 되지 않으므로, 보조금의 지급에 있어서 헌법적으로 문제될 수 있는 것은 단지 법률유보와 평등권의 문제뿐이다. 즉, 보조금의 지급과 같은 급부행정에 있어서도 침해행정의 경우와 마찬가지로 법률의 근거를 필요로 하는가 아니면 예산에 이에 관한 재원이 확보되어 있다면 이로써 급부행정의 충분한 법적 근거로 간주될 수 있는가의 문제인데, 이 사건의 경우에는 보조금의 지급에 관하여 법이 스스로 명문으로 규정하고 있으므로 법률유보의 점은 헌법적으로 문제될 여지가 없다. 따라서 이 사건 법률조항들의 위헌성은 오로지 급부(폐전지원금)의 제공과 분배에 있어서 평등원칙이 준수되었는가 하는 점에서만 문제될 수 있다.

3.4. 정리 (도표)

논점	주요내용	참고
제한	1) 공공필요(제23조 제3항)의 개념 : 불확정개념, → 따라서 헌법 제37조 제2항의 공공복리와의 관계가 문제 ① 공공복리 < 공공필요(권영성; 다수설) : 공공필요 = 공공복리 + 사회정의 ② 공공복리 > 공공필요 → 공공필요도 제37조 제2항의 범위내에서만 인정(허영) 2) 제한의 형식 ① 법률유보 : 형식적 의미의 법률원칙 ② 예외적 제한 : ㉠ 대통령 긴급명령(제76조 제2항), ㉡ 조약(제6조 제1항), ㉢ 위임명령(대통령령 · 총리령 · 부령) : 부정설(다수설) · 긍정설(소수설), ㉣ 조례 - 부정설(다수설), 긍정설(소수설) : 권영성 → 조례는 준법률(사용권 제한 가능한 인정) 3) 제한의 유형 : ① 공용수용(징수) - 공공필요에 의한 영구적 · 적극적 제한(강제취득), ② 공용사용 : 재산권의 일시적 · 적극적 제한, ③ 공용제한 : 일시적 · 소극적 제한	* 조례를 통한 재산권 제한을 인정한 사례 : 1) 독일 (상 · 하수로 난방 매관시) 2) 일본 (공지소유자 제초) * 국가보위특별조치법 제5조 제4항 → 위헌(1994. 6. 30) : 발동요건의 추상성으로 인하여

<홍원식, 통합헌법요론, 186면 참조>

4. 재산권제한의 조건으로서의 보상(재산권의 손실보상)

헌법 제23조 제3항은 공공필요에 의한 재산권의 수용 · 사용 · 제한과 그에 대한 조건으로서의 보상은 법률로써 하되 정당한 보상을 지급하여야 한다.

[정당한 보상]

(ㄱ) 「국가보위에관한특별조치법 제5조 제4항은 과세표준을 기준으로 보상하도록 규정하고 있으므로 그것은 정당한 보상이 될 수 없다는 이유로 위헌」이다(헌재결 1994. 7. 29, 92헌가18).

(ㄴ) 「헌법 제23조 제3항이 규정하는 정당한 보상이란 원칙적으로 피수용재산의 객관적인 재산가치를 완전하게 보상하는 것이어야 한다는 완전보상을 의미한다(헌재결 1995. 4. 20, 93헌바20 · 66, 94헌바 49, 95헌바6(병합)).

재산권의 객체가 갖는 객관적 가치란 그 물건의 성질에 정통한 사람들의 자유로운 거

3) 권영성, 헌법학원론, 571면.

래에 의하여 도달할 수 있는 합리적인 매매가격, 즉 時價에 의하여 산정되는 것이 보통이다(헌재결 1990. 6. 25, 89헌마107).

「참고」
제1공화국 : 상당보상
제2공화국 : 상당보상
제3공화국 : 정당보상
제4공화국 : 입법보상
제5공화국 : 이익형량보상
제6공화국 : 정당보상

5. 재산권제한의 한계

5.1. 본질적 내용의 침해금지

헌법은 재산권의 내용과 한계는 법률로 정하고 공공필요가 있는 때에는 법률로써 재산권을 수용·사용·제한할 수 있다고 규정하고 있지만, 재산권을 제한하는 경우에도 일정한 한계가 있다.

헌재결 1989. 12. 22, 88헌가13 【국토이용관리법 제21조의3 제1항, 제31조의2의 위헌심판】

입법부라고 할지라도 수권의 범위를 넘어 사유재산권의 본질적 내용을 침해하는 입법은 할 수 없다(헌법 제37조 제2항 후단). (토지)재산권의 본질적 내용을 침해하는 것이라고 함은 그 침해로 말미암아 사유재산권이 유명무실해지고 사유재산제가 형해화(形骸化)되어 헌법이 재산권을 보장하는 궁극적 목적을 달성할 수 없게 되는 지경에 이르는 경우라고 할 것이다. 사유재산제도의 전면적 부정·재산권의 무상몰수·소급입법에 의한 재산권의 박탈 등이 재산권의 본질적 침해가 된다.

– 토지거래허가제의 재산권의 본질적 내용의 침해금지원칙에의 저촉여부 –

<해설>

토지거래허가제는 토지에 관한 권리가 사용·수익·처분 등 세가지라면 그중 하나인 처분권의 제한 내지 침해임에는 틀림없다. 처분행위를 함에 있어서 당사자 쌍방의 합의에 의하여 거래가격을 마음대로 정할 수 있는 자유 즉 결가자유(결가자유)와 거래의 상대방이 실수요자가 아니라도 무방하고 누구라도 상관없이 선택할 수 있는 자유 즉 상대방 선택의 자유(상대방선택의 자유)의 제한인 것이다.

그러나 토지거래허가제는 규제구역내의 토지에 국한하며 규제구역을 5년내의 기간으로 한정되는 것으로, 비록 5년 한도로 규제구역으로 지정되어도 그 지정사유가 없어졌을 때에는 지정을 해제하거나 규제구역의 일부를 축소할 수 있도록 하였다. 따라서 규제구역의 지정기간이 도과되거나 그 안에도 지정해제가 되면 토지에 관한 임의처분권이 다시 회복되게 되는 일시적이고 잠정적인 제한이다. 나아가 토지거래불허가처분이 잘못되었다고 할 때에는 시장·군수·구청장에 이의를 신청할 수 있게 하였고 국토의계획및이용에관한법률 제120조 제1항, 이의신청절차를 거친 뒤에 그 처분의 취소 또는 변경을 구하는 행정심판을 제기하는 길이 열려 있다(제134조). 또 다른 한편 허가신청을 하여 불허가의 처분을 받은 토지소유자는 시장·군수·구청장에 대하여 당해 토지의 매수청구권을 갖는다(제123조 제1항). 이렇듯 토지거래허가제에 의한 소유권자 등의 임의처분권이 제한되었지만 그것은 잠정적인 것이고, 불허가처분이 잘못되었을 때에는 사법적 심사과정을 통하여 이를 취소시켜 허가를 받을 수 있는 길이 열려있고 나아가 불허가처분을 받은 뒤에도 매수청구권을 행사하여 처분할 수 있는 길이 있다면, 토지거래허가제는 토지에 관한 임의처분권 내지 취득권의 본질적 내용의 침해라고까지 말할 수 없으며 이와 같은 관점에서 헌법위반의 소지는 있다고 하기 어려울 것이다.

5.2. 과잉금지의 원칙

재산권을 제한하는 경우에도 과잉금지의 원칙이 존중되어야 한다. 과잉금지의 원칙은 국가작용의 한계를 명시하는 것인데 목적의 정당성, 방법의 적정성, 피해의 최소성, 법익의 균형성(보호하려는 공익이 침해되는 사익보다 더 커야 한다는 것으로서 그래야만 수인의 기대가능성이 있다는 것)을 의미하는 것으로서 그 어느 하나에라도 저촉되면 위헌이 된다는 헌법상의 원칙이다.[1)]

- 본질적 내용침해금지 : 사유재산제도의 전면적 부정·재산권의 무상몰수·소급입법에 의한 재산권의 박탈)
- 과잉금지의 원칙

헌재결 1992. 6. 26, 90헌바26【정기간행물의등록등에관한법률 제10조 등에 대한 헌법소원】

과잉금지의 원칙 : 재산권의 성질상 부과되는 사회구속은 물론 질서유지 또는 공공복리라는 공익적 필요가 있으면 일정한 한도 내에서 법률로써 제한할 수 있는 것이다. 그러나 방법의 적절성·피해의 최소성·법익의 비례성 또는 균형성이라는 과잉금지의 원칙에 반하거나 재산권의 본질적 내용을 침해하여서는 아니된다.[2)]

– 토지거래허가제가 헌법상의 비례의 원칙 내지 과잉금지의 원칙에 위배되는가? –

<해설>

헌법 제23조 제2항에 의하면 재산권의 행사는 공공복리에 적합하여야 한다고 규정하고,

---

1) 헌재결 1989. 12. 22, 88헌가13【국토리용관리법 제21조의3 제1항, 제31조의2의 위헌심판】

2) 헌재결 1990. 9. 3, 89헌가95; 헌재결 1991. 5. 13, 89헌가97; 헌재결 1990. 9. 3, 89헌가95; 헌재결 1991. 11. 25, 91헌가6【지방세법 제31조에 대한 위헌심판】

헌법 제122조에 의하면 국가는 국민모두의 생산 및 생활의 기반이 되는 국토의 효율적이고 균형있는 이용·개발과 보존을 위하여 법률이 정하는 바에 의하여 그에 관한 필요한 제한과 의무를 과할 수 있다고 하였다. 다른 기본권과는 달리 재산권에 관하여 이와 같은 헌법상의 특별규정과 재산권의 객체인 토지에 관한 별도의 규정을 둔데다가 헌법 제119조 제2항 후단의 "시장의 지배와 경제력의 남용방지"의 규정까지 두고 있음을 보태어 생각하면, 토지거래허가제 자체가 국민의 기본권의 하나인 재산권에 대한 필요한 최소한의 한도를 넘어선 제한이라기 보다 헌법의 규정 자체가 예정하고 있다고도 볼 선택이라 할 수 있으며, 나아가 문제가 있어서 규제구역으로 지정된 지역내의 토지에 대한 선별 제한이라는 점에서 비례의 원칙이나 과잉금지의 원칙에 반하지 아니한다.[1]

<사례>

토지거래허가제가 합헌이라고 할지라도 그 행위의 법률적 효력을 부인하였으면 벌칙은 벌금형 정도로 족하다고 할 것인데도 자유형까지 규정하고 있는 것은 과잉금지의 원칙에 위배되는 전형적인 사례인가?

<해설>

토지의 투기적 거래가 국민경제에 미치는 악영향이라든가 건전한 근로의욕의 침해등 국민의 건전한 정신과 생활을 오염시키는 면이 크다.

또 투기에서 얻어지는 이득은 막대하여 벌금형으로서는 그 범죄에의 유혹을 차단하기 어렵고 따라서 벌칙의 일반예방적 기능을 기대하기 어렵기 때문에 벌금형으로 투기적 거래를 억제하는데는 스스로 한계가 있다고 할 것이다. 그리고 우리나라에서는 중간생략의 등기와 명의신탁제도가 오랜 판례법으로 인정되고 있는 실정이기 때문에 등기가 뒤따르지 않는 사실상의 토지거래가 얼마든지 행하여질 수 있을 것이라는 것도 쉽게 예상할 수 있다. 따라서 위와 같은 사정을 고려에 넣지 않고 단순한 법률행위의 효력부인이나 벌금형만으로 토지의 투기적 거래를 규제할 수 있다는 주장은 사태의 진상을 꿰뚫어 보지 못한 것이라고 하지 아니할 수 없다. 국가가 행정의 실효성을 보장하기 위하여 통상의 가벼운 수단으로 그 목적을 달성할 수 없는 경우에는 자유형으로 처벌할 수 있고, 이러한 법리는 행정벌의 이론과 제도에 의해 뒷받침되고 있고 실제로도 그 예가 허다한 것이다. 토지투기 억제를 위하여 벌금형으로 미흡하다고 판단될 경우 자유형으로 규제하는 것은 부득이하다고 할 것이고 따라서 벌금형과 선택적으로 징역형을 규정한 것은 입법재량의 문제이며 과잉금지의 원칙에 위반된다고 할 수 없는 것이다.[2]

1) 헌재결 1989. 12. 22, 88헌가13【국토이용관리법 제31조의2 제1호 및 제21조의3의 위헌심판제청】

2) 헌재결 1989. 12. 22, 88헌가13【국토이용관리법 제31조의2 제1호 및 제21조의3의 위헌심판제청】

IX. 재산권의 위법한 침해에 대한 구제

헌법상의 재산권제한의 요건을 구비하지 아니한 제한은 재산권에 대한 위법한 침해가 된다. 고의 · 과실이 없는 위법한 침해는 손실보상이론을 확대적용하여 수용유사침해이론에 의한 손실보상을 받을 수 있고, 고의 · 과실이 있는 위법한 침해의 경우에는 원상회복청구권과 함께 손해배상청구권 및 수용유사침해이론에 의한 보상을 받을 수 있다.[1)]

「위법한 재산권침해」
- 목적에 있어 공공필요에 의하지 아니한 재산권의 침해
- 형식에 있어 법률에 의하지 아니한 재산권의 침해
- 소급입법에 의한 재산권의 침해(부진정소급효는 예외)
- 보상에 관한 규정이 없는 법률에 의한 재산권의 침해
- 과잉금지의 원칙에 위배되는 재산권의 침해

소급입법 : 일반적으로 과거의 사실 또는 법률관계를 규율하기 위한 소급입법의 태양에는 이미 과거에 완성된 사실 또는 법률관계를 규율의 대상으로 하는 이른바 진정소급효의 입법과 이미 과거에 시작하였으나 아직 완성되지 아니하고 진행과정에 있는 사실 또는 법률관계를 규율의 대상으로 하는 이른바 부진정소급효의 입법이 있으며, 소급입법에 의한 재산권의 박탈이 금지되는 것은 전자인 진정소급효의 입법이고 소위 부진정소급효의 입법은 원칙적으로 허용되는 것이라고 할 것이다(헌재결 1997. 6. 26, 96헌바96).

1) 권영성, 헌법학원론, 573면; 허영, 한국헌법론, 511면.

제 3 항 직업(선택)의 자유

I. 직업(선택)의 자유의 의의

헌법 제15조는 「모든 국민은 직업선택의 자유를 가진다」라고 하여 직업선택의 자유를 규정하고 있다. 직업선택의 자유라 함은 자신이 원하는 직업을 자유로이 선택하고 이에 종사하는 등 직업에 관한 종합적이고 포괄적인 자유를 말한다.

> 헌법재판소도 「헌법 제15조가 말하는 직업선택의 자유는 직업수행 내지 행사의 자유까지 포괄하는 직업의 자유(Berufsfreiheit)를 뜻한다[1]고 하면서, 직업이라 함은 정신적·물질적 생활의 기본적 수요를 충족시키기 위하여 행하는 계속적인 경제적 소득활동으로서,[2] 그러한 내용의 활동인 한 그 종류나 성질을 묻지 않는 것」[3]이라고 한다. 물론 이는 공공에 대하여 유해하지 아니한 것을 의미함은 재론할 여지가 없다.[4]

헌법 제15조에서 규정하는 직업의 자유는 자기가 선택한 직업에 종사하여 이를 영위하고 언제든지 임의로 그것을 전환할 수 있는 자유로서 민주주의·자본주의 사회에서는 매우 중요한 기본권의 하나이다. 왜냐하면 직업선택의 자유는 근세 시민사회의 출범과 함께 비로소 쟁취된 기본권으로서 중세 봉건적 신분사회에서는 인정되지 않았던 것이며 현대사회에서도 공산주의 국가에서는 원칙적으로 인정되지 않는 기본권이기 때문이다.[5]

여기서 직업이란 생활의 기본적 수요를 충족시키기 위한 계속적인 소득활동을 의미하며 그러한 내용의 활동인 한 그 종류나 성질을 불문한다. 헌법재판소는 직업선택의 자유를 비교적 폭넓게 인정하고 있으며 그에 관련하여 많은 판례를 남기고 있다.[6]

직업으로 인정받기 위하여는 (ㄱ) 각자의 일상적 생활을 영위하기 위한 수단일것(생활수단성),[7] (ㄴ) 직업활동은 계속적으로 이루어질것(직업활동의 계속성),[8] (ㄷ) 공공의 이익

---

1) 헌재결 1997. 3. 27, 94헌마196; 헌재결 94헌마225; 97헌마83(병합).

2) 헌재결 1993. 5. 13, 92헌마80; 헌재결 1997. 3. 27, 94헌마196, 94헌마225, 97헌마83(병합).

3) 헌재결 1997. 3. 27, 94헌마196 【학교보건법 제6조 제1항 제13호 위헌확인】

4) 권영성, 헌법학원론, 574면.

5) 헌재결 1993. 5. 13, 92헌마80 【체육시설의설치·이용에관한법률시행규칙제5조에대한 헌법소원】

6) 헌재결 1989. 11. 20, 89헌가102; 헌재결 1990. 10. 8, 89헌가89; 헌재결 1990. 10. 15, 89헌마178; 헌재결 1990. 11. 19, 90헌가48; 헌재결 1991. 6. 3, 89헌마204 등).

7) 모든 사람이 반드시 하나의 직업만을 가져야 하는 것은 아니고, 둘 또는 그 이상의 생활수단적

에 해악을 끼치지 않을것(공공무해성) 등이 요구된다.[1] 따라서 전통적으로 사회통념상 이미 인정되고 있는 직업의 종류만 보호를 받는 것이 아니고, 역사의 발전 내지 사회환경의 변화에 따라 새롭게 등장하는 직업도 (ㄱ) 생활수단성,[2][3] (ㄴ) 직업활동의 계속성,[4] (ㄷ) 공공무해성[5]을 충족시키는 한 헌법에 의한 보호를 받는다. 따라서 취미활동은 생활수단으

활동에 의해서 생활의 기본적 수요를 충족시키고 있는 경우 그 생활 수단적 활동을 모두 직업이라고 볼 수 있다. 예컨대 대학에 정기적으로 출강하는 변호사 등이 그 대표적인 예에 속한다. 이 경우에는 물론 주직업과 부직업의 구별은 가능할 것이다.

8) 직업이기 위해서는 그 생활수단적 소득활동이 반드시 종신적일 필요는 없지만 그래도 어느 정도의 계속성을 가져야 한다. 그러나 계속성의 요건을 충족했는지의 여부는 각 구체적인 경우에 판단할 수밖에 없다.

1) Maunz-Dürig, Kommentar zum Grundgesetz, Rdnr. 17 ff. zu Art 12, 권영성, 헌법학원론, 574면; 허영, 한국헌법론, 475면; 남기환, 직업선택의 자유, 월간고시(1986. 2), 81면 이하; 홍성방, 헌법학, 461면.

2) 직업활동은 소득활동이라는 점에서 무보수 봉사직은 직업이라 보기 어렵다. 학교운영위원이 무보수 봉사직이라는 점을 고려하면 운영위원으로서의 활동을 직업으로 보기 어렵다(헌재결 2007. 3. 29, 2005헌마1144); 이준일, 헌법학강의, 단락번호 [4.7.27].

3) 우리 헌법 제15조는 "모든 국민은 직업선택의 자유를 가진다"고 규정하여 직업의 자유를 국민의 기본권의 하나로 보장하고 있는바, 직업의 자유에 의한 보호의 대상이 되는 '직업'은 '생활의 기본적 수요를 충족시키기 위한 계속적 소득활동'을 의미하며 그러한 내용의 활동인 한 그 종류나 성질을 묻지 아니한다(헌재 1993. 5. 13. 92헌바80, 판례집 5-1, 365, 374). 직업의 개념표지들은 개방적 성질을 지녀 엄격하게 해석할 필요는 없는바, '계속성'과 관련하여서는 주관적으로 활동의 주체가 어느 정도 계속적으로 해당 소득활동을 영위할 의사가 있고, 객관적으로도 그러한 활동이 계속성을 띨 수 있으면 족하다고 해석되므로 휴가기간 중에 하는 일, 수습직으로서의 활동 따위도 이에 포함된다고 볼 것이고, 또 '생활수단성'과 관련하여서는 단순한 여가활동이나 취미활동은 직업의 개념에 포함되지 않으나 겸업이나 부업은 삶의 수요를 충족하기에 적합하므로 직업에 해당한다고 말할 수 있다. 이 사건에 있어 대학 재학생인 청구인은 여름방학을 이용하여 학원에서 강사로 일하고자 하였다고 주장하고 있고, 이에 대하여 이해관계인인 교육인적자원부장관은 방학기간 동안의 일시적 · 일회적 교습행위는 직업의 자유가 보호하는 직업의 범주에 속하지 않는다고 주장하고 있는바, 위에서 살펴본 '직업'의 개념에 비추어 보면 비록 학업 수행이 청구인과 같은 대학생의 본업이 라 하더라도 방학기간을 이용하여 또는 휴학 중에 학비 등을 벌기 위해 학원강사로서 일하는 행위는 어느 정도 계속성을 띤 소득활동으로서 직업의 자유의 보호영역에 속한다고 봄이 상당하다(헌재결 2003. 9. 25, 2002헌마519, 학원의설립 · 운영및과외교습에관한법률 제13조 제1항 등 위헌확인).

4) 직업이라 함은 생활의 기본적 수요를 충족시키기 위한 계속적인 소득활동을 의미하며, 그러한 내용의 활동인 한 그 종류나 성질을 묻지 않는다(헌재결 1990. 10. 15, 89헌마178; 헌재결 1993. 5. 13, 92헌마80; 헌재결 1997. 3. 27, 94헌마196; 헌재결 2003. 9. 25, 2002헌마519; 헌재결 2003. 10. 30, 2000헌마563; 헌재결 2004. 5. 27, 2003헌가1 등).

로서의 성격을 지니지 않으므로 직업이 아니며,[1] 매춘행위 · 도박 · 밀수행위 · 마약판매업 등도 공공무해성에 위반되므로 직업이라 할 수 없다.[2] 따라서 생활수단적 소득활동이 모두 헌법상의 직업은 아니다.

– 건설산업기본법상 건설업등록말소 규정의 위헌여부 –

<사례>

甲회사는 법인으로 건설업등록을 하여 일반건설업을 영위하는 건설업자인데, 甲회사가 무등록건축업자인 乙에게 건설업등록증과 건설업등록수첩을 대여하여 乙로 하여금 건설공사를 수급 · 시공하게 하였다가 적발되어 건설산업기본법 제83조 단서 제5호를 근거로 건설업등록을 말소하는 처분을 당하였다. 이 경우 위 등록말소처분의 취소를 구하는 행정소송을 제기하면서 건설업자가 명의대여행위를 한 경우 그 건설업등록을 필요적으로 말소하도록 한 건설산업기본법 제83조 단서 중 제5호 부분이 직업수행의 자유 및 재산권을 침해한다는 위헌제청을 해볼 수 있는가?

<해설>

건설업등록증등의 대여금지에 관하여 건설산업기본법 제21조에 의하면 "건설업자는 다른 사람에게 자기의 성명 또는 상호를 사용하여 건설공사를 수급 또는 시공하게 하거나 그 건설업등록증 또는 건설업등록수첩을 대여하여서는 아니 된다."라고 하고, 건설업의 등록말소 등에 관하여 같은 법 제83조 단서 중 제5호에 의하면 "제21조의 규정에 위반한 때에는 건설업의 등록을 말소하여야 한다."라고 규정하고 있다.

그런데 건설업자가 명의대여행위를 한 경우 그 건설업등록을 필요적으로 말소하도록 한 건설산업기본법 제83조 단서 중 제5호 부분이 직업수행의 자유 및 재산권을 침해하는지가 문제된다.

헌재결 2001. 3. 21, 2000헌바27 【구 건설산업기본법 제83조 단서중 제5호 위헌소원】

건설업자가 명의대여행위를 한 경우 그 건설업등록을 필요적으로 말소하도록 한 이 사건 법률조항은 건설업등록제도의 근간을 유지하고 부실공사를 방지하여 국민의 생명과 재산을 보호하려는 것으로 그 목적의 정당성이 인정되고, 명의대여행위가 국민의 생명과 재산에 미치는 위험과 그 위험방지의 긴절

---

5) 직업에 대한 개념정의를 내림에 있어서 공공무해성을 개념요소에 포함시키는 것은 기본권개념을 넓게 해석하는 입장에서 볼 때 이는 타당하지 않고, 따라서 공공무해성을 직업의 개념정의 단계에 포함 시킬것이 아니라, 직업의 자유의 제한의 단계에서 판단되는 것이 합리적 이라는 견해가 있다(이준일, 헌법학강의, 단락번호 [4.7.26]).

1) 이준일, 헌법학강의, 단락번호 [4.7.27].

2) 허영, 한국헌법론, 475면.

> 성을 고려할 때 반드시 필요하며, 또한 등록이 말소된 후에도 5년이 경과하면 다시 건설업등록을 할 수 있도록 하는 등 기본권 제한을 완화하는 규정을 두고 있음을 고려하면 피해최소성의 원칙에도 부합될 뿐 아니라, 유기적 일체로서의 건설공사의 특성으로 말미암아 경미한 부분의 명의대여행위라도 건축물 전체의 부실로 이어진다는 점을 고려할 때 이로 인해 명의대여행위를 한 건설업자가 더 이상 건설업을 영위하지 못하는 등 손해를 입는다고 하더라도 이를 두고 침해되는 사익이 더 중대하다고 할 수는 없으므로 청구인의 직업수행의 자유 및 재산권을 침해한다고 할 수 없다.[1)]

따라서 건설업자가 명의대여행위를 한 경우 그 건설업등록을 필요적으로 말소하도록 한 건설산업기본법 제83조 단서 중 제5호 부분이 직업수행의 자유 및 재산권을 침해하여 위헌이라고 할 수는 없다. <대한법률구조공단>

<사례>

甲은 행정사가 되고자 행정사 자격시험 응시를 준비하고 있는 자인바, 2007. 6. 20.경 관련 정부부처에 문의한 결과 '행정사는 현재까지 경력공무원에 대한 자격부여를 통하여 배출되어 왔고, 행정사 자격시험을 실시한 적은 없으며, 앞으로도 실시계획이 없다.'는 취지의 답을 듣게 되자, 행정사법 시행령 제4조 제3항이 '행정사의 수급상황을 고려하여 필요한 경우에만 행정사 자격시험을 실시할 수 있도록 규정'함으로써 자격시험을 통해 행정사가 되는 길을 막고 있어 청구인의 직업선택의 자유 및 평등권을 침해하고 위임입법의 한계를 일탈하였다고 주장하면서, 2007. 8. 10. 그 위헌확인을 구하는 이 사건 헌법소원심판을 청구하였다.[2)]

문제 1) 행정사법시행령 제4조 제3항은 법률유보의 원칙(위임입법과 법률유보)을 위반하는가?

문제 2) 직업선택의 자유를 침해하는가?

문제 3) 위의 시행령이 헌법에 위반되는 경우 주문의 형식은?

---

1) 헌재결 2001. 3. 21, 2000헌바27【구 건설산업기본법 제83조 단서 중 제5호 위헌소원】 개별·구체적인 사정에 따라 행정청의 처분의 적법여부를 판단할 법관의 판단재량은 법치국가의 원칙에 따라 이 사건 법률조항이 입법재량의 한계를 벗어나지 않은 법률인 한 이에 기속되는 것이다. 그렇다면 이 사건 법률조항이 비례의 원칙에 위배되어 청구인의 기본권을 침해하는 것이 아니라는 점은 앞서 본 바와 같으므로 명의대여행위에 해당하는 경우 필요적으로 등록말소처분을 하도록 규정하고 있다고 하더라도, 그것이 곧 법관의 판단재량권을 침해하였다거나 법관독립의 원칙에 위배된다고 할 수 없고, 나아가 법관에 의한 재판을 받을 권리를 침해하는 것이라고도 할 수 없다.

2) 헌재결 2010. 4. 29, 2007헌마910【행정사법 시행령 제4조 제3항 위헌확인】

<논점>

행정사법은 원칙적으로 시험에 합격한 자에게만 행정사 자격을 부여하도록 하고 있는데, 이 사건 조항은 이러한 행정사 자격시험의 실시 여부를 행정사의 수급상황을 고려하여 행정관청이 재량으로 결정할 수 있도록 규정함으로써 시험을 통해 행정사가 되고자 하는 자의 직업선택의 자유를 제한하고 있으므로 이러한 제한에는 반드시 법률상 근거를 요한다고 할 것이다. 그러므로 이 사건 조항의 내용이 과연 모법인 행정사법으로부터 위임받은 사항에 해당되는지 여부가 문제된다.

<문제 1, 2의 해설>

행정사법 제4조가 행정사는 행정사의 자격시험에 합격한 자로 한다고 규정한 취지는, 헌법 전문에서 "정치·경제·사회·문화의 모든 영역에 있어서 각인의 기회를 균등히 하고, 능력을 최고도로 발휘하게 하며"라고 하고 제11조 제1항에서 "모든 국민은 법 앞에 평등하다."라고 하여 천명한 기회균등 및 평등의 원칙 아래 모든 국민에게 행정사 자격의 문호를 공평하게 개방하여 국민 누구나 법이 정한 시험에 합격한 자는 법률상의 결격사유가 없는 한 행정사업을 선택하여 이를 행사할 수 있게 함으로써, 특정인이나 특정 집단에 의한 특정 직업 또는 직종의 독점을 배제하고 자유경쟁을 통한 개성신장의 수단으로 모든 국민에게 보장된 헌법 제15조의 직업선택의 자유를 구현시키려는 데 있는 것이다. 이는 과거 행정사법이 행정사의 자격을 시험합격자와 자동자격부여 대상자로 이원화하여 규정하고 있다가 1995. 1. 5. 법률 제4874호로 전부 개정된 행정사법에서 행정사의 자격은 행정사 자격시험에 합격한 자에게 부여하도록 일원화한 것에서도 드러난다고 하겠다.

그러므로 행정사법 제4조에서 행정사 자격시험에 합격한 자에게 행정사의 자격을 인정하는 것은 행정사 자격시험이 합리적인 방법으로 반드시 실시되어야 함을 전제로 하는 것이고, 따라서 행정사법 제5조 제2항이 대통령령으로 정하도록 위임한 이른바 "행정사의 자격시험의 과목·방법 기타 시험에 관하여 필요한 사항"이란 시험과목·합격기준·시험실시방법·시험실시시기·실시횟수 등 시험실시에 관한 구체적인 방법과 절차를 말하는 것이며, 시험의 실시 여부까지도 대통령령으로 정하라는 뜻은 아니다.

그럼에도 불구하고 이 사건 조항은 행정사 자격시험의 실시 여부를 시·도지사의 재량사항으로, 즉, 시험전부면제대상자의 수 및 행정사업의 신고를 한 자의 수 등 관할구역내 행정사의 수급상황을 조사하여 시험실시의 필요성을 검토한 후 시험의 실시가 필요하다고 인정하는 때에는 시험실시계획을 수립하도록 규정하였는바, 이는 시·도지사가 행정사를 보충할 필요가 없다고 인정하면 행정사 자격시험을 실시하지 아니하여도 된다는 것으로서 상위법인 행정사법 제4조에 의하여 청구인을 비롯한 모든 국민에게 부여된 행정사 자격 취득의 기회를 하위법인 시행령으로 박탈하고 행정사업을 일정 경력 공무원 또는 외국어 전공 경력자에게 독점시키는 것이 된다(헌재 1990. 10. 15. 89헌마178, 판례집 2, 365, 371-373 참조). 그렇다면 이 사건 조항은 모법으로부터 위임받지 아니한 사항을 하위법규에서 기본권 제한 사유로 설정하고 있는 것이므로 위임입법의 한계를 일탈하고, 법률상 근거 없이 기본권을 제한하여 법률유보원칙에 위배된다.

따라서 이 사건 조항은 청구인의 직업선택의 자유를 침해한다.

<문제 3의 해설>

행정사법 시행령(2008. 2. 29. 대통령령 제20741호로 일부 개정된 것) 제4조 제3항 중 '행정사의 수급상황을 조사하여 시험의 실시가 필요하다고 인정하는 때 시험실시계획을 수립하도록 한 부분'은 헌법에 위반된다.

II. 직업선택의 자유의 법적 성격

헌법 제15조에서 보장하는 직업선택의 자유는 개개인에게 그들이 적당하다고 판단하는 활동을 직업으로 삼아 일상생활의 영위를 위한 토대를 구축할 권리를 보장한다는 의미이다. 그러므로 직업선택의 자유는 (ㄱ) 국가의 간섭을 받지 아니하고 자신이 원하는 직업을 자유로이 선택할 수 있는 '국가로부터의 자유(Freiheit vom Staat)', 즉 주관적 공권으로서의 방어권[1](자유권)으로서의 성격을 가지며, (ㄴ) 직업은 개인의 노동을 통한 스스로의 인격발현에도 영향을 미치기 때문에 인격발현에 관한 권리(인격발현권; 인격권)라 할 수 있으며, (ㄷ) 직업은 국민각자가 생활의 기본적 수요를 충족시키기 위한 경제적 소득활동이므로 직업선택의 자유는 동시에 경제적 기본권의 성격을 가진다. (ㄹ) 또한 각자의 직업은 사회 · 경제적 발전에 기여하며, 국민 개개인이 선택한 직업의 수행에 의하여 국가의 사회질서와 경제질서가 형성된다는 점에서 사회적 시장경제질서라고 하는 객관적 가치질서의 구성요소이기도 하다.[2] 직업선택의 자유를 통합적 기본권(einheitliches Grundrecht)이

---

1) 홍성방, 헌법학, 460면.

2) 권영성, 헌법학원론, 575면; 허영, 한국헌법론, 476면; 홍성방, 헌법학, 461면; 헌재결 1996. 8. 29, 94헌마113 【지가공시및토지등의평가에관한법률시행령제30조등위헌확인】 헌법 제15조에 의한 직업선택의 자유는 자신이 원하는 직업 내지 직종을 자유롭게 선택하는 직업선택의 자유와 그가 선택한 직업을 자기가 결정한 방식으로 자유롭게 수행할 수 있는 직업수행의 자유를 포함하는 개념이다(헌법재판소 1993. 5. 13. 선고, 92헌마80 결정 참조). 직업의 선택 혹은 수행의 자유는 각자의 생활의 기본적 수요를 충족시키는 방편이 되고, 또한 개성신장의 바탕이 된다는 점에서 주관적 공권의 성격이 두드러진 것이기는 하나 다른 한편으로는 국민 개개인이 선택한 직업의 수행에 의하여 국가의 사회질서와 경제질서가 형성된다는 점에서 사회적 시장경제질서라고 하는 객관적 법질서의 구성요소이기도 하다. 따라서 각 개인이 향유하는 직업에 대한 선택 및 수행의 자유는 공동체의 경제사회질서에 직접적인 영향을 미치는 것이기 때문에 공동체의 동화적 통합을 촉진시키기 위하여 필요불가결한 경우에는 헌법 제37조 제2항 전문규정에 따라 이에 대하여 제한을 가할 수 있다. 즉, 국가의 안전보장 · 질서유지 또는 공공복리를 위한 목적의 정당성이 인정되는 경우에는 그러한 목적을 달성하는데 필요한 범위 내에서 법률로서 국민의 기본권을 제한할 수 있다. 그러나 그 제한의 방법이 합리적이어야 함은 물론 과잉금지의 원칙에 위배되거나 제한의 한계규정인 헌법 제37조 제2항 후문의 규정에 따라 직업선택의 자유의 본질적인 내용을

라고 하는 것도 그 때문이다.[1)]

– 주관적 공권 · 객관적 가치질서(객관적 법질서) –

허영교수: 「사람이 살아가는 데 필요한 생활수단을 얻거나 유지하기 위한 직업을 갖는다는 것은 우리 헌법이 바탕으로 하고 있는 '자주적 인간'에게 있어서는 개성신장의 불가결한 전제조건이다. … 자유민주적 헌법질서 내에서는 '직업의 자유'는 마땅히 양면성을 갖는다. 개성신장의 수단으로서의 직업을 국민 누구나가 자유롭게 선택하고 행사할 수 있는 주관적 공권의 성격을 갖는 것도 사실이지만, … 직업의 자유는 동시에 사회적 시장경제질서의 불가결한 요소로서 우리 헌법질서를 구성하는 일종의 객관적인 가치질서를 뜻한다.[2)] 모든 국민 앞에 직장의 문이 공평하게 열려져 있고, 각자가 직업을 가지고 노력한 만큼의 대가가 굴절없이 돌아가는, 그래서 저마다의 능력을 최고도로 발휘할 수 있도록 유도함으로써 사회발전 내지 경제발전의 에너지를 한데 모을 수 있는 것이 바로 우리 헌법이 추구하는 '민주복지국가' 및 사회적 시장경제질서의 장점인 동시에 가치지표이기 때문이다」.[3)]

III. 직업의 자유와 영업의 자유

1. 영업의 자유

영업의 자유(Gewerbefreiheit)라 함은 직업의 수행 내지 경영의 자유를 말한다. 여기서 영업이라함은 주관적으로는 계속적 · 집단적으로 동종의 영업행위를 행하는 것, 즉 영업적 활동을 의미하며, 객관적으로는 특정한 영업의 목적에 제공되는 총괄적인 재산적 조직체를 의미한다.[4)] 현행 헌법에는 영업의 자유에 관한 명문의 규정이 없으나, 영업의 자유가 헌법상 기본권의 하나임에는 틀림없으며, 판례도 영업의 자유를 「헌법상 보장된 자유」라고 판시하고 있다.[5)] 생각건대 직업선택의 자유가 자신이 종사할 직업을 결정할 자유와 결정(선택)한 직업을 수행하는 자유를 내용으로 하는 것이라면, 영업의 자유는 개업 · 영업의 유지 · 존속, 폐업의 자유를 그 내용으로 하는 직업수행의 자유의 일환으로서 영업의 자유를

침해하는 것이어서는 아니된다(헌법재판소 1989. 11. 20. 선고, 89헌가102 결정; 1990. 10. 15. 선고, 89헌마178 결정; 1993. 5. 13. 선고, 92헌마80 결정참조).

1) BVerfGE 7, 377(401 f).

2) 同旨 헌재결 1996. 8. 29, 94헌마113 【지가공시및토지등의평가에관한법률시행령 제30조 등 위헌확인】

3) 허영, 한국헌법론, 476면.

4) 이철주, 직업선택의 자유, 고시계(1981.1), 56면.

5) 대판 1981. 1. 27, 79누433. 同旨 대판 1963. 8. 31, 63누101 【공중목욕장영업허가취소】

넓은 의미의 직업선택의 자유에 포함시켜 당연히 직업의 자유에 포함된다고 본다(통설).[1)]

<사례>

식품 등의 세부적인 표시기준에 "음주전후" 및 "숙취해소"라는 표시의 사용을 금지하는 것은 표현의 자유와 영업의 자유를 과도하게 제한하는 것 아닌가?

<해설>

영업의 자유 및 표현의 자유를 제한하는 것으로 위헌이다. 식품위생법이 "음주전후", "숙취해소" 등의 표시를 제한하는 것은 음주를 조장하는 내용의 표시를 금지함으로써 음주로 인한 건강위해적 요소로부터 국민의 건강을 보호하겠다는 데에 그 입법목적이 있는 것이지만 "음주전후" 또는 "숙취해소"라는 표시를 일체 금지하는 것은 국민건강 보호라는 입법목적 달성에 필요한 범위를 넘어 지나치게 과잉규제를 가하는 것이기 때문이다.

음주의 여부 및 그 정도는 개인의 음주에 대한 선호도, 경제적 여건, 분위기 등 여러 가지 사정에 따라 결정되는 것이고, 숙취해소용 식품은 음주의 기회에 주취완화 내지 숙취해소의 효과를 기대하여 섭취하거나 음용하는 것이므로, 식품 등에 이러한 표시가 있다고 하여 그것이 음주를 조장하는 작용을 하거나 기능을 한다고 보기 어렵다. 또한 식품에 숙취해소 작용이 있음에도 불구하고 이러한 표시를 금지하면 숙취해소용 식품에 관한 정확한 정보 및 제품의 제공을 차단함으로써 숙취해소의 기회를 국민으로부터 박탈하게 되어 오히려 국민보건에 역행하는 결과를 초래할 수도 있으며 이는 보다 나은 숙취해소용 식품을 개발하기 위한 연구와 시도를 차단하는 결과를 초래할 수도 있다. 다만, 숙취해소용 식품을 과신한 나머지 과음을 하게 되는 부작용이 발생할 수도 있으나 이는 본질적으로 소비자의 건전한 판단과 책임에 맡길 일이지, 국가가 여기에까지 직접 개입하는 것은 적절하지 않다. <인터넷 법률신문>

2. 직업의 자유와 영업의 자유의 상관관계

직업의 자유의 주체와 관련해서 명백히 되어야 할 사항은 '직업의 자유(Berufsfreiheit)'

---

1) 영업의 자유는 직업선택의 자유 중에 당연히 포함된다는 동일설과 양자를 역사적·이론적으로 구별하여 직업선택의 자유는 사회체제를 초월한 보편적 원리로서 인간이 그 능력발휘의 장을 선택할 수 있는 자유, 즉 인권인데 대하여 영업의 자유는 국가에 의한 영업제한으로부터의 자유로서 영업의 독점을 부인하고 제한하는 정책원리라고 한다. 바꾸어 말하면 영업의 자유는 경제적 자유방임주의를 그 내용으로 하기 때문에 그것은 인권이 아니라 자본주의 사회에 고유한 원리 또는 사회·경제적 질서를 선언한 것으로 재산권보장에 포함되는 것인데 대하여, 직업선택의 자유는 인권으로서 개인적 자유권에 해당한다고 본다는 별개설과 영업의 자유는 영업활동의 자유와 개업의 자유, 영업의 유지·존속의 자유, 폐업의 자유를 내포하는 영업을 행할 자유로 구분되며, 후자인 영업을 행할 자유만이 직업선택의 자유 중에 포함되고 영업활동의 자유는 재산권보장에 포함된다는 부분적 동일설로 대립되고 있다(이철주, 직업선택의 자유, 고시계(1981.1), 57면.).

와 '영업의 자유(Gewerbefreiheit)'의 상호관계이다. 국내의 대다수 학자들은 이 문제를 '직업의 자유'의 내용의 문제로 다루면서, 직업(선택)의 자유는 영업의 자유보다는 넓은 개념이기 때문에 영업의 자유는 직업수행의 자유 내지는 직업종사의 자유(Berufsausübung)의 일환으로 마땅히 직업(선택)의 자유에 포함된다고 한다.[1]

[허영교수의 견해]

허영 교수는 "영업의 자유가 경우에 따라서는 직업의 자유의 한 내용으로 이해될 수 있다는 점은 명백하다. 특히 자연인이 직업의 자유의 주체인 경우에는 '영업'은 '직업'의 한 형태이기 때문에 '영업의 자유'는 마땅히 '직업의 자유'의 한 내용으로 간주될 수 있다. 그러나 법인이 직업의 자유의 주체가 되는 경우에는 사정이 다르다. 왜냐하면 법인이 가지는 '직업의 자유'는 법인의 기능상 마땅히 '영업의 자유'를 뜻할 수밖에 없기 때문이다.[2] 따라서 「법인도 결국은 그 실질적 기초가 자연인이므로 자연인이 향유하는 자유를 가진다」[3] 고 설명하면서 '영업의 자유'에 관해 자연인과 법인을 전혀 동일하게 다루는 태도는 지양되어야 한다. '영업의 자유'는 자연인의 경우에는 '직업의 자유'의 한 내용에 지나지 않지만, 법인의 경우에는 '직업의 자유' 바로 그것이다."[4]라고 한다.

IV. 직업선택의 자유의 주체

1. 일반국민 · 외국인 · 법인의 경우

직업선택의 자유는 인간의 권리가 아니라 국민의 권리이기 때문에 외국인은 원칙적으로 그 주체가 될 수 없다.[5] 그러나 영주허가를 받은 외국인에게는 직업선택의 자유가 보장된다. 다만 국가정책상의 이유로 외국인에게는 특정직업이나 특정영업에의 종사가 금지 또는 제한되는 경우가 있다. 외국인에게 어느정도 직업의 자유가 보장되는가 하는 문제는 국제조약에 의해서 이루어 진다.[6]

---

1) 예컨대 김철수, 헌법학(상), 798면; 구병삭; 권영성; 문홍주, 한국헌법, 254면; 홍성방, 헌법학, 464면.
2) 허영, 한국헌법론, 477면.
3) 김철수, 헌법학(상), 796면.
4) 허영, 한국헌법론, 477면.
5) 외국인도 원칙적으로는 직업의 자유의 주체가 되는 것은 아니지만, 그들이 갖는 기본권 능력의 범위 내에서, 또 배분적 정의에 입각한 평등권의 해석상 합리적이라고 판단되는 범위 내에서는 예외적으로 헌법이 보장하는 직업의 자유를 가진다. 따라서 법인과 외국인이 직업의 자유의 주체가 되는지의 여부를 둘러싼 논쟁은 사실상 무의미하다(허영, 한국헌법론, 박영사, 2009, 459면).
6) 양건, 헌법강의, 559면.

자연인뿐만 아니라 사법인(예컨대 영리사단법인)도 직업선택의 자유의 주체[1])가 된다. 사법인의 설립은 어떤 의미에서는 직업선택의 한 방법이 되기 때문이다(통설). 그러나 공법인인 공공단체와 지방자치단체는 그 성격상 직업선택의 자유의 주체가 될 수 없다. 왜냐하면 공법상의 법인은 그 자체가 직업선택의 자유의 보장자를 의미하기 때문이다.

2. 미성년자 · 공무원 등 일정한 범위의 국민

미성년자는 법정대리인의 허락을 얻어야 특정한 영업을 할 수 있고(민법 제8조 제1항), 제 3자의 보호를 위하여 등기를 해야 하며(상법 제6조), 회사의 무한책임사원이 된 때에는 그 사원자격으로 인한 행위에 관하여는 능력자로 본다(상법 제7조). 이 경우에 법정대리인의 직업허가의 취소 또는 제한은 선의의 제 삼자에게 대항하지 못하고(민법 제8조 제2항) 직접 미성년자를 위하여 영업을 대리할 때에는 등기를 해야 한다(상법 제8조).

일반공무원은 국가공무원법에 의하여 다른 영업에 종사하는 것이 금지 또는 제한되는 경우가 있다. 그것은 자유의사에 의하여 공무원의 신분을 취득하게 된 결과로서 받는 제한이다.

V. 직업선택의 자유의 내용

1. 개관

헌법 제15조는 직업선택의 자유라고 규정하고 있지만, 직업선택의 자유는 직업에 관한 포괄적인 권리로서 직업결정 · 직업수행 · 직업이탈의 자유 · 겸직의 자유와 경쟁의 자유 등을 그 내용으로 한다.[2])

겸직의 자유 : 「직업선택의 자유는 누구든지 자기가 선택한 직업에 종사하여 이를 영위하고 언제든지 임의로 그것을 바꿀 수 있는 자유와 여러 개의 직업을 선택하여 동시에 함께 행사할 수 있는 자유, 즉 겸직의 자유도 가질 수 있다는 것이다(헌재결 1997. 4. 24, 95헌마90).

경쟁의 자유 : 경쟁의 자유는 기본권의 주체가 직업의 자유를 실제로 행사하는데서 나오는 결과이므로, 당연히 직업의 자유에 의하여 보장되고, 다른 기업과의 경쟁에서 국가의 간섭이나 방해를 받지 아니하고 기업활동을 할 수 있는 자유를 의미한다(헌재결 1996. 12.

1) 헌재결 1996. 3. 28, 94헌바42【지방세법 제138조 제1항 제3호 위헌소원】
2) 권영성, 헌법학원론, 576면.

26, 96헌가18).

국가가 스스로 특정한 직업을 독점하거나, 일정한 집단에게 특정한 직업을 독점시키거나, 일정한 직업을 수행하기 위한 특정한 방법을 강제하거나 규제하는 것은 경쟁의 자유를 제한하는 것이며, 직업의 자유를 제한하는 것이 된다.[1)]

2. 직업결정의 자유

직업선택의 자유에는 (ㄱ) 어떠한 직업을 선택할 것인가 하는 직종결정의 자유, (ㄴ) 직장을 자기가 원하는대로 옮길 수 있는 轉職의 자유, (ㄷ) 원하는 직업에 종사하는데 필요한 전문지식을 습득하기 위하여 직업교육장을 선택할 수 있는 직업교육장선택의 자유 등이 포함된다.[2)] 다만 무직업의 자유도 직업선택의 자유 중에 포함되는가가 문제된다. 생각건대 헌법상 근로의 의무는 단순한 윤리적 의무에 불과하므로 무직업의 자유도 인정된다고 본다(다수설).[3)]

「직업결정의 자유」
- 직종결정의 자유
- 전직의 자유
- 직업교육장선택의 자유

3. 직업행사(수행)의 자유

직업의 자유는 선택한 직업을 행사(수행; 영위)할 직업수행의 자유 내지 직업종사의 자유를 당연히 수반한다. 직업행사(수행)의 자유라 함은 자신이 결정한 직업 또는 직종을 자신에게 유리한 방식으로 착수(개업) · 계속 · 종결(폐업)하는 자유를 말한다. 영업의 자유는 직업수행의 자유의 일부가 된다.[4)] 직업수행의 자유는 공공질서에 미치는 영향이 적지 아니한 까닭에 헌법 제37조 제2항의 일반적 법률유보에 의한 제한의 대상이 되며, 그 장소[5)] · 시기[6)] · 방법[7)] 등에 관하여 상당한 규제를 받게 된다.[8)]

---

1) 이준일, 헌법학강의, 단락번호 [4.7.29].
2) 허영, 한국헌법론, 477면; 이준일, 헌법학강의, 단락번호 [4.7.30].
3) 권영성, 헌법학원론, 576면.
4) 권영성, 헌법학원론, 576면.
5) 헌재결 1989. 11. 20, 89헌가102 【변호사법 제10조 제2항에 관한 위헌심판】 변호사법 제10조 제2항은 변호사의 개업지를 제한하면서 판사 · 검사 · 군법무관 또는 경찰공무원의 재직기간이 통산하여 15년에 달하는 경우와 정년으로 퇴직하거나 대법원장 또는 대법관이 퇴직하는 경우에는 개업지제한의 적용을 배제하고 있는데, 이것은 그 입법취지의 공익적 취지에도 불구하고 선택된 수단이 그 목적에 적합하지 아니할 뿐 아니라, 그 정도 또한 과잉하여 비례의 원칙에 어긋난 것

으로 헌법 제15조 제37조 제2항에 위반된다. 대판 1989. 9. 12, 89누1452【한약업사영업소이전허가신청반려처분취소】한약업사의 영업을 일정지역에 한정하여 허가하는 것은 결국 국민보건의 유지·향상이라는 공익상의 목적달성을 위하여 불가피하고, 한약업사의 시험은 처음부터 영업허가예정지역을 정하여 치루어지고 그 응시자도 이와 같은 사정을 잘 알고 있었을 터이므로, 약사법 제37조 제2항의 규정이 헌법 제11조의 평등의 원칙에 위반되는 것이라 할 수 없다.

6) 헌재결 2000. 7. 20, 99헌마455【식품접객업소영업행위제한기준위헌확인】【판시사항】가. 식품위생법시행령 제7조 제8호 라목의 유흥주점 영업행위 중 "무도장을 갖추고 손님으로 하여금 춤을 추게 하는 행위"를 오전 9시부터 오후 5시까지 제한하는 식품접객업소영업행위제한기준이 직업행사의 자유를 침해하는지 여부(소극) 나. 위 기준이 평등권을 침해하는지 여부(소극)【결정요지】가. 위 기준의 입법목적은 국민경제가 어려운 시기에 과소비, 사치, 향락분위기 등의 재발을 막고 건전한 사회기풍을 조성하기 위한 것으로서 그 목적의 정당이 인정되고, 무도영업행위에 대한 영업시간의 제한은 위와 같은 입법목적을 달성하기 위한 적절한 방법이라고 할 수 있으며, 위 기준에 의한 직업행사의 자유의 제한은 피해의 최소성 및 법익의 균형성의 원칙에도 위배되지 아니하므로, 위 기준이 과잉금지의 원칙에 위배하여 청구인의 직업행사의 자유를 침해하였다고 볼 수 없다. 나. 위 기준은 주간무도영업행위를 하는 모든 유흥주점업종에 적용되는 것으로서 비단 카바레에만 적용되는 것이 아닐 뿐만 아니라, 가사 실제로 카바레의 영업행위만을 제한하는 결과가 된다고 하더라도 이는 주간무도영업행위로 인한 폐해를 고려한 것으로서 청구인을 비롯한 카바레영업자를 합리적 이유 없이 자의적으로 차별하는 것이라고 할 수 없고, 관광특구의 카바레영업자의 주간무도영업행위를 허용하는 것은 관광사업을 육성함으로써 관광진흥에 이바지하기 위한 것으로서 이를 두고 청구인을 비롯한 관광특구 이외의 지역의 카바레영업자를 합리적 이유 없이 자의적으로 차별하는 것이라고는 할 수 없다.【심판대상조문】식품접객업소영업행위제한기준(1999. 7. 20. 보건복지부고시 제1999-20호로 제정·고시한 것)【참조조문】식품위생법 제30조, 식품위생법시행령 제7조, 제8호라목

7) 헌재결 1993. 5. 13, 92헌마80【체육시설의설치이용에관한법률시행규칙 제5조에 대한 헌법소원】체육시설의설치·이용에관한법률시행규칙 제5조는 당구장영업자로 하여금 출입문에 18세 미만자의 출입을 금지하는 표시를 하여야 한다고 규정하고 있는데, 이 규정은 모든 당구장 경영자의 직업종사(직업수행)의 자유와 평등권을 침해한 것으로 위헌이다. 헌재결 2002. 9. 19, 2000헌바84【약사법제16조제1항등위헌소원】가. "약사 또는 한약사가 아니면 약국을 개설할 수 없다."고 규정한 약사법 제16조 제1항은 자연인 약사만이 약국을 개설할 수 있도록 함으로써, 약사가 아닌 자연인 및 일반법인은 물론, 약사들로만 구성된 법인의 약국 설립 및 운영도 금지하고 있는바, 국민의 보건을 위해서는 약국에서 실제로 약을 취급하고 판매하는 사람은 반드시 약사이어야 한다는 제한을 둘 필요가 있을 뿐, 약국의 개설 및 운영 자체를 자연인 약사에게만 허용할 합리적 이유는 없다. 입법자가 약국의 개설 및 운영을 일반인에게 개방할 경우에 예상되는 장단점을 고려한 정책적 판단의 결과 약사가 아닌 일반인 및 일반법인에게 약국개설을 허용하지 않는 것으로 결정하는 것은 그 입법형성의 재량권 내의 것으로서 헌법에 위반된다고 볼 수 없지만, 법인의 설립은 그 자체가 간접적인 직업선택의 한 방법으로서 직업수행의 자유의 본질적 부분의 하나이므로, 정당한 이유 없이 본래 약국개설권이 있는 약사들만으로 구성된 법인에게도

<사례>

A는 초·중등학교 학생을 대상으로 서울 강동구 명일동 47-6에서 'B아카데미 보습학원'이라는 상호로 과외교습학원을 하는 자이다. 서울특별시 강동교육청교육장은 2004. 10. 1. 학원의 운영실태를 점검한 결과, 원고가 서울특별시 학원의 설립·운영및과외교습에관한 조례(이하 '이 사건 조례'라고 한다) 제5조에 규정된 학원의 교습시간(05:00부터 22:00까지)을 준수하지 아니한 사실을 적발하고 2004. 11. 5. 원고에게 이 사건 조례 제10조를 근거로 시정명령을 하였다.

이에 불복한 A는 지방자치단체가 학원의 교습시간을 제한하는 것은 '주민의 권리제한 또는 의무부과에 관한 사항'으로서 이를 조례로 정할 때에는 법률의 위임이 있어야 하는 것인데, 서울특별시는 학원의설립·운영및과외교습에관한법률 등 관계 법령에 아무런 근거가 없음에도 불구하고 이 사건 조례 제5조를 정하여 학원운영시간을 부당하게 제한하는 것이므로 이 사건 조례 제5조는 법치주의의 원칙에 반하는 것으로서 무효이고 따라서 이에 근거하여 이루어진 이 사건 행정처분은 위법하므로 취소되어야 한다고 주장한다. 이들의 주장의 옳고 그름을 판단하라.

<해설>

학원의 교습시간을 제한하는 서울특별시의 학원의설립·운영및과외교습에관한조례 제5조는 직업수행의 자유를 제한하는 것으로서 법률의 위임이 필요한데 상위법(학원의설립·운영및과외교습에관한법률)은 학원의 교습시간 제한에 대해서 아무런 위임규정을 두고 있지 않아 국민의 권리제한·의무부과에 관한 사항을 규정하는 조례는 법률의 위임이 있어야 한다는 지방자치법 제15조에 위반되어 무효이다.[1]

약국개설을 금지하는 것은 입법목적을 달성하기 위하여 필요하고 적정한 방법이 아니고, 입법형성권의 범위를 넘어 과도한 제한을 가하는 것으로서, 법인을 구성하여 약국을 개설·운영하려고 하는 약사들 및 이들로 구성된 법인의 직업선택(직업수행)의 자유의 본질적 내용을 침해하는 것이고, 동시에 약사들이 약국경영을 위한 법인을 설립하고 운영하는 것에 관한 결사의 자유를 침해하는 것이다. 나. 변호사, 공인회계사 등 여타 전문직과 의약품제조업자 등 약사법의 규율을 받는 다른 직종들에 대하여는 법인을 구성하여 업무를 수행할 수 있도록 하면서, 약사에게만 합리적 이유 없이 이를 금지하는 것은 헌법상의 평등권을 침해하는 것이다.

8) 권영성, 헌법학원론, 577면; 청소년의 보호를 위하여 자판기설치의 제한은 반드시 필요하다고 할 것이고, 이로 인하여 담배소매인의 직업수행의 자유가 다소 제한되더라도 법익형량의 원리상 감수되어야 할 것이다(헌재결 1995. 4. 20, 92헌마264, 279(병합). 영화법 제26조는 개봉관의 확보를 통하여 국산영화의 제작과 상영의 기회를 보장하여 국산영화의 존립과 발정의 터전을 마련하여 주기 위한 것으로 공연장의 경영자에 대하여 직업의 자유를 제한하고 있는 것이기는 하나, 그 제한 목적의 정당성과 방법의 적정성이 인정될 뿐 아니라, 연간상영일수의 5분의 2에 한정하여 직업수행의 자유를 제한하고 있으므로, 과잉금지의 원칙에 반하여 직업의 자유의 본질적 내용을 침해한 것이라 할 수 없다(헌재결 1995. 7. 21, 94헌마125).

1) 사건제목 : '학원교습시간 제한' 서울시 조례는 무효

사건번호 : 서울행정법원 제1부 2004구합36557, 선고일 2005-04-07 : 지방자치법 제15조는 원칙

헌재결 1995. 4. 20, 92헌마264, 279(병합) 【부천시담배자동판매기설치금지조례 제4조 등 위헌확인】

청소년의 보호를 위하여 자판기설치의 제한은 반드시 필요하다고 할 것이고, 이로 인하여 담배소매인의 직업수행의 자유가 다소 제한되더라도 법익형량의 원리상 감수되어야 할 것이다.

<사례> : **헌재결 1995. 4. 20, 92헌마264, 279(병합) 【부천시담배자동판매기설치금지조례 제4조 등 위헌확인, 강남구담배자동판매기설치금지조례 제4조 등 위헌확인】**

청구인들은 부천시 및은 서울 강남구에서 각 담배자동판매기(이하 "자판기"라 한다)를 이용하여 담배소매업을 하고 있는 사람들이다. 지방자치단체인 부천시와 서울 강남구는 각 지방의회의 의결을 거쳐 부천시 담배자동판매기설치금지조례(부천시 조례 제1197호, 이하 "부천시조례"라 한다)와 강남구 담배자동판매기설치금지조례(강남구 조례 제207호, 이하 "강남구조례"라 한다)를 제정하여, 부천시조례는 1992. 8. 12.자로, 강남구조례는 같은 해 10. 16.자로 공포·시행되었다. 청구인들은 자판기의 설치를 제한하고 설치된 자판기를 철거하도록 한 부천시조례 제4조 및 부칙 제2항과 같은 내용의 강남구조례 제4조 및 부칙 제2항은 위임입법의 한계를 벗어난 무효의 규정으로서 청구인들의 헌법상 보장된 직업선택의 자유 등 기본권을 침해하고 있다고 하여, 각 해당조례에 대하여 헌법재판소에 이 사건 헌법소원심판을 각 청구하였다.

<심판의 대상>

이 사건 심판의 대상은 부천시조례 제4조 및 부칙 제2항과 강남구조례 제4조

적으로 헌법 제117조 제1항의 규정과 같이 지방자치단체의 자치입법권을 보장하면서, 국민의 권리제한·의무부과에 관한 사항을 규정하는 조례의 중대성에 비추어 입법정책적 고려에서 법률의 위임을 요구한다고 규정하고 있는바, 이는 기본권 제한에 대하여 법률유보원칙을 선언한 헌법 제37조 제2항의 취지에 부합하는 것으로서 위헌성이 있다고 할 수 없는 것이다(대판 1995. 5. 12, 94추28 참조). 한편, 이 사건 조례 제5조는 학원의 교습시간을 제한하는 것을 내용으로 하고 있으므로 주민의 직업선택의 자유 특히 직업수행의 자유를 제한하는 것으로서 지방자치법 제15조 단서 소정의 주민의 권리의무에 관한 사항을 규율하는 조례에 해당하고, 따라서 지방자치단체가 이러한 조례를 제정함에 있어서는 법률의 위임을 필요로 함이 분명하다. 그런데 학원의 설립·운영 및 과외교습에 관한 법률은 학원 설립·운영의 등록, 시설기준, 수강료 등에 관한 규정을 두어(제6조, 제8조, 제15조) 교육감으로 하여금 학원의 건전한 발전을 위하여 지도·감독을 하도록 규정하고 있고, 법시행령은 학원의 단위시설별 기준, 교습과정별 일시수용능력인원 등을 조례로 정하도록 위임하고 있으나(법시행령 제9조 제2항, 제10조 제3항), 이 사건에서 문제가 되고 있는 학원의 교습시간 제한에 대해서는 아무런 위임규정을 두고 있지 않다. 따라서 이 사건 조례 제5조는 지방자치법 제15조에 위반한 것으로서 무효이므로 이에 근거하여 이루어진 이 사건 행정처분은 위법하다고 할 것이다.

및 부칙 제2항으로서 그 규정내용은 다음과 같다.

(1) 부천시조례

제4조(설치의 제한) 자판기는 부천시 전지역에 설치할 수 없다. 다만, 성인이 출입하는 업소 안에는 제외한다.

부칙 ② (경과조치) 이 조례의 시행 전에 설치된 자판기는 시행일부터 3월 이내에 철거하여야 한다.

(2) 강남구조례

제4조(설치의 제한) 자판기는 서울특별시 강남구 전지역에 설치할 수 없다. 다만, 성인이 출입하는 업소 안에는 제외한다.

부칙 ② (경과조치) 이 조례의 시행 전에 설치된 자판기는 시행일부터 3월 이내에 철거하여야 한다.

【판시사항】

1. 조례가 헌법소원의 대상이 될 수 있는지 여부
2. 주민의 권리·의무에 관한 조례제정권에 대한 법률의 위임 정도
3. 담배자동판매기의 설치제한 및 철거를 규정한 조례가 직업수행의 자유를 침해하는지 여부
4. 기존의 담배자동판매기를 조례 시행일로부터 3개월 이내에 철거하도록 한 조례의 부칙규정이 소급입법에 의한 재산권박탈에 해당하는지 여부

【결정요지】

1. 조례는 지방자치단체가 그 자치입법권에 근거하여 자주적으로 지방의회의 의결을 거쳐 제정한 법규이기 때문에 조례 자체로 인하여 직접 그리고 현재 자기의 기본권을 침해받은 자는 그 권리구제의 수단으로서 조례에 대한 헌법소원을 제기할 수 있다.
2. 조례의 제정권자인 지방의회는 선거를 통해서 그 지역적인 민주적 정당성을 지니고 있는 주민의 대표기관이고 헌법이 지방자치단체에 포괄적인 자치권을 보장하고 있는 취지로 볼 때, 조례에 대한 법률의 위임은 법규명령에 대한 법률의 위임과 같이 반드시 구체적으로 범위를 정하여 할 필요가 없으며 포괄적인 것으로 족하다.
3. 자동판매기를 통한 담배판매는 구입자가 누구인지를 분별하는 것이 곤란하여 청소년의 담배구입을 막기 어렵고, 또 그 특성상 판매자와 대면하지 않는 익명성(匿名性), 비노출성(非露出性)으로 인하여 청소년으로 하여금 심리적으로 담배구입을 용이하게 하고, 주야를 불문하고 언제라도 담배구입을 가능하게 하며, 청소년이 쉽게 볼 수 있는 장소에 설치됨으로써 청소년에 대한 흡연유발효과도 매우 크다고 아니할 수 없으므로, 청소년의 보호를 위하여 자판기설치의 제한은 반드시 필요하다고 할 것이고, 이로 인하여 담배소매인의 직업수행의 자유가 다소 제한되더라도 법익형량의 원리상 감수되

어야 할 것이다.

4. 기존의 담배자동판매기를 조례 시행일로부터 3개월 이내에 철거하도록 한 조례의 부칙 규정은 이 사건 조례들의 시행일 전까지 계속되었던 자판기의 설치·사용에 대하여는 규율하는 바가 없고, 장래에 향하여 자판기의 존치·사용을 규제할 뿐이므로 그 규정의 법적 효과가 시행일 이전의 시점에까지 미친다고 할 수가 없어 헌법 제13조 제2항에서 금지하고 있는 소급입법이라고 할 수 없다.

- 직업안정및고용촉진에관한법률 제10조 제1항에서 노동부장관의 허가를 받아야만 유료직업소개사업을 할 수 있도록 제한하는 것은 그 목적의 정당성·방법의 적절성·피해의 최소성·법익의 균형성 등에 비추어 볼 때 합리적인 제한이라고 할 것이고 그것이 직업선택의 자유의 본질적 내용을 침해하는 것으로 볼 수 없다.[1)]

- 독일판례 : 이미 약국을 경영하고 있는 자가 제2의 약국개설을 제한당할 경우, 그것은 직업선택의 자유의 제한이 아니라 직업수행의 자유의 제한을 의미한다.[2)]

- 체육시설의설치이용에관한법률시행규칙 제5조는 당구장영업자로 하여금 출입문에 18세 미만자의 출입을 금지하는 표시를 하여야 한다고 규정하고 있는데, 이 규정은 모든 당구장경영자의 직업종사(직업수행)의 자유와 평등권을 침해한 것으로 위헌이다.[3)]

- 의료행위·기관개설에 자격제한규정을 둔 구 의료법 제30조 제2항 합헌[4)] : "국민의 생명·건강권보호를 위한 조치이다"[5)]

---

1) 헌재결 1996. 10. 31, 93헌바14【법인세법 제32조 제5항 등 위헌소원】
2) BVerfGE 17, 232(241).
3) 헌재결 1993. 5. 13, 92헌마80【체육시설의설치이용에관한법률시행규칙 제5조에 대한 헌법소원】
4) http://lawtimes.co.kr 2005-04-08.
5) 의료면허를 소지한 사람에게만 의료행위를 허용하고 의료기관을 개설할 수 있도록 규정한 의료법 관련규정들은 헌법에 위배되지 않는다는 헌재결정이 나왔다. 헌법재판소 전원재판부(주심 李相京 재판관)는 미국 카이로프랙틱(척추관련 근골신경계에 대한 자연치료 행위) 의사자격을 취득하고 국내에서 의원을 개설해 치료행위를 한 혐의(무면허의료행위)로 기소된 송모씨가 "의료법 관련 규정들은 직업선택의 자유 등을 침해한다"며 구 의료법 제25조 제1항에 대해 낸 위헌소원사건(2001헌바87)에서 2005년 3월 31일 재판관 전원일치 의견으로 합헌결정을 내렸다. 또 의료인과 의료법인 등에 대해서만 의료기관 개설자격을 부여하고 있는 구 의료법 제30조 제2항에 대해서는 재판관 6:2의 의견으로 합헌결정을 내렸다. 재판부는 결정문에서 "의료인이 아닌 자의 의료행위를 전면적으로 금지한 것은 매우 중대한 헌법적 법익인 국민의 생명권과 건강권을 보호하고 국민의 보건에 관한 국가의 보호의무를 이행하기 위한 조치"라며 "법이 인정하는 의료인이 아니지만 우수한 의료능력을 가진 의료인들이 있다면 입법자로서는 검증절차와 검토 후에 의료

- 국산영화 의무상영제(스크린쿼터)에 따라 극장경영자에게 국산영화의 상영을 강제하는 것(헌재결 1995. 7. 21, 94헌마125, 합헌)

- 自道소주구입명령제도에 따라 소주판매업자에게 자도소주의 구입을 강제하는 것(헌재결 1996. 12. 26, 96헌가18, 위헌)

- 탁주공급구역제한제도에 따라 탁주공급업자에게 탁주공급구역을 제한하는 것(헌재결 헌재결 1999. 7. 29, 98헌가5 - 합헌 재판관 4명, 위헌 재판관 5명)

- 모든 의료기관을 요양기관으로 강제지정(헌재결 2002. 10. 31, 99헌바76 등, 합헌)

- 화장품판매업자의 가격표시의무제(헌재결 2007. 4. 26, 2006헌가2, 합헌)

- 학교주변 당구장시설 설치금지의 위헌여부 -

<사례>

학교환경위생정화구역안에서는 누구든지 체육시설인 당구장시설을 할 수 없도록 규정하는 것은 직업수행의 자유를 과도하게 제한하는 것 아닌가?

<해설>

학교의 종류별로 차이는 있으나 직업수행의 자유를 과도하게 제한하는 것으로 볼 수 없다. 초등학교, 중학교, 고등학교 기타 이와 유사한 교육기관의 학생들은 아직 변별력이나 의지력이 미약하여 당구의 오락성에 빠져 학습을 소홀히 하고 당구장의 유해환경으로부터 나쁜 영향을 받을 위험성이 크므로 이들을 이러한 위험으로부터 보호할 필요가 있다. 따라서 이를 위해 각 학교 경계선으로부터 200미터 이내에 설정되는 학교환경위생정화구역내에서의 당구장시설을 제한하면서 예외적으로 학습과 학교보건위생에 나쁜 영향을 주지 않는 경우에 한하여 허용하도록 하는 것은 국민의 기본권을 제한하는 목적, 제한정도, 목적달성 효과 등에 비추어 필요한 정도를 넘어서 과도하게 직업수행의 자유를 침해하는 것으로 볼 수 없다.

그러나, 당구장시설로 인해 교육적으로 나쁜 영향을 받을 위험성이 별로 없는 유치원 주변이나, 변별력과 의지력을 갖춘 성인인 대학 주변에 대해서도 타율적으로 당구장 시설을 금지하는 것은 대학교육의 능률화에도 도움이 되지 않아 적정한 방법이라고 할 수 없

행위를 할 수 있는 길을 열어주는 것이 바람직하겠지만 이는 어디까지나 입법정책의 문제일 뿐"이라고 밝혔다. 반면 權誠·宋寅準 재판관은 "의료기관 개설자격을 한정한 결과 보건의료서비스 공급자의 경쟁을 약화시키고 의료소비자의 관점에서는 원하는 품질의 보건의료서비스를 제공받을 수 있는 의료기관 선택에 있어 자기결정권을 현저히 제한받는 불이익을 받고있다" "사건 법률조항들은 의료기관 개설을 원하는 의료인 아닌 자의 직업선택의 자유를 제한하고 의료소비자의 의료기관 선택권을 침해해 헌법에 위반된다" 반대의견을 냈다.

다. <인터넷 법률신문>

4. 직업이탈의 자유

직업선택의 자유는 자신이 수행하고 있거나 종사하고 있는 직업을 언제든지 자유로이 포기하거나 변경하는 등(직업포기 내지 변경의 자유) 그 직업에서 이탈할 자유를 포함한다.

VI. 직업선택의 자유의 효력

직업선택의 자유는 주관적 공권으로서 모든 국가권력을 구속하는 직접적 효력을 가진 권리이다(대국가적 효력). 국가는 개인에게 특정의 직업을 선택하도록 강제할 수 없고, 또 특정한 직업에 종사하는 것을 방해할 수 없다.[1]

직업선택의 자유의 제3자적 효력은 예외적인 경우에 제한된 범위내에서만 인정된다(대사인적 효력). 여기에는 헌법의 기본권조항이 사인간의 관계에 직접 적용된다는 견해(직접적용설), 간접적으로 적용된다는 견해(간접적용설), 전혀 적용될 수 없다는 견해가 대립되는 바, 통설은 기본권 존중사상의 관철과 사적 자치의 존중을 절충적으로 해결한다는 견지에서 간접적용설을 취하고 있다. 이에 의하면, 직업선택의 자유에 관한 헌법 제15조의 직업선택의 자유는 민법 제2조, 제103조 등의 일반조항을 통하여 간접적용이 된다고 해석된다.

최근에는 기업이 영업상의 비밀을 보호하기 위하여 근로자에게 퇴직 후에도 일정한 기간동안 직장에서 업무상 취득한 내용에 대한 비밀유지 혹은 경업금지의무를 부과하는 계약을 체결하는 경우가 많다.[2]

1) 권영성, 헌법학원론, 577면.

2) 우리나라에는 기술상의 정보나 경영상의 정보를 포함한 이른바 영업상의 비밀의 도난이나 누설을 규제하기 위한 법률로서 부정경쟁방지및영업비밀보호에관한법률이 있다(권영성, 헌법학원론, 578면 각주1) 참조).

VII. 직업선택의 자유의 제한

1. 개관

헌법상 보장된 직업의 자유도 절대적 기본권은 아니다.[1] 직업선택의 자유도 국가안전보장, 질서유지 또는 공공복리를 위하여 필요하고도 불가피한 경우에는 제한할 수 있다. 그러나 그 제한의 방법은 법률로써만 가능하고 제한의 정도도 필요한 최소한도에 그쳐야 하며, 기본권의 본질적 내용을 침해할 수 없다. 즉 입법자가 선택한 제한의 수단은 의도하는 입법목적을 달성하고 촉진시키기에 적합해야 하고, 입법목적을 달성하기 위하여 고려되는 효율적인 여러가지 수단 중에서 가장 기본권을 적게 침해하는 수단(최소침해의 원칙; 필요성의 원칙)을 사용하여야 하며, 침해의 정도와 침해로 인하여 얻는 公益을 비교형량하였을 때 양자 사이에 적정한 비례관계(비례의 원칙)가 성립하여야 한다.[2]

헌재결 2003. 10. 30. 2000헌마563 **【약사법제21조제8항등위헌확인】**

헌법 제15조는 "모든 국민은 직업선택의 자유를 가진다."고 규정함으로써 직업선택의 자유를 보장하고 있는바, 헌법 제15조가 말하는 직업선택의 자유는 직업결정의 자유와 직업행사의 자유를 포괄하며, 직업의 자유는 헌법 제37조 제2항에 따라 국가안전보장 · 질서유지 또는 공공복리를 위하여 불가피한 경우에는 이를 제한할 수 있는데, 특히 직업행사의 자유는 직업결정의 자유에 비하여 상대적으로 그 침해의 정도가 작다고 할 것이어서, 이에 대하여는 공공복리 등 공익상의 이유로 비교적 넓은 법률상의 규제가 가능하지만, 직업수행의 자유를 제한할 때에도 헌법 제37조 제2항에 의거한 비례의 원칙에 위배되어서는 안된다.

2. 제한의 목적

직업선택의 자유의 제한은 헌법 제37조 제2항에 따라 국가안전보장 · 질서유지 또는 공공복리를 위하여 필요한 경우에 한한다. 형법상 금지된 직업은 직업의 자유의 보장을 받지 못한다.[3] 국가안전보장을 목적으로 직업선택의 자유를 제한할 수 있는 경우로는 무기의 제조 · 판매금지 등을 들 수 있고, 질서유지를 목적으로 하는 경우로는 유사의료행위의 금지 · 위생업소설치장소의 거리제한 등을 들 수 있으며, 공공복리를 목적으로 하는 경우로

---

1) 직업선택의 자유의 제한에 관한 상세한 내용은 김백유, 직업의 자유의 제한 및 제한의 한계, 헌정 및 행정법치연구, 한성대출판부, 2006, 352면 이하 참조,

2) 권영성, 헌법학원론, 법문사, 2009, 573면; 직업의 자유의 제한 및 제한의 한계에 관한 상세한 내용은 김백유, 헌정 및 행정법치연구, 한성대출판부, 2006, 352면 이하 참조; 헌재결 1997. 4. 24, 95헌마90.

3) 장영수, 헌법학, 774면.

는 부녀자 · 연소자 · 소비자의 보호와 불공정거래방지 등을 들 수 있다.[1)]

3. 제한의 형식

직업선택의 자유의 제한은 헌법의 명문규정에 의하거나 제37조 제2항에 따라 법률로써 하여야 한다. 직업선택의 자유에 대한 헌법상의 제한으로는 국방의무에 의한 병역에의 복무(제39조)를 그 예로 들 수 있고, 법률에 의하여 제한되는 직업으로는 도박 · 인신매매 · 매춘 · 마약거래 등을 들 수 있다. 직업선택의 자유를 제한하는 법률로는 독점규제및공정거래에관한법률 · 의료법 · 근로기준법 · 공직선거법 제16조 및 국가공무원법 제33조 등이 있다. 다만 헌법 제77조에 의거하여 비상계엄이 선포된 경우나 제76조에 의거하여 대통령이 긴급재정경제처분 · 명령권을 발동한 경우에는 법률 이외의 형식으로 직업선택의 자유를 제한할 수 있다.[2)]

4. 제한의 유형과 기준

4.1. 제한의 유형

직업선택의 자유에 대한 제한의 유형으로는 (ㄱ) 직업(영업)개시의 제한,[3)] (ㄴ) 직업(영업)활동의 제한, (ㄷ) 헌법 제126조에 따라 사영기업을 국 · 공유화하는 경우 등이 있다. 예컨대 ① 일정한 직업에 대한 절대적 금지(성매매업 등), ② 국가의 독점사업(우편사업, 과거의 국가의 전매사업 등) 내지는 군수산업, ③ 특허제(전기사업, 도시가스사업 등), ④ 허가제 또는 등록제(음식업, 학원 등), ⑤ 자격제 면허제에 의한 제한(변호사, 의사, 약사 등), ⑥ 겸직금지(의약분업, 등), ⑦ 일정한 시험(채용시험 등), ⑧ 시간, 장소, 방법 등에 의한 제한(택시의 격일제 운행 등과 같은 영업시간의 제한, LPG 충전소의 위치, 한약업사[4)] 등 영업장소의 제약 등) 등이 있다.[5)]

4.2. 제한의 기준

제한의 기준도 인적 요건에 관한 것과 물적 요건에 관한 것으로 나눌 수 있다.[6)] 제한

---

1) 권영성, 헌법학원론, 579면.
2) 권영성, 헌법학원론, 579면.
3) 의료기관(부속병원)을 개설한 학교법인에 대한 의약품도매상의 금지(헌재결 2004. 1. 29, 2001헌마30).
4) 헌재결 1991. 9. 16, 89헌마231 【약사법 제37조 제2항의 위헌여부에 관한 헌법소원】
5) 양건, 헌법강의, 561면.
6) 권영성, 헌법학원론, 579면.

하는 방법으로는 등록제[1]·자격제·허가제[2]·신고제·지정제·특허제·금지제 등이 있으나, 신고제는 자격제나 허가제 등에 비하여 제한의 정도가 경미한 것이다.[3] 등록제는 일정한 사항을 공적 장부에 등재함으로써 일정한 법적 효과를 발생시키는 제도이며, 허가제와는 구별되나 실정법상으로는 허가제에 준용되어 운영되는 경우가 많다.[4]

> **등록제**: 사설강습소를 설립함에 있어 주무관청에 등록하도록 한 사설강습소에관한법률 제5조가 자유와 권리의 본질적 내용을 침해하는 것이 아닌 이상 직업선택의 자유를 규정한 헌법에 위반되어 효력이 없다 할 수 없다.[5]

> **자격제**: 외국에서 취득한 일정한 자격, 예컨대 홍콩에서 취득한 침사자격 등은 우리나라의 일정한 법률, 예컨대 의료법 및 동법시행령 소정의 시험을 거쳐 그 면허(자격)를 받은 것이 아니므로, 우리나라에서는 그 자격을 인정할 수 없다.[6]

5. 제한의 대상

제한의 대상이 되는 직업 또는 영업에는 원칙적으로 제한이 없다. 그러나 (ㄱ) 시장지배와 경제력의 남용방지(제119조 제2항) 및 경제력주체간의 조화를 위한 경우, (ㄴ) 자연자원(광물 기타 지하자원·수산자원·수력·경제상 이용할 수 있는 자연력에 대한 특허(제120조 제1항), (ㄷ) 농지의 합리적 운영(제121조), (ㄹ) 국토의 효율적인 이용·개발(제122조), (ㅁ) 농어촌개발(제123조 제1항), (ㅂ) 대외무역(제125조), (ㅅ) 국방상·국민경제상 중대한 의미를 가지는 사영기업(제126조) 등이 주로 제한의 대상이 된다.[7]

> 대판 1993. 11. 12, 93도899 **【수산업법위반】** 무허가 근해어업 행위를 처벌하는 수산업법 제94조, 제41조의 각 제1항 제1호 규정의 위헌 여부

---

1) 학원의 등록제도(헌재결 2001. 2. 22, 99헌바93). 운전학원의 등록제, 무등록자의 운전교육 및 운전연습용시설제공의 금지(헌재결 2003. 9. 25, 2001헌마447). 건설업자의 등록의무에 부정한 방법으로 등록한 자에 대한 필요적 등록말소(헌재결 2004. 7. 15, 2003헌바35 등).
2) 헌재결 1996. 10. 31, 93헌바14, 유료직업소개소의 허가제 【직업안정및고용촉진에관한법률 제10조 제1항 등 위헌소원】
3) 권영성, 헌법학원론, 579면.
4) 양건, 헌법강의, 561면.
5) 대판 1990. 8. 10, 90도1062; 同旨 : 대판 1990. 9. 25, 90도1059 【사설강습소에관한법률위반】
6) 대판 1983. 3. 8, 82누443; 同旨 : 대판 1982. 9. 14, 82누77; 대판 1983. 2. 22, 82누26 【변호사자격존재확인】
7) 권영성, 헌법학원론, 579면.

【판결요지】

수산자원보호령 제17조 제1항과 그 별표 19.가 근해형망어업의 허가의 정수를 규정하지 아니하였다는 이유만으로 수산청장의 허가 없이 근해형망어업을 하는 것을 처벌할 수 있도록 규정한 수산업법 제94조 제1항 제1호, 제41조 제1항 제1호의 규정이 헌법 제10조의 인간으로서의 존엄과 가치 및 행복추구권, 직업선택의 자유를 규정한 헌법 제15조, 수산자원의 이용에 대한 특허를 규정한 헌법 제120조에 위반되는 것이라고 단정할 수 없다.

6. 제한의 한계

6.1. 개관

국가안전보장·질서유지 또는 공공복리를 위하여 법률로써 직업선택의 자유를 제한하는 경우에도 제한의 수단은 적정하고 합리적인 것이어야 하며, 과잉금지의 원칙에 위배되는 것이어서는 아니된다. 또한 직업선택의 자유의 본질적 내용을 침해하는 것이어서는 아니된다.

헌재결 1990. 11. 19, 90헌가48 【변호사법 제15조에 대한 위헌심판】 과잉금지원칙 위반

형사사건으로 공소가 제기된 변호사에 대하여 법무부장관이 업무정지를 명할 수 있도록 규정한 변호사법 제15조는 직업선택의 자유를 제한함에 있어서 제한을 위해 선택된 요건이 제도의 당위성이나 목적에 적합하지 않을 뿐만 아니라 그 처분주체와 절차가 기본권 제한을 최소화하기 위한 수단을 따르지 아니하였으며 그 제한의 정도 또한 과잉하다 할 것으로서 헌법 제37조 제2항의 비례의 원칙에 어긋난 직업선택의 자유의 제한이고, 위헌이다.

6.2. 직업의 자유제한의 정도 : 직업의 자유제한의 단계적 한계 : 독일연방헌법재판소의 삼단계제한론(Dreistufentheorie)

6.2.1. 개관

직업선택의 자유의 제한이 어느 정도까지 가능한가에 관하여는 독일에서의 학설과 판례를 통하여 확립된 단계이론(Stufentheorie)이 있다. 이것은 직업의 자유를 직업행사의 자유와 직업결정(선택)의 자유로 구분하여 제한의 정도와 한계에 차이를 두어야 한다는 것(직업의 자유 제한의 '단계적 한계')[1]로서 1958년 6월 11일의 독일연방헌법재판소의 약국판결(Apothekenurteil)을 통하여 확립된 이론이다.[2] 우리 헌법재판소는 직업의 자유의 제

1) 허영, 한국헌법론, 486면.

2) BVerfGE 7, 377(405 ff.); 홍성방, 헌법학, 465면; 약국판결에 대한 상세한 내용은 김백유, 헌정 및 행정법치연구, 한성대학교출판부, 2006, 352면 이하 참조.

한에 대하여 과잉금지의 원칙과 함께 합헌성 심사의 기준으로 삼기도 한다.[1)2)]

[사건개요]

독일 바이에른주의 藥事法[3)]은 약국의 개설을 허가제로 하고, 그 허가조건으로서 폐쇄된 약국을 재 개업하거나 개업 중의 약국을 인계하는 경우에 관하여 규정하고, 또한 제3조 제1항에서 새로운 경영을 시작할 때에는 다음의 경우에만 허가한다고 규정하고 있었다. ① 약국의 개업이 약품공급을 함으로써 국민생활의 보장을 위한 공공이익에 합치될 것, ② 새로운 약국의 개업으로 인근약국의 경제적 기반이 훼손되지 않는다고 인정될 것, 또한 허가시에도 균형 있는 약품공급의 확보를 위해 일정한 장소에서 약국을 개설할 의무를 부과할 수 있다 라고 규정하고 있는바, 제3조 제1항에 저촉된다는 이유로 당국으로부터 약국개업의 허가신청을 거부당한 사건에서 비롯되었다.

당국에서는 그 허가의 거부사유로서 첫째, 신청자가 개업을 하려는 지역에는 현재 개업 중에 있는 약국으로도 수요가 충족되고 있고, 따라서 새로운 약국의 개업은 공공이익에 합치되지 않는다는 점, 둘째, 일개의 약국이 영업능력을 유지하기 위해서는 최소한 7,8천명의 주민을 필요로 하므로 신청인은 자기 스스로의 경영을 유지할 수 없다는 점, 셋째 새로운 약국을 허가할 경우 이미 개업 중에 약국의 경제적 기반은 붕괴될 염려가 있다는 점등을 제시하였다. 그러자 그 신청인은 당국의 허가 거부처분에 대하여 이의신청을 거쳐 헌법재판소에 헌법소원(Verfassungsbeschwerde)을 제기하였다.[4)]

[판결요지]

독일 연방헌법재판소는 앞에서 소개한 단계이론에 입각하여 바이에른州(Bayern) 약사법의 관계조항을 Bonn 기본법(독일 연방헌법) 제12조 제1항에 위반되는 위헌이라고 판단하여, 원고의 청구를 인용하고 바이에른 州의 처분을 무효라고 하였다.

연방헌법재판소는 「… 직업에 관한 문호제한이 기존업자를 경쟁으로부터 보호하기 위한 것이라면, 이에 대한 제약에는 엄격한 요건을 두어야 한다. 이 경우 매우 중대한 위험을 방지하기 위하여 제약하는 것만이 허락 될 수 있는 것이며, 그 이외에 공동체의 이익을 촉진한다거나 직업종사자의 수를 제한함으로써 그 직업의 사회적 위신을 확보한다는 명목으로는 불충분하다. 그것이 최소한의 단계의 규제이며 염려되는 위험이 그 다음 단계의 수단에 의해서는 저지될 수 없음이 명백하게 증명되는 경우에만 허용된다」라고 하였다.[5)]

동시에 연방헌법재판소는 「… 직업의 자유를 제한하기 위해서는, 공동체의 이익에 대하여

1) 양건, 헌법강의, 564면.

2) 직업선택의 자유에 대한 헌법재판소의 판례는 양건, 헌법강의, 567-569면 참조.

3) 바이에른(Bayern)주 약사법(1952. 2. 1 제정, 1955. 12. 10 개정); 한글과컴퓨터사의 '한컴 97'에 및 한글 2007에는 藥事法을 藥師法이라고 잘못 표기하고 있다.

4) 이강혁, 직업의 자유의 제한, 고시계(1987.2), 87-88면; 강남일, 직업선택의 자유, 고시연구(1992.7), 309면; 홍성방, 직업의 자유의 제한과 그 한계, 고시계(2000.5), 121면 각주 15) 참조.

5) BVerfGE Bd. 7, S. 377; 일본: 昭和 50年 4月 30日 大法廷判決, 民集 29卷 4號 572면. 이강혁, 영업의 자유와 그 제한의 한계, 고시계(1983.7), 192면 참조.

중대하고 명백한 위험이 있어야 하는데, 본 건에 있어서는 다만 기존업자를 보호하려는 취지에서 그와 같은 요건을 정하고 있기 때문에 헌법상 국민의 직업의 자유를 보장하는 취지에 위반된다.」고 판시하고 있다.[1] 이와 같이 직업의 자유 제한에 있어서의 단계이론은 - 약간의 문제점이 존재하기는 하지만[2] - 침해가 제일 적은 제한방법부터 단계적으로 선택하여 적용하여야 한다는 이론이다. 즉 제1단계는 직업행사의 자유에 대한 제한이고, 제2단계는 주관적 요건에 의한 직업 선택자유에 대한 제한이고, 제3단계는 객관적 요건에 의한 직업선택의 자유에 대한 제한을 의미한다. 이러한 연방헌법재판소의 결정은[3] 학자들과[4] 연방사회법원 및 연방대법원에 의하여 일반적 지지를 받았고, 직업의 자유에 있어서의 기본권의 직접적 혹은 간접적 대사인적 효력(Drittwirkung)을 인정하는 범위 내에서는 연방노동법원[5]도 연방헌법재판소의 단계이론을 추종하고 있다.[6] 특히 연방노동법원장이었던 니퍼다이(Nipperdey)는 기본법 제12조의 직업의 자유에 대하여 개인적 자유권외에 국가적 공동생활에 있어서의 질서원리(Ordnungsgrundsatz)로 파악하고 있다.[7] 결국 독일 연방헌법재판소의 단계이론은 기본권제한과 관련한 비례의 원칙, 특히 최소침해의 원칙을 직업의 자유의 제한에 도입한 것이라 할 수 있고,[8] 우리나라의 헌법재판소에서도 독일의 3단계 이론을 수용하고 있다.

---

1) 이강혁, 직업의 자유의 제한, 고시계(1987.2), 88면.

2) Hesse, Grundzüge, Rn. 423; H. H. Rupp, Das Grundrecht der Berufsfreiheit, S. 212 ff; Ulich Scheuner, Das Grundrecht der Berufsfreiheit, in: DVBl 1958, S. 845(849).

3) BVerwGE 7, 172(174 ff.); 8, 14(15); 38, 105(113), 40, 17(19); Bachof, Verfassungsrecht, Verwaltungsrecht, Verfahrensrecht in der Rechtsprechung des Bundesverwaltungsgerichts. Band II, Tübingen 1967, 105 ff; BGHZ 38, 13(16 f); Wilke, Dieter/Schachel, Jeans, Die Grundrecht in der Rechtsprechung des Bundessozialgerichts, in: Vierteljahresschrift für Sozialrecht 6(1978), 271(327 ff); G. Hoffmann, Berufsfreiheit, S. 77.

4) Bachof, Zum Apothekenurteil des Bundesverfassungsgerichts, in: JZ 1958, S. 469 ff; Andreas Hamann, Die Freiheit der Berufswahl, in: NJW 1958, S. 1801(1803); Eberhard Menzel, Die rechtliche Gewährleistung der Berufsfreiheit, in: Menzel/Fürstenberg, Die Freiheit der Berufswahl, Hannover 1967, S. 5(31); Maunz in: Maunz-Dürig-Herzog-Scholz, Rdz. 36 zu Art. 12 GG.

5) Bundesarbeitsgericht(BAG), 13, 168(176 ff); 15, 23(27); 17, 338(342 ff); BAG AP Art. 12 GG, Nr. 26.

6) G. Hoffmann, Berufsfreiheit, S. 77.

7) G. Hoffmann, Berufsfreiheit, S. 77.

8) 홍성방, 직업선택의 자유, 고시계(2000.2), 90면.

직업의 자유 제한의 3단계론(Dreistufentheorie)			
구분	제1단계 제한 (직업수행, 영업의 자유제한)	제2단계 제한 (주관적 사유에 의한 직업결정의 자유제한)	제3단계 제한 (객관적 사유에 의한 직업결정의 자유 제한)
의미	· 제한이 불가피한 경우 · 직업결정의 자유보다 침해가 더 적은 직업수행(행사 · 종사)의 자유를 제한하는 경우	· 직업에 일정한 전문성 · 기술성 요구 · 개인의 주관적 사유(능력, 자격)를 이유 → 직업결정의 자유를 제한	· 기본권 주체와 관계없이 질서유지 · 공공복리 등과 같은 객관적 사유를 이유 → 직업결정의 자유를 제한
한계	제한이 「필요하고, 적합하여야 하며, 필요최소한」에 그쳐야 한다는 최소침해의 원칙이 적용	제한이 「개인의 자유에 우선하는 공동체이익을 보호하고자 할 경우」에만 정당화되므로 비례의 원칙이 적용됨(과잉금지의 원칙)	제한이 「명백하고 현존하는 위험을 방어하기 위한 경우」에만 극히 제한적으로 정당화 됨(예외적 경우에만 허용)
사례	· 주유소의 휴일영업제한 · 백화점의 바겐세일의 연중 횟수 및 기간의 제한 · 유흥업소 및 식당의 영업시간 제한 · 택시의 격일제(10부제) 운행 및 합승행위금지(행정행위의 부관 : 법률효과의 일부배제) · LPG 충전소의 장소적 제약 · 보석감정사의 밀수품감정금지[1]	· 각종 자격제와 면허제에 의한 제한(의사면허, 약사면허) · 소정의 교육과정 이수에 의한 제한 · 일정한 시험(수능시험 · 채용시험 · 자격시험 등) 합격에 의한 제한[2]	· 화약류 · 아편류 등의 제조(방위산업 및 의료산업분야) · 군수산업(방위산업)의 투자 및 활동 등에 대한 제한 · 일정한 업종에 대한 적정분포 · 동일 업종의 숫자제한 · 기존업체 보호 등을 위한 제한[3](☜ 제한의 방법이 영업허가제 · 영업지정제 · 영업특허제의 방식을 취하는 경우 위헌소지 : 허영)

우리 헌법재판소도 「직업선택의 자유에는 직업결정의 자유 · 직업종사(직업수행)의 자유 · 전직의 자유 등이 포함되지만, 직업결정의 자유나 전직의 자유에 비하여 직업종사(직

1) 헌재결 1998. 3. 26, 97헌마194 【관세법 제186조 제1항 위헌확인】

2) 공무원수를 확정하고 제한하는 것은 전적으로 국가에 유보(국가유보 : Staatsvorbehalt)되어 있는데, 국가는 사회에 대하여 내적 주권(Innere Souveränität)을 가지며, 따라서 권한을 스스로 결정할 수 있는 권한(Kopetenz-Kompetenz)를 가진다고 본다(BervGE 17, 371(379); BerfGE 21, 245).

3) 홍성방, 헌법학, 467면.

업수행)의 자유에 대하여는 상대적으로 더욱 넓은 법률상의 규제가 가능하다」라고 함으로써,[1] 직업의 자유를 제한함에 있어 독일연방헌법재판소의 3단계론(Dreistufentheorie)을 수용하고 있다.[2]

> 헌재결 1993. 5. 13, 92헌마80 【체육시설의설치이용에관한법률시행규칙 제5조에 대한 헌법소원】
> 직업선택의 자유에는 직업결정의 자유, 직업종사(직업수행)의 자유, 전직의 자유 등이 포함되지만 직업결정의 자유나 전직의 자유에 비하여 직업종사(직업수행)의 자유에 대하여서는 상대적으로 더욱 넓은 법률상의 규제가 가능하다고 할 것이고 따라서 다른 기본권의 경우와 마찬가지로 국가안전보장·질서유지 또는 공공복리를 위하여 필요한 경우에는 제한이 가하여질 수 있는 것은 물론이지만 그 제한의 방법은 법률로써만 가능하고 제한의 정도도 필요한 최소한도에 그쳐야 하는 것 또한 의문의 여지가 없이 자명한 것이다(헌법 제37조 제2항).

6.2.2. 제1단계 : 직업행사의 자유의 제한

직업선택의 자유에 대한 제1단계 제한은 직업결정(선택)의 자유보다 그 침해가 경미한 직업행사의 자유를 제한하는 방법이다. 예컨대 영업허가거부 대신에 영업시간의 제한(유흥업소의 심야영업제한)이나 영업방법의 제한(택시의 10부제운행)이 이에 해당한다. 직업행사의 자유에 대하여는 직업선택의 자유와는 달리 공익목적을 위하여 상대적으로 폭넓은 입법적 규제 및 제한이 가능하지만, 그 수단은 공익목적의 효과적인 달성에 적절한 것이어야 하고, 또한 필요한 정도를 넘는 지나친 것이어서는 아니된다. 따라서 입법목적을 달성하기에 적정해야 하고(적합성), 입법목적을 달성하기 의하여 똑같이 효율적인 수단 중에서 기본권을 되도록 적게 침해하는 수단을 사용하여야 하며(필요성), 침해의 정도와 공익의 비중을 전반적으로 비교형량하여 양자사이에 적정한 비례관계(상당성)가 이루어져야 한다.[3]

> 헌재결 1997. 3. 27, 94헌마196 【학교보건법 제6조 제1항 제13호 위헌확인】
> 직업행사의 자유에 대하여는 직업선택의 자유와는 달리 공익목적을 위하여 상대적으로 폭넓은 입법적 규제가 가능하지만, 그 수단은 목적달성에 적절한 것이어야 하고, 또한 필요한 정도를 넘는 지나친 것이어서는 아니된다(94헌마225, 97헌마83(병합)).

---

1) 헌재결 1993. 5. 13, 92헌마80 【체육시설의설치이용에관한법률시행규칙 제5조에 대한 헌법소원】
2) 단계이론에 관하여는 이강혁, 직업의 자유의 제한, 고시계(1987.2), 86-90면; 허영, 한국헌법론, 박영사, 480면 이하 참조.
3) 허영, 한국헌법론, 480면 참조.

헌재결 1996. 12. 26, 96헌가18 【주세법 제38조의7 등 위헌제청】

기본권인 직업행사의 자유를 제한하는 법률이 헌법에 저촉되지 아니하기 위하여는 그 기본권의 침해가 합리적이고 이성적인 공익상의 이유로 정당화할 수 있어야 한다. 자유로운 직업행사에 대한 침해는 그 침해가 공익상의 충분한 이유로 정당화되고 또한 비례의 원칙을 준수하여야 비로소 직업의 자유와 조화될 수 있다. 즉 입법자가 선택한 수단이 의도하는 입법목적을 달성하기에 적정해야 하고, 입법목적을 달성하기 위하여 똑같이 효율적인 수단 중에서 기본권을 되도록 적게 침해하는 수단을 사용하여야 하며, 침해의 정도와 공익의 비중을 전반적으로 비교형량하여 양자사이에 적정한 비례관계가 이루어져야 한다. 酒稅法 제138조의 7이 규정한 自道소주구입명령제도는 소주판매업자에게 自道소주의 구입의무를 부과함으로써, 어떤 소주제조업자로부터 얼마만큼의 소주를 구입하는가를 결정하는 직업활동의 방법에 관한 자유를 제한하는 것이므로 소주판매업자의 "직업행사의 자유"를 제한하는 규정이다.

6.2.3. 제2단계 : 주관적 사유에 의한 직업결정의 자유의 제한

직업선택의 자유에 대한 제2단계제한은 일정한 주관적 事由(교육과정이수나 시험합격 등)를 이유로 職業決定의 자유를 제한하는 방법이다. 이는 직업의 성질상 일정한 기술성 · 전문성 등이 필요한 경우에 그 직업의 정상적인 수행을 보장하기 위하여 허용되는 제한이다. 예컨대 병원 또는 약국을 개설하거나 변호사 · 회계사업무를 수행하고자 하는 자에게 일정한 자격(국가시험에의 합격)을 요구하는 것, 제1종면허의 소지자가 아니면 영업용택시운전기사직업을 가질수 없도록 하는 것이 이에 해당한다.[1)]

6.2.4. 제3단계 : 객관적 사유에 의한 직업결정의 자유의 제한

직업선택의 자유에 대한 제3단계 제한은 객관적 사유를 이유로 직업결정의 자유를 제한하는 방법이다. 이 제한의 방법은 직업선택의 자유에 대한 결정적인 제한이 되기 때문에 신중을 기하여 공공의 이익에 대한 명백하고 현존하는 위험을 방지하기 위하여 불가피한 경우에만 제한이 허용된다. 예컨대 화약류의 제조 · 판매 · 운송업 등은 공공에 대한 위험방지를 완벽하게 기대할 수 없을 경우에 이를 제한하는데 이런 경우가 이에 해당한다.[2)]

[일본판례]

일본의 경우, 공중욕장법과 조례의 거리제한규정이 위헌이라는 주장에 대하여 일본최고재판소는 「공중욕탕업자가 경영난으로 폐업이나 전업하는 것을 방지하고 건전하며 안정된 경영을 할 수 있게끔 각종 입법상의 조치로써, 국민의 보건복지를 유지하는 것은 바로 공공의 복지에 적합한 것으로서 상기의 적정배치규제 및 거리제한도 그 방법으로서 충

1) 권영성, 헌법학원론, 581면; 허영, 한국헌법론, 482면.

2) 권영성, 헌법학원론, 581면.

분한 필요성과 합리성이 있다고 인정된다고 하였다.[1)]

6.3. 본질적 내용의 침해금지(직업의 자유의 제한의 본질적 한계)

직업선택의 자유를 제한하는 경우에도 그 본질적 내용은 침해할 수 없다(직업의 자유 제한의 본질적 한계).[2)] 직업선택의 자유의 본질적 내용의 침해라 함은 헌법 제10조가 전제로 하고 있는 자주적 인간상의 핵심내용인 개성신장이나 생계유지를 불가능하게 하여 인간으로서의 존엄과 가치를 유지할 수 없을 정도로 직업선택의 자유를 제한하는 것을 말한다.[3)] 따라서 기본권주체와는 전혀 무관한 객관적 사유(전제조건)로 인하여 '직업선택의 자유'를 제한하는 것은 직업의 자유의 본질적 내용을 침해하는 것으로 보아야 한다.[4)]

본질적 내용의 침해금지 → 헌법 제10조(인간으로서의 존엄과 가치)침해 금지 + 개별적 기본권이 소유하는 본질적 가치

헌재결 1995. 2. 23, 93헌가1 【건축사법 제28조 제2호 위헌제청】

「(구)건축사법 제28조 제1항 단서 제2호는 헌법상 기본권인 직업선택의 자유를 제한하는 입법으로서 제한의 방법이 부적절하고 제한의 정도가 과도하여 헌법 제37조 제2항 소정의 과잉금지의 원칙에 위배되어 헌법 제15조에서 보장하고 있는 직업선택의 자유의 본질적 내용을 침해하였다 할 것이고, 또한 건축사법위반 건축사 상호간에 있어서 다른 유형의 위반자에 비하여 신청인을 불합리하게 차별하여 헌법 제11조의 평등권을 침해하였다 할 것이다.

6.4. 독점의 배제 또는 제한

직업선택의 자유는 자유경쟁의 원칙을 전제로 하는 것이므로, 특정인이나 특정기업에 의한 특정의 직업·직종 기업의 독점은 직업선택의 자유와 양립될 수 없다. 따라서 직업선택의 자유의 보장은 특정그룹의 독점의 배제 내지 그 제한을 의미하는 것이기도 하다.[5)]

[특정그룹의 독점의 배제 내지 그 제한]

법무사법시행규칙 제3조 제1항은 법원행정처장이 법무사를 보충할 필요가 없다고 인정하면 법무사시험을 실시하지 아니해도 된다는 것으로서, 상위법인 법무사법 제4조 제1항에 의하여 모든 국민에게 부여된 법무사자격취득의 기회를 하위법인 시행규칙으로 박탈하

1) 最大判 1989(昭和 64). 1. 20.
2) 허영, 한국헌법론, 485면.
3) 권영성, 헌법학원론, 582면; 허영, 한국헌법론, 486면.
4) 허영, 한국헌법론, 486면.
5) 권영성, 헌법학원론, 582면.

고 법무사업을 법원 · 검찰청 등의 퇴직공무원에게 독점시키는 것이 되며, 이는 결국 대법원이 규칙제정권을 행사함에 있어 위임입법권의 한계를 일탈하여 청구인이나 기타 법무사 자격을 취득하고자 하는 모든 국민의 헌법 제11조 제1항의 평등권과 헌법 제15조의 직업 선택의 자유를 침해한 것이다.[1)]

[특정그룹의 직업독점을 허용한 판례]

<사례>

甲이하 40인의 공동심판참가인들은 안마, 마사지 또는 지압을 업으로 하려는 사람들이다. 헌법재판소가 2006. 5. 25. 시각장애인만 안마사자격을 취득할 수 있도록 한 '안마사에 관한 규칙'(2000. 6. 16. 보건복지부령 제153호로 개정된 것) 제3조 제1항 제1호와 제2호 중 각 "앞을 보지 못하는" 부분이 법률유보원칙 또는 과잉금지원칙에 위배된다는 이유로 위헌선언을 하였으나 국회는 2006. 9. 27. 시각장애인만 안마사 자격을 취득할 수 있도록 의료법 제61조 제1항을 새로 개정함으로써 비시각장애인의 안마사 자격취득제한을 그대로 유지하였다. 청구인들 및 공동심판참가인들은 안마업 또는 마사지업에 종사하기 위해 안마사자격인정신청을 하였으나, 관할 시 · 도지사로부터 장애인복지법에 따른 시각장애인이 아니라는 이유로 이를 거부하는 처분을 받았거나 이러한 처분을 받을 예정에 있다. 그러자 청구인들은 개정 의료법이 장애인복지법에 따른 시각장애인 중 일정한 사람만이 안마사 자격인정을 받을 수 있도록 하고 시각장애인이 아닌 일반인은 안마사 자격인정을 받을 수 없도록 규정함으로써 청구인들의 직업선택의 자유 등 기본권을 침해하고 있다고 주장하면서 2006. 9. 27. 및 9. 29. 이 사건 헌법소원심판을 청구하였다.

<해설>

이 사건 법률조항은 시각장애인에게 삶의 보람을 얻게 하고 인간다운 생활을 할 권리를 실현시키려는 데에 그 목적이 있으므로 입법목적이 정당하고, 다른 직종에 비해 공간이동과 기동성을 거의 요구하지 않을 뿐더러 촉각이 발달한 시각장애인이 영위하기에 용이한 안마업의 특성 등에 비추어 시각장애인에게 안마업을 독점시킴으로써 그들의 생계를 지원하고 직업활동에 참여할 수 있는 기회를 제공하는 이 사건 법률조항의 경우 이러한 입법목적을 달성하는 데 적절한 수단임을 인정할 수 있다. 나아가 시각장애인에 대한 복지정책이 미흡한 현실에서 안마사가 시각장애인이 선택할 수 있는 거의 유일한 직업이라는 점, 안마사 직역을 비시각장애인에게 허용할 경우 시각장애인의 생계를 보장하기 위한 다른 대안이 충분하지 않다는 점, 시각장애인은 역사적으로 교육, 고용 등 일상생활에서 차별을 받아온 소수자로서 실질적인 평등을 구현하기 위해서 이들을 우대하는 조치를 취할 필요가 있는 점 등에 비추어 최소침해성 원칙에 반하지 아니하고, 이 사건 법률조항으로 인해 얻게 되는 시각장애인의 생존권 등 공익과 그로 인해 잃게 되는 일반국민의 직업선택의 자유 등 사익을 비교해 보더라도, 공익과 사익 사이에 법익 불균형이 발생한다고

---

1) 헌재결 1990. 10. 15, 89헌마178【법무사법시행규칙에 대한 헌법소원】

> 단정할 수도 없다. 따라서 이 사건 법률조항이 헌법 제37조 제2항에서 정한 기본권제한입법의 한계를 벗어나서 비시각장애인의 직업선택의 자유를 침해하거나 평등권을 침해한다고 볼 수는 없다.[1]

다만 사회적 시장경제질서하에서는 경제정책적 관점에서 자유경쟁이 부분적으로 제한되거나 조정될 수 있음은 물론이다.

---

1) 헌재결 2008. 10. 30, 2006헌마1098【의료법 제61조 제1항 중「장애인복지법」에 따른 시각장애인 중 부분 위헌확인】이에 대한 3인의 반대의견: 객관적 사유에 의한 직업의 자유의 제한 직업은 생활에 필요한 소득을 얻는 활동일 뿐 아니라 개인의 인격을 자유로이 발현할 수 있도록 하는 개성신장의 수단이며, 시장경제질서를 유지하도록 하는 불가결의 요소이다. 우리 헌법은 모든 국민의 직업선택의 자유(헌법 제15조)를 보장하고 있다. 따라서 직업의 자유에 대한 제한은 반드시 법률로써 하여야 할 뿐만 아니라 국가안전보장, 질서유지 또는 공공복리 등 정당하고 중요한 공공의 목적을 달성하기 위하여 필요하고 적정한 수단, 방법에 의해서만 가능하다(헌재 1989. 11. 20. 89헌가102). 특히 헌법재판소는 당사자의 능력이나 자격과 상관없는 객관적 사유에 의한 직업의 자유의 제한은 '월등하게 중요한 공익을 위하여 명백하고 확실한 위험을 방지하기 위한 경우'에만 정당화될 수 있고, 따라서 이 경우 헌법 제37조 제2항이 요구하는 과잉금지의 원칙, 즉 엄격한 비례의 원칙이 그 심사척도가 된다고 판시한 바 있다(헌재 2002. 4. 25. 2001헌마614). 이 사건 법률조항에 의한 시각장애인 안마사제도는 시각장애인이 아닌 사람의 직업선택의 자유를 직접 침해하고 있고, 이는 당사자의 능력이나 자격과 상관없는 객관적 허가요건에 의한 직업선택의 자유에 대한 제한을 의미하므로 … 이 사건 법률조항이 달성하려는 시각장애인의 생계보장 등 공익은 그 중요성이 충분히 인정되나, 비시각장애인들이 받게 되는 직업선택의 자유의 박탈이 기본권의 본질적 내용까지 침해하는 것인 점에 비추어 공익의 우월함을 인정하기 어렵다. 따라서 이 사건 법률조항은 과잉금지원칙에 위배하여 직업의 자유의 본질적 내용을 침해하는 것으로 헌법에 위반된다(헌재 2006. 5. 25. 2003헌마715).

제 4 항 소비자의 권리

헌법은 제124조에서 「국가는 건전한 소비행위를 계도하고 생산품의 품질향상을 촉구하기 위한 소비자보호운동을 법률이 정하는 바에 의하여 보장한다」라고 하여, 소비자권리 문제를 단지 소비자보호운동의 차원에서 규정하고 있을 뿐 소비자기본권을 직접 헌법에 명문으로 규정하고 있지는 않다.[1)]

I. 소비자권리의 의의

1. 소비자권리의 개념

소비자의 권리 내지 소비자기본권이라 함은 소비자가 인간다운 생활을 영위하기 위하여, 공정한 가격으로 각자에게 필요한 양질의 물품 또는 용역을 적절한 유통구조를 통하여 적절한 시기에 구입하거나 사용할 수 있는 권리를 말한다. 소비자는 각자에게 필요한 상품 및 용역의 구입·사용에 있어서 거래의 상대방, 구입장소, 가격, 거래조건 등을 자유로이 선택할 권리를 가진다.[2)]

2. 현대형인권으로서의 소비자권리

오늘날의 시장자본주의경제체제하에서의 경제구조는 대량생산·대량판매·대량소비를 특징으로 한다. 이와함께 소비자는 유해·불량·불공정가격의 상품 또는 용역으로 말미암아 생명·건강·재산 등에 커다란 피해를 입을 수 있다. 이러한 소비자피해는 자본주의적 경제구조와 그 모순에 수반되는 구조적 피해이다.[3)]

특히 소비자들은 각종 정보에 어두워 그들 스스로의 권리행사마저 포기하지 않을 수 없는 무기력한 위치에 처해 있어서 소비자피해를 시민법상의 개별해결의 방식에 따르도록 한다면, 그것은 사회정의의 관념에 반하는 것이다. 거대한 재벌기업들의 횡포로부터 소비자들을 보호하고 그들의 피해를 예방하기 위한 정책적 배려가 필요하며, 소비자권리를 최초로 선언한 것은 1962년에 케네디(J. F. Kennedy) 대통령이 의회에 보낸 「소비자의 권리

---

1) 권영성, 헌법학원론, 583면.

2) 헌재결 1996. 12. 26, 96헌가18 【주세법 제38조의7 등 위헌제청】

3) 권영성, 헌법학원론, 584면,

보호에 관한 특별교서」이다.[1)]

최근에 와서 인간의 존엄성존중에 대한 인식의 변화와 더불어 경제과정에 있어서 공정한 소득의 재분배 문제와 함께 경제영역에 있어서의 사회정의의 요청이 확산되면서, 소비자문제는 소비자보호론의 단계를 넘어 「소비자주권론(Consumer's Sovereignty)」[2)]의 차원으로 승화되게 되었다. 소비자주권이라 함은 상품에 대한 소비자의 선호가 시장을 통하여 생산량을 조절하고 나아가 경제전체의 자원배분을 결정한다는 것으로서, 자본주의경제에 있어서 경제유형 · 산업구조 및 생산을 결정하는 최종적인 권한이 소비자에게 있다는 것을 의미하는 용어이다. 이는 1936년 W. H. Hutt에 의하여 처음 사용되었고 P. A. Samuelson에 의하여 체계화 되었다. 뿐만 아니라 소비자기본권의 독자적 권리성이 실천적 · 이론적 차원에서 활발히 논의되고 있다.[3)]

3. 소비자권리에 관한 입법례

1960년대에 와서는 정책적인 차원에 머물지 아니하고 입법의 차원에서도 소비자권익을 보호하려는 노력이 각국에서 추진되고 있다. 특히 스페인 · 포르투갈 · 터키 · 멕시코 등은 헌법의 수준에서 소비자기본권 내지 소비자보호를 명문화하고 있다. 나아가 국제소비자연맹(IOCU)에 의해 소비자의 권리의 내용이 많이 확장되었다. 여기에는 안전의 권리 · 정보를 제공받을 권리 · 선택할 권리 · 손해배상 또는 구제조치를 받을 권리 등이 인정되었다.[4)]

우리나라에서는 1980년 헌법에서 부터 소비자보호운동에 관한 규정을 두게 되었으며, 1980년에는 소비자보호법이 제정되고, 2006년에는 소비자기본법으로 전면 개정되었다.[5)]

> **소비자기본법 제1조** 이 법은 소비자의 권익을 증진하기 위하여 소비자의 권리와 책무, 국가 · 지방자치단체 및 사업자의 책무, 소비자단체의 역할 및 자유시장경제에서 소비자와 사업자 사이의 관계를 규정함과 아울러 소비자정책의 종합적 추진을 위한 기본적인 사항을 규정함으로써 소비생활의 향상과 국민경제의 발전에 이바지함을 목적으로 한다.

4. 소비자권리의 헌법적 근거

소비자권리에 관하여는 현행 헌법에 명문의 규정은 없지만 소비자의 권리는 새로운

1) 권영성, 헌법학원론, 584면.
2) 권영성, 헌법학원론, 584면 참조.
3) 김재호, 소비자권리의 법리와 법제에 관한 연구, 충남대학교 박사학위논문(1989) 참조.
4) 장영수, 헌법학, 781면.
5) 권영성, 헌법학원론, 584면.

유형의 현대형 인권으로서 여러 가지 종합적 측면을 가진 기본권(종합적 기본권)으로 볼 수 있다. 이에 따라 그 헌법적 근거도 (ㄱ) 인간으로서의 존엄과 가치·행복추구권을 보장한 제10조, (ㄴ) 건전한 소비행위와 생산품의 품질향상을 위하여 소비자보호운동을 보장한 제124조, (ㄷ) 헌법에 열거되지 아니한 자유와 권리도 경시되지 아니한다는 제37조 제1항, (ㄹ) 제23조 제1항(재산권의 보장), (ㅁ) 제34조 제1항(인간다운 생활의 보장) 및 동조 제6항(국가의 재해예방과 위험으로부터의 국민의 보호의무), (ㅂ) 제36조 제3항(보건에 관한 권리), (ㅅ) 제126조(청원권), (ㅇ) 제130조(범죄피해자구조청구권) 등을 근거규정으로 하여 헌법상 보장된다고 해석할 수 있다.[1)]

II. 소비자권리의 법적 성격

소비자권리의 법적 성격에 관해서는 (ㄱ) 자유권적 기본권설, (ㄴ) 사회적 기본권설, (ㄷ) 종합적 기본권설 등이 대립하고 있다. 생각건대 소비자권리는 여러 가지 성격을 아울러 가진 종합적 기본권이라 할 수 있다.[2)]

[소비자의 권리 : 종합적 기본권]

- **자유권적 기본권**: 상품 또는 용역의 자유로운 선택과 소비자의 집단행동에 관하여 국가 또는 제3자로부터 방해를 받지 아니하는 권리(자유로운 경제생활의 보장에 대한 방어권)[3)]
- **경제적 기본권**: 양질의 상품 또는 용역을 공정하고 합리적인 가격으로 구입하거나 사용함으로써 경제적 손실을 피할 수 있는 권리
- **청구권적 기본권**: 상품 또는 용역으로부터의 피해의 예방(방해배제 청구권) 또는 보상을 청구할 수 있는 권리
- **사회적 기본권**: 양질의 상품 또는 용역을 적절한 유통구조를 통하여 구입하거나 사용함으로써 인간다운 생활을 영위할 수 있고 또 건강을 침해당하지 아니할 권리

---

1) 권영성, 헌법학원론, 585면.
2) 권영성, 헌법학원론, 585면.
3) 장영수, 헌법학, 780면.

III. 소비자권리의 주체

소비자권리의 주체가 될 수 있는 자는 모든 소비자이며, 내외국인을 가리지 아니한다. 자연인과 법인도 주체가 된다. 결국 상품 또는 용역을 소비생활을 위하여 또는 특정한 생산활동을 위하여 최종적으로 구입·사용하는 자는 누구나 소비자권리의 주체가 된다.[1]

IV. 소비자권리의 내용

소비자권리의 내용은 고정된 것이 아니라 산업사회의 발전에 따라 점차 확대·발전하고 있다. 소비자기본법은「소비자가 스스로의 안전과 권익을 위하여 향유하는 기본적인 권리」로서 다음을 규정하고 있다.[2]

첫째, 소비자는 모든 물품과 용역으로 인한 생명·신체 및 재산상의 위해로부터 보호받을 권리를 가진다(안전의 권리: 소비자기본법 제4조 제1호). 소비자기본법은 소비자의 생명·신체 또는 재산에 대한 위해를 방지하기 위하여 여러 가지 형태의 사업자가 지켜야 할 기준을 정하고 있고(소비자기본법 제8조), 전자거래기본법은 전자거래소비자의 피해를 방지하기 위하여 정부의 책무(소비자에 대한 정보제공·교육확대)를 규정하고 있다.

전자상거래 및 통신판매 등에 의한 재화 또는 용역의 공정한 거래에 관한 사항을 규정함으로써 소비자의 권익을 보호하고 시장의 신뢰도 제고를 통하여 국민경제의 건전한 발전에 이바지함을 목적으로 하여 전자상거래등에서의소비자보호에관한법률을 두고 있다.

둘째, 소비자는 물품과 용역을 선택함에 있어 필요한 지식과 정보를 제공받을 권리를 가진다(알 권리). 소비자는 사기를 당하거나 오도된 정보나 광고에 속지 아니하도록 보호되어야 한다. 소비자기본법은 국가 및 지방자치단체는 소비자의 기본적인 권리가 실현될 수 있도록 소비자의 권익과 관련된 주요시책 및 주요결정사항을 소비자에게 알리도록 하고 있다(동법 제13조).

셋째, 소비자는 물품과 용역을 사용 또는 이용함에 있어 거래의 상대방·구입장소·가격·거래조건 등을 자유로이 선택할 권리를 가진다(자유로운 선택권). 소비자의 자유선택권이 실현되기 위해서는 독과점의 금지·공정거래의 보장 및 유통구조의 개선 등이 이루어져야 한다.

---

1) 권영성, 헌법학원론, 586면.
2) 권영성, 헌법학원론, 587면 참조.

넷째, 소비자는 소비생활에 영향을 주는 국가 및 지방자치단체의 정책과 사업자의 사업활동 등에 의견을 반영할 권리를 가진다(의견반영권). 소비자기본법에 의하면 소비자정책위원회를 구성함에 있어 소비자대표를 참가시키도록 하고(동법 제24조 제3항), 한국소비자원의 소비자분쟁조정위원회에도 소비자단체 관계인(임원의 직에 있거나 있었던 자)을 참여시키도록 하고 있다(동법 제61조 제2항 제4호)

다섯째, 소비자는 물품과 용역의 사용 또는 이용으로 인한 피해에 대하여 신속·공정한 절차에 따라 적절한 피해보상을 받을 권리를 가진다(피해보상청구권). 소비자의 불만처리와 피해구제를 담당하고 해결하기 위한 기구로 한국소비자원이 있다(동법 제6장).

여섯째, 소비자는 합리적인 소비생활을 영위하는 데 필요한 교육을 받을 권리를 가진다(교육을 받을 권리).

일곱째, 소비자는 스스로의 권익을 옹호하기 위하여 단체를 조직하고 이를 통하여 집단적으로 활동할 수 있는 단결과 단체활동의 권리를 가진다(소비자운동권). 소비자기본법은 소비자의 단결권과 단체행동권을 보호하고 등록소비자단체의 건전한 육성·발전을 위하여 필요하다고 인정할 때에는 국가 또는 지방자치단체는 보조금을 지급할 수 있다고 규정하고 있다(동법 제32조).

V. 소비자권리의 효력

1. 대국가적 효력

소비자권리는 원칙적으로 입법·사법·행정 등 모든 국가권력을 구속한다. 국가와 지방자치단체는 소비자의 기본적 권리가 실현될 수 있도록 (ㄱ) 관계법령 및 조례를 제정 및 개정·폐지하고(소비자기본법 제6조 제1호), (ㄴ) 필요한 행정조직을 정비하고 그 운영을 개선하며(동법 제6조 제2호), (ㄷ) 필요한 시책을 수립하고 실시하여야 할 뿐 아니라(동법 제6조 제3호), (ㄹ) 소비자의 건전하고 자주적인 조직활동을 지원·육성할 의무를 진다(동법 제6조 제4호).

2. 대사인적 효력

소비자권리는 그 상대방으로서 사업자의 존재를 전제로 하고 있기 때문에 사인간에서도 적용됨은 물론이다. 따라서 사업자는 공급하는 물품 또는 용역에 대하여 소비자보호를 위한 필요한 조치를 강구하여야 하고, 국가와 지방자치단체의 소비자권익증진시책에 적극 협조할 의무가 있다. 또한 사업자는 물품등의 하자로 인한 소비자의 불만이나 피해를 해결하거나 보상하여야 하며, 채무불이행 등으로 인한 소비자의 손해를 배상하여야 한다(동법 제18조-제20조).

VI. 소비자권리의 침해와 구제

1. 공권력에 의한 침해와 구제

소비자의 권리는 대국가적 효력을 가진다. 따라서 소비자의 권리가 국가와 지방자치단체에 의하여 침해된 경우에는 소비자는 청원권(제26조)을 행사하거나, 정소송의 제기, 국가배상청구권의 행사, 국가구조청구권, 헌법소원 등을 제기할 수 있다. 그러나 현재의 소송구조와 절차는 소비자피해를 적극적으로 구제할 수 없기 때문에 소비자피해의 효율적인 구제를 위하여는 위험책임의 법리에 따른 사업자의 무과실책임의 인정 및 과실의 객관화 이론을 도입할 필요가 있으며, 인과관계의 입증문제에 있어서도 상당인과관계가 아닌 개연성이론(신개연성이론)의 도입, 입증책임의 전환(피고의 반증 및 간접반증) 및 완화, 소비자단체 등에 대한 당사자적격(청구인적격)의 확대, 사업자들의 연대책임제도, 소액재판제도의 활성화 등이 강구되는 것이 바람직 하다. 이와 동시에 개개인의 피해액은 소액이면서 피해자는 다수인 경우가 대부분인 소비자피해의 특성을 감안하여 미국의 Class Action제도나 독일의 단체소송(Verbandsklage)과 같은 집단소송제도[1]가 널리 활성화하여야 한다. 우리나라에서는 2007년 11월28일 대법원 규칙으로서 소비자단체소송규칙을 제정하였다.

> 소비자단체소송규칙 [제정 2007.11.28 대법원규칙 제2117호]
> 제1조(목적) 이 규칙은 「소비자기본법」(다음부터 "법"이라고 한다) 제70조에 따라 제기된 금지·중지 청구에 관한 소송(다음부터 "소비자단체소송"이라고 한다)의 절차에 관하여 필요한 사항을 정하는 것을 목적으로 한다.
> 제2조(「민사소송규칙」의 적용) 소비자단체소송에 관하여 이 규칙에 특별한 규정이 없는 때에는 「민사소송규칙」을 적용한다.

1) 집단소송제도는 어떠한 피해가 대량으로 발생한 경우에 그 피해자집단소속의 1인 혹은 수인이 피해자 전원을 대표하여 그들 전원을 위하여 소송을 할 수 있는 제도를 말한다. 집단소송제도는 (ㄱ) 소송절차가 간소하고, (ㄴ) 동일 혹은 유사한 소송의 반복을 방지함으로써 소송경제를 기하고, (ㄷ) 소송가액이 적고 피해가 경미한 경우에 사장되기 쉬운 권리를 보호할 수 있다는 장점이 있다.

2. 사인에 의한 침해와 구제

소비자권리가 사업자 등에 의하여 침해된 경우에는 피해의 구제를 한국소비자보호원에 청구할 수 있다(소비자기본법 제35조, 제55조-69조). 이 경우에 소비자보호원에서는 합의권고나 소비자분쟁조정위원회의 분쟁조정 등의 조치를 강구함으로써 소비자는 피해에 대한 적절한 구제(원상회복 · 손해배상 등)를 받을 수 있다.[1] 특히 변칙세일은 물품구매동기에 있어서 중요한 요소인 가격조건에 관하여 기망이 이루어진 것으로서 그 사술의 정도가 사회적으로 용인될 수 있는 상술의 정도를 넘은 것이어서 위법성이 있으며, 백화점측은 소비자들의 정신적 · 물질적 피해를 배상하여야 한다.[2]

> **제조물 책임법** 제3조(제조물책임) ① 제조업자는 제조물의 결함으로 인하여 생명·신체 또는 재산에 손해(당해 제조물에 대해서만 발생한 손해를 제외한다)를 입은 자에게 그 손해를 배상하여야 한다.

1) 대판 1993. 8. 13, 92다52665 【손해배상(기)등】 상품의 선전, 광고에 있어 다소의 과장이나 허위가 수반되는 것은 그것이 일반 상거래의 관행과 신의칙에 비추어 시인될 수 있는 한 기망성이 결여된다고 하겠으나, 거래에 있어서 중요한 사항에 관하여 구체적 사실을 신의성실의 의무에 비추어 비난받을 정도의 방법으로 허위로 고지한 경우에는 기망행위에 해당한다고 할 것이고, 한편 현대산업화 사회에 있어 소비자가 갖는 상품의 품질이나 가격 등에 대한 정보는 대부분 생산자 및 유통업자의 광고에 의존할 수밖에 없는 것이므로, 이 사건 백화점들과 같은 대형유통업체의 매장에서 판매되는 상품의 품질과 가격에 대한 소비자들의 신뢰나 기대는 백화점들 스스로의 대대적인 광고에 의하여 창출된 것으로서 특히 크고 이는 보호되어야 할 것이다. 원심이 같은 취지에서, 위와 같은 변칙세일은 물품구매동기에 있어서 중요한 요소인 가격조건에 관하여 기망이 이루어진 것으로서 그 사술의 정도가 사회적으로 용인될 수 있는 상술의 정도를 넘은 것이어서 위법성이 있다고 판단하였음은 옳고, 거기에 소론과 같이 상거래의 본질 또는 허용될 수 있는 기망행위의 범위에 관한 법리오해의 위법이 있다고 할 수 없다. 논지도 이유가 없다.

2) 대판 1993. 8. 13, 92다52665 【손해배상(기)등】

제 4 절 정치적 기본권

제 1 항 민주정치와 정치적 기본권

민주정치는 국민이 국가의사형성과정에 직접 혹은 간접적으로 참여하고 국가기관의 구성에 참가하며 이를 통하여 정치과정을 적절히 통제하는 정치방식을 말한다. 우리 헌법은 민주주의를 실현시키고 사회공동체의 동화적 통합을 촉진시키기 위해서 국민의 정치 · 사회생활을 보호하는 여러 가지 기본권을 보장하고 있다. 참정권(제8조 제1항, 제24조, 제 25조, 제130조 제2항), 청원권(제26조), 언론 · 출판 · 집회 · 결사의 자유(제21조)등과 같은 여러 가지 제도적 장치를 마련해두고 있으며, 이러한 여러 가지 제도적 장치중의 하나가 헌법상의 정치적 기본권의 보장이다. 특히 민주국가에서는 그 정치적 의사형성이 국민에 의하여 이루어 져야 하기 때문에 정치적 기본권은 최대한으로 보장되어야 함은 두말할 나위가 없다.

I. 정치적 기본권의 개념

정치적 기본권은 일반적으로 '넓은 의미의 정치적 기본권(언론 · 출판 · 집회 · 결사의 자유 등을 포함)'과 '좁은 의미의 정치적 기본권(politisches Grundrecht)'으로 분류할 수 있다. 대개 정치적 기본권을 말할 때는 국민이 국가의 정치적 의사결정에 참여하는 기본권, 즉 좁은 의미의 정치적 기본권을 말한다. 좁은 의미의 정치적 기본권은 전통적인 의미의 참정권을 말하는 것으로, 국민이 국가기관의 구성과 국가의 정치적 의사형성과정에 직접 또는 간접으로 참여할 수 있는 권리를 말한다. 그러나 넓은 의미의 정치적 기본권이라 함은 참정권 외에 국민이 정치적 의견을 자유로이 표명하거나(정치적 자유)[1] 그 밖의 방법으로 국가의 의사형성에 협력하는 일련의 정치적 활동권을 총칭한다.[2]

---

1) 정치적 자유권에는 선거운동의 자유, 정당가입 · 결성과 정당활동의 자유 및 그 밖의 모든 형태의 정치적 표현의 자유가 포함된다(양건, 헌법강의, 570면).

2) 권영성, 헌법학원론, 590면.

- 좁은 의미에서 정치적 기본권(politisches Grundrecht) : 참정권
- 넓은 의미의 정치적 기본권 : 정치적 의견을 자유로이 표명하거나(정치적 자유) + 국가의 의사형성에 협력하는 일련의 정치적 활동권

헌재결 2004. 3. 25, 2001헌마710 【정당법제6조제1호등위헌확인】

오늘날 정치적 기본권은 국민이 정치적 의사를 자유롭게 표현하고, 국가의 정치적 의사형성에 참여하는 정치적 활동을 총칭하는 것으로 넓게 인식되고 있다. 정치적 기본권은 기본권의 주체인 개별 국민의 입장에서 보면 주관적 공권으로서의 성질을 가지지만, 민주정치를 표방한 민주국가에 있어서는 국민의 정치적 의사를 국정에 반영하기 위한 객관적 질서로서의 의미를 아울러 가진다.

II. 정치적 기본권의 유형

국정운영이나 정치과정과 관련하여 국민의 자유와 권리가 발전하여 온 과정은 정치적 자유 → 참정권 → 정치적 기본권으로 그 내용이 확대·발전되어 왔다고 할 수 있다.[1)]

1. 정치적 자유권

1789년 프랑스 인권선언에서도 엿볼 수 있듯이 국민의 정치적 참여를 골간으로 하는 참정권은 국민주권의 원리를 토대로하여 형성되었고, 국민주권의 원리와 함께 과거의 절대군주의 지배를 벗어나 탄생한 근대적 헌법은 국민의 정치적 자유를 보장하는 것이었다. 정치적 자유에는 정치적 표현의 자유가 포함되는바,[2)] 국가권력의 간섭이나 통제를 받지 아니하고 국민이 국가의사를 결정함에 있어서의 정치적 의견을 자유로이 형성·발표할 수 있는 정치적 언론의 자유와, 개개인의 정치적 사상이나 의견을 도서의 형태로 자유로이 출판하며(정치적 출판의 자유), 개인이나 집단의 정치적 목적을 위한 집회나 시위를 자유로이 개최 또는 진행하고(정치적 집회·시위의 자유), 정치적 목적을 위한 단체를 자유롭게 결성할 수 있는 정치적 결사의 자유와 자발적으로 정당을 결성하거나 이에 가입하고 활동하며(정치적 정당결성·가입·활동의 자유), 자유롭게 선거운동(정치적 선거운동의 자유)을 할 수 있는 것을 주된 내용으로 한다.[3)]

---

1) 권영성, 헌법학원론, 590면.
2) 양건, 헌법강의, 570면.
3) 권영성, 헌법학원론, 591면; 양건, 헌법강의, 570면; 헌재결 2004. 3. 25, 2001헌마710 【정당법제6

이러한 의미의 정치적 자유는 국가권력에 의한 어떠한 간섭이나 통제를 받지 아니하고 자유로이 정치적 언론·출판·집회·시위·결사를 할 수 있는 대국가적 방어권을 의미한다. 정치적 기본권은 이와 같은 정치적 자유가 확립됨으로써 비로소 현실적인 의미를 가지게 되었다. 현행 헌법도 제21조 제1항에서 「모든 국민은 언론·출판의 자유와 집회·결사의 자유를 가진다」라고 하여 정치적 자유를 보장하고 있다.[1]

2. 참정권

2.1. 개관

참정권이라 함은 국민이 국가의 구성원으로서 국가권력의 창설과 국가의 정치적 의사형성, 그리고 정책결정에 있어서 선거인단·투표인단의 일원으로서 선거 또는 투표에 참여하거나 공무원으로 선임(공무담임)될 수 있는 국민의 주관적 공권을 말한다.[2] 여기에는 국민표결권(국민투표권)·선거권·피선거권·공직취임권(공무담임권) 등이 있다.[3] 참정권은 피치자(被治者)인 국민이 治者의 입장에서 공무원을 선거하고 공무를 담임하는 권리[4]이기 때문에 국민주권주의 국가에서는 정치권이라고 불러야 한다는 견해도 있고,[5] 참정권을 정치참여권이라 칭하기도 한다.[6]

2.2. 타기본권에 비하여 우월적 지위

참정권은 국민주권의 행사를 의미하는 것으로 파악되며,[7] 따라서 다른 기본권에 비하여 우월적 지위를 갖는다. 미국판례에서도 참정권의 핵심인 선거권을 기본적 권리(fundamental right)라고 보며, 그에 대한 제한은 엄격심사의 기준을 적용하고 있다.[8] 우리 헌법재판소도 참정권은 다른 기본권에 비하여 우월적 지위를 갖는다고 한다.

조제1호등위헌확인】

1) 권영성, 헌법학원론, 591면.
2) 권영성, 헌법학원론, 592면.
3) 권영성, 헌법학원론, 591면.
4) 홍성방, 헌법학, 627면.
5) 김영철, 참정권에 관하여 논함, 월간고시(1983.12), 250면.
6) 장영수, 헌법학, 724면.
7) 양건, 헌법강의, 570면.
8) 양건, 헌법강의, 571면.

헌재결 1989. 9. 8, 88헌가6 【국회의원선거법 제33조, 제34조의 위헌심판】

우리 헌법은 민주정치의 실현을 위해 모든 국민이 자유롭고 평등하게 국가 의사의 형성과정에 참여하고, 국가기관의 구성원으로서 공무를 담임하는 권리와 기회를 갖도록 국민의 참정권을 필수적인 것으로 인정하고 있다. 국민이 국정에 참여하는 참정권은 국민주권의 상징적 표현으로서 국민의 가장 중요한 기본적 권리의 하나이며 다른 기본권에 대하여 우월적 지위를 가진다.

2.3. 참정권과 인격주의

국민주권이 현실적으로 행사될 때에는 국민 개인이 가지는 불가침의 기본권으로 보장된다. 그 기본권은 대리 행사를 시킬 수 없는 국민 각자의 고유한 주관적인 권리이고, 참정권의 행사와 보장도 개인주의 사상에 기초를 두고 그 개인의 인격을 기본으로 하고 있다. 참정권의 주체는 국민 각자의 개인의 인격과 그 의사결정을 단위로 하고 있으며, 그것은 개인의 주권성과 인간의 존엄성을 최대한 보장하여 자유계약과 자유경쟁으로 국가조직과 사회 번영을 유지한다는 사회철학에서 비롯된 것이다. 주권자인 국민은 선거를 통하여 직접적으로는 국가기관의 구성원을 선출하고 간접적으로는 여하한 정부를 원하느냐에 관한 국민의 의사를 표시한다. 이러한 정치행위를 참정권이라고 하고, 이를 모아 집합적인 총의로 최종결정을 하는 것을 헌법상 주권의 행사라고 하나 그 본질은 국민 개인이 갖는 기본권이라는 데에서 비롯되기 때문에 본건을 다룸에 있어서도 실질적인 주권행사인 개개인의 참정권을 존중하고 보호한다는 원칙을 망각해서는 안된다.[1]

그러므로 참정권은 국민이 국가의 구성원으로서 국정에 참여한다는 전체주의적 의미보다 사람은 정치적 동물이다라고 하듯 인간의 본능적인 정치적 욕구를 충족할 수 있도록 국민 각자를 단위로 개개인의 기본권으로서 국정을 창조하고 형성하는 개인의 정치적 권리이며 정치적 의사로서 자기의 권익과 행복을 추구하는 가장 중요한 수단으로서 보장받고, 개인의 정치적 주장과 의사를 선거를 통하여 그 주권을 행사하는데 기초를 둔 것이 민주국가의 생명이며, 민주정치의 장점이기 때문에, 이와 같은 적극적인 의의를 선거제도에 수용하지 않으면 안된다.[2]

3. 기타 정치적 활동권

그 밖의 정치적 활동권이라 함은 고전적 의미의 정치적 언론 · 출판 · 집회 · 결사의 자유와 참정권 이외에 현대적 상황에서 특히 요청되는 보다 적극적이고 포괄적인 정치적 활

1) 헌재결 1989. 9. 8, 88헌가6 【국회의원선거법 제33조, 제34조의 위헌심판】
2) 헌재결 1989. 9. 8, 88헌가6 【국회의원선거법 제33조, 제34조의 위헌심판】

동 일반에 관한 권리를 말한다.[1)]

- 정당을 결성하고 정당에 가입하며 자유로운 당내활동을 할 수 있는 권리(헌법 제8조)
- 투표나 선거의 과정에서 투표나 선거에 영향을 미치는 활동을 할 수 있는 권리(헌법 제116조 제1항)
- 소비자보호를 주민운동권(헌법 제124조)
- 환경보호를 위한 환경보호운동(헌법 제35조 제1항)
- 헌법에 열거되지 아니한 권리로서의 시민운동권과 저항권(헌법 제37조 제1항)

1) 권영성, 헌법학원론, 591면.

제 2 항 참정권

I. 참정권의 의의

참정권이라 함은 국민이 국가의 의사형성이나 정책결정에 직접 참여하거나 선거인단·투표인단의 일원으로서 선거 또는 투표에 참여하거나 공무원으로 선임될 수 있는 국민의 주관적 공권을 말한다. 참정권도 국민이 국가의 의사형성이나 정책결정과정에 직접 참여하는가 간접적으로 참여하는가에 따라 직접민주제적인 직접참정권과 간접민주제적인 간접참정권으로 나누어진다.[1)]

현대적 상황에서는 전면적인 직접민주제의 실시가 기술적으로 불가능하기 때문에 간접민주제(대의제)가 원칙이다. 간접민주제에 있어서는 국민의 정치참여도 공무원선임(선거권)과 공무담임(공직취임)을 원칙으로 하고, 국민투표와 같은 직접참정은 예외적인 것이 되고 있다.[2)]

II. 참정권의 법적 성격

참정권을 기본권의 하나로 간주하는 데에는 이론이 없지만, 그것이 권리인 동시에 의무로서의 성격도 아울러 가지고 있느냐가 문제되고 있다.

1. 권리설

참정권은 권리이지 결코 의무가 아니라고 한다. 즉, 국가기관에 참여할 수 있는 권리인 참정권과 구체적인 투표권·공무집행권 등 국민이 국가기관[3)]으로서 행하는 권리를 구별할 수 없고, 후자에 있어서의 의무성을 전자의 기본권에 갖다 붙인 것이므로 국민이 국가기관에 참여할 수 있는 권리를 의미하는 참정권은 권리이지 결코 의무가 아니라고 한다.[4)]

---

1) 권영성, 헌법학원론, 592면.

2) 권영성, 헌법학원론, 592면.

3) 단순히 '관념적 크기(ideale Größe)'에 불과한 국민은 국가기관으로서의 국민으로 기능할 수 없다는 견해가 있다(허영, 한국헌법론, 548면).

4) 문홍주, 한국헌법, 321면; 권영성, 헌법학원론, 593면; 허영, 한국헌법론, 548면(국가를 향한 권리

2. 권리 · 의무(병존)설

참정권은 권리인 동시에 의무로서의 성격(권리 · 의무병존설)을 갖는다고 한다. 즉, 참정권은 국민 개인이 국가에 대하여 능동적 발언권을 가지는 것을 내용으로 한다는 점에서는 국민 각자의 권리로서의 성격을 갖지만, 참정권의 행사는 민주정치를 확립하는 수단이므로 참정권은 국가 자신의 이익을 위한 권리이기도 하다. 이러한 의미에서 국민은 개인의 법적 권리로서 참정권을 보유하는 동시에 국가의 이익을 위하여 참정권을 행사할 도의적 · 윤리적 의무를 가진다고 할 수 있다고 한다.[1] 결국 참정권이 법적 의무를 포함하고 있지 않다는 것은 기권자에 대해서 제재를 금지하는 것일 뿐 참정권을 국가의 이익을 위해서 적절하게 행사할 도의적 의무까지를 부인하는 것으로 해석할 수 없을 것이라는 것이다.[2]

3. 사견

참정권은 헌법에서 기본권의 하나로 선언되고 있을 뿐만 아니라 선거권이나 투표권의 경우에 그 행사 · 불행사가 법적으로 자유이며, 그 불행사에 대해 실정법상 제제규정이 없기 때문에 권리로서의 성격만 가질 뿐 법적 의미에서의 의무성을 가지는 것은 아니다. 따라서 권리설이 타당하다.[3] 다만 법률로써 투표권의 불행사에 대하여 제재를 가하느냐의 문제는 별개의 문제이므로 헌법상 금지된다고 보기는 어렵다는 견해도 있다.[4] 그러나 아래의 김철수교수의 견해처럼 기권의 자유도 인정하므로 이를 어떻게 합리적으로 조화시키느냐가 문제될 것 같고, 의무의 내용이 법적 의무만을 의미하느냐, 혹은 도덕적 의무만을 의미하느냐에 따라서도 그 결론이 달라질수도 있을 것이다.

[김철수 교수의 견해]

참정권의 도덕적 의무를 인정하면서도 우리나라에서는 투표의 자유, <u>기권의 자유</u>를 인정하여 선거권의 행사를 자유화하고 있으므로 참정권의 행사를 실정법상의 의무로 보기 힘들고 기권자에 대하여는 법률에 따라 가벼운 제재를 가할 수도 있다고 한다.[5]

· 객관적 가치질서).

1) 박일경; 김기범; 윤세창, 신헌법, 170면.

2) 홍성방, 헌법학, 629면, 636면.

3) 권영성, 헌법학원론, 593면.

4) 양건, 헌법강의, 572면.

5) 김철수, 헌법학(상), 1368면.

III. 참정권의 주체

1. 자연인(국민)

참정권은 국가구성원으로서의 국민이 선거인단 또는 투표인단의 일원으로서 선거 혹은 투표에 참가하는 권리를 의미하기 때문에 국민의 권리이고 실정법상의 권리이다(통설). 일정한 자격을 가진 국민은 차별 없이 균등하게 참정권을 보장받는다.[1] 참정권은 실정법상의 권리이므로 연령 등 자격요건을 합리적인 범위 내에서 법률로써 강화하거나 완화할 수 있다. 그러나 참정권은 일신전속적 권리이므로 대리행사는 인정되지 아니한다.[2]

헌재결 1997. 6. 26, 96헌마89 【공직선거및선거부정방지법 제15조 위헌확인】

입법자가 공직선거및선거부정방지법에서 민법상의 성년인 20세 이상으로 선거권 연령을 규정한 것은 미성년자의 정신적·신체적 자율성의 불충분 외에도 교육적 측면에서 예견되는 부작용과 일상생활 여건상 독자적으로 정치적인 판단을 할 수 있는 능력에 대한 의문 등을 고려한 것이다. 선거권과 공무담임권의 연령을 어떻게 규정할 것인가는 입법자가 입법목적 달성을 위한 선택의 문제이고 입법자가 선택한 수단이 현저하게 불합리하고 불공정한 것이 아닌 한 재량에 속하는 것인바, 선거권연령을 공무담임권의 연령인 18세와 달리 20세로 규정한 것은 입법부에 주어진 합리적인 재량의 범위를 벗어난 것으로 볼 수 없다. ☜ **현행 공직선거법은 20세에서 19세로 조정됨.**

현행헌법은 제24조에서 "모든 국민은 법률이 정하는 바에 의하여 선거권을 가진다"라고 규정하여 과거의 헌법에서 선거연령을 20세 이상으로 헌법 자체가 규정하고 있었던 것과 달리 법률에 위임하고 있는데, 이에 따라 현행 공직선거법이 만19세로 선거권자를 정하고 있다(공직선거법 제15조). 또 헌법 제25조는 공무담임권에 관해서도 법률로 정하도록 규정하고 있는바, 공직선거법은 피선거권연령으로 대통령은 40세 이상(동법 제16조 제1항), 국회의원은 25세 이상(동법 제16조 제2항), 지방의회의원 및 지방자치단체의 장은 25세 이상으로 규정하고 있다(동법 제16조 제3항). 공무원의 경우에도 헌법 제25조에 따라 각 공무원관계법령에서 연령 등의 제한을 둘 수 있다. 투표가 정치적 판단능력을 전제로 하는 것이라면, 연령에 의한 제한은 합리적인 것이라 할 수 있다.[3]

---

1) 이는 당연히 평등선거를 요구한다.
2) 권영성, 헌법학원론, 592면.
3) 홍성방, 헌법학, 629-630면.

2. 외국인

참정권은 인간으로서의 권리가 아니고, 국민의 권리이기 때문에 외국인은 그 주체가 될 수 없다. 그러나 장기체류 외국인에게는 단계적으로나마 선거권을 인정하는 것이 바람직하며, 이와 관련하여 국회는 2005. 8. 4. 공직선거법을 개정하여, 일정한 요건을 갖춘 19세 이상의 정주외국인에게 지방선거의 선거권을 부여하고 있다(공직선거법 제15조 제2항 제2호).[1]

> **공직선거법 제15조 (선거권)** ① 19세이상의 국민은 대통령 및 국회의원의 선거권이 있다. <개정 2005.8.4>
> ② 19세 이상으로서 제37조제1항에 따른 선거인명부작성기준일 현재 다음 각 호의 어느 하나에 해당하는 사람은 그 구역에서 선거하는 지방자치단체의 의회의원 및 장의 선거권이 있다. <개정 2009.2.12>
> 1. 해당 지방자치단체의 관할 구역에 주민등록이 되어 있는 사람
> 2. 「재외동포의 출입국과 법적 지위에 관한 법률」 제6조 제1항에 따라 해당 지방자치단체의 국내거소신고인명부(이하 이 장에서 "국내거소신고인명부"라 한다)에 올라 있는 국민
> 3. 「출입국관리법」 제10조에 따른 영주의 체류자격 취득일 후 3년이 경과한 외국인으로서 같은 법 제34조에 따라 해당 지방자치단체의 외국인등록대장에 올라 있는 사람
> [2009.2.12 법률 제9466호에 의하여 2007.6.28 헌법재판소에서 헌법불합치결정된 이 조 제2항 제1호를 개정함.]

3. 법인

참정권은 자연인의 권리이기 때문에 법인에게는 인정되지 아니한다.[2] 예외적으로 법인을 구성하는 자연인의 기본권행사를 용이하게 해주고 촉진시키는 경우에는 법인에게도 기본권주체성이 인정되나, 다만 이 경우 정당이나 법인에게 참정권을 인정할 수는 없는데, 그 이유는 법인의 구성원에게 자연인으로서, 그리고 법인의 구성원으로서 이중적으로 참정권을 인정하는 결과가 되어 평등의 원리에 반하기 때문이라는 견해도 있다.[3]

---

1) 홍성방, 헌법학, 631면.
2) 김철수, 헌법학(상), 1369면.
3) 홍성방, 헌법학, 630면.

IV. 참정권의 내용

1. 직접참정권

직접참정권이라 함은 국민이 국가의 의사형성이나 정책결정에 직접 참여할 수 있는 권리를 말한다. 직접참정권은 직접민주제를 위한 수단으로서 간접민주제를 보완하는 기능을 한다. 직접참정권으로는 국민발안권 · 국민표결권 · 국민소환권(국민해임권)[1] 등이 있다.

1.1. 직접참정권의 유형

1.1.1. 국민발안권

국민발안권(국민입법, initiative)이라 함은 국민이 헌법개정안이나 법률안을 제안할 수 있는 권리를 말한다. 국민발안제는 일반적으로 법률안을 발안(Gesetzesinitiative)하는 경우를 말하며, 여기에는 국민이 직접 법률안의 조문까지 작성하여 제안하는 경우와,[2] 의회에 대하여 일정한 내용의 법률안을 작성할 것을 요구하는 경우가 있다. 국민발안은 또한 법안의 제안이 곧 국민투표에 부의되는 직접발안과 의회의 의결 후에 그것이 국민투표에 부의되는 간접발안으로 나누어진다.[3] 국민발안제는 미국의 州憲法 · 스위스헌법 · 독일기본법 등에서 인정되고 있다.[4]

우리나라는 1954년 제2차 개정헌법 제7조에서 "…전항의 국민투표의 발의는 국회의 가결이 있은 후 1개월 이내에 민의원의원(民議院議員) 선거권자 50만인 이상의 찬성으로서 한다"라고 하였고, 또한 제98조에서 "헌법개정의 제안은 대통령, 민의원 또는 참의원의 재적의원 3분의 1이상 또는 민의원의원 선거권자 50만인 이상의 찬성으로서 한다"라고 하여 국민발안제를 규정하였다. 뿐만 아니라 1962년 헌법 제119조에서 "헌법개정의 제안은 국회의 재적의원 3분의 1이상 또는 국회의원 선거권자 50만인 이상의 찬성으로써 한다"라고 하여 국민발안제를 규정하였으나, 현행헌법에서는 이를 인정하고 있지 아니하다.

---

1) 바이마르헌법에도 대통령에 대한 국민해임제를 규정한 바 있다. 라이히(Reich = 국가) 의회의 3분의 2 이상의 다수의 결의가 있을 때에는, 대통령은 임기만료전 일지라도 그 직무의 집행이 정지되고, 국민투표의 결과에 따라 해임된다(제43조 제2항). 일본헌법의 최고재판소 재판관의 국민심사제(제79조 제2 · 제3항)도 국민해임제로 간주되고 있다(권영성, 헌법학원론, 법문사, 2009, 588면 각주 2 참조).

2) 국민이 법률안의 세부적이고 구체적인 내용까지 직접 작성하여 국민투표로 확정하는 것을 국민입법제라고 한다.

3) 예컨대 1962년 헌법에 있어서 「헌법개정의 제안은 국회의원선거권자 50만인 이상의 찬성으로써 한다」(제119조 제1항).

4) 권영성, 헌법학원론, 594면.

1.1.2. 국민표결권(국민투표제)

국민표결권이라 함은 국민이 중요한 법안이나 정책을 국민투표로써 결정하는 권리를 말한다. 국민표결에는 레퍼렌덤(Referendum : 협의의 국민표결)과 플레비지트(Plebiszit : 국민결정)가 있다.[1)]

헌재결 2007. 6. 28, 2004헌마644, 2005헌마360(병합) 【공직선거및선거부정방지법 제15조제2항등위헌확인등】

국민투표권이란 국가의 특정 사안에 대해 국민투표라는 형식을 통해 국민이 직접 결정권을 행사하는 권리로서, 각종 선거에서의 선거권 및 피선거권과 더불어 국민의 참정권의 한 내용을 이루는 헌법상 기본권이다. 헌법은 외교 · 국방 · 통일 기타 국가안위에 관한 중요정책을 결정하는 경우(제72조)와 헌법개정안을 확정하는 경우(제130조 제2항)에 국민투표권을 인정하고 있다.

헌법 제72조에 의한 중요정책에 관한 국민투표는 국가안위에 관계되는 사항에 관하여 대통령이 제시한 구체적인 정책에 대한 주권자인 국민의 승인절차라 할 수 있고, 헌법 제130조 제2항에 의한 헌법개정에 관한 국민투표는 대통령 또는 국회가 제안하고 국회의 의결을 거쳐 확정된 헌법개정안에 대하여 주권자인 국민이 최종적으로 그 승인 여부를 결정하는 절차이다.

레퍼렌덤(Referendum)은 대체로 헌법상 제도화되어 있는 헌법규범적인 것으로 국민이 일정한 중요사항을 직접 투표로써 최종적으로 확정하는 국민표결제이다. 여기에는 헌법안에 대한 레퍼렌덤(Verfassugsreferendum : 헌법안을 국민투표에 회부하여 최종적으로 확정하는 것, 입법과정 등에 국민이 참여하는 것)과 법률안에 대한 레퍼렌덤(Gesetzesreferendum : 법률안에 대하여 국민의 의사를 직접 묻는 것)이 있다. 레퍼렌덤에는 반드시 국민표결에 붙여야 하는 필수적 레퍼렌덤과 국민투표에 붙이는 것이 강제되지 아니하는 임의적 레퍼렌덤이 있다.[2)]

현행 헌법 제130조 제2항에서 헌법개정시 필수적으로 국민투표를 거치도록 한 것은 레퍼렌덤이라고 할 수 있다.

헌법안에 대한 레퍼렌덤(Verfassugsreferendum) → 헌법안을 국민투표에 회부하여 최종적으로 확정하는 것
법률안에 대한 레퍼렌덤(Gesetzesreferendum) → 법률안에 대하여 국민의사를 묻는 것

1) 권영성, 헌법학원론, 594면; 홍성방, 헌법학, 641면.
2) 권영성, 헌법학원론, 594면.

이에 대하여 플레비지트(Plebiszit)[1]는 대체로 헌법상 제도화되어 있지 아니한 헌법현실적인 것으로, 통치권자가 특정한 事案(통일 · 안보 · 기타 국가의 중요한 정책 등, 정치적 결단에 국민이 참여하는 것)에 대하여 국민의 의사를 묻거나 새로운 통치질서의 정당성이나 집권자의 계속집권여부에 관하여 신임을 묻는 국민표결제이다.[2] 헌법 제72조의 국민투표는 플레비지트라고 할 수 있다.

「사례」
우리나라에서 1969년 10월 17일 및 1975년 2월 12일의 헌법개정안에 대한 국민표결은 의안에 대한 국민투표로서의 성격과 대통령에 대한 신임투표로서의 성격을 아울러 가진 것이었다. 또한 1802년의 Napoleon의 국민투표, 1933년의 Hitler의 국민투표, 1958년 2월에 이집트와 시리아가 연합국가를 형성하여 이집트 대통령 Nasser를 아랍연합공화국의 원수로 지명하는 것에 관하여 행하여진 국민투표도 플레비지트의 예에 해당한다.[3]

플레비지트는 레퍼렌덤과 같이 국민투표라는 형식을 가지기 때문에 사실상 레퍼렌덤과의 구별이 어렵고, 경우에 따라서는 레퍼렌덤과 같은 의미로 사용되기도 한다.[4] 플레비지트는 국민투표로써 영토의 귀속이나 집권자에 대한 신임을 묻는 경우가 그 대표적인 경우이다. 그러나 독재자가 독재정권의 정통성을 확보하기 위하여 실시하는 국민투표제는 독재를 은폐하기 위한 위장수단에 불과하며, 이를 특히 국민투표제적 독재제(plebiscitary dictatorship)라 한다.[5] 이와 같이 플레비지트는 실질적으로는 독재정권의 정당화하는 수단으로 악용되는 경우가 많고, 국민의 의사가 왜곡되기도 한다. 이는 이미 독일의 Hitler와 한

---

1) Plebiszit(라틴어 plebiscitum에서 유래)는 국민표결(Volksabstimmung)을 의미하며 로마시대에 사용된 개념이다. 그러나 이는 원래 모든 로마국민 전체를 의미하는 것으로 사용되지는 않고, 다만 Plebs 회의에서 내린 결의는 plbebjer의 결의로 인정되었다. 아마도(vermutlich) 기원전 287년(287 v. Chr.)의 'lex Hortensia'에서부터 '전체국민(Gesamtvolk)'를 의미하는 것으로 사용된 듯하다. 그러나 '황제시대(Kaiserzeit)'에는 그 의미를 상실하였다가 다시 19세기 중엽부터 '영토변경(Gebietsveränderung)'의 경우 전체국민의 투표를 거치도록 하였으며, 특히 제1차세계대전 이후부터 영토변경의 경우에는, 반드시 전체국민(Gesamtvolk)의 국민표결(Volksabstimmung)을 통하지 않고는 불가능하게 되었다. 특히 1941년 8월 14일 대서양헌장(Atlantik - Charta)에서는 당해 국민의 동의를 얻지않고는 영토변경이 불가능하다고 선언하였다(Deutsches Rechtslexikon, Band 2 G-Q, 2. Aufl., München 1992, S. 1379). 플레비지트(Plebiszit)에 대한 보다 상세한 내용은 한태연, 헌법과 국민, 고시연구사, 1995. 참조.

2) 권영성, 헌법학원론, 594면.

3) 권영성, 헌법학원론, 594면 각주 2).

4) 양건, 헌법강의, 588면.

5) 권영성, 헌법학원론, 595면.

국의 유신헌법(우리 헌정사상 최악의 헌법이었던 유신헌법도 국민투표에서 90%이상의 지지를 받은바 있다)에 대한 국민투표에서 그 사례를 찾아볼 수 있음은 이미 위에서 살펴본 바와 같다.

1.1.3. 국민소환권

우리 헌법은 국민소환제(국민파면, recall)를 두고 있지는 않다. 국민소환권 또는 국민파면권이라 함은 국민이 공직자를 임기만료전에 해직시킬 수 있는 권리를 말한다. 자유위임을 근간으로 하는 간접민주정치(대의정치)하에서는 강제적 성격의 이 제도의 도입이 쉽지 않다. 국민소환제는 일정한 절차에 따라 일정수의 유권자가 소환청구를 하면 직접 파면의 효과가 발생한다. 이 제도는 미국의 몇몇 주에서 채택되고 있다. 그러나 이 제도도 장점과 단점을 아울러 가지고 있으므로 그 채택에는 신중을 기하여야 한다. 국민소환제가 국회의원 전원에 대한 소환으로 나타날 때에는 의회해산의 형태가 될 것이고, 대통령제하에서 대통령에 대한 소환으로 나타날 때에는 정부해산의 형태가 될 것이다.[1]

<문제>
국회의원에 대한 국민소환제를 법률로 규정할 수 있는가?

<해설>
국회의원을 소환(recall)하는 것은 우리 헌법이 대의제 원리를 채택(무기속·자유위임의 원칙)하고 있다는점에 비추어 위헌의 소지가 있다. 왜냐 하면 헌법 제46조 제2항은 "국회의원은 국가이익을 우선하여 양심에 따라 직무를 수행한다"고 규정하고 있고, 헌법 제7조 제1항은 "공무원은 국민 전체에 대한 봉사자"라고 규정하고 있는 것도 바로 무기속·자유위임의 원칙을 채택하고 있다는 의미이기 때문이다(다수설).[2] 헌법재판소도 우리 헌법이 자유위임의 원칙을 채택하고 있음을 확인하고 있다. 뿐만아니라 지역구의원이건 전국구(비례대표)의원 이건 그를 공천한 정당을 탈당하였을 경우, 별도의 법률규정이 있는 경우는 별론으로 하고 국회의원직을 상실하지 않는다고 하였다.[3]

1.2. 현행헌법과 직접참정권

1.2.1. 개관

직접참정권이라 함은 국민이 국가의 의사형성이나 정책결정에 직접 참여할 수 있는 권리를 말한다. 현행 헌법은 대의제에 기초한 간접민주제를 원칙으로 하고, 직접민주제는

1) 권영성, 헌법학원론, 595면.
2) 양건, 헌법강의, 589면.
3) 헌재결 1994. 4. 28, 92헌마153【전국구국회위원의석승계미결정 위헌확인】

다만 헌법개정안에 대한 국민투표제(제130조 제2항 : 레퍼렌덤)와 대통령이 부의한 외교·국방·통일 기타 국가안위에 관한 중요정책에 대한 국민투표제(제72조 : 플레비지트)만을 예외적으로 규정하고 있다. 직접참정권은 직접민주제를 위한 수단으로서 간접민주제를 보완하는 기능을 한다. 직접참정권으로는 국민표결권, 국민발안권, 국민소환권 등이 있다.[1] 현행 헌법은 국민발안제와 국민소환제는 인정하고 있지 아니하다.[2]

루소적 인민주권에 따른 근대적 의미의 국민투표는 헌법국민투표로부터 기인하며,[3] 일반적으로 헌법제정국민투표와 헌법개정국민투표로 나눌 수 있다.

1.2.2. 국민투표의 종류

a) 헌법제정안에 대한 국민투표

헌법제정국민투표는 헌법제정회의나 국민회의에 의해 헌법안이 채택되기 전에 장래의 지배형태에 대해 선거민들이 결정을 하는 경우로 특히 이 경우의 국민투표권은 시원적(始原的) 헌법제정권력을 행사하는 것으로서 현재 유효한 헌법이 없거나 신생국가 또는 혁명 후에 발동되는 권한이라고 할 수 있다. 이 지배형태에 관한 국민투표는 헌법제정국민투표보다 앞서서 행해질 수도 있는 주권의 직접적 행사에 관한 것으로 다만 오늘날 이는 선거민 자신에 의하는 것보다는 국민회의에 맡기는 것이 보다 더 적합하면서도 구체적으로 결정할 수 있을 것이라고 한다.[4] 그런 점에서 볼 때 우리 헌법상에 있어서의 제헌헌법은 국민투표에 붙여지지 않았다는 점이 지적된다.

b) 헌법개정안에 대한 국민투표

헌법개정안은 국회의 의결을 거친 후 국민투표로써 확정된다. 국민투표에 붙여진 헌법개정안은 국회의원선거권자 과반수의 투표와 투표자 과반수의 찬성을 얻음으로써 개정이 확정된다(헌법 제130조 제2, 제3항).

국민의 승인에 의하여 헌법개정행위가 이루어지는 형성적 효력을 지닌다는 점에서 단순히 그 효력발생을 저지하는 소극적인 국민거부나 의회가 결정한 헌법개정을 인준·동의한다는 성격을 지니는 것이 아니다. 헌법개정안에 대한 국민투표는 국민주권에 의하여 국가권력의 정당성의 계기가 전국민에게 존재한다는 것과, 국가내의 최고권력의 최종적 행사자는 선거인단인 국민이라는 것을 나타내고 있는 것이다.

---

1) 권영성, 헌법학원론, 593면.
2) 권영성, 헌법학원론, 595면.
3) 강경근, 국민투표권, 고시계(1989.5), 72면.
4) 강경근, 국민투표권, 고시계(1989.5), 73면.

우리나라의 경우 지금까지 5차례의 헌법 국민투표가 실시되었다. 그러나 1962년 제3공화국헌법, 1972년 유신헌법, 1980년 제5공화국헌법, 1987년 제6공화국헌법 등이다. 1962년 헌법은 국가재건최고회의만을 거친 것이었으며 1972년 헌법은 비상국무회의를 거쳐서 제안된 것이어서 국회심의가 없었던 것이다. 1980년 헌법은 국가보위비상대책위원회의 영향 하에 있었던 헌법개정심의위원회를 거쳤을 뿐으로 모두가 본래적인 헌법국민투표의 의미보다는 제안자의 신임과 관련된 플레비지트로서의 성격을 지닌 것이었다. 1987년의 국민투표가 여·야합의로 국회심의를 거쳤으며, 이는 레퍼렌덤으로서의 성격을 지닌 유일한 것이라고 할 것이다.

c) 국가안위에 관한 중요정책에 대한 국민표결권

대통령은 필요하다고 인정할 때에는 외교·국방·통일 기타 국가안위에 관한 중요정책을 국민투표에 붙일 수 있다. 그 의결정족수는 헌법에 규정이 없지만 헌법개정안에 대한 국민투표의 의결정족수가 준용(국회의원선거권자 과반수의 투표와 투표자 과반수의 찬성)된다고 본다.[1)]

<문제>
국가안위에 관한 주요 정책에 신임투표를 포함할 수 있는가?

<해설> 헌재결 2004. 5. 14, 2004헌나1【대통령, 노무현 탄핵】

헌법 제72조는 "대통령은 필요하다고 인정할 때에는 외교·국방·통일 기타 국가안위에 관한 중요정책을 국민투표에 붙일 수 있다."고 규정하여 대통령에게 국민투표 부의권을 부여하고 있다. 헌법 제72조는 대통령에게 국민투표의 실시 여부, 시기, 구체적 부의사항, 설문내용 등을 결정할 수 있는 임의적인 국민투표발의권을 독점적으로 부여함으로써, 대통령이 단순히 특정 정책에 대한 국민의 의사를 확인하는 것을 넘어서 자신의 정책에 대한 추가적인 정당성을 확보하거나 정치적 입지를 강화하는 등, 국민투표를 정치적 무기화하고 정치적으로 남용할 수 있는 위험성을 안고 있다. 이러한 점을 고려할 때, 대통령의 부의권을 부여하는 헌법 제72조는 가능하면 대통령에 의한 국민투표의 정치적 남용을 방지할 수 있도록 엄격하고 축소적으로 해석되어야 한다. 이러한 관점에서 볼 때, 헌법 제72조의 국민투표의 대상인 '중요정책'에는 대통령에 대한 '국민의 신임'이 포함되지 않는다.

선거는 '인물에 대한 결정' 즉, 대의제를 가능하게 하기 위한 전제조건으로서 국민의 대표자에 관한 결정이며, 이에 대하여 국민투표는 직접민주주의를 실현하기 위한 수단으로서 '사안에 대한 결정' 즉, 특정한 국가정책이나 법안을 그 대상으로 한다. 따라서 국민투표의 본질상 '대표자에 대한 신임'은 국민투표의 대상이 될 수 없으며, 우리 헌법에서 대표자의 선출과 그에 대한 신임은 단지 선거의 형태로써 이루어져야 한다. 대통령이 이미 지난 선거를 통하여 획득한 자신에 대한 신임을 국민투표의 형식으로 재확인하고자 하는 것

1) 권영성, 헌법학원론, 596면.

은, 헌법 제72조의 국민투표제를 헌법이 허용하지 않는 방법으로 위헌적으로 사용하는 것이다.

대통령은 헌법상 국민에게 자신에 대한 신임을 국민투표의 형식으로 물을 수 없을 뿐만 아니라, 특정 정책을 국민투표에 붙이면서 이에 자신의 신임을 결부시키는 대통령의 행위도 위헌적인 행위로서 헌법적으로 허용되지 않는다. 물론, 대통령이 특정 정책을 국민투표에 붙인 결과 그 정책의 실시가 국민의 동의를 얻지 못한 경우, 이를 자신에 대한 불신임으로 간주하여 스스로 물러나는 것은 어쩔 수 없는 일이나, 정책을 국민투표에 붙이면서 "이를 신임투표로 간주하고자 한다"는 선언은 국민의 결정행위에 부당한 압력을 가하고 국민투표를 통하여 간접적으로 자신에 대한 신임을 묻는 행위로서, 대통령의 헌법상 권한을 넘어서는 것이다. 헌법은 대통령에게 국민투표를 통하여 직접적이든 간접적이든 자신의 신임여부를 확인할 수 있는 권한을 부여하지 않는다.

뿐만 아니라, 헌법은 명시적으로 규정된 국민투표 외에 다른 형태의 재신임 국민투표를 허용하지 않는다. 이는 주권자인 국민이 원하거나 또는 국민의 이름으로 실시하더라도 마찬가지이다. 국민은 선거와 국민투표를 통하여 국가권력을 직접 행사하게 되며, 국민투표는 국민에 의한 국가권력의 행사방법의 하나로서 명시적인 헌법적 근거를 필요로 한다. 따라서 국민투표의 가능성은 국민주권주의나 민주주의원칙과 같은 일반적인 헌법원칙에 근거하여 인정될 수 없으며, 헌법에 명문으로 규정되지 않는 한 허용되지 않는다.

결론적으로, 대통령이 자신에 대한 재신임을 국민투표의 형태로 묻고자 하는 것은 헌법 제72조에 의하여 부여받은 국민투표부의권을 위헌적으로 행사하는 경우에 해당하는 것으로, 국민투표제도를 자신의 정치적 입지를 강화하기 위한 정치적 도구로 남용해서는 안 된다는 헌법적 의무를 위반한 것이다.

d) 주민투표권

주민투표권은 헌법에 명문으로 규정된 제도는 아니지만 지방자치법에서는 「지방자치단체의 장은 지방자치단체의 폐치·분합 또는 주민에게 과도한 부담을 주거나 중대한 영향을 미치는 지방자치단체의 주요결정사항 등」에 대하여는 주민의 의사를 물을 수 있도록 하는 주민투표제를 채택하고 있다(지방자치법 제13조의2).[1] 주민투표에 관하여는 '주민투표법'[2]이 있고, '주민소환에관한법률'[3]에서는 지방자치단체의 장을 일정한 조건하에 주민이

---

1) 권영성, 헌법학원론, 596면.

2) 주민투표법 제1조 (목적) 이 법은 지방자치단체의 주요결정사항에 관한 주민의 직접참여를 보장하기 위하여 「지방자치법」 제14조의 규정에 의한 주민투표의 대상·발의자·발의요건·투표절차 등에 관한 사항을 규정함으로써 지방자치행정의 민주성과 책임성을 제고하고 주민복리를 증진함을 목적으로 한다. <개정 2007. 5. 11>

3) 주민소환에관한법률 제1조 (목적) 이 법은 「지방자치법」 제20조의 규정에 의한 주민소환의 투표 청구권자·청구요건·절차 및 효력 등에 관하여 규정함으로써 지방자치에 관한 주민의 직접참여를 확대하고 지방행정의 민주성과 책임성을 제고함을 목적으로 한다. <개정 2007. 5. 11>

소환할 수 있다.

[요약]

– 직접민주주의의 실현을 위한 제도 –

◦ **국민투표(Volksentscheid)** : 이에 따른 국민의 권한을 국민표결권이라고 하는데 Referendum과 Plebiszit(plebicite)가 있다. 5·16군사쿠테타 이전에는 국민투표를 한 번도 시행한 적이 없었고, 1962년 12월17일에 최초의 국민투표가 시행된후 지금까지 6차례에 걸쳐 행해졌다.

[학자들의 견해 및 판례]

김계환 교수 : 레퍼렌덤(Referendum)은 헌법규범적 내지 입법사항에 대한 국민투표를 의미하며, 플레비지트(Plebiszit)는 헌법에 제도화 되어 있지 않은 헌법현실적인 것으로, 통치권자가 이미 결정하고 확정한 사안에 대하여 국민의 의사를 묻거나, 새로운 통치질서의 정당성이나 집권자의 계속집권여부에 대하여 신임을 묻는 것이다.[1)]

구병삭 교수 : 플레비지트(Plebiszit)는 인민의 결정·국민의 동의를 의미(통치자에 대한 신임이나 그 행위에 대한 동의)하며, Referendum은 국민의 대표가 위임받은 사항에 대하여 결정을 내리기 전에 혹은 이미 결정한 후에 다시 그 可否를 묻는 것(헌법사항 내지 입법사항에 대한 국민투표)이다. 그러나 Referendum과 Plebiszit는 스위스헌법이나 바이마르헌법에서 보는바와 같이 서로 혼용되어 사용되고 있다.[2)]

예 : ① 1975년 2월 12일 국론통일과 박정희대통령의 신임에 대한 국민투표(가결)
② 1969년 4월 지방행정구획개편과 上院개혁 및 드골대통령의 신임에 대한 국민투표(부결. De Gauelle는 물러남)

권영성 교수 : 국민표결(Volksbestimmung)에는 레퍼렌덤(Referendum : 협의의 국민표결)과 플레비지트(Plebiszit : 국민결정)이 있다.[3)]

양건 교수 : 레퍼렌덤은 헌법안이나 법률안의 결정에 대하여 국민의 의사를 묻는 것이고, 플레비시트는 집권자의 신임투표와 같이 정치권력의 유지수단으로 국민의 의사를 묻는 것이다.[4)]

홍성방 교수 : 레퍼렌덤(협의의 국민표결)은 입법과정 등에 국민이 참여하는 것이고, 플

1) 김계환, 헌법학정해, 698면.
2) 구병삭, 신헌법원론, 681-683면.
3) 권영성, 헌법학원론, 594면.
4) 양건, 헌법강의, 588면.

레비지트(국민결정)는 정치적 결단에 국민이 참여하는 것으로서 헌법의 규정이 없음에도, 또는 헌법의 규정을 무시하고 하는 국민투표를 말한다.[1)]

헌법재판소: 헌법 제72조의 국민투표의 대상인 '중요정책'에는 대통령에 대한 '국민의 신임'이 포함되지 않는다. 대표자에 대한 신임'은 국민투표의 대상이 될 수 없다.[2)] 대통령이 자신에 대한 재신임을 국민투표의 형태로 묻고자 하는 것은 헌법 제72조에 의하여 부여받은 국민투표부의권을 위헌적으로 행사하는 경우에 해당하는 것으로, 국민투표제도를 자신의 정치적 입지를 강화하기 위한 정치적 도구로 남용해서는 안 된다는 헌법적 의무를 위반한 것이다.

- 헌법 제72조: 대통령은 필요하다고 인정할때에는 외교·국방·통일 기타 國家 安危에 관한 중요정책을 국민투표에 붙일 수 있다(사항국민투표). ☜ 제72조는 대체로 Plebiszit(김백유, 한태연), 그러나 구병삭 교수는 '국가의 중요한 정책'이 입법에 관한 것이면 Referendum, 개별정책에 대한 것이면 Plebiszit라고 주장.[3)]
- 헌법 제130조(헌법개정: Verfassungsänderung): 헌법개정안은 국회가 의결(재적의원 3분의 2이상의 찬성)한 후 30일 이내에 국민투표에 붙여 국회의 원선거권자 과반수의 투표와 투표자 과반수의 찬성을 얻어야 한다. ☜ Referendum

° 국민발안(Volksbegehren; Volksinitiative) : 제1공화국헌법하의 제2차 개정헌법(1954. 11. 29) 제7조의 2 제1항 및 제98조 제1항에서 제3공화국하의 제5차개정헌법(1962. 12. 26) 국민발안이 인정되었고, 제4공화국헌법(1972. 11. 24) 이후 국민발안제도는 폐지됨.

° 국민소환(Volksabberufung; recall): 현행 헌법상에는 이에 관한 규정이 없다.

° 국민질의(Volksbefragung): 현행 헌법상에는 이에 관한 규정이 없다.

2. 간접참정권

2.1. 의의

간접참정권이라 함은 국민이 국가기관의 구성에 참여하거나 국가기관의 구성원으로 선임될 수 있는 권리를 말한다. 현행 헌법은 간접민주제를 원칙으로 하고 있기 때문에, 국민은 국가기관의 구성에 참여하거나 그 구성원으로 선임될 수 있을 뿐, 국가의사나 국가정책은 그들에 의하여 선임된 국가기관들로 하여금 국민을 대신하여 결정하게 하고 있다. 현행 헌법은 간접참정권으로 선거권과 공무담임권(피선거권·공직취임권)을 규정하고 있다.

---

1) 홍성방, 헌법학, 641면.
2) 헌재결 2004. 5. 14, 2004헌나1【대통령, 노무현 탄핵】
3) 구병삭, 신헌법학원론, 683면.

헌법 제24조 : 모든 국민은 법률이 정하는 바에 의하여 선거권을 가진다.
헌법 제25조 : 모든 국민은 법률이 정하는 바에 의하여 공무담임권을 가진다.

선거권을 최초로 규정한 것은 1791년의 프랑스헌법이었으나, 오늘날과 같은 형태의 보통선거권은 만20세이상의 독일인에게 보통·평등·직접·비밀선거권을 부여한 1919년의 독일 바이마르 헌법 제22조와 그를 구체화한 1920년 4월 27일의 선거법에 의해서 확립되었다.[1)]

2.2. 선거권

2.2.1. 통치권의 민주적 정당성의 확보

선거권이라 함은 국민이 그들의 대표자를 선출하는 과정에 참여할 수 있는 권리,[2)] 즉 선거인단의 구성원으로서 국민이 각급 공무원을 선임하는 권리를 말한다.[3)][4)] 선거권은 「오늘날 입헌민주국가에서는 대의제도에 의한 통치가 불가피한 것으로 선거야말로 국민의 의사를 체계적으로 결집하고 수렴하고 구체화하는 방법으로 국민의 정치적 의사를 형성하는 가장 합리적인 절차이며, 따라서 국민의 의사가 얼마나 굴절없이 정당하게 반영되느냐의 여부가 통치권의 정통성과 정당성을 담보하는 핵심이며 생명이다」.[5)]

우리 헌법도 제24조에서 「모든 국민은 <u>법률이 정하는 바에 의하여</u> 선거권을 가진다」라고 하여 간접참정권의 하나로서 선거권을 규정하고 있다. 선거권은 선거인이 주권자의 일원으로서 가지는 정치적 권리로서 국민주권을 선언하는 헌법하에 있어서는 국민의 가장 중요한 기본권의 하나이며, 앞에서 설명한 바와 같이 다른 기본권에 비하여 우월적 지위를 가진다. 이러한 의미에서 선거권은 주권의 소재와 행사를 결정하는 가장 중요하고도 근원적인 권리로 보아 이를 주권적 권리로 이해할 수도 있다.

간접민주주의 체제(대의민주주의)에서는 참정권 중에서 가장 기본적인 것이 공무원선거권이다. 여기서 말하는 공무원은 가장 넓은 의미의 공무원을 의미하므로 일반직공무원은 물론 대통령·국회의원·지방자치단체장·지방의회의원·법관 등 국가기관과 지방자치단체를 구성하는 모든 자를 말한다(통설).[6)] 그러나 헌법은 대통령선거권(제67조 제1항) 국회

1) 홍성방, 헌법학, 635면.
2) 장영수, 헌법학, 727면.
3) 권영성, 헌법학원론, 597면; 홍성방, 헌법학, 635면.
4) 선거권을 유권자 단체인 선거기관에 참여하는 권리로 설명하는 견해가 있다. 이는 과거 독일에서 국가를 법인으로 보고 유권자단체를 그 기관으로 인식하는데서 나오는 결론이다(양건, 헌법강의, 572면 참조).
5) 헌재결 1991. 3. 11, 91헌마21 【지방의회의원선거법 제36조 제1항 에 대한 헌법소원】

의원선거권(제41조 제1항) 지방의회의원선거권 · 지방자치단체장 선거권(제118조 제2항)만을 규정하고 있다.[1] 선거제도에 관한 우리헌법상의 기본원칙으로는 보통 · 평등 · 직접 · 비밀선거의 원칙을 두고 있다.

<문제>
아래에서 보는바와 같이 현행 헌법 제118조에서는 지방의회의원은 선거를 행한다고 하고 있고, 지방자치단체의 장은 선임을 한다고 규정하고 있다. 지방자치단장의 선거권은 헌법상 보장된 기본권인가? 지방자치단체의 장의 선임방법은 법률로 정한다고 하였으므로 임명제로 선임할 수 있는가?

헌법 제118조 ① 지방자치단체에 의회를 둔다. ② 지방의회의 조직 · 권한 · 의원선거와 지방자치단체의 장의 선임방법 기타 지방자치단체의 조직과 운영에 관한 사항은 법률로 정한다.

<해설>
헌법이 지방자치단체의 장에 대해서는 '선임방법'이라고 표현함으로써 지방의원의 '선거'와는 구별하고 있으므로 지방자치단체의 장의 선거권을 헌법상 기본권이라 단정하기는 어렵다.[2] 그러나 지방자치단체장의 선임방법은 반드시 선거에 의하여 이루어져야 한다. 왜냐하면 우리 헌법이 지향하는 지방자치제는 주민자치제를 근간으로 하는 민주적인 지방자치제이기 때문에 반드시 선거에 의하는 방식이라야 한다.[3]

---

6) 권영성, 헌법학원론, 597면.

1) 권영성, 헌법학원론, 597면.

2) 헌재결 2007. 6. 28, 2004헌마644, 2005헌마360(병합) 【공직선거및선거부정방지법제15조제2항등위헌확인등】 헌법 제118조는 제1항에서 "지방자치단체에 의회를 둔다."는 규정을 두고, 제2항에서 "지방의회의 … 의원선거 …에 관한 사항은 법률로 정한다."라고 함으로써 지방의회 의원선거권이 헌법상의 기본권임을 분명히 하고 있다. 하지만 헌법 제118조 제2항은 "… 지방자치단체의 장의 선임방법 … 에 관한 사항은 법률로 정한다."라고만 규정하고 있어 지방자치단체의 장의 선거권에 대한 제한이 헌법상의 기본권에 대한 제한인지 여부가 문제된다. 헌법이 지방자치단체의 장에 대해서는 '선임방법'이라고 표현함으로써 지방의원의 '선거'와는 구별하고 있으므로 지방자치단체의 장의 선거권을 헌법상 기본권이라 단정하기는 어렵다. 하지만 지방자치단체의 장의 선거권을 법률상의 권리로 본다 할지라도, 비교집단 상호간에 차별이 존재할 경우에 헌법상 기본권인 평등권 심사까지 배제되는 것은 아니므로, 지방선거권에 대한 제한은 지방의원의 경우이든 지방자치단체의 장의 경우이든 모두 헌법상의 기본권에 대한 제한에 해당한다.

3) 同旨 권영성, 헌법학원론, 법문사, 2009, 592면 각주 2) 참조.

2.2.2. 선거권의 법적 성격

a) 학설

선거권의 법적 성격에 관해서는 견해가 대립하고 있다. 선거권을 천부적 권리로 보는 자연권설(J. Locke, Montesquieu 등 근대자연법론자), 국가가 국가목적(Staatszweck)을 위하여 국가가 국민에게 부과하는 공무수행으로 보는 공의무설(기능설),[1] 선거권은 주권적 권리이며(국민주권의 입장에서 주장) 주권의 구성권·운용권으로 주권의 소재와 행사를 결정하는 권리로 보는 권리설(주관적 권리설; 기본적 권리설), 국가기관의 선임행위인 선거에 참가하는 선거인단의 권한 또는 자격이라고 보는 권한설(자격설 : G. Jellinek),[2] 개인을 위한 주권적 공권인 동시에 공무로서의 성격을 아울러 가진 것이라고 보는 이원설의 대립이 그것이다.[3] 우리나라의 경우 이원설이 통설이다.[4] 생각건대 선거권은 공무수행(공의무)인 동시에 정치적 기본권의 행사라는 양면성을 지니는 것이므로 이원설이 타당하다.[5]

b) 판례

선거권의 법적 성격에 관한 우리 헌법재판소의 입장은 일관되지 못하다. 참정권을 불가침의 기본권으로 이해하는가 하면,[6] 구체적 권리성을 부인하기도 한다.[7] 지방자치단체

---

1) 이는 국가주권주의적 법실증주의자들에 의해 주장된 것이다(김철수, 헌법학(상), 1371면).

2) 옐리네크(G. Jellinek)에 의하여 주장된 설로서 선거권은 개인이 선거하는 권한이 아니라 국가기관의 선임행위인 선거인단에 참가하는 선거인단의 권한이라고 한다(김철수, 헌법학(상), 1372면).

3) 구병삭, 국민의 참정권, 월간고시(1986. 2), 154면; 홍성방, 헌법학, 635-636면.

4) 김철수, 헌법학(상), 1372면; 홍성방, 헌법학, 636면.

5) 권영성, 헌법학원론, 597면.

6) 우리 헌법은 민주정치의 실현을 위해 모든 국민이 자유롭고 평등하게 국가 의사의 형성과정에 참여하고, 국가기관의 구성원으로서 공무를 담임하는 권리와 기회를 갖도록 국민의 참정권을 필수적인 것으로 인정하고 있다. 국민이 국정에 참여하는 참정권은 국민주권의 상징적 표현으로서 국민의 가장 중요한 기본적 권리의 하나이며 다른 기본권에 대하여 우월적 지위를 가진다. 따라서 이러한 국민주권이 현실적으로 행사될 때에는 국민 개인이 가지는 불가침의 기본권으로 보장된다. 그 기본권은 대리 행사를 시킬 수 없는 국민 각자의 고유한 주관적인 권리이고, 참정권의 행사와 보장도 개인주의 사상에 기초를 두고 그 개인의 인격을 기본으로 하고 있다(헌재 1989.9.8, 88헌가6, 국회의원선거법 제33조, 제34조의 위헌심판).

7) 대의제 민주주의하에서 국민의 국회의원 선거권이란 국회의원을 보통·평등·직접·비밀선거에 의하여 국민의 대표자로 선출하는 권리에 그치며, 국민과 국회의원은 명령적 위임관계에 있는 것이 아니라 자유위임관계에 있으므로, 유권자가 설정한 국회의석분포에 국회의원들을 기속시키고자 하는 내용의 "국회구성권"이라는 기본권은 오늘날 이해되고 있는 대의제도의 본질에 반하는 것이어서 헌법상 인정될 여지가 없고, 청구인들 주장과 같은 대통령에 의한 여야 의석분포의 인위적 조작행위로 국민주권주의라든지 복수정당제도가 훼손될 수 있는지의 여부는 별론

의장선거권 및 피선거권에 대하여는 법률상의 권리[1]라고 판시한 바 있다.[2]

2.2.3. 선거권의 법률유보

헌법 제24조는 모든 국민은 '법률이 정하는 바에 의하여' 선거권을 가진다고 규정함으로써 법률유보의 형식을 취하고 있지만, 이것은 국민의 선거권이 '법률이 정하는 바에 따라서만 인정될 수 있다'는 포괄적인 입법권의 유보하에 있음을 의미하는 것이 아니다. 국민의 기본권을 법률에 의하여 구체화하라는 뜻이며 선거권을 법률을 통해 구체적으로 실현하라는 의미이다.

이러한 법률유보는 선거권을 실현하고 보장하기 위한 것이지 제한하기 위한 것이 아니므로, 선거권의 내용과 절차를 법률로 규정하는 경우에도 국민주권을 선언하고 있는 헌법 제1조, 평등권에 관한 헌법 제11조, 국회의원선거와 대통령선거에 있어서 보통 · 평등 · 직접 · 비밀선거를 보장하는 헌법 제41조 및 제67조의 취지에 부합하도록 하여야 한다. 그리고 민주주의 국가에서 국민주권과 대의제 민주주의의 실현수단으로서 선거권이 갖는 이 같은 중요성으로 인해 한편으로 입법자는 선거권을 최대한 보장하는 방향으로 입법을 하여야 하며, 또 다른 한편에서 선거권을 제한하는 법률의 합헌성을 심사하는 경우에는 그 심사의 강도도 엄격하여야 하는 것이다. 따라서 선거권을 제한하는 입법은 위 헌법 제24조에 의해서 곧바로 정당화될 수는 없고, 헌법 제37조 제2항의 규정에 따라 국가안전보장 · 질서유지 또는 공공복리를 위하여 필요하고 불가피한 예외적인 경우에만 그 제한이 정당화될 수 있으며, 그 경우에도 선거권의 본질적인 내용을 침해할 수 없다.

더욱이 보통선거의 원칙은 선거권자의 능력, 재산, 사회적 지위 등의 실질적인 요소를

으로 하고 그로 인하여 바로 헌법상 보장된 청구인들의 구체적 기본권이 침해당하는 것은 아니다. … 따라서 국회구성권의 침해를 주장하는 부분은 존재하지도 않는 기본권의 침해를 주장하는 것으로서 주장자체로 이미 기본권침해성 및 청구인적격을 흠결한 것이다(헌재결 1998. 10. 29, 96헌마186, 국회구성권 등 침해 위헌확인).

1) 원칙적으로 간접민주정치를 채택하고 있는 우리나라에서 공무원을 선거하는 권리는 국민의 참정권 중 가장 중요한 기본적 권리라고 할 것이어서, 참정권의 제한은 국민주권에 바탕을 두고 자유 · 평등 · 정의를 실현시키려는 우리 헌법의 민주적 가치질서를 직접적으로 침해하게 될 위험성이 크기 때문에 언제나 필요한 최소한의 정도에 그쳐야 한다. 다만, 우리 헌법 아래에서 선거권도 법률이 정하는 바에 의하여 보장되는 것이므로 입법형성권을 갖고 있는 입법자가 선거법을 제정하는 경우에 헌법에 명시된 선거제도의 원칙을 존중하는 가운데 구체적으로 어떠한 입법목적의 달성을 위하여 어떠한 방법을 선택할 것인가는 그것이 현저하게 불합리하고 불공정한 것이 아닌 한 입법자의 재량영역에 속한다고 할 것이다(헌재결 2004. 3. 25, 2002헌마411, 공직선거및선거부정방지법 제18조 위헌확인).

2) 홍성방, 헌법학, 636면.

배제하고 성년자이면 누구라도 당연히 선거권을 갖는 것을 요구하므로 보통선거의 원칙에 반하는 선거권 제한의 입법을 하기 위해서는 헌법 제37조 제2항의 규정에 따른 한계가 한층 엄격히 지켜져야 한다.[1)]

2.2.4. 선거권행사의 요건

a) 내국인의 경우

선거권은 원칙적으로 주권자인 국민 모두에게 인정된다. 다만 선거권을 행사하려면 국적 · 연령 · 주소에 관하여 일정한 적극적 요건을 충족하여야 한다. 우리나라는 공직선거법에서 선거연령을 만19세로 하고 있다(공직선거법 제15조).

선거권을 행사하기 위한 소극적 요건으로서 일정한 결격사유, 예컨대 금치산자나 수형자에 해당하지 않을 것(동법 제18조)이 요구된다.

헌재결 2004. 3. 25, 2002헌마411 【공직선거및선거부정방지법 제18조 위헌확인】

(1) 이 사건 법률조항이, 국가공동체의 구성원으로서 부담하고 있는 납세 · 병역 · 준법 기타 필요한 사회적 책무를 이행하지 아니하고 오히려 그 의무에 반하여 공동체의 안전을 파괴하고 다른 구성원들의 생명 · 신체 · 재산을 위협한 사람들에 대한 사회적 제재로서 일정한 기간 구금을 명하고 구금시설인 교도소 등의 질서와 수형자의 교화를 위하여 필요한 제한을 가하는 한편, 선거권의 행사를 위하여 필요한 정보의 제공이 현실적으로 어려운 수형자에게 그 기간 동안 공민권의 행사를 정지시키는 것은, 형벌집행의 실효성 확보와 선거의 공정성을 위하여 입법자가 일응 추구할 수 있는 것으로서 입법목적의 정당성이나 방법의 적정성을 충족시킨다고 할 것이다.

(2) 이 사건 법률조항은 형사처벌을 받은 모든 사람에 대하여 무한정 선거권을 제한하는 것이 아니라 금고 이상의 형의 선고를 받은 자에 대하여 그 집행이 종료되지 아니한 경우에 한하여 선거권을 제한하고 있어, 어느 정도 중대한 범죄를 범하여 사회로부터 격리되어 형벌의 집행을 받는 등 선거권을 제한함이 상당하다고 인정되는 경우만으로 한정되며 내용적으로도 그 불이익은 금고보다 가벼운 형벌인 자격상실이나 자격정지의 한 효과에 불과하다. 또한 수형자가 선거권을 행사하지 못하는 것은 수형자 자신의 범죄행위로 인한 것으로서 자신의 책임으로 인하여 일정한 기본권제한을 받는 것이므로, 수형자의 선거권 제한을 통하여 달성하려는 선거의 공정성 및 형벌집행의 실효성 확보라는 공익이 선거권을 행사하지 못함으로써 입게 되는 수형자 개인의 기본권침해의 불이익보다 크다고 할 것이어서 그 법익간의 균형성도 갖추었다.

(3) 이와 같이 이 사건 법률조항은 과잉입법금지의 원칙을 위배하였다고 보기 어렵고, 그밖에 대부분의 나라에서 형의 선고와 관련하여 이 사건 법률조항과 비슷한 유형의 선거권 결격사유를 규정하고 있는 외국의 입법례에 비추어 보더라도 특별히 헌법에 위반된다

1) 헌재결 2007. 6. 28, 2004헌마644; 헌재결 1999. 1. 28. 97헌마253 등, 판례집 11-1, 54, 60 참조.

고 볼 수 없다고 할 것이다.

그러나 주권의 행사와 형사책임의 감수(수형)는 별개의 것이므로 선거사범이 아닌 경우에는 수용자(受刑者)나 전과자들에게도 선거권을 인정하는 것이 바람직하다.[1)]

b) 재외국민(① 영주권자와 해외교포를 포함한 재외국민 및 ② 해외에 거주하는 국민)의 경우

舊공직선거법 제37조 제1항의 경우「선거를 실시하는 때에는 … 대통령선거는 선거일전 28일, 국회의원선거와 지방자치단체의 장선거(長選擧)는 선거일전 22일 지방의회의원선거는 선거일전 19일 현재 관할구역안에 주민등록이 되어있는 선거권자를 투표구별로 조사하여 … 선거인 명부를 작성하여야 한다」고 규정하여 선거권에 있어서의 거주요건을 두고 있고, 이로 인하여 재외국민의 경우 선거권이 제한되고 있었다.

[구분할것]
* 선거일전 22일
* 선거전 22일

「과거 헌법재판소판례」

과거 헌법재판소는 재외국민에게 선거권을 제한하는 것은 그 입법목적에 있어서 정당

---

1) 同旨 권영성, 헌법학원론, 599면; 이준일, 헌법학강의, 단락번호 [4.8.21]; 헌재결 2004. 3. 25, 2002헌마411 【공직선거및선거부정방지법 제18조 위헌확인】 재판관 김영일의 반대의견 : 우리 헌법의 제정자는 헌법 제41조 제1항과 제67조 제1항에서 선거제도의 기본원칙으로서 보통 · 평등 · 직접 · 비밀선거의 원칙을 규정하면서 헌법 제24조의 선거권규정과는 달리 별도의 법률유보문언을 두지 않음으로써 선거제도의 기본원칙의 준수여부가 입법자의 재량사항이 될 수 없다는 점을 명확히 하고 있다. 따라서 선거권의 제한 특히 선거제도의 기본원칙에 어긋나는 선거권제한입법을 하기 위해서는 기본권제한입법에 관한 헌법 제37조 제2항의 과잉금지원칙을 엄격히 준수하여야 할 것이다. 오늘날 수형자와 국가와의 관계는 더 이상 명령과 복종만이 존재하는 일방적인 관계가 아니며, 자유민주적 헌법질서하에서 수형자도 인간으로서의 존엄과 가치를 가지므로 범죄인의 반사회적 행위에 대한 제재를 위하여 수형자의 자유박탈 이외에 별도의 기본권인 선거권을 제한하는 것은 정당한 입법목적이라고 할 수 없다. 또한 이 사건 법률조항의 입법목적을 우리 헌법이 허용하는 한계내의 정당한 목적으로 고쳐 살피는 경우에도, 이 사건 법률조항은 범죄의 종류와 내용을 가리지 않고 모든 금고이상의 형의 선고를 받은 수형자가 선거권을 행사하지 못하도록 규정함으로써 입법목적을 달성하기 위하여 필요한 최소한의 정도를 넘어 청구인들의 기본권을 과도하게 제한하였고, 공직선거제도의 공정성이라는 공익과 수형자의 선거권이라는 기본권을 적절하게 조화시키지 못하고 과도하게 선거권 및 보통선거의 원칙, 그리고 보통선거원칙이 실현하고 있는 평등원칙을 침해하였다고 볼 수밖에 없다.

하며 그 입법에 의하여 보호하려는 공공의 필요와 침해되는 기본권 사이의 균형성을 갖추었다고 할 것이며, 그 목적달성을 위하여 적절한 방법을 취하고 있다고 하였다.[1)]

<사례>

청구인 갑은 대한민국국적을 가진 20세이상의 자로서 일본에 거주하고 있는 재일교포인데, 공직선거및선거부정방지법(1994. 12. 22. 법률 제4796호로 개정된 것)에 재외국민의 선거권행사절차에 관한 규정이 없는 관계로 1997. 12. 18일 시행되는 대통령선거에서 선거권을 행사할 수 없게 되자 공직선거및선거부정방지법 제37조 제1항은 위헌이거나 적어도 위 절차규정을 두지 아니한 입법부작위에 의하여 청구인들의 선거권이 침해되었음을 이유로 헌법소원을 제기하였다.[2)]

(문제 1) 위 청구는 타당한가?

(문제 2) 헌법재판소는 다음과 같은 이유로 선거권제한의 합헌근거를 들고 있었다(법률신문 1999년 6월 7일 14면 참조).

<해설>

과거 헌법재판소의 견해 : 헌재결 1999. 1. 28, 97헌마253 · 270(병합), 합헌결정.

① 국토가 분단되어 있는 우리나라에서 북한주민이나 조총련계 재일동포에 대하여 선거권을 인정할 수 없다.

② 선거의 공정성을 확보하기 어렵다.

③ 선거기술상 불가능하다. 즉 공직선거법상 선거운동기간은 대통령선거가 23일, 국회의원및지방자치단체의 장 선거가 17일, 지방의회의원선거가 14일인바, 이러한 선거운동기간의 제한이 헌법에 위배되지 않는 이상, 그 기간 내에 외국에 있는 모든 국민에게 선거의 실시와 후보자를 홍보하고, 선거운동을 하며, 투표용지를 발송하여 기표된 용지를 회수하는 것이 실무상 불가능하다.

④ 선거권이 국가에 대한 납세, 병역, 기타의 의무와 결부되기 때문에 이와 같은 의무이행을 하지 아니하는 재외국민에게 선거권을 인정할 수 없다.

현재 헌법재판소의 견해(8년 만의 판례변경 : 재외국민 선거권제한 헌법불합치 사건 결정문 요약) – 공직선거및선거부정방지법 제15조 제2항 등 위헌확인(헌재결 2007. 6. 28, 2004헌마644; · 2005헌마360(병합)) –

2007년 6월 28일 공직선거법 제15조 제2항 제1호, 제16조 제3항, 제37조 제1항 중 각 "관할 구역 안에 주민등록이 되어 있는 자"에 관한 부분, 제38조 제1항 중 "선거인명부에 오를 자격이 있는 국내거주자"에 관한 부분과 국민투표법 제14조 제1항 중 "그 관

1) 헌재결 1999. 1. 28, 97헌마253 · 270(병합) 【공직선거및선거부정방지법 제37조 제1항 위헌확인 등】

2) 재외국민의 선거권제한문제 : 선거권에 있어서의 거주요건을 두는 것의 위헌성 문제(헌재결 1999. 1. 28, 97헌마253 · 270(병합), 합헌결정.

할구역 안에 주민등록이 된 투표권자"에 관한 부분은 헌법에 합치되지 않는다고 선고하면서, **2008년 12월 31일을 시한으로 입법자가 개정할 때까지 위 부분들의 잠정적용을 명하였다**. 이 결정은 재판관 이공현의 별개의견, 재판관 조대현의 별개의견이 있는 외에는 관여 재판관 전원의 일치된 의견에 의한 것이다. ☜ **이러한 헌법재판소 결정에 따라 2009년 2월 12일 공직선거법 제37조 제1항을 개정하였다.**[1)]

1. 사건의 개요 : 청구인들은 모두 대한민국 국적을 보유한 일본 영주권자들이거나 미국 또는 캐나다 영주권자들인데, 위 조항들이 대통령 · 국회의원 선거권, 지방선거 선거권 및 피선거권, 국민투표권의 행사요건으로 주민등록을 요구함으로써, 또 공직선거법 제38조 제1항이 선거인명부에 오를 자격이 있는 국내거주자에 대하여만 부재자신고를 할 수 있도록 함으로써, 주민등록을 할 수 없는 재외국민 또는 국외거주자가 투표권을 행사할 수 없도록 한 것이 청구인들의 기본권을 침해한다고 주장하면서 헌법소원심판을 청구하였다.
2. 심판의 대상 및 관련규정 : 이 사건 심판대상조항은 법 제15조 제2항 제1호, 제16조 제3항, 제37조 제1항, 제38조 제1항과 국민투표법(1994. 12. 22. 법률 제4796호로 개정된 것) 제14조 제1항 중 주민등록을 참정권 행사의 요건으로 하고 있는 부분들(별지 중 밑줄 친 부분들)이다. 이 사건 심판대상조항과 관련규정의 내용은 별지와 같다.
3. 결정이유의 요지

가. 대통령 · 국회의원 선거권(국정선거권)의 경우

(1) 국민의 선거권 행사는 국민주권의 원리의 현실적 행사수단으로서 국민의 의사를 국정에 반영할 수 있는 중요한 통로로서 기능하며, 주기적 선거를 통하여 국가권력을 통제하는 수단으로서의 기능도 수행한다. 국정선거권을 비롯한 국민의 참정권이 국민주권의 원칙을 실현하기 위한 가장 기본적이고 필수적인 권리로서 다른 기본권에 대하여 우월한 지위를 갖는 것으로 평가되는 것도 바로 그러한 이유 때문이다. 헌법 제24조는 모든 국민은 '법률이 정하는 바에 의하여' 선거권을 가진다고 규정하지만, 이것은 선거권을 법률을 통해 구체적으로 실현하라는 의미이다. 따라서 선거권을 제한하는 입법은 헌법 제24조에 의해서 곧바로 정당화될 수는 없고, 헌법 제37조 제2항의 규정에 따라 국가안전보장 · 질서유지 또는 공공복리를 위하여 필요하고 불가

---

1) 공직선거법 제37조 (명부작성) ① 선거를 실시하는 때마다 구청장(자치구가 아닌 구의 구청장을 포함한다) · 시장(구가 설치되지 아니한 시의 시장을 말한다) · 군수(이하 "구 · 시 · 군의 장"이라 한다)는 대통령선거에서는 선거일 전 28일, 국회의원선거와 지방자치단체의 의회의원 및 장의 선거에서는 선거일 전 19일(이하 "선거인명부작성기준일"이라 한다) 현재 제15조에 따라 그 관할 구역에 주민등록 또는 국내거소신고가 되어 있는 선거권자(지방자치단체의 의회의원 및 장의 선거의 경우 제15조제2항제3호에 따른 외국인을 포함한다)를 투표구별로 조사하여 선거인명부작성기준일부터 5일 이내(이하 "선거인명부작성기간"이라 한다)에 선거인명부를 작성하여야 한다. 이 경우 제14장의2에 따라 재외선거를 실시하는 때에는 제218조의13에 따라 확정된 국외부재자신고인명부에 올라 있는 사람은 선거인명부의 비고란에 그 사실을 표시하여야 한다. <개정 2009.2.12>

피한 예외적인 경우에만 그 제한이 정당화될 수 있으며, 그 경우에도 선거권의 본질적인 내용을 침해할 수 없다.

(2) **헌법재판소는 1999. 1. 28. 선고 97헌마253등 결정에서 구법 제37조 제1항을 합헌으로 판단한 바 있지만, 다음과 같이 종전 결정의 논거에 대한 재검토가 필요하다.**

① 재외국민에게 선거권 행사를 인정하더라도 우리의 특수한 상황 하에서는 북한주민이나 조총련계 재일동포의 선거권행사에 대한 제한은 허용될 수 있으며, 재외국민등록제도 및 재외국민 국내거소신고제도를 활용하여 이들이 선거권을 행사할 위험성을 예방하는 것이 선거기술상 불가능하지 않고, 재외국민은 북한주민이나 조총련계 재일동포와는 달리 우리나라 여권을 소지하고 있어 양자의 구분이 가능하다. 그러므로 북한주민이나 조총련계 재일동포가 선거에 영향을 미칠지도 모른다는 추상적 위험성만으로 재외국민의 선거권 행사를 전면적으로 부정하는 것을 정당화할 수 없다.

② 선거의 공정성을 확보하는 것은 일차적으로 국가의 과제이므로, 선거의 공정성에 대한 우려가 있다는 이유로 민주국가의 기능적 전제인 선거권 행사를 특정 국민들에 대해 부정할 수는 없다. 예상되는 부정선거가능성은 해외에서 이루어지는 선거운동방법의 적절한 제한, 투표자 본인의 신분확인방법의 도입, 선거운동비용 지출에 대한 사전 사후의 관리 등 필요한 조치를 통하여 차단하는 방법이 있으며, 법원의 재판 등을 통한 사후적 통제도 가능하다.

③ 선거기술상의 어려움은, 정보통신기술의 발달 등으로 극복할 수 있다. 재외국민의 입장에서도 인터넷 등을 통해 후보자의 정보에 대한 접근이 용이해지고 있으며, 나아가 오늘날의 선거는 인물투표로서의 성격보다 정당투표로서의 성격을 강하게 가지는 경향을 보이고 있고, 재외국민을 상대로 한 선거운동이 선거운동기간의 전 기간에 걸쳐 국내에서와 같은 정도로 이루어지지 못하더라도 재외국민의 입장에서 감수해야 할 사정이라는 점 등에 비추어, 선거기술상의 어려움 역시 재외국민의 선거권 행사를 전면적으로 박탈하기 위한 합당한 사유라 보기 어렵다.

④ 납세와 국방의 의무 불이행을 이유로 재외국민의 선거권을 부인할 수 없다. 헌법이 국민의 기본권행사를 납세나 국방의 의무이행에 대한 반대급부로 예정하고 있지 않을 뿐만 아니라, 재외국민에게도 병역의무 이행의 길이 열려 있는 점, 재외국민 중에는 병역의무와 무관한 여자들도 있는 점, 청구인들 중 이미 국내에서 병역의무를 필한 사람도 있는 점 등을 감안할 때 그러하다.

⑤ 선거권의 제한은 그 제한을 불가피하게 요청하는 개별적, 구체적 사유가 존재함이 명백할 경우에만 정당화될 수 있으며, 막연하고 추상적 위험이라든지 국가의 노력에 의해 극복될 수 있는 기술상의 어려움이나 장애 등의 사유로는 그 제한이 정당화될 수 없다. 단지 주민등록이 되어 있는지 여부에 따라 선거인명부에 오를 자격을 결정하여 그에 따라 선거권 행사 여부가 결정되도록 함으로써, 주민등록법상 주민등록을 할 수 없는 재외국민의 선거권 행사를 전면적으로 부정하고 있는 법 제37조 제1항은 그에 대한 정당한 목적을 찾기 어려우므로 헌법 제37조 제2항에 위반하여 재외국민의 선거권과 평등권을 침해하고 보통선거원칙에 위배된다.

(3) 헌법재판소는 1999. 3. 25. 선고 97헌마99 결정에서, 부재자 투표에 관한 법 제38조 제1항과 동일한 내용을 규정하고 있던 구법 제38조 제1항이 헌법에 위반되지 않는

것으로 판단한 바 있으나, 법 제37조 제1항에 대한 판단과 마찬가지의 관점 및 다음의 점에서 **재외국민의 부재자투표에 관한 위 결정 내용을 재검토할 필요성이 있다.**

① 선거기간의 연장에 따른 후보자들의 선거비용증가 및 국가적 부담증가가 예상되더라도 우리나라의 경제력으로 감당할 수 없을 정도라고 볼 수 없고, 선거비용의 부담 우려만으로 민주국가에서 가장 근본적이고도 중요한 국민의 선거권 행사를 제한하는 것은 더 이상 타당성을 인정하기 어렵고, 재외국민의 선거권을 인정하고 있는 외국의 다양한 사례를 참조하면 재외국민의 부재자투표제도를 도입하는 것이 불가능하지는 않은 것으로 보인다.

② 직업이나 학문 등의 사유로 자진출국한 자들이라고 해서 선거권 행사를 못하도록 하는 것은 해외체류자의 국외 거주·이전의 자유, 직업의 자유 등의 기본권을 희생하도록 강요한다는 점에서 부적절하며, 가속화되고 있는 국제화시대에 해외로 이주하는 경우가 높아지고 있는 상황에서, 그것이 자발적 계기에 의해 이루어졌다는 이유만으로 국민이면 누구나 향유해야 할 기본적인 권리인 선거권의 행사가 부인되는 것은 타당성을 갖기 어렵다.

③ 따라서 선거인명부에 오를 자격이 있는 국내거주자에 대해서만 부재자신고를 허용함으로써 재외국민과 단기해외체류자 등 국외거주자 전부에 대해 국정선거권의 행사 가능성을 부인하고 있는 법 제38조 제1항은 정당한 입법목적을 갖추지 못한 것으로 헌법 제37조 제2항에 위반하여 국외거주자의 선거권과 평등권을 침해하고 보통선거원칙에 위반된다.

나. 지방선거 참여권(선거권 및 피선거권)의 경우

(1) ① 국내에 주소를 두고 있는 재외국민은 형식적으로 주민등록법에 의한 주민등록을 할 수 없을 뿐이지, '국민인 주민'이라는 점에서는 '주민등록이 되어 있는 국민인 주민'과 실질적으로 동일하므로, 그가 속한 자치단체 구역 내의 동질적 환경 속에서 동등한 책임을 부담하고 권리를 향유할 자격이 있다. '주민등록이 되어 있는 국민인 주민'과 '주민등록을 하지 못하는 재외국민인 주민'은 주민등록이 되어 있는지 여부에 대한 차이만 존재할 뿐, 국민의 신분을 가지고 있는 지방자치단체의 주민이라는 점에서는 양자 사이에 아무런 차이가 없다. 따라서 지방선거 선거권 부여에 있어 양자에 대한 차별을 정당화할 어떠한 사유도 존재하지 않는다.

② 또한 법 제15조 제2항 제2호는 '영주의 체류자격 취득일로부터 3년이 경과한 19세 이상의 외국인'에 대해서도 일정한 요건 하에 지방선거 선거권을 부여하고 있다. 그런데 현행법에 의하면 지방의회 선거권에 관한 한, 헌법상의 권리인 국내거주 재외국민의 선거권이 단순한 '법률상의 권리'인 외국인의 선거권에 못 미치는 현상을 초래하고 있는데, 이러한 결과는 명백히 부당하다.

③ 따라서 국내거주 재외국민에 대해서 주민등록만을 기준으로 그 체류기간을 불문하고 전면적, 획일적으로 지방선거권을 박탈하는 법 제15조 제2항 제1호, 제37조 제1항은 헌법상 평등원칙에 어긋날 뿐 아니라 헌법 제37조 제2항이 요구하는 기본권제한의 한계를 넘은 것으로 국내거주 재외국민의 평등권과 지방의회 의원선거권을 침해한다.

(2) '외국의 영주권을 취득한 재외국민'과 같이 주민등록을 하는 것이 법령의 규정상 아예 불가능한 자들이라도 지방자치단체의 주민으로서 오랜 기간 생활해 오면서 그 지방자치단체의 사무와 얼마든지 밀접한 이해관계를 형성할 수 있으며, 주민등록이 아니더라도 그와 같은 거주 사실을 공적으로 확인할 수 있는 방법은 존재한다. 나아가 법 제16조 제2항이 국회의원 선거에 있어서는 주민등록 여부와 관계없이 만25세 이상의 국민이라면 누구든지 피선거권을 가지는 것으로 규정함으로써, 국내거주 여부를 불문하고 재외국민도 국회의원 선거의 피선거권을 가진다는 사실을 고려할 때, 지방선거에서의 피선거권에 대해서만 주민등록 여부를 기준으로 하여 주민등록이 되어 있지 않은 자의 피선거권을 부정하는 것은 설득력이 없다. 그럼에도 오로지 일정 기간 이상의 '주민등록' 만을 기준으로 지방선거 피선거권 자격을 결정함으로써, 일정 기간 이상 주민으로 생활하면서 당해 지방자치단체의 사무와 밀접한 이해관계를 가지고 있는 재외국민이라도 주민등록이 되지 않는다는 이유로 지방선거 피선거권을 전면적으로 부정하고 있는 법 제16조 제3항은 이를 정당화할 합리적 근거도 찾아보기 어려우므로, 헌법 제37조 제2항에 위반하여 국내거주 재외국민의 공무담임권을 침해한다.

다. 국민투표권의 경우 국민투표는 국가의 중요정책이나 헌법개정안에 대해 주권자로서의 국민이 그 승인 여부를 결정하는 절차인데, 주권자인 국민의 지위에 아무런 영향을 미칠 수 없는 주민등록 여부만을 기준으로 하여, 주민등록을 할 수 없는 재외국민의 국민투표권 행사를 전면적으로 배제하는 국민투표법 제14조 제1항은 국정선거권의 제한에 대한 판단에서와 동일한 이유에서 청구인들의 국민투표권을 침해한다.

4. 헌법불합치 결정과 잠정적용 명령

(1) 이상의 이유로 재외국민에 대해 원칙적으로 선거권을 부여하는 것이 헌법적 요청이라 하더라도, 선거기술적인 측면과 선거의 공정성 확보 측면에서 해결되어야 할 많은 문제들이 존재한다. 예컨대 해외체류자를 포함하여 국외거주 재외국민에게 국정선거권과 국민투표권을 행사하도록 할 경우 선거관리를 담당할 기구와 투표소의 설치, 재외국민 등에 대한 신분확인절차, 투표의 방식, 선거운동방법, 나아가 기타 공정선거를 위한 구체적 방안 등에 대해 충분히 검토하고 준비할 시간이 필요하다. 그리고 국내거주 재외국민에 대해 지방선거 참여권을 부여하는 경우에, 거주요건을 부과할 것인지, 부과한다면 그 기간을 어느 정도로 할 것인지 등에 대한 검토도 필요하다. 또한 사건 법률조항들이 단순위헌으로 선언되어 즉시 효력을 상실하면 주민등록을 요건으로 하는 선거인명부 작성이 불가능하게 되어 다가올 제17대 대통령 선거와 제18대 국회의원 선거 등을 제대로 실시할 수 없게 되는 법적 혼란상태를 초래할 가능성이 명백해 보인다.

(2) 그러므로 이 사건 법률조항들에 대하여 잠정적용 헌법불합치 결정을 선고하되, 입법자는 늦어도 2008. 12. 31까지 개선입법을 하여야 하며, 그때까지 개선입법이 이루어지지 않으면 이 사건 법률조항들은 2009. 1. 1부터 그 효력을 상실한다.[1)]

---

1) ※ **별개의견(재판관 李恭炫)** : 이미 상당기간 대한민국과는 문화적 · 사회적 · 경제적으로 상이한

5. **결정의 의의**: 이 결정은 주민등록만을 기준으로 재외국민에 대한 참정권을 제한하거나 국외거주자에 대해 부재자투표를 인정하지 않는 것이 위헌임을 확인함으로써 종래의 헌재 결정을 8년만에 변경했다. 이 결정에 따르면, 앞으로는 국외체류자를 포함하여 외국영주권자인 재외국민에 대해서도 주민등록이 안되었다는 이유만으로 선거권행사를 불가능하게 해서는 안되고 원칙적으로 국정선거권과 지방선거 참여권(선거권 및 피선거권) 및 국민투표권을 행사할 수 있도록 해야 하고, 부재자투표도 인정해야 함을 국가의 헌법적 의무로 선언하면서, 다만 선거관리의 혼란을 피하고 철저한 준비를 위해 2008. 말까지 종전 법의 잠정적용을 명했다. 이러한 시한을 둔 이유는 중앙선거관리위원회 등 관련 기관이 해당 국민의 선거권을 보장하기 위한 절차를 마련할 최대한의 기간을 고려한 것이고, 이 결정의 취지는 가능한 한 위헌상태를 개선할 입법이 빨리 이루어져야 한다는 것이며, 이 결정이 제17대 대통령 선거나 제18대 국회의원 선거 전에 헌법불합치 상태가 제거되는 개선입법이 이루어지는 것을 부정적으로 보는 것이라 할 수 없다.[1] ☜ **이러한 헌법재판소 결정에 따라 2009년 2월**

환경의 외국에 생활의 기반을 잡고 그 곳에 영주할 의사와 권리를 가지고 있는 자의 경우에는 그렇지 아니한 재외국민이나 국외거주자들과는 대한민국의 선거나 정치에의 참여에 대하여 가지는 태도의 진지성, 밀접성이 현저히 다른 경우가 많을 수밖에 없어 추상적이고 이념적인 통일체로서의 국민을 넘어 현실적이고 구체적인 국가구성원으로서의 대의기관을 구성할 권리가 필연적으로 인정된다고 보기 어려운 점이 있으므로, 국외영주권자들에 대한 선거권제한은 언제나 보통선거의 원칙에 반하여 헌법적으로 허용될 수 없는 것은 아니며, 이는 국민투표권의 경우에도 마찬가지이다. ※ **별개의견(재판관 曺大鉉)**: 이 사건 법률조항들의 위헌성은 선거권의 행사절차에 관하여 규정하면서 주민등록자만 규정하고 국내거소신고나 재외공관에 재외국민등록을 한 재외국민을 포함시켜 규정하지 아니한 점에 있다. 이 사건 법률조항들이 주민등록자를 규정하고 있는 부분은 정당하고 헌법에 합치되며, 일정한 재외국민을 포함시키지 아니한 부진정 입법부작위가 헌법에 위반될 뿐이다. 따라서 주문형식도 거기에 맞춰서 나와야 한다.

1) <별지> 심판대상조항 및 관련규정 공직선거법(2005. 8. 4. 법률 제7681호로 개정된 것) 제15조(선거권) ① 19세 이상의 국민은 대통령 및 국회의원의 선거권이 있다. ② 다음 각 호의 어느 하나에 해당하는 자는 그 구역에서 선거하는 지방자치단체의 의회의원 및 장의 선거권이 있다.

1. 19세 이상의 국민으로서 제37조(명부작성) 제1항의 선거인명부작성기준일 현재 당해 지방자치단체의 관할 구역 안에 주민등록이 되어 있는 자
2. 「출입국관리법」 제10조(체류자격)의 규정에 따른 영주의 체류자격 취득일 후 3년이 경과한 19세 이상의 외국인으로서 제37조 제1항의 선거인명부작성기준일 현재 「출입국관리법」 제34조(외국인등록표등의 작성 및 관리)의 규정에 따라 당해 지방자치단체의 외국인등록대장에 등재된 자 제16조 (피선거권)

① 선거일 현재 5년 이상 국내에 거주하고 있는 40세 이상의 국민은 대통령의 피선거권이 있다. 이 경우 공무로 외국에 파견된 기간과 국내에 주소를 두고 일정기간 외국에 체류한 기간은 국내거주기간으로 본다.

② 25세 이상의 국민은 국회의원의 피선거권이 있다.

③ 선거일 현재 계속하여 60일 이상(공무로 외국에 파견되어 선거일전 60일 후에 귀국

12일 공직선거법 제37조 제1항을 개정하였다(법조문 위 참조).

2.3. 공무담임권(피선거권)

헌법 제25조는「모든 국민은 법률이 정하는 바에 의하여 공무담임권을 가진다」라고 하여 국민에게 공무담임권을 보장하고 있다. 공무담임이라 함은 입법부·행정부·사법부 및 지방자치단체 등 국가 공공단체의 구성원(대통령·국회의원·지방의회의원·지방자치단체장 등)으로서 그 직무를 담당하는 것을 말한다(공직에 취임하여 국가의 사무를 직접 담당할 수 있는 권리).[1] 따라서 공무담임권은 선거에 의해서 국가기관의 구성원이 될 수 있는 피선거권보다 더 넓게 해석하여야 할 것이다. 왜냐하면 공직취임권도 이 중에 포함되기 때문이다. 공무담임권의 보호영역에는 공직취임의 자의적 배제 뿐 아니라 공무원신분의 부당한 박탈도 포함된다.[2][3]

헌재결 2003. 10. 30, 2002헌마684 **【국가공무원법 제33조 제1항 제5호 등 위헌확인, 국가공무원법 제69조 위헌확인】**

국가공무원법 제69조 중 제33조 제1항 제5호 부분은 공무원이 금고 이상의 형의 선고유예를 받은 경우에는 공무원직에서 당연히 퇴직하는 것으로 규정하고 있다. 그런데 같은 금고 이상의 형의 선고유예를 받은 경우라고 하여도 범죄의 종류, 내용이 지극히 다양한 것이므로 그에 따라 국민의 공직에 대한 신뢰 등에 미치는 영향도 큰 차이가 있는 것이다. 따라서 입법자로서는 국민의 공직에 대한 신뢰보호를 위하여 해당 공무원이 반드시 퇴직하여야 할 범죄의 유형, 내용 등으로 그 당연퇴직의 사유 및 범위를 가급적 한정하여 규정하였어야 할 것이다. 그런데 위 규정은 금고 이상의 선고유예의 판결을 받은 모든 범죄를 포괄하여 규정하고 있을 뿐 아니라, 심지어 오늘날 누구에게나 위험이 상존하는 교통사고 관련 범죄 등 과실범의 경우마저 당연퇴직의 사유에서 제외하지 않고 있으므로 최소침해성의 원칙에 반한다

헌법상 보장된 선거권으로는 국회의원선거권(제41조), 대통령선거권(제67조), 지방의

한 자는 선거인명부작성기준일부터 계속하여 선거일까지) 당해 지방자치단체의 관할구역안에 주민등록이 되어 있는 주민으로서 25세 이상의 국민은 그 지방의회의원 및 지방자치단체의 장의 피선거권이 있다. 이 경우 60일의 기간은 그 지방자치단체의 설치·폐지·분할·합병 또는 구역변경[제28조(임기중 지방의회의 의원정수의 조정 등)의 규정에 의한 경우를 포함한다]에 의하여 중단되지 아니한다.

1) 권영성, 헌법학원론, 599면; 이준일, 헌법학강의, 단락번호 [4.8.28].
2) 헌재결 2003. 10. 30, 2002헌마684 등; 헌재결 2000 12. 14, 89헌마112; 헌재결 1997. 3. 27, 96헌바86 【국가공무원법 제74조 제1항 제1호 등 위헌소원】
3) 이준일, 헌법학강의, 단락번호 [4.8.28].

회의원선거권(제118조 제2항)이다. 따라서 지방자치단체의 장 선거가 헌법상의 기본권인가, 아니면 법률상의 권리인가가 문제된다. 선거권의 내용은 법률로써 정하도록 되어 있는데 이는 법률상의 권리로 보는 것이 타당하다.[1] 아래의 헌법재판소 1994년 판례(보충의견)는 지방자치단체의 장 선거는 법률상의 권리이라고 보면서 지방자치단체의 장을 선거제로 할 것인가, 임명제로 할것인가는 전적으로 입법재량에 맡겨 진다고 하였다.[2]

헌재결 1994. 8. 31, 92헌마174 【지방자치단체의 장 선거일 불공고 위헌확인 등】

헌법은 국회의원과 대통령을 국민의 직접선거에 의하여 선출한다고 명시하였으므로(헌법 제41조 제1항 및 제67조 제1항), 국민의 국회의원 및 대통령 선거권이 헌법상 보장된 기본권인 사실은 의문의 여지가 없다. 또한 헌법 제118조 제2항에 의하면 "지방의회의 조직·권한·의원선거와 지방자치단체의 장의 선임방법 기타 지방자치단체의 조직과 운영에 관한 사항은 법률로 정한다"라고 규정하고 있다. 그 중 지방의회의원의 경우에는 헌법이 비록 선거의 방법을 명시하지는 아니하였으나, "의원선거"에 관한 사항을 법률로 정한다고 규정하였으므로, 그 선거권도 헌법상 보장된 기본권 즉 헌법 제24조에서 말하는 선거권의 범위에 속한다고 할 수 있다. 문제는 단체장의 경우인데, 헌법은 단체장의 "선임방법"에 관한 사항은 법률로 정한다고 하여, 지방의회의원의 경우와는 달리 규정하고 있다. 그러므로 단체장을 선거할 것인가 임명할 것인가, 선거나 임명하는 경우에는 어떻게 선출 또는 임명할 것인가 하는 문제는 전적으로 법률에 의하여 결정된다. 따라서 단체장의 선임방법을 정부 또는 상급 단체장에 의한 임명제로 하든, 지방의회에 의한 간접선거제로 하든, 주민들에 의한 직접선거제로 하든, 그것은 입법자의 고유권한에 속하는 것으로 보여진다. 그리하여 만약 법률이 단체장의 선임방법을 임명제 또는 간접선거제로 정하였다고 하여, 그것이 곧 기본권을 침해하는 위헌적 법률이라고 단정하기는 어렵다. 그것은 그와 같은 임명제 또는 간접선거제도 헌법 제118조 제2항이 예정하고 있는 것이라고 보여지기 때문이다. 실제로 일찍부터 선거에 의한 지방자치제를 효과적으로 운영하고 있는 선진 자유민주주의국가에서도 단체장을 지방의회에서 선출하는 간접선거제(의회제)로 하는 나라들도 있고, 주민이 직접 선출하는 직접선거제(수장제)로 하는 나라들도 있다. 그러나 그 장단점을 일률적으로 확정 지울 수 없고, 그것은 나라마다 다른 지방자치제의 연혁, 국민의 정치의식, 입법자의 정치적 결단, 기타 사정에 따라 정하여지기 마련이다. 우리 헌법의 해석에서도 법문의 문언뿐만 아니라 이러한 비교법제는 가치 있는 참작사유가 될 것이다. 그런데 우리 나라의 경우에는 다음 몇 가지 점에 비추어 단체장의 직접선거권을 헌법상 보장된 기본권의 범위에 속한다고 보기는 어렵다.[3]

---

1) 양건, 헌법강의, 572면.

2) 지방자치단체장의 선거는 헌법이 선거라고 규정하고 있지 않고 선임방법(제118조 제2항)이라고 규정하고 있으므로 헌법상의 권리는 아니고 법률상의 권한으로 해석될 여지는 있으나, 자치단체장의 선임방법은 반드시 선거에 의해야 한다. 우리 헌법이 지향하는 지방자치제는 주민자치제를 본질로하는 민주적인 지방자치제 이므로 임명제는 용납되지 아니한다(권영성, 헌법학원론, 법문사, 2009, 592면 각주 2) 참조).

공무담임권은 권리이며, 의무는 아니다. 따라서 병역의무를 제외하고는 공무를 담임할 의무는 존재하지 않는다.[1] 헌법 제25조가 공무담임권을 보장하고 있지만 모든 국민이 이 규정에 의하여 직접 공무를 담당할 수 있는 것은 아니다. 법률이 정하는 바에 따라 선거에서 당선되거나, 임명에 필요한 자격을 구비하거나, 선발시험 등에 합격하여야 한다.[2]

공직도 일종의 직업이고, 그러한 공직의 담당자인 공무원은 공직이라는 직업을 가진 공무원으로 볼 수도 있기 때문에 공무담임권은 직업의 자유에 대한 특별법으로서의 성격을 지닌다.[3]

헌재결 1995. 3. 23, 95헌마53【공직선거및선거부정방지법 제53조 제1항 위헌확인】

공무원으로서 공직선거의 후보자가 되고자 하는 자는 선거일 전 90일까지 그 직을 그만 두도록 하고 있다(공선법 제53조 제1항 본문 및 제1호). 이는 선거의 공정성과 공직의 직무전념성을 보장함과 아울러 이른바 포말후보의 난립을 방지하기 위한 것으로서 그 필요성과 합리성이 인정되며, 그것이 공무담임의 본질적 내용을 침해하였다거나 과잉금지의 원칙에 위배된다고 볼 수 없다.[4]

공무담임권(피선거권 포함)에 관해서는 일정한 연령에 도달 할 것 · 거주기간 등을 요건으로 하고 있고 여러 가지 결격사유를 규정하고 있다(공선법 제19조). 그러나 성별 · 신앙 · 사회적 신분 · 교육 · 재산 · 경제적 여건 등을 이유로 차별할 수는 없다.

헌재결 2006. 5. 25, 2005헌마11, 2006헌마314(병합)【국가공무원법 제36조 등 위헌확인】

공무원임용시험령 제16조 별표4 중 9급 공개경쟁채용시험의 응시연령을 '28세까지'로 한 부분(이하 '이 사건 조항'이라 한다)이 응시자의 공무담임권을 침해하는지 여부(소극)

공무원 시험에서 응시연령의 제한은 국민들의 공무담임권을 제한하는 것이고, 공무담임권의 행사를 연령에 따라 차별하는 것이므로, 헌법적 한계 내에서 이루어져야 한다. 그런데 입법자는 공무원시험의 연령제한에 있어서 인력수급 상황 등의 사정을 종합적으로 고려하여 결정할 수밖에 없을 것이고, 그러한 입법재량은 합리적인 범위의 것인 한 존중되

3) 헌재결 1994. 8. 31, 92헌마174(재판관 조규광, 재판관 김진우의 보충의견). 그러나 변정수등 2인은 헌법상의 기본권으로 본다.

1) 권영성, 헌법학원론, 600면.
2) 권영성, 헌법학원론, 599면.
3) 장영수, 헌법학, 730면.
4) 장영수, 헌법학, 730면; 동지의 판례: 헌재결 1998. 4. 30, 97헌마100; 헌재결 2007. 5. 31, 2003헌마422【국가공무원법 제8조 제2항 등 위헌확인】

어야 한다. 이 사건 조항에 의한 9급 공개경쟁채용시험의 응시연령 상한은 통상 고등학교 졸업 후 10년, 대학 졸업 후 5-6년에 해당되며, 군필자의 경우 그 상한은 복무기간을 고려하여 더 연장된다. 따라서 이 사건 조항은 고등학교 졸업 후 10년간, 대학을 졸업한 경우는 5-6년간 응시기회가 주어질 수 있는 것을 전제하고 있고, 한편 9급 시험 중에서도 특별채용의 경우에는 응시연령 상한이 40세까지 연장된다. 이러한 점을 종합하면 이 사건 조항이 응시연령 상한을 그와 같이 규정한 것이 비합리적이거나 불공정한 것이라 할 수 없고, 입법자의 재량범위를 벗어난 것이라 단정할 수 없다.

V. 참정권의 제한 및 제한의 한계

1. 일반적 법률유보에 의한 제한

참정권은 헌법 제37조 제2항(국가안전보장 · 질서유지 또는 공공복리)에 따라 제한될 수 있다. 그러나 참정권을 제한하는 경우에도 그 본질적 내용은 제한할 수 없고 과잉금지의 원칙이 존중되어야 한다.

헌재결 1997. 12. 24, 97헌마16 【공직선거및선거부정방지법 제18조 제3항 위헌확인】

선거권과 피선거권은 민주정치에 있어서 주권자인 국민이 국정에 참여하는 필수적인 수단으로서 가장 중요한 기본권에 해당하므로 그 제한은 불가피한 최소한에 그쳐야 하며, 제한여부나 제한기간 등은 선거범죄의 죄질과 가벌성의 정도에 부합되어야 한다. 따라서 입법자로서는 법원이 선거범죄에 대한 부분을 구분 명시하여 선고토록 하거나 선거범죄만을 분리하여 심리 선고토록 하는 등 기본권 침해를 최소화할 방안을 강구하여야 한다.

정당법 제22조는 일정한 범위의 국민(국가 · 지방공무원법상의 공무원 · 총장 · 학장 · 교수 · 부교수 · 전임강사를 제외한 사립학교 교원 · 법령의 규정에 의하여 공무원의 신분을 가진자)에 대하여 정당활동을 금지하고 있고(발기인 및 당원의 자격), 동법 제40조는 정당이 헌법재판소의 결정으로 해산된 때에는 해산된 정당의 강령(도는 기본정책)과 동일하거나 유사한 것으로 정당을 창당하지 못한다(대체정당의 금지).

2. 소급입법에 의한 참정권제한의 금지

헌법 제13조 제2항은 「모든 국민은 소급입법에 의하여 참정권의 제한을 받지 아니한다」라고 하고 있다. 소급입법에 의한 참정권제한의 금지는 현대 헌법국가의 보편적인 원칙이다. 소급입법금지의 원칙은 모든 기본권에 적용되는 것이지만, 특별히 참정권을 헌법에 명시적으로 규정한 이유는 이 원칙을 다시한번 강조하며 재확인하여 둔다는 의미이다.[1)]
그러나 과거 반민족행위자처벌법(제헌국회) · 반민주행위자공민권제한법(1960년 4 · 19 의거 당시) · 정치활동정화법(1961년 5 · 16 군사쿠테타 당시) · 정치풍토쇄신을위한특별조치법(1980년 11월) 등으로 인하여 일부 국민의 참정권이 소급입법에 의하여 제한된 전례가 있으므로, 그 반복과 악순환을 방지하기 위하여 이 조항을 둔 것이다.[1]

「소급입법의 예」
- 반민족행위자처벌법(제헌국회)
- 반민주행위자공민권제한법(1960. 4 · 19 당시)
- 정치활동정화법(1961. 5 · 16 당시)
- 정치풍토쇄신을위한특별조치법(1980. 11)

3. 대통령의 긴급명령권 발동에 의한 간접적인 선거권제한

또한 대통령의 긴급명령(헌법 제76조)으로 참정권 그 자체를 제한하는 것은 불가능하지만, 대통령 긴급명령에 따라 선거의 실시가 연기될 경우에는 선거권과 피선거권의 행사가 일정기간 지연된다는 의미에서 간접적으로는 제한을 받게 되는 경우가 있다.[2]

4. 법률에 의한 제한

법률에 의한 제한에는 연령에 의한 제한(선거권의 연령을 19세로 하거나, 국회의원 피선거권의 연령을 25세, 대통령피선거권을 40세로 규정한것)[3]과 선거범으로서 형벌을 받은 자[4]에 대하여 일정한 기간 선거권 및 피선거권을 제한할 수 있다. 다만 선거사범의 경우를 제외하더라도, 형벌을 받은자의 경우, 형사책임과 주권자로서의 권리는 별개의 것이므로 선거권을 인정하는 것이 바람직하다는 것이 다수설이다.[5]

공직선거법 제15조는 만19세에 달하지 못한 국민은 선거권이 제한되고, 공직선거법 제18조는 선거권 없는자와 피선거권이 없는자에 대하여 참정권을 제한하고 있다.

공직선거법 제18조 (선거권이 없는 자) ① 선거일 현재 다음 각 호의 어느 하나에 해당하는 자는 선거권이 없다. <개정 2004.3.12, 2005.8.4>
1. 금치산선고를 받은 자

---

1) 이준일, 헌법학강의, 단락번호 [4.8.17].
1) 권영성, 헌법학원론, 601면.
2) 권영성, 헌법학원론, 601면.
3) 헌재결 2005. 4. 28, 2004헌마219【공직선거및선거부정방지법 제16조제2항 위헌확인】
4) 헌재결 1993. 7. 29, 93헌마23; 헌재결 1997. 12, 24, 97헌마16【공직선거및선거부정방지법 제18조 제3항 위헌확인】
5) 김철수; 권영성, 허영; 계희열; 홍성방, 헌법학, 637면.

2. 금고 이상의 형의 선고를 받고 그 집행이 종료되지 아니하거나 그 집행을 받지 아니하기로 확정되지 아니한 자

3. 선거범, 「정치자금법」 제45조(정치자금부정수수죄) 및 제49조(선거비용관련 위반행위에 관한 벌칙)에 규정된 죄를 범한 자 또는 대통령 · 국회의원 · 지방의회의원 · 지방자치단체의 장으로서 그 재임중의 직무와 관련하여 「형법」(「특정범죄가중처벌 등에 관한 법률」 제2조에 의하여 가중처벌되는 경우를 포함한다) 제129조(수뢰, 사전수뢰) 내지 제132조(알선수뢰) · 「특정범죄가중처벌 등에 관한 법률」 제3조(알선수재)에 규정된 죄를 범한 자로서, 100만원이상의 벌금형의 선고를 받고 그 형이 확정된 후 5년 또는 형의 집행유예의 선고를 받고 그 형이 확정된 후 10년을 경과하지 아니하거나 징역형의 선고를 받고 그 집행을 받지 아니하기로 확정된 후 또는 그 형의 집행이 종료되거나 면제된 후 10년을 경과하지 아니한 자(형이 실효된 자도 포함한다)

4. 법원의 판결 또는 다른 법률에 의하여 선거권이 정지 또는 상실된 자

② 제1항 제3호에서 "선거범"이라 함은 제16장 벌칙에 규정된 죄와 「국민투표법」 위반의 죄를 범한 자를 말한다. <개정 2005.8.4>

③ 제1항 제3호에 규정된 죄와 다른 죄의 경합범에 대하여는 「형법」 제38조(경합범과 처벌예)의 규정에 불구하고 이를 분리 심리하여 따로 선고하여야 한다. <개정 1997.11.14, 2004.3.12, 2005.8.4>

공직선거법 제19조 (피선거권이 없는 자) 선거일 현재 다음 각호의 1에 해당하는 자는 피선거권이 없다.

1. 제18조(선거권이 없는 자)제1항 제1호 · 제3호 또는 제4호에 해당하는 자
2. 금고 이상의 형의 선고를 받고 그 형이 실효되지 아니한 자
3. 법원의 판결 또는 다른 법률에 의하여 피선거권이 정지되거나 상실된 자

제 5 절 청구권적 기본권

제 1 항 청구권적 기본권의 의의와 성격

I. 의의

청구권적 기본권(이하 청구권)이란 국가에 대하여 일정한 행위나 보호를 구할 수 있는 국민의 주관적 공권을 의미한다. 이는 옐리네크(G. Jellinek)의 수익권 중에서 생존권을 제외한 기본권만을 말하는 것이다. 기본권은 그 자체가 권리의 목적이지만 청구권적 기본권은 권리 그 자체가 목적이 아니라, 다른 권리나 이익을 확보하는 것이 목적이다. 따라서 청구권적 기본권은 기본권 보장을 위한 기본권, 또는 권리보호청구권이라 불리운다(소위 절차적 기본권).[1)]

[절차적 기본권; 기본권보장을 위한 기본권]

절차적 기본권을 종래에는 청구권적 기본권이라 부르는 예가 많았으나, 청구권적 기본권은 과거 자유권과의 대비 속에서는 그 의미를 지닐 수 있었지만, 급부청구권으로서의 사회권이 보편화된 오늘날에는 국가의 적극적 행위를 청구하는 다른 기본권(특히 사회권)과의 구별이 나타나지 않을 뿐만 아니라.[2)][3)] 그 권리의 성질을 표현하는 용어로는 부적절하며 청원권, 재판청구권 등의 기본권 구제를 위한 기본권은 기본권 구제의 절차를 기본권으로 보장하는 것이라는 점에서 절차적 기본권으로 부르는 것이 타당하다는 견해가 있다.[4)]

이밖에 기본권보장을 위한 기본권이라는 명칭을 사용하기도 한다.[5)]

---

1) 권영성, 헌법학원론, 602면.

2) 양건, 헌법강의, 593면.

3) 국가의 적극적 행위를 요구하는 급부권적 기본권을 청구권적 기본권이라고 부르는 경우에, 사실적 급부를 요구하는 사회적 기본권도 청구권적 기본권에 포함시켜야 하기 때문에 규범적 급부만을 요구하는 권리만을 청구권적 기본권으로 부르는 것은 타당하지 않다(이준일, 헌법학강의, 단락번호 [4.9.4]).

4) 양건, 헌법강의, 593면; 장영수, 헌법학, 867면; 이준일, 헌법학강의, 단락번호 [4.9.4].

5) 홍성방, 헌법학, 643면.

II. 법적 성격

1. 자유권과의 구별

청구권은 '국가로부터의 자유'를 의미하는 자유권과는 달리 (ㄱ) '국가에 대한 청구'를 그 내용으로 하는 주관적 공권이며, 원칙적으로 국가내적인 권리이다. (ㄴ) 자유권이 개인의 자유영역에 대한 국가권력의 간섭이나 침해를 배제하는 방어적 권리로서 소극적 권리인 반면, 청구권은 자기의 권리나 이익을 확보하기 위하여 일정한 국가행위를 요구할 수 있는 적극적 권리이다. (ㄷ) 청구권적 기본권은 그 행사절차에 대하여 구체적 입법이 있을 경우에 비로소 구체화될 수 있는 불완전한 구체적 권리이다.[1)]

자유권 → 개인의 자유영역에 대한 국가권력의 간섭이나 침해를 배제(방어적 권리 · 소극적 권리)
청구권 → 자기의 권리나 이익을 확보하기 위하여 일정한 국가행위를 요구(적극적 권리)

2. 사회적 기본권(생존권 · 생활권적 기본권)과의 구별

청구권은 자유권과 더불어 기본권역사에서 가장 오래된 기본권 중의 하나이나, 생존권은 20세기 헌법에서 볼 수 있는 새로운 유형의 기본권이다. 청구권은 헌법의 규정만으로 구체적 · 현실적 권리가 발생하는 것으로서, 법률의 규정이 있어야 비로소 효력이 발생하는 사회적 기본권(생존권)과 구별된다. 헌법이 청구권에 대하여 법률유보 조항을 두고 있으나, 이는 생존권과 같은 기본권형성적 법률유보가 아니라, 권리의 형성 자체는 헌법에 의하여 직접 발생하나 그 구체적인 절차나 방법 등을 법률로서 구체화시킨다는 것을 의미한다(기본권구체화적 법률유보).

- **기본권형성적 법률유보** ☜ 추상적 권리 · 법원에 대한 소권부정
- **기본권구체화적 법률유보** ☜ 구체적 권리 · 법원에 대한 소권인정

3. 참정권과의 구별

청구권은 국가에 대하여 일정한 행위나 급부 또는 보호를 요구할 수 있는 적극적인 권리인 반면, 참정권은 국민이 직접 또는 간접으로 국가의 의사형성에 참여하거나 공무를 담임할 수 있는 능동적 권리이다.

---

1) 권영성, 헌법학원론, 602면.

청구권 → 국가에 대하여 일정한 행위나 급부 또는 보호를 요구(적극적 권리)
참정권 → 국민이 직접·간접으로 국가의 의사형성에 참여하거나 공무를 담임(능동적 권리)

4. 자유권·청구권적 기본권·사회적 기본권의 비교

논점		자유권적 기본권	청구권적 기본권	사회적 기본권(생활권)
향유주체	원칙	인간의 권리(외국인, 무국적자)	국민의 권리(국적보유자)	국민의 권리(국적보유자)
	외국인·무국적자	인정(인간의 권리이므로, 단, 재산권, 직업의 자유, 거주이전의 자유는 제한가능)	일부제한(상호주의원칙 : 국가배상청구권, 국가구조청구권)	원칙적으로 부정(환경권, 건강권 등은 인정 ☞ 인간의 권리)
기능		주된 기본권	수단적 기본권(자유권 보장을 위한 기본권)	보완적 기본권(자유권의 실질화)
연혁		근대적 공권	근대적 공권	현대적 공권(1919년 독일 바이마르 헌법이 효시)
법적 성격		배타적·방어적·소극적(Humanism과 합리주의에 근거) 권리: 국가로 부터의 자유	구체적·적극적 권리	협력적·우호적·적극적 권리
법적 효력		· 천부적(전국가성)인 자연법적 권리 · 헌법상 구체적 권리 · 헌법상 국가권력을 직접구속	국가내적 권리: 국가나 공공단체(지방자치단체)를 대상 ☞ 청구권적 기본권은 (예외없이) 국가지향적(Staatsgerichtet)이지, 제3자지향적(Drittgerichtet)이 아님(대국가적 효력).	국가내적 권리
법률유보		기본권 제한적 법률유보	기본권 구체화적 법률유보	기본권형성적 법률유보/기본권구체화적 법률유보
소권		인정	인정	부정설의 입장 소수설(권영성)→ 불완전한 구체적 권리설에 근거하여 인정

III. 내용

청구권에는 청원권(헌법 제26조), 재판청구권(헌법 제27조), 형사보상청구권(헌법 제28조), 국가배상청구권(헌법 제29조), 손실보상청구권(헌법 제20조 제3항), 범죄피해자의구조청구권(헌법 제30조) 등이 있다.

제 2 항 청원권

I. 연혁·헌법규정 및 관련조문

1. 연혁

청원권은 역사적으로 재판제도나 의회제도가 잘 확립되지 못한 시대에는 국민의 권리를 구제하기 위한 기능 이외에 국민의 희망이나 의사를 위정자에게 전달하는 수단으로서의 기능을 수행하였다. 절차적 기본권으로서는 가장 오랜 역사를 가지고 있다.[1] 다만 청원권은 왕의 의사와 관련없는 관리들의 불법행위는 상당한 효과를 가져올 수 있었으나, 이에 대한 직접적인 해결책은 왕이나(그 신하)의 임의에 맡겨져 있었기 때문에 재판청구권이 근대적 기본권으로 뿌리를 내린 후에는 그 의의와 기능은 상대적으로 감소하게 되었다.[2]

청원권은 1689년 영국의 권리장전에서 최초로 국민의 권리로 성문화되었으며 미국의 경우 수정헌법 제1조가 "평화적인 집회의 권리와 불만구제를 위한 정부에의 권리"를 규정하였고, 독일의 경우 1848/49 프랑크푸르트헌법 제159조, Weimar 헌법 등에 규정되었다.

> **권리장전(Bill of Rights)**: 권리장전은 1689년 영국의 왕 윌리엄 3세와 왕비 메리 2세에 왕관을 주면서 제정한 법률이다. 그의 내용은 왕이 국회의 동의없이는 법률의 효력정지, 그 적용의 면제, 상비군의 설치, 조세의 부과등을 할 수 없게 하고, 과도한 보석금과 벌금 및 가혹한 형벌을 금지하고 있다. 대헌장 및 권리청원과 함께 영국헌법상의 3대성서라고 불리우고 있다.

2. 헌법규정 및 관련조문

모든 국민은 법률이 정하는 바에 의하여 국가기관에 문서로 청원할 권리를 가진다(헌법 제26조 제1항). 국가는 청원에 대하여 심사할 의무를 진다(헌법 제26조 제2항). 헌법 제89조 제15호는 정부에 제출·회부된 정부의 정책에 관한 청원의 심사는 국무회의의 심의를 거치도록 하고 있다. 이를 구체화한 청원법은 청원을 수리하여 이를 성실·공정·신속히 심사처리하고 그 결과를 청원인에게 통지할 의무를 규정하고 있다(청원법 제9조)

> **청원법 제9조 (청원의 심사)** ① 청원을 수리한 기관은 성실하고 공정하게 청원을 심사·

1) 장영수, 헌법학, 870면.
2) 장영수, 헌법학, 870면; 홍성방, 헌법학, 648면.

처리하여야 한다.

② 청원을 관장하는 기관이 청원을 접수한 때에는 특별한 사유가 없는 한 90일 이내에 그 처리결과를 청원인에게 통지하여야 한다.

③ 청원을 관장하는 기관은 부득이한 사유로 제2항의 처리기간 내에 청원을 처리하기 곤란하다고 인정하는 경우에는 60일의 범위 내에서 1회에 한하여 그 처리기간을 연장할 수 있다. 이 경우 그 사유와 처리예정기한을 지체 없이 청원인에게 통지하여야 한다.

II. 청원권의 의의

1. 개념

청원권(right to petition)이란 국가기관에 대하여 의견이나 희망을 진술하고 적정한 처리를 요구하는 권리를 의미한다.[1][2]

헌법재판소는 「헌법은 제26조 제1항에서 "모든 국민은 법률이 정하는 바에 의하여 청원할 권리를 가진다."라고 하여 청원권을 보장하고 있는바 청원권은 공권력과의 관계에서 일어나는 여러 가지 이해관계, 의견, 희망 등에 관하여 적법한 청원을 한 모든 국민에게 국가기관이(그 주관관서가) 청원을 수리할 뿐만 아니라 이를 심사하여 청원자에게 그 처리결과를 통지할 것을 요구할 수 있는 권리를 말한다」고 한다.[3]

헌재결 1994. 2. 24, 93헌마213, 214, 215 【종교시설용지공급처분취소등】

헌법상 보장된 청원권은 공권력과의 관계에서 일어나는 여러 가지 이해관계, 의견, 희망 등에 관하여 적법한 청원을 한 모든 국민에게 국가기관이 청원을 수리할 뿐만 아니라 이를 심사하여 청원자에게 그 처리결과를 통지할 것을 요구할 수 있는 권리를 말하나, 청원사항의 처리결과에 심판서나 재결서에 준하여 이유를 명시할 것을 요구하는 것은 청원권의 보호범위에 포함되지 아니하므로, 청원 소관관서는 청원법이 정하는 절차와 범위 내에서 청원사항을 성실·공정·신속히 심사하고 청원인에게 그 청원을 어떻게 처리하였거나 처리하려 하는지를 알 수 있는 정도로 결과통지함으로써 충분하다.

헌재결 2006. 6. 29, 2005헌마604 【국회법제123조제1항등위헌확인】

청원권의 구체적 내용은 입법활동에 의하여 형성되며, 입법형성에는 폭넓은 재량권이

---

1) 양건, 헌법강의, 594면.

2) 헌재결 1994. 2. 24, 93헌마213 등; 헌재결 1999. 11. 25, 97헌마54; 헌재결 2004. 5. 27, 2003헌마851; 헌재결 2006. 6. 29, 2005헌마604 【국회법 제123조 제1항 등 위헌확인 (청구인의 청원권)】

3) 헌재결 1994. 2. 24, 93헌마213 등; 헌재결 1999. 11. 25, 97헌마54; 헌재결 2004. 5. 27, 2003헌마851; 헌재결 2006. 6. 29, 2005헌마604 【국회법 제123조 제1항 등 위헌확인 (청구인의 청원권)】

있으므로 입법자는 청원의 내용과 절차는 물론 청원의 심사·처리를 공정하고 효율적으로 행할 수 있게 하는 합리적인 수단을 선택할 수 있는 바, 의회에 대한 청원에 국회의원의 소개를 얻도록 한 것은 청원 심사의 효율성을 확보하기 위한 적절한 수단이다. 또한 청원은 일반의안과 같이 처리되므로 청원서 제출단계부터 의원의 관여가 필요하고, 의원의 소개가 없는 민원의 경우에는 진정으로 접수하여 처리하고 있으며, 청원의 소개의원은 1인으로 족한 점 등을 감안할 때 이 사건 법률조항이 국회에 청원을 하려는 자의 청원권을 침해한다고 볼 수 없다.

사법제도가 구비되어 있고 언론자유가 확립되어 있는 현대에 있어서 그 의의가 점차 소멸되어가고 있음을 부인할 수 없으나, 법률의 제정과 개폐 등 재판을 통하여 해결하기 어려운 영역 등에서는 청원권의 의미가 상대적으로 크며,[1] 기타 중요한 民意를 반영시킨다는 의미에서 그 중요성이 있다 할 것이다.

청원권은 국민의 권리나 이익이 침해된 경우에만 발생하는 것이 아니라는 점에서 행정쟁송과 구별된다. 그리고 청원은 본인이외의 제3자도 청원이 가능하며,[2] 다만 청원사항의 처리결과에 대하여 심판서나 재결서에 준하여 그 이유를 명시할 것까지 요구할 권리는 인정되지 않는다.[3][4]

<문제>
제3자에 의한 청원이 가능하므로 금전적 대가를 받고 행하는 로비활동은 허용되는가?
이를 제한하는 것은 청원권 및 일반적 행동자유권을 침해하는 것이 아닌가?

---

1) 장영수, 헌법학, 871면.

2) 청원권의 행사는 자신이 직접 하든 아니면 제3자인 중개인이나 대리인을 통해서 하든 청원권으로서 보호된다. 우리 헌법은 문서로 청원을 하도록 한 것 이외에 그 형식을 제한하고 있지 않으며, 청원권의 행사방법이나 그 절차를 구체화하고 있는 청원법도 제3자를 통해 하는 방식의 청원을 금지하고 있지 않다. 따라서 국민이 여러 가지 이해관계 또는 국정에 관해서 자신의 의견이나 희망을 해당 기관에 직접 진술하는 외에 그 본인을 대리하거나 중개하는 제3자를 통해 진술하더라도 이는 청원권으로서 보호될 것이다(헌재결 2005. 11. 24, 2003헌바108).

3) 헌법상 보장된 청원권은 공권력과의 관계에서 일어나는 여러 가지 이해관계, 의견, 희망 등에 관하여 적법한 청원을 한 모든 국민에게 국가기관이 청원을 수리할 뿐만 아니라 이를 심사하여 청원자에게 그 처리결과를 통지할 것을 요구할 수 있는 권리를 말하나, 청원사항의 처리결과에 심판서나 재결서에 준하여 이유를 명시할 것을 요구하는 것은 청원권의 보호범위에 포함되지 아니하므로, 청원 소관관서는 청원법이 정하는 절차와 범위 내에서 청원사항을 성실·공정·신속히 심사하고 청원인에게 그 청원을 어떻게 처리하였거나 처리하려 하는지를 알 수 있는 정도로 결과통지함으로써 충분하다(헌재결 1994. 2. 24, 93헌마213 등).

4) 양건, 헌법강의, 597면.

<해설>

다원화되고 있는 현대 사회에서 국가기관 등의 정책결정 및 집행과정에 로비스트와 같은 중개자나 알선자를 통해 자신의 의견이나 자료를 제출할 수 있도록 허용한다면, 국민은 언제나 이러한 의견 전달 통로를 이용해 국정에 참여할 수 있을 것이므로 국민주권의 상시화가 이루어질 수 있을 것이다. 그러나 금전적 대가를 받는 알선 내지 로비활동을 합법적으로 보장할 것인지 여부는 그 시대 국민의 법 감정이나 사회적 상황에 따라 입법자가 판단할 사항으로, 우리의 역사에서 로비가 공익이 아닌 특정 개인이나 집단의 사익을 추구하는 도구로 이용되었다는 점이나 건전한 정보제공보다는 비합리적인 의사결정을 하게 하여 시민사회의 발전을 저해하는 요소가 되었다는 점을 감안하여 청원권 등의 구체적인 내용 형성에 폭넓은 재량을 가진 입법부가 대가를 받는 로비제도를 인정하고 않고, 공무원의 직무에 속한 사항의 알선에 관하여 금품 등을 수수하는 모든 행위를 형사처벌하고 있다고 하더라도 이것이 청원권이나 일반적 행동자유권을 침해하는 것으로 볼 수 없다.[1)]

2. 기능

국민의 관심사와 이해관계를 처리해 줌으로써 국가기관(특히 국회)의 신임을 유지하는 역할을 한다. 청원형식으로 제기된 행정의 비리 및 부조리를 근거로 국회의 대정부통제 기능을 원활히 수행케 해준다. 엄격한 형식과 절차에 의한 행정적·사법적인 권리구제절차에 의하지 않고서도 권리구제(보호)를 받을 수 있는 수단으로서의 기능을 갖는다.

특히 청원권은 국가기관의 의사형성 참여권으로서의 기능을 가진다는 점에서 참정권과 유사한 기능을 한다. 예컨대 현행 헌법상 헌법개정에 관한 국민발안권은 인정되지 않고 있지만, 헌법개정에 관한 청원권은 행사할 수 있다는 점에서 국민발안권과 유사한 기능을 갖는다.[2)]

- 국가기관(특히 국회)의 신임유지
- 국회가 대정부통제기능
- 권리보호의 원활화·신속화

3. 법적 성격

청원권의 법적 성격에 관하여는 (ㄱ) 국민이 자기의 의견이나 관심사를 국가기관에 대하여 자유로이 진술할 수 있는 권리로 보는 자유권설(한태연),[3)] (ㄴ) 자기의 의견을 진

1) 헌재결 2005. 11. 24, 2003헌바108【특정범죄가중처벌등에관한법률 제3조 위헌소원】

2) 양건, 헌법강의, 595면.

3) 이에 대하여 국가기관에 대하여 자유롭게 희망사항을 전달한다는 점에서 자유권의 성격을 가지나, 청원권은 더 나아가서 적정한 처리를 요구하는 권리라는 점에서 자유권과 다르다는 견해가 있다(양건, 헌법강의, 595면).

술하고 국가가 이를 수리·심사할 것을 청구할 수 있는 권리로 보는 청구권설(다수설)과, (ㄷ) 국민에게 청원의 자유를 보장한 것임과 동시에(자유권), 국가에게 일정한 행위를 요구할 수 있는 것으로(청구권) 보는 이중적 성격설[1]과, (ㄹ) 자유권, 청구권, 참정권(정치적 견해의 input기능) 등의 성격을 모두 갖는 복합적 성격의 기본권이라 보는 복합적 기본권설.[2] 청원권의 법적 성격은 자유권이나 청구권 또는 참정권 등으로 파악하기 어려우며 기본권의 침해를 전제로 그 구제를 위한 수단 자체를 기본권으로 구성하고 있는 절차적 기본권설[3] 등이 있다.

자유권설 → 국민이 자기의 의견이나 관심사를 국가기관에 대하여 자유로이 진술할 수 있는 권리
청구권설(다수설) → 자기의 의견을 진술하고 국가가 이를 수리·심사할 것을 청구할 수 있는 권리
이중적 성격설 → 국민에게 청원의 자유를 보장한 것임과 동시에(자유권), 국가에게 일정한 행위를 요구할 수 있는 것으로(청구권)
복합적 기본권설 → 자유권, 청구권, 참정권(정치적 견해의 input기능) 등의 성격을 모두 갖는 복합적 성격
절차적 기본권설 → 청원권의 법적 성격은 자유권이나 청구권 또는 참정권 등으로 파악하기 어려우며 기본권의 침해를 전제로 그 구제를 위한 수단 자체를 기본권으로 구성하고 있는 절차적 기본권

III. 청원권행사의 주체 및 객체

1. 청원권행사의 주체

헌법은 청원권의 주체는 국민이라 하고 있지만, 청원권의 향유주체는 자연인 뿐 아니라 법인도 포함하며, 초국가적 자연법상의 권리이므로 외국인도 그 주체가 된다.[4] 법인중에는 국내사법인과 국내법에 의하여 법인으로 인정된 외국법인이 포함된다.[5] 공법인의 경우, 원칙적으로는 인정이 안되나, 예외적으로 기본권주체성이 인정될 경우에는 청원권이

1)구병삭; 권영성, 헌법학원론, 604면(권영성 교수는 청원권은 자유권과 청구권의 성격을 아울러 가진 복합적 권리로 본다).
2) 허영, 한국헌법론, 559면.
3) 양건, 헌법강의, 595면; 장영수, 헌법학, 872면.
4) 권영성, 헌법학원론, 604면; 양건, 헌법강의, 594면; 장영수, 헌법학, 873면.
5) 권영성, 헌법학원론, 605면,

인정된다.[1]

다만 사실상 노무에 종사하는 공무원이 아닌 공무원 · 군인 · 수형자(수용자)와 같은 특별권력관계(특수신분관계)에 있는 자에게는 직무에 관련된 청원이나 집단적인 청원은 원칙적으로 인정되지 아니한다(국가공무원법 제66조 제1항 참조).[2] 수형자(수용자)는 집단청원은 안되나, 처우에 대하여 불복이 있을 경우에는 법무부장관 또는 순회점검공무원 또는 지방교정청장에게 청원할 수 있다(형의집행및수용자의처우에관한법률 제117조).

> 형의집행및수용자의처우에관한법률 제117조 (청원) ① 수용자는 그 처우에 관하여 불복하는 경우 법무부장관 · 순회점검공무원 또는 관할 지방교정청장에게 청원할 수 있다.
> ② 제1항에 따라 청원하려는 수용자는 청원서를 작성하여 봉한 후 소장에게 제출하여야 한다. 다만, 순회점검공무원에 대한 청원은 말로도 할 수 있다.
> ③ 소장은 청원서를 개봉하여서는 아니 되며, 이를 지체 없이 법무부장관 · 순회점검공무원 또는 관할 지방교정청장에게 보내거나 순회점검공무원에게 전달하여야 한다.
> ④ 제2항 단서에 따라 순회점검공무원이 청원을 청취하는 경우에는 해당 교정시설의 교도관등이 참여하여서는 아니 된다.
> ⑤ 청원에 관한 결정은 문서로써 하여야 한다.
> ⑥ 소장은 청원에 관한 결정서를 접수하면 청원인에게 지체 없이 전달하여야 한다.

> 헌재결 2001. 11. 29, 99헌마713 【행형법시행령 제62조 등 위헌확인 (수용자규율및징벌에관한규칙 제3조 제21호 및 제35호, 제7조 제3항)】
> 헌법상 청원권이 보장된다 하더라도 청원권의 구체적 내용은 입법활동에 의하여 형성되며 입법형성에는 폭넓은 재량권이 있으므로 입법자는 수용목적 달성을 저해하지 않는 범위 내에서 교도소 수용자에게 청원권을 보장하는 합리적인 수단을 선택할 수 있다고 할 것인바, 서신을 통한 수용자의 청원을 아무런 제한 없이 허용한다면 수용자가 이를 악용하여 검열 없이 외부에 서신을 발송하는 탈법수단으로 이용할 수 있게 되므로 이에 대한 검열은 수용 목적 달성을 위한 불가피한 것으로서 청원권의 본질적 내용을 침해한다고 할 수 없다.

2. 청원권의 객체

청원권의 객체는 국가 및 공공단체 등 모든 국기기관을 포함한다. 다만 사인을 상대로 청원권을 행사할 수는 없다. 현대적 측면에서의 국민적 의사표시에 해당되는 법령이나 제도 등의 신설 · 개선 등의 청원은 그 성격상 사인에게는 행사할 수는 없는 것이기 때문이다.

1) 장영수, 헌법학, 873면; 홍성방, 헌법학, 648면.
2) 권영성, 헌법학원론, 605면.

IV. 청원권의 내용

1. 청원사항

1.1. 청원이 가능한 것

헌법 제26조 제1항은 청원사항을 입법사항으로 하고 있는바, 이를 법률로서 제정할 수 있고, 현재는 청원법 제4조가 규정하고 있다. 입법자는 청원권의 내용은 법률로 정함에 있어서 광범한 재량권을 갖지만,[1] 입법형성에 있어서 과소보호금지의 원칙이 적용된다.[2] 청원법 제4조에는 피해의 구제(제1호), 공무원의 위법·부당한 행위에 대한 시정이나 징계의 요구(제2호), 법률·명령·규칙 등의 제정·개정·폐지(제3호), 공공의 제도 또는 시설의 운영(제4호), 그 밖에 국가기관 등의 권한에 관한 사항(제5호)은 예시적인 것이므로 공공기관의 권한에 속하는 모든 사항이 그 대상이 될 수 있다.

1.2. 청원이 불가능한 것

청원을 수리하지 않는 경우로는 감사·수사·재판·행정심판·조정·중재 등 다른 법령에 의한 조사·불복 또는 구제절차가 진행중인 때(제5조 제1항 제1호), 허위의 사실로 타인으로 하여금 형사처분 또는 징계처분을 받게 하거나 국가기관 등을 중상모략하는 사항인 때(동 제2호), 사인간의 권리관계 또는 개인의 사생활에 관한 사항인 때(동 제3호), 청원인의 성명·주소 등이 불분명하거나 청원내용이 불명확한 때(동 제4호) 및 타인을 모해할 목적으로 허위의 사실을 적시하는 것은 청원할 수 없다(청원법 제11조). 또한 누구든지 동일한 내용의 청원서를 동일한 기관에 2개이상 또는 동일한 내용의 청원을 2개 이상의 기관에 제출할 수 없다(이중청원금지원칙: 청원법 제8조 제1항). 그리고 공무원이 자신의 직무와 관련된 사항을 청원하는 경우, 직무계통을 밟아야 할 것으로 생각된다.[3]

「예외」
- 감사·수사·재판·행정심판·조정·중재 등 다른 법령에 의한 조사·불복 또는 구제절차가 진행 중인 때
- 타인을 모해할 목적으로 허위의 사실을 적시하는 것
- 이중청원금지의 원칙

---

1) 입법자는 청원권의 구체적 입법형성에 있어서 광범위한 재량권을 가지고 있기 때문에 국회가 '민원처리장화' 되는 것을 방지하기 위하여 적절한 수단을 선택할 수 있다(헌재결 2006. 6. 29, 2005헌마604); 1999. 11. 25, 97헌마54【지방자치법 제65조 위헌확인】

2) 양건, 헌법강의, 595면.

3) 허영, 한국헌법론, 561면.

- 동일한 내용의 청원을 동일한 기관에 2개 이상
- 동일한 내용의 청원을 2개 이상의 기관에 청원금지

※ 종전의 국가원수를 모독하는 것은 청원할 수 없다는 규정은 2005. 8. 4. 전면개정에서 삭제됨

청원법 제5조 (청원의 불수리) ① 청원이 다음 각 호의 어느 하나에 해당하는 때에는 이를 수리하지 아니한다.

1. 감사 · 수사 · 재판 · 행정심판 · 조정 · 중재 등 다른 법령에 의한 조사 · 불복 또는 구제절차가 진행중인 때
2. 허위의 사실로 타인으로 하여금 형사처분 또는 징계처분을 받게 하거나 국가기관 등을 중상모략하는 사항인 때
3. 사인간의 권리관계 또는 개인의 사생활에 관한 사항인 때
4. 청원인의 성명 · 주소 등이 불분명하거나 청원내용이 불명확한 때

② 청원서를 접수한 기관은 제1항 각 호의 어느 하나에 해당하는 사유로 청원을 수리하지 아니하는 때에는 그 사유를 명시하여 청원인에게 통지하여야 한다.

2. 청원할 국가기관

청원할 국가기관은 입법 · 사법 · 행정기관은 물론, 널리 지방자치단체의 기관이나 그 밖의 공공단체를 포함하는 것으로 보는 것이 통설이다.

「청원할 국가기관」
- 입법 · 사법 · 행정기관
- 지방자치단체기관
- 공공단체

청원법 제3조 (청원대상기관) 이 법에 의하여 청원을 제출할 수 있는 기관은 다음 각 호와 같다.

1. 국가기관
2. 지방자치단체와 그 소속기관
3. 법령에 의하여 행정권한을 가지고 있거나 행정권한을 위임 또는 위탁받은 법인 · 단체 또는 그 기관이나 개인

3. 청원의 방법과 절차

3.1. 청원방법

청원의 청원인의 성명(법인의 경우에는 명칭 및 대표자의 성명) · 주소 · 직업 및 주소

또는 거소를 기재하고, 署名職印한 문서(전자정부법에 의한 전자문서를 포함한다)로 하되(청원법 제6조 제1항), 청원의 이유와 취지를 밝히고, 필요하면 참고자료를 첨부할 수 있다(청원법 제6조 제3항). 다수인이 공동하여 청원할 때에는 그 처리 결과의 통지를 받을 3인 이하의 대표자를 선임하여 이를 청원서에 표시하여야 한다(동법 제6조 제2항).

3.2. 청원절차

청원서는 청원사항을 주관하는 관서에 제출하고(동법 제7조 제1항), 어떤 처분이나 처분의 시정을 요구하는 청원서는 처분관서에 제출한다. 청원을 접수한 관서가 청원내용이 그 주관에 속하지 않는다고 인정할 때에는 주관관서에 이송하고 이를 청원인에게 통지하여야 한다(청원법 제7조 제2항).

국회나 지방국회에 대한 청원은 국회의원·지방의회의원의 소개가 있어야 한다(국회법 제123조 제1항, 지방자치법 제73조 제1항).

- 국회에 청원을 할 때 의원의 소개를 얻어 청원서를 제출하도록 한 국회법 제123조 제1항(이하 '이 사건 법률조항'이라 한다)이 국회에 청원을 하려는 자의 청원권을 침해하는가? -

<사례>

○○전자 주식회사의 소액주주로 구성된 ○○전자소액주주운동본부는 위 회사의 주주총회결의의 무효를 구하는 소송(서울지방법원 서부지원 2001가합7339호)을 제기하여 기각되었고, 그 소송에서 보조참가한 위 운동본부 대표자였던 청구인의 항소(서울고등법원 2002나65037호) 및 상고(대법원 2003다29616호)도 기각되었다.

그러자 청구인은 위 대법원의 기각판결에 법률의 적용과 해석상 오류가 있다고 하여 위 판결에 관여한 대법관들을 탄핵하기 위한 청원서를 국회에 제출하려고 하였으나 국회법 제123조 제1항에 의한 국회의원의 소개를 얻지 못하여 청원서를 접수하지 못하게 되자, 위 청원서를 접수하지 아니한 피청구인의 부작위와 위 국회법 조항의 위헌확인을 구하는 이 사건 헌법소원심판을 청구하였다.

청구인은 "이 사건 법률조항은 의원의 소개가 없는 한 국민이 국회에 자신의 이해관계나 국정에 관하여 의견을 희망하는 진술을 할 권리인 청원권 자체를 박탈하는 결과가 되므로 청원권의 본질적인 내용을 침해하고 있다. 청원법은 문서로서 청원을 해야 한다는 조건 이외에 별다른 제한 조건을 부과하지 않았으나 이 사건 법률조항은 국회에 대한 청원은 의원의 소개를 얻도록 규정하여 행정부에 대한 청원과 국회에 대한 청원을 합리적인 이유 없이 차별함으로써 평등원칙에도 위배된다"고 주장하였다.

<해설>

국회에 청원을 할 때 의원의 소개를 얻어 청원서를 제출하도록 한 국회법 제123조 제1

항이 국회에 청원을 하려는 자의 청원권을 침해하는지 여부를 묻는 사건에서 헌법재판소는 합헌결정을 했다.[1)]

이중청원은 금지되나, 이의 위반을 발견한 관서는 후에 접수한 청원서를 취급하지 아니한다. 청원을 수리한 기관은 성실하고 공정하게 청원을 심사·처리하여야 한다(동법 제9조 제1항). 청원을 관장하는 기관이 청원을 접수한 때에는 특별한 사유가 없는 한 90일 이내에 그 처리결과를 청원인에게 통지하여야 한다(동법 제9조 제2항). 청원을 관장하는 기관은 부득이한 사유로 제2항의 처리기간 내에 청원을 처리하기 곤란하다고 인정하는 경우에는 60일의 범위 내에서 1회에 한하여 그 처리기간을 연장할 수 있다. 이 경우 그 사유와 처리예정기한을 지체 없이 청원인에게 통지하여야 한다(동법 제9조 제3항).

V. 청원의 효과

1. 청원의 적극적 효과

헌법은 청원을 수리(준법률행위적 행정행위)하고 심사할 의무를 규정하고 있으나, 청

---

1) 헌재결 2006. 6. 29, 2005헌마604 【국회법 제123조 제1항 등 위헌확인 (청구인의 청원권)】 1. 청원권의 구체적 내용은 입법활동에 의하여 형성되며, 입법형성에는 폭넓은 재량권이 있으므로 입법자는 청원의 내용과 절차는 물론 청원의 심사·처리를 공정하고 효율적으로 행할 수 있게 하는 합리적인 수단을 선택할 수 있는 바, 의회에 대한 청원에 국회의원의 소개를 얻도록 한 것은 청원 심사의 효율성을 확보하기 위한 적절한 수단이다. 또한 청원은 일반의안과 같이 처리되므로 청원서 제출단계부터 의원의 관여가 필요하고, 의원의 소개가 없는 민원의 경우에는 진정으로 접수하여 처리하고 있으며, 청원의 소개의원은 1인으로 족한 점 등을 감안할 때 이 사건 법률조항이 청원권을 침해한다고 볼 수 없다. 2. 행정부 등에 대한 청원은 당해 기관이 단독으로 의사결정을 할 수 있기 때문에 합의제 기관인 국회에 대한 청원과는 달리 취급할 수 있으므로 이러한 차별입법이 자의적이라거나 합리성이 없는 것이라고 볼 수 없다. 재판관 송인준, 재판관 주선회의 반대의견(소수의견) : 입법자가 청원권의 구체적 내용을 형성할 입법재량을 가진다고 하더라도 국민이 자유롭게 국가기관에 접근할 수 있는 최소한의 절차적 요건을 설정하는데 그쳐야 함에도 이 사건 법률조항은 소개 여부를 의원 개인의 판단에 맡겨 놓고, 청원권의 행사에 의원의 동의를 얻도록 하고 있어 청원권을 사실상 박탈하고 본질적인 내용을 침해하고 있다. 접수단계에서 의원의 소개 유무에 의해서가 아니라 민원의 내용을 실질적으로 검토하여 국회의 권한에 속하는 사항은 청원으로 처리해야 하며, 청원의 남발은 예비심사제도 등을 통해 규제할 수 있으므로 의원의 소개를 요하는 것은 행정편의적 목적을 위하여 국민의 청원권을 사실상 형해화한 것으로 헌법에 위반된다.

원법은 처리결과를 청원인에게 통지할 의무까지 규정하고 있다. 다만 표결이나 결정할 의무까지 있느냐에 관하여는 없다고 보는 것이 통설이다.[1] 처리결과를 통지할 경우에 법률에 특별한 규정이 없는 한 처리이유까지 밝혀야 할 필요는 없다고 보는 것이 우리 헌법재판소와 독일에서의 지배적인 견해이다.[2]

헌재결 1994. 2. 24, 93헌마213, 214, 215 【종교시설용지공급처분취소등】

헌법상 보장된 청원권은 공권력과의 관계에서 일어나는 여러 가지 이해관계, 의견, 희망 등에 관하여 적법한 청원을 한 모든 국민에게 국가기관이 청원을 수리할 뿐만 아니라 이를 심사하여 청원자에게 그 처리결과를 통지할 것을 요구할 수 있는 권리를 말하나, 청원사항의 처리결과에 심판서나 재결서에 준하여 이유를 명시할 것을 요구하는 것은 청원권의 보호범위에 포함되지 아니하므로, 청원 소관관서는 청원법이 정하는 절차와 범위 내에서 청원사항을 성실·공정·신속히 심사하고 청원인에게 그 청원을 어떻게 처리하였거나 처리하려 하는지를 알 수 있는 정도로 결과통지함으로써 충분하다.

2. 청원의 소극적 효과

모든 국민은 청원하였다는 이유로 차별대우를 받거나 불이익을 강요당하지 않는다(동법 제12조).

VI. 제한과 한계

청원법에 의하여 청원이 제한되는 것으로는 앞에서 설명한바와 같이 청원법 제5조에 의한 불수리사항과 청원법 제11조에 의한 모해의 금지 등이 있고, 기타 다른 법률에 의하여 청원권을 제한하는 것도 가능하다.[3] 그리고 청원권도 일반적 법률유보(제37조 제2항)에 따라 제한할 수 있으나(청원금지사항, 이중청원금지), 본질적 내용을 침해할 수는 없다. 따라서 청원서의 수리·심사를 무조건 거부하는 입법권의 행사는 청원권의 본질적 내용의 침해금지에 해당되는 위헌이다. 또한 과잉금지의 원칙에 위반할 수 없다.[4]

대통령의 긴급명령(제76조) 또는 비상계엄(제77조 제3항)이 선포된 경우에 제한할 수 있다.[5]

1) 홍성방, 헌법학, 650면.
2) 허영, 한국헌법론, 562면.
3) 장영수, 헌법학, 876면.
4) 허영, 한국헌법론, 562면.
5) 홍성방, 헌법학, 651면.

제 3 항 재판청구권

I. 헌법규정·연혁

1. 헌법규정

헌법 제27조 ① 모든 국민은 헌법과 법률이 정한 법관에 의하여 법률에 의한 재판을 받을 권리를 가진다.

② 군인 또는 군무원이 아닌 국민은 대한민국의 영역안에서는 중대한 군사상 기밀·초병·초소·유독음식물공급·포로·군용물에 관한 죄 중 법률이 정한 경우와 비상계엄이 선포된 경우를 제외하고는 군사법원의 재판을 받지 아니한다.

③ 모든 국민은 신속한 재판을 받을 권리를 가진다. 형사피고인은 상당한 이유가 없는 한 지체없이 공개재판을 받을 권리를 가진다.

④ 형사피고인은 유죄의 판결이 확정될 때까지는 무죄로 추정된다.

⑤ 형사피해자는 법률이 정하는 바에 의하여 당해 사건의 재판절차에서 진술할 수 있다.

2. 연혁

재판청구권은 정치권력으로부터 독립된 법원에 의하여 공정한 재판을 받을 권리를 말하는 것으로 1215년 영국의 대헌장(Magna Carta) 제19조 및 제40조에서 배심재판을 받을 권리를 규정한데서부터 연원하는 것이다.[1] 이후 권리청원(1628)·권리장전(1689) 등에서 정하기 시작하여, 유럽 각국헌법에서 규정되었다. 1789년 8월 프랑스 인권선언 제7조로 규정되었고, 최초로 성문화시킨 헌법은 1791년 9월 프랑스 헌법 제3편 제5장 제4조이며,[2] 1791년 10월 미연방헌법(수정 제6조)은 공정한 배심과 신속한 공개재판을 받을 권리를 규정하였다.[3] 우리 헌법도 제27조에서 재판청구권을 규정하고 있고, 제27조 이외에 제12조(신체의 자유)와 제13조(변호인의 조력을 받을 권리), 법원과 헌법재판소에 관한 조항(제5장, 제6장)이 있다.[4]

1) 홍성방, 헌법학, 652면.

2) 1791년 프랑스 헌법에서는 법관에 의한 재판이 강조되었다(김철수, 헌법학(상), 1274면 각주 1) 참조); 양건, 헌법강의, 599면.

3) 홍성방, 헌법학, 652면.

4) 양건, 헌법강의, 599면; 홍성방, 헌법학, 652면.

II. 의의

재판청구권(Justitzgewährleistungsrechtsanspruch)이라 함은 정치권력으로부터 독립한 법원에서 신분이 보장되고 헌법과 법률이 정한 법관에 의하여 정당한 재판을 받을 권리를 의미한다.[1] 이는 권력자에 의한 자의적인 재판을 배제하고, 사법권의 독립이 보장된 법원에서 신분이 보장된 자격 있는 법관에 의하여 재판을 받을 권리와 적법한 절차에 따르는 공정한 재판을 받을 권리를 의미한다.[2]

헌법은 국민의 자유와 권리의 보장을 선언하고 있지만(기본권의 실체적 보장), 국민의 자유와 권리가 형식적이고 명목상의 권리가 되지 않도록 하기 위하여는 기본권이 침해되었을 때 사후적 구제절차가 완비되어야 한다(기본권의 절차적 보장). 절차적 보장에는 사전적 권리구제 절차인 행정절차적 보장[3]과 사후적 권리구제절차인 사법절차적 보장이 있는바, 재판청구권이 사법절차적 보장의 중추적 역할을 한다.[4] 이와 같이 재판을 받을 권리는 모든 국민에게 기본권침해에 대한 사후적 구제절차를 보장함으로써 기본적 인권을 보장하고 법적 정의를 확보하려는데 그 의의가 있다.

이와 같은 점에서 재판청구권은 국민이 국가에 대하여 가지는 주관적 공권으로서 소송적 기본권이라 할 수 있으며, 모든 국민에게 독립된 법원에의 엑세스(Access)를 보장함으로써 기본적 인권의 보장과 법적 정의를 도모하는 등 다른 기본권을 보장해 주기 위한 기본권(보조적 기본권)으로서 근본규범적 지위를 갖는 기본권에 해당한다.[5] 재판청구권을 통하여 법치국가가 완성(Schlußstein)된다.[6]

---

1) 양건, 헌법강의, 599면; 홍성방, 헌법학, 653면.

2) 김철수, 헌법학(상), 1275면; 장석조, 우리 헌법상 절차적 기본권, 헌법논총 9집, 헌법재판소; 김용진, 항소심을 사후심화하는 세계적 추세에 대한 법리적·법정책적 분석과 개정민사소송절차 및 행정소송절차에서의 운영방향, 법조 53권9호(통권576호)(2004.09) 법조협회; 하명호, 행정상 인신구속와 구속적부심사제도의 도입에 관하여, 헌법논총 16집, 헌법재판소; 한수웅, 헌법 제27조의 재판청구권, 헌법논총 10집, 헌법재판소; 김선택, 사법적 권리구제의 헌법적 보장, 법실천의 제문제 : 동천김인섭변호사화갑기념논문집 동천김인섭변호사화갑기념논문집 간행위원회; 장석조, 공정한 재판을 받을 권리, 재판자료 제76집 법원도서관; 장영철, 헌법재판소 결정의 효력; 헌법판례연구 I 헌법판례연구회.

3) 행정절차적 보장이 기본권의 사후구제 절차라고 보는 견해도 있다(권영성, 헌법학원론, 607면).

4) 재판청구권은 사실관계와 법률관계에 관하여 최소한 한번의 재판을 받을 기회가 제공될 것을 국가에게 요구할 수 있는 절차적 기본권을 뜻한다(헌재결 1997. 12. 24, 96헌마172·173 병합).

5) 구병삭, 신헌법원론, 박영사, 1996, 673면.

6) R. Thoma, Recht-Staat-Wirtschaft, Bd. 3, S. 9; 홍성방, 헌법학, 653면.

- 민사소송법상 소송구조거부규정의 재판청구권 침해여부 -

<사례>

甲은 국가를 상대로 손해배상청구소송을 제기하면서 소송비용을 지출할 자력이 부족하여 소송구조신청(訴訟救助申請)을 하려고 한다. 그런데 민사소송법 제128조 제1항 단서에서 "패소할 것이 분명한 경우"에는 소송구조를 하지 않도록 규정하고 있으므로 甲의 소송구조신청이 기각될 것이 염려된다. 이러한 규정은 국민의 재판청구권을 침해하는 것이 아닌가?

<참고조문>

민사소송법 제128조 제1항에 의하면 "법원은 소송비용을 지출할 자금능력이 부족한 사람의 신청에 따라 또는 직권으로 소송구조(訴訟救助)를 할 수 있다. 다만, 패소할 것이 분명한 경우에는 그러하지 아니하다."라고 규정하고 있다.

<해설>

패소할 것이 분명한 경우 소송구조의 거부를 인정하는 민사소송법 제128조 제1항 단서가 국민의 재판청구권을 침해하는지에 관하여 헌법재판소 판례를 보면, "국가가 소송구조를 하지 않는다고 하여 국민의 재판청구권이 소멸되거나 그 행사에 직접 제한을 받는다거나 하는 일은 있을 수 없으므로 소송구조의 거부 자체가 국민의 재판청구권의 본질을 침해한다고는 할 수 없다. 다만, 소송비용을 지출할 자력이 없는 국민이 적절한 소송구조를 받기만 한다면 훨씬 쉽게 재판을 받아서 권리구제를 받거나 적어도 권리의 유무에 관한 정당한 의혹을 풀어볼 가능성이 있다고 할 경우에는 소송구조의 거부가 재판청구권행사에 대한 '간접적인 제한'이 될 수도 있고, 경우에 따라서는 이것이 재판청구권에 대한 본질적인 침해까지로 확대평가 될 여지도 있다. 그러나 이러한 '간접적인 제한'의 여부가 논의될 수 있는 경우는 어디까지나 재판에 의한 권리구제의 가능성이 어느 정도 있는 경우에 한하는 것이므로 그와 같은 가능성이 전혀 없는 경우, 바꾸어 말하면 패소의 가능성이 명백한 경우는 애당초 여기에 해당하지 아니한다. 이렇게 볼 때에 민사소송법 제118조(현행 민사소송법 제128조) 제1항 단서가 '다만, 패소할 것이 명백한 경우에는 그러하지 아니하다.' 라고 규정하여 소송구조의 불허가요건을 정하고 있는 것은 재판청구권의 본질을 침해하는 것이 아니다."라고 하였다(헌법재판소 2001. 2. 22. 선고 99헌바74 결정).

따라서 패소할 것이 분명한 경우 소송구조의 거부를 인정하는 현행 민사소송법 제128조 제1항 단서가 국민의 재판청구권을 침해하여 위헌법률이라고 할 수는 없다. <대한법률구조공단>

III. 법적 성격

재판청구권은 국민이 가지는 '주관적 공권(subjektive-öffentliches Recht)'으로서 다른 기본권을 보장해 주기 위한 보조적·형식적 기본권의 성격을 가진다. 재판청구권의 법적 성격에 관하여 학설이 대립한다. 청구권설[1]과 청구권과 자유권의 이중적 성격설[2]이 그것이다. 이중성격설은 재판청구권을 적극적 측면과 소극적 측면으로 구분하여 재판이라는 국가적 행위를 청구할 수 있는 청구권적 성격과 헌법과 법률이 정한 법관이 아닌 자에 의한 재판 및 법률에 의하지 아니한 재판을 받지 아니할 자유권적 성격을 가진다는 것이다. 이에 대해 정당한 재판을 받을 권리(재판청구권)는 재판이라는 국가의 적극적 행위를 청구하는 실체적 권리로서의 성격과 인신보호를 위한 사법 절차적 기본권, 즉 실체적 기본권이 침해된 경우에 이를 절차적으로 보장하기 위한 절차적 기본권으로서의 이중적 성격을 지녔다고 보는 견해도 있다.[3]

IV. 주체

재판청구권은 다른 기본권이 침해된 경우에 권리회복을 그 목적으로 하는 것이므로, 기본권의 향유주체는 누구든지 재판청구권의 주체가 된다. 즉 재판청구권의 향유주체는 모든 국민과 외국인이며, 사법인은 물론 공법인에게도 보장되며,[4] 법인격 없는 사단(권리능력 없는 단체 등)이나 재단에게도 인정된다(민사소송법 제48조 참조).[5]

헌재결 2006. 4. 27, 2005헌마1119 **【대학교원기간임용제탈락자구제를 위한특별법 위헌확인】**

제소금지규정은 재임용에서 탈락한 사립대학 교원의 권리구제절차를 형성하면서 분쟁의 당사자이자 재심절차의 피청구인인 학교법인에게는 교원소청심사특별위원회(이하 '특별위원회'라 한다)의 재심결정에 대하여 소송으로 다투지 못하게 함으로써 학교법인의 재판청구권을 침해한다. 또한 학교법인은 그 소속 대학교원과 사법상의 고용계약관계에 있고 재심절차에서 그 결정의 효력을 받는 일방 당사자의 지위에 있음에도 불구하고 이 사건 제소금지규정은 합리적인 이유 없이 학교법인의 제소권만을 부인함으로써 헌법 제11조

1) 김철수, 헌법학(상), 1276면; 권형준, 요해헌법, 204면.

2) 재판이라는 국가적 행위를 청구할 수 있는 적극적 측면과 헌법과 법률이 정한 법관이 아닌 자에 의한 재판 및 법률에 의하지 아니한 재판을 받지 않는 소극적 측면을 가지고 있으므로 청구권과 자유권이라는 양면적 성격을 가진다(권영성, 헌법학원론, 608면).

3) 허영, 한국헌법론, 383면; 양건, 헌법강의, 600면.

4) 우리 헌법재판소는 소위 '정정보도청구권사건'과 관련하여 법인의 재판청구권의 주체성을 인정한바 있다(헌재결 1991. 9. 16, 89헌마165). 동지의 판례 : 헌재결 2006. 4. 27, 2005헌마1119; 홍성방, 헌법학, 654면.

5) 부분적인 권리능력밖에 없는 사법상의 결사에게도 인정된다(권영성, 헌법학원론, 608면); 장영수, 헌법학, 880면.

의 평등원칙에 위배되고, 재임용 거부 조치가 부당하였는지 여부에 관하여 특별위원회의 재심결정이 최종적인 것이 되는 결과 일체의 법률적 쟁송에 대한 재판권능을 법원에 부여한 헌법 제101조 제1항에도 위배될 뿐 아니라, 행정처분인 재심결정의 적법 여부에 관하여 대법원을 최종심으로 하는 법원의 심사를 박탈함으로써 헌법 제107조 제2항에도 아울러 위배된다.

재판청구권은 비록 그 성질상은 청구권적 기본권으로서 국가내적 권리라고 할 수 있지만, 그 주체는 우리나라 국민만이 아니라 외국인까지도 포함한다고 보아야 하는 이유는 우리나라가 체결·비준하여 시행하고 있는 국제인권규약 B규약 제1조에서 외국인에 대하여도 재판청구권을 인정하고 있기 때문이다. 외국인에게 절차적 권리로서의 재판청구권을 인정하지 않으면 결국 실체적 기본권 자체를 인정하지 않는 결과가 되어 무용한 것이 되고 말 것이기 때문이다.[1]

V. 재판청구권의 내용

1. 재판을 받을 권리

1.1. 재판청구권 행사의 일반적 요건

재판이라함은 당사자의 권리·의무에 관한 구체적 분쟁이 발생한 경우에 사건 당사자의 청구에 따라 독립적 지위에 있는 법원이 사실을 확인하여 당사자가 주장하는 권리·의무의 존부를 종국적으로 확인하는 작용을 말하는 것[2][3]으로서, 사실적인 재판의 과정절차를 의미할 뿐만 아니라 그 결과로서의 판단·의사표시를 의미하며, 일정한 법률효과가 발생되는 법률행위적 소송행위(판결·결정·명령)를 말한다.

1) 장영수, 헌법학, 880면.
2) 권영성, 헌법학원론, 609면.
3) 따라서 재판을 청구하기 위해서는 당사자적격, 사건의 성숙성, 소의 이익이 있어야 한다. 그러므로 구체적인 권리·의무에 관한 법률상의 문제가 아닌 추상적 법령해석이나 효력과 같은 일반적·추상적 규범통제는 재판의 대상이 될 수 없다. 또 고도의 정치성을 띤 통치행위와 국회의 자율권, 행정권에서 자유재량으로 인정된 정책적 판단과 같은 것도 원칙적으로 재판청구권의 대상이 될 수 없다(구병삭, 신헌법원론, 677면; 강경근, 헌법학, 809면.).

1.2. 재판을 받을 권리의 유형

1.2.1. 민사재판을 받을 권리

국민은 사인간 생활관계의 분쟁을 해결하기 위하여 법원에 소를 제기할 수 있으며, 법원은 적법한 제소에 대하여는 재판을 거부할 수 없다. 민사재판청구권은 국민의 사법상의 권리보호를 위한 수단으로서, 이는 사권보호청구권이다.

1.2.2. 간접적인 형사재판을 받을 권리

국민은 범죄행위를 수사기관에 고발·고소함으로써 간접적으로 형사재판을 받을 권리를 행사한다. 형사사건에 있어서는 기소독점주의의 원칙상 공소제기가 검사에 의해 행하여지므로 국민은 현행법상 형사재판을 청구하는 권리를 가지지 않는다. 다만 형사피고인은 신속한 공개재판을 받을 권리가 있는바, 이 경우 형사피고인은 일종의 형사재판청구권을 가진다고 할 수 있다(헌법 제27조 제3항). 또한 형사피해자(고소인)의 경우에 있어서도 우리 헌법재판소는 검사의 기소유예처분에 대한 헌법소원을 인정하고, 검사의 '혐의 없음'의 불기소처분이 아닌 '기소유예처분'이 극히 자의적인 검찰권 행사의 경우에 피해자의 '평등권'과 '법관에 의한 재판을 받을 권리'의 침해로 기소유예처분의 취소를 인용하고 있으므로 간접적인 의미의 형사재판청구권을 가진다고 볼 수 있다.[1] 그리고 검사의 불기소처분에 대한 고소·고발인의 재정신청제도[2] 역시 일종의 형사재판청구권을 인정한 것이다. 과거에는 검사의 불기소처분에 대하여는 구제의 길이 없었으며, 다만 불기소처분은 공권력의 불행사이므로 헌법소원을 제기할 수 있다는 것이 헌법재판소의 입장이었다.[3] 그러나 현재는 거의 모든 불기소처분에 대하여 재정신청을 할 수 있으며, 다만 법원의 재정신청결정은 판결이기 때문에 헌법소원을 제기할 수 없다.[4]

1.2.3. 행정재판을 받을 권리

국민은 공권력에 의하여 자기의 권리가 침해된 때에는 행정소송을 제기할 수 있다. 행정사건에 대하여 우리나라는 일반적인 민주국가의 선례에 따라 행정소송사항에 관하여 개괄주의를 채택하는 한편, 국민의 권리보장에 만전을 기하려는 의도 아래에 행정재판을 3심제로 운영하고 있다. 현행 행정소송법은 부작위위법확인소송은 인정하나 의무이행소송은 인정하지 않고 있으며, 판례는 의무이행소송은 권력분립원칙에 위배된다는 이유로 대체로

---

1) 검사의 자의적인 기소유예처분은 형사재판을 받을 권리를 침해한 것이다(헌재결 1992. 6. 26, 92헌마7).

2) 형사소송법 제260조, 제262조, 제263조

3) 헌재결 1990. 12. 26, 90헌마45 【불기소처분에 대한 헌법소원】

4) 김철수, 헌법학(상), 1285면.

부정적인 입장이지만, 국민의 권익구제를 위하여 의무이행소송제도를 도입하는 것이 바람직하다.[1] 그리고 행정심판전치주의와 관련하여 종래의 필요적 전치주의가 1998년 3월 1일부터는 임의적 전치주의로 바뀌었다(단, 무효등확인소송에서는 전치주의가 적용되지 않는다).

> 헌재결 2000. 6. 1, 98헌바8 【산업재해보상보험법 제94조 제2항 등 위헌소원】
> 헌법재판소는 「산업재해보상보호법상의 보험급여결정에 대한 행정소송을 제기하기 위하여 심사청구·재심사청구의 행정심판을 거치도록 한 것(2중의 행정심판전치제도)은 행정심판절차 형성에 관한 입법형성권의 한계를 벗어나 국민의 재판청구권을 침해하는 제도라고 할 수 없다」라고 하였다.

국가배상법 제9조의 '국가배상심의전치주의'의 위헌성에 대해서는 헌법재판소와 대법원은 합헌이라고 한바 있으나,[2] 의무적으로 거쳐야만 하는 심급이행으로서의 가치가 희박하므로 신속한 재판을 받을 권리의 침해로서 위헌성이 강하다는 지적이 있었고,[3] 이에 따라 국회는 배상결정심의전치주의를 임의적인 것으로 개정하였다(2000. 12).

1.2.4. 헌법재판을 받을 권리

국민은 헌법소원이나 위헌법률심사를 청구할 수 있다. 국민은 공권력의 행사·불행사로 기본권이 침해된 경우, 헌법재판소에 헌법소원을 제기할 수 있고, 법률의 위헌여부가 재판의 전제가 된 경우 헌법재판소에 위헌법률심판을 제청해 줄 것을 당해 재판이 계속중인 법원에 신청할 수 있으며, 행정부의 명령·규칙·처분이 헌법에 위반되는지 여부에 관한 판단을 법원에 청구할 수 있다.[4]

---

1) 행정소송법 개정안에는 의무이행소송제도가 도입되어 있다.
2) 헌재결 2000. 2. 24, 99헌바 17 등 병합; 대판 1983. 6. 28, 83다카500 【구상금】
3) 김철수; 강경근, 헌법학, 810면; 권형준, 요해헌법, 268면.
4) 헌재결 1997. 12. 24, 96헌마172·173 병합 【헌법재판소법 제68조 제1항 위헌확인 등】 재판청구권은 사실관계와 법률관계에 관하여 최소한 한번의 재판을 받을 기회가 제공될 것을 국가에게 요구할 수 있는 절차적 기본권을 뜻하므로, 기본권의 침해에 대한 구제절차가 반드시 헌법소원의 형태로 독립된 헌법재판기관에 의하여 이루어질 것만을 요구하지는 않는다. 한편 법원의 재판도 헌법소원심판의 대상으로 하는 것이 국민의 기본권 보호의 실효성 측면에서 바람직한 것은 분명하나, 현재의 법적 상태가 보다 리상적인 것으로 개선되어야 할 여지가 있다는 것이 곧 위헌을 의미하지는 않는다. 법원의 재판을 헌법소원심판의 대상에 포함시켜야 한다는 견해는 기본권 보호의 측면에서는 보다 이상적이지만, 이는 헌법재판소의 위헌결정을 통하여 이루어질 문제라기보다 입법자가 해결해야 할 과제이다.

헌재결 1995. 11. 30, 91헌바2【소득세법 제60조에 대한 헌법소원】

<심판대상>

국세기본법 제56조(다른 법률과의 관계) ② 제55조에 규정하는 위법한 처분에 대한 행정소송은 행정소송법 제18조 제2항, 제3항 및 동법 제20조의 규정에 불구하고 심판청구에 대한 결정의 통지를 받은 날(결정의 통지를 받지 못한 경우에는 제81조 단서의 결정기간이 경과한 날)로부터 60일 내에 제기하여야 한다.

<결정요지>

국세기본법 제56조 2항에 대한 헌법소원사건에서 국세기본법 제56조 제2항 중 괄호내인 "결정의 통지를 받지 못한 경우에는 제81조 단서의 결정기간이 경과한 날" 부분은 재판을 받을 권리의 파생인 불변기간의 명확화의 원칙에 반하는 것으로 헌법에 위반된다.

1.3. 민간인의 군사재판의 거부권

민간인은 원칙적으로 군사재판을 받지 않을 권리가 있다. 다만 대한민국 영역안에서 중대한 군사상 기밀, 초병[1]·초소·유독음식물공급·포로·군용물에 관한 죄 중 법률이 정한 경우(평상시 : 헌법 제27조 제2항)[2]와 비상계엄이 선포된 경우(비상시 : 헌법 제110조 제4항)에만 군사법원의 재판을 받는다.

그리고 이 경우에도 원칙적으로 3심제가 적용된다. 다만 비상계엄이 선포된 경우에 군사에 관한 간첩죄의 경우와 초병·초소·유독음식물공급·포로에 관한 죄 중 법률이 정한 경우에는 단심으로 할 수 있으나 사형선고만은 단심으로 할 수 없다(헌법 제110조 제4항).

한편 계엄법 제12조 제2항은 비상계엄 해제 후에도 대통령이 필요하다고 인정할 때에는 군사법원의 재판권을 1개월 이내에 한하여 연기할 수 있도록 규정하고 있어 위헌성이 문제되나, 대법원은 합목적성이 있다는 이유로 합헌이라고 한 바 있다.[3] 이에 대해 당시 대법원 소수의 반대의견은 법률로써 군사법원의 재판권을 확대하는 것은 헌법 제27조 제2항의 문언에 반하므로 위헌이라는 입장을 제시했으며 이에 동조하는 견해도 있다.[4] 이 견해는 입법론으로 독일과 프랑스처럼 평상시에는 군사법원제도를 폐지함이 타당하다고 한다.[5]

---

1) 대판 2006. 6. 30, 2005도8933 : 군형법 제28조 초병의 수소이탈죄에서 말하는 초병에는 실제로 수소에 배치되어 근무하는 자는 물론이고, 초병근무명령을 받아 경계근무감독자에게 신고하고 근무시간에 임박하여 경계근무의 복장을 갖춘 자도 포함된다.

2) 제9차 개헌 때 '군사시설에 관한 죄'는 삭제됨.

3) 대판 1985. 5. 28, 81도1045 다수의견【계엄포고위반】

4) 김철수, 헌법학(상), 1295면.

5) 김철수, 헌법학(상), 1295면.

「참고」

현행 헌법 제27조 제2항을 제5공화국 헌법과 비교하여 보면 유해음식물공급이 유독음식물공급으로 바뀌었고, 군사시설에 관한 죄가 삭제되었다. 또 헌법 제110조 제4항(비상계엄하의 단심제)과 동조항을 비교하여 보면 표현과 내용이 다름을 주의할 필요가 있다. 즉 군사에 관한 간첩죄(제110조 제4항)와 중대한 군사상 기밀(제27조 제2항)로 되어 있고, 헌법 제110조 4항에는 군용물에 관한 죄가 빠져 있다.

1.4. 대법원의 재판을 받을 권리

1.4.1. 비상계엄하의 단심제

헌법 제110조 제4항에서 비상계엄하의 군사재판은 일정한 경우 단심제로 할 수 있도록 한 것은 대법원에의 상고를 제한하는 것이라는 의미에서 재판청구권에 대한 중대한 제한이 되고 있다.

1.4.2. 상고의 제한문제(상고이유제한 · 상고허가제 · 상고심리불속행제도)

상고이유를 제한하는 것은 대법원의 재판을 받을 권리를 제한하는 것으로 위헌이 아닌가 문제된다. 이에 대해서는 첫째, 현행헌법이 대법원을 최고법원으로 하고 있고 비상계엄하의 단심제 외에는 군사법원의 상고심도 대법원으로 하고 있으므로 재판을 받을 권리에는 대법원의 재판을 받을 권리도 포함된다는 위헌론,[1] 둘째, 상고허용여부에 대한 명문의 규정이 없으며 이는 입법정책의 문제라하여 합헌론[2]을 주장하는 견해가 대립되어 있다. 사실심의 경우 합리적 범위내에서 상고이유를 제한할 수 있다고 하겠으나, 법령해석의

1) 김철수, 헌법학(상), 1290면. 대법원에 상고를 부당하게 제한하는 것은 입법정책의 문제가 아니고, 헌법과 법률에 의한 재판을 받을 권리와 저촉될 수 있는 소지가 크다(허영, 한국헌법론, 386면 참조).

2) 재판을 받을 권리에 상고심에서의 재판 즉 대법원의 재판을 받을 권리가 포함되는가가 문제된다. 현행 헌법에서는 이에관한 명문의 규정은 없으므로, 헌법 제27조의 재판청구권에는 모든 사건에 대하여 대법원의 재판을 받을 권리를 의미한다고는 할 수 없다는 견해가 있다(권영성, 헌법학원론, 609면). 모든 사건에 대하여 상고를 할 수 있느냐 없느냐의 문제는 입법정책의 문제이다(권영성, 헌법학원론, 610면). 판례 또한 같다 : 헌재결 1995. 10. 26, 94헌바28 【소액사건심판법제3조위헌소원】 가. "법률에 의한 재판을 받을 권리"라 함은 법관에 의한 재판을 받되 법에 정한 대로의 재판, 즉 절차법이 정한 절차에 따라 실체법이 정한 내용대로 재판을 받을 권리를 보장하는 취지로서 자의와 전단에 의한 재판을 배제한다는 것이므로 여기에서 곧바로 상고심재판을 받을 권리가 생겨난다고 보기 어렵다. 나. 재판제도 이용의 효율화의 측면에서나, 사익에 관한 분쟁해결방식인 민사소송에 있어서 얻어질 이익과 지출하여야 할 비용 · 노력과의 비례균형 유지의 요청, 신속 · 저렴하게 처리되어야 할 소액사건절차 특유의 요청들을 함께 고려할 때 현행 소액사건 상고제한제도가 결코 합리성이 없다거나 입법자의 위헌적인 차별이라고 할 수 없다.

최종심은 대법원이므로 법률심의 상고이유제한은 인정되지 않는다고 본다(다수설).[1)2)]

대법원에의 상고를 제한하고 있는 현행 법률로는 소액사건심판법 제3조와 1994년 7월 27일에 제정된 상고심절차에관한특례법 제4조 제1항(상고심리불속행제도)등을 들 수 있다.

> **상고심절차에관한특례법 제4조 (심리의 불속행)** ① 대법원은 상고이유에 관한 주장이 다음 각호의 1의 사유를 포함하지 아니한다고 인정되는 때에는 더 나아가 심리를 하지 아니하고 판결로 상고를 기각한다. 1. 원심판결이 헌법에 위반하거나 헌법을 부당하게 해석한 때 2. 원심판결이 명령·규칙 또는 처분의 법률위반 여부에 대하여 부당하게 판단한 때 3. 원심판결이 법률·명령·규칙 또는 처분에 대하여 대법원판례와 상반되게 해석한 때 4. 법률·명령·규칙 또는 처분에 대한 해석에 관하여 대법원판례가 없거나 대법원판례를 변경할 필요가 있는 때 5. 제1호 내지 제4호외에 중대한 법령위반에 관한 사항이 있는 때 6. 민사소송법 제424조 제1항 제1호 내지 제5호의 사유가 있는 때 ② 가압류 및 가처분에 관한 판결에 대하여는 상고이유에 관한 주장이 제1항 제1호 내지 제3호의 사유를 포함하지 아니한다고 인정되는 경우 제1항의 예에 의한다. ③ 상고이유에 관한 주장이 제1항 각호의 사유(가압류 및 가처분에 관한 판결의 경우에는 제1항 제1호 내지 제3호의 사유)를 포함하는 경우에도 다음 각호의 1에 해당하는 때에는 제1항의 예에 의한다. 1. 그 주장 자체로 보아 이유가 없는 때 2. 원심판결과 관계가 없거나 원심판결에 영향을 미치지 아니하는 때.

이들 법률규정(소액사건심판법·상고심절차에관한특례법)에 의한 상고제한에 대해 대법원과 헌법재판소는 입법정책의 문제라면서 합헌으로 보고 있다.[3)] 특히 헌법재판소는 상소심에서 재판을 받을 권리를 헌법상 명문화한 규정이 없고 상소문제가 일반법률에 맡겨진 것이 우리 법제라면 헌법 제27조에서 규정한 재판을 받을 권리에 모든 사건에 대해 상소법원의 구성법관에 의한, 상소심 절차에 의한 재판을 받을 권리까지도 당연히 포함된다고 단정할 수 없을 것이고, 모든 사건에 대해 획일적으로 상소할 수 있게 하느냐 않느냐는 특단의 사정이 없는 한 입법정책의 문제라고 한다.[4)] 우리 나라 민사소송법은 판결에 대하여는 항소와 상고, 결정·명령에 대하여는 항고와 재항고를 인정하는 등 3심제도를 원칙

---

1) 구병삭, 신헌법원론, 683면; 권형준, 요해헌법, 269면; 양건, 헌법강의, 615면; 홍성방, 헌법학, 657면.

2) 개정 민사소송법(1990. 1. 13. 개정)과 개정 소송촉진등에관한특례법(1990. 1. 13. 개정)은 국민의 재판청구권을 확대하기 위하여 동법 개정전의 민사소송·소액사건심판·강제집행에 관한 상고허가제를 1990년 9월 1일 이후부터 폐지한바 있다.

3) 대판 1989. 12. 24, 89카55, 대판 1995. 7. 14, 95카7141; 헌재결 1992. 6. 26, 90헌바25, 헌재결 1997. 10. 30, 97헌바37 등 병합【상고심절차에관한특례법 제4조 위헌소원】

4) 헌재결 1993. 11. 25, 91헌바8【민사소송법 제473조 제3항 등에 대한 헌법소원】

으로 하고 있다.

<사례>

청구인은 한국계 미국 시민권자로서 미국 내에서의 강간 등 혐의로 미국 캘리포니아주 법원에 기소된 후 1999. 2. 배심원평결에서 유죄로 인정되었는데, 판결이 선고되기 전인 1999. 3. 1. 국내로 도피하였고 1999. 6. 21. 미국에서 궐석재판으로 징역 271년형을 선고받았다. 2001. 6. 4. 미국 법무부는 청구인에 대한 범죄인인도를 청구하였다.

그 후 서울고등검찰청 검사가 범죄인인도법 제11조 내지 제13조에 의하여 청구인의 인도허가 여부에 관한 심사를 서울고등법원에 청구하였고(2001토1), 동 법원은 2001. 9. 25. 범죄인인도허가결정을 하였다.

청구인은 이 결정에 대하여 대법원에 재항고를 하고(당해사건), 그 사건 계속 중 범죄인인도법 제3조에 대해 위헌법률심판제청신청을 하였으나(2001초532) 기각되자 헌법재판소법 제68조 제2항에 따른 이 사건 헌법소원심판을 청구하였다.

<문제점>

범죄인인도법 제3조(이하, '이 사건 법률조항'이라 한다)가 법원의 범죄인인도심사를 서울고등법원의 전속관할로 하고 그 심사결정에 대한 불복절차를 인정하지 않은 것이 적법절차원칙에 위배하거나, 재판청구권 등을 침해한 여부

<해설>

심급제도에 대한 입법재량의 범위와 범죄인인도심사의 법적 성격, 그리고 범죄인인도법에서의 심사절차에 관한 규정 등을 종합할 때, 이 사건 법률조항이 범죄인인도심사를 서울고등법원의 단심제로 하고 있다고 해서 적법절차원칙에서 요구되는 합리성과 정당성을 결여한 것이라 볼 수 없다.

헌법 제27조의 재판을 받을 권리는 모든 사건에 대해 상소심 절차에 의한 재판을 받을 권리까지도 당연히 포함된다고 단정할 수 없는 것이며, 상소할 수 있는지, 상소이유를 어떻게 규정하는지는 특단의 사정이 없는 한 입법정책의 문제로 보아야 한다는 것이 헌법재판소의 판례이다.[1)]

헌법 제27조 제1항은 "모든 국민은 헌법과 법률이 정한 법관에 의하여 법률에 의한 재판을 받을 권리를 가진다"라고 규정하고 있는 바, 그 전단 부분인 "헌법과 법률이 정한 법관에 의하여"재판을 받을 권리라 함은 헌법과 법률이 정한 자격과 절차에 의하여 임명되고(헌법 제104조, 법원조직법 제41조 내지 제43조), 물적 독립(헌법 제103조)과 인적 독립(헌법 제106조, 법원조직법 제46조)이 보장된 법관에 의한 재판을 받을 권리를 의미하는 것이라 봄이 상당하고, 반드시 사건의 경중을 가리지 않고 모든 사건에 대하여 대법원 또는 상급법원을 구성하는 법관에 의한 균등한 재판을 받을 권리라고는 보여지지 않는다.

그 후단의 "법률에 의한 재판"을 받을 권리라 함은 법관에 의한 재판은 받되 법대로의

1) 헌재결 2003. 1. 30, 2001헌바95 전원재판부 【범죄인인도법제3조위헌소원】

재판 즉 절차법이 정한 절차에 따라 실체법이 정한 내용대로 재판을 받을 권리를 보장하자는 취지라고 할 것이고 이는 재판에 있어서 법관이 법대로가 아닌 자의와 전단에 의하는 것을 배제한다는 것이지 여기에서 곧바로 상급심 재판을 받을 권리가 발생한다고 보기는 어렵다고 할 것이다. 대저 재판이란 사실확정과 법률의 해석적용을 본질로 함에 비추어 법관에 의하여 사실적 측면과 법률적 측면의 한 차례의 심리검토의 기회는 적어도 보장되어야 할 것이며, 또 그와 같은 기회에 접근하기 어렵도록 제약이나 장벽을 쌓아서는 안된다고 할 것으로, 만일 그러한 보장이 제대로 안되면 재판을 받을 권리의 본질적 침해의 문제가 생길 수 있다고 할 것이다. 그러나 모든 사건에 대해 똑같이 세 차례의 법률적 측면에서의 심사기회의 제공이 곧 헌법상의 재판을 받을 권리의 보장이라고는 할 수 없을 것이다. 국가에 따라서는 국민에게 상소심에서 재판을 받을 권리를 헌법상 명문화한 예도 있다. 그러나 그와 같은 명문규정이 없고 상소문제가 일반 법률에 맡겨진 것이 우리 법제라면 헌법 제27조에서 규정한 재판을 받을 권리에 모든 사건에 대해 상소법원의 구성법관에 의한, 상소심 절차에 의한 재판을 받을 권리까지도 당연히 포함된다고 단정할 수 없을 것이고, 모든 사건에 대해 획일적으로 상소할 수 있게 하느냐 않느냐는 특단의 사정이 없는 한 입법정책의 문제라고 할 것으로 결국 재판을 받을 권리의 침해라는 논지는 받아들일 수 없다.

1.4.3. 개별입법(처분적 법률)으로 상소권을 전면 부인하는 경우의 위헌문제

개별입법(처분적 법률)이 상소권을 전면적으로 박탈하는 것은 위헌이다.[1] 판례 또한 같다. 형사재판에서 피고인이 중죄를 범한 중죄인이라거나 외국에 도피 중이라는 이유만으로 상소의 제기 또는 상소권회복청구를 전면 봉쇄하는 것은 재판청구권의 침해임에 틀림이 없다고 보아야 할 것이다.[2]

헌재결 1993. 7. 29, 90헌바35 【반국가행위자의처벌에관한특별조치법제5조등및헌법재판소법제41조등에대한헌법소원】

법무부장관과 검찰총장은 특조법 제11조 제1항에서 피고인이 체포되거나 임의로 출석한 때에 한하여 상소할 수 있게 한 것은 반국가행위자인 피고인이 외국에 도피하고 있는 상태에서 가족 등을 통하여 상소하는 것을 막겠다는 것으로서 합리적인 제한이고, 상소권의 본질적 박탈이나 불합리한 차별이라고 할 수 없으며, 특조법 제13조에서 상소권회복청구를 제한한 것은 피고인이 도피하고 있는 상태에서는 상소제기기간의 도과가 그의 귀책사유라고 볼 수밖에 없으므로 재판청구권의 침해가 될 수 없다는 의견을 내고 있다. 그러나 피고인이 아무리 중죄를 범한 자이고, 또 외국에 도피하고 있더라도 체포되거나 임의로 출석하지 아니하면 상소를 할 수 없게 제한한 것은, 결국 상소권을 본질적으로 박탈하는 것이어서 적법절차주의에 반할 뿐만 아니라, 재판청구권을 침해하는 것이라고 보지 않을

1) 권영성, 헌법학원론, 610면.

2) 헌재결 1993. 7. 29. 90헌바35 【반국가행위자의처벌에관한특별조치법 제5조 등 및 헌법재판소법 제41조 등에 대한 헌법소원】

수 없다. 또한 상소제기기간의 도과가 상소권자의 책임 없는 사유로 말미암은 것인지 여부와 피고인이 외국에 도피하고 있는 중이라는 것은 직접 관계가 없는 것이므로, 상소권회복청구 자체를 전면 봉쇄한 것 역시 적법절차주의위반인 동시에 재판청구권의 침해라고 보지 않을 수 없다.

1.4.4. 소송비용재판에 대한 독립적 상소금지

헌법재판소는 「이미 확정된 본안재판의 법적 안정성을 유지하고 상호 모순되는 재판을 방지하며 불필요한 상소로 인한 법원의 부담을 경감하고자 하는 민사소송법 제361조의 입법목적은 정당하고, 이를 달성하기 위하여 소송비용의 재판에 대하여 상소할 수 있는 권리를 인정한 경우로 제한하는 방법을 택한 것은 적정하며, 위 법률조항이 본안재판에 대한 불복과 함께 소송비용의 재판에 불복하는 것까지 봉쇄하는 것이 아닌 점 등을 종합하면, 입법자가 위 조항을 제정함에 있어 입법재량을 현저하게 불합리하게 또는 자의적으로 행사하였다고 단정할 수 없으므로 위 조항이 헌법 제27조 제1항에 위반된다고 할 수 없다. 위 법률조항이 소송비용에 대한 독립적인 상소를 제한함으로써 간접적으로 소송비용청구권을 제한한 것은, 위에서 본 입법목적의 정당성과 그 방법의 적정성 등에 비추어 볼 때, 재산권의 본질적인 내용을 침해하는 것이라거나 재산권을 과도하게 침해하는 것으로 보이지 아니하므로 헌법 제23조 제1항에 위반된다고 할 수도 없다」고 판시하고 있다.[1)]

2. '헌법과 법률이 정한 법관에 의한' 재판을 받을 권리

2.1. 의의

헌법과 법률이 정한 법관이란 법관의 자격이 있고(제101조 제3항; 법원조직법 제42조), 정당하게 임명되었으며(제104조; 법원조직법 제41조), 임기 · 정년 · 신분이 보장되고(제105조, 제106조),[2)] 직무상 독립이 보장된(제103조) 법관을 의미한다.[3)] 다시 말하면 헌

---

1) 헌재결 1996. 2. 29. 92헌바8【민사소송법제361조에대한헌법소원】[참조판례] 헌재결 1992. 6. 26, 90헌바25; 헌재결 1993. 11. 25, 91헌바8【민사소송법 제473조 제3항 등에 대한 헌법소원】

2) 대법원장 및 대법관의 임용과 신분보장은 헌법에 정해져 있으며(헌법 제105조), 일반법관의 자격은 법률로 정하여져 있고(헌법 제104조 제3항), 대법원(제104조 제3항)과 각급법원 역시 법률로 정한다(헌법 제102조 제3항).

3) 이준일, 헌법학강의, 단락번호 [4.9.31]; 헌재결 2004. 3. 25, 2001헌바89【구관세법제198조제2항등위헌소원】다양한 범죄행위 유형을 하나의 구성요건으로 포섭하면서 법정형의 하한을 무겁게 책정하여 죄질이 가벼운 행위까지를 모두 엄히 처벌하는 것은 책임주의에 반한다. 이 사건 법률조항은 타소장치 허가를 받고 장치한 물품을 무신고수입한 행위자의 책임이 무겁지 않아 경한 벌금형을 주형으로 선고할 경우에 있어서까지도 필요적으로 당해 물품을 몰수 · 추징하도록 하고 있다. 따라서 행위의 불법성이 크지 않은 경우에도 법관은 주형에 비하여 과도하게 높은 부가형

법과 법률이 정한 자격과 절차에 의하여 임명되고,[1] 물적 독립(헌법 제103조)과 인적 독립(헌법 제106조, 법원조직법 제46조)이 보장된 법관을 말한다.[2)3)] 이와 같은 자격과 신분이 보장되지 않는 자에 의한 재판은 거부할 수 있다.[4]

헌법재판소도 「법관에 의한 재판을 받을 권리를 보장한다고 함은 법관이 사실을 확정하고 법률을 해석·적용하는 재판을 받을 권리를 보장한다는 뜻이고, 그와 같은 법관에 의한 사실확정과 법률의 해석적용의 기회에 접근하기 어렵도록 제약이나 장벽을 쌓아서는 아니되며, 만일 그러한 보장이 제대로 이루어지지 아니한다면 헌법상 보장된 재판을 받을 권리의 본질적 내용을 침해하는 것으로서 우리 헌법상 허용되지 아니한다」고 판시하였다.[5]

헌재결 1995. 9. 28, 92헌가11, 93헌가8 · 9 · 10(병합) 【특허법 제186조 제1항 등 위헌제청】

특허청의 심판절차에 의한 심결이나 보정각하결정은 특허청의 행정공무원에 의한 것으로서 이를 헌법과 법률이 정한 법관에 의한 재판이라고 볼 수 없으므로 특허법 제186조 제1항은 법관에 의한 사실확정 및 법률적용의 기회를 박탈한 것으로서 헌법상 국민에게 보장된 '법관에 의한' 재판을 받을 권리의 본질적 내용을 침해하는 위헌규정이다.

헌재결 2000. 6. 29, 99헌가9 【변호사법 제81조 제4항 등 위헌제청(변호사법 제81조 제5항, 제6항)】

대한변호사협회변호사징계위원회나 법무부변호사징계위원회의 징계에 관한 결정은 비록 그 징계위원 중 일부로 법관이 참여한다고 하더라도 이를 헌법과 법률이 정한 법관에 의한 재판이라고 볼 수 없으므로, 법무부변호사징계위원회의 결정이 법률에 위반된 것을

을 선고하거나, 이를 피하기 위해서 주형마저도 선고를 유예할 수밖에 없다. 그러므로 이 사건 법률조항은 법관의 양형선택과 판단권을 극도로 제한하여 범죄자의 귀책사유에 알맞은 형벌을 선고할 수 없게 하므로, 법관의 양형결정권을 원천적으로 제한하고 있다.

1) 헌법 제101조 제3항, 제104조, 법원조직법 제41조 내지 제43조.
2) 따라서 헌법과 법률이 정한 법관이 아닌 사법연수원생이 합의부재판의 배석법관으로 참가하는 것은 금지된다.
3) 헌재결 1992. 6. 26, 90헌바25 【소액사건심판법 제3조에 대한 헌법소원】
4) 권영성, 헌법학원론, 611면.
5) 헌재결 2002. 2. 28, 2001헌가18 【변호사법제100조제4항등위헌제청】 동지의 판례 : 헌법재판소 1995. 9. 28. 92헌가11, 93헌가8·9·10 전원재판부 【특허법제186조제1항등위헌제청】 특허청의 심판절차에 의한 심결이나 보정각하결정은 특허청의 행정공무원에 의한 것으로서 이를 헌법과 법률이 정한 법관에 의한 재판이라고 볼 수 없으므로 특허법 제186조 제1항은 법관에 의한 사실확정 및 법률적용의 기회를 박탈한 것으로서 헌법상 국민에게 보장된 '법관에 의한' 재판을 받을 권리의 본질적 내용을 침해하는 위헌규정이다.

이유로 하는 경우에 한하여 법률심인 대법원에 즉시 항고할 수 있도록 한 변호사법 제81조 제4항 내지 제6항은, 법관에 의한 사실확정 및 법률적용의 기회를 박탈한 것으로서 헌법상 국민에게 보장된 '법관에 의한' 재판을 받을 권리를 침해하는 위헌규정이다.

변호사법 제81조 제4항 내지 제6항은 행정심판에 불과한 법무부변호사징계위원회의 결정에 대하여 법원의 사실적 측면과 법률적 측면에 대한 심사를 배제하고 대법원으로 하여금 변호사징계사건의 최종심 및 법률심으로서 단지 법률적 측면의 심사만을 할 수 있도록 하고 재판의 전심절차로서만 기능해야 할 법무부변호사징계위원회를 사실확정에 관한 한 사실상 최종심으로 기능하게 하고 있으므로, 일체의 법률적 쟁송에 대한 재판기능을 대법원을 최고법원으로 하는 법원에 속하도록 규정하고 있는 헌법 제101조 제1항 및 재판의 전심절차로서 행정심판을 두도록 하는 제107조 제3항에도 위배되며, … 다른 전문자격종사자와의 관계에서도 평등권을 침해한 것이다.

2.2. 내용

2.2.1. 군사재판

군인 또는 군무원이 아닌 국민은 대한민국의 영역안에서는 중대한 군사상 기밀 · 초병 · 초소 · 유독음식물공급 · 포로 · 군용물에 관한 죄중 법률이 정한 경우와 비상계엄이 선포된 경우를 제외하고는 군사법원의 재판을 받지 아니한다(제27조 제2항). 그러나 군인 · 군무원은 원칙적으로 군사법원의 재판을 받게 되어 있는 바, 특별법원으로서의 군사법원의 재판은 군법무관이나 군심판관은 현역장교로서 헌법과 법률이 정한 법관이 아니기 때문에, 軍判事에 의한 재판이 헌법과 법률이 정한 법관에 의한 재판원칙에 위배되는가가 문제된다. 헌법은 제110조 제3항에서 군사법원에 대한 헌법적 근거를 명시하여 군재판관의 별도 자격을 정할 수 있는 근거를 제시하고 있고, 헌법 제27조 제2항에서도 제1항에 대한 예외로서 군사법원에 의한 재판을 명문화하고 있으며, 군사법원의 상고심은 원칙적으로 대법원의 관할이며(제110조 제2항),[1] 군사법원법 제21조에 군판사의 독립을 규정하고 있으므로 헌법 제27조의 재판청구권을 침해한 것은 아니라고 본다(통설).[2]

2.2.2. 배심재판 · 참심재판

배심제(Jury)란 법률전문가가 아닌 일반국민 중에서 선출된 일정수의 국민으로써 구성되는 배심원에 의한 심판이나 기소제도로서, 심리배심인 소배심(법정배심)과 기소배심인 대배심(청구배심)으로 구분된다.[3] 배심제는 17세기에 영국에서 배심원이 사실여부의 심판

---

1) 헌법 제110조 제2항, 군사법원법 제9조.

2) 권영성, 헌법학원론, 612면; 이준일, 헌법학강의, 단락번호 [4.9.31a].

3) 배심재판의 역기능으로 인해 각국에서 점차 감소되고 있는 추세에 있으나, 배심제의 순기능으로는 i) 사법과정의 민주화와 이를 통한 민주적 정당성제고, ii) 시민적 가치감각의 반영, iii) 법관

자로서의 지위가 확립되었으며 현재 미국·영국 등에서 채택하고 있다.[1] 미국헌법은 기소배심(대배심)은 물론, 중죄(Felony)에 대해서도 심리배심제를 인정하고 있다.

우리의 경우에는 헌법과 법률이 정한 법관이 아닌 배심원이 사실심에만 관여하고 법률심에 관여하지 않는다면 무방하지만, 현행 헌법하에서 배심원이 법률심에까지 관여한다면 헌법 제27조 제1항에 위배된다고 본다(통설). 따라서 배심원들이 사실인정(사실심)에만 참여하고 법률판단(법률심)에는 참여하지 않으므로 배심재판은 합헌이다(통설).[2][3] 우리나라의 경우 '국민의형사재판참여에관한법률'은 배심원의 양형에 관한 토론을 하고, 의견개진을 하는 정도의 재판참여권만을 인정하는 정도이기 때문에 합헌이다.[4][5] 현행 헌법 하에서는 사실심뿐만 아니라 법률심까지 참여하는 참심재판제도를 채택하면 위헌의 문제가 있다(다수설).[6]

현행 법원조직법에서는 특허소송과 관련하여 '기술심리관제도'를 도입하여 심리참여 및 재판합의에서의 의견진술권을 인정하고 있다(법원조직법 제54조의2).

> **법원조직법 제54조의2 (기술심리관)** ① 특허법원에 기술심리관을 둔다.
> ② 법원은 필요하다고 인정하는 경우 결정으로 기술심리관을 특허법 제186조 제1항,「실용신안법」제33조 및 디자인보호법 제75조의 규정에 의한 소송의 심리에 참여하게 할 수 있다. <개정 1998. 9. 23, 2004. 12. 31, 2006. 3. 3>
> ③ 제2항의 규정에 의하여 소송의 심리에 참여하는 기술심리관은 재판장의 허가를 얻어 기술적인 사항에 관하여 소송관계인에게 질문을 할 수 있고, 재판의 합의에서 의견을 진술할 수 있다.

의 관료주의 억제, iv) 법이론과 법현실의 괴리극복, v) 적법절차의 실현과 인권보장, iv) 국민의 재판에 친밀성 등이 있다.

1) 양건, 헌법강의, 607면.

2) 계희열; 김철수; 성낙인; 허영; 홍성방; 권영성, 헌법학원론, 611면.

3) 반대설: 이에 반하여 재판이란 사실확정 및 법률의 해석적용이라는 두요소를 모두 포함하는 것이므로(헌재결 1992. 6. 26, 90헌바25)배심원이나 참심원은 헌법과 법률이 정한 법관이라고 할 수 없으므로 배심제와 참심제 모두 헌법상 인정될 수 없고, 준배심제나 준참심만 채택할 수 있다는 견해도 있다(양건, 헌법강의, 608면). 헌법재판소 역시 법률심 및 사실심에서도 법관에 의한 재판이 요구된다고 한다(헌재결 1992. 6. 26, 90헌바25).

4) 권영성, 헌법학원론, 612면.

5) 미국의 배심제하에서는 배심원의 평결은 최종적인 효력을 갖는 경우가 대부분이다. 다시 말해 시민배심원의 평결은 상소대상이 되지 않으며, 특히 형사사건에서 무죄평결에 대하여는 상소할 수 없다. 무죄평결에 대한 상소는 이중위험금지의 원칙에 저촉된다. 그리고 배심원의 평의는 구두로 이루어지므로 평결에는 이유가 붙지 않는다(안경환/한인섭, 배심제와 시민의 사법참여, 집문당, 2005, 40면).

6) 권영성, 헌법학원론, 612면; 홍성방, 헌법학, 658면.

④ 대법원장은 특허청 등 관련국가기관에 대하여 그 소속공무원을 기술심리관으로 근무하게 하기 위하여 파견근무를 요청할 수 있다. <개정 2005. 3. 24>

⑤ 기술심리관의 자격, 직제 및 그 수 기타 필요한 사항은 대법원규칙으로 정한다.

[본조신설 1994. 7. 27]

2.2.3. 통고처분

통고처분의 위헌여부도 문제가 된바 있다. 현행 통고처분은 재정범에 대한 국세청장·지방국세청장·세무서장 등의 벌금·과료·몰수·몰취 등의 통고처분이나(조세범처벌절차법 제9조), 관세범에 대하여 관세청장 또는 세관장이 벌금·몰수·추징금의 납부를 통고하는 경우(관세법 제311조 제1항),[1] 교통범칙자에 대한 경찰서장 또는 제주특별자치도지사의 통고처분(도로교통법 제163조),[2] 행정청이 질서위반행위자에 대하여 부과하는 과태료부과처분(질서위반행위규제법 제16조-제20조) 등이 있다. 이러한 통고처분은 행정공무원에 의한 것이지만 당사자의 승복을 발효요건으로 하고 있으며, 불응시에는 정식재판의 절차가 보장되므로 재판청구권의 침해가 될 수 없다(통설·판례).[3]

헌재결 2003. 10. 30, 2002헌마275 【통고처분취소】

【판시사항】 1. 도로교통법상의 통고처분에 불복하여 재판을 청구한 후에 그 통고처분의 취소를 구하는 헌법소원이 허용되는지 여부(소극) 2. 통고처분제도의 근거조항인 도로교통법 제118조 본문의 위헌 여부(소극)

【결정요지】 1. 통고처분의 상대방이 범칙금을 납부하지 아니하여 즉결심판, 나아가 정식재판의 절차로 진행되었다면 당초의 통고처분은 그 효력을 상실한다 할 것이므로 이미 효력을 상실한 통고처분의 취소를 구하는 헌법소원은 권리보호의 이익이 없어 부적법하다. 2. 도로교통법상의 통고처분은 처분을 받은 당사자의 임의의 승복을 발효요건으로 하고 있으며, 행정공무원에 의하여 발하여 지는 것이지만, 통고처분에 따르지 않고자 하는 당사자에게는 정식재판의 절차가 보장되어 있다. 통고처분 제도는 경미한 교통법규 위반자로 하여금 형사처벌절차에 수반되는 심리적 불안, 시간과 비용의 소모, 명예와 신용의 훼손 등의 여러 불이익을 당하지 않고 범칙금 납부로써 위반행위에 대한 제재를 신속·간편하게 종결할 수 있게 하여주며, 교통법규 위반행위가 홍수를 이루고 있는 현실에서 행정공무원에 의한 전문적이고 신속한 사건처리를 가능하게 하고, 검찰 및 법원의 과중한 업무 부담을 덜어 준다. 또한 통고처분제도는 형벌의 비범죄화 정신에 접근하는 제도이다. 이러한 점들을 종합할 때, 통고처분 제도의 근거규정인 도로교통법 제118조 본문이 적법절차원칙이나 사법권을 법원에 둔 권력분립원칙에 위배된다거나, 재판청구권을 침해하는 것이라 할 수 없다.

---

1) 헌재결 1998. 5. 28, 96헌바4 【관세법 제38조 제3항 제2호 위헌소원】

2) 헌재결 2003. 10. 30, 2002헌마275 【통고처분취소】

3) 권영성, 헌법학원론, 612면; 이준일, 헌법학강의, 단락번호 [4.9.31a]; 홍성방, 헌법학, 658면.

헌재결 1998. 5. 28, 96헌바4【관세법제38조제3항제2호위헌소원】

통고처분은 상대방의 임의의 승복을 그 발효요건으로 하기 때문에 그 자체만으로는 통고이행을 강제하거나 상대방에게 아무런 권리의무를 형성하지 않으므로 행정심판이나 행정소송의 대상으로서의 처분성을 부여할 수 없고, 통고처분에 대하여 이의가 있으면 통고내용을 이행하지 않음으로써 고발되어 형사재판절차에서 통고처분의 위법·부당함을 얼마든지 다툴 수 있기 때문에 관세법 제38조 제3항 제2호가 법관에 의한 재판받을 권리를 침해한다든가 적법절차의 원칙에 저촉된다고 볼 수 없다.

<사례>

갑은 2002. 7. 21. 좌석안전띠를 착용하지 않고 순천시 조곡동 장대교 앞에서 승용차를 운전하던 중 경찰관에게 적발되어 범칙금 30,000원의 납부통고를 받고 이를 납부하였다. 청구인은 좌석안전띠를 매도록 의무화하는 도로교통법 제48조의2 제1항 및 이를 어겼을 경우에 범칙금을 납부하도록 통고하는 도로교통법 제118조의 해당부분은 청구인의 사생활의 비밀과 자유, 양심의 자유, 헌법 제10조의 기본적 인권을 침해한다고 주장하면서 2002. 8. 3. 그 위헌확인을 구하는 이 사건 헌법소원심판을 청구하였다.

문제1) 자동차 운전자에게 좌석안전띠를 매도록 하고, 이를 위반했을 때 범칙금을 납부하도록 통고하는 것이 일반적 행동자유권을 침해하는가?

문제2) 자동차 운전자에게 좌석안전띠를 매도록 하고, 이를 위반했을 때 범칙금을 납부하도록 통고하는 것이 사생활의 비밀과 자유를 침해하는가?

문제3) 자동차 운전자에게 좌석안전띠를 매도록 하고, 이를 위반했을 때 범칙금을 납부하도록 통고하는 것이 양심의 자유를 침해하는가?

<문제1의 해설>

자동차 운전자에게 좌석안전띠를 매도록 하고 이를 위반했을 때 범칙금을 납부하도록 통고하는 것은, 교통사고로부터 국민의 생명 또는 신체에 대한 위험과 장애를 방지·제거하고 사회적 부담을 줄여 교통질서를 유지하고 사회공동체의 상호이익을 보호하는 공공복리를 위한 것으로 그 입법목적이 정당하고, 운전자의 불이익은 약간의 답답함이라는 경미한 부담이고 좌석안전띠 미착용으로 부담하는 범칙금이 소액인데 비하여 좌석안전띠 착용으로 달성하려는 공익은 동승자를 비롯한 국민의 생명과 신체를 보호하고 교통사고로 인한 사회적인 비용을 줄여 사회공동체의 이익을 증진하는 것이므로 달성하고자 하는 공익이 침해되는 청구인의 좌석안전띠를 매지 않을 자유라는 사익보다 크며, 제도의 연혁과 현황을 종합하여 볼 때 청구인의 일반적 행동자유권을 비례의 원칙에 위반되게 과도하게 침해하는 것이 아니다.[1]

<문제2의 해설>

일반 교통에 사용되고 있는 도로는 국가와 지방자치단체가 그 관리책임을 맡고 있는

1) 양건, 헌법강의, 605면; 헌재결 2003. 10. 30, 2002헌마518【도로교통법제118조위헌확인】

영역이며, 수많은 다른 운전자 및 보행자 등의 법익 또는 공동체의 이익과 관련된 영역으로, 그 위에서 자동차를 운전하는 행위는 더 이상 개인적인 내밀한 영역에서의 행위가 아니며, 자동차를 도로에서 운전하는 중에 좌석안전띠를 착용할 것인가 여부의 생활관계가 개인의 전체적 인격과 생존에 관계되는 '사생활의 기본조건'이라거나 자기결정의 핵심적 영역 또는 인격적 핵심과 관련된다고 보기 어려워 더 이상 사생활영역의 문제가 아니므로, 운전할 때 운전자가 좌석안전띠를 착용할 의무는 청구인의 사생활의 비밀과 자유를 침해하는 것이라 할 수 없다.[1]

<문제3의 해설>

"제재를 받지 않기 위하여 어쩔 수 없이 좌석안전띠를 매었다" 하여 청구인이 내면적으로 구축한 인간양심이 왜곡·굴절되고 청구인의 인격적인 존재가치가 허물어진다고 할 수는 없어 양심의 자유의 보호영역에 속하지 아니하므로, 운전 중 운전자가 좌석안전띠를 착용할 의무는 청구인의 양심의 자유를 침해하는 것이라 할 수 없다.[2]

2.2.4. 즉결심판 · 가사심판 · 보호처분 · 약식절차

시·군 법원 등의 즉결심판·가정법원의 가사심판·가정법원소년부 또는 지방법원소년부의 보호처분 및 사회보호법상의 보호처분은 각각 순회판사·가정법원·법원소년부에 의한 재판이므로 헌법과 법률이 정한 법관에 의한 재판이다. 약식절차는 공판절차를 거치지 아니하고 서면심리만으로 벌금, 과료, 몰수를 과하는 간이한 형사절차로서(형사소송법 제448조 이하) 公判前 간이소송절차이다. 약식절차는 검사의 청구에 의하여 진행된다는 점에서 경찰서장의 청구에 의하여 이루어지는 즉결심판과 다르다. 약실절차는 법관에 의한 재판이며, 약식명령에 불복할 때 정식재판을 청구할 수 있으므로 재판청구권의 침해는 아니다(통설).[3]

2.2.5. 행정기관의 재결 · 결정(행정심판)

행정심판의 재결 및 결정전치주의에 의하여 국가배상청구의 사전결정 내지 裁定은 그것이 사법적 처분임에도 불구하고 헌법과 법률이 정한 법관이 아닌 행정기관(행정공무원)이 행한다는 점에서 위헌의 문제가 있었다. 현행 헌법은 제107조 제3항에 「재판의 전심절차로서 행정심판을 할 수 있다」라고 하여 그 근거규정을 두어 합헌임을 분명히 하였다.[4] 과거에는 행정소송을 제기하기 위해서는 반드시 행정심판을 거치도록 하고 있었으나(필수

1) 헌재결 2003. 10. 30, 2002헌마518【도로교통법제118조위헌확인】
2) 헌재결 2003. 10. 30, 2002헌마518【도로교통법제118조위헌확인】
3) 권영성, 헌법학원론, 611면; 이준일, 헌법학강의, 단락번호 [4.9.31a].
4) 단, 행정심판의 절차는 법률로 정하되 사법절차가 준용되어야 한다 : 헌법 제107조 제3항 제2문.

적 행정심판전치주의), 1998년 3월 1일 부터는 법률에서 반드시 행정심판을 거치도록 하고 있는 경우를 제외하고는, 행정심판을 거치든지 직접 법원(서울은 행정법원, 지방은 지방법원본원)에 소를 제기할 수 있도록 하였기 때문에. 행정심판에 대하여 위헌으로 주장하는 학자는 찾아보기 어렵다(임의적 행정심판전치주의; 선택주의). 다만 전심절차(행정심판)가 필수적인 것으로 요구되는 경우에는 별도의 검토가 필요하다고 본다.[1]

헌법재판소는 이의신청 및 심사청구를 거치지 아니하고서는 지방세 부과처분에 대하여 행정소송을 제기할 수 없도록 한 지방세법 제78조 제2항이, 행정심판에 사법절차를 준용하도록 한 헌법 제107조 제3항 및 재판청구권을 보장하는 헌법 제27조에 위반되는지 여부에 대하여 재판청구권을 침해한다는 판시를 내린바 있다.[2]

2001. 6. 28, 2000헌바30 【구 지방세법 제74조 제1항 등 위헌소원】

【판시사항】

1. 행정심판에 관한 헌법 제107조 제3항의 의미

2. 이의신청 및 심사청구를 거치지 아니하고서는 지방세 부과처분에 대하여 행정소송을 제기할 수 없도록 한 지방세법 제78조 제2항이, 행정심판에 사법절차를 준용하도록 한 헌법 제107조 제3항 및 재판청구권을 보장하는 헌법 제27조에 위반되는지 여부(적극)

3. 심판대상조항이 위헌선언으로 그 효력을 상실하게 되면 독립하여 존속할 아무런 의미가 없다고 보아 관련조항에 대하여 아울러 위헌선언을 한 사례

【결정요지】

1. 헌법 제107조 제3항은 "재판의 전심절차로서 행정심판을 할 수 있다. 행정심판의 절차는 법률로 정하되, 사법절차가 준용되어야 한다"고 규정하고 있으므로, 입법자가 행정심판을 전심절차가 아니라 종심절차로 규정함으로써 정식재판의 기회를 배제하거나, 어떤 행정심판을 필요적 전심절차로 규정하면서도 그 절차에 사법절차가 준용되지 않는다면 이는 위 헌법조항, 나아가 재판청구권을 보장하고 있는 헌법 제27조에도 위반되며, 헌법 제107조 제3항은 사법절차가 "준용"될 것만을 요구하고 있으나 판단기관의 독립성과 공정성, 대심적 심리구조, 당사자의 절차적 권리보장 등의 면에서 사법절차의 본질적 요소를 현저히 결여하고 있다면 "준용"의 요청에마저 위반된다.

지방세 부과처분에 대한 이의신청 및 심사청구의 심의 · 의결기관인 지방세심의위원회는 그 구성과 운영에 있어서 심의 · 의결의 독립성과 공정성을 객관적으로 신뢰할 수 있는 토대를 충분히 갖추고 있다고 보기 어려운 점, 이의신청 및 심사청구의 심리절차에 사법절차적 요소가 매우 미흡하고 당사자의 절차적 권리보장의 본질적 요소가 결여되어 있다는 점에서 지방세법상의 이의신청 · 심사청구제도는 헌법 제107조 제3항에서 요구하는 "사법절차 준용"의 요청을 외면하고 있다고 할 것인데, 지방세법 제78조 제2항은 이러한 이의신

---

1) 장영수, 헌법학, 883면 각주 28) 참조.

2) 장영수, 헌법학, 883면 각주 28) 참조.

청 및 심사청구라는 2중의 행정심판을 거치지 아니하고서는 행정소송을 제기하지 못하도록 하고 있으므로 위 헌법조항에 위반될 뿐만 아니라, 재판청구권을 보장하고 있는 헌법 제27조 제3항에도 위반된다 할 것이며, 나아가 필요적 행정심판전치주의의 예외사유를 규정한 행정소송법 제18조 제2항, 제3항에 해당하는 사유가 있어 행정심판제도의 본래의 취지를 살릴 수 없는 경우에까지 그러한 전심절차를 거치도록 강요한다는 점에서도 국민의 재판청구권을 침해한다 할 것이다.

그리고 행정기관에 의한 심판은 재판의 전심절차로서만 허용되기 때문에, 그에 관해서는 반드시 정규법원에 의한 정식재판의 길이 열려있어야 한다.[1] 그리고 특별행정심판으로 특허심판 · 해난심판이 있다.

특허심판의 법적 성질에 관하여는 사법행위설 · 행정행위설 · 준사법적행정행위설이 대립하고 있으나, 특허심판은 형식적으로는 행정기관에 의하여 행해지는 행정행위로서의 성질을 가지지만, 실질적으로는 심판관의 직무상 독립, 민사소송과 유사한 엄격한 절차, 심판에 대한 일사부재리의 원칙 등이 인정되고 있으므로 준사법적 행정행위로 보아야 할 것이다(통설).

☞ 특허심판의 법적 성질 → 준사법적 행정행위

과거에는 특허청산하의 특허심판소 → 항고심판소 → 대법원의 재판(법률심)을 받을 수 있었다. 특허관련사건에서 고등법원을 거치지 아니하고 곧바로 대법원에 상소하게 하는 것은 사실심단계에서 법관이 전혀 개입할 수가 없어서 국민의 사실심재판을 받을 권리를 박탈하는 것으로 위헌이라는 지적이 제기되어 왔었다.[2]

1994년 7월 27일에 개정된 법원조직법은 이러한 문제를 해결하기 위하여 제2장에 고등법원급의 특허법원을 신설하여(법원조직법 제2장이하 참조) 특허청에서의 심판을 거쳐 항고심은 특허법원에서 담당하도록 하고 최종심은 대법원에서 담당하도록 하였다. 특허법원은 5개의 합의부로 구성되며 특허심판원에 이어 <u>특허법원과 대법원에서 사실심과 법률심</u>을 통해 구제를 받게 된다.

헌재결 1995. 9. 28, 92헌가11 **【특허법 제186조 제1항 등 위헌제청】**

특허청의 심판절차에 의한 심결이나 보정각하결정은 특허청의 행정공무원에 의한 것으로서 이를 헌법과 법률이 정한 법관에 의한 재판이라고 볼 수 없으므로 특허법 제186조 제1항은 법관에 의한 사실확정 및 법률적용의 기회를 박탈한 것으로서 헌법상 국민에게 보장된 “법관에 의한” 재판을 받을 권리의 본질적 내용을 침해하는 위헌규정이다.

---

1) 권영성, 헌법학원론, 613면.
2) 이는 헌법불합치결정이 내려진바 있다(헌재결 1995. 9. 28, 92헌가11 등).

일반적으로 행정심판은 행정청의 처분 또는 부작위를 대상으로 하고 행정구제를 목적으로 하는데 대하여, 해난심판은 海難을 심판대상으로 하고, 해난의 원인 규명과 해난발생 방지를 목적으로 한다는 점에 그 특수성이 있다. 따라서 엄격히 말하면 해난심판을 행정심판의 범주에 넣을 수 있을 지는 의문이며, 일종의 특수재판제도라 할 수 있다.

해난사건을 심판하게 하기 위하여 국토해양부장관소속하에 해난심판원을 두는데, 심판원은 지방해난심판원(제1심)과 중앙해난심판원(제2심)의 2종으로 되어 있다(해양사고의조사및심판에관한법률, 舊해난심판법 제3조, 제8조). 해난심판은 지방심판과 중앙심판으로 구성되어 있고, 지방심판의 재결에 대한 불복은 중앙심판원에(제40조, 제58조), 중앙해난심판원의 재결에 대하여 조사관이나 受審人이 불복하는 경우에는 재결서를 송달받은 날로부터 30일 이내에 대법원에 재결 취소를 청구하는 訴를 제기할 수 있다(해양사고의조사및심판에관한법률 제74조; 대법원 전속관할). 訴는 중앙해난심판원장을 피고로 하여 제기한다.

특허법원의 탄생과 함께 국회의원 등 선거소송과 더불어 대표적인 단심제 사건인 해난사건도 2심제로 전환되는 것이 타당하다. 지방해난심판위원회 및 중앙심판위원회의 행정공무원에 의한 심판을 받고 대법원에 상고하도록 한 현행 해난심판제도는 헌법상 보장된 국민의 재판을 받을 권리를 침해할 소지가 있다. 따라서 중앙해난심판위원회의 재결에 불복을 할 경우 서울고등법원에 제소하도록하여 2심제로 하는 것이 바람직하다.

3. '법률에 의한' 재판을 받을 권리

공정한 재판의 보장은 "헌법과 법률이 정하는 법관에 의한 재판"의 보장 만으로는 불충분하다. 객관적이고 공정한 재판을 위해서는 법관이 정하는 기준 및 재판절차의 진행이 법률에 따르는 것이어야 한다(헌법 제29조 제1항 후단). 법률에 의한 재판이라 함은 법관에 의한 재판은 받되 '법대로의 재판(절차법이 정한 절차에 따라 실체법이 정한 내용대로)'을 받을 권리를 말한다.[1] 법률에 의한 재판은 재판의 기준이 되는 법률(실체법 · 절차법 불문)의 내용과 절차가 합헌적인 법률일 것을 요구한다.[2]

이와 같이 법률에 의한 재판을 받을 권리라 함은 합헌적인 법률로 정한 내용과 절차, 즉 합헌적인 실체법과 절차법에 의한 재판을 받을 권리를 말하며, 다만 여기서의 법률의 의미는 구체적인 재판유형에 따라 달라 질 수 있다.[3] 형사재판에 있어서는 죄형법정주의 원칙상 형식적 의미의 법률을 지칭하고 예외적으로 긴급명령, 긴급재정 · 경제명령을 포함하게 되나, 민사재판 · 행정재판에 있어서는 민법 제1조[4]에 의하여 형식적 의미의 법률뿐

---

1) 양건, 헌법강의, 608면; 헌재결 1992. 6. 26, 90헌바25 【소액사건심판법 제3조에 대한 헌법소원】

2) 헌재결 1993. 7. 29, 90헌바15 【소득세법 제23조 제2항 제1호에 대한 헌법소원】

3) 장영수, 헌법학, 884면.

만 아니라 일체의 성문법 및 이에 저촉되지 아니하는 관습법 · 조리 등과 같은 불문법을 포함하는 의미라고 보아야 한다.[1]

헌재결 1993. 7. 29. 90헌바35【반국가행위자의처벌에관한특별조치법 제5조 등 및 헌법재판소법 제41조 등에 대한 헌법소원】

국민의 재판청구권을 기본권으로 인정하고 있는 헌법 제27조 제1항에서의 "법률에 의한 재판"이라 함은 합헌적인 실체법과 절차법에 따라 행하여지는 재판을 의미하므로, 결국 형사재판에 있어서는 적어도 그 기본원리인 죄형법정주의와 위와 같은 적법절차주의에 위반되지 않는 실체법과 절차법에 따라 규율되는 재판이라야 "법률에 의한 재판"이라고 할 수 있다.

그러나 모든 재판은 그 절차에 관한 한 모두 형식적 의미의 법률에 따라야 한다. 대통령의 긴급명령과 긴급재정 · 경제명령 그리고 헌법 제108조, 제113조 제2항에 따라 대법원이 정하는 대법원규칙(형사소송규칙 등)과 헌법재판소규칙은 예외가 된다.[2]

형사재판 → 죄형법정주의에 의한 형식적 의미의 법률
민사재판 · 행정재판 → 형식적 의미의 법률 + 관습법 · 조리와 같은 불문법

4. 공정 · 신속 · 공개재판을 받을 권리

4.1. 공정한 재판(정당한 재판)

4.1.1. 의의

공정한 재판이란 정당한 재판을 말한다.[3] 우리 헌법에는 비록 명문의 문구는 없으나 "공정한 재판을 받을 권리"를 국민의 기본권으로 보장하고 있음이 명백하며, "공정한 재판을 받을 권리"는 공개된 법정의 법관 앞에서 모든 증거자료가 조사되고 검사와 피고인이 서로 공격 · 방어할 수 있는 공평한 기회가 보장되는 재판을 받을 권리를 포함한다.[4] 법관의 제척 · 기피 · 회피제도도 이러한 헌법정신의 표현이다.[5]

---

4) 현행 민법 제1조는 "민사에 관하여 법률에 규정이 없으면 관습법에 의하고 관습법이 없으면 조리에 의한다"고 규정하고 있다.

1) 권영성, 헌법학원론, 613면; 홍성방, 헌법학, 659면.

2) 권영성, 헌법학원론, 614면; 홍성방, 헌법학, 659면.

3) 권영성, 헌법학원론, 615면; 홍성방, 헌법학, 660면.

4) 헌재결 1998. 7. 16, 97헌바22; 헌재결 2001. 8. 30, 99헌마496【검찰공권력남용위헌확인】

5) 허영, 한국헌법론, 384면.

헌재결 2006. 7. 27, 2005헌바58 【형사소송법제20조제1항등위헌소원】

【판시사항】

소송의 지연을 목적으로 함이 명백한 경우에 신청을 받은 법원 또는 법관이 이를 기각할 수 있도록 규정한 형사소송법 제20조 제1항(이하 '심판대상 조항'이라 한다)이 헌법상 보장되는 공정한 재판을 받을 권리를 침해하는 것인지 여부(소극)

【결정요지】

'공정한 재판을 받을 권리'는 헌법 제27조의 재판청구권에 의하여 함께 보장되는바, 심판대상 조항은 일정한 기피신청에 대하여 기피신청의 대상이 된 법관을 포함한 소속 법원 합의부 또는 당해 법관이 기피신청을 기각할 수 있도록 규정하고 있어, 기피신청한 당사자는 본인이 불공정한 재판을 할 우려가 있다고 주장하는 법관에 의하여 기피신청에 대한 재판을 받게 됨으로써 공정한 재판을 받을 권리를 제한받는 결과가 되나, … 심판대상 조항은 관할 위반, 기피사유서 미제출의 경우나 소송절차 지연을 목적으로 하는 것이 '명백'한 경우에 한하여 이를 허용하고 있고, 그에 대하여 즉시항고권을 허용하여 그에 대한 상급심에 의한 시정의 기회를 부여함으로써 기피신청을 기각당한 당사자가 사실상 입을 수 있는 불이익을 최대한 줄여주는 효과가 있으므로 심판대상 조항은 침해의 최소성도 갖추고 있다고 할 것이며, 나아가 심판대상 조항이 도모하는 형사소송 절차의 신속성이라는 공익적 법익은 기피신청을 기각당한 당사자가 입는 불이익보다 훨씬 크다고 할 것이어서 심판대상 조항은 법익의 균형성도 갖추고 있다고 할 것이므로, 위 법률조항은 헌법 제37조 제2항의 비례의 원칙에 위반된다고 할 수 없어 공정한 재판을 받을 권리를 침해하였다고 할 수 없다.

… 기피신청이 절차에 위반되거나 소송절차 지연을 목적으로 하는 것임이 명백한 경우에는 소송절차를 그대로 진행시키고 당해 법관이 포함된 합의부 또는 당해 법관으로 하여금 기피신청을 기각할 수 있도록 하는 것이 기피신청권의 남용을 방지할 수 있는 적절한 방법이다. 따라서 심판대상 조항이 채택한 방법은 앞에서 본 입법목적을 달성하는 데 적합한 것이라 하겠다.

헌재결 1998. 12. 24, 94헌바46 【형사소송법 제279조(재판장의 소송지휘권) 등 위헌소원】

재판장의 소송지휘권[1]은 재판진행의 원활이라는 재판의 신속성 이외에 증인신문에서의 교호신문권 행사를 원활히 하는 기능도 가지고 있다. 따라서 적법절차에 의한 공정한 재판과 공개재판을 받을 권리에 관한 헌법규정과의 조화와 조정을 도모하는 규정으로서 피고인의 반대신문권을 제한함으로써 공정한 공개재판을 받을 권리와 무죄추정을 받을 권리를 본질적으로 침해하는 위헌규정이라 할 수 없다. 또 법원의 증거결정취소권은 소송지휘권에 근거한 증인신문사항의 서면제출을 명하고 이를 이행하지 않을 경우에 증거결정을 취소할 수 있는 권한의 근거가 되는 형사소송법 제279조(재판장의 소송지휘권) 및 제299조(불필요한 변론 등의 제한)는 헌법상 보장된 무죄추정원칙, 평등권, 공정한 재판을 받을 권리를 본질적으로 침해하는 것이라 할 수 없다(합헌결정).

1) 형사소송법 제279조 (재판장의 소송지휘권) 공판기일의 소송지휘는 재판장이 한다.

헌재결 1995. 12. 28, 91헌마114 【형사소송규칙 제40조에 대한 헌법소원(공판정녹취허가제도)】

법원조직법 제59조는 법정에서의 녹취에 대한 재판장의 허가절차를 정하고 있고, 형사소송규칙 제40조(현행 : 38조)는 합리적인 이익형량에 따라 녹취를 제한할 수 있는 기속적 재량을 의미하는 것으로서, 녹취를 하지 아니할 특별한 사유가 없는 한 이를 원칙적으로 허용하는 것으로 풀이하여야 하고, 녹취허부에 관한 구체적인 기준을 설정하지 않는다는 이유만으로 위 규칙조항이 법률이나 헌법에 위반된다고 단정할 수 없다. 따라서 녹취허가제도가 헌법상 피고인의 형사사건에서 방어권을 보장하기 위한 권리, 변호인의 조력을 받을 권리 또는 정당한 재판을 받을 권리를 침해하였다고 볼 수 없다(기각결정).

법원조직법 제59조 (녹화등의 금지) 누구든지 법정안에서는 재판장의 허가없이 녹화·촬영·중계방송등의 행위를 하지 못한다.

형사소송규칙 제38조 (녹취서의 작성등) ① 재판장은 필요하다고 인정하는 때에는 법원사무관 등 또는 속기사 등에게 녹음 또는 영상녹화 된 내용의 전부 또는 일부를 녹취할 것을 명할 수 있다. <개정 2007. 10. 29>

② 재판장은 법원사무관 등으로 하여금 제1항에 따라 작성된 녹취서의 전부 또는 일부를 조서에 인용하고 소송기록에 첨부하여 조서의 일부로 하게 할 수 있다. <개정 2007. 10. 29>

4.1.2. 대심주의(對審主義) · 비송(非訟)절차 · 전문(傳聞)법칙

공정한 재판에는 권리분쟁이 있을 경우에 재판을 청구할 수 있는 실체적 권리의 성격과, 재판이 행하여지는 경우 적법한 절차의 공정한 재판을 받을 수 있는 절차적 권리의 성격을 모두 포함한다(절차의 공정성). 현재의 사법제도는 절차의 공정성을 확보하기 위하여 恣意의 금지와 무기평등의 원칙을 모든 소송절차에서 요구하고 있으며, 이를 반영하는 대표적인 제도가 당사자주의와 구두변론주의에 입각한 재판구조(대심주의)이다.[1] 공정한 재판을 받을 권리의 보장을 위하여 이러한 당사자주의와 대심주의를 요구하는 것은 당사자에게 토론의 기회를 제공함으로써 충실한 공격·방어가 전개되게 하려는 데 있다. 따라서 순수한 소송사건에서 권리·의무의 종국적 확정은 공개법정에서 반드시 대심주의에 의해야 한다.[2]

1) 장영수, 헌법학, 885면.
2) 홍성방, 헌법학, 660면.

헌재결 2002. 11. 28, 2001헌가28【국가정보원직원법 제17조 제2항 위헌제청】

헌법은 제27조 제1항에서 "모든 국민은 헌법과 법률이 정한 법관에 의하여 법률에 의한 재판을 받을 권리를 가진다."라고 규정하고 같은 조 제3항에서 "모든 국민은 신속한 재판을 받을 권리를 가진다."라고 규정하여 공정하고 신속한 재판을 받을 권리를 보장하고 있는 바, 이 재판청구권은 재판절차를 규율하는 법률과 재판에서 적용될 실체적 법률이 모두 합헌적이어야 한다는 의미에서의 법률에 의한 재판을 받을 권리뿐만 아니라, 절차적으로 공정한 재판을 받을 수 있는 권리를 포함하고 있다. 이 공정한 재판을 받을 권리 속에는 신속하고 공개된 법정의 법관의 면전에서 모든 증거자료가 조사·진술되고 이에 대하여 당사자가 공격·방어할 수 있는 기회를 보장받을 권리가, 즉 원칙적으로 당사자주의와 구두변론주의가 보장되어 당사자가 공격·방어권이 충분히 보장되는 재판을 받을 권리가 포함되어 있다.[1]

이와는 달리 실체적 권리·의무가 존재함을 전제로 하여 법원이 후견적·감독적 입장과 합목적성의 견지에서 재량권을 행사하여 사인간의 법률관계의 내용을 구체적으로 형성하는 절차인 비송사건절차, 파산절차 등에 있어서는 비공개와 대심이 아닌 임의적 구두변론주의를 택할지라도 정당한 재판을 받을 권리를 침해하는 것이 되지 아니한다.[2]

헌재결 1996. 12. 26, 94헌바1【형사소송법 제221조의2 위헌소원】

피고인 등의 반대신문권을 제한하고 있는 형사소송법 제221조의2 제5항은 피고인들의 공격·방어권을 과다히 제한하는 것으로써 그 자체의 내용이나 대법원의 제한적 해석에 의하더라도 그 입법목적을 달성하기에 필요한 입법수단으로서의 합리성 내지 정당성이 인정될 수는 없다고 할 것이므로, 헌법상의 적법절차의 원칙 및 청구인의 공정한 재판을 받을 권리를 침해하였고, 동법 제2항 및 제5항중 같은 조 제2항에 관한 부분까지도 위헌이다.

한편, 형사소송법상은 전문법칙(전문증거는 증거로 할 수 없다)[3]을 원칙으로 하나 전문법칙의 예외는 공정한 재판을 받을 권리의 침해가 아니라는 것이 헌법재판소의 입장이다.[4]

---

1) 헌재결 1996. 1. 25, 95헌가5; 헌재결 1994. 4. 28, 93헌바26【형사소송법 제314조 위헌소원】
2) 권영성, 헌법학원론, 615면; 장영수, 헌법학, 885면.
3) 직접주의와 전문법칙은 다 같이 오판방지와 방어권 보장으로 공정한 재판을 달성하는 기능을 한다. 1954.9.23. 제정된 우리 형사소송법(법률 제341호)은 증거능력에 관하여 대륙법계의 이 직접주의에 바탕을 두었었다. 그러던 중 1961.9.1. 법률 제705호로 이를 개정하여, 그 제161조의2와 제310조의2를 신설하여 위와 같은 적법절차에 의한 공정한 공개재판을 받을 권리보장을 위한 헌법상의 위 각 원리에 입각하여 직접주의의 바탕 위에 영미법계의 전문법칙을 받아들여 이를 확립하고 공판중심주의의 철저를 기하였다(헌재결 1994. 4. 28, 93헌바26).
4) 형사소송법 제314조 위헌소원: 형사소송법의 전문법칙의 위헌여부에 있어서 헌법재판소는 증인

헌재결 1994. 4. 28, 93헌바26 【형사소송법 제314조 위헌소원】 직접주의와 전문법칙

적법절차에 의한 공개법정에서의 공정한 재판을 받을 권리보장을 위하여 현대 민주국가에서는 형사소송절차상의 증거법에 있어서도 임의성 없는 증거와 유일한 증거인 자백에 대한 증거 능력을 배제하는 한편 공판중심주의에 의한 직접주의와, 반대신문의 기회가 부여되지 않은 전문증거에 대한 증거능력을 부인하는 전문법칙을 채택하고 있다.

직접주의는 요증사실에 대한 직접적인 증거가 아니거나, 공개된 법정에서의 법관의 면전에서 진술되지 아니한 진술에 의하여 유죄로 인정할 수 없다는 원리로 형사소송절차에서 직권주의 구조인 대륙법계에서 발달되어 왔다. 공개법정에서 법관이 직접 증거를 조사하고 진술을 듣는 경우는 진술자에 있어 공판정의 엄숙함과 방청석의 비판적 시선을 의식하는 심리적 요인에서 허위진술을 하기 어렵고, 또 공개법정에서 법관에 의하여 직접 심리되지 않은 증거는 그 진술태도에 의한 법관의 정확한 심증형성이 어렵게 된다는 점에서, 진실한 진술과 법관의 정확한 심증형성에 의한 공정한 재판을 위하여 요증사실에 대한 증거는 공개법정에서의 법관의 면전에서 직접 심리된 것이어야 한다는 공판중심주의 요청에 근거를 둔 것이다.

그리고 그 법정 외에서 행하여진 진술인 증언이나 법정 외에서 한 진술을 기재해서 제출한 증거를 전문증거라고 하는바, 공정한 재판을 위하여 이러한 "전문증거는 증거로 되지 않는다."는 법칙인 이른바 전문법칙은 일찍이 형사소송절차에서 당사자주의가 지배하는 영미법계에서 자백이 유일한 증거인 때는 증거능력을 배제한다는 자백배제법칙과 함께 증거능력을 규율하는 법칙으로 발달되어 각국에서 채택한 형사소송절차상의 원칙이다. 전문증거는 대개 요증사실을 직접 체험한 자의 진술이기는 하나, 원진술자가 공판정에 출석하지 아니하여서 선서도, 피고인의 면전에서의 진술도, 반대신문도 거치지 않은 증거이다. 그러므로 선서가 결여됨으로써 선서가 갖는 의식의 엄숙함과 위증죄의 경고를 통하여 진실을 말하려는 심적 동기의 결여로 신빙도가 약하고, 또 진술자가 피고인의 면전에서 진술하지 아니함으로써 진술자는 피고인의 면전이라는 심리적 요인에서 허위진술이 견제되는 점이 없고 증인과 피고인의 태도증거에 의한 법관의 생생한 심증형성이 불가능하며, 반대신문을 거치지 않음으로써 피고인이 증언에 대한 탄핵을 통하여 그 진술의 오류를 지적·시정하여 무죄를 입증할 기회가 박탈되고, 들은 말의 전달 진술은 원진술과 차이가 있기 쉽다는 등의 이유로 전문법칙이 인정되어 왔다.

이상과 같이 이 사건 법률조문은 전문증거에 대하여 예외적으로 증거능력의 인정이 필요한 위에서 본 한도 내인 사망·질병 또는 이에 준하는 부득이한 사유로 원진술자 또는 작성자가 진술을 할 수 없는 때에 한하여 그 필요성을 인정함으로써 필요성에 있어서도 그 적용범위를 최소한도로 한정하였다. 또 그 위에 적용범위에 대한 제약조건인 신용성의 정황적 보장에 관하여도 "특히 신빙할 수 있는 상태하에서 행하여진 때에 한한다."라고 한

신문절차를 거치지 아니하고 증거채택결정을 할 수 있도록 하여 직접주의와 전문법칙의 예외를 인정하고 있는 형사소송법 제314조에 대하여 합헌결정 내렸다(헌재결 1994. 4. 28, 93헌바26 : 합헌결정).

정하여 규정하였다. 이 조건도 피해의 최소화를 위한 제약이다. 그리고 피해의 최소화를 위한 이 제약은 직접주의와 전문법칙의 예외를 인정하는 위에서 본 모든 경우에 반드시 갖추어야 하는 요건이다. 따라서 그 적용범위를 그 목적달성에 필요하고도 합리적인 최소한도로 한정하였다고 할 것이다.

직접주의와 전문법칙의 예외를 규정한 형사소송법 제314조는 그 내용에 있어 그 예외를 인정하여야 할 필요성이 있는 사유에 관하여 정당성이 있는 사유에 한정하였고, 그 필요성이 있는 경우도 합리적인 조건하에 적용되는 것으로 한정하여 그 적용범위를 합리적인 최소한도에 그치게 하였으므로 결국 공정한 공개재판을 받을 권리와 무죄추정을 받을 권리를 본질적으로 침해하거나 형해화하거나 정면으로 위반하였다고 할 수 없고 적법절차에도 합치하므로 헌법에 위반되지 아니한다.

또한 변호인이 있는 피고인에게 변호인과는 별도로 공판조서열람청구권을 부여하지 않고 있는 형사소송법 제55조 제1항은 피고인의 평등권이나 알 권리 및 공정한 재판을 받을 권리를 침해한 것이 아니라고 하였다.[1] 그러나 1995. 12. 29. 개정된 형사소송법(제55조 제1항)은 변호인이 있는 피고인에게도 공판조서열람 · 등사권을 인정하고 있다.

4.2. 신속 · 공개재판을 받을 권리

4.2.1. 신속한 재판을 받을 권리

모든 국민은 재판청구권을 가지되, 신속 · 공개의 재판을 받을 권리를 가진다. 신속한 재판은 재판의 실효성을 가져오지만 지연된 재판은 시간적 · 경제적으로 많은 부담을 가져오게 마련이고, 승소한 경우에도 그 효과가 감소되기 마련이므로 아무리 공정하고 정확하다 하더라도 당사자에게는 아무런 가치가 없게 된다. 재판의 지연여부에 대한 판단은 지연기간, 지연사유,[2] 심리의 곤란여부, 재판의 지연으로 인해 입은 피해 등을 종합적으로 판단해야 한다.[3]

---

1) 헌재결 1994. 12. 29, 92헌바31【형사소송법 제55조 제1항 등 위헌소원】

2) 형사재심사건과 관련하여 형사소송법 제56조에 대한 위헌제청신청을 하였는데 법원이 5개월 가까이 되도록 그 가부에 대한 재판을 하지 않음으로써 청구인의 헌법상 기본권인 신속한 재판을 받을 권리등이 침해되었다는 이유로 헌법소원을 제기하였으나 곧 이어 법원이 그 위헌제청신청을 기각한 경우에 있어서 그와 같이 재판이 지연된 것이 재판부 구성원의 변경, 재판의 전제성과 관련한 본안심리의 필요성, 청구인에 대한 송달불능 등으로 인한 것이어서 법원이 재판을 특별히 지연시켰다고 볼 수 없다(헌재결 1993. 11. 25, 92헌마169, 재판의 지연 위헌확인).

3) 이준일, 헌법학강의, 단락번호 [4.9.33]; 홍성방, 헌법학, 660면.

헌재결 1999. 9. 16, 98헌마75 【재판지연 위헌확인】

법원은 민사소송법 제184조에서 정하는 기간내에 판결을 선고하도록 노력해야 하겠지만, 이 기간 내에 반드시 판결을 선고해야 할 법률상의 의무가 발생한다고 볼 수 없으며, 헌법 제27조 제3항 제1문에 의거한 신속한 재판을 받을 권리의 실현을 위해서는 구체적인 입법형성이 필요하고, 신속한 재판을 위한 어떤 직접적이고 구체적인 청구권이 이 헌법규정으로부터 직접 발생하지 아니하므로, 보안관찰처분들의 취소청구에 대해서 법원이 그 처분들의 효력이 만료되기 전까지 신속하게 판결을 선고해야 할 헌법이나 법률상의 작위의무가 존재하지 아니한다.

헌재결 1992. 4. 14, 90헌마82 【국가보안법제19조에대한헌법소원】

심판대상 : 국가보안법 제19조(구속기간의 연장)

① 지방법원판사는 제3조 내지 제10조의 죄로서 사법경찰관이 검사에게 신청하여 검사의 청구가 있는 경우에 수사를 계속함에 상당한 이유가 있다고 인정한 때에는 형사소송법 제202조의 구속기간의 연장을 1차에 한하여 연장할 수 있다.

② 지방법원판사는 제1항의 죄로서 검사의 청구에 의하여 수사를 계속함에 상당한 이유가 있다고 인정한 때에는 형사소송법 제203조의 구속기간의 연장을 2차에 한하여 허가할 수 있다.

③ 제1항 및 제2항의 기간의 연장은 각 10일 이내로 한다.

<결정요지>

국가보안법 제19조에 대한 헌법소원사건에서 구속기간의 연장을 제7조(찬양, 고무) 제9조(불고지)에도 적용하는 것은 불필요한 장기수사를 허용한 것으로 신체의 자유침해는 물론 신속한 재판을 받을 권리를 침해한 것이며 위헌이다.

헌재결 1994. 4. 28, 93헌바26 【형사소송법 제314조 위헌소원】

법관에 의한 법률에 의한 공정하고 신속한 공개재판을 받을 권리는 헌법과 법률이 정한 자격이 있고, 헌법 제103조 내지 제106조에 정한바 법정절차에 의하여 임명되고 신분이 보장되어 독립하여 심판하는 법관으로부터 헌법과 법률에 의하여 그 양심에 따라 위에서 본 적법절차에 의하여 신속한 공개재판을 받을 권리인 것이다. 이는 공정한 재판을 위한 핵심적 규정이고, 1789년 프랑스인권선언을 거쳐 1791년 프랑스헌법에 규정하기 시작하여, 세계 각 민주국가에는 일반적으로 보장하고 있는 국민의 가장 중요한 기본권 중의 하나이다. 여기서 법률에 의한 재판이라 함은 적용될 실체법은 합헌적인 형식적 법률이어야 하고, 절차도 합헌적 법률로 정한 절차에 의하여야 한다는 것이다. 그리고 신속한 재판을 받을 권리는 심리가 지연됨으로써 피고인에 대한 인신구속의 부당한 장기화와 그로 인한 허위자백과 물심양면의 고통을 방지하고, 피고인이라는 불명예로부터 빨리 벗어나도록 조속한시일 내에 재판을 받을 권리이다.

4.2.2. 공개재판을 받을 권리

형사피고인은 신속한 재판 뿐 아니라, 공개의 재판을 받을 권리를 가진다. 공개재판이란 재판의 심리와 판결을 공개하는 것을 말한다. 다만 헌법 제109조 단서에서 "심리는 국가의 안전보장 또는 안녕질서를 방해하거나 선량한 풍속을 해할 염려가 있을 때에는 법원의 결정으로 심리를 공개하지 아니할 수 있다"고 규정함으로써, 공개재판의 예외를 인정하고 있다. 이러한 공개재판의 예외는 오직 심리에서만 인정되며, 판결(선고)은 반드시 공개되어야 한다.[1]

우리 헌법은 형시피고인에게만 공개재판을 받을 권리를 보장하고 있지만(제27조 제3항 제2문), 공개재판을 받을 권리는 일반국민의 권리이기도 하다.[2]

헌재결 1994. 4. 28, 93헌바26【형사소송법 제314조 위헌소원】

공개재판을 받을 권리는 재판의 공정을 보장하기 위하여 비밀재판을 배제하고 일반국민의 감시하에 재판의 심리와 판결을 받는 권리이다. 여기서 공판중심주의에 의하여 공개된 법정의 법관의 면전에서 모든 증거자료는 조사·진술되고 이에 대하여 피고인이 공격·방어할 수 있는 기회를 보장받을 피고인의 권리가 생기는 것이다.

5. 형사피해자의 재판절차진술권(재판상 진술권)

현행 헌법은 형사피해자가 당해사건의 재판절차에서 피해의 내용을 진술할 수 있도록 규정하고 있다(헌법 제27조 제5항). 재판상 진술권의 보장은 법관이 형사재판을 함에 있어서 피해자의 진술을 청취하여 적절하고 공평한 재판을 하여야 함은 물론이요 아울러 법관으로 하여금 적절한 형벌권을 행사하여 줄 것을 청구할 수 있는 사법절차적 기본권을 보장해 준 것이다(적극적 진술권). 형사피해자에게 재판상 진술권을 인정한 이유는 재판의 공정성을 높이고, 유·무죄 판정과 양형에 참고하기 위함이다.

헌법 제27조 제5항의 형사피해자의 범위는 국가에 구조를 청구할 수 있는 형사피해자(헌법 제30조; 범죄피해자구조청구권)보다 범위가 넓은 개념으로 생명과 신체에 피해를 입은 자에 한정되지 아니한다.[3][4] 여기서 말하는 형사피해자의 개념은 헌법이 형사피해자의 재판절차진술권을 독립된 기본권으로 인정한 취지에 비추어 넓게 해석할 것이므로[5] 반드

1) 장영수, 헌법학, 885면; 홍성방, 헌법학, 660면.

2) 홍성방, 헌법학, 660면.

3) 헌법 제30조의 형사피해자는 범죄행위로 인한 피해구조에 관한 사항으로서 "타인의 범죄행위로 생명·신체에 대한 피해를 입은 자는 법률이 정한 바에 의하여 국가로부터 구조를 받을 수 있다"고 한정하고 있다.

4) 홍성방, 헌법학, 661면.

5) 헌재결 1992. 2. 25, 90헌마91【불기소처분에 대한 헌법소원】검사의 불기소처분에 대하여 기소

시 형사실체법상의 보호법익을 기준으로 한 개념에 의존하여 결정하여야 할 필요는 없다.[1] 즉 형사실체법상으로는 직접적인 보호법익의 주체가 아니더라도 문제되는 범죄 때문에 법률상 불이익을 받게 되는 자라면 형사피해자의 재판상(절차)진술권의 주체가 될 수 있다.[2] 헌법재판소는 불기소처분에 대한 헌법소원을 인정하는 근거로서 평등권침해와 더불어 재판절차상 피해자의 진술권침해를 들고 있다.

> [헌법재판소]
>
> 위증죄가 직접적으로 개인적 법익에 관한 범죄가 아니고 그 보호법익은 원칙적으로 국가의 심판작용의 공정이라 하여도 이에 불구하고 위증으로 인하여 불이익한 재판을 받게 되는 사건당사자는 재판절차진술권의 주체인 형사피해자가 된다.[3] 따라서 검사가 僞證의 피의사실에 대하여 불기소처분을 하였다면 헌법소원을 제기할 수 있는 청구인적격을 가진다.[4]

다만 피해자가 아닌 자가 신청한 경우, 공판절차나 수사절차에서 충분히 진술하여 다시 진술할 필요가 없다고 인정되는 경우, 신청인의 진술로 인하여 공판절차가 현저히 지연될 우려가 있는 경우에는 인정되지 않는다(형소법 제294의2 제1항 참조).

처분을 구하는 취지에서 헌법소원을 제기할 수 있는 자는 원칙적으로 헌법상 재판절차진술권(헌법 제27조 제5항)의 주체인 형사피해자에 한하는 것이나, 여기서 말하는 형사피해자의 기념은 헌법이 형사피해자의 재판절차진술권을 독립된 기본권으로 인정한 취지에 비추어 넓게 해석할 것이므로 반드시 형사실체법상의 보호법익을 기준으로 한 피해자 개념에 의존하여 결정하여야 할 필요는 없다.

1) 헌재결 1992. 2. 25, 90헌마91【불기소처분에 대한 헌법소원】

2) 헌법 제27조 제5항에서 형사피해자의 재판절차진술권을 독립된 기본권으로 보장한 취지는 피해자 등에 의한 사인소추를 전면 배제하고 형사소추권을 검사에게 독점시키고 있는 현행 기소독점주의의 형사소송체계 아래에서 형사피해자로 하여금 당해 사건의 형사재판절차에 참여할 수 있는 청문의 기회를 부여함으로써 형사사법의 절차적 적정성을 확보하기 위한 것이므로, 위 헌법조항의 형사피해자의 개념은 반드시 형사실체법상의 보호법익을 기준으로 한 피해자개념에 한정하여 결정할 것이 아니라 형사실체법상으로는 직접적인 보호법익의 향유주체로 해석되지 않는 자라 하더라도 문제된 범죄행위로 말미암아 법률상 불이익을 받게 되는 자의 뜻으로 풀이하여야 할 것이다. 교통사고로 사망한 사람의 부모는 형사소송법상 고소권자의 지위에 있을 뿐만 아니라, 비록 교통사고처리특례법의 보호법익인 생명의 주체는 아니라고 하더라도, 그 교통사고로 자녀가 사망함으로 인하여 극심한 정신적 고통을 받은 법률상 불이익을 입게 된 자임이 명백하므로, 헌법상 재판절차진술권이 보장되는 형사피해자의 범주에 속한다(헌재결 2002. 10. 31, 2002헌마453, 불기소처분취소); 홍성방, 헌법학, 661면.

3) 헌재결 1992. 2. 25, 90헌마91; (참조) 89헌마145, 91헌마6【불기소처분에 대한 헌법소원】

4) 헌재결 1992. 2. 25, 90헌마91, (참조) 89헌마145, 91헌마6【불기소처분에 대한 헌법소원】

VI. 재판청구권의 효력

재판청구권은 국가에 대한 국민의 주관적 공권으로서 입법권과 집행권 및 사법권을 구속한다(대국가적 효력). 이에 따라 재판청구권을 부당히 제한하거나 침해하는 법령 등은 위헌이다. 아울러 재판청구권은 간접적용설에 의해 사인간에도 효력이 미친다(다수설). 따라서 일반적인 재판청구권의 포기합의는 무효이다. 단, 당사자의 계약에 의해 특별한 법률관계에 한정된 부제소특약은 민사소송법상의 처분권주의에 위배되지 않는 것으로 유효하다.1)

VII. 재판청구권의 제한

1. 헌법에 의한 제한

헌법은 국회의 자율권을 존중하여 국회에서 행한 국회의원에 대한 자격심사와 징계 및 제명처분에 대해서는 법원에 제소할 수 없다(헌법 제64조 제4항)고 규정하고 있다.

2. 법률에 의한 제한

재판청구권도 헌법 제37조 제2항에 따라 국가안전보장 · 질서유지 · 공공복리를 위하여 필요한 경우에 한하여 법률로 제한할 수 있다. 이 경우에도 과잉금지의 원칙, 본질적 내용침해의 금지 등을 위반해서는 아니된다. 재판청구권을 제한하는 법률로는 법원조직법 · 민사소송법 · 형사소송법 · 행정소송법 · 군사법원법 · 헌법재판소법 등이 있다.2)

헌재결 1993. 7. 29, 90헌바35 **【반국가행위자의처벌에관한특별조치법 제5조 등 및 헌법재판소법 제41조 등 에 대한 헌법소원】**

형사재판에서 피고인이 중죄인이라거나 외국에 도피 중이라는 이유만으로 반국가행위자의처벌에관한특별조치법 제11조 제1항이 피고인이 체포되거나 임의로 검사에게 출석하지 아니하면 상소를 할 수 없도록 제한한 것과 동법 제13조 제1항에서 상소권회복청구의 길을 전면 봉쇄한 것은 결국 상소권을 본질적으로 박탈하는 것이어서 헌법상 재판청구권을 침해하는 것이다.3)

---

1) 대판 1968. 11. 5, 68다1655.

2) 양건, 헌법강의, 616면.

3) 반국가행위자의처벌에관한특별조치법 제11조 제1항등(상소권회복청구불조치) 위헌소원. : 부분

헌재결 1996. 1. 25, 95헌가5 【반국가행위자의처벌에관한특별조치법 제2조 제1항 제2호 등 위헌제청】

형사소송절차의 일반원칙에 따르면 중죄에서는 어떤 경우도 궐석재판을 할 수 없다. 그런데도 특조법 제7조 제5항은 중형에 해당하는 사건도 궐석재판을 의무화하고 있고, 심지어 피고인에게 불출석에 대한 형사법상의 일반원칙에 저촉될 뿐 아니라 피고인의 재판받을 권리를 필요이상으로 제한하고 있어 적법절차원리에도 위반된다. 나아가 특조법 제8조가 검사의 소환에 2회 이상 불응한 반국가행위자의 전재산을 필요적으로 몰수하도록 한 것은 범죄구성요건과 직접 · 간접의 연관성도 없이 재산을 몰수하는 것이어서 소환불응에 대한 제재로서의 성격이 강해 적법절차원리 및 과잉금지원칙에 어긋날 뿐 아니라 연좌형금지원칙(헌법 제13조 제3항)에도 위반된다. 이와 같이 특조법의 핵심규정들이 위헌이므로 특조법 전체가 그 존재의미를 상실하였다. 따라서 헌재법 제45조 단서에 따라 특조법 전체를 위헌결정한다.[1)]

2.1. 군사재판

군인 · 군무원은 군사법원에 의한 재판을 받게 되는 바, 이는 재판청구권의 중대한 제한이 아닐 수 없다. 신분상의 이유로 군사법원의 재판을 받게 되는 자는 현역군인 · 군무원 이외에도 군적을 가진 학생 · 생도 · 재영 중인 일반학생 · 소집된 예비역 · 포로 · 군교도소에 수형 중인 자 등이 있다.

군사재판은 재판청구권에 대한 중대한 제한이기 때문에 헌법적 근거가 있는 경우에만 인정될 수 있는데, 현행 헌법에서는 헌법 제110조 및 제27조 제2항의 두 가지 경우를 인정하고 있다.

헌법 제110조 ① 군사재판을 관할하기 위하여 특별법원으로서 군사법원을 둘 수 있다. ② 군사법원의 상고심은 대법원에서 관할한다. ③ 군사법원의 조직·권한 및 재판관의 자격은 법률로 정한다. ④ 비상계엄하의 군사재판은 군인 · 군무원의 범죄나 군사에 관한 간첩죄의 경우와 초병 · 초소 · 유독음식물공급 · 포로에 관한 죄중 법률이 정한 경우에 한하여 단심으로 할 수 있다. 다만, 사형을 선고한 경우에는 그러하지 아니하다.

헌법 제27조 ② 군인 또는 군무원이 아닌 국민은 대한민국의 영역안에서는 중대한 군사상 기밀 · 초병 · 초소 · 유독음식물공급 · 포로 · 군용물에 관한 죄중 법률이 정한 경우와 비상계엄이 선포된 경우를 제외하고는 군사법원의 재판을 받지 아니한다.

위헌결정.

1) 반국가행위자처벌에관한특별조치법 제2조 제1항 제2호 등(반국가행위자에 대한 필요적 궐석재판 및 필요적 재산몰수)

2.2. 상고의 제한

적법한 재판절차에는 심급제와 최고법원인 대법원에의 상고절차가 포함된다.[1] 따라서 대법원에의 상고제한은 원칙적으로 헌법 제101조 제2항에 위배되며, 재판청구권(헌법 제27조 제1항)도 침해하는 것이 될 것이다. 특히 문제가 되는 것이 상고심의 심리를 속행하지 않고 바로 상고기각판결을 할 수 있게한 절차로서 심리불속행제도가 문제 된다.[2] 그러나 우리 헌법이 재판에서의 판단에 신중을 기하기 위하여 심급제를 채택하고 있으나 3심제를 명문으로 규정하고 있지는 않기 때문에 2심에 의할지라도 헌법위반은 아니며, 어느 사건이나 모두 대법원에 상고할 수 있다고 해석되지는 않는다.[3] 상고의 제한은 민사소송법 제423조와 상고심절차에관한특례법에 의하여 인정되고 있다.

헌법재판소는 상고제도를 입법정책과 관련된 형량의 문제로 보면서 상고의 제한이 정당하다고 본다.[4] 재심청구권의 제한도 입법정책의 문제라 하며,[5] 특별항고사유에 대하여도 입법자가 법적 안정성 및 법원의 업무부담등을 고려하여 결정할 수 있는 입법정책의 문제로 보고 있다.[6]

헌재결 1992. 6. 26, 90헌바25 【소액사건심판법 제3조에 대한 헌법소원】

<심판대상>

소액사건심판법 제3조(상고 및 재항고) 소액사건에 대한 지방법원본원합의부 제2심 판결이나 결정, 명령에 대하여는 <u>다음 각호의 1에 해당하는 경우에 한하여</u> 대법원에 상고 또는 재항고를 할 수 있다.

1. 법률, 명령, 규칙 또는 처분의 헌법위반여부와 명령, 규칙 또는 처분의 법률위반여부에 대한 판단이 부당한 때
2. 대법원의 판례에 상반되는 판단을 한 때

<결정요지>

헌법 제101조 제2항(법원은 대법원과 각급법원으로 구성된다)은 <u>각급법원의 심리를 거치고 난 후 어느 사건이건 막론하고 차별없이 대법원에 상고할 수 있다는 취지의 규정이라고 할 수 없으므로 상고를 불허하여도 위헌이라고 볼 수 없다</u>고 하였다

---

1) 허영, 한국헌법론, 386면.
2) 이준일, 헌법학강의, 단락번호 [4.9.51].
3) 권영성, 헌법학원론, 618면.
4) 헌재결 1997. 10. 30, 97헌바37 【상고심절차에관한특례법 제4조 위헌소원】
5) 헌재결 1996. 3. 28, 93헌바27; 헌재결 2004. 12. 16, 2003헌바105 【상고심절차에관한특례법 제5조 등 위헌소원 (민사소송법제451조)】
6) 헌재결 2007. 11. 29, 2005헌바12 【회사정리법 제240조 제2항 위헌소원 등 (제271조)】

헌재결 1993. 7. 29, 90헌바35【반국가행위자의처벌에관한특별조치법 제5조 등 및 헌법재판소법 제41조 등에 대한 헌법소원】

<결정요지>

반국가행위자의처벌에관한특별조치법(1977.12.31.법률 제3045호, 최종 개정 1987.12.4. 법률 제3993호) 제11조 제1항과 제13조 제1항 중 "제345조 내지 제348조" 부분은 헌법에 위반된다.

이와같이 헌법재판소는 반국가행위자의처벌에관한특별조치법 제5조에 관한 헌법소원 사건에서 상소의 제한을 규정한 제11조 제1항과 상소권회복청구의 봉쇄를 규정한 특조법 제13조 제1항 중 "제345조 내지 348조" 부분은 위헌이라 하였다.

<사례-1> 2006헌마551【상고심절차에 관한 특례법 제4조 등 위헌확인 등】

청구인 이재욱은 파산자 ○○ 주식회사의 파산관재인 등이 신청한 소송비용액확정사건의 소송비용액확정결정에 대하여 서울중앙지방법원에 항고하였다가 기각당한 후 대법원에 재항고를 하였다. 대법원은 2006. 4. 24. '상고심절차에 관한 특례법'[1] 제4조, 제5조 및 제7조를 적용하여 재항고를 기각하였고, 그 결정이 2006. 5. 1. 청구인 이재욱에게 송달되었다. 이에 청구인 이재욱은 특례법 제4조, 제5조 및 제7조가 헌법상 보장된 재판청구권 및 평등권을 침해하여 위헌이라고 주장하면서 2006. 5. 3. 이 사건 헌법소원심판을 청구하였다.

<사례-2> 2007헌마88【상고심절차에관한특례법제4조등위헌확인등】

청구인 서○황은 청구외 서울특별시장을 상대로 제기한 정보비공개결정위법확인소송의 1심[2]과 2심[3]에서 모두 패소한 후 대법원에 상고하였다. 대법원은 2006. 12. 22. 특례법 제4조 및 제5조를 적용하여 상고를 기각하였고(2006두17451), 그 무렵 이 판결이 청구인 서○황에게 송달되었다. 이에 청구인 서○황은 특례법 제4조 및 제5조 등이 헌법상 보장된 재판청구권 등을 침해하여 위헌이라고 주장하면서 이 사건 헌법소원심판을 청구하였다.

<사례-1, 사례-2의 해설>

헌재결 2007. 7. 26, 2006헌마551, 2007헌마88, 255(병합)【상고심절차에관한특례법제4조등위헌확인등】

헌법이 대법원을 최고법원으로 규정하였다고 하여 대법원이 곧바로 모든 사건을 상고심으로서 관할하여야 한다는 결론이 당연히 도출되는 것은 아니며, "헌법과 법률이 정하는 법관에 의하여 법률에 의한 재판을 받을 권리"가 사건의 경중을 가리지 않고 모든 사건에 대하여 대법원을 구성하는 법관에 의한 균등한 재판을 받을 권리를 의미한다거나 또는 상고심재판을 받을 권리를 의미하는 것이라고 할 수는 없다.

---

1) 2002. 1. 26. 법률 제6626호로 개정된 것, 이하 '특례법'이라 한다.
2) 서울행정법원 2005구합21521.
3) 서울고등법원 2005누28685.

생각건대 사실심(양형부당, 사실오인)의 상고제한은 합리적인 이유가 있는 한 위헌은 아니라고 보나, 법령위반을 이유로 한 법률심의 상고제한은 재판을 받을 권리의 침해이며 위헌이다.1) 비상계엄하의 군사재판에 대하여는 상고제한이 인정된다. 즉 비상계엄하에서 사형선고의 경우 이외에 군인·군무원의 범죄나 군사에 관한 간첩죄의 경우와 초병·초소·유독음식물공급·포로에 관한 죄중 법률이 정한 경우에 한하여 는 단심으로 할 수 있다고 규정한 것도 재판을 받을 권리에 대한 제한이다(헌법 제110조 제4항).2)

2.3. 출소기간의 제한(제척기간)

행정소송에 있어서 출소기간의 제한(행소법 제20조) 및 헌법소송에서의 출소기간의 제한(헌재법 제69조)은 행정소송 및 헌법소원이 갖는 파급효과에 대하여 공법관계의 조기 안정을 보장하기 위한 합리적인 제한이기 때문에 재판을 받을 권리에 대한 침해는 아니라고 본다.3)

헌재결 1996. 8 .29, 95헌가15 【회사정리법 제149조 위헌제청】

출소기간의 제한은 재판청구권에 대하여 직접적인 제한을 가하는 것이지만, 그 제한이 재판청구권의 본질적 내용을 침해하지 아니하는 한, 각 구체적 법률관계의 성질에 비추어 그 법률관계를 조속히 확정할 합리적인 필요가 인정되는 경우에는 헌법 제37조 제2항에 따라 상당한 범위내에서 입법재량으로 허용되는 것이라 할 것이다. 즉 특별히 법률관계를 조속히 확정할 필요가 없음에도 그 권리의 행사여부 및 시기를 실체적 권리자의 선택에 맡기지 아니하고 합리적 이유없이 출소기간을 설정하여 실체적 권리의 행사를 부당하게 제한하거나 법률관계의 조속한 확정의 필요가 인정되는 경우라도 그 출소기간을 지나치게 단기간으로 하여 출소하는 것이 사실상 불가능하거나 매우 어렵게 되는 등 출소기간이 현저히 불합리하여 '사실상 재판의 거부'라고 볼 수 있는 경우가 아닌한 출소기간의 제한은 입법재량으로 허용되는 것이라 할 것이다.

그러나 제소기간과 같은 불변기간은 재판청구권과 직접 관련되는 것이기 때문에 제소기간이 지나치게 길거나 명확성이 결여된 법률은 위헌이다(불변기간명확성의 원칙).4)

1) 권영성, 헌법학원론, 618면.
2) 권영성, 헌법학원론, 618면.
3) 권영성, 헌법학원론, 619면; 장영수, 헌법학, 889면.
4) 권영성, 헌법학원론, 619면; 장영수, 헌법학, 889면.

헌재결 1993. 12. 23, 92헌바11 【지방세법제58조제3항에대한헌법소원】

제소기간과 같은 불변기간은 국민의 기본권인 재판을 받을 권리행사와 직접 관련되기 때문에 그 기간계산에 있어서 나무랄 수 없는 법의 오해로 재판을 받을 권리를 상실하는 일이 없도록 쉽사리 이해되게, 그리고 명확히 규정되어야 할 것인바, 지방세 부과처분 이의신청에 대한 과세관청의 결정통지가 없는 경우 상급관청에 대한 심사청구기간과 그 기산점에 관하여 규정한 지방세법 제58조 제3항(1961. 12. 8. 법률 제827호, 개정 1984. 12. 24. 법률 제3757호)의 전단 및 후단의 규정은 통상의 주의력을 가진 이의신청인)이 심사청구기간에 관하여 명료하게 파악할 수 없을 정도로 그 규정이 모호하고 불완전하며 오해의 소지가 충분하여 헌법상 법치주의의 파생인 불변기간 명확성의 원칙에도 반하고, 그 불복청구기간마저 단기간이어서 종당에는 재판청구권으로 연결되는 불복신청권 상실의 위험을 초래케 하는 등 헌법상 보장된 국민의 재판을 받을 권리를 본질적으로 침해할 우려가 크므로 헌법에 위반된다.

2.4. 변호사강제주의

헌법재판소법 제25조 제3항은 "각종 심판절차에 있어서 당사자인 사인은 변호사를 대리인으로 선임하지 아니하면 심판청구를 하거나 심판수행을 하지 못한다. 다만, 그가 변호사의 자격이 있는 때에는 그러하지 아니하다"라고 하여 재판청구권을 침해하지 않는가 문제되나, 헌법재판소는 합헌결정을 선고한 바 있는데,[1] 그 이유의 요지는 다음과 같다. "변호사강제주의는 재판업무에 분업화 원리의 도입이라는 긍정적 측면 외에도, 재판을 통한 기본권의 실질적 보장, 사법의 원활한 운영과 헌법재판의 질적 개선, 재판심리의 부담경감 및 효율화, 그리고 사법운영의 민주화 등 공공복리에 그 기여도가 크다고 하겠고, 그 제도적 이익은 본인소송주의를 채택함으로써 변호사 선임비용 지출을 하지 않는 이익보다는 이익형량상 크다 할 것이므로 헌법재판에 있어서 변호사강제주의가 국민의 헌법재판을 받을 권리의 제한이라 하더라도 이는 공공복리를 위하여 필요한 제한이라고 봄이 상당할 것이다. 더욱이 헌법재판소법 제70조에서는 헌법소원심판청구에서 변호사를 대리인으로 선임할 자력이 없는 당사자를 위하여 국선대리인제도를 마련하고 있으므로 이와 같은 제한을 재판을 받을 권리의 본질적 내용의 침해라고도 볼 수 없을 것이다. 그러므로 헌법재판소법 제25조 제3항은 헌법에 위배된다고 할 수 없다"고 한다.

헌재결 1990.09.03, 89헌마120 【헌법재판소법 제25조 제3항에 관한 헌법소원】

변호사강제주의는 재판업무에 분업화 원리의 도입이라는 긍정적 측면 외에도, 재판을 통한 기본권의 실질적 보장, 사법의 원활한 운영과 헌법재판의 질적 개선, 재판심리의 부담

1) 헌재결 1990. 9. 3, 89헌마120 등; 헌재결 2001. 9. 27, 2001헌마152 【헌법재판소법 제70조 등 위헌확인(동법 제68조, 제69조)】

경감 및 효율화, 사법운영의 민주화 등 공공복리에 그 기여도가 크다 하겠고, 그 이익은 변호사선임 비용지출을 하지 않는 이익보다는 크다고 할 것이며, 더욱이 무자력자에 대한 국선대리인제도라는 대상조치가 별도로 마련되어 있는 이상 헌법에 위배된다고 할 수 없다.

3. 예외적 제한

국가긴급시에는 재판청구권에 대하여 특별한 제한이 가해질 수 있다. 비상계엄하에서는 일반 국민도 군사법원의 재판을 받아야 하며(헌법 제27조 제2항), 비상계엄하의 일정한 경우, 즉 군사재판은 군인 · 군무원의 범죄나 군사에 관한 간첩죄의 경우, 초병 · 초소 · 유독음식물공급 · 포로에 관한 죄 중 법률이 정한 경우에 해당되는 경우에는 單審으로 할 수 있다고 하여, 上訴를 제한하고 있다(헌법 제110조 제4항). 이는 국민의 재판청구권의 중대한 제한이 된다.

제 4 항 국가보상청구권

국가보상청구권이라 함은 적법한 또는 무과실의 공권력발동으로 말미암아 권익을 침해당한 국민이 국가에 대하여 보상을 청구할 수 있는 권리를 말한다. 그 대표적인 경우가 손실보상청구권과 형사보상청구권이다. 법치국가원리로부터 도출되는 개념이다.[1]

[관련법]
(1) 국토이용관리법과 도시계획법이 통합되어 [국토의계획및이용에관한법률]
(2) 토지수용법과 공공용지의취득및손실보상에관한특례법이 통합되어 [공익사업을위한토지등의취득및보상에관한법률]

<사례>

국토해양부장관은 도시주변의 자연환경을 보전하여 건전한 생활환경을 확보하기 위하여 XX번지 일대를 개발제한구역으로 지정하였다. 개발제한구역에서는 건축물의 건축, 공작물의 설치 및 토지의 형질변경 등이 제한되므로, 이 구역 안에 나대지를 소유하고 있는 갑은 자신의 토지 위에 연립주택을 지을 계획을 갖고 있었으나, 이로 인해 계획을 달성할 수 없게 되었고 또한 토지가격도 대폭 하락하여 재산상 피해를 보게 되었다. 또한 침해법률에서는 보상규정도 두고 있지 않았다. 이에 갑은 자신이 받은 피해를 공용제한으로 인한 특별한 희생에 해당된다고 주장하면서 국가를 상대로 손실보상을 청구하려 한다. 갑의 청구는 타당한가?

<해설>

본 사례는 개발제한 구역 지정으로 인한 당사자의 권리구제에 관한 문제이다. 여기서 문제되는 점은 재산권에 대한 사용, 제한 등의 조치를 취할 수 있는 근거법률에서 손실보상규정을 두고 있지 않는 경우, 당사자의 권리구제가 가능한가 하는 점이다. 이 사안에서는 손해배상 및 손실보상의 다른 요건, 즉 당해 사안의 경우 공용필요에 의한 재산권의 제한에 해당하는지 여부 및 특별한 희생에 해당하는지 여부 등을 검토해야 한다.

이 사안에서 보는 바와 같이 국민의 재산권을 과도하게 제한하면서도 이에 대한 보상규정을 두지 않은 경우 위헌인지가 문제된다. 이에 대해 헌법재판소는 개발제한구역제도 자체는 합헌적으로 보나, 예외적으로 토지를 종래의 이용방법으로 사용할 수 없거나 토지를 사용·수익할 방법이 전혀 없는 경우(예 : 나대지 또는 주위의 개발로 농지이용 불가능시)로서 아무런 보상규정을 두고 있지 않는 경우엔 국민의 재산권을 과도하게 제한한 규정이라는 헌법불합치결정을 하면서, 행정청은 더 이상 새로운 개발제한구역을 지정할 수 없고, 구체적인 보상절차는 빠른 시일내에 법률로 제정할 의무가 국회에 있으며, 보상에

1) 국가보상청구권에 관한 상세한 내용은 김백유, 행정법치론(I), 1102면 이하 참조.

관한 법률이 제정되기 전에는 국민은 보상을 청구할 수 없다고 하였다. 또한 법률의 효력은 지속되므로, 국민은 개발제한구역지정 자체나 이로 인한 행정처분을 행정소송을 통해 다툴 수 없다고 하였다.

위 사안의 경우 나대지 상태에서 개발제한구역이 지정되면 국민에게 특별한 희생을 주므로 이에 대한 보상규정이 필요하지만, 이에 대한 보상규정이 없는 경우에도 헌법재판소의 결정에 따라 국민은 위법한 국가작용임을 이유로 국가배상을 청구할 수도 없다. 단지 국회에서 보상에 관한 법률을 제정하기를 기다려 손실보상을 청구할 수 있을 뿐이다. <인터넷 법률신문>

- 무허가건물의 토지수용법상 손실보상의 대상여부 -

<사례>

甲은 공유토지상에 무허가건물을 소유하고 있었는데, 그 토지가 지방자치단체에 의하여 도시계획사업지구에 편입되었다. 이 경우 지장물[1]인 건물이 토지수용법상 손실보상의 대상이 되기 위해서는 적법한 건축허가를 받아 건축된 것이어야 하고, 甲의 무허가건물은 손실보상의 대상이 되지 못하는가?

<해설>

공익사업을위한토지등의취득및보상에관한법률 제75조 제1항에 의하면 손실보상을 받기 위해서 건축허가를 받아야 하는지에 관해서는 명문의 규정이 없다. 지장물인 건물이 구토지수용법상 손실보상의 대상이 되기 위해서는 적법한 건축허가를 받아 건축된 것이어야 하는지에 관하여 판례를 보면, 「… 지장물인 건물을 보상대상으로 함에 있어 건축허가의 유무에 따른 구분을 두고 있지 않을 뿐만 아니라, 오히려 공공용지의취득및손실보상에관한특례법시행규칙 제5조의9는 주거용 건물에 관한 보상특례를 규정하면서 그 단서에 주거용인 무허가건물은 그 규정의 특례를 적용하지 아니한 채 공공용지의취득및손실보상에관한특례법시행규칙 제10조에 따른 평가액을 보상액으로 한다고 규정하고, 공공용지의취득및손실보상에관한특례법시행규칙 제10조 제5항은 지장물인 건물이 주거용인 경우에 가족수에 따른 주거비를 추가로 지급하되 무허가건물의 경우에는 그러하지 아니하다고 규정함으로써 무허가건물도 보상의 대상에 포함됨을 전제로 하고 있는바, 이와 같은 관계법령

1) 지장물이라 함은 토지에 정착한 건축물, 공작물, 수목 등 당해 공익사업 수행을 위하여 직접 필요로 하지 아니하는 물건을 말한다. 지장물은 이전에 필요한 비용(이전비)으로 보상함을 원칙으로 하지만 ① 건축물등의 이전이 어렵거나 그 이전으로 인하여 건축물등을 종래의 목적대로 사용할 수 없게 된 경우, ② 건축물등의 이전비가 그 물건의 가격을 넘는 경우, ③ 사업시행자가 공익사업에 직접 사용할 목적으로 취득하는 경우에는 그 물건의 가격으로 보상하여야 한다. 이때 이전 가능한지 여부는 물리적 또는 기술적인 면에서 판단할 것이 아니라 경제적인 관점에서 이전시킴이 타당한지 여부를 판단하여야 한다. 또한 토지에 건축물, 공작물, 시설, 입목 기타 물건 등 정착물이 있는 경우에는 토지와 그 정착물을 각각 따로 평가함이 원칙이나, 정착물이 토지와 함께 거래되는 사례나 관행이 있는 경우에는 그 정착물을 일괄하여 평가하여야 하며, 이 경우 그 내용을 평가서에 기재하여야 한다(舊공특법시행규칙 제20조 제1항).

을 종합하여 보면, 지장물인 건물은 그 건물이 적법한 건축허가를 받아 건축된 것인지 여부에 관계없이 토지수용법상의 사업인정의 고시 이전에 건축된 건물이기만 하면 손실보상의 대상이 됨이 명백하다.」라고 하였다.[1)]

따라서 위 사안에서도 甲의 위 무허가건물도 토지수용법상의 사업인정의 고시 이전에 건축된 건물이기만 하면 손실보상의 대상이 될 것으로 보인다. 다만, 신법 시행규칙 제52조는 영업허가를 받지 않은 영업의 손실보상에 관하여 특례규정을 두고 있는 바 이와 마찬가지로 무허가건축물의 경우 보상액의 산정에 영향을 미친다. <대한법률구조공단>

I. 손실보상청구권

헌법 제23조 제3항은 「공공필요에 의한 재산권의 수용·사용 또는 제한 및 그에 대한 보상은 법률로써 하되, 정당한 보상을 지급하여야 한다」라고 하여 손실보상청구권을 보장하고 있다. 그러므로 손실보상청구권은 헌법 제23조 제3항을 직접적인 근거규정으로 하지만 공평부담의 원리를 규정한 헌법 제11조, 인간다운 생활권과 사회보장수급권을 규정한 제34조, 사유재산제와 재산권을 규정한 제23조 제1항, 재산권행사에 대한 사회적 구속성을 규정한 동조 제2항 등도 간접적인 근거규정이라 할 수 있다.[2)]

1. 손실보상청구권의 의의

1.1. 청구권적 기본권

손실보상청구권은 공용수용·공용사용·공용제한 등 적법한 공권력의 행사로 말미암아 재산상 특별한 희생을 당한 자가 공평부담의 견지에서 국가에 대하여 재산적 손실의 전보를 청구할 수 있는 청구권적 기본권의 하나이다.

1.2. 손실보상과 손해배상의 구별

손실보상청구권은 헌법 제29조의 국가배상청구권과는 구별된다. 손실보상과 국가배상은 양자가 행정상의 사후구제수단의 하나라는 점, 행정작용에 의한 손해 및 손실의 전보제도의 하나라는 점, 사회국가의 이념에 봉사하는 제도라는 점 등에서 공통성을 가진다. 그러나 손실보상이 적법한 공권력의 행사로 인한 재산적 손실을 구제하기 위한 권리라면, 손해배상이 위법한 공권력의 행사로 말미암은 손해를 구제받기 위하여 행사할 수 있는 권리라는 점에서 구별된다.[3)]

---

1) 대판 2000. 3. 10, 99두10896; 대판 2001. 4. 13, 2000두6411 【토지수용이의재결처분취소】
2) 권영성, 헌법학원론, 628면.

종류	손해배상	손실보상
원인행위	'위법'한 행정작용으로 인한 손해를 보전	'적법'한 공권력의 행사로 인한 손실을 보전
사상적 배경	개인주의사상에 입각 → 개인적·도덕적 과실 책임주의	단체주의사상에 입각 → 사회적 공평부담주의
법적 근거	· 헌법 제29조 · 일반법(국가배상법)	· 헌법 제23조 제3항 · 일반법(X)[1] · 개별법(0) - 공익사업을위한토지등의취득및보상에관한법률(舊토지수용법) - 국토의계획및이용에관한법률(舊도시계획법+舊국토이용관리법)
대상	· 재산상의 손해 · 비재산적 손해(생명·신체·정신적 손해 포함)	재산권 및 기타 권리·이익의 침해(생할권 등) : 희생보상청구이론에 의하면 비재산적 법익(생명·신체·자유·명예)에 대하여 보상가능
양도·압류	생명·신체의 침해로 인한 것 → 양도·압류 금지	양도·압류 가능

<김백유, 행정법치론(I), 1108면>

---

3) 김백유, 행정법치론(I), 1107면.

1) 행정상 손해배상의 경우에는 국가배상법과 같은 일반법이 존재하나, 손실보상의 경우에는 일반법은 없다. ☞ 주의 : **손실보상의 경우 일반법이 없다는 말은 손실보상에 관한 일반적·총체적인 내용을 규율하는** '손실보상법이 없다는 의미'이고, **다만 토지의 수용·사용과 그에 관한 보상에 관한 것은 공익사업을위한토지등의취득및보상에관한법률(舊토지수용법)이 있고,** 그밖에 각 단행법(예 : 舊도시계획법[현행 : 국토의계획및이용에관한법률] 제29·30조, 舊국토이용관리법 제29조, 舊공공용지취득및손실보상에 관한 특례법 제2, 제3조 등) 등과 같은 개별법에서 손실보상에 관한 사항을 규정하고 있다. 다만 김철용 교수는 이를 개별법으로 보고(김철용, 행정법 I, 531면) 홍정선 교수는 일반법으로 분류한다(홍정선, 행정법원론(상), 단락번호 2038); 김동희교수도 공용수용의 일반법으로 토지등의취득및보상에관한법률이 있고 동법은 공용수용의 목적물(법 제3조), 공용수용을 할 수 있는 공익사업(법 제4조) 및 공용수용의 절차와 효과에 관하여 일반적 규정을 두고 있는 일반법이고, 특별법으로는 국토계획법·도로법·하천법·택지개발촉진법 등 다수의 법률이 있다고 한다(김동희, 행정법(II), 387면).

첫째, 손해배상의 발생원인이 공무원의 직무상 불법행위(고의 · 과실)인 데 반해, 손실보상은 공권력에 의한 사유재산에 대한 특별희생이다.

둘째, 손해배상이 위법한 행정작용에 대한 구제인데 반해, 손실보상은 적법한 행정작용에 대한 구제이다.

셋째, 손해배상이 개인주의적 사상에 입각한 개인적 과실책임에 근거하고 있는데 반해, 손실보상은 단체주의사상에 입각한 사회적 공평부담주의에 근거한다.

넷째, 손해배상은 불법행위시를 기준으로 하는데 반해, 손실보상은 협의시나 재결시를 기준으로 한다.

다섯째, 손해배상은 재산상 손해 외에 정신적 손해도 가능하나, 손실보상은 원칙적으로 재산상 손실에 한한다.

여섯째, 손해배상은 상당인과관계있는 모든 손해가 배상범위이나, 손실보상은 헌법 제23조 제3항에 따른 정당한 보상액으로 제한된다.

1.3. 손실보상청구권과 형사보상청구권과의 구별

손실보상청구권은 적법한 공권력의 행사로 인하여 발생한 특별한 희생의 전보라는 점에서, 인신의 구속으로 말미암아 발생한 손해에 대하여 결과책임을 인정하는 헌법 제28조의 형사보상청구권과는 구별된다.

1.4. 손실보상청구권과 범죄피해자구조청구권의 구별

손실보상청구권은 본인에게 귀책사유가 없는 타인의 범죄행위로 인하여 생명을 잃거나 신체상 중장해를 입은 개인이나 그 유족이 가해자로부터 충분한 피해배상을 받지 못한 경우에 보충적으로 국가에 대하여 일정한 구조를 청구할 수 있는 헌법 제30조의 범죄피해자구조청구권과도 구별된다.[1)]

2. 손실보상청구권의 법적 성격

2.1. 구체적 · 현실적 권리

재산권을 침해당한 자가 손실보상청구권을 행사할 수 있기 위해서는 보상과 관련된 법률이 따로이 존재해야 하는가 아니면 헌법 제23조 제3항의 규정만으로도 가능한가가 문제된다. 이에 관해서는 제23조 제3항의 법적 성격을 방침적 권리설(입법방침규정설) · 위헌무효설(입법자에 대한 직접적 효력설) · 현실적 권리설로 보는 견해가 대립되고 있다.

생각건대 헌법 제23조 제3항은 입법자에 대하여 직접적 효력을 가지는 규정이므로, 법률이 재산권침해를 규정하면서 보상에 관하여 규정하지 아니하면 그 법률은 위헌무효가

---

1) 김백유, 행정법치론(I), 1107면.

되고(입법자에 대한 직접효력설), 그 법률에 근거한 재산권 침해행위는 불법행위가 되어 손해배상을 청구할 수 있다.

권영성 교수는「생각건대 헌법 제23조 제3항은 직접적 효력을 가지는 규정이므로, 법률이 재산권침해를 규정하면서 보상에 관하여 규정하지 아니하면 그 법률은 위헌무효가 되고, 재산권을 침해당한 자는 헌법 제23조 제3항에 의거하여 손실보상을 청구할 수 있다고 본다(현실적 권리설)」[1]고 하면서, 헌법 제23조 제3항의 규정에 의하여 손실보상을 청구할 수 있다고 한다.[2]

생각건대 그 법률(침해규정만 두고 보상규정은 두지 아니한)이 위헌무효가 된다면 그 법률에 근거한 재산권침해행위는 불법행위가 되어 적법한 행정침해를 그 효력발생 요건으로 하는 손실보상은 청구할 수 없고 다만 손해배상을 청구할 수 있을 것이다.

2.2. 공권(학설) · 사권(판례)

손실보상청구권의 성격에 관해서는 사권설과 공권설이 대립하고 있다. 생각건대 손실보상제도는 공권력의 행사를 원인으로 하고 공권력의 행사에 수반되는 효과이기 때문에 공법관계에 관한 제도라고 할 수 있고, 또 공익사업을위한토지등의취득및보상에관한법률(舊토지수용법) 등 일련의 손실보상관계법률은 공권력의 침해행위와 단체주의적 공평부담의 원칙에 따른 손실보상과 국가의 보상의무를 규정한 공법이라 할 수 있다. 그러므로 손실보상청구권은 공권으로 보는 것이 타당하다.

이와 같은 점에서 행정상 손실보상은 적법한 공권력의 행사로 인한 특별한 희생에 대한 전보(塡補)이기 때문에 보상의무의 이행관계는 공법관계이고, 따라서 손실보상청구권은 공법상 권리에 속하는 것이다. 공권설에 의하면 손실보상청구소송은 '공법상의 권리관계에 관한 소송'으로서 행정소송인「당사자소송」에 의하게 된다.[3]

- 적법한 공권력의 행사
- 특별한 희생에 대한 전보(塡補)
- 공법관계 → 행정소송인 당사자소송

생각건대 손실보상제도는 공권력의 행사를 원인으로 하고 공권력의 행사에 수반되는 효과이기 때문에 공법관계에 관한 제도라고 할 수 있고, 또 <u>공익사업을위한토지등의취득및</u>

---

1) 징발보상금청구권은 징발보상위원회의 사정(査定)이 없더라도 곧 발생한다고 보는 것이 정당하다(대판 1969. 1. 21, 68다2192; 대판 1967. 1. 12, 67다1334).
2) 권영성, 헌법학원론, 629면.
3) 김백유, 행정법치론(I), 1109면.

보상에관한법률(舊토지수용법)[1] 등 일련의 손실보상관계법률은 공권력의 침해행위와 단체주의적 공평원담의 원칙에 따른 손실보상과 국가의 보상의무를 규정한 공법이라 할 수 있다. 그러므로 손실보상청구권은 공권으로 보는 것이 타당하다.

이에 반하여 판례는 사권설을 취하고 있다. 사권설의 입장은 손실보상의 원인행위가 비록 공법적인 것이라 할지라도, 이에 대한 손실보상은 당사자의 의사 또는 직접 법률의 규정에 의거한 사법상의 채권·채무관계라하여 손실보상청구권을 사권으로 본다. 사권설에 의하면 손실보상에 관한 소송은 「민사소송」에 의하게 된다(판례).

- 원인행위의 공법성 불문
- 사법상의 채권채무관계
- 민사소송(판례)

2.3. 재산권보장을 위한 수단적 권리

헌법은 제26조에서 제30조에 걸쳐 일련의 청구권적 기본권을 규정하고 있으면서도 (ㄱ) 손실보상청구권은 경제적 기본권에 해당하는 재산권조항인 제23조에 규정되어 있고, (ㄴ) 손실보상제도는 사유재산제도와 사유재산권의 보호를 이론적 근거로 하고 있으므로, 손실보상청구권은 재산권보장을 위한 수단적 권리에 해당한다. 이와 같이 재산권을 규정한 헌법 제23조 제1항과 손실보상청구권을 규정한 제23조 제3항은 목적과 수단의 관계에 있다.[2]

3. 손실보상청구권의 주체

손실보상청구권의 주체는 공권력의 행사로 말미암아 재산권을 특별히 희생당한 개인이다. 자연인과 법인을 가리지 아니한다. 다만 외국인과 외국법인은 우리나라에서 재산권을 향유하는 자만이 그 주체가 될 수 있다.[3]

4. 손실보상의 근거

4.1. 이론적 근거

기득권설 : 불가침적인 자연권의 침해에 대한 당연한 보상이라고 한다.

---

1) [폐지 2002. 2. 4 법률 제6656호] 토지수용법은 이를 폐지한다. 부칙 <제6656호, 2002. 2. 4> 제1조 (시행일) 이 법은 2003년 1월 1일부터 시행한다. 제2조 (다른 법률의 폐지) 토지수용법 및 공공용지의취득및손실보상에관한특례법은 이를 폐지한다. 제3조 내지 제12조 생략.

2) 권영성, 헌법학원론, 629면.

3) 권영성, 헌법학원론, 630면.

은혜설: 국가권력의 절대성을 전제로 보상은 국가의 개인에 대한 은혜로서의 보상이라고 한다.

공용징수설: 공용징수설은 공공필요에 의한 수용에 대한 보상이라고 하는 학설로서, 헌법상 공용징수와 그 보상제도가 있으므로 손실보상이 인정된다고 한다.

생활권보장설: 손실보상의 근거는 헌법상의 생활권보장의 근거와 관련해서 이해되어야 한다는 이론이다.

특별희생설(Opfertheorie): 특별희생설(Otto Mayer가 주장)이란 손실보상제도는 행정주체가 행정목적을 위하여 사유재산에 대하여 가하여진 우연한 특별희생(besonderes Opfer)에 대해 사회전체의 공동부담으로 처리함이 자연법적 정의와 공평의 원칙에 타당하므로 조절적 보상(ausgleichende Entschädigung)을 기하는 의미에서 손실보상을 한다는 학설이다. <u>통설이며 타당하다.</u>

· '公的 負擔 앞의 평등'의 이상을 실현 : 정의와 공평의 원칙
· 공익과 사익을 조절
· 사유재산권의 보장 등 법률생활의 안정을 기하려고 하는 데에 이 제도가 인정되는 합리적 근거가 있다고 한다(통설이며 타당하다).

4.2. 손실보상의 실정법적 근거

4.2.1. 침해법정주의의 채택

손실보상의 원인인 재산권에 대한 공권력의 침해와 그로 인한 손실의 보상은 적법(適法)한 것이어야 한다. 적법(適法)이라 함은 법률에 근거한 것임을 의미한다. 현행 헌법은 제23조 제3항에서 「공공필요에 의한 재산권의 수용·사용 또는 제한 및 그에 대한 보상은 「법률로써」 하되, 정당한 보상을 지급하여야 한다」고 규정하고 있다. 따라서 재산권침해행위와 손실보상은 입법기관에 의하여 제정된 형식적 의미의 법률(formelles Gesetz)에 근거를 두고 행하여지지 않으면 안된다.

「형식적 의미의 법률을 요구하는 판례」

군사상 긴급한 필요에 의하여 국민의 재산을 수용 또는 사용한 경우에도 그것이 법률의 근거가 없는 경우에는 불법행위에 해당한다.[1)]

· **재산권침해행위 →** 형식적 법률에 의함
형식적 법률 : 헌법·법률 가능, 그러나 관습법·조리 불가

1) 대판 1966. 10. 18, 66다1715 【손해배상】

☜ 소수설로 권영성 교수의 조례긍정설이 있다[1]
- 공익사업을위한토지등의취득및보상에관한법률(舊토지수용법)
- 국토의계획및이용에관한법률(舊도시계획법 + 舊국토이용관리법)

『문제』
- 형식적 의미의 벌률과 실질적 의미의 법률의 내용
- 왜 형식적 의미의 법률에 의해야 하는가?

다만 대통령의 긴급재정경제처분 · 명령(헌법 제76조)과 비상계엄선포의 경우(헌법 제77조)에 한하여 예외적으로 법률 이외의 형식으로 제한하는 것이 인정된다. 그 결과 행정명령(행정규칙)이나 법규명령에 의한 재산권의 제한은 허용되지 아니한다.

「소수설」
준법률적 성격을 가지는 조례에 의한 재산권 「사용」의 일시적 제한은 예외적으로 가능하다고 보는 견해가 있다.[2]

4.2.2. 손실보상청구권의 법적 근거문제 및 보상을 결한 공용침해

a) 개관

행정상 손해배상의 경우에는 국가배상법과 같은 일반법이 존재하나, 손실보상의 경우에는 일반법은 없다. 다만 토지의 수용 · 사용과 그에 관한 보상에 관한 일반법으로서 공익사업을위한토지등의취득및보상에관한법률(舊토지수용법)이 있고, 그밖에 각 단행법(예 : 국토의계획및이용에관한법률(구도시계획법)) 등과 같은 개별법에서 손실보상에 관한 사항을 규정하고 있을 뿐이다.

현행 헌법 제23조 제3항은 「공공필요에 의한 재산권의 수용 · 사용 또는 제한 및 그에 대한 보상을 법률로써 하되, 정당한 보상을 지급하여야 한다」라고 규정하고 있다. 그러므로 우리나라에 있어서도 공용침해에 대한 보상은 반드시 법률의 근거가 있어야 하고, 그 기준과 방법 등의 제반사항도 반드시 법률에 그 근거가 있어야 한다. 여기서 문제는 공용침해 허용규정과 이에 대한 보상규정이 반드시 「불가분」이어야 하는가 하는 점이다. 이러한 공용침해규정과 보상규정 상호간의 「불가분원칙」을 헌법상에 명시한 예로는 독일 기본법이 있다.

그런데 우리 헌법은 제23조 제3항에서 단순히 「공공필요에 의한 재산권의 수용 · 사용 또는 제한 및 그에 대한 보상은 법률로써 하되 …」 라고만 규정하고 있어 독일 기본법 제

1) 권영성, 헌법학원론, 570면.
2) 권영성, 헌법학원론, 570면.

14조 제3항의 둘째 문장에서와 같은 「불가분」의 원칙을 명백히 하지 않고 있기 때문에 우리 헌법이 보상에 관한 사항을 법률로써 규정할 것만을 요구하고 공용침해에 관한 근거법률에는 동시규정을 둘 필요까지는 없는 것같이 보이기 때문에 이러한 문제가 제기되고 있는 것이다.

이와 같이 공공의 필요에 의한 재산권의 수용·사용 또는 제한만을 법률로써 규정하고 손실보상에 관하여는 아무런 규정도 두지 아니한 경우에, 재산권을 침해당한 개인은 헌법규정만을 근거로 하여 직접 손실보상을 청구할 수 있는가, 아니면 손실보상은 반드시 법률의 근거가 있음을 요하는가 하는 문제가 있는 것이다. 왜냐 하면 보상에 관한 법률규정은 손실보상청구권이 성립하기 위한 전제요건이기 때문이다. 따라서 법률이 공용침해는 규정하면서도 보상규정을 두고 있지 아니한 경우에는 문제가 된다.

이 경우 입법자의 의사에 따라 재산권에 대한 제한의 문제를 헌법 제23조 제1항 및 제2항에 의한 재산권의 내용과 한계의 문제와 헌법 제23조 제3항의 공용제한과 손실보상의 문제로 구분하여 설명하는 분리이론과, 공공필요에 의한 재산권의 제한과 그에 대한 구제를 손실보상의 문제로 보는 경계이론이 있으나, 경계이론이 타당하다.[1] 경계이론에 의하면 재산권에 대한 제한이 재산권에 내재하는 사회적 제약인가, 아니면 특별한 희생인가 하는 문제와 보상규정이 없는 경우 어떠한 권리구제의 방법이 있는가 하는 점이 문제된다.

b) 학설

aa) 입법지침설(입법방침규정설; 프로그램적 규정설)

손실보상에 관한 헌법규정은 입법에 대한 지침규정에 불과하므로 손실보상청구권은 직접 헌법규정에 의하여 성립되는 것이 아니고 단행법의 명시적 규정이 있어야 한다는 견해이다. 보상 여부는 입법자가 결정할 사항으로 본다. 즉 이 설은 손실보상에 관한 헌법규정은 재산권보장의 원칙을 선언한 선언적 규정이요 입법방침규정(Programmvorschrift)에 지나지 않으므로, 재산권을 침해당한 자에 대한 실질적인 보상문제는 그 손실보상에 관하여 법률에 명시규정을 하고 있는 경우에 비로소 성립된다고 한다. 이 견해의 보상여부는 입법자가 자유로이 결정할 수 있으며, 입법자가 보상이 불필요하다고 판단하여 보상규정을 두지 않으면 국민은 이를 수인할 수밖에 없다는데 바탕을 두고 있다.

그러나 이설에 대하여는 첫째, 헌법이 직접 실정법적 규정을 스스로 간직하고 있는 경우가 있음을 간과하고 있다는 점, 둘째, 손실보상에 관한 헌법의 규정이 국민의 권리보장을 위한 규정이라는 점을 무시하고 있다는 점, 셋째, 헌법의 규정형식으로 보아 보상한다는 것은 당연한 전제로 하고 있으며 오직 보상의 내용만을 법률로 정한다는 뜻으로 해석하여야

---

1) 박균성, 행정법론(상), 788면.

하며 보상여부까지 법률로 위임한 것으로는 볼 수 없다는 점에서 비난을 받고 있다. 오늘날 이 학설을 지지하는 견해는 없다.

bb) 위헌무효설(입법자구속설; 입법자에 대한 직접효력설)

손실보상에 관한 헌법규정은 입법권(자)에 대하여 국민의 재산권을 침해하는 규정을 두는 때에는 보상에 관한 규정을 하도록 구속하는 힘을 가진다고 한다. 따라서 법률이 재산권침해를 규정하면서 손실보상규정을 두지 않으면 그 법률은 위헌무효이며, 그 법률에 근거한 재산권침해행위는 불법행위가 되어, 손실보상은 청구할 수 없으나, 손해배상은 청구할 수 있다고 하는 견해이다.[1)]

위헌무효설의 입장에 의하면 헌법규정이 재산권을 침해당한 국민에게 직접 그 규정에 근거한 손실보상청구권을 부여한 것은 아니지만, 입법자에 대하여는 국민의 재산권을 침해하는 규정을 두는 때에는 보상에 관한 규정도 두도록 구속하는 힘을 가진다고 한다. 따라서 법률이 재산권의 침해를 규정하면서 보상에 관하여 규정하지 않으면 그 법률은 위헌무효이며, 그 법률에 근거한 재산권 침해행위는 불법행위가 되어 손실보상은 청구할 수 없으나 손해배상은 청구할 수 있다고 한다.

cc) 국민에 대한 직접효력설

법률이 손실보상에 관하여 아무런 규정을 두고 있지 아니하는 경우에는 재산권을 침해당한 국민은 손실보상에 관하여 규정한 헌법 제23조 제3항에 의하여 직접 손실보상청구권을 행사할 수 있다고 보는 학설이다. 이설의 논거는 헌법 제23조 제1항이 사유재산제도를 보장하고 있는 이상 보상청구권 자체는 헌법 제23조 제3항에서 직접발생하는 것이고, 동 조항에서 말하는 "보상은 법률로써 하되"라는 문구는 문리해석상 문제가 있지만, 그 기준과 방법은 법률로 정한다는 의미로 해석된다는 점에 중점을 두고 있다. 결국 재산권을 침해하는 어떤 법률이 재산권침해를 규정하면서 손실보상에 관하여 규정하지 아니한 경우에는 피해자는 헌법 제23조 제3항을 근거로 하여 보상을 직접 청구할 수 있다고 한다.[2)]

---

1) 김도창, 행정법(상), 657면; 류지태, 행정법, 355면; 이상규, 신행정법론(상), 643-644면; 박윤흔, 행정법강의(상), 728면.

2) 김철수, 헌법학(상), 891면; 서원우, 월간고시(1977.7), 103면; 한창규, 국가보상법연구, 성균관대학교 박사학위논문, 1975, 99면 이하; 박균성, 행정법론(상), 793면; 홍준형, 행정구제법, 244면.

dd) 유추적용설(간접효력설; 수용유사침해설; 수용유사적 침해)

aaa) 내용

유추적용설은 어떤 법률이 재산권침해의 근거규정은 두면서 보상규정을 두지 않은 경우에는 헌법 제23조 제1항의 재산권보장규정과 제11조의 평등원칙에 근거하여, 헌법 제23조 제3항 및 관계규정의 유추적용을 통하여 보상을 청구할 수 있다는 설이다.[1] 이러한 입장에서 주장되는 이론이 수용유사적 침해이론이다.[2] 이는 독일의 수용유사침해(자갈채취사건) 및 수용적 침해의 법리를 통하여 보상을 청구할 수 있다는 입장이다.[3]

수용유사침해란 공공필요에 의한 재산권침해의 근거규정을 두면서 보상에 관한 규정을 두지 아니한 경우, 즉 '위법한', '공용침해'를 말하며,[4] 이로 인하여 특별한 희생을 입은 자에게 보상이 행하여져야 한다는 이론이 「수용유사침해의 보상이론」이다. 다시 말하면 '적법한 공권력행사(공용침해)로 인한 손실보상'의 다른 요건을 갖추고 있으나, 보상에 관한 규정을 두지 아니하며 결국 '위법'하게 된 공용침해에 대하여(예컨대, 舊도시계획법,(현행 국토의계획및이용에관한법률)에 의한 개발제한구역 · 市街化 조정구역 등 용도구역지정에 의한 토지이용제한의 경우, 전통가옥인 한옥보존지구지정 등), 보상규정을 결여한 채로 보상을 인정하려는 이론이다.[5]

> 수용유사침해이론은 무과실위법행위에 의하여 손실이 발생한 경우에 독일판례법상의 구제수단으로 제안된 이론이다. 즉 재산권에 대한 침해행위가 행정상 손실보상의 모든 요건을 갖추었지만 법률에 보상규정이 없어서 보상을 청구할 수 없는 경우에(독일기본법 제14조 제3항은 보상은 법률로써 정하도록 규정되어 있다), 특별한 희생에 대하여 보상을 규정하지 아니한 법률은 위헌법률이 되고, 따라서 이 법률에 기한 침해행위도 당연히 헌법위반이 되어 위법행위가 되지만, <u>손실보상을 규정하지 아니한 법률제정 및 그 법률에 기한 침해행위에 과실이 없을 때에는 손해배상도 청구할 수 없으므로</u>, 이러한 문제를 해결하기 위하여 독일 연방법원(BGH)이 고안하였다.[6]

1) 김남진, 행정법(I), 529면; 석종현, 행정법강의(I), 삼영사, 1998, 545면; 신보성, 행정법과 유추적용, 고시연구(1989.9.), 19면.

2) 대판 1993. 10. 26, 93다6409 【주주확인등】 수용유사적 침해의 이론은 국가 기타 공권력의 주체가 위법하게 공권력을 행사하여 국민의 재산권을 침해하였고 그 효과가 실제에 있어서 수용과 다름없을 때에는 적법한 수용이 있는 것과 마찬가지로 국민이 그로 인한 손실의 보상을 청구할 수 있다는 것인데, 1980. 6 말경의 비상계엄 당시 국군보안사령부 정보차장이 언론통폐합조치의 일환으로 사인 소유의 방송사 주식을 강압적으로 국가에 증여하게 한 것이 위 수용유사행위에 해당되지 않는다고 하였다. 홍정선, 행정법원론(상), 단락번호 2128; 권영성, 헌법학원론, 633면.

3) 홍정선; 김남진 · 김연태, 행정법(I), 615면; 강구철, 강의행정법 I, 653면.

4) 홍정선, 행정법원론(상), 단락번호 2123.

5) 수용유사침해이론에 대한 상세한 내용은, 김백유, 행정법치론(I), 1115면 이하 참조.

권영성 교수는 「아무튼 국가보상에 관한 현행법체계는 적법한 침해에 대한 손실보상제도와 위법 · 유책의 침해에 대한 손해배상제도만을 인정하고 있을 뿐, 「위법 · 무책」의 침해에 대한 보상제도는 규정하고 있지 아니하다. 이러한 실정법상의 흠결을 보완하기 위하여 독일연방최고법원(BGH)의 판례를 통하여 형성된 이론이 준수용적 · 수용유사적 침해의 법리와 수용적 침해의 법리이다.[1] 요컨대 수용유사침해의 보상이론은 독일에서 발전한 이론이지만 우리의 국가보상법체계가 독일의 그것과 유사하므로, 이 이론을 수용하여 수용유사적 침해나 수용적 침해가 있는 경우에는 공용수용의 법리에 준하여 직접 헌법에 근거한 손실보상을 인정하는 것이 타당하다고 본다」고 주장한다.[2]

손실보상을 원할하게 하기위한 확장이론으로서의 수용유사침해이론(enteignungsgleicher Eingriff)은 본래 19세기말 이래 독일에서 손해전보에 대한 실정법상의 흠결을 보충하기 위하여, 적법한 침해의 보상에 적용되어 왔던 프러시아 일반주법(ALR) 제74조, 제75조 및 독일 각주에 관습법적 효력을 갖고 있는 희생보상청구권에 근거를 두고 학설 및 판례를 통하여 형성되었다.[3] 판례는 처음에는 위법 · 무해의 공용침해에 대한 보상만을 인정하였으나,

---

6) 김철용, 행정법 I, 549면.

1) 수용유사적 침해의 이론은 국가 기타 공권력의 주체가 위법하게 공권력을 행사하여 국민의 재산권을 침해하고 그 효과가 실제에 있어서 수용과 다름이 없을 때에는 적법한 수용이 있는 것과 마찬가지로 국민이 그로 인한 손실의 보상을 청구할 수 있다는 것인데, 1980년 6월말 경의 비상계엄당시 국군보안사령부 정보처장이 언론통폐합조치의 일환으로 사인소유의 방송사 주식을 강압적으로 국가에 증여하게 한 것은 수용유사적 침해에 해당한다고 볼 수 없다(대판 1993 10. 26, 93다6409).

2) 권영성, 헌법학원론, 633면.

3) 독일의 국가책임제도체계상 적법한 침해행위는 기본법 제14조 제3항에 의하여 보상이 행해지고, 위법 · 유책의 챔해행위는 제34조 및 독일민법 제839조에 의하여 배상이 행해지나 중간적 제도인 위법 · 무책의 침해(rechtswidrige schuldlose Eingriffe)에 대해서는 보상청구권의 근거가 없게되는 문제점이 존재했다(박규하, 독일에 있어서의 공용사용과 손실보상제도, 고시연구(1991.8), 105면). 이러한 문제점을 보완하기 위해 과거 Weimar 공화국의 국가법원에 의하여 형성된 – 프로이센 일반(보통)국법서장 제74조 및 제75조의 희생보상청구권에 근거한 – 손실보상청구권의 법리를 연방통상법원(연방민사법원)이 계승 · 발전시킨 것이 수용유사침해이론이다. 연방통상법원은 수용유사침해이론의 손실보상청구권의 근거를 기본법 제14조 제3항에서 찾았다. 그러나 1981년 7월 15일의 연방헌법재판소의 결정(자갈채취사건 : BVerfGE 58, S. 300)에 의하여 기본법 제14조 제3항 제2문(부대조항)과 제3문(보상액)이 一義的으로 입법자에게 맡겨두고 있는 수용 · 보상 등의 규율을 법원이 스스로 행하는 것은 권한의 침범(김철용, 행정법 I, 550면)으로서 「수용을 행하는 근거법률이 보상규정을 두지 아니한 경우에는 위헌이므로, 그러한 법률에 근거한 침해행위에 대한 구제는 근거법률의 무효화와 이에 근거한 침해행위의 취소를 통하여 재산권 자체를 회복시키는 것이며, 따라서 법원이 재산권침해행위의 취소에 갈음하여 보상을 허용함으로써 보상규정의 흠결을 치유할 수 없다(박윤흔, 행정법강의(상), 794면)」라고 하여, 수용유사침

곧 침해의 위법성이 무과실에 의한 것인지 과실에 의한 것인지는 구별할 필요가 없다는 데 근거를 두고 점차 위법·유해의 공용침해에 대해서도 보상을 확대해 갔다. 수용유사침해이론은 독일에서 1952년 6월 10일 연방법원(이를 연방대법원 혹은 연방통상법원 혹은 연방민사법원[1] 이라고 부르는 학자도 있다 : BGH)[2]의 판례에 의해 비롯되었다.[3][4] 어떤 법률이 재산권침해의 근거규정은 두면서 보상규정을 두지 않은 경우에는 헌법 제23조 제1항의 재산권보장규정과 제11조의 평등원칙에 근거하여, 헌법 제23조 제3항 및 관계규정의 유추적용을 통하여 보상을 청구할 수 있다는 설이다.[5][6] 이러한 입장에서 주장되는 이론이 수용유사침해이론이다.

수용유사침해이론은 계획제한을 허용하는 법률이 그로 인해 발생한 특별희생에 대하

해이론이 부인되는 듯이 보였지만, 연방통상법원은 그 이후 판결(BGHZ 90, S. 17)을 통하여, 동 이론의 근거를 기본법 제14조 제3항에서가 아니라 프로이센 일반국법 제74조, 제75조에 근거를 둔 관습법으로서의 희생보상청구권(Aufopferungsgesetz : 공익을 위하여 특별한 희생을 당한자는 보상을 받아야 한다는 원칙)에서 찾게되었다(서원우, 손실보상개념의 확장 논의 - 수용유사침해이론의 문제점을 중심으로 -, 고시연구(1989.4), 79면); 정하중, 행정법총론, 585면.

1) 박윤흔, 행정법강의(상), 794면; 정하중, 행정법총론, 587면.

2) 이 법원은 독일에 있어서 민·형사사건을 관할하는 최고전문법원이다(BGH : das oberste Gericht der Bundesrepublik Deutschland, für Straf- u. Zivilprozesse). 다만 기본법 제14조 제3항 및 제34조의 규정에 의해 공법사건(공법관계)이지만 국가배상사건과 손실보상사건은 행정법원이 아닌 통상법원(ordentliche-Gerichte)이 관장한다(BGH를 우리나라에서는 학자들마다 연방법원, 연방대법원, 연방통상법원 등의 명칭으로 제각각 호칭하고 있다). 독일의 경우 연방헌법재판소와 최고법원(여기서는 연방법원 = 형사 및 민사법원·연방행정법원·연방노동법원·연방사회법원·연방재정법원)사이의 지위는 대등하지 않고 연방헌법재판소가 다른 법원 보다 우월적 지위를 차지한다(허영, 헌법의 보호, 고시연구(1981.2), 44면). 이는 헌법의 우위라는 기본원칙과 헌법의 성문법(Gesetzesrecht)에의 우위성에 따른 결과이다. 그러므로 연방헌법재판소는 그의 판결(Urteile des Bundesverfassungsgerichts)을 통하여 연방법원(Bundesgerichtshof) 혹은 연방행정법원(Bundesverwaltungsgericht)의 판결을 파기할 수 있다. 이로 인하여 연방헌법재판소와 최고전문법원 사이에 긴장관계가 존속하지만, 연방헌법재판소가 다른 법원보다 우월적 지위에 놓여 있다는데 대하여는 역시 변함이 없다. 따라서 연방헌법재판소의 결정을 제4의 국가작용이라는 표현을 사용하기도 한다.

3) BGHZ 6, S. 270.

4) 제2차 세계대전 직후의 주택난해결을 위하여 공권력적으로 행해진 타인에의 주택할당에 의하여 주택소유자들에게 발생한 가임결손의 보상과 관련하여 다루어진 사건이다.

5) 김남진, 행정법(I), 529면; 석종현, 일반행정법(상), 655면; 신보성, 행정법과 유추적용, 고시연구(1989.9), 19면.

6) 류지태, 수용유사침해이론의 수용가능성 검토, 판례연구, 고려대학교 법학연구소, 제8집(1996.9), 68면.

여 보상규정을 두어야 함이 헌법에 타당하나 아무런 보상규정을 두고 있지 않을 때 국가배상법에 의한 배상청구가 가능하다고 보는 견해(위헌무효설, 손해배상청구가능)에 대하여 - 수용유사침해이론의 도입을 주장하는 견해에 의하면 - 수용유사침해와 불법행위는 그의 원인 및 효과에 있어 차이가 있으므로 국가배상법에 의한 손해배상청구와는 구별되어야 한다는 것이다. 즉, 수용유사침해는 공공필요를 위해 생긴 희생에 대한 보상이므로 청구권의 성립요건이 다르고 보상의 범위에도 차이가 있을 뿐만 아니라 청구의 절차도 다르다는 이유를 내세우고 있다.

그러나 독일연방헌법재판소는 - 연방법원의 태도와는 달리 - 1955년 7월 21일의 이른바 부대조항결정[1] 및 1981년 7월 15일의 자갈채취사건(Naßauskiesungsbeschluß)에서 수용유사침해이론에 따른 보상청구를 제약하는 결정을 하였다.[2] 연방헌법재판소는 「… 공용침해의 근거법률이 보상규정을 두지 아니한 경우는 위헌이므로, 그로인한 침해에 대한 구제는 근거법률의 무효화와 그에 의한 침해행위의 취소의 방법에 의할 일이지, 그에 갈음하여 보상을 허용함으로써 보상규정의 흠결을 치유할 수는 없다」고 하였다.[3] 즉, 이 결정에

1) BVerfGE 4, 219.
2) 김철용, 행정법 I, 550면.
3) BVerfGE 58, S. 300. 이 사건은 과거부터 자갈채취장을 운영하고 있었던 자가 사업 계속을 위해 허가를 신청하였으나, 사후에 제정된 수자원관리법(Wasserhaushaltsgesetz)에 의하여 그 채취장소가 수력발전소 시설로부터 가까운 거리에 있기 때문에 공적인 수원공급이 위태롭게 될 수 있다는 이유로 허가가 거부되었고, 원고의 주장은 행정심판절차에서도 거부되었다. 이에 대하여 손실보상을 청구하면서 허가거부는 이미 자신이 기존에 행사하고 있던 영업행위에 대한 수용적 효과를 가져오는 침해행위(Eingriff)라고 주장하였다. 1심인 주법원은 원고의 청구를 인용하였으며 이에 대해 주의 항소가 기각되자 주는 항고를 하였다. 그러나 연방법원은 본안 판결을 위하여는 문제의 근거법률인 수자원영리법의 일부규정들이 기본법 제14조 제1항 제2문과 일치하는지에 관한 검토가 필요하다는 판단하에, 심리절차를 중단하고 연방헌법재판소에 기본법 제100조 제1항에 의거하여 위헌여부에 대한 판단을 신청하게 되었다(홍정선, 행정법원론(상), 단락번호 2137). 위 사안에 대한 연방헌법재판소의 결정의 요지는 다음과 같다. 「연방법원의 권한은 피수용자에게 법률규정에 따른 보상이 주어지고 있는가의 여부에 대하여 판단하는 것만으로 제한되어 있는 것이다. 연방법원은 청구권 근거가 입법자에 의해 정해져 있지 아니한 경우에는 공용수용보상을 할 수 없으므로 규범제도의 관점에서 기본법 제14조 제3항 제2문의 규정에 따른 공용수용법률이 그 기초로 되어 있는가의 여부가 문제된다. 기본법 제14조는 공용수용은 보상의 방법 및 정도를 정한 법률에 의거해서만 가능하도록 하고 있기 때문에 이러한 요건을 충족하고 있지 아니한 법률은 위헌이다. … 시민이 자기에 대하여 공용침해가 발생한 경우에는 그는 그것에 대하여 법률상의 청구권기초가 존재할때에만 보상을 청구할 수 있다. 그것을 결여하고 있을때에는 행정법원에서 공용침해행위의 취소를 해야하며, 그렇지 않고 법률에 의해 인정되지 아니하는 보상을 인정할 수는 없다. 법률상의 근거를 결하고 있기 때문에 법원도 또한 보상을 명할 수 없

의하면 기본법 제14조 제3항 제2문은 공용침해의 근거법률이 반드시 보상의 종류와 범위를 동시에 규정하도록(불가분조항 : Junktim-Klausel)하고 있기 때문에 이런 보상규정이 없는 근거법률은 위헌이고 이 위헌법률에 근거한 재산권침해행위 또한 위헌이기 때문에 이에 대한 구제방법은 오로지 그 근거 법률의 무효화와 더불어 이에 근거한 침해행위의 취소뿐이라고 하며, 기본법 제14조 제3항을 근거로 직접 보상을 청구할 수 없다는 것이 된다.[1]

이에 따라 수용유사침해제도에 관한 논의가 활발히 전개되었고,[2] 연방(통상)법원(BGH)은 1984년 1월 26일의 판결에서 기본적으로는 보상청구권을 인정하되,[3] 그 적용범위를 제한하는 방향으로 입장을 정리하였다.[4] 특히 연방법원은 연방헌법재판소의 결정은

는 것이다(취소소송만이 가능하다). 따라서 처분의 상대방은 법률상의 보상규정의 결여를 이유로 위헌 · 위법한 재산권침해를 취소시키든가 아니면 이를 수인하고 그대신 손실보상을 청구하든가에 대한 선택권이 부여되어 있지 않다(취소소송과 손실보상청구권의 선택 불인정)」. **요점정리**(홍정선, 행정법원론(상), 단락번호 2138 참조) : 1) 권한을 가진 행정재판소는 수용적인 처분의 적법성에 관한 분쟁에서, 그 분쟁의 적법성에 관하여 완전한 범위 내에서 심사를 하여야 한다. 여기에는 침해를 근거지우는 법률이 보상의 종류와 범위에 관한 규율을 포함하고 있는지의 여부에 대한 확정도 포함된다. 2) 보상금의 액수로 인한 분쟁에서 관계자에게 법률상의 규정에 상응하는 보상이 주어지는지의 여부에 대한 심사도 통상재판소에 놓인다. 3) 관계자에게 처분으로 수용이 있게 되는 경우에 그 관계자는 법상으로 청구권의 근거가 주어지는 경우에만 보상소송을 청구할 수 있다. 만약 그것이 없다면 그는 권한 있는 재판소에서 침해행위의 폐지를 구하여야 한다. 4) 토지소유권자의 법적 지위를 정할 때에는 기본법 제14조 제1항 제2문에 따라서 민법과 공법이 동등하게 적용된다. 5) 수관리법(Wasserhaushaltsgesetz)이 기능에 적합한 수관리(용수공급 등)의 안전을 위하여 지하수를 토지소유권으로부터 분리된 공법상의 이용질서에 두는 것은 기본법과 합치된다.

1) 정연주, 재산권보장과 수용유사침해 - 독일의 관련판례과 학설을 중심으로 -, 고시연구(1991.5), 106면.

2) 이 판결후 수용유사침해제도의 존속에 대한 활발한 논의가 있었다. 논의의 핵심은 (국가)책임제도가 이 판결로 인하여 근본적인 변화를 가져왔는가, 아니면 이 판결이 다만 의미 있는 수정만을 가했는가의 대립이었다. 그럼에도 불구하고 연방법원은 수용유사침해제도를 약간의 변경을 가하였으나 기본적으로는 이 제도를 유지하였고, 학설의 입장도 마찬가지였다. 즉 연방법원의 입장은 연방헌법재판소의 판결이 '민사법원은 수용의 법률적합성의 원칙상 명시적인 법률상의 근거가 있는 경우에만 보상을 판결할 수 있음'을 의미하는 것이라고 전제하고, 연방헌법재판소의 동판결은 다만 기본법 제14조 제3항 에서 말하는 의미의 형식화된 수용개념에 의거하여 판시하였다는 것이고, 따라서 수용의 법률적합성의 원칙에 대한 연방헌법재판소의 판시는 위법의 수용유사의 침해에는 적용되지 않는다는 것이다.

3) 서원우, 손실보상개념의 확장논의 - 수용유사침해이론의 문제점을 중심으로 -, 고시연구(1989.4), 67면.

4) BGHZ 90, 17 = NJW 1984, S. 1169 「…전기 연방헌법재판소의 결정(BVerfGE 58, 300)은 협의

다만 기본법 제14조 제3항에서 말하는 의미의 협의의 수용개념(사용 · 제한은 제외)에 근거하여 판시하였다는 것으로 이해하였다.[1)2)] 즉 연방(통상) 법원은 수용의 경우에는 수용의 근거법률에서 보상규정을 두지 아니한 경우에는 법원이 재산권침해행위에 대하여 보상을 허용함으로써 보상규정의 흠결을 치유할 수는 없으나, 수용이 아닌 사용 · 제한에 의한 재산권침해에 대하여는 수용유사침해이론에 의한 보상청구권을 유지시켰다.[3)]

또한 1984년 3월 29일의 판결에서는 연방법원은 한 지방자치단체가 설치, 운영하고 있는 환경정화기로부터의 소음공해로 인하여 재산권자의 일정한 재산권의 행사가 침해 또는 제한된 경우에 행정쟁송을 대신한 반침해자에 대해 만일 재산권자에게 행정쟁송의 제기가 기대가능하지 않다면 손실보상청구권을 인정하고 있다. 이상과 같은 판결에서 보여지듯이 연방법원은 연방헌법재판소의 자갈채취사건(Naßauskiesungbeschluß) 결정 이후에는 수용유사침해의 손실보상청구의 근거를 기본법 제14조 제3항에 의해서가 아니라 프로이센 일반국법 제74조 및 제75조에 근거한, 그러나 이제는 자신의 독자적인 판례법의 형식으로 새롭게 형성된 희생보상청구권(Aufopferungsanspruch)의 법리에서 찾고 있다.[4)]

또한 연방통상법원은 수용유사침해의 경우 재산권자에게 거의 제한없이 허용되어온 행정쟁송을 통한 구제방법과 보상청구를 통한 구제방법사이의 선택권을 민법 제254조의 유추 · 적용 하에 현저히 제한하게 된다. 그러나 그렇다고 해서 수용유사침해에 의한 손실

에 있어서의 '공용수용'에만 관련되는 것이며 수용유사의 침해행위의 법제도를 취소하는 것은 아니다. 연방헌법재판소의 결정에 의하여, 기본법 제14조 제3항으로부터 직접적으로 재산권에 대한 위법한 침해행위를 원인으로 하는 손실보상청구권은 도출될 수 없다. 그러나 희생사상(Aufopferungsgedanke)은 기본법 제14조 제3항의 의미에 있어서의 공용수용이 문제되어 있지 않은 경우에는 충분한 청구권의 근거를 제시하고 있다. 다만, 위법한 침해행위에 상대방은 그것에 대하여 법적 수단을 가지고 방치할 것인가, 그렇지 않으면 그 대신 손실보상을 청구할 것인가의 선택권을 가지지 아니한다. 여기에는 민법 제254조(공동책임규정) 가 준용되어야 할 것이다.」

1) 홍정선, 행정법원론(상), 단락번호 2139.

2) 연방헌법재판소는 기본법 제14조 제3항에 따른 수용은 보상의 종류와 범위를 정하고 있은 법률상의 근거가 있는 경우만 허용된다고 보아, 종래 연방통상법원(연방민사법원; 연방사법재판소)이 재산권의 사회적 구속의 한계를 넘는 재산권의 침해는 이를 수용으로 보아 온 것과 다른 입장을 취했다. 수용관계법에 보상규정이 없는 법률은 위헌이고 그에 기한 수용처분은 위법한 처분이며, 이 경우 관계인은 보상을 청구할 수는 없고, 단지 처분의 취소만 구할 수 있을 뿐이라고 판시했다(취소소송과 손실보상청구권의 선택 불인정). 박윤흔, 행정법강의(상), 794면.

3) 박윤흔, 행정법강의(상), 795면.

4) 류지태, 수용유사침해이론의 수용가능성 검토, 판례연구, 고려대학교 법학연구소 제8집(1996.9), 79면; 정하중, 수용유사적 그리고 수용적 침해제도, 고시연구(1994.3), 109면; 홍준형, 수용유사침해보상의 법리와 그 수용가능성, 고시연구(1997.1), 127면; 홍정선, 행정법원론(상), 단락번호 2140.

보상 청구를 일반적으로 부정한 것은 아니며, 수용유사침해에 의한 손실보상이 배제되는 것은 오로지 재산권침해행위에 대한 행정쟁송의 제기가 가능하고 수인 가능하다고 인정되는 경우에 한다는 입장을 계속 유지해 왔다. 그리하여 기본법 제14조[1]의 좁은 의미의 수용에 해당함에도 보상규정을 두지 아니하여 위헌으로 되는 경우는 연방헌법재판소의 결정 때문에 침해를 감수하고 보상을 청구할 수 없으나, 그 이외의 경우에는 보상청구권을 인정하되 그 적용범위를 제한하는 방향으로 판례를 형성해 나아갔다.

bbb) 수용유사침해로 인한 손실보상청구권의 성립요건

수용유사침해보상이 인정되기 위해서는 개인의 재산권에 대한 위법한 공용침해로 인한 특별한 희생이 있어야 한다.

즉 ① 재산권 침해, ② 공용침해, ③ 특별한 희생, ④ 침해의 위법성이 그 성립요건인바, 침해의 위법성이 본래의 공용침해로 인한 손실보상과 다른 점이다.[2] 그런데 여기에서의 위법은 국가배상책임의 (일반적) 성립요건인 위법과는 다른 의미를 갖는다. 즉, 여기에서의 위법은 공용침해 자체는 법률에 근거하여 행하여 졌는데, 그 법률에서 손실보상규정을 두고 있지 않기 때문에, 공용침해의 근거법률이 위헌법률이 되어, 결과적으로는 공법률에 근거한 공용침해가 위헌이 된다는 의미의 위법인 것이다.

ccc) 행정상 손해배상과 구별

수용유사적 침해는 공공필요에 의한 재산권침해로서 위법·무책(무과실)에 의한 공용

---

1) 독일기본법 제14조는 "재산권과 상속권은 보장된다. 그 내용 및 한계는 법률이 정하는 바에 의한다."(제1항), "재산권은 의무를 수반한다. 그 행사는 동시에 공공복리에 이바지할 것을 요한다."(제2항). "공용수용은 공공복리를 위해서만 허용된다. 그것은 손실보상의 종류와 범위를 정하는 법률에 의해 또는 법률에 근거하여서만 행할 수 있다. 손실보상은 공공의 이익과 관계자 이익의 정당한 형량(gerechte Abwägung der Interessant der Allgemeinheit und der Beteiligten)에 의해 정해지지 않으면 안된다. 보상금에 대한 다툼이 있는 때에는 연방법원(BGH)의 출소가 허용된다"(제3항)고 규정하고 있다.

2) 희생보상청구와 공용침해의 구별 : 개인의 재산권에 대한 희생침해(Aufopferungseingriff)에 관하여는 기본법 제14조 제3항에 의하여 규율된다. 여기에서 재산권은 모든 재산가치적 권리를 포함하고 있으며, 따라서 공용침해는 재산가치적 권리에 대한 공권적 침해를 의미한다. 이에 대하여 희생보상청구는 비재산가치적 권리에 대한 침해의 경우에 적용된다(석종현, 희생보상청구와 위험책임, 월간고시(1988.5), 139면). 생명·신체·건강등 비재산적 법익에 대한 침해행위로 인한 손실의 보상이므로 그 침해대상이라는 면만 제외한다면 공용수용보상청구권이나 희생보상청구권은 구성요건의 면에 있어서나 법효과에 있어서나 다를바가 없다(박규하, 독일에 있어서의 공용수용과 손실보상제도, 고시연구(1991.8), 112면).

침해라는 점에서 위법 · 유책(공무원의 고의 · 과실로 법령에 위반한 가해행위)의 불법행위로 인한 침해인 행정상 손해배상의 경우와 다르다.

위법 · 무책(무과실) → 수용유사적 침해
위법 · 유책(고의 · 과실) → 행정상 손해배상

ddd) 수용유사침해로 인한 손실보상청구권의 구성요건

타인의 재산권에 대한 '위법한 공용침해'로 인한 특별한 희생의 발생이 그의 구성요건이다. 본래의 공용침해로 인한 손실보상청구의 요건 가운데 '침해의 위법성'만이 다르다.

- "재산권"에 대한 침해가 있을 것
- 재산권에 대한 "공용침해"가 있을 것[1]
- 재산권자에게 "특별한 희생"이 가해졌을 것
- "위법"한 공용침해가 있을 것[2]

eee) 수용유사침해에 의한 보상의 인정여부

aaaa) 적극설

법에서 손실보상에 관한 규정을 결하고 있는 경우에는 수용유사침해이론을 받아 들여 「… 입법의 흠결을 메꾸는 것이 타당하다고 본다」는 주장이다(김남진).

bbbb) 소극설

「…보상은 법률로써 하되, …라고 규정하고 있어(헌법 제23조 제3항), 보상에 관한 근거규정을 두지 아니한 경우에는 위에서 본 바와 같이 손해배상요건이 갖추어져 손해배상을 청구하는 것은 별론으로 하고 독일과 같이 판례법이나 관습법으로서의 희생보상청구권의 법리의 발전도 없는 우리나라에서는 수용유사침해의 법리에 의해서 보상을 청구하는 것은 어렵다고 할 것이다」라고 주장한다.[3]

독일에서 발달된 수용유사침해이론의 도입은 손실보상개념을 확장하려는 시도라 볼

1) 여기서의 공용침해는 「공공필요에 의한 재산권의 수용 · 사용 · 제한 및 그 밖의 공권적 침해」를 뜻한다.

2) 여기서의 "위법"은 공용침해의 근거법규가 당연히 보상규정을 두어야 함에도 불구하고 그에 관한 규정을 두지 않음으로써 위헌법률이 되는 결과, 동법률에 근거한 공용침해가 결과적으로 "위헌이 된다는 의미의 위법"인 것이다. 따라서 수용유사침해의 전형적인 態樣은 "위법 · 무과실의 침해"이다. 이 점이 "위법 · 유책의 침해"인 불법행위와 구별되고 '적법한' 공용침해, 또는 그에 대한 보상으로서의 「본래의 공법상의 손실보상」과 다른 점이다.

3) 박윤흔, 행정법강의(상), 755면.

수 있으나, 이에 대하여는 법치행정의 원리와 국가의 무과실책임에 입각하여 볼 때, 이론의 정당성이 의문시된다는 비판이 있다. 위헌무효설에 의하면 피해자의 구제는 손해배상에서 과실의 객관화이론이나 공법상의 위험책임이론의 관점에서 행해질 수 있다는 것이다. 손해행위의 적법 · 위법의 구별을 명확하게 하지 않는 것은 오히려 피해자 구제의 이론적 근거를 취약하게 하고 모두를 보상의 문제로 전환시켜 버릴 우려가 있다는 것이다. 결국 이 경우 결과적인 효과에만 중점을 두어 손실보상의 개념을 확장하는 수용유사침해이론이 도입될 여지는 없게 된다. 전통적 손실보상개념을 취하면서 계획제한으로 발생한 손실이 특별희생에 해당될 때 보상을 규정하는 입법으로 해결할 수 밖에 없는 것이다.[1)]

ee) 보상입법부작위위헌설

이설은 손실보상규정을 두지 않는 경우 입법부작위를 대상으로하여 헌법재판소의 헌법소원을 통하여 해결하려는 견해이다. 그 논거는 ① 헌법 제23조 제3항과 제23조 제1항 후단, 구체적 재산권은 입법에 의하여 형성된다는 점등을 고려하면 헌법 제23조 제3항에서 직접적으로, 혹은 제23조 제1항과 제11조 그리고 제23조 제3항 등에서 유추하던 간에 이들 규정으로부터 구체적인 손실보상청구권을 직접 도출하기는 어렵다는 점, ② 공익을 위하여 재산권을 수용 · 사용 · 제한하면서 손실보상규정을 두지 아니하였다고 해서 그 자체를 위헌으로 볼수 없다는 점을 근거로 한다.[2)] 이 경우 헌법 제23조 제3항은 결부조항으로 보지 않게 된다.

ff) 판례

aaa) 대법원

대법원 판결 중에는 불법행위 내지 부당이득의 법리로 해결하거나,[3)] 관련법률조항의

---

1) 따라서, 입법자가 공용침해를 규정하면서 보상에 관한 규정을 두지 아니한 경우에는 침해를 받은 자는 침해행위의 취소소송을 제기하고, 동소송절차내에서 헌법재판소에 위헌심판을 제청하여 위헌결정이 된 경우에는 침해행위의 취소판결에 의해 재산권의 회복을 기하고, 침해행위 존속기간 중의 손실보상청구를 인정하는 방안이 있다.

2) 김문현, 보상규정 없는 법률에 기한 수용적 재산권제한에 대한 권리구제방법, 고시연구(2000.8), 23면 이하; 동인, 사회 · 경제질서와 재산권, 법원사, 2001, 392면 이하.

3) 대판1991. 2. 22, 90다16474(토지구획정리사업시행자가 구(舊) 토지구획정리사업법(1966. 8. 3. 법률 제1822호) 제53조 제2항 후문에 따라 사도(私道)등 사유지에 대하여 換地를 후문에 따라 사도(私道)등 사유지)에 대하여 환지(換地)를 지정하지 아니한 채 구획정리사업을 마치고 환지처분의 확정공고를 함으로써 그 토지에 대한 소유권을 상실시킨 것은 <u>토지소유자에 대하여 불법행위를 구성하므로 토지구획정리사업시행자는 청산금 상당액의 손해를 배상할 책임이 있다</u>); 대판 1966. 10. 18, 66다1715.

유추해석을 통하여 손실보상을 인정한 판례,[1] 그리고 문화방송주식 강제증여사건에서 수용유사침해라는 용어를 사용한 적은 있으나, 수용유사침해이론을 긍정하는가의 여부는 명백하지는 않다.[2] 결론적으로 제4공화국(유신헌법) 헌법 제20조 제3항에 의하여 보상을 법률로써 정하도록 개정한 이후에는 일관되게 법률에서 손실보상을 규정하지 않은 이상 손실보상청구를 인정하고 있지 않다고 보여진다.[3][4]

---

1) 대판 1972. 1. 28, 72다1597; 대판 1987. 7. 21, 84누126 【하천구역손실보상재결처분취소】 하천법(1971. 1. 19 법률 제2292호로 개정된 것)상 국유화된 제외지의 소유자에 대한 손실보상의 유무 : 하천법(1971. 1. 19 법률 제2292호로 개정된 것) 제2조 제1항 제2호, 제3조에 의하면 제외지는 하천구역에 속하는 토지로서 법률의 규정에 의하여 당연히 그 소유권이 국가에 귀속된다고 할 것인바 한편 동법에서는 위 법의 시행으로 인하여 국유화가 된 제외지의 소유자에 대하여 그 손실을 보상한다는 직접적인 보상규정을 둔 바가 없으나 동법 제74조의 손실보상요건에 관한 규정은 보상사유를 제한적으로 열거한 것이라기 보다는 예시적으로 열거하고 있으므로 국유로된 제외지의 소유자에 대하여는 위 법조를 유추적용하여 관리청은 그 손실을 보상하여야 한다(김철용교수는 동판례가 유추적용을 부인한 판례로 소개하고 있다(김철용, 행정법 I, 534면).

2) 대판 1993. 10. 26, 93다6409 【주주확인등】 수용유사적 침해의 이론은 국가 기타 공권력의 주체가 위법하게 공권력을 행사하여 국민의 재산권을 침해하였고 그 효과가 실제에 있어서 수용과 다름없을 때에는 적법한 수용이 있는 것과 마찬가지로 국민이 그로 인한 손실의 보상을 청구할 수 있다는 것인데, 1980. 6 말경의 비상계엄 당시 국군보안사령부 정보차장이 언론통폐합조치의 일환으로 사인 소유의 방송사 주식을 강압적으로 국가에 증여하게 한 것이 위 수용유사행위에 해당되지 않는다; 홍정선, 행정법원론(상), 단락번호 2128; 권영성, 헌법학원론, 633면.

3) 대판 1976. 10. 12, 76다1443 【부당이득】 토지소유자는 손실보상의 기준과 방법을 정한 법률이 없어도 손실보상을 청구할 수 있는지 여부 : 토지소유자가 그 소유토지를 도로로 개설하여 점유사용하고 있는 지방자치단체에 대하여 손실보상을 청구하려면 개정헌법 20조 3항의 규정에 의하여 그 손실보상의 기준과 방법을 정한 법률에 의하여서만 가능하다.

4) 대판 1999. 5. 14, 98다14030 【손실보상금】 어업면허는 면허를 받은 사람에게 장기간에 걸쳐 권리를 설정하여 주는 이른바 특허로서 그 유효기간이 만료됨으로써 당연히 소멸되고, 면허기간의 갱신은 실질적으로 권리의 설정과 동일한 점, 구 수산업법(1990. 8. 1. 법률 제4252호로 전문 개정되기 전의 것) 제75조 제1항은 공익상 필요에 의한 면허어업의 제한과 어업면허의 취소만을 보상사유로서 규정하고 면허기간의 연장이 허가되지 아니하는 경우는 이를 보상의 대상에서 제외하다가, 1990. 8. 1. 법률 제4252호로 전문 개정된 수산업법 제81조 제1항 제1호에 의하여 비로소 보상의 대상에 포함되었으나, 그 보상사유를 같은 법 제34조 제1항 제1호 내지 제5호의 사유로 인한 처분으로 한정하여 규정하고 있는 점, 해당 수면이 다른 법령에 의하여 어업행위가 제한 또는 금지되는 경우는 같은 법 제34조 제1항 제1호 내지 제5호의 사유와는 달리 이를 근거로 하여 면허기간 내의 어업을 제한하거나 어업면허를 취소할 수 없도록 하되, 다만 이를 사유로 면허기간의 연장을 허가하지 아니할 수 있도록 하여(같은 법 제14조 제2항, 제4조 제3항) 기존 어업면허의 유효기간을 보장하는 반면, 이를 보상사유에 포함시키지 아니한 점에 비추어 보면, 해당 수면이 다른 법령에 의하여 어업행위가 제한 또는 금지되는 사유로 내수면어업개발촉진법에 의한

bbb) 헌법재판소

헌법재판소는 진정입법부작위(입법의무불이행)로서의 위헌결정,[1] 또는 보상입법 의무부과(헌법불합치결정)를 통해 문제를 해결하고자 한다. 즉 헌법재판소는 구도시계획법 제21조(개발제한구역지정)에 대한 헌법소원사건에서, 「도시계획법 제21조에 의한 재산권의 제한은 개발제한구역으로 지정된 토지를 원칙적으로 지정 당시의 지목과 토지현황에 의한 이용방법에 따라 사용할 수 있는 한, 재산권에 내재하는 사회적 제약을 비례의 원칙에 합치하게 합헌적으로 구체화한 것이라고 할 것이나, 종래의 지목과 토지현황에 의한 이용방법에 따른 토지의 사용도 할 수 없거나 실질적으로 사용·수익을 전혀 할 수 없는 예외적인 경우에도 아무런 보상없이 이를 감수하도록 하고 있는 한, 비례의 원칙에 위반되어 당해 토지소유자의 재산권을 과도하게 침해하는 것으로서 헌법에 위반된다. … 도시계획법 제21조에 규정된 개발제한구역제도 그 자체는 원칙적으로 합헌적인 규정인데, 다만 개발제한구역의 지정으로 말미암아 일부 토지소유자에게 사회적 제약의 범위를 넘는 가혹한 부담이 발생하는 예외적인 경우에 대하여 보상규정을 두지 않은 것에 위헌성이 있는 것이고, 보상의 구체적 기준과 방법은 헌법재판소가 결정할 성질의 것이 아니라 광범위한 입법형성권을 가진 입법자가 입법정책적으로 정할 사항이므로, 입법자가 보상입법을 마련함으로써 위헌적인 상태를 제거할 때까지 위 조항을 형식적으로 존속케 하기 위하여 헌법불합치결정을 하는 것인바, 입법자는 되도록 빠른 시일내에 보상입법을 하여 위헌적 상태를 제거할 의무가 있고, 행정청은 보상입법이 마련되기 전에는 새로 개발제한구역을 지정하여서는 아니되며, 토지소유자는 보상입법을 기다려 그에 따른 권리행사를 할 수 있을 뿐 개발제한구역의 지정이나 그에 따른 토지재산권의 제한 그 자체의 효력을 다투거나 위 조항에 위반하여 행한 자신들의 행위의 정당성을 주장할 수는 없다」고하여 보상청구를 하기 위하여는 입법자의 입법이 선행되어야 한다고 밝히고 있다.[2]

gg) 사견

aaa) 공용침해와 보상의 결부

헌법 제23조 제3항은 수용·사용·제한 등 재산권침해의 유형과 보상의 방법과 기준 등에 관한 사항을 동일한 법률 중에서 함께 규정하여야 한다는 것을 내포하고 있다. 동조항은 독일기본법 제14조 제3항 제2문과 유사한 것으로서 결부조항(Junktim-Klausel)에 해당하는 것으로 볼 수 있다. 이와같이 헌법 제23조 제3항을 결부조항으로 본다면, 그것은 손실보

어업면허에 대한 면허기간의 갱신이 거절되었다는 사정만으로 같은 법 제81조 제1항 제1호를 준용 또는 유추적용하여 어업면허권자에게 손실보상청구권을 인정할 수는 없다.

1) 헌재결 1994. 12. 29, 89헌마2(조선철도(주)주식의 보상금 청구에 관한 헌법소원).

2) 헌재결 1998. 12. 24, 89헌마214(도시계획법 제21조에 대한 위헌소원).

상규정을 동일한 법률 중에서 반드시 두어야 한다는 의미이며, 이는 공용침해법률의 유효요건이 된다. 따라서 침해규정은 두면서 동일한 법률 중에서 보상규정을 두지 아니한 경우에는 무효가 된다(유효요건이므로). 이와같이 결부조항으로서의 헌법 제23조 제3항은 공권력에 의한 자의적인 재산권침해행위를 저지함과 동시에 개인의 재산권을 보장하기 위한 헌법적 배려라고 할 수 있다.[1)]

따라서 우리 헌법 제23조 제3항도 독일 기본법에서와 같은 「불가분원칙」을 요구하고 있는 것으로 해석하여야 할 것으로 생각된다. 왜냐하면 현행 우리 헌법 제23조 제3항에서의 '법률'은 논리적으로 보아 공용침해규정을 '동시에 규정하고 있는 법률'로 보아야 하고, 그렇게 해석하여야만 공용침해에 대한 보상확보라는 헌법상의 재산권보장이 확립될 수 있기 때문이다. 그러므로 이 「불가분원칙」에 의해 입법자가 근거법률을 제정할 경우에는 그에 대한 손실보상의 종류와 범위, 기준과 방법 등을 동시에 규정하여야 하고 이를 행정청이나 법원에 위임해서는 안되는 것이다.

bbb) 헌법명령

이와 같은 관점에서 생각건대 헌법 제23조 제3항에서 「보상은 법률로써 하되」 라고 규정한 것은 입법자를 구속하는 의미를 지니는 하나의 헌법명령(Verfassungsbefehl)에 해당한다고 할 것이며, 공용수용에 관하여는 법률의 근거가 있어야 함은 물론이고, 그 보상도 또한 법률상 근거가 있어야 함을 의미한다. 이는 결국 입법자에 대한 직접효력설을 인정한 것이고 국민에 대한 직접효력설을 인정했다고 할 수는 없으므로, 국민에 대한 직접효력설을 인정하여 손실보상을 청구할 수는 없다고 할 것이다.

ccc) 위헌무효

또한 헌법 제23조 제3항은 국민에 대하여 특별한 희생을 가하는 공용침해에 대하여는 입법자가 모두 법률에서 보상하라는 취지라고 할 것이므로, 입법자가 법률에서 보상을 하지 않는 경우에는 독일에서와 같은 판례법이나 관습법으로서의 희생보상청구권의 법리의 발전도 없는 우리나라에서 수용유사적 침해의 법리에 의해서 손실보상을 청구하는 것도 현실적으로는 어려운 문제라 할 것이다. 뿐만 아니라 수용유사의 침해에 따르면 재산권보장조항과 평등원칙조항을 근거로 보상청구를 할 수 있다고 하나, 이는 보상의 이론적 근거로는 될 수 있으나, 보상청구를 위한 실질적 근거로 삼을 수는 없을 것이다.[2)] 따라서 보상

1) 권영성, 헌법학원론, 631면.

2) 대법원 판례에 의하면 「… 수용유사적 침해의 이론은 국가 기타 공권력의 주체가 위법하게 공권력을 행사하여 국민의 재산권을 침해하고 그 효과가 실제에 있어서 收用과 다름이 없을 때에는 적법한 수용이 있는 것과 마찬가지로 국민이 그로 인한 손실의 보상을 청구할 수 있다는 것인

규정을 두고 있지 않는 공용침해에 대하여 헌법 제23조 제1항 전단 및 제11조 제1항에 의거하여 보상청구를 한다고 하면 법원은 적용법률의 부재를 이유로 각하할 수 밖에 없을 것이고, 결국 위헌무효설(입법자에 대한 직접효력설)이 현행 헌법의 해석상 타당하다 할 것이다.[1)2)]

그런데 우리 대법원은 「… 법률이 헌법재판소의 결정에 의하여 위헌으로 된 경우에도 위헌결정 전에 당해 법률에 근거하여 행한 처분은 그 처분시에는 그 근거법률의 위헌여부가 명백한 것은 아니기 때문에, 특별한 사정이 없으면 당연무효는 아니며, 취소할 수 있는 행위에 그친다고 보고 있다」.[3)]

데, 1980년 6월말 경의 비상계엄당시 국군보안사령부 정보처장이 언론통폐합조치의 일환으로 사인소유의 방송사주식을 강압적으로 국가에 증여하게 한 것은 수용유사적 침해에 해당한다고 볼 수 없다」고 판시한 바 있다(대판 1993. 10. 26, 93다6409).

1) 권영성 교수는 「아무튼 국가보상에 관한 현행법체계는 적법한 침해에 대한 손실보상제도와 위법·유책의 침해에 대한 손해배상제도만을 인정하고 있을 뿐, 「위법·무책」의 침해에 대한 보상제도는 규정하고 있지 아니하다. 이러한 실정법상의 흠결을 보완하기 위하여 독일연방최고법원(BGH : 학자들은 연방법원; 연방대법원; 연방통상법원; 연방민사법원 등 다양한 용어로 칭하고 있다)의 판례를 통하여 형성된 이론이 준수용적·수용유사적 침해의 법리와 수용적 침해의 법리이다. 요컨대 수용유사침해의 보상이론은 독일에서 발전한 이론이지만 우리의 국가보상법체계가 독일의 그것과 유사하므로, 이 이론을 수용하여 수용유사적 침해나 수용적 침해가 있는 경우에는 공용수용의 법리에 준하여 직접 헌법에 근거한 손실보상을 인정하는 것이 타당하다고 본다」고 주장한다. 생각건대 권영성 교수는 「헌법 제23조 제3항은 독일기본법 제14조 제3항 제2문과 유사한 규정으로서 이른바 결부조항(Junktim-Klausel)에 해당하는 것으로 볼 수 있다. 헌법 제23조 제3항을 결부조항으로 본다면, 그것은 손실보상규정을 공용침해법률의 유효요건으로 한다」(권영성, 헌법학원론, 631면)고 주장하면서 수용유사침해이론을 주장하는 것은 문제가 있다.

2) 김도창, 박윤흔, 행정법강의(상), 797면; 이상규, 유상현, 유신헌법하의 다수설 이었다. ☜ **위헌무효설(입법자구속설)에 대한 비판**: 위헌무효설에 의하는 경우 법률에 보상규정이 없다면 손해배상을 청구할 수 있다고 하는바 사실상 곤란하다. 왜냐하면 피해국민이 손해배상을 받기 위해서는 직무책임의 성립요건들이 갖추어져야 하는데, 법률은 합헌으로 추정되므로 법률의 위헌이 명백하지 않는 한 공무원은 집행의 의무가 있고, 따라서 보상규정이 없는 법률을 공무원이 집행했다 해도 그 공무원에게 과실이 있다고는 볼 수 없으며, 과실이 없다면 직무책임의 성립요건을 결한 것이 되기 때문에 손해배상을 받을 수 없다고 한다.

3) 대판 2002. 11. 8, 2001두3181 【택지초과소유부담금부과처분무효확인】 【원고, 상고인】 재단법인 지덕사 (소송대리인 변호사 강인애) 【피고, 피상고인】 종로구청장 외 1인 (소송대리인 서초법무법인 담당변호사 박상기) 【원심판결】 서울고법 2001. 3. 16. 선고 2000누16212 판결 : 위헌결정의 효력은 그 결정 이후에 당해 법률이 재판의 전제가 되었음을 이유로 법원에 제소된 일반사건에도 미치므로, 당해 법률에 근거하여 행정처분이 발하여진 후에 헌법재판소가 그 행정처분의 근거가 된 법률을 위헌으로 결정하였다면 결과적으로 행정처분은 법률의 근거가 없이 행하여진

5. 손실보상의 성립요건

5.1. 공공필요에 의한 재산권의 침해(수용 · 사용 · 제한)

5.1.1. 공공필요

a) 개관

손실보상청구권이 성립하기 위한 요건의 하나로 헌법 제23조 제3항이 규정하고 있는 공공필요라 함은 일정한 공익사업을 시행하거나 공공복리를 달성하기 위하여 재산권의 제한이 불가피한 경우를 말한다. 헌법 제23조 제3항의 「공공필요」의 의미를 최광의로 해석하여 「널리 공익목적을 위한 필요」로 이해하는 것이 타당하다. 따라서 공공복리뿐 아니라 국방목적 · 질서유지목적도 포함된다. 공공필요의 유무는 구체적으로 공익과 사익의 비교형량을 통하여 결정되어야 할 것이다.[1]

이러한 적법한 공용침해의 실질적 허용요건으로서의 공공필요라는 개념은 추상적이고 전형적인 불확정개념이기 때문에 이에 관한 구체적 내용은 개별 입법자에게 맡겨지게 되고 궁극적으로는 헌법재판소의 결정에 의존하는 개념이다.[2] 물론 이 개념은 정치적 · 경제적 · 사회적 · 문화적인 제반 상황과 그 당시의 지배적인 국가의 정책목표와 밀접한 관련을 가지고 있기 때문에 이에 대한 획일적인 개념정립은 불가능하다고 할 수 있다.[3] 그러나

것과 마찬가지가 되어 하자가 있는 것이 되나, 이미 취소소송의 제기기간을 경과하여 확정력이 발생한 행정처분의 경우에는 위헌결정의 소급효가 미치지 않는다고 보아야 할 것이고, <u>일반적으로 법률이 헌법에 위반된다는 사정은 헌법재판소의 위헌결정이 있기 전에는 객관적으로 명백한 것이라고 할 수는 없으므로 헌법재판소의 위헌결정 전에 행정처분의 근거되는 당해 법률이 헌법에 위반된다는 사유는 특별한 사정이 없는 한 그 행정처분의 취소소송의 전제가 될 수 있을 뿐 당연무효사유는 아니라고 봄이 상당하다.</u>

1) 적법한 공용침해의 실질적 허용요건으로서의 공공필요라는 개념은 추상적이고 전형적인 불확정개념이기 때문에 이에 관한 구체적 내용은 개별 입법자에게 맡겨지게 되고 궁극적으로는 헌법재판소의 결정에 의존하는 개념이다. 물론 이 개념은 정치적 · 경제적 · 사회적 · 문화적인 제반 상황과 그 당시의 지배적인 국가의 정책목표와 밀접한 관련을 가지고 있기 때문에 이에 대한 획일적인 개념정립은 불가능하다고 할 수 있다. 그러나 공공필요라는 개념의 구체화가 입법자의 완전한 자유재량에 위임된 것은 아니며, 입법자가 관련 법률에서 공공필요를 목적으로 하는 일정한 공익사업을 명시하고 있더라도 그 사업을 수행한다고 하는 것만으로는 이를 위한 공용침해가 따로 허용되는 것은 아니며, 이에 따른 개별적 조치로서의 해당 공용침해가 구체적으로 공공필요에 기여하는가의 여부가 다시 심사되어야 한다(김백유, 헌정 및 행정법치연구, 한성대출판부, 2006, 953면).

2) 김남진 교수는 공공필요의 의미내용을 적극적으로 정의하기는 어려우며, 일반적으로 공용침해를 통해서 얻어지는 이익(öffentliche Interesse an der Enteignung)과 재산권자의 재산권보유의 이익(Interesse des Eigent[mers an der Erhaltung seines Eigentums)간의 이익형량을 통해서 공공필요의 여부가 결정될 수 있다(김남진, 행정법의 기본문제, 473면 참조).

공공필요라는 개념의 구체화가 입법자의 완전한 자유재량에 위임된 것은 아니며, 입법자가 관련 법률에서 공공필요를 목적으로 하는 일정한 공익사업을 명시하고 있더라도 그 사업을 수행한다고 하는 것만으로는 이를 위한 공용침해가 따로 허용되는 것은 아니며, 이에 따른 개별적 조치로서의 해당 공용침해가 구체적으로 공공필요에 기여하는가의 여부가 다시 심사되어야 한다.

공공필요 → 널리 공익목적을 위한 필요

공공필요 > 공공복리 · 국방목적(국가안전보장) · 질서유지목적

· 공공복리 : 독일 Bonn 기본법(독일 연방헌법)은 '공공복리(Wohl der Allgemeinheit)'에 한하고 있다(제14조 제3항)

· 국방목적

· 질서유지목적

이상의 점을 종합하면, 재산권에 대한 공권적 침해는 「공공필요」 또는 「공익을 위하여 행해지는 것」을 의미 한다. 다만 '공공필요'라는 용어는 불확정개념이므로 이에 대한 정의를 구체적으로 판단하기는 현실적으로 어려운 문제가 있다. 과거에는 ㉠ 당해 사업이 순수한 수익목적 내지는 영리목적을 위한 경우, ㉡ 당해 사업이 사람의 사회 · 경제 · 문화생활상 직접적인 필요성이 극히 적을 경우, ㉢ 사업주체가 당해 재산을 직접 자기 목적을 위하여 공용하지 아니한 경우 등에 대하여는 공권적 침해의 요건으로서 공공필요가 없는 것으로 보았다.[1)]

그런데 과거에 비하여 사회 · 문화적 여건이 크게 변화한 오늘날에는 '공공필요'의 개념이 점차 확대되는 경향에 있다. 예컨데, 행정주체가 시행한 개발사업이 완료된 후에 토지를 수익적 · 영리적 사업에 제공하거나 <u>주택지조성사업에서 사업자가 광대한 토지를 조성한 후에 그 소유권을 제3자인 사인에게 분양하는 경우의 예에서 보듯이 사익을 위한 경우</u>

---

3) 예컨대 어느 토지가 도시계획에 포함되어 있다고 해서 이 계획의 수행을 위한 당해 토지의 제한이 정당화되는 것은 아니며, 그 토지의 제한이 실제로 도시계회사업의 실현에 이바지하는가, 그리고 그 도시계획사업이 관계 법률에 명시된 공익사업에 해당하는가의 여부 등이 단계별로 검토되어져야 한다. 예컨대, 공공필요라는 개념을 구체화하기 위하여는 재산권자의 사적 재산권과 공익과의 개별적 · 구체적인 이익형량을 해보아야 하는 문제이며, 이와 관련하여서는 비례의 원칙 · 과잉금지의 원칙이 결정적인 역할을 한다. 기본권제한의 한계로서 비례원칙은 헌법원칙 또는 일반적 법원칙으로 활용되고 있으며, 매우 신축성 있게 적용될 수 있기 때문에 헌법 제37조 제2항의 목적범위를 넘는 헌법 제33조 제3항의 공공필요에 의한 재산권제한의 한계를 정하는 기준으로서의 역할을 할 수 있는 것이다.

1) 석종현, 손실보상법론, 2003, 105면; 석종현, 신토지공법론, 경진사, 1996, 137면.

등에 있어서도 '공공성'이 인정되고 있다.[1)]

공익사업을위한토지등의취득및보상에관한법률(舊토지수용법)은 이와 관련하여 토지를 수용 또는 사용할 수 있는 공익사업을 규정하고 있고(동법 제3조), 동법시행령에서는 공익성이 있는 중요산업을 규정하고 있으나(제2조), 공공필요가 인정되는지의 여부는 개별적으로 검토되어야 할 것이다. 아무튼 공공필요의 존재의 검토는 공권적 침해로 얻게되는 공익과 재산권 보장이라는 사익간의 이익형량을 통해서 결정되어야 하며, 공공필요에 의하여 재산권 침해가 이루어 질 때에는 '넓은 의미의 비례의 원칙(과잉금지의 원칙)'이 요구하는 3대요소, 즉 적합성의 원칙, 필요성의 원칙, 상당성의 원칙(비례성의 원칙)을 준수해야한다(이중 한가지만 위반해도 위법행위가 된다). 공용침해의 공공필요에의 구속은 그 침해를 위한 적법성의 전제조건이며 아울러 손실보상의 전제요건이 된다. 그러므로 공공필요에 의한 공용침해가 아닌 경우에는 침해 그 자체가 위법이 되어 손해배상의 대상이 되며, 따라서 적법한 공권력 행사로 인한 손실보상의 대상이 되지 않는다.[2)] 이하 공공필요의 개념 및 그 개념적 요소를 세부적으로 고찰하고자 한다.[3)]

b) 공공필요의 개념

공공필요의 개념을 자의적으로 해석하여 이를 적용할 경우 헌법상 보장하고 있는 재산

---

1) 석종현, 일반행정법(상), 661면; 석종현 교수는 「종래에는 당해 사업이 순수한 수익목적 내지는 영리목적을 위한 경우, 당해 사업이 사람의 사회·경제·문화생활상 직접적인 필요성이 극히 적은 경우, 사업주체가 당해 재산을 직접 자기목적을 위하여 사용하지 않는 경우에는 공권적 침해요건으로서 공공의 필요가 없는 것으로 보았다. 그러나 오늘날에는 공공필요의 개념이 점차 확대되어가는 추세이다. 예컨대 행정주체가 시행한 개발사업이 완료된 후에 토지를 영리적, 수익적 사업에 제공하거나 택지조성사업후에 그 소유권을 제3자인 사인에게 분양하거나, 공용적 사용수용과 같이 사인을 위한 경우에 공공성이 인정되고 있다(석종현, 신토지공법론, 경진사, 1994, 137면 이하; 석종현, 손실보상법론, 105-106면)」고 한다. 상세한 내용은 김남욱, 사인에 대한 수용권 부여의 법적 문제, 한국토지공법학회, 2008년 12월 13일 제65회 학술대회(민간참여를 통한 행정책무실현의 법적 과제에 관한 검토), 제2주제 발제논문, 112면 각주 75) 참조.

2) 마우러(Maurer)는 "그러나 이것이 곧 수용유사침해의 이론에 따르는 손실보상마저 부인하는 것은 아니다. 물론 공공복리의 필요성이 수용유사침해의 구성요건중의 하나이고, 또한 수용유사침해의 위법성 때문에 공공복리가 무시되어서도 안되겠지만, 그것은 침해행위의 존재 때문에 손실보상의 전제가 된다고 보아야하고, 그 침해행위는 공공복리를 목적으로 하는 것이면 되고, 그 이상이 요구 될 수는 없는 것이다. 왜냐하면 위법한 침해는 보통 공공필요를 위한 것이 아니기 때문이다"라고 한다(H. Maurer, Allgemeines Verwaltungsrecht, 3. Aufl., 1983, S. 556).

3) 김남욱, 사인에 대한 수용권 부여의 법적 문제, 한국토지공법학회, 2008년 12월 13일 제65회 학술대회(민간참여를 통한 행정책무실현의 법적 과제에 관한 검토), 제2주제 발제논문, 112면 이하 참조.

권의 제도적 보장[1])이 무의미하게 될 여지가 있고, 공공필요에 대한 명확한 개념이 확립되지 않으면, 결국 공용수용은 행정편의주의에 일임하게 되어,[2]) 국민의 재산권 보장에 만전을 기할 수 없기 때문에 공고필요의 개념을 학설과 판례에서 명확하게 정립할 필요가 있다.

공공필요의 개념에 대한 학설은, 공공필요란 공공이익을 위한 일정한 공익사업을 하거나 국가안전보장, 질서유지 등의 공익목적을 달성하기 위하여 재산권의 수용·사용·제한이 불가피한 경우를 말하는 견해[3])가 있고, 공용침해를 통해 사회전체의 공익이 증대된다면 공공필요가 충족된다는 견해(양건), 단순한 공익이나 국가이익 이상의 중대한 공익으로서 특정 공익사업과 연관되어 특정인 내지 특정집단에 대한 재산권제한이 불가피한 경우[4])를 의미하는 견해 등이 있다.

생각건대 공공필요의 개념은 엄격하게 해석할 필요가 존재하고, 수용권한의 남용으로부터 국민의 재산권을 보장하기 위하여는 균형잡힌 이해가 필요하다고 본다. 따라서 공공필요의 개념은 개인에 대한 재산권 침해가 정당화될 수 있는 정도의 높은 공익의 존재가 필요하고,[5]) 공익사업을 위해 재산권 침해가 불가피한 경우로 이해되어져야 한다.[6])

---

1) 헌법 제23조 제3항에서 규율하고 있는 공공필요에 의한 재산권의 수용·사용·제한의 경우에는 그에 대한 정당한 보상을 전제로 하여 당해 재산권의 존속이 부인되며, 이와같은 것이 아닌 경우에는 재산권의 보장은 그의 존속보장을 의미한다(김해룡, 재산권의 내용에 관한 법리, 천봉석종현박사화갑기념논문집, 현대공법이론의제문제, 삼영사, 2003, 747면.

2) 김연태, 공용수용의 요건으로서의 공공필요, 고려대학교 법학연구원(고려법학 제48권), 2007, 90면.

3) 유해웅, 토지공법론, 삼영사, 2002, 208면; 허영, 한국헌법론, 506면; 이부하, 재산권의 존속보장과 재산권에 대한 법이론 - 경계이론과 분리이론의 비교고찰을 중심으로 -, 공법학연구(제9권 제3호), 344면; 헌법재판소판례도 "어떠한 경우라도 토지의 사적 이용권이 배제된 상태에서 토지소유자로 하여금 10년 이상을 아무런 보상없이 수인하도록 하는 것은 공익실현의 관점에서도 정당화될 수 없는 과도한 제한으로서 헌법상의 재산권보자에 위배된다고 보아야 한다고 하여 이 견해를 지지하고 있다(김남욱, 사인에 대한 수용권 부여의 법적 문제, 한국토지공법학회, 2008년 12월 13일 제65회 학술대회(민간참여를 통한 행정책무실현의 법적 과제에 관한 검토), 제2주제 발제논문, 115면 각주 85에서 재인용).

4) 김성수, 행정상 손실보상의 요건으로서 공공의 필요와 특별한 희생의 재조면, 고시계(제41권 제7호), 1996, 121면; 석종현외 4인, 기업도시개발에 따른 토지수용권 검토영역, 건설교통부, 2004, 15면; 김남철, 기업도시에서의 사인을 위한 토지수용의 법적 문제, 한국토지공법학회, 토지공법연구(제24집), 2004, 588면; 김남욱, 사인에 대한 수용권 부여의 법적 문제, 한국토지공법학회, 2008년 12월 13일 제65회 학술대회(민간참여를 통한 행정책무실현의 법적 과제에 관한 검토), 제2주제 발제논문, 115면.

5) 석종현, 민간기업에의 토지수용권 부여의 타당성 검토, 감정평가, 통권 제65권(2005.1), 한국감정평가협회, 28면.

6) 김남욱, 사인에 대한 수용권 부여의 법적 문제, 한국토지공법학회, 2008년 12월 13일 제65회 학술대회(민간참여를 통한 행정책무실현의 법적 과제에 관한 검토), 제2주제 발제논문, 115면 참조.

c) 공공필요의 개념적 요소

aa) 개관

공공필요의 개념적 요소는[1] 위에서 언급한 과잉금지의 원칙의 토대아래 ① 공공성, ② 필요성, ③ 비례성의 원칙이 세부적 구성요소를 이룬다.[2] 이는 공익사업에 해당된다고 하여 이에 근거하여 곧바로 수용할 수 있는 권리가 부여되는 것이 아니라 관계법령에 의해 국토해양부장관 또는 지방자치단체장 등에 의하여 사업승인을 받아야 가능하므로 공공성과 필요성을 분리해서 이해하여야 한다. 오늘날 공공성의 개념이 위에서 언급한 바와 같이 확대되는 경향하에서는 헌법상 보장되는 재산권 보장을 위해서 필요성의 강화가 요청된다.[3]

bb) 세부적 요소

aaa) 공공성

공공성은 사업의 공익성을 의미하며, 공익사업은 결과적으로 사업시행자와 토지소유자 간의 이해관계의 상충을 가져오므로 공용수용은 법률유보의 원칙에 의해 법률에서 명확하게 규정되어 있어야 한다.[4] 공익은 선험적(a priori)으로 존재하는 것이 아니고 다양한 이익들이 형량·조정됨으로써 정립되며, 국가목적 및 국가목표에 따라 결정되고, 의회가 정한 법률에 의하여 구체적으로 나타난다.[5] 헌법을 비롯한 우리의 실정법은 공익의 개념과 별도로 공공복리를 사용하고 있으나, 헌법재판소는 공익의 개념과 공공복리의 개념을 동일시하고 있다.[6]

---

1) 이하 김남욱, 사인에 대한 수용권 부여의 법적 문제, 한국토지공법학회, 2008년 12월 13일 제65회 학술대회(민간참여를 통한 행정책무실현의 법적 과제에 관한 검토), 제2주제 발제논문, 112면 이하 참조.

2) 김연태, 공용수용의 요건으로서의 공공필요, 고려대학교 법학연구원(고려법학 제48권), 2007, 89면.

3) 김남욱, 사인에 대한 수용권 부여의 법적 문제, 한국토지공법학회, 2008년 12월 13일 제65회 학술대회(민간참여를 통한 행정책무실현의 법적 과제에 관한 검토), 제2주제 발제논문, 112면.

4) 따라서 공공성이 인정된다고 하더라도 실정법상 공익사업으로 열거되지 아니한 사업은 사인에 대하여 수용권을 부여할 수는 없다(김남욱, 사인에 대한 수용권 부여의 법적 문제, 한국토지공법학회, 2008년 12월 13일 제65회 학술대회(민간참여를 통한 행정책무실현의 법적 과제에 관한 검토), 제2주제 발제논문, 113면).

5) 홍정선, 행정법원론(상), 단락번호 14.

6) 헌재결 1996. 12. 26, 96헌가18【주세법 제38조의7 등에 대한 위헌제청】【판시사항】가. 위헌법률심판절차에 적용되는 위헌심사의 기준 나. 주세법의 自道燒酒 구입명령제도가 헌법에 위반되는지 여부【결정요지】가. 헌법재판소는 위헌법률심판절차에 있어서 규범의 위헌성을 제청법원이나 제청신청인이 주장하는 법적 관점에서만 아니라 심판대상규범의 법적 효과를 고려하여 모든 헌법적 관점에서 심사한다. 법원의 위헌제청을 통하여 제한되는 것은 오로지 심판의 대상인 법률조항이지 위헌심사의 기준이 아니다. 나. (1) 헌법 제119조 제2항은 독과점규제라는 경제정

한편 국가, 지방자치단체로부터 사업시행자로서 사업인정을 받으면 민간기업 등 사인도 수용주체가 되는데. 이때의 공공성 판단은 사업주체가 누구인가하는 사업주체를 기준으로 하여 판단하지 않고, 사업자체의 성질로 보아 그 사업의 공공성을 인정할 수 있는가의 여부로 판단한다.[1)]

bbb) 필요성

필요성은 일반적으로 행정조치가 설정된 목적을 실현하기 위해 필요최소한도 이상으로 행해져서는 인된다는 것을 의미한다.[2)] 즉 필요성은 공익사업을 위해 국민의 재산권을 침해하는 경우에는 과잉금지의 원칙의 구성요소인 최소침해의 원칙을 준수해야 한다는 것을 의미한다. 다만 여기서 필요성의 개념은 '최소침해의 원칙' 및 '필요한 경우(nötig)'로 양자를 포함하는 견해(김철수)와 최소침해의 원칙(Grundsatz der Erforderlichkeit)만을 의미하는 견해로 나누어진다. 여기에서의 필요성은 목적물의 공익사업에의 필요성, 목적 달성에의 최소침해성, 목적물 취득의 보충성을 내포하는 개념이다.[3)]

책적 목표를 개인의 경제적 자유를 제한할 수 있는 정당한 공익의 하나로 명문화하고 있다. 독과점규제의 목적이 경쟁의 회복에 있다면 이 목적을 실현하는 수단 또한 자유롭고 공정한 경쟁을 가능하게 하는 방법이어야 한다. 그러나 주세법의 구입명령제도는 전국적으로 자유경쟁을 배제한 채 지역할거주의로 자리잡게 되고 그로써 지역 독과점현상의 고착화를 초래하므로, 독과점규제란 공익을 달성하기에 적정한 조치로 보기 어렵다. (2) 헌법 제123조가 규정하는 지역경제육성의 목적은 일차적으로 지역간의 경제적 불균형의 축소에 있다. 입법자가 개인의 기본권침해를 정당화하는 입법목적으로서의 지역경제를 주장하기 위하여는 문제되는 지역의 현존하는 경제적 낙후성이라든지 아니면 특정 입법조치를 취하지 않을 경우 발생할 지역간의 심한 경제적 불균형과 같은 납득할 수 있는 구체적이고 합리적인 이유가 있어야 한다. 그러나 전국 각도에 균등하게 하나씩의 소주제조기업을 존속케 하려는 주세법에서는 수정되어야 할 구체적인 지역간의 차이를 확인할 수 없고, 따라서 1도1소주제조업체의 존속유지와 지역경제의 육성간에 상관관계를 찾아볼 수 없으므로 "지역경제의 육성"은 기본권의 침해를 정당화할 수 있는 공익으로 고려하기 어렵다. (3) 우리 헌법은 제123조 제3항에서 중소기업이 국민경제에서 차지하는 중요성 때문에 "중소기업의 보호"를 국가경제정책적 목표로 명문화하고, 대기업과의 경쟁에서 불리한 위치에 있는 중소기업의 지원을 통하여 경쟁에서의 불리함을 조정하고, 가능하면 균등한 경쟁조건을 형성함으로써 대기업과의 경쟁을 가능하게 해야 할 국가의 과제를 담고 있다. 중소기업의 보호는 넓은 의미의 경쟁정책의 한 측면을 의미하므로 중소기업의 보호는 원칙적으로 경쟁질서의 범주내에서 경쟁질서의 확립을 통하여 이루어져야 한다. 중소기업의 보호란 공익이 자유경쟁질서안에서 발생하는 불리함을 국가의 지원으로 보완하여 경쟁을 유지하고 촉진시키려는데 그 목적이 있으므로, 구입명령제도는 이러한 공익을 실현하기에 적합한 수단으로 보기 어렵다.

1) 대판 1970. 9. 22, 70누81【하천점용료부과처분취소】

2) 박종국, 행정법 I, 동방도서, 2006, 55면; 홍정선, 행정법원론(상), 단락번호 243.

3) 김남욱, 사인에 대한 수용권 부여의 법적 문제, 한국토지공법학회, 2008년 12월 13일 제65회 학

ccc) 비례성

비례성은 좁은 의미의 상당성을 의미하며, 어떤 행정조치가 설정된 행정목적의 실현을 위하여 필요한 경우라고 할지라도 그로인해서 달성하려는 공익이 침해를 당하는 사익보다 훨씬 커야 한다는 것을 의미한다(이 경우 재산권을 침해당하는 상대방에게는 수인기대가능성이 인정된다). 공익사업시행자가 공용수용을 통해 달성하려는 공익과 그로 인해 재산권을 침해당하는 사인의 재산권침해를 정당화할 만한 공익의 우월성이 인정되어야 하며, 공익사업의 시행도중 환경보호, 문화재보존 등과 같은 문제가 발생함으로써 공익과 공익이 서로 충돌(공익간의 충돌)하는 경우 공익간의 정당한 형량이 이루어져야 하며, 사익과 사익 상호간의 충돌이 일어나는 경우(사익간 충돌)에는 공용수용으로 재산권을 침해당한 사인과 그로 인해 이익을 얻는 사인간의 이익을 비교형량하여야 한다.[1]

d) 판례

- 공공필요의 인정여부에 관한 판례 -

대판 2005. 11. 10, 2003두7507【토지수용이의재결처분취소】

【판시사항】

공용수용에 있어서 공익사업을 위한 필요에 대한 증명책임의 소재(= 사업시행자)

공용수용은 공익사업을 위하여 특정의 재산권을 법률에 의하여 강제적으로 취득하는 것을 내용으로 하므로 그 공익사업을 위한 필요가 있어야 하고, 그 필요가 있는지에 대하여는 수용에 따른 상대방의 재산권침해를 정당화할 만한 공익의 존재가 쌍방의 이익의 비교형량의 결과로 입증되어야 하며, 그 입증책임은 사업시행자에게 있다.

대판 1994. 1. 11, 93누17768【법인세등부과처분취소】

이 사건은 학교법인 중앙대학교가 그의 토지를 체신보험사업의 일환으로 시행하는 체신연금 보험가입자들의 노후생활의 집 건립부지로 양도한 것에 대하여 동작세무서장이 법인세부과처분을 하자 중앙대학교가 제기한 사건이다.

【판시사항】: 공공의 필요성을 부정한 사례

중앙대학교가 그의 토지를 체신보험사업의 일환으로 시행하는 체신연금 보험가입자들의 노후생활의 집 건립 부지로 토지를 양도한 것이 구 조세감면규제법(1989.12.30. 법률 제4165호로 개정되기 전의 것) 제57조 제1항 제1호 소정의 공공사업에 필요한 토지의 양도에 해당하지 아니한다.

【판결요지】

체신보험사업의 일환으로 시행하는 체신연금 보험가입자들의 노후생활의 집건립 부지

술대회(민간참여를 통한 행정책무실현의 법적 과제에 관한 검토), 제2주제 발제논문, 114면.

1) 김남욱, 사인에 대한 수용권 부여의 법적 문제, 한국토지공법학회, 2008년 12월 13일 제65회 학술대회(민간참여를 통한 행정책무실현의 법적 과제에 관한 검토), 제2주제 발제논문, 114면.

로 토지를 양도한 것이 舊조세감면규제법(1989.12.30. 법률 제4165호로 개정되기 전의 것) 제57조 제1항 제1호 소정의 공공사업에 필요한 토지의 양도에 해당하지 아니한다.

원심판결 이유를 기록에 비추어 보면, 원고가 서울체신청이 체신보험사업의 일환으로 체신연금보험가입자들의 노후 공동거주처가 될 노후생활의 집을 건립하는 데에 이 사건 토지를 양도하였으나, 체신보험사업은 공익적 목적으로 국가가 경영하는 사업이기는 하나 본질적으로 보험계약자들로 하여금 재해의 위험에 공동으로 대처하게 하려는 보험사업이고, 이 사건 토지는 그러한 사업의 원활한 수행을 목적으로 하여 건립하는 노후생활의 집 부지로 제공하기 위하여 매도한 것으로서, 체신보험사업의 취지와 목적, 기금조달의 방법 등에 비추어 볼 때 위와 같은 노후생활의 집 건립사업은 토지수용법 제3조 제3호에서 말하는 타인의 토지를 수용하여서라도 그 사업을 수행하여야 할 고도의 공익성이 있는 보건, 문화시설 기타 공공용시설에 관한 사업이라고 볼 수 없고, 달리 체신보험사업의 수행을 위하여 토지를 수용할 수 있다는 법률의 규정도 없다는 이유로, 이 사건 토지를 노후생활의 집 건립사업용지로 양도한 것이 조세감면규제법 제57조 제1항 제1호 소정의 공공사업에 필요한 토지의 양도에 해당한다는 원고의 주장을 배척한 원심의 조처를 수긍할 수 있다.[1],

대판 1971. 10. 22, 71다1716 【소유권이전등기말소】

【사건개요】

워커힐 사업을 위한 토지수용이 토지수용법 제3조의 공익사업에 해당하지 않아 당연무효라고 주장하며 사단법인 워커힐을 상대로 민사소송을 제기하여 소유권이전등기말소를 청구한 사건이다.

【판시사항】

정부방침아래 교통부 장관이 토지수용법 제3조 소정의 문화시설에 해당하는 공익사업으로 인정하고 스스로 기업자가 되어 토지수용의 재결신청에 의하여 한 수용재결을 적법유효한 것이다.

【이유】

원판결이 채택한 여러 증거를 기록에 대조하여 검토하면 원심이 이건 워커힐관광, 써비스 제공사업을 한국전쟁에서 전사한 고 워커 장군을 추모하고 외국인을 대상으로 하여 교통부 소관사업으로 행하기로 하는 정부방침 아래 교통부 장관이 토지수용법 제3조 제1항 제3호 소정의 문화시설에 해당하는 공익사업으로 인정하고 스스로 기업자가 되어 본건토지수용의 재결신청을 하여 중앙토지수용 위원회의 재결을 얻어 보상금을 지급한 사실을 인정하였음은 정당하고, 사실관계가 이렇다면 본건 수용재결은 적법유효한 것이다.

5.1.2. 재산권 기타 권리 · 이익의 침해

손실보상은 재산권에 대한 공권적 침해, 즉 공용수용(공용징수, 징발 포함)에 있어서 발생하는 문제이다. 헌법 제23조 제3항은 이를 「수용 · 사용 · 제한」이라고 표현하고 있다. 헌법 제23조 제3항과 손실보상관련법률에서 의미하는 재산권은 사법상 또는 공법상 경제

1) 【참조판례】 대판 1970. 9. 22, 70누81; 대판 1971. 10. 22, 71다1716.

적 가치가 있는 모든 권리를 말한다. 따라서 「침해의 대상」인 재산권은 소유권뿐만 아니라 널리 모든 재산적 가치있는 권리나 보호가치있는 이익을 포함한다. 이에는 유체재산권 뿐만 아니라 知的 재산권도 포함되며, 기타 재산적 가치가 있거나 보호할 가치가 있는 모든 이익이 포함된다. 오늘날에는 재산권뿐만 아니라 생활권침해에 대하여도 보상이 행해진다.

「침해의 대상」인 재산권
- 소유권
- 재산적 가치있는 권리
- 보호가치있는 이익
- 유체재산권
- 지적 재산권(무체재산권)[1)]
- 생활권침해

다만 개인의 자유와 신체의 침해에 대한 보상은 이루어지지 않는다. 왜냐하면 이는 개인의 자유와 신체에 대하여는 보상을 전제로하는 침해는 허용되지 아니하며 이에 대한 침해는 불법행위책임을 지게되어 손해배상책임을 물을 수 있기 때문이다.

침해는 수용 · 사용 · 제한뿐만 아니라 재산가치를 감소시키는 일체의 공권력행사를 포

---

1) 무체재산권 : 지적 재산권 또는 지식재산권이라고도 한다. 무체재산권은 산업재산권과 저작권으로 구분할 수 있다. 무체재산권은 무체물(無體物)을 대상으로 한다는 점에서 물권(物權)이 유체물(有體物)을 대상으로 하는 것에 대응한다. 그러나 무체재산권도 배타적 이익을 향유할 수 있는 권리라는 점에서 물권에 준하며, 성질이 허용하는 범위 내에서 물권의 규정이 유추적용될 수 있다. 무체재산권은 특허협력조약, 세계지적소유권기구설립협약 등에 의하여 국제적으로 보호되는 경향에 있으나, 1국에서 성립된 권리는 그 나라에만 효력이 미친다고 하는 속지주의원칙(屬地主義原則)이 채택되고 있으므로, 각국에 별개로 출원하여 권리화하여야 하며, 출원절차를 밟지 않은 나라에서는 보호를 받을 수 없다. 산업재산권은 인간의 지적 창작에 의한 산업상 이용가치를 갖는 발명 등에 관한 권리이다. 산업재산권은 보통 특허권 · 실용신안권 · 의장권 · 상표권 · 서비스표권의 5가지를 말하지만, 넓게는 반도체회로배치설계권 · 노하우권 · 미등록주지상표권 등 산업상 보호가치가 있는 권리 전부를 포함한다. 산업재산권은 특허청에 등록함으로써 취득되며, 등록에는 선출원주의(先出願主義)가 적용된다(특허법 제38조, 실용신안법 제8조, 의장법 제16조, 상표법 제9조). 산업재산권은 새로운 창작에 대하여 그 창작자에게 일정기간 동안 독점적 · 배타적 권리를 부여하는 대신 이를 일반에게 공개하여 일정한 존속기간이 지나면 누구나 이용할 수 있도록 함으로써 기술진보와 산업발전을 추구하는 것이다. 저작권은 인간의 지적 창작에 의한 문화상 이용가치를 갖는 저작물 등에 대한 권리이다. 저작물은 인간의 지적 · 정신적 문화활동의 결과 창작된 지적 산물인 문학 · 학술 · 예술의 범위에 속하는 창작물을 말한다. 저작권은 별도의 등록을 하지 않아도 창작과 동시에 권리가 발생한다. 저작권은 저작인격권과 저작재산권으로 이루어진다. <ⓒ 두산백과사전 EnCyber & EnCyber.com>

함하며, 직접침해뿐 아니라 간접침해(예 : 댐건설로 인한 소수잔존자의 발생)도 있을 수 있다. 침해는 공공의 필요를 위하여 행해져야 하고, 적법한 것이어야 한다.

5.2. 공권력에 의한 침해

손실보상청구권이 성립하기 위해서는 개인의 재산권에 대한 공권력의 침해가 있어야 한다. 침해라 함은 재산권에 대한 일체의 훼손을 의미하고, 공권력이라 함은 국가 또는 공공단체의 권력적 작용을 말한다. 다만 헌법 제23조 제3항에서의 공공필요에 의한 재산권의 수용 · 사용 · 제한(공용침해)은 공권력에 의한 침해의 예시적 규정에 해당되는 것일 뿐이다. 따라서 수용 · 사용 · 제한 이외의 다른 방법에 의한 재산권의 침해도 손실보상책임을 지게 된다.

공용수용 : 국가 · 공공단체 또는 사업주체가 공공의 필요를 위하여 사인의 비대체적인 특정의 재산권을 종국적 · 강제적으로 취득하는 것을 말한다(토지수용 등)

공용사용 : 공공필요에 의하여 국가 등이 개인의 재산권을 일시적 · 강제적으로 사용하는 것을 말한다

공용제한 : 공공필요를 위하여 국가 또는 공공단체 등이 개인의 특정재산에 과하는 공법상의 제한을 말한다.

5.3. 특별한 희생

5.3.1. 개관

공공필요에 의한 재산권의 침해는 공권력의 침해로 인하여 사회적 제약을 초과하는 재산적 손실, 즉 '특별한 희생(수용 · 징발)'인 때에 한하여(특별하고도 우연한 희생)[1] 보상의 원인 된다. 특별한 희생이라 함은 일반적으로 국민일반에게 균등하게 과하여진 부담이 아니라 특정인 또는 일정범위의 국민에게만 불균형하게 과하여진 권익의 박탈이어야 하고, 재산권자가 당연히 수인하여야 할 정도의 제한이 아니라 재산권 자체를 소멸시키거나 그 효용을 방해하는 것으로서 「수인한도를 넘은 것」[2]을 의미한다.[3]

---

1) 김철용, 행정법 I, 529면.

2) 김철용, 행정법 I, 529면; 헌재결 1998. 12. 24, 89헌마214, 90헌바16, 97헌바78(병합) 【도시계획법 제21조에 대한 위헌소원】 입법자가 도시계획법 제21조를 통하여 국민의 재산권을 비례의 원칙에 부합하게 합헌적으로 제한하기 위해서는, 수인의 한계를 넘어 가혹한 부담이 발생하는 예외적인 경우에는 이를 완화하는 보상규정을 두어야 한다. 이러한 보상규정은 입법자가 헌법 제23조 제1항 및 제2항에 의하여 재산권의 내용을 구체적으로 형성하고 공공의 이익을 위하여 재산권을 제한하는 과정에서 이를 합헌적으로 규율하기 위하여 두어야 하는 규정이다. 재산권의 침해와 공익간의 비례성을 다시 회복하기 위한 방법은 헌법상 반드시 금전보상만을 해야 하는 것

[미국판례]

미국에서는 군용비행기의 급강하 연습으로 양계장의 닭들이 놀람으로써 일어나는 산란의 저하 등도 공용징수에 해당한다고 하였다.[1]

따라서 피해자측에 특별한 부담을 수인하지 않으면 안될 이유가 있는 경우(예 : 벌금·과태료·부담금, 경찰금지·경찰강제로 인한 손실 등)라든가, 일반적인 경우(예 : 조세부과, 재산권 자체에 내재하는 일반적인 사회적 제약)에는 손실보상의 문제가 있을 수 없다.

어떤 경우에 특별한 희생이 있는 것으로 볼 것인가에 대하여는 경계이론과 분리이론이 있다. 즉 입법자의 의사에 따라 재산권에 대한 제한의 문제를 헌법 제23조 제1항 및 제2항에 의한 재산권의 내용 및 한계의 문제와 헌법 제23조 제3항의 공용제한과 손실보상의 문제로 구분하여 설명하는 분리이론(Trennungstheorie : 재산권의 내용규정과 공용수용 등을 서로 독립된 제도로 본다. ☞ **질적 차이**)[2]과, 공공필요에 의한 재산권의 제한과 그에 대한 구제를 손실보상의 문제로 보는 경계이론(Schwellentheorie : 사회적 제약과 공용수용 등은 별개의 제도가 아니라 재산권제한의 정도의 차이라고 한다. ☞ **양적 차이**)[3]이 있으나, 경계이론이 타당하다.[4]

분리이론(Trennungstheorie) : 분리이론은 재산권에 대한 제한의 문제를 헌법 제23조 제1항 및 제2항에 의한 재산권의 내용 및 한계의 문제와 헌법 제23조 제3항의 공용제한과 손실보상의 문제로 구분하여 설명하는 이론으로서 재산권의 내용규정과 공용수용 등을 서로 독립된 제도로 본다.[5] 처음부터 보상이 필요한 경우와 그렇지 아니한 경우로 구별되어야 한다는 것이다.[6]

경계이론(Schwellentheorie) : 경계이론은 공공필요에 의한 재산권의 제한과 그에 대한

은 아니다. 입법자는 지정의 해제 또는 토지매수청구권제도와 같이 금전보상에 갈음하거나 기타 손실을 완화할 수 있는 제도를 보완하는 등 여러 가지 다른 방법을 사용할 수 있다.

3) 미국에서는 군용비행기의 급강하 연습으로 양계장의 닭들이 놀람으로써 일어나는 산란의 저하 등도 공용징수에 해당한다고 하였다(U.S. v. Causby, 328 U.S. 256(1946)). 그러나 전쟁터에서 적의 수중에 들어갈 재산을 파괴하는 것은 보상할 필요가 없다고 하였다(U.S. v. Caltex, 344 U.S. 149(1952)).

1) U.S. v. Causby, 328 U.S. 256(1946). 그러나 전쟁터에서 적의 수중에 들어갈 재산을 파괴하는 것은 보상할 필요가 없다고 하였다(U.S. v. Caltex, 344 U.S. 149(1952)).

2) 김철용, 행정법 I, 530면.

3) 김철용, 행정법 I, 530면.

4) 박균성, 행정법론(상), 788면.

5) 김철용, 행정법 I, 530면.

6) 장영수, 헌법학, 754면.

구제를 손실보상의 문제로 보는 이론이다. 사회적 제약과 공용수용 등은 별개의 제도가 아니라 재산권제한의 정도의 차이라고 한다.[1] 그에 따라 재산권에 대한 제약의 정도가 심해질 경우 종래 사회적 구속으로 인정되었던 것도 제한으로 인정되어 보상이 인정된다.[2]

경계이론에 의하면 재산권에 대한 제한이 재산권에 내재하는 사회적 제약인가, 아니면 특별한 희생인가 하는 문제와 보상규정이 없는 경우 어떠한 권리구제의 방법이 있는가 하는 점이 문제되며, 아래의 형식적 기준설 · 실질적 기준설 · 절충설 등은 경계이론을 토대로 전개되는 학설이다.[3]

5.3.2. 학설

a) 형식적 기준설(형식설)

aa) 개별행위설(개별적 행위설)

침해행위가 일반적(allgemein)인 것인가, 개별적(einzel)인 것인가라는 형식적 기준에 의하여 개별적인 침해(특정인 또는 국한된 범위 안의 자에 대한 침해)만을 특별한 희생이라고 한다. 개별적 행위설(Einzelaktstheorie)이라고도 한다. 이 견해에 의하면 개별적 침해, 즉 특정인 또는 국한된 범위 내에 있는 자에 대한 침해를 특별한 희생으로 보게 된다. 이는 독일의 제국법원(RGZ)이 따르고 있던 견해로서, 행정기관의 개별적인 행위에 의해 특정인의 재산권이 제약되었는가의 여부를 기준으로 하여 논의하는 것으로서, 동일한 상황에 있는 모든 사람이 동일한 방식으로 재산권이 제약되는 경우에는 특별희생의 존재를 부정한다.

기세(F. W. Giese) : 일반인에 대한 침해는 일반적 침해이고 특정인에 대한 침해는 개별적 침해로서 개별적 침해를 특별희생이라고 한다.

개별적 행위설 : 침해를 받은 자의 數를 요소로 하여 특정인, 한정된 범위내의 사람에 대한 침해가 특별희생이다.

bb) 특별희생설

이는 독일연방법원(BGH)이 택하고 있는 이론이다. 독일 연방법원은 특별희생이라는 공용수용의 고전적 징표를 근거로 하여 개별행위설을 특별희생설로 계속 발전시키며 개별행위설이 지니고 있는 문제점을 제거하려고 노력하였다. 이에 따르면 특정개인이나 집단을 다른 개인이나 집단과 비교하여 그들만에 대하여 특별히 관련되고, 특별한 희생을 강요하

1) 김철용, 행정법 I, 530면.
2) 장영수, 헌법학, 754면.
3) 김철용, 행정법 I, 531.

는 재산권 제약행위가 행해질 때에 특별희생의 존재를 인정한다. 이러한 경우에는 특정개인이나 집단에 대해서만 불평등하게 취급하고 있는 것이므로 평등원칙, 사회정의에 따라 손실보상이 행해져야 한다고 보는 것이다.[1)]

b) 실질적 기준설(실질설)

개별행위설과 같은 특정이나 특정집단에 한정된 것인가 등과 같은 형식적 기준만으로는 한계가 있기 때문에 침해행위의 본질, 희생의 强度를 요소로한 실질적 기준(① 침해의 중대성 여부, ② 재산권 주체가 그 침해를 수인할 기대가능성이 있느냐, ③ 종래 인정되어 온 재산권의 목적에 위배되느냐)[2)]에 의하여 구별하려는 학설로서 재산권의 '본래적 효용'을 저해하는 재산권의 내재적 한계를 초월한 침해를 특별희생이라고 한다.[3)] 그 침해가 재산권의 본질인 배타적 지배권을 침해하지 아니하는 범위안의 것일 때에는 재산권에 내재한 사회적 제약이고, 일반적 부담이상으로 범위를 넘은 것으로 손실보상을 요하는 특별한 희생에 해당한다는 학설이다.[4)]

이는 그 실질적 기준의 내용에 따라 ㉠ 보호가치성설(Schutzwürdigkeitstheorie), ㉡ 수인한도성설(Zumutbarkeitstheorie), ㉢ 목적위배설(Zweckentfremdungstheorie), ㉣ 사적효용설(Privatnützungstheorie), ㉤ 사회적 제약설, ㉥ 상황구속성설, ㉦ 중대성설(Schweretheorie)등의 학설로 나뉘게 된다.

- **보호가치성설**(Schutzwürdigkeitstheorie) : 관계사정을 종합적으로 판단하여 '보호가치있는 권리'를 침해하는 경우에 보상한다. 이 설은 옐리네크(W. Jellinek)에 의하여 주장된 견해로서 역사나 일반적 사상, 언어의 관행 및 법률의 취지 등에 비추어 보호할 만한 가치가 있는 것과 그렇지 아니한 것으로 나누어 보호가치가 있는 희생으로 보아 보상을 요한다고 한다.[5)]
- **수인(受忍)한도설**(Zumutbarkeitstheorie) : 재산권의 배타적 지배성을 침해하지 아니

1) 「특별희생설은 독일 바이마르 공화국(1919-1933) 당시 발전된 이론으로서 행정행위에 의한 개별적 침해를 전제한 것이기 때문에 개별행위설이라고도 한다. 침해행위가 일반성을 갖는 법률이 아니라 개별적 행정행위에 의해서 이루어지고 있다는 것을 기준으로 삼았기 때문이다. 그러나 오늘날에는 행정행위에 의한 침해 뿐만 아니라 법률에 의한 재산권의 침해도 문제되기 때문에 개별행위설은 더 이상 타당하지 않으며, 특별희생의 기준도 타당하지 않게되었다」고 한다(장영수, 헌법학, 753면 각주 18) 참조); 양건, 헌법강의, 532면.

2) 양건, 헌법강의, 532면.

3) 이상규, 신행정법론(상), 577면.

4) 박평준, 현행법상 공용제한에 대한 보상법제의 문제점, 토지공법연구 제3집, 한국토지공법학회(1996.7), 174면; 장영수, 헌법학, 754면 참조.

5) 김남진 · 김연태, 행정법(I), 600면.

하는 침해는 재산권에 당연히 내포된 사회적 제약인 것이나, 재산권의 본질적 실체를 침해하는 것은 평등의 원칙에 위반하는 것이므로 보상을 요하는 '특별한 희생'에 해당한다. 다시 말하면 이 설은 국가가 헌법상 사유재산제를 보장하기 위하여 재산권의 내용과 한계를 법률로 정하고 있는바, 이 재산권의 배타적 지배권으로서 권리의 본질에 영향을 주지 않는 침해는 재산권에 내재하는 사회적 제약이고 공공의 필요에 의하여 사유재산제도의 핵심을 변혁하여 재산권의 본체인 배타적 지배권을 침해하는 것은 특별한 희생이라고 한다.[1]

- **私的 效用說**(Privatsnützkeitstheorie) : 재산권의 본래의 효용이 본질적으로 침해되는 경우에는 '특별한 희생'으로 본다(Reinhardt의 주장).[2]

- **목적위반설**(Zweckentfremdungstheorie) : 재산권에 대한 종래부터의 목적공용을 제약하는 것은 '특별한 희생'이라고 한다. 이 설은 재산권을 침해하는 행위가 그 재산권에 대하여 종래부터 인정되었던 목적 · 용도에 위배되는 성질의 것이면 특별한 희생이고 재산권에 대한 침해 · 제한행위가 재산권의 본래적 기능에 따라 공공복리에 적합하도록 재산권행사를 규제하는 성질을 가질 때에는 특별한 희생이 아니라고 한다.[3] 이는 재산권에 가해지는 공권적 침해가 재산권의 본래의 기능 또는 목적에 위배되는가 아닌가에 따라 공용침해(보상부 공권적 침해)와 사회적 제약(무보상부 공권적 침해)을 구별하려는 입장이다.[4] 기능설(Funktionstheorie)라고도 한다.[5]

- **사회적 제약설** : 침해행위가 기본권이론에 의하여 허용되는 사회적 제약을 넘는 것인가, 아닌가를 표준으로 하는 견해이다.

- **상황적(지역적) 구속설** : 일정한 토지는 그것이 놓여 있는 사실상 위치로 인하여 토지의 일정한 이용이 제약받게 되며, 그와 같은 지리적 위치로 인한 제약은 「사회적 제약」에 지나지 않는다고 한다. 이 설은 주로 토지의 이용제한과 관련하여 판례를 통하여 발전된 견해로서 일정한 토지는 그것이 놓여 있는 사실상 위치로 인하여 토지의 일정한 이용이 제약받게 되며, 이와 같은 지리적 위치로 인한 제약은 재산권에 내재하는 사회적 제약으로서 보상의 대상에서 제외된다고 한다. 이 견해에 의하면 인구가 밀집하고 있는 도시 및 그

---

1) 김남진 · 김연태, 행정법(I), 600면.
2) 김남진 · 김연태, 행정법(I), 600면.
3) 예컨대 현재 토지의 이용이 농림업지인 경우에 그에 대한 개발제한구역의 지정을 통하여 본래적 기능인 농림업지로서 기능수행을 위한 이용 · 수익 · 처분 등과 저촉되지 않는 내용과 범위의 개발제한을 할 때에는 그것은 토지의 본래적 기능을 박탈하는 것이 아니기 때문에 손실보상을 요하는 특별한 희생이라고 할 수 없다. 그러나 택지 위에 개발제한구역을 지정함으로써 택지의 본래적 기능을 하지 못하게 되는 경우에는 그것은 재산권의 본래적 기능을 박탈하는 것으로 보아 손실보상을 인정해야 한다.
4) 김남진 · 김연태, 행정법(I), 600면.
5) 김철용, 행정법 I, 531면; 김남진 · 김연태, 행정법(I), 600면.

근교에 위치하고 있는 토지는 사회적 구속을 강하게 받는다는 결론에 도달하게 된다.

c) 절충설

이설은 특별한 희생인가의 여부를 판단하는 데에는 형식적 기준설이나 실질적 기준설 어느 하나만으로는 불충분하며, 양설을 보완하여 적용하되, 특별한 희생의 한계는 실질적 기준을 주로 하고 형식적 기준을 참작하여 결정할 것이라 한다. 이와 같이 볼 때 '특별한 희생'이란 공공필요에 의한 재산권의 침해를 특정인의 부담으로 방치해 두는 것이 사회정의·공평의 원칙에 반한다고 인정되는 권익의 박탈이라고 할 수 있다. 즉 재산권의 경우, 그에 대한 침해가 재산권에 내재하는 사회적 제약을 넘어 재산권의 본래적 효용을 저해함으로써 그것을 개인에게 受忍시키는 것이 사회정의와 공평의 원칙에 반한다고 인정되는 때에 이를 '특별한 희생'이라고 할 수 있다.[1] 우리나라의 통설이다. 특히 김남진 교수는 특별한 희생이외의 요건을 고려하여야 한다고 한다.[2]

5.4. 침해의 목적성 · 직접성(Unmittelbarkeit) 문제

5.4.1. 종래의 견해

종래의 대표적 견해는 공용수용(공용침해)에 있어서는 그 침해행위가 의도적, 목적적이어야 하고 개인이 입은 재산상의 손실은 공권력의 발동을 통하여 직접적으로 야기되어야 하고, 그 밖의 부수적 사정의 가미가 있거나 간접적·결과적으로 야기된 경우는 침해에 해당하지 않는다고 보았다. 즉 공용침해에는 침해행위의 목적성과 직접성이 존재할 것을 요구하였다.[3]

독일의 경우 초기 연방법원의 판례는 공용침해로 인정되려면 침해행위의 목적성과 직접성이 존재할 것을 요구하였지만,[4] 연방법원은 이러한 의도적이고 목적지향적인 침해의 요건을 1950년대 말부터 포기하기 시작하였으며,[5] 1962년 3월 15일의 판결에서 침해행위의 목적성은 포기하고 침해에 대한 직접성(직접적 침해)만 존재하면 된다고 판시하였다.

---

1) 이상규, 신행정법론(상), 577면.

2) 김남진, 행정법의 기본문제, 472면.

3) 박규하, 독일에 있어서의 공용수용과 손실보상제도, 고시연구(1991.8), 105면.

4) BGHZ 23, S. 235.

5) 종래의 대표적 견해는 공공수용에 있어서는 그 침해행위가 의도적·목적적이어야 하고 개인이 입는 재산상의 손실은 공권력의 발동을 통하여 직접적으로 야기되어야 하고 그 밖의 부수적 사정의 가미가 있거나 간접성·결과성으로 야기된 경우가 아니 된다는 것, 즉 침해행위의 목적성과 직접서이 요구되었다. 그러나 독일의 판례(BHGZ 37, 44, 47)는 목적성을 포기하고 직접성만 있으면 된다고 하였다(박규하, 독일에 있어서의 공용수용과 손실보상제도, 고시연구(1991.8), 105-106면).

포사격연습으로 인하여 우발적으로 산림에 화재가 발생하였고 이에 따라 야적된 원고의 목재가 화재로 손실된 사건에서 법원은 이제 손실보상에 있어서 손해의 직접성, 즉 행정작용으로 인하여 개인의 재산권에 직접적인 손해효과를 갖는 것으로 충분하다는 입장에서 손실보상을 인정하였다.[1] 또한 하수도공사중 집건물의 파열 내지 파괴도 침해의 직접성을 인정하였다.[2] 특히 수용유사침해와 수용적 침해에 있어서 직접성의 인정문제는 공용수용에 있어서 보다 완화되어 해석되고 있다.[3]

침해의 직접성: 공권적 침해의 직접성이란 재산권에 대한 침해가 공권력의 주체에 의하여 의욕되고 지향되었거나 아니면 최소한 개인의 재산권 손실에 대하여 직접적 원인이 되는 경우를 말하며 '침해의 직접성'은 엄격한 의미의 공용침해와 수용유사적 침해 및 수용적 침해를 구분함에 있어 중요한 의미를 가진다. 따라서 부담적 사정이 가미되었거나, 간접적·결과적으로 야기된 경우에는 여기에서 말하는 보상의 직접적인 원인이 되지 않으나,[4] 수용유사적 침해 및 수용적 침해의 경우에는 보상의 원인이 된다.

5.4.2. 독일의 판례

a) 침해의 직접성을 이유로 손실보상을 긍정한 판례

- 포사격연습중 탄환이 빗나가 인근 숲속에 쌓아둔 목재가 불타 없어진 경우[5]

- 군용 장갑차가 상점과 충돌하여 상점의 외벽을 무너뜨리고 그 상점의 비품 및 상품에 손상을 입힌 사건에서 피고는 발생된 손해에 대하여 공권력의 집행시에 발생한 것이지 의도된 침해가 아니라고 항변하였으나, 연방법원은 '고권적 조치의 특성상 재산권에 직접적으로 작용하였다는 것만으로 침해의 인정이 가능하다'고 판시[6]

- 하수도공사중 집건물의 파열 내지 파괴된 경우[7]

b) 침해의 직접성을 부인한 판례

- 수도의 파열로 생긴 토지의 손상이 문제된 사건 : '급수시설의 이전이나 보전은 다른상황(Weitere Umstände)이 첨가되어야 비로소 손해가 발생하는 위험상황(Gefahrenlage)을 조성하였을 뿐이다.'라고 하여 침해의 직접성을 부인[8]

---

1) BGHZ 37, S. 44 = NJW, 1962, S. 1439.
2) BGH, NJW, 1988, S. 1051.
3) 박규하, 독일에 있어서의 공용수용과 손실보상제도, 고시연구(1991.8), 105면.
4) 김남진, 행정법(I), 540면.
5) BGHZ 37, S. 44 = NJW, 1962, S. 1439.
6) BGH, NJW, 1964, S. 104.
7) BGH, NJW, 1988, S. 1051.

- 교차로에서 신호등의 기술적 고장으로 차량이 충돌한 교통사건 : 피고(市)는 기껏해야 위험상태를 조성했을 뿐이고 원고의 손해는 그 밖의 부수적 사정이 가미됨으로써 비로소 발생했기 때문이라고 하여 고권적 조치가 직접적으로 작용하였음을 부인[1]

5.5. 부작위에 의한 재산권침해

5.5.1. 독일연방법원(BGH)의 태도

독일연방법원(BGH)은 초기의 판례에 있어서 재산권 침해는 작위로써만 가능하고 부작위에 의한 재산권 침해는 인정될 수 없다고 하였다. 왜냐하면 공용침해는 빼앗음(Inanspruchnahme)을 의미하는 것이지 불법적인 유보(Vorenthalten)를 의미하는 것은 아니기 때문이라고 하였다.[2] 수용은 용어상으로 적극적 행위를 통한 현재하는 재산적 가치의 침탈·사용제한을 의미하기 때문에 부작위에 의한 재산권의 침해란 개념적으로 성립될 수가 없었다. 그러나 법원은 부작위일지라도 상대방의 권리영역을 침해하는 행위로 볼 수 있으며 이런 경우를 가중된 또는 조건부 부작위라고 하여 단순한 부작위와 구분하여, 이 경우 부작위에 의한 재산권 침해도 가능하다고 하였다.[3] 연방법원은 단순한 부작위의 예로써 관계인이 건축허가를 신청한데 대해 허가관청이 그 결정은 해태하고 있는 경우를, 가중된 부작위 또는 조건부 부작위의 예로써는 관계인의 건축허가신청에 대해 허가관청이 명백히 거절한 경우를 들고 있다.[4]

단순 부작위 → 건축허가를 신청한데 대해 허가관청이 그 결정은 해태하고 있는 경우
가중된 부작위(조건부 부작위) → 관계인의 건축허가신청에 대해 허가관청이 명백히 거절한 경우

5.5.2. 批判

재산권을 침해하는 조건부 부작위인가의 여부는 당해 행정청이 어떤 조치를 취했느냐 안했느냐의 여부에 의할 것이 아니라, 먼저 당해 행정청에 '작위의무'가 있는지의 여부에 따라 판단해야 한다고 한다.[5] 건축허가신청에 대한 허가관청의 결정지연과 건축허가신청에 대한 위법한 불허가처분을 달리 평가하여야 할 하등의 이유가 없으며,[6] 경우에 따라 행

8) BGHZ 55, S. 226 = NJW, 1971, S. 607.
1) BGHZ 54, S. 332 = NJW, 1971, S. 32.
2) BGHZ 12, 52; BGHZ 15, 84; DVBL, 1969, S. 209.
3) H. Maurer, Allgemeines Verwaltungsrecht, 6. Aufl., 1988, S. 589.
4) F. Ossenbühl, Staatshaftungsrecht, 3.Aufl., 1983, S. 145.
5) F. Ossenbühl, Staatshaftungsrecht, 3.Aufl., 1983, S. 157-158.
6) Löwer, Staatshaftung für unterlassenes Verwaltungshandeln, 1979, S. 127.

정청이 결정을 해태함이 오히려 신청을 명백히 거절한 경우보다 물가상승에 따른 비용상승이 생기기 때문에 관계 당사자에게 더 큰 손해를 입히기도 한다[1]는 비판이 있다.

6. 손실보상의 기준

6.1. 개관

헌법 제23조 제3항은 「정당한 보상」을 지급하여야 한다라고 하고 있다. 정당한 보상의 해석을 둘러싸고 완전보상설(정당보상) · 상당보상설(적정보상) · 절충설 등으로 견해가 나뉘고 있다. (ㄱ) 완전보상설(vollständige Entschädigung)은 피침해재산이 가지는 재산적 가치를 충분하고 완전하게 보상하여야 한다는 주장이고, (ㄴ) 상당보상설(angemessene Entschädigung)은 적당한 보상(적정한 보상)이면 충분하다고 보는 견해이다.[2]

6.2. 학설

6.2.1. 완전보상설(perfect compensation; vollständige Entschädigung) : 정당보상

완전보상설은 국민의 기본권 · 재산권을 보장하기 위하여 대두된 학설로서, 이에 의하면 손실보상은 피수용재산이 가지는 재산적 가치를 충분하고 완전하게 보상하는 것이어야 한다는 것이다. 완전보상의 관념은 미국 수정헌법 제5조(1791년)의 정당한 보상(just copmpensation)에서 유래했다는 의미에서 정당보상설이라고도 한다. 이같은 표현은 일본헌법 제29조 제3항과 우리나라 제3공화국헌법 제20조 제3항도 이러한 뜻에서 "정당한 보상"을 규정한 것으로 이해되었다. 대법원이 징발보상과 관련하여 「헌법 제20조 제3항의 '정당한 보상'이라 함은 손실보상의 결정에 있어서 객관적인 가치를 완전히 보상하여야 한다는 취지일뿐 아니라, 한 걸음 나아가서 그 보상의 시기 · 방법 등에 있어서 어떠한 제한을 받아서는 아니 된다는 것을 의미한다고 풀이하여야 할 것이다」라고 판시한 것이 좋은 예이다.[3]

완전보상설은 발생된 손실(부대적 손실 포함)의 전부를 보상해야 한다는 손실전부보상설과 피침해재산의 시가 · 거래가격에 의한 객관적 가치(부대적 손실 불포함)를 완전히 보상하는 것이어야 한다는 객관적 가치보상설이 있다. 생각건대 부대적 손실의 보상도 완전보상의 요건으로 보아 피침해재산의 객관적 가치의 손실과, 부대적 손실에 대해서도 보상하여야 한다.[4]

---

1) R. Schröder/Schmaltz, DVBI 1971, S. 467; 마영설, 도시계획제한의 손실보상에 관한 연구 - 독일의 수용유사침해법리를 중심으로 -, 석사학위논문, 연세대학교, 1995, 47면.

2) 권영성, 헌법학원론, 633면.

3) 대판 1967. 11. 2, 67다1334 【징발목재반환】

6.2.2. 상당보상설(angemessene Entschädigung) : 적정보상

손실보상은 그 재산권 침해행위의 공공적 중요성에 비추어 사회국가적 기준에 의하여 정해지는 적정한 보상이면 족하다는 견해이다. 상당보상설은 독일 바이마르(Weimar) 헌법 제153조의 규정에서 유래한 것이며, 현행 Bonn 기본법 제14조 제3항도 「보상은 공익과 관계자의 이익을 정당하게 교량(較量)하여 결정한다」고 하여 바이마르 헌법원리를 따르고 있다.[1]

상당보상설은 사유재산제의 본질에 비추어 완전보상을 원칙으로 하나 합리적인 공익상의 상당한 이유가 있으면 예외적으로 그 이하의 보상도 허용된다는 완전보상원칙설과 그때 그때의 사회통념에 비추어 객관적으로 합리적이며 공정·타당한 보상이면 된다는 합리적 보상설이 있다.

6.2.3. 절충설

이 견해는 완전한 보상을 요하는 경우와 상당한 보상으로써 충분한 경우가 있다고 한다. 예컨대, 「작은 재산」의 침해에 대하여서는 완전한 보상이 행하여져야 하나, 「큰 재산」(특별한 경우)의 침해에 대하여는 상당한 보상만을 행하면 된다고 한다.[2]

권영성 교수는 「생각건대 정당한 보상은 원칙적으로 완전보상을 의미한다고 보아야 하지만 특별한 경우에는 상당보상도 예외적으로 가능하다고 본다(절충설). 현대에 와서는 손실보상의 문제를 개인의 재산권보장이라는 시각에서만이 아니라 개인의 생활보장이라는 측면에서도 파악하여야 한다는 관점에서 생활보상이 강조되고 있는 점[3]을 감안한다면 더욱 그러하다」고 한다.[4]

6.3. 현행 헌법 아래서의 보상기준

6.3.1. 헌법상의 보상기준

제1공화국헌법과 제2공화국헌법은 상당보상, 제3공화국헌법은 정당보상,[5] 제4공화국

---

4) 同旨, 석종현, 일반행정법(상), 676면.

1) 김남진·김연태, 행정법(I), 605면.

2) 권영성, 헌법학원론, 633면.

3) 대판 1987. 6. 23, 86누875【이주권확인】「공공용지의취득및손실보상에관한특례법 제8조의 규정에 의하여 공공사업의 시행자로 하여금 이주대책을 강구하도록 한 것은 공공사업의 시행에 필요한 토지 등을 제공함으로 인하여 생활근거를 상실하게 되는 자를 위하여 사업시행자가 관할 자치단체장과 협의하여 그 대책을 수립 실시하도록 한 것이다」라고 판시함으로써 생활보상의 관념을 인정하고 있다.

4) 권영성, 헌법학원론, 633면 참조.

헌법은 입법보상, 제5공화국헌법은 이익형량보상, 현행 헌법은 정당보상의 형태를 취하고 있다. 현행 헌법(제9차 개정; 1987년)은 "…보상은 법률로써 하되 정당한 보상을 지급하여야 한다"고 함으로써(제23조 제3항), 정당보상주의를 직접 명문화하고 있다.

6.3.2. 판례

대법원은 이때의 '정당한 보상'을 '완전한 보상'으로 해석하였다.[1] 헌법재판소도 현행 헌법 제23조 제3항의 "정당한 보상"에 관하여 「그 손실보상은 원칙적으로 피수용자의 '객관적인 재산가치'를 완전하게 보상하는 것이어야 한다는 완전보상을 뜻하는 것으로서, 보상금액뿐만 아니라 보상의 시기나 방법 등에 있어서도 어떠한 제한을 두어서는 아니된다는 것을 의미한다」는 입장을 취하고 있다(時價에 의한 보상).[2]

그런데 개발이익은 피수용자의 손실에 해당되지 않으므로 예외적으로 상당한 보상 정

---

5) 제헌헌법의 「… 상당한 보상을 지급하여야 한다」는 규정은 제3공화국(제5차 개정헌법)에서 「… 정당한 보상을 지급하여야 한다」로 바뀌었다(완전보상). 당시로서는 별다른 현안문제가 없었으며 5·16군사쿠데타정부에 의한 개정이기는 하지만 4·19 민주의거의 연장선상에서의 개정인 탓으로 그와 같이 바뀐 것으로 여겨진다. 그러나 헌법을 운영하는 동안 정당한 보상과 보상규정과 관련하여 어려운 문제가 발생하였다. 그것은 1963년에 징발법이 제정되고, 동법과 징발법부칙 제3항에 의한 징발재산의 보상에 관한 시행령(1974. 9. 20. 대통령령 1914호)에 의하여 한국전쟁 당시의 징발재산에 대한 보상을 하게 되었는데, 대통령령은 구법령에 의한 징발재산에 대한 보상금은 1965년부터 1974년까지 매년 예산의 범위 안에서 지급한다고 하고 보상을 받기 위하여는 국방부장관의 지급결정과 그에 대한 징발보상심의회의 재심결정을 거치게 하여 보상의 시기와 방법에 제한을 두었다는 이유로 위헌판결을 받게 되었다(대판 1967. 11. 2. 67다1334 : 대법원은 이 판결에서 종전의 판결을 변경하여 「헌법에서 말하는 정당한 보상이라는 취지는 객관적인 가치를 완전하게 보상하여야 한다는 취지일 뿐만 아니라, 한 걸음 더 나아가서 그 보상의 시기와 방법 등에 있어서 어떠한 제한을 받아서는 아니 된다는 것을 의미한다고 풀이하여야 한다」고 판시하였다). 그리고 1970년대 초부터 기대개발이익을 보상액에서 제외시키기 위하여 토지수용법과 국토이용관리법에서 기준지액제를 채택하여 이를 기준으로 보상액을 정하게 하였는바, 「정당한 보상을 지급하여야 한다」고 규정한 헌법규정 아래서는 이와 같이 재결 당시의 현실적인 시가에 의하지 아니한 보상액산정을 정한 법률에 대한 위헌논의가 있었다.

1) 대판 1967. 11. 2, 67다1334【징발목재반환】

2) 헌재결 1990. 6. 25, 89헌마107【토지수용법 제46조 제2항의 위헌여부에 관한 헌법소원】헌법이 규정한 '정당한 보상'이란 손실보상의 원인이 되는 재산권의 침해가 기존의 법질서 안에서 개인의 재산권에 대한 개별적인 침해인 경우에는 그 손실보상은 원칙적으로 피수용재산의 「객관적인 재산가치」를 완전하게 보상하는 것이어야 한다는 완전보상을 뜻하는 것으로서, 보상금액 뿐만 아니라 보상의 시기나 방법 등에 있어서도 어떠한 제한을 두어서는 아니된다는 것을 의미한다. 재산권의 객체가 갖는 객관적 가치란 그 물건의 성질에 정통한 사람들의 자유로운 거래에 의하여 도달할 수 있는 합리적인 매매가격, 즉 時價에 의하여 산정되는 것이 보통이다.

도로 그치는 듯한 판례가 있다(개발이익의 배제와 기준지가에 의한 보상;[1] 공시지가를 기준으로 한 보상[2])). 이에 대하여 피수용자의 재산권이 생존권적 재산권이 아닌 경우, 사회경제적인 이유 등을 종합적으로 고려하여 시가이하의 보상도 예외적으로 인정된다는 견해가 있다.[3]

『대법원』
정당한 보상 → 완전한 보상

『헌재결」』
정당한 보상 = 완전한 보상
완전한 보상 = 객관적 가치손실 + 부대손실

『문제점』
완전보상의 경우에는 침해된 재산권의 객관적 가치의 보상은 물론 그 보상의 시기 · 방법 등에 제한이 없는 완전한 보상이어야 한다. 즉, 피침해재산권의 객관적 가치의 손실과 부대적 손실에 대해서도 보상하여야 한다. 그러나, 부동산가격공시및감정평가에관한법률에 의하여 고시된 공시지가에 의하여 보상액산정을 하는 등 개발이익을 배제하는 보상이 인정되고 있어 '정당한 보상'의 해석과 관련하여 위헌성 논란의 여지가 있다.

7. 손실보상의 방법

7.1. 손실보상의 형태

손실보상은 법정통화에 의한 현금보상을 원칙으로 하나, 법률이 정하는 바에 따라 현물보상(예 : 환지교부, 주택 기타 시설물분양) 국채 · 증권에 의한 채권보상(예 : 농지증권 · 징발보상증권) 또는 현금보상의 변형으로 볼 수 있는 買收보상일 때도 있다(예 : 항공법에 의한 토지매수청구권).

7.2. 손실보상액의 결정방법

7.2.1. 당사자간의 협의에 의하는 경우

손실보상액의 결정방법에 관하여는 통칙적 규정이 없고 개별법에서 다양한 결정방법을 규정하고 있다.[4] 공익사업을위한토지등의취득및보상에관한법률 제80조 제1항에 의한

1) 헌재결 1990. 6. 25, 89헌마107【토지수용법 제46조 제2항의 위헌여부에 관한 헌법소원】
2) 헌재결 1995. 4. 20, 93헌바20【구 토지수용법 제46조 제2항 등 위헌소원】
3) 양건, 헌법강의, 543면.
4) 김남진 · 김연태, 행정법(I), 611면.

협의가 대표적이다. 이 협의가 관할토지수용위원회의 확인을 받게되면, 토지수용위원회의 재결로 본다(동법 제29조 제4항). 협의는 일종의 공법상 계약이며, 당사자간의 협의가 성립되지 못하면 행정청의 일방적인 결정에 따르게 된다.

> **공익사업을위한토지등의취득및보상에관한법률 제80조 (손실보상의 협의 · 재결)** ① 제79조제1항 및 제2항에 따른 손실 또는 비용이나 토지의 취득에 대한 보상은 사업시행자와 손실을 입은 자가 협의하여 결정한다. <개정 2007.10.17>
>
> ② 제1항의 규정에 의한 협의가 성립되지 아니한 때에는 사업시행자 또는 손실을 입은 자는 대통령령이 정하는 바에 따라 관할 토지수용위원회에 재결을 신청할 수 있다.

7.2.2. 행정청 등의 재결에 의하는 경우

행정청이 자문기관의 자문을 거쳐 또는 직권으로 재결 또는 결정을 하는 경우와, 중앙토지수용위원회의 재결에 의하는 경우, 국방부장관의 징발보상금지급결정에 대한 징발보상심의회의 재심결정에 의한 경우와 같이 합의제기관의 재결에 의하는 경우가 있다. 다만 재결의 효과에 있어서는 수용의 효과까지 발생시키는 것(공익사업을위한토지등의취득및보상에관한법률 제34조)과 보상액의 결정에만 머무르는것(도로법 제79조 등)이 구분된다.[1)]

7.2.3. 상대방의 동의와 행정청의 승인을 얻어 기업자(사업시행자)가 결정하는 경우(구농촌근대화촉진법 제137조)

舊 농촌근대화촉진법은 농촌의 근대화를 촉진하기 위해 제반 시책을 제정한 법률(1970. 1. 12, 법률 제2199호)이었다. 본문은 농지의 개량 · 개발 · 보전 및 집단화와 농업의 기계화에 의한 농업생산력을 증진시키고 농가주택을 개량함으로써 농촌근대화를 촉진하게 함을 목적으로 하였고, 8장 189조와 부칙으로 되어 있었다. 농지개량조합법(1995. 12. 29, 법률 제5077호)에 의하여 폐지 · 대체되었다.[2)] <u>농지개량조합법은 또다시 1999. 2. 5 법률 제5759호로 폐지되어 농업기반공사및농지관리기금법(2000년 1월 1일부터 시행)으로 대체</u>되었다.[3)]

<u>농촌근대화촉진법 → 농지개량조합법 → 농업기반공사및농지관리기금법(현행)</u>

---

1) 김남진 · 김연태, 행정법(I), 611면.

2) 부칙 <제5759호, 1999. 2. 5> 제1조 (시행일) 이 법은 2000년 1월 1일부터 시행한다. 다만, 부칙 제3조의 규정은 공포한 날부터 시행한다. 제2조 (폐지법률) 다음 각호의 법률은 이를 폐지한다. 1. 농어촌진흥공사및농지관리기금법 2. 농지개량조합법

3) 제1조 (시행일) 이 법은 2000년 1월 1일부터 시행한다. <단서 생략> 제2조 (폐지법률) 다음 각 호의 법률은 이를 폐지한다. 1. 생략 2. 농지개량조합법 제3조 내지 제18조 생략

7.2.4. 소송으로 결정되는 경우

법률이 협의 또는 재결절차 등 보상금결정에 대하여 특히 규정하고 있지 않은 경우에는 처음부터 보상금지급청구소송을 제기할 수 있다.[1] 이 경우 소송은 당사자소송으로 보는 것이 통설이나,[2] 판례는 민사소송으로 보고 있고,[3] 2005년 3월 31일 개정되기 이전의 실정법인 우편법 제44조도 민사소송으로 보았었다(舊우편법 제44조).[4]

7.3. 손실보상액의 지급방법

손실보상액의 지급방법은 금전보상인 경우 (ㄱ) 지급시기에 따라 선불과 후불로, (ㄴ) 지급횟수에 따라 일시불(전액불)과 분할불로, (ㄷ) 지급방식에 따라 개별불과 일괄불로 구분될 수 있다.[5] 보상액을 피보상자에게 개인별로 지급하는 것이 개별불이고, 개인별 보상액의 산정이 불가능한 경우에 일단의 피보상자에게 일괄적으로 지급하는 것이 일괄불이다.

---

1) 박윤흔, 행정법강의(상), 790면.

2) 김도창(상), 668면; 이상규, 신행정법론(상), 662면; 윤세창(상), 455면.

3) 대판 1967. 11. 2, 67다1334 【징발목재반환】 징발법에 의한 보상의 제한과 헌법 제20조 제3항 【판결요지】 가. 구 헌법(62. 12. 26. 개정헌법) 제20조 제3항에서 말하는 정당한 보상이라는 취지는 그 손실보상액의 결정에 있어서 객관적인 가치를 충분하게 보상하여야 된다는 취지이고 나아가 그 보상의 시기, 방법 등에 있어서 어떠한 제한을 받아서는 아니된다는 것을 의미한다고 풀이할 것이므로 징발물보상에 관하여 그 보상의 시기와 방법에 관하여 여러모로 제한을 두고 있는 징발법 부칙 제3항에 의한 징발재산의 보상에 관한 규정(대통령령 제1914호) 제2조는 위 헌법 제20조 제3항에 저촉되는 규정이다. 나. 본조에서 규정한 징발보상심의회에 관한 규정이나 그 운영기능에 관한 모든 규정들은 모두 국방부장관이 징발에 의한 손해보상의 주무장관으로서 그 사무를 처리할 적에 하나의 자문의 구실을 하는 대내적인 기관의 규정들에 기관의 규정들에 부과하므로 징발보상금 청구권은 징발보상 심의회의 조정이 없더라도 곧 발생한다고 보는 것이 정당하다. 다. 미송원목은 건축용재로서 소모품인 동산으로 처리하여야 할 것이므로 징역 목적물이 위와 같은 동산인 경우에는 정당한 대가를 피보상자에게 보상하여야 한다. 대판 1969. 12. 30, 69다9(보상금) : 징발보상청구권은 사법상의 권리이므로 바로 민사소송으로써 이를 청구할 수 있고 그 보상은 정당한 보상(객관적인 가치의 완전한 보상)을 하여야 한다. 【판결요지】 징발보상청구권은 사법상의 권리이므로 바로 민사소송으로써 이를 청구할 수 있고 그 보상은 정당한 보상(객관적인 가치의 완전한 보상)을 하여야 한다. 대판 1970. 3. 10, 70다88.

4) 舊우편법 제44조(손해보상결정불능의 구제) : 손실보상, 손해배상 또는 보수에 관한 정부의 결정에 대하여 불복이 있는 자는 그 통지를 받은 날로부터 3월 이내에 민사소송을 제기할 수 있다. 2005년 3월 31일 개정된 현행 우편법 제44조 (보수 등의 결정에 대한 불복의 구제) 제4조의 규정에 의한 보수, 제5조의 규정에 의한 손실보상 및 제38조의 규정에 의한 손해배상에 관한 정보통신부장관의 결정에 대하여 불복이 있는 자는 그 통지를 받은 날부터 3월 이내에 소송을 제기할 수 있다. [전문개정 2005. 3. 31]; 박윤흔, 행정법강의(상), 790면.

5) 김남진 · 김연태, 행정법(I), 612면.

개별불이 원칙이다.[1] 공익사업을위한토지등의취득및보상에관한법률(舊토지수용법)은 先拂과 個別拂을 원칙으로 하고 있다.[2]

7.4. 손실보상의 주체

보상은 기업자(사업시행자)가 한다(기업자보상의 원칙; 사업시행자보상의 원칙). 기업자는 사인(법인 · 개인)[3]인 경우도 있고, 국가 · 지방자치단체인 경우도 있다. 이 경우 공용수용의 관계에서 위험부담이 논의된다. 즉, 기업자가 보상금을 지급할 의무와 토지소유자가 보상금을 받을 권리, 토지소유자가 소유권을 이전할 의무와 기업자(사업시행자)가 이전을 받을 권리는 서로 공법상 계약(공법상 쌍무계약)관계로 볼수 있는데, 이 때 공용수용의 대상이 되는 토지가 양 당사자에게 책임없는 사유로 멸실되어버렸다면 기업자(사업시행자)는 이 경우 보상금을 지급할 의무가 있느냐 하는 것이 논의가 된다. 위험부담은 재결시를 기준으로 기업자에게 있으므로, 재결 이후에는 그 토지의 멸실에 상관없이 기업자(사업시행자)는 보상금을 지급해야 한다.

– 사인의 공용수용 –

종래에는 토지 등 재산권에 대한 공용수용의 사업시행자(기업자)는 행정기관 즉, 국가, 공공단체(지방자치단체)가 일반적 이었다. 그러나 최근에는 경제규제 완화에 따른 공기업 민영화와 민간기업의 공적임무 수행요청이 증가되고 있고, 사회경제적 여건변화에 따라 공공성 개념이 수정되어 그 개념이 점차 확대되어 사인인 민간기업이 행하는 사업과 영리사업의 경우에도 공익실현의 관점에서 공공성이 인정되게 되었다.[4]

이에따라 공공필요에 의한 수용의 사업시행자가 국가, 공공단체(지방자치단체) 뿐만 아니라 민간기업 또는 행정기관과 민간기업이 공동출자한 법인까지 수용권을 부여하고 있다. 예컨대 도시개발법 제11조 및 제21조, 산업입지및개발에관한법률 제22조, 경제자유구역의지정및운영에관한법률 제13조, 관광진흥법 제52조 및 제58조, 물류시설의개발및운영에관한법률[5] 제9조 및 제10조, 지역균형개발및중소기업육성에관한법률 제16조 및 제19조,

---

1) 김남진 · 김연태, 행정법(I), 612면.
2) 김백유, 행정법치론(I), 1166면.
3) 사인의 수용권에 관한 상세한 내용은 김남욱, 사인에 대한 수용권 부여의 법적 문제, 한국토지공법학회, 2008년 12월 13일 제65회 학술대회(민간참여를 통한 행정책무실현의 법적 과제에 관한 검토), 제2주제 발제논문, 55면 이하 참조.
4) 석종현, 손실보상법론, 231-232면; 김남욱, 사인에 대한 수용권 부여의 법적 문제, 한국토지공법학회, 2008년 12월 13일 제65회 학술대회(민간참여를 통한 행정책무실현의 법적 과제에 관한 검토), 제2주제 발제논문, 56-57면 참조.
5) 2007. 8. 3. 법률 제8616호로 물류시설의 효율적인 확충 및 합리적인 배치 · 운영을 위하여 유통단지개발특별법을 물류시설의개발및운영에관한법률로 변경하고, 현행 화물유통촉진법의 화물터

사회간접자본시설에대한민간투자법 제13조 및 제20조, 기업도시개발특별법 제14조 등에 의하여 부여되고 있다.[1] 이와 같이 사인에 대한 공용침해를 허용하는 개별법률이 점차 증가하고 있는 경향이다.

우리나라의 행정법 학계에서도 사인에 대하여 공공성의 필요가 계속적으로 공익사업의 수행을 객관적으로 보장할 수 있는 법적 근거가 있다면 사인에 대한 공용침해를 허용하는 수용권 부여가 타당하다는 견해가 일반적이며,[2] 헌법재판소 판례도 사인에게 별다른 규제조항 없이 일방적으로 토지수용권을 인정하고 있는 것은 헌법에 위배된다며 제기한 헌법소원에 대한 재판관 전원일치 의견으로 합헌을 결정했다[3].

7.5. 손실보상에 대한 불복

7.5.1. 개관

행정청의 재결 또는 결정의 형식으로 보상금이 결정되는 경우, 이에 대한 불복절차가 문제된다. 손실보상의 금액이나 지급시기 등의 결정에 관하여 이의가 있는 경우에는 행정분쟁조정절차를 거쳐 불복신청을 할 수 있다. 개별법이 손실보상에 관한 행정쟁송절차를 규정하고 있으면 이에 따라야 하지만, 특별한 규정이 없을 때에는 행정소송인 당사자소송으로 이행판결을 구할 수 있다. 그러나 대법원은 민사소송의 방법에 의하고 있다.[4]

7.5.2. 내용

a) 손실보상의 금액에 이의가 있는 경우

이 경우에는 불복이 있으면 법원에 보상금지급청구소송(실질적으로는 증액 또는 감액청구)을 제기할 수 있다. 손실보상의 청구를 행정소송인 당사자소송으로 할 것인가에 관해 의견이 대립되고 있는데, 통설은 공권력작용으로 인해 발생하는 공법상의 법률관계에 속하

미널 및 창고관련규정을 이 법으로 이관하여 물류시설 관련 법체계를 일원화 하였다.

1) 김남욱, 사인에 대한 수용권 부여의 법적 문제, 한국토지공법학회, 2008년 12월 13일 제65회 학술대회(민간참여를 통한 행정책무실현의 법적 과제에 관한 검토), 제2주제 발제논문, 56-57면 참조.

2) 석종현, 손실보상법론, 233면; 김성수, 일반행정법, 650면; 홍정선, 일반행정법(하), 단락번호 1722; 김철용, 행정법 II, 552면; 김동희, 행정법(II), 388면; 박균성, 행정법론(하), 437면; 박평준, 공익사업용지취득보상법, 고시연구사, 2003, 91-92면; 류지태, 행정법신론, 836면; 김민호, 행정법각론, 505면; 김남진, 사인을 위한 공용수용, 법학논총(제24집), 고려대학교출판부, 1986, 14면; 김남철, 기업도시에서의 사인을 위한 토지수용의 법적 문제, 토지공법연구(제24집), 한국토지공법학회, 2004, 587면; 김연태, 공용수용의 요건으로서의 공공필요, 고려법학(제48권), 고려대학교법학연구원, 2007, 101면; 박태현, 사인을 위한 공용침해의 제고, 토지공법연구(제40집), 한국토지공법학회, 2008, 65-66면.

3) 헌재결 2007. 4. 26, 2006헌바10 【산업입지 및 개발에 관한 법률제11조 제1항 등 위헌소원】

4) 대판 1969. 12. 30, 69다9; 대판 1967. 6. 27, 66다1052 【농지부속시설보상금】

므로 당사자소송으로 보고 있으나 대법원은 민사소송으로 취급하고 있다. 통설의 견해가 타당하다.

b) 수용 및 손실보상의 금액에 이의가 있는 경우

aa) 행정심판

행정심판은 토지수용위원회의 재결에 대한 불복이 있으면 이의신청(행정심판)을 제기하는 것으로서, 손실보상에 관한 토지수용위원회의 재결에 대하여 불복이 있는 때에는 지방토지수용위원회의 재결에 대하여는 중앙토지수용위원회에, 중앙토지수용위원회의 재결에 대하여는 다시 중앙토지수용위원회에 이의신청을 할 수 있는바, 이 경우 이의신청을 받은 중앙토지수용위원회가 '직접 보상액만의 증액결정'을 할 수도 있다(공익사업을위한토지등의취득및보상에관한법률 : 舊토지수용법 제75조).[1]

bb) 항고소송(취소소송)

항고소송은 이의신청(행정심판)의 재결에 불복이 있으면 행정소송을 제기하게 된다.[2]

cc) 당사자쟁송

위와 같이 항고(취소)소송만으로는 예컨대, 손실보상금증감청구의 목적을 달할 수 없는 것이므로, 이를 위하여 공법상 「당사자소송」을 제기할 필요가 있다. 이 경우의 당사자소송은, 행정소송법 제3조 제2호 전단에 규정된 '행정청의 처분 등(예 : 중앙토지수용위원회의 이의재결처분)'을 원인으로 하는 법률관계(예 : 보상금증감관계)에 관한 소송으로서, 그 법률관계의 한쪽 당사자(예 : 토지소유자 또는 起業者 · 사업시행자)를 피고로 하는 소송 즉, 형식적 당사자소송인 것이다.[3]

8. 손실보상청구권의 제한

재산권에는 일정한 사회적 제약이 따르기 때문에 재산권에 대한 제약이 특별한 희생의 정도에 이르지 아니하면 보상을 요하지 아니한다.[4]

---

1) 김백유, 행정법치론(I), 1170면.

2) 그러나 토지수용위원회의 재결의 취소를 구하는 소송(항고소송)단계에서는 토지수용법은 보상액을 증액하는 판결, 즉 적극적 변경판결을 인정하지 아니하였으므로, 그 가능성 여부는 행정소송법에 의하여 정하여질 것인바, 그러한 적극적 변경판결은 인정되지 않는다고 보는 것이 통설이었다.

3) 김백유, 행정법치론(I), 1171면.

4) 권영성, 헌법학원론, 634면.

- 손실보상청구권이 부인되거나 제한되는 경우 -

- 사회구성원으로서 공동비용을 분담할 의무가 있을 때에 지는 부담
- 본인의 귀책사유로 인하여 발생하는 부담이나 권익의 박탈
- 위법 · 유해 · 위험 등 반사회성 때문에 재산권의 목적물을 제거하거나 폐기하는 처분을 하는 경우

II. 형사보상청구권

1. 연혁 및 헌법규정

형사보상청구권은 국가가 형사책임을 추궁당하지 않을 자를 범죄피의자나 피고인으로 취급함으로써 발생한 손실을 보상해 주기 위한 것으로 1849년 독일의 프랑크푸르트(Frankfurt)헌법이 그 효시를 이룬다. 우리 헌법도 제28조에서 「형사피의자 또는 형사피고인으로서 구금되었던 자가 법률이 정하는 불기소처분을 받거나 무죄판결을 받은 때에는 법률이 정하는 바에 의하여 국가에 정당한 보상을 청구할 수 있다」라고 하여 형사보상청구권을 규정하고 있다. 형사보상청구에 관한 법률로는 형사보상법이 있다.[1]

제4공화국 헌법과는 달리 정당한 보상을 강조하고 있다. 우리 헌법은 건국헌법이래 형사보상청구권을 보장하고 있으나, 1980년 제8차개정헌법 제27조에서 정당한 보상을 청구할 수 있다고 하여, "형사피고인으로서 구금되었던 자기 무죄판결을 받을 때에는 법률이 정하는 바에 의하여 국가에 대하여 정당한 보상을 청구할 수 있다"라고 규정하였다. 1987년의 현행헌법에 형사피의자가 추가되어,[2] 형사피의자가 불기소처분을 받을 경우에도 보상을 받을 수 있도록 형사보상제도를 확대하였다.[3]

2. 의의

형사보상청구권이라 함은 형사피의자 또는 형사피고인으로 구금되었던 자가 법률이 정하는 불기소처분을 받거나 확정판결에 의하여 무죄를 선고받은 경우에 물질적 · 정신적 피해를 보상하여 주도록 국가에 대하여 청구할 수 있는 권리를 말한다.[4] 형사보상청구권은 원래 형사책임을 추궁 당할 이유가 없는 자를 국가가 그 형사사법의 과오로 말미암아 범죄혐의자 또는 범죄자로 다룬데에 대한 국가책임을 진다는 의미에서 인정하는 것이다.[5]

---

1) 권영성, 헌법학원론, 635면.
2) 이준일, 헌법학강의, 단락번호 [4.9.57].
3) 이준일, 헌법학강의, 단락번호 [4.9.58].
4) 홍성방, 헌법학, 664면.

형사보상청구를 위한 절차나 방법과 범위 등은 법률에 의하여 구체화 되지만 청구권 그 자체는 헌법규정에 의하여 직접효력을 발생한다(직접효력설이 다수설이다).

형사보상(Criminal Compensation, 또는 Indemnity)이란 국가의 여러 가지 역할 중에서 형사사법의 과정, 즉, 국가의 공권력 행사의 하나인 형사상의 재판절차에서 공무원의 위법·부당행위로 인하여 억울하게 구금 또는 형의 집행을 받은 사람에 대하여 국가가 그에 따른 손해를 보상해 주는 제도를 말한다.[1]

형사보상제도를 형사소송법에서 규정하고 있는 나라도 있고, 이를 단행법으로 제정하고 있는 나라도 있는 바, 우리나라의 형사보상제도는 1954년 8월 13일 제정된 이래, 몇 차례의 개정을 거쳐 현재에 이르고 있다.[2]

대판 2000. 9. 26, 2000도 2552 【식품위생법위반 등】 포르말린 통조림 사건

골뱅이, 번데기 등 통조림제조업자들 이 사체부패방지용으로 쓰이는 포르말린을 골뱅이 등에 버무려서 식용통조림을 제조·판매한 혐의로 2명 구속, 3명이 불구속 기소되었다가 포르말린을 넣은 것이 아니라 자연발생되었다며 무죄판결이 난 사건이다. 혐의 내용이 너무나 충격적이어서 엄청난 사회적 파장을 불러 일으켰으며 그 결과 통조림업계 전체 매출이 격감하고 관련 식품업체 20내지 20여개가 도산하였다.[3]

3. 형사보상청구권의 법적 성격

3.1. 손해배상설

손해배상설에 의하면, 형사보상은 객관적으로 보아 위법한 행위에 대하여 국가가 배상책임을 지는 공무원의 불법행위와 같은 것이라 한다. 즉 형사보상은 비록 관계공무원에게 고의·과실과 같은 주관적 요건은 결여되어 있더라도 부당한 구속영장이나 하급심 판결은 객관적으로 보아 위법이므로, 국가가 객관적인 위법행위에 대한 배상책임을 지는 것이라고 한다.

특히 손해배상설에 의하면 현행 형사보상제도는 형사보상을 기본적으로 손해배상이라기보다는 손실보상의 차원으로 규정하고 그 범위로 한정하여 운용하고 있지만, 그와 같은 분류 방법은 형사보상제도의 본질을 의도적으로 축소 해석하려는 오류가 있고, 형사보상제도는 형사절차에서 공무원의 위법·부당행위로 인하여 억울하게 구급되었던 개인에 대하여 그에 따른 손해를 보상해주는 제도이므로, 적법행위로 인한 희생에 대한 보상이라

5) 권영성, 헌법학원론, 635면.

1) 백형구, 형사보상, 고시연구(1982.10), 고시연구사, 35면.

2) 김철수, 형사보상청구권, 새법정(1971.10), 한국사법행정학회, 45면

3) 법률신문, 2000년 10월 2일자, 1-2면; 대판 2000. 9. 26, 2000도2552 【식품위생법위반 등】

기보다는 위법행위로 인한 피해를 보상해주기 위하여 특별히 만들어진 일종의 손해배상제도라고 할 수 있다고 본다.[1)]

[구병삭 교수의 견해]

구병삭 교수는 원인행위에 있어서 적법·무과실이라 하더라도 그로 인하여 생긴 결과는 결국 상대방의 인식에 불법적인 손해를 준 것이기 때문에 객관적으로 보아 위법이라 할 수 있고, 이점에 입각하여 형사보상을 손해배상으로 보는 것도 가능하다고 한다.[2)]

3.2. 손실보상설(무과실손실보상책임)

손실보상설에 따르면, 형사보상은 정당하고 적법한 구속을 했다 하더라도 불기소처분이나 무죄의 확정판결이 있는 경우에는 공법상의 조절적 공평보상의 견지에서 정신적·물질적 손실을 보상해 주는 무과실 손실보상책임이라고 본다. 헌법은 형사보상제도를 국가배상제도(제29조)와는 별도로 규정하고 있을 뿐 아니라, 헌법규정이 '정당한 보상을 청구할 수 있다'고 명시하고 있으며, 헌법 및 형사보상법의 규정에 의한 해석은 형사보상의 경우에는 고의·과실을 요건으로 하지 않고 책임을 지는 것이므로(무과실책임), 형사보상은 인신의 구속으로 말미암은 손실의 발생에 대하여 결과책임인 무과실손실보상책임을 인정한 것이라는 것이다(통설).[3)]

3.3. 이분설

이분설은 형사보상을 '오판에 의한 보상'과 '피의자 구금에 의한 보상'으로 나누어, 오판에 대한 보상(오판보상: 피고인 보상)은 위법행위로 인한 손해배상이라 하고, 피의자 구금에 대한 보상(피의자보상)은 적법행위로서 피의자를 구금시킨데 대한 손실보상으로 본다.

4. 형사보상청구권의 법적 성격

4.1. 프로그램적 규정설

프로그램적 규정설은 헌법 제28조가 「법률이 정하는 바에 의하여」라고 규정하고 있기 때문에, 형사보상청구권은 형사보상법의 제정에 의하여 비로소 법적 권리가 된다는 견해이다.

---

1) 이상규, 신행정법론(상), 520면, 참조.

2) 구병삭, 신헌법원론, 640면.

3) 권영성, 헌법학원론, 636면; 양건, 헌법강의, 625면; 장영수, 헌법학, 904면; 이준일, 헌법학강의, 단락번호 [4.9.65]; 홍성방, 헌법학, 664면.

4.2. 직접적 효력규정설

직접적 효력규정설은 헌법 제28조는 직접효력을 가지는 규정이므로 형사보상법이 존재하지 않더라도 이를 청구할 수 있다는 견해이다.[1] 생각건대 형사보상청구권은 헌법규정 그 자체만으로 직접적으로 효력을 발생하는 구체적 권리이지만,[2] 헌법 제28조가 「법률이 정하는 불기소처분」이라고(기본권구체화적 법률유보) 규정하고 있으므로, 형사보상 청구의 구체적인 범위·대상과 보상의 내용 및 절차는 법률이 정하는 바에 따른다고 보는 것이 타당하다.[3]

5. 형사보상청구권의 주체

형사보상청구권의 주체는 형사피고인과 형사피의자이지만, 본인이 청구를 하지 아니하고 사망한 경우 또는 사형이 집행된 경우에는 상속인이 청구를 할 수 있다(형사보상법 제2조). 형사보상청구권을 상속 시키는 이유는 재산권으로서의 성격도 지니지만, 피해자 사망시 국가의 책임을 면하는 것을 방지하고 그 책임을 반드시 지도록 하기 위함이다.[4] 외국인도 형사보상을 청구할 수 있다.[5]

6. 형사보상청구권의 내용

6.1. 형사보상청구권의 성립요건

형사보상을 청구할 수 있으려면 형사피의자로서 구금되었던 자가 법률이 정하는 불기소처분(피의자보상)을 받거나 형사피고인으로서 구금되었던 자가 무죄판결(피고인보상)을 받아야 한다.[6]

6.2. 내용

6.2.1. 형사피의자 · 형사피고인

형사피의자라 함은 범죄의 혐의가 있다고 인정되어 수사기관에 의하여 수사의 대상이 되어 있으나, 아직 검사의 공소제기가 없는지를 말하며, 형사피고인이란 검사에 의하여 공소제기를 받은 자를 말한다.[7] 제5공화국 헌법에 의하면 구금된 피의자에게 형사보상청구

---

1) 계희열; 김철수; 허영.
2) 양건, 헌법강의, 625면.
3) 권영성, 헌법학원론, 635면; 장영수, 헌법학, 904면.
4) 장영수, 헌법학, 906면.
5) 권영성, 헌법학원론, 636면; 장영수, 헌법학, 906면; 홍성방, 헌법학, 665면.
6) 권영성, 헌법학원론, 636면.

를 부인하였으나, 현행 제6공화국 헌법(1987년 제9차개헌)은 형사피의자에게 까지 형사보상청구권의 범위를 확대하고 있다.

6.2.2. 구금 될 것

구금이라 함은 실력으로 신체의 자유를 구속하여 일정한 장소에 引致하는 것을 말하는 것이다. 따라서 未決拘禁(형의 집행을 위한 拘置나 노역장 留置의 집행을 위한 구치 : 구치소)이나 형의 수행(刑의 집행을 위한 拘置所 수감 또는 노역장 유치의 집행 : 교도소 수감)을 위한 구금을 포함한다.[1] 구금으로 인하여 발생한 불이익에 대한 보상을 의미하며, 구금이외에 다른 과실로 인하여 발생한 불이익이나 손해를 배상하도록 요구하는 권리는 아니다.[2]

> 대판 1998. 2. 13, 96다28578 【손해배상】
> 원고, 피상고인 이현숙 외 2인, 피고, 상고인 대한민국
> 경찰서의 보호실은 철창으로 된 방으로 되어있어 그 장소에 유치되는 사람은 자유롭게 외부로 나갈 수 없도록 통제되고 있는데, 경찰관직무집행법 제4조 제1항, 제4항의 규정에 의하면 경찰서 보호실에의 유치는 정신착란자, 주취자(酒臭者 : 술취한 자), 자살기도자 등 응급의 구호를 요하는 자를 24시간을 초과하지 아니하는 범위내에서 경찰관서에서 보호조치 하기위한 경우에만 제한적으로 허용될 뿐이라고 할 것이어서, 비록 舊 윤락행위등방지법 소정의 要保護者에 해당한다 하더라도 그들을 경찰서 보호실에 유치하는 것은 영장주의에 위배되는 위법한 구금이라고 할 것이다.[3]

불구속으로 수사를 받다가 불기소처분을 받은 형사피의자나 불구속으로 기소되어 무죄판결을 받은 형사피고인은 포함되지 않는다.[4]

6.2.3. 불기소처분(형사피의자에 대한 보상)

광의의 불기소처분에는 협의의 불기소처분, 기소중지처분, 기소유예처분의 세 가지 종류가 있다. 형사보상법은 구금할 당시부터 불기소처분을 할 사유가 있어 불기소처분한 경우라고 명시하고 있으므로 기소중지나 기소유예의 경우에는 보상을 청구할 수가 없고

---

7) 이준일, 헌법학강의, 단락번호 [4.9.60].
1) 홍성방, 헌법학, 665면.
2) 이준일, 헌법학강의, 단락번호 [4.9.61].
3) 법률신문, 1998. 3. 19, 9면 참조.
4) 권영성, 헌법학원론, 법문사, 637면; 양건, 헌법강의, 626면; 이준일, 헌법학강의, 단락번호 [4.9.61]; 홍성방, 헌법학, 665면.

협의의 불기소처분(범죄가 불성립하거나 증거가 없기 때문에 기소하지 않는 경우)의 경우에만 형사보상청구를 할 수 있다.[1)]

협의의 불기소처분의 경우에만(기소중지 · 기소유예는 제외) → 형사보상청구가능

형사보상법 제26조 제1항 제26조 (피의자에 대한 보상) ① 피의자로서 구금되었던 자 중 검사로부터 공소를 제기하지 아니하는 처분을 받은 자는 국가에 대하여 그 구금에 관한 보상(이하 "피의자 보상"이라 한다)을 청구할 수 있다. 다만, 구금된 이후 공소를 제기하지 아니하는 처분을 할 사유가 있는 경우와 공소를 제기하지 아니하는 처분이 종국적인 것이 아니거나 형사소송법 제247조 제1항의 규정에 의한 것일 경우에는 그러하지 아니하다. <개정 1995.1.5>

「예외 : 형사보상법 제26조 제2항」

그러나 협의의 불기소처분도 다음의 ① 본인이 수사 또는 재판을 그르칠 목적으로 허위의 자백을 하거나 다른 유죄의 증거를 만듦으로써 구금된 것으로 인정되는 경우, ② 구금기간 중에 다른 사실에 대하여 수사가 행하여지고 그 사실에 관하여 범죄가 성립한 경우, ③ 보상을 하는 것이 선량한 풍속 기타 사회질서에 반한다고 인정할 특별한 사정이 있는 경우에는 피의자보상의 전부 또는 일부를 하지 아니할 수 있다.

헌법에서 「법률이 정하는 불기소처분」이라 하는 것은 협의의 불기소처분을 의미하며, 그 구체적 내용은 다음과 같다.

「법률이 정하는 불기소처분」 → 협의의 불기소처분

① 구금되었던 피의자가 기소유예처분이나 기소중지처분을 받지 않고 종국적으로 불기소처분을 받은 경우(협의의 불기소처분을 받은 경우) ☜ 이유 : 기소중지처분이나 기소유예처분은 범죄가 성립되고 혐의가 충분함에도 불구하고 기소편의주의에 따라 제상황을 고려하여 기소를 중지하거나 유예한 경우이므로 형사보상을 청구할 수 없다(형사보상법 제26조).

② 범인이 아닌 경우

③ 구금한 당시부터 불기소처분의 사유가 존재하여 공소를 제기하지 아니하는 처분을 말한다.

「예외」

- 구금된 이후 불기소처분의 사유가 있는 경우
- 불기소처분이 종국적인 것이 아닐 경우

---

1) 권영성, 헌법학원론, 637면.

6.2.4. 무죄판결(형사피고인에 대한 보상)

무죄판결(무죄 · 면소 · 공소기각)은 당해 절차 뿐 아니라 再審 또는 非常上告에 의한 무죄판결도 포함하며, 군사법원에서 무죄판결을 받은 자에게도 준용된다.

再審(Wiederaufnahme) 확정판결에 재심사유에 해당하는 중대한 瑕疵가 있는 경우에, 이 재심사유를 주장하여 확정판결의 취소와 사건의 재심리를 요구하는 것 또는 그 절차를 말한다. 법적 안정성의 요청에 의하여 확정판결에는 기판력이 발생하여 그 취소 · 변경은 보통 허용되지 않음이 원칙이지만 이 확정판결에 중대한 하자가 있는 경우에도 이 원칙을 엄격히 관철한다면 도리어 구체적 정의에 위반되기 때문이다.

非常上告 형사소송법상 판결이 확정된 후 그 사건의 심판이 법령에 위반된 것을 이유로 하여 신청하는 비상구제절차를 말한다. 법령의 해석 · 운용에 통일을 기하고자 하는데 그 목적이 있다. 신청권자는 검찰총장, 관할 법원은 대법원이다(형소법 제441조).

또한 免訴나 공소기각의 재판을 받은 자도 무죄판결에 해당되기 때문에 형사보상을 청구할 수 있다.[1] 이 경우 면소나 공소기각이 없었다면 무죄가 될 수 있는 경우라야 한다(형사보상법 제25조).

형사보상법 제25조 제25조 (면소등의 경우) ① 형사소송법의 규정에 의하여 면소 또는 공소기각의 재판을 받은 자는 면소 또는 공소기각의 재판을 할 만한 사유가 없었더라면 무죄의 재판을 받을 만한 현저한 사유가 있었을 때에는 국가에 대하여 구금에 대한 보상을 청구할 수 있다.

② 제1항의 규정에 의한 보상에 대하여는 무죄의 재판을 받은 자에 대한 보상에 관한 규정을 준용한다. 보상결정의 공고에 대하여도 또한 같다. <개정 1975. 12. 15>

다만 무죄판결의 경우에도 ① 만 14세 미만의 형사미성년자(형법 제9조) 또는 심신장애자(형법 제10조 제1항)의 행위라는 이유로 무죄가 된 경우, ② 본인이 수사 또는 심판을 그르칠 목적으로 허위의 자백을 하거나 또는 다른 유죄의 증거를 만듦으로써 기소, 미결구금 또는 유죄재판을 받게 된 것으로 인정된 경우, ③ 1개의 재판으로써 경합범의 일부에 대하여 무죄재판을 받고 다른 부분에 대하여 유죄재판을 받았을 경우 법원은 재량에 의하여 보상청구의 전부 또는 일부를 기각할 수 있다(형사보상법 제3조).

---

1) 홍성방, 헌법학, 665면.

6.2.5. 무과실책임

형사보상책임은 무과실의 결과책임이므로 관계기관의 고의나 과실을 요하지 아니한다.[1] 이 점에서 고의·과실로 인하여 국가배상책임을 묻는 헌법 제29조의 손해배상책임과는 구별된다.[2]

다만 여기서 손해배상책임에 있어서 대위책임설을 취하는 경우에는 고의·과실책임을 묻지만(과실책임주의), 자기책임설을 취하는 경우에는 무과실의 경우에도 책임(무과실책임)을 진다.[3]

6.3. 형사보상청구의 절차

형사보상청구는 (ㄱ) 형사피의자가 불기소처분의 고지 또는 통지를 받거나(피의자보상) 무죄판결이 확정된 날로부터(피고인보상) 1년 이내에(형사보상법 제7조, 제27조 제3항), (ㄴ) 불기소처분을 한 검사가 소속하는 지방검찰청(지청)의 피의자보상심의회(피의자보상) 또는 무죄판결을 한 법원(피고인보상)에 하여야 하며(형사보상법 제6조, 제27조 제1항), (ㄷ) 보상청구서에 불기소처분의 사실을 증명하는 서류(형사피의자) 또는 재판서의 등본과 재판확정증명서(형사피고인)를 첨부하여 보상심의회나 법원에 제출하여야 한다(형사보상법 제8조, 제27조 제2항).[4]

6.4. 청구에 대한 결정과 재판

형사보상청구는 보상심의회가 결정하거나 법원합의부에서 재판한다(동법 제13조 제1항, 제26조 제3항). 보상의 청구에 대하여 보상심의회와 법원은 검사와 청구인의 의견을 들은 후 결정한다(형사보상법 제13조 제2항). 피고인보상인 경우에 법원의 보상결정에 대하여는 불복할 수 없으나 청구를 기각한 결정에 대하여는 즉시항고를 할 수 있다(형사보상법 제19조 제1, 2항). 피의자보상의 청구에 대한 보상심의회의 결정에 대하여는 법무부장관의 재결을 거쳐 행정소송을 제기할 수 있다(형사보상법 제27조 제4항).

---

1) 양건, 헌법강의, 626면.
2) 권영성, 헌법학원론, 638면.
3) 상세한 내용은 김백유, 행정법치론(I), 1038면 이하 참조.
4) 권영성, 헌법학원론, 638면.

6.5. 형사보상의 내용

6.5.1. 정당한 보상

헌법은 정당한 보상을 규정하고 있고 정당한 보상은 형사보상청구권자가 입은 손실을 완전한 보상을 의미하기 때문에, 보상액은 적정한 액수가 되어야 한다. 형사보상법은 구금에 대한 보상은 일수에 따라 1일 5,000원 이상 대통령령이 정하는 금액 이하의 비율에 의한 보상금을 지급하고(형사보상법 제4조 제1항), 그 밖의 사형집행·벌금 또는 과료(科料)의 집행·노역장유치(勞役場留置)의 집행·몰수집행·추징금 등에 대한 보상에 관해서는 별도로 규정하고 있다(동법 제4조). 또한 수사과정과 형사절차상의 위법 또는 誤判에 관계공무원의 고의나 과실이 있는 경우에는 보상을 받을 자는 그 밖의 손해배상도 청구할 수 있다(동법 제5조 제1항).

형사보상법시행령 제2조는 보상의 상한에 대하여 "법 제4조 제1항의 규정에 의한 구금에 대한 보상금의 상한은 1일 보상청구의 원인이 발생한 연도의 최저임금법상 일급최저임금액의 5배로 한다"고 규정하고 있는바, 보상액수가 1일 5,000원에 최저임금의 5배에 불과하다는 점에서 정당한 보상으로 볼 수 없다는 문제가 있다.[1]

6.5.2. 형사보상결정의 공시제

형사보상의 결정을 받은 자의 신청이 있으면 법원은 결정의 요지를 신청인이 선택하는 2종 이상의 일간신문에 각1회 공시하여야 하고, 공시는 신청일로부터 30일 이내에 하여야 한다(형사보상법 제24조 제1항 제2문).

> **형사보상법 제24조** 제24조 **(보상결정의 공시)** ① 법원은 보상의 결정이 확정되었을 때에는 2주일 내에 보상 결정의 요지를 관보에 게재하여 공시하여야 한다. 이 경우 보상의 결정을 받은 자의 신청이 있을 때에는 그 결정의 요지를 신청인이 선택하는 2종 이상의 일간신문에 각 1회 공시하여야 하며 그 공시는 신청일로부터 30일 이내에 하여야 한다. <개정 1981. 12. 17>
>
> ② 제1항의 규정은 제5조제2항 전단에 규정된 이유로써 보상의 청구를 기각하는 결정이 확정되었을 때에 이를 준용한다. <개정 1975. 12. 15>

---

1) 이준일, 헌법학강의, 단락번호 [4.9.64].

제 5 항 국가배상청구권

<연구문제>
· 행정상 손해배상제도를 논함
(유) · 공무원의 직무상 불법행위로 인한 손해배상
· 영조물의 설치 · 관리하자로 인한 손해배상

[참고]

행정상 손해전보에는 위법행위에 대한 손해배상(행정상 손해배상)과 적법행위에 대한 손실보상(행정상 손실보상)이 포함된다. 학설은 일반적으로 행정상 손해배상과 행정상 손실보상을 통합적으로 고찰하는 것이 타당하다고 보면서도 현행 실정법이 이를 구분하여 설명하고 있다. 본서에서도 양자를 구분해서 설명한다.[1]

– 국가배상청구의 요건 –

<문제>

공무원의 위법한 직무행위로 인해 국민이 손해를 입은 경우에 어떤 요건을 갖추어야 국가배상을 청구할 수 있는가?

<해설>

① 가해행위가 공무원의 행위일 것, ② 그 행위가 직무행위로서, ③ 직무를 집행함에 있어서 행해져야 하고, ④ 행위가 법령에 위반하여 위법해야하고, ⑤ 공무원의 고의 또는 과실로 인한 것이어야 하고, ⑥ 타인에게 손해가 발생해야(결과발생) 한다(국가배상법 제2조).

① 이때 공무원이란 엄격한 의미에서의 국가공무원법 · 지방공무원법상의 공무원뿐만 아니라, 널리 공무를 위탁받아 그에 종사하는 모든 사람(공무수탁사인)을 포함한다.

② 직무행위란 권력관계(예 : 허가나 특허같은 행정처분)나 관리관계는 포함하나, 순수한 사경제적 작용(예 : 물품매매계약, 공사도급계약)은 민법 등의 사법에 의해 규율되므로 포함되지 않는다. 또한 원칙적으로 행정작용뿐 아니라, 입법작용과 사법작용도 여기에 포함된다. 그리고, 행정주체가 어떤 행위를 하는 작위뿐 아니라, 법률상 해야할 행위를 하지 않는 부작위도 포함된다.

③ 직무를 집행함에 있어서 행해져야 한다는 의미는 그 공무원의 직무행위 자체는 물론, 객관적으로 보아 직무행위에 해당하는 외형을 갖추면(외형설; 외형주의) 국가 등이 배상책임을 져야 한다는 뜻이다(예 : 경찰이 직무를 집행할 의사없이 장난으로 총을 쏘다가 오발로 사망한 경우에도 책임인정 : 대판 1966. 6. 28, 66다781)[2]

---

1) 박균성, 행정법론(상), 658면 참조.

2) 대판 1966. 6. 28, 66다781 【손해배상등】 "직무를 행함에 당하여"라는 취지는 공무원의 행위의 외관을 객관적으로 관찰하여 공무원의 직무행위로 보여질 때에는 비록 그것이 실질적으로 직무

④ 행위가 법령에 위반하여 위법해야 한다는 것은 엄격한 의미의 법률·명령의 위반뿐 아니라, 널리 그 행위가 객관적인 정당성을 결여하고 있음(사회상규 · 사회정의 · 행정법의 일반원칙)을 의미한다. 행정청에 재량권이 인정된 재량행위라도 재량권의 한계를 일탈 · 남용한 경우에는 위법성이 인정되어 책임지게 된다. ☞ 무하자재량행사청구권 · 행정개입청구권의 법리

⑤ 공무원에게 고의 또는 과실이 있어야 한다는 것은 공무원이 그 직무를 수행함에 있어서 그 직무를 담당하는 통상의 평균적인 공무원이 갖추어야할 주의의무(객관적 주의의무)를 다하지 못한 것을 의미한다.

⑥ 공무원의 위법한 행위로 인해 타인에게 손해가 발생해야 한다(결과발생). 이때는 손해란 법익침해의 결과로서 나타난 일체의 불이익을 의미하며, 적극적 손해(예 : 재산의 감손), 소극적 손해(예 : 예상된 이익의 상실) 모두를 포함하고 재산적 손해뿐 아니라 생명 · 신체 · 정신적 손해 등도 포함한다.

⑦ 이 경우에 공무원에게 고의 또는 중대한 과실이 있을 때에는 국가 또는 공공단체는 구상권을 가진다(국가배상법 제2조 제2항).

<사례>

갑은 사고일 술을 마신후 늦은 밤에 집으로 귀가하는 도중 과음으로 인하여 철로에 가로질러 누워 있던 중, 열차로부터 상해를 입는 사고를 당하였다. 위 열차의 기관사인 A는 위 열차가 역에 진입할 당시 원고가 철로에 누워 있는 것을 발견하지 못하였고, 정차하였던 위 열차가 다시 출발한 직후 위 열차의 차장인 B가 이 사건 사고를 당한 원고를 발견하였는데, 통상적으로 A는 열차의 앞부분에서 열차의 전조등이 비치는 철로 등 전방의 안전 여부를 확인하고, B는 열차의 뒷부분에서 승객의 승하차 여부 등 안전을 확인한 후 B에게 신호를 보내서 열차가 출발할 수 있도록 하고 있다. 이 사건 사고 당시 역에는 사고예방 등을 목적으로 공익근무요원이 배치되어서 근무하고 있었고, 역의 역무실에는 승강장 등을 감시할 수 있는 CCTV가 설치되어 있었으나, 이 사건 사고는 늦은 시간에 발생하여서 역무실 근무자는 갑이 철로에 누워 있다가 사고를 당하는 것을 알지 못하였다. 갑은 손해배상을 청구할 수 있는가?

<해설>

원고가 술이 취해 역 구내 철로에 누워있는 상태에서 열차가 지나가 원고의 발목 부분이 절단된 이 사건은 기관사가 진로의 안전함을 제대로 확인하지 않은 채 열차를 운행한 잘못과 역무원이 안전함을 확인하지 않고 열차를 운행하도록 한 잘못, 역 승강장에 스크린도어 등의 안전시설이 설치돼 있지 않은 점 등으로 인해 발생 했으므로 피고(한국철도공사)는 원고의 부상에 대한 손해를 배상할 책임이 있다.[1)]

행위이거나 아니거나 또는 행위자의 주관적 의사에 관계없이 그 행위는 공무원의 직무집행행위로 볼 것이요, 이러한 행위가 실질적으로 공무집행행위가 아니라는 사정을 피해자가 알았다 하더라도 그것을 "직무를 행함에 당하여"라고 단정하는데 아무런 영향을 미치는 것이 아니다.

1) 서울중앙지방법원 2005. 11. 4, 2005가단47036.

<문제>
영조물의 설치·관리하자에 대한 책임은?

<해설>
영조물설치관리작용, 즉 도로·하천 등 공공영조물의 설치·관리에 관한 하자로 인한 손해의 배상책임에 관하여는 무과실책임을 인정하고 있다(국가배상법 제5조). (iii) 국가 또는 공공단체의 사경제적 작용의 경우에는 민법의 규정(민법 제750조 내지 제766조)이 적용된다. 위의 경우 다른 특별법의 규정(예: 철도법 제72조 내지 제77조, 우편법 제38조 내지 제45조 등)이 있으면, 그에 따른다.

<사례>
甲은 강남구에서 여의도로 출근하는 회사원으로서, 출근길에 성수대교 앞 네거리에 설치된 신호등이 녹색등의 상태에서 고장난 줄도 모르고(영조물관리의 하자)[1] 녹색등 만을 믿고 직진하다가 우측에서 직진하던 乙의 차와 충돌하여 차량손해와 신체부상을 입게 되었다. 당해 신호등의 관리는 서울특별시장이 서울지방경찰청장에게 관리사무를 위임하고 있는 것이며, 서울지방경찰청 소속 공무원이 근무하는 교통종합관제센터에서 그 관리업무를 담당하고 있다. 甲은 누구를 대상으로 하여 손해배상을 받을 수 있는가?

<해설>
甲의 권리구제방법

(1) 행정상 손해배상의 청구 : 사안에서 甲이 주장할 수 있는 권리구제방법은 행정상 손해배상 청구이다. 이 때에는 교통신호기의 관리상의 하자가 원인으로 되어 있으므로, 국가배상법 제5조에 의한 손해배상청구(영조물의 설치관리·하자)를 하여야 할 것이다. 영조물의 설치·관리상의 하자를 판단하기 위하여는 관리담당공무원의 주의의무위반을 기준으로 하지 않고, 객관적인 공물로서의 안전성상태를 기준으로 하는 것이 일반적인 견해이자 판례이므로(객관설), <u>甲으로서는 관리담당 공무원의 과실을 입증함이 없이 객관적으로 교통신호기가 사고 당시에 고장나 있었다는 사실의 입증만으로 행정상 손해배상을 청구할 수 있다</u>.

(2) 행정상 손해배상청구의 상대방 : 이때에 甲이 주장할 수 있는 행정상 손해배상청구의 상대방은 서울시와 국가가 된다.

가) 서울시
사안에서의 교통신호기는 서울시가 서울지방경찰청장에게 그 관리를 위임하고 있는 것

---

1) 교통신호기는 행정목적 달성을 위한 공물로서 고장난 상태로 방치되어 있었으므로, 영조물 관리에 하자가 있었다고 볼 수 있다. 이 때에는 교통신호기라는 기계설비로 인한 행정작용의 경우이기 때문에, 관련 공무원의 고의·과실을 묻지 않으며, 객관적으로 공물로서의 기능을 수행하지 못하는 경우에는 그 하자가 인정된다.

이므로, 경찰청의 교통신호기 관리행위는 위임주체인 서울시를 위한 행정작용이 된다. 따라서 교통신호기 관리상의 하자가 존재하는 경우에는 당해 사무의 귀속주체인 서울시가 일차적인 행정상 손해배상책임의 상대방이 된다(국가배상법 제5조 제1항).

나) 국 가

그러나 다른 한편으로 교통신호기를 관리하는 사무는 서울지방경찰청 소속의 경찰공무원이 수행하고 있고, 이들에게 지급되는 봉급 또는 급여 등의 비용은 서울시가 아니라, 국가조직인 경찰조직상 국가가 그 비용을 부담하고 있는 것이므로(국가경찰의 경우), 국가는 국가배상법 제6조 제1항의 비용부담자로서 행정상 손해배상책임의 상대방이 된다.[1] 따라서 甲은 서울시 혹은 국가를 상대로하여 선택적으로 손해배상을 청구할 수 있게 된다.

국가배상법 1967. 3. 3 법률 제1899호로 제정된 이 법은 국가 또는 지방지치단체의 손해배상의 책임과 배상절차를 규정함을 목적으로 한다. 국가 또는 지방자치단체는 공무원이 그 직무를 집행함에 당하여 고의 · 과실로 법령에 위반하여 타인에게 손해를 가하거나, 자동차손해배상보장법의 규정에 의하여 손해배상의 책임이 있는 때에는 이 법에 의하여 그 손해를 배상하여야 한다.

다만 군인·군무원· 경찰공무원 또는 향토예비군대원이 전투 · 훈련 · 기타 직무집행과 관련하거나 국방 또는 치안유지의 목적상 사용하는 시설 및 · 함선 · 항공기 기타 운반기구 안에서 전사 · 순직 또는 공상을 입은 경우에 본인 또는 그 유족이 다른 법령의 규정에 의하여 재해보상금 · 유족연금 · 상이연금 등의 보상을 지급받을 수 있을 때에는 이 법 및 민법의 규정에 의한 손해배상을 청구할 수 없다. 위의 본문의 경우에 공무원이 고의 또는 중대한 과실이 있는 때에는 국가 또는 지방자치단체는 그 공무원에게 구상할 수 있다. <법률학사전, 국민서관>

I. 국가배상청구권의 의의

1. 개념

국가배상청구권이라 함은 공무원의 직무상 불법행위(위법한 직무집행행위), 또는 국가나 공공단체의 공공의 영조물의 설치 · 관리의 흠(하자)으로 인하여 개인에게 재산상의 손해나 신체에 손상을 가한 경우에, 그 손해를 입은 국민이 국가 또는 공공단체에 대하여 배상을 청구할 수 있는 권리를 말한다(헌법 제29조 제1항, 국가배상법 제2조 참조). 국가배상청구권은 공무원의 국민에 대한 책임(헌법 제7조 제1항)과 법치국가의 원리를 구현하기

1) 만약 국가소속이 아닌 지방자치단체 소속의 경찰인 경우에는 지방자치단체가 그 배상책임을 지게 된다.

위하여 인정된 청구권적 기본권의 하나이다.

제2차대전 이후의 헌법들은 일반적으로 공무원의 직무상 불법행위로 말미암아 발생한 손해에 대하여 국가(공공단체)가 배상책임을 지도록 규정하고 있다(독일기본법 제34조, 이탈리아헌법 제28조, 일본헌법 제17조). 우리나라에서는 1948년 건국헌법 이래 헌법에서 국가배상책임제도를 규정하고 있다.

2. 이념적 기초

국가배상책임은 국가무배상책임사상(The King can do no Wrong)을 나타내는 주권무오류사상 내지는 주권면책사상(Sovereign Immunity)의 포기를 의미하는 것으로서 국가와 사회의 이원론을 기초로하여, 국민의 보상가치 있는 생활영역을 인정하는 것을 이념적 기초로 한다. 국가배상책임은 국가가 공법의 영역에서도 일방적인 시혜자가 아니라 국민의 기본권가치를 실현시켜야 할 수임자로서의 기능을 하여야 된다는 이념적 기초 위에 있다.

「국가배상책임」
주권무오류사상 · 주권면책사상의 포기
국가와 사회의 二元論 → 국민의 보상가치 있는 생활영역을 인정하는 것을 이념적 기초
☞ 국가가 공법의 영역에서도 일방적인 시혜자가 아니라 국민의 기본권가치를 실현시켜야 할 의무를 지니는 자로서의 기능을 하여야 된다는 기초위에 있다.

3. 행정상 손실보상과의 구별

3.1. 기초원리상의 구별

원래 행정상 손해배상은 근대의 개인주의적 사상에 바탕을 두고 '개인적 과실책임주의' 및 도의적 책임을 기초원리로 한 것인데 대하여, 행정상 손실보상은 자연법사상 내지 단체주의적 사상을 기간으로 하여 '사회적 공평부담주의'를 기초이념으로 하여 발전된 것이다.

· 행정상 손해배상 → 근대의 개인주의적 사상
· 행정상 손실보상 → 자연법사상 · 단체주의적 사상
· '사회적 공평부담주의'를 기초이념

또한 법치국가에서는 위법침해는 제거되어야 하며, 적법침해는 이를 수인해야 한다는 점에서 그리고 행정상 손해배상제도는 법치행정의 원리를 담보하는 제도로서 행정쟁송 특히 행정소송과 마찬가지의 기능을 가지며, 원인에 대한 평가가 없는 행정상 손실보상과 다르다.[1]

3.2. 양제도의 일원화

그러나 양자 다같이 정의와 공평의 원칙이 적용됨은 동일하므로 위법한 작용에 대해 행정상의 손해배상이 인정되고 적법한 작용에 대해 행정상 손실보상이 인정되는 실정법상의 구별에 불과하며, 오늘날은 사법의 분야에 있어서도 개인주의적인 과실책임주의에 입각한 불법행위이론이 비판되고, 과실의 객관화·입증책임전환의 법리·무과실배상책임이론·위험책임이론이 등장함으로써 양자의 구별이 그 이념적인 면에 있어서는 해소되어 가고 있다.[1]

[무과실책임]

고의나 과실없이 부담하는 손해배상책임이다. 과실책임에 대응하는 개념이다. 근대법은 자기의 고의나 과실이 있는 행위로 인하여 발생하는 손해에 대하여서만 배상책임을 지는 과실책임주의를 원칙으로 하여 왔고, 현행 민법도 과실책임주의가 원칙이다. 과실책임주의를 취하면서 과실책임으로 손해배상책임을 지울 수 없는 특수분야에서 예외적으로 무과실책임을 묻고 있다(위험책임이론).

[위험책임이론]

무과실책임을 인정하는 근거로서 주장되는 사상이다. 사회에 대하여 위험한 상태를 가져오는 위험한 시설이나 기업의 소유자는 그것에 의하여 생긴 손해에 대하여 과실의 유무를 불문하고 항상 책임을 져야 한다는 이론이다.

II. 각국의 손해배상제도의 발전

1. 개관

공무원의 불법행위로 인한 개인의 손해에 대하여 근대국가 초기에는 침해자가 국가이기 때문에 면책된다고 하는 「국가무책임의 원칙」이 지배하고 있었고, 사실상의 행위자인

---

1) 김철용, 행정법 I, 481면; 행정상의 손실보상과 손해배상의 차이점을 ① 가해행위의 성질상의 구별, ② 제도상의 구별, ③ 이념상의 구별 등으로 나누어 설명하기도 한다(서원우, 손실보상의 문제점, 고시계(1973.3), 41면.

1) 행정상 손실보상제도와 손해배상제도의 구별 실익이 점차 감소되는 가장 큰 이유는 행정권의 적법행위와 절차에 의한 국민의 권리침해도 구제해야 한다는 프랑스 국참사원의 판례에 의하여 형성된 위험책임론이 발전하면서부터이다. 홍성찬, 행정상 손실보상제도에 관한 비교법적 고찰, 동의대학논집 제8집, 1983, 141면. 석종현, 일반행정법(상), 599면 참조; 서원우, 전환기의 행정법이론, 769면 이하; 박균성, 행정상 손해전보(국가보상)의 개념과 체계, 현대행정과 공법이론, 서원우교수화갑 기념논문, 박영사, 1991, 474면.

공무원 자신이 통상법원에서 '개인적인' 민사책임을 지는 것이 통례이었다. 그러나 19C 후반부터는 시간적인 선후의 차이나 배상책임을 인정하는 정도의 차이는 있었으나, 프랑스·독일을 비롯하여 영미 등에서 실정법 또는 판례법으로 국가배상책임을 인정하였다.

2. 프랑스의 손해배상제도

2.1. 개관

프랑스에서도 19세기까지는 국가책임을 부인하였는데 그것은 군주신권설과 주권무책임의 이론에 연유한 것이었다. 그러나 1789년과 1790년에 프랑스는 시민은 행정수반의 승인을 얻어 공무원을 소추할 수 있다는 법률을 제정함으로써 일단 국가책임의 터전을 마련하였다.

프랑스에서는 1873년 Blanco판결[1]이후 국가배상제도는 기본적으로 Conseil d'Etat의 판례에 의하여 정립·발달되어왔는데, 오늘날 프랑스의 국가배상제도는 내용적으로 과실책임(Responsabilité pour faute)과 위험책임(Responsabilité pour risque) 내지는 무과실책임(Responsabilité sans faute)의 이원적 구조를 취하고 있다.[2]

그리고 프랑스에 있어 국가책임과 공무원책임의 구별기준은 역무과실(faute de servie)[3]과 개인과실(faute individuelle; faute personnelle)[4]의 구분에 두고 있다.[5] 즉, 가해행위가 직무행위(fait de service)로서 역무과실의 성격을 띠우는 경우에는 국가책임이, 그리고 동 행위가 공무원의 개인행위(fait individuel)로서 개인과실의 성격을 가지는 경우에는 공무원의 개인책임이 발생하는 것이다.

---

1) 홍성방, 헌법학, 667면.
2) 김동희, 행정법(I), 508면.
3) 역무과실이란, 민법상의 개인과실과는 달리 행정배상제도에 특유한 관념이다. 역무과실은 역무(행정)의 정상운영상의 흠결을 의미하는 것으로서 개인과실과 마찬가지로 자연인인 공무원의 작위·부작위에 기인하는 것이나 그 귀책사유로 되지 아니하는 것을 말한다. 또한, 역무과실은 위법성과의 관계에서는 상당히 독자적이며 구체적 성격을 띤다. 즉, 공무원 개인의 과실을 공무와 관련이 있는 경우에 국가가 자기책임으로서의 행정책임을 지는 역무과실로 보게되는 것으로서, 1873년의 블랑코 판결 이후에 형성된 이론이다.
4) 개인과실은 그것이 직무와 관련하여 행하여 질 경우에도 그것은 공무원 개인의 행위로서 그로 인한 손해에 대해서는 공무원의 사적 책임이 발생하는 것이다. 그러나 역무과실도 내용적으로 자연인인 공무원의 행위에 의하여 발생한다는 점에서는 양자의 구별은 명확하지 않다. 이에 관하여는 명문상의 규정은 없고 또한 판례는 경험적 방법에 입각하고 있다. 즉 ① 직무외에서의 과실행위, ② 고의적 과실(faute intentionelle), ③ 중과실의 경우에는 원칙적으로 개인과실의 성격을 가진다.
5) 김동희, 행정법(I), 509면.

2.2. 역무과실책임의 원리

1873년 2월 8일 관할재판소(Tribunal des conflits)의 Blanco판결[1] 이래 확립되었다(국가의 자기책임원칙). 동판결은 공무원의 과실을 「역무과실」과 「개인과실」로 나누어 전자에 대해서만 국가배상책임을 인정하였다.

· 역무과실 → 국가배상 인정
· 개인과실 → 국가배상 불인정(공무원 개인이 부담)

2.3. 위험책임의 원리(무과실책임주의)

國參事院(Conseil d'Etat)의 판례에 의하여 19C 말 이래 개척 · 형성된 이론인바, 공공사업으로 인한 손해에 대한 국가의 무과실책임을 인정함으로써 「위험의 사회화」, 「공적 부담 앞의 평등」을 실현하려는 것이다. 이는 프랑스 국가책임제도의 특색이다.

3. 독일의 손해배상제도

3.1. 개관

독일의 경우에는 國庫로서의 사경제적 작용으로 인한 손해에 대하여는 1896년 독일민법 제839조의 규정에 의하여 공무원이 직무상 의무를 위반하여 제3자에게 손해를 가한 경우에 공무원 자신의 배상책임을 규정하였고, 공행정작용에 대한 국가배상책임은 1910년 '공무원책임법'에서부터 인정되기 시작하였다(국가의 대위적 · 간접적 책임만 인정). 1919년 바이마르헌법(제131조)[2]에서도 국가대위책임을 인정하는 동일한 규정을 두었다.[3]

그 후 Bonn 기본법(1949년)에서는 대위책임이 아닌 국가 기타 공공단체의 직접적 배상책임(자기책임)을 인정하였고, 민법(BGB) 제839조와 기본법(GG) 제34조가 결합하여 국가의 배상책임을 인정하고 있다.[4] 즉, 민법 제839조 제1항은 「공무원이 고의 또는 과실로

---

1) 블랑코란 어린이가 보르드 '국영'담배공장의 일꾼이 끄는 담배운반수레에 치여서 다리가 부러졌다. 그 아버지는 치료배상을 받아내기 위해 국영담배공장을 피고로 민사재판소(사법)에 민법 제1238조 이하를 근거로 하여 손해배상청구소송을 제기하였으나 법원은 담배회사는 국가에서 운영하는 것이고, 따라서 일종의 국무수행 중 발생한 사고이기 때문에 일반 민사법원관할이 아니란 이유로 각하하였다. 그리하여 행정재판소로 옮겨 국가가 책임지라는 판결을 받게 되었으며, 이는 국가에 의한 손해배상이 처음으로 인정된 소송이다.

2) 바이마르공화국 헌법 제131조:「공무원이 그에게 위임된 공권력을 행사함에 있어서 제3자에 대한 직무상의무를 위반한 경우에는 원칙적으로 공무원의 직무가 귀속되는 국가 또는 공공단체가 책임을 진다」.

3) 홍성방, 헌법학, 667면.

제3자에 대한 직무상의 의무를 위반한 때에는 그 제3자에 대하여 이로 인하여 발생한 손해를 배상하여야 한다」고 함으로써, 공무원의 직무위반행위로 인한 손해에 대해서는 공무원 자신이 책임을 지도록 하고 있으며, 다른 한편 기본법 제34조는 「공무원이 자기에게 부여된 공무수행 중 제3자에 대하여 그의 직무의무를 위반한 경우에는 그가 속한 국가나 단체가 책임을 진다」고 함으로써, 공무원의 책임을 국가에 이전시키고 있다.[1)]

1982년 1월 1일부터는 신국가책임법(Staatshaftungsgesetz)이 시행되었으나, 이러한 국가책임법은 연방국가의 성격으로부터 야기되는 입법권한의 문제 때문에 이의 합헌성 여부가 문제되어 바덴 뷔르템베르크(Baden-Würtemberg)州 등 5개주의 제소에 의하여 1982년 10월 19일에 연방헌법재판소에 의하여 위헌무효결정을 받아 국가책임법은 폐지되었다.[2)] 따라서 연방과 주사이의 입법권에 관한 Bonn 기본법 규정의 개정이 이루어지지 않는 한 국가책임법의 제정은 어려울 것으로 전망된다.[3)] 현재로서는 기본법 제34조와 독일민법 제839조가 손해배상책임에 대한 기본규정인 셈이다. 그런데 1994년 기본법개정에서 국가책임에 관한 사항이 기본법 제74조 제25호로 연방(Bund)과 지방(Land)의 경합적 입법사항으로되었기 때문에 국가책임법이 연방법률로 제정될수 있는 길이 마련되었다. 그러나 아직까지 새로운 국가책임법은 제정되지 않고 있다.[4)]

Bonn 기본법(1949년)에서는 대위책임이 아닌 국가 기타 공공단체의 직접적 배상책임(자기책임)을 인정하였고, 위법무과실책임(수용유사침해)·위험책임이론이 현저히 발전하고 있다.[5)]

「독일의 손해배상제도」
- 1896년 독일민법 제839조 : 공무원이 직무상 의무를 위반하여 제3자에게 손해를 가한 경우에 공무원 자신의 배상책임
- 1910년 공무원책임법 : 공행정작용에 대한 국가배상책임(국가의 대위적·간접적 책임만 인정)
- 1919년 바이마르헌법(제131조) : 국가의 대위적·간접적 책임 인정
- Bonn 기본법(1949년) : 대위책임이 아닌 국가·공공단체의 직접적 배상책임(자기책임)

---

4) 김동희, 행정법(I), 510면.

1) 그러나 기본법 제34조는 공무원이 사적으로 져야 할 배상책임을 국가에로 이전시키는 소극적 규범에 지나지 않으며, 따라서 직무책임은 직접적인 국가책임(eine unmittelbare Staatshaftung)이 아니라 간접적인 국가책임(eine mittelbare Staatshaftung)에 속한다.

2) 김철용, 우리나라와 서독의 국가배상법 비교고찰, 법무자료 14집, 266면 이하.

3) F. Ossenbühl, Staatshaftungsrecht, 4 Aufl, 1991, S. 351 ff.

4) 홍정선, 행정법원론(상), 단락번호 1881.

5) 김동희, 행정법(I), 510면.

을 인정
· 위법무과실책임(수용유사침해)
· 위험책임이론이 현저히 발전

- 1982년 1월 1일: 새로운 국가책임법(Staatshaftungsgesetz)이 시행되었으나 위헌무효결정(1982년 10월 19일)[1)]

3.2. 국가배상책임(직무책임)의 요건

3.2.1. 공무의 집행

공무라 함은 고권적 또는 공법적 행위라고 이해되며 국가의 사법적 작용을 집행함에 있어서 발생한 손해는 직무책임의 대상이 되지 않는다. 또한 손해를 발생케 한 행위는 "공무를 집행함에 있어서" 행한 것이어야 한다. 이것은 손해발생행위가 직무집행과 외적·내적 관련을 가져야 한다는 것을 의미한다.

3.2.2. 제3자에 대한 직무상 의무의 위반

공무원은 1) 직무상 의무를 위반하였어야 하며, 2) 그 의무는 손해를 받은 자에 대해 존재하는 의무이어야 한다. 여기에서 직무의무라 함은 (고용주인) 국가에 대한 직무상 관계에서 공무원에게 부여되는 의무를 의미하는 것이며 이와 더불어 그 직무의무가 제3자 보호를 목적으로 하고 있음이 요구되고 있다. 이는 주관적 공권의 성립요건에서 [제3자보호(사적 이익의 보호)]를 요구하는 것에 상응하는 것이라 할 수 있다.

3.2.3. 유책(Verschulden)

국가의 직무책임은 과실책임에 입각하고 있으며, 따라서 공무원의 고의 또는 과실있는 행위를 전제로 한다. 과실여부는 「구체적인 행위를 한 공무원」을 기준으로 하는 것이 아니라 「의무에 충실한 평균적 공무원」(pflichtgetreuen Durchschnittbeamten)을 기준으로 판단하며 더 나아가 조직과실이론(Organisationsverschulden) 등에 의해서 광범위한 과실의 객관화가 이루어지고 있다.

---

1) 1982년 1월 1일부터는 새로운 국가책임법(Staatshaftungsgesetz)이 시행되었으나, 이러한 국가책임법은 연방국가의 성격으로부터 야기되는 입법권한의 문제 때문에 이의 합헌성 여부가 문제되어 바덴 뷔르템베르크(Baden-Würtemberg)州 등 5개주의 제소에 의하여 1982년 10월 19일에 연방헌법재판소에 의하여 위헌무효결정을 받았다. 따라서 연방과 주사이의 입법권에 관한 Bonn 기본법 규정의 개정이 이루어지지 않는 한 국가책임법의 제정은 어려울 것으로 전망된다. Ossenbühl, Staatshaftungsrecht, 4 Aufl., 1991, S. 351 ff.

3.2.4. 인과관계(Kausalität)

국가에 대해 배상책임을 묻기 위해서는 공무원의 직무의무위반과 피해자의 손해 사이에 인과관계가 있어야 한다. 여기에서 민법상의 불법행위에 기한 손해배상책임에 있어서와 마찬가지로 상당인과관계이론(Adaquanztheorie)이 적용된다.

3.2.5. 책임배제(제한)규정의 부존재

배상책임제한규정은 여러 법률에서 존재하는데, 크게는 민법 제839조에 의한 배상책임제한과 그 밖의 개별법에 의한 배상책임제한으로 나누어 볼 수 있다. 전자는 일정한 경우에 공무원의 책임을 면제함으로써 국가의 직무책임도 성립하지 않게 하는 것인데 대하여, 후자는 주로 공무원의 책임은 인정하지만, 국가에 의한 책임의 인수를 배제하는 것이라 할 수 있다.

4. 영 · 미의 손해배상책임제도

4.1. 영국

영미에서는 원래 공무원에 대하여 개인적 민사책임만을 인정하였다. 영국에서는 '왕은 불법행위를 행할 수 없다(The king can do no wrong)'는 法諺[1]에서 볼 수 있는 바와 같이 主權無誤謬思想이 존재하였다(통치행위). '왕은 불법행위를 행할 수 없다'[2]는 法理에는 결국 '왕은 불법행위를 授權할 수 없다'는 법리가 포함되어 결국에는 불법행위자인 공무원 개인만이 책임을 지게 되었다.[3]

그러나 왕일지라도 악을 행할 수 있으며, 행정도 비약적으로 확대하여 가는 복잡한 현대국가에 있어서 악이 없을리 만무하며, 악에 대한 책임을 지지 않는다는 것은 정의 · 공평의 원칙에 어긋날 뿐 아니라 국민의 법감정에도 반하는 것이다. 따라서 약 200년 동안 실질적인 발전을 보지 못하고 있던 국가책임은 1700년 Bankers'case에서 비로소 중요한 발전

---

1) 영국에서는 국왕과 별개의 법인격을 갖는 국가의 개념이 발달하지 않았기 때문에 왕과 국왕은 동일시되었고, 국왕이 악을 할 수 없는 것은 국가가 악을 행할 수 없다는 것을 의미하게 되었다. 그 이유는 당시의 재판관들이 Bracton에 유래하는 「국왕은 악을 행할 수 없다(The King can do no wrong)」의 원리를 불법행위에 있어서 국왕의 면책을 위한 근거로 하였기 때문이다.

2) 이 원리는 두 원칙으로 구성되었다. 첫째 「국왕은 소추되지 않는다(The King cannot immune from suit)」라는 원칙이며, 둘째, 「국왕은 악을 위임하지 못한다(The king cannot authorize wrong)」는 원칙이다. 전자는 국왕의 신성불가침의 사상에서 유래하는 실체법상의 규정을 소송법적으로 표시한 원칙이며, 후자는 국왕은 침해행위를 절대로 행하지 않으므로, 그의 피용자인 공무원의 침해행위의 책임을 국왕이 절대로 지지 않는다는 원칙이다.

3) 홍정선, 행정법원론(상), 단락번호 1879.

을 가져왔으며, 4백년 동안 변경되지 않았던 권리청원절차를 단순케 하는 1860년의 권리청원법이 통과되었다.

그 이후, 1921년 국왕에 대한 소송에 관한 위원회(Crown Proceedings Committee)를 거쳐서 1947년 7월 31일 국왕소추절차법(The Crown Proceedings Act)이 제정되고,[1] 1948년 1월 1일부터 시행되어, 국왕도 成年의 능력자인 私人이 지니는 것과 같은 불법행위책임을 지게 되었다.[2] 그러나 일정한 경우에는 예외도 두고 있어서 국가배상책임을 약화 내지는 한정시키는 결과를 가져오기도 했다.[3]

- **영국 : 주권무오류사상 → 국왕소추절차법**(The Crown Proceedings Act) 제정(1947년)
- 국왕도 成年의 능력자인 사인과 동일한 불법행위책임을 진다.

4.2. 미국

미국의 경우, '주권자는 그 승낙 없이는 소추되지 않는다(The Sovereign can not be suited without its consent)'는 주권면책사상에 의하여 국가무책임의 원칙이 지배하여 왔었다. 그러나 미국에서는 1946년 연방불법행위청구권법(The Federal Tort Claims Act)의 제정에 의하여 각각 국가배상책임을 인정하게 되었다.[4]

- **미국 : 주권면책사상 → 연방불법행위청구권법**(The Federal Tort Claims Act) 제정 (1946)
- 국가배상책임을 인정

1) 홍성방, 헌법학, 667면.

2) 국왕소추절차법이 시행됨에 따라 King can do no wrong이라는 원칙은 불법행위의 분야에서 완전히 폐기되었으며 국왕의 공무원이 불법행위를 하였을 때 국왕은 다음 각 사항에 관하여 일반성년의 능력자인 사인(a private person of full age and capacity)이 지는 것과 동일한 불법행위책임을 지는 것으로 되었다. 영국의 국가배상제도는 사인간의 불법행위책임에 관한 법칙(rule)에 의하여 지배된다. 국가는 사인의 사용자과 같은 방법으로 피용자의 행위에 대하여 대위책임을 지며, 다른 공공단체는 직접 제3자에 부담하고 있는 의무위반에 대하여 책임을 진다.

3) 국왕소추절차법 제2조 제1항의 원칙도 다음과 같은 예외규정에 의하여 동법의 목적의 실현이 멀어지고 있다. ① 국왕의 피용자의 정의에 의한 제한, ② 사법권의 행사에 의한 손해의 경우, ③ 특허권, 상표권 및 판권의 침해에 의한 손해의 경우, ④ 1935년과 1945년의 Law Reform Act 의 적용에 의한 제한, ⑤ 국왕의 선박에 의한 손해의 경우, ⑥ 국왕의 Dock(선거) 및 항만에 의한 손해의 경우, ⑦ 우편물에 관하여 생긴 손해의 경우, ⑧ 군대의 행동에 의한 손해의 경우 ⑨ 국왕의 대권(prerogative)과 제정법상의 권한행사에 의한 손해의 경우, ⑩ 입법행위에 의한 손해의 경우 등이다

4) 홍정선, 행정법원론(상), 단락번호 1879; 홍성방, 헌법학, 667면.

5. 일본의 손해배상제도

일본의 경우는 국고작용에 관하여는 독일에 있어서와 같이 종래 국가의 민사상 불법행위책임이 인정되고 있었으나, 공행정작용으로 인한 손해에 대한 국가책임은 1946년 일본국헌법 제17조에서 규정하면서부터 인정되었다.

6. 한국의 손해배상제도(국가배상의 헌법적 보장)

6.1. 헌법규정

우리 헌법도 건국 헌법 이래 국가배상책임제도를 규정하고 있으며, 현행 헌법도 제29조에서 국가배상청구권을 규정하고 있다. 현행 헌법은 제29조 제1항에서 "공무원의 직무상 불법행위로 손해를 받은 국민은 법률이 정하는 바에 의하여 국가 또는 공공단체에 정당한 배상을 청구할 수 있다. 이 경우 공무원 자신의 책임은 면제되지 아니한다"라고 규정하여, 국가 또는 공공단체의 불법행위배상책임을 일반적으로 인정하였고, 동규정의 실시를 위하여 국가배상법을 제정하여, 첫째, 공무원의 위법한 직무행위로 인한 배상과, 둘째, 공공영조물의 설치·관리의 흠으로 인한 배상의 두 가지 유형으로 나누어, 그 구체적 내용을 규정하고 있다.

헌법 제29조 ① 공무원의 직무상 불법행위로 손해를 받은 국민은 법률이 정하는 바에 의하여 국가 또는 공공단체에 정당한 배상을 청구할 수 있다. 이 경우 공무원 자신의 책임은 면제되지 아니한다.

② 군인·군무원·경찰공무원 기타 법률이 정하는 자가 전투·훈련 등 직무집행과 관련하여 받은 손해에 대해서는 법률이 정하는 보상 외에 국가 또는 공공단체에 공무원의 직무상 불법행위로 인한 배상은 청구할 수 없다.

6.2. 국가배상법

국가배상법 제2조 (배상책임) : ① 국가나 지방자치단체는 공무원이 직무를 집행하면서 고의 또는 과실로 법령을 위반하여 타인에게 손해를 입히거나, 「자동차손해배상 보장법」에 따라 손해배상의 책임이 있을 때에는 이 법에 따라 그 손해를 배상하여야 한다. 다만, 군인·군무원·경찰공무원 또는 향토예비군대원이 전투·훈련 등 직무 집행과 관련하여 전사·순직하거나 공상을 입은 경우에 본인이나 그 유족이 다른 법령에 따라 재해보상금·유족연금·상이연금 등의 보상을 지급받을 수 있을 때에는 이 법 및 「민법」에 따른 손해배상을 청구할 수 없다.

② 제1항 본문의 경우에 공무원에게 고의 또는 중대한 과실이 있으면 국가나 지방자치단체는 그 공무원에게 구상할 수 있다. [전문개정 2008. 3. 14]

국가배상법 제5조(공공시설 등의 하자로 인한 책임) ① 도로·하천, 그 밖의 공공의 영조물(영조물)의 설치나 관리에 하자(하자)가 있기 때문에 타인에게 손해를 발생하게 하였을 때에는 국가나 지방자치단체는 그 손해를 배상하여야 한다. 이 경우 제2조제1항 단서, 제3조 및 제3조의2를 준용한다.

② 제1항을 적용할 때 손해의 원인에 대하여 책임을 질 자가 따로 있으면 국가나 지방자치단체는 그 자에게 구상할 수 있다. [전문개정 2008. 3. 14]

『국가배상법』
- 공무원의 위법한 직무행위로 인한 배상(제2조)
- 공공영조물의 설치·관리의 흠으로 인한 배상(제5조)

6.3. 헌법과 국가배상법의 차이

헌법 제29조 제1항은 국가 또는 「공공단체」의 책임을 규정하고 있음에도 불구하고, 국가배상법 제2조 제1항은 공공단체 중 다만 「지방자치단체」만을 책임자로 규정하여, 공공조합·영조물법인 등을 제외하고 있으므로, 이것이 위헌 내지 법의 흠결이 아닌가 하는 의문이 있다. 우리나라의 대부분의 행정법학자들은 이 경우 공공단체는 국가배상책임자에서 제외시키고, 민법에 의한 배상책임만을 인정한다(김남진, 홍정선, 박윤흔, 류지태, 김동희: 민법상 배상책임설). 그러나 국가배상법의 규정을 제한적으로 해석하지 않고, 국가 지방자치단체뿐만 아니라 기타의 공공단체의 경우에도 배상책임자로 보는 소수설의 견해도 있다(변재옥, 한견우: 국가배상책임설). ☜ **국가배상법의 법적 지위 및 성격.**[1)]

III. 국가배상청구권의 법적 성격

1. 청구권적 기본권

국가배상청구권은 헌법 제23조의 재산권과는 별도로 구별되는 청구권적 기본권이다(통설·판례).[2)] 왜냐하면 재산권은 근대시민국가 형성과 함께 18세기부터 보장되어 왔지만, 국가의 불법행위에 대한 배상책임은 19세기 중엽 내지 20세기 중엽에 와서 비로소 입

---

1) 김백유, 행정법치론(1), 983면 이하 참조.

2) 권영성, 헌법학원론, 620면; 그러나 국가배상청구권은 절차권적 성격과 재산권적 성격을 지닌다는 학설(양건, 헌법강의, 629면)과 헌법재판소 판례도 있다(우리 헌법상의 국가배상청구권에 관한 규정은 단순한 재산권의 보장만을 의미하는 것은 아니고 국가배상청구권을 청구권적 기본권으로 보장하고 있는 것이다. 헌재결 1997. 2. 20, 96헌바24, 국가배상법 제8조 위헌소원).

법화되었기 때문이다. 현행 헌법도 제23조에서 재산권 일반에 대하여 보장하고 있음에도 불구하고 제29조에서 별도로 국가배상책임을 규정하고 있기 때문이다.[1)]

2. 공권

국가배상청구권은 공권이다(다수설).[2)] 국가배상청구권은 청구권적 기본권이고, 청구권적 기본권은 개인을 위한 주관적 공권이기 때문이다. 또한 사권으로서의 사법상의 손해배상청구권은 원칙적으로 양도나 압류의 대상이 될 수 있지만, 국가배상청구권은 원칙적으로 양도나 압류의 대상이 되지 아니하기 때문이다(국가배상법 제4조).[3)]

[김철수교수의 견해]

김철수 교수는 국가배상청구권을 사권으로 보고 있다. 국가배상청구권은 재산상 손실보상청구권과 마찬가지로 국가가 사적인 사용자의 지위에서 지는 책임이기 때문에 이를 사권이라고 부르는 것이 타당할 것이다. 공권이라고 보는 경우에는 국가배상청구권에 대한 많은 제약이 가능할 것이기 때문에 부적합하다.[4)]

3. 공법

3.1. 공법설(공법상 책임설; 공권설)

공법설의 주장에 의하면 공권력 작용은 민법이 예정하는 사경제작용과 성격을 달리하는 것으로, 민법과 국가배상법 사이에는 일반법·특별법관계가 성립될 수 없다고 한다. 따라서 국가의 공권력작용과 공공영조물관계라고 하는 독자의 법분야를 국가배상법이 담당하며, 사경제작용을 담당하는 민법과 대립되어 있다고 본다. 즉 국가배상에 관한 우리나라 실정법이 공법과 사법의 이원적인 체계를 인정하고 있는 이상 공법적 원인에 의하여 발생한 손해의 배상에 관한 국가배상법은 공법상의 책임에 관한 규정이라고 본다.[5)]

그 밖에 행정소송법 제3조 제2호의 행정청의 처분 등을 원인으로하는 법률관계에 관한 소송」에는 당연히 손해배상청구소송이 포함된다는 점, 국가배상책임은 피해자에 대한 권리구제외에 법치행정의 실현을 위한 제도로서의 기능도 수행한다는 점 등을 들고 있다.[6)]

---

1) 권영성, 헌법학원론, 620면.
2) 장영수, 헌법학, 895면; 홍성방, 헌법학, 669면.
3) 권영성, 헌법학원론, 620면.
4) 김철수, 헌법학개론, 1325면.
5) 강구철, 강의행정법(I), 646면; 김남진, 행정법(I), 502면; 이규복; 석종현, 일반행정법(상), 607면; 김철용, 행정법 I, 485면; 김동희, 행정법(I), 510면; 박균성, 행정법론(상), 673면; 홍준형, 행정구제법, 78면; 천병태, 국가배상, 고시연구(1989.3), 96면 등 다수설(윤세창, 행정법(상), 박영사, 1985, 359면; 김도창, 일반행정법론(상), 616면; 서원우, 현대행정법론(상), 679면.

3.2. 사법권설(사법상 책임설; 사권설)

사법설은 헌법이 국가의 특권적 지위, 즉 무책임특권을 포기하여 국가도 불법행위에 대한 배상책임을 지지 않으면 안된다고 규정한 이상 국가도 사인과 동일한 지위에서 사법상의 책임을 진다는 이론이다. 특히 사법설을 주장하는 견해에 의하면 우리나라의 헌법규정은 직접적 규정(국가무책임의 원칙을 포기), 즉 헌법의 규정만으로도 효력이 발생하는 직접적 효력규정 이며(통설 · 판례), 국가에 대하여도 사인과 동일한 입장의 배상책임을 인정하고 있으므로 그에 관하여 규정한 국가배상법은 사법적 성질의 것(일반법인 민법에 대한 특별법)이라고 본다.[1] 판례는 私權과 私法으로 보고 있다. 따라서 민사소송의 절차에 의한다.

3.3. 구별무익설

구별무익설의 입장은 공법설이 이론상으로는 타당하나 실제적으로는 국가배상법이 공법인지 사법인지를 구별하는 것은 그 의의가 크지 않다는데 역점을 두고 있다. 즉 공 · 사법의 구별의 필요성은 적용법규와 재판관할 및 재판절차를 결정하기 위한 것이나, 국가배상의 적용법규는 동법 제8조에서 규정하고 있어 이미 입법적으로 해결이 되었고, 재판관할 및 재판절차에 있어서는 공법으로 보면 공법상의 당사자소송으로, 사법으로 보면 민사소송에에 의하게 되는데 공법상 당사자소송에 대하여 행정소송법이 정한 민사소송에 대한 특수성은 경미한 것들이어서, 그 중 어느 소송에 의하더라도 구제를 청구한 개인의 입장에서는 별다른 차이가 없다고 주장한다.[2]

3.4. 판례

국가배상법이 공 · 사법 어느 것에 속하는 지를 구별하는 실익은 국가배상사건이 행정사건인지 민사사건인지를 결정하기 위한 것인바, 대법원은 국가배상법에 규정이 없는 경우에 민법이 적용되고 청구사건은 민사사건으로서 지방법원이 관할하여 사법으로 운영하고 있다.

3.5. 사견

국가배상법은 공법이다. 국가배상법의 성격에 관해서는 공법설과 사법설이 대립하고

---

6) 김철용, 행정법 I, 485면; 김백유, 행정법치론(1), 997면.

1) 김철수; 이상규, 신행정법론(상), 590면; 변재옥, 행정법(I), 499면; 同人, 국가배상법 제2조의 몇가지 문제점, 고시연구(1996.1), 114면; 이규석; 김이열(상), 343면 이하.

2) 박윤흔, 행정법강의(상), 697면.

있지만 공법설이 타당하다. 국가배상법은 공권인 국가배상청구권의 실현을 위하고 단체주의적 공평원담의 원칙을 선언한 것이며, 행정주체의 의무(배상의무)를 규정한 일반법이기 때문이다.[1]

[국가배상청구권의 법적 성격]

- 헌법의 규정만으로도 효력이 발생하는 직접효력규정이며(통설 · 판례)
- 재산권(헌법 제23조)과는 구별되는 청구권

국가배상청구권 → 공권(다수설) · 私權(판례)
국가배상법 → 公法(다수설) · 私法(판례)

[요약]

- 국가배상청구권의 법적 성격 -

1. 공법

국가배상청구권은 헌법 제23조의 재산권과는 별도로 구별되는 청구권적 기본권이다(통설 · 판례). 왜냐하면 재산권은 근대시민국가 형성과 함께 18세기부터 보장되어 왔지만, 국가의 불법행위에 대한 배상책임은 19세기 중엽 내지 20세기 중엽에 와서 비로소 입법화되었기 때문이다. 현행 헌법도 제23조에서 재산권 일반에 대하여 보장하고 있음에도 불구하고 제29조에서 별도로 국가배상책임을 규정하고 있기 때문이다.[2]

2. 공권

국가배상청구권은 공권이다(다수설). 국가배상청구권은 청구권적 기본권이고, 청구권적 기본권은 개인을 위한 주관적 공권이기 때문이다. 또한 사권으로서의 사법상의 손해배상청구권은 원칙적으로 양도나 압류의 대상이 될 수 있지만, 국가배상청구권은 원칙적으로 양도나 압류의 대상이 되지 아니한다(국가배상법 제4조).[3]

3. 공법

국가배상법은 공법이다. 국가배상법의 성격에 관해서는 공법설과 사법설이 대립하고 있지만 공법설이 타당하다. 국가배상법은 공권인 국가배상청구권의 실현을 위하고 단체주의적 공평원담의 원칙을 선언한 것이며, 행정주체의 의무(배상의무)를 규정한 일반법이기 때문이다.[4]

「요약 : 국가배상청구권의 법적 성격」

- 헌법의 규정만으로도 효력이 발생하는 직접효력규정이며(통설 · 판례)
- 재산권(헌법 제23조)과는 구별되는 청구권

---

1) 권영성, 헌법학원론, 621면.
2) 권영성, 헌법학원론, 621면.
3) 권영성, 헌법학원론, 621면.
4) 권영성, 헌법학원론, 621면.

국가배상청구권 → 公權(다수설) · 私權(판례)
국가배상법 → 公法(다수설) · 私法(판례)

- 국가배상과 민법상의 불법행위 책임과의 관계 -

국가배상책임과 민법상의 국가의 사용자책임(불법행위책임)은 어떻게 다른가?

대법원 판례는 일관되게 국가배상법에 따른 국가배상책임을 민법상 불법행위책임의 특별법 책임으로 보고 있어, 두 청구 모두 행정법원이 아닌 민사법원에 제기해야 하는 점에서는 동일하다. 그러나 어떤 경우에 국가배상법이 적용되는지를 알아둘 필요가 있다.

① 우선 헌법 제29조에서는 '국가 또는 공공단체'가 국가배상책임을 지도록 규정한데 비해 국가배상법 제2조와 제5조는 '국가 또는 지방자치단체'가 국가배상책임을 지도록 규정하고 있다. 이때 공공단체란 지방자치단체 · 공공조합 · 영조물법인 · 공법상 재단을 포함하는 넓은 개념이다. 따라서 국가배상법 규정 때문에 지방자치단체가 아닌 공공단체의 경우에는 국가배상법상의 책임이 아닌 민법상의 사용자책임(제756조)을 국가에 청구해야 한다. 그 예로서 지방자치단체는 (시 · 도 · 군 · 구), 공공조합이란 (도시재개발조합 · 변호사회 · 의료보험조합 등), 영조물법인이란 (한국도로공사 · 한국전력공사 · 한국토지개발공사 · 서울시지하철공사 · 한국은행 · 교도소 · 국립도서관 · 서울대학병원 등), 공법상 재단이란 한국학술진흥재단 등을 들 수 있다.

② 국가 또는 지방자치단체라 할지라도 공권력의 행사가 아니고 국민과 대등한 지위에서의 사경제의 주체로 활동하였을 경우(예 : 물품매매계약, 공사도급계약 등)에는 그 손해배상책임에 국가배상법 규정이 적용되는 것이 아니라 민법규정이 적용된다.

③ 행정법과 헌법의 다수학자들은 국가배상청구는 공법관계이기에 행정소송의 한 종류인 공법상의 당사자소송으로 행정법원에 제기해야 한다고 해석하나, 대법원판례는 일관되게 국가배상청구도 사법관계로 민사소송으로 민사법원에 제기해야 한다고 하므로 실무상으로는 차이가 없다.

④ 국가배상법이 민법과 다른 특징으로는 국가가 선임감독의무를 다했음을 이유로 책임면제가 인정될 수 없고, 배상결정 전치주의에 따라 곧바로 법원에 청구할 수 없고, 먼저 배상심의회의 배상결정을 거쳐야 한다는 점 등이 있다. <인터넷 법률신문>

IV. 국가배상청구권의 주체 · 객체

1. 주체

국가배상청구권은 원칙적으로 대한민국 국적을 가진 한국 국민만이 그 주체가 된다. 자연인과 법인을 가리지 아니한다(통설).[1] 그러나 헌법 제29조 제2항은 군인 · 군무원 · 경찰공무원 등에게는 법정보상만을 인정하고 국가배상청구권을 부인하고 있다(특별권력관

1) 홍성방, 헌법학, 669면.

계).[1] 외국인에 대해서는 국가배상법 제7조의 상호보증주의에 따라 한국 국민에 대하여 국가배상책임을 인정하고 있는 국가의 국민에게만 국가배상청구권이 인정된다.[2] 우리나라에 주둔하는 미합중국군대의 구성원·고용원 또는 한국증원부대구성원(카튜사; KATUSA)의 공무집행중의 행위로 피해를 받은 자도 국가배상법이 정하는 바에 따라 대한민국에 배상을 청구할 수 있다(한미행정협정 제23조 제5항).[3]

2. 객체

국가배상책임을 지는 것은 국가와 공공단체, 즉 국가기관, 지방자치단체, 공공조합, 영조물법인 등이다. 그러나 외국공관원은 국가기관이 아니므로 국가는 외국공관원의 불법행위에 대하여는 배상책임이 없다.[4]

---

1) 헌재결 2001. 2. 22, 2000헌바38【국가배상법 제2조 제1항 단서 등 위헌소원】헌법 및 헌법재판소의 규정상 위헌심사의 대상이 되는 법률은 국회의 의결을 거친 이른바 형식적 의미의 법률을 의미하는 것이므로 헌법의 개별규정 자체는 헌법소원에 의한 위헌심사의 대상이 아니다. 한편, 이념적·논리적으로는 헌법규범 상호간의 우열을 인정할 수 있다 하더라도 그러한 규범 상호간의 우열이 헌법의 어느 특정규정이 다른 규정의 효력을 전면적으로 부인할 수 있을 정도의 개별적 헌법규정 상호간에 효력상의 차등을 의미하는 것이라고 볼 수 없으므로, 헌법의 개별규정에 대한 위헌심사는 허용될 수 없다. 국가배상법 제2조 제1항 단서는 헌법 제29조 제1항에 의하여 보장되는 국가배상청구권을 헌법 내재적으로 제한하는 헌법 제29조 제2항에 직접 근거하고, 실질적으로 그 내용을 같이하는 것이므로 헌법에 위반되지 아니한다.

2) 권영성, 헌법학원론, 621면.

3) **한미행정협정 제23조 제5호** : 5. Claims (other than contractual claims and those to which paragraph 6 or 7 of this Article apply) arising out of acts or omissions of members or employees of the United States armed forces, including those employees who are nationals of or ordinarily resident in the Republic of Korea, done in the performance of official duty, or out of any other act, omission or occurrence for which the United States armed forces are legally responsible, and causing damage in the Republic of Korea to third Parties, other than the Government of the Republic of Korea, shall be dealt with by the Republic of Korea in accordance with the following provisions : (5. 공무집행중의 합중국 군대의 구성원이나 고용원(대한민국 국민이거나 대한민국에 통상적으로 거주하는 고용원을 포함한다)의 작위 또는 부작위, 또는 합중국 군대가 법률상 책임을 지는 기타의 작위, 부작위 또는 사고로서, 대한민국의 영토안에서 대한민국 정부 이외의 제3자에게 손해를 가한 것으로 인하여 발생하는 청구권(계약에 의한 청구권 및 본 조 제6항이나 제7항의 적용을 받는 청구권은 제외된다)은 대한민국이 다음의 규정에 따라 이를 처리한다.

4) 홍성방, 헌법학, 669면.

대판 1997. 4. 25, 96다16940 【보상금】

외교관계에관한비엔나협약이 대사관저에 대한 명도집행뿐만 아니라 공관 내의 재산에 대한 강제집행을 직접적으로 금하고 있다고 하더라도, 협약규정 자체가 직접적으로 외국대사관과 어떠한 법률행위를 강제하는 등으로 국민의 재산권을 침해하는 것은 아니고, 협약규정의 적용을 받는 외국대사관과 어떠한 법률행위를 할 것인지의 여부는 전적으로 국민의 자유의사에 맡겨져 있다고 할 것이므로 협약규정의 적용에 의하여 어떠한 손해가 발생하였다고 하여 그것이 국가의 공권력행사로 말미암은 것이라고 볼 수 없고, 나아가 외국대사관이 사전에 승소판결에 기한 강제집행을 거부할 의사를 명시적으로 표시하였으므로 손해가 집달관의 강제집행 거부를 직접적인 원인으로 하여 발생한 것이라고 볼 수 없으므로 손실보상의 대상이 되지 아니하고, 또한 국가가 보상입법을 하지 아니하였다거나 집달관이 협약의 관계 규정을 내세워 강제집행을 거부하였다고 하여 이로써 불법행위가 되는 것은 아니다.

V. 국가배상청구권의 유형

국가배상청구의 유형에는 (ㄱ) 공무원의 직무상 불법행위로 인한 손해발생의 경우(국가배상법 제2조)와, (ㄴ) 영조물의 설치 · 관리의 하자로 인한 손해발생의 경우(국가배상법 제5조)가 있다.

「국가배상청구의 유형」
- 공무원의 직무상 불법행위로 인한 손해발생의 경우(국가배상법 제2조)
- 영조물의 설치 · 관리의 하자로 인한 손해발생의 경우(국가배상법 제5조)

VI. 국가배상법 제2조(공무원의 위법한 공권력의 행사)에 의한 국가배상청구권

국가배상청구의 유형

국가배상청구의 유형에는 (ㄱ) 공무원의 직무상 불법행위로 인한 손해발생의 경우(국가배상법 제2조)와, (ㄴ) 영조물의 설치 · 관리의 하자로 인한 손해발생의 경우(국가배상법 제5조)가 있다.

「국가배상청구의 유형」
- 공무원의 직무상 불법행위로 인한 손해발생의 경우

– 영조물의 설치·관리의 하자로 인한 손해발생의 경우

1. 국가 등의 배상책임의 성질

1.1. 代位責任說(과실책임설적 립장; 법인의제설적 입장)

대위책임설은 공무원의 위법행위로 인한 손해배상책임은 원래 가해공무원이 부담하여야 할 책임의 것이나, 국가 또는 지방자치단체가 이를 갈음(대신)하여 지는 대위책임이며,[1] 공무원의 선임·감독자로서의 책임으로 이해되고 있는 민법 제756조의 사용자책임과

---

1) 대위책임설에 의하면, 국가의 배상책임은 국가(공공단체)가 피해자보호를 위하여 직무상 불법행위를 한 공무원을 대신하여 책임을 지는 일종의 대위책임이라고 한다. 헌법학자로는 김철수교수가 동조한다. 「김철수교수의 견해」: 이 학설은 국가 또는 공공단체의 구상권을 규정하고 있는 점을 보아, 국가 또는 공공단체의 자기책임이라고 볼 수가 없고 공무원에 대위하여 책임을 지는 것이라고 본다. 이 이론은 형식적으로는 국가의 당해 공무원에 대한 구상권을 인정하고 있는 것과 실질적으로는 국가배상책임은 민법의 사용자 배상책임이라고 보는데 근거한다(김철수, 헌법학개론, 박영사). 피해자의 구제와 행정운영의 확보라는 견지에서 공무원의 불법행위책임을 행위자 개인의 위법행위에 대한 개인주의적 과실책임주의에 입각하고 있다. 자기책임설은 일종의 국가의 위험책임으로 구성되어 있다고 하겠다. 앞으로의 입법은 이를 자기책임으로하여 무과실책임으로 인정하는 방향으로 나아가는 것이 바람직 할 것이다. 생각건대 국가배상청구권이 자기책임이 아니고 대위책임이라고 보는 이상, 또 국가가 공무원에게 구상권을 보유하고 있는 취지에서 보아 국민의 피해구제를 신속·확실하게 하고 보다 편리하고 확실한 배상을 위하여 국가와 불법행위를 한 공무원 양자 중 선택적으로 청구할 수 있다고 보아야 한다. ☞ 김철수교수는 대위책임설을 취하면서도 선택적 청구권을 긍정한다(대위책임설을 취하는 학자는 일반적으로 선택적 청구권을 부인한다). ☜「허영교수의 비판」: 국가배상책임을 국가의 자기책임이 아닌 대위책임이라고 이해하는 입장은 연혁적으로 볼 때 국가무책임사상에 그 뿌리를 두고 있는 권위적인 국가사상의 잔영이다. 국가는 책임을 질 수 없다는 사상을 고수하기 위해서는 대위책임의 이론구성이 비교적 설득력이 있으며, 또 대위책임설의 진원지라고 볼 수 있는 바이마르 공화국헌법규정(제131조 : 국가의 배상책임에 관한 규정인데, 독일기본법의 국가배상책임에 관한 규정(제34조)은 이 바이마르헌법규정을 거의 그대로 받아들인 것이다)이 당시에 한창 위세를 떨치던 법실증주의적 해석법학의 영향을 받아 대위책임설에게 유리한 고지를 제공해 준 것이다. 하지만 오늘날 국가무책임사상도 지양된지 오래이고, 법(률)실증주의가 이미 고전적인 이론으로 평가되고 있는데, 아직도 대위책임설의 입장에서 국가배상책임의 본질을 이해하려고 하는 것은 낙후적인 이론이다(허영, 한국헌법론, 606면). 또 대위책임설의 논거가 되고 있는 국가의 공무원에 대한 구상권은 어디까지나 국가기관 내부의 책임추궁의 한 형식에 지나지 않는 것이지, 그것이 곧 공무원의 국민에 대한 원칙적인 배상책임을 입증하는 것이라고 볼 수는 없다. '이 경우, 공무원 자신의 책임은 면제되지 아니한다'는 헌법 규정(제29조 제1항 단서)은 제1차적으로는 공무원의 국가내부에서의 책임(기관내부에서의 변상책임, 공무원법상의 책임)을 명시하는 규정이고, 제2차적으로는 '공무원의 국민에 대한 책임(제7조 제1항), 즉 국민에 대한 형사책임 및 정치적 책임을 밝히

는 다른 것이라고 보는 견해이다.[1] 이론상으로는 법인이론에서의 법인의제설(Savigny)을 배경으로 한 것이며, 과거 독일의 책임법의 영향을 받은 것이다.

이 견해는 위임이론에 따라 국가의 기관인 공무원은 국가의 대리인이며,[2] 따라서 공무원의 위법한 직무행위는 국가의 행위로 볼 수 없는 공무원 자신의 행위이기 때문에 그러한 행위의 효과는 국가에 귀속시킬 수 없고, 국가가 직접책임을 질 수 없다는 점, 배상능력이 충분한 국가 등을 배상책임자로 하는 것이 피해자에게도 유리하다는 점, 행정의 원활한 수행에 대한 배려, 공무원에 대한 경고 및 응징기능 등을 논거로 한다.

특히 대위책임설의 핵심은 ① 공무원의 고의·과실책임주의를 채택한다는 점(공무원의 과실이 없는 경우에는 공무원 및 국가는 다같이 책임을 지지 아니한다. 따라서 공무원의 위법하기는 하나 과실이 없는 행위인 경우, 즉 위법무과실행위는 배상책임이 없게 된다; 후술참조), ② 국가의 책임은 공무원의 불법행위를 전제로 성립한다는 점, ③ 국가배상법의 해석에 있어서 공무원의 고의·과실을 공무원의 주관적 인식유무를 기준으로 하여 엄격하게 해석한다(공무원이 이를 인식했으면, 책임을 지고 인식하지 않았으면 책임이 없다)는 점,[3] ④ 우리 국가배상법이 과실책임주의를 채택하여 「공무원이… 고의 또는 과실로」 타인에게 손해를 가한 경우에 국가 등이 배상하도록 한 점, ⑤ 국가 등이 배상한 경우에 공무원에 대하여 구상권을 행사할 수 있다는 점,[4] ⑥ 연혁적으로 볼 때 대위책임에서 자기책임으로 가는 추세이지만 우리 국가배상법이 일거에 자기책임제도를 인정했다고 볼 수 없다는 점 등에서 대위책임이 타당하다는 것이다.[5] 따라서 이 학설에 의하면 위법무과실행위 혹은 위험책임이론에 의한 배상책임은 인정되지 아니한다.[6] 이는 과거 행정법학자들의 통설적 견

는 규정이라고 보아야 할 것이다(따라서 헌법 제29조 제1항 단서를 국가의 공무원에 대한 내부적 구상권의 근거 규정만으로 이해하면서, 공무원의 국민에 대한 책임을 도외시하는 것은 옳지 못하다고 생각한다). 따라서 공무원의 책임은 법적으로 2원적인 성질의 책임이다(허영, 한국헌법론, 606면). 자기책임설에 따른다 해도 공무원의 직무상 불법행위로 인해서 공무원에게 형사책임 또는 정치적 책임이 발생한 경우까지 국가가 직접 형사책임 또는 정치적 책임을 질 수는 없기 때문에, 그런 경우에는 공무원에 대해서 형벌권 또는 징계권을 발동하고, 국민의 입장에서 기관의 정치적 책임을 추궁하는 것은 오히려 당연하다(허영, 한국헌법론, 607면).

1) 박윤흔, 행정법강의(상), 706면.
2) 대리인의 행위가 授權에 위반하여 행한 경우, 수권자의 행위가 될수 없다는 이론이다. 박윤흔, 행정법강의(상), 698면.
3) 박윤흔, 행정법강의(상), 698면, 706면.
4) 자기책임의 경우에도 구상권의 행사가 가능하나, 대위책임에서 더 강하게 뒷받침한다고 한다(박윤흔, 행정법강의(상), 699면 참조).
5) 박윤흔, 행정법강의(상), 700면.
6) 예컨대 경찰관이 도망범인을 체포하기 위하여 사격을 하여, 총탄이 통행인을 상해한 경우, 법익침해를 위법으로 보는 한 제3자에 대한 상해는 위법하다. 그러나 이 경우 과실을 인정할 수 없으

해였다.[1)]

「대위책임설」 :

· 국가 또는 지방자치단체가 공무원을 갈음(대신)하여 지는 代位責任

· (그러나) 민법 제756조의 사용자책임과는 다르다[2)]

『문제』 : 민법 제756조 제1항과 국가배상법 제2조 제1항과의 차이점.

『답』 : 민법 제756조 제1항에서는 사용자에 대하여 면책규정을 두고 있으나, 국가배상법 제2조 제1항에서는 면책규정이 없다. 국가는 무과실 책임을 진다. ☞ 여기서의 무과실책임은 일단 공무원의 과실이 인정되면, 국가는 공무원의 행위에 대하여 무과실책임을 진다는 의미이며, 공무원의 과실이 인정되지 아니하면 국가도 당연히 책임이 면제된다.

「김철수 교수의 견해」

이 학설은 국가 또는 공공단체의 구상권을 규정하고 있는 점을 보아, 국가 또는 공공단체의 자기책임이라고 볼 수가 없고 공무원에 대위하여 책임을 지는 것이라고 본다. 이 이론은 형식적으로는 국가의 당해 공무원에 대한 구상권을 인정하고 있는 것과 실질적으로는 국가배상책임은 민법의 사용자 배상책임이라고 보는데 근거한다.[3)]

피해자의 구제와 행정운영의 확보라는 견지에서 공무원의 불법행위책임을 행위자 개인의 위법행위에 대한 개인주의적 과실책임주의에 입각하고 있다. 자기책임설은 일종의 국가의 위험책임으로 구성되어 있다고 하겠다. 앞으로의 입법은 이를 자기책임으로하여 무과실책임으로 인정하는 방향으로 나아가는 것이 바람직 할 것이다.[4)]

생각건대 국가배상청구권이 자기책임이 아니고 대위책임이라고 보는 이상, 또 국가가 공무원에게 구상권을 보유하고 있는 취지에서 보아 국민의 피해구제를 신속·확실하게 하고 보다 편리하고 확실한 배상을 위하여 국가와 불법행위를 한 공무원 양자 중 선택적으로 청구할 수 있다고 보아야 한다.[5)]

면, 위법하기는 하나 무과실행위(위법무과실행위)가 되어 현행 국가배상법상으로는 국가가 배상책임을 지지 않게 된다(박윤흔, 행정법강의(상), 708면).

1) 김도창, 일반행정법론(상), 624면; 김남진, 행정법(I), 500면; 서원우(상), 701면; 변재옥(I), 509면; 박윤흔, 행정법강의(상), 700면.

2) 사용자책임은 타인을 사용하여 어느 사무에 종사하게 한자로 하여금 피용자가 그 사무집행에 관하여 제3자에게 가한 손해를 배상하게 하는 것으로서, 사용자책임이 성립하려면 사용자와 불법행위자사이에 사용관계 즉 사용자가 불법행위자를 실질적으로 지휘·감독하는 관계가 있어야 할 것이다(대판 1995. 4. 11, 94다15646).

3) 김철수, 헌법학(상), 1329면.

4) 김철수, 헌법학(상), 1330면.

5) 김철수, 헌법학(상), 1332면.

☞ 김철수 교수는 대위책임설을 취하면서도 선택적 청구권을 긍정한다(대위책임설을 취하는 행정법학자는 일반적으로 선택적 청구권을 부인한다).

「허영 교수의 비판」: 대위책임설의 문제점[1)]

국가배상책임을 국가의 자기책임이 아닌 대위책임이라고 이해하는 입장은 연혁적으로 볼 때 국가무책임사상에 그 뿌리를 두고 있는 다분히 권위적인 국가사상으로부터 기원한다. 국가는 책임을 질 수 없다는 사상에 의하면 대위책임의 이론구성이 비교적 설득력이 있다고 믿어진 것이다. 또 대위책임설의 진원지라고 볼 수 있는 1919년 바이마르 공화국 헌법규정(제131조)이[2)] 당시에 한창 위세를 떨치던 법실증주의적 해석법학의 영향을 받아 대위책임설에게 유리한 고지를 제공해 준 것이다. 그러나 오늘날 국가무책임사상도 지양된지 오래이고, 법실증주의가 이미 고전적인 이론으로 평가되고 있는 상황 속에서, 아직도 대위책임설의 입장에서 국가배상책임의 본질을 이해하려고 하는 것은 매우 낙후적인 이론이 아닐 수 없다.

또 대위책임설의 논거가 되고 있는 국가의 공무원에 대한 구상권은 어디까지나 국가기관 내부의 책임추궁의 한 형식에 지나지 않는 것이지, 그것이 곧 공무원의 국민에 대한 원칙적인 배상책임을 입증하는 것이라고 볼 수는 없다.

'이 경우, 공무원 자신의 책임은 면제되지 아니한다'는 헌법 규정(제29조 제1항 단서)은 제1차적으로는 공무원의 국가 내부에서의 책임(기관내부에서의 변상책임, 공무원법상의 책임)을 명시하는 규정이고, 제2차적으로는 '공무원의 국민에 대한 책임(제7조 제1항), 즉 국민에 대한 형사책임 및 정치적 책임을 밝히는 규정이라고 보아야 할 것이다.[3)] 따라서 공무원의 책임은 법적으로 2원적인 성질의 책임이다. 자기책임설에 따른다 해도 공무원의 직무상 불법행위로 인해서 공무원에게 형사책임 또는 정치적 책임이 발생한 경우까지 국가가 직접 형사책임 또는 정치적 책임을 질 수는 없기 때문에, 그런 경우에는 공무원에 대해서 형벌권 또는 징계권을 발동하고, 국민의 입장에서 기관의 정치적 책임을 추궁하는 것은 오히려 당연하다.

1.2. 자기책임설(위험책임설적 입장 · 법인실재설적 입장; 직접책임설)

자기책임설은 국가 또는 지방자치단체의 손해배상책임은 공무원의 책임을 대신해서 지는 것이 아니고, 기관이론에 입각한 자기책임설, 위험책임의 관념(위험책임설적 자기책임설)에 입각한 자기책임설[4)](다만, 아래에서 설명하는 절충설을 신자기책임설[5)]이라고 부

---

1) 허영, 한국헌법론, 606면.

2) 국가의 배상책임에 관한 규정인데, 독일기본법의 국가배상책임에 관한 규정(제34조)은 바이마르헌법규정을 거의 그대로 받아들인 것이다.

3) 허영 교수는「헌법 제29조 제1항 단서를 국가의 공무원에 대한 내부적 구상권의 근거 규정만으로 이해하면서, 공무원의 국민에 대한 책임을 도외시하는 것(권영성)은 옳지 못하다고 한다(허영, 한국헌법론, 606면 각주 2).

4) 양건, 헌법강의, 628면.

르면서 자기책임설에 포함시켜 설명하는 학자도 있다)을 주장하는 견해, 자기책임설 가운데 국가의 행위자 책임을 인정하는 견해는 선택적 청구와 관련하여 현행법을 설명하기 어렵기 때문에, 자기책임설 가운데 국가의 사용자 책임을 인정하는 입장에서 선택적 청구를 인정하는 것을 원칙으로 하지만, 정책적으로 고려하여 예외적으로 경과실에 대하여 선택적 청구를 인정하지 아니하는 입장에서의 자기책임설을 주장하는 견해도 있다.[1)]

기관책임이론에 입각한 자기책임설(민법상 법인의 불법행위와 같이, 국가의 기관책임: 헌법학자들의 견해 ☜ 비판: 공무원의 불법행위를 기관행위로 보는 것은 타당하지 않으며 이론적 조작이라는 비판이 있다.

위험책임이론에 입각한 자기책임설(공무원의 직무집행행위는 국민에 대한 손해발생의 위험을 내포하고 있으므로, 그러한 위험영역에서 발생한 손해는 국가 자신의 책임)

신자기책임설(절충설): 아래에서 설명하는 절충설(판례)을 최근에 등장한 이론이라 하여 신자기책임설이라고 부르면서, 자기책임설범주에 포함시키는 학자가 있다(박균성).

사용자 책임에 의한 자기책임설: 선택적 청구를 인정하는 것을 원칙으로 하지만, 정책적으로 고려하여 예외적으로 경과실에 대하여 선택적 청구를 인정하지 아니하는 입장(장영수)

자기책임설은 국가의 배상책임을 국가가 기관의 행위에 대하여 직접 부담하는 자기책임으로 보며, 민법상의 법인의 불법행위책임(민법 제35조)에 해당한다고 본다.

민법 제35조(법인의 불법행위능력) ① 법인은 이사 기타 대표자가 그 직무에 관하여 타인에게 가한 손해를 배상할 책임이 있다. 이사 기타 대표자는 이로 인하여 자기의 손해배상책임을 면하지 못한다. ② 법인의 목적범위외의 행위로 인하여 타인에게 손해를 가한 때에는 그 사항의 의결에 찬성하거나 그 의결을 집행한 사원, 이사 및 기타 대표자가 연대하여 배상하여야 한다.

'법인실제설[기에르케(Gierke)]'[2)]을 배경으로 한 것이며, 입법례로는 프랑스의 책임법

---

5) 자기책임설도 기관이론에 의한 자기책임설과 위험책임에 입각한 자기책임설(위험책임설적 자기책임설)은 종래 주장되어온 학설이므로 기존의(또는 전통적인) 자기책임설이라 할 수 있고, 절충설은 최근에 주장된 이론이므로 신자기책임설이라 부를 수 있다고 한다(박균성, 행정법론(상), 676면 참조).

1) 장영수, 헌법학, 899면.

2) 법인실제설: 법인은 법에 의하여 擬制된 것이 아니고 자연인과 마찬가지로 현실의 사회에 실제하는 것이라고 주장하는 학설로서 다음과 같은 세부이론이 있다. ① 조직체설: 조직체로서 실제한다는 학설, ② 유기체설: 사회적 유기체로서 실재한다고 하는 학설, ③ 사회적 작용설: 개인으로부터 遊離하여 사회적 작용을 영위하는 것이라는 설이다.

의 영향을 받은 것이다.[1)]

우리 국가배상법상의 배상책임을 자기책임으로 보는 근거는, 동법이 독일공무원책임법에서와 같이 '공무원을 대신하여(an Stelle des Beamtens)'라는 문구를 두지 아니하였고, 국가 또는 지방자치단체는 … 그 손해를 배상하여야 한다(동법 제2조 제1항)고 규정한 것은 위법하게 행사될 가능성이 있는 국가권력에 대한 위험책임을 묻는 것이라 한다.[2)]

자기책임설에 의하면, 국가 등은 그의 기관의 지위에 있는 공무원을 통하여 행위하는 것이기 때문에, 그의 기관인 공무원의 행위의 효과는 적법·위법을 가리지 않고 직접 국가 등에 귀속되는 것이므로 국가가 직접책임을 져야한다는 것이다. 이설이 우리나라의 다수설이다.[3)4)]

또한 대위책임설이 공무원의 고의·과실을 공무원의 주관적 인식유무(공무원이 이를 인식했느냐, 인식하지 않았느냐)를 기준으로 하여 엄격하게 해석하지만(따라서 그만큼 국민에 대한 권리구제는 약하다), 자기책임설은 공무원의 고의·과실을 공무원의 주관적 인식과는 상관없이(공무원이 이를 주관적으로 인식했느냐 하지 않았느냐의 여부를 가리지 않고), 국가 등의 귀책사유가 있는 '공무운영상의 흠의 발생'[5)]이라는 객관적 사정을 기준으로 하여 결정한다. 즉 공무원의 주관적 인식이 있는 경우는 물론, 공권력행사가 처음부터 법정요건을 결하여 위법한 경우에는 고의·과실이 추정되고, 공권력 행사 그 자체는 적법하더라도 결과적으로 불법한 손해가 발생한 경우에는 고의·과실이 인정될 수 있다는 것이다. 결국 공무원의 행위가 위법하기만 하면 무과실인 경우에도 국가 등의 배상책임(무과실책임)이 인정된다.[6)] 따라서 자기책임설을 취하는 경우, 위법무과실책임, 위험책임의 법리

---

1) 홍정선, 행정법원론(상), 단락번호 1518.

2) 박윤흔, 행정법강의(상), 699면.

3) 김남진·김연태교수는 공무원자신의 책임에 관한 헌법규정(제29조 제1항), 공무원에 대한 구상권제한에 관한 국가배상법규정(제2조 제2항)은 국가의 배상책임의 성질과는 무관(同旨 류지태, 행정법신론, 신영사, 2007, 389면; 홍준형, 행정구제법, 140면)하다고 하면서 자기책임설을 취한다(김남진·김연태, 행정법(I), 565면); 김철용, 행정법 I, 506면. 석종현, 일반행정법(상), 628면(석종현교수는 대위책임설이 한국행정법학계의 통설이나, 최근에는 자기책임설을 취하는 학자가 많아지고 있고, 자기책임설이 헌법학계의 통설이라고 한다, 석종현, 일반행정법(상), 627-628면 참조); 박윤흔 교수는 헌법학자의 통설적 견해라 하면서(박윤흔, 행정법강의(상), 699면), 대위책임설이 통설·판례라 한다(박윤흔, 행정법강의(상), 706면); 다만 박균성교수는 자기책임설을 취하면서도, 특히 신자기책임설(절충설)의 입장을 취한다(박균성, 행정법론(상), 679면); 양건, 헌법강의, 628면; 장영수, 헌법학, 899면; 이준일, 헌법학강의, 단락번호 [4.9.86]; 홍성방, 헌법학, 672면.

4) 판례도 신자기책임설(절충설)을 취하는 것으로 보인다는 견해가 있다(박균성, 행정법론(상), 677면).

5) 박윤흔, 행정법강의(상), 699면, 706면.

등을 통한 국민의 권리구제가 가능하다.

『자기책임설』

· 위험책임의 관념(국가의 배상책임을 국가가 기관의 행위에 대하여 직접 부담) → 자기 책임

· 민법상의 法人의 불법행위책임(민법 제35조)에 해당

· 헌법학계의 다수설[1]

「권영성 교수의 견해」

자기책임설이 타당하고 헌법학계의 다수설이다. 연혁적으로도 국가배상책임은 국가무책임의 원칙에서 국가책임의 원칙으로, 대위책임의 원칙에서 자기책임의 원칙으로 발전하여 왔다. 자기책임설에서는 국가의 책임은 국가 자신의 위험책임이기 때문에 그 책임은 공무원의 고의 · 과실에 관계없이 발생하는 것이며 본질적으로는 무과실책임이다. 다만 자기책임설을 취하는 경우에도 입법정책적으로 책임의 범위를 한정할 수 있음은 물론이다.[2]

「허영 교수의 견해」

생각건대 국가배상책임의 본질은 국가가 자신의 행위에 대한 자기책임을 지는 것이기 때문에 국가가 배상책임자이고 국가에 대해서만 배상청구를 할 수 있다고 할 것이다. 즉 국가가 공무원의 불법행위에 대한 배상책임을 지는 것은 국가의 기관에 해당하는 공무원의 행위에 대한 일종의 위험부담으로서의 자기책임을 지는 것이지, 공무원이 져야 할 책임을 국가가 대신해서 져주는 일종의 사용자책임의 성질을 가지는 것은 아니다.[3]

1.3. 중간설

중간설은 공무원의 고의 · 중과실에 대한 국가의 배상책임은 대위책임이나, 경과실에 대한 국가의 배상책임은 자기책임의 성질을 가진다고 보는 견해이다.[4] 고의 · 중과실에 의한 행위는 국가 등의 기관행위로 볼 수 없으므로 대위책임이지만, 경과실에 의한 행위는 기관행위로 볼 수 있으므로 자기책임이며,[5] 국가배상법 제2조 제2항은 경과실의 경우에

---

6) 박윤흔, 행정법강의(상), 706면; 정하중, 행정법총론, 515면.

1) 권영성, 헌법학원론, 624면.

2) 권영성, 헌법학원론, 624면.

3) 허영, 한국헌법론, 605면.

4) 공무원의 위법행위가 고의나 중과실에 기한 경우에는 기관행위로 볼 수 없으므로 대위책임이나, 경과실에 의한 경우에는 자기책임이라고 한다(윤세창, 이상규). 즉 중간설의 입장은 공무원의 경과실의 경우에는 국가의 공무원에 대한 구상권이 없기 때문에 국가의 자기책임이지만, 공무원의 고의 및 중과실의 경우에는 공무원에 대해서 구상할 수 있기 때문에 일종의 대위책임에 불과하다는 것이다. 그러나 공무원의 주관적인 요소인 고의 · 중과실에 따라 책임의 성질이 바뀐다는 것은 설득력이 없다(정하중, 행정법총론, 515면).

국가의 공무원에 대한 구상권을 인정하지 않고 있다는 점을 주장논거로 제시하고 있다.

이에 대한 비판으로는 중간설은 고의·중과실의 경우와 경과실의 경우를 구분하여, 국가배상법이 경과실의 경우에 구상권을 인정하지 아니한 것은 자기책임으로 본것이라고 하나, 경과실의 경우에 구상권을 인정하지 아니한 것은 공무원의 근무의욕을 저하시키지 않기 위한 정책적 고려에 불과한 것이지, 자기책임으로 본것은 아니라는 것,[1] 공무원자신의 책임에 관한 헌법규정(제29조 제1항), 공무원에 대한 구상권제한에 관한 국가배상법규정(제2조 제2항)은 국가의 배상책임의 성질과는 무관하다는 비판이 있다.[2] 중간설에 대한 비판은 아래의 절충설에 대한 비판과 동일하게 적용된다.

1.4. 절충설

절충설은 공무원의 고의·중과실에 의한 위법행위는 원칙적으로 국가기관으로서의 품격을 상실하여 국가행위로 볼 수 없고, 따라서 본질적으로 공무원 자신의 책임이지만, 그것이 직무행위로서의 외형을 갖추고 있는 한 피해자구제에 만전을 기할 필요가 있고, 따라서 국가가 대외적인 피해자에 대하여 국가가 자기책임을 지는 것이고(대내적으로 가해공무원에 대하여는 자기책임을 지지않는다), 경과실의 경우에는 자기책임으로서의 배상책임을 진다는 것이다.[3] 경과실의 경우에 자기책임으로서의 배상책임을 진다는 것은 중간설과 동일하며,[4] 중간설에서는 고의·중과실의 경우 피해자의 선택적 청구권이 인정되지 아니한다고 보나, 절충설에서는 고의·중과실의 경우에도 피해자의 선택적 청구권이 인정된다고 보는 점에서 양자의 차이가 있다.[5] 판례는 절충설의 입장을 취하고 있다.[6][7] 한편 절충

---

5) 이상규, 신행정법론(상), 법문사, 1997, 612면; 윤세창(상), 373면.

1) 변재옥(I), 509면; 홍정선(상), 471면; 석종현, 일반행정법(상), 628면; 「허영교수의 비판」: 「절충설 내지 중간설은 국가배상법이 정하는 구상권의 유무에 따라 국가배상책임의 본질을 정하려는 입장인데, **국가배상책임의 본질은 어디까지나 헌법이론적인 접근에 의해서만 파악 될 수 있는 헌법차원의 문제이지 실정법률차원에서 정해질 수 있는 성질의 문제는 아니며**(허영, 한국헌법론, 606면) … 순수한 법이론을 따른다면 국가배상책임은 단순한 공무원 개인의 책임이든지 아니면 국가자신의 책임이든지 둘 중의 하나에 속하는 것이지, 그 중간적인 어떤 이론구성은 모두 **기교적**이라는 비난을 면하기 어렵다」(허영, 한국헌법론, 606면).

2) 김남진·김연태, 행정법(I), 565면.

3) 김동희, 행정법(I), 509면.

4) 장태주, 행정법개론, 624면.

5) 김동희, 행정법(I), 533면.

6) 대판 1996. 2. 15, 95다38677 【손해배상(자)】 국가배상법 제2조 제1항 본문 및 제2항의 입법 취지는 공무원의 직무상 위법행위로 타인에게 손해를 끼친 경우에는 변제자력이 충분한 국가 등에게 선임감독상 과실 여부에 불구하고 손해배상책임을 부담시켜 국민의 재산권을 보장하되, 공무

설을 취하면서도「경과실의 경우 국가의 배상책임은 자기책임이고, 고의 또는 중대한 과실의 경우에는 원칙적으로 공무원개인의 책임이지만, 직무행위의 외형을 갖춘 경우에는 국가의 자기책임이라 하면서 직무행위의 외형을 갖춘 경우에는 선택적 청구가 가능하다」는 견해도 있다.[1]

1.5. 결론

국가배상책임은 국가무책임원칙에서 국가책임원칙으로 발전되었고, 국가책임원칙도 대신 진다는 대위책임(독일의 Weimar 공화국헌법 당시)에서 자기행위에 대한 책임이라는 의미의 자기책임(1982년 이후 독일)으로 발전되어 온 개념이다. 여기서 국가배상이라 함은 국가의 기관으로서의 공무원의 행위에 대한 일종의 위험부담으로서의 자기책임으로 이해하여야 한다(자기책임설이 오늘날의 다수설이다).[2] 공무원이 질 책임을 국가가 대신 지어주는 일종의 사용자 책임이 될 수 없다. 왜냐하면 민법상의 사용자배상책임은 사용자가 피용자에 대하여 상당한 주의를 하였거나 상당한 주의를 하여도 손해가 발생하였을 경우에는 그 책임을 면하게 되나(민법 제756조 참조) 국가배상책임은 국가는 무과실책임을 지는

원이 직무를 수행함에 있어 경과실로 타인에게 손해를 입힌 경우에는 그 직무수행상 통상 예기할 수 있는 흠이 있는 것에 불과하므로, 이러한 공무원의 행위는 여전히 국가 등의 기관의 행위로 보아 그로 인하여 발행한 손해에 대한 배상책임도 전적으로 국가 등에만 귀속시키고 공무원 개인에게는 그로 인한 책임을 부담시키지 아니하여 공무원의 공무집행의 안정성을 확보하고, 반면에 공무원의 위법행위가 고의·중과실에 기한 경우에는 비록 그 행위가 그의 직무와 관련된 것이라고 하더라도 그와 같은 행위는 그 본질에 있어서 기관행위로서의 품격을 상실하여 국가 등에게 그 책임을 귀속시킬 수 없으므로 공무원 개인에게 불법행위로 인한 손해배상책임을 부담시키되, 다만 이러한 경우에도 그 행위의 외관을 객관적으로 관찰하여 공무원의 직무집행으로 보여질 때에는 피해자인 국민을 두텁게 보호하기 위하여 국가 등이 공무원 개인과 중첩적으로 배상책임을 부담하되 국가 등이 배상책임을 지는 경우에는 공무원 개인에게 구상할 수 있도록 함으로써 궁극적으로 그 책임이 공무원 개인에게 귀속되도록 하려는 것이라고 봄이 합당하다).

7) 대판 1996. 2. 15, 95다38677【손해배상(자)】헌법 제29조 제1항 단서는 공무원이 한 직무상 불법행위로 인하여 국가 등이 배상책임을 진다고 할지라도 그 때문에 공무원 자신의 민·형사책임이나 징계책임이 면제되지 아니한다는 원칙을 규정한 것이나, 그 조항 자체로 공무원 개인의 구체적인 손해배상책임의 범위까지 규정한 것으로 보기는 어렵다. 공무원이 직무수행 중 불법행위로 타인에게 손해를 입힌 경우에 국가 등이 국가배상책임을 부담하는 외에 공무원 개인도 고의 또는 중과실이 있는 경우에는 불법행위로 인한 손해배상책임을 진다고 할 것이지만, 공무원에게 경과실뿐인 경우에는 공무원 개인은 손해배상책임을 부담하지 아니한다고 해석하는 것이 헌법 제29조 제1항 본문과 단서 및 국가배상법 제2조의 입법취지에 조화되는 올바른 해석이다.

1) 김동희, 행정법(I), 538면 이하.

2) 김철용, 행정법 I, 506면.

것이기 때문이다. 대위책임설의 논거가 되고 있는 구상권은 국가기관 내부의 책임추궁의 한 형식(변상책임)이 지나지 않는 것이지, 이를 이유로 공무원이 국민에 대하여 배상책임을 진다는 근거조항이라고 볼 수는 없다.[1)]

「참고」

다만 헌법 제29조 제1항 단서의 '공무원자신의 책임은 면제되지 아니한다'는 의미에 관하여 일차적으로 공무원의 국가내부에서의 책임(기관내부에서의 변상책임 및 공무원법상의 책임 등)을 명시하는 것이고 이차적으로는 공무원의 국민에 대한 책임(헌법 제7조 제1항), 즉 국민에 대한 형사책임과 형사책임과 정치적 책임을 밝히는 규정이라고 보는 견해(허영)와 내부적 구상권의 근거규정으로 보는 견해(권영성)로 구별된다.

2. 배상책임의 요건

2.1. 공무원이 「직무」를 「집행하면서」 행한 행위일 것

2.1.1. 공무원

여기서 공무원이라 함은 넓은 의미의 공무원(입법부[2)] · 행정부 · 사법부)[3)]을 의미한다. 즉 국가공무원법이 정한 공무원(국가공무원, 지방공무원)뿐만 아니라 널리 공무를 위임받아 이에 종사하는 모든 자(공무수탁사인 : 일시적 위탁이든 한정적인 사항에 관한 위탁이든 불문한다)를 포함하며,[4)] 그리고 사인이 사법상 계약에 의하여 공무를 수행하여도(예컨대 차량견인업자가 경찰의 위탁에 의하여 불법주차차량을 견인하는 도중에 견인되는 차량에 손해를 입힌 경우),[5)] 그 사인은 국가배상법상 공무원에 해당된다.[6)]

---

1) 허영, 한국헌법론, 606면.

2) 국회의원의 경우 면책특권이 인정되는 경우 여기의 공무원에서 제외되는 경우도 있을 것이다(홍정선, 행정법원론(상), 박영사, 2009, 단락번호 1895).

3) 대판 1966. 7. 26, 66다854(집달관 : 현재는 집행관)도 실질적 의미에서 공무원이다).

4) 김철용, 행정법 I, 487면; 정하중, 행정법총론, 516면; 박균성, 행정법론(상), 681면; 장영수, 헌법학, 896면; 이준일, 헌법학강의, 단락번호 [4.9.82]; 홍성방, 헌법학, 669면; 대판 2001. 1. 5, 98다39060 【구상금】 [1] 국가배상법 제2조 소정의 '공무원'의 의미 [2] 국가배상청구의 요건인 '공무원의 직무'의 범위 [3] 국가배상법 제2조 제1항 소정의 '직무를 집행함에 당하여'의 의미 [4] 지방자치단체가 '교통할아버지 봉사활동 계획'을 수립한 후 관할 동장으로 하여금 '교통할아버지'를 선정하게 하여 어린이 보호, 교통안내, 거리질서 확립 등의 공무를 위탁하여 집행하게 하던 중 '교통할아버지'로 선정된 노인이 위탁받은 업무 범위를 넘어 교차로 중앙에서 교통정리를 하다가 교통사고를 발생시킨 경우, 지방자치단체가 국가배상법 제2조 소정의 배상책임을 부담한다.

5) 독일연방재판소는 차량견인업자가 상당한 범위에 걸쳐 행정청의 지시나 영향력하에 있는 경우에만 예외적으로 국가가 책임을 진다는 입장이었다(도구이론 : Werkzeugtheorie). 그러나 침해행정의 경우 사인이 수행하는 사무와 행정청이 수행하는 공법상의 사무와 밀접한 관련을 가진다면

공무원 속에는 기관자체(국회·지방의회·선거관리위원회·교육위원회 등 기타 합의제기관)도 포함되는가에 관하여 긍정설과 부정설이 있다. 부정설(박윤흔)[1]의 견해는 합의제행정청의 의사는 당해행정청의 이름으로 대외적으로 표시되지만 그 의사결정을 한 것은 위원인 개개의 공무원이라는데 있으나, 기관과 기관 구성자는 구별해햐하며, 널리 사인의 권리구제를 넓힌다는 의미에서 기관도 포함된다고 보는 것이 통설·판례의 입장이다.[2] 또한 법관[3][4]·검사[5]도 이에 포함되며,[6] 해석상 국회 그 자체도 공무원의 개념에 포함될 수

그 사인은 국가배상법상 공무원의 성격을 강하게 가진다(Maurer, Allegmeines Verwaltungsrecht, § 25, Rn. 13).

6) 홍정선, 행정법원론(상), 박영사, 2009, 단락번호 1896.

1) 박윤흔, 행정법강의(상), 701면.

2) 김철용, 행정법 I, 488면; 홍정선, 행정법원론(상), 단락번호 1895; 우성기, 행정청의 부작위로 인한 손해에 대한 배상책임, 고시연구(2004.7), 24면; 홍성방, 헌법학, 669면.

3) 대판 2003. 7. 11. 99다24218【손해배상(기)】[1] 법관의 재판에 법령의 규정을 따르지 아니한 잘못이 있다 하더라도 이로써 바로 그 재판상 직무행위가 국가배상법 제2조 제1항에서 말하는 위법한 행위로 되어 국가의 손해배상책임이 발생하는 것은 아니고, 그 국가배상책임이 인정되려면 당해 법관이 위법 또는 부당한 목적을 가지고 재판을 하였다거나 법이 법관의 직무수행상 준수할 것을 요구하고 있는 기준을 현저하게 위반하는 등 법관이 그에게 부여된 권한의 취지에 명백히 어긋나게 이를 행사하였다고 인정할 만한 특별한 사정이 있어야 한다; 동지의 판례 대판 2001. 4. 24, 2000다16114.

4) 박균성 교수는 재판의 독립성을 이유로 「중과실의 경우에 재판행위로 인한 국가배상책임을 인정하되, 법관의 피해자에 대한 배상책임은 부정하고, 국가에 대한 구상책임만 인정하는 것이 법관의 독립에 비추어 바람직하다」고 한다(박균성, 행정법론(상), 687면).

5) 대판 2002. 2. 22, 2001다23447【손해배상(기)】[1] 검사는 수사기관으로서 피의사건을 조사하여 진상을 명백히 하고, 죄를 범하였다고 의심할 만한 상당한 이유가 있는 피의자에게 증거 인멸 및 도주의 염려 등이 있을 때에는 법관으로부터 영장을 발부받아 피의자를 구속할 수 있으며, 나아가 수집·조사된 증거를 종합하여 객관적으로 볼 때, 피의자가 유죄판결을 받을 가능성이 있는 정도의 혐의를 가지게 된 데에 합리적인 이유가 있다고 판단될 때에는 피의자에 대하여 공소를 제기할 수 있으므로 그 후 형사재판 과정에서 범죄사실의 존재를 증명함에 충분한 증거가 없다는 이유로 무죄판결이 확정되었다고 하더라도 그러한 사정만으로 바로 검사의 구속 및 공소제기가 위법하다고 할 수 없고, 그 구속 및 공소제기에 관한 검사의 판단이 그 당시의 자료에 비추어 경험칙이나 논리칙상 도저히 합리성을 긍정할 수 없는 정도에 이른 경우에만 그 위법성을 인정할 수 있다. [3] 강도강간의 피해자가 제출한 팬티에 대한 국립과학수사연구소의 유전자검사결과 그 팬티에서 범인으로 지목되어 기소된 원고나 피해자의 남편과 다른 남자의 유전자형이 검출되었다는 감정결과를 검사가 공판과정에서 입수한 경우 그 감정서는 원고의 무죄를 입증할 수 있는 결정적인 증거에 해당하는데도 검사가 그 감정서를 법원에 제출하지 아니하고 은폐하였다면 검사의 그와 같은 행위는 위법하며 국가배상책임이 있다.

6) 형사재판에서 무죄판결을 받은자가 미결구금을 당하였을 경우에는 검사나 법관 등 관계 공무원

있을 것이다.[1] 여기서 말하는 공무원은 특정되어야 하느냐 하는 것이 문제되나 특정될 필요가 없다고 보는 것이 오늘날의 일반적 견해이다.[2] 즉 다수의 공무원을 거친 사무처리나 다수의 경찰공무원에 의한 최루탄 발사로 인한 사망의 경우(故 이한열 국가배상사건)에도 국가배상책임이 성립한다.[3]

판례는「국가배상법 제2조 소정의 '공무원'이라 함은 국가공무원법이나 지방공무원법에 의하여 공무원으로서의 신분을 가진 자에 국한하지 않고, 널리 공무를 위탁받아 실질적으로 공무에 종사하고 있는 일체의 자를 가리키는 것으로서, <u>공무의 위탁이 일시적이고 한정적인 사항에 관한 활동을 위한 것이어도 달리 볼 것은 아니다</u>」[4]라고 판시하고 있다. 결국 공무원인지의 여부는 신분에 따르지 않고(신분설), 실질적인 담당업무에 따라 판단해야 한다(업무설).[5]

『판례가 公務員으로 인정한 사례』
- 소집중인 향토예비군[6]
- 집달관(집행관)[7]
- 시청[8]·구청청소차운전수[9]
- 미군부대 카투사(KATUSA)[10]

의 고의·과실의 유무에 불구하고, 형사보상을 청구할 수 있다(형사보상법 제1조). 박윤흔, 행정법강의(상), 704면.

1) 대판 1997. 6. 13, 96다56115 : 국회의원의 입법행위는 그 입법내용이 헌법의 문언에 명백히 위반되는 특수한 경우에는 국가배상법 제2조의 위법행위에 해당된다. 홍정선, 행정법원론(상), 박영사, 2009, 단락번호 1895.
2) 김철용, 행정법 I, 487면.
3) 김철용, 행정법 I, 487면.
4) 대판 2001. 1. 5, 98다39060【구상금】교통할아버지 판례 참조.
5) 허영, 한국헌법론, 603면.
6) 향토예비군도 동원중에는 공무원이다. 향토예비군도 그 동원기간 중에는 국가배상법 제2조 소정의 공무원 중에 포함된다고 보는 것이 상당하다(대판 1970. 5. 26, 70다471).
7) 대판 1966. 1. 25, 65다2318; 대판 1968. 5. 7, 68다326; 대판 1966. 7. 26, 66다854; 대판 1985. 5. 28, 84타카1924.
8) 대판 1971. 4. 6, 70다2955【손해배상】관공서의 차량운전원의 업무상 과실치상 행위를 국가배상법 제2조 제2항 소정의 중대한 과실행위로 보지 않는 사례. 나. 구청이 관내 청소를 목적으로 운전직원을 두고 차량을 운행한 것은 공권력의 행사로 보아야 하고, 이로 인한 손해배상은 특별한 사정이 없는 한 국가배상법을 적용하여야 한다.
9) 구청소속 청소차량 운전원도 공무원이다. 서울시 산하 구청소속의 청소차량 운전원이 지방잡급직원규정에 의하여 단순노무 제공만을 행하여 기능직 잡급직원이라면 이는 지방공무원법 제 2조 제2항 제7호 소정의 단순한 노무에 종사하는 별정직공무원이다(대판 1980. 9. 24, 80다1051).

- 철도차장
- 소방원
- 공탁공무원[1]
- 감독상관
- 검사
- 조세원천징수의무자
- 전입신고서에 확인인을 찍는 통장[2]
- 파출소에 근무하는 방범원[3]
- 철도건널목의 간수[4]
- 교통할아버지[5]
- 임시공무원(구청청소차운전수)
- 수산청장으로부터 뱀장어에 대한 수출추천업무를 위탁받은 수산업협동조합[6]

『판례가 公務員이 아니라고 한 사례』

- 의용소방대원[7] ☞ 의용소방대원도 공무를 위탁받은자 이므로 공무원으로 인정하는

---

10) 대판 1961. 12. 28, 4294民上218.

1) 직업상 공무원이 아니라도 공무를 수행하면 공무원이다. 널리 공무를 위탁받아 실질적으로 공무에 종사하고 있는 자도 국가배상법 제2조에서 말하는 공무원이다(대판 1970. 11. 24, 70다2253).

2) 통장도 업무범위 내에서는 공무원이다. 국가배상법 제2조 소정의 "공무원"이라 함은 국가공무원법이나 지방 공무원법에 의하여 공무원으로서의 신분을 가진 자에 국한하지 않고, 널리 공무를 위탁받아 실질적으로 공무에 종사하고 있는 일체의 자를 가리키는 바, … 통장이 전입신고서에 확인인을 찍는 행위는 공무를 위탁받아 실질적으로 공무를 수행하는 것이라고 보아야 하므로, 통장은 그 업무범위 내에서는 국가배상법 제2조 소정의 공무원에 해당한다(대판 1991. 7. 9, 91다5570).

3) 대판 1991. 3. 27, 90도2930.

4) 대판 1966 10. 11, 66다1456.

5) 대판 2001. 1. 5, 98다39060 : 지방자치단체가 "교통할아버지봉사활동계획"을 수립한 후 관할동장으로 하여금 "교통할아버지"를 선정하게 하여 어린이보호, 교통안내, 거리질서 확립 등의 공무를 위탁하여 집행하게 하던 중 "교통할아버지"로 선정된 노인이 위탁받은 업무범위를 넘어 교차로 중앙에서 교통정리를 하다가 교통사고를 발생시킨 경우, 지방자치단체가 국가배상법 제2조 소정의 배상책임을 부담한다.

6) 대판 2003. 11. 14, 2002다55304 : 舊수산청장으로부터 뱀장어에 대한 수출추천업무를 위탁받은 수산업협동조합이 수출제한조치를 취할 당시 국내 뱀장어양식용 종묘의 부족으로 종묘확보에 지장을 초래할 우려가 있다고 판단하여 추천업무를 행하지 않은 것이 공무원으로서 타인에게 손해를 가한 때에 해당한다.

7) 의용소방대원은 공무원이 아니다. 의용소방대는 국가기관도 아니고, 또한 군(郡)에 예속된 기관이라고 할 수도 없으니 의용소방대원이 소방호스를 교환받기 위하여 소방대장의 승인을 받고 위

것이 타당하다.[1]

– 자원봉사자[2]

생각건대 소방기본법 제37조 이하에서 의용소방대의 설치, 근무, 처우 등에 관하여 명문으로 규정하고 있음을 볼 때 의용소방대원도 소집중에 있는 경우에는 공무를 위탁받은 자로서 당연히 국가배상법상의 공무원으로 보는 것이 타당하다.

소방기본법 제37조 (의용소방대의 설치 등) ① 소방본부장 또는 소방서장은 소방업무를 보조하게 하기 위하여 특별시 · 광역시 · 시 · 읍 · 면에 의용소방대(의용소방대)를 둔다.

② 의용소방대는 그 지역의 주민 가운데 희망하는 자로 구성하되, 그 설치 · 명칭 · 구역 · 조직 · 임면 · 정원 · 훈련 · 검열 · 복제 · 복무 및 운영 등에 관하여 필요한 사항은 시 · 도의 조례로 정한다.

③ 의용소방대의 운영과 처우 등에 대한 경비는 그 대원(대원)의 임면권자가 부담한다.

제38조 (의용소방대원의 근무 등) ① 의용소방대원은 비상근(비상근)으로 한다.

② 소방본부장 또는 소방서장은 소방업무를 보조하게 하기 위하여 필요한 때에는 의용소방대원을 소집할 수 있다.

③ 의용소방대원은 제2항의 규정에 따라 소집된 때에는 소방본부장 또는 소방서장의 지휘와 감독을 받아 소방업무를 보조한다.

소방기본법 제39조 (의용소방대원의 처우 등) ① 의용소방대원이 소방업무 및 소방관련 교육 · 훈련을 수행한 때에는 시 · 도의 조례가 정하는 바에 따라 수당을 지급한다.

② 의용소방대원이 소방업무 및 소방관련 교육 · 훈련으로 인하여 질병에 걸리거나 부상을 입거나 사망한 때에는 시 · 도의 조례가 정하는 바에 따라 보상금을 지급한다.

2.1.2. 직무의 범위(직무행위의 범위)

직무행위의 범위에 관하여는 공권력행사 이외의 작용포함여부에 따라서 다음과 같은 학설이 대립된다.

a) 학설

직무의 범위를 (ㄱ) 권력작용에 국한하는 입장(협의설 : 권력행위),[3] (ㄴ) 관리작용까

의용소방대가 보관 · 사용하는 차량을 운전하고 가다가 운전사고를 발생케 하였다 하더라도 郡은 손해배상 책임이 없다(대판 1975. 11. 25, 73다1896); 대판 1966. 6. 28, 66다808; 대판 1963. 12. 12, 63다467; 의용소방대의 성질에 관하여는 김용전, 법조(14권 제6호), 45면 이하 참조.

1) 홍정선, 행정법원론(상), 박영사, 2009, 단락번호 1895; 김남진 · 김연태, 행정법(I), 541면; 이일세, 국가배상법상의 "공무원이 직무를 집행함에 당하여"에 관한 고찰(상), 사법행정(1997. 5), 21면; 박균성, 행정법론(상), 681면.

2) 자원봉사자도 공무원이 아니라고 하는 견해가 있다(홍성방, 헌법학, 670면)

지 포함한다는 입장(광의설 : 권력행위 + 관리행위), (ㄷ) 사경제작용까지 포함한다는 입장(최광의설 : 권력행위 + 관리행위 + 사법상 행위)으로 나누어지며, 과거의 대법원판례는 최광의설을 취한 것도 있으나,[1] 광의설을 취하는 것이 일반적 경향이다.[2] 사법상의 행위는 국가와 사인이 대등한 입장에 서는 경우이며, 그 경우의 손해발생에 대하여는 민법의 규정에 따라 민사상 배상책임을 지기 때문이다. 광의설이 타당하다고 본다(다수설 · 판례).[3] 광의설에 의하면 국가의 사법상 행위로 인한 책임은 국가배상책임의 범주에 속하지 아니하고, 다만 민사상의 책임을 지게된다.

- **최광의설** : 권력작용(공권력행사) · 관리작용(비권력적 공행정작용) 및 私經濟作用을 모두 포함한다(윤세창, 이상규, 김이열). ☜ **사법설을 주장하는 견해**
- **광의설**(다수설 · 판례) : 권력작용(공권력행사)과 관리작용(비권력적 공행정작용)만을 포함한다[4] : ☜ **공법설을 주장하는 견해**
- **협의설** : 권력작용만을(공권력 행사) 포함한다.[5]

b) 대법원판례

과거의 대법원 판례는 최광의설에 입각하여 권력작용과 경제적 작용을 직무행위에 포함하는 것으로 보아 왔으나, 최근에는 최광의설에서 사경제작용은 제외한 나머지의 권력작용과 관리작용(단순 공행정작용)에 한해서 국가배상책임을 인정하는 광의설의 입장에 기울고 있다.[6]

---

3) 이종극, 행정법(상), 1961, 516면.

1) 대판 1957. 6. 15, 4290민상118【손해배상】【판시사항】국가배상법 제2조 제1항에 소위 공무원의 직무행위【판결요지】국가배상법 제2조 제1항의 소위 공무원의 직무행위라 함은 모든 직무행위를 범칭하는 것이므로 그 행위가 국가 또는 공공단체의 경제적 작용에 기인한 경우는 물론 권력적 작용에 기인한 경우도 이를 포함하는 것이다.

2) 대판 1970. 11. 24, 70다1148; 대판 1979. 4. 22, 78다225; 대판 1991. 7. 26, 91다14819; 대판 1994. 9. 30, 94다11767; 대판 1997. 9. 26, 96다50605; 대판 2001. 1. 5, 98다39060; 대판 2004. 4. 9, 2002다10691(… 국가배상법이 정한 손해배상청구의 요건인 '공무원의 직무'에는 국가나 지방자치단체의 권력적 작용뿐만 아니라 비권력적 작용도 포함되지만 단순한 사경제의 주체로서 하는 작용은 포함되지 않는다).

3) 김철용, 행정법 I, 488면; 김동희, 행정법(I), 518면; 김남진 · 김연태, 행정법(I), 543면; 이일세, 국가배상법상의 공무원이 '직무를 집행함에 당하여'에 관한 고찰(상), 사법행정(1997.5), 25면 참조; 홍성방, 헌법학, 670면.

4) 김도창, 서원우, 현대행정법론(상), 682면; 김철용, 행정법 I, 489면; 박윤흔, 행정법강의(상), 702면; 김남진, 행정법(I), 505면; 정하중, 행정법총론, 518면; 이명구; 장영수, 헌법학, 897면.

5) 이종극, 행정법(상), 1961, 516면.

사경제작용을 배제한 판례 : ☜ 광의설」

– 국가배상법의 규정은 공권력의 행사에 있어서 공무원이 그 직무수행에 당하고 고의 또는 과실로 법령에 위배하여 타인에게 손해를 가했을 때 국가 또는 지방자치단체에서 그 손해의 배상책임을 지우는 경우에 적용되는 것으로서, 국가 또는 지방자치단체라 할지라도 공권력의 행사가 아니고 순전히 대등한 지위에 있어서의 사경제(私經濟)의 주체로 활동하였을 경우에는 그 손해배상의 책임에 국가배상법의 규정이 적용될 수 없다고 함이 본원(本院)의 판례(대법원 1969. 4. 22. 선고 68다2225 판결)이므로 원심이 피고에게 민법상의 손해배상책임이 있다고 판시한 조치는 정당하다.[1]

시영버스운전사의 책임(별정직 공무원인 경우라도 국가배상법이 아닌 민법상의 책임을 진다)

– 국가 또는 공공단체라 할지라도 공권력의 행사가 아니고 순전히 대등한 지위에서 사경제의 주체로 활동하였을 경우에는 그 손해배상의 책임에 국가배상법의 규정이 적용될 수 없으므로, 시영버스사고에 대하여 市는 本條에 의한 책임을 지고 그 운전사가 市의 별정직공무원이라 하여 결론을 달리하지 않는다.[2]

– 국가배상법이 정한 손해배상청구의 요건인 '공무원의 직무'에는 국가나 지방자치단체의 권력적 작용뿐만 아니라 비권력적 작용도 포함되지만 단순한 사경제의 주체로서 하는 작용은 포함되지 않는다.[3]

c) 사익보호성 문제

국가배상법상은 단순히 법령위반을 그 요건으로 하고 있으므로 법령상의 작위의무위반으로 족하고 행정청이 피해자와의 개별적인 관계에 있어서 손해를 방지할 의무를 부담하는가는 문제가 되지 않는 다는 견해와,[4] 부작위로 인한 손해배상의 경우와 관련하여 손해배상책임을 인정하려면 국가의 국민에 대한 일반적 직무수행의무와 구별되는 정도의 객관적 관련성이 인정되어야 한다는 점에서 사익보호성이 필요하다는 견해들이 주장되고 있다.

다만 사익보호성이 필요하다는 견해도 위법성의 문제로 보는 경우와 손해의 문제로 보는 경우로 나누인다. 전자의 경우는 공무원의 작위의무를 규정한 관계법규가 공익뿐 아니라 국민의 이익도 보호하는 경우에만 그 행정권의 작위의무는 법적인 의무가 되고, 그 위반은 국가배상법상 위법한 것이된다고 보는 견해이며(직무의 문제),[5] 후자는 손해란 법

6) 김철용, 행정법 I, 489면; 정하중, 행정법총론, 518면.

1) 대판 1970. 11. 24, 다1148; 대판 1970. 7. 28, 70다961; 대판 1980. 9. 24, 80다1051 【손해배상】

2) 대판 1969. 4. 22, 68다2225; 대판 1966. 6. 28, 66다808 【손해배상】

3) 대판 2004. 4. 9, 2002다10691 【손해배상금】

4) 강구철, 부작위와 국가배상책임, 고시계(1989.11), 58면; 서원우, 국가의 부작위와 국가배상책임, 고시연구(1979.3), 17면.

익침해에 의한 불이익을 말하며, 반사적 이익의 침해에 의한 불이익, 공공일반의 이익침해 등은 포함되지 않는다고 보아 손해의 문제로 보는 견해이다(손해의 문제).[1]

저자는 사익보호성은 직무의 문제로 본다. 판례는 사익보호성을 긍정한 판례도 있고, 부정한 판례도 있다.

[사익보호성을 긍정한 판례]

대판 2003. 4. 25, 2001다59842【손해배상(기)】

공무원에게 부과된 직무상 의무의 내용이 단순히 공공 일반의 이익을 위한 것이거나 행정기관 내부의 질서를 규율하기 위한 것이 아니고 전적으로 또는 부수적으로 사회구성원 개인의 안전과 이익을 보호하기 위하여 설정된 것이라면, 공무원이 그와 같은 직무상 의무를 위반함으로 인하여 피해자가 입은 손해에 대하여는 상당인과 관계가 인정되는 범위 내에서 국가가 배상책임을 지는 것이고, 이 때 상당인과관계의 유무를 판단함에 있어서는 일반적인 결과발생의 개연성은 물론 직무상 의무를 부과하는 법령 기타 행동규범의 목적, 그 수행하는 직무의 목적 내지 기능으로부터 예견가능한 행위 후의 사정, 가해행위의 태양 및 피해의 정도 등을 종합적으로 고려하여야 한다.

[사익보호성을 부정한 판례]

대판 2001. 4. 13, 2000다34891【손해배상(기)】

[1] 공무원이 법령에서 부과된 직무상 의무를 위반한 것을 계기로 제3자가 손해를 입은 경우에 제3자에게 손해배상청구권이 발생하기 위하여는 공무원의 직무상 의무 위반행위와 제3자의 손해 사이에 상당인과관계가 있지 아니하면 아니되는 것이고, 상당인과관계의 유무를 판단함에 있어서는 일반적인 결과발생의 개연성은 물론 직무상 의무를 부과한 법령 기타 행동규범의 목적이나 가해행위의 태양 및 피해의 정도 등을 종합적으로 고려하여야 할 것인바, 공무원에게 직무상 의무를 부과한 법령의 보호목적이 사회 구성원 개인의 이익과 안전을 보호하기 위한 것이 아니고 단순히 공공일반의 이익이나 행정기관 내부의 질서를 규율하기 위한 것이라면, 가사 공무원이 그 직무상 의무를 위반한 것을 계기로 하여 제3자가 손해를 입었다 하더라도 공무원이 직무상 의무를 위반한 행위와 제3자가 입은 손해 사이에는 법리상 상당인과관계가 있다고 할 수 없다.

[2] 구 풍속영업의규제에관한법률(1999. 3. 31. 법률 제5942호로 개정되기 전의 것) 제5조에서 다른 법률에 의한 허가 · 인가 · 등록 또는 신고대상이 아닌 풍속영업을 영위하고자 하는 자로 하여금 대통령령이 정하는 바에 의하여 경찰서장에게 신고하도록 한 규정의 취지는 선량한 풍속을 해하거나 청소년의 건전한 육성을 저해하는 행위 등을 규제하여 미풍양속의 보존과 청소년보호에 이바지하려는 데 있는 것이므로(제1조), 위 법률에서 요구되는 풍속영업의 신고 및 이에 대한 수리행위는 오로지 공공 일반의 이익을 위한 것으로 볼

5) 정하중, 행정법총론, 522면, 손지열, 공무원의 직무상 의무위반과 국가배상책임, 민사재판의 제문제, 제8권, 475면; 홍정선, 행정법원론(상), 박영사, 2009, 단락번호 1904c.

1) 김남진 · 김연태, 행정법(I), 556면.

것이고, 부수적으로라도 사회구성원의 개인의 안전과 이익 특히 사적인 거래의 안전을 보호하기 위한 것이라고 볼 수는 없다.

대판 2001. 10. 23. 99다36280 【손해배상(기)】

[1] 일반적으로 국가 또는 지방자치단체가 권한을 행사할 때에는 국민에 대한 손해를 방지하여야 하고, 국민의 안전을 배려하여야 하며, 소속 공무원이 전적으로 또는 부수적으로라도 국민 개개인의 안전과 이익을 보호하기 위하여 법령에서 정한 직무상의 의무에 위반하여 국민에게 손해를 가하면 상당인과관계가 인정되는 범위 안에서 국가 또는 지방자치단체가 배상책임을 부담하는 것이지만, 공무원이 직무를 수행하면서 그 근거되는 법령의 규정에 따라 구체적으로 의무를 부여받았어도 그것이 국민의 이익과는 관계없이 순전히 행정기관 내부의 질서를 유지하기 위한 것이거나, 또는 국민의 이익과 관련된 것이라도 직접 국민 개개인의 이익을 위한 것이 아니라 전체적으로 공공 일반의 이익을 도모하기 위한 것이라면 그 의무에 위반하여 국민에게 손해를 가하여도 국가 또는 지방자치단체는 배상책임을 부담하지 아니한다.

[2] 상수원수의 수질을 환경기준에 따라 유지하도록 규정하고 있는 관련 법령의 취지·목적·내용과 그 법령에 따라 국가 또는 지방자치단체가 부담하는 의무의 성질 등을 고려할 때, 국가 등에게 일정한 기준에 따라 상수원수의 수질을 유지하여야 할 의무를 부과하고 있는 법령의 규정은 국민에게 양질의 수돗물이 공급되게 함으로써 국민 일반의 건강을 보호하여 공공 일반의 전체적인 이익을 도모하기 위한 것이지, 국민 개개인의 안전과 이익을 직접적으로 보호하기 위한 규정이 아니므로, 국민에게 공급된 수돗물의 상수원의 수질이 수질기준에 미달한 경우가 있고, 이로 말미암아 국민이 법령에 정하여진 수질기준에 미달한 상수원수로 생산된 수돗물을 마심으로써 건강상의 위해 발생에 대한 염려 등에 따른 정신적 고통을 받았다고 하더라도, 이러한 사정만으로는 국가 또는 지방자치단체가 국민에게 손해배상책임을 부담하지 아니한다. 또한 상수원수 2급에 미달하는 상수원수는 고도의 정수처리 후 사용하여야 한다는 환경정책기본법령상의 의무 역시 위에서 본 수질기준 유지의무와 같은 성질의 것이므로, 지방자치단체가 상수원수의 수질기준에 미달하는 하천수를 취수하거나 상수원수 3급 이하의 하천수를 취수하여 고도의 정수처리가 아닌 일반적 정수처리 후 수돗물을 생산·공급하였다고 하더라도, 그렇게 공급된 수돗물이 음용수 기준에 적합하고 몸에 해로운 물질이 포함되어 있지 아니한 이상, 지방자치단체의 위와 같은 수돗물 생산·공급행위가 국민에 대한 불법행위가 되지 아니한다.

d) 사견

국가배상책임을 이론상 또는 제도상 사법상의 책임으로 볼 수 없다는 점에 비추어 광의설이 타당하다고 본다(통설). 따라서 그 직무란 행정 뿐만 아니라 입법 및 사법의 모든 직무를 의미한다. 다만 입법상의 불법과 사법상의 불법[1]에 대한 배상책임을 묻기는 어려

1) 우리의 대법원 판례는 입법상의 행위에 있어서 그 과정에 참가한 국회의원은 입법에 관하여는 국민에 대하여 정치적 책임을 질 뿐 국민에 대한 법적 책임을 지는 것은 아니므로, 국회의원의

운 점이 있다.[1] 권력작용(명령적 행위, 형성적 행위, 형성적 행위, 준법률행위적 행정행위,[2] 사실행위, 특별권력관계에서의 행위), 비권력작용(단순고권작용)[3]이 포함된다. 다만 사경제작용은 국가배상책임에서 제외된다고 보아야 할 것이다.

<사례>

某대학교 학생들은 M.T.의 목적으로 경기도 이천에 있는 이천막걸리 村을 방문하기로 하였다. 이들은 철도청에서 운영하는 매점에서 파는 김밥을 사먹고 집단식중독을 일으켜 현재 병원에 입원가료 중이다. 학생들은 철도는 국가에서 운영하는 것이며, 따라서 국가는 이에 대한 책임을 면할 수 없다고 주장하면서 국가배상법에 의한 손해배상을 청구하고자 한다. 이들 주장의 타당성 여부?

<해설>

국가가 사경제의 주체로서 활동한 경우에는 국가배상이 아닌 일반적인 손해배상을 청구해야 한다(민법 혹은 상법). 국가배상법상의 직무행위의 범위에 관하여는 다음과 같은 학설이 있다.

① 권력작용만을 뜻한다는 협의설(협의설)
② 권력작용과 비권력적 공행정작용(관리작용)을 포함한다는 광의설(광의설)
③ 권력작용 및 관리작용 뿐만 아니라, 국가의 사경제적(私經濟的) 작용까지를 포함하는 모든 행정작용을 뜻한다는 최광의설(최광의설)

우리의 국가배상법은 단순히 「직무」라고만 규정하고 있으므로 문리상으로는 여러 학설이 주장될 수 있다. 그러나 판례는 최광의설에 입각한 것도 엿보이나, 광의설에 기울고 있음은 이미 언급한바와 같다. 즉 <u>최근의 판례는 국가가 순수히 사경제적 활동을 하였을 경우에는 국가배상법이 적용되지 않는다는 광의설에 입각하고 있으므로,[4] 국가가 단순히</u>

입법행위는 헌법의 문언에 명백히 위반한 경우에만 국가배상법 제2조 제1항에 의한 책임을 진다고하고(대판 1997. 6. 13, 96다56115), 독일의 경우 입법상 불법은 처분적 법률을 제외하고는 원칙적으로 문제되지 아니하나 司法上 행위는 그 직무위반에 대해 형사처벌이 가능한 경우에만 배상책임을 진다(홍정선, 행정법원론(상), 단락번호 1902 각주 5) 참조).

1) 홍정선, 행정법원론(상), 단락번호 1902.
2) 예를 들면 허위증명서 발급행위가 이에 해당된다.
3) 공법상 계약은 여기서 말하는 비권력 작용에 해당되지 아니한다. 공법상 계약으로부터 나오는 의무(직무)를 위반한 경우에는 국가 또는 지방자치단체는 국가배상법상의 책임이 아닌 계약법상의 책임을 진다(민법의 유추적용). 홍정선, 행정법원론(상), 단락번호 1903.
4) 공무원의 부작위 국가배상책임의 인정요건 및 위법성판단기준에 관한 판결에서, 법령의 의미를 구체적으로 예시하고 있지 않지만, "어떠한 행정처분이 후에 항고소송에서 취소되었다고 할지라

상거래행위를 했을 뿐인 경우에는 일반 商事法에 의한 손해배상청구를 할 수 있다.

2.1.3. 직무의 내용(직무행위의 내용)

직무의 내용에는 모든 국가작용(입법작용 · 행정작용 · 사법작용), 법률행위 · 사실행위, 작위 · 부작위 등의 구별없이 포함된다.[1] 즉 공권력행사외에 비권력적 공행정작용(관리작용)을 포함하는 모든 공행정작용을 의미한다.[2] 다만 국회의 입법작용의 경우 처분적 법률에 한하여 예외적으로 인정된다.[3]

> [문제] : 국회는 처분적 법률인 'XXX 특별법'을 제정하여, 특정인 및 특정사건을 대상으로 하여 특별검사에 의한 조사를 하고자 한다. 무죄로 판명된 경우 손해배상책임 여하?

a) 입법작용

입법작용도 직무행위에 포함시키는 것이 일반적 이다. 특히 국회에서 제정된 법률이 헌법재판소에서 위헌으로 결정된 경우, 다음의 두가지를 생각할 수 있다.

aa) 위헌인 법률을 집행하는 행정청의 처분에 의하여 손해가 발생한 경우

행정처분의 근거법률이 사후에 헌법재판소에 의하여 위헌으로 판정된 경우에는 결국 법률상 근거없는 처분으로 되어 위법한 처분이 되고 만다. 그러나 공무원은 법률의 위헌여부를 심사할 권한은 없으므로 공무원에게 과실책임을 물을 수 없다.[4]

bb) 법률(처분적 법률)에 의하여 직접 개인에게 손해가 발생한 경우

처분적 법률(Maßnahmegesetz)에 의하여 손해가 발생한 경우, 당해 법률이 헌법재판

도 그 기판력에 의하여 당해 행정처분이 곧바로 공무원의 고의 또는 과실로 인한 것으로서 불법행위를 구성한다고 단정할 수는 없는 것이고, 그 행정처분의 담당 공무원이 보통일반의 공무원을 표준으로 하여 볼 때 객관적 주의의무를 결하여 그 행정처분이 객관적 정당성을 상실하였다고 인정될 정도에 이른 경우에 국가배상법 제2조 소정의 국가배상책임의 요건을 충족하였다고 봄이 상당할 것이며, 이때에 객관적 정당성을 상실하였는지 여부는 피침해 이익의 종류 및 성질, 침해행위가 되는 행정처분의 태양 및 그 원인, 행정처분의 발동에 대한 피해자측의 관여의 유무, 정도 및 손해의 정도 등 제반사정을 종합하여 손해의 전보책임을 국가 또는 지방자치단체에게 부담시켜야 할 실질적인 이유가 있는지 여부에 의하여 판단하여야 한다(대판 2000. 5. 12, 99다70600)"라고 하여 광의설을 지지하는 것으로 보인다.

1) 박윤흔, 행정법강의(상), 703면.
2) 박균성, 행정법론(상), 681면; 대판 1980. 9. 24, 80다1051 【손해배상】
3) 박윤흔, 행정법강의(상), 703면.
4) 박윤흔, 행정법강의(상), 703면.

소에 의하여 위헌결정이 있게 되면, 당해 법률의 입법과정에서의 국회의 과실책임 문제가 있다. 국회는 국민대표기관이며, 합의제 기관이라는 점때문에 문제가 있으나, 이 경우 과실이 있는 지의 여부는 다른 합의제 기관과 같이 개개의 구성원을 기준으로 하여 판단할 것이 아니고, 국회의 입법활동상의 하자의 유무에 따라 결정해야 한다. 결국 국회의 입법작용에 대한 국가배상책임은 처분적 법률에 의하여 손해가 발생한 경우에 한하여 예외적으로 인정된다.[1)]

b) **사법작용**

재판과 같은 사법작용이 문제되며, 판결을 포함한 법관의 직무활동도 직무행위에 포함된다. 다만 법관의 직무활동에 관하여 영·미의 경우에는 면책되고 독일에서는 법관의 직무행위를 재판작용과 사법행정작용으로 나누어, 재판작용은 원칙적으로 면책되나, 예외적으로 형사소송절차에 의한 형벌을 받을 범죄행위에 해당되는 경우에는 국가책임이 인정된다(독일 민법 제839조 제2항 참조). 사법행정작용(가압류·가처분·강제집행·호적·등기·공탁)은 예외없이 배상책임을 진다.[2)]

우리나라에서는「법관의 재판에 법령의 규정을 따르지 아니한 잘못이 있다 하더라도 이로써 바로 그 재판상 직무행위가 국가배상법 제2조 제1항에서 말하는 위법한 행위로 되어 국가의 손해배상책임이 발생하는 것은 아니고, 그 국가배상책임이 인정되려면 당해 법관이 위법 또는 부당한 목적을 가지고 재판을 하였다거나 법이 법관의 직무수행상 준수할 것을 요구하고 있는 기준을 현저하게 위반하는 등 법관이 그에게 부여된 권한의 취지에 명백히 어긋나게 이를 행사하였다고 인정할 만한 특별한 사정이 있어야 한다」고 판시한바 있다.[3)]

형사재판에서 무죄판결을 받은자가 미결구금을 당하였을 경우에는 검사나 법관 등 관계 공무원의 고의·과실의 유무에 불구하고, 형사보상을 청구할 수 있다(형사보상법 제1조). 그러나 관계공무원의 고의·과실이 있는 경우에는 책임의 경합이 인정되며, 보상금액과 배상금액간의 조정이 이루어진다(동법 제5조).[4)]

– 법관의 국가배상책임을 인정한 판례(대판 2003. 7. 11, 99다24218) –

[1] 법관의 재판에 대한 국가배상책임이 인정되기 위한 요건

[2] 재판에 대한 불복절차 내지 시정절차의 유무와 부당한 재판으로 인한 국가배상책임

1) 박윤흔, 행정법강의(상), 703면.
2) 박윤흔, 행정법강의(상), 704면.
3) 대판 2003. 7. 11, 99다24218【손해배상(기)】
4) 박윤흔, 행정법강의(상), 704면.

인정 여부

[3] 헌법재판소 재판관이 청구기간 내에 제기된 헌법소원심판청구 사건에서 청구기간을 오인하여 각하결정을 한 경우, 이에 대한 불복절차 내지 시정절차가 없는 때에는 국가배상책임(위법성)을 인정할 수 있다고 한 사례

[4] 헌법소원심판청구가 부당하게 각하되지 아니하였다고 하여도 본안 판단에서 청구기각되었을 사건인 경우, 위자료 인정 여부(적극)

[5] 불법행위로 입은 정신적 고통에 대한 위자료 액수 결정이 사실심 법원의 직권에 속하는 재량 사항인지 여부(적극)

【판결요지】

[1] 법관의 재판에 법령의 규정을 따르지 아니한 잘못이 있다 하더라도 이로써 바로 그 재판상 직무행위가 국가배상법 제2조 제1항에서 말하는 위법한 행위로 되어 국가의 손해배상책임이 발생하는 것은 아니고, 그 국가배상책임이 인정되려면 당해 법관이 위법 또는 부당한 목적을 가지고 재판을 하였다거나 법이 법관의 직무수행상 준수할 것을 요구하고 있는 기준을 현저하게 위반하는 등 법관이 그에게 부여된 권한의 취지에 명백히 어긋나게 이를 행사하였다고 인정할 만한 특별한 사정이 있어야 한다.

[2] 재판에 대하여 따로 불복절차 또는 시정절차가 마련되어 있는 경우에는 재판의 결과로 불이익 내지 손해를 입었다고 여기는 사람은 그 절차에 따라 자신의 권리 내지 이익을 회복하도록 함이 법이 예정하는 바이므로, 불복에 의한 시정을 구할 수 없었던 것 자체가 법관이나 다른 공무원의 귀책사유로 인한 것이라거나 그와 같은 시정을 구할 수 없었던 부득이한 사정이 있었다는 등의 특별한 사정이 없는 한, 스스로 그와 같은 시정을 구하지 아니한 결과 권리 내지 이익을 회복하지 못한 사람은 원칙적으로 국가배상에 의한 권리구제를 받을 수 없다고 봄이 상당하다고 하겠으나, 재판에 대하여 불복절차 내지 시정절차 자체가 없는 경우에는 부당한 재판으로 인하여 불이익 내지 손해를 입은 사람은 국가배상 이외의 방법으로는 자신의 권리 내지 이익을 회복할 방법이 없으므로, 이와 같은 경우에는 배상책임의 요건이 충족되는 한 국가배상책임을 인정하지 않을 수 없다.

[3] 헌법재판소 재판관이 청구기간 내에 제기된 헌법소원심판청구 사건에서 청구기간을 오인하여 각하결정을 한 경우, 이에 대한 불복절차 내지 시정절차가 없는 때에는 국가배상책임(위법성)을 인정할 수 있다고 한 사례.

[4] 헌법소원심판을 청구한 자로서는 헌법재판소 재판관이 일자 계산을 정확하게 하여 본안판단을 할 것으로 기대하는 것이 당연하고, 따라서 헌법재판소 재판관의 위법한 직무집행의 결과 잘못된 각하결정을 함으로써 청구인으로 하여금 본안판단을 받을 기회를 상실하게 한 이상, 설령 본안판단을 하였더라도 어차피 청구가 기각되었을 것이라는 사정이 있다고 하더라도 잘못된 판단으로 인하여 헌법소원심판 청구인의 위와 같은 합리적인 기대를 침해한 것이고 이러한 기대는 인격적 이익으로서 보호할 가치가 있다고 할 것이므로 그 침해로 인한 정신상 고통에 대하여는 위자료를 지급할 의무가 있다.

[5] 불법행위로 입은 정신적 고통에 대한 위자료 액수에 관하여는 사실심 법원이 제반 사정을 참작하여 그 직권에 속하는 재량에 의하여 이를 확정할 수 있다.

– 법관의 국가배상책임을 인정하지 않은 판례(대판 2001. 4. 24, 2000다16114) –

[1] 법관의 재판에 대한 국가배상책임이 인정되기 위한 요건

[2] 임의경매절차에서 경매담당 법관의 오인에 의해 배당표 원안이 잘못 작성되고 그에 대해 불복절차가 제기되지 않아 실체적 권리관계와 다른 배당표가 확정된 경우, 경매담당 법관이 위법·부당한 목적을 가지고 있었다거나 법이 법관의 직무수행상 준수할 것을 요구하고 있는 기준을 현저히 위반하였다는 등의 자료를 찾아볼 수 없어 국가배상법상의 위법한 행위가 아니라고 한 사례

【판결요지】

[1] 법관이 행하는 재판사무의 특수성과 그 재판과정의 잘못에 대하여는 따로 불복절차에 의하여 시정될 수 있는 제도적 장치가 마련되어 있는 점 등에 비추어 보면, 법관의 재판에 법령의 규정을 따르지 아니한 잘못이 있다 하더라도 이로써 바로 그 재판상 직무행위가 국가배상법 제2조 제1항에서 말하는 위법한 행위로 되어 국가의 손해배상책임이 발생하는 것은 아니고, 그 국가배상책임이 인정되려면 당해 법관이 위법 또는 부당한 목적을 가지고 재판을 하는 등 법관이 그에게 부여된 권한의 취지에 명백히 어긋나게 이를 행사하였다고 인정할 만한 특별한 사정이 있어야 한다고 해석함이 상당하다.

[2] 임의경매절차에서 경매담당 법관의 오인에 의해 배당표 원안이 잘못 작성되고 그에 대해 불복절차가 제기되지 않아 실체적 권리관계와 다른 배당표가 확정된 경우, 경매담당 법관이 위법·부당한 목적을 가지고 있었다거나 법이 법관의 직무수행상 준수할 것을 요구하고 있는 기준을 현저히 위반하였다는 등의 자료를 찾아볼 수 없어 국가배상법상의 위법한 행위가 아니다.

c) 준법률행위적 행정행위

준법률행위적 행정행위는 법률행위적 행정행위와는 달리 행정주체의 효과의사의 내용에 따라 법률효과가 발생하는 것이 아니고 판단·인식 등 정신작용의 표현에 대하여 법규가 정하는 바에 따라 법률효과가 발생하므로, 법률행위적 행정행위와는 달리 손해발생의 원인행위가 되는 일은 많지 않다.[1] 그러나 허위의 인감증명서발급과 같이 손해발생의 원인행위가 되는 경우가 있으며, 이 경우 직무행위에 포함된다.[2]

---

1) 박윤흔, 행정법강의(상), 704면.

2) 대판 1976. 1. 27, 75다322【손해배상】가. 인감의 신고, 증명에 관한 사무와 주민등록 업무와의 관계 및 담당공무원의 직무상의 주의의무 나. 동사무소의 주민등록 전출입 담당직원이 관계법규를 준수하지 아니하여 허위의 전입신고를 가능케 하고 그에 따라 허위의 인간증명원이 발급되게 하여 타인에게 손해를입힌 경우에 지방자치단체의 손해배상책임. 【판결요지】1. 동일한 행정기간에서 관장 하고 있는 주민등록 인감의 신고, 증명은 일련의 사무로 볼 정도로 밀접한 관계에 있고 인감증명은 인감자체의 동일성을 증명함과 동시에 거래행위자의 동일성 및 거래행위가 그 행위자의 의사에 의한 것임을 확인하는 자료로서 거래상 극히 중요한 기능을 갖고 있음은 공지의 사실이니 위의 사무를 처리하는 담당공무원은 인감증명이 타인의 권리의무에 관계있는 일에 사용되어 진다는 것을 예상하고 법규에 따라 신중히 고려하여 임감증명을 발급함으로써 부정행

d) 사실행위

직무행위에 포함된다. 오늘날은 행정지도와 같은 사실행위가 행정의 중요한 행위수단이 되고 있고, 사실행위가 항고소송의 대상이 되는 경우는 많지 않으므로 국가배상은 사실행위에 있어서 중요한 권리구제의 수단이 되고 있다.[1]

e) 부작위

부작위가 위법성을 띠기 위하여는 작위의무가 있어야 하는데, 종래에는 행정편의주의와 반사적 이익론에 의하여 작위의무를 극히 예외적인 경우에만 인정하였으나, 오늘날은 사인의 활동범위가 확대되어 가는 추세이고, 행정청의 감독권한의 불행사, 즉 부작위를 이유로 국가에 대한 손해배상을 청구할 수 있다. 예컨대 전자회사가 상수원인 낙동강을 페놀로 오염시킨 경우에 수돗물을 마신 대구시민이 질병을 얻은 경우, 당해 시민은 실질적 가해자인 전자회사를 상대로 민사상의 손해배상을 청구할 수 있고, 국가를 상대로 규제권한의 불행사(부작위)를 이유로 국가배상을 청구할 수 있다(행정개입청구권의 법리).[2]

조리에 의한 부작위책임을 물을 수 있는가 하는 점이 문제되는데 긍정설은 국가배상책임을 민법상의 불법행위책임과 성질을 같이 하는 것으로 보면서, 공서양속·조리 내지 건전한 사회통념에 근거하여 법적 작위의무를 인정할 수 있다는 견해이며, 이는 피해자의 권리구제를 목적으로 하는 국가배상에 있어서 법치행정(법률에 의한 행정)을 강조하는 것은 타당하지 않다는 것을 그 이유로한다.[3] 판례는 조리에 의한 손해방지작위의무를 인정하고 있다고 보는 견해,[4] 판례는 이를 명시하고 있지 않다는 견해[5]도 있다.

생각건대 조리에 의한 작위의무의 발생도 피해자의 권리구제의 측면에서 바람직 하며, 다만 이 경우 조리 그자체로서 법적 작위의무가 발생한다기 보다는 각 행정분야에서의 객관적 법질서 및 인권존중의 원칙등이 고려되어야 할 것이다.[6]

위의 발생를 방지할 직무상의 주의의무가 있다. 나. 지방자치단체는 주민등록 전입신고를 접수하는 공무원이 그 직무를 행함에 있어 관계법규를 준수하지 아니하여 허위의 전입신고를 하게 하고 그에 따라 허위의 인감증명원이 발급되게하여 부동산에 관한 불실의 소유권이전등기가 경유되고 이를 정당한 소유권이전등기라 믿고 저당권설정등기를 경료한 저당권자에게 저당권 불성립으로 인하여 입은 손해를 배상할 책임이 있다.

1) 박윤흔, 행정법강의(상), 704면.
2) 박윤흔, 행정법강의(상), 705면.
3) 서원우, 국가의 부작위와 국가배상책임, 고시연구(1979.3), 15면 이하; 강구철, 부작위와 국가배상책임, 고시계(1989.11), 57-58면.
4) 박윤흔, 행정법강의(상), 675면.
5) 박균성, 행정법론(상), 701면.
6) 同旨 박균성, 행정법론(상), 701면.

f) 통치행위

통치행위는 법원의 심리대상에서 제외되므로 직무행위에 포함되지 아니한다.[1)]

2.1.4. 직무를 집행하면서(직무행위: 외형설: 직무관련성)

직무를 집행하면서란 직무수행행위 자체뿐만 아니라 외형상 그것과 밀접한 관련이 있는 행위이다.[2)] 여기에는 ① 직무집행의 수단으로서 행하는 불법한 행위와, ② 직무행위의 외형을 가지고 있으나, 실은 행위자의 개인적 목적을 위한 행위, ③ 직무행위와 관련된 附隨的 행위, ④ 직무행위의 外觀을 띠고 있는 직무 아닌 행위, ⑤ 표현대리(表見代理)[3)]의 경우[4)]를 포함한다는 것이 통설·판례이다(외형설; 외형표준설; 외형주의).[5)] 따라서 행위의

1) 박윤흔, 행정법강의(상), 705면.

2) 정하중, 행정법총론, 519면.

3) 표현대리(表見代理)는 대리인에게 대리권이 없음에도 불구하고 마치 그것이 있는 것과 같은 외관이 있고, 또한 그러한 외관의 발생에 관하여 본인이 어느 정도의 원인을 주고 있는 경우에, 그 무권대리행위에 대하여 본인이 책임을 지게 함으로써, 그러한 외관을 신뢰한 선의·무과실의 제3자를 보호하고, 거래의 안전을 보장하며, 나아가서는 대리제도의 신용을 유지하려는 것이 표현대리제도이다. 민법은 표현대리의 종류로서 ① 본인이 제3자에 대하여 어떤 자에게 대리권을 수여하였음을 표시한 때(제125조) ② 대리인이 권한 밖의 법률행위를 한 때(제126조) ③ 대리인이 이전에는 대리권을 가지고 있었으나, 대리행위를 할 때에는 대리권이 소멸하고 있는 때(제129조)를 들고 있다. 한편, 행정행위의 무권대리의 경우에도 표현대리 법리를 적용하여 일정한 경우 무권대리가 아닌 유효한 대리행위로 보려는 시도가 행해지고 있다.

4) 대리권없는 자의 행위라도 그 행위의 상대방이 정당한 권한을 가졌다고 믿을 만한 상당한 사유가 있는 경우에는 민법상 표현대리(민법 제125조·제126조)의 법리를 유추적용하여 '유효'로 인정되는 경우가 있다(같은 취지 대판 1963. 12. 5, 63다519 : 수납기관이 아닌 郡직원의 양곡대금 수납, 세입징수관 보조원의 수납행위) 【물품대금】 교육청이 세입징수관인 군수의 지시에 의하여 수납기관 아닌 군청직원에게 양곡대금을 납입하였으나 횡령된 경우의 책임과 국가의 사용자로서의 손해배상책임 【판결요지】 교육구청이 국가로부터 양곡을 매수한 후 세입징수관인 국가예하 군수의 지시에 의하여 수납기관이 아닌 군청직원에게 양곡대금을 납입하였으나 그 대금일부가 군청직원에 의하여 횡령된 경우에 군수의 지시 또는 군청직원의 수금행위는 객관적으로 보아 특별한 사정이 없는 한 국가의 직무집행에 관하여 행하여진 행위라고 인정할 수 있다. 【참조조문】 민법 제756조.

5) 김동희, 행정법(I), 523면; 박윤흔, 행정법강의(상), 705면; 정하중, 행정법총론, 519면; 홍성방, 헌법학, 670면; 대판 1995. 4. 21, 93다14240 【손해배상(기)】 【판시사항】 국가배상법 제2조 제1항의 "직무를 집행함에 당하여"의 의미 【판결요지】 국가배상법 제2조 제1항의 "직무를 집행함에 당하여"라 함은 직접 공무원의 직무집행행위이거나 그와 밀접한 관계에 있는 행위를 포함하고, 이를 판단함에 있어서는 행위 자체의 외관을 객관적으로 관찰하여 공무원의 직무행위로 보여질 때에는 비록 그것이 실질적으로 직무행위가 아니거나 또는 행위자로서는 주관적으로 공무집행

외관을 객관적으로 관찰하여 공무원의 직무행위로 보여질 때는, 비록 그것이 실질적으로 직무행위이거나 아니거나 또는 행위자의 주관적 의사에 관계없이, 그 행위는 공무원의 직무행위라 볼 것이다.[1] 또한 이러한 행위가 실질적으로 공무집행행위가 아니라는 사정을 피해자가 알았다 하더라도 이에 대한 국가의 배상책임은 부정할 수 없다.[2]

결국 「직무를 집행하면서」는 민법 제35조 제1항의 「그 직무에 관하여」라든가, 동법 제756조 제1항의 「사무집행에 관하여」와 같은 관념이다. 민법의 불법행위법도 외형설을 취한다.[3]

> **민법 제35조 (법인의 불법행위능력)** ① 법인은 이사 기타 대표자가 그 직무에 관하여 타인에게 가한 손해를 배상할 책임이 있다. 이사 기타 대표자는 이로 인하여 자기의 손해배상책임을 면하지 못한다.
>
> **민법 제756조 (사용자의 배상책임)** ① 타인을 사용하여 어느 사무에 종사하게 한 자는 피용자가 그 사무집행에 관하여 제삼자에게 가한 손해를 배상할 책임이 있다.
>
> **「직무를 집행하면서」 : 공무집행**
> - 직무행위
> - 외형상 관련이 있는 행위
> · 직무집행의 수단으로서 행하는 불법한 행위
> · 직무행위의 외형을 가지고 있으나, 실은 행위자의 개인적 목적을 위한 행위
> · 직무행위와 관련된 부수적 행위
> · 직무행위의 외관을 띠고 있는 직무 아닌 행위
> 통설 · 판례 → 외형설(신뢰보호의 목적)

판단기준은 당해 직무행위가 현실적으로 정당한 권한 내의 것인지 또는 행위자인 공무원의 주관적 의사가 있었는지의 여부와는 일응 관계없이, 객관적으로 직무행위의 외형을 갖추고 있는지의 여부를 기준으로 판단하게 된다. 외형설은 외형상 직무행위라고 볼 수 있

의 의사가 없었다고 하더라도 그 행위는 공무원이 "직무를 집행함에 당하여"한 것으로 보아야 한다. ☜ 이에 반하여 실질적 직무관련을 기준으로 해야 한다는 실질적 직무관련설을 주장하는 견해도 있다(박균성, 행정법론(상), 691면).

1) 직무에는 행정작용은 말할 것도 없고 입법작용이나 司法作用도 포함되며, 법적 행위이든 사실행위이든, 작위이든 부작위이든 모두 포함된다. 통치행위는 쟁송의 대상에서 제외되므로 직무에 포함되지 않는다고 보는 것이 통설이다. 그러나 통치행위를 직무에 포함시키는 견해도 있다(김철용, 행정법 I, 489면 참조).

2) 대판 1969. 3. 22, 66다117.

3) 박윤흔, 행정법강의(상), 705면.

는 상태의 행위는 대체로 適法의 행정인 것으로 국민이 신뢰하게 되는 점에 바탕을 둔 것으로서 행정객체의 권익보호라는 측면에서 직무행위의 범위를 넓게 인정한 것이다.[1)]

- 私的인 감정으로, 공무를 수행하는 것처럼 행동하여 손해를 발생케 한 경우 -

<사례>

군인들이 훈련하다가 농작물에 피해를 끼쳤다. 그런데 그 군인들을 지휘하던 지휘관은 오랫동안 감정이 안 좋게 지내던 사람의 아들로서, 작전을 핑계 삼아 고의적으로 농작물을 망가뜨린 것이었다. 사사로운 감정으로 이루어진 일이라 하더라도 군인이 군복을 입고 훈련하듯이 했다면 국가배상이 가능하지 않는가?

<해설>

국가배상을 청구할 수 있다. 국가배상법상의 '직무를 집행함에 당하여'란 직무행위 자체는 물론, 직무수행의 수단으로 행한 행위 및 직무와 밀접하게 관련하여 행하여진 부수된 행위를 포함한다. 즉, 당해 직무행위가 현실적으로 정당한 권한내의 것인지 또는 행위자인 공무원의 주관적 의사가 있었는지의 여부와는 관계없이 객관적으로 직무행위의 외형을 갖추고 있는지의 여부를 기준으로 판단하게 된다. 이러한 외형설이 통설이고 또한 판례의 태도이다. 사안과 같이 사적인 감정으로 이루어진 직무집행이라 하여도 '겉으로 보기에는(외형설)' 보통의 작전 수행 중인 경우와 다를 바 없으므로, 위와 같은 판례의 태도에 비추어 본다면 국가배상을 청구할 수 있다. <이상석, 국가배상의 법률지식, 청림출판, 1995, 80-81면>

- 직무집행이라고 인정된 사례 -

<사례>

군대에 복무중인 갑은 소속 분대원의 잘못으로, 고참들로부터 불법적인 단체기합을 받던 중 몸을 다쳐 신체적으로 불구의 몸이 되었다. 국가에 배상을 청구할 수 있는가?

---

1) 대판 1966. 6. 28, 66다781; 대판 1971. 8. 31, 71다13 : 국가배상법 제2조 제1항에서 말하는 '직무를 행함에 당하여' 라는 취지는 공무원의 행위의 의관을 객관적으로 관찰하여 공무원의 직무행위로 보여질 때에는 비록 그것이 실질적으로 직무행위이거나 아니거나 또는 행위자의 주관적 의사에 관계없이 그 행위는 공무원의 직무행위라 볼 것이요, 이러한 행위가 실질적으로 공무집행행위가 아니라는 사정을 피해자가 알았다 하더라도 그것을 국가배상법 제2조 제1항에서 말하는 '직무를 행함에 당하여'라고 단정하는데 아무런 영향을 미치는 것은 아니다(동지의 판례 : 대판 1969. 3. 22, 66다117); 국가배상법 제2조 제1항 소정의 '직무를 집행함에 당하여'라 함은 직접 공무원의 직무집행행위이거나 그와 밀접한 관계에 있는 행위를 포함하고, 이를 판단함에 있어서는 행위 자체의 외관을 객관적으로 관찰하여 공무원의 직무행위로 보여질 때에는 비록 그것이 실질적으로 직무행위에 속하지 않는다 하더라도 그 행위는 공무원이 '직무를 집행함에 당하여' 한 것으로 보아야 한다(대판 2001. 1. 5, 98다39060).

<해설>

국가배상을 청구할 수 있다. 국가배상을 청구하려면 공무원이 직무를 집행함에 당하여 손해가 발생한 경우라야 한다. 군인은 국가배상법상의 공무원이기는 하나, '기합'을 준 행위가 "직무를 집행함에 당하여" 이루어진 것이냐 하는 것이 문제이다. '직무를 집행함에 당하여(있어서)'란 직무행위 자체는 물론, 직무수행의 수단으로 행한 행위 및 직무와 밀접하게 관련하여 행하여진 부수된 행위를 포함한다. 즉, 당해 직무행위가 현실적으로 정당한 권한내의 것인지 또는 행위자인 공무원의 주관적 의사가 있었는지의 여부와는 관계없이 객관적으로 직무행위의 외형을 갖추고 있는지의 여부를 기준으로 판단하게 된다. 이러한 외형설(外形說)이 통설이고 또한 판례의 태도이다.

[판례]

「무릇 공무원의 불법행위가 국가배상법 제2조 소정의 공무원이 그 직무를 행함에 당하여 일어난 것인지의 여부를 판단하는 기준은, 행위의 외관을 객관적으로 관찰하여 공무원의 직무행위로 보여질 때는, 비록 그것이 실질적으로 직무행위이거나 아니거나 또는 행위자의 주관적 의사에 관계없이, 그 행위는 공무원의 직무행위라 볼 것이며, 이러한 행위가 실질적으로 공무집행행위가 아니라는 사정을 피해자가 알았다 하더라도 이에 대한 국가의 배상책임은 부정할 수 없다」.[1)]

이러한 외형설에 입각하여, 소위 기합(얼차려)을 주는 행위도 직무를 집행함에 당하여 이루어진 행위라 볼 수 있다. 따라서 국가배상법 제2조 제1항 단서에서 규정하고 있는 국가배상 예외사유에 해당하지 않는 한(사안의 경우 피해자는 직무수행중에 공상을 입은 것이 아니다), 국가에 손해배상을 청구할 수 있다. <이상석, 국가배상의 법률지식, 청림출판, 1995, 77-78면>

- 직무와 관련되지 않는 경우 -

<사례>

갑은 경찰공무원의 말을 믿고 아파트 분양에 참가했다가 손해를 입었다. 아파트가 좋은 위치에 있으니 매입하라는 경찰관의 권유만 믿고 아파트를 구입했으나 실제로는 아주 나쁜 위치이고 지하에 가까운 경우라 시가가 분양가의 절반도 안되는 것이었다. 공무원의 거짓말로 인하여 손해를 입었으니 국가배상이 가능한가?

<해설>

국가배상을 청구할 수 없다. 국가배상법상의 '직무를 집행하면서'란 직무행위 자체는 물론, 직무수행의 수단으로 행한 행위 및 직무와 밀접하게 관련하여 행하여진 부수된 행위를 포함한다. 즉, 당해 직무행위가 현실적으로 정당한 권한 내의 것인지 또는 행위자인 공무원의 주관적 의사가 있었는지의 여부와는 일응 관계없이 객관적으로 직무행위의 외형을 갖추고 있는지의 여부를 기준으로 판단하된다. 이러한 외형설이 통설이고 또한 판례의 태도이다. 이러한 외형설을 경찰공무원의 직무에 적용한다면 수사행위라 볼 수 있는 일체의

1) 대판 1969. 3. 22, 66다117.

행위와 질서유지를 위한 행위 및 그와 관련한 경찰차량 운전등의 행위와 교통질서 유지를 위한 일체의 행위가 모두 직무를 집행하면서 이루어지는 행위라 볼 수 있다. 일반인이 생각하더라도 아파트분양사무와 경찰공무원의 직무는 서로 아무런 관련이 없는 것이므로, 사안과 같은 경우 그러한 권유가 경찰서 내에서 이루어졌다 해도 이를 직무를 집행하면서 이루어진 것으로 볼 수는 없다. 그 경찰공무원의 개인 책임을 묻는 것은 별론으로 하고 국가배상을 청구할 수는 없다. <이상석, 국가배상의 법률지식, 청림출판, 1995, 81면>

– 공무원이 이웃사람과 싸운 경우의 국가배상책임 –

<사례>

이웃집에 사는 국가공무원과 함께 국가정책에 관하여 대화하다가 싸움이 벌어져 신체적, 정신적 손해를 입었다. 이러한 때에 국가에 배상을 청구할 수 있는가?

<해설>

국가배상은 청구할 수 없다. 국가배상을 청구할 수 있는 것은 공무원이 직무집행 중의 불법행위로 타인에게 손해를 끼쳤을 경우(국가배상법 제2조) 이다. 공무원이라 할지라도 직무집행 중의 행위가 아닌 경우에 있어서는 국가배상을 청구할 수 없다. 위 사안과 같이 옆집 사람과 시비 끝에 싸움이 벌어진 경우에는 직무집행과 아무런 관련이 없으므로, 국가배상은 불가능하다. 그 사람의 폭행으로 인한 손해에 대하여 일반 민법에 의한 손해배상 청구가 가능할 뿐이다. <이상석, 국가배상의 법률지식, 청림출판, 1995, 76면>

판례	
직무상 행위로 본 사례	직무상 행위로 보지 않은 사례
· 감방내, 소년원 내에서의 私刑 · 시위진압중인 전경이 조경수를 짓밟는 행위 · 군의 후생사업 도중의 자동차 사고(대판 1959. 2. 19, 90민상957) · 상관의 명령에 의한 상관의 이삿짐 운반(대판 1967. 9. 26, 67다1564) · 훈계권행사로서의 기합 · ROTC차량의 학교교수장례식 참석차 운행(대판 1967. 10. 4, 67다1676) · 제복을 착용한 비번인 경찰관의 강도행위 · 훈련중인 군인의 휴식중 꿩사격	· 개인적 원한에 의한 총기사고 · 가솔린 불법처분중의 방화(대판 1966. 9. 20, 67다1467·1428) · 상관의 기합에 분격하여 행한 총기난사 · 장난중에 발생한 총기오발사고 · 결혼식 참석을 위한 군용차 운행 · 고참병의 훈계살인 · 군인의 휴식중 비둘기사냥(대판 1968. 5. 7, 67다3332) · 불법휴대한 칼빈총으로 꿩사냥 · 군의관의 포경수술

<문홍주, 한국헌법, 344면 각주2); 김윤조·이영화, 행정법총론, 642면 참조>

2.1.5. 위법한 행위(고의·과실로 인한 행위)·직무상 불법행위

a) 의의

공무원의 직무상 불법행위(widerrechtliche Handlung)란 공무원의 고의 혹은 과실(책임성)로 인한 법령위반행위(위법성 : 단순한 공무원의 복무의무의 위반은 포함되지 않으나,

신의성실, 권리남용금지 등의 원칙위반은 이에 포함된다)를 말한다. 불법행위는 작위 뿐 아니라 부작위에 의해서도 발생될 수 있다. 아무튼 국가배상청구권은 불법행위를 요건으로 한다는 점에서 불법행위를 요건으로 하지 아니하는 형사보상청구권과 구별되고 또한 이 점에서 과실을 전제로 하지 아니하는 영조물의 설치·관리의 하자로 인한 손해에 대한 국가배상책임과는 구별된다.[1)]

「판례 : 부작위에 의한 불법행위의 성립·국가배상책임인정」

- 군·경·공무원이 3차에 걸친 간첩출현신고를 묵살하고, 즉시 출동하지 아니한 직무유기행위로 인하여 피해자가 공비에 의하여 살해된 경우에는 국가배상책임이 성립한다(대판 1971. 4. 6, 71다124) ☜ **부작위위법책임, 행정개입청권의 법리는 적용하지 않음**
- 구속피의자에 대한 변호사의 접견신청이 수사기관에 의하여 거부당한 경우에 국가는 변호사가 입은 정신적 피해에 대하여 위자료를 지급하여야 한다(1991. 9. 19, 서울민지 91가단24555)

– 행정관청의 부작위로 피해 발생시 손해배상청구의 가능성 –

<사례>

甲의 동네에는 영세민 수십 명이 같은 市소유의 땅에서 무허가 건물을 짓고 살고 있으나 해마다 장마철만 되면 마을 하수도의 물이 넘쳐 많은 피해를 당하고 있었다. 그동안 시청에 수없이 그에 대한 대책을 요구하였으나 묵살되던 중 지난번 폭우로 인한 하천의 범람으로 인하여 甲의 집을 포함한 여러 주택이 재산상 막대한 피해를 입었다. 이에 관할 市廳에 대하여 손해배상을 요구하였으나 담당공무원은 市소유지의 땅에 지은 무허가 건물이므로 손해배상을 해줄 수 없다고 한다. 갑을 포함한 피해자들은 주민세를 납부하면서 시민으로서의 의무를 다하였다고 주장하면서 손해배상을 청구하고자 한다.

<해설>

법령에 명시적으로 공무원의 작위의무가 규정되어 있지 않은 경우에도 공무원의 부작위로 인한 국가배상책임을 인정할 수 있는지에 관하여 대법원 판례를 보면, "공무원의 부작위로 인한 국가배상책임을 인정하기 위해서는 공무원의 작위로 인한 국가배상책임을 인정하는 경우와 마찬가지로 '공무원이 그 직무를 집행하면서 고의 또는 과실로 법령에 위반하여 타인에게 손해를 가한 때'라고 하는 국가배상법 제2조 제1항의 요건이 충족되어야 할 것인바, 여기서 '법령에 위반하여'라고 하는 것이 엄격하게 형식적 의미의 법령에 명시적으로 공무원의 작위의무가 규정되어 있는데도 이를 위반하는 경우만을 의미하는 것은 아

1) 권영성, 헌법학원론, 624면.

니고, 국민의 생명, 신체, 재산 등에 대하여 절박하고 중대한 위험상태가 발생하였거나 발생할 우려가 있어서 국민의 생명, 신체, 재산 등을 보호하는 것을 본래적 사명으로 하는 국가가 초법규적, 일차적으로 그 위험배제에 나서지 아니하면 국민의 생명, 신체, 재산 등을 보호할 수 없는 경우에는 형식적 의미의 법령에 근거가 없더라도 국가나 관련 공무원에 대하여 그러한 위험을 배제할 작위의무를 인정할 수 있을 것이나, 그와 같은 절박하고 중대한 위험상태가 발생하였거나 발생할 우려가 있는 경우가 아닌 한, 원칙적으로 공무원이 관련 법령대로만 직무를 수행하였다면 그와 같은 공무원의 부작위를 가지고 '고의 또는 과실로 법령에 위반'하였다고 할 수는 없을 것이므로, 공무원의 부작위로 인한 국가배상책임을 인정할 것인지 여부가 문제되는 경우에 관련 공무원에 대하여 작위의무를 명하는 법령의 규정이 없다면 공무원의 부작위로 인하여 침해된 국민의 법익 또는 국민에게 발생한 손해가 어느 정도 심각하고 절박한 것인지, 관련 공무원이 그와 같은 결과를 예견하여 그 결과를 회피하기 위한 조치를 취할 수 있는 가능성이 있는지 등을 종합적으로 고려하여 판단하여야 한다."라고 하였다.[1)]

그런데 위 사안처럼 행정관청에서 주택가 내에 주민에게 위해(危害)를 줄 수 있는 위험물을 사전에 제거하지 않은 부작위에 대하여 주민이 행정관청에 대하여 손해배상을 청구할 수 있을 것인지, 시유지(市有地)상의 무허가 건물에 거주하는 주민도 이러한 보호를 받을 수 있느냐가 문제된다. 이와 관련한 대법원 판례를 보면 "지방자치단체 소유의 임야에 많은 주민이 들어서 무허가 주택을 짓고 살고 있다 하더라도 그 주민을 대상으로 한 통·반이 조직되고 주민세를 부과하는 등의 관리행정까지 실시해왔다면 그 자치단체로서는 의당 주민들의 복리를 위하여 주택가 내에 돌출하여 위험이 예견되는 자연암벽을 사전에 제거하여야 할 의무도 부담한다 할 것인데, 그 의무를 해태(懈台)한 부작위로 인하여 붕괴사고가 일어나서 주민들이 손해를 입었다면 그 자치단체로서는 국가배상법 제2조에 의한 책임을 면할 수 없다고 봄이 상당하다."라고 하였다.[2)] 따라서 위의 대법원 판례에 비추어 볼 때 甲을 포함한 피해자들은 비록 무허가 건물입주자라 할 지라도 시(市)를 상대로 손해배상청구를 할 수 있다. <대한법률구조공단>

고의·과실은 국가배상책임의 주관적 성립요건으로서 민법상의 불법행위[3)] 성립요건으로서의 고의·과실(민법 제750조)이 있어야 한다. 민법 제750조의 불법행위책임이론에

---

1) 대판 2001. 4. 24, 2000다57856【손해배상(기)】

2) 대판 1980. 2. 26, 79다2341【손해배상】지방자치단체에 자연암벽 붕괴사고로 인한 배상책임 인정

3) 이 규정은 역사적으로는 로마에서의 아퀼리우스법(Lex Aquilia)에 소급한다는 것이 일반적 견해이다. 이 법은 다음과 같이 정하고 있다. 즉 "어떤 사람이 타인의 노복(奴僕)이나 여비(女婢) 또는 四足의 群畜을 부당하게 살해한 경우" 또는 "어떤 사람이 燒却·破損·파괴함으로써 타인에게 부당하게 손해를 가한 경우"에는 그 손해를 배상하여야 한다는 것이다. 양창수, 시장왜곡으로 인한 불법행위와 손해 등의 인정(II), 오늘의 법률, 현암사, 1998년 1월 15일(통권 제108호), 3434면 참조.

의하여 국가 등의 배상책임을 묻는 견해는 대위책임설에서 국가 등이 배상책임을 인정할 때 활용하는 이론인바, 이는 국가배상법상의 국가 등의 책임은 원칙적으로 과실책임주의[1]에 입각한 공무원의 불법행위책임의 성립을 전제로 하는 것이기 때문이다.[2]

판례는 국가배상법상의 고의 · 과실의 개념을 민법상의 불법행위의 고의 · 과실의 개념과 동일하게 취급하고 있다.[3]

고의 · 과실은 대위책임설(간접책임설)의 입장에서 주장하는 고의 · 과실과 자기책임설의 입장에서 보는 견해가 다르다. 즉 대위책임설에 의하게 되면, 공무원의 고의 · 과실은 당해 공무원의 불법행위책임의 주관적 요건이며, 공무원의 주관적 인식유무를 기준으로 판단하게 되므로 예컨대 공무원이 심신상실 중에 한 행위는 고의 · 과실이 인정되지 않으며, 자기책임설(직접책임설)의 입장에서는 고의 · 과실책임을 주관적으로 보지않고, 객관적으로 평가하는 것이므로 공무원의 심신상실 중에 한 행위라도 객관적으로 보아 통상의 공무원에 요구되는 주의의무를 결했다고 인정되는 경우에는 과실책임을 지게된다.[4]

민법 제750조 : "고의 또는 과실로 인한 위법행위로 타인에게 손해를 가한 자는 손해를 배상할 책임이 있다"고 규정하고 있다. 따라서 손해배상책임이 성립하기 위해서는 적어도 다음과 같은 네가지 요건이 충족되어야 한다는 것을 알 수 있다.

첫째 : 책임요소로써 가해자에게 고의 · 과실이 있을 것(고의 · 과실책임)
둘째 : 가해행위가 위법한 행위일 것(위법성)
셋째 : 가해행위와 손해의 발생사이에 인과관계가 있을 것(상당인과관계)[5]

---

1) 석종현, 일반행정법(상), 615면; 정하중, 행정법총론, 524면.

2) 이에 반하여 **자기책임설은 위험책임론에 근거하여** 국가 등이 배상책임을 지는 것이다. 따라서 자기책임설이 대위책임설보다 국민의 기본권 보장에 있어서의 역할이 크며, 연혁적으로도 대위책임설에서 자기책임설로 발전하여 가는 것이 일반적 추세이다. 박윤흔, 행정법강의(상), 700면 참조.

3) 정하중, 행정법총론, 524면.

4) 석종현, 일반행정법(상), 616면.

5) 법률상 인과관계에 관한 학설은 독일에서 제창된 상당인과관계의 이론이 학계의 지지를 받아 통설이 되었다. 상당인과관계는 일본과 한국에 있어서도 형법상 및 민법상의 통설 · 판례이다. 그러나 상당인과관계의 범위를 행위자를 표준으로 하여 결정할 것인가 또는 일반인(보통인 · 평균인)을 표준으로 하여 결정할 것인가에 관하여, 주관적 상당인과관계설과 객관적 상당인과관계설 및 절충적 상당인과관계설로 나누어져 있다. 인과관계는 원래 자연현상에 속하는 것이므로 객관적으로 판단되어야 할 것이지만, 인간의 행위에 관하여는 행위자의 주관적인 사정을 전혀 무시하고 판단하는 것은 타당하지 못하다. 그러므로 인과관계는 객관적인 기준으로 판단하는 것을 원칙으로 하되, 행위자의 주관적인 사정도 참작하는 절충적 상당인과관계설이 타당하며 또한 통

넷째 : 손해가 발생했을 것(손해발생)

고의 · 과실은 당해 공무원의 고의 · 과실을 의미하며, 일단 공무원의 고의 · 과실이 입증되면, 국가는 공무원에 대한 선임 · 감독에 있어서 고의 · 과실이 없어도 책임을 진다(무과실책임[1] · 과실의 객관화).[2] 결국 무과실책임은 국가 등의 공무원의 선임 · 감독에 대한 무과실책임과 공무원이 직무를 집행하면서 국민에게 대하여 지는 책임이 과실책임이냐 무과실책임이냐는 별개의 개념이라는 의미이다.

국가 등의 공무원 선임 · 감독에 대한 책임 → 무과실책임(대위책임설[3] · 자기책임설 동일)
공무원의 국민에 대한 과실 책임 → 과실책임주의(민법 제750조) : 대위책임설의 입장
무과실책임주의(위험책임) : 자기책임설의 입장

자기책임설에 의하면 공무원의 위법무과실행위도 국가배상이 인정되나, 대위책임설에 의하면 공무원의 위법무과실행위에 대한 책임을 물을 수 없다.[4]

설적 지위에 있다.

1) 김남진 · 김연태, 행정법(Ⅰ), 551면; 대판 1970. 6. 30, 70다727【위자료등】【판시사항】국가배상법상의 배상책임과 민법상의 사용자 책임과의 관계【판결요지】공무원이 그 직무를 행함에 당하여 고의 또는 과실로 법령에 위반하여 타인에게 손해를 가한 경우에 국가나 지방자치단체가 그 손해를 배상하는 것은 민법상의 사용자로서 그 배상책임을 부담하는 것이 아니므로 민법상 사용자의 면책사유인 피용자의 선임감독에 과실이 없었다는 것으로서는 본법상의 손해배상 책임을 면할 수 없다.

2) 이 경우 대위책임설과 자기책임설의 입장이 같다. 다만 대위책임설은 공무원에게 고의 · 과실이 인정되고, 이것이 위법해야 국가 등의 공무원 선임 · 감독에 대하여 과실이 없어도 책임을 진다는(무과실책임) 것이지만, 자기책임설은 공무원의 행위가 위법하기만 하면 공무원의 행위가 무과실인 경우(위법무과실)에도 국가 등이 무과실책임을 진다는 것이다. 이 경우 독일에서는 희생보상책임과 수용유사침해이론 등에 의하여 해결하고 있다(박윤흔, 행정법강의(상), 708면 참조); 과실의 객관화에 관한 상세한 내용은 김남진 · 김연태, 행정법(Ⅰ), 551면 이하 참조.

3) 국가 등은 공무원의 선임 · 감독에 있어서 무과실 책임을 진다는 점에서 민법 제756조의 사용자의 배상책임과 다르다. 민법 제756조 (사용자의 배상책임) ① 타인을 사용하여 어느 사무에 종사하게 한 자는 피용자가 그 사무집행에 관하여 제삼자에게 가한 손해를 배상할 책임이 있다. 그러나 사용자가 피용자의 선임 및 그 사무감독에 상당한 주의를 한 때 또는 상당한 주의를 하여도 손해가 있을 경우에는 그러하지 아니하다.

4) 예컨대 도주하는 범인을 추격하던 경찰이 권총을 발사하여 지나가는 통행인(제3자)을 사상하게 한 경우, 경찰관에게 과실이 인정되지 아니하면 국가배상책임이 없게 된다(박윤흔, 행정법강의(상), 708면 각주 1) 참조).

간접(대위)책임설 : 국가 등의 책임	⟶ (무과실책임)	공무원	⟶ (과실책임)	사인
직접(자기)책임설 : 국가 등의 책임	⟶ (무과실책임)	공무원	⟶ (무과실책임)	사인

b) 과실의 기준(주관설과 객관설)

aa) 주관설 및 객관적 주관설(과실개념의 객관화)

통설 · 판례에 의한 국가배상법상의 과실은 기본적으로 주관적 개념(주관설)에 입각하고 있다.그러나 주관설은 피해자 구제의 관점에서 과실개념을 객관화 하고자 노력하고 있다. 이를 객관적 주관설이라 한다.[1] 이에 의하면 과실의 기준으로서 공무원의 직무집행상의 과실은 당해 가해공무원의 주의능력을 기준으로 하여 판단하지않고(구체적 과실), 당해 직무를 담당하는 평균적 공무원이 보통(통상) 갖추어야 할 주의의무를 게을리한 것(추상적 과실)을 말한다.[2] 따라서 당해 직종과 지위에 있는 평균적 공무원의 '객관적인 주의의무위반'을 위반하였을 경우에는 과실책임을 면할 수 없다.[3] 이와같이 공무원의 과실은 구체적 과실이 아닌 추상적 과실을 의미하며(과실의 객관화), 여기에는 중과실(추상적 중과실)뿐 아니라, 경과실(추상적 경과실)도 포함된다(객관적 주관설).[4]

구체적 과실(culpa in concreto) → 개개의 행위자의 주의능력을 표준으로하여 그 사람이 일상 자기의 사무를 처리할 때 기울이는 정도(자기재산과 동일한 주의)의 주의를 결하는 과실(민법 제695조, 제1022조 참조).

추상적 과실(culpa in abstracto) → 구체적 과실에 상대되는 개념으로, 당해 직업 등에 속하는 사람으로서 당연히 사회공동생활상 요구되는 객관적 주의의무(선량한 관리자로서의 주의의무)를 결하는 과실(민법 제374조, 제681조, 제956조). 추상적 과실은 **과실의 객관화**를 의미한다. 따라서 이 경우의 과실의 객관화란 과실의 판단을 당해 공무원이 아니라 당해직무를 담당하는 평균적 공무원을 기준으로 하는 것을 말한다.[5]

추상적 과실에서 요구되는 주의의무의 정도는 구체적 과실보다 높으며, 따라서 추상

---

1) 박균성, 행정법론(상), 709면.
2) 대판 1987. 9. 22, 87다카1164【손해배상(기)】 공무원의 직무집행상의 과실의 의의나. 호적공무원 및 등기공무원의 심사권한
3) 박윤흔, 행정법강의(상), 707면 참조.
4) 이와 같은 객관적 주관설(통설 · 판례)은 피해자의 권리구제를 위한 것으로 과실개념이 객관화된다면 객관설의 입장으로 접근해 갈것이라는 견해가 있다(박균성, 행정법론(상), 710면).
5) 김남진, 행정법(I), 512면 참조.

적 과실을 취하는 경우 구체적 과실보다 국민의 권리보호의 정도도 높다. 판례는 국가배상법상의 과실을 민법상의 불법행위와 마찬가지로 추상적 과실의 의미로 이해하고 있다.[1)]

판례는 국가배상법상의 고의·과실의 요건을 궁극적으로 상기한 바와 같이 민법상의 불법행위이론에 따라 손해가 발생했는냐의 여부(손해발생)를 중요시하고 있으나, 법치주의에 기초하여 국가와 개인의 이익의 조정을 목적으로 하는 국가배상법에 있어서는 손해발생보다는 위법성의 여부에 관련시키는 것이 타당하다.[2)]

– 판례가 중대한 과실이라 인정한 사례 –

대판 1977. 5. 24, 76다2502 【구상금】

화차 안에서는 촛불사용이 금지되어 있고, 가연성 화물이 적재되어 있는 화차에 승차하여 그 화물을 호송할 책임있는 자가 휴대용 전지가 불편하다 하여 조명용으로 촛불을 인화물질인 프라스틱 박스 화물 위에 부착시켜 사용하는 자체가 매우 위험스러운 데다가 촛불을 켜놓고 졸았다면 화물을 안전하게 수송하여야 할 주의의무를 지극히 게을리한 중과실이 있다.

대판 1990. 2. 27, 89다카16178 【구상금】

피고로서는 개인적인 감정의 개입을 억제하여 교사로서의 품위를 유지하고 체벌을 가하는 신체부위와 그 정도 및 방법 등에 대하여 조금만 주의를 기울였다면, 이 사건에서와 같은 결과를 충분히 예견할 수 있었다고 할 것인데도 불구하고, 징계의 목적으로 체벌을 가하는 교사로서 통상 요구되는 주의의무를 현저히 게을리함으로써, 위와 같은 결과를 초래한 중대한 과실이 있었다고 봄이 상당하다.

대판 1991. 5. 10, 91다6764 【구상금】

등기공무원인 피고가 근저당권설정등기를 등재함에 있어 일반적으로 법무사들이 당사자의 위임을 받아 근저당권설정등기신청서를 작성함에 있어서는 근저당권설정자를 위쪽에, 근저당권자를 아래쪽에 기재하여 오던 관행을 믿고, 위 신청서의 내용을 제대로 살피지 아니한 채 신청서 아래쪽에 기재된 저당권 설정자 김○○을 근저당권자로 잘못 알고 근저당권자를 최○○이 아닌 김○○으로 착오등재한 행위는 근저당권설정등기에 있어서 근저당권자의 표시가 중요한 내용을 이루고 있음에 비추어, 등기공무원이 등기기재를 함에 있어 기울여야 할 통상의 주의의무를 현저하게 결여한 중대한 과실이 있다.

대판 1991. 9. 10, 91다20302 【구상금】

육군부대 소속 수송관이 醉中에 군용트럭을 운전하고 통행인이 많은 주택가 비포장도로의 삼거리에서 좌회전하다가 수도관 매설공사가 마무리되지 아니하여 지반이 다져지지

---

1) 정하중, 행정법총론, 524면.

2) 정하중, 행정법총론, 524면.

않은 지점에 빠지면서 길가 담벽에 붙어 서있던 통행인을 충격 사망케 한 사고는 국가배상법 제2조 제2항 소정의 중과실로 인한 사고이다.

– 공무원의 객관적 주의의무위반을 해태하였을 때 과실책임을 인정한 사례 –

대판 1975. 12. 30, 75다1452 【손해배상】

등기공무원은 변조된 가옥대장등본을 가려내야한다. 등기신청서를 접수한 등기공무원은 그가 신청서를 심사하는 과정에서 신청서에 첨부된 가옥대장등본의 기재내용을 주의깊게 살펴 볼 주의의무를 게을리하여 동 가옥대장등본이 변조된 것임을 간과한 나머지, 동일건물에 대한 소유권보존등기를 중복하여 기재하게 한 과실로 인하여 당연무효인 후순위 중복등기가 된 건물에 대하여 적법·유효하게 담보물권을 취득하였다고 믿고, 또는 같은 건물에 대한 소유권을 경락취득한 것으로 믿었다가 입게 된 타인의 손해를 배상할 책임이 있다.

대판 1992. 10. 27, 92다21371 【손해배상(자)】

교통사고처리 경찰관은 우선 사고현장에서 다른 교통사고가 발발하지 않도록 안전조치를 취하여야 한다. 교통사고 발생신고를 받고 현장에 나온 경찰관으로서는, 사고내용에 관한 다툼이 있어 사고현장보존의 필요성이 있다 하더라도 사고발생의 위험성이 예견되는 경우, 관계자에게 사고발생을 막을 안전조치를 하도록 지시하거나 그것이 여의치 아니할 경우 위와 같은 조치를 직접 하여야 할 주의의무가 있다.

bb) 객관설

객관설은 프랑스의 입법례와 같이 국가배상법상의 과실을 객관적으로 파악하여 '공무원의 위법행위로 인한 국가작용의 흠'으로 완화 해석하거나,[1] 국가 등의 행정주체의 작용이 정상적 수준에 미달한 상태, 즉 '국가작용의 흠'[2]으로 보고 있다. 이 경우 주관설보다 피해자구제의 측면에서 바람직하다는 것이다.[3]

c) 가해공무원의 특정의 포기

특정한 가해공무원이 존재할 것도 요구되지 아니한다. 독일의 경우 과실의 객관화 이론의 하나로 조직책임(조직과실 : Organisationsverschulden)이론이 있다. 이는 행정청 내부에서의 잘못은 책임자(장)의 잘못으로 귀속한다는 것으로, 예컨대 당해 공무원이 휴가로 인한 부작위로 인하여 배상책임사유가 발생하였더라도, 행정청의 책임자가 이에 대한 배려의 결여(예컨대 대리인의 선임)로 인한 책임을 진다는 이론이다. 프랑스의 경우 공역무과

---

1) 김도창, 일반행정법론(상), 628면; 이상규, 신행정법(상), 법문사, 1994, 536면.

2) 김동희, 행정법(I), 530면.

3) 박균성, 행정법론(상), 710면.

실(faute de service public)에 접근한 것이다.[1]

가해공무원의 특정화의 포기는 결과적으로 과실의 개념을 “공무원의 위법행위로 인한 국가작용의 흠”[2] 이라는 표현과 같이 조직과실책임을 묻게된다.[3] 우리의 경우에도 집회해산과정에서 발생된 손해와 관련하여 가해공무원의 특정화를 포기하고 있다.[4]

> 대판 1995. 11. 10, 95다23897 【손해배상(기)】
>
> 피고 소속의 전투경찰들은 시위진압을 함에 있어서 합리적이고 상당하다고 인정되는 정도로 가능한 한 최루탄의 사용을 억제하고 또한 최대한 안전하고 평화로운 방법으로 시위진압을 하여 그 시위진압 과정에서 타인의 생명과 신체에 위해를 가하는 사태가 발생하지 아니하도록 하여야 하는 데도 이를 게을리한 채 합리적이고 상당하다고 인정되는 정도를 넘어 지나치게 과도한 방법으로 시위진압을 한 잘못으로 소외 망 김귀정으로 하여금 사망에 이르게 하였다 할 것이므로 피고는 그 소속 공무원인 전투경찰들의 직무집행상의 과실로 발생한 이 사건 사고로 인하여 소외 망 김귀정 및 그 가족들인 원고들이 입은 손해를 배상할 책임이 있다.

d) 위법 · 무과실(위법 · 무과실행위에 대한 배상책임문제)

과실책임주의를 취하는 국가배상법 아래서는 국가 등의 배상책임을 인정하기 위하여는 공무원의 주관적 책임요건으로서 고의 · 과실이 요구되는데, 대위책임설을 취하는 경우 위법무과실행위에 대하여는 국가 등이 배상책임이 인정될 수 없다. 예컨대 경찰관이 도망범인을 체포하기 위하여 사격을 한 경우, 총탄이 통행인을 상해한 경우, 법익침해를 위법으로 보는 한 제3자에 대한 상해는 위법하다. 그러나 이 경우 과실을 인정할 수 없으면, 위법하기는 하나 무과실행위가 되어 현행 국가배상법상으로는 국가가 배상책임을 지지 않게 된다.[5]

그러나 직접책임설을 취하는 경우에는 위험책임설에 따라 위법 · 무과실행위에도 배상책임을 지게된다.

2.1.6. 고의 · 과실의 입증책임(과실의 객관화 : 입증책임의 완화)

고의 · 과실의 입증책임은 자기책임설에 의하면 반드시 국가배상을 청구하는 원고가 지는 것은 아니지만, 대위책임설에 의하면 원칙적으로 피해자인 원고가 입증책임을 지게

---

1) Th. Maurer, Allgemeines Verwaltungsrecht, § 25 Rn. 24; 박윤흔, 행정법강의(상), 707면 참조; 석종현, 일반행정법(상), 617면; 정하중, 행정법총론, 525면 참조.

2) 김도창, 일반행정법론(상), 628면.

3) 정하중, 행정법총론, 525면.

4) 정하중, 행정법총론, 525면.

5) 박윤흔, 행정법강의(상), 708면.

된다.[1] 그렇게 되면 과실의 입증이 매우 곤란하여 사실상 권리구제를 받지 못하게 되는 경우가 많게 되며, 과실의 객관화 이론에 따라 이미 입증된 사실 또는 다툼이 없는 사실이 사물의 성질상 과실을 추정하게 하는 개연성이 있는 경우에는 '일응추정(prima facie)의 법리'에 따라 일응 과실이 있는 것으로 추정하여야 할 것이다.[2] 즉 피해자측이 공무원의 위법한 직무행위에 의하여 손해가 발생하였음을 입증하면, 공무원에게 일응 과실이 있는 것으로 추정되어, 피고(국가 · 지방자치단체 등)의 측에서 반증 내지는 간접반증을 통해 그 추정을 번복하지 못하는한 배상책임을 인정해야 한다는 것이다.[3]

행정법상의 통설은 공무원의 고의 · 과실의 「입증책임」은 '피해자'측에 있다고 하는데 반하여 판례는 입증책임분담주의를 채택하고 있다.

『입증책임』
- 통설 : 피해자
- 판례 : 입증책임분담주의

- 공무원들의 공식적 친목행사로 인한 피해의 배상 -

<사례>

얼마전 甲의 집 옆 공터에서 있었던 요란한 공무원 체육대회로 인하여 집에서 기르던 가축들이 놀라 죽은 경우도 있고, 젖이 잘 나오지 않는 경우도 있다.

문제 1) 공무원 체육대회로 인하여 초래된 손해의 배상을 국가에 청구할 수 있는가?
문제 2) 인과관계의 입증책임은 누가 지는가?

<해설>

문제 1) 국가배상을 청구할 수 있다. 국가배상법에 있어서의 '직무를 집행하면서'란 직무행위 자체는 물론, 직무수행의 수단으로 행한 행위 및 직무와 밀접하게 관련하여 행하여진 부수된 행위를 포함한다. 이러한 외형설(外形說)이 통설이고 또한 판례의 태도이다. 공무원 체육대회도 그것이 공식적 행사로서 이루어진 것이라면 공무원의 사기진작 등을 위한 직무행위라 할 것이다.

문제 2) 事案에서와 같이 가축등에 피해를 입었다면, 그 피해가 공무원 체육대회로 인하여 초래되었다는 것을 피해자가 입증하여 국가에 손해배상을 청구할수 있으며, 이 경우 가축전문가로부터 통상 어떤 정도의 소란행위에 의하여 가축이 피해를 입는지 알아보고, 그 내용에 따라 상당인과관계를 입증하여야 한다. <이상석, 국가배상의 법률지식, 청림출판, 1995, 79면>

---

1) 석종현, 일반행정법(상), 617면; 박윤흔, 행정법강의(상), 707면.
2) 석종현, 일반행정법(상), 617면; 박윤흔, 행정법강의(상), 708면; 김남진 · 김연태, 행정법(I), 552면.
3) 김남진 · 김연태, 행정법(I), 552면.

2.1.7. 법령위반(위법성)

a) 법령위반의 의의

'법령(법률·명령)에 위반하여'라 함은 위법성을 의미하며, 이는 엄격한 의미의 법령(성문법·불문법을 포함한 모든 법규: 법률·명령·관습법을 불문한다) 위반 뿐만 아니라, 인권존중·권리남용금지의 원칙·신의성실의 원칙·사회상규위반 금지의 원칙·평등의 원칙·비례의 원칙[1] 등 사회정의에 위반하는 것을 포함하며 관습법·조리법위반도 포함한다(광의설적 입장).[2)3)] 즉, 법의 일반원칙에 위반하여「행위가 객관적으로 부당한 것」을 의미한다(통설). 다만 단순한 공무원의 복무의무의 위반은 포함되지 않는다. 행정규칙위반의 경우 법령위반에 해당하는 것으로 보는 견해[4]와 국가배상법을 엄격하게 해석하는 입장에서는 행정규칙위반은 포함되지 않는 것으로본다(후술참조).

---

1) 범인체포시라도 과도한 무력은 불법(대판 1991. 5. 28, 91다10084【손해배상(기)】 피해자 최○○이 집대문 앞에 은신하고 있다가 경찰관의 명령에 따라 순순히 손을 들고 나오면서, 경찰관에게 어떠한 공격을 가함이 없이 그대로 도주하자, 경찰관은 이를 체포하고자 뒤따라 추격하면서 치명상을 입힐 수 있는 등부위에 권총을 발사하여 현장에서 사망케 한 사실과 같은 총기사용은 현재의 부당한 침해를 방지하거나 현재의 위난을 피하기 위한 상당성 있는 행위라고 볼 수 없는 것으로서 범인의 체포를 위하여 필요한 한도를 넘어 무기를 사용한 것이라고 하여 국가배상책임을 인정하였다. ☜ **과잉금지의 원칙 위반**

2) 대판 1999. 3. 23, 98다30285【손해배상】[2] 구 건축법(1991. 5. 31. 법률 제4381호로 개정되기 전의 것) 제7조 소정의 준공검사처분은 건축허가를 받아 건축한 건물이 건축허가사항대로 건축행정목적에 적합한가의 여부를 확인하고 준공검사필증을 교부하여 줌으로써 허가받은 자로 하여금 건축한 건물을 사용·수익할 수 있게 하는 법률효과를 발생시키는 것이고, 공사감리자를 정한 건축공사에 대한 준공검사에 있어서, 같은 법 제6조 제2항, 제7조 제1항, 제2항, 제3항 및 구 건축사법(1995. 1. 5. 법률 제4918호로 개정되기 전의 것) 제23조의 2의 각 규정에 의하여 건축주가 건축공사를 완료한 다음 그 준공신고서에 당해 공사감리자의 서명을 받아 이를 제출하면 행정관청이 직접 준공검사를 실시하여 합격 여부를 결정하거나 건축사가 대행한 준공에 관한 조사 및 검사에 터잡아 준공검사필증을 교부하도록 규정하고 있어 행정청의 준공검사의무가 법령상 일의적으로 결정되어 있으므로, 준공검사업무를 담당하는 공무원이 준공검사를 현저히 지연시켰고 그러한 지연이 직무에 충실한 보통 일반의 공무원을 표준으로 할 때 객관적 정당성을 상실하였다고 인정될 정도에 이른 경우에는 국가배상법 제2조에서 말하는 위법의 요건을 충족하였다고 봄이 상당하고, 이 때 객관적 정당성을 상실하였는지 여부는 지연처리의 원인 및 이유 외에 건축주의 피침해이익의 내용, 당해 건축물의 종류 및 공사 내용 등 제반 사정을 종합적으로 고려하여 판단하여야 한다.

3) 이에 반하여 법령은 성문법·불문법을 포함한 모든 법규만을 의미한다는 협의설을 취하는 견해도 있다(예컨대 박윤흔, 행정법강의(상), 709면).

4) 김동희, 행정법(I), 526면.

b) 학설(행위위법설 · 결과위법설 등)

aa) 개관

국가배상법상 법령의 위반, 즉 위법의 개념을 어떻게 이해할 것인지에 대하여는 결과위법설,[1] 행위위법설,[2] 상대적 위법성설, 직무의무위의반설 등이 주장되나,[3] 판례는 행위위법설 내지는 상대적 위법성설의 입장을 취하고 있는 것으로 보인다(학자에 따라 행위위법설을 취하고 있다는 견해와 상대적 위법성설을 취하고 있다고 보는 견해가 있다).[4]

bb) 학설

aaa) 행위위법설

aaaa) 협의의 행위위법설

국가배상책임의 성립요건으로서의 위법성의 개념을 취소소송에서의 위법성과 같이 행위자체의 법에의 위반으로 파악하는 견해이다.[5] 이 견해에 의하면 양자는 동일한 개념이므로 취소소송판결의 기판력이 인용판결이든 기각판결이든 국가배상청구에 미치게 된다.[6]

bbbb) 광의의 행위위법설

국가배상법상의 위법의 개념을 엄격한 의미의 법령 뿐만 아니라 사회정의, 즉 인권존중, 권리남용금지의 원칙, 신의성실의 원칙,[7] 사회상규위반 금지의 원칙, 평등의 원칙, 비

---

1) 박윤흔, 행정법강의(상), 712면.

2) 정하중, 행정법총론, 521면; 박균성, 행정법론(상), 694면(광의의 행위위법설).

3) 행위위법과 결과위법에 관한 상세한 내용은 Ossenbühl, Staatshaftungsrecht, 1998, 5. Aufl., S. 367.

4) 김남진 · 김연태, 행정법(I), 554면; 이에 반하여 정하중교수는 판례(대판 1997. 7. 25, 94다2480)는 행위위법설을 지지하고 있는 것으로 보인다고 한다(정하중, 행정법총론, 521면); 박균성 교수도 행위위법설을 취하는 것으로 보인다고 하면서, 최근 상대적 위법성설을 지지한 것으로 보이는 판례도 있다고 한다(박균성, 행정법론(상), 693면).

5) 이러한 견해는 김철용, 취소소송의 판결과 국가배상소송, 고시계(1985.7); 김남진, 취소소송의 기판력과 국가배상소송의 관계, 고시연구(2000.12) 참조.

6) 김남진 · 김연태, 행정법(I), 553면.

7) 우리 국가배상법도 독일의 경우와 마찬가지로 신의성실의 원칙의 고권적 위반에 대하여 제재를 가하고 있다고 볼 수 있다. 즉 국가배상법 제2조의 '법령위반'의 의미에 관하여 이를 엄격한 의미의 법률 · 명령 위반으로 보는 견해(협의설)도 있으나, 엄격한 의미의 법령위반뿐만 아니라 인권존중 · 권력남용금지 · 신의성실 · 공서양속 등의 위반도 포함하여, 널리 그 행위가 객관적인 정당성을 결하고 있음을 의미한다고 보는 것이 통설[광의설, 판례 : 광의의 행위위법설(정하중), 상대적 위법성설(김남진)]의 입장이다. 이러한 통설과 판례에 의하면 특별관계에서 공무원이 직무를 집행하면서 고의 또는 과실로 신의성실의 원칙을 위반하여 타인에게 손해를 가한 경우국가배상청구권이 성립된다.

례의 원칙, 관습법 및 조리법[1]을 포함한다.

이 견해에 의하면 국가배상책임에서의 위법개념이 취소소송에서의 위법보다 넓은 개념이므로 취소소송의 인용판결의 기판력만이 국가배상청구소송에 영향을 미치고, 취소소소에 있어서 기각판결을 받게되면 이는 後訴인 국가배상청구소송에 영향을 미치지 아니한다.[2]

bbb) 결과위법설

국가배상책임의 성립요건으로서의 위법성을 가해행위의 결과인 손해의 불법을 의미하는 것으로 보는 학설이다. 이경우의 위법성의 판단은 개인이 받은 손해는 수인되어야 할 것인지의 여부에 따라 판단하게 된다.

이 견해는 취소소송에서의 위법성과 국가배상책임의 성립요건으로서의 위법성은 다른 개념으로 보게되며, 취소소송의 본안판결의 기판력이 後訴인 국가배상청구소송에 영향을 미치지 아니한다.[3]

ccc) 상대적 위법성설

국가배상법상의 위법성의 개념을 행위자체의 위법 뿐만 아니라 침해를 받는 이익의 성격 · 침해의 정도 · 가해행위의 태양 등을 종합적으로 고려하여 행위가 객관적으로 정당성을 결한 경우를 의미한다고 하는 학설이다.[4]

상대적 위법성설에 의하면 취소소송의 본안판결의 기판력이 後訴인 국가배상청구에 영향을 미치지 아니한다고 본다.[5]

---

1) 조리에 의한 공무원의 개괄적 위험방지의무를 인정할 것인가에 대하여는 법치행정의 원리를 내세워 반대하는 입장도 있으나, 법치행정의 목적은 인권보장과 국민의 생명 · 재산을 보호해야 한다는 국가목적에 비추어 일정한 경우에는 조리에 의한 위험방지의무가 있다(박윤흔, 행정법강의(상), 712면). 판례도 <u>조리에 의한 개괄적 위험방지의무</u>를 인정한다(대판 1998. 10. 13, 98다18520(손해배상) : 여기서 '법령에 위반하여'라고 하는 것이 엄격하게 형식적 의미의 법령에 명시적으로 공무원의 작위의무가 규정되어 있는데도 이를 위반하는 경우만을 의미하는 것은 아니고, 국민의 생명, 신체, 재산 등에 대하여 절박하고 중대한 위험상태가 발생하였거나 발생할 우려가 있어서 <u>국민의 생명, 신체, 재산 등을 보호하는 것을 본래적 사명으로 하는 국가</u>가 초법규적, 일차적으로 그 위험 배제에 나서지 아니하면 국민의 생명, 신체, 재산 등을 보호할 수 없는 경우에는 형식적 의미의 법령에 근거가 없더라도 국가나 관련 공무원에 대하여 그러한 위험을 배제할 작위의무를 인정할 수 있을 것이다.

2) 김남진 · 김연태, 행정법(I), 553면.

3) 김남진 · 김연태, 행정법(I), 553면.

4) 이 견해를 취하는 학자로는 서원우, 위법성의 상대화론과 법률에 의한 행정의 원리, 고시계(1985.3); 同人, 국가배상책임상의 위법관념, 월간고시(1991.5) 참조.

5) 김남진 · 김연태, 행정법(I), 554면.

대판 2000. 5. 12, 99다70600 【손해배상(기)】

【판시사항】

[1] 어떠한 행정처분이 후에 항고소송에서 취소된 사실만으로 당해 행정처분이 곧바로 공무원의 고의 또는 과실로 인한 것으로서 불법행위를 구성한다고 단정할 수 있는지 여부(소극) 및 이 경우 국가배상책임의 성립 요건과 그 판단 기준

[2] 개간허가 취소처분이 후에 행정심판 또는 행정소송에서 취소되었으나 담당공무원에게 객관적 주의의무를 결한 직무집행상의 과실이 없다는 이유로 국가배상책임을 부인한 사례

[3] 군수 또는 그 보조 공무원이 구 농지확대개발촉진법 제61조 제2항, 같은법시행령 제1항에 의하여 농수산부장관으로부터 도지사를 거쳐 군수에게 재위임된 국가사무인 개간허가 및 그 취소사무의 처리에 있어 고의 또는 과실로 타인에게 손해를 가한 경우, 국가배상책임의 귀속 주체

【판결요지】

[1] 어떠한 행정처분이 후에 항고소송에서 취소되었다고 할지라도 그 기판력에 의하여 당해 행정처분이 곧바로 공무원의 고의 또는 과실로 인한 것으로서 불법행위를 구성한다고 단정할 수는 없는 것이고, 그 행정처분의 담당공무원이 보통 일반의 공무원을 표준으로 하여 볼 때 객관적 주의의무를 결하여 그 행정처분이 객관적 정당성을 상실하였다고 인정될 정도에 이른 경우에 국가배상법 제2조 소정의 국가배상책임의 요건을 충족하였다고 봄이 상당할 것이며, 이때에 객관적 정당성을 상실하였는지 여부는 피침해이익의 종류 및 성질, 침해행위가 되는 행정처분의 태양 및 그 원인, 행정처분의 발동에 대한 피해자측의 관여의 유무, 정도 및 손해의 정도 등 제반 사정을 종합하여 손해의 전보책임을 국가 또는 지방자치단체에게 부담시켜야 할 실질적인 이유가 있는지 여부에 의하여 판단하여야 한다.

ddd) 직무의무위반설

국가배상법상의 위법성의 개념을 공무원의 직무의무의 위반여부에 따라 판단하는 견해이다. 취소소송에서의 위법성은 행정작용에서의 측면에서만 위법여부를 판단하지만, 국가배상책임에서는 행정작용과 행정작용을 한 자와의 유기적 관련성에서 위법성여부를 판단하여야 한다고 본다.[1]

이 견해에 의하면 취소소송에 있어서의 위법성과 국가배상책임에서의 위법성은 그 판단의 기준을 달리하므로 취소소송의 기각판결, 혹은 인용판결 모두 後訴인 국가배상청구소송에 영향을 미치지 않는다고 본다.[2]

eee) 소결

아무튼 국가배상청구권은 불법행위를 요건으로 한다는 점에서 불법행위를 요건으로

---

1) 김연태, 행정법사례연습, 659면.

2) 김남진 · 김연태, 행정법(I), 554면.

하지 아니하는 형사보상청구권과 구별되고 또한 이 점에서 과실을 전제로 하지 아니하는 영조물의 설치·관리의 하자로 인한 손해에 대한 국가배상책임과는 구별된다.

「法令(법률·명령)에 위반하여」: 위법성
- 법령위반
- 사회정의
  - 인권존중
  - 권리남용금지의 원칙
  - 신의성실의 원칙
  - 사회상규위반 금지의 원칙
  - 평등의 원칙
  - 비례의 원칙
- 관습법
- 조리법

「법의 일반원칙」에 위반하여 「행위가 객관적으로 不當한 것」: 通說
예외: 단순한 복무의무위반·행정규칙위반(소극설·적극설)·재량행사의 경우

그러나 법령해석에 대한 잘못이 있는 경우 예컨대 「… 법령에 대한 해석이 복잡·미묘하여 워낙 어렵고 이에 대한 학설, 판례조차 귀일되지 못하여 이의가 없을 수 없는 경우에 공무원이 그 나름대로 신중을 다하여 합리적인 근거를 찾아 그 중 어느 한 설을 취하여 내린 해석이 대법원이 가린바 된 그것과 같지 않아 결과적으로 잘못된 해석에 돌아가고 그에 따른 처리가 역시 결과적으로 위법하게 되어 그 법령의 부당집행이란 결과를 빚었다고 하더라도, 그와 같은 처리방법 이상의 것을 성실한 평균적 공무원에게 기대하기란 어려운 일이므로 다른 특별한 사정이 없으면 그 한 설을 취한 처리가 공무원의 과실에 의한다고 일컬을 수 없다」 할 것이다.[1)]

- 법령해석 잘못과 공무원의 과실 -

<사례>

구 노동조합법에 따라 노동조합설립신고서를 제출하였으나 노동부장관이 관계법령 해석과 관행에 따라 반려처분(거부처분)을 하였고, 그 뒤 취소소송을 통해 그것이 위법한 처분이었음이 판명된 경우, 이에 대해 국가는 배상책임을 지는가?

1) 대판 1973. 10. 10, 72다2583 【손해배상】

<해설>

국가배상법 제2조의 배상책임이 인정되기 위해서는 그 행위가 위법할 뿐 아니라 공무원에게 과실이 있어야 한다. 그러나 법령에 대한 해석이 문언자체만으로 명백하지 않고, 학설·판례도 일치하지 않는 경우엔 공무원의 과실을 인정하기 어렵다. 행정청의 처분에 대해 취소소송이 제기되고 법원이 이를 위법한 처분으로 판단하여 인용판결을 내린 경우에는 그 공무원의 직무행위가 위법하였음은 명백하다.

그러나 그 처분을 내린 공무원에게 모든 법령에 대하여 정확한 해석을 해야한다는 주의의무를 요구한다는 것은 무리이다. 판례에서도 언급한 바와 같이 "법령에 대한 해석이 문언 자체만으로는 명백하지 아니하여 여러 견해가 있을 수 있고 이에 대한 학설과 판례도 일치되지 않는다면, 공무원이 그 나름대로 신중을 다해 합리적인 근거를 찾아 그 중 어느 한 견해를 따라 내린 해석이 그 뒤에 대법원 판결에 의해 위법하게 되더라도, 그 이상의 처분을 요구하는 것은 평균적인 공무원에게 기대하기 어렵다." 따라서 판결로 행정처분이 취소되더라도 공무원의 과실이 인정되기 어려워 국가배상을 청구할 수 없다.[1] <인터넷 법률신문>

c) 훈령 등 행정규칙위반

행정규칙위반이 위법한 행위에 해당하는가에 관하여는 소극설[2]과 적극설[3] 및 개별적 판단설[4]이 있다. 행정규칙의 법규성을 인정하는 경우에는, 그 위반이 본조의 법령위반에 해당되는 것은 당연하며, 행정규칙의 법규성을 인정하지 않는 경우에도 행정작용의 객관적 기준을 설정하고 있는 행정규칙을 합리적인 이유없이 위반하여 특정인에게 불리한 처분을 하는 것은 본조의 법령위반에 해당되는 것으로 보아야 한다.[5] 그리고 행정의 자기구속의 원리가 적용되는 경우에는 위법문제가 발생한다. 판례는 법령위반으로 보고있지 않는 것 같다.[6]

d) 재량행사의 경우(부당한 재량처분의 문제)

재량의 행사에는 과실이 있을 수 없다. 이른바 편의재량(공익재량, 합목적 재량)의 경우에는 공익상의 필요, 합목적성의 여부는 행정청의 자유재량에 따라 결정하고, 그에 적합하다고 인정되는 처분을 선택하는 것이므로 관계공무원이 공익성, 합목적성의 인정, 판단

---

1) 대판 1973. 10. 10, 72다2583 【손해배상】
2) 서원우; 김이열; 박윤흔, 행정법강의(상), 709면.
3) 김도창; 석종현; 김동희, 행정법(I), 526면.
4) 김철용교수는 2009년도 판(김철용, 행정법 I, 박영사, 2009, 484면)에서는 개별적 판단설을 주장하였으나, 2010년도 판에서는 이를 삭제하고 있다.
5) 김도창, 일반행정법론(상), 629면; 김동희, 행정법(I), 526면; 석종현, 일반행정법(상), 619면.
6) 대판 1973. 1. 30, 72다2062 【손해배상】

을 잘못하여 그 재량권의 범위를 넘어선 행정행위를 한 경우가 있다 하더라도 공익성 및 합목적성의 적절여부의 판단기준은 구체적 사안에 따라 각각 동일하다 할 수 없을 뿐만아니라, 구체적인 경우 어느 행정처분을 할 것인가에 관하여 행정청 내부에 일응의 기준을 정해 둔 경우 그 기준에 따른 행정처분을 하였다면 이에 관하여 공무원에게 그 직무상의 과실이 있다고 할 수 없다.[1)]

그러나 부당한 재량처분의 경우에는 구체적 상황에서는 예외적으로 위법한 처분으로 인정되는 경우도 있고,[2)] 재량처분도 그 행사가 비례원칙 · 평등원칙 · 신뢰보호의 원칙을 위반하여 재량권의 일탈 · 남용이 이루어 졌을 경우에는 위법이 된다.

다만 일탈 · 남용 등으로 위법에는 이르지 않았으나, 보다 합리적인 대안이 있었음에도 불구하고 부당한 처분이 내려졌을 경우에는 국가배상법상의 법령위반, 즉 위법성을 띠지는 않는다고 할 것이다.[3)] 결국 부당한 정도에 그치는 재량위반(재량권의 한계내에서의 재량위반)[4)]은 법령위반에 포함되지는 아니하나, 위법한 정도에 이르는 재량위반은 법령위반이 된다.[5)]

e) 부작위와 위법

부작위도 직무에 포함된다(예컨대 위험한 축대에 대한 개수명령의 해태). 작위의무가 명문으로 규정되어 있지 않은 경우에도 조리에 의해 작위의무를 인정할 수 있느냐가 문제되며, 학설은 법률에 의한 행정의 원리를 준수해야 한다는 입장에서의 부정설과, 국가배상에 있어서 법률에 의한 행정의 원리를 강조하는 것은 타당하지 않다는 긍정설[6)]의 대립이 있다. 판례는 형식적 의미의 법령에 명시적으로 공무원의 작위의무가 규정되어 있지 않음에도 불구하고 일정한 경우에 위험방지의무를 인정하고 있다.[7)] 특히 행정개입청구권의 법리가 적용되는 경우, 재량권은 수축되어 행정권을 발동할 작위의무가 발생하고, 이를 발동하지 않을 때에는 위법이 되어 국가배상책임이 인정된다.[8)]

예컨대 판례도 재량행위에 대해서도 일정한 경우에는 국가배상책임을 인정한 판례도

1) 대판 1984. 7. 22, 84다카597 【손해배상】
2) 김동희, 행정법(I), 527면.
3) 박윤흔, 행정법강의(상), 710면.
4) 김남진 · 김연태, 행정법(I), 554면.
5) 석종현, 일반행정법(상), 619면; 김남진 · 김연태, 행정법(I), 554면.
6) 서원우, 국가의 부작위와 국가배상책임, 고시연구(1979.3), 15면 이하; 강구철, 부작위와 국가배상책임, 고시계(1989.11), 56-57면.
7) 박균성, 행정법론(상), 702면; 대판 2001. 4. 24, 2000다57856 【손해배상(기)】
8) 박윤흔, 행정법강의(상), 711면.

있고,[1] 경찰관직무집행법 제5조는 형식상 경찰관에게 재량에 의한 직무수행을 인정한 것처럼 보이나, 구체적인 사정에 따라서는 권한을 행사하여 필요한 조치를 취하지 않는 것은 직무상의 의무를 위반한 것이 된다고 판시한바 있다.[2]

「판례 : 부작위에 의한 불법행위의 성립 · 국가배상책임인정」

(ㄱ) 군 · 경 · 공무원이 3차에 걸친 간첩출현신고를 묵살하고, 즉시 출동하지 아니한 직무유기행위로 인하여 피해자가 공비에 의하여 살해된 경우에는 국가배상책임이 성립한다.[3]

(ㄴ) 구속피의자에 대한 변호사의 접견신청이 수사기관에 의하여 거부당한 경우에 국가는 변호사가 입은 정신적 피해에 대하여 위자료를 지급하여야 한다.[4]

f) 違法性과 過失의 一元化(過失의 客觀化; 違法과 過失의 相互 接近)

위법과 과실을 엄격히 구별하는 것은 피해자의 구제라는 측면에서 바람직 하지 못하다. 그리하여 과실의 객관화이론에 의해서 위법성과 과실을 불가분의 관계로 보아, 양자중 어느 하나가 입증되면 원칙적으로 다른 요건은 당연히 인정되는 것으로(예를 들면 과실이 있으면 위법하다)보아 책임성립요건으로서의 양자를 일원적으로 파악하는 것이 바람직 하

---

1) 대판 1980. 2. 26, 79다2341【손해배상】지방자치단체에 자연암벽 붕괴사고로 인한 배상책임 인정 예【판결요지】지방자치단체 소유의 임야에 주민들이 무허가로 주택을 지어 살고 있더라도 그에 대하여 관리행정을 실시해 온 이상 그 자치단체로서는 주택가에 돌출하여 위험이 예견되는 자연암벽이 있으면 복지행정의 집행자로서 이를 사전에 제거하여야 할 의무가 있고, 그 의무를 해태한 부작위로 인하여 붕괴사고가 일어나서 주민들이 손해를 입었다면 이를 배상할 책임이 있다.

2) 대판 1998. 8. 25, 98다16890【손해배상】[1] 경찰관의 경찰관직무집행법 제5조에 규정된 권한의 불행사가 직무상의 의무를 위반한 것이 되어 위법한 것으로 되기 위한 요건 [2] <u>경찰관이 경찰관직무집행법 제5조에 규정된 위험발생방지조치를 취하지 아니하였음을 이유로 국가배상책임을 인정한 사례</u>【판결요지】[1] 경찰관직무집행법 제5조는 경찰관은 인명 또는 신체에 위해를 미치거나 재산에 중대한 손해를 끼칠 우려가 있는 위험한 사태가 있을 때에는 그 각 호의 조치를 취할 수 있다고 규정하여 형식상 경찰관에게 재량에 의한 직무수행권한을 부여한 것처럼 되어 있으나, 경찰관에게 그러한 권한을 부여한 취지와 목적에 비추어 볼 때 구체적인 사정에 따라 경찰관이 그 권한을 행사하여 필요한 조치를 취하지 아니하는 것이 현저하게 불합리하다고 인정되는 경우에는 그러한 권한의 불행사는 직무상의 의무를 위반한 것이 되어 위법하게 된다. [2] 경찰관이 농민들의 시위를 진압하고 시위과정에 도로 상에 방치된 트랙터 1대에 대하여 이를 도로 밖으로 옮기거나 후방에 안전표지판을 설치하는 것과 같은 위험발생방지조치를 취하지 아니한 채 그대로 방치하고 철수하여 버린 결과, 야간에 그 도로를 진행하던 운전자가 위 방치된 트랙터를 피하려다가 다른 트랙터에 부딪혀 상해를 입은 사안에서 국가배상책임을 인정한 사례.

3) 대판 1971. 4. 6, 71다124.

4) 서울민사지법 1991. 9. 19, 91가단24555.

다.[1] 다만 이러한 위법과 과실의 상호 접근은 위법과 과실 양면으로부터(위법개념의 과실개념에의 접근 · 과실개념의 위법개념에의 접근) 나타나고 있다. 판례도 상호접근해가는 방향으로 나아가고 있다.[2]

2.1.8. 타인에게 손해가 발생하였을 것(손해발생)

a) 타인

aa) 타인의 의의

여기서 타인이라 함은 국가 또는 지방자치단체 및 가해자인 공무원 및 그의 직무행위에 가세한 자 이외의 모든 사람(被害者)을 가리킨다.[3] 공무원의 경우라도 가해자의 입장에 있을 때에는 타인이 아니지만, 다른 공무원의 불법행위로 인하여 손해를 받은 경우에는 타인의 범주에 당연히 포함된다.[4] 따라서 공무원이 자신의 소유인 승용차를 운전하여 공무를 수행하고 돌아오던 중 동승한 다른 공무원을 사망하게 하는 교통사고를 발생시킨 경우에 손해배상책임을 지게 된다(피해자가 가해자와 동일 또는 동종의 기관에 근무하는 지의 여부와는 상관이 없다).[5]

『판례』 국가는 국가사무로 인하여 손해를 보는 제3자가 될 수 없다.

지방자치단체의 장이 국가로부터 국가행정사무를 위임받아 행하는 기관위임의 경우에는 지방자치단체의 장은 국가기관으로서 그 수임사무를 처리하는 것이므로 도(道)가 국가로부터 위임받아 가족계획사업을 집행함에 있어 그 소속직원의 과실로 국가가 손해를 입

---

1) 박윤흔, 행정법강의(상), 708면.

2) 박균성, 행정법론(상), 710면.

3) 석종현, 일반행정법(상), 621면.

4) 석종현, 일반행정법(상), 621면.

5) 대판 1998. 11. 10, 97다36873 【손해배상(자)】 [1] 공무원이 자신의 소유인 승용차를 운전하여 공무를 수행하고 돌아오던 중 동승한 다른 공무원을 사망하게 하는 교통사고를 발생시킨 경우, 이는 외형상 객관적으로 직무와 밀접한 관련이 있는 행위이고, 가해행위를 한 공무원과 동일한 목적을 위한 업무를 수행한 공무원이라 할지라도 그가 가해행위에 관여하지 아니한 이상 국가배상법 제2조 제1항 소정의 '타인'에 해당하므로 국가배상법에 의한 손해배상책임이 인정된다. [2] 공무원이 공무집행 중 다른 공무원의 불법행위로 인하여 사망한 경우, 사망한 공무원의 유족들이 국가배상법에 의하여 국가 또는 지방자치단체로부터 사망한 공무원의 소극적 손해에 대한 손해배상금을 지급받았다면 공무원연금관리공단 등은 그 유족들에게 같은 종류의 급여인 유족보상금에서 그 상당액을 공제한 잔액만을 지급하면 되고, 그 유족들이 공무원연금관리공단 등으로부터 공무원연금법 소정의 유족보상금을 지급받았다면 국가 또는 지방자치단체는 그 유족들에게 사망한 공무원의 소극적 손해액에서 유족들이 지급받은 유족보상금 상당액을 공제한 잔액만을 지급하면 된다.

었다고 하더라도 국가는 국가배상법 소정의 '타인'에 속하지 아니한다(대판 1980. 10. 14, 80다1647)

bb) 군인·군무원 등에 대한 특례(이중배상금지) : 국가배상법 제2조 제1항 단서

aaa) 의의

피해자가 군인·군무원·경찰공무원·향토예비군대원[1]으로서 전투·훈련 기타 직무집행과 관련하거나, 국방상·치안유지상 사용하는 일정한 시설 안에서 전사·순직 또는 公傷을 입은 경우에 다른 법령에 의한 보상(재해보상금·유족연금·상이연금 등)을 지급 받을 수 있는 때에는 국가배상법 및 민법에 의한 손해배상을 청구하지 못한다(헌법 제29조), ② 국가배상법 제2조 제1항 단서). 이는 이중배상의 모순을 제거하려는 취지이지만, 제3공화국에서는 헌법적 근거가 없어 1971년 6월 22일 대법원의 위헌판결[2]이 있었고, 이에 따라 제4공화국헌법(유신헌법)에서는 제26조 제2항을 신설하여 논란의 여지를 배제하였다.[3]

<사례>

육군특전사령부 교육대 소속 교관 甲 중위는 특수전 수중파괴 훈련장에서 사병들에게 강한 공수훈련을 시키고 있었다. 훈련은 휴식도 없이 계속 진행되었고 이에 사병들은 거의 기진맥진한 상태에 이르렀다. 그러던 중 甲 중위는 지친 사병들의 구호가 작다는 이유로 기합을 주기 위해 사병들의 체력상황을 고려하지 않고 연못의 수심도 파악하지 아니한 채 훈련장 안에 있는 연못(횡단거리 48m, 수심 최고 4m)을 건너가게 지시하였다. 이에 따라 연못을 건너던 사병들 중 乙상병이 과중한 훈련에 지친 탓으로 끝까지 건너가지 못하고 도중에 익사하였다. 이 경우 乙상병의 아들 甲은 손해배상을 청구할 수 있는가? 누구를 상대로 손해배상을 청구할 수 있는가? <판례참조>

---

1) 예비역은 군부대의 지휘하에 들어가야 군인신분취득 : 국가배상법상의 군인의 신분은 예비군인 경우에 있어서는 소집명령서를 받고 실역에 복무하기 위하여 지정된 장소에 도착하여 군통수권의 지휘하에 들어가 군부대의 구성원이 되었을 때 비로소 시작되는 것이고, 부대영문인 위병소가 있는 곳에 도착한 것만으로서는 아직 국가배상법상의 군인의 신분을 취득하였다고 할 수 없다(대판1976. 12. 14, 74다1441).

2) 대판 1971. 6. 22, 70나1010 【판결요지】 구 국가배상법(67. 3. 3. 법률 제1899호) 제2조 제1항 단행의 규정은 구 헌법(62. 12. 26. 개정헌법) 제26조 제8조 제9조 제32조 제2항에 위반한다.

3) 단서는 합헌이다. 이 사건 사고가 발생할 당시에 시행된 국가배상법 제2조 제1항 단서의 규정에 의하면 군인이 직무 집행중에 발생하였거나 국군의 목적상 사용하는 운반기구 안에서 발생한 순직으로 인하여 다른 법령의 규정에 의하여 재해보상금 또는 유족일시금이나 유족연금 등을 지급받을 수 있을 때에는 이 법 및 민법의 규정에 의한 손해배상을 청구할 수 없다라는 취지로 규정하고 있다. 이 단서의 규정이 개정전 헌법 제26조 기타의 헌법규정에 저촉되어 그 효력이 없다고 볼 수 없다(대판 1977. 6. 7, 72다1359).

<해설>

1. 국가배상법 제2조 제1항 본문의 요건 충족 여부

국가배상책임이 성립하기 위하여는 ① 공무원의 가해행위, ② 가해행위의 직무집행성, ③ 고의 또는 과실에 기한 가해행위, ④ 가해행위의 위법성(법령에 위반하여), ⑤ 타인에 대한 손해의 발생, ⑥ 공무원의 가해행위와 손해발생 간의 상당인과관계 등이 충족되어야 한다.

위의 사례에 의하면 甲은 군인으로서 공무원이고, 기합은 외관상 객관적으로 교관 甲의 직무행위에 속하며(외형주의), 甲은 사병들의 체력상황과 연못의 수심을 파악하여 미연의 위험을 예견하고 이를 회피할 의무가 있음에도 이를 해태한데 대한 과실이 인정되며(과실), 甲이 준 기합은 공수훈련 중에도 최소한의 인권은 보장해야 한다는 점에서 위법하며(위법성), 甲중위가 乙상병의 피로와 연못의 수심을 사전에 주의깊게 파악하였다면 乙의 익사(결과발생)를 방지할 수 있었을 것이므로 상당인과관계가 인정된다(상당인과관계)는 점에서 위의 요건을 충족한다.

2. 국가배상법 제2조 제1항 단서의 요건 충족 여부

(1) 乙상병은 직무집행과 관련하여 순직한 것인가?

국가배상법 제2조 제1항 단서는 군인 등이 전투·훈련·기타 직무집행과 관련하여(사안상 '국방 또는 치안유지의 목적상 사용하는 시설 및 자동차·함선·항공기·기타 운반기구 안에서'의 요건은 문제되지 않는다) 순직(사안상 乙이 전사한 것으로 볼 수 없다)을 한 경우에 적용된다.

이에 대해 판례는 【대판 1991. 8. 13, 90다16108】 "국가배상법 제2조 제1항 단서에서 말하는 순직에 해당하는 여부는 피해를 입은 군인 등이 그 직무수행과 관련하여 피해를 입게 되었는지 여부에 따라 가려져야 할 것이고 가해자인 군대 상급자의 구타행위나 소위 얼차려행위 등이 그 징계권 또는 훈계권의 한계를 넘어 불법행위를 구성하는지 여부는 순직 여부를 판단하는 데에 직접적인 관계가 없다"고 판시한 바 있다. 이에 따르면 공수훈련 도중 과중한 훈련에 지친 탓으로 익사한 乙 상병의 경우도 순직에 해당하는 것으로 보아야 할 것이다.

(2) 보상을 인정하는 다른 법률규정

국가배상법 제2조 제1항 단서가 적용되기 위한 또 하나의 요건으로서는 순직을 한 본인의 유족이 다른 법령의 규정에 의하여 재해보상금·유족연금·상이연금 등의 보상을 지급받을 수 있어야 한다.

군인연금법 제31조는 군인이 질병에 걸리거나 부상을 당하거나 또는 사망한 경우에 재해보상금을 지급하도록 규정하고 있다(지원에 의하지 아니하고 징집된 경우에게도 적용된다. 같은 법 제2조). 사안에서 乙상병이 훈련도중 사망하였으므로 군인연금법 제2조, 제3조 제1항 제 4호 나목, 제31조에 의해 재해보상금이 甲에게 지급된다.

3. 결론

甲중위는 군인으로서 공무원에 해당하며, 직무집행(훈련)과 관련하여 乙상병을 사망에 이르게 하였으므로 국가배상법 제2조 제1항 본문의 요건을 충족한다. 그러나 乙상병의 사망은 국가배상법 제2조 제1항 단서 소정의 순직에 해당하고 乙의 유족인 甲이 군인연금법 제2조, 제3조 제1항 제4호 및 제31조에 의하여 재해보상금을 지급받을 수 있으므로, 甲의 대한민국에 대한 국가배상청구권은 성립하지 않는다(헌법 제29조 제2항 참조 : 특별권력관계).

bbb) 적용기준

국가배상법 제2조 제1항 단서의 규정취지가 군인, 군무원, 경찰공무원 또는 향토예비군 대원의 전투훈련 기타 직무집행과 관련하는 등으로 전사, 순직 또는 공상을 입은 경우에 본인 또는 유족이 다른 법령의 규정에 의하여 재해보상금, 유족연금, 상이연금 등의 보상을 지급받을 수 있는 때에는 그 피해를 입게 된 원인이, 비록 같은 조항 본문에 규정된 불법행위등에 해당하는 경우라도 법령에 의하여 따로 정한 보상절차에 따르도록 하고, 위 법 또는 민법에 의한 손해배상책임은 물을 수 없도록 한 것인만큼 같은 조항 단서에서 말하는 公傷에 해당하는 여부는 피해를 입은 군인 등이 그 직무수행과 관련하여 피해를 입게 되었는지 여부에 따라 가려져야 할 일이고, 가해자인 위 군대 상급자들의 구타행위나 소위 기합을 가한 행위가 그 징계권 또는 훈계권의 한계를 넘어 불법행위를 구성하는지의 여부는 공상 여부를 판단하는 데에 직접적인 관계가 없다.[1]

ccc) 특례가 인정된다고 한 판례

『**판례**』: 국가배상법상 위자료청구권과 군사원호보상급여금법에 의한 유족연금청구권은 서로 경합관계로 그 중 하나만 행사 가능

국가배상법에 의한 위자료청구권과 군사원호보상급여금법에 의한 유족연금청구권은 서로 청구권이 경합되는 관계에 있으므로 피해자가 이미 국가배상법에 의한 청구소송에 의하여 위자료로서 금 100,000원을 지급 받았다면 군사원호보상급여금법에 의한 유족연금 총액이 금 165,000원으로서 소송에 의하여 지급받은 위 금액을 초과하더라도 피해자는 그 초과금액의 지급을 청구할 수 없다(대판 1978. 6. 13, 77다1178).

『**판례**』: 직무불성실로 인하여 폭행을 당한 경우 직무집행중에 폭행을 당한 것으로 볼 수 있다. 불성실한 근무태도로 주번사관한테 주의를 받고 다시 근무지로 가라는 지시를 이행하지 않는 군인에게 폭행을 가하여 사망한 경우, 이는 직무집행중에 폭행을 당하여 사망한 것으로 구 국가배상법 제2조 제1항 단서의 경우에 해당한다(대판 1978. 5. 23, 78다523)

1) 대판 1988. 10. 11, 88다카2813 【손해배상(기)】

『**판례**』: 이 사건에서 위 망인에게는 군인연금법상의 유족에 해당하는 사람이 없어 재해보상금이 실제로 지급될 수 없고, 따라서 현실적으로는 같은 법시행령 제10조 제3, 4항의 규정에 의하여 위 망인의 형제자매들인 원고들에게 소정절차에 따라 사용목적(분묘, 제기, 기념비)이 제한된 일정금액만이 지급될 수 있을 뿐임은 소론과 같다 하더라도 이로써 국가배상법 제2조 제1항 단서의 적용을 배제할 수 없다 할 것이다(대판 1991. 8. 13, 90다16108).

ddd) 특례에 해당하지 않는다고 한 판례

대판 1979. 1. 30, 77다2389 【손해배상】 숙직실은 직무수행과 관련한 시설이 아니다.

경찰서 지서의 숙직실은 국가배상법 제2조 제1항 단서 소정의 전투·훈련에 관련된 시설이라 볼 수 없으므로, 위 숙직실에서 순직한 경찰공무원의 유족들은 국가배상법 제2조 제1항 본문에 의하여 국가배상법 및 민법의 규정에 의한 손해배상을 청구할 권리가 있다(다수의견).

대판 1988. 12. 27, 84다카796 【손해배상】

구 공무원연금법상의 장해보상금지급규정은 "다만 … 본인 또는 그 유족이 다른 법령의 규정에 의하여 재해보상금 …등의 보상을 지급받을 수 있을 때에는 이 법 및 민법의 규정에 의한 손해배상을 청구할 수 없다"고 규정한 국가배상법 제2조 제1항 단서 소정의 "다른 법령의 규정"에 해당하지 않는다 할 것이고, 따라서 원고 오○○이 경찰공무원으로서 구 공무원연금법의 규정에 의하여 장해보상을 지급받은 것은 국가배상법제2조 제1항 단서 소정의 "다른 법령의 규정"에 의한 재해보상을 지급받은 것에 해당하지 아니한다.

대판 1991. 4. 26, 90다15907 【손해배상(기)】

경비교도로 근무중 공무수행과 관련하여 사망한 자에 대하여 국가기관이 그를 국가유공자예우등에관한법률 제4조 제1항 제5호 소정의 순직 군경(군인 또는 경찰공무원으로서 교육훈련 또는 직무수행중 사망한 자)에 해당한다 하여 국가유공자로 결정하고 사망급여금 등이 지급되었다 하더라도 그러한 사실 때문에 그 신분이 군인 또는 경찰공무원으로 바뀌는 것은 아니라 할 것이다.

대판 1980. 2. 12, 79다2226 【손해배상】 손해배상의 일부로 볼 수 없는 위자금

국가에서 공무원 사망에 대한 유족급여금으로 지급한 연금이나, 재단법인 체성회나 체신관서 공제조합 또는 부산체신청 노조지부 등에서 지급한위자금은 그 지급자나 지급금의 성질상 사고로 인한 손해배상금의 일부로 지급된 것으로 볼 수 없다.

cc) 외국인에 대한 책임

외국인이 피해자인 경우에는 상호주의에 따라 피해자의 나라가 우리나라 사람에게 국가배상을 인정하는 경우에만 우리나라도 국가배상책임을 진다(상호보증주의).

2.1.9. 손해의 발생

손해는 공무원의 가해행위로 인하여 피해자가 입은 모든 불이익을 의미한다. 이는 법익 침해에 의한 불이익을 의미하며 반사적 이익의 침해 혹은 공공일반의 이익침해는 포함되지 아니한다.[1] 피해자란 가해자인 공무원과 그 위법한 직무행위에 가담한 자 이외의 모든 사람을 말한다. 헌법 제29조 제2항에 규정된 군인·군무원·경찰공무원은 여기서 말하는 피해자에서 제외된다.

이때의 손해는 가해행위와 상당인과관계에 있는 모든 손해를 말한다. 물질적 손해이든 정신적 손해이든 피해자가 입은 일체의 불이익을 말한다. 적극적 손해·소극적 손해(정당한 예기이익의 상실)[2]이건 재산적 손해·생명적 손해·신체적 손해·정신적 손해(위자료)[3]를 모두 포함한다.[4]

· **소극적 손해**: 취득 할 수 있는 것을 취득하지 못한 경우
· **적극적 손해**: 영업을 하지 못함으로서 얻은 손해

– 손해의 의미 –

「문제」 손해의 발생이란 재산적, 측청가능한 손해만을 의미하는가…

---

1) 김남진·김연태, 행정법(I), 556면.

2) 김철용, 행정법 I, 502면.

3) 대판 2004. 9. 23, 2003다49009 【손해배상(기)등】 【판시사항】 [1] 경찰관에게 부여된 권한의 불행사가 직무상의 의무를 위반하여 위법하게 되는 경우 [2] 군산 윤락업소 화재 사건으로 사망한 윤락녀의 유족들이 국가를 상대로 제기한 손해배상청구 사건에서, 경찰관의 직무상 의무위반행위를 이유로 국가에게 위자료의 지급책임을 인정한 사례 【판결요지】 [1] 경찰은 범죄의 예방, 진압 및 수사와 함께 국민의 생명, 신체 및 재산의 보호 등과 기타 공공의 안녕과 질서유지도 직무로 하고 있고, 그 직무의 원활한 수행을 위하여 경찰관직무집행법, 형사소송법 등 관계 법령에 의하여 여러 가지 권한이 부여되어 있으므로, 구체적인 직무를 수행하는 경찰관으로서는 제반 상황에 대응하여 자신에게 부여된 여러 가지 권한을 적절하게 행사하여 필요한 조치를 취할 수 있는 것이고, 그러한 권한은 일반적으로 경찰관의 전문적 판단에 기한 합리적인 재량에 위임되어 있는 것이나, 경찰관에게 권한을 부여한 취지와 목적에 비추어 볼 때 구체적인 사정에 따라 경찰관이 그 권한을 행사하여 필요한 조치를 취하지 아니하는 것이 현저하게 불합리하다고 인정되는 경우에는 그러한 권한의 불행사는 직무상의 의무를 위반한 것이 되어 위법하게 된다. [2] 윤락녀들이 윤락업소에 감금된 채로 윤락을 강요받으면서 생활하고 있음을 쉽게 알 수 있는 상황이었음에도, 경찰관이 이러한 감금 및 윤락강요행위를 제지하거나 윤락업주들을 체포·수사하는 등 필요한 조치를 취하지 아니하고 오히려 업주들로부터 뇌물을 수수하며 그와 같은 행위를 방치한 것은 경찰관의 직무상 의무에 위반하여 위법하므로 국가는 이로 인한 정신적 고통에 대하여 위자료를 지급할 의무가 있다.

4) 김철용, 행정법 I, 502면.

「문제」 법적으로 손해란 어떤 의미가 있는가?

「해설」 일반적으로 손해의 가장 대표적인 예로는 첫째, 자신이 갖고 있던 재산의 상실 내지는 훼손으로 인한 손해를 보는 경우가 있는데 이를 적극적 손해라 한다. 둘째, 자신이 당연히 얻을 수 있었던 이익을 획득하지 못하는 경우가 있는데, 이것을 소극적 손해라 한다.[1] 셋째, 정신적 고통이다. 겉으로 드러나지 않지만 일상 생활을 하다가 실망, 좌절, 슬픔 등으로 고통을 겪는 경우, 이는 물질적인 손해 이상으로 그 개인에게 부담을 주게 된다. 물론, 일상생활을 하는 데에 있어서는 이를 인내하여야 하는 경우가 많으나, 도를 지나치는 경우에는 가해자로 하여금 이를 배상하도록 하고 있는 것이 현행 법체계이다.[2]

이러한 정신적 고통을 물질로서 과연 보충해 줄 수 있는가 하는 의문이 들지만, 이에 대한 다른 더 좋은 방도가 없으므로 차선책인 금전적 배상으로 피해자에게 어느 정도의 위안을 주고자 하는 것이다. 그러한 의미에서 정신적 손해에 대한 배상금을 보통 위자료라고 부른다.[3]

<사례>

공무원들의 공식적 친목행사로 인한 피해의 배상은…

얼마 전 甲의집 옆 공터에서 있었던 요란한 공무원 체육대회로 인하여 집에서 기르던 가축들이 놀라 죽은 경우도 있고, 젖이 잘 나오지 않는 경우도 있다. 손해배상을 위한 인과관계의 입증책임은 누가 지는가?

<해설>

事案에서와 같이 가축 등에 피해를 입었다면, 그 피해가 공무원 체육대회로 인하여 초래되었다는 것을 입증하여 국가에 손해배상을 청구할 수 있으며, 이 경우 피해자는 가축전

---

1) 예를 들면 일용노동자가 교통사고로 병원에 입원하게 되어 일을 못한 결과 그 기간만큼의 노임을 얻지 못했다면 그 노임만큼 손해를 본 것이다.

2) 예를 들어, 예식장에서 사진촬영을 하였으나 촬영기술의 미숙으로 전혀 결혼 사진을 볼 수 없게 된 경우, 교통사고로 자식을 잃게 된 경우 등에는 그 정신적 고통이 아주 큰 것이고, 이러한 정신적 고통을 정신적 손해라 할 수 있다.

3) 이와 같이 재산의 상실이나 훼손으로 인한 손해를 적극적 손해라부르며, 이 적극적 손해와 위에서 설명한 소극적 손해, 정신적 손해가 손해의 3가지 구성부분이다. 모든 손해는 이러한 3가지 손해부분으로 구분되어 계산이 되고 그 합산액이 전체 손해로 된다. 생명을 잃거나, 신체적으로 상해를 입은 경우에도 이렇게 적극적 손해, 소극적 손해, 정신적 손해로 나누어 평가하게 된다는 것이다. 일견 금전적으로 평가하기 곤란한 경우에도 손해인 이상 위 3부분으로 계산이 되며 그 액수만큼 배상이 있게 된다. 따라서 보통 적극적 손해만을 말하는 일반적인 손해는 물론이고, 피해자가 입은 일체의 불이익은 손해로 평가되며, 손해액으로 산정되면 물질적 손해이든 정신적 손해이든 차이가 없이 똑같이 배상을 받을 수 있다. 이러한 손해의 존재나 그 액수는 피해를 입은 사람이 우선 주장, 입증하여야 한다.

문가로부터 통상 어떤 정도의 소란행위에 의하여 가축이 피해를 입는지 알아보고, 그 내용에 따라 인과관계(상당인과관계)를 입증하여야 한다.

입증책임 → 피해자
인과관계 → 상당인과관계

2.1.10. 상당인과관계

직무상 위법행위와 손해의 발생 사이에 상당인과관계가 있어야 한다.[1] 상당인과관계의 유무를 판단함에 있어서는 일반적인 결과발생의 개연성은 물론 직무상 의무를 부과하는 법령 기타 행동규범의 목적, 그 수행하는 직무의 목적 내지 기능으로부터 예견가능한 행위 후의 사정, 가해행위의 태양 및 피해의 정도 등을 종합적으로 고려하여야 한다.[2]

대판 2003. 04. 25, 2001다59842 【손해배상(기)】
주민등록사무를 담당하는 공무원이 개명으로 인한 주민등록상 성명정정을 본적지 관할 관청에 통보하지 아니한 직무상 의무위배행위와 甲과 같은 이름으로 개명허가를 받은 듯이 호적등본을 위조하여 주민등록상 성명을 위법하게 정정한 乙이 甲의 부동산에 관하여 불법적으로 근저당권설정등기를 경료함으로써 甲이 입은 손해 사이에는 상당인과관계가 있다.

대판 2001. 2. 23, 2000다46894 【손해배상(기)】
군부대에서 유출된 총기 및 실탄이 범죄행위에 사용된 경우 관리책임자의 총기 및 실탄 관리상의 과실과 그 범죄행위로 인한 피해자의 손해 사이에는 상당인과관계가 있다.

대판 1995. 4. 11, 94다15646 【손해배상(기)】
공무원에게 부과된 직무상의 의무의 내용이 단순히 공공일반의 이익을 위한 것이거나 행정기관 내부의 질서를 규율하기 위한 것이 아니고, 전적으로 또는 부수적으로 사회구성원 개인의 안전과 이익을 보호하기 위하여 설정된 것이라면 공무원이 직무상의 의무를 위반함으로 인하여 피해자가 입은 손해에 대하여는 상당인과관계가 인정되는 범위 내에서 국가 또는 지방자치단체가 배상책임을 져야 한다.

대판 1994. 6. 10, 93다30877 【위자료】
공무원이 법령에서 부과된 직무상 의무를 위반한 것을 계기로 하여 제3자가 손해를 입은 경우에 제3자에게 손해배상청구권이 발생하기 위하여는 공무원의 직무상 의무 위반행위와 제3자의 손해 사이에 상당인과관계가 있지 아니하면 아니되는 것이고, 상당인과관계의 유무를 판단함에 있어서는 일반적인 결과발생의 개연성은 물론 직무상 의무를 부과한

1) 박균성, 행정법론(상), 700면; 홍성방, 헌법학, 671면.
2) 대판 2003. 4. 25, 2001다59842 【손해배상(기)】

법령 기타 행동규범의 목적이나 가해행위의 태양 및 피해의 정도 등을 종합적으로 고려하여야 할 것인바, 공무원에게 직무상 의무를 부과한 법령의 보호목적이 사회 구성원 개인의 이익과 안전을 보호하기 위한 것이 아니고 단순히 공공일반의 이익이나 행정기관 내부의 질서를 규율하기 위한 것이라면, 가사 공무원이 그 직무상 의무를 위반한 것을 계기로 하여 제3자가 손해를 입었다 하더라도 공무원이 직무상 의무를 위반한 행위와 제3자가 입은 손해 사이에는 법리상 상당인과관계가 있다고 할 수 없다.

대판 1993. 1. 15, 92다8514 【손해배상(기)】

국가 또는 지방자치단체가 소속 공무원의 고의·과실에 의한 불법행위에 기하여 손해배상책임을 부담하기 위하여는 공무원의 불법행위가 職務를 집행함에 당하여 행하여진 것이어야 하고, 공무원의 행위가 본래의 직무와는 관련이 없는 행위로서 외형상으로도 직무범위 내에 속하는 행위라고 볼 수 없을 때에는 공무원의 행위에 의한 손해에 대하여 국가배상법에 의한 국가 또는 지방자치단체의 책임을 인정할 수 없다.

구청 공무원 甲이 주택정비계장으로 부임하기 이전에 그의 妻 등과 공모하여 乙에게 무허가건물철거 세입자들에 대한 시영아파트입주권 매매행위를 한 경우 이는 甲이 「개인적으로 저지른 행위」에 불과하고 당시 근무하던 세무과에서 수행하던 지방세 부과, 징수 등 본래의 직무와는 관련이 없는 행위로서 外形上으로도 직무범위 내에 속하는 행위라고 볼 수 없고, 甲이 그 후 주택정비계장으로 부임하여 乙의 문의에 의하여 주택정비계 사무실에 허위로 작성하여 비치해 놓은 입주신청 및 명의변경 접수대장을 이용하여 세입자들이 정당한 입주권 부여 대상자인 양 허위로 확인하여 주었다 하더라도 이는 이미 불법행위가 종료되어 乙 등의 손해가 발생된 이후의 범행관여 사이에 상당인과관계를 인정하기 어렵다.

3. 공무원의 직무상 불법행위에 대한 배상책임(효과)

3.1. 배상책임자

3.1.1. 사무의 귀속주체로서의 배상책임자(국가배상법 제2조 제1항)

국가배상법 제2조 제1항에서 국가 또는 지방자치단체가 배상책임을 진다고 하는 것은 당해 사무의 귀속주체에 따라서 국가사무의 경우는 국가가 배상책임을 지고,[1] 자치사무의 경우에는 당해 지방자치단체가 배상책임을 진다는 의미이다. 따라서 기관위임사무의 경우에는 위임한 기관(위임한 기관이 속한 행정주체)이 손해배상책임의 주체가 된다.

---

1) 대판 2002. 2. 22, 2001다23447 【손해배상(기)】 강도강간의 피해자가 제출한 팬티에 대한 국립과학수사연구소의 유전자검사결과 그 팬티에서 범인으로 지목되어 기소된 원고나 피해자의 남편과 다른 남자의 유전자형이 검출되었다는 감정결과를 검사가 공판과정에서 입수한 경우 그 감정서는 원고의 무죄를 입증할 수 있는 결정적인 증거에 해당하는데도 검사가 그 감정서를 법원에 제출하지 아니하고 은폐하였다면 검사의 그와 같은 행위는 위법하다고 보아 국가배상책임을 인정하였다.

대판 1996. 11. 8, 96다21331 【구상금】 1)

[1] 도로의 유지 · 관리에 관한 상위 지방자치단체의 행정권한이 행정권한 위임조례에 의하여 하위 지방자치단체장에게 위임되었다면 그것은 기관위임이지 단순한 내부위임이 아니고 권한을 위임받은 하위 지방자치단체장은 도로의 관리청이 되며 위임 관청은 사무처리의 권한을 잃는다.

[2] 지방자치단체장 간의 기관위임의 경우에 위임받은 하위 지방자치단체장은 상위 지방자치단체 산하 행정기관의 지위에서 그 사무를 처리하는 것이므로 사무귀속의 주체가 달라진다고 할 수 없고, 따라서 하위 지방자치단체장을 보조하는 하위 지방자치단체 소속 공무원이 위임사무처리에 있어 고의 또는 과실로 타인에게 손해를 가하였더라도 상위 지방자치단체는 여전히 그 사무귀속 주체로서 손해배상책임을 진다.

『판례』 : 공유수면매립허가는 국가의 사무

원고 주장의 이 사건 공유수면매립면허나 그 준공기간연장 신청 및 매립지목적변경인가 신청에 대한 각 반려행위는 모두 ○○도지사가 한 처분임이 분명하고, ○○도지사의 공유수면매립에 관한 사무는 건설부장관이 관장하는 국가의 행정사무의 일부를 위임받아 처리하고 있는 것이어서 도지사의 이에 관한 사무는 국가행정기관으로서의 사무라고 할 것이니 위에서 판시한 바와 같은 이유로 자치단체인 피고는 그 직무상의 위법행위에 대한 책임이 없다고 할 것이고, 국가가 그 책임을 지는 것이라고 할것이다(대판 1981. 11. 24, 80다3203).

『판례』 : 직할하천의 관리는 서울시에 책임이 있다.

서울특별시가 제정, 시행하고 있는 '서울특별시공공시설물안전관리규정'은 하천법 등의 규정에 의하여 서울특별시장에게 관리 및 유지책임이 부여된 공공시설물의 안전관리를 위하여 市가 자체적으로 필요한 사항을 규정한 내부규정에 불과하여, 위 규정에서 시설물의 관리청을 관할 구청장으로 규정하고 있다 할지라도 이로써 서울특별시가 그 관리책임을 면하는 대외적인 효력은 없으므로, 서울특별시는 하천법 등 관계법령에 의하여 서울특별시장에게 유지관리책임이 부여된 직할하천에 설치된 하천취수보의 관리상의 잘못으로 인한 손해배상책임을 면하지 못한다(대판 1991. 10. 22, 91다5594).

『판례』 : 시내의 주민등록 및 인감증명 발급업무는 서울시의 사무

구 지방자치법(1988. 12. 31. 법률 제4041호로 개정되기 전의 것) 시행 당시 주민등록이나 인감에 관한 사무는 지방자치단체인 서울특별시장의 업무범위에 속하는 것이고, 그 산하의 동장은 그 단순한 보조기관으로서 법령의 위임에 의하여 위 사무를 수임처리하고 있음에 불과한 것이므로, 서울특별시 산하 동사무소 소속 주민등록 및 인감증명 발급업무 담당공무원이 그 업무집행중 과실로 인하여 타인에게 입힌 손해의 배상의무자는 서울특별시이다(대판 1991. 11.

1) [1] 도로 유지 · 관리사무에 대한 기관위임이 있는 경우의 도로 관리청(= 피위임 관청) [2] 지방자치단체장 간의 기관위임의 경우, 위임사무처리상의 불법행위에 대한 사무귀속 주체로서의 손해배상책임 주체(= 상위 지방자치단체)

22, 91다26980).

3.1.2. 비용부담자로서의 배상책임자(국가배상법 제6조 제1항 · 제2항)

a) 국가배상법 제6조 제1항 · 제2항

국가배상법 제6조 (비용부담자등의 책임) ① 제2조 · 제3조 및 제5조의 규정에 의하여 국가 또는 지방자치단체가 손해를 배상할 책임이 있는 경우에 공무원의 선임 · 감독 또는 영조물의 설치 · 관리를 맡은 자와 공무원의 봉급 · 급여 기타의 비용 또는 영조물의 설치 · 관리의 비용을 부담하는 자가 동일하지 아니한 경우에는 그 비용을 부담하는 자도 손해를 배상하여야 한다. ② 제1항의 경우에 손해를 배상한 자는 내부관계에서 그 손해를 배상할 책임이 있는 자에게 구상할 수 있다.

b) 제1항의 내용

aa) 배상책임자

국가배상법 제6조 제1항에서 말하는 공무원의 선임 · 감독자란 국가배상법 제2조(사무의 귀속주체)의 국가 또는 지방자치단체이며, 영조물의 설치 · 관리를 맡은 자란 국가배상법 제5조(영조물의 관리주체)의 국가 또는 지방자치단체이다.[1)]

봉급 · 급여 기타의 비용부담자란 공무원의 인건비만을 가리키는 것이 아니라 당해 사무에 필요한 일체의 경비를 의미한다고 할 것이고, 적어도 대외적으로 그러한 경비를 지출하는 자는 경비의 실질적 · 궁극적 부담자가 아니더라도 그러한 경비를 부담하는 자에 포함된다.[2)]

bb) 비용부담자

여기서 비용부담자의 의미는 실질적 비용부담자설(비용의 실질적 · 궁극적 부담자를 의미), 형식적 비용부담자설(단순히 대외적으로 비용을 부담하는 자), 병합설등(실질적 부담자와 형식적 부담자를 모두 포함)이 있으나, 행정의 실제상 지방공무원의 봉급 · 급여는 특별회계가 아닌 일반회계에서 나온다는 점, 국가의 지방교부세 또는 특별시 · 광역시의 재정조정교부금은 일반회계에 속한다는 점에서 형식적 비용부담자와 실질적 비용부담자의 구별이 현실적으로는 어렵고(강구철, 김연태, 홍준형),[3)] 피해자의 그릇된 피고선택으로부터 손해배상을 받지 못하는 위험을 배제하기 위하여는 병합설이 타당하다. 판례 또한 같다.

---

1) 홍정선, 행정법특강, 박영사, 2006, 474면.
2) 대판 1994. 12. 9, 94다38137.
3) 홍정선, 행정법특강, 박영사, 2006, 475면.

「판례」:

[기관위임사무와 지방자치단체의 비용부담자로서의 책임]

국가배상법 제6조 제1항 소정의 '공무원의 봉급, 급여 기타의 비용'이란 공무원의 인건비만을 가리키는 것이 아니라 당해 사무에 필요한 일체의 경비를 의미한다고 할 것이고, 적어도 대외적으로 그러한 경비를 지출하는 자는 경비의 실질적 · 궁극적 부담자가 아니더라도 그러한 경비를 부담하는 자에 포함된다고 할 것인바 … (지방자치법 제132조; 지방재정법 제18조 제2항의 규정상) 지방자치단체의 장이 기관위임된 국가행정사무를 처리하는 경우 그에 소요되는 경비의 실질적 · 궁극적 부담자는 국가라고 하더라도 당해 지방자치단체는 국가로부터 내부적으로 교부된 금원으로 그 사무에 필요한 경비를 대외적으로 지출하는 자이므로, 이러한 경우 지방자치단체는 국가배상법 제6조 제1항 소정의 비용부담자로서 공무원의 불법행위로 인한 위 법에 의한 손해를 배상할 책임이 있다…. 원심이 위 사무가 국가행정사무라는 이유만으로 피고 市에게는 국가배상법에 의한 손해배상책임이 없다고 판단하였음은 심리미진 및 국가배상법 제6조 제1항 소정의 법리를 오해한 위법을 저지른 것이라 아니할 수 없다(대판 1994. 12. 9, 94다38137).

[기관위임사무를 처리하는 군소속 공무원에게 봉급을 지급한 郡의 배상책임]

군수가 도지사로부터 사무를 기관위임받은 경우 사무를 처리하는 담당 공무원이 군 소속이라고 하여도 군에게는 원칙적으로 국가배상책임이 없지만, 위 담당공무원이 군 소속 지방공무원으로서 郡이 이들에 대한 봉급을 부담한다면, 郡도 국가배상법 제6조 소정의 비용부담자로서 국가배상책임이 있다(대판 1994. 1. 11, 92다29528).

다만 여기서 봉급 · 급여 기타의 비용부담자는 언제나 배상책임을 부담한다는 의미는 아니며, 공무원의 선임 · 감독자와 공무원의 봉급 · 급여 기타의 비용부담자가 다른 경우에만 비용부담자도 배상책임을 진다는 의미이며, 비용부담자의 배상책임은 국가배상법 제6조 제1항에 의한 독립적 비용부담자이다. 본조는 특히 기관위임사무와 단체위임사무의 경우에 적용된다.[1)]

cc) 선택적 청구

공무원의 선임 · 감독자와 봉급 · 급여 등의 비용부담자가 동일하지 않을 때에는 피해자는 그 어느 쪽에 대하여도(선임 · 감독자 혹은 비용부담자) 선택적 청구권을 행사할 수 있고, 이 경우 손해를 배상한 자는 내부관계에서 배상책임 있는 자(선임 · 감독자)에 대하여 구상권을 가진다(국가배상법 제6조 제2항).

1) 홍정선, 행정법원론(상), 단락번호 1953.

c) 제2항의 내용 : 종국적 배상책임자(구상책임을 지는자)

aa) 사무귀속자설(위임자귀속설; 관리주체설)

사무자귀속설은 최종적인 구상의무를 지는자는 사무를 관리하는자(시장 · 군수 · 구청장)가 속하는 행정주체, 즉 사무의 귀속주체(위임을 한 기관)가 최종적인 책임을 진다는 견해이다. 이경우의 사무란 그 사무에 관련된 모든 권리 · 의무 · 책임이 그 주체에 속한다는 것을 의미하며, 명시적인 특별규정이 없는 한 손해배상을 포함하여 사무수행에 따른 모든 비용을 사무의 귀속주체가 최종적으로 부담하여야 한다는 것이다. 사무귀속자설은 관리자부담설(관리자책임설) · 관리주체설[1] · 위임자귀속설이라고도 한다.[2] 이설이 우리나라의 다수설이다.

<사례> 고장난 교통신호기 사건

대전광역시장은 대전 대덕구 평촌동 534 주식회사 연합물산 앞 왕복 6차로 도로에 횡단보도와 신호기를 설치한 사실, 위 신호기의 관리권한은 도로교통법시행령 제71조의2 제1항의 규정에 의하여 충남지방경찰청장에게 위임되어 대전광역시 소속 공무원과 충남지방경찰청 소속 공무원이 합동근무하는 교통종합관제센터에서 그 관리업무를 담당한 사실, 1996. 10. 2. 밤 낙뢰로 위 신호기에 고장이 발생하여 보행자신호기와 차량신호기에 동시에 녹색등이 표시되게 되었는데 보행자신호기의 녹색등을 보고 횡단보도를 건너던 원고 홍영숙이 차량신호기의 녹색등을 보고 도로를 주행하던 승용차에 충격 되어 상해를 입는 교통사고가 발생하였다.

<판례>

대판 1999. 6. 25. 99다11120 - **지방자치단체장이 설치하여 관할 지방경찰청장에게 관리권한이 위임된 교통신호기의 고장으로 인하여 교통사고가 발생한 경우, 지방자치단체뿐만 아니라 국가도 손해배상책임을 지는지 여부(적극)**

도로교통법 제3조 제1항은 특별시장 · 광역시장 또는 시장 · 군수(광역시의 군수를 제외)는 도로에서의 위험을 방지하고 교통의 안전과 원활한 소통을 확보하기 위하여 필요하다고 인정하는 때에는 신호기 및 안전표지를 설치하고 이를 관리하여야 하도록 규정하고, 도로교통법시행령 제71조의2 제1항 제1호는 특별시장 · 광역시장이 위 법률규정에 의한 신호기 및 안전표지의 설치 · 관리에 관한 권한을 지방경찰청장에게 위임하는 것으로 규정하고 있는바, 이와 같이 행정권한이 기관위임된 경우 권한을 위임받은 기관은 권한을 위임한 기관이 속하는 지방자치단체의 산하 행정기관의 지위에서 그 사무를 처리하는 것이므로 사무귀속의 주체가 달라진다고 할 수 없고, 따라서 권한을 위임받은 기관 소속의 공무원이 위임사무처리에 있어 고의 또는 과실로 타인에게 손해를 가하였거나 위임사무로 설치 · 관리하는 영조물의 하자로 타인에게 손해를 발생하게 한 경우에는 권한을 위임한 관청이 소속된 지방자치단체가 국가배상법 제2조 또는 제5조에 의한 배상책임을 부담하고, 권한을

1) 박균성교수는 관리주체설이라 부른다(박균성, 행정법론(상), 758면 이하).

2) 홍정선, 행정법원론(상), 단락번호 1949 참조.

위임받은 관청이 속하는 지방자치단체 또는 국가가 국가배상법 제2조 또는 제5조에 의한 배상책임을 부담하는 것이 아니므로, 지방자치단체장이 교통신호기를 설치하여 그 관리권한이 도로교통법 제71조의2 제1항의 규정에 의하여 관할 지방경찰청장에게 위임되어 지방자치단체 소속 공무원과 지방경찰청 소속 공무원이 합동근무하는 교통종합관제센터에서 그 관리업무를 담당하던 중 위 신호기가 고장난 채 방치되어 교통사고가 발생한 경우, 국가배상법 제2조 또는 제5조에 의한 배상책임을 부담하는 것은 지방경찰청장이 소속된 국가가 아니라, 그 권한을 위임한 지방자치단체장이 소속된 지방자치단체라고 할 것이나, 한편 국가배상법 제6조 제1항은 같은 법 제2조, 제3조 및 제5조의 규정에 의하여 국가 또는 지방자치단체가 손해를 배상할 책임이 있는 경우에 공무원의 선임·감독 또는 영조물의 설치·관리를 맡은 자와 공무원의 봉급·급여 기타의 비용 또는 영조물의 설치·관리의 비용을 부담하는 자가 동일하지 아니한 경우에는 그 비용을 부담하는 자도 손해를 배상하여야 한다고 규정하고 있으므로 교통신호기를 관리하는 지방경찰청장 산하 경찰관들에 대한 봉급을 부담하는 국가도 국가배상법 제6조 제1항에 의한 배상책임을 부담한다. ☜ **대전광역시장 및 국가가 배상책임(충남지방경찰청장은 책임면제)**

bb) 비용부담자설

비용자가 최종적인 비용을 부담한다는 견해이며 일본의 통설이다. 관리자와 비용부담자가 상이한 경우, 실질적 비용부담자와 형식적 비용부담자가 동일한 경우에는 문제가 없지만, 실질적 비용부담자와 형식적 비용부담자가 다른 경우에는 실질적 비용부담자가 최종적인 비용부담자가 되는 것이며, 이 경우 책임자가 경합될 경우 비용부담에 따른 배상액 분배가 용이하다는 장점이 있다.[1)]

cc) 기여도설

손해발생에 직접적으로 기여한 정도에 따라 최종적인 비용부담자가 정해져야 한다는 견해이다. 손해발생에 대한 책임자가 업무를 인수 받은자라면 각자의 책임이 병존하므로 기여도(책임정도)에 따라 공동으로 분담하여(공동책임설)[2)] 최종적으로 비용을 부담하여야 한다는 것이다.[3)] 기여도설은 사무의 귀속주체와 비용부담주체가 상이한 경우(예: 자치사무비용을 일부 또는 전부 국가가 부담하는 경우)와 관련하여 주장된다. 기여도설은 국가배상법 제6조 제1항과 제2항의 통합적인 해설을 강조하는 견해로서, 최근의 다수설의 입장으로 보인다.[4)]

기여도설은 손해발생을 방지할 의무가 있는자에게 손해의 발생에 기여한 만큼의 배상

1) 홍정선, 행정법원론(상), 단락번호 1950.
2) 박균성, 행정법론(상), 760면.
3) 박균성, 행정법론(상), 760면.
4) 홍정선, 행정법원론(상), 단락번호 1951.

책임을 지도록 한다는 점에서 배상책임의 원리에 합당하나, 이 견해의 문제점은 기여자 및 기여의 정도를 구체적으로 판단하기 어려운 점이 있고, 판단기준이 불명확하여 최종책임자 및 최종분담액의 결정에 있어서 어려움이 있다.[1]

아래의 판례에서 보는바와 같이 기여도설 내지는 개별검토설에 입각한 것으로 보이는 판례가 있다.

<사례> **폐아스콘더미사건**

이 사건은 이리(익산)지방관리청이 광주광역시를 위해 도로공사를 대행하였으나, 그 도로의 관리를 이관하기 전에 폐아스콘더미로 인해 발생한 교통사고 사건이다.[2] 이 사건에서 대법원은 다음과 같이 판시하였다.

대판 1998. 7. 10, 96다42819【구상금】국가배상법 제6조 소정의 사무귀속자와 비용부담자의 지위가 두 행정주체 모두에 중첩된 경우, 내부적 부담부분의 결정기준

[1] <u>도로법 제27조에 의한 상급관청의 공사 대행으로 도로관리청이 변경되는지 여부(소극)</u>

도로법상 일반국도의 관리청은 원칙적으로 건설교통부장관으로 되어 있고(제22조 제1항), 광역시 관할구역 안에 있는 일반국도의 경우에는 그 관리청이 광역시장으로 되어 있으며(제22조 제2항), 도로의 신설, 개축 및 수선에 관한 공사와 그 유지는 법률에 특별한 규정이 없는 한 당해 도로의 관리청이 이를 행하도록 되어 있고(제24조), 도로에 관한 비용도 법률에 특별한 규정이 없는 한 관리청이 속하는 지방자치단체가 부담하는 것으로 되어 있으나(제56조), 다만 상급관청은 특히 필요하다고 인정할 때에 대통령령이 정하는 바에 의하여 관계 행정청이 관리하는 도로공사를 대행할 수 있는데, 이 경우 위 공사의 대행에 의하여 도로관리청이 변경되는 것이 아니고 상급관청이 관리청의 권한 중의 일부를 대행하는 것에 불과하다.

[2] <u>도로법 제27조에 의한 상급관청의 공사 대행 개시시부터 이관시까지 도로 관리상의 하자로 교통사고가 발생한 경우, 손해배상책임의 주체</u>

원래 광역시가 점유·관리하던 일반국도 중 일부 구간의 포장공사를 건설교통부 국토

---

1) 박균성, 행정법론(상), 761면.

2) 원심(광주지법 1996. 8. 22. 선고 96나3285 판결)은, 「이 사건 사고는 이 사건 도로의 관리상의 하자를 그 하나의 원인으로 하여 발생되었고, 한편 피고로부터 원고로의 이 사건 도로에 대한 관리이관은 인계·인수절차가 완료된 1992. 12. 11.경 이루어졌다 할 것인데, 도로의 관리이관이 이루어지지 아니한 상태에서는 이 사건 도로의 포장공사를 한 피고가 이 사건 도로를 계속 점유하고 있었다고 할 것이라는 이유로, 피고(대한민국)는 이 사건 도로의 점유자 및 관리책임자로서 관리이관이 이루어지기 전에 발생한 이 사건 사고로 인한 손해배상액 전부에 대한 구상의무를 원고에 대하여 부담한다」고 판단하여, 그 중 원고가 구하는 금액 전액의 지급을 피고(대한민국)에게 명하였다.

관리청이 시행하고 이를 준공한 후 광역시에 이관하려 하였으나 서류의 미비 기타의 사유로 이관이 이루어지지 않고 있던 중 도로의 관리상의 하자로 인한 교통사고가 발생하였다면 광역시와 국가가 함께 그 도로의 점유자 및 관리자로서 손해배상책임을 부담한다.[1)]

[3] 국가배상법 제6조 소정의 사무귀속자와 비용부담자로서의 지위가 두 행정주체 모두에 중첩된 경우, 내부적 부담 부분의 결정 기준

– 원래 광역시가 점유·관리하던 일반국도 중 일부 구간의 포장공사를 국가가 대행하여 광역시에 도로의 관리를 이관하기 전에 교통사고가 발생한 경우, 광역시는 그 도로의 점유자 및 관리자, 도로법 제56조, 제55조, 도로법시행령 제30조에 의한 도로관리비용 등의 부담자로서의 책임이 있고, 국가는 그 도로의 점유자 및 관리자, 관리사무귀속자, 포장공사비용 부담자로서의 책임이 있다고 할 것이며, 이와 같이 광역시와 국가 모두가 도로의 점유자 및 관리자, 비용부담자로서의 책임을 중첩적으로 지는 경우에는, 광역시와 국가 모두가 국가배상법 제6조 제2항 소정의 궁극적으로 손해를 배상할 책임이 있는 자라고 할 것이고,[2)] 결국 광역시와 국가의 내부적인 부담 부분은, 그 도로의 인계·인수 경위, 사고의 발생 경위, 광역시와 국가의 그 도로에 관한 분담비용 등 제반 사정을 종합하여 결정함이 상당하다.

dd) 개별검토설

국가배상법 제6조 제1항은 피해자가 관리자에게서 뿐만 아니라 비용부담자에 대해서도 배상을 청구할 수 있도록 하고 있으므로, 법 제6조 제2항에 의한 종국적 비용부담자(구상의무를 지는자)의 개념을 관리자가 종국적 책임을 지는가 혹은 비용부담자가 종국적 책임을 지는가는 한 유형으로 한정할 필요는 없고 개별적인 사정을 고려하여(손해발생의 기여도·비용부담의 비용 등) 구체적인 타당성을 확보한 해결을 도모하는 것이 바람직 하다는 견해이다.[3)]

---

1) 대판 1998. 7. 10, 96다42819 【구상금】 피고(국가)만이 이 사건 도로의 점유자 및 관리자이었음을 전제로 하여 원고(광주광역시)가 지급한 손해배상액 전부를 피고에게 구상할 수 있다는 취지로 판단한 것은 도로법과 국가배상법의 법리를 오해하여 판결의 결과에 영향을 미친 위법이 있다.

2) 대판 1998. 7. 10, 96다42819 【구상금】 광역시가 점유·관리하던 일반국도 중 일부 구간의 포장공사를 건설교통부 국토관리청이 시행하고 이를 준공한 후 광역시에 이관하려 하였으나 서류의 미비 기타의 사유로 이관이 이루어지지 않고 있던 중 도로의 관리상의 하자로 인한 교통사고가 발생하였다면 광역시와 국가가 함께 그 도로의 점유자 및 관리자로서 손해배상책임을 부담한다 할 것이다(대법원 1992. 11. 10. 선고 92다38041 판결 참조).

3) 류지태, 행정법신론, 390면.

ee) 사견

자기의 사무가 아님에도 불구하고 단순히 비용만 부담한자가 최종적인 비용부담책임(구상책임)을 진다는 것은 그 합리성에 문제가 있으며, 기관위임사무나 단체위임사무 모두 그 사무처리의 효과는 사무를 위임한 행정주체에 귀속한다는 점, 기관위임나 단체위임이 이루어 지지 않았더라면, 수임자에게 책임이 발생하지 않았을 것이라는 점 등을 고려할 때는 사무를 위임한 기관이 책임을 지는 사무귀속자설(위임자귀속설)이 타당해보이나, 업무를 인수 받은자도 사실상 손해배상책임으로부터 전혀 자유롭다고 말하기도 어렵고(기여도설), 따라서 개별적인 사정에 따라 규범조화적인 해석에 의한, 그리고 구체적 타당성을 확보한 해결(개별검토설)이 바람직 해보인다.

3.2. 배상액

3.2.1. 손해배상의 범위(가해행위와 손해와의 인과관계)

공무원의 직무상 불법행위에 기초한 손해배상청구권이 성립하기 위해서는 고의·과실에 의한 가해행위와 손해발생간에 상당인과관계에 있는 모든 손해에 대해 배상을 결정한다. 여기서 상당인과관계라 함은 민법에서와 같이 법률상의 인과관계를 의미한다.

대판 1998. 11. 10, 97다36873【손해배상(자)】

공무원이 자신의 소유인 승용차를 운전하여 공무를 수행하고 돌아오던 중 동승한 다른 공무원을 사망하게 하는 교통사고를 발생시킨 경우, … 공무원이 공무집행 중 다른 공무원의 불법행위로 인하여 사망한 경우, 사망한 공무원의 유족들이 국가배상법에 의하여 국가 또는 지방자치단체로부터 사망한 공무원의 소극적 손해에 대한 손해배상금을 지급받았다면 공무원연금관리공단 등은 그 유족들에게 같은 종류의 급여인 유족보상금에서 그 상당액을 공제한 잔액만을 지급하면 되고, 그 유족들이 공무원연금관리공단 등으로부터 공무원연금법 소정의 유족보상금을 지급받았다면 국가 또는 지방자치단체는 그 유족들에게 사망한 공무원의 소극적 손해액에서 유족들이 지급받은 유족보상금 상당액을 공제한 잔액만을 지급하면 된다.

3.2.2 국가배상법 제3조의 배상기준액

a) 배상액

배상액은 가해행위와 상당인과관계에 있는 모든 손해액이며, 배상액의 산정에 관하여는 민법 제763조, 제394조(금전배상) 그리고 제396조(과실상계) 등이 준용된다. 국가배상법 제3조는 타인의 생명·신체에 대한 손해와 물건의 멸실·훼손으로 인한 손해에 대하여는 일정한 배상기준액이 정하여져 있다(국가배상법 제3조). 즉 신체·생명의 침해에 대한 손해와 물건의 멸실·훼손으로 인한 손해에 대하여 일정한 「배상기준액」을 규정하였고, 배상심의회는 이 기준에 의하여 배상금지급을 심의 · 결정하게 되어 있다.

b) 학설

국가배상법 제3조의 성격에 관하여는, 단순한 기준규정으로 보는 단순기준규정설과(기준액설),[1] 제한규정으로 보는 제한규정설(한정액설)[2]이 대립하고 있다. 제한규정설은 배상의 범위를 객관적으로 명백히하여 당사자 사이의 분쟁을 없애야 한다는 점 등을 강조하며, 단순기준규정설은 국가배상법 제3조가 정한 배상기준을 균형을 잃은 배상액이 정하여 지는 것을 방지하기 위하여 단순히 기준을 정한 것으로 본다. 따라서 이설에 의하면 배상액을 증감할 수 있다. 제한규정설은 배상기준에 있어서 배상액의 상한을 정한 제한규정으로 본다. 단순기준규정으로 보는 것이 타당(다수설)하며 판례도 同旨이다.[3] 따라서 국가배상법상의 배상기준은 배상심의회에 배상신청을 하는 경우에만 구속력을 갖는 규정이고, 소송에 의하여 배상청구를 하는 경우에는 법원을 기속하지 못한다.[4][5]

3.2.3. 이익 · 중간이자공제

피해자가 손해 외에 이익도 얻은 경우에는 손해배상액에서 그 이익에 상당하는 금액을 공제함과 아울러, 유족배상 · 장해배상 · 요양비 등을 일시에 신청하는 경우에는 법정이율에 의한 複割引法(복리계산)으로 중간이자를 공제한다(Leibniz식 계산법)(동법 제3조의 2). 이는 민법상의 불법행위로 인한 손해배상액 산정에 있어서는 우리 법원이 자주 單割引法(單利計算 : Hoffmann식)으로 하는 것과는 차이가 있어, 1997년의 개정 국가배상법(1997. 12. 13 법률 5433호)에서는 중간이자공제방식을 대통령령으로 정하도록 하여 양자를 일치시키도록 하였다.[6]

1) 박윤흔, 행정법강의(상), 718면; 김도창, 일반행정법론(상), 631면; 서원우(상), 685면; 변재옥(I), 511면; 김이열(상), 354면; 김동희, 행정법(I), 532면; 석종현, 일반행정법(상), 626면.

2) 이상규, 신행정법론(상), 법문사, 1994, 608면; 同人, 국가배상금의 문제점과 개선방향, 고시계(1989.3), 33면; 윤세창(상), 370면; 이시윤, 신국가배상법해설, 사법행정(1967.6).

3) 대판 1970. 1. 29, 69다1203【손해배상】구 국가배상법(67. 3. 3. 법률 제1899호) 제3조 제1항과 제3항의 손해배상의 기준은 배상심의회의 배상금지급기준을 정함에 있어서의 하나의 기준을 정한 것에 지나지 아니하는 것이고 이로써 배상액의 상한을 제한한 것으로 볼 수 없다 할 것이며 따라서 법원이 국가배상법에 의한 손해배상액을 산정함에 있어서 그 기준에 구애되는 것이 아니다.

4) 대판 1980. 12. 9, 80다1820【손해배상】손해액 산정방법에 관한 국가배상법상의 규정이 법원을 기속하는지 여부에 있어서 국가배상법 제3조의2 제2항은 동법 소정의 배상심의회에 배상을 신청하는 경우에 적용되는 규정으로서 소송에 있어서 법원을 기속하는 규정은 아니다.

5) 김철용, 행정법 I, 503면.

3.3. 국가배상청구의 상대방(국가책임과 공무원의 배상책임)

3.3.1. 책임문제 : 선택적 청구의 문제

피해자는 국가 등에 대하여만 배상을 청구할 수 있는가, 아니면 국가 등과 공무원 개인의 양측에 대하여 선택적으로 청구할 수 있는가가 문제된다.

a) 부정설(선택적 청구를 부정하는 견해)

피해자는 국가 또는 지방자치단체에 대해서만 손해배상을 청구할 수 있다는 견해이다. 따라서 공무원은 직접 피해자에게 배상책임을 부담하지 않는다고 한다. 종래의 통설이다[1] 이 설의 논거는 무제한의 자력자인 국가 등이 배상하면 피해자의 구제는 충분하며, 공무원의 직무집행을 위축할 염려가 있다는 것 등을 이유로 한다. 국가배상법 제2조 제2항은 이 견해는 헌법 제29조 제1항 단서의 「공무원 자신의 책임은 면제되지 아니한다」는 뜻은 「국가 등의 구상에 응하는 책임」이라 한다.[2]

- **국가만 책임부담** : 공무원은 직접 피해자에게 배상책임을 부담하지 않음 → (따라서 선택적 청구불가)
- **헌법 제29조 제1항 단서** : 「국가 등의 구상에 응하는 책임」

[김남진 · 김연태 교수의 견해]

헌법은 공무원의 직무상 불법행위에 대한 국가(공공단체 포함)의 배상책임을 인정하면서도(헌법 제29조 제1항 단서)「이 경우 공무원 자신의 책임은 면제되지 아니한다」라고 규정하고 있다. 위 헌법규정상의 '공무원의 책임'의 내용이 불명확한 가운데, 헌법 제29조의 내용을 집행하며 구체화하고 있는 국가배상법은 다시한번 국가 또는 지방자치단체의 공무원의 불법행위에 대한 배상책임을 인정하고서는(동법 제2조 제1항), 「공무원이 고의 또는 중대한 과실이 있는 때에는 국가 또는 지방자치단체는 그 공무원에게 구상할 수 있다」(동법 제2조 제2항)라고 규정하고 있다. 이는 헌법에 있어서의 '공무원의 책임'을 구체화하고 있는 규정으로서, 공무원은 국가등에 의한 '구상'의 형태로만 책임을 질뿐, 직접 피해자에 대하여 책임을 지지 않음을 명확히 하고 있다고 새길수 있다.[3]

---

6) 박윤흔, 행정법강의(상), 718면.

1) 김도창, 일반행정법론(상), 638면; 한태연(상), 435면; 윤세창(상), 288면; 이상규, 신행정법론(상), 611면; 박윤흔, 행정법강의(상), 721면; 김남진, 행정법(I), 526면; 김남진 · 김연태, 행정법(I), 571면; 허영, 한국헌법론, 607면; 권영성, 헌법학원론, 625면.

2) 김남진 · 김연태, 행정법(I), 571면.

3) 김남진 · 김연태, 행정법(I), 570면.

b) 긍정설(선택적 청구를 긍정하는 견해)

긍정설은 국가·지방자치단체의 책임과 공무원의 책임을 인정하여 선택적 청구가 가능하다고 본다.[1] 이 경우 공무원은 피해자에게 직접적인 책임을 지게 된다.[2] 그리고 이 견해는 헌법 제29조 제1항 단서의 「공무원자신의 책임은 면제되지 아니한다」는 의미는 「피해자의 청구에 직접 응하는 책임」의 뜻으로 본다. 공무원의 직접책임을 부인하면 그 책임의식을 빈약하게 만든다는 점 등을 논거로 한다(김철수).

- 국가·지방자치단체의 책임 및 공무원의 책임
- 헌법 제29조 제1항 단서 : 「피해자의 청구에 직접 응하는 책임」

c) 절충설(판례) : 경과실에 의한 행위는 선택적 청구를 부정하고, 고의·중과실에 의한 경우에는 선택적 청구를 긍정하는 견해

우리의 판례는 변천을 거듭하여 왔는바 종래에는 선택적 청구를 긍정하였으나,[3] 1994년 4월12일에 판례를 변경하여 선택적 청구를 부정하는 견해를 취하였고,[4] 다시 1996년 2월 15일의 전원합의체 판결에서 또다시 판례를 변경하여, 공무원의 경과실로 인한 것은 피해자의 선택적 청구를 부정하고, 고의·중과실로 인한 것은 피해자의 선택적 청구를 긍정하였다.[5)6)] 특히 「헌법 제29조 제1항 단서의 취지는 공무원이 한 직무상 불법행위로 인하

---

1) 김철용, 공무원 개인의 불법행위책임 - 대상판결: 대법원 1994. 4. 12 선고 93다11807 판결 -, 판례월보(1994.11), 29면 이하; 류지태, 행정법신론, 391면; 홍준형, 행정구제법, 95면.

2) 이종극(상), 158면; 박일경, 제5공화국헌법, 248면; 문홍주, 한국헌법, 275면.

3) 대판 1972. 10. 10, 69다701.

4) 그러나 이 판결은 종래의 대법원의 판례를 변경한 것이라고 단정하기는 어렵다. 왜냐하면 대법원의 판례변경은 전원합의체의 결정으로 행하여 지는 것이나, 이는 대법원 제2부의 판결이기 때문이다. 따라서 1996년 2월 15일의 전원합의체 판결이 대법원의 최종적 판결이라 할 수 있다.

5) 홍정선, 행정법원론(상), 단락번호 1525a.

6) 우리 대법원은 1994년부터 대국가적 청구만을 허용했다가(대판 1994. 4. 12, 93다11807) 1996년에는 공무원의 고의·중과실의 경우에 한해서는 선택적 청구를 인정하는 새 판례를 내놓고 있다(대판 1996. 2. 15, 95다38677). ☜ 김남진·김연태교수는 이 판례를 근거로 대법원은 현재의 국가배상법이 절충설을 취한다고 한다(김남진·김연태, 행정법(I), 569면); 同旨의 판례 : 대판 1997. 2. 11, 95다5110 【판결요지】 [1] 헌법 제29조 제1항 본문과 단서 및 국가배상법 제2조를 그 입법취지에 조화되도록 해석하면 공무원이 직무수행중 불법행위로 타인에게 손해를 입힌 경우에 국가나 지방자치단체가 국가배상책임을 부담하는 외에 공무원 개인도 고의 또는 중과실이 있는 경우에는 불법행위로 인한 손해배상책임을 지고, 공무원에게 경과실뿐인 경우에만 공무원 개인은 손해배상책임을 부담하지 아니한다(제한적 긍정설). [2] 검찰수사관의 영장 없는 체포, 수색, 감금으로 입은 피해에 대하여 공무원 개인의 불법행위책임을 추궁한 사건에서, 공무원의 귀책사유

여 국가 등이 배상책임을 진다고 할지라도 그 때문에 공무원 자신의 민·형사책임이나 징계책임이 면제되지 아니한다는 원칙을 규정한 것이나, 그 조항 자체로 공무원 개인의 구체적인 손해배상책임의 범위까지 규정한 것으로 보기는 어렵다」[1]고 판시하였고, 「주권을 가진 국민 전체에 대한 봉사자로서 공공이익을 위하여 성실히 근무해야 할 공무원이 공무수행 중 국민에게 손해를 가한 경우, 국민의 봉사자인 공무원이 봉사 대상이 되는 피해자인 국민과 직접 소송으로 그 시비와 손해액을 가리도록 그 갈등관계를 방치하는 것보다는 국가가 나서서 공무원을 대위하여 그 손해배상책임을 지고, 국가가 다시 내부적으로 공무원의 직무상 의무의 불이행 내용에 따라 고의·중과실이 있는 경우에만 구상의 형태로 그 책임을 물어 공무원의 국민과 국가에 대한 성실의무와 직무상 의무의 이행을 제도적으로 확보하겠다는 것이, 헌법 제29조 제1항 단서와 국가배상법 제2조 제2항의 취지라고 해석함이 이를 가장 조화롭게 이해하는 길이 될 것」이라고 보았다.[2]

- 공무원 개인에 대한 손해배상청구의 가능성 -

<사례>

육군 중령을 태우고 가던 운전병의 중대한 과실로 중령이 사망한 경우, 그 유가족들은 운전병 개인에 대해 민법상의 손해배상을 청구할 수 있는가? 그리고 이 경우 국가에 대해서도 손해배상청구가 가능한가?

<해설>

이에 대한 대법원 판례에 따르면, 공무원 개인이 고의 또는 중과실로 국민에게 손해를 발생시킨 경우에는 그에게 손해배상을 청구할 수 있고, 단지 경과실에 불과한 때엔 청구할 수 없다. 운전병에겐 중과실이 인정되므로 가능하다. 이 문제는 국가의 국가배상책임이 공무원을 대신해서 지는 책임인지, 국가 자신의 행위에 대한 책임을 스스로 지는 것 인지와 관련되는 것이다.

대법원 판례는 공무원의 경과실의 경우, 그 공무원의 행위는 국가기관의 행위로 보아 그로 인한 손해배상책임도 전적으로 국가에만 귀속시키고 공무원 개인에게는 공무집행의 안전성을 위해, 그에 대해 책임을 묻지 않는다. 그러나 공무원의 고의·중과실의 경우, 그 행위는 국가기관행위로서의 품격을 상실하여 공무원 개인에게 책임을 지워야 하나, 피해자의 보호를 위해 국가가 공무원 개인과 함께 배상책임을 부담한다고 한다.

위의 경우 운전병에게 중과실이 인정되므로, 국가가 공무원 개인과 함께 배상책임을 진다고 할 수 있으나, 피해자가 군인공무원으로서 직무집행과 관련하여 사망한 경우이어서 헌법 제29조 제2항 및 국가배상법 제2조에 따라 국가에 대해서는 배상을 청구할 수 없고

의 정도에 관계없이 피해자는 공무원 개인을 상대로 손해배상을 청구할 수 없다고 판단한 원심판결을 공무원 개인의 불법행위책임에 관한 법리를 오해하였다는 이유로 파기한 사례이다.

1) 대판 1996. 2. 15, 95다38677【손해배상(자)】

2) 대판 1996. 2. 15, 95다38677【손해배상(자)】

(이중배상금지의 원칙) 운전병에 대해서만 민법상의 불법행위책임을 물을 수 있다. <인터넷 법률신문>

d) 私見

선택적 청구의 인정여부는 국가배상책임의 성질을 어떻게 이해할 것인가에 따라 달라지게 된다. 자기책임설에 의하면 선택적 청구는 인정될 여지가 없으며, 대위책임설에 의하게 되면 선택적 청구가 허용될 수 있다고 주장하는 학설이 있는가 하면(권영성, 허영[1]), 자기책임설을 취하면 선택적 청구가 가능하고, 대위책임설을 취하면 선택적 청구가 불가능하다는 학설[2]들로 혼동을 야기하고 있다.[3] 이는 각각 자기책임설과 대위책임설에 대한 정의를 서로 달리하고 있는데서 기인한 것이라고 할 수 있다.[4]

「일부 행정법학자들의 설명」

자기책임설의 입장: ① 이 견해에 따르면 피해자는 국가나 지방자치단체외에 가해공무원에 대해서도 선택적으로 배상을 청구할 수 있다는 결과를 가져온다. 왜냐 하면 가해행위는 국가의 행위인 동시에 가해공무원 자신의 행위이기도 하기 때문이라는 것이다. 이

1) 허영, 한국헌법론, 607면.

2) 홍정선, 행정법원론(상), 단락번호, 1522.

3) 「예외 : 선택적 청구가 가능한 경우」 : 「선임감독자와 비용부담자에 대한 선택적 청구권」 : 국가 또는 지방자치단체에 대하여 배상을 청구하는 경우에 가해공무원을 선임·감독하는 자와 가해공무원의 봉급 기타 비용을 부담하는 자가 동일하지 아니할 때에는 피해자는 어느 쪽에 대해서도 청구를 할 수 있다(국배법 제6조 제1항).

4) 「학설혼란의 원인 및 문제점」 : 「자기」의 개념정의 : 행정법학자 중에는 자기책임설에서의 '자기'(책임)의 개념을 ① 공무원 및 ② 국가(지방자치단체)를 각각(개별적으로) 의미하는 '자기'로 보고 있다. 이에 반해서 권영성·허영·홍성방교수는 '자기'(책임)의 개념을 국가(지방자치단체)만을 의미하는 '자기'로 보고 있다. 이와 같이 '자기'의 개념을 서로 달리 정의하고 있으므로 행정법학자 중에는 「자기책임설을 취하는 경우 공무원 혹은 국가(지방자치단체)에 선택적으로 청구할 수 있다」고 하면서, 「자기책임설의 입장에 서면서도 대외적으로 국가책임만을 인정하는 견해도 있다」고 설명한다(권영성, 서원우, 한견우). 이에 반하여 허영·권영성·홍성방교수는 자기의 개념을 국가(지방자치단체)만을 의미하는 것으로 정의를 내리고 있기 때문에 자기책임설을 취하는 경우 선택적 청구는 부정된다고 하며, 더나아가 허영교수는 「자기책임설을 취하는 학자가 선택적 청구를 긍정하는 것은 논리적 모순이다」 라고까지 설명하고 있는 것이다.

홍정선(자기) ┬ 국가(지방자치단체) (O) ← 선택적 청구가능
　　　　　　 └ 공무원 (O)

허영(자기) ┬ 국가(지방자치단체) (O) ← 선택적 청구불가
　　　　　 └ 공무원 (X)

견해는 헌법 제29조 제1항 단서의 의미(… 공무원자신의 책임은 면제되지 아니한다)를 가해공무원도 피해자에 대하여 책임을 진다는 의미로 새긴다. ② 자기책임설의 입장에 서면서도 대외적으로 국가책임만을 인정하는 견해도 있다(권영성, 서원우, 한견우).

<u>대위책임설의 입장</u>: ① 이 견해에 따르면 피해자는 국가나 지방자치단체에 대해서만 배상을 청구할 수 있다고 하게 된다(선택적 청구 부정). 이 견해는 배상책임은 원래 공무원의 책임이나 국가가 이를 대신해서 부담한다는 것이 국가배상책임이라는 것, 가해공무원이 무자력인 경우에도 피해자는 보호되어야 한다는 것, 공무원의 직무집행의욕의 저하를 방지하여야 한다는 것을 논거로 한다(변재옥).[1] ② 한편 대위책임설의 입장에 서면서 선택적 청구가 가능하다는 입장도 있다(김철수).

홍정선 · 김동희교수의 견해: 국가책임의 본질을 대위책임으로 보는 입장에서는 피해자의 선택적 청구는 불가하며, 국가나 지방자치단체에 대해서만 배상의 청구가 가능하다고 본다. <u>그 이유는 자기책임설에 의하면 국가의 배상책임과 공무원 개인의 책임은 상호 무관한 것으로 양립될수 있으므로 피해자는 선택적 청구권을 가진다</u>[2]고 하면서, 선택적 청구의 배제는 ① 피해자에게는 담보력이 충분한자에 의한 배상의 보장을 ② 가해자인 공무원에게는 피해자로부터 직접적인 배상청구를 피함으로써 공무집행에 전념하게 하는 가능성을 가져다준다.[3]

허영교수의 견해: - 국가배상책임의 본질 및 배상책임자 -

허영교수는 「국가배상책임의 본질이 국가 자신의 고유책임인지 아니면 공무원을 대신해서 지는 일종의 대위책임인지에 대해서는 자기책임설(문홍주; 구병삭; 권영성; 김남진) · 대위책임설(김철수; 김도창; 서원우) · 절충설(이상규)[4] 등이 대립하고 있다. 그런데 국가배상책임의 본질을 자기책임이라고 보느냐 대위책임이라고 보느냐에 따라 누구를 상대로 배상을 청구할 수 있느냐의 문제도 영향을 받기 때문에, 국가배상책임의 본질을 바르게

---

1) 박윤흔, 행정법강의(상), 656면.

2) 김동희, 행정법(I), 536면.

3) 홍정선, 행정법원론(상), 단락번호 1525.

4) 허영교수는 이상규교수의 학설을 절충설로 부르나, 이상규 교수의 학설은 행정법학계에서는 중간설로 칭하고 있다. 김동희 교수는 「중간설은 프랑스의 행정상 손해배상제도로서 대체로 1940년대 까지의 이론 및 법리를 기초로 한 이론이다. 이 시기까지는 가해행위가 공무원의 고의 또는 중과실에 기인한 것인 때에는 당해행위는 개인의 과실로서 공무원의 개인책임만이 문제된다고 보았으나, 이후에는 이러한 행위도 그것이 직무행위와 무관하지 않는한 피해자와의 관계에서는 이를 직무행위로 인정된다고 보아 이른바 책임의 경합이론이 정립되었던 것이고, 저자는 이러한 프랑스의 최근 이론에 따라 '절충설'을 제시하였고, 이것이 대법원 판례에 의하여 채택되었던 것이다. 대법원판례가 절충설이라고 한다면, 이것은 종래 주장되었던 중간설과는 다른 것이라는 점에 유의해야 한다」고 한다(김동희, 행정법(I), 537면 각주 1) 참조. ☜ 중간설과 절충설은 동일한 것이 아니고, 다르다는 의미.

파악하는 것은 권리구제의 관점에서도 매우 중요한 의미를 갖는다. 국가배상책임의 본질을 **자기책임이라고 이해하는 경우**에는 국민에 대한 배상책임자는 마땅히 국가가 되고, **국민은 국가에 대해서만 배상청구**를 할 수 있게 된다(대국가적 청구권설; 同旨 권영성).

다만 공무원의 선임감독권자와 공무원의 봉급 등의 비용부담자가 따로 있는 경우에 국민은 그 어느 쪽에 대해서도 선택적으로 배상청구를 할 수 있다고 할 것이다(국배법 제6조 제1항). 그러나 대위책임설에 따르는 경우에는 국가와 가해공무원이 모두 배상책임자가 되고 국민은 국가에 대한 배상청구와 가해공무원에 대한 배상청구를 선택적으로 할 수 있다는 결론에 도달하게 된다(선택적 청구권설). 따라서 자기책임설에 따르면서 선택적 청구권설을 주장하거나[1] 대위책임설을 따르면서 대국가적 청구권설(국가에 대해서만 배상청구가 가능하다고 하는 것)을 주장하는 것은(김도창) 법리상 문제가 있다고 생각한다」고 주장한다.[2]

석종현 교수의 견해 : 석종현 교수는 대위책임설을 취하면 선택적 청구권을 긍정하는 것이 논리에 일관성이 있게되고, 자기책임설을 취하게 되면 선택적 청구권을 부인하는 것이 논리에 일관성이 있게 되지만,[3] 행정법학자들의 견해에는 그 논리에 일관성이 없는 것이 보통이라고 한다.[4] ☞ 김남진 · 김연태 교수는 "국가배상책임의 성질과 선택적 청구의 인정 여부는 논리적 연관성이 없는 입법정책의 문제로 보아야 한다"고 한다.[5]

※ 생각건대 이러한 논리의 결여는 위에서 저자가 이미 언급한바와 같이 **자기의 개념**을 ① 국가(공공단체)만을 의미하는 것으로 이해하느냐, 아니면 **자기의 개념**을 ② 국가(공공당체) 혹은 공무원을 의미하는 것으로 이해하느냐의 여부에 달려있는 것이다.

3.3.2. 공무원의 내부적 책임(대내적 구상권)

대내적 구상권은 국가 등의 구상에 응할 공무원의 책임을 의미하는 것으로서 국가 등이 피해자에게 배상한 때에는 당해 공무원에게 고의 또는 중과실이 있는 경우에 한하여 구상권을 가진다(국가배상법 제2조 제2항).

---

1) 문홍주; 구병삭; 류지태교수는 손해배상책임을 자기책임으로 보면서, 피해자의 선택적 청구를 인정한다(류지태, 행정법신론, 신영사, 2007, 389-390면 참조) 장태주 교수도 자기책임설을 취하면서 선택적 청구를 긍정한다(장태주, 행정법개론, 626면 참조).
2) 허영, 한국헌법론, 607면.
3) 이준일 교수도 배상책임을 자기책임으로 이해하는 한 국가의 책임과 공무원의 책임을 선택적으로 인정하기에는 이론상 문제가 있다고 한다(이준일, 헌법학강의, 단락번호 [4.9.87]); 홍성방, 헌법학, 673면.
4) 석종현, 일반행정법(상), 629면 각주 96) 참조.
5) 김남진 · 김연태, 행정법(I), 570면.

『판례』: 구상책임(고의)을 인정한 사례

형사계장과 형사반장이던 피고들이 부하 형사를 시켜 범행을 부인하는, 상해치사 피의사건의 용의자에게 전기고문과 심한 폭행을 하였고, 국가가피고들의 위 가혹행위(고의의 불법행위)를 이유로 확정판결에 의하여 위용의자 및 그의 가족들에게 위자료를 지급하였다면 국가는 이를 피고들에 구상할 수 있다.[1)]

다만 공무원은 고의 또는 중과실이 있는 경우에 한하여 국가 등에 대하여 책임을 지지만, 이 경우 구상권 행사의 범위에 있어서 당해 공무원은 「신의칙상 상당하다고 인정되는 범위내에서만」 책임을 지며, 따라서 국가가 사인에게 배상한 액수와 동일한 금액을 국가에 배상해야되는 것은 아니다.

『판례』: 구상권 행사의 범위

국가 또는 지방자치단체의 산하 공무원이 그 직무를 집행함에 당하여 중대한 과실로 인하여 법령에 위반하여 타인에게 손해를 가함으로써 국가 또는 지방자치단체가 손해배상책임을 부담하고, 그 결과로 손해를 입게된 경우에는 국가 등은 당해 공무원의 직무내용, 당해 불법행위의 상황, 손해발생에 대한 당해 공무원의 기여정도, 당해 공무원의 평소 근무태도, 불법행위의 예방이나 손실분산에 관한 국가 또는 지방자치단체의 배려의정도 등 제반사정을 참작하여 손해의 공평한 분담이라는 견지에서 신의칙상 상당하다고 인정되는 한도 내에서만 당해 공무원에 대하여 구상권을 행사할 수 있다고 봄이 상당하다. 등기공무원이 착오로 인하여 근저당권자와 근저당권설정자의 등재를 맞바꿔 기재함으로써 국가가 2천7백 여만원을 배상한 사건에 대해 등기공무원은 국가에 5백만원을 상환함이 상당하다.[2)]

경과실의 경우에는 구상을 할 수 없다. 그것은 공무원에게 가혹함은 물론, 집무의욕의 저하와 사무정체를 방지하기 위한 정책적 목적에서 대두된 것이다. 이에 대한 판단은 배상심의회나 법원에서 행한다. 가해공무원을 선임·감독하는 자와 비용을 부담하는 자가 동일하지 아니할 때에는 손해를 배상한 자가 내부관계에서 손해를 배상할 책임이 있는 자에 대하여 구상권을 행사할 수 있다(국배법 제6조 제2항). 내부관계에서 손해를 배상할 책임이 있는 자는 가해공무원을 선임·감독하는 자로 보아야 한다(다수설).

3.3.3. 공무원의 외부적 책임

헌법규정상의 '공무원의 책임(헌법 제29조 제1항 단서: 공무원 자신의 책임은 면제되지 아니한다)'의 내용이 불명확한 가운데 국가배상법 제2조 제1항 및 제2항, 민법 제750조

---

1) 대판 1981. 10. 13, 81다625【구상금】

2) 대판 1991. 5. 10, 91다6764【구상금】

가 이를 구체화하고 있는 바, 국가배상법 소정의 조항에서는 국가 등의 배상책임과 공무원의 내부적 책임만을 규정하고 있을 뿐 가해공무원의 외부적 책임에 대하여는 규정한 바가 없으므로 가해공무원은 민법 제750조에 따라 외부적 책임을 지게 된다. 가해공무원의 외부적 책임을 인정할 경우 국가와 가해공무원은 부진정 연대책임을 진다.

따라서 국가와 가해공무원을 공동피고로 하여 손해배상청구소송을 제기하는 경우 국가배상을 사법관계로 보면 양자는 부진정연대채무자로서 공동의무를 지므로 공동소송의 주관적 요건을 충족한다(민사소송법 제65조 전문), 또한 공동소송이 성립되기 위한 객관적 요건으로 소외 객관적 병합요건이 충족되어야 하는데, 그 요건은 ① 동종의 심리절차에 의할 것(동법 제253조), ② 공통의 관할권이 있을 것 등이다. 양자에 대한 소송 모두 민사소송이고 국가배상청구소송에 대한 전속관할법원이 없을 것이므로 위 요건들도 충족된다. 이 경우 공동소송의 형태는 통상공동소송이고, 청구의 병합형태는 단순병합이다. 이에 반하여 국가배상을 공법관계로 보면 국가배상청구소송은 공법상 당사자소송이므로 국가배상청구소송이 계속된 법원에 가해공무원에 대한 손해배상청구소송을 병합 제기하여야 한다(행정소송법 제44조 제2항, 제10조 제2항).

피해자가 특수공무원인 경우에는 대법원의 다수의견은 피해자가 헌법 제29조 제2항, 국가배상법 제2조 제1항 단서 소정의 공무원으로서 위 단서 조항에 의하여 법률에 정해진 보상 외에는 국가배상법에 의한 배상을 청구할 수 없는 경우에도 공무원의 외부적 책임을 고의 또는 중과실이 있는 경우에 한정하여 인정하고 있다.[1] 그러나 일반적인 경우와 마찬가지로 피해자가 특수공무원인 경우에도 가해자의 과실의 경중과 관계없이 외부적 책임을 긍정하여야 할 것이다.

4. 배상청구권의 양도 · 압류금지

생명 · 신체의 침해에 대한 배상청구권은 이를 양도하거나 압류하지 못한다(동법 제4조). 따라서 이를 반대해석하면 재산상의 손해에 대한 배상청구권은 양도 · 압류가 가능하다고 본다.

5. 이중배상금지

헌법 제29조 제2항은 군인 · 군무원 · 경찰공무원[2]기타 법률로 정한 자가 전투 · 훈련

---

1) 이러한 다수의견에 대하여 내부적 구성책임에 대한 국가배상법 제2조 제2항 규정은 국가배상책임의 존재를 전제로 하는 것인 만큼, 국가배상책임을 인정하지 않는 이러한 경우에 대해서는 당해 규정은 직접적 또는 간접적 근거로 될 수 없다는 비판이 있다(류지태, 행정법사례연습, 참조).

2) 헌재결 1996. 6. 13, 94헌마118, 95헌바39(병합) 【헌법 제29조 제2항 등 위헌확인】 국가배상법

등 직무집행과 관련하여 받은 손해에 대하여는 법률이 정하는 보상 이에 국가나 공공단체에 공무원의 직무상 불법행위로 인한 배상은 청구할 수 없다고 규정하고 있다.

대법원은 경찰관이 숙직 중 죽은 경우에 배상청구를 긍정한 바 있다. 다수설은 대법원이 보상과 배상을 양립시키려고 한 것을 긍정적으로 평가하고 있다.

헌재결 1994. 12. 29, 93헌바21 【국가배상법 제2조 제1항 단서 위헌소원】

이 항 단서 중 군인이 직무집행과 관련하여 공상을 입은 경우에 본인 또는 그 유족이 다른 법령의 규정에 의하여 재해보상금 · 유족연금 · 상이연금 등의 보상을 지급받을 수 있을 때에는 이 법 및 민법의 규정에 의한 손해배상을 청구할 수 없다는 부분은, 일반국민이 직무집행 중인 군인과의 공동불법행위로 직무집행 중인 다른 군인에게 공상을 입혀 그 피해자에게 공동의 불법행위로 인한 손해를 배상한 다음 공동불법행위자인 군인의 부담부분에 관하여 국가에 대하여 구상권을 행사하는 것을 허용하지 아니한다고 해석하는 한, 헌법에 위반된다(헌법재판소 한정위헌결정).

대법원은 전투경찰은 군인과는 구별되지만, 국가배상법의 제한을 받는다고 하였다(헌법재판소도 同旨).[1] 그러나 공익근무요원은 이중배상이 배제되는 자에 속하지 않는다고 하였다.[2] 또한 현역병으로 입영, 군사교육을 마치고 전임되어 법무부장관에 의하여 경비교도로 임용된 자가 국가배상법 제2조 제1항 단서 소정의 군인 또는 경찰공무원에 해당하지

제2조 제1항 단서의 '경찰공무원' 부분은 헌법 제29조 제1항에 의하여 보장되는 국가배상청구권을 헌법 내재적으로 제한하는 헌법 제29조 제2항에 직접 근거하고, 실질적으로 그 내용을 같이하는 것이므로 헌법에 위반되지 아니한다.

1) 헌재결 1996. 6. 13, 94헌마118, 95헌바39(병합) 【헌법 제29조 제2항 등 위헌확인】 전투경찰순경은 경찰청 산하의 전투경찰대에 소속되어 대간첩작전의 수행 및 치안업무의 보조를 그 임무로 하고 있어서 그 직무수행상의 위험성이 다른 경찰공무원의 경우보다 낮다고 할 수 없을 뿐만 아니라, 전투경찰대설치법 제4조가 경찰공무원법의 다수 조항을 준용하고 있는 점 등에 비추어 보면, 국가배상법 제2조 제1항 단서 중의 '경찰공무원'은 '경찰공무원법상의 경찰공무원'만을 의미한다고 단정하기 어렵고, 널리 경찰업무에 내재된 고도의 위험성을 고려하여 '경찰조직의 구성원을 이루는 공무원'을 특별취급하려는 취지로 파악함이 상당하므로 전투경찰순경은 헌법 제29조 제2항 및 국가배상법 제2조 제1항 단서 중의 '경찰공무원'에 해당한다고 보아야 할 것이다.

2) 대판 1997. 3. 28, 97다4036 【손해배상(자)】 공익근무요원은 병역법 제2조 제1항 제9호, 제5조 제1항의 규정에 의하면 국가기관 또는 지방자치단체의 공익목적수행에 필요한 경비 · 감시 · 보호 또는 행정업무 등의 지원과 국제협력 또는 예술 · 체육의 육성을 위하여 소집되어 공익분야에 종사하는 사람으로서 보충역에 편입되어 있는 자이기 때문에, 소집되어 군에 복무하지 않는 한 군인이라고 말할 수 없으므로, 비록 병역법 제75조 제2항이 공익근무요원으로 복무 중 순직한 사람의 유족에 대하여 국가유공자등예우및지원에관한법률에 따른 보상을 하도록 규정하고 있다고 하여도, 공익근무요원이 국가배상법 제2조 제1항 단서의 규정에 의하여 국가배상법상 손해배상청구가 제한되는 군인 · 군무원 · 경찰공무원 또는 향토예비군대원에 해당한다고 할 수 없다.

않는다고 보았다.[1)]

대판 1995. 3. 24, 94다25414 【손해배상(기)】

가. 전투경찰순경이 군인인지 여부

나. 전투경찰순경이 국가배상법 제2조 제1항 단서 소정의 "경찰공무원"에 해당하는지 여부

【판결요지】

가. 구 전투경찰대설치법(1993. 12. 31. 법률 제4685호로 개정되기 전의 것) 제1조, 제2조, 제2조의3 제1, 2항, 구 병역의무의특례규제에관한법률(1993. 12. 31. 법률 제4685호로 폐지) 제2조 제1호, 제5조의 규정을 종합하여 보면, 현역병으로 입영하여 소정의 군사교육을 마치고 전임이 되어 전투경찰순경으로 임용된 자는 군인으로서의 신분을 상실하고 전투경찰순경의 신분을 취득한다 할 것이므로, 전투경찰순경은 군인이 아니라고 할 것이다.

나. 공무원의 국가배상청구를 제한한 헌법 제29조 제2항은 그 입법취지가 위험성이 높은 직무에 종사하는 자에 대하여는 사회보장적 위험부담으로서의 국가보상제도를 별도로 마련함으로써 그것과 경합되는 국가배상청구를 배제하려는 것이고, 국가배상법 제2조 제1항 단서 소정의 "경찰공무원"은 위 헌법규정을 그대로 이어받은 규정이며, 전투경찰순경이 경찰청 산하의 전투경찰대에 소속되어 대간첩작전의 수행 및 치안업무의 보조를 그 임무로 하고 있어서 그 직무수행상 위험성이 다른 경찰공무원의 경우보다 낮지 않을 뿐 아니라, 전투경찰대설치법 제4조에서 경찰공무원법의 일부 조항을 준용하고 있는 점에 비추어 보면, 국가배상법 제2조 제1항 단서 소정의 "경찰공무원"이 "경찰공무원법상 경찰공무원"에 한정된다고 단정하기 어렵고, 오히려 경찰업무의 위험성을 고려하여 "경찰조직의 구성원을 이루는 공무원"을 특별취급하려는 것으로 보아야 할 것이므로 전투경찰순경은 국가배상법 제2조 제1항 단서 소정의 "경찰공무원"에 해당한다고 보아야 한다.

6. 배상청구권의 소멸시효

6.1. 의의

행정상의 손해배상청구권은 위법한 직무집행행위(불법행위)를 한 날로부터 10년, 또는 피해자나 그 법정대리인이 손해 및 그 가해자를 안 날로부터 3년이 지남으로써 시효(단기소멸시효)로 소멸한다(국가배상법 제8조, 민법 제766조 제1항). 대법원 판례는 "국가배상법 제2조 제1항 본문 전단 규정에 따른 배상책임을 묻는 사건에 대하여는 동법 제8조의 규정에 의하여 민법 제766조 소정의 단기소멸시효제도가 적용되는 것인바, 여기서 가해자를 안다는 것은 피해자가 가해 공무원이 국가 또는 지방자치단체와의 간에 공법상 근무관계가 있다는 사실을 알고, 또한 일반인이 당해 공무원의 불법행위가 국가 또는 지방자치단체

1) 대판 1993. 4. 9, 92다43395 【손해배상(기)】

의 직무를 집행함에 있어서 행해진 것이라고 판단하기에 족한 사실까지도 인식하는 것을 의미한다"고 하였다.[1)]

헌법재판소도 국가배상청구사건의 소멸시효기간에 민법 제766조를 적용하도록 한 것은 위헌이 아니라는 입장이다.

> **헌재결 2005. 5. 26, 2004헌바90 【민법 제766조제1항 위헌소원】**
> 불법행위로 인한 손해배상청구권에 대하여 단기소멸시효기간을 정한 민법 제766조 제1항은 피해자나 그 법정대리인이 "피해 및 가해자"를 안 때에는 그 권리행사가 그만큼 용이하여 불법행위로 인한 손해배상청구권과 관련된 민사상의 법률관계를 조속히 확정함으로써 법적 안정성을 도모하기 위한 것으로서 합리적인 이유가 있고, 3년간의 단기시효기간도 입법자가 입법형성권을 현저히 자의적으로 행사하여 지나치게 짧게 정한 것으로 볼 수 없으므로, 위 법률조항이 불법행위로 인한 손해배상청구권이라는 피해자의 재산권을 합리적인 이유 없이 지나치게 제한함으로써 헌법 제37조 제2항의 기본권제한에 관한 입법적 한계를 일탈하였다고 볼 수 없다.[2)]

다만 국가배상법상 손해배상청구소송을 제기하기 전에 배상심의위원회의 결정을 먼저 거치는 경우에는, 이 배상심의위원회에 대한 손해배상지급신청은 시효중단사유로 볼 수 있고, 이 배상심의위원회의 결정이 있은 때로부터 다시 시효기간이 진행된다할 것이다.[3)]

> 1973년 중앙정보부에서 조사를 받던 중 의문사한 고 최종길 교수의 유족들이 국가를 상대로 한 소송에서 승소했다. 서울고등법원 민사5부(조용호 부장판사)는 14일 고 최종길 서울대 교수의 유족들이 국가를 상대로 낸 손해배상 청구소송 항소심에서 "국가는 유족에게 18억4천8백만여 원을 배상하라"며 원고 일부승소 판결했다. 재판부는 "국가는 당시 중앙정보부가 최 교수의 사망원인에 대한 진상을 조직적으로 은폐했다"면서 국가의 잘못을 인정하고, "국가는 그를 간첩이라고 조작 발표해 본인과 유족의 명예를 훼손했다"고 지적했다.
> 재판부는 또 지난해 1월 소멸시효가 지나 배상할 의무가 없다는 국가의 주장에 대해 "지난 2002년 의문사진상규명위의 조사결과가 나올 때까지 유족이 사건의 진상을 알지 못했기 때문에 청구권을 행사할 수 없는 점이 인정된다"며 "국가가 사건을 조작하고 은폐함으로써 원고들이 사건의 진상 을 전혀 알 수 없었기에 소멸시효가 완성됐다는 주장은 신

---

1) 대판 1989. 11. 14. 88다카32500 【손해배상(기)】

2) 헌재결 2005. 5. 26, 2004헌바90 【심판대상조문】 민법(2002. 1. 14. 법률 제6591호로 개정된 것) 제766조(손해배상청구권의 소멸시효) ① 불법행위로 인한 손해배상의 청구권은 피해자나 그 법정대리인이 그 손해 및 가해자를 안 날로부터 3년간 이를 행사하지 아니하면 시효로 인하여 소멸한다.

3) 이상규, 신행정법론(상), 법문사, 1994, 614면; 김동희, 행정법(I), 535면.

의칙에 반해 허용할 수 없다"고 밝혔다.[1]

6.2. 시효진행기준

불법농지분배로 인한 국가에 대한 손해배상청구권은 불법행위가 있은 날부터 기산하여 소멸시효가 완성된다 할 것이므로, 그 농지에 대한 매매가 이루어졌으나 분배가 무효가 되어 손해를 입은 매수인의 국가에 대한 손해배상청구권의 소멸시효의 기산점은 상환완료를 원인으로 하는 소유권 이전등기가 완료된 날을 기준으로 한다.[2]

『판례』: 배상신청 이후의 6개월의 유예기간중에는 시효가 진행하지 않는다.

피해자가 국가배상심의회에 손해배상을 신청한 것은 채무자에 대하여 손해배상채무이행을 최고한 것에 해당하고 배상심의회가 위 신청에 대하여 심의하여 결정할 때까지는 국가는 그 이행의 유예를 구한 것에 해당하므로 이 경우 민법 제174조 소정 6개월의 기간은 위 배상심의회의 결정이 있을 때까지 진행하지 아니한다(대법원 1975. 7. 8. 선고 74다178 판결).

『판례』: 시효의 진행기준

이 사건은 국가배상법 제2조 제1항 본문 전단 규정에 따른 배상책임을 묻는 사건이며, 이와 같은 사건에 대하여는 같은 법 제8조의 규정에 의하여 민법 제766조 소정의 단기소멸시효제도가 적용되는 것인 바, 여기서 가해자를 안다는 것은 피해자가 가해 공무원이 국가 또는 지방차지단체와의 간에 공법상의 근무관계가 있다는 사실을 알고, 또한 일반인이 당해공무원의 불법행위가 국가 또는 지방자치단체의 직무를 집행함에 있어서 행해진 것이라고 판단하기에 족한 사실까지도 인식하는 것을 의미한다(대법원 1989. 11. 14. 선고 88다카32500 판결).

---

1) 법률신문, 인터넷판, 2006-02-14.

2) 대판 1974. 7. 26, 74다3 【손해배상】

VII. 공공시설(영조물)의 설치 · 관리의 하자로 인한 손해배상

1. 국가배상법 제5조

「도로 · 하천 기타 공공의 영조물의 설치 또는 관리에 瑕疵가 있기 때문에 타인의 재산에 손해를 발생하게 하였을 때에는 국가 또는 지방자치단체는 그 손해를 배상하여야 한다.」 이는 비권력작용인 관리작용 중 영조물의 설치 · 하자로 인한 손해배상을 인정한 것이다. 판례는 철도건널목 차단기 고장이나 시설의 불완전,[1] 신호등 고장사건,[2] 고압전주시설의 하자, 배수로나 도로변 정리의 불완전으로 인한 사고,[3] 물웅덩이 익사사고,[4] 등에 대한 책임을 인정하고 있다.

---

1) 대판 1994. 11. 8, 94다34036 【손해배상(자)】 철도 건널목을 통과하려던 차량이 운행 중인 열차와 충돌한 사고에서, 국가의 철도 건널목 설치 · 보존상의 하자나 열차 기관사의 과실이 없다. 대판 1997. 6. 24, 97다10444 : 건널목의 위치, 교차하는 도로의 상황, 교통량, 열차 운전자의 투시거리와 열차의 제동거리, 건널목의 안전설비의 내용, 그 곳에서의 사고발생 빈도와 사고 당시의 제반 상황을 고려하여 열차와 횡단 자동차가 서로를 인식할 수 있는 가시거리가 지나치게 짧은 데 비하여 차단기를 운영하지 아니하는 등 안전설비가 불충분하다고 하여 철도건널목의 설치 · 관리상의 하자를 인정할 수 있다.

2) 대판 2001. 7. 27, 2000다56822 【손해배상(자)】 신호등의 고장으로 인한 국가배상책임 인정 : 가변차로에 설치된 신호등의 용도와 오작동시에 발생하는 사고의 위험성과 심각성을 감안할 때, 만일 가변차로에 설치된 두 개의 신호기에서 서로 모순되는 신호가 들어오는 고장을 예방할 방법이 없음에도 그와 같은 신호기를 설치하여 그와 같은 고장을 발생하게 한 것이라면, 그 고장이 자연재해 등 외부요인에 의한 불가항력에 기인한 것이 아닌 한 그 자체로 설치 · 관리자의 방호조치의무를 다하지 못한 것으로서 신호등이 그 용도에 따라 통상 갖추어야 할 안전성을 갖추지 못한 상태에 있었다고 할 것이고, 따라서 설령 적정전압보다 낮은 저전압이 원인이 되어 위와 같은 오작동이 발생하였고 그 고장은 현재의 기술수준상 부득이한 것이라고 가정하더라도 그와 같은 사정만으로 손해발생의 예견가능성이나 회피가능성이 없어 영조물의 하자를 인정할 수 없는 경우라고 단정할 수 없다.

3) 대판 1994. 11. 22, 94다32924 【손해배상(기)】 지방자치단체가 관리하는 도로 지하에 매설되어 있는 상수도관에 균열이 생겨 그 틈으로 새어 나온 물이 도로 위까지 유출되어 노면이 결빙되었다면 도로로서의 안전성에 결함이 있는 상태로서 설치 · 관리상의 하자가 있다. 대판 1993. 6. 25, 93다14424 【구상금】 관광버스가 국도상에 생긴 웅덩이를 피하기 위하여 중앙선을 침범 운행한 과실로 마주 오던 트럭과 충돌하여 발생한 교통사고에 대하여 국가는 공동불법행위자로서의 손해배상책임을 져야 한다.

4) 대판 1978. 8. 22, 78다877 【손해배상】 서울시가 토지구획정리사업의 일부로 한 매립공사를 시행함에 있어 설계변경으로 저지대가 생기게 하고 그 저지대에 형성된 웅덩이에 대하여 배수시설이나 위험방지시설을 전연하지 아니한 채 방치한 관계로 그 웅덩이에서 주민이 실족 익사하였다면 그 담당공무원에게 과실이 있다 할 것이다.

영조물의 설치·관리의 하자로 인한 손해발생의 경우에 대하여는 국가배상법 제5조 제1항이 「도로·하천 기타 공공의 영조물의 설치 또는 관리에 하자가 있기 때문에 타인에게 손해를 발생하게 하였을 때에는 국가 또는 지방자치단체는 그 손해를 배상하여야 한다」라고 규정하고 있다. 후자의 경우의 배상책임은 성질상 민법 제758조의 배상책임과 유사하지만, 민법상의 공작물 등의 점유자·소유자의 책임에 비하여 그 범위가 넓으며 점유자의 면책에 관한 규정이 없는 점이 상이하다. 영조물설치의 하자라 함은 영조물의 축조에 불완전한 점이 있어 이 때문에 영조물 자체가 통상 갖추어야 할 안전성을 갖추지 못한 상태에 있음을 말한다고 할 것인 바, 영조물설치의 하자유무는 객관적 견지에서 본 안전성의 문제이고, 재정사정 등은 … 안전성을 결정지을 절대적 요건이 되지 못한다.[1)]

대판 1967. 2. 21, 66다1723 【손해배상】

영조물설치의 하자라 함은 영조물의 축조에 불완전한 점이 있어 이 때문에 영조물 자체가 통상 갖추어야 할 안전성을 갖추지 못한 상태에 있음을 말한다고 할 것인 바, 영조물설치의 하자유무는 객관적 견지에서 본 안전성의 문제이고, 재정사정 등은 … 안전성을 결정지을 절대적 요건이 되지 못한다.

영조물의 설치·관리의 하자로 인한 손해배상청구의 경우로는 (ㄱ) 철도건널목 시설의 불완전(대판 1971. 6. 22, 71다1029) (ㄴ) 건널목 자동경보기의 고장(대판 1969. 12. 9, 69다1386) (ㄷ) 노면정리의 불완전(대판 1969. 3. 4, 68다2298)가 있다.

2. 책임의 법적 성질(무과실책임 · 물적 상태책임)

국가배상법 제5조에 의한 국가 등의 배상책임은 공공의 영조물의 설치 또는 관리에 흠이 있다고 하는 「객관적 사실」만 있으면 발생하며, 설치 또는 관리를 담당한 공무원(관리자)의 고의·과실의 유무를 불문하므로 「무과실책임」·「물적 상태책임」이다. 이는 「위험책임주의」에 입각한 것이나 다만, 흠의 존재라는 객관적 사실을 필요로 하므로 완전한 위험책임이라고는 할 수 없다.

3. 배상책임의 요건

3.1. 공공의 영조물

본조의 영조물은 인적·물적 종합시설을 의미하는 본래적 의미의 영조물이 아니라 국가나 공공단체 등의 행정주체에 의하여 공공목적에 제공된 유체물로서 학문상의 공물을 의미한다(통설).[2)] 따라서 ① 도로(등산로 포함)·하천·항만·상하수도·관공서의 청사·국공립학교교사 등 「포괄적인 유체적 설비」는 물론 관용차[3)]와 같은 「개개의 유체물」도 포

1) 대판 1967. 2. 21, 66다1723 【손해배상】

2) 김철용, 행정법 I, 514면; 김동희, 행정법(I), 540면.

함되고, ② 인공공물(도로 · 수도 · 제방 · 관공서청사 · 국공립학교 校舍 · 철도시설물인 대합실과 승강장등)[1] · 자연공물(하천 · 호수 · 해변 등)을 불문하며,[2] ③ 動産(소방차, 항공기, 총기 등)과 동물(경찰견 · 경찰마)도 포함된다.[3] ④ 자유공물이거나 타유공물이거나를 가리지 않는다. ⑤ 그러나 국가 등이 소유하더라도 공물이 아닌 것(즉, 국유재산 중 잡종재산)은 민법(제758조)이 적용되며, 아직 물적 시설이 완성되지 아니하여 공공의 목적에 제공되고 있지 아니한 것(공사중이며 아직 완성되지 않아 일반공중의 이용에 제공되지 않은 것)은 여기서 말하는 영조물이라 할 수 없다.[4]

---

3) 대판 1992. 2. 25, 91다12356【보험금】 공무원이 그 직무를 집행하기 위하여 국가 또는 지방자치단체 소유의 관용차를 운행하는 경우, 그 자동차에 대한 운행지배나 운행이익은 그 공무원이 소속한 국가 또는 지방자치단체에 귀속된다고 할 것이고, 그 공무원 자신이 개인적으로 그 자동차에 대한 운행지배나 운행이익을 가지는 것이라고는 볼 수 없으므로, 그 공무원이 자기를 위하여 관용차를 운행하는 자로서 같은 법조 소정의 손해배상책임의 주체가 될 수는 없다.

1) 대판 1999. 6. 22, 99다7008【손해배상(자)】 국가의 철도운행사업과 관련하여 발생한 사고로 인한 손해배상청구에 관하여 적용될 법규(공무원의 직무상 과실을 원인으로 한 경우=민법, 영조물 설치 · 관리의 하자를 원인으로 한 경우 = 국가배상법). 국가 또는 지방자치단체라 할지라도 공권력의 행사가 아니고 단순한 사경제의 주체로 활동하였을 경우에는 그 손해배상책임에 국가배상법이 적용될 수 없고 민법상의 사용자책임 등이 인정되는 것이고 국가의 철도운행사업은 국가가 공권력의 행사로서 하는 것이 아니고 사경제적 작용이라 할 것이므로, 이로 인한 사고에 공무원이 간여하였다고 하더라도 국가배상법을 적용할 것이 아니고 일반 민법의 규정에 따라야 하므로, 국가배상법상의 배상전치절차를 거칠 필요가 없으나, 공공의 영조물인 철도시설물의 설치 또는 관리의 하자로 인한 불법행위를 원인으로 하여 국가에 대하여 손해배상청구를 하는 경우에는 국가배상법이 적용되므로 배상전치절차를 거쳐야 한다.

2) 공물의 영조물은 토지의 공작물보다 넓은 개념으로 인공공물을 포함한다. 그러나, 하천, 湖沼 등의 자연공물도 본조상의 영조물에 포함되는가에 대해서는 의문이 제기될 수 있다. 통설과 판례는 자연공물도 포함시키고 있으나 이에 대해 자연상태 그대로 방치한 것만으로는 관리의 하자가 없다는 견해가 유력하다. 문제는 어떠한 경우에 자연공물의 관리에 하자가 있다고 보아 배상책임을 인정할 것인가에 관해 다른 일반 영조물과는 약간 다른 고찰이 필요하다는 데에 있으며 이 문제는 그러한 관점에서 검토되어야 할 것이다(이상원, 영조물설치 관리의 하자로 인한 손해배상, 고시계(1992.2)).

3) 동산의 포함여부 : 통설 · 판례는 소방자동차, 경찰견, 건널목 자동경보기, 공중전화 등 일반적인 동산을 영조물 속에 포함시키고 있다. 이에 대해 영조물에 동산을 포함시키는 것을 불합리하여 동산의 경우는 국가배상법 제2조나 민법 제758조의 문제로 해결할 수 있다는 견해가 있다(이상원, 영조물설치 관리의 하자로 인한 손해배상, 고시계(1992.2)).

4) 대판 1998. 10. 23, 98다17381【손해배상(기)】[1] 국가배상법 제5조 제1항 소정의 '공공의 영조물'의 의미 : 국가배상법 제5조 제1항 소정의 '공공의 영조물'이라 함은 국가 또는 지방자치단체에 의하여 특정 공공의 목적에 공여된 유체물 내지 물적 설비를 말하며, 국가 또는 지방자치단체가 소유권, 임차권 그 밖의 권한에 기하여 관리하고 있는 경우뿐만 아니라 사실상의 관리를 하고

국가배상법 제5조 제1항에 정하여진 "영조물의 설치 또는 관리의 하자"라 함은 공공의 목적에 공여된 영조물이 그 용도에 따라 갖추어야 할 안전성을 갖추지 못한 상태에 있음을 말하고, 여기서 안전성을 갖추지 못한 상태, 즉 타인에게 위해를 끼칠 위험성이 있는 상태라 함은 당해 영조물을 구성하는 물적 시설 그 자체에 있는 물리적·외형적 흠결이나 불비로 인하여 그 이용자에게 위해를 끼칠 위험성이 있는 경우뿐만 아니라 그 영조물 이 공공의 목적에 이용됨에 있어 그 이용상태 및 정도가 일정한 한도를 초과하여 제3자에게 사회통념상 참을 수 없는 피해를 입히는 경우까지 포함된다고 보아야 할 것이고, 사회통념상 참을 수 있는 피해인지의 여부는 그 영조물의 공공성, 피해의 내용과 정도, 이를 방지하기 위하여 노력한 정도 등을 종합적으로 고려하여 판단하여야 한다.

3.2. 설치 또는 관리상의 하자가 있을 것

3.2.1. 하자의 의의

본조에서 말하는 영조물의 설치·관리의 하자라 함은 영조물이 통상 갖추어야 할 안전성을 결여하여 타인에게 위해를 미칠 위험성이 있는 상태를 말하는 것으로서,[1] 사회통념상 영조물의 補修·改築·설치의 하자를 의미한다. 즉 설계·자재·시공 등 영조물에 처음부터 결함이 있으면 「설치의 하자」이고 설치 후의 유지·수선 보관에 불완전한 결함이 있으면 「관리의 하자」에 해당된다. 이러한 구별은 구상권을 행사하는 데 그 實益이 있다.

- 설치의 하자: 설계·자재·시공 등 영조물에 처음부터 결함이 있는 경우
- 관리의 하자: 설치 후의 유지·수선 보관에 불완전한 결함이 있는 경우

있는 경우도 포함된다. [2] 국가배상법 제5조 제1항 소정의 '설치상의 하자'의 의미 : 국가배상법 제5조 제1항 소정의 '설치상의 하자'라 함은 공공의 목적에 공여된 영조물이 그 용도에 따라 통상 갖추어야 할 안전성을 갖추지 못한 상태에 있음을 말한다. [3] 공사 중이며 아직 완성되지 않아 일반 공중의 이용에 제공되지 않는 옹벽이 국가배상법 제5조 제1항 소정의 영조물에 해당하지 않는다 : 지방자치단체가 비탈사면인 언덕에 대하여 현장조사를 한 결과 붕괴의 위험이 있음을 발견하고 이를 붕괴위험지구로 지정하여 관리하여 오다가 붕괴를 예방하기 위하여 언덕에 옹벽을 설치하기로 하고 소외 회사에게 옹벽시설공사를 도급 주어 소외 회사가 공사를 시행하다가 깊이 3m의 구덩이를 파게 되었는데, 피해자가 공사현장 주변을 지나가다가 흙이 무너져 내리면서 위 구덩이에 추락하여 상해를 입게 된 사안에서, 위 사고 당시 설치하고 있던 옹벽은 소외 회사가 공사를 도급받아 공사 중에 있었을 뿐만 아니라 아직 완성도 되지 아니하여 일반 공중의 이용에 제공되지 않고 있었던 이상 국가배상법 제5조 제1항 소정의 영조물에 해당한다고 할 수 없다.

1) 김동희, 행정법(I), 541면.

<사례>

1964년 8월 12일 경기 포천군 포천면 2동에 주둔하고 있던 육군 제2913부대의 수송부 사병내무반인 흙으로 지은 兵舍(국가의 재정상태 및 군사적 임무의 특수성에 비추어 비교적 견고하지 않은 것으로 지음)가 그 앞날에 내린 폭우로 인하여 그 병사에서 약 8미터 떨어져 있는 산에서 흙이 무너져 흙사태가 위병사를 뒤 엎어서 불침번 사병의 긴급대피 조치에도 불구하고, 그 병사에서 자고 있던 위 부대소속 육군 상등병 소외 1외 5명의 사병이 압사하였다.

<해설 : 판례>

영조물 설치의 하자라 함은 영조물의 축조에 불완전한 점이 있어 이 때문에 영조물 자체가 통상 갖추어야 할 완전성을 갖추지 못한 상태에 있음을 말한다고 할 것인바 그 하자 유무는 객관적 견지에서 본 안전성의 문제이고 그 설치자의 재정사정이나 영조물의 사용 목적에 의한 사정은 안전성을 요구하는데 대한 정도 문제로서 참작사유에는 해당할지언정 안전성을 결정지을 절대적 요건에는 해당하지 아니한다 할 것이다.[1]

그리고 "영조물의 설치 또는 관리상의 하자로 인한 사고라 함은 영조물의 설치 또는 관리상의 하자만이 손해발생의 원인이 되는 경우만을 말하는 것이 아니고, 다른 자연적 사실이나 제3자의 행위 또는 피해자의 행위와 경합하여 손해가 발생하더라도 영조물의 설치 또는 관리상의 하자가 공동원인의 하나가 되는 이상 그 손해는 영조물의 설치 또는 관리상의 하자에 의하여 발생한 것이라고 해석함이 상당하다."[2]

3.2.2. 하자결정의 표준(무과실책임)

a) 객관설

aa) 전통적 견해

本條의 배상책임이 과실책임인지 무과실책임인지의 여부가 문제되나 통설은 민법 제758조의 공작물책임과 같은 무과실책임으로 보고 있다.[3] 따라서 영조물의 설치 또는 관리에 하자가 있다 함은 관리자의 과실유무를 불문하고 객관적으로 영조물의 설치와 그 후의 維持·修繕에 불완전한 점이 있어서 「통상적으로 갖추어야 할 물적 안전성을 결여」하였음을 말한다(객관설 : 다수설·판례[4]). 이와 같이 객관설은 하자의 유무는 영조물이 객관적

---

1) 대판 1967. 2. 21, 66다1723【손해배상】

2) 대판 1994. 11. 22, 94다32924【손해배상(기)】

3) 다만 민법에서는 그 대상을 공작물에 한정하고 있으나, 국가배상법은 그 범위를 확대하고 있으며, 민법에서는 소유자에게 절대적 책임을 부과하고 점유자에게는 손해의 발생을 방지할 주의의무를 게을리하지 않은 경우에는 면책을 인정하고 있으나, 국가배상법은 점유자의 면책을 인정하고 있지 않다(석종현, 일반행정법(상), 639면 참조).

으로 안전성을 결여하였는지 여부에 의하여 판단해야 하므로, 그것이 설치 · 관리자의 의무의 위반으로 생긴 것인지는 요구되지 않는다고 보는 견해이다. 이 때 하자의 존부는 당해 영조물의 구조, 용법, 장소적 환경 및 이용상황 등의 여러 사정을 종합적으로 고려하여 구체적, 개별적으로 판단하게 된다고 한다(사회적 · 기능적 하자). 우리나라의 다수설의 입장이다.

「무과실책임」
- 통상적으로 갖추어야 할 물적 안전성을 결여(객관설 : 다수설 · 판례)

「객관설을 취한 판례」 대판 1994. 11. 22, 94다32924 【손해배상(기)】
"국가배상법 제5조 소정의 영조물의 설치 · 관리상의 하자라 함은 영조물의 설치 및 관리에 불완전한 점이 있어 이 때문에 영조물 자체가 통상 갖추어야 할 안전성을 갖추지 못한 상태에 있는 것을 말하는 것이다. 지방자치단체가 관리하는 도로 지하에 매설되어 있는 상수도관에 균열이 생겨 그 틈으로 새어 나온 물이 도로 위까지 유출되어 노면이 결빙되었다면 도로로서의 안정성에 결함이 있는 상태로서 설치 · 관리상의 하자가 있다. 국가배상법 제5조 소정의 영조물의 설치 · 관리상의 하자로 인한 책임은 무과실책임이고 나아가 민법 제758조 소정의 공작물의 점유자의 책임과는 달리 면책사유도 규정되어 있지 않으므로, 국가 또는 지방자치단체는 영조물의 설치 · 관리상의 하자로 인하여 타인에게 손해를 가한 경우에 그 손해를 방지에 필요한 주의를 해태하지 아니하였다 하여 면책을 주장할 수 없다."

bb) 영조물의 기능적 하자 문제

최근의 판례에 의하면 영조물의 물적 하자(물리적 · 외형적 하자)뿐만 아니라 영조물이 그 목적에 따라 공용되어 이용됨에 따라 위해를 발생시킬 수 있는 위험성이 있는 경우에도 본조상의 영조물의 설치 · 관리의 하자로 파악하고(매향리 사격장사건[1] · 김포공항 소음사건),[2] 이러한 위해에는 영조물의 인근거주자 등 그 이용자이외의 제3자에 대한 것도

---

4) 판례는 종래에 객관설을 취하여 왔으나, 최근에는 주관적인 요소를 고려한 판례도 등장하고 있다.

1) 대판 2004. 3. 12, 2002다14242 【손해배상(기)】 [1] 국가배상법 제5조 제1항에 정하여진 '영조물의 설치 또는 관리의 하자'라 함은 공공의 목적에 공여된 영조물이 그 용도에 따라 갖추어야 할 안전성을 갖추지 못한 상태에 있음을 말하고, 여기서 안전성을 갖추지 못한 상태, 즉 타인에게 위해를 끼칠 위험성이 있는 상태라 함은 당해 영조물을 구성하는 물적 시설 그 자체에 있는 물리적 · 외형적 흠결이나 불비로 인하여 그 이용자에게 위해를 끼칠 위험성이 있는 경우뿐만 아니라 그 영조물이 공공의 목적에 이용됨에 있어 그 이용상태 및 정도가 일정한 한도를 초과하여 제3자에게 사회통념상 참을 수 없는 피해를 입히는 경우까지 포함된다고 보아야 할 것이고, 사회통념상 참을 수 있는 피해인지의 여부는 그 영조물의 공공성, 피해의 내용과 정도, 이를 방지하기 위하여 노력한 정도 등을 종합적으로 고려하여 판단하여야 한다.

2) 대판 2005. 1. 27, 2003다49566 【손해배상(기)】 김포공항에서 발생하는 소음 등으로 인근 주민

포함되는 것으로 본다.[1)]

<판례>

매향리 사격장에서 발생하는 소음 등으로 지역주민들이 입은 피해는 사회통념상 참을 수 있는 정도를 넘는 것으로서 사격장의 설치 또는 관리에 하자가 있었다고 본 사례.

소음 등을 포함한 공해 등의 위험지역으로 이주하여 들어가서 거주하는 경우와 같이 위험의 존재를 인식하면서 그로 인한 피해를 용인하며 접근한 것으로 볼 수 있는 경우에 그 피해가 직접 생명이나 신체에 관련된 것이 아니라 정신적 고통이나 생활방해의 정도에 그치고, 그 침해행위에 상당한 고도의 공공성이 인정되는 때에는 위험에 접근한 후 실제로 입은 피해정도가 위험에 접근할 당시에 인식하고 있었던 위험의 정도를 초과하는 것이거나 위험에 접근한 후에 그 위험이 특별히 증대하였다는 등의 특별한 사정이 없는 한 가해자의 면책을 인정하여야 하는 경우도 있을 수 있을 것이나, 일반인이 공해 등의 위험지역으로 이주하여 거주하는 경우라고 하더라도 위험에 접근할 당시에 그러한 위험이 문제가 되고 있지 아니하였고, 그러한 위험이 존재하는 사실을 정확하게 알 수 없었으며, 그 밖에 위험에 접근하게 된 경위와 동기 등의 여러 가지 사정을 종합하여 그와 같은 위험의 존재를 인식하면서 굳이 위험으로 인한 피해를 용인하였다고 볼 수 없는 경우에는 그 책임이 감면되지 아니한다고 봄이 상당하다.[2)]

b) 주관설(의무위반설)

주관설은 영조물의 설치·관리상의 주의의무위반 내지 안전확보의무위반으로 보는

들이 입은 피해는 사회통념상 수인한도를 넘는 것으로서 김포공항의 설치·관리에 하자가 있다. 소음 등을 포함한 공해 등의 위험지역으로 이주하여 들어가서 거주하는 경우와 같이 위험의 존재를 인식하면서 그로 인한 피해를 용인하며 접근한 것으로 볼 수 있는 경우에, 그 피해가 직접 생명이나 신체에 관련된 것이 아니라 정신적 고통이나 생활방해의 정도에 그치고 그 침해행위에 고도의 공공성이 인정되는 때에는, 위험에 접근한 후 실제로 입은 피해 정도가 위험에 접근할 당시에 인식하고 있었던 위험의 정도를 초과하는 것이거나 위험에 접근한 후에 그 위험이 특별히 증대하였다는 등의 특별한 사정이 없는 한 가해자의 면책을 인정하여야 하는 경우도 있을 수 있을 것이나, 일반인이 공해 등의 위험지역으로 이주하여 거주하는 경우라고 하더라도 위험에 접근할 당시에 그러한 위험이 존재하는 사실을 정확하게 알 수 없는 경우가 많고, 그 밖에 위험에 접근하게 된 경위와 동기 등의 여러 가지 사정을 종합하여 그와 같은 위험의 존재를 인식하면서 굳이 위험으로 인한 피해를 용인하였다고 볼 수 없는 경우에는 손해배상액의 산정에 있어 형평의 원칙상 과실상계에 준하여 감액사유로 고려하는 것이 상당하다.

1) 김동희, 행정법(I), 548면.

2) 대판 2004. 3. 12, 2002다14242 【손해배상(기)】 [1] 국가배상법 제5조 제1항 [2] 국가배상법 제5조 제1항, 대한민국과아메리카합중국간의상호방위조약 제4조에 의한 시설과 구역 및 대한민국에서의합중국군대의지위에관한협정의 시행에 관한 민사특별법 제2조 제2항 [3] 국가배상법 제5조 제1항, 민법 제750조.

견해이다. 국가배상법 제5조에 의한 책임을 무과실책임이 아니라, 관리자의 주관적 귀책사유가 있어야 한다는 점에서 과실책임 내지 완화된 과실책임으로 파악하는 견해가 여기에 해당될 것이다.

「주관설에 입각한 판례」

국가배상법 제5조 제1항 소정의 영조물의 설치 또는 관리의 하자라 함은 영조물이 그 용도에 따라 통상 갖추어야 할 안전성을 갖추지 못한 상태에 있음을 말하는 것으로서, 영조물이 완전무결한 상태에 있지 아니하고 그 기능상 어떠한 결함이 있다는 것만으로 영조물의 설치 또는 관리에 하자가 있다고 할 수 없는 것이고, 위와 같은 안전성의 구비 여부를 판단함에 있어서는 당해 영조물의 용도, 그 설치장소의 현황 및 이용상황 등 제반 사정을 종합적으로 고려하여 설치 관리자가 그 영조물의 위험성에 비례하여 사회통념상 일반적으로 요구되는 정도의 방호조치의무를 다하였는지 여부를 그 기준으로 삼아야 할 것이며, 객관적으로 보아 시간적·장소적으로 영조물의 기능상 결함으로 인한 손해발생의 예견가능성과 회피가능성이 없는 경우 즉 그 영조물의 결함이 영조물의 설치관리자의 관리행위가 미칠 수 없는 상황 아래에 있는 경우에는 영조물의 설치관리상의 하자를 인정할 수 없다(대판 2000. 2. 25, 99다54004).[1]

c) 절충설

이설은 하자 유무를 판단함에 있어서 영조물 자체의 객관적 하자뿐만 아니라 관리자의 의무위반이란 주관적 요소도 아울러 고려해야 한다는 견해이다.

d) 위법·무과실책임설

국가배상법 제5조에 의한 책임을 (교통)안전의무를 위반함으로써 발생한 손해에 대한 행정주체의 위법, 무과실책임으로 보는 입장이다.[2]

1) 다만, 주관적인 요소를 고려한 판례를 이해함에 있어서는 견해가 갈린다. 판례의 경향을 위법·무과실책임설의 입장을 취한 것으로 이해하는 견해(정하중, 국가배상법 제5조의 영조물의 설치·관리에 있어서 하자의 의미와 배상책임의 성격, 행정판례연구 III, 1996, 215면), 하자를 판단함에 있어서 관리자가 방호조치의무를 다하였는지 여부를 기준으로 한다는 점에서 의무위반설의 입장을 취하고 있는 것으로 보는 견해(김동희, 행정법(I), 545면) 및 객관설의 입장을 포기하지 않으면서 예측가능성, 결과회피가능성의 결여를 면책사유로 인정한 것이라고 이해하는 견해(홍준형, 국가배상법 제5조에 의한 배상책임의 성질과 영조물 설치·관리상의 하자, 판례월보, 1997. 8, 29면) 등이 있다.

2) 정하중, 국가배상법 제5조의 영조물의 설치·관리에 있어서 하자의 의미와 배상책임의 성격, 행정판례연구 III, 1996, 215면.

3.2.3. 면책사유(천재지변 기타 불가항력의 사유)

a) 천재지변 기타 불가항력의 사유

천재지변(예 : 화산폭발, 폭풍우 · 폭설 · 가뭄 · 지진 · 낙뢰) 및 기타 불가항력으로 인한 것과 같이 人力으로써 막을 수 없는 재난이 원인이 되어 영조물에 의한 가해가 있는 경우에는 불가항력으로서 면책사유가 된다. 불가항력이라 함은 천재지변 등과 같이 인간의 능력으로는 예견할 수 없거나 예견할 수 있어도 회피할 수 없는 외부의 힘에 의하여 손해가 발생한 경우를 말한다(외적 요인).[1]

\- 불가항력을 인정하지 않은 판례 -

대판 1993. 6. 8, 93다11678 【손해배상(자)】

산비탈 부분이 약 300mm의 집중호우에 견디지 못하고 도로위로 무너져 내려 차량의 통행을 방해함으로써 사고가 난 사건에서 "이 사건 사고는 피고의 위 도로의 설치 또는 관리상의 하자로 인하여 일어난 것으로 보아야 한다. 매년 비가 많이 오는 장마철을 겪고 있는 우리나라와 같은 기후의 여건하에서 위와 같은 집중호우가 내렸다고 하여 전혀 예측할 수 없는 천재지변이라고 보기 어렵다".

대판 2000. 6. 26, 99다53247 【손해배상(기)】

집중호우로 제방도로가 유실되면서 그 곳을 걸어가던 보행자가 강물에 휩쓸려 익사한 경우, 사고 당일의 집중호우가 50년 빈도의 최대강우량에 해당한다는 사실만으로 불가항력에 기인한 것으로 볼 수 없다.

b) 예산부족문제

예산부족등의 이유는 여기에 포함되지 아니한다.[2] 왜냐하면 예산부족의 문제는 외적 요인이 아닌 공공단체의 내부문제에 불과하며, 따라서 이는 불가항력에 포함될 수 없다고

1) 박균성, 행정법론(상), 747면.

2) 일반적으로 공물의 관리상 필요한 예산부족의 문제는 국가배상책임을 면책시키는 사유에서는 제외되는 것으로 이해한다. 그러나 김동희 교수는 「… 도로나 교량 등의 경우와는 달리 하천 등 자연공물의 안정한 유지, 관리에 있어, 관리에 있어 사회통념상 기대가능성이 없는 정도의 막대한 예산이 소요되는 경우에도 이 원칙이 그대로 적용될 것인지에 관하여 의문을 표시하면서, 이러한 경우에는 국가 등의 손해배상책임이 부인되는 것으로 보는 것이 실제에 부합하는 견해인지도 모른다」고 한다(김동희, 행정법 I, 546면). 대법원은 "영조물 설치의 하자라 함은 영조물의 축조에 불완전한 점이 있어 이 때문에 영조물 자체가 통상 갖추어야 할 완전성을 갖추지 못한 상태에 있음을 말한다고 할 것인 바, 그 하자 유무는 객관적 견지에서 본 안전성의 문제이고 그 설치자의 재정사정이나 영조물의 사용목적에 의한 사정은 안전성을 요구하는데 대한 정도 문제로서 참작사유에는 해당할지언정 안정성을 결정지을 절대적 요건에는 해당하지 아니한다 할 것이다" 라고 판시하였다(대판 1967. 2. 21, 66다1723).

보는 것이 타당하다. 예산문제는 인공공물과 자연공물을 구분하여, 인공공물인 경우에는 면책사유가 되지 아니하나 자연공물의 경우에는 국가나 지방자치단체가 자연공물의 안전성을 증진시키기 위한 합리적인 예산투입계획을 수립하고 집행하고 있는 한 국가나 지방자치단체의 영조물 관리의 하자는 인정할 수 없다는 견해도 있다.[1)]

3.2.4. 하자의 입증책임

a) 원고책임설

영조물의 설치 · 관리의 하자의 존재는 국가배상책임의 성립요건이 되기 때문에 그 瑕疵의 입증책임은 원칙적으로 「피해자」인 원고에게 있다.[2)] 김철용교수는 원고에게 입증책임을 부여하면서도 '흠이 있다'는 의미에 대해서는 의무위반성에 서는 경우, 설치 · 관리자에게 손해발생의 예견가능성과 회피가능성은 없었다는 점은 피고가 입증하여야 한다고 한다.[3)] 박균성 교수도 피해자는 영조물의 설치 또는 관리상의 이상(異狀)과 그 이상으로 인하여 손해가 발생했다는 사실을 주장하면 되고, 국가 또는 지방자치단체가 하자가 없음을 입증하여야 한다고 하면서, 손해발생의 예견가능성과 회피가능성이 없다는 것은 관리주체가 입증하여야 한다고 한다.[4)] 손해발생의 예견가능성과 회피가능성이 없다는 것을 관리주체가 입증해야 한다는 판례로는 다음과 같은 것이 있다.

> 대판 1998. 2. 10, 97다32536【구상금】
>
> 【판시사항】
>
> [1] 도로 설치 후 제3자의 행위에 의하여 도로의 통행상의 안전에 결함이 생긴 경우, 도로의 관리 · 보존상의 하자 여부에 관한 판단 기준
>
> [2] 편도 2차선 도로의 1차선 상에 교통사고의 원인이 될 수 있는 크기의 돌멩이가 방치된 것이 도로 관리상의 하자에 해당한다고 본 사례
>
> 【판결요지】
>
> 도로의 설치 또는 관리 · 보존상의 하자는 도로의 위치 등 장소적인 조건, 도로의 구조, 교통량, 사고시에 있어서의 교통 사정 등 도로의 이용 상황과 그 본래의 이용 목적 등 제반 사정과 물적 결함의 위치, 형상 등을 종합적으로 고려하여 사회통념에 따라 구체적으로 판단하여야 할 것인바, 도로의 설치 후 제3자의 행위에 의하여 그 본래의 목적인 통행상의 안전에 결함이 발생한 경우에는 도로에 그와 같은 결함이 있다는 것만으로 성급하게 도로의 보존상 하자를 인정하여서는 안 되고, 당해 도로의 구조, 장소적 환경과 이용 상황 등 제반 사정을 종합하여 그와 같은 결함을 제거하여 원상으로 복구할 수 있는데도 이를 방

---

1) 박균성, 행정법론(상), 749면.
2) 김철용, 행정법(I), 519면); 대판 1998. 2. 10, 97다32536【구상금】
3) 김철용, 행정법(I), 519면; 대판 1998. 2. 10, 97다32536【구상금】
4) 박균성, 행정법론(상), 746면.

치한 것인지 여부를 개별적 · 구체적으로 심리하여 하자의 유무를 판단하여야 할 것이다(대법원 1992. 9. 14. 선고 92다3243 판결, 1997. 4. 22. 선고 97다3194 판결 등 참조).

사실관계가 원심이 적법하게 확정한 바와 같다면 이 사건 편도 2차선 도로의 1차선 상에 교통사고의 원인이 될 수 있는 크기의 돌멩이가 방치되어 있었고, 도로의 점유 · 관리자인 피고가 그것에 대한 관리 가능성이 없다는 입증을 하지 못하고 있는 이 사건에서 이는 도로 관리 · 보존상의 하자에 해당한다.

그러나 그 입증이 매우 어려운 것이 사실이며 따라서 그 하자의 입증에는 일응 추정이론을 원용할 필요가 있다. 즉 영조물로 인하여 손해가 발생하게 되면, 일단 하자의 존재가 추정되고, 영조물의 관리자가 그 설치 · 관리에 하자가 없었음을 증명하지 아니하는 한 국가 등은 배상책임을 지게 된다.[1]

b) **피고책임설**

피해자는 영조물의 설치 · 관리상의 이상과 그 이상으로 인하여 손해가 발생한 것을 주장하면 되고, 피고인 국가 또는 지방자치단체가 하자없음을 입증하여야 한다는 견해이다.[2]

3.3. 타인에게 손해가 발생할 것

타인에는 영조물의 관리자인 공무원도 포함된다. 손해에는 재산적 · 정신적 손해 뿐만 아니라 적극적 · 소극적 손해가 모두 포함되고, 손해의 발생과 영조물의 하자간에 상당인과관계가 있어야 한다. 손해의 입증책임은 피해자에게 있다.

3.4. 이중배상금지

국가배상법 제2조 제1항 단서(군인 · 군무원 · 경찰공무원 · 향토예비군대원에 대한 국가배상제한)의 규정에서 볼 수 있는 바와 같이 직무의 성질상 위험성이 높은 공무원에 대하여는 이중배상을 배제하는 특례를 두고 있다(국가배상법 제5조 제1항 후단).

<사례>

경찰공무원 乙은 관할구역 내에서 강도사건이 발생하였다는 신고를 받고 급히 출동하기 위하여 경찰순찰차를 운전하다가 마주 오던 트럭운전사 丁과 쌍방 과실로 충돌하여 경찰순찰차 조수석에 타고 있던 동료 경찰공무원 丙이 상해를 입었다. 이에 경찰공무원 丙은 국가에 대하여 손해배상을 청구하고자 한다. 가능한가? 경찰공무원 丙은 재해보상금, 유족연금, 상이연금 등의 보상을 지급받을 수 있다.

---

1) 석종현, 일반행정법(상), 643면.
2) 박균성, 행정법론(상), 746면.

<해설>

국가의 손해배상책임은 면제된다. 피해자인 丙은 경찰공무원이고 직무집행 중에 공상을 입었으며 재해보상금, 유족연금, 상이연금 등의 보상을 지급받을 수 있으며, 국가의 책임은 면제되며 丙은 국가에 대해 손해배상을 청구할 수 없다(국가배상법 제2조 제1항 단서).

3.5. 국가배상법 제2조와 제5조의 경합

소방자동차의 기계의 흠과 운전사의 과실이 경합하여 사람을 死傷케 하는 경우와 같이 제2조와 제5조가 경합된 경우에는 양책임이 중복적으로 성립되므로 어느 규정에 의하여도 청구할 수 있다.

<사례>

등산을 좋아하는 갑은 폭우가 그치자마자 곧바로 국립공원 북한산을 등산하고자 하였다. 그러나 등산로는 폭우로 인하여 일부가 유실되었고, 이로 인하여 갑은 부상을 입었다. 이에 대한 갑의 구제책은?

<해설>

폭우로 인하여 등산로가 유실되었고 이로 인하여 등산객이 부상을 입었다면 국가배상법 제2조와 제5조에 의하여 손해 배상을 받을 수 있다. 위의 사례의 경우에는 폭우로 인하여 등산로가 유실될 수 있음을 미리 예상할 수 있었고 유실된 등산로를 보수할 수 있는 시간적 여유가 있었음에도 불구하고 등산로를 보수하지 않고 위험표시를 하지 않은 공무원(국립공원관리공단 직원)의 과실과 등산로 관리상 하자를 인정할 수 있기 때문이다. 또한 이 경우 피해자도 폭우로 인하여 등산로가 유실되고 이로 인하여 등산로가 위험한 사실을 알고도 등산을 강행한 과실이 있기 때문에 손해액을 판정할 때 역시 고려될 수 있다.

4. 영조물의 설치·관리 하자에 대한 배상책임(효과)

4.1. 배상책임자

국가배상법 제6조 (비용부담자등의 책임) ① 제2조·제3조 및 제5조의 규정에 의하여 국가 또는 지방자치단체가 손해를 배상할 책임이 있는 경우에 공무원의 선임·감독 또는 영조물의 설치·관리를 맡은 자와 공무원의 봉급·급여 기타의 비용 또는 영조물의 설치·관리의 비용을 부담하는 자가 동일하지 아니한 경우에는 그 비용을 부담하는 자도 손해를 배상하여야 한다. <개정 1980. 1. 4>

② 제1항의 경우에 손해를 배상한 자는 내부관계에서 그 손해를 배상할 책임이 있는 자에게 구상할 수 있다. <개정 1980. 1. 4>

배상책임자는 국가 또는 지방자치단체이다(국배법 제5조 제1항). 공공시설의 설치·관리자(관리주체)와 그 비용부담자(경제주체)가 동일하지 아니한 경우(예 : 국영공사사업)

에는 비용부담자도 손해를 배상할 책임이 있으므로 피해자는 그 어느 쪽에 대해서도 「선택적」으로 청구할 수 있다(동법 제6조 제1항). 이 경우에 손해를 배상한 관리자 또는 비용부담자는 내부관계에서 배상할 책임이 있는 자(관리주체)에게 「구상」할 수 있다(동법 제6조 제2항).

4.2. 기관위임사무의 손해배상책임의 주체

<사례>

국토해양부장관은 강원도지방에 국도를 신설하였는데, 산악지역이 많은 관계로 일부구간은 산중턱을 깎아 도로를 완성하였다. 위 도로의 유지, 수선사무는 강원도 도지사 乙에게 위임되었다. 집중폭우 및 강풍으로 산비탈의 흙이 무너져 내리면서 돌과 흙더미가 도로에 쌓이게 되어 차량의 통행을 방해함으로써 바로 그곳을 지나가던 甲의 차량이 급정거하다가 전복되는 교통사고가 발생하였다. 甲은 누구를 상대로 국가배상을 청구할 수 있는가?

<해설>

甲은 사무귀속주체이자 실질적 비용부담자인 대한민국을 상대로 국가배상법 제2조 또는 제5조에 의하여 손해배상을 청구할 수 있고, 형식적 비용부담자인 강원도를 상대로 같은 법 제6조 제1항에 의하여 손해배상을 청구할 수 있다.

행정권한이 기관위임된 경우 권한을 위임받은 기관은 권한을 위임한 기관이 속하는 국가 또는 지방자치단체의 산하 행정기관의 지위에서 그 사무를 처리하는 것이므로 사무귀속의 주체가 달라진다고 할 수 없고, 따라서 권한을 위임받은 기관 소속의 공무원이 위임사무처리에 있어 고의 또는 과실로 타인에게 손해를 가하였거나 위임사무로 설치·관리하는 영조물의 하자로 타인에게 손해를 발생하게 한 경우에는 권한을 위임한 관청이 소속된 국가 또는 지방자치단체가 국가배상법 제2조 또는 제5조에 의한 배상책임을 부담하고, 권한을 위임받은 관청이 속하는 국가 또는 지방자치단체가 국가배상책임을 부담하는 것이 아니라 할 것이다.[1] "도로법 제22조 제2항에 의하여 지방자치단체의 장인 시장이 國道의 관리청이 되었다 하더라도 이는 시장이 국가로부터 관리업무를 위임받아 국가행정기관의 지위에서 집행하는 것이므로 국가는 도로관리상 하자로 인한 손해배상책임을 면할 수 없다"[2]고 하여 국도의 사무귀속주체로서의 국가배상책임을 인정하고 있다.

그리고, 市가 국도의 관리상 비용부담자로서 책임을 지는 것은 국가배상법이 정한 자

1) 대판 1999. 6. 25, 99다11120 【손해배상(자)】
2) 대판 1993. 1. 26, 92다2684 【구상금】

신의 고유한 배상책임이므로 도로의 하자로 인한 손해에 대해여 시는 부진정연대채무자인 공동불법행위자와이 내부관계에서 배상책임을 분담하는 관계에 있으며 국가배상법 제6조 제2항의 규정은 도로의 관리주체인 국가와 그 비용을 부담하는 경제주체인 市 상호간에 내부적으로 구상의 범위를 정하는 데 적용될 뿐 이를 들어 구상권자인 공동불법행위자에게 대항 할 수 없다.[1]

비용부담자로서의 배상주체의 확정문제에 있어서 기관위임사무의 경우 원칙적으로 그 사무귀속의 주체이자 실질적인 비용부담자로서의 국가가 손해배상책임을 져야 한다. 그러나 이 경우 피해자는 그 위임관계를 알 수 없으므로 지방자치단체를 상대로 소송을 제기하는 경우가 많고 이에 따라 피고를 잘못 지정하여 그로 인한 불측의 손해를 보는 경우가 많다.[2]

이러한 문제점을 해결하기 위하여 국가배상법 제6조에서 공무원의 선임 · 감독자와 공무원의 봉급 · 급여 기타의 비용부담자 모두가 손해배상의무가 있는 것으로 규정하였다. 대법원은 "지방자치단체의 장이 기관위임된 국가행정사무를 처리하는 경우 그에 소요되는 경비의 실질적 · 궁극적 부담자는 국가라고 하더라도 당해 지방자치단체는 국가로부터 내부적으로 교부된 금원으로 그 사무에 필요한 경비를 대외적으로 지출하는 자이므로, 이러한 경우 지방자치단체는 국가배상법 제6조 제1항 소정의 비용부담자로서 공무원의 불법행위로 인한 같은 법에 의한 손해를 배상할 책임이 있다"고 하여 비용부담자의 개념에 형식적 비용부담자를 포함시키는 해석을 한 바 있다.[3]

[교통신호기 관리비용을 한국수자원공사가 부담한 경우 영조물주체인 지방자치단체의 책임]

신호기나 안전표지는 그것이 경찰서장 등에 의하여 설치 · 관리되는 것인 이상 그 설치 · 관리 비용의 부담자가 누구이냐와 관계없이 당연히 국가배상법 제5조 소정의 '공공의 영조물'이 된다 할 것이고, 따라서 국가나 지방자치단체 아닌 한국수자원공사가 도로를 소유 · 관리하면서 교통신호기의 설치 · 관리 비용까지 부담하고 있다 하더라도 그 도로가 일반 공중의 통행에 제공되어 사용되고 있는 이상 그 도로의 교통신호기의 설치 · 관리사무의 귀속 주체인 지방자치단체로서는 그 하자로 인한 타인의 손해에 대하여 국가배상법 제5조 소정의 배상책임을 면하지 못한다(대판 2000. 1. 14, 99다24201).

4.3. 배상액

배상액은 영조물의 설치 · 관리의 하자와 상당인과관계가 있는 모든 손해액이다. 생명

---

1) 김동희, 행정법(I), 554면.

2) 김동희, 행정법(I), 551면.

3) 대판 1994. 12. 9, 94다38137 【손해배상(기)】

·신체·물건의 침해에 대한 기준액을 규정한 국가배상법 제3조와 공제액을 규정한 동법 제3조의 2는 영조물배상의 경우에도 적용된다(동법 제5조 제1항 후단).

4.4. 배상청구권의 양도·압류금지

이에 관한 明文의 규정은 없으나 공무원의 직무행위로 인한 경우와 마찬가지로 해석하여야 할 것이다(동법 제4조).

『판례』

치료비 채권에 기한 압류는 인정된다. 국가배상법 제4조(법률 제1899호)가 같은 법 제3조의 규정에 의한 국가배상을 받을 권리의 양도나 압류를 허용하지 않는 것은 배상청구권자를 보호하기 위한 것이고, 특히 그 중 신체의 침해로 인한 치료비 청구권의 압류를 금지하는 취지는 이를 금지함으로써 피해자로 하여금 그 상해를 치료하기 위한 치료비 채권을 확보할 수 있게 하여 상해의 구제에 만전을 기하려는 뜻이라고 할 것이니, 위 법조의 취지에 비추어 보면 그 상해를 치료한 의료인이 피해자에 대한 그 치료비 청구권에 기하여 피해자의 국가에 대한 같은 치료비 청구권을 압류하는 경우에도 이것이 금지되는 것은 아니라고 풀이하여야 할 것이고,[1] 따라서 이러한 의료인이 이러한 치료비 청구권에 기하여 국가에 대한 피해자의 같은 치료비 청구권을 대위행사하는 것은 위 법조의 규정에 불구하고 허용된다.[2]

4.5. 대내적 구상권

국가 등이 배상한 경우에 「손해의 원인에 대하여 책임질 자(원인책임자)」가 따로 있을 때에는 국가 등은 그 자에게 구상할 수 있다(동법 제5조 제2항).

「손해의 원인에 대하여 책임질 자가 따로 있을 때」라는 말은, ① 공공의 영조물을 불완전하게 건조한 건축공사수급인 등 영조물의 설치 또는 관리의 흠을 생기게 한 자로, 고의 또는 과실이 있음을 요한다. ② 영조물이 관리기관을 구성하는 공무원도 그 관리의무의 해태가 손해발생의 원인으로 볼 수 있는 때에는 책임을 질 자에 포함된다. 이 경우 공무원에 대한 구상권 행사의 범위는 제2조와의 균형을 생각하여 영조물의 하자발생에 있어 고의·중과실이 있는 경우에 한하는 것으로 해석하는 것이 타당하다.[3]

---

1) 그렇지 않다면 의료인이 국가에 대한 압류 또는 채권자대위권 행사에 의하여 치료비 채권을 만족시킬 수 있는 길이 막히므로, 위 법조의 본래의 취지와는 달리 오히려 자력없는 피해자가 상해를 치료받을 수 있는 기회를 봉쇄하는 것이 된다(대판 1981. 6. 23, 80다1351).

2) 대판 1981. 6. 23, 80다1351 【치료비】

3) 김동희, 행정법(I), 554면.

5. 준용규정

배상책임의 범위, 배상청구권의 양도·압류금지, 배상청구권의 소멸시효, 군인 등의 배상청구권금지 및 배상청구절차 등에 관하여는 공무원의 직무상 불법행위로 인한 손해배상청구권에 관한 규정과 이론이 그대로 준용된다.

VIII. 사경제적 작용으로 인한 손해배상

국가 등이 사인과 동일한 지위에서 행하는 사경제적 작용(국고작용; 철도·전차·식당·버스·주택 등의 경영)으로 인한 손해와 사물의 설치·관리의 흠으로 인한 손해에 대하여서는 국가배상법이 적용되지 않고 일반사법(민법)이 적용되며(직무범위에 관한 광의설의 입장), 국가·지방자치단체가 배상책임을 진다.

IX. 손해배상의 청구절차

1. 행정절차에 의한 손해배상의 청구

1.1. 결정전치주의문제 : 결정전치주의(국가배상법 제9조)의 포기와 임의적 전치주의의 채택

舊국가배상법 제9조는 행정상 손해배상의 청구절차에 대하여 "이 법에 의한 손해배상의 소송은 배상심의회(심의회)의 배상금지급 또는 기각의 결정을 거친 후에 한하여 이를 제기할 수 있다"고 규정함으로써, 손해배상 청구절차에 관하여 필요적 결정전치주의를 취하고 있다. 결정전치주의의 예외(국가배상법 제9조 단서)로서 배상심의회에 '배상신청'[1]을 한 날로부터 3월이 지나도 배상결정이 없을 때에는 그 결정을 거치지 않고 법원에 배상청구소송을 제기할 수 있다고 규정하였으나, 현행 국가배상법 제9조는 결정전치주의를 포기하여, 배상심의회에 배상신청을 하지 아니하고도 소송을 제기할수 있도록 하였다.[2]

---

1) 종전의 국가배상법 제12조는 "피해자가 배상심의회에 배상결정을 구하는 신청"을 지칭하는 용어로 '배상금지급신청'을 사용하였으나, 이는 배상결정후 배상금의 지급을 구하는 의미로 오인될 소지가 있으므로 이 용어를 '배상신청'으로 변경하였다(1997. 12. 13 법률 제5433호로 개정, 98. 3. 1부터 시행).

2) 2000. 12. 29. 법률 제6310호로 배상심의회의 배상신청은 임의적 제도로 되었다(김철용, 행정법 I, 513면).

1.2. 배상심의회(동법 제10조)

배상심의회는 단순한 심의기관이 아니고 행정상의 손해배상에 관하여 심의·결정하고 그 결정된 내용을 신청인에게 통지하는 권한을 가진 영미식 행정위원적 성격의 「합의제행정관청」이다. 배상심의회에는 법무부에 두는 「본부심의회」, 군인·군속이 가한 손해의 배상결정을 위하여 국방부에 두는 「특별심의회」가 있고(제10조 제1항), 이들 밑에 각각 「지구심의회」가 있다(제10조 제2항). 본부심의회·특별심의회·지구심의회는 모두 법무부장관의 지휘를 받는다(제10조 제3항).

본부심의회 소속 지구심의회는 고등검찰청 소재지에는 고등검찰청에, 그 외의 지역에는 각 지방검찰청에 두고(동법 시행령 제8조 제1항), 특별심의회 소속 지구심의회는 각 군부대에 둔다(동법 시행령 제8조 제2항).

각 지구심의회는 그 관할에 속하는 국가 또는 지방자치단체에 대한 배상신청사건을 심의처리한다(제11조 제2항).

1.3. 배상신청과 결정절차

배상금의 지급을 받고자 하는 자의 주소지· 소재지 또는 배상원인발생지를 관할하는 지구심의회에 대하여 배상신청을 하여야 하며(국가배상법 제12조 제1항), 일정한 주요사건은 지구심의회의 송부에 따라 본부심의회 또는 특별심의회가 직접 결정한다. 배상심의회가 배상결정을 한 때에는 결정이 있은 날로부터 1주일 이내에 신청인에게 결정정본을 송달하여야 한다(동법 제14조 제1항). 지구심의회에서 배상신청이 기각 또는 각하된 때에는 신청인은 그 결정정본이 송달된 날로부터 2주일 이내에 당해 심의회를 거쳐 본부심의회 또는 특별심의회에 재심을 신청할 수 있다(동법 제15조의2 제1항). 이 경우 본부심의회 또는 특별심의회는 4주일 이내에 배상결정을 하여야 한다(동법 제15조의2 제3항).

1.4. 배상결정

심의회의 배상결정은 신청인이 동의함으로써 그 효력이 발생한다. 심의회의 결정에 동의하는 신청인은 지체없이 그 결정에 동의서를 붙여 국가 또는 지방자치단체에 배상금 지급을 청구하여야 한다(동법 제15조 제1항). 배상결정을 받은 신청인이 배상금지급의 청구를 하지 아니하거나 지방자치단체가 대통령이 정한 기간 내에 배상금을 지급하지 아니한 때에는 심의회의 결정에 동의하지 아니한 것으로 본다(동법 제15조 제3항). 이 경우 피해자는 손해배상소송을 제기할 수 있다.

그러나, 종전의 국가배상법 제16조의 "심의회의 배상결정은 신청인이 동의하거나 지방자치단체가 배상금을 지급한 때에는 민사소송법의 규정에 의한 재판상 화해가 성립한 것으로 본다"는 규정은 1995. 5. 25의 헌법재판소의 위헌결정에 따라 1997. 12. 13 본조를 삭제하고 1998. 3. 1부터 시행하도록 하였다.

1.5. 배상금 산정기준

배상금산정기준은 호프만식 계산법을 적용한다. 종전에는 피해자에게 지급하는 유족배상·장애배상 및 의료비 등을 산정함에 있어서 중간이자를 복리로 계산하여 공제하는 방식인 복할인법(라이프니츠식)을 채택하고 있었으나, 법원에서는 중간이자를 단리로 계산하여 공제하는 방식인 단할인법(호프만식)을 채택하고 있어서 국가배상법에 의한 공제방식이 법원이 채택한 공제방식보다 불리하게 되어 있어서 불리하게 되어, 그 결과 피해자들이 배상심의회의 결정에 불복, 법원에 소송을 제기하는 경우가 많아 시간·비용 등의 부담을 안게 되므로, 1997. 12. 13에 개정되고 1998년 3월 1일부터 시행된 국가배상법 제3조의2 제3항은 중간이자의 공제방식에 있어서 복할인법(라이프니츠)에 의한 중간이자 공제방식을 삭제하고 구체적인 공제방식은 대통령령에서 정하도록 하였다.[1] 그에 따라 국가배상법과 그 시행령에서 국가배상법에 의한 중간이자의 공제에도 단할인법(호프만식)으로 하도록 하였다(국가배상법 제3조의2 제2, 제3항; 동법 시행령 제6조 제3항).[2]

『판례』

대법원은 "국가배상법 제3조의2 제2항은, 동법 소정의 절차에 따라 배상심의회에 그 배상을 신청할 경우에 해당하는 규정으로서, 소송에 있어서 법원을 기속하는 규정이 아니라 할 것이니, 같은 취지에서 원심이 위와 같이 장래 발생할 노임상실액 상당의 손해액을 호프만식 계산법에 의하여 산출한 조치는 정당하다(대판 1980. 12. 9, 80다1820)"고 판시한 바 있다.

2. 사법절차에 의한 배상청구

2.1. 일반절차에 의하는 경우

현행 국가배상법 제9조 (소송과 배상신청의 관계) 이 법에 의한 손해배상의 소송은 배상심의회(이하 "심의회"라 한다)에 배상신청을 하지 아니하고도 이를 제기할 수 있다고 규정하고 있다. 따라서 배상심의회를 거치지 않고도 손해배상 청구가 가능하나, 이를 거친 경우 배상심의회의 결정에 불복이 있는 자는 법원에 국가배상청구소송을 제기할 수 있다. 이 경우에는 국가배상청구소송의 형태에 관해서는 행정소송의 일종인 당사자소송에 의한

1) 오늘의 법률, 현암사, 1998/1월호, 3427면 참조.
2) 김동희, 행정법(I), 531면.

다는 견해와 민사소송에 의한다는 견해가 대립하고 있는데, 전자의 견해가 지배적인 학설인 데 대하여 판례는 후자의 견해를 취한다.

[배상심의회의 결정에의 불복]
- 당사자소송(학설)
- 민사소송(판례)

2.2. 특별절차에 의하는 경우

행정소송(항고소송)과 관련되는 손해배상(예컨대, 위법한 행정처분에 의한 손해를 받은 경우)은「행정소송에 병합하여 청구」할 수 있다(행소법 제7조).

X. 배상청구의 범위와 절차

1. 배상액

배상액은 가해행위와 상당인과관계에 있는 모든 손해액이며, 배상액의 산정에 관하여는 민법 제763조, 제394조(금전배상) 그리고 제396조(과실상계) 등이 준용된다. 생명 · 신체에 대한 손해와 물건의 멸실 · 훼손으로 인한 손해에 대하여는 일정한 배상기준액이 정하여져 있다(국가배상법 제3조).

2. 청구권의 불융통성

생명 · 신체의 침해에 대한 배상청구권은 이를 양도 하거나 압류하지 못한다(국가배상법 제4조). 이는 피해자를 보호하기 위함이다.

3. 배상절차

3.1. 과거

과거에는「배상청구는 민법상 불법행위의 청구와 달리 소제기에 앞서 행정절차에 따라 배상심의회(법무부소속)의 결정을 거쳐야 한다(결정전치주의). 배상결정에 불복이 있거나 배상결정의 신청이 있은 날로부터 3월이 경과한 경우에는 법원에 제소할 수 있다(구 국가배상법 제9조)」고 하였었다. 이와 같이 결정전치주의를 채택했던 이유는 소송으로 가기 전에 분쟁해결을 함으로써 행정주체에게 소송부담을 덜어주고, 배산청구권자에게는 간이 · 신속 · 경제적인 구제를 도모하기 위한 것이었다.

3.2. 현재

현행 국가배상법은 「이 법에 따른 손해배상의 소송은 배상심의회(이하 "심의회"라 한다)에 배상신청을 하지 아니하고도 이를 제기할 수 있다」고 하여 임의 절차화 하였다(국가배상법 제9조). 그 이유는 배상심의회에의 배상청구가 국가배상청구권자의 의사와는 무관하게 필요적으로 거쳐야 하는 절차가 됨으로써 결국 행정소송을 통한 손해배상을 지연하는 결과를 가져왔고 동시에 국민의 재판을 받을 권리를 제한하는 측면이 있었기 때문이다.[1] 법원에서는 민사소송절차에 의하거나 행정소송법 제10조에 따라 행정소송 진행중 변론이 종결될 때까지 소송병합절차에 따라 손해배상청구소송을 병합하여 청구할 수 있다.[2]

4. 배상의 범위

배상의 범위는 원칙적으로 가해행위와 상당인과관계에 있는 모든 손해이다. 그러나 생명 · 신체에 대한 손해와 물건의 멸실 · 훼손으로 인한 손해에 대하여는 배상기준을 법률이 규정하고 있다(국배법 제3조).

XI. 국가배상청구의 제한

1. 법률에 의한 제한

국가배상청구권은 또한 헌법 제37조 제2항에 따라 법률로써 제한될 수 있다. 이와 같이 제한의 목적이 국가안전보장 · 질서유지 또는 공공복리이고, 제한의 형식이 법률이면 국가배상청구권은 제한될 수 있지만, 이 경우에도 그 제한이 평등의 원칙 · 과잉금지의 원칙 등 헌법상의 원칙에 위배되어서는 아니되며, 국가배상책임의 요건과 배상범위, 배상청구의 절차 등의 문제에 국한되어야지, 국가배상권의 본질적 내용을 침해해서는 아니된다.[3] 그러므로 국가배상책임을 전면적으로 부인하는 입법은 물론이고 배상기준을 지나치게 낮게 규정하는 입법도 국가배상청구권의 본질적 내용을 침해하는 것이 된다.

국가배상 청구는 그 배상책임의 요건, 배상액, 청구기간을 정형화시키거나 제한하는 경우가 있다(예 : 舊철도법 제72조, 전기통신사업법 제33조의2; 우편법 제38조-제40조).[4]

---

1) 박균성, 행정법론(상), 763면.
2) 홍성방, 헌법학, 674면.
3) 홍성방, 헌법학, 676면.
4) 사건 : 05-08894 우편물미배달에따른피해배상청구(국무총리행정심판위원회)
청 구 인 : 박 ○ ○ 경상북도 ○○시 ○○구 ○○동 ○○아파트 102-1508

우편법 제5장, 철도사업법, 전기통신사업법 등은 각각 배상책임의 범위를 상당히 제한하고 있다.

우편법 제38조 (손해배상의 범위) ② 제1항의 배상금액과 지연배달의 기준은 지식경제부령으로 정한다. <개정 1977.12.31, 1997.8.28, 2005.3.31, 2008.2.29>

③ 국제우편물에 관한 손해배상액은 조약에서 정하는 손해배상액을 초과하지 아니하는

피청구인 : 포항우체국장

청구취지 : 피청구인이 2005. 3. 24. 청구인에 대하여 한 미배달 우편물에 대한 우편물확인불가 및 피해배상불가 통보를 취소하고 청구인에게 우편물 망실에 따른 금 1만 1,780원을 배상하라.

1. 사건개요

청구인은 2005. 3. 16. 사진인화업체인 주식회사 ○○에 사진인화를 의뢰하였고, 2005. 3. 17. 주식회사 ○○로부터 사진을 빠른우편으로 발송하였다는 메일을 받았으나, 우편물이 배달되지 않아 2005. 3. 23. 우체국 홈페이지에 민원상담을 하였는바, 이에 대하여 피청구인은 2005. 3. 24. 청구인에게 피해에 대한 배상이 불가능하고 우편물의 소재를 확인할 수 없다는 통지를 하였다.

2. 청구인의 주장

청구인은, 피청구인이 「우편법」 관련규정에 의거하여 정하여진 기간 내에 우편물을 청구인에게 배달하여야 함에도 불구하고 기본적인 업무를 소홀이 하여 청구인에게 피해를 주었으므로 이에 따른 피해배상이 불가능하고 우편물의 소재를 확인할 수 없다는 통지는 취소되어야 하고 피청구인은 청구인에게 우편물 망실에 따른 금 1만 1,780원을 배상하라고 주장한다.

3. 피청구인 주장

피청구인은 우편배달의 법적 성질은 사법상 계약으로 행정심판의 대상인 처분 또는 부작위에 해당하지 아니하고, 우편물의 미배달과 관련한 손해배상은 「우편법」에서 규정하는 배상에 국한되거나 민사상의 손해배상으로 다투어져야 할 사안이므로 이 건 행정심판 청구는 부적법하여 각하되어야 한다고 주장한다.

「재결례요지」

1. 「우편법」의 관계규정을 종합하여 보면 정보통신부장관이 관장하는 우편사업은 우월한 공권력의 주체로서가 아니라 사법상 권리의 주체로서 상대방과 대등한 지위에서 행하는 행위로서 우편물배달의 역무제공은 우편사업자와 우편이용자간에 대등한 지위에서 체결하는 사법상 계약에 의하여 성립되는 것이라고 볼 것이다.

2. 우편물의 소재를 확인할 수 없고 우편물미배달에 따른 피해에 대한 배상이 불가능하다는 피청구인의 통지는 법집행 행위로서의 공권력의 행사 또는 그 거부와 그 밖에 이에 준하는 행정작용이라고 볼 수 없고, 이 건 청구는 「행정심판법」상의 행정심판의 대상이 될 수는 없으므로 심판제기요건을 결한 부적법한 청구이다. … 우편물미배달에 따른 손해배상청구에 대하여는 「우편법」에서 「민법」상의 채무불이행이나 불법행위로 인한 손해배상 및 국가배상상의 손해배상에 관한 특별규정을 두어 부가우편역무 중 일정한 경우에 한하여 배상하도록 하고 있는 점, 처분 자체를 대상으로 하는 것이 아니라 법률관계를 대상으로 한다는 점에서 민사소송이나 당사자소송의 대상이 되는 것은 별론으로 하고 이 건 청구는 「행정심판법」상의 행정심판의 대상이 될 수는 없으므로 심판제기요건을 결한 부적법한 청구이다.

범위안에서 지식경제부장관이 정하여 고시한다. <신설 1997.8.28, 2008.2.29>

④ 제2항 및 제3항의 손해배상액은 대통령령이 정하는 바에 의하여 우편관서에서 즉시 지급할 수 있다. <신설 1997.8.28>

우편법 제39조 (책임원인의 제한) 우편물의 손해가 발송인 또는 수취인의 과오로 인한 것이거나 당해우편물의 성질, 결함 또는 불가항력으로 인하여 발생한 것일 때에는 정부는 제38조의 규정에 불구하고 그 손해를 배상하지 아니한다.<개정 1977. 12. 31>

우편법 제40조 (손해배상의 한계) 우편물을 교부할 때에 외부에 파손의 흔적이 없고 또 중량에 차이가 없을 때에는 손해가 없는 것으로 본다.<개정 1977. 12. 31>

전기통신사업법 제33조의2 (손해배상) 전기통신사업자는 전기통신역무를 제공함에 있어 이용자에게 손해를 입힌 경우에는 배상을 하여야 한다. 다만, 그 손해가 불가항력으로 인하여 발생한 경우 또는 그 손해의 발생이 이용자의 고의 또는 과실로 인한 경우에는 그 배상책임이 경감 또는 면제된다.

2. 소멸시효제도에 의한 국가배상청구권의 제한

문제가 되는 점은 소멸시효제도에 의한 국가배상청구권제한의 위헌 여부이다. 헌법재판소는 「… 국가배상법 제8조가 '국가 또는 지방자치단체의 손해배상책임에 관하여는 이 법의 규정에 의한 것을 제외하고는 민법의 규정에 의한다. … (생략)… '고 하고 소멸시효에 관하여 별도의 규정을 두고 아니함으로써 국가배상청구권에도 소멸시효에 관한 민법상의 규정인 민법 제766조가 적용되게 되었다 하더라도 이는 국가배상청구권의 성격과 책임의 본질, 소멸시효제도의 존재이유 등을 종합적으로 고려한 입법재량 범위 내에서의 입법자의 결단의 산물인 것으로 국가배상청구권의 본질적인 내용을 침해하는 것이라고는 볼 수 없고 기본권 제한에 있어서의 한계를 넘어서는 것이라고 볼 수도 없으므로 헌법에 위반되지 아니한다」고 판시하여 국가배상청구권에도 소멸시효가 적용된다고 보고 있다.

헌재결 1997. 2. 20, 96헌바24 【국가배상법 제8조 위헌소원】

헌법 제37조 제2항에 의하면 헌법상 보장된 기본권도 국가안전보장 · 질서유지 또는 공공복리를 위하여 필요한 경우에 법률로써 제한할 수 있는 것이며 그러한 제한도 그 기본권의 본질적인 내용을 침해하지 아니하고 또 과잉금지의 원칙에도 위배되지 아니하는 한 이를 헌법에 위반되는 것이라 할 수 없는 것이다. 그런데 원래 민법상의 소멸시효제도는 권리자가 그의 권리를 행사할 수 있음에도 불구하고 일정한 기간 동안 그 권리를 행사하지 않는 상태, 즉 권리불행사의 상태가 계속된 경우에, 법적 안정성을 위하여 그 자의 권리를 소멸시켜 버리는 제도를 말한다. 이러한 소멸시효제도의 존재이유는 첫째 일정한 사실상태가 오래 계속되면 그 동안에 진정한 권리관계에 대한 증거가 없어지기 쉬우므로 그 계속되어 온 사실상태를 그대로 진정한 권리관계로 인정함으로써 과거사실의 증명의 곤란으로부터 채무자를 구제함으로써 민사분쟁의 적정한 해결을 도모한다는 점, 둘째 오랜 기간 동안 자기의 권리를 주장하지 아니한 자는 이른바 권리 위에 잠자는 자로서 법률의 보호를 받을 만한 가치가 없으며 시효제도로 인한 희생도 감수할 수밖에 없는 것이지만, 반대로 장기간에 걸쳐 권리행사를 받지 아니한 채무자의 신뢰는 보호할 필요가 있으며 특히 불법행위로 인한 손해배상청구에 있어서는 불법행위에 기한 법률관계가 통상 미지의 당사자간에 예기하지 못한 우연의 사고로 말미암아 발생되는 것이므로 가해자는 언제 손해배상청구를 받을지 얼마나 손해배상책임을 지게될지 등이 분명치 아니하여 극히 불안정한 지위에 놓이게 되므로 피해자가 손해 및 가해자를 알면서도 상당한 기간 동안 권리를 행사하지 아니하는 때에는 손해배상청구권을 시효에 걸리게 하여 가해자를 보호할 필요가 있는 점 등의 고려에 의하여 민사상의 법률관계의 안정을 도모하고 증거보전의 곤란을 구제함으로써 민사분쟁의 적정한 해결을 위하여 존재하는 제도이다.

이러한 민법상의 소멸시효제도의 존재이유는 그대로 국가배상청구권의 경우에도 적용되는 것이다. 즉, 국가배상청구에 있어서도 오랜 기간의 경과로 인한 과거사실에 대한 증명의 곤란으로부터 채무자를 구제하고 또 권리행사를 게을리 한 자에 대한 제재 및 장기간 불안정한 상태에 놓이게 되는 가해자의 보호를 위하여 소멸시효제도의 적용은 필요하므로 그대로 인정되어야 하기 때문이다. 따라서 국가배상법 제8조가 국가배상청구권에도 소멸시효제도를 적용하도록 하여 국가배상청구권의 행사를 일정한 경우에 제한하고 있다 하더라도 이는 위와 같은 불가피한 필요성에 기인하는 것이고, 나아가 그 소멸시효기간을 정함에 있어서 민법상의 규정을 준용하도록 함으로써 결과에 있어서 민법상의 소멸시효기간과 같도록 규정하였다 하더라도 그것은 국가배상청구권의 성격과 책임의 본질, 소멸시효제도의 존재이유 등을 종합적으로 고려한 결과로서의 입법자의 결단의 산물인 것이고, 그것이 청구인이 주장하는 바와 같이 국가배상청구권의 특성을 전혀 도외시한 결과라고 단정할 수는 없는 것이다.

결국 국가배상법 제8조는 그것이 헌법 제29조 제1항이 규정하는 국가배상청구권을 일부 제한하고 있다 하더라도 일정한 요건하에 그 행사를 제한하고 있는 점에서 그 본질적인 내용에 대한 침해라고는 볼 수 없을 뿐더러, 앞에서 본 바와 같이 그 제한의 목적과 수단 및 방법에 있어서 정당하고 상당한 것이며 그로 인하여 침해되는 법익과의 사이에 입법자의 자의라고 볼 정도의 불균형이 있다고 볼 수도 없어서 기본권제한의 한계를 규정한 헌법 제37조 제2항에 위반된다고 볼 수도 없다.

3. 군인 · 군무원 등의 이중배상금지

헌법 제29조 제2항은 군인 · 군무원 · 경찰공무원기타 법률로 정한 자가 전투 · 훈련 등 직무집행과 관련하여 받은 손해에 대하여는 법률이 정하는 보상 이에 국가나 공공단체에 공무원의 직무상 불법행위로 인한 배상은 청구할 수 없다고 규정하고 있다. 즉 헌법은 제29조 제2항에서 군인 · 군무원 · 경찰공무원 등에 대해서는 특정한 손해에 관하여 法定報償만을 인정하고 국가배상청구권을 부인하고 있다. 이에 따라 국가배상법 제2조 제1항 단서는「다만, … 본인 또는 그 유족이 다른 법령의 규정에 의하여 재해보상금 · 유족연금 · 상이

연금 등의 보상을 지급받을 수 있을 때에는 이 법 및 민법의 규정에 의한 손해배상을 청구할 수 없다」라고 하고 있다.

> 현행 헌법 제29조 제2항에 의한 이중배상금지는 제3공화국 헌법하의 대법원에서 이중배상금지규정은 국민의 기본권을 침해하는 것이라는 것을 골자로 한 위헌판결을 받자, 제4공화국 유신헌법에서 이를 헌법적 차원에서 이를 명문화함으로써 위헌문제를 해결하였다(따라서 국민의 기본권은 그 만큼 축소된 것이다). 이를 다시 제5공화국 헌법 및 현행 헌법도 이를 그대로 규정하고 있으나, 법률(국가유공자예우 등에관한법률)에 의한 보상액(재해보상금, 유족연금, 상해연금 등)을 인상하여 헌법 제29조 제1항과의 균형을 도모하고 있다.

그러나 전사 등으로 받은 것은 보상으로서 사회보상적 성격을 지니는 것이므로, 배상과는 구별되어야 할 것이다. 보상과 배상에는 2중 배상의 문제가 발생하지 않는다고 보아야 할 것이다. 과거에는 대법원은 이 규정에 따라 군인, 군무원 등이 그 직무집행과 관련하여 피해를 받은 경우 다른 법령의 규정에 의하여 재해보상금을 받는 경우에는 직접 국가에 대하여 손해배상청구권을 행사할 수 없을 뿐만 아니라 공동불법행위자인 사인이 피해자에게 배상한 경우에는 국가에 대한 구상권도 허용되지 않는다는 입장을 취했었다.[1]

> **대판 1983.6.28, 83다카500 【구상금】**
> 헌법 제28조 제2항에 근거를 둔 국가배상법 제2조 제1항 단서의 규정은 군인, 군무원등 위 규정에 열거된 자에 대하여 재해보상금, 유족연금, 상여연금등 별도의 보상제도가 마련되어 있는 경우에는 2중배상 금지를 위하여 이들의 국가에 대한 국가배상법상 또는 민법상의 손해배상 청구권을 배제한 규정이므로, 국가와 공동불법행위책임이 있는 자가 피해자에게 그 배상채무를 변제하였음을 이유로 국가에 대하여 구상권을 행사하는 것도 허용되지 않는다.

그러나 헌법재판소는 구상권 행사에 관하여 대법원과는 다른 견해(한정위헌결정)를 취하였다.

> **헌재결 1994. 12. 29, 93헌바21 【국가배상법 제2조 제1항 단서 위헌소원】**
> 국가배상법 제2조 제1항 단서 중 "군인 … 이 직무집행과 관련하여 … 공상을 입은 경우에 본인 또는 그 유족이 다른 법령의 규정에 의하여 재해보상금 · 유족연금 · 상이연금 등의 보상을 지급받을 수 있을 때에는 이 법 및 민법의 규정에 의한 손해배상을 청구할 수 없다"는 부분은, 일반국민이 직무집행중인 군인과의 공동불법행위로 직무집행중인 다른

---

1) 김동희, 행정법(I), 533면; 대판 1993. 10. 8, 93다14691 【구상금】

군인에게 공상을 입혀 그 피해자에게 공동의 불법행위로 인한 손해를 배상한 다음 공동불법행위자인 군인의 부담부분에 관하여 국가에 대하여 구상권을 행사하는 것을 허용하지 아니한다고 해석하는 한, 헌법에 위반된다.[1)]

헌재결 1995. 12. 28, 95헌바3 【국가배상법 제2조 제1항 등 위헌소원】

일반국민이 직무집행중인 군인과의 공동불법행위로 직무집행중인 다른 군인에게 공상을 입혀 그 피해자에게 공동의 불법행위로 인한 손해를 배상한 다음 공동불법행위자인 군인의 부담부분에 관하여 국가에 대하여 구상권을 행사하는 것을 허용하지 아니한다고 해석하는 한, 헌법에 위반된다고 판시한 것은 헌법상의 제규정을 가치통일적으로 조화롭게 해석·적용하기 위하여 개별헌법규정의 의미를 제한적으로 해석하였던 대표적인 예라고 할 수 있는데, 이를 넘어서서 명시적으로 헌법의 개별규정 그 자체의 위헌여부를 판단하는 것은 헌법재판소의 관장사항에 속하는 것이 아니다.[2)]

위의 헌법재판소의 결정에 따라 대법원은 종전의 공동불법행위자인 민간인은 피해군인 등에 대하여 부진정연대채무를 진다는 종전의 판결을 변경하였다.[3)]

---

1) 헌재결 1994. 12. 29, 93헌바21 【국가배상법 제2조 제1항 단서 위헌소원】

2) 헌재결 1995. 12. 28, 95헌바3 【국가배상법 제2조 제1항 등 위헌소원】

3) 대판 2001. 2. 15, 96다42420 【구상금】 [다수의견] 헌법 제29조 제2항, 국가배상법 제2조 제1항 단서의 입법 취지를 관철하기 위하여는, 국가배상법 제2조 제1항 단서가 적용되는 공무원의 직무상 불법행위로 인하여 직무집행과 관련하여 피해를 입은 군인 등에 대하여 위 불법행위에 관련된 일반국민(법인을 포함한다. 이하 '민간인'이라 한다)이 공동불법행위책임, 사용자책임, 자동차운행자책임 등에 의하여 그 손해를 자신의 귀책부분을 넘어서 배상한 경우에도, 국가 등은 피해 군인 등에 대한 국가배상책임을 면할 뿐만 아니라, 나아가 민간인에 대한 국가의 귀책비율에 따른 구상의무도 부담하지 않는다고 하여야 할 것이다. 그러나 위와 같은 경우, 민간인은 여전히 공동불법행위자 등이라는 이유로 피해 군인 등의 손해 전부를 배상할 책임을 부담하도록 하면서 국가 등에 대하여는 귀책비율에 따른 구상을 청구할 수 없도록 한다면, 공무원의 직무활동으로 빚어지는 이익의 귀속주체인 국가 등과 민간인과의 관계에서 원래는 국가 등이 부담하여야 할 손해까지 민간인이 부담하는 부당한 결과가 될 것이고(가해 공무원에게 경과실이 있는 경우에는 그 공무원은 손해배상책임을 부담하지 아니하므로 민간인으로서는 자신이 손해발생에 기여한 귀책부분을 넘는 손해까지 종국적으로 부담하는 불이익을 받게 될 것이고, 가해 공무원에게 고의 또는 중과실이 있는 경우에도 그 무자력 위험을 사용관계에 있는 국가 등이 부담하는 것이 아니라 오히려 민간인이 감수하게 되는 결과가 된다), 이는 위 헌법과 국가배상법의 규정에 의하여도 정당화될 수 없다고 할 것이다. 이러한 부당한 결과를 방지하면서 위 헌법 및 국가배상법 규정의 입법 취지를 관철하기 위하여는, 피해 군인 등은 위 헌법 및 국가배상법 규정에 의하여 국가 등에 대한 배상청구권을 상실한 대신에 자신의 과실 유무나 그 정도와 관계 없이 무자력의 위험부담이 없는 확실한 국가보상의 혜택을 받을 수 있는 지위에 있게 되는 특별한 이익을 누리고 있음에 반하여 민간인으로서는 손해 전부를 배상할 의무를 부담하면서도 국가 등에 대한 구상권

대법원은 전투경찰은 군인이나 경찰공무원과 구별되는 신분으로 국가배상법의 제한을 받지 않는다고 하였고, 경찰관이 숙직 중 죽은 경우에 배상청구를 긍정한 바 있다. 다수설은 대법원이 보상과 배상을 양립시키려고 한 것을 긍정적으로 평가하고 있다.

을 행사할 수 없다고 한다면 부당하게 권리침해를 당하게 되는 결과가 되는 것과 같은 각 당사자의 이해관계의 실질을 고려하여, 위와 같은 경우에는 공동불법행위자 등이 부진정연대채무자로서 각자 피해자의 손해 전부를 배상할 의무를 부담하는 공동불법행위의 일반적인 경우와 달리 예외적으로 민간인은 피해 군인 등에 대하여 그 손해 중 국가 등이 민간인에 대한 구상의무를 부담한다면 그 내부적인 관계에서 부담하여야 할 부분을 제외한 나머지 자신의 부담부분에 한하여 손해배상의무를 부담하고, 한편 국가 등에 대하여는 그 귀책부분의 구상을 청구할 수 없다고 해석함이 상당하다 할 것이고, 이러한 해석이 손해의 공평·타당한 부담을 그 지도원리로 하는 손해배상제도의 이상에도 맞는다 할 것이다.

제 6 항 범죄피해자구조청구권

I. 의의

범죄피해자구조청구권이란 타인의 범죄행위로 생명 · 신체에 대한 피해를 입은 국민(피해자 · 유족)이 국가에 대하여 금전적인 구조를 청구할 수 있는 권리를 의미한다.[1] 우리 헌법과 형사소송법에는 형사피의자와 형사피고인의 인권보장을 위한 규정은 적지 않으나, 범죄로 인하여 피해를 입은 피해자의 인권 내지 피해자의 보호에 관해서는 종래 소홀하게 다루어 온 것이 사실이다. 1987년 제9차 개정헌법은 현행 피해자보호제도의 미비를 보완함으로써, 사법정의와 사법복지를 구현하기 위하여 일련의 범죄피해자의 권리, 즉 형사피해자의 진술권(헌법 제27조 제5항)과 범죄피해자구조청구권(헌법 제30조)을 신설하여, 1988년부터 시행되고 있다. 헌법 제30조는 「타인의 범죄행위로 인하여 생명 · 신체에 대한 피해를 받은 국민은 법률이 정하는 바에 의하여 국가로부터 구조를 받을 수 있다」고 규정하고 있다.

형사소송법은 피해자에게 일련의 권리, 즉 고소권(제223조) · 고소취소권 (제232조) · 불기소처분에 대한 항고권 및 재정신청권(제260조) · 피해자등의 당해 법정에서의 진술권(제294조의 2)등을 인정하고 있으나, 이것들은 범죄피해자의 물질적 · 정신적 피해를 충분히 보상하는 데에는 거의 도움이 되지 못한다. 이리하여 범죄피해자구제의 실질화를 기하기 위하여 신설된 제도가 바로 범죄피해자구조제도이다.

II. 연혁

과거에는 범죄피의자의 권리보호에 치중하였으나, 근래에는 범죄의 증가와 그 피해의 심각성의 증대에 따라 범죄피해자에 대한 보호도 국가의 중요한 임무로 인식되게 되었다. 특히 범죄로 인한 피해를 입은 경우에 가해자가 배상능력이 없거나, 불명 또는 도주한 경우에는 민법상의 배상청구와 소송촉진에 관한 특별법상의 배상명령제도만으로는 충분한 구제를 받을 수 없다. 범죄피해자구조청구권은 범죄를 사전에 방지하지 못한 책임을 국가가 부담하는 것으로 사회보장의 한 형태라고 볼 수 있다. 따라서 국가의 구조책임은 통치

1) 양건, 헌법강의, 637면.

적 일 수밖에 없다. 범죄피해자에 대한 구제제도는 B.C. 2000년경 함무라비 법전에서 규정되었고, 1929년 멕시코와 1936년 쿠바에서 피해자보상제도가 입법화되었고,[1] 1960년대에 영국 · 미국 · 독일 · 스위스 · 스웨덴 등에서는 범죄피해자구조를 법제화 하여 피해를 구제해 주고 있고, 일본도 1980년에 범죄피해자등급부금지법을 제정 · 공포하였다.[2] 현행 헌법인 제9차 개정헌법에서 범죄피해자구조청구권을 신설하였고, 외국의 입법례에 따라 1988년 7월1일부터 제30조를 신설하여 법률(범죄피해자구조법)이 정하는 바에 따라 국가에 구조를 청구할 수 있도록 했다.[3] 2005년 12월 23일에는 범죄피해자보호법도 제정되어 2006년 3월 24일부터 시행되었다. 이 법률은 범죄피해자 보호지원을 위한 기본계획의 수립, 범죄피해자보호위원회의 설치, 범죄피해자지원법인에 대한 보조금 교부 등에 관하여 규정하고 있다.[4] 대부분의 국가들이 범죄피해자구조를 법률에 의해 보장하고 있음에 반해, 우리나라는 이를 헌법에 기본권의 유형으로 규정하고 있다는 점이 특징이다.

III. 범죄피해자구조청구권의 법적 성격 및 효력

1. 법적 성격

범죄피해자구조청구권의 법적 책임은 범죄피해자에 대해 국가가 구조의무를 진다는 국가책임설, 사회보장설, 사회분담설등이 있는바, 국가책임설은 범죄피해자에 대한 국가가 구조의무를 진다는 것은 범죄발생에 대한 국가의 무과실 자기책임(예방 및 진압책임)을 진다는 것이고, 사회보장설은 범죄피해자에 대한 구조는 사회국가원리에 의해서 인정되는 것이며, 사회분담설은 세금에 의한 사회보험의 형태로 범죄위험을 분담시키고 범피해자를 구조해주어야 하는 것이라고 한다.[5]

생각건대 범죄피해자구조는 사회복지시책의 일환으로서 범죄피해자를 보호하기 위한 「제도」이며, 그것은 범죄피해자가 국가에 대하여 일정액의 구조금의 지급을 청구함으로써 실현되고, 또 그 근거법규가 헌법상의 일련의 청구권적 기본권 다음에 위치한다는 점 등을 고려해 볼 때, 문언상의 표현과는 관계없이 범죄피해자구조청구권은 국가배상청구권의 성격과 사회보장청구권이며(복합적 성격),[6] 그 내용과 행사가 법률로 정해지는 국가내적인

1) 권영성, 헌법학원론, 640면; 홍성방, 헌법학, 677면.
2) 권영성, 헌법학원론, 640면.
3) 홍성방, 헌법학, 677면.
4) 양건, 헌법강의, 638면.
5) 권영성, 헌법학원론, 640면; 장영수, 헌법학, 908면.
6) 계희열; 김철수; 성낙인; 장영수, 허영; 권영성, 헌법학원론, 641면; 양건, 헌법강의, 638면; 홍성

권리이다.

> 헌재결 1989. 4. 17, 88헌마3【검사의 공소권행사에 대한 헌법소원】
> 국가가 존립하기 위한 최소요건은 영토와 국민의 보전이다. 국가는 이를 위해 국민에게 국방의 의무와 납세의 의무를 부과함과 아울러 국민에 대하여 국가 외부에서 초래되는 외적의 침입과 국가 내부에서 초래되는 범죄의 발생을 예방하고 이를 물리칠 의무를 스스로 부담하고 있는 것이다. 따라서 국가는 이미 범죄가 발생한 경우에는 범인을 수사하여 형벌권을 행사함으로써 국민을 보호하여야 할 것이고, 형벌권을 행사하지 아니하는 경우에도 최소한 형벌권을 행사하지 아니하는 것이 오히려 보다 더 나은 결과를 초래할 수 있다고 기대되는 경우에 한정되어야 할 것이다.
> 그런데, 헌법은 위에서 본 바와 같이 범죄로부터 국민을 보호하여야 할 국가의 의무를 이와같은 소극적 차원에서만 규정하지 아니하고 이에 더 나아가 범죄행위로 인하여 피해를 받은 국민에 대하여 국가가 적극적인 구조행위까지 하도록 규정하여 피해자의 기본권을 생존권적 기본권의 차원으로 인정하였다.

2. 법적 효력

청원권 등 헌법에 규정된 일련의 청구권적 기본권조항은 「… 할 권리를 가진다」 혹은 「… 을 청구할 수 있다」라고 규정되어 있음에 반해, 제30조는 「… 국가로부터 구조를 받을 수 있다」라고 규정하고 있기 때문에 범죄피해자구조에 대해서는, 그것이 단순히 범죄피해자에 대한 국가의 의무만을 규정한 것인지, 아니면 피해자가 국가에 대하여 피해의 구조를 청구할 수 있는 권리를 규정한 것인지가 문제된다(국가의 구체적인 입법의무). 만약 전자의 것으로 보면 국민은 권리가 아닌 반사적 이익만을 가지게 된다.

생각건대 국가는 범죄피해자에 대한 구제를 위하여 구체적인 입법의무를 지고 있는 것으로 보아야 하며, 다만 사회적 기본권으로서의 성격을 지니고 있다는 점을 고려하여, 국가의 재정적·경제적 사정을 참조하여 결정하여야 할 것이다.[1)]

방교수는 사회권적 성격을 지닌 청구권이라고 하면서, 헌법재판소도 같은 취지라고 한다(홍성방, 헌법학, 678면).

1) 장영수, 헌법학, 908면.

IV. 주체

1. 범죄피해자 · 유족

국가에 대한 구조청구권의 향유주체는 타인의 범죄행위로 인하여 사망한 경우에는 유가족이지만, 중장해를 당한 경우에는 본인이 청구하는 것이 원칙이다. 범죄피해자구조청구권을 구체화하고 있는 법죄피해자구조법은 유족구조금의 지급을 받을 수 있는 유족은 피해자의 사망 당시 피해자의 수입에 의하여 생계를 유지하고 있던 자로서, 1) 배우자(사실상 혼인관계를 포함함)와 자, 2) 부모, 3) 손, 4) 조부모, 5) 형제자매로 한다(범죄피해자구조법 제5조 제1항). 유족구조금은 상기의 유족순위에 따라 지급된다. 이때 부모의 경우에는 양부모를 선순위로 하고, 친생부모를 후순위로 한다(동법 제5조 제3항, 제4항) 태아는 유족의 범위를 적용함에 있어, 이미 출생한 것으로 본다(동법 제5조 제2항). 유족이 피해자를 고의로 사망하게 하거나 피해자가 사망하기 전에 그의 사망으로 인하여 유족구조금을 지급받을 수 있는 선순위 또는 동순위의 유족이 될 자를 고의로 사망하게 할 경우에는, 유족구조금을 지급받을 수 있는 유족으로 보지 아니한다. 피해자가 사망한 후 유족구조금을 지급받을 수 있는 선순위 또는 동순위의 유족을 고의로 사망하게 한 경우에도, 유족구조금을 지급받을 수 있는 유족으로 보지 아니한다(동법 제5조 제4항).

2. 외국인

범죄피해자구조청구권은 원칙적으로 국민만이 인정되고,[1] 외국인에 대해서는 범죄피해자구조법 제10조가 「이 법은 외국인이 피해자이거나 유족인 경우에는 상호의 보증이 있는 경우에 한하여 적용된다」라고 규정하고 있기 때문에, 한국국민에 대하여 범죄피해자구조청구권을 인정하고 있는 외국의 국민에게만 피해구조청구권이 인정된다.[2] 그리고 우리나라 주권이 미치는 영역(대한민국선박, 항공기 : 제2조 제1호)내에서 발생한 범죄행위로 인한 피해자만이 그 주체가 될 수 있다. 자기 또는 타인의 형사사건의 수사단서의 제공 · 고소 · 고발 · 증언과 관련하여 피해를 입은 자도 청구할 수 있다(동법 제3조).

---

1) 이준일, 헌법학강의, 단락번호 [4.9.106].

2) 홍성방, 헌법학, 679면.

V. 범죄피해자구조청구권의 성립요건

1. 타인의 범죄행위

1.1. 피해의 내용

타인의 범죄행위로 인한 피해이어야 한다. 여기서 범죄행위라 함은 대한민국의 영역 안 또는 대한민국의 영역 밖에 있는 대한민국 선박 또는 항공기안에서 행하여진 사람의 생명 또는 신체를 해하는 죄에 해당하는 행위를 말한다(범죄피해자구조법 제2조).

우리 범죄피해자구조법은 일본의 범죄피해자등급부금지급법의 예에 좇아 구조대상 범죄를 사람의 생명 또는 신체를 해하는 범죄로 규정함으로써 포괄적 규정주의[1]를 취하고 있다. 여기의 생명 또는 신체를 해하는 범죄에는 폭행치사상 · 상해 · 살인강도상해 · 강도살해 · 강도치사상 및 기타 폭력을 수단으로 하는 범죄 등이 해당될 것이다.

여기의 범죄행위에는 형사상 처벌되지 아니하는 행위 가운데서 (ㄱ) 14세 되지 아니한 형사미성년자의 범죄행위(형법 제9조), (ㄴ) 심신장애로 인하여 사물을 판별한 능력이 없거나 의사를 판정할 능력이 없는 심신장애자의 행위(형법 제10조 제1항), (ㄷ) 저항할 수 없는 폭력이나 자기 또는 친족의 생명 · 신체에 대한 위해를 방어할 방법이 없는 협박에 의하여 강요된 행위(형법 제12조), (ㄹ) 자기 또는 타인의 법익에 대한 현재의 위난을 피하기 위한 긴급피난행위(형법 제22조 제1항) 등이 포함된다.

1.2. 예외

그러나 법령에 의한 행위 또는 업무로 인한 행위, 기타 사회상규에 위배되지 아니하는 정당행위(형법 제20조)와 자기 또는 타인의 법익에 대한 현재의 부당한 침해를 방위하기 위한 정당방위행위는 피해구조대상인 범죄행위에서 제외된다(범죄피해자구조법 제2조).

가해자와 피해자 사이에 친족관계가 있거나(범죄피해자구조법 제6조 제1호), 피해자가 범죄행위를 유발했거나 범죄발생에 귀책사유가 있는 경우(제2호), 유족이 피해자를 고의로 사망케 한 경우(동법 제5조 제4항) 또는 정당행위 · 정당방위 또는 과실에 의한 행위에 의한 피해는 제외된다(긴급피난의 경우는 청구가 가능하다).[2] 가해자와 피해자 사이에

---

1) 입법기술상 구조대상인 범죄행위의 규정방법에는 '제한적 열거주의'와 '포괄적 규정주의'가 있다. 살인 · 상해 · 강도 · 강간 등 구조대상이 되는 범죄의 종류를 한정하여 규정하는 제한적 열거주의는 범죄행위의 범위가 명확하므로, 해석상 다툼의 여지가 없고, 허위신청의 위험이 적다는 장점이 있지만, 생명 · 신체에 대한 피해를 일으키는 모든 범죄를 총체적으로 망라하여 규정하기 힘들고, 예상치 못한 결과가 나올 수도 있어 탄력성을 결한다는 단점이 있다. 포괄적 규정주의에도 다시 생명 · 신체에 대한 피해구조 혹은 폭력범죄에 대한 피해구조를 두는 예가 있다.

사실상 혼인관계가 있는 경우에도 제외된다(범죄피해자구조법 제6조).

2. 생명 · 신체에 대한 피해

생명이나 신체에 대한 피해이어야 하며 명예나 재산 등에 가해진 피해는 제외된다.[1] 그리고 피해자의 사망 또는 중장해가 발생하여야 한다. 피해 내지 피해자의 개념은 제도적 소산으로서 가변적이며, 법률이 정하는 바에 따라 그 범위가 달라질 수 있다. 일반적으로 피해는 범죄행위로 인하여 침해 또는 위협되는 법익을 말하고, 피해자는 피해법익의 주체를 말한다.

헌법 제30조는 범죄피해자구조청구권이 성립하기 위해서는「생명 · 신체에 대한 피해」가 있어야 한다고 규정하고, 범죄피해자구조법은 그것은「사망 또는 중장해를 당한 경우」로 구체화하고 있다(범죄피해자구조법 제1조) 여기서 중장해라 함은 부상 또는 질병이 치유된 때(그 증상이 고정된 때를 포함한다)의 신체상의 장해로서 대통령령이 정하는 경우를 말한다(동법 제2조 제2호).

3. 가해자의 불명 또는 무자력

3.1. 가해자의 불명

범죄피해자구조청구권이 성립하기 위해서는 가해자가 불명 또는 무자력의 사유로 피해자가 피해의 전부 또는 일부를 배상을 받지 못하여야 한다. 여기서 가해자의 불명은 가해자가 누구인지 아직 밝혀지지 아니한 경우와 그 신원은 확인되었으나 소재가 불분명하여 검거하지 못한 경우를 말한다.

3.2. 가해자의 無資力

여기서 무자력이라 함은 자기와 동거의 친족이 필요한 생계를 위협받지 않고서는 피해배상을 할 수 없는 상태를 말한다. 범죄피해자구조청구권의 성립요건으로서의「가해자

---

2) 입법례에 따라서는 고의 · 과실을 묻지 아니하고 폭력범죄의 피해자 모두에게 구조를 인정하고 이는 국가도 있으나, 대부분의 국가들은 과실범죄를 제외하고 있다. 우리나라의 범죄피해자구조법도 후자의 예에 좇아 명문으로 과실에 의한 행위를 제외하고 있다(동법 제2조).

1) 입법례에 따라서는 재산에 대한 피해에까지 구조를 확대 실시하고 있는 국가도 있지만, 대부분의 국가들은 재산피해를 구조대상에서 제외하고 있다. 그 이유는 재산에 대한 피해는 각종 보험 등의 방법을 통해 어느 정도 회복이 가능하고, 허위신청의 가능성, 재정적 부담이 수반된다는 점을 들 수 있다. 헌법과 범죄피해자구조법은 다수 국가의 예에 따라 재산피해를 구조대상에서 제외하고 있다.

의 무자력」에 대해서는 범죄피해자구조의 본질을 어떻게 이해하느냐에 따라 견해가 달라질 수 있다. 즉 범죄피해자구조를 사회복지의 일환으로 보면, 가해자가 피해를 배상할 수 있다면 국가가 여기에 개입할 필요가 없게 된다. 그러나 사회보험적 입장에서 보면, 국가는 가해자의 경제력에 관계없이 구조를 해야 하며, 피해자는 피해구조를 적극적으로 청구할 권리를 갖게 된다. 범죄피해자구조법은 가해자의 무자력을 성립요건의 하나로 규정하고 있으나(동법 제3조), 범죄피해의 신속하고 충분한 회복을 위해서는 가해자의 자력의 유무를 범죄피해의 구조요건으로 삼아서는 아니 될 것이다.

VI. 범죄피해자구조청구권의 내용

범죄행위로 인하여 사망한 사람의 유족은 유족구조금을, 중장해자는 장해구조금을 일시급으로 청구할 수 있다. 피해자가 범죄피해를 원인으로 국가배상법 기타 법률에 의하여 지급받을 수 있는 경우에는 구조금을 지급하지 아니한다(구조청구권의 보류성). 피해자가 당해 범죄피해를 원인으로 일부의 피해배상을 받은 경우에는 그 범위 내에서 구조금을 삭감할 수 있으며, 구조금을 지급한 경우에는 유족이나 중장해자가 청구할 권리를 국가가 이를 代位한다.

VII. 범죄피해자구조청구권의 행사

사망자의 유가족(유족구조금)이나 피해자(장해구조금)는 주소지 · 거주지 · 범죄발생지를 관할하는 지방검찰청 소속의 범죄피해구조심의회에 신청한다(범죄피해구조법 제10조, 제11조). 구조금의 지급신청은 범죄피해의 발생을 안 날로부터 2년, 또는 당해 범죄피해가 발생한 날로부터 5년 이내에 하여야 한다(동법 제12조). 구조금의 지급을 받을 권리(구조금수령권)는 양도 · 압류 · 담보로 제공할 수 없으며, 구조금지급결정이 신청인에게 도달된 때로부터 2년간 행사하지 않으면 시효로 소멸한다(동법 제17조).

VIII. 범죄피해자구조청구권의 제한

범죄피해자구조청구권은 헌법 제37조 제2항에 따라 국가안전보장, 질서유지, 공공복리를 위하여 필요한 경우에는 법률로써 제한할 수 있다.[1] 범죄피해자 구조법 제6조 및 제16조는 구조청구권에 대한 제한 사유로서 다음을 들고 있다.

범죄피해자구조법 제6조 (구조금을 지급하지 아니할 수 있는 경우) 다음 각호의 1에 해당하는 경우에는 대통령령이 정하는 바에 의하여 구조금의 전부 또는 일부를 지급하지 아니할 수 있다.

1. 피해자와 가해자간에 친족관계(사실상 혼인관계를 포함한다)가 있는 경우
2. 피해자가 범죄행위를 유발하였거나 당해 범죄피해의 발생에 관하여 피해자에게 귀책사유가 있는 경우
3. 기타 사회통념상 구조금의 전부 또는 일부를 지급하지 아니함이 상당하다고 인정되는 경우

범죄피해자구조법 제16조 (구조금의 환수) ① 국가는 이 법에 의하여 구조금을 받은 자가 다음 각호의 1에 해당하는 경우에는 심의회의 결정을 거쳐 그가 받은 구조금의 전부 또는 일부를 환수할 수 있다.

1. 사위 기타 부정한 방법으로 구조금의 지급을 받은 경우
2. 구조금을 지급받은 후 제6조에 규정된 사유가 발견된 경우
3. 과오급된 경우

② 국가가 제1항의 규정에 의하여 환수를 하는 경우에는 국세징수의 예에 의하고, 그 징수의 우선순위는 국세 및 지방세의 다음으로 한다.

1) 홍성방, 헌법학, 680면.

제 6 절 사회적 기본권

제 1 항 사회적 기본권의 구조와 체계

I. 의의

사회적 기본권[1]이라 함은 국민의 인간다운 생활을 위한 조건을 국가에 대하여 청구할 수 있는 권리(구체적 권리설의 입장)를 말한다. 그 밖에 사회적 기본권에 대한 정의는 "단체주의적 사회정의의 실현을 국가목적으로 하는 사회국가 내지 복지국가에서 국민이 인간다운 생활을 확보하기 위하여 일정한 국가적 급부의 배려를 요구 할 수 있는 국법상 권리[2]"라고 하거나, "생활에 필요한 제반조건을 국가권력이 적극적으로 관여하여 확보해 줄 것을 요청할 수 있는 권리"[3]라고 하며, 칼 슈미트(C. Schmitt)는 사회적 기본권을 "국가의 적극적인 이행(급부)을 요구 할 수 있는 개인의 본질적으로 사회주의적인 권리"[4]라고 하였고, 랑에(K. Lange)는 사회적 기본권을 "궁극적으로는 자유로운 인격발현의 전제를

---

1) 사회적 기본권은 학자에 따라 생존권적 기본권(구병삭 · 김철수), 생활권적 기본권(문홍주), 사회국가적 기본권(안용교), 사회권적 기본권(사회권 : 장영수; 성낙인), 수익권(박일경), 사회적 기본권(권영성 · 허영)등으로 그 표현을 달리한다. 그것은 생존권의 본질 및 연혁에 대한 이해와 직결되는 문제이기도 한다(한병호, 인간다운 생존의 헌법적 보장에 관한 연구, 서울대 법학박사학위논문(1993.2) 참조). 이준일 교수는 사회적 기본권은 기본권의 기능을 의미하는 경우에는 사회권이라는 용어를, 그리고 일정한 생활영역, 즉 사회생활영역을 의미하는 기본권인 경우에는 사회적 기본권이라고 부를 수 있다고 한다(이준일, 헌법학강의, 단락번호 [4.10.3]). 그러나 독일어의 soziales Grundrecht를 한글로 번역하는 경우에는 사회적 기본권으로 표기하는 것이 정확한 번역일 뿐 아니라 보다 보편화된 용어이다(권영성, 헌법학원론, 법문사, 2009, 639면 각주 1). 헌법재판소는 초기에는 소수의견에서 '사회적 기본권' 혹은 '사회권적' 혹은 '생존권적 기본권'이라는 용어를 사용하였으나 최근에는 '사회적 기본권'이라는 용어를 사용한다. 헌재결 1991. 2. 11, 90헌가27 : "… 사회적 기본권의 하나인 교육을 받을 권리…(이시윤)", 헌재결 1990. 1. 15, 89헌가103 : "… 단순히 자유권적인 보장이 아니라 국가적인 보호육성을 받아야 한다는 사회권적인 보장을 의미한다(변정수).", 헌재결 1997. 5. 29, 94헌마33 : "사회적 기본권을 폭넓게 수용함으로써" … 등과 같다.

2) 권영성, 헌법학원론, 644면.

3) 김철수, 헌법학(상), 1105면.

4) C. Schmitt, Verfassungslehre, 1928 : 김기범(역), 1977, 191면.

창조할 것을 목표로 하는 법규정"이라고 보았다.[1)]

사회적 기본권은 그 이념적 측면에서는 인간다운 생활의 보장, 구체적 실현내용으로서는 국가적 차원에서의 급부와 생존배려(Daseinsvorsorge), 그리고 이에 대한 실현형태로서 헌법적 보장(사회국가헌법)[2)]이 요구된다.[3)] 사회적 기본권은 국민의 자유를 확보하기 위하여 국가권력의 불간섭을 요청하는 자유권적 기본권과 구별된다.

헌재결 1997. 5. 29, 94헌마33 【1994년 생계보호기준 위헌확인】

헌법재판소에서는 "현대의 여러 국가는 모든 국민에게 생활의 기본적 수요를 충족시켜 줌으로써 건강하고 문화적인 생활을 보장하는 것이 국가의 책무라고 하는 사회국가원리를 헌법에 규정하게 되었고, 우리 헌법도 제34조 제1항 · 제2항에서 모든 국민은 인간다운 생활을 할 권리를 가지며 국가는 사회보장 · 사회복지의 증진에 노력할 의무를 진다고 규정하고 여러 가지 '사회적 기본권'을 폭넓게 규정함으로써 사회국가원리를 헌법적으로 수용하면서 특히 제34조 제5항에서는 "신체장애자 및 질병 · 노령 기타의 사유로 생활능력이 없는 국민은 법률이 정하는 바에 의하여 국가의 보호를 받는다"고 규정함으로써 생활능력이 없는 국민에 대한 국가의 보호를 받는다"고 규정함으로써 생활능력이 없는 국민에 대한 국가의 보호의무를 명시하고 있다고 판시하였다.

---

1) K. Lange, soziale Grundrechte in der deutschen Verfassungsentwicklung und in den derzeitigen Länderverfassungen, in: Böckenförde/Jekewitz/Ramm(Hrsg), Soziale Grundrechte, 1981, S. 49.

2) 사회국가헌법의 내용을 규정한 것으로는 1919년의 독일 바이마르 공화국헌법이 그 대표적 이다. 다만 여기서 주의할 점은 사회주의국가(sozialistischer Staat)의 헌법은 ① 입헌주의적 헌법 기반을 부정하고 ② 사회 · 경제적 기초인 자본주의와 그 경제질서를 부정하며(자유민주적 기본질서) ③ 기본권의 자연권성과 주관적 권리성을 부정한다는 점에서 사회국가(Sozialstaat) 헌법과 구별되어져야 한다(권영성, 헌법학원론, 법문사, 1994, 10면 각주 1 참조). 사회국가는 사회개혁에 의하여 이루어진 국가이지 결코 사회혁명에 의하여 이루어진 것이 아닌 것처럼, 사회국가는 사회주의국가와는 다른 조건하에서 탄생하였으며 그 구조상 자유주의적 · 법치국가적 · 대의제적 · 민주제적 원리에 입각하고 있기 때문이다(K. Stern, Das Staatsrecht der Bundesrepublik Deutschland, 1977, S. 686; 박규하, 한국헌법상의 사회국가원리와 사회적 기본권, 고시연구, 1991(5월호), 27면.

3) 권영성, 헌법학원론, 644면.

II. 사회적 기본권의 연혁 및 사상적 배경

1. 개관

근대시민혁명이 진행되는 역사적 과정에서 물질적인 富와 정치적 권력을 장악한 신흥 부르조아 계급은 개인의 자유와 사유재산의 보호를 추구하는 자유권의 확대(Freiheit vom Staat)를 最高善으로서 지향하는 입장이었다. 당시의 국가는 대외적으로는 국가의 안전을 도모하고, 대내적으로는 다만 개인의 자유와 질서유지만을 그 목표로 하는 야경국가적 성격을 지니게 되었다. 그리고 국가는 개인의 경제적 · 사회적 활동에 대하여는 일체의 간섭을 배제하는 중상주의(Merkantilismus) 및 자유방임주의 사상이 표출되게 되었다.[1]

18 · 19세기의 인권선언이나 헌법에 규정된 기본권은 거의 대부분이 자유권에 관한 것이 그 주된 내용을 이루었다. 자유권이 민주주의 발전과 자본주의의 성장에 지대한 영향을 미친것은 부인할 수 없으나 이러한 자본주의 발전은 이와 함께 계급갈등과 부의 편재, 무산계층의 빈곤의 확대, 열악한 근로환경과 실업자의 범람, 환경파괴 등과 같은 사회적 문제가 제기되게 되었다. 이리하여 등장하게 된 것이 사회구성원의 형식적 평등이 아닌 실질적 평등 그리고 최저한도의 문화적 생활을 영위하기 위한 사상이 대두하게 된 것이다. 결국 국가로부터의 자유권의 확보(Freiheit von dem Staat)를 최고선으로 삼고, 이를 근간으로 하는 지나친 자유주의사상이 몰고 온 국가의 불간섭주의 · 야경국가(Nachtwächterstaat)적 경향[2]은 재검토되지 않으면 아니 되게 되었다.[3]

기본권(Grundrecht)과 인권(Menschenrecht)에 대한 내용 및 연원에 관하여 학설이 나누이는 것처럼[4] 사회적 기본권의 연혁 및 사상적 배경에 대해서도 의견의 대립이 있다.[5]

---

1) 김백유, 헌정 및 행정법치연구, 한성대출판부, 2006, 457면.

2) 라살레(Lassalle)가 처음 사용한 것으로 전해지는 야경국가 사상은 이미 1792년 훔볼트(W. v. Humboldt)에 의해서 체계화되었다(Vgl. W. v. Humboldt, Ideen zu einem Versuch, die Grenzen der Wirksamkeit des Staates zu bestimmen, 1792). 허영, 헌법이론과 헌법, 단락번호 450 각주 262) 참조; Ferdinand Lassalle(1825-1864)는 유대인 商人(Heyman Lassel)의 첫 번째 아들로 독일의 Breslau에서 탄생하였다. 그의 본래의 姓은 라살(Lassel)이나 그가 프랑스 파리에 거주하는 동안 라살레(Lassalle)로 개칭하였다. 이에 관하여는 Wilhelm Raimund Beyer, Ferdinand Lassalles juristischer Ader, NJW 1990, S. 1959 참조).

3) 상세한 내용은 김백유, 헌정 및 행정법치연구, 한성대출판부, 2006, 461면 이하 참조.

4) 이에 대하여는 특히 M. Kriele, Zur Geschichte der Grund- und Menschenrechte, in: Öffentliches Recht und Politik. Festschrift für H. U. Scupin zum 70. Geburtstag, 1973, S. 187 ff.와 R. Schnur (Hrsg.), Zur Geschichte der Erklärung der Menschenrechte, 1964 참조.

5) 홍성방, 사회권의 이념적 원천과 역사적 전개(상), 고시연구(1998.10), 85면

첫째는 사회적 기본권의 연혁 및 사상적 배경을 1789년 프랑스 대혁명의 3대 구호인 「자유(liberté; Freiheit) · 평등(égalité; Gleichheit) · 박애(fraternité; Brüderlichkeit): 형제애」에서 찾는 견해이다.[1)2)] 둘째는 19세기 공장노동자의 운동에서 그 연혁 및 사상적 배경을 찾는 견해이고,[3)] 셋째는 사회적 기본권의 연혁을 19세기 사회주의 이론가들의 사상에서 찾는 견해이다.[4)]

2. 사회국가이론의 전개와 사회적 기본권

사회적 기본권의 사상적 토대가 되는 사회국가(Sozialstaat) 개념은 프랑스의 초기사회주의학자 상 시몽(Saint Simon: 1760-1825)에서 유래하는 것으로 전해지고 있다.[5)] 사회

---

1) 여기에도 형제애(fraternité)에서 그 원천을 찾는 견해가 있는가 하면, 평등(égalité)에서 그 원천을 찾으려는 견해로 나누인다. 그러나 1789년 8월의 「인간과 시민의 권리 선언」에는 사회적 기본권이 수용되지 않았음을 주의하여야 한다. 즉 1789년 8월의 「인간과 시민의 권리 선언」은 자유 · 평등 · 형제애라는 프랑스 대혁명의 3대 구호에도 불구하고 전적으로 자유권만을 수용했을 뿐 사회적 기본권에 대해서는 전혀 언급하지 않았다. 이러한 사정은 1791년 9월 3일의 프랑스 헌법에서도 비슷하다(홍성방, 사회권의 이념적 원천과 역사적 전개(상), 고시연구 1998(10월호), 90-91면) 이렇듯 1789년 8월의 「인간과 시민의 권리 선언」에 사회적 기본권이 수용되지 않은 것은 프랑스의 국민회의가 원칙적으로 사회적 기본권을 경원시했다는 것을 뜻하지는 않는다. 프랑스 국민회의는 동 선언이 완전하지 못하다는 것을 알고 있었다(P. Krause, Die Entwicklung der sozialen Grundrechte, in: G. Birtsch(Hrsg.), Grund- und Freiheitrechte im Wandel von Gesellschaft und Geschichte. Beiträge zur Geschichte Grund- und Freiheitsrechte vom Ausgang des Mittelalters bis zur Revolution von 1848, 1981, S. 412). 그러나 프랑스 국민회의는 지체없이 정치적으로 현실적인 문제를 다루고자 하였으며 그 때문에 동 선언은 사회적 기본권이 포함되지 않은 상태로 선언될 수밖에 없었다(P. Krause, Ebenda, S. 411) 따라서 「인간과 시민의 권리 선언」에 사회적 기본권이 포함되지 않은 것은 사회적 기본권이 장래에 있어서 국가를 구성하는 데에는 도움이 되나 그것이 궁극적으로 구체제(ancien régime)를 해체하는 데에는 도움이 되지 않기 때문에 뒤로 미룰 수밖에 없었다는 사실에서 설명될 수 있다(P. Krause, Ebenda, S. 412). 그러나 공상적 사회주의자 가운데 한 사람인 푸리에(Fourier)는 1848년에 이 권리 선언에 대하여 재산이 없는 자들에게는 자유의 현실적 기초가 결여되어 있었다는 것을 지적하면서 이 권리선언에 사회적 기본권이 포함되지 않은 것을 비판하였다(G. Oestreich, Die Idee der Menschenrechte in ihrer rechichtlichen Entwicklung, 1961, S. 32). 상세한 내용은 홍성방, 사회권의 이념적 원천과 역사적 전개(상), 고시연구(1998.10), 90-91면) 참조.

2) 정만희, 생존권적 기본권의 법적 성격, 고시연구(1995.10), 29면 이하; 박규하, 한국헌법상의 사회국가원리와 사회적 기본권, 고시연구(1991.5), 28면 이하 참조

3) Van der Ven, Soziale Grundrechte, 1963, S. 14의 입장이 대표적이다.

4) G. Oestreich, Die Entwicklung der Menschenrechte und Grundfreiheiten, in: Bettermann/Neumann/ Nipperdey, Die Grundrechte, Bd. I/1, 1966, S. 1 ff(94 f)가 그러하다.

5) VgL. K. Stern, Das Staatsrecht der Bundesrepublik Deutschland, 1977, S, 686,

국가 개념은 18세기말부터의 산업화시대의 과정에서 노출된 시민사회내의 심각한 갈등·대립관계를 해소시키는 유토피아적 Modell로 제시하면서 모든 생산과정을 보다 정의롭고 합리적으로 조직·관리할 수 있는 새로운 사회구조를 제창하면서 사회국가 개념을 사용했다는 것이다.[1] 그러나 사회국가라는 개념의 본질적인 요구들이 공법적 측면에서 발달을 보게 된 것은 독일의 슈타인(Lorenz v. Stein)에 의해서 사회국가의 문제점들이 구체적으로 지적된 이후 부터이다.[2)3]

---

1) 사회적 문제가 처음으로 국가 문서에 나타난 것은 유럽의 인권 문서 중 초기의 것 가운데 하나인 1776년 2월 프랑스 루이 16세의 포고문에서였다(G. Oestreich, Die Idee der Menschenrechte in ihrer rechichtlichen Entwicklung, 1961, S. 35; P. Krause, Die Entwicklung der sozialen Grundrechte, S. 403). 이 포고문에서는 동업조합1(길드)을 폐지함과 동시에 중농학파의 영향을 받아 근로의 권리를 제일의 가장 신성하고 없어서는 안될 인권으로 공포하였다(Fr. Hartung, Die Entwicklung der Menschen und Bürgerrechte von 1776 bis zur Gegenwart, 4. Anfl., 1972, S. 22). 그러나 이 포고문에 포함된 근로의 권리는 (적극적 권리로서의) 사회적 기본권이라 보기보다는 방어권으로의 성격을 지닌 것이라 할 수 있다. 이 포고문은 근로를 청구할 권리(Recht auf Arbeit)라는 표현 대신에 근로에의 권리(Recht zur Arbeit)와 직업의 자유를 선언했기 때문이다(P. Krause, Die Entwicklung der sozialen Grundrechte, S. 403).

2) 독일에서는 이미 1800년에 피히테(Johann Gottlieb Fichte)가 철학자로서는 처음으로 폐쇄적 상업국가(Der geschlossene Handelsstaat)에서 근로의 권리와 실업자에 대한 국가 보조를 인정한 바 있다(P. Krause, Die Entwicklung der sozialen Grundrechte, S. 419. 그러나 이와는 달리 이미 헤겔(Hegel)에게서 근로의 권리를 근거 지우는 실마리를 찾을 수 있다는 견해도 있다. 이에 관하여는 G. Oestreich, Die Entwicklung der Menschenrechte und Grundfreiheiten, S. 68 f.; W. Daum, Soziale Grundrechte, RdA 1968, S. 81 ff.(82) 참조); 피히테는 그의 저서 상업국가론에서 단순한 법치국가의 관점을 넘어서 모든 사람이 자신의 노동에 의하여 생활할 수 있도록 국가조직이 노동을 창출해내는 이성국가(Vernunftstaat)를 주장하고 있다. "왜냐하면 모든 사람은 노동과 인간의 존엄에 합당한 생활을 할 불가양의 권리를 가지고 있기 때문이다. 인간은 마땅히 노동하여야 한다. 그러나 마치 가축처럼 일해서는 안 된다." 이러한 목적을 달성하기 위해서 국가는 스스로 수입과 수출을 관장하여야 한다. 피히테는 이러한 정책의 결과를 "폐쇄적 상업 국가"라고 부르면서, 이러한 자신의 생각을 관철하기 위하여 예컨대 식품을 균등하게 배분할 것 등을 제안하고 있는 바, 이러한 주장에 대하여 많은 사람들은 비현실적인 것이라고 생각한다. 예컨대 독일의 통일을 이룩한 수상으로서 1880년대에 수많은 사회입법을 관철시킨 철혈재상 비스마르크(Bismarck)는 피히테의 폐쇄적 상업국가를 '항소의 길이 막혀있는 형무소(ein inappellables Zuchthaus)'라고 비판하였다(E. Fr. Sauer, Staatsphilosophie, 1965, S. 78 참조); 이에 대한 상세한 내용은 홍성방, 사회권의 이념적 원천과 역사적 전개(하), 고시연구(1998.11), 98.11. 76면 참조; 同人, 사회국가해석 모델에 대한 비판적 검토 - 사회국가연구서설 - 안암법학 창간호(1993), 148면 이하; 사회국가론과 관련한 문헌으로는 김문현, 재산권의 사회구속성에 관한 연구, 서울대학교 법학박사학위논문, 1987, 94면 이하; 同, 사회국가에서의 재산권, 공법연구 제16집(1988), 71면 이하; 민경식, 서독기본법에 있어서의 사회화에 관한 연구, 서울대학교 법학박사학위논문,

3. 사회적 기본권의 헌법적 수용

3.1. 1848/49년의 프랑크푸르트(Frankfurt) 憲法과 社會的 基本權

독일의 기본권 발달사에 있어서 사회적 기본권이 정치적 논의의 대상이 된 것은 1848년 5월 18일 프랑크푸르트의 바오로 성당(Pauluskirche)에서 모임을 가진 독일 국민회의(Nationalversammlung)에서였다. 국민회의는 독일 헌정사에서 처음으로 그러나 프랑스와 비슷한 방법으로 사회적 기본권의 헌법적 수용 문제를 논의하였다.[1] 프랑크푸르트 先議會는 몇 개의 사회적 기본권을 헌법에 수용할 것을 권고하였으나, 정작 국민회의 내에서의 헌법토론에 직접적인 영향을 미친 17인 위원회의 헌법초안에는 사회적 기본권에 대한 규정은 없었고,[2] 다만 사회적 기본권 중 가장 중요한 근로의 권리에 대해서만 약간의 언급이 있었을 뿐이다. 곧 근로의 권리는 최소한의 생활보장 내지는 생존의 자유로 이해되었으며, 국가는 생존을 위한 마지막 피난처로 인식되었다.[3] 동시에 근로의 권리는 개인의 필요에 그 근거를 두고 고정적이며 부동적인 그리고 인간이 만든 법률을 통하여 부여되거나 제한될 수 없는 성격을 지닌[4] 자연권으로 간주되었다.[5] 이를 토대로 하여 국민의회에는 근로의 권리와 관련하여 특히 생활 수단을 가지지 못한 실업자에 대한 사전 배려, 생계비 청구권 및 근로능력이 없는 빈곤자에 대한 배려와 같은 사회적 기본권들을 헌법에 성문화할 것이 제안되기도 하였으나,[6] 이러한 견해에 대하여 국가가 개인의 후견인 역할을 할 수 없을

1987, 144면 이하; 한상희, 사회국가의 의의, 경성법학 창간호(1991), 67-88면; 허영, 헌법과 사회국가와 사회보장, 성곡논총 제6집(1975), 56-80, 151-159면; Kuk, Sun-Ok(鞠淳玉), Das Wesen der Sozialstaatsidee bei Lorenz v. Stein, Jur. Diss., Köln 1978 참조; G. Brunner, Die Problematik der sozialen Grundrechte(1971); J. P. Müller, Soziale Grundrechte in der Verfassung)2. Aufl., 1981); P. Badura, Das Prinzip der sozialen Grundrechte und seine Verwirklichung im Recht der Bundesrepublik Deutschland, Der Staat 14(1975), S. 17 f.; W. Schmidt, Soziale Grundrechte im Verfassungsrecht der Bundesrepublik Deutschland, Der Staat, Beiheft 5 (1981), S. 9 ff., J. Lücke, Soziale Grundrechte als Staatszielbestimmungen und Gesetzgebungsaufträge, AöR 107 (1982), S. 15 ff.

3) 김백유, 사회적 기본권의 구체적 보장, 헌정 및 행정법치연구, 한성대출판부, 2006, 462면.

1) 이 헌법의 기본권과 관련된 논의에 대해서는 J. Franke, Das Wesen der Grundrechte von 1948/49 im System der Entwicklung der Menschenund Grundrechte, 1971; H. Scholler, Die Grundrechtsdisskussion in der Paulskirche, 1973 참조.

2) 이 헌법의 사회적 기본권과 관련된 논의에 대해서는 H. Scholler, Die Grundrechtsdisskussion in der Paulskirche, 1973 및 P. Krause, Die Entwicklung der sozialen Grundrechte, S. 422 ff.; 홍성방, 사회권의 이념적 원천과 역사적 전개(하), 고시연구(1998.11), 76면.

3) H. Scholler, Die sozialen Grundrechte in der Paulskirche, Der Staat Bd. 13(1974), S. 66 f.

4) H. Scholler, Die sozialen Grundrechte in der Paulskirche, Der Staat Bd. 13(1974), S. 67.

5) H. Scholler, Die sozialen Grundrechte in der Paulskirche, Der Staat Bd. 13(1974), S. 70 f.

뿐만 아니라 또한 그러한 권리들을 보장하게 되면 소유증대의 動機가 감소되어 결과적으로 경제발전의 저해가 될 것이라는 우려와 함께. 몰(Robert von Mohl)의 국가의 원조를 청구할 권리는 직접 소송의 대상이 될 수 없다는 주장이 받아들여져 국가에 대하여 원조를 청구할 권리를 헌법에 수용하는 것은 실패하였다. 그 결과 1848년 2월 9일의 회의에서 사회적 기본권을 헌법에 수용할 것인지의 여부를 결정하는 회의에서 317대 114로 부결되었다.[1] 결국 1848년의 프랑크푸르트 헌법초안에는 사회적 기본권이 성립할 수 없었다. 이와 같이 1848년의 프랑크푸르트 국민회의는 기본권에 대한 논의가 지연되어 새롭게 국가를 건설하려는 시도가 실패하게 되는 원인이 되었을 뿐만 아니라 기본권의 법적 성격이 충분히 인식되지 못했기 때문에 독일의 기본권 발달사에서 커다란 역할을 하지 못하였다.[2] 그러나 바오로 성당에서 채택된 헌법은 교육제도와 관련해서는 진보를 보였다. 독일 청소년의 교육은 강령규정으로, 등록금의 면제는 부분적으로는 필수적인 것으로, 부분적으로는 권장할만한 것으로 간주되었다.[3] 따라서 초등학교와 하급 실업학교에서 무료로 교육받을 권리가 1849년 3월 28일 헌법 제157조에 명문화되었다. 무료 초등교육은 1850년 1월 30일 프러시아(Preußen) 州헌법 제25조 제3항에도 규정되었다.[4][5]

3.2. 바이마르(Weimar) 헌법과 사회적 기본권

3.2.1. 사회적 기본권의 등장

사회적 기본권(생존권)사상이 권리의 선언이라는 형태로 처음으로 실정헌법상의 조문으로 규정된 것[6]은 제1차 세계대전 이후인 1919년 독일의 Weimar 공화국 헌법에서 였다.[7] 1919년 8월 11일의 독일 바이마르 공화국 헌법[8]은 자유권적 기본권과 함께 사회적

6) P. Krause, Die Entwicklung der sozialen Grundrechte, S. 424.

1) P. Krause, Die Entwicklung der sozialen Grundrechte, S. 424.

2) E. R. Huber, Deutsche Verfassungsgeschichte seit 1785, Bd. II, 1960, S. 777.

3) H. F. Zacher, Freiheits- und Sozialrechte im modernen Verfassungsstaat, in: S. E. Szydzik(Hrsg.), Christliches Gesellschaftsdenken im Umbruch, 1977, S. 78 f.

4) P. Krause, Die Entwicklung der sozialen Grundrechte, S. 424.

5) 홍성방, 사회권의 이념적 원천과 역사적 전개(하), 고시연구(1998.11), 76-78면 참조.

6) 사회보장에 관한 헌법규정은 시민혁명 이후의 헌법에서도 찾아볼 수 있었다(예컨대 프랑스의 1791년 헌법, 그리고 몽테뉴 헌법, 1793년의 쟈코방헌법). 특히 1849년의 프랑스헌법 제2장에 규정된 「노동의 자유, 병역자 및 자산이 없는 노인의 구제」등은 권리보장 측면보다는 약자보호의 성격이 강하다. 이는 물론 제2차대전 후의 사회국가원리에 기초한 사회적 기본권의 선언과 동일시할 수는 없으나 그 맹아로서의 의의는 갖는다고 할 수 있다. 이러한 현상은 이미 19세기 중엽부터 영국과 독일 등에 있어서도 구빈법이나 사회보험입법 등에 구체화되어 있었다. 정만희, 생존권적 기본권의 법적 성격, 고시연구(1997.1), 30면.

기본권이 최초로 체계적으로 채택된 헌법이라 할 수 있다. 공동생활에 대한 규정들에서는 혼인 외의 자와 혼인중의 자의 지위를 같게 하고(제121조), 착취와 무보호 상태에서 보호하였다(제122조). 그런가 하면 제119조는 서구 헌정사상 처음으로 헌법에 혼인 제도를 보장하였으며,[1] 특히 자녀가 많은 가정에 대한 국가적 보호와 배려 및 母性보호청구권을 규정하였다.[2] 동 헌법은 제2편 제5장(경제생활)에서는 매우 상세한 사회적 기본권 규정들을 규정하고 있다. 그밖에 1919년의 바이마르헌법 제151조 제1항은 「경제생활의 질서는 모든 국민에게 인간다운 생활을 보장하여 주기 위하여 정의의 원칙에 합치하여야 한다. 이 한계 내에서 개인의 경제적 자유는 보장된다」라고 하여 헌법의 차원에서 사회적 기본권의 이념을 강조하였고, 혼인과 가족의 보호, 임산부의 보호, 소년의 보호, 의무교육, 노동의 기회부여 및 실업자에 대한 생계비 지급 등을 규정하였다.

바이마르 헌법은 사회적 제요청, 곧 "국가의 사회적 과제와 국민의 사회적 연대성"[3]을 규정함으로써 전통적 자유주의적 · 민주적 권리들과 융합시키려고 시도하였다. 이렇듯 기본권적 사고를 사회적 보장과 객관적 가치질서에 확대시킨 것은 국가의 과제를 사회국가적으로 확장시키려는 것과 직접적인 관련이 있으며, 국가과제의 변천은 개인적 자유의 조건의 변화, 곧 기본권의 변화와 필연적인 관련이 있다.[4]

우선 국민회의의 헌법위원회에서는 전통적 의미의 소수의 기본권 조항만을 헌법에 수용하자는 견해가 주장되었다.[5] 이에 대하여 1918년 러시아의 「공장 노동자와 착취당하는 자들의 권리」 선언에 영향을 받은 정치가 나우만(Friedrich Naumann)은 반대의 견해를 표명하였다. 나우만은 1919년 3월 31일에 개최된 헌법위원회에서 인민화해적 기본권의 시도(Versuch volksverständlicher Grundrechte),[6] 즉 국민이 납득할 수 있는 기본권을 규정할

---

7) 양건, 헌법강의, 640면.

8) 이 헌법의 공식 명칭은 Verfassung des Deutschen Reiches vom 11. August 1919이다. 독일 바이마르공화국 헌정사에 관련한 상세한 내용은 김백유, Regierungskrisen und verfassungsrechtliche Lösungsansätze, 1993, Baden-Baden, 111면 이하 참조; 김백유, 정부위기론 - 독일 바이마르공화국의 헌법논쟁을 중심으로 - 헌법학연구(한국헌법학회학회지), 제5권 제2호(1999.10), 407면 이하 참조; 김백유 헌법과 헌법현실, 한국헌법학회(1996.11), 98면 이하 참조.

1) 이는 "특정의 공산주의 학설을 의식적 · 의도적으로 부정한 것(G. Anschütz)"이다. 홍성방, 사회권의 이념적 원천과 역사적 전개(하), 고시연구(1998.11), 80면.

2) 홍성방, 사회권의 이념적 원천과 역사적 전개(하), 고시연구(1998.11), 80면.

3) P. Badura, Das Prinzip der sozialen Grundrechte und seine Verwirklichung im Recht der BRD, Der Staat 1975, S. 19.

4) P. Badura, Staatsrecht, 1986, S. 66.

5) G. Oestreich, Die Entwicklung der Menschenrechte und Grundfreiheiten, S. 98.

6) 박규하, 한국헌법상의 사회국가원리와 사회적 기본권, 고시연구(1991.5), 31면.

것을 제안하였고,[1] "현대의 최신 헌법, 곧 1918년 7월 5일의 볼쉐비키 · 러시아 헌법이야말로 말하자면 우리가 지금 작성하려는 헌법의 직접적인 경쟁 상대이다"[2]라고 말하였다.

따라서 나우만은 시대적 필요성을 충족하면서, 동시에 볼쉐비키적 사회주의 혁명을 방지하기 위하여 개인주의적 자유주의는 사회적으로 구속을 받는 자유라는 원리를 통하여 극복하고자 하였다.[3] 이리하여 나우만은 시민적 · 개인주의적 국민 국가도 아니고 볼쉐비키적 · 사회주의적 국민 국가도 아닌 사회적 국민국가의 헌법(사회국가헌법)을 주장하였다. 그리고 그는 이러한 국가가 성립되지 못한다면 그것은 우리가 다시 재건하고자 하는 '국가에 대한 결함(ein Manko an dem Staatsköper)'을 부여하는 것이 될 것이라고 주장하였다.[4][5] 이와 같이 바이마르헌법상의 사회적 기본권의 수용은 1917년의 러시아혁명에 크게 자극 받은 것이며, 이와 같은 관점에서 자유민주적 입장에서 볼 때 최초의 年代學(la permiére chronologiquemént)이라 할 수 있다.[6]

3.2.2. 사회적 기본권의 법적 성격에 대한 인식

그러나 이 규정의 성격은 당시의 대표적인 국법학자인 안쉬츠(G. Anschütz) 등의 통설에 따라 입법에 대한 지침(입법방침규정설)으로 인식되는 데 그치고 재판규범으로서의 성격(구체적 권리설)이 부인되었다.[7][8]

> 바이마르 헌법의 기본권들[9]은 한 번도 독일 국민의 실제 법 생활의 일부가 되지 못하

---

1) P. Badura, Staatsrecht, 1986, S. 66.
2) G. Oestreich, Die Entwicklung der Menschenrechte und Grundfreiheiten, S. 98.
3) P. Badura, Staatsrecht, 1986, S. 66.
4) C. Schmitt, Verfassungslehre, 1928, S. 162.
5) 나우만(Naumann)의 윤리적 · 정치적 주장에 대하여 동 위원회의 법률가들, 특히 바이얼레(K. Beyerle)는 강력히 반대하였다. 이에 관하여는 G. Oestreich, Die Entwicklung der Menschenrechte und Grundfreiheiten, S. 100.
6) 박규하, 한국헌법상의 사회국가원리와 사회적 기본권, 고시연구(1991.5), 31면.
7) 권영성, 헌법학원론, 645면.
8) 바이마르 헌법하에서의 통설적 견해는 프로그램규정을 '현실적 효력과 적용가능성을 결여한', '장차 제정될 법률에 대한 지침' 내지는 선언적 규정 정도로 이해 하였다. 헌법규정을 권리규정과 객관적 법규정으로 분류하고, 객관적 법규범을 다시 직접 현실적인 효력이 있는 법규정과 직접 현실적인 효력이 없고 집행법규에 의한 현실화가 필요한 법규정으로 나누어, 이 후자의 법규정을 입법자에 대한 프로그램규정으로 보았던 것이다(K. Lange, Soziale Grundrecte in der in der deutschen Verfassungsentwwicklung und in den derzeitigen Länderverfassungen, in: Böckenförde/Jekewitz/Ramm(Hrsg), soziale Grundrechte, S. 50 ff).
9) 바이마르 헌법의 기본권에 대하여 더욱 자세한 것은 C. Schmitt, Grundrechte und

였고, 독일 헌법학계의 통설적 견해는 바이마르 헌법에 규정된 기본권들을 空洞化시키고, 직접적으로 의무를 부과할 수 없는 규정 또는 직접적으로 권리를 부여하지 않는 강령규정[1] 또는 기술적으로 이해되는 행정법적 유형의 규정으로 해석하여 기본권이 가지고 있는 헌법적 가치를 격하시켰다.[2][3] 사회적 권리들은 현실적 효력을 가지는 권리라기 보다는 오히려 윤리적 · 강령적 호소에 가까운 것이었으며, 헌법 재판을 통하여 제소될 수 없다고 보는 것이 통설적 견해였다.[4] 예컨대 바이마르 헌법상의 사회적 기본권에 대하여 슈미트는 「국가의 급부에 대한 개인의 권리」 또는 「사회적 · 문화적 성질의 적극적 급부에 대한 개인의 권리」라고 이해하면서, 자유권이 원칙적으로 무한정이고 절대적인 성격을 갖는데 대하여 사회적 기본권은 한정되고 상대화된 권리로서의 특색을 가진다. 개인의 적극적 급부청구권으로서의 사회적 기본권은 헌법으로부터가 아니라 법률로부터 발생한다. 예컨대 실업자부조청구권은 그것을 규정한 헌법의 규정으로부터 직접 도출되는 것이 아니고 1927년의 직업소개실험보험법에서 발생한다. 사회적 기본권에 관한 제규정은 입법자에 대한 법적 지침을 의미하며, 사회적 기본권이 헌법상 청구권으로 표현되고 있어도 그것은 직접 권리 내지 출소를 기초로 하는 관계자의 청구권을 의미하는 것은 아니다」[5]라고 한정

Grundpflichten, in: ders., Verfassungsrechtliche Aufsätze 1924 – 1954, 2. Aufl., (1973), S. 181 ff.; W. Apelt, Geschichte der Weimarer Verfassung, 1946, S. 352 ff.; Fr. K. Fromme, Von dr Weimarer Verfassung zum Bonner Grundgesetz, 2. Aufl., 1962 참조.

1) 사회적 기본권이 규정됨으로써 처음으로 전반적으로 헌법 강령과 현실적으로 효력을 가지는 헌법이라는 구별이 생겨났다. H. F. Zacher, Freiheits und Sozialrechte im modernen Verfassungsstaat, in: S. E. Szydzik(Hrsg.), Christliches Gesellschaftsdenken im Umbruch, 1977, S. 79.

2) F. Thieme, Die Europäischen Konvention zum Schutz der Menschenrechte. Recht und Freiheit, 1951, S. 9 ff.

3) 개인적 자유를 내용으로 한 기본권 규범은 점점 더 법관에 의한 심사권(richiterliche prüfungsrecht)을 통하여 그 효력이 더욱더 강화된데 반하여, 경제적 · 사회적 권리들은 단순한 강령규정(Programmsätzen)으로 강등되었다. 이렇게 된 이유는 부분적으로는 헌법본문이 원인을 제공하였다. 왜냐하면 자유주의적 자유권들은 오랜 전통과 완성된 논리(Dogmatik)로 무장되어 있었기 때문에 정확하게 표현되어 문제점 없이 적용될 수 있었던 반면, 새로운 규정들은 그러한 전제가 결여되어 있었기 때문에 선언적인(deklaratorisch) 효력만을 가졌기 때문이었다. 그밖에도 헌법학자들은 이 헌법규정들을 활성화 시키려는 노력을 하지 않았다. B. Pieroth/B. Schlink. Grundrechte, Staatsrecht II, 1985, Rn. 45.

4) G. Oestreich, Die Idee der Menschenrechte in ihrer rechichtlichen Entwicklung, 1961, S. 38; 물론 프로그램적 규정설과 같은 통설적 견해에 대하여 전혀 비판이 없었던것도 아니다. 예컨대 Eisenlohr는 헌법상의 프로그램적 규정의 법적 효력은 입법자에 대하여 입법의무를 지우는 것이며 그 의무에 대한 위반은 위헌이라고 주장하였다(Wolfgang Eisenlohr, Die juristische Bedeutung pogrammatischer Bestimmungen in der Verfassung des Deutschen Reiches vom 11. August 1919(Diss. Heidelberg 1932, S. 15 ff); 정만희, 생존권적 기본권의 법적 성격, 고시연구(1995.10), 33면 참조.

5) C. Schmitt, Grundrechte und Grundpflichte(1932), in: ders., verfassungsrechtliche Aufsätze

을 보더라도 우리는 당시의 사회적 기본권에 대한 학자들의 헌법관이 어떠하였는가를 미루어 짐작할 수 있다. 그렇기 때문에 사회적 기본권에 해당되는 권리들은 그것이 직접적인 효력을 가지고 개인에게는 주관적 공권을 부여하기 위하여 해당 법률을 통한 사회적 기본권의 구체화가 필요하였지만, 그러한 구체화 법률들은 전혀 제정되지 않았다.[1)]

바이마르헌법의 사회적 기본권조항은 바이마르 헌법 당시에는 실패한 헌법으로 끝났지만, 그의 정신만은 제2차대전 이후 유럽각국의 헌법과 세계인권선언 · 유럽사회헌장(1961) 등에 계승되어 인간다운 생활에 대한 국민의 요구와 그 실천적 운동을 뒷받침하고 있다. 우리나라의 1948년의 건국헌법은 바이마르 헌법의 영향을 많이 받았으며, 특히 근로자의 이익분배균점권을 인정하여 “영리를 목적으로 하는 사기업체에 있어서는 근로자는 법률이 정하는 바에 의하여 이익분배에 균점할 권리가 있다”고 하여 헌법사적으로도 특이한 규정을 둔바 있다.[2)]

사회주의국가의 헌법들도 노동의 권리, 휴식의 권리, 노령 · 질병의 경우에 물질적 보장을 받을 권리 등 형태면에서는 현대자본주의국가의 헌법에서 볼 수 있는 사회적 기본권과 유사한 것을 규정하고 있지만, 양자는 그 이념적 기초를 달리하고 있는 까닭에 사회적 기본권은 현실의 존재형태면에서 양분되어 있다. 이것을 개량주의적 사회권과 사회주의적 사회권의 구별이라 부르고 있다.[3)]

3.3. 독일 Bonn 기본법상의 사회국가원리

독일의 기본법 제20조 제1항이 규정하는 바와 같이 “독일연방공화국은 민주적 · 사회적 연방국가이다” 라는 형식으로 사회국가원리를 하나의 일반조항으로만 규정하고 헌법적 차원에서의 사회적 기본권 조항은 명문화하지 않았다. 이와 같이 독일 기본법이 바이마르 헌법에 있어서와 같이 많은 종류의 다양한 사회적 기본권을 규정하지 않은 이유 중의 하나가 바로 헌법의 신뢰성을 확보하는데 있었다는 사실은 우리에게 하나의 타산지석이 되고 있음을 부인할 수 없다. 그 이유는 헌법에 수용된 다양한 기본권 목록(Grundrechtekataloge)은 각양각색의 의사와 이해를 가진 국민의 기본적 합의(Grundkonsens)로서의 성격을 가지고 있을 뿐만 아니라 사회적 기본권은 그 내용을 구체화하기 위하여 법률의 제정, 예산의

---

aus den Jahren 1925-1954(1958), S. 199 ff.; 정만희, 생존권적 기본권의 법적 성격, 고시연구(1995.10), 33면 참조.

1) 홍성방, 사회권의 이념적 원천과 역사적 전개(하), 고시연구(1998.11), 81-82면; 김백유, 사회적 기본권의 구체적 보장, 헌정 및 행정법치연구, 한성대출판부, 2006, 469면.

2) 양건, 헌법강의, 641면.

3) 권영성, 헌법학원론, 645면.

심의와 같은 大合意內에서의 합의를 또한 필요로 하기 때문이다. Bonn 기본법 제정과 관련하여 크게 기여한 바 있는 정치가인 카를로 슈미트(Carlo Schmidt)는 그의 회고록에서 다음과 같이 강조하고 있다:「바이마르헌법에 다양하게 규정되어 있던 사회적 기본권을 기본법에 그대로 도입하자는 많은 사람의 주장에 대하여 내가 그토록 강력하게 반대한 이유는, 그 사회적 기본권이란 결국 방침규정 또는 類語반복에 지나지 않으며 정치적 상황의 묘사에 불과한 것이라고 생각하였기 때문이다. 사회적 기본권은 추상적으로 혹은 願望의 형식이나 당위(Sollen)[1]의 내용으로 구성될 수 밖에 없는 것이다. 따라서 그 기본권의 구체적 내용은 상황에 따라 입법자에 의해서 결정되는 것이 마땅한 것이다.[2] 다시 말하면 의회의 다수자가 어떤 사회적 상태를 변혁할 것을 원하는 경우 그것을 위해 필요한 법률을 제정하면 족할 것이고 반대로 다수자가 그 변혁을 원하지 않는 경우에는 - 바이마르공화국의 역사가 가르쳐 주는 바와 같이 - 헌법에서 보장하고 있는 진보적인 사회적 기본권규정도 아무런 쓸모가 없다. 만약 후자의 경우와 같이 될 때 헌법은 오히려 국민으로부터 불신만을 받게 될 것이다. 기본법에 수용되어 있는 절차규정(Verfahrensregel)이 중요한 의의를 가지고 있는 점은 그 규정이 진보에의 길(Weg zum Fortschritt)을 방해하고 있는 것이 아니라 진보에 대해 개방(öffnen)하고 있다는 점이다」.[3]

3.4. 한국헌법상의 사회적 기본권 : 사회국가원리와 헌법규범

사회적 기본권의 첫 번째 의미는 현행헌법이 사회적 기본권을 통하여 사회국가원리를 헌법에 수용하고 있으며, 이는 사회국가원리가 사회적 기본권의 헌법적 보장이라는 - 규범적 보장과 함께 - 형성화 · 구체화되었다는 점이다.[4)5)] 사회국가의 원리는 사회정의를 구

---

1) 일반적으로 당위개념으로서의 Sollen과 Muß는 다음과 같은 점에서 차이가 있다. Sollen의 경우는 「… 하여야 함을 원칙으로 하지만, 예외(Ausnahme)가 있음」을 의미하고 Muß의 경우는 「예외없이 … 하여야 한다」라는 의미로 해석하고 있다.

2) 이러한 입장에서는 사회적 기본권에 있어서 입법자에게 입법형성의 자유를 광범위하게 부여하게 될 것이다.

3) Carlo Schmidt, Erinnerungen, 1979, Dritter Band der gesammelten Werk, S. 373 f.); Michael Klöpfer, Zum Grundrecht auf Umweltschutz, 1978, S. 36; H. Dellmann, Zur Problematik eines Grundrechts auf menschenwürdige Umwelt, DÖV 1975, S. 589.

4) Vgl. E.-W. Böckenförde, Die sozialen Grundrechte im Verfassungsgefüge, in: Böckenförde/Jekewitz/ Ramm, soziale Grundrechte, 1981, S. 15; Badura, Das Prinzip der sozialen Grundrechte und seine Verwirklichung im Recht der BRD, in: Der Staat 1975, S. 27; Lücke, Sozialordnung, Gerechtigkeit und Recht, in: R. Schnur(Hrsg.), Die Theorie der Institution und zwei andere Aufsätze von Maurice Hauriou, S. 43 ff.

5) 한수웅, 헌법소송을 통한 사회적 기본권 실현의 한계(하) - 법적 권리설로부터의 결별 - , 고시

현하기 위하여 법치국가적 방법으로 모든 국민의 복지를 실현하려는 국가적 원리를 말한다. 사회국가의 원리는 실질적 법치국가를 실천목표로 하고 사회적 시장경제질서에 의하여 뒷받침된다는 점에서 사회적 법치국가의 원리와 表裏관계에 있다.[1)]

한국헌법은 헌법규정 자체에서는 독일과 같이 예컨대 대한민국은 "민주적 · 사회적 공화국이다"와 같은 사회국가원리를 명문으로 사용하고 있지는 않지만 재산권행사의 공공복리적합성 및 공용수용 그리고 사회적 시장경제원리 등을 규정함으로써 사회국가적 목표를 국가적 과제로 삼는[2)] 다양한 형태의 사회국가원리 내지는 이를 구현시키기 위한 헌법의지를 표명하는 방법을 취하고 있다. 즉 우리 헌법은 헌법 제31조이하 제35조까지[3)] 사회적 기본권의 구체적 내용을 명시하면서, 동시에 우리 헌법에서도 사회국가원리의 구체화된 여러 표현을 통하여 헌법의 각 부분에서 수용(선언)하고 있음을 주의하여야 한다.[4)]

헌재결 2002. 12. 18. 2002헌마52 【저상버스 도입의무 불이행 위헌확인】

헌법은 제34조 제1항에서 모든 국민의 "인간다운 생활을 할 권리"를 사회적 기본권으로 규정하면서, 제2항 내지 제6항에서 특정한 사회적 약자와 관련하여 "인간다운 생활을 할 권리"의 내용을 다양한 국가의 의무를 통하여 구체화하고 있다.

우리 헌법은 사회국가원리를 명문으로 규정하지 않고, 헌법 전문, 인간다운 생활을 할 권리를 비롯한 사회적 기본권의 보장(헌법 제31조 내지 제36조), 경제 영역에서 적극적으로 계획하고 유도하고 재분배하여야 할 국가의 의무를 규정하는 경제에 관한 조항(헌법 제119조 제2항 이하) 등을 통하여 간접적으로 <u>사회국가원리를 수용하고 있다</u>. 사회국가란 사회정의의 이념을 헌법에 수용한 국가, 사회현상에 대하여 방관적인 국가가 아니라 경제·사회·문화의 모든 영역에서 정의로운 사회질서의 형성을 위하여 사회현상에 관여하고 간섭하고 분배하고 조정하는 국가이며, 궁극적으로는 국민 각자가 실제로 자유를 행사할 수 있는 그 실질적 조건을 마련해 줄 의무가 있는 국가를 의미한다.[5)]

즉 현행 헌법은 全文에서 "모든 영역에 있어서 각인의 기회를 균등히 하고 … 안으로

연구(1996.7), 82면 이하.

1) 사회국가의 원리에 관하여는 김문현, 재산권의 사회구속성에 관한 연구, 서울대학교 법학박사학위논문, 1987. 94면 이하; 同人, 사회국가에 있어서의 재산권, 공법연구 제16집(1988), 71면 이하; 민경식, 서독기본법에 있어서의 사회화에 관한 연구, 서울대학교 법학박사학위논문, 1987, 144면 이하; 허영, 헌법과 사회국가와 사회보장, 성곡논총 제6집(1975), 56면-80면, 151면-159면 참조.
2) 박규하, 한국헌법상의 사회국가원리와 사회적 기본권, 고시연구(1991.5), 33면.
3) 권영성(반대설); 허영 교수는 제36조를 사회적 기본권에 포함한다.
4) 한수웅, 경제적 기본권의 새로운 문제점과 그 전망, 헌법학연구(1999.10), 54면, 각주 2 참조.
5) 동지의 판례 : 헌재결 2004. 10. 28, 2002헌마328 【2002년도국민기초생활보장최저생계비위헌확인】

는 국민생활의 균등한 향상을 기하고"라고 하고 있다. 제10조에서는 "모든 국민은 인간으로서의 존엄과 가치를 가지며, 행복을 추구할 권리를 가진다"라고 하고 있으며, 제119조 제2항에서는 "국가는 균형 있는 국민경제의 성장 및 안정과 적정한 소득의 분배를 유지하고, 시장의 지배와 경제력의 남용을 방지하며, 경제주체간의 조화를 통한 경제의 민주화를 위하여 경제에 관한 규제와 조정을 할 수 있다"라고 하고 있다. 또한 그 규제와 조정정책으로는 공정거래와 독과점의 배제, 재화의 공정배분 등을 들 수 있다. 그 외에도 경제집단의 자조조직의 육성(제123조), 시장지배와 경제력남용의 방지(제119조), 소비자보호(제124조), 대외무역의 육성과 규제 · 조정(제125조)등을 규정함으로써 사회국가원리에 입각한 사회적 기본권의 실현을 구현하고 있다.

일반적으로 사회국가의 형성(Gestaltung)과정 및 구체적 내용 및 법치국가원리의 작용형태(Wirkungsart)는 특히 그 국가가 지니는 특성에 따라 다르며, 개별적인 역사적, 사회적, 경제적 그리고 정치적 상황(Gegebenheiten)에 의하여 강한 영향을 받는다. 바로 이러한 이유로 인하여(각 국가가 취하는 사회주의제도에 대한) 비교법적 고찰(rechtsvergleichende Untersuchung)은 그 스스로 한계를 지니고 있다. 일반적으로 한나라의 헌법(Staatsverfassung)에는 사회국가원리를 헌법상의 기본원리로 채택하거나, 혹은 이러한 사회국가원리를 하나의 헌법원리(Verfassungsrechtsprinzip)로써 명문화하지 아니하고 존재한다.[1] 사회국가원리를 헌법에 수용하는 방법에는 일반적으로 세 가지 유형이 있다.[2] 대표적으로 독일의 기

---

1) 김운용, 사회국가원리의 법적 구현, 공법연구(1994.6), 제22집 제3호, 한국공법학회, 24면 이하 참조; 특히 오늘날의 다원적 대중민주주의는 그 민주주의에 내재하는 사회국가적 경향으로 인하여, 사회국가원리가 헌법에 명문화되어 있지 않다 하더라도 필연적으로 사회국가로의 국가성격의 변화를 가져오게 되어 있다. 한수웅, 한국헌법상의 경제질서, 공법학의 현대적 지평(계희열교수화갑기념논문집), 176면 이하; Vgl. Isensee, Verfassung ohne soziale Grundrechte, Der Staat 1980, S. 383; E.-W. Böckenförde, Demokratie als Verfassungsprinzip, in : Handbuch des Staatsrechts, Bd. 1, 1987, S. 949; Zacher, Das soziale Staatsziel, in : Handbuch des Staatsrechts, Bd. 1, 1987, S. 1096; Badura, Auftrag und Grenzen der Verwaltung im sozialen Rechtsstaat, DÖV 1968, S. 447 f.; Scheuner, Die Funktion der Grundrechte im Sozialstaat, DÖV 1971, S. 512.

2) Huh, Young, Rechtsstaatliche Grenzen der Sozialstaatlichkeit?, in: Der Staat, Bd. 18 (1979), S. 183.). 사회국가 제도는 5개의 유럽국가(예를 들면 독일(제20조 제1항; 제28조 제1항 제1문), 프랑스(제2조 제1 항 제1문; 1958.9.28 및 1963.12.31), 스페인(헌법 제1조; 1947.7.26 및 1967.1.10; 헌법 제7조, 1958.5.17), 터어키(제2조; 1961.5.27, 및 1973.3.15), 이탈리아(예컨대 제3조 제2항; 1947.12.27 및 1967.11.22)를 제외한 12개의 아프리카(Dahomey(제2조; 1970.5.7 헌장), Gabun(제2조; 1961.2.21), Guinea(제1조; 1958.11.10), Elfenbeinküste(제2조, 1960.11.3), Madagaskar(제2조; 1959.4.29), Mauretanien(제1조; 1961.5.20), Marokko(제1조; 1972.3.9), Niger(제2조; 1960.11.8), Ruanda (제1조; 1962.11.24), Senegal(제1조; 1963.3.3), Obervolta(제2조; 1970.6.29), Zaire(제1조; 1967.6.2

본법 제20조 제1항이 규정하는 바와 같이 "독일연방공화국은 민주적·사회적 연방국가이다" 라는 형식으로 사회국가원리를 하나의 일반조항으로만 규정하고 헌법차원에서 더 이상의 구체화를 포기하는 방법과, 또 다른 하나의 방법은 독일 바이에른 주헌법과 같이 사회국가원리와 사회적 기본권을 동시에 규정하는 방법,[1] 그리고 세 번째로는 사회적 기본권만을 헌법에 명시하는 방법이 있다. 사회국가원리만을 선언하는 경우 그의 일반성·추상성으로 인하여 수시로 변화하는 사회적 욕구를 만족시킬 수 있고, 또 이를 위하여 모든 필요한 조치를 취할 수 있는 개방성과 유연성의 장점이 있지만,[2] 사회국가원리의 구체화된 헌법적 표현으로서의 사회적 기본권은 입법자에게 보다 구체적인 내용의 입법의무를 부과하고 있고, 바로 이러한 구체성 때문에 헌법개정을 통하여 끊임없는 사회현상의 변화에 적응되어야 한다는 단점이 있다. 우리 헌법에서 사회적 기본권의 종류를 점진적으로 확충시켜 온 것도 바로 이러한 연유에서이다.[3] 사회국가는 사회국가원리의 구체화된 여러 표현으로, 즉 광범위한 사회적 기본권의 보장, - 경제에 대한 국가의 임무가 적극적으로 계획(Pläne)하고, 유도하고, 급부(Leistung)를 제공하고 재원을 재분배하는 포괄적인 국가경제정책의 수권조항과 기본권의 사회적 기속 등을 통하여 사회국가원칙을 실질적으로 구현하는 것이다.

---

4)들과, 6개의 라틴아메리카들, 즉 Haiti(제1조; 1964.5.25), Guatemala(제123조; 1965.9.15), Kuba(제1조; 1959.2.7), El Salvador(제2조; 1962.1.8), Equador(전문, 1967.5.25) 및 Honduras(제1조; 1965.6.3)등이 있다(허영, Rechtsstaatliche Grenzen der Sozialstaatlichkeit?, in: Der Staat, Bd. 18 (1979), 184면 각주 4). 이와 같이 사회국가원리 내지 사회적 기본권은 일반적으로 세계에서 가장 가난한 나라들이 채택하고 있음을 알 수 있다. 사회국가선언(Sozialstaatsproklamation)을 헌법에 채택하고 있는 나라는 세계의 159 국가 중, 23개 국가뿐인데(허영, Rechtsstaatliche Grenzen der Sozialstaatlichkeit?, in: Der Staat, Bd. 18 (1979), 184면), 이는 사회국가규범(Sozialstaatsnorm)의 헌법상(성문헌법)의 존재여부가 실질적으로는 별로 중요하지 않음(Irrelevanz)을 나타내고 있는 것이라고 할 수 있다. 다시 말하면 하나의 국가가 사회국가인지 하는 것은 이에 상응하는 법이나 헌법적 규정이 존재하느냐, 그렇지 않느냐에 의하여 결정되는 것이 아니라는 것이다. 예를 들면 영국의 경우에서 볼 수 있는 바와 같이 하나의 사회국가가 성문헌법(geschriebene Verfassung)의 존재 여부와 상관이 없음을 알 수 있다(허영, Rechtsstaatliche Grenzen der Sozialstaatlichkeit?, in: Der Staat, Bd. 18 (1979), 183/84면); 김운용, 사회국가원리의 법적 구현, 공법연구(제22집 제3호, 1994.6), 한국공법학회, 24면 이하 참조.

1) 독일 바이에른 주헌법 제3조 제1항 제1문에서는 바이에른은 법치국가, 문화 및 사회국가이다(Bayern ist ein Rechts-, Kultur- und Sozialstaat)라는 표현을 하여 사회국가원리를 선언하고 있으며, 동시에 주헌법 제4장 이하에서는 사회적 기본권의 개별적 내용을 구체화하고 있다.

2) Vgl. Hesse, Handbuch des Verfassungsrechts, S. 99; Lücke, Sozialordnung, Gerechtigkeit und Recht, in: R. Schnur(Hrsg.), Die Theorie der Institution und zwei andere Aufsätze von Maurice Hauriou, S. 42 ff.

3) 한수웅, 헌법소송을 통한 사회적 기본권 실현의 한계(하) - 법적 권리설로부터의 결별 -, 고시연구(1996.7), 82-83면.

III. 사회적 기본권의 법적 성격

1. 프로그램적 규정설(입법방침규정설)

프로그램적(獨 : Programm; 英 : program) 규정설은 사회적 기본권의 구체적 · 현실적인 권리성을 부인하고 입법의 방침을 제시하는 강령이나 사회정책적 목표[1)]의 선언으로 보는 입장이다(과거의 통설). 즉 헌법상의 사회적 기본권은 사법상의 권리와 같은 구체적인 법적 권리가 아니라 입법방침을 규정한 프로그램적 의미를 가진것 이라고 한다.[2)] 프로그램적 규정으로서의 사회적 기본권은 그 내용이 불특정적 이라는 의미에서 그것은 하나의 백지위임적 개념(Blankettbegriff)에 해당한다.

「근거」

- 사회적 기본권에 관한 규정이 헌법상 규정되어 있다 할지라도 현실적인 국가 재정능력에 의하여 뒷받침되지 아니하면, 헌법상의 생존권 규정은 하나의 국가방침을 의미할 뿐이다.
- 사회적 기본권은 추상적인 형태로 규정되므로 현실적인 권리로 만들기 위해서는 구체적 입법을 요한다.

프로그램규정에 대하여는 법적 구속력을 전혀 가지지 않는 내용 없는 백지규정으로서 순수한 정치적인 것으로 보는 견해로부터 해석지침으로 보는 견해, 즉 어느 정도의 법적 구속력을 인정하는 견해에 이르기까지 그 개념이 다의적이다.[3)] 오늘날 사회적 기본권의 헌법적 보장형식으로서 프로그램규정이 언급될 경우에는, 그것은 내용이 없는 백지규정으로서 법적 구속력을 전혀 가지지 않는 순수한 정치적 선언이 아니라,[4)] 일정한 법적 구속력을 가진 법규범의 한 형태로서 이해되고, 또 그러한 법적 구속력을 국가활동의 일정한

---

1) 사회적 기본권은 국가의무 또는 목표조항으로서 헌법적 입법위임의 성격을 띠고 있다고 한다. 한수웅, 헌법소송을 통한 사회적 기본권 실현의 한계(하) - 법적 권리설로부터의 결별 - , 고시연구(1996.7), 83면.

2) 홍성방, 헌법학, 561면.

3) 바이마르 헌법하에서의 학설은 프로그램규정을 '현실적 효력과 적용가능성을 결여한', '장차 제정될 법률에 대한 지침'으로 이해하였다. 말하자면 헌법규정을 권리규정과 객관적 법규정으로 분류하고, 객관적 법규범을 다시 직접 현실적인 효력이 있는 법규정과 직접 현실적인 효력이 없고 집행법규에 의한 현실화가 필요한 법규정으로 나누어, 이 후자의 법규정을 입법자에 대한 프로그램규정으로 보았던 것이다. K. Lange, Soziale Grundrecte in der in der deutschen Verfassungsentwwicklung und in den derzeitigen Länderverfassungen, in: Böckenförde/Jekewitz/Ramm(Hrsg), soziale Grundrechte, 50면 이하.

4) E-W. Böckenförde, Die sozialen Grundrechte im verfafassungsgefüge, 14면.

방향에서 찾는다면, 프로그램규정은 국가목표규정을 뜻한다라고 보는 견해가 있다. 이러한 견해에 따르면 프로그램규정은 국가목적을 규정한 하나의 헌법원리를 의미하며, 입법자에게는 그 목적의 실천을 위한 일정한 방향(Richtung) 내지는 실질적인 준칙(sachliche Richtsatz)을 의미하고, 그 결과 정책 결정에 있어서 입법자를 직접으로 구속하는 동시에, 또한 직접적인 헌법해석의 기준으로 간주되고 있다. 그러나 프로그램규정은 그 내용이 구체적으로 확정되지 않은 불특정규정이기 때문에, 입법자에게 단한번의 입법의무를 지우는 페터 레르헤(Peter Lerche)의 이른바 헌법적 명령(Verfassungsbefehle)과 구별되며,[1] 그러한 의미에서 입법자가 그 입법의 기회가 있을 때마다 준수해야 할 항구적인 지도원리(Leitgrundsätze)를 의미하고 있다.[2]

프로그램적 규정 ——→ 국가목표규정(Staatszielbestimmung)

프로그램적 규정을 국가목표규정으로 보는 견해에 의하여 국가목표규정 · 프로그램규정으로서의 사회적 기본권의 헌법적 실정화에 있어서 그것의 법적 구속력이 어느 정도 인정된다고 할지라도, 주관적 권리로서의 사회적 기본권의 보장과 관련하여 그 법적 구속력은 매우 미약하다. 왜냐하면 그것은 단지 국가의 목적 내지 국가활동의 지침 · 방향을 선언할 뿐, 그 내용 · 범위 · 방법 등에 관하여는 상세하게 규정하고 있지 않기 때문이다.[3] 이는 입법자에게 일정한 입법활동을 강제하지 아니하는 것으로서 입법자에게는 광범한 형성의 자유가 인정되고, 개인은 단지 그러한 입법자의 형성의자유에 따른 입법에 의해서만 비로

---

1) 독일의 쇼이너(Ulrich Scheuner)는 프로그램적 규정은 불특정규정(unbestiimte Sätze)을 의미하는 것으로서 '국가목표규정(Staatszielbestimmung)'으로서의 헌법원리(Verfassungsprinzip; Verfassungsgrundsatz)라고 설명하고 있다(Ulrich Scheuner, Staatszielbestimmungen, in: Festschrift für Ernst Forsthoff zum 70. Geburtstag, 2. Aufl., S. 330 – 335). 이와 같이 프로그램적 규정은 그 내용이 구체적으로 확정되지 않은 불특정 개념이라는 점에서, 그것은 입법자에게 입법의무를 지우는 레르헤(Peter Lerche)의 이른바 헌법명령(Verfassungsbefehle)과도 구별되는 개념이다(Peter Lerche는 헌법지령(Verfassungsdirektiven)을 세 가지 경우로 구분하고 있다. ① 프로그램(Propramm)적 규정, ② 헌법적 명령(Verfassungsbefehl), ③ 헌법형성에의 위임(Auftrag zur Verfassungsbildung) : Peter Lerche, Das Bundesverfassungsgericht und die Verfassungsdirektive, in: AöR 1965, S. 346, 354, 364).

2) 국가목표규정의 개념은 입센(H. P. Ipsen)에서 비롯되어 쇼이너(U. Scheuner)에 의하여 이론적 기초가 확립되었다고 한다. U. Scheuner에 의하면, 국가목표규정은 "계속 형성될 장래의 사회문제를 지적하며, 국가활동에 한계를 긋는 것이 아니라 국가활동의 오히려 길을 열어 주는" 동태적 특성을 지니고 있다고 한다. 한태연, 사회적 기본권의 헌법적 과제, 동아법학, 1989, 56면.

3) 프로그램규정에 있어서와 같이 입법에의 위임과 그 방법이 불특정한 경우에는 입법태만은 정치적 책임문제는 되지만, 입법부작위로서의 위헌문제는 발생하지 아니한다. 한태연, 사회적 기본권의 헌법적 과제, 동아법학, 1989, 58면.

소 주관적 권리를 가질 수 있을 뿐이다. 다만 국가목표규정 · 프로그램규정에 있어서도 그곳에 지시된 국가의 목적 내지 국가활동의 지침 · 방향을 위반하지 않을 국가의 소극적 법적 의무는 인정된다. 결국 입법자의 형성자유가 무제한적인 것은 아니며, 소극적 법적 의무를 위반한 국가행위로 말미암아 개인의 법적 지위가 침해될 경우에는 개인은 사법적 구제를 받을 수 있을 것이다.

사회적 기본권은 그 표현과는 관계없이 주관적 공권이 아니라, 일차적으로 기본전제를 형성하라는 입법자에 대한 입법위임규정이라고 보면서, 이는 국가목표규정보다 다 강하게 입법자를 구속한다는 견해가 있다.[1)]

2. 법적 권리설

2.1. 추상적 권리설

사회적 기본권은 그 내용이 비록 추상적이라 할지라도, 법적 권리로 보아야 하며, 사회적 기본권의 보장의무도 법적 의무이다(다수설). 사회적 기본권의 헌법규정에 따라 국민은 국가에 대해여 추상적 권리를 가지고, 국가는「입법 기타 국정상 필요한 조치를 강구할」추상적 의무를 진다고 보는 설이다. 입법자의 입법작용 없이는 구체적 권리가 될 수 없다는 점에 있어서는 프로그램규정설과 실질적 차이가 없으나, 헌법에서 권리가 있음을 명시한 이상, 사회적 기본권의 법적 권리로서의 성격은 인정하여야 하며, 국가의 사회적 기본권의 보장의무는 법적 의무라고 한다. 즉, 입법자의 활동에 의하여 비로소 구체화되는 권리라는 의미에서 사회적 기본권을 '추상적 권리'로 이해한다.[2)]

– 사회적 기본권규정이 추상적 규정이어서 직접적으로 구체적 권리를 보장하지 않는다는 이유만으로 사회적 기본권의 '권리성'을 부인할 수 없다.

헌재결 1995. 7. 21, 93헌가14【국가유공자예우등에관한법률 제9조 본문 위헌제청】

인간다운 생활을 할 권리로부터는 인간의 존엄에 상응하는 생활에 필요한 "최소한의 물질적인 생활"의 유지에 필요한 급부를 요구할 수 있는 구체적인 권리가 상황에 따라서는 직접 도출될 수 있다고 할 수는 있어도, 동 기본권이 직접 그 이상의 급부를 내용으로 하는 구체적인 권리를 발생케 한다고는 볼 수 없다고 할 것이다. 이러한 구체적 권리는 국가가 재정형편 등 여러 가지 상황들을 종합적으로 감안하여 법률을 통하여 구체화 할 때에 비로소 인정되는 법률적 권리라고 할 것이다.

1) 홍성방, 헌법학, 565-567면 참조.
2) 한수웅, 헌법소송을 통한 사회적 기본권의 한계, 인권과 정의(1997.1), 74면.

그러나 이 견해도 구체적인 입법이 없는 한 헌법의 사회적 기본권규정을 재판상 소송을 통하여 권리를 주장할 수 없다고 하여 사회적 기본권의 구체적 권리성을 부인한다.[1] 따라서 구체적 입법이 없거나 미흡한 경우, 재판상 청구할 수 없다고 하여 다만 소극적 · 자유권적 효과만을 인정하는 점과 사회적 기본권 규정 자체에서 독자적 권리를 도출해 낼 수 없다는 점에서 프로그램규정설과 큰 차이가 없다.[2]

다만 프로그램규정설이 사회적 기본권규정의 재판규범성을 부인하고 구체적 법률에 의한 권리를 법률상의 권리로 보아 헌법상 권리로서 인정하지 않음으로써 법률의 개정으로 그 권리를 부정한다 하더라도 헌법적 문제는 생기지 않는 것으로 보는 점에 반해 추상적 권리설은 헌법상 사회적 기본권이 법률상의 구체적 규정을 통해 구체적 권리로 전화되는 것으로 봄으로써 법률개정을 통해 이를 부정하는 것은 헌법적 문제를 야기하게 되며 정당한 이유가 없는 경우 위헌이 될 것이라는 점에서 차이는 있다 할 것이다.[3].

「주의」

프로그램적 규정(입법방침규정)과 추상적 권리설은 결과적으로는 국민에게 구체적 권리를 인정하지 않는다는 점에서는 동일하나, 그 형식논리적 이론전개는 각기 달리하고 있

---

1) 추상적 권리설은 인간다운 삶의 수준 등에 관한 일차적 판단은 입법부의 소관사항이라 보지만 프로그램규정설과는 달리 이를 완전히 입법부의 자유재량에 맡겨진 것은 아니고 헌법에의 기속성을 인정한다(헌법에의 기속성). 즉, 그 규정에서 직접 구체적 권리가 나오지 않는다하여 법적 권리가 아니라고 할 수는 없고, 국민은 국가에 대해 입법 등의 조치를 요구할 권리를 가지며 국회는 국가재정과 경제가 허용하는 한 필요한 입법 등의 조치를 하여야 할 의무가 있다고 한다(입법의무). 따라서 입법기관이 사회적 기본권을 구체화하는 입법을 하지 않거나(입법부작위; 입법부존재), 사회적 기본권을 보장한다고 할 정도의 입법에까지 미치지 못한 경우(입법불충분)에는 위헌으로 보아야 한다. 다만 그에 대하여 법원의 소송을 통한 사법적 구제방법이 없을 뿐이다. 김문현, 생존권적 기본권의 법적 성격, 월간고시(1994.9), 52면.

2) 김백유, 사회적 기본권의 구체적 보장, 헌정 및 행정법치연구, 한성대출판부, 2006, 474면.

3) 추상적 권리설은 프로그램규정설에 반대하여 사회적 기본권의 법적 권리성을 인정하고 있는 점에서는 진일보한 것임에 틀림없지만, '권리'라는 명사 앞에 '추상적'이라는 형용사가 붙음으로써, '추상적 권리'는 그 실질적 내용에 있어서는 주관적 권리를 의미하는 것이 아니라는 점 때문에 결국 프로그램규정과 크게 다르지 않다. 이와 같이 '추상적 권리'에 있어서 '권리'라는 측면보다는 '추상적'이라는 측면이 훨씬 돋보이는 것은 추상적 권리설에 있어서 사회적 기본권을 '권리'라고 보는 논거가 사회적 기본권의 내용에 의거하지 못하고 단지 '권리'를 가진다는 헌법규정에 의거하고 있을 뿐이기 때문이라고 여겨진다. 이것은 추상적 권리설이 형식적으로는 권리라는 표현을 하고 있지만, 프로그램규정설이 주장하는 논거를 사실상 극복하지 못했다는 것을 의미한다. 결론적으로 추상적 권리설은, 사회적 기본권을 그 내용에 있어서는 프로그램규정으로 보고, 그 형식에 있어서는 법적 권리로 보는 일종의 헌법해석론적 타협에 불과하다고 볼 수 있다. 한병호, 사회적 기본권의 법적 구조, 서울대학교 석사학위논문(1984), 7면.

으므로 이를 구분하여 설명할 필요가 있다. 이는 환경권의 경우도 마찬가지이다.

2.2. 구체적 권리설

구체적 권리설은 헌법상 사회적 기본권규정도 구체적·현실적 효력을 지니므로 국가에 대하여 사회적 기본권규정의 실현을 직접 청구 할 수 있고, 국가도 이에 상응하는 의무가 있다고 한다. 이 학설은 사회적 기본권규정이 단순히 강령(綱領)적 규정이 아니라 현실적 효력을 가지는 규정이며 헌법규정으로부터 구체적·현실적 권리가 나온다고 본다. 따라서 사회적 기본권을 실현하는 입법이 존재하지 않거나(입법부작위; 입법부존재) 존재하더라도 미흡한 경우(입법불충분)에는 헌법위반이며 입법부작위(입법부존재), 또는 입법의 불충분 내지 입법결함에 의한 사회적 기본권침해를 이유로 소송을 제기할 수 있음을 인정한다.[1] 즉, 입법 없이는 개인의 구체적인 급부청구권이 존재하지 않는다는 의미에서 사회적 기본권의 법적 성격을 근본적으로 추상적 권리로 파악하나, 추상적 권리설과는 달리 사회적 기본권의 내용을 구체화하는 입법이 존재하지 않거나 불충분한 경우에는 국가에 의한 사회적 기본권의 실현여부를 재판상 다툴 수 있다는 것이다.

2.3. 양면적 권리설

이는 사회적 기본권 보장과 관련하여 구체적 침해사유가 발생했다고 보아질 때 침해배제청구권적 측면에서 그의 배제를 직접 법원에 청구할 수 있는 구체적 권리로서의 측면과 보다 나은 생활환경 및 생활조건의 조성·유지에 대하여는 일종의 추상적 권리로서의 측면을 지닌다는 학설이다. 이는 일종의 침해보전청구권의 한 내용을 이루며, 그 이유는 사회적 기본권은 일단 헌법에 기본권으로 명시되어 있기 때문에 최소한 구체적 권리로서의 배제청구권(방어권: Abwehrrecht)이 있는 것으로 볼 수 있다.

---

1) 김철수; 안용교, 한국헌법, 1989, 516면; 헌법재판소는 "입법행위의 소구청구권은 원칙적으로 인정될 수 없고 다만 헌법에서 기본권보장을 위하여 법령에 명시적인 입법위임을 하였을 때, 그리고 헌법해석상 특정인에게 구체적인 기본권이 생겨 이를 보장하기 위한 국가의 행위의무내지 보호의무가 발생하였을 때에는 입법부작위가 헌법소원의 대상이 되지만 …(헌재 1989. 3. 17 선고, 88헌마1)"이라 하여 헌법소원의 대상이 되는 입법부작위를 한정하고 있고, 또한 "불완전한 법규자체를 대상으로 하여 그것이 헌법위반이라는 적극적인 헌법소원은 별론으로 하고, 입법부작위로서 헌법소원의 대상으로 삼을 수는 없다고 본다(헌재 1989. 7. 28 선고, 89헌마1)."고 하여 실제로 입법부작위에 대하여 헌법소원을 제기할 수는 있겠지만 궁극적인 권리구제는 매우 한정되어 있다. 성낙인, 기본권체계상 생존권적 기본권의 헌법적 가치, 1995. 10, 24면.

2.4. 원칙모델에 따른 권리설; 알렉시(R. Alexy의 견해)

알렉시의 원칙모델에 따른 권리설은 사회적 기본권의 규범구조를 구속적 규범과 비구속적 규범으로 2분한 후 이를 다시 8가지로 분류하고, 모든 사회적 기본권은 일단은 잠정적으로 개인에게 주어진 주관적 권리[1]이지만 이 권리는 잠정적인(prima facie) 주관적 권리 이며, 법원에서 주장 가능한 권리이지만, 이는 형량(Abwägung)을 거친후에만 비로소 확정적인 권리가 된다는 것이다.[2] 즉 사회적 기본권은 권리성을 갖지만 곧바로 확정적인 권리가 아니라 여러 가지 요소들을 형량하여 실현될 수 있는 것이라고 한다.[3]

2.5. 사견

사회적 기본권의 법적 성질에 관하여는 일단 추상적 권리성의 타당성을 부인할 수 없지만, 사회적 기본권 역시 자유권 못지않게 중요함을 감안하여, 구체적 권리설로 적극적인 이론구성이 바람직하다. 과거에는 추상적 권리설이 다수설이었으나, 점차 구체적 권리설이 다수설화되어 가는 경향에 있고,[4] 헌법재판소의 입장은 일정치 않으며,[5] 원칙적으로는 추상적 권리설[6]을 취하면서, 예외적으로 구체적 권리설[7]을 취하는 것으로 보인다.[8]

[허영교수의 견해]

허영 교수는 이러한 법적 성격에 대한 논쟁은 별로 실익이 없다고 하면서 프로그램규정이라고 보는 경우와 권리성이 있는 프로그램규정이라고 보는 경우, 그리고 소구권이 없는 추상적 권리 또는 불완전한 구체적 권리라고 보는 경우 등이 현실적으로 어떻게 다른지에 대하여 의문을 제기하고 있다. 따라서 사회적 기본권의 법적 성격에 관한 견해의 대립은 형식논리적 학설대립이라고 하고, 사회적 기본권을 단지 기본권적인 시각에서만 평가할 것이 아니라 사회국가를 실현시켜야 되는 국가의 구조적 원리, 국가의 존립근거 등의

---

1) 주관적 권리이지만 동시에 원칙으로도 이해된다(이준일, 헌법학강의, 단락번호 [4.10.19])
2) 이준일, 헌법학강의, 단락번호 [4.10.18].
3) 정태호, 원리(Prinzip)로서의 사회적 기본권 : R. Alexy의 원리모델(Prinzipienmodel)을 중심으로, 정경식박사 화갑기념논문집, 1997, 242면; 홍성방, 헌법학, 563면; 이준일, 헌법학강의, 단락번호 [4.0.12] 이하 참조.
4) 김철수; 권영성; 홍성방, 헌법학, 563면.
5) 홍성방, 헌법학, 563면.
6) **추상적 권리설을 취한 판례** : 헌재결 2004. 10. 28, 2002헌마328; 헌재결 2003. 5. 15, 2002헌마90; 헌재결 2002. 12. 18, 2001헌마546; 헌재결 2000. 6. 1, 98헌마216; 헌재결 1999. 4. 29, 97헌마333; 헌재결 1997. 12. 24, 95헌마390; 헌재결 1997. 5. 29, 94헌마33; 헌재결 1995. 7. 21, 93헌가14.
7) **구체적 권리설을 취한 것으로 보이는 판례** : 헌재결 2003. 5. 15, 2002헌마90; 헌재결 2000. 6. 1, 98헌마216.
8) 이준일, 헌법학강의, 단락번호 [4.0.10], [4.0.11] 참조.

관점에서 이해해야 한다고 보며, 사회국가 실현의 국가적 의무를 내포하는 국민의 구체적인 권리라고 한다.[1]

[양건교수의 견해]
양건교수는 사법적 구제에 있어서 입법부작위에 대한 위헌확인을 구할 수 있고, 다만 재판을 통한 구제의 대상이 급부자체가 아니라 입법부작위위헌확인에 그치는 것이므로 제한된 구체적 권리라고 부른다.[2]

IV. 자유권적 기본권과의 관계

1. 자유권과 사회적 기본권의 상호비교

1.1. 이념상의 차이

자유권적 기본권과 사회적 기본권은 각각 다른 이념을 그 사상적 배경으로 하고 있다. 자유권적 기본권은 개인주의적·자유주의적 이념을 그 기초로 하여 자연법사상을 배경으로 발전해 온 권리이기 때문에 시민적 법치국가를 그 전제로 하고 있는데 대하여, 사회적 기본권은 단체주의 이념과 사회주의(사회정의)의 실현을 지향하는 현대적 사회국가·복지국가의 이념을 그 전제로 하고 있다. 자유권적 기본권은 개인주의 및 자유주의 이념에 입각하여 소극적으로 국가권력의 배제를 통한 자유와 권리의 확보를 그 내용으로 하고 있으나 사회적 기본권에 있어서는 공동체의 실질적 평등을 위한 수단으로서 국가의 적극적 개입을 내용으로 한다. 따라서 자유권적 기본권은 국가목적(Staatszweck)을 개인의 자유보장에 한정시키는 것을 목적으로 하는데 반하여, 사회적 기본권은 개인의 생존을 위한 경제적·사회적 분야로의 국가의 기능 확대를 요청하고 있다.

자유권 : 개인주의·자유주의를 기초로 하는 시민적 법치국가를 전제
사회적 기본권 : 단체주의·사회주의를 이념적 기초로 하는 사회국가나 복지국가를 전제

1.2. 법적 성격상의 차이

자유권적 기본권은 개인의 자유의 보장(Garantie von Freiheit)을 목적으로 하는 국가로부터의 자유(Freiheit vom Staat)를 그 권리의 내용으로 하는 전국가적·초국가적인 인간의 권리인데 대하여 사회적 기본권에 있어서는 생존의 보장(Gewährleistung von

---

1) 허영, 헌법이론과 헌법, 단락번호 907.
2) 양건, 헌법강의, 645면.

Sicherheit) 내지는 생존배려(Daseinsvorsorge)를 목적으로 하여 실질적 평등을 구현하는 국가내적인 국민의 권리이다. 따라서 자유권적 기본권에 있어서는 국가의 침해로부터의 자유를 의미하는 소극적·방어적 권리를 의미하는데 대하여 사회적 기본권은 인간의 생존을 위한 경제적 급부를 국가에게 적극적으로 요청할 수 있는 적극적 권리이다.

자유권 : 개인의 자유를 보장하기 위하여 국가권력의 침해에 대한 소극적·방어적 권리이며, 전국가적·천부적인 자연권

사회적 기본권 : 생존배려를 위하여 국가에 대하여 일정한 급부를 요구하는 적극적 권리이며, 국가 내적인 실정권

1.3. 주체상의 차이

자유권 : 인간의 권리(천부적·전국가적 권리)
→ 외국인에게도 일반적으로 인정

사회적 기본권 : 실정권으로서 국민의 권리이므로, (원칙적으로) 국민만이 인정

1.4. 효력상의 차이

자유권적 기본권은 직접 입법권·행정권·사법권을 구속할 수 있는 효력을 가지므로 그 헌법 규정은 재판규범인데 대하여 사회적 기본권은 헌법에 의하여 인정된 국민의 권리이기는 하나 그에 대한 입법을 강제할 수단이 없는 한, 구체적인 재판규범으로서의 효력이 약하다.

자유권 : 입법권·사법권·행정권을 직접구속(재판규범적 성격 강하다)

사회적 기본권 : 입법권만을 구속(재판규범적 성격 약하다)

1.5. 제한상의 차이

자유권과 사회적 기본권은 법률유보의 의미에서의 차이가 있다. 자유권적 기본권에 관한 법률 유보는 권리를 제한하는 의미, 즉 권리 제한적 보장을 의미(권리보장의 한계를 의미)하는데 대하여, 사회적 기본권에 있어서의 법률유보는 권리를 구체적으로 형성하는 권리 형성적 유보를 의미한다. 따라서 사회적 기본권은 완전고용, 사회보장, 근로보호의 입법, 정책적 조세 및 의무교육의 확대 등 일련의 국가시책에 의해서만 그 권리의 내용이 실천된다. 이러한 국가의 시책은 다만 국가의 입법적 의무에 권리의 실천을 위임하는 경우가 많다. 그러나 이의 실천은 국가의 사회적·경제적 상황여하에 의존하게 된다.

자유권에 대한 제한 기준은 원칙적으로 국가안전보장·질서유지·공공복리이지만 사회적 기본권에 대한 제한기준은 국가안전보장·질서유지이다.

자유권 : 기본권제한적 법률유보(자유권에서의 법률유보는 기본권 제한적 법률유보)
사회적 기본권 : 기본권형성적 법률유보(사회적 기본권에서의 법률유보는 기본권 형성적 법률유보)

1.6. 권리보장절차의 차이

자유권적 기본권과 사회적 기본권은 권리보장의 절차에 있어서도 상이하다. 자유권적 기본권의 보장은 헌법과 법률의 단계에서 그 목적이 달성될 수 있으나 사회적 기본권은 헌법 · 법률 · 행정의 세 단계에 의해서 그 목적이 달성될 수 있다. 그러므로 시민적 · 법치 국가적 절차(자유권보장)에 있어서는 입법국가를 의미하는데 대하여 사회 국가적 절차(사회적 기본권의 실현)에 있어서는 행정국가에 더 치중하게 된다(행정부의 권한강화).

자유권 : 헌법과 법률에 의하여 보장가능
사회적 기본권 : 헌법 · 법률 · 행정을 통해서 가능 ☜ **행정국가화 경향**

2. 자유권과 사회적 기본권의 조화관계

2.1. 대립 · 긴장관계로 보는 견해

자유권적 기본권과 사회적 기본권은 이념적 기초, 성질, 효력, 제한 등에서 많은 차이가 있고, 권리보장의 내용 면에서도 상호 대립하는 관계에 있다. 왜냐하면 자유권적 기본권은 인간의 자유를 본질로 하고 사회적 기본권은 인간의 생존을 위한 실질적 평등을 본질로 하고 있기 때문에 사회적 기본권이 확대 · 강화되면 될수록 자유권적 기본권은 축소 · 약화되지 않을 수 없기 때문이다. 이와 같이 인간의 자유를 강조하는 자유권과 인간의 실질적 평등을 추구하는 사회적 기본권은 대립관계에 있는 것처럼 보인다. 또한 라이프홀쯔는 이를 긴장관계로 본다.

2.2. 상호보완관계로 보는 견해

진정한 의미에 있어서의 자유권은 생존으로부터의 공포가 제거되어야만 이루어 질 수 있으므로, 서로 상호보완관계에 있다. 구병삭 교수는 "양 기본권이 서로 대립되고 있음에도 동일한 헌법질서 안에서 서로 조화되고 있는 것은 자유권을 보장하는 법치국가적 구조가 그 사회적 현실의 요청에 부응할 수 있는 탄력성을 가지고 법치국가적 구조와 본질적으로 모순하지 않는 범위 내에서 사회적 기본권을 수용할 수 있기 때문이다. 따라서 사회적 기본권이 실질적 자유와 평등을 보장해 주기 위한 권리로서 진정한 자유확보를 위한 전제조건으로 기능하는 점에서 자유권과 서로 보완하는 관계에 있다"고 한다.[1]

V. 사회적 기본권의 구체적 보장(헌법소송적 실현)

1. 개관

사회적 기본권의 구체적 보장을 위한 헌법소송법적 실현은 다음과 같은 경우로 나누에 고찰할 수 있다. 우리나라의 학설·판례는 입법부작위를 다음과 같이 세가지로 구분하여 설명하고 있다. 첫째, 법률의 제정여부에 대한 결정권이 전적으로 입법권자에게 있고, 이에 따라 입법권자가 법률제정이 필요없다고 보아 법률을 제정하지 않는 단순입법부작위(추상적 법률유보조항) 둘째, 헌법에서 법률유보를 하였음에도 불구하고 입법자가 법률의 제정을 해태하거나 무시하는 경우의 진정입법부작위(구체적 법률유보조항) 셋째, 입법자가 법률을 제정하였으나, 당해 법률에 결함이 있어서 사실상 법률로서의 기능을 상실해버린(불완전한 입법) 부진정 입법부작위로 나눈다.[1][2]

2. 내용

2.1. 헌법상의 추상적 법률유보규정에 대한 단순입법부작위(시원적 부작위)의 경우

단순입법부작위는 헌법에서 보장하는 기본권이 추상적 법률유보조항으로 해석되는 경우에 발생한다, 따라서 이 경우에는 입법자가 처음부터 입법에 관한 헌법의 추상적인 수권위임을 무시함으로써 기본권을 침해하는 경우이다.[3] 그러나 입법권자가 추상적 법률유보조항을 이유로 하여(사회적 기본권을 입법방침으로 보거나 추상적 권리로 보아 구체적 입법이 없이는 법원에 의한 권리구제가 불가능하다고 보는 경우) 입법부작위행위를 한 경우, 즉 단순입법부작위의 경우에는 헌법 제26조의 규정에 의하여 청원권을 행사하거나 하는 방법이외에는 구체적인 입법을 입법권자에게 강요하는 소송절차적인 방법은 없다.[4] 우

---

1) 구병삭, 신헌법원론, 1996, 611면-612면; 홍성방, 헌법학, 569면.

1) 헌재결 1989. 3. 17, 88헌마1; 1996. 10. 31, 94헌마204; 1999. 3. 25, 97헌마99; 김철수, 헌법학(상), 1115면; 허영, 한국헌법론, 308면; 정재황, 헌법재판개론, 2003, 429면 이하; 정종섭, 헌법소송법, 2004, 555면; 최윤철, 환경법과 입법자의 법률개선의무, 환경법연구(2004. 4), 제26권 1호, 한국환경법학회, 320면.

2) 우리 헌법재판소는 불완전입법만을 부진정 입법부작위라고 표현하고 있지만(헌재결 1993. 9. 27, 89헌마248; 헌재결 1996. 3. 28, 93헌바27; 헌재결 1996. 6. 13, 95헌마115) 부진정 입법부작위에는 입법개선의무까지 어긴 경우를 포함하여야 한다는 견해가 있다(허영, 한국헌법론, 308면). 입법개선의무라는 표현이외에 법률개선의무라는 표현도 있다(최윤철, 환경법과 입법자의 법률개선의무, 환경법연구(2004.4), 제26권 1호, 한국환경법학회, 322면 이하 참조).

3) 허영, 한국헌법론, 308면.

리헌법재판소도 이 경우에는 일반국민이 입법을 해달라는 청원권을 행사하는 방법이외에 입법행위를 위한 소구청구권은 원칙적으로 인정되지 아니한다고 판시하고 있다.[1)]

그러나 생각건대 사회적 기본권이 생래적 기본권의 하나로서 모든 사람에게 보편적으로 보장되는 것이라면, 국가는 그의 의무로서 법률의 제정을 포함시키고 있는 것으로 보아야 하며, 따라서 사회적 기본권권의 성격을 추상적 권리로 보는 입장에서도 당연히 법률제정의무를 지는 것이며, 이를 해태하거나 무시하면 입법부작위를 이유로 한 헌법소원을 제기할 수 있다고 보아야 한다.[2)]

2.2. 헌법상의 구체적 법률유보규정에 대한 진정 · 절대적 입법부작위(입법부존재)의 경우

2.2.1. 입법부작위위헌확인소송 · 입법의무이행소송

입법부작위위헌확인소송은 헌법규정을 구체화하는 데 필요한 법률이 존재하지 아니하고(입법부존재), 이를 계속하여 방치함으로써 결국 입법부작위 상태가 계속되는 것을 말한다. 헌법에서 법률유보(구체적 법률유보), 즉 '입법자가 입법에 관한 구체적이고 명시적인 헌법상의 수권위임'을 하였음에도 불구하고 입법자가 법률의 제정을 해태하거나 무시하여 문제가 되는 진정 · 절대적 입법부작위(입법부존재)를 대상으로 하여 제기할 수 있는 소송의 형태로서 입법의 부존재(부작위)는 위헌이라고 주장(입법부작위위헌확인소송)하는 방법이다. 예컨대 근로의 권리나 인간다운 생활권에 관한 헌법규정을 구체화하는 데 필요한 법률이 존재하지 아니하고(입법부존재), 이를 계속하여 방치함으로써 결국 입법부작위 상태가 계속되는 것과 같이, 입법부존재 내지는 절대적 입법부작위를 대상으로 하여 제기할 수 있는 소송의 형태는 실직자나 절대빈곤자가 직접 헌법규정(제32조, 제34조 등)에 의거하여 근로의 권리나 인간다운 생활권실현에 관한 입법의 부존재(부작위)는 위헌이라고 주장(입법부작위위헌확인소송)하는 방법이다.[3)][4)]

그러나 우리나라의 현행 소송법 체계상 부작위위법확인소송은 존재하나 부작위위헌

---

4) 허영, 한국헌법론, 308면.

1) 헌재결 1989. 3. 17, 88헌마1 【사법서사법시행규칙에 관한 헌법소원】

2) 허영, 한국헌법론, 310면.

3) 長尾一紘, 立法府の不作爲に對す憲法訴願, 法學新報, 第79巻 第1號; 大須賀明, 社會權の法理, 公法研究, 第34號, 113-125面; 浦部法穗, 憲法學教室, 1988, 279-280面; 정만희, 생존권적 기본권의 법적 성격, 고시연구, 1995(10월호), 35면.

4) 입법의 부작위가 위헌심판의 대상이 된다는 것에 대한 상세한 내용은, 안용교, 한국헌법, 고시연구사, 1989, 512면 이하 참조; 권영성, 헌법규범성考, 헌법논총, 제2집(헌법재판소 1991.12), 194면 이하에는 안용교 교수의 견해에 대한 내용이 실려 있다.

확인소송은 (아직) 존재하지 않으므로 이에 대한 헌법소송절차법 내지는 헌법사건절차법의 제정이 필요하다. 그리고 국민이 입법권에 대하여 그 권리의 내용에 적합한 입법을 행하도록 청구할 수 있는 작위의무이행소송(입법의무이행소송)을 제기할 수 있을 것이다.[1] 입법부작위위헌소송이 가능한 이유는 첫째, 현행 헌법상의 위헌심판제도는 구체적 사건성(구체적 규범통제)을 출소요건으로 삼고 있고, 따라서 당사자의 구체적 권리의무관계에 대한 재판상의 다툼이 없으면 위헌소송을 제기할 수 없게 되어있다는 점, 둘째, 사회국가적 기본권의 침해는 국가의 부작위에 의하여 생기는 이상 만약 국가의 부작위가 위헌심판의 대상이 되지 않는다면 그 권리의 구체적·법적 권리성은 상실되고 말 것이기 때문이다.

2.2.2. (진정)입법부작위 위헌확인헌법소원

사회적 기본권을 보장 받기 위한 경우, 입법자가 입법을 통해서 구체화하지 않을 경우, 이는 국가기관이 입법부작위를 통하여 국민의 기본권행사를 불가능하게 하는 것이므로 국민은 「헌법상 보장된 기본권이 입법의 부작위로 말미암아 침해되었음을 이유」로 헌법재판소에 입법부작위 위헌확인헌법소원을 제기할 수 있다.[2] 헌법 해석상 특정인에게 구체적인 기본권이 생겨 이를 보장하기 위한 국가의 작위의무 내지 보호의무가 발생하였음이 명백한 경우도 마찬가지이다.[3] 이는 헌법재판소의 일관된 판례이기도 하다.[4]

헌재결 1989. 3. 17, 88헌마1 【사법서사법시행규칙에 관한 헌법소원】

입법부작위에 대한 헌법재판소의 재판관할권은 극히 한정적으로 인정할 수밖에 없다고 할 것인 바, 헌법에서 기본권보장을 위해 법령에 명시적인 입법위임을 하였음에도 입법자가 이를 이행하지 않을 때, 그리고 헌법해석상 특정인에게 구체적인 기본권이 생겨 이를 보장하기 위한 국가의 행위의무 내지 보호의무가 발생하였음이 명백함에도 불구하고 입법자가 전혀 아무런 입법조치를 취하고 있지 않은 경우가 여기에(입법촉구결정) 해당될 것이며, 이때에는 입법부작위가 헌법소원의 대상이 된다고 봄이 상당할 것이다.

헌재결 1994. 12. 29, 89헌마2 【조선철도(주)주식의 보상금 청구 에 관한 헌법소원】

입법자에게는 형성의 자유 또는 입법재량이 인정되므로 입법의 시기 역시 입법자가 자유로이 결정할 수 있음이 원칙이라 할 것이다. 그러나 입법자는 헌법에서 구체적으로 위임받은 입법을 거부하거나 자의적으로 입법을 지연시킬 수는 없는 것이므로, 가령 입법자

---

1) 이와 관련한 상세한 내용은 野中俊彦, 憲法訴訟の原理と技術, 有斐閣, 1995, 79面 以下 參照.

2) 허영, 한국헌법론, 311면; 이준일, 헌법학강의, 단락번호 [3.5.8].

3) 허영, 한국헌법론, 311면.

4) 헌재결 1989. 3. 17, 88헌마1; 헌재결 1991. 9. 16, 89헌마163; 헌재결 1991. 11. 25, 90헌마19; 헌재결 1993. 9. 27, 89헌마248; 헌재결 1994. 12. 29, 89헌마2; 헌재결 1996. 6. 13, 93헌마 276; 1998. 7. 16, 96헌마246.

가 입법을 하지 않기로 결의하거나 상당한 기간 내에 입법을 하지 않는 경우에는 입법재량의 한계를 넘는 것이 된다. 따라서 입법부작위는 이와 같이 입법재량의 한계를 넘는 경우에 한하여 위헌으로 인정되는 것이다.

이 경우 헌법재판소는 "입법의 부작위는 헌법에 합치하지 아니한다(헌법불합치결정)" 내지는 입법자는 사회적 기본권을 구체화하기 위한 "구체적인 입법의 의무가 있다(입법촉구결정)"라는 결정을 할 수 있다.[1)]

2.3. 부진정 · 상대적 입법부작위(입법불충분)의 경우

부진정 · 상대적 입법부작위란 입법자가 입법당시에 내린 예측이 빗나갔거나, 입법후의 여러 가지 사정으로 인하여 입법당시와는 현저하게 다른 사정이 나타나서 법률을 현실에 맞게 새로이 개정해야 함에도 불구하고(불완전 하거나 불충분한 경우)[2)] 입법권자가 이를 해태 · 무시하여 그대로 방치함으로써 결과적으로 국민의 기본권을 침해하는 경우를 말한다.[3)]

헌재결 1995. 10.26, 94헌마242 **【부산직할시검인계약서제도실시에따른시세불균일과세에관한조례 제2조 등 위헌확인】**

기본권 보장을 위한 법규정이 불완전하여 그 보충을 요하는 경우에 그 불완전한 법규 자체를 대상으로 하여 그것이 헌법위반이라는 적극적인 심판청구를 한 경우는 부진정 부작위입법에 대한 헌법소원에 해당된다.

부진정 부작위는 결과적으로 '입법개선의무' 내지는 '입법자의 법률개선의무'[4)]를 위반하는 것이 된다. 이 경우는 결국 법률은 존재하나 그 내용이 실질적으로 기본권의 보장에는 불충분한 입법불충분의 결과가 되었기 때문에, 이 경우 헌법재판소는 1) 당해 법률에 대한 헌법불합치결정을 내리거나, 2) 법률의 개정을 내용으로 하는(이 경우는 일단 법률은 존재하기 때문에 법률을 개정하는 의미의) 입법촉구결정을 할 수 있다.[5)] 따라서 헌법재판소

---

1) 정만희, 생존권적 기본권의 법적 성격, 고시연구(1995.10), 39면.

2) 이준일, 헌법학강의, 단락번호 [3.5.8]

3) 이를 '사후적 부진정 부작위'라고 부르는 견해도 있다(최윤철, 환경법과 입법자의 법률개선의무, 환경법연구(2004. 4), 제26권 1호, 321면).

4) 최윤철, 환경법과 입법자의 법률개선의무, 환경법연구(2004.4), 제26권 1호, 321면 이하.

5) 그러나 헌법재판소가 「그 법률의 내용이 불충분하므로 실직자는 직접 헌법규정에 따라 현실적으로 직장알선을 보장받을 권리를 가진다든가, 생계비지급을 청구할 권리를 가진다」는 뜻의 결정은 할 수 없다. 헌법재판소는 입법기관이 아니기 때문이다(권영성, 헌법규범성考, 헌법논총, 제

가 헌법불합치결정을 내리거나 이에 부가하여 입법개선촉구를 하였음에도 불구하고 입법자가 이를 이행하지 않아 입법촉구기한을 도과하는 경우, 당해 법률은 그 효력을 상실한다.[1)2)]

<사례>

갑은 2006. 5. 31. 실시된 전국 동시지방선거의 선거운동 과정에서 후보자들이 확성장치 등을 사용하여 소음을 유발함으로써 정신적 · 육체적 고통을 받았다고 하면서, 현행 공직선거법이 선거운동시 확성장치의 출력수 등 소음에 대한 허용기준 조항을 두지 아니하는 등 불충분하여 청구인의 행복추구권 및 환경권을 침해한다는 이유로 2006. 6. 20. 이 사건 헌법소원심판을 청구하였다가, 2008. 4. 11. 이 사건 헌법소원의 심판대상을 공직선거법 제79조 및 제216조라고 해 청구취지를 정정하였다.

<해설>

공직선거법이 확성장치에 의해 발생하는 선거운동 소음을 규제하는 입법을 전혀 하지 않았다고 할 수 없고, 다만 소음제한 입법이 확성장치의 출력수 등 소음 제한에 관한 기준을 설정하지 않는 등 불완전 · 불충분한 것인지가 문제될 따름이다. 따라서 확성장치에 의해 유발되는 선거운동 소음규제 입법에 관한 이 사건 심판청구는 부진정 입법부작위를 다투는 것에 해당한다.

일정한 경우 국가는 사인인 제3자에 의한 국민의 환경권 침해에 대해서도 적극적으로 기본권 보호조치를 취할 의무를 지나, 헌법재판소가 이를 심사할 때에는 국가가 국민의 기본권적 법익 보호를 위하여 적어도 적절하고 효율적인 최소한의 보호조치를 취했는가 하는 이른바 "과소보호금지원칙"의 위반 여부를 기준으로 삼아야 한다.[3)]

진정 입법부작위 → 입법을 전혀 하지 않은 경우
부진정 입법부작위 → 입법이 불완전 · 불충분한 경우

2집(헌법재판소 1991.12), 202면).

1) 헌재결 1997. 7. 16, 98헌가6-13; 헌재결 2001. 10. 25, 2000헌마92 · 240(병합).

2) 다만 이 경우 헌법재판소가 설정한 기한이 도과하면 1) 당연히 즉시무효, 즉 해당법률 또는 조문이 즉시 폐지되는지, 혹은 2) 해당 법률 또는 조문은 효력만을 상실한 채 입법자가 별도로 명시적인 폐지를 할 때가지 그대로 존속하는지, 아니면 3) 헌법재판소가 해당 법률 또는 조문에 대하여 최종적인 효력 부인을 위한 취지를 가진 별도의 위헌결정을 해야 하는지는 별론으로 한다. 최윤철, 환경법과 입법자의 법률개선의무, 환경법연구(2004. 4), 제26권 1호, 한국환경법학회, 327면 참조.

3) 헌재결 2008. 7. 31, 2006헌마711 【입법부작위 위헌확인】

2.4. 적극적 위헌법률제정행위가 존재하는 경우

입법부가 헌법규정에 위반되는 내용의 법률을 제정하거나 정부의 행정입법에 의한 법규명령 내지는 자치법규가 헌법 혹은 법률에 위반한 경우와 같이 국가의 적극적 작위에 의한 헌법위반적 입법행위를 행한 경우, 이는 위헌법률제정행위(적극적 위헌법률제정행위)에 해당된다.[1] 이때에는 헌법재판소에 대하여 헌법상 보장된 사회적 기본권을 '침해'당하였음을 이유로 하여 적극적으로 침해배제를 청구하는 내용의 헌법소원을 제기할 수 있다. 이 경우 헌법재판소법 제68조 제1항의 보충성의 원리가 적용되지 아니한다.[2] 헌법재판소는 당해 법률에 대한 위헌확인결정에 그치지 아니하고, 사회적 기본권이 헌법상 보장되는 기본권의 하나임을 확인한다는 뜻의 결정까지 내릴 수 있을 것이다.[3]

2.5. 구체적이고 충분한 법률이 존재하는 경우(의무이행소송제도의 도입필요성)

구체적이고 충분한 내용을 가진 법률이 존재하는 경우에는 국민 개개인은 당연히 헌법과 당해 법률에 따라 권리를 주장할 수 있다. 이때의 권리는 구체적 권리이다.[4] 따라서 법률에 의하여 보장되는 국민의 권리와 이 권리에 대응하는 국가의 (구체적) 의무를 국가가 이행하지 아니할 경우, 개개인은 국가에 대하여 그 의무의 이행(법률에 규정된 내용의 직장 알선 내지는 생활보호의 청구)을 청구(행정개입청구권)할 수 있다. 이 경우 사회적 기본권의 구체화 작업에 있어서의 가장 효과적인 소송의 형태는 의무이행소송(Verpflichtungsklage)의 형태가 될 것이다.

다만 여기서 문제가 되는 점은 현행 우리 나라의 행정심판법에서는 의무이행심판은 인정하나(행정심판법 제4조 제3호 참조), 행정소송법에서는 의무이행소송은 인정하고 있지 않고, 우리 나라의 대법원도 일관된 판례로서 권력분립 등을 이유로 의무이행소송은 인정하고 있지 않고 있어서 사회적 기본권의 구체적 실현에 걸림돌이 되고 있다. 의무이행소송제도의 도입은 사회적 기본권의 절차법적 보장을 위해서도 필수적으로 요청된다 할 것이

---

1) 이는 인간으로서의 존엄과 가치 · 행복추구권(헌법 제10조), 근로의 권리(헌법 제32조)와 인간다운 생활권(헌법 제34조 참조)을 규정한 헌법규정을 정면으로 부정하는 것이기 때문이다.

2) 헌법재판소는 「… 공권력행사의 일종이라고 할 입법, 즉 법률 자체에 의한 기본권침해가 문제가 될 때에는 일반법원에 법령 자체의 효력을 직접 다투는 것을 소송물로 하여 제소하는 길은 없어, 구제절차가 있는 경우가 아니므로, 헌법재판소법 제68조 제1항 단서 소정의 구제절차를 모두 거친 후에 헌법소원을 내야하는 제약이 따르지 않는 이른바 보충성의 예외적인 경우라고 볼 것이다」라고 판시하고 있다(헌재결 1989. 3. 17, 88헌마1).

3) 권영성 교수는 이 경우, 직장알선청구권까지 인정된다는 의미의 결정을 할 수 있다고 본다(권영성, 헌법학원론, 651면).

4) 同旨 권영성, 헌법학원론, 651면.

다. 아무튼 구체적이고 충분한 법률이 존재하는 경우, 국민 개개인은 당해 법률에 의거한 구체적인 직장알선청구권[1] 또는 생계비지급청구권을 가지며, 만약 국가가 직장알선에 대한 의무를 이행하지 않거나 최저생계비를 지급하지 않는 경우, 이는 의무이행책임의 해태 혹은 부작위위법의 책임을 면할 수 없다. 더 나아가서는 헌법과 당해 법률에 대한 위반이 될 뿐 아니라 나아가서는 손해배상책임을 지게 된다.[2]

3. 판례

3.1. 일본판례

일본의 하급심 판례에서는 추상적 권리설에 입각한 판례가 나타나지만,[3] 일본 최고재판소는「모든 국민이 건강하고 문화적인 최저한도의 생활을 영위할 수 있도록 국정을 운영하여야 할 것을 국가의 책무로 선언한 것에 불과하며, 국가는 개개의 국민에 대하여 구체적 · 현실적으로 이러한 의무를 갖는 것은 아니며, 이 규정에 의하여 직접으로 개개의 국민은 국가에 대하여 구체적 · 현실적으로 이러한 권리를 가진 것이 아니다」라고 판결[4]한 이래,「헌법소정의 생존권은 직접 개개의 국민에 대하여 구체적인 권리를 부여한 것은 아니다. 둘째로, 구체적 권리로서는 생활보호법에 의하여 비로소 부여되는 것이다. 셋째로, 생활보호법에 근거한 보호수급권은 厚生大臣이 정하는 기준에 따라 설정되나 이 보호기준의 설정은 "무엇이 건강하고 문화적인 최저한도의 생활"인가는 추상적 · 상대적 개념이므로 다수의 불확정요소를 종합 고려하여 비로소 결정될 것이다」고 하고 있어 프로그램(Programm)적 규정설에 따르고 있다.[5]

3.2. 우리나라 판례 - 헌재결정

헌법재판소는「인간다운 생활을 할 권리로부터는 인간의 존엄에 상응하는 생활에 필요한 "최소한의 물질적인 생활"의 유지에 필요한 급부를 요구할 수 있는 구체적인 권리가 상황에 따라서는 직접 도출될 수 있다고 할 수 있어도, 동 기본권이 직접 그 이상의 급부를 내용으로 하는 구체적인 권리를 발생케 한다고는 볼 수 없다고 할 것이다. 이러한 구체적 권리는 국가가 재정형편 등 여러 가지 상황들을 종합적으로 감안하여 법률을 통하여 구체

---

1) 권영성, 헌법규범성考, 헌법논총, 제2집(헌법재판소 1991.12), 206면.

2) 권영성, 헌법학원론, 652면; 권영성, 헌법규범성考, 헌법논총, 제2집(헌법재판소 1991.12), 206면.

3) 일본에서의 추상적 권리설이 등장하게 된 계기는 1960년의 朝日訴訟 第1審判決이 그 계기가 되었다(東京地判1960.10.19行裁例集11卷10号292頁). 이에 관한 상세한 내용은 樋口陽一編, 講座 · 憲法學(4), 權利の保障(2), 日本評論社, 1994, 56面以下.

4) 最大判 昭 23.9.29; 김철수, 헌법학(상), 1107면 각주 3) 참조.

5) 最大判 昭 42.5.24; 김철수, 헌법학(상), 1107면 각주 4) 참조.

화할 때에 비로소 인정되는 법률적 권리라고 할 것이다」.[1]라고 하였고, 또한 다른 결정에서 헌법재판소는 사회보장 · 사회복지에 대하여 광범위한 입법형성재량이 인정된다고 한다. 즉 「퇴역연금 중 사회보장 · 사회복지적인 성질을 지니는 부분에 대하여는 그 연금제도의 내용을 결정함에 있어서 시행시기 · 지급대상 · 지급 정도 · 복무기간의 계산방법 · 복무기간의 소급 여부 내지 그 정도 등은 원칙적으로 입법자가 사회정책적 고려와 국가의 재정 및 기금의 상황 등 여러 가지 사정을 참작하여 폭넓게 그의 형성재량으로 결정할 수 있는 사항이다」[2] 라고 선언하고 있다.

특히 보건복지부장관이 고시한 생활보호사업지침상의 "94년 생계보호기준"이 헌법상의 행복추구권과 인간다운 생활을 할 권리를 침해하는 것인지의 여부를 판단하는 과정에서 헌법재판소는 「모든 국민은 인간다운 생활을 할 권리를 가지며 국가는 생활능력없는 국민을 보호할 의무가 있다는 헌법의 규정은 입법부와 행정부에 대하여는 국민소득, 국가의 재정능력과 정책 등을 고려하여 가능한 범위안에서 최대한으로 모든 국민이 물질적인 최저생활을 넘어서 인간의 존엄성에 맞는 건강하고 문화적인 생활을 누릴 수 있도록 하여야 한다는 행위의 지침 즉 행위규범으로서 작용하지만, 헌법재판에 있어서는 다른 국가기관 즉 입법부나 행정부가 국민으로 하여금 인간다운 생활을 영위하도록 하기 위하여 객관적으로 필요한 최소한의 조치를 취할 의무를 다하였는지의 여부를 기준으로 국가기관의 행위의 합헌성을 심사하여야 한다는 통제규범으로 작용하는 것이다.

그러므로 국가가 인간다운 생활을 보장하기 위한 헌법적인 의무를 다하였는지의 여부가 사법적 심사의 대상이 된 경우에는, 국가가 생계보호에 관한 입법을 전혀 하지 아니하였다든가 그 내용이 현저히 불합리하여 헌법상 용인될 수 있는 재량의 범위를 명백히 일탈한 경우에 한하여 헌법에 위반된다고 할 수 있다」고 하면서, 「국가가 행하는 생계보호의 수준이 그 재량의 범위를 명백히 일탈 하였는지의 여부, 즉 인간다운 생활을 보장하기 위한 객관적 내용의 최소한을 보장하고 있는지의 여부는 생활보호법에 의한 생계보호급여만을 가지고 판단하여서는 아니되고 그외의 법령에 의거하여 국가가 생계보호를 위하여 지급하는 각종 급여나 각종 부담의 감면등을 총괄한 수준을 가지고 판단하여야 하는바, 1994년도를 기준으로 생활보호대상자에 대한 생계보호급여와 그 밖의 각종 급여 및 각종 부담감면의 액수를 고려할 때, 이 사건 생계보호기준이 청구인들의 인간다운 생활을 보장하기 위하여 국가가 실현해야 할 객관적 내용의 최소한도의 보장에도 이르지 못하였다거나 헌법상 용인될 수 있는 재량의 범위를 명백히 일탈하였다고는 보기 어렵고, 따라서 비록 위와 같은 생계보호의 수준이 일반 최저생계비에 못미친다고 하더라도 그 사실만으로 곧 그

1) 헌재결 1995. 7. 21, 93헌가14【국가유공자예우등에관한법률 제9조 본문 위헌제청】

2) 헌재결 1996. 10. 31, 93헌바55【군인연금법 제16조 제9항 위헌소원】

것이 헌법에 위반된다거나 청구인들의 행복추구권이나 인간다운 생활을 할 권리를 침해한 것이라고는 볼 수 없다」고 판시하고 있다.[1]

3.3. 소결

프로그램적 규정설과 추상적 권리설은 구체적 입법이 없는 한 사회적 기본권은 현실적 권리로서 사법적 구제를 받을 수 없다고 보는 점에서 일치하고 있으므로, 양 설의 실질적 내용에는 차이가 없다. 우리는 사회적 기본권이 오늘날에는 권영성 교수의 주장처럼 불완전하나마 구체적 권리로서의 성격을 지니고 있다는 점을 유의해야 하고, 또 사회적 기본권, 특히 인간다운 생활을 할 권리가 정신적 자유에 못지 않게 중요한 의미를 가진다는 점을 감안하여, 이제 사회적 기본권을 구체적 권리로 파악하는 적극적인 이론구성이 불가피하다는 인식을 가져야 한다고 본다.[2] 특히 헌법재판소는 사회적 기본권을 국가에 대하여 사실적 급부를 요구할 수 있는 개인의 헌법상의 주관적 공권으로 파악하고 있다.[3]

입법방침규정설은 사회적 기본권의 실현에 필요한 재정조치를 국가의 재량사항에 속한 정책의 문제[4]로 보아 사회적 기본권의 '권리성'을 부인하지만 사회적 기본권의 실현은 그 사회의 생산적 수준을 토대로 하여 정책을 매개로 변화 · 발전되는데 그것은 사회적 기본권의 내용, 즉 생활보호 · 개선의 미흡 또는 확충이라는 양적 변화를 의미하고 그 권리의 법적 성격의 변화(질적 변화)를 의미하지는 않음을 주의할 필요가 있다. 또한 사회복지행정의 경우에도 그 중점이 급부 · 보호행정으로 이행되고 있으며 기본권의 침해도 국가권력에 의한 기본권 침해이외에도 준국가적 압력단체 · 사회단체 등에 의한 침해나 입법부작위에 의한 자유의 공동화가 심각한 문제로 되고 있는 오늘날의 사회적 상황에 비추어 볼 때, 사회적 기본권의 소극적 · 적극적 권리성을 인정하는 것은 현대적 사회상황의 요청이다.[5]

이러한 시각에서 볼 때 필자는 사회적 기본권의 법적 성격을 불완전하나마 구체적인 법적 권리의 범주에 속하는 것으로 해석하는 권영성 교수의 견해는 타당하다(불완전한 구체적 권리설)고 생각한다.[6] 특히 (불완전한) 구체적 권리설은 사회적 기본권의 역사성과

---

1) 헌재결 1997. 5. 29 94헌마33【1994년생계보호기준 위헌확인】

2) 사회적 기본권의 헌법적 실현가능성과 보장형식에 관해서는 한병호, 인간다운 생존의 헌법적 보장에 관한 연구, 서울대학교 박사학위논문(1993), 129면 이하 참조.

3) 정태호, 사회적 기본권과 헌법재판소의 판례, 헌법논총 제9집, 헌법재판소, 1998, 648면.

4) 法學協會編, 註解日本國憲法(上), 1953, 487-488面, 정만희, 생존권적 기본권의 법적 성격, 고시연구(1995.10), 34면.

5) 안용교, 한국헌법, 고시연구사, 1989, 301면.

6) 권영성, 헌법학원론, 648면; 同人, 헌법규범성考, 헌법논총, 제2집(헌법재판소 1991.12), 200면 이하 참조.

헌법의 규범논리적 구조에서 연역하여 볼 때, 사회적 기본권조항은 단순히 입법정책 또는 입법재량의 문제가 아니라, 주관적 공권이며, 헌법에 의하여 그 입법의무가 지워지는 소위 입법구속에 있어서의 입법재량의 문제로 보자는 것을 주요 내용으로 삼고 있다. 즉, 사회적 기본권조항은 그 규범내용에 맞는 사회입법의 제도를 창설할 것을 입법권에 책임 지우고 또한 그것을 실시하기에 필요한 예산조치를 실시하도록 입법권과 행정권에 의무 지우되, 다만 법률의 내용형성에 있어서(만) 일정한 입법재량을 허용한 것으로 본다는 것이다.[1)]

여기서 사회적 기본권을 (불완전하나마) 구체적 권리로 보는 이유는 권영성 교수의 견해에 의하면 첫째, 모든 헌법규정은 공동체구성원들의 헌법생활과정에서 그 내용이 반드시 실현되어야 할 재판규범이라는 점이다(헌법의 생활규범성). 어떠한 헌법규정은 재판규범이고, 어떠한 헌법규정은 프로그램적 규정이라는 해석은 헌법에 그에 관한 명문의 규정이 존재하지 아니하는 한 결과적으로 독단적 · 자의적 해석될 수밖에 없기 때문이다. 둘째, 경제적으로 열악한 환경에 처한 빈곤층에게는 현실적으로 자유권적 기본권이나 정치적 기본권보다는 오히려 사회적 기본권의 실질적 보장에 의한 인간다운 생활권의 보장이 더욱 더 절실한 의미를 가지기 때문이다. 경제적 빈곤으로부터 해방되지 않고는 사실상 어떠한 자유도 진정으로 향유될 수 없는 것이다. 우리 헌법 제10조의 인간으로서의 존엄과 가치 · 행복추구권도 결국은 경제와도 밀접한 관계를 가지고 있음은 주지의 사실이다. 셋째, 우리나라와 같이 사회국가 원리(Sozialstaatsprinzip)를 지향하는 사회국가의 경우에는, 국가과제(Staatsaufgabe)와 국가목적(Staatszweck)을 사회적 기본권의 구체적 실현에 중점을 두어야 하기 때문이다.[2)] 넷째, 헌법재판제도가 확립되어 규범통제가 활성화되고 있는 경우에는 헌법재판이라는 방법을 통하여 헌법불합치 · 입법촉구결정을 하는 것이 헌법규범구조상 반드시 불가능하지 않다고 보기 때문이다.

이러한 의미에서 사회적 기본권은 예컨대 자유권적 기본권처럼 직접효력을 가지는 완전한 의미에서는 구체적 권리일 수는 없다 할지라도, 적어도 청구권적 기본권이나 정치적 기본권의 일부와 동일한 수준의 불완전하나마 구체적인 권리(불완전한 구체적 권리설)로서의 성격은 가지고 있다고 보아야 한다는 것이다.[3)4)]

---

1) 大須賀明, 生存權論, 日本評論社, 1984, 73面; 권영성, 헌법규범성考, 헌법논총, 제2집(헌법재판소 1991.12), 192면.

2) 우리 나라의 국가적 성격을 사회국가로 규정하고 국가목적을 사회국가원리의 구현이라고 규정하면서, 사회적 기본권을 프로그램적인 것 내지 추상적인 권리로(만) 이해하는 것은 논리적 모순이다. 同旨 권영성, 헌법규범성考, 헌법논총, 제2집(헌법재판소 1991.12), 200면.

3) 권영성, 헌법학원론, 649면; 同, 헌법규범성考, 헌법논총, 제2집(헌법재판소 1991.12), 200-201면.

4) 김철수 교수는 구체적 권리로 보면서, 불완전한 구체적 권리설을 비롯한 기타의 학설에 대하여 비판을 하고 있다(김철수, 헌법학(상), 1114면 참조). 특히 구체적 권리로 보아야 하는 경우로는

제 2 항 인간다운 생활을 할 권리(인간다운 생활권; 생존권)

헌법 제34조 제1항은「모든 국민은 인간다운 생활을 할 권리를 가진다」라고 하여 인간다운 생활권을 보장하고 있다. 그리고 인간다운 생활을 보장하기 위한 수단적 사회권[1]들을 동조 제2항 이하 제36조에 걸쳐 규정하고 있다. 인간다운 생활을 할 권리는 독일 바이마르헌법 제151조에서 최초로 규정한 것이고, 우리헌법은 제5차개정헌법에서 인간다운 생활을 할 권리를 신설하였다.[2]

<사례> : 헌재결 2004. 10. 28, 2002헌마328 【2002년도국민기초생활보장최저생계비위헌확인】

청구인 박○자, 이○연은 각 정신지체 1급 장애자이고, 청구인 이○열은 박○자의 남편이자, 이○연의 아버지로서 비장애자인바, 청구인들은 1가구를 이루어 함께 거주하면서 2000. 10. 5. 국민기초생활보장법에 따른 생계급여 수급자로 선정되어 그 무렵부터 생계급여를 지급받고 있다.

보건복지부장관은 2001. 12. 1. 보건복지부고시 제2001-63호로 2002년도 국민기초생활보장법(이하 '보장법'이라 한다)상의 최저생계비를 결정 · 공표하였다.

청구인 들은 2002. 5. 14. 위 최저생계비 고시가 청구인들의 인간으로서의 존엄과 가치 및 행복추구권, 인간다운 생활을 할 권리 및 평등권을 침해하는 것이라고 주장하면서 이 사건 헌법소원심판을 청구하였다.

첫째, 생존권을 구체화하는 취지로 제정된 법률의 보호기준이 지나치게 낮거나, 그 법률에 따라 행정부가 설정한 보호기준이 부당하게 낮은 경우, 둘째, 국회가 생활보호입법을 폐지하거나 정당한 이유없이 보호수준을 낮추는 법개정을 한 경우, 셋째, 생활보호입법이 존재하지 않는 경우에도 그 입법부작위를 국가배상청구소송 중에서 다투는 경우이다. 이 경우에는 생존권에 대하여 객관적 보호를 받을 수 있기 때문에 구체적 권리라 함에 손색이 없다고 한다(김철수, 헌법학(상), 1114면, 각주 2) 참조.

1) 홍성규 기자 cool@lawtimes.co.kr 2004-10-26 : 초 · 중 · 고 사회교과서 사법제도 설명 오류 많다. 헌법재판소, 15종 30권 검토, 교육인적자원부에 수정 의뢰 : 초등학교 6학년 사회과탐구에는 헌재의 기본권 구제기능에 대해 헌법소원심판만을 설명하고 위헌법률심판 제도에 대한 설명은 빠져 있다. 또 '사회권' · '청구권'이라는 용어는 각각 사회권적 기본권, 청구권적 기본권으로 사용하는 것이 옳다는 지적이다. 또 대부분의 교과서에서 소크라테스의 '악법도 법이다'라는 말을 인용, 준법정신을 강조하지만 사실 형식적 법치주의만을 강조해 정당한 법, 정당한 법집행을 실현하기 위한 실질적 법치주의에 대한 교육이 부족한 것으로 분석되었다.

2) 홍성방, 헌법학, 600면.

<심판의 대상>

이 사건 심판의 대상은 보건복지부장관이 2001. 12. 1.에 한 2002년도 최저생계비 고시(보건복지부고시 제2001-63호)가 헌법에 위반되는지 여부이다. 청구인들에게는 이 사건 고시 중 3인가구 최저생계비가 적용되나, 청구인들이 이 사건 고시 전체에 대하여 헌법소원심판을 청구하였고, 그 고시 전체에 동일한 심사척도가 적용될 수 있으므로 이 사건 고시 전체로 심판대상을 확장하는 것이 타당하다. 이 사건 심판대상고시와 관련규정의 내용은 다음과 같다. <결정요지 아래참조>

I. 인간다운 생활권의 의의

인간다운 생활권(생존권)이라 함은 인간의 존엄성에 상응하는 건강하고 문화적인 생활을 영위할 권리를 말한다. 여기에는 인간다운 생활을 인간의 존엄성을 실현시키는 의미로 이해하는 견해(가장 넓은 의미; 최광의),[1] 사회적 급부를 통한 보장의 의미로 인간다운 생활을 이해하는 견해(넓은 의미; 광의),[2] 최소한의 물질적 기초생활의 보장으로 이해하는 견해(좁은 의미; 협의)[3]로 나눌 수 있다.

인간다운 생활권의 개념정의를 가장 넓게 이해하는 경우(최광의), 인간다운 생활권은 자유권적 기본권 및 사회적 기본권을 전체적으로 포괄하는 포괄적 기초로 이해되며, 광의로 이해하면 인간다운 생활을 할 권리는 사회적 기본권의 포괄적 기초로 이해되며, 협의로 파악하여 최소한의 물질적인 수요가 보장되는 생활로 이해하는 경우에는 인간다운 생활을 할 권리는 다른 사회적 기본권과 마찬가지로 개별적인 사회적 기본권이 될 것이다.[4]

- 현상적 인간이 생물학적·생리학적 차원에서 생명을 보전하고 건강을 유지할 수 있는 정도의 생물학적 최저생존수준설
- 육체적·정신적 통일체로서의 인간이 정상적인 사회생활을 할 수 있는 정도의 인간다운 최저생존수준설

---

1) 권영성, 헌법학원론, 655면.
2) 인간의 존엄성에 상응하는 생활, 즉 건강하고 문화적인 최저한도의 생활(김철수, 헌법학(상), 1120면).
3) 인간의 생존에 필요한 최소한의 물질적 급부를 제공함으로써 생존의 기초를 마련해 주는 것(계희열, 헌법학(중), 721면). 물질적인 궁핍으로부터의 해방을 그 내용으로 하는 물질적인 최저생활권을 말한다(허영, 한국헌법론, 538면). 헌재결 2004. 10. 28, 2002헌마328 **【2002년도국민기초생활보장최저생계비위헌확인】**
4) 장영수, 헌법학, 801면.

- 정신적 존재로서의 인간이 자신의 인생을 자신의 가치관에 따라 자율적으로 설계하고 추구할 수 있는 정도의 이상적인 인간다운 생존수준설

권영성 교수는 인간다운 생활을 할 권리를 인간다운 생활권(생존권)으로 설명하면서, 이 조항은 일련의 사회적 기본권조항 중에서도 핵심이 되는 조항이므로, 인간다운 생활권을 규정한 헌법 제34조 제1항은 사회적 기본권에 관한 이념적·총칙적 규정이라 할 수 있고(주생존권적 기본권),[1] 그 밖의 사회적 기본권은 인간다운 생활권을 실현하기 위한 수단적 권리(파생적 권리)라고 할 수 있다고 한다.[2]

또한 모든 국민으로 하여금 인간으로서의 존엄과 가치를 유지하게 하는 것이 헌법의 최고이념이기는 하나 최소한의 인간다운 생활이 보장되지 아니하고는 그 이념이 실현될 수 없다는 의미에서, 인간다운 생활권을 규정한 제34조 제1항은 제10조의 인간의 존엄성존중조항을 보완하는 규정이라 할 수 있다.

<문제>
흡연권은 인간다운 생활권에 포섭되는가?

<판례>
헌법 제34조 제1항이 보장하는 인간다운 생활권은 자유권적 기본권이 아닌 사회권적 기본권의 일종으로서, 헌법적 권리로서는 인간의 존엄에 상응하는 '최소한의 물질적인 생활'의 유지에 필요한 급부를 요구할 수 있는 권리를 의미하므로,[3] 자유로이 흡연을 할 흡연권은 이에 포섭되지 아니한다.[4]

II. 인간다운 생활권의 법적 성격

1. 학설

인간다운 생활권의 법적 성격에 관해서는 학설이 나누이고 있다. 전통적인 사회적 기본권의 법적 성질에 관한 학설에 따른 프로그램적 권리설에 의하면, 인간다운 생활권에 관한 헌법규정은 모든 국민이 건강하고 문화적인 생활을 영위할 수 있도록 국정을 운영할 것

1) 김철수, 헌법학(상), 1114면, 1121면 참조.
2) 권영성, 헌법학원론, 655면.
3) 헌재결 1995. 7. 21, 93헌가14; 헌재결 2000. 6. 1, 98헌마216; 헌재결 2003. 5. 15, 2002헌마90【국가유공자등예우및지원에관한법률시행령 제22조 등 위헌확인】
4) 헌재결 2004. 8. 26, 2003헌마457【국민건강증진법시행규칙제7조위헌확인】

을 국가의 책무로 선언한 것에 불과하고 개개의 국민을 위한 구체적·현실적 권리를 보장한 것은 아니라고 한다. 추상적 권리설에 따르면, 인간다운 생활권은 권리이기는 하나 그것은 단지 인간다운 생활에 필요한 조치를 요구할 수 있는 추상적 권리를 규정한 것에 불과하고, 이에 관한 구체적 입법이 없는 한 개개인은 인간다운 생활의 보장을 구체적인 권리로서 주장할 수 없다고 한다.

헌재결 1995. 7. 21. 93헌가14 【국가유공자예우등에관한법률 제9조 본문 위헌제청】

헌법 제34조 제1항이 보장하는 인간다운 생활을 할 권리는 사회권적 기본권의 일종으로서 인간의 존엄에 상응하는 최소한의 물질적인 생활의 유지에 필요한 급부를 요구할 수 있는 권리를 의미하는데, 이러한 권리는 국가가 재정형편 등 여러 가지 상황들을 종합적으로 감안하여 법률을 통하여 구체화할 때에 비로소 인정되는 법률적 권리라고 할 것이다.[1)]

헌재결 2003. 7. 24, 2002헌바51 【산업재해보상보험법 제5조 단서 등 위헌소원 (동법 시행령 제3조 제1항 제3호)】

헌법은 제34조 제1항에서 국민에게 인간다운 생활을 할 권리를 보장하는 한편, 동조 제2항에서는 국가의 사회보장 및 사회복지증진의무를 천명하고 있으며, 동조 제6항에서는 국가에게 재해예방 및 그 위험으로부터 국민을 보호하기 위해 노력할 의무가 있음을 선언하고 있다. 그런데 인간다운 생활을 할 권리의 법적 성질에 비추어 볼 때 그 법규범력이 미치는 범위는 "최소한의 물질적 생존"의 보장에 필요한 급부에의 요구권으로 한정될 뿐, 그것으로부터 그 이상의 급부를 내용으로 하는 구체적 권리가 직접 도출되어 나오는 것은 아니라고 할 수 있다. … 이렇게 볼 때 국가가 헌법 제34조 제1항과 제2항 등에 기하여 어떠한 내용의 산재보험제도를 언제, 어떠한 범위에서, 어떠한 방법으로 시행할 것인지의 문제 역시 입법자의 재량영역에 속하는 문제라 할 것이고, 따라서 근로자에게 인정되는 산재보험금수급권 역시 산재보험법에 의하여 비로소 구체화되는 법률상의 권리라고 볼 것이다.[2)]

그러나 구체적 권리설에 의하면, 개개의 국민은 인간다운 생활의 보장에 관한 입법이 없거나 그에 관한 입법이 불완전 또는 불충분한 경우에도 법률의 제정이나 개정을 요구 할 수 있음은 물론 직접 헌법 제34조 제1항에 의거하여 인간다운 생활을 국가에 대하여 구체적이고 현실적인 권리로서 주장할 수 있다고 한다.[3)]

---

1) 헌재결 1998. 2. 27. 97헌가10등; 헌재결 2000. 6. 1. 98헌마216; 헌재결 2003. 5. 15. 2002헌마90 【국가유공자등예우및지원에관한법률시행령 제22조 등 위헌확인】

2) 헌재결 1995. 7. 21, 93헌가14; 헌재결 2000. 6. 1, 98헌마216 【국가유공자등예우및지원에관한법률 제20조 제2항 등 위헌확인(국가유공자등예우및지원에관한법률시행령 제31조)】

3) 권영성, 헌법학원론, 656면.

2. 사견

생각건대 인간다운 생활권의 법적 성격은 사회적 기본권의 법적 성격에서 이미 본 바와 같이 불완전하나마 구체적 권리로서의 성격을 가진다고 할 수 있다.[1] 인간다운 생활이 불가능한 국민에게는 인간다운 생활권이 어떠한 기본권보다도 중대한 의미를 가질 뿐 아니라 인간다운 생활의 보장은 인간으로서의 존엄과 가치를 유지하는 데 불가결한 전제가 되기 때문이다.

사회적 기본권의 헌법적 의미는 다원주의적 민주주의의 정치적 의사형성과정에서 나타나는 공동체의 문제점들을 국가적 차원에서 이를 승화시키고 보완·해결하여야 할 국가의 의무에서 찾을 수 있다. 그러나 여기서 말하는 국가의 의무는 단순히 추상적·형식적·도덕적 의무를 의미하는 것이 아니고 개별적·구체적 측면에서의 법적 의무를 의미한다고 보아야 할 것이다. 다만 여기서는 국가의 국민에 대한 사회적 기본권보장의 법적 의무(법적 기속력의 정도)는 과연 어느 범위까지 지는가 하는 데 있다.

특히 현행 헌법 제34조 각 항은 사회적 기본권의 법적 기속력의 정도를 설명하고 있는바, 동조 제1항에서는 모든 국민은 인간다운 생활을 할 (권리를 가진다), 제2항에서 국가는 사회보장·사회복지의 증진에 (노력할 의무를 진다), 동조 제3항에서 국가는 여자의 복지와 권익의 향상을 위하여 (노력하여야 한다), 제4항에서 국가는 노인과 청소년의 복지향상을 위한 (정책을 실시할 의무를 진다), 그리고 제5항에서는 신체장애자 및 질병·노령 기타의 사유로 생활능력이 없는 국민은 (법률이 정하는 바에 의하여 국가의 보호를 받는다) 고 하여 구속력의 크기를 표현하고 있다. 여기서 구속력의 크기는 일반적으로 "권리를 가진다" > "법률이 정하는 바에 의하여 국가의 보호를 받는다" > "정책을 실시할 의무를 진다" > "노력할 의무를 진다" ≥ "노력하여야 한다"의 순으로 그 법적 구속력의 크기의 차이를 나타낼 수 있을 것이다.[2]

이와 같이 사회적 기본권의 현대적 형성상황과 헌법의 규범논리적 구조, 즉 모든 국민은 인간다운 생활을 할 권리를 가지며 국가는 이를 위하여 노력하여야 한다는 헌법 제34조의 대명제는 국가의 의무에서 보아 사회적 기본권은 단순한 입법권자의 입법정책 또는 입법재량영역에 속하는 자유로운 영역이 아니라 헌법에 의하여 입법의 내용이 구속되는 - 입법구속적 - 입법재량영역으로 보아야 한다는 결론에 봉착하게 된다. 여기서 헌법에 의한 입법구속에 있어서의 입법재량이라 함은 사회보장과 관련한 제반 법률의 제정을 입법권에

---

1) 인간다운 생활권의 구체적 권리성 여부에 관해서는 권영성, 사회적 기본권의 헌법규범성고, 헌법논총 제2집(1991. 12), 헌법재판소참조.

2) 상세한 내용은 정태호, 사회적 기본권과 헌법재판소의 판례, 헌법논총, 제9집(1998), 644면 이하 참조.

의무 지우고 또한 그를 실시하기에 필요한 예비조치를 하도록 입법권과 행정권에 의무 지우되(입법구속), 다만 법률의 내용형성에 있어서 일정한 범위내에서의 입법재량을 용인한 것으로 본다는 것이다. 따라서 사회적 기본권은 실정적 권리이며 사회적 기본권을 실현하는 입법이 없거나 입법이 불충분한 경우 법원에 위헌확인을 제기할 수 있는 – 물론 위헌확인소송으로 특정한 부작위의 위헌성이 확인된 경우에도 그 판결은 곧 국회에 법개정이나 새로운 입법을 의무지우는 것은 아니다 – (불완전한) 구체적 권리(재판규범성 · 주관적 공권성)만은 인정함이 타당하다.[1]

특히 생활무능력자의 생계비청구권은 인간다운 생활을 할 권리의 최소한의 내용으로서 구체적 권리라 할 수 있다.[2]

헌재결 2002. 12. 18, 2002헌마52 【저상버스 도입의무 불이행 위헌확인】

사회적 기본권(헌법 제31조 내지 제36조)이 국가에게 그의 이행을 어느 정도 강제할 수 있는 의무를 부과하기 위해서는, 국가의 다른 과제보다도 사회적 기본권이 규정하는 과제를 우선적으로 실현하여야 한다는 우위관계가 전제가 되어야 하는데, 사회적 기본권에 규정된 국가의 의무가 그렇지 못한 국가의 의무에 대하여 입법과정이나 정책결정과정에서, 무엇보다도 예산책정과정에서 반드시 우선적 이행을 요구할 수가 없다.

사회적 기본권과 경쟁적 상태에 있는 국가의 다른 중요한 헌법적 의무와의 관계에서나 아니면 개별적인 사회적 기본권 규정들 사이에서의 경쟁적 관계에서 보나, 입법자는 사회 · 경제정책을 시행하는 데 있어서 서로 경쟁하고 충돌하는 여러 국가목표를 균형있게 고려하여 서로 조화시키려고 시도하고, 매 사안마다 그에 적합한 실현의 우선순위를 부여하게 된다. 국가는 사회적 기본권에 의하여 제시된 국가의 의무와 과제를 언제나 국가의 현실적인 재정 · 경제능력의 범위 내에서 다른 국가과제와의 조화와 우선순위결정을 통하여 이행할 수밖에 없다. 그러므로 사회적 기본권은 입법과정이나 정책결정과정에서 사회적 기본권에 규정된 국가목표의 무조건적인 최우선적 배려가 아니라 단지 적절한 고려를 요청하는 것이다. 이러한 의미에서 사회적 기본권은, 국가의 모든 의사결정과정에서 사회적 기본권이 담고 있는 국가목표를 고려하여야 할 국가의 의무를 의미한다.

… 국가가 장애인의 복지를 위하여 저상버스를 도입하는 등 국가재정이 허용하는 범위 내에서 사회적 약자를 위하여 최선을 다하는 것은 바람직하지만, 이는 사회국가를 실현하는 일차적 주체인 입법자와 행정청의 과제로서 이를 헌법재판소가 원칙적으로 강제할 수는 없는 것이며, 국가기관간의 권력분립원칙에 비추어 볼 때 다만 헌법이 스스로 국가기관에게 특정한 의무를 부과하는 경우에 한하여, 헌법재판소는 헌법재판의 형태로써 국가기관이 특정한 행위를 하지 않은 부작위의 위헌성을 확인할 수 있을 뿐이다. 이 사건의 경우 저상버스를 도입해야 한다는 구체적인 내용의 국가 의무가 헌법으로부터 도출될 수 없으므로, 이 사건 심판청구는 부적법하다.

---

1) 김백유, 사회적 기본권의 구체적 보장, 헌정 및 행정법치연구, 한성대출판부, 2006, 486면.
2) 홍성방, 헌법학, 601면.

III. 인간다운 생활권의 주체

1. 내국인

헌법 제34조 제1항의 인간다운 생활권의 주체는 국민이다. 이때의 국민 중에는 자연인만이 포함되고 법인은 포함되지 아니한다. 인간다운 생활권은 생존을 그 전제로 하는 것이어서 양도·상속할 수 없다.

<사례>

갑은 뇌성마비 1급 1호인 중증지체장애인으로 국민기초생활보장법 제2조 제1호, 제5조 제1항에 의한 부양의무자 없는 수급권자로, 같은 법 시행 이전에는 생활보호대상자로서 급여를 지급받아 왔고, 제1종 의료보호증을 소지하고 있는 자이다.

그런데 보건복지부장관은 2001. 12. 1. 같은 법 제6조 제1항, 제2항에 의하여, 중앙생활보장위원회의 심의·의결을 거쳐 2002년도 국민기초생활보장 최저생계비를 결정, 공표하였다. 이에 갑인은 위 보건복지부장관의 2001. 12. 1. 자 위 최저생계비 결정·공표가 청구인의 행복추구권, 평등권 및 인간다운 생활을 보장할 권리를 침해하였다고 주장하며 그 위헌확인을 구하고자 이 사건 헌법소원심판을 청구하기에 이르렀다. 그런데 갑은 이 사건 헌법소원심판절차 계속 중에 사망하였다.

<해설>

국민기초생활보장법상 수급자의 지위나 장애인으로 인간다운 생활을 보장받을 권리 등은 청구인의 생존을 전제로 하는 것이어서, 청구인의 사망에 의하여 그 지위나 권리 등은 소멸 또는 종료되는 것이고 상속인에게 승계될 것이 아니므로, 이에 관련된 심판절차 또한 승계될 성질의 것이 못되어, 청구인이 사망함과 동시에 당연히 이 사건 헌법소원심판절차가 종료된다고 할 것이다.[1)]

2. 외국인

사회적 기본권의 경우 원칙적으로 국민(내국인)에 한하여 인정된다고 보는 것이 통설적 견해이다. 외국인에 대하여는 기본권의 주체성을 부정하는 것은 그다지 실익이 없다. 왜냐하면 일반적으로 사회적 기본권은 법률에 의한 구체화를 통하여 비로소 그 내용과 효력이 확정되기 때문이다. 즉 외국인에 대하여는 기본권주체성을 인정하느냐 하지 않느냐의 여부와는 상관없이 법률로써 외국인에 대하여 경제적·사회적 최저생활의 유지를 보장해 줄 수도 있는 정책적인 문제이기 때문이다.[2)] 외국인에 대하여는 상호주의(호혜주의)가 적

1) 헌재결 2002. 5. 30, 2001헌마849【2002년도 국민기초생활보장최저생계비 위헌확인】

2) 독일의 경우에는, 외국인에 대하여도 의료보험의 가입 및 의료혜택, 출산장려금, 어린아이 양육

용될 수도 있다.[1)]

IV. 인간다운 생활권의 내용

1. 인간다운 생활의 의미

헌법 제34조 제1항의 인간다운 생활은 인간의 존엄성에 상응하는 건강하고 문화적인 생활을 말한다. 그러나 건강하고 문화적인 생활의 구체적인 수준은 역사적 단계마다 그리고 그 사회의 경제·문화적 구조에 따라 상이하기 때문에, 어느 정도의 어떠한 생활이 이 권리의 내용을 구성하는가는 일률적으로 규정하기 어렵다. 그러나 헌법에 규정된 인간다운 생활의 내용을 불확정적·추상적 개념[2)]이라 하여 계속 법적 평가의 대상에서 제외한다면, 그 권리의 내용은 불안정한 것이 되고 말 것이다. 그러므로 건강하고 문화적인 생활수준은 특정의 시점에서 그리고 특정한 국가에서 일단 이론적으로 결정되어야 하며 또 결정될 수 있는 것이다. 따라서 그 수준은 결코 예산의 유무에 의하여 좌우될 것이 아니라 그것이 예산편성을 지도하고 지배하여야 한다.[3)]

2. 헌법이 보장하는 인간다운 생존의 수준

인간다운 생존을 헌법이 보장하는 수준은 (ㄱ) 현상적 인간이 생물학적·생리학적 차원에서 생명을 보전하고 건강을 유지할 수 있는 정도의 생물학적 최저생존수준설, (ㄴ) 육체적·정신적 통일체로서의 인간이 정상적인 사회생활을 할 수 있는 정도의 인간다운 최저생존수준설, (ㄷ) 정신적 존재로서의 인간이 자신의 인생을 자신의 가치관에 따라 자율적으로 설계하고 추구할 수 있는 정도의 이상적인 인간다운 생존수준설 등의 입장에서 검증하여 볼 수 있다. 결국 인간존엄성의 완전한 실현을 보장하는 수준은 이상적인 인간다운 생존수준 이겠지만, 현실적인 실현가능성에는 일정한 한계가 있으므로 인간다운 최저생존수준에 머무를 수밖에 없을 것이다.[4)]

비(Kindergeld), 주택보조금(Wohngeld) 등을 지급한바 있다. 장영수, 헌법학, 803면.

1) 홍성방, 헌법학, 601면.

2) 헌재결 2004. 10. 28, 2002헌마328 【2002년도 국민기초생활보장최저생계비 위헌확인】

3) 권영성, 헌법학원론, 658면.

4) 권영성, 헌법학원론, 659면.

헌재결 2004. 10. 28, 2002헌마328 【2002년도국민기초생활보장최저생계비위헌확인】

【판시사항】

보건복지부장관이 2002년도 최저생계비를 고시함에 있어 장애로 인한 추가지출비용을 반영한 별도의 최저생계비를 결정하지 않은 채 가구별 인원수만을 기준으로 최저생계비를 결정한 2002년도 최저생계비고시가 생활능력 없는 장애인가구 구성원의 인간의 존엄과 가치 및 행복추구권, 인간다운 생활을 할 권리, 평등권을 침해하였는지 여부(소극)

【결정요지】

국가가 행하는 국민기초생활보장법상의 "생활능력 없는 장애인에 대한 최저생활보장을 위한 생계급여 지급"이 헌법이 요구하는 객관적인 최소한도의 내용을 실현하고 있는지의 여부는 국가가 인간다운 생활을 보장함에 필요한 최소한도의 조치를 취하였는가의 여부에 달려있다고 할 것인바, "인간다운 생활"이란 그 자체가 추상적이고 상대적인 개념으로서 그 나라의 문화의 발달, 역사적 · 사회적 · 경제적 여건에 따라 어느 정도는 달라질 수 있는 것이고, "최소한도의 조치" 역시 국민의 사회의식의 변화, 사회 · 경제적 상황의 변화에 따라 가변적인 것이므로, 국가가 인간다운 생활을 보장하기 위한 생계급여의 수준을 구체적으로 결정함에 있어서는 국민 전체의 소득수준과 생활수준, 국가의 재정규모와 정책, 국민 각 계층의 상충하는 갖가지 이해관계 등 복잡 다양한 요소를 함께 고려해야 하므로, 생활이 어려운 장애인의 최저생활보장의 구체적 수준을 결정하는 것은 입법부 또는 입법에 의하여 다시 위임을 받은 행정부 등 해당기관의 광범위한 재량에 맡겨져 있다고 보아야 한다. 그러므로 국가가 인간다운 생활을 보장하기 위한 헌법적 의무를 다하였는지의 여부가 사법적 심사의 대상이 된 경우에는, 국가가 최저생활보장에 관한 입법을 전혀 하지 아니하였다든가 그 내용이 현저히 불합리하여 헌법상 용인될 수 있는 재량의 범위를 명백히 일탈한 경우에 한하여 헌법에 위반된다고 할 수 있다.

보건복지부장관이 2002년도 최저생계비를 고시함에 있어 장애로 인한 추가지출비용을 반영한 별도의 최저생계비를 결정하지 않은 채 가구별 인원수만을 기준으로 최저생계비를 결정한 것은 생활능력 없는 장애인가구 구성원의 인간의 존엄과 가치 및 행복추구권, 인간다운 생활을 할 권리, 평등권을 침해하였다고 할 수 없다.

3. 인간다운 생활의 보장

헌법은 국민에게 인간다운 생활을 보장하는 방법으로서 제34조 제2항 이하에서 사회적 기본권을 보장하고 제119조 제2항 등에서 경제에 관한 규제와 조정을 하고 있다. 헌법은 전자의 방법인 사회적 기본권으로서 사회보장수급권 · 교육을 받을 권리 · 근로의 권리 · 근로3권 · 환경권 · 보건권 등을 보장하고 있다. 경제에 관한 규제와 조정은 제119조 제2항을 비롯하여 제122조(국토의 이용 · 개발과 보전) 제123조 제4항(농 · 어민의 이익보호) 제124조(소비자보호운동의 보장) 등에서 이를 규정하고 있다.[1]

---

1) 권영성, 헌법학원론, 659면.

V. 인간다운 생활권의 효력

인간다운 생활권은 직접적으로는 국가권력(주로 입법권)에 대하여 구속력을 가진다.

헌재결 1997. 5. 29, 94헌마33 【1994년생계보호기준 위헌확인】

「국가가 행하는 생계보호가 헌법이 요구하는 객관적인 최소한도의 내용을 실현하고 있는지의 여부는 결국 국가가 국민의 "인간다운 생활"을 보장함에 필요한 최소한도의 조치를 취하였는가의 여부에 달려있다고 할 것인바, "인간다운 생활"이란 그 자체가 추상적이고 상대적인 개념으로서 그 나라의 문화의 발달, 역사적·사회적·경제적 여건에 따라 어느 정도는 달라질 수 있는 것일 뿐만 아니라, 국가가 이를 보장하기 위한 생계보호수준을 구체적으로 결정함에 있어서는 국민 전체의 소득수준과 생활수준, 국가의 재정규모와 정책, 국민 각 계층의 상충하는 갖가지 이해관계 등 복잡하고도 다양한 요소들을 함께 고려하여야 한다. 따라서 생계보호의 구체적 수준을 결정하는 것은 입법부 또는 입법에 의하여 다시 위임을 받은 행정부 등 해당기관의 광범위한 재량에 맡겨져 있다고 보아야 한다. 그러므로 국가가 인간다운 생활을 보장하기 위한 헌법적 의무를 다하였는지의 여부가 사법적 심사의 대상이 된 경우에는, 국가가 생계보호에 관한 입법을 전혀 하지 아니하였다던가 그 내용이 현저히 불합리하여 헌법상 용인될 수 있는 재량의 범위를 명백히 일탈한 경우에 한하여 헌법에 위반된다고 할 수 있다.[1]

다만 그 자유권적 측면은 사인간에도 간접적용설에 입각한 제3자적 효력이 인정되는 경우가 없지 아니하다.[2]

VI. 인간다운 생활권의 침해와 구제

인간다운 생활권의 침해와 구제에 관해서는 사회적 기본권의 법적 성격에 관한 설명 및 구체적 보장을 참조.[3]

---

1) 민경식, 현대국가에 있어서의 사회보장권의 보호, 공법연구 제20집(한국공법학회), 1992, 47면 이하 참조.

2) 권영성, 헌법학원론, 659면; 홍성방, 헌법학, 604면.

3) 권영성, 헌법학원론, 659면.

제 3 항 사회보장수급권

헌법 제34조는 모든 국민에게 인간다운 生活을 보장하기 위하여 「국가는 사회보장 사회복지의 증진에 노력할 의무를 진다」(제34조 제2항) 「국가는 여자의 복지와 권익의 향상을 위하여 노력하여야 한다」(제34조 제3항) 「국가는 노인과 청소년의 복지향상을 위한 정책을 실시할 의무를 진다」(제34조 제4항) 「신체장애자 및 질병·노령 기타의 사유로 생활능력이 없는 국민은 법률이 정하는 바에 의하여 국가의 보호를 받는다」(제34조 제5항), 그리고 「국가는 재해를 예방하고 그 위험으로부터 국민을 보호하기 위하여 노력하여야 한다」(제34조 제6항)라고 하여, 국민에게는 일련의 사회보장수급권을 보장하고 국가에 대하여는 사회보장증진의무를 부과하고 있다.[1)]

I. 사회보장수급권의 의의

사회보장수급권 내지 사회보장권이라 함은 사회적 위험(신체장애·질병·노령·실직 등)으로 말미암아 요보호상태에 있는 개인이 인간의 존엄에 상응한 인간다운 생활을 영위하기 위하여 국가에 일정한 내용의 적극적 급부를 요구할 수 있는 권리를 말한다.[2)]

[사회보장수급권의 개념적 요소]
- 사회적 위험
- 보호를 요하는 상태
- 인간다운 생활의 보장
- 국가의 적극적 급부

가난과 질병과 공포로부터의 해방은 인류가 지향하는 영원한 목표이며, 인류는 이 목표를 실현하기 위하여 끊임없이 노력해 오고 있다. 특히 인류역사상 최대의 참화로 알려진 제1·2차세계대전 이후 세계각국은 복지국가 사상의 전개와 함께 사회보장에 대한 요구를 권리로서 규정하기에 이르렀고, 1919년 바이마르 헌법이 그 효시가 되었음은 이미 살펴본 바와 같다. 다만 사회보장수급권을 인정하는 경우에도 어떠한 법적 형태와 내용을 규정하는가는 헌법정책 및 입법형성 재량(법률 및 행정입법 등)에 따라 나라에 따라 다르게 나타

1) 권영성, 헌법학원론, 660면.
2) 권영성, 헌법학원론, 660면.

난다.[1)]

헌재결 2000. 6. 1, 98헌마216 【국가유공자등예우및지원에관한법률 제20조 제2항 등 위헌확인】 사회보장수급권과 입법형성재량

헌법은 제34조 제1항에서 국민에게 인간다운 생활을 할 권리를 보장하는 한편, 동조 제2항에서는 국가의 사회보장 및 사회복지증진의무를 천명하고 있다. '인간다운 생활을 할 권리'는 여타 사회적 기본권에 관한 헌법규범들의 이념적인 목표를 제시하고 있는 동시에 국민이 인간적 생존의 최소한을 확보하는 데 있어서 필요한 최소한의 재화를 국가에게 요구할 수 있는 권리를 내용으로 하고 있다. 국가의 사회복지 · 사회보장증진의 의무도 국가에게 물질적 궁핍이나 각종 재난으로부터 국민을 보호할 대책을 세울 의무를 부과함으로써, 결국 '인간다운 생활을 할 권리'의 실현을 위한 수단적인 성격을 갖는다고 할 것이다. 이 헌법의 규정에 의거하여 국민에게 주어지게 되는 사회보장에 따른 국민의 수급권은 국가에게 적극적으로 급부를 요구할 수 있는 권리를 주된 내용으로 하기 때문에, 국가가 국민에게 '인간다운 생활을 할 권리'를 보장하기 위하여 국가의 보호를 필요로 하는 국민들에게 한정된 가용자원을 분배하는 이른바 사회보장권에 관한 입법을 할 경우에는 국가의 재정부담능력, 전체적인 사회보장수준과 국민감정 등 사회정책적인 고려, 제도의 장기적인 지속을 전제로 하는 데서 오는 제도의 비탄력성과 같은 사회보장제도의 특성 등 여러 가지 요소를 감안하여야 하는 것이어서 입법자에게 광범위한 입법재량이 부여되지 않을 수 없고, 따라서 헌법상의 사회보장권은 그에 관한 수급요건, 수급자의 범위, 수급액 등 구체적인 사항이 법률에 규정됨으로써 비로소 구체적인 법적 권리로 형성되는 것이다.

헌재결 2004. 10. 28, 2002헌마328 【2002년도 국민기초생활보장최저생계비 위헌확인】

국가가 행하는 생계보호가 헌법이 요구하는 객관적인 최소한도의 내용을 실현하고 있는지 여부는 결국 국가가 국민의 '인간다운 생활'을 보장함에 필요한 최소한도의 조치를 취하였는가의 여부에 달려있다고 할 것인데 생계보호의 구체적 수준을 결정하는 것은 입법부 또는 입법에 의하여 다시 위임을 받은 행정부 등 해당기관의 광범위한 재량에 맡겨져 있다고 보아야 할 것이므로, 국가가 인간다운 생활을 보장하기 위한 헌법적 의무를 다하였는지의 여부가 사법적 심사의 대상이 된 경우에는, 국가가 생계보호에 관한 입법을 전혀 하지 아니하였다든가 그 내용이 현저히 불합리하여 헌법상 용인될 수 있는 재량의 범위를 명백히 일탈한 경우에 한하여 인간다운 생활을 할 권리를 보장한 헌법에 위반된다고 할 수 있다.[2)]

---

1) 권영성, 헌법학원론, 661면.
2) 동지의 판례 : 헌재결 1997. 5. 29. 94헌마33 【1994년생계보호기준 위헌확인】

II. 사회보장수급권의 법적 성격

사회보장수급권은 다음과 같은 여러 가지 성격을 가지고 있다.[1)]

- 핵심적 기본권 : 인간다운 생활권을 보장하기 위한 사회적 기본권 중에서 핵심적인 것
- 불완전하나마 구체적인 권리 : 국가가 사회보장실현의 의무를 이행하지 아니하는 경우 → 국가기관에 의한 헌법침해를 이유로 법적 책임을 추궁가능[2)]
- 개인의 권리 : 사회보장수급권은 개개인이 직접 본인을 위하여 행사하는 권리
- 인간의 권리 : 모든 사회구성원들이 문화적이고 건강한 생활을 영위하기 위하여 국가적 보호를 요청할 수 있는 인간의 권리[3)]
- 적극적 개입요구권 : 요보호상태에 대한 국가의 적극적 급부와 적극적 개입에 의하여 현실적으로 실현되므로 국가의 적극적 개입요구권이다
- 경제적 기본권 : 사회보장적 급부는 공동체의 경제력 · 생산성 · 국민소득 등에 크게 의존하며 국가의 적극적 급부는 경제적 성질을 가지는 것이기 때문이다.
- 재산권으로서의 성격(헌법재판소)[4)]

헌법재판소는 사회보장수급권의 법적 성격을 아래의 판례와 같이 헌법적 차원의 권리가 아닌 법률적 권리이며, 사회보장 · 사회복지증진의무를 포섭하는 이념적 지표라고 한다.

헌재결 2003. 7. 24, 2002헌바51【산업재해보상보험법 제5조 단서 등 위헌소원 (동법 시행령 제3조 제1항 제3호)】

요컨대 사회보장수급권은 헌법 제34조 제1항 및 제2항 등으로부터 개인에게 직접 주어지는 헌법적 차원의 권리라거나 사회적 기본권의 하나라고 볼 수는 없고, 다만 위와 같은 사회보장 · 사회복지증진의무를 포섭하는 이념적 지표로서의 인간다운 생활을 할 권리를 실현하기 위하여 입법자가 입법재량권을 행사하여 제정하는 사회보장입법에 그 수급요건, 수급자의 범위, 수급액 등 구체적인 사항이 규정될 때 비로소 형성되는 법률적 차원의 권리에 불과하다 할 것이다. 한편 헌법 제34조 제2항, 제6항을 보더라도 이들 규정은 단지 사회보장 · 사회복지의 증진 등과 같은 국가활동의 목표를 제시하거나 이를 위한 객관적

---

1) 권영성, 헌법학원론, 661면 참조.

2) 다만 재판을 통한 구제의 대상이 급부가 아니고 입법부작위위헌확인에 그친다는 점에서 제한된 구체적 권리이다(양건, 헌법강의, 645면).

3) 사회적 · 경제적 약자의 계급적 권익을 보호하려는 계급(층)적 권리(그 계급(층)권성에 관해서는 Th. Ramm, Die sozlalen Grundrechte im Verfassungsgefüge, in: Böckenförde/Jekewitz/Ramm(hrsg.), Soziale Grundrechte, 1981, S. 31 참조)는 아니다.

4) 헌재결 2000. 6. 29, 99헌마289【국민건강보험법 제33조 제2항 등 위헌확인】

의무만을 국가에 부과하고 있을 뿐, 개인에게 국가에 대하여 사회보장 · 사회복지 또는 재해예방 등과 관련한 적극적 급부의 청구권을 부여하고 있다거나 그것에 관한 입법적 위임을 하고 있다고 보기 어렵다. 결국 최소한의 수준을 넘는 사회복지 · 사회보장에 따른 급부의 실현은 이에 필요한 사회경제적 여건에 의존하는 것으로서, 국가가 재정능력, 국민전체의 소득과 생활수준 내지 전체적인 사회보장수준과 국민감정 등의 사정, 사회보장제도의 특성 등 여러 가지 요소를 합리적으로 고려한 입법을 통하여 해결할 사항이라 할 것인데, 주어진 가용자원이 한정되고 상충하는 여러 공익이나 국가과제의 조정이 필요한 상황하에서는 입법자에게 광범위한 입법재량이 부여되지 않을 수 없다.[1)]

III. 사회보장수급권의 내용과 실현

1. 사회보장수급권의 내용

1.1. 실체적 사회보장수급권

사회보장수급권(사회보장청구권)이라 함은 개인이 현실적인 사회보장급여를 해당 사회보장법에 따라 청구할 수 있는 실체적이고 구체적인 권리를 말한다.

[사회보장 일반][2)]
기본법 : 사회보장기본법(1995. 12. 30 제정)) - 1963년 '사회보장에 관한 법률' 폐지
※ 사회보장기본법 제정 이유
- 헌법에 의해서 국가에 부과된 사회보장의 과제는 궁극적으로는 개별 실정법을 통해서 실현 → 따라서 헌법과 개별 사회보장법을 연결하는 중간원칙 정립이 필요
- 1963년 제정된 법은 최초의 입법의도와 달리 원칙규범으로 기능 미형성
- 사회보장에 관한 국민의 권리와 국가 및 지방자치단체의 책임을 정하고 사회보장제도에 관한 기본적인 사항을 규정함으로써 국민의 복지증진에 기여함을 목적
- 제1조 : 사회보장에 관한 국민의 권리와 이에 대한 각급 정부의 책임 및 사회보장제도에 관한 기본적 사항을 규정하여 국민의 복지증진에 기여함
- 제2조 : 국가가 국민에게 최저생활을 보장하고 개개인의 생활수준을 향상시키는 제도와 여건의 조성을 통해 복지사회를 구현할 의무 규정(보장수준)
- 제3조 : 사회보장체계 규정 = 사회보험 + 공공부조 + 사회복지서비스 + 보건, 주거, 교육, 고용 등 관련복지제도(보장범위)
- 제5조, 6조 : 각급 정부의 제도적 장치와 재원을 마련할 의무 명시
- 제9조 : 사회보장의 권리는 모든 국민이 가진다고 선언, 사회보장의 수준은 최저생계

1) 同旨 : 헌재결 1995. 7. 21, 93헌가14; 헌재결 2000. 6. 1, 98헌마216 【국가유공자등예우및지원에관한법률 제20조 제2항 등 위헌확인 (국가유공자등예우및지원에관한법률시행령 제31조)】
2) 사회복지행정의 법적 체계 : http://cafe.daum.net/gosigosi.kr/Roy1/149 이하 참조.

비와 최저임금을 고려해 결정 → 사회보장급여를 개인에게 지급하는 것은 개인이 국가에 대해서 갖는 권리의 실현이라는 것을 명백히 함)
- 국가 또는 지방자치단체는 최저생계비와 최저임금법에 의한 최저임금을 참작하여, 사회보장의 급여의 수준을 결정하여야 한다고 규정(동법 제10조 제3항)
- 제13조 : 사회보장청구권의 제한 등 규정 : 원칙적으로 제한 또는 정지될 수 없으며, 다만 법률의 규정에 의하여 제한, 정지되는 경우에도 목적에 필요한 최소한에 그쳐야 함
- 제16조 : 사회보장심의위원회 규정(사회보장에 관한 주요시책을 심의하기 위하여 국무총리를 위원장으로 하는 사회보장심의위원회를 설치 · 운영하도록 함(동법 제16조-제23조)
- 제24조 : 사회보장운영의 기본원칙으로서 보편성, 형평성, 민주성, 효율성, 연계성, 전문성을 강조 - 선언적 규정일 수밖에 없음
- 제25조 : 공공부조는 중앙정부 + 지방정부 분담, 사회보험은 중앙정부 전담 - 역할분담, 비용부담 규정

현행 사회보장 제도의 주요 분야는 소득보장 · 의료보장 · 주거보장 · 교육보장 · 복지서비스보장 분야 등으로 나눌 수 있지만, 사회보장청구권은 사회보장법체계와 관련하여 다음의 4가지 유형의 청구권으로 구성되어 있다.

1.1.1. 사회보험수급권

사회보험이라 함은 인간다운 생활을 위협받을 정도의 질병 · 상해 · 사망 기타 상당한 재산상 부담이 되는 사고가 발생한 경우에 그 위험부담을 국가적인 보험기술을 통하여 다수인에게 분산시킴으로써 경제적 약자의 인간다운 생활을 보장하기 위한 사회보장적 작용을 말한다. 이것이 사회보장제의 중핵이 된다. 사회보험수급권은 보험의 대상이 되는 위험의 유형에 따라 (ㄱ) 의료보험청구권, (ㄴ) 연금보험청구권, (ㄷ) 재해보상보험청구권, (ㄹ) 실업보험청구권 등으로 나누어진다.[1)]

[사회보험]

(1) 의료보험 : 국민건강보험법
- 1963년 제정 → 2000년 국민건강보험법으로 개정
- 국민의 질병 · 부상에 대한 예방 · 진단 · 치료 · 재활과 출산 · 사망 및 건강증진에 대하여 보험급여를 실시함으로써 국민보건을 향상시키고 사회보장을 증진함을 목적
- 보험자, 피보험자, 보험급여, 보험재정, 권리구제 등으로 구성
- 직장의료보험과 지역의료보험으로 이원화 → 국민건강보험공단 통합운영
- 급여종류 : 급여(요양, 분만, 장제비) + 부가급여(분만수당, 본인부담금 보상금)

---

1) 권영성, 헌법학원론, 662면.

- 수입 = 보험료 + 국고부담금

(2) **산재보험 : 산업재해보상보험법**
- 1963년 제정(가장 먼저 정착)
- 산업재해보상보험 사업을 시행하여 근로자의 업무상의 재해를 신속하고 공정하게 보상하며, 재해근로자의 재활 및 사회 복귀를 촉진하기 위하여 이에 필요한 보험시설을 설치·운영하고, 재해 예방과 그 밖에 근로자의 복지 증진을 위한 사업을 시행하여 근로자 보호에 이바지하는 것을 목적
- 보험료 : 원칙적으로 사업주 부담(약간의 정부 부담)
- 급여종류 : 요양, 휴업, 장해, 유족연금, 유족특별급여, 장해보상연금, 장의비
- 지급수준 : 임금변동순응제

(3) **고용보험 : 고용보험법**
- 1993년 제정 → 1995년 7월 시행
- 고용보험의 시행을 통하여 실업의 예방, 고용의 촉진 및 근로자의 직업능력의 개발과 향상을 꾀하고, 국가의 직업지도와 직업소개 기능을 강화하며, 근로자가 실업한 경우에 생활에 필요한 급여를 실시하여 근로자의 생활안정과 구직 활동을 촉진함으로써 경제·사회 발전에 이바지하는 것을 목적
- 가입대상 : 근로자를 고용하는 모든 사업장
- 보험의 관장 : 노동부와 근로복지공단
- 고용안정사업, 직업능력개발사업, 실업급여 실시 규정

(4) **연금보험** : 국민연금법, 공무원연금법, 사립학교연금법, 군인연금법, 선원보험법
- 단일체계가 아니라 직역별로 구분
- 국민연금제도 : 1973년 국민복지연금법 제정(시행연기) → 1986년 국민연금법 제정 → 1988년 시행
- 1960년 공무원연금법, 1963년 군인연금법, 1975년 사립학교교원연금법 제정
- 국민연금관리자 : 국민연금관리공단
- 피보험자 : 18세 이상 60세 미만(특수지역 연금가입자 제외)
- 연금재정 : 가입자 기여금 + 기금운용액 + 국고부담액
- 급여종류 : 노령연금, 장해연금, 유족연금, 반환일시금
- 지급원칙 : 최저생활보장의 원칙, 소득비례의 원칙, 소득재배분의 원칙, 근로동기 유발의 원칙, 자동안정의 원칙 등

1.1.2. 공공부조청구권

공공부조는 생계의 유지가 불가능하거나 곤란한 상태에 처한 곤란한 사람에게 국가가 최종적인 생활보장수단으로서 갹출을 요건으로 하지 아니하고 최저생활에 필요한 급여를 하는 제도를 말한다.[1] 이에 관한 법률로서는 국민기초생활보장법이 있다. 국민기초생활보

장법에 따라 국가 또는 지방자치단체는 최저생계비(건강하고도 문화적인 생활을 유지하기 위하여 소요되는 최소한의 비용으로서 보건복지가족부장관이 공표하는 금액 이하의 빈곤층 국민에 대하여 생계·교육·의료비용 등을 보장하는 공공부조를 시행하고 있다.

(1) **국민기초생활보장법**(2000년 10. 1 시행)
- 1961년 생활보호법 제정 → 1982년 개정 → 2000년 대체입법
- 생활이 어려운 자에게 필요한 급여를 행하여 이들의 최저생활을 보장하고 자활을 조성하는 것을 목적
- 보호대상자 : 생활능력이 없거나 생활이 어려운 사람
- 보호기준 : 문화적 생활을 유지할 수 있는 최저생계비 보장
- 최저생계비 : 국민의 소득과 지출 수준, 대상자 생활실태, 물가상승률 등 고려
- 보호종류 : 생계, 의료, 자활, 교육, 해산, 장제 등
- 보호기관 : 국가 또는 지방자치단체(보호실시는 지방자치단체)
- 매년 1회 이상 보호대상자 재산조사

(2) **의료급여법**
- 1977년 의료보호법 제정 → 2001년 의료급여법으로 전면개정
- 생활이 어려운 자에게 의료급여를 실시함으로써 국민보건의 향상과 사회복지의 증진에 이바지함을 목적

※ 유사한 제도 : 1961년 생활보호법에 의하여 국공립 의료기관의 무료진료제도가 있었으나 의료내용의 빈약 등으로 효과 미미

- 수급권자 구분 :
- 1종 : 1.「국민기초생활 보장법」에 의한 수급자 2.「재해구호법」에 의한 이재민 3.「의사상자 등 예우 및 지원에 관한 법률」에 따른 의상자 및 의사자유족 4.「입양촉진 및 절차에 관한 특례법」에 의하여 국내에 입양된 18세 미만의 아동 5.「독립유공자예우에 관한 법률」 및 「국가유공자 등 예우 및 지원에 관한 법률」의 적용을 받고 있는 자와 그 가족으로서 국가보훈처장이 의료급여가 필요하다고 요청한 자중 보건복지가족부장관이 의료급여가 필요하다고 인정한 자 6.「문화재보호법」에 의하여 지정된 중요무형문화재의 보유자(명예보유자를 포함한다) 및 그 가족으로서 문화재청장이 의료급여가 필요하다고 요청한 자중 보건복지가족부장관이 의료급여가 필요하다고 인정한 자 7.「북한이탈주민의 보호 및 정착지원에 관한 법률」의 적용을 받고 있는 자와 그 가족으로서 보건복지가족부장관이 의료급여가 필요하다고 인정한 자 8.「5·18민주화운동 관련자 보상 등에 관한 법률」 제8조의 규정에 의하여 보상금등을 받은 자와 그 가족으로서 보건복지가족부장관이 의료급여가 필요하다고 인정하는 자 9. 그 밖에 생활유지의 능력이 없거나 생활이 어려운 자로서 대통령령이 정하는 자

1) 공적 부조에 관하여 자세한 것은 차태환, 생존권적 기본권으로서 공적 부조에 관한 연구, 국민대학교 박사학위논문(1991) 참조.

10. 「출입국관리법」 제76조의2의 규정에 따라 난민의 지위를 인정받은 자로서 「국민기초생활 보장법」 제5조의 수급권자의 범위에 해당하는 자는 수급권자로 본다.

- 2종 : 기초생활보장수급자 중 1종이 아닌 자
- 급여비용 부담 :
- 1종 : 급여비용의 전부
- 2종 : 진료기관 및 진료내용에 따른 부담액 또는 부담률

(3) 재해구호법

- 이재민에 대한 구호와 의연금품의 모집절차 및 사용방법 등에 관하여 필요한 사항을 규정함으로써 이재민의 보호와 생활안정에 기여함을 목적
- 재해의 유형 : 한해, 풍해, 수해, 화재, 기타의 재해
- 재해구호계획의 수립, 조사 : 재해구호대책위원회 설치(중앙 및 시 · 도)

(4) 국가유공자의예우및지원에관한법률

- 국가를 위하여 희생하거나 공헌한 국가유공자와 그 유족에게 합당한 예우를 하고 국가유공자에 준하는 군경 등을 지원함으로써 이들의 생활안정과 복지향상을 도모하고 국민의 애국정신을 기르는 데에 이바지함을 목적

(5) 의사상자등예우및지원에관한법률

- 직무 외의 행위로 위해(危害)에 처한 다른 사람의 생명 · 신체 또는 재산을 구하다가 사망하거나 부상을 입은 사람과 그 유족 또는 가족에 대하여 그 희생과 피해의 정도 등에 알맞은 예우와 지원을 함으로써 의사상자의 숭고한 뜻을 기리고 사회정의를 실현하는 데에 이바지하는 것을 목적

1.1.3. 사회보상청구권

사회보상이라 함은 국가와 민족을 위하여 활동한 국가유공자가 상해 · 사망하거나 노동능력을 상실함으로써 본인이나 유족의 생활이 곤궁하게 된 때에 본인이나 부양가족 또는 유족의 의료와 생활을 보장하기 위한 제도를 말한다. 이에 관한 법률로서 국가유공자등예우및지원에관한법률이 있다.[1]

1.1.4. 사회복지청구권

사회복지라 함은 공적 부조대상자 · 아동 · 신체장애자 · 노인 기타 요보호자가 자립능력을 계발하는데 필요한 수용보호 · 생활지도 · 갱생보도 · 원호지원 등을 하는 국가활동을 말한다. 사회복지청구권에는 사회복지조치청구권과 사회복지시설수혜청구권 등이 있다. 이

---

1) 권영성, 헌법학원론, 663면.

에 관한 법률로는 사회복지사업법 · 아동복지법 · 노인복지법 · 장애인복지법 · 사회복지사업법 등이 있다.[1] 이는 통상 사회복지서비스법의 영역에 속한다.

(1) 사회복지사업법
- 1969년 입법 → 1979년 시행
- 사회복지위원회 설치 : 사회복지에 관한 중요사항 심의
- 사회복지법인 설립 규정 : 기준, 재정운영 등 규정
- 사회복지사 규정 : 1-3급(국가시험제 도입)

(2) 아동복지법
- 1961년 제정
- 아동복지위원회, 아동상담소 설치 등 규정
- 요 보호아동, 임산부에 대한 조치 규정 : 훈계, 대리양육, 시설보호, 긴급구호, 교육, 귀가조치 등

(3) 노인복지법
- 1981년 제정
- 복지대상 : 65세 이상
- 경로연금, 상담, 건강진단, 경로우대, 경로사업, 일할 기회제공 등 규정
- 치매예방, 치매퇴치 연구 및 관리사업, 재활의료사업, 복지시설설치 등 규정

(4) 장애인복지법
- 1981년 심신장애자복지법 제정 → 1989년 장애인복지법으로
- 기본이념 : 사회참여, 평등, 자립생활, 경제적 자립 구현
- 장애인조사, 재활상담, 의료비 지급, 교육비 지급, 생업지원, 자립훈련, 생산품 구매, 고용촉진, 장애수당 지급 등 규정
- 복지시설 유형 : 생활시설, 지역사회재활시설, 직업재활시설 등

(5) 기타
- 모자보건법, 영유아보호법, 성매매방지및피해자보호등에관한법률(舊윤락행위등방지법), 정신보건법
- 사회복지공동모금회법, 장애인노인임산부등의편의증진보장에관한법률 등

1.2. 절차적 사회보장수급권

실체적 사회보장수급권의 구체적 실현을 위한 절차적 사회보장수급권으로는 (ㄱ) 사

1) 권영성, 헌법학원론, 663면.

회보장청구권이 국가기관의 위법 · 부당한 조치에 의하여 침해되었을 때 그 구제를 구할 수 있는 사회보장쟁송권, (ㄴ) 사회보장행정절차에 주민들이 참여할 수 있는 사회보장행정참여권, (ㄷ) 사회보장을 구현할 구체적 입법이 없거나 기존법률의 내용이 불충분할 경우에 새로운 입법 내지 법의 개정을 요구 할 수 있는 사회보장입법청구권 등을 들 수 있다.[1)]

2. 사회보장수급권의 실현

사회보장수급권의 객체는 기본적으로 국가의 적극적 급부이지만, 그 실현 방법에는 직접적인 방법과 간접적인 방법이 있다. 사회보장수급권의 직접적인 실현을 의미하는 국가의 적극적 급부는 일정한 생활자원을 그 주체에게 직접 제공하는 방법이다. 그러나 사회보장수급권의 직접적 실현방법에는 한계가 있다. 생활자원은 한정되어 있을 뿐만 아니라 현존하는 자원에 대해서도 국가가 반드시 자유처분권을 가지고 있는 것은 아니기 때문이다. 여기에 사회보장수급권을 간접적으로 실현하는 방법이 강구되어야 할 이유가 있다. 사회보장수급권의 간접적 실현방법으로는 일련의 사회경제정책, 예컨대 완전고용의 실현을 위한 사회 · 경제정책, 저소득층의 주택난을 완화하기 위한 주택공급정책, 의무교육의 확대실시 · 교육시설의 확충 등 교육정책, 소득의 재분배 등 재정정책 등을 들 수 있다.[2)]

IV. 사회보장수급권의 주체와 상대방

1. 사회보장수급권의 주체

사회보장수급권은 궁극적으로 국민의 인간다운 생활의 보장이 목적이므로 자연인만이 주체가 될 수 있다. 그러나 사회보장수급권은 국가에 의하여 창설된 국법상의 권리이므로 외국인은 원칙적으로 사회보장수급권의 주체가 될 수 없고,[3)] 이를 청구할 권한은 없다고 본다.

---

1) 권영성, 헌법학원론, 663면.

2) 사회보장기본법(1995. 12. 30 제정)은 「사회보장에 관한 주요시책을 심의하기 위하여 국무총리를 위원장으로 하는 사회보장심의위원회를 설치 · 운영하도록 하고(동법 제16조-제23조), 「국가 또는 지방자치단체는 최저생계비와 최저임금법에 의한 최저임금을 참작하여, 사회보장의 급여의 수준을 결정하여야 한다」고 규정하고 있다(동법 제10조 제3항).

3) 권영성, 헌법학원론, 664면.

2. 사회보장수급권의 상대방

2.1. 국가

사회보장수급권의 내용이 되는 사회적 급여의 의무자(사회보장청구권의 受範者)는 국가이다.[1] 이때의 국가는 모든 국가권력을 말한다. 그러나 사회보장 수급권의 제1차적 상대방은 입법자이고, 행정권 등 그 밖의 국가기관은 구체 적인 입법에 따라 제2차적으로 상대방의 지위를 가진다. 사회보장입법을 통하여 구체화된 사회보장적 급부행정을 실제로 수행하는 국가적 행정권에는 공권력의 주체로서의 행정권만이 아니라 국고로서의 행정권도 포함된다.[2]

2.2. 사회보장매개기관

국가가 아닌 공공단체도 사회보장수급권의 상대방이 될 수 있다. 국가에 의하여 승인된 것이면 사회보장매개기관도 그것이 공조직이던 사조직이던 사회보장수급권의 상대방이 될 수 있다.

2.3. 사인

사회국가에서는 사인도 그 사회적 책임에 근거하여 사회보장수급권의 상대방이 될 수 있다. 바꾸어 말하면 사회보장의 실현을 위하여 필요한 경우에 국가는 사인에게 사회적 급부의무의 일부를 부과할 수도 있다. 그러나 사인이 부담하는 사회보장적 급부는 국가적 급부에 부수하는 수준에 그쳐야 한다.[3]

V. 사회보장수급권의 한계와 제한

1. 보충성의 원칙

사회보장수급권도 무제한적인 것이 아니다. 사회보장은 제1차적으로는 본인의 책임하에 자신의 생활의 유지·향상을 위하여 노력하고 국가의 부조는 제2차적, 즉 보충성의 원리에 따라 보호를 필요로 하는 자가 자신 스스로의 노력으로 생활능력을 구비할 수 있도록 지원하는 선에서 그쳐야 한다. 헌법재판소는 국가에 요구할 수 있는 급부의 수준을 "최소한의 물질적

---

1) H. F. Zacher, Einführung in das Sozialrecht, 1985, S. 10.
2) 권영성, 헌법학원론, 664면.
3) 허영, 헌법과 사회국가와 사회보장, 성곡논총 제6집, 1975, 63면 이하 참조.

생활의 유지에 필요한 정도"라고 하고 있다.[1] 미흡한 사회보장도 문제지만 과잉의 사회보장도 바람직한 것이 아니다. 이 점에 사회보장수급권의 한계가 있다.[2] 그리고 사회보장수급권도 헌법 제37조 제2항에 의하여 제한될 수 있다.[3]

> 헌재결 2004. 10. 28, 2002헌마328 【2002년도 국민기초생활보장최저생계비 위헌확인】
> 이 법에 의한 급여의 기준을 건강하고 문화적인 최저생활을 유지할 수 있는 것으로 정하면서도(제4조), 이 법에 의한 급여는 수급자가 자신의 생활의 유지·향상을 위하여 그 소득·재산·근로능력등을 활용하여 최대한 노력하는 것을 전제로 이를 보충·발전시키는 것을 기본원칙으로 하며, 부양의무자의 부양과 다른 법령에 의한 보호는 이 법에 의한 급여에 우선하여 행하여지는 것으로 한다고 함으로써(제3조), 이 법에 의한 급여가 어디까지나 보충적인 것임을 명시하고 있다.

2. 법률불소급의 원칙 적용여부

이미 확정된 사회급여수급권에 대하여 법률불소급의 원칙이 적용되느냐 하는 문제이다. 생각건대 사회보험의 재정상태가 극도로 악화된 경우에는 이미 확정된 사회급여수급권에 대하여 예외적으로 최소한의 범위내에서 법률의 형식으로 그 제한이 가능하다고 본다.

3. 사회급여청구권의 제한에 있어 차등의 허용여부

이는 사회급여청구권이 재산권의 범주에 포함되느냐 하는 문제이기도 하다. 사회보장수급권은 재산권으로서의 성격도 지닌다.[4]

생각건대 개인의 노력이나 금전적 기여를 통하여 취득한 사회급여청구권(연금수급청구권·산업재해보상보험수급권)은 차등제한이 허용되지 아니하나 국가에 의하여 일방적으로 행해지는 사회급여(사회원호급여)는 합리적인 범위 내에서 차등제한이 가능하다고 본다.[5]

---

1) 헌재결 1995. 7. 21, 93헌가14; 헌재결 2000. 6. 1, 98헌마216; 헌재결 2004. 10. 28, 2002헌마328 【2002년도 국민기초생활보장최저생계비 위헌확인】
2) 이흥재, 사회보장수급권의 범위에 관한 소고, 법학(서울대 법학연구소) 제31권 3·4호, 1990, 240면 이하 참조.
3) 권영성, 헌법학원론, 665면.
4) 양건, 헌법강의, 647면; 헌재결 2000. 6. 29, 99헌마289 【국민건강보험법 제33조 제2항 등 위헌확인】
5) 권영성, 헌법학원론, 665면.

제 4 항 교육을 받을 권리

헌법 제31조는 제1항에서 「모든 국민은 능력에 따라 균등하게 교육을 받을 권리를 가진다」라고 하여 교육을 받을 권리를 규정하고, 동조 제2항 이하에서는 교육을 받을 권리를 실현할 구체적 수단으로서 교육을 받게 할 의무, 無償의무교육제, 교육의 자주성·전문성·정치적 중립성과 대학의 자율성, 국가의 평생교육진흥의무, 교육제도의 법정주의 등을 규정하고 있다.[1)]

바이마르 헌법에서 무상의 의무교육제도를 규정하였고, 제2차 세계대전 이후, 독일 기본법, 프랑스 헌법, 일본헌법, 이탈리아 헌법 등을 비롯한 세계 각국의 헌법이 교육에 관한 규정을 두고 있다.[2)]

> 헌법 제31조 ① 모든 국민은 능력에 따라 균등하게 교육을 받을 권리를 가진다.
> ② 모든 국민은 그 보호하는 자녀에게 적어도 초등교육과 법률이 정하는 교육을 받게 할 의무를 진다.
> ③ 의무교육은 무상으로 한다.
> ④ 교육의 자주성·전문성·정치적 중립성 및 대학의 자율성은 법률이 정하는 바에 의하여 보장된다.
> ⑤ 국가는 평생교육을 진흥하여야 한다.
> ⑥ 학교교육 및 평생교육을 포함한 교육제도와 그 운영, 교육재정 및 교원의 지위에 관한 기본적인 사항은 법률로 정한다.

I. 교육을 받을 권리의 의의

1. 교육을 받을 권리의 개념

1.1. 넓은 의미에서 교육을 받을 권리

넓은 의미에서 교육을 받을 권리는 개개인이 능력에 따라 균등하게 교육을 받을 수 있는 修學權뿐만 아니라 학부모가 그 보호하에 있는 자녀에게 적절한 교육의 기회를 제공하여 줄 것을 적극적으로 요구할 수 있는 교육기회제공청구권까지 포괄하는 개념이다.[3)]

---

1) 권영성, 헌법학원론, 666면.
2) 양건, 헌법강의, 653면.
3) 권영성, 헌법학원론, 666면.

교육을 받을 권리를 수학권 외에 교사의 교육권까지 포함하는 의미로 사용하는 견해도 있으나,[1] 교사의 교육권은 가르치는 권리 또는 교육을 하는 권리(수업권)로서 교육을 받을 권리(수학권)와는 본질적으로 구별되는 개념이기 때문에, 헌법 제31조 제1항의 교육을 받을 권리 중에 교사의 교육권을 포함시키지 않는 것이 타당하다.[2]

교사의 교육권이 헌법 제31조 제1항의 교육을 받을 권리로부터 도출된 것이 아니라는 판례는 다음과 같다.

<사례>

청구인은 서울 휘경여자중학교의 교사로 재직하면서 국어과목을 담당하여 학생들을 가르쳐 왔고, 한편으로 회원이 약 1,200명인 "국어교육을 위한 교사모임"의 대표로서 활동하여 왔다. 청구인은 1989. 3. 27. 위 교사모임이 창립된 이후 청구인과 같은 위치에서 국어교육을 담당해 온 교사들과 함께 중학교 국어교육에 대한 토론과 연구를 진행하여 왔고, 그 과정에서 토론·연구한 일부의 내용을 모아 1989. 2. 20.에는 위 교사모임을 엮은이로 하여 "통일을 여는 국어교육"이라는 저작물을 출간하고, 1989. 3. 25.에는 위 교사모임을 지은이로 하여 "개편교과서 지침서 중학 국어 1-1"이라는 저작물을 출판하였다. 그리고 가까운 장래에 새로운 형태의 중학교 국어교과서를 저작 · 출판하기로 하고 그에 관하여 연구 · 토론하며 저작 · 출판을 모색하여 왔다.

그런데 교육법 제157조와 대통령령인 교과용도서에관한규정(이하 이를 "교과서규정"이라 한다) 제5조가 중학교 국어교과서를 1종도서로 정하여 교육부가 저작, 발행, 공급하도록 규정하고 있어, 청구인의 중학교 국어교과서의 저작 · 출판이 원천적으로 불가능함을 알고 청구인은, 위 법률 및 교과서규정의 각 조항이 헌법 제31조 제4항, 제21조 제1항, 제22조 제1항에 의하여 보장되고 있는 헌법상의 기본권을 침해하고 있어 위헌이라고 주장하면서, 헌법재판소법 제68조 제1항에 의거하여 1989. 5. 11. 헌법재판소에 이 사건 헌법소원 심판을 청구하였다.

<문제 1>

청구인은 중학교 국어과목의 교과용도서의 국정제도로 인하여 침해된 기본권으로서 헌법 제22조 제1항의 학문의 자유 · 제21조 제1항의 출판의 자유 및 제31조 제4항과 관련된

---

1) 신현직, 교육기본권에 관한 연구, 서울대학교 박사학위논문(1990) 74면 이하 참조.

2) 헌재결 1992. 11. 12, 89헌마88 【교육법 제157조에 관한 헌법소원】 학교교육에서 교사의 가르치는 권리를 수업권이라고 한다면 그것은 자연법적으로는 학부모에게 속하는 자녀에 대한 교육권을 신탁한 것이고, 실정법상으로는 공교육의 책임이 있는 국가의 위임에 의한 것이다. 그것은 교사의 지위에서 생기는 학생에 대한 1차적인 교육상의 직무 권한(직권)이지만 학생의 수학권의 실현을 위하여 인정되는 것으로서 양자는 상호협력관계에 있다고 하겠으나, 수학권은 헌법상 보장된 기본권의 하나로서 보다 존중되어야 하며, 그것이 왜곡되지 않고 올바로 행사될 수 있게 하기 위한 범위 내에서는 수업권도 어느 정도의 범위 내에서 제약을 받지 않으면 안될 것이다.

교사의 자유와 권리 등을 주장하고 있다.

<문제1의 해설>

청구인은 교원의 교육권(가르칠 권리)을 헌법 제31조 제4항에서 도출된 것이라고 주장하나, 이는 학문의 자유로부터 파생된 것이며 … 국정교과서제도는 교과서라는 형태의 도서에 대하여 국가가 이를 독점하는 것이지만, 국민의 수학권의 보호라는 차원에서 학년과 학과에 따라 어떤 교과용 도서에 대하여 이를 자유발행제로 하는 것이 온당하지 못한 경우가 있을 수 있고 그러한 경우 국가가 관여할 수밖에 없다는 것과 관여할 수 있는 헌법적 근거가 있다는 것을 인정한다면 그 인정의 범위내에서 국가가 이를 검·인정제로 할 것인가 또는 국정제로 할 것인가에 대하여 재량권을 갖는다고 할 것이므로 중학교의 국어교과서에 관한 한, 교과용 도서의 국정제는 학문의 자유나 언론·출판의 자유를 침해하는 제도가 아님은 물론 교육의 자주성·전문성·정치적 중립성과도 무조건 양립되지 않는 것이라 하기 어렵다.1)

1.2. 좁은 의미의 교육을 받을 권리

좁은 의미의 교육을 받을 권리라 함은 교육을 받는 것을 국가로부터 방해받지 아니함은 물론 교육을 받을 수 있도록 국가가 적극적으로 배려하여 주도록 요구할 수 있는 권리(수학권)를 말한다.2) 특히 국민의 수학권의 경우 헌법 제31조 제1항의 교육을 받을 권리와 교사의 수업의 자유는 다같이 보호되어야 하겠지만 그 중에서도 국민의 수학권이 더 우선적으로 보호되어야 한다.3) 그 이유는 국민의 수학권의 보장은 우리 헌법이 지향하고 있는 문화국가, 민주복지국가의 이념구현을 위한 기본적 토대이고, 국민이 인간으로서 존엄과 가치를 가지며 행복을 추구하고(헌법 제10조 전문) 인간다운 생활을 영위하는데(헌법 제34조) 필수적인 조건이고 대전제이며, 국민의 수학권이 교육제도를 통하여 충분히 실현될 때 비로소 모든 국민은 모든 영역에 있어서 각인의 기회를 균등히 하고 능력을 최고도로 발휘할 수 있게 될 것이기 때문이다.4)

「참고」

헌법재판소는 국민의 교육을 받을 권리를 수업권(1992. 10. 1, 92헌마68·76(병합), 재판관 김양균의 반대의견 참조, 헌판집 4권, 659(691)면, 또는 수학권(1992. 11. 12, 89헌마88)으로 약칭하기도 한다.

---

1) 헌재결 1992. 11. 12, 89헌마88 【교육법제157조에관한헌법소원】

2) 권영성, 헌법학원론, 666면.

3) 헌재결 1992. 11. 12, 89헌마88 【교육법제157조에관한헌법소원】

4) 헌재결 1992. 11. 12, 89헌마88 【교육법제157조에관한헌법소원】

생각건대 초 · 중고교의 교사의 가르치는 권리를 교육권 혹은 수업권(수업의 자유), 학생의 배울 권리를 수학권으로 부르는 것이 적합하다고 본다.

2. 교육을 받을 권리(수학권)의 헌법적 보장의 의의

헌법이 교육을 받을 권리를 보장하는 의의는 다음과 같다.[1]

- **공민권성 보장**: 민주국가에서 국민의 합리적 정치참여는 전체 국민의 정치적 자각과 이에 대한 식견을 전제로 하며, 이를 위해서는 공교육에 대한 국가적 배려가 있어야 한다.
- **생활권성 보장**: 자본주의 경제질서하에서 개개인의 사회생활에 필요한 교양과 직업적 지식을 구비하도록 생활권을 보장해 주는 것.
- **학습권성 보장**: 인간의 능력계발은 교육을 통하여 이루어지므로 국가는 개개인이 그 능력을 최대한 발휘하고 이를 계발할 수 있도록 여건을 마련해 주어야 한다.

헌법재판소도 「헌법 제31조 제1항은 "모든 국민은 능력에 따라 균등하게 교육을 받을 권리를 가진다"고 규정하여 국민의 교육을 받을 권리를 보장하고 있다. 이 권리는 통상 국가에 의한 교육조건의 개선 · 정비와 교육기회의 균등한 보장을 적극적으로 요구할 수 있는 권리로 이해되고 있다. 수학권의 보장은 인간으로서의 존엄과 가치를 가지며 행복을 추구하고(헌법 제10조 전문) 인간다운 생활을 영위하는 데(헌법 제34조 제1항) 필수적인 조건이자 대전제다. 헌법 제31조 제2항 내지 제6항 소정의 교육을 받게 할 의무, 의무교육의 무상, 교육의 자주성 · 전문성 · 정치적 중립성 및 대학의 자율성, 평생교육진흥, 교육제도와 그 운영 · 교육재정 및 교원지위 법률주의 등은 수학권의 효율적인 보장을 위한 규정」이며,[2] 「헌법 제31조 제1항이 교육을 받을 권리를 보장하는 것은 헌법이 지향하는 민주국가 · 법치국가 · 사회국가의 이념을 실현하고 모든 국민이 인간으로서의 존엄과 가치를 가지며 인간다운 생활을 영위할 수 있도록 하기 위한 것」이라고 판시하고 있다.[3]

II. 교육을 받을 권리의 법적 성격

헌법 제31조의 교육을 받을 권리는 주관적 공권인 동시에 객관적 가치질서로서의 성

1) 권영성, 헌법학원론, 667면.
2) 헌재결 1992. 11. 12, 89헌마88; 헌재결 1999. 3. 25, 97헌마130 【지방교육자치에관한법률제44조의2제2항위헌확인】
3) 헌재결 1994. 2. 24, 93헌마192;; 헌재결 1992. 10. 1, 92헌마68 · 76 병합), 재판관 김양균의 반대의견 참조; 헌재결 1991. 2. 11, 90헌가27 【교육법 제8조의2에 관한 위헌심판】

격을 가진다.[1)]

교육을 받을 권리 → 주관적 공권 · 객관적 가치질서

교육을 받을 권리는 자유권으로서의 성격과 사회적 기본권으로서의 성격을 가지고 있다.[2)] 헌법 제31조 제1항에서는 "모든 국민은 능력에 따라 균등하게 교육을 받을 권리를 가진다"라고 선언하고, 제3항 이하에서는 교육에 대한 국가의 적극적 지원과 급부를 규정하고 있다는 점에서 교육을 받을 권리가 주로 사회적 기본권의 측면에서 강조되고 있다.[3)]

> 교육을 받을 권리는 자유권적 측면도 동시에 지니고 있다. 즉 교육을 받을 권리의 자유권적 측면은 교육을 받을 수 있는 재능과 경제력을 가진 자는 누구나 능력에 따라 균등하게 교육을 받는 것을 국가권력 또는 제3자로부터 침해를 받지 아니하는 측면이다. 이는 국가권력이나 제3자가 교육을 받을 권리를 침해할 경우에는 그 침해를 배제하여 주도록 요구할 수 있음을 의미한다.[4)] 능력이 있으면서도 경제적 이유로 교육을 받을 수 없는 자가 교육을 받을 수 있는 외적 조건의 정비(교육시설의 설치 · 운용과 장학제도의 시행 등)를 국가에 대하여 적극적으로 요구할 수 있다는 점은 교육을 받을 권리의 사회적 기본권으로서의 성격을 반영한 것이다.[5)]

그러나 역시 교육을 받을 권리의 주된 성격은 사회적 기본권으로서의 성격을 가지며, 이는 불완전한 구체적 권리의 하나로 볼 수 있다.[6)] 사회적 기본권의 법적 성격에 관한 일반론에 입각하면, 사회적 기본권의 보장을 위하여는 구체적인 입법이 필요하며, 법률에 의하여 구체화된 후에 구체적 · 현실적 효력을 발할 수 있다.[7)] 그러나 헌법 제31조는 제4항에서 교육의 자주성, 전문성, 정치적 중립성 및 대학의 자율성에 대하여 규정하고 있고, 제6항에서 교육제도와 운영, 교육재정 및 교원의 지위에 관하여 법률로 정하도록 구체적 입법위임을 하고 있기 때문에, 이를 해태하는 경우 입법부작위위헌확인소송을 인정할 수 있다.[8)] 이러한 점에서 교육을 받을 권리는 직접 특정한 교육기회의 제공을 요구할 수 있는 구체적 권리는 아니지만, 헌법 제31조 제2항, 제3항에서 규정하는 것과 같은 무상의 의무교

---

1) 이준일, 헌법학강의, 단락번호 [4.10.37]; 홍성방, 헌법학, 573면.
2) 양건, 헌법강의, 654면; 장영수, 헌법학, 814면.
3) 장영수, 헌법학, 814면.
4) 권영성, 헌법학원론, 668면.
5) 권영성, 헌법학원론, 668면.
6) 권영성, 헌법학원론, 667면.
7) 장영수, 헌법학, 816면.
8) 장영수, 헌법학, 816면.

육을 중심으로 하는 교육제도를 요구하고 국가의 의무불이행에 대하여 위헌확인을 구할 수 있다는 점에서 불완전한, 제한된 구체적 권리라고 할 수 있다.[1)]

– 사회적 기본권으로서의 성격을 반영한 판례 –

<사례>

청구인들은 사립유치원 원장 및 설립자들을 회원으로 하는 사단법인과 사립유치원 대표자, 그리고 만 5세의 유아를 둔 학부모와 만 4세의 유아를 둔 학부모들이다.

청구인들은 피청구인들이 2003년 매월 초순경 국·공립유치원에 대하여는 교사 인건비, 운영비 및 영양사 인건비에 대한 예산지원을 하면서 사립유치원에 대하여는 이러한 지원을 하지 않고, 만 3~4세 저소득층 유아에 대하여 교육비를 지원할 수 있는 법규정을 두지 않았을 뿐만 아니라, 유치원 무상교육 대상자인 저소득층 만 5세에 대하여 국·공립유치원의 경우에는 입학금 및 수업료 전액을 면제하여 주는 반면, 사립유치원의 경우에는 2003년 매월 초순경 유아당 105,000원만을 지원하는 등 국·공립유치원에 비하여 사립유치원을 차별하여 청구인들의 평등권 및 교육을 받을 권리를 침해하였다고 주장하면서 2004. 1. 6. 이 사건 헌법소원심판을 청구하였다.

<해설>

국가 및 지방자치단체에게 사립유치원에 대한 교사 인건비, 운영비 및 영양사 인건비를 예산으로 지원하라는 헌법상 명문규정이 없음은 분명하다. 그리고 헌법 제31조 제1항은 국민의 교육을 받을 권리를 보장하고 있지만 그 권리는 통상 국가에 의한 교육조건의 개선·정비와 교육기회의 균등한 보장을 적극적으로 요구할 수 있는 권리로 이해되고 있을 뿐이고, 그로부터 위와 같은 작위의무가 헌법해석상 바로 도출된다고 볼 수 없다. 또한 사립유치원 운영자 등의 영업의 자유나 평등권을 보장하는 헌법규정으로부터도 위와 같은 작위의무가 도출된다고 볼 수 없다.[2)]

III. 교육을 받을 권리의 주체

1. 국민(내국인)의 권리

교육을 받을 권리는 국법상의 권리이므로 국민에게만 보장되고 사회적 기본권의 법적 성격의 일반론에 따라 외국인에게는 보장되지 아니한다. 이때의 국민은 어린이, 대학생, 일반시민의 경우도 평생교육의 향유자로서 교육을 받을 권리의 주체가 된다.[3)] 다만 외국인

1) 양건, 헌법강의, 655면.

2) 헌재결 2006. 10. 26, 2004헌마13【입법부작위등위헌확인】

3) 홍성방, 헌법학, 573면.

의 경우도 자유권적 측면에서는 이의 보장이 인정될 수도 있는바, 이는 인격발현을 위한 가장 기본적인 전제조건이 되는 것이기 때문이다.[1][2] 교육을 받을 권리에 있어 수학권의 주체는 개개인이고, 교육기회제공청구권의 주체는 학령아동의 부모이다.[3]

2. 법인의 경우

현행 헌법 제31조에서 보장된 권리는 교육을 받을 권리를 의미하므로, 그 성격상 법인에게 교육을 받을 권리의 주체가 된다고 보기는 어렵다.[4]

IV. 교육을 받을 권리의 내용

헌법 제31조 제1항은 (ㄱ) 국민 개개인이 그의 능력(지적능력, 학습능력 등)에 상응하는 교육을 요구할 수 있는 권리와, (ㄴ) 교육의 기회균등을 규정하여 교육을 받을 권리를 보장하고 있다. 이것은 법 앞에서의 평등의 이념을 교육의 영역에서 실현하려는 것이다.

헌재결 2000. 4. 27, 98헌가16, 98헌마429(병합) **【학원의설립운영에관한법률 제22조 제1항 제1호 등 위헌제청, 학원의설립운영에관한법률 제3조 등 위헌 확인】**

헌법 제31조 제1항은 "모든 국민은 능력에 따라 균등하게 교육을 받을 권리를 가진다"고 규정하여 국민의 교육을 받을 권리를 보장하고 있다. '교육을 받을 권리'란, 모든 국민에게 저마다의 능력에 따른 교육이 가능하도록 그에 필요한 설비와 제도를 마련해야 할 국가의 과제와 아울러 이를 넘어 사회적·경제적 약자도 능력에 따른 실질적 평등교육을 받을 수 있도록 적극적인 정책을 실현해야 할 국가의 의무를 뜻한다.

1. 「능력에 따라」 교육을 받을 권리

헌법 제31조 제1항에서 능력이라 함은 일신전속적인 재능(학습능력)을 말하고, 경제력이나 가정환경, 성별, 종교, 가문, 사회적 신분 등과 같은 비전속적인 조건을 의미하는 것이 아니다.[5] 능력에 따라 교육을 받을 권리는 정신적·육체적 능력에 따른 적절한 교육을

1) 장영수, 헌법학, 817면.
2) 교육을 받을 권리를 '사실적 자유'를 의미하는 사회적 기본권으로 이해하는 한 외국인도 주체가 될 수 있다(이준일, 헌법학강의, 단락번호 [4.10.39]).
3) 권영성, 헌법학원론, 668면.
4) 장영수, 헌법학, 817면; 홍성방, 헌법학, 573면.
5) 이준일, 헌법학강의, 단락번호 [4.10.42].

말하는 것이지, 재력이나 가정환경에 따라 이에 상응하는 교육을 받을 권리를 의미하는 것은 아니므로 입학시험 등 공개경쟁시험제는 위헌이 아니다.1) 그러나 능력이 부족한 자의 교육을 받을 권리를 전적으로 경시하거나 무시하여도 좋다는 의미는 아니지만 합리적이라고 생각되는 범위 안에서 일정한 제한을 가하는 것은 가능하다.2) 육체적 · 정신적으로 학습능력이 낮은 사람에게는 그에 상응하는 교육을 배려해야 하며,3) 따라서 국가는 장애인의 교육을 위한 교육조건을 확보하는 데에도 태만히 하여서는 아니된다.

대판 1983. 6. 28, 83누193 **【불합격처분무효확인】**
대학입학지원자가 모집정원에 미달한 경우라도 대학이 정한 수학능력이 없는 자에 대하여 불합격처분을 한 것은 교육법 제111조 제1항에 위반되지 아니하여 무효라 할 수 없고, 또 위 학교에서 정한 수학능력에 미달하는 지원자를 불합격으로 한 처분이 재량권의 남용이라 볼 수 없다.

2. 「균등하게」교육을 받을 권리

헌법 제31조 제1항의 균등한 교육은 자유권적 측면에서는 능력 이외의 성별 · 종교 사회적 신분 등에 의하여 교육을 받을 기회를 불합리하게 차별하지 아니할 것을 의미한다.4)

균등하게 교육을 받을 권리는 평등원칙이 구체적으로 적용된 것으로서 법적 평등과 사실적 평등을 모두 포함한다.5)

[판례]
약학대학 입학시험에서 지원자가 지체부자유라는 이유만으로 불합격처리한 것은 사립대학의 자주성과 자율성(사립학교법 제1조)에 근거한 학사행정의 자율성을 존중할 필요가 있다는 점을 충분히 고려하더라도, 헌법상의 균등한 교육을 받을 권리의 측면에서 현저하게 균형과 공평을 잃은 행위로 사회통념상 합리성이 없다 할 것이고, 재량권의 범위를 크게 일탈한 행위로서 그 효력을 인정할 수 없다. 따라서 위 대학의 불합격처분은 무효이다.6)

---

1) 권영성, 헌법학원론, 668면; 이준일, 헌법학강의, 단락번호 [4.10.12].
2) 권영성, 헌법학원론, 668면.
3) 양건, 헌법강의, 655면.
4) 권영성, 헌법학원론, 669면.
5) 이준일, 헌법학강의, 단락번호 [4.10.43].
6) 대구지법 1981. 1. 29, 80가합295.

헌재결 2003. 11. 27, 2003헌바39 【국가유공자등예우및지원에관한법률 제12조 제2항 위헌소원】

헌법 제31조 제1항에서 보장되는 교육의 기회균등권은 '정신적 · 육체적 능력 이외의 성별 · 종교 · 경제력 · 사회적 신분 등에 의하여 교육을 받을 기회를 차별하지 않고, 즉 합리적 차별사유 없이 교육을 받을 권리를 제한하지 아니함과 동시에 국가가 모든 국민에게 균등한 교육을 받게 하고 특히 경제적 약자가 실질적인 평등교육을 받을 수 있도록 적극적 정책을 실현해야 한다는 것'을 의미하므로(헌재 1994. 2. 24. 93헌마192, 판례집 6-1, 173, 177-178), 실질적인 평등교육을 실현해야 할 국가의 적극적인 의무가 인정되지만, 이러한 의무조항으로부터 국민이 직접 실질적 평등교육을 위한 교육비를 청구할 권리가 도출되는 것은 아니다.

사회적 기본권 측면에서는 모든 국민이 균등하게 교육을 받을 수 있도록 교육시설을 설치 · 운용하고 장학정책을 시행하는 등 교육의 외적 조건의 정비를 요구할 수 있음을 의미한다. (ㄱ) 교육의 평등은 구체적으로 취학의 평등을 의미하기 때문에 성별 · 종교 등을 이유로 입학을 거부할 수 없다.[1] (ㄴ) 교육의 외적 조건의 정비요구는 국가나 지방자치단체의 적극적 행위를 요구하는 것이며, 교육기본법에서도 국가와 지방자치단체로 하여금 적절한 교육시설을 강구하게 하고 장학금제도와 학비보조제도를 실시하며 야간제 기타의 방법을 강구할 의무를 지우고 있다(교육기본법 제7조, 제28조 등).[2]

교육의 기회균등의 원칙 중에 모든 교육시설의 이용에 균등하게 참여할 것을 요구할 수 있는 교육참여청구권이 포함되느냐가 문제되고 있다. 독일의 연방헌법재판소는 이른바 사회적 참여권(soziales Teilhaberrecht)의 이론으로써 이를 긍정하고 있다.[3] 사회적 참여권은 독일 연방헌법재판소의 제1차 대학입학정원 제한판결(Numerus-clausus-Entscheidung)에서 처음으로 인정된 이론이다. 독일연방헌법재판소는 기본권은 국가에 대한 방어권이라는 종전의 기본권관을 버리고, 방어권적 성격과 참여권적 성격을 동시에 갖는다는 이원성을 인정하였다. 독일연방헌법재판소는 대학입학정원제한의 합헌여부에 관하여 「주관적 입학조건을 충족하는 모든 국민은 그가 선택하는 대학의 학과에서 공부할 권리를 갖는다」고 추론하면서, 이 권리가 공권력의 침해에 대한 자유권의 전통적인 보호기능과 결합할 수 없으리라는 전제하에, 이 권리를 참여권이라고 해석하였다(권영성).

---

1) 그러나 중 · 고등학교과정에서 여자학교와 남자학교를 구별하고, 합리적인 범위 안에서 교과목에 차이를 두는 것은 균등한 교육을 받을 권리에 위반되지 아니한다(권영성, 헌법학원론, 669면).

2) 권영성, 헌법학원론, 669면.

3) BVerfGE 33, 303(332); 계희열, 대학입학정원제한판결(1972), 판례연구 제1집(고려대 법학연구소) 1982, 1면 이하 참조.

3. 「교육」을 받을 권리

3.1. 교육의 유형

敎育에는 학교교육 · 사회교육 · 공민교육 · 가정교육 등 다양한 유형이 있지만, 헌법 제31조 제1항에서 의미하는 교육은 주로 학교교육을 의미한다. 학교교육은 교육 중에서도 가장 조직적이고 일반적으로 이루어지는 것이기 때문이다.[1] 학교교육에 관한 법률로는 유아교육법, 초 · 중등교육법, 고등교육법 등이 있다.[2]

3.2. 평생교육

헌법 제31조 제1항의 교육에는 평생교육이 포함되지만, 동조 제5항에서는 「국가는 평생교육을 진흥하여야 한다」라고 하여 국가의 평생교육진흥의무를 따로 규정하고 있다. 평생교육은 학교교육을 제외한 모든 형태의 조직적인 교육활동을 말한다(평생교육법 제2조). 오늘날에는 모든 국민이 복잡다기하고 급변하게 발전하는 현대생활에 적절히 대처하여야 하며, 국민의 건전한 국가관정립을 위해서도 정규의 학교교육 이외에 직업교육 · 인문교양교육, 문화예술교육, 시민참여교육 등 이 평생에 걸쳐 요구된다. 그러므로 동조 제5항은 이러한 시대적 요청에 부응하고 나아가 개인의 능력계발과 국가발전에 기여하도록 하기 위하여 평생교육을 강조한 조항이다. 그리고 이를 구체화한 법률이 평생교육법이다.[3]

3.3. 無償의 義務敎育

3.3.1. 義務敎育

헌법 제31조 제2항은 「모든 국민은 그 보호하는 자녀에게 적어도 초등교육과 법률이 정하는 교육을 받게 할 의무를 진다」라고 규정하고 있다. 이 규정에 따라 「초등교육과 법률이 정하는 교육」은 의무적인 것이므로, 모든 국민은 현행 교육기본법과 초 · 중등교육법에 따라 6년의 초등교육과 3년의 중등교육을 받을 권리를 보장받고 있다.[4]

---

1) 권영성, 헌법학원론, 669면.

2) 양건, 헌법강의, 656면.

3) 권영성, 헌법학원론, 670면.

4) 과거에는 3년의 중등교육에 관한 의무교육에 관하여는 대통령령이 정하는 바에 의하여 순차적으로 정한다고 하여 위헌 문제가 야기되었으나, 헌법재판소는 다음과 같이 합헌결정을 한바 있다. 「… 헌법상 초등교육에 대한 의무교육과는 달리 중등교육의 단계에서는 어느 범위에서 어떠한 절차를 거쳐 어느 시점에서 의무교육으로 실시할 것인가는 입법자의 형성의 자유에 속하는 사항으로서, 국회가 입법정책적으로 판단하여 법률로 규정할 때에 비로소 헌법상의 권리로서 구체화되는 것으로 보아야 한다. 교육법 제8조의 2는 교육법 제8조에 정한 의무교육으로 3년 의 중등교육의 순차적인 실시에 관하여만 대통령령이 정하도록 하였으므로, 우선 제한된 범위에서라

의무교육제를 실시하기 위하여 국가나 지방자치단체는 필요한 학교의 설립과 운용은 물론 필요한 경비를 부담할 의무를 지고(초·중등교육법 제12조 제1항 등), 어린이의 보호자는 어린이를 취학시킬 의무를 진다. 의무교육에서 교육을 받을 권리의 주체는 취학연령의 미성년자(6세~15세)이고, 교육을 받게 할 의무의 주체는 학령아동의 민법상의 친권자 또는 후견인이다.[1] 자녀가 불구·폐질·병약한 경우에는 교육을 받게 할 의무가 면제된다.[2]

3.3.2. 의무교육의 무상성

헌법 제31조 제3항은 의무교육제도의 실효를 거두기 위하여 「의무교육은 무상으로 한다」라고 하고 있다. 무상의 범위에 관해서는 법률이 정하는 바에 따른다는 무상범위법정설, 수업료만이 면제된다는 수업료무상설, 그 외에 교재 학용품의 지급과 급식의 무상까지 포함된다는 취학필수비무상설 등이 있다. 취학필수비무상설이 다수설이고 또 타당하다.[3] 따라서 국가는 재정이 허락하는 한 교과서와 기타의 교재 그리고 급식까지도 무상으로 하여야 한다. 다만 공립학교의 수용능력이 있음에도 불구하고 자진하여 사립학교를 선택한 경우에는 무상의 혜택을 포기하는 것이므로, 사립학교에서의 수업료징수는 의무교육의 무상조항에 위반되지 아니한다.[4]

<사례>

학교용지확보를 위하여 공동주택 수분양자들에게 학교용지부담금을 부과할 수 있도록 하고 있는 구 학교용지확보에관한특례법 제2조 제2호, 제5조 제1항 중 제2조 제2호가 정한 주택건설촉진법에 의하여 시행하는 개발사업지역에서 … 공동주택을 분양받은 자에게 학교용지확보를 위하여 부담금을 부과·징수할 수 있다는 부분(이하 '이 사건 법률조항'이라 한다)이 헌법상 의무교육의 무상원칙에 반하는가?

<해설>

헌법은, 모든 국민은 그 보호하는 자녀에게 적어도 초등교육과 법률이 정하는 교육을 받게 할 의무를 지고(헌법 제31조 제2항), 의무교육은 무상으로 한다(헌법 제31조 제3항)

도 의무교육을 실시하되 순차로 그 대상을 확대하도록 되어 있음은 교육법의 규정상 명백하고, 다만 그 확대실시의 시기 및 방법만을 대통령령에 위임하여 합리적으로 정할 수 있도록 한 것이므로 포괄적 위임의 금지를 규정한 헌법 제75조에 위반되지 아니한다」(헌재결 1991. 2. 11, 90헌가27). ☜ 현재는 3년의 중등교육도 의무교육에 포함

1) 양건, 헌법강의, 657면; 홍성방, 헌법학, 580면.
2) 권영성, 헌법학원론, 670면.
3) 계희열; 김철수; 권영성, 헌법학원론, 670면; 홍성방, 헌법학, 580면.
4) 권영성, 헌법학원론, 671면.

고 규정하고 있다. 이러한 의무교육제도는 국민에 대하여 보호하는 자녀들을 취학시키도록 한다는 의무부과의 면보다는 국가에 대하여 인적 · 물적 교육시설을 정비하고 교육환경을 개선하여야 한다는 의무부과의 측면이 보다 더 중요한 의미를 갖는다. 의무교육에 필요한 학교시설은 국가의 일반적 과제이고, 학교용지는 의무교육을 시행하기 위한 물적 기반으로서 필수조건임은 말할 필요도 없으므로 이를 달성하기 위한 비용은 국가의 일반재정으로 충당하여야 한다. 따라서 적어도 의무교육에 관한 한 일반재정이 아닌 부담금과 같은 별도의 재정수단을 동원하여 특정한 집단으로부터 그 비용을 추가로 징수하여 충당하는 것은 의무교육의 무상성을 선언한 헌법에 반한다.[1)]

V. 교육을 받을 권리의 실현

교육을 받을 권리와 교육제도는 서로 불가분의 관계에 있는 것으로 교육을 받을 권리는 는 교육제도를 통하여 실질적으로 구현된다. 교육을 받을 권리가 교육제도를 통하여 충분히 실현될 때 비로소 모든 국민은 균등한 교육의 기회를 보장받게 되고 생활의 균등한 향상을 기할 수 있기 때문이다. 따라서 헌법 제31조 제2항 내지 제6항에서 규정하고 있는 교육을 받게 할 의무, 의무교육의 무상제도 실시, 교육의 자주성 · 전문성 · 정치적 중립성, 평생교육의 진흥, 교육제도 · 교육재정 · 교원지위의 법정주의 등은 국민의 교육을 받을 권리를 효율적으로 보장하기 위한 수단적 규정이라 할 수 있다.[2)]

VI. 교육을 받을 권리의 효력

교육을 받을 권리의 사회권적 측면은 원칙적으로 국가나 공공단체에 대해서만 효력을 가진다.[3)] 그러나 예외적으로 교육을 받을 권리가 제3자에 의하여 침해될 경우에는 제3자에게 미친다고 본다.[4)] 자유권적 측면은 국가와 제3자에 대하여 효력을 가진다.[5)]

---

1) 헌재결 2005. 3. 31, 2003헌가20 【구 학교용지확보에관한특례법 제2조 제2호 등 위헌제청】

2) 권영성, 헌법학원론, 671면; 헌재결 1992. 10. 1, 92헌마68 · 76(병합), 재판관 김양균의 반대의견 참조, 헌판집 4권 659(692)면.

3) 이준일, 헌법학강의, 단락번호 [4.10.54].

4) 이준일, 헌법학강의, 단락번호 [4.10.54].

5) 권영성, 헌법학원론, 671면; 이준일, 헌법학강의, 단락번호 [4.10.54].

제 5 항 근로의 권리

I. 근로의 권리의 의의

1. 헌법규정

헌법 제32조는 제1항에서 「모든 국민은 근로의 권리를 가진다. 국가는 사회적·경제적 방법으로 근로자의 고용의 증진과 적정임금의 보장에 노력하여야 하며, 법률이 정하는 바에 의하여 최저임금제를 시행하여야 한다」라고 하여 근로의 권리를 비롯한 근로자의 고용증진·적정임금보장·최저임금제시행 등을 규정하고, 제2항에서는 근로의 의무를, 제3항에서는 근로조건기준의 법정주의를, 제4항에서는 여자의 근로에 대한 특별보호와 근로관계에 있어서 여성의 차별금지를, 제5항에서는 연소근로자의 특별보호를, 제6항에서는 국가유공자·상이군경·전몰군경유가족에 대한 근로기회 우선을 보장하고 있다.[1]

2. 근로·근로의 권리의 개념 및 직업과의 차이

2.1. 근로의 개념

헌법규정에서 중점적으로 논의되는 근로의 개념은 근로자가 사용자로부터 임금을 받는 대가로 제공하는 육체적·정신적 활동을 말한다.[2] 과거와는 달리 근로의 개념에는 육체적 활동만을 의미하는 것이 아니고 경제적 소득이 주어지는 정신적 활동도 근로에 포함시키고 있다.[3]

2.2. 근로의 권리의 개념

근로의 권리는 근로자가 자신의 의사·능력·취미에 따라 근로의 종류·내용 장소 등을 선택하여 근로관계를 형성하고 타인의 방해를 받음이 없이 근로관계를 계속 유지하며, 근로의 기회를 얻지 못한 경우에는 국가에 대하여 근로의 기회를 제공하여 줄 것을 요구할 수 있는 권리를 말한다.[4]

---

1) 권영성, 헌법학원론, 672면.
2) 권영성, 헌법학원론, 672면.
3) 장영수, 헌법학, 826면.
4) 양건, 헌법강의, 682면.

2.3. 직업과의 차이

근로는 근로자가 사용자로부터 임금을 받는 대가로 제공하는 육체적 · 정신적 활동을 말하므로 사용자에 대하 종속적인 성격이 강하다. 그러나 직업의 경우는 직업이라 함은 정신적 · 물질적 생활의 기본적 수요를 충족시키기 위하여 행하는 계속적인 경제적 소득활동을 말하므로 종속적 성격이 약하다는 점에서 차이가 있다. 이런 의미에서 직업의 개념이 근로의 개념보다 넓다. 특히 근로는 임금을 받는 대가로 제공하는 육체적 · 정신적 활동을 의미하므로 비록 종속적인 성격을 강하나 임금을 받는 대가로 노동력을 제공하는 것이 아닌 유사근로자(arbeiternehmenähnliche Person; 골프장케디, 학습지교사)의 경우는 근로자의 개념에 포함시킬 수 없다.[1)]

3. 근로의 권리의 헌법적 보장

현대국가의 헌법들은 경제적 약자인 근로자의 인간다운 생존을 보장하기 위한 일련의 규정을 두고 있다. 이러한 근로자보호를 위한 헌법조항들을 총괄하여 노동헌법(Arbeitsverfassung)이라 한다. 노동헌법의 핵심이 되는 것이 근로기본권이다. 근로기본권이라 함은 근로자를 개인의 차원에서 보호하기 위한 근로의 권리와 그들의 집단적 활동을 보장하기 위한 집단적 활동권 그리고 그들의 자주적 조직체인 노동조합의 활동을 보장하기 위한 권리들을 총칭하는 개념이다.[2)]

> **헌재결 1991. 7. 22, 89헌가106【사립학교법 제55조 등에 관한 위헌심판】**
> 헌법 제32조 및 제33조에 각 규정된 근로기본권은 근로자의 근로조건을 개선함으로써 그들의 경제적 · 사회적 지위의 향상을 기하기 위한 것으로서 자유권적 기본권으로서의 성격보다는 생존권 내지 사회권적 기본권으로서의 측면이 보다 강한 것으로 그 권리의 실질적 보장을 위해서는 국가의 적극적인 개입과 뒷받침이 요구되는 기본권이다.

헌법 제32조의 근로의 권리는 근로기본권의 하나로서 (ㄱ) 국민으로 하여금 근로를 통하여 국민 개개인의 생활수단의 확보를 위한 기본적 수요를 각자의 생활설계 및 능력에 따라 스스로 충족하게 하고, (ㄴ) 근로를 통하여 국민 개개인의 개성과 자주적 인간성을 발현(인격실현의 수단)하고 인간의 존엄성을 보장해주며,[3)] (ㄷ) 근로기회의 제공을 통하여 생활무능력자에 대한 국가적 보호의무를 경감시키고, (ㄹ) 근로의 상품화를 허용함으로써

---

1) 이준일, 헌법학강의, 단락번호 [4.10.58].
2) 권영성, 헌법학원론, 672면.
3) 이준일, 헌법학강의, 단락번호 [4.10.58]; 헌재결 2007. 8. 30, 2004헌마670【산업기술연수생 도입기준완화결정 등 위헌확인】

자본주의경제의 이념적 기초를 마련하는 기능을 한다.[1)]

근로의 권리를 최초로 규정한 것은 1793년 6월의 자코방 헌법이 최초인 것으로 알려져 있으나, 프로그램적 규정에 불과하였고, 동 헌법의 효력은 같은해 7월에 상실되었기 때문에, 근로권을 헌법에서 최초로 규정한 것은 바이마르헌법이라고 할 수 있다.[2)] 동헌법은 「모든 독일국민에게는 경제적 노동에 의하여 생활자료를 구할 수 있는 기회가 부여된다. 적정한 근로의 기회가 부여되지 아니하는 자에 대해서는 필요한 생계비를 지급한다」(제163조 제2항)라고 하였다.[3)] 제2차대전 이후에는 그 밖의 자본주의국가의 헌법들에서도 근로권에 관한 규정을 두게 되었다. 1946년의 프랑스 제4공화국헌법(전문), 1947년의 이탈리아헌법(제35조) 등이 그 대표적인 예라 할 수 있다.[4)]

II. 근로의 권리의 법적 성격

17-18세기의 자연법사상에 있어서의 근로권은 개인이 자유로이 노동하는 것은 인간의 천부적인 권리의 하나로서 국가가 이를 침해해서는 안된다는 노동의 자유(자유권으로서의 노동권)의 의미로 주장되었다.[5)] 오늘날에 있어서는 근로의 권리는 자유권적 성격과 사회적 기본권으로서의 성격을 아울러 가지고 있다고 본다. 개인이 자유로이 일할 기회를 가지는 것을 국가가 방해 내지 제한하지 못한다는 측면은 근로의 권리의 자유권적 성격이고,[6)] 근로를 통하여 경제적 약자인 근로자에게 인간다운 생활을 보장한다는 측면은 근로

1) 권영성, 헌법학원론, 673면.
2) 홍성방, 헌법학, 583면.
3) 양건, 헌법강의, 682면.
4) 권영성, 헌법학원론, 673면.
5) 장영수, 헌법학, 826면.
6) 근로의 권리가 "일할 자리에 관한 권리"만이 아니라 "일할 환경에 관한 권리"도 함께 내포하고 있는바, 후자는 인간의 존엄성에 대한 침해를 방어하기 위한 자유권적 기본권의 성격도 갖고 있어 건강한 작업환경, 일에 대한 정당한 보수, 합리적인 근로조건의 보장 등을 요구할 수 있는 권리 등을 포함한다고 할 것이므로 외국인 근로자라고 하여 이 부분에까지 기본권 주체성을 부인할 수는 없다. 즉 근로의 권리의 구체적인 내용에 따라, 국가에 대하여 고용증진을 위한 사회적·경제적 정책을 요구할 수 있는 권리는 사회권적 기본권으로서 국민에 대하여만 인정해야 하지만, 자본주의 경제질서하에서 근로자가 기본적 생활수단을 확보하고 인간의 존엄성을 보장받기 위하여 최소한의 근로조건을 요구할 수 있는 권리는 자유권적 기본권의 성격도 아울러 가지므로 이러한 경우 외국인 근로자에게도 그 기본권 주체성을 인정함이 타당하다(헌재결 2007. 8. 30, 2004헌마670, 산업기술연수생 도입기준 완화결정 등 위헌확인).

의 권리의 사회적 기본권으로서의 성격이다.

그러나 오늘날에 있어서는 근로의 권리의 자유권적 성격은 부수적인 것이고, 그 본질은 사회적 기본권성에 있다고 본다.[1] 오히려 근로의 권리를 생존권권 기본권의 측면에서만 주장하는 견해도 있다.[2]

근로의 권리를 사회적 기본권으로 보는 경우에도 사회적 기본권성을 어떻게 인식하느냐에 관해서는 견해가 나누이고 있다. 프로그램적 권리설에 의하면, 헌법상 근로의 권리는 국민에게 구체적인 권리를 보장한 것이 아니고 국정의 담당자에게 근로의 기회를 제공하도록 노력할 정치적·도의적 의무를 부과한 것에 불과한 입법방침규정이라고 한다. 추상적 권리설에 의하면, 헌법 제132조 제1항은 현실적·구체적 권리가 아니라 추상적 권리를 규정한 것에 불과하다고 한다. 이에 대하여 구체적 권리설은 근로의 기회를 제공하여 줄 것을 국가 또는 공공단체에 요구할 수 있는 현실적인 권리를 보장한 것이라고 한다. 생각건대 헌법상 근로의 권리는 국가 또는 공공 단체에 대하여 근로의 기회를 제공하여 주도록 요구할 수 있는 불완전한 구체적 권리[3] 내지는 제한된 구체적 권리[4]라고 할 수 있다.

<사례>

문제 1) 국가에 대한 직접적인 직장존속보장청구권이 근로자에게 인정되는가?

문제 2) 법률로 국가보조 연구기관을 통폐합함에 있어 재산상의 권리·의무만 승계시키고, 근로관계의 당연승계 조항을 두지 아니한 것이 위헌인가?

<해설>

문제 1의 해설) 헌법 제15조의 직업의 자유 또는 헌법 제32조의 근로의 권리, 사회국가원리 등에 근거하여 실업방지 및 부당한 해고로부터 근로자를 보호하여야 할 국가의 의무를 도출할 수는 있을 것이나, 국가에 대한 직접적인 직장존속보장청구권을 근로자에게 인정할 헌법상의 근거는 없다.[5]

문제 2의 해설) 우리 헌법상 국가에 대한 직접적인 직장존속보장청구권을 인정할 근거는 없으므로 근로관계의 당연승계를 보장하는 입법을 반드시 하여야 할 헌법상의 의무를 인정할 수 없다. 다만, 우리 헌법상 국가(입법자)는 근로관계의 존속보호를 위하여 최소한의 보호를 제공하여야 할 의무를 지고 있다. … 국가가 근로관계의 존속을 보호하기 위한

---

1) 권영성, 헌법학원론, 673면; 장영수, 헌법학, 828면.
2) 김철수, 헌법학(상), 1104면.
3) 권영성, 헌법학원론, 674면.
4) 양건, 헌법강의, 683면.
5) 헌재결 2002. 11. 28, 2001헌바50 【한국보건산업진흥원법 부칙 제3조 위헌소원】

최소한의 보호조치를 취하고 있는지의 여부는 당해 법률조항만에 의할 것이 아니라, 노사 관계에 관한 법체계 전반을 통하여 판단하여야 할 것이다.[1]

III. 근로의 권리의 주체

1. 내국인의 권리

자연인인 국민이 근로의 권리의 주체이며, 법인은 제외된다.[2] 국민 중에서도 특히 생산수단을 소유하지 못한 근로자가 그 주체가 된다. 그러나 근로의 권리의 본질적 내용을 근로기회제공의 청구로 이해한다면, 그 제1차적 주체는 근로자 중에서도 실업상태에 있는 미취업근로자라고 할 수 있다. 그렇다고 하여 취업근로자의 근로권주체성이 부인되는 것은 아님은 물론이다.[3]

2. 외국인의 경우

2.1. 자유권적 측면

근로의 권리는 자유권적 측면과 사회적 기본권의 측면으로 나누어서 고찰할 수 있다.[4] 근로의 권리의 자유권적 측면에서의 법적 성격에 관하여는 학설이 나누이고 있다. 제1설은 자유권적 측면에서의 근로의 권리는 국민의 권리이기 때문에 외국인에게는 원칙적으로 보장되지 아니하며(이러한 점에서 자유권적 측면에서 인정되는 교육을 받을 권리와는 구별된다), 그 이유는 근로의 권리가 단순히 개인의 권리의 차원에서 머무르는 것이 아니라, 국가경제와 밀접한 관련을 가지고 이루어 지는 것이며, 또한 외국인에게 자유로운 근로의 권리를 인정하는 것은 결과적으로 내국인의 권리를 사실상 제약하는 결과를 가져오기 때문[5] 이라고 한다. 이에 반하여 제2설은 자유권적 측면에서는 외국인에게 근로의 권리가 인정된다는 학설이고[6] 또한 헌법재판소 판례[7]가 있다. 헌법재판소는 「… 자본주의 경제질서하에서 근로자가 기본적 생활수단을 확보하고 인간의 존엄성을 보장받기 위하여 최소한의 근로조건을 요구할 수 있는 권리는 <u>자유권적 기본권의 성격도 아울러 가지므로 외</u>

---

1) 헌재결 2002. 11. 28, 2001헌바50 【한국보건산업진흥원법 부칙 제3조 위헌소원】
2) 김철수, 헌법학(상), 1170면.
3) 권영성, 헌법학원론, 674면.
4) 양건, 헌법강의, 682면; 이준일, 헌법학강의, 단락번호 [4.10.57].
5) 장영수, 헌법학, 829면.
6) 양건, 헌법강의, 682면; 이준일, 헌법학강의, 단락번호 [4.10.57].
7) 헌재결 2007. 8. 30, 2004헌마670, 산업기술연수생 도입기준 완화결정 등 위헌확인.

국인 근로자에게도 그 기본권 주체성을 인정함이 타당하다」고 한다.[1)]

헌재결 2007. 8. 30, 2004헌마670 【산업기술연수생 도입기준 완화결정 등 위헌확인】

근로의 권리가 "일할 자리에 관한 권리"만이 아니라 "일할 환경에 관한 권리"도 함께 내포하고 있는바, 후자는 인간의 존엄성에 대한 침해를 방어하기 위한 자유권적 기본권의 성격도 갖고 있어 건강한 작업환경, 일에 대한 정당한 보수, 합리적인 근로조건의 보장 등을 요구할 수 있는 권리 등을 포함한다고 할 것이므로 외국인 근로자라고 하여 이 부분에까지 기본권 주체성을 부인할 수는 없다. 즉 근로의 권리의 구체적인 내용에 따라, 국가에 대하여 고용증진을 위한 사회적 · 경제적 정책을 요구할 수 있는 권리는 사회권적 기본권으로서 국민에 대하여만 인정해야 하지만, 자본주의 경제질서하에서 근로자가 기본적 생활수단을 확보하고 인간의 존엄성을 보장받기 위하여 최소한의 근로조건을 요구할 수 있는 권리는 자유권적 기본권의 성격도 아울러 가지므로 이러한 경우 외국인 근로자에게도 그 기본권 주체성을 인정함이 타당하다.

2.2. 사회적 기본권의 측면

사회적 기본권의 측면에서는 외국인에게는 원칙적으로 근로의 권리가 인정되지 아니하나,[2)] 근로의 권리에 대한 국가의 적극적 급부의 구체적인 내용은 다른 사회적 기본권들과 마찬가지로 법률에 의해서 이루어 지므로, 만약 개별법률이 정하는 바에 따라 외국인(외국인노동자)에게 근로의 권리를 인정한 경우에는 이를 개별적 근로권이라 할 수 있고,[3)] 사회적 기본권의 측면에서도 근로의 권리가 인정될 수 있다고 본다. 특히 일정한 요건을 갖추어서 근로자로서의 자격을 갖춘 경우에는 외국인(외국인 노동자)들에 대한 사회적 기본권도 인정하는 것이 원칙이다.[4)]

서울고판 1993. 11. 26, 93구16774 【요양불승인처분취소청구사건】

근로의 권리는 국민의 권리이기 때문에 외국인에게는 근로의 권리의 본래적 내용, 즉 국가에 대하여 근로기회의 제공을 청구할 권리는 당연히 없다. 그러나 외국인(비록 위장취업을 위하여 불법입국한 외국인이라 할지라도)이 국내사업주와 불법으로 근로계약을 체결하였더라도 그 계약은 유효하고, 그 외국인은 근로기준법상의 근로자에 해당된다고 보

1) 헌재결 2007. 8. 30, 2004헌마670 【산업기술연수생 도입기준 완화결정 등 위헌확인】
2) 김철수, 헌법학(상), 1170면.
3) 김철수, 헌법학(상), 1170면.
4) 장영수, 헌법학, 829면; 이준일, 헌법학강의, 단락번호 [4.10.57]; 이는 어디까지나 근로가 허용된 외국인을 의미하며, 모든 외국인을 의미하지는 않는다. 즉 외국인에게는 사회적 기본권적 측면에서는 근로의 권리는 제한된 구체적 권리로서의 성격을 가진다(양건, 헌법강의, 683면).

아야 한다. 따라서 근로기준법상의 근로자보호규정은 외국인인 근로자에게도 적용되어야 한다. 그 결과 외국인근로자의 임금채권도 보호되어야 하고, 그가 업무상 부상 등을 입은 경우에는 산업재해보상보험법의 적용도 받아 마땅하다.

3. 법인의 경우

근로의 권리, 즉 노동활동에 대한 헌법적 보호는 자연인의 육체적·정신적 활동 및 이를 통한 생계의 유지를 특별히 보호하는데 그 목적이 있다. 따라서 법인은 그 성질상 근로의 권리의 주체가 되지 못한다.[1] 이점에서 근로의 권리는 법인이 기본권의 주체가 될 수 있는 직업의 자유 내지는 영업의 자유와 구별된다.[2]

IV. 근로의 권리의 내용

1. 본질적 내용(근로기회제공청구권)

근로의 권리를 사회적 기본권의 하나로 파악하는 경우에도 그 구체적 내용이 무엇인가에 관해서는 견해가 갈리고 있다. 근로기회제공청구권설은 근로의 권리는 근로의 의사와 능력이 있음에도 취업의 기회를 얻지 못한 자가 국가에 대하여 근로의 기회를 제공하여 주도록 요구할 수 있음을 그 내용으로 한다고 한다. 이에 대하여 생계비지급청구권설은 근로의 의사와 능력을 가지고 있음에도 불구하고 취업의 기회를 얻지 못한 자가 국가에 대하여 근로의 기회의 제공을 요구하고 그 요구가 충족되지 아니한 때에는 상당한 생계비의 지급을 청구할 수 있음을 그 내용으로 한다고 한다.[3]

생각건대 현행 헌법에서의 근로의 권리에는 생계비지급청구권은 포함되지 않는다고 본다. (ㄱ) 현행 헌법에는 바이마르헌법과는 달리 근로의 권리와 관련하여 생계비지급을 규정하고 있지 아니하고, (ㄴ) 생계비지급 내지 실업수당에 관해서는 제32조의 근로의 권리규정이 적용되는 것이 아니고, 제34조의 인간다운 생활을 할 권리에 관한 규정이 적용되며,[4] (ㄷ) 근로기회를 청구하는 것은 자기 자신에게 자신이 희망하는 구체적인 일자리나 직장을 제공하여 줄것을 의미하는 것은 아니기 때문이다.[5] 따라서 제32조 제1항의 근로의

1) 권영성, 헌법학원론, 674면; 장영수, 헌법학, 829면.
2) 장영수, 헌법학, 829면.
3) 권영성, 헌법학원론, 675면.
4) 권영성, 헌법학원론, 675면.
5) 이준일, 헌법학강의, 단락번호 [4.10.60].

권리는 근로기회제공청구권설의 입장에서 이해되는 내용, 즉 국가에 대하여 근로의 기회의 제공을 요구할 수 있음을 그 내용으로 하는 것이다.[1] 헌법재판소는 제32조 제1항으로부터 직장의존속보호를 청구할 권리는 도출되지 않는다고하고,[2] 그 밖에 사회국가원리, 경제에 관한 규제와 조정을 예정하고 있는 헌법 제119조 제2항, 헌법 제10조의 기본권보호의무로부터도 국가에 대한 직접적인 직장존속청구권을 도출할 수 없다고 한다.[3]

2. 보충적 내용

헌법은 제32조 제1항 제2문 이하에서 근로의 권리가 효과적인 것이 될 수 있도록 하기위하여 다음과 같은 보완적인 제도들을 규정하고 있다.

---

1) 권영성, 헌법학원론, 675면; 홍성방, 헌법학, 585면.

2) 헌법 제32조 제1항은 "모든 국민은 근로의 권리를 가진다. 국가는 사회적 · 경제적 방법으로 근로자의 고용의 증진과 적정임금의 보장에 노력하여야 하며…"라고 규정하여 근로의 권리를 보장하고 있다. 근로의 권리의 보장은 생활의 기본적인 수요를 충족시킬 수 있는 생활수단을 확보해 주며, 나아가 인격의 자유로운 발현과 인간의 존엄성을 보장해 주는 의의를 지닌다. 근로의 권리는 사회적 기본권으로서, 국가에 대하여 직접 일자리(직장)를 청구하거나 일자리에 갈음하는 생계비의 지급청구권을 의미하는 것이 아니라, 고용증진을 위한 사회적 · 경제적 정책을 요구할 수 있는 권리에 그친다. 근로의 권리를 직접적인 일자리 청구권으로 이해하는 것은 사회주의적 통제경제를 배제하고, 사기업 주체의 경제상의 자유를 보장하는 우리 헌법의 경제질서 내지 기본권규정들과 조화될 수 없다. 마찬가지 이유로 근로의 권리로부터 국가에 대한 직접적인 직장존속청구권을 도출할 수도 없다. 단지 위에서 본 직업의 자유에서 도출되는 보호의무와 마찬가지로 사용자의 처분에 따른 직장 상실에 대하여 최소한의 보호를 제공하여야 할 의무를 국가에 지우는 것으로 볼 수는 있을 것이나, 이 경우에도 입법자가 그 보호의무를 전혀 이행하지 않거나 사용자와 근로자의 상충하는 기본권적 지위나 이익을 현저히 부적절하게 형량한 경우에만 위헌여부의 문제가 생길 것이다. 그 밖에 사회국가원리, 경제에 관한 규제와 조정을 예정하고 있는 헌법 제119조 제2항, 헌법 제10조의 기본권보호의무로부터도 국가에 대한 직접적인 직장존속청구권을 도출할 수 없다. 따라서 결론적으로, 헌법 제15조의 직업의 자유 또는 헌법 제32조의 근로의 권리, 사회국가원리 등에 근거하여 실업방지 및 부당한 해고로부터 근로자를 보호하여야 할 국가의 의무를 도출할 수는 있을 것이나, 국가에 대한 직접적인 직장존속보장청구권을 근로자에게 인정할 헌법상의 근거는 없다. 한편 근로관계의 존속여부에 관한 사용자의 결정권 또한 헌법 제15조의 직업의 자유, 헌법 제10조가 보장하는 행복추구권에서 도출되는 경제활동의 자유, 헌법 제23조의 재산권에 의하여 보장된다. 근로자와 사용자간의 상충하는 헌법적 이익을 조화롭게 형량하여 보호하는 것은 입법자의 몫으로서 여기에서는 광범위한 형성권이 인정되어야 하므로, 그 현저한 일탈의 잘못이 있는 경우에만 헌법위반이라 확인할 수 있다(헌재결 2002. 11. 28, 2001헌바50, 한국보건산업진흥원법 부칙 제3조 위헌소원).

3) 헌재결 2002. 11. 28, 2001헌바50【한국보건산업진흥원법 부칙 제3조 위헌소원.】

2.1. 국가의 고용증진(일자리 창출)의 의무

헌법 제32조 제1항 제2문 전단은 「국가는 사회적 · 경제적 방법으로 근로자의 고용의 증진에 노력하여야 하며」라고 하고 있다. 이에 따라 국가는 근로자의 고용을 증진할 입법은 물론 고용확대 · 실업대책 등에 관한 정책을 수립하고 추진하여야 한다. 국가는 사회적(사회정책에 의한 고용의 증진) · 경제적 방법(경제정책에 의한 고용기회의 확대)을 통하여 일반근로자가 사기업이나 공공기업에 취업하여 완전고용상태가 실현될 수 있도록 노력하여야 한다.[1] 이에 관련한 법률로서 고용정책기본법 · 직업안정법 · 고용보험법 · 고용상연령차별금지및고령자고용촉진법(舊 고령자고용촉진법) · 장애인고용촉진및직업재활법 · 사내근로복지기금법 · 근로자직업능력개발법 · 근로자복지기본법 · 근로자직업능력개발법 등이 있다.[2]

국가는 고용증진의무를 지지만 기업에 대하여 고용강제를 행할 수는 없다. 왜냐하면 이는 영업의 자유 및 재산권에 대한 위헌적 침해가 되기 때문이다.[3]

2.2. 해고의 자유의 제한

2.2.1. 개관

근로의 권리의 보장이 사용자의 해고의 자유를 제한하는 근거가 될 수 있느냐가 문제되고 있다.

> 헌재결 2002. 11. 28, 2001헌바50 【한국보건산업진흥원법부칙제3조위헌소원】
>
> 헌법 제15조의 직업의 자유 또는 헌법 제32조의 근로의 권리, 사회국가원리 등에 근거하여 실업방지 및 부당한 해고로부터 근로자를 보호하여야 할 국가의 의무를 도출할 수는 있을 것이나, 국가에 대한 직접적인 직장존속보장청구권을 근로자에게 인정할 헌법상의 근거는 없다.
>
> 이와 같이 우리 헌법상 국가에 대한 직접적인 직장존속보장청구권을 인정할 근거는 없으므로 근로관계의 당연승계를 보장하는 입법을 반드시 하여야 할 헌법상의 의무를 인정할 수 없다. 따라서 한국보건산업진흥원법 부칙 제3조가 기존 연구기관의 재산상의 권리 · 의무만을 새로이 설립되는 한국보건산업진흥원에 승계시키고, 직원들의 근로관계가 당연히 승계되는 것으로 규정하지 않았다 하여 위헌이라 할 수 없다.
>
> 다만, 우리 헌법상 국가(입법자)는 근로관계의 존속보호를 위하여 최소한의 보호를 제공하여야 할 의무를 지고 있다고 할 것이며, 따라서 위 부칙 제3조가 그러한 최소한의 보호의무 마저 저버린 것이 아닌지 문제될 수 있겠으나, 국가가 근로관계의 존속을 보호하기

---

1) 권영성, 헌법학원론, 675면.
2) 홍성방, 헌법학, 587면.
3) 양건, 헌법강의, 684면.

위한 최소한의 보호조치를 취하고 있는지의 여부는 당해 법률조항만에 의할 것이 아니라, 노사관계에 관한 법체계 전반을 통하여 판단하여야 할 것인바, 헌법 제33조에서 노동기본권을 보장하고 있는 점, 법원이 재판을 통하여 고용승계 여부에 관한 당사자의 의사와 태도를 합리적으로 해석함으로써 근로관계 존속보호의 기능을 수행할 가능성이 열려 있는 점, 고용보험제도를 비롯하여 고용안정, 취업기회의 제공, 직업능력의 개발을 위한 부수적 법제가 마련되어 있는 점 등을 고려할 때, 현행법제상 국가는 근로관계의 존속보호를 위한 최소한의 보호조치마저 제공하고 있지 않다고 보기 어렵다.

근로관계의 승계를 규정하고 있는 다른 법률들과 비교하거나, 합병, 영업양도로 근로관계가 승계되는 경우와 비교하여 차이가 있다 하더라도, 거기에는 합리적인 이유가 있다 할 것이므로 평등원칙에 위반된다고 할 수 없다.

해고라 함은 징계해고이든 정리해고이든 사용자가 일방적으로 근로계약 내지 근로관계를 종료시키는 단독행위를 말한다.[1]

대판 1993. 5. 11, 91누11698【현역병입영통지처분무효확인】

단체협약에 징계처분을 받은 자가 재심을 청구할 수 있도록 규정하고 있다하더라도 재심절차는 근로자에 대한 구제절차에 불과하고, 징계해고는 즉시 효력을 발생하여 사용자와 징계해고된 근로자와의 근로관계는 종료되며, 다만 재심에서 징계해고처분이 취소되는 경우에는 소급하여 해고되지 아니한 것으로 볼 뿐이다.

2.2.2. 학설

부정설에 의하면, 근로의 권리는 국가와 국민의 관계에 관한 것이지 사용자와 근로자의 개별적 근로관계에 관한 것은 아니라는 이유로 이를 부정한다. 이에 대하여 긍정설은 헌법 제32조는 국가와 국민간에서 뿐만 아니라 개별적 노사관계에도 적용된다는 것을 논거로 이를 긍정하고 있다.[2]

---

1) 권영성, 헌법학원론, 676면; 대판 1993. 5. 11, 91누11698【현역병입영통지처분무효확인】근로기준법상 해고라 함은 징계해고이든 정리해고이든 사용자가 근로자의 의사와는 관계없이 일방적으로 근로계약 내지 근로관계를 종료시키는 단독행위이고, 단체협약에 징계처분을 받은 자가 재심을 청구할 수 있도록 규정하고 있다 하더라도 재심절차는 근로자에 대한 구제절차에 불과하고 징계해고는 즉시 효력을 발생하여 사용자와 징계해고 된 근로자와의 근로관계는 종료되며, 다만 재심에서 징계해고처분이 취소되는 경우에는 소급하여 해고되지 아니한 것으로 볼 뿐이다.

2) 해고의 자유의 제한에 관하여 자세한 것은 이흥재, 해고제한에 관한 연구, 서울대학교 박사 학위논문(1988) 참조.

2.2.3. 사견

과거 초기자본주의체제하에서는 해고의 자유가 계약자유원칙의 주요내용을 이루는 것이었지만, 현대 사회국가 헌법체계하에서는 해고는 결국 근로자의 인간으로서의 존엄성과 행복추구권을 해치는 것이므로 이에 대한 한계가 필요하다. 현행 헌법 제32조의 근로의 권리에 관한 조항은 제33조의 근로3권에 관한 규정과 함께 개별적 근로관계에서 계약의 자유뿐만 아니라 해고의 자유까지도 제한하기 위한 조치이다. 따라서 사용자가 근로자를 해고하는 경우에도 정당한 사유가 없는 해고는 위헌·무효가 된다.[1] 근로기준법 제23조 제1항도 해고 등의 일반적 제한으로서 사용자는「정당한 이유」없이 근로자를 해고·휴직·정직·전직·감봉 그 밖의 징벌을 하지 못한다고 규정하고 있다. 동조항의「정당한 이유」라 함은, (ㄱ) 사회통념상 고용계약을 계속 유지할 수 없을 정도의 귀책사유가 근로자에게 있다든가, (ㄴ) 부득이한 경영상의 필요가 있는 경우를 말한다.[2]

근로기준법 제23조 (해고 등의 제한) ① 사용자는 근로자에게 정당한 이유 없이 해고, 휴직, 정직, 전직, 감봉, 그 밖의 징벌(이하 "부당해고 등"이라 한다)을 하지 못한다.

② 사용자는 근로자가 업무상 부상 또는 질병의 요양을 위하여 휴업한 기간과 그 후 30일 동안 또는 산전(産前)·산후(産後)의 여성이 이 법에 따라 휴업한 기간과 그 후 30일 동안은 해고하지 못한다. 다만, 사용자가 제84조에 따라 일시보상을 하였을 경우 또는 사업을 계속할 수 없게 된 경우에는 그러하지 아니하다.

[해고의 정당화사유]
- 근로자의 一身上의 사유 : 직무능력의 결여·성격상의 부적격성·경쟁기업과 부도덕한 긴밀 관계가 있을 때
- 근로자의 행태상의 사유 : 무단결근·근로의 거부·범법행위·부정행위를 행한 경우
- 긴박한 경영상의 필요

다만 사용자가 경영상의 이유에 의하여 근로자를 해고하고자 하는 경우(경영상 이유에 의한 고용조정 = 정리해고제)에는 (ㄱ) 긴박한 경영상의 필요가 있어야 하고(근로기준법 제24조 제1항),[3] (ㄴ) 노동조합과 성실하게 협의하여야 한다. 계속되는 경영악화로 인한

---

1) 同旨 홍성방, 헌법학, 587면.

2) 권영성, 헌법학원론, 676면.

3) 대판 2001. 11. 13, 2001다27975【해고무효확인등】정리해고는 긴급한 경영상의 필요에 의하여 기업에 종사하는 인원을 줄이기 위하여 일정한 요건 아래 근로자를 해고하는 것으로서 기업의 유지·존속을 전제로 그 소속 근로자들 중 일부를 해고하는 것을 가리키는 것인바, 이와 달리 사업의 폐지를 위하여 해산한 기업이 그 청산과정에서 근로자를 해고하는 것은 기업경영의 자유에 속하는 것으로서 정리해고에 해당하지 않으며, 해고에 정당한 이유가 있는 한 유효하다.

사업의 양도 · 합병 · 인수의 경우에는 긴박한 경영상의 필요가 있는 것으로 볼 수 있다(동조 제1항).

근로기준법 제24조 (경영상 이유에 의한 해고의 제한) ① 사용자가 경영상 이유에 의하여 근로자를 해고하려면 긴박한 경영상의 필요가 있어야 한다. 이 경우 경영 악화를 방지하기 위한 사업의 양도 · 인수 · 합병은 긴박한 경영상의 필요가 있는 것으로 본다.

② 제1항의 경우에 사용자는 해고를 피하기 위한 노력을 다하여야 하며, 합리적이고 공정한 해고의 기준을 정하고 이에 따라 그 대상자를 선정하여야 한다. 이 경우 남녀의 성을 이유로 차별하여서는 아니 된다.

③ 사용자는 제2항에 따른 해고를 피하기 위한 방법과 해고의 기준 등에 관하여 그 사업 또는 사업장에 근로자의 과반수로 조직된 노동조합이 있는 경우에는 그 노동조합(근로자의 과반수로 조직된 노동조합이 없는 경우에는 근로자의 과반수를 대표하는 자를 말한다. 이하 "근로자대표"라 한다)에 해고를 하려는 날의 50일 전까지 통보하고 성실하게 협의하여야 한다.

④ 사용자는 제1항에 따라 대통령령으로 정하는 일정한 규모 이상의 인원을 해고하려면 대통령령으로 정하는 바에 따라 노동부장관에게 신고하여야 한다.

⑤ 사용자가 제1항부터 제3항까지의 규정에 따른 요건을 갖추어 근로자를 해고한 경우에는 제23조 제1항에 따른 정당한 이유가 있는 해고를 한 것으로 본다.

이러한 경영상 이유에 의한 해고의 경우, 사용자는 해고를 피하기 위한 노력을 다해야 하며 합리적이고 공정한 해고의 기준을 정하고 이에 따라 그 대상을 정하여야 한다(제24조 제2항). 해고의 기준에는 명확성의 원칙이 준수되어야 한다.

<사례>

갑은 공중전화기 판매 및 보수 · 관리업체인 ○○닷컴(주)의 대표이사로서, 동 회사의 영업직 수습사원인 을, 병 등이 회사의 유류비 지급 방침에 반발하여 집단으로 근로제공을 거부하고 항의하자 이들을 '집단적으로 근로제공을 거부하여 회사의 정상적 운영을 저해하였다'는 등의 사유를 들어 이들을 해고하였던 것이 부당해고행위에 해당한다는 이유로 부산지방법원에 근로기준법 위반죄로 기소되었다. 갑은 동 재판을 받던 중 사용자는 근로자에 대하여 정당한 이유없이 해고하지 못하도록 규정한 근로기준법 제30조 제1항의 규정에 위반한 자를 처벌하는 동법 제110조의 부분이 헌법에 위반된다는 이유로 위헌법률심판제청을 신청하였으나, 위 법원이 이를 기각하자 헌법재판소법 제68조 제2항에 의한 이 사건 헌법소원심판을 청구하였다.

갑은 다음과 같이 주장한다. 이 사건 법률조항은 정당한 이유없이 해고 등을 하는 행위를 처벌하는 조항인바, '정당한 이유'의 존재 여부를 판단함에 있어서 아무런 구체적인 기준을 제시하지 아니하고 있는 것은 결국 범죄의 성립 여부를 법집행기관의 자의적 판단에 맡기는 것이므로 죄형법정주의에 위반된다. 해고는 사용자가 근로자와의 고용계약을 일방적으로 종료시키는 법률행위로서 정당하지 못한 해고가 무효이고 손해배상책임의 대상이 될 수는 있으나 이를 형사처벌까지 하는 것은 계약자유의 원칙을 본질적으로 침해하는 것이거나 과잉금지의 원칙에 위배되는 것이다. 갑의 주장은 타당한가?

<해설>

이 사건 법률조항은 정당한 사유없이 근로자를 해고한 사용자를 5년 이하의 징역 또는 3,000만 원 이하의 벌금에 처하는 것으로 그 수범자를 제재하는 처벌조항이다. 그런데 근로자의 해고에 관하여 법문상 요건이 되고 있는 "정당한 이유"에 대하여는 오랜 기간 그 것의 의미에 대한 학문적 연구가 진행되어 그 성과가 쌓여있고 다수의 행정해석과 관련 판례들이 풍부하게 집적되어 왔다. 그리하여 이러한 경험과 사례의 축적에 의하여 이제는 그 의미 내용의 전체적 윤곽이 형성되고 구체적 사안들에서 특히 법률전문가들에게는 무엇이 여기에 해당하고 무엇이 해당되지 않는 것을 판단하기에 그다지 어려움을 느끼지 아니할 정도에까지 이르렀다고 할 것이다. 따라서 이 사건 법률조항은 비록 법문상으로는 "정당한 이유"라는 일반추상적 용어를 사용하고 있으나 일반인이라도 법률전문가의 도움을 받아 무엇이 금지되는 것인지 여부에 관하여 예측하는 것이 가능한 정도라고 할 것이어서 수범자인 사용자가 해고에 관하여 자신의 행위를 결정해 나가기에 충분한 기준이 될 정도의 의미내용을 가지고 있다. 그렇다면 이 사건 법률조항이 형사처벌의 대상이 되는 해고의 기준을 일반추상적 개념인 "정당한 이유"의 유무에 두고 있기는 하지만, 그 의미에 대하여 법적 자문을 고려한 예견가능성이 있고, 집행자의 자의가 배제될 정도로 의미가 확립되어 있으며, 입법 기술적으로도 개선가능성이 있다는 특별한 사정이 보이지 아니하므로 헌법상 명확성의 원칙에 반하지 아니한다.[1)]

2.3. 적정임금의 보장

2.3.1. 헌법상 임금보장의 의의

헌법 제32조 제1항 제2문은「국가는 적정임금의 보장에 노력하여야 하며, 법률이 정하는 바에 의하여 최저임금제를 시행하여야 한다」라고 하여 근로자를 위한 적정임금을 보장하고 최저임금제를 시행하도록 하고 있다. 동조 제4항에서는「여자의 근로는 특별한 보호를 받으며, 고용·임금 및 근로조건에 있어서 부당한 차별을 받지 아니한다」라고 하여 동일노동에 대한 동일임금의 원칙을 규정하고 있다.

이에 따라 근로기준법과 최저임금법은 각각 임금에 관한 기본적 사항과 최저임금에 관하여 규정하고 있다.[2)] 근로기준법은 임금을「사용자가 근로의 대가로 근로자에게 임금, 봉급, 그 밖에 어떠한 명칭으로든지 지급하는 일체의 금품을 말한다(제2조 제1항 제5호)」

1) 헌재결 2005. 3. 31, 2003헌바12【근로기준법 제110조 위헌소원】.

2) 권영성, 헌법학원론, 677면.

라고 입법해석하고 있다. 그러나 헌법상의 임금 개념은 근로기준법에서 입법해석하고 있는 임금에 대한 정의보다 높은 의미를 내포하고 있다고 보아야 한다. 그 이유는 근로자가 제공하는 근로는 인격의 자유로운 발현과 인간의 존엄성을 보장해 주는 의의가 있으며,[1] 임금은 인간의 존엄성존중과 인간다운 생존을 보장하고 국민경제상 중요한 소득형태일 뿐 아니라 적정한 임금수준의 결정은 국민소득의 합리적 분배방식이라고 할 수 있기 때문이다. 그러므로 임금의 적정성을 판단함에 있어서는 아리스토텔레스의 배분적 정의(상대적 평등 : 같은 것은 같고, 다른 것은 다르게 …)의 실현이라는 이념이 반영되어야 한다.[2]

2.3.2. 적정임금의 보장

적정임금이라 함은 근로자와 그 가족이 인간으로서의 존엄과 가치 · 행복추구권 및 건강하고 문화적인 생활을 영위하는데 필요하다고 인정되는 범위를 고려하여 정한 적정수준의 임금을 말한다.[3] 적정임금은 물질적인 최소한의 생활조건을 충족 시키는데 적합한 임금수준인 최저임금과는 구별된다.[4] 헌법 제32조 제1항 제2문은 적정임금의 보장에 관한 국가의 의무를 규정하고 있기 때문에, 국가는 임금이 적정수준의 것이 되도록 입법조치를 강구하거나 그 밖의 노동정책을 수립 · 실시하여야 한다.[5] 국가가 임금의 적정수준을 결정함에 있어 가장 중요시해야 하는 것으로는 근로자와 그 가족의 생계비와 관련된 사항이지만, 근로자의 임금은 단순한 근로대가성 이상의 의미를 가지기 때문에 적정임금은 최저임금과는 달리 입법자에게 선택의 여지가 인정되며, 현실적 여건에 따라 적정임금의 수준이 달라질 수 있다.[6]

임금채권 우선변제제도를 시행하면서 소급효를 인정하지 않는다고 해도 이로 인해 근로자의 헌법상의 기본권이 침해되지 않는다고 하였고, 근로자의 생계와 밀접한 관련이 있는 퇴직금과 관련해서는 과거 근로기준법이 퇴직금 전액에 대하여 다른 담보물권보다 우선변제를 받을 권리를 인정하였으나, 헌법재판소는 헌법불합치결정을 내린바 있다. 이후 동법 제38조 제2항이 개정되어 현재 최종 3개월의 퇴직금에 대하여만 우선변제를 받을 수 있도록 하고 있다.

---

1) 헌재결 2002. 11. 28, 2001헌바50【한국보건산업진흥원법 부칙 제3조 위헌소원.】
2) 권영성, 헌법학원론, 677면.
3) 계희열; 김철수; 권영성, 헌법학원론, 677면; 이준일, 헌법학강의, 단락번호 [4.10.63]; 홍성방, 헌법학, 587면.
4) 장영수, 헌법학, 830면.
5) 권영성, 헌법학원론, 678면.
6) 장영수, 헌법학, 830면.

근로기준법 제38조 【임금채권 우선변제】 ① 임금 · 재해보상금 기타 근로관계로 인한 채권은 사용자의 총재산에 대하여 질권 또는 저당권에 의하여 담보된 채권을 제외하고는 조세 · 공과금 및 다른 채권에 우선하여 변제되어야 한다. 다만, 질권 또는 저당권에 우선하는 조세 · 공과금에 대하여는 그러하지 아니하다. ② 제1항의 규정에 불구하고 다음 각호의 1에 해당하는 채권은 사용자의 총재산에 대하여 질권 또는 저당권에 의하여 담보된 채권, 조세 · 공과금 및 다른 채권에 우선하여 변제되어야 한다.
1. 최종 3월분의 임금

[헌법재판소 : 퇴직금채권자의 저당권자에 대한 우선권문제]
기업의 사용자와 근로자는 크게 보면 모두 그 기업의 일체적(一體的)인 운영주체라고 할 수 있으나, 질권자나 저당권자는 어디까지나 그 기업을 위하여 기업에 자금을 제공한 제3자이다. 그렇다면 기업이 경영압박을 당하거나 도산을 하는 것은 사용자뿐만 아니라 근로자에게도 일부 그 책임이 있는 경우도 있다고 할 것인데, 담보물권제도라는 사법질서(私法秩序)의 근간을 흔들면서까지 그 기업을 위하여 자금을 제공한 제3자를 희생시키고 오히려 그 기업의 근로자를 우선적으로 보호한다는 것은 심히 부당하다고 아니할 수 없다. 결국 질권이나 저당권의 본질적 내용을 이루는 우선변제수령권이 형해화하게 되므로 이 사건 법률조항(근로기준법 제130조의2 제2항, 퇴직금채권자의 저당권자에 대한 우선권) 중 '퇴직금' 부분은 질권이나 저당권의 본질적 내용을 침해할 소지가 생기게 되는 것이다.[1)]

2.3.3. 무노동 · 무임금의 원칙

임금과 관련하여 이른바 무노동 · 무임금의 원칙이 헌법상 어떠한 의미를 가지는가가 문제되고 있다. 무노동 · 무임금의 원칙이라 함은 파업기간 또는 근로시간중의 노조활동이나 노조전임자에 대하여는 임금을 지급하지 아니한다는 원칙을 말한다.

과거 대법원은 「쟁의행위로 인하여 사용자에게 근로를 제공하지 아니한 근로자는 일반적으로 근로의 대가인 임금을 청구할 수 없다 할 것이지만, 구체적으로 임금청구권을 갖지 못하는 임금의 범위는 임금 중 사실상 근로를 제공한데 대하여 받는 교환적 부분과 근로자로서의 지위에서 받는 생활보장적 부분 중 전자만에 국한된다」라고 판시하였다.[2)] ☞ 무노동 부분임금의 원칙

그러나 대법원은 1995년 12월 21일 종전의 「무노동 부분임금」의 판례를 변경하여 무노

1) 헌재결 1997. 8. 21, 94헌바19; 헌재결 95헌바34; 97헌가11(병합).
2) 대판 1992. 3. 27, 91다36307 【임금】 가. 쟁의행위로 인하여 근로를 제공하지 아니한 근로자가 구체적으로 지급청구권을 갖지 못하는 임금의 범위(=교환적 부분) 나. 임금의 교환적 부분과 생활보장적 부분을 구별하는 기준 다. 지역의료보험조합의 직원에게 지급되는 정근수당이 위 "나"항의 생활보장적 부분의 임금에 해당된다고 한 사례.

동완전무임금설을 채택하였다.[1] ☜ **무노동 무임금의 원칙**

2.3.4. 최저임금제의 실시

최저임금이란 인간의 물질적인 생활을 위하여 필요한 최소한다의 임금수준을 의미한다.[2] 헌법 제32조 제1항의 최저임금제는 국가가 법적 강제력을 가지고 임금의 최저한도를 확정함으로써, 그 이하의 임금수준으로는 사용자가 근로자를 고용하지 못하도록 하고, 이를 통하여 상대적으로 불리한 위치에 있는 근로자를 보호하려는 제도이다. 이것은 근로자의 임금이 산업구조 · 기업규모 · 경영방식이나 환경에 따라서는 최저생활의 수준에도 미달될 가능성도 없지 아니하다는 우려 때문에, 근로자에게 필요한 최소한의 생활급을 직접 헌법의 수준에서 보장하려는 것이다.[3] 헌법은 최저임금제에 대해 명시적 규정을 둠으로써 이에 대하여는 입법자의 입법재량이 인정되지 아니하며, 헌법규정에 따라 제정된 법률이 최저임금법이다. 동법은 최저임금의 결정기준과 관련하여「최저임금은 근로자의 생계비, 유사근로자의 임금, 노동생산성 및 소득분배율 등을 고려하여 정한다. 이 경우 사업의 종류별로 구분하여 정할 수 있고(최저임금법 제4조 제1항), 사업의 종류별 구분은 제12조에 따른 노동부 산하의 최저임금위원회의 심의를 거쳐 노동부장관이 정한다(최저임금법 제4조 제2항)」고 규정하고 있다.

2.3.5. 동일노동에 대한 동일임금의 원칙

헌법 제32조 제4항은「여자의 근로는 특별한 보호를 받으며, 고용 · 임금 및 근로조건에 있어서 부당한 차별을 받지 아니한다」라고 하여 性에 관계없이 동일노동에 대하여는 동일임금을 지급하도록 규정하고 있다. 이에 따라 근로 기준법에는 균등처우의 원칙이 규정되어 있고(제5조), 남녀고용평등과 일 · 가정양립지원에관한법률(舊 남녀고용평등법) 제8조에도 동일가치의 노동에 대하여는 동일임금을 지급하여야 한다는 원칙을 규정하고 있다.

> [남녀고용평등과 일 · 가정양립지원에관한법률] : 舊 남녀고용평등법
>
> 제8조 (임금) ① 사업주는 동일한 사업 내의 동일 가치 노동에 대하여는 동일한 임금을 지급하여야 한다.
>
> ② 동일 가치 노동의 기준은 직무 수행에서 요구되는 기술, 노력, 책임 및 작업 조건 등으로 하고, 사업주가 그 기준을 정할 때에는 제25조에 따른 노사협의회의 근로자를 대표하는 위원의 의견을 들어야 한다.

1) 대판 1995. 12. 21, 94다2671 참조.
2) 이준일, 헌법학강의, 단락번호 [4.10.64].
3) 권영성, 헌법학원론, 678면.

③ 사업주가 임금차별을 목적으로 설립한 별개의 사업은 동일한 사업으로 본다.

대판 1993. 4. 9, 92누15765【부당해고구제재심판정취소】

성별작업의 구분이나 근로조건의 구분을 명확히 하지 아니한 채 男女를 차별하여 정년을 규정한 것은 합리적 이유 없이 남녀의 차별적 대우를 하지 못하도록 한 근로기준법 제5조와 근로자의 停年에 관하여 여성인 것을 이유로 남성과 차별해서는 아니된다고 한 남녀고용평등법 제8조 등 강행법규에 위배되어 무효이다.

同一價値의 노동인가 아닌가에 대한 판단기준은 노동의 수행에서 요구되는 기술·노력·책임·작업조건 등 이어야한다.

2.4. 근로조건기준의 법정주의

헌법 제32조 제3항은「근로조건의 기준은 인간의 존엄성을 보장하도록 법률로 정한다」라고 하여 근로조건법정주의를 채택하면서, 근로조건의 판단기준으로서 인간의 존엄성을 들고 있다.[1] 근로조건이라 함은 임금과 그 지불방법, 취업시간과 휴식시간, 안전시설과 위생시설, 재해보상 등 근로계약에 의하여 근로자가 근로를 제공하고 임금을 수령하는 데 관한 조건들을 말한다.[2][3] 근로조건에 관한 기준을 법률로써 정한다는 것은 당사자 간의 자유로운 계약에 의한 근로조건에 관하여 법률이 최저한의 제한을 설정한다는 의미이다.[4] 따라서 이 조항은 계약자유의 원칙에 대한 수정을 의미하는 것이다. 근로기준을 정한 일반법으로서 근로기준법이 있다.

근로조건법정주의를 취하는 것은 근로자의 인간의 존엄성을 보장하기 위해서만이 아니라, 근로자와 사용자간의 사회적 평화를 위하여 민주적 정당성이 있는 입법자가 이를 정할 필요가 있기 때문이다.[5]

1) 이준일, 헌법학강의, 단락번호 [4.10.65].
2) 헌재결 2003. 7. 24, 2002헌바51【산업재해보상보험법 제5조 단서 등 위헌소원 (동법시행령 제3조 제1항 제3호)】
3) 대판 1992. 6. 23, 91다19210【임금청구등】근로조건이라 함은 사용자와 근로자 사이의 근로관계에서 임금·근로시간·후생·해고 기타 근로자의 대우에 관하여 정한 조건을 말한다.
4) 홍성방, 헌법학, 588면.
5) 헌재결 1996. 8. 29, 95헌바36【구 산업재해보상보험법 제4조 단서 위헌소원】

헌재결 2003. 7. 24, 2002헌바51 【산업재해보상보험법 제5조 단서 등 위헌소원 (동법 시행령 제3조 제1항 제3호)】

헌법이 근로조건의 기준을 법률로 정하도록 한 것은 인간의 존엄에 상응하는 근로조건에 관한 기준의 확보가 사용자에 비하여 경제적·사회적으로 열등한 지위에 있는 개별근로자의 인간존엄성의 실현에 중요한 사항일 뿐만 아니라, 근로자와 그 사용자들 사이에 이해관계가 첨예하게 대립될 수 있는 사항이어서 사회적 평화를 위해서도 민주적으로 정당성이 있는 입법자가 이를 법률로 정할 필요성이 있으며, 인간의 존엄성에 관한 판단기준도 사회·경제적 상황에 따라 변화하는 상대적 성격을 띠는 만큼 그에 상응하는 근로조건에 관한 기준도 시대상황에 부합하게 탄력적으로 구체화하도록 법률에 유보한 것이다.[1]

헌재결 1999. 9. 16, 98헌마310 【근로기준법 제10조 제1항】

입법자는 헌법 제32조 제3항에 의거하여 근로조건의 최저기준을 근로기준법에 규정하고 있다. <u>근로기준법은 근로조건의 기준을 규정한 일반법이다</u>. 인간의 존엄에 상응하는 근로조건의 기준이 무엇인지를 구체적으로 정하는 것은 일차적으로 입법자의 형성의 자유에 속한다.

근로기준법이 적용되는 사업에 있어 근로자와 사용자는 근로기준법의 기준에 미달하는 근로조건을 근로계약에 의하여 규정할 수 없으며, 설령 근로자와 사용자가 근로기준법의 규정에 위반하는 내용에 합의를 하였더라도 기준미달의 계약부분은 당연히 무효이다.[2] 무효가 되는 부분은 근로기준법에 정한 기준에 따른다.[3]

2.5. 여자와 연소자에 대한 근로의 특별보호

헌법 제32조 제4항과 제5항은 「여자와 연소자의 근로는 특별한 보호를 받는다」라고 하여 여자와 연소자의 근로를 특별히 보호하고 있다. 이들 사항은 성격상 제32조 제3항의 근로조건기준의 법정주의에 포함되어야 하는 것이지만, 그들의 특별한 보호를 위하여 별개의 조항으로 규정하고 있다. 이에 따라 근로기준법은 여자와 연소자의 근로를 특별히 보호하기 위한 규정들을 두고 있다.

[근로기준법상 **여자와 연소자의 근로를 특별히 보호하기 위한 규정**]
- 年少者에 대한 근로최저연령(제64조) : 15세미만인자의 근로자사용금지
- 위험한 사업에의 사용금지(제65조)
- 근로시간의 단축(제69조) : 근로시간의 제한

---

1) 同旨 헌재결 1996. 8. 29, 95헌바36 【구 산업재해보상보험법 제4조 단서 위헌소원】
2) 대판 1990. 12. 21, 90다카24496; 대판 75다801.
3) 권영성, 헌법학원론, 680면.

- 갱내근로의 금지(제72조)
- 여자에 대한 생리휴가(제73조)
- 산전 · 산후휴가와 임신 중의 임금보장(제74조)

2.6. 국가유공자 등의 근로기회우선보장

헌법은 제32조 제6항에서 국가유공자 등의 근로기회를 우선적으로 보장하고 있다. 「국가유공자 · 상이군경 및 전몰군경의 유가족[1]은 법률이 정하는 바에 의하여 우선적으로 근로의 기회를 부여 받는다」라고 규정하고 있다. 이것은 국가와 민족을 위하여 헌신한 공로(보훈)에 대한 국가적 보상이라 할 것이다. 국가유공자등예우및지원에관한법률이 이에 관한 법률이다.

헌재결 2003. 7. 24, 2002헌마378 【입법부작위 위헌확인】

헌법 제32조 제6항에서, 국가유공자 등은 법률이 정하는 바에 의하여 우선적으로 근로의 기회를 부여받는다고 규정하고 있으므로 국가가 국가유공자에게 예우할 구체적인 의무의 내용이나 범위, 그 방법 · 시기 등은 입법자의 광범위한 입법형성의 재량영역에 속하는 것으로 기본적으로는 국가의 입법정책에 달려 있다고 할 것이다.[2]

<사례>

갑은 7급 검찰사무직 국가공무원 공개경쟁채용시험에 응시하기 위하여 준비 중인 자로서, 국가유공자와 그 유족 등 취업보호대상자가 국가기관 등 취업보호실시기관이 그 직원을 채용하는 시험에 응시하는 경우에 필기시험 등 채용시험의 득점에 만점의 10퍼센트를 가산하도록 규정하고 있는 국가유공자등예우및지원에관한법률 제34조 제1항이 자신의 헌법상 보장된 평등권, 공무담임권, 직업선택의 자유를 침해하고 있다고 주장하면서, 2000. 1. 11. 이 사건 헌법소원심판을 청구하였다.

<해설>

공무원 채용시험에 있어 전체 합격자 중 취업보호대상자가 차지하는 비율 등에 비추어 볼 때 전체적으로 입법목적의 비중과 차별대우의 정도가 균형을 이루고 있다고 할 것이므로, 개별적 시험에 있어서 일부 소수직렬의 경우 채용인원이나 시험의 난이도 등에 따라 취업보호대상자 이외의 자가 합격하기 매우 어렵게 되거나 합격 자체가 불가능하게 되는

---

1) 헌법재판소는 우선적 근로기회의 보장을 받는 받는 대상은 국가유공자 본인, 상이군경 본인 및 전몰군경의 유가족에 한정된다고 한다(헌재결 2006. 2. 23, 2004헌마675). 따라서 국가유공자의 가족 및 상이군경의 가족은 제외된다(이준일, 헌법학강의, 단락번호 [4.10.70]).

2) 헌재결 1995. 7. 21, 93헌가14; 헌재결 1997. 6. 26, 94헌마52; 헌재결 1998. 2. 27, 97헌가10; 헌재결 2000. 6. 1, 98헌마216 【국가유공자등예우및지원에관한법률 제20조 제2항 등 위헌확인 (국가유공자등예우및지원에관한법률시행령 제31조)】

일이 발생할 수 있다고 하여 이러한 점만으로 그 균형이 깨졌다고 볼 것은 못된다. 무엇보다도 헌법재판소가 위헌으로 선언한 제대군인가산점제도는 헌법이 특히 금지하고 있는 여성차별적인 성격을 띠고 있는데 반하여, 이 사건 가산점제도는 국가유공자 등에게 우선적으로 근로의 기회를 제공할 것을 규정하고 있는 헌법 제32조 제6항에 근거를 두고 있는 제도라는 점을 고려하면, 위와 같은 일부 문제점에도 불구하고 이 사건 가산점제도가 법익균형성을 상실한 제도라고는 볼 수 없다.

따라서 이 사건 가산점제도는 국가유공자와 그 유족 등에 비하여 그 이외의 자를 비례의 원칙에 반하여 차별하는 것으로는 볼 수 없으므로, 청구인의 평등권을 침해하지 아니한다.[1)]

V. 근로의 권리의 효력

1. 근로의 권리의 자유권적 측면

헌법 제32조 제1항의 근로의 대국가적 효력(주관적 공권)을 가질 뿐 아니라 사인간에서도 그 자유권적 측면은 제3자적 효력(간접적용설에 입각한 대사인적 효력)을 가진다. 특히 동조 제4·5항의 여자와 연소자의 근로의 특별보호에 관한 규정과 근로관계에 있어서 여성의 차별금지에 관한 규정은 국가에 대해서 뿐만 아니라(주관적 공권으로서의 대국가적 효력) 제3자인 사용자에 대해서도 대사인적 효력을 가진다.[2)]

2. 근로의 권리의 사회적 기본권의 측면

현재 근로의 권리를 구체화하고 있는 법률로는 근로기준법을 비롯한 각종 노동법규정들이 헌법상의 근로의 권리를 구체화시키고 있다.[3)]

1) 헌재결 2001. 2. 22, 2000헌마25 【국가유공자등예우및지원에관한법률제34조제1항위헌확인】
2) 권영성교수는 근로의 권리의 대사인적 효력을 자유권적 측면에서 제3자인 사용자에 대하여 직접적 효력을 갖는다고 한다(권영성, 헌법학원론, 681면); 홍성방교수는 간접적 대사인적 효력을 갖는다고 한다(홍성방, 헌법학, 588면).
3) 장영수, 헌법학, 832면.

VI. 근로의 권리의 제한

근로의 권리가 지니고 있는 자유권적 측면은 헌법 제37조 제2항에 의하여 국가안전보장·질서유지 또는 공공복리를 위하여 필요한 경우에 한하여(최소침해의 원칙) 법률로써 제한될 수 있고, 근로의 권리가 지니고 있는 사회적 기본권으로서의 측면은 국가안전보장과 질서유지를 위하여 필요한 경우에 한하여(최소침해의 원칙) 법률로써 제한될 수 있다.

[근로의 권리]

자유권 : 헌법 제37조 제2항에 의하여 국가안전보장·질서유지 또는 공공복리를 위하여 필요한 경우에 한하여(최소침해의 원칙) 법률로써 제한

사회적 기본권 : 국가안전보장과 질서유지를 위하여 필요한 경우에 한하여(최소침해의 원칙) 법률로써 제한

제 6 항 근로삼권

현행 헌법 제32조 제1항에서는 "모든 국민은 근로의 권리를 가진다."고 함으로써 근로의 권리를 선언함과 동시에 헌법 제33조 제1항은 「근로자는 근로조건의 향상을 위하여 자주적인 단결권·단체교섭권 및 단체행동권을 가진다」라고 하여 근로자의 근로삼권을 보장하고,[1][2] 제2항은 「공무원인 근로자는 법률이 정하는 자에 한하여 단결권·단체교섭권 및 단체행동권을 가진다」라고 하여 일정한 범위의 공무원에 한하여(법률이 정하는 공무원 : 공무원의노동조합설립및운영등에관한법률)[3] 근로3권을 보장하고 있다. 제3항은 「법률이

1) 헌재결 1993. 3. 11, 92헌바33 【노동조합법 제45조의2 등 위헌소원】

2) 오늘날 대부분의 국가에서는 우리나라의 근로삼권과 유사한 권리를 근로자에게 인정하고 있지만, 그 보장형태는 a) 헌법적 차원에서 이를 보장하는가 아니면 법률에서 이를 보장하는가, b) 근로3권(단결권·단체교섭권·단체행동권)을 모두 보장하느냐, 일부만 보장하느냐 등의 점에서 차이가 있다. 우리나라는 1948년 건국헌법(제18조 근로자의 단결, 단체교섭과 단체행동의 자유는 법률의 범위내에서 보장된다. 영리를 목적으로 하는 사기업에 있어서는 근로자는 법률의 정하는 바에 의하여 이익의 분배에 균점할 권리가 있다)에서부터 일관되게 근로삼권을 국민일반의 결사의 자유(헌법 제21조 제1항)와는 별도로 근로자의 '단결의 자유'를 보장하면서, 단결권과 단체교섭권 및 단체행동권을 병렬적으로 함께 규정하고 있다. 1962년 헌법에서는 공무원의 근로삼권제한에 관한 규정이 도입되었고(1962년 헌법 제29조 제2항), 1972년 헌법은 이를 "공무원과 국가·지방자치단체·국영기업체·공익사업체 또는 국민경제에 중대한 영향을 미치는 사업체에 종사하는 근로자의 단체행동권"에 대한 제한으로까지 확대하였다(1972년 헌법 제29조 제3항). 1987년의 현행헌법에서는 이것이 약간 완하되어 공무원에 대한 근로삼권의 제한(제33조 제2항), 법률이 정하는 중요방위산업체에종사하는 근로자의 단체행동권을 제한(제33조 제3항)하는 정도로 조정되었다. 일본은 헌법에서 '단결권·단체교섭 기타 단체행동권'을 보장한다고 규정한다. 미국은 연방헌법에는 결사의 자유만이 규정되어 있고, 노동삼권은 법률(연방노동관계법)차원에서 규정하고있다. 독일은 연방헌법인 기본법에서 결사의 자유와는 별도로 '단결의 자유'를 보장하나, 단결권 외의 노동삼권을 병렬적으로 규정하고 있지 않으며, 단결권은 사용자를 포함한 모든 국민의 기본권으로서 규정하고 있다.

3) 공무원의노동조합설립및운영등에관한법률 제6조 (가입범위) ① 노동조합에 가입할 수 있는 공무원의 범위는 다음 각호와 같다. 1. 6급 이하의 일반직공무원 및 이에 상당하는 연구 또는 특수기술직렬의 일반직공무원 2. 특정직공무원중 6급 이하의 일반직공무원에 상당하는 외무행정·외교정보관리직공무원 3. 기능직공무원 4. 6급 이하의 일반직공무원에 상당하는 별정직공무원 및 계약직공무원 5. 고용직공무원 ② 제1항의 규정에 불구하고 다음 각호의 1에 해당하는 공무원은 노동조합에 가입할 수 없다. 1. 다른 공무원에 대하여 지휘·감독권을 행사하거나 다른 공무원의 업무를 총괄하는 업무에 종사하는 공무원 2. 인사·보수에 관한 업무를 수행하는 공무원 등 노동조합과의 관계에서 행정기관의 입장에 서서 업무를 수행하는 공무원 3. 교정·수사 그 밖에 이와 유사한 업무에 종사하는 공무원 4. 업무의 주된 내용이 노동관계의 조정·감독 등 노동조합의 조

정하는 주요방위산업체에 종사하는 근로자의 단체행동권은 법률이 정하는바에 의하여 이를 제한하거나 인정하지 아니할 수 있다」라고 하여 주요방위산업체에 종사하는 근로자의 단체행동권을 법률(노동조합및노동관계조정법 · 노동위원회법 · 근로자참여및협력증진에관한법률)이 정하는 바에 의하여 제한하고 있다.

I. 근로삼권의 의의

근로3권(노동3권)이라 함은 자본주의경제 · 사회에서 생산수단 등을 소유하지 못한 경제적 · 사회적 약자인 근로자들이 인간다운 생활을 확보하기 위한 현실적인 방법으로서, 사용자(자본가)와 대등한 관계에서 그들의 근로조건의 향상을 위하여 자주적 조직체를 결성하고(단결권), 그 조직체의 이름으로 교섭을 하며(단체교섭권), 그 교섭이 원만하게 이루어지지 아니할 경우에 단체행동을 할 수 있는 권리(단체행동권)를 총칭한다.[1] 따라서 근로삼권은 근로의 권리처럼 근로의 기회를 제공하도록 요구할 수 있는 권리(근로기회제공청구권)는 아니지만, 근로의 권리를 실질적으로 보장하는 역할을 한다.[2]

헌재결 1993. 3. 11, 92헌바33 【노동조합법 제45조의2 등 위헌소원】 근로3권의 보장취지

헌법이 근로자의 근로삼권을 보장하는 취지는 원칙적으로 개인과 기업의 경제상의 자유와 창의를 존중함을 기본으로 하는 시장경제의 원리를 경제의 기본질서로 채택하면서 노동관계당사자가 상반된 이해관계로 말미암아 계급적 대립 적대의 관계로 나아가지 않고 활동과정에서 서로 기능을 나누어 가진 대등한 교섭주체의 관계로 발전하게 하여 그들로 하여금 때로는 대립 · 항쟁하고 때로는 교섭 · 타협의 조정과정을 거쳐 분쟁을 평화적으로 해결하게 함으로써, 근로자의 이익과 지위의 향상을 도모하는 사회복지국가 건설의 과제를 달성하고자 함에 있다.

합원으로서의 지위를 가지고 수행하기에 적절하지 아니하다고 인정되는 업무에 종사하는 공무원 ③ 공무원이 면직 · 파면 또는 해임되어 노동조합및노동관계조정법 제82조제1항의 규정에 따라 노동위원회에 부당노동행위의 구제신청을 한 때에는 중앙노동위원회의 재심판정이 있을 때까지는 노동조합원의 지위를 상실하는 것으로 보아서는 아니된다. ④ 제2항의 규정에 의한 공무원의 범위는 대통령령으로 정한다.

1) 권영성, 헌법학원론, 682면; 양건, 헌법강의, 692면.
2) 장영수, 헌법학, 833면.

II. 근로삼권의 법적 성격

1. 자유권적 기본권

근로3권은 자유권적 측면과 사회적 기본권의 측면을 가지고 있다.[1] 근로삼권은 노동기본권, 노동삼권 등 다양한 용어로 사용된다. 초기에는 국가의 억압으로부터의 자유라고 하는 소극적 측면에서의 자유권적 성격이 강조되었다(소극적 보호). 근로3권이 자유권의 성격을 가진다는 의미는 국가가 근로자의 단결권 · 단체교섭권 · 단체행동권을 방해하지 못한다는 의미이다.[2]

우리나라에서는 국가권력으로부터의 부당한 간섭이나 방해(공무원 · 교원의 노동삼권 제한, 강제중재제도 등)를 비판하려는 목적에서 노동삼권의 자유권성이 재강조되면서 혼합권설(자유권 + 사회적 기본권)이 등장하여 기존의 사회적 기본권설과 입장이 양립되고 있다. 다시 말하면 근로자가 단결권 · 단체교섭권 · 단체행동권을 행사함에 있어 국가로부터 부당한 간섭이나 제재를 받지 아니하는 것(국가적 제재로부터의 자유)은 자유권의 성격을 가지는 것이다.[3] 근로자의 단결이나 쟁의행위가 국가권력에 의하여 형사적인 방법 등으로 처벌받지 아니한다는 점은 근로3권이 자유권의 성격을 지니고 있음을 반영한 것이다.

2. 사회적 기본권

20세기 초반 이후 노동기본권으로서 보장되면서 자유권을 능가하는 두터운 적극적 측면에서의 법적 보호(적극적 보호)가 강조되어 사회적 기본권으로서의 성격이 강조되었다.

근로의 권리가 사회권적 기본권의 성격을 가진다는 것은 자본주의사회에서 생산수단을 소유하지 못한 경제적 약자인 근로자가 인간다운 생활을 확보하기 위하여 국가적 생존배려(Daseinsvorsorge)와 보호를 요구할 수 있고(부당노동행위의 방지 등), 국가는 근로자가 사용자와 대등한 지위를 가질 수 있는 법적 제도를 마련할 입법의무를 지며, 근로자는 이를 요구할 권리를 갖는다는 점이다.[4]

헌법 제33조는 근로자가 단결 · 단체교섭 · 단체행동을 하는 경우에 국가로 부터의 형사책임만을 면제하여 주는데 그치지 아니하고 사용자에 대한 손해배상책임 등 민사책임까지 면제하고 있다.[5] 또한 사용자의 부당노동행위 등에 의하여 근로의 권리가 침해된 때에

---

1) 양건, 헌법강의, 692면.
2) 양건, 헌법강의, 692면.
3) 계희열; 김철수; 성낙인; 정종섭; 허영; 홍성방; 권영성, 헌법학원론, 684면; 이준일, 헌법학강의, 단락번호 [4.10.88].
4) 양건, 헌법강의, 693면.

는 국가로 하여금 여기에 적극적으로 개입하여 근로자에게 법적 구제(노동위원회 등에 의한 구제)를 부여하도록 요구할 수 있음을 보장한 취지로 해석하여야 한다. 이러한 점은 근로3권의 사회적 기본권의 성격으로부터 나오는 효과라고 할 수 있다. 근로3권이 사회적 기본권으로서의 성격을 지녔다는점은 학자들의 견해가 일치한다(통설).[1] 특히 오늘날에는 사회적 기본권으로서의 측면이 보다 중시되고 있다고 한다.[2] 헌법재판소는 근로3권이 '사회적 보호기능을 담당하는 자유권' 혹은 '사회권적 성격을 띤 자유권'이라 한다.[3]

단결권은 단체교섭권, 단체행동권의 기초가 되는 권리이며, 독일 기본법 처럼 단결권만을 규정하고 있는 경우도 있다.[4] 단체교섭권은 근로3권 중에서도 가장 핵심적인 권리이다.

III. 근로삼권의 구조

단결권 · 단체교섭권 · 단체행동권 등 근로3권은 그 들 상호간에 밀접한 관련을 가지면서 근로자의 생존권을 확보하고 그들의 경제적 지위를 향상시키기 위한 수단으로 간주되고 있다. 단결권은 근로자집단이 근로조건과 그들의 경제적 지위를 향상시키기 위한 수단으로서 근로3권 중에서도 가장 기초적인 것이다.[5] 왜냐하면 근로자의 단결권이 인정되지 아니하면, 그 다음단계인 단체교섭권이나 단체행동권의 행사는 사실상 불가능하기 때문이다. 근로자의 단결은 그 자체가 목적이 아니라 사용자와의 단체교섭을 유리하게 전개하기 위한 전제가 되는 것이며, 단체행동권은 단체교섭권을 위한 수단의 의미가 있는 것이다.[6] 그리고 단결체가 단체교섭을 수행한다고 하여 교섭이 원만하게 이루어 지는 것은 아니므로 더 나아가 단체행동권이 보장되지 아니하면 근로기본권은 결과적으로 무용한 것이 되고 만다. 헌법 이 근로3권을 동일조항에서 일체적 근로기본권으로 보장하고 있는 것도 그 때문이다. 따라서 단결권 · 단체교섭권 · 단체행동권은 별개의 차원이 아닌 전체적 · 통일적인 시각에서 종합적 · 유기적으로 접근하여야 한다.[7]

---

5) 권영성, 헌법학원론, 684면; 양건, 헌법강의, 693면.

1) 계희열; 김철수; 성낙인; 정종섭; 허영; 양건; 권영성, 헌법학원론, 법문사,684면; 이준일, 헌법학강의, 단락번호 [4.10.88]; 홍성방교수는 자유권적 성격과 사회권적 성격을 동시에 가진다는 혼합권권이 다수설 판례라고 하면서, 사회권적 성격을 띤 자유권이라 한다(홍성방, 헌법학, 590면).

2) 권영성, 헌법학원론, 684면.

3) 헌재결 1998. 2. 27, 94헌바13 등.

4) 양건, 헌법강의, 692면.

5) 양건, 헌법강의, 692면.

6) 양건, 헌법강의, 692면.

그러나 근로삼권은 근로자를 무조건 우선시키고, 사용자를 억압하자는 것이 아니고, 근로삼권의 목적은 어디까지나 근로자와 사용자의 대등성을 확보하기 위한 제도적 장치임을 간과해서는 안된다.[1)]

IV. 단결권

1. 단결권의 의의

단결권이라 함은 근로자들이 근로조건의 유지 또는 개선을 도모하기 위하여 사용자와 대등한 교섭력을 가질 목적으로 자주적 단체(노동조합 · 쟁의단)[2)]를 결성하고 이에 가입하여 활동할 수 있는 권리를 말한다.[3)] 즉, 근로조건의 향상을 도모하기 위하여 근로자와 그 단체에 부여된 단결의 조직 및 활동을 위시하여 단체에의 가입 및 단체의 존립보호를 위한 헌법상의 권리라고 할 수 있다.[4)]

이러한 단결권은 단결하지 않을 자유인 소극적 단결권을 보장한 것이 아니고 단결할 자유인 적극적 단결권을 보장한 것이기 때문에 어느 정도의 단결강제(유니언 숍 : union shop)는 방어적 견지에서 용인될 수 있다는 것이 일반적 견해이다.

대판 1998. 3. 24, 96누16070 【부당노동행위구제재심판정취소】

[1] 구 노동조합법(1996. 12. 31. 법률 제5244호로 폐지되기 이전의 것) 제39조 제2호 단서 소정의 조항, 이른바 유니언 숍(Union Shop) 협정은 노동조합의 단결력을 강화하기 위한 강제의 한 수단으로서 근로자가 대표성을 갖춘 노동조합의 조합원이 될 것을 '고용조건'으로 하고 있는 것이므로 단체협약에 유니언 숍 협정에 따라 근로자는 노동조합의 조합원이어야만 된다는 규정이 있는 경우에는 다른 명문의 규정이 없더라도 사용자는 노동조합에서 탈퇴한 근로자를 해고할 의무가 있다.

[2] 단체협약상의 유니언 숍 협정에 의하여 사용자가 노동조합을 탈퇴한 근로자를 해고할 의무는 단체협약상의 채무일 뿐이고, 이러한 채무의 불이행 자체가 바로 구 노동조합법

---

7) 권영성, 헌법학원론, 685면.

1) 장영수, 헌법학, 835면.

2) 노동조합이외에 일시적인 쟁의단체의 구성 및 이에 대한 가입도 단결권의 내용에 포함되지만, 주로 문제되는 것은 노동조합이다. 근로자단체에 일시적인 단체(쟁의단)를 제외시킬 이유가 없다(홍성방, 헌법학, 592면)

3) 양건, 헌법강의, 695면.

4) 여기서의 단체는 일반적으로 영속적 단체인 노동조합의 형태를 띠게 되지만 일시적 단체인 쟁의단(爭議團)일 수도 있다(권영성, 헌법학원론, 685면).

(1996. 12. 31. 법률 제5244호로 폐지되기 이전의 것) 제39조 제4호 소정 노동조합에 대한 지배·개입의 부당노동행위에 해당한다고 단정할 수 없다.

[3] 부당 노동행위가 성립하려면 사용자에게 근로자가 노동조합을 조직 또는 운영하는 것을 지배하거나 개입할 의사가 있어야 하는 것인바, 위 조합을 탈퇴한 4명의 근로자에 대한 해고조치를 취하지 아니한 사용자에게 그러한 의사가 있었던 것으로 볼 수가 없다.

또한 노동조합및노동쟁의조정법 제81조 제2호 단서에 의한 제한적 유니언 숍도 단결권 보장의 견지에서 인정되고 있는 것이다.[1] 아울러 헌법 제33조에 보장된 단결권에는 개인이 노동조합을 결성하거나 가입, 탈퇴하는 <u>개인적 단결권</u>과, 단체자체의 단결권을 의미하는, 즉 노동조합의 존립과 활동에 관한 <u>단체의 단결권</u>(단위노조들이 산별노조 또는 노총 등을 구성하거나 이에 가입·활동하는 권리)도 포함되어 있다고 해석하고 있다.[2] 이러한 단결권을 사용자가 침해하는 경우 부당노동행위구제제도에 의하여 침해당한 권리를 회복할 수 있다(노동조합및노동쟁의조정법 제81조 이하).

---

1) 복수노동조합이 허용되는 경우, 사용자가 제1노동조합과 유니언 숍(Union Shop) 협정을 체결한 상태에서 제1노동조합을 탈퇴하여 제2노동조합에 가입한 근로자에 대하여 제1노동조합 탈퇴를 이유로 해고를 할 수 있는지 여부(소극) [결정요지] : <u>유니언 숍(Union Shop) 협정은 소극적 단결권과 직업선택의 자유를 침해하거나 이에 위배된고 볼 수도 있으나 소극적 단결권 내지 직업선택의 자유와 근로자의 단결권 강화, 노동조합의 조직유지와 강화라는 이익과 비교교량할 때 헌법이나 노동관련제법의 취지에도 부합하는 것이기 때문에 유효</u>하지만, 유니언 숍 협정이 관련근로자에게 미치는 강력한 효과에 비추어 볼 때 유니언 숍 협정은, 노동조합이 당해 사업장에 종사하는 근로자의 3분의 2 이상을 대표하고 있지 아니함에도 불구하고 근로자가 그 노동조합의 조합원이 될 것을 고용조건으로 하는 단체협약을 체결한 경우, <u>유니언 숍 협정 체결 당시에 근로자자 이미 다른 노동조합에 가입하고 있거나 새로 입사한 근로자가 다른 노동조합에 가입한 경우에는 적용되지 아니하고</u>, 또한 노동조합및노동관계조정법 제81조 제2호 본문 전단 및 근로자의 단결선택의 자유와 관련하여 볼 때 유니언 숍 협정을 체결한 후 당해 노동조합에서 탈퇴한 근로자가 당해 노동조합이 유니언 숍 협정에 기해 사용자에게 노동조합 탈퇴자의 해고를 요구하는 시점을 기준으로 다른 노동조합에 가입하고 있거나 새로운 노동조합을 결성한 경우에는 그 효력이 미치지 않고, 사용자는 당해 근로자를 해고할 의무를 지지 않는다고 보아야 한다. [참조조문] : 구 노동조합법(1996. 12. 31. 법률 제5244호로 폐지된 것) 제3조, 노동조합및노동관계조정법 제5조, 제81조 제1호, 제81조 제2호, 부칙 제5조 제1항 [참조판례] : 대판 96다28899(1996. 10. 29.); 대판 96누16070(1998. 3. 24.).

2) 양건, 헌법강의, 695면; 집단적 단결권(장영수, 헌법학, 839면); 이준일, 헌법학강의, 단락번호 [4.10.81].

2. 단결권의 주체

2.1. 근로자와 단결체

2.1.1. 근로자

단결권의 주체인 근로자는 직업의 종류를 불문하고 자신의 노동력을 제공하고 그 대가인 임금·급료 기타 이에 준하는 수입으로 생활하는 자를 말한다(노동조합및노동관계조정법 제2조 제1호). 이때의 근로자는 육체적·정신적 근로자를 모두 포함한다. 해고된 자가 노동위원회에 부당노동행위의 구제신청을 한 경우에는 중앙노동위원회의 재심 판정이 있을 때까지는 근로자로 해석한다(노동조합및노동관계조정법 제2조 제3호 라 단서)고 하고 있다.[1)]

단결권의 주체는 1차적으로 헌법상 '근로자'로 명시되어 있지만, 위에서 설명한 바와 같이 그 해석상 근로자 개인(개인적 단결권) 외에도 근로자집단·단체를 보장주체(단체의 단결권)로 인정한다. 근로삼권은 근로자단체를 통해 집단적으로 행사되어야만 비로소 그 실효성을 거둘 수 있기 때문이다. 다만, 근로자단체는 법률제도와의 관계에서 ① 노동조합만으로 보는 견해(법률노조·헌법노조일원론)와, ② 그 이외의 법외노조(헌법노조)도 인정하는 견해(법률노조·헌법노조이원론)로 나뉜다.

> 대판 1992. 3. 31, 91다14413 【노조위원장선거무효확인】 노동조합원의 지위
>
> 근로자가 회사로부터 해고를 당하였다 하더라도 상당한 기간 내에 노동위원회에 부당노동행위구제신청을 하여 그 해고의 효력을 다투고 있었다면, 위 법규정의 취지에 비추어 노동조합원으로서의 지위를 상실하는 것이라고 볼 수 없다.

경제적으로는 약자일 지라도 자신의 재산으로써 생업을 영위하는 자영업자(소농·영세어민·소상공업자 등)나 자유직업 종사자는 근로자 중에 포함되지 아니한다. 다만「공무원인 근로자는 법률이 정하는 자에 한하여 단결권 단체교섭권 및 단체행동권을 가진다(제33조 제2항).[2)]

2.1.2. 근로자 개개인이 결성한 단결체

헌법 제33조 제1항의 문언은 근로자 개개인의 단결권만을 보장하고 있는 것처럼 보이지만, 근로자 개개인이 결성한 단체가 보호를 받지 못하는 경우에는 완전한 의미에서의 단결권이라 할 수 없다. 이러한 단체는 단결체로서 단결권의 주체가 되는 것이므로 반드시

---

1) 권영성, 헌법학원론, 686면.

2) 권영성, 헌법학원론, 686면.

법인격을 구비하여야 하는 것은 아니다.[1]

2.2. 사용자

그러나 헌법 제33조 제1항이 사용자의 단결권까지 보장하는 것인가, 즉 사용자도 단결권의 주체가 될 수 있는가에 관해서는 부정설과 긍정설이 대립된다. 사용자라 함은 사업주, 사업의 경영담당자 또는 그 사업의 근로자에 관한 사항에 대하여 사업주를 위하여 행동하는 자를 말한다(노동조합및노동관계조정법 제2조 제2호). 생각건대 사용자는 헌법 제33조 제1항에 근거한 단결권의 주체는 될 수 없다고 본다. 동조항은 경제적 약자인 「근로자를 보호하기 위한 근로자의 단결권」을 보장한 규정이지, 근로자와 이해를 달리하는 사용자의 단결권까지 동조항에서 인정한 것은 아니기 때문이다. 사용자들은 헌법 제21조 제1항에 근거하여 사용자단체를 구성할 수 있을 뿐이다.[2]

3. 단결권의 유형과 내용

3.1. 주체에 따른 분류

3.1.1. 개인적 단결권

개인적 단결권이라 함은 각 근로자가 노동조합과 같은 단체를 결성(결성의 자유)하거나 이에 가입(가입의 자유)함에 있어 국가나 사용자의 부당한 개입 또는 간섭을 받지 아니할 권리(조합활동참여의 권리)를 말한다. 그러므로 단결을 금지하거나 제한하는 입법은 위헌이며, 노동단체에의 불가입이나 그로부터의 탈퇴를 조건으로하여 고용하는 이른바 황견계약(黃犬契約)[3]의 체결과 단체의 결성이나 그곳의 가입을 이유로 하여 해고하는 행위 등은 부당노동행위로서 위헌 · 위법이 된다(노동조합및노동관계조정법 제81조 제1호 · 제2호).[4]

3.1.2. 집단적 단결권

집단적 단결권이라 함은 다수의 근로자 들이 근로자집단을 형성하고, 이러한 집단이 그 조직을 유지 · 확대하고 그 목적을 달성하기 위하여 단결체를 구성할 수 있는 권리(단위노조들이 산별노조 · 노총 · 노동조합연합회 등을 구성하거나 이에 가입하는 권리)를 말한다.[5] 상급단체에의 가입 · 탈퇴의 자유도 인정된다. 근로자집단은 대외적으로 어떠한 형태

1) 권영성, 헌법학원론, 686면.
2) 권영성, 헌법학원론, 686면.
3) 황견계약(黃犬契約) 또는 비열계약(卑劣契約) : Yellow - dog Contract.
4) 권영성, 헌법학원론, 687면.
5) 장영수, 헌법학, 840면.

의 단결체이든 막론하고 결성할 수 있으며, 대내적으로 그 조직의 존립이나 확대를 위하여 구성원에게 필요한 통제를 가할 수 있다.[1]

3.2. 성격에 따른 분류

3.2.1. 적극적 단결권

적극적 단결권은 노동조합을 결성하고 이에 가입하며 그 노동조합구성원으로서 활동할 수 있는 권리이며, 이는 근로자의 단결권의 핵심이 되는 내용이다.[2]

단결강제(조직강제)는 적극적 단결권의 한 모습이다. 노사간의 유니온 숍 협정을 예로 들 수 있다(유니온 숍 협정은, 단결강제의 하나로서, 사용자가 자기가 고용한 근로자중에서 조합원이 되지 않은 자나 탈퇴 또는 제명에 의해 조합원자격을 상실한 자를 해고할 의무를 지도록 정한 단체협약규정이다. 현행 노동조합및노동관계조정법 제81조 제2호 단서조항에서는 유니온 숍 규정의 요건과 효과를 제한하고 있다). 단결강제(조직강제)의 모습에는 ① 일반적 단결강제(어떠한 노조인가를 불문하고 아무런 노조에의 가입만을 강제)와, ② 제한적 단결강제(특정 노조에의 가입을 강제)가 있다.[3]

대판 1998. 3. 24, 96누16070 【부당노동행위구제재심판정취소】

[1] 구 노동조합법(1996. 12. 31. 법률 제5244호로 폐지되기 이전의 것) 제39조 제2호 단서 소정의 조항, 이른바 유니언 숍(Union Shop) 협정은 노동조합의 단결력을 강화하기 위

---

1) 권영성, 헌법학원론, 687면.

2) 권영성, 헌법학원론, 687면.

3) 노동조합은 사용자측과 단체교섭을 할 권한을 가지고 있으며 사용자측은 원칙적으로 단체교섭에 응해야 할 의무가 있다. 그러나 노조측의 단체교섭 요구에 대하여 정당한 이유가 있으면 거부할 수 있다. 노동조합및노동관계조정법 제81조 제3호에서는 정당한 이유 없이 단체교섭을 거부·해태하는 행위를 부당노동행위라고 규정하고 있기 때문이다. 그러나 '대표이사가 해외출장 중이므로', 또는 '주주총회가 있으므로'라는 이유 등은 단체교섭을 거부할 정당한 이유가 되지 않는다. 다만, 다음과 같은 경우는 사용자가 단체교섭을 거부할 수 있을 것이다. 단체협약을 위반하고 교섭을 요구하는 경우, 예를 들어 단체협약에 단체교섭을 하고자 할 때에는 이러저러한 절차를 거쳐서 요구하여야 한다는 조항이 있는데도 그 절차를 무시하고 교섭을 요구하는 경우, 사용자는 이것을 거부할 수 있을 것이다. 단체교섭의 권한을 가지려면 노동조합의 대표자나 그 노동조합으로부터 정식으로 위임받은 사람이어야 한다. 따라서 교섭위임장을 제시하지 않고 제3자가 찾아와 단체교섭을 요구하는 경우 교섭을 거부할 수 있다. 단체교섭 사항이 아닌 사항에 대하여 단체교섭을 요구하는 경우, 예를 들어 단체협약에 단체교섭사항이 구체적으로 규정되어 있는데도 그 범위를 넘어선 사항에 대하여 교섭을 요구하는 경우 이것을 거부할 수 있다. 단체협약의 유효기간이 만료되지 않았는데도 이것을 개정하자고 요구하거나 폐지하자고 요구하는 경우에도 이것을 거부할 수 있다.이것을 단체협약의 평화의무 위반의 요구라고 말한다. http://www.kiupnojo.or.kr/ 참조.

한 강제의 한 수단으로서 근로자가 대표성을 갖춘 노동조합의 조합원이 될 것을 '고용조건'으로 하고 있는 것이므로 단체협약에 유니언 숍 협정에 따라 근로자는 노동조합의 조합원이어야만 된다는 규정이 있는 경우에는 다른 명문의 규정이 없더라도 사용자는 노동조합에서 탈퇴한 근로자를 해고할 의무가 있다.

[헌법재판소, 유니언숍제도 합헌 결정 : 2005-11-25]

부산지역 택시노조는 1998년 부산시 택시운송사업조합과 유니언숍 협정을 체결했으며 이 지역 B교통과 K교통 근로자 일부는 부산지역 택시노조를 탈퇴해 부산민주택시노조에 가입했다는 이유로 유니언숍 규정에 따라 회사에서 해고되고 해고무효소송도 패소하자 유니언숍 제도가 위헌이라며 헌법소원을 냈다.

헌법재판소 전원재판부(주심 송인준 재판관)는 25일 회사가 전체 근로자 3분의 2 이상을 대표하는 지배적 노조에 가입하지 않는 근로자를 해고할 수 있게 한 유니언숍(Union Shop) 제도(노동조합 및 노동관계조정법 81조 2호 단서)에 대해 7대 2의 의견으로 합헌결정을 내렸다고 밝혔다.

재판부는 결정문에서 "근로자의 '단결권'은 '단결하지 않을 자유'보다 특별한 의미를 갖고 있고 노조의 조직강제권은 생존권의 성격을 갖고 있다"며 "유니언숍 제도를 실시하면 노조의 '적극적 단결권'과 개별 근로자의 '단결하지 않을 자유'가 충돌하긴 하지만 그 자유의 본질적 내용이 침해되는 것은 아니다"라고 밝혔다. 재판부는 "유니언숍 제도는 근로자에게 특정 노조 가입을 강제해 노조를 선택할 권리와 충돌하긴 하지만 법률상 그런 강제력 있는 지배적 노조의 범위를 엄격히 제한하고 있고 지배적 노조의 권한남용으로부터 근로자를 보호하는 규정 등을 마련하고 있어 단결선택권의 본질적 내용을 침해한다고 볼 수 없다"고 덧붙였다.

반면 권성 · 조대현 두 재판관은 "유니언숍 제도는 근로자의 '단결하지 않을 자유'와 생존권을 본질적으로 침해한다"며 "이는 근로자의 생존권과 지위향상을 보장하려는 헌법 제33조 제1항의 '근로3권 보장' 취지에 정면으로 반하고 자유민주주의의 공존공영 원칙과 소수자보호 원칙에도 어긋난다"며 위헌의견을 냈다.

3.2.2. 소극적 단결권

소극적 단결권은 개개의 근로자가 단결하지 아니하거나 단체에 가입하지 않는 자유를 의미한다. 헌법 제33조 제1항은 이러한 소극적 단결권까지도 보장하는 것인가가 문제되고 있다. 이 문제는 단결의 강제가 어느 정도의 범위에서 허용되는가 하는 점과 직결되어 있다. 제1설은 헌법 제33조 제1항은 적극적 단결권과 소극적 단결권을 동시에 보장하는 것이라고 하고(허영),[1] 제2설은 소극적 단결권은 보장될 여지가 없다고 하며, 제3설은 소극적

1) 우리 헌법과는 달리 단결권을 결사의 자유와 함께 규정하고 있는 독일기본법 제9조에서는 동조 제3항이 규정하고 있는 단결권에는 적극적 단결권과 소극적 단결권을 함께 보장하는 것으로 보고 있다(BerfGE 4, 7(26); BerfGE 10, 89(102); BVerfGE 38, 28(298); BVerfGE 31, 297(302);

단결권도 보장되지만 그 근거를 제33조 제1항에서는 찾을 수 없고 일반적 행동의 자유 내지는 헌법에 열거되지 아니한 권리라고 한다.[1]

생각건대 적극적 단결권과 소극적 단결권을 동일한 조항에서 동시에 보장한다는 것은 이론상 모순이며, 역사적 전개과정을 통해서 볼 때에도 무리가 있다. 요컨대 소극적 단결권도 보장된다고 보지만 그것은 헌법 제33조 제1항으로서가 아니라 일반적 행동자유권 내지 헌법에 열거되지 아니한 자유로서 보장된다고 본다(제3설). 다만 소극적 단결권이 인정된다고 할지라도 적극적 단결권이 실효성을 확보하기 위해서는 어느 정도의 단결강제가 허용된다고 보지 않을 수 없다.[2]

근로자의 단결강제의 유형 : ☞ **단체협약상의 Shop 조항에 의함**

Shop조항에는 (ㄱ) 이미 노조에 가입하고 있는 기존조합원이 아니면 고용하지 않는다는 Closed Shop조항, (ㄴ) 일단 고용된 근로자는 일정한 기간내에 노조에 가입하여야 한다는 Union Shop조항, (ㄷ) 노조로부터 조직근로자를 탈퇴할 수 없도록 하고, 만약 탈퇴할 경우에는 사용자로 하여금 해고하도록 하는 Maintenance of Membership 조항 등이 있다.[3]

노동조합및노동관계조정법 제81조 제2호는 유니언 숍을 인정하지 않으나, 그 단서조항에는 노동조합이 당해 사업장에 종사하는 근로자의 3분의 2 이상을 대표하고 있을 때에는 근로자가 그 노동조합의 조합원이 될 것을 고용조건으로 하는 단체협약의 체결이 부당노동행위에 해당되지 않는다고 하여, 단결강제의 한 유형인 유니언 숍 (Union Shop)조항을 인정하고 있다.[4] 이는 긍정설과 부정설을 절충한 것이라고 할 수 있다.[5]

그러나 유니언 숍 협정이 있는 사업장의 일부 조합원이 노동조합에 불만을 품고 탈퇴하였다가 다시 재가입 신청을 하였으나 그들 중 일부만의 가입을 승인하고 나머지에 대하여는 승인을 거부한 것은 권리남용 내지 신의칙 위반이라고 본 사례가 있다(아래참조).

대판 1996. 10. 29, 96다28899 【노동조합원확인】

【판시사항】

[1] 유니언 숍 협정이 있는 경우, 조합원의 가입신청에 대한 노동조합의 승인거부 또는 가입제약이 신의칙 위반이 되는지 여부(한정 적극)

BVerfGE 44, 322(352); BVerfGE 55, 7(21).

1) 권영성, 헌법학원론, 688면.

2) 권영성, 헌법학원론, 688면.

3) 김형배, 노동법, 박영사, 2000, 162면.

4) 권영성, 헌법학원론, 688면 각주 1) 참조.

5) 양건, 헌법강의, 695면.

[2] 유니언 숍 협정이 있는 사업장의 일부 조합원이 노동조합에 불만을 품고 탈퇴하였다가 다시 재가입 신청을 하였으나 그들 중 일부만의 가입을 승인하고 나머지의 승인을 거부한 것은 권리남용 내지 신의칙 위반이라고 본 사례

【판결요지】

조합이 조합원의 자격을 갖추고 있는 근로자의 조합 가입을 함부로 거부하는 것은 허용되지 아니하고, 특히 유니언 숍 협정에 의한 가입강제가 있는 경우에는 단체협약에 명문 규정이 없더라도 노동조합의 요구가 있으면 사용자는 노동조합에서 탈퇴한 근로자를 해고할 수 있기 때문에 조합측에서 근로자의 조합 가입을 거부하게 되면 이는 곧바로 해고로 직결될 수 있으므로 조합은 노조가입 신청인에게 제명에 해당하는 사유가 있다는 등의 특단의 사정이 없는 한 그 가입에 대하여 승인을 거부할 수 없고, 따라서 조합 가입에 조합원의 사전 동의를 받아야 한다거나 탈퇴 조합원이 재가입하려면 대의원대회와 조합원총회에서 각 3분의 2 이상의 찬성을 얻어야만 된다는 조합 가입에 관한 제약은 그 자체가 위법 부당하므로, 특별한 사정이 없는 경우에까지 그와 같은 제약을 가하는 것은 기존 조합원으로서의 권리남용 내지 신의칙 위반에 해당된다.

4. 단결권의 침해와 구제

단결권의 침해는 국가권력에 의하여 침해되는 경우와 사용자에 의한 경우가 있다. 국가가 단결권을 침해하는 것은 위헌·위법이며, 이것이 불법행위를 구성하게 되면 형사 책임 내지는 불법행위로 인한 손해배상책임을 면할 수 없다. 사용자가 단결권을 침해하는 것은 부당노동행위에 해당하는 것으로 이에 대해서는 제재와 구제가 인정되고 있다(노동조합및노동관계조정법 제82조 내지 제85조 참조).[1)]

V. 단체교섭권

1. 단체교섭권의 의의

단체교섭권이라 함은 근로자들이 근로조건의 향상을 위하여 근로자단체, 곧 노동조합이 그 대표자 또는 조합이 위임하는자를 통하여 사용자나 사용자단체와 자주적으로 교섭하고, 단체협약을 체결하는 권리를 말한다.[2)] 근로자에게 단체교섭권을 인정하는 것은 일반

1) 권영성, 헌법학원론, 688면.

2) 권영성, 헌법학원론, 688면; 장영수, 헌법학, 840면; 이준일, 헌법학강의, 단락번호 [4.10.83]; 홍성방, 헌법학, 594면; 헌재결 1998. 2. 27, 94헌바13 등 병합; 대판 1998. 1. 20, 97도588 【폭력행위등처벌에관한법률위반·업무방해·공무상표시무효】

계약으로부터 근로계약의 분리를 의미하는 것이다. 근로자가 단체교섭을 하는 경우에는 민법상의 계약규정(고용계약)이 아니라 근로기준법 · 노동조합및노동관계조정법 · 근로자참여및협력증진에관한법률 등과 같은 노동관계법이 적용된다.[1)2)] 단결이 근로자 집단의 근로조건 향상을 추구하는 주체라고 한다면 단체교섭은 그 주체의 구체적인 목적활동이며 그 목적활동은 단체협약의 체결로 결실을 맺게 된다.

아래에서 보는바와 같이 헌법재판소 판례도 단체협약권에 단체협약체결권이 포함된다고 한다.

헌재결 1998. 2. 27, 94헌바13 **【노동조합법 제33조 제1항 위헌소원】**

헌법 제33조 제1항이 "근로자는 근로조건의 향상을 위하여 자주적인 단결권, 단체교섭권, 단체행동권을 가진다"고 규정하여 근로자에게 "단결권, 단체교섭권, 단체행동권"을 기본권으로 보장하는 뜻은 근로자가 사용자와 대등한 지위에서 단체교섭을 통하여 자율적으로 임금 등 근로조건에 관한 단체협약을 체결할 수 있도록 하기 위한 것이다. 비록 헌법이 위 조항에서 '단체협약체결권'을 명시하여 규정하고 있지 않다고 하더라도 근로조건의 향상을 위한 근로자 및 그 단체의 본질적인 활동의 자유인 '단체교섭권'에는 단체협약체결권이 포함되어 있다고 보아야 한다.

또한 평화적 방법에 의한 단체교섭이 결렬된 경우 쟁의행위(단체행동)라는 투쟁수단(이러한 점에서 단체행동권은 수단적 권리이다)에 호소하여 유리한 조건을 실현하게 된다. 따라서 단결권이 근로삼권중에서 가장 '근원적이고 기초적인 기본권'이라면, 단체교섭권은 '중핵적인 권리'로서 근로3권중에서도 가장 핵심적인 권리이다.

대판 1990. 5. 15, 90도357 **【폭력행위등처벌에관한법률위반, 업무방해, 노동쟁의조정법위반, 업무상배임】**

대법원판례에서도 "본래 헌법 제33조 제1항에 의하여 천명된 이른바 근로삼권은 사용자와 근로자간의 실질적인 대등성을 단체적 노사관계의 확립을 통하여 가능하도록 하기 위하여 시민법상의 자유주의적 법원칙을 수정한 신시대적 시책으로 등장한 생존권적 기본권들이므로 이 노동3권은 다같이 존중 · 보호되어야 하고 그 사이에 비중의 차이를 둘 수 없는 권리임에는 틀림없지만 근로조건의 향상을 위한다는 생존권의 존재목적에 비추어 볼 때 위 근로삼권 가운데서도 단체교섭권이 가장 중핵적 권리이므로, 근로자에게 단체교섭권이 정당하게 확보되어 있기만 하다면 그것을 보장하는 권리로서의 단체행동권이 제한된다 해도 필요한 최소한도내에서, 어쩔 수 없는 것으로서 사회관념상 상당한 대상조치가 마련되어 있다고 보여질 때에는 권리의 본질적 내용을 침해하는 것으로 볼 수 없다." 라고

1) 권영성, 헌법학원론, 689면.
2) 사립대학교수의 법인과의 계약관계는 사법상(민법)의 고용계약이다.

하여 단체교섭권이 가장 중핵적 권리(핵심적 권리)임을 인정하고 있다.

2. 단체교섭권의 법적 성격

첫째, 헌법 제33조에 의해 근로자의 근로조건개선 등을 통한 경제적·사회적 지위의 향상으로 근로자의 생존권을 확보해 주기 위해서 근로자단체에게만 인정된 "근로자의 권리"이고, 둘째, 대국가적 공권일 뿐만 아니라 대사용자관계에 있어서의 사권이기도 하며, 셋째, 권리의 성격상 청구권이라는 점에서 단결권이나 단체행동권과 구별된다.

3. 단체교섭권의 주체

단체교섭권은 근로자를 위한 근로기본권의 하나이지만 근로자가 개별적으로 행사할 수 있는 권리가 아니다. 단체교섭에서는 각 근로자의 개별문제를 교섭의 대상으로 하는 것이 아니라 근로자집단의 문제를 대상으로 하기 때문이다. 이와 같이 단체교섭권은 근로자 개인에게 인정되는 것이 아닌 집단적 권리이다. 1인 지명파업의 경우에도 그 실질은 근로자단체의 파업이다.[1)]

[중노위 1989. 2. 10, 88부노250]

단체교섭과 쟁의조정의 대상은 근로자 전체에 관련된 근로조건 전반에 관한 사항만 임에 비추어 노조간부에 대한 부당해고의 철회를 요구하는 것은 경영권에 관한 사항으로서 집단적 분쟁이 아니므로 노동쟁의로 받아들일 수 없고, 이에 관한 교섭거부도 부당노동행위가 되지 아니한다.

그 결과 단체교섭에 있어 근로자측의 주체는 노동조합이고 사용자측의 당사자는 사용자이다. 사용자는 단체교섭의무를 지며, 단체교섭거부행위는 부당노동행위로서 금지된다(노동조합및노동관계조정법 제81조 제3호 참조). 단체교섭의무의 내용은 ① 단체교섭응낙의무(단체교섭에 응할 의무)와, ② 성실교섭의무(교섭과정에서 합의달성의 가능성을 진지하게 모색해야 할 의무: 노동조합및노동관계조정법 제30조·제81조 제3호)이다. 나아가 사용자가 근로자측의 요구를 수용하거나 양보하여 타결해야 할 '합의의무' 내지 '단체협약체결의무'까지 지는 것은 아니다.

단체교섭을 요구할 수 있는 지위는 노동조합의 자격을 가진 근로자단체이면 차별 없이 부여되기 때문에 유일단체교섭조항이나 단체협약체결능력제한조항은 위헌이다.[2)]

---

1) 근로자 개인과 노동조합은 모두 단체교섭권을 보유하고 있으나, 단체교섭권의 행사는 그 성질상 근로자 개인이 행할 수 없으며 노동조합만이 행사할 수 있다. 따라서 근로자 개인은 단체교섭권의 주체이기는 하나 단체교섭의 주체는 아니다.

4. 단체교섭권의 내용

단체교섭은 근로조건의 유지 또는 개선을 목적으로 하는 것이므로 근로조건과 무관한 사항은 단체교섭의 대상에서 배제된다. 사용자가 독점적으로 보유하는 경영권·인사권 및 이윤취득권에 속하는 사항은 원칙적으로 단체교섭의 대상이 될 수 없다.[1] 그러나 근로자들의 근로조건이나 지위에 직접 관련되거나 그것에 중대한 영향을 미치는 사항은 그 한도 내에서 이에 관한 단체교섭이 이루어질 수 있다.[2]

[예외] : 사용자와 노동조합이 단체협약을 체결한 경우(사용자의 인사권에 속하는 사항과 단체교섭)

「사용자가 인사처분을 함에 있어 노동조합의 사전동의를 얻어야 한다거나 또는 노동조합의 승낙을 얻거나 노동조합과 인사처분에 관한 논의를 하여 의견의 합치를 보아 인사처분을 하도록 단체협약에 규정된 경우에는 그 절차를 거치지 아니한 인사처분은 무효라고 보아야 한다」.[3]

대판 1994. 8. 26, 93누8993【단체협약취소변경명령】 사용자의 경영권에 속하는 사항과 단체교섭]

단체협약 중 조합원의 차량별 고정승무발령, 배차시간, 대기기사 배차순서및 일당기사 배차에 관하여 노조와 사전합의를 하도록 한 조항은 그 내용이 한편으로는 사용자의 경영권에 속하는 사항이지만 다른 한편으로는 근로자들의 근로조건과도 밀접한 관련이 있는 부분으로서 사용자의 경영권을 근본적으로 제약하는 것은 아니라고 보여지므로 단체협약의 대상이 될 수 있고 그 내용 역시 헌법이나 노동조합법 기타 노동관계법규에 어긋나지 아니하므로 정당하다.

아무튼 헌법상 단체교섭권이 보장되므로 노동조합은 단체교섭을 요구할 수 있는 권리를 가지며 사용자는 이에 응할 의무가 있다. 그 결과 사용자가 정당한 이유 없이 단체교섭을 거부하면 그것은 부당노동행위가 된다(노동조합및노동관계조정법 제81조). 단체교섭의 권한이 있는 자는 단순한 사실행위로서의 단체교섭행위 외에 단체교섭의 결과 타결된 내용을 단체협약으로서 체결할 권한도 가진다. 단체교섭의 결과 노사간에 단체협약이 체결되면, 그것은 노사간의 분쟁을 해결하는 준거로서 自主法으로서의 法源性을 획득하게 되고 국법상 보호를 받는다. 단체교섭권의 정당한 행사에 대하여는 민사상·형사상 책임이 면

---

2) 권영성, 헌법학원론, 689면.

1) 권영성, 헌법학원론, 690면; 이준일, 헌법학강의, 단락번호 [4.10.83]; 홍성방, 헌법학, 594면.

2) 서울민지 1991. 9. 12, 90가합5721; 양건, 헌법강의, 697면; 이준일, 헌법학강의, 단락번호 [4.10.83]; 홍성방, 헌법학, 594면.

3) 대판 1993. 9. 28, 91다30620【해고무효확인등】

제[1] 됨은 이미 언급한바와 같다.

VI. 단체행동권

1. 단체행동권의 의의

단체행동권이라 함은 노동쟁의가 발생한 경우에 쟁의행위 등과 같은 집단적 행동을 할 수 있는 권리를 말한다.[2] 단체행동을 인정 하는 것은 근로자들이 그들의 경제적 지위를 사실적인 힘을 사용하여 향상시킬 것을 제도적으로 인정하는 것이다. 근로자와 사용자 쌍방은 사전에 노사협의 등을 통하여 노사분규를 예방하는 데 노력하여야 하겠지만, 일단 노동쟁의가 발생하면 근로자는 단체행동권을 행사할 수 있다.[3]

노동쟁의라 함은 「노동관계 당사자간에 임금·근로시간·복지·해고 기타 대우 등 근로조건의 결정에 관한 주장의 불일치로 인하여 발생한 분쟁상태」(노동조합및노동관계조정법 제2조 제5호)를 말하고, 쟁의행위라 함은 「파업·태업·직장폐쇄 기타 노동관계 당사자가 그 주장을 관철할 목적으로 행하는 행위와 이에 대항하는 행위로서 업무의 정상적인 운영을 저해하는 행위」(동법 제2조 제6호)를 말한다.[4]

이러한 단체행동권이 쟁의권과 동일한 것이냐 아니면 다른 것이냐의 견해차이가 있으나 대법원 판례는 단체행동권을 쟁의권 이외에 조합활동권(쟁의행동 이외의 단체행동을 할 권리)을 포함하고 있다고 해석한다.[5] 즉, 단체행동권 = 쟁의권 + 기타의 조합활동권(유인물부착, 집회, 가두시위[6] 등)으로 단체행동권이 쟁의권보다 넓은 개념으로 쓰이고 있다.[7][8]

---

1) 권영성, 헌법학원론, 690면.

2) 권영성, 헌법학원론, 690면; 이준일, 헌법학강의, 단락번호 [4.10.84]; 홍성방, 헌법학, 594면.

3) 헌법재판소는 「노동쟁의조정법 제13조의2가 규정한 제3자 개입금지는 헌법이 인정하는 근로3권의 범위를 넘어 분쟁해결의 자주성을 침해하는 행위를 규제하기 위한 입법일 뿐, 근로자가 단순한 상담이나 조력을 받는 것을 금지하고자 하는 것이 아니므로, 근로자들의 근로3권이 제한되는 것이라고 볼 수 없다. 또한 제3자 개입금지조항은 근로자측으로의 개입뿐만 아니라 사용자측으로의 개입에 대하여도 규정하고 있으므로 근로자와 사용자를 실질적으로 차별하는 불합리한 규정이라고 볼 수 없다」라고 하여 합헌결정을 하였다(헌재결 1990. 1. 15, 89헌가103; 同旨 헌재결 1993. 3. 11, 92헌바33).

4) 권영성, 헌법학원론, 691면.

5) 대판 1990. 5. 15, 90도357 【폭력행위등처벌에관한법률위반, 업무방해, 노동쟁의조정법위반, 업무상배임】

6) 양건, 헌법강의, 699면.

또한 제4장에서 쟁의행위의 기본원칙을 비롯하여 쟁의행위의 제한과 금지 등을 규정하고 있고, 제5장에서는 노동쟁의를 합리적으로 해결하기 위하여 조정, 중재, 긴급조정 등 조정절차를 마련해 놓고 있다. 그러므로 정당한 단체행동권의 행사에 대하여 민사·형사면책을 인정하고(노동조합및노동관계조정법 제3조.제4조), 현행범이 아닌 한 근로자는 쟁의 기간중에는 노동조합및노동관계조정법을 위반한 것을 이유로 한 구속이 제한된다(동법 제39조). 또한 단체행동에 참가한 것을 이유로 해고 기타 불리한 대우를 해서는 안되며 이는 부당노동행위에 해당한다(동법 제81조 제1항 제5호).

「단체행동권」
노동쟁의가 발생한 경우에 쟁의행위 등을 할 수 있는 권리

- **노동쟁의** → 노동관계 당사자간에 임금·근로시간·복지·해고 기타 대우 등 근로조건의 결정에 관한 주장의 불일치로 인하여 발생한 분쟁상태
- **쟁의행위** → 파업·태업·직장폐쇄 기타 노동관계 당사자가 그 주장을 관철할 목적으로 행하는 행위와 이에 대항하는 행위로서 업무의 정상적인 운영 을 저해하는 행위

대판 1992. 9. 22, 92도1855【집회및시위에관한법률위반, 업무방해】
쟁의행위는 근로자가 소극적으로 노무제공을 거부하거나 정지하는 행위만이 아니라 적극적으로 그 주장을 관철하기 위하여 업무의 정상적인 운영을 저해하는 행위까지 포함하는 것이므로, 쟁의행위의 본질상 사용자의 정상업무가 저해되는 경우가 있음은 부득이 한 것으로서 사용자는 이를 수인할 의무가 있으나, 이러한 근로자의 쟁의행위가 정당성의 한계를 벗어날 때에는 근로자는 업무방해죄 등 형사상의 책임을 면할 수 없다.

---

7) 헌재결 1998. 7. 16, 97헌바23【구 형법 제314조 위헌소원】「근로3권 중 쟁의행위와 관련하여 가장 의미를 갖는 것은 단체행동권이다. 단체행동권이라 함은 노동쟁의가 발생한 경우 쟁의행위를 할 수 있는 쟁의권을 의미하며, 이는 근로자가 그의 주장을 관철하기 위하여 업무의 정상적인 운영을 저해하는 행위를 할 수 있는 권리라고 할 수 있다. 따라서 쟁의행위는 업무의 저해라는 속성상 그 자체 시민형법상의 여러 가지 범죄의 구성요건에 해당될 수 있음에도 불구하고 그것이 정당성을 가지는 경우에는 형사책임이 면제되며, 민사상 손해배상 책임도 발생하지 않는다. 이는 헌법 제33조에 당연히 포함된 내용이라 할 것이며, 정당한 쟁의행위의 효과로서 민사 및 형사면책을 규정하고 있는 현행 노동조합및노동관계조정법 제3조와 제4조 및 구 노동쟁의조정법 제8조, 구 노동조합법 제2조 등은 이를 명문으로 확인한 것이라 하겠다」라고 하여 헌법재판소는 단체행동권을 근로자의 쟁의권과 동일한 의미로 사용하고 있다(양건, 헌법강의, 699면).

8) 쟁의의 개념을 사용자의 직장폐쇄등도 포함하는 개념으로 이해하는 경우, 단체행동은 쟁의보다 개념이 좁다(양건, 헌법강의, 699면).

헌재결 2004. 7. 15, 2003헌마878 【기소유예처분취소】 근로조건과 관련없는 쟁의행위

청구인들이 전교조 조합원으로서 다수 조합원들과 함께 집단 연가서를 제출한 후 수업을 하지 않고 무단 결근 내지 무단 조퇴를 한 채 교육인적자원부가 추진하고 있는 교육행정정보시스템(NEIS) 반대집회에 참석하는 등의 쟁의행위는 청구인들이 자인하는 바와 같이 주로 학생들의 사생활의 비밀과 자유를 침해하는 교육행정정보시스템(NEIS)의 시행을 저지하기 위한 목적으로 이루어진 것인바, 청구인들의 행위는 직접적으로는 물론 간접적으로도 근로조건의 결정에 관한 주장을 관철할 목적으로 한 쟁의행위라고 볼 수 없어 노동조합및노동관계조정법의 적용대상인 쟁의행위에 해당하지 않는다고 할 것이다.

2. 단체행동권의 주체

2.1. 근로자

단체행동권의 제1차적 주체는 근로자 개개인이다. 그러나 실체면에서나 역사적 발전과정에 비추어 본다면 근로자는 단결체를 통하여 쟁의행위를 하는 것이 일반적이므로, 근로자측의 경우 단체행동이란 동일한 목적을 추구하는 다수근로자들의 의식적인 집단행위를 말한다. 따라서 단체행동권의 근로자측 주체는 노동조합이라 할 수 있다. 결국 단체행동권은 집단적 권리이며, 1인 지명파업의 경우에도 그 실질은 근로자단체의 파업이다.[1]

다만 근로자측의 단체행동권은 법률로써 제한하거나 인정하지 아니할 수 있다(제33조 제3항). 이에 따라 방위산업에관한특별조치법과 노동조합및노동관계조정법은 주요방위산업체에 종사하는 근로자 중 주요방산물자의 생산 또는 전력, 용수, 원·부자재공급 등 이와 직접 관련된 업무에 종사하는 자에 대하여는 쟁의행위를 금지하고 있다(노동조합및노동관계조정법 제41조 제2항).[2]

2.2. 사용자

사용자도 단체행동권의 주체가 될 수 있는가가 문제되고 있다. 위헌설(김철수)과 합헌설[3]로 나뉜다. 노동조합및노동관계조정법 제46조는 쟁의행위의 하나로서 직장폐쇄를 예시하고 있으며, 동법 제46조 제2항은 사용자가 직장폐쇄를 하고자 할 때에는 노동부장관과 노동위원회에 각각 신고할 것을 규정하고 있다. 그러나 사용자측의 직장폐쇄는 헌법 제33

---

1) 근로자 개인과 노동조합은 모두 단체교섭권을 보유하고 있으나, 단체교섭권의 행사는 그 성질상 근로자 개인이 행할 수 없으며 노동조합만이 행사할 수 있다. 따라서 근로자 개인은 단체교섭권의 주체이기는 하나 단체교섭의 주체는 아니다.

2) 권영성, 헌법학원론, 692면.

3) 홍성방; 권영성, 헌법학원론, 692면.

조 제1항을 근거로 하는 단체행동권의 행사로서 근거하는 것이 아니라 근로자측의 부당한 쟁의행위에 대한 노사균형론의 입장,[1] 내지는 재산권 행사[2]에서 허용되는 사용자측의 자기방어 수단으로 보아야 한다. 따라서 사용자측의 직장폐쇄는 위헌이라고 볼 수는 없다.

3. 단체행동(쟁의행위)의 유형

3.1. 근로자

근로자측의 쟁의행위의 유형으로는 (ㄱ) 다수의 근로자가 근로조건의 유지 개선을 위하여 조직적인 방법으로 공동으로 노무제공을 거부하는 동맹파업(Strike), (ㄴ) 근로자들이 단결하여 의식적으로 작업능률을 저하시키는 태업(Sabotage), (ㄷ) 사용자 또는 그와 거래관계에 있는 제3자의 상품구입·시설이용 등을 거절하거나 그들과의 근로계약의 체결을 거절할 것을 호소하는 보이코트(불매운동: Boycott), (ㄹ) 근로자들이 단결하여 사용자의 지휘명령은 거부하면서 사업장 또는 공장을 점거하여 조합간부의 지휘하에 노무를 제공하는 생산관리,[3] (ㅁ) 파업을 효과적으로 수행하기 위하여 근로희망자들의 사업장 또는 공장 출입을 저지하고 파업에 협력할 것을 구하는 피케팅(감시행위: Picketing)등을 들 수 있다.[4]

3.2. 사용자

사용자측의 쟁의행위로는 직장폐쇄 이외에 임금을 공제하는 행위나 근로자들의 위법한 쟁의행위에 대하여 책임을 추궁하는 행위 등을 들 수 있다. 직장폐쇄라 함은 집단적 분쟁에 있어 사용자가 그 주장을 관철할 목적으로 근로자들이 취업상태에 있지 못하도록 사업장을 봉쇄하는 행위를 말한다. 직장폐쇄에 대해서는 위헌설과 합헌설이 갈리고 있다. 위헌설에 따르면 헌법 제33조는 근로자의 단체행동권만을 보장하는 것이므로 사용자의 직장폐쇄는 위헌이라고 한다. 이에 대하여 합헌설은 사용자의 직장폐쇄는 위헌이 아니라고 한

---

1) 권영성, 헌법학원론, 692면.

2) 이준일, 헌법학강의, 단락번호 [4.10.85].

3) 노동조합이 사용자의 의사에 반하여 생산수단을 자기의 지배하에 두고 경영까지 장악하는 것을 생산관리라고 하며, 경영자의 태업 등으로 근로자의 파업이 실효성을 거둘 수 없는 경우 외국의 근로자 들이 가끔 이용하는 제도이다(장영수, 헌법학, 840면 각주 16) 참조). 여기에는 사용자의 재산권을 침해하여 위헌이 된다는 위헌설(권영성; 김철수)과 근로자의 근로삼권과 사용자의 재산권보장을 적절하게 교량하여 일정한 범위내에서(헌법적 법익 및 공익과 형량하여 비례적인 경우에만 인정된다는 견해(계희열, 헌법학(중), 781면; 이준일, 헌법학강의, 단락번호 [4.10.84a]; 허영)가 있다.

4) 권영성, 헌법학원론, 693면; 홍성방, 헌법학, 595면.

다. 합헌설도 그 논거를 어디에서 구하는가에 따라 소유권설과 노사균형론 등으로 갈리고 있다. 생각건대 사용자의 직장폐쇄 등 쟁의행위도 노사균형론의 관점에서 허용되는 것이 타당하며, 그 헌법적 근거는 재산권보장 규정인 헌법 제23조 제1항과 기업의 경제적 자유를 규정한 헌법 제119조 제1항에서 나온다.[1]

4. 단체행동권의 내용

헌법상 보장되고 있는 단체행동권은 다음과 같은 의미를 가진다. (ㄱ) 국가권력에 대하여 형사상 책임을 추궁당하지 아니할 권리를 가진다. 노동조합및노동관계조정법 제4조에는 노동조합이 단체교섭·쟁의행위 기타의 행위는 정당행위에 해당되도록 하고 있고, 제39조의 근로자의 구속제한에 관한 규정이 이를 뒷받침하고 있다. (ㄴ) 사용자에 대한 관계에서 채무불이행 또는 불법행위를 이유로 민사상 책임을 추궁당하지 아니하며(동법 제3조), (ㄷ) 노동조합에 대하여는 그 사업체를 제외하고는 세법이 정하는 바에 따라 조세를 부과하지 아니한다(동법 제8조). (ㄹ) 또한 근로자가 정당한 단체행동 및 노동위원회에 대하여 사용자가 이 조의 규정에 위반한 것을 신고하거나 그에 관한 증언을 하거나 기타 행정관청에 증거를 제출한 것을 이유로 근로자는 해고나 그 밖의 불이익을 주는 행위를 하지 못한다(동법 제81조 제5호). 이와 같은 단체행동의 헌법적 보호는 재산권에 대한 근로3권의 상대적 우월성을 인정한 것이다.[2]

5. 단체행동권 행사의 범위와 한계

5.1. 개관

단체행동권의 행사(쟁의행위)는 그것이 정당한 것인 때에 한하여 민사상·형사상 책임이 면제된다. 단체행동의 정당성을 인정받기 위하여는 다음과 같은 전제조건을 갖추어야 한다.

[단체행동의 정당성 요건]
- 단체행동의 주체 : 단체교섭의 주체가 될 수 있는 자
- 단체행동의 목적 : 순수한 근로조건의 향상을 위한 노사간의 자치적 교섭을 조성하는 것일것[3]

---

1) 권영성, 헌법학원론, 693면.
2) 권영성, 헌법학원론, 693면.
3) 쟁의행위에서 추구되는 목적이 여러 가지이고 그 중 일부가 정당하지 못한 경우에는 주된 목적 내지 진정한 목적의 당부에 의하여 그 쟁의행위의 당부를 판단하여야 할 것이다(대판 1992. 1. 21, 91누5204).

- **단체행동의 개시** : 사용자가 근로자의 근로조건개선에 관한 단체교섭 요구를 거부하였을 때
- **단체행동의 정당한 절차** : 정당한 절차에 의한 조합원의 찬성투표와 노동쟁의 발생신고를 거칠것
- **단체행동의 수단** : 사용자의 사유재산의 근간을 흔드는 재산권 침해금지 및 보장에 관한 조화의 유지(사유재산제의 보장)
- **단체행동의 방법** : 폭력행사의 금지[1]

5.2. 목적상 한계

단체행동권은 근로조건의 유지 · 개선을 위한 경제적인 목적을 위한 것으로서 사용자와 피용자 사이에 국한되어야 한다.[2]

헌재결 2004. 7. 15, 2003헌마878 【기소유예처분취소】 근로조건과 관련없는 쟁의행위

청구인들이 전교조 조합원으로서 다수 조합원들과 함께 집단 연가서를 제출한 후 수업을 하지 않고 무단 결근 내지 무단 조퇴를 한 채 교육인적자원부가 추진하고 있는 교육행정정보시스템(NEIS) 반대집회에 참석하는 등의 쟁의행위는 청구인들이 자인하는 바와 같이 주로 학생들의 사생활의 비밀과 자유를 침해하는 교육행정정보시스템(NEIS)의 시행을 저지하기 위한 목적으로 이루어진 것인바, 청구인들의 행위는 직접적으로는 물론 간접적으로도 근로조건의 결정에 관한 주장을 관철할 목적으로 한 쟁의행위라고 볼 수 없어 노동조합및노동관계조정법의 적용대상인 쟁의행위에 해당하지 않는다고 할 것이다.

단체행동권의 한계의 목적상의 한계로 거론되는 대표적인 사례는 특히 정치적 파업이 문제된다. 정치적 파업이라 함은 정치적 사항을 주장하는 파업을 말한다. 이것은 쟁의목적이 개별기업의 사용자가 처리할 수 없는 사항에 관한 것이라는 점에서 경제적 파업과 구별된다.[3] 정치적 파업에 대하여는 위헌설과 합헌설이 대립하고 있다.[4]

---

1) 헌재결 1996. 12. 26, 90헌바19; 92헌바41, 94헌바49(병합) 및 대판 1991. 5. 24, 89도1324; 쟁의행위가 정당성이 인정되는 범위를 넘어서 형사상 범죄를 성립시키는 경우에 있어서는 쟁의행위 자체에 성질상 집단성과 단체성이 내포되어 있는 것이라는 이유만으로 일반 형사범죄와는 다른 특별취급을 하여야 할 근거는 없다. 파업의 보조적 쟁의수단인 피케팅은 파업에 가담하지 않고 조업을 계속하려는 자에 대하여 평화적 설득, 구두와 문서에 의한 언어적 설득의 범위 내에서 정당성이 인정되는 것이고, 폭행 · 협박 또는 위력에 의한 실력저지나 물리적 강제는 정당화될 수 없다(대판 1990. 10. 12, 90도1431).

2) 홍성방, 헌법학, 596면.

3) 정치적 파업에 관하여 자세한 것은 권영성/신우철, 근로자의 단체행동권의 한계, 신고 헌법학연

생각건대 정치적 파업은 순수한 정치파업과 산업적 정치파업으로 구별될 수 있는데, 예컨대「○○정권 또는 ○○체제 타도」등을 목적으로 하는 순수한 정치파업은 헌법 제33조에서 의미하는 근로자의 단체행동권에 포함된다고 볼 수 없다. 국민 모두에게 관련되는 일반적인 정치문제를 근로자들에게만 특별히 단체행동(쟁의행위)의 명분으로 특권을 보장할 이유가 없기 때문이다. 이와는 달리 노동관계법령의 개정 · 폐지 등과 같은 근로자의 근로조건 및 지위 등에 직접적으로 관계되는 사항을 쟁점으로 하는 '산업적 정치파업'은 헌법 제33조가 보장하는 정당한 노동쟁의행위로서 형사상 · 민사상의 책임이 면제된다고 보는 것이 타당하다(다수설).[1)]

순수한 정치파업 : 금지
산업적 정치파업 : 헌법 제33조가 보장하는 정당한 쟁의행위로서 형사상 민사상의 책임이 면제된다고 본다(다수설).

5.3. 수단상 한계

단체행동의 한계로서 가장 많이 논의되는 것은 생산관리의 문제이다. 노동조합이 사용자의 의사에 반하여 무력 및 기타의 수단을 통하여 경영권을 장악하고, 폭력이나 위해행위 등과 같은 극단적인 쟁의행위를 통하여 생산수단을 직접 지배하는 정도에 이른다면, 이는 사유재산제를 정면으로 부정하는 것이 되므로 허용되지 않는다고 보는 위헌설이 타당하다.[2)]

습, 369-383면 참조.

4) 일본최고재판소는 全遞中郵判決에서, 정치적 목적을 위한 쟁의행위는 형사제재를 면할 수 없다고 판시하였고(最大判 1966[昭和 41] 10. 26 刑集 20권 18號 901면), 그 후 全農林 警職法判決에서는 더 나아가 정치적 스트라이크가「표현의 자유로서 특별히 보장된다고 볼 수는 없다」라고 하였다(最大判 1973(昭和 48). 4. 25, 刑集 27卷 4號 547面).

1) 권영성, 헌법학원론, 695면; 홍성방, 헌법학, 596면.

2) 일본최고재판소는 생산관리위헌설의 근거를 노동력의 不給付가 채무불이행이 되는 데 그치는 동맹파업과는 달리, 생산관리는 기업경영의 권능을 권리자의 의사를 배제하고 비권리자가 행사하는 것으로, 기업자측의 사유재산의 근간을 뒤흔드는 쟁의수단인 점에서 구하고 있다(最大判 1950(昭和 25). 11. 25, 刑集 4卷 11號 2257면; 最大判 1951(昭和 26). 7. 18, 刑集 5卷 8 號 1492面); 권영성, 헌법학원론, 695면 각주 1) 참조.

VII. 근로삼권의 효력

1. 제3자에 대한 직접적 효력(대사인적 효력)

근로3권의 대국가적 효력에 관해서는 이론이 있을 수 없다. 문제가 되는 것은 제3자적 효력이다. 근로3권은 그 자체가 일차적으로 사용자를 그 대상으로 하고 있을 뿐만 아니라,[1] 노동(조합)운동의 역사는 노사간의 관계로서 전개되어 왔다. 이러한 점을 감안한다면 비록 명문의 규정은 없지만 성질상 헌법 제33조의 근로3권은 근로자 대 사용자라는 차원에서 사인간에도 직접적용되는 현실적 구체적 권리의 성격을 가지는 것이다. 그러므로 헌법 제33조는 사인간에 직접적용되는 대표적인 헌법 규정이라 할 수 있다(다수설).[2] 노동조합및노동관계조정법상의 부당노동행위 제도가 바로 근로3권이 사용자에게 직접적용된다는 점을 확인하고 있다.[3]

다만 대사인적 효력은 근로삼권의 자유권적 측면에서 인정되는 것이고, 사회적 기본권의 측면, 즉 국가에 대한 근로삼권의 보장을 위한 적극적 활동을 요구하는 것은 어느정도 제약을 받을 것이다.[4]

2. 부당노동행위제도

2.1. 사용자측의 부당노동행위

근로3권을 보장하기 위한 일종의 행정구제제도이다. 노동조합및노동관계조정법 제81조는 다음과 같은 5종류의 부당노동행위를 규정하고 있다.

[노동조합및노동관계조정법 제81조]
- 근로자가 노동조합에 가입하거나 노동조합을 조직하거나 정당한 조합활동을 한 것을 이유로 불이익을 주는 행위
- 근로자가 노동조합에 가입하지 않거나 노동조합으로부터 탈퇴하거나 특정한 노동조합의 조합원이 될 것을 고용조건으로 하는 이른바 황견계약을 체결하는 행위
- 노동조합과의 단체협약체결 기타의 단체교섭을 정당한 이유 없이 거부 또는 해태하는

---

1) 장영수, 헌법학, 842면.
2) 김철수; 계희열; 홍성방, 헌법학, 596면; 권영성, 헌법학원론, 695면; 허영교수는 기본권에 내포된 객관적 가치질서로서의 성질을 논거로 하는 간접적 사인효력설이 옳으나, 사법상의 매개물이 없는 경우 사회공동체의 객관적인 가치질서로서의 노동3권에서 나오는 기속효과가 직접사용자에게 미친다고 한다(허영, 한국헌법론, 538면)
3) 권영성, 헌법학원론, 695면.
4) 장영수, 헌법학, 842면.

행위
- 노동조합의 조직 또는 운영에 개입하거나 그 운영비를 원조하거나 노동조합의 전임자에게 급여를 지원하는 행위
- 근로자가 정당한 단체행위에 참가하거나 사용자의 부당노동 행위를 신고하거나 증언한 것 등을 이유로 불이익을 주는 행위

이러한 부당노동행위의 금지는 근로3권에 내재하는 본질적 요소이기 때문에 노동조합및노동관계조정법에 의하여 창설된 제도가 아니라 헌법 제133조 제1항의 규범내용을 확인한 것일 뿐이다.[1]

2.2. 근로자측의 부당노동행위

근로자측도 ① 폭력을 행사하거나 파괴해위를 하거나 시설의 점거 등을 한다든가(노동조합및노동관계조정법 제4조 단서, 제42조 제1항), ② 노동조합에 의하여 주도되지 아니한 쟁의해위를 한다든가(동법 제37조 제2항), ③ 안전보호시설의 유지·운영을 정지·방해하는 경우(동법 제42조 제2항) 등은 부당노동행위가 된다.[2]

VIII. 근로삼권의 제한과 한계

1. 공무원인 근로자의 근로삼권의 제한

헌법 제33조 제2항은 「公務員인 근로자는 법률이 정하는 자에 한하여 단결권·단체교섭권 및 단체행동권을 가진다」라고 하여 일정범위의 공무원에 대하여는 근로3권을 제한하고 있다.

최근에 공무원노조와 관련하여 헌법 제33조 제2항과 국가공무원법 제66조의 규정을 들어 공무원노조의 불법성을 강조하고 있고, 다른 한편에서는 국제인권규약 등 국제인권법을 토대로 하여 공무원노조의 정당성을 주장하기도 한다.[3]

1.1. 공무원의 근로자성(신분상 특수성)

공무원도 근로자이다.[4] 그러나 일반근로자와 비교할 때 (ㄱ) 공무원은 헌법상 국민전

---

1) 권영성, 헌법학원론, 696면.
2) 권영성, 헌법학원론, 696면.
3) 장영수, 헌법학, 842면.

체에 대한 봉사자이지만 일반근로자는 개인적 이윤추구를 직접적인 목적으로 한다는 점, (ㄴ) 공무원의 보수는 근로의 대가인 성격과 직무의 효율적 수행(공무수행)을 확보한다는 의미도 가지고 있다는 데 반하여 일반근로자의 보수는 제공된 근로의 대가로서의 성격을 가진다는 점, (ㄷ) 공무원의 근로조건은 단체협약의 대상이 아니라 법령의 규율대상이 되는데 반하여, 일반근로자의 보수는 단체협약의 주된 대상이 된다는 점, (ㄹ) 공무원이 수행하는 업무는 공적 업무(공무)이므로 공무원에게는 공법상의 권리 · 의무가 인정되지만 일반근로자의 근로는 사적 업무(私務)이므로 공법적 권리 · 의무가 인정되지 아니한다는 점 등에서 특수성을 가지고 있다.[1)]

	공무원	일반근로자
지위	국민전체에 대한 봉사자	개인적 이윤추구
보수	① 근로의 대가로서의 성격 외에 ② 공직의 효과적 수행	제공된 근로의 대가
단체협약	법령의 규율 대상(단체협약의 대상이 안됨)	단체협약의 주된 대상
업무	공적 업무(공무)	사적 업무(사무)

헌법재판소는 교원도 공교육을 담당한다는 직무의 특수성 때문에 공 · 사립을 묻지 아니하고, 그 근로관계는 일반근로자의 그것과 본질적인 차이가 있으므로 노동법원리가 그대로 적용될 수 없다고 하였다.[2)3)]

---

4) 헌재결 1992. 4. 28, 90헌바27-34 · 36-42 · 44-46, 92헌바15(병합) 【국가공무원법 제66조에 대한 헌법소원】

1) 권영성, 헌법학원론, 696면.

2) 헌재결 1991. 7. 22, 89헌가106 【사립학교법 제55조 등에 관한 위헌심판】 국민의 교육을 받을 기본권은 교원의 근로기본권에 우선하고, 전자를 저해할 우려가 있는 경우에 후자는 제한되어야 하므로 헌법 제31조 제6항의 취지도 그러한 뜻으로 해석된다고 하면서, 사립학교교원의 노동운동을 금지하고 있는 사립학교법 제55조 및 제58조 제1항 제4호는 위헌이라고 단정할 수 없다.

3) 교육공무원의 경우에는 교육이라는 직무의 특성상 고도의 전문성 · 자주성 및 사회적 책임성이 존중되어야 하며, 이에 따라 사용자인 국가 또는 지방자치단체 더 나아가 실질적인 사용자인 전체국민과의 사이에 상호협력 · 존중의 관계에 선다고 할 것이다. 이러한 점을 고려한다면, 교육공무원을 비롯한 일반공무원의 근로관계는 근로자와 사용자의 이원적 구조 아래서 서로 투쟁과 타협에 의하여 발전되어온 노동법관계에 의하여 규율하는 것보다는 오히려 공무원의 지위와 그 직무의 공공성에 적합하도록 형성 · 발전되도록 하는 것이 보다 합리적이고 합목적 적일 수 있다 (헌재결 1992. 4. 28, 90헌바27-34 · 36-42 44-46, 92헌바15(병합)).

헌재결 1993. 3. 11, 88헌마5 【노동쟁의조정법 제12조 제2항에 대한 헌법소원】 [1)]

가. 현행 헌법 제33조 제2항은 구헌법과는 달리 국가공무원이든 지방공무원이든 막론하고 공무원의 경우에 전면적으로 단체행동권을 제한하거나 부인하는 것이 아니라 일정한 범위내의 공무원인 근로자의 경우에는 단결권, 단체교섭권을 포함하여 단체행동권을 갖는 것을 전제하였으며, 다만 그 구체적인 범위는 법률에서 정하여 부여하도록 위임하고 있다.

나. 모든 공무원에게 단체행동권, 즉 쟁의권을 근본적으로 부인하고 있는 노동쟁의조정법 제12조 제2항 중 (국가·지방자치단체에 종사하는 근로자)에 관한 부분은 현행 헌법 제33조 제2항의 규정과 저촉되고 충돌되는 것으로 헌법 제37조 제2항의 일반적 법률유보조항에 의하여서도 정당화될 수 없는 것이지만, 헌법 제33조 제2항의 규정은 일부 공무원에게는 단체행동권을 주지 않는다는 것도 전제하고 있으므로 합헌적인 면도 포함되어 있다. 따라서 위 규정은 단순위헌선언을 하여 무효화시킬 법률이 아니고, 앞으로 현행 헌법규정과 충돌됨이 없이 합헌의 상태가 되도록 고쳐져서 재정비되어야 할 규정이다.

다. 입법자가 위의 헌법불합치의 상태의 제거를 위하여 일정한 범위의 공무원에게 단체행동권을 부여하는 입법을 함에 있어서는, 첫째 사실상 노무에 종사하는 공무원에게 쟁의권을 전면 부여하던 구법상태로 단순히 환원시키는 방안, 둘째 이들에게 쟁의권을 주되 전체이익과의 조화를 위하여 그 행사요건과 절차를 신설하는 등의 보완입법을 하는 방안, 셋째 기존의 입법형태와는 달리 종사하는 직종이 아니라 직역을 기준으로 하여 선별적으로 쟁의권을 부여하는 방안 등 세 가지를 상정할 수 있다.

라. 위 세 가지 방안 중 어느 것이 가장 이상적이며, 어느 것이 선택되어야 하는가는 헌법재판소의 소관일 수 없고, 그것은 광범위한 입법형성권을 가진 입법자의 재량영역이며, 입법정책으로 결단되어야 할 문제이다. 그러나 입법자는 어떠한 형태로든 법률을 만들어 일정한 테두리의 공무원인 근로자가 단체행동권을 갖도록 하여 헌법불합치인 현재의 상태를 제거할 의무가 있다할 것으로, 이러한 의미에서 바른 시일안에 헌법불합치의 제거를 위한 입법촉구를 하는 바이다.

마. 현재의 입법부는 그 입법활동이 사실상 종료되는 1995년말까지 헌법이 위임한 바를 입법화하여 헌법불합치의 상태를 제거하여야 할 것이다. 다만 그때까지, 연혁적으로 원칙규정으로 존치해 왔던 규범에 내재하는 그 합헌적 의미가 완전부인 될 수 없고 헌법불합치의 법률을 시정하는 방안은 입법자의 전속적 재량에 속하는 것임에 비추어, 부득이 위 규정의 법규적 효력은 지속되어야 할 것이고, 위 규정의 효력은 그때가 경과하여 비로소 상실되게 될 것이다.[2)]

---

1) 대판 90다5450 (참조); 헌재결 1991. 3. 11, 91헌마21 【지방의회의원선거법 제36조 제1항에 대한 헌법소원】 헌재결 1989. 9. 8, 88헌가6 【국회의원선거법 제33조, 제34조의 위헌심판】

2) 『재판관 변정수의 반대의견』 : 가. 노동3권은 단체협약권을 중심으로 한 한묶음의 권리이지 개별적으로 독립된 권리가 아니며 헌법 제33조 제2항의 취지에 비추어 보더라도 노동쟁의조정법 제12조 제2항이 국가공무원법 제66조 및 지방공무원법 제58조에 의하여 노동운동이 허용된 사실상 노무에 종사하는 공무원으로부터 단체행동권을 박탈해 버린 것은 헌법 제33조 제1, 2항에 위배되고, 더구나 노동쟁의조정법 제12조 제2항은 주요방위산업체에 근무하는 근로자뿐만 아니라 국가 및 지방자치단체에 근무하는 근로자에 대하여서까지 쟁의행위를 할 수 없도록 규정하고 있

1.2. 공무원의 근로삼권제한의 이론적 근거

공무원의 근로3권이 제한되는 이론적 근거에 관해서는 (ㄱ) 공무원은 국가 또는 지방자치단체와 특별권력관계를 맺고 국가 등의 포괄적 지배를 받는 지위에 있으므로, 그 근로3권이 제한되지 않을 수 없다는 특별권력관계설, (ㄴ) 공무원은 국민전체에 대한 봉사자이기 때문에 근로3권의 향유에 있어 제한을 받는다는 국민전체봉사자설, (ㄷ) 공무원의 직무는 공공성이 강하여 그 수행이 중단될 경우 국익을 해할 수 있으므로 그 근로3권이 제한된다는 직무성질설 등이 있다. 생각건대 공무원의 근로3권을 제한하는 것은, 공무원은 국민전체에 대한 봉사자일 뿐 아니라 그 직무의 성질도 공공성이 강한 것이기 때문이라고 할 수 있다.

헌재결 1993. 3. 11, 88헌마5 【노동쟁의조정법 제12조 제2항에 대한 헌법소원】

헌법재판소는 「국민전체의 봉사자로서 공공의 이익을 위하여 근무하고 직무집행에 있어서 전념의무가 있는 것이 공무원의 신분상의 지위인 것으로 보나 국가기능의 계속성의 확보를 위하여도 일반근로자의 경우와 달리 입법자에 의한 제한은 부득이 한 것」이라고 하여 국민전체봉사자설과 직무성질설을 함께 인정하고 있다.

1.3. 공무원인 노동자의 근로삼권의 제한

헌법에는 공무원인 근로자의 근로3권을 제한할 수 있는 근거조항이 둘이 있다. 하나는 「법률이 정하는 자」에 한하여 근로3권을 누린다고 규정한 제33조 제2항이고, 또 하나는 제37조 제2항(국민의 모든 자유와 권리는 국가안전보장 · 질서유지 또는 공공복리를 위하여 필요한 경우에 한하여 법률로써 제한할 수 있으며 …)이다. 이들 조항에 근거하여 노동조합및노동쟁의조정법 제5조 단서는 공무원의 경우에는 그 노동조합조직과 가입의 자유를 따로 법률로 정하도록 하고있다. 이에 관한 일반법이 국가공무원법과 지방공무원법이다. 국가공무원법 제66조는 공무원의 노동운동과 공무이외의 집단적 행동을 금지하면서, 국회규칙 · 대법원규칙 · 대통령령 등으로 범위를 정하는 사실상 노무에 종사하는 공무원은 여기에서 제외하고 있다.[1)]

으니 노동쟁의조정법의 위 규정 중 국가 및 지방자치단체에 근무하는 근로자에 대한 부분은 헌법 제33조 제3항에도 위배된다. 또한 노동쟁의조정법의 위 규정부분은 노동3권의 본질적 내용을 침해하는 것으로서 헌법 제37조 제2항에 의하여서도 정당화될 수 없는 위헌법률이다. 나. 노동쟁의조정법 제12조 제2항 중 공무원인 근로자의 노동쟁의를 전면금지한 부분은 일부위헌 또는 헌법불합치가 아니라 전부위헌의 법률임이 분명하니 위헌선언하여 폐지시켜야 한다. 다. 법률의 위헌성을 인정하면서도 헌법재판소가 위헌선언을 유보하고 국회에 대하여 입법을 촉구할 수 있는 법적 근거가 없다.

1) 舊노동쟁의조정법 제12조 제2항은 국가 · 지방자치단체에 종사하는 근로자는 공무원의 신분여

[헌법재판소]

국가공무원법 제66조 제1항이 사실상 노무에 종사하는 공무원 이외의 공무원들에 대하여는 노동3권의 행사를 제한함으로써 일반근로자와 사실상 노무에 종사하는 공무원의 경우와 달리 취급하는 것은 합리적인 이유가 있다 할 것이므로 헌법상 평등의 원칙에 위반되는 것이 아니다.[1)]

노동운동의 개념은 헌법 제33조 제2항의 취지에 비추어 근로자의 근로조건의 향상을 위한 근로3권을 기초로 하여 이와 직접 관련이 있는 행위로 좁게 해석하여야 한다.[2)]

헌재결 1992. 4. 28, 90헌바27내지34, 36내지42, 44내지46, 92헌바15 【국가공무원법제66조에대한헌법소원】

1. 국가공무원법 제66조 제1항이 근로3권이 보장되는 공무원의 범위를 사실상 노무에 종사하는 공무원에 한정하고 있는 것은 근로3권의 향유주체가 될 수 있는 공무원의 범위를 정하도록 하기 위하여 헌법 제33조 제2항이 입법권자에게 부여하고 있는 형식적 재량권의 범위를 벗어난 것이라고는 볼 수 없다.

2. 위 법률조항이 규정하고 있는 "노동운동"의 개념은 그 근거가 되는 헌법 제33조 제2항의 취지에 비추어 근로자의 근로조건의 향상을 위한 단결권·단체교섭권·단체행동권 등 이른바 노동3권을 기초로 하여 이에 직접 관련된 행위를 의미하는 것으로 좁게 해석하는 것이 상당하고, 한편 위 법률조항이 그 제정이래 오랫동안 집행되어 오면서 법원도 위 법률조항을 해석·적용함에 있어서 위와 동일한 뜻으로 명백히 한정해석하고 있으므로, 법률에 대한 일반적인 명확성의 원칙은 물론 적법절차나 죄형법정주의의 원칙에서 요구되는 보다 엄격한 의미의 명확성의 원칙에 의한 판단기준에도 위배된다고 할 수 없다.

사실상 노무에 종사하는 공무원은 체신부 및 철도청소속의 현업기관과 국립의료원의 작업현장에서 노무에 종사하는 기능직공무원 및 고용직공무원으로서 서무·인사·기밀업무에 종사하는 자, 경리·물품출납사무에 종사하는 자, 보안목표시설의 경비업무에 종사하는 자, 승용차의 운전에 종사하는 자를 제외한 자를 말한다(국가공무원복무규정 제28조). 또한 지방공무원법 제58조도 국가공무원법 제66조와 동일한 내용을 규정하고 있지만, 사실상 노무에 종사하는 공무원의 범위를 조례(지방공무원법 제58조 제2항)로써 정하도록 하고

하에 관계없이 쟁의행위를 할 수 없다고 함으로써 사실상 노무에 종사하는 공무원까지도 쟁의행위를 할 수 없게 하고 있다. 헌법재판소는 舊노동쟁의조정법 제12조 제2항이 헌법 제33조 제2항에 합치하지 아니한다는 헌법불합치결정을 내린 바 있다(헌재결 1993. 3. 11, 88헌마5, 헌판집 5권 1집, 59면 이하).

1) 헌재결 1992. 4. 28, 90헌바27-34·36-42·44-46, 92헌바15(병합).

2) 헌재결 1992. 4. 28, 90헌바27-34·36-42 44-46, 92헌바15(병합); 同旨: 대판 1992. 2. 14, 90도2310.

있다.[1]

公務 이외의 집단적 행위라 함은 공무원으로서 직무에 관한 기강을 저해하거나 기타 그 본분에 배치되는 등 공무의 본질을 해치는 특정목적을 위한 다수인의 행위로서 단체의 결성단계에는 이르지 아니한 상태에서의 행위를 말한다.[2] 사립학교법 제55조가 교원의 복무에 관하여는 국·공립교원에 관한 규정을 준용하도록 규정하고 있으므로 사립학교교원의 근로3권도 제한되고 있다.[3][4]

[사립학교교원의 정치활동 또는 노동운동의 금지]

헌법재판소는 그 동안 논란이 되어 왔던 사립학교교원의 정치활동 또는 노동운동을 금지하고, 이에 위반한 경우 면직의 사유로 규정한 사립학교법 제155조 및 제158조 제1항 4호에 대한 위헌심판에서 교육의 목적과 교원직무의 특수성·교원법제의 동질성 그리고 교원의 근로관계의 특수성을 이유로 합헌결정을 내린 바 있다.[5]

그 밖에도 특정직공무원에 관한 법(교육공무원법·경찰공무원법·소방공무원법·군인사법)은 교육공무원·현역군인·군무원·경찰관 등의 공무원은 근로3권을 행사할 수 없다고 규정하면서 이에 위반할 경우에는 일정한 제재를 가할 수 있도록 하고 있다.

---

1) 권영성, 헌법학원론, 699면.

2) 건설부장관 주재의 정례회의 도중 집단적으로 퇴장하는 행위는 그것이 기구개편안에 관한 불만의 의사표시에서 비롯되었어도 국가공무원법상 금지하는 公務외의 집단적 행위에 해당한다(대판 1992. 3. 27, 91누9145 同旨의 판례: 대판 1991. 4. 23, 90누4839).

3) 헌법재판소는 그 동안 논란이 되어 왔던 사립학교교원의 정치활동 또는 노동운동을 금지하고, 이에 위반한 경우 면직의 사유로 규정한 사립학교법 제55조 및 제58조 제1항 제4호에 관한 위헌심판에서「교육의 목적과 교원직무의 특수성 교원법제의 동질성 그리고 교원의 근로관계의 특수성」등을 이유로 합헌결정을 내렸다(헌재결 1991. 7. 22, 89헌가106, 헌판집 3권, 387면 이하)

4)「청구인 등과 같은 교육공무원을 비롯한 일반공무원의 근로관계는 근로자와 사용자의 이원적 구조아래서 서로 투쟁과 타협에 의하여 발전되어 온 노동법관계에 의하여 규율하는 것보다는 오히려 공무원의 지위와 그 직무의 공공성에 적합하게 형성·발전되도록 하는 것이 보다 합리적이고 합목적적일 수 있다. 따라서 동조항이 사실상 노무에 종사하는 공무원 이외의 공무원들에 대하여는 노동3권의 행사를 제한함으로써 일반근로자와 사실상 노무에 종사하는 공무원의 경우와 달리 취급하는 것은 합리적인 이유가 있다 할 것이므로 헌법상 평등의 원칙에 위반되는 것이 아니다(헌재결 1992. 4. 28, 90헌바27-34·36-42·44-46, 92 헌바 15(병합) l, 헌판집 4권, 255[271]면 이하).

5) 헌재결 1991. 7. 22, 89헌가106【사립학교법 제55조 등에 관한 위헌심판】

1.4. 공무원노동조합설립및운영등에관한법률

그러나 2005년 1월에 공무원노동조합설립및운영등에관한법률이 제정되어, 공무원들도 단결권과 단체교섭권을 행사할 수 있게 되었다.

공무원노동조합설립및운영등에관한법률 제6조 (가입범위) ① 노동조합에 가입할 수 있는 공무원의 범위는 다음 각호와 같다.

1. 6급 이하의 일반직공무원 및 이에 상당하는 연구 또는 특수기술직렬의 일반직공무원
2. 특정직공무원중 6급 이하의 일반직공무원에 상당하는 외무행정 · 외교정보관리직공무원
3. 기능직공무원
4. 6급 이하의 일반직공무원에 상당하는 별정직공무원 및 계약직공무원
5. 고용직공무원

② 제1항의 규정에 불구하고 다음 각호의 1에 해당하는 공무원은 노동조합에 가입할 수 없다.

1. 다른 공무원에 대하여 지휘 · 감독권을 행사하거나 다른 공무원의 업무를 총괄하는 업무에 종사하는 공무원
2. 인사 · 보수에 관한 업무를 수행하는 공무원 등 노동조합과의 관계에서 행정기관의 입장에 서서 업무를 수행하는 공무원
3. 교정 · 수사 그 밖에 이와 유사한 업무에 종사하는 공무원
4. 업무의 주된 내용이 노동관계의 조정 · 감독 등 노동조합의 조합원으로서의 지위를 가지고 수행하기에 적절하지 아니하다고 인정되는 업무에 종사하는 공무원

③ 공무원이 면직 · 파면 또는 해임되어 노동조합및노동관계조정법 제82조제1항의 규정에 따라 노동위원회에 부당노동행위의 구제신청을 한 때에는 중앙노동위원회의 재심판정이 있을 때까지는 노동조합원의 지위를 상실하는 것으로 보아서는 아니된다.

④ 제2항의 규정에 의한 공무원의 범위는 대통령령으로 정한다.

2. 주요방위산업체에 종사하는 근로자의 단체행동권제한

헌법 제33조 제3항은 「법률이 정하는 주요방위산업체에 종사하는 근로자의 단체행동권은 법률이 정하는 바에 의하여 이를 제한하거나 인정하지 아니 할 수 있다」라고 하여, 주요방위산업체에 종사하는 근로자에 대해서도 단체행동권을 제한하거나 부인할 수 있도록 하고 있다. 방위산업체라 함은 방위산업 물자를 생산하는 업체로서 정부의 지정을 받은 산업체를 말한다. 방위산업물자라 함은 군용으로 제공되는 물자로 지정된 것을 말한다. 노동조합및노동관계조정법은 이때의 근로자를 「방위산업에관한특별조치법에 의하여 지정된 방위산업체에 종사하는 근로자 중 주요방산물자의 생산 또는 전력, 용수, 원 · 부자재공급 등 이와 직접 관련된 업무에 종사하는 자」로 규정하고 있다(동법 제41조 제2항). 이 제한은 국방상의 이유와 개별이익에 대한 전체이익의 우선에 그 목적이 있다.[1)]

3. 헌법 제37조 제2항에 의한 근로삼권의 제한

근로자의 근로3권도 일반적 법률유보조항에 의한 제한이 가능하다. 즉 국가안전보장 · 질서유지 또는 공공복리를 위하여 필요한 때에는 법률로써 제한될 수 있다(제37조 제2항).

헌재결 2004. 8. 26, 2003헌바28 【한국고속철도건설공단법 제24조 등 위헌소원】

헌법 제33조 제1항이 보장하는 단체교섭권은 어떠한 제약도 허용되지 아니하는 절대적인 권리가 아니라 헌법 제37조 제2항에 의하여 국가안전보장 · 질서유지 또는 공공복리 등의 공익상의 이유로 제한이 가능하며, 그 제한은 노동기본권의 보장과 공익상의 필요를 구체적인 경우마다 비교형량하여 양자가 서로 적절한 균형을 유지하는 선에서 결정된다.

「기타 헌법재판소 판례」

헌법 제33조 제1항이 보장하고 있는 노동기본권은 어떤 제약도 허용되지 아니하는 절대적인 권리가 아니라 질서유지나 공공복리라는 관점에서 당연히 그 내재적인 제약이 있으며, 그 제한은 노동기본권 보장의 필요와 국민생활 전체의 이익을 유지 · 증진할 필요를 비교형량하여 양자가 적정한 균형을 유지하는 선에서 결정된다고 할 것이다.[1]

그러나 제한하는 경우에도 근로3권의 본질적 내용은 침해할 수 없다. 공공복리를 이유로 노동쟁의를 제한하는 법률로서 노동조합및노동관계조정법 · 노동위원회법 · 근로자참여및협력증진에관한법률 등이 있다.

4. 국가비상사태하에서의 근로삼권의 제한

헌법 제77조에 따라 대통령이 비상계엄을 선포한 경우에 근로3권을 제한할 수 있는가에 대하여는 긍정설과 부정설이 갈리고 있으나 긍정설이 타당하다고 본다.[2] 즉 국가비상사태하에서는 법률에 의하지 않은 특별한 제한(대통령의 긴급명령권, 비상계엄)도 인정된다.[3]

---

1) 권영성, 헌법학원론, 700면.

1) 헌재결 1996. 12. 26, 93헌바19; 헌재결 92헌바41; 헌재결 94헌바49(병합); 헌재결 1996. 12. 26, 93헌바17 【노동쟁의조정법 제4조 등 위헌소원】

2) 권영성, 헌법학원론, 700면.

3) 장영수, 헌법학, 843면.

제 7 항 환경권

헌법 제35조 ① 모든 국민은 건강하고 쾌적한 환경에서 생활할 권리를 가지며, 국가와 국민은 환경보전을 위하여 노력하여야 한다.

② 환경권의 내용과 행사에 관하여는 법률로 정한다.

③ 국가는 주택개발정책등을 통하여 모든 국민이 쾌적한 주거생활을 할 수 있도록 노력하여야 한다.

헌재결 1994. 7. 29, 92헌바49 【토지초과이득세법 위헌소원】

토초세법은 위 법률의 위와 같은 이상과 목적을 도외시하고 당해 토지가 위 법률에 따른 소유제한범위 내의 택지인지 여부에 관계없이, 오로지 당해 토지상에 현재 건축물이 존재하고 있는지의 여부에만 관심을 두고 이에 따라서 토초세 과세 여부를 결정하도록 되어 있다. 이는 택지소유상한에관한법률과 입법체계적으로도 조화를 이루지 못하고 있을 뿐만 아니라, "모든 국민은 인간다운 생활을 할 권리를 가진다. 국가는 사회보장·사회복지의 증진에 노력할 의무를 진다"고 규정한 헌법 제34조 제1항, 제2항과 "국가는 주택개발정책 등을 통하여 모든 국민이 쾌적한 주거생활을 할 수 있도록 노력하여야 한다"고 규정한 헌법 제35조 제1항 등의 정신에도 배치되는 경우가 될 수 있다.

I. 개관

1. 환경 및 환경보호(용어의 정의)

환경이라 함은 "물(Wasser), 땅(Boden), 공기(Luft) 그리고 自然(Landschaft)등과 같은 우리 주위세계의 자연적 요소를 지닌 자연상태로써의 자연환경과 사람의 일상생활과 밀접한 관계가 있는 재산의 보호 및 동식물의 생육에 필요한 생활환경이다."

헌재결 2008. 7. 31, 2006헌마711 【입법부작위 위헌확인】

'건강하고 쾌적한 환경에서 생활할 권리'를 보장하는 환경권의 보호대상이 되는 환경에는 자연환경뿐만 아니라 인공적 환경과 같은 생활환경도 포함된다. 환경권을 구체화한 입법이라 할 환경정책기본법 제3조에서도 환경을 자연환경과 생활환경으로 분류하면서, 생활환경에 소음·진동 등 사람의 일상생활과 관계되는 환경을 포함시키고 있다. 그러므로 일상생활에서 소음을 제거·방지하여 정온한 환경에서 생활할 권리는 환경권의 한 내용을 구성한다.

독일의 대표적 환경법학자인 클레퍼(Michael Klöpfer)는 환경은 다음과 같은 세 가지

개념이 있다고 한다.[1)]

1. 廣義의 環境槪念(Extensiver Umweltsbegriff)

이는 인간과 모든 사회적·문화적·정치적 요소들을 총망라한 '총체적 환경(gesamte Umgebung)'을 의미한다.

2. 狹義의 環境槪念(Restriktiver Umweltbegriff)

이는 인간의 자연적·기본적 생활기반을 말하며, 따라서 법적 고찰의 대상이 되는 부분은 일반적으로 협의의 환경개념이 이에 해당한다.

3. 規範的 環境槪念(Normativer Umweltbegriff)

이는 특정한 법규에 구체적으로 규정되어 있는 환경을 뜻하며 자연보전, 기후, 수질보전, 대기정화, 토양 생산력 따위를 포함하는 개념이다.

2. 환경권(환경헌법)

2.1. 의의

환경질서의 기본원칙을 확립하고 환경문제에 관하여 헌법적으로 접근하는 것을 환경헌법(Environmental Constitutional Law; Umweltsverfassungsrecht)이라고 한다. 우리헌법에서는 「환경권」이라는 헌법용어를 사용하고 있다. 환경권이라 함은 로마법상의 이른바 '環境共有의 法理'[2)]에서 유래 하는바와 같이, 좋은 환경을 향유할 권리 즉 "건강하고 쾌적

---

1) Michael Klöpfer, Umweltrecht, München 1989, S. 11-12.

2) 환경공유의 법리 : 환경권의 이론적 근거로서 로마법의 이른바 「환경공유의 법리」를 들 수 있다. 전통적인 시민법원리에 의하면 공기·물·일조·자연의 경관 등 인간의 생활을 둘러 싼 자연의 경관은 권리의 대상으로 삼을 수 없는 「자유재」로 생각되었다(정종학, 「공해의 법리와 실제」, 공법연구 제6집, 한국공법학회편, 1978, 49면; Victor J. Yannacone, Jr., et al., "Environmental Righ ts & Remedies" vol. 1(The Lawyers Cooperative Publishing Co., 1972), p. 11 ; Comments, "T he Public Trust in Tidal Areas : A Sometimes Submerged Traditional Doctrine," Yale L. J. V ol. 79, 1970, pp. 762-764). 이러한 환경소재는 독립된 권리의 객체로 파악되지 않고 부동산이용자에 수반하는 소유권의 한 내용으로 생각되어 왔기 때문에 부동산이용의 결과로서의 자연재의 소모나 파괴는 원칙적으로 이를 수인하여야 되는 것으로 이해하였다. 그리하여 지금까지 소유권절대의 원칙과 영업자유의 원칙과의 결합으로 인하여 기업에 의한 환경오염 내지 파괴를 무원칙적으로 승인하는 결과를 가져왔던 것이다. 그러나 본래 공기·물·일조·자연경관 등의 자연자원은 인간이 살아가는 데에 없어서는 아니될 절대적 요소들이며, 부동산소유권과는 관계없이 모든 자연인에게 공평히 분배되어야 할 것들이다. 만약 이러한 자원의 분배가 부동산소유권의 행사의 결과로서 부여되는 것이라고 한다면, 부동산소유권을 가지지 아니한 자에게는 그 배분이 거부될 것이며, 이는 곧 그들의 인간으로서의 생존 그 자체를 부정하는 결과가 되는 것이다. 그러므로 이와 같은 환경의 소재는 원래 부동산소유권과는 관계없이 '만인에게 평등하게 분배되어야 할 필요불가결한 자원'이며, 따라서 그것은 당연히 만인의 공유에 속하는 재산이라 하지 않으면 아

한 환경에서 생활할 권리"(헌법 제35조 제1항)를 말한다.

2.2. 연혁

종전의 우리나라의 학자들은 1977년 12월 31일 제정된 종래의 환경보전법이 "대기오염 · 수질오염 · 토양오염 · 소음 · 진동 또는 악취 등으로 인한 보건위생상의 危害를 방지하고 환경을 적정하게 보전함으로써 국민보건향상에 기여함을 목적으로 한다"고 하면서 국가의 공해방지의무와 환경보호를 위한 정책수립 및 감독의 책임, 행정적 규제조치 및 생명 · 신체의 피해에 대한 무과실책임까지 규정(제69조)하였기 때문에 바로 이것이 우리나라에서는 이미 환경권 · 건강권이 실정법적 근거를 확보한 것이라고 주장하였다[1].

헌법상으로는 헌법전문이나 인간의 존엄성과 가치에 관한 제8조, 인간다운 생활을 할 권리에 관한 제30조, 건강한 생활을 할 권리의 제31조 그리고 헌법에 열거되지 아니한 이유로 輕視되지 아니한다는 규정(제32조 제1항)등을 들어 제4공화국헌법하에서도 환경권이 인정된다고 보는 것이 다수설이었으나 위와 같은 규정만으로는 충분한 명문규정을 缺한다는 반론도 만만치 않았던 것이 사실이다.

이러한 사정을 감안하여 1980년 10월 27일 시행된(제8차 개정헌법) 제5공화국 헌법 제33조 에서는 "깨끗한 환경에서 생활할 권리"라고 하여 환경권을 국민의 기본적 권리(기본권)로 명문화하였고, 1987년 12월 29일(제9차 개정헌법)에 개정된 현행 헌법 역시 제35조 제1항에 "모든 국민은 건강하고 쾌적한 환경에서 생활할 권리를 가지며 국가와 국민은 환경보전을 위하여 노력 하여야한다"고 改正 하여 환경권은 인간의 존엄성 유지와 행복추구에 필요불가결한 기본권임을 구체적으로 천명하고, 제35조 제2항에서는 "그 내용과 행사에 관한 사항을 환경권의 내용과 행사에 관하여는 법률로 정한다"고 하여 명시적 헌법위임에 의한 법률유보조항 즉 '기본권형성적 법률유보조항(제35조 제2항)'으로 하고 있다.

2.3. 외국의 예

환경보호를 헌법상 명문으로 규정한 헌법례로서는 그리스 헌법(제24조), 인도헌법(제48 A, 49조), 이란헌법(제50조), 스위스헌법(제24의 7), 태국헌법(제65조) 등을 들 수 있고, 직접 '환경권'을 명문으로 규정한 헌법례로서는 포르투칼헌법(제66조 제1항), 스페인헌법(제45조)등을 들 수 있다.

니될 것이다. 이 경우 공유는 분할가능한 공유가 아니고, 일체로서의 전국민에게 귀속하며 누구도 독점할 수 없는 의미의 공유라고 할 것이다(김영훈, 환경권에 관한 연구, 건국대학교대학원 박사학위논문, 1981, 81면).

1) 김철수, 환경권, 환경법연구, 3권 21면 이하.

II. 특성 및 법적 성질

1. 특성

환경권은 다른 기본권과 비교하여 볼 때 다음과 같은 특성이 있다. 즉 환경권은 환경에 미치는 인간의 행위를 규제하기 위하여, 다른 기본권(재산권 · 영업권)을 제한하는 특성을 지니고 있다(기본권의 충돌). 환경권은 동시에 의무(환경보전의무)를 수반하는 기본권이다.

1.1. 종합적 기본권

환경권의 법적 성질은 자유권적 성격뿐만 아니라 인간의 존엄과 가치행복추구권 으로서의 성격을 갖는 '종합적 기본권(Gesamtgrundrecht)'[1)]이라고 할 수 있다.

종합적 기본권임을 주장하는 허영 교수는 환경권은 국가와 국민의 환경보전의무를 전제로 하는 권리와 의무의 복합형태 인데, 기본권의 전제조건을 보장하는 기본권으로서의 성질과 기본권의 헌법적 한계로서의 성질을 함께 가지고 있기 때문[2)]이라고 한다.

권영성 교수는 환경권은 오염되거나 불결한 환경을 예방 또는 배제하여 주도록 청구할 수 있는 권리라는 의미에서 '청구권'으로써의 특징을 지니며, 오염되거나 불결한 환경은 인간다운 생활을 할 수 없게 하고 건강을 침해한다는 점에서 '인간다운 생활권'이요 '보건에 관한 권리'라고 할 수 있고, 오염되고 불결한 환경은 인간의 존엄성을 해치고 불행하게 만든다는 의미에서 인간의 존엄성 존중에 위배되고 '행복추구권'을 침해하는 것이라고 할 수 있기 때문"이라고 한다.[3)]

헌재결 2008. 7. 31, 2006헌마711 【입법부작위 위헌확인】
모든 국민은 건강하고 쾌적한 환경에서 생활할 권리, 즉 환경권을 가지고 있고, 국가와 국민은 환경보전을 위하여 노력하여야 한다(헌법 제35조 제1항). 환경권은 건강하고 쾌적한 생활을 유지하는 조건으로서 양호한 환경을 향유할 권리이고, 생명 · 신체의 자유를 보호하는 토대를 이루며, 궁극적으로 '삶의 질' 확보를 목표로 하는 권리이다. 환경권을 행사함에 있어 국민은 국가로부터 건강하고 쾌적한 환경을 향유할 수 있는 자유를 침해당하지 않을 권리를 행사할 수 있고, 일정한 경우 국가에 대하여 건강하고 쾌적한 환경에서 생활할 수 있도록 요구할 수 있는 권리가 인정되기도 하는바, 환경권은 그 자체 종합적 기본권으로서의 성격을 지닌다.

---

1) 同旨 김종민, 환경법, 90면; 권영성, 헌법학원론, 703면.
2) 허영, 한국헌법론, 459면.
3) 권영성, 헌법학원론, 703면.

2. 법적 성질

환경권의 법적 성질에 관하여는 학설이 대립되고 있다. 대표적 학설로는 첫째, 프로그램적 권리설(입법방침규정설) 둘째, 구체적 권리설 셋째, 추상적 권리설 넷째, 양면적 권리설로 크게 분류할 수 있다.

2.1. 프로그램적 규정설(입법방침규정설)

프로그램(program; Programm)적 규정설을 따른다면 헌법에 있어서 환경권의 보장은 개인에 대하여 일정한 환경보호·개선조치를 요구할 수 있는 청구권(unmitellbar einklagbare Ansprüche)을 실질적·구체적으로 보장한 것이 아니고 입법자의 법적·도의적 의무라고 본다.[1] 따라서 입법자에게 환경보호·개선을 위한 법을 제정하도록 법적 의무를 지운 것에 불과한 것일 뿐만 아니라 국민의 구체적 청구권규정여부에 있어서도, 다만 국가의 재량에 의하여 제한을 받는 입법정책의 문제로서만 인식하고 있다. 프로그램적 규정설에 의할 경우에 있어서의 국가의 환경권보호에 관한 의무위반에 대하여 그 '정치적 책임'을 물을 수는 있어도 재판을 통하여 소구할 수 있는 국민의 직접적인 청구권의 근거가 될 수는 없다고 본다.[2]

2.2. 국가목표규정

이에 반하여 환경권을 헌법상의 기본권으로 규정하지 않거나,[3] 비록 헌법에 규정하더라도 환경에 관한 규정을 국가목표규정(Staatszielbestimmung)[4]으로 헌법에서 수용하

---

1) Rupert Scholz, Nichtraucher contra Raucher, JuS 1976, S. 234; 이존구, 환경권과 인간존엄·행복추구권, 64면.

2) 안용교, 환경권, 고시연구(1981.5), 34-35면.

3) 미국의 경우 연방헌법에 환경권이나 환경에 관한 명문의 규정이 없으나, 환경권을 하나의 인권으로 보고 보통 연방헌법 증보 제5조나 제9조를 근거로 삼고 있다. 연방의 권리장전 제5조는 적법절차 규정으로써 환경의 침해는 국민의 생명과 자유, 재산에 대한 침해로 볼 수 있으며, 자연권을 규정하고 있는 제9조의 의하여 환경권의 부정이나 경시는 용인될 수 없다고 본다(김상겸, 환경국가와 환경영향평가제도, 한국환경법학회 제73회 학술대회발표논문).

4) 국가목적(Staatszweck), 국가목표(Staatsziel), 국가목표규정(Staatszielbestimmung), 국가의무(Staatsaufgabe)는 독일에서도 학자들이 이들간의 용어를 명확하게 구분하지 않고 국가목표에 해당하는 것은 국가목적이라고 칭하는 등 서로 혼용하여 사용하고 있다. 그러나 이들은 그 의미와 내용이 약간씩 다르다. 국가목적(Staatszweck)은 추상적·철학적 개념으로서 국가의 존립 근거(국가의 존재의의) 및 이를 위한 활동의 정당성을 나타내는 것으로서(Christoph Link, Staatszwecke im Verfassungsstaat nach 40 Jahren Grundgesetz, in : VVdStRL Bd. 48, S. 17), 국가존립의 근거는 이들의 실현을 위하여 활동할 경우에 한하여 존재한다. 국가목표는 국가목적

고 있는 국가로는 독일을 들 수 있다.[1] 국가목표규정이란 독일의 연방내무성과 법무성의 해석에 따르면, "국가행위의 확정된 프로그램이며, 국가활동의 지침과 지시가 되며, 입법과 행정입법의 해석근거"[2]가 된다고 한다.[3] 국가목표규정은 국가에 대하여 구체적 목표를 정하여 그 방향으로 나가야 할 것을 정하고 계속적으로 충족시킬 것을 규정하고 있는 법적 구속력을 갖는 헌법규범이라고 할 수 있다.[4] 국가목표규정은 장래 국가가 지향하고 이루어야 할 과제를 부여하고 있으나 그 실현시기와 방법 등은 입법자의 결정에 달려 있다는 점에서 그 특색이 있다. 또한 국가목표규정은 개개의 국민에게 주관적 권리를 부여하지 않는다는 점에서 기본권조항과 구별된다.[5] 따라서 독일의 경우 그러한 기본법 제20a조를 근거로 어떠한 주관적 공권을 주장하거나 환경과 관련한 결정에 대하여 소송을 제기하거나

을 추구 · 실행하는(완성시키는) 하나의 과정 · 방법이다. 그리고 국가목표규정(국가목표조항: Staatszielbestimmung)은 국가목적을 실현하기 위하여 부분적으로 헌법상 규정되어 있는 내용들을 의미한다. 예컨대 사회국가원리 · 법치국가원리 등의 헌법상의 규정이 국가목표규정이다. 국가의무(Staatsaufgabe)는 추상적 의미의 국가목표를 구체적으로 달성시키고자하는 방법이다. 따라서 하나의 국가목표는 여러 가지 형태의 국가의무들의 수행에 의하여 이루어진다. 예컨대 사회국가에서의 국가목표(Staatsziel)는 교육 기타 사회원조(Sozialhilfe)등에 의하여 이루어진다(J. Isensee/P. Kirchhoff, Handbuch des Stzztsrechts, Bd. III, Heidelberg 1988, § 57 Rn. 115). 이와 같은 관점에서 환경보호는 국가목적(Staatszwecke)이 아닌 국가목적을 달성하기 위한 수행목표(Hanslungsziel)이며, 국가목적을 달성하기 위한 구체적 과정이 되는 것이다. 환언하면 환경보호는 국가목적(국가의 존재의의)을 달성하기 위한 국가목표이며, 국가기관은 환경보호라는 목표를 달성함을 통하여 국가가 존재하는 목적(정당성)의 일부를 수행하는 것이 된다. 따라서 환경보호(Umweltschutz)를 국가목적조항이라고 번역하는 것은 문제가 있다고 보여진다. 왜냐하면 환경보호를 국가목적이라고 이해한다면, 환경보호만을 국가기관이 수행한다면 그 국가는 정당성을(Legitimation und Rechtfertigung)을 갖게 되지만, 국가의 목적(존재의의)은 단순히 환경보호만을 위하여 존재하는 것은 아님은 주지의 사실이기 때문이다(최윤철, 환경법과 입법자의 법률개선의무, 환경법연구(2004.4), 제26권 1호, 한국환경법학회, 313면 각주 6) 참조); 이에 관한 상세한 내용은 Staatszwecke, Staatsziele, Staatsaufgaben: Begriffe Abgrenzung und Funktion, in: Prof. Dr. Murswiek Seminar über Staatszwecke, Staatsziele, Staatsaufgaben WS 92-93, Uni. Freiburg); 고문현, 독일에서의 환경보호, 공법연구 제32집 제1호(2003.11), 357면 참조.

1) 독일에 있어서 환경권과 관련하여 헌법의 전개과정과 태도에 대해서는 김세규 · 한귀현, 현대국가의 과제와 환경보호, 동아법학 제23호(1997), 280면 이하 참조; 최윤철, 환경법과 입법자의 법률개선의무, 환경법연구(2004. 4), 제26권 제1호, 한국환경법학회, 313면.
2) Der Bundesminister des Innern/Der Bundesminister der Justitz(Hg.), Staatszielbestimmungen/Gesetzgebungdaufträge, Bericht der Sachenverständigenkommission, 1983, Rdnr. 7.
3) 최윤철, 환경법과 입법자의 법률개선의무, 환경법연구(2004. 4), 제26권 제1호, 314면.
4) Schulze-Fielitz, in: Dreier (Hrsg.), Grundgesetz, Art. 20a Rn. 20 ff.
5) 김상겸, 환경국가와 환경영향평가제도, 한국환경법학회 제73회 학술대회발표논문.

국가에 대하여 구체적인 급부도 요구할 수 없다. 국가목표규정은 전적으로 국가를 그 수범자(Adressat)로 하기 때문에 일반국민은 환경과 관련하여 국가의 작위 혹은 부작위를 이유로 법원에 소송을 제기할 수 없다.[1)]

그러나 독일 기본법 제20a조는 입법권자는 헌법질서 안에서 법률의 제정(Gesetzgebungsauftrag)과 행정부와 사법부에는 이러한 법률(Gesetz)과 법(Recht)의 기준에 따라 생활기반과 동물보호의 책임을 부과하고 있다. 따라서 입법권자는 불명확하고 포괄적으로 규정되어 있는 기본법상의 환경보호에 관한 내용을 법률을 통하여 구체화해야 할 과제를 부담한다(Handlungsauftrag). 그러나 입법자는 법률을 제정함에 있어서 광범위한 입법 형성의 자유를 가지며, 여기에는 국가적 보호의 과제와 충돌하지 않는 한 법률을 제정하지 않을 수 있는 것도 포함된다. 그러나 국가는 자연적 생활기반과 동물보호를 하여야할 의무를 지니기 때문에 입법의무를 지닌다고 보는 것이 타당하다.[2)] 또한 입법권자는 현행 환경보호관련 법률들이 고도로 발달하는 기술수준에 신속하고 적합하게 대응할 수 있는지를 주의 깊게 관찰해야할 의무를 부담하고, 필요하다면 법률개선의무(입법개선의무)를 지게 된다.[3)]

2.3. 추상적 권리설

프로그램규정설이 사회권에 관한 헌법규정을 지나치게 과소평가하는 것에 대항하여 더욱 적극적으로 효력을 인정해보려는 의도에서 제기된 이론이 추상적 권리설이다. 이 이론은 사회적 기본권에 관한 헌법규정이 개별적·구체적인 권리를 직접적으로 설정하고 있지는 않지만, 국가에 대하여 국민이 인간다운 생활을 할 수 있도록 하기 위한 입법 내지는 기타 국가정책상 필요한 조치를 강구할 것을 요구하는 추상적인 권리를 인정한 것이고, 국가는 이에 대하여 추상적 의무를 갖는다고 해석한다.[4)]

이러한 사회적 기본권이론에 따라 환경권의 보장은 모든 국민이 인간다운 환경에서 살 수 있도록 필요한 입법을 요구할 수 있는 법적 권리를 보장한 것으로 본다. 그러나 이

---

1) M. Klöpfer/T. Brandner, Umweltrecht, München 1998, S. 123; 최윤철, 환경법과 입법자의 법률개선의무, 환경법연구(2004.4), 제26권 제1호, 314면.

2) 최윤철, 환경법과 입법자의 법률개선의무, 환경법연구(2004.4), 제26권 제1호, 한국환경법학회, 323면.

3) M. Klöpfer/T. Brander, Umweltrecht, München 1998, S. 129; Rudolf Steinberg, verfassungsrechtlicher Umweltschutz durch Grundrechte und Staatszielbestimmung, NJW 1996, S. 1985 f.

4) 池田政章, 「フログラム規定における消極性と積極性(一)(二)」, 立教法學 第3號, 1961, 30頁; 同7號, 1965, 37頁 以下 參照.

권리는 추상적인 것이므로 이 권리를 구체화하는 입법 · 예산조치가 있을 때에야 비로소 국민은 그 법률에 따라 국가에 대하여 구체적 환경보호 · 개선조치를 요구할 수 있다고 본다.[1] 즉, 국민은 국가에 대하여 추상적 권리를 가지며, 국가는 「입법 기타 국정상 필요한 조치를 강구」할 추상적 의무를 진다고 보는 견해이다.[2] 그러나 추상적 권리설도 환경보호에 관한 구체적 법률이 존재할 경우에는 환경권의 실질적이고 구체적인 법적 권리성이 보장된다는 의미에서는 프로그램적 규정설보다는 진보적 · 적극적인 의미를 가지고 있으나, 구체적 청구권의 인정여부는 입법정책 내지는 입법방침으로 본다는 의미에서 프로그램적 규정설(입법방침규정설)과 실질적으로 별로 다를 바 없다[3]고 하겠다.

2.4. 구체적 권리설

이는 국민개개인이 직접 법원에 환경권 즉 건강하고 쾌적한 환경에서 생활할 권리를 직접 청구할 수 있다는 학설이다.[4] 즉 환경권은 법적 권리로서 그 침해에 대하여 법원에 직접 소구할 수 있는 구체적 권리라고 주장하는 학설이다.

권영성 교수는 "환경파괴에 대한 인권의 대량침해 · 대량파괴는 기존의 사회권이론 즉 추상적 권리론을 가지고는 대응할 수 없음이 명백하다"고 주장하면서 그 이유는 "공해기업이 환경을 일방적 · 독점적으로 이용하면서도, 영업의 자유 · 재산권의 자유로운 행사를 논리적 방패로 내세워 자행하는 일방적인 환경파괴행위에 대해서는 종래의 추상적 개념을 가지고는 대응할 수 없기 때문"이라고 한다. 그리고 이에 대한 효과적인 대책을 수립하기 위해서는 새로운 적극적인 이론구성이 이루어 져야 하는데 그 한 가지 예로 "생명권 · 보건권의 재산권 · 영업권에 대한 우위론 이라는 기본권해석론이 있고, 사실 인간의 존엄과 가치 그리고 행복추구권을 규정한 헌법 제10조를 최고의 헌법적 가치로 보고 또 환경권을 종합적 권리로 해석한다면, 생명권 · 보건권의 재산권 · 영업권에 대한 우위성을 충분히 인정할 수 있다"고 한다.[5] 그리고 이러한 구체적 권리설에 입각하면, 환경침해행위의 유지청구(중지청구), 방해배제, 예방청구 등의 구체적 청구권이 발생한다.[6]

2.5. 양면적 권리설

이는 환경에 대한 침해가 있을 때 그의 배제를 직접 법원에 청구할 수 있는 구체적 권

---

1) 박일경, 환경권, 고시연구(1981.2), 24면.
2) 안용교, 환경권, 고시연구(1981.5), 35면.
3) 안용교, 환경권, 고시연구(1981.5), 37면.
4) 김종민, 환경법, 89면.
5) 권영성, 헌법학원론, 704면.
6) 윤명선, 환경권, 월간고시(1993.8), 75면.

리로서의 측면[1]과 건강하고 쾌적한 환경에서 생활환경의 조성·유지에 대한 추상적 권리로서의 측면을 지닌다는 학설이다.[2]

2.6. 사견

생각건대, 환경권을 헌법적 차원에서 사회적 기본권, 생활권으로 파악하면 환경권은 프로그램적 규정 내지는 추상적 권리인 것처럼 보이지만, 현행 헌법이 이미 제35조 1항에서 환경권을 '종합적 기본권'으로 명시적으로 인정하고 있는 이상 환경권은 자유권적 기본권 및 사회적 기본권적 기본권의 측면에서도 소구가능한 권리라고 할 수 있다. 이와 같은 관점에서 볼 때 양면적 권리설, 더 나아가서는 구체적 권리설이 상당한 설득력을 가진 학설이라고 말 할 수밖에 없다.

다만 환경권은 다분히 상린관계적인 권리로서의 성격이 많기 때문에 합리적 이유가 있고 '경미한 침해(Bagatellbelästigungen)'인 경우에는 이를 수인해야 할 의무, 즉 수인의무를 함께 내포하고 있는 기본권이다. 따라서 국가에 의한 환경침해의 경우는 물론이고 국가 이외의 제3자의 생활영역에서 발생하는 환경오염의 경우에도 그 정도가 경미한 때에는 이에 대한 방어권(Abwehrrecht)과 공해배제청구권이 인정될 수 없다(허영).[3] 다만 어느 정도 수인해야 하는가 하는 것은 그때 그때의 구체적 사정에 따라 결정해야 할 것이다.

환경권을 적극적 의미에서 국가에 대하여 깨끗하고 쾌적한 환경을 조성하여 줄 것을 청구할 수 있는 권리로 보는 경우에도 국가의 재정문제·입법강제의 불가능 등의 문제들이 있어서 구체적인 권리성이 한층 더 약하다. 그러나 구체적인 입법 없이 법원에 의한 환경보호·개선조치를 청구할 수 없다 할지라도 환경권의 구체적 권리를 전면적으로 부정할 수는 없다고 할 것이다.[4] 왜냐하면 현대적 환경권의 형성상황과 헌법의 규범논리적 기능으로 보아 환경권은 단순한 입법정책 내지 입법재량의 문제가 아니라, 헌법에 의한 입법구속에서의 입법재량으로 보아야 하기 때문이다. 입법구속에서의 입법재량의 조건·범위의 경우만 하더라도 수인한도를 넘는 환경조건의 기준설정이나 기준은 준수되어도 환경보호·개선이 되지 않는 경우에는 그 기준의 위법성을 다룰 수 있어야 할 것이다.

특히 오늘날의 환경행정은 그 중점이 규제행정으로부터 급부·보호행정으로 이행되고 있으며, 인권의 침해실태나 양태(態樣)도 국가권력뿐만 아니라 준국가적 권력을 가지는

---

1) 자유권적 침해보전청구권 : 왜냐하면 환경권은 헌법에 기본권으로 명시되어 있기 때문에 최소한 배제청구권(방어권 : Abwehrrecht)이 있는 것으로 볼 수 있다.

2) 김도창, 행정법(하), 519면.

3) J. Lücke, DÖV 1976, S. 291; Michael Klöpfer, Zum Grundrecht auf Umweltschutz, 1978, S. 20 f.

4) 안용교, 환경권, 고시연구(1981.5), 37면.

사회단체내지는 압력단체에 의한 개인적 기본권에 대한 침해나 혹은 국가의 입법부작위에 의한 자유의 공동화가 심각한 문제로 되고 있는 오늘날, 환경권의 적극적 권리성을 인정하는 것은 현대적 사회상황의 필요적 요청[1]에 적극적으로 부응하는 것이다. 이러한 관점에서 생존권적 측면에서의 환경권을 구체적 권리로 파악하는 적극적인 이론구성에 있어서도 매우 중요하다 할 것이다.

III. 환경권의 효력

1. 국가에 대한 효력

환경권의 법적 성격을 구체적 권리 혹은 최소한도의 불완전한 구체적 권리로 본다면, 현행 헌법 제35조 제1항은 국가권력을 구속하는 효력을 가지고 있다.[2] 따라서 입법부는 환경권을 실행하기 위한 구체적 입법형성의무[3]를 지며, 입법부는 환경권을 실행하기 위한 구체적 입법형성의무를 질뿐만 아니라, 입법자는 환경보호법률이 제정된 이후에도 당해 법률이 헌법에 합치되는 지, 그리고 위험방지 및 예방을 위하여 현행법률이 타당한지에 대한 입법자의 법률관찰(die Beobachtung von Gesetzen)의무가 계속적으로 이루어져야 한다. 그리고 필요하다고 판단되는 경우에는 당해법률의 개정·보완 등을 통하여 계속하여 환경보호의무를 수행해 나아가야할 입법개선의무(법률개선의무)가 있다.[4] 특히 고도의 과학기

---

1) 한상범, 인권으로서의 환경권의 법리, 고시연구(1981.1), 61면.

2) 장영수, 헌법학, 861면.

3) 헌법 제35조 제1항 제2문에서 "국가와 국민은 환경보전을 위하여 노력 하여야한다"고 하여 국가의 환경보호의무를 규정하고 있기 때문에 제35조 제2항은 입법권자인 국회의 입법의무를 규정한 것이며 국회가 그 의무를 태만히 하면 입법부작위의 책임을 진다. 권영성 교수는 "환경파괴내지 침해에 대한 법적 대응은 제1차적으로 행정법적 혹은 민사법적 제재로써 처리하는 것이 일반적이지만 1994년 초 낙동강폐수오염사건 등에서 볼 수 있듯이 환경침해는 무수한 사람의 생명과 건강에 치명적인 악영향을 미칠 우려가 있기 때문에, 일정한 유형의 환경파괴범죄 내지 공해범죄에 대하여는 이를 형벌로서 엄격히 다스리기 위하여 형법개정작업이 요망된다"고 한다. 권영성, 헌법학원론, 법문사, 1994, 700면(각주 1). 현재 우리나라에는 1991년 5월 31일 법률 제4490호로 공포·시행된 "환경범죄의 처벌에 관한 특별조치법"이라고 하는 형사특별법이 있다.

4) 헌재결 2008. 7. 31, 2006헌마711 【입법부작위 위헌확인】 환경권의 내용과 행사는 법률에 의해 구체적으로 정해지는 것이기는 하나(헌법 제35조 제2항), 이 헌법조항의 취지는 특별히 명문으로 헌법에서 정한 환경권을 입법자가 그 취지에 부합하도록 법률로써 내용을 구체화하도록 한 것이지 환경권이 완전히 무의미하게 되는데도 그에 대한 입법을 전혀 하지 아니하거나, 어떠한 내용이든 법률로써 정하기만 하면 된다는 것은 아니다. 그러므로 일정한 요건이 충족될 때 환경권 보

술적인 요소를 내포하고 있는 환경관련 법제들은 오늘날 과학기술 및 환경오염 측정기술의 발전 등에 의하여 더 이상 그 효력을 지속할 수 없는 경우가 다른 법률에 비하여 빈번하게 발생하게 된다. 따라서 비록 입법당시에는 법률의 하자(Mangel)가 없었다 하더라도 현재의 시점에서는 당해 법률의 적용이 국민의 기본권을 침해하는 위헌법률(입법불충분에 따른)이 되어버리고 마는 경우가 발생 할 수도 있는 것이다.[1] 따라서 입법형성권자는 이러한 법률의 결함(Gesetzesfehler)과 법률의 흠결(Gesetzeslücke)을 항상 발견하도록 예의 주시해야할 의무를 지니고 있다.

행정부와 사법부는 환경법에 위반하여 환경권의 침해를 야기하는 행위를 할 수 없다. 만약 행정관청이 법령에 위반하여 환경을 파괴하는 경우에는 행정소송 등의 공법적 구제방법이 있으며, 부작위에 의한 손해발생의 경우에도 국가배상책임을 인정해야 한다.[2] 그리고 헌법 제35조 제2항의 법률유보조항은 제35조 제1항의 헌법적 결정을 보다 더 구체화하고 또한 1항을 위배하지 않는 범위에서만 입법자의 입법(형성)권이 인정된다고 보아야 한다.[3]

2. 제3자에 대한 효력

2.1. 학설

헌법이 명문으로 규정으로서 환경권을 인정하면서 국민의 환경보전의무를 규정하고 있기 때문에 환경권은 당연히 私人 상호간의 관계에도 적용된다.[4] 私人에 의하여 환경침해를 받은 경우에는 그리고 이로 인하여 건강을 훼손당하거나 재산상의 피해를 입은 경우에는 오염배제나 손해배상청구 등과 같은 구제수단이 있다. 다만 환경권의 대사인적 효력은 기본권의 대사인적 효력에서 적용되는 간접적용설의 입장이 타당해 보인다. 다만 우리 헌법 규정이 "… 국민은 환경보전을 위하여 노력하여야 한다(제35조 제1항 후단)"고 하여 직접적 효력을 가지는 것처럼 규정하고 있다고 지적은 하면서도 학자들은 일반적으로 간접적용설의 입장을 취하고 있다.[5] 이 견해에서는 환경권은 사권으로서 국민의 건강한 생

호를 위한 입법이 없거나 <u>현저히 불충분하여 국민의 환경권을 과도하게 침해하고 있다면 헌법재판소에 그 구제를 구할 수 있다</u>고 해야 할 것이다; 최윤철, 환경법과 입법자의 법률개선의무, 환경법연구(2004.4), 제26권 제1호, 316면.

1) Vgl. BVerfGE 56, 54(79 ff).; 최윤철, 환경법과 입법자의 법률개선의무, 환경법연구(2004.4), 제26권 제1호, 317면.

2) 권영성, 헌법학원론, 708면.

3) 최윤철, 환경법과 입법자의 법률개선의무, 환경법연구(2004.4), 제26권 제1호, 313면 참조.

4) 양건, 헌법강의, 712면.

5) "사인상호간에 있어서의 기본권의 효력(제3자적 효력)은 일반적으로 공서양속을 통한 간접적용

활을 향유할 수 있는 권리를 보호하려는 인격권이며 사법상의 공서양속의 원칙을 통하여 간접적용되며 공해배제청구소송 등을 할 수 있다고 한다. 그리고 '사법상 일반원리'를 매개로 간접적용된다는 논리는 최고법인 헌법이론을 하위규범에서 도출하는 것이므로 바람직하지 않으며,[1] 헌법 제10조를 매개로 하여 간접적으로 환경권규정이 적용된다고 하는 이론도 있다.[2]

2.2. 판례

2.2.1. 일반적 경향

우리 대법원의 일반적 판례는 환경권의 구체적 권리성을 부인하는 입장이다. 대법원 판례는 헌법 제35조의 사법적 권리성에 대하여 부인하는 입장을 취하지만, 하급심 판결에서는 환경권에 관하여 사법적 권리로서의 구체적 권리성을 인정한 경우도 있다.[3][4]

대법원의 헌법상의 환경권규정에 의하여 사법상의 권리로서 환경권을 인정할 수 있는지의 여부에 관하여는 강남구 청담동 지역주민들이 골프연습장 건설과 관련하여 신청한 공작물설치가처분신청등과 관련한 판례 등을 참고할 수 있다.[5][6]

설이 타당하다고 보고 있으나 현행헌법은 「국가와 국민은 환경보전을 위하여 노력하여야 한다」고 하는 의무규정으로 보아 직접효력설 같이 보인다. 그러나 이 규정은 환경보전과 노력의 한계가 문제이므로 원칙적으로는 구체적인 법률에 의해서 효력이 발생된다고 보아야 할 것"(구병삭) "우리 헌법은 국민에게 환경보전의 의무를 규정하고 있어 직접적 효력을 인정한 것처럼 볼 수도 있겠지만, 이 조항이 곧 사법관계에 직접 적용되는 것을 의미하지는 않는다(윤명선, 환경권, 월간고시(1993.8), 80면 참조).

1) 윤명선 · 김병묵, 헌법체계론, 328면.

2) 윤명선 · 김병묵, 헌법체계론, 583면.

3) 김형성, 헌법상 환경규정의 규범적 의의, 환경법연구, 제26권 제4호, 환경법학회(2004.12), 124면.

4) 부산고등법원 1995. 5. 18선고 95카합5; 서울고등법원 1996. 11. 21 선고 95나41804 판결; 청주지방법원 1998. 2. 26. 선고, 97카합613 판결.

5) 대법원 1995. 5. 23. 자 94마2218 결정 【공작물설치금지가처분】 【결정요지】 가. 헌법 제35조 제1항은 환경권을 기본권의 하나로 승인하고 있으므로, 사법의 해석과 적용에 있어서도 이러한 기본권이 충분히 보장되도록 배려하여야 하나, 헌법상의 기본권으로서의 환경권에 관한 위 규정만으로서는 그 보호대상인 환경의 내용과 범위, 권리의 주체가 되는 권리자의 범위 등이 명확하지 못하여 이 규정이 개개의 국민에게 직접으로 구체적인 사법상의 권리를 부여한 것이라고 보기는 어렵고, 사법적 권리인 환경권을 인정하면 그 상대방의 활동의 자유와 권리를 불가피하게 제약할 수밖에 없으므로, 사법상의 권리로서의 환경권이 인정되려면 그에 관한 명문의 법률규정이 있거나 관계 법령의 규정취지나 조리에 비추어 권리의 주체, 대상, 내용, 행사방법 등이 구체적으로 정립될 수 있어야 한다. 나. 관할행정청으로부터 도시공원법상의 근린공원 내의 개인 소유 토지상에 골프연습장을 설치할 수 있다는 인가처분을 받은 데 하자가 있다는 점만으로 바로 그 근

"헌법 제35조 제1항은 '모든 국민은 건강하고 쾌적한 환경에서 생활할 권리를 가지며, 국가와 국민은 환경 보전을 위하여 노력하여야 한다'고 규정하여 환경권을 국민의 기본권의 하나로 승인하고 있으므로, 사법(私法)의 해석과 적용에 있어서도 이러한 기본권이 충분히 보장되도록 배려하여야 할 것임은 당연하다고 할 것이나, 헌법상의 기본권으로서의 환경권에 관한 위 규정만으로서는 그 보호대상인 환경의 내용과 범위, 권리의 주체가 되는 권리자의 범위 등이 명확하지 못하여 이 규정이 개개의 국민에게 직접으로 구체적인 사법상의 권리를 부여한 것이라고 보기는 어렵고, 또 사법적 권리인 환경권을 인정하면 그 상대방의 활동의 자유와 권리를 불가피하게 제약할 수밖에 없으므로, 사법상의 권리로서의 환경권이 인정되려면 그에 관한 명문의 법률규정이 있거나 관계법령의 규정취지나 조리에 비추어 권리의 주체, 대상, 내용, 행사방법 등이 구체적으로 정립될 수 있어야 할 것이다. 그것은 환경의 보전이라는 이념과 산업개발 등을 위한 개인활동의 자유와 권리의 보호라는 상호 대립하는 법익 중에서 어느 것을 우선시킬 것이며 이를 어떻게 조정·조화시킬 것인가 하는 점은 기본적으로 국민을 대표하는 국회에서 법률에 의하여 결정하여야 할 성질의 것이라고 보아야 할 것이기 때문이다. 헌법 제35조 제2항에서 '환경권의 내용과 행사에 관하여는 법률로 정한다'고 규정하고 있는 것도 이러한 고려에 근거한 것이라고 여겨진다."고 판시하였다.[1]

린공원 인근 주민들에게 토지소유자에 대하여 골프연습장 건설의 금지를 구할 사법상의 권리가 생기는 것이라고는 할 수 없다. 다. 도시공원법상 근린공원으로 지정된 공원은 일반 주민들이 다른 사람의 공동 사용을 방해하지 않는 한 자유로이 이용할 수 있지만 그러한 사정만으로 인근 주민들이 누구에게나 주장할 수 있는 공원이용권이라는 배타적인 권리를 취득하였다고는 할 수 없고, 골프연습장 설치인가처분에 하자가 있다는 이유만으로는 근린공원 내의 개인 소유 토지상에 골프연습장을 설치하는 것이 인근 주민들에 대한 불법행위가 된다고 할 수도 없다; 대판 1995. 9. 15, 95다23378【공사중지가처분이의】 대판 1997. 7. 22, 96다56153【공사금지가처분】

6) 대법원 1995. 5. 23. 자 94마2218 결정【공작물설치금지가처분】이 사건은 서울시 강남구의 청담공원 주변에 거주하는 주민들(신청인)이, 피신청인이 이 사건 골프연습장을 설치·운영함으로 인하여 위 골프연습장에 출입하는 차량에 의한 교통체증과 소음, 골프연습장에서의 골프공 타격 소리와 연습장 내 조명 등으로 인근 주민들인 신청인들의 생활환경을 침해하게 된다는 이유로 공작물설치를 금하는 가처분을 신청한 데 대하여, 제1심에서는 연습장 설치가 신청인들의 환경권을 침해하지 않는다는 이유로 신청을 기각하였으며, 고등법원에서도 피신청인이 서울특별시 강남구청장으로부터 위 골프연습장설치 인가처분을 받음에 있어 위 골프연습장에 대한 주차장의 충분한 확보, 완벽한 방음시설, 건물 전면에 소로 개설, 주택가로의 조명 차단, 그린(Green)에 인조잔디를 입힐 것 및 최소한의 녹지훼손 등을 인가조건으로 하여 인가처분을 받았는데 … 위 인가조건에 충족하도록 건립하는 경우에는 위 골프연습장의 운영으로 말미암아 그 인근 주민인 신청인들이 입게 되는 생활환경 침해는 그것이 인근 주민들이 사회 통념상 수인할 수 있는 정도의 범위 내라고 봄이 상당하다 할 것이고, … 위 골프연습장의 운영으로 인하여 신청인들에게 수인할 수 없을 정도의 생활환경 침해 결과가 발생한다고 단정할 만한 자료가 없으므로 민법상의 상린관계 내지 신청인들의 생활이익을 피보전권리로 한 가처분 주장은 이유 없다고 판단하여 항고를 기각하였다.

사법상의 권리로서의 환경권이 인정되려면 그에 관한 법률상의 명문규정이 있거나 관계법령의 규정취지나 조리에 비추어 권리의 주체, 대상, 내용, 행사방법 등이 구체적으로 정립될 수 있어야 할 것이라는 대법원의 판례는 환경권의 법적 성격을 추상적 권리로 이해하고, 따라서 헌법상의 환경권에 근거한 주장(환경권의 대사인적 효력)을 배척하고 있다.[1]

다만 대법원은 1995년 공사중지가처분사건에서는 「헌법 제35조의 규정이 구체적인 사법상의 권리를 부여한 것이 아니고 달리 사법상의 권리로서의 환경권을 인정하는 명문의 법률규정이 없는데도 원심이 마치 신청인이 환경권에 기하여 방해배제를 청구할 수 있는 것처럼 설시하고, … 있는 데에 잘못」이 있다고 하면서 다만 민법상의 소유권에 기한 방해배제청구권을 기초로 주장을 인용하고 있다.[2]

이상의 대법원의 판례를 종합하면 대법원은 환경권이 국민의 기본권의 하나이기 때문에 법원의 재판과정에서 사법의 해석과 적용이라는 국가 사법작용에서 충분히 보장되도록 하여야 하는 것이긴 하지만, 그 내용과 범위나 권리자의 범위 등이 명확하지 않기 때문에 헌법상의 기본권 규정만으로는 국민에게 직접 사법상의 권리 즉 사권을 부여한 것이라고 보기 어렵다는 것이다. 이러한 판례는 환경권에 관한 입법부의 입법작용을 통한 법률에 의하여 그 구체적인 내용과 적용범위 및 권리자의 범위 등이 확정되어야, 비로소 이를 토대로 하여 사법상의 환경권을 인정할 수 있다고 한다.[3]

다만 대법원 판례의 입장은 사법상의 권리로서 환경권은 인정할 수 없으나, 생활이익이나 교육환경 등과 같은 것은 토지소유권에 기하여 방해배제청구권(민법 제214조 : 유지청구권)이나 생활방해금지(민법 제217조 : 임미시온)는 인정한다는 취지이다. 이는 아래에서 언급하는 바와 같이 법률의 해석·적용과 관련하여 일정한 환경적 이익을 고려한 것으로서, 이러한 대법원 판례의 취지는 민법이나 민법의 특별법으로서의 사법이 환경권에 관한 분명한 근거규정을 가지고 있어야 한다는 것이나, 사인관계에서 적용되는 권리관계의 근거법률이 반드시 민법 내지는 사법영역을 법률이어야 하는 것은 아니며, 이는 헌법과 법률체계를 부정하는 결과를 야기하기 때문에 이러한 판례는 문제가 있다.[4]

---

1) 대결 1995. 5. 23, 자 94마2218【공작물설치가처분결정】
1) 대판 1995. 9. 15, 95다23378【공사중지가처분이의】 대판 1997. 7. 22, 96다56153【공사금지가처분】
2) 대판 1995. 9. 15, 95다23378【공사중지가처분이의】
3) 따라서 대법원은 환경권을 추상적 권리로 보고 있다고 할 수 있다.
4) 김형성, 헌법상 환경규정의 규범적 의의, 환경법연구 제26권 제4호, 환경법학회(2004.12), 126면.

2.2.2. 법률의 해석 · 적용과 관련하여 일정한 환경적 이익을 고려한 판례

대법원 판례에서는 환경권이 추상적이기 때문에 이를 기초로 구체적 권리를 도출해내지는 않지만 법률의 해석 · 적용과 관련하여 일정한 환경적 이익을 고려한 판례도 찾아 볼 수 있다.

대판 1995. 9. 15, 95다23378 【공사중지가처분이의】 부산대학교사건

환경권에 관한 헌법 제35조의 규정이 개개의 국민에게 직접으로 구체적인 사법상의 권리를 부여한 것이라고 보기는 어렵고, 사법상의 권리로서의 환경권이 인정되려면 그에 관한 명문의 법률규정이 있거나 관계법령의 규정취지 및 조리에 비추어 권리의 주체, 대상, 내용, 행사방법 등이 구체적으로 정립될 수 있어야 한다(당원 1995. 5. 23. 자 94마2218 결정 참조). 인접 대지 위에 건축 중인 아파트가 24층까지 완공되는 경우, 대학교 구내의 첨단과학관에서의 교육 및 연구 활동에 커다란 지장이 초래되고 첨단과학관 옥상에 설치된 자동기상관측장비 등의 본래의 기능 및 활용성이 극도로 저하되며 대학교로서의 경관 · 조망이 훼손되고 조용하고 쾌적한 교육환경이 저해되며 소음의 증가 등으로 교육 및 연구 활동이 방해받게 된다면, 그 부지 및 건물을 교육 및 연구시설로서 활용하는 것을 방해받게 되는 대학교측으로서는 그 방해가 사회통념상 일반적으로 수인할 정도를 넘어선다고 인정되는 한 그것이 민법 제217조 제1항 소정의 매연, 열기체, 액체, 음향, 진동 기타 이에 유사한 것에 해당하는지 여부를 떠나 그 소유권에 기하여 방해의 제거나 예방을 청구할 수 있다.

대판 1997. 7. 22, 96다56153 【공사금지가처분】 봉은사사건[1)]

어느 토지나 건물의 소유자가 종전부터 향유하고 있던 경관이나 조망, 조용하고 쾌적한 종교적 환경 등이 그에게 하나의 생활이익으로서의 가치를 가지고 있다고 객관적으로 인정된다면 법적인 보호의 대상이 될 수 있는 것이라 할 것이므로, 인접 대지에 어떤 건물을 신축함으로써 그와 같은 생활이익이 침해되고 그 침해가 사회통념상 일반적으로 수인할 정도를 넘어선다고 인정되는 경우에는 위 토지 등의 소유자는 그 소유권에 기하여 그 방해의 제거나 예방을 위하여 필요한 청구를 할 수 있고, 이와 같은 청구를 하기 위한 요건으로서 반드시 건물이 문화재보호법이나 건축법 등의 관계 규정에 위반하여 건축되거나 또는 그 건축으로 인하여 소유자의 토지 안에 있는 문화재 등에 대하여 직접적인 침해가 있거나 그 우려가 있을 것을 요하는 것은 아니다.[2)]

---

1) 사찰로부터 6m의 이격거리를 둔 채 높이 87.5m의 19층 고층빌딩을 건축 중인 자에 대하여 사찰의 환경이익 침해를 이유로 전체 건물 중 16층부터 19층까지의 공사를 금지시킨 사례이다.

2) 이 판례에 대해서 환경권이 명문의 규정이 없기 때문에 환경권에 의한 방해배제청구권을 행사할 수 없음에도 마치 종교적 환경권을 통해 유지청구권을 인정할 수 있는 듯이 한 표현은 불필요한 오해를 살 여지가 있다는 비판(윤철홍, 환경이익의 침해와 유지청구권 -대법원 1997. 7. 22. 선고, 96다56153 판결에 대한 판례평석-, 법률신문 1998. 7. 6. 자(제2707호), 13면)이 있다.

대판 1998. 4. 24, 97누3286【공원사업시행허가처분취소】

"환경영향평가에 관한 자연공원법령 및 환경영향평가의 규정들의 취지는 집단시설지구 개발사업이 환경을 해치지 않는 방법으로 시행되도록 함으로써 집단시설지구개발사업과 관련한 환경공익을 보호하려는 데 그치는 것이 아니라 그 사업으로 인하여 직접적이고 중대한 환경피해를 입으리라고 예상되는 환경영향평가대상지역 안의 주민들의 개발 전과 비교하여 수인한도를 넘는 환경침해를 받지 아니하고 쾌적한 환경에서 생활할 수 있는 개별적 이익까지도 이를 보호하려는 데 있다 할 것이므로, 위 주민들이 당해 변경승인 및 허가처분과 관련하여 갖고 있는 위와 같은 환경상의 이익은 단순히 환경공익보호의 결과로 국민일반이 공통적으로 가지게 되는 추상적 · 평균적 · 일반적인 이익에 그치지 아니하고 주민 개개인에 대하여 개별적으로 보호되는 직접적 · 구체적인 이익이라고 보아야한다"고 판시하였다.

- 자연공원법령뿐 아니라 환경영향평가법령도 환경영향평가대상사업에 해당하는 국립공원집단시설지구개발사업에 관한 기본설계변경승인 및 공원사업시행허가처분의 근거 법률이 되는지 여부(적극)
- 환경영향평가에 관한 자연공원법령과 환경영향평가법령의 규정의 취지 및 환경영향평가대상지역 안의 주민들이 당해 변경승인 및 허가처분과 관련하여 갖고 있는 환경상의 이익이 주민 개개인에 대하여 개별적으로 보호되는 직접적 · 구체적인 이익인지 여부(적극)
- 국립공원 집단시설지구개발사업으로 인하여 직접적이고 중대한 환경피해를 입으리라고 예상되는 환경영향평가대상지역 안의 주민에게 환경영향평가대상사업에 관한 변경승인 및 허가처분의 취소를 구할 원고적격이 있다.

이러한 법원의 태도는 환경권을 근거로 직접적인 청구는 인정되지 않지만 헌법상의 환경권이 헌법의 하위법률인 민법상의 소유권에 기한 방해배제청구권(제214조)이나 생활방해금지(제217조) 조항으로써 보호하고자 하는 이익 즉 환경이익 또는 생활이익으로 보다 구체화되는 경향을 감지할 수 있으며, 그러한 환경상의 이익이 환경공익만이 아니라 주민 개개인에 대하여 개별적 구체적으로 보호되는 이익이라고 본 것은 환경이익이 더 명확하게 고려되고 있음을 나타내는 것이라고 하겠다. 특히 위에서 언급한 공원사업시행허가처분 취소사건[1]은 환경영향평가와 관련되는 법령도 허가나 변경승인에 대하여 원고적격을 인정하였는바, 이는 헌법상 환경권의 구체적 권리로서의 성격을 보장함으로서 기본적 인권을 보호하기 위한 진전된 판례라고 할 수 있다.[2]

그렇다고 하여 대법원 판례가 헌법상의 환경권을 직접적인 근거로 권리구제가 가능하다는 것은 아니며,[3] 종래 소홀히 취급되었던 환경적 이익을 종교적 환경이나 생활이익으

1) 대판 1998. 4. 24, 97누3286【공원사업시행허가처분취소】
2) 홍준형, 판례행정법, 403면.

로 고려함으로써 이를 사법상의 권리구제의 근거로 한다는 것이라고 보인다. 다만 이러한 판례의 태도는 사법의 해석에 헌법상 보장되는 환경권을 충실히 고려함으로써 국민의 기본적 인권보장에 어느 정도 진전을 보여주고 있다고 할 것이다.[1]

2.2.3. 가해자 · 피해자의 공동책임을 인정한 판례

그러나 환경오염을 야기시킨 가해자뿐만 아니라 피해의 우려가 있는 지역의 주민도 환경오염피해를 방지하기 위한 제반의 노력을 해태하였다면 피해에 대하여 양측이 공동으로 책임을 져야 하는 경우가 있다.

판례에 의하면, 환경오염을 유발한 가해자뿐만 아니라 피해의 우려가 있는 지역주민들도 피해를 방지하기 위하여 노력해야 한다는 공동책임이론을 주장한 경우가 있다. 즉 1993년 3월 16일 대법원판례에 의하면 "합성수지를 제조하는 태화공업의 폐수처리시설이 평소 점검소홀과 시설기준미달로 갑작스러운 폭우에 폐수처리능력을 잃고 폐수를 개울로 무단 放流하였으며, 이 오염된 물이 인근의 담수어양식장에 흘러들어 물고기를 폐사시킨 점은 인정되나, 양식장 주인도 공장 · 축사 등이 많은 주위의 여건을 감안하여 개울로부터 流入되는 물이 유해물질에 오염되지 않았는지 주의를 기울였어야 했다. 따라서 폐수처리시설의 不備와 점검소홀의 책임을 지고 태화공업측이 55%를 배상하는 한편, 유입되는 개울물이 오염되는지 여부에 대하여 감시를 소홀히 한 피해자도 45%의 책임을 져야한다"고 판시 한 바 있다.

IV. 환경권의 침해와 권리구제

1. 환경상의 권리구제(보호)제도

1.1. 개관

오늘날 환경오염현상으로 인하여 사람의 생명 · 건강 및 재산상의 피해에 미치는 영향이 점차 증가함에 따라 환경소송사건 역시 점차로 증가하고 있다. 우리나라에서도 70년대 이후 괄목할 만한 경제적 성장과 함께 환경문제가 양적 확대 · 지역적 일반화 · 내용의 복잡

---

3) 대판 1997. 7. 22, 96다56153 【공사금지가처분】 환경권은 명문의 법률규정이나 관계 법령의 규정 취지 및 조리에 비추어 권리의 주체, 대상, 내용, 행사 방법 등이 구체적으로 정립될 수 있어야만 인정되는 것이므로, 사법상의 권리로서의 환경권을 인정하는 명문의 규정이 없는데도 환경권에 기하여 직접 방해배제청구권을 인정할 수 없다.

1) 송기춘, 환경권의 대사인적 효력, 공법연구(제28집 제3호), 한국공법학회(2000.3), 141면.

화 · 피해의 심화 등의 경향이 나타나게 되었고 이에 부응하여 정부는 1977년부터는 적극적인 환경정책에의 의지를 보이고 있으며,[1] 이러한 정책의지는 드디어 제8차 헌법개정시의 제5공화국 헌법에 이르러 드디어 환경권으로서 명문화하게 되었던 것이다.

환경오염으로 인한 당사자간의 분쟁해결 및 환경상의 권익구제를 실현하기 위한 법목적은 환경오염으로 인한 피해의 구제와 환경행정으로 인한 권익침해의 구제를 포함한다. 이러한 환경상 권리구제제도는 일반적인 피해구제의 수단이 적용될 수 있는데 이에는 자력구제, 그리고 사법상의 각종 구제수단인 사법적 구제수단과 행정적 구제의 측면에서 고찰하는 공법적 구제수단(행정상쟁송 · 국가배상 · 손실보상)과 같이 일반행정구제법상의 권리구제제도를 비롯하여 헌법소원(Verfassungsbeschwerde) · 청원 그리고 국민의 계몽 · 홍보 · 상담 · 설득 등을 위하여 행해지는 비구속적 · 단순권력적인 행정활동인 비공식적(비정형적) 행정작용인 권고 · 경고 · 협상 · 상담 등과 같은 각종 비정형적 권리구제수단 등이 있다.[2]

---

1) 김정현, 환경오염에 대한 행정적 규제방법과 환경정책의 전환방향, 논설집(법무부 법무자문위원회), 제4집(1980.7), 157-194면.

2) '선거유세 확성기 소음' 헌법소원 기각 : 기사입력 2008-08-05 12:00 | 최종수정2008-08-05 13:36 : 법률미비로 인한 환경권침해도 헌소대상 : (서울 = 연합뉴스) 성혜미 기자 = 선거유세에 사용되는 확성기의 출력수를 제한하는 규정을 법에 두지 않은 것은 위헌이라는 내용의 헌법소원 사건에 대해 헌법재판관 8명 중 각각 4명이 합헌, 위헌의견을 내 결국 합헌결정이 내려졌다. 국가가 환경권을 보장해야 할 의무가 있음을 헌법소원 심사기준으로 삼아 위헌 여부를 판단한 것은 이번이 처음이다. 헌재 전원재판부는 김모씨가 "5 · 31지방선거 기간 후보자들의 확성장치 소음으로 정신적 · 육체적 고통을 받았는데, 공직선거법에 확성장치 소음기준을 정하지 않은 것은 행복추구권과 환경권을 침해한다"며 낸 헌법소원을 기각했다고 5일 밝혔다. 위헌결정을 내리려면 재판관 6명 이상이 동의해야 하는데, 전체 9명의 재판관 중 송두환 재판관이 해외출장으로 빠진 상태에서 위헌 여부가 4명씩 엇갈렸기 때문이다. 공직선거법 제79조와 제91조, 제216조는 후보자 등이 법에서 정한 장소에서만 연설 · 대담 · 토론용으로 확성장치를 사용할 수 있도록 규정돼 있는데 확성장치의 출력수에 대한 제한은 없다. 이강국 · 이공현 · 이동흡 재판관은 "국가가 국민의 기본권적 법익 보호를 위해 적절하고 효율적인 최소한의 조치를 취했는지를 심사기준으로 삼아야 한다"며 "공직선거법 규정을 보면 확성기의 사용장소와 개수 등이 정해져 있기 때문에 입법자의 의무를 저버렸다고 할 만큼 불충분하지 않다"고 합헌의견을 냈다. 조대현 재판관 또한 "효율적인 선거운동을 위해 확성장치 사용의 필요성이 인정되고, 공직선거법이 확성기 소음한도를 직접적으로 제한하지 않았다고 하더라도 환경권을 필요한 최소한도 내에서 제한해야 한다는 원칙에 어긋나지 않는다"며 합헌의견을 밝혔다. 반면 김희옥 재판관 등 4명은 "선거소음은 앞으로도 반복될 것이고 소음이 사람에 따라서는 생명 · 신체의 법익에 큰 타격을 줄 수도 있다"며 "법률미비로 청구인이 누려야 할 '정온한 환경에서 생활할 권리'를 침해했으므로 법을 개정해야 한다"고 헌법불합치 의견을 냈다. <u>헌재 관계자는 "이 사건 결정은 헌재가 환경권을 국가가 보장해야 할 기본권으로 보고, 이에 대한 침해를 헌법재판소를 통해 구제받을 수 있음을 명시적으로 인정했다는데 큰 의미가 있다"</u>고 설명했다.

환경오염으로 인하여 피해를 입은 주민의 입장에서는 그 피해를 구제받기 위하여 일반적으로 다음과 같은 방법을 택하여 환경오염으로 인한 피해구제를 추진할 수 있다.[1)]

첫째 : 직접 가해자 또는 가해기업에 대하여 진정을 하거나 대화로 타협
둘째 : 관계행정기관에 피해발생을 알리고 그 해결을 촉구
셋째 : 환경오염피해분쟁조정법에 의한 환경분쟁조정위원회에 대한 조정신청
넷째 : 법원에 제소

이 중 법원에 제소하는 수단은 환경규제조치 발동청구권을 소송을 통하여 관철시키는 ① 공법상의 구제와 ② 환경오염피해의 가해자를 직접 상대방으로 한 민사소송에 의한 구제로 나눠는데, 여기서 후자 즉 민사구제는 주로 민법 제750조 이하에 의한 불법행위로 인한 손해배상책임과 留止訴訟[2)] 등에 의하여 주어진다.

1.2. 사법적 구제

환경오염으로 인한 피해에 대한 법적 구제는 어떠한 환경오염이 개인 · 기업이나 사업장 등과 같이 사적(경제)부문에 의해 야기되는 경우에는 일반적으로 사법적 구제의 성질을 띠게 되며, 이러한 사법적 구제의 수단으로서는 일반적으로 ① 손해배상청구권의 행사와, ② 留止請求의 두 가지가 이용되고 있다.

① 손해배상청구는 환경오염으로 인하여 손해를 입은 경우에 이를 금전으로 배상 받는 것이며, 그 손해는 피해자의 신체 · 재산에 대한 유형적 손해 뿐만 아니라, 정신적 고통과 같은 무형적 손해에 대하여도 인정된다.

② 유지청구의 경우는 오염으로 인한 피해가 현실로 발생 하였거나 또는 그러한 오염피해의 발생이 예견되는 경우에, 이에 대한 배제 혹은 예방[3)]을 구하는 것으로서 일반적으로 우리의 환경법상의 용어인 조업정지 · 제한이나 일정한 예방 · 개선청구 등의 형태를 취한다.

---

1) 홍천룡, 환경오염피해의 구제, 환경법연구, 제14권(1992), 6면 이하.
2) 유지청구권을 인정하는 법적 근거에 관하여는 물권적 청구권설, 인격권설, 환경권설 등 절대권 내지 배타적 지배권의 침해로부터 이를 도출하려는 입장과 불법행위설이 있다. 오석락, 환경소송의 제문제, 16-20면, 40-43면, 125면 이하; 홍천룡, 환경오염피해의 구제, 환경법연구 제14권(1992), 48면 이하 참조.
3) 이러한 의미에서 유지청구는 중지청구 혹은 방해예방, 배제청구 등의 용어로 병행하여 사용되기도 한다. 법률용어의 성격상 '중지청구'라고 해야 타당하나, 우리나라에서는 일반적으로 일본식 용어인 유지청구라는 용어를 주로 사용하고 있다.

환경오염으로 인한 피해의 구제를 위한 민사상의 구제에 관하여는 주로 사법학자들에 의하여 무과실책임 또는 위험책임의 채용, 인과관계의 입증완화 등 많은 개선책이 제시되어 왔으며 우리의 현행 환경정책기본법 제31조가 환경오염의 피해에 대한 무과실책임과 원인불명시 사업자의 연대책임을 규정하고 있는 것이 바로 이러한 사법학자들의 학문적 노력의 결실이 잘 반영된 것이라고 할 수 있다.

1.3. 공법적 구제

환경오염염의 피해에 관한 공법적 구제는 「공적인 손」의 매개를 전제로 하여 행해질 수 있는 구제방법이므로 원칙적으로 사적부문에서 다투어지는 사인들간의 분쟁의 해결과는 직접적인 관련이 없고, 따라서 환경오염의 피해구제는 일반적으로 그의 상당한 부문이 사법적 구제제도에 맡겨진다. 그러나 현행 환경정책기본법 제29조에서 "정부는 환경오염으로 인한 분쟁이 발생한 경우에 그 분쟁이 신속하고 공정하게 해결되도록 하기 위하여 필요한 시책을 강구하여야 한다"고 규정하는 한편 동법 제30조에서는 "정부는 환경오염으로 인한 피해를 원활히 구제하기 위하여 필요한 시책을 강구하여야 한다"고 규정함으로써 국가의 국민에 대한 환경권 보장의무를 환경분쟁의 해결 및 환경문제의 발생으로 인한 피해구제제도의 강구에까지 그 범위를 확장시키려는 취지를 분명히 환경정책의지로써 표명하고 있다.[1)]

환경오염으로 인한 당사자간의 분쟁해결 및 환경상의 권익구제를 실현하기 위한 법목적은 환경오염으로 인한 피해의 구제와 환경행정으로 인한 권익침해의 구제를 포함한다. 이러한 환경상 권리구제제도는 일반적인 피해구제의 수단이 적용될 수 있는데 이에는 자력구제, 그리고 직접 상대방을 그 대상으로 하는 민사소송에 의한 사법적 구제[2)]수단과 행정적 구제의 측면에서 고찰하는 공법적 구제수단(행정쟁송 · 국가배상 · 손실보상)과 같이 일반행정구제법상의 권리구제제도를 비롯하여 헌법소원(Verfassungsbeschwerde) · 청원권의 행사(헌법 제26조) 그리고 비정형적 권리구제수단등이 있다.[3)]

---

1) 따라서 이런 관점에서는 환경오염피해분쟁조정법에 의한 환경오염피해분쟁조정제도를 후술하는 바와 같이 여기서 함께 고려할 만한 이유가 있다고 할 수 있다.

2) 민사구제는 주로 민법 제750조 이하에 의한 불법행위로 인한 손해배상책임과 유지소송(留止請求權을 인정하는 법적 근거에 관하여는 물권적 청구권설, 인격권설, 환경권설 등 절대권 내지 배타적 지배권의 침해로부터 이를 도출하려는 입장과 불법행위설이 있다. 오석락, 환경소송의 제문제, 16-20면, 40-43면, 125면 이하 참조; 홍천룡, 환경오염피해의 구제, 환경법연구 제14권(1992), 48면 이하 참조) 등에 의하여 주어진다.

3) 다만 자발적으로 배출시설 및 방지시설을 운영하여 배출허용기준을 준수하겠다는 내용의 각서를 작성하는 것등과 같은 자기통제협약(Selbstbeschränkungsabkommen) 등을 통한 권리구제가

2. 환경권보장의 헌법적 실현

환경권의 구체화, 즉 헌법소송적 실현방법을 검토하기 위해서는 (불완전한) 구체적 권리설의 입장에서 다음의 점을 다시 한 번 확인해 둘 필요가 있다. 첫째, 환경권의 구체적 내용은 직접 헌법규정에 의하여 확정되는 것이 아니라 이 헌법규정을 구체화하는 입법(법률)으로써 결정된다. 다시 말하면 환경권이 완전한 의미에서 구체적인 내용을 가진 권리가 되려면, 청구권적 기본권 · 정치적 기본권 등과 마찬가지로 입법에 의하여 그것이 구체화될 필요가 있다. 둘째, 헌법은 환경권을 구체화할 입법의무를 국가에 부과하고 있다. 환경권을 규정한 헌법규정은 청구권적 기본권 · 정치적 기본권 등과 같이 불완전한 형태로 권리를 보장한 것이기 때문에, 환경권 보장에 대응하는 국가적 의무는 환경권을 구체적인 내용의 기본권이 되게 할 입법의무를 진다고 보아야 한다. 셋째, 입법부가 환경권실현에 필요한 입법을 태만히 할 경우, 개인의 입장에서는 입법부작위위헌확인소송을 헌법재판소에 제기할 수 있으며, 헌법재판소는 입법부의 입법부작위가 헌법위반임을 확인(헌법불합치결정)할 수 있을 뿐 아니라, 더 나아가서는 입법촉구결정까지 할 수 있다고 본다. 헌법재판소는 헌법의 수호와 함께 헌법의 실현을 보장하는 헌법기관이므로, 이 경우 헌법불합치 · 입법촉구결정이라는 사법적 판단을 거부하거나 회피한다면 그것은 위헌행위라 아니할 수 없다. 따라서 입법태만이 있는 경우에 헌법재판소가 스스로 입법을 하는 것이 아니라 헌법불합치 · 입법촉구결정을 한다면, 현대 헌법국가의 기본원리로서 환경국가원리를 실현을 위한 적극적인 헌법재판권의 행사를 의미하므로, 그것은 오히려 바람직하다.[1)]

그리고 환경권을 입법자가 입법을 통해서 구체화하지 않을 경우, 이는 국가기관이 입법부작위를 통하여 국민의 기본권행사를 불가능하게 하는 것이므로 국민은 「헌법상 보장된 기본권(환경권)이 입법의 부작위로 말미암아 침해되었음을 이유」로 헌법재판소에 헌법

가능한가 하는 점이 문제된다. 자기통제협약은 비공식적 행정작용으로 이루어지며, 이는 법적인 의무 보다는 자발적인 협력을 구하는 것이 그 목적이기 때문에 사업자의 법적 이행의무는 발생하지 않는다고 보여진다. 그러나 이 경우에도 협약의 구속력을 확보할 가능성이 전혀 없는 것은 아니며, 행정청과 사업자의 자기통제협약이 체결되는 과정에서 당해 행정청은 사업자에게 환경보호의무와 이를 위반할 경우 이에 대한 제재적 행정처분을 내릴 수 있다는 것을 암시하기 때문에(자기통제협약은 사업자의 순수한 자발적 협력은 아니며, 국가에 의하여 유도된 협력이고, 국가는 '면전에서 부드러운 미소를 짓고 있으나, 보따리 짐 속에는 항상 회초리가 대기상태' Udo Di Fabio, Verwaltung und Verwaltungsrecht zwischen gesellschaftlicher Selbstregulierung und staatlicher Steuerung, VVDStRL 56(1997), S. 254 ff), 이를 통하여 간접적인 협약의 구속력을 이끌어 낼수도 있다. 김성수, 환경법상 협력의 원칙, 공법연구(제28집 제2호), 한국공법학회(2000. 1), 446면 참조.

1) 사회적 기본권의 헌법적 실현가능성 및 헌법적 실현형태에 관한 논문은 한병호, 사회적 기본권의 법적 구조, 서울대학교 석사학위논문(1984), 100면 이하 참조.

소원을 제기할 수 있다.[1]

3. 환경권보장의 행정법적 실현(환경행정소송)

환경행정상의 권리구제를 위한 행정법적, 즉 환경행정구제법은 무엇보다도 환경행정과 관련된 피해의 구제와 권익의 보호를 목적으로 하며, 이러한 목적을 위해서는 일반적으로 행정구제법이 제공하는 국가배상, 손실보상 및 행정상쟁송 등 각종 수단이 활용될 수 있다. 다만 환경행정작용과 관련된 분쟁해결절차로서 활용될 수 있는 행정구제절차를 통하여 환경행정에 대한 권익구제가 충분히 이루어질 수 있느냐 하는 관점에서 환경행정구제수단이 문제되어야 할 것이다.

환경침해는 일반 개인 상호간에서만 일어나는 것이 아니라 공공시설의 설치·운영 또는 방치 등 국가 및 지방자치단체의 행정작용 등에 의해서도 광범위하게 일어날 수 있으며, 일반적으로 환경행정쟁송의 대상은 다음과 같다.[2]

① 위법한 환경오염물질의 배출시설에 대한 허가와 같이, 당해 행정청의 적극적 작위에 의하여 환경상의 권익침해가 야기되는 경우. ☜ 이 경우에는 허가의 상대방인 사업자보다는 이해관계 있는 제3자의 권익구제(제3자취소쟁송)가 문제된다.
② 국가나 지방자치단체 자신의 환경침해 같은 행정의 적극적인 작위로 인한 피해
③ 규제권한의 불행사·해태 등으로 인한 환경오염의 피해

이러한 침해가 행정청의 작위(위법한 배출시설의 허가)나 부작위(개선명령 등의 해태)로 인하여 발생하는 경우에는 이에 상응하는 취소심판, 의무이행심판, 취소소송 및 부작위위법확인소송 뿐만 아니라 집행정지신청 등과 같은 행정쟁송수단에 의하여 권익구제를 구할 수 있다.[3]

---

1) 최윤철, 환경법과 입법자의 법률개선의무, 환경법연구(2004.4), 제26권 제1호, 324면.
2) 나아가 환경오염의 대규모성·광역성, 피해자의 집단성 등으로 인하여 개개인의 이해보다도 지역주민·이익집단의 집단적인 환경상의 이해관계를 보호하여야 한다는 요청이 환경행정쟁송의 문제상황을 특징짓고 있다.
3) 환경권보장의 행정법적 실현은 김백유, 한국의 환경권에 대한 해석과 현실문제 – Interpretation and Current Problems on Environmental Human Right in Korea – : – 공법적 측면에서의 환경권의 구체적 보장을 위한 제도적 방안 – 2005년도 3월 26일 日本關西憲法學會·성균관대학교 비교법연구소 공동주최세미나 참조.

4. 환경오염피해분쟁조정제도

4.1. 의의

환경오염피해분쟁조정제도[1]라 함은, 산업화·공업화의 진전에 따라 부수적으로 발생되는 환경오염에 의하여 피해를 받은 자와 가해자(혹은 가해자라고 지칭되는 자) 사이에 건강이나 재산상의 문제로 인한 환경오염피해분쟁이 발생하였을 경우, 막대한 시간과 경비가 드는 소송을 피하고자 환경분쟁조정위원회가 환경분쟁에 적극적으로 개입하여 알선·조정·재정 등의 절차를 통하여 양당사자 사이에 양보와 화해를 유도함으로서 원만한 합의를 유도해내기 위한 제도를 말한다.

4.2. 법률적 근거

이러한 환경오염피해분쟁조정을 위한 법률적 근거로서는 환경정책기본법 제29조[분쟁조정]에서 "정부는 환경오염으로 인한 분쟁이 발생한 경우에 그 분쟁이 신속하고 공정하게 해결되도록 하기 위하여 필요한 시책을 강구하여야 한다"고 규정하고 있고 또한 환경정책기본법 제30조[피해구제]에서 "환경오염으로 인한 피해를 원활히 구제하기 위하여 필요한 시책을 강구하여야 한다"고 규정하고 있는데 이에 따라 제정된 것이 환경오염피해분쟁조정법이다. 이 법은 환경오염으로 인한 피해의 조사와 분쟁조정을 위한 절차를 규정함으로써 국민의 건강 및 재산상의 피해를 신속하고 공정하게 구제함을 목적으로 하고 있다.

4.3. 연혁

환경오염피해분쟁조정제도는 1963년의 공해방지법에서는 인정되지 않다가 1971년의 법개정에 의해 「배출허용기준」을 중심으로 한 강력한 배출 규제가 실시되면서 아울러 도입되었으나, 별반 실효를 거두지 못하였고 또한 환경보전법상의 「분쟁조정제도」[2] 역시 환경피해에 대한 분쟁조정제도로서는 많은 미비점이 있었으므로 이를 개선하여 별도의 단행법, 즉 환경오염피해분쟁조정법으로 법제화한 것이다.[3]

---

1) 우리나라의 학자들은 일반적으로 調停과 調整을 구분해서 사용하지 않고 혼용해서 사용하고 있다. 법전의 경우도 환경오염피해분쟁調整法이라고 표현하는 법전도 있는가 하면(현암사) 환경오염피해분쟁調停法(행법사)이라는 표현을 쓰는 법전도 있다. 저자는 여기서에서는 調整과 調停을 구분하여 調整은 斡旋·調停·裁定을 포함하는 개념으로 표현하고자 한다(調整 = 斡旋 + 調停 + 裁定). 노동쟁의 調整法의 경우도 調整은 斡旋·調停·仲裁의 세 가지를 포함하는 개념으로 사용하고 있다.

2) 종전의 환경보전법에서는 제9장에 "분쟁조정 및 피해배상"이라는 제목으로 제53조에서 제60조까지 8개 조항에 걸쳐 분쟁의 조정신청 절차와 조정위원회의 구성·기능 및 의무·조정의 효력 등에 관하여 간략하게 규정하고 있었다.

환경오염피해분쟁조정을 위해 환경부에 중앙환경분쟁조정위원회를, 서울특별시 · 직할시 · 도에 지방환경분쟁조정위원회를 각각 설치하여 환경분쟁의 처리를 담당하도록 하고 있다(환경오염피해분쟁조정법 제2조).

중앙 환경분쟁조정위원회는 위원장을 포함한 7인의 위원으로 구성되며, 위원장 및 위원은 대통령이 임명한다. 중앙환경분쟁조정위원회는 환경오염의 피해로 인한 분쟁의 裁定과 둘 이상의 서울특별시 · 직할시 · 도에 걸치는 분쟁사건 및 대통령령으로 정하는 분쟁사건을 관장하고,[1] 지방환경분쟁조정위원회는 각 관할구역 내에서 발생한 사건 중 중앙환경분쟁조정위원회의 관장에 속하지 않는 사건을 관장한다(제3조 제1항, 제2항).

이와 같은 환경오염피해분쟁처리조정제도는 일종의 준사법적 분쟁해결기능을 지닌 행정위원회에 의하여 환경오염으로 인한 피해분쟁을 소송외적 방법으로 신속하고 공정하게 해결할 수 있도록 하려는 데 그 취지가 있는 것으로 이해되고 있다. 이것은 종전의 「공

3) 종래 환경보전법상의 분쟁조정제도는 당초의 기대와는 달리 실제 이용률이 극히 미미했다. 그 원인으로는 (1) 분쟁조정위원이 비상근 · 임기 2년으로 되어 있어 전문성 및 독자성을 기할 수 없으므로 대외적인 공신력을 발휘하지 못하였고, (2) 환경분쟁의 특성상 제 3자 전문가의 지원을 가능케 할 기구가 없었으며, (3) 분쟁처리방식의 소극성과 피동성, (4) 분쟁조정신청의 절차적 복잡성 등이 지적되고 있다. 이에 관하여는 전병성, 환경오염피해분쟁조정법, 사법행정(1992.2), 45면 참조.

1) "고속도 교량이 과수원 일조피해 7900만원 배상" 기사입력 2008-11-17 09:01 고속도로 교량이 과수원의 햇빛을 가려 과수와 땅값 시세 등에 피해를 입혔다면 이를 배상해야 한다는 결정이 처음 나왔다. 중앙환경분쟁조정위원회는 경북 문경의 과수원<사진> 주인 정모 씨 등 3명이 고속도로 교량으로 인한 피해를 입었다며 한국도로공사를 상대로 낸 분쟁조정 신청에 대해 최근 7900만원을 배상하라는 재정결정을 내렸다고 2008년 11월 17일 밝혔다. 조정위에 따르면 정모씨 등 3명은 2004년 건설된 중부내륙고속도로 문경시 문경읍 ○○교 교량의 그늘로 인한 일조피해와 고속도로 운행차량의 소음 · 진동 · 먼지로 사과 수확량의 감소, 사과나무의 고사 및 지가 하락 등의 피해를 입었다며 3억9000만원을 배상해달라는 내용의 신청을 냈다. 조정위가 신청인들의 과수원에 대한 일조피해를 시뮬레이션 분석한 결과 교량이 설치되기 전에 비해 최고 85%의 일조방해를 받는 등 사과 밭의 일조량이 현저히 감소된 것으로 조사됐다. 일조방해율은 사과나무 생육기간인 4-10월은 20-22%, 생산량과 품질에 가장 크게 영향을 주는 9-10월에는 22-32%로 나타났다. 일조방해로 인한 경제적 손실률은 과수 수량과 품질에 가장 크게 영향을 준 9~10월의 일조방해율 22-32%의 2배에 해당하는 44-63%의 피해를 입은 것으로 분석됐다. 조정위는 이를 근거로 연도별 수령별 사과 생산량, 과수원 면적, 판매단가, 일조피해율, 피해기간 등을 적용해 피해액을 산정한 결과 정씨 등 3인에게 각각 1019만, 4647만, 2261만원 등 총 7928만여원을 배상하도록 결정했다. 조정위는 "소음 · 진동 · 먼지 피해 및 지가하락 주장은 일조피해에 대한 배상으로 갈음하고 별도로 인정하지 않았다"면서 "향후 발생할 피해에 대한 배상은 사과나무의 계속재배 여부의 불확실성 등을 감안해 검토대상에 제외했다"고 설명했다. 조문술 기자 (freiheit@heraldm.com) 헤럴드 생생뉴스 Copyrights ⓒ 헤럴드경제 & heraldbiz.com,

해의 시대」에는 공해피해로부터의 구제라는 형태로 분쟁을 해결하는 것이 중심과제였다면 오늘날과 같은 「환경의 시대」에 있어서는 사회의 이익과 환경이익의 조정이란 분쟁처리형태에 중심과제가 놓여지고 있다는, 다시 말하면 「구제에서 조정」으로 라는 인식의 전환에 따른 것이라 할 수 있다.[1] 그러므로 절차의 엄격성과 변론주의에 입각한 소송절차에 의한 해결방식보다는 시간과 비용을 절약할 수 있는 직권주의에 입각한 자료수집과 관계전문가에 의하여 판단될 수 있는 분쟁조정제도가 필요하게 된 것이라고 말할 수 있겠다. 분쟁처리의 절차로는 알선 · 조정 · 재정의 세 가지 종류가 인정되고 있다.[2]

4.4. 분쟁처리의 절차

4.4.1. 알선(Mediation)

a) 의의

알선이라 함은 일반적으로 분쟁해결이나 계약성립의 자주적 해결을 위하여 당사자를 매개하여 그 교섭 · 합의가 원활하게 진행되도록 기도하는 일을 의미한다. 당사자에게 해결안을 제시할 필요가 없다는 점에서 중재(schiedsgerichtsbarkeit)[3]와 구별된다. 우리의 환경분쟁조정법(舊환경오염피해분쟁조정법)에서는 중재에 관하여 규정을 두고 있지 않으나 일본의 경우 공해분쟁처리법에서 인정하고 있는 제도이다.

b) 절차

알선을 위하여 필요한 때에는 행정관청은 알선공무원으로 하여금 관계당사자 또는 참고인에 대하여 출석 · 진술의 요구, 관계서류의 열람, 관계사업장에의 출입조사를 하게 할 수 있다.

---

1) 南博 方, ツコリスト, 1992. 9, 二○周年な仰えた公害調停委員會, 30면; 한편 환경오염에 대한 현행법상의 공 · 사법적 구제방법 및 비정식적 구제방법들과 환경분쟁조정제도와의 비교, 그리고 조정제도의 필요성에 관해서는 전병성, 환경오염피해분쟁조정법, 사법행정(1992.3), 41-42면 참조.

2) 환경분쟁조정법(舊환경오염피해분쟁처리조정법)은 일본의 공해분쟁처리법(1970년 제정 및 시행)을 모방하여 제정된 것이지만 일본의 경우와는 달리 중재 · 원인재정를 제외하고 있다. 이를 두고 南博 方교수는 일본에서 이 제도가 사실상 이용되고 있지 않기 때문인 것 같다고 하고 있다(ツコリスト, 1992. 9, 公害紛爭處理制度の充實と發展[좌담회], 24面). 일본의 공해분쟁 처리현황에 관하여는 이경환, 환경분쟁 조정제도의 개선방안에 관한 연구, 연세대학교 보건대학원 석사학위논문(1992), 30면 이하 참조.

3) 중재라 함은 일반적으로 분쟁당사자가 미리 중재를 받을 것을 동의한 것을 조건으로 제3자의 仲介로 분쟁을 해결하는 것을 의한다.

c) 효력

알선은 분쟁을 해결함에 있어서 합의 - 민법상 합의의 성격을 지님 - 를 유도하는 과정일 따름이며 어떠한 법률상의 효력을 발생하는 것이 아니다. 따라서 알선위원은 알선으로는 분쟁을 해결할 수 없다고 인정되는 경우에는 알선행위를 중단할 수 있고 알선중인 분쟁에 대하여 조정이나 재정신청이 있는 경우에는 현재 진행 중인 알선도 중단된 것으로 본다(환경분쟁조정법 제29조). 당사자에게 해결안을 제시할 필요가 없다는 점에서 중재와 구별된다.

환경분쟁조정법 제29조 (알선의 중단) ① 알선위원은 알선으로써는 분쟁 해결의 가능성이 없다고 인정되는 때에는 알선을 중단할 수 있다.
② 알선중인 분쟁에 대하여 조정 또는 재정신청이 있는 때에는 당해 알선은 중단된 것으로 본다.

4.4.2. **調停**

a) 의의

조정이라 함은 이해관계를 달리하는 행위 · 행태에 있어서 객관적 견지에서 타당한 해결을 발견하는 것을 말한다. 조정은 민사조정과는 달리 강제력을 갖지 못하는 것으로 주로 사회적 힘에 의하여 그 이행이 담보될 수 있을 뿐이다.[1)]

b) 절차

조정은 3인으로 구성되는 위원회(조정위원회)에서 행하며(환경분쟁조정법 제31조), 조정위원회의 회의는 구성원 전원의 출석으로 개의하고 출석위원 과반수의 찬성으로 의결하며(동법 제31조 제4항), 조정의 절차는 이 법에 특별한 규정이 있는 경우를 제외하고는 공개하지 아니한다(동법 제25조).

환경분쟁조정법 제25조 (절차의 비공개) 위원회가 행하는 조정의 절차는 이 법에 특별한 규정이 있는 경우를 제외하고는 이를 공개하지 아니한다.

환경분쟁조정법 제31조 (조정위원의 지명등) ① 조정은 3명의 위원으로 구성되는 위원회(이하 "조정위원회"라 한다)에서 행한다. <개정 2008.3.21>

---

1) 종전의 환경보전법상의 조정제도는 조정조서에 화해조서와 동일한 효력, 즉 확정판결과 동일한 효력을 부여하고 있었으나, 현행 환경정책기본법은 환경분쟁을 민사분쟁으로 보아 사법부의 판단에 맡기려는 취지에서 이를 완화시킨 것이라고 한다(전병성, 환경오염피해분쟁조정법, 사법행정(1992.3), 48면 각주 3) 참조).

② 조정위원회의 위원(이하 "조정위원"이라 한다)은 사건마다 각각 위원회의 위원중에서 위원장이 지명하되, 제8조제1항제3호에 해당하는 자 1명 이상이 포함되어야 한다. <개정 2008.3.21>

③조정위원회의 회의는 조정위원회의 위원장이 소집한다.

④ 조정위원회의 회의는 구성원 전원의 출석으로 개의하고 구성원 과반수의 찬성으로 의결한다.

c) **효력**

조정위원회가 상당한 이유가 있다고 인정되는 때에는 조정안을 작성하고 당사자에게 통지하여야 하며, 30일 이상의 기간을 정하여 그 수락을 권고할 수 있고(환경분쟁조정법 제33조 제1항), 조정은 당사자가 조정안을 수락하고 이를 조서에 기재함으로써 성립된다. 조서는 재판상 화해와 동일한 효력이 있다. 다만, 당사자가 임의로 처분할 수 없는 사항에 관한 것은 그러하지 아니하다(동법 제33조 제2항).

환경분쟁조정법 제33조 (조정의 효력 등) ① 조정위원회는 분쟁의 해결을 위하여 조정안을 작성하고 30일 이상의 기간을 정하여 당사자에게 그 수락을 권고할 수 있으며, 조정은 당사자가 조정안을 수락하고 이를 조서에 기재함으로써 성립된다.

② 제1항에 따른 조서는 재판상 화해와 동일한 효력이 있다. 다만, 당사자가 임의로 처분할 수 없는 사항에 관한 것은 그러하지 아니하다.

[전문개정 2008.3.21]

4.4.3. 재정

a) **의의**

재정이라 함은 환경오염분쟁에 대하여 재정위원회가 결정하여 당해 사안에 대하여 소송이 제기되지 아니하는 경우에 당사자간의 합의가 성립된 것으로 보는 제도를 의미한다. 이는 피해분쟁조정제도의 일종이며, 당사자의 피해를 최소화한다는 점에서 재판에 준하는 엄정한 절차를 거칠 필요가 있는 경우에 인정되는 것이며, 과학기술에 의하여 기동성 · 신속성을 지니면서 사실을 정확하게 규명 · 공개함으로써 공정한 판정을 내리고자 하는 제도이다.

b) **절차**

재정은 위원 5인의 위원으로 구성되는 위원회(재정위원회)에서 행하며, 대통령령으로 정하는 경미한 사건의 재정은 3인으로 구성된다(환경분쟁조정법 제36조)매 사건마다 구성되는 재정위원회가 전속적으로 관장하는 환경오염의 피해로 인한 손해배상의 책임에 관한 재정은 대심구조와 당사자의 구술변론권이 보장된 준사법적 쟁송절차이다(동법 제37조, 제

38조, 제39조, 제40조).

c) 효과

재정은 처분의 성질을 지니는 행위처럼 보이지만 그 자체가 어떤 법적 효과를 발생하는 행위는 아니며, 다만 재정이 행해진 경우 재정문서의 正本이 당사자에게 송달된 날부터 60일 이내에 당해 재정과 관계되는 손해배상에 대하여 소송이 제기되지 아니하거나 그 소송이 철회된 경우에는 재판상 화해와 동일한 효력이 있다. 소송의 철회는 "소송당사자가 소송외에서 그 소송을 취하하기로 합의한 경우에는 그 소송은 원고에게 권리보호의 이익이 없다고 해석할 것"이다.[1] 또한 환경분쟁조정법 제45조 제1항은 "재정이 신청된 사건에 대하여 소송이 진행중인 때에는 수소법원은 재정이 있을 때까지 소송절차를 중지할 수 있다"고 규정하고 또 같은 조 제2항은 그렇지 않으면 재정절차를 중지해야 한다고 규정하는 것도 재정절차가 소송에 우선할 수는 없지만 수소법원으로 하여금 소의 이익유무를 판단할 수 있는 여지를 부여하기 위한 것이라 할 수 있다.

일본의 경우 당초 공해분쟁처리법의 입법과정에서 재정에 법적 구속력을 부여하려는 의견도 있었으나 민사사건에 관하여 행정기관이 구속력 있는 결정을 행하는 것은 사법권과 관계로 보아 적당치 않다는 고려에서 이와 같은 입법이 성사되지 못했다. 따라서 분쟁처리기관인 공해조정위원회(공조위)는 재정사건에 관하여 완전한 규제권을 갖지 못하지만, 재정은 재판에 준한 절차를 통해 행해지는 것이기 때문에 공조위는 공해분쟁처리의 면에서도 행정위원회적 성격을 지닌다고 해도 지장이 없다고 한다. 그러나 재정제도는 당초의 기대만큼 잘 이용되지 못하고 있다고 한다.[2]

우리나라의 환경오염분쟁처리제도는 일본의 공해분쟁처리제도가 분쟁처리의 대상을 전형적인 7개의 공해에 관계된 민사상 분쟁에 한정하고 있는 데 비하여 널리 환경오염으로 인한 분쟁으로 확대하고 있다는 점에서 진일보한 것이라 할 수도 있겠지만,[3] 일본에서 인정되고 있는 중재제도라든지 원인재정, 의무이행권고제도, 관계행정기관에 대한 위원회 의견의 건의 등이 인정되지 않고 있다는 점에서 문제점은 여전하다. 일본에서도 재정제도를 단순한 손해배상책임에 국한시킬 것이 아니라 보다 다양한 신청과 다채로운 재정이 가능

---

1) 대판 1965. 4. 13, 65다15.

2) 南博 方, ツコリスト, 1992/9, 二○周年な仰えた公害調停委員會, 29面.

3) 중앙환경분쟁조정위원회의 발표에 따르면 91년 위원회 설립이후 지금까지 접수된 총 53건의 조정신청중 소음·진동분야가 27건으로 가장 많고, 대기오염분야는 10건, 수질 및 해양오염분야는 각 8건 이었다. 그러나 배상금 신청금액은 해양분야가 가장 높아 전체금액 5백53억원중 81%인 4백50억원을 차지했다. 조선일보, 1994년 9월 19일자. 20면.

하게끔 제도를 개선할 필요가 있다는 반성이 있음을 참고할 필요가 있다.[1]

1) 南博 方, ツコリスト, 1992. 9, 二○周年な仰えた公害調停委員會, 31面.

제 8 항 보건권과 모성을 보호받을 권리

헌법 제36조 ① 혼인과 가족생활은 개인의 존엄과 양성의 평등을 기초로 성립되고 유지되어야 하며, 국가는 이를 보장한다.

② 국가는 모성의 보호를 위하여 노력하여야 한다.

③ 모든 국민은 보건에 관하여 국가의 보호를 받는다.

헌재결 2008. 11. 13, 2006헌바112【구 종합부동산세법 제5조 등 위헌소원 등】종합부동산세의 세대별 합산규정의 위헌여부

이 사건 세대별 합산규정으로 인한 조세부담의 증가라는 불이익은 이를 통하여 달성하고자 하는 조세회피의 방지 등 공익에 비하여 훨씬 크고, 조세회피의 방지와 경제생활 단위별 과세의 실현 및 부동산 가격의 안정이라는 공익은 입법정책상의 법익인데 반해 혼인과 가족생활의 보호는 헌법적 가치라는 것을 고려할 때 법익균형성도 인정하기 어렵다. 따라서 이 사건 세대별 합산규정은 혼인한 자 또는 가족과 함께 세대를 구성한 자를 비례의 원칙에 반하여 개인별로 과세되는 독신자, 사실혼 관계의 부부, 세대원이 아닌 주택 등의 소유자 등에 비하여 불리하게 차별하여 취급하고 있으므로, 헌법 제36조 제1항에 위반된다.

I. 보건권

헌법 제36조 제3항은「모든 국민은 보건에 관하여 국가의 보호를 받는다」라고 하여 國民保健에 관한 국가의 보호를 규정하고 있다.

1. 보건권의 의의

1.1. 보건권의 개념

'보건권'[1] 내지 '보건에 관한 권리'[2]라 함은 국민이 자신과 가족의 건강을 유지하는 데 필요한 국가적 급부와 배려를 요구할 수 있는 권리를 말한다.[3] 인간이 건강을 유지한다

1) 권영성, 헌법학원론, 711면.
2) 김철수, 헌법학(상), 1215면.
3) 권영성, 헌법학원론, 711면.

는 것은 인간생활에 있어서의 생존과 행복을 위한 필수적·기본적 전제이며 인간으로서의 존엄과 가치 및 행복추구권을 위한 필수적인 요소이다. 따라서 국가는 보건의료를 통하여 국민 개개인의 건강한 삶을 유지하도록 하여야 한다. 보건권은 생명권·행복추구권·인간다운 생활권 등과 이념적 동일체를 형성하며 상호 밀접한 관련을 가지고 있다.[1] 따라서 보건권은 자유권과는 달리 국가의 적극적 개입에 의하여 달성되는 사회적 기본권으로서의 성격이 강하다.[2]

이에 관한 법률로는 보건의료기본법, 국민건강보험법, 국민건강증진법, 공공의료에관한법률, 학교보건법, 의료법, 약사법 등 다수의 법률이 있다.[3]

헌재결 1996. 10. 31, 94헌가7 【의료법제25조제1항등위헌제청】

【판시사항】

무면허 의료행위를 일률적·전면적으로 금지하고 이에 위반할 경우 처벌하는 규정이 과잉금지의 원칙에 위배되는지 여부

【결정요지】

의료행위는 인간의 존엄과 가치의 근본인 사람의 신체와 생명을 대상으로 하는 것이므로 단순한 의료기술 이상의 "인체 전반에 관한 이론적 뒷받침"과 "인간의 신체 및 생명에 대한 외경심"을 체계적으로 교육받고 이점에 관한 국가의 검증을 거친 의료인에 의하여 행하여져야 하고, 과학적으로 검증되지 아니한 방법 또는 무면허 의료행위자에 의한 약간의 부작용도 존엄과 가치를 지닌 인간에게는 회복할 수 없는 치명적인 위해를 가할 수 있는 것이다. 또 무면허 의료행위를 일률적, 전면적으로 금지하고 이를 위반하는 경우에는 그 치료결과에 관계없이 형사처벌을 받게 하는 이 법의 규제방법은 과잉금지의 원칙에 위반된다고 할 수 없다.

【참조조문】

헌법 제10조, 제36조 제3항 의료법 제25조(무면허의료행위 등 금지) ① 의료인이 아니면 누구든지 의료행위를 할 수 없으며 의료인도 면호된 이와의 의료행위를 할 수 없다 다만/다음의 각호의 1에 해당하는 자는 보건사회부령이 정하는 범위 안에서 의료행위를 할 수 있다. 1. 외국의 의료인의 면허를 소지한 자로서 일정한 기간 국내에 체류하는 자 2. 의과대학, 치과대학, 한의과대학, 종합병원 또는 외국의료원조기관의 의료봉사 또는 연구 및 시범사업을 위한 의료행위를 하는 자 3. 의학·치과의학·한방의학 또는 간호학을 전공하는 학교의 학생 ②~③ 생략 의료법 제66조(벌칙) 다음 각호의 1에 해당하는 자는 5년 이하의 징역 또는 2,000만원 이하의 벌금에 처한다. 1. ~ 2. 생략 3. 제12조 제2항, 제25조 제1항, 제30조 제2항(제61조 제3항에서 준용하는 경우를 포함한다)의 규정에 위반한 자

---

1) 권영성, 헌법학원론, 711면.

2) 김철수, 헌법학(상), 1215면.

3) 양건, 헌법강의, 725면.

[사건의 개요 및 헌법재판소결정]

부산지방법원은 같은 법원 93고단8707 피고인 길○근에 대한 의료법위반 등 피고사건의 재판계속 중, 그 재판의 전제가 되는 의료법(1973. 2. 16. 법률 제2533호로 전문개정되고 1994. 1. 7. 법률 제4732호로 일부개정되기 전의 것, 이하 "이 법"이라 한다) 제25조 제1항 전단부분과 제66조 제3호 중 "제25조 제1항" 전단에 관한 부분의 위헌여부에 관하여 의문이 있다하여 1994. 7. 27. 직권으로 위헌제청결정을 하였고, 이 결정은 같은 해 8. 20. 우리 재판소에 접수되었다.

이 사건 법률조항은 헌법 제10조가 규정하는 인간으로서의 존엄과 가치를 보장하고 헌법 제36조 제3항이 규정하는 국민보건에 관한 국가의 보호의무를 다하고자 하는 것으로서, 국민의 생명권, 건강권, 보건권 및 그 신체활동의 자유 등을 보장하는 규정이지, 이를 제한하거나 침해하는 규정이라고 할 수 없다.

1.2. 보건권의 연혁 및 입법례

보건권의 개념이 등장한 것은 제1차대전 이후, 1919년의 독일 바이마르헌법에서 연유한다. 바이마르 헌법 제119조 제2항은 「가족의 순결과 건강은 유지되어야 하며 국가와 공공단체는 이를 지원하여야 한다」라고 하여 가족의 건강을 국가적 차원에서 지원하는 규정을 두었었다.[1] 제2차대전 이후에는 이탈리아헌법(제32조 제1항), 포르투갈헌법(제64조 제2항), 인도헌법(제47조) 등이 국민의 보건권 내지 국민보건에 관한 국가적 의무를 규정하고 있다. 우리나라도 건국헌법 제20조가 가족의 건강조항을 규정한 이래 현행헌법 까지 가족의 건강 내지 국민의 보건권을 규정해 오고 있다.[2]

2. 보건권의 법적 성격

국가는 국민의 건강생활을 단순히 소극적으로 침해하여서는 아니될 의무뿐만 아니라 적극적으로 국민보건을 위한 정책을 수립하고 시행할 의무를 진다. 헌법재판소는 "헌법은 모든 국민은 보건에 관하여 국가의 보호를 받는다"라고 규정하고 있는바(제36조 제3항), 이를 '보건에 관한 권리' 또는 '보건권'으로 부르고, 「국가에 대하여 건강한 생활을 침해하지 않도록 요구할 수 있을 뿐만 아니라 보건을 유지하도록 국가에 대하여 적극적으로 요구할 수 있는 권리」라고 한다.[3] 따라서 입법부작위 등의 행위는 위법을 면치 못한다.[4]

---

1) 장영수, 헌법학, 850면.

2) 권영성, 헌법학원론, 711면.

3) 헌재결 1998. 7. 16, 96헌마246 【전문의 자격시험 불실시 위헌확인 등】

4) 헌재결 1998. 7. 16, 96헌마246 【전문의 자격시험 불실시 위헌확인 등】 삼권분립의 원칙, 법치행정의 원칙을 당연한 전제로 하고 있는 우리 헌법하에서 행정권의 행정입법 등 법집행의무는 헌법적 의무라고 보아야 한다. 왜냐하면 행정입법이나 처분의 개입 없이도 법률이 집행될 수 있거

<사례>

청구인들은 치과의사 면허를 받은 자들로서 치과전문의가 되고자 하는 자들인바, 치과전문의자격시험은 의료법 제55조, 전문의의수련및자격인정등에관한규정 제17조, 전문의의수련및자격인정등에관한규정시행규칙 제11조 제1항, 제12조 제1항에 따라 대한치과의사협회(이하 '협회'라 한다)가 매년 1회 이상 실시하여야 함에도 협회는 관계법령의 미비 등을 이유로 지금까지 단 1회도 치과전문의자격시험을 실시하지 않았고, 보건복지부장관은 의료법 및 위 규정의 위임에 따라 시행규칙의 개정 등 치과전문의 자격시험을 실시함에 필요한 제도적 조치를 마련하여야 함에도 치과전문의자격시험을 둘러싸고 협회내에 의견의 대립이 있다는 이유로 이를 마련하지 않고 있어 청구인들의 헌법상 보장된 행복추구권, 평등권, 직업의 자유, 학문의 자유, 재산권 및 보건권을 침해받고 있다며 1996. 7. 23. 이 사건 헌법소원심판을 청구하였다.

<해설>

보건복지부장관은 치과전문의제도의 시행을 위한 최선의 노력을 하였으나 치과의료계의 의견 불일치로 이를 시행하지 못하고 있는 것이므로 보건복지부장관이 위헌적으로 행정입법 등 조치를 하지 않고 있는 것은 아니라고 주장한다.

살피건대, 상위법령을 시행하기 위하여 하위법령을 제정하거나 필요한 조치를 함에 있어서는 상당한 기간을 필요로 하며 합리적인 기간내의 지체를 위헌적인 부작위로 볼 수 없음은 사실이다. 그러나 이 사건의 경우 현행 규정이 제정된 때(1976. 4. 15)로부터 이미 20년 이상이 경과되었음에도 아직 치과전문의제도의 실시를 위한 구체적 조치를 취하고 있지 아니하고 있으므로 합리적 기간내의 지체라고 볼 수 없고, 법률의 시행에 반대하는 여론의 압력이나 이익단체의 반대와 같은 사유는 지체를 정당화하는 사유가 될 수 없으므로 위 주장은 이유 없다.

또한 보건복지부장관은 이해당사자인 피청구인 협회의 의견을 무시하고 치과전문의제도를 시행하는 것이 바람직하지 않다고 판단하였기 때문에 그 시행을 위한 구체적 조치를 취하지 아니한 것이므로 이를 위헌이라고 할 수 없다는 취지로 주장하나, 치과전문의제도를 실시할 것인지의 판단문제는 입법재량의 영역에 속하는 것이고 입법부가 일단 그 제도의 실시 여부에 관한 재량의 여지를 행정부에 남기지 아니하고 무조건적 실시를 명한 이상 보건복지부장관은 그 시행을 위한 구체적 조치를 취하여야 할 헌법상의 의무가 있는 것이므로, 보건복지부장관이 주장하는 바와 같은 사유는 행정입법의 지체를 정당화할 만한 사유가 되지 아니한다.

청구인들의 이 사건 심판청구 중 피청구인 보건복지부장관이 의료법과 위 규정의 위임에 따라 치과전문의자격시험제도를 실시할 수 있는 절차를 마련하지 아니하는 입법부작위

나 법률의 시행여부나 시행시기까지 행정권에 위임된 경우는 별론으로 하고, 이 사건과 같이 치과전문의제도의 실시를 법률 및 대통령령이 규정하고 있고 그 실시를 위하여 시행규칙의 개정 등이 행해져야 함에도 불구하고 행정권이 법률의 시행에 필요한 행정입법을 하지 아니하는 경우에는 행정권에 의하여 입법권이 침해되는 결과가 되기 때문이다. 따라서 보건복지부장관에게는 헌법에서 유래하는 행정입법의 작위의무가 있다.

는 헌법에 위반됨을 확인한다.[1]

보건권은 공권력에 의한 건강침해에 대하여 방어적 측면에서 그 배제를 요구할 수 있다는 점에서는 자유권적 성격을 가지는 것이지만, 자신과 가족의 건강에 대하여 국가의 적극적인 배려를 청구할 수 있다는 점에서는 사회적 기본권으로서의 성격을 가지는 것이며, 사회적 기본권으로서의 성격이 보건권의 주된 성격이다.[2]

> 헌재결 1998. 7. 16, 96헌마246 【전문의 자격시험 불실시 위헌확인 등】
> 헌법재판소는 「모든 국민은 보건에 관하여 국가의 보호를 받는다」라고 규정하고 있는 바(제36조 제3항), 이를 '보건에 관한 권리' 또는 '보건권'으로 부르고, 국가에 대하여 건강한 생활을 침해하지 않도록 요구할 수 있을 뿐만 아니라 보건을 유지하도록 국가에 대하여 적극적으로 요구할 수 있는 권리 이므로 의료법과 위 규정의 위임에 따라 치과전문의 자격시험제도가 실시될 수 있도록 시행규칙을 개정하거나 필요한 조항을 신설하는 등의 관련 조치를 취하지 아니한 보건복지부장관의 입법부작위 부분에 대한 청구인들의 주장은 이유 있다」고 판시한바 있다.

3. 보건권의 주체

보건권의 주체가 될 수 있는 자는 권리의 성질상 국민이다. 외국인은 원칙적으로 보건권의 주체가 되지 아니한다는 견해도 있으나,[3] 외국인도 이러한 권리를 인정해야한다.[4] 특히 보건권이 소극적으로는 국가에 대한 방어권으로서의 성격을 지니고도 있다는 점에서 더욱 그러하다.

---

1) 헌재결 1998. 7. 16, 96헌마246 【전문의 자격시험 불실시 위헌확인 등】

2) 홍성방, 헌법학, 625면; 권영성 교수는 「… 헌법 제36조 제2·3항의 보건과 모성에 관한 국가적 보호는 보건과 모성에 관한 국가의 보호의무만을 의미하는 것인지, 아니면 개개인이 국가에 대하여 보건과 모성에 관한 배려를 요구 할 수 있는 사회적 기본권을 의미하는 것인지 문제되고 있다. 생각건대 제36조 제2항·제3항이 「권리를 가진다」라고 하지 아니하고, 「관하여 국가의 보호를 받는다」 또는 「국가는 … 노력하여야 한다」라고 하여 문언상으로는 권리를 보장한 것이 아닌 것처럼 보이지만, 그것은 보건과 모성에 관한 국가적 배려를 요구할 수 있는 사회적 기본권의 하나로서 불완전하지만 법적인 권리를 보장 한 것」이라고 한다(권영성, 헌법학원론, 712면); 장영수 교수는 보건권이 자유권과 사회권의 양면적 성격을 지니는 것으로 보는 경우에는 신체를 훼손당하지 않을 권리와의 관계가 문제될 것이라고 한다(장영수, 헌법학, 851면 각주 10) 참조).

3) 권영성, 헌법학원론, 713면.

4) 同旨, 정종섭, 헌법학원론, 단락번호 [327]; 홍성방, 헌법학, 625면.

4. 보건권의 내용

4.1. 보호대상

보건에 관하여 「국가의 보호를 받는다」라고 할 때의 보호대상은 가족만의 건강이 아니라 모든 국민의 건강이다. 건국헌법 · 1960년 · 1962년 헌법에서는 가족만의 건강으로 규정하였으나, 만약 보건권이 가족만의 건강을 의미한다면, 독신자 · 독신녀 등의 건강은 국가적 보호의 대상에서 제외될 수도 있다는 해석이 가능하기 때문이다.[1)]

헌재결 2002. 10. 31, 99헌바76, 2000헌마505(병합) **【5 · 18민주화운동등에관한특별법제4조제1항위헌소원】**

국가가 의료보장의무를 이행하기 위해서는 국민에게 질병 · 부상에 대하여 적정한 요양급여를 행해야 하며, 이를 위해서는 요양급여를 제공할 수 있는 적정수의 의료기관과 약국을 확보해야 한다. 이 사건 '요양기관 강제지정제'의 목적은 법률에 의하여 모든 의료기관을 국민건강보험체계에 강제로 편입시킴으로써 요양급여에 필요한 의료기관을 확보하고 이를 통하여 피보험자인 전 국민의 의료보험수급권을 보장하고자 하는 것이다.

4.2. 소극적 · 적극적 내용

보건권은 국가가 공권력의 행사를 통하여 개인의 건강을 침해하여서는 아니된다는 소극적 의미뿐만 아니라, 적극적 내용으로서 국민보건을 위하여 필요한 정책을 적극적으로 수립하고 추진할 의무를 지며, 입법부작위의 책임을 질 수 있다.

헌재결 1998. 7. 16, 96헌마246 **【전문의 자격시험 불실시 위헌확인 등】**

삼권분립의 원칙, 법치행정의 원칙을 당연한 전제로 하고 있는 우리 헌법하에서 행정권의 행정입법 등 법집행의무는 헌법적 의무라고 보아야 한다. 왜냐하면 행정입법이나 처분의 개입 없이도 법률이 집행될 수 있거나 법률의 시행여부나 시행시기까지 행정권에 위임된 경우는 별론으로 하고, 이 사건과 같이 치과전문의제도의 실시를 법률 및 대통령령이 규정하고 있고 그 실시를 위하여 시행규칙의 개정 등이 행해져야 함에도 불구하고 행정권이 법률의 시행에 필요한 행정입법을 하지 아니하는 경우에는 행정권에 의하여 입법권이 침해되는 결과가 되기 때문이다. 따라서 보건복지부장관에게는 헌법에서 유래하는 행정입법의 작위의무가 있다.

국민의 건강침해 금지의무로서는 강제적 의학실험, 불임시술 등이 있고,[2)] 적극적 보

1) 권영성, 헌법학원론, 713면.

2) 강제적 예방접종이 금지된다는 견해도 있으나, 질병예방의 차원에서 예방접종의무에 따른 강제적 예방접종은 가능하다고 본다.

호의무로서는 위생시설의 정비, 식품위생법상의 적절한 조치의무, 전염병환자의 격리 및 관리, 예방접종, 마약단속(마약단속은 형사상의 범죄예방의 차원보다는 국민보건과 건강을 위한 질병치료의 관점에서 보아야 한다), 의약품의 오·남용 방지 등이 필요하다. 이에 관하여는 국민건강증진법, 보건의료기본법 등이 있다.[1]

국민건강증진법은 국민에게 건강에 대한 가치와 책임의식을 함양하도록 건강에 관한 바른 지식을 보급하고 스스로 건강생활을 실천할 수 있는 여건을 조성함으로써 국민의 건강을 증진함을 목적으로 한다(동법 제1조).

보건의료기본법은 보건의료에 관한 국민의 권리·의무와 국가 및 지방자치단체의 책임을 정하고 보건의료의 수요 및 공급에 관한 기본적인 사항을 규정함으로써 보건의료의 발전과 국민의 보건 및 복지의 증진에 이바지함을 목적으로 한다(동법 제1조).

<사례>

청구인 갑과 을은 국민건강보험법에 의한 직장가입자 및 지역가입자들로서 국민건강보험법은 국민에게 건강보험에의 가입여부에 대한 선택권을 주지 않고 강제로 가입하게 하여 소득재분배를 목적으로 한 보험료를 내도록 하므로 과잉금지의 원칙에 위배하여 행복추구권 및 재산권을 침해하고, 직장가입자와 지역가입자의 보험료를 달리 산출하여 차등을 둠으로써 헌법상 평등의 원칙에 위배되며, 재정운영위원회가 국회의 입법 없이 또는 법률의 포괄적 위임에 의하여 구체적 보험료액수를 결정하게 하고, 지역가입자의 보험료액을 대통령령이나 국민건강보험공단의 정관으로 정하도록 하여 법률유보의 원칙 및 포괄위임입법금지원칙에 위배된다고 하면서 위 조항들의 위헌확인을 구하여 2000. 12. 23. 이 사건 헌법소원심판을 청구하였다.

<해설>

헌재결 2003. 10. 30, 2000헌마801【국민건강보험법제62조제3항등위헌확인】

건강보험의 문제를 시장경제의 원리에 따라 사보험에 맡기면 상대적으로 질병발생위험이 높거나 소득수준이 낮은 사람들은 보험에 가입하는 것이 매우 어렵거나 불가능하게 되어, 국가가 소득수준이나 질병위험도에 관계없이 모든 국민에게 동질의 의료보장을 제공하고자 하는 목적을 달성할 수 없으므로, 국민건강보험법 제5조, 제31조 제1항·제2항, 제62조 제1항·제3항·제4항은 원칙적으로 전국민을 강제로 보험에 가입시키고 경제적 능력에 비례하여 보험료를 납부하도록 함으로써 의료보장과 동시에 소득재분배 효과를 얻고자 하는 것이다.

이와 같이 국가가 국민을 강제로 건강보험에 가입시키고 경제적 능력에 따라 보험료를 납부하도록 하는 것은 행복추구권으로부터 파생하는 일반적 행동의 자유의 하나인 공법상

1) 정종섭, 헌법학원론, 단락번호 [328]

의 단체에 강제로 가입하지 아니할 자유와 정당한 사유 없는 금전의 납부를 강제당하지 않을 재산권에 대한 제한이 되지만, 이러한 제한은 정당한 국가목적을 달성하기 위하여 부득이한 것이고, 가입강제와 보험료의 차등부과로 인하여 달성되는 공익은 그로 인하여 침해되는 사익에 비하여 월등히 크다고 할 수 있으므로, 위의 조항들이 헌법상의 행복추구권이나 재산권을 침해한다고 볼 수 없다.

<사례>

청구인(학교법인 고황재단)은 2000. 12. 28. 동대문보건소장에게 의약품도매상 허가신청을 하였으나 동대문보건소장은 청구인이 의료기관의 개설자이므로 약사법 제37조 제4항 제4호에 따라 의료기관의 개설자에 대하여는 의약품도매상 허가를 할 수 없다는 이유로 청구인의 위 허가신청을 반려하는 처분을 하였다. 그러자 청구인은 서울행정법원에 동대문보건소장을 상대로 위 반려처분의 취소를 구하는 소송을 제기하였고, 그 소송 계속 중 위 반려처분의 근거 법률인 법 제37조 제4항 제4호와 약사법 부칙 제3조의 위헌제청신청을 하였으나, 2001. 4. 18. 각하 및 기각되자 2001. 5. 4. 이 사건 헌법소원심판을 청구하였다.

<해설>

헌재결 2004. 1. 29, 2001헌바30 【약사법제37조제4항제4호등위헌소원】

(1) 입법목적의 정당성과 수단의 적합성 ☜ **과잉금지의 원칙(목적의 정당성·방법의 적정성)**

우리 헌법 제36조 제3항은 "모든 국민은 보건에 관하여 국가의 보호를 받는다."고 규정하여 국가의 국민보건에 관한 보호 의무를 명시하고 있으므로 국가는 국민건강 및 보건의 양적, 질적 향상을 위한 의료 정책을 적극적으로 수립·시행하여야 한다.

동일한 주체가 의료기관과 의약품도매상을 소유, 경영할 경우 의료기관의 의사가 그 의약품도매상의 매출 증가에 따른 경제적 이윤 획득의 동기에 의하여 의약품을 과다 처방하고, 또 의료기관의 약사는 적절한 감시와 견제 없이 이를 조제·투약(판매)할 가능성이 있게 됨에 따라 나타날 의약품의 오·남용을 방지하여 궁극적으로 국민의 건강을 유지·향상시키고자 하는 이 사건 법률조항의 주된 입법목적은 바로 위 헌법규정을 근거로 입법자가 추구한 것으로서 정당하다.

불공정거래행위로 인하여 건전한 의약품 유통질서를 해칠 가능성을 배제하고자 한 입법목적 또한 자유시장 경제질서에서 발생할 수 있는 경제력의 남용을 방지하기 위하여 국가적 규제와 조정을 용인하고 있는 헌법 제119조 제2항에 근거를 둔 것으로 보이므로 정당성을 갖추었다고 판단된다.

한편, 이 사건 법률조항은 의료기관의 개설자로 하여금 의약품도매상을 하지 못하도록 함으로써 위와 같은 입법목적을 침해할 가능성 자체를 제거하였다는 점에서 수단의 적합성도 인정된다.

(2) 최소 침해성의 위배 여부 ☜ **과잉금지의 원칙(피해의 최소성)**

의약품의 오·남용을 예방하여 궁극적으로 국민의 건강을 유지·향상하려는 이 사건 법률조항의 주된 입법목적을 달성할 수 있는 유효한 수단으로서 과연 직업 선택을 금지하는 것 이외에 보다 국민의 기본권을 적게 침해하는 대체 입법 수단이 존재하는가의 의문에 대하여 본다.

위와 같은 입법목적을 달성하면서도 보다 덜 제한적인 방법으로 생각해 볼 수 있는 것은, 의료기관이 환자의 질병 치료에 필요한 정도를 초과하여 의약품을 처방·투약하고, 그러한 상대적 과다 처방 및 투약이 의학적 동기가 아닌 의료기관개설자가 소유·경영하는 의약품도매상의 경제적 이윤 획득 증가를 위한 동기에 의한 것이라는 점을 입증하여 이를 사후에 규제하는 방법 정도가 있는데, 전문가인 의사의 일정한 재량 영역에 속한다고 볼 수 있는 진단 처방의 분야에서 이러한 사후적 규제의 요건 사실을 입증한다는 것 자체가 사실상 불가능에 가깝고, 입증책임의 전환 등의 방법에 의하여 가능하다고 하더라도 이러한 개별적, 사후적 규제만으로는 입법목적의 장기간에 걸친 근본적 실천이 제약받을 것임이 상당하다는 점이다.

그렇다면, 위와 같은 입법목적 실현에 이 사건 법률조항보다 덜 기본권 제한적인 입법수단은 존재하지 않거나 실효성이 없을 것이라는 입법자의 예측, 판단을 수긍할 수 있다고 보아야 할 것이다.

(3) 법익 균형성의 위배 여부 ☜ **과잉금지의 원칙(법익의 균형성)**

이 사건 법률조항에 의하여 의료기관개설자인 학교법인의 직업 선택의 자유가 크게 제한을 받고 있기는 하나, 학교법인에게 의약품도매상이라는 직업은 인간의 존엄과 가치를 실현하기 위한 수단으로서 개인의 인격발전과 개성신장의 불가결한 요소로서 의미하는 것도 아니고 의약품도매상을 선택할 수 없다고 하더라도 의료기관의 개설·경영이라는 본래의 직업의 영위 가능성이 박탈되는 것도 아니므로, 학교법인에 대한 이러한 기본권 제한은 의약품의 오·남용 방지를 통한 국민의 건강 보호·유지, 불공정행위의 규제라는 우리 사회 공동체가 근본적으로 추구하여야 할 근본적이고도 중대한 공익보다 결코 우월하다고 할 수 없다는 점에서, 이 사건 법률조항이 추구하는 공익의 비중이 위와 같은 기본권 제한의 정도와 합리적인 비례관계를 일탈하였다고 볼 수 없다.

5. 보건권의 효력

보건권은 모든 국가권력을 직접 구속하는 효력을 가지며,[1] 사인 상호간에도 간접적으로 적용된다. 사인에 의하여 건강을 훼손당한 경우에는 보건권을 근거로 피해배제청구 또는 손해배상청구를 할 수 있다.[2]

6. 보건권의 제한과 한계

헌법 제37조 제2항에 따라 국가안전보장 등을 위하여 필요한 경우에는 보건권도 법률로써 제한될 수 있다. 그러나 제한하는 경우에도 보건권의 본질적 내용은 침해할 수 없고

1) 헌재결 1998. 7. 16, 96헌마246【전문의 자격시험 불실시 위헌확인 등】
2) 권영성, 헌법학원론, 713면.

과잉금지의 원칙을 존중하여야 한다. 예컨대 정신질환자를 위한 정신보건법을 제정하는 경우에도 단순히 사회로부터 격리시키는 격리위주보다는 치료와 사회복귀를 주된 내용으로 하는 것이어야 한다.[1]

7. 보건권의 침해와 구제

7.1. 개관

국민의 건강이 국가의 공권력행사나 사실행위 등에 의하여 침해된 경우에는 국가가 이에 대하여 손해배상을 하여야 한다.[2] 예컨대 국립의료원[3]에서의 수혈로 인하여 질병감염의 피해를 입었다던가, 관수용의약품의 제조·관리과정에 하자가 있어 건강을 해친 경우에는 국가에 대하여 응분의 손해배상을 청구할 수 있다.[4] 이 경우 적용될 수 있는 이론이 희생보상청구권의 문제이다.

예컨대 예방접종사고가 발생했을 경우 생명·신체에 대한 침해구제가 문제된다. 이 경우 의사의 과실이 인정되면,[5] 국가배상법에 의한 손해배상을 받게 된다.[6] 위와 같은 사

1) 권영성, 헌법학원론, 713면.

2) 전염병예방법 제54조의2에서는 과실이 있는 경우는 물론이고 과실이 없는 경우에도 보상을 하도록 하고 있다. 전염볍예방법 54조의2 (예방접종으로 인한 피해에 대한 국가보상) ① 국가는 제10조의2 내지 제12조의 규정에 의하여 예방접종을 받은 자가 그 예방접종으로 인하여 질병에 걸리거나 장애인이 된 때나 사망한 때에는 대통령령이 정하는 기준과 절차에 따라 다음 각호의 보상을 하여야 한다. <개정 1999. 2. 8>

1. 질병으로 진료를 받은 자에 대하여는 그 진료비 전액과 정액 간병비
2. 장애인이 된 자에 대하여는 일시보상금
3. 사망한 자에 대하여는 대통령령으로 정하는 유족에 대하여 일시보상금과 장제비

② 제1항에서 예방접종으로 인한 질병, 장애 또는 사망이라 함은 예방접종약품의 이상이나 예방접종행위자등의 과실유무에 관계없이 당해 예방접종을 받았기 때문에 발생한 피해로서 보건복지가족부장관이 인정하는 경우를 말한다. <개정 1997. 12. 13, 2001. 12. 29>

3) 국공립병원이 아닌 사립병원의 경우에도 법률에 의하여 강제되는 예방접종을 하는 경우, 의사는 공무를 수탁받아 행하는 공무수탁사인의 지위를 가지며, 국가배상법상의 공무원으로 보아야 한다. 그리고 법문에서 보상이라는 표현을 사용하지만 국가가지는 책임의 성질은 배상이다. 박윤흔, 행정법강의(상), 799면.

4) 권영성, 헌법학원론, 713면.

5) 전염병예방법 제54조의2에서는 과실이 있는 경우는 물론이고 과실이 없는 경우에도 보상을 하도록 하고 있다. 전염볍예방법 54조의2 (예방접종으로 인한 피해에 대한 국가보상) ① 국가는 제10조의2 내지 제12조의 규정에 의하여 예방접종을 받은 자가 그 예방접종으로 인하여 질병에 걸리거나 장애인이 된 때나 사망한 때에는 대통령령이 정하는 기준과 절차에 따라 다음 각호의 보상을 하여야 한다.<개정 1999. 2. 8>

례에 있어서 법에 규정되어 있으면, 당해법률에 따라 해결하면 된다. 만약 그러한 법규정이 없는 경우에 이를 어떠한 방법으로 해결할 것인가 하는 점이다.

「판례」

양호교사로부터 콜레라예방접종을 받고 숨진 사건에서 서울민사지법은「건강상태를 상세히 체크하지 아니하고 예방접종을 하여 부작용으로 숨진 사실을 인정하여」손해배상책임을 인정하였다.[1]

7.2. 희생유사침해(희생보상청구권) : 비재산적 법익의 침해에 대한 보상

7.2.1. 의의

희생유사침해(aufopferungsgleicher Eingriff)라 함은 행정청의 공권력의 행사에 의한 위법한 비재산권침해를 말하며(비재산적 권리에 대한 직접적 침해 : 전염병대책으로서의 강제검진에 의한 신체 · 건강상의 피해 · 명예 · 자유).[2] 희생보상청구권은 이러한 침해에 대한 보상청구권을 말한다.

7.2.2. 희생유사침해(희생보상청구권)의 인정여부

a) 긍정설

행정작용으로 인한 고권적 침해로 야기된 비재산적 법익의 특별한 희생을 공공복리적 측면에서 그 손해를 전보하는 희생보상청구제도를 비재산적 법익에 대하여 그 침해를 구제하기 위한 방법으로서 종래의 손해배상 · 손실보상으로는 구제하기 곤란한 점이 있으므로 동제도를 우리 실정법상 수용해야 한다는 견해가 유력하며,[3] 다만 희생보상청구권을

---

1. 질병으로 진료를 받은 자에 대하여는 그 진료비 전액과 정액 간병비
2. 장애인이 된 자에 대하여는 일시보상금
3. 사망한 자에 대하여는 대통령령으로 정하는 유족에 대하여 일시보상금과 장제비

② 제1항에서 예방접종으로 인한 질병, 장애 또는 사망이라 함은 예방접종약품의 이상이나 예방접종행위자등의 과실유무에 관계없이 당해 예방접종을 받았기 때문에 발생한 피해로서 보건복지가족부장관이 인정하는 경우를 말한다. <개정 1997. 12. 13, 2001. 12. 29>

6) 국공립병원이 아닌 사립병원의 경우에도 법률에 의하여 강제되는 예방접종을 하는 경우, 의사는 공무를 수탁받아 행하는 공무수탁사인의 지위를 가지며, 국가배상법상의 공무원으로 보아야 한다. 그리고 법문에서 보상이라는 표현을 사용하지만 국가가지는 책임의 성질은 배상이다. 박윤흔, 행정법강의(상), 799면.

1) 서울민지 1976. 7. 10.

2) 석종현, 일반행정법(상), 711면.

3) 한창규, 희생보상책임제도의 기초적 연구, 해암문홍주박사화갑기념논문집, 1978, 562면.

인정하는 긍정설의 경우도 각각 다른 근거를 제시하고 있을 뿐이다. ① 헌법 제23조 제3항을 유추적용하여 인정하여야 한다는 견해,[1] ② 헌법 제23조 제3항의 규정에 의한 손실보상의 법리적 기초를 이루는 특별희생의 법리와 헌법상 법치주의, 평등의 원칙으로부터 희생보상청구권을 인정해야 한다는 견해,[2] ③ 헌법 제10조, 제12조, 제37조 제1항과 제2항에 의하여 인정해야 한다는 견해,[3] ④ 국민의 권리구제의 실효성을 위하여 직접효력설이 타당하다고 하면서 유추적용할 법률규정이 있는 경우에는 이 법률규정을 유추적용해야 한다는 견해,[4] ⑤ 재산권보다 생명, 신체에 대한 기본권이 우월하므로 그에 대한 침해가 있는 경우 당연히 그 희생에 대한 보상청구가 인정되어야 하며, 그 법적 근거는 헌법상의 특정조항이 아니라 여러 기본권 규정 즉 헌법 제10조, 제12조, 제23조 제3항, 제37조 제1항과 제11조의 평등조항의 정신에서 간접적으로 도출된다고 보는 견해[5]등이 있다.

긍정설의 입장을 정리하면,

- 헌법 제23조 제3항은 재산권 침해에 대한 보상만을 규정하고 있으므로 이 조항을 비재산적 법익에까지 적용하는 것은 유추적용의 한계를 넘는 것으로 보아, 보상규정이 없는 경우에는 헌법상의 기본권 보장규정 및 평등조항을 직접근거로 하여 그 보상을 인정하여야 한다.

- 재산권 침해에 대한 보상을 정한 헌법 제23조 제3항은 생명 · 신체 · 건강이라는 비재산권의 침해인 예방접종의 피해에 대해서는 직접 적용할 수는 없으나, 그것도 무과실 행위로 인한 침해이고 국민전체의 공익을 위한 침해라는 점에서, 그러한 피해를 특정개인의 부담으로 돌리는 것은 인간의 존엄 · 평등권 · 인간다운 생활을 할 권리에 관한 헌법규정에 반한다 할 것이므로, 헌법 제23조 제3항을 유추적용하여 보상을 청구할 수 있다.

- 생명권이나 신체의 자유등과 같은 비재산적 가치를 재산적인 것보다 덜 보호한다면, 그것은 기본권보장 · 법치국가원리 · 사회국가원리 등에 부합하지 않기 때문에 동청구권을 인정하는 것이 타당한데, 그 법적기초에 관해서는 유추적용설이 작용하며, 다만 이경우 헌법 제23조 제3항을 유추적용함에 있어서도, 법률에 근거가 있는 경우에 한하여 그 법위안에서 보상을 청구할 수 있다고 볼 것인지가 문제된다고 할 것인데, 생명 · 신체가 침해된 경우에는 모두가 보상을 요하는 특별한 희생으로 볼 것이며, 따라서 동헌법규정의 취지에 비추어 볼 때 입법자가 정할 것이 없기 때문에, 헌법의 동규

1) 박균성, 현행손실보상제도의 흠결과 보완, 고시계(1990.8), 90면; 박윤흔, 행정법강의(상), 801면.
2) 홍준형, 행정구제법, 322면.
3) 김남진 · 김연태, 행정법(I), 621면.
4) 박균성, 행정법론(상), 792면.
5) 홍정선, 행정법원론(상), 단락번호 2151a.

정에 의해 직접 보상을 청구할 수 있다고 보는 것이 타당하다.

b) 부정설

희생보상제도는 독일에서 관습법적 근거를 갖는 제도로서 우리나라에서 동일한 논리에 의하여 희생보상청구권을 인정할 수 없고, 따라서 생명 · 신체에 대한 보상규정이 없는 경우 손실보상청구를 인정할 수 없다고 한다.[1]

c) 사견

희생보상제도는 독일에서 관습법적 근거를 갖는 제도로서 우리나라에서 동일한 논리에 의하여 획일적으로 희생보상청구권을 인정할 수는 없을 것이다. 생명 · 신체에 대한 보상규정이 없는 경우 개별적 · 구체적 사안에 따라 불법행위로 인한 손해배상을 청구하는 경우(예컨대 생명 · 신체에 대한 침해는 결국 그것이 불법행위를 구성하게 되므로 공무원의 직무상 불법행위 등을 원인으로 한 손해배상의 방법을 취하는 것이 타당하다)가 발생할 여지가 많기 때문이다. 결국 희생보상은 헌법 제10조, 제12조,[2] 제37조 제1항 및 헌법정신(기본권의 최대보장의 원칙)을 근거로 하여 이루어진다고 봄이 합당하다. 다만 위자료는 희생보상의 범위에서 제외된다. 희생보상은 손해배상이 아니기 때문이다.[3]

<사례-1>

전염병에 걸리지 않은 사람에 대해 행정청이 착오로 오인하여 국립병원에 강제입원조치를 하였다. 이에 대해 어떤 권리구제수단이 있는가?

<사례-1의 해설>

입원조치후 아직 퇴원조치받지 않은 상황이라면 그에 대한 취소소송을 제기할 수 있으나 이미 퇴원조치를 받았다면 '협의의 소익'이 없어 취소소송을 제기할 수 없고 단지 국가배상을 청구할 수 있을 뿐이다.

강제입원조치처럼 목전에 급박한 행정상의 장해를 제거할 필요성이 있으나 미리 의무를 명할 시간적 여유가 없을 때나 성질상 의무를 명하여서는 목적달성이 곤란할 때 즉시 국민의 신체 또는 재산에 실력을 가하여 행정상 필요한 상태를 실현하는 작용을 행정상 즉시강제라고 한다. 이러한 즉시강제는 당사자의 신체 등에 실력을 행사하여 행정상 필요한 상태를 실현하는 권력적 성질을 갖는 사실행위(권력적 사실행위)로서 행정소송법상 행

---

1) 류지태, 행정법신론, 신영사, 2006, 464면.
2) 희생보상 청구는 헌법 제12조 제1항의 신체의 자유에 관한 비재산적 법익(생명 · 신체)에 대한 행정주체의 권력적 침해를 의미하고, 그에 대해서는 희생보상이 행하여 진다(석종현, 일반행정법(상), 713면).
3) 석종현, 일반행정법(상), 713면.

정처분에 해당되기 때문에 이에 대한 취소소송제기가 가능하다(행정소송법 제2조).

그러나 이미 퇴원조치를 받은 경우처럼 강제입원조치의 효력이 종료된 경우엔 취소소송을 통해 분쟁을 해결할 필요성이 없기 때문에 협의의 소익이 부정되어 취소소송이 법원에 받아 들여지지 않는다(각하판결). 그러나 퇴원조치를 받은 경우라도 공무원의 과실있는 위법한 행위로 국민이 손해를 입은 경우이기에 국가에 대해 국가배상청구가 가능하다.

<사례-2>

보건복지가족부장관은 겨울에 독감환자가 많이 발생하여 그로 인한 의료재정 지출이 증가되어 오자 10월 말까지 12세 이하 어린이와 65세 이상의 노인은 필히 예방접종을 할 것을 권고하면서 접종을 받지 않은 독감 환자에 대하여는 진료비에 대한 본인부담비율을 20% 증가시키겠다는 사실을 발표하였다. 이에 6세인 어린이 甲은 공무원인 관할 보건소 간호사에게 독감예방 백신을 맞았다. 독감예방접종은 통상적으로 가벼운 열과 근육통 등을 동반하는데, 갑은 장기간의 중대한 건강상의 장애를 겪었다. 이러한 경우에 갑의 부모가 취할 수 있는 소송상 구제수단은?

<사례-2의 해설> **「손실보상청구권의 인정여부」: 희생보상청구권의 입장**

사안의 경우 비재산적 법익에 대한 침해를 이유로 **희생보상청구권**[1)2)]을 주장할 수 있

---

1) 희생침해에 대한 보상이란 생명, 건강, 명예, 자유 등과 같은 비재산적 법익의 침해에 대해서 보상해 주는 것을 말한다. 이러한 희생보상은 수용이나 수용유사침해 또는 수용적 침해로 인한 보상청구가 오직 재산적 가치있는 권리나 법적 지위에 대한 침해시에 문제되는 점과 차이가 있다. 희생보상청구권이라 함은 행정청의 공권력행사에 의하여 개인의 비재산적법익(예컨데, 생명·신체·자유·명예)에 가해진 손실에 대한 보상청구권을 말한다. 이는 비재산적법익침해에 대한 보상청구권으로 독일에서 성립·발전된 이론으로서 독일에서 희생보상청구를 인정한 경우로는, ㉠ 성병환자의 강제진료로 인한 경우, ㉡ 부상군인에 대한 미실험된 의약품 사용으로 인한 장해가 발생 한 경우, ㉢ 정신병질환자인 수형자에 의하여 살인행위가 저질러진 경우, ㉣ 범인추적을 하던 경찰관이 보행인을 상해한 경우, ㉤ 강제불임시술의 경우, ㉥ 위법한 구속영장의 발부의 경우 등이 있다(F. Ossenbühl, Staatshaftungsrecht. 3. Aufl., München 1983, S. 80; 석종현, 희생보상청구와 위험책임, 월간고시(1988.5), 140면. 이러한 희생보상청구권은 독일 기본법상의 기본권 및 프로이센 일반란트법 제74조, 제75조에 근거를 두고 판례상 발전된 관습법으로 이해되고 있다.

2) 희생보상청구권이 성립하기 위해서는 대체로 ① 행정주체의 공권력 행사 ② 비재산권에 대한 침해 ③ 관련 법적 지위의 보호가치성 ④ 행위의 적법성과 그 결과로서의 손해 ⑤ 침해의 공공공리 관련성 등의 요건이 요구된다. 이러한 요건들은 판례상 발전된 최소한의 일반원칙이므로 명문의 규정이 있으면 그 명문규정이 이러한 일반원칙보다 우선적으로 적용된다. 희생보상청구권의 인정여부에 관해 우리나라에서는 헌법 제23조 제3항은 재산권 침해에 대한 보상만을 규정하고 있으므로 이 조항을 비재산적 법익에까지 적용하는 것은 유추적용의 한계를 넘는 것으로 보아, 보상규정이 없는 경우에는 헌법상의 기본권 보장규정 및 평등조항을 직접근거로 하여 그 보상을 인정하여야 한다는 견해가 있는가 하면, 재산권 침해에 대한 보상을 정한 헌법 제23조 제3항은 생명·신체·건강이라는 비재산권의 침해인 예방접종의 피해에 대해서는 직접 적용할 수는

는 바, 우리나라에서도 이러한 권리를 인정할 수 있고 사안의 경우 그 성립요건을 충족한다고 본다. 설문에서의 보건복지가족부장관의 권고는 직접적인 강제성은 없으나, 이 권고에 따르지 않았다가 독감에 걸리면 경제적 부담이 20% 가중된다고 하였으므로 간접적인 강제력이 있고, 따라서 고권적 침해에 해당된다.[1] 또한 보상규정이 없는 경우 유추적용설에 의하면 헌법 제10조 제1문, 제11조, 제37조를 근거로, 관련규정을 유추하여 보상받을 수 있다.[2] 따라서 갑의 부모는 갑이 입은 건강상 중대한 장애를 들어 대한민국에 대하여 갑에게 소요될 병원치료비용과 요양비용 등 재산적 손실을 청구할 수 있다. 다만, 위자료는 여기에서 배제 된다고 본다. 이러한 청구절차는 공법상 당사자소송으로 실현된다.[3]

II. 모성을 보호받을 권리

1. 모성보호의 의의

헌법 제36조 제2항은 「국가는 모성의 보호를 위하여 노력하여야 한다」라고 하여 국가의 모성보호의무를 규정하고 있다. 헌법 제36조 제2항은 직접적으로는 모성의 보호를 위한 국가적 노력의 의무만을 규정하고 있지만, 이러한 국가적 노력의 의무에 대응하여 모성은 국가적 보호를 청구할 수 있다. 모성이라 함은 모든 여성을 지칭하는 것이 아니고 자녀를 가진 여성을 말한다. 모성은 가족의 핵심적 구성요소일 뿐 아니라 국가구성원인 국민의 생산적 모체가 되므로, 모성의 보호는 곧 가족과 국가사회의 건전한 존속·발전을 위한 필수적 조건이라 할 수 있다. 모성보호조항이 가지는 헌법적 의미도 바로 여기에 있다.[4]

2. 모성보호의 구체적 내용

모성보호를 위하여 국가적 보호가 특별히 필요한 이유는 단순히 모성 개인의 건강만이 아니고 모성이 제2세 국민을 생산하고 양육한다는 점에서 이에 필요한 경제적·사회적

없으나, 그것도 무과실 행위로 인한 침해이고 국민전체의 공익을 위한 침해라는 점에서, 그러한 피해를 특정개인의 부담으로 돌리는 것은 인간의 존엄·평등권·인간다운 생활을 할 권리에 관한 헌법규정에 반한다 할 것이므로, 헌법 제23조 제3항을 유추 적용하여 보상을 청구할 수 있다고 보는 견해도 있다. 생명권이나 신체의 자유등과 같은 비재산적 가치를 재산적인 것보다 덜 보호한다면, 그것은 기본권보장·법치국가원리·사회국가원리 등과 같은 헌법국가원리 및 국가목적에 부합하지 않기 때문에 동청구권을 인정하는 것이 타당하다(유추적용설).

1) 김남진·김연태, 행정법(I), 623면.
2) 김남진·김연태, 행정법(I), 624면.
3) 김백유, 행정법치론(I), 787면 이하 참조.
4) 권영성, 헌법학원론, 714면.

여건의 조성하고자 하는 것이다.

대판 1965. 11. 23, 65도876【업무상촉탁낙태】
국가시책에 의한 가족계획은 어디까지나 임신을 사전에 방지하는 피임방법에 의할 것이고 임신 후의 낙태행위를 용인하는 것은 아니다.

모성보호의 구체적 내용은 첫째, 모성의 건강을 특별히 보호하여야 한다는 점이다. 모자보건법 등이 모성의 건강보호 등을 규정하고 있다. 예컨대 모자보건법은 그 목적이 「모성의 생명과 건강을 보호하고 건전한 자녀의 출산과 양육을 도모함으로써 국민보건향상에 이바지함을 목적으로 한다.」고 규정하고 있다(모성건강). 둘째, 모성으로 인하여 사회적·경제적 영역에서 불이익을 받는 것을 금지해야 한다. 따라서 모성을 이유로 직장에서의 고용·해고·임금 등 근로조건에 있어 부당한 차별을 하여서는 아니된다(근로조건의 차별금지). 셋째, 모성에 대한 적극적 보호가 필요하다. 헌법 제36조 제2항에서 추구하는 모성보호의 목적 및 그 내용은 그것이 모성에 대한 차별의 철폐에 그치는 것이 아니라 모성에 대한 적극적인 보호와 지원에 있다(모성에 대한 적극적 보호). 근로자로서의 모성의 특별보호에 관해서는 근로기준법 등이 규정하고 있고, 한부모가족이 건강하고 문화적인 생활을 영위할 수 있도록 함으로써 한부모가족의 생활 안정과 복지증진에 이바지함을 목적으로 한 한부모가족지원법(구 모자복지법) 및 모자보건법 등이 있다.[1]

1) 권영성, 헌법학원론, 714면; 양건, 헌법강의, 725면.

제 7 절 국민의 기본적 의무

제 1 항 기본적 의무의 구조와 체계

I. 국민의 기본적 의무의 의의

의무(obligatio; officium)는 권리에 반대되는 개념이며, 객관적 가치질서에 근거를 두며, 명령을 이행하거나 금지를 존중할 구속력을 가지는 요청이다.[1)]

국민의 기본적 의무(Grundpfllcht) 혹은 기본의무라 함은 국민이 일반권력관계(일반권력관계 : 일반 국민이 국가 또는 공공 단체의 명령, 강제 집행 따위의 일반 통치권에 복종하는 관계, 예컨대 국민의 조세납부의무, 국방의 의무의 수행, 경찰권에의 복종의무 = 일반통치관계)의 지위에서 국가구성원으로서 부담하는 갖가지 의무 중에서 특히 헌법이 규정하고 있는 의무를 말한다. 이는 특히 헌법상 부과하는 의무라는 점에서 기본의무라고 부르고 있고,[2)] 헌법상의 의무 또는 공의무라고도 한다.[3)] 국민의 기본적 의무가 강조되는 이유는 국민의 자유와 권리만이 강조되고 의무를 경시하는 경우, 결국 자유와 권리마저 상실하게 되기 때문이다.[4)] 근대국가에서 국민의 의무가 입법사항이 된 것은 영국의 마그나 카르타(Magna Carta)에서 그 기원을 찾을 수 있는바, 국왕의 자의적인 조세징수(대헌장 제12조의 조세동의권 : Steuerbewilligungsrecht)나 강제적인 징병은 의회의 승인을 얻도록 함으로써 비롯되었다. 그 후 프랑스의 인권선언 제12조는 "인간과 시민의 권리의 보장은 공공의 무력을 필요로 한다"고 규정하고, 제13조는 "공공의 무력을 유지하기 위하여 그리고 행정의 비용을 위하여 일반적인 조세는 불가결하다. 이는 모든 시민에게 그들의 능력에 따라 평등하게 배분되어야 한다고 규정하였고,[5)] 1919년 독일의 바이마르헌법(제12조, 제145조, 제163조) 등이 교육을 받게 할 의와 근로의 의무를 규정함으로써 기본적 의무가 헌법규범화되기에 이르렀다.[6)]

---

1) 홍성방, 헌법학, 681면.
2) 양건, 헌법강의, 734면.
3) 권영성, 헌법학원론, 715면.
4) 허영, 한국헌법론, 616면.
5) 양건, 헌법강의, 734면.
6) 권영성, 헌법학원론, 715면.

II. 기본적 의무의 법적 성격

1. 연혁

근대 시민국가적(입헌주의적) 헌법은 자유주의적 · 법치국가적 요청에 따라 납세와 국방의 의무가 주된 내용이었지만, 현대 사회국가 헌법에는 사회국가 내지 복지국가(사회복지국가)의 이념에 따라 고전적 의무인 납세 · 국방의 의무 이외에, 그 보호하고 있는 자녀에게 교육을 받게 할 의무 · 근로의 의무 · 환경보전의 의무 등이 추가되었다.[1]

근대 입헌군주국가의 헌법에 있어서 납세 및 국방의 의무에 관한 조항은 군주에 의한 자의적인 과세나 강제적 징병으로부터 국민의 재산과 신체의 자유를 보장하기 위하여 국민의 자유와 권리를 제약할 수 있는 경우를 헌법에 열거한 것으로서, 국가권력의 남용을 방지하고 국가권력의 발동을 제한한다는 의미를 가졌었다. 그러나 민주국가의 헌법에 있어서 납세 및 국방의 의무에 관한 조항은 국가권력을 억제하고 제한한다는 소극적인 의미 이외에도, 주권자로서의 국민이 스스로 국가의 존립과 안전을 위하여 병력을 유지하고 국가재정을 위하여 조세를 납부한다는 적극적 의미를 동시에 가지고 있다. 특히 20세기 헌법에서 볼 수 있는 근로의 의무 · 교육을 받게 할 의무 등은 사회국가 · 문화국가의 이념을 구현하고 국민의 생존을 확보하기 위한 사회적 기본권을 실질화한다는 의미를 가지고 있다.[2]

2. 국민의 의무

국민의 기본적 의무가 기본적 인권에 대응하는 전국가적 '인간의 의무(국민의 무제한적 의무 · 외국인도 포함되는 의무)'를 의미하는가 아니면 '국민의 의무(한정적 의무 · 외국인은 포함하지 않는 의무)'인가가 문제되고 있다. 독일기본법 제6조 제2항과 같은 명문의 규정이 있는 경우를 제외하고는 그것은 전국가적 인간의 의무라고 할 수는 없다. 왜냐하면 기본적 의무가 전국가적인 인간의 의무라고 한다면, 이는 기본적 인권이 원칙적으로 무제한의 권리를 의미하는 것처럼 무제한의 의무를 지는 것이 되며, 무제한의 의무는 결국 헌법국가와 법치국가의 원리에 모순되기 때문이다. <u>국민의 의무는 헌법과 법률에서 의무로 규정된 것만이 법적 의무이고, 기본적 의무라고 하는 것도 국가적 공동체를 형성하고 유지하기 위한 국민의 실정법상의 의무를 의미할 뿐이다(다수설).</u>[3] 또한 헌법이 국민의 의무를 법률로써 규정하도록 하고 있는 경우에도, 법률이 인간의 존엄과 가치 · 평등의 원칙 · 법치주의 등 헌법상의 원리들에 위배될 경우에는 위헌법률 임을 면할 수 없다.[4]

---

1) 권영성, 헌법학원론, 715면.
2) 권영성, 헌법학원론, 715면.
3) 권영성, 헌법학원론, 715면; 양건, 헌법강의, 735면; 홍성방, 헌법학, 685면.

또한 국민의 기본적 의무의 이행이 국민의 기본권 행사를 위한 반대급부로 이정된 것도 아니며,[1] 기본의무의 부과는 기본권제한의 의미를 지니므로 최소침해의 원칙이 적용되어야 하며, 따라서 기본권제한에 있어서 구체적으로 적용되는 원칙 들(법률의 명확성의 원칙, 평등의 원칙, 비례의 원칙 등)이 준수되어야 한다.[2]

헌재결 2006. 6. 29, 2002헌바80 【구 법인세법 제41조 제14항 위헌소원 등】 최소침해 원칙의 판단방법

어떤 법률의 입법목적이 정당하고 그 목적을 달성하기 위해 국민에게 의무를 부과하고 그 불이행에 대해 제재를 가하는 것이 적합하다고 하더라도 입법자가 그러한 수단을 선택하지 아니하고도 보다 덜 제한적인 방법을 선택하거나, 아예 국민에게 의무를 부과하지 아니하고도 그 목적을 실현할 수 있음에도 불구하고 국민에게 의무를 부과하고 그 의무를 강제하기 위하여 그 불이행에 대해 제재를 가한다면 이는 과잉금지원칙의 한 요소인 "최소침해성의 원칙"에 위배된다.

3. 외국인 · 무국적자의 경우

외국인 · 무국적자의 경우도 대한민국의 영토 내에 거주하는 한 대한민국의 영토고권 및 통치권에 근거하여 일정한 법적 의무를 지닐 수 있다(환경보전의무 · 세금납부의무 · 공과금의 납부). 그러나 이는 어디까지나 법률이나 조례에 근거한 의무이지 헌법에 근거한 의무는 아니다. 또한 대한민국에 거주하고 있는 외국인이나 무국적자 등에게도 민방위훈련 등과 같은 방공(防空)훈련시에 일정한 행위에 대하여 제한을 가하는 경우가 있으나, 이는 헌법상의 국방의 의무가 아니고, 속지주의에 따라 법률에 의하여 부과되는 행위의무이다.[3]

III. 기본적 의무의 유형

1. 개관

국민의 기본적 의무는 (ㄱ) 국가적 성격을 기준으로 하여 근대 입헌주의헌법에서 볼 수 있는 <u>고전적 의무</u>(국방의 의무, 납세의 의무)와 현대 사회국가헌법에서 추가된 사회국가적 의무(교육의 의무, 근로의 의무, 환경보전의무, 재산권행사의 공공복리적합의무),[4]

---

4) 권영성, 헌법학원론, 716면.

1) 헌재결 2007. 6. 28, 2004헌마644 【공직선거및선거부정방지법 제15조 제2항 등 위헌확인】

2) 양건, 헌법강의, 735면.

3) 정종섭, 헌법학원론, 단락번호 [363]

(ㄴ) 의무의 성질을 기준으로 하여 양도·상속·이전이 불가능한 일신전속적 의무와 대체가 가능한 대체적 의무(일신전속적 의무·대체적 의무), (ㄷ) 강제성 여부를 기준으로 하여 윤리적 의무와 법적 의무로 나눌 수 있다(윤리적 의무·법적 의무).[1]

2. 의무의 유형

2.1. 헌법상의 의무

헌법은 국민의 기본적 의무로서 제38조에서 납세의 의무를, 제39조 제1항에서 국방의 의무를, 제31조 제2항에서 교육을 받게 할 의무를, 제32조 제2항에서 근로의 의무를, 제35조 제1항에서 환경보전의무를 규정하고 있다.[2] 일반적으로 헌법에서 특별히 정하고 있지 않는 한 헌법상의 의무는 그 나라의 국적을 보유한 국민(내국인)만을 의미한다. 따라서 현행 헌법에서 규정하고 있는 헌법상의 의무는 국민의 의무이며, 누구에게나 인정되는 인간의 의무는 아니다.[3]

2.2. 일반적 의무(헌법에 명시되지 않은 의무)

기본적 의무가 전국가적인 인간의 의무는 아니지만, 헌법에 규정된 의무는 예시적인 것으로 보아, 헌법에의 규정 여부와 관계없이 일반적으로 부담하는 의무가 있다. 조국에 대한 충성의 의무, 헌법옹호·준수의 의무, 법률 및 법령 등의 의무 등이 그것이다. 이러한 의무는 국민이 부담하는 의무로서 자명한 것이기 때문에 헌법이 이를 구태여 명문으로 규정하지는 않은 것이다. 다만 이러한 의무가 법적 의무냐 윤리적 의무냐 하는 점에 있어서 다툼이 있지만, 조국에 대한 충성의 의무와 헌법옹호·준수의 의무는 윤리적 의무이며, 법률준수의 의무는 법적 의무로 본다.[4]

---

4) 양건, 헌법강의, 735면.

1) 권영성, 헌법학원론, 716면.

2) 이에 대하여 "헌법 제35조 제1항에서 정하고 있는 「국민은 환경보전에 노력하여야 한다」라는 규정을 국민의 의무로 보는 견해가 있으나, 이는 국가가 국민에게 일방적으로 명령·강제하고 그 범위내에서는 기본권보장을 배제하는 효력을 지니는 것은 아니므로 국민의 의무로 인정하기는 어렵다. 국민이 노력하여야 할 것은 환경보전의 노력뿐만 아니라, 문화유산의 보전·생태계보전 등도 국민이 노력해야할 대상이기 때문"(정종섭, 헌법학원론, 단락번호 [362])라는 견해가 있다.

3) 정종섭, 헌법학원론, 단락번호 [363]

4) 권영성, 헌법학원론, 717면.

제 2 항 납세의 의무

I. 납세의무의 의의

납세라 함은 조세의 납부를 말한다. 헌법 제38조는 「모든 국민은 법률이 정하는 바에 의하여 납세의 의무를 진다」라고 하여 국민의 납세의무를 규정하고 있다. 납세의 의무는 국가의 존속과 활동을 위한 재정적 기초를 마련하기 위하여 국민에 경제적인 기여를 할 의무를 부여하고 있는 것이다.[1] 납세의 의무는 국방의 의무와 함께 국민이 국가에 대하여 지는 고전적 의무이며, 근대헌법 이래 국민의 2대의무로 간주되고 있다. 조세는 국가재정수입의 주 원천으로서 국가(국세) 또는 지방자치단체(지방세) 등 공권력의 주체가 그 과세권에 의하여 재정조달의 목적으로 반대급부 없이 일반국민으로부터 강제적으로 부과 · 징수하는 과징금을 말한다.[2]

납세의 의무는 1789년의 프랑스인권선언을 그대로 수용한 1791년 프랑스헌법에서 최초로 규정한 것으로 알려져 있고,[3] 우리나라에서의 납세의무는 1948년 건국헌법에서부터 규정된 것이다.

[조세의 개념적 요소]
- 국가(국세) 또는 지방자치단체(지방세) 등 공권력의 주체가 국민에게 부과 · 징수
- 반대급부없이 부과 · 징수
- 일반국민으로부터 부과 · 징수
- 공권력(과세권)을 발동하여 강제적으로 부과 · 징수

II. 납세의무의 주체

납세의무의 주체(납세의무자)는 원칙적으로 국민이다. 이때의 국민중에는 자연인뿐만 아니라 법인도 포함된다.[4] 그러나 납세의무에 대응하는 과세권은 국가통치권의 일부(속지주의에 의거한 과세고권)이기 때문에, 외국인도 국내에 재산을 소유하고 있거나 과세대상

1) 장영수, 헌법학, 916면.
2) 헌재결 1991. 11. 25, 91헌가6 【지방세법 제31조에 대한 위헌심판】
3) 홍성방, 헌법학, 692면.
4) 홍성방, 헌법학, 692면.

이 되는 영업 기타의 행위를 한 경우에는 과세대상이 될 수 있다.[1] 다만 외교특권(치외법권)을 누리는 자나 조약에 따라 납세의무가 면제된 자는 당연히 납세의무가 없다.[2]

III. 납세의무의 법적 성격

납세의무는 국민이 스스로 국가 공동체의 재정력을 형성한다는 적극적 성격 외에 자의적 과세로부터 재산권을 침해당하지 아니한다(조세법률주의)는 소극적 성격을 아울러 가지고 있다.[3]

IV. 납세의무의 내용

1. 조세법률주의

조세는 법률에 의한 과세(조세법률주의)를 내용으로 하는 것이라야 한다. 헌법 제38조와 제59조의 조세법률주의는 조세징수로부터 국민의 재산권을 보호하고 법적 생활의 안정을 도모하려는 것을 목적으로 하는 것으로서 과세요건법정주의 · 과세요건명확주의 · 소급과세금지의 원칙[4] 등을 그 핵심내용으로 한다.[5]

헌재결 1995. 2. 23, 93헌바48 【구 조세감면규제법 제66조의3 위헌소원】

「조세법률주의는 조세평등주의와 함께 조세법의 기본원칙으로서, 과세요건법률주의와 과세요건명확주의를 그 핵심내용으로 하고 있고, 과세요건명확주의는 과세요건과 절차 및 그 법률효과를 규정한 법률규정은 명확하여야 한다. 다만 법률은 일반성, 추상성을 가지는

---

1) 홍성방, 헌법학, 692면.

2) 권영성, 헌법학원론, 718면; 홍성방, 헌법학, 692면.

3) 권영성, 헌법학원론, 718면.

4) 헌재결 2004. 7. 15, 2002헌바63 【구상속세법부칙제3조위헌소원】 우리 헌법 제38조는 모든 국민은 법률이 정하는 바에 의하여 납세의무를 진다고 규정하는 한편, 헌법 제59조는 조세의 종목과 세율은 법률로 정한다고 규정하여, 조세법률주의를 선언하고 있는데, 이는 납세의무가 존재하지 않았던 과거에 소급하여 과세하는 입법을 금지하는 원칙을 포함하며, 이러한 소급입법 과세금지원칙은 조세법률관계에 있어서 법적 안정성을 보장하고 납세자의 신뢰이익의 보호에 기여한다.

5) 권영성, 헌법학원론, 719면; 양건, 헌법강의, 736면; 이준일, 헌법학강의, 단락번호 [4.11.7]; 홍성방, 헌법학, 693면.

것으로서 법률규정에는 항상 법관의 법보충작용으로서의 해석의 여지가 있으므로, 조세법규가 당해 조세법의 일반이론이나 그 체계 및 입법취지 등에 비추어 그 의미가 분명해질 수 있다면 명확성을 결여하였다고 하여 위헌이라고 할 수는 없다」.[1]

「핵심내용」

과세요건법정주의: 조세의 부과는 결과적으로 국민의 재산권을 침해하는 것이 되기 때문에 납세의무자 · 과세물건 · 과세표준 · 과세기간 · 세율 등의 과세요건과 조세의 부과 · 징수절차를 모두 국민의 대표기관인 국회가 제정한 법률(형식적 의미의 법률)로 규정하여야 한다는 원칙.[2]

과세요건명확주의: 과세요건을 법률로 규정하였다고 하더라도 그 규정내용이 지나치게 추상적이고 불명확하면 과세관청의 자의적인 해석과 집행을 초래할 염려가 있으므로 그 규정 내용이 구체적이고 명확하고 일의적(一義的)이어야 한다는 원칙.[3]

소급과세금지의 원칙: 조세를 납부할 의무가 성립한 소득 · 수익 · 재산 · 행위 또는 거래에 대하여 그 성립 후의 새로운 세법에 의하여 소급하여 과세하지 않는다는 원칙

<사례>

A도지사는 세법에 따라 특정 무역에 종사하는 B에게 부가세를 부과할 수 있는 권한행정청이다. 그런데 A도지사는 부가세의 부과처분은 원가상승을 가져오고 원가상승은 수출경쟁력의 약화를 가져온다고 판단하여 4년 6개월동안 부가세를 부과하지 아니하였다. 이에 따라 B도 물품의 가격책정에 부가세를 고려하지 아니하였다. 그런데 최근에 도세가 잘 거두어지지 아니하자 A도지사는 세법에 따라 B에게 지난 4년분의 부과세를 소급하여 부과하였다. A도지사의 부가세의 부과처분은 내용상 적법한가?

---

1) 동지의 판례: 헌재결 1995. 10. 26, 94헌마242 **【부산직할시검인계약서제도실시에따른시세불균일과세에관한조례 제2조 등 위헌확인】** 조세법률주의의 이념은 과세요건을 법률로 명확하게 규정하여 국민의 재산권을 보호함은 물론 국민생활의 법적안정성과 예측가능성을 보장하기 위한 것이므로, 그 핵심 내용은 과세요건법정주의와 과세요건명확주의이다. 과세요건법정주의는 "조세는 국민의 재산권을 침해하는 것이 되기 때문에 납세의무를 발생하게 하는 납세의무자 · 과세물건 · 과세표준 · 과세기간 · 세율 등 과세요건과 조세의 부과 · 징수절차를 모두 국민의 대표기관인 국회가 제정한 법률로써 규정하여야 한다"는 원칙을 말하며(헌법재판소 1989.7.21. 선고, 89헌마38 결정 등 참조), 과세요건명확주의는 과세요건에 관한 법률규정의 내용이 지나치게 추상적이거나 불명확하면 이에 대한 과세관청의 자의적인 해석과 집행을 초래할 염려가 있으므로 그 규정내용이 명확하고 일의적이어야 한다는 것을 의미한다(헌법재판소 1992.12.24. 선고, 90헌마21 결정 등 참조).

2) 이준일, 헌법학강의, 단락번호 [4.11.7].

3) 조세법규의 해석에 있어 유추해석이나 확장해석은 허용되지 아니하고 엄격히 해석하여야 하는 것은 조세법률주의에 비추어 당연한 것이다(헌재결 1996. 8. 29, 95헌바41).

[참고조문]

행정절차법 제4조(신의성실 및 신뢰보호) ② 행정청은 법령 등의 해석 또는 행정청의 관행이 일반적으로 국민들에게 받아들여진 때에는 공익 또는 제3자의 정당한 이익을 현저히 해할 우려가 있는 경우를 제외하고는 새로운 해석 또는 관행에 의하여 소급하여 불리하게 처리하여서는 아니 된다. ☜ 신뢰보호의 원칙

국세기본법 제18조(세법해석의 기준, 소급과세의 금지) ③ 세법의 해석 또는 국세행정의 관행이 일반적으로 납세자에게 받아들여진 후에는 그 해석 또는 관행에 의한 행위 또는 계산은 정당한 것으로 보며, 새로운 해석 또는 관행에 의하여 소급하여 과세되지 아니한다. ☜ **신뢰보호의 원칙**

<해설>

과세처분이 법령에서 예정된 시기 이후 상당한 기간이 경과한 후에 이루어진 경우에도 적법한가, 즉 상당한 기간이 경과하여서 과세처분이 없을 것이라 믿은 사인은 보호받을 수 없는가 하는 문제가 발생한다. 이는 행정의 법률적합성의 원칙(법치행정의 원리)과의 관계에서 신뢰보호의 원칙의 적용문제이다. 국세기본법 제18조 제3항의 경우 신뢰보호의 원칙과 관련하여 그 적용요건인 '국세행정의 관행' 개념의 해석과 관련하여 문제 된다. 즉 과세관청이 과세여부에 대한 명확한 의사표시 없이 상당한 기간 동안이나 과세하지 않고 있다가 새로운 해석을 내려 소급하여 과세하였을 경우에, 이전에 과세하지 않은 것이 단순한 과세누락인가 또는 비과세의 관행인가 하는 점이 문제된다.

이 경우 신뢰보호원칙이 적용되기 위한 요건으로서는 첫째, 과세관청이 과세할 수 있는 사정을 알고 있으면서도 과세하지 않았다는 요건이 충족되어야 하며,[1] 둘째, 비과세의 관행을 인정하기 위하여 과세관청의 '과세하지 않겠다는 명시적인 언동이 필요한가' 하는 점이다. 1984년 대법원 판결부터 비과세의 관행이 성립하기 위하여 과세관청의 비과세를 시사하는 언동이 있어야 하지만 과세관청의 언동은 반드시 명시적인 것이어야만 하는 것은 아니고 묵시적인 의향표시가 있는 것으로 볼 수 있는 것이면 충분한 것이라고 하였다. 다만 묵시적 표시가 있다고 하기 위해서는, 단순한 과세누락과는 달리 과세관청이 상당기간의 비과세상태에 대하여 과세하지 않겠다는 의사표시를 한 것으로 볼 수 있는 사정이 있어야 한다고 하였다.[2]

따라서 과세요건법정주의 · 과세요건명확주의 · 소급과세금지의 원칙 · 실질과세의 원칙 · 납세자권리보호의 원칙 등을 그 내용으로 하는 조세법률주의를 무시한 국가의 자의적

1) 왜냐하면 과세관청이 과세요건의 충족사실을 알지 못했기 때문에 과세하지 않았다면 이러한 사정은 과세누락으로 평가하여야 하며, 이때에는 신뢰보호의 원칙을 주장할 수 있는 비과세관행이라고 볼 수 없을 것이기 때문이다.

2) 대판 1984. 12. 26, 81누266; 대판 1995. 10. 12, 95누9815; 대판 1995. 4. 21, 94누6574; 대판 1995. 2. 14, 94누12951; 대판 1995. 2. 3, 94누11750 등).

인 과세권행사는 헌법 제23조 제1항이 보장하는 국민의 재산권을 침해하는 것이 된다.[1)]

소급과세금지의 원칙은 신뢰보호의 원칙과 법치국가원리로부터 파생되는 헌법원칙이다. 다만 헌법재판소는 법률의 제정이나 개정으로 야기되는 당사자의 손해와 새로운 입법으로 달성하고자 하는 공익과 비교하여 공익이 당사자의 신뢰를 파괴할 수 있을 정도로 우월한 경우에는 신로보호의 원칙보다 새로운 입법이 허용된다고 본다.[2)] 특히 조세법 영역에서는 국가가 조세 및 재정정책을 수립함에 있어서 이를 탄력적으로 운영할 수밖에 없다는 점에서 납세의무자가 구법질서에 의거한 신뢰를 바탕으로 하여 적극적으로 새로운 법률관계를 형성하는 등의 특별한 사정이 없는 한 원칙적으로 세율 등 현재의 세법이 변함없이 유지되리라고 기대하거나 신뢰할 수는 없을 것이다.[3)][4)]

<u>조세법률주의의 그 밖의 내용으로는 엄격해석의 원칙 · 실질과세의 원칙 및 납세자의 권리보호원칙 등을 들 수 있다</u>. 요컨대 조세법률주의는 과세요건이 법률로 명확히 규정되어야 한다는 것만을 요구하는 것이 아니고, 조세법의 목적이나 내용이 기본권보장이라는 헌법이념과 이를 뒷받침하는 헌법상의 원칙들에 합치할 것을 요구하는 것이다.[5)]

<문제>

지방자치법 제126조는 "지방자치단체는 법률이 정하는 바에 의하여 지방세를 부과 · 징수할 수 있다"라고 하고, 지방세법 제3조는 지방세의 부과와 징수에 관하여 필요한 사항은 지방자치단체가 "조례"로써 정하도록 하고 있다. 이렇게 <u>지방세법이 지방세의 부과와 징수에 관하여 필요한 사항을 조례로 정할 수 있도록 한 것은 조세법률주의에 위반되는 것이 아닌가</u>?

<해설>

지방세법이 지방세의 부과와 징수에 관하여 필요한 사항을 조례로 정할 수 있도록 한 것은 지방세법이 그 규율대상의 성질상 어느 정도 요강적 성격(要綱的 性格)을 띨 수밖에 없기 때문이라고 해석된다. 왜냐하면 비록 국민의 재산권에 중대한 영향을 미치는 지방세에 관한 것이라 하더라도 중앙정부가 모든 것을 획일적으로 확정하는 것은 지방자치제도의 본래의 취지를 살릴 수 없기 때문이다. 더구나 지방세법의 규정에 의거하여 제정되는

---

1) 권영성, 헌법학원론, 563면.

2) 헌재결 1995. 6. 29, 94헌바39; 헌재결 2001. 2. 22, 98헌바19; 헌재결 2001. 4. 26; 헌재결 2003. 4. 24, 2002헌바9.

3) 헌재결 1998. 11. 26, 97헌바58; 헌재결 2002. 2. 28, 99헌바4; 헌재결 2003. 4. 24, 2002헌바9; 헌재결 2003. 6. 26, 2000헌바82.

4) 이준일, 헌법학강의, 단락번호 [4.11.10].

5) 헌재결 1997. 7. 16, 96헌바36 내지 49(병합); 헌재결 1992. 2. 25, 90헌가5, 헌재결 91헌가5; 헌재결 90헌바3(병합).

지방세부과에 관한 조례는 주민의 대표로 구성되는 지방의회의 의결을 거치도록 되어 있으므로 법률이 조례로써 과세요건 등을 확정할 수 있도록 조세입법권을 부분적으로 지방자치단체에 위임하였다고 하더라도 조세법률주의의 바탕이 되고 있는, "대표 없이는 조세 없다"는 사상에 반하는 것도 아니다. 그렇다면 지방세법 제7조 제2항이 조세법률주의에 반하여 위헌이라거나, 포괄적 위임입법의 원칙에 반하여 위헌이라고 볼 수 없다. 따라서 조례 역시 조세법률주의에 반한다거나 법률이 위임한 범위를 벗어나 헌법에 위한된다고 할 수 없다.[1]

2. 조세평등주의

납세의무는 개인의 경제력에 따른 공정하고 평등한 과세(조세평등주의)이어야 한다. 조세평등주의는 조세의 부과, 징수에 관하여 헌법 제11조 제1항에 의한 평등의 원칙 또는 차별금지의 원칙을 조세법적으로 표현한 것이며,[2] 이는 조세법의 입법과정이나 집행과정에서 조세정의를 실현하려는 것이다.[3] 조세평등의 원칙은 조세의 부담은 국민들 사이에 공평하게 배분되도록 법을 제정하여야 하고(조세입법평등주의) 조세법의 해석 및 그 적용에 있어서도 모든 국민에게 평등하게 적용되도록 한다는 원칙이다.[4] 조세평등주의는 공평부담의 원칙이라고도 한다.[5]

헌재결 1990. 9. 3, 89헌가95 【국세기본법 제35조 제1항 제3호의 위헌심판】

우리 헌법은 국민주권주의와 국민의 기본권보장차원에서 조세의 부과징수에 있어서는 반드시 법률적 근거를 필요로 하게하고(조세의 합법률성의 원칙) 아울러 조세관계법률의 내용이 형평의 원칙 내지 평등의 원칙에 합당하여 조세의 부과징수대상자로서의 국민이 합리적 기준에 의하여 평등하게 처리되도록 하고 있으니(조세의 형평성의 원칙) 헌법전문, 제1조, 제10조, 제11조 제1항, 제23조 제1항, 제38조, 제59조가 그 근거이다.[6]

헌재결 1995. 6. 29, 94헌바39 【구 조세감면규제법 제88조의2 위헌소원】 조세평등주의

헌법 제38조에 규정된 국민의 납세의무는 조세공평주의에 따라 개인의 재력에 상응한 공정하고 평등한 과세를 내용으로 하는 것이어야 한다. 조세공평주의는 헌법 제11조 제1항이 규정하고 있는 법앞에 평등의 원칙을 세법의 영역에서 구현한 것으로서 정의의 이념에 따라 '평등한 것을 평등하게, 불평등한 것을 불평등하게' 취급함으로써 조세의 부과와

---

1) 헌재결 1995. 10. 26, 94헌마242 【부산직할시검인계약서제도실시에따른시세불균일과세에관한조례 제2조 등 위헌확인】
2) 헌재결 1997. 8. 21, 97헌바24 【토지초과이득세법 제8조 제3항 위헌소원】
3) 권영성, 헌법학원론, 718면.
4) 권영성, 헌법학원론, 718면.
5) 양건, 헌법강의, 738면.
6) 同旨 헌재결 1991. 11. 25, 91헌가6 【지방세법 제31조에 대한 위헌심판】

징수과정에서 조세정의를 실현하려는 원칙이다. 이러한 조세공평주의의 원칙에 따라 과세는 개인의 경제적 급부능력을 고려한 것이어야 하고, 동일한 담세능력자에 대하여는 원칙적으로 평등한 과세가 있어야 한다(담세능력 존중의 원칙). 또 나아가 특정의 납세의무자를 불리하게 차별하는 것이 금지될 뿐 아니라 합리적 이유 없이 특별한 이익을 주는 것도 허용되지 아니한다. 조세란 공공경비를 국민에게 강제적으로 배분하는 것으로서 납세의무자 상호간에는 조세의 전가관계가 있으므로 특정인이나 특정계층에 대하여 정당한 이유 없이 면세·감세 등의 조세우대조치를 하는 것은 다른 납세자에게 그만큼 과중과세를 하는 결과가 되기 때문이다.

구체적인 조세관계에서 납세자들을 동일하게 대우할 것인지 혹은 달리 대우할 것인지의 문제는 입법자가 우선적으로 결정하게 된다. 그런데 이러한 결정을 함에 있어서 입법자는 그 조세관계에서 고려하여야 할 제반 요소들을 교량하여 이에 적합한 합리적 조치를 하여야만 평등의 원칙에 부합할 수 있다. 입법자는 조세법의 분야에서도 광범위한 형성의 자유를 가지며 예컨대 재정정책적, 국민경제적, 사회정책적, 조세기술적 제반 요소들에 대한 교량을 할 수 있는 것이나, 다만 납세의무자들간에 차별 혹은 동등대우를 함에 있어서 합리적인 이유가 없고 정의의 관념에 합치할 수 없는 조치를 하였다고 인정될 때에는 조세공평주의에 반하여 위헌이 된다고 할 것이다

또한 과세는 담세능력의 원칙에 따라 개인의 담세능력을 고려한 것이어야 하고(응능부담의 원칙), 동일한 소득은 원칙적으로 동일하게 과세될 것을 요청하며(이른바 '수평적 조세정의')일한 담세능력자에 대해서는 동일한(평등과세) 과세가 부과되어야 한다. 특정인 또는 특정계층에 대하여 정당한 사유[1])없이 면세·감세[2]) 또는 과중과세를 하는 것은 용납되지 아니한다.[3])

1) 대판 2000. 10. 27, 2000도2858 【조세범처벌법위반】 조세범처벌법 제10조에서 말하는 정당한 사유라 함은 천재·지변·화재·전화 기타 재해를 입거나 도난을 당하는 등 납세자가 마음대로 할 수 없는 사유는 물론 납세자 또는 그 동거가족의 질병, 납세자의 파산선고, 납세자 재산의 경매개시 등 납세자의 경제적 사정으로 사실상 납세가 곤란한 사유도 포함한다 할 것이고, 나아가 그 정당 사유의 유무를 판단함에 있어서는 그 처벌의 입법 취지를 충분히 고려하면서 체납의 경위, 체납액 및 기간 등을 아울러 참작하여 구체적인 사안에 따라 개별적으로 판단하여야 할 것이며, 정당한 사유가 없다는 점에 대한 입증책임은 검사에게 있다.

2) 조세감면의 우대조치는 조세평등주의에 반하고 국가나 지방자치단체의 재원의 포기이기도 하여 가급적 억제되어야 하고 그 범위를 확대하는 것은 결코 바람직하지 못하므로 특히 정책목표달성에 필요한 경우에 그 면제혜택을 받는 자의 요건을 엄격히 하여 극히 한정된 범위 내에서 예외적으로 허용되어야 한다(헌재결 1996. 6. 29, 93헌바2).

3) 헌재결 1995. 6. 29, 94헌바39, 구 조세감면규제법 제88조의2 위헌소원; 권영성, 헌법학원론, 719면; 이준일, 헌법학강의, 단락번호 [4.11.8].

헌재결 1999. 11. 25, 98헌마55 【금융실명거래및비밀보장에관한법률부칙제12조위헌확인】

조세평등주의가 요구하는 담세능력에 따른 과세의 원칙(또는 응능부담의 원칙)은 한편으로 동일한 소득은 원칙적으로 동일하게 과세될 것을 요청하며(이른바 '수평적 조세정의'), 다른 한편으로 소득이 다른 사람들간의 공평한 조세부담의 배분을 요청한다(이른바 '수직적 조세정의'). 담세능력의 원칙은 소득이 많으면 그에 상응하여 많이 과세되어야 한다는 것, 즉 담세능력이 큰 자는 담세능력이 작은 자에 비하여 더 많은 세금을 낼 것과, 최저생계를 위하여 필요한 경비는 과세로부터 제외되어야 한다는 최저생계를 위한 공제를 요청할 뿐 입법자로 하여금 소득세법에 있어서 반드시 누진세율을 도입할 것까지 요구하는 것은 아니다. 소득에 단순비례하여 과세할 것인지 아니면 누진적으로 과세할 것인지는 입법자의 정책적 결정에 맡겨져 있다. 그러므로 이 사건 법률조항이 소득계층에 관계없이 동일한 세율을 적용한다고 하여 담세능력의 원칙에 어긋나는 것이라 할 수 없다.

제 3 항 국방의 의무

I. 국방의 의무의 의의

국방의 의무라 함은 외부의 침략행위로부터 국가의 독립을 유지하고 영토의 완전성을 보전하기 위한 국가방위의 의무를 말한다. 헌법 제39조 제1항은 「모든 국민은 법률이 정하는 바에 의하여 국방의 의무를 진다」라고 하여 국민의 국방의 의무를 규정하고 있다. 국방의 의무와 관련한 기본적인 법률이 병역법이다. 국방의 의무와 관련하여 동조 제2항은 「누구든지 병역 의무의 이행으로 인하여 불이익한 처우를 받지 아니한다」라고 하고 있다. 국방의 의무는 1948년 건국헌법에서부터 규정된 것이다.

국방의 의무는 병역의 의무, 방공이나 방첩의 의무, 군사 작전에 협력할 의무, 군(軍)의 노무동원에 응할 의무 등을 말한다. 국방의 의무는 국민이 일반통치권에 복종하는 관계인 일반권력관계를 근거로 하여 성립한다. 국방의 의무는 납세의 의무와는 달리 타인에 의한 대체적 이행이 불가능하다(비대체적 작위의무).[1]

II. 국방의 의무의 주체

국방의 의무의 주체는 원칙적으로 국가구성원인 자국민이다. 다만 방공의 의무는 외국인도 부담한다. 국방의 의무는 직접적 병역의무와 간접적 병역의무가 있다. 직접적인 병역의무는 병역법에 의한 징집대상자인 대한민국 남성만이 부담하지만,[2][3] 간접적 병역의무는 남녀를 불문하고 모든 국민이 부담한다.[4]

대판 1974. 8. 20, 73누248 【과태료부과처분취소】
대한민국국적으로 외국의 영주권을 얻은 자는 본적지 병무청장의 병역면제처분을 기다

---

1) 권영성, 헌법학원론, 720면.
2) 계속 복무하기를 원하는 여자 단기하사관을 의무복무기간이 지났다고 하여 전역지원서를 제출하게 하고 그에 따라 강제로 전역처분한 것은 무효이다(대판 1993. 3. 24, 92구22253).
3) 미국의 경우 여성에 대한 병역면제를 합헌으로 보았다(Rostker v. Goldberg, 1981); 양건, 헌법강의, 742면.
4) 권영성, 헌법학원론, 720면; 양건, 헌법강의, 741면.

릴 것 없이 당연히 병역이 면제된다.

III. 국방의 의무의 내용

1. 병역형성의 의무

국방의 의무는 외부적대세력의 직·간접적인 침입으로부터 국가를 보위하여 주권을 수호하고, 정치적 독립성과 영토보전을 완전하게 하는 국토방위의무를 말한다. 국방의 의무는 병역의 의무를 직접적(적극적)·간접적(소극적)으로 이행하는 것을 말한다. 현대전은 국가총력전으로서 전투에 임하는 직접적인 병력뿐만 아니라 간접적인 전투지원 병력도 필요하다. 따라서 국방의 의무는 법률이 정하는 바에 따라 적극적으로 국군의 구성원이 되어야 하는 '적극적 의무(직접적 의무)'와 '소극적 의무(간접적 의무)'가 있다. 국방을 위한 직접적(적극적)인 병역의무는 병역법에 따른 징집에 응할 의무를 말하며, 징집연령에 달한 자는 누구나(국민개병주의) 병역법에 따른 병역의무를 진다. 그러나 간접적(소극적)인 병역의무(병력형성의무)는 향토예비군설치법에 의한 예비군복무의무, 민방위기본법에 의한 민방위응소의무, 전시근로동원법에 의한 전투부대에 대한 군수품지원을 위한 노력동원 의무, 비상대비자원관리법에 의한 훈련에 응할 의무[1] 및 국토방위를 위하여 군작전명령에 복종하고, 군사상 불가피한 재산권의 사용·수용·제한 및 거주·이전 등의 제한을 받을 의무를 말한다.[2]

그러므로 헌법 제39조 제1항의 국방의 의무에는 병역법에 의한 군복무의무뿐만 아니라 향토예비군설치법에 의한 예비군복무의무, 민방위기본법에 의한 방공·응급적 방재·구조·복구 및 노력지원, 전시근로동원법에 의한 전투부대에 대한 군수품지원을 위한 노력동원의무 등이 포함된다(통설·판례).

헌재결 2002.11.28, 2002헌바45 【구 병역법 제71조 제1항 단서 위헌소원】 국방의 의무의 내용

국방의 의무는 외부 적대세력의 직·간접적인 침략행위로부터 국가의 독립을 유지하고 영토를 보전하기 위한 의무로서, 현대전이 고도의 과학기술과 정보를 요구하고 국민전체의 협력을 필요로 하는 이른바 총력전인 점에 비추어 ① 단지 병역법에 의하여 군복무에 임하는 등의 직접적인 병력형성의무만을 가리키는 것

1) 권영성, 헌법학원론, 721면.

2) 허영, 한국헌법론, 623면; 이준일, 헌법학강의, 단락번호 [4.11.12].

이 아니라, ② 병역법, 향토예비군설치법, 민방위기본법, 비상대비자원관리법 등에 의한 간접적인 병력형성의무 및, ③ 병력형성이후 군작전명령에 복종하고 협력하여야 할 의무도 포함하는 개념이다.

이와 같이 국방의 의무는 직접·간접의 병력형성의무를 의미한다. 그러나 이 경우도 외국으로부터의 침략이 있거나 예상되는 경우만을 예상한 국방의 의무이며, 침략전쟁을 위한 병역의무는 당연히 금지된다(헌법 제5조 : 침략전쟁의 부인). 또한 국민은 국방의 의무를 지지만, 동시에 신체의 자유와 일반적 행동자유권을 토대로 한 활동의 자유가 보장되기 때문에 국토방위를 명분으로 한 자의적인 징집이나 노동력제공은 금지된다. 국방의 의무는 반드시 법률로써 부과하여야 한다.[1] 다만 예외적으로 국가의 안위에 관한 중대한 교전상태 등이 있는 경우에는 대통령이 헌법 제76조 제2항에 근거하여 법률의 효력을 가지는 긴급명령을 통하여 결정할 수 있다.[2]

2. 불이익처우의 금지

헌법 제39조 제2항은 「누구든지 병역의무의 이행으로 인하여 불이익한 처우를 받지 아니한다」라고 함으로써 국민개병주의(國民皆兵主義)를 실현하고 군복무의식을 고취하려 하고 있다. 이와 관련하여 군법무관이었던 자가 전역후 변호사 개업을 함에 있어서 개업지 제한을 규정한 구변호사법 제10조 제2항이 문제된바 있었는데, 군법무관의 경우에는 제39조 제2항(병역의무의 이행에 따른 불이익처분)에도 위반된다고 판시한 바 있다.[3]

헌재결 1989. 11. 20, 89헌가102 【변호사법 제10조 제2항에 관한 위헌심판】

헌법재판소는 구변호사법 제10조 제2항에 대한 위헌심판에서 「동조항은 … 병역의무의 이행을 위하여 군법무관으로 복무한 후 개업하는 경우에는 병역의무의 이행으로 불이익한 처우를 받게 되어 헌법 제11조 제1항, 제15조, 제37조 제2항, 제39조 제2항에 각 위반된다」라고 하였다.

헌법 제39조 제1항에서 국방의 의무를 국민에게 부과하고 있는 이상 병역법에 따라 군복무를 하는 것은 국민이 마땅히 하여야 할 이른바 신성한 의무를 다 하는 것일 뿐, 그러한 의무를 이행하였다고 하여 이를 특별한 희생으로 보아 일일이 보상하여야 한다고 할 수는 없는 것이므로, 헌법 제39조 제2항은 병역의무를 이행한 사람에게 보상조치를 취하거나

1) 권영성, 헌법학원론, 721면.
2) 헌재결 2002. 11. 28, 2002헌바45 【구 병역법 제71조 제1항 단서 위헌소원】
3) 홍성방, 헌법학, 694면.

특혜를 부여할 의무를 국가에게 지우는 것이 아니라, 법문 그대로 병역의무의 이행을 이유로 불이익한 처우를 하는 것을 금지하고 있을 뿐이다.[1)]

---

1) 헌재결 1999. 12. 23, 98헌마363【제대군인지원에관한법률 제8조 제1항 등 위헌확인】

제 4 항 자녀에게 교육을 받게 할 의무

I. 의의

자녀에게 교육을 받게 할 의무는 친권자 또는 후견인이 그 자녀로 하여금 일정한 연령에 달한 경우 초등교육과 법률이 정하는 교육을 받도록 취학시킬 의무를 말한다.[1] 헌법 제31조 제2항은 「모든 국민은 그 보호하는 자녀에게 적어도 초등교육과 법률이 정하는 교육을 받게 할 의무를 진다」라고 하여 교육을 받게 할 의무를 규정하고 있다. 자녀에게 교육을 받게 할 의무를 둔 취지는 모든 국민으로 하여금 인간다운 생활을 영위하기 위한 필요한 최소한의 교양과 능력을 함양하게 하는 인간다운 생활권을 보장한다는 의미를 지닌 것이며,[2] 또한 이는 현대 헌법국가의 기본원리인 문화국가의 이념을 실현하기 위한 제2세 교육이라는 성격도 가지고 있다. <u>교육을 받게 할 의무는 윤리적 의무가 아닌 법적 의무</u>이므로,[3] 초·중등교육법 제68조 제1항이 (ㄱ) 의무교육 이행의 독려를 받고도 이를 이행하지 아니하는 자, (ㄴ) 의무교육대상자의 의무교육을 방해한 자, (ㄷ) 학생을 취학시키지 아니하거나 등교 및 수업에 지장을 주는 행위를 한 자에 대하여 100만원 이하의 과태료부과처분을 하도록 하였다. 자녀에게 교육을 받게 할 의무는 1962년 헌법에서부터 규정된 것이다.

II. 교육을 받게 할 의무의 주체

교육을 받게 할 의무의 주체는 우리나라의 국민으로서, 교육을 받아야 할 취학아동을 둔 친권자 또는 후견인이다(통설). 국가 또는 지방자치단체를 교육을 받게 할 의무의 주체로 보는 견해도 있지만, 국가나 지방자치단체는 의무교육실시의 주체이며,[4] 동시에 의무교육이 무상제가 되게 할 의무(제31조 제3항)를 지고 있을 따름이다. 즉 헌법 제31조 제3항이 「의무교육은 무상으로 한다」라고 규정하고 있기 때문에 국가 또는 지방자치단체는 '의무교육이 무상제가 되도록 할' 의무를 지고, '교육을 받게 할' 의무의 주체는 학령아동의 보호자인 친권자 또는 후견인이다.[5]

---

1) 홍성방, 헌법학, 695면.
2) 권영성, 헌법학원론, 722면.
3) 허영, 한국헌법론, 624면; 권영성, 헌법학원론, 722면; 홍성방, 헌법학, 696면.
4) 권영성, 헌법학원론, 723면.

III. 교육을 받게 할 의무의 내용

교육을 받게 할 의무는 학령아동을 가진 친권자 또는 후견인이 지는 의무로서, 학령아동을 초등교육과 법률이 정하는 교육과정에 취학시키도록 하는 의무를 말한다. 그 의무를 이행하지 아니하는 경우에는 법적 제재가 가해지지만, 예컨대 경제적 사정으로 인하여 공납금 등을 납부하지 아니한다고 하여 친권자나 후견인에게 불이익한 법적 제재를 가할 수는 없다. 왜냐하면 부모나 보호자의 의무는 국가가 이에 상응하는 적절한 교육시설을 마련하는 경우에만 그 실효성을 가지기 때문이며, 헌법 제31조 제3항이 무상의무교육제도를 규정하고 있기 때문에 오히려 국가나 지방자치단체의 의무이행이 선행되어야 하기 때문이다.[1] 따라서 국가와 지방자치단체는 의무교육을 실시하는데 필요한 장소(학교)를 설치하고 운영하여야 하며, 여기에 부수하여 필요한 학습교재와 경비를 부담하여야 한다. 무상의 범위에 관해서는 수업료만이 면제된다는 견해가 있지만 여기에는 수업료면제 이외에 교과서의 무상배부도 포함된다고 본다.[2] 국가적 재정이 허용할 경우에는 그 밖의 학용품을 비롯한 급식도 무상으로 제공하여야 할 것이다(취학필수비무상설). 그러나 사립학교에 입학한 경우에는 무상의 혜택을 포기한 것이므로 수업료징수 등은 허용된다.[3]

---

5) 권영성, 헌법학원론, 723면.
1) 허영, 한국헌법론, 624면.
2) 권영성, 헌법학원론, 723면.
3) 권영성, 헌법학원론, 723면.

제 5 항 근로의 의무

I. 의의

헌법 제32조 제2항은 「모든 국민은 근로의 의무를 진다. 국가는 근로의 의무의 내용과 조건을 민주주의원칙에 따라 법률로 정한다」라고 하여 근로의 의무를 규정하고 있다. 여기서 말하는 근로는 노동과 동일한 개념이다. 역사적으로 근로의 의무를 부과하는 것은 사회주의국가 헌법에서 중시되어온 것이며, 헌법에서 국민에게 근로의 의무를 부과하는 것은 매우 특이한 경우이다.[1] 1919년의 독일 바이마르 헌법은 1917년의 소련헌법의 영향하에 제163조에서 "모든 독일인은 그 정신적 및 육체적 힘을 공공의 복리에 적합하게 활용할 도의상의 의무를 진디(윤리적 의무)"고 규정하였다.[2] 우리나라에서는 바이마르헌법의 영향 아래 1948년 건국헌법에서 인정한 이래 현재까지 규정되었다.

헌법 제32조 제2항에서 말하는 근로의 의무의 법적 성격은 제1설에 의하면 근로의 의무란 국가가 공공필요에 의하여 근로할 것을 명하는 경우에 이에 복종하여야 할 국민의 의무(법적 의무)[3]라고 한다. 제2설은 근로의 의무를 윤리적·도덕적 의무로 보는 견해이다(다수설).[4] 제2설이 타당하다(아래 참조).[5]

따라서 이는 헌법에 규정되어있으나 선언적 의미를 지닌 것에 불과하며 법적 효력을 갖는 것은 아니다.[6]

II. 근로의 의무의 주체

근로의 의무의 주체는 대한민국 국적을 가진 국민이다. 외국인은 근로의 의무의 주체가 될 수 없음은 당연하다.

---

1) 정종섭, 헌법학원론, 단락번호 [365]
2) 양건, 헌법강의, 744면; 장영수, 헌법학, 916면; 이에 반하여 정종섭교수는 1919년의 바이마르 헌법이 최초라고 한다(정종섭, 헌법학원론, 단락번호 [365]).
3) 박일경; 김철수, 헌법학(상), 1439면.
4) 권영성, 헌법학원론, 724면; 허영, 한국헌법론, 625면; 홍성방, 헌법학, 697면.
5) 권영성, 헌법학원론, 724면.
6) 정종섭, 헌법학원론, 단락번호 [365]

III. 근로의 의무의 법적 성격

1. 일반적 상황

근로의 의무의 법적 성격에 관해서는 위에서 언급한 바와 같이 법적 의무설과 윤리적·도덕적 의무설이 대립하고 있다. 생각건대 '근로의 의무의 법적 성격'은 '근로의 권리의 법적 성격'과 대응하여 파악하여야 하고 또한 그 나라의 국가체제(자본주의·사회주의 체제)와 관련하여 이해하여야 한다. 사회주의국가에서는 근로의 권리가 구체적·현실적 권리를 의미하기 때문에, 근로의 의무도 비교적 구체적·현실적 의무를 지닌 것으로 볼 수 있다. 사회주의 국가에서의 근로의 의무의 이행은 곧 개인의 현실적인 생활유지의 전제조건이 된다. 따라서 근로의 의무를 이행하지 아니 할 때에는 최저한의 생활보장을 해주지 아니하며, 인간다운 생활의 보장이 인정되지 아니한다(일을 하지않는 자는 먹지도 말라). 그러나 자본주의국가에서의 '게으름의 자유도 인정되기 때문에' 근로의 의무는 다만 윤리적·도덕적 의미의 성격을 가질 뿐이다.[1] 왜냐하면 현행 헌법에서는 「인간으로서의 존엄과 가치·행복추구권」이 보장되고(제10조), 강제노역이 금지되며(제12조 제1항) 사유재산제를 보장(제23조 제1항)하고 있기 때문이다. 사유재산을 통하여 무노동으로 얻은 과실로써 생활하는 것이 허용되는 것처럼(이자생활 등)처럼, 개인의 직접적인 노동력 제공에 의한 근로생활을 통하지 않고 생활을 영위하는 것도 '허용된 자유'로서 인정되는 것으로 보아야 한다. 따라서 헌법 제32조 제2항의 근로의 의무는 윤리적·도덕적 의무에 해당한다고 보는 것이 타당하며, 이는 헌법 제15조(직업선택의 자유에는 무직업의 자유도 포함되는 것처럼)와도 모순되지 아니한다.[2]

다만 현행 헌법이 사회적 시장경제질서를 골간으로 하고 사회적 법치국가(sozialer Rechtsstaat)를 국가적 이념으로 하고 있음에 비추어, 헌법이 규정하고 있는 근로의무조항은 최소한 근로의 능력이 있으면서도 일하지 아니하는 자(자발적 실업자)에게는 국가가 그에 대하여 실업보험금(실업생계비)의 지급 등을 비롯하여 인간다운 생활 내지는 사회보장적 급부를 국가가 책임지어줄 의무도 지지 아니한다는 소극적 의미만은 내포하고 있는 것으로 보아야 한다.[3]

2. 근로의 의무의 내용과 조건이 법률로써 구체적으로 규정되는 경우

근로의 의무는 프로그램적 규정이기 때문에,[4] 제32조 제2항 후단에 의하여 「근로의

---

1) 권영성, 헌법학원론, 725면; 홍성방, 헌법학, 697면.
2) 권영성, 헌법학원론, 725면.
3) 권영성, 헌법학원론, 725면; 허영, 한국헌법론, 625면; 정종섭, 헌법학원론, 단락번호 [365]

의무의 내용과 조건이 민주주의 원칙에 따라 법률로써 구체적으로 규정」될 경우에는, 근로의 의무는 법적 의무로 될 수 있다.[1] 그러나 이 경우에도 (ㄱ) 그 내용을 법률로써 규정하되(형식적 요건), (ㄴ) 국가비상시 등과 같은 예외적 상황에서만 허용되어야 한다(상황적 요건).[2] 그리고 국가비상시와 같은 특별하고도 긴급한 상황을 제외하고는, (ㄷ) 근로의무에 대하여 다른 것으로 대체이행, 예컨대 금전에 의한 대납(代納)도 가능하도록 해야 하며(대체이행의 허용), (ㄹ) 의무불이행에 대한 제재도 과태료 등과 같은 행정벌(금전벌)에 그쳐야 하고 형벌과 같은 자유형을 부과하지 않는 범위내(형벌부과금지)에서 이루어져야 한다. 왜냐하면 근로의무 불이행에 대한 제재로서 자유형을 부과하는 경우, 이는 강제노역이 되기 때문이며,[3] 이는 허용되지 아니한다.

---

4) 허영, 한국헌법론, 625면.

1) 허영, 한국헌법론, 625면.

2) 국가비상시에 국민에게 일정한 근로를 하게하는 것은 헌법 제31조 제1항에서 정하고 있는 근로의 자유의 제한에 해당되는 것이며, 이는 헌법 제37조 제2항을 근거로 하여 법률로 제정할 수 있기 때문에 헌법 제32조 제2항과 같은 「국가는 근로의 의무와 내용을 민주주의 원칙에 따라 법률로 정한다」와 같은 규정은 필요하지 않다는 견해가 있다(정종섭, 헌법학원론, 단락번호 [365]).

3) 권영성, 헌법학원론, 725면.

제 6 항 환경보전의 의무

헌법 제35조 제1항 후단은 「국민은 환경보전을 위하여 노력하여야 한다」라고 하여 국민에 대해서도 환경보전의 의무를 지우고 있다. 환경권은 인간으로서의 권리이기 때문에 대한민국 국적을 가진 국민뿐만 아니라 외국인에게도 당연히 인정되며, 환경보전의무는 환경권보장에 따른 '권리대응의무'[1]로서의 성격을 지닌다는 점에 입각하여 환경보전의 의무 역시 대한민국 국적을 가진 국민과 외국인도 환경보전의무를 진다. 법인도 마찬가지 이다.[2]개인 또는 기업이 환경오염 · 파괴행위를 하는 경우에는 국민은 직접 상대방에 대하여 그 원인행위의 배제를 청구(방해배제청구권)하거나, 손해배상청구 및 국가 및 지방자치단체에 대하여 환경오염방지를 위한 제제조치로서의 규제감독권의 발동을 요구할 수 있고(행정개입청구권),[3] 국가 또는 지방자치단체도 그에 대한 규제감독권을 행사하거나 법적 제재를 가할 수 있다.[4]

1) 허영, 한국헌법론, 626면.

2) 홍성방, 헌법학, 698면.

3) 행정개입청구권의 법리에 대하여는 김백유, 헌정 및 행정법치연구, 한성대출판부, 2006; 同人, 행정법치론(I), 참조.

4) 권영성, 헌법학원론, 726면.

제 7 항 재산권행사의 사회적 구속성

헌법 제23조 제2항은 「재산권의 행사는 공공복리에 적합하도록 하여야 한다」라고 하여 재산권의 사회적 구속성을 규정하고 있다. 헌법 제23조 제2항의 재산권의 사회적 구속성의 법적 성격은 다음과 같이 학설이 나누인다.

재산권행사의무설(법적 의무설) : 재산권의 행사에 관한 법적 의무를 규정한 것(제23조 제2항을 재산권행사의 공공복리적합의 의무를 규정한 조항이라고 주장)

재산권제한설(윤리적 의무설) : 재산권의 내용 자체를 제한한 것(제23조제2항은 재산권의 내용 자체에 대한 제한가능성을 규정한 조항).

헌법적 한계설 : 재산권의 행사를 공공복리에 적합하도록 한 헌법규정(제23조 제2항)은 재산권의 사회적 기속성 내지는 재산권의 헌법적 한계를 의미[1]

내재적 한계설 : 제23조 제2항은 20세기 헌법들이 재산권 자체에 필연적으로 수반되는 내재적 제약성을 명문화한 헌법적 원리로 이해(헌법원리설) → (ㄱ) 제23조 제2항은 재산권을 절대시한 종래의 경향에 대하여 공공복리를 이유로 재산권의 사회적 제약성을 특히 강조한 것, (ㄴ) 재산권행사의 공공복리적합성은 재산권행사의 남용금지와 더불어 사회국가에서는 헌법에 명문의 규정이 없는 경우에도 당연히 요청되는 법의 일반원리이기 때문.[2]

---

1) 허영, 한국헌법론, 626면; 홍성방, 헌법학, 698면.
2) 권영성, 헌법학원론, 726면.

부록

· 대한민국헌법

대한민국헌법

[전부개정 1987.10.29 헌법 제10호]

〈전문〉

유구한 역사와 전통에 빛나는 우리 대한국민은 3·1운동으로 건립된 대한민국임시정부의 법통과 불의에 항거한 4·19민주이념을 계승하고, 조국의 민주개혁과 평화적 통일의 사명에 입각하여 정의·인도와 동포애로써 민족의 단결을 공고히 하고, 모든 사회적 폐습과 불의를 타파하며, 자율과 조화를 바탕으로 자유민주적 기본질서를 더욱 확고히 하여 정치·경제·사회·문화의 모든 영역에 있어서 각인의 기회를 균등히 하고, 능력을 최고도로 발휘하게 하며, 자유와 권리에 따르는 책임과 의무를 완수하게 하여, 안으로는 국민생활의 균등한 향상을 기하고 밖으로는 항구적인 세계평화와 인류공영에 이바지함으로써 우리들과 우리들의 자손의 안전과 자유와 행복을 영원히 확보할 것을 다짐하면서 1948년 7월 12일에 제정되고 8차에 걸쳐 개정된 헌법을 이제 국회의 의결을 거쳐 국민투표에 의하여 개정한다.

제1장 총강

제1조 ① 대한민국은 민주공화국이다.

② 대한민국의 주권은 국민에게 있고, 모든 권력은 국민으로부터 나온다.

제2조 ① 대한민국의 국민이 되는 요건은 법률로 정한다.

② 국가는 법률이 정하는 바에 의하여 재외국민을 보호할 의무를 진다.

제3조 대한민국의 영토는 한반도와 그 부속도서로 한다.

제4조 대한민국은 통일을 지향하며, 자유민주적 기본질서에 입각한 평화적 통일 정책을 수립하고 이를 추진한다.

제5조 ① 대한민국은 국제평화의 유지에 노력하고 침략적 전쟁을 부인한다.

② 국군은 국가의 안전보장과 국토방위의 신성한 의무를 수행함을 사명으로 하며, 그 정치적 중립성은 준수된다.

제6조 ① 헌법에 의하여 체결·공포된 조약과 일반적으로 승인된 국제법규는 국내법과 같은 효력을 가진다.

② 외국인은 국제법과 조약이 정하는 바에 의하여 그 지위가 보장된다.

제7조 ① 공무원은 국민전체에 대한 봉사자이며, 국민에 대하여 책임을 진다.

② 공무원의 신분과 정치적 중립성은 법률이 정하는 바에 의하여 보장된다.

제8조 ① 정당의 설립은 자유이며, 복수정당제는 보장된다.

② 정당은 그 목적·조직과 활동이 민주적이어야 하며, 국민의 정치적 의사형성에 참여하는데 필요한 조직을 가져야 한다.

③ 정당은 법률이 정하는 바에 의하여 국가의 보호를 받으며, 국가는 법률이 정하는 바에 의하여 정당운영에 필요한 자금을 보조할 수 있다.

④ 정당의 목적이나 활동이 민주적 기본질서에 위배될 때에는 정부는 헌법재판소에 그 해산을 제소할 수 있고, 정당은 헌법재판소의 심판에 의하여 해산된다.

제9조 국가는 전통문화의 계승·발전과 민족문화의 창달에 노력하여야 한다.

제2장 국민의 권리와 의무

제10조 모든 국민은 인간으로서의 존엄과 가치를 가지며, 행복을 추구할 권리를 가진다. 국가는 개인이 가지는 불가침의 기본적 인권을 확인하고 이를 보장할 의무를 진다.

제11조 ① 모든 국민은 법 앞에 평등하다. 누구든지 성별·종교 또는 사회적 신분에 의하여 정치적·경제적·사회적·문화적 생활의 모든 영역에 있어서 차별을 받지 아니한다.

② 사회적 특수계급의 제도는 인정되지 아니하며, 어떠한 형태로도 이를 창설할 수 없다.

③ 훈장등의 영전은 이를 받은 자에게만 효력이 있고, 어떠한 특권도 이에 따르지 아니한다.

제12조 ① 모든 국민은 신체의 자유를 가진다. 누구든지 법률에 의하지 아니하고는 체포·구속·압수·수색 또는 심문을 받지 아니하며, 법률과 적법한 절차에 의하지 아니하고는 처벌·보안처분 또는 강제노역을 받지 아니한다.

② 모든 국민은 고문을 받지 아니하며, 형사상 자기에게 불리한 진술을 강요당하지 아니한다.

③ 체포·구속·압수 또는 수색을 할 때에는 적법한 절차에 따라 검사의 신청에 의하여 법관이 발부한 영장을 제시하여야 한다. 다만, 현행범인인 경우와 장기 3년이상의 형에 해당하는 죄를 범하고 도피 또는 증거인멸의 염려가 있을 때에는 사후에 영장을 청구할 수 있다.

④ 누구든지 체포 또는 구속을 당한 때에는 즉시 변호인의 조력을 받을 권리를 가진다. 다만, 형사피고인이 스스로 변호인을 구할 수 없을 때에는 법률이 정하는 바에 의하여 국가가 변호인을 붙인다.

⑤ 누구든지 체포 또는 구속의 이유와 변호인의 조력을 받을 권리가 있음을 고지받지 아니하고는 체포 또는 구속을 당하지 아니한다. 체포 또는 구속을 당한 자의 가족등 법률이 정하는 자에게는 그 이유와 일시·장소가 지체없이 통지되어야 한다.

⑥ 누구든지 체포 또는 구속을 당한 때에는 적부의 심사를 법원에 청구할 권리를 가진다.

⑦ 피고인의 자백이 고문·폭행·협박·구속의 부당한 장기화 또는 기망 기타의 방법에 의하여 자의로 진술된 것이 아니라고 인정될 때 또는 정식재판에 있어서 피고인의 자백이 그에게 불리한 유일한 증거일 때에는 이를 유죄의 증거로 삼거나 이를 이유로 처벌할 수 없다.

제13조 ① 모든 국민은 행위시의 법률에 의하여 범죄를 구성하지 아니하는 행위로 소추되지 아니하며, 동일한 범죄에 대하여 거듭 처벌받지 아니한다.

② 모든 국민은 소급입법에 의하여 참정권의 제한을 받거나 재산권을 박탈당하지 아니한다.

③ 모든 국민은 자기의 행위가 아닌 친족의 행위로 인하여 불이익한 처우를 받지 아니한다.

제14조 모든 국민은 거주·이전의 자유를 가진다.

제15조 모든 국민은 직업선택의 자유를 가진다.

제16조 모든 국민은 주거의 자유를 침해받지 아니한다. 주거에 대한 압수나 수색을 할 때에는 검사의 신청에 의하여 법관이 발부한 영장을 제시하여야 한다.

제17조 모든 국민은 사생활의 비밀과 자유를 침해받지 아니한다.

제18조 모든 국민은 통신의 비밀을 침해받지 아니한다.

제19조 모든 국민은 양심의 자유를 가진다.

제20조 ① 모든 국민은 종교의 자유를 가진다.

② 국교는 인정되지 아니하며, 종교와 정치는 분리된다.

제21조 ① 모든 국민은 언론·출판의 자유와 집회·결사의 자유를 가진다.

② 언론·출판에 대한 허가나 검열과 집회·결사에 대한 허가는 인정되지 아니한다.

③ 통신·방송의 시설기준과 신문의 기능을 보장하기 위하여 필요한 사항은 법률로 정한다.

④ 언론·출판은 타인의 명예나 권리 또는 공중도덕이나 사회윤리를 침해하여서는 아니된다. 언론·출판이 타인의 명예나 권리를 침해한 때에는 피해자는 이에 대한 피해의 배상을 청구할 수 있다.

제22조 ① 모든 국민은 학문과 예술의 자유를 가진다.

② 저작자·발명가·과학기술자와 예술가의 권리는 법률로써 보호한다.

제23조 ① 모든 국민의 재산권은 보장된다. 그 내용과 한계는 법률로 정한다.

② 재산권의 행사는 공공복리에 적합하도록 하여야 한다.

③ 공공필요에 의한 재산권의 수용·사용 또는 제한 및 그에 대한 보상은 법률로써 하되, 정당한 보상을 지급하여야 한다.

제24조 모든 국민은 법률이 정하는 바에 의하여 선거권을 가진다.

제25조 모든 국민은 법률이 정하는 바에 의하여 공무담임권을 가진다.

제26조 ① 모든 국민은 법률이 정하는 바에 의하여 국가기관에 문서로 청원할 권리를 가진다.

② 국가는 청원에 대하여 심사할 의무

를 진다.

제27조 ① 모든 국민은 헌법과 법률이 정한 법관에 의하여 법률에 의한 재판을 받을 권리를 가진다.

② 군인 또는 군무원이 아닌 국민은 대한민국의 영역안에서는 중대한 군사상 기밀·초병·초소·유독음식물공급·포로·군용물에 관한 죄중 법률이 정한 경우와 비상계엄이 선포된 경우를 제외하고는 군사법원의 재판을 받지 아니한다.

③ 모든 국민은 신속한 재판을 받을 권리를 가진다. 형사피고인은 상당한 이유가 없는 한 지체없이 공개재판을 받을 권리를 가진다.

④ 형사피고인은 유죄의 판결이 확정될 때까지는 무죄로 추정된다.

⑤ 형사피해자는 법률이 정하는 바에 의하여 당해 사건의 재판절차에서 진술할 수 있다.

제28조 형사피의자 또는 형사피고인으로서 구금되었던 자가 법률이 정하는 불기소처분을 받거나 무죄판결을 받은 때에는 법률이 정하는 바에 의하여 국가에 정당한 보상을 청구할 수 있다.

제29조 ① 공무원의 직무상 불법행위로 손해를 받은 국민은 법률이 정하는 바에 의하여 국가 또는 공공단체에 정당한 배상을 청구할 수 있다. 이 경우 공무원 자신의 책임은 면제되지 아니한다.

② 군인·군무원·경찰공무원 기타 법률이 정하는 자가 전투·훈련등 직무집행과 관련하여 받은 손해에 대하여는 법률이 정하는 보상외에 국가 또는 공공단체에 공무원의 직무상 불법행위로 인한 배상은 청구할 수 없다.

제30조 타인의 범죄행위로 인하여 생명·신체에 대한 피해를 받은 국민은 법률이 정하는 바에 의하여 국가로부터 구조를 받을 수 있다.

제31조 ① 모든 국민은 능력에 따라 균등하게 교육을 받을 권리를 가진다.

② 모든 국민은 그 보호하는 자녀에게 적어도 초등교육과 법률이 정하는 교육을 받게 할 의무를 진다.

③ 의무교육은 무상으로 한다.

④ 교육의 자주성·전문성·정치적 중립성 및 대학의 자율성은 법률이 정하는 바에 의하여 보장된다.

⑤ 국가는 평생교육을 진흥하여야 한다.

⑥ 학교교육 및 평생교육을 포함한 교육제도와 그 운영, 교육재정 및 교원의 지위에 관한 기본적인 사항은 법률로 정한다.

제32조 ① 모든 국민은 근로의 권리를 가진다. 국가는 사회적·경제적 방법으로 근로자의 고용의 증진과 적정임금의 보장에 노력하여야 하며, 법률이 정하는 바에 의하여 최저임금제를 시행하여야 한다.

② 모든 국민은 근로의 의무를 진다. 국가는 근로의 의무의 내용과 조건을 민주주의원칙에 따라 법률로 정한다.

③ 근로조건의 기준은 인간의 존엄성을 보장하도록 법률로 정한다.

④ 여자의 근로는 특별한 보호를 받으며, 고용·임금 및 근로조건에 있어서 부당한 차별을 받지 아니한다.

⑤ 연소자의 근로는 특별한 보호를 받

는다.

⑥ 국가유공자·상이군경 및 전몰군경의 유가족은 법률이 정하는 바에 의하여 우선적으로 근로의 기회를 부여받는다.

제33조 ① 근로자는 근로조건의 향상을 위하여 자주적인 단결권·단체교섭권 및 단체행동권을 가진다.

② 공무원인 근로자는 법률이 정하는 자에 한하여 단결권·단체교섭권 및 단체행동권을 가진다.

③ 법률이 정하는 주요방위산업체에 종사하는 근로자의 단체행동권은 법률이 정하는 바에 의하여 이를 제한하거나 인정하지 아니할 수 있다.

제34조 ① 모든 국민은 인간다운 생활을 할 권리를 가진다.

② 국가는 사회보장·사회복지의 증진에 노력할 의무를 진다.

③ 국가는 여자의 복지와 권익의 향상을 위하여 노력하여야 한다.

④ 국가는 노인과 청소년의 복지향상을 위한 정책을 실시할 의무를 진다.

⑤ 신체장애자 및 질병·노령 기타의 사유로 생활능력이 없는 국민은 법률이 정하는 바에 의하여 국가의 보호를 받는다.

⑥ 국가는 재해를 예방하고 그 위험으로부터 국민을 보호하기 위하여 노력하여야 한다.

제35조 ①모든 국민은 건강하고 쾌적한 환경에서 생활할 권리를 가지며, 국가와 국민은 환경보전을 위하여 노력하여야 한다.

② 환경권의 내용과 행사에 관하여는 법률로 정한다.

③ 국가는 주택개발정책등을 통하여 모든 국민이 쾌적한 주거생활을 할 수 있도록 노력하여야 한다.

제36조 ① 혼인과 가족생활은 개인의 존엄과 양성의 평등을 기초로 성립되고 유지되어야 하며, 국가는 이를 보장한다.

② 국가는 모성의 보호를 위하여 노력하여야 한다.

③ 모든 국민은 보건에 관하여 국가의 보호를 받는다.

제37조 ① 국민의 자유와 권리는 헌법에 열거되지 아니한 이유로 경시되지 아니한다.

② 국민의 모든 자유와 권리는 국가안전보장·질서유지 또는 공공복리를 위하여 필요한 경우에 한하여 법률로써 제한할 수 있으며, 제한하는 경우에도 자유와 권리의 본질적인 내용을 침해할 수 없다.

제38조 모든 국민은 법률이 정하는 바에 의하여 납세의 의무를 진다.

제39조 ① 모든 국민은 법률이 정하는 바에 의하여 국방의 의무를 진다.

② 누구든지 병역의무의 이행으로 인하여 불이익한 처우를 받지 아니한다.

제3장 국회

제40조 입법권은 국회에 속한다.

제41조 ① 국회는 국민의 보통·평등·직접·비밀선거에 의하여 선출된 국회의원으로 구성한다.

② 국회의원의 수는 법률로 정하되, 200인 이상으로 한다.

③ 국회의원의 선거구와 비례대표제 기타 선거에 관한 사항은 법률로 정한다.

제42조 국회의원의 임기는 4년으로 한다.

제43조 국회의원은 법률이 정하는 직을 겸할 수 없다.

제44조 ① 국회의원은 현행범인인 경우를 제외하고는 회기중 국회의 동의없이 체포 또는 구금되지 아니한다.

② 국회의원이 회기전에 체포 또는 구금된 때에는 현행범인이 아닌 한 국회의 요구가 있으면 회기중 석방된다.

제45조 국회의원은 국회에서 직무상 행한 발언과 표결에 관하여 국회외에서 책임을 지지 아니한다.

제46조 ① 국회의원은 청렴의 의무가 있다.

② 국회의원은 국가이익을 우선하여 양심에 따라 직무를 행한다.

③ 국회의원은 그 지위를 남용하여 국가·공공단체 또는 기업체와의 계약이나 그 처분에 의하여 재산상의 권리·이익 또는 직위를 취득하거나 타인을 위하여 그 취득을 알선할 수 없다.

제47조 ① 국회의 정기회는 법률이 정하는 바에 의하여 매년 1회 집회되며, 국회의 임시회는 대통령 또는 국회재적의원 4분의 1 이상의 요구에 의하여 집회된다.

② 정기회의 회기는 100일을, 임시회의 회기는 30일을 초과할 수 없다.

③ 대통령이 임시회의 집회를 요구할 때에는 기간과 집회요구의 이유를 명시하여야 한다.

제48조 국회는 의장 1인과 부의장 2인을 선출한다.

제49조 국회는 헌법 또는 법률에 특별한 규정이 없는 한 재적의원 과반수의 출석과 출석의원 과반수의 찬성으로 의결한다. 가부동수인 때에는 부결된 것으로 본다.

제50조 ① 국회의 회의는 공개한다. 다만, 출석의원 과반수의 찬성이 있거나 의장이 국가의 안전보장을 위하여 필요하다고 인정할 때에는 공개하지 아니할 수 있다.

② 공개하지 아니한 회의내용의 공표에 관하여는 법률이 정하는 바에 의한다.

제51조 국회에 제출된 법률안 기타의 의안은 회기중에 의결되지 못한 이유로 폐기되지 아니한다. 다만, 국회의원의 임기가 만료된 때에는 그러하지 아니하다.

제52조 국회의원과 정부는 법률안을 제출할 수 있다.

제53조 ① 국회에서 의결된 법률안은 정부에 이송되어 15일 이내에 대통령이 공포한다.

② 법률안에 이의가 있을 때에는 대통령은 제1항의 기간내에 이의서를 붙여 국회로 환부하고, 그 재의를 요구할 수 있다. 국회의 폐회중에도 또한 같다.

③ 대통령은 법률안의 일부에 대하여 또는 법률안을 수정하여 재의를 요구할 수 없다.

④ 재의의 요구가 있을 때에는 국회는 재의에 붙이고, 재적의원과반수의 출석과 출석의원 3분의 2 이상의 찬성으로 전과 같은 의결을 하면 그 법률안은 법률로서 확정된다.

⑤ 대통령이 제1항의 기간내에 공포나 재의의 요구를 하지 아니한 때에도 그 법률

안은 법률로서 확정된다.

⑥ 대통령은 제4항과 제5항의 규정에 의하여 확정된 법률을 지체없이 공포하여야 한다. 제5항에 의하여 법률이 확정된 후 또는 제4항에 의한 확정법률이 정부에 이송된 후 5일 이내에 대통령이 공포하지 아니할 때에는 국회의장이 이를 공포한다.

⑦ 법률은 특별한 규정이 없는 한 공포한 날로부터 20일을 경과함으로써 효력을 발생한다.

제54조 ① 국회는 국가의 예산안을 심의·확정한다.

② 정부는 회계연도마다 예산안을 편성하여 회계연도 개시 90일전까지 국회에 제출하고, 국회는 회계연도 개시 30일전까지 이를 의결하여야 한다.

③ 새로운 회계연도가 개시될 때까지 예산안이 의결되지 못한 때에는 정부는 국회에서 예산안이 의결될 때까지 다음의 목적을 위한 경비는 전년도 예산에 준하여 집행할 수 있다.

1. 헌법이나 법률에 의하여 설치된 기관 또는 시설의 유지·운영
2. 법률상 지출의무의 이행
3. 이미 예산으로 승인된 사업의 계속

제55조 ① 한 회계연도를 넘어 계속하여 지출할 필요가 있을 때에는 정부는 연한을 정하여 계속비로서 국회의 의결을 얻어야 한다.

② 예비비는 총액으로 국회의 의결을 얻어야 한다. 예비비의 지출은 차기국회의 승인을 얻어야 한다.

제56조 정부는 예산에 변경을 가할 필요가 있을 때에는 추가경정예산안을 편성하여 국회에 제출할 수 있다.

제57조 국회는 정부의 동의없이 정부가 제출한 지출예산 각항의 금액을 증가하거나 새 비목을 설치할 수 없다.

제58조 국채를 모집하거나 예산외에 국가의 부담이 될 계약을 체결하려 할 때에는 정부는 미리 국회의 의결을 얻어야 한다.

제59조 조세의 종목과 세율은 법률로 정한다.

제60조 ① 국회는 상호원조 또는 안전보장에 관한 조약, 중요한 국제조직에 관한 조약, 우호통상항해조약, 주권의 제약에 관한 조약, 강화조약, 국가나 국민에게 중대한 재정적 부담을 지우는 조약 또는 입법사항에 관한 조약의 체결·비준에 대한 동의권을 가진다.

② 국회는 선전포고, 국군의 외국에의 파견 또는 외국군대의 대한민국 영역안에서의 주류에 대한 동의권을 가진다.

제61조 ① 국회는 국정을 감사하거나 특정한 국정사안에 대하여 조사할 수 있으며, 이에 필요한 서류의 제출 또는 증인의 출석과 증언이나 의견의 진술을 요구할 수 있다.

② 국정감사 및 조사에 관한 절차 기타 필요한 사항은 법률로 정한다.

제62조 ① 국무총리·국무위원 또는 정부위원은 국회나 그 위원회에 출석하여 국정처리상황을 보고하거나 의견을 진술하고 질문에 응답할 수 있다.

② 국회나 그 위원회의 요구가 있을 때에는 국무총리·국무위원 또는 정부위원

은 출석·답변하여야 하며, 국무총리 또는 국무위원이 출석요구를 받은 때에는 국무위원 또는 정부위원으로 하여금 출석·답변하게 할 수 있다.

제63조 ① 국회는 국무총리 또는 국무위원의 해임을 대통령에게 건의할 수 있다.

② 제1항의 해임건의는 국회재적의원 3분의 1 이상의 발의에 의하여 국회재적의원 과반수의 찬성이 있어야 한다.

제64조 ① 국회는 법률에 저촉되지 아니하는 범위안에서 의사와 내부규율에 관한 규칙을 제정할 수 있다.

② 국회는 의원의 자격을 심사하며, 의원을 징계할 수 있다.

③ 의원을 제명하려면 국회재적의원 3분의 2 이상의 찬성이 있어야 한다.

④ 제2항과 제3항의 처분에 대하여는 법원에 제소할 수 없다.

제65조 ① 대통령·국무총리·국무위원·행정각부의 장·헌법재판소 재판관·법관·중앙선거관리위원회 위원·감사원장·감사위원 기타 법률이 정한 공무원이 그 직무집행에 있어서 헌법이나 법률을 위배한 때에는 국회는 탄핵의 소추를 의결할 수 있다.

② 제1항의 탄핵소추는 국회재적의원 3분의 1 이상의 발의가 있어야 하며, 그 의결은 국회재적의원 과반수의 찬성이 있어야 한다. 다만, 대통령에 대한 탄핵소추는 국회재적의원 과반수의 발의와 국회재적의원 3분의 2 이상의 찬성이 있어야 한다.

③ 탄핵소추의 의결을 받은 자는 탄핵심판이 있을 때까지 그 권한행사가 정지된다.

④ 탄핵결정은 공직으로부터 파면함에 그친다. 그러나, 이에 의하여 민사상이나 형사상의 책임이 면제되지는 아니한다.

제4장 정부

제1절 대통령

제66조 ① 대통령은 국가의 원수이며, 외국에 대하여 국가를 대표한다.

② 대통령은 국가의 독립·영토의 보전·국가의 계속성과 헌법을 수호할 책무를 진다.

③ 대통령은 조국의 평화적 통일을 위한 성실한 의무를 진다.

④ 행정권은 대통령을 수반으로 하는 정부에 속한다.

제67조 ① 대통령은 국민의 보통·평등·직접·비밀선거에 의하여 선출한다.

② 제1항의 선거에 있어서 최고득표자가 2인 이상인 때에는 국회의 재적의원 과반수가 출석한 공개회의에서 다수표를 얻은 자를 당선자로 한다.

③ 대통령후보자가 1인일 때에는 그 득표수가 선거권자 총수의 3분의 1 이상이 아니면 대통령으로 당선될 수 없다.

④ 대통령으로 선거될 수 있는 자는 국회의원의 피선거권이 있고 선거일 현재 40세에 달하여야 한다.

⑤ 대통령의 선거에 관한 사항은 법률로 정한다.

제68조 ① 대통령의 임기가 만료되는 때에는 임기만료 70일 내지 40일전에 후임자를 선거한다.

② 대통령이 궐위된 때 또는 대통령 당선자가 사망하거나 판결 기타의 사유로 그 자격을 상실한 때에는 60일 이내에 후임자를 선거한다.

제69조 대통령은 취임에 즈음하여 다음의 선서를 한다.

"나는 헌법을 준수하고 국가를 보위하며 조국의 평화적 통일과 국민의 자유와 복리의 증진 및 민족문화의 창달에 노력하여 대통령으로서의 직책을 성실히 수행할 것을 국민 앞에 엄숙히 선서합니다."

제70조 대통령의 임기는 5년으로 하며, 중임할 수 없다.

제71조 대통령이 궐위되거나 사고로 인하여 직무를 수행할 수 없을 때에는 국무총리, 법률이 정한 국무위원의 순서로 그 권한을 대행한다.

제72조 대통령은 필요하다고 인정할 때에는 외교·국방·통일 기타 국가안위에 관한 중요정책을 국민투표에 붙일 수 있다.

제73조 대통령은 조약을 체결·비준하고, 외교사절을 신임·접수 또는 파견하며, 선전포고와 강화를 한다.

제74조 ① 대통령은 헌법과 법률이 정하는 바에 의하여 국군을 통수한다.

② 국군의 조직과 편성은 법률로 정한다.

제75조 대통령은 법률에서 구체적으로 범위를 정하여 위임받은 사항과 법률을 집행하기 위하여 필요한 사항에 관하여 대통령령을 발할 수 있다.

제76조 ① 대통령은 내우·외환·천재·지변 또는 중대한 재정·경제상의 위기에 있어서 국가의 안전보장 또는 공공의 안녕질서를 유지하기 위하여 긴급한 조치가 필요하고 국회의 집회를 기다릴 여유가 없을 때에 한하여 최소한으로 필요한 재정·경제상의 처분을 하거나 이에 관하여 법률의 효력을 가지는 명령을 발할 수 있다.

② 대통령은 국가의 안위에 관계되는 중대한 교전상태에 있어서 국가를 보위하기 위하여 긴급한 조치가 필요하고 국회의 집회가 불가능한 때에 한하여 법률의 효력을 가지는 명령을 발할 수 있다.

③ 대통령은 제1항과 제2항의 처분 또는 명령을 한 때에는 지체없이 국회에 보고하여 그 승인을 얻어야 한다.

④ 제3항의 승인을 얻지 못한 때에는 그 처분 또는 명령은 그때부터 효력을 상실한다. 이 경우 그 명령에 의하여 개정 또는 폐지되었던 법률은 그 명령이 승인을 얻지 못한 때부터 당연히 효력을 회복한다.

⑤ 대통령은 제3항과 제4항의 사유를 지체없이 공포하여야 한다.

제77조 ① 대통령은 전시·사변 또는 이에 준하는 국가비상사태에 있어서 병력으로써 군사상의 필요에 응하거나 공공의 안녕질서를 유지할 필요가 있을 때에는 법률이 정하는 바에 의하여 계엄을 선포할 수 있다.

② 계엄은 비상계엄과 경비계엄으로 한다.

③ 비상계엄이 선포된 때에는 법률이 정하는 바에 의하여 영장제도, 언론·출판·집회·결사의 자유, 정부나 법원의 권한에 관하여 특별한 조치를 할 수 있다.

④ 계엄을 선포한 때에는 대통령은 지체없이 국회에 통고하여야 한다.

⑤ 국회가 재적의원 과반수의 찬성으

로 계엄의 해제를 요구한 때에는 대통령은 이를 해제하여야 한다.

제78조 대통령은 헌법과 법률이 정하는 바에 의하여 공무원을 임면한다.

제79조 ① 대통령은 법률이 정하는 바에 의하여 사면·감형 또는 복권을 명할 수 있다.

② 일반사면을 명하려면 국회의 동의를 얻어야 한다.

③ 사면·감형 및 복권에 관한 사항은 법률로 정한다.

제80조 대통령은 법률이 정하는 바에 의하여 훈장 기타의 영전을 수여한다.

제81조 대통령은 국회에 출석하여 발언하거나 서한으로 의견을 표시할 수 있다.

제82조 대통령의 국법상 행위는 문서로써 하며, 이 문서에는 국무총리와 관계 국무위원이 부서한다. 군사에 관한 것도 또한 같다.

제83조 대통령은 국무총리·국무위원·행정각부의 장 기타 법률이 정하는 공사의 직을 겸할 수 없다.

제84조 대통령은 내란 또는 외환의 죄를 범한 경우를 제외하고는 재직중 형사상의 소추를 받지 아니한다.

제85조 전직대통령의 신분과 예우에 관하여는 법률로 정한다.

제2절 행정부

제1관 국무총리와 국무위원

제86조 ① 국무총리는 국회의 동의를 얻어 대통령이 임명한다.

② 국무총리는 대통령을 보좌하며, 행정에 관하여 대통령의 명을 받아 행정각부를 통할한다.

③ 군인은 현역을 면한 후가 아니면 국무총리로 임명될 수 없다.

제87조 ① 국무위원은 국무총리의 제청으로 대통령이 임명한다.

② 국무위원은 국정에 관하여 대통령을 보좌하며, 국무회의의 구성원으로서 국정을 심의한다.

③ 국무총리는 국무위원의 해임을 대통령에게 건의할 수 있다.

④ 군인은 현역을 면한 후가 아니면 국무위원으로 임명될 수 없다.

제2관 국무회의

제88조 ① 국무회의는 정부의 권한에 속하는 중요한 정책을 심의한다.

② 국무회의는 대통령·국무총리와 15인 이상 30인 이하의 국무위원으로 구성한다.

③ 대통령은 국무회의의 의장이 되고, 국무총리는 부의장이 된다.

제89조 다음 사항은 국무회의의 심의를 거쳐야 한다.

1. 국정의 기본계획과 정부의 일반정책
2. 선전·강화 기타 중요한 대외정책
3. 헌법개정안·국민투표안·조약안·법률안 및 대통령령안
4. 예산안·결산·국유재산처분의 기본계획·국가의 부담이 될 계약 기타 재정에 관한 중요사항

5. 대통령의 긴급명령 · 긴급재정경제처분 및 명령 또는 계엄과 그 해제
6. 군사에 관한 중요사항
7. 국회의 임시회 집회의 요구
8. 영전수여
9. 사면 · 감형과 복권
10. 행정각부간의 권한의 획정
11. 정부안의 권한의 위임 또는 배정에 관한 기본계획
12. 국정처리상황의 평가 · 분석
13. 행정각부의 중요한 정책의 수립과 조정
14. 정당해산의 제소
15. 정부에 제출 또는 회부된 정부의 정책에 관계되는 청원의 심사
16. 검찰총장 · 합동참모의장 · 각군참모총장 · 국립대학교총장 · 대사 기타 법률이 정한 공무원과 국영기업체관리자의 임명
17. 기타 대통령 · 국무총리 또는 국무위원이 제출한 사항

제90조 ① 국정의 중요한 사항에 관한 대통령의 자문에 응하기 위하여 국가원로로 구성되는 국가원로자문회의를 둘 수 있다.

② 국가원로자문회의의 의장은 직전대통령이 된다. 다만, 직전대통령이 없을 때에는 대통령이 지명한다.

③ 국가원로자문회의의 조직 · 직무범위 기타 필요한 사항은 법률로 정한다.

제91조 ① 국가안전보장에 관련되는 대외정책 · 군사정책과 국내정책의 수립에 관하여 국무회의의 심의에 앞서 대통령의 자문에 응하기 위하여 국가안전보장회의를 둔다.

② 국가안전보장회의는 대통령이 주재한다.

③ 국가안전보장회의의 조직 · 직무범위 기타 필요한 사항은 법률로 정한다.

제92조 ① 평화통일정책의 수립에 관한 대통령의 자문에 응하기 위하여 민주평화통일자문회의를 둘 수 있다.

② 민주평화통일자문회의의 조직 · 직무범위 기타 필요한 사항은 법률로 정한다.

제93조 ① 국민경제의 발전을 위한 중요정책의 수립에 관하여 대통령의 자문에 응하기 위하여 국민경제자문회의를 둘 수 있다.

② 국민경제자문회의의 조직 · 직무범위 기타 필요한 사항은 법률로 정한다.

제3관 행정각부

제94조 행정각부의 장은 국무위원 중에서 국무총리의 제청으로 대통령이 임명한다.

제95조 국무총리 또는 행정각부의 장은 소관사무에 관하여 법률이나 대통령령의 위임 또는 직권으로 총리령 또는 부령을 발할 수 있다.

제96조 행정각부의 설치 · 조직과 직무범위는 법률로 정한다.

제4관 감사원

제97조 국가의 세입 · 세출의 결산, 국가 및 법률이 정한 단체의 회계검사와 행정기관 및 공무원의 직무에 관한 감찰을 하기 위하여 대통령 소속하에 감사원을 둔다.

第98조 ① 감사원은 원장을 포함한 5인 이상 11인 이하의 감사위원으로 구성한다.

② 원장은 국회의 동의를 얻어 대통령이 임명하고, 그 임기는 4년으로 하며, 1차에 한하여 중임할 수 있다.

③ 감사위원은 원장의 제청으로 대통령이 임명하고, 그 임기는 4년으로 하며, 1차에 한하여 중임할 수 있다.

第99조 감사원은 세입·세출의 결산을 매년 검사하여 대통령과 차년도국회에 그 결과를 보고하여야 한다.

第100조 감사원의 조직·직무범위·감사위원의 자격·감사대상공무원의 범위 기타 필요한 사항은 법률로 정한다.

제5장 법원

第101조 ①사법권은 법관으로 구성된 법원에 속한다.

② 법원은 최고법원인 대법원과 각급법원으로 조직된다.

③ 법관의 자격은 법률로 정한다.

第102조 ① 대법원에 부를 둘 수 있다.

② 대법원에 대법관을 둔다. 다만, 법률이 정하는 바에 의하여 대법관이 아닌 법관을 둘 수 있다.

③ 대법원과 각급법원의 조직은 법률로 정한다.

第103조 법관은 헌법과 법률에 의하여 그 양심에 따라 독립하여 심판한다.

第104조 ① 대법원장은 국회의 동의를 얻어 대통령이 임명한다.

② 대법관은 대법원장의 제청으로 국회의 동의를 얻어 대통령이 임명한다.

③ 대법원장과 대법관이 아닌 법관은 대법관회의의 동의를 얻어 대법원장이 임명한다.

第105조 ① 대법원장의 임기는 6년으로 하며, 중임할 수 없다.

② 대법관의 임기는 6년으로 하며, 법률이 정하는 바에 의하여 연임할 수 있다.

③ 대법원장과 대법관이 아닌 법관의 임기는 10년으로 하며, 법률이 정하는 바에 의하여 연임할 수 있다.

④ 법관의 정년은 법률로 정한다.

第106조 ① 법관은 탄핵 또는 금고 이상의 형의 선고에 의하지 아니하고는 파면되지 아니하며, 징계처분에 의하지 아니하고는 정직·감봉 기타 불리한 처분을 받지 아니한다.

② 법관이 중대한 심신상의 장해로 직무를 수행할 수 없을 때에는 법률이 정하는 바에 의하여 퇴직하게 할 수 있다.

第107조 ① 법률이 헌법에 위반되는 여부가 재판의 전제가 된 경우에는 법원은 헌법재판소에 제청하여 그 심판에 의하여 재판한다.

② 명령·규칙 또는 처분이 헌법이나 법률에 위반되는 여부가 재판의 전제가 된 경우에는 대법원은 이를 최종적으로 심사할 권한을 가진다.

③ 재판의 전심절차로서 행정심판을 할 수 있다. 행정심판의 절차는 법률로 정하되, 사법절차가 준용되어야 한다.

第108조 대법원은 법률에서 저촉되지 아니하는 범위안에서 소송에 관한 절차, 법원의 내부규율과 사무처리에 관한 규칙을 제정할 수 있다.

제109조 재판의 심리와 판결은 공개한다. 다만, 심리는 국가의 안전보장 또는 안녕질서를 방해하거나 선량한 풍속을 해할 염려가 있을 때에는 법원의 결정으로 공개하지 아니할 수 있다.

제110조 ① 군사재판을 관할하기 위하여 특별법원으로서 군사법원을 둘 수 있다.

② 군사법원의 상고심은 대법원에서 관할한다.

③ 군사법원의 조직·권한 및 재판관의 자격은 법률로 정한다.

④ 비상계엄하의 군사재판은 군인·군무원의 범죄나 군사에 관한 간첩죄의 경우와 초병·초소·유독음식물공급·포로에 관한 죄중 법률이 정한 경우에 한하여 단심으로 할 수 있다. 다만, 사형을 선고한 경우에는 그러하지 아니하다.

제6장 헌법재판소

제111조 ① 헌법재판소는 다음 사항을 관장한다.

1. 법원의 제청에 의한 법률의 위헌여부 심판
2. 탄핵의 심판
3. 정당의 해산 심판
4. 국가기관 상호간, 국가기관과 지방자치단체간 및 지방자치단체 상호간의 권한쟁의에 관한 심판
5. 법률이 정하는 헌법소원에 관한 심판

② 헌법재판소는 법관의 자격을 가진 9인의 재판관으로 구성하며, 재판관은 대통령이 임명한다.

③ 제2항의 재판관중 3인은 국회에서 선출하는 자를, 3인은 대법원장이 지명하는 자를 임명한다.

④ 헌법재판소의 장은 국회의 동의를 얻어 재판관중에서 대통령이 임명한다.

제112조 ① 헌법재판소 재판관의 임기는 6년으로 하며, 법률이 정하는 바에 의하여 연임할 수 있다.

② 헌법재판소 재판관은 정당에 가입하거나 정치에 관여할 수 없다.

③ 헌법재판소 재판관은 탄핵 또는 금고 이상의 형의 선고에 의하지 아니하고는 파면되지 아니한다.

제113조 ① 헌법재판소에서 법률의 위헌결정, 탄핵의 결정, 정당해산의 결정 또는 헌법소원에 관한 인용결정을 할 때에는 재판관 6인 이상의 찬성이 있어야 한다.

② 헌법재판소는 법률에 저촉되지 아니하는 범위안에서 심판에 관한 절차, 내부규율과 사무처리에 관한 규칙을 제정할 수 있다.

③ 헌법재판소의 조직과 운영 기타 필요한 사항은 법률로 정한다.

제7장 선거관리

제114조 ① 선거와 국민투표의 공정한 관리 및 정당에 관한 사무를 처리하기 위하여 선거관리위원회를 둔다.

② 중앙선거관리위원회는 대통령이 임명하는 3인, 국회에서 선출하는 3인과 대법원장이 지명하는 3인의 위원으로 구성한다. 위원장은 위원중에서 호선한다.

③ 위원의 임기는 6년으로 한다.

④ 위원은 정당에 가입하거나 정치에 관여할 수 없다.

⑤ 위원은 탄핵 또는 금고 이상의 형의 선고에 의하지 아니하고는 파면되지 아니한다.

⑥ 중앙선거관리위원회는 법령의 범위안에서 선거관리·국민투표관리 또는 정당사무에 관한 규칙을 제정할 수 있으며, 법률에 저촉되지 아니하는 범위안에서 내부규율에 관한 규칙을 제정할 수 있다.

⑦ 각급 선거관리위원회의 조직·직무범위 기타 필요한 사항은 법률로 정한다.

제115조 ① 각급 선거관리위원회는 선거인명부의 작성등 선거사무와 국민투표사무에 관하여 관계 행정기관에 필요한 지시를 할 수 있다.

② 제1항의 지시를 받은 당해 행정기관은 이에 응하여야 한다.

제116조 ① 선거운동은 각급 선거관리위원회의 관리하에 법률이 정하는 범위안에서 하되, 균등한 기회가 보장되어야 한다.

② 선거에 관한 경비는 법률이 정하는 경우를 제외하고는 정당 또는 후보자에게 부담시킬 수 없다.

제8장 지방자치

제117조 ① 지방자치단체는 주민의 복리에 관한 사무를 처리하고 재산을 관리하며, 법령의 범위안에서 자치에 관한 규정을 제정할 수 있다.

② 지방자치단체의 종류는 법률로 정한다.

제118조 ① 지방자치단체에 의회를 둔다.

② 지방의회의 조직·권한·의원선거와 지방자치단체의 장의 선임방법 기타 지방자치단체의 조직과 운영에 관한 사항은 법률로 정한다.

제9장 경제

제119조 ① 대한민국의 경제질서는 개인과 기업의 경제상의 자유와 창의를 존중함을 기본으로 한다.

② 국가는 균형있는 국민경제의 성장 및 안정과 적정한 소득의 분배를 유지하고, 시장의 지배와 경제력의 남용을 방지하며, 경제주체간의 조화를 통한 경제의 민주화를 위하여 경제에 관한 규제와 조정을 할 수 있다.

제120조 ① 광물 기타 중요한 지하자원·수산자원·수력과 경제상 이용할 수 있는 자연력은 법률이 정하는 바에 의하여 일정한 기간 그 채취·개발 또는 이용을 특허할 수 있다.

② 국토와 자원은 국가의 보호를 받으며, 국가는 그 균형있는 개발과 이용을 위하여 필요한 계획을 수립한다.

제121조 ① 국가는 농지에 관하여 경자유전의 원칙이 달성될 수 있도록 노력하여야 하며, 농지의 소작제도는 금지된다.

② 농업생산성의 제고와 농지의 합리적인 이용을 위하거나 불가피한 사정으로 발생하는 농지의 임대차와 위탁경영은 법률이 정하는 바에 의하여 인정된다.

제122조 국가는 국민 모두의 생산 및 생활의 기반이 되는 국토의 효율적이고 균

형있는 이용·개발과 보전을 위하여 법률이 정하는 바에 의하여 그에 관한 필요한 제한과 의무를 과할 수 있다.

제123조 ① 국가는 농업 및 어업을 보호·육성하기 위하여 농·어촌종합개발과 그 지원등 필요한 계획을 수립·시행하여야 한다.

② 국가는 지역간의 균형있는 발전을 위하여 지역경제를 육성할 의무를 진다.

③ 국가는 중소기업을 보호·육성하여야 한다.

④ 국가는 농수산물의 수급균형과 유통구조의 개선에 노력하여 가격안정을 도모함으로써 농·어민의 이익을 보호한다.

⑤ 국가는 농·어민과 중소기업의 자조조직을 육성하여야 하며, 그 자율적 활동과 발전을 보장한다.

제124조 국가는 건전한 소비행위를 계도하고 생산품의 품질향상을 촉구하기 위한 소비자보호운동을 법률이 정하는 바에 의하여 보장한다.

제125조 국가는 대외무역을 육성하며, 이를 규제·조정할 수 있다.

제126조 국방상 또는 국민경제상 긴절한 필요로 인하여 법률이 정하는 경우를 제외하고는, 사영기업을 국유 또는 공유로 이전하거나 그 경영을 통제 또는 관리할 수 없다.

제127조 ① 국가는 과학기술의 혁신과 정보 및 인력의 개발을 통하여 국민경제의 발전에 노력하여야 한다.

② 국가는 국가표준제도를 확립한다.

③ 대통령은 제1항의 목적을 달성하기 위하여 필요한 자문기구를 둘 수 있다.

제10장 헌법개정

제128조 ① 헌법개정은 국회재적의원 과반수 또는 대통령의 발의로 제안된다.

② 대통령의 임기연장 또는 중임변경을 위한 헌법개정은 그 헌법개정 제안 당시의 대통령에 대하여는 효력이 없다.

제129조 제안된 헌법개정안은 대통령이 20일 이상의 기간 이를 공고하여야 한다.

제130조 ① 국회는 헌법개정안이 공고된 날로부터 60일 이내에 의결하여야 하며, 국회의 의결은 재적의원 3분의 2 이상의 찬성을 얻어야 한다.

② 헌법개정안은 국회가 의결한 후 30일 이내에 국민투표에 붙여 국회의원선거권자 과반수의 투표와 투표자 과반수의 찬성을 얻어야 한다.

③ 헌법개정안이 제2항의 찬성을 얻은 때에는 헌법개정은 확정되며, 대통령은 즉시 이를 공포하여야 한다.

부칙 〈제10호, 1987.10.29〉

제1조 이 헌법은 1988년 2월 25일부터 시행한다. 다만, 이 헌법을 시행하기 위하여 필요한 법률의 제정·개정과 이 헌법에 의한 대통령 및 국회의원의 선거 기타 이 헌법시행에 관한 준비는 이 헌법시행 전에 할 수 있다.

제2조 ① 이 헌법에 의한 최초의 대통령선거는 이 헌법시행일 40일 전까지 실시한다.

② 이 헌법에 의한 최초의 대통령의

임기는 이 헌법시행일로부터 개시한다.

제3조 ① 이 헌법에 의한 최초의 국회의원선거는 이 헌법공포일로부터 6월 이내에 실시하며, 이 헌법에 의하여 선출된 최초의 국회의원의 임기는 국회의원선거후 이 헌법에 의한 국회의 최초의 집회일로부터 개시한다.

② 이 헌법공포 당시의 국회의원의 임기는 제1항에 의한 국회의 최초의 집회일 전일까지로 한다.

부칙 〈제9129호, 2008.8.25〉

제1조(시행일) 이 법은 공포한 날부터 시행한다.

제2조(다른 법률의 개정) ① 국정감사 및 조사에 관한 법률 일부를 다음과 같이 개정한다.

제2조 제2항 중 "여성가족위원회"를 "여성위원회"로 한다.

② 농어업 · 농어촌특별대책위원회의 설치 및 운영 등에 관한 법률 일부를 다음과 같이 개정한다.

제12조 중 "농림해양수산위원회"를 "농림수산식품위원회"로 한다.

색 인

(ㄱ)

(ㅇ)

(ㅈ)

(ㅍ)

(ㅎ)

▌저자 약력

法學博士 金白庾(김백유)

- 성균관대학교 법과대학
- 연세대학교 행정대학원
- 스위스 바젤(Basel) 법과대학
- 독일 프라이부르크(Freiburg) 법과대학(법학박사)
- 한성대학교 교수(헌법 · 행정법)
- 성균관대학교 법과대학 · 사회과학대학, 동국대 법대, 단국대 교육대학원 강사
- 한국헌법학회 상임이사
- 한국공법학회 부회장
- 한국토지공법학회 이사
- 한국 스포츠법학회 이사
- 국가고시 출제위원

〈저서〉

행정법치론(I), 동방문화사, 2010

헌법학(상), 헌법총론, 한성대출판부 2010

헌법학(하), 국가조직론, 한성대출판부 2009

헌정 및 행정법치연구, 한성대출판부, 2006

헌법, 도서출판 에덴 2004 <공저 : 정회철 편저>

헌법, 도서출판 에덴 2004 <공저 : 금동흠 편저>

헌법, 한국서원, 2003 <공저>

〈논문〉

· 행정재량의 한계와 사법심사 · 행정개입청구권과 사법적 권리구제
· 환경권과 권리보호제도 · 통치행위와 사법심사 한계
· 무하자 재량행사 청구권 · 통치행위론 · 한국의 환경권에 대한 해석과 현실문제
· 공법상 환경권 이론 · 건설계획과 환경보호 · 사회적 기본권의 소송법적 실현
· 공법상의 소위 특별권력 관계이론 · 독일의 건설적 불신임제도
· 직업의 자유의 제한 및 제한의 한계 · 독일의 수상선거제도
· 일반적 법률유보(헌법 제 37조 제2항)에 의한 기본권제한의 규범적 한계
· 일반권력관계에 있어서의 기본권 제한
· 정부위기론 외 다수

본 교재는 한성대학교 교내연구비 지원과제임.

헌법학(II)

(기본권론)

제4판(개정판)
발행일 2012년 9월 1일

저자 김 백 유
발 행 인 김 화 인
발행한곳 도서출판 조은

우편주소 서울특별시 중구 인현동 1가 19-2
대표전화 (02) 2273-2408
팩시밀리 (02) 2272-1391

편집제작 도서출판 조은 대표(02) 2273-2408

ISBN 978-89-94329-06-2 정가 45,000원

ⓒ 김백유, 2012

* 이 책의 내용을 사전 허가 없이 전재하거나 복제할 경우 법적인 제재를 받게 됨을 알려드립니다.
** 잘못된 책은 구입하신 서점이나 본사에서 교환해 드립니다.